U0920552

2020中国电力年鉴

《中国电力年鉴》编辑委员会

本年鉴连续三届荣获中央级年鉴
评比一等奖

图书在版编目（CIP）数据

2020中国电力年鉴/《中国电力年鉴》编辑委员会编. —北京：中国电力出版社，2021.1
ISBN 978-7-5198-5357-0

Ⅰ.①2… Ⅱ.①中… Ⅲ.①电力工业－中国－2020－年鉴 Ⅳ.①F426.61-54

中国版本图书馆CIP数据核字（2021）第025259号

出版发行：中国电力出版社
地　　址：北京市东城区北京站西街19号（邮政编码100005）
网　　址：http：//www.cepp.sgcc.com.cn
责任编辑：胡顺增（010-63412310）　穆智勇（010-63412336）　柳　璐
责任校对：黄　蓓　常燕昆　朱丽芳
装帧设计：张俊霞
责任印制：石　雷

印　　刷：三河市万龙印装有限公司
版　　次：2021年1月第一版
印　　次：2021年1月北京第一次印刷
开　　本：787毫米×1092毫米　16开本
印　　张：51　　插　页　32
字　　数：1985千字
印　　数：0001—2400册
定　　价：298.00元

2019年1月8日，2019年中国水电发展论坛暨水力发电科学技术奖颁奖典礼在北京举行。
（中国水电学会　提供　雷定演　摄）

2019年1月29日，“2018—2019年度全国电力供需形势分析预测报告新闻发布会”在北京召开。
（中电联　提供）

2019年1月30日，中国华电出席“北京2022年冬奥会和冬残奥会场馆绿电供应签约仪式”。

（中国华电　提供）

2019年3月18日，“服务粤港澳大湾区发展电力合作倡议暨南方电网公司服务粤港澳大湾区发展举措发布会”在北京国家会议中心举行。

（南方电网公司　提供　赖增鹏　摄）

2019年4月24～26日，“2019年度电力行业企业文化工作交流培训会暨文化创新成果发布会”在贵州贵阳召开。

（中电联　提供）

2019年4月25日，第二届“一带一路”国际合作高峰论坛期间，丝绸之路商务理事会中国委员会主席、中国大唐董事长陈飞虎应邀出席“一带一路”企业家大会并发言。

（中国大唐　提供）

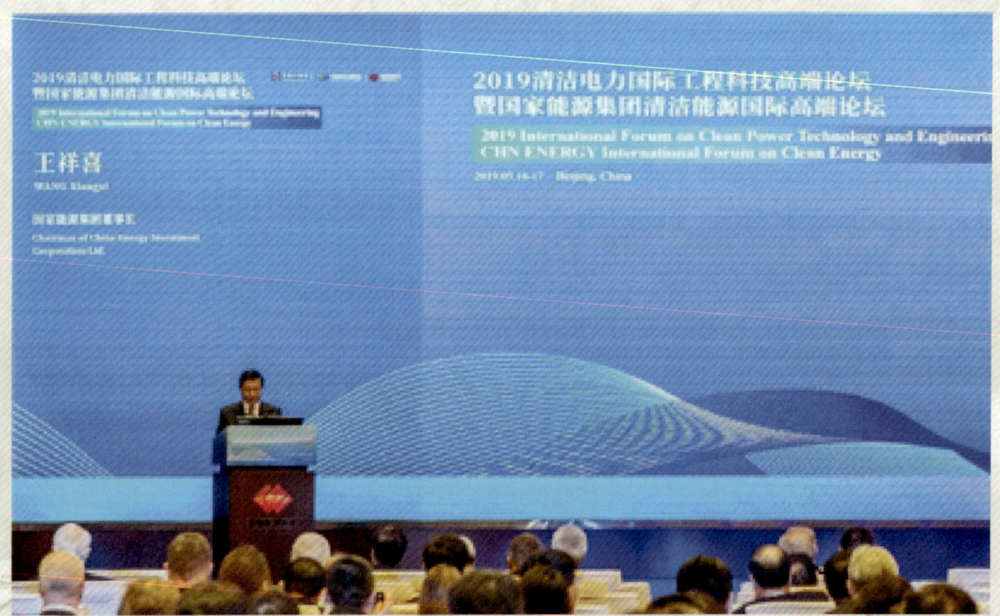

2019年5月16日，由中国工程院、中国电机工程学会和国家能源集团联合主办的“2019年清洁电力国际工程科技高端论坛暨国家能源集团清洁能源国际高端论坛”在北京开幕。

（国家能源集团　提供）

2019年5月29日，“海南智能电网建设方案新闻发布会”在海南海口召开，会上发布并解读了《海南智能电网2019—2021年建设方案》。

（海南电网公司　提供　陈立楷　摄）

2019年5月30日，浙江电力市场（现货）模拟试运行启动仪式在国网浙江省电力有限公司举行。

（国网浙江电力　提供　陈聪　摄）

2019年6月13日，“2019年西北电网迎峰度夏联合反事故演习”成功举行。

（国网西北分部　提供）

2019年6月20日，四川电力现货市场启动模拟试运行。

（国网四川电力　提供）

2019年6月28日，中国华电成功举办综合能源服务生态圈启动会。

（中国华电　提供）

2019年7月26日，中电联发布《全国电力行业核心价值公约（2019年修订版）》。

（中电联　提供）

2019年8月7日，福建与金门、马祖电力联网研讨会在厦门召开。

（国网福建电力　提供）

2019年8月9日，国家能源局电力安全监管司司长童光毅（主席台左三）到南网能源院开展电力工程质量监督管理工作调研座谈。

（南网能源院　提供）

2019年8月17～18日，2019“紫金论电”——智能电网保护和运行控制国际学术研讨会在南京召开，南瑞集团董事长、党组书记冷俊在会上发表讲话。

（南瑞集团　提供）

2019年8月29日，全国首个城市级能源互联网示范项目——“嘉兴城市能源互联网综合试点示范项目”在浙江嘉兴建成。

（国网浙江电力　提供　陈俊华　摄）

2019年9月19～20日，“第六届澜湄国家电力企业峰会”在南宁举行。

（南方电网公司　提供　赖增鹏　摄）

2019年9月26日，内蒙古自治区人民政府与国家电投深化合作框架协议签约仪式暨乌兰察布风电基地项目一期50MW示范项目开工建设动员大会在四子王旗工程现场召开。

（国家电投　提供）

2019年10月1日，华北电网保持“全接线、全保护”方式运行，国网华北分部主调、备调值班人员同步值守，圆满完成庆祝新中国成立70周年保电工作。

（国网华北分部　提供）

2019年10月16日，2019央企支持澳门中葡平台建设高峰会在澳门开幕，三峡集团党组副书记、总经理王琳应邀出席会议，并与葡萄牙电力公司副总经理若奥·达·克鲁兹共同签署三峡集团与葡电合作协议。

（三峡集团　提供）

2019年10月22日，中国水力发电工程学会举办首届中国水电青年科技论坛。

（中国水电学会　提供　雷定演　摄）

2019年10月26日，国家电投上海核工院“三门核电一期工程核岛建设项目”获得2019年PMI中国项目管理大奖年度项目奖。

（国家电投　提供）

2019年11月3～11日，中国华电圆满完成第二届进博会核心区供能和上海市调峰保电任务。

（中国华电　提供）

2019年11月7～8日，"立责于心　履责于行"全国电力行业企业社会责任工作研讨会（2019）在云南昆明召开。

（中电联　提供）

2019年11月12日，"粤港澳三地港口岸电合作推进会"在广东珠海举行。广东省交通运输厅与广东电网公司、广州供电局、深圳供电局共同签署"关于推进广东省港口岸电建设及发展战略合作框架协议"。

（广东电网公司　提供）

2019年11月27日，“地方能源企业发展论坛”在上海召开。

（浙能集团　提供）

2019年12月13日，国网湖州供电公司在西班牙马德里举行的第二十五届联合国气候变化大会（COP25）上发布专题型白皮书《中国湖州“生态+电力”示范城市建设应对气候变化行动》。

（国网浙江电力　提供　沈贺铭　摄）

2019年12月28日，由中国企业网、《环球时报》社和《经济》杂志社联合主办的2019（第二届）亚洲经济大会在北京举行。浙能集团获得中国（行业）年度杰出贡献奖。

（浙能集团　提供）

2019年，南网能源院成功入选中国智库索引（CTTI），正式成为CTTI来源智库之一。

（南网能源院　提供）

2019年1月14日，中国三峡集团承建的乌干达伊辛巴水电站4台机组全部投产发电。

（中国三峡集团　提供）

2019年1月17日，中国电建与英国GCM公司在孟加拉国达卡举行普尔巴里一期2×1000MW燃煤电站项目联合开发协议及EPC合同签约仪式。

（中国电建　提供）

2019年3月6日，由中国电建水电十一局、昆明院承建的玻利维亚圣何塞水电站项目实现并网发电。

（中国电建　提供）

2019年3月23日，国家电投党组书记、董事长钱智民与意大利安萨尔多能源公司首席执行官赞皮尼在意大利罗马签署重型燃气轮机技术合作协议。

（国家电投　提供）

2019年3月25日，国家能源集团党组书记、董事长王祥喜与法国电力集团董事长兼总裁乐维在巴黎签署“东台四期和东台五期海上风电项目合作协议”。

（国家能源集团　提供）

2019年3月27日，智利Transelec公司一行在直流输电技术国家重点实验室参观。

（南网科研院　提供　许建军　摄）

2019年4月27日，中国大唐党组书记、董事长陈飞虎在京会见缅甸电力与能源部部长吴温楷一行，双方就加强在缅甸项目开发进行深入交流。

（中国大唐　提供）

2019年4月，中国三峡集团完成几内亚凯乐塔水电站股权交割。10月，凯乐塔水电站荣登中华人民共和国与几内亚共和国建交60周年纪念邮票，成为中几两国友好交往的“文化使者”。

（中国三峡集团　提供）

2019年6月6日，山东电建三公司承建的沙特延布三期5×660MW燃油电站3号机组并网成功。

（中国电建国际公司　提供）

2019年6月18日，由中国电建集团通过融资创新承接并委托华东院总承包的越南油汀500MW光伏项目全部投入商业运行。

（中国电建华东院　提供）

当地时间2019年7月9日，河北工程公司、湖北工程公司共同承建的巴基斯坦塔尔煤田II区块2×330MW燃煤电站一期工程两台机组同时完成168h试运行，顺利投产移交。

（中国电建　提供　邵建新　摄）

2019年7月19日，由中国电建承建的阿根廷卡法亚特100MW光伏电站项目正式投入商业运营。

（中国电建国际公司　提供）

2019年8月8日，龙源电力与立陶宛四风能源公司签署乌克兰尤日内风电项目收购协议。乌克兰尤日内项目规划容量76.5MW，年发电量可满足当地5000多户居民用电需求。

（国家能源集团　提供）

2019年9月12日，巴西执政党副主席鲁达先生一行拜访浙能巴西控股公司。

（浙能集团　提供）

2019年9月20日，布隆迪总统皮埃尔·恩库伦齐扎出席水电十四局承建的中国政府援建的最大在建水电站项目——布隆迪胡济巴济水电站项目开工典礼。

（中国电建水电十四局　提供）

2019年9月30日，国际热核聚变实验堆（ITER）的“心脏”安装阶段在京启动征程。ITER组织与中核集团牵头的中法联合体正式签订ITER主机安装一号合同（TACI）。

（中核集团　提供）

2019年10月14日，巴西CPFL公司董事长文博、独立董事安东尼奥·坎迪尔一行到访国网西北分部交流调研可再生能源并网工作。

（国网西北分部　提供）

2019年10月21日，英中企业海上风电商业研讨会在中国大唐总部召开，研讨交流海上风电发展情况和产业链合作。

（中国大唐　提供）

2019年11月13日，中国电建山东电建三公司承建的摩洛哥努奥二期200MW槽式光热电站项目获国家优质工程金奖（境外工程），成为国内外首个荣获国优金奖的光热工程，也是2019年度电力行业唯一获此殊荣的境外工程。
（中国电建 提供 杜学广 摄）

2019年11月16日，国家电投党组书记、董事长钱智民（右一）陪同黑山总理马尔科维奇（左一）、马耳他总理穆斯卡特（左二）共同出席国家电投与马耳他在黑山共同联合开发的莫祖拉风电项目完工仪式。
（国家电投 提供）

2019年12月4日，由中国电建市政公司承建的阿尔及利亚233MW光伏电站工程荣获2018—2019年度中国建设工程鲁班奖（境外工程）。
（中国电建市政公司 提供）

2019年12月4日，由中国电建成都院承担勘测设计和设备成套任务、水电五局EPC总承包建设的科特迪瓦苏布雷水电站工程荣获中国建设工程鲁班奖（境外工程）。
（中国电建 提供 吴自强 摄）

2019年12月4日，中国电建山东电建三公司承建的印度古德洛尔电厂一期2×600MW工程被正式授予中国建设工程鲁班奖（境外工程）。
（中国电建 提供 董静 摄）

2019年12月13日，中国企业在海外投资建设的单机容量最大火电机组——国家能源集团国华印尼爪哇7号2×1050MW燃煤发电工程1号机组签署商业运营日期证书及移交生产交接书。
（国家能源集团 提供）

2019年12月24日，大唐印尼米拉务项目（2×225MW）完成第一方混凝土浇筑里程碑节点任务，工程建设全面拉开序幕。该项目是落实国家“一带一路”倡议，推进国际化发展，通过自主招标获得的第一个境外绿电项目。

（中国大唐　提供）

2019年12月30日，老中铁路供电项目举行开工奠基仪式。

（南方电网公司　提供）

2019年2月19日，由中国电建华中院设计的焦作电厂2×660MW“上大压小”异地扩建工程荣获“2018—2019年度国家优质工程奖”。

（中国电建华中院　提供）

2019年4月15日，华电广州增城燃气冷热电三联供工程（2×670MW）正式进入设备的全面安装阶段。

（中国华电　提供）

2019年6月4日，国家能源集团宿迁发电有限公司二期4号机组顺利通过168h试运行，标志着该厂实现从两台135MW机组到两台660MW超超临界二次再热机组转型升级成功。

（国家能源集团　提供）

2019年8月22日9时16分，山东莱州二期2×1000MW扩建工程3号机组通过168h满负荷试运行。

（中国华电　提供）

2019年12月4日，中国华电国际十里泉电厂“上大压小”2×600MW超超临界机组工程获评“2018—2019年度中国建设工程鲁班奖”，项目由中国电建核电公司承建。

（中国华电、中国电建核电公司　提供）

2019年12月4日，神华国华宁东电厂2×660MW扩建工程获“2018—2019年度中国建设工程鲁班奖”，项目由中国电建山东电建三公司承建。

（国家能源集团　提供）

2019年12月7日，大唐国际雷州电厂"上大压小"新建工程1号机组通过168h试运行。该项目一期建设2台1000MW超超临界二次再热燃煤发电机组，是广东省"十三五"重点建设项目之一。

（中国大唐　提供）

2019年12月8日，中国电建核电公司EPC总承包建设的华能山东如意巴基斯坦萨希瓦尔2×660MW燃煤电站工程获评"2018—2019年度国家优质工程金奖"。

（中国电建核电公司　提供）

2019年12月8日，中国电建核电公司承建的大唐滨州2×350MW“上大压小”热电联产新建工程获评“2018—2019年度国家优质工程奖”。

（中国电建核电公司　提供）

2019年12月8日，中国电建核电公司承建的华能莱芜电厂百万机组“上大压小”扩建工程获评“2018—2019年度国家优质工程奖”。

（中国电建核电公司　提供）

2019年12月8日，中国电建核电公司承建的青海西宁热电厂2×350MW“上大压小”新建工程获评“2018—2019年度国家优质工程奖”。

（中国电建核电公司　提供）

2019年12月8日，由中国电建山东电建一公司参建的大唐临清2×350MW工程荣获“2018—2019年度国家优质工程奖”。

（中国电建山东电建一公司　提供）

2019年12月8日，江西水电公司承建的华润海丰电厂2×1000MW工程获得“2018—2019年度国家优质工程奖”。

（中国电建江西水电公司　提供）

2019年12月15日，海南文昌2×460MW级燃气—蒸汽联合循环电厂工程一期首台机组实现点火一次成功。

（南方电网公司　提供）

2019年5月31日，中国电建水电一局承建的西藏第一个采用地下厂房式建设的水电站——西藏易贡藏布金桥水电站（装机容量3×22MW）首台机组（1号机组）开始发电。

（中国电建水电一局　提供）

2019年9月10日，由中国电建水电六局参建的小湾水电站获“2019年度菲迪克工程优秀项目奖”。

（中国电建水电六局　提供）

2019年11月29日，由中国电建水电四局承担的世界最大单机容量百万千瓦水轮发电机组首瓣定子机座成功调入白鹤滩水电站一号机坑。
（中国电建水电四局 提供 余金桂 摄）

2019年12月8日，由成都院勘测设计、水电七局参建的四川大渡河大岗山水电站（装机容量4×650MW）荣获“2018—2019年度国家优质工程金奖”。
（中国电建水电七局 提供 朱隐 摄）

2019年12月8日，由中国电建集团成都院勘测设计，水电五局、水电十一局承建，水电七局参建的四川雅砻江锦屏一级、二级水电站荣获“2018—2019年度国家优质工程金奖”。
（中国电建成都院 提供）

2019年1月9日，由中国电建山东电建一公司承建的山东海阳核电一期2×1250MW工程2号常规岛建安项目投产移交。

（中国电建山东电建一公司　提供）

2019年4月12日，国电电力浙江舟山海上风电公司第63台风机顺利并网，至此全国首个使用高高承台基础的近海风电场全部投入运营。

（国家能源集团　提供）

2019年5月23日，三峡新能源格尔木500MW光伏领跑者项目的建成投运，标志着光伏平价上网目标的初步实现。

（中国三峡集团　提供）

2019年11月26日，由华东院勘测设计的江苏九思蒋家沙（H2）300MW海上风电项目220kV海上升压站成功平移安装，是全球首例在海上风电场采用平移方式安装的大型电气平台。

（中国电建华东院　提供）

2019年11月29日10时28分，广东阳江一期海上风电项目首批机组正式并网发电。

（中国三峡集团　提供）

2019年12月25日，大唐国信滨海海上风力发电有限公司江苏滨海300MW海上风电项目全部风机并网发电。

（中国大唐　提供）

2019年12月29日16时22分，北港长河100MW光伏项目成功并网发电，实现了中国大唐及湖南省大型水面漂浮式光伏“零的突破”。

（中国大唐　提供）

2019年12月30日，长兴发电公司燃煤耦合污泥发电项目正式投入运行，项目日处理污泥200t。

（浙能集团 提供）

2019年12月31日，由中国电建集团中南院总承包的世界首例采用熔盐在集热管内吸热的敦煌大成一期50MW熔盐线性菲涅尔式光热发电项目一次并网成功。

（中国电建 提供 王佳明 摄）

输变电工程

2019年2月21日，国网山西电力临汾供电公司通过WMS系统应用射频识别(RFID)物联网技术，对仓储物资实现电子化、信息化、智能化综合管理。

（国网山西电力　提供）

2019年3月12日，南疆四地州煤改电（一期）配套电网暨全疆电网建设工程开复工大会在乌鲁木齐举行，图为工程施工现场。

（国网新疆电力　提供）

2019年4～5月，国网黑龙江电力对中俄直流联网500kV输变电工程进行年度检修。该工程是国内规划建设的从境外购电电压等级最高、容量最大的输变电工程。

（国网黑龙江电力　提供
张永奎　摄）

2019年5月20日，舟山柔直系统舟定换流站直流断路器在舟山定海换流站成功完成首次双极极间短路试验。

（国网浙江电力 提供 张帆 摄）

2019年5月30日，海南联网二回工程投产，这是中国第二个500kV超高压、长距离、大容量的跨海电力联网工程。图为海缆在海面释放出欧米伽弯后准备登陆。

（南方电网公司 提供 何耀铭 摄）

2019年5月30日，南方主网与海南电网第二回联网工程建成投产运行，海南岛与大陆实现电力双回线路联网。

（海南电网公司 提供）

2019年6月13日，750kV夏道1线24h试运行结束，陕北至关中750kV第二通道输变电工程全部投运，陕北送关中能力提升至4000MW。
（国网陕西电力　提供）

2019年6月24日，镇江五峰山220kV跨江升高改造工程162m南跨越塔成功结顶。
（国网江苏电力　提供）

2019年7月8日，国家“十三五”电网主网架完善重点项目、广东省重点工程——500kV博贺电厂送出工程（茂名段）正式开工。
（广东电网公司 提供 杨建勇 摄）

2019年7月18日，南网科研院建成世界首个三端混合直流换流阀试验平台。

（许建军 摄）

2019年7月18日，国网黑龙江电力承建的中俄东线天然气管道首站供电工程组塔施工现场。

（国网黑龙江电力 提供）

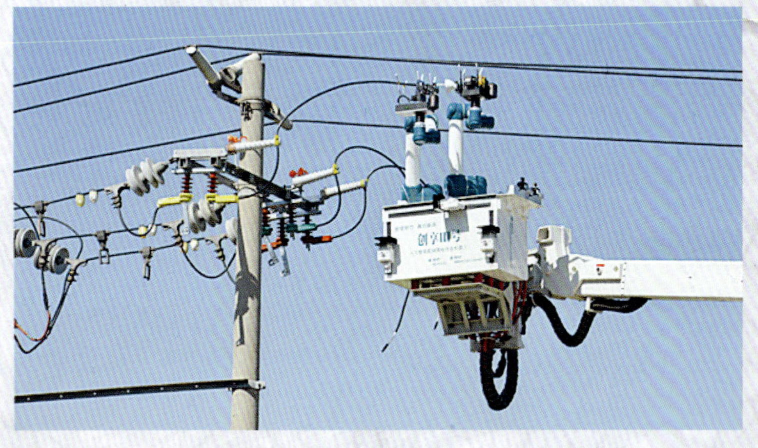

2019年8月23日，全球首台基于人工智能技术的全自主配网带电作业机器人在天津滨海新区供电线路上正式投入使用。

（国网天津电力 提供）

2019年9月15日，世界上电压等级最高、输送容量最大的超长距离GIL创新工程，华东特高压交流环网合环运行的关键性工程——苏通GIL综合管廊工程在苏州常熟投运。

（国网江苏电力　提供）

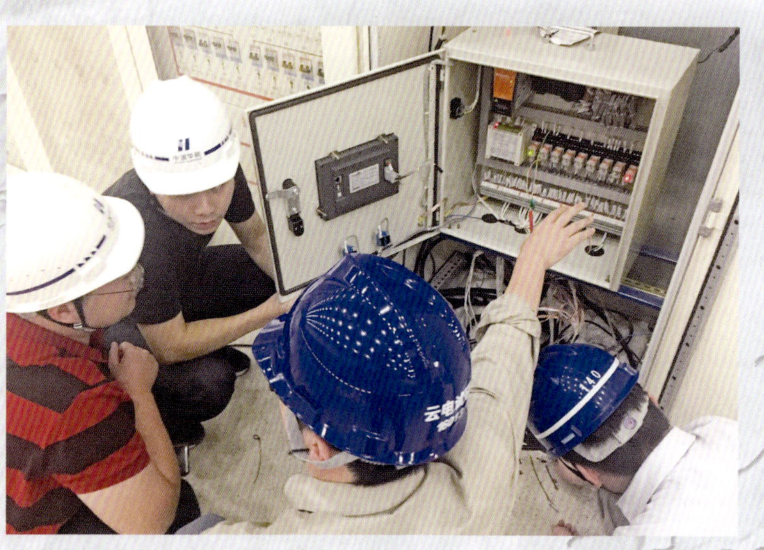

2019年10月14日，世界首次调速器附加阻尼控制装置试验成功，图为南网科研院技术人员正在进行试验准备工作。

（南网科研院 提供 许建军 摄）

2019年10月29日，渠阳（宝北）500kV变电站提前半个月成功送电，进一步加强完善天津地区500kV电网结构。

（国网天津电力 提供）

2019年11月13日，中国南方电网贵州电网公司牵头参与完成的“集成多能源系统的主动配电网关键技术研究及应用”项目，荣获2019年度中国电力科学技术进步奖一等奖。

（贵州电网公司　提供）

2019年11月13日，南网超高压输电公司±500kV鲁西背靠背换流站工程荣获“2018—2019年度国家优质工程金奖”。项目由中国电建江西水电公司承建。

（中国电建江西水电公司　提供　李品　摄）

2019年11月29日，贵州电网公司组织防冰应急演练。图为在融冰演练现场，凯里施秉供电局员工通过南网通向应急指挥中心传送图像。

（雷光杰　摄）

2019年12月4日，南网超高压输电公司±500kV金官换流站荣获2018—2019年度鲁班奖（国家优质工程奖）。

（李品　摄）

2019年12月19日，河西走廊750kV第三回线加强工程投运大会在甘肃举行。工程起于敦煌，止于白银，包括张掖750kV输变电工程和750kV河西电网加强工程，新建线路839km，总投资35亿元。

（国网甘肃电力　提供）

2019年12月23日，江西水电公司承建的南网云南黄登电站 500kV交流送出工程获评“2019—2020年度中国安装之星”。

（中国电建江西水电公司　提供）

2019年12月24日，广东电网500kV阳江核电接入系统二期工程全线投产。

（广东电网公司　提供）

2019年2月2日 国网四川电力送变电党员服务队巡线员在四川甘孜二郎山对500kV甘蜀一、二线开展特巡。

（国网四川电力 提供 孙琦 摄）

2019年2月4日晚，在"长春一汽春晚分会场"直播现场，国网长春供电公司"共产党员服务队"正在对舞台供电设备进行夜间巡视。

（国网吉林电力 提供）

2019年3月21日，贵州电网公司FAST第二电源项目建设启动，项目历经3个多月建成投用，形成对"天眼"的双电源供电，FAST用电更加无忧。

（贵州电网公司 提供 江伟 摄）

2019年3月30日，海南电网公司圆满完成博鳌亚洲论坛2019年年会特级保供电工作，这是该公司连续18年圆满完成年会特级保供电任务。

（伍昭静　摄）

2019年4月21日，中宣部组织的“壮丽70年 奋斗新时代”媒体采访团到南网科研院采访报道科研攻关事迹。

（许建军　摄）

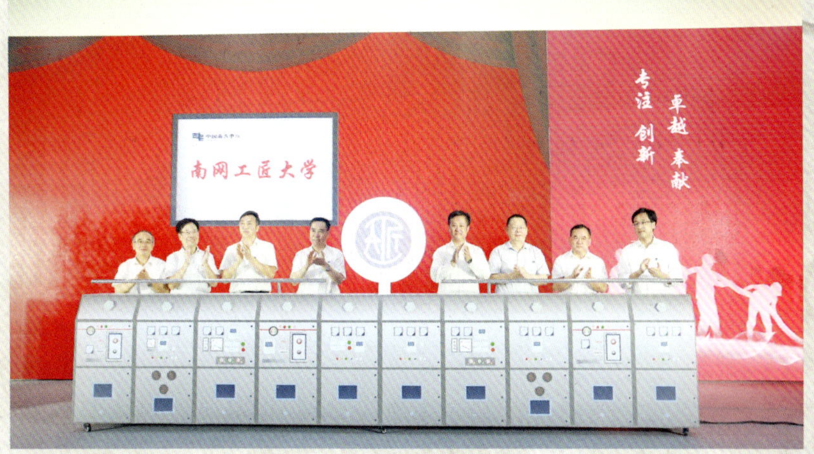

2019年5月21日，中央企业第一家“工匠大学”——南网工匠大学在广州供电局清河培训基地正式挂牌成立。

（南方电网公司　提供）

2019年5月27日，贵州电网公司与华为公司签署战略合作协议，以促进贵州电网公司信息化建设，实现“让数据多跑路，百姓少跑腿”目标。

（李波 摄）

2019年6月12日，国网青海电力“绿电15日”再次刷新世界纪录，并首次发布“绿电指数”。

（国网青海电力 提供）

2019年6月17日22时55分，宜宾市长宁县发生6.0级地震，6月19日下午，四川省委书记彭清华到宜宾市长宁县最大的灾民集中安置点看望慰问受灾群众和抗震救灾队伍，肯定公司抗灾保电工作保障有力。

（国网四川电力 提供）

2019年6月27日，国网福建电力举行“最美国网人”宣讲。

（国网福建电力　提供）

2019年7月9日，南网超高压输电公司举办“不忘初心、牢记使命”主题演讲比赛。

（陈云亭　摄）

在“不忘初心、牢记使命”主题教育中，贵州电网公司注重为民服务解难题，加快推进农村电网改造升级。图为7月17日贵阳供电局党员突击队正在安装变压器。

（陈举　摄）

2019年7月18日，国网满洲里市供电公司窗口人员在互贸区营业厅引导外国客户缴费。

（国网蒙东电力　提供）

2019年8月13日，南方电网海南电网公司举办第11届职工健身节技能竞赛。

（林娟　摄）

2019年9月20日，国网山西电力举办“我和祖国共奋进”庆祝新中国成立70周年主题歌会。

（国网山西电力　提供）

2019年9月27日，国网西北分部举办庆祝新中国成立70周年职工合唱比赛，在歌声中回顾党的光辉历程，讴歌党的丰功伟绩。

（国网西北分部　提供）

2019年国庆前夕，海南电网定点扶贫的白沙县南达村村民迁新居迎国庆，南达村翻天覆地展新颜。

（伍昭静　摄）

2019年9月30日，中国大唐集团有限公司总部举行庆祝中华人民共和国成立70周年升国旗仪式，并举办“新时代 新大唐”庆祝新中国成立70周年职工书画摄影展。

（中国大唐　提供）

2019年10月1日，国网北京电力城区公司保障队员在天安门广场开展国庆70周年保电特巡。

（林峰　摄）

2019年10月1日，珠海供电局工作人员在珠海市“庆祝新中国成立70周年焰火晚会”保供电现场。

（朱甸　摄）

2019年10月17日，贵阳乌当供电局党员服务队深入贫困户家中，为村民检查线路并安装节能灯。

（周晓珊　摄）

2019年11月8日，国网蒙东电力（牙克石营销）员服务队在“十四冬”越野滑雪和冬季两项比赛场地牙克石凤凰山滑雪场为人工造雪机排查隐患。

（国网蒙东电力　提供）

2019年11月13日，吉林白山抚松县供电公司员工丛海钊在某部边防哨所为士兵讲解低压开关柜操作流程及安全注意事项。

（国网吉林电力　提供）

2019年11月20日，吉林抚松县供电公司员工在长白山景区对10kV山门甲线景区分线22号电缆分支箱开展雪后特巡。

（国网吉林电力 提供）

2019年12月3日，国网福建电力员工在福建青拓物流有限公司湾坞作业区码头积极推广岸电。

（国网福建电力　提供）

2019年12月8日，中央宣传部、退役军人事务部、中央军委政治工作部在北京向全社会公开发布2019年20名“最美退役军人”先进事迹，国网江苏电力（国网如东公司）退役军人共产党员服务队获评该项荣誉。

（国网江苏电力　提供）

2019年12月13日，国网陕西电力与陕西省公安厅在公司本部举行签字仪式，正式出台“陕西省警电部门防范和打击涉电违法犯罪合作机制”，共同建立防范和打击窃电及盗窃电力设施的合作平台，并设立涉电违法犯罪举报、协查、破（办）案专项奖励经费。

（国网陕西电力　提供）

《中国电力年鉴》编委会

《2020 中国电力年鉴》

《中国电力年鉴》编辑部

特约撰稿人（按姓氏笔画排序）

丁　林	丁　静	于　汀	万航宇	马　飞	马　林	马海洋
王　宁	王　健	王　爽	王　媛	王　璞	王　蕾	王　灏
王　鑫	王小枫	王小春	王长周	王生龙	王宁华	王庆杰
王军亮	王运涛	王秀龙	王金宇	王珊丹	王奕霖	王庭军
王振华	王晓刚	王晓茜	王晓璐	王雅丽	井　然	毛育东
文　池	石家标	龙　飞	龙　云	叶伏虎	叶婉琪	由　龙
包丹阳	冯　晔	冯星城	冯颖惠	宁　昕	司良奇	台　赛
邢　通	邢　蕊	成鹏昆	吕　昕	吕巧珍	吕彩霞	庄　严
刘　严	刘　胜	刘　莎	刘　琪	刘　博	刘　磊	刘之阳
刘文平	刘旭龙	刘葳蕤	刘雁斌	刘碧文	闫　雨	许　争
许为宁	阮少宝	孙　涛	孙　涵	纪小鸥	苏　玲	李　刚
李　庆	李　明	李　岩	李　曼	李　斌	李　强	李　蒙
李　鹏	李心易	李红艳	李青春	李林杰	李国柱	李瑞雪
杨　倞	杨　帆	杨丽萍	杨振华	郦颂东	肖　磊	吴海明
旷路明	邱小川	何　飞	何润生	邹文晴	沈　亮	宋　莉
张　义	张　申	张　屹	张　冰	张　虎	张　怡	张　轶
张　雁	张　楠	张　蕾	张会旭	张兴辉	张建华	张贺军
张振环	张晓东	张海鹏	张敬军	张耀坤	陈　燕	陈孝健
陈原子	范晓虹	罗旭杰	金　焱	周小柯	周志明	周翔宇
郑伟伟	郑雪胜	郑媛媛	宗佳慧	赵　东	赵　晔	赵　倩
赵　静	赵大平	赵凤仪	赵汗青	赵苗苗	赵国富	赵艳玲
赵海翔	胡　波	胡冬梅	胡侑实	柳　伟	侯　伟	侯　勇
洪志鹃	祝为平	贺　磊	秦诗琼	袁国民	夏　春	夏　雪
夏周武	钱永兵	徐　洁	徐　琴	徐玲铃	徐俊波	栾凤奎
高　莹	高　媛	高　澈	高海峰	高鹏路	郭东梅	郭昆亚
涂文琪	陶志军	黄　哲	黄军生	曹际储	曹爱民	龚　喜
龚剑波	盛　兴	常　宏	崔　昊	梁　昊	彭文博	葛云鹏

董时萌　敬慧莉　韩　勇　韩　悦　韩廷海　韩学韬　覃桂平
程　鳌　程军生　鲁笑笑　谢成树　谢振凡　靳坤坤　雷　颖
雷定演　解晓东　蔡靖波　嘎玛旦增　廖　爽　熊志明　缪莉庆
颜辉轩　潘建初　潘翔振　薛振宇　薛晓军　霍旭佳　霍志刚
戴力壮

编 辑 说 明

1.《中国电力年鉴》（简称《年鉴》）于1993年创刊，已连续出版26期，是一本融史实性、资料性为一体的专业年鉴，也是一本全面实用，文、图、表并茂的综合性大型年刊。其主要服务对象为从事电力科研、生产、建设、经营管理的有关人员，以及与电力相关的政府和企事业单位的有关人员。

2. 本《年鉴》的编纂指导思想为：围绕电力工业改革与发展的主线，全面记载电力工业发展与改革、规划与建设、科技进步、国际合作等各方面的成就和工作。

3. 本《年鉴》是在国家能源局的领导和中国电力企业联合会的支持下，由中国电力发展促进会牵头组织国家电网有限公司、中国南方电网有限责任公司、中国华能集团有限公司、中国大唐集团有限公司、中国华电集团有限公司、国家能源投资集团有限责任公司、国家电力投资集团有限公司等共同编写的。《年鉴》编委会由国家能源局、中国电力企业联合会、两大电网公司、五大发电集团公司、两个建设集团公司，以及其他电力相关企业的主要负责人组成，并作为《中国电力年鉴》的领导机构，决定《年鉴》编辑出版的指导思想和主要内容。

4. 本期《年鉴》主要收录了2019年中国电力工业各方面所取得的成绩，重点反映了2019年电力工业发展和改革、电力建设、科技创新、国际合作、社会责任等内容。本期《年鉴》在框架结构上做了适当调整，调整的篇目和栏目情况如下：“电力环保”栏目，由“特载”篇目调整至“科技创新”篇目；“法律法规及产业政策”栏目暂时调整为“产业政策”；本期不设“电力规划”栏目；“电力建设”篇目中“非水可再生能源发电及储能”子栏目名称调整为“其他形式发电及储能”；“科技创新”篇目取消“专利和标准”栏目。

5. 本期《年鉴》的框架结构由篇目、栏目、条目3个层次组成，设有特载，电力发展与改革，电力建设，科技创新，国际合作，社会责任，行业管理，电力会议，学术团体与行业学协会，科研、教育与新闻出版，电力企业，地区电力，大事记，文献，统计资料，企业风采等篇目。本期《年鉴》仍采用文章和条目两种体裁，以条目为主，并配有具有史料价值的彩图100余幅。为方便读者检索和查阅，本《年鉴》正文前有中文目录和彩图目录，正文后有内容索引。

6. 本《年鉴》实行文责自负。《年鉴》框架设计及文章类条目均由编委会审定，条目内容、数据、彩图等均由撰稿单位校核及审定。需说明的是，本《年鉴》统计资料及有关全国数据的图表等一般未包括我国台湾省和港澳地区的数据。

篇　目

目　录

科技创新

电力会议

学术团体与行业学协会

科研、教育与新闻出版

电力企业

统计资料

企业风采

附　录

索　引

彩 图 目 录

重要电力事件

2019 年 1 月 8 日，2019 年中国水电发展论坛暨水力发电科学技术奖颁奖典礼在北京举行。

（中国水电学会　提供　雷定演　摄）

2019 年 1 月 29 日，“2018—2019 年度全国电力供需形势分析预测报告新闻发布会”在北京召开。

（中电联　提供）

2019 年 1 月 30 日，中国华电出席“北京 2022 年冬奥会和冬残奥会场馆绿电供应签约仪式”。

（中国华电　提供）

2019 年 3 月 18 日，“服务粤港澳大湾区发展电力合作倡议暨南方电网公司服务粤港澳大湾区发展举措发布会”在北京国家会议中心举行。

（南方电网公司　提供　赖增鹏　摄）

2019 年 4 月 24～26 日，“2019 年度电力行业企业文化工作交流培训会暨文化创新成果发布会”在贵州贵阳召开。

（中电联　提供）

2019 年 4 月 25 日，第二届“一带一路”国际合作高峰论坛期间，丝绸之路商务理事会中国委员会主席、中国大唐董事长陈飞虎应邀出席“一带一路”企业家大会并发言。

（中国大唐　提供）

2019 年 5 月 16 日，由中国工程院、中国电机工程学会和国家能源集团联合主办的“2019 年清洁电力国际工程科技高端论坛暨国家能源集团清洁能源国际高端论坛”在北京开幕。

（国家能源集团　提供）

2019 年 5 月 29 日，“海南智能电网建设方案新闻发布会”在海南海口召开，会上发布并解读了《海南智能电网 2019—2021 年建设方案》。

（海南电网公司　提供　陈立楷　摄）

2019 年 5 月 30 日，浙江电力市场（现货）模拟试运行启动仪式在国网浙江省电力有限公司举行。

（国网浙江电力　提供　陈聪　摄）

2019 年 6 月 13 日，“2019 年西北电网迎峰度夏联合反事故演习”成功举行。

（国网西北分部　提供）

2019 年 6 月 20 日，四川电力现货市场启动模拟试运行。

（国网四川电力　提供）

2019 年 6 月 28 日，中国华电成功举办综合能源服务生态圈启动会。

（中国华电　提供）

2019 年 7 月 26 日，中电联发布《全国电力行业核心价值公约（2019 年修订版）》。

（中电联　提供）

2019 年 8 月 7 日，福建与金门、马祖电力联网研讨会在厦门召开。

（国网福建电力　提供）

2019 年 8 月 9 日，国家能源局电力安全监管司司长童光毅（主席台左三）到南网能源院开展电力工程质量监督管理工作调研座谈。

（南网能源院　提供）

2019 年 8 月 17～18 日，2019“紫金论电”——智能电网保护和运行控制国际学术研讨会在南京召开，南瑞集团董事长、党组书记冷俊在会上发表讲话。

（南瑞集团　提供）

2019 年 8 月 29 日，全国首个城市级能源互联网示范项目——“嘉兴城市能源互联网综合试点示范项目”在浙江嘉兴建成。

（国网浙江电力　提供　陈俊华　摄）

2019 年 9 月 19～20 日，“第六届澜湄国家电力企业峰会”在南宁举行。

（南方电网公司　提供　赖增鹏　摄）

2019 年 9 月 26 日，内蒙古自治区人民政府与国家电投深化合作框架协议签约仪式暨乌兰察布风电基地项目一期 50MW 示范项目开工建设动员大会在四子王旗工程现场召开。

（国家电投　提供）

2019 年 10 月 1 日，华北电网保持“全接线、全保护”方式运行，国网华北分部主调、备调值班人员同步值守，圆满完成庆祝新中国成立 70 周年保电工作。

（国网华北分部　提供）

2019年10月16日，2019央企支持澳门中葡平台建设高峰会在澳门开幕，三峡集团党组副书记、总经理王琳应邀出席会议，并与葡萄牙电力公司副总经理若奥·达·克鲁兹共同签署三峡集团与葡电合作协议。

（三峡集团　提供）

2019年10月22日，中国水力发电工程学会举办首届中国水电青年科技论坛。

（中国水电学会　提供　雷定演　摄）

2019年10月26日，国家电投上海核工院“三门核电一期工程核岛建设项目”获得2019年PMI中国项目管理大奖年度项目奖。

（国家电投　提供）

2019年11月3～11日，中国华电圆满完成第二届进博会核心区供能和上海市调峰保电任务。

（中国华电　提供）

2019年11月7～8日，“立责于心　履责于行”全国电力行业企业社会责任工作研讨会（2019）在云南昆明召开。

（中电联　提供）

2019年11月12日，“粤港澳三地港口岸电合作推进会”在广东珠海举行。广东省交通运输厅与广东电网公司、广州供电局、深圳供电局共同签署“关于推进广东省港口岸电建设及发展战略合作框架协议”。

（广东电网公司　提供）

2019年11月27日，“地方能源企业发展论坛”在上海召开。

（浙能集团　提供）

2019年12月13日，国网湖州供电公司在西班牙马德里举行的第二十五届联合国气候变化大会（COP25）上发布专题型白皮书《中国湖州“生态＋电力”示范城市建设应对气候变化行动》。

（国网浙江电力　提供　沈贺铭　摄）

2019年12月28日，由中国企业网、《环球时报》社和《经济》杂志社联合主办的2019（第二届）亚洲经济大会在北京举行。浙能集团获得中国（行业）年度杰出贡献奖。

（浙能集团　提供）

2019年，南网能源院成功入选中国智库索引（CTTI），正式成为CTTI来源智库之一。

（南网能源院　提供）

国际合作与交流

2019年1月14日，中国三峡集团承建的乌干达伊辛巴水电站4台机组全部投产发电。

（中国三峡集团　提供）

2019年1月17日，中国电建与英国GCM公司在孟加拉国达卡举行普尔巴里一期2×1000MW燃煤电站项目联合开发协议及EPC合同签约仪式。

（中国电建　提供）

2019年3月6日，由中国电建水电十一局、昆明院承建的玻利维亚圣何塞水电站项目实现并网发电。

（中国电建　提供）

2019年3月23日，国家电投党组书记、董事长钱智民与意大利安萨尔多能源公司首席执行官赞皮尼在意大利罗马签署重型燃气轮机技术合作协议。

（国家电投　提供）

2019年3月25日，国家能源集团党组书记、董事长王祥喜与法国电力集团董事长兼总裁乐维在巴黎签署“东台四期和东台五期海上风电项目合作协议”。

（国家能源集团　提供）

2019年3月27日，智利Transelec公司一行在直流输电技术国家重点实验室参观。

（南网科研院　提供　许建军　摄）

2019年4月27日，中国大唐党组书记、董事长陈飞虎在京会见缅甸电力与能源部部长吴温楷一行，双方就加强在缅甸项目开发进行深入交流。

（中国大唐　提供）

2019年4月，中国三峡集团完成几内亚凯乐塔水电站股权交割。10月，凯乐塔水电站荣登中华人民共和国与几内亚共和国建交60周年纪念邮票，成为中几两国友好交往的“文化使者”。

（中国三峡集团　提供）

2019年6月6日，山东电建三公司承建的沙特延布三期5×660MW燃油电站3号机组并网成功。

（中国电建国际公司　提供）

2019年6月18日，由中国电建集团通过融资创新承接并委托华东院总承包的越南油汀500MW光伏项目全部投入商业运行。

（中国电建华东院　提供）

当地时间2019年7月9日，河北工程公司、湖北工程公司共同承建的巴基斯坦塔尔煤田Ⅱ区块2×330MW燃煤电站一期工程两台机组同时完成168h试运行，顺利投产移交。

（中国电建　提供　邵建新　摄）

2019年7月19日，由中国电建承建的阿根廷卡法亚特100MW光伏电站项目正式投入商业运营。

（中国电建国际公司　提供）

2019年8月8日，龙源电力与立陶宛四风能源公司签署乌克兰尤日内风电项目收购协议。乌克兰尤日内项目规划容量76.5MW，年发电量可满足当地5000多户居民用电需求。

（国家能源集团　提供）

2019年9月12日，巴西执政党副主席鲁达先生一行拜访浙能巴西控股公司。

（浙能集团　提供）

2019 年 9 月 20 日，布隆迪总统皮埃尔・恩库伦齐扎出席水电十四局承建的中国政府援建的最大在建水电站项目——布隆迪胡济巴济水电站项目开工典礼。

（中国电建水电十四局　提供）

2019 年 9 月 30 日，国际热核聚变实验堆（ITER）的“心脏”安装阶段在京启动征程。ITER 组织与中核集团牵头的中法联合体正式签订 ITER 主机安装一号合同（TACI）。

（中核集团　提供）

2019 年 10 月 14 日，巴西 CPFL 公司董事长文博、独立董事安东尼奥・坎迪尔一行到访国网西北分部交流调研可再生能源并网工作。

（国网西北分部　提供）

2019 年 10 月 21 日，英中企业海上风电商业研讨会在中国大唐总部召开，研讨交流海上风电发展情况和产业链合作。

（中国大唐　提供）

2019 年 11 月 13 日，中国电建山东电建三公司承建的摩洛哥努奥二期 200MW 槽式光热电站项目获国家优质工程金奖（境外工程），成为国内外首个荣获国优金奖的光热工程，也是 2019 年度电力行业唯一获此殊荣的境外工程。

（中国电建　提供　杜学广　摄）

2019 年 11 月 16 日，国家电投党组书记、董事长钱智民（右一）陪同黑山总理马尔科维奇（左一）、马耳他总理穆斯卡特（左二）共同出席国家电投与马耳他在黑山共同联合开发的莫祖拉风电项目完工仪式。

（国家电投　提供）

2019 年 12 月 4 日，由中国电建市政公司承建的阿尔及利亚 233MW 光伏电站工程荣获 2018—2019 年度中国建设工程鲁班奖（境外工程）。

（中国电建市政公司　提供）

2019 年 12 月 4 日，由中国电建成都院承担勘测设计和设备成套任务、水电五局 EPC 总承包建设的科特迪瓦苏布雷水电站工程荣获中国建设工程鲁班奖（境外工程）。

（中国电建　提供　吴自强　摄）

2019 年 12 月 4 日，中国电建山东电建三公司承建的印度古德洛尔电厂一期 2×600MW 工程被正式授予中国建设工程鲁班奖（境外工程）。

（中国电建　提供　董静　摄）

2019 年 12 月 13 日，中国企业在海外投资建设的单机容量最大火电机组——国家能源集团国华印尼爪哇 7 号 2×1050MW 燃煤发电工程 1 号机组签署商业运营日期证书及移交生产交接书。

（国家能源集团　提供）

2019 年 12 月 24 日，大唐印尼米拉务项目（2×225MW）完成第一方混凝土浇筑里程碑节点任务，工程建设全面拉开序幕。该项目是落实国家“一带一路”倡议，推进国际化发展，通过自主招标获得的第一个境外绿电项目。

（中国大唐　提供）

2019 年 12 月 30 日，老中铁路供电项目举行开工奠基仪式。

（南方电网公司　提供）

发电・火力发电

2019 年 2 月 19 日，由中国电建华中院设计的焦作电厂 2×660MW“上大压小”异地扩建工程荣获“2018—2019 年度国家优质工程奖”。

（中国电建华中院　提供）

2019 年 4 月 15 日，华电广州增城燃气冷热电三联供工程（2×670MW）正式进入设备的全面安装阶段。

（中国华电　提供）

2019 年 6 月 4 日，国家能源集团宿迁发电有限公司二期 4 号机组顺利通过 168h 试运行，标志着该厂实现从两台 135MW 机组到两台 660MW 超超临界二次再热机组转型升级成功。

（国家能源集团　提供）

2019 年 8 月 22 日 9 时 16 分，山东莱州二期 2×1000MW 扩建工程 3 号机组通过 168h 满负荷试运行。

（中国华电　提供）

2019 年 12 月 4 日，中国华电国际十里泉电厂“上大压小”2×600MW 超超临界机组工程获评“2018—2019 年度中国建设工程鲁班奖”，项目由中国电建核电公司承建。

（中国华电、中国电建核电公司　提供）

2019 年 12 月 4 日，神华国华宁东电厂 2×660MW 扩建工程获“2018—2019 年度中国建设工程鲁班奖”，项目由中国电建山东电建三公司承建。

（国家能源集团　提供）

2019 年 12 月 7 日，大唐国际雷州电厂“上大压小”新建工程 1 号机组通过 168h 试运行。该项目一期建设 2 台 1000MW 超超临界二次再热燃煤发电机组，是广东省“十三五”重点建设项目之一。

（中国大唐　提供）

2019 年 12 月 8 日，中国电建核电公司 EPC 总承包建设的华能山东如意巴基斯坦萨希瓦尔 2×660MW 燃煤电站工程获评“2018—2019 年度国家优质工程金奖”。

（中国电建核电公司　提供）

2019 年 12 月 8 日，中国电建核电公司承建的大唐滨州 2×350MW“上大压小”热电联产新建工程获评“2018—2019 年度国家优质工程奖”。

（中国电建核电公司 提供）

2019 年 12 月 8 日，中国电建核电公司承建的华能莱芜电厂百万机组“上大压小”扩建工程获评“2018—2019 年度国家优质工程奖”。

（中国电建核电公司 提供）

2019 年 12 月 8 日，中国电建核电公司承建的青海西宁热电厂 2×350MW“上大压小”新建工程获评“2018—2019 年度国家优质工程奖”。

（中国电建核电公司 提供）

2019 年 12 月 8 日，由中国电建山东电建一公司参建的大唐临清 2×350MW 工程荣获“2018—2019 年度国家优质工程奖”。

（中国电建山东电建一公司 提供）

2019 年 12 月 8 日，江西水电公司承建的华润海丰电厂 2×1000MW 工程获得“2018—2019 年度国家优质工程奖”。

（中国电建江西水电公司 提供）

2019 年 12 月 15 日，海南文昌 2×460MW 级燃气—蒸汽联合循环电厂工程一期首台机组实现点火一次成功。

（南方电网公司 提供）

发电·水力发电

2019 年 5 月 31 日，中国电建水电一局承建的西藏第一个采用地下厂房式建设的水电站——西藏易贡藏布金桥水电站（装机容量 3×22MW）首台机组（1 号机组）开始发电。

（中国电建水电一局 提供）

2019 年 9 月 10 日，由中国电建水电六局参建的小湾水电站获“2019 年度菲迪克工程优秀项目奖”。

（中国电建水电六局 提供）

2019 年 11 月 29 日，由中国电建水电四局承担的世界最大单机容量百万千瓦水轮发电机组首瓣定子机座成功调入白鹤滩水电站一号机坑。

（中国电建水电四局 提供 余金桂 摄）

2019 年 12 月 8 日，由成都院勘测设计、水电七局参建的四川大渡河大岗山水电站（装机容量 4×650MW）荣获“2018—2019 年度国家优质工程金奖”。

（中国电建水电七局 提供 朱隐 摄）

2019 年 12 月 8 日，由中国电建集团成都院勘测设计，水电五局、水电十一局承建，水电七局参建的四川雅砻江锦屏一级、二级水电站荣获“2018—2019 年度国家优质工程金奖”。

（中国电建成都院 提供）

发电·核能及新能源发电

2019 年 1 月 9 日，由中国电建山东电建一公司承建的山东海阳核电一期 2×1250MW 工程 2 号常规岛建安项目投产移交。

（中国电建山东电建一公司 提供）

2019 年 4 月 12 日，国电电力浙江舟山海上风电公司第 63 台风机顺利并网，至此全国首个使用高高承台基础的近海风电场全部投入运营。

（国家能源集团 提供）

2019 年 5 月 23 日，三峡新能源格尔木 500MW 光伏领跑者项目的建成投运，标志着光伏平价上网目标的初步实现。

（中国三峡集团 提供）

2019 年 11 月 26 日，由华东院勘测设计的江苏九思蒋家沙（H2）300MW 海上风电项目 220kV 海上升压站成功平移安装，是全球首例在海上风电场采用平移方式安装的大型电气平台。

（中国电建华东院 提供）

2019 年 11 月 29 日 10 时 28 分，广东阳江一期海上风电项目首批机组正式并网发电。

（中国三峡集团 提供）

2019 年 12 月 25 日，大唐国信滨海海上风力发电有限公司江苏滨海 300MW 海上风电项目全部风机并网发电。

（中国大唐 提供）

2019 年 12 月 29 日 16 时 22 分，北港长河 100MW 光伏项目成功并网发电，实现了中国大唐及湖南省大型水面漂浮式光伏“零的突破”。

（中国大唐 提供）

2019 年 12 月 30 日，长兴发电公司燃煤耦合污泥发电项目正式投入运行，项目日处理污泥 200t。

（浙能集团 提供）

2019 年 12 月 31 日，由中国电建集团中南院总承包的世界首例采用熔盐在集热管内吸热的敦煌大成一期 50MW 熔盐线性菲涅尔式光热发电项目一次并网成功。

（中国电建 提供 王佳明 摄）

输变电工程

2019 年 2 月 21 日，国网山西电力临汾供电公司通过 WMS 系统应用射频识别（RFID）物联网技术，对仓储物资实现电子化、信息化、智能化综合管理。

（国网山西电力 提供）

2019 年 3 月 12 日，南疆四地州煤改电（一期）配套电网暨全疆电网建设工程开复工大会在乌鲁木齐举行，图为工程施工现场。

（国网新疆电力 提供）

2019年4～5月，国网黑龙江电力对中俄直流联网500kV输变电工程进行年度检修。该工程是国内规划建设的从境外购电电压等级最高、容量最大的输变电工程。

（张永奎　摄）

2019年5月20日，舟山柔直系统舟定换流站直流断路器在舟山定海换流站成功完成首次双极极间短路试验。

（国网浙江电力　提供　张帆　摄）

2019年5月30日，海南联网二回工程投产，这是中国第二个500kV超高压、长距离、大容量的跨海电力联网工程。图为海缆在海面释放出欧米伽弯后准备登陆。

（南方电网公司　提供　何耀铭　摄）

2019年5月30日，南方主网与海南电网第二回联网工程建成投产运行，海南岛与大陆实现电力双回线路联网。

（海南电网公司　提供）

2019年6月13日，750kV夏道1线24h试运行结束，陕北至关中750kV第二通道输变电工程全部投运，陕北送关中能力提升至4000MW。

（国网陕西电力　提供）

2019年6月24日，镇江五峰山220kV跨江升高改造工程162m南跨越塔成功结顶。

（国网江苏电力　提供）

2019年7月8日，国家“十三五”电网主网架完善重点项目、广东省重点工程——500kV博贺电厂送出工程（茂名段）正式开工。

（广东电网公司　提供　杨建勇　摄）

2019年7月18日，南网科研院建成世界首个三端混合直流换流阀试验平台。

（许建军　摄）

2019年7月18日，国网黑龙江电力承建的中俄东线天然气管道首站供电工程组塔施工现场。

（国网黑龙江电力　提供）

2019年8月23日，全球首台基于人工智能技术的全自主配网带电作业机器人在天津滨海新区供电线路上正式投入使用。

（国网天津电力　提供）

2019年9月15日，世界上电压等级最高、输送容量最大的超长距离GIL创新工程，华东特高压交流环网合环运行的关键性工程——苏通GIL综合管廊工程在苏州常熟投运。

（国网江苏电力　提供）

2019年10月14日，世界首次调速器附加阻尼控制装置试验成功，图为南网科研院技术人员正在进行试验准备工作。

（南网科研院　提供　许建军　摄）

2019年10月29日，渠阳（宝北）500kV变电站提前半个月成功送电，进一步加强完善天津地区500kV电网结构。

（国网天津电力　提供）

2019年11月13日，中国南方电网贵州电网公司牵头参与完成的“集成多能源系统的主动配电网关键技术研究及应用”项目，荣获2019年度中国电力科学技术进步奖一等奖。

（贵州电网公司　提供）

2019年11月13日，南网超高压输电公司±500kV鲁西背靠背换流站工程荣获“2018—2019年度国家优质工程金奖”，项目由中国电建江西水电公司承建。

（中国电建江西水电公司　提供　李品　摄）

2019年11月29日，贵州电网公司组织防冰应急演练。图为在融冰演练现场，凯里施秉供电局员工通过南网通向应急指挥中心传送图像。

（雷光杰　摄）

2019年12月4日，南网超高压输电公司±500kV金官换流站荣获2018—2019年度鲁班奖（国家优质工程奖）。

（李品　摄）

2019年12月19日，河西走廊750kV第三回线加强工程投运大会在甘肃举行。工程起于敦煌，止于白银，包括张掖750kV输变电工程和750kV河西电网加强工程，新建线路839km，总投资35亿元。

（国网甘肃电力　提供）

2019年12月23日，江西水电公司承建的南网云南黄登电站500kV交流送出工程获评“2019—2020年度中国安装之星”。

（中国电建江西水电公司　　提供）

2019年12月24日，广东电网500kV阳江核电接入系统二期工程全线投产。

（广东电网公司　提供）

党的建设与精神文明建设

2019年2月2日，国网四川电力送变电党员服务队巡线员在四川甘孜二郎山对500kV甘蜀一、二线开展特巡。

（国网四川电力　提供　孙琦　摄）

2019年2月4日晚，在“长春一汽春晚分会场”直播现场，国网长春供电公司“共产党员服务队”正在对舞台供电设备进行夜间巡视。

（国网吉林电力　提供）

2019年3月21日，贵州电网公司FAST第二电源项目建设启动，项目历经3个多月建成投用，形成对“天眼”的双电源供电，FAST用电更加无忧。

（贵州电网公司　提供　江伟　摄）

2019 年 3 月 30 日，海南电网公司圆满完成博鳌亚洲论坛 2019 年年会特级保供电工作，这是该公司连续 18 年圆满完成年会特级保供电任务。

（伍昭静　摄）

2019 年 4 月 21 日，中宣部组织的“壮丽 70 年　奋斗新时代”媒体采访团到南网科研院采访报道科研攻关事迹。

（许建军　摄）

2019 年 5 月 21 日，中央企业第一家“工匠大学”——南网工匠大学在广州供电局清河培训基地正式挂牌成立。

（南方电网公司　提供）

2019 年 5 月 27 日，贵州电网公司与华为公司签署战略合作协议，以促进贵州电网公司信息化建设，实现“让数据多跑路，百姓少跑腿”目标。

（李波　摄）

2019 年 6 月 12 日，国网青海电力“绿电 15 日”再次刷新世界纪录，并首次发布“绿电指数”。

（国网青海电力　提供）

2019 年 6 月 17 日 22 时 55 分，宜宾市长宁县发生 6.0 级地震，6 月 19 日下午，四川省委书记彭清华到宜宾市长宁县最大的灾民集中安置点看望慰问受灾群众和抗震救灾队伍，肯定公司抗灾保电工作保障有力。

（国网四川电力　提供）

2019 年 6 月 27 日，国网福建电力举行“最美国网人”宣讲。

（国网福建电力　提供）

2019 年 7 月 9 日，南网超高压输电公司举办“不忘初心、牢记使命”主题演讲比赛。

（陈云亭　摄）

在“不忘初心、牢记使命”主题教育中，贵州电网公司注重为民服务解难题，加快推进农村电网改造升级。图为 7 月 17 日贵阳供电局党员突击队正在安装变压器。

（陈举　摄）

2019 年 7 月 18 日，国网满洲里市供电公司窗口人员在互贸区营业厅引导外国客户缴费。

（国网蒙东电力　提供）

2019 年 8 月 13 日，南方电网海南电网公司举办第 11 届职工健身节技能竞赛。

（林娟　摄）

2019 年 9 月 20 日，国网山西电力举办“我和祖国共奋进”庆祝新中国成立 70 周年主题歌会。

（国网山西电力　提供）

2019 年 9 月 27 日，国网西北分部举办庆祝新中国成立 70 周年职工合唱比赛，在歌声中回顾党的光辉历程，讴歌党的丰功伟绩。

（国网西北分部　提供）

2019 年国庆前夕，海南电网定点扶贫的白沙县南达村村民迁新居迎国庆，南达村翻天覆地展新颜。

（伍昭静　摄）

2019 年 9 月 30 日，中国大唐集团有限公司总部举行庆祝中华人民共和国成立 70 周年升国旗仪式，并举办“新时代　新大唐”庆祝新中国成立 70 周年职工书画摄影展。

（中国大唐　提供）

2019 年 10 月 1 日，国网北京电力城区公司保障队员在天安门广场开展国庆 70 周年保电特巡。

（林峰　摄）

2019 年 10 月 1 日，珠海供电局工作人员在珠海市“庆祝新中国成立 70 周年焰火晚会”保供电现场。

（朱旬　摄）

2019 年 10 月 17 日，贵阳乌当供电局党员服务队深入贫困户家中，为村民检查线路并安装节能灯。

（周晓珊　摄）

2019 年 11 月 8 日，国网蒙东电力（牙克石营销）员服务队在“十四冬”越野滑雪和冬季两项比赛场地牙克石凤凰山滑雪场为人工造雪机排查隐患。

（国网蒙东电力　提供）

2019 年 11 月 13 日，吉林白山抚松县供电公司员工丛海钊在某部边防哨所为士兵讲解低压开关柜操作流程及安全注意事项。

（国网吉林电力　提供）

2019 年 11 月 20 日，吉林抚松县供电公司员工在长白山景区对 10kV 山门甲线景区分线 22 号电缆分支箱开展雪后特巡。

（国网吉林电力　提供）

2019 年 12 月 3 日，国网福建电力员工在福建青拓物流有限公司湾坞作业区码头积极推广岸电。

（国网福建电力　提供）

2019 年 12 月 8 日，中央宣传部、退役军人事务部、中央军委政治工作部在北京向全社会公开发布 2019 年 20 名“最美退役军人”先进事迹，国网江苏电力（国网如东公司）退役军人共产党员服务队获评该项荣誉。

（国网江苏电力　提供）

2019 年 12 月 13 日，国网陕西电力与陕西省公安厅在公司本部举行签字仪式，正式出台“陕西省警电部门防范和打击涉电违法犯罪合作机制”，共同建立防范和打击窃电及盗窃电力设施的合作平台，并设立涉电违法犯罪举报、协查、破（办）案专项奖励经费。

（国网陕西电力　提供）

特　　载

党和国家领导人关注电力

习近平出席第二届“一带一路”国际合作高峰论坛开幕式并发表主旨演讲

4月26日，国家主席习近平在北京国家会议中心出席第二届“一带一路”国际合作高峰论坛开幕式，并发表题为《齐心开创共建“一带一路”美好未来》的主旨演讲，强调共建“一带一路”为世界各国发展提供了新机遇，也为中国开放发展开辟了新天地。面向未来，我们要秉持共商共建共享原则，坚持开放、绿色、廉洁理念，努力实现高标准、惠民生、可持续目标，推动共建“一带一路”沿着高质量发展方向不断前进。

习近平宣布，中国将采取一系列重大改革开放举措，促进更高水平对外开放。我们将更广领域扩大外资市场准入，更大力度加强知识产权保护国际合作，更大规模增加商品和服务进口，更加有效实施国际宏观经济政策协调，更加重视对外开放政策贯彻落实。

国务院副总理韩正主持开幕式。

在习近平和本扬·沃拉吉见证下　南方电网公司与老挝国家电力公司签署协议

4月30日，在国家主席习近平和老挝国家主席本扬·沃拉吉见证下，南方电网公司董事长孟振平与老挝国家电力公司总经理奔乌在北京共同签署中国南方电网有限责任公司与老挝国家电力公司关于老挝老中铁路供电项目的股东协议。

在习近平和马克龙见证下　国家能源集团与法国电力集团签署海上风电项目合作协议

当地时间3月25日下午，在国家主席习近平和法国总统马克龙共同见证下，国家能源集团党组书记、董事长王祥喜与法国电力集团董事长兼总裁乐维在法国总统府爱丽舍宫签署了“东台四期和东台五期海上风电项目合作协议”。合作协议的签署是两国推动双边关系持续发展、深化能源务实合作的具体行动，为中法清洁能源合作增添了新动力。

在习近平和孔特共同见证下　国家电投与意大利安萨尔多能源公司签署合作协议

3月23日，在国家主席习近平和意大利共和国总理孔特的共同见证下，国家电投党组书记、董事长钱智民与意大利安萨尔多能源公司首席执行官赞皮尼在意大利罗马签署重型燃气轮机技术合作协议。

在习近平和博索纳罗共同见证下　国家电投、德国西门子股份公司和巴西PRUMO公司共同签署合作意向协议

11月13日，在国家主席习近平和巴西总统博索纳罗共同见证下，国家电投、德国西门子股份公司和巴西PRUMO公司共同签署“关于投资、开发、建设和运营GNA燃气电站的合作意向协议”。该项目位于巴西里约热内卢州的阿苏港，燃气电站总装机容量预计640万kW，计划分四期开发。根据该协议，国家电投将积极探讨参与GNA项目的股权投资，并与西门子股份公司、PRUMO公司共同开展项目设计、建设和运营管理合作。

在习近平与普京共同见证下　中核集团与俄罗斯国家原子能公司签署徐大堡3、4号机组总合同

当地时间6月5日，在国家主席习近平与俄罗斯总统普京共同见证下，中核集团董事长与俄罗斯国家原子能公司总经理在莫斯科交换了签署完成的徐大堡核电站3、4号机组总合同文本。至此，双方合作4台新建核电机组总合同全部完成签署，这一中俄核能合作项目进入全面实施阶段。

根据合同，徐大堡核电站3、4号机组计划分别在2021年10月和2022年8月开工，单台机组建设工期69个月（其中4个月为冬季施工间歇期），两台机组建设间隔10个月。合同金额为17.02亿美元。

两台机组均由中俄双方合作建设，反应堆装置将采用俄罗斯设计的VVER－1200/V491型反应堆装置，拟配备国产汽轮发电机组。参考电站（核岛）为列宁格勒核电厂二期（二期1号机组已于2018年3月建成投运），核岛额定热功率3212MW，电站设

计运行寿命 60 年，寿期内年平均设计可用率不低于 90%。

在习近平与阿勒纳哈扬共同见证下中核集团与阿联酋核能公司签署谅解备忘录

7 月 22 日于北京人民大会堂，在国家主席习近平与阿联酋阿布扎比王储穆罕默德·本·扎耶德·阿勒纳哈扬共同见证下，中核集团董事长余剑锋与阿联酋核能公司总裁哈马迪签署谅解备忘录，与阿联酋国务部长、阿布扎比国际金融中心主席艾赫迈德·阿里·阿尔·沙耶赫签署建设财资及投融资中心合作协议。

这是中阿两国企业积极响应习近平主席提出打造“全面合作、共同发展、面向未来的中国阿拉伯战略伙伴关系”及“中国—阿联酋全面战略伙伴关系”的号召，深化“一带一路”倡议和中阿全面战略合作的具体举措，也是双方探索建立“产融”合作可持续发展模式的创新实践，将为中国核工业优势产能“走出去”和为世界共享中国核能发展成果提供可靠保障。

按照协议内容，中核集团将和阿联酋企业在核能领域开展相关合作，并筹备成立中核集团设立在海外、辐射全球的全产业链运营和投融资平台，共同探索建立“一带一路”倡议下中国核工业“产业＋金融＋海外市场”的发展模式。

李克强主持召开国家能源委员会会议，研究进一步落实能源安全新战略

10 月 11 日，中共中央政治局常委、国务院总理、国家能源委员会主任李克强主持召开国家能源委员会会议，研究进一步落实能源安全新战略，审议通过推动能源高质量发展实施意见，部署今冬明春保暖保供工作。

中共中央政治局常委、国务院副总理、国家能源委员会副主任韩正出席。

会上，发展改革委、能源局作了汇报，能源委成员单位发了言。李克强说，近年来，中国能源发展取得新成就，为经济社会发展起到了基础支撑作用。中国仍是发展中国家，推动现代化建设，保障能源供给是长期战略任务。面对国际能源供需格局深度调整、能源领域新形势新挑战，必须坚持以习近平新时代中国特色社会主义思想为指导，贯彻党中央、国务院部署，推动能源消费、供给、技术、体制革命和国际合作，以能源高质量发展为经济社会持续健康发展提供坚实保障。

李克强指出，要立足中国基本国情和发展阶段，多元发展能源供给，提高能源安全保障水平。根据国内以煤为主的能源资源禀赋，科学规划煤炭开发布局，加快输煤输电大通道建设，推动煤炭安全绿色开采和煤电清洁高效发展，有效开发利用煤层气。加大国内油气勘探开发力度，促进增储上产，提高油气自给能力。深化开放共赢、多元化国际油气合作。增强油气安全储备和应急保障能力。发展水电、风电、光电等可再生能源，提高清洁能源消纳水平。聚焦短板，推进能源重大工程建设。

李克强说，中国是能源消费大国，节能潜力巨大。要大力推动重化工业、交通、建筑等重点领域节能改造，促进通用设备能效提升。提高终端用能电力比重，促进铁路“以电代油”，实施港口岸电、空港陆电改造。倡导绿色生活方式和消费文化，推广应用节能产品。

李克强指出，技术创新和体制机制创新是能源高质量发展的重要推动力。要加快能源开发利用关键技术和重大装备攻关，探索先进储能、氢能等商业化路径，依托互联网发展能源新产业新业态新模式。深入推进能源领域市场化改革，放宽油气勘探开发和油气管网、液化天然气（LNG）接收站、储气调峰设施投资建设以及配售电业务市场准入，鼓励各类社会资本积极参与。对标国际先进水平进一步缩短企业获得电力的时间。推动建立主要由市场决定能源价格的机制。优化能源市场监管，落实安全生产责任。

李克强说，能源关系民生冷暖。北方取暖季节即将到来，要切实抓好保暖保供工作，从实际出发，宜电则电、宜气则气、宜煤则煤。做实做细天然气产储运销统筹协调，多渠道保障气源供应。对 2019 年北方重点地区新增的“煤改气”用户，要落实好气源安排，坚持以气定改。突出做好东北三省供暖用煤保障。多措并举，确保人民群众温暖过冬。

王勇、肖捷和国家能源委员会成员单位以及部分能源企业负责人等参加会议。

在李克强与默克尔共同见证下　国家电投与德国西门子股份公司签署合作谅解备忘录

9 月 6 日，在中德两国总理的共同见证下，国家电投党组书记、董事长钱智民与德国西门子股份公司总裁兼首席执行官凯飒在人民大会堂共同签署“绿色氢能发展和综合利用合作谅解备忘录”。

韩正到国家能源局调研并主持召开座谈会

8日下午，中共中央政治局常委、国务院副总理韩正到国家能源局调研并主持召开座谈会。韩正强调，要认真学习贯彻习近平总书记重要指示精神，贯彻落实中央经济工作会议要求，聚焦能源领域重点任务，攻坚克难，扎实工作，全力保障国家能源安全，推动能源高质量发展。

韩正来到中国核电发展中心，了解核电发展现状、自主创新和核心技术攻关、安全运行等情况，查看核电机组运行模型和核电参数实时监测系统；走进能源局有关业务司和处室，看望干部职工，同大家交流，详细了解油气业务管理、能源供应保障、国际能源合作等工作情况。

韩正指出，保障能源安全，事关国家发展大局。要立足中长期能源需求走势，加快实施重点项目和重大举措，加大油气勘探开发力度，加快天然气产供储销体系建设，提供稳定的政策支持，强化油气供应保障能力。要加强研究和论证，立足国情推动理论和实践创新，着力解决资源承载区域与能源消耗区域的平衡性问题，补齐能源基础设施短板，有效化解电力、煤炭区域性时段性供需矛盾。要坚定不移发展新能源新技术，大力发展清洁能源，超前部署研究先进储能等战略性前沿技术，推动新能源汽车持续健康发展，集中力量突破一批关键重大技术装备。油气体制改革要坚定前行，坚决打破阻力、打破瓶颈，建立科学运行机制和政策体系。要以共建“一带一路”为契机，深化国际能源合作，积极推进重大项目建设。要坚持全面从严治党，切实加强干部队伍建设，打造忠诚干净担当的干部队伍，提高干部专业化水平。

韩正强调，新春佳节临近，要密切关注能源供需动态变化，周密部署，精心组织，加强企地协调联动，做好煤炭、电力、油气等能源生产供应保障工作，防止出现气荒，突出重点抓好安全监管，坚决防范遏制重特大事故发生，让人民群众过一个安乐祥和的春节。

何立峰参加上述活动。

产 业 政 策

国家发展改革委、国家能源局联合印发《关于深入推进供给侧结构性改革 进一步淘汰煤电落后产能 促进煤电行业优化升级的意见》

3月8日，国家发展改革委、国家能源局以发改能源〔2019〕431号文联合印发《关于深入推进供给侧结构性改革 进一步淘汰煤电落后产能 促进煤电行业优化升级的意见》（简称《意见》）。《意见》要求各省（区、市）人民政府严格执行能耗、水耗、环保等法律法规标准和产业政策要求，制订本地区落后煤电机组关停方案和年度关停计划，对于不实施改造或改造后仍达不到相关标准要求的煤电机组，原则上应在“十三五”期间予以关停。《意见》提出七类燃煤机组（含燃煤自备机组）应实施淘汰关停，鼓励各地在国家明确淘汰关停标准的基础上，进一步加大煤电落后产能淘汰力度。

《意见》同时提出了多项政策措施：“十三五”期间淘汰关停的落后煤电机组的容量指标，可通过交易方式用于需通过等量替代建设的煤电项目；有条件的地区，可按照等容量替代原则，落实关停容量指标后有序发展天然气调峰电站；对于无法全额落实关停容量指标的项目，缺额部分可利用平价风电、光伏发电容量替代；鼓励煤电规划建设风险预警等级为红色的省份实施减容量替代规划新建煤电项目，减容量替代煤电项目优先纳入国家电力建设规划；等容量替代规划新建的民生热电项目、电力扶贫项目优先纳入国家电力建设规划；列入关停计划且不参与等容量替代的煤电机组，关停后可享受最多不超过5年的发电权，并可通过发电权交易转让获得一定经济补偿；煤电机组关停拆除后的用地，可依法转让或由地方政府收回，也可在符合城乡规划的前提下转产发展第三产业。

国家发展改革委、国家能源局印发深化电力现货市场建设试点工作的意见

7月31日，国家发展改革委办公厅、国家能源局综合司以发改办能源规〔2019〕828号文印发《关于深化电力现货市场建设试点工作的意见》（简称《意

见》）的通知。《意见》的总体思路是，进一步深化电力市场化改革，遵循市场规律和电力系统运行规律，建立中长期交易为主、现货交易为补充的电力市场，完善市场化电力电量平衡机制和价格形成机制，促进形成清洁低碳、安全高效的能源体系。《意见》共包括六部分主要内容：一是合理设计电力现货市场建设方案，主要明确电力市场模式选择、现货市场组成、现货市场主体范围，并提出要有利于区域电力市场建设；二是统筹协调电力现货市场衔接机制，包括省间交易与省（区、市）现货市场、电力中长期交易与现货市场、电力辅助服务市场与现货市场等多重关系；三是建立健全电力现货市场运营机制，包括用电侧和清洁能源消纳参与现货市场的机制、现货市场价格形成机制、现货市场限价设置等内容；四是强化提升电力现货市场运营能力，在完善运营工作制度、提高组织保障水平、加强电力系统运行管理和健全市场信息披露机制方面提出基本要求；五是规范建设电力现货市场运营平台，对技术支持系统功能建设和运行管理提出要求；六是建立完善电力现货市场配套机制，包括建立与现货市场衔接的用电侧电价调整机制、完善与现货市场配套的输配电价机制、提高电力系统长期供应保障能力、加强电力市场监管和开展现货市场运营绩效评估等内容。

国家发展改革委发文调整电网企业增值税税率降低一般工商业电价

3月27日，为贯彻落实《政府工作报告》关于一般工商业平均电价再降低10%的要求，国家发展改革委发布《关于电网企业增值税税率调整相应降低一般工商业电价的通知》（发改价格〔2019〕559号）。通知称，电网企业增值税税率由16%调整为13%后，省级电网企业含税输配电价水平降低的空间全部用于降低一般工商业电价，原则上自2019年4月1日起执行。

通知指出，各省（区、市）价格主管部门要抓紧研究提出电网企业增值税税率调整相应降低一般工商业电价的具体方案，经省级人民政府同意后实施，并报国家发展改革委价格司备案。同时，相应降低各省（区、市）一般工商业输配电价水平。

通知要求，各省（区、市）价格主管部门、电网企业要精心组织、周密安排，做好宣传解释工作，确保降电价政策平稳实施。

国家发展改革委再次发文要求降低一般工商业电价

5月15日，为贯彻落实《政府工作报告》关于一般工商业平均电价再降低10%的要求，国家发展改革委就采取第二批措施降低一般工商业电价有关事项发布《关于降低一般工商业电价的通知》（发改价格〔2019〕842号）。

通知主要从四个方面明确降价措施：一是重大水利工程建设基金征收标准降低50%形成的降价空间（市场化交易电量除外），全部用于降低一般工商业电价；二是采取适当延长电网企业固定资产折旧年限，降低0.5个百分点电网企业固定资产平均折旧率等措施，形成的降价空间全部用于降低一般工商业电价。

国家发展改革委全面放开经营性电力用户发用电计划

6月22日，为进一步深化电力体制改革，提高电力交易市场化程度，国家发展改革委印发《关于全面放开经营性电力用户发用电计划的通知》（发改运行〔2019〕1105号），明确经营性电力用户发用电计划全面放开。

通知一方面明确全面放开经营性电力用户发用电计划的范围、原则和保障措施。除城乡居民生活用电、公共服务及管理组织、农林牧渔等行业电力用户以及电力生产所必需的厂用电和线损之外，其他大工业和一般工商业电力用户原则上均属于经营性电力用户范畴，均应该全面放开。另一方面继续完善优先发电优先购电制度。要求进一步落实规范优先发电、优先购电管理有关要求，加强分类施策，抓紧研究保障优先发电、优先购电执行的措施，统筹做好优先发电优先购电计划规范管理工作。

通知共包括7个部分26条，主要内容如下：一是明确全面放开发用电计划的范围。对经营性电力用户中暂不具备参与市场条件的企业提出了具体要求。拥有燃煤自备电厂的企业按照国家有关规定承担政府性基金及附加、政策性交叉补贴、普遍服务和社会责任，成为合格市场主体后，其自发自用以外电量可参与交易。二是支持中小用户参与市场化交易。经营性电力用户全面放开参与市场化交易主要形式可以包括直接参与、由售电公司代理参与、其他各地根据实际情况研究明确的市场化方式等，支持中小用户由售电公司代理参加市场化交易。三是健全全面放开经营性发用电计划后的价格形成机制。鼓励电力用户和发电企业自主协商签订合同时，以灵活可浮动的形式确定具体价格，价格浮动方式由双方事先约定。四是做好公益性用电的供应保障工作。进一步落实规范优先发电、优先购电管理有关要求，对农业、居民生活及党政机关、学校、医院、公共交通、金融、通信、邮政、供水、供气等重要公用事业、公益性服务等用户安排优先购电。五是做好规划内清洁能源的发电保障工作。研究推进保障优先发电政策执行，重点考虑核电、水电、风电、太阳能发电等清洁能源的保障性收购；积极推进风电、光伏发电无补贴平价上网工作，将平价上网和低价上网项目全部电量纳入优先发电计划予以保障。六是加强电力直接交易履约监管。市场主体按照市场交易规则组织签订直接交易合同，并严格按照合同内容履约执行，由政府有关部门及监管机构加强电力直接交易的履约监管，促使市场主体牢固树立契约意识和信用意识。七是做好跨省跨区市场化交易协调保障工作。在跨省跨区市场化交易中，鼓励网对网、网对点的直接交易，对有条件的地区，有序支持点对网、点对点直接交易。对跨省跨区送受端市场主体对等放开，促进资源大范围优化配置和清洁能源消纳。

国家能源局印发《能源行业深入推进依法治理工作的实施意见》

1月18日，为深入学习贯彻全面依法治国精神，落实中央全面依法治国委员会的工作要求，国家能源局发布《能源行业深入推进依法治理工作的实施意见》（国能发法改〔2019〕5号，简称《意见》）。《意见》要求，到2020年，能源行业法治观念明显增强，重点能源立法项目取得新突破，能源法规制度体系基本建成；到2025年，法治成为能源行业依法治理的基本遵循，能源法律法规制度体系已经形成，实现依法治理体系和治理能力现代化。

《意见》确立了工作的主要任务：一是积极推进能源立法，健全能源法律制度体系；二是规范依法行政决策程序，严格实施阳光执法；三是多措并举推进普法工作，营造能源法治良好氛围；四是畅通权利救济渠道，保障行政相对人合法权益；五是加强合法性管理，构建公平竞争的市场规则体系；六是深化“放管服”改革，规范权力运行；七是加强法治队伍建设，提升能源行业法治化水平。

《意见》还提出了具体的保障措施和重点任务分工方案。

国家能源局印发《能源行业市场主体信用修复管理办法（试行）》

3月27日，为进一步推进能源行业信用体系建设，健全市场主体权益保护机制，引导失信主体主动纠正失信行为，诚信运营，国家能源局印发《能源行业市场主体信用修复管理办法（试行）》（国能发资质〔2019〕22号，简称《办法》）。《办法》给出了信用修复的条件，明确了信用修复程序。

《办法》指出，能源行业市场主体申请信用修复，应符合两项条件：一是失信信息所涉及的行政处罚、行政检查、行政裁决等行政决定明确的责任和义务履行完毕，并经做出行政决定的单位确认；二是根据《办法》所附“信用承诺书”的要求做出信用承诺。

《办法》同时规定有下述四种情形之一的，不得予以信用修复，直至失信信息披露期限届满：一是信用修复后一年内产生新的较重或严重失信信息；二是因谎报瞒报事故、提供虚假材料办理相关行政许可事项、恶意违反市场交易规则等违法违规行为，被列为严重失信的；三是无故不纠正相关失信行为，经督促后仍不履行相关义务的；四是依法依规不能予以信用修复的其他失信信息。

国家能源局印发《能源标准化管理办法》及实施细则

4月18日，为规范能源行业标准制定工作，国家能源局发布《关于印发〈能源标准化管理办法〉及实施细则的通知》（国能发科技〔2019〕38号）。通知指出，《能源标准化管理办法》及实施细则适用于石油、天然气、页岩气、煤炭、电力、炼油、煤制燃料和生物质燃料、核电、新能源和可再生能源、能源节约与资源综合利用、能源装备等领域行业标准制定。

通知要求，强制性标准必须严格执行，不符合强制性标准的产品、服务，不得生产、销售、进口或者提供。能源领域企业执行国家标准、行业标准、团体标准时，应当在产品或其说明书、包装物上标注执行标准的编号、名称。

国家能源局建立能源行业标准实施信息反馈和评估机制。标准属于科技成果，对技术水平高、取得显著效益的能源领域标准，应纳入相关科技奖励范围。

对于符合中国标准创新贡献奖奖励条件的能源领域国家标准和行业标准，由国家能源局和相关行业标准化管理机构按照《中国标准创新贡献奖管理办法》推荐申报。

《能源标准化管理办法》共分五章，分别为总则，标准化管理，标准的制定，标准的实施、监督和奖励，附则。

《能源行业标准管理实施细则》共分十章，分别为总则、立项、起草、技术审查、报批、审批和发布、出版、复审、修订/修改、附则。

国家能源局印发《大型先进压水堆及高温气冷堆核电站科技重大专项实施管理办法》等制度

6月11日，国家能源局发布《关于印发〈大型先进压水堆及高温气冷堆核电站科技重大专项实施管理办法〉等四项制度的通知》（国能发核电〔2019〕54号）。通知指出，为进一步规范核电重大专项管理，依据国家科技重大专项的相关管理规定，对核电重大专项管理相关的四项制度进行了修订。四项制度分别为《大型先进压水堆及高温气冷堆核电站科技重大专项实施管理办法》《大型先进压水堆及高温气冷堆核电站科技重大专项资金管理实施细则》《大型先进压水堆及高温气冷堆核电站科技重大专项综合绩效评价管理细则》和《大型先进压水堆及高温气冷堆核电站科技重大专项档案管理实施细则》。

国家能源局印发《关于加强电力中长期交易监管的意见》

9月4日，国家能源局印发《关于加强电力中长期交易监管的意见》的通知（国能发监管〔2019〕70号），旨在对电力市场中长期交易规则执行和交易行为实施监管，进一步规范电力市场中长期交易行为，维护公平竞争的市场秩序，加快推进电力市场化改革。

通知从市场交易、市场干预、市场监管等方面提出12项主要任务，即：一是规范制定市场交易规则；二是规范组织市场交易；三是规范参与交易行为；四是做好市场交易服务；五是促进售电企业公平参与市场交易；六是加强市场成员行为自律监督；七是加强运营监控和风险防控；八是规范市场干预行为；九是加强市场交易事中、事后监管；十是加强信息披露和报送监管；十一是加强市场信用监管；十二是建立政府监管与外部专业化监督密切配合的监管体系。

电　力　扶　贫

国家能源局召开定点扶贫和对口支援工作座谈会

1月25日，国家能源局召开定点扶贫和对口支援挂职干部座谈会，听取挂职干部工作汇报，参会单位就如何支持挂职干部工作、关心挂职干部成长进行了讨论。国家能源局党组成员、副局长綦成元主持会议并讲话。

会议认为，2018年，通渭、清水、信丰三县的脱贫攻坚和振兴发展工作卓有成效，国家能源局派出的挂职干部爱岗敬业、作风扎实，充分发挥政策和专业上的优势，结合县情创新思路，既出谋划策，又冲在一线，真正起到了“联络员”“指挥员”和“战斗员”的作用，得到基层干部和群众的一致好评，自身也得到了锻炼和提高。

会议强调，2019年是打赢脱贫攻坚战攻坚克难的关键一年，国家能源局要按照党中央有关部署要求，以更加坚定的信念、信心和更加饱满的工作热情，保质保量做好2019年定点扶贫和对口支援工作，为2020年全面打赢脱贫攻坚战奠定坚实基础。要加强调研督导，压实脱贫攻坚主体责任，强化对脱贫工作的督促和报告机制；要聚焦重点事项狠抓落实，从提升能源基础设施水平、创新帮扶模式等方面，继续加大对三县的帮扶和支持力度；要在巩固脱贫攻坚成果上下功夫，建立健全稳定脱贫长效机制，实现持续脱贫，防止返贫和出现新的贫困。

会议要求，挂职干部要认真学习习近平总书记关于扶贫工作的重要论述，珍惜在基层锻炼机会，进一步提高思想认识，切实增强工作本领，认真履行职责，把各项工作做深做细做实；要坚决防止形式主义、官僚主义作风问题，严格落实中央“八项规定”精神和地方相关规定要求，树立国家能源局干部的良好形象。全局各单位要进一步加大对挂职干部的支持力度，及时解决挂职干部工作和生活中的实际困难，关心挂职干部的身体健康和人身安全，进一步配强挂职干部力量。

国家能源局综合司、规划司、科技司、监管司、人事司、浙江能源监管办有关负责同志，以及在通渭、清水、信丰三县挂职干部，通渭、清水两县派国家能源局挂职干部参加会议。

国家能源局召开扶贫工作领导小组会议

3月6日，国家能源局召开局扶贫工作领导小组

2019年第一次会议，传达学习习近平总书记关于脱贫攻坚专项巡视整改工作的重要指示精神，落实脱贫攻坚专项巡视整改工作电视电话会议和国务院扶贫开发领导小组第六次会议精神，总结2018年工作，部署2019年任务。国家能源局党组书记、局长章建华出席会议并讲话。

章建华指出，2018年，国家能源局全面贯彻落实党中央、国务院关于坚决打赢脱贫攻坚战的决策部署，立足行业职能，发挥行业优势，进一步推动完善贫困地区能源基础设施，支持贫困地区能源资源开发，助推贫困地区经济社会发展，能源行业扶贫和定点扶贫工作均取得明显成效。

章建华强调，2019年脱贫攻坚任务依然十分艰巨，国家能源局全体党员干部要深入学习贯彻习近平总书记关于扶贫工作的重要论述，不折不扣落实党中央、国务院决策部署，以钉钉子精神抓好工作落实。要大力推进行业扶贫，重点抓好深度贫困地区能源基础设施建设和能源资源开发，为贫困地区脱贫提供有力支持和动力。要全力推进定点扶贫，确保完成《中央单位定点扶贫责任书》承诺事项，督促对口扶贫县履行脱贫攻坚主体责任，动员更多社会力量投入定点扶贫。要深入开展调查研究，总结能源领域扶贫工作成效，查找短板，聚力破解突出问题，为顺利实施乡村振兴战略奠定基础。要切实做好巡视整改，深入贯彻落实习近平总书记关于中央脱贫攻坚专项巡视整改的重要指示，对照专项巡视指出的问题，主动检查，积极整改。要突出抓好工作落实，完善报告督办制度和台账管理制度，对账销号、狠抓落实，建立完善相关考核机制，将扶贫工作纳入部门年终考核，对表现突出的单位进行奖励，对不能完成任务的单位进行约谈。

章建华要求，国家能源局扶贫工作领导小组各成员单位要进一步提高政治站位，切实把扶贫工作当作重要的政治任务，用心用力、抓好抓实。全局各级党组织和广大党员干部要以对党和人民高度负责的精神，以更有力的组织领导推动扶贫工作再上新台阶，为夺取脱贫攻坚战全面胜利做出新的更大贡献。

中央纪委国家监委驻国家发展改革委纪检监察组有关同志，国家能源局党组成员，监管总监、总经济师，局扶贫工作领导小组各成员单位主要负责同志参加会议。

国家能源局、国务院扶贫办下达“十三五”第二批光伏扶贫项目计划

2019年4月12日，国家能源局、国务院扶贫办联合下达“十三五”第二批光伏扶贫项目计划。本次共下达15个省（区）165个县光伏扶贫项目，共3961个村级光伏扶贫电站（简称电站），总装机规模1 673 017.43kW，帮扶对象为3859个建档立卡贫困村的301 773户建档立卡贫困户。

国家能源局、国务院扶贫办指出上述扶贫项目原则上应在2019年底前全容量建成并网，并要求做好以下工作：

加强电站建设运维管理。各省级能源、扶贫主管部门落实《光伏扶贫电站管理办法》等文件要求，做好电站的建设运维，指导县级政府按“规划、设计、施工、验收、运维”五统一原则实施，确保电站早日建成，持久发挥扶贫效益。

建立建设进度月报制度。各省级扶贫、能源主管部门提升信息化管理水平，依托国务院扶贫办全国光伏扶贫信息监测中心组织有关市（县）按月报送电站建设进度，并督促加快建设，早日投产运营。

完善项目组织管理。各地应严格按照国家政策组织实施国家下达计划项目，因各种原因无法实施或自愿放弃的，请省级扶贫、能源主管部门及时将有关情况报告国务院扶贫办和国家能源局，按要求在国务院扶贫办光伏扶贫信息管理系统中删除项目信息，相应项目不再纳入光伏扶贫实施项目范围。

国家电网有限公司定点扶贫的湖北省秭归县脱贫摘帽

4月，经过25年的帮扶，国家电网有限公司（简称国家电网公司）定点扶贫的湖北省秭归县已达到退出贫困县的标准和条件，经湖北省人民政府批准，秭归县成功脱贫摘帽，退出贫困县的行列。

秭归县是国家电网公司定点扶贫的“四县一区”之一。长期以来，国家电网公司加强贫困地区电力设施建设，改善贫困地区生产生活条件，并通过光伏扶贫、产业扶贫、完善基础设施建设、派驻第一书记等一系列措施，助力贫困地区提升经济社会发展水平。自2014年以来，国家电网公司累计投资改造资金7亿元，实现秭归电网电压等级由110kV提升至220kV，顺利完成村村通动力电工程、易地扶贫配套工程和机井通电工程，全县都通了动力电。

秭归县是“国网阳光扶贫行动”的主战场之一。国家电网公司累计投资9134.16万元，建成48座光伏扶贫电站并无偿捐赠给秭归县政府。为发挥光伏扶贫最大效益，让贫困户得到收益，国家电网公司与地方政府合作，构建了四方协同运维、四方共同监督、收益分配到户的管理分配机制，解决了光伏电站管理运维、收益分配、审计监督问题。截至2019年3月31日，48座光伏扶贫电站累计发电2012.8万kWh，

结算电费和补贴1968.42万元，已完成第一个年度的收益分配。

扶贫更要扶志，输血还要造血。国家电网公司累计投入捐赠资金5295万元，结合秭归县资源禀赋，实施产业扶贫、基础设施建设、产业能源改造、医疗教育等帮扶项目119个，发展茶叶、柑橘、蔬菜等特色种养殖项目，探索“公司＋村集体＋合作社＋贫困户”的合作模式，聚焦壮大村集体经济、提高了贫困户收入。其中，国家电网公司投资532万元对全县17家茶叶企业实施茶叶加工煤（柴）改电，进一步提高茶叶品质，增加茶农收入。当地九畹丝绵等产业品牌已经走出湖北，走向全国。

中国南方电网有限责任公司扶贫工作

中国南方电网有限责任公司（简称南方电网公司）全年投入农网改造升级资金468亿元，其中电力行业扶贫投资305亿元，在“三区三州”及其他深度贫困地区投资69亿元，全面提升供电区域内贫困地区电能质量和服务水平。承接593个定点扶贫任务，派出扶贫干部733名，帮助234个贫困村、7.12万人实现脱贫。南方电网公司连续三年在中央单位定点扶贫工作考核中获得最高等次评价“好”，连续四年获得广东扶贫济困红棉杯金杯。

（1）贫困地区农村电网建设。印发《关于做好新一轮农网改造升级2019年攻坚建设相关工作的通知》，进一步加快建设进度，全年完成新一轮农网改造升级投资468亿元。截至2019年底，南方电网公司供区内农网供电可靠率99.815％，累计客户年均停电时间下降到16.52h，较2015年缩短近50％；综合电压合格率达到99％，较2015年提升1.85个百分点；户均配电变压器容量提升到2.35kVA，较2015年提高50％以上。南方五省区农村全社会用电量2019年达到4560亿kWh，为2015年的1.42倍，年均增速约10％；居民生活用电量达到867.8亿kWh，比2015年增长42.7％，居民人均生活用电量达到533.5kWh，比2015年增长35.3％。

着力推动供电区域内216个贫困县和“三区三州”深度贫困地区农网改造升级工作，在原“十三五”新一轮农网改造升级规划投资1312亿元的基础上，再调整增加300亿元，电网投资进一步向贫困地区和脱贫摘帽地区倾斜。全年在贫困地区投入电力行业扶贫资金216亿元，在“三区三州”及其他深度贫困地区投入69亿元，同比增长15.9％。截至2019年底，南方电网公司供区内贫困地区农村电网供电可靠率99.8％，综合电压合格率98.4％，农村户均配电变压器容量2.16kVA，已接近全网农村平均水平；贫困地区全社会用电量超过2000亿kWh，比2015年增长47％，居民人均生活用电量达到477.7kWh，比2015年增长35％。

（2）脱贫攻坚配套电网建设。2019—2020年南方电网公司供电区域内需配套电网建设的扶贫工程有1.9万项，涉及贫困人口94万户共347万人。全年完成1920个易地搬迁电网配套项目建设，惠及贫困人口约66万人；完成1243个光伏扶贫项目的配套电网建设，惠及贫困人口约21万人；完成674个产业扶贫项目的配套电网建设，惠及贫困人口约6万人。

（3）助力广西自治区补齐脱贫攻坚短板。为解决广西县域电网发展不平衡不充分问题，南方电网公司与广西自治区党委政府进行多轮磋商，明确由南方电网公司主导重组成立广西新电力集团公司，加快推进40个县的农网改造升级。2019年下半年，南方电网公司调增资金80亿元，增补电网改造项目1.28万个，组织近3万人的施工力量加快推进40个县农网改造升级工作，使该区域的供电能力和供电质量在短期内得到较大的提升，协助广西自治区补齐脱贫攻坚短板。

（4）电力行业扶贫示范县建设。以满足扶贫用电需求、综合治理边远农村地区低电压问题、提升农网智能化水平等为抓手，遵循科学投资的思路，注重通过智能化的手段提高投资效率和效益，将东兰县、维西县打造成为电力行业示范县。目前两县供电质量和供电能力得到有效提高，基本解决存量低电压问题，农网三大指标以县为统计口径均超过国家标准。

（5）贫困人口电费减免。南方电网公司全面落实城乡“低保户”、农村“五保户”减免电量政策，全年累计减免电费超过2亿元；严格执行藏区居民用电政策，供电区域内的迪庆州居民用户累计节约用电成本2913万元。

（6）选派干部。南方电网公司累计派出了1300多名扶贫干部到脱贫攻坚一线工作，2019年仍有733名扶贫干部在岗。2019年，南方电网公司系统有1名个人获得脱贫攻坚全国表彰；20位个人获得省级脱贫攻坚表彰。

（7）产业扶贫。2019年，南方电网公司在产业扶贫方面共投入资金4747万元，发展培育产业项目301个，直接带动3.3万名贫困人口人均增收1071元。协助东兰县在40个贫困村建设扶贫车间，每村增加集体收入超过1.1万元。与云南菌视界科技有限公司合作，以科技提升扶贫产品质量，扩大羊肚菌种植面积，累计带动537名农户人均增收1713元。与浙江大学合作，在贵州台江县阳芳村发展新品种五彩米种植项目，全年给村集体带来分红超过20万元，该项目在中国"互联网＋"大学生创新创业大赛活动上获得金奖。

（8）教育扶贫。南方电网公司以东兰县和维西县作为试点，按照标准化、模块化、可复制的思路建设南网"知行"书屋21座，为打造具有南网特色的教育扶贫品牌奠定基础。为持续帮助"三区三州"深度贫困县培养人才，南方电网公司应迪庆州要求，出台实质措施，计划2019—2021年在迪庆州每年优选30名建档立卡户高中毕业生开展委培，毕业考核合格后统筹安排到县级公司就业。2019年，云南电网公司已在迪庆选取了22名符合专业要求的大专及以上学历应届毕业生，参加招聘笔试。帮助学校新建或修缮教学设施共58座，系统1584名员工直接资助贫困学生2191名。

（9）党建扶贫。各单位470个党支部与389个贫困村开展支部共建活动596次，切实帮助贫困村提高党建工作水平。派出驻村第一书记176名，在176个贫困村培养党员致富带头人271人，将97名致富带头人培养发展成党员，进一步提升党支部在脱贫攻坚中的战斗堡垒作用。

（10）消费扶贫。推动南网商城扶贫专区建设，2019年底销售额已超过120万元。在南网商城开发"微店销售＋集中链接"功能，实现对公司员工个人销售，首批产品已上线。全年累计购买扶贫产品4763万元，帮助销售扶贫产品625万元。

中国大唐集团有限公司 2019年扶贫工作

2019年中国大唐集团有限公司（简称中国大唐）承担着陕西澄城县、广西大化县的定点扶贫任务，承担着青海省兴海县援青任务，以及遍布全国27个省区的339个贫困村的对口帮扶任务，中国大唐坚决贯彻落实党中央、国务院关于脱贫攻坚工作的各项决策部署，始终把脱贫攻坚作为政治责任，把脱贫攻坚放到与生产经营、改革发展和党的建设同等位置来抓，多次召开专题会议研究部署工作。党组书记、董事长陈飞虎率先垂范，分别到广西大化县、陕西澄城县进行扶贫专题调研，领导班子成员全部赴特殊贫困地区进行了扶贫工作调研。中国大唐不断加强帮扶力度，向贫困地区投入5.95亿元帮扶资金，选派176名挂职干部，聚焦"两不愁三保障"，创新产业扶贫，推进教育扶贫，实施消费扶贫，强化督导指导，全面完成了中国大唐本年度脱贫攻坚任务。

中国大唐脱贫攻坚实践不断深化，连续两年在中央单位定点扶贫脱贫攻坚成效考核中取得综合评价"好"的最好成绩，定点扶贫县陕西澄城县脱贫摘帽，广西大化县4.08万人脱贫，安兰村、板兰村提前脱贫出列；对口援青兴海县脱贫摘帽；58个对口帮扶贫困村实现脱贫出列；广西、云南、四川、河北、湖南5家公司在省级考核中获得最"好"等次考核结果，收到86份锦旗、牌匾、感谢信函，系统43人次获得省级或地市级表彰。中国大唐扶贫工作得到了社会各界的广泛认可，赢得了贫困群众的一致称赞。

中国大唐定点扶贫县陕西省 澄城县脱贫摘帽

5月7日，陕西省人民政府发布公告，宣布澄城县退出国家贫困县序列。中国大唐定点扶贫县澄城县历经县级自查自评、市级核查、省级贫困县退出专项评估检查，正式摘掉贫困县的帽子，标志着中国大唐定点扶贫工作取得阶段性成果。

党建引领，精准融合夯基础。中国大唐先后选派多名政治素质好、综合能力强的干部挂职澄城县副县长和扶贫村"第一书记"，常驻一线开展精准扶贫工作。驻村"第一书记"与村两委班子协同，严格按照党章党规要求，持续加强基层党组织建设，全面提升基层党组织整体功能，充分发挥基层党组织和党员在扶贫一线的战斗堡垒和先锋模范作用，为脱贫攻坚工作提供强有力的组织保障和工作基础，全力帮助澄城县脱贫致富。

产业扶贫，精准对焦夯根基。结合澄城县丰富的风力资源，中国大唐确定了发展风电产业的"大唐帮扶路子"。在2018年第三届丝绸之路国际博览会集中签约仪式上，中国大唐与澄城县签订总投资16亿元的20万kW风力发电项目，前期投资4亿元的5万kW风力发电项目落户澄城县寺前镇。项目建成后，预计年发电量8000万kWh，在为贫困群众增加就业机会的同时，每年可为政府增加税收上千万元。

中国大唐根据澄城实际，提出"政府＋企业＋合作社＋贫困户"的扶贫模式。在和家楼村，投资100万元援建红薯产业加工园，吸纳贫困群众12人就业，人均收入2600元，预计年收益可达30余万元，可辐射带动贫困群众51户186人，每户年均增加收入3000余元，实现贫困群众全覆盖。

消费扶贫，精准帮扶拓市场。2018年初，澄城遭遇60年不遇的强降雪，和家楼村贫困户14座大棚的10万余斤西红柿滞销。眼看群众收入无望，中国大唐迅速发出"菜篮子连着大棚，消费彰显爱心"的倡议，"以购代销"西红柿4万余斤，金额近10万元，贫困户户均增收4000余元。

为了长效解决农产品销售问题，打通农产品销售"最后一公里"，中国大唐在大唐电子商务平台开设

“消费扶贫”专栏，推行“电商扶贫”模式。同时持续开展“以购代销”活动，累计消费澄城县西红柿、苹果、挂面等农特产品 6.48 万 kg，金额达 87.68 万元，实现了脱贫产品“产得出、卖得好”，受到澄城百姓的高度赞扬。

扶智扶志，精准施策提素质。中国大唐坚持精准脱贫、教育先行理念，积极改善教学环境，全力保障贫困生享受良好教育。针对澄城县在义务教育阶段存在的办学条件不足以及大班额等问题，投入资金 200 万元在城关三小援建 1 栋教学楼及教学配套设施，有效改善了学校办学条件，确保惠安苑等易地扶贫搬迁安置小区学生享受到优质教育资源。

与此同时，建立吸纳澄城籍建档立卡贫困高校毕业生就业的长效就业帮扶机制。通过帮助贫困家庭大学生就业，提升贫困户自我脱贫的能力，推动由“输血”向“造血”的转变，实现一人就业带动全家脱贫。2019 年，第一批 8 名大学生入职中国大唐，开启了他们的电力工作历程。

中国华电集团有限公司扶贫工作

中国华电集团有限公司（简称中国华电）2019 年投入直接帮扶资金 2.57 亿元，选派 127 名扶贫干部在 16 个省（区）驻村帮扶，完成国家安排的扶贫任务、深度贫困地区脱贫攻坚任务、地方党委政府安排的扶贫任务，定点扶贫的新疆乌恰县、阿图什市，对口支援的新疆喀什市、青海都兰县全部脱贫摘帽。

一、“定点”为要，履行央企使命勇担当

根据国务院扶贫开发领导小组安排，中国华电承担新疆阿图什市和乌恰县两个深度贫困县的定点扶贫任务。董事长、党组书记温枢刚亲自挂帅，担任扶贫工作领导小组组长，切实履行扶贫攻坚第一责任人职责，认真谋划、部署和督导扶贫工作，在年度工作会、半年工作座谈会等重要会议上进行安排，2019 年主持 4 次党组会、6 次总经理办公会、2 次扶贫工作领导小组会议、1 次年度扶贫工作视频会，组织公司系统聚焦聚力抓好各项扶贫工作。主要领导和班子成员多次赴定点扶贫县考察调研，有力推动定点扶贫工作扎实开展。调整充实扶贫工作领导小组和办公室成员，增加总部和新疆公司专职扶贫管理人员配置，加强扶贫工作管理力量。在按照中央要求已向定点扶贫县选派 1 名驻村第一书记基础上，再从总部增派 1 名员工赴阿图什市担任驻村第一书记。全面落实中央单位定点扶贫工作要求，持续加大帮扶力度，2019 年投入帮扶资金 2286 万元，同比增加 193%。坚持“输血”和“造血”相结合，聚焦“两不愁三保障”，实施精准扶贫和精准脱贫，在项目发展扶贫、民生设施扶贫、教育扶贫、消费扶贫等方面下功夫、见实效，超额完成定点扶贫责任书承诺事项，贫困群众“两不愁三保障”质量水平明显提升。

二、“电力”先行，发挥主业优势助力脱贫

在定点扶贫的新疆乌恰县建成 500kW 巴村光伏扶贫电站，成为克州首座光伏扶贫电站，也是国家“十三五”规划第二批光伏扶贫电站中首个成功并网电站，每年为村集体带来 60 万元年收入，并且创造性提出“1＋3＋21”运维管理模式，解决了光伏扶贫电站全生命周期运营难题。结合“三区三州”清洁能源资源禀赋，加快西藏内需电源、金沙江上游、中游梯级水电等重大项目建设，并围绕精准脱贫研究提出各项帮扶措施。党的十八大以来，中国华电在“三区三州”深度贫困地区和六盘山区、秦巴山区、乌蒙山区、滇桂黔石漠化区等集中连片特困地区累计完成项目投资 959 亿元。其中，金沙江上游川藏段规划 8 级水电站，总装机容量 961 万 kW，预计总投资 1700 亿元，已累计完成投资 215 亿元，在当地缴纳税收 8 亿元。

三、“民生”托底，增进贫困群众获得感

推进贫困地区医疗设施完善，在定点扶贫县，建设乌恰县吐尔尕特、阿图什市哈拉峻乡卫生院，解决 22 864 名群众看病远、看病难难题。开展农村安全饮水项目，解决村学校自来水氟化物、硬度超标等问题，让孩子们喝上干净卫生“直饮水”，确保乌恰县巴音库鲁提村、阿图什市瓦克瓦克村两个定点扶贫村 2000 多人用水安全。开展通村或通组道路建设和改造，在云南和四川，改扩建扶贫通组道路，改善当地群众出行条件，累计投入约 15 亿元建设六丙公路一期工程、六库连接线工程和美丽公路连接线工程，显著改善当地交通基础设施条件；依托凉山彝族自治州盐源县风电项目建设，修建 24 公里通乡公路。

四、“特色”扶持，铺就特色产业脱贫路

习近平总书记强调，要因地制宜，把培育产业作为推动脱贫攻坚的根本出路。中国华电在贵州沿河县投入 1748.8 万元开展中寨镇“白叶一号”农旅一体化茶园基地开发、官舟努比亚山羊良种繁育中心、铁皮石斛种植等具有浓郁当地特色的产业项目，并以特色产业发展为杠杆，撬动社会资金约 7.9 亿元，实现 2 万余人贫困群众利益联结。云南鲁地拉电站为丽江市移民优势产业开发试点项目投资 1000 万元，种植石榴等绿色产业；在怒江老姆登村投入 150 万元，茶业种植 500 余亩。

五、“智志”结合，传授本领技能“拔穷根”

2019 年中国华电投入 255 万元完善定点扶贫县村级幼儿园硬件设施，资助 540 名品学兼优家庭困难学

生完成学业。在藏区实施以定向招生、定向培养、定点安置为主要内容的确定“入口”和“出口”的“三定培养”长效教育扶贫模式，委托大专院校定向招收当地贫困家庭“两后生”，根据项目发展所需人员素质、专业结构、人员配置量身订制产学结合教学计划，定向培养贫困学生，完成学业的贫困学生就近安置在中国华电所属电站工作，“三定培养”长效教育扶贫模式有力推动了藏区脱贫攻坚和民族团结。针对贫困地区技术劳动力缺乏，从培养当地技术干部和促进贫困群众就近就业着手，发展乡村卫星工厂、扶贫车间、小微企业等吸纳当地群众就近就业，打出学生就业、职业技能培训指导就业、后勤物业等辅助性岗位就业等组合拳，实现“一人就业，全家脱贫”。

六、“网络”支撑，打通消费扶贫“最后一公里”

习近平总书记指出，要采取有效措施，巩固拓展脱贫攻坚成果，确保高质量打赢脱贫攻坚战。中国华电创新推进“网络＋订单”，搭起消费扶贫新平台。通过“互联网＋合作社＋农户”模式，开展特色农产品生产、加工、销售一条龙服务，实现乌恰县柯尔克孜羊、鸽子等48h内送达客户，解决长期困扰当地群众产品仅限于当地销售卖不上价的难题。2019年实现销售额近380万元，销售额翻了3翻。打造“两微”帮扶模式，通过网络、微信等新媒体注册成立“微商”“微店”，帮助贫困户自销特色农副产品，促进集体经济发展。推广订单农业，保障贫困群众最低收购价格，防止出现“丰产不丰收、勤劳不致富”。发挥工会优势，鼓励各级工会同等条件下优先采购深度贫困地区农产品。2019年，中国华电组织购买贫困地区农产品3243万元。

中国华电以绿色发展推动藏区脱贫攻坚　实现高质量发展

金沙江上游川藏段梯级电站位于四川、西藏两省（区）界河上，是“十三五”中央支持西藏经济社会发展的重大项目、助推“三区三州”深度贫困区脱贫攻坚的重点水电项目、“西电东送”接续基地的重要内容和先导工程。中国华电金上公司在开发金沙江上游川藏段清洁能源过程中，全面贯彻落实习近平生态文明思想和在长江经济带发展座谈会上的重要讲话精神，以实际行动践行“生态优先、绿色发展”理念，开发清洁能源，建设“绿色金上”，有力促进了深度贫困区脱贫攻坚和经济社会高质量发展。

（1）开发清洁能源，助推藏区绿色发展。中国华电金上公司积极克服开发条件较差、地质条件复杂等诸多困难，在征地移民、项目前期、工程建设等方面创新举措，将地方资源优势转化成绿色发展优势。2015年11月，苏洼龙水电站获得核准；2016年11月、2017年10月和2019年1月，叶巴滩、巴塘、拉哇水电站先后获得核准，在建总装机容量达到619万kW，动态总投资925亿元，成为西藏和四川藏区在建规模最大的流域梯级开发项目，为当地相关产业发展提供了强有力的支撑。计划2021年，苏洼龙电站投产发电；“十四五”和“十五五”期间，金沙江上游川藏段913.6万kW水电全部投产发电，届时年发电量将达到420亿kWh，每年可节约标煤1300万t，减少二氧化碳排放4200万t。在开发水电的同时，按照与水电配套的原则有序开发沿江2000万kW光电、300万kW风电，建设多能互补的大型清洁能源基地。

（2）加强生态保护，守护藏区绿水青山。中国华电金上公司将绿色发展理念贯穿项目开发建设全过程，编制了《创建“绿色金上”工作方案》，对流域环保工作进行总体策划，在水电开发领域开创了编制流域绿色水电建设方案的先河，已核准开工的4级电站环保投资达34.66亿元。将环保水保“三同时”措施落实到项目开发建设全过程，编制环保示范文本、建设示范区，引领流域环保水保工作。在工程建设中，像抓安全生产一样抓环保水保措施落实，开展陆生生物关键物种保护与恢复技术研究、高寒高海拔干旱河谷适生种植物研究和植被恢复实验，编印“植被恢复推荐植物名录”。建立了“鱼类栖息地保护＋生态流量下泄＋鱼类增殖放流＋过鱼设施＋渔政管理”的水生生态环境保护体系，先期开发的4级电站干支流保留的天然河段达到423km，苏洼龙水电站成功实现了“截流当年鱼类增殖站建成投运、次年放流10万尾”的目标。

（3）助力脱贫攻坚，创造藏区美好生活。中国华电金上公司在项目建设中，坚持共建共享理念，努力促进地方繁荣发展，已完成投资176亿元，在地方缴纳税费8亿元。累计投入2亿元，参与西藏社会主义新农村建设、四川惠民行动、电力援藏，对口帮扶四川、西藏两省（区）7个县8个村建档立卡贫困户2137人脱贫攻坚。结合电站建设，投资43亿元，修建241km交通公路，明显改善地方交通条件。招收电站库区和定点扶贫村符合条件的建档立卡贫困户高、初中毕业生30人进行定向招生、定向培养、定点安置“三定培养”，毕业后安排到电站工作。创造性地提出“依法依规、政府主导、市场行为”的参工参建原则，吸收695人参与工程建设，在公益性岗位吸收当地103人就业，支持277辆车参与工程运输，为当地提供辅助工程机会，为地方创造产值2.9亿元。有序加快移民搬迁安置，支付征地移民补偿资金39.77亿元，完成移民搬迁安置1923人。电站建设的全面推进，已极大地改善了当地百姓的生产生活面貌。

中国华电“四箭齐发”助力乌恰县脱贫摘帽

深度贫困地区是脱贫攻坚的“重中之重、坚中之坚”。中国华电认真落实习近平总书记关于扶贫工作重要论述，在解决“两不愁三保障”突出问题上对症下药，充分发挥产业优势和特点，瞄准“饮水、光能、扶智、惠民”，精准发力、四箭齐发，助力新疆克孜勒苏柯尔克孜自治州乌恰县定点扶贫工作。目前，乌恰县已实现脱贫摘帽，全县5131户19 395名贫困人口实现脱贫，贫困发生率从2014年初58.83%降至0.2%，基本公共服务主要领域指标接近全国平均水平。

(1)“饮水”上作文章，实施健康饮水工程。习近平总书记强调，让农村人口喝上放心水，统筹研究解决饮水安全问题。长期以来，在新疆南疆农村地区村民有喝生水的习惯，因此也引发一些疾病。中国华电扶贫干部和驻村第一书记，经过调研和水质化验，发挥集团产业优势，组织华电水务公司在定点扶贫县巴音库鲁提村启动农村安全饮水项目，安装超滤净水设备，采用多级过滤和高温杀菌双效处理，有效滤除各种杂质、细菌、微生物等有害物质，满足巴音库鲁提乡小学和巴音库鲁提村幼儿园300名师生和全村600名村民健康饮水，实现了乌恰县学校幼儿园直饮水“零”的突破。

(2)“光能”上谋发展，开展光伏产业扶贫。坚持“输血”与“造血”相结合，结合乌恰县光照资源丰富优势，发挥电力行业优势，加大产业扶贫力度，在乌恰县巴音库鲁提村捐建500kW光伏发电项目，列入乡村集体经济，项目每年将为村集体带来60万元年收入，均用在巴音库鲁提村100户建档立卡贫困户的帮扶上。

(3)“扶智”上动脑筋，阻断贫困代际传递。扶贫必扶智。中国华电加大定点扶贫地区内生动力培育力度，积极为乌恰县干部群众脱贫致富创造条件，组织各类培训班11期，组织对94名基层干部和392名技术人员开展组织建设、乡村管理、公共卫生、农技管理等培训。联系县畜牧兽医局、教育局和人社局，组织对1412名农牧民进行畜牧品种改良技术、养殖育肥技术、疫病防治专项培训，组织对7名乡村致富带头人培训，带动贫困乡村实现共同富裕。加强教育扶贫力度，用教育阻断贫困代际传递，大力支持贫困地区学校、幼儿园及其配套设施建设力度，努力改善办学条件，在乌恰县捐建四所幼儿园，满足偏远农牧区孩子入学入园实际困难。资助260名贫困大学生就学。

(4)“惠民”上见真情，合力推动民生项目。中国华电坚持民生优先，增进民生福祉，助力脱贫攻坚。关爱贫困地区群众健康，积极推进医疗保障工作，让医疗保障惠及群众，减少因病致贫、因病返贫。捐资705万元在乌恰县吐尔尕特口岸捐建卫生院，捐赠医疗设备，项目占地12 400m^2，建筑面积2000m^2，解决当地群众及口岸过往国外客商看病就医不便困境。建设“华电爱心超市”，发起爱心募捐，将捐赠物资和20万件衣物送到牧场和安居点，让农牧民感受中国华电温馨关爱。扶贫干部打响“柯尔克孜羊肉”品牌，建立“互联网+合作社+牧民”的运作模式，形成集网上接单、合作社供货、屠宰场精深加工、村民分红获利为一体的供应链销售模式，扩大产品的销售渠道，已将7000kg柯尔克孜羊肉、牦牛肉帮助销售到大江南北，50余户村民受益。

国家能源投资集团有限责任公司精准扶贫

国家能源投资集团有限责任公司（简称国家能源集团）不断完善“党组统一领导、总部统筹协调、子分公司主责、挂职干部落实”的扶贫工作组织体系，印发《定点扶贫与对口支援工作管理办法》，持续加大力度，助力9个定点扶贫和对口支援县打赢打好脱贫攻坚战。全年投入扶贫资金2.25亿元，同比增长29%，选派扶贫干部25名，帮助3956名建档立卡贫困户脱贫。截至2019年底，9个县中山西右玉县、青海刚察县和曲麻莱县、西藏聂荣县、内蒙古宁城县、陕西米脂县和吴堡县已顺利脱贫摘帽。国家能源集团在中央单位定点扶贫工作成效考核中继续取得“好”的最高等次评价，入选中国企业精准扶贫五十佳案例，连续三年获评青海省脱贫攻坚先进单位。

民生扶贫。2019年，国家能源集团在刚察县投入500万元，实施4个基础设施项目；在普格县投入800万元，援建彝族新村工程；在布拖县投入1080万元，援建通村公路，打通博作村旅游和产业发展通道；在吴堡县投入110万元，帮助建设饮水工程；在米脂县投入88万元，新建便民桥4座、加宽便民桥1座，解决当地300余户村民的出行难问题；在曲麻莱县投入70万元，帮助修复光伏电站，保障群众日常用电。

产业扶贫。全年投入资金1870万元，开展产业帮扶项目7个，扶持15个龙头企业（合作社），带动3956名建档立卡贫困户脱贫。在宁城县、右玉县投入

1250万元援建蔬菜大棚项目，帮助104人实现转移就业。在普格县、米脂县投入480万元援建果蔬种植大棚和采摘园，带动2335名贫困人口增收。在曲麻莱县投入100万元帮助巴颜村成立物流运输公司。帮助布拖县、普格县引进2家外部企业开展土特产包装销售，惠及当地5000余人。此外，公司还赴西藏那曲开展专项招聘，共招收57名贫困大学生。

教育扶贫。稳步提升贫困地区教育质量，让贫困地区群众获得发展内生动力。举办彝区、藏区、革命老区基层干部培训班、“两山”理论干部培训班，贫困村“两委”班子素质提升培训班，累计培训干部1121名。开展电商、民族手工艺、职业技能、教师教学、乡村医疗培训活动，累计培训技术人员2046人。投入10 324万元帮助贫困人口9980人，援建普格县株木树小学等16所学校（幼儿园）；在9个县设立职工爱心助学基金，资助贫困家庭学生及优秀教师，在布拖、右玉、米脂、吴堡等县中小学援建“爱心书屋”。

健康扶贫。2019年投入3741万元帮助吴堡县、右玉县、布拖县、聂荣县购买医疗设备，提高医疗卫生水平。投入620万元在布拖县、普格县开展“爱心红丝带”活动，提高当地防艾治艾能力。投入86万元在米脂县、吴堡两县开展“送医下乡”义诊活动。投入37万元在曲麻莱县、米脂县开展“救急难”活动，帮助贫困群众渡过难关。

生态扶贫。2019年投入资金2000余万元，努力实现生态修复和脱贫攻坚双赢。针对黄河源地区生态系统退化、水源涵养功能降低情况，投入1450万元，在黄河源核心区实现15万亩草场禁牧，易地建设养殖合作社集中养殖，保护黄河源头周边生态环境；在刚察县1.67万m^2荒地实施植树绿化，并选聘草原管护员103人保护草原；在聂荣县实施桑瓦玉则生态示范村牧场保护和怒江水系水源点保护项目；在右玉县设立“绿色生态保护扶贫基金”，聘用190名贫困户担任护林员，坚决把脆弱的生态保护起来。

创新帮扶。国家能源集团以奋斗彰显为民初心，创新帮扶思路，打好脱贫攻坚组合拳。党建扶贫方面，在总部增设党建扶贫工作小组；组织18个党支部与贫困村结对共建，发动党员干部捐款捐物980万元；帮扶20位抗战英模，传承红色基因。消费扶贫方面，购买贫困地区农产品7002万元，同比增长676%，帮助销售贫困地区农产品686万元，同比增长58%；“能源爱购”电商平台注册人数超过23万人，累计购买贫困地区农产品5746万元；系统内单位直接通过“以购代捐”方式购买农产品金额1256万元。内外联动方面，精心组织“扶贫日”爱心捐款活动，共筹集员工善款2260万元，同比增加近1000万元；积极发动外部企业，帮助贫困县引进资金166万元，同比增长近4倍。

国家能源集团对口支援西藏聂荣县脱贫摘帽

2019年2月6日，经西藏自治区人民政府批准，西藏自治区脱贫攻坚指挥部正式公告，国家能源集团对口支援的那曲市聂荣县正式退出贫困县序列。

自2002年对口支援聂荣县以来，国家能源集团贯彻党中央、国务院决策部署，履行社会责任，坚持携手共建，发挥企业优势，全方位、多层次开展援藏工作，助力聂荣县各族同胞迈向全面小康。

选派优秀干部，持续加大投入。自2002年开始，国家能源集团累计向聂荣县投入扶贫资金4.51亿元，居17家中央企业之首。援建各类项目177个，涵盖经济、社会、民生、产业等各个方面。先后选派优秀干部6批8人次到聂荣县任职，援藏干部进村入户，把国家能源集团党组的关爱与全体职工的支持送到142个村3万多牧民心中，把国家能源集团的精神与爱心永远地树立在雪域高原。

聚焦民生改善，夯实发展基础。国家能源集团先后投入1.6亿元建设安居房、小康示范村，建成那曲地区首个小康示范村色庆乡28村，建成尼玛乡4村生态旅游示范村并实现整村搬迁入住和脱贫；投入近1亿元建设聂荣县市政、医院、文化设施，实施五保户集中供养、防灾抗灾、教育专项、大病救治等民生项目建设。2012年以来，公益基金会在西藏筛查儿童先心病3700人，救治105名。近三年，帮助聂荣县脱贫2531户10 804人，贫困发生率由2016年的26.89%降至2018年底0.58%。

注重产业援藏，促进群众增收。国家能源集团连续多年投入近3000万元援建嘎确牧场，实行“公司＋合作组织＋农户＋产业＋科研”的五合一创新模式，帮助237人实现脱贫，形成每年脱贫37户84人产业帮扶模式，带动了聂荣县牧业产业经济发展。

坚持志智双扶，提高帮扶实效。国家能源集团累计投入援建资金7000多万元，帮助聂荣县建设了2所小学、1所幼儿园，并连续多年实施贫困学生助学项目。2012年，在17家援藏央企中率先启动“双百工程”，为藏籍高校毕业生在系统内提供350个就业岗位，累计录取40人。连续多年培训聂荣县、乡干部以及村两委成员、爱国爱教僧尼400多人，不断提升各级人员政治素质，拓宽发展思路，夯实人才基础。

国家电力投资集团有限公司电力扶贫工作

国家电力投资集团有限公司（简称国家电投）定点扶贫涉及17个省区37个县，合计70余个对口帮扶村。其中，国家级扶贫任务3个，各省市地方政府委托的扶贫任务34个，已形成“绿电＋扶贫＋生态”扶贫新模式。目前包括陕西延川、河南商城两个国家级定点扶贫县在内的14个县已实现脱贫摘帽。

国家电投发挥行业领先优势，推进绿色电力扶贫。打造“绿电＋扶贫＋生态”的可持续产业帮扶品牌，获得国务院领导的肯定和批示，入编国资委“央企十大精准扶贫模式”，并获得中央电视台“手挽手”系列节目展播。一是秉持“光伏扶贫、生态涵养”理念，结合主业助力扶贫。四川甘孜、阿坝地区属国家深度贫困地区，目前已建成光伏扶贫项目10万kW，每年产生扶贫红利1300万元，稳定惠及1.3万贫困人口20多年。二是推动集中式光伏扶贫电站建设，发挥带动效应。国家电投累计投入资金81.8亿元，建成投产光伏扶贫项目113万kW。集中式光伏电站主要分布在四川、云南、河北、山西等贫困地区，可为3.1万户贫困户连续创造20年，年均3000元的稳定收入，脱贫带动效果显著。三是打造村级光伏扶贫电站，灵活解决地方实际问题。国家电投建设185座村级光伏电站，建设总规模12 297kW，主要分布在河南、河北、湖南、江西、广东、宁夏，其中河南商城建设154座村级光伏扶贫电站，建设总规模10 560kW，共扶持贫困户2100户6655人。2019年累计发电1260万kWh，实现收入1091万元。河北公司先后捐赠299万元建设总容量为615kW的三个光伏电站，为村累计创收86万元，带动两村317户840名贫困人口户均年增收3000元。

中国电力建设集团有限公司定点扶贫

中国电力建设集团有限公司（简称中国电建）党委深入学习领会习近平总书记扶贫工作重要论述，深入学习贯彻习近平总书记3月6日在决战决胜脱贫攻坚座谈会上的重要讲话精神，贯彻党中央脱贫攻坚决策部署，全面落实国务院国资委3月13日召开的中央企业决战决胜脱贫攻坚视频会部署安排，紧密围绕稳定实现“两不愁三保障”目标任务，严格落实“四不摘”政策要求，结合集团所承担的定点扶贫任务，充分发挥自身优势，着力推动扶贫攻坚工作取得实效。

2019年，中国电建总部捐赠扶贫资金3776.23万元，实施了产业扶贫、教育扶贫、卫生健康扶贫和农村安全饮水等17个项目。中国电建总部派出挂职扶贫干部6人（含驻村第一书记3人）；帮助和购买定点扶贫县农产品1261.86万元；培训定点扶贫县基层干部14人、技术人员576人。

2019年，中国电建党委书记、董事长、扶贫领导小组组长晏志勇带队赴新疆民丰县调研考察；总经理、党委副书记孙洪水带队赴云南剑川县调研考察；党委常委、副总经理、扶贫领导小组副组长姚强同志带队赴剑川县调研考察。领导赴贫困一线，与县委县政府及乡村扶贫干部座谈共商脱贫之策，走访并看望建档立卡贫困户，检查中国电建扶贫项目发挥效益情况，针对“两不愁三保障”存在的薄弱环节，有针对性地提出在中国电建范围开展“双百爱心活动”，开展光伏扶贫、教育扶贫和消费扶贫，促进建档立卡户直接增收。

中国电建定点扶贫工作得到了国务院扶贫办、国务院国资委的高度肯定，精准扶贫典型案例《小奶牛“撬动”大产业——中国电建产业扶贫见真章》入选国务院扶贫办“企业精准扶贫专项50佳案例”，排名第二；精准扶贫典型案例《立体式助力剑川全面打赢脱贫攻坚战》入选国务院扶贫办“企业精准扶贫综合50佳案例”，排名第六。新疆自治区扶贫领导小组、民丰县政府、剑川县委县政府向中国电建发来感谢信，对中国电建扶贫工作给了高度肯定。中国电建派驻剑川县白蜡村驻村第一书记喻泽远获大理州2019年扶贫先进工作者；派驻民丰县驻村第一书记崔远鹏荣获和田地区2019年度脱贫攻坚先进个人荣誉称号和民丰县2019年度扶贫攻坚“优秀驻村扶贫第一书记”荣誉称号。

剑川县金华镇8个村级光伏扶贫电站发挥帮扶效益。中国电建职工捐款1000万元支持电站建设，总装机容量1850kW，电价0.75元/kWh，于2019年底全部并网发电。该项目预计年收益92.68万元，投资收益率8.87%，项目总收益加上折旧共计3362万元，折合每个建档立卡贫困村集体可获得420.25万元的收入，专项支持因病、因学、因残完全或部分丧失劳动能力的建档立卡贫困户脱贫增收，惠及金华镇龙凤村等8个建档立卡贫困村744户建档立卡贫困户。

2019年，中国电建派驻4名干部到剑川县挂职，其中1人挂职副县长、1人挂职县扶贫办副主任、2人任驻村第一书记；派驻2名干部到民丰县挂职，其中1名挂职副县长、1名任驻村第一书记。2019年累计培训或出资培训定点扶贫县干部和技术人员590人次。

按照地方党委政府要求，2019年中国电建所属32家成员企业承担了定点扶贫任务，合计定点扶贫54个县、镇、村（6个市县、1个镇、47个村）；派出挂职扶贫干部、驻村第一书记、驻村工作队队员73人；扶贫捐赠资金3996.6万元。截至目前，44个县、镇、村（6个市县、1个镇、37个村）已实现脱贫摘帽，占81%。

中国电建成员企业扶贫工作得到了地方党委政府的肯定，水电八局驻洞口县长塘瑶族乡老艾坪村工作队2019年度考核为优秀等次；水电九局获中共锦屏县委县政府颁发的2019年脱贫攻坚优秀帮扶单位，扶贫干部金家墚获中共锦屏县委员会颁发的全县脱贫攻坚优秀党委工作者称号；水电十四局获云南省怒江州委州政府颁发的脱贫攻坚贡献奖扶贫先进单位；中南院获湖南省委组织部颁发的2019年度脱贫攻坚先进驻村帮扶工作组。

中国能源建设集团有限公司扶贫工作

2019年，中国能源建设集团有限公司（简称中国能建）全面贯彻落实党中央、国务院扶贫办及国资委决策部署，坚持扶贫为主题、志智双扶，强化定点扶贫责任落实，提高脱贫质量，巩固脱贫成果，以科技助力传统产业提质增效、订单式培训提升技能素质，充分调动公司及所属企业的积极性，扎实推动定点扶贫县政府落实主体责任，全面超额完成定点扶贫责任书的各项指标。

中国能建在精准扶贫过程中，精准发力、精准施策，从基础设施建设、“两不愁三保障”、产业帮扶、电商扶贫、人才培训、教育扶贫等多个维度，全方位开展脱贫攻坚工作，确保脱贫路上不落一户，不落一人。加强组织领导，落实定点扶贫机构。成立由董事长和总经理担任双组长的扶贫工作领导小组，全面领导中国能建定点扶贫工作；成立广西、陕西扶贫工作组，负责广西西林县和陕西镇巴县的定点扶贫工作。科学精细谋划，制定扶贫年度计划。制定广西扶贫工作组和陕西扶贫工作组定点扶贫工作计划，明确年度扶贫工作重点项目及计划资金，确保扶贫工作顺利开展。认真研究部署，召开专题工作会议。扶贫工作领导小组召开专题会议，明确2019年定点扶贫工作安排；召开扶贫工作会议，总结分析2019年扶贫工作并对2020年扶贫工作进行部署。主要领导带头，深入基层调研考察。中国能建主要领导先后3次赴定点扶贫县开展专项调研考察，深入了解扶贫项目推进情况，详细了解贫困户基本情况、致贫原因以及扶贫项目实施进展情况、存在的问题和困难，加强对扶贫工作的指导。五是选派干部，贯彻落实扶贫工作。中国能建向西林县和镇巴县选派了2名挂职干部和2名驻村第一书记，向镇巴县增派5名驻村工作队员。李贤楚担任西林县央龙村第一书记，2019年荣获广西壮族自治区全区脱贫攻坚优秀第一书记荣誉称号；李峻峰担任镇巴县泾洋街道办蒿坪子村第一书记，2019年荣获陕西省脱贫攻坚贡献奖。大力补强短板，深耕基础设施建设。中国能建利用自身优势，通过PPP方式签约建设田林（潞城）—西林（滇桂界）高速公路。项目建成后，将有效改善沿线区域交通运输服务条件，项目实施至今已向项目所在地缴纳各项税费约1700万元，属地招聘40余人，物资采购约2亿元。扭住突出问题，解决“两不愁三保障”。广西扶贫组开展“百日攻坚战”，投入帮扶资金300万元，完善住房保障；投入5万元开展义务教育保障，帮助贫困人口16人；投入1万元开展基本医疗保障，帮助贫困人口105人；投入5万元开展饮水安全保障，帮助贫困户安装水管，帮助贫困人口64人。强化产业扶贫，增强造血功能。广西工作组投入帮扶资金100万元，支持足别乡6个村集体经济入股西林县鑫旺种植专业合作社发展沙糖桔，每年为每个村集体增加经济收入约3.06万元，资助央龙村养羊、养牛及种植茶叶等合作社集体经济2019年产生收益约20.8万元；陕西工作组投入专门资金援建青花椒储存加工与中药材加工2条自动化生产线，扩建清脆李及蚕桑特色产业项目，开展樱桃家庭式果园建设。开展电商扶贫，打通销售渠道。在“能建商城”互联网电商平台设置“爱心超市”专栏，累计在西林县采购农副产品925万元，在镇巴县采购农副产品604万元；引入社会资本购买当地农产品，协调八马茶叶股份有限公司与西林九龙山茶叶有限公司建立购销合作关系，帮助本地企业销售茶叶5.6万元；协助蒿坪子村民销售野生板栗、茶叶共8.5万元；与建设银行合作，在建设银行善融商城开设中国能建扶贫馆，帮助销售农产品；定点帮扶蒿坪子村原生园合作社注册“质盈”三大类商品电子商标，促进镇巴农业产业发展。聚焦人才培训，增强造血能力。广西工作组在西林县足别乡举办定点扶贫县基层干部培训班和黑山羊养殖技术专题培训班，帮助基层干部学习改进工作方法，帮助技术人员学习掌握“实用技术”；陕西工作组捐赠10万元扶贫资金供农业农村局进行农村干部及农业实用技术培训。着力教育扶贫，阻断贫困代际传递。广西工作组通过捐赠足别乡文体用品，为贫困学生发放助学金及励志书籍等形式助力教育扶贫；陕西工作组捐赠50万元纳入“镇巴县教育救助专项资金”统筹使用，解决建档立卡贫困家庭大学生就学困难问题。

中国能建全年向陕西镇巴县、广西西林县两个定点扶贫县投入帮扶资金1217万元，为定点扶贫县引进帮扶资金18万元，购买贫困地区农产品1529万元，帮助销售贫困地区农产品14.1万元。截至2019年底，中国能建定点帮扶的陕西镇巴县和广西西林县均已脱贫摘帽，镇巴县泾洋街道办蒿坪子村、西林县足别乡央龙村也已全部实现脱贫出列。

电力发展与改革

概　况

2019 年电力工业综述

2019 年是中华人民共和国成立 70 周年，是决胜全面建成小康社会关键之年。2019 年，电力行业以习近平新时代中国特色社会主义思想为指导，深入贯彻落实习总书记关于“四个革命、一个合作”的国家能源安全新战略，坚持以供给侧结构性改革为主线，加大电力结构调整力度，着力推进煤炭清洁高效利用，大力发展可再生能源；加快建设能源互联网，提高终端能源电气化水平；深化电力体制改革，加快推进电力市场建设；积极应对气候变化，电力绿色低碳发展水平不断提高；构建全球能源互联网达成广泛共识，电力国际合作进一步深化，电力高质量发展取得新进展。

一、电力结构持续优化，发展质量进一步提高

电源投资较快增长，电网投资同比下降。2019 年，全国主要电力企业❶电源工程建设完成投资 3283 亿元，比 2018 年增长 17.8%，在连续三年负增长后实现增速转正，并创 2011 年以来最高增速。分类型看，水电投资 839 亿元，比 2018 年增长 19.8%，主要是白鹤滩、乌东德等大型水电站建设拉动；其中，抽水蓄能电站投资 172 亿元，增长 5.9%，是抽水蓄能电站建设投资最多的一年。核电投资完成 382 亿元，比 2018 年下降 14.5%，为 2009 年以来最低。主要受风电上网电价政策调整等因素影响，风电投资 1244 亿元，比 2018 年增长 92.6%。太阳能发电投资 184 亿元，比 2018 年下降 11.1%。国家继续推进防范化解煤电产能过剩风险工作，燃煤发电投资 506 亿元，比 2018 年下降 21.4%，带动火电投资（634 亿元）下降 19.4%。

全国电网投资完成 5012 亿元，比 2018 年下降 6.7%，创 2011 年以来最低增幅。其中，直流工程 249 亿元，比 2018 年下降 52.1%；交流工程 4411 亿元，比 2018 年下降 4.4%，占全部电网投资的 88.0%。国家持续推动配电网建设改造行动计划及新一轮农村电网改造升级，全年配电网投资完成 3149 亿元，比 2018 年增长 1.7%。

太阳能发电投产放缓，带动全国新增规模有所减少。2019 年，全国基建新增发电生产能力 10 500 万 kW，比 2018 年少投产 2285 万 kW。分类型看，水电新增 445 万 kW，为 2003 年以来水电新投产最少的一年，比 2018 年少投产 415 万 kW，新投产大型常规水电项目主要有云南乌弄龙水电站 3 台合计 74.25 万 kW、吉林丰满水电站 3 台合计 60 万 kW，新投产抽水蓄能电站为安徽绩溪抽水蓄能电站 1 台 30 万 kW。火电新增 4423 万 kW，比 2018 年多投产 43 万 kW，其中：煤电 3236 万 kW，比 2018 年多投产 180 万 kW；全国新投产 100 万 kW 火电机组 14 台，分别为华润曹妃甸电厂 1 台、华电江苏句容电厂二期 1 台、华电安徽芜湖电厂二期 1 台、中国三峡集团鄂州电厂三期 2 台、大唐广东雷州电厂 1 台、陕西榆能横山高兴庄电厂 1 台、陕西能源赵石畔煤电有限公司 1 台、陕西清水川能源公司二期电厂 2 台、国家能源宁夏鸳鸯湖电厂二期 1 台、国家能源宁夏方家庄电厂 2 台和陆丰宝丽华新能源电力公司（甲湖湾电厂）1 台。核电新投产 3 台合计 409 万 kW，比 2018 年少投产 475 万 kW，新投产项目分别为国家电投山东海阳核电项目 1 台 125 万 kW、广核台山核电站一期工程 1 台 175 万 kW、广核阳江核电站 1 台 108.6 万 kW。新增风电装机 2572 万 kW，比 2018 年多投产 445 万 kW。新增太阳能发电 2652 万 kW，比 2018 年少投产 1874 万 kW。

发电装机突破 20 亿 kW，供应能力持续增强。截至 2019 年底，全国全口径发电装机容量突破 20 亿 kW，达到 201 006 万 kW，稳居世界首位，电力供应能力持续增强；发电装机容量同比增长 5.8%，增速比 2018 年回落 0.7 个百分点。全国人均装机规模

❶ 纳入中电联统计口径的 23 家大型发电企业：中国华能集团有限公司、中国大唐集团有限公司、中国华电集团有限公司、国家能源投资集团有限责任公司、国家电力投资集团有限公司、中国长江三峡集团有限公司、中国核工业集团有限公司、中国广核集团有限公司、广东省能源集团有限公司、浙江省能源集团有限公司、北京能源集团有限公司、申能股份有限公司、河北省建设投资集团有限公司、华润电力控股有限公司、国投电力控股股份有限公司、新力能源开发有限公司、甘肃省电力投资集团有限责任公司、安徽省皖能股份有限公司、江苏省国信集团有限公司、江西省投资集团公司、广州发展集团股份有限公司、深圳能源集团股份有限公司、山西国际电力集团有限公司。

1.44kW，比2018年增加0.07kW，超过世界平均水平。其中，全国非化石能源发电装机容量84 410万kW，比2018年增长8.8%，占全国总装机容量的42.0%，比2018年提高1.2个百分点。

分类型看，水电35 804万kW，增长1.5%（其中抽水蓄能3029万kW，增长1.0%）；火电118 957万kW，增长4.0%（其中煤电104 063万kW，增长3.2%，气电9024万kW，增长7.7%）；核电4874万kW，增长9.1%；并网风电20 915万kW，增长13.5%；并网太阳能发电20 418万kW，增长17.1%。年底，全国火电以及水电、风电、太阳能发电等非化石能源发电装机容量均居世界第一位。全国100万kW级火电机组数量达到127台，非化石能源发电装机及大容量高参数燃煤机组比重继续提高，电源结构持续优化。

截至2019年底，华北区域发电装机容量突破4亿kW，达到44 352万kW。华东、华中、南方区域分别为39 045万kW、37 996万kW、34 623万kW。西北区域装机接近3亿kW，达到29 914万kW，比2018年增长9.4%，在各区域中最高。东北区域装机容量为15 076万kW。华北和华东区域火电装机容量均超过2.5亿kW，分别占全国火电装机容量的26.9%和23.0%；华东和南方区域核电装机容量最多，分别为2216万kW和1961万kW；华中和南方区域水资源丰富，水电装机均超过1亿kW，分别占全国水电装机容量的42.0%和34.8%；华北和西北区域风电装机最多，分别为6140万kW和5363万kW，占全国风电容量的29.4%和25.6%；华北、华东和西北区域太阳能发电装机容量均超过4000万kW，合计占全国太阳能装机容量的71.4%，其中华北区域最多，为5143万kW。

分省份看，山东、江苏、内蒙古和广东发电装机容量突破1亿kW。其中，山东发电装机容量规模最大（14 044万kW），同比增长7.2%，四川、浙江、云南、新疆、河南和山西发电装机容量超过9000万kW。

电网规模稳步增长，跨省区输送能力继续提升。2019年，全国新增110kV及以上交流输电线路长度和变电设备容量分别为57 935km和31 915万kVA，分别比2018年增长1.7%和2.9%。全年新投产4条特高压输电线路，合计输电线路长度和变电设备容量分别为5432km和2700万kVA；全年没有新投产直流输电线路，投产换流容量2200万kW。

截至2019年底，全国电网35kW及以上输电线路回路长度193.5万km，比2018年增长3.4%，变电设备容量65.3亿kVA，比2018年增长7.6%。其中，220kV及以上输电线路回路长度75.5万km，比2018年增长4.1%，变电设备容量42.7亿kVA，比2018年增长5.7%。

中国电网已实现除台湾以外的全国联网，跨省区输电能力继续增加。2019年底，全国跨区输电能力1.48亿kW，其中跨区网对网输电能力1.35亿kW、跨区点对网送电能力1334万kW。分区域看，华中、西北外送能力分别达到3840万kW和5581万kW，华北、东北和南方分别为3630万kW、1500万kW和264万kW。

2019年底，中国内地已与香港地区建成4回400kV输电线路，向香港特别行政区送电；与澳门地区建成8回220kV输电线路（其中2回澳门侧未投运），为澳门特别行政区送电。中国分别与俄罗斯、蒙古国、越南、缅甸和老挝等国实现了跨国输电线路互联和电量交易。在大湄公河次区域，缅甸电厂以1回500kV、2回220kV和1回110kV线路向中国送电；中国以3回220kV、3回110kV线路向越南供电；中国以1回115kV线路向老挝供电。与俄罗斯远东电网建成了1回500kV、2回220kV和2回110kV输电线路；中国新疆通过35kV、内蒙古通过220kV和110kV输电线路与蒙古国实现一定规模的电力交易。中国与俄罗斯、蒙古国、越南和缅甸等周边国家的跨国电力交易初步实现。

二、非化石能源发电快速增长，弃风弃光继续得到改善

非化石能源发电量快速增长。2019年，全国全口径发电量73 269亿kWh，同比增长4.7%，增速比2018年降低3.6个百分点。其中，水电、核电、并网风电和太阳能发电等非化石能源发电量合计23 930亿kWh，比2018年增长10.6%，比全口径发电量增速高5.9个百分点；占全口径发电量的比重为32.7%，比2018年提高1.7个百分点。

分类型看，水电13 021亿kWh，增长5.7%（其中抽水蓄能319亿kWh，下降3.0%）；火电50 465亿kWh，增长2.5%（其中煤电45 538亿kWh，增长1.6%，气电2325亿kWh，增长7.9%）；核电3487亿kWh，增长18.2%；并网风电4053亿kWh，增长10.8%；并网太阳能发电2240亿kWh，增长26.6%。

分区域看，华北区域发电量16 759亿kWh，比2018年增长5.1%，其中火电、风电发电量合计占本区域发电量的94.3%，区域内煤电发电量占比为80.2%，在六大区域中最高，比2018年降低2.1个百分点。华东和南方区域发电量分别为14 896亿kWh和12 743亿kWh，分别比2018年增长2.1%和7.3%；其中核电发电量占比在六个区域中最高，分别为10.6%和10.8%，华东区域火电发电量占比仍

然较高，达到78.9%，南方区域水电发电量占比达到36.3%，仅低于华中区域。华中区域发电量13 457亿kWh，比2018年增长2.6%，其水电发电量占比为42.9%，在各区域中最高。西北区域发电量首次超过10 000亿kWh，达到10 158亿kWh，比2018年增长8.9%，在各区域中增长最快；其中新能源发电量占比达到15.8%。东北区域发电量5257亿kWh，比2018年增长3.3%；火电和风电是主要发电电源，合计占比为88.0%；其中，煤电发电量占比为71.9%，比2018年降低2.0个百分点。

分省份看，内蒙古、山东、江苏发电量超过5000亿kWh，广东、四川、新疆、浙江、云南和山西发电量在3000亿～5000亿kWh。发电量不足1000亿kWh的省份主要有吉林、青海、上海、重庆、天津、北京、海南和西藏。青海、甘肃、宁夏、河北、吉林、黑龙江、西藏、内蒙古和新疆新能源发电量占本省发电量的比重超过15%，新能源发电已经成为天津、河北、山西、内蒙古、吉林、黑龙江、上海、江苏、安徽、山东、河南、陕西、宁夏和新疆14个省份的第二大发电类型。

新能源消纳情况持续好转。2019年，在各级政府和行业企业协同努力下，新能源消纳得到进一步改善，新能源发电量和利用率比2018年双提升，全国弃风弃光增长势头得到有效遏制。据国家能源局数据，2019年，全国弃风电量169亿kWh，弃风率4.0%，同比下降3.0个百分点；弃光率2.0%，同比下降1.0个百分点；全国有16个省份基本不弃风，20个省份基本不弃光，但新疆、甘肃等部分新能源比重较大的省份弃风弃光率仍偏高。全国弃水情况明显好转，其中，云南弃水电量同比减少90%。

发电设备利用小时同比降低。2019年，全国6000kW及以上电厂发电设备利用小时3828h，比2018年降低52h。分类型看，水电3697h，比2018年增加90h；火电4307h，比2018年减少71h；核电7394h，比2018年减少149h；并网风电2083h，比2018年减少20h；太阳能发电1291h，比2018年增加61h。2019年全国分类型发电设备利用小时及变化情况见表1。

表1　2019年全国分类型发电设备利用小时及变化情况　（单位：h）

项目	合计	水电	火电			核电	风电	太阳能发电
			合计	其中：煤电	其中：气电			
发电利用小时	3828	3697	4307	4429	2646	7394	2083	1291
同比变化小时	−52	90	−71	−66	−121	−149	−20	61

广西、四川、新疆、湖北等13个省份火电发电设备平均利用小时同比增加。其中，广西和四川受电力消费增长和水电利用小时下降影响，火电发电设备利用小时同比分别提高851h和371h；新疆和贵州受电力消费和供应增长影响，各类型发电设备利用小时均同比提高，其中，火电设备利用小时同比分别提高442h和299h；另外湖北受水电和其他类型发电设备利用小时降低影响，火电利用小时同比提高269h；内蒙古、江西、新疆、河北、安徽、湖北等14个省份火电发电设备利用小时高于全国平均水平。

全国共有18个省份火电设备平均利用小时同比降低。其中，受清洁能源发电、区外来电增加等因素影响，青海和天津同比分别降低489h和443h；广东受2018年基数和火电新增装机增加影响，火电设备利用小时同比降低449h；河南和上海降低也超过300h。青海、云南和西藏火电利用小时不足3000h。

电煤供应总体平衡，价格前高后底。2019年，全国原煤产量38.5亿t，同比增加1.7亿t，煤炭净进口3.0亿t，同比增加0.24亿t。根据国家统计局数据，全国煤炭消费类增长1.0%；据中电联统计，全国发电及供热消耗原煤23.1亿t，占全国原煤消费总量的60%，比2018年增长3.6%。随着煤炭产能有所释放，国内煤炭供应由紧平衡转为总体平衡，一、四季度东北等少数地区煤炭供应偏紧。

2019年初，受煤矿事故、节后主要产煤省复工率低等因素影响，电煤供应偏紧、价格持续高位运行；进入二季度后，电煤价格波动回落，11月回落至《关于印发平抑煤炭市场价格异常波动的备忘录的通知》（发改运行〔2016〕2808号）规定的绿色区间（500～570元/t），电煤采购成本有所降低。从中国电煤采购价格指数CECI（沿海指数）数据看，全年5500kcal（1kcal=4.184kJ）综合均价576元/t，比2018年降低19元/t，仍高于绿色区间上限。

跨区跨省送电量快速增长。2019年，受电力消费需求较快增长、西部新能源东送规模增加等因素影响，全国跨区送电完成5404亿kWh，比2018年增长12.2%，增速比2018年回落0.5个百分点。分区域看，西南、西北和华中三个区域送出电量规模大，合计送出电量占全国跨区送电量的69.9%；其中，西北送出电量2018亿kWh，同比增长20.4%，拉动全国跨区送电增长7.1个百分点，有效缓解了西北区域弃风弃光问题。西南区域输出电量占本区域发电量的比重达到23.3%，华东区域输入电量占全社会用电量比重达到13.7%。

2019年，全国跨省输出电量14 441亿kWh，同比增长11.4%，增速比2018年回落3.2个百分点。跨省输出电量超过1000亿kWh的省份有内蒙古、云南、四川和山西，合计输出电量占跨省输出电量的44.3%。其中，内蒙古外送电量2082亿kWh，占全国跨省输出电量的14.4%；云南送广东电量1197亿kWh，同比增长13.8%，占全国跨省输出电量的8.3%。宁夏、云南、甘肃输出电量占本省发电量比重最高，分别达到53.6%、48.0%和44.6%，清洁能源实现较大范围配置与消纳。广东净输入电量规模最大，达到1844亿kWh，同比增长5.3%；北京净输入电量占本市全社会用电量的比重达到60.4%，上海占比为46.7%，广东、重庆、河北、浙江和天津占比超过20%。

电力安全可靠性进一步提高。2019年，全国没有发生较大以上电力人身伤亡事故，没有发生水电站大坝漫坝、垮坝以及对社会有较大影响的安全事故。电力安全生产事故起数连续三年下降，电力建设领域安全状况明显好转，电力设备事故总量显著减少，大部分监管区域安全状况稳定。全国电力可靠性继续保持较高水平，其中，4万kW及以上水电机组以及10万kW及以上煤电机组、燃气轮机组、核电机组等效可用系数分别为92.58%、92.79%、92.37%、91.01%，水电、煤电机组等效可用系数分别提高0.28、0.53个百分点，燃气轮、核电机组分别降低0.10、0.83个百分点。架空线路、变压器、断路器三类主要设施的可用系数分别为99.453%、99.641%、99.873%，架空线路可用系数提高0.125个百分点，变压器和断路器分别降低0.100、0.035个百分点。直流输电系统合计能量可用率86.165%，比2018年降低5.983个百分点，合计能量利用率为46.44%，比2018年提高2.33个百分点；总计强迫停运32次，比2018年减少3次。全国10（6、20）kV供电系统用户平均供电可靠率为99.843%、比2018年提高0.023个百分点；用户平均停电时间13.72h/户，比2018年减少2.03h/户；用户平均停电频率2.99次/户，比2018年降低0.29次/户。

三、全社会用电量增速有所回落，电力供需总体平衡

电力消费增速回落至中速水平。受宏观经济运行稳中趋缓、上年用电量增速基数偏高、夏季气温比上年偏低和冬季气温偏高等因素影响，全社会用电实现稳定增长、增速有所回落。2019年，全国全社会用电量72 486亿kWh，比2018年增长4.4%，比2018年回落4.0个百分点。全国人均用电量5186kWh，比2018年增加241kWh。

分季度看，各季度全社会用电量增速分别为5.5%、4.5%、3.4%和4.7%，增速逐季回落，四季度有所回升。随着信息服务业等新兴产业持续快速增长和电能替代力度加大，第三产业用电量实现较快增长，对全社会用电量增长的拉动作用不断增强。各季度第二产业用电量增长对当期全社会用电量增长的拉动力分别为2.0、2.3、1.8、2.5个百分点。

分产业看，第一产业用电量779亿kWh，比2018年增长4.4%；第二产业用电量49 595亿kWh，比2018年增长3.1%，增速比2018年回落4.0个百分点，拉动全社会用电量增长2.1个百分点，仍然是拉动全社会用电量增长的主要动力（其中制造业用电量增长2.9%，拉动全社会用电量增长1.5个百分点）；第三产业用电量11 861亿kWh，增长9.4%；城乡居民生活用电量10 250亿kWh，增长5.7%，分别拉动全社会用电量增长1.5、0.8个百分点。第一、第二、第三产业和城乡居民生活用电量占全社会用电量的比重分别为1.1%、68.4%、16.4%和14.1%；与2018年相比，第三产业和城乡居民生活用电量占比分别提高0.7、0.1个百分点；第二产业用电量占比降低0.8个百分点。

分区域看，华东、华北、华中和南方区域全社会用电量超过10 000亿kWh，四个区域合计用电量占全社会用电量的82.2%。各区域用电均实现正增长，其中，华北、南方区域全社会用电增速高于全国平均水平，其用电量增长均拉动全社会用电量增长1.1个百分点；各区域用电量增长对全社会用电增长的拉动力比2018年均有不同程度回落，其中，华北、华东、华中区域对全社会用电增长的拉动力分别比2018年回落1.1、1.0、1.0个百分点。

分省看，广东、江苏、山东、浙江、河北、内蒙古、河南、新疆、四川、福建、辽宁、安徽、山西和湖北14个省份全社会用电量超过2000亿kWh，14省合计用电量51 842亿kWh，同比增长4.4%，占全国全社会用电量的71.5%；对全国用电量增长的贡献率为71.7%，拉动全国用电量增长3.2个百分点。除青海、河南和甘肃外，其他省份全社会用电量均实现正增长；14个省份用电增速高于全国平均水平（4.4%），分别为西藏（12.4%）、广西（12.0%）、内蒙古（8.9%）、海南（8.6%）、云南（7.9%）、安徽（7.8%）、江西（7.5%）、四川（7.2%）、湖北（6.9%）、湖南（6.8%）、新疆（6.7%）、广东

(5.9%)、河北(5.2%)和山西(4.7%),基本均为中西部地区省份。

电能替代持续推进。电能替代是中国终端能源清洁利用途径之一,2019 年,全国累计完成替代电量 2066 亿 kWh,比 2018 年增长 32.6%,相当于减少燃煤 8344 万 t、减少二氧化碳排放 2.1 亿 t。其中,全国工(农)业生产制造领域完成替代电量 1303 亿 kWh,约占总替代电量的 63.1%;居民取暖、交通运输、能源生产供应与消费等领域电能替代也在快速推广,分别完成替代电量 150 亿、170 亿、342 亿 kWh。

全国电力供需总体平衡。2019 年,全国电力供需总体平衡。分区域看,华北区域电力供需总体平衡。其中,蒙西电网从电力供应富余转为电力供应偏紧,部分月份高峰时段执行有序用电措施,冀北电网在用电高峰时段执行有序用电措施。华东区域电力供需总体平衡,浙江在部分时段出现少量错避峰。华中区域电力供需总体平衡,1 月受低温寒潮天气影响,江西、湖北采取了有序用电措施;湖北在迎峰度夏用电高峰时段采取了有序用电措施。东北区域电力供应能力富裕,辽宁在用电高峰时段采取了有序用电措施。西北区域电力供应能力总体富余。南方区域电力供需总体平衡;5 月份海南受持续高温天气及省内多台燃煤机组异常影响,采取了有序用电措施。

四、电力体制改革深入推进,电力市场建设逐步完善

电力现货市场建设试点进一步加快。2019 年,国家发展改革委出台了《关于深化电力现货市场建设试点工作的意见》,提出合理设计电力现货市场建设方案、统筹协调电力现货市场衔接机制、建立健全电力现货市场运营机制、强化提升电力现货市场运营能力、规范建设电力现货市场运营平台和建立完善电力现货市场配套机制,电力现货市场顶层设计进一步完善。8 个试点省份开展试运行,其他省份上报了电力现货建设方案和时间表。

市场化交易电量比重大幅提高。2019 年,全国各电力交易中心组织完成市场交易电量❶ 28 344 亿 kWh,同比增长 37.2%。其中,全国电力市场电力直接交易电量❷合计为 21 771 亿 kWh,占全社会用电量比重为 30.0%,占电网企业销售电量的比重为 36.8%。全国电力市场化交易规模再上新台阶。

输配电定价机制进一步完善。2019 年,国家发展改革委修订了《输配电定价成本监审办法(试行)》,在强化成本监审约束和激励作用、细化成本监审审核方法和规范成本监审程序要求三个方面进行了完善,助推电网企业加强内部管理、降本增效;对全国除西藏以外的 30 个省份省级电网和华北、华东、东北、西北、华中 5 个区域电网全面开展第二监管周期输配电成本监审,全面提升监审的科学化、规范化水平。

市场化电价机制进一步理顺。2019 年,国家发展改革委出台《关于深化燃煤发电上网电价形成机制改革的指导意见》,将现行燃煤发电标杆上网电价机制改为"基准价+上下浮动"的市场化价格机制,并于 2020 年开始执行。全部放开经营性发用电计划,发用电双方电量、电价通过市场化方式形成交易价格,将显著增大市场交易主体数量、拓展市场交易规模。

电力交易机构股份制改造实现新突破。2019 年底,北京电力交易中心举行增资协议签约仪式,共引入 10 家投资者,新增股东持股占比 30%。此外,国家电网区域 24 家省级交易机构出台股份制改造方案,22 家增资扩股实施方案已报国务院国资委审批,6 家交易机构增资方案获得国务院国资委批复,实现进场挂牌。电力交易机构股权结构进一步多元化。

全国一般工商业电价平均降低 10%目标提前完成。2019 年,为了贯彻落实《政府工作报告》中关于"降低制造业用电成本,一般工商业平均电价再降低 10%"的要求,国家发展改革委分两批出台了多项降价措施,包括调整电网企业增值税税率、降低重大水利工程建设基金征收标准、延长电网企业固定资产折旧年限、扩大一般工商业用户参与电力市场等,一般工商业电价降低目标提前完成。

五、电力绿色低碳发展水平不断提高,节能减排取得新成绩

资源节约水平继续提升。2019 年,全国 6000kW 及以上火电厂平均供电标准煤耗 306.4g/kWh,比 2018 年降低 1.2g/kWh;厂用电率 4.67%,比 2018 年下降 0.02 个百分点(其中,水电 0.24%,比 2018 年降低 0.01 个百分点;火电 6.01%,比 2018 年提高 0.06 个百分点)。全国线损率 5.93%,比 2018 年下降 0.34 个百分点。全国火电厂单位发电量耗水量 1.21kg/kWh,比 2018 年下降 0.02kg/kWh;粉煤灰、脱硫石膏综合利用率分别为 72%、75%,均比 2018 年提高 1 个百分点,综合利用量持续提高。

---

❶ 指电力交易中心组织开展的各品类交易电量的总规模,分为省内交易和省间交易,其中省内交易包括省内电力直接交易、发电权交易、抽水蓄能交易和其他交易;省间交易包括省间电力直接交易、省间外送交易(网对网、网对点)、发电权交易和其他交易。以交易的结算口径统计。

❷ 指符合市场准入条件的电厂和终端购电主体通过自主协商、集中竞价等直接交易形式确定的电量规模,包括省内电力直接交易电量和省间电力直接交易(外受)电量。当前仅包括中长期交易电量,以交易的结算口径统计。

污染物排放进一步降低。2019 年，全国电力烟尘、二氧化硫、氮氧化物排放量分别约为 18 万、89 万、93 万 t，分别比 2018 年下降约 12.2%、9.7%、3.1%；单位火电发电量烟尘、二氧化硫、氮氧化物排放量约为 0.038、0.187、0.195g/kWh，分别比 2018 年下降 0.006、0.024、0.011g/kWh。单位火电发电量废水排放量为 54g/kWh，与 2018 年降低 3g/kWh。截至 2019 年底，达到超低排放限值的煤电机组约 8.9 亿 kW，约占全国煤电总装机容量 86%。

碳排放强度持续降低。2019 年，全国单位火电发电量二氧化碳排放约 838g/kWh，比 2018 年下降 3g/kWh；单位发电量二氧化碳排放约 577g/kWh，比 2018 年下降 15g/kWh。以 2005 年为基准年，2006—2019 年，通过发展非化石能源、降低供电煤耗和线损率等措施，电力行业累计减少二氧化碳排放约 159 亿吨，有效减缓了电力行业二氧化碳排放总量的增长。其中，供电煤耗降低对电力行业二氧化碳减排贡献率为 37%，非化石能源发展贡献率为 61%。

试点地区碳市场建设有序推进。2019 年，北京、上海、广东、深圳等 8 个试点地区累计碳交易成交量为 6962 万 t 二氧化碳当量，累计成交额约 15.62 亿元，分别比 2018 年增长 11%和 24%，企业履约率保持较高水平，基本形成了要素完善、运行平稳、成效明显、各具特色的区域碳排放权交易市场。试点范围内碳排放总量和强度实现双降，碳市场控制温室气体排放的良好效果初步显现。

六、科技创新全领域推进，电力建设与运行技术水平持续提升

2019 年，电力行业科技创新有力地推动了行业科技进步，践行了国家绿色发展战略，进一步提高了具有自主知识产权核心技术的国际竞争力。

水电领域，中国在水电工程施工技术、水电开发生态环境保护技术、水电工程滑坡预测和防治关键技术等方面达到世界先进水平。火电领域，煤电技术朝着“清洁”“低碳”“高效”“灵活”的趋势发展，整体达到国际先进水平，部分技术国际领先；燃气轮机发电技术实现冷端部件制造国产化，部分中小型燃机、航改型燃机实现完全国产化。核电领域，小型堆、四代堆等新一代核能系统研发与国际水平基本同步，高温气冷堆、快堆、小堆等商业示范工程有序推进。新能源发电领域，光伏电池产业化技术水平处于世界领先水平，钙钛矿等新型高效电池技术方面与世界齐头并进；风电机组整机关键技术、设计施工运维技术基本与国外同步；太阳能热发电技术世界领先。

电网领域，中国大电网安全与控制整体处于国际领先水平，攻克了一批大电网调度运行的“卡脖子”技术难题，实现了大电网调度运营决策的模型、方法、理论与核心技术的重大创新；成功研制了±800kV 柔性直流换流阀，攻克特高压 GIL 技术多项世界难题，实现±1100kV 特高压直流输电技术、装备等多方面突破，进一步巩固了中国在输电技术领域的领先地位；在柔性变电站领域开展关键技术攻关，取得重大原创成果，为从技术上解决直流电网枢纽节点问题带来了希望；攻克了换流阀适海性和受端交流电网故障穿越技术难题，研发了海上站换流阀设备和陆上站直流耗能成套装置，为远海风电开发提供了技术解决方案。

七、电力企业资产总额及负债增速提高，负债率有所下降

电力企业资产及负债总额同比增加。根据国家统计局统计，截至 2019 年底，全国规模以上电力企业资产总额 151 253 亿元，比 2018 年增长 5.4%，增速比 2018 年提高 2.8 个百分点。其中，电力供应企业资产总额比 2018 年增长 9.9%；发电企业资产总额比 2018 年增长 2.2%，其中火电企业资产总额比 2018 年下降 0.3%。

全国规模以上电力企业负债总额 87 989 亿元，比 2018 年增长 1.8%，增速比 2018 年提高 1.1 个百分点。其中，电力供应企业负债总额比 2018 年增长 6.3%；发电企业负债总额比 2018 年下降 0.5%，主要是火电、水电企业负债总额分别比 2018 年下降 3.8%、3.7%。

资产负债率同比下降。2019 年底，全国规模以上电力企业资产负债率为 58.2%，比 2018 年降低 2.0 个百分点。其中，电力供应企业资产负债率为 48.1%，比 2018 年降低 2.2 个百分点；发电企业资产负债率为 65.8%，比 2018 年降低 1.8 个百分点，其中水电、火电企业资产负债率分别降低 2.5、2.4 个百分点。

电力供应企业利润同比下降。2019 年，各方继续落实国家一般工商业电价降低 10%的要求，全年降低企业用电成本 846 亿元。受此影响，全国电力供应企业利润总额在 2018 年下降 24.3%的基础上又下降了 4.9%；亏损企业亏损额为 145 亿元，比 2018 年增长 22.6%。发电企业实现利润总额 2876 亿元，比 2018 年增长 28.4%，其中，火力发电企业在低基数及燃料成本总体回落的拉动下，实现利润 680 亿元，比 2018 年增长 127.2%；风电、太阳能发电利润增速分别为 3.5%和 7.3%，多数企业由于补贴不及时、不到位，企业账面利润短期内难以转化为现金流，导致资金周转困难。

八、“中国倡议”成为全球共识和行动，国际合作全面拓展有新进展

全球能源互联网合作组织发挥专业优势和平台作

用，顺利完成全球能源互联网发展顶层设计，组织开展近百项全球能源互联网课题研究，面向全球发布 26 项有影响力的成果，完成了在理论、规划、技术等方面的顶层设计，中国正成为全球能源治理的重要参与者、积极贡献者甚至引领者。

2019 年，“一带一路”能源合作重大工程建设全面突破，中巴经济走廊电力合作日益紧密，中国与东盟地区国家合作水平不断提升，中俄及中国与东北亚国际电力产能合作稳步推进，核电“走出去”有序推进。

在复杂外部环境和行业高质量发展背景下，中国主要电力企业对外投资更加趋于理性，截至 2019 年底，中国主要电力企业境外累计实际投资总额为 879 亿美元，中国主要电力企业对外工程承包新签合同额累计 2849 亿美元。2019 年，中国主要电力企业对外直接投资项目共 32 个，投资金额 42.6 亿美元，同比下降 26.4%，为项目所在地直接创造 1.5 万个就业岗位；中国主要电力企业年度新签合同项目 129 个，合同金额 241 亿美元，同比减少 20.2%，为当地创造就业岗位 2.7 万个。

2019 年，国内资源环境与气候变化约束加大，社会用能成本持续降低，电力高质量发展仍面临诸多挑战。一是系统安全面临挑战，电源和电网规划不同步，交直流电网发展不协调，灵活调峰电源比重不足，新能源机组大规模并网尚存在系统安全问题；二是电力企业经营压力加大，受宏观经济、电价政策、环境治理等影响，电网企业亏损面不断扩大，煤电企业亏损面处于高位；三是可再生能源更大规模发展面临消纳问题，非水可再生能源可持续发展机制不完善；四是“放管服”改革滞后于市场化建设进程，电力市场化交易机制和市场监管仍需完善等。

2020 年，世界经济处于深度调整期，国际贸易摩擦争端不断加剧，新冠肺炎疫情蔓延全球，全球经济面临很大下行压力。综合考虑国内外经济形势对全社会用电量的影响，预计 2020 年电力发展将呈现如下特征。一是全国电力供需总体平衡，局部地区高峰时段电力供应偏紧。二是非化石能源发电新增装机成为新增发电装机主体，电力结构绿色低碳化特征明显。三是电力投资企稳回升，特高压投资占比大幅提高，新能源汽车充电桩成为投资新增长点。

（侯　勇）

2019 年度全国电力供需形势分析

2019 年，全国电力供需总体平衡。全国全社会用电量 7.23 万亿 kWh，增长 4.5%。第二产业用电量增长 3.1%，增速为各产业中最低；第三产业用电量增长 9.5%，增速明显领先于其他产业；第三产业和城乡居民生活用电量合计对全社会用电量增长的贡献率达到 51%。2019 年电力消费需求主要特征：

一是全年用电量增速回落，四季度电力消费呈现企稳迹象。受宏观经济稳中趋缓、2018 年高基数、夏季气温同比偏低而冬季气温同比偏暖等三方面主要因素影响，2019 年全社会用电量增速比 2018 年回落 4.0 个百分点，前三季度逐季放缓、四季度增速回升，与同期主要宏观经济指标变化态势相吻合。

二是各大类制造业季度用电走势分化，高技术及装备制造业、消费品业用电走势回升。四大高载能行业用电增速在下半年逐季回落，全年增长 2.0%；高技术及装备制造业、消费品业用电增速下半年逐季回升，全年增速分别为 4.2%和 2.2%。

三是电力消费结构优化，消费增长主要动力转化。第二产业用电量占全社会用电量的比重连续五年下降；第三产业和城乡居民生活用电量占全社会用电量的比重继续提高，两者年度用电比重合计首次超过三成，达 30.6%，是支撑全社会用电量增长的主要动力。四大高载能行业对全社会用电量增长的拉动继续明显下降。

四是西部地区用电量增速领先。东、中、西部和东北地区全社会用电量分别比 2018 年增长 3.6%、4.5%、6.2%、3.7%；占全国比重分别为 47.2%、18.7%、28.3%、5.8%；全国共有 28 个省份用电量实现正增长。

2019 年底全国全口径发电装机容量为 20.1 亿 kW；全口径发电量 7.33 万亿 kWh，增长 4.7%，其中非化石能源发电量占比为 32.6%，比 2018 年提高 1.7 个百分点。2019 年电力生产供应主要特征：

一是电力延续绿色低碳发展趋势。全国全口径非化石能源发电装机容量占总装机容量比重为 41.9%，比 2018 年底提高 1.1 个百分点；非化石能源发电量增长 10.4%，所占比重比 2018 年提高 1.7 个百分点。煤电完成投资、装机投产、发电量增速及比重均比 2018 年下降。

二是农网改造升级及配网是投资重点。全国电网工程建设完成投资比 2018 年下降 9.6%，其中 10（20）kV 及以下投资增长 4.7%，110kV 及以下电网投资比重为 63.3%，比 2018 年提高 5.9 个百分点。

三是跨区跨省送电量较快增长。全国跨区、跨省送电量分别增长 12.2%和 11.4%，跨省区输电通道在大范围资源优化配置方面继续发挥重要作用。

四是电力燃料供应由紧平衡转向总体平衡，电煤全年综合价超过绿色区间上限。煤矿优质产能逐步释放，进口煤支撑作用较好发挥，电煤供应总体有保障。电煤价格前高后低，震荡幅度收窄，全年综合价超过绿色区间上限。

2019全国电力供需总体平衡。分区域看，华北、华东、华中、南方区域电力供需总体平衡，部分省份在用电高峰时段采取了有序用电措施；东北、西北区域电力供应能力富余。

一、电力消费需求

根据中电联年快报统计数据，2019年，全国全社会用电量7.23万亿kWh，同比增长4.5%，增速比2018年下降4.0个百分点。2019年，全国人均用电量5161kWh，人均生活用电量732kWh。分季度看，各季度全社会用电量增速分别为5.5%、4.5%、3.4%和4.7%，年度及分季度用电量增速变化趋势，与GDP增速变化趋势总体吻合，见图1和图2。

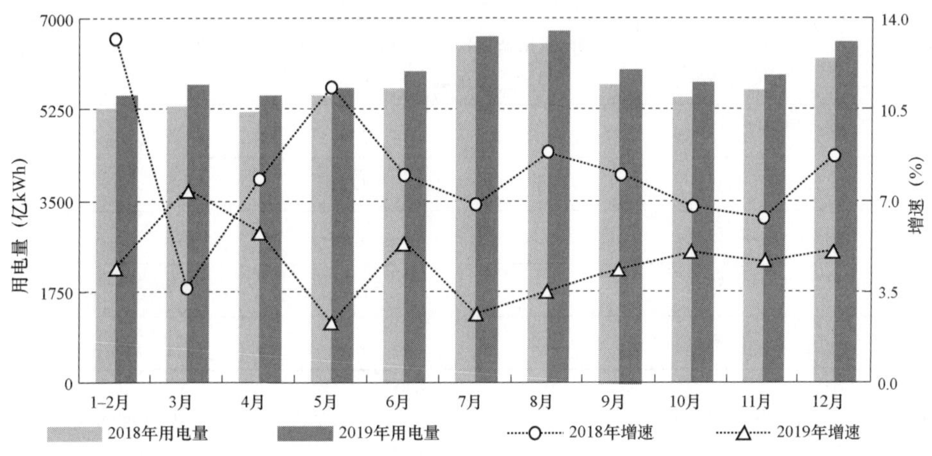

图1　2018—2019年分月全社会用电量及其增速

注：本报告图表中的数据，如无特殊说明，均来自中电联电力行业统计报表；
图中1～2月用电量为1～2月合计用电量的平均值；1～2月增速为1～2月合计用电量增速。

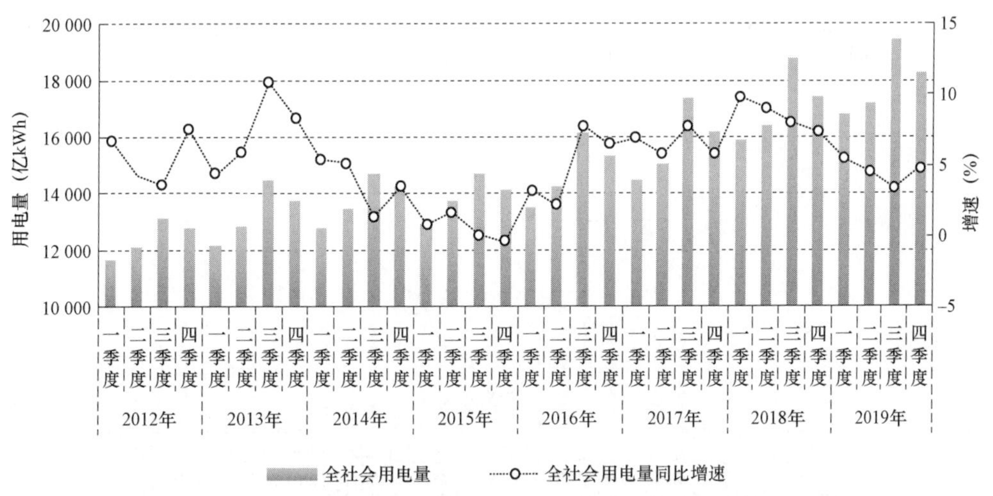

图2　2012—2019年分季度全社会用电量及其增速

2019年，全社会用电量增速比2018年回落主要有三方面原因：一是宏观经济稳中趋缓。2019年，在错综复杂的国际国内形势以及全球经济增长动能放缓背景下，中国经济继续保持在合理区间，国内生产总值增长6.1%，比2018年有所放缓；工业增加值增长5.7%，比2018年回落0.5个百分点，工业用电量比2018年回落4.1个百分点，对全社会用电量增长的拉动比2018年降低2.9个百分点。二是2018年高基数。2018年全社会用电量增速为2012年以来年度最高水平，高基数成为2019年用电量增长速度放缓的主要原因之一。三是气温因素影响。根据气象部门监测，2019年夏季气温比2018年同期偏低，而冬季全国气温偏高，一定程度上抑制了降温、取暖用电需求，负荷及用电量增长无显著变化。如，四季度城乡居民生活用电量仅增长 3.7%，比 2018 年同期减少 4.9 个百分点。2019 年城乡居民生活用电量拉动全社会用电量增长 0.8 个百分点，比 2018 年降低 0.6 个百分点。

从各产业用电量增速看，第二产业用电量增速最低，第三产业用电量增速最高，城乡居民生活用电增速回落幅度最大。从各产业用电量比重看，第二产业用电量占全社会用电量的比重连续五年下降；第三产业和城乡居民生活用电量占全社会用电量的比重继续提高，两者年度用电比重合计首次超过三成，电力消费结构持续优化。2019 年各产业及居民生活用电量增速及比重情况见表 1。

表 1　　2019 年各产业及居民生活用电量增速及比重情况

项目	用电量（亿 kWh）	用电量增速（%）	增速同比（百分点）	用电量占比（%）	用电量占比同比（百分点）
全社会	72 255	4.5	−4.0	100.0	—
第一产业	780	4.5	−4.5	1.1	0.0
第二产业	49 362	3.1	−4.0	68.3	−0.9
第三产业	11 863	9.5	−3.4	16.4	0.7
城乡居民生活	10 250	5.7	−4.6	14.2	0.2

电力消费主要呈现以下几个特征：

1. 第一产业用电量平稳增长，渔业用电量较快增长

2019 年，第一产业用电量 780 亿 kWh，增长 4.5%，增速比 2018 年降低 4.5 个百分点。各季度增速分别为 6.8%、3.5%、4.4% 和 3.7%。渔业、畜牧业用电量同比分别增长 8.2% 和 5.0%；林业用电量同比增长 0.4%。

2. 第二产业各季度用电量增速相对平稳，高技术及装备制造业、消费品业用电增速下半年逐季回升

2019 年，第二产业用电量 4.94 万亿 kWh，增长 3.1%，增速比 2018 年降低 4.0 百分点；各季度增速分别为 3.0%、3.1%、2.7%、3.5%。东、中、西部和东北地区增速分别为 1.9%、2.4%、5.3%、3.6%，增速同比分别降低 3.5、5.1、5.0、2.4 个百分点，见图 3。

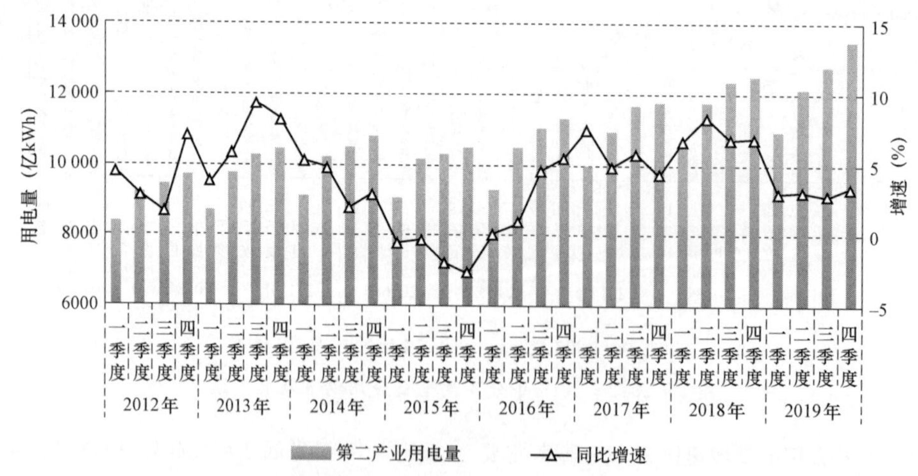

图 3　2012—2019 年分季度第二产业用电量及其增速

第二产业中，建筑业用电量同比增长 11.6%，在房地产投资较快增长等因素拉动下，用电量延续快速增长态势。工业用电量增长 2.9%，工业三大门类中，采矿业用电量增长 2.9%；电力/燃气及水的生产和供应业用电量增长 3.0%；制造业用电量增长 2.9%，10、11、12 月制造业用电量分别增长 1.6%、2.7%、3.2%，与近两月制造业 PMI 指数回升的态势相吻合，实体经济显现企稳迹象，见图 4 和表 2。

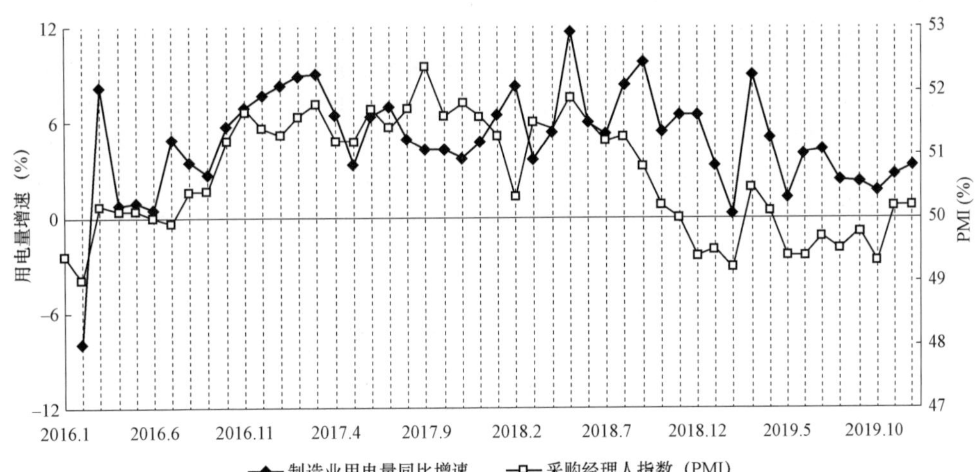

图4　2016年以来制造业用电量增速与PMI走势

注：制造业采购经理人指数数据来源于国家统计局。

表2　　2019年第二产业用电量增速情况

项　　目	用电量（亿kWh）	增速（%）	增速同比（百分点）
第二产业	49 362	3.1	−4.0
1 工业	48 473	2.9	−4.1
1.1 采矿业	2600	2.5	−4.9
1.2 制造业	36 307	2.9	−4.2
1.2.1 四大高载能行业	20 066	2.0	−4.0
1.2.2 高技术及装备制造业	7380	4.2	−5.3
1.2.3 消费品制造业	4979	2.2	−3.2
1.2.4 其他制造行业	3882	6.3	−4.0
1.3 电力、燃气及水的生产和供应业	9565	3.0	−3.7
2 建筑业	991	11.6	−1.2

注　1. 本报告中的四大高载能行业包括化学原料和化学制品制造业（简称化工行业）、非金属矿物制品业（简称建材行业）、黑色金属冶炼和压延加工业（简称黑色行业）、有色金属冶炼和压延加工业（简称有色行业）4个行业。

2. 本报告中的高技术及装备制造业包括医药制造业、金属制品业、通用设备制造业、专用设备制造业、汽车制造业、铁路/船舶/航空航天和其他运输设备制造业、电气机械和器材制造业、计算机/通信和其他电子设备制造业、仪器仪表制造业9个行业。

3. 本报告中的消费品制造业包括农副食品加工业、食品制造业、酒/饮料及精制茶制造业、烟草制品业、纺织业、纺织服装、服饰业、皮革/毛皮/羽毛及其制品和制鞋业、木材加工和木/竹/藤/棕/草制品业、家具制造业、造纸和纸制品业、印刷和记录媒介复制业、文教/工美/体育和娱乐用品制造业12个行业。

4. 本报告中的其他制造行业为制造业用电分类的31个行业中，除四大高载能行业、高技术及装备制造业、消费品行业之外的其他行业，包括石油/煤炭及其他燃料加工业、化学纤维制造业、橡胶和塑料制品业、其他制造业、废弃资源综合利用业、金属制品/机械和设备修理业6个行业。

制造业行业分大类看：

四大高载能行业用电增速回落，四季度用电量负增长。2019年，四大高载能行业合计用电量同比增长2.0%，增速在四大类制造业中最低，增速比2018年回落4.0个百分点；各季度增速分别为2.8%、3.9%、1.7%、−0.1%，四季度出现负增长，主要是当季化工行业用电量明显下降（−2.4%），以及有色金属行业用电量同比下降1.5%。东、中、西部和东北地区四大高载能行业增速分别为1.3%、−1.9%、3.9%、3.8%，中部地区出现负增长，主要是由于河南（−20.1%）、山西（−18.4%）等省份有色行业用电大幅下滑，导致中部地区有色行业同比下降14.3%。

细分行业看，四大高载能行业中各行业用电走势分化。建材行业自 2018 年以来用电增长较为稳定，同比增长 5.3%，增速比 2018 年略回落 0.4 个百分点；各季度增速分别为 7.9%、4.9%、5.2%、4.1%。黑色行业用电量增长 4.5%，增速比 2018 年回落 5.3 个百分点；各季度增速分别为 2.8%、8.8%、5.5%、1.0%，与粗钢产量上半年增长、下半年震荡回落的趋势吻合。化工行业用电量与 2018 年持平，各季度增速分别为 2.9%、−0.2%、0.0%和−2.4%，总体呈逐季回落趋势，四季度降幅较明显。有色行业用电量下降 0.5%，增速比 2018 年回落 5.8 个百分点；各季度增速分别为 0.4%、2.0%、−2.8%和−1.5%，四季度降幅有所收窄，见图 5 和图 6。

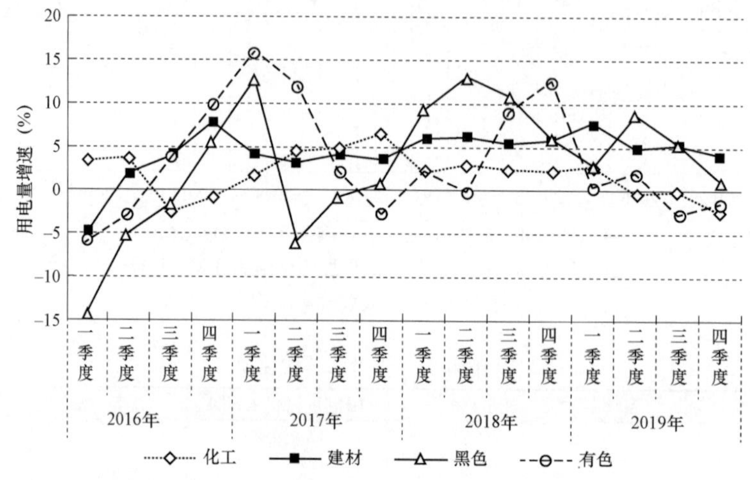

图 5　2016 年以来各季度四大高载能行业用电量增速

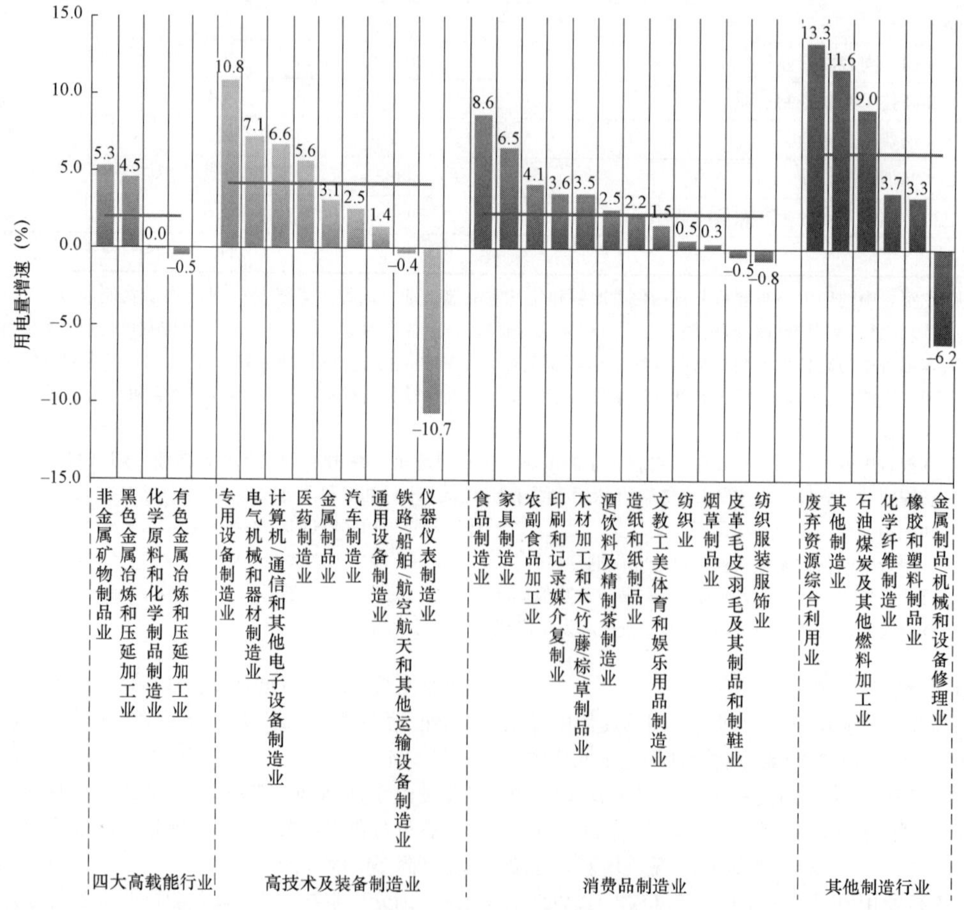

图 6　2019 年制造业各行业用电量增速

高技术及装备制造业用电量增速下半年逐季回升。2019 年，高技术及装备制造业用电量同比增长 4.2%，增速比 2018 年回落 5.3 个百分点；各季度增速分别为 4.3%、2.7%、3.5%和 6.4%，四季度增速回升较为明显。细分行业看，专用设备制造业、电气机械和器材制造业、计算机/通信和其他电子设备制造业、医药制造业、金属制品业用电量同比分别增长 10.8%、7.1%、6.6%、5.6%和 3.1%，增速超过制造业用电量平均水平；铁路/船舶/航空航天和其他运输设备制造业（－0.4%）、仪器仪表制造业（－10.7%）2 个行业用电量负增长；汽车制造业累计用电量增速由负转正。

消费品制造业用电增速低于制造业平均增长水平，三、四季度增速持续回升。2019 年，消费品制造业用电量同比增长 2.2%，比 2018 年回落 3.2 个百分点；各季度用电量增速分别为 3.3%、1.1%、1.8%和 2.9%，四季度增速有所回升。分行业看，5 个行业用电量增速超过制造业平均水平，分别是食品制造业（8.6%）、家具制造业（6.5%）、农副食品加工业（4.1%）、印刷和记录媒介复制业（3.6%）、木材加工木/竹/藤/棕/草制品业（3.5%）；2 个行业用电量负增长，分别是纺织服装服饰业（－0.8%）、皮革/毛皮/羽毛及其制品和制鞋业（－0.5%），这两个行业降幅持续收窄。

其他制造业行业用电增速最高，下半年实现较快增长。2019 年，其他制造业行业用电量在制造业中增速最高，同比增长 6.3%，增速比 2018 年降低 4.0 个百分点；各季度增速分别为 5.2%、4.8%、8.1%和 6.8%，下半年增速明显回升。分行业看，在垃圾分类政策多地推广实施等因素影响下，废弃资源综合利用业用电量增长 13.3%，此外，其他制造业（11.6%）、石油/煤炭及其他燃料加工业增长（9.0%）、化学纤维制造业（3.7%）、橡胶和塑料制品业（3.3%）用电量增速超过制造业平均水平；而金属制品/机械和设备修理业用电量增速为－6.2%，下半年以来降幅持续收窄。

3. 第三产业用电量保持较快增长，四季度增速恢复两位数增长

2019 年，第三产业用电量 1.19 万亿 kWh，同比增长 9.5%，增速比 2018 年降低 3.4 个百分点；各季度增速分别为 10.1%、8.6%、7.7%和 11.8%，四季度增速上升较为明显。分地区看，东、中、西部和东北地区用电量增速分别为 9.1%、9.9%、11.1%、5.7%，增速比 2018 年分别下降 2.2、3.9、5.1、4.7 个百分点，见图 7。

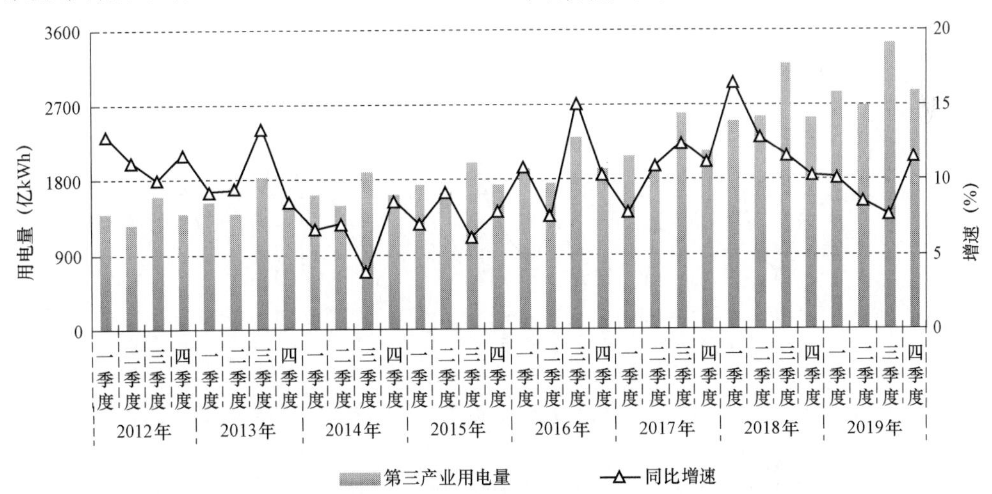

图 7　2012—2019 年分季度第三产业用电量及其增速

分行业看，第三产业内大多数行业用电量实现较快增长。信息传输/软件和信息技术服务业用电延续近年来快速增长势头，同比增长 16.2%，其中软件和信息技术服务业增速为 50.9%，互联网数据服务增速为 37.4%。租赁和商务服务业、房地产业、批发和零售业用电量增速均在 10%以上；金融业用电量增速最低，为 2.9%。与 2018 年相比，租赁和商务服务业、金融业两个行业用电增速有所回升，分别提高 5.0、1.9 个百分点。随着电能替代力度加大及电能应用领域扩展，批发和零售业中的充换电服务业用电量同比增长 127.7%，交通运输/仓储和邮政业中的港口岸电用电量同比增长 76.2%，此外，城市公共交通运输业用电量同比增长 17.5%。2019 年第三产业各行业用电量增速及其变化见图 8。

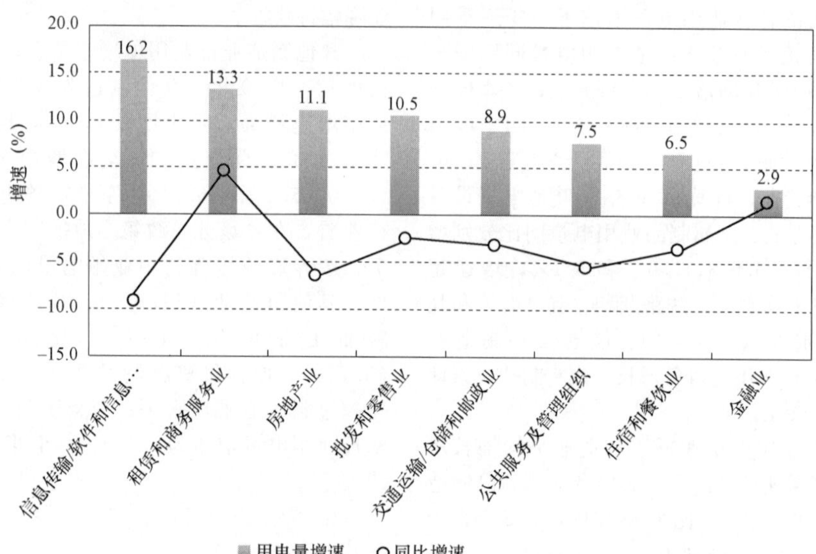

图 8　2019 年第三产业各行业用电量增速及其变化

4. 城乡居民生活用电量前高后低，乡村居民用电量增速高于城镇居民增速

2019 年，城乡居民生活用电量 1.02 万亿 kWh，增长 5.7%，增速比 2018 年下降 4.6 个百分点；各季度增速分别为 11.0%、7.7%、1.2%和 3.7%。分城乡看，城镇居民、乡村居民用电量增速分别为 5.5%和 5.9%，乡村居民用电增速超过城镇居民，主要是近年来国家加大农网改造升级力度和深入推进脱贫攻坚战等举措，以及乡村电气化水平的提高。分地区看，东、中、西部和东北地区用电量增速分别为 4.8%、7.4%、6.6%和 2.4%，增速比 2018 年分别降低 4.7、6.3、3.0、4.0 个百分点，见图 9。

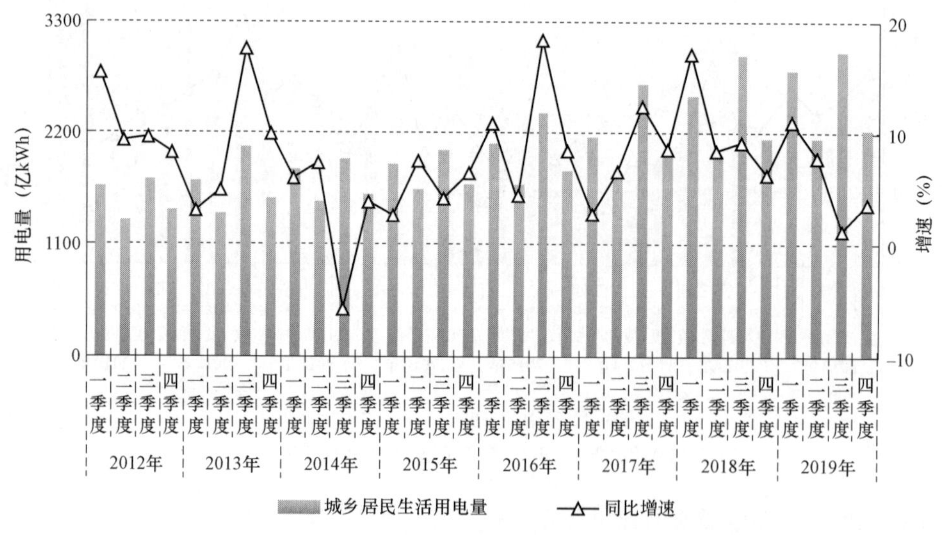

图 9　2012—2019 年分季度城乡居民生活用电量及其增速

2019 年，城乡居民生活用电量增速回落主要是受天气和基数因素影响。天气因素方面，据中国气象局统计，2019 年全国平均气温较常年同期偏高。一方面，夏季全国平均气温虽高于常年同期，但低于 2018 年❶同期，影响了降温用电需求增长；另一方面，进入取暖季气温持续偏高，11、12 月份气温较 2018 年

❶　2018 年夏季全国平均最高气温 27.9℃，为历史最高（与 2006 年持平）。

同期分别偏高0.9℃和0.5℃，影响了取暖负荷增长，这两方面是三、四季度城乡居民生活用电量低速增长的主要原因。基数因素方面，2018年城乡居民生活用电量增长10.3%，为2011年以来年度最高值。

5. 第三产业和城乡居民生活用电对全社会用电量增长的贡献率合计超过50%

从分产业及居民生活对用电增长的拉动看，2019年，第二产业作为用电结构中占比最大的部分，拉动全社会用电量增长2.1个百分点，比2018年降低2.8个百分点，是全社会用电量增速回落的主要原因；其中，制造业拉动1.5个百分点，比2018年降低2.2个百分点，四大高载能行业拉动0.6个百分点，比2018年降低1.2个百分点。第三产业和城乡居民生活用电分别拉动全社会用电量增长1.5和0.8个百分点，分别比2018年降低0.5、0.6个百分点。第一产业拉动全社会用电量增长0.05个百分点。从分产业及居民用电贡献率看，2019年，第三产业和城乡居民生活用电量对全社会用电量增长的贡献率合计超过50%（51.0%），比2018年提高11.1个百分点，其中第三产业贡献率比2018年提高10.1个百分点，是支撑全社会用电量增长的主要动力。2019年电力消费及增长动力情况见表3。

表3　2019年电力消费及增长动力情况

项　　目	用电量（亿kWh）	用电量增速（%）	对用电增长的拉动（百分点）	用电增长贡献率（%）
全社会	72 255	4.5	4.5	100.0
第一产业	780	4.5	0.0	1.1
第二产业	49 362	3.1	2.1	47.9
工业	48 473	2.9	2.0	44.4
采矿业	2600	2.5	0.1	2.1
电力热力燃气及水生产和供应业	9565	3.0	0.4	8.9
制造业	36 307	2.9	1.5	33.4
四大高载能行业	20 066	2.0	0.6	12.9
高技术及装备制造业	7380	4.2	0.4	9.6
消费品制造业	4979	2.2	0.2	3.5
其他制造行业	3882	6.3	0.3	7.4
第三产业	11 863	9.5	1.5	33.1
城乡居民生活	10 250	5.7	0.8	17.9

6. 绝大部分省份用电量实现正增长，西部地区用电量增速领先

2019年，东、中、西部和东北地区全社会用电量同比分别增长3.6%、4.5%、6.2%、3.7%，增速分别比2018年降低3.4、5.1、4.4、3.2个百分点，增速总体呈现“西高东低”特点，西部地区领先。从比重看，东部、中部、西部和东北地区用电量所占全国比重分别为47.2%、18.7%、28.3%、5.8%，西部地区用电量占全国用电量的比重比2018年提高0.5个百分点，东部和中部地区用电量占比比2018年分别降低0.4和0.1个百分点。从贡献率看，各地区用电量增长对全社会用电量增长的贡献率分别为37.9%、18.8%、38.4%、4.9%，东、中部地区比2018年分别降低1.8和2.3个百分点，西部地区提高4.1个百分点。四大地区分产业用电量增速见表4。

表4　四大地区分产业用电量增速

地区	全社会用电量增速（%）	占全国比重（%）	对全国用电增长的拉动（个百分点）	用电量增速（%）					
				第一产业	第二产业	第三产业	城乡居民生活	制造业	四大高载能
全国	4.5	100.0	4.5	4.5	3.1	9.5	5.7	2.9	2.0

续表

地区	全社会用电量增速（%）	占全国比重（%）	对全国用电增长的拉动（个百分点）	用电量增速（%）					
				第一产业	第二产业	第三产业	城乡居民生活	制造业	四大高载能
东部地区	3.6	47.2	1.7	5.0	1.9	9.1	4.8	2.0	1.3
中部地区	4.5	18.7	0.9	4.5	2.4	9.9	7.4	1.4	−1.9
西部地区	6.2	28.3	1.7	4.9	5.3	11.1	6.6	5.0	3.9
东北地区	3.7	5.8	0.2	0.7	3.6	5.7	2.4	4.4	3.8

东部地区用电量增长3.6%，比前三季度提高0.6个百分点；增速在四个地区中最低，主要是第二产业用电量仅增长1.9%，为各地区中最低水平。中部地区用电量增长4.5%，其中居民生活用电量增长7.4%，为各地区最高；高技术及装备制造业发展形势较好，对四大高载能行业的依赖度较低，四大高载能行业用电下降1.9%，是唯一同比下降的地区，产业结构转型升级效果逐渐显现。西部地区用电量增速高于全国平均水平1.7个百分点，其中第二、三产业分别增长5.5%和11.1%，均为各地区最高；四大高载能行业用电量增长3.9%，为各地区最高，拉动该地区用电量增长1.7个百分点；城乡居民生活用电量同比增长6.6%。东北地区用电量增速为3.7%，其中，第一产业用电量同比增长0.7%，为各地区最低；第三产业和城乡居民生活用电量增速均低于全国平均水平；第二产业及其制造业对该区域用电增长贡献率分别为64.7%和45.9%，是各地区中最高水平，见图10。

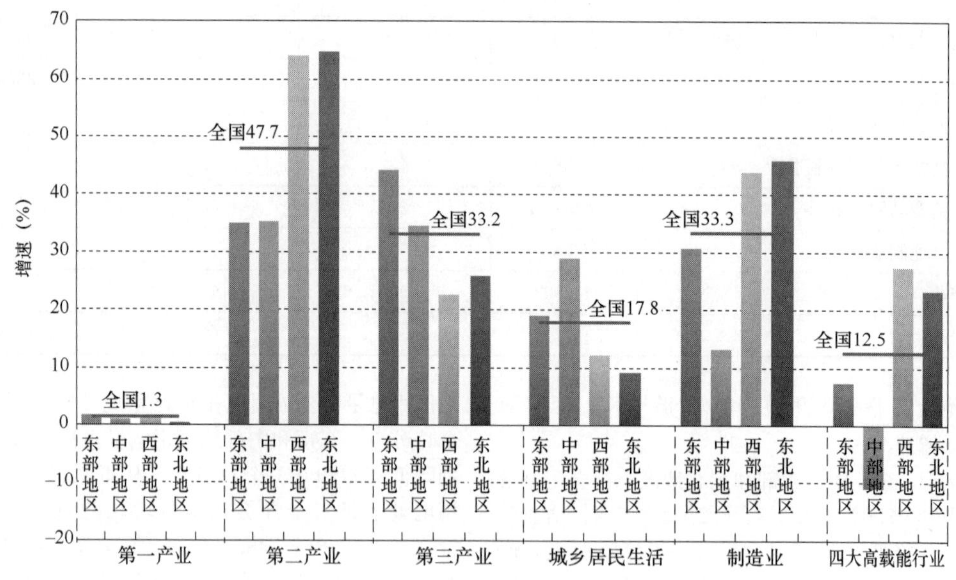

图10 2019年各地区分产业用电增长对该地区用电增长贡献率

2019年，共有28个省份用电量实现正增长，比前三季度增加1个省（区、市）（上海）。其中，有15个省（区、市）用电量增速高于全国平均水平，除海南（8.5%）、广东（5.9%）和河北（5.2%）3个省份属于东部地区外，其余均属于中、西部省（区、市）；用电量增速居前5位的省（区、市）分别为西藏（12.4%）、广西（12.0%）、内蒙古（8.9%）、海南（8.5%）和云南（7.9%）。青海、河南和甘肃用电量同比分别下降3.0%、1.6%和0.1%；其中，青海主要是受电解铝减产停产影响，占全社会用电量比重接近一半的有色行业用电量同比下降8.7%；河南主要是有色和化工行业用电量同比下降20.1%和7.3%下拉影响；甘肃四大高载能行业中除化工同比基本持平外，其他行业均出现较大幅度下降所致，见图11。

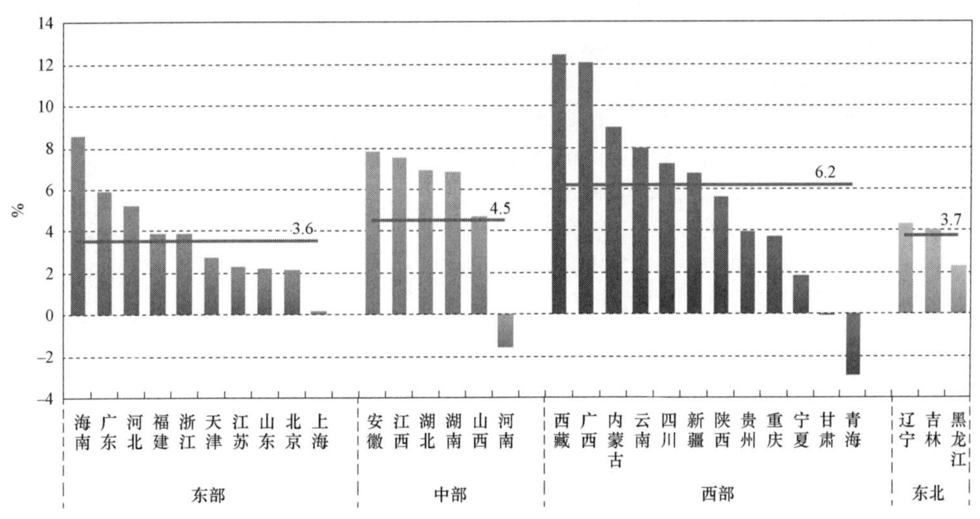

图 11　2019 年分省份用电量增速及各区域平均增速

二、电力生产供应

2019 年，全国主要电力企业合计完成投资❶ 7995 亿元，同比下降 2.0%；其中，电源投资增长 12.6%，电网投资下降 9.6%。全国新增发电装机容量 10 173 万 kW，同比少投产 2612 万 kW。

截至 2019 年底，全国全口径发电装机容量 20.1 亿 kW，年度首次突破 20 亿 kW，同比增长 5.8%。分类型看，水电 3.6 亿 kW、火电 11.9 亿 kW、核电 4874 万 kW、并网风电 2.1 亿 kW、并网太阳能发电 2.0 亿 kW。全国全口径非化石能源发电装机容量 8.4 亿 kW，同比增长 8.7%，占总装机容量的比重为 41.9%，同比提高 1.1 个百分点，电力装机延续绿色低碳发展趋势，见表 5。

表 5　　2019 年底全国全口径发电装机容量及结构

发电类型	发电装机容量（万 kW）	装机增速（%）	占比（%）
合　计	201 066	5.8	100
水　电	35 640	1.1	17.7
其中：常规水电	32 611	1.1	16.2
抽水蓄能	3029	1.0	1.5
火　电	119 055	4.1	59.2
其中：燃煤（含煤矸石）	104 463	3.6	52.0
燃气	9022	7.7	4.5
核　电	4874	9.1	2.4
风　电	21 005	14.0	10.4
太阳能发电	20 468	17.4	10.2

电力生产供应主要呈现以下几个特征：

1. 全国新增装机容量略超 1 亿 kW

2019 年，全国新增发电装机容量 10 173 万 kW，同比少投产 2612 万 kW，主要是新增太阳能装机规模比 2018 年减少 1844 万 kW；其中，新增非化石能源发电装机容量 6389 万 kW，占新增发电装机总容量的 62.8%。

水电投资增长，新投产规模减小。水电完成投资 814 亿元，同比增长 16.3%，主要是白鹤滩、乌东德

❶ 本报告中电力投资（含电源投资、电网投资）均为主要电力企业电力工程建设投资。

等大型水电项目处于建设高峰期、投资增加较多。2019年，全国基建新增水电装机容量417万kW，同比少投产442万kW，其中抽水蓄能少投产100万kW。

并网太阳能新增装机容量减少较多。全国新增并网风电装机容量2574万kW，同比增加447万kW；新增并网太阳能发电装机容量2681万kW，同比减少1844万kW，同比减少较多主要是受2018年高基数因素影响。东中部地区新增风电和太阳能发电装机容量分别占同类型新增装机容量的比重为60.5%和63.4%，见图12。

截至2019年底，全国全口径并网风电装机容量2.1亿kW，同比增长14.0%；全国全口径并网太阳能发电装机容量2.0亿kW，同比增长17.4%，见图13和图14。

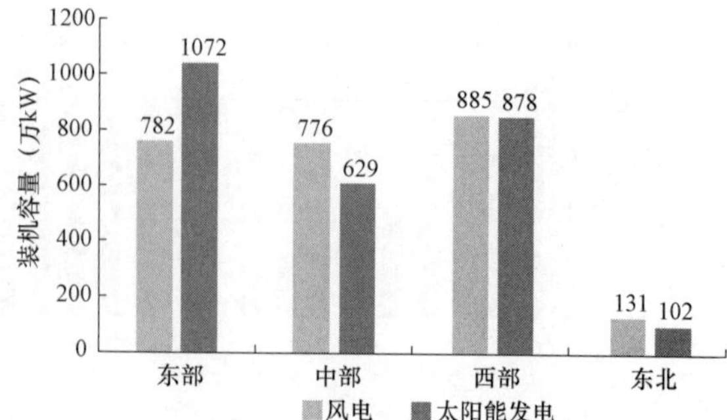

图12　2019年风电、太阳能新增发电装机分区域情况

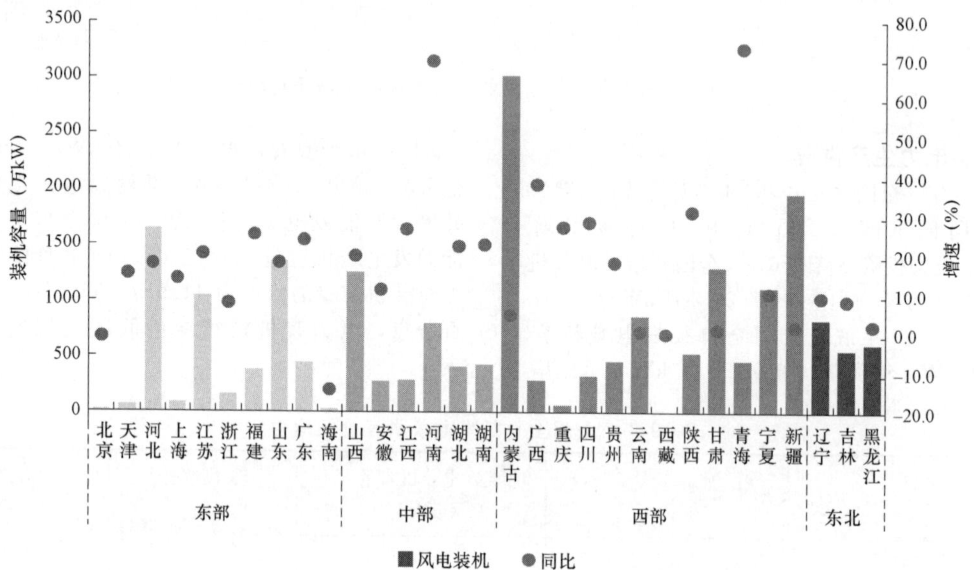

图13　2019年全国分地区并网风电装机容量及增速情况

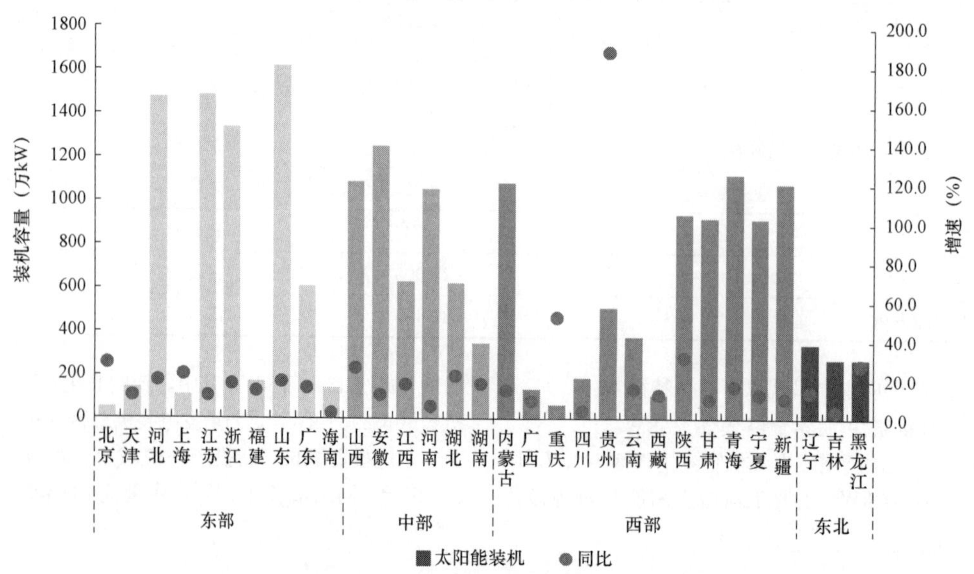

图14　2019年全国分地区并网太阳能发电装机容量及增速情况

新投产三台核电机组。2019年，全国核电完成投资335亿元，同比下降25.0%，主要是2018年一批核电机组投产后，核电在建规模明显减少。全国新投产核电机组三台409万kW，分别为山东海阳核电站2号机组125万kW、广东阳江核电站6号机组109万kW、广东台山核电站2号机组175万kW。截至2019年底，全国核电装机容量4874万kW，同比增长9.1%。广东、浙江和福建核电装机容量排名前三，分别为1614万、908万、871万kW。

煤电投资继续下降，西部地区煤电新增装机占比提高。2019年，火电完成投资630亿元，同比下降19.9%，其中煤电完成投资499亿元，同比下降22.5%。全国基建新增火电装机容量4092万kW，同比少投产288万kW，其中：新增煤电2989万kW，同比少投产67万kW，新增气电629万kW，同比少投产255万kW。东、中部地区新增煤电装机容量合计占全国煤电新增装机容量的51.1%、比2018年低14.3个百分点，西部地区新增煤电装机容量占比为47.3%，比2018年提高18.8个百分点，见图15。

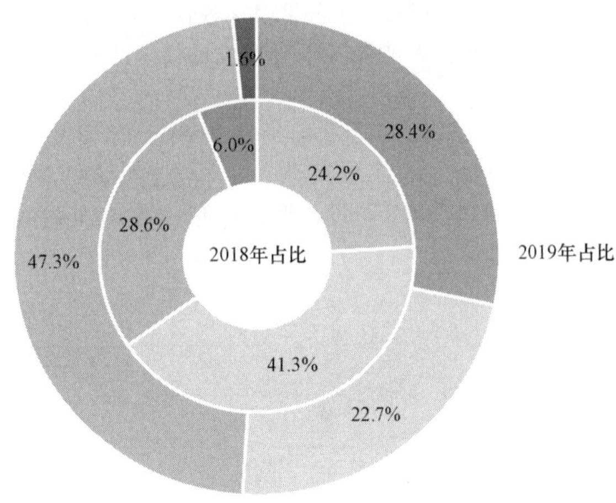

图15　2018、2019年全国煤电新增装机布局对比情况

2. 非化石能源发电量快速增长

2019年，全国全口径发电量为7.33万亿kWh，同比增长4.7%，增速比2018年降低3.7个百分点，见图16。

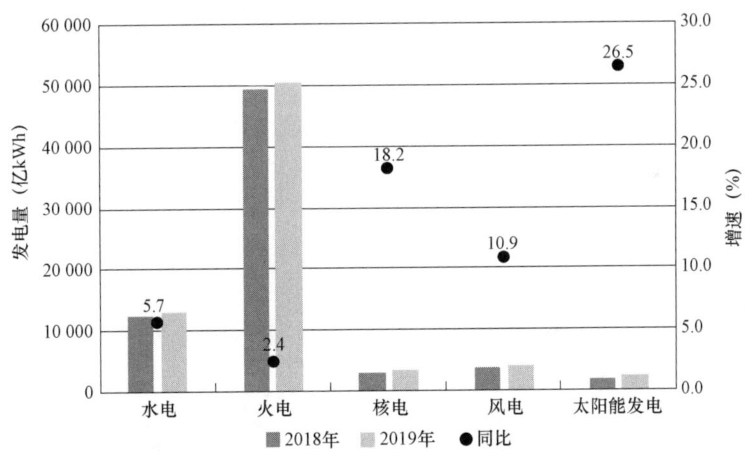

图16　2019年各类型电源发电量及其增速情况

核电、风电、光伏发电量实现两位数增长。全国全口径水电、核电、并网风电和并网太阳能发电量分别为13 019亿、3487亿、4057亿、2238亿kWh，同比分别增长5.7%、18.2%、10.9%、26.5%，得益于装机容量快速增长以及清洁能源消纳水平持续提高，核电、风电和太阳能发电量快速增长。非化石能源发电量2.39万亿kWh，同比增长10.4%，占全国发电量的比重为32.6%，比2018年提高1.7个百分点。2019年并网风电、太阳能发电量占本省比重超过10%的省份见图17。

全国弃能问题继续改善。2019年，国家电网公司经营区域新能源利用率为96.8%，同比提高2.7个百分点，新能源发电量和利用率同比双提升；调峰弃水电量同比减少12.1%。南方电网公司经营区域弃风率、弃光率均为0.2%；云南弃水电量大幅减少90%，见图18。

火电发电量增速降幅较大。2019年，受用电需求增长放缓，以及非化石能源发电量快速增长影响，全国全口径火电发电量5.05万亿kWh，同比增长2.4%，增速比2018年降低4.9个百分点。其中，煤电发电量4.56万亿kWh，同比增长1.7%，增速比2018年降低5.6个百分点；气电发电量2362亿kWh，同比增长9.6%，增速比2018年提高3.5个百分点。分省份看，青海、河南等11个省（区、市）

的火电发电量负增长，主要是因这些省份电力消费需求放缓以及非化石能源发电量较快增长，见图 19 和图 20。

3. 水电、太阳能发电设备利用小时同比提高，火电和核电设备利用小时下降幅度较大

2019 年，全国发电设备平均利用小时 3825h，同比降低 54h。2006—2019 年全国发电设备利用小时见图 21。

水电设备利用小时同比明显提高。全国水电设备利用小时 3726h，同比提高 119h。水电装机大省中，除湖北和广西降低 313、132h 外，其余省份均同比提高，其中福建和湖南分别提高 841、636h，见表 6。

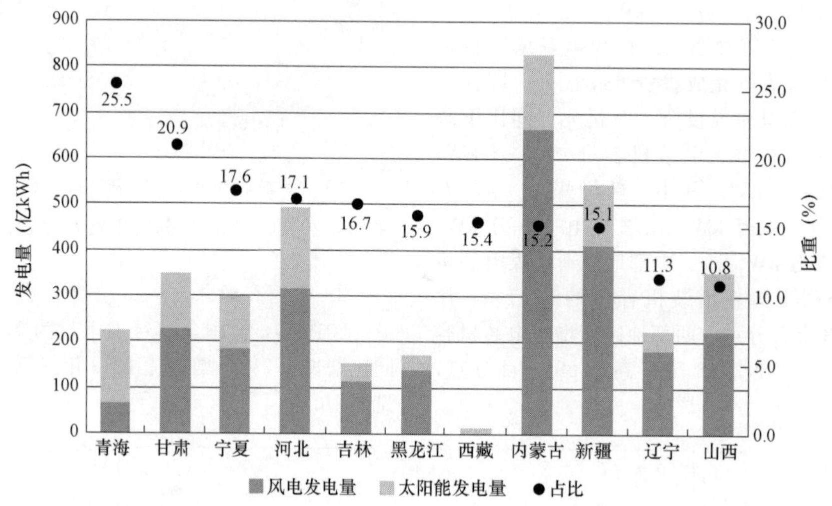

图 17　2019 年并网风电、太阳能发电量占本省总发电量比重超过 10%的省份

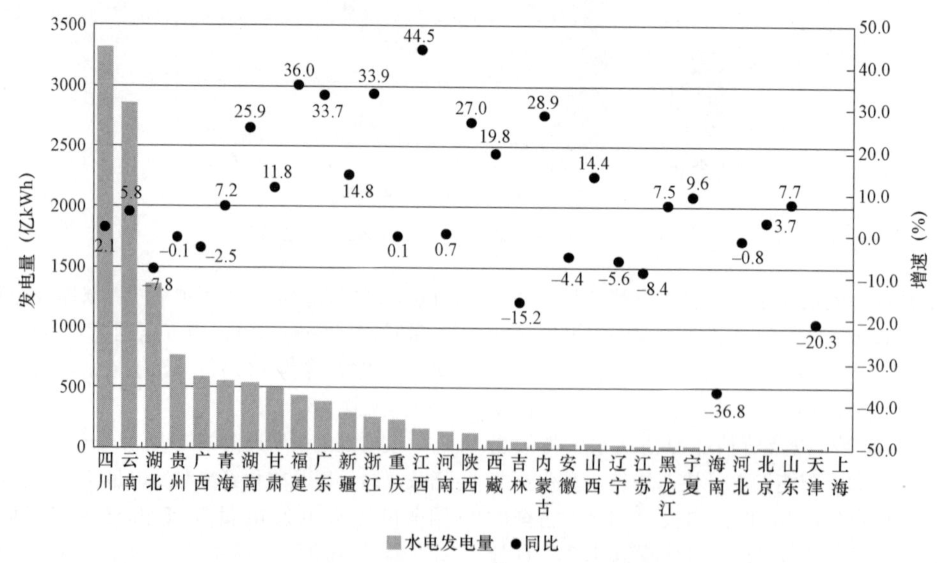

图 18　2019 年全国分省份水电发电量及增速情况

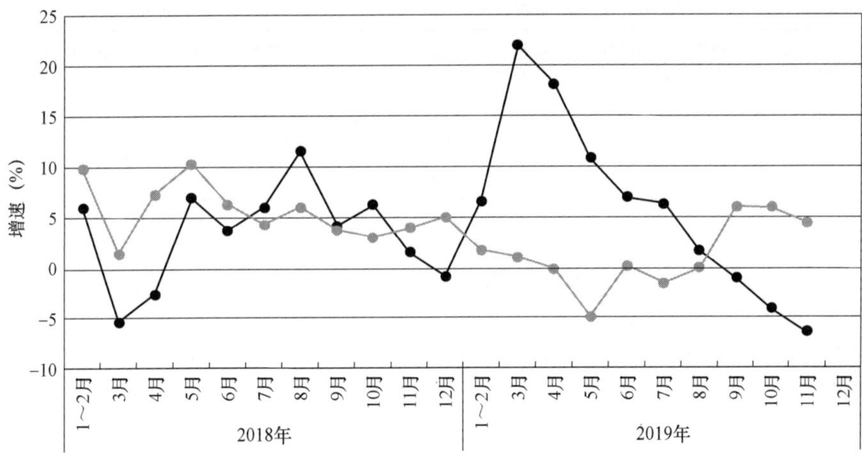

图 19　2018—2019 年分月水电和火电发电量增速情况

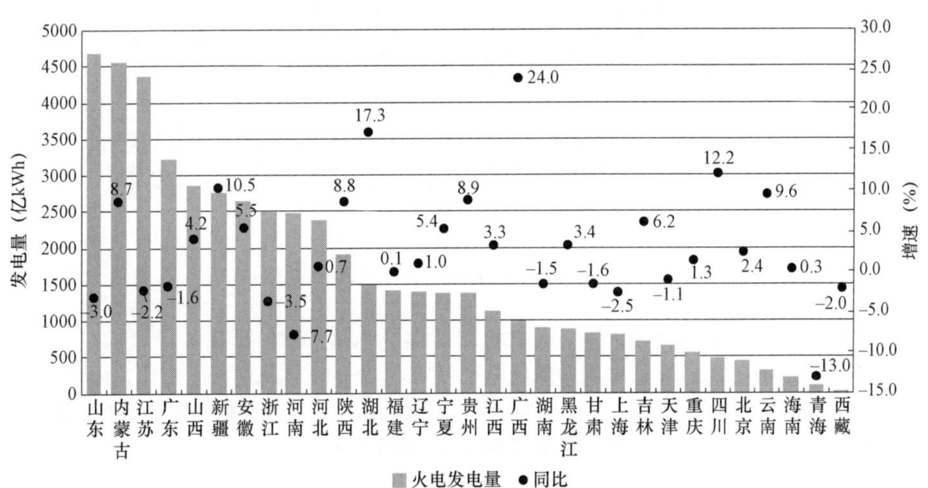

图 20　2019 年全国分省份火电发电量增速情况

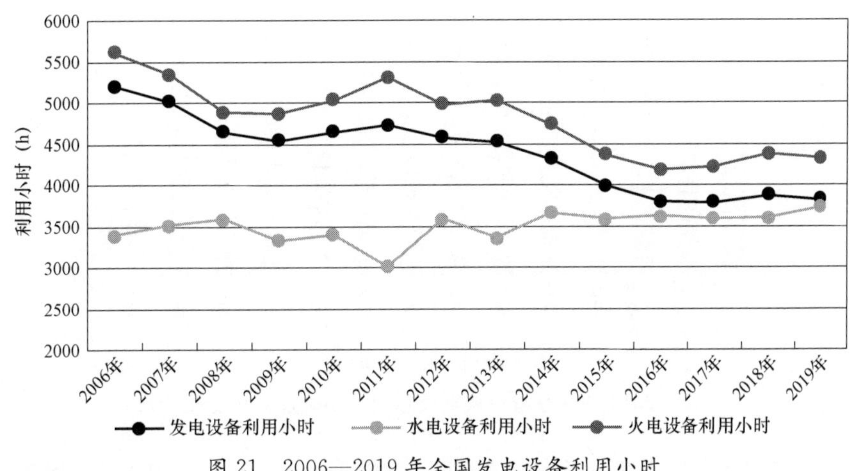

图 21　2006—2019 年全国发电设备利用小时

表 6　　水电装机容量1000万kW以上省份水电设备利用小时情况

项目	四川	云南	湖北	贵州	广西	湖南	广东	福建	青海	浙江
水电装机（万kW）	7846	6737	3679	2223	1681	1612	1576	1321	1192	1170
水电设备利用小时（h）	4291	4338	3758	3406	3750	3421	1917	3345	4649	2032
利用小时同比（h）	71	98	−313	138	−132	636	398	841	289	486

火电设备利用小时同比下降。全国火电设备利用小时4293h，同比降低85h，其中，煤电4416h，同比降低79h；气电2646h，同比降低121h。13个省（区、市）火电设备利用小时同比提高，其中广西提高幅度超过800h，四川、新疆、湖北、贵州提高幅度超过200h；18个省份火电设备利用小时同比降低，其中，广东、青海、天津、河南、上海降幅超过300h。水电大省四川、青海和云南的火电设备利用小时分别为3084、2667、2113h，见图22。

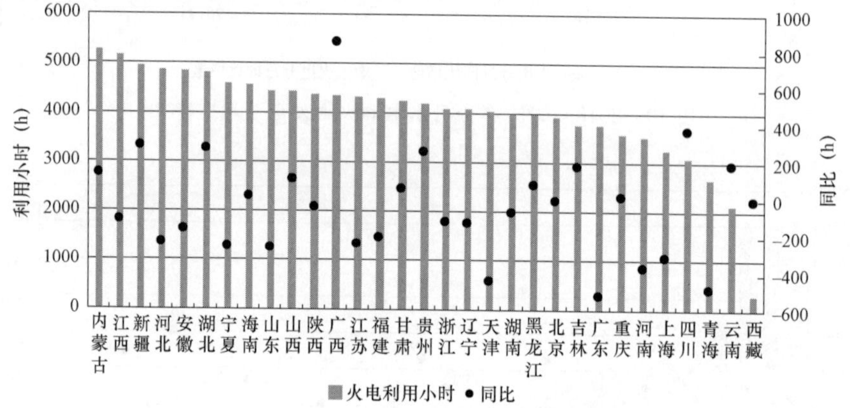

图22　2019年火电设备利用小时及同比变化情况

并网风电和核电设备利用小时同比下降、太阳能发电设备利用小时同比提高。2019年，全国并网风电设备利用小时为2082h，同比降低21h。风电装机容量超过500万kW的14个省份中，云南、黑龙江和内蒙古风电设备利用小时居前三，分别为2808、2323、2306h；与2018年相比，山西、河南、江苏、河北、山东、宁夏和陕西同比下降，其中山西降幅接近300h，见图23。

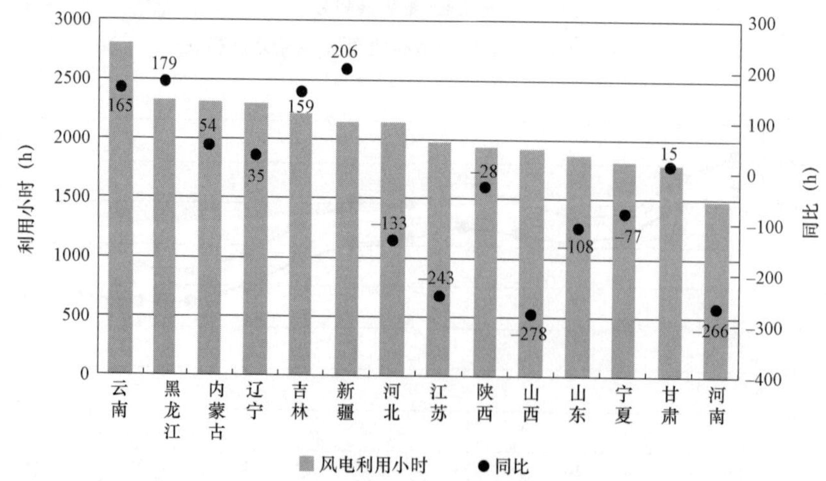

图23　2019年部分省份风电设备利用小时及同比变化情况

2019年，全国并网太阳能发电设备利用小时1285h，同比提高55h。太阳能发电装机容量超过500万kW的17个省（区、市）中，内蒙古、青海和甘肃太阳能发电设备利用小时居前三，分别为1593、

1487、1422h；与2018年相比，江西、广东、湖北、宁夏和陕西太阳能发电设备利用小时同比下降，其中江西下降60h，见图24。

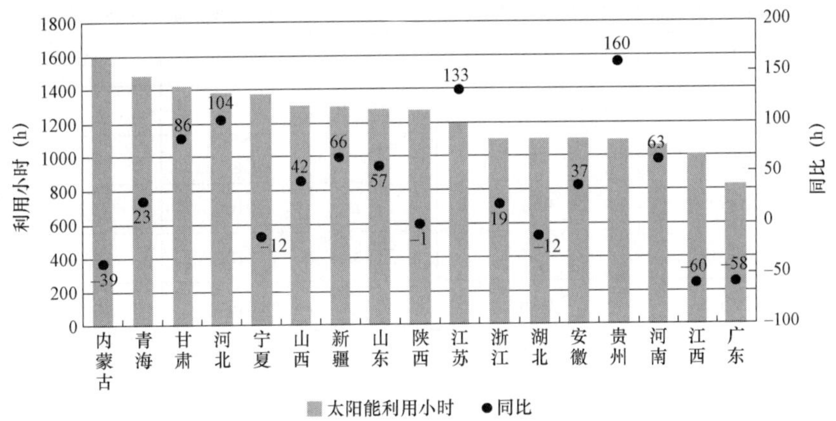

图24　2019年部分省份太阳能发电设备利用小时及同比变化情况

2019年，全国核电设备利用小时7394h，同比降低149h。浙江、福建和辽宁核电设备利用小时低于全国平均水平，分别为6925、7131、7314h。与2018年相比，海南、辽宁和广西同比分别提高1511、575、487h；浙江、江苏、福建、广东和山东同比分别降低1011、358、279、229、9h，见图25。

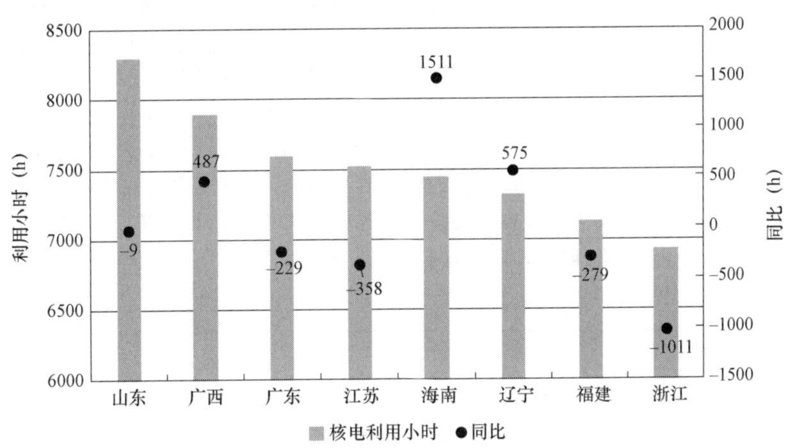

图25　2019年分省份核电设备利用小时及同比变化情况

4. 农网改造升级及配网是投资重点

2019年，全国电网工程建设完成投资4856亿元，同比下降9.6%。其中，直流工程投资下降52.1%，主要是准东—皖南±1100kV特高压工程2018年已竣工投产；±500kV电网投资同比下降70.0%。交流工程投资下降5.1%，其中1000、500、330、220kV电网投资分别下降11.2%、26.6%、15.8%、7.6%，750kV电网投资同比增长5.8%。110kV及以下电网投资3074亿元，投资规模与2018年基本持平，占电网投资的比重为63.3%，比2018年提高5.9个百分点，其中，10（20）kV及以下投资2262亿元，同比增长4.7%，农网改造升级及配网建设仍然是当前电网投资建设重点。

2019年，全国基建新增220kV及以上变电设备容量23 042万kVA，同比多投产828万kVA；新增220kV及以上输电线路长度34 022km，同比少投产7070km；新增直流换流容量2200万kW，同比减少1000万kW。6月份，雄安—石家庄1000kV交流特高压输变电工程建成投运；7月份，渝鄂直流背靠背联网工程全面投运，渝鄂断面送电能力将从260万kW提高至500万kW；9月份，全球电压等级最高的准东—皖南±1100kV特高压直流输电工程，以及全球首条特高压电力管廊苏通GIL综合管廊工程正式投运，见表7。

表 7　分电压等级新增直流换流容量、交流变电设备容量和输电线路长度

电压等级 (kV)	变电设备容量			输电线路长度		
	2019 年（kVA）	2018 年（kVA）	同比（%）	2019 年（km）	2018 年（km）	同比（%）
±1100	1200	1200	0.0		3325	−100.0
±800		2000	−100.0			
±400	1000					
1000	1500	900	66.7	2100	129	1528.3
750	2010	1140	76.3	3453	1573	119.6
500	9505	11 160	−14.8	6118	14 540	−57.9
330	615	612	0.5	1863	828	125.0
220	9412	8402	12.0	20 487	20 697	−1.0

5. 跨区跨省送电量较快增长，清洁能源得到大范围优化配置

2019 年，全国完成跨区送电量 5405 亿 kWh，同比增长 12.2%。华北外送电量 629 亿 kWh，同比增长 32.3%，其中雁淮线送江苏电量 253 亿 kWh，同比增长 40.5%。东北送华北电量 453 亿 kWh，同比增长 28.2%。华中外送电量 640 亿 kWh，同比下降 2.0%，其中，葛南、龙政、宜华、林枫直流向华东送电 367 亿 kWh，同比下降 0.5%。西北外送电量 2018 亿 kWh，同比增长 20.4%，占全国跨区送电量的 37.3%；其中灵绍直流送华东 415 亿 kWh，同比增长 9.8%，天中直流送华中 415 亿 kWh，同比增长 27.8%。西南外送电量 1120 亿 kW，同比下降 3.1%，其中向上直流、锦苏直流、宾金直流合计向华东送电 1008 亿 kWh，同比下降 0.2%。南方外送电量 544 亿 kWh，同比增长 7.7%，其中送华中 103 亿 kWh，同比增长 18.3%，送香港 127 亿 kWh，同比下降 1.4%。跨省区输电通道在进行大范围资源优化配置方面发挥了重要作用，2019 年输电通道利用效率明显提升。如国家电网公司在运 11 回特高压直流平均利用小时同比增加 397h，若剔除 2019 年新投产的昭沂、吉泉直流，其他 9 条特高压直流通道平均利用小时同比增加 473h。2018、2019 年各区域输出电量情况见图 26。

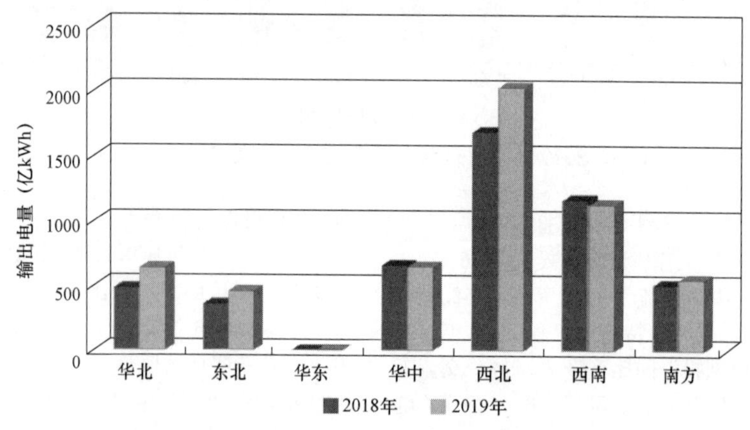

图 26　2018、2019 年各区域输出电量情况

2019 年，全国完成跨省送出电量 14 440 亿 kWh，同比增长 11.4%。共有 14 个省份外送电量超过 300 亿 kWh，其中，湖北、四川外送电量同比分别下降 3.2%和 1.6%；新疆、宁夏和陕西外送电量分别增长 37.6%、24.9%和 22.5%，新能源外送电量快速增长，在更大范围内实现消纳；云南外送电量增长 5.4%，汛前受上游融雪影响，水电大发，全年外送电量超计划 286 亿 kWh，见图 27。

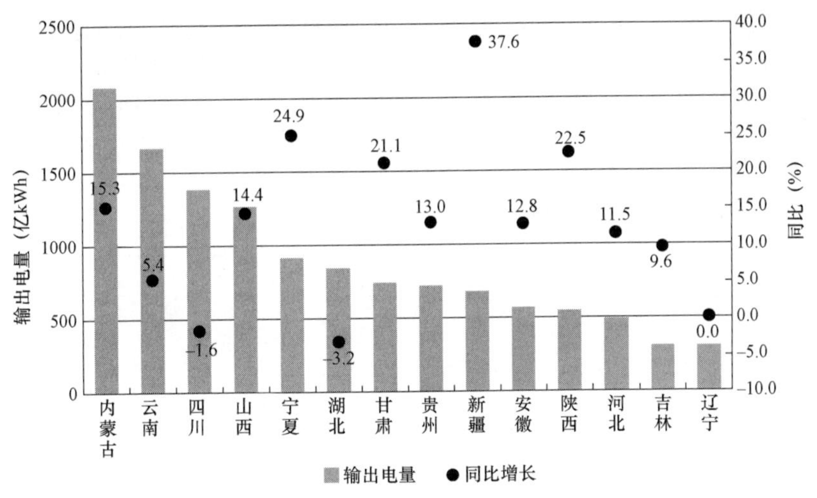

图 27　2019 年主要输出省份外送电量及增速

6. 电力燃料供应由紧平衡转向总体平衡，地区性时段性偏紧

煤矿优质产能逐步释放，进口煤支撑作用充分发挥，电煤供应总体有保障。从供应端看，全国规模以上企业原煤产量 37.5 亿吨，同比增长 4.2%。一季度，受安全事故、煤矿复产进度偏慢、煤管票限制等因素影响，陕西、黑龙江等地区煤炭供应偏紧，但由于内蒙古、新疆等地区增量补充，一季度原煤产量总体微增；进入二季度后，优质产能释放、保障供应能力进一步提高，全国原煤产量、进口煤量较快增长，供应紧张局面得到缓解；下半年，原煤产量保持稳定增长，11 月中旬后进口煤到岸量下降较多。全年全国煤炭进口量 3.0 亿 t，同比增长 6.3%，对保障国内电煤供需平衡起到至关重要的作用。从消费端看，根据煤炭工业协会测算，钢铁行业耗煤 6.55 亿 t，同比增长 4.0%；建材行业耗煤 3.8 亿 t，同比增长 3.0%；化工行业耗煤 3.0 亿 t，同比增长 4.0%。根据中电联统计，全国发电及供热消耗原煤 23.1 亿 t，增长 2.6%。受西电东送、新能源发电快速增长以及电力消费放缓等因素影响，江苏、山东、河南等用电大省发电原煤消耗负增长。全社会重点电厂及环渤海港口库存稳步积累，电厂电煤库存处于高位，年底全国统调电厂存煤 1.35 亿 t，同比增长 2.7%，存煤可用 20 天。全国除一、四季度东北等少数地区电煤供应偏紧外，其他时段电煤供需总体平衡。2017 年以来分月全国规模以上工业原煤产量见图 28。

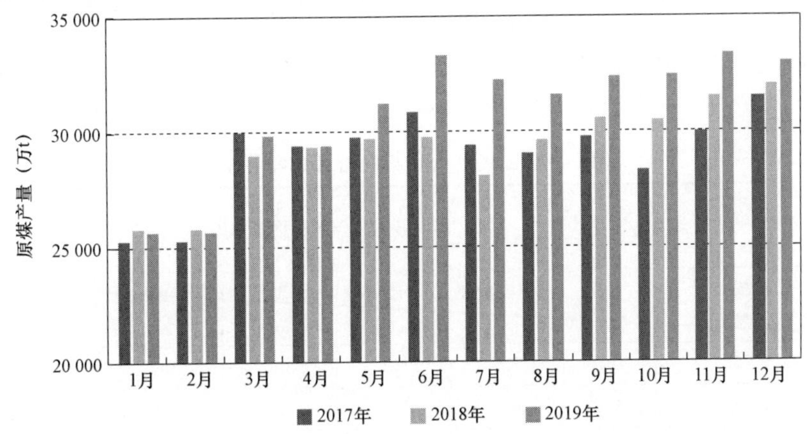

图 28　2017 年以来分月全国规模以上工业原煤产量

注：数据来源于国家统计局。

电煤价格前高后低，震荡幅度收窄，全年综合价超过绿色区间上限。受 2019 年初煤矿事故、节后主要产煤省复工率较低等因素影响，电煤供应偏紧，电煤价格持续处于高位；进入二季度以后，随着供需关系相对缓和，电煤价格波动回落；11 月份后，已进入《关于印发平抑煤炭市场价格异常波动的备忘录的通

知》（发改运行〔2016〕2808 号）规定的绿色区间（500～570 元/t）。根据中国沿海电煤采购价格指数（CECI 沿海指数）显示（见图 29），5500 大卡现货成交价全年最高为 3 月中旬的 635 元/t，最低为 12 月末的 547 元/t，全年波动幅度较 2018 年收窄 95 元/t；从反映电煤采购综合成本的综合价看，前 10 个月，各期 CECI 沿海指数综合价均超过绿色区间上限（570 元/t），全年综合价平均价格 576 元/t，比 2018 年降低 19 元/t，但仍然超过绿色区间上限，在市场化交易规模持续扩大、降电价等形势下，煤电企业经营形势仍较为严峻。

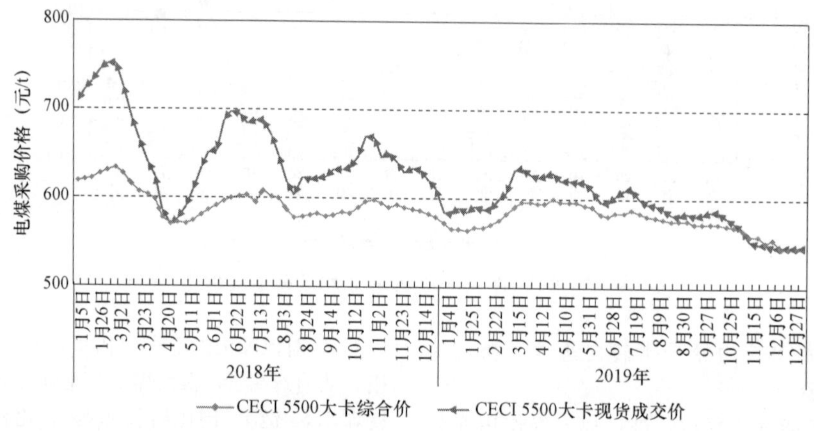

图 29　中国沿海电煤采购价格指数（CECI 沿海指数）5500kcal 周价

天然气市场供需整体平衡，季节性供需矛盾持续好转，发电用天然气总体有保障。从供应端看，国内天然气供应能力进一步提升，根据国家统计局统计，天然气产量 1736 亿 m^3，同比增长 9.8%，增量 155 亿 m^3，创历史新高；天然气进口量 9656 万 t，同比增长 6.9%。前三季度天然气价格稳步下降，9 月底液化天然气 LNG 价格为 3185 元/t，同比下降 2.9%，比年初下降 40.7%；10 月后，随北方城市冬季供暖消费旺季临近，叠加成本端上涨等因素，天然气价格飙升，最高涨至 12 月底的 4363 元/t，同比上涨 1.1%；受国际油价上涨且挂钩滞后期较长影响，进口管道气、LNG 到岸均价分别同比上涨 19.9%、4.1%。从消费端看，城市气化率提高拉动城市燃气、居民、公共服务等用气需求稳健增长；煤改气拉动采暖气快速增长；受宏观经济放缓影响，工业用气增长放缓。根据中石油集团经济技术研究院测算，2019 年天然气表观消费量 3040 亿 m^3，同比增长 9.6%左右，比 2018 年有所回落。

三、电力供需状况

2019 年，全国电力供需总体平衡；华北、华东、华中、南方区域电力供需总体平衡，部分省份在用电高峰时段采取了有序用电措施；东北、西北区域电力供应能力富余。2019 年各区域用电量及发电装机容量指标见表 8，各区域用电量占全国比重情况见图 30。

表 8　2019 年各区域用电量及发电装机容量指标

区域	2019 年全社会用电量		2019 年全社会用电量分季度				2019 年底全口径发电装机容量	
	规模（亿 kWh）	增速（%）	一季度增速（%）	二季度增速（%）	三季度增速（%）	四季度增速（%）	装机（万 kW）	增速（%）
全国	72 255	4.5	5.5	4.5	3.4	4.7	201 066	5.8
华北	17 446	4.6	6.4	7.0	1.7	3.6	44 519	7.9
东北	4766	3.5	0.8	4.8	3.7	4.8	15 027	2.4
华东	17 242	3.4	4.4	1.7	1.9	5.9	39 045	3.8
华中	12 775	4.4	7.6	4.8	2.5	3.0	37 991	4.4
西北	7716	3.7	5.9	2.6	2.4	3.9	30 001	9.7
南方	12 310	6.9	5.3	5.9	9.1	6.9	34 484	5.3

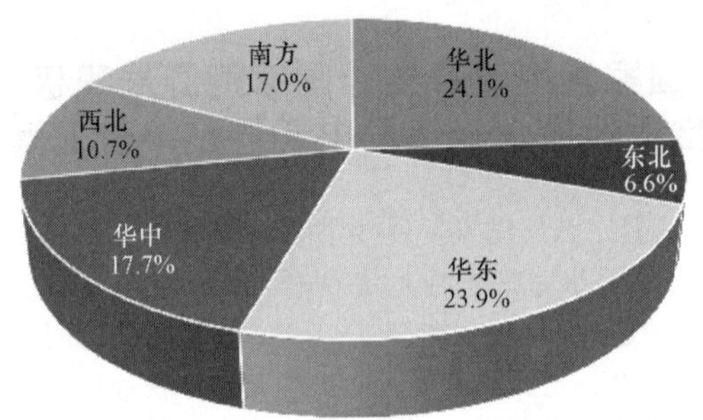

图 30　2019 年分区域用电量占全国比重情况

华北区域电力供需总体平衡，蒙西电网从前几年的电力供应富余转为电力供应偏紧，在多个月份用电高峰时段均采取了有序用电措施；冀北电网在用电高峰时段采取了有序用电措施，最大错避峰 8 万 kW。区域统调最高用电负荷 2.43 亿 kW，同比增长 5.3%。区域发电设备利用小时 3998h，同比降低 98h，其中，火电 4656h，同比降低 90h（其中煤电 4742h，同比降低 100h）；并网风电 2083h；同比降低 101h；并网太阳能发电 1394h，同比提高 61h。

东北区域电力供应能力富余，辽宁在用电高峰时段采取了有序用电措施，最大错避峰 10 万 kW。区域统调最高用电负荷 6728 万 kW，同比增长 4.3%。区域发电设备利用小时 3609h，同比提高 14h，其中：火电 4183h，同比提高 23h（其中煤电 4168h，同比提高 12h）；核电 7314h，同比提高 575h；并网风电 2305h，同比提高 109h；并网太阳能发电 1527h，同比提高 149h。

华东区域电力供需总体平衡，浙江部分时段出现少量错避峰。区域统调最高用电负荷 2.98 亿 kW，同比增长 6.0%。区域发电设备利用小时 4031h，同比降低 159h，其中：火电 4273h，同比降低 200h（其中煤电 4570h，同比降低 231h）；并网风电 2089h，同比降低 195h。

华中区域电力供需总体平衡，其中江西、湖北在 1 月受寒潮天气等因素影响分别出现最大错避峰 105 万 kW 和 51 万 kW，湖北在迎峰度夏用电高峰时段最大错避峰 54 万 kW。区域统调最高用电负荷 2.23 亿 kW，同比增长 5.1%。区域发电设备利用小时 3706h，同比降低 69h，其中：水电 3945h，同比提高 30h；火电 3971h，同比降低 74h（其中煤电 3983h，同比降低 68h）；并网风电 1907h，同比降低 129h。

西北区域电力供应能力富余。区域统调最高用电负荷 9309 万 kW，同比增长 5.5%。区域发电设备利用小时 3567h，同比提高 62h，其中：火电 4565h，同比提高 47h（其中煤电 4591h，同比提高 39h）；并网风电 1939h，同比提高 76h；并网太阳能发电 1374h，同比提高 44h。

南方区域电力供需总体平衡，5 月份海南受持续高温天气以及省内多台燃煤机组异常影响，出现错峰限电，最大错峰电力 58 万 kW。区域统调最高用电负荷 1.87 亿 kW，同比增长 10.8%。区域发电设备利用小时 3805h，同比降低 13h，其中，水电 3837h，同比提高 113h；火电 3800h，同比降低 71h（其中煤电 3946h，同比提高 23h）；核电 7625h，同比提高 28h；并网风电 2276h，同比提高 17h。

中国“获得电力”指标排名进一步提升至全球排名第 12 名

根据国务院深化“放管服”改革和优化营商环境的任务分工，国家能源局会同有关部门、京沪两市政府和国家电网公司，在 2018 年“获得电力”指标排名从第 98 名大幅提升到第 14 名的基础上，进一步减环节、压时间、降费用、优服务，推进“获得电力”服务水平稳步提升，持续优化用电营商环境。

北京时间 10 月 24 日上午 10:00，世界银行正式发布《全球营商环境报告 2020》。报告显示，中国营商环境总体得分 77.9 分，从 2018 年的第 46 名跃居至全球第 31 名，连续两年被世界银行评选为全球营商环境改善幅度最大的 10 个经济体之一。“获得电力”作为营商环境评价的 10 项指标之一，2019 年得分 95.4 分，排名由 2018 年的第 14 名进一步提升至第 12 名，保持国际领先水平。

电力体制机制改革

国家发展改革委完善光伏发电上网电价机制

4 月 28 日，为科学合理引导新能源投资，实现资源高效利用，促进公平竞争和优胜劣汰，推动光伏发电产业健康可持续发展，国家发展改革委印发《关于完善光伏发电上网电价机制有关问题的通知》（发改价格〔2019〕761 号）。

通知提出，将集中式光伏电站标杆上网电价改为指导价。2019年Ⅰ～Ⅲ类资源区纳入财政补贴年度规模管理的新增集中式光伏发电项目指导价（含税），分别确定为0.40、0.45、0.55元/kWh。新增集中式光伏电站上网电价原则上通过市场竞争方式确定，但不得超过所在资源区指导价。

通知明确，纳入2019年财政补贴规模、采用“自发自用、余量上网”模式的工商业分布式光伏全发电量补贴标准调整为0.10元/kWh；纳入2019年财政补贴规模、采用“全额上网”模式的工商业分布式光伏项目，按所在资源区集中式光伏电站指导价执行。能源主管部门统一实行市场竞争方式配置的新增工商业分布式光伏发电项目，价格不得超过所在资源区指导价，且补贴标准不得超过0.1元/kWh。纳入2019年财政补贴规模、采用“自发自用、余量上网”模式和“全额上网”模式的户用分布式光伏全发电量补贴标准调整为0.18元/kWh。

为助力完成脱贫攻坚任务，纳入国家可再生能源电价附加资金补助目录的Ⅰ～Ⅲ类资源区村级光伏扶贫电站上网电价保持不变，仍分别按照0.65、0.75、0.85元/kWh执行。

国家发展改革委深化燃煤发电上网电价形成机制改革

10月21日，国家发展改革委发布《关于深化燃煤发电上网电价形成机制改革的指导意见》（发改价格规〔2019〕1658号，简称《意见》）。《意见》提出，为稳步实现全面放开燃煤发电上网电价目标，将现行燃煤发电标杆上网电价机制改为“基准价＋上下浮动”的市场化价格机制。基准价按当地现行燃煤发电标杆上网电价确定，浮动幅度范围为上浮不超过10%、下浮原则上不超过15%。电力交易中心依照电力体制改革方案开展的现货交易，可不受此限制。国家发展改革委根据市场发展适时对基准价和浮动幅度范围进行调整。现执行标杆上网电价的燃煤发电电量，具备市场交易条件的，具体上网电价由发电企业、售电公司、电力用户等市场主体通过场外双边协商或场内集中竞价（含挂牌交易）等市场化方式在“基准价＋上下浮动”范围内形成，并以年度合同等中长期合同为主确定；暂不具备市场交易条件或没有参与市场交易的工商业用户用电对应的电量，仍按基准价执行。

《意见》同时提出了上网电价形成机制改革的配套措施，以及实施安排和保障措施。

国家发展改革委、国家能源局积极推进风电、光伏发电无补贴平价上网

1月7日，国家发展改革委联合国家能源局发布《关于积极推进风电、光伏发电无补贴平价上网有关工作的通知》（发改能源〔2019〕19号）。通知指出，随着风电、光伏发电规模化发展和技术快速进步，在资源优良、建设成本低、投资和市场条件好的地区，已基本具备与燃煤标杆上网电价平价（不需要国家补贴）的条件。为促进可再生能源高质量发展，提高风电、光伏发电的市场竞争力，通知就推进风电、光伏发电无补贴平价上网，提出十二方面的要求和支持政策措施：一是开展平价上网项目和低价上网试点项目建设；二是优化平价上网项目和低价上网项目投资环境；三是保障优先发电和全额保障性收购；四是鼓励平价上网项目和低价上网项目通过绿证交易获得合理收益补偿；五是认真落实电网企业接网工程建设责任；六是促进风电、光伏发电通过电力市场化交易无补贴发展；七是降低就近直接交易的输配电价及收费；八是扎实推进本地消纳平价上网项目和低价上网项目建设；九是结合跨省跨区输电通道建设推进无补贴风电、光伏发电项目建设；十是创新金融支持方式；十一是做好预警管理衔接；十二是动态完善能源消费总量考核支持机制。

国家发展改革委完善风电上网电价政策

1月7日，为实现风电2020年实现与煤电平价上网的目标要求，科学合理引导新能源投资，实现资源高效利用，促进公平竞争和优胜劣汰，推动风电产业健康可持续发展，国家发展改革委发布《关于完善风电上网电价政策的通知》（发改价格〔2019〕882号）。通知指出，陆上和海上风电标杆上网电价均改为指导价，新核准的集中式陆上风电项目和海上风电项目全部通过竞争方式确定上网电价。2018年底之前核准的陆上风电项目，2020年底前仍未完成并网的，国家不再补贴；2019年1月1日至2020年底前核准的陆上风电项目，2021年底前仍未完成并网的，国家不再补贴。自2021年1月1日开始，新核准的陆上风电项目全面实现平价上网，国家不再补贴。对2018年底前已核准的海上风电项目，如在2021年底前全部机组完成并网的，执行核准时的上网电价；2022年及以后全部机组完成并网的，执行并网年份的指导价。

国家发展改革委、国家能源局进一步推进增量配电业务改革

1月5日，国家发展改革委、国家能源局发布《关于进一步推进增量配电业务改革的通知》（发改经体〔2019〕27号）。通知从进一步规范增量配电业务的项目业主确定、明确增量和存量范围、做好增量配网规划工作、规范增量配电网的投资建设与运营四个方面做出了规定。

通知指出，所有新增增量配电业务试点项目，均应依照《招标投标法》及其实施条例的有关规定，通过招标等市场化方式公开、公平、公正优选确定项目业主；尚未确定业主的试点项目，地方政府部门不得直接指定试点项目业主，任何企业不得强行要求获取试点项目控股权，不建议电网企业或当地政府投资平台控股试点项目。已确定业主的试点项目可维持项目各投资方股比不变；已投资、建设和运营的存量配电网，应由产权所有人向地方能源主管部门申请作为配电网项目业主。

通知进一步明确增量和存量范围。已纳入省级相关电网规划、但尚未核准或备案的配电网项目和已获核准或备案、但在相关文件有效期内未开工建设的配电网项目均属于增量配电业务范围，可依据《有序放开配电网业务管理办法》（发改经体〔2016〕2120号），视情况开展增量配电业务改革；未经核准或备案，任何企业不得开工建设配电网项目，违规建设的配电网项目不属于企业存量配电设施；电网企业已获批并开工、但在核准或备案文件有效期内实际完成投资不足10%的项目，可纳入增量配电业务试点，电网企业可将该项目资产通过资产入股等方式参与增量配电网建设；由于历史原因，地方或用户无偿移交给电网企业运营的配电设施，资产权属依法明确为电网企业的，属于存量配电设施；资产权属依法明确为非电网企业的，属于增量配电设施；各地可以根据需要，开展正常方式下仅具备配电功能的规划内220（330）kV增量配电业务试点，可不限于用户专用变电站和终端变电站。

通知要求进一步做好增量配电网规划工作。对于已经批复的增量配电业务试点，地方能源主管部门应组织试点项目规划编制工作。做好增量配电网规划统筹协调工作。增量配电业务试点项目规划需纳入省级相关电网规划，实现增量配电网与公用电网互联互通和优化布局，避免无序发展和重复建设。设定规划范围应统筹考虑存量配电设施和增量配电设施，充分发挥存量资产供电能力，避免重复投资和浪费。配电区域是指拥有配电网运营权的售电公司向用户配送电能，并依法经营的区域。加强对增量配电网接入公用电网管理。做好增量配电网规划评审工作。

通知提出进一步规范增量配电网的投资建设与运营。鼓励各地结合本地实际采用招标定价法、准许收入法、最高限价法、标尺竞争法等方法核定独立配电价格。支持增量配电网企业在保证配电区域内用户平均配电价格不高于核定的配电价格水平情况下，采取灵活的价格策略，探索新的经营模式。建立增量配电业务试点项目退出机制。鼓励拥有配电网运营权的售电公司将配电业务与竞争性业务分开核算。

国家发展改革委、国家能源局规范开展第四批增量配电业务改革试点

6月21日，国家发展改革委、国家能源局发布《关于规范开展第四批增量配电业务改革试点的通知》（发改运行〔2019〕1097号）。通知指出，为推进落实《中共中央 国务院关于进一步深化电力体制改革的若干意见》（中发〔2015〕9号）的重点任务，加快向社会资本放开配售电业务，将增量配电试点向县域延伸，在各地推荐报送和第三方机构评估论证的基础上，国家发展改革委、国家能源局确定甘肃酒泉核技术产业园等84个项目，作为第四批增量配电业务改革试点。

通知就规范开展第四批增量配电业务改革试点提出五个方面的要求：一是加强组织领导，务实开展试点项目实施工作；二是加强沟通协调，形成合力加快推进试点落地；三是加强过程管控，建立试点项目评价跟踪制度；四是加强政策宣贯培训，树立典型发挥示范引领作用；五是加强事中事后监管，确保试点项目供电安全。

国家发展改革委、国家能源局取消部分地区增量配电业务改革试点

9月29日，国家发展改革委办公厅、国家能源局综合司发布《关于取消部分地区增量配电业务改革试点的通知》（发改办体改〔2019〕948号）。通知指出，2016年11月以来，国家发展改革委、国家能源局先后分四批在全国范围内开展了404个增量配电业务改革试点，鼓励社会资本投资配电业务，有效提高配电网运营效率，优化供电服务，降低配电成本。但在试点工作推进过程中，部分项目由于前期负荷预测脱离实际、未与地方电网规划有效衔接、受电主体项目没有落地等原因，不再具备试点条件。截至2019年8月31日，总计24个项目申请取消增量配电业务改革试点，经评估认定，国家发展改革委、国家能源局同

意上述 24 个增量配电业务改革试点项目取消试点资格。

国家发展改革委、国家能源局要求建立健全可再生能源电力消纳保障机制

国家发展改革委、国家能源局联合印发《关于建立健全可再生能源电力消纳保障机制的通知》（发改能源〔2019〕807 号）。通知指出，2012 年以来，中国风电、光伏发电快速发展，水电保持平稳较快发展。2018 年，可再生能源发电量达到 1.87 万亿 kWh，占全部发电量比重从 2012 年的 20%提高到 2018 年的 26.7%。在加快可再生能源开发利用的同时，水电、风电、光伏发电的送出和消纳问题开始显现，近年来虽有所缓解，但仍然严峻，迫切需要建立促进可再生能源电力发展和消纳的长效机制。

通知以《中华人民共和国可再生能源法》为依据，提出建立健全可再生能源电力消纳保障机制。核心是确定各省级区域的可再生能源电量在电力消费中的占比目标，即“可再生能源电力消纳责任权重”。目的是促使各省级区域优先消纳可再生能源，加快解决弃水弃风弃光问题，同时促使各类市场主体公平承担消纳责任，形成可再生能源电力消费引领的长效发展机制。

通知提出，国务院能源主管部门按省级行政区域确定消纳责任权重，包括总量消纳责任权重和非水电消纳责任权重。对以上两类权重，分别按年度设定最低消纳责任权重和激励性消纳责任权重。消纳责任权重的测算确定，综合考虑各区域可再生能源资源、全社会用电量、国家能源规划及实施情况、全国重大可再生能源基地建设情况和跨省跨区输电通道资源配置能力等因素。

通知明确规定了政府部门、电网企业、各类市场主体的责任。各省级能源主管部门牵头承担落实责任，组织制定本省级区域的可再生能源电力消纳实施方案，并将方案报省级人民政府批准后实施。售电企业和电力用户协同承担消纳责任。电网企业负责组织实施经营区内的消纳责任权重落实工作。各市场主体通过实际消纳可再生能源电量、购买其他市场主体超额消纳量、自愿认购绿色电力证书等方式，完成消纳量。

通知提出分两个层次对消纳责任权重完成情况进行监测评价和考核，一是省级能源主管部门负责对承担消纳责任的市场主体进行考核，二是国家按省级行政区域进行监测评价。省级能源主管部门对未履行消纳责任的市场主体督促整改，对逃避消纳社会责任且在规定时间内不按要求进行整改的市场主体，依规列入不良信用记录，纳入失信联合惩戒。国家按年度公布监测评价报告，作为对其能耗“双控”考核的依据。

国家能源局印发进一步推动优化营商环境政策落实实施方案

1 月 28 日，为贯彻落实党中央、国务院深化“放管服”改革、优化营商环境的部署和要求，国家能源局综合司发布《关于印发进一步推动优化营商环境政策落实实施方案的通知》（国能综通法改〔2019〕9 号），通知要求：坚决破除各种不合理门槛和限制，营造公司竞争市场环境；推动外商投资和贸易便利化，提高对外开放水平；持续提升审批服务质量，提高办事效率；进一步减轻企业税费负担，降低企业生产经营成本；加强和规范事中事后监管，维护良好市场秩序。通知还指出要强化组织领导，进一步明确工作责任。

电 力 市 场

国家发展改革委、国家能源局印发深化电力现货市场建设试点工作的意见

见“产业政策”栏目。

国家能源局印发《关于加强电力中长期交易监管的意见》

见“产业政策”栏目。

2019年全国电力交易市场信息

1～12月，全国电力市场中长期电力直接交易电量合计为21 771.4亿kWh，其中12月直接交易电量合计为2065.8亿kWh。1～12月，全国各电力交易中心组织开展的各类交易电量合计为28 344亿kWh，其中12月交易电量合计为2771.6亿kWh。

1. 全国电力市场中长期电力直接交易情况

1～12月，全国全社会用电量累计72 255.4亿kWh❶，同比增长4.5%。

1～12月，全国电力市场中长期电力直接交易电量合计为21 771.4亿kWh，占全社会用电量比重为30.1%。其中，省内电力直接交易电量合计为20 286.2亿kWh，省间电力直接交易（外受）电量合计为1485.2亿kWh，分别占全国电力市场中长期电力直接交易电量的93.2%和6.8%。

分区域来看，国家电网区域中长期电力直接交易电量合计为16 170.8亿kWh，占该区域全社会用电量的比重为28.3%；南方电网区域中长期电力直接交易电量合计为4157.2亿kWh，占该区域全社会用电量的比重为33.8%；蒙西电网区域中长期电力直接交易电量合计为1443.4亿kWh，占该区域全社会用电量的比重为49.8%。

12月，全国电力市场中长期电力直接交易电量合计为2065.8亿kWh。其中，省内电力直接交易电量合计为1968亿kWh，省间电力直接交易（外受）电量合计为97.9亿kWh，分别占全国电力市场中长期电力直接交易电量的95.3%和4.7%。

2. 全国各电力交易中心组织各类电力交易情况

1～12月，全国各电力交易中心组织开展的各类交易电量合计为28 344亿kWh。省内中长期交易电量合计为23 016.5亿kWh，其中电力直接交易20 286.2亿kWh、发电权交易2493.3亿kWh、抽水蓄能交易144.4亿kWh、其他交易92.7亿kWh。省间交易（中长期和现货）电量合计为5327.5亿kWh，其中省间电力直接交易1485.2亿kWh、省间外送交易（网对点、网对网）3585.8亿kWh、发电权交易256.5亿kWh。

分区域来看，国家电网区域各电力交易中心完成电力交易规模合计为21 690.7亿kWh，其中北京电力交易中心组织完成省间交易（中长期和现货）电量合计为4931.4亿kWh；南方电网区域各电力交易中心完成电力交易规模合计为5019.1亿kWh，其中广州电力交易中心组织完成省间交易电量合计为326.4亿kWh；内蒙古电力交易中心完成电力交易规模合计为1634.2亿kWh，其中省间交易电量合计为21.2亿kWh。

12月，全国各电力交易中心组织开展的各类交易电量合计为2771.6亿kWh。省内中长期交易电量合计为2318.5亿kWh，其中电力直接交易1968亿kWh、发电权交易324.7亿kWh、抽水蓄能交易25.2亿kWh、其他交易0.7亿kWh。省间交易（中长期和现货）电量合计为453亿kWh，其中省间电力直接交易97.9亿kWh、省间外送交易（网对点、网对网）330亿kWh、发电权交易25.1亿kWh。

北京电力交易中心在线发布2019年度电力市场交易信息

2020年2月26日，北京电力交易中心在北京召开2019年度电力市场交易信息发布会。为确保防疫期间电力市场正常运行、信息发布顺畅、扩大信息受众量，做好疫情防控工作，北京电力交易中心首次采用在线直播方式发布电力市场信息。本次会议主要发布交易信息、2019年电力市场年报，介绍2020年电力供需形势预测、2020年度市场化交易组织情况及电网运行方式、省间市场偏差结算流程指引等信息，并反馈2019年三季度信息发布会市场主体提出的问题和建议。

2019年，国家电网经营区域各电力交易中心市场交易电量20 872亿kWh，同比增长27.6%；电力直接交易电量16 122亿kWh，同比增长30.5%；降低电力用户用电成本469亿元，持续释放改革红利。

能源资源大范围优化配置情况。北京电力交易中心落实国家能源战略，将西北、东北、西南大型能源基地优质能源通过特高压交直流大电网送至华北、华东、华中等负荷中心。2019年省间交易电量完成10 619亿kWh，同比增长8.2%。其中省间市场化交易电量4931亿kWh，同比增长40.1%。

清洁能源大范围消纳情况。2019年，省间清洁能源消纳4601亿kWh，同比增长3.9%。其中，水电省间外送电量完成3157亿kWh，同比增长0.3%；新能源省间外送电量880亿kWh，同比增长21.8%。及时掌握来水来风来光情况，充分挖掘大电网资源配置能力，优化交易安排，提高清洁能源消纳水平。2019年西北、东北新能源外送549亿、240亿kWh，

❶ 来源于中电联电力行业统计快报数据。

同比增长均超过25%；西北水电外送创历史新高，达147亿kWh，同比增长83.8%；落实四川藏区水电送华东华中、四川水电送浙江两项扶贫专项清洁能源交易17.45亿kWh。

广州电力交易中心发布《2019年度南方区域跨区跨省电力市场运营报告》

2020年3月，广州电力交易中心发布《2019年度南方区域跨区跨省电力市场运营报告》。报告披露了2019年南方区域跨区跨省电力市场运营情况和2020年重点工作安排。

2019年南方区域电力市场运营情况如下：

2019年，南方五省区全社会用电量12 432亿kWh，同比增长6.9%，高于全国水平（4.5%），但增速比2018年同期降低1.4个百分点，少于全国水平（4个百分点）。2019年南方电网最大统调负荷1.87亿kW，同比增长10.8%，累计8次创新高。

截至2019年12月底，南方区域西电东送"八交十直"共18条500kV及以上通道总送电能力超5000万kW。全年完成西电东送电量2265亿kWh，同比增长4.1%，比年度协议计划多307亿kWh，连续三年突破2000亿kWh，首次在度夏前突破千亿大关。

2019年，全年南方区域跨区跨省共组织开展3个中长期交易品种的市场化交易36批次，市场化交易电量326.3亿kWh，同比增长10.6%，市场化比例14.4%，同比提高约0.8个百分点。五省区内组织开展28个中长期交易品种的市场化交易664批次，市场化交易电量4229亿kWh，同比增长25.2%，占售电量比例40.7%，同比提高约5.6个百分点，度电价格平均降幅7.3分/kWh，高于全国平均水平。

截至2019年12月底，南方区域已注册市场主体44 144家，其中发电企业652家、售电公司760家、电力用户42 732家。已开展交易市场主体总数32 657家，参与率74.0%，其中发电企业参与率95.7%，电力用户参与率74.3%，售电公司参与率38.4%。2019年，广州电力交易中心同比新增注册4家发电企业，平均注册时间2.5个工作日，截至2019年12月底，在广州电力交易中心注册的跨区跨省市场主体共283家，其中以广东和云南两省发电企业、广东省售电公司和五省区电网公司为主。

2019年，南方区域电力供需总体平衡，用电增长呈现前低后稳态势，增速较2018年略有下降。南方区域内主要流域来水呈现前丰后枯特点，全年弃水电量同比大幅减少，基本实现零弃水。

国家发展改革委通报2018年度电网企业实施电力需求侧管理目标责任完成情况

8月27日，国家发展改革委发布2019年第7号公告，通报对国家电网公司、南方电网公司2018年度电力需求侧管理目标责任完成情况评价考核结果。

2018年国家电网公司、南方电网公司均完成电力需求侧管理目标任务，共节约电量164.4亿kWh，节约电力410.2万kW。各省（区、市）电网企业2018年度目标任务完成情况见表1。其中，山西、黑龙江、江苏、山东、广东等省工作措施得力，社会节电比重较高，予以通报表扬。

表1　2018年度电网企业实施电力需求侧管理目标责任完成情况

地区	节约电量（亿kWh）		节约电力（万kW）	
	目标	实际完成	目标	实际完成
国家电网系统	121.64	134.31	245.49	344.31
北京	2.90	2.92	6.75	8.97
天津	2.05	2.38	4.55	6.49
河北	8.82	9.64	17.20	22.74
冀北	5.00	5.08	10.50	11.84
冀南	3.82	4.56	6.70	10.90
山西	4.54	5.10	8.26	14.58
内蒙古	4.21	4.71	5.02	6.99
蒙东	0.88	1.24	1.64	3.01
蒙西	3.33	3.47	3.38	3.98
辽宁	5.10	6.14	8.44	15.78
吉林	1.67	2.32	3.32	6.82
黑龙江	2.17	2.21	3.92	6.78
上海	3.79	4.52	9.80	12.73
江苏	14.79	14.93	30.65	37.55
浙江	10.84	12.05	20.95	36.02
安徽	4.45	4.90	10.87	12.38
福建	5.44	5.60	10.54	15.27
江西	3.13	3.15	6.01	7.46
山东	10.13	11.72	20.03	27.58
河南	7.50	7.94	17.36	23.57
湖北	4.52	4.69	10.15	10.61
湖南	3.62	3.76	7.98	12.07

续表

地区	节约电量（亿 kWh）		节约电力（万 kW）	
	目标	实际完成	目标	实际完成
重庆	2.14	2.43	5.83	9.80
四川	5.32	5.79	9.91	15.58
西藏	0.15	0.17	0.30	0.35
陕西	3.64	4.19	9.87	10.03
甘肃	2.37	2.52	4.57	8.63
青海	1.92	2.09	2.76	4.71
宁夏	3.80	5.73	2.04	2.38

续表

地区	节约电量（亿 kWh）		节约电力（万 kW）	
	目标	实际完成	目标	实际完成
新疆	2.63	2.71	8.41	8.44
南方电网系统	25.74	30.05	51.91	65.89
广东	16.02	19.58	33.08	43.05
广西	2.62	2.87	6.04	8.70
海南	0.71	0.82	1.37	1.97
贵州	2.89	3.07	6.12	6.39
云南	3.50	3.71	5.30	5.78

电力建设

电源建设工程

火力发电

【大唐金坛燃机项目(2×400MW)投产】 5月20日15:36，中国能建规划设计集团江苏院设计、华东建投江苏电建三公司承建的金坛2×400MW级燃机热电联产项目第2套机组，提前60天通过168h满负荷试运行并投产。

该项目位于江苏省常州市金坛经济开发区北部，由大唐国际发电股份有限公司独资建设，本期建设两台400MW级“1+1+1”分轴布置燃气—蒸气联合循环热电联产机组，均由中国能建规划设计集团江苏院设计、华东建投江苏电建三公司承建。第2套机组的投产移交，标志着金坛2×400MW级燃机热电联产项目全面投运，可有效满足当地新增热负荷需求，助力产业发展、能源优化和节能减排。第1套机组于2018年12月31日实现投产。

【大唐国际雷州电厂“上大压小”新建工程(2×1000MW)投产】 12月7日，广东大唐国际雷州电厂“上大压小”新建工程1号机组通过168h试运行，高质量投产。大唐国际雷州电厂“上大压小”工程规划建设6台百万千瓦机组，一期工程建设2台百万千瓦超超临界二次再热燃煤发电机组，总容量为2000MW。此次投产的1号机组是中国大唐集团有限公司和广东省首台二次再热百万千瓦机组。工程采用国际先进的二次再热技术，机组供电煤耗低至265.55g/kWh，达到燃煤火电技术领域的国际最高水平。广东火电工程有限公司负责1号机组主体工程施工。

【大唐巩义电厂“上大压小”2×660MW机组新建工程2号机组投产】 5月31日，由华中电力设计院设计、河南工程公司承建的大唐巩义电厂“上大压小”2×660MW超超临界机组新建工程2号机组完成168h试运行，实现投产。

该工程位于河南省巩义市豫联工业园区，以“上大压小”方式建设2×660MW级超超临界国产燃煤机组，同步建设脱硫、烟气脱硝装置。该工程按照国家“上大压小”的政策，共关停小机组容量4×135MW+1×60MW+1×50MW。该工程总投资55亿元，由大唐河南发电有限公司和河南豫联集团分别出资51%和49%合资建设，于2014年8月取得国家发展改革委核准，2015年11月正式开工建设。

【华电莱州公司第4台百万千瓦机组通过168h满负荷试运】 11月8日，华电山东莱州公司二期2×100万kW扩建工程4号机组通过168h满负荷试运行，实现了二期工程年内“双投”的目标。

华电莱州二期工程建设2台100万kW机组，工程2016年4月开工建设。其中，3号机组于8月22日通过168h满负荷试运行，正式投产。

华电莱州二期工程采用了国际上蒸汽参数高、能耗低、技术先进的二次再热塔式炉发电技术，设计发电煤耗253.48g/kWh；供电煤耗261.8g/kWh，厂用电率3.19%，与传统的超临界机组相比，指标优化、节能减排效果显著。

【国家能源集团国电宁夏方家庄电厂2×1000MW机组投产】 7月8日和12月29日，国家能源集团国电宁夏方家庄电厂2号机组和1号机组分别通过168h试运，正式投产。

国家能源集团国电宁夏方家庄电厂本期工程建设2台1000MW超超临界间接空冷燃煤发电机组，是世界首批百万千瓦级间接空冷电站之一。作为宁夏—浙江±800kV特高压直流输电工程六个配套电源项目之一，方家庄电厂项目的建成投运，对合理开发利用宁夏自治区宁东煤炭资源，将资源优势转化为经济优势具有积极作用。工程于2015年8月28日开工，项目批准概算总投资76.25亿元。

【国家能源集团国电双维电厂新建工程项目开工】 6月22日，国电双维电厂新建工程项目2×1000MW超超临界燃煤间接空冷机组在内蒙古鄂尔多斯市鄂托克前旗上海庙镇开工。

该项目采用多项世界领先技术，包括智慧工程(智慧企业)，全国首例以能源大数据为基础的全面智慧化火力发电厂，国内百万千瓦机组智慧化程度最高；采用工业级5G、大数据、物联网、人工智能、数字孪生系统等先进技术；一键启停断点最少，启动4个，停机2个；四台机组采用一套控制系统(四机一控)，是国内百万千瓦机组中一次建成的控制规模最大的电厂；设计背压最低至9kPa，是国内空冷机组中背压最低的电厂；世界百万千瓦机组中第一个使用钢结构冷却塔的电厂。

【国家能源集团宿迁电厂二期工程投产】 6月4日，国家能源集团宿迁发电有限公司(简称宿迁电厂）4号机组完成168h满负荷运行考核，至此，江苏省首个采用超超临界二次再热技术的60万kW等级燃煤发电机组工程——宿迁电厂二期工程（3、4号机组）全面建成投产。

该工程于2014年12月15日通过国家能源局审批，2015年10月16日获得江苏省发展改革委核准，2015年12月22日开工建设。3号机组已于2018年12月31日完成168h满负荷连续运行考核。

宿迁电厂4号机组完成168h满负荷运行考核后，作为应急调峰储备电源应急备用，之后于2019年8月22日取得电力业务许可证，2019年9月26日取得国家发展改革委批文，由应急备用机组转正常商业运行机组。二期工程为“高效灵活二次再热发电机组研制及工程示范”依托项目（2017YFB0602100）及国家能源集团智慧煤电示范项目，通过两年多时间的自主研发、自主建设，解决了二次再热机组全工况过程耦合匹配机理、汽轮机结构、通流及控制整体优化设计以及二次再热机组高效灵活测控理论和方法等关键问题，突破了高效灵活二次再热汽轮机及锅炉设计等共性关键技术，实现了良好的经济效益和社会效益。

【国家能源集团鸳鸯湖电厂二期工程投产】 4月27日和12月7日，神华国能宁夏鸳鸯湖电厂二期扩建工程3、4号机组分别通过168h满负荷试运，正式投产。至此，该厂总装机容量达到352万kW，成为宁夏乃至西北地区最大的电厂。

鸳鸯湖电厂位于国家级宁东能源化工基地，每年就地转化燃煤超过800万t，二期工程建设2×1000MW超超临界燃煤间接空冷机组，同步建设烟气脱硫、脱硝设施，是国家西电东送宁夏—浙江±800kV特高压直流输电工程配套电源点之一，是宁夏回族自治区“十二五”重点建设项目。

项目于2015年1月28日获得核准，5月26日正式开工建设。机组设计发电煤耗271.86g/kWh、供电煤耗284.38g/kWh，厂用电率4.39%、发电水耗0.068m³/（GW·s），主要设计技术指标均处于国内同类型机组领先水平。

【国电中山民众2×269MW热电冷联产工程2号机组投产】 3月22日，由中国能建南方建投广东火电承建的国电中山民众2×269MW燃气-蒸汽联合循环热电联产工程2号机组一次性通过72h+24h满负荷试运行，标志着该机组正式投产发电。至此，两台机组均正式投产发电。其中1号机组于3月4日一次性通过96h满负荷试运行，正式投产。

国电中山民众天然气热电冷联产工程项目位于民众镇沙仔村，规划建设3套燃气-蒸汽联合循环供热机组，本期建设2套，同步建设烟气脱硝装置。项目于2016年12月15日取得广东省发展改革委的变更核准批复，是广东省重点工程。本工程机组按“一拖一”多轴配置，每套机组包括1台AE94.2型燃气轮机（带1台发电机）、1台余热锅炉、1台抽凝式汽轮机（带1台发电机）。燃料采用管道天然气和液化天然气（LNG）。主燃料为管道天然气，备用燃料为液化天然气。

【国电兰州热电2×350MW“上大压小”异地扩建工程投产】 1月6日，中国能建华东建投安徽电建一公司承建的国电兰州热电2×350MW“上大压小”异地扩建工程1号机组完成168h满负荷试运行，同步实现机组对兰州市集中供热目标。机组试运行期间，电气、热工保护投入率100%，主要仪表投入率100%，自动装置投入率100%，汽轮机振动、锅炉运行等主要技术指标均达到优良水平。1号机组的消防、废水处理、脱硫、电除尘等环保设施同步投运，烟尘、二氧化硫和氮氧化物排放优于当地环保标准。3月14日，2号机组顺利完成168h试运。

国电兰州热电有限责任公司“上大压小”扩建工程是甘肃省和兰州市重点建设项目，也是兰州市冬季治理大气污染和提高集中供热能力及安全性的民生工程，位于榆中县金崖镇窦家营村，一期规划建设2台350MW超临界燃煤直接空冷供热机组，同步建设高效除尘、脱硫、脱硝等装置，配套建设热网工程。项目建成后，具有直供电、供热、供汽、供软化水的便利条件，可为1678万m²的供热面积提供集中供热，提高兰州市东部城区集中供热能力。此外，机组投运后，将关停原小火电机组，对改善兰州城区生态环境和居民生活质量具有积极意义。

【陕西府谷清水川煤电一体化项目二期工程(2×1000MW)投运】 3月14日和5月25日，陕西府谷县清水川煤电一体化项目二期工程4号和3号机组分别通过16h试运，转入商业运营。该项目二期工程两台100万kW发电机组成功“双投”，标志着陕西首个百万千瓦级燃煤发电工程整体竣工投运，实现了陕西百万千瓦级燃煤发电机组整体竣工投运零的突破。

陕西府谷清水川煤电一体化项目是陕西投资集团落实陕西省“三个转化”重大发展战略，促进陕西煤炭资源就地转化、优化全国能源资源配置的引领工程。规划装机容量460万kW，分三期建设。一期工程两台30万kW亚临界空冷燃煤发电机组于2008年投产发电。二期工程3、4号两台100万kW超超临界空冷燃煤发电机组，应用多项国际领先技术，同步安装脱硫、脱硝装置，实现大气污染物超低排放。三期工程计划建设两台100万kW超超临界空冷燃煤发电机组。

【新疆准东五彩湾北三电厂工程(2×660MW)开工】 5月18日，新疆准东五彩湾北三电厂工程1、2

号机组开工仪式在五彩湾举行。新疆准东五彩湾北三电厂1、2号机组工程，是第二条疆电外送线路“准东—皖南±1100kV”特高压直流输电工程配套电源项目，是综合开发准东煤炭资源，推动新疆能源、经济环境和谐发展的绿色工程。本工程建设规模为2×660MW高效超超临界燃煤间接空冷发电机，同步建设脱硫装置和脱硝设施。

【鄂州电厂三期2×1000MW机组扩建工程投产】 4月30日和6月14日，鄂州电厂三期2×1000MW超超临界燃煤发电机组5号和6号机组完成168h满负荷试运行，运行期间工况稳定，机组各项性能指标和环保指标均达到或优于设计值。试运行的完成标志着全省单机容量最大、参数最高的火力发电项目鄂州电厂三期扩建工程历时4年正式投产。

鄂州电厂三期2×1000MW超超临界燃煤发电机组采用了国际第三代高效火力发电技术与最新环保技术，机组设计供电煤耗为274.8g/kWh，综合热效率可达46.89%，综合能效及环保各项指标均处于国内领先水平。

项目于2015年6月鄂州电厂三期扩建工程获批，2016年7月1日项目奠基，2016年8月2日项目主体厂房封顶，2017年12月两台机组全部安装完毕。2018年5月19日、9月20日5、6号机组先后完成点火，2018年12月20、30日5、6号机组实现并网。

【榆能横山煤电一体化发电项目全面投产】 10月29日，中国能建西北院设计、安徽电建二公司参建的榆林能源集团横山煤电有限公司2×1000MW高效超超临界间接空冷燃煤发电工程1号机组完成168h满负荷试运行，标志着榆能集团横山煤电一体化项目一期工程正式建成投运。

榆能集团横山煤电一体化发电项目位于横山区波罗镇，是国家大气污染防治行动计划重点输电通道榆横—潍坊1000kV特高压交流输变电工程的3个配套电源点之一，也是国家“西电东送”的重点项目。项目一期建设2×1000MW高效超超临界间接空冷机组，2号机组于2018年12月13日投产发电。

项目于2016年6月开工建设以来，设计贯穿节能环保理念，主机采用国际先进、国内领先的高参数大容量间接空冷机组，同步建设工艺先进的脱硫脱硝装置，大气污染物按照“近零排放”设计。项目建设创造了首台投运的脱硫装置、低位排烟集中布置在间冷塔内的“三塔合一”百万机组和首台投入商业运营的间接空冷百万机组两项世界纪录；创造了已投运燃煤电厂最高的间冷塔和1000kV特高压交流输电距离最远的已投运百万机组两项全国纪录。

【长兴发电公司燃煤耦合污泥发电项目正式投入运行】 12月30日，由中国能建浙江火电承建的浙江长兴电厂燃煤耦合污泥发电工程投入商业运行。该工程总投资6600万元，是国家级燃煤耦合生物质发电技改试点工程，使用蒸汽干化污泥后耦合发电，并利用超低排放装置进行气体净化，达到源头削减和全过程控制，每天可处理污泥200t，年处理污泥能力达7万t，可实现污泥无害化、减量化和资源化处置、促进节能减排和绿色循环发展、改善杭嘉湖平原生态环境。

水力发电

【国家电网公司5座抽水蓄能电站同时开工】 1月8日，河北抚宁、吉林蛟河、浙江衢江、山东潍坊、新疆哈密抽水蓄能电站工程开工动员大会在北京召开。河北抚宁等5座抽水蓄能电站总投资386.87亿元，总装机容量600万kW，计划全部于2026年竣工投产。

河北抚宁抽水蓄能电站，位于河北省秦皇岛市抚宁区，装机容量120万kW，安装4台30万kW可逆式水泵水轮发电机组，以500kV电压接入冀北电网，工程投资80.59亿元；吉林蛟河抽水蓄能电站，位于吉林省吉林市蛟河市，装机容量120万kW，安装4台30万kW可逆式水泵水轮发电机组，以500kV电压接入吉林电网，工程投资69.72亿元；浙江衢江抽水蓄能电站，位于浙江省衢州市衢江区，装机容量120万kW，安装4台30万kW可逆式水泵水轮发电机组，以500kV电压接入浙江电网，工程投资73.08亿元，该电站是国家电网公司积极推进混合所有制改革，在抽水蓄能领域引进社会资本的重点项目；山东潍坊抽水蓄能电站，位于山东省潍坊市临朐县，装机容量120万kW，安装4台30万kW可逆式水泵水轮发电机组，以500kV电压接入山东电网，工程投资81.18亿元；新疆哈密抽水蓄能电站，位于新疆维吾尔自治区哈密市天山乡，装机容量120万kW，安装4台30万kW可逆式水泵水轮发电机组，以220kV电压接入新疆电网，工程投资82.3亿元。

【华能黄登、大华桥水电站4号机组同步投产发电】 1月1日，位于云南省怒江傈僳族自治州境内的华能黄登、大华桥水电站4号机组同步投产发电。至此，黄登、大华桥水电站8台机组全部投产发电。

黄登水电站坝高203m，是亚洲最高碾压混凝土重力坝，共安装4台47.5万kW混流式水轮发电机组，总装机容量190万kW，多年平均发电量85.7亿kWh。电站于2008年10月筹建，2018年7月5日首台机组投产发电。

大华桥水电站共安装4台23万kW混流式水轮

发电机组，总装机容量 92 万 kW，大坝坝高 103m，多年平均发电量 39.18 亿 kWh。电站于 2010 年 9 月筹建，2018 年 6 月 9 日首台机组投产发电。

【华能云南里底水电站 3 台机组全部投产发电】 5 月 1 日，澜沧江里底水电站 3 号机组顺利结束 72h 试运行进入商业运行阶段，至此，里底水电站三台机组全部投产。

华能里底水电站位于云南省迪庆藏族自治州维西傈僳族自治县巴迪乡境内，为澜沧江上游河段规划七个梯级中的第三级电站，是国家实施“西电东送”战略的重要项目，也是云南省培育以水电为主电力支柱产业的重要组成部分。里底水电站采用河床式厂房，安装三台 14 万 kW 轴流转桨式水轮发电机组，总装机容量 420MW。

里底水电站由华能澜沧江水电股份有限公司投资建设，2009 年 4 月开始筹建，2013 年 2 月获国家发展改革委核准，2014 年 11 月完成大江截流，2018 年 10 月 29 日首台机投产发电，2019 年 1 月 1 日 2 号机组投产发电。

【华能乌弄龙水电站 4 台机组全部投产发电】 7 月 13 日，华能澜沧江水电股份有限公司所属乌弄龙水电站 4 号机组（24.75 万 kW）顺利完成 72h 满负荷试运行，正式进入商业运行。至此，乌弄龙水电站四台机组全部投产发电。

乌弄龙水电站地处云南省维西傈僳族自治县巴迪乡境内，是澜沧江上游水电梯级开发方案的第二级电站，电站总装机容量 99 万 kWh（4×24.75 万 kW），装设四台混流式水轮发电机组，设计多年平均发电量 41.16 亿 kWh。

澜沧江乌弄龙水电站工程于 2014 年 9 月获国家发展改革委核准，电站首台机组于 2019 年1月1日投产，2 号机组于 4 月 6 日投产，3 号机组于 6 月 7 日投产。

【西藏易贡藏布金桥水电站首台机组 1 号机提前投产发电】 5 月 31 日，由水电一局承建的西藏第一个采用地下厂房式建设的水电站——西藏易贡藏布金桥水电站的首台机组 1 号机，提前半年实现投产发电目标。

西藏金桥水电站位于西藏自治区那曲地区嘉黎县境内易贡藏布干流上，是易贡藏布规划的第五个梯级电站。上距嘉黎县 100km，下距忠玉乡 10km。金桥水电站是以发电为主的引水式电站，工程的主要任务是满足生态保护的前提下发挥发电效益，促进地方经济社会的发展。电站总装机容量 66MW（3×22MW），保证出力 13.5MW，年利用小时 5873h，年发电量 3.88 亿 kWh，项目总工期 38 个月。

该水电站是西藏第一座堆石混凝土重力坝，是西藏无电区域电力建设的重大项目。电站的建成将为当地 3 万多农牧民群众提供清洁、稳定的电源，改变当地长期缺电、无电的现状。

【硬梁包水电站开工】 10 月 26 日，由中国电建成都院勘测设计、水电七局建设施工的硬梁包水电站，在泸定大渡河畔举行开工仪式，标志着该工程正式开工建设。

硬梁包水电站位于甘孜州泸定县境内，为大渡河干流梯级调整规划 28 级开发方案中的第 14 级，该电站以发电为主，并促进地方经济社会发展。电站总装机容量 111.6 万 kW，与上游两河口水库电站联合运行时年均发电量 51.42 亿 kWh，具有日调节能力。工程静态投资 129.40 亿元，动态总投资 160.98 亿元。

2016 年 1 月 28 日，四川省政府常务会议审议通过大渡河硬梁包水电站核准。

【五强溪水电站首次扩机工程开工】 3 月 26 日上午，建成运行 24 年的五强溪水电站扩机工程正式开工。五强溪水电站位于湖南省怀化市沅陵县境内，坝高 107.5m，坝顶长 724.4m，1994 年首台机组发电，总装机容量 1200MW，年均发电 53.7 亿 kW，水量利用率 80.94%，形成 170km^{2}库区，兼防洪、航运，是沅水干流上综合利用工程。

此次扩机一期工程包括小别溪排水洞、扩机厂房防渗墙、扩机厂房后边坡上坝公路以上开挖支湖及路面工程、公路，计划工期 335 天。扩机装机容量 500MW，年平均发电量 5.583 亿 kWh，水量利用率提高至 89.38%，首台机组发电工期 3 年 9 个月。扩机工程总投资 21.45 亿元，总建设工期 4 年。

【丰满水电站重建工程 1 号机组投产发电】 9 月 20 日，国家电网有限公司丰满水电站全面治理（重建）工程首台机组——1 号机组正式投产发电。

丰满水电站全面治理（重建）工程共安装了 6 组国产 20 万 kW 水轮发电机组，加上原有丰满水电站三期工程的两台机组，重建完成之后总装机容量将达到 148 万 kW，发电能力比重建前提高了近 50%。

丰满水电站始建于 1937 年，1943 年首台机组发电，当时安装的是德国、瑞士、美国产发电机组。大坝 2007 年被评定为病坝，2012 年 10 月 29 日重建工程正式启动。2018 年 12 月 12 日原大坝开始爆破拆除，2019 年 5 月 20 日新大坝接班服役，正式承担挡水任务。

作为松花江流域的枢纽电站，新建的丰满大坝一方面从根本上消除了老坝安全隐患，另一方面能够更好地承担发电和电网调峰任务，服务东北地区新能源消纳和送出，助力松花江流域生态环境保护和东北老工业基地振兴。

【河南五岳抽水蓄能电站工程开工】 12 月 10 日，中核集团新华发电河南五岳抽水蓄能电站主体工程开工仪式在信阳市光山县殷棚乡工程建设现场举行，标志着该项目正式进入输水发电系统等主体工程建设阶段。

河南五岳抽水蓄能电站位于鄂豫皖电网联络线的东通道上，地理位置优越。该项目于2019年5月正式开工建设，总装机100万kW，安装4台单机容量25万kW立轴可逆混流式机组，设计年发电量8.57亿kWh。电站主要由上水库、下水库、输水系统、地下厂房和地面开关站组成，工程总投资65.62亿元，总工期72个月，是国务院批复的振兴大别山革命老区的重点能源项目，河南省“十三五”能源发展规划、电力发展规划重点项目。电站首台机组计划于2025年5月投产发电，2026年5月实现全部机组投产运行。

核 能 发 电

【国家电投海阳核电2号机组正式具备商运条件】 1月9日，海阳核电2号机组完成168h满功率连续运行考验，正式具备商运条件，成为2019年国内具备商运条件的第一台机组，标志着海阳核电一期工程全面建成投产，正式进入“双核时代”。至此，国家三代核电自主化依托项目4台机组全部投入商运，中国大陆在运核电机组达到46台，装机容量突破4500万kW。

海阳核电2号机组于2018年8月8日开始首次装料，9月29日反应堆首次达到临界，10月13日完成首次并网，12月2日首次达到满功率运行。2018年10月22日，海阳核电1号机组通过168h满功率连续运行考验，投入商业运行。

作为胶东半岛大型清洁能源基地，海阳核电1、2号机组按年发电小时8000h计算，年上网电量约为200亿kWh，可满足山东省内三分之一家庭的年用电，对改善区域能源结构和生态环境，推动山东省新旧动能转换、建设美丽中国、打赢蓝天保卫战发挥重要作用。

【中国广核集团阳江核电全面投产】 7月24日，阳江核电站6号机组完成所有调试工作，具备商业运营条件。此举标志着阳江核电站6台规划机组全部投产，成为全球最大的在运轻水压水堆核电基地。

阳江核电站位于广东省阳江市东平镇，项目采用中国广核集团具有自主品牌的CPR1000及其改进型技术，建设6台百万千瓦级压水堆核电机组，由中国广核集团阳江核电有限公司负责建设和运行。

阳江核电站是中国大陆一次核准机组数量最多和规模最大的核电项目，也是中国核电“规模化、系列化、标准化”发展的标志性项目。其1、2号机组采用CPR1000技术路线，消化、吸收了法国EPR二代核电技术；3、4号机组采用CPR1000＋技术，即EPR技术的国产化改进型，综合性能接近三代技术；5、6号机组采用ACPR1000技术路线，具备三代核电主要技术特征。6台机组平均国产化率83%，关键设备国产化率超过85%。其选址始于1988年，2008年12月16日主体工程正式开工；1、2、3、4、5号机组分别于2014年3月25日、2015年6月5日、2016年1月1日、2017年3月15日、2018年7月12日实现商业运行；其中5号机组首次采用中广核自主研发的核电站“神经中枢”和睦系统，实现了国内首台具有完全自主知识产权的核级数字化仪控系统的工程应用。

据测算，阳江核电6台机组全部投产后，年发电量将达到480亿kWh。与同等规模煤电相比，相当于减少标煤消耗1560万t，减少二氧化碳排放3828万t，减少二氧化硫排放37万t，减少氮氧化物排放24万t。

【台山核电一期工程投产】 9月7日，广东台山核电2号机组顺利完成168h示范运行，具备商业运行条件。这是继台山核电1号机组后，全球第二台投入商运的EPR（european pressurized reactor）机组。台山核电站位于广东省台山市赤溪镇，一期工程建设两台采用EPR三代核电技术的压水堆核电机组，每台机组的单机容量为175万kW，是世界上单机容量最大的核电机组。

台山核电一期工程是中法两国能源领域在华最大的合作项目，由中广核集团、法国电力集团（EDF）和广东省能源集团共同投资组建的台山核电合营有限公司负责建设和运营。

台山核电一期工程位于广东省台山市赤溪镇，共建设两台175万kW核电机组。作为贯彻落实国家能源安全新战略，促进能源生产领域国际合作的重要载体，台山1、2号机组建成后，预计每年可减少标准煤消耗约803万t，减少温室气体排放超过2109万t，相当于造林5850hm^2。

在吸收欧洲两个EPR先行项目的经验基础上，台山核电1号机组于2009年开工建设，2018年12月13日投入商运，成为全球首座投入商运的EPR核电机组。2号机组是全球第4台开工的EPR机组，2010年开工建设，建设过程中充分吸收了1号机组的建设经验及反馈，于2019年4月12日开始装料，6月23日成功并网发电，9月7日成功具备商运条件。

【昌江核电二期项目全面启动】 11月18日，海南自由贸易试验区建设项目（第七批）集中开工和签约仪式在海口举行，集中开工129个项目，其中包括海南昌江核电二期项目。

海南昌江核电二期项目选址海南省昌江黎族自治县海尾镇塘兴村，总投资394.5亿元，2019年度计划投资18亿元。

海南昌江核电二期项目规划建设两台百万千瓦级压水堆核电机组，本期建设的海南昌江核电厂3、4号机组紧邻1、2号机组布置，属同一厂址。机组型号选择“华龙一号”（融合版）技术方案，单台机组名义电功率约为1200MW。

海南昌江核电二期单台机组建设周期为60个月，两台机组开工日期间隔10个月。3号机组计划2020年8月浇筑核岛首灌混凝土，2025年建成，4号机组2026年建成。

海南昌江核电项目规划建设4台核电机组，一次规划，分期建设。一期工程投资249亿元建设的1、2号机组，分别于2015年12月25日和2016年8月12日投入商运。

【漳州核电站1号机组正式开工】 10月16日，漳州核电站1号机组浇筑核岛第一罐混凝土（FCD），标志着机组正式开工建设。

漳州核电站1号机组采用中国自主知识产权的三代百万千瓦级“华龙一号”核电技术。

电站位于福建省漳州市云霄县列屿镇，北距漳州市直线距离约82km，东北距厦门市约100km。厂址位于的东山湾，南、东、北三面环海。福建漳州项目的规划，按六台百万千瓦级压水堆核电机组考虑，总装机容量约750万kW，分期建设，项目业主为中核国电漳州能源有限公司。

中核国电漳州能源有限公司成立于2011年11月28日，由中国核能电力股份有限公司占股51%、原中国国电集团（现国家能源投资集团）持股49%。

【中国多功能模块化小型堆(玲龙一号)示范工程启动】 7月18日，中核集团在海口启动中国多功能模块化小型堆（玲龙一号）示范工程。

模块化小型反应堆作为一种安全、经济的核电新堆型，是国际原子能机构鼓励发展和利用的一个核能开发新方向。具有高度的安全性、良好的经济性、功率规模的灵活性和特殊厂址的适应性，能够满足中小型电网的供电、城市供热、工业供汽和海水淡化等各种领域应用的需求。

中核集团于2010年正式启动“玲龙一号”专项科研工作，2016年4月成为全球首个通过国际原子能（IAEA）通用安全审查的小型堆，是全世界小堆发展的一个重要里程碑。

“玲龙一号”在现有成熟压水堆核电技术基础上，采用“一体化”反应堆设计和“非能动”安全系统，其安全性达到第三代核能系统技术水平。它的应用推广可以满足不同区域、用户能源需求，对中国经济可持续发展具有重要意义。

“玲龙一号”示范工程是商业性示范工程，用以验证设计、制造、建造和运行技术，积累小型核电站的宝贵经验，在未来能源市场上作为其他能源以及大型核电站的有力补充，逐步开辟小型反应堆的商用市场。

其他形式发电及储能

【大唐江苏滨海300MW海上风电项目并网发电】 12月25日，中国大唐集团首个自主开发建设的江苏滨海300MW海上风电项目，克服复杂海况和吊装船舶不足等不利条件，300MW机组全部按期并网发电，从制度建设、人才储备、现场管理等方面积累了宝贵经验，为集团海上风电开发建设奠定了基础。

大唐滨海300MW海上风电项目，共布置45台3.3MW、50台3MW风机及1座220kV海上升压站，项目于2018年6月开工。

【国电舟山普陀6号海上风电场建成投产】 4月12日，经过28个月的施工建设，国电舟山普陀6号海上风电场第63台风机并网。这标志着全国单机规模最大、首个使用高高承台的近海风电场全部投入运营。

国电舟山普陀6号海上风电场于2016年12月18日完成首桩打桩，2017年12月14日实现首台风机并网发电。

该风电场位于舟山市六横岛东南侧，项目总投资约41亿元。整个风电场规划海域面积约为50km^2，规划装机容量252MW，布置63台单机容量4.0MW的风电机组。风电场配套建设一座220kV海上升压站、一座陆上集控中心及一座陆上计量站，220kV海上升压站将35kV电压升压至220kV，经220kV海底电缆将风机所发电能输送至陆上登陆点后，经陆上计量站转入电网系统。

【国华投资江苏东台四期(H2)300MW海上风电场75台风机全部并网运行】 12月12日，国华投资江苏东台四期（H2）300MW海上风电场75台风机全部并网运行，标志着国内已建成的施工难度最高的海上风电项目正式投运发电。

该风电场离岸直线距离达42km，涉海面积48.1km^2，场区平均水深6m，是国内已建成离岸距离最远的海上风电场，装机规模为300MW，安装有75台单机容量为4MW的风力发电机组，总面积相当于674个标准足球场，是国家能源集团成立后建设投运的首个海上风电项目，也是现阶段国内综合施工难度最高的海上风电场项目。该风电场每年可发电

81 354 万 kWh，每年可节省标准煤 26.85 万 t，并可减少温室效应气体排放，对于贯彻国家绿色可持续发展战略，促进节能减排具有重要意义。

国华投资江苏东台四期（H2）300MW 海上风电场于 2018 年 6 月 22 日正式开工。工程包含 73 个单桩基础施工、1 座升压站基础施工、75 台风力发电机组安装、海缆敷设施工等。

【国家电投乌兰察布风电基地一期 600 万 kW 示范项目开工】 9 月 26 日，内蒙古自治区人民政府与国家电力投资集团有限公司深化合作框架协议签约仪式暨乌兰察布风电基地一期 600 万 kW 示范项目开工建设动员大会，在四子王旗工程现场召开。标志着全球单体最大的陆上风电项目进入工程建设阶段。

该项目采用高分辨率全球气候模型、5G 通信、智能巡检机器人等先进技术，结合不同地形的优化风机排布，中标机型单机平均容量 4.16MW，带动国内陆上风电机组从 2.0MW 时代迈向 4.0MW 时代，且故障率控制在 0.5%以内，总运维人数较常规风电场减少 50%以上。

乌兰察布是国内距离京津冀负荷中心较近的风电基地建设重点区域之一。2015 年底，国家电投提出基地化开发建设乌兰察布新能源项目的战略构想。2018 年 3 月，国家能源局复函同意基地开发建设，一期规模为 600 万 kW，同年 12 月地方发展改革委核准该项目。

【江苏大丰 300MW 海上风电项目全容量并网发电】 10 月 31 日，随着最后一台 6.45MW 试验型风机并网发电，三峡新能源江苏大丰 300MW 海上风电项目实现全容量并网发电。

江苏大丰 300MW 海上风电项目于 2017 年 4 月 25 日取得江苏省发展改革委核准，自 2017 年 12 月 1 日正式开工。

该项目坐落在江苏省盐城市大丰区东沙沙洲北侧的小北槽——太平沙海域，风电场中心离岸直线距离约 45km，场区水深 1～17m，场区面积 48km^2。风电场共安装 73 台风电机组，分别为 54 台 3.3MW 风电机组和 19 台 6.45MW 风电机组，总装机容量 300.75MW。同时配套建设一座 220kV 海上升压站、2 回 220kV 海底电缆、12 回 35kV 海底电缆及一座陆上集控中心。所有电能通过海上升压站汇集，再通过 220kV 海底电缆送至陆上集控中心后接入电网。

项目建成后年发电量约 7.97 亿 kWh，可满足 50 万户家庭一年的用电需求。与同等规模的燃煤火电机组相比，年可节约标煤约 23.96 万 t，减排二氧化碳 52.7 万 t。项目的建成有助于当地产业结构调整，促进地方经济发展，社会效益、综合经济效益和环境效益显著。

【河北南宫 300MW 风电项目一期(100MW)并网发电】 9 月 17 日，河北省南宫市 300MW 风电项目一期 100MW 风电工程成功并网发电。该风电项目位于河北省南宫市东部，距南宫市约 22km，场址区地形平坦，为平原风电场。风电场分两期开发，其中一期装机容量 100MW，二期装机容量 200MW。风电场规划建设升压站 2 座，其中东区 220kV 升压站与一期工程同期建成，西区 110kV 升压站计划与二期工程配套建设。

风电场一期 100MW 工程共排布有 37 台，单机容量分别为 4 台 2.0MW、10 台 2.3MW、3 台 3.0MW 的风电机组点位，年等效利用小时 2448h。2018 年 4 月 29 日正式开工建设，2019 年 4 月 1 日完成首台风机吊装，9 月 15 日首批 15 台风机并网成功，容量达 38MW。本项目 2.3MW 风机风轮直径 131m，安装高度为 140m，系国内陆上风电项目最高安装高度。

【华电福清海坛海峡海上风电项目开工建设】 11 月 23 日，福清海坛海峡海上风电项目 A01 机位 1 号钢管桩经过 2h 的锤击，完成沉桩。此举标志着福清海坛海峡海上风电项目主体工程正式开工。

福清海坛海峡海上风电项目是福建省重点建设项目，也是中国华电集团在福建的首个海上风电项目，于 2016 年底获得核准。项目位于福清市龙高半岛东北侧，为福清湾唯一的海上风电场，风力资源优异。项目总投资约 60 亿元，规划装机容量 300MW，安装 46 台国内先进的 6MW 以上大容量风机，年发电量 10.58 亿 kWh。项目投产后每年可节约标准煤 31.92 万 t，减少二氧化碳排放 93.91 万 t，环保效益显著。

【浙能江苏竹根沙海上风电项目开工】 12 月 3 日，浙能集团首个省外海上风电项目，总装机规模 300MW 的江苏竹根沙海上风电项目开工建设。该项目位于江苏省东台市竹根沙及其附近海域，年可发清洁电能超 8 亿 kWh。项目总投资约 504 462 万元，年均上网电量 86 548 万 kWh，年均利用小时为 2866h。场区面积 37km^2，拟安装 50 台单机容量 4MW 和 17 台单机容量 6MW 的风电机组和一座 220kV 海上升压站及陆上集控中心。

【华能达拉特光伏发电领跑奖励激励基地项目开工】 10 月 12 日，国家能源局确定的达拉特光伏发电领跑奖励激励基地项目开工建设。该项目建成投用后，将与达拉特光伏一期项目连成一体，成为全国最大的沙漠集中式光伏发电基地。

该项目位于库布其沙漠，此处拥有全国一类的太阳能资源，太阳辐射强度高，日照时间长，年均日照时数超过 3180h，光照资源优势明显，发展光伏发电条件得天独厚。

该项目是达拉特光伏发电应用领跑基地一期50万kW项目率先实现一次性全容量并网发电后，国家能源局确定的三个奖励激励基地项目之一。项目建设规模50万kW，占地面积2.5万亩，总投资32.5亿元，分为5个单体项目，分别由国电投、中广核、华能、正泰、三峡阳光联合体等5家光伏领军企业承建。

【大唐北港长河100MW光伏项目并网】 12月29日，由中国能建浙江火电总承包的大唐华银益阳北港长河100MW渔光互补光伏电站并网。

华银益阳北港长河100MW渔光互补光伏发电项目位于湖南省益阳市沅江市泗湖山镇北港长河水域，水域面积约2200亩，水域岸线厂约8km。该项目安装光伏组件近28万块，直流侧容量122MW，共设32个光伏发电方阵，全部为浮体安装的固定运行方式。每个光伏发电方阵由箱逆变一体机逆变升压至35kV，经4条集电线路送至新建的110kV升压站，通过110kV线路接入国家电网。

该项目为中国大唐首个水面漂浮式光伏电站，于2019年10月13日开工。该项目采用了当时全球单位面积转换率最高的大功率单晶硅光伏组件技术及大功率集中式逆变器，光电转换率可达19.8%；同时独特采用水面漂浮式浮体技术及锚固系统，可提高约5%光伏发电量。据测算，该项目同比火电，每年可节约标准煤4万t，减少排放二氧化硫721t、氮氧化物1083t、二氧化碳10万t以上，节约用水54万t，实现了“渔、电、旅游、环保、税收”五丰收，可为助推地方经济发展、环境友好发展做出重要贡献。

【大唐长山热电厂燃煤耦合生物质气化发电项目投产】 12月15日，大唐长山热电厂燃煤耦合生物质气化发电示范项目通过168h试运行，正式转入商业化运营。该项目是国内首个生物质气化发电示范项目。

该项目位于吉林省长山镇，是在1号机组现有场地建设1台发电功率为20MW等级的生物质气化发电项目。其工作原理是通过高温高压将秸秆颗粒热解、分离，产生一氧化碳、甲烷等可燃气体，输送至660MW超临界燃煤机组炉膛，与煤粉进行混烧，利用原有燃煤发电系统实现生物质高效发电，达到节约燃煤的目的。

该项目为国内首台采用循环流化床微正压气化技术，单机容量最大，有效解决了可燃气体安全防爆问题；创新性采用螺旋自密封＋三级特殊料仓双级密封＋增设密封风，突破性地解决了秸秆在循环流化床微正压系统的行业性给料难题。项目解决了秸秆在田间直接焚烧及直燃电厂综合利用效率低等问题，具有很强的示范作用。

电网建设工程

【雄安—石家庄1000kV特高压输变电工程投运】 6月4日，雄安—石家庄1000kV交流特高压输变电工程完成72h试运行，正式投运。这标志着首条服务雄安新区的特高压工程建成投运，为雄安新区提供可靠能源保障、实现100%清洁能源供应奠定了坚实基础。

雄安—石家庄特高压工程是国家电网公司服务京津冀协同发展和雄安新区建设的国家重点工程，与已建成的锡盟—山东、蒙西—天津南、榆横—潍坊等特高压工程共同构成华北电网特高压交流环网，在京津冀鲁地区共同构建了世界上首个特高压交流双环网，进一步提高华北电网、首都电网的供电可靠性，为西北及张北地区风力发电、太阳能发电等清洁能源进入京津冀鲁负荷中心提供多向通道，大大增强京津冀鲁地区消纳清洁能源的能力，对助力打赢“蓝天保卫战”、实现“零碳奥运”和“煤改电”冬季清洁取暖、提升国家骨干电网运行管理水平和保障国家能源安全具有重要的意义。

该工程于2017年7月获河北省发展改革委核准，2018年3月开工建设，新建同塔双回输电线路2222.6km，途经保定、石家庄、衡水、邢台4市13县（市、区），扩建雄安、石家庄特高压变电站，总投资34.4亿元。

【1000kV驻马店—南阳特高压工程开工】 3月15日，驻马店—南阳1000kV特高压交流输电工程线路工程1标段首段试点暨开工仪式在上蔡县蔡沟镇孔庄村举行，该项工程1标段IS006号杆塔开钻打孔，该标段由河南送变电建设有限公司负责施工，这标志着驻马店—南阳1000kV特高压交流输电工程线路工程1标段正式进入施工阶段。工程是青海—河南±800kV特高压直流输电工程的配套工程。

新建驻马店—南阳1000kV特高压交流线路工程途经河南省驻马店市、平顶山市和南阳市。线路长约190km，同塔双回路建设。工程新建驻马店1000kV

变电站，站址位于河南省驻马店市上蔡县蔡沟乡；扩建南阳1000kV变电站，站址位于河南省南阳市方城县赵河镇南的石寨村和王岗村地域与广阳镇交接地域。

【1000kV张北—雄安特高压工程冀北段开工】 3月15日10:38，张北—雄安1000kV特高压交流输变电工程线路工程（冀北段）在蔚县2S043进行工程首基基础试点，2标段怀安2L002、3标段阳原3S025分别进行本标段开工仪式。国网冀北电力有限公司、冀北工程管理公司、张家口供电公司、各属地区县公司、监理、施工单位相关负责人，县政府、乡镇政府相关人员参加试点开工仪式。当日，张北、万全、怀安、阳原、蔚县一区四县全面进场开工，人员到位187人，进场开挖10基。

张北—雄安1000kV特高压交流输变电工程在2018年11月29日获得河北省发展改革委核准后，国网冀北电力有限公司高度重视，督促组织各参建单位全力推进工程进展。冀北工程管理公司多次组织召开设计推进会、物资排产会、建设推进会、属地协调会，组织编制详细的设计出图计划、物资供应计划、施工进度计划及属地协调计划。克服恶劣地形、寒冷天气等不利因素，组织人员提前进场，准备施工材料，开展各级培训交底，严查设备机械进场，全面梳理完成开工手续，具备标准开工条件，在各参建单位共同努力下，该工程如期开工。

此次各标段试点开工仪式，标志着张北—雄安1000kV特高压交流输变电工程线路工程冀北段正式开工，工程进入全面施工建设阶段。

【准东—皖南±1100kV特高压直流输电工程投产】 9月26日，准东—皖南±1100kV特高压直流输电工程投运，来自3000km外的新疆丰富电能源源不断送达安徽直抵华东。该工程是落地安徽的第一个特高压直流输电工程，连同已投运的皖电东送淮南—上海特高压交流输电工程，共同构成安徽电网特高压交直流混联新格局，安徽省正式由单纯电力送出省向送受并举省转变。

准东—皖南±1100kV特高压直流输电工程起于新疆昌吉州昌吉换流站，止于安徽宣城市古泉换流站，途经新疆、甘肃、宁夏、陕西、河南、安徽六个省区，是目前世界上电压等级最高、输送容量最大、输电距离最远、技术水平最先进的直流输电工程，是国家电网公司在特高压输电领域持续创新的重要里程碑。工程于2015年12月获国家核准、2016年1月开工建设、2018年10月全线通电，起于新疆昌吉，止于安徽宣城，途经甘肃、宁夏、陕西、河南，线路全长3324km，额定电压±1100kV，输电容量1200万kW。

该工程是国家实施“疆电外送”的第二条特高压输电通道，对于促进新疆经济社会发展、加快资源优势向经济优势转化，缓解华东地区能源供需矛盾、拉动安徽经济增长，带动电力装备制造业转型升级等均具有十分重要的意义。该工程投运后，具备年送电600亿～850亿kWh的能力，可使华东地区每年减少燃煤约3800万t，减排二氧化碳7000万t，二氧化硫70万t。

【苏通1000kV特高压交流GIL综合管廊工程投运】 9月26日，苏通1000kV特高压交流GIL综合管廊工程投运。

苏通GIL综合管廊工程是世界上首次在重要输电通道中采用特高压GIL技术，是目前世界上电压等级最高、输送容量最大、技术水平最高的超长距离GIL创新工程。

工程是淮南—南京—上海1000kV特高压交流工程的组成部分，起于北岸南通引接站，止于南岸苏州引接站，从苏通大桥上游1km处过江，隧道长5468.5m，盾构直径12.07m，最低点标高－74.83m，GIL管线六相总长近35km。工程在世界上率先采用了特高压GIL输电全套技术，为跨江、跨海和人口密集地区的先进紧凑型输电作了技术储备。

工程投运后，华东特高压交流环网实现合环运行，华东电网受电能力大幅提升。

【巴楚—莎车750kV输变电工程正式投运】 5月12日，随着新疆莎车750kV变电站的2201断路器同期合环成功，标志着巴楚—莎车750kV输变电工程正式建成投运。

巴楚—莎车750kV输变电工程于2017年5月12日开工建设，线路穿越中国最大沙漠塔克拉玛干沙漠，跨越叶尔羌河、提孜纳姆河、喀拉喀什河等河流。其中，工程施工一标段78～120号塔位紧挨巴楚县胡杨林国家森林公园。

在工程设计阶段，线路选择从胡杨林稀疏区域内经过，铁塔基础均匀分布在避开胡杨林生长区段，增加线路长度2000m。为避免施工过程中对线路沿线胡杨及植被的破坏，设计时采用高跨的方式，将巴楚—莎车750kV线路工程施工一标段43基铁塔的高度从45m提高到63m，共采用高跨铁塔线路长20.28km，两项累计增加投资1035万元。这也是新疆750kV电网建设史上首次大规模避让胡杨林国家森林公园。

巴楚—莎车750kV输变电工程是南疆（新疆南部）750kV电网延伸补强工程的一部分，也是新疆750kV主网架的组成部分。其中，南疆750kV电网延伸补强工程由巴楚—莎车、莎车—和田、喀什—莎车750kV输变电工程及配套工程组成，线路长度726km，工程总投资36亿元。

【阿里与藏中电网联网工程开工建设】 9月17日，阿里与藏中电网联网工程开工动员大会在拉萨召开，该电网工程可行性研究报告2019年4月获得国家发展改革委批复，计划于2021年建成投运。

阿里与藏中电网联网工程是世界上海拔最高的电网工程，塔位平均海拔4572m，最高海拔5357m。工程起于日喀则市桑珠孜区多林220kV变电站，止于阿里地区噶尔县220kV巴尔变电站，跨越西藏2个地市10个区县，工程总投资74亿元，输电线路长度1689km。

国家电网公司于2011年、2014年、2018年分别建成青藏联网工程、川藏联网工程和藏中联网工程，基本解决了西藏中部和东部缺电问题。建设阿里与藏中电网联网工程，将彻底结束阿里电网孤网运行的历史，有助于提高阿里电网的供电保障能力，为顺利实施国家整体发展战略和维护边防安全提供有力保障。工程投运后，将使仲巴、萨嘎、吉隆、聂拉木、普兰、改则和措勤7县用上大电网的电，有效解决和改善沿线近38万人的安全可靠用电问题，使西藏主电网覆盖全区74个县，解决西藏97%人口的用电问题。

【浙江舟山500kV联网输变电工程投运】 1月15日，浙江舟山500kV联网输变电工程正式投运。该工程创造了世界最高输电铁塔、世界首条500kV交联聚乙烯海缆等14项世界纪录。

舟山500kV联网输变电工程连接舟山电网和宁波电网，包含16个子项目，总投资达46.2亿元。工程于2016年年底开工建设，合计新增500kV变电容量300万kVA，新建架空线路218km、海缆17km。舟山500kV输变电工程电力输送能力是现有220kV联网工程的3.3倍。

【南方主网与海南电网第二回联网工程建成投产】 5月30日，国内第二条500kV超高压、长距离、大容量的跨海联网工程——南方主网与海南电网第二回联网工程建成投产运行。海南岛与大陆形成了两条海底电力大通道，把南方电网主网与海南电网更加紧密地联结在一起，为海南电力供应提供“双保险”。云南省历史上首次向海南省输送电力，极大地缓解了高温期间海南电力紧张状况。与此同时，海南电网安全运行压力减轻，昌江核电机组实现了满出力，绿色能源比重大幅提升，能源结构得到优化。

南方主网与海南电网第二回联网工程，是国内第二个500kV超高压、长距离、大容量的跨海电力联网工程。电力施工人员在琼州海峡，平行敷设了4根500kV海底电缆，单根电缆直径达到了14cm，长度约32km，中间没有任何接头，这也是目前世界上单根最长的500kV交流海底电缆。海南联网二回工程成功投运，有效降低海南省电力系统“大机小网”安全风险，进一步提高供电可靠性。同时，为海南省新增60万kW的送电规模，跨海联网线路送电总规模达到120万kW，相当于2018年海南全省用电最高负荷的四分之一，使海南具备与广东、云南等省份进行更大范围电力互济的能力。

【全国首条500kV三分裂大截面线路工程成功送电】 3月18日，由中国电建集团湖北工程有限公司所属的湖北省电力勘测设计院有限公司设计的湖北黄冈大吉—武穴500kV线路工程成功送电，这是全国首条全线采用三分裂大截面导线布置的500kV输电线路。

该线路全长95.402km，采用角钢塔单回架设。与常规500kV线路工程相比，该工程创新采用三分裂大截面节能导线，降低年费用；创新采用羊头型杆塔和复合横担杆塔，降低塔重、减小走廊；创新采用埋入式预制管桩基础，节约混凝土、适应机械化施工；创新研制出三分裂导线配套金具，确保工程顺利实施；创新采用“火花刺”新型接地装置，扩大火花放电区域、提高线路耐雷水平。该工程另一个显著特点是线路交叉跨越多、实施难度大，全线途经浠水县、蕲春县、武穴市，沿线高速、铁路、通航河流、燃气管道、高压线路等重要交叉跨越多达28处。

【全国首座35kV站外移动变电站投运】 5月6日，在合肥市淮海大道与相山路交叉口，全国首座35kV站外移动变电站——磨移变电站正式投入使用。

因合肥轨道交通3号线学林路段地上轨道与110kV杜磨线交叉影响，需要进行为期约20天的线路停电入地改造。由于改造涉及的线路与电站服务周边职教城、少荃家园等2万余电力用户，无法长时间停电，负荷全部转移又难以满足供电可靠性要求，这给项目快速推进带来较大困难。

为此，国网合肥供电公司与轨道公司全面联动配合、积极创新，经过科学论证与研讨，最终确定在全国首个引入站外移动变电站这一新技术。自4月22日起，国网合肥供电公司克服供电电源点、场地限制等一系列困难，24h不间断加快施工建设进度，至4月30日仅用时9天就完成电站建设、安装、调制至并网全过程。

自5月1日起的20天内，110kV杜磨线路进入停电迁改、轨道交通三号线同时进行相关路段建设。在此期间，周边2万余电力用户全程不受任何影响，35kV磨移变电站“不间断”可靠持续进行供电服务，共减少用户停电时间达95%以上，避免电量损失达400万kWh以上。

【南方电网对澳输电第三通道项目提前完工】 6月13日，由南方电网公司负责的对澳输电第三通道项目珠海段工程于提前建成完工。对澳输电第三通道工程全线按双回220kV电缆设计（预留1回），全长约10.75km。其中，珠海境内长度约5.75km，需穿越马骝洲水道、汇金湾水道和十字门水道等三条水道，并采用不同的施工工艺。

对澳输电第三通道项目完工后，南方电网对澳门输电形成南、北、中三条通道，对澳门送电能力再提升70万kW，总共超过165万kW，形成8回220kV线路主供和4回110kV线路备用的“8+4”对澳门供电格局，对澳门供电整体能力和可靠性大幅提升。

获奖项目

2018—2019年度国家优质工程奖电力行业工程项目（第二批）

序号	工程名称	施工单位（建设、总承包、参建）
国家优质工程金质奖		
1	福清核电3、4号机组工程	福建福清核电有限公司 中国核电工程有限公司 中国核工业二四建设有限公司 中国核工业二三建设有限公司 中国核工业第五建设有限公司 中海工程建设总局有限公司 福清市三建建筑工程有限公司
2	榆横—潍坊1000kV特高压交流输变电工程	国家电网有限公司 国家电网有限公司交流建设分公司 国家电网有限公司信息通信分公司 国网陕西省电力公司 国网山西省电力公司 国网河北省电力有限公司 国网山东省电力公司 陕西送变电工程有限公司 福建省送变电工程有限公司 国网山西供电工程承装有限公司 河南送变电建设有限公司 中国能源建设集团安徽电力建设第一工程有限公司 河北省送变电有限公司 山东送变电工程有限公司 中国能源建设集团天津电力建设有限公司 湖南省送变电工程有限公司 国网山西送变电工程有限公司 国网湖北送变电工程有限公司 吉林省送变电工程有限公司 北京电力工程有限公司 江西省送变电工程有限公司 中国电力科学研究院有限公司 江苏省送变电有限公司

续表

序号	工程名称	施工单位（建设、总承包、参建）
3	国投湄洲湾 2×1000MW 绿色建造示范工程	国投云顶湄洲湾电力有限公司 中国能源建设集团江苏省电力建设第三工程有限公司 中国能源建设集团安徽电力建设第二工程有限公司 中交第三航务工程局有限公司 北京振冲工程股份有限公司 福建省亿力建设工程有限公司福建电力调试分公司
4	中电投协鑫滨海新建 2×1000MW 燃煤发电工程	国家电投集团协鑫滨海发电有限公司 中电投电力工程有限公司 中国能源建设集团江苏省电力建设第三工程有限公司 中国能源建设集团江苏省电力建设第一工程有限公司 国家电投集团远达环保工程有限公司 中交第四航务工程局有限公司
5	扎鲁特—青州±800kV 特高压直流输电工程	国家电网有限公司直流建设分公司 国网山东省电力公司 国网内蒙古东部电力有限公司 国网冀北电力有限公司 国网天津市电力公司 国网河北省电力有限公司 国家电网有限公司信息通信分公司 中国电力科学研究院有限公司 国网经济技术研究院有限公司 山东送变电工程有限公司 湖南省送变电工程有限公司 河北省送变电有限公司 国网山西送变电工程有限公司 辽宁省送变电工程有限公司 国网湖北送变电工程有限公司 吉林省送变电工程有限公司 天津送变电工程有限公司 中国能源建设集团天津电力建设有限公司 河南省第二建筑工程发展有限公司 中国能源建设集团江苏省电力建设第三工程有限公司
6	四川雅砻江锦屏一级、二级水电站工程	雅砻江流域水电开发有限公司 中国水利水电第七工程局有限公司 中国葛洲坝集团第二工程有限公司 中国水利水电第十四工程局有限公司 中国葛洲坝集团第五工程有限公司 中国水利水电第十一工程局有限公司 中国水利水电第四工程局有限公司 中铁十九局集团第二工程有限公司 中铁十八局集团有限公司 中国铁建大桥工程局集团有限公司 北京振冲工程股份有限公司 中国水利水电第五工程局有限公司 中铁二局集团有限公司 江南水利水电工程公司 中国葛洲坝集团机电建设有限公司 中铁十四局集团有限公司 中国水利水电建设工程咨询有限公司
7	摩洛哥努奥二期 200MW 槽式光热电站工程	ACWA POWER 瓦尔扎扎特分公司 山东电力建设第三工程有限公司

续表

序号	工程名称	施工单位（建设、总承包、参建）
		国家优质工程奖
1	甘肃电投武威 2×350MW 热电联产工程	甘肃电投武威热电有限责任公司 甘肃第二建设集团有限责任公司 中国电建集团青海工程有限公司 武汉凯迪电力环保有限公司 中国十七冶集团有限公司 中国能源建设集团西北电力建设甘肃工程有限公司 甘肃第一建设集团有限责任公司
2	上海崇明燃机电厂工程	上海申能崇明发电有限公司 中国电力工程顾问集团华东电力设计院有限公司 上海电力安装第一工程有限公司 上海电力建筑工程有限公司 上海市基础工程集团有限公司
3	华电扬州 2×475MW 燃机扩建工程	江苏华电扬州发电有限公司 中国能源建设集团江苏省电力建设第一工程有限公司
4	长春东南热电厂 2×350MW 机组新建工程	吉林电力股份有限公司长春热电分公司 中国能源建设集团东北电力第三工程有限公司 东北电业管理局烟塔工程公司 福建龙净环保股份有限公司 中国能源建设集团安徽电力建设第二工程有限公司 河南省第二建设集团有限公司
5	山东大唐临清热电厂“上大压小”新建项目	大唐临清热电有限公司 中国电建集团山东电力建设第一工程有限公司 大唐环境产业集团股份有限公司 同方环境股份有限公司 青建集团股份公司
6	江苏国信淮安盐化新材料产业园 2×400MW 级燃机热电联产工程	江苏国信淮安第二燃气发电有限责任公司 中国能源建设集团江苏省电力建设第三工程有限公司
7	500kV 版纳变电站工程（含 220kV 版纳开关站工程）	云南电网有限责任公司建设分公司 云南电网有限责任公司西双版纳供电局 云南送变电工程有限公司
8	500kV 文山（上稔）变电站工程	广东电网有限责任公司中山供电局 广东省输变电工程有限公司
9	福建宁德崇儒 500kV 变电站工程	国网福建省电力有限公司建设分公司 福建省送变电工程有限公司
10	江西东乡 500kV 变电站新建工程	国网江西省电力有限公司建设分公司 江西省送变电工程有限公司
11	江苏苏州南部电网 500kV 统一潮流控制器（UPFC）示范工程	国网江苏省电力有限公司建设分公司 江苏省送变电有限公司 江苏精亨裕建工有限公司 江苏宏马建设有限公司

续表

序号	工程名称	施工单位（建设、总承包、参建）
12	巴彦淖尔市磴口 500kV 变电站工程	内蒙古电力（集团）有限责任公司内蒙古超高压供电局 内蒙古送变电有限责任公司
13	仙桃 500kV 变电站新建工程	国网湖北省电力有限公司中超建设管理公司 国网湖北送变电工程有限公司 国网湖北省电力有限公司检修公司
14	安徽芜湖三 500kV 变电站新建工程	国网安徽省电力有限公司建设分公司 国网安徽省电力有限公司芜湖供电公司 安徽送变电工程有限公司 国网安徽省电力有限公司物资分公司
15	河南新乡北 500kV 变电站工程	国网河南省电力公司建设分公司 河南送变电建设有限公司 河南省中原建设有限公司
16	山东惠民 500kV 变电站工程	国网山东省电力公司建设公司 山东送变电工程有限公司 山东滨州东力电气有限责任公司 山东中实易通集团有限公司
17	河北成峰（官路）500kV 变电站工程	国网河北省电力有限公司建设公司 河北省送变电有限公司
18	承德东 500kV 变电站工程	国网冀北电力有限公司 北京送变电有限公司
19	中广核乌拉特中旗乌兰四号风电场 200MW 风电工程	中广核（乌拉特中旗）风电有限公司 内蒙古送变电有限责任公司 内蒙古全新建筑工程有限责任公司 北京城建道桥建设集团有限公司 吉林省瑞福通工程建设有限公司
20	国华乌拉特中旗乌兰 400MW 风电项目	国华巴彦淖尔（乌拉特中旗）风电有限公司 中国能源建设集团江苏省电力建设第三工程有限公司 上海宝冶集团有限公司 中国能源建设集团西北电力建设工程有限公司 内蒙古能源发电投资集团有限公司电力工程技术研究院 陕西天安送变电工程有限公司 宁夏煤炭基本建设有限公司 江苏省建筑工程集团有限公司 中国建筑第二工程局有限公司 中国葛洲坝集团电力有限责任公司 中国能源建设集团广东火电工程有限公司
21	鲁能江苏东台 200MW 海上风电项目	江苏广恒新能源有限公司 中交第三航务工程局有限公司 山东电力建设第三工程有限公司 中石化胜利油建工程有限公司 浙江启明电力集团有限公司 东台市泓泰建设工程有限公司

续表

序号	工程名称	施工单位（建设、总承包、参建）
22	辽宁红沿河核电一期工程 3、4 号机组	辽宁红沿河核电有限公司 中国核工业华兴建设有限公司 中国核工业二三建设有限公司 中国能源建设集团东北电力第一工程有限公司 中国电建集团河北工程有限公司

2018—2019 年度中国建设工程鲁班奖（国家优质工程）电力行业工程项目（第二批）

序号	工程名称	承建单位	参建单位
1	500kV 北海变电站工程	广西建宁输变电工程有限公司	
2	杭州九峰垃圾焚烧发电工程	浙江省二建建设集团有限公司	中国能源建设集团安徽电力建设第二工程有限公司
			森特士兴集团股份有限公司
3	神华国华宁东发电厂 2×660MW 扩建工程	山东电力建设第三工程有限公司	上海电力建设有限责任公司
4	泰州±800kV 换流站工程	江苏省送变电有限公司	河南省第二建筑工程发展有限公司
			上海送变电工程有限公司
			河南三建建设集团有限公司
			常嘉建设集团有限公司
5	上海虹杨 500kV 变电站工程	上海送变电工程有限公司	上海建工集团股份有限公司
			上海市机械施工集团有限公司

2019 年度中国电力优质工程奖获奖项目

序号	工程名称	建设单位	施工单位（总承包）
1	神华国华宁东发电厂 2×660MW 扩建工程	神华国华宁东发电有限责任公司	山东电力建设第三工程有限公司 河北省电力勘测设计研究院有限公司 上海电力建设有限责任公司 宁夏电力建设工程公司
2	华能新疆轮台 2×350MW 热电厂新建工程	华能新疆能源开发有限公司	东北电力烟塔工程有限公司 浙江省二建建设集团有限公司 河南省第二建设集团有限公司 中国能源建设集团安徽电力建设第一工程公司 中国能源建设集团江苏省电力建设第一工程有限公司 中国电建集团山东电力建设第一工程有限公司

续表

序号	工程名称	建设单位	施工单位（总承包）
3	申能上海崇明 2×424MW 燃机电厂工程	上海申能崇明发电有限公司	上海电力建筑工程有限公司 上海电力安装第一工程有限公司
4	华电扬州 2×475MW 燃机扩建工程	江苏华电扬州发电有限公司	中国能源建设集团江苏省电力建设第一工程有限公司
5	国电投长春东南热电厂 2×350MW 机组新建工程	吉林电力股份有限公司长春热电分公司	东北电业管理局烟塔工程公司 中国能源建设集团安徽电力建设第二工程有限公司 河南省第二建设集团有限公司 福建龙净环保股份有限公司 中国能源建设集团东北电力建设第三工程有限公司
6	国电蚌埠电厂 2×660MW 二期扩建工程	国电蚌埠发电有限公司	中国能源建设集团安徽电力建设第一工程有限公司 中国能源建设集团安徽电力建设第二工程有限公司 北京朗新明环保科技有限公司 北京国电龙源环保工程有限公司
7	辽宁中电投本溪热电厂 2×350MW “上大压小” 新建工程	国家电投集团东北电力有限公司本溪热电分公司	中电投电力工程有限公司 中国能源建设集团东北电力第三工程有限公司 中国电建集团河南工程有限公司 中国能源建设集团东北电力第三工程有限公司烟塔公司 福建龙净环保股份有限公司
8	江苏国信淮安盐化新材料产业园 2×400MW 级燃机热电联产工程	江苏国信淮安第二燃气发电有限责任公司	中国能源建设集团江苏电力建设第三工程有限公司
9	国投天津北疆发电厂二期 2×1000MW 扩建工程	天津国投津能发电有限公司	中国电建集团核电工程公司 中国能建天津电力建设有限公司 中国能建安徽电力建设第一工程公司
10	江苏华电昆山东部 2×400MW 级燃机热电联产工程	江苏华电昆山热电有限公司	上海电力建设有限责任公司 江苏省电力建设第三工程有限公司
11	甘肃电投武威 2×350MW 热电联产工程	甘肃电投武威热电有限责任公司	中国能源建设集团西北电力建设甘肃工程有限公司 甘肃第二建设集团有限责任公司 中国十七冶集团有限公司 甘肃第一建设集团有限责任公司 武汉凯迪电力环保有限公司 中国电建集团青海工程有限公司
12	山东大唐临清热电厂 2×350MW “上大压小” 新建项目	大唐临清热电有限公司	中国电建集团山东电力建设第一工程有限公司 青建集团股份公司 大唐环境产业集团股份有限公司 同方环境股份有限公司
13	光大国际杭州九峰垃圾焚烧发电工程	光大环保能源（杭州）有限公司	浙江省二建建设集团有限公司 中国能源建设集团安徽电力建设第二工程有限公司 森特士兴集团股份有限公司

续表

序号	工程名称	建设单位	施工单位（总承包）
14	国开投四川雅砻江锦屏 6×600MW 一级水电站	雅砻江流域水电开发有限公司	中国水利水电第十一工程局有限公司 中国水利水电第四工程局有限公司 中国葛洲坝集团第二工程有限公司 中铁十九局集团第二工程有限公司 中国水利水电第十四工程局有限公司 中国水利水电第七工程局有限公司 中国葛洲坝集团第五工程有限公司
15	国开投四川雅砻江锦屏 8×600MW 二级水电站	雅砻江流域水电开发有限公司	江南水利水电工程公司 中铁十八局集团有限公司 中国铁建大桥工程局集团有限公司 中国葛洲坝集团第二工程有限公司 中铁二局集团有限公司 中国水利水电第五工程局有限公司 中国水利水电第七工程局有限公司 北京振冲工程股份有限公司
16	国华乌拉特中旗乌兰 400MW 风电项目	国华巴彦淖尔（乌拉特中旗）风电有限公司	中国能源建设集团江苏省电力建设第三工程有限公司 宁夏煤炭基本建设有限公司 上海宝冶集团有限公司 中国建筑第二工程局有限公司 中国能源建设集团广东火电工程有限公司 中国葛洲坝集团电力有限责任公司 江苏省建筑工程集团有限公司 陕西天安送变电工程有限公司 中国能源建设集团西北电力建设工程有限公司
17	国电康保五福堂风电场 300MW 项目	国电天唯康保风能有限公司	中核机械工程有限公司 中国能源建设集团黑龙江省火电第一工程有限公司 中国能源建设集团东北电力第一工程有限公司 中国电建集团河北工程有限公司 河北省电力建设第二工程公司 甘肃省安装建设集团公司 国基建设集团有限公司 内蒙古东冉电力工程有限责任公司
18	鲁能江苏东台 200MW 海上风电项目	江苏广恒新能源有限公司	中交第三航务工程局有限公司 中石化胜利油建工程有限公司 浙江舟山启明电力集团公司 山东电力建设第三工程有限公司 东台市泓泰建设工程有限公司
19	华能新疆哈密风电基地二期三塘湖三 C 200MW 风电场工程	华能新疆三塘湖风力发电有限责任公司	中国能源建设集团天津电力建设有限公司 中国能源建设集团新疆电力建设公司
20	华润宜城喜山 100MW 风电场工程	华润风电（宜城）有限公司	中国能源建设集团安徽电力建设第一工程有限公司 四川省送变电建设有限责任公司
21	天润翁牛特旗和平营子风电场 49.5MW 风电项目	北京天润新能投资有限公司	中国铁建电气化集团北方工程有限公司
22	华能昆明石林太阳能并网光伏实验示范（示范区）100MW 项目	华能石林光伏发电有限公司	中国水利水电第一工程局有限公司

续表

序号	工程名称	建设单位	施工单位（总承包）
23	中广核乌海新能源有限公司 50MW 光伏基地项目工程	中广核乌海新能源有限公司	内蒙古鑫祥电力工程有限责任公司
24	国网榆横—潍坊 1000kV 特高压交流输变电工程	国家电网有限公司	陕西送变电工程公司 福建省送变电工程有限公司 山西供电工程承装有限公司 河南送变电建设有限公司 中国能源建设集团安徽电力建设第一工程有限公司 河北省送变电公司 山东送变电工程公司 天津电力建设有限公司 湖南省送变电工程公司 山西送变电工程公司 湖北省送变电工程公司 吉林省送变电工程公司 北京电力工程公司 江西省送变电建设公司
25	国网扎鲁特—青州±800kV 特高压直流输电工程	国网河北省电力有限公司 国网山东省电力公司 国网天津市电力公司 国家电网有限公司直流建设分公司 国网内蒙古东部电力有限公司 国网冀北电力有限公司	山东送变电工程有限公司 中国能源建设集团江苏省电力建设第三工程有限公司 国网山西送变电工程有限公司 国网湖北送变电工程有限公司 河南省第二建筑工程发展有限公司 湖南省送变电工程有限公司
26	国网安徽芜湖三 500kV 变电站新建工程	国网安徽省电力有限公司建设分公司	安徽送变电工程有限公司
27	国网河北成峰（官路）500kV 变电站新建工程	国网河北省电力有限公司建设公司	河北省送变电有限公司
28	蒙网巴彦淖尔市磴口 500kV 变电站工程	内蒙古电力（集团）有限责任公司内蒙古超高压供电局	内蒙古送变电有限责任公司
29	国网浙江诸北 500kV 变电站工程	国网浙江省电力有限公司	浙江省送变电工程有限公司 浙江康达建筑有限公司
30	南网云南 500kV 版纳变电站工程（含 220kV 版纳开关站工程）	云南电网有限责任公司西双版纳供电局 云南电网有限责任公司建设分公司	云南送变电工程有限公司
31	南网广西北海—美林 500kV 线路工程	广西电网有限责任公司电网建设分公司	广西建宁输变电工程有限公司 广西送变电建设有限责任公司
32	南网广东 500kV 宝丽华汕尾甲湖湾电厂一期接入系统工程	广东电网有限责任公司河源供电局 广东电网有限责任公司惠州供电局 广东电网有限责任公司汕尾供电局	云南送变电工程有限公司 中国能源建设集团广东火电工程有限公司 广东威恒输变电工程有限公司 广东省输变电工程有限公司 珠海电力建设工程有限公司

续表

序号	工程名称	建设单位	施工单位（总承包）
33	国网河南新乡北 500kV 变电站工程	国网河南省电力公司建设分公司	河南送变电建设有限公司 河南省中原建设有限公司
34	国网江西东乡 500kV 变电站新建工程	国网江西省电力有限公司建设分公司	江西省送变电工程有限公司
35	南网云南黄登电站 500kV 交流送出工程	云南电网有限责任公司建设分公司	云南送变电工程有限公司 中国电建集团江西省水电工程局有限公司 云南送变电工程有限公司 云南送变电工程有限公司 中国能源建设集团云南火电建设有限公司
36	国网湖北仙桃 500kV 变电站新建工程	国网湖北省电力有限公司中超建设管理公司	国网湖北送变电工程有限公司
37	国网福建宁德崇儒 500kV 变电站工程	国网福建省电力有限公司建设分公司	福建省送变电工程有限公司
38	国网上海 500kV 虹杨变电站工程	国网上海市电力公司工程建设咨询分公司	上海送变电工程有限公司 上海建工集团股份有限公司
39	南网广东 500kV 文山（上稔）变电站工程	广东电网有限责任公司中山供电局	广东省输变电工程有限公司
40	国网新疆准北 750kV 变电站工程	国网新疆电力有限公司 国网新疆电力有限公司建设分公司	新疆送变电有限公司
41	国网江苏苏州南部电网 500kV 统一潮流控制器（UPFC）示范工程	国网江苏省电力有限公司建设分公司	江苏精享裕建工有限公司 江苏省送变电有限公司
42	国网山东惠民 500kV 变电站工程	国网山东省电力公司建设公司	山东送变电工程有限公司 山东滨州东力电气有限责任公司
43	南网贵阳西 500kV 变电站新建工程	贵州电网有限责任公司贵阳供电局	贵州送变电有限责任公司
44	国网吉林昌盛 500kV 开关站新建工程	国网吉林省电力有限公司	吉林省送变电工程有限公司
45	国网江苏泰州±800kV 换流站工程	国网江苏省电力有限公司	中国电建集团江西省水电工程局有限公司 常嘉建设集团有限公司 河南省第二建筑工程发展有限公司 上海送变电工程有限公司 江苏省送变电有限公司 武汉南方岩土工程技术有限责任公司 辽宁省送变电工程有限公司 河南三建建设集团有限公司
46	国网承德东 500kV 输变电工程	国网冀北电力有限公司	北京送变电有限公司
中小型、单项工程项目			
1	江苏国信高邮 2×100MW 级燃机热电联产工程	江苏国信高邮热电有限责任公司	中国能源建设集团江苏省电力建设第一工程有限公司
2	国电浙江南浔（100MW+132MW）天然气热电联产工程	国电湖州南浔天然气热电有限公司	中国能源建设集团浙江火电建设有限公司 北京朗新明环保科技有限公司

续表

序号	工程名称	建设单位	施工单位（总承包）
3	攀枝花市生活垃圾焚烧发电工程	攀枝花旺能环保能源有限公司	华西能源工程有限公司 浙江省二建建设集团有限公司 湖南省工业设备安装有限公司
4	高安市垃圾焚烧发电项目	高安意高再生资源热力发电有限公司	浙江省二建建设集团有限公司 湖南省工业设备安装有限公司
5	潮州市潮安区垃圾焚烧发电厂	潮州深能环保有限公司	河南省第二建设集团有限公司 中建二局安装工程有限公司 中国能源建设集团安徽电力建设第二工程有限公司
6	广东清远抽水蓄能电站 4×320MW 主厂房建筑安装工程	清远蓄能发电有限公司	中国水利水电第十四工程局有限公司
7	华润永定湖坑 48MW 风电场项目	华润风电（龙岩）有限公司	河北省电力建设第二工程公司
8	华能云南富源光梁子 48MW 风电工程	华能云南富源风电有限责任公司	中国能源建设集团云南火电建设有限公司
9	天润盐城大丰 49.25MW 试验风电场项目	大丰润龙风电有限公司	中国能源建设集团江苏省电力建设第三工程有限公司
10	国网邯郸柴曲（魏县西）220kV 变电站新建工程	国网河北省电力有限公司邯郸供电分公司	邯郸欣和电力建设有限公司 河北宜江建筑工程有限公司
11	南网海南澄迈玉楼（老城）220kV 输变电新建工程	海南电网有限责任公司建设分公司	云南送变电工程有限公司 海南湘电送变电建设有限公司 海南威特送变电工程有限公司
12	南网广东 220kV 松夏变电站工程	广东电网有限责任公司佛山供电局	广东省输变电工程有限公司
13	南网广东 220kV 沙迳变电站工程	广东电网有限责任公司惠州供电局	广东省输变电工程有限公司
14	南网深圳 220kV 华星光电二变电站工程	深圳供电局有限公司	中国能源建设集团广东火电工程有限公司
15	南网广西北海市 220kV 紫荆变电站工程	广西电网有限责任公司电网建设分公司	广西送变电建设有限责任公司
16	南网广州 220kV 浔峰变电站工程	广州供电局有限公司	中国电力工程顾问集团中南电力设计院有限公司 中国能源建设集团广东火电工程有限公司
17	南网云南 110kV 槟榔寨变电站工程	云南电网有限责任公司红河供电局	云南恒安电力工程有限公司
18	国网山东佃户屯 110kV 变电站工程	国网山东省电力公司菏泽供电公司	山东天润电气集团有限公司
19	国网济南兴济 110kV 变电站工程	国网济南供电公司	山东格瑞德设计咨询有限公司
20	蒙网乌海城市中心 110kV 变电站工程	内蒙古电力（集团）有限责任公司乌海电业局	乌海市海金送变电工程有限责任公司
境外工程			
1	摩洛哥努奥二期 200MW 槽式光热电站工程	ACWAPOWEROUAR-ZAZATESA	山东电力建设第三工程有限公司

续表

序号	工程名称	建设单位	施工单位（总承包）
2	吉尔吉斯斯坦比什凯克热电站 2×150MW 改扩建工程	中国能源建设集团广东电力工程局有限公司 中国电建集团河南工程有限公司 特变电工国际工程有限公司	特变电工股份有限公司 中国能源建设集团广东电力工程局有限公司 中国电建集团河南工程有限公司 福建龙净环保股份有限公司

2019—2020 年度中国安装工程优质奖（中国安装之星）电力行业工程项目（第一批）

序号	工程名称	承建单位	参建单位
1	国电蚌埠电厂 2×660MW 二期扩建工程	国电蚌埠发电有限公司	国网江苏省电力工程咨询有限公司（监理单位） 中国能源建设集团安徽电力建设第一工程有限公司 中国能源建设集团安徽电力建设第二工程有限公司 北京国电龙源环保工程有限公司
2	江西洪屏抽水蓄能电站机电安装工程	中国葛洲坝集团机电建设有限公司	江西洪屏抽水蓄能有限公司（建设单位）
3	辽宁中电投本溪热电厂 2×350MW“上大压小”新建工程	中电投电力工程有限公司	国家电投集团东北电力有限公司本溪热电分公司（建设单位） 中国能源建设集团辽宁电力勘测设计院有限公司（设计单位） 上海斯耐迪工程咨询有限公司（监理单位）
4	江苏华电昆山东部 2×400MW 级燃机热电联产工程	江苏华电昆山热电有限公司	中国能源建设集团江苏省电力建设第三工程有限公司
5	潮州市潮安区垃圾焚烧发电厂建筑安装工程	潮州深能环保有限公司	中国能源建设集团安徽电力建设第二工程有限公司 河南省第二建设集团有限公司
6	高安市垃圾焚烧发电项目安装工程	湖南省工业设备安装有限公司	高安意高再生资源热力发电有限公司（建设单位） 中国轻工业广州工程有限公司（设计单位） 中冶南方武汉工程咨询管理有限公司（监理单位） 浙江省二建建设集团有限公司
7	准北 750kV 变电站工程	新疆送变电有限公司	国网新疆电力有限公司（建设单位） 国网新疆电力有限公司建设分公司（建设单位） 国核电力规划设计研究院有限公司（设计单位） 新疆电力工程监理有限责任公司（监理单位）
8	中广核乌海新能源有限公司 50MW 光伏基地项目安装工程	中广核乌海新能源有限公司	内蒙古电力勘测设计院有限责任公司（设计单位） 内蒙古康沃工程建设监理有限责任公司（监理单位） 内蒙古鑫祥电力工程有限责任公司
9	邯郸柴曲（魏县西）220kV 变电站新建工程	邯郸欣和电力建设有限公司	国网河北省电力有限公司邯郸供电分公司（建设单位） 中国电建集团河北省电力勘测设计研究院有限公司（设计单位） 河北电力工程监理有限公司（监理单位）

续表

序号	工程名称	承建单位	参建单位
10	集宁西 220kV 变电站工程	内蒙古第三电力建设工程有限责任公司	内蒙古电力（集团）有限责任公司乌兰察布电业局（建设单位） 内蒙古电力勘测设计院有限责任公司（设计单位） 内蒙古康远工程建设监理有限责任公司（监理单位）
11	吉林昌盛 500kV 开关站新建工程	吉林省送变电工程有限公司	国网吉林省电力有限公司（建设单位） 中国电力工程顾问集团东北电力设计院有限公司（设计单位） 吉林省吉能电力建设监理有限责任公司（监理单位）
12	乌海城市中心 110kV 变电站工程	乌海市海金送变电工程有限责任公司	内蒙古电力（集团）有限责任公司乌海电业局（建设单位） 乌海海金电力勘测设计有限责任公司（设计单位） 内蒙古康远工程建设监理有限责任公司（监理单位）
13	诸北 500kV 变电站工程	浙江省送变电工程有限公司	国网浙江省电力有限公司（建设单位） 国网浙江省电力有限公司建设分公司（建设单位） 国网浙江省电力有限公司绍兴供电公司（建设单位） 中国电力工程顾问集团华东电力设计院有限公司（设计单位） 浙江华云电力工程设计咨询有限公司（设计单位） 浙江电力建设工程咨询有限公司（监理单位） 浙江康达建筑有限公司
14	南网海南澄迈玉楼（老城）220kV 输变电新建工程	海南电网有限责任公司建设分公司	中国电建集团吉林省电力勘测设计院有限公司（设计单位） 广州东宁电力监理有限公司（监理单位） 云南送变电工程有限公司
15	济南兴济 110kV 变电站工程	山东格瑞德设计咨询有限公司	
16	安澜—双龙 220kV 线路工程	淮安宏能集团有限公司	
17	贵阳西 500kV 变电站新建工程	贵州送变电有限责任公司	贵州电网有限责任公司贵阳供电局（建设单位） 贵州电力设计研究院有限公司（设计单位） 湖南中天工程监理有限公司（监理单位）
18	佃户屯 110kV 变电站工程	山东天润电气集团有限公司	
19	220kV 城西变电站整体改造工程	温州电力建设有限公司	国网浙江省电力有限公司温州供电公司（建设单位）
20	南网广东 220kV 松夏变电站工程	广东电网有限责任公司佛山供电局	广东电网能源发展有限公司（设计单位） 广东诚誉工程咨询监理有限公司（监理单位） 广东电网能源发展有限公司
21	南网广州 220kV 浔峰变电站工程	广州供电局有限公司 中国能源建设集团广东火电工程有限公司	中国电力工程顾问集团中南电力设计院有限公司（设计单位） 广州电力工程监理有限公司（监理单位）
22	南网深圳 220kV 华星光电二变电站工程	中国能源建设集团广东火电工程有限公司 深圳供电局有限公司	深圳供电规划设计院有限公司（设计单位） 广东运辉电力工程监理有限公司（监理单位）

续表

序号	工程名称	承建单位	参建单位
23	南网广西北海市220kV紫荆变电站工程	广西送变电建设有限责任公司	广西电网有限责任公司电网建设分公司（建设单位） 广西电网有限责任公司北海供电局（建设单位） 中国能源建设集团广西电力设计研究院有限公司（设计单位） 长春国电建设监理有限公司（监理单位）
24	黄登电站500kV交流送出工程	云南电网有限责任公司建设分公司	中国电力工程顾问集团西南电力设计院有限公司（设计单位） 云南电力建设监理咨询有限责任公司（监理单位） 云南送变电工程有限公司 中国能源建设集团云南火电建设有限公司 中国电建集团江西省水电工程局有限公司
25	惠州220kV沙迳变电站工程	广东电网有限责任公司惠州供电局	佛山电力设计院有限公司（设计单位） 广东创成建设监理咨询有限公司（监理单位） 广东电网能源发展有限公司
26	南网云南110kV槟榔寨变电站工程	云南电网有限责任公司红河供电局	云南红河电力设计有限公司（设计单位） 云南凯胜电力监理咨询有限公司（监理单位） 云南恒安电力工程有限公司
27	中电投滨海风电场三期工程	中国二十二冶集团有限公司	
28	国家电投泗洪光伏发电应用领跑基地天岗湖香套湖5号渔光互补项目	国家电投集团泗洪光伏发电有限公司	中国能源建设集团江苏省电力建设第一工程有限公司 河南四建工程有限公司 宿迁阳光送变电工程有限公司
29	中电施家湖70MW光伏发电项目	淮南中电施家湖光伏发电有限责任公司	中国能源建设集团安徽省电力设计院有限公司（设计单位） 英泰克工程顾问（上海）有限公司（监理单位） 中国能源建设集团安徽电力建设第二工程有限公司
30	广东清远抽水蓄能电站（4×320MW）主厂房建筑安装工程	清远蓄能发电有限公司	广东省水利电力勘测设计研究院（设计单位） 中国水利水电建设工程咨询中南有限公司（监理单位） 中国水利水电第十四工程局有限公司
31	广西右江鱼梁库区甘莲沟20MW光伏电站项目安装工程	广西建工集团第二安装建设有限公司	广西百色西江能源有限公司（建设单位） 广西万信工程咨询有限责任公司（设计单位） 中国轻工业南宁设计工程有限公司（监理单位）
32	江苏溧阳抽水蓄能电站机电设备安装工程	中国水利水电第五工程局有限公司	江苏国信溧阳抽水蓄能发电有限公司（建设单位） 中国电建集团中南勘测设计研究院有限公司（设计单位） 中国水利水电建设工程咨询西北有限公司（监理单位）
33	黄登水电站机电设备安装工程	华能澜沧江水电股份有限公司黄登·大华桥水电工程建设管理局 中国水利水电第十四工程局有限公司	
34	吉尔吉斯斯坦比什凯克2×150MW热电站改造项目工程	特变电工股份有限公司	特变电工国际工程有限公司 中国电建集团河南工程有限公司

2019年度优秀勘察设计奖
电力行业工程项目

序号	项目名称	项目主要参加单位	项目主要参加人员
		一等奖	
1	加纳布维（BUI）水电站工程勘察	中国电建集团西北勘测设计研究院有限公司	刘　昌、罗志刚、李常虎、陈奇珠、宋学民、王　群、李雪健、齐景瑞、张旭杰、曹洪波、尚景红、岳军民、李征征、张西龙
2	中电投滨海北区H1号100MW海上风电勘测	中国电建集团华东勘测设计研究院有限公司 浙江华东建设工程有限公司	汪明元、单治钢、杜文博、易神州、徐学勇、张　昆、赵苏文、张祖国、王振红、孙淼军、徐　彬、葛建刚、熊　潇、张　琳、刘瑞民
3	印度尼西亚塔卡拉燃煤发电机组2×100MW工程	中国能源建设集团安徽省电力设计院有限公司	胡孔飞、汪志涛、张明瑞、许庆伟、吴志海、杨　锋、黄兴怀、汪岩松、何礼秋、禹　峰、方玉友、路　辉、孙礼健、李　伟、孙同辉
4	喀麦隆曼维莱水电站工程地质勘察	中水北方勘测设计研究有限责任公司	高玉生、徐建闽、高义军、张志恒、胡　宁、魏书满、王进城、许仙娥、张学东、王志豪、尹津航、张美多、方海艳、郭智民、甘　杰
5	四川省大渡河大岗山水电站工程勘察	中国电建集团成都勘测设计研究院有限公司	陈卫东、杨建宏、宋胜武、李文纲、朱可俊、邓忠文、吴灌洲、张世殊、徐敬武、李思嘉、曾金华、黄　春、张安川、蔡　斌、江　萍
6	北盘江马马崖一级水电站工程地质勘察	中国电建集团贵阳勘测设计研究院有限公司	郑克勋、万进年、刘秀万、肖万春、余　波、朱代强、郭维祥、徐光祥、邹　林、曾荣福、罗海涛、张秀宏、杨新明、陈忠学、张齐炳
		二等奖	
1	龙背湾水电站工程地质勘察	湖北省水利水电规划勘测设计院	肖中华、黄定强、陈汉宝、蒋丹平、狄文才、向　雄、徐久红、彭义峰、袁振平、董忠萍、郑　颖、叶运华、薛焕娣、江　好、朱纳显
2	越南沿海三期2×622MW燃煤电站工程（岩土工程勘察）	中国电力工程顾问集团西南电力设计院有限公司	关国杰、俞天源、孟小奇、李　中、余　团、蒋金中、曹卫东、刘宗亮、付　军、谢怀前、任　骜、熊小华、余　琼、郑　中、赖　锐
3	天津陈塘庄热电厂煤改气搬迁工程	天津市勘察院	马洪彬、曹　会、符亚兵、唐海明、周玉明、方新涛、刘治国、解亚雄、崔　昭、焦志亮、李连营、蒋　旭、邸　超、论淑玲、王婷婷
4	重庆市大宁河中梁一级电站工程勘察	中国电建集团中南勘测设计研究院有限公司	王良太、郝　鹏、胡大可、龚建华、李会功、胡积松、李学政、曾如意、黄东兴、钟辉亚、罗建平、卢小林、曹爱民、申一民、李湘源
5	神华国华寿光电厂一期（2×1000MW）工程	山东电力工程咨询院有限公司	王基文、孙　旭、高　鹏、杨庆义、李仁杰、纪成亮、于天文、郑假余、亓　乐、李允忠、范沛军、李　娜、孙长帅、王　冰、王强恒

续表

序号	项目名称	项目主要参加单位	项目主要参加人员
6	新疆布仑口—公格尔水电站工程	水利部新疆维吾尔自治区水利水电勘测设计研究院	刘　诚、楚灿轩、徐伟伟、王发刚、彭敦复、颜新荣、崔　东、向新益、王兆云、王于宝、杨文鹏、李伟强、孟凯歌、明　义、袁天华
7	赞比亚卡里巴水电站北岸扩机工程勘察	中国电建集团西北勘测设计研究院有限公司	刘　昌、李小林、张向阳、李树武、杨天俊、万宗礼、王启鸿、巨广宏、郭建宏、段君奇、贾志献、脱兴华、杨发军、卢　金、曹洪波
8	汉江蜀河水电站工程勘察	中国电建集团西北勘测设计研究院有限公司 西北水利水电工程有限责任公司	万宗礼、陆栋梁、赵志祥、张建斌、段君奇、游小伟、韦振新、李雪健、鲁　博、郭治国、冯秋丰、杨发军、党冬玲、王文革
9	磴口 500kV 变电站—阿拉腾敖包开闭站双回送电线路工程（测量）	内蒙古电力勘测设计院有限责任公司	孟现彪、毛　克、李瑞君、高义达、何金铭、史雅茹、刘永强、刘江龙、孟文俊、王晓志、张　兵、李永刚、张振华、项　青、李　鹏
10	大唐青岛海西风电场 250MW 工程（测量）	山东电力工程咨询院有限公司	杨富春、常增亮、高兴国、江峻毅、吴　帅、刘　峰、李鹏飞、朱亚光、倪大众、孙　冲、王永振、张　虎、彭　冲、徐存凯、仝红菊
11	锡盟—泰州±800kV 特高压直流输电线路工程线路测量	中国电建集团河北省电力勘测设计研究院有限公司	刘安涛、任立华、田朝刚、张弘翊、郝建奇、张焕杰、黄真辉、周　凯、赵秋元、刘寅申、毛玉丽、尹亚东、彭　磊、李　超、柴春鹏
		三等奖	
1	旬阳 330kV 变电站岩土工程勘察	中国能源建设集团陕西省电力设计院有限公司	古广林、岳英民、黄　锋、李照刚、王克东、韩晓萌、朱多林、宋世鑫、李进豪、胡鹏飞、刘晶晶、李玄哲、杜　杨、李佛亚、陈　晨
2	深圳抽水蓄能电站	广东省水利电力勘测设计研究院	陈云长、王汇明、王国军、王著杰、李　军、可洪有、彭毅坚、张振捷、魏海波、李　帆、廖品忠、黄　勇、薛继乐、陈明东、冯　城
3	辽宁红沿河核电站 1、2 号机组主厂区岩土工程勘察	河北中核岩土工程有限责任公司	赵在立、孙立川、李　金、廖华科、秦　敏、王红贤、张海平、陈小峰、李玉良、苗现国、张先林、阴　飞、朱　静
4	辽宁红沿河核电厂 5、6 号机组工程	中国能源建设集团广东省电力设计研究院有限公司	徐晓斌、马海毅、李　勇、何宝石、程小久、徐　宏、汪华安、龙　悦、李　金、曾　亮、梁健伟、王占华、张润明、李惜藩、郑文棠
5	重庆市云阳县盖下坝水电站工程勘察	中水东北勘测设计研究有限责任公司	张晓明、庄景春、李占军、牛春功、刘录君、杨让全、王俊杰、高宏志、阮宝民、赵世军、史海燕、程宪龙、刘　刊、高　博、闫占豹
6	北盘江善泥坡水电站工程地质勘察	中国电建集团贵阳勘测设计研究院有限公司	周林辉、傅　群、余　波、王晓朋、李　鹏、张　毅、肖万春、沈春勇、周小平、郭维祥、陈占恒、陈忠学

续表

序号	项目名称	项目主要参加单位	项目主要参加人员
7	乌江银盘水电站工程地质勘察	长江勘测规划设计研究有限责任公司 长江岩土工程总公司（武汉）	赵成生、王　颂、唐万金、黄纪辛、王雪波、冯明权、陈残云、杨　鸣、田佐全、黄智强、张绍奎、刘小飞、肖东佑、王　锐、苏传洋
8	委内瑞拉中央电厂6号600MW蒸汽轮机发电机组项目基坑支护及降水工程设计	机械工业勘察设计研究院有限公司	张　炜、张建山、马晓武、杨晓鹏、孙　奇、周小松、周　鲲、吴学林、孙杰飞、闫振东、杜小军、张旭升

科技创新

重点科技项目

【复杂电网自律-协同自动电压控制关键技术、系统研制与工程应用】 1月8日，在北京举行的国家科学技术奖励大会上，南方电网公司作为主要完成单位参与完成的“复杂电网自律-协同自动电压控制关键技术、系统研制与工程运用”成果获国家科学技术进步一等奖。

电压是电网运行的核心指标。近20年来全球历次大停电事故几乎都与电压安全的破坏直接相关。中国已建成世界上装机容量最大、接入间歇式可再生能源规模最大、含特高压的交直流混联复杂电网，电压安全已成为这一复杂电网运行的核心挑战，也是制约大规模风/光电可靠接纳的重大瓶颈。该项目历经20余年持续研究和产学研用联合攻关，提出了复杂电网主从分裂理论、构建了“自律协同”的复杂电网AVC技术体系，研制出首套复杂电网AVC系统，大规模应用于中国电网，闭环控制了全国81%的水、火电，88%的220kV以上变电站和55%的集中并网风机、光伏，并出口至美国最大电网PJM，经济社会效益巨大，实现了现代电网电压控制从“人工到自动，从离线到在线”的跨越。

【千万千瓦级风光电集群源网协调控制关键技术及应用】 国电甘肃电力有限公司参与的该项目获2019年国家科技进步奖二等奖。项目紧密围绕中国新能源发展的重大战略需求，依托国家863等计划，历时9年的产学研用协同攻关和自主创新，突破了千万千瓦级风光电集群的预测评估、源源控制、网源控制、装备研制、系统集成等系列关键技术难题，取得了一系列创新性成果，研制了有功-无功-安全稳定一体化的控制装置，在河西走廊首次建成了千万千瓦级风光电集群源网协调控制系统示范工程，填补了国际千万千瓦级风光电集群源网协调控制技术的空白。2014年以来系统推广到青海、河北和吉林等15个省级电网，覆盖了中国全部千万千瓦级风光电基地，控制装置推广到31个省区，近三年新增经济效益33.43亿元。

【青藏地区可再生能源独立供电系统关键技术及工程应用】 龙源西藏新能源有限公司参与的该项目获2019年国家科技进步奖二等奖。项目针对青藏地区海拔高、地广人稀、生态脆弱的特点，优化利用光伏、风电、小水电及混合储能，研发了系列装置、平台和系统，构建了“供电质量好、抗扰能力强、自动程度高、建设调试易”的可再生能源独立供电系统；攻克了可再生能源独立供电系统宽频带控制技术、100%变流器型电源供电系统故障隔离与穿越技术、可再生能源独立供电系统智能化自主运行技术与关键电气设备便捷安装调试方法；解决了中国供电难度最大的青藏地区噶尔、日土等7个州/县，近50万km^2 50多万人的用电问题，年供电小时从不足3000h提升到8700h以上，供电可靠性达到藏中电网同等水平，大幅提升了项目应用地区人民的生活质量，对解决青藏无电/缺电地区供电问题提供了有力技术支撑，并规模化推广应用。

项目获授权发明专利42项，发表论文61篇，出版专著4部取得软件著作权6项，制订国家标准4项。项目主要成果推广到全国35个大容量可再生能源微电网工程；研发的关键装置和系统出口至印度、巴基斯坦等国家；形成了完整的可再生能源供电技术方案，为未来高比例可再生能源电力系统的构建和运行提供了宝贵经验，为解决“一带一路”地区无电/缺电人口供电问题发挥了重要示范作用。

【新疆高碱煤安全高效清洁燃用关键技术及大容量电站锅炉研发与应用】 国家能源集团作为第一完成单位参与该项目获2019年中国电力科学技术奖一等奖。新疆高碱煤具有高碱/碱土金属含量的特点，作为动力用煤在燃烧过程中存在着至今国内外尚难以解决的严重结渣和沾污问题，直接威胁燃烧设备安全，甚至危及人身安全，属于世界级难题。

项目建立了以温度和时间为核心协同控制结渣、沾污的创新理论，提出了通过降低炉膛温度和高温区停留时间的双维度防控高碱煤结渣、沾污策略；开发了降低炉膛平均温度、尖峰温度、炉膛出口温度等相关技术，达到降低炉膛内碱金属释放率、提高灰渣捕获碱金属能力、最大程度减少炉膛出口烟气中碱金属含量以减少沾污速率的目的。

研究成果首次在新建660MW机组上实现全燃新疆高碱煤的工程应用，在350MW机组等30余台在役机组锅炉提升高碱煤燃用比例或工程改造中成功应用。项目已获得授权专利51项（美国发明专利1项、国内发明专利26项，实用新型专利24项），软件著作权4项，发布行业团体标准2项，发表核心期刊论文66篇研究成果在煤炭企业、设备制造企业、火力发电厂等多家单位得到应用，近三年累计新增利润19.41亿元。

【对冲燃烧煤粉锅炉燃烧组织定向调控关键技术与应用】 项目获2019年中国电力科学技术奖一等奖。国电科学技术研究院有限公司是项目第一完成单位。项目围绕对冲燃烧煤粉锅炉炉内低氮燃烧衍生的高温腐蚀、结渣等共性问题开展深入系统研究，研发了对冲燃烧煤粉锅炉燃烧组织定向调控关键技术与装备，在不影响炉内低氮燃烧组织的前提下有效解决了高温腐蚀等问题，提出了对冲燃烧煤粉锅炉宏观尺度燃烧组织原则和工程实现方法；发明了对冲燃烧煤粉锅炉侧墙组合式贴壁风技术；研制了一次风粉流量在线调整装置；开发了锅炉水冷壁近壁区气氛的在线监测系统。

项目申报专利27项（发明12项，实用新型15项），获授权发明专利5项，实用新型专利15项，发表论文13篇，形成标准2项。项目研究成果已在7家电厂得到应用，其中，福州电厂600MW超临界机组工程示范应用的第三方测试结果表明：两侧墙近壁区O_2浓度可提高到1.5%以上，H_2S和CO浓度可降低60%～90%，省煤器出口NO_x排放浓度可降低40～80mg/m^3（标况），技改后机组运行至今，锅炉水冷壁未出现明显高温腐蚀现象，较彻底地解决了该机组的水冷壁高温腐蚀问题。

【三峡工程大坝混凝土关键技术与应用】 中国三峡集团联合长江水利委员会长江科学院等单位围绕水泥基材料特性、多路径叠加减水、高耐久高施工性能混凝土配制、碱骨料反应预防、长期性能演变规律等开展20余年的研究，优化了中热硅酸盐水泥技术指标，改善了水泥抗裂特性和变形性能，提高了品质，制定出三峡工程专用水泥标准，引领了水工混凝土定制中热水泥的应用模式；揭示了粉煤灰、外加剂对混凝土拌和物的减水效能规律，提出了多路径叠加减水方法，首次将Ⅰ级粉煤灰作为功能性材料规模化应用，促进了外加剂技术提升和国产化进程；提出了以耐久性为主导的混凝土配合比设计原则、强度和耐久性并重的混凝土性能设计指标体系，建立了全粒径配合比设计方法，形成了大坝混凝土配制关键技术，制备出高耐久高施工性能混凝土，全面满足三峡工程混凝土高质量高强度施工要求；确立了原材料有效碱及混凝土总碱量的计算方法，制定了控制标准和综合预防措施，判定三峡工程混凝土不会发生碱骨料反应破坏；建立了多尺度多因素下混凝土长龄期性能演变规律的研究机制，提出了真实环境条件下混凝土劣化评价方法。项目成果为三峡工程高质量建设提供了重要技术支撑，取得了显著经济效益，仅原材料节省投资4.25亿元。三峡工程掺用粉煤灰176万t，大幅度提升了粉煤灰资源化利用技术水平，产生了巨大的环保效益。技术成果还推广到溪洛渡、向家坝、乌东德、白鹤滩等工程，示范效果和社会效益明显。

【大型水电工程复杂环境下施工水流控制与围堰安全关键技术及应用】 中国三峡集团联合长江水利委员会长江科学院等单位，针对水电工程建设复杂环境下施工水流控制及围堰安全存在的共性理论及关键技术瓶颈，依托国家计划、基金等项目及国内外30多个工程实践，开展了系统研究，提出了导流系统综合风险多目标决策模型和截流标准风险动态决策模型及安全经济导截流标准优选方法，创建了复杂环境条件导流系统风险管控体系；基于陡坡隧洞明满流交替流机理研发了锐缘进口和浮堤消涡等配套控制技术、组合拦渣坎推移质进洞防控技术和钢筋笼柔性毯防护技术；基于龙口流固耦合作用机理构建了戗堤进占速度与抛投流失量计算方法，发明了内附土工布四面体钢框架石笼和柔性合金钢网石兜新型龙口截流体；研发了深厚覆盖层和堰体抛填料密度的试验方法及防渗体和堰体精细化数值模型，发明了复合土工膜与防渗墙自适应连接型式。项目研究成果获国家发明专利33项，实用新型专利20项，制修定标准8项，发表论文220余篇（SCI、EI收录41篇），出版专著6部，经科技查新及成果鉴定，该项目总体达国际领先水平，为国内外学术界公认和广泛应用，突破了施工水流控制及围堰安全关键技术瓶颈，已应用于国内外30余项工程，促进了电力行业的科技进步，取得了显著经济社会效益。

【800MW级巨型水电机组关键技术及应用】 中国三峡集团下属三峡机电工程技术有限公司牵头，联合哈尔滨电机厂有限责任公司等单位，认真总结吸收三峡机组设计经验，从总体技术方案、水轮机水力设计、高性能推力轴承研发、发电机全空冷技术、线棒绝缘、关键结构部件设计等方面进行了深入研究并取得多项突破性进展。首次提出800MW级水轮发电机组总体技术方案；800MW级水轮机水力设计关键技术取得突破；成功研制世界上单机容量最大的890MVA全空冷水轮发电机；创新设计水轮发电机组关键部件，机组运行安全稳定。自2012年11月起，溪洛渡、向家坝水电站共26台机组陆续投运并平稳运行，充分验证了800MW级巨型水电机组关键技术的成功，标志着三峡之后巨型水电机组的总体水平再一次全面提升，形成了世界领先的核心技术。以溪洛

渡、向家坝水电站800MW级巨型水电机组关键技术为依托，为乌东德、白鹤滩百万千瓦级水轮发电机组的设计制造打下了坚实基础。800MW级巨型水电机组的关键技术的应用，进一步打破了国外厂商的贸易技术壁垒，降低了设备采购成本，有力推动了国内制造厂家大型水轮发电机组制造及配套产品技术创新，提高了国内制造商在全球水电市场的竞争能力，使中国跻身于全球少数能够生产巨型水轮发电机组的国家之列。

（霍旭佳）

【170m级高沥青混凝土心墙堆石坝设计关键技术研究】 项目依托四川硕曲河去学水电站173.2m高沥青混凝土心墙堆石坝开展研究。电站坝址为非对称陡峻狭窄河谷，地层岩溶发育，大坝为世界最高沥青混凝土心墙堆石坝，地震设防烈度较高，工程建设难度大，经过大量试验和计算分析，研究了与坝高相适应的沥青混凝土心墙材料性能要求、沥青混凝土心墙接头型式、坝体筑坝料分区原则、大坝应力应变特性和抗震措施等，形成了超高沥青混凝土心墙堆石坝成套技术，工程应用效果良好。项目研究首次采用了“高沥青混凝土心墙＋高混凝土基座”的组合坝体防渗结构，有效解决了“河床底部深槽＋左右岸不对称河谷”条件下沥青混凝土心墙堆石坝的防渗设计难题；首次在接头沥青玛瑞脂中添加改性材料SBS，厚度增加到3cm，提高了接头变形适应能力，满足了高水头作用下接缝结构安全性要求，解决了高陡不对称河谷、高设计地震条件下沥青混凝土心墙接头设计的难题；首次在陡岸坝基沥青混凝土心墙设置宽度10m的柔性过渡区，在高基座及陡岸坝基上下游增设特别碾压区，优化了坝体分区结构，改善了沥青混凝土心墙受力状态；针对1：0.3陡边坡研究提出了厚沥青玛瑞脂的热铲分层涂抹、超硬岩重型振动碾压等施工技术要求，解决了陡边坡沥青玛瑞脂施工流淌、超硬岩筑坝的技术难题。

研究成果已在四川硕曲河去学水电站中成功应用，获得专利2项，发表论文十余篇，相关成果可为相关技术标准制修订提供技术支撑，经济社会效益显著，具有推广应用价值。

【大规模新能源消纳的多能互补研究及应用】 项目针对西北五省（区）大规模新能源消纳问题，分析了各类电源出力互补特性，提出了多能互补的相关理论方法、计算模型及评价标准等，取得了丰硕成果。项目系统研究了水、火、风、光等各种电源出力互补特性，提出了大规模新能源消纳的多能互补理论模型、计算方法和评价标准；研究了多种类型电源联合运行模拟技术，提出了能源基地外送通道电源组合配置和水电扩机增容定量计算方法；研究了不同类型的多能互补方案，形成了多区域联动的优化方法，提出了西北地区新能源基地、送端基地抽水蓄能电站的优化布局和开发时序。

项目研究成果已应用于龙羊峡水光互补基地、新疆哈密千万千瓦级风电基地、青海省海南州千万千瓦级清洁能源基地规划，哈密南—郑州±800kV特高压直流工程电源配置方案论证，金沙江上游水风光互补研究，青海抽水蓄能电站选点规划，以及《风光水火储多能互补项目规划报告编制规程》的编制，经济和社会效益显著，具有良好推广应用价值。

【海洋新能源开发中的地质灾害探测与评估及其防治技术研究】 项目选取中国近海典型地质灾害海底滑坡和浅层气为主要研究对象，综合采用理论分析、现场测试、室内实验和数值模拟等研究手段，开展复杂环境下近海地质灾害探测与评价研究，初步建立了相应的探测与评估技术体系，为海上风电、潮汐发电等新能源开发工程的建设和运行提供了理论和技术支撑。项目研究了激震方式、震源频率、道间距和采集方式等探测参数对海床地层成像的影响规律，提出了海床地层的成像精细化处理和探测优化方法，突破了海底滑坡探测识别的瓶颈；研究了不同类型海底滑坡的波压和孔压分布规律，构建了周期波浪动力条件下海底滑坡的荷载输入模型，创新性地提出了基于小波理论和极限平衡理论的海底滑坡稳定性评价方法；研发了含气土制样技术和声波测试系统，揭示了含气土样对声波的响应规律，建立了含气土的声波响应模型，为浅层气地层的声波探测提供了理论支撑；建立了含气土的气体脱溶膨胀力学模型，提出了主应力旋转下含气土峰值孔压和广义剪应变增长模式，揭示了含气土在卸荷作用和波浪作用下的变形机理，为浅层气地层的灾变评价奠定了基础。

研究成果填补了近海新能源开发中海底滑坡、浅层气探测和评价技术的空白，共取得18项专利，其中美国发明专利1项，中国发明专利6项，发表SCI/EI检索论文13篇。研究成果已应用于大量的海洋新能源开发工程，经济和社会效益显著，具有广泛的推广应用价值。

【黄登水电站200m级高碾压混凝土坝综合施工技术】 项目依托黄登水电站工程，采用碾压混凝土重力坝高203m，坝体混凝总量329万m^2，为国内最高碾压混凝土大坝，处于高山峡谷，场地条件复杂，规模大、工期紧、技术要求高，项目组开展200m级高碾压混凝土坝综合施工技术专项研究，有效解决了工程难题，取得良好的工程效果。项目研究采用小水胶比，大胶砂比技术路线，克服了中等强度灰岩骨料长距离运输造成的裹粉和逊径对混凝土性能的影响，优化配合比，提高了混凝土的性能和施工性能；项目采用自卸汽车直接入仓、百米高落差大型满管溜管、长距离高速胶带机、布料机等多种组合的碾压混凝土入仓措施，实现了大坝碾压混凝土连续高效施工，保证了碾压混凝土层间结合质量；项目研究采用了闸门门轨随层一次安装浇筑成型的新工艺，以及大坝接触灌浆重复灌浆系统、帷幕灌浆自动监控系统、优化变态混凝土定位插孔精确加浆工艺等先进技术；大坝碾压混凝土施工全面采用数字化管理系统和智能温控系统，提高了大坝混凝土施工效率，实现了精确温度控制，保证了工程质量。

项目成果已在黄登水电站工程中成功运用，获得12项专利，形成6项施工工法，经济社会效益显著，具有应用推广价值，应用前景广阔。

【国产化焊接设备在核电主管道窄间隙的自动焊焊接工艺研究】 项目针对压水堆三代核电主管道锻造不锈钢材质、规格及建造要求等特点，采用国产窄间隙自动焊设备配合扁枪头和摇动式钨极装置，设计了与之相适应的窄间隙焊缝坡口，研发了核电主管道窄间隙自动焊工艺及典型位置的返修工艺，接头性能满足三代核电主管道焊接设计标准要求。项目研究了采用电极摇动方式，通过摇动幅值、频率等关键参数研究，实现了电弧高能量区覆盖侧壁与焊道夹角位置的目标，解决了易发的窄间隙坡口侧壁熔合不良问题；采用深入主管道窄间隙坡口扁枪结构，优化了匹配国产焊接与机加工设备的窄间隙坡口尺寸，保证了焊接质量，减少了焊材用量，提高了焊接效率；通过二次保护气设计，实现了正常流量单一氩气即可达到保证焊道成型与焊道气体保护效果，相对氦-氩混合保护气体节约气体成本80%以上；完成了主管道窄间隙全位置焊接工艺、PF+PG位置手工焊和自动焊返修焊接工艺研发，并通过了工艺评定验证，实现了国产设备与工艺的集成创新。

项目成果两项发明专利申请已被受理，发表了三篇论文，形成了一篇工法，经济和社会效益显著，具有推广应用价值。

【锚固与灌浆智能控制系统研究】 项目主要围绕白鹤滩水电站左岸引水发电系统工程锚固及灌浆工程展开，围绕地基处理隐蔽工程智能化建造的重大需求，进行了灌浆与锚固智能化控制系统及装备研发，形成了智能化施工成套技术，保证了施工质量，提高了施工效率，降低了工程成本，提升了地基与基础处理专业的智能化建造水平。项目研究提出了PQ五线多阶智能控制仿生算法，基于智能化数据采集、计算分析、决策与反馈的原则，全过程智能控制浆液配比、压力、流量、灌浆时间、结束标准等关键灌浆参数；构建地质与施工多维信息系统，利用三层神经网络深度学习算法对岩层裂隙产状、裂隙宽度等地质信息与灌浆参数进行相关性分析，辅助决策优化灌浆过程施工参数；研制了智能制浆、智能输浆与智能灌浆系统，实现浆液密度、制配浆量、灌浆压力、浆液流量、灌浆时间等信息采集和参数控制，采用二阶段鲁棒优化算法解决制输配浆随机多参耦合的复杂调度系统，提前预测浆液用量，按需按时精确输浆，全过程智能控制灌浆施工；研发了锚索张拉智能控制系统，实现油泵压力、张拉位移、张拉时间等数据的实时采集与参数控制，利用逼近回归学习算法模拟张拉系统关系，提高张拉精度；开发了基于泛在物联网的智能云平台，集地质信息系统、智能化灌浆系统和智能化锚固张拉系统为一体；开发了数字化孪生施工仿真模型，实现了隐蔽工程阳光作业；利用LORA无线传输技术，实现锚固与注浆操作远程终端控制。

项目成果已在杨房沟水电站、白鹤滩水电站、夹岩水利枢纽中运用，获得专利7项，制定工法2项，取得软件著作权9项，参编规范2项，经济和社会、环保效益显著，具有推广应用价值。

【复杂环境深水直腹式钢板桩复合围堰关键技术】 项目依托的巴基斯坦塔贝拉四期扩建项目厂房下游深水围堰工程，堰高32m，覆盖层最大深度25m，围堰运行面临已建电站泄压阀泄水高速水流冲击影响，流态复杂，场地狭窄，项目通过理论分析、设计方案优选和施工技术研究，成功解决了工程难题，形成了复杂条件下钢板桩复合围堰工程的成套技术。项目研究提出了迎水面大直径筒型直腹式钢板桩结构抗击冲刷、背水面堆石体增强稳定、封闭式高喷加帷幕灌浆防渗的新型围堰结构型式，保证了围堰安全稳定，为深水区水下围堰体的拆除清理创造了条件；研制了多功能重载水上施工平台和水冲式钢板桩填砂布料系统，构建了大规模水上结构储运、组装、打设、填筑等施工作业条件；研制了平吊吊具、翻立器等专用增效机具，解决了长直腹式钢板桩柔性大、易弯曲变形的难题；研发了螺栓连接加强板、工字钢抗弯补强技术，保证了复杂超长角桩刚度；研究采用钢围图管桩定位装置和板桩拼接导向器，实现了在水上36m直腹式钢板桩快速、安全、准确的沉桩施工；形成了超深高喷灌浆的成套工艺，保证了堰体及覆盖层超深高喷孔的有效成孔及钻孔精度，确保了57m深砂卵石地层高喷成墙质量，形成了可靠的防渗体系。

项目成果已在依托工程中成功应用，并推广应用于马来西亚吉马工程。项目取得发明专利4项和实用新型专利7项，获得省级工法2项，发表论文15篇，经济和社会效益显著，具有推广应用价值。

【碾压混凝土筑坝精准控制关键技术】 项目针对碾压混凝土坝变态混凝土、层间结合、仓面作业等大坝施工质量控制关键环节，聚焦筑坝施工精准控制，通过材料改性研究、数字化装备研制、实时量化检测评价方法创新、智能化施工技术研发等系统性攻关，以及工程实践应用，形成了碾压混凝土筑坝精准控制关键技术，取得良好效果。项目研发了变态混凝土施工精确控制技术和碾压混凝土层间结合精准控制技术。研制了智能化振捣台车、穿戴式定位定时振捣器、数字化搅拌加浆机、局部手持定位加浆器、碾压层应力波速检测仪、智能含湿率测试仪等，保证了浆液的流变性和稳定性，实现了智能精确定位定量均匀加浆和振捣效果的精细化控制，突破了变态混凝土施工质量不稳定的技术瓶颈；创建了远程-仓面同步智能馈控系统。提出了全仓面全工序的配套设备布置和智能化管控方案，研发了碾压混凝土全仓面数字化质量智能管控平台，为碾压混凝土坝施工的精准控制提供了保障。

项目成果已在乌弄龙、果多、立州水电站工程中成功应用，编制了成套施工工法，取得专利10项，获得软件著作权2项，发表论文15篇，经济和社会效益显著，具有推广应用价值。

【智能配电网关键技术研究】 项目围绕智能配电网规划方法、设计技术及运维体系等关键环节开展系统、深入研究，提出了适应可靠性提升的配电网典型供电模式、考虑源网荷储人协同互动的配电网优化规划技术、基于标准化的变电站及管廊设计建造技术、满足多元化设施接入的配电网新要素设计技术及面向精益化管理的配电网智能运维技术，研究成果能有效指导智能配电网规划的精益化、设计的标准化和运维水平的提升。项目研究建立了风电、光伏等分布式电源的可靠性模型，提出了按潮流方向前向搜索孤岛的策略、源网荷储人协同互动的配电网双层优化规划方法和配电自动化终端优化布点、降低中低压配电网技术线损和管理线损的组合方法、预制装配式配电站的结构框架和材料设计技术、二次设备模块化分隔组合技术和适应配电网电缆线路的综合管廊布置方案，形成了含分布式电源配电网可靠性评估方法，实现了配电网一二次融合设计、工业化制作和标准化建设。

项目研究成果已在多个配电网工程中成功运用，授权了4项实用新型专利，申请了3项发明专利，发表了8篇科技论文，经济和社会效益显著，具有推广应用价值。

【基于BIM技术的火电EPC项目全过程全要素管控系统研究】 项目依托中国电建集团电力工程建设企业承建的EPC电站项目，以数据标准化为基础，构建EPC业务数据模型，通过编码技术，建立项目业务数据之间的关联关系，形成了一套基于BIM技术的火电EPC项目全过程全要素管控体系。项目研究建立了一套火电EPC项目的BIM应用规范、编码系统和业务数据交换体系，实现了编码系统与业务的深入融合与贯通应用；开发了基于BIM技术的火电EPC项目的7个业务过程、4个管理要素的管控平台，实现了BIM技术与EPC项目管理的深度融合；成果应用于小管道和支吊架二次设计、三维技术交底、重大施工技术方案模拟论证、拆除方案模拟论证，降低了安全风险，取得了良好的效果与经济效益。

项目成果成功应用于摩洛哥努奥II期200MW槽式光热电站、华润电力曹妃甸2×1000MW电站等项目，申报了9项专利，取得了9项计算机软件著作权，1项中国电建集团工法，发表论文7篇，经济和社会效益显著，具有推广应用价值。

电力环保

【国家发展改革委等七部委联合印发《绿色产业指导目录(2019年版)》】 为进一步厘清产业边界，将有限的政策和资金引导到对推动绿色发展最重要、最关键、最紧迫的产业上，有效服务于重大战略、重大工程、重大政策，为打赢污染防治攻坚战、建设美丽中国奠定坚实的产业基础，国家发展改革委会同有关部门研究制定了《绿色产业指导目录（2019年版）》（简称《目录》）。2月14日国家发展改革委等七部委联合印发通知，发布了该《目录》。

通知指出，各地方、各部门要以《目录》为基础，根据各自领域、区域发展重点，出台投资、价格、金融、税收等方面政策措施，着力壮大节能环保、清洁生产、清洁能源等绿色产业。

国家发展改革委将联合相关部门，根据投资、价格、金融等不同支持政策的实际需要，逐步制定以《目录》为基础的细化目录或子目录，指导各机关、团体、企业、社会组织更好支持绿色产业发展，着力提高《目录》的可操作性。

国家发展改革委将会同相关部门，依托社会力量，设立绿色产业专家委员会，为《目录》在各领域的落实、细化目录和子目录的制定、绿色产业标准制定等工作提供相关专业意见。逐步建立绿色产业认定机制，有序引入社会中介组织开展相关服务。

通知要求，各地方、各部门要加强《目录》与既有绿色产业支持政策的衔接，妥善处理存量资金和项目，逐步根据《目录》调整政策支持范围。

国家发展改革委将会同有关部门，根据国家生态文明建设重大任务、资源环境状况、污染防治攻坚重点、科学技术进步、产业市场发展等因素，适时对《目录》进行调整和修订。

《目录》包括6大类（分别为节能环保产业、清洁生产产业、清洁能源产业、生态环境产业、基础设施绿色升级、绿色服务）、30个子类和211项细化绿色产业。清洁能源产业主要包括新能源与清洁能源装备制造、清洁能源设施建设和运营、传统能源清洁高效利用、能源系统高效运行等内容。《目录》的印发有望促进清洁能源产业发展壮大。

【国家发展改革委、科技部印发构建市场导向的绿色技术创新体系的指导意见】 1月23日，中央全面深化改革委员会第六次会议审议通过了《关于构建市场导向的绿色技术创新体系的指导意见》（简称《指导意见》）。国家发展改革委、科技部于2019年4月15日以发改环资〔2019〕689号文印发。

《指导意见》指出，绿色技术创新正成为全球新一轮工业革命和科技竞争的重要新兴领域。伴随国内绿色低碳循环发展经济体系的建立健全，绿色技术创新日益成为绿色发展的重要动力，成为打好污染防治攻坚战、推进生态文明建设、推动高质量发展的重要支撑。

《指导意见》明确，到2022年，国内基本建成市场导向的绿色技术创新体系。企业绿色技术创新主体地位得到强化，出现一批龙头骨干企业，“产学研金介”深度融合、协同高效；绿色技术创新引导机制更加完善，绿色技术市场繁荣，人才、资金、知识等各类要素资源向绿色技术创新领域有效集聚，高效利用，要素价值得到充分体现；绿色技术创新综合示范区、绿色技术工程研究中心、创新中心等形成系统布局，高效运行，创新成果不断涌现并充分转化应用；绿色技术创新的法治、政策、融资环境充分优化，国际合作务实深入，创新基础能力显著增强。

《指导意见》要求，培育壮大绿色技术创新主体，强化绿色技术创新的导向机制，推进绿色技术创新成果转化示范应用，优化绿色技术创新环境，加强绿色技术创新对外开放与国际合作。围绕上述五个方面，《指导意见》提出了相应的具有针对性的政策措施，重点解决构建市场导向的绿色技术创新体系存在的制约瓶颈和突出问题。

【国家发展改革委、市场监管总局发文加快推进重点用能单位能耗在线监测系统建设】 4月4日，国家发展改革委办公厅、市场监管总局办公厅印发《关于加快推进重点用能单位能耗在线监测系统建设的通知》（发改办环资〔2019〕424号）。

通知要求，各地区要加强组织领导，逐级分解任务，将目标责任落实到人，加大工作力度，加强部门间沟通协调，建立健全工作机制，调动相关单位工作积极性，加快推进系统建设，确保到“十三五”末将本地区重点用能单位能源消耗数据接入重点用能单位能耗在线监测系统。各地区要按照2020年底前接入本地区重点用能单位能耗监测数据的目标倒排工作计划。要明确纳入能耗在线监测范围的重点用能单位名单，制定重点用能单位接入端系统建设工作计划，大力推进接入端系统建设，将建设任务和时间要求落实到每家重点用能单位。确保2020年底前，完成本地区全部重点用能单位的接入端系统建设，实现数据每日上传，并应确保上传数据质量。各地区节能主管部门、市场监管部门要加强监管，督促重点用能单位完善能源计量体系，推进能耗在线监测系统建设。国家发展改革委将把各地区重点用能单位能耗在线监测系统建设情况纳入省级人民政府能源消耗总量和强度“双控”目标责任评价考核。各地区要协调落实监测系统建设和运行维护经费，保障系统按期建成和建成后稳定运行。

【国家能源局发文完善风电供暖相关电力交易机制扩大风电供暖应用】 4月4日，国家能源局发布《关于完善风电供暖相关电力交易机制扩大风电供暖应用的通知》（国能发新能〔2019〕35号）。通知指出，为全面贯彻落实习近平总书记关于推进北方地区冬季清洁取暖的重要指示，按照《关于印发北方地区冬季清洁取暖规划（2017—2021年）的通知》及有关政策要求做好北方地区清洁供暖工作，在总结已有风电清洁供暖试点经验基础上，要进一步完善风电供暖相关电力交易机制，扩大风电供暖应用范围和规模。通知要求，做好风电清洁供暖试点工作总结和发展规划工作，做好风电清洁供暖技术论证工作，研究完善风电供暖项目投资运营机制，完善风电供暖的电力市场化交易机制，做好风电清洁供暖组织协调和建设管理工作等。

【《全球能源互联网促进全球环境治理行动计划》发布】 3月9日，联合国环境规划署举办的第二届全球环境问题科学、政策和商业论坛在内罗毕举行。全球能源互联网发展合作组织当日在论坛上发布了《全球能源互联网促进全球环境治理行动计划》，力图从能源可持续发展的角度为全球环境和生态文明建设探索一条新路。

该行动计划介绍了以全球能源互联网为载体破解全球环境问题的解决方案，提出实施理念传播、机制建设、清洁开发、电网互联、电力普及、电能替代、能效提升和生态修复八大行动。

行动计划提出，能源开发利用方式不合理是造成全球环境问题的关键因素，相比大规模开发利用化石能源等方式，全球能源互联网是保障能源安全供应、破解生态环境难题、产生最小环境代价的统筹优化方案，走的是一条资源节约、环境友好，实现经济发展和环境保护双赢的道路。具体来说，清洁替代可以减少化石能源污染排放并控制升温，电能替代能够推动自然资源合理利用和综合保护，互联互通则可促进能源资源统筹开发和全球配置。

【青海省开启360h全清洁能源供电】 6月9日0:00～23日24:00，青海省启动连续15天360h全部使用清洁能源供电活动，活动期间所有用电完全来自水力、太阳能以及风力发电产生的清洁能源，此次活动在2018年“绿电9日”的基础上，再次刷新世界纪录。

青海电网已连续3年开展全清洁能源供电实践。截至此次活动前，青海省电力装机规模达到2975万kW，同比增长12.7%。其中新能源装机规模达到1391万kW，占比达46.7%，超过水电（1192万kW，占比40%），成为省内第一大电源。

与2018年“绿电9日”相比，青海省电网规模进一步扩大，配置能力进一步增强，青海新能源主要断面送出能力由160万kW提升至240万kW，同比提高50%。“绿电15日”期间，全网日最大负荷850万kW，日最大用电量1.94亿kWh。同时，火力发电最小出力较“绿电9日”再降22%，降低至20万kW运行，仅占全网发电出力的2%，为新能源消纳腾出更多空间。

重 大 奖 项

【长江三峡枢纽工程获国家科技进步奖特等奖】 中国三峡集团联合各参建单位经过数十年的攻关，在枢纽总体布置和枢纽工程、巨型水轮发电机组设计制造、工程运行和生态环境保护、工程管理等方面取得一系列重大技术突破。三峡工程是治理开发和保护长江的关键性骨干工程，是中国人自己设计和建成的世界最大水利枢纽工程，是中华民族的百年梦想。1992年七届人大五次会议批准兴建三峡工程，1993年动工，2008年提前一年完工，2015年枢纽工程通过竣工验收。三峡工程历经几十年几代人数以万计的科技工作者联合攻关，取得了一系列自主创新成果。独创了满足多目标、多功能、多需求枢纽总体布置方案，创新了大坝混凝土优质快速施工及温控防裂技术，掌握了700MW水轮发电机组研制核心技术，突破了水库多目标优化运行关键技术，创建了特大型水电工程建设管理模式，实现了质量、进度和投资有效控制。三峡工程创造了112项世界之最，授权934项国家发明专利，编制了领先于国家标准的135项《三峡工程质量标准》，获省部级特等奖2项、一等奖7项，获全国质量奖1项、“混凝土坝国际里程碑工程”和“百年重大土木工程杰出项目”2项国际大奖。三峡工程至今已经历了10年175m正常蓄水位运行，工作性态正常，安全可靠，综合效益显著，保障了长江流域的防洪安全、航运安全、供水安全和能源安全，核心技术在国内外水利工程中得到广泛应用。2018年习近平总书记视察三峡工程时指出，三峡工程是国之重器，是靠劳动者辛勤劳动自力更生创造出来的，成为改革开放以来中国发展的重要标志，这是中国社会主义制度能够集中力量办大事优越性的典范，是中国人民富于智慧和创造性的典范，是中华民族日益走向繁荣强盛的典范。

2019 年度国家技术发明奖 电力行业获奖项目（通用项目）

序号	等级	项目名称	主要完成人
1	二等奖	大型低速高效直驱永磁风力发电机关键技术及应用	黄守道（湖南大学） 龙　辛（湘电风能有限公司） 赵　祥（新疆金风科技股份有限公司） 李进泽（中车株洲电机有限公司） 陈习坤（湘电风能有限公司） 何　静（湖南工业大学）

2019 年度国家科学技术进步奖 电力行业获奖项目（通用项目）

序号	等级	项目名称	主要完成人	主要完成单位
1	特等奖	长江三峡枢纽工程		中国长江三峡集团有限公司、水利部长江水利委员会、长江勘测规划设计研究院、中国能源建设集团有限公司、中国电力建设集团有限公司、哈尔滨电机厂有限责任公司、东方电气集团东方电机有限公司、中国长江电力股份有限公司、中国三峡建设管理有限公司、三峡机电工程技术有限公司、中国葛洲坝集团股份有限公司、长江水利委员会长江科学院、中国水利水电科学研究院、水利部交通运输部国家能源局南京水利科学研究院、清华大学、河海大学、武汉大学、长江水利委员会水文局、中国水利水电第八工程局有限公司、中国水利水电第四工程局有限公司、中国葛洲坝集团机电建设有限公司、中国葛洲坝集团三峡建设工程有限公司、长江三峡技术经济发展有限公司、中国电建集团西北勘测设计研究院有限公司、天津大学、中国科学院水生生物研究所、中国科学院电工研究所、长江流域水资源保护局、水电水利规划设计总院、三峡大学
2	一等奖	脉冲强磁场国家重大科技基础设施		华中科技大学、西北有色金属研究院、北京大学、中国电力科学研究院有限公司、中国科学院物理研究所、湖南大学、南京大学、复旦大学、南方电网科学研究院有限责任公司、东北大学
3	二等奖	高落差高压电缆线路无损施工技术创新及应用	何光华	国网江苏省电力有限公司
4	二等奖	燃煤电站硫氮污染物超低排放全流程协同控制技术及工程应用	向　军、胡　松、张　瑾、张开元、苏　胜、吴雪萍、汪　一、于宝成、王乐乐、李德波	华中科技大学、武汉龙净环保工程有限公司、北京清新环境技术股份有限公司、福建龙净环保股份有限公司、苏州西热节能环保技术有限公司、广东电科院能源技术有限责任公司、武汉天和技术股份有限公司

续表

序号	等级	项目名称	主要完成人	主要完成单位
5	二等奖	新型多温区SCR脱硝催化剂与低能耗脱硝技术及应用	杨勇平、陆　强、张东晓、沈明忠、董长青、赵　莉、程俊峰、朱　跃、乔凯荣、曲艳超	华北电力大学、中国华电集团有限公司、中国华电科工集团有限公司、华电电力科学研究院有限公司、北京华电光大环境股份有限公司、北京清新环境技术股份有限公司
6	二等奖	青藏地区可再生能源独立供电系统关键技术及工程应用	王伟胜、刘　纯、丁　明、何国庆、许洪华、唐成虹、李光辉、余　勇、刘晓明、刘　芳	中国电力科学研究院有限公司、合肥工业大学、国电南瑞科技股份有限公司、北京科诺伟业科技股份有限公司、阳光电源股份有限公司、国网西藏电力有限公司、龙源西藏新能源有限公司
7	二等奖	电制热储热提升电网消纳风电能力的关键技术与规模化应用	葛维春、黄其励、陈　群、朱建新、王建国、邢作霞、刘富家、李家珏、王顺江、葛延峰	国网辽宁省电力有限公司、沈阳世杰电器有限公司、沈阳工业大学、东北电力大学、清华大学、北京科东电力控制系统有限责任公司、国网吉林省电力有限公司
8	二等奖	千万千瓦级风光电集群源网协调控制关键技术及应用	汪宁渤、徐泰山、马世英、王　多、鲁宗相、周　强、刘文颖、周识远、马彦宏、王昊昊	国网甘肃省电力公司、国电南瑞科技股份有限公司、中国电力科学研究院有限公司、清华大学、华北电力大学、许继集团有限公司、国电甘肃电力有限公司

2019 年度中国电力技术发明奖获奖项目

序号	等级	获奖项目	受奖人	推荐单位
1	一等	提升氧化锌避雷器压敏电阻阀片综合性能的关键技术	何金良、胡　军、谢清云、曾　嵘、谷山强、孟鹏飞	清华大学
2	二等	基于量子电压的国家电能标准装置及量值传递关键技术与应用	徐　晴、王　磊、段梅梅、穆小星、贾正森、刘　建	国家电网有限公司
3	二等	安全高效电网侧储能功率变换系统	蔡　旭、李　睿、黎小林、郭海峰、甘江华、李官军	上海交通大学
4	二等	大型风电基地串补外送系统的次同步谐振抑制技术、装备及应用	刘　辉、谢小荣、赵国亮、张　旭、孙素娟、董晓亮	国家电网有限公司

2019 年度中国电力科学技术进步奖获奖项目

序号	等级	获奖项目	受奖单位	受奖人	推荐单位
1	一等	新疆高碱煤安全高效清洁燃用关键技术及大容量电站锅炉研发与应用	神华国能集团有限公司、西安热工研究院有限公司、东方电气集团东方锅炉股份有限公司、煤炭科学技术研究院有限公司、华中科技大学、西安交通大学、华北电力大学、清华大学、浙江大学	赵勇纲、刘志江、姚　伟、徐会军、胡修奎、张喜来、李沛然、冉燊铭、王志超、李影平、白　杨、姚　斌、车得福、康志忠、涂　华	神华国能集团有限公司

续表

序号	等级	获奖项目	受奖单位	受奖人	推荐单位
2	一等	大型水电工程复杂环境下施工水流控制与围堰安全关键技术及应用	中国长江三峡集团有限公司、长江水利委员会长江科学院、武汉大学、长江勘测规划设计研究有限责任公司、中国电建集团华东勘测设计研究院有限公司、三峡大学、中国电建集团成都勘测设计研究院有限公司、中国电建集团中南勘测设计研究院有限公司	孙志禹、杨文俊、胡志根、李学海、汪志林、周良景、饶锡保、陈先明、孙开畅、任金明、徐唐锦、李　波、王永明、李少龙、陈　辉	中国长江三峡集团有限公司
3	一等	大电网调度运营决策的高效建模与优化关键技术及工程应用	清华大学、北京清能互联科技有限公司、国电南瑞科技股份有限公司、北京科东电力控制系统有限责任公司	康重庆、钟海旺、张　宁、陈启鑫、夏　清、杨知方、汪　洋、赖晓文、汪　洋、王　斌、王　毅、徐　帆、张　波、涂孟夫、庞传军	清华大学
4	一等	核电站安全级数字化保护系统关键技术研究、系统研制及产业化应用	北京广利核系统工程有限公司、中广核工程有限公司、阳江核电有限公司、辽宁红沿河核电有限公司、清华大学、生态环境部核与辐射安全中心	江国进、白　涛、孙永滨、张睿琼、上官斌、左　新、石桂连、张亚栋、高　超、张云波、冀建伟、张春雷、丁　科、王生原、张天元	中国广核集团有限公司
5	一等	海上风电超大直径单桩基础施工关键技术与工程应用	中国华电集团有限公司、天津大学、华电重工股份有限公司、国家电投集团江苏海上风力发电有限公司、中国华电科工集团有限公司、广东华尔辰海上风电工程有限责任公司、江苏坤泽科技股份有限公司、天津大学前沿技术研究院有限公司	赵迎九、刘　润、黄源红、练继建、贾沼霖、王小合、王海军、朱瑞军、黄锡柱、汪　潇、袁新勇、沈建永、闫澍旺、钟天雪、逯　鹏、王怀明、孔德煌、张清涛、朱代炼、张健翔、虞雷平	中国华电集团有限公司
6	一等	对冲燃烧煤粉锅炉燃烧组织定向调控关键技术与应用	国电科学技术研究院有限公司、国电南京电力试验研究有限公司、国电福州发电有限公司、华北电力大学、江苏省国信集团有限公司	刘建民、张春辉、陈国庆、黄孝彬、张文建、涂朝阳、李永生、陈国宝、杨希刚、黄启龙、蔡　培、严晓勇、罗华林、徐国群、戴维葆	国家能源投资集团有限责任公司
7	一等	基于人工智能的复杂电网运行断面知识发现与调度辅助决策关键技术及应用	广东电网有限责任公司、清华大学、国电南瑞科技股份有限公司、北京清大高科系统控制有限公司	孙宏斌、郭文鑫、王　彬、郭庆来、刘文涛、张伯明、卢建刚、温柏坚、黄天恩、许丹莉、周艳真、李世明、徐泰山、李　波、吴文传	中国南方电网有限责任公司
8	一等	大规模可再生能源高效并网与主动消纳关键技术及应用	华中科技大学、国网湖北省电力有限公司、国家电网公司华中分部、国网湖北省电力有限公司经济技术研究院、国电南瑞科技股份有限公司、国网湖北省电力有限公司电力科学研究院、湖北白莲河抽水蓄能有限公司	文劲宇、姚　伟、艾小猛、刘　巨、李大虎、白顺明、李　锴、左文平、向　往、黎静华、方家琨、姜　曼、李　威、曾令康、林卫星	华中科技大学

续表

序号	等级	获奖项目	受奖单位	受奖人	推荐单位
9	一等	含高比例分布式新能源的电力系统灵活负荷控制关键技术及工程应用	国网浙江省电力有限公司、浙江大学、杭州源牌科技股份有限公司、中国电力科学研究院有限公司、国网浙江省电力有限公司嘉兴供电公司、广东电网有限责任公司电力科学研究院、国电南京自动化股份有限公司、国网浙江省电力有限公司杭州供电公司	宋永华、丁　一、方景辉、叶水泉、田世明、叶承晋、刘月琴、万　灿、林国营、张劲松、纪　陵、严耀良、郑正仙、李靖霞、周建其	中国电机工程学会
10	一等	大规模源网荷精准负荷控制关键技术及应用	国网江苏省电力有限公司、国家电网有限公司华东分部、国电南瑞科技股份有限公司、东南大学、河海大学、中国电力科学研究院有限公司、江苏方天电力技术有限公司、江苏省电力试验研究院有限公司、南京千智电气科技有限公司、江苏科能电力工程咨询有限公司、华北电力大学	罗建裕、李瑶虹、李雪明、陈　庆、姚建国、李作锋、陆　晓、夏　勇、王啸峰、杨晓梅、王金虎、袁宇波、李海峰、刘　林、任建锋、黄志龙、薛　峰、江叶峰、罗凯明、张　莉	国家电网有限公司
11	一等	集成多能源系统的主动配电网关键技术研究及应用	贵州电网有限责任公司、广东电网有限责任公司、上海交通大学、北京四方继保自动化股份有限公司、清华大学、江苏金智科技股份有限公司、中国电建集团贵州电力设计研究院有限公司、苏州华天国科电力科技有限公司、上海电力设计院有限公司	刘　东、唐广学、高新华、钟连宏、尤　毅、刘　强、宋旭东、李庆生、张晓平、刘亚东、赵凤青、陈　飞、丁　健、蒋传文、朱守真	中国南方电网有限责任公司
12	一等	交流输电系统电磁环境控制技术及应用	中国电力科学研究院有限公司、华北电力大学、国网电力科学研究院武汉南瑞有限责任公司、国网上海市电力公司、电力规划总院有限公司、正升环境科技股份有限公司、北京森馥科技股份有限公司、中国能源建设集团南京线路器材有限公司	万保权、张建功、刘云鹏、张业茂、裴春明、何旺龄、路　遥、谢辉春、唐　剑、赵　军、干喆渊、李学宝、谢雄杰、刘兴发、陈豫朝	国家电网有限公司
13	一等	煤电机组智能燃烧实时控制关键技术研发及应用	中国大唐集团科学技术研究院有限公司火力发电技术研究院、内蒙古大唐国际托克托发电有限责任公司、华北水利水电大学	张志刚、朱宪然、叶　翔、王　然、王为术、张茂清、王　伟、高春雨、袁　斌、孙永春、刘　千、王英敏、王泽璞、李建军、杨　峰	中国大唐集团有限公司
14	一等	光储微电网灵活高效自主运行关键技术与装备	国电南瑞科技股份有限公司、国网天津市电力公司电力科学研究院、天合光能股份有限公司、阳光电源股份有限公司、南京南瑞太阳能科技有限公司、天津大学、华北电力大学、哈尔滨工业大学、合肥工业大学	郑玉平、王　伟、王　彤、赵景涛、王议锋、韦　徵、唐成虹、王懿杰、颜湘武、于　波、马铭遥、茹心芹、张海滨、陈奕峰、曹　伟	国家电网有限公司

续表

序号	等级	获奖项目	受奖单位	受奖人	推荐单位
15	一等	多源协同的主动配电网运行可靠性提升关键技术、设备及工程应用	中国电力科学研究院有限公司、清华大学、国网北京市电力公司、中国科学院电工研究所、天津大学、四川大学、国网福建省电力有限公司厦门供电公司、济南大学、华北电力大学、安徽合凯电气科技股份有限公司	程　林、蒲天骄、裴　玮、穆云飞、高红均、徐绍军、程新功、李　烨、董　雷、葛贤军、王晓辉、刘文亮、万宇翔、侯　恺、郭耀华	中国电机工程学会
16	一等	燃煤机组高灵活性运行关键技术及应用	西安热工研究院有限公司、中国华能集团有限公司、北方联合电力有限责任公司、北方联合电力有限责任公司临河热电厂、西安西热节能技术有限公司、西安西热锅炉环保工程有限公司、西安西热控制技术有限公司	赵　贺、宋文希、陈　锋、周　科、黄嘉驷、张广才、孙启德、郝文艺、杨荣祖、侯玉婷、柳宏刚、王　汀、李　军、成汭珅、居文平	中国华能集团有限公司
17	一等	800MW 级巨型水电机组关键技术及应用	三峡机电工程技术有限公司、哈尔滨电机厂有限责任公司、东方电气集团东方电机有限公司	张成平、胡伟明、程永权、张天鹏、覃大清、刘平安、冯　涛、李志国、李文学、唐敦浩、刘　洁、邹祖冰、侯敬军、王献奇、李海军	中国长江三峡集团有限公司
18	二等	架空线路直升机航巡关键技术、装备研制及应用	国网通用航空有限公司、上海交通大学、中国科学院遥感与数字地球研究所、广州彼岸思精光电系统有限公司、山东鲁能智能技术有限公司	武　艺、吴建军、陈春鹰、王佳颖、叶　子、修贤文、裴　凌、王　成、邹　彪、林德源	中国电机工程学会
19	二等	超特高压变压器和 GIS 关键原材料检测新技术及工程应用	中国电力科学研究院有限公司、国网安徽省电力有限公司电力科学研究院、国网陕西省电力公司电力科学研究院、国网宁夏电力有限公司电力科学研究院、国网上海市电力公司电力科学研究院、华北电力大学、重庆大学	高克利、汪　可、崔博源、袁　帅、陈　允、丁国成、王永强、李　鹏、张书琦、李　博	国家电网有限公司
20	二等	电网台风监测与防护关键技术研究及应用	广东电网有限责任公司、大连理工大学、中国气象局广州热带海洋气象研究所、中国农业大学、清华大学、武汉理工大学、广东电科院能源技术有限责任公司	吴　昊、付　兴、叶　林、聂　铭、肖　祥、黄　勇、钟连宏、万齐林、周华敏、谢文平	中国南方电网有限责任公司
21	二等	大电网无人机广域智能巡检关键技术研究与应用	广东电网有限责任公司、武汉大学、中国科学院植物研究所、中国测绘科学研究院、中国航空工业集团公司洛阳电光设备研究所、中国人民解放军总参谋部第六十研究所、深圳市大疆创新科技有限公司	许志海、彭向阳、彭炽刚、王　柯、江万寿、易　琳、郭庆华、翟瑞聪、李雄刚、钱金菊	中国南方电网有限责任公司

续表

序号	等级	获奖项目	受奖单位	受奖人	推荐单位
22	二等	SF_6气体绝缘设备故障诊断新技术及其应用	国网重庆市电力公司电力科学研究院、贵州电网有限责任公司电力科学研究院、国网电力科学研究院武汉南瑞有限责任公司、武汉大学、重庆大学	唐　炬、姚　强、苗玉龙、孙铁群、张　英、侯兴哲、潘　成、程　林、蔡　炜、邱　妮	中国电机工程学会
23	二等	大量新能源接入下的电力系统柔性及灵活性资源优化规划关键技术	上海交通大学、国网浙江省电力有限公司电力科学研究院、国网经济技术研究院有限公司、华北电力大学、上海正泰电源系统有限公司、南京南瑞继保工程技术有限公司、国网浙江省电力有限公司嘉兴供电公司、国网甘肃省电力公司、国网福建省电力有限公司福州供电公司、国网江西省电力有限公司经济技术研究院、上海博英信息科技有限公司	王承民、王志新、王　帅、毛南平、王　毅、朱军卫、李　旭、朱　伟、王智冬、王　勇、房　乐、张玉林、朱国忠、孔　强、高　栩、谢　宁	上海交通大学
24	二等	直流设备积污特性与污闪综合防治技术及应用	国网山东省电力公司电力科学研究院、清华大学深圳研究生院、山东大学、国网河南省电力公司电力科学研究院、国网宁夏电力有限公司电力科学研究院、国网山东省电力公司检修公司、山东申烨电气科技有限公司	刘　辉、沈庆河、姚金霞、苏建军、张若兵、李清泉、卢　明、雍　军、周　超、刘传彬	国家电网有限公司
25	二等	基于国产密码的海量电力物联网设备安全高效标识采集技术及应用	中国电力科学研究院有限公司、北京智芯微电子科技有限公司、国网福建省电力有限公司、北京邮电大学、国网山东省电力公司电力科学研究院、国网浙江省电力有限公司电力科学研究院、国网浙江慈溪市供电有限公司	翟　峰、梁晓兵、李保丰、彭楚宁、王于波、赵　兵、高　欣、林繁涛、岑　炜、曹永峰	国家电网有限公司
26	二等	基于大数据分析的城市电网状态评估系统关键技术研究与示范应用	广州供电局有限公司、清华大学、华南理工大学、华中科技大学、南京南瑞继保电气有限公司、西安高压电器研究院有限责任公司、中国科学院深圳先进技术研究院	莫文雄、陆国俊、刘育权、王红斌、栾　乐、高文胜、唐文虎、谢从珍、张　哲、顾　全	中国南方电网有限责任公司
27	二等	面向大电网分析的多直流电磁暂态建模仿真技术及应用	中国电力科学研究院有限公司、国网四川省电力公司电力科学研究院、国网湖北省电力有限公司电力科学研究院、国网上海市电力公司电力科学研究院、国网宁夏电力有限公司电力科学研究院、国网新疆电力有限公司电力科学研究院、国网山东省电力公司电力科学研究院	李亚楼、张　星、陈绪江、王华伟、彭红英、张侃君、刘　敏、叶　俭、穆　清、雷　霄	国家电网有限公司

续表

序号	等级	获奖项目	受奖单位	受奖人	推荐单位
28	二等	特殊气候下超/特高压输变电设备沿面外绝缘关键特性、配置及应用	中国电力科学研究院有限公司、清华大学深圳研究生院、国网西藏电力有限公司电力科学研究院、清华大学、国网青海省电力公司电力科学研究院、国网四川省电力公司电力科学研究院、西安交通大学	周　军、黄瑞平、于昕哲、高海峰、王黎明、德吉措姆、邓　禹、梁曦东、刘　博、田　亮、庄池杰、刘　岩、康　钧、吴　驰、王炳强	国家电网有限公司
29	二等	大规模新能源基地开发和清洁电力外送的关键技术及酒湖工程应用	国网甘肃省电力公司、国网经济技术研究院有限公司、中国电力科学研究院有限公司、国网新疆电力有限公司、中国电力工程顾问集团西北电力设计院有限公司、国网宁夏电力有限公司、华北电力大学	彭生江、赵宇洋、王智冬、吴俊玲、石文辉、范雪峰、孙玉娇、徐慧慧、皮　霞、王　帅、易海琼、张中丹、杨德州、李海伟	国家电网有限公司
30	二等	柔性直流输电系统直流故障快速隔离与系统恢复关键技术及工程应用	国网浙江省电力有限公司、南京南瑞继保电气有限公司、国网浙江省电力有限公司电力科学研究院、全球能源互联网研究院有限公司、国网浙江省电力有限公司舟山供电公司、许继集团有限公司、中国能源建设集团浙江省电力设计院有限公司	魏晓光、陆　翌、李继红、卢　宇、裘　鹏、胡四全、乔　敏、朱承治、张　升、刘　黎	国家电网有限公司
31	二等	分布式随机性电源即插即用并网关键技术及应用	中国电力科学研究院有限公司、国网河北省电力有限公司、许继集团有限公司、国电南瑞科技股份有限公司、国网上海市电力公司、国网江苏省电力有限公司、国网福建省电力有限公司泉州供电公司、国网冀北电力有限公司	苏　剑、吕志鹏、吴　鸣、李瑞生、丁孝华、刘海涛、阎怀东、郭宝甫、李　琦、张晓燕	国家电网有限公司
32	二等	面向工控安全防护体系的密码芯片关键技术及规模化应用	北京智芯微电子科技有限公司、武汉大学、中国电力科学研究院有限公司、西安电子科技大学、国网信息通信产业集团有限公司、国网宁夏电力有限公司电力科学研究院、国网上海市电力公司	赵东艳、王于波、张海峰、胡　毅、刘　亮、冯　曦、唐　明、翟　峰、董丽华、庞振江	国家电网有限公司
33	二等	大湾区复杂环境下电网智能调度关键技术与工程应用	广东电网有限责任公司、国电南瑞科技股份有限公司、华南理工大学、三峡大学、重庆大学、华为技术有限公司、广东省能源集团有限公司	卢建刚、温柏坚、赵瑞锋、李　波、余　涛、王　瑾、李世明、郭文鑫、汪芳宗、李　雷	中国南方电网有限责任公司

续表

序号	等级	获奖项目	受奖单位	受奖人	推荐单位
34	二等	继电保护系统智能运检技术体系研究与工程化应用	中国南方电网电力调度控制中心、北京四方继保自动化股份有限公司、国电南京自动化股份有限公司	张　弛、黄　河、秦红霞、黄佳胤、刘千宽、周红阳、杨俊权、陈　旭、彭　业、刘效孟	中国南方电网有限责任公司
35	二等	超/特高压大型并联无功补偿设备保护技术研究及应用	北京四方继保自动化股份有限公司、华北电力大学、北京四方继保工程技术有限公司	苏　毅、肖远清、邹东霞、郑　涛、张玲华、石　伟、邓　琳、戴丽君、宋大雷、余　锐、秦红霞	中国电机工程学会
36	二等	强震区深厚覆盖层上250m级土心墙堆石坝防渗系统关键技术研究	中国电建集团成都勘测设计研究院有限公司、四川大唐国际甘孜水电开发有限公司	王寿根、伍小玉、何顺宾、余　挺、周　浪、张　丹、叶发明、王观琪、田景元、陈绪高	中国电力建设集团有限公司
37	二等	巨型洞室与地质环境互馈设计方法及围岩稳定控制	中国电建集团华东勘测设计研究院有限公司、三峡金沙江云川水电开发有限公司宁南白鹤滩电厂、雅砻江流域水电开发有限公司、中国科学院武汉岩土力学研究所	张春生、侯　靖、汪志林、吴世勇、陈建林、徐建荣、樊义林、周　辉、江亚丽、万祥兵	中国电力建设集团有限公司
38	二等	喜马拉雅域大埋深超长隧洞施工关键技术与应用	中国葛洲坝集团第三工程有限公司、中国葛洲坝集团股份有限公司、中水北方勘测设计研究有限责任公司、中国科学院武汉岩土力学研究所、中国葛洲坝集团第五工程有限公司	邓银启、冯兴龙、冯夏庭、王焕明、陈洪莲、胡泉光、张为明、汪文桥、王西奎、陈方明、陈卫忠、洪　松、陈　松、彭会椿、熊浩森	中国能源建设集团有限公司
39	二等	燃煤电厂烟气多种污染物深度治理关键技术及应用	国网河北省电力有限公司电力科学研究院、国网河北能源技术服务有限公司、北京国电龙源环保工程有限公司、河北国华沧东发电有限责任公司、河北华电石家庄热电有限公司	李振海、陈崇明、宋国升、夏彦卫、唐　坚、刘克成、罗志刚、杨　杰、魏明磊、张玉青	中国电机工程学会
40	二等	脱硫废水旁路烟气蒸发零排放技术研究与应用	西安热工研究院有限公司、华能山东发电有限公司、华能济南黄台发电有限公司、西安西热水务环保有限公司	王正江、侯　逊、冯　春、王　璟、曹红梅、张卫东、姚明宇、毛　进、袁国全、张伟厚	中国华能集团有限公司
41	二等	超（超）临界机组智能控制技术及应用	国网湖南省电力有限公司电力科学研究院、大唐华银攸县能源有限公司、越南永新一期电力有限公司、神华国能宁夏鸳鸯湖发电有限公司、湖南省湘电试验研究院有限公司	陈厚涛、朱晓星、王志杰、张建玲、王锡辉、寻　新、俞东江、李玉鹏、陈　亮、龙维智	中国电机工程学会

续表

序号	等级	获奖项目	受奖单位	受奖人	推荐单位
42	二等	北方城镇冬季热-电供需平衡优化技术及应用	国网天津市电力公司电力科学研究院、天津大学、国网天津市电力公司滨海供电分公司、天津国电津能热电有限公司、北京中电飞华通信股份有限公司、双良节能系统股份有限公司	张　利、王　坤、霍现旭、张　宇、李树鹏、杜　岩、胡青波、孔祥玉、管森森、孙京生	中国电机工程学会
43	二等	火电厂脱硝催化剂大数据诊断关键技术研究与应用	国电科学技术研究院有限公司、清华大学、国电环境保护研究院有限公司、南京师范大学、江苏龙源催化剂有限公司、江苏龙净科杰环保技术有限公司	朱　林、陈建军、杨希刚、金定强、庄　柯、王　圣、盛重义、白　伟、邓立锋、姚　杰、喻乐蒙、朱春华、李丁辉	中国电机工程学会
44	二等	300～350MW系列空冷汽（燃气）轮发电机研制和工程应用	哈尔滨电机厂有限责任公司、大唐国际发电股份有限公司北京高井热电厂	焦晓霞、曹　文、戴义勇、安志华、兰　波、王彦滨、刘俊英、陈景易、靳慧勇、李金香	中国电机工程学会
45	二等	基于超疏水膜的电力设备滤油新技术研究与应用	云南电网有限责任公司电力科学研究院、武汉大学、云南电力技术有限责任公司、云南电网有限责任公司红河供电局	何运华、郭新良、于　萍、周年荣、宋玉锋、周金龙、刘荣海	中国南方电网有限责任公司
46	二等	燃煤凝汽机组供热改造能量深度梯级利用关键技术及工程应用	中国神华能源股份有限公司国华电力分公司、三河发电有限责任公司、中国电力工程顾问集团华北电力设计院有限公司、国网冀北电力有限公司电力科学研究院、清华大学、东方电气集团东方汽轮机有限公司、双良节能系统股份有限公司、神华国华（北京）电力研究院有限公司	张　翼、郝　剑、谢占军、任学武、白　洁、陈荣轩、郝雪平、卓建坤、魏书洲、李国浩、白国栋、王金星、闫　凯、刘　辉、赵　宁、梁崇治、叶　波	中国神华能源股份有限公司国华电力分公司
47	二等	大型燃气蒸汽-联合循环机组高效清洁供热技术研究与应用	北京京能清洁能源电力股份有限公司、清华大学、北京京西燃气热电有限公司、北京京桥热电有限责任公司、北京京能高安屯燃气热电有限责任公司	张凤阳、曹满胜、彭志敏、安振源、陈大宇、张朝阳、邓建平、吴莉娟、唐任宗、陈慧丽	北京能源集团有限责任公司
48	二等	循环流化床锅炉燃烧系统技术条件等5项电力行业标准编制与应用	中国华能集团清洁能源技术研究院有限公司、国网辽宁省电力有限公司电力科学研究院、神华集团循环流化床技术研发中心、华北电力科学研究院有限责任公司、华电淄博热电有限公司、全国电力行业CFB机组技术交流服务协作网、大唐武安发电有限公司	黄　中、孙献斌、冷　杰、肖　平、杜佳军、黄成刚、李金晶、蔡义清、杨　娟、赵清明	中国华能集团有限公司

续表

序号	等级	获奖项目	受奖单位	受奖人	推荐单位
49	二等	百万千瓦级核电站棒控棒位系统自主研制及工程应用	中广核研究院有限公司、中广核工程有限公司、深圳中广核工程设计有限公司、中广核核电运营有限公司、阳江核电有限公司、大亚湾核电运营管理有限责任公司	李　涛、李腾龙、周新绮、黄伟军、许育周、王群峰、张曙光、王春生、犹代伦、周　琦	中国广核集团有限公司
50	二等	复杂地质海上风电基础设计施工关键技术及工程应用	龙源电力集团股份有限公司、福建龙源海上风力发电有限公司、江苏龙源振华海洋工程有限公司、中能电力科技开发有限公司、中国电建集团华东勘测设计研究院有限公司	许庆钊、陈　强、范晓旭、朱志成、李　泽、迟　岩、刘　旦、曹淑刚、王徽华、罗金平	国家能源投资集团有限责任公司
51	二等	自主化燃料组件研制与安全评审研究及应用	中广核研究院有限公司	周跃民、谭　军、李伟才、邹　红、张国梁、郭　严、庞铮铮、聂立红、陈刘涛、陈建新	中国广核集团有限公司
52	二等	我国多类型自然条件下光伏关键技术研发、实证与应用	中国电力科学研究院有限公司、中国华电科工集团有限公司、中山大学、上海交通大学、华为技术有限公司、天合光能股份有限公司、晶科能源有限公司	张军军、沈　辉、陈　梅、沈文忠、朱　森、李红涛、陈志磊、秦筱迪、董　玮、白建波	中国电机工程学会

2019 年度中国电力科学技术人物奖获奖人

序号	奖　　种	获奖人	工作单位
1	中国电力科学技术杰出贡献奖	方勇杰	南瑞集团有限公司（国网电力科学研究院有限公司）
2	中国电力科学技术杰出贡献奖	褚景春	国电联合动力技术有限公司
3	中国电力科学技术杰出贡献奖	史进渊	上海发电设备成套设计研究院有限责任公司
4	中国电力科学技术杰出贡献奖	何金良	清华大学
5	中国电力科学技术杰出贡献奖	郜时旺	中国华能集团清洁能源技术研究院有限公司
6	中国电力科学技术杰出贡献奖	孙　锐	电力规划总院有限公司
7	中国电力科学技术杰出贡献奖	穆　钢	东北电力大学
8	中国电力科学技术杰出贡献奖	崔　翔	华北电力大学
9	中国电力科学技术杰出贡献奖	蒋兴良	重庆大学
10	中国电力科学技术杰出贡献奖	何宏明	广东电网有限责任公司电力科学研究院

2019年度水力发电科学技术奖获奖项目

序号	等级	项目名称	完成单位	完成人
1	一等	国际水电工程技术标准研究与应用	中国电力建设股份有限公司、水电水利规划设计总院、中国电建集团国际工程有限公司、清华大学、中国水电工程顾问集团有限公司、中国电建集团华东勘测设计院有限公司、中国电建集团西北勘测设计院有限公司	宗敦峰、周建平、吴鹤鹤、陈观福、唐文哲、黄晓辉、杨泽艳、黄　维、金　峰、万　里、黄子平、胡建伟、杨　静、孔令学、张伟超
2	一等	高土石坝地震灾变模拟与工程应用	大连理工大学、中国电建集团成都勘测设计研究院有限公司、水利部交通运输部国家能源局南京水利科学研究院	邹德高、孔宪京、刘京茂、徐　斌、余　挺、傅中志、周　扬、魏匡民、周晨光、张顺高、宿晓辉、余　翔、许　贺、屈永倩、陈　楷
3	一等	亿千瓦级水电系统跨省跨区消纳基础理论及关键技术	大连理工大学、中国南方电网有限责任公司、云南电网有限责任公司、贵州电网有限责任公司、贵州乌江水电开发有限责任公司、国家电网东北电力调控分中心	程春田、刘映尚、申建建、唐红兵、蔡华祥、李　刚、苏华英、戴建炜、武新宇、廖胜利、郭希海、刘本希、汪明清、冯仲恺、程　雄
4	一等	大型混流式水轮机高稳定性宽范围调节关键技术与应用	松花江水力发电有限公司吉林白山发电厂、哈尔滨电机厂有限责任公司、中国水利水电科学研究院	乔　木、张永会、覃大清、于纪幸、胡海平、李铁成、高连伟、鲍　峰、李金伟、滕　跃、赵　越、王家泽、戴彦秀、黄玉臣、丛川浩
5	一等	大型齿轮齿条爬升式升船机关键技术研究与实践	中国长江三峡集团有限公司、长江勘测规划设计研究有限责任公司、中国船舶重工集团武汉船舶工业有限公司、二重（德阳）重型装备有限公司、中国葛洲坝集团三峡建设工程有限公司	杨　清、张超然、钮新强、陈文斌、张世平、史苏存、周厚贵、俞　歌、郭　彬、覃利明、刘科青、刘继全、郭光文、田清伟、路卫兵
6	一等	基于物联网的库岸边坡智能监测技术与应用	长江勘测规划设计研究有限责任公司、中国三峡建设管理有限公司乌东德工程建设部、基康仪器股份有限公司、武汉宏数信息技术有限责任公司、长江信达软件技术（武汉）有限责任公司	翁永红、彭绍才、顾功开、王汉辉、王朝晴、张绍飞、李少林、赵代鹏、杜泽快、王　伟、刘洪亮、段国学、徐化伟、吴华兵、刘小飞
7	一等	寒旱区工程边坡生态修复关键技术	三峡大学、华电西藏能源有限公司、中铁建大桥工程局集团第一工程有限公司、华电西藏能源有限公司大古水电分公司	周明涛、杨悦舒、朱士江、许文年、申　剑、管志涛、吴少儒、郑晓冬、田德智、刘大翔、许　阳、夏振尧、赵冰琴、肖　海、夏　栋
8	一等	水利水电工程水泥灌浆智能控制关键技术和成套装备	中国三峡建设管理有限公司、成都中大华瑞科技有限公司、中国葛洲坝集团三峡建设工程有限公司、中国水利水电建设工程咨询西北有限公司、武汉英思工程科技股份有限公司	樊启祥、张超然、黄灿新、蒋小春、杨宗立、洪文浩、汪志林、王克祥、牟荣峰、顾功开、黄　伟、林恩德、易　军、陈邦辅、朱等民
9	一等	狭窄河谷碾压混凝土坝建设关键技术	华能沧江水电股份有限公司、中国电建集团北京勘测设计研究院有限公司、中国水利水电第八工程局有限公司	张之平、薛宝臣、龚永生、范建章、郭建文、代振峰、吴三线、张向东、王剑涛、张勇智、田福文、吴朝月、李　志、黄海锋、倪　磊

续表

序号	等级	项目名称	完成单位	完成人
10	一等	土石坝智能碾压技术及其工程应用	清华大学、河南省前坪水库建设管理局、河南省水利勘测设计研究有限公司、中国水利水电科学研究院、河南省水利第一工程局、河南省豫东水利工程管理局	刘天云、张兆省、皇甫泽华、李庆斌、高　英、张茵琪、张耀中、杨玉生、张庆龙、历从实、安再展、张幸幸、王新平、王新民、朱翠民
11	二等	混凝土数字化控制施工技术开发与应用	中国水利水电第七工程局有限公司、河海大学	吴　军、田正宏、何　勇、李东新、华正超、杨　彪、唐子龙、吕国芳、彭志海、边　策
12	二等	深覆盖层河床大水位变幅施工导流水力控制关键技术	水利部交通运输部国家能源局南京水利科学研究院、中国电建集团北京勘测设计研究院有限公司、华电金沙江上游水电开发建设公司	薛宝臣、吴时强、邓毅国、吴修锋、陈　晴、王芳芳、罗宗伟、戴江玉、王剑涛、高　昂
13	二等	水利工程（群）多源联合一体化调度管控关键技术及应用	南瑞集团有限公司、南京南瑞水利水电科技有限公司	黄华东、高　磊、纪　菁、孙乃清、胡鸣东、张百敏、李东风、罗招贵、谈　震、舒依娜
14	二等	600MW 级混流水轮发电机组关键技术研究及工程应用	东方电气集团东方电机有限公司	石清华、郑小康、邓　斌、王大伦、钱生坤、李国元、周文凯、曹大伟、刘万平、铎　良
15	二等	大型水电站堆石混凝土坝设计、施工关键技术研究与应用	中国电建集团华东勘测设计研究院有限公司、中国水利水电第八工程局有限公司、国电大渡河沙坪水电建设有限公司、清华大学	叶建群、黄　维、涂怀健、严　军、李善平、金　峰、吴宏荣、涂承义、周德文、周　虎
16	二等	高落差大流量深覆盖层条件下水电工程导截流关键技术及工程实践	雅砻江流域水电开发有限公司、中国电建集团成都勘测设计研究院有限公司、四川大学	任　海、赵雄飞、朱忠华、聂　强、钟卫华、张建民、银登林、李小山、雷运华、康子军
17	二等	尼泊尔上马相迪 A 水电站泥沙调控关键技术研究与应用	中国电建集团海外投资有限公司、中国水利水电科学研究院	盛玉明、王党伟、张国来、邓安军、俞祥荣、史红玲、白存忠、陆　琴、金　勇、晏洪伟
18	二等	溧阳宽变幅水头高稳定性抽水蓄能机组关键技术研究与应用	哈尔滨电机厂有限责任公司、江苏国信溧阳抽水蓄能发电有限公司	刘平安、卜良峰、章存建、蒋宝钢、刘　徽、宫让勤、王艳武、高从闯、陈忠宾、覃大清
19	二等	复杂环境下大坝及边坡三维变形智能监测与预警技术	国电大渡河流域水电开发有限公司、四川大学、成都经纬时空科技有限公司、中国电建集团华东勘测设计研究院有限公司	涂扬举、严　军、沈定斌、陈建康、张建军、李艳玲、黄会宝、江德军、柯　虎、王勇飞
20	二等	面板堆石坝精细化模拟与动态控制关键技术	中国水利水电科学研究院、水利部交通运输部国家能源局南京水利科学研究院、河南省河口村水库工程建设管理局、中国地质大学（北京）	汪小刚、李永江、魏迎奇、蔡正银、严　俊、于　沭、严　实、梅　钢、吴帅峰、张延亿
21	二等	回龙抽水蓄能电站机电设备综合改造关键技术	国网新源控股有限公司技术中心、国网新源控股有限公司回龙分公司、哈尔滨电机厂有限责任公司、中国电建集团中南勘测设计研究院有限公司、国电南瑞科技股份有限公司	白会峰、邓　磊、张　法、李东辉、王允龙、吕志娟、宋海峰、吕　滔、王建刚、黄开斌
22	二等	百米级特大整流锥式竖井进出水塔关键施工技术	中国水利水电第五工程局有限公司	刘　聪、韩敬泽、刘新星、吴高见、杨贵仲、段　炜、刘军国、管建龙、张玉群、张　明

第二十一届中国专利奖电力行业获奖项目

序号	专利名称	专利权人	发明人
		金奖	
1	变电站带电水冲洗机器人系统及方法	国网智能科技股份有限公司	李　健、张海龙、鲁守银、苏建军、慕世友、任　杰、傅孟潮、韩　磊、王振利、谭　林、吕曦晨、王滨海、李建祥、赵金龙、陈　强、高郎宏
2	一种立式混合磁悬浮飞轮储能系统	中国人民解放军海军工程大学	王　东、张贤彪、吴磊涛、苏振中、易新强、陈俊全
		银奖	
1	一种火电厂反渗透浓水与城市污水交互处理的利用方法	国家电网有限公司、国网河北省电力公司电力科学研究院、河北省电力建设调整试验所	刘克成、龙　潇、范　辉
2	使用串联双吸附塔的烟气脱硫脱硝方法和装置	中冶长天国际工程有限责任公司	魏进超、张　震、叶恒棣、孙　英、李俊杰、李俊华
3	一种分压器的 2/1 分压比自校准方法	中国电力科学研究院有限公司、国家电网有限公司、国网浙江省电力有限公司、国网浙江省电力有限公司电力科学研究院	雷　民、李登云、胡浩亮、项　琼、李　鹤、熊前柱、杨春燕、刘少波、徐子立、聂　琪、王海燕、姚　力、胡瑛俊、章江铭
4	一种脱硝催化剂的再生方法和一种再生脱硝催化剂及其应用	国家能源投资集团有限责任公司、北京低碳清洁能源研究所	王宝冬、何发泉、林德海、马少丹、马子然、马　静、孙　琦

国际合作

战 略 合 作

【南方电网倡导建立澜湄区域电力合作中资企业沟通合作机制】 2019年9月，在国家能源局的大力支持与指导下，南方电网公司组织举办首届峰会，国内发电集团、电网公司、装备企业、设计咨询单位、行业协会、金融机构等20多家单位参加，共同签署了“澜湄区域电力合作共同倡议”，标志着澜湄区域电力合作中资企业沟通合作机制正式建立，有利于加强信息互通、资源共享，共同应对风险与挑战，推动澜湄区域电力合作健康有序、高质量发展。深化与澜湄国家的交流合作。配合国家开展“2019年澜湄周”系列活动，在澜湄国家分别举办春茗会活动，搭建交流对话平台。深度参与大湄公河次区域电力贸易协调委员会（RPTCC）各项工作，积极发出中国声音，推进区域内电力合作和标准制定。持续做实澜湄国家电力企业交流合作机制，成功举办第六届峰会。开展技术交流和对外培训，推动中国电力技术、标准及管理“走出去”。继续为澜湄国家培养来华本科及硕士留学生，促进民心相通。

国 际 工 程 项 目

【国家电投日本那须乌山47.5MW光伏发电项目】 那须乌山光伏发电项目位于日本枥木县那须乌山市，设计容量47.5MW，由国家电投下属上海电力股份有限公司投资建设。项目于6月开工，计划2021年10月并网商运。

【国家电投澳大利亚霍顿光伏项目全部并网发电】 澳大利亚霍顿光伏项目一期占地面积400hm^2，装机规模10万kW。项目于2018年4月开工，2019年8月实现全容量并网发电，设计年发电量2.67亿kWh，每年可减排二氧化碳约28万t。

【国家电投澳大利亚克劳兰风电项目投运】 澳大利亚克劳兰风电项目装机规模8万kW。项目于2018年1月开工建设，2019年9月投入商运。

“一带一路”项目

【大唐印尼米拉务项目(2×225MW)】 大唐印尼米拉务项目是中国大唐落实国家“一带一路”倡议和公司国际业务发展战略要求，通过自主投标获得的第一个境外绿地项目，克服建设环境差、资金紧张、腐殖土处理等困难，于12月24日完成第一方混凝土浇筑里程碑节点任务，实现开工建设。

【国家能源集团国华电力印尼爪哇7号工程1号机组投入商业运行】 12月12日，国华电力印尼爪哇7号项目1号机组通过168h试运，12月13日COD（投入商业运行）。1号机组投入商业运行后，保持安全稳定连续运行。爪哇7号项目位于印尼爪哇岛万丹省，距雅加达约100km。一期工程建设2×105万kW超超临界燃煤发电机组，留有再扩2×100万kW级机组条件。

【国家能源集团希腊色雷斯风电项目正式落地】 11月15日，国家能源集团国华投资欧洲新能源公司与希腊COPELOUZOS集团在雅典完成色雷斯风电项目卡夫沃尼风电场股权交割。至此，色雷斯风电项目股权交割工作全部完成。

色雷斯风电项目有格莱玛提卡奇（Grammatikaki）、奥卡尼斯（Organis）、卡夫沃尼（Korfovouni）和麦格沃尼（Megavouni）四个风电场，位于希腊大陆东北部山区，总装机容量7.82万kW，均已并网发电，年发电量1.8亿kWh。其中格莱玛提卡奇和奥卡尼斯风电场于2018年完成交割，麦格沃尼风和卡夫沃尼风电场于2019年完成交割。

【国家能源集团乌克兰尤日内风电绿地项目顺利开工】 7月，国家能源集团正式批复龙源电力收购并投资建设乌克兰尤日内风电项目。9月，按照合同规定顺利完成了项目股权交割，该项目是中国企业在乌克兰投资的第一个风电项目。该项目位于乌克兰敖德萨州，风场拟采用17台4.5MW风机，装机容量7.6万kW。目前，项目已开工建设，有关工作正在有条不紊地开展。受疫情影响，尤日内项目存在工期延长风险。

【国家电投土耳其胡努特鲁2×660MW超超临界燃煤发电项目】 中国"一带一路"倡议和土耳其"中间走廊"计划对接的重点项目，由国家电投下属上海电力股份有限公司、中航国际成套设备有限公司及土耳其当地股东方合资开发建设，是迄今为止中国在土耳其最大的直接投资项目。项目规划建设两台660MW超超临界燃煤发电机组，总装机容量1320MW，配套建设烟气脱硫和脱硝装置。项目于9月开工建设，项目投产后每年可供应电力90亿kWh，约占土耳其年发电量的3%，对于促进土耳其能源供应多样性、确保能源供给安全将发挥重要作用。

【国家电投黑山莫祖拉46MW风电项目】 项目安装23台2MW智能低速风机，总装机容量46MW。由国家电投所属上海电力股份有限公司控股，联合马耳他能源公司、英国Vestig基金和中国远景能源共同投资建设。项目于2月全容量并网进入试运行。作为中国—马耳他—黑山三国清洁能源合作的最新成果，项目商运后年平均发电量1.118亿kWh，约占黑山年社会用电量的5%，每年可减少温室气体排放9.5万t，将为实现黑山经济社会发展和节能减排目标发挥积极作用。

【国家电投哈萨克斯坦札纳塔斯100MW风电项目】 项目安装40台2.5MW风机，总装机容量100MW，是中哈产能合作重点项目之一，由国家电投所属中国电力国际有限公司和当地合作方Visor公司共同投资开发建设。项目于7月开工建设，是中亚地区在建的装机规模最大的风电项目。投运后年发电量约3.19亿kWh，可降低二氧化碳排放超过26万t，能够满足约100万户当地居民家庭的用电需求，有效缓解哈南部电力供应压力。

【中国三峡集团总承包中国电建承建乌干达伊辛巴水电站发电】 乌干达伊辛巴水电站项目由中国三峡集团中国水利电力对外有限公司以EPC总承包形式负责实施，是中乌双边经贸合作的重点能源项目。项目于2013年9月签约，合同总金额5.68亿美元，业主为乌干达能源与矿产开发部，开工日期为2015年4月30日，合同工期47个月，资金来源85%为中国进出口银行优惠贷款，乌干达政府自筹15%资金。

乌干达伊辛巴水电站项目主要功能为发电，总装机容量183.2MW，配备4台轴流转桨式水轮发电机组，单台装机容量45.8MW，年均发电量10.39亿kWh。项目还包括伊辛巴水电站开关站—布加嘎里水电站开关站132kV双回线路工程，线路全长约42km。

伊辛巴水电站项目于4月12日获得由业主和咨询工程师联合颁发的电站临时竣工移交证书，证书生效日期为3月31日，临竣证书的获得标志着项目正式进入两年质保期。目前，4台机组均由乌干达发电公司负责运营管理维护，运行状态整体安全稳定。项目的成功建成和运行，使得乌干达全国的电力装机容量增加19%，进一步提升了乌干达全国清洁电力装机水平，对缓解乌电力短缺、促进乌经济发展和民众生活日益增长的能源需求发挥了积极的作用。

（韩学韬）

【中国电建老挝南欧江梯级水电站项目】 南欧江梯级水电站是电建集团通过对老挝南欧江全流域整体规划获得全流域开发权，以BOT模式投资建设的水电站项目。该项目总装机容量为1272MW，年平均发电量约50.64亿kWh，项目总投资约28亿美元，特许经营期为29年。12月26日，老挝南欧江梯级水电站二期首台机组正式投产发电。

【中国电建津巴布韦旺吉燃煤电站三期扩机项目】 旺吉扩机项目装机规模为2台335MW的亚临界燃煤发电机组，由中国电建集团与津巴布韦电力公司（ZPC）以BOO模式共同投资开发（股比为36%：64%），项目总投资约14.88亿美元，该项目是中资企业目前在津巴布韦的最大火电项目，也是津巴布韦独立以来最大的能源基础设施建设项目。3月1日，项目现场隆重举行了第一方混凝土浇筑仪式，标志着主厂房基础施工正式拉开帷幕。

【中国电建沙特延布三期5×660MW燃油电站项目】 该项目是全球最大燃油电站项目，对于调整和缓解沙特电力供应具有重要意义，同时项目配套的海水淡化工程，承载着为伊斯兰圣城麦地那供应淡水的重任，是重要的民生与政治工程。项目由中国电建集团以EPC总承包模式承建，合同总金额13.77亿美元。11月10日，4号机机组并网一次成功，至此1～4号机组均已并网发电，项目"一年四投"目标完成。

【中国电建承建越南油汀光伏项目】 该项目由1期、2期和3期三个部分组成，总装机容量500MW，是目前东南亚地区最大的光伏项目，也是全球最大的半浸没区光伏项目，由中国电建集团以EPC总承包+融资模式承建。6月18日，项目全部投入商业运行。9月4日，项目荣获亚洲能源颁发的"2019年度越南优质光伏电站项目”奖。9 月 7 日，项目举行了竣工典礼。

【中国电建孟加拉国锡拉杰甘杰双燃料联合循环电厂项目】 该项目机组采用一组一拖一联合循环机组布置，总装机容量为 414MW，由中国电建集团以 EPC 总承包模式承建，合同金额 2.79 亿美元。4 月 8 日，项目机组联合循环 168h 可靠性运行完成，提前投产发电。

【中国电建喀麦隆曼维莱水电站项目】 该项目共安装 4 台混流式水轮发电机组，单机容量 52.75MW，总装机容量 211MW，年平均发电量为 11.87 亿 kWh，可解决沿线城市和首都雅温得约 400 万人口生活及工业用电不稳定的问题，由中国电建集团以 DB（设计-建造）总承包模式承建，合同金额 6.37 亿美元。4 月 14 日，1、2 号机组相继并网发电。4 月 16 日，实现临时送电，项目现场举行了并网发电仪式。

社会责任

【国家电网有限公司社会责任报告(摘要)】

一、深入学习贯彻习近平新时代中国特色社会主义思想

坚持把不忘初心、牢记使命作为加强党的建设永恒课题、党员干部终身课题常抓不懈，让初心和使命在思想深处扎根、在内心深处铸牢、在言行一致中彰显。

始终坚持把党的政治建设摆在首位，增强“四个意识”、坚定“四个自信”、做到“两个维护”，确保公司始终沿着正确的方向前进。

建立完善不忘初心、牢记使命长效机制，在学懂弄通做实习近平新时代中国特色社会主义思想上下更大功夫，切实把学习成效转化为推动公司事业发展的强大动力。

坚决践行国家电网的初心使命，提高政治站位，牢记党中央设立国家电网的初心和国有企业“六个力量”新的历史定位，把服务党和国家工作大局作为根本任务，切实增强服务质效，全力保障能源安全，使公司成为党和国家最可信赖的依靠力量。

二、全面落实党中央、国务院决策部署

1. 助力脱贫攻坚和乡村振兴

提前一年完成新一轮农网改造升级。自“十三五”新一轮农网改造升级以来，公司累计安排投资6459亿元，其中2019年投资1604亿元。4年来，公司共新建、改造110kV和35kV线路10.9万km，变电容量21 034万kVA；10kV及以下线路85.8万km，配电变压器容量23 088万kVA。公司经营区内农网供电可靠率达到99.815%，综合电压合格率达到99.802%，户均配电变压器容量达到2.45kVA，“两率一户”指标以省为单位均达到国家要求。完成“三区两州”电网投资146亿元，提前完成甘肃藏区、临夏州和南疆四地州电网攻坚任务。中西部贫困地区电网完成投资306亿元，提前一年完成新一轮农网改造升级任务。“三区两州”外国家级贫困县农网供电服务水平接近本省平均水平，除西藏外公司经营区内自然村全部按标准接通“动力电”。

持续开展国网阳光扶贫行动。开辟光伏扶贫电站接网绿色通道，2015年至今，完成配套电网投资40亿元，接入光伏扶贫项目2046万kW，惠及贫困户288万户。优化结算流程，创新代开售电发票、开辟转付通道等服务措施，提升收益结算效率，当年结算电费61亿元，转付国家补贴50亿元。根据国务院扶贫办安排，开展村级光伏扶贫电站设备级运行数据接入，已接入电站3.8万座。运用大数据、云计算等互联网技术，构建故障精准研判、运行效率分析等模型，为全国光伏扶贫产业发展和政府监督提供平台支撑。定点帮扶“四县一区”。公司帮扶的湖北神农架林区、秭归县和青海玛多县已脱贫摘帽，公司连续两年在中央单位定点扶贫考核中评价为“好”。2015年以来，公司各单位先后派出驻村工作队1293支4371人·次、驻村第一书记977人·次，承担地方各级政府1952个扶贫点的帮扶任务，累计帮扶1554个扶贫点出列，带动10.28万贫困户33万贫困群众脱贫。2019年，投入帮扶资金1.34亿元，实施产业扶贫、民生改善、教育医疗等帮扶项目758项，改善基础设施355处，捐建光伏扶贫电站102座，培训贫困户、技术人员及扶贫干部6.82万人·次，帮助贫困户就业8065人。

全面实施乡村电气化提升工程。落实党中央、国务院部署，全面实施乡村电气化提升工程，开展乡村绿色能源发展标准研究，大力宣传推广乡村电气化新理念新技术，圆满完成山东省寿光市、浙江省安吉县、湖北省潜江市乡村电气化示范县建设。以农业生产、乡村产业、农村生活智慧用能和乡村供电智慧服务四大领域为重点，结合当地资源禀赋和产业布局，因地制宜开展建设，着力提高农村用电保障能力，提升农业生产、乡村产业、农村生活电气化水平。

2. 助力污染防治攻坚战

大力促进新能源消纳。2019年，通过科学调度、完善跨区交易机制等措施，公司经营区新增新能源并网容量3405万kW。截至2019年底，新能源并网容量累计达到34 842万kW，同比增长16.1%。2019年新能源发电量6018.18亿kWh，同比增长16.52%，利用率达到96.8%。

“煤改电”助力清洁取暖。滚动调整“煤改电”三年攻坚方案，如期完成年度建设任务。2019年“煤改电”配套电网建设按期完成，惠及19 684个村、372万户居民。主动沟通并取得国家能源局、生态环境部支持，在生态环境部印发的文件中明确要求各地方政府因地制宜推广集中（蓄热）电采暖技术路线。赴京津冀及周边、汾渭平原重点区域，开展2019年冬季“煤改电”清洁取暖供电保障及优质服务督导检查，多措并举确保人民群众温暖度冬。累计完成近2900所乡村中小学清洁取暖改造，惠及71.87万师生。

岸电取得重大发展。服务长江流域生态大保护，建成三峡坝区绿色岸电实验区，推进长江沿线港口岸电全覆盖；建立统一长江沿线港口岸电建设标准体系，制定内河岸电设施首个团体技术标准，发布中电联团体标准5项，推动岸电技术标准和设施规范统一；建成并投运车船一体化服务岸电云网，组建岸电运营服务公司，为靠港船舶提供岸电服务累计750余次，增加电能使用量400余万kWh。

3. 打造一流营商环境

持续优化办电服务。坚持以客户为中心，聚焦客户关注热点和服务难点，围绕压减流程环节、压缩接电时间、压降办电成本、提高供电可靠性等关键要素，创新服务模式，变革服务手段。加强与地方政府沟通汇报，积极推动出台关于简化占掘路的行政审批程序和压缩审批时限的相关政府支持政策。采取召开现场经验交流会、专题协调推进会、开展自查提升、现场督查等方式持续优化办电服务。2019 年 10 月 24 日，世界银行发布《全球营商环境报告 2020》，中国营商环境全球排名从 2018 年的全球第 46 位上升至第 31 位，连续两年入列全球优化营商环境改善幅度最大的十大经济体。其中，中国的“获得电力”指标排名由 2018 年的第 14 位上升至第 12 位。

持续释放改革红利。坚决贯彻国家减税降费工作部署，积极配合国家发展改革委分两批次出台降低一般工商业电价措施，用户用电成本再降 791 亿元，全面完成第十三届全国人民代表大会《政府工作报告》提出的“一般工商业平均电价再降低 10%”任务。

4. 促进区域协调发展

制定服务长三角区域一体化发展、支持黄河流域生态保护和高质量发展、服务东北全面振兴等系列意见和措施。助力京津冀协同发展，雄安—石家庄特高压交流、首都新机场和大部分冬奥场馆配套电网工程建成投运。推动西藏电网全面互联的又一条“电力天路”——阿里联网工程开工建设，总投资 74 亿元，输电线路总长 1689km。工程计划于 2021 年 6 月投运，将彻底结束阿里电网孤网运行的历史。积极配合支持山西能源革命综合改革试点，加快打造山西光伏风电基地建设，打造新能源产业链；推动能源消费方式变革，开展节能专项行动；推动能源科技创新平台建设。与天津、上海、湖南三省（市）政府签订战略合作协议，为电网发展创造良好外部环境。

三、保障可靠可信赖的能源供应

1. 推动电网高质量发展

发挥特高压资源优化配置作用。截至 2019 年底，国家电网建成投运“十交十一直”21 项特高压工程，核准、在建“四交三直”8 项特高压工程。公司经营区跨省跨区域输电通道设计容量达 2.1 亿 kW，特高压累计输送电量超过 1.6 万亿 kWh，电网资源配置能力不断提升。

2. 保障电力安全可靠供应

完善安全体系建设。落实国家安全工作部署，开展保障大电网安全、“防风险、保安全、迎大庆”、基建安全质量、配电网工程安全管理巩固提升、集体企业安全年、网络安全防护、变电站（换流站）消防能力提升等 10 余项专项行动。编制年度安全生产工作意见，扎实组织春秋季安全大检查、基建专项督查，发布风险预警 25 844 项，保障了 100 万余项检修作业和 4000 余项基建工程有序推进。

全力保障人身安全。关心关爱员工，按照“抢险不冒险”原则，严禁在情况不清、灾情不明、恶劣天气下作业，露天、高处等作业严格执行国家有关规定，出现险情预警，立即进行人员疏散转移，确保员工安全和健康。落实“全覆盖、无死角”和“无计划、不作业”要求，抓好工作票审核签发、安全交底和现场监护等关键环节，确保所有工程现场安全可控。实施外包队伍、外来人员“双准入”机制，加强资质审核和人员安全培训，严禁不合格分包队伍和人员进入现场。丰富“互联网＋安全监督”手段，加快建设安全风险管控平台、安全管控中心，加强安全督查（稽查）队伍建设。

圆满完成系列重大活动保电任务。高标准、高质量完成全年重要活动保电任务，实现“设备零故障、客户零闪动、工作零差错、服务零投诉”。

积极应对自然灾害。2019 年 1 月初、2 月中旬共有 7 次冷空气过程，冰灾影响安徽、湖北、湖南、四川等地，造成±800kV 宾金直流双极闭锁和 396 条 10kV 以上输配电线路故障、1.38 万个台区停运、124.5 万户停电。8 月以来，第 9 号台风“利奇马”、第 11 号台风“白鹿”等 4 个台风先后登陆，对福建、江苏、安徽、浙江等地电网运行和用户供电造成影响。面对严重灾情，各单位迅速启动应急机制，公司上下顽强拼搏、组织有序、措施有力、应对及时，将灾情损失降低到最小。2019 年全年累计投入各类抢修人员 45.82 万人·次。

四、努力做绿色发展的表率

1. 积极消纳清洁能源

抽水蓄能电站助力清洁能源消纳。抽水蓄能电站助力公司新能源消纳。“双升、双降”效果明显，共计启动 50 422 台次，同比增加 7.64%，其中抽水启动 23 643 台次，同比增加 3.91%，增加消纳新能源电量 262 亿 kWh。抽水蓄能电站机组台均利用 24 566.03h。常规水电实现防汛和发电双丰收，累计发电 423.53 亿 kWh，同比增加近 24%。公司抽水蓄能、新能源和其他调峰水电基建及技改大修共完成投资 216.91 亿元。投产水电和新能源装机 155.85 万 kW。

促进清洁能源市场化方式消纳。保障水电及新能源电力交易，促进发电权交易、自备电厂替代和清洁能源优先交易。省间现货交易试点成效显著。跨区域省间富余可再生能源现货市场已平稳运行 2 年多，累计成交电量 192 亿 kWh 提高新能源消纳水平。省级现货市场取得突破性进展。试点省份 9 月份全面开展连续结算试运行，电力市场化改革迈出坚实一步。推动辅助服务市场建设，4 家区域辅助服务市场、14 家省级辅助服务市场启动试运行或投入正式运行。

2. 促进新能源利用

有序组织新能源并网投产。严格落实国家新能源投资预警政策要求，按照“消纳目标刚性考核、新增装机柔性管控”的原则，确定新能源投产的容量和时序。为新源项目并网提供绿色通道，做好接网工程建设，确保项目及时并网发电。汇集各类资源提升电网调节能力，促进源网荷储协调互动，解决新能源大规模并网带来的运行难题。

大力推动新能源发展。重视可再生能源特别是新能源的大规模开发利用，推动构建“清洁低碳、安全高效”的现代能源体系。2019 年，公司经营区新增新能源并网容量 3405 万 kW，新能源并网容量累积达到 34 842 万 kW，同比增长 16.1%，其中风电 16 051 万 kW，同比增长 12.5%；太阳能 16 970 万 kW，同比增长 15.0%。分布式光伏并网容量 5637.2 万 kW，同比增加 1088.3 万 kW。

持续加强新能源消纳运行管控。强化全网统一调度，提升大电网平衡调节能力。优化区域和跨区旋转备用共享机制，提高消纳水平。制定并实施 6 大方面、30 项重点工作，促进新能源发展和消纳。2019 年新能源发电量 6018.18 亿 kWh，同比增长 16.52%，利用率达到 96.8%。加快构建国网新能源云平台，设计 15 个功能子平台，为政府、发电企业、广大用户提供服务。

3. 深度推进电能替代

实施重点电能替代项目。2019 年完成电能替代项目 9.7 万个，电能替代电量达到 1802 亿 kWh，同比增长 33%，以电代油减排 6052 万吨二氧化碳，以电代煤减排 1.20 亿 t 二氧化碳。工业加工领域替代电量 911 亿 kWh，长江流域港口建成岸电近 200 套。推广家庭电气化产品 5.79 万台，完成 123 个营业厅电动汽车体验区建设与升级。

大力推广可再生能源。2019 年公司经营区内，可再生能源发电装机容量达到 5.94 亿 kW，同比增长 9.49%，其中风电、太阳能发电、生物质能发电并网容量超过 3.65 亿 kW。可再生能源发电量为 1.34 万亿 kWh，同比增长 9.53%；可再生能源发电利用率为 96.4%，同比提升 2.5 个百分点。2019 年，公司经营区域内水电发电 8298 亿 kWh，同比增长 5.8%。

推进清洁能源工程建设。丰满大坝原址重建竣工并顺利蓄水，丰满全面治理（重建）工程 3 台机组、绩溪抽水蓄能电站首台机组顺利投产发电。青海海西 70 万 kW 多能互补项目投产。浙江衢江等 4 个新核准抽水蓄能项目按期开工，山西垣曲等 4 个抽水蓄能项目取得核准。浙江仙居抽水蓄能电站荣获年度国家优质投资项目奖。江苏东台 20 万 kW 海上风电项目获得“国家优质工程奖”。

4. 建设生态和谐电网

加强环保管理。修订公司环境保护管理办法、环境保护工作考核办法、电网建设项目环境影响评价管理办法和竣工环境保护验收管理办法，制订电网建设项目水土保持设施验收管理办法、电网废弃物环境无害化处置监督管理办法以及电网建设项目水土保持设施验收技术规范、输变电工程水土保持监理规范。组织开展变电站（换流站）噪声超标治理专项督导，加快实施公司系统 110kV 及以上变电站（换流站）噪声超标治理行动计划，全年完成变电站（换流站）噪声超标治理 53 座，超额完成年度治理任务。

加强电网生态友好设计施工。优化工程选址选线，避让自然保护区的核心区和缓冲区，世界文化和自然遗产地的核心区和缓冲区，避让重要林区、野生动物的集中活动区、迁徙通道，避开生态脆弱区域。2015 年以来，三江源地区输电线路沿线已累计安装招鹰架及人工鸟窝 2612 个，及时对工程建设扰动部位实施植被恢复专项工程，累计完成撒播草籽 140.4hm^2、草皮回铺 6.2hm^2、栽植灌木 38 266 株、栽植乔木 40 041 株。

五、服务和推进“一带一路”建设

1. 服务“一带一路”建设

积极推进国际产能合作。建成投运巴西美丽山特高压输电二期项目、巴西特里斯皮尔斯输电特许权二期项目、缅甸首个大型卖贷工程总承包项目——缅甸 230kV 主干网项目。开工建设巴基斯坦默拉直流输电项目、菲律宾棉兰老—维萨亚联网项目。签署希腊克里特岛联网项目股权投资意向协议，与法国电力公司签署合作框架协议，签署埃塞俄比亚输配电项目 PPP 协议，签订乌克兰佐菲亚风电项目总承包合同，签署埃及国家电网升级改造二期项目合作协议。

稳妥推动电力基础设施互联互通。中俄 4 条跨国输电线路运行稳定，累计交易电量超过 300 亿 kWh。中韩、中尼联网取得阶段成果，中韩双方锁定第一阶段联合开发协议文本，举行中尼联网项目第二次联合工作组会。推动福建与金马联网，组织召开两岸电力联网技术研讨会。

稳健运营境外资产。依法合规经营，在超过 100 多个国家（地区）开展海外业务。巴西 CPFL 公司成功完成股份公开发行，国网澳洲资产公司成功完成收购 WSGP 输气管线项目，葡萄牙 REN 公司成功投资智利 Transmel 输电项目，签署智利第三大配电公司切昆塔集团公司 100%股权购买协议，收购阿曼国家电网公司49%股权。

稳妥推动电力基础设施互联互通。中俄4条跨国输电线路运行稳定，累计交易电量超过300亿kWh。中韩、中尼联网取得阶段成果，中韩双方锁定第一阶段联合开发协议文本，举行中尼联网项目第二次联合工作组会。推动福建与金马联网，组织召开两岸电力联网技术研讨会。

2. 积极参与国际交流活动

积极参与国际组织活动，传播公司发展理念、管理和技术经验，8月参加IEEE PES 2019大会；9月在成都组织召开CIGRE 2019国际研讨会；10月参加CIGRE南部非洲区域第9次会议及IEC第83届大会。与全球可持续电力合作组织、国际可再生能源署等国际组织开展定期交流，扩大公司国际影响力。

【中国南方电网有限责任公司企业社会责任报告(摘要)】

一、电力供应

继续优化电力营商环境，坚决落实降低企业用电成本的部署，增强制造业在国际市场的竞争力。严格管控电网安全和网络安全风险，优化安全生产、用电服务中心工作，把确保安全生产与满足用户需求统一起来。坚持以科技创新为关键，以服务和商业模式创新为核心，以管理创新为保障，全面构建创新体系。广州、深圳“获得电力”指标名列前茅，获省、行业级科技奖励78项，第三方客户满意度84分。

在2018年制定行动方案的基础上，2019年出台十项举措，将优化电力营商环境工作纳入各单位经营业绩考核，建立月度例会协调机制，推动方案落地，持续刷新客户在优化办电手续、降低办电成本、提高供电能力等方面的服务体验。公司持续推进数字化转型，以智慧智能服务提升用户体验，推动企业、群众所有业务办理“一次都不跑”。

落实国家电价政策，助力减轻企业非税负担。贯彻党中央、国务院关于一般工商业平均电价再降低10%的决策部署，于2019年4月1日和7月1日分批执行实施降价措施。南方五省区每年可再降低一般工商业用电成本约170亿元，有效降低客户用电支出。

以供电可靠性为总抓手，持续推进“一套数据、多方应用”，强化源头治理和关键过程指标管控，发挥好供电可靠性在资产全生命周期管理各环节中的牵引作用，大幅提升客户用电体验。在国家能源局2019年发布的《2018年全国地级行政区供电可靠性指标报告》中，南方电网供电区域内共有15个地级行政区位列全国地级行政区供电可靠性指标A区间，珠海、中山、佛山供电局分别列1、2、3名，深圳、广州、东莞分别列5、6、7名。

秉持“为客户创造价值”的服务理念，健全客户全方位服务体系，专业、协同、高效解决客户问题，为客户提供准确无误的用电宣传和用电安全培训，助力五省区经济社会高质量发展，赢得五省区客户的广泛认可。

二、绿色环保

贯彻落实西电东送战略，促进区域资源优化配置。“西电东送”是中央实施西部大开发战略的标志性工程。南方五省区中，东部经济发达而资源禀赋不足，西部地区有充足的可转化为电力的清洁能源资源，具有很强的互补性。公司自成立以来，大力推进西电东送大通道建设，在保证电网安全的前提下确保清洁能源优先调度，充分发挥南方电网区域平台资源优化配置优势，每日滚动优化西电东送曲线，开展省间余缺调剂，大力提升对西部水电、风电等清洁能源的消纳能力。

南方电网积极融入能源变革，发挥区域资源优化配置的重要平台作用，在努力做好自身节能减排工作的同时，积极促进清洁能源大范围配置和高效利用，引导能源消费升级。2019年南方电网区域非化石能源发电装机容量1.88亿kW。

充分发挥南方电网区域平台作用，实施清洁能源调度，统筹全网资源优化配置，积极组织省间市场化交易，应对云南来水“枯多丰少”的影响，全力吸纳水电，减少弃水电量。2019年全网统调水电发电量4021亿kWh，水能利用率99.6%。

推进区域内大电网建设，加强新能源资源富集地区骨干网架建设，提升水电消纳能力，并有效解决风电、光伏等新能源发电消纳问题，通过西电东送工程将东西部经济紧密连接，为实现“绿色中国梦”贡献力量。加快推进乌东德电站送电广东广西直流通道和云贵互联通道建设，提升云南富余水电消纳能力。建成投产贵州威宁500kV输变电工程、云南永昌500kV输变电工程等一批新能源资源富集地区输变电工程，有效解决贵州西北部、滇西北风电、光伏等新能源发电和中小水电消纳问题。截至2019年底，南方区域西电东送已经形成“八条交流、十条直流”18条大通道，送电规模超过5000万kW，西电东送清洁能源占比84%。

积极落实国家可再生能源电力消纳保障机制，完善新能源调度运行标准体系，推进新能源重点项目有序发展，动态优化电网运行方式和发电运行安排，加强新能源并网服务，实现风电、光伏基本全额消纳，以及核电保障性消纳。2019年可再生能源发电利用率99.61%。

积极开展绿色低碳宣传活动，提升社会各界的节能意识和能力，倡导简约适度、绿色低碳的生产和生活方式。

全面推进绿色电网建设，严格落实《绿色电网建设标准》及《绿色电网评价标准》要求，积极开展新技术、新材料及新工艺应用，将“四节一环保”的理念贯穿于基建工程建设的全生命周期。注重自身运营对社区环境的影响，通过应急演练、电磁环境在线监测等方式，降低对周边社区的干扰。重视对施工过程中的环境影响管理，引导建设单位规范开展生态环境保护、水土保持、生态修复等工作，尽可能将影响降到最低，避免对生物多样性的干扰。

积极落实综合线损同期管理实施方案，推进线损同期管理和线损日监测工作，不断提升能源节约精益化管理水平。2019 年综合线损率 5.80%，同比下降 0.51 个百分点。

持续优化物资管理，通过循环利用减少资源消耗，降低电网运营对环境的影响。推进绿色办公管理，为员工提供绿色后勤服务，倡导员工积极落实绿色办公行动。积极推进分布式能源、光伏、抽水蓄能、风电等发电并网，提升能源综合利用水平。为客户提供节能改造综合服务，降低客户用电成本，助力能源消费变革。2019 年需求侧共节约电量 30.96 亿 kWh，2019 年需求侧节约电力 81.21 万 kW。

积极发挥专业和资源优势，以“加快产业布局、打造品牌、扩大合作、构建生态”为路径，延伸布局电动汽车服务产业价值链，支撑公司向能源产业价值链整合商转型。2019 年新增充电桩 11 133 个，新建充电站 788 座。正式成立南方电网电动汽车服务公司，推动组建省级电动汽车区域公司，引入外部优势资源，完成广东、海南等区域公司组建，打造网省两级电动汽车产业服务体系。有序推进电动汽车充电服务平台整合与统一，完成粤易充（广东）、八桂充（广西）、彩云充（云南）、电动贵州（贵州）、羊城充（广州）、小南充（深圳）、度度充等平台的统一整合接入，打造覆盖南方五省区全网统一的“顺易充”充电服务平台，用户使用“顺易充”App 可畅行南方五省区。

积极响应国家部署，聚焦以电代油方式，加快推动港口岸电设施建设，确保满足岸电使用需求。累计投资建成岸电泊位 71 个，提前完成国家要求的年度岸电建设任务，其中广东全省实现内河港口岸电全覆盖。

三、经营效率

系统谋划中国特色现代企业制度建设，注重战略引领，加强顶层设计，突出建章立制和构建体系，不断提升企业治理能力和水平。以深化改革为动力，以改革创新思维面对新变化与新挑战，加大开放合作力度，坚决破除高质量发展面临的体制机制障碍，不断激发各层级的潜能和活力。公司贯彻落实国务院国资委稳效益提质量要求，始终聚焦主责主业，深入推进提质增效工作，顶住经济下行压力，克服政策性减利影响，主要经营指标实现稳定增长，高质量发展成效显著。2019 年公司资产总额达 9337 亿元，实现营业收入 5663 亿元，整体资产负债率 59.5%。连续 13 年获得国务院国资委经营业绩考核 A 级，世界 500 强排名位居 111 位，以实际行动为经济持续健康发展和社会大局稳定作出贡献。

严格落实招标采购“三公”规定，常态化接受供应商注册登记，2019 年累计登记供应商 96 126 家。严格按照供应商扣分处罚实施细则对供应商进行管理。2019 年，登记供应商共计 96 126 家，其中给予失信供应商警告处理 68 家，市场禁入 44 家。积极引导和鼓励供应商履行社会责任，供应商资质能力评价标准中设置社会责任管理相关评审指标。推进供应商“四个一”服务工作举措落地，率先实现线上服务“一号通”、线下服务“一站妥”、招投标业务“一次都不跑”、供应商登记“一天就办好”，营造专业、高效、规范的采购领域营商环境。2019 年，供应商通过职业健康安全管理体系认证率 97.75%，通过质量管理体系认证率 99.86%，通过环境管理体系认证率 97.32%。

坚决贯彻党中央、国务院关于防范化解重大风险的决策部署，切实肩负起防范化解重大风险的政治责任，有效辨识、积极防范生产经营领域的重大风险，推动企业持续健康发展。

高度重视企业合规管理工作，建立全面覆盖、职责清晰、协同联动、有效的合规管理体系，为加快建成具有全球竞争力的世界一流企业提供坚强保障。

认真贯彻党中央、国务院决策部署，坚持市场化改革方向，大力推进电力体制改革，重点领域关键环节改革实现新突破。全面完成一般工商业电价再降 10%任务。严格执行降低增值税税率、降低国家重大水利工程建设基金征收标准、延长电网企业固定资产平均折旧年限等政策，全年降低企业用电成本约 170 亿元。进一步完善省间市场化交易机制。创新建立并实施云电送粤曲线外价格机制、枯期云贵水火置换交易机制、海南联网交易机制。2019 年，省内市场化交易电量占比 39.3%，同比大幅提升。增量配电改革稳妥有序推进。南方电网公司参与的增量配电试点项目中，已组建项目公司 29 家，完成配电区域划分 31 项，取得电力业务许可证 17 项，建成投产并网 13 项。现货市场建设保持全国领先地位。广东现货市场在全国率先转入结算试运行，在全国范围内起到示范引领作用，为各省推进结算试运行工作提供借鉴。

紧扣能源产业价值链、输配电核心业务链，整合内部优势资源、赋能核心业务发展，积极推进新兴业务和产业金融业务改革发展，提升满足客户多样化需求的能力，助力公司加快建设具有全球竞争力的世界一流企业。

以习近平新时代中国特色社会主义思想为指导，主动服务服从国家总体外交大局，贯彻落实“一带一路”倡议和国家重大决策部署，努力推动与周边国家电网互联互通建设，持续深化国际交流合作，不断拓展对外交流渠道，切实履行海外社会责任，以实际行动践行“一带一路”义利观。南方电网公司将澜湄国家电力互联互通置于战略地位，以实际行动助力“一带一路”建设走深走实。2019 年，中老两国领导人见证签订的中老铁路供电项目开工建设，缅北南邓民生供电项目投产，老中电力投资公司揭牌，菲律宾直流换流站工程总承包项目开工建设，推动建立澜湄电力合作中资企业沟通协调机制。

四、社会和谐

坚决落实党中央脱贫攻坚决策部署，扎实推进精准扶贫工作，助力定点扶贫帮扶点走上可持续发展的脱贫致富道路。助力广西东兰县、云南维西县整县脱贫摘帽。成立中央企业第一家“工匠大学”——南网工匠大学。

认真学习贯彻习近平总书记关于扶贫工作的重要论述精神，坚决落实党中央脱贫攻坚决策部署，切实履行国务院扶贫开发领导小组成员单位的职责，精准施策，高质量推动扶贫工作，为南方五省区打赢脱贫攻坚战贡献南网力量。公司连续三年（2017、2018、2019 年）在中央单位定点扶贫工作考核中获最高评级“好”，连续四年获得广东省扶贫济困“红棉杯”金杯奖。截至 2019 年底，共完成易地搬迁、生态移民工程配套电网项目 1920 个，惠及搬迁人口 17.2 万户 65.7 万人；完成产业扶贫配套电网项目 674 个，直接惠及贫困人口 1.3 万户 5.6 万人；完成光伏扶贫配套电网项目 1243 个，直接惠及贫困人口 5.3 万户 20.6 万人。2019 年，直接帮助 234 个扶贫点脱贫摘帽，直接帮助 7.12 万人脱贫。

精准施策，扎实推进产业扶贫、教育扶贫、消费扶贫、基础设施扶贫和党建扶贫五项行动，切实增强帮扶点内生动力，助力定点扶贫帮扶点走上可持续发展的脱贫致富道路。

充分尊重和保障员工各项合法权益，保护员工隐私，给予员工公平的就业机会，持续完善薪酬分配机制，落实员工民主权利，积极构建和谐的劳动关系。严格遵守《中华人民共和国劳动法》等法律法规，坚持公平、公开的雇佣原则，在人才招聘过程中，坚持男女平等、反对就业歧视和强迫劳动，不将国籍、种族、性别、年龄、宗教信仰等因素作为选择员工的条件。依法签订劳动合同，全年劳动合同签订率 100%。

持续完善薪酬激励机制，促进分配更加合理有序，严格执行国家及地方社会保障政策。2019 年社会保险覆盖率 100%，人均带薪休假天数 9 天。

建立健全职工代表大会制度，强化厂务公开民主监督机制建设，切实保障员工的知情权、参与权、表达权和监督权。2019 年，系统各单位共组织召开职工代表大会 773 次、联席会 1137 次、专委会 762 次，审议通过 1692 个重大事项，征集提案 3677 件，立案办理 1206 次。

认真组织落实国家职业健康管理工作部署，推广应用利于保护员工健康的新技术，降低工作强度、提高工作效率、减少接触危害的机会。组织员工体检，配备急救药品器具，落实医疗康复措施，健全职业健康应急管理机制。2019 年，中等以上职业健康风险同比降低 7.2%，全年未发生职业病事件，体检及健康档案覆盖率 100%。

遵循人才发展规律，持续完善人才发展体制机制，大力集聚优秀人才，以多元化方式开展内容丰富的培训，畅通各类人才职业发展通道，实现员工与企业的共同成长。

深入贯彻新时代党的组织路线，按照好干部标准和国有企业领导人员“20 字”要求，紧扣“忠诚干净的高素质专业化干部队伍”建设目标，切实增强公司干部工作的政治性、战略性、系统性、改革性和导向性。

以建立为员工办实事长效机制为重点，协调解决一线员工的痛点难点问题，做细做实员工服务工作，努力满足员工美好生活的需要。

【中国大唐集团有限公司社会责任报告(摘要)】

一、价值创造

坚持新发展理念，落实“干就干一流的事，干就干成一流”总要求，优化业务板块布局，聚焦“风光气服”，加快新能源发展。2019 年，火电装机 9732.14 万 kW，完成发电量 4086.59 亿 kWh；风电装机 1839.59 万 kW，完成发电量 335.35 亿 kWh；水电装机 2702.64 万 kW，完成发电量 973.25 亿 kWh。

促进国有资产保值增值，盘活存量资产，促进资金回笼，提高资产周转率和资金使用效率。充分利用资产、资本两个市场，灵活采用权益性融资等多种方式，降低资产负债率 3 个百分点。2019 年，经济效益量质同升，营业总收入为 1897.31 亿元，利润总额为 120.61 亿元。

深化改革，圆满完成瘦身健体、剥离企业办社会职能等工作，有序推进“双百企业”综合改革及厂办大集体改革、退休人员社会化管理等改革任务。

坚持降本节支，建立健全燃料管理体制机制，实施责任采购，强化煤价管控，提升燃料低成本竞争力。积极融入电力市场化改革，促进完善市场化机制，规范电力市场交易。深化营销体系建设，坚持“服务至上”理念，为客户提供便捷的咨询、业务办理通道，开通400-166-7777全国售电服务热线，提供用电增值服务，受到客户好评。

二、安全生产

强化安全管理，健全完善安全管理制度。修编《安全生产责任制》《生产安全事故报告与调查规程》等制度，制定《安全环保问责办法》，为开展安全生产工作提供制度保障。严格安全生产监督和考核问责，促进安全生产责任落实。持续推进安全风险管控体系建设，深入开展安全风险控制评估内、外审和风险排序工作，有效管控风险。逐级落实重大隐患挂牌督办制度，组织开展春、秋季安全环保大检查，对电缆火灾等事故隐患开展专项排查治理，强化问题整改闭环。2019年，排查治理问题隐患19 000余项，确保各类安全风险可控在控。圆满完成庆祝新中国成立70周年、“一带一路”高峰论坛等重大保电任务。

加强应急管理，持续深化应急能力建设。修订完善《突发事件综合应急预案》《突发安全生产事故专项应急预案》，完善应急管理制度体系。“安全生产月”期间，组织开展各类应急演练1720次，开展各类应急培训500余次。全面提升防洪度汛能力，开展防汛应急预案演练，强化监测预警，圆满完成2019年度防汛抗旱工作。

提升员工安全意识，全面推进安全文化建设，全系统深入开展“电力安全文化建设年”活动和安全文化示范企业创建工作，河南许昌发电公司、山东黄岛发电公司两家企业荣获“全国安全文化建设示范企业”称号。扎实开展安全环保培训，强化安监专业人员履职能力，2019年，共开展专职安全监督人员培训8期，共计参加培训942人，开展注册安全工程师继续教学培训3期，共计参加培训484人。截至2019年底，中国大唐共有注册安全工程师1395人，其中2019年新增注册安全工程师95人。

加大安全生产投入，严格管控设备事故风险，保障设备安全运行。2019年，累计投入节能、可靠性技术改造资金66.87亿元，设备可靠性不断提高，13台机组荣获全国金牌机组称号，61台机组获评全国大机组竞赛优胜机组。全年没有发生较大及以上人身设备事故，没有发生重大网络信息安全及舆情事件。

三、绿色追求

全面贯彻落实习近平总书记生态文明思想，主动适应能源革命新形势，持续加大结构调整力度，积极淘汰落后产能，大力发展新能源、可再生能源等清洁能源，有序推进燃煤发电清洁高效发展，为实现绿色发展、建设美丽中国作出更大贡献。2019年，中国大唐全年发电量完成5411.29亿kWh，其中，火电完成4086.59亿kWh，同比减少112.19亿kWh。燃机、风、光、水等清洁能源和可再生能源当年新增发电量52.35亿kWh，减少二氧化硫排放0.073万t，减少氮氧化物排放0.1万t，减少二氧化碳排放424.02万t。

满足国家和地方政府排放标准要求，完成超低排放环保改造任务，超低排放燃煤机组达230台，容量占比97.04%，居行业先进水平。严格落实生态环境部保空气质量措施要求，制定《火电企业生产环境保护评价标准》，全面进行煤电企业环保管理体检，系统企业环保管理水平不断提升。

四、创新驱动

深化改革创新，推进先进技术成果转化，以科技进步提升核心竞争能力与可持续发展能力，支撑能源安全高效、清洁低碳发展。

稳步推进科技成果推广应用工作，发布2019年中国大唐第一批、第二批推广的科技成果（专利）目录及应用企业名单，共计40余项成果在系统内相关企业得到推广应用，实现成果的共享、共用、共受益；汇编《中国大唐科技成果推广目录（2017—2018年）》，推动基层企业全面了解和使用中国大唐已经组织推广的科技成果（专利）。

2019年，新增专利1366件，累计获得专利8008件，同比增长12.7%，其中发明专利同比增长10%。中国大唐获得中国电力科技进步奖、电力创新奖、电力建设科学技术进步奖、中国能源研究会能源创新奖四项行业奖共94项，获奖总数和一等奖数量均居行业前列。经第三方评价，中国大唐有6项成果达到国际领先、17项达到国际先进、16项达到国内领先、1项达到国内先进，成果评价不断提升。

五、国际合作

坚持开放发展理念，认真贯彻落实国家“一带一路”倡议，秉持“共商、共建、共享”原则，不断拓展境外业务，加快国际化进程，全面深化与“一带一路”沿线国家合作，广泛参与能源基础设施建设，坚定不移推动国际化业务高质量发展。

中国大唐3个境外投产运营项目全年安全稳定运行。其中，柬埔寨斯登沃代水电站创造了良好的经济效益，促进柬埔寨国家经济的发展，成为中柬友好合作典范；柬埔寨金边—马德望230kV输变电项目为柬埔寨电网运行和社会供电做出了突出贡献；缅甸太平江水电站获得了各方支持，并确定了为当地供电的技术方案。在建的印尼米拉务燃煤发电项目将会极大缓解亚齐地区的用电紧张压力，并为印尼提供就业机会以及培养优秀的电力技术人才，成为“一带一路”上又一璀璨的明珠工程。

截至2019底，中国大唐在东南亚及欧洲市场获准开展前期工作的重点突破项目8个，积极推进项目13个，跟踪储备项目6个，主要聚焦风电、光伏发电、燃气发电等清洁能源项目。为印尼、孟加拉、马来西亚、菲律宾、圣普等国家提供技术服务项目10余个，中标的孟加拉帕亚拉2台66万kW超超临界燃煤电站运维项目是该国在建装机最大、等级最高的火电项目；圣普电力技术援助二期项目，为稳定圣普的电力供应，促进中圣两国友谊做出重要贡献。

六、共同发展

坚持“命运共同体”思维，与社会共享发展成果，实施幸福工程，紧紧围绕“幸福大唐”建设，促进企业目标与个人目标有机统一，实现员工与企业共同发展，为企业发展注入活力。

坚持以人为本，落实人才发展规划，不断完善工作机制，畅通员工发展通道，搭建员工成长成才平台。2019年，各级企业共开展培训项目3.2万个，超过200万人次参加；3人荣获“全国青年岗位能手”称号，2人荣获“全国电力行业领军人才”称号，10名选手分获第七届“嘉克杯”国际焊接大赛个人二等奖、三等奖。

推进“幸福大唐”建设，健全职代会制度，保障员工合法权益，关心员工身心健康，增强职工的获得感、幸福感和安全感。2019年，制订“幸福大唐”三年滚动计划；开展“巾帼建功”活动；在200多个基层企业建立职工服务中心，建成车间班组的服务站732个；完成“六最”项目建设活动近500个；“送温暖”活动慰问走访职工3万多人次。

积极开展公益活动，在企业文化建设中融入公益理念，深耕公益品牌活动，鼓励员工投身社会公益事业，以实际行动回馈社会，为和谐社会贡献力量。2019年，组织“大唐启明星课堂”活动企业115家，向国内外万名中小学生普及电力生产知识及安全用电常识。该活动已连续三年在国内各省市区开展，并且延伸至柬埔寨、老挝等国家，累计有272家大唐企业参与。国内中央主要新闻媒体、各大门户网站及老挝、柬埔寨等国家的数百家媒体进行报道。以“礼赞七十华诞　共建美丽中国”为主题，举办中国大唐第十三届企业开放日活动。自2007年以来，中国大唐每年举办企业开放日，开放企业累计达到365家(次)，已有近8万名社会各界人士走进中国大唐。

深入贯彻中央脱贫攻坚决策部署，加快落实脱贫攻坚三年行动计划方案，完善脱贫攻坚工作常态化机制，大力推进定点扶贫，全面完成《中央单位定点扶贫责任书》各项指标和地方定点扶贫任务。2019年，向贫困地区直接投入资金达5.95亿元，同比增长50.63%，派出扶贫干部176名，中央单位定点扶贫6项任务全部超额完成。

【中国华电集团有限公司社会责任报告(摘要)】

2019年，是新中国成立70周年，中国电力工业也实现了从“电力短缺”到“电力富足”，从“技术落后”到“技术引领”，从“管理粗放”到“精益管理”，从“国内经营”到“国际经营”的“四大跨越”。这一年，中国华电成功发布《华电文化纲要》，提出“奉献清洁能源、创造美好生活”的公司使命，表达“创建具有全球竞争力的世界一流能源企业”的公司愿景，确立“求实、创新、和谐、奋进”的核心价值，树立“绿色发展、惠及民生”的使命担当。全体华电人只争朝夕，不负韶华，以坚如磐石的信心、坚韧不拔的毅力，全年实现发电量5786亿kWh，供热量3.2亿GJ，煤炭产量5573万t，持续为服务国家发展大局、守护人民美好生活贡献光和热。

中国华电深入贯彻习近平总书记“四个革命、一个合作”能源安全新战略和“推进能源生产和消费革命，构建清洁低碳、安全高效的能源体系”等一系列重要讲话精神，以促进民族复兴为己任、以清洁低碳为路径、以世界一流为目标，深入推进“五三六战略”，大力推动清洁低碳发展提质加速。2019年，中国华电清洁能源装机占比达40.4%，超低排放机组占比超过90%，近三年共淘汰落后产能煤电机组403万kW，减排二氧化碳1526万t，被国务院国资委授予“节能减排突出贡献企业”。

中国华电坚持开放、绿色、廉洁理念，以“建设一座海外电厂，打造一张华电名片”为原则，高标准、高起点建设每一座海外电厂。截至2019年底，中国华电海外业务遍布全球30余个国家和地区，境外在建与投运装机403.2万kW，已完成和正在执行的海外技术服务累计4169.5万kW，持续获得穆迪、惠誉和标普三大国际评级机构高评级。

此外，中国华电还坚持共商共建共享，累计为东道国提供上万个就业岗位，并在海外修建学校、公路等基础设施，参与教育捐赠、医疗服务、赈灾救援等公益活动。

中国华电秉持“中国华电　度度关爱”社会责任理念，肩负央企使命，勇担央企责任，深化定点扶贫，瞄准“两不愁三保障”，创新精准帮扶，全面助力打赢脱贫攻坚战。2019年，投入直接帮扶资金2.6亿元，选派127名扶贫干部在16个省（区）驻村帮扶。定点扶贫的新疆乌恰县、阿图什市，对口支援的新疆喀什市、青海都兰县现已全部脱贫摘帽，中国华电获评2019年中央单位定点扶贫考核最优等级。

《中国华电集团有限公司社会责任指标体系》披露了涵盖发展绩效、经济绩效、环境绩效、社会绩效和责任管理五大领域的196项社会责任指标，有效地回应利益相关方，推动公司社会责任管理提升和社会责任履行。

2019年，中国华电继续大力推进“中国华电　度度关爱”责任品牌实施战略和责任品牌“4C”行动计划，在信息披露和公众沟通方面不断努力探索，取得突出成效。

中国华电突出学习贯彻习近平新时代中国特色社会主义思想这条主线，公司党组认真学习《习近平关于“不忘初心、牢记使命”重要论述选编》《习近平新时代中国特色社会主义思想学习纲要》等，并通过扩大学习会、读书班等形式，原原本本读原著、扎扎实实学原文、联系实际悟原理；持续开展专题调研，讲好专题党课，加强巡回指导，征求意见建议，实实在在检视问题，查找差距。

直属单位和基层企业党组织共开展读书班3240期，集中研讨1895次，广大普通党员依托“三会一课”、主题党日开展学习，切实以理论滋养初心、以理论引领使命，受到中央主题教育第30指导组和第12巡回督导组的充分肯定。

把防范化解重大风险摆在更加突出的位置，中国华电持续抓好各类风险防范，不断增强忧患意识，提高抗风险能力，坚决守住不发生重大风险的底线。密切关注国际、国内环境变化，强化资金安全，降低融资成本；持续落实负债率管控方案要求，做好负债率压降工作，“点、线、面”风险立体防控体系构筑完成，企业可持续健康发展稳步向前。截至2019年底，公司资产负债率降至72.83%，实现11年连降。

处僵治困、“瘦身健体”工作稳步推进，92户高风险企业同比减亏41%，17户“僵尸特困”企业全部验收合格，压减法人193户，法人企业亏损面同比降低5.8个百分点，减亏52亿元，“两金”专项治理绝对额水平和资金周转率在同类型企业排名第一，顺利完成国资委“瘦身健体”“处僵治困”任务。着力加强资金融通，高质量完成境外5亿美元和境内236亿元永续债发行，进一步强化资本运作顶层设计和运作力度，完成华电国际子公司首批债转股资金落地，成功实施华电运营第二轮10亿元债转股，创新ABN融资方式。被上交所评为“公司债券优秀发行人”，华电国际荣获中国证券“金紫荆”　“最佳上市公司”奖。

中国华电高度重视脱贫攻坚，将扶贫作为重要政治任务，与企业经营管理同部署、同安排、同考核，把扶贫工作成效作为检验“不忘初心、牢记使命”主题教育成效的重要内容，不断健全体制机制，坚持精准扶贫精准脱贫基本方略，聚焦“两不愁三保障”，深化定点扶贫，助力贫困地区补齐突出问题短板。党的十九大以来，中国华电累计投入227亿元积极推进“三区三州”等深度贫困地区能源项目开发，投入扶贫资金4.6亿元，选派221名扶贫干部在18个省41个县（市）63个贫困村开展驻村帮扶，帮助数万名贫困群众实现稳定脱贫，定点扶贫的新疆乌恰县、阿图什市，对口支援的新疆喀什市、青海都兰县已全部实现脱贫摘帽。

截至2019年底，中国华电海外业务遍布全球30余个国家和地区，境外在建与投运装机容量403.2万kW，已完成和正在执行的海外技术服务累计4169.5万kW，持续获得穆迪、惠誉和标普三大国际评级机构高评级。

2019年，全年发电量同比增长4.1%，完成庆祝新中国成立70周年、“一带一路”高峰论坛、“进博会”和“军运会”等重要时期和重大活动保电维稳工作。

中国华电积极抓好供热服务，推进智能供热系统建设，打造华电智慧供热名片。截至2019年底，公司115家供热企业分布于全国25个省（市、区），供热面积达6.19亿m^2，国内供热装机容量8205万kW，占火电总装机的76%，供热装机、供热量位居同类型企业前列。

围绕提升效益效率，注重安全高效绿色，加快向智能化开采和绿色矿山方向转变，充分发挥优质煤矿效能，妥善处置低效无效资产，推进增产增收节支创效。截至2019年底，可控煤炭资源储量265亿t，拥有千万吨级煤矿4处，全年煤炭产量5573万t，同比增长9.7%。

加快转型升级，按照基地式、规模化开发思路，大力推进清洁能源基地建设，截至2019年底，发电装机容量达1.53亿kW，清洁能源装机6064万kW，占比40.4%。

响应国家能源供给侧结构性改革要求，有序推进分布式能源项目布局开发，截至2019年，已投运天然气分布式能源项目18个，累计装机容量233万kW，继续保持行业领先优势。

在坚持质量效益的前提下按下风光电发展快进键，风光电投产容量同比增长203%，与10个省（区、市）签订清洁能源基地开发协议；天然气发电稳步推进，累计发电装机容量1704万kW，江苏望亭等燃机项目列入国家首批燃气轮机创新发展示范项目。

建立健全安全管理制度，形成“1+8+N”的安全管理制度体系，推动制度进班组、进现场、进一线，进一步提高煤矿双预控管理水平，深化煤矿安全生产标准化和“双预防”体系建设。2019年，煤机、燃机、水电机组强迫停运同比均减少10台次以上，新能源机组发生统计缺陷同比减少179台次，102家发电企业实现“零非停”，56家安全生产实现5000天，全年未发生安全生产人身伤亡事故，实现全系统首个生产基建全年“零死亡”，受到全国电力安全生产委员会表扬。

加强安全应急体系建设，压实各级责任，发挥现代信息技术优势，筹划安全应急管理系统建设，针对灾害、风险特点，组织电力、煤炭、科工企业三级联动典型应急演练，全年组织应急预案和处置方案演练700余场，完成年度防汛任务，积极有效应对超强台风“利奇马”等灾害。

弘扬“全员尽责、防治并举、绿色友好”安全环保观，深化安全文化建设，形成一系列特点鲜明的企业安全文化示范案例。6家企业获得“全国电力安全文化建设”优秀创新成果表彰，10家企业获得“全国安全文化建设示范企业”，累计32家基层企业获此殊荣。

利用华电大讲堂宣贯规章制度，举办注安师、安监人员、应急管理人员培训班、脚手架及高处作业等专项管理培训班，以及安规宣贯培训班共计15期，培训2300余人，提高员工安全素质和技能水平。安全月期间组织550余场安全主题宣讲，6万余人观看警示教育专题片，参与安全咨询日活动2.1万余人次。

狠抓设备双主人制和现场监护落实，创新安全督查手段，突出“两外”、双重预防机制建设、危化品、防洪度汛、基建和网络安全等重点环节，实现直属单位“全覆盖”和重点（薄弱）企业“全覆盖”。2019年累计完成督查30家直属单位、51家企业，发现问题整改完成率99.6%，切实起到规范管理、防范事故的作用。

2019年，系统内本质安全五星企业达187家，占比76%。

积极践行“绿水青山就是金山银山”理念，加强环保标准建设，出台《无组织排放专项治理指导意见》《烟气排放连续监测系统管理指导意见》等技术管理标准，加大污染防治技术开发，在废水零排放、深度余热利用、智能环保岛等污染防治方面取得积极进展。积极落实长江保护修复、渤海综合治理和京津冀及周边大气、长三角、汾渭平原大气综合治理等国家生态环保专项行动，圆满完成国家重大活动期间空气质量保障工作。

截至2019年底，中国华电累计完成超低排放机组改造219台机组，二氧化硫、氮氧化物、烟尘排放达标率分别为99.98%、99.79%、99.98%，全年碳排放履约首次实现扭亏转盈。

在发挥减排降耗成效的同时，中国华电积极拓展水电站生态保护作用，每年定期开展鱼类增殖放流项目，有效解决水电开发与维持生物多样性的矛盾，累计建成鱼类增殖放流站12座，累计放流珍稀鱼类2600余万尾，取得了良好的社会效益，树立了企业履行社会责任的典范。

2019年，中国华电围绕高质量完成《中央企业定点扶贫责任书》承诺事项，补短板、强弱项，定点扶贫工作扎实推进，超额完成定点扶贫责任书任务。在新疆阿图什市“六乡一镇”开展“救急难”行动，对35户重大疾病患者家庭实施现金救助，有效防止因病返贫致贫。定点扶贫的新疆乌恰县、阿图什市实现脱贫摘帽。

积极响应国家援藏号召，承担尼玛县可再生能源局域网工程，垫资2.3亿元。经过100天争分夺秒的艰苦奋战，创造了高海拔地区光伏项目建设进度的新纪录。

2018年12月～2019年8月，尼玛光伏电站独立保障县城近万名群众用电，完成春节、藏历新年等多个重大节日保电任务，累计完成发电量2100万kWh。

中国华电积极参加社会公益活动，推动郭明义爱心团队活动常态化、长效化，向社会传递正能量；以项目化模式推进华电“七彩小屋”志愿服务阵地建设，创新形成“结对＋接力”志愿服务长效机制；持续向多地捐赠爱心学校、爱心医院、爱心食堂，彰显企业大爱。

【国家能源投资集团有限责任公司社会责任报告（摘要）】

一、驰援保供，打好疫情防控阻击战

新型冠状病毒肺炎疫情发生以来，国家能源集团党组高度重视，第一时间传达学习习近平总书记重要讲话和指示批示精神，把做好疫情防控作为当前重要政治任务和践行“两个维护”的具体行动。一系列部署相继推出，以“一防三保”作为工作重点，自上而下，有力有效推进疫情防控及生产运营各项工作。全力支援湖北，助力抗疫决战决胜，迅速捐款捐物，保障煤炭供应、电力生产以及物资运输；运用硬核科技，聚焦煤炭转产利用；坚定发展信心，推动精准复工复产。

二、增绿护蓝，打赢污染防治攻坚战

国家能源集团始终牢固树立新发展理念，加快清洁低碳转型，推动化石能源清洁化和清洁能源规模化，努力成为践行绿色发展理念的典范企业。2019年，国家能源集团印发污染防治行动计划，从打赢蓝天、碧水、净土三大保卫战方面对污染防治行动进行规划，并根据不同产业板块特点，布置重点任务和具体指标、具体路线；大力推进煤炭清洁高效利用，加快清洁能源发展；坚持污水处理与节约用水并重；积极强化固废危废防治，不断深化固体废弃物和危险废

弃物处置管理。

作为唯一一家国有资本投资公司试点、世界一流示范企业建设试点和重组改革试点“三合一”的中央企业，国家能源集团扎实推进“一个目标、三型五化、七个一流”总体发展战略，勇担践行“四个革命、一个合作”能源安全新战略、保障国家能源安全的责任使命，争当全国能源革命的排头兵。2019 年，集团主要生产经营指标全部超额完成年度计划，实现营业总收入 5561 亿元、利润总额 781 亿元，上缴税费 930 亿元；火电总装机 1.85 亿 kW，占全国火电总装机的 15.5%，拥有包括风能、太阳能、生物质能、潮汐能、地热能在内的新能源产业体系，新能源板块装机容量 4261 万 kW。

坚守安全环保底线，致力绿色发展之路，不仅是国家能源集团对人民向往遥望星空、看见青山、闻到花香的美好生活的追求，更是公司把握能源科技与产业变革必然趋势、推动化石能源清洁化和清洁能源规模化的动力所在，传达着企业“奉献清洁能源，建设美丽中国”的初心和使命。截至 2019 年底，国家能源集团所有在运常规煤电机组全部实现超低排放，全年火电业务主要污染物烟尘、二氧化硫、氮氧化物同比分别减排 21.1%、12.4%、9.64%；供电煤耗 304.8g/kWh，同比降低 1.6g/kWh。

积极强化队伍建设，拓展员工晋升途径，全年共开展各类培训近 285 万人次；完成重组后首次职称评审，通过 1083 人；举办铁路、水电、风电等产业职工技能竞赛，167 名选手荣获公司“技术能手”称号。4 名职工荣获全国能源化学地质系统“大国工匠”称号，5 名员工荣获“全国技术能手”称号，26 名员工荣获“全国石油和化工行业技术能手”和“全国电力行业技术能手”称号，11 个集体、18 名职工分别荣获中央企业先进集体和劳动模范。

【国家电力投资集团有限公司社会责任报告(摘要)】 2019 年是国家电投发展历程中极不平凡的一年，实现了由传统发电企业向现代清洁低碳能源企业的转型，由传统生产运营型企业向国有资本投资公司的转型。一年来，国家电投党组带领 13 万干部员工，坚决贯彻落实习近平新时代中国特色社会主义思想，以清洁发展推进产业转型升级，交出了一份可喜的答卷。

2019 年，新增电力装机容量 1134 万 kW，总装机容量突破 1.5 亿 kW；清洁能源装机占比 50.5%，高出行业 10 个百分点。其中，光伏发电 1929 万 kW，连续三年居全球第一。全年营业收入 2725 亿元，同比增长 20.4%；利润总额 162 亿元，同比增长 49.2%，创历史新高。

（一）这一年，我们坚定不移推动转型发展

按照国有资本投资公司改革试点方案，持续优化管控体系，将总部定位为战略管理中心和资本运作主体，部门从 20 个优化到 16 个，减少了 4 个生产部门。成立法人治理部，逐步健全集团公司与二级子企业两个层面法人治理结构，落实子企业董事会职权。聚焦区域规划、政府对接、市场开发、电力营销、品牌建设“五位一体”，区域统筹协调机制逐步成型。成立核能、光伏等 7 个产业创新中心，组建核能研发＋AE公司，专业化、产业化程度不断加深。

（二）这一年，我们坚定不移推动绿色发展

深入贯彻习近平总书记“一定要将光伏产业做好”的嘱托，向全世界发布“建设世界一流光伏产业”宣言。全力推进乌兰察布 600 万 kW 风电基地、青海海南州特高压外送基地、四川甘孜大型清洁能源基地等一批世界级清洁能源基地建设，规模化、集约化发展初现成效。AP1000 核电机组安全运行，海阳核电机组接连创国内、世界百万千瓦级核电机组首次换料大修最短工期纪录。光伏、风电等清洁能源快速增长。清洁能源已经成为增量主体、发展动能和重要利润支撑，绿色发展理念落地生根，成为全体干部员工的共识与信仰。

（三）这一年，我们坚定不移推动创新发展

两个国家科技重大专项进展顺利：全球最大的非能动压水堆核电站“国和一号”进展顺利，国产化率达到 85%；重型燃气轮机取得关键突破，300MW 级 F 级燃机已经完成概念设计，进入初步设计阶段。以绿色低碳为主攻方向，聚焦新产业、新业态、新模式，突破了氢能电池电堆关键技术，续航里程 600km 的氢能公交车已于 2019 年 11 月完成试车。牵头成立中国智慧能源产业联盟，组建能源智慧信息平台，聚力打造国家智慧能源大脑。中国首个核能商业供热项目——海阳核能供热项目正式投运，全球最大功率铁—铬液流电池储能电堆“容和一号”下线。我们期待，每一项创新成果都能触摸到你我的未来生活。

（四）这一年，我们坚定不移推进共享发展

与 15 个地方政府和 18 家企业集团签署发展合作协议，协助地方推动国家战略落地，推进产业协同发展。推动“绿电＋扶贫＋生态”模式创新，不断做精做细电力扶贫、产业扶贫、民生扶贫、智力扶贫四大扶贫模式，做强“映山红助学”“远方助学”公益扶贫项目。累计投入 88.3 亿元，惠及贫困人口 50 余万，直接脱贫 1.69 万人，帮扶的陕西延川、河南商城两个国家级贫困县和对口援青贵南县，以及 77 个对口帮扶村实现脱贫摘帽。在 2020 年新冠肺炎疫情防控中，我们坚决落实党中央要求，助力地方疫情防控和经济发展，抗击疫情工作和复工复产同时推进、成效明显，央视 24 次报道，其中新闻联播中展现 9 次。

【中国核工业集团社会责任报告(摘要)】 2019 年是扶贫攻坚年，中核集团认真落实党中央、国务院关于扶贫攻坚的决策部署，在“四力合一”帮扶理念指导下，积极开展扶贫工作。截至 2019 年末，在产业、教育、消费等 10 个方面持续为脱贫攻坚注入“核动力”，4 个定点扶贫县脱贫工作取得明显成效，重庆市石柱县正式脱贫摘帽，其他 3 县已具备摘帽条件；50 余个非定点扶贫县，80 多个非定点帮扶村的扶贫开发工作稳步开展，在全国 20 多个省市（自治区、直辖市）20 多年如一日奋战在脱贫攻坚一线。2019 年全年，对外援助金额达 3.2 亿元，涉及重点项目 191 个。在国务院扶贫办企业评比中，中核集团荣获全国企业精准扶贫综合案例 50 佳，同时，中核集团获中国社科院 2019 年精准扶贫责任金牛奖。

（一）落实产业扶贫

中核集团以扶持特色产业发展、提高贫困群众收入为目标，增强贫困地区的造血功能，帮助贫困地区从根本上解决贫困问题。首个扶贫新能源项目——汇能宁夏同心 100MW 光伏复合发电项目成功并网；中核集团与西南大学合作在石柱县三星乡开展有机水稻种植试验，实施“鸭稻萍”共作试点，并提供 300 万无偿援助资金，实现“稻鸭共生、一地双收”，带动全乡 2058 户，其中贫困户 602 户 2182 名贫困人口增收。中核同心防护科技公司 2019 年签约金额 1.91 余亿元，年内实现订单总量 6000 万元；帮扶旬阳辣椒种植产业，一年时间打通从育苗到种植到烘干到销售的全产业链，稳定带贫效果良好；在白河县建立“中核帮扶＋龙头企业（村集体经济入股）＋专业化合作社（基地）＋农户＋消费扶贫”产业扶贫模式，帮助红薯种植深加工等一批产业项目带动贫困户稳定脱贫。

（二）推动教育扶贫

中核集团在教育扶贫方面不设“最高限额”，资助和帮助过的学生近 5000 名；2019 年在教育帮扶方面直接投入 300 余万元，参与建设、修缮校舍 17 所；在各定点扶贫县捐赠或引进帮扶资金捐赠“图书角”近 200 个，形成了“班班都有读书角”；开展技能培训＋推荐就业帮扶，为定点扶贫县培训优秀干部、专业技术人才，力争实现一人就业全家脱贫。2019 年中核集团工会干部培训班和中青班分别走进白河县开展培训和考察实践。

（三）加强医疗帮扶

2019 年，中核集团在旬阳县投入 700 万元扶持边远镇红军镇卫生院及其他乡镇 8 个村级卫生室建设，有力提升了全县基层医疗卫生条件，并资助幽门螺旋杆菌检测仪等大量医疗设备，惠及万余人；2019 年 5 月，中核集团核工业总医院专家在同心县人民医院开展“专家周”活动，并开展送医下乡义诊活动，核工业总医院与同心县人民医院探索开展“互联网＋”医疗远程会诊服务，为当地百姓送健康；同时，中核集团向同心县人民医院捐助医疗设备采购资金 200 元，提升同心县医疗设备水平。

（四）选派优秀扶贫干部

截至 2019 年底，在 4 个定点扶贫县派驻的干部人数为 9 名，其中 4 名挂职县委常委、副县长，5 名挂职驻村第一书记。除 4 家定点扶贫县外，全系统向非中央定点扶贫县派出 80 余名扶贫干部。

（五）海外责任

2019 年，中核中原在恰希玛地区举办捐赠活动，向周边五所贫困小学及为公司服务的巴籍雇员捐赠了 400 多份学习用品和办公桌椅。核电委员赛义德、巴当地政府官员、教育局及学校负责人分别讲话，感谢中方为当地社会做出的贡献，希望双方继续保持合作与友谊往来，助力巴基斯坦发展。

为进一步巩固中巴友谊，落实中核集团在巴社会责任，随着后续合作项目的开展，中核中原将持续在巴开展相关社会公益活动，让双方项目合作为当地人民带来更多福祉。

【中国电力建设集团有限公司社会责任报告(摘要)】 2019 年是新中国成立 70 周年，也是全面建成小康社会的关键之年。在这一年，中国电力建设集团有限公司（简称中国电建）上下坚决贯彻中央战略决策，认真落实国资委部署要求，扎实开展“不忘初心、牢记使命”主题教育，积极应对复杂严峻多变的国内外经济形势，大力开拓市场保订单，全面深化改革激活力，创新经营方式促转型，强化基础管理提质效，圆满完成各项改革发展任务。2019 年，中国电建在《财富》世界 500 强企业排名跃升至 161 位，在 ENR 全球工程设计企业 150 强中排名第 2 位（中资企业第 1 位）、ENR 全球工程承包商 250 强中排名第 5 位（中资企业第 5 位）。

聚焦发展，促进管理上台阶。“双百”试点企业综合改革、科技型企业股权与岗位分红激励试点、部分子企业混合所有制改革工作扎实开展；持续开展质量品牌建设，着力打造精品工程，荣获国家级优质工程荣誉 24 项，其中荣获国家优质工程金质奖 2 个，荣获中国建设工程鲁班奖 6 个；不断加强科技创新，大力推动核心技术攻关与重点领域科技项目实施，积极搭建科创平台，助力创新驱动和全球化发展战略实施。

聚焦共赢，扩大全球朋友圈。主动融入国家发展战略，坚决贯彻落实雄安新区建设、京津冀协同发展、长江经济带发展、粤港澳大湾区、长三角一体化发展等重大战略部署；坚定实施国际业务“三步走”战略，国际业务主要经营指标实现持续稳定增长，全年完成营业收入1136.17亿元，同比增长17.92%，在“一带一路”沿线65个重点国家中的48个国家执行项目合同1863份；依托项目主动融入当地，积极支持当地基础设施建设，积极参与所在国公益事业，践行人类命运共同体理念。

聚焦环境，打造绿色生态链。深入贯彻习近平生态文明思想，注重建设清洁能源，全年完成水电业务新签合同663亿元，新签海外新能源项目57个、合同总金额306.58亿元；积极参与长江大保护及黄河流域生态保护和高质量发展；在水生态环境治理等领域积极探索并付诸行动，在深圳茅洲河水环境治理中取得良好成效，真正把“绿水青山就是金山银山”理念落到实处。

聚焦幸福，建设和谐好生活。坚持以人为本，大力保障员工各项权益，全方位、多角度开展各项关怀及培养工作；高度重视安全生产工作，强化安全责任体系建设，狠抓“一体化、常态化”监督检查、分级安全教育培训、安全标准化及信息化建设，全力保障安全生产；始终坚持党中央精准扶贫精准脱贫基本方略，全力开展定点扶贫及对口帮扶地区的扶贫工作，全年扶贫投入9471.6万元，为打赢脱贫攻坚战贡献力量；切实强化应急管理和应急救援，新冠肺炎疫情期间，中国电建上下团结一心、抗击疫情，并全力配合、支持疫情防控，累计捐款捐物3750余万元，充分展示中央企业的责任担当。

2020年是国家全面建成小康社会最后一年，是“十三五”规划收官之年，也是公司全面深化改革的关键之年。中国电建将坚持以习近平新时代中国特色社会主义思想为指导，坚持稳中求进工作总基调，坚持新发展理念，不断增强公司竞争力、创新力、控制力、影响力、抗风险能力，确保中国电建“十三五”规划圆满收官，推动建设具有全球竞争力的质量效益型世界一流企业。

新的征程，新的使命，中国电建将更加紧密地团结在以习近平同志为核心的党中央周围，凝心聚力，不断改革创新，以新姿态、新作为，书写中国电建高质量发展新篇章，为决胜全面建成小康社会、实现第一个百年奋斗目标做出新贡献。

【中国能源建设集团有限公司社会责任报告（摘要）】 2019年，是中国能建践行“创新、协调、绿色、开放、共享”新发展理念，聚力高质量发展，着力“稳增长、快转型、促改革、防风险、强党建”的砥砺奋进、开拓进取之年。我们坚持以习近平新时代中国特色社会主义思想为指导，全面贯彻落实党中央、国务院的决策部署和国务院国资委的工作要求，紧紧围绕到2020年基本建成“科技型、管理型，国际化、多元化”、具有国际竞争力工程公司的阶段发展目标，坚持稳中求进的工作总基调，努力实现更高质量、更有效率、更可持续的发展。

中国能建积极应对严峻的市场形势、急迫的转型压力和繁重的保增长任务考验，2019年总体保持平稳的发展态势。全年新签合同额5217.33亿元，同比增长12.43%；实现营业收入2494.68亿元、利润总额124.4亿元，有效实现资产保值增值。公司连续六年进入《财富》世界500强，在ENR全球工程设计公司150强、国际工程设计公司225强、全球承包商250强和国际承包商250强中排名位居前列。

随着联合国可持续发展目标（SDGs）的提出，进一步明确2030年全球愿景和优先事项，为推动全球可持续发展创造了前所未有的机遇。中国能建在加快推进企业高质量发展的同时，积极履行企业社会责任，我们坚持精准扶贫、精准脱贫的基本方略，聚全集团之力做好扶贫工作。截至2019年底，镇巴县累计实现129个贫困村退出，19 143户55 445人脱贫，贫困发生率下降到0.82%；西林县累计实现38个贫困村退出，7125户30 721人脱贫，贫困发生率下降到0.41%。我们坚持科技创新，打造精品工程，2019年获得国家科学技术奖1项、省级和行业级科技奖157项、专利授权1424项、软件著作权101项、国家优质工程奖20项、菲迪克工程奖4项、中国电力优质工程奖41项。我们持续加强环境、安全和质量管理，全年未发生环境事件和节能减排违法违规事件，未发生一般以上生产安全事故。

国家强则企业兴，企业兴则国家强。2020年是全面建成小康社会和“十三五”规划的收官之年，站在“两个一百年”奋斗目标的历史交汇点上，中国能建将继续坚持以习近平新时代中国特色社会主义思想为指导，坚持新发展理念，遵循“自主创新、奉献社会、科学发展、共建和谐”的企业社会责任观，全面加强党的领导，加快推动高质量发展，全面实现各项战略目标，最大限度地创造经济、社会和环境综合价值，为实现决胜全面建成小康社会、决战脱贫攻坚目标任务，助力实现联合国2030可持续发展目标（SDGs）作出更大贡献。

初心聚能，美好共建。2020年是国家全面建成小康社会的收官之年，是中国能建实现基本建成具有国际竞争力工程公司阶段目标的决胜之年。我们将坚持新发展理念，以更高质量、更有效率、更可持续的发展，为“十四五”顺利开局、建设具有全球竞争力的世界一流工程公司打下坚实基础，为中国全面建成小康社会贡献力量，促进全球可持续发展进程。

携责任稳步前行。牢固树立规范运作的底线思维和红线意识，不断推动规范运作成为思想自觉、管理自觉、行动自觉。推进法治能建建设，增强合规意识，培育合规文化。建立健全多层次风险管控体系，确保体系有效运行，严防各类风险叠加共振。夯实安全发展基础，层层落实安全生产责任，切实防范安全风险，严肃安全生产问责追责，推动安全生产形势持续稳定向好。

促业务高质量发展。强化质量管理体系建设和资源投入，强化质量品牌建设，大力实施质量强企战略，打造叫得响、行得通的质量“名片”。加快转型升级步伐，促进业务结构和布局不断优化，形成发展新动能，构筑发展新优势。实施“走出去”战略，加快全球化市场布局，持续推动国际合作，进一步为“一带一路”建设和全球能源互联互通建设贡献力量。

为社会创造价值。始终置身于国家经济建设和社会发展大局之中，坚持以产品创新和服务创新满足客户多样化需求，打造共赢产业链助力行业发展。构建包容、平等的工作环境，提供优越的发展空间，将职工价值追求融入中国能建发展愿景，实现员工与企业的共同成长。与社会共享发展成果，继续支持慈善公益事业，助力脱贫攻坚，推进海外履责。

与环境和谐共生。构建绿色发展模式，深耕绿色技术研发、绿色工艺与绿色建造，推进企业运营全过程环境保护。积极适应能源发展的绿色、低碳、高效、多元、智能时代，深入推进能源生产和消费革命。积极参与生态环境改善与修复，努力成为绿色环境保护服务的提供商。

行业管理

电力监管

【2018年度全国电力价格情况监管通报[1]（摘要）】

为全面反映全国各地电力价格信息及变化情况，更好地实施价格监管，切实维护好电力市场秩序，国家能源局组织对全国主要电力企业2018年度价格情况进行了统计分析，形成本报告。

一、综合厂用电率

2018年，全国发电企业平均综合厂用电率为5.52%，同比下降0.03个百分点。其中，生物质发电最高，为11.40%；水力发电最低，为0.95%。

（一）燃煤机组

从全国[2]看，2018年燃煤发电平均综合厂用电率为6.70%，同比下降0.18个百分点。其中陕西最高，为10.24%；上海最低，为5.07%。

从山东、山西、江苏、河南、广东五个重点省份（重点省份指选取该类型机组发电量排序前5名的省份）看，2018年平均综合厂用电率为6.64%，同比下降0.03个百分点。其中山西最高，为8.78%；江苏最低，为5.50%。详见图1。

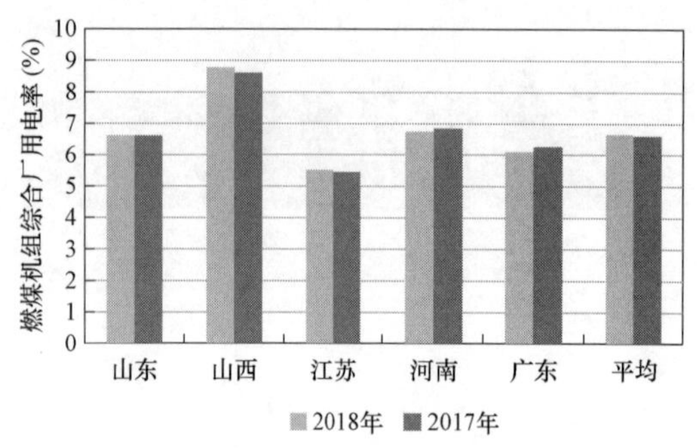

图1 重点省份燃煤机组综合厂用电率

（二）水电机组

从全国看，2018年水力发电平均综合厂用电率为0.95%，同比下降0.02个百分点。其中，黑龙江最高，为4.67%；湖北最低，为0.60%。

从青海、湖北、四川、云南、贵州五个重点省份看，2018年平均综合厂用电率为0.81%，同比下降0.04个百分点。其中云南最高，为0.93%；湖北最低，为0.60%。详见图2。

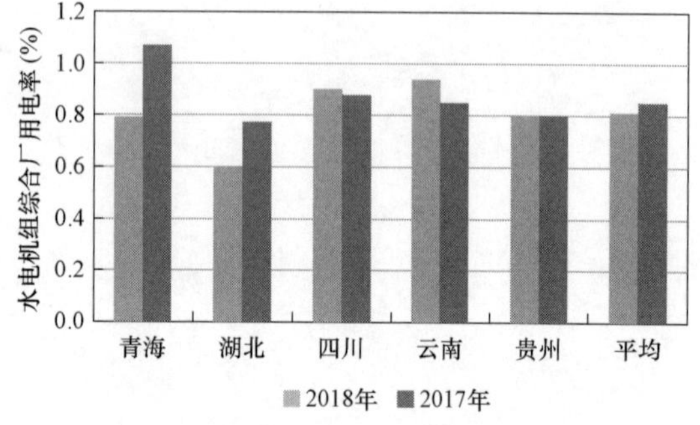

图2 重点省份水电机组综合厂用电率

（三）风电机组

从全国看，2018年风力发电平均综合厂用电率为2.52%，同比下降0.39个百分点。其中湖北最高，为5.03%；吉林最低，为1.49%。

从山东、蒙东、甘肃、江苏、云南五个重点省份（地区）看，2018年平均综合厂用电率为2.47%，与2017年持平。其中山东最高，为3.03%；蒙东最低，为1.53%。详见图3。

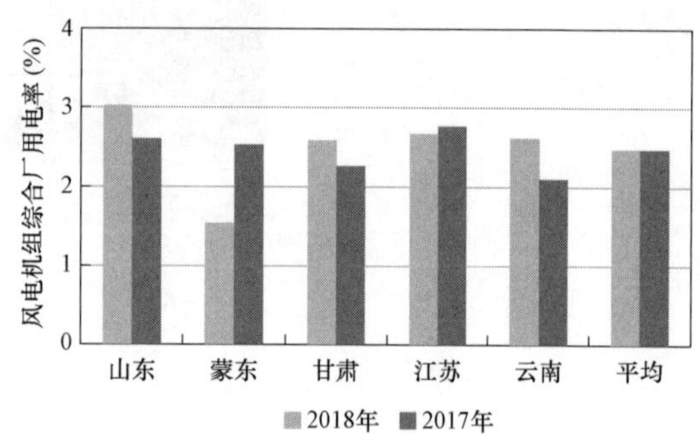

图3 重点省份（地区）风电机组综合厂用电率

（四）光伏发电

从全国看，2018年光伏发电平均综合厂用电率为1.81%，同比上升0.12个百分点。其中吉林最高，为5.42%；浙江最低，为0.40%。

从山东、甘肃、宁夏、青海、江苏五个重点省份（地区）看，2018年平均综合厂用电率为1.50%，同比增长0.08个百分点。其中江苏最高，为2.07%；青海最低，为0.84%。详见图4。

[1] 国家能源局2019年9月发布。

[2] 本报告中全国统计数据未包含西藏和港澳台地区。

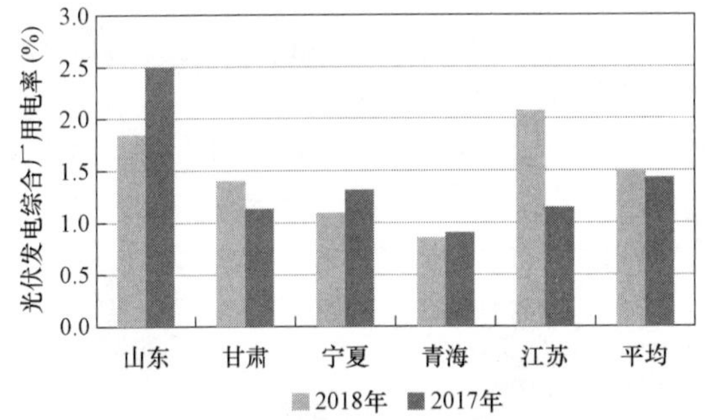

图4　重点省份（地区）光伏发电综合厂用电率

（五）其他机组

从全国看，2018年燃气发电、核电、生物质发电平均综合厂用电率分别为2.87%、6.19%、11.40%，同比分别下降0.20个百分点、0.51个百分点、0.65个百分点。详见图5。

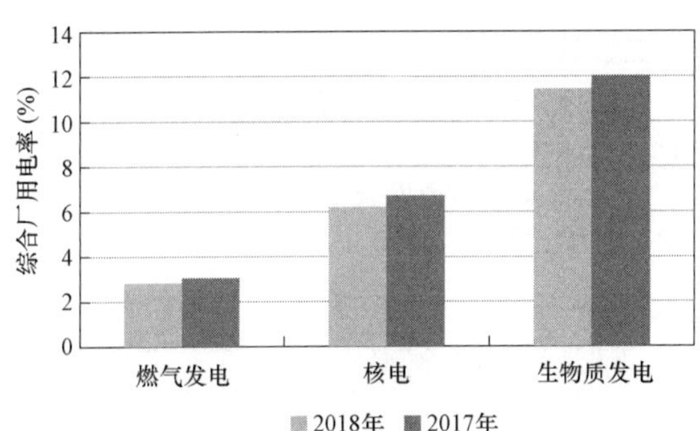

图5　其他机组综合厂用电率

二、平均上网电价（含税）

2018年，全国发电企业平均上网电价为373.87元/MWh，同比增长0.60%。其中，光伏发电最高，为859.79元/MWh；水力发电最低，为267.19元/MWh。

（一）燃煤机组

从全国看，2018年燃煤机组平均上网电价为370.52元/MWh，同比增长0.95%。其中湖南最高，为459.02元/MWh；新疆最低，为215.12元/MWh。

从山东、山西、江苏、河南、广东五个重点省份看，2018年平均上网电价为387.56元/MWh，同比增长0.12%。其中广东最高，为441.05元/MWh；山西最低，为321.64元/MWh。详见图6。

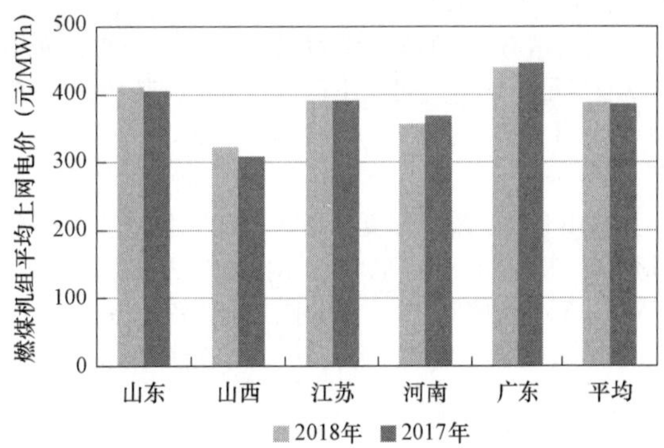

图6　重点省份燃煤机组平均上网电价

（二）水电机组

从全国看，2018年水电机组平均上网电价为267.19元/MWh，同比下降0.26%。其中浙江最高，为566.84元/MWh；云南最低，为198.71元/MWh。

从青海、湖北、四川、云南、贵州五个重点省份看，2018年平均上网电价为258.58元/MWh，同比增长0.41%。其中贵州最高，为291.64元/MWh；云南最低，为198.71元/MWh。详见图7。

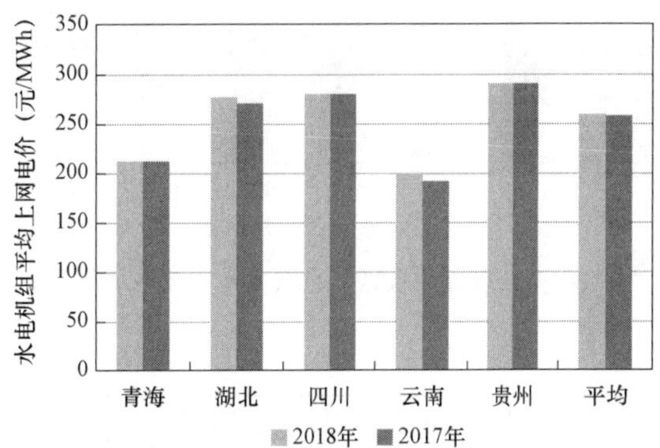

图7　重点省份水电机组平均上网电价

（三）风电机组

从全国看，2018年风电机组平均上网电价为529.01元/MWh，同比下降3.43%。其中上海最高，为746.47元/MWh；蒙西最低，为391.40元/MWh。

从山东、蒙东、甘肃、江苏、云南五个重点省份（地区）看，2018年平均上网电价为529.34元/MWh，同比下降3.84%。其中江苏最高，为690.54元/MWh；甘肃最低，为430.02元/MWh。详见图8。

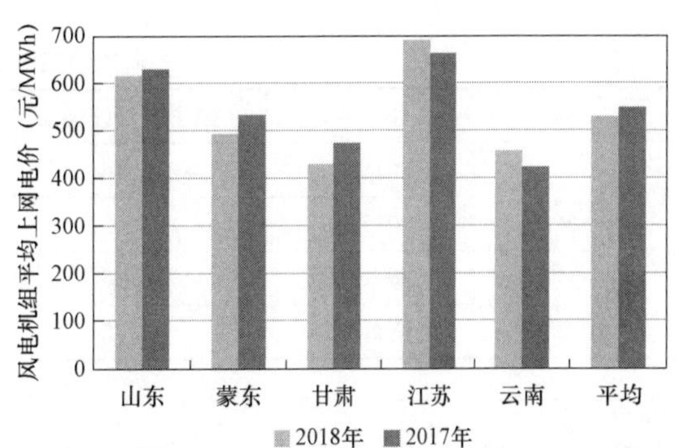

图8　重点省份（地区）风电机组平均上网电价

（四）光伏发电

从全国看，2018年光伏发电平均上网电价为859.79元/MWh，同比下降1.71%。其中上海最高，为1198元/MWh；重庆最低，为396.40元/MWh。

从山东、甘肃、宁夏、青海、江苏五个重点省份（地区）看，2018年平均上网电价为890.38元/MWh，同比下降0.45%。其中江苏最高，为1113.42元/MWh；山东最低，为798.67元/MWh。详见图9。

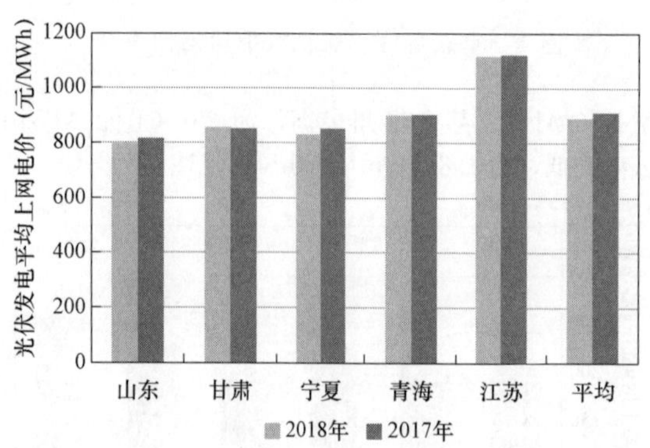

图9 重点省份（地区）光伏发电平均上网电价

（五）其他机组

从全国看，2018年燃气发电、核电、生物质发电平均上网电价分别为584.10元/MWh、395.02元/MWh、677.99元/MWh，同比分别下降3.81%、1.58%、2.00%。详见图10。

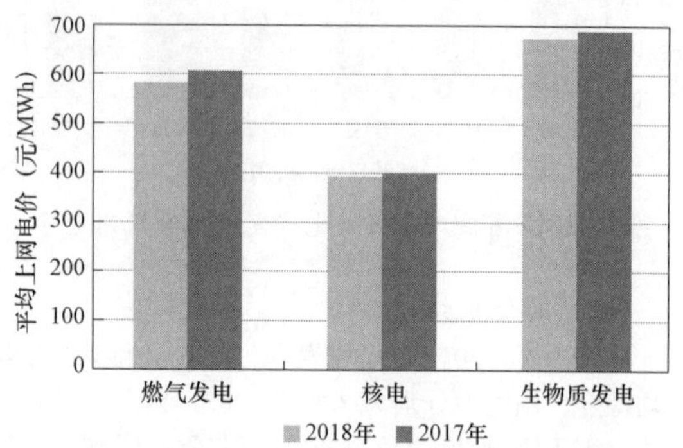

图10 其他机组平均上网电价

三、线损率[❶]

2018年，电网企业平均线损率为6.03%，同比降低0.69个百分点。

从企业看，南方电网公司线损率最高，为6.18%，内蒙古电力公司最低，为2.26%。详见表1。

表1 电网企业线损率统计表

项目	国家电网公司	南方电网公司	内蒙古电力公司	平均
2018年	6.16%	6.18%	2.26%	6.03%
2017年	6.86%	6.62%	3.93%	6.72%
增长额（个百分点）	−0.70	−0.44	−1.67	0.69
增长率	−10.14%	−6.53%	−42.49%	−10.22%

从各省（区、市）情况看，河南线损率最高，为8.40%；宁夏最低，为1.44%。

四、平均购销差价（不含税）

2018年，电网企业平均购销差价（含线损）为205.41元/MWh，同比减少4.75%；扣除线损，电网企业平均购销差价为185.35元/MWh，同比减少4.22%。

从企业看，国家电网公司购销差价（含线损）最高，为212.66元/MWh；内蒙古电力公司最低，为105.13元/MWh。详见表2。

从各省（区、市）情况看，北京购销差价（含线损）最高，为237.62元/MWh；宁夏最低，为82.50元/MWh。

表2 电网企业平均购销差价（不含税）统计表 （单位：元/MWh）

项目		国家电网公司	南方电网公司	内蒙古电力公司	平均
购销差价（含线损）	2018年	212.66	194.69	105.13	205.41
	2017年	221.02	211.29	117.35	215.65
	增长额	−8.36	−16.60	−12.22	−10.24
	增长率（%）	−3.78	−7.68	−10.41	−4.75

❶ 部分电网企业2017年数据与《2017年度全国电力成本与价格情况监管通报》数据不一致，本通报采用电网企业2017年度财务决算口径数据。

续表

项目		国家电网公司	南方电网公司	内蒙古电力公司	平均
购销差价（不含线损）	2018 年	192.07	172.76	99.95	185.35
	2017 年	198.34	188.90	108.58	193.52
	增长额	－6.28	－16.14	－8.64	－8.18
	增长率（%）	－3.17	－8.54	－7.95	－4.22

五、平均销售电价（含税）

2018 年，电网企业平均销售电价为 599.31 元/MWh，同比下降 1.61%。

从企业看，国家电网公司平均销售电价最高，为 609.84 元/MWh，内蒙古电力公司最低，为 355.51 元/MWh。详见表 3。

表 3　　电网企业平均销售电价统计表　　（单位：元/MWh）

项目	国家电网公司	南方电网公司	内蒙古电力公司	平均
2018 年	609.84	602.43	355.51	599.31
2017 年	616.58	622.87	363.57	609.10
增长额	－6.74	－20.44	－8.06	－9.79
增长率（%）	－1.09	－3.28	－2.22	－1.61

注　不含政府性基金及附加，含税。

从各省（区、市）情况看，深圳平均销售电价最高，为 747.00 元/MWh；青海最低，为 346.68 元/MWh。

从分类销售电价看，一般工商业及其他用电平均电价最高，为 726.32 元/MWh；大工业用电平均电价为 591.23 元/MWh；居民用电类别平均电价（到户价）为 533.11 元/MWh。详见图 11。

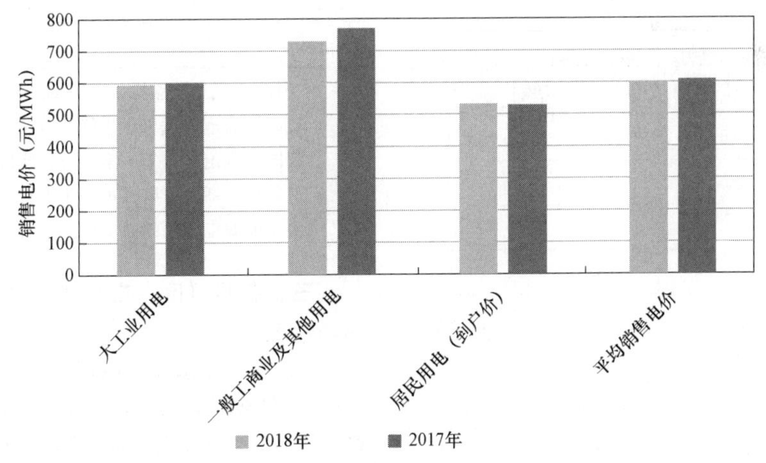

图 11　分类销售电价对比图

注：分类销售电价为国家电网公司、南方电网公司和内蒙古电力公司加权平均数。

从各省（区、市）情况看，深圳居民用电类别平均电价（到户价）水平最高，为 702.52 元/MWh，青海最低，为 399.99 元/MWh。

六、政府性基金及附加（含税）

2018 年，随销售电价征收的政府性基金及附加全国平均水平为 29.67 元/MWh（电网企业省内售电量口径平均值），同比下降 19.46%。

政府性基金及附加主要有 4 种，即国家重大水利工程发展基金、农网还贷资金、水库移民后期扶持资金、可再生能源发展基金。

从各省（区、市）情况看，云南政府性基金及附加平均水平最高，为 65.50 元/MWh，新疆最低，为 1.92 元/MWh。

【2018年度全国可再生能源电力发展监测评价报告❶】

一、全国可再生能源电力发展总体情况

截至2018年底，全国可再生能源发电装机容量7.29亿kW，占全部电力装机容量的38.4%，其中水电装机（含抽水蓄能）容量3.52亿kW，风电装机容量1.84亿kW，光伏发电装机容量1.75亿kW，生物质发电装机容量1781万kW。2018年全国可再生能源发电量18 670.34亿kWh，占全部发电量的26.7%，其中水电发电量12 329.27亿kWh，占全部发电量的17.6%，风电发电量3659.60亿kWh，占全部发电量的5.2%，光伏发电量1775.47亿kWh，占全部发电量的2.5%，生物质发电量906亿kWh，占全部发电量的1.3%。

二、各省（区、市）可再生能源电力消纳情况

2018年，包含水电在内的全部可再生能源电力实际消纳量为18 158.97亿kWh，占全社会用电量比重为26.5%，同比持平。综合考虑各省（区、市）本地生产、本地利用以及外来电力消纳情况，2018年各省（区、市）可再生能源电力消纳量占本地全社会用电量比重见表1。

表1　2018年各省（区、市）可再生能源电力消纳情况

省（区、市）	可再生能源电力消纳量（亿kWh）	可再生能源电力消纳比重	同比增加百分点
北京	150.75	13.2%	1.1
天津	98.20	11.4%	0.4
河北	448.38	12.2%	0.6
山西	355.25	16.4%	2.3
内蒙古	624.34	18.6%	−0.6
辽宁	326.37	14.2%	2.0
吉林	186.53	24.9%	2.7
黑龙江	188.70	19.4%	−0.8
上海	503.23	32.1%	−1.2
江苏	902.91	14.7%	0.0
浙江	826.98*	17.8%	−1.5
安徽	317.06	14.9%	0.6
福建	439.71	19.0%	−5.2
江西	326.96	22.9%	−2.5
山东	583.60	9.9%	2.6
河南	578.39	16.9%	2.3
湖北	787.92	38.0%	−5.0
湖南	735.14	42.1%	−7.9
广东	2079.53	32.9%	0.5
广西	783.33	46.0%	−5.6
海南	44.28	13.6%	0.3
重庆	511.94	45.9%	−3.3
四川	2013.21	81.9%	−1.6
贵州	537.22	36.2%	0.6
云南	1399.74	83.4%	−2.2
西藏	61.42	89.0%	5.2
陕西	324.11	20.3%	4.3
甘肃	624.51	48.4%	1.5
青海	577.45	78.2%	13.3
宁夏	268.31	25.2%	2.2
新疆	573.50	26.8%	0.8
全国	18 158.97	26.5%	0

* 2018年浙江省因来水偏少造成水电发电量减少、灵绍特高压通道输送可再生能源电量占总输电量比重未达到国家规定比重等因素影响，实际消纳可再生能源电量偏少，浙江省购买可再生能源绿色电力证书折算可再生能源电力消纳量20亿kWh。

三、各省（区、市）非水电可再生能源电力消纳情况

2018年，全国非水电可再生能源电力消纳量为6314.20亿kWh，占全社会用电量比重为9.2%，同比上升1.2个百分点。综合考虑各省（区、市）本地生产、本地利用以及外来电力消纳情况，2018年，各省（区、市）非水电可再生能源电力消纳量占本地区全社会用电量比重见表2。

从非水电可再生能源电力消纳比重水平来看，宁夏、青海、内蒙古和吉林最高，均超过17%；从消纳水平同比增长来看，湖南、陕西和西藏三省（区）同比增长较快，分别上升3.0个百分点、2.9个百分点和2.9个百分点；按照国家发展改革委、

❶ 国家能源局于2019年6月4日以国能发新能〔2019〕53号文发布。

国家能源局《关于建立健全可再生能源电力消纳保障机制的通知》(发改能源〔2019〕807号)公布的2020年各省(区、市)非水电可再生能源电力最低消纳责任权重,云南、宁夏、新疆等11个省(区、市)非水电可再生能源消纳比重已达到2020年最低消纳责任权重,江苏、广东、安徽、贵州、山东、内蒙古和广西距离达到2020年最低消纳责任权重不到1个百分点,京津冀、黑龙江、甘肃和青海非水电可再生能源电力消纳比重较2020年最低消纳权重仍有较大差距。

表2　　2018年各省(区、市)非水电可再生能源电力消纳情况

省(区、市)	非水电可再生能源电力消纳量(亿kWh)	非水电可再生能源电力消纳比重	同比增加百分点	2020年最低消纳责任权重	2020年最低消纳责任完成情况
云南	261.86	15.6%	1.4	11.5%	4.1
宁夏	237.47	22.3%	1.3	20.0%	2.3
新疆	315.17	14.7%	1.6	13.0%	1.7
辽宁	269.82	11.7%	2.5	10.5%	1.2
四川	107.70	4.4%	1.1	3.5%	0.9
江西	123.07	8.6%	2.1	8.0%	0.6
吉林	127.59	17.0%	0.6	16.5%	0.5
重庆	32.59	2.9%	0.5	2.5%	0.4
上海	51.93	3.3%	0.6	3.0%	0.3
海南	16.97	5.2%	0.5	5.0%	0.2
山西	312.35	14.5%	2.5	14.5%	0.0
江苏	427.43	7.0%	1.6	7.5%	−0.5
广东	221.08	3.5%	0.3	4.0%	−0.5
安徽	235.82	11.0%	2.2	11.5%	−0.5
贵州	66.68	4.5%	0.2	5.0%	−0.5
山东	555.62	9.4%	2.5	10.0%	−0.6
内蒙古	579.28	17.3%	−1.0	18.0%	−0.7
广西	71.35	4.2%	1.2	5.0%	−0.8
福建	114.44	4.9%	0.4	6.0%	−1.1
河南	322.05	9.4%	1.3	10.5%	−1.1
陕西	168.58	10.6%	2.9	12.0%	−1.4
浙江	259.56*	5.3%	1.1	7.5%	−2.2
湖北	155.76	7.5%	0.7	10.0%	−2.5
湖南	177.86	10.2%	3.0	13.0%	−2.8
北京	133.42	11.7%	1.3	15.0%	−3.3
河北	415.31	11.3%	0.9	15.0%	−3.7
天津	94.47	11.0%	0.6	15.0%	−4.0
黑龙江	157.51	16.2%	0.4	20.5%	−4.3
甘肃	173.28	13.4%	−0.4	19.0%	−5.6
青海	136.53	18.5%	0.0	25.0%	−6.5
西藏	16.97	16.9%	2.9	不考核	
全国	6314.20	9.2%	1.2		

* 浙江省购买可再生能源绿色电力证书折算可再生能源电力消纳量20亿kWh。

四、风电、光伏发电保障性收购落实情况

2016年，国家发展改革委、国家能源局依照《中华人民共和国可再生能源法》要求，核定了重点地区风电和光伏发电最低保障收购年利用小时，提出全额保障性收购相关要求。

2018年，在规定风电最低保障收购年利用小时的地区中，甘肃省未达国家最低保障收购年利用小时要求，其Ⅱ、Ⅲ类资源区实际利用小时比最低保障收购年利用小时分别低8h和77h。

2018年，在规定光伏发电最低保障收购年利用小时的地区中，有四个省（区、市）达到光伏发电最低保障收购年利用小时要求，分别是内蒙古、青海、陕西和黑龙江；有七个省（区、市）未达到要求，分别是甘肃、新疆、宁夏、辽宁、山西、河北和吉林，其中，甘肃Ⅰ类和Ⅱ类地区实际利用小时比最低保障收购年利用小时分别低172h和200h，新疆Ⅰ类和Ⅱ类地区分别低147h和133h，宁夏Ⅰ类地区低124h，辽宁Ⅱ类地区低93h，山西Ⅱ类地区低45h，河北Ⅱ类地区低28h，吉林Ⅱ类地区低17h。详见表3和表4。

表3　　2018年风电重点地区最低保障收购年利用小时落实情况　　（单位：h）

省（区）	资源区	地区	保障性收购利用小时	2018年实际利用小时	2018年偏差小时
内蒙古	Ⅰ类	除赤峰市、通辽市、兴安盟、呼伦贝尔市以外其他地区	2000	2254	254
	Ⅱ类	赤峰市、通辽市、兴安盟、呼伦贝尔市	1900	2250	350
新疆	Ⅰ类	乌鲁木齐市、伊犁哈萨克族自治州、克拉玛依市、石河子市	1900	2357	457
	Ⅲ类	除乌鲁木齐市、伊犁哈萨克族自治州、克拉玛依市、石河子市以外其他地区	1800	1897	97
甘肃	Ⅱ类	嘉峪关市、酒泉市	1800	1792	−8
	Ⅲ类	除嘉峪关市、酒泉市以外其他地区	1800	1723	−77
河北	Ⅱ类	张家口市	1900	2218	318
宁夏	Ⅲ类	宁夏	1850	1888	38
黑龙江	Ⅲ类	鸡西市、双鸭山市、七台河市、绥化市、伊春市、大兴安岭地区	1900	2224	324
	Ⅳ类	黑龙江省其他地区	1850	2121	271
吉林	Ⅲ类	白城市、松原市	1800	2019	219
	Ⅳ类	吉林省其他地区	1800	2321	521
辽宁	Ⅳ类	辽宁	1850	2264	414
山西	Ⅳ类	忻州市、朔州市、大同市	1900	2267	367

表4　　2018年光伏发电重点地区最低保障收购年利用小时落实情况　　（单位：h）

省（区）	资源区	地区	保障性收购利用小时	2018年实际利用小时	2018年偏差小时
内蒙古	Ⅰ类	除赤峰市、通辽市、兴安盟、呼伦贝尔市以外其他地区	1500	1649	149
	Ⅱ类	赤峰市、通辽市、兴安盟、呼伦贝尔市	1400	1525	125

续表

省（区）	资源区	地区	保障性收购利用小时	2018 年实际利用小时	2018 年偏差小时
新疆	Ⅰ类	哈密、塔城、阿勒泰、克拉玛依	1500	1353	−147
	Ⅱ类	除Ⅰ类外其他地区	1350	1217	−133
甘肃	Ⅰ类	嘉峪关、武威、张掖、酒泉、敦煌、金昌	1500	1328	−172
	Ⅱ类	除Ⅰ类外其他地区	1400	1200	−200
青海	Ⅰ类	海西	1500	1505	5
	Ⅱ类	除Ⅰ类外其他地区	1450	1461	11
宁夏	Ⅰ类	宁夏	1500	1376	−124
陕西	Ⅱ类	榆林、延安	1300	1316	16
黑龙江	Ⅱ类	黑龙江	1300	1311	11
吉林	Ⅱ类	吉林	1300	1283	−17
辽宁	Ⅱ类	辽宁	1300	1207	−93
河北	Ⅱ类	承德、张家口、唐山、秦皇岛	1400	1372	−28
山西	Ⅱ类	忻州、朔州、大同	1400	1355	−45

五、清洁能源消纳目标完成情况

根据 2018 年国家发展改革委、国家能源局印发的《清洁能源消纳行动计划（2018—2020 年）》（发改能源规〔2018〕1575 号），所确定的分年度风电、光伏发电和水电消纳目标，2018 年，全国平均风电利用率 93%，超过了 2018 年风电利用率的目标，重点省区全部达到了 2018 年消纳目标；全国平均光伏发电利用率为 97%，超过了 2018 年平均光伏发电利用率的目标，重点省区中，新疆光伏发电利用率低于目标 0.5 个百分点；全国平均水能利用率 95%，达到了 2018 年平均水能利用率的目标，重点省区中，四川水能利用率低于目标 3 个百分点。详见表 5。

表 5　2018 年清洁能源消纳目标完成情况

项目	2018 年消纳目标		2018 年实际完成情况	
	利用率	弃电率	利用率	弃电率
一、风电				
全　国	88%	12%	93.0%	7.0%
新　疆	75%	25%	77.1%	22.9%
甘　肃	77%	23%	81.0%	19.0%
黑龙江	90%	10%	95.6%	4.4%
内蒙古	88%	12%	90.0%	10.0%
吉　林	85%	15%	93.1%	6.9%
河　北	94%	6%	94.8%	5.2%
二、光伏				
全　国	95%	5%	97.0%	3.0%
新　疆	85%	15%	84.5%	15.5%
甘　肃	90%	10%	90.2%	9.8%
三、水电				
全　国	95%		95%	
四　川	90%		87%	
云　南	90%		94%	
广　西	95%		100%	

六、特高压线路输送可再生能源情况

2018 年，20 条特高压线路年输送电量 3983 亿 kWh，其中输送可再生能源电量 2084 亿 kWh，占全部年输送电量的 52%。国家电网公司经营区覆盖范围内的 17 条特高压线路输送电量 3295 亿 kWh，其中可再生能源电量 1396 亿 kWh，占输送电量的 42%；南方电网公司经营区覆盖范围内的 3 条特高压线路输送电量 688 亿 kWh，全部为可再生能源电量。详见表 6。

表 6　　2018年特高压线路输送电量情况

序号	线路名称	年输送量（亿 kWh）	可再生能源（亿 kWh）	可再生能源占比	占比同比
1	长南荆特高压	63.6	29.0	45.6%	10.8
2	榆横—潍坊特高压	38.0	0.0	0.0%	—
3	锡盟送山东	29.2	0.0	0.0%	0.0
4	皖电东送	677.4	0.0	0.0%	0.0
5	浙福特高压	69.4	0.0	0.0%	0.0
6	蒙西—天津南	78.9	0.0	0.0%	0.0
7	复奉直流	307.0	297.9	97.0%	1.9
8	锦苏直流	387.3	369.2	95.3%	4.1
9	天中直流	324.8	158.3	48.7%	−6.3
10	宾金直流	316.2	314.1	99.3%	0.7
11	灵绍直流	377.8	84.5	22.4%	−5.3
12	祁韶直流	177.3	83.3	47.0%	—
13	雁淮直流	180.3	9.0	5.0%	—
14	锡泰直流	56.2	0.4	0.7%	—
15	昭沂直流	13.8	1.9	13.9%	—
16	鲁固直流	150.3	47.5	31.6%	—
17	吉泉直流	47.6	1.1	2.3%	—
18	楚穗直流	254.4	254.4	100.0%	0.0
19	普侨直流	252.5	252.5	100.0%	0.0
20	新东直流	181.0	181.0	100.0%	0.0
全　国		3982.7	2083.9	52.3%	—

注　1～17项数据为国家电网公司报送，18～20项数据为南方电网公司报送。皖电东送中特高压年输送电量为294.7亿kWh。“—”表示由于线路新投产等原因没有同比数据。

七、国家清洁能源示范省（区）落实情况

浙江。2018年，全部可再生能源电力消纳量为827亿kWh（含购买可再生能源绿色电力证书20亿kWh），实际消纳量占本省全社会用电量的比重为17.8%，同比下降1.5个百分点；非水电可再生能源电力消纳量为260亿kWh（含购买可再生能源绿色电力证书20亿kWh），实际消纳量占本省全社会用电量的比重为5.3%，同比上升1.1个百分点。

四川。2018年，全部可再生能源电力消纳量为2013亿kWh，占本省全社会用电量的比重为81.9%，同比下降1.6个百分点；非水电可再生能源电力消纳量为108亿kWh，占本省全社会用电量的比重为4.4%，同比上升1.1个百分点。

宁夏。2018年，全部可再生能源电力消纳量为268亿kWh，占本省全社会用电量的比重为25.2%，同比上升2.2个百分点；非水电可再生能源电力消纳量为237亿kWh，占本省全社会用电量的比重为22.3%，同比上升1.3个百分点。光伏发电未达到最低保障收购年利用小时要求，比要求低124h。

甘肃。2018年，全部可再生能源电力消纳量为625亿kWh，占本省全社会用电量的比重为48.4%，同比上升1.5个百分点；非水电可再生能源电力消纳量为173亿kWh，占本省全社会用电量的比重为13.4%，同比下降0.4个百分点。风电和光伏发电均未达到最低保障性收购年利用小时要求，风电Ⅱ类和Ⅲ类资源区分别低8h和77h；光伏发电Ⅰ类和Ⅱ类资源区分别低172h和200h。

青海。2018年，全部可再生能源电力消纳量为577亿kWh，占本省全社会用电量的比重为78.2%，同比上升13.3个百分点；非水电可再生能源电力消纳量为137亿kWh，占本省全社会用电量的比重约为18.5%，与2017年基本持平。

附件：可再生能源电力发展监测指标核算方法（略）

【2018 年度光伏发电市场环境监测评价结果❶】

资源区	地区	评价结果
Ⅰ类资源区	宁夏	橙色
	青海海西	橙色
	甘肃嘉峪关、武威、张掖、酒泉、敦煌、金昌	红色
	新疆哈密、塔城、阿勒泰、克拉玛依	红色
	内蒙古除赤峰、通辽、兴安盟、呼伦贝尔以外地区	橙色
Ⅱ类资源区	北京	橙色
	天津	橙色
	黑龙江	绿色
	吉林	绿色
	辽宁	绿色
	四川	橙色
	云南	橙色
	内蒙古赤峰、通辽、兴安盟、呼伦贝尔	绿色
	河北承德、张家口、唐山、秦皇岛	橙色
	山西大同、朔州、忻州、阳泉	绿色
	陕西榆林、延安	绿色
	青海除Ⅰ类外其他地区	橙色
	甘肃除Ⅰ类外其他地区	红色
	新疆除Ⅰ类外其他地区	红色
Ⅲ类资源区	河北除Ⅱ类外其他地区	绿色
	山西除Ⅱ类外其他地区	绿色
	陕西除Ⅱ类外其他地区	绿色
	上海	橙色
	江苏	绿色
	浙江	绿色

续表

资源区	地区	评价结果
Ⅲ类资源区	安徽	绿色
	福建	橙色
	江西	绿色
	山东	橙色
	河南	绿色
	湖北	绿色
	湖南	绿色
	广东	绿色
	广西	绿色
	海南	橙色
	重庆	橙色
	贵州	绿色
	西藏	红色

【国家能源局关于 2018 年度电力辅助服务有关情况的通报❷】

一、电力辅助服务基本情况

2018 年，全国除西藏外 31 个省（区、市、地区）参与电力辅助服务补偿的发电企业共 4176 家，装机容量共 13.25 亿 kW，补偿费用共 147.62 亿元，占上网电费总额的 0.83%（详见附件）。

从电力辅助服务补偿总费用来看，补偿费用最高的三个区域依次为西北、东北和华北区域，西北区域电力辅助服务补偿费用占上网电费总额比重最高，为 3.17%，华中区域占比最低，为 0.23%（见图 1）。

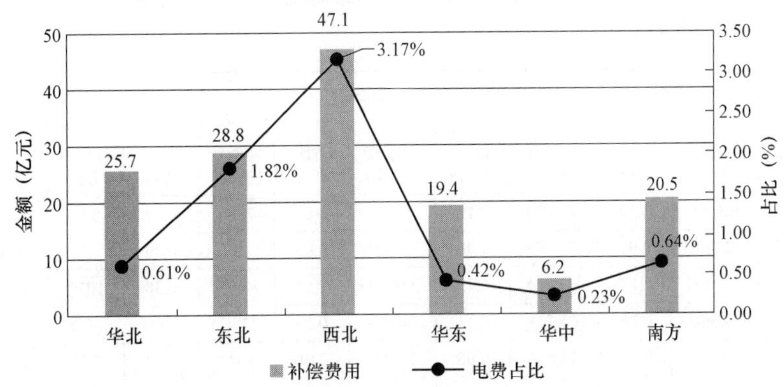

图 1　各区域电力辅助服务补偿费用情况

❶ 国家能源局于 2019 年 2 月 1 日以国能综通新能〔2019〕11 号文发布。

❷ 国家能源局 2019 年 4 月 28 日发布。

从电力辅助服务补偿费用的结构上看，调峰补偿费用总额52.34亿元，占总补偿费用的35.46%；调频[西北区域调频为AGC（自动发电控制）加一次调频，其他区域调频为AGC]补偿费用总额41.66亿元，占比28.22%；备用补偿费用总额42.86亿元，占比29.03%；调压补偿费用10.33亿元，占比7.00%；其他补偿费用0.43亿元，占比0.29%（见图2）。

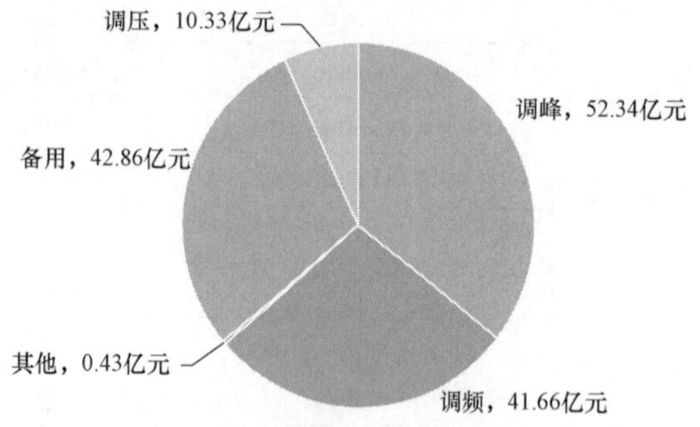

图2　电力辅助服务补偿费用构成

从分项电力辅助服务补偿费用来看，调峰、调频和备用补偿费用占总补偿费用的90%以上。其中，东北、西北区域调峰补偿力度最大，西北、华北区域调频补偿力度最大，西北、南方区域备用补偿力度最大。总体来看，西北区域整体电力辅助服务补偿力度最大（见图3）。

从电力辅助服务补偿费用来源来看，主要来自发电机组分摊费用，合计118.95亿元，占比为80.58%。此外，跨省区（网外）辅助服务补偿分摊费用合计0.83亿元，新机差额资金1.01亿元，考核等其他费用25.04亿元，无分摊减免费用（见图4）。

从能源类型的角度来看，电力辅助服务补偿费用的补偿与分摊费用对比见图5。

二、各区域电力辅助服务规则执行情况

（一）各区域电力辅助服务补偿费用情况

各区域电力辅助服务分项补偿费用占比情况如图6所示，各项费用的比例构成差异性较大。

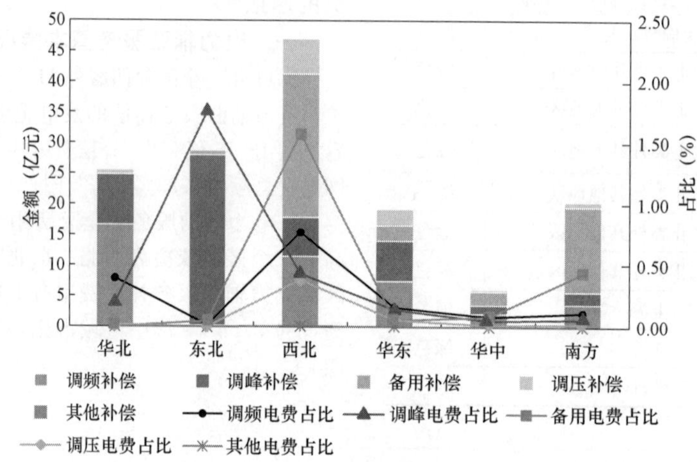

区域	调频		调峰		备用		调压		其他	
	补偿费（万元）	占比（%）	补偿费（万元）	占比（%）	补偿费（万元）	占比（%）	补偿费（万元）	占比（%）	补偿费（万元）	占比（%）
华北	166 543	0.39	81 720	0.19	427	0.00	7386	0.02	538	0.00
东北	2188	0.01	27 7920	1.76	7441	0.05	3	0.00	0	0.00
西北	114 571	0.77	64 314	0.43	234 125	1.58	57 060	0.38	1073	0.01
华东	74 603	0.16	65 778	0.14	24 789	0.05	27 024	0.06	1418	0.00
华中	21 917	0.08	13 596	0.05	22 211	0.08	4048	0.02	384	0.00
南方	36 741	0.11	20 113	0.06	139 609	0.44	7818	0.02	883	0.00

图3　各区域各项电力辅助服务补偿费用情况

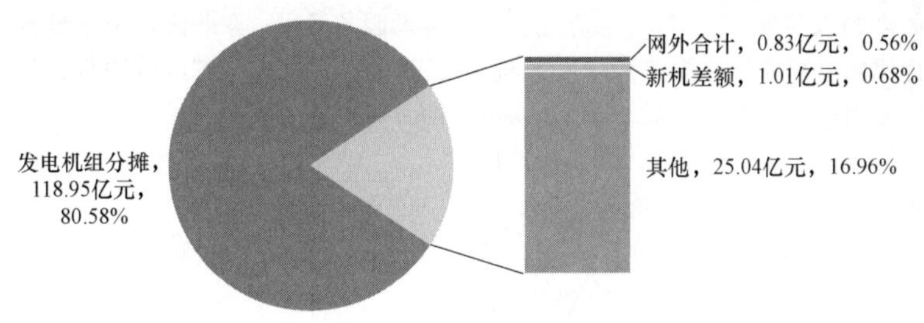

图 4　电力辅助服务补偿费用来源

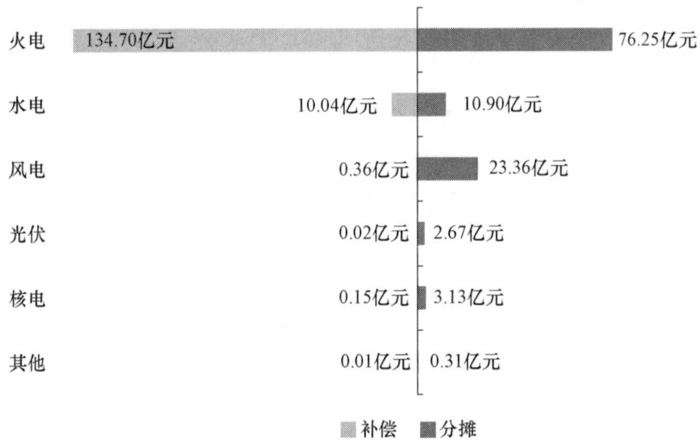

注：广东调频辅助服务市场于2018年9月1日启动试运行并开始结算，4个月合计补偿2.35亿元，图中未含该部分费用。

图 5　各类型机组电力辅助服务补偿分摊费用

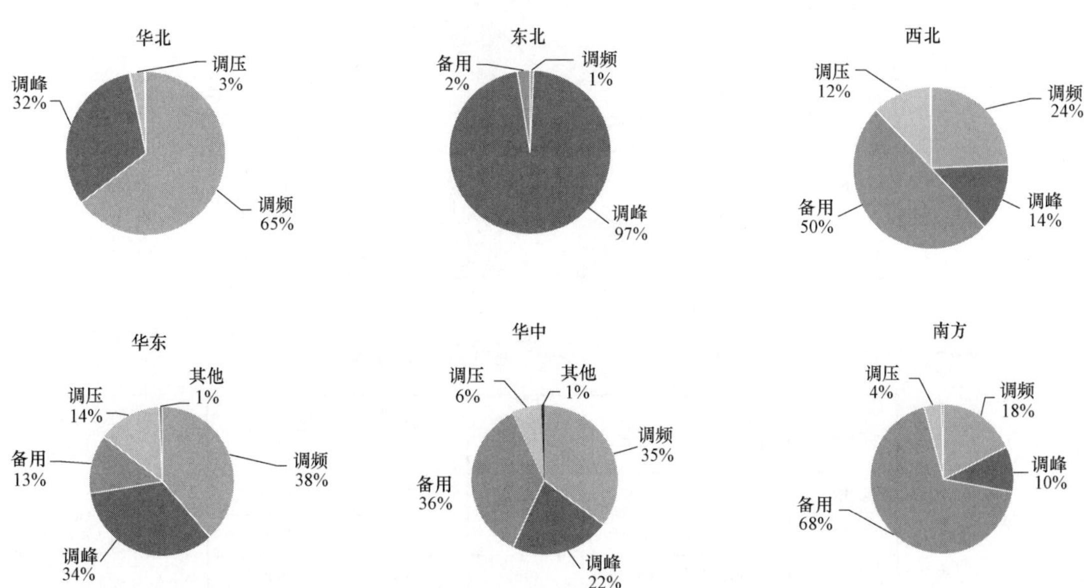

图 6　各区域辅助服务分项补偿费用占比情况

（二）各区域电力辅助服务补偿费用来源情况

各区域电力辅助服务补偿费用主要来源于发电机组分摊费用，在其他费用来源上略有差异。华东区域的一部分费用来自网外跨区水电分摊落地省份的电力辅助服务费用；东北区域全年没有新机并网，无新机差额款项。另外，各区域调峰、调频交易结果纳入补偿分摊统计。

（三）华北区域电力辅助服务补偿情况（见图 7）

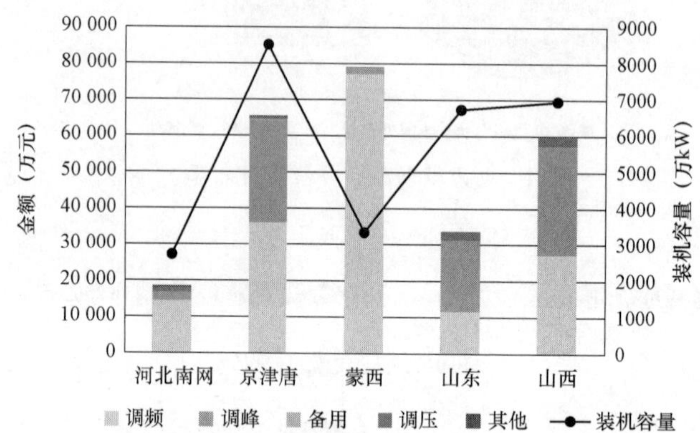

区域	调频（万元）	调峰（万元）	备用（万元）	调压（万元）	其他（万元）	装机容量（万kW）
河北南网	14 370	2480	0	1337	250	2712
京津唐	36 051	28 126	278	674	219	8512
蒙西	77 227	1436	148	261	0	3336
山东	11 694	19 651	0	2374	0	6723
山西	27 202	30 027	0	2739	69	6941

图 7　华北区域分省（地区）电力辅助服务补偿分项费用情况

（四）东北区域电力辅助服务补偿情况（见图 8）

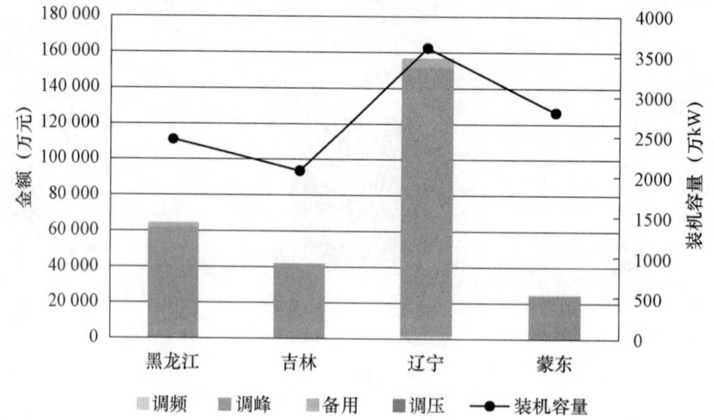

区域	调频（万元）	调峰（万元）	备用（万元）	调压（万元）	装机容量（万kW）
黑龙江	0	62 071	2452	0	2469
吉林	524	41 231	0	3	2079
辽宁	1664	150 133	4989	0	3609
蒙东	0	24 485	0	0	2811

图 8　东北区域分省（地区）电力辅助服务补偿分项费用情况

（五）西北区域电力辅助服务补偿情况（见图 9）

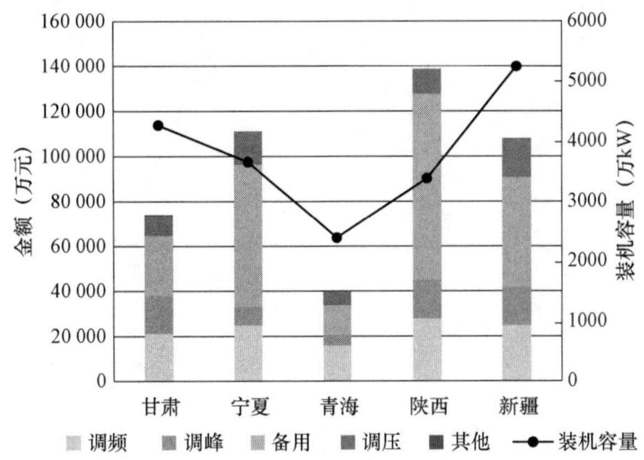

区域	调频（万元）	调峰（万元）	备用（万元）	调压（万元）	其他（万元）	装机容量（万kW）
甘肃	21 180	16 942	26 556	8497	806	4265
宁夏	24 794	8436	63 049	14 671	12	3655
青海	15 929	4870	12 954	6087	6	2387
陕西	27 852	17 154	82 714	10 864	38	3381
新疆	24 817	16 912	48 851	16 941	210	5244

图 9　西北区域分省（地区）电力辅助服务补偿分项费用情况

（六）华东区域电力辅助服务补偿情况（见图 10）

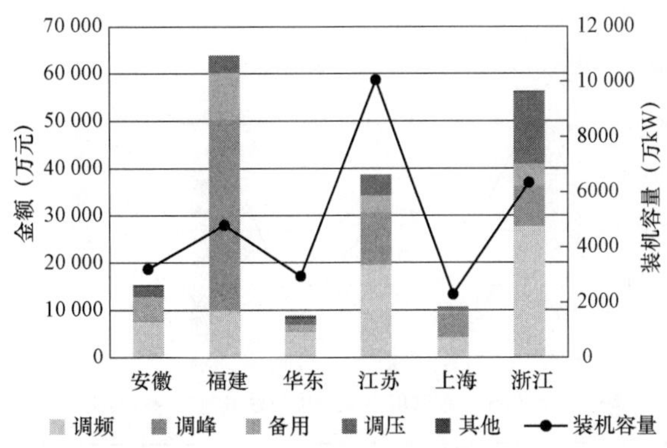

区域	调频（万元）	调峰（万元）	备用（万元）	调压（万元）	其他（万元）	装机容量（万kW）
安徽	7667	309	4956	2136	248	3204
福建	9920	40 446	9827	3571	108	4789
华东电网	5505	127	1382	1260	540	2943
江苏	19 537	11 165	3564	4330	72	10 057
上海	4320	5093	437	664	144	2292
浙江	27 654	8638	4624	15 062	306	6338

图 10　华东区域分省（市、区域）电力辅助服务补偿分项费用情况

（七）华中区域电力辅助服务补偿情况（见图 11）

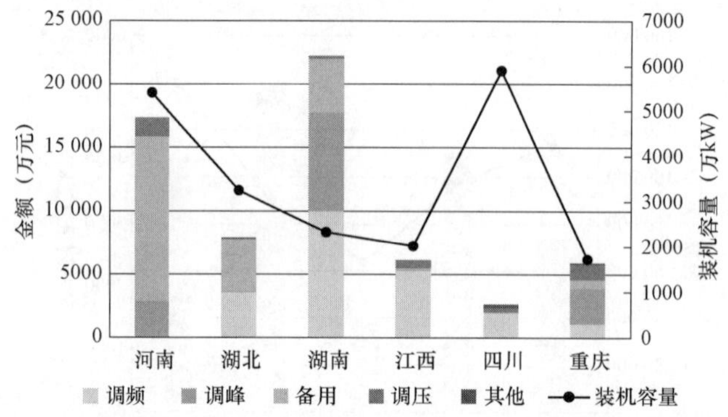

区域	调频（万元）	调峰（万元）	备用（万元）	调压（万元）	其他（万元）	装机容量（万kW）
河南	0	2873	12 967	1482	0	5404
湖北	3569	94	4093	93	48	3256
湖南	9982	7769	4273	227	0	2333
江西	5299	52	126	658	0	2028
四川	1958	0	85	346	264	5899
重庆	1109	2808	666	1243	72	1732

注　湖北省和重庆市2018年初结算了2017年末未结算的补偿费用，共计846万元，其中湖北293万元，重庆553万元。

图 11　华中区域分省（市）辅助服务补偿分项费用情况

（八）南方区域电力辅助服务补偿情况（见图 12）

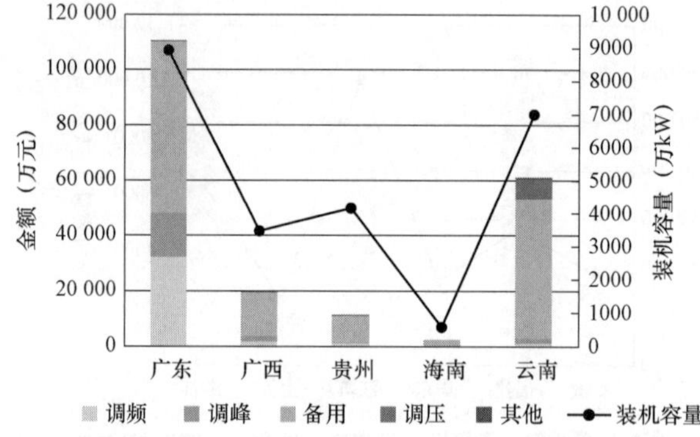

区域	调频（万元）	调峰（万元）	备用（万元）	调压（万元）	其他（万元）	装机容量（万kW）
广东	32 329	15 829	62 028	125	218	8912
广西	1811	1913	15 852	85	22	3466
贵州	1218	266	9533	377	12	4156
海南	64	317	1957	2	2	581
云南	1318	1788	50 239	7228	629	6985

图 12　南方区域分省（区）电力辅助服务补偿分项费用情况

附

2018 年电力辅助服务补偿基本情况统计表

区域	省份	发电企业数量（家）	装机容量（万 kW）	总补偿费用（万元）	补偿费用占比（%）					总补偿费用占上网电费比重（%）
					调频	调峰	备用	调压	其他	
华北区域	河北南网	45	2712	18 436	77.94	13.45	0.00	7.25	1.35	0.39
	京津唐	81	8512	65 349	55.17	43.04	0.43	1.03	0.34	0.54
	蒙西	47	3336	79 072	97.67	1.82	0.19	0.33	0.00	1.93
	山东	196	6723	33 719	34.68	58.28	0.00	7.04	0.00	0.24
	山西	293	6941	60 037	45.31	50.01	0.00	4.56	0.11	0.81
	合计	662	28 225	256 613	64.90	31.85	0.17	2.88	0.21	0.61
东北区域	黑龙江	106	2469	64 523	0.00	96.20	3.80	0.00	0.00	2.91
	吉林	121	2079	41 757	1.25	98.74	0.00	0.01	0.00	0.85
	辽宁	163	3609	156 787	1.06	95.76	3.18	0.00	0.00	2.85
	蒙东	98	2811	24 485	0.00	100.00	0.00	0.00	0.00	0.77
	合计	488	10 967	287 552	0.76	96.65	2.59	0.00	0.00	1.82
西北区域	甘肃	303	4265	73 981	28.63	22.90	35.90	11.49	1.09	2.04
	宁夏	250	3655	110 963	22.34	7.60	56.82	13.22	0.01	3.03
	青海	259	2387	39 846	39.98	12.22	32.51	15.28	0.02	2.88
	陕西	159	3381	138 622	20.09	12.37	59.67	7.84	0.03	3.61
	新疆	540	5244	107 731	23.04	15.70	45.35	15.73	0.19	4.62
	合计	1511	18 933	471 143	24.32	13.65	49.69	12.11	0.23	3.17
华东区域	安徽	49	3204	15 317	50.06	2.02	32.36	13.95	1.62	0.28
	福建	106	4789	63 873	15.53	63.32	15.39	5.59	0.17	0.79
	华东电网	22	2943	8 814	62.46	1.44	15.68	14.30	6.13	0.17
	江苏	163	10 057	38 667	50.53	28.87	9.22	11.20	0.19	0.25
	上海	55	2292	10 658	40.53	47.79	4.10	6.23	1.35	0.32
	浙江	54	6338	56 283	49.13	15.35	8.21	26.76	0.54	0.61
	合计	449	29 623	193 612	38.53	33.97	12.80	13.96	0.73	0.42
华中区域	河南	61	5404	17 322	0.00	16.58	74.86	8.56	0.00	0.23
	湖北	46	3256	7896	45.20	1.18	51.84	1.17	0.61	0.16
	湖南	38	2333	22 251	44.86	34.92	19.20	1.02	0.00	0.58
	江西	29	2028	6135	86.38	0.84	2.06	10.72	0.00	0.16
	四川	372	5899	2653	73.82	0.00	3.21	13.03	9.95	0.05
	重庆	51	1732	5899	18.80	47.61	11.30	21.07	1.22	0.28
	合计	597	20 650	62 156	35.26	21.87	35.73	6.51	0.62	0.23
南方区域	广东	145	8912	110 531	29.25	14.32	56.12	0.11	0.20	0.61
	广西	76	3466	19 682	9.20	9.72	80.54	0.43	0.11	0.49
	贵州	75	4156	11 407	10.68	2.33	83.57	3.31	0.11	0.25
	海南	17	581	2342	2.74	13.53	83.57	0.10	0.07	0.21
	云南	156	6985	61 202	2.15	2.92	82.09	11.81	1.03	1.41
	合计	469	24 099	205 164	17.91	9.80	68.05	3.81	0.43	0.64
全国合计		4176	132 497	1 476 240	28.22	35.46	29.03	7.00	0.29	0.83

【2018年全国52个主要城市用户供电可靠性指标报告[1]】

2018年，全国52个主要城市用户数占全国总用户数的34.07%，用户总容量占全国用户总容量的49.04%。其所属用户平均停电时间为8.44h/户，比全国平均值低7.31h/户；其所属用户平均停电频率1.84次/户，比全国平均值低1.44次/户。

一、用户平均停电时间

全国52个主要城市中，佛山、厦门、深圳的用户平均停电时间低于3h/户，拉萨、长春、沈阳、徐州、成都的用户平均停电时间超过15h/户；北京、上海所属城市用户平均停电时间低于1h/户，拉萨、呼和浩特、徐州、海口所属城市用户平均停电时间超过5h/户；佛山、东莞、上海、厦门所属农村用户平均停电时间低于5h/户，拉萨、西宁等7市所属农村用户平均停电时间超过20h/户。

全国52个主要城市中有18个城市的用户平均停电时间同比减少超过10%；13个城市的用户平均停电时间波动超过20%，其中，厦门、上海、北京的用户平均停电时间同比分别减少45.65%、42.41%、41.87%；徐州、昆明的用户平均停电时间同比分别增加64.20%、32.43%。见图1～图3。

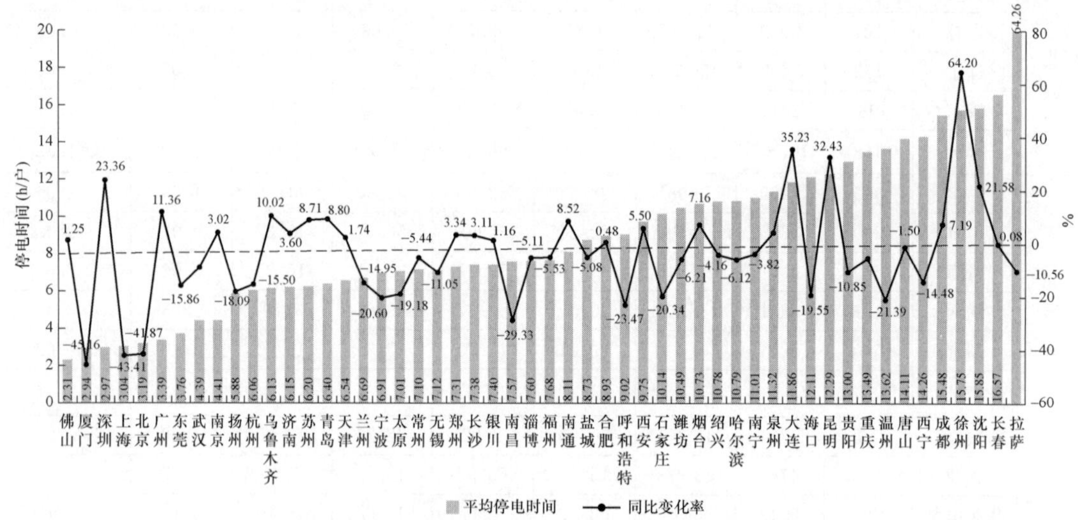

图1 2018年主要城市用户平均停电时间对比（全口径）

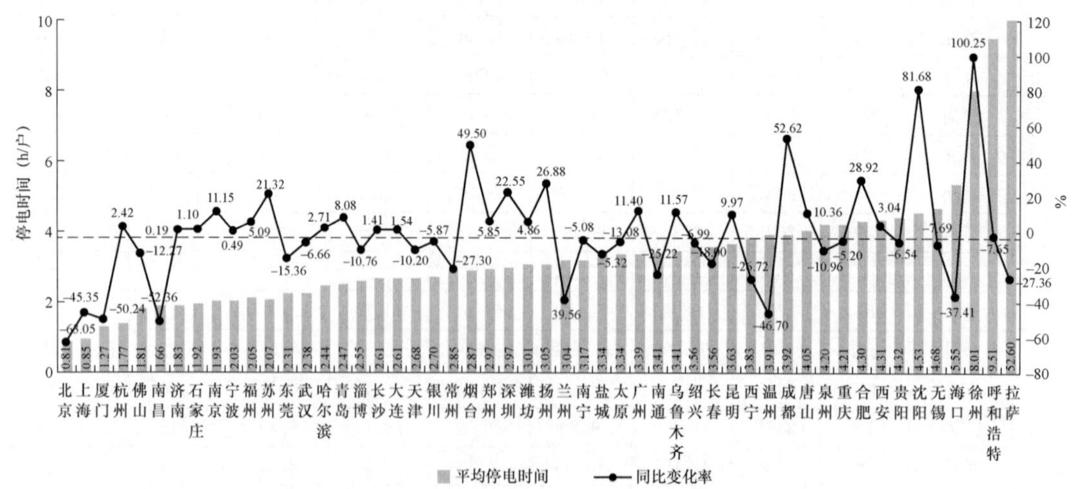

图2 2018年主要城市用户平均停电时间对比（城市）

[1] 国家能源局电力可靠性管理和工程质量监督中心、中国电力企业联合会可靠性管理中心联合发布。

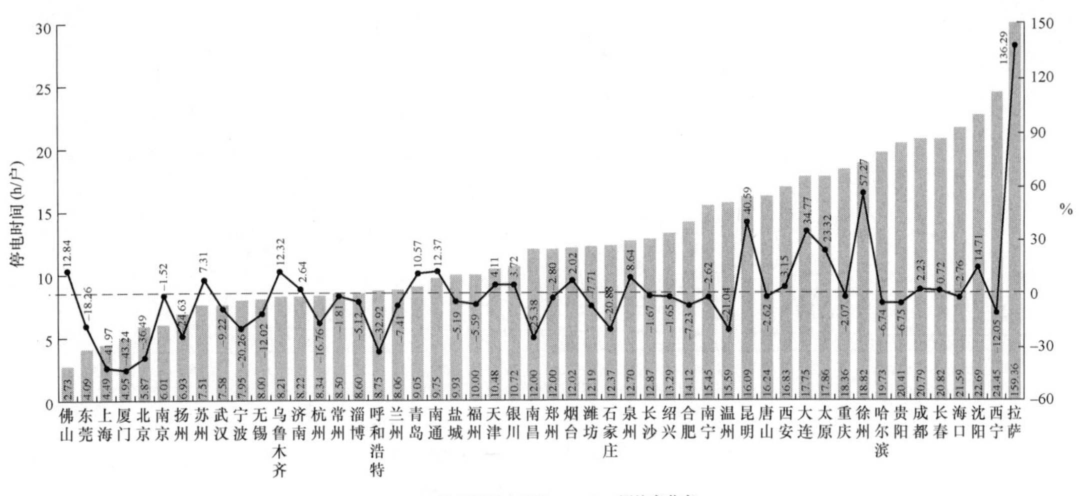

图 3　2018 年主要城市用户平均停电时间对比（农村）

二、用户平均停电频率

全国 52 个主要城市中，深圳、广州、上海等 10 个城市的用户平均停电频率低于 1 次/户，拉萨、沈阳、唐山等 8 个城市的用户平均停电频率超过 3 次/户；上海、北京、厦门等 14 个城市所属城市用户平均停电频率低于 0.5 次/户，拉萨、太原所属城市用户平均停电频率超过 2 次/户；佛山、东莞、上海所属农村用户平均停电频率低于 1 次/户，拉萨、沈阳、太原、西宁、合肥所属农村用户平均停电频率超过 5 次/户。

全国 52 个主要城市中，有 14 个城市的用户平均停电频率同比减少超过 10%；22 个城市的用户平均停电频率波动超过 15%，其中，厦门、东莞、上海的用户平均停电频率同比分别减少 35.41%、33.47%、32.53%，郑州、合肥、拉萨的用户平均停电频率同比分别增加 61.45%、52.97%、52.31%。见图 4～图 6。

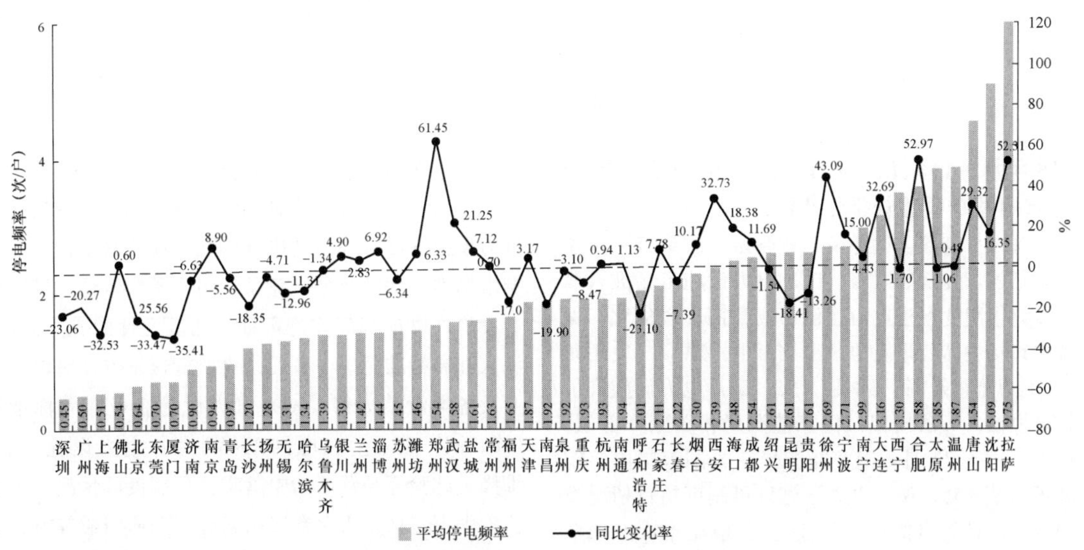

图 4　2018 年主要城市用户平均停电频率对比（全口径）

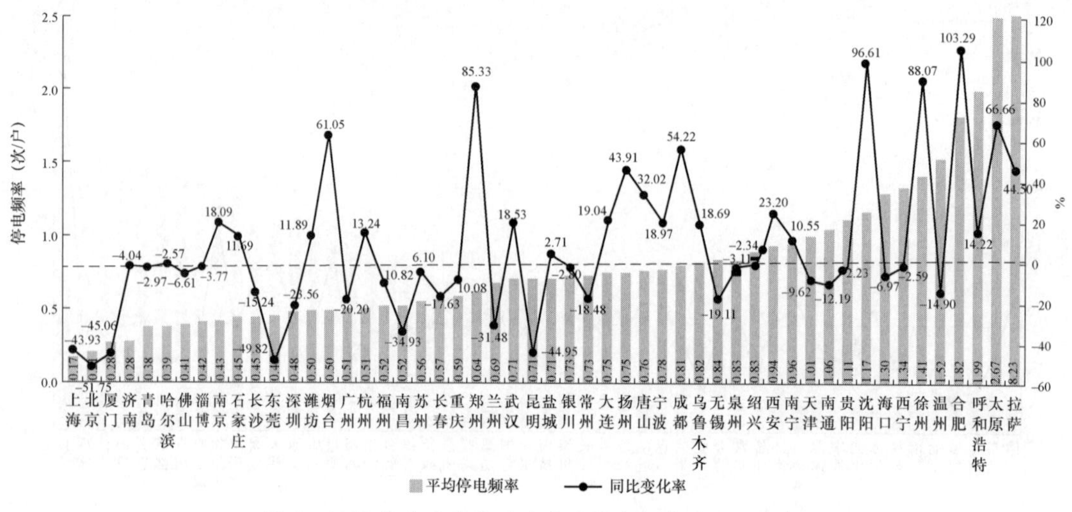

图 5　2018 年主要城市用户平均停电频率对比（城市）

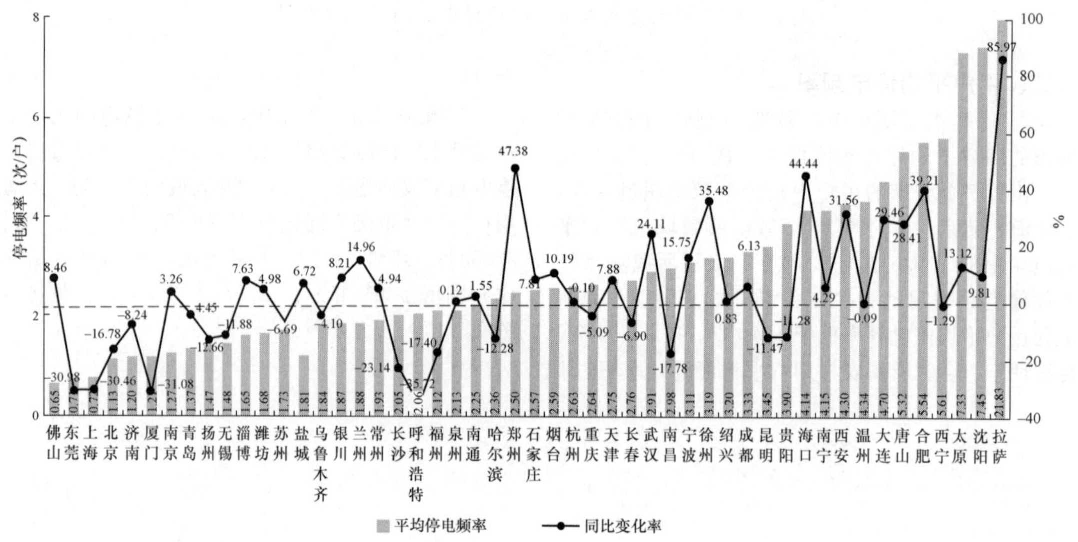

图 6　2018 年主要城市用户平均停电频率对比（农村）

【2018 年承装（修、试）电力设施许可制度执行情况重点问题专项监管报告❶】

为深入贯彻落实国务院“放管服”改革有关工作要求，切实加强承装（修、试）电力设施市场准入监管，以许可制度促进电力建设市场营商环境优化，保障各类市场主体公平竞争，根据《电力供应与使用条例》《电力监管条例》《承装（修、试）电力设施许可证管理办法》等法规以及国家能源局相关工作部署，2018 年 7 月至 11 月，国家能源局在全国范围内组织开展了承装（修、试）电力设施许可制度执行情况重点问题专项监管（简称专项监管）。根据本次专项监管有关情况，形成此报告。

一、专项监管基本情况

本次专项监管主要针对近年来在承装（修、试）电力设施许可管理制度执行情况专项监管中发现的影响市场准入秩序及公平竞争、阻碍承装（修、试）电力设施许可证（简称许可证）功效发挥的难点问题，深入开展精准化事中事后许可监管，重点针对电网企业及各类承装（修、试）电力设施企业［简称承装（修、试）企业］在电网工程建设、电力设施安装、维修、试验等经营活动中落实许可制度的情况，主要监管内容包括是否存在以抬高许可资质门槛等方式限制公平竞争的行为，以及在施工过程中是否存在出租

❶ 国家能源局 2019 年 4 月发布。

出借许可证、转包或违法分包等问题。

在本次重点问题专项监管中，国家能源局各派出能源监管机构（简称监管机构）严格按照“双随机、一公开”有关要求，在全国范围内抽取了27家省级电网企业所属的81家市（县）级供电企业以及相关承装（修、试）企业开展了现场检查，共涉及各类电网工程建设项目超过1100个。大部分受检企业能够按照专项监管有关工作要求，及时报送相关材料，如实汇报执行许可制度的情况，并积极配合开展现场检查等相关工作。

从本次专项监管整体情况来看，承装（修、试）电力设施许可管理制度在各级电网企业基本得到了贯彻落实，承装（修、试）企业依法在许可范围内开展承装（修、试）电力设施活动的总体情况较好，用户受电工程市场公平开放程度有所提升，但长期以来影响承装（修、试）电力设施市场准入秩序、阻碍许可证功效发挥的深层次难点问题依旧较为突出。

二、存在的问题

（一）电网企业

1. 个别电网企业对监管机构开展的现场检查配合不积极

2. 关联承装（修、试）企业中标率持续偏高，电网工程市场公平开放程度较低

国家能源局自2013年以来开展的承装（修、试）电力设施许可专项监管中，始终将电网工程建设市场向各类持证主体公平开放情况作为重要监管内容之一，并一直要求电网企业围绕工程发包环节如何进一步提升市场开放程度采取切实有效的措施。从本次专项监管现场检查结果来看，国家电网公司经营区域内的重庆市和西藏自治区，以及南方电网公司经营区域内的贵州、海南两省落实上述监管要求的情况较好。除上述四省（区、市）外，本次专项监管覆盖的其他区域均不同程度存在关联承装（修、试）企业电网工程中标率偏高的问题。主要表现为参与投标的电网公司系统外各类承装（修、试）企业，特别是民营承装（修、试）企业在工程承包环节的中标率普遍偏低，部分区域内甚至无一中标，基本只能以专业或劳务分包的形式参与一线施工活动。尽管这一问题的成因较为复杂，有一定的历史及市场客观因素，但明显已成为目前制约民营承装（修、试）企业进一步发展壮大、阻碍许可证功效切实发挥的“难点”和“堵点”问题，且其“普遍化”趋势较往年有所增加。

3. 在电网工程项目招标环节以不合理方式设定市场准入障碍

（1）以合格分包商准入审查等类似方式限制承装（修、试）企业公平进入市场。

电网企业利用其行业主导优势，在其施工分包管理工作中，通过开展合格分包商准入审查或与潜在投标人开展竞争性谈判等类似方式，形成合格分包商（或类似性质的）企业名册。鉴于目前绝大部分民营承装（修、试）企业基本通过分包方式参与电网工程建设活动，因此未通过审查进入名录的持证企业在该年度内基本无法中标电网工程分包项目，实质上就是将其排除出承装（修、试）电力设施市场，在较大程度上影响了市场的公平开放，削弱了许可证的权威和功效。

（2）在招标环节以不合理方式抬高承装（修、试）电力设施许可资质门槛，限制潜在投标企业。

根据《承装（修、试）电力设施许可证管理办法》第七条规定，取得五级许可证的企业可承揽10kV以下电压等级工程项目，取得四级许可证的企业可承揽35kV以下电压等级工程项目。部分电网及供电企业在工程招标中超越许可等级设置投标企业资质条件，以不合理方式抬高许可资质门槛，在一定程度上限制了具备承揽工程资质的潜在投标企业。

4. 部分供电企业落实《承装（修、试）电力设施许可证管理办法》相关规定不到位，在施工企业资质条件的查验及设定等方面存在漏洞

（二）承装（修、试）企业

1. 关联承装（修、试）企业在施工过程中存在转包及违法分包问题

2. 无证或超越许可范围从事承装（修、试）电力设施活动

3. 涂改、伪造许可证从事承装（修、试）电力设施活动

4. 以出租、出借许可证方式从事承装（修、试）电力设施活动

三、监管意见

（一）处理措施

（1）国家能源局及各有关监管机构将依法对本次专项监管中发现的存在违反许可制度行为的承装（修、试）企业（单位）下达整改通知书，要求其限期完成整改工作；对需要采取行政处罚措施的，将一律按法定程序予以处理。

（2）针对电网企业存在的限制市场公平开放、落实承装（修、试）电力设施许可制度不到位等重点问题，按照国家能源局关于进一步推动优化营商环境政策落实相关工作部署，结合近几年许可监管工作情况，对有关电网企业开展监管约谈，明确提出整改要求，并跟踪监督其整改落实情况。

（3）根据国家能源局深入推进依法治理工作有关

要求，进一步探索运用信用监管方式，对落实整改工作不到位或被予以行政处罚的相关单位（个人）依法采取列入能源行业信用“重点关注名单”直至“黑名单”实施联合惩戒等新型监管方式。

（二）监管要求

（1）针对本次专项监管工作中发现的各类重点问题，相关问题企业应配合监管机构认真开展并按时完成整改工作，同时要进一步梳理排查类似问题隐患，确保将承装（修、试）电力设施许可制度各项要求落实到位。

（2）电网企业要重点围绕打破市场“隐形”壁垒，保障符合许可条件的各类市场主体平等参与电网工程建设市场竞争的权利，采取有效措施进一步提升电网建设市场公平开放程度；不得滥用市场支配地位，以不合理提高投标资质等级、类别或设置合格分包商名录等方式限制潜在投标人公平进入市场的权利；不得允许无证或者超越许可证等级类别范围的企业承揽各类承装（修、试）电力设施活动，并持续加强对所属关联承装（修、试）企业的监督管理，坚决杜绝转包、违法分包等严重影响施工安全及质量的违法违规行为。

（3）承装（修、试）企业必须严格遵守承装（修、试）电力设施许可制度，依法取得许可证并在许可范围内开展承装（修、试）电力设施活动；严禁涂改、伪造许可证（含许可证复印件），严禁出租、出借及挂靠、借用许可证违法从事承装（修、试）电力设施活动；进一步加强对工程施工现场活动的管理力度，不得以任何形式转包或违法分包电力建设工程。

行 业 服 务

中国电力企业联合会

【综述】 2019年，中国电力企业联合会（简称中电联）坚持以习近平新时代中国特色社会主义思想为指引，深入开展“不忘初心、牢记使命”主题教育，召开第一届党代会，选举产生中电联第一届党委、纪委，党建工作迈上新台阶；持续深化行业发展重大问题研究，积极参与国家政策制定，建言献策取得新成效；坚持以会员需求为导向，进一步拓展服务的深度和广度，努力提升服务的精准性、有效性，专业服务取得新成绩，全面完成了年度目标任务。

（一）紧跟行业转型新趋势，创新服务亮点纷呈

中国电动汽车快速充电接口方案在日本得到应用，日本电动汽车用快速充电器协会未来的充电接口标准将采用中国方案，中日国际大功率充电超级（CHAOJI）项目已启动，与德国、美国有关机构建立电动汽车标准化合作机制，为中国电动汽车快速充电接口方案纳入国际标准创造条件；提出《配电网接纳分布式电源承载能力评估导则》等2项国际标准提案；组织行业代表参加第83届国际电工委员会（IEC）大会，提出19项技术提案并获得通过。中电联标准落地取得新进展，岸电接口中电联标准已被交通部采纳，成为长江沿岸地区岸电工程的事实标准，海南省将4项充电设施中电联标准作为有关项目的验收标准，中电联在国家标准委团体标准座谈会上作典型发言。牵头组织国家技术标准创新基地建设，智能电网创新基地已获批，直流输电及电力电子技术、发电国际标准化两个创新基地正在筹建。中电联《关于加强能源互联网标准化工作的指导意见》得到国家标准委、国家能源局采纳，文件已印发，将有力推动新科技革命与电力融合方面的标准工作。全年发布标准481项（其中国家标准19项，行业标准335项，行业标准英文版15项，中电联标准112项）。完成住建部委托《火力发电项目规范》等12项强制性规范的研编工作。

发布CECI曹妃甸指数、进口指数，CECI已形成4个指数产品（沿海指数、采购经理人指数、曹妃甸指数、进口指数），覆盖国际国内两个市场，对完善国家能源价格监测体系、提升电力企业电煤定价话语权、规范电煤市场秩序起到了积极作用。

《信用电力自律公约》成为行业类全国信用承诺书示范样本；440家失信市场主体纳入信用“重点关注对象名单”，在会员单位和社会引起强烈影响，制定涉电力领域市场主体信用修复管理办法，对56家“重点关注对象名单”企业实施信用监督与警戒，及时公布信用修复结果；发布推广应用信用评价结果和重点关注对象名单的指导意见，推动评价结果在政府部门、金融机构、会员单位中的应用；中电联（北京）征信有限公司获得中国人民银行企业征信机构备案资质。

经国家发展改革委同意，制定发布《电力行业国际产能合作指引》，对电力企业有序参与境外项目及

产能合作、加强合规管理将起到积极引导作用。

修订发布《全国电力行业核心价值公约》，推动行业文化建设，树立行业良好形象。

（二）积极反映行业发展新问题，智库建设成果丰硕

开展电力“十四五”规划及中长期发展有关问题、煤电机组灵活性运行政策、跨省区电力市场交易、增量配电业务改革试点、电力行业“走出去”协同发展、自备电厂参与碳排放权交易、新能源及储能发展等7项行业发展重大问题调研，有关报告已报送政府部门，国家能源局领导批示有关部门要认真研究。

深入开展碳交易制度、政策研究，编制发电行业碳排放权交易市场运行测试方案，参与碳配额方案制定，起草碳排放技术支撑规范。完成发电企业碳排放权交易技术指南、烟气在线连续监测系统在火电厂碳排放监测领域的应用等专题研究。研究提出的配额分配基准线、基准值得到政府采纳，将减轻企业负担超百亿元。

针对连续降低工商业电价、电煤价格居高不下、中美贸易摩擦等企业高度关注的问题，广泛听取行业意见，积极反映行业诉求。开展的全国降低一般工商业电价政策落实情况第三方评估，受到工信部高度肯定，报送国务院领导圈阅。中电联关于国家减税降费政策、中美贸易摩擦对电力行业的影响及建议两份报告，经国资委上报国务院办公厅；向国资委报送关于电网企业经营效益情况的报告，提出稳定电网企业效益的建议，有关内容将纳入即将出台的行业行动计划；多次向中央财办、国务院研究室、国家发展改革委、财政部、国资委、海关总署、国家能源局等部门专题报告，就电煤保供、煤价高企等问题建言献策，对保障东北等地区电煤供应、稳定电煤进口政策等起到了积极作用。定期分析电力运行形势，为企业、政府决策提供参考。及时发布年度、季度全国电力供需形势分析预测报告，每月发布电力工业运行情况。参加中央财办、国家发展改革委、工信部等部委形势分析座谈会50余次，报送分析材料60余份。

（三）主动响应会员单位新需求，专业服务价值彰显

制定电力行业燃料统计调查制度，启动燃料统计工作，实施电煤供耗存动态监测，将有力支撑产业政策制定、电煤供应保障、企业经营决策工作。进一步拓展统计口径、统计指标和统计范围，细化统计颗粒度，实现分地区全口径数据汇总。

服务国家营商环境建设，与国家能源局有关部门联合发布全国52个主要城市、特大及以上城市、地级行政区供电可靠性指标；整合可靠性信息管理系统，统计频次提高到季度；为南方电网公司、国家能源集团提供可靠性专项研究报告。编制《电能质量评价管理工作组织实施方案（2019—2021年）》。

受住建部委托，启动《通用安装工程消耗量定额》修订，已形成修订稿（共12册）；《电力建设工程定额和费用计算规定》（2018年版）已经国家能源局批准发布；编制《陆上风电场检修定额和费用计算规定》，填补风电检修工程计价依据空白。受国家市场监督管理总局、国家认监委委托，编制《检验检测机构资质能力认定要求》（电力工程册），为规范电力行业工程质量检测市场奠定基础。对9个特高压项目、15个百万千瓦机组项目开展工程质量监督，提出整改问题9202项。

适应国家职业资格制度改革新形势，梳理、制定了电力职业（工种）目录（108项），已完成27项职业标准编制工作；启动电力行业从业人员技能等级认证工作，认证18.3万人次，通过11.2万人。

发布《中国电力行业年度发展报告2019》及7份专业报告（国际合作、标准化、可靠性、行业人才、造价管理、电力工程建设质量、电气化）。编制中国发电企业与世界同类能源企业对标报告、国际电力发展报告及数据手册。

全国火电机组能效水平对标活动被列为全国能源化学地质系统11个重点劳动竞赛之一；组织电力创新奖评选，10项成果获得电力科技创新大奖，351项成果获得电力科技创新奖一、二等奖，493项成果获得电力职工技术创新奖；中电联推荐的13个电力工程项目获得国家优质投资项目奖；举办全行业带电作业技能竞赛，邀请美国、俄罗斯代表队作国际交流展示；举办“辉煌70年、奋进新时代”中国电力主题日、上海国际电力设备及技术展览会（EP展）、全国电力可靠性高峰论坛、中国电力技术经济高端论坛等活动。

拓展第三方服务，2019年四个直属单位营业收入3.6亿元，实现利润3700万元，保持稳定发展态势。发展研究院实现电厂全过程工程咨询项目管理、核电造价咨询“零”的突破，技经咨询业务拓展到国外（玻利维亚穆通钢厂电网咨询项目、越南沿海二期2×660MW燃煤电厂工程全过程造价咨询、马尔代夫配电网咨询项目）。评价咨询院形成具有中电联特色的安全咨询、安全培训、生产技术咨询等拳头服务产品，完成415家企业“两化融合”评定工作，年度评定企业数量超过前三年总和。恒功检测公司通过市场监管机构资质能力认定，取得CMA资质证书。顺应国家人才评价机制改革趋势，成立中电联人才测评中心有限公司，探索行业人才评价、培训、认证服务新模式。《中国电力企业管理》等杂志围绕电力行业改

革发展热点难点问题，分层次宣传电力行业企业发展成就，发表了一系列有影响的报道，多篇稿件被转载，杂志发行量、广告收入再创新高。

（四）充分发挥分支机构作用，服务体系日趋完善

把握能源转型发展新趋势和电力市场化改革新动向，成立售电与综合能源服务分会，正在筹建电力市场分会、法律分会，完善服务体系，主动服务行业发展新业态和会员发展新需求。

火电分会深入企业调研，了解企业诉求，帮助企业探寻解困、治困策略。水电分会建立供应商“守信受益、失信受限”机制，大力推广水电厂供应商信息共享平台。试验研究分会围绕智能电网、人工智能、GIS设备检测与诊断等新技术开展交流。卫生分会认真做好职业安全卫生标准制修订、职业卫生调研等工作。装备分会协助国家发展改革委完成电力装备“走出去”调研，认真分析典型电力装备的先进性、可靠性、安全性，形成了专题报告。节能环保分会完成国家发展改革委《关于进一步加强燃煤电厂环境污染第三方治理工作的指导意见》代拟稿，编印5本燃煤电厂污染治理系列“口袋书”，积极参与技术标准规范制（修）订工作。电能替代分会参与行业标准制定，开展校园清洁电取暖综合试点，举办北方地区冬季电取暖发展论坛。电动汽车与储能分会充分发挥交流平台作用，主办（承办）了7场专业论坛、会议，开展电动汽车储能应用的商用价值与典型模式研究。燃料分会积极向国家发展改革委反映发电企业调整中长协合同基准价格的意见诉求，牵头组织2018年度电煤中长期合同履约信用采集及评价工作。售电与综合能源服务分会围绕机制建设、展会活动、对外宣传、标准前期等方面认真开展工作，建立了规范的运作机制和对外宣传渠道，发展会员83家。

（五）认真落实代管学协会党建管理责任，协同服务成效良好

认真落实国资委党委《行业协会党建工作管理办法（试行）》，明确对代管学协会的党建管理职责，认真组织代管学协会党组织书记抓党建述职评议考核工作。

中电建协积极配合政府部门开展电力建设行业安全管理，组织评选电力建设科技进步奖等。规划设计协会开展行业技术交流、对标等工作。中电技协开展了热工自动化、汽轮机、锅炉、电气等专业技术交流培训，推动电力行业科技成果转化。水电质协建立健全电力设备质量管理标准化工作体系，推进电力行业设备质量安全风险防控工作。电力教育协会组织开展青年培训师教学技能竞赛，举办培训班。电力贸促会在社会信用体系建设、企业产品认证、营商环境监测、企业合规与风险防范等方面积极对接，打造电力行业“走出去”贸促服务链条，组织企业参加第24届世界能源大会。电促会加强对区块链、知识产权、光热发电等行业新兴领域的服务力度，组织开展课题研究及专题研讨。电力政研会组织编制了发展规划，开展2期主题教育培训，组织50余项优秀研究成果参与中国政研会2018年度评审。围绕庆祝新中国成立70周年，电力文协组织开展文艺汇演，举办了美术、书法、摄影、集邮、电力文学等专项展览和征文活动，电力体协开展了网球、桥牌、乒乓球等职工体育竞赛活动。

（六）积极推动社会化市场化转型，治理能力显著增强

全面开展“不忘初心、牢记使命”主题教育，认真学习党的十九届三中、四中全会精神，举办学习习近平新时代中国特色社会主义思想集中轮训班，开展主题党日活动。召开中电联第一次党代会，选举产生了第一届党委、纪委。制定《中电联党支部标准化、规范化建设工作方案》，可靠性管理中心党支部被列入国资委行业协会党支部标准化、规范化建设试点，工作得到国资委肯定，在交流会上作了典型发言。

召开临时会员代表大会、六届八次理事会议，调整中电联治理结构、会费标准；制定理事、监事履职管理办法；积极创建5A社团，对照评估指标，梳理问题，寻找差距，以创促建；制定中电联信息化建设规划，首次发布中电联社会责任报告。

【组织机构】

一、2019年中电联机构设置及人员变动情况

（1）中电联本部设置职能部门9个，直属单位4个。9个职能部门为理事会办公厅（党委办公室、新闻宣传中心、信息化工作办公室、监事会办公室）、行业发展与环境资源部（电力统计与数据中心、电力行业应对气候变化中心）、国际合作部（港澳台事务办公室）、党群人事部（纪检监察审计巡察办公室）、会员与企业文化建设部、电力工程质量监督管理部（电力工程质量监督站）、标准化管理中心、可靠性管理中心、技能鉴定与教育培训中心（电力行业职业技能鉴定指导中心）。4个直属单位为电力发展研究院（中国电力企业联合会电力建设技术经济咨询中心、电力工程造价与定额管理总站）、电力评价咨询院（中国电力企业联合会科技开发服务中心、工业领域电力需求侧管理促进中心）、杂志社（《中国电力企业管理》杂志社）、北京恒功检测技术研究院有限公司

（2）人员变动情况：中电联本部2019年底实有职工总数182人，与2018年相比，调入1人，企业派驻增加11人；派驻、交流结束返回原单位6人，退休减员6人。

二、干部配置

理事长：刘振亚

党委书记、常务副理事长：杨昆

党委委员、纪委书记、专职副理事长、兼秘书长：于崇德

党委委员、专职副理事长：魏昭峰、王志轩

专职顾问：孙玉才

纪委委员、监事会监事长：安洪光

纪委委员、副秘书长：沈维春

副秘书长：许松林、江宇峰

监事会副监事长：田卫东

理事会办公厅主任、党委办公室主任、信息化工作办公室主任：江宇峰（兼）

理事会办公厅副主任：田卫东（部门正职级）

信息化工作办公室常务副主任、监事会办公室主任：米建华（部门正职级）

理事会办公厅副主任：栾加林

行业发展与环境资源部主任：潘荔

行业发展与环境资源部副主任：王益烜

行业发展与环境资源部副主任：张琳

行业发展与环境资源部副主任：叶春

行业发展与环境资源部主任助理：蒋德斌

国际合作部主任：尤京

国际合作部副主任：许光滨

党群人事部副主任：孙建华（主持工作）兼纪检监察审计巡察办公室副主任

党群人事部副主任、机关工会副主席：刘仕海

党群人事部主任助理：吕传武

会员与企业文化建设部主任：郭玮

会员与企业文化建设部副主任：张小明

会员与企业文化建设部副主任：沈连元

会员与企业文化建设部主任助理：徐敏

电力工程质量监督管理部副主任、电力工程质量监督站副站长：张天文（主持工作）

电力工程质量监督管理部副主任、电力工程质量监督站副站长：李覞

标准化管理中心主任：刘永东

标准化管理中心主任助理：汪毅

可靠性管理中心副主任：周霞（主持工作）

可靠性管理中心主任助理：王鹏

技能鉴定与教育培训中心主任：张志锋

技能鉴定与教育培训中心副主任：王慧

技能鉴定与教育培训中心副主任：张慧翔（兼）

电力发展研究院副院长、中电联电力建设技术经济咨询中心副主任、电力工程造价与定额管理总站副站长：张天光（主持工作）

电力发展研究院党总支书记、电力发展研究院副院长、中电联电力建设技术经济咨询中心副主任、机关工会主席：张海涛（部门正职级）

电力发展研究院副院长、中电联电力建设技术经济咨询中心副主任：崔照胜（部门正职级）

电力发展研究院副院长、中电联电力建设技术经济咨询中心副主任：左晓文

电力发展研究院副院长、中电联电力建设技术经济咨询中心副主任：张琳（兼）

电力发展研究院副院长、中电联电力建设技术经济咨询中心副主任：张慧翔

电力发展研究院副院长、中电联电力建设技术经济咨询中心副主任：董士波

电力评价咨询院院长、中电联科技开发服务中心主任、工业领域电力需求侧管理促进中心主任：黄成刚

电力评价咨询院党总支书记、电力评价咨询院副院长、中电联科技开发服务中心副主任：吴添荣（部门正职级）

电力评价咨询院副院长、中电联科技开发服务中心副主任：杨金友

电力评价咨询院副院长、中电联科技开发服务中心副主任：蔡义清

杂志社（《中国电力企业管理》杂志社）社长：管永生

杂志社（《中国电力企业管理》杂志社）副社长：李丽萍

北京恒功检测技术研究院有限公司总经理：胡小正（部门正职级）

北京恒功检测技术研究院有限公司副总经理：安宏文（部门副职级）

【电力行业发展规划与电力发展课题研究】

（1）开展电力行业“十四五”及中长期发展研究（第一阶段）。为支撑国家能源局“十四五”电力规划编制，围绕电力需求预测、电源布局开展研究。在研究中国和典型发达国家能源、电力消费一般规律的基础上，分析影响电力需求增长的主要因素，提出“十四五”及中长期电力需求水平；总结电源发展存在的问题，分析电力发展面临的形势，提出“十四五”及中长期电源发展规模及布局，形成《电力行业“十四五”及中长期发展研究（第一阶段）》报告。有关成果和结论在国家能源局有关“十四五”能源、电力规划工作会议上进行了汇报，将为国家能源局编制能源电力“十四五”规划、出台相关政策文件提供决策支撑。

（2）开展煤电机组灵活性运行政策研究。为满足新能源大规模发展需要，通过现场调研与座谈交流，对电力系统调节能力的现状及需求进行分析，梳理煤

电灵活性改造项目的实施情况，评估不同改造技术方案的技术经济性；结合不同地区现行辅助服务政策执行情况，借鉴国外辅助服务和电力市场经验，提出相关政策建议，形成《煤电机组灵活性运行政策研究调研报告》。报告上报政府有关部门，为政府相关部门和电力企业提供决策参考。

（3）开展增量配电业务改革试点情况调研。为进一步推动增量配电业务改革试点有效落地，通过深入理论研究和实地调研，梳理增量配电业务改革的相关政策和试点推进现状，剖析当前试点实施过程中存在的主要问题，提出解决措施及政策建议，形成《增量配电业务改革试点情况及政策建议调研报告》，供政府主管部门决策参考。调研报告提出的“建立试点项目退出机制”“加强对试点项目申报文件的引导和管理”等观点在有关政府部门印发的《关于取消部分地区增量配电业务改革试点的通知》《关于请报送第五批增量配电业务改革试点项目的通知》等文件中得到体现。

（4）开展跨省区电力市场交易相关问题调研。在深入分析当前跨区跨省电力市场交易组织现状的基础上，重点了解发电企业、售电企业、电力用户等市场主体参与跨区跨省电力市场交易的情况，剖析跨省跨区电力市场运行过程中存在的矛盾和主要问题，结合国外成熟电力市场建设的经验和中国电力市场建设的实际提出进一步完善跨省跨区交易机制的相关措施和政策建议，形成《跨省区电力市场交易相关问题及政策建议调研报告》，为电力交易中心完善交易规则、政府有关部门决策提供有效支撑。

（5）开展自备电厂参与碳排放权交易情况调研。在走访调研地方生态环境主管部门、注册登记及交易管理平台、自备电厂控排单位等的基础上，总结自备电厂参与碳排放交易试点情况，分析自备电厂参与全国碳市场面临的问题，提出政策建议，形成《自备电厂参与碳排放权交易情况调研报告》。提出的政策建议已被生态环境部采纳，支撑全国碳市场建设。

（6）开展新能源与储能发展调研。在跟踪新能源和储能技术发展的基础上，分析相关发展政策，结合调研情况，归纳总结新能源和储能在发展过程中存在的主要问题，展望发展趋势，提出促进新能源和储能高质量发展的政策建议，形成《新能源与储能发展调研报告》。报告上报政府有关部门，为政府相关部门和电力企业提供决策参考。

（7）开展中国电力行业加快新旧动能转换，实现高质量发展的目标和战略举措研究。受国家能源局委托，围绕能源安全新战略，以促进新旧动能转换、增强发展内生动力、实现电力高质量发展为目标，从电力行业发展现状、趋势及面临的挑战入手，深入研究电力供需情况，提出电力高质量发展的目标和指标体系，并从电力供给侧、电力消费测、电力技术创新等方面分析行业高质量发展的实施路径，提出保障措施，形成《我国电力行业加快新旧动能转换　实现高质量发展的目标和战略举措》报告。课题研究成果有力支撑了国家能源局《推动能源高质量发展实施意见》的编制工作。

【电力统计与经济运行分析】

（一）电力统计工作

（1）积极履行电力行业统计职能，认真开展电力行业综合统计工作。继续贯彻执行国家统计局批准的《电力行业统计调查制度》，不断完善电力行业统计。一是扩大电力行业统计口径，提高统计数据质量。将新疆生产建设兵团区域内孤网运行的新能源发电生产统计纳入常规统计报表。二是进一步丰富统计指标、细化统计颗粒度。在常规统计报表的发布数据中增加相应的统计指标数据。

（2）积极发挥电力行业统计数据的指导作用。高质量完成2018年电力统计年报（年度快报）和2019年电力统计月报（月快报），并由国家能源局发布月度数据，为社会、政府、电力行业、电力企业提供决策参考依据；同时，部分年度快报数据被国家统计局采纳，作为编制全国能源平衡表的重要参考。完成2018年年度电力工业运行情况简报和2019年各月度运行简况，在中电联网站和中国电力报发布，网站点击率居前列；组织撰写《2018年中国电力工业经济运行分析报告》报送国家统计局，并在中国信息报上刊登，受到社会各界的广泛关注。编制完成《电力工业统计资料汇编》，出版印刷《电力工业统计资料提要》，并发送统计系统、会员企业、政府部门，保证了行业数据的历史延续性，为开展电力规划、政策研究、企业决策提供数据支撑。完成2018年县级供电企业年度数据统计工作，编制专业统计分析报告，提交国家能源局；完成省间输入输出电量情况（逐月报送国家统计局）、五大集团效益共享数据等其他定期统计工作。

（3）开展电力行业环境和应对气候变化统计工作，汇总分析形成行业年度应对气候变化统计数据报送国家统计局。

（二）经济运行分析

（1）按期召开电力供需形势分析预测专家座谈会，创新性运用模型开展电力需求预测，编制完成季度、半年度及年度全国电力供需形势分析预测报告，报告上报中央财办、国务院研究室、国家发展改革委、国家能源局等10个国家部门，并将报告印发至理事长、副理事长等相关会员单位，及时为政府、企业提供电力运行数据信息和供需形势分析，服务于政府部门及企业决策。

（2）召开2018—2019年度、2019年上半年全国电力供需形势分析预测报告新闻发布会，中央电视台、新华社、新华网等主流媒体对发布会内容进行了报道，获得社会广泛关注。

（3）密切跟踪经济形势和电力运行情况变化，把握经济电力发展动态趋势，定期或不定期参加中央财办、国家发展改革委、财政部、央行货币政策委员会、工信部、国家能源局、国资委等部门组织的经济运行分析会，提交形势分析材料60余份，累计向国家发展改革委、工信部、能源局报送电力运行信息及趋势性、苗头性和倾向性问题120余条，为国家了解电力行业形势和困难、进行宏观调控、制定政策提供重要支撑。

（4）密切关注中美贸易摩擦形势变化，结合政府部门需求，及时组织中美贸易摩擦对电力行业影响座谈会，邀请国家发展改革委宏观院专家专题介绍中美贸易摩擦影响及走势分析，召集十余家电网企业分析贸易摩擦对电力行业及用电影响，形成《中美经贸摩擦对电力行业的影响分析报告》报送国资委。

（5）结合国家减税降费政策实施，组织开展相关调研，向部分电力企业收资，全面了解各项减税降费政策落实及受益情况，形成《国家减税降费政策对电力行业收益成效影响及有关建议》报告，通过国资委上报中办、国办。

（6）近两年电网企业利润持续下滑，按照国资委要求，形成《中电联关于电网行业经营效益情况的报告》，提出稳定电网企业效益的意见措施，成为国资委《电网行业稳效益提质量专项工作方案》的主要支撑文件，助力电网企业高质量发展。

（7）开展电力消费经济指数和电力供应景气指数研究，形成研究报告；根据工信部委托，开展电力工业景气指数课题研究，成果提交工信部。

（8）受国家能源局市场监管司委托，整理2018年度电力价格数据信息，协助编写《2018年度全国电力价格监管报告》，该报告已由国家能源局正式向社会发布。

（9）完成国家发展改革委委托的《新中国成立以来电力行业发展成就》、国资委委托的《电力行业产业基础能力和产业链水平相关情况报告》、国家统计局委托的《2018年中国工业经济运行报告》（电力篇章）等材料。

【电煤工作】

（1）拓展完善CECI指数，CECI指数体系初步形成。继续推动CECI采购经理人指数和CECI进口指数试运行和优化研究，启动并开展CECI曹妃甸指数方案编制和试运行，正式发布CECI采购经理人指数、进口指数和采购经理人指数。目前，CECI沿海指数、CECI采购经理人指数、CECI曹妃甸指数、CECI进口指数四个指数每周或每日对外发布，覆盖国际国内两个市场、反映历史价格和价格预期两种维度、具有周指数和日指数两种表现形式，CECI指数体系已初步形成。

（2）连续编制CECI指数，指数影响力进一步扩大。全年连续准时编制发布CECI沿海指数共47期，CECI采购经理人指数35期，CECI进口指数32期，CECI曹妃甸指数166期。各期指数科学、准确、客观、真实反映电煤市场价格，赢得了相关部委和煤电双方企业的认可和广泛采用；CECI指数连续3年纳入中长期合同定价机制，被多家企业采用，在社会上的影响力也逐步扩大，CECI品牌效应逐步形成。

（3）多渠道反映煤电企业诉求，努力维护行业合理权益。结合东北电煤供应、电煤价格、煤炭订货会等重点热点问题，向国家发展改革委等部门上报《中电联关于进一步加强东北地区电煤供应保障的报告》《中电联关于进一步稳定电煤市场保障电煤供应的报告》《中电联关于2020年电煤中长期合同签订履行工作相关情况的报告》《中电联关于中国电煤采购价格指数（CECI）运行情况的报告》等报告。在迎峰度夏电煤保供关键节点，发布倡议书，倡议行业企业要讲政治、顾大局，凝聚行业共识，促进电煤保供，努力创造良好的外部环境。

结合国家增值税调整情况，参加国家发展改革委关于增值税调整的闭门会议，专题反映发电企业调整中长协合同基准价格的意见诉求。通过参加国家部委形势分析座谈会，多渠道积极反映行业企业困难和诉求，努力争取创造相对有利的政策环境。

（4）首次牵头组织电煤中长期合同履约采集评价，维护电煤市场稳定。受国家发展改革委委托，首次牵头组织2018年度电煤中长期合同履约信用采集及评价工作，形成《2018年煤炭中长期合同履约信息采集和评价报告》，正式报送国家发展改革委。提出了建立健全中长期合同履行考核机制，加强履约监督考核力度；加强中长期合同定价机制规范化；加强铁路运力均衡配置；加强运力、煤源等关键因素的科学管理和有力监管；确保优质产能释放到位；加大对煤炭市场价格的有效监管和合理引导等意见建议。报告对加强煤炭中长期合同履约的监管，规范煤炭市场交易秩序，提高履约兑现率具有重要推动作用。

针对《煤炭中长期购销合同示范文本（征求意见稿）》，广泛征集企业意见、形成行业意见建议，反馈国家发展改革委；参加国家发展改革委煤炭产供储销座谈会，提出促进行业电煤保障的意见建议；按要求完成2019年电煤中长期合同核对，提交国家发展改革委。

（5）启动电力燃料统计工作，努力夯实为会员服务的基础。开展燃料统计前期工作，制定电力行业燃料统计报表制度和工作方案。启动电力行业燃料统计，完成各单位联系人及统计人员征集，组织开展电厂编码及月度统计报告试运行等工作。

【电力节能环保低碳】

（一）积极参与法规政策制修订，反映行业意见与诉求

（1）针对政策标准提出修改意见。在组织征求、参考电力企业意见建议的基础上，形成行业整体意见，向国家发展改革委环资司报送《中电联理事会办公厅关于对火电厂湿烟羽治理意见建议的函》（中电联办行环函〔2020〕2号）；向司法部、生态环境部报送《中电联理事会办公厅关于〈碳排放权交易管理暂行条例（征求意见稿）〉意见的函》（中电联办字函〔2019〕30号）；向生态环境部报送《中电联理事会办公厅关于〈恶臭污染物排放标准（征求意见稿）〉的意见》（中电联办行环函〔2019〕2号）、《中电联理事会办公厅关于报送国庆70周年大型成就展有关碳市场工作相关图片的函》（中电联办字函〔2019〕25号）、《关于加快建设全国碳排放权交易市场工作方案（征求意见稿）》的意见（中电联行环函〔2019〕55号）、《中电联关于报送〈排污许可证申请与核发技术规范　火电（征求意见稿）〉意见的函》（中电联行函〔2019〕64号）、《中电联理事会办公厅关于火电厂烟气二氧化碳在线监测系统研究情况的函》（中电联办行环函〔2019〕73号）、《中电联理事会办公厅关于对〈一般工业固体废物贮存、处置场污染控制标准〉（征求意见稿）反馈意见的函》（中电联办行环函〔2019〕87号）、《中电联理事会办公厅关于对〈国家危险废物名录（修订稿）〉（征求意见稿）意见的函》（中电联办行环函〔2019〕68号）；向水利部报送了《中电联理事会办公厅关于对〈用水定额编制导则〉（征求意见稿）意见的函》（中电联办行环函〔2019〕70号）。

（2）围绕政府需求开展节能环保低碳政策专业性服务。向全国人大环资委委员报送火电清洁生产、超低排放及一氧化碳控制相关材料；向国家发展改革委报送“十四五”环保规划指标研究、清洁生产推行规划、电力环保标准体系建设的意见建议材料；受海南省生态环境厅委托开展国能乐东电厂环保协同提标改造示范工程评估等。积极参与政府相关部门组织的座谈会、讨论会等，积极反映电力行业节能环保低碳情况及诉求，做好政府的参谋、助手，促进电力节能减排健康发展。

（3）组织修订了国家标准《取水定额　第1部分：火力发电》，定额成果已经用于水利部门水资源论证、取水许可审批和节水评价等工作。

（二）深入开展节能环保低碳共性问题研究，为政府决策提供技术支撑

（1）全面落实政府气候变化主管部门对碳市场建设的委托工作。完成《发电行业碳排放权交易市场运行测试方案》，研究结论以及政策建议成为碳市场建设第二阶段的重要机制支撑，得到政府主管部门和专家高度评价。牵头组织八大发电集团对碳排放数据基准值开展了调整测算，完成发电行业碳交易重要机制专题调研，调研成果已被生态环境部采纳实施，研究提出的配额分配基准线、基准值及行业缺口，提升了方案的科学性、公平性，减轻了行业超100亿元的负担，助力了全国碳市场政策的顺利实施，受到社会公众广泛好评。完成《发电企业碳排放权交易技术指南研究》，有助于发电企业高效参与全国碳排放权交易市场的建设和运行。完成《烟气在线连续监测系统在火电厂碳排放监测领域的应用研究》并以此为基础推进《火电厂烟气二氧化碳排放连续监测技术规范研究》。

（2）首次在行业层面关注固废处置问题，开展专项调研并编制形成《火电固废危废处置情况》调研报告。报告在充分调研的基础上，介绍火电固废危废处置现状，分析重点政策要求，归纳存在的主要问题，并提出促进火电固废危废处置的措施建议供政府有关部门、电力企业参考。调研报告已报送国家发展改革委、工信部、生态环境部。

（3）开展电力行业“十四五”循环经济发展目标、任务研究。分析电力行业循环经济发展现状，总结成功经验和存在的问题，结合实际提出“十四五”电力循环经济发展的目标、主要任务、重点发展领域、重大工程，提出促进电力行业循环经济发展的政策建议，报送国家发展改革委，为政府部门制定循环经济发展规划提供技术支撑。

（4）开展“2019年《节水型社会建设》”项目《典型重点监控用水单位用水效率分析（火电行业）》专题研究。分析火电取水用水行业现状，梳理各取水、用水、排水的处理工艺，分区域、冷却方式、机组容量大小等情景对火电取水和耗水指标、用水效率进行评价，为节水型社会建设提供技术支撑。

（5）开展火电厂湿烟羽控制对策研究。重点分析火电厂湿烟羽治理本质、政策科学性、技术可行性，得出不宜强制推行湿烟羽治理的结论和政策建议，报送国家发展改革委，为政府有关部门提供政策支持和决策参考。

（6）开展火电厂氮氧化物超低排放对系统影响调研。介绍火电厂氮氧化物排放控制现状，分析得出脱

硝超低排放改造存在的主要影响，提出政策措施建议。

（7）开展“中德能源系统转型研究”重点咨询项目《中国和德国的能源转型政策和战略》研究，分析中德两国能源转型现状，系统归纳中德能源转型政策演变历程及战略趋势，建立能源转型评价指标体系，结合国情提出促进中国可再生能源发展、推进能源转型的建议，为中国能源转型战略制定和发展路线图绘制提供支撑。

（8）开展中国电力减排研究，编制《中国低碳电力发展指标体系研究》并正式出版印刷，提出“十四五”低碳电力发展指标体系、调整建议及促进中国低碳电力发展的政策建议。

【信息交流共享与平台搭建】

（1）电力行业低碳发展研究中心正式揭牌。由生态环境部副部长赵英民和中电联专职副理事长王志轩共同为“电力行业低碳发展研究中心”揭牌。中心将在电力低碳发展政策、规划研究、行业自律、技术规范制定、企业培训等方面发挥重要作用。

（2）编撰出版《中国电力行业年度发展报告2019》。发布当月，中电联官网、微信的点击量超过1万次，居中电联同期信息的前列，行业影响力逐渐扩大。

（3）编制电力市场交易信息。牵头组织电力市场交易信息共享平台，通过组织相关成员单位定期报送电力市场交易数据，印制《全国电力市场交易信息月报》，并按时提交相关政府主管部门和相关理事单位，为政府推进电力改革工作提供参考，为相关理事单位制定营销策略、更好地参与电力市场竞争提供依据。

（4）持续跟踪电力改革进展。收集整理电力改革重要信息，按年度和季度编制完成《电力改革动态》，印送相关理事单位，供企业全面了解电力改革进展参考。

（5）及时跟踪整理电力节能减排法规政策，编制《电力行业节能环保低碳相关法规政策动态》1～3季度报告和年度报告，向会员单位和数据平台共享，已成为政府、企业相关业务部门重要政策类参考材料。

（6）通过主办首届曹妃甸能源论坛、协办第十七届中国国际煤炭大会、组织煤炭与电力企业座谈会，四次召开电力燃料形势分析研讨会，努力搭建电力燃料领域交流平台。抓住行业发展重点、热点问题，及时反映行业困难和意见建议，共同防范市场风险。增进煤炭企业与电力企业双方交流沟通，搭建行业内燃料领域沟通交流的全新平台，成为煤电企业合作共赢的桥梁和纽带。

（7）配合生态环境部组织开展了8期17场碳市场配额分配和管理培训，6000余人次参加培训。牵头编制的《碳排放权交易培训教材（发电行业）》（正式版）成为生态环保部指定的国家碳排放权交易市场统一培训教材。

（8）组织召开大型发电集团公司2019年环保联席会，邀请国资委、七家大型发电集团、中电联有关分支机构针对有色烟羽、煤质管控、脱硝系统、环保监管等企业关心问题开展研讨，印发会议纪要指导企业有效应对。

【电力国际合作管理与服务】

（一）充分挖掘发挥行业平台优势，提升服务电力企业“走出去”的能力和效果

1. 组织召开2019年电力行业国际合作会议

2019年5月9～10日在深圳召开2019电力行业国际合作会议暨中国电力国际产能合作企业联盟年度会议。国家发改委、外交部等政府部门领导以及会员企业国际合作业务负责人等代表共130余人出席本次会议。根据中电联收集的年度电力行业国际合作信息和数据，会议介绍了2018年电力行业各项国际合作业务的开展情况，并提出了相关建议；邀请外交部有关司局的代表就国际形势、国家对外事工作的要求等主题进行了专题讲座；组织与会代表围绕“一带一路”、企业境外投资合作、企业外事管理经验等议题进行了交流和探讨，并听取了企业对中电联国际合作工作的建议和诉求。

2. 开展电力企业“走出去”协同发展调研

了解电力企业“走出去”协同发展现状，收集企业海外工作中的诉求，组织开展电力企业“走出去”协同发展调研，并完成调研报告。调研成果在中电联第二次理事长会议上及中电联第六届理事会第七次常务理事会议上进行了报告。调研报告明确了“走出去”协同发展的背景及意义，分析了电力企业“走出去”发展的现状、经验及遇到的问题，结合国际同行进行协同发展的成功经验，对电力行业“走出去”协同发展从企业及行业两个层面提出了有关建议。

3. 联系有关政府部门反映企业国际合作工作成果和建议

与国家发展改革委、能源局、外交部、商务部、国资委等政府主管部门保持联系，向政府部门提交电力企业境外项目有关情况、行业统计数据和行业国际合作情况报告，适时反映企业国际合作和外事工作中的困难与诉求。参与外交部组织的“大爱无国界”捐款活动，树立中国电力行业积极承担社会责任的整体形象。

（二）紧紧围绕企业需求，多角度提供国际信息服务

1. 做好国际交流合作数据统计与报告编制工作

完成电力企业国际合作统计信息报送系统的搭建

和运行，实现企业数据的线上填报。完成《中国电力行业国际合作年度发展报告2019》的编辑工作，并首次实现报告的对外公开出版。报告分别从国际电力行业发展概况、中国电力行业国际交流与合作、国际产能合作、“一带一路”电力合作、海外履行社会责任等方面，对中国电力行业国际合作业务年度发展情况进行了较为全面的展现和分析。2019年报告还增加了“一带一路”机制建设、风险防控、人才培养等内容。

2. 编撰《国际电力发展报告2019》

选取全球18个有代表性的重点国家为观察对象，以各国能源电力政府部门及行业权威机构发布的统计数据和研究报告为依托，对各国当前电力发展情况进行客观的总结和分析，编撰完成《国际电力发展报告2019》。报告为电力企业“走出去”拓展海外市场提供了信息支持和决策参考。

3. 编撰《国际电力数据手册2019》

2019年初与日本海外电力调查会正式签署信息合作备忘录，中电联与该机构建立了长期稳定的数据交换关系。《国际电力数据手册》以日本海外电力调查会年度调查资料为蓝本，经过整理、编译，形成年度国际电力统计信息类资料，可为会员企业和有关政府部门提供各国电力行业发展的年度基本数据。

4. 编撰《电力国际信息参考》

全年完成半月刊共24期，通过电子邮件方式向中电联专业部门及会员企业发送。此外针对欧洲2050年“碳中和”目标，根据欧电联2019年度峰会及中电联与欧洲电力环保相关机构进行的碳排放交易机制交流内容，结合欧洲各国电力能源行业相关动态，发布了欧洲“碳中和”目标专刊。

5. 编撰《环球电力热点观察》

全年完成《环球电力热点观察》刊物共4期，发放中电联专业部门，并寄送至会员单位国际合作部门。《环球电力热点观察2019》作为《电力国际信息参考》的补充，以主题化的形式呈现全球能源电力行业热点内容。2019年刊物的主题涉及“电力智能数字化”“电动汽车”“零碳能源”等内容。

6. 编撰《世界部分国家电力企业概览》

通过对世界部分国家主要电力企业公开发布的年度报告、财务报告、可持续发展报告等基础数据进行分析，编撰完成《世界部分国家电力企业概览》，为国内企业了解、对标国际能源电力同行提供了有效的信息支撑。

（三）拓展交流渠道，深化落实专业领域合作

1. 积极推进2022年亚太电协活动筹备工作，研究亚太电协新的工作机制

在总结往届活动经验并结合电力行业当前实际情况的基础上，起草完成2021—2022年亚太电协活动承办方案的研究工作，并对活动承办方案进行了研究和讨论。与意向申办城市进行接触，启动活动承办城市甄选的前期准备工作。与亚太电协菲方秘书处了解2020年亚太电协大会筹备情况，商讨接旗程序，完成会费缴纳、会员信息更新、亚太电协内部事务审议等日常工作。对亚太电协秘书处运行机制进行研究，探讨工作机制创新方案。

2. 推进交流合作机制建设

（1）中日联合委员会。中电联与日本煤炭能源中心组织日方企业与中国华能、国家能源集团召开以现场对接为目的的技术交流会，推动两国企业和研究机构在燃煤火电机组节能、环保、精细化管理等领域的技术交流与合作；中电联、日本煤炭能源中心、中兴电力及日本的两家企业在日本重新签署了五方协议，继续推进“中日东平高效能源合作示范项目”建设。配合能源局组织企业赴日出席了中日节能环保论坛和中日联合委员会年度会议，向双方企业介绍了委员会平台的年度工作进展和未来工作方向。

（2）中瑞智能电网技术委员会。10月，国家能源局与瑞典基础设施部在京共同主持召开中瑞能源工作组第二次会议，会议期间成立了中瑞智能电网技术委员会。在国家能源局指导下，由中电联担任智能电网技术委员会的中方主席单位，瑞典ABB公司担任瑞方主席单位。技术委员会下设电动汽车，热储能，智能电网、微电网、综合能源系统等分会。中瑞智能电网技术委员会已形成初步工作方案，并启动了会员招募等相关工作。技术委员会将推动中瑞双方在智能电网技术领域的交流合作并为会员企业创造商业机会。

（3）推动海峡两岸电力交流。在海峡两岸能源合作的长远规划框架下，中电联与台湾旅沙协会等电力民间社团的常态化联系日趋密切。双方就如何发挥企业主体作用，搭建包括民间力量在内的合作新平台，对接和构建两岸社会团体协商新机制，更好地服务两岸能源电力产业各领域的合作进行了交流和讨论。

3. 组织参与重要国际活动，利用平台优势提升中电联影响力

组织企业参加第24届世界能源大会，成功为国家电网、中核集团、华为等9家中方单位争取到大会发言席位，推进中国电力行业在大型国际专业平台上发声。组织企业参会参展，“中国国家展区”成为大会第三大国家展区。组织企业代表与阿联酋能源与工业部副部长、中国驻阿联酋大使进行交流，参观中方在阿太阳能项目现场。

在联合国国际水资源大会、联合国“最不发达国家可持续能源投融资国际会议”、欧电联2019年会、亚太电协CEO会议等国际场合发表演讲并积极交流，

扩大中电联及中国电力行业的国际影响力。出席“一带一路”中国—东盟产业合作圆桌会议，与其他各行业代表共同签署助力中国—东盟产业合作发展的备忘录。

4. 梳理国际交流合作网络，拓展交流渠道

对已与中电联建立联系的国际组织、境外企业和同业机构信息按国别进行了重新梳理，收集整理了部分还未建立联系的机构信息，为下一步拓展交流渠道打好基础。完成联合国气候变化框架公约（UNFCCC）观察员组织申请所需的各项材料准备工作，正式向该组织提交了在线申请。

日本海外电力调查会、国际能源署、国际成本工程师协会等多家机构访问中电联，与中电联就加强电力同业协会联系、促进电力国际投资合作等议题进行交流。截至12月31日，中电联共安排接待各国驻华使馆、国际组织、能源电力企业、大学和研究机构等外方来访23批次，来访人员75人次。

派专业代表团赴日本、德国、法国、意大利等国开展可靠性、标准化、质量监督、标准等专业领域的交流。截至12月31日，中电联因公出国（境）团组共计38批次，出访人员107人次。团组出访均严格执行有关管理规定，全部顺利完成出访任务，安全返回。

（四）严格外事管理，做好外事服务

学习并贯彻落实中央对外事工作的各项要求。与国资委、北京市外办等机构建立联系，结合行业协会脱钩实际，中电联对各项外事工作严格把关，确保脱钩过渡期间各项外事管理不缺位、不越位。

为贯彻中央对香港、澳门、台湾工作指示精神，结合自身业务需求，中电联正式设立中电联香港澳门台湾事务办公室，与国际合作部合署办公，负责管理、指导、协调中电联涉及港澳台的相关事务，进一步促进中电联与香港、澳门、台湾电力行业的合作与交流奠定了良好的基础。

完成中电联外事管理系统的搭建和上线运行，实现外事审批事项的在线申请和办理，提高工作效率的同时，使中电联外事审批、资料归档等各项工作更加规范。

【电力标准管理与服务】

（一）计划下达及标准发布

（1）计划项目下达。2019年经有关部门下达电力标准计划共815项。其中，住房和城乡建设部下达国家标准计划6项，国家标准委下达国家标准计划18项，国家能源局下达行业标准计划458项、行业标准英文翻译计划28项，中电联下达中电联标准计划305项。

（2）电力标准发布。2019年经有关部门批准发布标准共491项。其中，住房和城乡建设部发布国家标准5项，国标委发布国家标准24项，国家能源局发布行业标准335项、行业标准英文版15项，中国电力企业联合会公告发布中电联标准112项。

（二）标准化建设重点

1. 认真研究，完成电力标准体系修订顶层设计

电力标准体系是规划电力标准发展、指导电力标准制修订工作的重要基础性文件。2019年，标准化管理中心全面贯彻落实《国家标准化体系建设发展规划（2016—2020年）》要求，在国家标准委、住房和城乡建设部、国家能源局的领导下，遵照强制性标准统一管理的原则，进一步清理标准体系。组织各专业标准化技术委员会启动标准体系修编工作。《电力标准体系表》的修编工作结合了电力生产应用实际，深入分析研究电力工业发展趋势、各专业技术发展方向以及现有标准体系表和现行（在编）标准的状况，提出修编整体方案，已完成动汽车充电设施标准体系，北斗标准体系路线图、发电国际标准路线图、人工智能标准体系等专题标准体系研究，电力标准体系表已通过专家审查。

2. 占位布局，抓好标委会组织机构建设

一是向有关部门申请成立新的标委会。向国家能源局申请成立能源行业核电常规岛及辅助配套设施标准化技术委员会、能源行业电网设备智能巡检标准化技术委员会、能源行业电力安全工器具及机具标准化技术委员会施工机具分技术委员会等新标准化组织；组织完成能源行业涉电领域信用评价和燃气分布式能源行业标委会组建方案，并报送国家能源局。二是开展2019年度标委会考核评估工作。选取11个电力行业标委会进行考评，5个标委会被评为一级，并向标委会秘书处挂靠单位和所属集团通报考核评估结果。三是组织召开全国电力需求侧管理标准化技术委员会成立大会，这是南方电网公司承担的首个全国标委会。四是加强对综合领域、热点领域标准化工作的管理，牵头成立了北斗电力标准化工作组、智能发电标准化工作组，筹划人工智能标准化工作组、储能安全标准化工作组。

3. 围绕重点，集中力量抓重要领域关键标准

在发电领域，加大水电、火电、风电等方面智能发电标准化工作，依托科研项目和光伏发电工程建设新形势，制修订光伏发电设计规范、分布式光伏发电、新型组件等标准；积极推进微电网领域标准制修订工作，开展并网型微电网专项计划行动；为满足风电发展对标准的需求，先后发布了风电场技术监督、并网管理、检修维护、安全管理、风电场调度和功率调节等方面的重要标准，提高了风电安全运行水平，对解决风电并网与消纳问题起到了积极的促进作用。

在电网领域，积极开展能源互联网标准化工作，推动能源互联网建设，由标准化管理中心牵头起草的《能源互联网标准化工作指导意见》由国家标准委、国家能源局联合印发；围绕电网仿真分析、安全稳定控制、调度自动化、网源协调、新能源调度、继电保护等关键技术领域，研究并制定了一批特高压交直流混联大电网发展亟需的关键技术标准，为中国大电网安全稳定运行，促进新能源的规模化高效利用提供技术支撑。在电动汽车充电设施领域，在电动汽车充电安全、先进充电技术、充放电双向互动技术等方面进行了标准体系的前期预研工作；成立特种车辆用充电设施标准化工作组，扩大了标委会工作领域；大功率充电标准预研及示范试点取得阶段性成果，编制了《我国电动汽车大功率充电技术及标准预研工作情况报告》《电动汽车无线充电产业发展白皮书》《电动汽车换电产业发展白皮书》，探索标准衍生物新形式；开展电动汽车无线充电互操作性测试活动，推动产业化进程。

4. 打造品牌，中电联团体标准成效显著

专题组织召开中电联标准工作座谈会，总结2016年以来中电联标准开展的工作，宣贯强调“一个原则、两个统一、三个重点、四个机制”的中电联标准理念。组织召开中国电力企业联合会能源互联网、工程技术经济、电能替代、输变电工程三维设计、导地线、物资供应链管理等标委会成立大会。批复电力实验室管理等3个标委会筹建。与中国保险行业协会探索团体标准联合发布机制。在中电联官网、管理杂志、微信公众号等介绍中电联标准。发布针对海南地区的高温高湿沿海充电设施特殊要求等4项中电联标准，与海南电动汽车与充电设施创新联盟协商，推动中电联标准实施落地。经过近3年的实践，中电联标准发挥的作用正日益显现，在能源互联网、微电网、电动汽车充电设施、直流配电、太阳能发电等新兴的技术领域，中电联标准起到了较好的市场引导作用，获得了政府和企业的高度认可。

（三）国际标准化工作

贯彻落实中日充电设施技术与标准合作备忘录，召开中日专家组会议，4月19日，日本电动汽车用快速充电器协会召开的理事全会上，全票通过了日本未来的直流充电接口（CHAdeMO 3.0）将采用中国提出的大功率充电新接口的决议，这是中日合作的具体落实。组织召开了中德电动汽车标准化工作组会议，中德两国专家积极履行会议决议，围绕无线充电、大功率充电、动力电池、数据传输和信息安全等方面开展交流合作。组织申报《配电网接纳分布式电源承载能力评估导则》等2项国际标准提案并获得通过。做好2019年IEC大会参会组织工作，先后通过了19项由中国专家提出的新标准提案，申请了由中国专家担任组长的1个工作组，确定了5个由中国专家担任召集人的项目组。参加IEC/TC117（国际电工委员会太阳能光热电厂技术委员会）工作组联席会，跟进中国提出的PT 62862－3－1和PT 62862－4－1两项标准的技术参数指标及草案投票等事宜。

（四）开拓创新，开展电力品牌建设工作

按照3月中电联本部理事长办公会要求推动电力品牌建设工作，加强研究电力品牌建设对企业的价值、梳理标准体系、调研其他品牌集群建设经验等。参加4月16日品牌集群联席会议，会议同意中电联牵头开展中国电网品牌集群创建工作，并于5月9日由中国品牌促进会和新华社、经济日报社、国务院国资委新闻中心等联合组织的中国品牌价值信息评价发布暨中国品牌日活动上正式启动了“中国电力”品牌集群的创建工作。为做好中国电力品牌建设，正在筹备成立电力品牌工作委员会，将制定电力品牌评价标准、发布电力品牌价值榜单、编制中国电力品牌研究报告等工作。目前征集发起单位基本完成。《电力品牌价值评价　第1部分：总则》中电联标准计划已经立项启动。

（五）精准服务，全面支持会员单位标准化工作

针对中国华能集团可能提出的发电国际标准化需求，主动联系华能国际部，在西安热工研究院召开了发电国际标准研讨会，研究提出发电专业国际标准重点。到中国华能进行调研，服务中国华能标准化工作。这是发电领域第一次系统考虑国际标准化工作，具有里程碑意义。针对国家电网公司建设泛在电力物联网战略，赴国家电网公司互联网部、科技部调研泛在电力物联网标准需求情况，探讨电力物联网标准体系及布局。组织支持国家技术标准创新基地（智能电网）筹建工作，并以高分顺利通过验收，专家组对创新基地筹建工作给予了充分肯定和高度评价，一致认为创新基地完成了各项筹建任务，有效支撑了相关国家战略和重大工程实施。针对南方电网近期提出一系列新标委会申请，主动对接，赴广州与南网生技部、南网科研院进行深入交流，提出下一步工作建议。完成南方电网公司承担国家技术标准创新基地（高压直流输电及电力电子）筹建推进工作，召开了国家标准委领导参加的推进会。

推动电力企业标准化良好行为企业创建工作，根据新修订的《企业标准化工作》国家系列标准的变化，及时修订了DL/T 485、DL/T 800等电力行业标准，编制了中电联标准T/CEC 181《电力企业标准化工作　评价与改进》等，并据此开展了标准化良好行为企业评价工作。截至目前，已有近300家电力企业通过了标准化良好行为企业的评价确认。这项工作的

开展推动了广大电力企业标准化工作意识，也得到国家标准化管理委员会、国家能源局的高度认可。

（六）拓展深度，标准化课题研究持续推进

按照住房和城乡建设部要求，工程建设全文强制国家标准研编工作正式启动，这是一项开创性和探索性的工作，时间紧、任务重、责任大，协调工作繁重，相继完成了《火力发电项目规范》《太阳能发电项目规范》《风力发电项目规范》《输电工程项目规范》《变电工程项目规范》等12项强制性规范的研编并通过了审查；承担国家科技部课题《无线充电系统互操作性测试与安全评价技术研究》，报批《电动汽车无线充电系统　第3部分：特殊要求》等3项国家标准，多次组织召开无线充电技术与标准研讨会，跟进ITU无线充电频率确定、广播共存干扰等产业发展关键问题进展。国家重点研发计划“国家质量基础的共性技术研究与应用（NQI）”重点专项《特高压交直流混联大电网运行关键技术标准研究》和《太阳能光热发电及热利用关键技术标准研究》项目通过科技部中期项目验收。完成国家市场监督管理总局委托的《新能源汽车充电设施标准体系研究》课题研究并顺利通过验收。受南方电网公司委托，开展《南方电网公司国际标准申报策略研究》，梳理国际标准化形势、借鉴全球大型企业参与国际标准化工作的经验，提出国际标准申报重点领域和策略建议。

【电力可靠性管理与服务】

（1）推动可靠性中心支部标准化、规范化建设。7月29日，中电联临时党委将可靠性中心党支部推荐为国资委行业协会党支部标准化、规范化建设试点单位。中心支部高度重视、精心组织、全员参与、扎实推进，从组织建设、组织生活、队伍建设、信息台账、活动阵地五个标准化入手，努力实现了可靠性中心党支部建设的各项目标。创新编制《可靠性管理中心支部党员重点学习内容》期刊10期，撰写“不忘初心、牢记使命”主题教育学习心得体会9篇，其中4篇获得一、二等奖。同时结合业务调研赴革命旧址、纪念馆、科技博物馆等地开展现场主题教育和党性锤炼主题党日活动，使全体党员的思想得到进一步净化和升华。

（2）组织开展可靠性信息发布工作。一是可靠性中心积极配合国家能源局于5月31日在北京召开了2019年电力可靠性指标发布会暨安全生产月启动会，会上国家能源局和中电联联合发布了《2018年全国电力可靠性年度报告》，杨昆常务副理事长出席会议并讲了话。二是与国家能源局合力做好可靠性信息联合发布工作，信息发布力度进一步加大。编制完成了《2018年全国52个主要城市供电可靠性分析》《全国特大及以上城市供电可靠性分析》《全国地市级城市用户供电可靠性分析》三项专题分析报告及2018年季度、半年电力可靠性情况通报，与能源局可靠性中心进行了联合发布。

（3）完成可靠性年度统计分析及专业报告编制工作。完成2018年度和2019年季度、半年全国电力可靠性数据的采集、汇总和分析等基础工作，编制了《中国电力行业可靠性年度发展报告（2019）》及其发电设备、输变电设施、直流输电系统及供电系统用户供电可靠性等各类报告14册。其中《中国电力行业可靠性年度发展报告（2019）》作为中电联年度系列报告之一，第一次以正式出版物方式公开发行。各报告通过多种形式向政府有关部门、电力企业及相关单位机构进行了发布和反馈，实现了电力可靠性数据在全行业、全社会的共享。

（4）开展会员单位专项服务，搭建技术交流平台。一是在做好对会员企业普遍服务的基础上，选取国家电网公司、南方电网公司、内蒙古电力、中国华电为对象，通过同类集团之间对标和对本企业问题的系统研究，为重点企业提供有针对性的、个性化和多样化的服务，并提出工作建议。二是积极配合会员部做好国家电网公司和国家能源集团的专项咨询服务工作，完成了2019年各项研究咨询工作。三是积极搭建技术交流平台，组织召开可靠性管理工作技术研讨会等专业会议。深入交流了低压用户供电可靠性管理探索实践经验、《配电停电事件相关信息的收集、分类和应用》（IEEE Std 1782TM—2014）、供电可靠性地区特征分类规则研究、燃煤发电机组辅助设备可靠性状态评价方法、环保设施可靠性管理思路、电站风机节能降耗及风烟系统综合故障诊断技术研究等可靠性管理重点工作和关键技术问题。

（5）首次举办电力可靠性高峰论坛。5月31日在北京举办了主题为“高质量发展与电力可靠性”的全国电力可靠性高峰论坛。论坛分为主论坛和发电、电网可靠性两个分论，280名代表到会参加。主论坛由中电联专职副理事长魏昭峰主持，国家能源局电力安全监管司司长童光毅、国家能源局电力可靠性管理中心主任潘跃龙、国家电网公司总经理助理张丽英、中国大唐副总经理金耀华和重庆大学电气学院副院长谢开贵围绕电力高质量发展和加强电力可靠性管理工作做了讲演。在发电可靠性分论坛和电网可靠性分论坛中，来自高等院校、电力行业企业、装备制造单位的十二位领导和专家围绕行业管理、技术和管理创新、装备研发制造等进行了专题讲演和交流。此次论坛是提升和拓展可靠性行业自律管理和技术服务的一次有益探索，搭建了政府、行业、企业和社会共谋发展、共享成果、共叙友谊的交流平台。

（6）组织召开了“第五届电力可靠性管理标委会

第一次会议”，完成了《电力可靠性标准化“十四五”规划》编制和年度可靠性标准制修订工作。一是2019年11月，在山东济南召开了第五届电力行业可靠性管理标准化技术委员会第一次会议，会议宣布了电力行业可靠性管理标准化技术委员会换届批复文件，共43人担任委员。会议对《电力可靠性标准化“十四五”规划》进行了充分讨论，明确了今后重点工作任务及2020年标准制修订项目，保证了可靠性标委会工作的持续有效开展。二是按照2019年可靠性管理技术标准制修订计划，完成了《电力可靠性基本名词术语》《输变电设施可靠性评价规程》《燃煤电厂辅助设备可靠性评价规程》3项行业标准及《电力行业可靠性管理专业技术人员培训考核规范》中电联社团标准送审稿评审和报批，进一步强化了技术标准对可靠性管理工作的规范性支撑作用。

（7）加快推进电力可靠性管理信息系统建设。一是与国家能源局可靠性中心启动了电力可靠性管理信息系统的升级建设工作，明确了各方的建设任务，研究制定了初步的系统设计方案。二是组织完成发电可靠性信息系统无形资产评估工作，对于发电系统中电联和能源局可靠性中心各自所占的无形资产份额进行了明确。三是对发电信息系统各项功能进行不断测试及完善，大部分发电企业开始使用新的信息系统上报数据。并委托开展发电可靠性管理信息系统软件中风电模块的设计开发工作，按照风电评价规范推进风电可靠性系统升级改造。四是升级完善供电可靠性数据在线传输与共享，实现内蒙古电力、陕西地电、山西地电、广西水利的供电可靠性数据按季度在线传输。五是完成了输变电回路可靠性管理信息系统功能设计工作。

（8）加快推进电能质量工作体系构建。一是积极与政府主管部门沟通，汇报电能质量评价工作情况，积极争取政府工作支持。二是组建电能质量工作体系，建立电能质量专家库；与国网联研院、广东电网公司等单位建立工作联系，推进与科研院所和电力企业的交流合作；推进成立电能质量分会筹备工作。三是组织召开电能质量评价管理工作研讨会，对相关技术标准的执行及今后的工作设想广泛听取意见，同时开展调研活动，就电能质量管理、信息系统建设、电能质量监测治理等工作进行深入交流。四是完成“基于电能质量的供电质量评价体系研究”课题，形成了计及供电可靠性与电能质量的供电质量评价体系。课题成果在中电联-国际能源宪章联合研究中心年度会议上进行了汇报宣讲。

（9）组织开展了发、供电可靠性管理及信息系统培训班共4期。举办“发电可靠性管理专业人员基础培训（火电班、清洁能源班）”“发电可靠性管理专业技术人员培训（火电高级班、清洁能源高级班）”“供电可靠性管理工程技术人员培训班”“输变电可靠性管理工程技术人员培训班”等4期培训，培训内容涵盖可靠性管理现状及发展、可靠性技术标准及信息系统应用，可靠性管理以及实践应用等方面，培训工作促进了可靠性专管人员技术理论及应用水平的提高，为可靠性专业人员提供了良好的技术交流平台。

（10）开展了国际交流活动及标准互译工作。按计划赴日本、韩国开展电力可靠性技术交流，深入了解日本与韩国（10）开展了国际交流活动及标准互译工作。按计划赴日本、韩国开展电力可靠性技术交流，深入了解日本与韩国电力可靠性管理工作开展情况；探讨和学习日本作为供电可靠性国际一流国家，在电网规划、网架结构、先进的配网自动化系统等方面的先进经验；推动建立可靠性数据常态化国际交流机制，为国际对标工作提供数据支撑。组织完成了《配电停电事件相关信息的收集、分类和应用》（IEEE Std 1782TM—2014）标准翻译工作，并进行了交流研究。

【电力行业职业技能鉴定与教育培训管理及服务】

一、人才评价工作

（1）编制国家职业技能新标准（电力部分）。召开国家职业技能标准（电力部分）终审会，变电设备检修工等10项国家职业标准经人力资源和社会保障部审核并颁布。

（2）完成2018年度电力行业特有职业（工种）高级技师评审工作。组织39个鉴定中心报送了5557份申报材料。经初审、专家组会议评审、电力行业特有职业（工种）高级技师评审委员会审核，4110份申报材料通过，上会材料通过率80.37%，申报材料总通过率78.63%。评审结果在中电联网站公示后发文公布。

（3）编制电力行业从业人员技能等级认证职业（工种）目录。组织成立目录设置专家委员会，分专业组织召开电力行业从业人员技能等级认证职业（工种）目录设置工作研讨会，完成电力行业从业人员技能等级认证职业（工种）目录编制工作。

（4）举办第二届全国电力行业青年培训师教学技能竞赛。来自全国44家电力企业、68支参赛代表队的136名选手，通过课程开发、理论笔试和现场教学三项环节的选拔，9名选手获得一等奖，19名选手获得二等奖，29名选手获得三等奖。获一、二等奖的28名参赛选手被授予“电力行业技术能手”称号。

（5）举办2019年全国电力行业配电线路工（10kV线路带电作业）职业技能竞赛。竞赛分开幕式、理论考试、技能操作考试、国际交流展示活动和闭幕式5个环节进行。来自全国26支代表队的156名选手经过巅峰角逐，40名选手被授予“电力行业技术能手”，40名选手被授予“电力行业优秀技能选手”荣誉称号。竞赛期间邀请了美国合保电力、杜克电力及俄罗斯鞑靼斯坦国家电力扎因斯克带电作业中心等电力企业开展了国际交流展示活动。

(6) 开展2019年电力行业技能人才培育突出贡献奖评审。召开2019年电力行业技能人才培育突出贡献奖评审工作会议，评选出5家技能人才培育突出贡献奖单位和11名个人。

(7) 组建中电联人才测评（评价）有限公司。按照中电联第13次临时党委会议决议，整合行业教育培训资源，开发融行业规范、资源共享、水平评价、在线学习于一体的电力人才服务平台，注册成立专业、规范、权威的第三方人才评价机构。12月18日，召开中电联人才测评有限公司成立大会，杨昆常务副理事长、王志轩专职副理事长为公司揭牌。

二、教育培训工作

(1) 报批、发布及新申报立项25项培训标准。发布实施《无人机巡检作业人员培训与考核规范》和《电缆附件安装人员培训与考核规范》2项标准，完成《电力工程造价从业人员培训与考核规范》等3个标准编写并报批。2019年新申报立项20项标准，其中，编写完成17项送审稿，启动编写3项标准。

(2) 修订6项国家高等职业教育专业教学标准。根据教育部委托，完成第二批6个电力类专业《高等职业学校专业教学标准（试行）》的修（制）订工作，并报教育部审批。

(3) 召开2018年度电力行业人才培训统计数据工作会，汇总、分析并形成行业人才培训大数据，撰写完成《中国电力行业年度发展报告2019》大型电力企业人力资源部分。

(4) 在南瑞集团教育培训中心建立电力行业继续教育试点基地，开展专业技术人才知识更新工程落地工作。

(5) 举办首次全国高校青年教师电力工程实践培训班。设置了全球能源互联网、泛在电力物联网等必修课程，输电运检、变电运维等实训选修课程，采取实训案例教学、专题研讨、观摩交流、实操体验等灵活多样的培训形式。

(6) 完成第一批3个无人机巡检作业人员培训评价基地的申报、评估与认证。

(7) 发布《中国电力行业人才年度发展报告2019》。汇集16家电网、发电、电力建设集团人才数据，编撰出版了《中国电力行业人才年度发展报告2019》。

(8) 举办5项全国高等职业院校2019年电力类专业学生技能竞赛。来自全国50余所高等院校和职业院校的600余名教师、学生参加了竞赛。

【电力工程造价与定额管理及服务】

(一) 工程计价依据的编制和管理工作

1.《电力建设工程定额和费用计算规定(2018年)》获正式批准

电力工程造价与定额管理总站（简称定额总站）组织编制的新版定额，在国家能源局的正确指导下，在各大电力企业的帮助支持下，在广大建设、设计、施工、监理和咨询企业的广泛参与下，历时两年多，历经调研、编制、征询、修改、送审和批准等阶段，于11月22日，正式获国家能源局批准（国能发电力〔2019〕81号)。

2. 住建部委托的全国通用安装工程消耗量定额修订工作基本完成

根据住房和城乡建设部《关于印发2019年工程造价计价依据编制计划和工程造价管理工作计划的通知》（建办标函〔2019〕31号）的工作安排，受住房和城乡建设部标准定额司委托，定额总站牵头完成新版全国通用安装工程消耗量定额（共12册）的修订工作。定额总站在时间紧、任务重的前提下，协调全国10多个行业和地方定额站，严格按照国家关于定额编制的程序和要求，按时保质保量地完成并提交送审稿，等待住建部的审查。

3. 持续开展电力建设工程投资价格指数编制和电力造价数据监测平台构建

为服务国家对电力建设工程投资的宏观调控，支持电力行业中长期及各种专项发展规划与计划的科学制定，定额总站按照电力工程计价依据结合工程实际，根据工程构成要素市场价格变化情况，编制和上报2019年度发电、变电和输电线路工程投资价格指数测算报告。

(二) 电力工程造价管理工作

1. 为企业实现动态工程造价管理提供基础依据

定额总站定期整理发布发电工程、输变电工程、20kV及以下配电网工程、检修技改工程和西藏高海拔工程定额调整系数，并及时整理发布年度《电力建设工程常用设备材料价格信息》、半年度《20kV及以下配电网工程设备材料价格信息》等参考价格，为电力工程项目准确计价提供科学依据。

2. 召开2019年全国电力工程造价与定额管理工作会议

12月23日，2019年全国电力工程造价与定额管理工作会议在北京召开。住房和城乡建设部标准定额司副司长赵毅明，国家能源局行业管理处处长谭洪江，中电联专职副理事长兼秘书长于崇德等相关政府部门领导出席会议并做重要讲话。国网定额站和南网定额站分享了工作经验和发展理念。中电联电力发展研究院副院长董士波做了题为《务实创新 协同共赢 努力开创电力工程造价与定额工作新局面》的工作报告。定额总站孟淼副处长（主持工作）系统介绍了2018版预规和定额的主要变化以及水平测算情况。参会人员结合自身情况就电力定额发展等相关问题进行了分组讨论。国家电网公司、南方电网公司、五大发电集团及各电力企事业单位200余人参加了会议。

3. 开展各级定额站组织管理和服务工作

定额总站以国家事业单位改革、学协会脱钩改制为契机，积极向政府主管部门和行业管理部门建言献策，努力与各大电力企业沟通协调，宣介工程造价管理工作的重要性，助力和推进了各级电力定额组织管理机构建设与专业人员的足额配置。一是协助企业集团定额站完成事业单位年审，并审查和批复其年度工作计划、预算以及负责人员的任免；二是进一步加强沟通交流，与晋能集团建立了日常业务联系。

（三）履行行业管理与服务职责

1. 造价咨询企业管理服务

根据政府相关授权，履行对行业内造价咨询企业的资质与行业自律管理服务等工作。持续完善管理体制，有序开展行业内甲级造价咨询企业的续期、变更和换证等服务工作；组织归口管理的甲级造价咨询企业参加中价协组织的工程造价咨询企业信用等级评价活动，经电力审核推荐的9家申报企业均获得AAA信用评价等级；完成对行业内造价咨询甲级资质企业年度数据统计分析、审核和报送工作，为政府决策提供依据；完成2019年度中价协会员单位会费代收代缴工作，实现连续2年按规定标准足额收缴，体现行业管理与服务的公平性和权威性。

2. 造价从业人员资格管理服务

根据政府相关授权，为在电力行业内从业的造价专业人员提供初始注册、变更、延续、注销等管理服务工作。本着强化服务意识、提高服务效能的原则，向住建部上报符合条件的207名注册造价工程师相关材料，为近700名行业内注册造价工程师制发证书，并配合住建部开展的对行业内注册造价师违规“挂证”等行为的核查工作。

3. 鼓励专业创新，促进行业发展

争取将电力技术经济专业纳入“中国电力创新奖”评奖范畴，为电力技经人员参与省部级评奖创造宝贵机会。组织电力企业技经专业管理部门进行“电力创新奖”申报工作，为中电联创新奖的评选提供支撑。根据评审结果，经我站推荐的《高海拔地区电网工程计价体系》项目被授予管理类一等奖、《电网企业以“三个精准”为核心的全过程造价管控研究与应用》等7个项目被授予管理类二等奖。

4. 持续打造专业学术交流平台

持续打造以《电力企业管理》期刊“工程管理”专栏为核心的学术交流平台，本年度共选发专业论文42篇，并组织了2019年度电力造价专业论文交流活动，征集论文115篇，择选65篇印编成册。组织专家对征集论文进行专业评审。

5. 启动《电力工程造价管理发展史》编撰工作

为回顾和总结电力定额70年的发展历程，展示电力工程造价与管理工作在电力建设中发挥的重要作用，激发从业人员继承优良传统和弘扬文化底蕴的自豪感和使命感，定额总站启动了《电力工程造价管理发展史》编撰工作。通过组织座谈会、走访历任领导、各图书馆（国网档案室）查阅等方式搜集基础资料。

6. 积极开展国际交流与合作，服务电力企业“走出去”

（1）英国皇家特许测量师学会（RICS）。面向电力行业有国际认证需求的专业人士组织开展了资深人士入会培训；组织电力咨询企业参加RICS年度大奖评选，并斩获专业咨询服务团队优秀奖。

（2）国际成本工程师协会（AACE）。为有意愿加入国际成本工程师协会的专业人员提供推荐服务，协助电力企业储备国际化人才；开展咨询体系技术标准互译工作，为电力行业专业人员更好地熟悉和了解国外项目管理、成本管理和风险管控等提供平台和资源。

7. 组建电力工作委员会

中价协于2016年取消电力专委会，经与中价协多次深入沟通，5月份中价协来函正式委托定额总站组建电力工作委员会，经过筹备、组织，12月电力工作委员会正式成立。双方的合作进一步得到加强，管理机能重新理顺。

8. 电力造价信息网管理

以“中国电力工程造价信息网”为载体向工程造价各方主体提供及时全面的信息服务，截至12月底，新增网站用户近百家，处理网上咨询问题1100余条。

【电力工程质量监督管理与服务】

（一）认真筹划组织，各项目质监工作进展顺利，有效地保障了工程建设质量

（1）按计划组织检查组，完成各项目的阶段性监督检查。先后组织现场检查组，对1000kV山东—河北特高压交流环网工程、±800kV青海—河南特高压直流输电工程等七项跨区输电工程，开展了126次监督检查，共派出专家786人次，发现并提出整改问题5928项；对河北华润曹妃甸电厂、江苏华电句容电厂二期等15个百万千瓦机组项目进行了47次监督检查，共派出专家461人次，发现并提出整改问题6247

项。各次监督检查所发现问题均已整改落实，有效地保障了工程建设质量。

(2) 协助各发电项目建设单位做好机组启动验收，全年共有 14 台百万千瓦机组投产。年内投产的机组分别是江苏华电句容二期扩建工程 4 号机组、广东陆丰甲湖湾电厂新建工程 2 号机组、河南焦作丹河电厂异地扩建上大压小工程 1 号机组、河北华润曹妃甸“上大压小”扩建工程 1 号机组、湖北鄂州三期扩建工程 5 号机组和 6 号机组、宁夏神华国能鸳鸯湖电厂二期扩建工程 3 号机组、宁夏国电方家庄电厂 2 号机组、山东华电莱州二期工程 3 号机组和 4 号机组、陕西能源雷龙湾新建工程 1 号机组和 2 号机组、陕西榆能横山煤电一体化电厂新建工程 1 号机组和 2 号机组。以上项目均是一次性完成 168h 满负荷试运，实现了高质量移交生产。

(3) 质监部负责监检的南方主网与海南电网第二回联网工程于 5 月 30 日投运，海南电网运行环境得到有效改善。该工程起于湛江市 500kV 港城变电站，跨越琼州海峡，止于海口市 500kV 福山变电站，电压等级 500kV，输送容量 60 万 kW。工程的建成投运，不仅有效缓解了海南电网“大机小网”等和余缺调剂问题，同时也为国家实施南海战略、加强国防建设、推进海南国际旅游岛和自由贸易港建设提供重要电力保障。

(二) 积极组织协调，依法合规完成新核准项目注册工作

新注册质监项目 5 个，其中跨省区特高压输电项目 4 个，分别是蒙西—晋中 1000kV 特高压交流工程、青海—河南±800kV 特高压直流输电工程、云贵互联通道工程、雅中—江西±800kV 特高压直流输电工程；储能试验示范工程 1 项，即大连液流电池储能调峰电站示范项目。

(三) 认真组织调查研究，完成首部《中国电力工程建设质量发展报告》编写工作

该报告是电力行业首部系统阐述电力建设领域高质量发展情况的报告。报告编写工作自 3 月启动，质监部克服时间紧、任务重、资料少和经验不足等困难，坚持“相关单位配合、本部自主编写”的原则，经过调研收资、大纲的编写与审定、集中编写、讨论修订、征求意见、审查定稿等，历时 4 个月编写完成。报告内容共包括政策法规及要求、企业质量管理、工程质量创新、工程质量监督和优质发展等五章，主要从工程质量监督的视角，以电力工程高质量建设为主线，较为全面地介绍了电力行业基本建设领域的质量管理制度、质量保障措施、质量技术创新成果和优质工程评选获奖情况，是一部全面总结近年来工程高质量建设成就的参考工具书。

(四) 质量监督“走出去”业务开展顺利，孟加拉国帕亚拉 2×660MW 燃煤电站质监工作稳步推进

根据现场监督检查计划安排，质监部组织检查组赴孟加拉国帕亚拉 2×660MW 燃煤电站项目建设现场，分别开展了两台机组的汽轮机扣缸前、锅炉水压试验前、厂用电系统受电前及 1 号机组整套启动前等 6 次监督检查，共计派出专家 45 人次。各位专家不顾路途疲劳，克服当地湿热环境影响，加班加点逐卷审阅项目文件，不畏酷热高温深入安装施工一线，共发现和提出整改问题 481 项，提出改进意见 27 条，为消除质量隐患、保障工程建设质量起到了积极作用。质监组专家们的工作作风、专业素养和敬业精神得到了中孟各方的高度评价。

(五) 编制完成电力工程检验检测机构资质认定标准

按照国家市场监督管理总局、国家认监委《关于下达 2018 年第二批认证认可行业标准制（修）订计划项目的通知》(国认监〔2018〕4 号) 要求，质监部会同北京国实检测技术研究院，联合成立标准编制组，于 6 月底完成该标准编写。在随后的社会征求意见工作中，共收集反馈意见 104 项。11 月底，该标准通过专家预审，并根据预审意见形成标准报审稿，已报送国家认监委审批。该标准详细规定了电力工程检测试验机构在人员、场所环境、设备设施、管理体系等方面的要求，对进一步规范电力工程检测试验机构的市场准入和规范化运作，促进工程质量检验检测水平持续提升将发挥积极作用。

(六) 以首次承担电化学储能电站质监任务为契机，探索开展拟定相关质量监督规范研究

由于目前国内外尚没有全钒液流储能电站质量验收的成熟经验。为做好大连液流电池储能调峰电站国家示范项目的质量监督工作，质监部会同辽宁中心站，根据项目各责任主体单位的质量管理体系及现场施工管理情况，探索确定了该项目的质量控制节点，拟定了质量监督检查工作方案。为有效规范电化学储能项目质监工作，质监部将以该项目为基础，及时跟踪电化学储能技术发展和应用情况，及时拟定该类工程的质监规范。

(七) 拓展技术服务领域，与国网交流建设分公司签署环保和水土保持保领域质量管理合作协议

为贯彻落实习近平总书记生态文明思想、打赢“蓝天保卫战”和国家“以清洁和绿色方式满足电力需求”部署要求，质监部认真总结质量监督工作中开展环水保设施和绿色施工质量监督的成功经验，与国

家电网交流建设分公司协商，达成了在环水保设施质量保障、绿色施工措施监督方面的合作意向。4 月 22 日，双方在北京签署合作协议，今后质监部将在环水保设施建设资源共享、人才交流、协同工作等方面为国家电网公司提供技术服务，以不断提升环水保设施建设质量管理水平。

（八）强化质监工作基础，推动行业服务水平提升

一是坚持人才资源是核心资源的理念，为夯实质监专家管理基础，修订完成了《电力工程质量监督专家管理办法》。本办法经本部理事长专题办公会审查通过后，已于 4 月 23 日颁布实施。同时分 3 期组织对 287 名入选专家进行了集中培训，重点讲授了有关政策和法规、质监技术及要求、检验检测、风险防控等内容，进一步提升了专家的业务能力和服务水平。二是立足质监业务，为会员提供质量管理技术服务。质监部先后承担了来自会员企业的技术服务项目 53 项，为促进各工程项目加强质量管理发挥了积极作用。三是编制完成了质量监督工作宣传册。宣传册系统介绍了部门工作职责、取得的成绩、工作成效等，较好地展示了质监工作“科学严谨、依法监督、优质服务”的工作风采。

【电力行业文化建设】

（1）进一步推进行业文化和行业核心价值体系的宣传，印发了《全国电力行业核心价值公约（2019 年版）》正式文件，设计了公约手册，制作了公约宣传片，图文并茂地诠释了行业宗旨、使命、愿景和核心价值观，明确了行业自律的方向、要求和具体内容，进一步规范了行业员工的道德行为等。

（2）召开了“2019 年度电力行业企业文化工作交流培训会暨文化创新成果发布会”。探讨了新时代电力行业企业文化建设新思路，总结交流了电力企业文化建设先进经验，发布推广了 2018 年企业文化创新成果，开展了企业文化建设工作培训，实地参观了红色爱国主义教育基地，考察了基层电力企业特色文化。

（3）中电联作为“2018—2019 年度全国企业文化优秀成果”推荐单位，向中企联推荐了 12 项电力企业文化优秀成果，最终共有 11 项获奖，其中特等奖 4 项（全国共 20 项）。这是中电联作为该奖项的推荐单位以来获得的最好成绩，也充分体现了电力行业企业文化建设水平在全国处于领先地位。

（4）编制完成《文化创新实践——电力行业企业文化建设优秀成果集》，详细介绍了电力企业文化建设总体情况和典型经验，并向理事长、副理事长单位及有关会员单位免费发放，努力加大电力行业企业文化建设工作的宣传和推广力度。

（5）国家电网公司联合中电联，在广泛收集文献、深入开展调研、认真组织论证的基础上，经研究总结提炼形成“电力精神”（征求意见稿）。并由中电联正式向理事单位及有关会员单位寄送了《关于征求“电力精神”意见的函》，广泛收集行业意见建议，修改完善了新时代“电力精神”的具体内容，为下一步向全社会发布打好基础。

（6）参加全国企业文化年会、全国企业文化现场会、电力企业文化故事汇等活动，走访南方电网公司、国家电投贵州金元、华电云南、金风天润新能等电力企业，接待有关电力行协来访，就电力行业和企业开展文化建设情况进行沟通交流，助力会员发展和会员服务工作。

（7）加强并完善企业文化和社会责任相关专业智库建设。向理事长、副理事长单位及有关会员单位企业文化、社会责任管理归口部门收集并完善了专家信息，为后续组织开展评审以及相关课题研究等工作储备了专家人才。

（8）持续推进“《电力企业社会责任实施指南》国家标准”课题研究。按计划定期报送《工作简报》，发表学术论文，撰写《中期执行情况报告》，提交《电力企业社会责任实施指南（草案）》《标准项目建议书》及《项目研究报告》，并参加标准申报答辩。目前正按工作计划，结合企业意愿，分别在电网、发电、电建领域选取国网、华电、华润和电建集团开展试点工作。

（9）编制完成《立责于心　履责于行——电力企业社会责任优秀案例集》，详细介绍了电力企业履行社会责任总体情况和优秀实践，并向理事长、副理事长单位及有关会员单位免费发放，为电力企业开展社会责任相关工作提供借鉴和参考。

（10）召开“立责于心　履责于行”全国电力行业企业社会责任工作研讨会（2019）。探讨了社会责任工作新理念和新路径，总结交流了电力行业企业社会责任工作经验，分享了电力行业企业社会责任优秀案例，举办了企业社会责任工作培训，组织了企业社会责任主题论坛。

（11）参与国资委“国有企业社会责任工作品牌化建设研究”项目，提升电力企业社会责任品牌影响力。配合中国工业经济联合会、可持续发展工商理事会等单位，组织推荐了电力行业部分优秀企业发布企业社会责任报告，推动了电力行业企业社会责任整体水平的提升。

【社会责任】《中国电力企业联合会社会责任报告 2019》是中电联正式编制发布的第 2 份社会责任报告。报告主体涵盖坚持党的全面领导、发挥智库作用、加强专业管理、推进低碳环保、促进国际交流、

加强行业自律、坚持以人为本、助力脱贫攻坚共 8 章内容，向各利益相关方全面系统地披露中电联 2019 年履行社会责任的理念、实践和绩效。

坚持党的全面领导，切实提升协会服务能力。中电联以习近平新时代中国特色主义思想和党的十九大精神为指导，立足行业协会角色和功能，坚持党的全面领导，切实发挥党组织的领导核心作用和基层坚持党的全面领导战斗堡垒作用。

发挥智库作用，服务政府决策管理。中电联作为政府与电力行业企业沟通联系的重要桥梁纽带，持续开展行业信息统计分析，加强电力规划研究，深入开展行业课题研究，组织实施政府委托项目，积极反映行业企业诉求，服务政府决策和管理。

加强专业管理，促进行业高质量发展。中电联注重发挥专业、技术、人才优势，为会员企业提供标准化管理、可靠性管理、电力工程质量监督管理、定额管理以及需求侧管理服务，为电力行业实现高质量发展贡献力量。

推进低碳环保，带动行业清洁化发展。中电联认真贯彻国家绿色发展任务和要求，参与电力清洁低碳法律法规制修订与体制机制建设，开展调查研究、专题研讨、标准制定，推动电力能源节约、清洁电能发展、污染减排治理、电能替代、碳市场建设，促进行业健康可持续发展。

促进国际交流，推动中国电力企业“走出去”。中电联积极响应落实国家“一带一路”发展战略，广泛开展国际合作与交流活动，为中国电力企业“走出去”提供高质量的平台、信息服务。

加强行业自律，持续推进信用建设。中电联坚持推动电力行业企业加强自律，共同营造诚信经营的营商环境，持续推进行业信用建设，促进行业高质量发展。

坚持以人为本，培育专业人才队伍。中电联充分借助行业统计与调查职能优势，以人才发展的改革创新为视角，以人才教育培训的统计数据为基础，为电力行业人才搭建广阔发展平台，长期推进电力行业人才队伍建设。

助力脱贫攻坚，共建和谐繁荣家园。中电联深入贯彻落实党中央关于脱贫攻坚的决策部署，发挥行业协会的组织力量和优势，开展精准扶贫、专业扶贫、行业扶贫，推动电力行业扶贫工作形成合力，促进脱贫政策、帮扶措施有效落实。

【党群工作】 在中电联党委的正确领导和协管领导的指导以及各部门的大力支持下，党群人事部以习近平新时代中国特色社会主义思想和党的十九大精神为指导，围绕新时代党的建设总要求，以政治建设为统领，扎实开展党建工作。一是筹备召开中电联党员代表大会，做好党委、纪委成立相关工作。二是深入学习贯彻习近平新时代中国特色社会主义思想，扎实开展“不忘初心、牢记使命”主题教育活动，不断推进“两学一做”制度化常态化。三是以支部标准化、规范化建设为契机，发挥支部的战斗堡垒作用，全面加强党的建设，教育引导党员干部切实增强“四个意识”，坚定“四个自信”，坚决做到“两个维护”。四是根据中电联功能定位，初步凝练中电联使命、愿景、核心价值观等文化建设体系成果。五是坚持以党建促群建，围绕如何提升职工群众的幸福感、归属感，丰富群众精神文化生活，促进和谐健康的本部文化不断传承。

（一）抓政治建设，进一步筑牢“四个意识”

各级党组织积极教育引导党员牢固树牢“四个意识”，坚定“四个自信”，坚决做到“两个维护”，始终在思想上政治上行动上同以习近平同志为核心的党中央保持高度一致。党委班子领导聚焦行业发展、内部治理等方面存在的问题，认真开展自查，高质量完成 2018 年度领导班子民主生活会、“不忘初心、牢记使命”专题民主生活会、“不忘初心、牢记使命”主题教育整改落实情况“回头看”分析研判会。

（二）抓思想建设，进一步强化理论武装

以强化党员意识为核心，坚持党员干部学习教育日常化、制度化，确保学习教育取得实实在在的成效一是完善党员领导干部理论学习制度。坚持临时党委班子成员带头学，把学习习近平新时代中国特色社会主义思想和党的十九大精神作为临时党委理论学习中心组学习的首要内容，健全中心组学习制度和领导督学领学制度，落实内部学习制度，多次邀请中央党校、中国人民大学教授为党员干部进行专题辅导。制定印发了《2019 年中电联临时党委理论学习中心组学习计划》《党建与纪检工作要点》《职工理论学习计划表》，明确全年学习内容、要求和步骤，丰富学习方式。二是扎实推进“不忘初心、牢记使命”主题教育。结合“不忘初心、牢记使命”主题教育，组织中电联副处级以上干部学习贯彻习近平新时代中国特色社会主义思想两期集中轮训班；针对主题教育确定的 4 个调研活动，集中研讨交流、党委领导班子分层次为党员干部上专题党课。三是多种形式促进教育实效。不断丰富党员学习教育的内容和形式，巩固学习成效。举办全民国家安全教育日职工教育知识竞赛；组织开展中电联“不忘初心、牢记使命”主题党日活动，举办主题教育征文活动，引导广大党员干部认真学习领会、积极笔谈心得，努力形成学习新思想、展现新作为的良好局面。

（三）抓组织建设，进一步激发队伍活力

一是压实党建工作主体责任。年初组织 2018 年各支部组织生活会和代管协会党组织书记抓党建述职评议考核会。进一步完善“一岗双责”的党建工作机制。明确了党建工作考核台账，促进主体责任得到落实。二是加强基层党组织建设。向各级党组织安排党建工作专项经费，有效推动了基层党建工作的扎实开展，切实保障了基层党组织战斗堡垒作用的有效发挥。指导督促基层党支部完成委员调整，确保基层党组织发挥应有的战斗力。印发《中电联党支部标准化、规范化建设工作方案》，督促各基层党支部以提升组织力为着力点，以开展支部标准化、规范化为契机加强支部规范化建设，严格落实“三会一课”等党内制度。可靠性管理中心党支部经推荐，被列为国务院国资委行业协会支部标准化、规范化试点支部。三是抓好党员队伍建设。创新学习方式，丰富学习内容，扎实组织中电联党员干部深入学习贯彻习近平新时代中国特色社会主义思想、党的十九大和十九届四中全会精神；切实抓好党支部书记、党务干部的培训工作，组织中电联各级党组织党员干部分别参加国务院国资委党务干部培训和党组织书记培训班，不断提高党支部书记、党务干部的工作水平。四是进一步规范组织管理。严格按照“控制总量、优化结构、提高质量、发挥作用”的总要求，坚持党章规定的党员标准，始终把政治标准放在首位，把发展党员工作作为“两学一做”学习教育制度化常态化和加强基层组织建设的重要抓手，制定中电联 2019 年发展党员工作计划，把全面从严治党要求贯穿于发展党员工作的各方面、全过程，培养发展了 7 名预备党员。

（四）抓群团建设，进一步夯实群众基础

机关工会从职工群众最关心最直接最现实的利益问题入手，倾听基层呼声，围绕提升职工群众的幸福感、归属感，丰富群众精神文化生活。不断完善工会组织体系建设，扩大群众性文化活动的有效参与性。调整完善工会福利办法，进一步落实员工关怀，细化慰问标准和方式，健全慰问工作机制，发挥好职工“娘家人”的作用。一是探索适合中电联特点的青年工作模式，完善工作机制，切实把青年职工凝聚起来。指导团委组织开展“五四”青年节国防教育主题活动和“牢记使命、砥砺前行”主题团日活动。二是加强中电联本部文化建设，初步凝练核心价值观。基本形成包括中电联定位、协会精神、愿景、使命、核心价值观、一般价值观、品牌口号等内容的文化体系建设初步成果。

【纪检监察审计巡察】 按照国务院国资委党委、驻委纪检组、协会党建局的部署以及中电联临时党委的要求，推动全面从严治党，扎实开展纪检监察审计巡察工作。

（一）认真贯彻国务院国资委巡视整改工作要求，开展巡视整改推动落实工作

印发《中电联巡视问题整改推动落实工作方案》，组织中电联本部、直属单位及代管协会按照工作方案的要求，对照行业协会巡视整改问题清单中的巡视反馈问题，深入查摆自身存在的问题，落实巡视整改工作任务；建立巡视整改工作台账，汇总巡视整改工作进展情况，督导各部门（单位）落实巡视整改工作；向国务院国资委协会党建局报送《中电联关于巡视问题整改落实情况的报告》。

（二）强化日常监督，推动作风建设常态化长效化

按照国务院国资委、驻委纪检组关于加强作风建设确保廉洁过节的通知要求，认真组织各部门（单位）做好节日期间紧盯“四风”问题自查和督查工作，时刻提醒广大党员干部严明纪律规矩，紧盯“四风”问题，坚决落实中央八项规定精神不放松，按时上报节日期间紧盯“四风”问题工作情况的报告。

按照驻委纪检组的《关于整治信访举报处理工作中形式主义、官僚主义问题的通知》要求，深入开展自查自纠，排查信访举报处理工作中的形式主义、官僚主义突出问题，规范信访举报工作流程，完善受理工作制度，加强信访举报处置工作能力。

根据《中国共产党纪律检查机关监督执纪工作规则（试行）》《关于对党员领导干部进行诫勉谈话和函询的暂行办法》和中电联有关制度要求，设计函询、诫勉谈话工作流程，完善函询、诫勉谈话工作方案。按照临时党委会议决定，完成对两位同志的诫勉谈话工作。

（三）加强内部监督，认真开展内部审计工作

按照中电联临时党委要求，委托会计师事务所对电力发展研究院、恒功检测院、中电建协三家单位开展了领导干部离任经济责任审计工作。经 2019 年第 10 次中电联临时党委会审议批准，印发离任经济责任情况的决定、整改建议及审计报告，要求被审计单位按照审计报告中提出的审计问题及相关整改建议，进行限期整改。随时与被审计单位保持沟通，确保被审计单位的审计整改工作扎实有序地推进。

（四）推动巡察问题整改落实

按照中电联临时党委会有关巡察工作的部署要求，持续推进中电联第一轮巡察整改落实工作，充分利用巡察工作成果，发挥巡察的震慑警示作用。根据两院的巡察整改报告，经临时党委会审议通过后，印发《中共中国电力企业联合会临时委员会关于第一轮巡察发现主要问题及整改总体情况的通报》。

【电力发展研究与服务】

（一）电力发展课题研究工作

（1）开展能源（电力）宏观规划类课题研究。完成《长三角地区能源高质量发展路径研究》课题，阐述长三角能源一体化高质量发展的指导思想、发展目标、重点任务和政策措施，构建清洁低碳、安全高效、智慧灵活的区域能源体系，对于保障长三角能源安全，促进生态文明建设，实现长三角经济社会协调发展具有重要意义。完成《京津冀地区能源协同发展研究》课题，分析京津冀地区能源协同发展存在的主要问题与面临的形势，对标党的十九大明确的新目标新部署新要求，分析提出2025年、2030年和2035年京津冀能源协同发展的主要目标，明确“十四五”期间推动三地能源协同发展的重大任务和举措，为确保京津冀协同发展、有序疏解北京非首都功能、建设高质量雄安提供坚实的能源保障。

（2）开展电力新业态课题研究。完成《综合能源经济运行机理及投资边界研究》课题，解析当前综合能源项目规划过程中存在的主要问题，提出园区综合能源优化规划方法，建立涵盖经济效益、社会效益测算以及风险评估的项目投资决策体系，不仅满足当前综合能源发展规划需求，同时为市场改革趋势下综合能源服务的持续健康发展提供了支撑和保障。完成《电网侧储能项目建设管理模式及造价控制策略研究》课题，系统剖析储能项目建设管理模式选择的影响因素体系，搭建项目建设管理模式选择模型，分析总结工程建设管理模式在各阶段的差异性对造价的影响，创新提出不同储能产业发展阶段和政策环境下最优储能项目建设管理模式，以及不同建设管理模式下和不同项目阶段的储能项目造价管控策略。

（3）开展发电企业对标2019年度研究。完成《中国发电企业与世界同类能源企业对标报告2019》课题，创建结合新形势下国家能源电力战略规划与国资委对中央企业打造世界一流企业指引要求的对标指标，从企业规模、经营效益、清洁低碳、安全高效、成长发展五个方面，系统开展国内五大发电集团与国外11家代表性能源企业对标工作，提供了国内发电企业与国际同类能源企业发展对比的参考与借鉴平台。

（4）开展电力BIM技术应用研究。完成“基于BIM技术的输变电工程全生命周期信息管理研究”“BIM技术在输变电工程项目管理中的应用研究”两项重点课题，基于研究成果及电力发展研究院“大数据思维的BIM”理念开发的BIM智慧建管平台在内蒙古电力苏海图220kV变电站新建工程中实施应用，实现BIM在电网工程建设管理中的首次落地，为行业工程建设管理信息化发展提供了实际案例。

（5）开展电力行业造价研究。发布《中国电力行业造价管理年度发展报告2019》。收集统计了152家电力造价咨询企业和10家电力企业2018年度发展经营指标及相关管理数据，以此为基础进行统计分析，以典型企业和科研机构提供的资料为补充，进行政策法规汇总、行业现状阐述、发展趋势预测、市场环境分析，编撰出版了《中国电力行业造价管理年度发展报告2019》。

完成综合能源服务项目计价体系研究、新时代中国特色的电力工程计价依据体系研究、苏通GIL管廊隧道工程施工费用研究等多项重点课题研究工作。课题类型已覆盖电网工程全生命周期造价管理，并积极拓展新技术和新领域研究。

（二）电力行业服务工作

（1）为电力企业提供技术咨询服务。全年累计完成政府、电网公司、发电集团、国际工程公司以及其他企业单位委托的近千项技术咨询项目。主要有35～750kV输变电工程可研、初设及施工图评审；配电网规划、可研和初设评审；新能源、微电网、充电桩、综合能源、储能电站、电力地下管廊等项目规划、可研及初设评审咨询等。涉及项目建设投资近500亿元。

（2）推进全国输变电工程三维设计标委会各项工作，开展标准征集及三维设计标准体系建设，组织首批标准立项申报，召开技术研讨会，引领行业三维设计技术发展方向。

（3）为电力企业提供特高压工程咨询服务。实现淮南—南京—上海1000kV交流特高压输变电工程苏通GIL管廊工程、±800kV直流特高压临沂换流站工程、北京西—石家庄1000kV交流特高压输变电工程结算审核（价）等多项特高压工程造价咨询工作完成。

（4）为电力企业提供全过程咨询及研究服务。从项目全生命周期角度，以技术管控为主线，推进贞丰、安龙项目全过程工程咨询项目管理工作。完成《深圳供电局输变电工程全过程工程咨询研究》课题，研究分析输变电工程现有基建管控模式存在的问题与不足，探索全过程工程咨询模式在电网公司基建管理中的应用。

（5）为电力行业提供司法辅助服务。中电联司法鉴定中心共提供司法鉴定咨询服务及受理委托100余件，且首次承接国际仲裁案件的专家证人项目。中电联电力纠纷调解中心进入北京高级人民法院特邀调解组织名册，印发《中国电力企业联合会电力行业调解办法》，并成功调解首个电力纠纷案件。中国电力企业联合会与国际能源宪章共同举办国际能源投资纠纷调解培训交流会，搭建国际能源投资纠纷调解经验与成果交流的平台，为国际能源投资纠纷解决机制提供了新的发展方向。

（6）为电力企业提供行业培训服务。全年举办各类培训班35个，3563名学员参加培训，课程涉及党建学习、电力工程造价、可靠性管理、电力工程设计、人才统计等多个领域。

（7）开展对内对外交流合作。举办2019年中国电力技术经济高端论坛。中国电力企业联合会联合南方电网有限责任公司于10月11日在广西南宁共同举办2019年中国电力技术经济高端论坛。来自政府机关、电力企业及科研院所等单位的嘉宾和代表500余人参加了本次论坛，共计44 712人次通过直播收看论坛实况；中电联与国际能源宪章共同举办国际能源投资纠纷调解培训交流会，搭建国际能源投资纠纷调解经验与成果交流的平台，为国际能源投资纠纷解决机制提供了新的发展方向；电力发展研究院与国际BIM标准制定权威机构国际智慧建造组织（bSI组织）、美国斯坦福大学、英国卡迪夫大学等开展了多次沟通与交流，在国际电力BIM标准方面达成了合作意向。

【电力评价咨询与服务】

一、电力行业信用体系建设服务方面

（一）助力政府开展信用监管与信用治理工作，取得显著成效

（1）开展失信行为专项治理，形成失信联合惩戒良好局面。受国家发展改革委委托，面向电网与电力建设领域征集2543条失信行为信息，完成1399条失信行为确认，440家失信市场主体被认定为重点关注对象，分别纳入第一、二、三批“重点关注对象名单”，在会员单位内部实施风险预警与信用监管。

（2）开展失信行为信用修复，实现失信联合惩戒与信用修复闭环管理。编制印发《中国电力企业联合会关于涉电力领域失信主体信用修复管理办法（试行）》（中电联评询〔2019〕198号），是第一个在行业内部出台失信修复管理办法的协会。

（3）举办两期信用监管与信用治理培训班，帮助“重点关注对象名单”主体在规定期限内纠正失信行为；特邀国家能源局资质中心、国家公共信用信息中心专家授课，150余名重点关注名单企业代表参加培训。43家重点关注名单市场主体按照修复程序完成了信用修复，在“信用电力”网站先后两批公布信用修复结果，首次实现了以行业协会为主导的失信惩戒与信用修复工作的闭环管理。

（4）拓展行业信用应用场景，推进信用评价成果应用落地。编制印发《中国电力企业联合会关于在会员单位招投标与物资采购中推广应用电力行业信用评价结果和重点关注名单的指导意见》（中电联评询〔2019〕163号），规范有序推进信用评价结果应用与失信行为信息共享，引导企业构建以信用为核心的经营管理体系。

（二）推进行业信用评价工作，努力提升企业信用建设服务水平

（1）制修订信用评价标准操作细则，提升评价规范的指导能力。修订发布《新能源发电企业、售电公司、电力施工企业、电力监理企业及电力调试（承试）企业信用评价评分细则（试行）》等7类信用评价实施细则（试行），使得信用评价标准更加科学且符合专业特点。

（2）开展行业信用等级评价，提升企业信用建设能力。运用“信用电力”平台完成336家企业的信用评价（包括初评及复评）工作，参评企业涵盖发电、电网、设计、建设、售电、电力设备供应及造价咨询等多种类型，实现评价企业数量和覆盖省份的历史性双突破。

（3）筹建涉电力领域信用评价标准化技术委员会，提升行业信用评价专业能力与水平。9月24日，国家能源局印发《国家能源局综合司关于公示涉电力领域信用评价等三个能源行业标准化技术委员会筹建方案的通知》，明确了涉电力领域信用评价标准化技术委员会负责涉电力领域电力建设、发电、电网、售电、参与电力市场交易的电力用户、电力供应商、电能服务机构等类型企业的信用信息、信用评价、信用管理三方面的专业标准制修订工作任务。标委会秘书处挂靠单位为中电联科技开发服务中心（中电联电力评价咨询院）。

（三）开展信用体系建设宣贯工作，做好专业化人才的培养与储备

（1）7月30日组织召开电力行业信用体系建设工作会，围绕“助力构建以信用为基础的新型监管机制，推进电力行业信用体系建设”主题，对会员单位宣贯党中央、国务院关于社会信用体系建设的决策部署，明确了政府主管部门对电力行业信用体系建设具体要求，总结了中电联电力行业信用体系建设工作，研究了当前面临的形势，部署安排了下一步重点工作。中电联专职副理事长兼秘书长于崇德出席会议并致辞，国家发改委财金司、中国人民银行征信管理局、营业管理部、国家能源局资质中心有关领导出席会议。

（2）举办第三届“信用电力”知识竞赛总结暨信用体系建设专题论坛。论坛总结了“信用电力”知识竞赛活动经验，围绕“推动电力行业信用体系建设发展聚焦信用监管与治理”主题，针对电力行业信用体系建设新形势、新政策进行了研究与交流，深入探讨信用应用、信用监管与治理的新途径、新举措。

（3）中电联电力行业信用体系建设办公室编制的《信用电力自律公约》，在首届全国信用承诺书示范性案例征集评选活动中荣获行业类全国信用承诺书示范

样本，有效发挥了“企业讲诚信、行业重自律”的信用体系建设作用。

(4) 组织开展专项信用培训与辅导服务。会同各区域评价中心，通过政策宣贯、宣传培训、诚信自律系列活动等多种方式让企业了解信用体系建设，举办6期电力行业信用评价师培训班，学员数量近500人，为电力行业信用体系建设长期发展储备了人才。

(四) 拓宽电力行业信用体系建设服务领域

获得征信机构备案资质，拓展信用服务渠道。4月17日，中电联（北京）征信有限公司正式获得中国人民银行企业征信机构备案资质，是央行企业征信机构备案工作重启之后，北京地区首批公示的三家征信机构之一；6月14日，受央行营业管理部邀请，作为京津冀地区征信机构代表参加第12个“信用记录关爱日”活动并做主题发言；7月2日，被国家公共信用信息中心纳入第一批可为信用修复申请人出具信用报告的信用服务机构名单。

二、工业领域电力需求侧管理服务方面

(1) 推进全国降低一般工商业电价政策落实效果评估工作，根据工信部印发的《关于开展全国降低一般工商业电价政策落实效果评估调查工作的通知》（工运行函〔2019〕686号）文件要求，通过抽样调查的方式开展全国降低一般工商业电价政策落实效果跟踪评估，完成安徽、广东等4个省份调研，研究分析2.2万份调查问卷，截至10月底，全国一般工商业电价平均降低10%的目标已实现。

(2) 重点推进工业领域电力需求侧管理专项行动计划，编制完成《工业领域电力需求侧管理工作指南》，建立健全工业领域电力需求侧管理工作规范，指导用能单位开展电力需求侧管理工作，加强电能管理，调整用能结构，提高终端用电效率，优化资源配置，持续提高单位工业增加值能效，实现节约、环保、绿色、智能、有序用电；举办工业领域电力需求侧管理示范推广活动，7月在华北区域（天津市）、10月在西南区域（成都市）通过“宣、展、评、谈”等形式，总结推广成熟经验，发挥示范引领作用，共有500余人参与。

(3) 5月31日在北京召开“2019电力需求侧管理大会”，中电联专职副理事长兼秘书长于崇德出席会议并讲话。会议以“融合贯通促发展、供需耦合保平衡”为主题，围绕当前能源革命背景，分析了电力需求侧管理现状，展望发展机遇和面临的挑战，并就需求响应与虚拟电厂专题进行了深入交流，200余人参加会议。

(4) 发布《电力需求侧管理年度发展报告2019》，这是国内首份以电力需求侧管理为主题的年度发展报告，全面总结了中国电力需求侧管理工作的最新进展及成效，分析能源电力行业的新形势、新变化，并对中国电力需求侧管理的未来发展路径进行了探索，有助于各方了解电力需求侧管理工作。

(5) 首次编制《全国电力消费重点指标分析报告》，该报告作为电力需求侧方面的重要研究报告客观反映近年来电力消费的特征，解读中国区域发展和行业发展在电力消费方面的变化趋势和特点，提升了电力消费指标对标意识。

(6) 中电联与上海期货交易所共同完成了《基于全国电力市场发展趋势的电力期货标的研究》，从中国电力期货市场发展路径的视角，系统梳理了从电力现货市场的逐步建立完善，到场内外远期合约交易市场的建立、规范，以及在此基础上引入场内期货交易，逐步推进新的电力衍生产品的发展全过程；并创新性地结合中国电力现货市场的建设情况，对中国电力期货潜在标的选择进行研究，积极探索中国电力期货市场发展路径。

(7) 4月26日，中电联在河南省鹤壁市组织召开“用户侧微电网‘风光储充控’一体化应用示范项目”现场评估会，评估专家组由中电联党组书记、常务副理事长杨昆，中国电科院名誉院长周孝信院士以及来自清华大学、国家发改委能源研究所、中国电力科学研究院等单位的15位专家组成。该项目应用的微电网动态扰动控制技术、暂态扰动控制技术以及故障保护技术达到了国际领先水平。项目因地制宜探索了分布式能源和智能微电网先进保护控制技术的应用及PPP微电网商业模式与微电网售电业务，具有典型示范作用。

三、工业和信息两化融合管理评定服务方面

(1) 4月，中电联组织在宜昌召开第12次电力企业信息化工作联席会，会议由中国三峡集团承办，各集团公司共40位信息化工作负责人参加了会议。会议由中电联电力评价咨询院院长黄成刚主持，中电联副秘书长江宇峰出席会议并致辞。联席会对电力网络安全和信息化等工作进行了总结及展望，对全年度工作进行了安排和部署。

(2) 按照网络安全等级保护制度2.0及电力监控系统安全防护工作要求，中电联在杭州举办了电力行业网络与信息安全培训班，开启行业服务网络信息安全新篇章，全面提升电力工控系统网络与信息安全水平，建立与地方行协、企业联合工作机制，提高了电力企业网络与信息安全从业人员知识技能及安全保障水平。

(3) 中电联科技中心作为工信部授权的十家两化融合评定机构之一，评定工作立足于电力行业，辐射钢铁、医药、船舶、食品等多个其他行业，年度完成两化融合企业评定402家（数量为前3年评定总和），

合规审查、专家审查、服务质量排名同比前进1～2位，综合排名进入前六；极大地推动了电力企业和涉电类企业的信息化建设和两化能力提升，为泛在电力工业互联网建设和发展保驾护航，为打造两化融合升级版做出了电力行业贡献。

（4）10月31日～11月1日。中电联在湖北武汉组织召开2019年全国电力行业两化融合推进会暨全国电力企业信息化大会。大会围绕“融合互联·智慧能源推动绿色发展”主题进行，会议由中电联电力评价咨询院院长黄成刚主持，中电联副秘书长沈维春到会致辞，来自理事长、副理事长单位及其他电力企业共300余人参加会议。此次大会全面总结和展示了电力行业两化融合优秀企业在技术创新、管理创新、模式创新等方面的探索和实践，推动了全国电力企业两化融合和信息化建设工作的有效落实，加速电力企业实现信息化的转型升级。

四、电力企业标准化建设咨询服务方面

中电联科技中心完成新版企业标准化相关国家及行业标准的宣贯，用标准化奠定企业现代化发展基石，促进生产经营高质量发展。量身定制，努力打造特色品牌服务项目，组织标准培训与宣贯活动超过千人次参与，累计服务电力企业超百家，实现了服务对象从电力企业向能源企业方向的转型及延伸。年度内完成大唐华银金竹山火力发电分公司、华电国际重庆奉节发电厂、大唐三门峡发电有限责任公司、大唐宁夏枣泉发电有限责任公司4家单位的咨询工作，帮助企业建立企业标准体系，通过AAAAA级标准化良好行为企业的现场确认。

中电联分会

【火力发电分会】

（1）深入学习党的十九大及系列重要会议精神，将党的“不忘初心，牢记使命”主题教育活动落到实处。面对行业竞争压力及企业大面积亏损的局面，积极加强与各大企业的接触，先后到国家能源投资集团、中国电力杂志社、西安热工院、抚州发电有限责任公司、大唐科学技术研究院等多家单位走访调研，以行业协会为桥梁搭建沟通渠道，帮助企业探寻解困、治困策略。

（2）以会员满意为宗旨，不断提升服务质量。利用微信公众号及微信群等网络媒介，为会员单位提供行业统计分析数据，建立动态交流平台，解答企业技术疑难问题，并定期发布行业动态及前沿信息800多次。

（3）加强与会员单位的沟通联络。召开2019年度联络员会议，传达中电联本部工作会议精神，宣贯《火力发电分会管理办法》等制度，明确会员的权利与义务，并听取会员单位意见和建议，想企业所想，急企业所急，根据会员需求，不定期的寄送《中国电力企业管理》《当代电力文化》及《中国电力教育》等期刊资料100多份。

（4）完善分会制度体系建设。认真学习领会《中国电力企业联合会分支机构管理办法》及《中国电力企业联合会章程》等制度，按照5A社团评定标准，结合分会工作实际情况，修编完善分会各项工作制度。

（5）持续巩固和吸纳发展会员。表彰2019年度中电联火电分会优秀信息员（联络员），通过和联络员的互动，加强分会与基层企业的沟通和联系。利用会议及调研等契机积极交流，大力宣传火电分会新思路、新做法，不断吸收更多企业入会，壮大会员队伍。

【水力发电分会】

（1）按照中电联管理要求，全面清理分会财务账实情况，梳理造册并顺利通过中电联审计。同时，配合中电联整理并提供统一开设中电联分支机构财务账户所需材料，完成了全部财务移交工作。

（2）对分会成立以来有历史记录的110余家会员单位进行了清查整理，并按照中电联分支机构管理办法中规定的连续两年不缴纳会费的予以退会的原则，及时处理失联会员单位。更新掌握了56家合格会员单位的最新信息，及时制发《关于更新中国电力企业联合会水力发电分会会员单位信息的通知》，在各会员单位准确提交有关信息的基础上，建立了规范台账。

（3）按照《中电联会费缴纳及管理办法》标准，调整分会所有会员单位会费统一为每年2万元的标准，从2018年1月1日起施行。

（4）10月，分会原会长张定明岗位发生变动，原秘书长王俊娟到龄退休。分会按照《中国电力企业联合会分支机构管理办法》的有关规定，履行分会及中电联的有关管理程序，聘任中国长江电力股份有限公司总经理陈国庆同志担任任分会会长，中国长江电力股份有限公司总经理工作部副主任杨续斌同志担任分会秘书长。

（5）按照国家对网络安全管理的相关要求，完成分会网站的注册备案与IP地址迁址工作。

（6）在成都召开了2018年年会暨科技创新交流会。

（7）12月，谋划建立的水电厂供应商信息共享平台正式上线运行。

【电力试验研究分会】

（1）召开会长办公会暨四届四次理事大会，分会33家理事单位的79名代表参加会议。会议审议通过了分会2018年工作总结和2019年工作计划报告、2018年度财务执行情况及2019年财务预算方案。中国电科院、河南电科院、上海电科院和贵州电科院分别围绕全力支撑能源互联网建设、配电网精益化建设、大数据实验平台建设、持续提升技术监督服务水平等工作做了交流发言。会议要求分会2019年要落实以下三方面要求：一是深刻认识分会发展面临的形势和任务，准确把握电力改革与市场化建设新方向，成员之间加强交流、深化合作，通过技术、人才、资源等的协同共享和创新，共谋创新发展之路。二是坚决落实中电联“国内领先、国际一流”行业协会战略部署，不断强化服务理念。严格落实5A社团建设要求，不断提升管理水平。三是全力做好2019年各项工作，按计划按期组织召开分会的各类常规工作会议，策划一批提升分会影响力和凝聚力的特色活动，为成员单位更好地提供服务。

（2）召开经营工作会，分会32家理事单位共计83名代表参加会议，河北、陕西、江苏、安徽、四川电科院分别作了专题发言。会议围绕各理事单位经营管理、科技创新成果转化及激励机制建设、集体企业改革发展、人才培养等工作进行了交流研讨，并就建立常态化的经验发展协调机制，加强各成员单位经营合作和成果分享提出倡议。

（3）召开联络员工作会，分会31家理事单位的联络员及相关人员共55名代表参加会议。会议传达了2019年中电联本部年中工作会议精神，就《中国电力企业联合会分支机构考核办法》征求意见稿与大家进行了讨论，让各理事单位充分了解中电联相关工作进展，加强沟通。落实“不忘初心，牢记使命”主体教育活动，就分会管理与发展，各成员单位存在问题及困难等方面进行了深入交流，并形成问题清单，后续逐一推进落实整改。本次会议为会员单位更好地享受中电联会员权益、融入中电联本部工作发挥了积极作用。

（4）召开生产工作会，分会34家理事单位的70余名代表参加会议，中国电科院、云南院、浙江院、河北院、湖北院等5个单位分别围绕国家标准创新基地建设、技术标准体系建设、电网安全生产及运营的技术支撑、科技创新能力提升、科技成果转化、试验能力建设、重点工程新技术应用等方面进行了专题介绍。参会代表围绕电科院电力安全生产、科技创新、管理机制、战略转型、分会建设等主题进行了热烈的交流研讨，提出了很多有价值、有意义的工作方向。

（5）召开智能配电网技术发展交流会，22家会员单位及清华大学、上海交通大学的46名专家和专业技术人员参加了本次会议。本次会议邀请了配电各领域专家就配电网自动化应用、配电网单相接地故障快速处置、泛在电力物联网智能感知技术、支持营配贯通的新型本地通信网等技术领域进行充分的探讨和交流，旨在提高各理事单位在配电泛在电力物联网应用领域的科研创新能力，推进配电自动化和配电网故障处理技术的经验交流和成果推广，满足行业发展需求，促进行业间协作与发展，解决目前配电网运行存在的一系列问题，会议提高了各理事单位在智能配用电领域科研创新和支撑服务能力，加强智能配用电新技术等方面的经验交流和成果推广。

（6）召开泛在电力物联网与人工智能技术发展交流会，分会28家理事单位的60余名专家代表参加会议。参会代表就配电网故障分析、配网可靠性预测、智能感知技术、电能绿色评价，泛在电力物联网与人工智能技术发展进行了交流讨论。上海、宁夏、北京、新疆、山西、黑龙江电科院会进行了专题介绍，会议助力提升了各理事单位在泛在电力物联网与人工智能技术领域的建设和支撑能力，有效加强了技术人员在人工智能技术运用、发展等方面的经验及成果交流。

（7）召开GIS设备管线结构温差应力变形检测与诊断新技术交流会，青海、山东、浙江，山西、新疆、湖南电科院进行了专题介绍，会议围绕GIS设备管线结构温差应力、GIS母线温度位移检测系统、变形检测与诊断、GIS温度补偿单元、GIS波纹管补偿器及支架等内容进行了研讨，会议提高了各理事单位在GIS智能检测等领域科研创新和支撑服务能力，加强GIS新技术等方面的经验交流和成果推广。

（8）经中电联临时党委2019年第22次会议决定中国电力科学研究院有限公司董事长（院长）、党委书记赵鹏担任电力试验研究分会会长，郭剑波不再担任电力试验研究分会会长。

【电力职业安全卫生分会】

（一）做好分会挂靠单位调整和换届前期准备工作

6月28日中电联关于电力职业安全卫生分会秘书处挂靠单位、负责人调整通知以下发，卫生分会联络员与一届、二届分会挂靠单位国家电网公司职业病防治院完成分会相关工作正式交接。7月9日国家电网公司北京电力医院院长、分会常务副会长林方才向中电联职业安全分会会长魏昭峰副理事长就分会目前现状、组织机构设置、交接情况、未来发展方向请示汇报。7月11日，中国电力企业联合会年中会议初定职业安全卫生分会换届流程与方案。8月8号，职业安全卫生分会向会员单位发出调整理事和联络员的通知，对理事会员单位进行重新梳理工作。11月完成电力职业安全卫生分会的第三届理事会的换届工作。

（二）做好年度职业卫生类成果奖的申报工作

2019年度中电联将其修订为电力职工创新成果奖，按照新发布的评审标准，分别于9、10月在北京召开电力职工技术创新奖初评、复评答辩会组织行业专家对8家单位近38个申请全国电力职工技术成果奖的职业卫生类项目进行初评和复评，结果报送本部评审委员会审定。

（三）组织行业职业卫生标准的修订工作

由分会牵头，组织了以山东电科院为主，国网职业病防治院、重庆电科院、吉林电科院、广东电科院、新疆电科院和陕西电科院等单位联合修订完成《电力行业劳动环境监测技术规范》（DL/T 799.1～799.2—2010），1月在北京召开了专家审定会，按进度已于3月上报中电联标准化中心。

（四）加强协会间交流合作

为贯彻落实国务院印发的《“健康中国2030”规划纲要》，提高企事业单位职工健康管理和职业卫生管理水平，11月21日北京健康管理协会工作场所职工健康管理分会与中国电力企业联合会职业安全卫生分会联合召开第二届工作场所职工健康管理高峰论坛筹备会议。

（五）做好分会日常管理

12月分会将严格按照《中国电力企业联合会章程》《中国电力企业联合会分支机构管理办法》修订《中电联电力职业安全卫生分会工作规则》。

【电力装备分会】

（1）协助国家发展改革委完成电力装备“走出去”相关调研。通过召开座谈会、实地走访企业和书面问卷等方式，赴有关企业进行深度调研，调研企业范围包括三大主机厂、五大集团、两大电网等电力装备相关重点企业，总结统计了电力装备“走出去”的基本情况，从“市场规模、政治风险、贸易壁垒、融资模式”等8个方面归纳了当前电力装备走出去存在的问题，提供了中国投资者、承包商以及装备制造商的改进方向，收集了德国、日本等有关国家推进本国装备走出去的先进经验，并结合自身定位提出了“建议形成‘走出去’电力装备清单、建议推动标准建设工作”等8个方面建议，最终向国家发改委提交了有关情况调研报告，并派员赴国家发展改革委进行专题汇报。

（2）积极向会员单位提供各类技术服务。结合挂靠单位和中国华电内部产业布局，对各类典型电力装备的先进性、可靠性和安全性进行调研。调研内容涵盖传统煤机发电装备、抽水蓄能发电装备、低风速风电机组、陆上风电施工装备、海上风电施工作业平台等，为有关会员单位提供了专题调研报告。

（3）配合开展中电联“不忘初心　牢记使命”主题教育调研工作。深入分析目前面临的形势和任务，检视了工作中存在的问题和缺点，实事求是的提出解决困难和问题的措施，并向有关领导同志进行了全面的汇报。

（4）配合中电联5A申报工作。高度重视5A社团申报有关工作，按规定对5A申报有关材料进行细致梳理和及时补充，同时对分会会员单位进行重新梳理和登记，识别清退无效会员，做好现有会员联络工作。

（5）开展发电设备安全风险管控体系研究工作。以华电福建区域燃煤发电企业为依托，加强在风险辨识、分级、评估、管控、更新方面研究，充分考虑作业行为、环境设备等风险因素，完善建立安全风险数据库，识别各专业设备风险累积10 000余条，切实提升安全管理水平。

（6）开展新能源企业设备安全管理创新工作。以华电山西区域新能源发电企业为依托，结合当前新能源企业安全生产现状及管理突出难点，开展“靶向型安全精准管理”工作。对安全监督体系、场站安全培训、安全意识、安全技能、安全风险分级管控、设备设施等内容进行全面分析，制定了《新能源靶向型安全精准管理创新实施方案》。

（7）开展海外发电企业设备质量提升活动。在华电印尼区域发电企业质量提升工作，在相关企业按专业成立质量提升团队，充分利用机组大修有利时机，重点把握设备消缺、效能提升等工作。

【节能环保分会】

（1）围绕环境污染第三方治理政策持续发声。起草《关于报送燃煤电厂环境污染第三方治理发展相关问题及建议的函》（中电联行环〔2019〕4号），以中电联的名义报送国家发展改革委。围绕燃煤电厂环境污染第三方治理计价模式及财税政策开展专题调研，形成专题调研报告。代国家发展改革委起草《关于进一步加强燃煤电厂环境污染第三方治理工作的指导意见》（代拟稿），反映企业困难，为产业争取政策支持。

（2）参与技术标准规范制修订。一是针对《氨逃逸在线监测系统技术要求及检测方法》《输变电工程电磁环境监测技术规范》等12项电力行业标准向标准化管理部门反映意见建议共计153条。二是向会员单位征集《火力发电厂燃煤机组环境保护监督标准》等3项标准作为2020年电力行业节能环保标准制（修）订计划申报项目，报送电力行业环境保护标准化技术委员会。三是由分会牵头，组织中国华电科工集团有限公司环境保护分公司和大唐环境产业集团股份有限公司修订完成电力行业标准《火电厂烟气脱硫装置经济性评价导则》。

（3）帮助解决燃煤电厂技术难题。完成《燃煤电厂氮氧化物控制常见问题及解决方案汇编（2019）》《燃煤电厂脱硫脱硝生产指标绩效对标分析（2019）》《燃煤电厂电除尘器调试、运行及维护手册（2019）》《燃煤电厂除尘脱硝脱硫设备技术监督手册（2019）》的编制工作，印送电力企业和会员单位，为燃煤电厂解决实际问题提供帮助。

（4）搭建技术交流服务平台。全年围绕燃煤电厂环境污染第三方治理和火电厂副产物综合利用组织召开3次技术交流会。共交流24项技术案例，收到调查问卷反馈34份，190余名代表参与技术交流活动。

（5）加强与会员单位的沟通联系。召开2019年度中电联节能环保分会联络员会议，交流节能环保工作经验、面临的困难与挑战及会员单位服务需求。全年编制并向会员单位发送《电力行业节能环保信息周报》49期和《电力行业低碳信息周报》48期，及时向会员单位传递需要的信息。

【电能替代产业发展促进分会】

（1）5月6日，分会与法兰克福展览（上海）有限公司等主办“2019年北方地区冬季电取暖发展论坛”，国家能源局、生态环境部、教育部、国家电网公司等相关领导与会并做主旨演讲，全面总结了各地电取暖工作成功经验，梳理了共性瓶颈问题、探讨了电取暖发展趋势等，进一步凝聚行业共识，推动行业良性发展。

（2）6月4日，由中电联电能替代产业发展促进分会牵头制定的3项行业标准《电能替代设备接入电网技术条件　第一部分：通则》《电能替代设备接入电网技术条件　第二部分：电锅炉》《电能替代设备接入电网技术条件　第三部分：分散电采暖》正式发布，规范电能替代设备接入电网技术条件，10月1日起正式实施。

【电动汽车与储能分会】

（1）承办由中电联、中国氢能源及燃料电池产业创新战略联盟、中国能源报主办的“2019全球新能源汽车领袖峰会—新能源汽车动力变革论坛”。会议以“新时代·动力引领未来”为主题，围绕新能源汽车产业发展趋势、动力电池技术未来、氢能及燃料电池发展等热点话题展开深入探讨。以及来自主管部门、行业专家、会员单位及其他主流企业的300余名代表参会。

（2）与中国电动汽车百人会、国网电动汽车服务有限公司联合举办“新能源汽车与充电基础设施协同发展高端研讨会”。国家能源局副局长刘宝华、工信部装备司副司长罗俊杰，电动汽车百人会理事长陈清泰、中电联常务副理事长杨昆、中电联专职副理事长、电动汽车与储能分会会长王志轩、国家电网有限公司副总经理韩君出席会议。中科院院士欧阳明高、中国工程院院士黄其励出席会议并发表演讲。会议由中电联会员与企业文化建设部主任、电动汽车与储能分会副会长兼秘书长郭玮主持，围绕中国新能源汽车及基础设施发展技术路线、产业政策与规划，行业发展面临的问题与解决措施建议等议题展开讨论。

（3）与南方电网电动汽车服务有限公司联合主办了“2019中国（深圳）全球电动汽车产业生态链展览会及电动汽车与能源创新论坛”。本届大会以“智慧中国　电动出行”为主题，发布并达成了推动电动汽车产业的动力电动化革命、能源低碳化革命和系统智能化革命的电动汽车产业链“三大革命”共识。电动汽车与储能创新论坛上，来自政府、高校、企业的12名专家、学者及代表对电动汽车产业创新发展、电动汽车与充电桩等基础设施建设、锂电池的技术发展与安全问题进行了探讨。

【燃料分会】

（一）完善组织机构及制度建设，调整分会人员

加强组织建设，完成轮值会长变更及分会组织机构人员调整。2019年12月20日，燃料分会2019年度工作会议在北京召开。会议由中电联专职副理事长兼秘书长、燃料分会会长于崇德主持。会议明确中国大唐为燃料分会2020年轮值会长单位，中国大唐燃料事业部主任、燃料调运中心主任、大唐电力燃料有限公司董事长简英俊为燃料分会2020年轮值会长、中电联行业发展与环境资源部主任潘荔担任燃料分会秘书长。并根据工作要求对秘书长、部分分会副会长和副秘书长人员进行了调整。

发展分会会员，努力搭建燃料分会会员体系。发展上海煤炭交易所、浙江富兴燃料加入燃料分会。

加强分会内部规范及制度建设，编制并印发《中国电煤采购价格指数（CECI）编制管理办法》。起草燃料分会《秘书处机构设置和人员岗位职责》《秘书处会议制度》、等相关内部制度规范的初稿，初步搭建分会秘书处工作制度。

加强分会秘书处人力资源建设，充实派驻和借用人员，完成华能、粤电、浙能派驻和借用人员轮换，

进一步提升分会秘书处日常工作力量。

（二）开展各研讨会，搭建交流平台

4 月 9 日，应急管理部国际交流中心邀请，参与共同举办的第十七届中国国际煤炭大会。中电联专职副理事长兼秘书长、分会会长于崇德出席会议并作主题发言。主办动力煤专场，会上发布 CECI 采购经理人指数。

5 月 8 日，在河北唐山曹妃甸组织 14 家大型发电集团以及唐山曹妃甸发展投资集团有限公司联合举办了 2019 首届曹妃甸能源论坛。中电联常务副理事长杨昆出席并致开幕词，中电联专职副理事长兼秘书长、分会会长于崇德做主旨演讲。该论坛是中国唯一的拥有永久性会址的专业性高端能源论坛，为推进政企研投多方对话、能源产业链上下游多家合作，推进能源以及能源生产、运输、消费所在地，促进“一带一路”能源输送所在国和地区的经济社会发展提供智库支撑。在论坛上发布了 CECI 进口指数及曹妃甸指数，举办动力煤专场、港口专场、铁路运输专场以及华能曹妃甸港口推介会，加强了煤、电、运输之间的沟通联系，促进了交流协作，受到市场各方的普遍关注和广泛认可。

在迎峰度夏和迎峰度冬，以及国家进口煤政策调整、局部地区电煤紧缺的关键时期，根据形势发展和行业企业诉求，结合电煤市场出现的新问题和新形势，创办并组织了 4 次电力燃料形势分析研讨会，及时就电煤形势、进口煤政策、东北保供、2020 年电煤中长期合同谈判等关键问题搭建平台、促进交流、达成共识。

11 月 21 日，在北京首次组织召开了煤炭与电力企业座谈会。中电联监事长安洪光主持会议，15 家大型煤炭集团销售部门负责人、9 家主要发电集团燃料管理部门负责人及相关人员 50 余人参加。通过座谈会，煤炭电力企业就电煤市场形势、合同定价等进行了深入沟通交流，为促进 2020 年电煤中长期合同签订和做好电煤供应保障工作，发挥了积极作用。

12 月 5 号，中电联专职副理事长兼秘书长、燃料分会会长于崇德，参加中国煤炭交易会并做主题发言。会议期间与华能集团、大唐领导会面，就燃料分会发展及电煤中长协合同履约签订情况进行会谈。

【售电与综合能源服务分会】 7 月 9 日，中国电力企业联合会在北京成立了售电与综合能源服务分会。在中电联的统一领导下，售电与综合能源服务分会围绕搭建链接产业上下游、横跨多行业的交流合作平台，推动关键技术研究、核心产品研发以及示范项目实施，推进标准制定、政策完善，打造共建、共治、共享、共赢的综合能源服务产业生态而努力工作。

售电与综合能源服务分会成立后，主要围绕机制建设、成员发展、形象宣传、标准前期等方面开展了工作。建立了比较规范的运作机制，发展会员 83 家，制定了 2020 年的系列活动计划，建立了宣传媒介及渠道，通过近半年的努力，售电与综合能源服务分会对于推动售电与综合能源服务行业发展、提高服务水平、提升中电联影响力方面做出了积极有益的探索和实践。

（1）规范运作机制。根据中电联分会工作规则有关要求，完成了会员发展、活动立项、对外宣传、印章使用、志愿者服务等秘书处工作规则的制定和完善，接受了中电联关于财务及档案管理的培训，各项工作做到了规范有序。

（2）发展会员。组建了 6 人的会员发展及维护柔性团队，负责日常的成员联络工作，确保售电与综合能源服务分会信息的准确传递，以及成员需求的及时响应。建立了会员信息库，根据单位性质、所属行业、产业链位置等进行分类。开展了走访会员单位、倾听会员心声活动，走访了北京、上海、浙江区域的会员 10 余家。经过近半年的努力，售电与综合能源服务分会目前拥有 83 家会员，其中新发展的会员 55 家。

（3）谋划系列活动。一是完成了年度大型活动组织方案。与国网节能公司“高举高打”团队密切配合，完成了综合能源服务成果发布会方案，重点包括 20 项综合能源服务典型解决方案。二是组织了多场有关工业与园区用能、商业楼宇用能、分布式清洁能源与储能等有针对性的小型交流活动。组织召开展了综合能源服务行业趋势高端论坛，在业内引起了较大的反响。

（4）建立了宣传渠道。7 月底前，完成了新媒体运维柔性团队组建，新媒体平台投入正式运行，印制了售电与综合能源服务分会的宣传册页。

电力会议

工 作 会 议

【2020年全国能源工作会议】 12月16日，2020年全国能源工作会议在北京召开。会议以习近平新时代中国特色社会主义思想为指导，全面贯彻党的十九大和十九届二中、三中、四中全会精神，认真落实中央经济工作会议部署，传达学习国务院领导同志关于能源工作的重要批示要求，总结2019年工作成绩，部署2020年重点任务。国家发展改革委党组书记、主任何立峰，国家能源局党组书记、局长章建华出席会议并讲话。

何立峰指出，2020年以来，面对复杂严峻的国内外发展环境，在以习近平同志为核心的党中央坚强领导下，全国能源系统坚持稳中求进工作总基调，以供给侧结构性改革为主线，推动高质量发展，集中力量办成了一些各方高度关注的重大事项，建设了一批推动能源高质量发展的重大工程，谋划了一系列能源发展改革的重大举措，构建清洁低碳、安全高效的能源体系不断向纵深推进。要全面贯彻落实中央经济工作会议精神，进一步把思想和行动统一到习近平总书记重要讲话精神和党中央的决策部署上来，准确把握能源发展形势与任务，坚定不移推动能源高质量发展，始终把保障能源安全作为首要任务，扎实办好民生实事，坚持清洁低碳发展方向不动摇，增强科技对能源发展的支撑作用，深化能源体制机制改革，高质量谋划能源中长期发展，为实现明年经济平稳健康可持续发展提供坚实支撑。

章建华指出，党中央、国务院领导高度重视能源工作，多次作出重要指示批示，指引推动2019年能源工作取得新的重要成效。能源行业要深入贯彻落实能源安全新战略，深刻认识当前能源发展改革的新形势新要求，特别是深刻把握党的集中统一领导的政治优势、集中力量办大事的制度优势、超大规模的市场优势、持续深化改革的动力优势以及薪火相传的精神优势，坚定方向信心，不断提高解决能源发展矛盾问题的能力水平。要深入贯彻落实党的十九届四中全会的决策部署，着力构建清洁低碳、安全高效的能源体系，正确处理稳和进的关系，国内和国际的关系、全局和区域的关系、发展与节约的关系以及当前和长远的关系，坚定不移地朝着能源治理体系和治理能力现代化方向迈进。

会议认为，在以习近平同志为核心的党中央坚强领导下，全国能源系统持之以恒地在“六个聚焦”上下功夫，2019年能源发展主要目标顺利完成，为经济社会发展、生态环境保护、民生改善提供了坚强有力的保障。聚焦党和国家重大决策，紧紧围绕中心开展工作，重大活动和主题教育成效显著，助力打赢三大攻坚战成果突出，贯彻国家发展战略更加有为，能源服务大局能力实现新提高；聚焦能源安全重大使命，着力加强重点领域建设，油气增储上产态势良好，天然气产供储销体系建设成效显著，安全生产形势稳中向好，科技自主创新能力持续增强，能源供给保障水平取得新改善；聚焦结构调整重大任务，着力推动增优减劣，坚决淘汰落后过剩产能，有序发展优质先进产能，积极推进清洁能源消纳，不断提升能源普遍服务水平，节能减排工作扎实开展，能源产业转型升级迈出新步伐；聚焦行业改革重大问题，着力深化市场化改革，电力体制改革深入推进，油气体制改革步伐加快，放管服改革持续深化，能源法治建设稳步进行，能源体制机制创新赢得新突破；聚焦国际合作重大领域，着力扩大高水平开放，积极应对能源国际合作新风险新挑战，深化周边和沿线国家合作，海外油气供应持续稳定，双多边能源合作务实推进，共建“一带一路”收获新成果；聚焦政治建设重大实践，大力强化党对能源工作的全面领导，坚决抓好中央巡视整改工作，落实落细党建工作责任，持续强化党风廉政建设，大力加强干部队伍建设，全面从严治党呈现新形象。

会议强调，2020年能源工作要坚持以习近平新时代中国特色社会主义思想为指导，全面贯彻党的十九大和十九届二中、三中、四中全会精神，坚决贯彻党的基本理论、基本路线、基本方略，增强“四个意识”、坚定“四个自信”、做到“两个维护”，紧扣全面建成小康社会目标任务，坚持稳中求进工作总基调，坚持新发展理念，坚持以供给侧结构性改革为主线，坚持以改革开放为动力，遵循“四个革命、一个合作”能源安全新战略，全面落实党的十九届四中全会、中央经济工作会议、国家能源委员会会议、全国发展和改革工作会议部署要求，大力推进能源治理体系和治理能力现代化，加快发展现代能源经济，奋力推动能源高质量发展再上新台阶，为决战决胜全面建成小康社会贡献积极力量。要强统筹、重执行，切实抓好能源战略规划编制实施；要稳基础、优产能，切实抓好煤炭兜底保障；要补短板、稳增长，切实抓好油气安全保障；要优布局、盯重点，切实抓好清洁能源发展和消纳；要攻难关、迎小康，切实抓好脱贫攻坚各项工作；要保民生，促持续，切实抓好污染防治攻坚任务；要建机制、强创新，切实抓好重大技术装备攻关和示范；要勇担当、善作为，切实抓好能源监管工作；要谋共赢、善斗争，切实抓好“一带一路”能源合作；要抓示范、谋突破，切实抓好能源领域重要改革；要固根本、求长效，切实抓好全面从严治党。

国家能源局领导班子成员，监管总监、总经济师、总工程师出席会议。各省、自治区、直辖市、新疆生产建设兵团负责能源工作的职能部门主要负责同志，有关能源企业、金融企业、能源装备制造企业，行业协会负责同志，国家能源局机关各司、各派出能源监管机构、各直属事业单位、中电传媒主要负责同志参加会议。

【2019 年全国电力安全生产电视电话会议】 1 月 17 日，国家能源局在北京召开 2019 年全国电力安全生产电视电话会议，贯彻落实全国安全生产电视电话会议、全国能源工作会议精神，总结 2018 年工作，部署 2019 年任务。国家能源局党组书记、局长章建华出席会议并讲话。

章建华指出，2018 年电力行业各单位深入贯彻落实党中央、国务院关于安全生产工作的决策部署要求，突出党建引领支撑作用，进一步落实电力安全生产工作主体责任，理清工作思路，加强监督管理力度，推动双重预防机制建设更加全面深入，应急处置和重大活动保电工作更加系统有效，有力确保了电力行业安全生产。

章建华强调，2019 年是新中国成立 70 周年，做好电力安全生产工作意义重大。电力行业各单位要坚持以习近平新时代中国特色社会主义思想为指导，按照全国安全生产电视电话会议部署要求，坚持高标准严要求，保持并发扬讲政治、顾大局的优良传统，进一步完善电力安全生产工作体系建设，强化重点领域安全风险防控，不断提高突发事件应急处置水平，加强电力安全监督管理，全力保障电力系统安全稳定运行，确保各项重大活动保电工作万无一失。

会上，国家电网公司、中国三峡集团、国家电投、中核集团 4 家电力企业代表做了交流发言。应急管理部有关部门负责同志出席会议。国家能源局各司、全国电力安委会成员单位，各省（区、市）发展改革委（能源局）、经信委（工信委）以及有关电力企业负责同志参加会议。

【国家能源局召开发电安全生产警示座谈会】 4 月 28 日下午，国家能源局组织全国电力安委会各企业成员单位，在北京召开发电安全生产警示座谈会。会议通报了 2020 年以来发电安全生产情况，梳理分析了事故原因，听取了事故教训汲取和问题整改情况汇报，并就发电和基建生产提出工作要求。会议还就做好下一步电力安全生产工作开展了深入交流。

会议要求，各单位要提高认识，将燃料系统、临时用工等边界区域、人员严格纳入安全管理范畴；要提高站位，严格落实安全生产责任到岗到人；要深刻汲取事故教训，深入推进问题整改，及时开展全员警示教育，确保以鲜血生命为代价的事故事件不再重复发生；要按照“安全是技术、安全是管理、安全是文化、安全是责任”的思路，采取技防、物防等有效措施，严格管控安全风险，彻底消除事故隐患；要加强检修、施工等作业管理，合理安排工期和作业时间，严禁赶工期抢进度；要按照规定，及时报告事故事件信息，杜绝迟报、瞒报等现象；要齐心协力，齐抓共管，密切配合，共同做好电力安全生产工作，促进电力安全生产形势稳定向好。

【2019 年电力可靠性指标发布会暨安全生产月启动会】 5 月 31 日，国家能源局召开 2019 年电力可靠性指标发布会暨安全生产月启动会，与中国电力企业联合会联合发布 2018 年度电力可靠性指标，对电力行业 2019 年“安全生产月”和“安全生产万里行”活动进行部署，同时指导中国电力企业联合会召开了 2019 年全国电力可靠性高峰论坛。会议要求，2019 年的电力可靠性管理工作要始终以习近平新时代中国特色社会主义思想为指导，围绕国家发展的大局、能源工作的大局，进一步健全电力可靠性管理体系，全面落实企业主体责任，逐步构建全寿期、全过程可靠性管理机制；严格按照《电力可靠性监督管理办法》的要求，规范信息统计和报送工作；切实做好电力用户可靠性管理工作，按照国家优化营商环境工作总体部署，扎实做好供电可靠性指标的巩固提升工作，切实减少用户停电时间和频次，优化和改善营商环境。

会议强调，电力工业是国民经济和社会发展的重要基础产业，在全面建设小康社会的历史进程中肩负重任，可靠性管理作为一种科学系统的管理理念和生产管控的重要抓手，为保障电力安全生产、提高企业管理水平、提升装备制造安装质量等发挥着重要的、不可替代的基础性作用，电力行业必须更加深入、更加全面地做好可靠性管理工作，深入挖掘信息价值，加强顶层设计、政策供给、工作协调，依托先进信息技术，推进精细化管理，解决影响系统可靠性水平提升的风险隐患，确保电力安全生产可控在控，为中国经济高质量发展营造良好环境。

会议宣布 2019 年电力行业“安全生产月”和“安全生产万里行”正式启动，并要求各单位通过既有声势又有实效的宣传教育，确保电力系统安全稳定运行和电力可靠供应，促进电力安全生产形势持续稳定好转，做好新中国成立 70 周年各类庆祝活动保电工作。

国家能源局有关司、各派出能源监管机构负责人，全国电力安委会企业成员单位，有关电力企业、机械设备制造企业、行业协会代表参加会议。

【国家能源局召开推进新一轮农网改造升级电视电话会议】 6月6日，国家能源局召开推进新一轮农网改造升级电视电话会议，总结2016年以来农网改造升级实施情况，动员部署2020年农网改造升级任务，提出工作要求。国家能源局党组成员、副局长綦成元出席会议并讲话。

会议指出，2016年开始实施"十三五"新一轮农网改造升级以来，各地区各企业高度重视，加大工作力度，农网改造升级取得了较大成效。聚焦脱贫攻坚，政策上、资金上、措施上倾斜支持"三区三州"深度贫困地区。助力乡村振兴，实施了小城镇中心村农网改造升级和农村机井通电工程，改善了农村生产生活条件。促进形成强大国内市场，农村供电可靠性和供电能力进一步提升，农村用电量和生活用电量快速提高，促进了农村消费。推进守边固边和军民融合，农网改造升级范围进一步延伸到边疆地区、边境地区，扩大到军民融合新领域。

会议强调，农网改造升级是重要的民生工程，关系到脱贫攻坚、乡村振兴，关系到千家万户农民群众的切实利益，同时也是扩大投资、促进经济平稳增长的重要举措。

会议要求，各省（区、市）能源主管部门及国家电网公司、南方电网公司要高度重视，对标对表《国务院办公厅转发国家发展改革委关于"十三五"期间实施新一轮农村电网改造升级工程意见的通知》提出的目标和任务，加强组织领导和统筹协调，逐一对照，逐一检查，逐一落实，逐一完成，逐一确认，特别是对地方电网供区、贫困地区等薄弱环节，要加大工作力度。电网企业要加大投资力度，各省（区、市）也要采取措施扩大投资规模。要加强督促检查，协调解决实际问题，加快推进工作，确保完成任务。

会上，国家电网公司、南方电网公司、四川水电集团和河南、四川、云南省能源局负责同志，就农网改造升级实施情况及2019年完成任务的计划和措施进行了交流发言。

国家发展改革委、国家能源局有关司负责同志，国家电网公司负责人在主会场参加会议。各省（区、市）及新疆生产建设兵团发展改革委（能源局）分管农网改造的负责同志，南方电网公司负责人，国家电网公司、南方电网公司所属各省级电网公司及地方电网企业负责同志，各派出能源监管机构负责人等在分会场参加会议。

【中国南方电网有限责任公司2020年工作报告(摘要)】

一、2019年工作回顾

2019年，面对复杂严峻、风险挑战明显增多的外部环境，我们坚持以习近平新时代中国特色社会主义思想为指导，不折不扣落实党中央、国务院的重大决策部署，深入推进公司发展战略落地，统筹推进保安全、稳增长、抓改革、调结构、促转型、增活力、强党建等工作，圆满完成各项目标任务，在建设具有全球竞争力的世界一流企业征程上迈出新的步伐，以优异成绩献礼新中国成立70周年。全系统未发生较大及以上人身事故，未发生设备和电力安全事故，未发生对公司和社会造成重大不良影响的涉电公共安全事件。全网统调最高负荷1.87亿kW，同比增长10.8%；售电量10 518亿kWh，增长7.6%；西电东送电量2265亿kWh，创历史新高；固定资产投资1388亿元，增长14.1%；营业收入5683亿元，增长6.1%；净利润（含研发支出）152亿元，增长9.4%；劳动生产率60.8万元/（人·年），增长10.9%；期末资产总额9329亿元，增长14.5%；资产负债率59.5%。客户平均停电时间（低压）10.81h，下降17.5%。第三方客户满意度测评84分。广东、广西电网公司及广州、深圳供电局连续多年在地方公共服务评价中名列第一。连续13年获得国务院国资委经营业绩考核A级。在世界500强企业中名列第111位。成绩主要体现在以下八个方面。

（一）落实党中央决策部署有力有效

服务党和国家工作大局，切实发挥央企"国家队""主力军"作用。坚决打好三大攻坚战，制订实施防范金融风险26项举措、降杠杆减负债18项举措，在有效支撑投资规模的同时，资产负债率降低0.9个百分点。帮助234个扶贫点、7.12万人实现脱贫，东兰县、维西县实现整县脱贫摘帽，连续两年在国务院定点扶贫工作考核中获最高评级；投资468亿元提前一年实现新一轮农网改造升级目标，高效完成广西新增农网项目，以省为单位农网"两率一户"指标达到国家要求。实施清洁能源消纳24项举措，弃水电量大幅降低90%，全网风电、光伏发电量消纳比例均超99.7%；非化石能源电量占比达52.9%，提高1.4个百分点。积极服务国家重大战略，制订实施服务粤港澳大湾区发展26项措施、海南全面深化改革开放26项措施、深圳中国特色社会主义先行示范区建设28项措施、新时代推进西部大开发形成新格局20项措施。推进大湾区电力企业合作，举办了数字南网论坛、首届博鳌智能电网国际论坛。"一带一路"建设迈出新步伐，习近平总书记见证签订的中老铁路供电项目开工建设，老中电力投资公司揭牌，缅北民生供电项目投产，菲律宾直流换流站工程总承包项目开工建设，推动建立了澜湄电力合作中资企业沟通协调机制。

（二）安全生产局面稳定可控

新中国成立70周年、澳门回归祖国20周年、长征五号遥三运载火箭发射等重要保电实现万无一失。健全了覆盖全员的安全生产责任体系，开展安全生产巡查，初步形成“大安全”管理格局。有效落实防范电网安全运行8大风险32项工作，扎实推进防范极端情况下电力安全风险8大类26项工作。制订实施了防范中美经贸摩擦风险27项措施。在“护网—2019”网络攻防演习中获得央企第二名。全网厂站集中监控覆盖率96.2%，自动电压控制实现全覆盖。全面开展了GOE套管、重大电气火灾、配电电缆及通道、危化品等重大隐患整改，西电东送直流闭锁总数及回数实现双下降。持续做好防灾减灾“三篇文章”，通过投产对澳送电第三通道（珠海段）、加固改造涉港涉核线路、加强应急协作，显著提升港澳供电保障能力。组建防灾减灾中心及各专业中心，有效应对低温雨雪冰冻、暴雨洪涝、地震等灾害影响。坚守安全生产红线，深入开展人身安全整治。推动广东省出台了全国首个公共场所用电设施标准。

（三）电力营商环境持续优化

落实党中央、国务院部署要求，一般工商业电价再降低10%，为用户减少用电成本170亿元；实施业扩投资延伸至客户红线，节约客户投资104亿元；配合清理规范转供电环节不合理加价，确保降价红利传导到终端用户。提前完成民营企业无分歧账款清零任务。珠海、中山、佛山、深圳、广州、东莞在全国地级以上城市供电可靠性中排名前十，形成可靠性管理的南网特色。低压非居民（小微企业）、高压单电源客户平均接电时间分别缩减55%、49%，五省区所有地级城市实施小微企业接电零投资。深圳、广州“获得电力”指标在全国营商环境评价中名列前茅。升级上线互联网客户服务平台，互联网业务占比提升至93%。困扰公司多年的购售电同期抄表收费问题得到有效解决。

（四）整体经营效益稳中向好

落实国务院国资委稳效益提质量要求，深入推进提质增效工作，克服政策性减利影响，服务公司战略转型发展非管制类业务，主要经营指标实现稳定增长。大力增供扩销，完成电能替代电量263亿kWh。全面实施线损同期管理，线损率降低0.54个百分点。制订实施优化投资和成本管控20条措施，节约成本费用40亿元。加大资金运作力度，实现收益26亿元。优化重组债务结构，直接融资占比达40%。非管制类业务贡献度显著提升，利润占比达到56.1%，新兴、国际、金融业务效益总体提升41.7%。认真配合国家审计署审计调查及问题整改，深入推进审计全覆盖，增加企业价值6.2亿元。搭建合规管理体系，加强重大案件管控，挽回经济损失10.8亿元。

（五）电网发展质量明显提升

完成南方电网远景电力规划、广东目标网架及粤港澳大湾区中长期电力发展等研究。加快重点工程建设，确保海南电网更加安全的海缆二回工程投运，首次将云南清洁能源送至海南，文昌气电首台机组提前投产，昆柳龙直流、云贵互联、梅蓄、阳蓄等工程按计划推进，13项工程获国家级优质工程奖。数字南网建设思路更加清晰。广州、珠海两个国家级“互联网+”智慧能源示范项目通过验收。强化基建管理，发布实施智能配电标准设计与典型造价3.0版本。推动人工智能与业务深度融合，完成机巡作业14万km、无人机巡视51万km。推进供应链创新与应用，电子商城营业额达到24亿元。首次开展了GIS设备LCC（资产全生命周期）采购。

（六）抓创新促转型迈出坚实步伐

开展“卡脖子”关键装备技术攻关，研制特高压大容量柔性直流换流阀，突破并掌握特高压大容量柔性直流成套设计技术。新获承担国家级科技项目4项。直流输电技术创新团队入选中央企业优秀科技创新团队。完成自主可控保底通信网规划，首批保护装置挂网试运行。组建全球首个数字电网研究院，南网云、“双创”平台上线运行。企业级运营管控平台上线应用。签约加入“5G产业联盟”，公司技术提案纳入9项国际标准。获准筹建国家直流输电及电力电子技术标准创新基地、综合能源服务标准化工作组，建立公司首个全国标委会（电力需求侧管理）。成立网级电动汽车服务公司，完成7个电动汽车服务平台整合。组建互联网服务公司、国际金融公司，建立绿色能源产业基金。

（七）深化改革取得新突破

坚持市场化方向，大力推进电力体制改革，南方（以广东起步）电力现货市场在全国率先结算试运行，调频辅助服务市场运营平稳，南方区域统一电力市场建设稳步推进。市场化交易规模持续扩大，省内交易电量占比达39.3%。全力配合第二监管周期成本监审，积极建言献策。与地方电网融合取得重大进展，无偿接收广东地方农电企业，以控股方式重组广西40个县农电资产，收购云南广南电力公司股权。5家“双百企业”改革成效明显，3家企业开展经理层任期制和契约化管理，混合所有制改革稳妥推进，能源公司完成股份制改造。提前一年完成8户“僵尸企业”、6户特困企业处置治理任务。超额完成国务院国资委压减目标，累计减少法人户数253户，压减比例达

68.9%。全面完成全网“三供一业”供电设施接收改造。按照“五个中心”定位调整优化总部组织机构，制订实施总部权责清单和授权清单，权责事项压降达50%。理顺了广东电网公司、广州供电局管理关系。招标管理改革进一步深化，网省两级采购集中度达98.5%。

（八）党的领导与党的建设全面加强

把持续学懂弄通做实习近平新时代中国特色社会主义思想作为首要政治任务，扎实开展“不忘初心、牢记使命”主题教育，干部员工守初心担使命的思想自觉、政治自觉、行动自觉明显提升。扎实抓好中央巡视反馈问题整改，98项集中整改阶段任务全部完成，持续性整改任务取得阶段性进展。全面关停驻京驻外办事机构，总部去机关化取得阶段性成效。进一步完善选人用人机制，建立覆盖各层级、各专业的优秀年轻干部队伍库，实施“五个一线”“五个交流”干部培养与实践锻炼机制。引进培养2名国家级高层次人才。南网文化理念深入人心。在中央及地方主流媒体报道2万余篇。首次开展了品牌价值评估。产业工人队伍建设迈出新步伐，职工创新、劳动和技能竞赛不断深化，南网工匠大学揭牌成立。制订实施央企首部青年发展规划。系统内57个集体、63名职工获得省部级以上荣誉称号。落实中央“基层减负年”部署，集中整治形式主义、官僚主义，切实减轻基层负担，为员工办实事。严格落实中央八项规定及其实施细则精神，持续开展整治群众身边不正之风和腐败问题“扫雷”行动，高效完成漠视侵害群众利益问题专项整治。完成对6家专业公司常规巡视，指导基层党委开展交叉巡察。保持惩治腐败高压态势，深化运用监督执纪“四种形态”。全年立案审查409件、党纪政纪处分506人。

二、2020年重点任务

（一）聚焦使命担当，贯彻落实党中央重大决策部署

一是坚决打赢三大攻坚战；二是积极服务区域协调发展；三是坚决落实国家稳增长部署；四是深入落实“一带一路”倡议。

（二）聚焦“三商”转型，推动高质量发展

一是系统谋划“十四五”发展；二是强化战略引领；三是进一步优化业务布局；四是加快创新步伐。

（三）聚焦本质安全，强化安全管理

一是强化大电网运行风险防控；二是强化网络安全管控；三是强化人身安全风险防范；四是久久为功做好“三篇文章”；五是持续加强涉电公共安全；六是抓好安全生产责任制落实。

（四）聚焦服务品质，打造世界一流电力营商环境

一是全力保障电力有序供应；二是切实增强电力获得感；三是不断提升优质服务能力。

（五）聚焦提质增效，提升效率效益

一是大力增供扩销；二是深化提质增效；三是突出精准投资；四是抓好降本压费。

（六）聚焦改革攻坚，大力破除体制机制障碍

一是纵深推进电力体制改革；二是持续深化企业改革；三是完善改革落地机制。

（七）聚焦深度融合，以高质量党建引领企业高质量发展

一是持续学懂弄通做实习近平新时代中国特色社会主义思想；二是抓好党建各项重点工作；三是加强党的基层组织建设；四是抓好队伍建设；五是抓好党风廉政建设和反腐败工作。

【中国华能集团有限公司2020年工作报告(摘要)】

一、2019年工作回顾

2019年，在以习近平同志为核心的党中央坚强领导下，中国华能坚决贯彻党中央、国务院决策部署，全面落实公司“两会”要求，攻坚克难，真抓实干，圆满完成各项目标任务。

（一）安全生产总体平稳

本质安全水平不断提升。以“防风险、保安全、迎大庆”为主线，深化全员责任制落实，强化外包工程管理、危化品综合治理、煤矿重大灾害和水库地质灾害防治等工作，狠抓核安全三大体系建设，有效应对强台风、泥石流等自然灾害，没有发生较大及以上事故。圆满完成网络攻防演练，获全国最佳防守单位。

设备管理取得新实效。完成煤电机组评级工作。组建集团级检修中心和4个区域分中心，自主开展机组等级检修。机组（水、火电）非停次数同比下降，73家电厂全年无非停。设备可靠性和火电能效水平行业领先。

污染防治攻坚深入推进。长江保护修复攻坚改造项目全面推进。主要污染物排放绩效保持行业最优。

（二）绿色发展开创新局面

“两线”“两化”战略布局加快落地。与甘肃、江苏、内蒙古、西藏等省区签署战略合作协议。陇东能源基地和锡盟、乌兰察布千万千瓦级新能源基地前期工作全面展开。国内离岸最远的大丰40万kW海上风电场建成投运。国内单体容量最大的濮阳一期50万kW低风速风电场实现并网。

新能源发展创历史最好水平。创新基建管理，建

立人才调配机制，强化现场督导，着力解决瓶颈问题。项目核准（备案）、开工、投产均创历史新高。

结构调整取得新突破。乌弄龙、里底水电项目全面投产。石岛湾高温气冷堆示范工程全面进入安装调试高峰。昌江二期核电项目取得“路条”并启动项目建设，实现公司控股建设大型压水堆的重大突破。南通等3个燃机项目入选国家创新发展示范项目。

（三）卓越运营取得显著成效

经营效益大幅提升。超额完成国资委业绩考核指标。利润、净利润增长率大幅高于央企平均水平。“处僵治困”取得突破。完成27户企业清产核资和23户资不抵债企业处置任务。内部改革持续深化。调整完善了分公司领导体制。筹建集团市场监控中心和区域交易运营中心，完善营销体制机制，机组利用小时对标领先，交易电价同比上升。实行新能源一体化管理和基本建设项目全过程管理，增强了发展活力。风险防控扎实有力。排查风险点，制定防范化解措施，确保了风险可控、平稳运行。强化依法治理、依法决策、依法运营，推进依法维权。强化审计监督，狠抓审计整改。

（四）科技创新活力明显增强

科技创新布局初步形成。新成立电力基础设施网络安全研究等“四个技术中心”，并投入运转；组建海上风电技术创新联盟和技术研发中心，科技创新体系不断完善。完善科技创新绩效考核机制。成立科技创投基金。科技研发投入持续增长。

积极推进国家重大项目建设。持续推进国家科技重大专项——石岛湾核电高温气冷堆示范工程的建设。

科技创新成果加快涌现。黄登水电站获国际里程碑工程奖。小湾水电站获詹天佑奖。燃煤机组高灵活性运行关键技术及应用获中国电力科技进步一等奖。区域清洁能源远程集中控制、城市废弃物前置炭化处理、污泥处理及发电等技术成功示范和推广应用。

智慧华能建设有序展开。工业互联网建设取得新进展，实现水电板块全覆盖，火电板块智能应用试点成功，锡盟智慧风电项目加快推进。华能云数据中心正式投运。燃煤电站、海上风电、煤矿安全等领域智能化水平不断提升。糯扎渡等水电站实现无人值守。

（五）国际化经营发展水平稳步提升

国际化发展“四梁八柱”基本形成。深化国际化发展战略研究，出台发展战略规划。“一体两翼”国际化平台建设取得积极成效。

国际化开发积极推进。欧洲最大的英国门迪10万kW电池储能项目开工建设。英国斯伯丁具有黑启动功能的30万kW OCGT（开式循环燃气机组）项目投产。

国际标准工作取得新突破。协办的第83届IEC大会取得圆满成功。建立了中国华能国际标准化专家库。主动承担IEC/TC5（汽轮机）秘书处、IEC/PC127（厂站低压辅助电力系统）助理秘书工作。主持制定3项国家标准。中国华能国际标准立项实现零的突破。

（六）党的建设不断加强

“不忘初心、牢记使命”主题教育取得实实在在成效。聚焦主题主线，把学习教育、调查研究、检视问题、整改落实贯通融合、一体推进，各项目标任务落地落实，得到中央第三十指导组和第十二巡回督导组充分肯定，中国华能作为央企代表在部分中央部门单位主题教育整改落实工作座谈会上交流发言。

中央巡视整改取得阶段性成效。坚决整治总部“机关化”问题，压减审批备案事项，总部发文、会议、检查数量同比均下降。驻京办事处全部清理完毕。

全面从严治党不断深化。开展“整治形式主义官僚主义　推动高质量发展”专项巡视、常规巡视和交叉巡察，构建起巡视巡察上下联动监督网。精准运用“四种形态”，强化监督执纪问责。较好完成规范领导干部配偶、子女及其配偶经商办企业试点工作。严格落实党建工作责任制，扎实开展党组织书记抓党建述职评议考核。制定完善基层党支部规范化建设实施办法等制度，创建“红旗党支部”，实施“抓党建促发展”创新试点，“三基建设”进一步夯实，命名表彰了98个“红旗党支部”。

队伍建设得到加强。加大优秀年轻干部选拔力度，用好专项调研成果。启动实施新动力人才计划。首次评选华能创客华能工匠。开展团组织推优荐才。在“嘉克杯”国际焊接大赛中获团体银奖第一名。加强意识形态和宣传思想工作，开展新中国成立70周年宣传教育活动，大力弘扬“三色文化”，凝聚了改革发展力量。岳阳电厂热控三班、新疆白杨河风电场获全国工人先锋号，天津IGCC等5家单位获中央企业先进集体。马洪琪院士获国际大坝委员会终身成就奖，呼伦贝尔公司王剑红获全国“五一”劳动奖章，姚更正等8名职工获中央企业劳动模范称号。

二、2020年工作思路

中国华能坚持以习近平新时代中国特色社会主义思想为指导，全面贯彻党的十九大和十九届二中、三中、四中全会精神，认真贯彻中央经济工作会议精神，坚持以安全生产为基础，以生态环保为红线，以效率效益为中心，以改革创新为动力，以党的建设为保障，深化“六个新提升”“两大突破”战略任务落实，确保完成目标任务，推动高质量发展，加快建设“三色三强三优”世界一流能源企业！

三、2020年重点工作

（1）全力确保安全生产。

（2）加快绿色转型步伐。

（3）狠抓提质增效工作。

（4）不断优化资本布局。

（5）大力推进科技创新。

（6）深化内部各项改革。

（7）全面加强党的建设。

【中国大唐集团有限公司2020年工作报告（摘要）】

一、2019年工作回顾

2019年，中国大唐以习近平新时代中国特色社会主义思想为指导，坚决贯彻党中央国务院决策部署，坚持稳中求进总基调，紧紧围绕“创新奋进年”目标任务，经济效益量质同升，发展质量迅速提升，高质量发展新动能加快形成，三大攻坚战年度任务全面完成，重大保障任务圆满完成，政治建设显著加强。

（1）确保安全稳定。坚持总体国家安全观，统筹推进生产、基建、交通、网信、舆情等领域安全工作。坚持制度管总、作风兜底，坚决整治安全生产管理中的形式主义、官僚主义，抓关键少数，抓现场督查，推动责任落实。坚持失职追责，有责必问，强化震慑。坚持防大抓小，加强设备治理和综合治理。加强工控系统管理，防范电力安全风险。狠抓应急体系建设，修订预案5706个，开展演练培训2220次，安全保障能力有效提升。没有发生较大及以上人身设备事故，没有发生重大网络信息安全及舆情事件。

（2）高质量发展迈出新步伐。坚持新发展理念，加强战略指引，落实发展责任，新能源发展提速提质。积极推进科技创新示范项目，加强未来及智慧能源等新技术新业态研究，培育发展新动能。深化战略合作，加强同各方面在投资开发、设备采购、技术服务等领域的务实合作。积极响应“一带一路”倡议，加速国际化进程。

（3）市场化经营迈出新步伐。落实中央稳增长相关政策举措，加强市场形势分析预判，有效应对经济下行电量增速放缓压力，深化对标提升，狠抓开源节流，提升竞争能力，主要技术经济指标好于预期。完成发电量5454亿kWh，实现营业收入1922亿元，同比增长1.39%。加强燃料保供控价，入厂标煤单价保持对标先进。狠抓市场营销，火电利用小时区域对标领先。强化预算及资金、成本管控，费用占营业收入比重完成12.3%，同比下降1.23个百分点。

（4）全面深化改革迈出新步伐。学习贯彻党的十九届四中全会精神，制定实施意见，细化工作安排，研究推进公司治理体系和治理能力现代化。落实两个“一以贯之”要求，27家二级公司建立新的领导体制。推进总部向战略管控转变，压减职能部门，设立事业部和专业中心。推动二级公司本部重心下移、战线前移。理顺上市公司和新能源管理关系，推进规范运作。组建区域规划发展中心，组建海外控股公司，设立海外事业部和境外代表处。建立财务共享中心，推进区域法务中心、审计中心建设。改革业绩考核体系。加快解决国有企业历史遗留问题，按时完成瘦身健体、“处僵治困”、民企清欠、剥离企业办社会职能，有序推进厂办大集体、退休人员社会化管理等改革任务。

（5）三大攻坚战迈出新步伐。加强重大风险管控，债务、金融、投资、海外等重点领域风险总体可控，降杠杆减负债超额完成预控目标，集团担保余额同比减少30%。全力推进脱贫攻坚，陕西澄城县实现脱贫摘帽，广西大化县4.08万人脱贫，安兰村、板兰村完成脱贫出列目标，助力57个定点扶贫村实现脱贫。污染防治及能耗攻坚扎实推进，供电煤耗同比下降3.54g/kWh。

（6）全面从严治党迈出新步伐。贯彻中央部署要求，坚持以学习贯彻新时代中国特色社会主义思想为主线，深入开展“不忘初心、牢记使命”主题教育，增强守初心担使命的思想自觉、政治自觉和行动自觉。落实新时代党的建设总要求，以党的政治建设为统领，推进全面从严治党向纵深发展。持续加强“三基”建设，党建工作质量明显提升。认真做好中央巡视配合，坚定履行主体责任，对中央巡视反馈意见、上一轮整改未到位事项一体分类推进整改。坚持政治巡视定位，完成9家在京单位常规巡视。狠抓监督执纪问责，贯通运用“四种形态”，抓早抓小，防患未然。巩固拓展落实中央八项规定精神成果，坚持不懈纠治“四风”，修订履职待遇规定，开展专项检查整改，召开警示教育大会。深入推进坚强效率廉洁总部建设，集中整治形式主义、官僚主义，专项整改“总部机关化”问题，调整部门及职务名称、职级序列，审批、备案、检查、考核、评比事项分别压减62%、56%、66%、38%、68%，文件及会议数量同比减少26%、43%。

二、2020年工作要求

2020年，是全面建成小康社会和“十三五”规划收官之年。做好2020年工作，总的要求是，以习近平新时代中国特色社会主义思想为指导，全面贯彻党的十九大和十九届二中、三中、四中全会精神，坚持党的领导，加强党的建设，坚持稳中求进工作总基调，坚持新发展理念，坚持以改革创新为动力，牢牢把握建设世界一流能源企业总目标和总要求，聚焦聚力高质量发展，统筹推进提质增效、改革发展、科技创新、政治建设、安全稳定等各方面工作，坚决打赢三大攻坚战，为决战决胜全面建成小康社会贡献力量。

三、2020 年重点工作

（1）坚持高质量发展，确保实现发展目标。

（2）坚持提质增效，确保实现经营目标。

（3）坚持改革创新，培育高质量发展新动能。

（4）坚持依法从严治企，提升治理效能。

（5）坚持扛好央企责任，打好三大攻坚战。

（6）坚持以人为本，确保安全稳定。

四、2020 年党建工作任务

（1）巩固深化主题教育成果，持续推动不忘初心、牢记使命。

（2）巩固深化党的政治建设，坚决做到“两个维护”。

（3）巩固深化“三基建设”，充分发挥基层党组织功能。

（4）巩固深化干部队伍建设，深入贯彻新时代党的组织路线。

（5）巩固深化宣传思想工作，凝聚强大精神力量。

（6）巩固深化党风廉政建设，营造风清气正政治生态。

（7）巩固深化纠治“四风”成果，坚决整治形式主义、官僚主义。

【中国华电集团有限公司 2020 年工作报告（摘要）】

一、2019 年工作总结

2019 年，中国华电上下以习近平新时代中国特色社会主义思想为指导，认真贯彻习近平总书记重要指示批示精神，坚决落实党中央、国务院以及国资委决策部署，扎实开展“不忘初心、牢记使命”主题教育，着力强党建，加快促转型，聚力提效益，全面推改革，奋力创一流，各项工作取得积极成效，全面超额完成国资委年度业绩考核目标。全年实现销售收入 2347 亿元，实现利润总额 113 亿元，净利润 68 亿元，资产负债率 72.8%。完成发电量 5786 亿 kWh，供热量 3.2 亿 GJ，煤炭产量 5573 万 t。核准电源项目 212 万 kW，开工 845 万 kW，投产 658 万 kW，发电装机达到 1.53 亿 kW，其中清洁能源装机占比 40.4%。单位电能烟尘、二氧化硫、氮氧化物排放量同比分别降低 13.5%、11.1%、5.8%。全年未发生一般及以上人身伤亡事故，未发生电力安全事件，实现了中国华电系统首个生产基建全年“零死亡”，受到全国电力安全生产委员会表扬，未发生对公司形象造成不良影响的环境事件，未发生网络安全事件。

（1）提质增效成效显著。常态化推进提质增效，坚持目标引领，突出资本回报要求，强化经营督导，归母净利润、期间费用占收入比继续保持同类型企业领先。多措并举增发电量，发电量增速在同类型企业中排名第二，煤机利用小时 4416h，在同类型企业中排名第一，改善值排名第二；水电发电量首次突破 1000 亿 kWh 大关，利用小时同比提高 473h，创历史最好水平。认真落实经济运营优化方案，完成煤机电量优化 323 亿 kWh，弃水电量同比减少 45 亿 kWh，弃风弃光率同比分别下降 2.64、1.48 个百分点。充分挖掘供热潜力，着力提升效益，供热单位边际贡献同比提高 2.5 元/GJ，供热装机、供热量在同类型企业排名第二。科学合理组织生产，充分释放煤矿先进产能，煤炭产量完成全年计划的 113.7%。扎实开展质量提升行动，科工企业新签系统外合同额同比增长 57%。坚持产业金融定位，金融企业为集团主业发展提供各类资金同比增加 100 亿元。

（2）高质量发展扎实推进。制订了落实雄安新区、粤港澳大湾区、海南自贸区（自贸港）、长江经济带等区域发展规划工作方案。组织对“五三六战略”和创一流工作细化分解，形成了创一流时间表、路线图和指标体系。与内蒙古、甘肃、西藏、青海等 10 个省（区、市）签订了清洁能源基地开发协议，积极争取落实风光电资源。加大风光电发展力度，投产容量完成年度计划的 117%，同比增长 203%。金上水电、西藏大古等水电工程建设进展顺利，叶巴滩电站实现大江截流。山东莱州 2 台百万千瓦机组“一年双投”，创下国内煤耗最低水平，十里泉电厂 2 台超超临界机组工程获鲁班奖，江苏扬州、昆山燃机工程获优质工程奖。隆德煤矿 500 万 t/年技改项目进入试生产阶段。自主研发的 50 孔以上多孔催化剂，打破了国外公司行业垄断，占据国内市场 50%，风电专用塔机填补了国内空白。境外资金管理取得重要突破，跨境本外币资金通道实现双向贯通。国际业务收入和利润同比分别增长 92% 和 77%。越南沿海二期、印尼玻雅项目工程建设顺利推进，柬埔寨西港煤电完成立项和发改委备案。

（3）改革创新激发活力动力。制订印发了三项制度改革指导意见，坚持业绩导向和市场化方向，健全完善了业绩考核机制、薪酬分配机制、中长期激励机制，创新项目考核管理机制。推动科技型企业分红激励政策实施。有序推进“双百行动”，江苏公司成功引入战投实现股权多元化，华电重工完成年度改革任务。积极稳妥推进混合所有制改革和股权多元化，公司混合所有制企业户数占比达 66.8%。圆满完成企业办教育、医疗、消防机构改革以及市政、社区管理职能分离移交工作。按照“两个一以贯之”要求，深入推进中国特色现代企业制度建设，不断完善公司法人治理体系，各治理主体之间的权责界面更加清晰，建成了“三重一大”决策运行和监管系统并实现公司系统全覆盖。全面落实法治建设第一责任人职责，制定实施《法律工作考核指标》。完成直属单位和试点基层企业的制度清理优化工作，逐步实现制度体系上下协同。加快推进“三型三化551”财务体系和能力建设，乌江、福建、湖北、宁夏等四个财务共享中心具备上线运行条件。印发《2019—2023年重点研发项目计划》，持续实施十大重点项目，取得显著成效。主导的电力工控关键核心技术取得重大阶段性成果，全国首套基于自主可控国产CPU和操作系统的火电控制系统，在扬州公司试点成功；全国首套自主可控水电站综合自动化系统，在洪家渡水电站试点成功，标志着火电、水电关键核心控制系统打破了国外技术垄断，实现了自主可控。关于脱硝技术的科技项目首次获国家科技进步二等奖，海上风电施工技术项目获中国电力科学技术一等奖，火电基建质量大数据系统研究与应用获电力建设科学技术进步一等奖。新获授权专利1122项，其中发明专利168项，同比分别增加7.4%、22.6%，均创历史新高。在国内同类型企业中率先发布综合能源服务行动计划，加快推进综合能源业务项目落地。

（4）安全生产保持平稳。严格落实安全生产责任制，举一反三吸取江苏响水“3·21”特别重大爆炸等事故教训，深入推进“安全制度落实年”、本质安全型企业建设，扎实开展“安全生产月”活动，完成庆祝新中国成立70周年、“一带一路”高峰论坛、“进博会”和“军运会”等重要时段安全保电供热和空气质量保障任务。建立健全安全管理制度，形成了“1+8+N”的安全管理制度体系，推动制度进班组、进现场、进一线。完成金上流域地质灾害灾后重建，推动地方政府完成白格堰塞湖残留体处置。网络安全能力持续提升，荣获国家网络与信息安全信息通报工作先进单位称号。推进技术监督本质回归，技术监督查出问题整改率超过90%。召开“降非停”督导会议，针对锅炉“四管”泄漏、航改机故障、风机机舱着火和叶片断裂、大坝渗漏偏大等重点难点问题，开展专项整治，提升设备可靠性，煤机、燃机、水电机组强迫停运同比均减少10台次以上，新能源机组发生集团公司统计缺陷同比减少179台次，共102家发电企业实现“零非停”。供电煤耗完成298.3g/kWh，实现了300g/kWh以下的历史性突破，持续保持行业先进水平。

（5）三大攻坚战取得积极进展。按照中央以及国资委部署要求，开展公司系统重大风险全面扫描体检，梳理8个方面25项风险并逐项提出应对措施。重点监控中国华电年度前十大经营发展风险并定期通报措施落实情况，及时化解风险。中国华电被上海证券交易所评为“公司债券优秀发行人”。以列入国资委督导的亏损企业治理为重点，稳健推进高风险企业治理，制定三年治理任务目标，92户高风险企业同比减亏41%，实现年度减亏目标，其中国资委督导的45户高风险企业同比减亏53%。全面部署蓝天、碧水、净土、生态修复四大领域生态环境保护工作，迅速落实第二轮中央环保督察工作要求，扎实开展“回头看”，推进西部地区煤电机组超低排放改造，超低排放机组占比超过90%，单位电能污染物排放量较“十二五”末下降超过20%的目标提前完成。积极践行“绿色办奥”，成为北京冬奥会奥运场馆2019年第一大绿电供应商。“绿色金上”成为国家生态文明建设重点工程，小纪汗煤矿建成国内领先的示范性矿井水处理系统，进入国家绿色矿山企业名录。围绕打好精准脱贫攻坚战，聚焦定点扶贫，制定工作计划，加大帮扶力度。全年投入直接帮扶资金2.57亿元，同比增长175%，选派127名扶贫干部在16个省（区）开展驻村帮扶工作。扎实开展好消费扶贫，将贫困地区产品纳入总部采购范围。大力开展就业扶贫，招录西藏、青海、新疆的高校毕业生28人。超额完成定点扶贫责任书任务，新疆乌恰县已实现脱贫摘帽，阿图什市正在履行自治区脱贫验收程序。

（6）党的建设坚强有力。扎实有效开展了“不忘初心、牢记使命”主题教育，主题教育推进有序、工作有力、突出重点、抓住关键，得到中央第30指导组和中央第12巡回督导组的充分肯定。对学习贯彻党的十九届四中全会精神作出全面安排，主要领导带头宣讲。深化纪检监察体制改革，强化政治监督和廉洁风险防范，扎实开展“三清”企业创建，持续开展“四项治理”，集中整治“两个主义”重点问题。高度重视抓好中央巡视整改，在第一批主题教育期间开展了中央巡视整改“回头看”，落实巡视工作规划，实现了对直属单位党委巡视全覆盖，并首次对总部部门进行巡视，震慑遏制治本作用得到充分发挥。组织开展庆祝新中国成立70周年系列活动，开展“奋斗幸福观”职工思想教育。发布《华电文化纲要》，确立了“求实、创新、和谐、奋进”的核心价值。深化厂务公开民主管理，组织劳动技能竞赛，推进职工创新创效岗位建功，积极开展“爱我中华、共铸梦想”系列活动，“三力”工会建设得到全国总工会肯定。广泛开展了“青春心向党·建功新时代”宣传教育实践活动。

二、2020年重点工作

2020年工作总的要求是：以习近平新时代中国特色社会主义思想为指导，深入贯彻落实习近平总书记关于国资国企改革发展和党的建设的重要论述，全面贯彻党的十九大和十九届二中、三中、四中全会精神，全面落实中央经济工作会议以及中央企业负责人会议部署，坚持和加强党的全面领导，坚持稳中求进工作总基调，坚持新发展理念，坚持推动高质量发展，坚持改革创新，以供给侧结构性改革为主线，坚决打赢三大攻坚战，常态化抓好疫情防控，深入推进集团公司“五三六战略”，统筹推进稳增长、促转型、推改革、强创新、保安全、重环保、防风险，确保全面完成年度各项目标任务，确保实现高质量的稳增长，确保改革取得突破性进展，确保为国家重大战略实施提供有力支撑，确保守住不发生重大风险的底线，全面增强竞争力、创新力、控制力、影响力、抗风险能力，加快创建具有全球竞争力的世界一流能源企业。

2020年要努力实现“2218”规划目标，即单位电能污染物排放量较“十二五”末下降超过20%、单位电能化石能源消耗较“十二五”末力争降低20g/kWh，境外收入占比力争达到10%，净资产收益率力争达到8%。主要目标是：

——安全目标：确保不发生较大及以上安全事故，确保不发生对公司形象和稳定造成不利影响的事件，确保不发生政治、经济、环保安全事件。

——经营目标：净利润、利润总额同比增长10%，超额完成国资委考核目标；营业收入利润率达到5.3%，力争实现6.5%，资产负债率降到70%以下；发电量5960亿kWh，同比增长3%；全员劳动生产率达到82万元/人。

——发展目标：核准电源项目736万kW，投产电源项目1189万kW，其中风光电项目核准515万kW，力争投产500万kW。

——科技创新和节能减排目标：科技投入达到国资委目标要求；单位电能烟尘、二氧化硫、氮氧化物排放量均比“十二五”末降低50%以上；供电煤耗完成298g/kWh。

【国家能源投资集团有限责任公司2020年工作报告(摘要)】

一、2019年工作回顾

2019年，面对国内外复杂的经济形势和艰巨繁重的改革任务，在集团党组、董事会的坚强领导下，国家能源集团上下深入学习贯彻习近平新时代中国特色社会主义思想，全面贯彻党的十九大和十九届二中、三中、四中全会精神，积极落实“四个革命、一个合作”能源安全新战略，践行“社会主义是干出来的”伟大号召，坚持稳中求进工作总基调，坚持新发展理念，深化供给侧结构性改革，谋划制定集团新发展战略，加快重组整合融合，经营业绩稳中向好，安全生产局面有效改善，高质量发展迈出坚实步伐，实现了各项工作稳步提升。全年完成发电量9690亿kWh；实现营业总收入5556亿元，同比增长3.4%；利润总额781亿元，同比增长6.3%；上缴税费近900亿元，胜利完成国务院国资委年度考核各项目标。

(1) 坚持安全发展，狠抓风险防控和重大隐患整改，安全生产形势明显好转。开展安全环保“责任落实年”活动。出台《安全环保三年规划》，实施安全风险研判、承诺公告和重大危险源责任制。以工业控制系统为重点，建立全方位、多层次网络安全防护体系，在“护网2019”网络攻防演习中，获评最佳防守单位。推进重点领域隐患治理，对56项重大隐患实行挂牌督办，整改完成43项，整改率76.8%。完成66家发电企业安全生产现状评价。

(2) 坚持效益优先，充分发挥一体化优势，企业经营业绩稳中向好。提升一体化运营水平，构建“稳定一体化、拓展一体化、超越一体化”生产运营大格局，科学制定生产运营计划，优化配置产业链资源。全年煤电运化一体化产业利润贡献率75.8%。狠抓市场营销，奋力开拓电力市场，售电量、电价实现双增长，交易电量占到售电量50%。积极降本提效，全年集团成本增幅低于利润总额增幅3个百分点。集团火电度电成本在电力央企最低。大力扭亏治亏，“处僵治困”70家企业全部达标。国神集团一批长期亏损单位实现“摘帽脱困”。

(3) 坚持高质量发展，内抓基础、外强协作，持续积蓄企业发展后劲。加强与地方政府及重点企业战略合作，与湖北省政府、山东省政府、鄂尔多斯市政府、中核集团、国家电投、华为公司等建立和深化战略合作关系，一批重点项目取得进展。

火电产业，优化装机结构，60万kW及以上机组占比61.9%，同比提高1.3个百分点；超临界、超超临界机组占比57.1%，同比提高1.4个百分点。新能源产业，加快风电项目开发，47个项目顺利投产，新增风电装机容量286万kW。水电产业，推进优质水电资源开发，开工建设大渡河金川电站，完成四川绰斯甲电站核准。

(4) 坚持创新驱动，立足当前、谋划长远，不断增强企业发展动力。狠抓体系建设和交流合作，制定科技奖励等管理制度，完善项目立项、过程控制、成果管理、奖惩机制等管控体系。聚焦核心技术攻关，启动煤炭清洁高效利用2030重大项目先导项目，“大规模风光互补制氢”等3个国家项目获批立项。2019年科技成果丰硕，获得授权专利1575件，其中发明专利388件，同比增长19.8%。获得国家科技进步二等奖3项、省部级科技进步一等奖10项、中国专利银奖1项。

(5) 坚持深化改革，推进改革试点和重组整合融合，充分激发企业发展活力。扎实开展创建世界一流示范企业。编制创建世界一流示范企业实施方案，完成推进方案和配套文件。深化国有资本投资公司试点。成立新能源、化工、科技环保、金融等4个中心。科环集团入选国资委深化人才发展体制机制改革示范企业。对置业、物资、煤炭经营等同质化公司及运输产业企业进行重组整合。三年来累计减少法人企业267家，圆满完成国资委下达的“压减”目标。

（6）坚持党的领导，健全公司治理体系，深入提高企业管理水平。党的建设进一步加强。制定实施国家能源集团《贯彻〈中央关于加强党的政治建设的意见〉工作措施》，以党的政治建设统领改革发展大局。深入贯彻落实习近平总书记对能源领域及国家能源集团重要指示批示精神，开展“社会主义是干出来的”岗位建功行动。“三重一大”决策体系进一步完善，“法治国家能源”建设进一步推进。企业规章制度、经济合同和重大决策法律审核率保持100%，法律案件整体胜诉率超过80%。5名职工荣获“全国技术能手”，11个集体、18名职工分别荣获中央企业先进集体和劳动模范。

二、2020年工作安排

2020年国家能源集团工作的指导方针是：以习近平新时代中国特色社会主义思想为指导，全面贯彻党的十九大和十九届二中、三中、四中全会精神，认真落实中央经济工作会议精神，扎实践行习近平总书记“社会主义是干出来的”伟大号召，坚持稳中求进工作总基调，坚持新发展理念，落实“四个革命、一个合作”能源安全新战略，实施“一个目标、三型五化、七个一流”发展战略，着力坚持和加强党的全面领导，着力推动高质量发展，统筹推进转型升级、提质增效、改革攻坚、科技创新、担当作为、党的建设，奋力建设具有全球竞争力的世界一流能源集团，不断增强国有经济竞争力、创新力、控制力、影响力和抗风险能力，为确保全面建成小康社会和“十三五”规划圆满收官作出新贡献。

年度重点工作：一是加强安全生产，提升安全环保发展水平；二是加强科技创新，提升价值创造能力水平；三是加强改革重组，提升创建世界一流工作水平；四是加强战略落地，提升高质量发展水平；五是加强产业协同，提升提质增效水平；六是加强党的建设，提升企业和谐发展水平。

【国家电力投资集团有限公司2020年工作报告（摘要）】

一、坚定转型发展，确立“2035一流战略”

深刻领会“四个革命、一个合作”能源安全新战略，通过“建设世界一流清洁能源企业”“建设中国特色现代国有企业制度”两大战略课题研究，确定面向未来发展的“2035一流战略”，明确建设具有全球竞争力的世界一流清洁能源企业的企业愿景，加快从传统综合能源企业向清洁低碳能源企业转型，着力打造先进能源技术开发商、清洁低碳能源供应商、能源生态系统集成商。“2035一流战略”是新时代中国特色社会主义思想在国家电投的具体实践，高度契合国家能源安全新战略对能源央企的要求，开启了国家电投转型发展的新征程。

二、坚定创新发展，把握能源革命大势

国家科技重大专项大型先进压水堆核电站取得重大突破，“国和一号”研发基本完成；国家科技重大专项重型燃机取得突破，核心部件300MW级F级重型燃气轮机涡轮第一级静叶铸件研制成功。牵头建设工信部、国务院国资委、国家能源局共同推动的网络安全及能源智慧信息平台，牵头发起智慧能源产业联盟。布局和培育氢能产业，新一代氢燃料电池研发攻关取得可喜进展。在国内率先推广应用“水光风光互补”“渔光农光互补”、光伏治沙等项目，探索出一条多能互补、智能协同的能源生态发展道路。我们组建一批创新中心，形成一批创新成果，创新体系不断优化，创新文化逐步深入人心。

三、坚定绿色发展，践行新发展理念

坚决贯彻落实习近平总书记指示精神，加快光伏产发展，光伏发电装机1537万kW，居全球能源企业之首。积极对接国家战略，大力推进重点区域和重大项目落地。在沿海区域布局新能源、智慧能源新业态，在西部区域布局大规模清洁能源基地，在东部沿海区域建设核电基地、海上风电基地。清洁能源投资占比达68%，新增装机容量占比达82%，装机占比超50%。清洁能源已成为国家电投增量的主体、发展的主要动能和利润的重要支撑，绿色发展成为发展的主基调。

四、坚定央企担当，打响“三大攻坚战”

积极参与“一带一路”建设，作为唯一主发起人牵头成立的中俄基金成功落地。扎实推进供给侧结构性改革，瘦身健体成效明显，经营风险显著降低。开展精准扶贫，投入资金4393万元，惠及5.07万贫困人口。公司荣获国务院扶贫办“企业扶贫优秀案例奖”。建立完善生态保护长效机制，煤电超低排放改造和生态环保治理水平不断提升。

五、坚定深化改革，释放体制机制活力

加快推进国有资本投资公司建设，持续优化区域化与专业化管理，深入推进三项制度改革。在管理体系上，确立了“战略—规划—计划”“计划—预算—考核—激励”战略落地两大体系，制定了“十三五及中长期发展规划”和13个专项规划，集团公司新时期总体发展战略的实施体系逐步完善。在组织体系上，形成了推进战略实施的组织架构方案，实现了国家核电本部与集团公司总部深度融合，优化调整了总部机构设置。在管理提升上，启动了“一流产业、一流总部、一流干部队伍”建设工作，提供坚强组织保障。

沧海横流见本色，万象峥嵘又是春。面向新时代，落实新战略，我们更加紧密地团结在以习近平同志为核心的党中央周围，不忘初心，牢记使命，开启建设世界一流清洁能源企业新征程，为建设新时代中国特色社会主义伟大事业贡献力量！

【中国电力建设集团有限公司 2020 年工作报告(摘要)】 2019 年，中国电力建设集团有限公司（简称中国电建）积极应对复杂严峻多变的国内外经济形势，大力开拓市场保订单，全面深化改革激活力，创新经营方式促转型，强化基础管理提质效，圆满完成各项改革发展任务。公司综合实力进一步增强，位列 2019 年《财富》世界 500 强企业第 161 位、中国企业 500 强第 42 位，在 ENR 全球工程设计企业 150 强中排名第 2 位（中资企业第 1）、ENR 全球工程承包商 250 强中排名第 5 位（中资企业第 5）。股份公司资本市场影响力进一步提升，荣获“2019 年中国上市公司百强”、第九届中国证券金紫荆“最佳上市公司”等荣誉。

（一）经营业绩稳中有进，保增长任务全面完成

2019 年，中国电建生产经营实现稳中有进、进中提质。全年完成营业收入 4650 亿元，同比增长 14.82%；实现利润总额 157.94 亿元，同比增长 14.54%；新签合同 7433 亿元，同比增长 16.0%；年末合同存量 13 498 亿元，同比增长 14.7%；资产负债率 76.23%，较年初下降 2.42 个百分点，按期完成国资委压降目标；全员劳动生产率 257.36 万元/人，较年初增长 15.43%。

（二）业务结构不断优化，转型升级成效显著

一是能源电力业务巩固发展。全年新签国内外水利电力合同 1307.58 亿元，同比增长 21.7%。以前期高端营销和科学策划为引领，中标广东西江引水等国家重点水利项目，合同额达百亿级。包揽了国家电网公司、南方电网公司及其他抽水蓄能电站主要施工招标项目，总合同额 96 亿元。新兴能源电力业务持续发力，青海共和光热电站等重点项目年内实现并网发电。二是基础设施业务稳步发展。全年新签基础设施业务合同 2849 亿元，同比增长 24.8%；完成营业收入 1589 亿元，同比增长 9.0%。深度融入长江经济带、雄安新区、粤港澳大湾区等国家战略以及关中平原、沪杭甬大湾区等城市群规划，搭建了山东新旧动能转换、深汕特别合作区、广州南沙区、川藏铁路等重点战略营销平台，积极推动与广东、北京、四川、重庆、新疆等 20 余省（区、市）开展高端对接、深度营销。成功中标成都地铁 19 号线、雄安新区 K1 快速路一期工程等重点项目。三是水生态环境业务快速发展。全年完成水生态环境业务新签合同逾 770 亿元，占新签合同的 10.5%。粤港澳大湾区市场区域营销取得重大突破，连续中标深圳市龙岗区龙观两河等 3 个百亿级水生态环境项目；在广州天河区、黄埔区、番禺区有效形成了区域项目群，在雄安、西安、合肥等多个区域市场取得突破。水生态环境项目优质高效履约，东莞市石马河等重点项目均提前完成合同目标，实现当年中标、当年设计、当年施工、当年达标。深度谋划对接共抓长江大保护，为后续市场营销奠定了坚实基础。四是投资运营业务创效明显。全年完成投资 1236 亿元。固定资产经营型投资和拉动总承包业务型投资实现营业收入 1738.35 亿元，同比增长 3.05%；实现利润 81.25 亿元，同比增长 22.46%。能源电力运营业务稳健发展，年末控股运营总装机容量达到 1555 万 kW，其中水电 627 万 kW、风电 502 万 kW、火电 316 万 kW、光伏 110 万 kW。电建海投公司、水电顾问公司、水电新能源公司、电建水电开发公司利润总额实现较大幅度增长；电建地产公司持续加快市场去化速度，营业收入同比增长 9%；甘肃能源公司加强精益管理，实现扭亏转盈。五是产业协同创新不断强化。合资成立“泷悦水生态产业有限公司”，创新布局“水生态＋”产业，实现多板块联动发展；积极推进水城融合、产城融合，深度参与“未来社区”建设。海水淡化产业实现突破，在中东地区快速形成区域化发展。在储能、智能微网及增量配电网等领域进行了一系列探索，培育力度和产业成熟度进一步提升。

（三）海外业务持续向好，国际竞争力进一步提升

一是海外经营业绩稳步增长。在全球贸易放缓背景下，国际业务主要经营指标实现持续稳定增长，全年完成营业收入 1136.17 亿元，同比增长 17.92%，占营业收入总额的 24.43%；实现利润总额 59.72 亿元，同比增长 22.52%，占利润总额的 37.81%；新签合同 2516.05 亿元，同比增长 15.07%，占新签合同总额的 33.85%。二是“一带一路”建设稳步推进。在沿线 65 个重点国家中的 48 个国家执行项目合同 1863 份，在建合同额 5973.81 亿元，同比增长 3.26%，占国际业务在建合同总额的 63.14%；合同存量 2308.03 亿元，同比增长 3.76%，占国际业务合同存量总额的 59.95%；完成营业收入 746.65 亿元，同比增长 8.22%，占国际业务总营业额的 65.72%；新签合同 1623.63 亿元，同比增长 30.19%，占国际业务新签合同总额的 64.53%。三是第三方市场合作成效显著。与 10 余个发达国家的 20 多家企业合作重

点项目超过30个，预估合同总额超350亿美元。与美国GE合作中标赞比西河巴图凯水电站项目，与西班牙和法国企业合作签约墨西哥帕查玛玛375MW光伏项目总承包和20年运维合同。巴基斯坦卡西姆燃煤电站、厄瓜多尔瓜亚基尔医院等项目被国家发展改革委列入《第三方市场合作指南和案例》，中国电建成为入选项目最多的企业之一。四是高端营销取得新成果。在第二届“一带一路”国际合作高峰论坛上，中国电建与10个国家签署各类合作协议14份，总金额167.92亿美元；6个项目被纳入企业家大会成果清单，总金额56.17亿美元；现场见证签约项目5个，合同总金额29.17亿美元，中国电建成为论坛期间签约数量最多、纳入大会成果合同额最多和入选大会见证签约项目最多的企业。承办第十届澳门基础设施高峰论坛——能源转型与新能源国际合作分论坛，发布全球业内首份《互联互通，绿色发展，融合创新——基础设施建设与生态环境协调发展倡议》，受到行业高度赞赏。中国电建1+7国际业务品牌企业全部列入承包商会59个重点国别中国承包商推荐名单，9家子企业进入对外承包工程行业A级企业行列。五是商业模式持续创新。实现海外现汇项目和海工领域的重大突破，成功签约中国电建至今最大海外现汇项目——沙特国王港项目。以“延付+特险”融资模式签署乌克兰法斯69MW光伏项目，以“建信通”延付融资模式实现缅甸曼德勒产业新城通港大道等项目融资关闭。“投建营一体化”模式顺利实施，签署肯尼亚年金公路32标段项目特许经营协议，成为中国电建首个海外控股投资公路项目和海外赤道原则项目。签署缅甸皎漂燃气电站项目购电协议，有力带动承包业务。参股的中老铁路、雅万高铁、津巴布韦旺吉电站项目推进顺利。目前，中国电建在境外12个国家实施投资项目23个，其中投产运营项目12个、在建项目11个，项目总投资达709.53亿元。六是业务结构更加优化。在不断巩固发展传统业务的同时，国际新兴业务、朝阳产业实现快速发展。全年新签海外新能源项目57个、合同总金额306.58亿元，约占中资企业全年海外新能源新签合同总额的33%，继续保持行业领跑位置。签署中资企业海外首个海上风电项目——越南172MW公理项目，以40%的市场份额成为越南市场最大新能源承包商；承担墨西哥帕查玛玛和伯德莱罗两个光伏项目（总容量671MW）的建设任务，其中帕查玛玛项目实现当年开工、当年倒送电目标；签约沙特保障房项目，在海外装配式住房领域取得新进展；签署阿联酋迪拜铝业自备水厂、阿布扎比塔维拉海水淡化项目以及印尼泰斯镍矿、中加里曼丹煤矿等多个矿产开采类项目，为深度挖掘潜力市场奠定基础。

（四）深化改革全面推进，体制机制持续完善

一是现代企业制度不断健全。推进党建工作进章程取得积极进展，公司及子企业决策机制不断完善。落实党委会前置程序，细化各治理主体议事规则、清单和程序，党委会、董事会、监事会和经理层各自作用有效发挥，治理能力得到提升，规范化运作得到加强。二是总部改革有序推进。按照国资委“总部机关化”问题专项整改工作要求，着眼增强公司总部管控质量效率和价值创造能力实施总部机构改革，总部经营管理部门压降至16个，职能定位进一步清晰。启动总部管控体系再造，加快研究制定总部权力与责任清单，大幅缩减规范总部审批事项。根据子企业发展阶段、治理体系和管理能力，进一步形成授权放权清单，持续增强子企业自主经营、自我发展的主动性、积极性。三是重点领域改革依次展开。4家子企业进入国资委“双百”试点企业，3家子企业进入国家发展改革委混改试点企业，20家子企业进入公司科技型企业股权与分红激励试点企业，试点企业数量占子企业总数超过40%。推动吉林院等4家子企业开展混改前期工作，稳步推进子企业经理层任期制和契约化管理，推动形成“干部能上能下、员工能进能出、薪酬能高能低”长效机制，有效激发干部队伍活力动力。四是专项改革工作取得实效。按期完成年度“处僵治困”任务目标，24家医疗机构、128户集体企业、270户关联和自然人持股企业完成改革任务。“瘦身健体、提质增效”实现预期目标，累计压减216户法人企业，存量控股法人企业数量减少至741户。

（五）创新驱动不断深入，科技引领作用凸显

一是大力推动核心技术攻关与重点领域科技项目实施。全面梳理关键核心技术短板和“卡脖子”领域，研究制定了关键核心技术攻关总体方案和核心技术攻关举措，年度新增“白洋淀与大清河流域（雄安新区）水生态环境整治与水安全保障关键技术研究与示范”等国家级重大技术攻关任务15项，牵头和参与省部级重大技术攻关项目39项。全面启动川藏铁路等公司级重大科技专项和82项重点领域科技项目，验收项目65项、鉴定科技成果90项，其中达到国际领先水平的成果21项。二是科创平台搭建取得实效。不断强化研发平台建设管理，助力公司创新驱动和全球化发展战略实施。制定公司级研发平台建设认定方案，开展公司级研发平台申报工作，推动公司重点业务领域创新能力建设。广泛参与中国综合能源服务产业创新发展联盟、水安全与水科学省部共建协同创新中心等平台建设。目前，拥有省部级以上研发平台96家，年度新增国家级1家、省部级平台4家。三是科技成果水平不断提高。累计授权专利数量14 841项，发明专利2189项，累计主持或参与制修订国家、行

业标准632项。管理的水电施工标委会获评为行业一级标委会，多个子企业作为主力参建的三峡枢纽工程荣获国家科学技术进步奖特等奖，重大工程滑坡动态评价、监测预警与治理关键技术获得国家科技进步奖二等奖，年内新获省部级科技奖励429项。四是创新人才培养取得进展。大型堰塞湖应急处置与高土石坝工程技术创新团队获评中央优秀科技创新团队，2人入选百千万人才工程国家级人选，1人入选中央企业"百名杰出工匠"名单。

（六）管理基础不断夯实，提质增效成果显现

一是"降减防"工作深入推进。制定压降带息负债和货币资金专项方案，加大直接融资力度，多方拓展权益融资，成功发行11亿美元境外债、100亿元境内永续债、70亿元永续中票和80亿元ABS/ABN。二是安全环保管理体系不断完善。持续加强安全管理体系化、制度化、标准化建设，狠抓监督检查、教育培训，积极开展样板引领和"电力建设安全文化年""安全生产月"等专项活动，不断完善安全风险分级管控和隐患排查治理双重预防机制，强化应急能力建设等基础工作，全年未发生重大及以上安全生产事故，未发生重大违规的职业健康、能源节约与生态环境保护突发事件，顺利完成国资委下达的建筑行业万元营业收入能耗较2018年度同比下降4%、二氧化硫排放量较2018年度同比下降3%的年度节能减排目标。三是履约质量持续向好。全面深化PRP应用，施工企业新开工项目覆盖率98.06%，建立了电工企业"项目监管"平台。以全面质量管理理念为指导，积极开展QC质量管理小组、全国质量月活动，质量管理成效显著。投资建设的重庆江习高速公路"笋溪河特大桥"荣获中国工程建设鲁班奖，实现了基础设施业务路桥工程板块最高等级国家工程建设质量奖零的突破。2019年，投资建设、勘察设计、监理、工程总承包、参建的24个工程获得国家级优质工程荣誉。其中，2个重点工程获国家优质工程金质奖，6个重点工程获鲁班奖。四是产业数字化不断增强。持续深化"数字电建"体系架构研究，促进信息化、数字化与业务管控、生产经营的深度融合与创新应用。产业数字化多维突破，智慧城市、智慧能源等体系引领新兴市场拓展作用显现，中标成为工信部BIM应用解决方案供应商。依托清原阜康项目，初步建成基于一体化业务信息模型的数据融合平台，解决了主流BIM平台模型成果的多源数据存储与转化难题，填补了水电行业空白。统筹整合电子商务内外部资源，打造形成"海博商务"平台，快速形成品牌效应，覆盖率达97.2%，节资率实现11.5%。五是设备物资集中采购管理降本增效作用明显。全年设备物资采购总额1545亿元，同比增长12%。其中，集中采购总额1466亿元，集中采购率达到94.9%，同比提高0.1个百分点。采购中心完成294项重大采购项目，预算金额427.8亿元，实际中标金额390.8亿元。积极探索垄断性战略物资集中采购新方式，与中国石油签订战略框架协议。充分研究论证供应链云服务平台建设方案，探索整合利用公司采购、金融、物流资源，发挥供应链管理在提质增效中的积极作用。六是法治风险内控与审计保障力度加大。"法治电建"建设再上新台阶，出台合规管理实施办法，推动法律与风险控制体系不断完善。重大经营风险项目管控取得积极进展，卡塔尔CP1项目等重大法律纠纷得以稳妥处置，法治与风险内控工作的价值创造作用得以有效发挥。审计监督体系实现全覆盖，审计与其他监督部门之间的信息通报与交流、问题线索移送与案件协查、审查结果反馈等联动工作机制不断完善。

（七）主题教育走深走实，党建工作扎实开展

中国电建上下认真学习贯彻习近平新时代中国特色社会主义思想和党的十九大、十九届二中、三中、四中全会精神，按照"守初心、担使命，找差距、抓落实"的总要求，持续推动第一批、第二批主题教育深入开展。始终坚持两个"一以贯之"，以政治建设为统领，坚持党的领导，加强党的建设，落实"基层党建推进年"要求，不断推进"三基建设"抓常抓好。高度重视国资委党委巡视反馈意见整改和自查自纠工作，深化细化整改方案和推进计划，坚持实行"挂账销账"制、月度督办制，整改工作实现应改尽改。

在肯定成绩的同时，也要清醒地看到当前生产经营工作存在的一些不足。主要表现在：一是践行高质量发展要求的能力动力不足。以质量效益为中心的经营理念不够深入，精益化管理体系不够健全，商务营销、合同履约、成本管控、风险管理相对薄弱，组织体系、管理手段和管理方法不够先进。二是发展方式、发展路径亟待突破。经营发展仍处在以带息负债为主的要素驱动阶段，创新驱动力度不强，尤其是理念创新、制度创新、模式创新和核心技术创新跟不上发展需要。资本运作缺乏全局性整体规划和统筹安排，对资本市场的各类功能、创新工具运用不足，未能充分发挥资本市场在优化资源配置、完成降减防任务目标和服务实体业务的重要作用。三是战略性、系统性市场营销存在差距。企业前瞻研究、战略规划、系统部署仍需加强，未来发展定位、市场主攻方向有待进一步明确。产业横向协同参与国家战略实施顶层设计不够、系统谋划不足，步子不大、措施不多。市场营销的组织体系、资源配置不够合理，内部合作模式和市场化利益分享机制缺位。部分子企业市场观念及竞争意识不强，习惯于公关内部市场，"野外生存"

"自主觅食"能力不足。四是海外业务合规风险形势严峻。在中美贸易摩擦大背景下，各子企业国际化能力参差不齐，部分项目签约质量较差，履约组织管理不到位，融资风险叠加，海外合规建设压力巨大。对于上述问题，生产经营系统一定要高度重视，加大力度予以解决。

【中国能源建设集团有限公司 2020 年工作报告(摘要)】 综合分析形势，结合企业实际，2020 年中国能建各项工作的总体要求是：以习近平新时代中国特色社会主义思想为指导，深入贯彻落实习近平总书记的重要讲话、指示批示精神，全面贯彻党的十九大、十九届二中、三中、四中全会精神和中央经济工作会议、中央企业负责人会议精神，坚持稳中求进工作总基调，坚持新发展理念，以加强党的领导党的建设为统领，以保持稳定增长为第一要务，以深化改革创新为动力，以从严管理监督为保障，全面落实好"巩固、完善、深化、提升、加强"的十字工作要求，加快推动企业高质量发展，确保全面实现各项战略目标，为"十四五"顺利开局、建设具有全球竞争力的世界一流工程公司打下扎实基础。

（一）确保实现高质量的稳增长

全力以赴开拓市场。加强市场形势研判，准确把握市场需求，发挥规划前端引领作用和集团产业链一体化优势，积极创新商业模式。国内市场开发要在持续巩固传统市场的基础上，充分发挥总部在高端对接、品牌管理、资源整合等方面的统筹引领作用，强化工作主导，协调子企业有序参与国家重大战略领域市场，确保取得更大成效。国际市场开发要继续深化业务布局，强化集团统一指挥协调，加强重点区域市场开发，积极抢抓现汇项目，加快推动签约项目生效实施。深入实施创新驱动战略，全面落实科技创新行动方案，加快推动重点方向关键核心技术攻关，让科技创新成为市场开发的"助推器"、业务转型的"加速器"、远景产业的"孵化器"。

持续深入提质增效。围绕"两利三率"，组织开展提质增效专项行动，科学合理制定提质增效目标和措施，不断提升企业发展质量与效益，增强企业价值创造能力。强化成本费用管控，加大技术降本、管理降本工作力度，不断拓展营收和利润空间。强化负债率、负债规模双管控，优化负债结构。强化全过程"两金"管控，健全内部清欠协调机制，加大"总对总"清欠力度，严防坏账损失和存货积压，确保"两金"增幅低于营业收入增幅。强化资金集中管理，拓宽外币资金归集渠道。加快非主业、非优势业务的"两非"剥离，抓好无效资产、低效资产的"两资"处置，盘活存量资产，优化增量资金使用，提升企业经济效益。

深入推进管理提升。落实好国务院国资委开展的"对标一流管理提升行动"要求，强化管理创新，加大信息化投入，加快推进管理制度化、标准化、流程化、信息化，不断夯实管理基础。始终把项目管理作为企业管理的重中之重，作为建设具有全球竞争力的世界一流工程公司的重要抓手。高度重视在建工程项目债务管理，严格落实规范在建工程项目债务闭环管理指导意见，着力在提高中标质量、强化合同管理、规范经营结算等关键环节上下功夫，强化事前预控，狠抓过程监管，严格考核问责，有效化解在建工程项目的经营风险和稳定风险。高度重视质量环保监督管理，强化资源投入力度，科学合理安排工期，建立全员全过程全方位质量环保监督体系，推行工作合规化、管理精细化、控制标准化、监督常态化，用高质量工程彰显公司品牌实力。高度重视项目分包管理，健全完善集团级分包商库的运营管控机制，持续深入开展违法违规分包行为整治工作，加强对劣质分包商的联合惩戒力度，培养一批有实力、讲诚信、长期合作的分包队伍。

积极稳健开展投资。立足拉动带动建筑工程主业和构建企业核心竞争能力，稳健推进电力、基础设施、环保水务、民爆、水泥、砂石骨料等领域投资；在着力推动房地产存量去化、降低负债水平的基础上，量力开展房地产开发，优化产品结构。严格项目准入条件，严格把握投资主体资格与能力，严控非主业、长周期、重资产和低收益、推高负债的项目，防范短债长投风险；坚持"事前算赢"，深化协同经营，统筹短期与长期利益，兼顾投资效益与带动工程收益。发挥企业金融平台作用，加强与各类金融机构、中央企业及其他社会资本合作，积极引入保险资金、政企合作基金、产业引导基金与政策支持资金等投资资金，深化产融结合，助力投资发展。

（二）着力提升企业治理能力

持续完善公司治理结构。按照党的十九届四中全会精神，落实国务院国资委有关要求，深入贯彻"两个一以贯之"，进一步厘清公司及所属企业党委、董事会、经理层权责边界和工作程序，不断完善市场化体制机制。加快推进规范董事会建设，建立外部董监事履职规范，强化履职评价，积极探索落实董事会职权和二级企业经理层成员任期制与契约化管理。

持续完善企业制度体系。聚焦高质量发展，围绕业务发展高质量、发展动力高质量、发展基础高质量、运营水平高质量，健全完善高质量发展的指标体系、政策体系、标准体系、绩效评价体系。积极适应形势发展，紧密结合总部管理职能调整和所属企业功能定位变化，加强现有制度评估，进一步健全、优化、完善企业各项制度，着力构建系统完备、科学规范、运转高效的制度流程。采取多种形式加强制度宣贯，确保制度有效执行。加强制度执行情况监督检查，严格量化考核评价，对违反制度的要严肃追责问责。

持续完善企业管控能力。加强能力建设，努力形成权责明确、各司其职、各尽其责的管控体系和发展格局。建立报审报批事项事前沟通、提前介入工作机制，进一步优化审批流程，严格按照审批时限限时办结审批事项，提高办理效率。对以公司名义承接的各类项目，要研究建立有效的管控模式和管理方式，完善管理制度，健全监管体系，切实防范风险。着力提升协同的科学性，建立协同全过程管理机制和内部失信惩戒机制，规范内部协同秩序，提升协同经营质量。根据转型发展需要和企业发展定位，加强资质获取的统筹规划和资源调配，加快补齐发展短板。

（三）持续深化企业内部改革

推进三项制度改革落地见效。抓紧制定改革方案，认真组织实施，确保落地见效。继续探索并逐步推行职业经理人制度。健全完善市场化、规范化的用工制度，坚持效益导向，严把入口，畅通出口，构建员工正常流动机制。严格落实专项行动工作方案，全面清理不在岗员工劳动关系，健全清理规范长效机制，减少无效人工成本支出，提高劳动生产率，提升企业经济运行质量。严格执行公司关于工资总额、企业负责人薪酬、员工持股等薪酬分配制度，合理拉开工资分配差距，坚决破除“大锅饭”。落实好上市公司股权激励、科技型企业股权和分红激励等政策，鼓励各级企业创新激励机制，切实增强微观主体活力。

积极推进改革试点工作。混合所有制改革和“双百行动”试点企业要增强责任意识和主观能动性，按照完善治理、强化激励、突出主业、提高效率的要求，进一步明晰改革思路和整体路径设计，做好引入战略投资者、完善法人治理结构体系、建立市场化经营机制和激励约束机制等重点工作，确保取得实质性突破。总部要加强政策指导和跟踪督导，及时研究解决改革中的难点、阻点。

扎实推进退休人员社会化管理。紧紧抓住中央财政对地方予以资金支持的窗口期，加大相关政策的研究力度，加强工作组织和业务指导，加深与地方政府的沟通协调，平稳衔接退休人员的管理服务和各项福利待遇，确保年底前全面完成改革任务。

做好内部资源重组整合和相关改革收尾工作。具备条件的企业要围绕弥补发展短板，按照专业化、区域化、规模化的原则，实施内部重组整合。按照国务院国资委有关要求，做好“处僵治困”收官工作和剥离企业办社会职能、“三供一业”分离移交、厂办大集体改革等收尾工作。扎实推进重点亏损子企业专项治理。继续压减存量法人数量，坚决清退盈利能力不强、持续亏损的非主业企业。

（四）扎实推进企业规范运作

规范“三重一大”决策。持续完善“三重一大”决策制度、事项清单，落实好各项议事规则，尤其是党委前置研究程序，规范决策流程和过程管理，确保决策依法合规。用好“三重一大”决策系统，及时、准确、完整填报决策数据，强化实时在线监管，加强数据信息的分析和应用，提高决策质量和效率。加强“三重一大”决策制度执行情况的监督检查，强化考核评价，抓好问题整改和结果运用。

强化重点领域风险防控。加快构建“大风控”格局，落实好各级企业分管领导把关责任，将法律、合规、内控和风险管理深度融入企业生产经营各环节，有效发挥风险案例警示作用，坚决守住不发生重大风险的底线。着力防范法律合规风险，全面加强合规体系建设，强化“三个不得”“十个严禁”和重点领域合规管理负面清单等红线的刚性约束，深化“三项”法律审核，确保应审必审。着力防范投资并购风险，做好重大投资决策前的分析调研，加大对已投项目的管理监督，加强对指标数据的跟踪评估，完善动态预警机制，开展投资项目后评价，加大违规经营投资责任追究力度。着力防范资金财务风险，重点加强对融资、担保、产权转让、垫资等业务领域的监督管理，加大表外融资监测，确保资金链安全。着力防范国际业务风险，加强对重点国别、行业和项目的风险识别，做好风险交底，完善风险评估、监测预警、应急处置全周期的境外风险管控体系。着力防范信息披露风险，加强上市公司内幕消息、关连交易管理，确保须披露信息有效识别。

加强过程监督。健全完善“大监督”体系，丰富监督内涵和外延，创新监督手段，完善监督机制，规范权力运行，加强成果运用。聚合巡视巡察、组织人事、法律、审计等监督力量，以投资项目和工程项目为重点，紧盯物资采购、工程分包、工程结算、对外担保、大额资金调动等重点领域和关键环节，坚持问题导向，强化过程监督，将事后弥补转变为过程把控。对于问题线索，要早发现、早预警、早处置，动真碰硬，真整真改。各级领导干部要正确对待监督，决不能拒绝监督、逃避监督，自觉主动接受监督，使接受监督成为常态，让被监督成为习惯。

以整改促规范。按照党中央部署和国务院国资委要求，提高政治站位，以高度的责任感抓好驻京驻外办事机构清理和“总部机关化”问题专项整改工作，健全完善防范长效机制，强化问题监督检查追责。持续抓好主题教育专项整治、国资委党委巡视反馈意见、党建工作责任制考核反馈问题、审计署审计发现问题，以及企业内部巡视巡察、审计、检查等发现问题的整改落实工作。通过整改，堵塞管理漏洞，规范管理行为，筑牢管理基础。

（五）全面加强党的领导党的建设

全面加强政治建设。把学习贯彻习近平新时代中国特色社会主义思想作为首要政治任务，把学习贯彻总书记最新重要讲话和重要指示批示精神作为党委会“第一议题”，切实增强“四个意识”，坚定“四个自信”，做到“两个维护”，始终用习近平新时代中国特色社会主义思想武装头脑、指导实践、推动工作。坚决维护党中央权威和集中统一领导，落实好党中央决策部署和国资委党委工作要求，发挥好党委把方向、管大局、保落实的领导作用，履行好经济责任、政治责任、社会责任，确保公司始终沿着正确方向前进。巩固深化“不忘初心、牢记使命”主题教育成果，建立体现中国能建特色的党的初心使命制度，把不忘初心、牢记使命作为加强党的建设的永恒课题和全体党员、干部的终身课题，着力形成长效机制。

扎实抓好基层党建工作。严格贯彻党的国有企业基层组织工作条例、支部工作条例和党员教育管理工作条例，在“三基建设”上下更大功夫。健全组织体系，持续规范和优化基层党组织设置，抓好新设单位、项目的党组织建设，确保党组织全面有效覆盖。加强境外项目、机构和混合所有制企业的党建工作，总结推广典型经验，确保党建工作不弱化、无盲区。按照公司基层党支部管理办法要求，发挥示范党支部标杆作用，大力实施支部标准化建设，广泛开展“实践在支部”创先争优活动，用好党员突击队、责任区、示范岗等载体，激活党组织体系的“神经末梢”，建强战斗堡垒。完善党建联考联评制度机制，强化考核结果运用。

着力强化干部队伍建设。坚持国有企业领导人员“20字”标准，注重政治表现，更加突出讲担当、重实干的选人用人导向，选好用好勇于担当作为、狠抓工作落实、工作实绩突出的领导干部。立足当前，着眼长远，大力选用在关键时刻善于化解重大风险、能够驾驭复杂局面、作出重大创新创造贡献的优秀年轻干部。加强干部教育培训，在知识更新、能力培训、实践锻炼上下更大功夫，着力培养领导干部坚忍不拔的硬朗作风，发扬斗争精神，勇于自我革命，增强善作善成的专业本领，提升担当作为的能力素质。注重干部日常监督管理，管好关键人、管到关键处、管住关键事、管在关键时。进一步加大正向激励力度，落实好“三个区分开来”要求，切实保护好干部职工干事创业的积极性。

强化党风廉政建设和反腐败工作。进一步推动“两个责任”落实落细、贯通协同、形成合力。进一步强化“大监督”建设，提升监督质效，重点监督惩治靠企吃企、权力设租寻租、关联交易、内外勾结侵吞国有资产等问题，严厉查处亏损背后的腐败问题。探索实践适合企业实际的巡视巡察方式方法，提升巡视巡察监督的精准性、实效性和威慑力，发挥利剑作用。针对案件暴露出的制度性漏洞，举一反三、查漏补缺，不断完善制度体系，扎紧制度笼子；充分发挥典型案件的警示作用，督促广大党员干部深刻汲取教训，警钟长鸣。持之以恒落实中央八项规定精神，完善正面和负面清单指引，深入整治形式主义、官僚主义，持续推动作风转变。

加强宣传思想文化建设。强化意识形态工作，大力弘扬“报国、专业、创业、奉献”四种精神，发挥价值观引领作用，汇聚企业前行力量。加强品牌建设和品牌推广，抓好新闻宣传，讲好能建故事，传递能建声音，展示能建形象。加强文化引领，推动“工程师文化”深植于企业管理，不断提升凝聚力。积极探索工会组织参与企业管理的有效途径，出台职工群众建言献策管理办法；增强群团组织活力，持续抓好“劳模”“工匠”工程和“号手岗队”“青年安全生产示范岗”创建活动，深化员工服务保障，关心员工生产生活，组织开展慰问帮扶，努力帮助解决实际困难。积极履行企业社会责任，聚焦履责，主动参与，展示负责任的央企形象。进一步夯实信访稳定工作基础，做好深化改革过程中矛盾问题的协调处理，维护企业和谐稳定。

专 题 会 议

【“一带一路”能源合作伙伴关系成立】 4 月 25 日，“一带一路”能源合作伙伴关系（简称伙伴关系）成立仪式在北京举行。来自 30 个伙伴关系成员国及 5 个观察员国的能源部长、驻华大使、能源主管部门高级别代表出席成立仪式。

国家能源局局长章建华宣布伙伴关系正式成立并致欢迎辞。会议期间，伙伴关系成员国共同对外发布《“一带一路”能源合作伙伴关系合作原则与务实行动》。根据该文件，伙伴关系将每两年举办一次“一带一路”能源部长会议，并按照需要开展部长级培训班和能源合作领军人才培养项目。伙伴关系还将致力于推动政府间政策交流与合作意向沟通，搭建双、多边项目合作与技术交流平台，推动能源领域务实合作。

2019 年 3 月和 4 月，伙伴关系先后举办了两次富有成效磋商会，各成员国就伙伴关系建设中的重要事项达成共识。在此期间，伙伴关系的成员国数量也在迅速增加，截至 2019 年 4 月，成员国总数已经达到 30 个，包括阿富汗、阿尔及利亚、阿塞拜疆、玻利维亚、柬埔寨、佛得角、乍得、中国、东帝汶、赤道几内亚、冈比亚、匈牙利、伊拉克、科威特、吉尔吉斯斯坦、老挝、马耳他、蒙古、缅甸、尼泊尔、尼日尔、巴基斯坦、刚果（布）、塞尔维亚、苏丹、苏里南、塔吉克斯坦、汤加、土耳其及委内瑞拉。

【首届“一带一路”能源合作伙伴关系论坛】 12 月 18～20 日，“一带一路”能源合作伙伴关系论坛在北京召开。此次会议由国家能源局主办，电力规划设计总院承办。国家能源局副局长、阿富汗驻华大使以及阿尔及利亚驻华大使出席会议并致辞。

本次论坛为期 3 天，安排了开幕式、高端对话、主旨报告、项目推介以及项目参观等环节。伙伴关系各成员国在论坛上介绍了本国潜在清洁能源合作项目，各国企业展示了自身优势，并介绍未来开展能源合作的商业计划。会议代表团还参观了国家电投智慧能源信息平台以及电规总院全国新能源电力消纳监测预警平台。

来自中国及 18 个国家的能源主管部门、能源电力企业、研究院所、金融机构等 270 余名代表参加了本次论坛。

【第四次金砖国家能源部长会议(巴西)】 11 月 11 日，第四次金砖国家能源部长会议在巴西首都巴西利亚举行，国家能源局局长章建华、印度新能源部部长拉杰·库马尔·辛格、俄罗斯能源部副部长安东·伊尤申、南非矿产与能源部部长顾问桑戴·诺格西纳出席会议。会议由巴西能矿部部长本托·阿尔布凯克主持。

章建华介绍了中国能源产业，特别是清洁能源的发展成绩，未来非化石能源的发展目标，提出金砖国家在能源领域加强合作，将对发展中国家乃至世界的能源转型、应对气候变化和可持续发展产生积极影响。本托表示，巴西将进一步开放油气、电力、生物燃料和核能市场，欢迎国内外私有资本参与投资。辛格介绍了印度可再生能源发展目标，表示 2030 年可再生能源装机将超过 400 吉瓦，并介绍了印度在减少二氧化碳排放、工业节能、公共照明节能灯方面采取的措施和达到的效果。安东提出各国应着力于找到解决现代能源面临主要问题的方案，倡议开发研制不同技术和类型的机动车燃料。诺格西纳介绍了南非最新的综合能源计划，表示煤炭仍将在能源结构中占重要地位，并将继续增加清洁高效煤电投资。

会议审议通过了第四次金砖国家能源部长会议联合声明和金砖国家能源研究合作平台工作章程，这两份文件将作为成果递交金砖国家领导人会晤。

【国际核能合作框架系列会议】 6 月 24～25 日，国际核能合作框架（IFNEC）系列会议在北京举行。

本次会议包括国际核能合作框架的工作组会议和指导组会议两部分。其中，工作组会议分别就核进出口管制和核安全文化建设两大主题进行经验分享和交流；指导组会议审议了各工作组的工作报告，对未来核能发展方向及全球核能发展共同关注的问题和领域进行了深入探讨，以期进一步完善国际核能合作框架，并确定下一步工作计划和实施方案。

国际核能合作框架是核能领域重要多边机制之一，旨在通过高效、安全、可靠和有助于核不扩散和核安保的方式和平利用核能，吸引更多国家参与，积极推动全球核电发展。截至目前，国际核能合作框架共包含 34 个成员国、31 个观察员国及 4 个观察员国际组织。中国是国际核能合作框架创始成员之一。中国国家能源局是国际核能合作框架指导组中方副主席单位。

来自中国、阿根廷、阿联酋、埃及、澳大利亚、德国、俄罗斯、法国、韩国、肯尼亚、罗马尼亚、美国、日本、新加坡、英国等国家，以及国际原子能机构、经合组织核能署、核供应国集团共 60 余名代表参加本次会议。

【第六届澜湄国家电力企业高峰会】 9 月 19～20 日，由南方电网公司主办的第六届澜湄国家电力企业高峰会在南宁举行。来自南方电网公司、缅甸电力部、越南电力集团、老挝国家电力公司、柬埔寨国家电力公司、泰国国家发电局的代表就澜湄区域电网互联互通工作设想、新能源接入对电力系统的影响、减少无电人口解决方案等议题进行交流研讨。

当前，可持续的电力供应依然是澜湄区域面临的重要挑战，也为澜湄电力合作提供了巨大的空间，加强区域电力互联互通和电力贸易将是澜湄电力合作的重要发展方向。南方电网公司负责人表示，南方电网公司将充分发挥技术优势带动区域经济发展，继续与各国电力同行开展技术交流、人员培训和留学生培养工作；共同推动区域电力资源优化配置，实现资源互补、丰枯调剂，探讨开展更高电压等级的电网互联，打造共同电力市场。

缅甸、老挝、越南、泰国、柬埔寨与会代表表示，随着区域电网互联互通的深入，电网的稳定性、技术标准等都需要有更加务实、超前的沟通，期待与中国在技术层面展开更加深入的交流合作。

峰会上，与会各方签署了峰会会议纪要，确定下一届澜湄国家电力企业高峰会将在柬埔寨举行。本次峰会还设置了技术参观环节。9 月 20 日，与会代表前往南方电网广西电网公司客户服务中心、南宁供电局青秀智慧营业厅调研交流。

自 2014 年澜湄电力企业高峰会机制建立以来，南方电网公司与越南、老挝、泰国、柬埔寨、缅甸电力企业不断加强沟通，合作成果丰硕。目前，南方电网公司通过 13 回 110kV 及以上线路与越南、老挝、缅甸实现电网互联互通，与周边国家累计贸易电量 539.4 亿 kWh。

【国际能源宪章研讨会】 11 月 28 日，中电联—国际能源宪章联合研究中心（简称联合研究中心）2019 年度会议暨国际能源宪章研讨会在京召开。会议由中国电力企业联合会副秘书长、联合研究中心指导委员会委员沈维春主持会议。

国家能源局国际合作司副司长安丰全在致辞中指出，中国正在全面推动能源高质量发展，通过建立“一带一路”能源合作伙伴关系，在能源国际合作舞台上提出了更多的“中国方案”，中国在全球能源治理中的影响力和贡献度不断提高。他表示，中国愿同能源宪章一道积极探索如何进一步发挥好多边机制作用，发挥各自优势，形成互补效应，促进各国有效开发利用清洁能源，共同推动全球能源转型。

中国电力企业联合会常务副理事长杨昆代表中国电力企业联合会向出席本次研讨会的嘉宾表示热烈欢迎。他表示，当今世界能源行业发展面临的环境和形势正在发生深刻变化，各国都在积极探索能源转型问题，加强各国能源界交流合作是破解转型难题、分享转型经验、共享转型成果的有效途径。中国能源电力行业参与“一带一路”合作的未来实践与国际能源宪章的目标和愿景高度契合，国际能源宪章与中国的合作前景十分广阔，联合研究中心也将成为中国与能源宪章合作的重要平台，发挥更大的作用。

能源宪章秘书处秘书长乌尔班·鲁斯纳克（Urban Rusnák）在致辞中指出，为有效应对气候变化、降低碳排放强度，国际能源宪章正竭力创造有利条件以推动新时期全球能源转型。他表示，以此为导向，联合研究中心开展了大量工作，并取得了一系列卓有成效的研究成果，为推动实现能源低碳发展、更好地应对气候变化作出了积极贡献。

会上，沈维春介绍了联合研究中心成立两年来的工作情况和取得的研究成果，他表示，联合研究中心积极顺应世界能源转型的新形势，聚焦能源电力发展前沿趋势，围绕能源转型过程中的热点领域组织专家学者开展深入研究，针对焦点问题提出发展建议与可行方案。

会议期间，联合研究中心研究专家高亚静、赵风云、姜锐、何强分别汇报了“中国现阶段电力市场改革的输配电费用分摊方法研究”“电力市场期货探索与研究”“基于电能质量的供电服务评价体系研究”与“能源人才培养的国际经验借鉴及评价模式研究”等课题研究成果。

在专家研讨环节，中国电力企业联合会高级专家雷晓蒙、全球能源互联网合作组织高级研究员相均泳、英国邓迪大学教授沃克尔·罗本（Volker Roeben）就区域电力互联发展现状以及《能源宪章》条约作为促进区域电力互联投资与不同国家能源部门之间对话工具的实用性进行了交流。国际能源宪章秘书处研究中心主管 Gokce Mete、日本能源经济研究所高级研究员 Sichao Kan、波兰华沙大学助理教授 Grzegorz Tchorek、电能实业公司高级主管 Jeffery Kwok 与俄罗斯国立（古布金）石油天然气大学教授 Andrey Konoplyanik 聚焦能源绿色低碳转型背景下的多能耦合与氢能经济发展趋势，阐述了新锐观点。

【2019 年电力可靠性指标发布会】 5 月 31 日，国家能源局召开 2018 年电力可靠性指标发布会暨安全生产月启动会，回顾总结 2017 年电力可靠性工作，部署 2018 年重点任务，启动 2018 年电力行业“安全生产月”活动。

会上国家能源局与中国电力企业联合会联合发布了 2017 年度电力可靠性指标。近年来，国内电力可靠性管理工作取得了突出的成就，“政府主导、行业服务、企业主体”的电力可靠性管理模式初步形成；信息自动采集、在线监测分析等技术得到推广应用；电力可靠性管理水平明显提升，2017 年，国内主力发电机组等效可用系数均在 91%以上，10 万 kW 及以上容量常规燃煤机组非计划停运总时间为 95 925.6h，4 万 kW 及以上容量水电机组非计划停运总时间为 12 558.99h。全国电网 220kV 及以上变压器、断路器、架空线路三类设施可用系数分别达到 99.856%、99.942%和 99.497%。全国城市用户平均停电时间 5.02h，农村用户平均停电时间 20.35h。

会议强调，各有关单位要自觉以习近平新时代中国特色社会主义思想为指引，以满足人民对更加可靠稳定的电力供应需求为目标，扎实推进电力可靠性管理工作；要认真落实企业可靠性管理的主体责任，建立职责明晰、分工明确、协同推进的可靠性监督管理体系；要强化在线采集、在线监控、在线分析等智能化管理手段，有序开展低压可靠性管理工作，采取有效措施减少停电时间和次数，打通用户可靠性管理的最后一米；要继续强化电力可靠性成果的应用，发挥好可靠性管理对安全生产的支持作用。

会议要求，各有关单位要按照相关部署切实将“安全生产月”六项活动及“安全生产万里行”四个主题贯彻好、落实好，确保活动落地生根、取得实效，在全行业建立长效机制，努力营造浓厚良好的安全文化氛围。

国家能源局有关司、各派出能源监管机构负责人，全国电力安委会企业成员单位，有关电力企业、机械设备制造企业、行业协会代表参加会议。

【2019 年电力行业国际合作会议】 5 月 9～10 日，由中国电力企业联合会（简称中电联）、中国电力国际产能合作企业联盟（简称电力联盟）共同主办，华为技术有限公司（简称华为）协办的 2019 年电力行业国际合作会议暨中国电力国际产能合作企业联盟年度会议在深圳召开。会议介绍了电力行业 2018 年国际合作情况，分析当前面临的国际形势，提出相关建议，并对中电联国际合作及电力联盟下一步工作进行安排。

中电联常务副理事长、电力联盟会长杨昆在致辞中回顾了“一带一路”倡议提出近 6 年来电力行业国际合作情况，并对进一步开展电力行业国际合作、推进“一带一路”和全球能源互联网建设提出了五点建议：一要主动服务国家外交大局，当好“排头兵”；二要加强电力企业国际合作协同发展；三要积极推动中国电力标准国际化；四要积极开展多种形式的第三方市场合作；五要坚持绿色发展方向，共享发展成果。

国家发展改革委外资司有关负责人在致辞中介绍了中国电力行业国际合作及产能合作发展现状，并在提升项目实施质量、维护好竞争合作秩序、做好合规经营、防范项目风险及处理好“走出去”和国内发展的关系等方面面向电力企业提出建议。他肯定了自国家发展改革委批准同意中电联发起成立电力联盟以来，在配合政府做好政策研究，协调企业参与项目，为企业提供金融、法律、信息及培训等方面做的大量工作和取得的良好成效。

华为企业业务全球能源行业总经理季翔在致辞中指出，华为将始终坚持以客户为中心，集中精力把产品做到最好、把服务做到最优。他认为，选择华为的客户，将赢得 5G 时代最佳的技术与商业竞争力，同时赢得未来数字经济的发展优势。

外交部外事管理司副司长林先江就新形势下外事工作的新任务、新要求进行专题讲座，强调做好新时代企业外事工作关键在于学懂弄通做实习近平外交思想，同时强调行业企业要始终坚持党管外事的行事原则。

会议介绍了电力行业 2018 年国际合作情况，分析了当前面临的国际形势，提出了相关建议，并对中电联国际合作及电力联盟下一步工作进行了安排。

会议同期举办电力国际产能合作大讲堂（第四期）。会议期间，与会代表围绕企业国际合作工作进行经验交流，就推动电力行业国际合作，落实国家“一带一路”倡议开展探讨。

【2019 上海国际电力电工展】 11 月 6～8 日，由中国电力企业联合会、国家电网及南方电网主办，香港雅式展览服务有限公司承办的第十二届上海国际电力设备及技术展览会（EP Shanghai 2019）在上海新国际博览中心举行。

电力行业为庆祝中华人民共和国成立七十周年，以“泛在电力物联网”为 2019 年主题的 EP 展，汇聚了超过 1000 家来自 20 个国家和地区的顶尖电力电工设备企业及品牌参展，从物资装备采购到技术革新、交流等领域，为国内外电力公司、电网公司、电力工程公司、电力物资公司、电力设计院，以及建筑、轨道交通、钢铁、医疗、船舶等工业用户企业，提供设备采购和解决方案的一站式商贸平台。展会规模再创新高至 55 000m^2，配合三十多场同期会议及活动，以及新产品发布会，为电力业内人士打造丰富多元化的观展旅程。本届展会划分的专业展区包括一站式输配电、电力自动化、泛在电力物联网及电力智能制造设备等，观众可更针对性地找寻目标设备供应商，加强对接及提升参展效益。

作为电力行业重要风向标，上海国际电力电工展吸引业内具代表性的国际电力设备供应商踊跃参展。本年度展会组织了七大展团，包括美国及德国展团、高压电瓷展团、中国台湾电机电子工业同业公会展团、保定市电力装备行业协会展团、泛在电力物联网展团及浙江省乐清市输配电行业协会展团，还包括本地及国际的优秀展商。

此外，展会举办一连十多场新产品发布会，发布当下最新、最前沿、含金量最高的技术及产品，各大企业将现场发布其新产品及新技术，为业界透视最新技术发展趋势。

【2019 全球能源互联网暨中非能源电力大会】 11 月 6 日，2019 全球能源互联网暨中—非能源电力大会在北京国家会议中心开幕。来自全球 79 个国家的 1000 多位嘉宾齐聚北京，其中包括 30 多个非洲国家的 200 多位嘉宾。在两天会期内，与会嘉宾围绕“全球能源互联网——绿色低碳可持续发展之路”和“非洲能源互联网——非洲发展新动能”两大主题，共商全球和非洲能源互联网发展大计，为世界能源转型与可持续发展绘制新蓝图。

本次大会是全球能源互联网发展进入落地实施、共同行动的新阶段召开的一场重要会议，是中非能源电力领域的首次盛会。大会发出三项呼吁：一是建设全球能源互联网，形成能源生产清洁化、配置广域化、消费电气化的现代能源体系；二是强化战略规划、项目实施、市场运营、技术装备等全方位创新，夯实全球能源互联网发展基础；三是凝聚各方力量，按国内互联、洲内互联、全球互联 3 个阶段，推动全球能源互联网发展再上新台阶。

大会由全球能源互联网发展合作组织主办，国家电网有限公司、中国长江三峡集团有限公司、中国电力建设集团有限公司、中国电力企业联合会、非洲电力公用事业协会、联合国非洲经济委员会、非洲开发银行集团等联合主办。

埃及、布基纳法索、几内亚、加纳、蒙古国等国总统，联合国、非盟、非盟委员会、阿盟，世界能源理事会、国际能源宪章组织、欧洲电力工业联盟等机构向大会发来贺信和祝贺视频。

国家能源局副局长、非洲电力公用事业协会秘书长、几内亚能源部部长等出席大会并致辞。埃及电力和可再生能源部副部长穆萨代表埃及总统塞西发表主旨演讲。全球能源互联网发展合作组织主席刘振亚出席大会并发表题为“加快建设全球能源互联网　携手开创中非能源电力合作新局面”的主旨演讲。

【第一届博鳌智能电网国际论坛】 11 月 6～8 日，第一届博鳌智能电网国际论坛在海南博鳌举行。论坛由南方电网公司倡议发起。本次论坛以“共商、共建、共享、共赢”为主旨，以智能电网技术交流为基础，为政府、企业及专家学者等提供一个共商能源转型发展、共绘智能电网蓝图的平台，推动能源产业价值链整合，助力能源生态系统建设，推进数字中国建设，推动全球数字化进程。

为期三天的论坛，以“智能电网·智慧未来”为主题，来自政府、高校、行业机构、能源企业等代表将进行主旨演讲和分论坛专题演讲，围绕智能电网领域诸多问题发表观点、探讨交流。论坛期间，智能电网互动体验中心开放，与会人员可参观了解南方电网智能电网建设成就。论坛还设有展台，供 21 家能源上下游企业展示分享自己的产品。

【第 83 届 IEC 大会】 10 月 14～25 日，第 83 届国际电工委员会（IEC）大会在上海召开。本届大会主题为“质量成就美好生活”，由国际电工委员会主办，国家市场监督管理总局、上海市人民政府、国家电网有限公司和中国华能集团有限公司共同承办。国家主席习近平向大会致贺信。中共中央政治局委员、上海市委书记李强出席开幕式并致辞。国务委员王勇出席开幕式，宣读习近平主席致大会的贺信并致辞。国家市场监督管理总局党组书记、局长肖亚庆主持开幕式。

习近平在贺信中指出，绿色低碳循环发展已成为人类共同目标，人工智能、大数据、5G 等新技术与新能源发电、电动汽车等深度融合发展，迫切需要制定和应用相关领域国际标准，加强标准领域国际合作。中国高度重视标准化工作，积极推广应用国际标准，以高标准助力高技术创新，促进高水平开放，引领高质量发展。中国将继续积极支持和参与国际标准化活动，愿同各国一道，不断完善国际标准体系和治理结构，更好发挥标准在国际贸易和全球治理中的作用。

本届大会是中国继 1990 年、2002 年后第三次承办 IEC 大会。来自 94 个国家和地区、国际标准化组织（ISO）、欧洲、泛美、亚太等多个国际和区域标准化组织的近 4000 名代表参加大会。中国专家舒印彪（中国华能集团董事长）以候任主席身份参加本届 IEC 大会，这也是 IEC 成立 112 年以来首次由中国人担任最高领导职务。

本届大会取得了丰硕成果。大会圆满完成各项既定任务，召开了 IEC 全体大会和理事局、标准化管理局、合格评定局、市场战略局等管理层会议，举办了国家委员会主席论坛，各专业领域的 90 多个技术委员会、200 多个工作组举行了 800 多场专业会议，讨论推动了 1000 多项电工电子领域国际标准制修订；促进了 IEC 组织治理，大会选举产生了新一届 IEC 秘书长，推选出年度青年专家领袖，围绕 IEC 战略规划的实施、IEC 治理体系变革等内容，进行了充分讨论和前瞻布局；引领了国际电工电子标准化发展，结合产业发展动态和技术创新前沿，本届大会聚焦国际标准化新趋势、新特征、新要求，通过公开研讨会等多种形式，重点研判、探讨了前沿领域国际标准制定、合格评定体系完善等内容，为未来国际电工电子领域标准化发展描绘新蓝图。

大会期间，与会各国代表普遍认为，此次大会积极中国方面积极提出中国方案、贡献中国智慧。1100 多名中国专家参会，向 IEC 贡献了 79 项国际标准提案，中国已经成为参与 IEC 国际标准化活动最积极的国家之一。同时，大会还发布了首个中文版 IEC 国际标准，对于促进 IEC 国际标准在中国的广泛使用具有里程碑的意义。中国是 IEC 的常任理事国，本次大会也是时隔 17 年后，IEC 大会再次来到中国召开。

大会期间，中国与各国开展双多边交流，举行了 23 场双边会谈，签署了 7 个合作协议，举办了 6 场特色研讨会，安排了 7 条技术参观路线，展示了中国在电工电子领域标准化成果，增进了中外标准化交流。

IEC 主席詹姆斯·香农非常感谢中国方面同 IEC 共同为此次大会成功召开做出的努力，此次大会取得了显著成果。当前中国以及世界各国都面临着非常有挑战性的重大技术问题，包括可持续发展的问题、打造智慧城市智能电网的问题、能源网络问题、交通问题、智能智造等一系列问题，中国已经在上述重大技术领域成为重要的技术领袖，IEC中国国家委员会也在IEC大会上扮演着重要角色，大量的中国技术专家活跃在IEC领域，尤其是新的一届IEC大会主席舒印彪就是来自中国。

本届IEC会议期间，来自IEC以及各国的专家，为中国在第四次工业革命到来之际，以标准助力科技创新、产业变革提出了很多富有建设性的意见和建议，对于中国经济社会发展具有重要的参考借鉴意义。

【第二届中俄能源商务论坛】 6月6～7日，第二届中俄能源商务论坛在俄罗斯圣彼得堡举办。

本届论坛主题为“促进中俄能源领域上中下游全产业链合作”。论坛框架下举办了金融、油气和电力分论坛，各参会代表就两国能源合作中的关键问题进行了详细探讨，包括融资助力能源一体化合作、北极能源项目开发、智慧绿色能源合作、推进能源领域科技创新、积极发展数字化能源技术等。论坛框架内两国企业举行了20余场双边会谈，签署了18项成果文件。

政府、企业和金融机构间进行了有效对话，包括商界互动和政策交流，双方充分意识到扩大双边合作的必要性，本着平等互利的原则达成了多项共识，论坛日益成为促进中俄能源务实合作的重要平台。

举办中俄能源商务论坛是两国元首达成的共识。2019年6月5日，在两国元首的共同见证下，中国国家能源局局长章建华与俄罗斯总统能源发展战略和生态安全委员会执行秘书长、俄罗斯石油公司总裁谢钦签署交换了《中俄能源商务论坛章程》，确定论坛为面向中俄两国能源及相关行业企业、金融机构、协会、科研机构、智库等双边开放性、机制性交流平台，由中国石油天然气集团有限公司和俄石油公司联合主办，原则上每年举办一次，在中俄两国轮流举办。双方商定，第三届中俄能源商务论坛将在中国举办。

中国国家能源局局长章建华、中国石油天然气集团有限公司董事长王宜林，俄罗斯副总理科扎克、总统能源发展战略和生态安全委员会执行秘书长兼俄石油公司总裁谢钦、能源部长诺瓦克等出席论坛并致辞。近100家中俄油气、电力、核电、煤炭、可再生能源、能源装备、金融及科技信息等领域的400多位代表参加。

【第24届世界能源大会】 9月9～12日，由世界能源理事会主办，以“能源促进繁荣”为主题的第24届世界能源大会在阿联酋阿布扎比举行。这是自1924年创办以来，世界能源大会第一次在中东地区举行。作为世界能源理事会的旗舰活动，该大会是世界上历史最悠久、最具影响力的能源领域盛会。此次世界能源大会由阿布扎比能源部承办，参会人员超过15 000人，发言嘉宾多达250人；另有来自各国的72位部长，500余位大型企业CEO与会；超过1000家阿境内外媒体将报道本届能源大会。沙特新任能源事务大臣阿卜杜拉阿齐兹·本·萨勒曼、沙特阿美石油公司新任CEO艾敏·纳赛尔作为演讲嘉宾应邀出席，备受外界瞩目的沙特阿美石油公司IPO也成为大会关注的议题之一。

大会由全体会议、平行会议、特别会议三个部分组成，为期四天的会议举办了60余场专题研讨会，主题涉及降低碳排放、核能发展前景、全球可再生能源发展展望、能源与生态系统、能源与网络安全、水资源有效利用、太阳能产业发展、天然气在全球能源变革中发挥的作用等。提高能源使用效率、创新能源领域新技术、大力发展清洁能源是此次大会聚焦的主要议题。

在开幕式的主旨发言中，阿联酋能源和工业部长苏海勒表示，世界能源大会在阿布扎比举行意义重大，体现了阿联酋能源转型的决心。前不久，阿联酋刚刚宣布建成了世界上最大的两个太阳能发电项目。此外，阿政府还将进一步发展核能。他同时指出，阿联酋2050年能源战略基于可持续性和多样性发展。根据这一愿景，阿联酋制定了该地区第一个长期能源战略，目标是实现50%的能源供应来自于二氧化碳排放量为零的清洁能源。同时，阿联酋还将投资研发新技术，提高能源使用效率。在本届大会上，阿布扎比政府还发布了2030需求侧管理和能源合理化战略(DSM)，该战略由阿布扎比政府联合其他有关部门通过9项具体措施从根本上解决能源供求关系中的问题，目标是到2030年将阿布扎比电力消耗减少22%，用水量减少32%，从而使能源使用与经济发展、环境保护协调发展。

国家电网公司、国家电投、中核集团、上海电气、特变电工以及华为等中国企业作为参展商参加了本届阿布扎比世界能源大会。国家电网有限公司董事长寇伟出席大会开幕式并应邀在10日的全体大会上发言。开幕式当天，中国驻阿联酋大使倪坚会见了国内参会的电力企业负责人。国家电网有限公司等7家电力企业负责人向倪坚大使介绍了中国能源行业此次参会情况，中国与阿联酋及中东地区开展“一带一路”电力合作的前景，以及目前正在推进的项目情况。倪坚表示，阿联酋是中国在本地区推进“一带一路”建设的重要合作伙伴，也是最早倡导发展清洁能源的国家之一，中国企业在太阳能、风能、核能等领域具备世界领先水平，双方合作潜力巨大。

【2019 世界水电大会】 当地时间 5 月 14 日下午，2019 世界水电大会在法国首都巴黎开幕。大会以"发挥水的力量、构建可持续的互联世界"为主题，旨在重点关注水电在实现《巴黎协定》和可持续发展目标中的作用。国际水电协会主席肯·亚当斯、联合国教科文组织水科学部负责人玛利亚·多诺索、国际能源署执行干事法提赫·比罗尔等代表在开幕式上致辞，呼吁世界各国、国际组织、能源企业以及社会各界持续推动联合国可持续发展目标以及巴黎气候协定的实施，促进水电等可再生能源的可持续发展。

本次大会由国际水电协会（IHA）主办，法国生态转型与团结部协办，来自 70 多个国家的政府官员以及国际金融机构、企业、学术界、民间团体等各界高层代表与水电行业专家、决策者共 750 多人参加大会。

大会为期三天，设有水电现代化改造、综合规划、风光水互补并网发电、区域互联、抽水蓄能、水电绿色债券、数字化进程与区域论坛等 27 个分会，举办了一系列高水平的论坛和专家研讨会，并通过互动交流，为应对气候变化、实现可持续发展提出未来愿景，分享成果并达成共识。

中国水力发电工程学会是本届大会的合作单位之一，支持将中文设置为大会官方语言，极大方便了中国专家代表参会和参与发言与讨论。同时组成 14 人中国水电专家代表团参加大会并在抽水蓄能、清洁能源系统、流域开发、东亚和太平洋区域论坛等分会上作主题发言。中国单独组团参加大会的还有全球能源互联网发展合作组织、中国长江三峡集团有限公司、中国电力建设集团有限公司、中国水利水电科学研究院等单位。这些参会单位通过此次世界水电大会积极开展与国际水电界的交流与合作，了解世界水电的最新发展和建设情况，介绍和展示中国水电建设的成就及对世界水电发展做出的贡献，进一步提升中国水电企业的国际地位和影响力，助力中国水电"走出去"和推进"一带一路"建设，为促进世界水电和清洁能源可持续发展作出积极贡献。

【2019 中国国际清洁能源博览会】 9 月 4～6 日，2019 中国国际清洁能源博览会暨中国智慧能源产业峰会（CEEC2019）在杭州国际博览中心举行。

CEEC2019 以"清洁能源融合发展"为主题，聚焦清洁替代、电能替代、智慧能源科技成果，通过大型会展活动，致力于推广清洁能源高效利用，推进能源转型，推动智慧能源科技创新发展，促进长三角能源一体化建设。

在展览展示方面，本届博览会重点展示了光伏发电、风力发电、储能、智能电网等技术与设备以及智慧能源、综合能源、城市能源等解决方案，吸引到国家电网、国家电投、中国电建、浙能集团、正泰、协鑫、晶澳、隆基乐叶、腾晖光伏、晋能、爱旭、亨通电力、咸亨国际、运达风电、许继、中氢能、华云、精工能源等企业参展。此外，来自海内外 150 余家媒体赴展"探班"，全面报道博览会盛况。

在会议方面，博览会同期召开了中国清洁能源融合发展座谈会、新中国成立 70 周年清洁能源成就报告发布会、中国智慧能源产业峰会、联合国光伏产品采购说明会、光伏海外投资项目对接酒会、储能产业发展论坛、"一带一路"清洁电力国际合作论坛、零能耗建筑与光伏应用发展论坛、清洁能源浙江方案·良渚论坛、能源企业应急安全技术论坛、CITPV 中国国际光伏技术论坛等 10 余场专题会议，邀请到 180 余位专家发言，近 3000 位参会代表出席会议。

【第八届国际清洁能源论坛】 11 月 20～21 日，第八届国际清洁能源论坛在澳门举行，200 多名来自世界各地的政府能源电力部门主管、行业协会、企业、大学和研究机构代表参加。

论坛由国际清洁能源论坛（澳门）和中国城市能源变革产业发展联盟共同主办。代表们围绕粤港澳大湾区发展的绿色之路进行探讨，内容包括海上风电、氢能与燃料电池、能源互联网、绿色金融以及投资合作等。

论坛理事长苏树辉在开幕式上表示，国际清洁能源论坛的召开，将坚定国际社会对中国履行《巴黎协定》承诺的信心，对于促进澳门融入大湾区的绿色发展，推动能源的转型和高质量发展，具有重要的意义。

联合国经济发展助理秘书长兼首席经济学家埃利奥特·哈里斯在论坛上表示，联合国支持各国加快能源转型，鼓励各国制定更高的可再生能源占比，推动各国加大对可再生能源和能效领域的投资，特别是要增加可再生能源在供暖、制冷和交通运输领域中的使用。

开幕式上还举行了《国际清洁能源产业发展蓝皮书（2019）》和《智慧能源产业创新发展蓝皮书（2019）》新书发布仪式。

论坛金融投资委员会也在开幕式上宣布成立，将致力于整合海内外资本市场资源，共同推动清洁能源技术创新与投融资服务。

【2019 年清洁电力国际工程科技高端论坛】 5 月 16～17 日，由中国工程院、中国电机工程学会和国家能源集团联合主办的 2019 年清洁电力国际工程科技高端论坛暨国家能源集团清洁能源国际高端论坛在北京隆重举行。

本届论坛以"奉献清洁电力，推进能源革命"为主题，围绕清洁电力领域发展战略、技术进展、产业政策、工程管理等开展广泛而深入的学术交流，展示了全球清洁电力领域最新的前沿技术、工程成就和科技成果，共同推进能源电力行业的高质量发展，为建立绿色低碳全球清洁能源体系探寻解决方案。

本届论坛设主论坛和清洁火电技术论坛、新能源与可再生能源发电技术论坛、智能发电技术论坛、第五届中国 CCUS 技术国际论坛等四个平行论坛，发布报告 99 个。论坛征集论文 330 篇，其中 180 余篇优秀论文推荐发表在《Engineering》《中国电机工程学报》和《中国电力》等有关学术期刊。

【青海清洁能源发展国际高峰论坛】 6 月 13 日，由国家能源局、青海省政府、清华大学、国家电力投资集团、国家电网有限公司等 12 家单位共同主办的清洁能源发展国际高峰论坛在青海省西宁市举行。

本次论坛以“能源革命　清洁示范　美好未来”为主题，是第二十届中国·青海绿色发展投资贸易洽谈会的重要活动之一，论坛按照创新、协调、绿色、开放、共享发展新理念，打造国际能源交流与合作新平台，助力青海创建以 100%清洁能源使用为目标，以新能源规模化开发为重点的清洁能源示范省、能源革命综合试点省。

论坛开幕式由青海省人民政府副省长田锦尘主持。青海省委书记、省人大常委会主任王建军，国家能源局副局长綦成元，国家电投总经理江毅，国家电网公司副总经理刘国跃作了开幕致辞。

论坛上，青海省委书记、省人大常委会主任王建军，青海省委副书记、省长刘宁，国家能源局副局长綦成元，国家电投集团公司总经理江毅，中国科学院院士郝跃，中国工程院院士张建民共同举行了郝跃院士、张建民院士工作站揭牌仪式。

当日，《青海能源发展白皮书》正式对外发布。论坛还进行了清洁能源与储能技术分论坛和智慧能源与光伏技术分论坛。

【第十三届中国国际核电工业展览会】 4 月 1～3 日，第十三届中国国际核电工业展览会在北京中国国际展览中心举行，本次展会集结了包括中国核工业集团有限公司、中国广核集团有限公司、国家电力投资集团有限公司、中国华能集团有限公司、法国电力集团、俄罗斯原子能公司等来自中国、法国、俄罗斯、英国、韩国、美国、德国、乌克兰、瑞士、瑞典等超过 10 个国家的 200 余家中外知名的核电工业企业、科研院所、高校参加展览，展示各自在核电、核燃料、设备研发、设计、建造、运行、维护、电气与自动化、核安全等方面的先进技术与专长。

【2019 第十五届中国分布式能源国际论坛】 9 月 5～6 日，由中国能源研究会分布式能源专业委员会、中国能源网、能源 Link 主办的 2019（第十五届）中国分布式能源国际论坛在北京召开。会议以“多元化布局和产业化延伸”为主题，围绕分布式天然气、分布式太阳能、分散式风电、分布式生物质能等分布式能源多元化布局，区域能源与综合能源服务，分布式能源国际合作等热点话题进行了深入探讨。

国家能源局原副局长张玉清、中国能源研究会分布式能源专业委员会主任冯丽雯出席大会并致辞。此外，中国能源研究会分布式能源专业委员会副主任委员冯江华、港华能源投资有限公司副总裁兼东部区域总经理武刚、北京北控能源投资有限公司总经理段洁仪，以及来自主管部门、行业协会、各分布式能源企业的 300 余名代表参加了会议。

为了深入探讨分布式能源多元化发展和产业化延伸，本届论坛开设了“天然气分布式专场”“可再生分布式专场”“地热 & 生物质专场”“未来创新专场”等多个分论坛，专家围绕分布式能源智能微网、区域能源与综合能源服务、“一带一路”国际市场与产能合作、分布式地热与生物质发展现状及政策建议进行了讨论。

作为国内最早关注分布式能源领域的机构之一，中国分布式能源国际论坛（DEChina）始于 2005 年，论坛作为中国能源研究会分布式能源专业委员会一项重要的学术交流活动，迄今已连续成功举办了 14 届。

【第十三届中国新能源国际高峰论坛】 8 月 27～29 日，2019 中国（大同）新能源国际高峰论坛暨招商引资项目洽谈会在山西大同举行，本届论坛以“能源革命　造福人类”为主题，海内外政商人士、专家、学者等 500 余人共商能源革命大计，共谋绿色发展未来，重点探讨能源革命背景下，新能源产业发展的机遇与挑战，为中国乃至全球新能源产业健康发展出谋划策。

本届新能源国际高峰论坛首次移师山西大同，继续开设“开幕式主题论坛”“光伏领袖对话”以及太阳能光热、高端装备与 BIPV、生物质能、金融与投资等专业论坛，增设氢能论坛，同期举办大同招商引资项目洽谈会、新能源科技成果发布及推介会、大同能源革命与女性创业高峰论坛。

论坛首日，《2018—2019 中国新能源产业年度报告》正式发布，大同“氢都”新能源产业城重点项目集中投产仪式、《能源革命造福人类》主题论坛等活动相继举行。

本次高峰论坛由全国工商联新能源商会与大同市人民政府、全域科研院所科技成果转化联盟共同主办，论坛得到了中国可再生能源学会、中国光伏行业协会、中国循环经济协会可再生能源专委会、世界生物质能协会、东盟能源中心、APEC 可持续能源中心、美国环保协会（EDF）、澳大利亚太阳能理事会、澳大利亚贸易投资委员会、德国国际合作机构等行业组织的大力支持。

【2019 国家能源互联网大会】 9月20日，2019年国家能源互联网大会在株洲举办，会议由清华大学、国家能源互联网产业及技术创新联盟主办，中车株洲电力机车研究所有限公司承办。来自清华大学、能源互联网相关企业、科研院所等机构的近300人参加了大会。

本次大会以“泛在能源 智慧互联”为主题，总结2018年中国能源互联网行业取得的成果以及发展现状，明确下一步重点攻关的任务和目标，为相关企事业推进能源互联网技术进步、产业发展、成果应用指引方向。

大会还表彰了为中国能源互联网产业发展与技术创新做出杰出贡献的5个企业和3位专家。

【2019 第三届 IEEE 能源互联网国际会议】 11月9～11日，第三届能源互联网与能源系统集成国际会议在长沙召开。会议以“万物互联的泛在能源网络”为主题，由国际电气和电子工程师协会电力与能源学会（IEEE PES）、清华大学、长沙理工大学共同主办，有来自16个国家与地区的近800位专家学者、企业代表参会。

大会有9个主旨报告，设25个特色会场，20个EI2会议论文会场，其中包含15个特色专题（含1个IEEE PES电气女工程师论坛）、4个国重创新分论坛、6个IEEE PES专题。高校学者、企业专家等与会代表围绕能源互联网与能源系统集成的创新技术和实际应用展开交流和讨论，旨在为充分实现各类能源资源的互联、开放、共享、协同和塑造绿色、低碳、高效、低成本的智慧能源系统探索可行的方案和路径。

【第九届中国国际储能大会】 4月24～26日，由中国化学与物理电源行业协会储能应用分会主办的第九届中国国际储能大会在浙江省杭州市召开，大会的主题是“探讨储能商业化之路 服务全球综合能源市场”。大会由25家单位联合主办，约有140家支持单位，参会人数达1600余人。

大会设置了开幕式暨中国储能与电力体制改革政策解读、综合能源服务、国际储能市场与政策、储能电站与技术应用、储能电池与技术应用、储能和微电网、电动汽车与电网互联、氢储能与燃料电池、能源互联网与多能互补、储能成本与投融资、《2019储能产业应用研究报告》发布等15个专场论坛。

【第八届全球能源安全智库论坛】 9月17～18日，由中国社会科学院主办，中国社会科学院数量经济与技术经济研究所承办的第八届“全球能源安全智库论坛”在北京举行。

论坛以创新与绿色方案为主题，从“一带一路”倡议的回顾与展望、新能源的电力系统安全、新形势下的中国能源转型、地缘政治等方面进行了深入探讨。其中，“一带一路”倡议下的产业发展与国际合作，以及“一带一路”对于世界各国能源安全和将成为世界经济新的增长点等方面的作用，得到了与会代表的关注。

此外，在世界能源安全形势面临新问题、新风险的情况下，中国和新兴市场的经济增长前景如何继续拉动世界能源需求的增长，继页岩油气、可再生能源的发展之后，氢能是否能够创造新的能源革命等影响全球能源安全的问题也是与会专家关注的焦点。

“全球能源安全智库论坛”是全球能源安全领域的国际性智库交流平台，2012年由中国社会科学院数量经济与技术经济研究所、全球安全分析研究所（美国）、美国能源安全理事会共同发起。其宗旨是推动全球智库在能源安全方面的研究与学术交流，传播可持续发展的理念，促进全球能源安全合作与政策协调，推动能源产业清洁化进程。

【第十一届北京国际风能大会暨展览会】 2019年10月21～24日，2019北京国际风能大会暨展览会（CWP 2019）在北京举行。本届大会以“风电助力‘十四五’能源高质量发展：绿色、低碳、可持续”为主题，百余名演讲嘉宾和数千名国内外参会代表共同参与。同期展会德国、荷兰等多国展团齐聚，参展企业649家，其中国外参展企业214家，接待来自全球30多个国家和地区的专业观众6万余人次。

本届大会包括开幕式、主旨发言、企业家论坛、创新剧场以及关于“可再生能源成本分析及全球能源转型趋势”“新兴风电市场发展动态”“国际风电市场投资机会”等不同主题的20余个技术论坛。大会在中国能源革命的大背景下，重点讨论了如何稳步推动可再生能源发展，实现清洁无污染能源对传统能源的顺利替代；如何推动风能等可再生能源快速降低成本，助力中国打造高质量发展全球样本；在当前平价形式下，如何拓展海上风电、分散式风电、国际间合作等新的风电产业发展空间等。

大会共安排发布206个学术、技术报告/演讲，有13项新技术新产品对外发布。发布《2019年中国可再生能源发展展望报告》《2019年可再生能源市场报告》《中国风电2019》等多个报告。

学术团体与行业学协会

【中国电机工程学会】

单位概况 中国电机工程学会（简称电机学会）是由从事电机工程相关领域的科技工作者及有关单位自愿组成并依法登记成立的全国性、学术性、非营利性社会组织，成立于1934年，办事机构设在北京，挂靠国家电网有限公司，接受社团登记管理机关中华人民共和国民政部和业务主管单位中国科学技术协会的监督管理和业务指导。电机学会的最高权力机构是会员代表大会，日常领导机构是理事会和常务理事会，监督机构是监事会。电机学会设有组织、学术、科普、国际合作、编辑、咨询、青年和教育、名词术语、标准9个工作委员会，以及覆盖电机工程各个专业领域的46个专业委员会。33个省（区、市）电机（电力）学会是电机学会的单位会员。中国电力科学技术奖励工作办公室、国际大电网委员会中国国家委员会秘书处、国际供电会议组织中国国家委员会秘书处、全国电力安全专家委员会秘书处也设在电机学会办事机构。

负责人

理事长：舒印彪

名誉理事长：郑宝森

副理事长：张智刚、贺锡强、金耀华、王宏志、杨亚、王良友、米树华、姚强、吴云、高立刚、刘吉臻、郭剑波、李冶、路书军

秘书长：林铭山

监事长：欧阳昌裕

组织建设 召开第十一次会员代表大会，完成理事会换届，成立监事会。调整党委委员。召开理事会、常务理事会、理事会党委会及工作委员会会议等，审议和决策学会重大事项，召开多种形式的座谈会、培训会和专题工作会议。完善工作委员会、专业委员会、省级学会管理体制和运行机制，根据能源电力发展需要对专业委员会布局进行调整，新成立电力化学和电力电子器件2个专业委员会，完成10个专业委员会换届调整批复，完成17个专业委员会的委员调整工作。

加强会员管理，推进会员规范登记，2019年底个人会员规范登记人数累计达到101 216人，345人晋升高级会员，评选会士8人、外籍会士7人。在重庆大学、四川大学、哈尔滨工业大学、北京交通大学、中国电力科学研究院有限公司成立会员中心。

加强办事机构组织建设，成立国际标准促进中心（IEC主席工作秘书处）。加强办事机构人才队伍建设，完善薪酬和考核评价机制，开展员工素质培训和职业技能培训。

持续完善财务制度，加强财务规范化管理。积极推进业财融合，增加国际结算工具，提升财务技术支撑能力。加强信息化系统建设，建成具有会员管理、数字化图书馆、移动应用App等20多个模块的一体化信息系统，基本实现信息系统的“组织全覆盖、业务全覆盖、数据全覆盖”，推动信息系统与业务协调发展。

决策咨询 承担完成国家发展改革委、国家能源局、中国科学院等单位委托的《我国新一代能源系统战略研究》《〈防止电力生产事故的二十五项重点要求〉典型案例盘点》《电力安全监管技术支撑体系研究》等12项课题研究。受国家能源局委托组织开展《电力法（送审稿）（修订意见稿）》专家研讨，完成“充电基础设施监控平台建设与运营项目”评价验收工作。征集“引领世界科学的前沿科学问题、建设世界科技强国的工程技术难题”，向中国科协推荐电力行业4项重大科学问题和4项工程技术难题。承担中国科协《前沿科技论坛》项目，编写《电力储能》《热电材料》和《全球能源互联网》智库报告3篇。

科技评价与成果登记 2019年累计组织2832人次专家（其中院士202人次），完成行业优秀成果技术评价301项，涉及能源电力行业约145家单位；积极服务行业科技成果转化，完成科技成果登记494项；认真履行电力行业科技查新管理服务职能，确认电力科技查新资质机构39家。

团体标准制定 全年发布中国电机工程学会标准86项，批准立项60项。推进成套系列标准编制工作，发布统一潮流控制器（UPFC）系列标准13项，开展柔性直流电网成套标准编制。积极参与团体标准化发展联盟工作，参与《团体标准设计专利处置指南》等标准编写，主办团体标准国际化发展论坛。入选国家标准化委员会团体标准培优计划。

国内学术会议 以“清洁能源　智慧电力　美好生活”为主题举办2019年学术年会，同期举办院士专家论坛、学术建设发布会等25项学术交流活动，吸引了院士、专家、科技工作者及高校师生2000余人踊跃参加。组织第二十一届中国科协年会分会场——能源产业创新与未来高峰论坛、2019年电气工程学院院（校）长论坛、2019年清洁高效发电技术协作网太阳能热发电技术专题会议、2019智慧能源与动力国际论坛、第五届中国太阳能热发电大会等专题学术交流活动。各专业委员会围绕各自专业领域开展学术活动110余场。

学术期刊 电机学会及各专业委员会主办、联合主办期刊共16种。《中国电机工程学报》（简称《学报》）、《中国电机工程学会电力与能源系统学报（英文）》（简称《CSEE JPES》）、《高电压技术》3刊入选“中国科技期刊卓越行动计划”项目。《学报》连续17年被评为“中国百种杰出学术期刊”。《CSEE

JPES》获得首个影响因子达到 2.68，成功进入 JCR 电气与电子工程学科 Q2 区，并入选“2019 中国最具国际影响力学术期刊”。《中国电力》《热力发电》《农村电气化》《农电管理》《动力与电气工程师》和《电信息》等办刊质量持续提高，为会员搭建了丰富的交流平台。

学科发展研究 完善学术报告编撰体系和学术研究成果发布制度，2019 年出版《电力行业动能经济》《电力人工智能》等 9 个专业发展报告，以及《超超临界燃煤发电新技术》《特大型冷却塔结构及施工技术》等 10 个专题技术报告，并在 2019 年学术建设发布会上发布。

国际学术会议 在国内举办 2019 清洁电力国际工程科技高端论坛、2019 年国际清洁能源会议、2019 可持续电力与能源国际会议、CIGRE2019 年国际研讨会、第三届能源互联网与能源系统集成国际会议、第八届先进电力系统继电保护及自动化国际会议、第四届“紫金论电”——智能电网保护和运行控制国际学术研讨会、2019 年国际供电会议专题技术报告会。在美国举办 2019 智慧能源与新一代电网自动控制系统研讨会，在英国举办 2019 中英未来能源系统发展论坛、智慧能源与智能制造及交通系统的融合技术研讨会。全年主办和共同主办国际会议 12 场，为国内外电力科技工作者提供了良好的交流平台。

国际组织任职 电机学会理事长舒印彪任国际电工委员会（IEC）主席。电机学会副秘书长范建斌任国际大电网委员会（CIGRE）理事会成员和指导委员会委员。电机学会副秘书长陈小良任国际供电会议组织（CIRED）指导委员会委员。推荐 16 位专家担任 CIGRE 专业委员会委员，推荐 43 名专家加入 CIGRE 工作组。

国际交往 与电气电子工程师学会电力与能源分会（IEEE PES）加强合作，共同发起新的国际会议。与日本电气学会共同主办 2019 中日新材料和智能电力装备技术研讨会。与韩国电气学会组织中韩新能源发电技术趋势与展望学术交流。与国际大电网委员会（CIGRE）共同主办 6 个专委会的联合研讨会，成功申办国际供电会议组织（CIRED）首届欧洲以外技术研讨会。

组织国内专家学者和论文作者参加 2019 年国际供电会议、2019 年国际大电网委员会亚太区域理事会会议、第二十五届电机工程国际会议、IEEE PES 年会。

积极推进与 IEEE 标准协会关于联合开展双标号标准开发和互认协议的签署。在已经签署的备忘录基础上，双方正在商讨形成 IEEE/CSEE 双标号国际标准制定的合作协议，并以此为指导争取尽快完成第一批双标号国际标准成果。

与英国工程技术学会（IET）开展工程师资质国际认证，2019 年组织 150 余人参加认证，114 人成功通过认证，其中 109 人获得最高级别的特许工程师资质。作为电气类工程能力认证的牵头单位，积极开展与巴西、缅甸、马来西亚的工程师互认工作，完成对国家电网有限公司、中国电力建设集团公司、中国三峡集团公司等会员单位的需求调研，并开展面向缅甸的电气类工程能力认证的评审，34 人通过认证，注册为电机学会工程会员。推进与巴基斯坦工程委员会（PEC）在工程能力建设方面的深度合作。

两岸及港澳交流 加强与香港、澳门、台湾地区的学协会合作关系，邀请其主要领导出席电机学会年会。以“清洁能源　互联互通　融合发展”为主题，与台湾旅沙电力协会、台湾智慧型电网产业协会、福建省电机工程学会等在厦门联合主办 2019 海峡两岸能源互联网技术论坛，搭建海峡两岸能源领域民间技术交流的平台。

科普活动 联合 12 家理事长/副理事长单位共同开展第二届“电力之光”中国电力科普日活动，打造“1＋N”的全国联动电力科普盛事。举办“电力之光”山西科普下乡暨扶贫攻坚活动，开展电力科普和产业扶贫工作，被中国科协评为优秀扶贫学会。加入中国科协倡导成立的“中国公众科学素质促进联盟”并积极参加各项活动。命名授牌 2019 年电力科普教育基地 36 家。开展科普团队建设，共聘任“电力之光”科学传播专家 451 名。组织开展 2017—2018 年优秀电力科普作品评选推荐工作。组织编著出版能源行业首套原创全手工彩绘科普丛书《能源知识绘》。开展电力科普资源调查，征集 21 家单位的 563 个项目。2019 年科普工作得到中国科协表扬。

科技奖励 组织 2019 年度中国电力科学技术奖推荐与评审工作，评选出授奖项目 137 项，其中一等奖项目 18 项，二等奖项目 38 项，三等奖项目 81 项。学会提名的“青藏地区可再生能源独立供电系统关键技术及工程应用”项目获得国家科学技术进步奖二等奖。

表彰举荐优秀科技工作者 完成 2019 年度中国电力科学技术人物奖推荐与评审工作，评选出授奖人 110 名，其中中国电力科学技术杰出贡献奖 10 名，中国电力优秀科技工作者奖 50 名，中国电力优秀青年科技人才奖 50 名。

完成 2019 年度“顾毓琇电机工程奖”评审工作，西安交通大学葛耀中教授获得 2019 年“顾毓琇电机工程奖”。完成 2019 年度院士候选人、2019 年度创新人才推进计划候选人、第十六届中国青年科技奖候选人、第十六届中国青年女科学家候选人、2019年度未来女科学家计划候选人等推荐工作。

开展2019—2021年度“青年人才托举工程”项目，共支持青年人才32人，其中中国科协资助2人。

会员服务 完善会员服务工作体系，推进在高校、科研院所、企业和海外成立会员中心（分会），累计在高校和科研院所建立14家会员中心，与17家高校达成合作意向，正在筹建会员中心。密切与会员的联系，在全国科技工作者日期间组织开展赠书、座谈、走访等系列主题活动，通过举办科技工作者座谈会、老科技工作者座谈会、三八妇女节座谈会、向会员单位征求意见等活动，了解会员需求，提升服务会员的能力。优化完善数字化图书馆建设并推广应用，为会员提供期刊、论文、专著、技术报告、科技成果等文献21万余条数字信息资源。定期为会员推送学会会刊、资讯、学术活动等信息。

党建工作 扎实开展“不忘初心、牢记使命”主题教育。健全党组织各项规章制度，完善党委议事规则。积极培养和发展党员，2019年发展党员2名，预备党员2名转正。积极参加中国科协党建系列活动，承担“党建强会计划”项目，在山西长治组织开展“党建+科普”党建强会特色活动。建立理事会党委工作体系，在45个专业委员会成立党建工作小组。积极组织参加各类党务人员培训，不断提升党务人员党性修养和业务能力。

主要事件

1. 中国电机工程学会第十一次会员代表大会

7月25日，学会在北京召开第十一次会员代表大会，来自企业、高校、科研院所、省级学会、专业委员会、兄弟学会的会员代表，院士专家代表，以及曾在学会工作的副理事长、秘书长、理事代表共计300余人参加会议。中国科协、国家能源局、国家电网公司、中国电力企业联合会、中国能源研究会有关领导到会致辞。有关老领导、电力企业集团、与学会密切联系的国内外社会组织为大会发来贺信或寄语。会议审议通过学会章程、第十届理事会工作报告、财务报告，无记名投票表决通过会费标准，选举产生学会第十一届理事会、第一届监事会。

7月25日召开第十一届理事会第一次会议，选举产生第十一届常务理事会、理事长、副理事长，聘任秘书长。会议还通过副秘书长和各工作委员会名誉及正副主任委员名单，通过名誉理事长、荣誉副理事长、荣誉理事名单。舒印彪当选第十一届理事会理事长。郑宝森被授予第十一届理事会名誉理事长。欧阳昌裕当选第一届监事会监事长。

2. 2019年中国电机工程学会年会

11月13～15日，学会在北京召开以“清洁能源　智慧电力　美好生活”为主题的2019年年会，吸引了包括15位院士在内的2000余位电机工程领域的专家、科技人员、工程师及高校师生的高度关注和踊跃参加。会议旨在研讨创新变革趋势，交流前沿关键技术，推动能源电力绿色协调发展，取得丰硕成果。为期3天的会议安排了主旨报告、院士专家论坛、学术建设发布会、中日新材料和智能电力装备技术研讨会、开放应用全社会新技术推介会、电力民营企业科技创新发展论坛、8场专题研讨会、论文交流、技术参观等近25项学术交流活动，140余位院士、专家在会上作报告。年会期间还推出大型“庆祝新中国成立70周年电力科技成就展”，集中展示70年来中国电力重大科技、重大工程进展，侧面反映了电力科技工作者“强电、强国”的初心使命，突出彰显了中国电力工业取得的斐然成就。年会已成为电力能源领域学术水平最高、影响范围最广、涉及专业最多的科技盛会，蓄力成为具有代表性的国际化盛会。

3. 2019年国际清洁能源会议

10月27～28日，2019年国际清洁能源会议在北京召开，会议在中国科协指导下，由中国科协清洁能源学会联合体、中国电机工程学会、美中绿色能源促进会共同主办。会议以“清洁低碳　能源创新”为主题，旨在搭建国际交流与合作平台，促进跨界融合，推动资源共享共用，引领清洁能源变革和科技创新。来自国际清洁能源领域的500余位专家学者、科研人员、高校师生参会，是一次清洁能源前沿技术交流和高端产业合作的行业盛会，取得了广泛的社会影响力。

会议邀请了包括诺贝尔奖获得者、美国能源部前部长、美国科学促进会主席朱棣文在内的数十名中外院士以及相关领域著名专家参会并作报告，来自电力行业、可再生能源行业、信息技术行业和互联网行业的领军人物举行跨界会谈，推动清洁能源的持续快速发展。

会议还组织了“清洁能源与低碳城市”“能源互联网与清洁能源”“综合能源技术及发展”“乡村清洁能源可持续发展”“智慧能源与交通”“可再生能源与储能”6场专题研讨会，49位专家学者就国际清洁能源行业中的科技创新前沿技术和热点问题作报告，与参会者进行了广泛交流和深入研讨。

（刘雁斌）

【中国水力发电工程学会】

单位概况 中国水力发电工程学会（简称水电学会）是由全国水力发电工程科学技术工作者自愿组成并依法登记的全国性非营利性学术团体，是国家发展水力发电工程科技事业的重要社会力量，是中国科学技术协会的组成部分。水电学会于1980年成立。

领导班子

理事长：张野

副理事长：袁柏松（常务）、么虹、王琳、王志轩、朱跃龙、刘国跃、刘金焕、李云、杨晓东、杨清廷、张建民、陈云华、周厚贵、郑声安、郑旭东、夏忠、晏志勇、韩水、喻新强

秘书长：袁柏松（兼）

服务创新型国家和社会建设 组织开展流域梯级开发对经济社会发展促进作用研究、雅砻江流域风光水能互补相关政策研究、雅鲁藏布江水电开发周边关系研究、智能巡检机器人行业标准编制、屏柜智能钥匙行业标准编制、智能安全帽行业标准编制等技术咨询服务。在中国科协专项资助下开展水电发展热点研究、水电项目及人才评价能力建设等项目。

承办人力资源和社会保障部专业技术人才知识更新工程——风光水电力扶贫与生态修复高级研修班。开展风光水能互补相关政策研究、风光水电力扶贫策略与实施情况调研等课题。

受有关部门委托，水电学会工业控制系统安全专业委员会组织“电力行业工控系统安全应急服务平台”开发建设；水电学会环境保护专业委员会参与流域水电环境保护综合管理研究。

水电学会小水电专业委员会协助开发小水电清理整改管理平台和移动 App、“生态水电建设和农村水电综合评估”App 和水电“一张图”综合信息平台，组织举办农村水电统计工作座谈会。

水电学会水库专业委员会开展《水电中长期发展移民和环保政策研究》《西藏自治区水利水电工程移民安置管理机制研究》《水电工程建设征地税费政策研究》，与世界银行合作完成《中国水电移民经验研究》。

水电学会水能规划及动能经济专业委员会参与完成《中国可再生能源发展报告 2018》《新形势下水电发展的目标和支持政策研究》《水电中长期发展研究》《水电开发利用投资和价格问题研究》《中巴经济走廊能源合作》等多项成果。

水电学会有关分支机构组织开展珠江三角洲水资源配置工程水污染监测与防控及取水口突发事件快速处理方案关键技术、大中型水电工程设计施工总承包监理技术、水电工程枢纽区地质灾害监测预警与应急管理等研究和咨询服务。

发挥各分支机构专业特色，举办了继电保护与励磁系统运行维护检修技术、清洁能源发电装备制造与运维技术、西北电网水库调度运行技术、全国水电厂计算机监控系统以及水轮机调速器系统技术、长江经济带小水电清理整改技术、农村水电绿色改造、水电工程造价等 10 多次培训班。

学会建设 八届水电学会有团体会员单位 166 家。经变更或增补后理事会成员 162 人。个人会员 39 179 人，比 2018 年增加 467 人。分支机构 34 家，其中，新成立工业控制系统安全、工程检测与物理探测等 2 个专业委员会，水电监理、梯级调度控制、贯流式水电站等 3 个专业委员会完成换届，水电站运行管理专业委员会名称变更为水电与新能源运行管理专业委员会，风险管理专业委员会挂靠单位变更至水电水利规划设计总院。

1 月 8 日与中国三峡集团共同举办一年一度的“中国水电发展论坛暨水力发电科学技术奖颁奖典礼”，280 余名新老水电工作者代表参会。

3 月 19～20 日在北京召开水力发电学会系统秘书长工作会议，80 多名秘书长和代表参会。会议邀请民政部和中国科协专家就加强分支机构建设促进学会创新发展进行专题讲座。

9 月 17 日，水电学会在西安召开《中国水力发电年鉴》编纂工作座谈会，来自会员单位代表 70 多人参会。

11 月 12 日，学会八届四次理事会议在北京召开，理事和代表 150 余人参会。全年以通信或现场方式召开了八届七～十次常务理事会议。

对财务管理、分支机构管理、印章管理、科技项目管理、学术管理、固定资产管理、预算管理等办法进行了修、制订。将财务管理部独立设置，学会财务由支撑单位统一管理和安排财务负责人。加强财务预算和决算管理，2012 年以来连年获评中国科协全国学会财务决算工作先进单位。

赴多家会员单位、多个水电工程以及各分支机构和地方水电学会调研走访，了解会员需求，提升服务水平。

潘家铮水电科技基金至 2019 年底已有 57 家单位和 11 名个人捐资，基金规模达 4699 万元。召开了基金三届四次理事会；开展 2019 年度潘家铮水电奖学金评定，12 月 21 日在河海大学举行了第十一届奖学金颁奖典礼，奖励来自 18 所高校和科研院的优秀学生 60 名。

编撰出版《中国水力发电年鉴（第 23 卷）》《中国水力发电信息 2019 年报》。

学术交流 水电学会及各分支机构共举办国内国际学术交流及技术培训活动 50 余场次，参加人数 6400 余人次，出版论文集近 20 部共 4000 余册、论文 900 余篇，会议交流论文 490 余篇。

1 月 10～11 日，水电学会水库专业委员会在长沙召开 2019 年水库移民政策技术管理论坛暨水利水电工程征地移民规划设计技术交流会，220 余人参会。

4 月 16～17 日，水电学会在云南景洪市召开第十五次全国通航建筑物学术交流会暨大型升船机创新设计国际学术交流会，80 余名中外院士专家参会。

5月16～17日，水电学会在成都召开全国水力发电企业工业控制系统安全技术交流会，200余人参会。

6月15～16日，由国际水资源与环境研究学会、河海大学和南京水利科学研究院共同主办、中国水力发电工程学会和中国水利学会特别支持的第八届水资源与环境研究国际会议在南京召开，中外300余名专家学者参会。

8月29～30日，水电学会电力系统自动化专业委员会在宜昌召开2019年年会暨学术交流会，100余人参会。

8月31日～9月2日，水电学会联合河海大学、中国长江三峡集团有限公司、国际移民网络、水电水利规划设计总院、三峡大学在南京召开第二届国际移民与社会发展学术研讨会暨中外水电移民对话高端论坛，150多名中外专家学者参会。

9月18～20日，水电学会信息化专业委员会和水电控制设备专业委员会联合在乌鲁木齐召开2019年年会暨学术交流会，近130人参会。

10月11～13日，水电学会在北京召开第七届全国水工抗震防灾学术交流会，220余人参会。

11月6日，水电学会在北京召开堰塞湖灾害预防与应对措施国际研讨会，70多位中外专家学者参会。

11月13～15日，水电学会水电与新能源运行管理专业委员会和梯级调度控制专业委员会联合在南宁召开2019年年会暨学术交流会，近240人参会。

国际交流合作

1月26～31日，水电学会高坝通航工程专业委员会委员赵根生赴比利时参加国际航运协会（PIANC）内河委员会会议和青年委员会会议。

2月19日，国际水电协会（IHA）执行总裁Richard Taylor一行到访学会和交流。

4月10～11日，水电学会高坝通航工程专业委员会组织在南京召开PIANC升船机工作组第二次会议。

5月13～16日，IHA2019世界水电大会在法国巴黎召开，水电学会继续作为大会支持单位，赞助将中文作为大会官方语言。水电学会组成14人专家代表团参会，安排了5个专家主题发言。会上为中国电力建设集团有限公司董事长晏志勇颁发IHA莫索尼水电杰出成就奖、武汉大学副研究员杨嘉威颁发IHA青年研究员奖。学会联合水电水利规划设计总院制作“中国水电40年”视频资料并赠送各国代表。会前代表团还参加了2019年联合国国际水资源和能源可持续发展论坛，1位专家作主旨报告。

9月5～12日，水电学会国际河流水电开发生态环境研究工作委员会主任委员顾洪宾、副秘书长姜昊应邀赴印度参加第六次中印经济合作论坛，期间就中印国际河流开发与生态环境保护的相关问题与印方相关人员进行了磋商。

10月1～3日，水电学会高坝通航工程专业委员会组织委员代表参加在法国里昂举办的PIANC第9届内河航运国际学术会议，专委会主任委员李云作大会特邀报告，并成功申请2021年PIANC第10届内河航运国际学术会议由专委会挂靠单位南京水利科学研究院承办。

11月5日，IHA新任执行总裁Edmund Benjamin Rich一行到访学会和交流。

水电学会小水电专业委员会通过修编培训教材、安排英文授课专家等协助会员单位开展“一带一路”国家部长级研讨班、“一带一路”国家官员研修班等10多期援外培训或研修班，参加人员包括亚、非、拉等40多个国家政府官员和技术人员。

组织翻译IHA《2019水电现状报告——行业趋势及思考》，收集整理形成年度电力能源国际会议指南1期。继续申报中国科协民间科技组织事务专项和青年科学家参与国际组织专项。

国际组织任职 水电学会副理事长单位中国长江三峡集团有限公司副总经理张定明，水电学会常务理事、雅砻江流域水电开发有限公司副总经理吴世勇，任国际水电协会（IHA）新一届董事会董事。水电学会副理事长单位河海大学公共管理学院创院院长施国庆教授，当选IHA水电可持续性评估理事会管理委员会委员及其新兴和发展中国家委员会主席。以上任期均为2019—2021年。

水电学会副理事长单位中国水利水电科学研究院副院长彭静任国际水利与环境工程学会（IAHR）秘书长，水电学会理事单位四川大学水力学与山区河流开发保护国家重点实验室教授林鹏智任IAHR董事会成员。

水电学会高坝通航工程专业委员会主任委员李云、副主任委员吴澎出任国际航运协会（PIANC）内河委员会委员；专业委员会副主任委员胡亚安出任PIANC升船机工作组主席，专业委员会委员赵根生、李中华分别出任工作组秘书长、委员。

水电学会混凝土面板堆石坝专业委员会秘书长王富强博士担任国际大坝委员会（ICOLD）土石坝专业委员会委员。

决策咨询 水电学会理事长带队组织专家赴西藏雅鲁藏布江中下游调研水电开发情况，撰写《加快西藏水电开发　助力绿色发展》的建言报告并报送中国科协形成“科技工作者建议”，供有关部门决策参考。

参与中国工程院组织的“《中华人民共和国可再生能源法》实施情况评估研究项目”水能评估报告的编写，组织分支机构对国家能源局《可持续水电评价导则》征求意见。

水电学会小水电专业委员会协助水利部农村水利水电司组织3组专家参与“农村水电扶贫工程实施情况调研”，组织6组专家完成“2019年农村水电扶贫工程实施情况跟踪评价”，对“十三五”农村水电扶贫工程实施情况进行了评估并编制调研和跟踪评价报告，开发建立全国农村水电扶贫项目库平台。组织专家赴多省开展农村水电增效扩容改造项目开展成效调研并整理编制《“十三五”农村水电增效扩容改造成效调研报告》。调研并编制《“十四五”农村水电绿色改造实施方案》。

水电学会水电监理专业委员会协助会员企业编制并向住房和城乡建设部提交《关于在工程建设领域试行聘用合约工程师的方案》。

学科发展研究 联合有关单位组织编撰《中国水电关键技术丛书》（36分册）和《中国水电管理创新丛书》（16分册），全面总结中国水电科技和管理成就及经验。2017年起陆续完成书稿编写，争取2020年全部完成出版。

联合支撑单位水电水利规划设计总院共同推进《中国水电工程技术发展报告》编撰工作，努力于2020年完成。

水电学会水工及水电站建筑物专业委员会组织编撰出版《高混凝土坝抗震技术研究》。水电学会混凝土面板堆石坝专业委员会组织出版《中国堆石坝运行性态及水下检修处理技术》。

科普活动 有序推进位于湖北宜昌三峡工程坝区的中国水电科技博物馆筹建工作，完成了博物馆主体场馆建设和展陈方案设计，展品征集工作在持续进行中。

5月在全国科技活动周举办“水电开发与扶贫攻坚科普论坛”院士进校园活动，邀请陈祖煜院士等专家作科普讲座。组织中国水利水电科学研究院水工抗震实验室和清华大学水沙科学及水电工程实验室向公众开放。

在“全国科技工作者日”活动上成立了水电科普志愿者总队。7月组织科普专家接受东方卫视采访，针对社会上关于三峡大坝变形的传言进行电视辟谣和科普。

组织出版汇集640余座电站图片和统计数据的《大中型水电站画册》，献礼祖国70华诞。

依托中国科协平台继续推进网上会史馆建设，在“2019科界年度评选”活动中荣获“最佳网上会史馆组织”第四名。同时，水电学会上榜2019年度中国科协全国学会科普工作表扬单位。

评选2019年中国水电十件大事并制作视频宣传片。做好官网“中国水电网”和微信公众号的日常更新和维护。继续加强与各大主流传媒的合作，合力扩大水电宣传。

学术期刊 水电学会会刊《水力发电学报》全年出版12期，共收到论文稿件549篇，录用刊登162篇，印发6000册。已连续四年均有学报论文入选“中国科协优秀科技论文遴选计划”。在中国科技期刊引证报告（核心板）2019年统计中，本刊核心影响因子为1.025（2018年为0.776），在23种水利工程类刊物中排名第4；核心总被引频次1875（2018年为1789）、在23种水利工程类刊物中排名第3；刊登论文中，科学基金资助的论文比例0.93（2018年为0.96）。综合评价总分53（2018年为47），在23种水利工程类刊物中排名第3（2018年为第5）；在全国2049种学术刊物中排名447（2018年在全国2008种学术刊物中排名625），进步显著。中国科学文献计量评价研究中心发布的《世界学术期刊影响力指数WAJCI年报》，本刊进入“世界学术影响力Q1期刊”前25%。完成2018年度《水力发电学报》优秀论文奖评定。

联合主办《岩土工程学报》《水电能源科学》《大坝与安全》《水电站机电技术》《小水电》，协办《水电与抽水蓄能》等核心期刊。

科技奖励与人才举荐 持续办好“水力发电科学技术奖”。2019年共收到行业单位申报的科技成果130项（参与科研人员1400多人），奖励39项（一等奖10项、二等奖12项、三等奖17项），获奖科技人员近400人。

组织开展首届水电英才奖评定，表彰奖励在水利水电工程建设和运行管理等基层一线工作的中青年科技人员共10人，每人奖励1万元和颁发获奖证书。

开发建设水电科技奖励评审系统，推进奖励工作网络化智能化。6月召开水力发电科技奖励工作座谈会，提高奖励工作水平。

开展两院院士、第十三届光华工程科技奖、中国科协第十六届中国青年科技奖和第十六届中国青年女科学家奖、严恺工程技术奖、IHA莫索尼水电杰出成就奖、青年人才托举工程等候选人推荐工作，推选论文并连续第4年入选中国科协优秀科技论文遴选计划，征集“引领世界科学的前沿科学问题、建设世界科技强国的工程技术难题”“展风采树楷模”宣传人物材料，推举中缅工程师互认369人、工程能力国际评价候任考官2人。

建设青年人才库。全年收到40余家单位推荐的460多名青年人才资料，以更加精准地开展人才培养工作。

创新发展 继续发挥潘家铮水电科技基金服务水电公益事业的作用，于7月30日～8月9日组织开展

“2019 大学生暑期水电社会实践教育活动”，地点在贵州乌江流域的构皮滩和乌江渡两座大型水电站，13 所高校的 24 名水利水电专业优秀学生代表参加。通过工程实践和亲身体验，激发了学生们的工程创造和创新活力，培养水电后备力量。

10 月 22 日，组织召开 2019（首届）中国水电青年科技论坛，培育未来水电和新能源领域的创新生力军和科技中坚力量。邀请 5 位院士专家到会点评和指导，来自行业各单位 110 多位青年才俊参会。

通过设立并首次评定“水电英才奖”（奖励基层一线青年科技人员），加上已有的“潘家铮奖”（奖励杰出贡献水电科技专家）、“潘家铮水电奖学金”（奖励在校大学生），有效解决了学会设奖“断层”问题，构建起合理的人才培养梯队。

水利水电标准化工作 水电学会高坝通航工程专业委员会组织委员专家参与《航运枢纽安全检测与评估技术规范》《水运工程模拟试验技术规范》《水力式升船机设计规范》等 5 部行业标准的修编。

水电学会水电监理专业委员会组织修编《水电水利工程施工监理规范》行业标准、制修订《抽水蓄能电站工程施工监理规范》《抽水蓄能电站工程施工监理规范》《抽水蓄能电站工程建设安全管理工作规程》企业标准，编制《水电水利工程总承包项目监理导则》。

水电学会水能规划及动能经济专业委员会组织或参与《梯级水库群风险防控技术导则》《抽水蓄能电站经济评价规范》《抽水蓄能电站选点规划技术管理规定》等多项技术标准的修订、成果评审与报批工作。

水电学会工程造价专业委员会组织或参与《水电工程竣工决算验收规程》《水电工程竣工决算报告编制规定》《陆上风电场工程设计概算编制规定及费用标准》《陆上风电场工程概算定额》《海上风电场工程设计概算编制规定及费用标准》《海上风电场工程概算定额》《光伏发电工程设计概算编制规定及费用标准》（英文版）等十余项标准的制修订，启动涉及水电、风电、光伏光热发电等一批标准的制修订工作。

水电学会机械疏浚专业委员会组织专家参与编制团体标准《水利环保疏浚工程地质勘察规范》《水利环保疏浚工程设计规范》。

水电学会风险管理专业委员会组织编制行业标准《大中型水电站地质灾害预警及应急管理技术规范》。

水电学会自动化专业委员会组织在南京召开《大型变速抽水蓄能机组关键技术自主化工程应用研究》科技项目阶段性成果专家论证会。参与编制《智能水电厂一体化管控平台技术规范》等 6 项国家标准，组织召开 IEEE/IEC 双标国际标准《智能水电厂技术导则》第四版草案工作组审议、《智能水电厂经济运行系统技术条件》《智能水电厂技术导则》国家标准送审稿审查会。

水电学会小水电专业委员会组织专家参与 ISO 标准《小水电技术导则》第 2～4 卷的编写及部分英文翻译校核和审查工作，相关成果列入第二届“一带一路”国际合作高峰论坛成果清单。组织开展农村水电技术标准执行情况摸底和农村水电标准体系修订工作。组织强制性标准《农村水电工程项目规范》研编工作。

治理结构和治理方式改革 由中国科协资助开展的“世界一流学会建设”项目 2018 年度工作任务通过评估验收，继续获得 2019 年度 100 万元经费资助。

发挥监事会职能作用，全年联合支撑单位和第三方会计师事务所对水电学会财务收支管理和内控管理等进行了 2 次监督检查工作，将监事会的监督职能常态化。监事列席理事会议（常务理事会议）、党委会议、理事长工作会议、秘书长办公会和分支机构学术会议等活动，监督指导学会工作发展。

继续在分支机构中积极发展个人会员，多渠道为会员学术成长个人成才提供服务。

编制《水电学会 2019 年年报》，发布官网并寄送会员单位和理事，推进开放型学会建设。

科技成果评价 全年共受理承担各会员单位委托的 55 项科技成果鉴定工作，包括 170m 级高沥青混凝土心墙堆石坝设计关键技术研究、流域梯级水电开发水温观测及调控关键技术、巨型洞室与地质环境互馈设计方法及围岩稳定控制、严寒地区超宽排冰泄洪闸关键技术研究与应用、基于空天地一体化技术的山洪调查评价关键技术研究与应用、秸秆＋畜禽粪污发酵制气及发电综合利用工程关键技术研究与应用等。

党建强会 水电学会党委率先开展“不忘初心、牢记使命”主题教育活动。秘书处党支部在支撑单位水电水利规划设计总院党委统一部署下循序推进教育活动，在主题党日组织党员群众到红色教育基地平北抗日烈士纪念园、延安革命圣地等参观学习和缅怀先烈。

水电学会党委充分发挥政治核心、思想引领和组织保障作用，全年共召开党委工作会议 5 次，就近 50 件学会改革发展等“三重一大”事项进行了前置审议。

编写水电学会党委创新实践典型案例，在中国科协各全国学会中交流互鉴。开展中国科协《有效破解党建与业务工作“两张皮”问题研究》课题，推动党建和业务深度融合相互促进。继续申报“党建强会”活动项目并获资助。推荐中国科协学会党建宣讲专家库专家 2 名。

组队参加全国学会工作知识竞赛并获二等奖和优秀组织奖。组织会员单位参加“不忘初心、牢记使命、建功新时代”全国学会征文展演活动，水电学会获奖文章最多达52篇，并有2个文艺节目入选庆祝建国70周年文艺汇演。

继续推进分支机构中成立党的工作小组试点，新增完成6家。

会员服务 一是通过办好水电科技奖培养科技创新人才；通过设立评定潘家铮奖、水电英才奖、潘家铮水电奖金学和学报优秀论文奖，以及推荐两院院士候选人、光华工程科技奖、张光斗优秀青年科技奖等，打造全方位阶梯型人才培养机制。二是水电学会和34个分支机构积极构筑学术交流平台，样式多元的学术交流和研讨活动为广大水电科技工作者提供了交流分享的机会，同时广泛组织论文征集并结集出版，为科技工作者学术成长和技术进步搭建舞台。三是结合会员企业诉求组织开展岗位技术技能培训和有关专业取证人员继续教育培训等。四是推荐优秀水电专家在有关国际组织机构任职。五是及时更新网站和公众号有关行业资讯，方便广大会员及时获取相关信息。建设管理好会员联络QQ群、微信群，方便交流和服务。

主要事件

1. 2019年中国水电发展论坛暨水电科技奖颁奖典礼在北京举行

1月8日，由水电学会与中国三峡集团联合主办的2019年中国水电发展论坛暨水力发电科学技术奖颁奖典礼在北京举行。国家能源委员会专家咨询委员会主任、国家发展改革委原副主任、国家能源局原局长张国宝，水利部原部长汪恕诚，原中国三峡工程开发总公司总经理陆佑楣院士，原国务院南水北调工程建设委员会办公室主任张基尧，国家开发银行原行长姚振炎，原中国国电集团公司总经理周大兵，中国华电原总经理贺恭、原总经理程念高，水利部副部长蒋旭光，水利部原副部长、中国大坝工程学会理事长矫勇，西藏自治区人民政府原副主席杨海滨，中国电建董事长晏志勇，中国科学院院士张楚汉、中国工程院院士顾国彪，以及来自全国水电水利行业100多家单位280余名新老水电工作者代表出席会议。

水电学会理事长张野、中国三峡集团总经理王琳分别代表主办单位致辞，国家能源委员会专家咨询委员会主任张国宝、水利部副部长蒋旭光分别发表讲话。会上发布和播放了“2018年中国水电十大新闻”宣传片。

中国三峡集团副总经理孙志禹主持专家论坛发言。中国三峡集团戴会超副主任《三峡工程　国之重器》、国务院发展研究中心王亦楠研究员《水电于国家的意义不仅仅是一种清洁能源》、中国能建和建生总工程师《发挥技术人才优势占领世界水电市场》、华能澜沧江水电股份有限公司（简称澜沧江公司）袁湘华董事长《发挥澜沧江水电优势　深入践行澜湄合作》等4个主旨报告精彩纷呈。

水电学会常务副理事长兼秘书长袁柏松主持颁奖典礼，与会领导嘉宾为2018年水力发电科学技术奖（36项）、第五届潘家铮奖（张宗亮、席浩、陈云华3人）、2018年度《水力发电学报》优秀论文奖（10篇）进行颁奖。

论坛最后举行“中国水电会旗”交接仪式，将会旗传递至2020年论坛共同主办单位中国华能。

2. 第十五次全国通航建筑物学术交流会暨大型升船机创新设计国际学术交流会在云南召开

4月16～17日，由水电学会主办，水电学会高坝通航工程专委会、南京水利科学研究院（简称南京水科院）、澜沧江公司、国际航运协会升船机工作组等单位承办的第十五次全国通航建筑物学术交流会暨大型升船机创新设计国际学术交流会在云南景洪市召开。中国工程院院士马洪琪，水力电学会理事长张野、常务副理事长兼秘书长袁柏松，南京水科院副院长、通航专委会主任委员李云，澜沧江公司总工艾永平，来自国内有关设计、建设、科研和高校等单位，以及比利时、英国、德国、法国、韩国等专家学者80多人参加了会议。

张野理事长在开幕式讲话中指出，近年来在国家创新驱动发展战略指引下，中国水利水电工程升船机无论是规模还是设计和建造水平，均已走在了世界前列。由学会高坝通航工程专委会组织有关单位参与、马洪琪院士领衔的专家团队，坚持科研主导、贯穿工程、协同攻关、科学决策，依托景洪水电工程，历经15年的艰辛探索和努力，形成了水力式升船机理论、设计、制造、施工、运行成套技术体系，成功研制出世界首创、中国原创的新型的水力式升船机，荣获2018年度国家技术发明二等奖，其在技术先进性、安全可靠性、经济合理性等方面的巨大优势受到了国内外同行的高度认可，推广应用前景十分广阔。

马洪琪院士以及其他6位国内外专家分别就水力升船机关键技术及推广应用、水电工程通航建筑物造型和布置研究、升船机水动力学与安全保障关键技术等进行了专题报告和学术研讨。会议对促进国内外高坝通航技术领域的经验分享和技术交流，推动国家升船机技术创新和行业科技进步，进一步奠定中国升船机建设技术的国际领先地位具有积极意义。

3. 水电学会自动化专委会2019年年会暨全国水电厂智能化应用学术交流会在广州召开

5月8～10日，水电学会自动化专业委员会2019

年年会暨全国水电厂智能化应用学术交流会在广州召开。本次大会由南瑞集团有限公司承办，南方电网调峰调频发电有限公司、《水电与抽水蓄能》编辑部协办。

水电学会理事长张野做讲话，水电学会自动化专业委员会副主任委员、南方电网调峰调频发电有限公司副总经理李定林致欢迎词，水电学会自动化专业委员会主任委员、全国水电厂自动化技术信息网网长单位、南瑞集团有限公司副总经理吴维宁致大会开幕词。来自发电集团、流域水电开发公司、设计院、水电厂、科研院所、高等院校等128家单位的216名代表参加了会议。

本次会议共收到学术论文151篇，经专家审核，148篇论文收录于本次学术交流论文集。会议邀请国电大渡河大岗山水电开发有限公司副总经理葛嘉、雅砻江流域水电开发有限公司信息管理部主任熊开智、南方电网调峰调频发电有限公司生产技术部副主任巩宇、华电福新能源股份有限公司古田溪水力发电厂集控部副主任黄传辉分别作了《水电站可组态设备一体化智能管控平台设计与应用》《智能电站规划构想》《高水头长距离水下巡检机器人研究与应用》《梯级水电站群经济调度控制探索与实践》的主旨发言。5位来自生产施工一线的专家分享了关于大数据3.0技术赋能传统能源行业、基于全息监测的设备分析诊断及健康评价研究与设计、励磁系统设计、调速系统状态评估与故障诊断方法等方面的新技术交流。会议期间还就水电厂智能化新技术、调速器、励磁智能化应用及水电主设备状态评价与诊断专题进行了分组讨论交流，代表们畅所欲言，结合工作实际，从不同角度交流了各自的经验做法和工作中的亮点及下一步打算。

会议一致认为，智能化是水电厂自动化的发展方向，能够有效提高水电厂运行的可靠性和经济性，在当前新技术广泛应用、人力成本与日俱增的形势下，利用智能化实现传统水电厂技术创新和管理变革，对于提升“中国水电”国家名片形象、推动“一带一路”建设具有重要意义。

会议期间套开了水电学会自动化专委会工作会议及全国水电厂自动化技术信息网网长工作会议，审议通过了专委会及信息网2018—2019年工作总结，并对专委会及信息网2020年工作进行了部署。

4. 全国水力发电企业工业控制系统安全技术交流会在成都召开

5月16～17日，由水电学会和国家计算机网络与信息安全管理中心联合主办、中国电建集团成都勘测设计研究院有限公司（简称中国电建成都院）承办、四川紫坪铺开发有限公司等8家单位协办的2019全国水力发电企业工业控制系统安全技术交流会在成都召开。来自各大发电集团、流域水电开发公司、设计院、水电厂、科研院所、高等院校等80余家单位的200余名代表参会。

中国电建成都院副总经理余挺致欢迎词，水电学会理事长张野、国家计算机网络与信息安全管理中心原主任黄澄清、国家能源局电力监管司发电处副调研员徐新风发表讲话，国家计算机网络与信息安全管理中心分中心主任董焰进行《中国电力行业安全态势报告》发布。

会议技术交流环节分为专题报告、专题交流、专家报告、技术方案交流等四部分。国家能源局信息中心副主任胡红升、国家电网电力调度控制中心原副主任辛耀中分别作专题报告。中国电建成都院丁旭阳博士、中国长江电力三峡水力发电厂杨云主任、南瑞集团王惠民副总工等作专题交流。电子科技大学鲁力教授、武汉大学王骞教授分别作专家报告。国家计算机网络与信息管理安全中心何跃鹰副处长等8家单位的专家进行了技术方案交流。

5. 2019年水电站运行管理和梯级调度控制学术交流会暨行业标准宣贯会在西昌召开

5月29～31日，2019年水电站运行管理和梯级调度控制学术交流会暨行业标准宣贯会在四川西昌召开。本次会议由水电学会水电站运行管理专委会、梯级调度控制专委会和中电联电力行业水电站自动化标准化技术委员会联合主办，雅砻江流域水电开发有限公司（简称雅砻江公司）承办。

雅砻江公司总工程师王雅军为大会致欢迎词，水电学会科普信息部主任杨永江代表学会讲话，水电站运行管理专委会主任委员裴哲义、梯级调度控制专委会主任委员肖舸以及电力行业水电站自动化标委会秘书长刘晓波分别代表主办方发言。来自国家电网、南方电网、五大发电集团、各大流域公司、科研院所等70家单位158名代表参加了此次会议。

会议的主要内容是学术交流和行业标准宣贯。雅砻江公司集控中心副主任战永胜、黄河上游水电开发有限责任公司生产信息调度中心主任曹光明根据各自工作亮点分别做了《打造“全面自动化、高度智能化”的流域集控系统》《2018年汛期龙羊峡水库控制运用特点分析》的主题报告。会议还邀请了大渡河流域水电开发有限公司、国网电力科学研究院、中国长江电力股份有限公司等11家单位的15位作者分享了优秀论文成果，15篇论文各具代表性，既有智慧调度、智慧预报等前沿技术，也有库容曲线校核、平滑流量算法等基础研究；既有联合优化调度、生态调度试验实践，也有远程集控、无人值班运行模式等问题探讨。参会代表积极踊跃发言，达到了良好的交流效果。

会议还安排了《梯级水电厂集中监控系统基本技术条件》等四个行业技术标准宣贯学习。几个行业标准内容与学术交流主题密切相关，对水电站集中调度控制起到良好的指导作用，对监控系统建设提供有效的规范指引。

会议还安排了锦屏水电站现场技术交流。锦屏水电站由一级、二级两个电站组成，总装机 840 万 kW，锦屏一级电站混凝土双曲拱坝坝高 305m，为世界第一高拱坝，其设计先进，施工难度大，技术含量高。代表们先后到电站模型室、一级电站厂房和坝顶对锦屏电站进行全方位了解，并与现场技术人员就雅砻江流域工程开发建设、水库运行调度、运行管理模式等方面展开深入细致的互动交流。

6. 风光水电力扶贫及生态修复高级研修班在成都举办

8 月 6～10 日，风光水电力扶贫及生态修复高级研修班在成都顺利举办。本次研修活动由人力资源和社会保障部资助，中国科协学会学术部主办，水电学会承办，中国安能建设集团有限公司协办。

此次研修活动突出扶贫和生态修复的主题，就风光水能互补开发与能源革命、生态修复、地质灾害、扶贫攻坚等核心议题进行深入研讨，目的在于完善风光水能互补开发技术体系，推动将水电基地建设成风光水能互补的清洁能源基地，并培养相关专业人才。

参加研修班的学员共计 80 余人。邀请的授课教师既有能源政策研究专家，也有知名高校教授和风光水电力勘察、设计、运营的学者。研修人员来自风光水清洁能源领域勘察设计、施工、运营、设备制造等行业，包含风光水能开发过程的每个环节，具有广泛的代表性。

研修班现场授课环节共有 12 名专家围绕风光水能互补和生态修复方面结合扶贫工作从不同角度发表了各自的研究成果和实践案例，并且深入互动交流，无论学员还是授课教师均感觉收获良多。

按照此次研修活动安排，除了现场授课以外还就风光水能互补开发与扶贫攻坚和风光水能互补开发与地灾及生态问题进行了专题研讨，大家畅所欲言，针对风光水电力互补技术和扶贫攻坚中遇到的问题和困惑，发表各自的意见和建议，互相提问和解惑，整个研讨过程有序而不失热烈，学术氛围浓厚。

其后安排学员赴紫坪铺水利枢纽进行了现场教学，主要内容为紫坪铺工程与汶川地震及地灾防范和生态修复的关系。通过参观回顾紫坪铺工程建成后在水利调控和应对地质灾害以及生态修复中发挥的重要作用，特别是在应对 2008 年汶川特大地震中，紫坪铺工程发挥了的无可替代的决定性作用，减少了人员和财产损失，使得学员对水利水电工程在防灾减灾、清洁能源供应、生态修复方面的重大功能有了清晰的认识。

此次高级研修班充分发挥了水电学会在水力发电行业的平台优势，利用近年来可再生能源领域的研究成果，围绕风光水电力扶贫及生态修复的主题，对风能、水能和太阳能行业相关业主、设计、科研、施工、运营等单位技术和管理人员进行了培训，加速了风光水电能技术的总结、推广和融合，促进了生态修复技术创新发展以及风光水电产业扶贫，培训了一批相关专业技术人才，助推国家扶贫攻坚工作和生态文明建设。

7. 第二届国际移民与社会发展学术研讨会暨中外水电移民对话高端论坛在南京召开

8 月 31 日～9 月 2 日，水电学会与河海大学、中国长江三峡集团有限公司、国际移民网络、水电水利规划设计总院、三峡大学联合举办的第二届国际移民与社会发展学术研讨会暨中外水电移民对话高端论坛在南京河海大学举行，水电学会水库专业委员会参与协办。本次论坛组织国内外移民领域的专家、学者、政策制定者、规划设计者进行交流和对话，吸引来自世界银行、亚洲开发银行、亚洲基础设施投资银行，以及来自美国、加拿大、澳大利亚、肯尼亚、巴基斯坦、老挝等海内外高校、研究机构移民领域的专家、学者 150 余人参会。

开幕式环节由河海大学副校长徐卫亚教授主持，河海大学校长徐辉教授、国际移民网络主席 Theodore Downing 教授、水电学会吴义航常务副秘书长、三峡集团吴海斌总经济师、水电水利规划设计总院龚和平副院长致开幕词。

水电学会水库专业委员会副主任委员、水电水利规划设计总院副院长龚和平做《中国水电移民政策、规划设计与实施管理》的大会主旨报告，专委会副秘书长、水电总院副总工王奎就《水电移民的技术标准体系》进行讲解，引发了与会专家、学者的兴趣，对中国水电移民的经验、做法、技术体系、案例等广泛展开讨论。

水电工程移民是世界性的难题，涉及经济、社会、政治、文化、资源、环境、生态、民族、宗教等诸多方面。中国大规模水电水利建设也产生了大量的水库移民，三峡、西部水电开发、小浪底、南水北调等等大型水电水利工程移民安置举世瞩目，中国的水电移民政策、理论、实践经验一直受到国内外学术界、理论界和工程界的广泛关注。本次论坛为交流水电移民领域的国际研究成果，分享中国和世界的移民政策、模式、实践经验，促进移民分享社会经济发展成果，以及中国水电移民经验的推广起到了积极推动作用。

8. 2019 中国水电青年科技论坛在北京召开

10 月 22 日，由水电学会主办、北京水力发电工程学会承办的 2019 中国水电青年科技论坛在北京中国科技会堂召开。中国科学院院士张楚汉、中国工程院院士王浩、中国电力建设集团有限公司总工程师宗敦峰等特邀嘉宾，以及来自全国水电行业 50 余家单位的 100 多名水电青年代表参加了论坛。

水电学会常务副理事长兼秘书长袁柏松、北京水力发电工程学会理事长郝荣国、英大传媒投资集团有限公司副总经理刘广峰分别致辞，寄语水电青年英才们努力为中国水电和新能源事业高质量发展作出新贡献。

“中国水电与未来”主题沙龙中，张楚汉院士、王浩院士、宗敦峰总工程师，三位水电优秀青年代表武汉大学杨威嘉博士、中国电建华东院刘宁博士、东方电气集团东方电机有限公司刘德民博士，分析并展望了中国水电和新能源事业的发展前景以及广大行业青年应该发挥的重要作用。与会青年代表非常珍惜近距离与院士和专家现场交流的机会，踊跃提问、积极互动，现场气氛热烈，智慧火花碰撞。

青年科技论坛邀请了 10 位青年专家作技术报告，并特约 4 位经验丰富的行业专家进行精彩点评。10 篇报告内容丰富多彩、论述深入浅出、观点新颖前沿，对促进水电及新能源事业创新发展具有积极借鉴意义。

论坛共征集学术论文 178 篇，经过组织专家严格评审，最终录用 75 篇公开出版了论文集，其中 7 篇被评选为优秀论文并在论坛现场进行了颁奖。

本次论坛是学会已成功举办两届“抽水蓄能技术发展青年论坛”的全新升级，从会议主持到学术报告均由青年才俊提纲主角，并邀请院士和知名专家现场对话和指导，旨在努力把“中国水电青年科技论坛”打造成为青年人才培养的新品牌活动，为水电青年科技人才创新思想交流和才华展现提供更广阔的舞台，进一步促进和激发行业青年科技工作者的创新思维和创新活力，大力培育未来水电和新能源领域的创新生力军和科技中坚力量。

9. 水电及新能源技术创新高峰论坛在福州召开

10 月 29 日，由福建省科学技术协会、福州市人民政府、水电学会联合主办，福建水力和清洁能源发电工程学会、福州市科协承办的“水电及新能源技术创新高峰论坛”在福州顺利举行。福建省科协巡视员游永东、水电学会常务副秘书长吴义航、华电福建公司副总经理陈瑞兴出席活动并致辞。来自水电及清洁能源行业的高等院校、研究院所、规划设计、设备制造、运行调度等单位的 100 多位专家和学者参加了论坛活动。

游永东在致辞中指出，能源是国民经济和社会发展的重要基础，是习近平总书记一直关心、关注的重要领域。当前，中国由高速增长阶段转向高质量发展阶段，能源需求增长旺盛，带动了风电、太阳能发电等新能源持续快速增长。本次高峰论坛是从能源产业转型发展的需要出发，力求集聚省内外能源领域的专家学者、行业管理部门领导、企业界精英的智慧，为福建能源产业发展提供科技支撑。期盼本次论坛能进一步推动清洁能源领域核心技术攻关、产品研发应用、标准体系建设、商业模式创新对接，促进清洁能源产业加速发展，推进八闽生态文明建设，共同为福建高质量发展作出新贡献。

陈瑞兴在致辞中指出，本次论坛是学会贯彻习近平总书记系列重要讲话精神，落实“创新、协调、绿色、开放、共享”发展理念的具体措施之一，专家、教授的精彩演讲和内容丰富的会议交流将给福建省清洁能源产业科研创新工作带来新的更大的机遇。要求福建水电学会主动把握机遇，团结福建省清洁能源发电行业科技工作者，为推动福建省清洁能源事业发展和科技进步做出更大贡献。

本次论坛特邀 9 位行业知名专家做专题报告。水电学会常务副秘书长吴义航介绍了中国水电的发展历程，认为水电具有经济价格和技术成熟的优势，是受到市场青睐的清洁能源，创新和技术引领是未来水电发展的动力，“一带一路”为水电发展和走向世界打开了广阔空间。中国可再生能源学会秘书长祁和生从风电产业发展基本面、政策面和行业发展三个方面描绘了风电产业的发展前景，预测到 2028 年底中国风电将达到 437GW，发展空间巨大。华东勘测设计研究院王淡善分析了中国具备开发建设海上风电开发的技术和条件，认为当前勘测设计水平和施工建设能力日趋成熟，产业配套齐全，海上风电发展势头良好。国家能源局大坝安全监察中心何海源专家结合国内外案例，剖析了企业应急管理的重要性，提出应急桌面推演、演练的要点和方法。国网福建公司张世钦处长介绍了福建新能源的分布、消纳和调度管理，提出了统筹规划及协调发展，水风光互补、可再生能源与其他能源联合优化调度创新理念。福建水电勘测院胡志英专家介绍了海洋能技术及福建资源分布，认为海洋能是可再生的绿色能源，被联合国环境组织视为最理想、最有前景的替代能源之一，开发潜力巨大。河海大学郑东健教授、国电南瑞赵斌教高介绍了水电站管理的最新技术和发展趋势。金风资源滕录葆总监介绍了风机制造的新趋势。

10. 堰塞湖灾害预防与应对措施国际研讨会在北京召开

11 月 6 日，由水电学会主办的堰塞湖灾害预防与应对措施国际研讨会在北京召开，来自国内外的70多位专家学者参加会议，共同探讨堰塞湖的形成、致灾机理、预警、应急处置等问题。中国科学院院士张楚汉、国际水电协会新任执行总裁埃德蒙·里奇出席会议并讲话。水电学会常务副理事长兼秘书长在致辞中表示，本次会议是学会针对当前堰塞湖预防及治理的热点和难点问题，为中外专家、研究机构和工程一线单位提供一个互相交流借鉴的平台，促进中外处置堰塞湖灾害的理念和技术水平同步提升。

会议特邀台湾大学水工实验所特聘顾问姚长春研究员《1999年9·21地震草岭堰塞湖应对处理纪实》、国际华人岩土工程师协会会长翟恩地《滑坡评估及边坡地震稳定变形分析方法》等12篇精彩纷呈的专家主旨报告，与会代表围绕堰塞湖产生机理、风险评估、工程处置、监测预警技术等内容，进行了现场交流。会议研讨内容丰富，领域前沿，现场气氛热烈。

恰逢2018白格堰塞湖灾害发生一周年，会议为当时参与该堰塞湖风险处置的现场决策、工程措施、施工预警等环节的人员提供了总结交流的平台，有助于进一步提高后续应对该类自然灾害的水平和能力。同时，会议为国内外堰塞湖灾害预警和处置的新方法、新技术、新理念的交流提供了舞台，也为中国后续水电开发更加有效地处置好各类地质灾害提供了借鉴。

11. 水电学会八届四次理事会议在北京召开

11月12日，水电学会八届四次理事会议在北京召开。张野理事长做题为《不忘初心使命，勇于担当作为，为高质量建设世界一流学会而努力奋斗》的工作报告；监事会做《关于理事会（常务理事会）履职和学会内控及财务运行管理情况的监督检查报告》；审议了财务工作报告、八届理事会部分成员变更和部分会员单位调整等事项，全体代表表决通过了各事项和大会决议；与会副理事长作讲话和各位代表积极发言，为促进学会工作和推动行业创新发展奉献智慧和力量。八届理事会成员和授权代表，监事，学会分支机构、地方水电学会和会员单位代表近150人出席大会。学会常务副理事长兼秘书长袁柏松主持会议。

工作报告从“提高政治站位，筑牢团结引领广大水电科技工作者的共同思想根基”“加大研究服务，提升建言献策、科研咨询能力和水平”“搭建交流平台，大力推动学术繁荣和引领创新发展”“推进改革治理，广泛联系、服务会员的工作体系不断完善”“立足自主创新，大力开展好科技评奖评价、人才举荐”“加强舆情引导，大力推进水电科普和舆论宣传”等六大方面全方位呈现了学会自上次理事会以来所取得的成绩，指出了存在的问题和不足，提出了“坚持全面深化改革，坚持守正创新，坚持稳中求进工作总基调，聚焦保持和增强政治性、先进性、群众性，进一步夯实发展和服务的基础，扎实推进世界一流学会建设，团结引领广大水电科技工作者为促进水电事业高质量发展、决胜全面建成小康社会、建设创新型国家和世界科技强国不懈奋斗”的未来一年工作思路，进一步明确了学会的使命和责任。

大会指出，在有关部门的关心指导、各会员单位和支撑单位水电规划总院的支持帮助下，以习近平新时代中国特色社会主义思想为指导，水电学会全体理事监事履职尽责共谋发展，秘书处围绕“世界一流学会建设”目标任务和学会中心工作积极履行“四服务”职责，团结引领广大会员和专业委员会坚持守正创新，推动学术繁荣，培育创新人才，科学引导舆论，积极建言献策，展现了新时代科技社团的新气象新作为，塑造了学会发展新格局新风貌。

监事会报告对学会理事会（常务理事会）的履职情况、工作发展成绩、执行国家财经法规、有效管理潘家铮基金等给予了充分肯定，提出了存在问题和改进建议。会议强调，学会秘书处要在八届理事会正确领导和监事会监督指导下，进一步强化整章建制和执行力，积极推进问题的整改完善，全面提升管理水平，从补齐制度短板和接长服务手臂上双重发力，不断促进学会健康发展和水电事业可持续发展。

（雷定演）

【中国电力发展促进会】

（1）巩固电力规划服务等传统服务项目，大力促进新一代数字技术在电力行业应用。创新性与电力规划设计总院共同举办“2019电力规划发展论坛”，产生广泛影响。中国电力发展促进会（简称电促会）全年共开展对接会员的专项服务活动20余项，走访会员企业50余家，召开小型座谈会40多次，在这些活动中突出主题、突出专业，在沟通会员、了解需求、实现服务和把握行业动态方面取得了良好的成效。

（2）会员队伍和分支机构建设跃上新台阶。围绕电促会核心业务，坚持协同协作原则，全年新发展会员142家，其中国有企业26家、民营企业110家，高校6家，上市公司12家，电促会会员结构呈市场主体多元化特色。于4月28日，新成立泛在电力物联网产业委员会，在行业产生较大影响。

（3）专业服务亮点纷呈。可再生能源发电专业全年组织、开展较大型专业活动7项，参与制定标准20余项，举办了第四届德令哈光热大会；核能专业承接课题研究和咨询业务，举办系列技术研讨会，开展专业培训活动，做好业内信息交流共享、大数据专业服务工作和核工程质量监督专业服务工作；知识产权专业申请获中国专利奖推荐资格，拟定了评审办法，向第二十一届中国专利奖推荐报送4项成果；泛在电力物联网专业召开分会成立大会，政府、央企领导、院士专家、阿里腾讯华为等知名企业700余位来宾参加大会，经央视等权威媒体报道宣传，引起广泛关注，参与国家电网公司第五届青年创新创意大赛，制订《工作规则》《会员服务手册》，举办了“走进会员和互动沙龙活动”，参与泛在电力物联网标委会建设，协助会员企业申报有关服务规范标准；人工智能分会积极建设跨界交流融合、开展资源合作共享，与新一代智能产业技术创新战略联盟召开联席会，举办人工智能与综合能源座谈会。

（4）品牌建设成效显著。一是赋予传统品牌项目新内涵，《中国电力年鉴》新增“知识产权创新”等内容，通过走访外部先进单位、学习先进经验等，改进编撰思路，努力提升“年鉴”价值；创新规划论坛举办方式，通过与电力规划设计总院合作，来自政府相关部门和两大五大规划部门的领导、院士专家及各大电企及相关部门人员共计260多人参加会议，社会影响力、行业辐射力进一步提升。中国电力网工作稳中有进。做好电力行业新闻编写发布工作，完成国网信产、国网电商、远光软件、阳光电源、施耐德电气等服务工作，实现了较好的社会效益和经济效益。举办第十届电力竞争情报会报告会。二是打造更多品牌项目，围绕新一代数据技术在电力行业企业的应用业务，连续两年举办“电力大数据论坛”，打造行业优秀成果交流平台；举办电力行业人才发展主题峰会；以知识产权分会为主渠道，沟通国家知识产权局，在行业知识产权保护、交流、推广中服务了电力企业，成为电促会的一张新名片。电促会本部全年积极打造了以中国电力网为平台的宣传服务品牌、以《中国电力年鉴》为载体的行业信息史料记录品牌、以规划论坛为平台的行业规划研究成果和信息动态共享品牌、以大数据成果应用为内容的电力企业数字转型探讨交流品牌、以竞争情报报告会为载体的年度改革发展现状与趋势分析品牌。德令哈光热大会得到地方政府和广大企业有力支持，成为中国光热发电行业的年度盛会和促进光热等新能源发展的一个重要品牌。

【中国电力建设企业协会】

（1）完成编制并报送国家能源局《电力建设工程施工安全行动计划（2020—2024年）》《关于进一步加强电力建设工程施工安全监督管理的指导意见》《国内电力建设人身伤亡事故分析及防控措施研究》等研究课题。组织编制国家能源局2019年度《电力建设工程施工现场安全专项监管报告》。

（2）编制及发布《2018年度全国电力建设行业统计数据分析报告及资料汇编》。

（3）电力建设项目安全监管平台在经过河南省的试运行后，在浙江省正式试点推广，并取得初步成效。明年将在总结经验的基础上全面推广。

（4）组织中国电力建设企业协会数字化平台开发工作。电力建设技术服务系统、专家库管理等8个系统开发和陆续投用将为中电建协提高服务质量和服务效率发挥积极作用。

（5）完成中国电力建设企业协会数据中心机房的建设工作，实现协会“云端”办公。

（6）电力建设行业信用体系建设和评审正式纳入电力行业信用统一归口，分工协作。开展信用体系相关制度建设及交流等活动，组织电力建设企业信用管理体系等标准制度的编写，举办电力建设企业信用体系建设经验交流会。

（7）组织各分支机构开展行业自律，指导调试专委会和监理咨询专委会分别对两家调试企业和两家监理企业的违规行为进行处罚。

（8）根据中施企协《关于申报2019年度工程建设诚信典型企业的通知》，组织开展了电力建设领域诚信典型企业的评选工作。兰州陇能电力科技有限公司等20家电力企业被评为2019年度电力建设诚信典型企业，并择优推荐国网江苏省电力工程咨询有限公司等10家单位获得工程建设诚信典型企业称号。

（9）持续开展国家级优质工程奖的推荐工作，对遴选出的神华国华宁东发电厂2×660MW扩建工程等68项中国电力优质工程进行推荐。榆横—潍坊1000kV特高压交流输变电等27项电力工程荣获“国家优质工程奖”，其中，6项工程荣获国家优质工程金质奖（含1项境外工程）；北海500kV变电站工程等5项电力工程荣获中国建设工程鲁班奖；江西洪屏抽水蓄能电站机电安装工程等23项电力工程荣获中国安装工程优质奖（安装之星）。

（10）根据中国建设监理协会《关于在会员范围内开展2017—2018年度表扬先进的通知》文件精神，评选出国网江苏省电力咨询有限公司等20家优秀电力建设监理企业、曾庆安等30名优秀电力建设优秀总监理工程师、张凡等55名电力建设优秀监理工程师。择优推荐国网江苏省电力咨询有限公司等2家企业和冯加锐等4名个人参加中国建设监理协会表扬先进评选活动。

（11）开展电力建设科学技术进步奖、质量管理小组活动成果的评审。经申报、审核及公示，评选并表彰705项“2019年度电力建设科学技术进步奖”，其中一等奖38项、二等奖158项、三等奖509项；完成了两次质量管理小组成果网络申报共计2372项，经网审、现场发表交流后，共1746项确定为2019年电力建设质量管理小组成果（一等204项、二等501项、三等991项），并择优推荐至相关协会共计70项。

（12）组织完成58项电力建设关键技术成果评价

工作，国际领先5项、国际先进5项、国内领先19项、国内先进27项。

（13）开展电力企业/人员能力资格管理工作。及时对20家获得电力工程调试能力资格的企业和3家获得电力工程质量评价能力资格的企业进行信息变更。

（14）完成电力行业火电建设标准化技术委员会换届（第三届）委员的征集确认与报批工作。

（15）全年共组织完成《电力建设工程监理文件管理导则》等14项技术标准编写工作，完成3项技术标准的报批。

（16）组织召开“核电常规岛建设工程质量监督检查大纲”研讨会，配合电力工程质量监督站完成大纲编写相关工作。

（17）根据电力建设工程项目对质量、安全咨询的需求申请，组建专家组，对80多个工程开展了170多次的技术服务活动。

（18）服务“一带一路”，组织了印尼爪哇2×1000MW火电工程等4个境外项目的现场咨询工作。

（19）编制完成《中电建协全过程工程咨询技术服务指南2019》。

（20）根据企业需求，与31个电力建设项目签订专项技术服务合同。

组织举办“永茂杯”中电建协第六届吊装技能竞赛。中国电建集团山东电力建设第一工程有限公司、中国电建集团核电工程有限公司和中核华兴达丰机械工程有限公司获得塔式起重机团体赛前三名。

【中国电力规划设计协会】

（1）电力工程行业在全国勘察设计行业庆祝建国70周年表彰中硕果累累。共有37项获得优秀勘察设计项目奖，14家会员企业获得优秀勘察设计企业称号，12名会员企业领导被评为优秀企业家，11人被评为科技创新带头人，5人被推举为行业杰出人物。协会被评为优秀协会，2人被评为优秀协会工作者。

（2）组织第一届电力行业杰出青年专家评选工作。共计收到75家会员128人申报，50人获得第一届电力行业杰出青年专家荣誉。这一活动受到了广大会员单位积极支持，既为行业做好人才后备队伍建设，也为发现和托举优秀青年人才脱颖而出搭起来登高梯子。组织第4批行业供配电设计专家申报工作，共收到34家会员64人申报材料，30人获得荣誉。继续开展第二届行业“最美工程师”评选活动，24人获得荣誉。

（3）用心做好传统品牌服务。组织行业参加全国优秀工程咨询成果奖评选工作，电力行业7个项目获得一等奖。组织年度行业“四优”、第四届电力工程科技进步奖、第三届行业优秀工程项目管理和优秀工程总承包、优秀QC活动小组成果评选活动。完成《工程勘察设计行业改革发展文件资料汇编（2017.7—2019.6）》共133篇的编辑出版工作，赠送全体会员单位。举办第二届供配电工程数字化设计（EIM）大赛。

（4）协调推动行业有序发展。围绕规范行业市场经营环境，组织年度发电、电网、新能源、国际业务共4次市场开发交流研讨活动，推动规范市场秩序和有序发展。组织137家会员填报行业统计工作，发布了2018年度电力工程行业统计年报分析报告和同业对标标杆指标汇总信息。

（5）培育国际工程服务。组织对会员单位境外业务基础信息进行更新、涉外工程非常用国外软件和涉外工程使用标准收集等3项工作。组织行业与微软公司进行数字化前沿技术交流活动。联合广东省电力设计院，组织《中国电力设计标准与国际标准和国外标准比较研究》测量、岩土、水文气象三个专业宣贯活动。

（6）发挥作用反映行业诉求建议。受国家能源局委托，开展电网勘测设计企业电网市场情况专题调研工作，组织与中国电建、中国能建和国网、南网下属设计企业以及民营企业等10多次调研座谈，推动解决行业产能重复建设问题。选派13名行业专家，支持西藏能源局、中国工程咨询协会完成西藏“十二五”农村电网改造升级工程总体验收工作。

【中国电力技术市场协会】

（1）3月初，协会秘本部实现了在朗琴国际大厦8层集中办公，实现协会自主租房，规范协会治理结构。

（2）中国电力技术市场协会（简称中电技协）第四届理事会第三次会议于4月12日在北京召开，会议审议通过了协会年度财务审计报告，审议通过了设立新的分支机构的议案，审议通过了协会为推动成果转化和技术转移工作拟设立《中国电力技术市场协会技术成果转化奖》的议案。

（3）为促进电力行业和消防管理部门的技术交流，推进电力行业消防安全技术进步，由协会主办、国网江苏省电力有限公司协办的首次电力消防技术规范研讨会于5月24日在苏州市召开。中国消防协会、应急管理部天津消防研究所、四川消防研究所、江苏省消防救援总队、国家电网公司、南方电网公司、内蒙古电力有限公司等单位消防专家参加了研讨会。会议达成推动组建电力消防标委会，尽快将研究成果形成电力消防标准的共识。

（4）为贯彻落实国家创新战略，引导创新与知识管理在企业中的应用，由中国电力技术市场协会主办、南方电网科学研究院和同方知网协办的“2019年创新与知识管理论坛”于6月11～12日在广州召开。同期组建服务于企业创新与知识管理的专家组织“创新与知识管理专家委员会”，指导帮助企业开展创新与知识管理体系建设，助力企业创新，提高科技成果转化水平。

（5）由中国电力技术市场协会主办、晋能集团协办的“全国燃气机组能效水平对标及竞赛第三届年会”于9月18～19日在山西太原举办。发布了全国燃气机组2018年度竞赛指标相关数据，向2018年度全国燃气机组能效水平对标及竞赛（纯凝式）A级机组、（供热式）A级机组的优胜单位，优秀论文的获奖作者颁发了证书和奖牌。

（6）9月24日，中国电力技术市场协会工业互联网与智能化专委会在重庆宣告成立。中国华能总信息师朱卫列任主任委员，于洪伟、陈义学、吴张建、王刚军等担任专委会副主任委员，郭森担任秘书长。

（7）中国电力技术市场协会与中国自动化学会、中国能源研究会于10月至11月联合开展火电厂智能化建设技术调研，深入实地调研了15家电厂，联合发布了《火电厂智能化建设现状与技术发展》报告。

（8）根据会员单位和电力企业的工作需求建议，经与国家能源局有关司局沟通，中国电力技术市场协会于11月26日在北京组织召开了首次电力企业技术监督工作联席会议，并与各集团专业技术部门达成一致意见，建立电力技术监督联席会议机制，建立电力技术监督协作网，共同支持建立电力技术监督工作长效沟通与协调机制。

（9）协会作为电力行业锅炉压力容器安全监督管理委员会锅监工程师考委会秘书处单位，举办了2019电力行业锅炉压力容器安全监督管理工程师培训（取证班、复证班），为三百多名学员进行了专业培训。

（10）在电力技术交流与协作方面，协会组织召开了2019年发电行业水处理技术研讨会、2019年电力行业热工自动化专业技术年会、锅炉专业技术年会、汽轮机专业技术年会、电气专业技术年会、化学专业技术年会、燃料管理智能化技术论坛等技术交流会；组织召开了2019年全国防治窃电工作交流会及全国电力设施保护工作交流会。

（11）在电力市场研究领域，2019年协会承担并完成了国家发展改革委委托研究课题《电力市场期货探索与研究》、国家电投《电力现货市场应对策略及电力期货市场探索研究》《新电力市场环境下的两部制电价机制研究》等，受国家能源局委托组织开展了“全国统一电力市场体系建设方案”专家研讨等工作，初步形成协会在该领域研究品牌。

（12）协会首次组团出访国外学习交流。12月1～8日，由中国电力技术市场协会组团，国家发改委体改司、国家电投等单位组成的《电力市场期货探索与研究》课题调研团组一行6人赴德国、挪威调研访问，调研北欧电力市场及电力期货市场建设运营经验，支撑了《电力市场期货探索与研究》课题报告。

【中国水利电力质量管理协会】

（1）开展质量管理培训活动。3月5～8日，在宁波组织电力企业现场管理星级评价培训；3月26～29日，在西安组织水利电力QC小组培训；4月23～26日，在四川省成都市组织《质量信得过班组建设准则》宣贯培训班；5月28～30日，在江苏省苏州市组织《电力行业质量管理小组评委培训班》；10月13～17日在贵州省贵阳市组织质量管理小组培训班。

（2）开展会员服务活动。3月28日举办了信息与联络工作座谈会。建立了信息联络员队伍，征求了大家对协会工作的意见建议等。8月印发水利行业优秀QC成果汇编、电力行业优秀QC成果汇编、印制质量月宣传画；9月组织开展质量月系列活动之质量专家企业行活动，分三个区域开展，得到了会员企业的大力支持和好评。

（3）开展水利电力行业现场管理星级评价活动。组织相关专家组成评审组对2018年度申报的电力企业现场进行了资料评审，4月9～22日对资料评审合格的企业现场进行了企业现场评审。7月10日在北京召开全国优秀QC小组评审推荐会议，水利推荐4家国优QC小组、电力推荐7家国优QC小组；开展质量标杆现场评审工作，12家单位通过资料评审进入现场审核。

（4）推动QC成果交流展示工作。6月24～25日、27～28日在福建省福清市分别组织了发电和供电2场QC成果交流发表会；7月1～2日、4～5日在四川省成都市分别组织了发电和供电2场QC成果交流发表会；8月20～22日，在湖北省省宜昌市组织了电力行业质量信得过班组发表会；10月23～24日在福建省厦门市组织QC故事大赛；11月26～29日在江苏省无锡市举办质量创新发布会，取得良好效果。

（5）开展卓越绩效标准宣贯和质量创新工作。2019年水利电力质协继续开展电力企业卓越绩效标杆评价，经电力行业专家委员会审核确认，共有26家企业通过评审获得电力行业卓越绩效标杆2A级以上企业。

（6）完善电力设备相关标准体系。2019年发布了《火力发电企业智能燃煤系统技术规范》1项中电联团体标准，并申报制定完成了《燃煤电厂煤场储存管理技术规范》和《燃料机械采制样管理规范》2项中电联团体标准。同时编制了《电力企业供应商产品质量保证力评价导则》和《电力设备全寿命周期评价技术规范》2项中电联团体标准，并承担组建中电联电力设备质量管理标准化技术委员会的相关工作。

（7）优化工作体系，加强行业凝聚力。组建了电力设备质量安全风险监测站，建立了覆盖国家电网公司、南方电网公司、五大发电集团、内蒙古电力、陕西地电、浙能、广东能源和华润电力的工作体系，并组建了涵盖变电、输电、配电、电气二次、火电、水电和新能源等专业的2600余人的专家队伍。同时与中国能源化学地质工委协作举办了“2019年电力行业燃料化验（检测）员职业技能竞赛”，参与单位包含了五大发电集团、京能、国投电力、河北建投等8家单位，并为下一步工作方式的拓展探索了一条新的途径。

（8）加强与政府主管部门联系。水利电力质协充分发挥行业桥梁纽带作用，积极与国家市场监管总局、国资委、国家能源局等政府主管部门联系，反映行业诉求，参与国家电网公司与国家市场监管总局的工作协调，并承担了国家市场监管总局和国资委委托的电力设备质量安全风险监测、风电设备质量安全风险监测专项技术服务和中央企业境外电力基础设施质量安全提升研究等工作。同时，全面推进电力行业“中国质量奖”项目培育与申报，指导企业对照“中国质量奖”的各项要求提升质量管理水平，推动电力行业高质量发展。

【中国电力体育协会】

（1）组织举办2019年全国电力行业网球友谊赛。5月25日，在北京国家网球中心组织举办“庆祝新中国成立70周年——2019年全国电力行业网球友谊赛”。共有全国电力行业10支代表队的172名选手参加了比赛。

（2）组织举办2019年全国电力行业职工桥牌锦标赛。6月27日～7月1日，在内蒙古鄂尔多斯市组织举办“庆祝新中国成立70周年——2019年全国电力行业职工桥牌锦标赛”。共有来自全国电力企业的24支代表队、170多名运动员、教练员参加比赛。经过三天紧张激烈的比赛，中国长江三峡集团发挥出色，以全胜的优异成绩夺得冠军，浙江省能源集团公司获得亚军，国网甘肃省电力公司获得第三名，南方电网公司、贵州凯里供电局、国网青海省电力公司、国网湖南省电力公司、中国华电获得4～8名。

（3）举办2019年全国电力行业职工乒乓球比赛。8月13～18日，中电联庆祝新中国成立70周年系列文体活动之一“2019年全国电力行业职工乒乓球比赛”在广东省江门市举行。本次比赛共有来自全国电力企业的11支代表队、230多名运动员、教练员参加了比赛，再创赛事参赛人数新高。经过紧张激烈角逐，国家电网公司夺得男子青年团体冠军，南方电网公司、中国能建分获亚军和季军；浙江能源集团夺得女子团体冠军、国家电网公司和南方电网公司分获亚军和季军；国家电网公司夺得中年男子团体冠军、南方电网公司、中国能建分获亚军和季军；国家电网公司夺得中年女子团体冠军、国家能源集团和南方电网公司分获亚军和季军。

（4）组织召开2019年协会会长扩大会议。12月20日，在北京组织召开2019年中国电力体育协会会长扩大会议。会议总结了中国电力体育协会2019年工作，对承办庆祝新中国成立70周年全国电力行业职工体育竞赛的单位授予了优秀组织奖。就协会2020年的重点工作做了安排和部署。

【中国电力教育协会】

（1）组织建设。一是于5月召开第三届理事会第四次会议，对协会第三届理事会理事、常务理事、副会长进行了人员调整。通过相关主管单位同意，增加郝英杰和白俊文为教育协会副会长；审议通过了《中国电力教育协会理事调整议案》《中国电力教育协会常务理事调整议案》《中国电力教育协会负责人调整议案》《电力基金管理委员会“技能人才培育突出贡献奖”评选办法修改（草案）》，讨论了《〈中国电力教育〉编委会调整方案》，将《中国电力教育》编委会副主任委员变更为常务副主任委员，委员变更为副主任委员，同时将各理事单位的骨干力量充实到编委会委员。二是规范中国电力教育协会及其分支机构会员单位，按照发展会员程序，对拟入会的100多家单位发文予以明确。三是组织召开2019年中国电力教育协会能源动力工程学科教学委员会和电气工程学科教学委员会工作会议，并完成新一届委员会换届工作。四是按照民政部、财政部要求，完成协会2018年度审计报告，按时进行协会2018年度年检网上材料申报和社团管理局材料提交工作。

（2）制度建设。根据工作需要，2019年年初协会召开了本部会长办公会议，根据中电联新修订的分支机构管理办法制定相应的分支机构管理办法；按照脱钩后学协会商会章程模板修订协会章程，为发展个人会员及为协会智库建设打下基础。办理了教育协会税务登记并开通发票领取资格，并按民政部要求合并教育协会账号。起草了《〈章程〉修改说明和会费收取标准议案》，明确修改后的《章程》和会费收缴办法。

（3）参与第二届全国电力行业青年培训师教学技能竞赛的方案设计、竞赛组织和考务工作，全程对37名专家评委进行了从出题、比赛到评选全过程的协调和管理工作，保证了竞赛的顺利进行。

（4）组织开展电力行业技能人才培育突出贡献奖推荐、评选工作，召开2019年电力行业技能人才培育突出贡献奖评审会，评选出5家获奖单位和11名获奖个人，并做好相关奖金发放工作。

（5）开展专业培训活动。主要举办了暑期全国高校青年教师电力工程实践培训班，采取实训案例教学、专题研讨、观摩交流、实操体验等灵活多样的培训形式，培训了包含全球能源互联网、泛在电力物联网建设及输电运检、变电运维等关键技术及实训选修课程；举办电力行业无人机巡检作业人员培训指导教师实训班；举办了电力行业党建文化创新研习班，研习班创新教学环节，为学员提供了权威解读、亲身感受、成果共享等多样化教学体验。

（6）完成仿真基地年检工作；依托电力仿真培训专委会参加2019年电力行业仿真基地评估与复查工作，共有6家培训基地评估合格，5家基地复查合格，1家基地整改，撤销1家火电类基地，新增加2家垃圾发电类基地。

（7）促进教材建设工作。依托教育协会教材建设办公室推进高等教育精品教材建设和数字化教材开发工作。

（8）加强《中国电力教育》办刊质量。围绕国家在高等教育、职业教育、人才队伍建设等领域的重要文件及政策的发布，开展重点策划和报道，进一步扩大刊物的影响力。

【中国国际贸易促进委员会电力行业委员会】

（1）依托中电联和中国贸促会专业优势，打造行业贸促服务链条。加强与中电联及中国贸促会各专业部门合作，在社会信用体系建设、企业产品认证、营商环境监测、企业合规与风险防范等方面积极对接，打造电力行业“走出去”贸促服务链条。

（2）积极加强信息服务工作。配合中电联国际部撰写《国际电力发展报告》，对日本、法国、巴西等13个国家国别信息进行搜集分析，为企业“走出去”提供实效服务；加强电力贸促会门户网站及微信公众号建设和维护工作，对门户网站完成系统维护和升级，优化了部分栏目页面。加强微信公众号文章推送力度，增强了行业信息传播的针对性和及时性。

（3）成功举办第十二届上海国际电力设备及技术展览会。由中电联、国家电网公司和南方电网公司联合主办，于11月6日在上海新国际博览中心开幕。能源主管部门领导、有关行业协会、电力企业和设备制造企业等代表近500人出席了开幕式。展览总面积超过5万m^2，有25个国家和地区超过1000家企业参展，参观观众达3.7万余人次，均创历史新高。展会同期还举办了泛在电力物联网论坛、电力需求侧管理创新高峰会、输变电工程三维设计发展论坛等十余场专业论坛和新品发布会。

（4）组织企业参加第24届世界能源大会。作为大会中方唯一组织单位，电力贸促会积极组织能源电力企业参加于9月9～12日在阿联酋阿布扎比举办的第24届世界能源大会。由国家电投、中核集团、上海电气、哈电集团、特变电工、华为、中建材浚鑫组成的“中国国家展区”作为本届大会除阿联酋及沙特外的第三大国家展区，以充实的展示内容、创新的展示理念吸引了来自各国和地区的与会代表及观众的关注。阿联酋能源与工业部副部长马塔尔·哈米德·尼亚迪、中国国家能源局副局长林山青、中国驻阿联酋大使倪坚专程到中国展区巡展。据不完全统计，到访中国国家展区的参观观众超7000人。

（5）完成2019中国—东盟电力合作与发展论坛暨电力工业展。论坛于9月20日在广西南宁召开，以“‘一带一路’引领中国—东盟电力合作新机遇”为主题，针对中国和东盟能源国际合作机制、“一带一路”沿线国家清洁能源发展前景、区域能源互联等相关议题展开交流讨论，促进了中国和东盟各国实现多层次、多领域能源合作。广西政府副主席费志荣、国家能源局监管总监李冶、南方电网公司副总经理毕亚雄、中国华能副总经理王敏等领导出席了论坛，论坛参会人数共300余人，其中来自越南、印尼、老挝、柬埔寨、菲律宾等东盟地区国家代表100余人。论坛同期举办的电力工业展展览面积超过7500m^2，南方电网公司、中国华能、中国大唐、中国华电、国家电投、中核集团和中广核等多家大型能源企业参展。

（6）举办2019中国国际清洁能源博览会暨中国智慧能源产业峰会。9月4～6日，为期三天的2019中国国际清洁能源博览会暨中国智慧能源产业峰会（CEEC2019）在杭州国际博览中心举办。博览会以“清洁能源融合发展”为主题，吸引了150家企业参展，展出面积近20 000m^2，参观人数逾30 000人次，同期召开了10余场的专题会议，邀请到180余位专家发言，近3000位参会代表出席会议。

（7）组织企业加入中瑞智能电网技术委员会中方委员会，召开中瑞智能电网技术论坛。10月14～15日，国家能源局与瑞典基础设施部在北京共同主持召开了中瑞能源工作组第二次会议，并成立了中瑞智能电网技术委员会，中电联为中方主席单位，ABB为瑞方主席单位。受国家能源局和中电联委托，电力贸促会组织相关企业加入中瑞智能电网技术委员会中方委员会，成员包括国网电动汽车公司、南网电动汽车公司、国网节能公司、金风储能、工业领域电力需求侧管理促进中心等10余家企业和机构，并与瑞方来访的智能电网企业共同召开了中瑞智能电网技术论坛，推动了中瑞双方在智能电网、电动汽车和储能等技术领域的交流合作并创造商业机会。

【中国电力思想政治研究会】

（1）深入学习贯彻习近平新时代中国特色社会主

义思想。加强政研会政治学习，突出学术性、研究性功能，充分用好平台的联系纽带作用，把深入学习贯彻党的十九大精神作为首要政治任务抓紧抓实抓好。按照党中央主题教育工作的部署，结合电力政研会的研究性特点，加强政治学习，充分发挥交流、培训职能，于6月开展了第一期电力行业企业“不忘初心、牢记使命”主题教育培训；9月，开展了电力行业企业“新时代、新思想、新实践”为主题的第二期培训。两次活动均取得了良好的培训效果，得到了会员单位的一致认可和好评。

（2）强化管理水平。规范管理，按照民政部、国资委协会党建局要求，电力政研会依法、规范地完成了本次换届后的各项审批工作，3月7日正式取得民政部颁发的社团负责人备案、法定代表人变更和章程核准通知书，为新一届理事会的规范管理奠定了良好的基础。按照民政部、国资委关于新形势下社会组织管理有关规定，梳理基础信息，完成相关资料报送，有效促进工作开展。建立沟通联络机制，加强与相关政府部门、行业协会以及行业企业的沟通协调，扩大政研会影响力；主动为会员单位开展信息交互、课题研究、兼职领导报备等服务工作；及时做好会长办公会等重要会议、重要活动的组织服务与实施。

（3）稳步提升政研价值。进一步明确了电力政研会与中电联的协同协作关系。电力政研会是从事电力职工思想政治工作研究和企业与行业文化研究的专业组织，立足于“学术研究”，落地于电力职工的“思想政治工作”，目标是为凝聚行业力量提供支撑和保障。按照这样的定位，启动发展规划纲要编制，准确把握业务范围，确立了重点任务和发展目标，通过用好中电联大平台，强化政研会与中电联互相借力、发挥合力的协同作用，为电力职工服务、为会员单位服务、为电力行业服务、为社会服务，积极促进社会主义核心价值观融入职工精神文明创建、精神文化产品创作，积极促进培养能担当能源电力转型大任的时代新人，积极促进社会主义核心价值观转化为电力人的自觉行动。

（4）积极钻研课题：组织编制《电力政研会发展规划》进一步明确电力政研会功能定位、发展目标，逐年落实保障措施，打造5A级研究会，在行业内具备显著形象和重要地位。并开展配套课题《电力政研会工作导向及电力企业思想政治工作概况》的编写工作，面对新形势、新任务下对企业发展提出的新要求、新挑战，秘书处以问卷调查、培训满意度测评、专家座谈及交流、开展课题研究等各种方式，及时了解基层党建工作及电力职工思想状态，探索有效发挥党建思想政治工作作用的新路径、新对策，提高对当前电力行业企业的服务诉求以及电力企业思想政治工作开展现状的认识和研究，找准企业在思想政治工作开展当中的重点和难点问题，为电力政研会开展下一步工作以及为企业提供相应的辅助和指导做好准备。

（5）发挥“智库”作用：积极组织优秀研究成果参与中国政研会2018年度评审。“学术研究”是政研会的基本功也是基本业务。秘书处集聚和联合广大会员单位的力量，组织开展党建思想文化工作创新研究，总结、征集各会员单位开展企业党建思想政治工作和企业文化建设创新案例，筛选出50余篇有深度、有分量、有价值的研究成果，择优推荐参与中国政研会申报、评审工作。

（6）塑造品牌形象。为进一步扩大政研会的影响力，提高信息的时效性，完成电力政研会微信公众号建设工作，并逐步设计完善公众号的版块及内容设置，实现微信公众号的运营目标。策划推进以电力政研会第七届理事会负责人谈党建为主的专刊《思想的火花——全国电力行业党建思想政治工作论文专刊》，并于5月启动了副会长单位约稿工作，并征集到了多家单位的稿件。

（7）明确发展路径。11月，召开了2019年秘书长办公扩大会议，会议总结了电力企业党建政研工作的经验，探讨交流了新形势下国有企业党建政研工作新理念和新路径。

【中国电力文学艺术协会】

（1）组织召开了2019年中国电力文学艺术协会主席团扩大会议。3月29日，在北京召开了2019年中国电力文学艺术协会主席团扩大会议。会议传达了中国文联十届全国委员会第四次会议精神。对庆祝新中国成立70周年文艺活动做了安排部署。

（2）组织举办了“庆祝新中国成立70周年全国电力行业职工文艺汇演”以及系列美术、书法、摄影、集邮等专项展览。9月19日，在北京华北电力大学举办了“壮丽70年·奋进新时代”庆祝新中国成立70周年全国电力行业职工文艺汇演及系列展览活动。本次活动由来自电力行业的14家单位参加。电力职工用嘹亮的歌声、优美的舞姿、动人的旋律和澎湃的激情欢庆新中国华诞，以系列书法、美术、摄影、集邮作品展览讴歌新时代、礼赞新中国。

（3）组织举办了全国电力职工美术作品展览。9月26日，中国电力文学艺术协会、中国电力美术协会在广州南方电网公司联合举办了“庆祝新中国成立70周年”全国电力职工美术作品展览。展览生动展现了新中国成立70年来波澜壮阔的强国征程和举世瞩目的沧桑巨变，展现了中国电力行业改革发展的丰硕成就，展现了广大电力职工在伟大历史进程中筑梦圆梦的生动实践。展览展出近200幅作品，以中国画、油画、版画、水彩画等为主，涌现出不少精品佳作。

南方电网公司工会等12家单位获评展览优秀组织奖。

(4) 组织举办了《见·行》中国电力70人专题摄影作品展览。11月8日，由中国电力文学艺术协会、中国电力摄影家协会联合举办的《见·行》中国电力70人专题摄影作品展在丽水隆重开幕。参加展览活动的有来自全国电力行业各单位的摄影骨干和《见·行》中国电力70人专题摄影作品展的参展摄影师共计200余人，共收到354位作者的867组专题摄影作品。

(5) 组织举办了“壮丽中国 辉煌电力”第六届全国电力书法“道融丰杯”作品展览。10月18日，由中国电力文学艺术协会、中国电力书法家协会联合举办的“壮丽中国 辉煌电力”第六届全国电力书法“道融丰杯”作品展览在中国能源建设集团举办，各大电力集团、各省电力书法协会、获奖单位和个人代表近300人参加上午的开幕仪式。经过专家委员会严格评审共198幅书展作品参加了展览。

(6) 组织召开了新中国成立70周年电力行业庆祝活动总结表彰大会暨电力文协2020年工作会议。12月20日，在京召开了新中国成立70周年电力行业庆祝活动总结表彰大会暨电力文协2020年工作会议。会议总结2019年工作，安排部署2020年重点工作任务，并对在庆祝新中国成立70周年全国电力行业职工文艺活动中做出突出贡献的单位进行表彰。授予国家电网有限公司工会庆祝新中国成立70周年全国电力行业职工文艺汇演突出贡献奖；分别授予中国南方电网有限责任公司工会等单位庆祝新中国成立70周年全国电力行业职工文艺汇演优秀组织奖。

科研、教育与新闻出版

科　研　机　构

【中国电力科学研究院有限公司】

单位概况　中国电力科学研究院有限公司（简称中国电科院）成立于1951年，是国家电网公司直属科研单位，是中国电力行业多学科、综合性的科研机构，主要从事电力系统分析与保护、自动化与信息通信、高电压与输电线路、配用电与计量、新能源与电工、人工智能等技术领域的研究，研究范围涵盖电力科学及其相关领域的各个方面。建有“国家级、省部级、公司级、院级”四级实验室体系共58个实验室，其中包括3个国家重点实验室、3个国家工程实验室、3个国家能源研发中心。拥有2个国家级、13个电力行业质检中心和1个认证机构，是国家高电压计量站、国网计量中心的依托单位。承担1个IEC（国际电工委员会）技术委员会主席单位工作，3个IEC技术（分）委员会、16个全国标委会、15个行业标委会、9个中电联标委会的秘书处工作。

2019年，中国电科院获国家电网公司及以上科技奖励221项，获专利授权404项（其中发明专利367项），发表科技论文445篇，出版科技专著45部，登记软件著作权227项，承担的210项标准获批发布，全年技术服务满意率100%。2019年企业负责人业绩考核排名居运营保障板块首位。

人力资源　截至2019年底，中国电科院直签员工1930人，其中：博士研究生388人，硕士研究生1202人；正高级职称235人，副高级职称873人；平均年龄37.4岁；人才当量密度1.3404。拥有中国科学院院士2人（其中双聘院士1人），中国工程院院士4人（其中双聘院士2人），国家级有突出贡献的中青年专家2人，中央直接联系的专家3人，“百千万人才工程”国家级人选3人，“万人计划”科技创新领军人才4人，“万人计划”青年拔尖人才1人，“创新人才推进计划”中青年科技创新领军人才3人，重点领域创新团队1支，享受国务院政府特殊津贴的专家19人，国家电网公司科技领军人才7人，国家电网公司专业领军人才18人，国家电网公司优秀专家人才62人，国家电网公司优秀专家人才后备71人，中国电科院首席技术专家5人，中国电科院高级技术专家26人，中国电科院优秀技术专家77人，中国电科院资深技术专家6人。

经营管理　“放管服”改革初见成效。完成改革事项98项，整改、落实基层单位意见建议118项，制修订制度、文件24项，编制、优化流程69项，新建、调整信息系统18个。建立首问负责制与跨部门协同机制，推行集中投标模式。在院章审批、成果鉴定采购、项目类会议审批、合同管理、物资管理等业务领域，管理效率提升30%～70%。

人财物管理。实施岗位分红、能源互联网建设专项奖励等激励措施，岗位分红经验得到国资委宣传并呈报国务院。实施全口径劳动用工总量管理。制订2019—2021年资本运营战略规划。现金流“按日排程”系统上线应用，推进多维精益管理建设。开展往来账款清理专项工作，清理拖欠民营企业逾期账款。推进框架协议（电商专区）采购。完成科研楼办公用房腾退、优化调整工作。

基础管理。部署攻击溯源等网络安全防护系统。推进已有专业信息系统整合应用。完成安全责任清单编制、宣贯，责任到岗到人。获得中国安全生产协会第一届安全科技进步二等奖。科技研发中心工程获“国家优质工程”奖，电网环保国重实验室获“湖北省结构优质工程”奖。《High Voltage》被SCI数据库收录。实现全院学术期刊集群全部进入核心。完成荣誉（名人）档案展陈室建设。建立合同全周期管理系统并上线试运行。11个家属区“两供一业”分离移交有序完成。加快智慧后勤建设。连续4年获北京市诚信企业称号和信用3A评级。

科技创新　重点学科布局。开展学科建设与业务发展规划。完成首批重点学科遴选，强化优势专业，补足薄弱和新兴学科（技术）短板。成立电力系统非常规状态研究中心，贴近电网实际需求加大问题和对策研究力度。中国人工智能学会智慧能源专业委员会正式成立，推动人工智能技术在电力领域的深度融合应用。

重要技术路线。电力系统分析与保护技术领域，ADPSS技术攻关取得突破，实现西北电网带7回直流控保装置的实时数模混合仿真。完成特高压GIL（气体绝缘输电线路）—架空混合线路保护装置研发。自动化与信息通信技术领域，完成调控云平台体系架构及关键技术研发并常态化应用。完成电力现货市场技术支撑系统研发并试点应用。完成具有自主知识产权的电力通信网仿真优化系统研发与落地试点验证。高电压与输电线路技术领域，攻克1100kV交流GIL关键技术，建成全球首个地下跨江隧道输电的苏通GIL综合管廊工程。研制输电线路舞动智能监测装置并推广应用2000余套。配用电与计量技术领域，研制国内外首批高功率密度高效率即插即用灵活并网装备。完成具有自主知识产权的电动汽车充电设施云检测系统设计与研发。研制新一代智能电能表和模组化采集终端。研制新一代高准确度工频电压比例标准装置。新能源与电工技术领域，建立新能源基地经特高压直流送出系统的数模混合仿真平台。研制 10kV/2MW 中压直挂式储能系统样机。研制新一代储能监控与能量管理系统 EMS-100。人工智能技术领域，利用大数据分析和自然语言处理技术实现对国家电网公司科研系统的智能查重，基于云边协同的电力智能自主巡检系统得到推广。基础研究领域，在国际上首次完成通用谐波模型的建立并确立了解析方法，为电网谐波源分析奠定了理论基础。

科研管理。制定进一步加强科技创新工作的 10 方面 26 项举措，加强创新体系、创新机制及成果培育能力建设，推动提升科技创新活力。在 14 个业务单位实施“项目负责人制”，创新设计“柔性”项目团队矩阵式考核评价模型，赋予科研人员自主权。牵头获批 2 项国家重点研发计划项目，首次获批人工智能和国际科技创新合作领域国家重点研发计划项目。完成智能电网领域首个国家技术标准创新基地筹建任务。

科研生态体系建设。参与国家电网公司与清华等 4 家大学联合研究机构建设，同 2 家单位签订战略合作协议，同 27 家院校开展科研合作。拓宽实验资源开放共享的深度和广度，8 个国家级、22 个公司级实验室纳入公司实验室资源开放共享网络平台。参加国内外学术交流并作主旨报告，主办泛在电力物联网智能感知技术论坛，承办“世界标准日・国家电网主题活动”，举办 7 期中国电科院讲坛和第三届青年科技论坛，提高学术影响力。

支撑服务 支撑大电网安全运行。开展特高压交直流套管、换流变压器有载分接开关隐患排查及消缺。首次统一开展电网规划和运行方式计算分析。完成±1100kV 昌吉—古泉等“两直三交”特高压工程、渝鄂背靠背等重点工程和巴西美丽山二期特高压直流工程项目的系统调试。完善特高压设备质量管理组织体系、制度体系和考核评价体系。

关键核心技术攻关。聚焦新能源消纳、大电网安全稳定、可调节负荷深化应用、综合能源与储能利用、电力市场创新运营五大方向开展重点专题研究。加快空天地一体化通信网络系统、5G 网络、公司级源网荷储协同等 9 项能源互联网关键技术和基础设施研究，提出泛在电力物联网建设技术解决方案。开展新一代调控系统支撑平台与应用场景研发，推进营配终端融合、国产芯片替代、二次系统优化调整、特高压套管、分接开关、智慧能源系统、电网防灾减震等关键技术研究，加快突破“卡脖子”技术瓶颈。

技术服务工作。完成 673 项技术服务项目，累计工作量 1045 人年。开展“十四五”能源电力规划研究。推动重要技术服务嵌入主营业务流程，建成并上线发布基建安全质量信息管控平台，建成先进配电系统供电可靠性综合提升技术实验室，国家电网商用密码管理中心在院挂牌成立。

支撑泛在电力物联网建设。支撑泛在电力物联网建设，全面规划六大业务体系。牵头开展泛在电力物联网技术标准研究，组织完成 21 项标准编制报批。研究提出泛在电力物联网建设评价指标体系。申报行业级“泛在电力物联网标准化工作组”。发布泛在电力物联网感知技术框架与应用布局。支撑国家电网公司综合能源、智慧物流、数字基建、新能源云等先行先试工程。全力推进双创中心建设，引进首批中小微企业和创客团队入驻签约。

成果转化 完成 53 项成果转化，结算技术许可费 3.05 亿元。“高速电力线载波通信芯片”“配电智能终端”等 3 个重点项目许可费收入达 1.9 亿元。分红项目出库率达 90%，占国家电网公司出库项目总数 80%。试点专业导师团队辅导机制，4 项“杀手锏”技术形成转化意向。

检验认证 检测认证业务全年新签合同额达 10.8 亿元，出具报告约 2 万份，在线自动生成出具结果报告占比达 70%，新发放认证证书 53 份。拓展光伏发电等 5 个领域检测资质。3 个项目获得 CNAS PTP（中国合格评定国家认可委员会能力验证提供者）认可资质。

国际化工作 葡萄牙研发中心稳健运营，获得中葡两国科技部部长高度评价。为巴西美丽山二期、巴基斯坦默拉直流、土耳其凡城背靠背直流等重大工程提供技术支持。协助国网巴控公司、CPFL 公司编制 5 年科技规划。主导发布 4 项、立项 7 项国际标准。参加 2019 年国际青年能源论坛课题设计竞赛并获冠军。3 人获得 IEC 1906 奖。1 人成为 2020 年度国家电网公司唯一派驻国际可再生能源署派驻官员。

党的建设 主题教育。强化理论武装，开展“不忘初心、牢记使命”主题教育，学做结合、查改贯通，院所两级 467 个问题陆续整改。成立首个海外工程调试临时党支部，组建重点工作党员突击队，把组织落在项目，把支部建在一线，推动党建与业务紧密结合。评选 6 类党建专业标杆，推行党支部标准化、规范化建设，党建基层基础得到夯实。

文化建设。策划弘扬科学家精神的专题新闻传播和王平洋名人档案展览。举办职工文化成果展示活动、最美国网人先进事迹报告会。参加国家电网公司“青创赛”，获金奖 2 项、银奖 2 项、铜奖 3 项。

成立劳模创新工作室、开展“奋斗的青春最美丽”等工团活动，组织职工疗养，落实离退休老同志“两项待遇”。

队伍建设。召开本部员工大会，围绕加强“六个建设”、提升“六个能力”，制定加强本部建设 16 项重点工作 64 项措施。引进国家海外高端人才 1 人、2 人入选国家“万人计划”科技创新领军人才、3 人入选中国电机工程学会会士，评选出 84 名院级技术专家。选拔任用优秀年轻干部，打造高素质专业化干部队伍。落实研究生导师立德树人职责，提升研究生培养质量，在 2019 年中国研究生数学建模竞赛中获得一等奖。

党风廉政建设。制定领导班子成员党风廉政建设履责要点，开展廉政约谈和报告。加强风险识别防控监督、协同监督和专项监督，构建大监督格局。实现内部巡察全覆盖，梳理分析内外部检查发现问题并提出改进管理建议，开展廉洁警示教育，营造风清气正的良好政治生态。

2019 年，中国电科院获评国资委“深化人才发展体制机制改革示范企业”。周孝信、郭剑波两位名誉院长获“国家电网有限公司科技功勋人物”称号。丁玉剑获“中央企业劳动模范”称号。雷民、刘亚东获国家电网公司“劳动模范”称号。徐英辉、蒲天骄获 2019 年度中国电力年度科技人物奖“优秀科技工作者”称号，唐晓骏获“优秀青年科技人才”称号。易俊等 3 人获 2019 年度中国能源研究会能源创新奖“优秀青年能源科技工作者”称号。冯双磊当选中国青年科技工作者协会第六届理事会理事。电力工业电气设备质量检验测试中心党委获公司“红旗党委”称号，新能源研究中心电力气象模拟与应用党支部获国家电网公司“电网先锋党支部”称号，安宁等 3 人获国家电网公司“优秀共产党员”称号，覃剑获国家电网公司“优秀党务工作者”称号，王华伟获国家电网公司“最美国网人”称号，陈宋宋获国家电网公司“杰出青年岗位能手”称号。

（鲁笑笑）

【南瑞集团有限公司（国网电力科学研究院有限公司）】

单位概况 南瑞集团有限公司（国网电力科学研究院有限公司）［简称南瑞集团（国网电科院）］是国家电网有限公司直属科研产业单位，实行“两块牌子、一套班子”一体化运行管理，是支撑保障国家电网安全稳定运行的中坚力量，是中国能源电力及工业控制领域卓越的 IT 企业、国际知名的智能成套装备及整体解决方案提供商，业务涵盖电力系统自动化、信息通信、电力电子、智能化电气设备、发电及水利自动化、轨道交通及工业自动化等领域。

南瑞集团（国网电科院）是国家科技部设立的“国家电力自动化工程技术研究中心”和国家发展改革委设立的“电力系统自动化—系统控制和经济运行国家工程研究中心”的依托单位，拥有“智能电网保护与运行控制”国家重点实验室，是第二批国家创新型企业、国家火炬计划重点高新技术企业和国家认定企业技术中心。2019 年，南瑞集团（国网电科院）连续八届进入中国软件业务收入前十名，连续十三届成为中国十大创新软件企业，连续八届荣获中国软件和信息服务业十大领军企业。

领导班子

董事长、党委书记：冷俊

董事、总经理（院长）、党委副书记：张建伟

董事、党委副书记、副总经理（副院长）：胡江溢

副总经理（副院长）、党委委员：吴维宁

职工董事、党委委员、工会主席：丁海东

总会计师、党委委员：夏俊

副总经理（副院长）、总工程师、党委委员：郑玉平

副总经理（副院长）：闵涛

党委委员、纪委书记：张国辉

党委委员、国电南瑞科技股份有限公司总经理：郑宗强

副总经理（副院长）：张贱明

组织机构 南瑞集团（国网电科院）下设 15 个职能部门、6 个支撑部门、南瑞研究院和 5 个事业部，拥有 67 家产业公司，包括国电南瑞、置信电气（股票代码 600406、600517）两家科技型上市公司。在江苏、北京、上海、湖北、广东等 13 个地区建有研发和产业基地，在巴西、印尼、美国、泰国等 18 个国家设立了海外子公司及办事处，产品和服务遍及全球 100 多个国家和地区。

人力资源 截至 2019 年底，南瑞集团用工总量 17 618 人，员工平均年龄 35.6 岁。其中，职工 9694 人，外籍员工 111 人，社会化用工 7813 人；硕士博士 4870 人，本科及以上占比 76%；高级专业技术资格 2011 人，中级及以上专业技术资格占比 36.27%。获得国家电网公司级及以上人才称号共 162 人次。其中国家级人才 54 名，包括中国工程院院士 2 名、国家有突出贡献中青年专家 8 名、国家重大人才工程人选 4 人、“百千万人才工程”国家级人选 11 名、享受国务院政府特殊津贴专家 26 名、“创新人才推进计划”中青年科技创新领军人才 2 名、全国青年岗位能手 1 名；国家电网公司级（含省部行业级）专家人才 1088 名，包括国家电网公司科技领军人才 3 名、专业领军人才 18 名、优秀专家人才 8 名、青年岗位能手 6

名，以及省部行业级有突出贡献中青年专家、科学技术带头人等73名。现有博士研究生导师9人，硕士研究生导师194名。

科技创新 研发世界首套电压等级最高、容量最大的±1100kV特高压直流换流阀及控制保护系统。研制基于国产芯的工控计算平台和“瑞盾”安全操作系统，在国内率先实现自主可控的10～500kV全类型继电保护装置挂网运行。完成新一代调度自动化、配电物联云主站、调控云系统核心功能开发，研制基于国产芯的配电变压器融合、边缘物联代理等新型智能终端。突破电力现货市场闭环控制等关键技术，支撑甘肃、浙江等地实现结算运行。研发行业首套全场景变电站智慧消防系统。研制能源控制器、能源路由器、智慧能源服务系统与智慧车联网平台等全系列智能用电产品，并实现示范应用。实施西南交直流电网、渝鄂异步联网等系统安全在环实验验证，完成浙江精准切负荷系统投运。支撑全国首座多站融合变电站、首座智能全感知变电站和首个配网网格边缘代理系统投运。完成张北柔性直流换流阀、直流断路器、控制保护等设备研制及出厂试验，支撑绿色冬奥工程建设。完成长江三峡坝区岸电实验区建设。

全年43项科技成果通过鉴定，其中32项国际领先。获国家电网公司及省部级以上奖励81项，其中国家级3项。牵头制修订国际标准14项，国家、行业、公司标准84项。荣获国家知识产权示范企业称号。“紫金论电”国际学术研讨会纳入中国工程院国际工程科技战略高端论坛。南瑞集团主办的中文期刊《电力系统自动化》和英文期刊《Journal of Modern Power Systems and Clean Energy》（简称MPCE）均入选“中国科技期刊卓越行动计划”，其中MPCE入选重点期刊类项目，是电力能源领域唯一入选期刊。

产业发展 加快产业升级。拓展海上风电、综合能源服务、智慧消防、智慧水务、港口岸电、储能等新兴产业，打造新的效益增长点。合资组建南瑞联研半导体有限责任公司，合资设立国网瑞嘉（天津）智能机器人有限公司。支持国家电网公司金融资产重组，置信电气持续保持良好发展。参股武汉左岭、重庆长耀、唐山德宁等增量配电公司，投资2亿元参股国家电网公司“科技成果转化基金”。南京江宁基地5～8号楼、倒班楼基本建成，武汉未来城项目完成勘察和初步设计，国家电网公司（常州）电气设备检测中心二期投运。

加强营销服务。成立营销服务中心，推进营销服务一体化，强化客户服务统筹管理。合同总额稳步增长，合同结构持续优化。签约调度自动化、新一代配电自动化、网络安全监测、港口岸电等重大项目。中标南网首套低压可视化、贵州电力市场现货交易等项目，落地13个海上风电二次总集成、7条轨道交通综合监控、乌东德水电站监控系统、青海引大济湟工程总包、南通滨江220kV GIL等重大项目。

国际业务稳步推进。乌干达、肯尼亚公司投运，签约希腊STATCOM、埃及开罗区调、巴基斯坦稳控供货以及泰国、巴西变电站建设项目，中标沙特AMI智能用电项目。支撑国家电网公司巴西美丽山二期±800kV直流输电工程投运。控制保护等产品通过53项国际认证测试。获得国电南瑞科技股份有限公司和国电南瑞南京控制系统公司CMMI5、信通科技安全集成一级、南瑞集团涉密信息系统集成甲级等18项资质。

经营管理 强化顶层设计，优化事业部功能定位和核心职责。完善集团法人治理结构，建立董监事会常态化运行机制。完成多维精益管理体系上线运行、商旅平台全面应用，编制三年资本运营规划。实施内部审计177项。建设智慧物联数据中心。成立人资服务中心，集约规范社保、招聘、职称等事务性工作。增设职员职级序列，构建干部、专家、职员三通道发展路径。承接国家电网公司两批“放管服”事项61项，制订规章制度65项。完成职工家属区“三供一业”分离移交工作。加强安全质量管理，完善安全责任体系，发布集团首个质量管理企业标准，产品质量安全保持良好态势。首获“全国优秀QC小组”称号，质量管控典型经验获全国电力行业质量创新成果一等奖。

党的建设和精神文明建设 推进从严治党，完成“不忘初心、牢记使命”主题教育。推进“旗帜领航·三年登高”计划，落实党建工作责任清单，实施“党建+”工程。深入查纠形式主义官僚主义，推进“抓整改、除积弊，转作风、为人民”专项行动。加强干部队伍政治建设，实施激励干部担当作为20条意见，调优基层单位班子配备，组织18期次干部轮训，选派15名干部培养锻炼，加大关心关爱力度，激发干事创业热情。

加强思想文化建设。开展庆祝新中国成立70周年等正面宣传引导和主题传播。推进国家电网公司优秀文化情感认同和行为转化，传承弘扬南瑞特色基因。实施职工关爱“十件实事”，建成职工室内活动中心。南瑞集团获评江苏省文明单位，1个单位获中央企业先进集体，1个党支部获中央企业先进基层党组织。新增国家级人才2人次、省部级人才7人次，1人获全国五一劳动奖章、2人获省级五一劳动奖章，1人获国网特等劳模、1人获“国网楷模”、2人获“最美国网人”称号。

主要事件

1月8日，南瑞集团承建的张北县100MW光伏发电扶贫项目投运。

1月22日，南瑞集团第三届职工代表大会第一次会议暨2019年工作会议在南京召开。

1月23日，南瑞集团获得“2018年度信息系统集成及服务行业大型骨干企业”称号。

2月19日，江苏省委常委、南京市委书记张敬华到南瑞集团调研并召开全市工业经济座谈会。

3月12日，国电南瑞（600406）股票市值首破千亿。

3月18日，国务院国资委秘书长彭华岗到南瑞集团调研。

3月26日，中共柳州市委书记、市人大常委会主任郑俊康一行到南瑞集团考察交流。

3月29日，江苏省总工会党组书记、副主席朱劲松一行到南瑞集团调研交流。

5月31日，南瑞集团牵头承担的国家863计划先进能源技术领域“新型太阳电池、组件和系统部件技术”项目通过验收。

6月20日，南瑞集团主办的英文期刊《Journal of Modern Power Systems and Clean Energy》（现代电力与清洁能源学报）入选全球电气与电子工程领域期刊百强。

6月28日，南瑞集团入选2019中国软件和信息技术服务综合竞争力百强企业，位列第12名。

8月17～18日，由中国电机工程学会指导，国网电科院（南瑞集团）、智能电网保护和运行控制国家重点实验室共同主办的第四届“紫金论电”——智能电网保护和运行控制国际学术研讨会在南京召开。

8月28日，南瑞集团荣获“2019年度中国十大创新软件企业”称号。

9月24日下午，湖北省副省长曹广晶一行赴南瑞集团下属单位武汉南瑞数据中心视察调研。

9月28日，南瑞集团获评“2019年江苏省引才用才成效显著单位”。

10月17日，南瑞集团承办2019世界智能制造大会工控安全与智能电网高峰论坛。

10月19日，中国电机工程学会在南京对南瑞集团24项科技成果组织鉴定。17项成果整体国际领先，7项成果整体国际先进、部分技术国际领先。

12月6日，南瑞集团获评“2019中国软件和信息服务业十大领军企业”。

12月17日，“紫金论电”纳入中国工程院2020年度国际工程科技战略高端论坛。

（杨丽萍　马　飞）

【国网经济技术研究院有限公司】

单位概况　国网经济技术研究院有限公司（简称国网经研院）是国家电网公司电网规划和工程设计技术归口单位，为国家电网公司电网发展提供技术支撑和智力支持，承担电网规划、重大工程设计、项目评审、技术经济及相关标准研究和制定工作，对省级经研院、地市经研院（所）进行业务指导，归口协调外部设计单位，具有工程勘察、设计、咨询三个甲级资质，是国家发展改革委认定的承担国家委托投资咨询评估任务的咨询机构。

国网经研院拥有国家能源特高压直流输电工程成套设计研发（实验）中心、大电网规划与量化分析实验室、电网工程技术经济实验室、电网工程航空遥感与线路智能巡检联合实验室、直流输电实时仿真实验室、工程设计评审平台6个国家和公司级实验室（平台），具备规划、设计、评审核心业务能力，形成覆盖特高压交直流、配电网、控制保护和信息通信等专业齐备的业务体系。全院设有6个职能部门、9个业务部门、1个子公司（北京网联直流工程技术有限公司设备监造中心）和1个分公司（徐州勘测设计中心）。

人力资源　截至2019年底，全院用工总量500人，硕士、博士学历人员占比67.6%，高级职称以上人员占比52.4%，拥有2名“新世纪百千万人才工程”国家级人选，5名享受国务院政府特殊津贴专家，各类国家级注册师134人。实施“三项制度”改革，完善激励约束机制，向63人首次兑现岗位分红激励374万元，向273人次兑现科技成果奖励94万元；畅通专家评聘和职能序列通道，65人获得职级晋升，4名处级领导人员调整至职员职级序列。加大人才培养力度，推荐1名年轻干部、2名青年员工到国家电网公司总部培养锻炼，1名员工到蒙东经研院东西帮扶。

经营管理　2019年，国网经研院各项工作和业绩指标完成情况良好，企业负责人业绩考核获国家电网公司A级评价。完成“甲级设计资质”延续注册，取得高新技术企业证书，与国网河北电力、国网甘肃电力、清华四川能源互联网研究院等单位签订战略合作协议。加强精益管理，构建“会计科目＋管理维度”信息记录和反映体系，实现制造费用在线自动分摊，解决科研项目“以预代决”、研发支出无法加计扣除等问题。争取财税优惠政策，通过各项措施累计享受减税红利1459万元。建立合规管理体系，开展“关联交易、靠企吃企”专项治理、单一来源采购和“三金一款”自查自纠，完成1878项应关未关项目清理。落实基层减负22条具体措施，简化财务报销、采购管理、档案管理工作流程，解决徐州中心视频系统收听收看问题。加强经研体系建设，召开支撑国家电网公司能源互联网建设工作座谈会，增设电力系统自动化专业委员会。

电网规划　支撑国家电网公司贯彻落实党中央、

国务院重大决策部署，编制雄安新区世界一流能源互联网实施方案，完成福建—金门/马祖电网联网、川藏铁路供电、西藏电力供应保障、北方地区“煤改电”“三区三州”电网建设等重大技术方案论证。按照电网规划“三级编制、两级评审”要求，支撑华北、华东、华中、西北、东北、西南6个区域电网规划研究，完成区域电网规划评审和华北—华中联网加强方案、华东电网最大受电能力等重大专题论证，编制《国家电网发展规划（2019年修订版）》。完成晋北、晋中等6项特高压工程预可研。聚焦配电网高质量发展，牵头开展北京城区、江苏南京等33个大型供电企业城市电网规划编制任务，完成北京冬奥会配套电网规划评估，编制国家电网公司《配电网规划评估指导意见》。服务国家电网公司“放管服”改革实施，完成国家电网公司《配电网规划管理规定》修编。适应电力物联网建设需求，修订公司《通信网规划设计导则》，完成国家电网公司“十三五”通信网规划滚动修编。

工程设计 落实可研设计一体化管理要求，牵头开展特高压及重点工程13项可研、11项初设和15项施工图设计，完成23项工程环水保验收，推动雅中—江西工程取得核准，服务准东—皖南、苏通GIL综合管廊、渝鄂背靠背等工程建设投运。完成张北柔直工程全部3451项控制保护联调试验项目，解决重大技术问题152项。支撑本质安全电网建设，提出特高压变电站、换流站消防提升措施和标准化设计方案，开展分接开关故障仿真分析。强化设备监造质量管控，牵头研究柔性直流设备可靠性提升、换流变压器防爆和绝缘试验重大专题，完成126台（套）变压器、电抗器等特高压主设备监造，消除隐患150项。中标江苏如东、射阳国家首批海上风电柔性直流送出工程成套设计和设备监造任务，实现收入1.33亿元。完成北京光环网等10项通信工程设计。牵头设计的榆横—潍坊、扎鲁特—青州2项工程获国家优质工程金奖。

数字化信息化建设 完成工程数据中心建设，实现总部和27家省公司统一部署，批量发布5000余个三维数字模型，推送入库34项输变电工程数字化成果，实现设计、基建、运检各环节数据统一标准、共享共用。完善三维设计功能应用，将试点范围扩展至设计评审、施工图审查、环水保设计等领域。支撑国家电网公司电网数字化、智能化建设，完成“共享杆塔”“多站融合”技术导则和典型设计方案，参与“网上电网”、新能源云平台、基建全过程综合数字化管理平台建设，开展配电物联网、智慧物联体系、5G网络建设与运营等方案研究。

咨询评审 履行咨询评估“国家队”职责，完成国家发展改革委委托的云贵互联通道工程评估任务。参与国家能源局“我国2035、2050年可再生能源中长期发展战略”研究，联合中国工程院开展新能源与氢能产业发展规划研究。严格可研、初设技术方案和投资控制把关，全年累计完成各类评审485批次。完善配电网标准体系建设，修订10kV站房、架空线路典型设计方案，加大一、二次融合成套设备应用力度。健全公司资产全寿命周期管理评价标准体系，完成管理体系评价221家·次。落实规划可研、工程设计两阶段及土建专业技术监督职责，梳理解决各类技术问题3831项。围绕精准投资管控体系建设，完成电网投资策略及景气指数、投资规模优化方法、投资绩效评价指标体系等重点研究工作，支撑国家电网公司和各省投资计划编制。深化特高压及各电压等级工程造价趋势分析，完成电网项目全覆盖后评价及电气化铁路配套、生产技改等重点专项投资成效评估。完善电网建设计价依据，提出苏通GIL综合管廊安装工程取费标准，发布高海拔地区输变电工程通用造价。完成检修、营销、调度、信息系统四类资产标准成本测算，建立新一代标准成本体系。

国际业务 服务“一带一路”建设，优化中尼联网工程预可研方案。承担中韩联网工程可研和预成套设计，联合韩方开展方案比选。完成巴基斯坦电力市场联合研究。全过程支撑巴西美丽山二期工程建设，组织技术骨干常驻现场，完成双回直流联调试验和现场调试。深化土耳其凡城、巴基斯坦默拉工程成套设计和联调试验，配合开展设计审查、技术澄清和业主答疑，排查默拉工程设备监造隐患807项。承担阿联酋、希腊克里特岛柔性直流工程前期咨询。牵头组建IEEE能源互联网技术委员会工程综合效益评估工作组。

科研创新 新增承担国家级科技项目2项、公司级项目50项，新增专利14项，发表核心论文46篇。加快实验室建设，完成大电网规划与量化分析实验室、电网工程航空遥感与线路智能巡检联合实验室改造建设，启动智能变电站设计、信息通信规划设计实验室建设。攻克直流输电成套设计新技术，提出海上风电柔性直流送出、混合级联多端直流输电解决方案。承担国家标准化管理委员会雄安新区能源互联网标准化试点工作，牵头区域能源互联网标准化、高可靠性配电网标准化两项重点任务。主导编制的《1000kV交流变电站设计技术导则》《高压直流系统设计导则》国际标准发布实施。获批作为秘书长单位，组建成立中电联三维设计标委会。拓宽科技成果奖励联合申报渠道，4个项目分别获得北京、湖北、湖南等省部级科技进步奖。“中国智能电网2030”获国家电网公司软科学成果一等奖。《电力建设》综合排名上升至第9位，“能源转换与经济”国际期刊进入创刊冲刺阶段。举办首届经研论电创新发展学术研讨会。

党的建设 开展“不忘初心、牢记使命”主题教育，学做结合、查改贯通，一体推进4项重点措施，形成32项专项调研计划、72项对策建议，完成专项整治、边学边查边改、自查自纠等整改工作。深化党建“13345”工程，完成“旗帜领航·三年登高”创先争优年各项任务，树立政治思想建设、党员教育管理、企业文化建设3个标杆单位。加强党风廉政建设和反腐败工作，开展“抓整改、除积弊、转作风、为人民”专项行动，推进中央巡视反馈问题深化整改和漠视侵害群众利益问题专项整治。坚持党管干部、党管人才原则，围绕选拔任用、考核评价、教育培训、管理监督、奖励惩戒，组织制（修）订领导人员管理办法等6项制度，建立干部成长履职档案，增选35名副科级以上干部充实基层队伍。关心职工群众，建立董事长联络员制度，开通员工薪酬自助查询系统，协调解决红联村物业管理、春秋季学习修养等退休职工关心问题，为张北柔性直流工程现场调试提供车辆保障。完成企业文化展厅和职工书屋建设及首批院级企业文化示范点提升工作。举办“守正、创新、担当、奉献”等系列主题传播，在《人民日报》《国企党建》《中国电力报》等中央、行业核心媒体刊发文章20篇。2019年，4人次获评国家电网公司“劳动模范”“杰出青年岗位能手”“巾帼建功标兵”“最美国网人”称号，37人获评国家电网公司专业先进个人，1个部门获国家电网公司先进集体，18个团队获评国家电网公司专业先进集体。

（薛振宇）

【国网能源研究院有限公司】

单位概况 国网能源研究院有限公司（简称国网能源院）是国家电网公司的全资子公司，是国家电网公司从事软科学研究及重大决策咨询服务的直属科研单位，是国家电网公司的智库机构。

国网能源院围绕国家电网公司发展战略和核心业务开展研究，密切服务国家有关部门，主要从事能源电力行业战略规划、电力体制机制改革、企业战略与运营管理等领域的决策咨询，形成能源电力发展战略与规划、经济与能源电力供需分析、企业战略与管理、体制改革与电力市场、能源电力价格等优势专业。获得国家高新技术企业资格认定，是世界银行、亚洲银行注册咨询单位，入选成为国家能源局第一批研究咨询基地，博士后科研工作站已运转11年，连续3年入围“中国智库影响力排名”榜单。

组织机构 设职能部门5个：办公室（党委办公室，内设后勤服务中心）、科研发展部、财务资产部、党委组织部（人力资源部）和党委党建部（党委宣传部、纪委办公室、合规审计部、巡察办）。业务部门9个：企业战略研究所、能源互联网研究所、能源战略与规划研究所（科技项目咨询中心、《中国电力》杂志社）、经济与能源供需研究所、电网发展综合研究所、新能源与统计研究所、管理咨询研究所、财会与审计研究所和能源数字经济研究所。下属单位2个：国网人才交流服务中心有限公司和苏州城市能源研究院有限责任公司（国网能源院苏州分院）。根据国家电网公司党组决策部署，成立国网能源互联网经济研究院，与国网能源院一体化运作。

人力资源 截至2019年底，国网能源院在编员工293人，其中研究咨询人员220人，占比75%；博士153人、硕士122人，占比94%；高级职称人员159人；享受政府特殊津贴专家2人；国家电网公司专业领军人才10人；国家电网公司优秀专家人才3人。

2019年，录用高校毕业生32人，系统内外引进骨干人才1人；向总部输送人才2人；建立院士工作站和院级创新团队；新增工程入选者22人；新增正高级职称专家2人。组织线上科研英语培训1期，新员工培训4期，开展各类培训研讨100余次。

经营管理 承担项目和在线任务1535项；重大咨询建议被国家电网公司和政府部门采纳79项；报送专报内参165篇；向国家电网公司战略例会提供信息和成果161项；获得国家电网公司及以上等级研究奖项75项；在核心期刊和主流媒体上发表论文文章289篇；发明专利申请获授权3项、受理20项，取得软件著作权18项。连续第六年在国家电网公司企业负责人业绩考核中被评为A级。

交流合作。举办能源转型发展论坛，发布2019版《中国能源电力发展展望》《全球能源分析与展望》和系列年度报告，会议主要观点被新华社等主流媒体报道。与美国可再生能源实验室、德国能源署、国家发展改革委能源所等机构开展常态交流。与国网北京、冀北电力等6家系统内单位签订战略协议。组建特约高级专家委员会。组织专题演讲近百次，发表系列宣传文章。

智库发展。能源互联网经济研究院实现良好开局。与城市能源院研究合作日益深入，设计分公司运转良好，取得两个工程设计项目总承包资格。人才中心事改企进入收官阶段，职称评定、毕业生招聘等按计划完成。《中国电力》新增主办单位，入选中国科学引文数据库核心库。项目中心立项策划和组织管控能力增强。

管理提升。落实国家电网公司“放管服”工作部署，制定17项具体措施，及时调整规章制度和工作流程。试行专业技术岗位积分制，实施岗位分红。新版科研管理信息平台上线运行，推广应用商旅平台，启用内网移动办公终端。规范“三重一大”决策程序，制定党委会议议事清单。落实个税专项附加扣除。

课题研究 战略研究。优化分工协作，突出宏观研究与微观实践相结合，增强成果的实用性和创新性。配合修订国家电网公司新时代战略纲要，参与制定创建世界一流示范企业行动纲领。参与新能源云、多站融合、虚拟电厂、征信等平台建设和机制设计。

专报内参。建立信息快报、选题会商、联合撰写等新机制，开拓《值班报告》成果转化新渠道。报送能源互联网建设等《国家电网专报》57篇，经国家电网公司上报获得中央领导批示35篇，同比增长75%。报送“两个50%”等研究专报54篇、《国网内参》17篇、《值班报告》37篇。

深化改革。支撑国家电网公司深化改革方案研究制定。参与全国统一电力市场方案设计，配合编制现货市场行动计划，开展增量配电试点预评估。支撑新一轮输配电定价成本监审，测算电价交叉补贴水平。开展混合所有制改革研究，为国家电网公司编制相关方案提供咨询服务。开展“三项制度”改革研究，支撑公司“放管服”工作。

能源电力研究。聚焦能源电力中长期转型关键问题，参与电力电量平衡测算，支撑电网规划前期研究，协助编制抽水蓄能等子规划。配合研究推进山西能源革命综合改革实施方案。牵头开展储能接入电网相关研究，跟踪分析配额制、光伏扶贫等政策。参与起草可再生能源发电并网监管国家标准。系统分析国外大停电事故原因。

管理咨询研究。跟踪中美经贸摩擦动态，研判发展趋势。配合滚动优化国家电网公司三年规划，协助研究资本运营规划。参与制订国家电网公司质量提升行动计划，编写数字发展纲要。提出新形势下国家电网公司国际业务调整思路，开展国际经济法律问题研究。

服务政府。参与“十四五”能源电力规划前期研究，编制能源发展战略纲要，配合起草能源高质量发展实施意见。向国家能源局报送煤电峰值、电化学储能、可再生能源消纳等成果，为政策出台提供参考。承担清洁取暖中期评估。按照国家发展改革委要求，支撑编制农村能源革命行动指导意见，参与三代核电价格政策研究。承担国企创造力、“一带一路”国家投资环境分析等课题，获得国资委肯定。

党的建设和精神文明建设 党的建设。深学笃用习近平新时代中国特色社会主义思想，领导班子检视问题14项，全部完成整改。严肃开展党员民主评议。“旗帜领航·三年登高”目标实现，开展党建与智库建设融合实践活动。开展党支部书记委员培训。加强共产党员服务队建设，推进基层服务和共建交流。组织歌唱祖国主题宣传。

反腐倡廉。落实“抓整改、除积弊、转作风、为人民”专项行动要求。对照中央巡视通报问题开展自查自纠。实现党委本届任期内巡察全覆盖。按规定设置纪委办公室。开展党风廉政建设约谈和督导。更新经营管理禁止事项清单，编发反腐倡廉案例库，组织现场警示教育。

群团工作。完成职代会、工会委员会换届选举。落实关心关爱职工为职工办实事工作规划。组织首届“职工家庭日”活动。马莉、鲁刚分别获得“最美国网人”和国家电网公司劳模称号。举办运动会、篮球赛，组织职工长跑活动。完善提升“三家”功能。组织9批次职工疗养。设立职工诉求接待日。慰问离退休老同志和职工57人次。

（王珊丹）

【全球能源互联网研究院有限公司】

单位概况 全球能源互联网研究院有限公司（简称联研院）作为国家电网公司直属科研单位，重点围绕特高压、智能电网、清洁能源领域，以“原创、首创、独创，物化”为特征，开展基础性、前瞻性、战略性技术研究和信息安全技术支撑，致力于打造高端技术研发基地、高端人才培养基地、科技创新试验基地和重大成果输出基地，努力建成科技创新能力领先、管理水平一流的现代科技创新型企业，为国家电网公司建设中国特色国际领先的能源互联网企业提供服务支撑。

2019年，申请国内发明专利217项，获国内发明专利授权71项，申报海外专利19项；制修订国家、行业、团体、企业标准26项，发布国际标准5项；全年共获得各类奖项46项，其中：“铝合金节能输电导线及多场景应用”获国家科学技术进步二等奖，“模块化多电平换流器的阀基控制设备和方法”获第21届中国专利奖优秀奖，省部（行业奖）32项、国家电网公司奖12项，获IEEE国际论文奖6项。国家互联网应急中心授予联研院“工业控制领域网络安全应急服务支撑单位”；“高压直流输电技术与装备创新团队”获国资委“优秀科技创新团队”。

人力资源 设置6个职能部门、2个支撑部门，拥有直流输电技术、电力电子、电工新材料、信息通信、计算及应用、功率半导体、电力传感技术7个研究所和全球能源互联网美国研究院、欧洲研究院2个海外研究院。全口径员工总数760余人，拥有研究生学历的员工占员工总数的75.88%，中国工程院院士1人，中央直接联系高级专家1人，享受政府特殊津贴专家7人，新世纪百千万人才2人，国家电网公司专业领军人才7人。

科技创新 承接能源技术创新"十四五"规划及国家中长期战略研究任务；编制能源互联网技术研究框架；统筹立项资源，发布两批院长线研究框架；以柔性模式组建智能传感与融合通信等7支联合攻关团队，设立电力传感技术研究所，构建"4平台+1体系"专业技术架构；推动成立电力物联网产业联盟和中国电力大数据创新联盟；推进全场景网络安全防护体系建设，可信计算技术、数据脱敏工具在国家电网公司总部和25个省公司部署实施；工业级应急智能终端完成样机研制，边缘物联代理装置在重庆试点应用；基于图数据库技术的"营配贯通、电网一张图"解决方案在上海、四川成功实践；首个"电网脑"电压和网损控制系统通过验证并上线运行；输电线路人工智能图像识别入选公司电力物联网建设典型实践案例，智能分析云平台面向全网开放服务。

核心技术攻关。研制世界首台±200kV、±500kV宽频快速直流互感器，关键性能指标达国际领先水平；柔性变电站关键技术、成套装置及工程应用通过中国电机工程学会技术鉴定，整体技术国际领先；舟山200kV直流断路器双极人工短路试验分断，核心技术指标创多项世界纪录；渝鄂±420kV柔性直流换流阀投运；上海蕴藻浜220kV统一潮流控制器完成工程消缺和系统升级，实现稳定运行；3300V/3000A压接型IGBT模块实现批量制备，6500V/100A碳化硅MOSFET完成模块封装，18kV碳化硅IGBT器件研制取得阶段性进展；张北±500kV柔性直流换流阀和500kV直流断路器完成现场调试；500kV直流电缆通过型式试验。220kV交流电缆、800kV GIS用芳纶绝缘拉杆、基于国产超薄硅钢和高导热环氧绝缘材料的饱和电抗器样机通过型式试验验证。

实验能力。获批"电力智能传感技术及应用""新型储能及能源转化"两个国家电网公司实验室；大功率电力电子器件试验验证线投运，器件检测业务通过CNAS和CMA资质认证；高压交直流电缆绝缘料中试线完成工艺优化，具备绝缘料生产试验测试能力；信息安全服务资质通过中国信息安全测评中心评审，具备国家级信息安全工程服务能力。

知识产权运营。举办首届科技成果发布和推介活动，发布科技成果52项，全年新增成果转化36项；以IGBT技术作价投资与国电南瑞设立合资公司；新增国网智能股权投资收益；引入产业资本参与成果转化，与3家民营企业签署合作协议；被认定为北京市知识产权运营示范单位，加入中关村技术经理人协会，获得中关村技术转移服务平台授牌；牵头承担国资委科技成果转化课题研究，支撑国家层面出台"中央企业科技成果转化工作指引"；完成国家电网公司首个"550kV及以下GIS用绝缘拉杆产业化"孵化项目出孵，产品性能达国际领先水平；发布《双创孵化培育基金定向委托类项目管理细则》；取得国家电网公司双创孵化培育资金1900万元，获得中关村硬科技孵化器资助1000万元。

经营管理 在国家电网公司系统首次建立科研板块物资主数据体系，优化预算审批及动态调整流程。实现物资采购与项目成本精细核算的链路贯通，为实物科研成果价值追溯提供认定依据。深化IPD基础理念，推进集成产品开发工作；优化完善PPM系统功能，定制开发"一键式"管理报表。变革项目管理机制，发布科研项目负责人制工作指导意见，建立科研项目考核体系和诚信评价体系，完善进入退出机制，规范各层级项目负责人晋升及调整渠道，遴选形成项目负责人储备库，实现科研资源优化配置。统筹推进"三项制度"改革，修订完善干部管理制度，贯通能上能下渠道；形成市场化用工和人才进出机制，实现人员能进能出；完善绩效管理和薪酬分配，健全强化量化考核和评价，实现收入能增能减。深化"双通道"建设，制修订技术经纪人、信息安全子序列晋升方案；完成双通道层级调整；制定海外院当地员工职业发展双通道管理方案，并在欧洲院落地实施。构建多元化中长期激励体系，深化落实岗位分红激励机制，兑现第二批岗位分红激励；制定并发布项目收益分红激励实施细则，完成分红项目储备入库；研究股权激励机制，形成《联研院股权激励可行性研究报告》。

安全生产。修编《安全奖惩实施细则》等11项管理制度，发布《安全生产岗位责任清单》，实现"一组织一清单，一岗位一清单"；完善安全防控巡查机制，全年累计排查隐患245项，整改236项，对3人（次）违规违章行为进行处罚；修订完善应急预案34个，识别排查危险源472项；加强危化品全流程管控，提升中试线安全风险防控水平。

国际化发展 制定海外院建设优化方案，明确发展目标，整合内设机构，压减人员规模，调整研究方向。制定海外院当地员工职业发展双通道管理方案，并在欧洲院落地实施。推动海外院中长期激励机制建设，编制完成《海外院中长期激励机制研究报告》。完成海外院信息系统基础功能配置，推进海外院与国内业务有效协同。欧洲院聚焦"智能感知与量测、高端电工材料、新型储能材料"，与南瑞集团组建联合研发中心，开展智能传感技术研究；成立直流工程支撑中心，助推高端装备海外市场拓展与工程实施。美国院聚焦先进人工智能、图数据库与图计算、材料基因工程三个方向。加强海内外协同，突破聚丙烯电缆、智能传感等关键材料、核心部件制约瓶颈。

海外交流与合作。联合承办厦门 IEEE eGrid 2019 国际论坛；牵头 CIGRE A2.54 技术交流会，承办中国电机工程学会北美研讨会，协办 IEEE 国际能源互联网会议；获美国超广域坚韧输电网研究中心（CURENT）杰出学术贡献奖；牵头立项 SSSC 领域首个 IEEE 国际标准，实现中国专家首次担任 IEC TC33 标准维护组、CIGRE D2 工作组召集人。完成德国 TenneT、50Hertz 和英国 Innogy 公司三项柔性直流输电技术咨询项目；中标德国 SuedLink 工程应力咨询项目；完成 Sofia、BorWin5 等海上风电并网工程 EPC 投标；提前布局德国陆上 SuedLink 和 SuedOstLink 直流输电工程的投标工作；与 GOT 公司、eMIT 公司签订技术合作和市场推广协议。

“双创”工作。取得国家电网公司双创示范中心授牌，获得北京市众创空间资格认证；基本完成双创展示中心建设；面向社会发布众创空间运行服务工作规范及创客入驻公约，构建市场化运营模式；围绕硬科技孵化器，引导 10 余支创客团队实体入驻；仿生降温服已在市场试用，小步长 FPGA 柔性直流仿真器完成原理开发，IGBT 驱动具备成立合资公司条件；“双创示范基地建设管理模式与机制创新研究”管理咨询项目获得国家电网公司软科学成果一等奖。

党的建设和精神文明建设 开展“不忘初心、牢记使命”主题教育，把学习教育、调查研究、检视问题、整改落实贯穿全过程，在问题解决、机制建设、流程优化等方面取得成效。实施“旗帜领航·三年登高”计划，深化电网先锋党支部建设，成立 10 个党员先锋队、1 个青年突击队，设立 24 个党员责任区、36 个党员示范岗，常态化开展“三亮三比”主题活动，提升党建工作价值和创造能力。制定落实加强党风廉政建设和反腐败工作责任清单、履责要点，全年开展廉政约谈 127 人次。把形式主义、官僚主义作为专项检查、长期监督的重点，与中央八项规定执行落实同安排、同检查。把巡视整改、主题教育整改、专项整治等各类整改工作与履行监督职责结合起来，一体化推进、一本账管理，统筹推进各项问题整改落实。

关心关爱员工，走访慰问劳动模范、一线职工，加大困难职工帮扶力度；精心策划组织家属开放日活动和四批职工疗养；争取地方政策支持，40 名员工申购未来科学城共有产权房。获中央企业熠星创意大赛一等奖 1 项，获国家电网公司青年创新创意大赛金奖 1 项，获 2019 年中央企业新型信息基础设施网络安全技术大赛团体一等奖。贺之渊获“国网楷模”称号，魏晓光获“最美国网人”称号；庞辉获国家电网公司“劳动模范”称号，胡紫巍获国家电网公司“青年岗位能手”称号，邓占峰、贺之渊获“2019 年度中国电力优秀科技工作者奖”。

（苏　玲）

【南方电网科学研究院有限责任公司】

单位概况 南方电网科学研究院有限责任公司（简称南网科研院）是南方电网公司控股子公司，于 2010 年在原南方电网技术研究中心的基础上组建而成，注册资本金 1 亿元。2014 年被认定为“南方电网公司中央研究院”。

南网科研院负责为南方电网发展规划、工程建设、安全稳定运行和信息化建设提供全方位、全过程的技术支持与技术服务，开展电网基础性、共性、前瞻性核心技术研发，承担国家级、省部级、行业及学术组织和南方电网公司系统重大课题的研究与实施。承担电网安全稳定评估、系统安全运行评估与仿真分析、电网规划设计和技术咨询服务、交直流输电工程的系统集成及科研示范工程项目建设等业务。

南网科研院先后被授予“国家认定企业技术中心”，拥有“直流输电技术国家重点实验室”“国家能源大电网技术研发（实验）中心”“特高压工程技术（昆明）国家工程实验室”。作为南方电网中央研究院，在交直流互联电网安全稳定分析与控制、特高压直流输电、柔性直流输电、电网仿真技术等领域处于世界领先水平，在智能配用电、网络信息安全、高压设备检测、电网防灾减灾等技术领域均取得了一系列重大自主创新成果，是 CIGRE SC B4（国际大电网组织直流输电与电力电子专委会）中国国家代表所在单位，是全国电力需求侧管理标准化技术委员会、电力行业电力电容器标准化技术委员会秘书处挂靠单位，是中国电机工程学会直流输电与电力电子、分布式供能、防灾减灾、电力市场等四个专委会秘书处挂靠单位。

领导班子

党委书记、董事长、南方电网公司首席技术专家：饶宏

党委副书记、院长：曾勇刚

党委副书记、纪委书记：刘智宏

党委委员、工会主席：具小平

党委委员、副院长、南方电网高级技术专家：黎小林

组织机构 南网科研院设有股东会、董事会和监事会。内部共设置办公室、计划财务部、组织人事部、创新战略部、监察部、生产经营部 6 个职能部门和系统研究所、直流输电与电力电子技术研究所、电网仿真与控制技术研究所、高电压技术研究所、配电技术研究所、技术情报所、计量技术研究所、南方电

网生产技术支持中心、信息安全中心、南方电网科技创新中心、科技成果推广应用事业部、检测检定中心12个直属机构。

人员情况 截至年底，南网科研院共有员工430人，专业技术人员占比81%，博硕占比达84%，中高级职称占比69%，拥有国务院特殊津贴专家5名。作为南方电网公司的科技人才高地建设主体，南网科研院建立了领军人才、核心人才、后备人才三层级85个技术要点的人才梯队，助理级以上专家99名，人才当量达到1.8，处于行业领先水平。

科技创新 获省部级及以上科技奖励28项，专利奖2项，职工创新奖4项，实现12项成果转化、15项成果推广应用，获专利授权396件、发明专利授权201件，超额完成年度指标。

在科技项目研发方面，扎实推进20项国家级、省部级科技项目和239项南方电网公司级、院级科技项目的研发工作。成功申报省级项目1项，2项国重项目通过中期检查，全部53项南方电网公司直签项目完成中期及验收；牵头组织研究中国工程院重大咨询项目“中德能源系统转型研究”的“智能电网发展”课题。

在平台资质建设方面，承担了国家级创新平台——国家技术标准创新基地（直流输电及电力电子技术）建设，巩固了直流输电技术领域的主导地位。参与建设“先进能源科学与技术”广东省实验室。电磁环境和电容器噪声领域获得南网系统首个国家级CMA证书，正式具备第三方检验检测机构市场准入资格。

在技术标准制定方面，召开全国电力需求侧管理标委会成立大会。发布柔性直流输电用电力电子器件技术规范等国家标准4项、储能IEEE国际标准1项，IEC标准提案《电气绝缘材料与系统—直流电压老化评价方法》顺利获批，多端混合直流控制保护试验规范IEEE国际标准制定稳步推进。荣获南方电网公司技术标准创新贡献奖特等奖。

技术支撑服务 完成技术服务项目229项，任务完成率125%，服务满意度达到115分。

在全面支撑电网安全运行方面，高质量完成了防范系统运行风险、迎峰度夏、设备质量提升、防灾减灾等各项重点工作。在电网安全稳定运行控制保护策略优化、电网重大运行方式风险校核分析、设备型号审查及LCC技术规范制定、GIL等关键设备试验分析及技术规范优化、GOE型套管消防隐患排查等防范重大电气火灾及换流变分接开关反措研究、网省两级防灾减灾体系建设、覆冰监测值守、自然灾害分区图制订修订、跨境关口计量故障处理等方面，为南方电网公司提升电网和设备安全运行水平提供有力的技术支撑。对委内瑞拉、阿根廷、英国等停电事件开展专题分析，为国家和南方电网公司决策提供技术情报支持。

在网络安全和信息技术方面，配合南方电网公司在公安部“护网—2019”网络攻防演习中获得了央企第二名的成绩。完成两会、博鳌论坛等国家重大活动网络安全技术保障工作，网络安全防护能力得到实战检验。技术情报系统智能化工具应用水平显著提升，为科技项目立项、成果管理提供专业化支持。建成南方电网公司网级电能量数据平台，支撑南方电网公司营销创新。

在服务粤港澳大湾区建设方面，成立专项攻关组深度参与《广东远景目标网架深化研究》，提出大湾区目标网架推荐方案并得到南方电网公司采纳。充分发挥自身技术及平台优势，首次承担香港中华电力公司的电缆、GIS等设备故障分析。

服务重点工程建设

（1）昆柳龙直流工程。完成系统研究、成套设计及FPT试验任务，形成主设备详细技术规范，完成所有直流主设备设计冻结。负责成套设计及驻厂监造的龙门站14台柔直变压器一次性通过出厂试验。建成世界首个三端混合直流换流阀试验平台，并全面验证三端混合直流系统运行特性和换流阀关键指标等多端混合直流技术，实现从技术理论到工程实践的重大跨越。

（2）禄高肇直流工程。完成系统研究、交直流设备招标规范及设备规范/控制保护设计规范书编制工作，完成主设备设计冻结和控制保护系统FPT试验，在国内首次实现三端常规直流灵活功率反转传输。

产业价值链整合 2019年，南网科研院的新签收款合同额、营业收入、净利润、经济增加值（EVA）、全员劳动生产率均创下历史最好成绩，高科技咨询类业务大幅增长32%。

在科技成果转化方面，召开了南方电网公司首次海上风电并网技术研讨会，深度参与江苏如东等多个海上风电重大项目，积极拓展海上风电市场。探索人工智能在电网运行中的应用，全面承接各分子公司稳控系统试验及珠海“互联网+”智慧能源示范项目，自主研发仿真建模软件被国网电科院引进。

在检验检测业务方面，成立检测检定中心统筹业务发展。首次完成南方电网公司检验检测合同直签，完成七大品类设备专项抽检工作，计量通信模块检测业务取得突破，进一步提升南方电网公司物资品控支撑能力。完成南方电网管理信息系统及海南电网电力监控系统等保测评直签工作。

在产品产业化方面，计量安全模块获得商用密码产品型号证书并首次达到安全等级二级。计量安全芯片生产销售工作稳步推进，配网安全芯片、DSP 软件、手持计量终端费控模块销售实现新突破。光声光谱在线监测装置完成挂网运行验证并签订推广协议。

在海外技术输出方面，直流输电技术走出国门，完成了菲律宾 MVIP 工程系统研究和成套设计工作；为缅甸、智利、中国香港等国家和地区开展直流专业培训和技术咨询服务。

全面深化改革 以高政治站位落实南方电网公司党组重大决策部署，在人员大规模划转南网数研院的情况下，坚持目标不变、任务不减、标准不降，全面完成各项关键指标和重点任务，实现了南方电网公司党建工作和经营业绩考核“双 A”目标。成功入选国资委“双百行动”改革试点单位，步入改革快车道，激活了高质量发展的内生动能。落实新时代南方电网公司发展战略，完善南网科研院“$1+N+n$”规划体系，深化“核心业务+拓展业务”的业务布局，统一了思想，进一步明确了发展定位、目标和路线图。规范完善南网科研院董事会、党委会、院长办公会决策议事规则，优化调整组织机构。成立合规委员会，组织梳理重点业务、重点岗位、关键环节法律规定 650 余条，设立三道防线，建立起合规管理体系。连续 2 年实施岗位分红，主动争取政府各类奖励和优惠政策，调动科技工作者干事创业的积极性。落实财务经营精益管理，做好财务经营运营监控，全年各月监测指标在南方电网公司系统非管制业务单位中名列前茅，全面完成“过紧日子”成本压降目标。

人才队伍建设 坚持正确的选人用人导向，加大年轻干部选拔使用力度，选任 15 名中层干部，聘任 73 名专家，专家总人数达 99 名。竞争性选拔研究室主任 10 名，储备了一批年富力强的后备管理人才。首次开展优秀年轻干部调研，举办首期“雏鹰计划”培训班。1 人入选 IEEE Fellow，1 名技术专家入选国家“万人计划”科技创新领军人才，1 人被推选为 2019 年 IEC 青年专家（中国）代表。1 人获得全国巾帼建功标兵，1 人获得南方电网公司劳模、1 名团员获中央企业优秀共青团员、1 人获南方电网公司“五一”劳动奖章。

党的建设 学习贯彻习近平新时代中国特色社会主义思想，增强“四个意识”，坚定“四个自信”，坚决做到“两个维护”，党的建设质量全面提升。扎实开展“不忘初心、牢记使命”主题教育和落实中央巡视反馈意见整改，完成 89 项党建工作任务。推动党的建设和科研生产服务深度融合，通过实施党支部书记项目和党员关键任务，以党建、绩效、干部“三维一体”考核检验闭环，形成了相互促进、深度融合的发展模式。党建工作“四步八法”典型经验入选中央党校出版社《新时代国有企业党的建设创新案例》。全面从严治党，通过巡视整改、内部巡察、扫雷行动等压紧压实管党治党责任，全年未发生重大违规违纪违法案件，廉洁从业的精神得以传承和弘扬，持续保持了风清气正的政治生态。持续深化整治形式主义、官僚主义问题，落实 15 项为基层减负举措，为员工办实事 34 项。南网科研院党委被授予“中央企业先进基层党组织”称号，直流所团支部获评“中央企业五四红旗团支部”。

（王小春）

【南方电网能源发展研究院有限责任公司】

单位概况 南方电网能源发展研究院有限责任公司（简称南网能源院）是南方电网公司的全资控股子公司，于 2017 年 8 月 21 日发文成立，2017 年 12 月 14 日核准工商登记注册，注册资本金 1 亿元人民币。

南网能源院是南方电网公司智库，也是国家能源战略、能源电力行业智囊。开展支撑国家及南方电网公司重大发展战略决策的综合性能源研究和工程项目咨询，主要业务为软科学研究和电力规划及工程项目咨询两大类，包括能源战略、企业管理、投资金融、国企国资改革、电力体制改革、电力规划、电力工程项目咨询等业务板块；同时开展电力工程咨询评审，电力工程技术经济及定额管理，电力工程质量监督，相关标准编制，实验室运营管理，专业软件及其他产品开发与销售，刊物出版、发行和经营，国际、国内技术交流与项目合作等。

南网能源院是中国能源学会常务理事单位，国务院国资委中央企业智库联盟、中国电力企业联合会等 10 个协会组织的理事单位，2019 年入选中国智库索引（CTTI）来源智库。

领导班子

党委书记、董事长：金戈鸣

党委副书记、董事、总经理（院长）：吴宝英

党委委员、董事、副总经理（副院长）：肖谦

党委委员、纪委书记：夏筠

组织机构 南网能源院设立了董事会和监事会；内部共设置有办公室（党委办公室、董事会办公室）、计划科研部、人力资源部、财务管理部、党建监审部（纪委办公室、工会办公室）5 个职能管理部门，以及能源战略与政策研究所、能源供需研究所、企业管理研究所、投资与财务研究所、大数据与品控中心（期刊编辑部）、电力规划中心、咨询评审中心、技术经济中心、质量管理研究中心 9 个专业机构，代管中国南方电网有限责任公司电力建设定额站和南方电力建设工程质量监督中心站。

南方电网改革发展研究中心依托南网能源院成立，在南网能源院增挂“南方电网改革发展研究中心”的牌子。

主营业务

（1）重点课题。参与国家和行业重点课题，完成国家部委研究课题16项（国家能源局8项、中央企业智库联盟8项），承担中国工程科技发展战略广东研究院课题1项。其中，《推动能源高质量发展的实施意见》经国家能源委员会会议审议通过并以国务院文件形式印发；“水电中长期发展投资价格财税政策研究”通过中国社会科学院以内参形式报至国务院；“中央企业供应链创新研究”为国务院国资委和中央企业供应链管理提供有效输入。承担14项（跨年3项、新增11项）南方电网公司重点课题，其中，《南方电网公司向能源产业价值链整合商转型实施意见》成为南方电网公司战略纲要配套文件。承担“粤港澳大湾区电价机制研究”等2项省级分子公司课题。获得南方电网公司管理创新一等奖1项、二等奖3项，广东省企业联合管理创新一等奖、二等奖各1项。

（2）技术服务。完成总部年度一揽子服务项目64项，对外承接专项技术服务19项（跨年9项、新增10项）。定期报送《南方五省区流通商品价格旬报》《电解铝行业用电分析》《国内外电力市场化改革动态简报》《全面深化改革动态简报》等报告；专题研究世界一流智能电网内涵、资产全生命周期管理、电动汽车产业整合发展、投资决策咨询评估等课题；协助完善境外投资、生产项目管理等规章制度，动态发布工程造价信息。首次完成南方电网公司重点科技项目评审，并制定评审标准；完成南方电网公司境外重大项目首批投资咨询评估。

（3）科技创新。承担科技项目28项（跨年8项、新增20项），申请发明专利26项，获得软件著作权3项，发表论文30篇。完成“基于大数据的南方五省区大用户及重点行业用电需求预测模型研究及应用”，承担并参与“可再生能源消纳”“大容量储能”重大科研团队。“能源电力与经济发展分析预测技术研究及平台建设”获南方电网公司科技进步奖。获得中国电力企业联合会电力创新一等奖1项、二等奖3项，中国电机工程学会电力工程经济专委会一等奖论文2篇，南方电网公司技术论坛优秀论文5篇。

（4）电网规划建设咨询。完成中国工程院重点课题“我国未来电网格局研究”，承担“粤港澳大湾区电力系统发展战略研究”；牵头的国家能源局课题“粤港澳大湾区能源创新发展研究”通过验收，“西南地区能源协同发展研究”为西电东送规划提供研究基础；参与全国“十四五”电力规划，承担南方电网公司“十四五”智能电网规划。完成各类项目评审253项，审定投资122亿元。完成351项工程造价评审。参与多项国标、行标、企标编制。参与昆柳龙直流示范工程建设，开展±800kV柔性直流输电工程费用标准研究。承担云南省高海拔或高落差地区措施和费用等省级分子公司咨询项目5项。助力“三大攻坚战”。主动融入“一带一路”，完成越南、柬埔寨等电力工程计价体系研究，中老铁路老挝段外部供电工程、中越联网直流工程、向缅甸佤邦邦康地区联网供电项目可研评审。承担的咨询项目500kV北海变电站获鲁班奖、220kV海南澄迈玉楼项目获中国安装之星。推动国家电力工程质量监督体系改革，完善定额站、质监站管理体系并发挥作用，承担昆柳龙特高压直流输电工程、云贵互联工程质量监督。

基础建设

（1）法人治理结构与组织机构。健全党委会、董事会、经理层议事规则，“三重一大”事项实行清单式管理，界定各治理主体权责。落实“去行政化”，推行“扁平化”，优化部门职责分工，构建“大党建”体系、“大监督”格局。成立合规委员会，建立“三位一体”合规管理模式。成立安全生产委员会，落实安全生产责任制。南方电网改革发展研究中心正式运作。

（2）管理制度。建立管理制度53份，制定工作手册、团队章程、业务指导书，细化工作标准。制度模块在协同办公系统上线运行，实现制度管理全流程无纸化。

（3）经营管控。加强督查督办，改进文风会风，严格控制并定期通报发文和办会数量。规范定密和机要文件管理，开展保密法纪宣传教育。严格执行重大事项报告制度。简化财务报销、支付审批和专家费纳税流程，提高财务服务能力。强化“三大合同”过程管控，每月检查通报项目进展，确保全部按期结题验收。细化研究咨询合作项目管理颗粒度，制定项目、专家费、招投标、合同、报销、廉洁风险防控等具体管控规则。优化对外合作模式，由单一委托合作向合作单位、咨询顾问、客座研究员、助理研究员等多形式、多目标转变。

（4）大数据平台。制定大数据信息平台、重点实验室建设实施方案。知识管理、能源战略与市场研究子平台，数据中心进入实质性实施阶段，经济、能源、电力、工程建设等数据库开始建设。完成“护网—2019”行动。

（5）企业文化。落实职工福利，关心关爱困难职工和新入企员工。举办10次职工文化活动，在南方电网公司庆祝新中国成立70周年职工摄影比赛中获得1金3铜。

核心能力

（1）人才竞争力。严格规范提拔任用干部，修订中层管理人员管理办法，制定干部新时代新担当新作为和大力发现选拔培养优秀年轻干部相关文件。引进人才40名，硕博学历占比80.5%，中级及以上职称占比70%。完成首次项目经理/室主任及主管公开选拔，出台奖励管理办法、企业年金实施细则，用好地方人才政策，以“竞争+激励”激发人才活力。举办南网能源院大讲堂、中层管理人员培训班、新员工远航者训练营等特色培训，重视一线实践、师徒传帮带，鼓励员工取证。

（2）创新竞争力。创新组织管理，建立“项目经理+研究室”双组织架构、软课题研究项目经理制，通过竞争培养创新科技人才。建设专业技术岗位发展双通道，强化创新内生动力。创新考核评价机制，调整创新发展和成果奖励的组织绩效考核权重，激励成果输出转化。转变科技项目管理方式，配合制定重点科技项目指南，深化与南方电网公司总部相关部门合作，拓展与兄弟单位科技项目合作。加大自筹科技经费，开展前瞻研究，做好技术储备。

（3）品牌竞争力。报送《领导参阅》3期、《能源动态》12期，其中《关于海南能源综合改革实施方案编制相关重要情况报告》《南方电网公司区块链技术应用分析及建议》获得南方电网公司曹志安总经理批示；建立年度系列报告体系，举办2019年度研究成果发布暨能源转型发展研讨会；门户网站上线，南方电网报、南方电网新闻多次刊登或播出南网能源院专题报道，媒体宣传逐步常态化。获得工程咨询单位乙级专业资信预评价证书，入选中国智库索引（CTTI）来源智库，加入11个行业协会；积极参加政府、行业重要会议、论坛，扩大影响力；承办中国电机工程学会电力市场专业委员会年度工作会议；担任全国电力需求侧管理标准委员会委员、中国电力企业联合会输变电工程三维设计标准委员会委员；多批次派出专家参加政府部门、行业协会、企业等单位的技术标准、技术报告、咨询项目、工程项目、奖项等评审。首次中标国际合作项目，组织与丹麦能源署技术交流会，召开2次“海南综合改革方案国际研讨会”。

从严治党

（1）政治建设。扎实开展“不忘初心、牢记使命”主题教育。配合中央巡视、监事会检查和南方电网公司党组巡视，对主题教育、监事会检查、中央巡视、南方电网公司党组巡视、各类审计发现问题，推进一体化整改。专题研究部署统战群团工作，落实党委联系服务专家机制，发挥职工大会民主管理职能。严格落实“一岗双责”。

（2）思想建设。组织党委中心组学习7次，开展意识形态工作研判和督导检查2次，压紧意识形态工作责任。发布《能源院e月刊》12期。吴鸿亮被授予南方电网公司劳动模范、“十大杰出青年”提名奖。

（3）组织建设。出台《党支部标准化建设工作手册》，举办6期党建培训，党务公开、党费管理、民主评议制度化。落实党建带团建，召开首次共青团工作会议，组织志愿服务、青年联谊等活动。推动党建与业务深度融合，依托重点课题、重大任务，设立10个党支部书记项目、60余项党员关键任务，创建“话能点经”“先锋讲坛”等支部主题党日品牌。

（4）作风建设。修订南网能源院党委贯彻落实中央八项规定精神实施细则，常态化开展反面案例警示教育和廉洁警示提醒。开展形式主义、官僚主义专项整治，“院党委关爱员工、为员工办实事”工作征求意见和匿名问卷调查，推动转作风、重服务、抓执行。

（5）纪律建设和反腐败斗争。完善纪委议事规则，成立监督委员会、党风廉政建设和反腐败协调小组，建立一支以支部纪检委员、纪检监察部门专职人员、部门纪检监察联络员组成的专兼职纪检工作队伍，强化监督合力。制定《党员干部纪律监督重点清单》，开展“扫雷”行动，举办首届供应商座谈会，签订廉洁倡议书。“电商采购廉洁风险排查”刊登上《南方电网纪检监察信息》，“国有企业研究咨询项目廉洁风险防控体系”课题获南方电网公司党建思想政治工作优秀研究成果一等奖。

主要事件

1月25日，南网能源院召开职工大会暨2019年工作会议。

1月25日，南网能源院召开2019年党风廉政建设和反腐败工作会议。

2月14日，技经中心完成《20kV及以下配电网工程建设预算项目划分导则》等4项电力行业标准的申报工作。

3月7日，国家能源局电力安全监管司、电力可靠性管理和工程质量监督中心和南方能源监管局有关同志赴南方电力建设工程质量监督中心站开展质量监督管理工作调研。

3月18～19日，能源行业电力系统规划设计标准化技术委员会在武汉组织召开电力行业标准《电力规划研究报告深度规定》送审稿审查会，吴宝英总经理代表南网能源院参加会议。

3月26日，中国电力企业联合会国际合作部主任、中国电力国际产能合作企业联盟常务副会长尤京一行到南网能源院调研座谈，南网能源院党委副书记、总经理吴宝英出席了座谈会，双方就国际电力业务等事项展开了深入交流。

4月4日，中央企业智库联盟第三届理事会在北京召开，南网能源院2018年承担的南方电网公司《具有全球竞争力的世界一流企业基本特征、评价标准和实施路径研究》课题荣获中央企业智库联盟2018

年度重点课题优秀研究成果二等奖。

4月16～17日，能源行业电力系统规划设计标准化技术委员会在西安组织召开电力行业标准《电源接入系统设计规程》编制大纲审查会，南网能源院党委副书记、院长吴宝英应邀参加会议。

4月23日，中国工程院在广州组织召开国家能源局重点咨询项目"我国未来电网格局研究"综合组会议。中国工程院王振海巡视员、李立涅院士出席会议并讲话。承担课题研究的国家电网公司、南方电网公司、电力规划总院、清华大学、西安交通大学、天津大学、华南理工大学共七家单位派代表参会，吴宝英院长代表南方电网公司课题组参会。

5月24日，质研中心创优咨询项目"澄迈玉楼220kV输变电新建工程"喜获2019年度中国电力优质工程奖。

6月26日，吴宝英院长带领供需所相关人员参与国家能源局召开"核能发展与公众沟通国家研讨会"。

6月27日，由南网能源院承办的中国电机工程学会电力市场专业委员会2019年度工作会议在广州顺利召开。

7月2日，南网能源院党委开展纪念建党98周年主题党日活动暨党委中心组（扩大）学习。

8月9日，国家能源局电力安全监管司童光毅司长一行到南网能源院开展电力工程质量监督工作调研座谈。

9月6～21日，南网能源院举办2019年中层管理人员管理提升培训班。

10月16日，国务院国资委研究中心副主任、央企智库联盟副理事长和秘书长彭建国一行到南网能源院调研，副院长肖谦和纪委书记夏[illegible]陪同参观，双方就央企智库建设进行了座谈。

10月18日，中国可再生能源学会在山东济南举办第三届可再生能源并网技术与政策论坛。吴宝英院长作为特邀专家出席论坛，发表了"南方电网可再生能源发展与思考"的专题报告。

10月30日，南方电网公司举办"数字南网"粤港澳大湾区论坛生态分论坛，论坛由南网能源院肖谦副院长主持。

11月，南网能源院成功入选中国智库索引（CTTI），成为CTTI来源智库之一。

（范晓虹）

【西安热工研究院有限公司】

单位概况 西安热工研究院有限公司（简称西安热工院），是中国电力行业国家级热能动力科学技术研究与热力发电技术开发的机构。主要专业于1951年在北京创建，1965年迁址西安成立西安热工研究所；先后隶属燃料工业部、电力工业部、水利电力部、能源部、国家电力公司，期间随国家电力体制改革依次更名为电力工业部热工研究院（1994年）、国家电力公司热工研究院（1998年）、国电热工研究院（2001年）；2003年，成为由中国华能集团有限公司（简称中国华能）控股，中国大唐集团有限公司、中国华电集团有限公司、中国国电集团公司（后重组为国家能源投资集团有限责任公司）、中国电力投资集团公司（后重组为国家电力投资集团有限公司）参股的有限责任公司，并正式更名为西安热工研究院有限公司。

西安热工院拥有国家发展改革委授牌的电站锅炉煤清洁燃烧国家工程研究中心，国家能源局授牌的国家能源清洁高效火力发电技术研发中心，国家科技部授牌的煤基清洁能源国家重点实验室，陕西省科技厅授牌的陕西省燃煤电站锅炉环保工程技术研究中心；在北京、苏州、广州设有3个分公司，在广州、苏州、济南、太原、昆明、沈阳、呼和浩特设有7个技术监督及服务中心；院内还设有硕士学位授予点和博士后工作站；同时是国家级2个专业技术标准委员会、电力行业7个专业技术标准委员会、电力行业5个归口质量检测中心以及中国电机工程学会5个专业委员会的挂靠单位；是国家中文核心期刊、科技核心期刊《热力发电》的主办单位。

领导班子

董事长、党委书记：刘伟

党委副书记、副总经理/副院长、工会主席：王月明

副总经理/副院长、党委委员：汪德良、范长信、牟春华、吕怀安

纪委书记、党委委员：何敏强

总会计师、党委委员：阎锋

副总经理/副院长、党委委员：丹慧杰

副总经理/副院长、党委委员：曾卫东

组织机构 职能管理部门略有变动，科研管理部更名为科技环保部、安全监察室更名为安全监管部、纪检监察部更名为纪律检查部、采购中心更名为采购管理部。目前，职能管部门共14个（办公室、科技环保部、市场部、人力资源部、资产财务部、党建工作部、审计部、安全监管部、纪律检查部、事务部、海外事业部、采购管理部、预算部、教育培训部）；此外，在党建工作部、纪律检查部、事务部的归口管理下分别设置了工会办公室、巡察办、基地建设办公室。

专业部门略有变动。成立了标准化技术部、（集团公司）电力基础设施网络安全研究中心、智能发电技术部以及雄安综合能源智能智慧系统研究室。目前，专业部门共22个（其中研究中心6个）。

产业公司无变动。截至2019年底，除母公司外，共有二级子公司11家（其中全资子公司7家，控股子公司4家），有分公司3家。

人员组成 2019年末，在岗职工1222人。其中硕士及以上学历人员825人（其中博士105人）、高级工程师及以上职称资格人员411人（其中正高级工程师71人）。

科技工作

1. 科研奖项

获2019年度国家科学技术进步奖二等奖1项（参与完成）：燃煤电站硫氮污染物超低排放全流程协同控制技术及工程应用。

获2019年度中国电力科学技术奖7项（主持完成6项）：燃煤机组高灵活性运行关键技术及应用（一等奖）；新疆高碱煤安全高效清洁燃用关键技术及大容量电站锅炉研发与应用（参与完成一等奖）；脱硫废水旁路烟气蒸发零排放技术研究与应用（二等奖）；电站流体机械HVAF抗磨蚀微纳米复合涂层关键技术开发及应用（三等奖）；智能氢电导率仪表的研发及应用（三等奖）；SCR脱硝催化剂检测与评价技术体系创建与应用（三等奖）；基于树脂图像智能识别的凝结水精处理关键技术研发与应用（三等奖）。

获2019年度陕西省科学技术奖三等奖5项（主持完成）：电站流体机械小尺寸内壁抗磨蚀微纳米复合涂层关键技术开发及应用；燃煤机组锅炉深度调峰技术研究与应用；大型集群风电生产集中监管与决策支持系统的研究及应用；多重导向拦截高效除雾器研发与应用；智能型氢电导率仪表的研发及应用。

获中国专利优秀奖1项：一种电力用油处理微孔极性诱导吸附及其制备方法。

获2019年度中电联电力科技创新奖5项（主持完成）：半焦燃用关键技术研究（一等奖）；电站流体机械小型化HVOF抗磨蚀微纳米涂层关键技术开发及应用（一等奖）；燃煤电厂末端废水旁路烟气蒸发与电解资源化关键技术研究与应用（二等奖）；发电厂液态加氧技术（二等奖）；锅炉非对称高速贴壁风系统研究及应用（二等奖）。

获2019年度中国能源研究会能源创新奖三等奖1项（主持完成）：提升供热机组灵活性的低压缸零出力技术及应用。

获2019年度中国煤炭工业科学技术奖2项（参与完成）：新疆高碱煤安全高效清洁燃用关键技术及大型装备研发与应用（一等奖）；煤炭清洁燃烧节能评价相关标准研制（三等奖）。

获2019年中国电机工程学会标准贡献奖2项（主持完成）：纯水中痕量有机物的测量方法（二等奖）；煤灰沾污特性的测定及判别—烧结法（三等奖）。

18项科技成果通过技术鉴定（15项为国际领先水平、2项为国际先进、1项为国内领先）：SCR脱硝系统分区混合动态调平技术研究及应用（国际领先）；燃煤机组锅炉深度调峰技术研究与应用（国际先进）；燃气蒸汽联合循环SCR脱销尿素直喷热解关键技术研究与应用（国际领先）；大型集群风电生产集中监管与决策支持系统的研究及应用（国际领先）；SCR脱硝催化剂检测方法与评价技术（国际领先）；脱硫废水旁路烟气蒸发零排放技术研究与应用（国际领先）；发电厂液态加氧技术（国际领先）；GASS自动切换采样烟气测试系统（国际领先）；火电厂SCR大尺度烟气混流技术与装置（国际领先）；高碱/碱土金属煤安全高效清洁燃用关键技术及大容量锅炉研发与应用（国际领先）；高硫煤机组低低温省煤器系统关键技术研究及应用（国际领先）；新型超低NO_x燃气燃烧器研发及产业化应用（国际领先）；非对称高速贴壁风技术研究及应用（国际领先）；凝结水精处理混床布水关键技术的研究及应用（国际领先）；提高火电机组直吹式制粉系统运行安全关键技术的研发及应用（国际领先）；火电厂水解尿素替代液氨消除重大危险源相关技术研发及工程应用（国际先进）；发电企业安全生产智能管控技术开发与应用（国内领先）；相控阵超声检测技术在汽轮机反T型叶根槽检测中的应用研究（国际领先）。

2. 专利

获得授权专利325项。其中，发明专利71项、实用新型专利254项（名称略）。

3. 软件著作权

获得软件著作权81项（名称略）。

4. 专著和论文

西安热工院专业人员编著《发电厂与电网超声检测技术》《火电机组设备质量缺陷及控制》《火电厂旋转机械振动诊断及治理技术》《风力发电场技术监督标准汇编》技术专著4部。在2019年度核心期刊及国内一级学会上，西安热工院专业人员共发表论文227篇（其中SCI论文21篇、EI论文14篇）。

5. 纵向科研项目

新增科研项目34项。其中，国家科技项目3项，省市科技项目6项，华能科技项目25项。新承担标准项目28项，其中国际标准1项、国家标准1项、行业标准23项、团体标准3项。

全年在研项目185项，按计划进行。其中，国家科技项目24项、省市科技项目16项、华能项目64项、院自立项目74项、其他项目7项。22项项目在年内已全面完成，并通过验收。正在制修订标准103项，其中：国际标准1项，国家标准10项（主编2

项、参编8项），行业标准76项（主编65项、参编11项），团标16项（主编11项、参编5项）。

6. 经营服务类技术项目

2019年，全年累计签订经营服务类技术项目3907余项，项目涉及火电、风电、水电、光伏发电、核电、煤炭、石化、有色金属以及市政等领域，涵盖国内30多个省（市、区），并涉及国外12各国家和地区，项目执行情况得到广泛好评，收到来自国内外客户、项目合作方等发来的表扬信、感谢信共100多份。

在技术服务和工程业务方面，西安热工院为巴基斯坦等10多个“一带一路”国家的电力项目和中国华能“一体两翼”项目提供了多项核心技术和技术服务；提供技术服务和调试投运的华能莱芜电厂百万机组上大压小扩建工程、新疆轮台热电厂新建工程分别荣获2018—2019年度国家优质工程、2019年度中国电力优质工程。西安热工院建成了华能岳阳电厂城市废弃物一体化处理示范项目、污泥发电技术在华能太仓电厂示范应用、宽负荷工业用汽供热技术在华能槐荫电厂应用等多个国内手台先进技术的示范项目；脱硫废水旁路烟气蒸发科技示范工程通过验收，该技术被鉴定为国际领先，在10多家电厂推广应用；智能巡检机器人技术在九台电厂等电厂成功应用；实施在莱州电厂智能电站项目取得突出的示范效应。

7. 科研平台和基础设施

科研平台和基础设施建设及运营积取得积极进展。持续完善科研项目的信息化管理，加强科技项目执行管理、科技奖申报等管理工作的信息化，促进技术数据库的建立和知识积累；科研平台基础建设进一步加快。苏州节能环保公司获批省级工程技术研究中心；材料重点实验室通过2019年实验室能力验证；阎良实验室基础设施建设项目通过立项；超临界二氧化碳循环发电实验平台建设安装工程基本完成，各项工作效率明显提升。

8. 资质证书

西安热工院的质量、环境、职业健康安全管理体系（三标一体）证书以及工程咨询、电力工程调试、设备监理、特种设备（压力容器）检验、环境工程设计、热喷涂、电力设施承试、节能服务专项资质等各项专业资质全面有效保持；高新技术企业证书有效保持；西安热工院通过了“质量、环境、职业健康安全”管理监督审核，获得环境工程设计专项（水污染防治工程）甲级资质，获得工业互联网安全评估评测机构资质。

9. 技术报告

全年完成各类技术报告4700余份、质检报告950余份。

国际标准化工作 2019年，西安热工院组建了标准化技术部，大力推进国际标准化工作。IEC/TC5秘书处挂靠在西安热工院，成为IEC在发电行业为一个TC。《火电厂腐蚀控制工程全生命周期通用要求》立项，实现了西安热工院、也是华能集团国际标准立项“零”的突破。同时，加强了国家标准工作，负责制定的两项国家标准《除氧器试验规程》《表米娜式凝汽器性能试验规程》已颁布实施。

其他荣誉 2019年，西安热工院再次荣获华能集团“先进企业”“绩效考核A级企业”“文明单位”以及中国电建企协“全国电力建设优秀调试企业”等荣誉，苏州节能环保公司获得“2018年苏州高新区劳动关系和谐企业”。

国际合作与交流 2019年，进一步加强国际合作与交流，与日本、法国、捷克、巴西、约旦等国际知名的科研机构和电力公司、企业集团等开展了10次技术交流及项目合作洽谈活动。

执行了土耳其、巴基斯坦、越南、柬埔寨、菲律宾、印度尼西亚、缅甸、斯里兰卡、巴西、德国、伊拉克、约旦、几内亚、泰国、老挝、塞尔维亚、中国香港等国家和地区的设备监造、电站调试、性能试验、设备安装质量检验、机组可靠性评估、DCS应用软件设计组态、抗燃油再生脱水装置及备件供货及调试、锅炉热态燃烧调整试验、冷态动力场试验、机组管道支吊架检验与调整等50余项技术服务项目，涉外项目合同额合计约5.5亿元。

接待来自日本三菱重工、法国电力集团、捷克Sev. en Energy公司、巴西Pampa sul公司、约旦阿塔拉特油页岩电厂等5国10批52人次来访；派员赴日本、新加坡、加拿大、捷克、德国、奥地利、意大利、土耳其、约旦、伊拉克、巴基斯坦、越南、柬埔寨、菲律宾、孟加拉、印度尼西亚、缅甸、斯里兰卡、泰国、老挝、塞尔维亚、几内亚、巴西、香港等24个国家和地区进行技术交流和技术服务等，共计163批293人次。

党建工作

（1）主题教育取得了预期成效。从学习教育、调查研究、检视问题、整改落实4个方面，明确15项工作，逐项落到实处。先后完成10个专题的集中学习，围绕9项主题深入全院各部门（公司）调研，形成检视问题清单，开展专项整治。

（2）党建工作取得较好成效。深入学习习近平新时代中国特色社会主义思想，坚决贯彻执行党的路线方针政策和集团党组各项决策部署；增强“四个意识”，坚定“四个自信”，做到“两个维护”；党的领导持续加强，党的建设质量明显提升。加强了党支部规范化标准化管理，深化“红旗党支部”创建，打造

“一支部一品牌”，落实“三会一课”制度，开展了“一月一主题”活动；深入开展党员示范行动和“季度之星”先进典型选树，推动党建工作与中心工作深度融合。化学部田利被评为“中央企业优秀共产党员”；电建部杨百勋被评为“中央企业劳动模范”。

(3) 党风廉政建设得到进一步加强。制定了年度党风廉政建设重点任务分工，与各部门（公司）签订了党风廉政建设责任书；加强常态化警示教育，在月度经济分析会开展“一案一语”，组织关键岗位人员前往陕西省女子监狱开展集中警示教育；深入落实中央和集团公司巡视反馈问题整改；持续加大对履职待遇、资金管理、采购招标等的监督，开展了2轮内部巡察、1次专项监督，2次专项治理，深化问题整改落实；每季度召开职能监督工作会，落实“监督的再监督”；严格执行八项规定，做好重要节假日纪律提醒和监督；进一步整治形式主义、官僚主义，制订并实施“总部机关化”问题专项整改方案，取得预期成效；严格规范纪律谈话的形式和内容，提高谈话的针对性和有效性，院领导班子成员开展纪律谈话23次66人；严格规范线索处置。

(4) 进一步加强干部和高层次人才队伍建设工作。加大年轻干部选拔培养锻炼力度，制订了《适应新时代大力发现培养选拔优秀年轻干部实施方案》，加快建设高素质专业化优秀年轻干部队伍；新提任的中层干部中“70后”占75%以上，提任的部门主任助理级干部均为“75后”，提任的处所级基层干部中“85后”占比超过40%，“80后”占比近80%。持续加强干部监督，严格履行因公（私）出国（境）备案审批程序，组织完成45名领导人员的个人事项报告填报，每季度召开干部监督工作领导小组会议。制订《科技领军人才队伍建设实施方案》，推动科技领军人才的培养和高层次科技队伍的建设。积极开展了2019年百千万人才工程国家级人选、2019国家万人计划“中青年科技领军人才”“青年拔尖人才”和国际工程师等各类专家人才的推荐工作。

(5) 加强了企业文化建设以及群团统战和意识形态工作。发挥职代会作用，深化厂务公开，加强民主管理，广泛听取职工代表意见。发挥共青团作为党的助手和后备军作用以及青年的生力军作用，团青工作卓有成效，院团委获“中央企业五四红旗团委”。院职工原创节目参加电力行业庆祝新中国成立70周年文艺汇演获好评。积极开展“职工之家”建设，完善职工帮扶体系，加强离退休职工服务。以“真扶贫、扶真贫、真脱贫”为宗旨，落实精准帮扶措施，对韩家窑村定点扶贫、榆林合力团定向扶贫均捐助到位，并完成集团下达的消费扶贫任务。举办道德讲堂，推进精神文明和企业文化建设；认真开展统战及意识形态等工作，营造了凝心聚力、团结奋进的氛围，确保了企业和谐发展。

挂靠的行业学会、质检中心、标委会、硕士点、博士后站、专业期刊 中国电机工程学会四个专委会（火电专委会、热工自动化专委会、材料专委会、清洁低碳专委会）按计划举办了多次学术研讨会、技术交流等科技活动，取得良好成效。其中，火电专委会获得2018年度中国电机工程学会先进集体的荣誉。

“电力工业热力发电设备及材料质量检验测试中心”“电站工业发电用煤质量监督检验中心”“电力工业热工计量测试中心”等中心的工作有序进行。

四个国家标准化技术委员会机构（全国电气化学标委会、全国电站过程监控及信息标委会、全国环保产品标委会水处理设备分技术委员会、全国燃气轮机标委会联合循环发电工作组）和七个电力行业标准化技术委员会（电站锅炉标委会、电站汽轮机标委会、电厂化学标委会、电站金属材料标委会、电站阀门标委会、热工信息与自动化标委会、联合循环发电标委会），均按计划组织开展了标准的制（修）订、审查和宣贯工作；其标准化工作通过了中国电力企业联合会标准化中心组织的年度检查。

硕士学位授予点：研究生教育质量持续提升，在与高校联合培养方面继续创新、取得良好效果；招生、教培、科研、学位评定等工作按计划进行。2019年内，研究生毕业并获硕士学位者7人，新招收研究生4人；在读研究生11人。

博士后科研工作站：2019年，新进站博士后1人；年内在站博士后2人；科研工作如期进行。

由西安热工院与中国电机工程学会共同主办的专业期刊《热力发电》，全年按计划完成编辑出版12期，在核心期刊中排名持续攀升，影响力逐步增大，2019年，《热力发电》在能源与动力工程类期刊中影响力排名第一。

主要事件

1月4日，西安热工院与中能融合智慧科技有限公司签署战略合作协议，就智能电站、新能源（风电、太阳能）及节能环保等领域开展全方位战略合作。

1月24日，经陕西省工商局正式准予登记，西安热工院成功完成增资工作，注册资本增至10亿元。

1月30日，西安热工院召开五届三次职工代表大会暨西安热工院及创新中心2019年工作会议，中国华能副总经理樊启祥、总经理助理蒋敏华参会并讲话。

3月，根据江苏省科技厅《关于下达2018年度省工程技术研究中心建设项目的通知》，苏州节能环保公司获批省级工程技术研究中心，目前为本专业领域江苏省内唯一的工程技术研究中心。

4 月 14 日，西安热工院与陕西省知识产权局签署战略合作协议。

5 月 4 日，西安热工院承担的华能黄台电厂 7 号机组烟羽治理蒸汽加热系统改造成功投入运行，成为华能山东分公司首个完成烟雨治理改造的火电企业。

6 月 19 日，国际标准化组织塑料标准化技术委员会（ISO/TC61）离子交换树脂国际标准工作组成立暨第一次工作会议在西安热工院召开，标志着西安热工院离子交换树脂国际标准的制修订工作正式启动。

7 月 3 日，中国华能党组书记、董事长舒印彪到西安热工院开展“不忘初心、牢记使命”主题教育调研，听取了西安热工院工作汇报，对西安热工院取得的成绩给予充分肯定，对今后的工作提出了具体要求。

7 月 15 日，经全国汽轮机标准化技术委员（SAC/TC172）推荐、国家标准化管理委员会（SAC）批准，西安热工院两位专家证实加入 IEC TC 工作组；西安热工院提出的首个国际标准《General Requirements for Fossil Fuel Power Plant Corrosion Control Engineering Life Cycle》（《火电厂腐蚀控制工程全生命周期通用要求》）成功立项，作为西安热工院提出的第一部国际标准，该标准的成功立项，标志着西安热工院乃至华能集团在国际标准立项方面实现“零”突破。

8 月 1 日，中国华能副总经理、党组成员樊启祥在西安热工院，以“科技创新引领高质量发展、做中国电力企业排头兵”为主题讲党课，对西安热工院的发展提出了具体要求。

9 月 19 日，由西安热工院建造的中电建青海共和 50MW 塔式光热发电项目一次并网成功。该项目为国家首批 20 个光热示范项目之一，也是西安热工院承担的首个光热发电建造项目。

11 月 2 日，中国华能总经理、党委副书记邓建玲对西安热工院在华能岳阳电厂建设的城市废弃物前置干燥炭化处理技术示范平台进行调研，充分肯定了平台建设工作并提出意见和建议。

11 月 20 日，中国华能总经理、党委副书记邓建玲到西安热工院调研并讲党课，对西安热工院的发展提出了具体要求。

12 月底，西安热工院自主研发的“虚拟反应器”技术在华电集团首台“W”火焰锅炉脱硝超低排放改造工程成功应用。

（刘　莎）

【中国大唐集团科学技术研究院有限公司】

单位概况　中国大唐集团科学技术研究院有限公司（简称大唐科学研究院）成立于 2013 年 12 月，是集战略规划、科技研发、技术监督、技术服务、科技信息于一体的企业科研院所。组建以来，大唐科学研究院始终坚持“讲科学、讲技术、讲民主、讲规范”的学风和遵循“依托大唐、面向行业，科技产业化、成果产品化，绿色创新和全面提升”的发展方略。

领导班子

董事长：高智溥

院长、党委副书记：王振彪

党委书记、副院长：沈刚

副院长、党委委员：侯君达

副院长、党委委员：田高产

副院长、党委委员、纪委书记、工会主席：王博

组织机构　大唐科学研究院构建了两级组织构架，院本部设立总经理工作部、计划财务部、人力资源部、安全监督与生产部、科研管理部、党群工作部、纪委办公室和市场开发部（筹备）等 8 个管理部门。先后成立了东北、华东、华中、西北、华北和水电院等 6 家区域电力试验研究院，以及火力发电技术研究院（与华北院合署办公）、新能源技术研究所（2017 年划转至新能源技术研究院）、能源技术经济研究所（2019 年业务划归集团公司技经中心管理）、信息中心、两优化研究中心和大唐（北京）能源科技公司等 6 家专业技术研究单位。同时，代为管理中国大唐计量中心、锅炉压力容器检验检测中心和大坝安全监督中心。

人员组成　大唐科学研究院设立了院士专家工作站、博士后科研工作站和研究生工作站，组建了一支专业齐全、具有较高水平专业的技术队伍，建设了合理可持续发展的人才梯队。目前，共有各级各类专业技术人员 1233 人，其中博士、硕士以及高级职称人才 833 人。各区域电力试验研究院按照“五部八所”的组织架构建设，专业技术人员达到 190 人，具备系统性开展技术服务的能力。

主要工作　大唐科学研究院不断加大科技基础设施建设和研发投入，建设了装备齐全、环境良好的基础设施，科研设备和试验基地投入占固定资产投入 90%以上，计算中心和智能与仿真技术研究中心建设水平行业领先。科技创新取得较好成绩，共取得 18 项国际领先和 43 项国内领先的科技成果，累计获得 1351 项专利，主编 IEEE、ISO 国际标准 3 项，连续三年获得中国电力科学技术进步一等奖，2019 年获得中国工业防腐蚀技术协会颁发的功勋单位称号。技术保障体系不断完善。为集团公司 29 个省份，170 多家发电企业，约 1.32 亿千瓦发电机组提供技术服务和技术保障，为中国大唐网络安全与信息化项目建设提供全方位的技术支撑。

【国电新能源技术研究院】

公司概况　国电新能源技术研究院（简称国电新

能源院）是国家能源集团参加海外人才创新创业基地建设的实施载体，以建设“综合型、应用型、市场化、国际化”的国内领先、国际一流研发机构为目标，于 2010 年 8 月正式成立。主要开展对国家能源集团发展战略具有前瞻性、引领性以及基础性和共性的重大课题研究。

组织机构 现有员工 44 人，设有 5 个管理部门（合署办公）和 2 个研究中心。5 个管理部门为院长办公室（党委办公室）、人力资源部（党委组织部）、科技管理部（国际合作部）、政工监审部（党委宣传部）、财务和资产部，2 个研究中心为能源新技术研究中心、智能发电技术研究中心。

主要工作

1. 以“不忘初心、牢记使命”主题教育为契机，坚持和强化党的全面领导

开展“不忘初心、牢记使命”主题教育。把握“守初心、担使命，找差距、抓落实”的总要求，精选学习内容、调查研究、召开专题民主生活会、抓实问题整改，截至 11 月底完成 41 项具体整改任务中的 28 项。

加强政治建设。引导广大党员干部牢树“四个意识”，坚定“四个自信”，做到“两个维护”。坚持民主集中制，进一步完善“三重一大”决策程序。强化思想理论武装，打造中心组学习“示范班”，截至 11 月底共召开中心组学习 8 次，集中学习 10 天，利用“三会一课”等把学习向党支部延伸，不断提升全体党员的思想理论水平。

坚持全面从严治党。制定《党委落实全面从严治党主体责任实施办法》，建立责任清单，党委“主体责任”、党委书记“第一责任人”、党委委员“一岗双责”和各部门职责有效落实。开展“六项严查”，紧盯节日期间“四风”问题，开展“三重一大”决策事项、固定资产、物资采购、科技项目等专项检查，持续强化政治监督、关键领域监督和日常监督。结合科研实际开展特色党风廉政教育，精选案例并编印成册，进一步增强学习实效。开展纪检干部集中培训，组织闭卷考试，培训覆盖率 100%。

坚持党管干部、党管人才原则。提拔任用了 1 名年轻科研骨干作为部门负责人，逐渐实现领导干部队伍年轻化。吸引选拔优秀人才，招聘毕业生 10 名，其中博士 4 名，硕士 6 名；通过系统内招聘选拔优秀人才 4 名；通过研究生工作站，招聘实习生 4 名。加强人才培训，组织、参加各类培训 39 次，副处级以上干部参与培训 40 余人次，普通员工参与培训 120 余人次。完善奖励机制，在薪酬分配上对科研任务、科研成果产出及转化进行一定的倾斜。

加强支部建设。党委委员每季度听取联系点支部工作汇报，指导工作，强化对支部的分类指导。组织开展支部共建 6 次，科技创新沙龙 2 次，以党建加强科技协同创新。做好党员发展工作，发展 1 人成为中共预备党员，1 名预备党员转正为中共党员。坚持党建和业务责任双签，推进党建与中心工作深度融合。

落实党管意识形态责任制。党委每半年专题研究意识形态工作，确保意识形态安全。加强文化建设，宣贯国家能源集团新战略，统一思想、凝聚共识。围绕“庆祝新中国成立 70 周年”开展正面宣传报道，充分激发广大党员的爱国热情。加强科技成果宣传，参加展览展示 5 次。

2. 以平台建设为抓手，建立健全科技协同创新体系

举办国际交流论坛。承办第五届中国二氧化碳捕集、利用与封存技术国际论坛，期间国家科技部中国 21 世纪中心发布《中国 CCUS 发展路线图（2019 版）》，对推进 CCUS 技术发展和能源领域绿色低碳发展转型具有重要意义；联合承办国家能源集团首届清洁能源国际高端论坛智能发电技术平行论坛，聚焦智能发电发展现状、先进技术、管理理念等诸多方面。邀请麻省理工学院、全球 CCS 研究院等国际知名研究机构来访交流，发挥国际科技合作基地的引领和示范作用。

推动科研立项和成果转化。获批立项 11 项，其中国家级项目 2 项，包括“面向可再生能源消纳的灵活性电热泵供热系统及电—热综合调控技术研究”和“基于智能分群的风电场扇区分布式协同调控方法及应用研究”等，获科研经费近 6000 万元；与龙源环保完成“废弃脱硝催化剂再生及回收处理技术”成果转化；“风光储能建筑一体化示范”入选首都优秀科技创新成果；1 人荣获中国电力优秀青年科技人才奖，1 人荣获中国能源研究会 2019 年优秀青年能源科技工作者奖，1 人受聘中国电机工程学会“电力之光”科学传播专家；1 个项目获北京市科协金桥种子基金 A 类资助；科普图书《多彩的发电》获北京市科普创作出版资金资助。

科学规划创新方向。编制《国电新能源院 2019—2021 年科技规划》，进一步明确了发展目标；开展科研选题专题调研，在多能互补、氢能、储能等领域梳理了九大重点任务作为中长期科研发展方向，选取 13 个项目申报国家能源集团 2020 年科技项目。

深入国家能源集团智能发电标准体系建设。召开《智能火电技术规范》《智能风电技术规范》《智能水电厂技术规范》《智能光伏发电技术规范》标准审定会并顺利通过；编写《国家能源集团智能发电顶层设计及建设实践》报告，提出智能发电建设分步走战略；编写《国家能源集团智能发电科技研发规划

(2020—2022)》，为国家能源集团科技创新战略提供有益参考；开展“火电厂智能化建设情况”调研，形成《2019 年智能发电技术发展报告》。

组织参加大型国际展览展示。“生物质燃料电池及制氢技术”参加了 2019 太原国际能源革命展、第二十二届北京科技产业博览会和 2019 年全国科技活动周；“风光储能建筑一体化示范”参加了首都科技创新展和全球能源大转型论坛技术展示。

3. 以服务集团主业为目标，科技创新工作再创佳绩

2019 年共开展研究课题 20 项，其中国家级、省部级科技项目 9 项，国家能源集团科技项目 10 项，院自立项目 1 项。申请发明专利 16 项，发表软件著作权 1 项，发表论文 20 余篇，其中，SCI 收录 1 篇，EI 收录 2 篇。

智能发电领域。“智能火电控制技术研究及应用”项目开发的智能控制系统核心软件在国电电力东胜电厂实施，经专家鉴定，被评定为国际领先水平；“风电机组叶片智能打磨装备样机研发与试用”项目开发了智能打磨样机并应用在联合动力保定风机叶片生产基地，项目成果参加 2019 年（首届）电力行业创新创意成果推介活动；“智能火电关键技术研究与示范应用”项目搭建智能控制系统和公共服务系统并部署多项智能化应用。

新能源新材料领域。“基于杂多酸催化的生物质电解制氢技术研究”项目完成北京市科委项目结题验收；“新型超疏水高性能防冰涂料关键技术开发”项目完成了 100kg 级的涂料试生产，具备结题验收条件。

节能环保领域。“中美政府间联合研究项目能源与水子议题一：火电领域水资源减量利用”项目完成一期项目结题验收，同时完成二期项目申报；“火电厂粉煤灰制备高吸附性节能环保材料的技术及应用研究”项目完成项目验收。

【国电科学技术研究院有限公司】

单位概况 国电科学技术研究院有限公司（简称国电科研院）前身是成立于 1980 年 9 月的原电力工业部“火电厂大气环境测试研究中心”。2017 年 10 月更名为国电科学技术研究院有限公司，注册地和办公地均为江苏省南京市栖霞区仙境路 10 号。主要业务范围包括：发电企业技术监督与技术服务、电力生产过程试验及研究、电力建设项目环境影响评价；火电节能减排及环保治理工程技术咨询、技术培训等。

组织机构 国电科研院是国家高新技术企业，领导班子和党委委员共有 8 人。现有 20 个机构，分别为 9 个管理部门、1 个重点实验室、6 个分公司、4 个子公司。截至 2019 年底，共有正式员工 725 人，硕士以上学历人数占比达 42.2%。

主要指标 全年营业收入 5.89 亿元，利润 5233 万元，年末两金净额 1.08 亿元，完成技术服务工作 1914 项，完成生产经营、科研创新、两金压降等各项年度考核任务。获得省部级及国家能源集团科技奖励 13 项，其中，获得第十届“中华环境奖”优秀奖 1 项，环境保护科学技术一等奖 1 项，中国电力科学技术进步奖一等奖 1 项、二等奖 1 项，中国电力创新奖一等奖 2 项、二等奖 1 项、电力科技创新大奖 1 项，国家能源集团奖励基金一等奖 1 项。申请专利 226 件，其中发明专利 87 件；获得授权专利 201 件，其中发明专利 12 件。作为牵头单位完成行业标准 1 项，团体标准 2 项，参与编制行业标准 5 项。

科技创新 推进国家重点研发计划和国家能源集团科技项目。深入开展国家自然科学基金面上项目研究，完成国家能源集团 2030 项目“十四五”能源领域子课题项目和国家能源局软课题“煤电机组寿命评价与寿命管理研究”，完成了煤炭子领域国家重点实验室战略规划研究，完成了“超超临界机组高温材料性能劣化的无损检测技术研究”等 6 个国家能源集团科技项目，完成了“超（超）临界锅炉过热器化学清洗试验研究”等 7 个院立科技项目。稳步推进国家研发平台的建设。组织开展国家重点实验室、博士后科研工作站年度工作计划、执行情况、科技成果的报送工作；完成 2018 年度国家重点实验室 15 个开放课题的研究及验收工作；与清华大学、浙江大学等高校合作，开展相关新技术、新方法基础研究，共同提升研发能力和水平；完成博士后基金申报并成功获得中国博士后科学基金第 65 批面上资助，现有在站博士后 2 名。加强科技成果转化。获得授权专利同比增加 80 件，发表论文数量同比增加 33 篇；实现科技成果转化 16 项、新获批主持省部级科技项目 3 项；与中船系统工程研究院联合申报的项目“复杂环境条件下燃机进气质量保障技术”获得 2019 年中国先进技术转化应用大赛技术创新类优胜奖。

生产运行 完成国家能源集团内 143 家企业的安全、节能、环保、技术监督和燃料监督评价。其中，节能评价共诊断出影响能耗的问题 495 项，提出有针对性节能降耗措施 840 项，平均每台机组诊断出可挖潜的供电煤耗 7.3g/kWh，为火电企业降本增效提供支撑。协助完善技术监督体系建设。全年共为 142 家发电企业提供技术监督和技术服务，完成日常技术支持与服务工作 1914 项，覆盖装机 10 761 万 kW；协助集团公司调整完善技术监督网络，完成了技术监督信息平台系统升级。加快推进技术监督工作“三统一”，各项任务完成率 100%；参与修编了火电产业技术监督管理办法、技术监督检查评价管理办法、17 项技术

监督实施细则和技术监督评价标准，并及时组织宣贯落实；完成技改大修重大项目评审评估共 608 个，编制国家能源集团水电火电技术监督制度、国家能源集团火电二十五项重点反事故措施、防治燃煤锅炉“四管”泄漏技术管理规定等制度和标准共 76 项。完成国家能源集团安排的重要任务。安排人员对恒泰、康平等机组非计划停运原因进行分析并提出整改建议；开展湿烟羽工程测试、评估研究，为推动生态环境部煤电环保深度治理政策调整提供了详实可靠的数据支撑和技术理论依据；协助完成国家能源集团污染源调查报告、生态环保企业分级标准、国家能源集团生态文明建设方案，完成《国家能源集团 2018 年生态环境保护公报》等报表的编制和上报工作，协助编制《关于中央生态环境保护督察的专题汇报》《国家能源集团长江沿岸火电企业生态环境治理三年规划》等文件、规划和制度 14 项。开展火电企业相关技术服务工作。在核心部件压力容器检验检测过程中，发现 64 台机组裂纹、未熔合等危害性缺陷 300 余处，及时通报电厂消除缺陷，为机组安全运行提供了保障；做好环保咨询业务，开展第三方碳排放核查工作；完成国家能源集团所属电厂 42 台机组的在运催化剂抽检、脱硝诊断和催化剂寿命评估工作，其中列入技术监督重点项目计划的脱硝催化剂检测 23 项，实现入厂催化剂 100%抽检。组织完成安全、环保、技术监督、煤检等四类 23 期培训班，共培训国家能源集团基层技术骨干和高级专业管理人员 1769 人。

经营管理 严控费用支出和资金管控，严格管理各级负责人履职待遇业务支出。落实国家能源集团关于全面部署资金安全检查工作的要求，开展出纳轮岗工作，配合国家能源集团开展银行账户和票据清查工作，将党费、工会、团费等账户都纳入财务共享中心集中管理。执行采购集中管控。完善采购与招标领导机构，重新配置和规划采购资源，保障采购计划性、科学性、严谨性，有效预控临时性、应急性采购行为。明确了合同分类，制定重大合同提级审查标准，加入法律审核节点，进一步防范合同签订过程中的风险。规范各管理部门职责范围，严格管理法人授权委托，明确技术协议、安全协议、廉洁协议等文件的签订要求，确保合同谈判、项目执行、结算等各项环节责任落实到位。

安全环保 组织落实国家能源集团安全生产工作决策部署，按照“党政同责、齐抓共管”的安全工作要求，以安全环保“责任落实年”活动为载体，通过层层签订安全生产责任书，落实各级人员安全责任。发挥安全监督网作用，组织开展全覆盖春季安全大检查和年度安全综合考评检查，以“查隐患”促安全管控，以“反三违”保人身安全。开展实验室和生产现场安全生产标准化工作，有效防范关键环节、重点部位的安全风险。推行项目安全风险预控和人身安全风险预控，定期开展隐患排查治理、应急培训和演练工作。从讲政治的高度重点开展新中国成立 70 周年安全环保保障工作。组织开展了“抓落实 树形象 保安全稳定”主题实践活动。通过组织开展“安全生产月”“电力安全文化建设年”“安康杯”竞赛等特色活动，不断强化全员安全意识和责任意识，营造安全生产良好氛围。全年未发生安全环保事故，保障了全体员工的职业健康安全和企业的安全稳定。

党群工作 发挥群团组织桥梁纽带作用。支持群团组织围绕中心任务依法依规依章程开展工作，开展纪念“五·四”运动一百周年系列活动，开展“初心不改、担当使命”系列活动、“生命至上 安全第一”主题活动等，发现和协调解决存在的实际问题，推动群团工作取得实效。营造和谐文化氛围。制定文化建设管理办法，宣传国家能源集团“一个目标、三型五化、七个一流”总体发展战略，丰富深植国家能源集团企业文化，增强广大职工的归属感和向心力，获得 2016—2018 年度江苏省文明单位称号。全力支持工会工作。切实落实职工福利待遇，健全服务保障机制，在传统节假日开展会员普惠活动，持续开展冬送温暖、夏送清凉、全年送关爱活动。常态化组织“健步行”，开设多种兴趣班，丰富职工业余文化生活。注重宣传和引导。支持意识形态阵地建设，及时发现和宣传履职工作的亮点瞬间，在国家能源集团网站发布新闻 450 篇，1 篇信息被国资委采用并报送中办、国办。抓好典型引路，激发广大职工学习先进、争当先进的内生动力。2 人受聘成为国家能源集团“首席师”，2 人被评为集团公司青年岗位能手，2 个集体 7 名青年受到上级团组织表彰，1 个集体获得“江苏省工人先锋号”。

主要事件

1 月 8 日，东南大学王浩教授及其团队与苏黎世理工大学 Fernando Ortiz 教授共同参观访问环保院公司环境风洞实验室，并就今后的合作研究进行了交流。

1 月 9 日，环保院大气物理研究所“冷却塔排烟过程环境模拟与工程实现关键技术及应用”项目荣获环境保护科学技术奖二等奖。

1 月 11 日，西安热工研究院有限公司煤检所杜晓光一行三人来煤检公司调研。

1 月 11 日，环保院燃机所在《Applied Sciences》期刊发表论文“Mechanism Research and Countermeasure Analysis of Yellow Plume during the Gas Turbine Start—Up Period”。《Applied Sciences》，为 SCI 索引期刊（影响因子 1.689），收录内容涉及环

保、机械、材料等多个应用学科。

1月15日，南通市水利局印发《关于准予江苏华电华汇能源有限公司启通天然气管线项目水土保持方案的行政许可决定》（通水许可农〔2019〕1号），对环保院公司负责编制的首个天然气管线项目水保方案报告书予以批复。

1月15日，国电科研院安全监察部副主任到炭基催化法50 000m^3/h（标况）模块研发项目施工现场进行安全监督检查。

1月17日，国家能源集团财务共享中心主任、副书记刘春峰一行到国电科研院调研。

1月26日，中国电力建设企业协会发布2018年电力建设企业信用评价结果，国电科学技术研究院有限公司顺利取得企业信用AAA等级证书。

1月30日，国电科学技术研究院有限公司二届六次职工代表大会暨2019年工作会在南京仙林院区召开。

1月30日，国家能源集团副总经理米树华莅临生产监控室对电科院北京分公司值守人员进行春节慰问。

2月16日19:10，由国电科学院承担调试工作的国电中山民众天然气热电冷联产工程2号机组燃气轮机首次点火，并完成三次燃机热反吹，实现了一次点火、一次定速成功的目标。

2月25日17:38，国电中山燃机电厂2号锅炉吹管靶板验收合格。

3月1日，武汉大学智慧水业研究所所长刘炳义、副所长陈华一行6人来到成都分公司，开展以智慧水业发展为主题的学术交流。

3月7日，环境领域权威期刊AE（Atmospheric Environment）刊发了环保院的最新研究成果“Impacts of relative humidity on fine aerosol properties via environmental wind tunnel experiments”，揭示了相对湿度变化对细颗粒物特性的影响。

3月8日，太原分公司组织完成国电承德热电3台锅炉炉膛温度及水平烟道烟气温度测试工作。

3月8日，国家能源集团水电中心书记、副主任张立东来到成都分公司，就分公司人才结构、技术能力、设备设施和实验室建设等情况开展调研。

3月9日，环保院与神华国华（北京）燃气热电有限公司联合成立“国家能源燃机青年创新工作室”工作室，并举行共建协议签字仪式。

3月11～13日，沈阳分公司汽机专业技术人员完成国电吉林龙华吉林热电厂10号机组低真空供热改造后性能考核试验。

3月12日，国电科研院执行董事、总经理、党委副书记王文飚赴党建工作联系点——环保院催化剂中心党支部参加主题党日活动。

3月13～19日，银川分公司完成陕西宝鸡第二发电有限责任公司1号炉B、2号炉B、4号炉B送风机振动故障诊断及动平衡试验。

3月14日上午10时，兰州热电2号机组168试运完成，实现了机组调试“五个一”。

3月18日，武汉分公司完成国电青山热电有限公司12号机组修前煤耗查定试验。

3月19～26日，太原分公司完成了河北龙山电厂1号机组湿烟羽治理工程阶段性性能试验。

3月26日～4月13日，太原分公司金化所完成天津国电津能滨海热电有限公司2号机组C修检验工作任务。

3月29日，由电研公司化学技术研究所主要承担的院科技项目“超（超）临界锅炉过热器化学清洗试验研究”通过验收。

4月1日，电研公司完成国电兰州热电有限公司1号机组新机考核试验。

4月15日22:25，国电宁夏方家庄电厂2×1000MW机组工程2号机组汽轮机首次定速3000r，冲转一次成功。

4月16～25日，银川分公司热机所完成红雁池公司1号机组大修前性能试验所有试验项目。

4月21日15:18，国电方家庄电厂2×1000MW机组工程2号机组成功并网。

4月24～27日，武汉分公司完成濮阳电厂1号机组中压缸跑偏原因分析。

4月26日，沈阳分公司电自所技术人员完成了双鸭山公司500kV电抗器绕组变形和开关SF_6气体密度继电器校验和微水测试。

5月4日，在江苏省庆“五一”表彰大会暨劳模先进事迹报告会上，环保院脱硝催化剂性能评估研究所荣获“省工人先锋号”称号。

5月5日，国家能源集团党组第二巡视组巡视国电科学技术研究院有限公司党委工作动员会召开。

5月10日，国电科研院团委组织开展“青春心向党，建功新时代”五四主题团日活动。

5月14日，生态环境部发文《关于公布第十届中华环境奖评选结果的通知》（环办科财函〔2019〕487号），国电环境保护研究院荣获第十届“中华环境优秀奖”（企业环保类）。

5月24日，中国电机工程学会在北京组织召开了由电科院电研公司、国电福州电厂等单位合作完成的项目——“对冲燃烧煤粉锅炉燃烧组织定向调控关键技术与应用”科技成果鉴定会。

6月5日，沈阳分公司圆满完成国电哈尔滨热电有限公司2号机组A级检修前性能诊断试验工作。

6月19日，由环保院承担的《输变电工程事中事后环境监管要求》课题通过验收。

6月28日，国家能源集团党组第二巡视组向电科院党委反馈巡视情况。

7月8～26日，由成都分公司任组长单位的国家能源集团2019年第一期水电企业安全文明生产标准化工作完成。

7月18日，电研公司总经理一行5人访问哈尔滨电气集团，同哈电集团电站服务事业部副总经理李长宝及相关专业技术人员进行了友好交流。

7月18日，国家能源集团华北公司安生部、国电科学院太原分公司联合举办华北区域火电企业汽轮机技术监督交流会。

7月24日，银川分公司解决新疆公司克拉玛依电厂高调门振荡问题。

7月24日，江苏省文明办一行3人到国电科研院检查验收省级文明单位创建工作，党委书记曹沂、工会主席王玉红出席迎检会议，党委职能部门负责人及相关人员参加迎检会。

7月25日～8月13日，沈阳分公司完成东北公司康平发电有限公司全厂水平衡试验。

7月29日，环境领域权威期刊AR（*Atmospheric Research*）刊发了环保院的最新研究成果“*A preliminary study on wind tunnel simulations of the explosive growth and dissipation of fine particulate matter in ambient air*”，揭示了液态水含量变化对细颗粒物浓度的影响。

8月14日，南京市市场监管局针对电研国电科研院2019年度环保检测等重点关注领域计量器具，与南京市计量院专家一行三人组成检查组，以“双随机、一公开”方式开展了计量监督检查。

8月15日，太原分公司同国神集团天津大港发电厂联合召开技术交流会，就大港电厂3、4号汽轮机发电机组低压缸零出力改造的可行性进行了深入交流和探讨。

8月30日，南京水利科学研究院水工水力研究所副所长王晓刚一行到成都分公司开展学术交流活动。

9月，天津滨海电力有限公司6B型燃气轮发电机组延寿运行获得国家能源局正式批复，标志着国电科学院首个燃气轮发电机组寿命评估项目获得阶段性成功。

9月4日，银川分公司完成新疆公司红雁池电厂220kV升压站地网试验、1号发电机出口电压互感器局部放电试验和2号机组开关柜超声波局放试验。

9月16日，能源动力SCI期刊《*Energies*》（IF=2.7）刊发了环保院燃机所关于燃机进气温度控制机理研究的最新成果“*Effect of Inlet Air Heating on Gas Turbine Efficiency under Partial Load*”。

9月21日，环保院风洞实验室与南京大学合作在城市风环境研究领域取得最新进展，相关成果“*A Wind Tunnel Study on the Correlation between Urban Space Quantification and Pedestrian—Level Ventilation*”发表在国际大气环境领域权威SCI期刊《*Atmosphere*》。该项工作是国家自然科学基金重点项目“城市形态与城市微气候耦合机理与控制”（51538005）的重要组成部分，为城市风环境数值模拟优化提供基准校验数据，使不同城市形态下风环境精细规划成为可能。

9月24日，江苏省检验检测机构双随机行政监管现场检查组一行四人到电研公司现场检查。

9月24日，能源动力SCI期刊《*Energies*》（IF=2.7）刊发了环保院生态环境研究所关于烟塔合一湍流模型的最新成果“*CFD Simulation of Pollutant Emission in a Natural Draft Dry Cooling Tower with Flue Gas Injection: Comparison between LES and RANS*”。

11月14日，沈阳分公司完成东北公司吉林龙华吉林热电厂14号炉超低排放改造后脱硫、脱硝、除尘器性能试验。

11月15日，武汉分公司完成国电黄金埠发电有限公司2号炉冷态空气动力场试验。

11月22日，2019年中国先进技术转化应用大赛总决赛在江西南昌落幕，电科院所属环保院与中船系统工程研究院联合申报的项目“复杂环境条件下燃机进气质量保障技术”荣获优胜奖。

【北京低碳清洁能源研究院】

单位概况 北京低碳清洁能源研究院（简称低碳院）成立于2009年12月，坐落于北京市昌平区未来科学城，是国家能源集团的直属研发机构，也是海外高层次人才创新创业基地。目前设有北京、美国、德国3个全球研发基地，近700名员工，其中海外员工占比30%以上，50%科研人员具有博士学位。拥有国家能源煤炭清洁转换利用技术研发中心（国家能源局）、煤炭开采水资源保护与利用国家重点实验室、北京市纳米结构薄膜太阳能电池工程技术研究中心等重点科研平台。

领导班子

院长：卫昶

党委书记、副院长：徐会军

副院长：张冰

纪委书记：何文强

组织机构 设有7个科研中心，3个研发支持中心，4个职能部门及3个分支机构。7个科研中心包括先进材料研究中心、新能源技术研究中心、洁净煤技术研究中心、煤化工研究中心、环境保护技术研究中心、IGFC国家重大专项、煤间接液化国家重大专项。3个研发支持中心包括技术商务中心、设备设施工程中心、分析表征中心。4个职能部门包括综合办公室/党建工作部、人力资源部、财务资产部、运营支持中心。3个分支机构包括北美清洁能源研究中心、神华（北京）光伏科技研发公司、神华（北京）新材料科技有限公司。

科技创新及科研成果 低碳院全力攻关电力领域关键技术，加快商业化进程，取得的具体科技创新和科研成果有铜铟镓硒（CIGS）薄膜太阳能技术、废水零排放与资源化处理技术、超低排放脱硝催化剂全生命周期管理技术、煤系伴生资源利用技术、高功率锂离子电池技术、新型TPO管材获规模化应用、褐煤蜡绿色提取技术、轻质聚丙烯复合板材技术、CO_2捕集技术。

人力资源 低碳院不断优化人才管理，强化科研创新队伍建设，持续引才引智，加大科研创新力量，通过校园招聘接收高校优秀博士、硕士毕业生，补充科研人才队伍，培养年轻科研力量。开展年度晋升工作，梳理人才结构。整合绩效评估优化方案，持续推动“岗位聘任制”，实行多维度全面考评制度。继续推行“人员能进能出、岗位能上能下、薪资能增能减”。加强人才梯队建设，薪酬待遇及职业发展向优秀的年轻骨干倾斜，为年轻骨干创造更多机会。

主要事件

7月3日，完成了“所改院”流程，北京低碳清洁能源研究所正式更名为北京低碳清洁能源研究院。

2019年，低碳院申请1200余项专利，有400余项专利已获权，并获北京市知识产权试点单位称号。

2019年，在国际一流杂志发表论文十数篇，包括《焦耳》（Joule）、《自然通讯》（Nature Communications）、《ACS能源快报》（ACS Energy Letters）、《先进功能材料》（Advanced Functional Materials）、《能源应用》（Applied Energy）等。

2019年，低碳院作为唯一的央企研发机构获科技部中国国际人才交流基金会、国际项目管理协会颁发的“中国项目管理发展二十年最佳企业实践奖”；获得美通社2019年新传播年度大奖“ESG（环境保护/社会责任/公司治理）传播奖”。牵头承接了“大规模风/光互补制氢”和“柔性衬底铜铟镓硒薄膜电池”等多个国家重点专项。

【中国长江三峡集团有限公司科学技术研究院】

单位概况 中国长江三峡集团有限公司科学技术研究院（简称三峡科研院）成立于2019年6月，是中国三峡集团的直属机构，作为中国三峡集团中央研究院和统一的科研创新平台，围绕中国三峡集团战略布局和核心主业开展科技创新研究工作。

组织机构 三峡科研院按照“小管理、大科研”的原则，设综合管理部、人力资源部、科研管理部、党群工作部（纪检工作部）等4个实际运行的管理部门。中国三峡集团科学技术委员会办公室设在科学技术研究院。设水电工程技术研究中心、电站运维技术研究中心、水资源高效利用技术研究中心、长江生态环境工程研究中心、新能源科技创新中心、信息技术研究中心、综合能源技术研究中心等7个研究中心，负责特定领域科研体系和能力建设，承担具体科研项目攻关、成果转化和人才培养等方面工作。

科研创新 精准发力，创新人才引进培养方式。

三峡科研院围绕中国三峡集团核心主业，锁定并引进经历过中国三峡集团重大项目锤炼、解决实际问题能力强、掌握关键核心技术，并得到行业认可的社会科技骨干。同时，变招博士为找博士。基于详细的岗位需求和研发方向，与重点高校、重点专业和知名专家沟通，提出重点推荐符合需求的优秀博士生，有效解决初期人才瓶颈问题。在人才培养方面，新员工在正式入职前三个月提前纳入项目团队，熟悉工作并承担任务。采用自主编写14本教材对新员工进行系统培训，深入了解中国三峡集团各业务板块重点科研方向。通过压任务、挑担子促进员工快速成长；2019年底，推荐4名员工参加青年人才托举工程的评选。

多措并举，零起步加速度夯实科研基础能力。采用校企联合、独立建设等方式加快实验室建设。三峡集团—华北电力大学氢能联合实验室于12月成立。同时，海上风电科技创新平台建设、海上风电大吨位桩基检测平台、海上风电自升式勘探设计平台等科研基础设施项目快速推进。双精度浮点运算峰值超过70万亿次的大型高性能并行计算平台以及相关专业科研软件已部署完成，搭建支持大规模风资源分析、海上风电结构分析、大体积水工建筑物分析、流域来水预测等大型仿真计算云桌面体系，为中国三峡集团的科研基础工作提供支撑。

集中资源，围绕核心业务发展关键问题开展科研攻关。三峡科研院通过130批次的行业调研、学术交流等，对于氢能、储能、太阳能电池、地热能、海上风电等领域前沿技术发展趋势及机会进行分析研判，聚焦形成智能建造、工控系统国产化、海上风电资源与环境综合评估、第三代太阳电池成套技术、电解水制氢等11个重点方向，按照“研发中心＋产业孵化”的模式组建攻关团队，通过项目实践和探索，有效吸收凝聚中国三峡集团内外部科研资源，发挥各自优势，研发并掌握核心技术，不断推动统一科研平台的形成。

成立一年以来，三峡科研院已组织开展30个课题研究，正在立项筹划 32 个课题；已申报及策划专利 50 项，发表及编写论文 28 篇，申报奖励 3 项；完成国家标准编制初稿 1 项。

（张　轶）

【中国水利水电科学研究院】

单位概况　中国水利水电科学研究院（简称中国水科院）是以水利水电公益型研究和应用技术科学研究为主，面向全国的专业齐全的综合性科研机构，是全国水利水电科学技术研究的中心，着重解决水利、水电建设中的重大关键技术问题，承担行业基础和应用基础研究及新技术、新成果的推广。

中国水科院历史可追溯到 1933 年，前身为中国最早的水利科学研究机构一中国第一水工试验所，几经变迁，于 1958 年经国务院规划委员会批准，将国内多家水利水电科研单位合并，组建了水利水电科学研究院，1994 年经国家科委批准更名为中国水利水电科学研究院，2000 年水利部牧区水利科学研究院和水利部电力工业部机电研究所并入中国水科院。现任院长匡尚富，历任院长有张子林、张光斗、林秉南、张泽祯、杨德晔、陈炳新、梁瑞驹、高季章。先后拥有中国科学院和中国工程院院士 12 人，现有院士 5 人分别是中国科学院院士陈祖煜，中国工程院院士朱伯芳、陈厚群、王浩、胡春宏；已故院士 7 人分别是中国科学院和中国工程院两院院士张光斗、林秉南，中国科学院院士黄文熙、钱宁、汪闻韶，中国工程院院士陈志恺、韩其为。

截至 2019 年底，全院在职职工 1347 人，其中包括院士 5 人、硕士以上学历 919 人（博士 523 人）、副高级以上职称 867 人（教授级高工 386 人），是科技部“创新人才培养示范基地”。现有 13 个非营利研究所、4 个科技企业、1 个综合事业和 1 个后勤企业，拥有 4 个国家级研究中心、9 个部级研究中心，1 个国家重点实验室、2 个部级重点实验室。研究领域覆盖水文水资源、水环境与生态、防洪抗旱与减灾、泥沙与水土保持、农村水利、水力学、岩土工程、水工结构与材料、工程抗震、水力机械与机电、自动化、工程监测与检测、新能源、遥感技术及应用、水利史与水文化、牧区水利等 18 个学科、93 个专业方向。具有工程咨询甲级（水利工程、水电）、乙级（新能源、生态建设和环境工程）资格证书、水文与水资源调查评价甲级资质证书、建设项目环境影响评价甲级资质证书、建设项目水资源论证甲级资质证书、水土保持监测甲级资格证书、水土保持方案编制甲级资格证书、水利工程质量检测甲级资质（岩土类、混凝土工程类、量测类）、文物保护工程勘察设计甲级资质等证书，通过了国家计量认证、ISO9001 质量管理体系认证等，被遴选为国家发展改革委、北京市政府固定资产投资项目咨询评估机构以及水利部水利水电建设工程蓄水安全鉴定、大中型水闸安全评价和水土保持设施验收技术评估单位。

中国水科院拥有 4 个国家级中心（国家节水灌溉北京工程技术研究中心、国家农业灌排设备质量监督检验中心、国家水电可持续发展研究中心和国家能源水能高效利用与大坝安全技术研发中心）、9 个部级中心（水利部防洪抗旱减灾工程技术中心、水利部水资源与水生态工程技术研究中心、水利部水土保持生态工程技术研究中心、水利部水环境监测评价研究中心、水利部遥感技术应用中心、水利部草地水土保持生态研究中心、水利部水工程抗震与应急支持工程技术研究中心、水利遗产保护与研究国家文物局重点科研基地、水利部江河水利志收藏馆）、建有 1 个国家级重点实验室（流域水循环模拟与调控国家重点实验室）、2 个部级重点实验室（水利部水工程建设与安全重点实验室、水沙科学与江河治理重点实验室），另有 36 个专业实验室。

截至 2019 年底，全院共获得省部级以上科技进步奖励 840 项，其中国家级奖励 104 项；主编或参编国家和行业标准 430 项。

中国水科院是联合国教科文组织和中国政府合属的国际泥沙研究培训中心的挂靠单位，也是世界泥沙研究学会、世界水土保持学会、国际水利与环境工程学会、国际洪水管理大会、国际大坝委员会、国际灌排委员会、全球水伙伴、国际水电协会、亚洲河流生态修复网络 9 个大型国际学术组织或会议机制总部及中国委员会秘书处的挂靠单位，先后有 10 余位专家在国际组织内担任荣誉主席、副主席、秘书长等重要职务，与国外近 40 余家科研机构、知名大学、国际组织和企业签订了长期合作协议，建立了固定的合作交流机制。

中国水科院设有 2 个一级学科博士后流动站和 8 个博士和硕士学位授予专业，分别为岩土工程、水文学及水资源、水力学及河流动力学、水工结构工程、水利水电工程、水环境学、水信息学、水灾害与水安全。2018 年获得国际学生招收资质。截至 2019 年底，本院共有研究生导师 266 人，其中博士生导师 91 人、硕士生导师 175 人。1978 年恢复招生以来，累计招收培养了博士、硕士研究生以及博士后 1912 人，“西部之光”访问学者 90 人。

领导班子

院长：匡尚富

党委书记：曾大林

副院长：胡春宏、汪小刚、彭静、王建华、李锦秀、丁留谦

纪委书记：夏连强

组织机构 职能部门包括院办公室、党委工作部门、人事劳动教育处、科研管理与规划计划处、国际合作处、财务与资产管理处、监察与审计处、国家重点实验室办公室；科技研究所（中心）包括水资源研究所、减灾中心、水生态环境研究所、水利研究所、工程抗震研究中心、岩土工程研究所、泥沙研究所、水力学研究所、水电可持续发展研究中心、牧区水利科学研究所；综合事业部分包括研究生院、标准化研究中心、信息中心、离退休职工处；科技企业包括中水科总公司、中水科技公司、天津水利电力机电研究所、中水科海利公司；后勤企业为北京爱德服务总公司。

主要工作

（1）科研立项取得新突破。合同额持续增长。2019 年全院新签合同总额较 2018 年增长 10.0%。其中，非营利机构新签合同额同比增长 14.7%；科技企业新签合同总额同比增长 1.5%。纵向项目立项进展显著。新签纵向项目 522 项。其中，重点研发计划、国家自然科学基金等国家科技计划项目 156 项；水资源管理、节约与保护项目等水利部预算项目 96 项。横向项目渠道不断拓展。新签横向项目 1308 项。科技类横向项目委托单位广泛分布于地方水利厅局、部属单位、水利水电企业、电力企业、核电企业等。其中，中水科技公司签约白鹤滩电站监控系统，卡洛特电站监控系统等国内外重要电站的监控系统研发项目。

（2）科技创新再添新佳绩。科技创新勇攀高峰。2019 年获国家科技进步特等奖 1 项、省部级奖励 41 项。参与完成的“长江三峡枢纽工程”成果获得国家科技进步特等奖。全年发表论文较 2018 年增长 21.1%；著作同比增长 55.3%；新编（修编）标准同比增长 133.3%。新申请专利 303 项，获授权专利 285 项，其中发明专利同比增长 50.4%。新增授权国际专利 4 项。创新实力显著提升。5 月《全国科技创新百强指数报告 2019》发布，中国水科院入选全国科技创新科研院所 30 强。科睿唯安发布的 ESI 数据显示，中国水科院工程学科和环境生态学科先后进入 ESI 全球排名前 1%，是水利科研院所唯一入围单位。成果推广转化稳步推进。用好用足国家政策，促进成果转化。开展引江济淮、引绰济辽等调研交流，把先进技术和研究成果应用于重大工程。围绕节水、水生态修复、水资源保护等保障国家水安全相关领域，开展相关科技成果征集推广。组织参加第十六届国际水利先进技术（产品）推介会、中国水博览会、安徽第二届大院大所成果对接会等，多渠道、多形式开展科技成果推广。

（3）科技支撑发挥新作用。服务国家重大战略需求。参与、承担推动黄河流域生态保护和高质量发展水利工作方案中 10 项重点问题研究任务。负责京津冀太行山优先区域典型水系水生生物多样性调查与评估、京津冀工业节水专项工作支撑等重要任务。自主立项研究新时期中国北方地区水资源需求与保障态势、新水沙条件下黄河下游河道治理方略等重大战略问题。继续深化京津冀水资源安全保障技术研发集成与示范应用、雄安新区多水源联合调配与地下水保护、长江经济带水安全保障与水生态环境修复战略等重点专项和工程院项目任务，为京津冀协同发展、长江经济带发展、粤港澳大湾区建设、长三角一体化发展、黄河流域生态保护和高质量发展等国家重大战略提供科技支撑和技术服务。

参与国家重大发展规划战略研究。参与编制“2021—2035 年国家中长期科技发展规划研究”。提出“启动实施国家智能水网工程的建议”，被写入国家水安全战略规划。结合国家重大科技专项开展卡脖子技术问题前瞻性研究，参与编写流域水安全重大专项、重大灾害事故防治重大专项、国产化扶持专项项目建议书。承担“十四五”水利科技创新规划编制、“十四五”水安全保障规划重大研究、农村供水分区发展布局与技术对策报告编制以及“十四五”全国农村供水实施方案编制等工作。承接 21 项水利重大科技问题研究，牵头负责“水旱灾害防御战略研究、保障水环境和水生态安全战略研究”2 项宏观重大研究项目，水价关键问题、新时期中小河流治理目标及对策研究等 4 项重点领域研究项目。

践行水利改革发展总基调，为“五大攻坚战”做好科技支撑。围绕“节约用水攻坚战”，以宁夏中卫节水型社会试点为依托开展农业节水典型技术的规模化应用和技术推广，开展自然通风冷却塔节水方案试验研究。围绕“河湖管理攻坚战”，承担西藏河湖长制相关工作，编制专题研究报告等。围绕“水生态水环境保护攻坚战”，编制《河湖生态系统保护与修复工程技术导则》（送审稿），提出河湖生态流量（水量）计算方法与调控保障技术。围绕“农村饮水安全巩固提升和运行管护攻坚战”，提出农村饮水安全工程评价体系并开展技术培训，参与农村饮水安全分析和评价工作，参与编制调研报告、《农村饮水工程监督检查办法》等。围绕“水利脱贫攻坚战”，对口湖北郧阳开展现场技术帮扶，赴新疆开展技术咨询与服务，以人才扶贫、技术扶贫、资金扶贫等多种形式积极开展扶贫工作。

为重点领域提档升级提供技术支撑。服务工程建设水平提档升级，牵头编制水旱灾害防御非工程措施提升项目实施方案，组织开展全国江河湖库旱限水位（流量）确定试点、全国生态清洁小流域建设调研等工作。服务依法治水管水提档升级，参与编制《地下水监管指标体系制定技术大纲》，承担多个水利行业标准编写等。服务水利信息化建设提档升级，参与编制《智慧水利总体方案》《关于促进智慧水利健康发展的指导意见》，总体完成《水利大数据中心可行性研究报告》，开展智慧水利大数据应用技术研究等，参与水利综合监管平台需求分析。服务三峡工程管理提档升级，开展三峡水库下游河道冲刷及其影响调研并提交总结报告，完成“三峡工程泥沙重大问题研究”项目中期检查。服务南水北调建设运行提档升级，参与南水北调中线水量调度模型和系统开发、安全监测自动化系统的升级改造及运维。

为守住水利发展两条底线提供支撑。围绕水利工程安全，积极承接引绰济辽工程安全监测自动化系统及输水工程 PCCP 管线段安全监测、乌东德大坝施工期—初期蓄水—运行初期工程安全评估及调控策略研究等项目。围绕水旱灾害防御，组织开展典型蓄滞洪区运用现状调研与评价、黄土高原淤地坝暴雨洪水风险预警模型研发与集成应用、中小河流实时洪水风险分析评估与应急处置等研究工作。

服务地方社会发展。建立固定合作机制，与黑龙江省水利厅、成都市水务局、小浪底水利枢纽管理中心、长江设计院、重庆三峡学院、黄河设计院新签合作协议。全院与地方政府、科研单位等签署合作协议，全方位、多层次开展科技合作，为流域和地方发展提供水利水电科技支撑。

对接地方发展和重大水利水电工程建设运行需求，重点包括白洋淀—大清河生态流量调控与水资源保障技术研究、白鹤滩电站计算机监控系统及主设备状态在线监测趋势分析、金沙江下游梯级昆明调控中心电调自动化系统建设、东营市全面建设生态城市“五水统筹”规划、长江生态格局与关键过程长期演变及效应研究等，联合多学科开展协作，发挥专业集群优势，提供全面科技支撑。

加强援藏援疆服务工作。派驻援藏、援疆挂职干部 2 名，担当重任，支援地方发展。自筹资金研究西藏重点工程和生态文明建设中关键技术难题，开展新疆农村供水工程运行管理现状调研、灌溉饲草料地节水丰产技术集成模式等研究。承担咨询项目 10 余项，全年 50 余人次赴藏赴疆，常驻人员 30 余人，举办技术培训 10 余次，为西藏和新疆水利建言献策、解决难题。

加强水利水电科普宣传与热点问题回应。围绕新时代人民群众对水利水电知识的新需求，策划出版全国首套《中国水利水电科普视听读丛书》，加强水利知识普及。结合世界水日、中国水周，国家科技活动周等，开展主题科普宣传。应邀参加中央电视台《探索·发现》节目，解读大运河水利成就；与首都师范大学附小、北京理工大学附小等学校联合开展水资源、水环境、节水等科普活动；参与中国水之行大型社会公益活动；利用院微信公众号，推出“百年长河、古渠今生”专题，讲述中国世界灌溉工程遗产，多渠道多形式开展科普宣传。针对社会舆情热点，组织国内外专家回应三峡、南水北调相关不实传言，加强舆论引导。

主要事件

1 月 8 日，中国水科院参与完成的 4 项成果获 2018 年度国家科学技术奖。

1 月 11 日，水利部总规划师汪安南一行到水环境研究所调研长江大保护工作，中国水科副院长杨晓东出席研讨。

1 月 14 日，中国水科院院长匡尚富主持会见新疆生产建设兵团水利局局长徐雪红一行。

1 月 17 日，中国水科院与黑龙江省水利厅签订科学技术战略合作框架协议。

春节前夕，水利部部长鄂竟平、副部长田学斌、蒋旭光、陆桂华、叶建春、魏山忠莅临中国水科院走访慰问。

春节期间，央视发现之旅《筑梦新时代》讲述“创新发展　砥砺前行　中国水利水电科学研究院 60 周年发展纪实”。

2 月 20 日，水利部水旱灾害防御司司长田以堂一行到中国水科调研座谈。

2 月 20 日，院长匡尚富会见国际水电协（International Hydropower Association，IHA）执行总裁理查德·泰勒（Richard Taylor）一行，副院长彭静参会。

2 月 21 日，水利部总规划师汪安南听取中国水科院“国家智能水网工程框架”工作汇报，院长匡尚富、副院长王建华参加汇报。

2 月 22 日，流域水循环模拟与调控国家重点实验室召开 2019 年工作会议。会议由中国水科院副院长、实验室副主任汪小刚教高主持。

2 月 26～27 日，中国水科院召开 2019 年工作会议。

2 月 27 日，中国水科院召开 2019 年度党风廉政建设工作会议。

2 月 27 日，中国水科院党委召开 2019 年党的工作会议。

3 月 1 日，江西省水利厅厅长罗小云一行访问中国水科院，院长匡尚富主持会议，副院长杨晓东、汪小刚参加会谈。

3 月 8 日，水利部南水北调工程管理司司长李鹏程一行来中国水科院调研座谈。院长匡尚富主持会议，党委书记曾大林，副院长杨晓东、汪小刚、彭静参加会谈。

3月8日，香港科技大学教授李行伟来访中国水科院。院长匡尚富参加会见，副院长彭静出席会议。

3月18日，国家灌排委员会2019年工作会议在水利部召开，中国水科院院长匡尚富出席会议。

3月20日，中国水科院院长匡尚富一行拜访中国长江三峡集团有限公司，党委书记曾大林、副院长杨晓东参加座谈。

3月22日，玻利维亚大使钱维中（Heriberto Quispe Charca）代表团一行来访中国水科院。院长匡尚富参加会见，副院长汪小刚出席会议。

3月25日，台湾地区翡翠水库管理局局长谢政道博士一行来访中国水科院并做客名家讲坛，副院长汪小刚参加会见。

3月27日，长江委仲志余总工一行到中国水科院国家重点实验室调研，院长匡尚富主持了调研会议。

3月29日，全球水伙伴（GWP）新任主席霍华德·巴姆赛（Howard Bamsey）来访中国水科院并做客名家讲坛。院长匡尚富参加会见，副院长汪小刚出席会议。

4月8日，巴拿马运河管理局副总裁卡洛斯·瓦格斯来访中国水科院并做客名家讲坛。院长匡尚富会见了瓦格斯，副院长王建华出席会议。

4月17日，珠江水利科学研究院党委书记李亮新、院长陈文龙等一行来访中国水科院。院长匡尚富主持会议，党委书记曾大林、副院长王建华参加会谈。

4月26日，成都市水务局局长廖暾一行来访中国水科院。院长匡尚富主持会议，副院长彭静参加了会谈。

4月29日，水利部副部长陆桂华莅临中国水科院延庆试验基地调研指导工作，院长匡尚富、总工程师曹文洪陪同调研。

5月8日，成都市委常委左正一行来中国水科院座谈交流，院长匡尚富主持会议。

5月9日，日本JCE控股有限公司董事长柳内克行（Katsuyuki Yanai）、日本国土防灾株式会社社长辻裕（Hiroshi Tuji）一行来访中国水科院。院长匡尚富，总工曹文洪参加会见。

5月7～10日，水利部重点实验室和工程技术研究中心现场评估工作完成。中国水科院院长匡尚富、副院长汪小刚、王建华、总工程师曹文洪参加评估工作会议。

5月11～13日，国际水利与环境工程学会（IAHR）主席彼得·古德温教授（Peter Goodwin）一行来访中国水科院。院长匡尚富、副院长彭静、总工程师曹文洪参加会见。

5月16日，水利部直属机关党委调研组来中国水科院调研党支部建设状况，院党委书记曾大林陪同调研。

5月28日，中国水科院与韩国建设技术研究院举办第16届双边研讨会。院长匡尚富会见了代表团一行，副院长汪小刚、彭静参加会见。

5月30日，加州大学伯克利分校阿肖克·加吉尔（Ashok Gadgil）教授做客中国水科院名家讲坛。副院长王建华主持报告会。

6月9～14日，中国水科院大坝工程学会副理事长兼秘书长贾金生专家率团参加国际大坝委员会第87届年会。

6月20日，南京水利科学研究院院长陈生水、党委书记段虹等一行6人来访中国水科院。

6月21日，水利部副部长陆桂华莅临中国水科院调研指导标准化工作。院长匡尚富、副院长王建华参加座谈。

6月29日，世界水土保持学会主席李锐教授一行来访中国水科院，院长匡尚富会见了主席一行，总工程师曹文洪参加会见。

7月29日，国际灌排委员会（ICID）主席菲利克斯·瑞恩德尔斯（Felix Reinders）一行来访中国水科院，院长匡尚富，副院长彭静参加会见。

7月30～31日，中国水科院主办“一带一路”灌溉排水发展与科技创新论坛。院长匡尚富出席论坛并致开幕辞。

8月3日，河流泥沙与生态水利学术研讨会在长春召开，副院长胡春宏出席会议并在开幕式上致辞。

8月8日，副院长王建华带队到气象宣传与科普中心调研科普工作。

8月20日，台湾大学李鸿源教授一行来访中国水科院并做客名家讲坛，院长匡尚富，副院长丁留谦参加会见。

9月2日，水利部副部长蒋旭光出席第38届国际水利学大会开幕式并致辞，副院长彭静参加大会。

9月5日，中国水科院“水科学者”李行伟教授当选国际水利与环境工程学会主席。

9月4～7日，中国水科院参加2019年韩国国际水周，副院长丁留谦率专家团出席。

9月17日，院长匡尚富一行访问马来西亚理科大学并签署合作谅解备忘录。

9月18日，院长匡尚富一行拜会马来西亚国家水利科学研究院。

9月19日，院长匡尚富一行拜会马来西亚水、国土和自然资源部。

9月19日，院长匡尚富一行拜会马来西亚国家灌排委员会。

10月9日，韩其为院士遗体告别仪式于在八宝山殡仪馆举行。水利部副部长叶建春，水利部原副部长胡四一，中国水科院院长匡尚富，中国水科院党委书记曾大林，中国水科院副院长、中国工程院院士胡春宏，中国水科院副院长汪小刚、李锦秀、丁留谦，中国水科院总工程师曹文洪、工会主席尤建青，水利水电界同仁等前往送别。

10月18日　国际洪水管理大会主席斯洛博丹·西莫诺维奇来访中国水科院，院长匡尚富，副院长彭静参加会见。

10月21日，院长匡尚富会见国际水利与环境工程学会主席李行伟一行。

10月28～29日，第23届海峡两岸水利科技交流研讨会在金门召开，副院长李锦秀出席会议并致辞。

11月6日，黄河水利科学研究院副院长郜国明一行来中国水科院开展调研。副院长王建华主持调研座谈会。

11月7日，国际水电协会（IHA）新任执行总裁艾迪·里奇（Eddie Rich）和前任执行总裁理查德·泰勒（Richard Taylor）一行来访中国水科院。院长匡尚富，副院长彭静出席会见。

11月8日，国际大坝委员会荣誉主席路易斯·贝尔加（Luis Berga）来访中国水科院。副院长彭静参加会见。

11月11～12日　中国大坝工程学会2019学术年会暨第八届碾压混凝土坝国际研讨会在昆明隆重召开。院长匡尚富主持大会开幕式颁奖典礼。

11月14日，国际大坝委员会（ICOLD）主席迈克尔·罗杰斯（Michael Rogers）来访中国水科院，院长匡尚富出席会见。

11月18日，中国水科院王浩院士荣获2019年度何梁何利基金科学与技术进步奖。

12月8日，首届“中国节水论坛”在北京会议中心召开。院长匡尚富出席并发表主旨演讲。

12月11日，中国水科院与黄河勘测规划设计研究院有限公司签署全面战略合作协议。院长匡尚富，副院长汪小刚、丁留谦，总工程师曹文洪出席签约仪式。

12月11日，院长匡尚富一行拜访黄河水利委员会。副院长汪小刚、丁留谦，总工程师曹文洪参加。

（王晓璐）

教　育　机　构

【华北电力大学】

单位概况　2019年，华北电力大学占地面积97.9283万m^2，学校产权校舍建筑面积112.93万m^2。固定资产总值407307.53万元，其中，教学、科研仪器设备资产值95987.08万元；信息化设备资产值36820.17万元。图书馆建筑面积37901.41m^2，藏书265.96万册。全年教育经费投入216749.78万元，财政拨款114489.17万元，自筹经费102260.61万元。学校拥有计算机22566台，网络多媒体教室363间，网络信息点31850个，电子邮件系统用户46861个。学校设有直属学院14个，教学部1个，另设有国际教育学院、研究生院、继续教育学院、艺术教育中心和工程训练中心；开设本科专业60个；拥有一级学科博士学位授权点7个，一级学科硕士学位授权点23个；博士后科研流动站6个，其中博士后研究人员出站25人、进站35人、在站76人。学校拥有“双一流”建设学科1个、国家级重点学科2个、省部级重点学科25个，国家重点实验室1个，国家工程试验室1个、国家工程技术研究中心1个、教育部重点实验室2个、省、部级设置的研究（院、所、中心）实验室22个。教职工2985人，其中，专任教师1962人，包括教授453人、副教授735人；博士生导师293人、硕士生导师1012人；拥有中国工程院院士2人，双聘院士7人。毕业生10674人，其中，学历教育学生中全日制研究生2449人（博士生195人、硕士生2254人），普通本专科生5294人（本科生5294人，专科生0人）、成人教育本专科生2818人（本科生2063人、专科生755人），在职人员攻读硕士学位1133人。本科毕业生就业率90.84%，硕士生就业率96.60%，博士生就业率97.04%。招生14611人，其中，学历教育学生中全日制研究生4042人（博士生250人、硕士生3792人），普通本专科生6046人（本科生6046人，专科生0人）、成人教育本专科生4523人（本科生3443人、专科生1080人）。在职人员攻读硕士学位0人。外国留学生343人。在校生43148人，其中，学历教育学生中全日制研究生11472人（博士生1112人、硕士生10350人）、普通本专科生23950人（本科生23950人、专科生0人），成人教育本专科生7726人（本科生6049人、专科生1677人），在职人员获取硕士学位1133

人，外国留学毕业生218人、招生483人、在校生940人。网址：www.ncepu.edu.cn。

领导班子

党委书记：周坚

校长：杨勇平

党委副书记：杨勇平、何华、汪庆华、郭孝锋

副校长：李双辰、郝英杰、孙忠权、王增平、律方成、檀勤良

纪委书记：何华

党委常委：周坚、杨勇平、何华、李双辰、郝英杰、孙忠权、汪庆华、郭孝锋、律方成、檀勤良、张天兴

两项成果获国家级教学成果奖 1月3日，国家级教学成果奖获奖揭晓，华北电力大学主持完成的“适应国家能源战略需求，培养行业特色卓越人才的十六年探索与实践”和参与完成的“基于校企协同的‘订单＋联合’大核电人才培养体系创新与实践”2项成果获国家级教学成果二等奖。“适应国家能源战略需求，培养行业特色卓越人才的十六年探索与实践”由刘吉臻等申报，“基于校企协同的‘订单＋联合’大核电人才培养体系创新与实践”由陆道纲、李向宾参与完成。

李美成教授团队在《Nature Energy》上发表太阳电池最新研究成果 2月5日，电力大学可再生能源学院李美成教授团队在国际顶级学术刊物《Nature Energy》在线发表研究成果“Planar p-n homojunction perovskite solar cells with efficiency exceeding 21.3%”，该成果发表在Nature Energy，DOI：10.1038/s41560-018-0324-8（https：//rdcu.be/bj4EZ）。李美成教授为唯一通信作者，博士研究生崔鹏、卫东为共同第一作者，华北电力大学为第一完成单位和通信单位。该研究为钙钛矿太阳电池的进一步发展做出重要贡献，也拓宽钙钛矿材料在太阳电池以外领域的应用。

获艾默生技术竞赛全国总决赛特等奖 3月15日，华北电力大学获第四届“艾工程、创未来”技术竞赛全国总决赛特等奖。本次比赛在上海艾默生过程控制有限公司举行，竞赛历时6个月，经过西安、上海等分赛区选拔，最终华北电力大学、同济大学、华东理工大学等7所高校共9支队伍参加总决赛，产生特等奖一组、一等奖二组、二等奖三组及三等奖三组。本届竞赛主题围绕工业物联网＆智能数字化工厂为内容展开，主要研究工业物联网实验室互联方案。课题要求运用现有成熟互联网云技术及SaaS平台，实现各校IIoT（Industrial Internet of Things）实验室互联互通和协同操作目标，推动互联网、大数据和人工智能与工业物联网应用的深度融合。

“工程学”跻身全球100强 5月9日，科睿唯安（Clarivate Analytics）公布2019年5月的ESI最新数据。华北电力大学“工程学”学科进入全球前100行列，至年底，已有“工程学”“环境/生态学”“材料科学”“化学”和“社会科学”5个学科进入ESI全球前1%行列。按高被引论文统计，华北电力大学并列全球42位，进入全球50强；按发文量统计，位列全球第77位；按被引频次统计，位列全球第92位。发文量和被引频次两项指标均进入全球100强。

发起成立北京未来科学城电力大数据协同创新联盟 11月13日，华北电力大学、北京科技协作中心、北京未来科学城发展集团等43家单位共同发起成立北京未来科学城电力大数据协同创新联盟。该联盟将紧密围绕未来科学城发展定位目标，以电力生产、输送、消费等环节的数据为核心要素，结合能源结构升级和新能源技术发展，融合云计算等前沿信息技术，通过电力数据的开放、共享、流通和交易，促进电力大数据融通，拓展电力大数据应用场景，构建电力大数据协同创新生态，提升能源技术和服务水平，推动电力数字经济高质量发展。

两校友当选中国工程院院士 11月，中国工程院2019年院士增选结果公布，华北电力大学校友舒印彪当选中国工程院能源与矿业工程学部院士，任洪强当选中国工程院环境与轻纺工程学部院士。

成立核机器人研究中心 12月11日，“华北电力大学核机器人研究中心”成立。该研究中心是在深化校企合作，推进产学研融合，全面支撑中国核工业智能化和数字化升级改造的战略背景下，本着优势互补、平等互利和长期合作的原则，由浙江遨博机器人有限公司、陕西雷神智能装备有限公司、西安奥华电子仪器股份有限公司和华北电力大学联合组建。中心主要致力于核领域智能机器人装备的创新研究、产品研发和市场化，引领行业发展，服务于国家核工业和国防现代化。副校长孙忠权，科研院、核学院有关负责人，张小东教授团队成员，浙江遨博机器人董事长魏洪兴、西安奥华电子董事长汪永安和陕西雷神智能装备董事长叶斌以及该公司技术主管刘根贤和陆玮出席揭牌仪式。

氢能联合实验室揭牌 12月20日，中国长江三峡集团有限公司—华北电力大学氢能联合实验室在北京正式揭牌。校长杨勇平与中国三峡集团党组副书记、总经理王琳共同为“中国长江三峡集团有限公司—华北电力大学氢能联合实验室”揭牌。氢能联合实验室为中国三峡集团科学技术研究院依托华北电力大学能源动力与机械工程学院进行建设。实验室建成后，双方将通过科研项目合作、人才培养等方式持续投入，陆续开展相关领域一系列自主合作科研项目，共同打造产学研用相结合的科研创新平台。

“双一流”建设 推进学科交叉融合，成立能源互联网学院、人工智能学院、储能技术研究院等一批跨院系、跨学科的交叉学术机构；设立人工智能、能源互联网、能源材料与装备等若干新兴交叉学科博士点，获批建设清洁能源学北京市高精尖学科，新增智能科学与技术本科专业。“工程学”跻身ESI世界前100强，“社会科学”进入ESI世界前1%行列，世界前1%学科由4个增长至5个。“机械工程”跻身U. S. News2020世界学科排名第36位，“能源科学与工程”“机械工程”和“化学工程”3个学科跻身2019软科世界一流学科排名前100强。

人才培养 坚持以本为本，出台《全面提升本科人才培养质量的实施意见》，持续加强专业建设，12个专业入选首批一流本科专业建设“双万计划”，2个专业通过工程教育认证。不断提升课程质量，获评国家精品在线开放课程1门、河北省精品在线开放课程6门、北京高校“优质本科课程”4门。推进教学改革，2项教学成果获河北省一等奖，25个项目获北京市、河北省教改立项。1人获评全国优秀教师，4人获省级教学名师奖，新增2个省级优秀教学团队。学生创新成果再获丰收，揽获各类学科创新竞赛国家级奖励554项、省部级奖励520项。推进卓越研究生教育，34个学位点全部通过教育部合格评估。深化博士招生制度改革，加强硕士研究生招生管理，实施本硕博贯通和推免研究生直博培养。实施研究生国际化培养计划，派出国际访学研究生121人。全面修订专业学位研究生培养方案，产教协同育人进一步加强。

科学研究 全年共承担各类科研项目1163项，其中国家重点研发计划专项项目1项，国家科技重大专项项目1项，国家自然科学基金项目86项，国家社科基金项目7项，军民融合项目19项。军工科研经费2838万元，科技合同总经费7.15亿元，到账经费4.79亿元，均创历史新高。获各类科技成果奖69项，其中国家科技奖2项、省部级奖37项。重大科技基础设施建设工作稳步推进。论文发表质量进一步提升，首次在Nature子刊《Nature Energy》上发表太阳能电池最新研究成果。

人才工作 完成定岗定责的基础性工作。修订《创新人才支持和培育计划》，制定《关于加快人才引进工作的暂行办法》，强化教师分类评价制度，拓展教师职业晋升通道，首次举办两校区青年教师教学基本功大赛。持续加大高层次人才引培力度，柔性引进院士3名，全职引进海内外高层次人才长期项目人选1名、青年项目人选1名，1人获国家自然科学基金优秀青年基金项目，4人入选北京市人才项目，3人入选中国电机工程学会青年人才托举工程，2人入选中国科协优秀中外青年交流计划。获批核科学与技术博士后科研流动站，人才工作体制机制与高层次人才聘任后服务不断完善。

对外合作 以大学理事会扩容为契机，进一步深化校企合作，与国家电网公司共建能源互联网学院，与中国华能共同打造海上风电标杆项目，与中国三峡集团共建氢能联合实验室，与中电联、中国国际工程咨询协会达成战略合作，与42家单位发起成立电力大数据协同创新联盟，加入雄安能源互联网应用产业技术创新联盟，参加粤港澳大湾区电力发展合作组织，在全球能源互联网合作组织中非论坛等行业平台积极发声。持续深化国际合作，同10所国际知名高校签署合作协议，新增14所“一带一路”沿线合作伙伴大学，举办上海合作组织大学能源暨智库会议，获批3项创新型人才国际合作培养项目，获得中国—挪威、中国—伊朗、中英等政府间科技合作项目立项，267名应届毕业生出国（境）攻读硕、博士学位，在校国际学生规模达到842人。继续教育工作持续向好，建立柬埔寨海外继续教育基地。教育基金工作稳中有进，筹资渠道进一步拓宽。

大学治理 成立全面深化改革领导小组，统筹推进教育教学、人事人才、校内机构、“三全育人”、二级管理等五大重点改革任务。实施新一轮人才支持计划，改革人才评价模式，探索科研新模式；推进校内二级管理改革试点，激发基层主动性，提升院系办学活力；谋划思政工作运行机制体制，深入推进育人模式创新发展。一系列改革举措为破解制约学校发展中的重大问题、完善内部管理、推进学校治理体系和治理能力现代化，夯实了基础、提供了动力。

条件保障 完成年度24亿元收入目标，为事业发展提供可靠财力支撑。解决了困扰学校多年的在中央编制部门的机构户头和编制台账问题，推进保定校区养老保险参保工作取得新进展。加强软硬件基础设施建设，启用网上办事大厅，推进教师“一表通”系统深化应用，实现北京校部和保定校区数据平台的数据交换。北京校部16号学生宿舍楼项目完成主体结构封顶，能源电力科研综合楼建设工作稳步推进，东区土地转化取得积极进展。保定校区学19舍竣工验收，院系办公及教学环境进一步改善。深化平安校园建设，校园秩序、安全形势稳中向好。图书、期刊、高教研究、档案、后勤、医疗等服务保障水平进一步提升。

党建工作 以党的政治建设为统领，以“不忘初心、牢记使命”主题教育为主线，以思政教育为抓手，高标准严要求推进学校党的建设高质量开展，全面从严治党继续向纵深推进。特别是通过主题教育，校院两级班子的理论水平和实践能力有了新提高，立德树人使命得到新强化，作风建设实现新加强，事业发展展现新作为，管理服务呈现新气象，教育部陈宝生部长出席学校领导班子专题民主生活会，对学校主题教育开展情况给予充分肯定。大力开展基层党组织建设提升计划，建立“先锋指数”质量体系，基层党组织政治核心作用得到有力彰显，2 个党支部获评“全国党建工作样板支部”。构建“大思政”工作格局，思政课教师获首届全国高校思想政治理论课教学展示活动特等奖，思政课建设经验登上《中国教育报》头版头条，实践育人项目获批教育部高校思想政治工作精品项目，“明德大讲堂”“国企领导干部上讲台”“一院（系）一品（牌）”等一批精品思政项目效果显著。2000 多名师生出色完成庆祝新中国成立70 周年系列活动，进一步培植锻造了师生爱国情报国志。举办师德师风建设月和“四有好老师”与“四个引路人”学习活动，全面提升师德水平。开展意识形态阵地普查，构建“大统战”工作格局，群团、安全保卫、离退休、扶贫、校园文化建设等工作得到全面加强。

主要事件

1 月 3 日，华北电力大学主持完成的《适应国家能源战略需求，培养行业特色卓越人才的十六年探索与实践》和参与完成的《基于校企协同的“订单＋联合”大核电人才培养体系创新与实践》2 项成果获国家级教学成果二等奖。

1 月 19 日，华北电力大学与申科集团共建研究生工作站签约暨揭牌仪式在申科集团举行。

2 月 5 日，国际顶级学术刊物《Nature Energy》在线发表可再生能源学院李美成教授团队研究成果“Planar p-n homojunction perovskite solar cells with efficiency exceeding 21.3%”，研究结果发表在 Nature Energy，DOI：10.1038/s41560-018-0324-8（https://rdcu.be/bj4EZ）。

3 月 4～8 日，2019 年国际电气与电子工程师学会全球电气安全研讨会（2019 IEEE Industry Applications Society Electrical Safety Workshop）在美国佛罗里达州杰克逊维尔举行。华北电力大学博士生李康平参会并获得大会所设的电气安全预防工程设计学生项目奖。

3 月 15 日，第四届“艾工程、创未来”技术竞赛全国总决赛在上海艾默生过程控制有限公司举行。华北电力大学获得特等奖。

4 月 26 日，华北电力大学举行中国工程院院士汤广福聘任仪式。

5 月 11 日，华北电力大学与国家高速列车技术创新中心签署战略合作协议。

5 月 17 日，华北电力大学与国家电网有限公司联合成立国家电网有限公司—华北电力大学能源互联网学院。

5 月 23 日，中国水力发电工程学会、华北电力大学人文与社会科学学院、北京能源发展研究基地共同举办院士进校园之“水力发电与扶贫攻坚”科普论坛。

6 月 29 日，中央电视台新闻频道“新闻直播间”报道华北电力大学新增人工智能专业“2019 高招录取 人工智能成‘最火’新专业”，重点介绍包括华北电力大学、清华大学、北京航空航天大学、上海交通大学等高校的新增人工智能专业，受到社会高度关注。

7 月 2 日，华北电力大学校长杨勇平会见中国华能集团清洁能源技术研究院有限公司董事长许世森一行。双方就新时代如何在新能源领域拓宽产学研合作领域、如何构建具有可持续性的合作模式进行交流。

7 月 3～9 日，华北电力大学校长杨勇平率团访问荷兰阿姆斯特丹自由大学、荷兰格罗宁根大学、荷兰国家能源研究中心、瑞士洛桑联邦理工大学、瑞士苏黎世联邦理工大学，中国工程院院士刘吉臻等学者参加访问。

7 月 11 日，上海昱章电气捐赠 1000 万元资金支持华北电力大学事业发展。

7 月 12 日，中恒博瑞创业基金捐赠协议在华北电力大学签署。

7 月 28 日，由中国火力发电产业技术创新战略联盟和中国电力发展促进会主办，华北电力大学国家火力发电工程技术研究中心和清华启迪清洁能源研究院承办的“智慧电厂背景下的燃煤锅炉燃烧优化技术”研讨会在华北电力大学举行。

8 月 7 日，第一届中国储能学术论坛暨风光储创新技术大会（2019）在华北电力大学举行。

8 月 10 日，华北电力大学在第十二届全国大学生节能减排社会实践与科技竞赛决赛中获多个奖项。保定校区推报的“新型 SO_2、NO_x 及重金属一体化脱除装置”获得一等奖，“基于‘滨海波光’小型海水淡化装置”“新能源微电网建设与运营的延庆模式及推广可行性研究”项目获得二等奖。北京校部推报的“聚光光伏光热—烟气水分回收及脱碳系统”项目获得二等奖。

9 月 12 日，华北电力大学与中国核电工程有限公司签署战略合作协议。

9 月 17 日，科睿唯安旗下学术研究事业部公布“全球同行评议奖”的获奖者名单，华北电力大学电力工程系王飞教授获“工程”和“交叉学科”两个领域的“ESI 前 1%顶级审稿专家奖”。

9 月 18 日，智利国家电力协调委员会电力传输最高执行秘书访问华北电力大学，华北电力大学校长杨勇平会见胡安·卡洛斯·阿拉内达一行。

9 月 28 日，在教育部关工委主办的 2019 年“读懂中国”活动颁奖仪式上，华北电力大学控制与计算机工程学院作品《矢志不渝的坚守与追求——华北电力大学老校长刘吉臻院士纪实》获最佳微视频奖。

10 月 17 日，国家电网有限公司—华北电力大学能源互联网学院在北京正式揭牌。校党委书记周坚与国家电网有限公司总经理、党组副书记辛保安共同为学院揭牌。

10 月 23 日，华北电力大学校长杨勇平应邀出席国家电网有限公司主办的首次大众创业万众创新主题日系列活动并发言。

10 月 29 日，华北电力大学参与研发的中国首套“智能发电运行控制系统”通过技术鉴定。

11 月 7 日，2019 全球能源互联网暨中—非能源电力大会在北京国家会议中心举行。华北电力大学校长杨勇平参加大会并做“非洲能源可持续发展与大学使命”主题演讲。

11 月 9 日，由华北电力大学牵头，清华大学、西安交通大学、浙江大学、华中科技大学及中国科学院工程热物理研究所共同承担的国家“973 计划”项目“燃煤发电系统能源高效清洁利用的基础研究”课题验收会在华北电力大学召开，华北电力大学校长杨勇平作为项目首席科学家主持本次会议。

11 月 13 日，北京科技协作中心、华北电力大学、北京未来科学城发展集团等 43 家单位共同发起成立北京未来科学城电力大数据协同创新联盟。

11 月 16 日，华北电力大学人工智能学院成立。中国仿真协会理事长、虚拟现实技术与系统国家重点实验室主任、北京航空航天大学赵沁平院士，华北电力大学党委书记周坚，校长杨勇平，新能源电力系统国家重点实验室主任、校学术委员会主任刘吉臻院士，百度公司高级副总裁沈抖，中国大唐集团公司总经理助理吕庭彦，国家电网公司大数据中心主任王继业，国家信息中心首席工程师李新友，共同为华北电力大学人工智能学院揭牌。

11 月 16 日，华北电力大学核科学与工程学院陆道纲教授领衔的中国示范快堆关键工艺理论分析和实验研究团队获快堆联盟第七届中国快堆论坛暨快堆产业联盟第七次成员大会杰出团队奖。

11 月 22 日，中国电力企业联合会 2019 年第二次理事长会议暨华北电力大学理事会 2019 年会议在北京召开。

12 月 7 日，由北京市人民政府和国务院发展研究中心主办的“2019 全球能源转型高层论坛”在北京昌平未来科学城举行。华北电力大学校长杨勇平参加大会并做“能源互联网与能源技术新发展”的主题演讲。

12 月 11 日，“华北电力大学核机器人研究中心”成立签约暨揭牌仪式在华北电力大学举行。

12 月 13 日，大江控股集团电力科技有限公司捐资 1500 万元，用于支持华北电力大学校企合作事业发展、学校青年教师成长和校友文化建设。

12 月 18 日，山西振中电力股份有限公司捐资 2000 万元，用于支持华北电力大学教育事业发展。

12 月 20 日，华北电力大学与中国长江三峡集团有限公司联合成立“中国长江三峡集团有限公司—华北电力大学氢能联合实验室”。双方将共同打造氢能研究“创新高地”。

（王振华）

【东北电力大学】

单位概况　东北电力大学坐落在风景秀美的吉林省吉林市。学校是吉林省重点大学，始建于 1949 年，是中国共产党亲手创建的第一所电力工科学校，1958 年定名为吉林电力学院，1978 年更名为东北电力学院。原隶属电力部、国家电力公司，2000 年起，实行“中央与地方共建，以地方管理为主”的管理模式，2005 年学校更名为东北电力大学。2012 年学校入选为国家“中西部高校基础能力建设工程”重点建设高校。

学校坚持以人才培养、科学研究、社会服务、文化传承与创新为己任，主动适应国家电力工业和吉林省的经济建设需求，形成了以电力特色为主，多学科交叉融合，较为完整的学科体系。学校共有 14 个学院，50 个本科专业，涵盖了工、理、管、文、法、经、教育、艺术 8 个学科门类。学校是博士学位授权单位，现有电气工程、动力工程及工程热物理、控制科学与工程 3 个博士学位授权一级学科，2 个博士后流动站；具有硕士研究生推免权，现有 14 个硕士学位授权一级学科，涵盖 58 个硕士学位授权二级学科，有 9 个硕士专业学位授权类别；拥有吉林省特色高水平学科 9 个，其中一流学科 4 个、优势特色学科 4 个、新兴交叉学科 1 个。学校现有全日制在校生 20 000 余人。

学校有教职工 1400 余人，拥有高级职称人员 500 余人，其中中国工程院院士 3 人（双聘），国家万人计划第一批人选 2 人，全国杰出专业技术人才 2 人，“长江学者奖励计划”特聘教授 1 人，国家级有突出贡献的中青年专家 3 人，国家杰出青年科学基金获得者 1 人，百千万人才工程国家级人选 5 人，国务院政府特殊津贴获得者 36 人，国家级教学名师 1 人。拥有“教育部长江学者和创新团队发展计划”创新团队 2 个，国家级教学团队 2 个，首批“全国高校黄大年式教师教学团队”1 个。

学校现有国家级特色专业5个，国家级精品课程4门，国家级实验教学示范中心2个，国家级虚拟仿真实验教学中心1个，吉林省实验教学示范中心10个。近年来，学校获国家级优秀教学成果奖3项。学校是国家大学生文化素质教育基地、全国社会体育人才培训和科研基地，首批国家级工程实践教育中心建设单位，“卓越工程师教育培养计划”试点高校，国家级专业技术人员继续教育基地。

学校有国家地方联合工程实验室2个，国家大学科技园1个，教育部重点实验室（工程研究中心）2个，吉林省重大需求协同创新中心4个，吉林省院士工作站1个，省级重点实验室、研究中心、文科基地等26个。近年来，学校承担包括国家科技部重点研发计划、国家973计划项目、863计划项目、国家科技支撑计划项目、国家科技重大专项、国家重大科学仪器设备开发专项、国家自然科学基金重点项目等各级各类科研课题1800余项，取得了一大批高水平研究成果，获国家科技进步二等奖3项，省部级及以上科研成果奖143项，为推动科技进步以及电力工业和地方经济建设与发展作出了重要贡献。

学校先后与美国、日本、英国、俄罗斯、韩国、德国等国的高校或科研机构开展了多种形式的科技和学术交流。1998年获批培养外国留学生。2000年，国务院学位办批准学校与美国犹他州立大学合作举办国际经济与贸易专业本科教育项目。2012年，教育部批准学校与英国史萃克莱德大学合作举办电气工程及其自动化专业本科教育项目。2011年，学校获批为国家留学基金委青年骨干教师出国研修项目实施院校。2013年，经教育部批准成为中国政府奖学金来华留学生接受院校。

近年来，学校被授予全国文明单位、全国厂务公开民主管理先进单位、全国民族团结进步模范集体、全国模范职工之家、“全国毕业生就业典型经验50强高校”、吉林省先进基层党组织等荣誉称号。涌现出全国先进工作者、全国优秀科技工作者、全国职工职业道德建设先进个人、全国三八红旗手、全国优秀思想政治工作者、全国优秀党务工作者等一大批先进教师群体和以全国大学生自强之星标兵等为代表的优秀大学生群体。

领导班子

党委书记：李国庆

校长：蔡国伟

党委副书记：杨宝忠（2019年7月调任吉林工业职业技术学院）

党委副书记：李忱

纪委书记：李东玲

副校长：王建国、关晓辉、王庆洲、孙灵芳（2019年9月提任）

2019年，在中国校友会网发布的2020中国大学排行榜中，学校排名全国第154位，较2018年前进了32个位次。

70周年校庆工作获得成功 学校隆重举行了建校70周年系列庆祝活动，向社会各界充分展示了学校70年办学的辉煌成就，极大提升了学校的社会声誉，充分提振了新时代东电人干事创业的精气神，得到了上级领导、高校同仁、师生校友和社会各界的广泛赞誉，为学校在新的历史起点上继续奋进注入了强大精神动力。通过总结校庆成功经验，我们高度凝练东电精神，形成“东电品格”这一重要文化成果。校庆期间，校史馆竣工并投入使用，成为展示学校七十年办学成就、弘扬学校精神文化的重要窗口。

教学改革与建设水平

（1）教学改革研究持续深入。获批省级教改项目47项，其中重点课题15项。实施了机械类大类招生培养试点改革。

（2）专业建设取得重要进展。电气工程及其自动化、能源与动力工程、自动化、计算机科学与技术4个专业获批国家级一流本科专业建设点，13个专业获批省级一流本科专业建设点。建筑环境与能源应用工程专业通过住建部专业评估，自动化、电气工程及其自动化2个专业完成工程教育专业认证现场考查。

（3）课程建设取得新成绩。获批省级在线开放课程6门，积极推进课程思政建设，《大学语文》课程入选省首批“学科育人示范课程”。

（4）大学生实践创新能力培养成绩喜人。东北电力大学学生参加各类竞赛获国际级奖3项，国家级奖179项。其中，在2019年全国大学生数学建模竞赛中获一等奖4项，二等奖5项；在全国大学生电子设计竞赛中，首获国家级一等奖2项；龙舟队代表国家征战2019第十四届世界龙舟锦标赛获1金2银。

（5）教师教学能力培训水平有新提升。教师教学发展中心获批省级教师教学发展示范中心建设单位。东北电力大学教师获吉林省首届本科院校教师说课大赛一等奖2项、三等奖3项。

（6）招生就业工作质量持续提升。2019年录取本专科生4857人，一本线以上人数占普通类本科招生计划的63.94%。积极拓展就业市场，全年举办各类校园专场招聘会483场，比2018年增加23.21%。注重校企供需交流，土木工程（输电方向）专业列入国家电网主干专业招聘范围，与特变电工新疆天池能源有限责任公司签订了“订单+联合”人才培养合作协议。

（7）继续教育工作实现突破。学历教育招生人数1305人，同比增长34.1%，实现函授学历教育收入

655万元，较2018年增长3.8倍。全年培训电力企业员工5000余人次，创收1005万元。继续教育工作总体事业收入较2018年增长8.8倍。

学科建设与研究生教育工作

（1）学科建设扎实有效。选定学校下一轮申博学科，多措并举给予申博学科重点支持。完成学科建设规划（2019—2022）编印工作，积极推进第五轮学科评估迎评准备工作。

（2）研究生培养有序开展。2019年，学校录取博士研究生35人，硕士研究生983人。制修订多项规章制度，进一步完善了研究生培养内部质量保障体系。

学校获批首批省级博士研究生工作站1个，与四川电网、大唐东北电力试验研究院签订研究生工作站共建协议。多形式开展了导师培训工作，努力提高导师队伍建设水平。进一步完善研究生思想政治教育制度建设，开展"落实立德树人职责，加强研究生思想政治教育工作系列活动"，提升了研究生思想政治教育工作水平。

科技创新

（1）科研获奖再创佳绩。学校获2019年度国家科技进步奖二等奖1项，省科技进步奖15项，其中一等奖2项。

（2）科研立项再创新高。获批国家自然科学基金面上和青年基金项目共计22项，项目数位居省属高校首位，全年科研经费总额同比增幅超25%。

（3）科研平台建设稳步推进。油页岩综合利用教育部工程研究中心通过教育部评估。获批省级校企联合技术创新实验室、省级工程实验室、省级国际科技合作基地各1个。

电气工程学院李扬副教授作为第一作者发表的学术论文入选2019年ESI全球TOP 0.1%热点论文。

师资队伍建设扎实推进

（1）"师资队伍建设年"活动取得实效。全年引进、培养博士44人，引进电气工程学科、动力工程及工程热物理学科高水平团队各1支。进一步完善人才引进工作机制，持续营造引才工作良好氛围。

（2）高层次人才队伍建设实现突破。严干贵教授获聘"长江学者奖励计划"特聘教授；学校新增"全国优秀教师"1人，享受国务院特殊津贴获得者1人，吉林省第七批拔尖创新人才7人，吉林省第十五批享受政府津贴专家6人，吉林省优秀教师1人，中国电力优秀青年科技人才奖1项。

（3）师德师风建设扎实开展。完成《师德师风建设文件汇编》《师德师风警示录》的编印和组织学习工作。举办师德先进事迹报告会、首届新进教师入职宣誓仪式、"弘扬爱国奋斗精神建功立业新时代"教工演讲比赛等活动。

学生教育管理

（1）"三全育人"综合改革试点工作纵深推进。出台《东北电力大学"三全育人"综合改革建设方案》，完善健全了长效工作机制。学校入选吉林省"三全育人"综合改革试点高校。

（2）育人体系建设成效明显。坚持用新思想铸魂育人，高质量开展"学习筑梦"集中教育培训和实践考察活动、"家国同心青春追梦"主题系列教育活动。推进"东电易班"建设，学校入选"吉林省优秀易班共建高校"。扎实开展心理育人工作，学校原创心理剧荣获第二届全国高校心理情景剧大赛一等奖。

开放合作

（1）教育国际化水平不断提高。学校与美国埃文斯维尔大学合作举办土木工程专业本科教学项目获教育部批准。与美国、意大利、日本等9所高校及机构签订合作交流协议。

（2）学术交流日趋活跃。邀请两院院士、国内外知名专家开展高水平学术讲座57场。结合70年校庆工作，主办题为"能源互联网与能源电力教育"高端论坛。主办、承办各类学术会议9场，其中国际学术会议3场。

服务保障

（1）办学条件加快改善。科技园大厦工程及配套工程优质竣工并投入使用。开工建设了学生十六公寓。突出抓好校庆期间校园景观布置、校园绿化等工程。集中整治了西门外、西山学生生活区违章建筑，清除了安全隐患，改善了校园周边环境。节约型校园建设取得实效，学校荣获国家级"节约型公共机构示范单位"荣誉称号。强化了学生食堂软硬件建设，提升了餐饮服务的质量和水平。

（2）公共服务体系建设持续优化。扎实推进智慧校园建设，在网站群建设、数字资源建设、信息化教学等方面取得了新进展。狠抓校园内外治安防范、交通管理、火灾预防、学生安全教育，平安校园建设取得新实效。图书、档案、医疗服务工作水平稳步提升。

党建工作

（1）理论武装工作进一步强化。引导党员干部学懂弄通做实习近平新时代中国特色社会主义思想，及时跟进学习习近平总书记最新重要讲话、指示批示精神和十九届四中全会精神，有力增强和提升了学校广大党员干部理想信念与党性修养。

（2）"不忘初心、牢记使命"主题教育高质量开展。坚持把开展好"不忘初心、牢记使命"主题教育作为重大政治任务，认真贯彻"守初心、担使命，找差距、抓落实"总要求，并将其与学校"作风建设年”活动融合推进，取得了积极成效。

(3) 干部队伍建设水平进一步提升。选送10名处级干部赴国家教育行政学院参加高校中层干部专题研修班培训，选派1名处级干部赴海外研修，目前现职处级干部中接受省级以上党干校一个月以上培训的占比达52%。举办学院副院长和基层党委书记网络培训班各1期。完成青年骨干培训班一期。

(4) 基层党建进一步夯实。深入推进“对标争先”建设计划，获批全国高校党建“样板党支部”1个、省高校党建“标杆院系”1个、“样板党支部”2个。出台加强党支部书记队伍建设的五项意见，扎实开展党支部书记培训工作。完成党支部集中换届工作，换届后，教师党支部“双带头人”党支部书记配备率达94.7%。省委副书记高广滨深入学校调研期间，对学校基层党建和思想政治工作给予了肯定。

(5) 扶贫工作成果进一步巩固。通过国家和省级扶贫检查。建成爱民村村级光伏发电站、笨榨豆油加工厂扶贫产业项目。在怀庆村建成吉林省农村第一个党建文化主题公园，怀庆村荣获国家森林乡村称号和吉林省美丽乡村称号。

(6) 党风廉政建设扎实推进。完成第二轮校内巡察工作，压实主体责任。开展政治监督专题调研，制定并落实《开展政治监督工作实施方案》。围绕学校党委年度重点工作、科研经费使用、作风建设等内容开展专项监督。出台《纪检监察监督事项备案暂行办法》，提高监督效能。深入开展纪律教育、警示教育、廉洁教育，强化纪律建设。

(7) 宣传思想工作创新开展。坚持办好各类媒体、宣传阵地，牢牢掌握意识形态主导权。在新华社、央广网、《光明日报》、《中国教育报》等60家主流媒体发表新闻报道，及时、准确地反映学校各项工作动态和工作成效，有力提升了学校的社会声誉和影响力。学校微信公众号影响力排名多次位列吉林省第1位。

(8) 扎实推进统战、群团、老干部工作。持续推进民主党派和党外代表人士队伍建设。强化了抵御宗教渗透和防范校园传教工作。坚持用心用情，扎实做好离退休教工服务管理工作。组织召开第二十次团代会和第三十一次学代会。

年度要事

(1) 举行建校70周年系列庆祝活动，展示了学校70年办学的辉煌成果与深厚积淀，增强了广大师生和校友的自豪感与凝聚力，提升了学校的社会声誉，为学校新时期实现高质量发展奠定了重要基础。在中国校友会网发布的2020中国大学排行榜上，学校排名跃升至全国第154位。

(2) 开展“不忘初心、牢记使命”主题教育，将主题教育开展与学校“作风建设年”活动融合推进，达到了“理论学习有收获、思想政治受洗礼、干事创业敢担当、为民服务解难题、清正廉洁作表率”预期目标。

(3) 校史馆竣工并投入使用。校史馆真实记载和反映了学校兴学建校以来的光辉发展历程，成为展示学校办学成就、繁荣学校精神文化的点睛之笔。

(4) 严干贵教授获聘“长江学者奖励计划”特聘教授。

(5) 东北电力大学参加完成的科研成果“电制热储热提升电网消纳风电能力的关键技术与规模化应用”获2019年度国家科技进步奖二等奖；东北电力大学获吉林省科技进步一等奖2项、二等奖6项、三等奖7项，获批国家自然科学基金项目22项。

(6) 电气工程学院李扬副教授作为第一作者发表在Applied Energy期刊上的学术论文入选2019年ESI全球TOP 0.1%热点论文。

(7) 开工建设学生十六公寓，建筑面积15 987m^2，共设房间319个，提供床位1320张。

(8) 龙舟队代表国家征战2019第十四届世界龙舟锦标赛获1金2银，参加2019中华龙舟大赛获13金、13银、4铜；学校与芬兰凯撒卡里奥学院共建“中芬体育职业培训中心”“中芬冰雪体育器材研发中心”。

(9) 建筑环境与能源应用工程专业通过住建部专业评估，自动化、电气工程及其自动化2个专业完成工程教育专业认证现场考查；学校13个专业获评吉林省一流专业。

(10) 学生在2019年全国大学生数学建模竞赛中取得历史最好成绩，获一等奖4项，二等奖5项；在全国大学生电子设计竞赛中，首获国家级一等奖2项。

(胡倚实)

【国家电网管理学院】

单位概况 国家电网管理学院（中共国家电网有限公司党校）简称国网管理学院（国网党校），是国家电网公司直属的教育培训单位，担负着国家电网公司系统领导人员及优秀年轻领导人员教育培训的重任，是学习、研究和宣传马克思主义、毛泽东思想和习近平新时代中国特色社会主义思想的重要阵地，是领导人员加强党性锻炼的熔炉，是培养领导人才、弘扬企业文化、积淀组织智慧、传播最佳实践、展示国家电网公司形象的重要平台，是国家电网公司高素质、复合型、专业化领导人才培养基地和管理思想的策源地，以建设成为领导人员党性教育的“主阵地”、党建理论研究的“制高点”、服务国家电网公司党组决策的“智力库”为目标，为国家电网公司党的建设和领导人员队伍建设提供专业服务支撑。

截至2019年底，国网管理学院（国网党校）共有员工168人。其中，全日制研究生学历33人（博士15人、硕士18人）；高级职称26人，中级职称16人。2019年，国网管理学院（国网党校）共有27个先进集体和个人获公司及外部表彰，其中国网管理学院（国网党校）获2018年度先进企业大学，1个党支部获国家电网公司“电网先锋党支部”称号，1名员工当选“最美国网人”称号，1名青年被授予国家电网公司青年岗位能手称号，3个集体和个人获国家电网公司“一先两优”表彰。

国网管理学院（国网党校）地处北京市昌平区蟒山南麓，东邻军都山，西邻十三陵水库，一期、二期占地284.28亩，建筑面积5.67万m^2。设有236间学员公寓，1个最大可同时容纳700余人的报告厅，17间会议室、研修室，图书馆等服务设施一应俱全，配备专业音、视频、网络及会议设备，领导力测评、数字化校园及公司统一推广的各类应用系统，整体完成信息化企业验评，可为广大培训学员提供优质的学习环境与便利的学习条件。

组织机构 国网管理学院（国网党校）下设9个部门，包括领导力开发研究中心、综合管理部（纪委办公室、巡察办）、财务资产部、教务管理部、培训开发部（党校部）、党委党建部（党委宣传部、企业党建研究中心）、党风廉政建设研究中心、知识管理中心和后勤保障部。

智慧党校建设 制定智慧党校2019年建设方案并组织实施，完成包含“智慧校园、网上党校、工作智力库”三大组件的公司党校核心办学平台建设。初步实现线上与线下融合、业务与管理融合、研究与应用融合，涵盖训前、训中、训后的教务教学管理，具备服务各级党校、基层党支部以及各类学员的能力。其中，网上党校累计为国家电网公司系统局级领导人员提供线上学习57 955学时。

服务保障 完成2019年国家电网公司重大活动服务保障工作。完成国家电网公司2019年“两会”以及春、秋季党校青年干部培训、国家电网公司局级领导人员专题培训等重要会议、培训班的后勤保障工作，累计接待20 839人·天，服务满意率达98%以上，超出国家电网公司业绩考核指标3个百分点。

领导人员教育培训 2019年，支撑国家电网公司领导人员队伍建设，共完成10期培训任务。把学懂弄通做实习近平新时代中国特色社会主义思想作为培训的重点，突出党的理论教育和党性教育的主业主课地位，执行中央党校国资委分校教学计划和国家电网公司党组培训安排，完成5期国家电网公司局级领导人员轮训班、春秋2期公司青年干部培训班和3期组织人事专业培训班，培训量近14 000人·天，培训质量满意率达99%以上。结合国家电网公司战略部署，邀请阿里云、清华大学等知名企业、院校的互联网专家讲授公司战略专题课程，与中央党校（国家行政学院）联合组织开展国家电网公司系统党校教学业务骨干培训班，3次与南昌分校深度合作，赴井冈山革命根据地协同开展情景党课教学。举办“对话时代楷模张黎明”活动，青干班支部建设的典型经验在《学习时报》刊登。推进领导人员在线学习平台应用，上线“习近平新时代中国特色社会主义思想”等模块，新增线上课程近240学时，制作精品网络课程推介解读67门，超额完成年度任务。形成“国家电网有限公司系统纪检干部培训课程体系”，自主开发10门纪检监察课程。做精实体课程，“领导力”等系列课程登上空军大讲堂、清华大学等高端讲台，应用于工信部系统及中化、TCL等20家知名企业。“领导力的时态”被清华大学精品慕课、央企领导网络培训平台等采用。组织撰写的三篇案例分获央企高管培训联盟组织评选的2019年度加强党建、深化改革、推动发展三个序列的最佳案例和优秀案例奖；组织开发和推荐的网络课程获一等奖3门、二等奖5门、三等奖8门，获奖数量均位居央企前列。

领导力研究 开展领导人员创客营，形成研究体系、专题报告、战略性商业模式构想等成果。举办“领导力开发的新时代与新思维”“智汇蟒山 群英共创”等论坛和沙龙活动，邀请《求是》杂志、清华、北大、美国创新领导力中心等院校机构的学者参与，宣传国家电网公司战略，发出国网声音。研究构建与国家电网公司战略要求相适应的领导人员专项素质模型，初步形成“专项素质建模、观测与测量、提升建议与行动”的工作模式。参与承接中共中央组织部“两个一以贯之研究”课题，代拟《关于中央企业把党的领导融入国家电网公司治理的指导意见》，研究成果得到中组部及国家电网公司党组的高度认可。聚焦企业领导人员队伍研究，形成具有可借鉴性的41项组织人事精品研究成果汇编，为国家电网公司领导力课题研究提出方向建议。推进领导人员大数据研究、领导梯队优化技术研究等课题，组工智库功能提升。为国家电网公司总部处级岗位竞聘上岗和复转军人竞聘副局级岗位面试提供专业服务工作。专著《水平·悟水浒中的领导力》被中组部评选为向全国党员推荐教材，并被国家图书馆收藏。制定《世界一流企业管理学院建设方案》，提出“六条价值链”“三型”目标及“十大”标志性项目。加强与中欧国际在线、哈佛企业学习等6家知名学术机构交流合作，联合香港中文大学开展世界一流企业大学评估标准研究。与浙江清华长三角研究院签订战略合作协议，组织参与4次企业大学校长百人会。深化与中国企业高管培训发展联盟合作，与澳洲国际商学院等6家国内外知名机构开展专业交流与合作，提升国家电网公司和国网管理学院（国网党校）的社会影响力。

企业党建暨党风廉政建设研究 推进国内一流企业党校制高点“五个一”工程，参与国资委重点课题《中央企业党委（党组）发挥领导作用研究》，完成方案研究、计划制订及报告撰写任务。开展《国有企业智慧党校建设研究》等2项重点课题，形成研究报告、调研报告、案例集等成果。协同国家电网公司系统党校各单位开展35项重点课题研究，征集“旗帜领航”案例200余篇，开发学习贯彻习近平新时代中国特色社会主义思想应知应会2000余题，形成党建研究课题集、案例集、应知应会手册等成果。推动研究成果转化应用，出版《旗帜领航　国有企业党务日常工作指引》等专著和工具书4本，入选国资委党校培训教材。规范建设5个企业党建研究分中心，整体布局20个现场教学基地，举办党建研究研讨交流会、课题交流会、案例评审会等多种类型的工作交流，推动国内一流企业党校协作机制健全完善。

党风廉政建设理论研究取得进展。形成“国家监察体制改革对国有企业的影响研究”课题研究报告。开展“党风廉政建设责任制相关内容”“主体责任、监督责任和协助职责”等专题研究，夯实研究基本功。开展“香港廉政公署制度研究”“新加坡反腐败体制研究”等课题研究，拓宽研究方向。编制国家电网公司2019年党风廉政建设研究成果调研报告和成果汇编。开发“监察法重点问题解读”等10门课程，促进成果转化。形成《纪检监察工作常用法律法规汇编》《纪律检查工作常用党内法规汇编》。组织编写《中国共产党问责条例》等近10项学习资料以及“三为主”“三转”等系列分析报告。牵头研讨国家电网公司一体推进“三不”机制建设意见。起草国家电网公司纪检工作“不作为、乱作为”问题自查自纠分析等报告。配合完成国家电网公司纪检干部队伍建设情况的总结分析。形成“国家电网有限公司系统纪检干部培训课程体系”。在《国家电网报》发布党风廉政建设知识普及19期、典型经验宣传28期。参加外部论坛，彰显央企党风廉政建设研究品牌。

智力库建设 完善系统党校智力库建设，丰富成果推广平台，推进国内一流企业党校建设。起草国家电网公司系统党校智力库建设的指导意见。把握“党组决策的智力库”定位，聚焦决策建言与咨询，在企业党建、廉政和合规建设、企业战略和文化建设、企业经营管理和领导人员和人才队伍建设方面，引导研究沿着自主完成、服务本级党组（委）为主、便于落地实施的方向开展。开展成果库、人才库相关研究。依托科技项目“系统党校智力库成果评价及推广研究”，形成智力库成果库、人才库评价方法和制度建设方案。搭建线上线下成果推广平台。以微信公众号“国网管院知识汇”和纸质期刊《视窗》为载体，畅通知识共享渠道。全年通过公众号推送文章126篇。统一年度智力库成果宣传。根据智力库产品和服务标准，收集、提炼、加工智力库研究成果。征集成果90份，择优选择12份于公司会议期间进行展示。

系统党校建设 推进国家电网公司系统党校建设。贯彻落实《国家电网有限公司党校工作规则》，发挥国网党校示范引领和业务指导作用，明确国家电网公司系统党校建设的工作目标、指标体系和建设路径，形成“1＋3＋N”（一个总体方案、三项落地工程、N项具体工作）的工作体系。开展公司系统党校建设示范单位评选，4家分校、10家省公司党校被评为首批示范单位；明确系统党校2019年工作要点；研究制定《系统党校班主任工作规范》等5项制度文件；发布国家电网公司系统党校2019年秋季中青年干部培训计划；开展系统党校“名师名课”评选活动，从参评的134门课程中，评选出系统党校首届30门“名师名课”；在中央党校举办系统党校教学业务骨干培训班，提升系统党校教学业务骨干的综合素质。

党的建设和精神文明建设 强化党建引领，搭建“特色党支部工坊”，形成8个特色党支部建设成果，“建好班级党支部助推干部培训实效”被《学习时报》报道刊发。开展支部联创、对话张黎明、赴中央党校和北大红楼专题学习等多种类型活动。加强宣传阵地建设，突出“四条主线”改版国网管理学院内网网站，聚焦重大部署开展专题宣传，在人民网、人民党建云、《学习时报》等媒体上发表稿件38篇。坚持党建带工建，开展关心关爱职工工作，成立7个文体活动兴趣小组，举办“主题教育”书画展、“映像党校、秋韵蟒山”摄影比赛等系列活动，开展“清洁蟒山、安全蟒山”“防雾霾宣传”等志愿服务活动。

（徐俊波）

【中共国家电网有限公司党校】

见国家电网管理学院。

【国网大学】

单位概况 国网大学（国家电网有限公司高级培训中心、国家电网有限公司团校）［简称国网大学（国网高培中心）］是国家电网公司直属的教育培训单位，是国家电网公司专业管理人员以及高素质、复合型、国际化人才的培养基地，为国家电网公司人才培养和软实力建设提供服务保障与智力支持。

国网大学（国网高培中心）位于北京市海淀区清河，占地86亩，建筑面积约7.2万m^2，有报告厅3个，教室15间，研修室18间，餐厅7个，学员住宿房间805间。教学培训设备完善、设施先进，拥有配套的教学楼、学员公寓、学员餐厅和活动场所，建有“云课堂”、图书馆、演播教室、智慧校园数字化管理平台、教学机房、一体化电化教学、课堂直播点播、电视电话会议、安保监控等系统，实现校园Wi-Fi全覆盖。构建培训生态，满足专业部门、各单位个性化、特色化培训需求，对接外部优质高端平台，实现培训资源共享互济。

组织机构 国网大学（国网高培中心）下设10个部门：综合管理部（党委办公室）、教务管理部、教学研究部、教学培训部、信息技术部、案例开发中心、国际交流合作部、党委党建部（监察审计部、团校工作部）、财务资产部和后勤保障部。

人力资源 截至2019年底，国网大学（国网高培中心）共有员工345人。其中：高级职称36人（正高级3人），中级职称13人，初级及以下17人；硕士及以上学历54人（博士10人，硕士44人）。1人获国家电网公司劳动模范，1人获国家电网公司优秀党务工作者，1人获国家电网公司经济法律工作先进个人，1人获国家电网公司“最美国网人”称号，1人获国家电网公司杰出青年岗位能手，1人获国家电网公司青年岗位能手，1人获国家电网公司信息通信工作先进个人，1人获国家电网公司优秀共产党员，1人获国家电网公司宣传先进个人。

2019年，国网大学（国网高培中心）编制《领导人员（职员）队伍建设规划》，选拔提任年轻干部3人，晋升职员职级11人次，岗位交流职工10人次，选送1名同志参加国家电网公司党校青干班，选派2名骨干到国资委、国家电网公司总部培养锻炼。开展CLIP国际一流企业大学指标解读等13期主题内训，常态化组织班主任能力进阶培训，队伍能力提升。成立绩效管理委员会，修订绩效管理办法，激励干部职工担当实干。

经营管理 2019年，国网大学（国网高培中心）完成各类项目419个，培训量13.8万人·天，培训质量满意率98.12%，综合服务满意率98.03%，全年营业收入1.38亿元，全年利润总额22.95万元，培训计划完成率、重点培训项目完成率、培训资源和案例开发任务完成率均达100%，各项指标均优于考核标准，主要业务指标全部创历史最好水平。“国家电网国际化人才培养体系建设”获得国家电网公司优秀调研成果二等奖，“泛在学习知识中心创新构建与实践”获得国家电网公司管理创新成果二等奖，《培训项目方案设计分类及共性流程》获批国家电网公司技术标准。

教学与培训 深化战略服务能力。编写学习贯彻国家电网公司战略目标教学大纲，开发制作“‘四个革命、一个合作’能源安全新战略与电网企业转型升级”等10余门系列课程，汇编文稿约15万字，梳理出29门国家电网公司战略和企业文化培训课程，在近170个培训班中开设课程并组织研讨，培训1.5万余人次。

提升课题研究能力。参与国家电网公司十大战略课题研究工作，承担中央社会主义学院“‘一带一路’与中外文明交流互鉴研究”高端课题，完成2019年国网大学十大战略课题。与中国大连高级经理学院联合挂牌国有企业研究基地，加强国资国企改革政策研究，拓展高端课题研究项目。

培育知识管理能力。开展“用案例讲好新时代国网故事”教学活动，汇编700余个基层典型案例，开发精准扶贫、国家电网服务冬奥等教学案例，形成国网大学2019年案例体系。与国网江苏电力达成共建案例研究基地意向。

教培质量提升。坚持严以治校、严以治教、严以治学，制定《关于在干部教育培训中进一步加强学风建设的意见》，全面推行开班导入制度，加强与主办方的沟通，树立良好校风教风学风。开拓优质培训资源，多渠道引进公司总师级领导、知名高校教授等高端师资315人，聘请首批国网大学特聘教授26名，梳理以党性教育、国家电网公司战略和企业文化、专业管理、通用管理四大模块为框架的40个现场教学点。健全培训全过程管控机制，成立教学委员会，制定《培训项目组织实施管理办法》《学员管理实施细则》《班主任管理办法》等制度，完善“三位一体”培训评估体系。

教学方式创新。创新“培训+论坛”方式，举办“一带一路”共商共建共享国际论坛、国有企业服务“一带一路”建设专家论坛、新理念新技术推动教育培训转型升级专家论坛，开展红色经典诵读、管理故事会、“青年剧场”场景化学习等多元化教学活动。开展38期“国网大学讲坛”活动，邀请多名专家和“百家讲坛”主讲人前来授课，共计6000余名学员参加活动。

培训信息化 学习知识中心建设。按照“全员、全层级、全业务、全生命周期”的思路建设学习知识中心，初步上线云课堂平台，开发直播、点播功能，主动接入23家省公司和7家直属单位，共享优质培训资源，推动国家电网公司教育培训机构互联互通。以“AI教学、沉浸实训、互动学习”为核心理念，融合人工智能、虚拟现实、自然语言处理、知识图谱等先进技术，完成智慧教室建设。

网络大学服务支撑。支撑网络大学人资、财务、物资、国际、发展、法治6大专业学院，运营人资在线学习平台，发布270余门网络课件，服务340万人次在线学习。

强化数据贯通融合。加快推进统一数据中心建设与应用，制定并发布统一培训数据编码标准，编制《数据质量管理办法》，与河北电力培训中心试点归集培训数据，开展数据治理工作。

优质服务 在一线班组全面推行挂牌上岗制度，设立前台窗口服务评价终端，在餐厅、客房、收银等场所全方位收集学员意见，塑造以学员为中心的服务理念。上线云开票系统，建设学员自助洗衣房，对10号楼客房硬件设施进行升级，设立"一站式"综合服务中心，学员在校生活更加便捷。实施院区绿化提升工程，统一校园宣传文化标识，制作宣传道旗，定期更新展墙，丰富馆藏图书。

基础管理。做好国家电网公司"放管服"事项承接，编印《国网大学制度体系汇编》，初步构建系统完备、科学规范、运行有效的制度体系。制定合规体系建设方案，出具重大决策审核法律意见书，构建合规管理"三道防线"。落实多维精益管理体系变革部署，优化培训项目成本管理模式，完成损益类会计科目切换、成本中心清理等系列工作，传导培训机构公共成本。建立"大经营"分析双月例会机制，创新编制"五率"里程碑计划，动态管控预算和综合计划执行进度，完成31项综合计划项目。加强督办管理，建立"八定"任务清单公示制，上线督察督办信息化看板，完成12期月度督办和现场督办等工作。强化招投标工作制度管控，制定物资管理提升方案，修订《集中采购管理流程》，完成物资"单一来源采购""三金一款"专项整改。

党的建设和精神文明建设 开展"不忘初心、牢记使命"主题教育。加强组织领导，制定主题教育实施方案，明确41项举措。组织18次中心组学习和80余次党支部集中学习，举办3期共7天的读书班，通读党章、《选编》《纲要》，跟进学习习近平总书记最新讲话和指示批示，学习党的十九届四中全会精神，引导干部职工不断增强"四个意识"，坚定"四个自信"，做到"两个维护"。赴基层一线深入开展调研，听意见、查问题、摸实情，形成16份调研报告。统筹抓好中央巡视反馈问题、主题教育检视问题、民主生活会剖析问题与"抓整改、除积弊、转作风、为人民"专项行动20项措施的整改工作，细化整改措施200余条，开展整改落实"回头看"。除主题教育检视问题已全部完成整改。

发挥党校阵地作用。坚持党校姓党，始终把旗帜鲜明讲政治作为教育培训工作的根本要求，认真落实习近平新时代中国特色社会主义思想课程体系、教材大纲、学习纲要，印发《培训项目党的基本理论教育、党性教育课程设置实施细则》，建立以习近平新时代中国特色社会主义思想为核心内容的党的理论教育和党性教育课程体系，涵盖16个模块共计63门课程，在200余个班次中系统学习，培训2万余人次。组织梳理《习近平关于国有企业和能源电力行业改革发展论述摘编》《习近平关于党性教育及干部教育培训工作论述摘编》《习近平关于安全生产论述摘编》3本特色教材，初步建成习近平新时代中国特色社会主义思想主题教育室、党性主题教育室，确保教育培训在真正筑牢理想信念、真正增强履职本领、真正提升品行作风三个方面出真招、见实效。

党建工作。落实国家电网公司"旗帜领航·三年登高"行动计划，制定创先争优年工作方案，印发2019年党建工作要点，与各党支部签订党建工作责任书，开展党建绩效考核评价，压紧压实党建责任。深化党建工作量化计划管理，落实"三会一课"等组织生活制度，召开民主生活会、专题组织生活会。深化共产党员服务队建设，丰富"六微"载体，开展"金牌服务队长进课堂"活动，打造党建靓丽名片。

党风廉政建设。制定领导班子成员、各部门党风廉政建设履责要点，召开党风廉政建设和反腐败工作会，组织党风廉政建设考核和干部述职述廉，开展廉政约谈47人次，推动"两个责任"履行到位。深化"三转"，开展培训经费管理、废旧物资处置等专业监督项目，将廉政要求融入业务管理。深入落实中央八项规定精神，深化形式主义、官僚主义整治，制定为基层减负10条措施。

群团工作。深化青年思想引领，开展新员工成长导航活动，打造"青年说"品牌。加强民主管理，首次召开董事长联络员会议，广泛征集合理化建议。举办"初心永在、放歌祖国"歌咏会，召开统战工作座谈会，激扬职工爱国主义情怀。常态化开展兴趣小组和节日送温暖活动，落实离退休同志"两项待遇"。组织爱心捐赠衣物2万余件，树立责任央企良好形象。

（赵苗苗　程　鳌）

【国家电网有限公司高级培训中心】

见国网大学。

【国家电网有限公司技术学院分公司】

单位概况 国家电网有限公司技术学院分公司（简称国网技术学院）成立于2008年12月30日。根据国家电网公司党组决定，2011年12月31日，国网技术学院与山东省电力学校合并，实施一体化运作；2012年8月30日，国网技术学院设立成都、长春、西安三所分院；2014年7月10日，国网技术学院设立苏州分院；2017年1月20日，国网技术学院设立郑州分院，确立了"资源共享、优势互补、分工明确、协调发展"的集约化大培训体系。2018年12月

21日，国网技术学院完成转企改制工作。

国网技术学院主要承担国家电网公司新入职员工培训、高层次技术技能人才培训、紧缺人才培训、国际化培训和职业教育，运营管理公司网络大学，是国家电网公司技术技能人才培养基地、全产业链培训服务平台、国际合作交流平台、职业教育发展研究中心、技能等级评价中心、知识集成中心。2019年，国网技术学院获ATD（全球性人才发展协会）“人才发展先进组织奖”“卓越实践奖”、第二届上合组织国家职工技能大赛“优秀组织奖”。

人力资源 截至2019年底，国网技术学院共有职工547人，其中，专职培训师216人，硕士以上学历206人，副高级以上职称321人，各级各类人才54人，英语授课团队50人，62人获得ATD国际培训大师资格。2019年获批山东省高等学校青创人才团队2个，获山东省突出贡献青年专家1人，山东省优秀教师1人，电力行业技能人才培育突出贡献个人1人，选派3名骨干培训师再次赴艰苦边远地区挂岗帮扶。

经营管理 建成职责清晰、界面明确的分公司模式制度体系，建立分公司模式下预算、核算体系，主动应对收费模式变化，明确培训教学资源使用收费标准，多维精益管理体系按期建成。新建、修订规章制度136项。强化过程管控、合规审查和责任落实，助推决策体系更加民主科学。完成84个项目建设任务和“三供一业”分离移交任务。落实经济责任审计后续审计问题整改，开展废旧物资和集体企业资金管理专项审计、工程项目现场跟踪及结算审核，防控经营风险。

培训工作 举办培训班179期，培训28.47万人次、169.97万人天。其中，新员工培训班5期、1.73万人、88.44万人天；国家电网公司技术技能培训班173期、1.44万人、5.63万人天；国家电网公司设备管理人员技术标准宣贯培训1期、25.3万人次、75.9万人天。培训质量及服务满意率97.18%。组织完成1.58万名高级技师评价考试，认证高级考评员4200名。

优化新员工培训方案，突出企业文化、技术标准、作业规范宣贯，除水电专业外，国网技术学院全面承担新员工培训任务。紧跟国家电网公司发展战略，系统开发新技术新技能培训项目79个，强化资源匹配、组织实施、效果评估全过程管控，确保培训质量。

邀请时代楷模张黎明、全国最美职工黄金娟、全国劳动模范王进、国网工匠曹辉等开展事迹宣讲；邀请国家电网公司总部有关部门、电力高校专家为学员推介国家电网公司最新技术标准与作业规范，宣讲泛在电力物联网建设成果，教育学员学生爱国、励志、求真、力行，深植时代精神，提升职业素养。

与许继集团、南瑞集团、平高集团建立战略合作关系，实现与国家电网公司大型产业单位战略合作全覆盖，形成在科研创新、培训教育、国际业务等领域共建共享、共促共进的良好格局。强化资源统筹调度，举办国投集团电工技能竞赛、暑期电力高校师资班、产业单位各类培训班，学院内驱发展动力增强。

职业教育 务实推进“双高”建设。成立职业教育发展研究中心，发挥院校一体、产教融合办学优势，聚焦“立德树人、产教融合、行动教学、评价导向”四个维度，实施“双高”（中国高水平职业院校、高水平专业群）建设三年计划，完成2019年度54项重点任务；加强职业教育研究，开启职业教育创新发展新篇章。

健全完善专业课程体系。组织开发公司职业院校27本专业教材，编制13个专业人才培养方案和课程标准，联合申报的教育部职业教育专业教学资源库建设项目成功立项。完成3155名学生学历教育任务（6.07万课时）；输送毕业生732名，就业率96.86%。

优化改进定向培养模式。扩大定向培养招生，在保持国网新疆、蒙东、北京电力定向培养规模基础上，新增国网浙江电力、节能公司定向生70人，形成大专生、定向生、五年一贯制学生分层培养、系统衔接的新型培养格局。在各类学生竞赛中，5人分获省部级一、二等奖，3个团体获二等奖。

国际化业务 国际化业务。承办两期中阿清洁能源培训中心智能电网培训班，培训质量得到阿盟能源部与参培学员的一致认可与好评。承办第二届上合组织国家职工技能大赛，来自中国、俄罗斯、巴基斯坦等14个上合组织成员国、观察员国、对话伙伴国的选手、领队参加大赛，中华全国总工会和各参赛方给予高度评价。承办“一带一路”电力高管研讨班等培训项目，27个国家及地区的140名电力技术人员来国网技术学院交流学习。

国际合作交流。组团访问俄罗斯国家电网公司、莫斯科管理学院，交流电力行业人才能力建设思路。日本东京电力、尼日利亚国家电力培训学院、希腊IPTO、俄罗斯鞑靼斯坦电力公司代表团来国网技术学院交流访问。

国际化服务支撑。举办国际化人才“育才工程”、ATD国际培训大师和人才发展师培训，14人获得ATD培训大师资格（累计62人获此资格），具有国际视野和开拓能力的国际化人才队伍初步建成。

网络大学 建设知识集成中心，打造线上线下相结合的新型培训业态。梳理国家电网公司技术技能专业创新成果知识清单，在职工技术技能培训中应用。

升级改版网络大学页面，推广“国网生涯”和培训班助手功能应用，策划实施“国网 Talk”项目 14 期，完善网络大学客服机制，显现网络大学线上培训价值。梳理国家电网公司级案例 2041 个、课件 5167 门、教材 684 本，上线发布 52 个工种技能等级评价题库，评选第三届优秀课件 2247 门。修订网络大学资源开发技术标准，完善网络培训共建共享机制。网络大学全年累计登录 2470 万人次，网络培训 3288 万学时，网络考试 2.71 万项。

党的建设和精神文明建设 党委理论中心组集中学习 22 次、研讨 19 次，各基层党组织学习 428 次。围绕中心工作，坚持对内宣传瞄准一线基层、对外宣传突出特色亮点，在中央媒体和国家电网公司媒体上刊发宣传稿件 61 篇。优化基层党组织设置，完善党建对标体系，深化党建课题研究，开展党支部书记培训和述职考评，从严落实管党治党主体责任。

党风廉政建设。统筹推进中央巡视、国家电网公司巡视审计问题整改，开展现场督察，发布“底线管理”清单，做好问题整改“后半篇文章”。聚焦重点领域，把握关键节点，紧盯“关键少数”和小微权力，做实日常监督；开展形式主义、官僚主义集中整治，组织关键岗位人员培训、党员干部现场警示教育，推动建立全业务链廉洁风险防控体系。

群团工作。策划举办庆祝新中国成立 70 周年系列活动，营造爱国爱党爱企浓厚氛围。宣传“最美学院人”“学院楷模”等先进典型，引导职工“学先进、赶先进、当先进”。开展职工代表巡视检查，征集落实合理化建议，将职工诉求落到实处。组织“百年五四”青年员工座谈会，1 项课题获得国家电网公司 2018 年度团青工作优秀实践案例一等奖，连续 3 年获国家电网公司青创赛优秀项目铜奖。

（崔　昊）

【中共中国南方电网有限责任公司党校】

单位概况 中共中国南方电网有限责任公司党校（简称南网党校）和中国南方电网有限责任公司干部学院（简称南网干部学院）是南方电网公司党组为加强党的建设，以及各级领导班子和党员干部队伍建设，提高企业领导干部政治理论水平和战略思考、系统思维能力，搭建的一个南方电网公司领导干部提高党性修养和综合素质的高端教育培训平台，成立于 2011 年 4 月 8 日。

南网党校主要负责培训南方电网公司党员领导干部，开展党的理论教育和党性教育，开展南方电网公司新时代党建智库建设，开展党的理论宣传与研究工作，推进党的理论创新和实践创新；承担南方电网公司系统副处级及以上党员干部和中青年后备党员干部的轮训培训，着重培养党员干部的党性综合素质和党的理论知识，培养造就对党忠诚、勇于创新、治企有方、兴企有为、清正廉洁的好干部。2018 年 6 月，南方电网公司成立新时代国有企业党的建设研究中心，履行党建研究、资政、教学三大职责，研究中心办公室设在南网党校，南网党校同时承担南方电网公司党建思想政治工作研究会秘书处职能。

南网干部学院主要负责培养南方电网公司高层次经营管理人才和政策研究人才；主要负责领导力研究、领导力培养、领导力评价，聚焦公司领导力发展标准，深化领导力评价应用，创新领导力培养项目，搭建完善针对公司中高层管理人员的领导力发展体系；为南方电网公司提供决策咨询服务，开展企业管理等领域理论研究和政策研究；承担南方电网公司系统三级副及以上干部和部分优秀中青年后备干部的培训工作，研究南方电网公司干部教育培训工作中的重大问题，参与制定南方电网公司干部培训规划和政策，着重培养干部的战略思维、生产经营、应急管理、科学决策、领导能力等方面的综合素质，提升推动南方电网公司科学发展的能力。

中国南方电网有限责任公司培训与评价中心（简称南网培训中心）是南方电网公司党组为整合南方电网公司系统培训资源，提升培训工作的系统性，开展高端技术技能人才培训和评价工作，于 2011 年 7 月 27 日正式成立的分公司，与南网党校、南网干部学院合署办公，实体化运作。2011 年 9 月 16 日以“中国南方电网有限责任公司教育培训评价中心”完成工商注册登记，2018 年 6 月 8 日进行工商变更登记，变更企业名称为“中国南方电网有限责任公司培训与评价中心”。主要经营范围包括：从事与电网经营和电力供应有关的科学研究、技术开发、咨询服务和培训业务；经营国家批准或允许的其他业务。

南网培训中心是南方电网公司培训高层次专业技术人才和技能人才的重要基地，承担南方电网公司下达的各类技术、技能人才的教育培训任务；承担南方电网公司下达的职称评定及高级技能、技术专家选聘工作；为南方电网公司的员工招聘、人才甄选等提供领导力测评、选拔测评与考试服务；协助南方电网公司开展教育培训和人才评价体系研究与建设的相关工作。

领导班子

中国南方电网有限责任公司党校校长：史正江（兼任）

南方电网公司党校常务副校长，南方电网公司干部学院院长，南方电网公司培训中心党委书记、主任：赵杰

南方电网公司党校一级职员、副校长，南方电网公司干部学院一级职员、副院长，南方电网公司培训

中心一级职员、党委副书记、副主任、纪委书记：郑立春

南方电网公司党校副校长，南方电网公司干部学院副院长，南方电网公司培训中心党委委员、副主任、工会主席：陈敬宁

组织机构 南网党校、南网干部学院和南网培训中心合署办公，日常管理实行一体化运作，设置一套内部机构，配置一套工作人员。根据现阶段工作实际，内部机构设为综合管理处、组织人事处、培训管理处、网络培训处、教学科研处、党建研究处和人才评价处7个处室。

人员状况 截至2019年末，共有职工51人，其中，领导班子3人，三级正、副干部13人，主管35人。现有党员50人，占98%；硕士研究生及以上学历25人，大学本科26人；拥有高级及以上职称32人、中级职称16人；员工平均年龄39.5岁。

年度工作 2019年，南网党校（干部学院、培训中心）在公司党组的正确领导下，以习近平新时代中国特色社会主义思想为指导，贯彻《中国共产党党校（行政学院）工作条例》，落实孟振平党组书记在党校调研讲话要求和公司党组《关于全面加强南网党校建设的意见》，坚持党校姓党，彰显央企姓党，认真履行公司党组赋予的职责，着重加强年轻干部和专业化人才培养，培训规模和规格再创新高，初步形成春秋两期学制教学布局；初步建成覆盖管理、专业技术、技能人员的培训内容体系，全面提升培训的系统性、针对性和有效性；全面建成理想信念教育体验式培训“五省六线”教学布局，项目荣获公司管理创新一等奖；编著出版《变革时代的个人心理调适》培训教材，“星火计划”课程师资认证取得重大进展；举办公司新时代国有企业党的建设研究中心首届年会暨优秀研究成果发布会，党建研究成果丰硕；与武汉大学马克思主义学院签署战略合作备忘录，开创企业与高校战略合作新篇章；领导力发展实验室成果在系统内得到有效应用，获得公司领导的充分肯定，以及主管部门的表扬；认真开展“不忘初心、牢记使命”主题教育，党员干部政治站位和思想觉悟明显提高；全面推进综合基地北区智慧校园建设，高起点加强党校基础设施建设，为公司高质量发展做出了应有的贡献。

(1) 积极抓住党校发展机遇，坚定不移贯彻公司党组意图。5月，南方电网公司党组书记孟振平在党校调研时对党校建设做出了重要指示。7月，南方电网公司党组印发了《关于全面加强南网党校建设的意见》，明确“按需、分类、梯次”的人才培养方针，符合公司人才发展规律以及培训工作实际，对促进公司新时代教育培训工作的时代性、系统性、针对性和实效性的提升有着重大战略意义。在南方电网公司11月印发的《2019—2023年干部教育培训规划》中提出要做强做实干部学院，开展商学院办学模式研究。南方党校学习贯彻各项文件精神，落实南方电网公司党组的意见要求，研究印发贯彻落实的工作安排，抓好分解制定的50项措施落实。南网培训中心党委系统谋划，结合党校工作条例和公司的干部教育培训规划，组织编制党校发展规划，为党校高质量发展绘制路径图。

(2) 高质量完成各项培训任务，努力推动“按需、分类、梯次”方针落地。全年统筹实施公司各类培训班82期，其中计划外班次7期，总培训量42 587人天；面授培训8254人次，同比增长35.6%，培训平均满意度97%；网络学习260万人次。协助举办11期知行大讲堂，组织实施理想信念体验式教学项目43期，面授2098人次。对标中央党校教学布局，实施中青班春秋两期学制，完成第八、九期中青班和第五期年轻班。在秋季班中，首次尝试“统一策划、同时办班、差异化教学”的方式同时举办中青班和年轻班，并自主开展行动学习引导，综合运用TED论坛、课业论坛、音乐激情教学等多种创新做法。连续举办了3期主题教育读书班，南方电网公司领导和党组管理干部共270人参加了培训。同期举办的5期公司发展战略进修班，安排分组讨论、成果汇报达30场次，覆盖总部及在穗专业公司三级副以上干部近580人。策划实施了以管理能力提升为重点的首期劳模工匠培训班，打造了劳模、工匠培养快车道，举办了南方电网公司六类人才库建设以来的首个示范性专业人才培训班——数字化人才培训班。随着海南线路的验收完成，理想信念教育体验式培训项目“五省六线”全面投入运行实施，对内做到联动运营和属地管理，对外适当承接中央党校国资委分校及下属央企、地方党校等的党性教育任务。

在南方电网公司人资部指导下，集中系统力量搭建具有南网特色的“GPS培训内容体系”，首期已完成干部培训内容体系建设。以培训管理人员为试点，联合深圳供电局开展认证评价标准、方法及资源建设研究，全网众筹开发中级培训管理人员课程，为专业技术人员的培养和认证提供有益探索。持续推进“三个1/3”师资队伍建设，通过“星火计划”认证了19名党校讲师和13门课程，首批认证讲师已踏上讲台，开展新一批客座教授和特聘教授评聘。初步构建了党建教学课程体系，全年开发党建类课程17门。开展南方电网公司人资系统（培训评价模块）云化建设，完成南方电网公司网培评系统PC端和乐学南网App融合升级，成为南方电网公司统一学习门户，打造全网一体、数据互通的数字化学习平台。做实数字化学习运营，通过O2O混合式培训、线上培训班、主题

教育专区等多种形式拓展学习广度深度，新增近 100 门网络课程，平台学习人次累计超过 1000 万。

（3）做实研究及资政工作，推进成果转化应用。落实公司领导的批示指示，全面开展国有企业党建研究工作，提升用学术讲政治能力，参与中组部和公司 4 项重点调研课题，牵头推进南方电网公司 2 项重点课题研究。履行好南方电网公司政研会秘书处职责，作为央企党建政研会课题牵头单位，先后举办了第五课题组开题会和初评会，系统推进 26 家央企的课题研究工作。创新以“4＋20＋N”课题结构和“双聚焦”研究模式组织开展南方电网公司系统党建课题研究，研究成果荣获央企政研会优秀课题成果评选两项一等奖和一项三等奖，蝉联优秀组织奖。组织召开南方电网公司新时代国有企业党的建设研究中心首届年会暨优秀研究成果发布会，与武汉大学马克思主义学院签订战略合作备忘录。编印《内部决策参考》3 期。

推进具有南网特色的领导力研究，自主开发《领导力概论与南网探索》课程，3 篇研究成果获《中国领导科学》等杂志刊登。加快领导力平台建设，升级完善领导力微信小程序，实践成果获得中国人才发展菁英奖最佳学习项目奖。加快推进领导力实验室成果应用，获得南方电网公司科技项目成果转化应用二等奖和管理创新成果优秀奖。领导力测评系统在南方电网公司总法律顾问招聘、总部部分主管岗位遴选、公司六类人才库入库选拔中得到有效应用，完成近 8000 人次的测评。开展数字化培训创新研究，探索建立业务学院建设框架，在核心期刊发表论文 2 篇。

（4）着力提升内部管理水平，推动党校改革发展。探索向南网商学院转型，学习借鉴国内外著名商学院经验，注重提升团队和个人解决问题能力，培养知行合一的执行文化，总结近年来行动学习实践经验，研究提出具有南网特色的团队研习理念和方法论，并在党校成功开展首次团队研习。加大案例教学法的实践运用，将南方电网公司党建和管理创新方面的优秀实践转化为教学案例，并在中青班等主体班次讲授，促进公司优秀管理经验的沉淀和推广。创作的案例在中国企业高管培训发展联盟案例大赛中荣获最佳案例奖。开展职称评审工作，全年完成高级职称评审 3897 人，政工师考试 1687 人。完成正高级评审权在国家人社部备案，使公司成为电力央企第一家获得工程、经济、会计三大主系列评审权的企业。改革优化职称评审模式，提升评审透明度和公正性，发挥职称评审的业务导向作用。强化职称工作的顶层设计，探索重构新时代下公司职称评审体系。南方电网公司职称评定工作获得国家人社部专业技术人员管理司的充分肯定。

统筹推进机构改革，按照南方电网公司党组对党校的功能定位，在对标调研基础上形成“3＋2＋2”的机构优化工作方案。完成南方电网公司党校系统专业通道建设方案，拓宽员工发展通道，激发干事创业热情。强化审计监督与绩效评价，完善考核激励制度，在人资系统实现全过程管理，提升了机构管理效能。抓实宣传文化建设，在国资委官网等媒体上刊发稿件 129 篇次，主动讲好“党校故事”。组织“制度学习提升月”活动，加强制度修订和宣贯，强化依规办事。落实南方电网公司领导要求，加快推进智慧校园及教研配套设施建设项目，完成项目立项、投资计划申报等工作，协调配合鼎元公司，共同加快推进新校园的建设。

（5）全面加强党的领导，党的建设工作努力走在公司系统前列。系统深入学习贯彻宣传习近平新时代中国特色社会主义思想，扎实开展“不忘初心、牢记使命”主题教育，从严从实抓好员工、学员“两支队伍”主题教育，突出“走在前列、干在实处、做好表率”的标准，以“知行合一”加强理论武装，以“四个面向”深化调查研究，以任务清单狠抓问题检视整改，推动主题教育见担当见章法见实效，总体满意率达 97.88%。完成 3 期公司主题教育读书班，抽调干部员工参与南方电网公司主题教育巡回指导和综合管理工作，发挥好主题教育中理论宣传和参谋助手作用，展现党校专业水平，贡献党校力量。以主题教育为契机，落实为基层减负要求，一体推进中央巡视反馈意见、主题教育检视问题、民主生活会查摆问题和审计反馈问题等整改落实工作，限期整改措施 22 项已全部完成，整改工作取得了阶段性成果。

坚持党委“把方向、管大局、保落实”，落实南方电网公司党组 2019 年 29 号文件要求，结合党校实际制定印发《不断提高党的建设质量推动党建工作与转型发展培训业务深度融合的实施方案》。严格落实管党治党责任，完成中心党委、纪委换届选举，按照“一处室一支部”原则增设党建研究党支部，强化支部建设标准化规范化管理。纵深推进全面从严治党，组织开展岗位廉洁风险防控工作，专项整治形式主义和官僚主义问题，狠抓教风学风作风建设，严肃培训管理纪律和职称评审纪律。坚持正确的选人用人导向，持续完善中心选人用人制度并抓好刚性执行，选拔任用干部 3 人次。建立年轻干部成长档案，首次开展应届毕业生招聘工作，为干部人才队伍建设提供源头活水。

年度大事

（1）南方电网公司党组高度重视党校工作，孟振平董事长到南网党校专题调研，并明确建设具有南方电网特色的“按需、分类、梯次”人才培养体系，南方电网公司党组印发《关于全面加强南网党校建设的意见》，对于党校发展具有里程碑的意义。

（2）初步建成覆盖管理、专业技术、技能人员的培训内容体系，全面提升培训的系统性、针对性和有效性。

（3）加强年轻干部和专业化人才培养，培训规模和规格再创新高，初步形成春秋两期学制教学布局。

（4）举办南方电网公司新时代国有企业党的建设研究中心首届年会暨优秀研究成果发布会，党建研究成果丰硕。

（5）开展“不忘初心　牢记使命”主题教育，党员干部政治站位和思想觉悟明显提高。

（6）全面推进综合基地北区智慧校园建设，高起点加强党校基础设施建设。

（7）领导力建设获得南方电网公司主要领导肯定，研究成果得到业界广泛认可。

（8）与武汉大学马克思主义学院签署战略合作备忘录，开创企业与高校战略合作新篇章。

（9）全面建成理想信念教育体验式培训“五省六线”教学布局，项目荣获“南方电网公司2019年度管理创新一等奖”。

（10）编著出版《十字路口——变革时代的个人心理调适》培训教材，“星火计划”课程师资认证取得重大进展。

（邹文晴）

【中国南方电网有限责任公司干部学院】

同中共中国南方电网有限责任公司党校。

【中国南方电网有限责任公司培训与评价中心】

同中共中国南方电网有限责任公司党校。

【中国大唐集团技术经济研究院有限责任公司】

单位概况　中国大唐集团技术经济研究院有限责任公司、中共中国大唐集团党校、干部培训学院（简称大唐党校、大唐培训学院）成立于2009年，实行“一套人马、三块牌子”的管理模式，是中国大唐集团有限公司培养党员领导干部的学校，是中国大唐党组的重要部门，是中央党校教学基地、中央党校国资委分校，是中国大唐党的思想理论建设的重要阵地，是培训中国大唐各级党员领导干部的主渠道，是中国大唐推进高质量企业管理和能源研究的重要智库。

大唐培训学院成立以来，在教育培训、实践锻炼和管理服务等方面取得了显著成绩，建立了由中央党校、著名高校、培训机构和系统内专家学者构成的300余位高水平师资队伍，涵盖了企业人才培养各个领域。累计承办党员领导干部和青年干部培训班12期，举办各类专业培训700余期，培训逾2万人。

大唐培训学院致力于国家能源革命和能源战略研究、党建及党的廉政建设研究、领导力和人力资源管理研究，主要围绕国资国企改革、电力体制改革、企业发展战略、能源电力新业态发展，中央企业党建理论与实务、中国大唐领导力和综合素质提升等方面展开深层次研究，同时承接国家部委政策类课题研究，为中国大唐提供决策咨询服务。

大唐培训学院以习近平新时代中国特色社会主义思想为指导，以党的十九大和国有企业党建工作会议精神为指引，以《中国共产党党校（行政学院）工作条例》为根本遵循，树牢“四个意识”，坚定“四个自信”，做到“两个维护”，紧紧聚焦党校“五大职能”定位和“四个作用”发挥，致力打造“思想理论建设主阵地、党员干部培训主渠道、能源智库建设主平台”核心功能，矢志成为“中央企业一流党校、能源行业一流智库”，为大唐集团建设世界一流能源企业作出新的更大贡献。

组织机构　设有7个部门，即办公室（人力资源部、风险管控部）、计划财务部、党群工作部（纪委办公室）、培训教务部、战略研究部、党建研究部和领导力研究部。

年度工作　坚持“党校姓党”政治站位，力求学习教育有深度。加强完善了党委理论中心组学习制度，建立了“双周”学习和季度通报制度，增强学习的针对性、实效性。持续深化习近平新时代中国特色社会主义思想和党的十九大精神的学习，同时加强了习近平总书记关于党校、干部培训工作重要论述和《党校（行政学院）工作条例》《2019—2023年全国党员教育培训工作规划》的学习，围绕“如何加强领导班子建设、干部队伍建设、思想政治建设和作风建设”“怎样发挥好集团公司党员干部党性锻炼主阵地、教育培训主渠道和智库咨询作用”开展讨论交流，做到学思用贯通，知信行统一，推动党员干部把初心使命化为团结一心、锐意进取的精气神。

加强专家型人才队伍建设，突出业务过硬。为提高党员领导干部党性修养和能力素质，着力解决“能力不足”“本领恐慌”问题，对照党校工作条例关于教师职工队伍的要求，结合干部、职工岗位职责作用发挥，找差距、强素质、促提升，推进学习型组织建设，引导干部职工在工作实践中干事创业、担当作为，促进干部职工能力素质全面提升。

以教育培训为重点，健全教育培训制度体系。坚持把打造规范、科学、有效、完整的制度体系作为推动党校高质量发展的有力抓手，不断加强制度体系建设。成立教育培训工作委员会，下设领导力培训、党建培训、岗位培训、人才评价4个专业委员会，对标对表对照一流，鼓励引导教职工积极参与制度设计与制定，使制度体系更加符合党校高质量发展要求。

以科研创新为重点，增强教育培训科技含量。聚焦中国大唐党组中心工作，开展全局性、实践性以及热点难点问题课题研究，成立科研创新组织机构，下设电力市场研究、领导力与人力资源开发培训、党建与党风廉政建设三个课题研究组，建立以教学科研为主体的运作机制，开展教学科研课题选题、论证、立项、评估体系建设，注重科研成果和培训教育互相融合，打造核心优势、核心资源，进一步促进教育培训质量得到提升。

【中共中国大唐集团党校】

同中国大唐集团技术经济研究院有限责任公司。

【中国大唐集团干部培训学院】

同中国大唐集团技术经济研究院有限责任公司。

【中共国家能源集团有限公司党校】

单位概况 中共国家能源集团有限公司党校（管理干部学院、党建研究所）（简称能源党校），于2018年5月，由原神华集团党校（管理学院、培训中心）与原国电集团党校（培训中心）合并组建成立，一套人马、四块牌子（党校、管理干部学院、党建研究所）；是国家能源集团党组直属业务机构，负责统筹全集团教育培训资源，在国家能源集团党组的直接领导下开展工作；已纳入中央党校国资委分校管理序列，设有西柏坡、神东、伊春、徐州、大渡河5所分校。

能源党校是国家能源集团培训轮训党员领导干部的主渠道，负责组织开展党员领导干部的理论教育和党性教育，组织开展中青年干部培训等工作；管理干部学院是国家能源集团最高规格培训机构，主要负责组织开展国家能源集团处级及以上管理干部的培训轮训，协助国家能源集团总部有关部门及中心开展业务专题培训；党建研究所主要负责组织开展国有企业党建理论和实践研究。

组织机构 能源党校组建了党委，成立3个党支部，形成了党委会、常务会、办公会等决策机制。设有7个部门，包括综合部、党建工作部、财务部、教务部、培训部、在线教育部和党建研究部，建立了一套较为完备的业务运营体系和财务、法律、人力资源管控体系。

目前党校共有45人（领导班子4人，员工41人），平均年龄37岁，其中博士硕士39人，占87%，党员40名，占89%。

教学管理 能源党校以“为企业发展助力，为人才成长赋能”为使命，以“建设成为能源行业一流党校、企业大学和引领央企党建研究的高端智库”为发展目标，秉持“学员至上，价值创造，系统管理”的宗旨，聚焦“引领型领导人才、创新型青年人才、复合型党群人才、开拓型国际化人才、价值型战略储备人才”等五类核心人才，打造“规范化培训体系、特色化师资体系、定制化课程体系、生态化在线学习体系、多元化教学方法体系、专业化党建研究咨询体系”等六大支撑体系，致力于“成为领导干部政治能力建设的主阵地；成为集团发展战略精准落地的助推器；成为优秀年轻干部成长发展的加速器；成为国有企业党建智库建设的排头兵”。贯彻“培训就是工作，工作就是培训”的工作理念和“凡是培训，必须精准；凡是精准，必有主题；凡有主题，必有预演；凡是预演，必有聚焦；凡是聚焦，必有引导；凡是引导，必有成果；凡是成果，必有应用；凡是应用，必有追踪；凡是追踪，必有改进”的培训理念，为国家能源集团提供高品质、专业化的培训、研究及管理咨询服务。

干部教育培训 坚持党校姓党，以习近平新时代中国特色社会主义思想为指导，学习贯彻党的十九大、十九届二中、三中、四中全会精神，推进国家能源集团“一个目标、三型五化、七个一流”总体发展战略落地，科学统筹，精心部署，大力开展线上线下干部教育培训，奋力开创教育培训工作新局面，实现干部教育培训高质量发展，为建设具有全球竞争力的世界一流能源集团提供智力支持和人才保障。

全年共完成132个培训班次和会议，培训学员11 453人次，培训总量65 980人天。主要包括27个主体培训班次（含2个海外培训班次），29个由集团总部部门发起的业务专题培训班次，10个自主培训班次，20个委托培训班次，43个分校培训班次和3个会议。积极推动在线学习，融智平台用户达到21 125人，持续登录平台人数17 204人，总学习人次达1 578 643，学员线上总学习时长达326 726h，平均学习时长19h37min。积极开展课题研究工作，内部刊物《管理视野》成功复刊，定制化开发六门课程，编印学习材料，获多方认可。

特色教学活动

（1）党校处级干部进修班。按照中央党校分校教学计划，面向国家能源集团优秀青年处级干部，举办党校春季和秋季处级干部进修班，进行系统的党的理论教育与党性教育，学习现代企业管理、领导力以及集团战略与经营等方面的内容，不断夯实理论基础，增强党性修养，进一步提升管理水平和综合素质，为国家能源集团培育政治过硬、能力高、本领强的优秀年轻干部人才。

（2）法国巴黎高商“全球领导力与新能源发展”专题研修班。面向国家能源集团党组管理的中层领导干部，举办法国巴黎高商“全球领导力与新能源发展”专题研修班，深入了解世界能源发展趋势，学习全球清洁能源高效利用与转化以及欧洲新能源发展的优秀实践，研究新能源项目投融资策略，提升能源风险管控能力，推动国家能源集团战略清洁化的落地，构建清洁能源产业体系，培养一批具有国际视野的清洁能源高层次人才，为国家能源集团战略落地和持续发展提供领军人才保障。

（3）基层生产单位负责人履职能力提升班。面向国家能源集团电厂负责人、煤矿负责人、运输段负责人、化工厂负责人，举办基层生产单位负责人履职能力提升班，深入学习贯彻习近平新时代中国特色社会主义思想，以掌握行业动态、丰富管理知识为主线，定制化设计课程，提升基层企业负责人履职能力与管理创新能力，推动战略落地；开展学习研讨，固化成功经验与案例，总结提炼岗位任职标准，设计胜任素质模型。

获奖情况 2019年荣获“最具成长性企业大学”称号；法国巴黎高商“全球领导力与新能源发展”专题研修培训项目获“2019年度优秀国际化人才培养项目”奖项。

【国家能源集团有限公司管理干部学院】

同中共国家能源集团有限公司党校。

【国家能源集团有限公司党建研究所】

同中共国家能源集团有限公司党校。

【中共中国电力建设集团有限公司党校】

主要工作 2019年，中国电建集团党委深入开展“不忘初心，牢记使命”主题教育，充分发挥集团党校（干部教育学院）在干部教育培训中的“主渠道”“主平台”作用，把习近平新时代中国特色社会主义思想作为干部教育培训的首要任务和中心内容，于10月16～17日、10月28～31日先后组织举办了两期在京党支部书记专题培训班，11月13～15日举办了中国电建集团在北京企业入党积极分子培训班等3期党建工作培训班，共计470余人参培；先后举办了子企业党委书记（董事长）、总经理、分管国际业务副总经理、新提任领导人员、优秀年轻干部等8期培训班，共培训456人次。中国电建集团党委书记、董事长晏志勇和党委副书记、总经理孙洪水等中国电建集团党委班子成员带头在各项培训班上作专题辅导、讲党课。上述培训班均为合格学员颁发了集团党校（干部教育学院）结业证书。

各项培训班认真落实中国电建集团党校（干部教育学院）培训计划，团结带领广大学员认真学习贯彻习近平新时代中国特色社会主义思想和党的十九大精神、十九届二中、三中、四中全会精神，学习贯彻习近平总书记重要讲话精神和重要指示批示精神，贯彻落实全国国企党建会、全国宣传工作会议、全国组织工作会议精神，坚持把党的政治建设摆在首位，着力强化理论武装，学习贯彻《中国共产党支部工作条例》《中国共产党宣传工作条例》《中国共产党组织工作条例》以及党建工作实务等有关内容，组织开展学习研讨，对基层党组织如何贯彻落实条例、四中全会精神和中国电建集团党委发布实施的《关于推进党建工作与生产经营深度融合引领公司高质量发展的指导意见》《党支部工作手册》等提出了很好的建议，增强了党性修养，提高了能力素质。

培训成效 进一步强化了理论武装，增强“四个意识”，坚定“四个自信”，坚决做到“两个维护”，始终在思想上政治上行动上同以习近平同志为核心的党中央保持高度一致，坚定了搞好基层党建工作的信心和决心。进一步强化了对贯彻落实《中国共产党支部工作条例》《中国共产党宣传工作条例》《中国共产党组织工作条例》的认识和理解，提高了贯彻落实中国电建集团党委《关于推进党建工作与生产经营深度融合引领公司高质量发展的指导意见》的自觉性、主动性，进一步明确了加强和改善集团党建工作的重点举措。推动各级党组织认真学习贯彻习近平总书记关于干部教育培训重要指示精神和《干部教育培训工作条例》《2018—2022年全国干部教育培训规划》，深入贯彻党管干部、党管人才原则，坚持好干部标准和干部工作程序，坚持事业为上、依事择人，突出实践、实干、实绩，选拔使用政治过硬、敢抓敢管、业绩突出、制度执行力和治理能力强的干部，为推进中国电建集团高质量发展、建设世界一流企业奠定了坚实基础。

【中国电力建设集团有限公司干部教育学院】

同中共中国电力建设集团有限公司党校。

新 闻 出 版

【中国电力传媒集团有限公司】

单位概况 中国电力传媒集团有限公司（原中国电力报社，简称中国电力传媒集团），在李鹏的关心支持下，于1981年成立，先后隶属于电力部、水利电力部、能源部、电力工业部、国家电力公司、国家电力监管委员会。2012年12月，经党中央和国务院领导批准，正式转企改制并更名为中国电力传媒集团有限公司；2013 年 3 月，国家能源局和国家电力监管委员会重组后，划归国家能源局主管。

中国电力传媒集团注册资本 3.1 亿元人民币，主营业务为报刊出版、广告、发行和网络传播、影视制作、网络电视、电子出版、信息咨询、展览展示、排版制作、计算机软件开发与销售、酒店管理、文化地产等。

截至 2019 年 12 月，中国电力传媒集团合并报表总资产为 50 509 万元，负债 18 558 万元，所有者权益（净资产）31 951 万元。在全国范围内拥有 15 家子（分）公司和 29 个注册记者站。拥有职工 476 人。

领导班子

董事长、党委书记：顾平安

总经理、党委副书记、董事：郝兴国

副总经理、党委委员、董事：姜晓澜、刘刚、任春

纪委书记、党委委员：王庆朝

监事会副主席：严明

组织机构 经营管理层设 9 个职能管理部门、8 个传媒业务部门、3 个经营及管理部门、1 个记者站，纪委设 2 个室，下属 25 家公司。

主要工作 坚决以习近平总书记关于新闻舆论工作的重要论述为指导，坚持政治家办媒体不动摇，落实能源安全新战略的思想举措，在重要版位、重要页面及时传播党中央国务院决策部署。在全国两会期间，首次将新闻宣传报道指挥部设立在总部基地办公区，统筹协调会上会下百人作战，实现了从读两会、看两会到听两会的持续创新。在贯穿全年的庆祝新中国成立 70 周年报道中，坚持社会效益和经济效益相统一，分阶段、有节奏策划推出了“十大系列报道、四个一工程”，首次参与中宣部组织的蹲点报道，高质量推进“三区三州”调研行、“电力扶贫第一书记”“寻找电力国庆”等重点报道和活动。2019 年，电力传媒集团成功获得中央文化企业国有资本经营预算 1000 万元（增加电力传媒集团注册资本金），媒体融合“电力小厨”项目建设进入实施阶段，带动四全媒体建设由相加进入相融阶段。推进了“不忘初心、牢记使命”主题教育，基层组织建设不断加强，党风廉政工作取得新成绩。同时，开展扶贫活动，助力精准扶贫，全体员工购买甘肃通渭、清水两县扶贫产品共计约 7.3 万元，并有 43 名员工在贫困学生对口帮扶活动中捐助 54 名贫困学生、捐款 2.7 万元。

主要事件

1 月 22 日，中国电力传媒集团在北京召开二届四次职工代表大会暨 2019 年工作会议。

3 月 28 日，中国电力传媒集团副总经理刘刚代表集团在西柏坡参加中宣部、中国记协举办的“壮丽 70 年·奋斗新时代”大型主题采访活动启动仪式。

4 月 1 日，中国电力传媒集团在北京召开 2019 全国两会报道总结表彰暨庆祝新中国成立 70 周年报道启动会。

4 月 10 日，中国电力传媒集团第十四届职工文化月活动在北京颐和园启动。

5 月 8 日，中国电力传媒集团副总经理任春代表集团参加在山东临沂召开的中国报业发展大会暨中国报业协会五届五次理事会，调研报告《焕发行业媒体活力的“光与电”》荣获全国报业大调研优秀成果一等奖。

5 月 10 日，中国电力传媒集团、中国电力报刊协会、专业报新闻摄影学会联合举办“中电传媒杯”首届（2018 年度）全国电力新闻纪实摄影年赛。

5 月 14 日，中国电力传媒集团与中国电力报刊协会在成都联合主办电力行业“四全”融媒体培训班（第一期），行业内 120 余位学员参与培训。

5 月 30 日，根据《中国电力传媒集团有限公司年度好新闻评选办法》，评选出集团 2018 年度好新闻一、二、三等奖共 150 件作品。

7 月 2 日，中国电力传媒集团在北京召开庆祝中国共产党建党 98 周年大会，重温入党誓词并对 33 名优秀共产党员进行了表彰。

7 月 3 日，经国家能源局党组研究决定，王庆朝任中国电力传媒集团有限公司党委委员、纪委书记。

7 月 14 日，中国电力传媒集团组织 2019 年度对口支援县小学生进京游学活动。

7 月 17 日，中国电力传媒集团深入推进“不忘初心、牢记使命”主题教育，党委书记、董事长顾平安带队到成都、广州等地，开展加强基层党组织建设专题调研工作并拜访能源电力企业。

7 月 24 日，中国电力传媒集团为加快融合发展建设，形成建设“电力小厨”的工作方案。

8 月 15 日，中国电力传媒集团“国家能源号”正式入驻中央宣传部的“学习强国”平台。

8 月 20 日，中国电力传媒集团在江西南昌组织召开电力工程新闻宣传工作会。

8 月 21 日，由中国电力传媒集团、中国电力报刊协会主办，南方电网贵州兴义供电局协办的“全媒体与摄影记者”电力新闻摄影研讨会在贵州省兴义市举行。

8 月 24 日，中国电力传媒集团报纸编辑部获 2017—2018 年度共青团中央和国家机关工委“青年文明号”称号。

9 月 15 日，中国电力传媒集团党委书记、董事长顾平安赴甘肃能源监管办参加党建扶贫村结对共建挂

牌仪式并调研扶贫村。同时，到新疆能源监管办探望集团挂职干部。

9月25日，中国电力传媒集团获中共国家能源局直属机关委员会批准，成立中共中国电力传媒集团纪律检查委员会。

9月，中国电力传媒集团对部分制度做了补充修订，进一步完善制度建设。

10月24日，中国电力传媒集团在合肥召开《中国电业》杂志年会，会上对2019年工作进行了总结并提出2020年新闻宣传和刊物发行的计划。

10月27日，中国电力传媒集团副总经理姜晓澜带队赴韩国参加第22届韩国电气文化大奖颁奖礼并就电气和能源领域合作进行洽谈交流。

10月，中国电力传媒集团凭借“获得应用数据采集专利的电力新闻数据采集系统”参与中国报业协会评选的中国报业媒体融合、信息化和网络安全项目的评选，斩获优秀奖。

11月7日，由中国电力传媒集团、中国电力报刊协会主办，南方电网广东佛山供电局协办的“壮丽70年E网情深”新闻摄影采访活动在佛山举办。

11月13日，中国电力传媒集团在湖南长沙组织召开中国电力传媒集团有限公司2019年度全国记者工作会议。

11月15日，中国电力传媒集团在云南昆明召开2019发电企业新闻年会，会上表彰了年度先进集体和个人。

11月21日，由中国电力传媒集团、中国电力报刊协会主办，中国电力报刊协会影视专委会、中国电力电视台承办的2019中国电力文化产业发展论坛及“电力奥斯卡”系列活动在四川泸州举行。《电力扶贫第一书记》大型音像出版物在活动上首发。

11月28日，中国电力传媒集团在北京组织召开全国基层供电所建设经验交流研讨会，并表彰“中国最美供电所”。

12月11日，中国电力传媒集团荣获中国报业协会颁发的“全国报业推动脱贫攻坚和生态文明建设宣传工作”先进单位。新闻作品《“电力扶贫·第一书记”大型全媒体报道》《浙江下姜村从“穷脏差”到“绿富美”的变迁记融媒体报道》《守得住过往　看得到未来融媒体报道》荣获“全国报业推动脱贫攻坚和生态文明建设宣传工作”优秀新闻作品案例。

12月26日，中国电力传媒集团举办年度十大新闻评选结果发布会和能源新闻舆论工作座谈会。

12月29日，中国电力传媒集团召开庆祝新中国成立70周年报道总结表彰大会，并表彰新闻宣传优秀人员。

12月，中国电力传媒集团荣获中国报业协会及中国财经媒体版权保护联盟颁发的“2019中国产经媒体版权保护奖先进集体”。

12月，中国电力传媒集团特色融媒体项目，荣获中国报业协会“中国报业媒体融合、信息化和网络安全项目特别奖”。

12月，中国电力传媒集团荣获北京市西城区2019年度区级交通安全先进单位。

12月，中国电力传媒集团荣获中国电力文学艺术协会颁发的，庆祝新中国成立70周年全国电力行业职工文艺汇演“优秀组织奖”。

（敬慧莉）

【英大传媒投资集团有限公司】

单位概况　英大传媒投资集团有限公司（简称英大传媒集团）是国家电网公司的全资子公司，于2008年8月7日正式成立，是中国首家企业传媒集团。

英大传媒集团以新闻、出版为核心业务，具有优良的新闻宣传和图书出版资质。旗下拥有《国家电网报》《亮报》《国家电网》杂志、《能源评论》杂志、《英大金融》杂志、《脊梁》杂志、《供用电》杂志、《水电与抽水蓄能》杂志、《项目管理评论》杂志、国家电网电视频道（SGTV）、《国家电网报》手机报等传统媒体；以电网头条“三微一端”（微信、微博、微视频、客户端）为旗舰，以国家电网报、闪亮播报等微信公众号为支撑的新媒体矩阵；年出版发行电力、电子、教材、建筑机械、外语等领域各类图书、音像电子产品4000多种；同时开展影视专题片拍摄、品牌策划、会议展览、广告营销、装帧设计、投资与资产管理及相关咨询业务。

组织机构　英大传媒集团下设《国家电网报》社有限公司、中国电力出版社有限公司、英大传媒（上海）有限公司、英大传媒投资集团武汉有限公司、英大传媒投资集团南京有限公司、国网卓越科技文化（北京）有限公司6家全资子公司，参股人民网有限公司、上海第一财经传媒有限公司、体坛传媒集团股份有限公司等社会化传媒企业。英大传媒集团共设有8个职能部门，16个业务中心，1个支撑中心，在公司所属省公司及相关单位建立记者站39个，在全国设立图书营销站店39个。

人力资源　截至2019年底，英大传媒集团共有在岗员工392人，其中博士研究生5人，硕士研究生176人，硕士学历4人，占员工总数的46.94%；大学本科175人，占47.7%。专业技术人员中，正高级26人，占员工总数的6.63%；副高级75人，占19.13%；中级169人，占43.11%。员工平均年龄38.4岁。

英大传媒集团持续深化“三项制度”改革，修订《部门年度绩效考核管理办法》等制度，常态化开展人力资源诊断分析，剖析人力资源现状，及时整改问题，人力资源管理基础更加牢固。实现绩效考核全员覆盖，部门主要负责人绩效工资与业绩全额挂钩。强化员工队伍管理，加大优秀人才引进培养力度，畅通“能出”渠道，用工总量逐年减少，人才当量密度持续上升，职工劳动生产率达到 74 万元/人年。加大年轻干部选拔培养力度，优化干部梯队，加大培训投入，针对性开展干部、骨干员工、青年员工培训，提升干部队伍综合素质。

经营管理 安全生产。严格新闻出版质量管理，狠抓责任落实。开展“质量管理 2019”专项工作，落实“三审三校”要求，每月通报质量检查情况并严肃考核。

精益管理。推进多维精益管理体系变革，强化业财融合，提升信息反映精益水平。开展供应商、客户等多维主数据信息清理。应收账款实现按发票最小单元进行管理。有序推进资金按日排程实施。强化资金运作，提高盈利能力。

依法从严治企。强化依法从严治企，狠抓重点领域风险防范，完善合规管理“三道防线”，树立“合规立身”的价值导向。制定董事会相关制度，健全董事会运作机制，完善现代企业治理体系。对接国家电网公司“放管服”改革，开展规章制度梳理，制度体系更加健全。

服务国家电网公司软实力建设 主题传播。以庆祝新中国成立 70 周年为主线，高质量开展特高压和智能电网建设、脱贫攻坚、服务“一带一路”、优化营商环境等重大主题传播 26 次，实现了重大主题“统一策划、一次采集、多种产品、多媒体传播”。初步建立起以新媒体为核心的内容生产机制，各媒体在电网头条客户端开设专栏，优质原创内容在客户端首发。成立融媒体工作室，生产了一批具有较强传播力影响力的融媒体作品，原创内容质量和数量均有较大幅度提高。

平台建设。全力推进全媒体新闻平台（中央厨房）建设，重点建设“两平台一中心”，即以电网头条客户端为旗舰的传播平台、以融媒体技术平台为基础的生产平台、以数字资源管理系统为主体的媒体大数据中心。电网头条客户端持续优化，增加了短视频等功能。融媒体技术平台完成在全部记者站推广应用，注册记者通讯员超过 7400 人。“中央厨房”指挥中心和媒体大数据中心完成立项及可研评审。“中央厨房”运作不断深化。

媒体发展。电网头条 App 入驻“学习强国”平台。微信全年 10 万+作品 368 篇，获“2019 年度中国企业最具影响力新媒体账号”等四项大奖，335 篇新媒体作品被主流媒体转载超过 460 条次，其中人民日报新媒体转载 18 条次。“电网头条”品牌影响力不断提升。《夜瞰中国》系列专题片在新华社、学习强国等平台推出，传播效果良好。《点亮新丝路》系列节目获国资委中央企业第五届精神文明建设“五个一工程”优秀作品奖。

出版数字化转型。开展协同编纂系统推广、云舒系统应用，建设适应出版融合需要的生产流程。在线运转图书 126 种，完成排版 59 种。梳理出 400 余种电力主专业长销书和 130 种经典教材。初步建立起电力专业知识体系和分类词库。持续优化科技知识资源服务平台功能，完成平台二期项目建设招标采购，成为公司推进实验室资源共享的指定平台，获授“国家知识服务平台电力分平台”。书香国网获评第九届中国数字出版博览会“创新项目”。

出版供给侧结构性改革。立足电力主专业，深化供给侧结构性改革，努力“降库存、出好书、促融合”。全年出版新书 1767 种，重印书 2467 种。图书库存码洋 3.27 亿元，库存结构进一步优化。围绕国家电网公司重点工作策划出版《供电所所长必读手册》等优秀作品。《新能源并网与调度运行技术丛书》列入国家重点图书出版规划，《输变电装备关键技术及应用丛书》等两套丛书入选 2019 年度国家出版基金项目。《电力线路机巡作业教学示范片》获第七届中华优秀出版物奖。

党的建设和精神文明建设 开展主题教育。英大传媒集团党委统筹推进学习教育、调查研究、检视问题、整改落实四项重点措施，增强“四个意识”，坚定“四个自信”，做到“两个维护”。领导班子带队到人民日报、第一财经等传媒企业调研，深入陕西、四川等革命老区开展“再走长征路暨革命老区电力发展调研行”蹲点采访活动。召开主题教育专题民主生活会和组织生活会。推进问题整改，2013 年及以前销售的业务在途图书码洋、3 年以上图书销售应收账款长期挂账两个历史遗留问题整改取得进展。

党建引领。坚持把抓党建作为最大的政绩，把党建工作和落实意识形态工作责任制、新闻出版、经营管理、企业文化建设相结合，落实意识形态工作责任制，把政治建设摆在首位，以习近平新时代中国特色社会主义思想武装头脑，强化干部员工政治意识。坚持团结稳定鼓劲、正面宣传为主，唱响主旋律、弘扬正能量，构建网上网下一体、内宣外宣联动的主流舆论局。开展“转整改、除积弊、转作风、为人民”专项行动，切实抓好政策落实，鼓励党员立足本职岗位干事创业，践行初心和使命，坚决杜绝形形色色的形式主义、官僚主义。

夯实党建基础。落实“基层减负年”部署，实施服务职工美好生活需要八项措施，开展丰富多彩的文体活动，解决了一批干部员工关心关注的实际问题。推动党建和业务的深度融合，加强党支部的战斗堡垒作用，将党建工作的政治意识转化为提高业务水平的内在动力。培育“以奋斗者为本、以创新者为荣”的企业文化，鼓励干部员工担当作为、干事创业，英大传媒集团上下呈现奋发进取、昂扬向上的精神风貌。

（许　争　台　赛）

【中国三峡出版传媒有限公司】

单位概况　中国三峡出版传媒有限公司（简称中国三峡传媒）是在中央深化文化体制改革大背景下，为加快中国长江三峡集团有限公司文化传媒产业发展、提升中国三峡集团软实力，经国家新闻出版广电总局核准，由中国三峡出版社按《中华人民共和国公司法》改制，合并重组长江三峡集团传媒有限公司，于 2015 年 7 月登记设立的中央级出版传媒企业。

中国三峡传媒是中国三峡集团全资子公司，注册资本 1 亿元，总部在北京，2019 年变更注册地址为北京市海淀区复兴路甲 1 号中二区 14 号楼一至六层，公司在成都、宜昌设有全资子（分）公司。中国三峡传媒设有精干高效的总部职能部门和业务机构，主营图书与报刊出版、影视制作、新媒体、广告会展、印务、文化传媒产业投资等传媒业务，是目前中央企业所属文化企业中业务门类最齐全的文化传媒企业之一。

经营范围　出版与销售各类图书、读物、论著、规程与研究成果等；广告策划、设计与代理，利用自有媒体资源发布广告；编辑制作各类画册、书刊等宣传品；策划制作宣传片、专题片、纪录片等宣传品；拍摄与归档管理声像档案；设计、制作与销售文化用品、工艺品；承办会议、展览展示与交流咨询等活动；品牌建设与管理、公关活动策划与执行；投资文化传媒产业等。

主要工作　中国三峡传媒始终秉承“客户第一、诚信经营、创新发展”的理念，以客户为导向整合媒体资源，致力于为客户提供新闻宣传、图书出版、创意设计、品牌策划、公关活动、影视制作等全方位品牌建设与推广服务，全力为客户提供高质量的文化传媒服务，努力为客户创造价值，提升文化软实力。中国三峡传媒坚持把社会效益放在首位，着力实现社会效益和经济效益相统一，不断提升商业价值，为股东创造投资回报，致力于提升专业化服务水平，拓展文化传媒业务领域，建立健全市场化、专业化、品牌化的经营管理机制，加强人才队伍建设和业务能力建设，大力推进体制机制和管理创新，努力实现传统媒体和新媒体的融合发展，努力打造与世界一流企业相匹配、相适应的文化传媒企业。

（涂文琪）

电力企业

国家电网有限公司

【公司概况】 国家电网有限公司（简称国家电网公司）成立于2002年12月29日，是根据《中华人民共和国公司法》设立的中央直接管理的国有独资公司，注册资本8295亿元，以投资建设运营电网为核心业务，是关系国家能源安全和国民经济命脉的特大型国有重点骨干企业，是全球最大的公用事业企业。经营区域覆盖全国26个省（自治区、直辖市），供电范围占国土面积的88%，供电人口超过11亿。2019年底，拥有员工155万名，资产总额4.1万亿元，全年实现营业收入2.67万亿元。连续7年获得标准普尔、穆迪、惠誉三大国际评级机构国家主权级评级。2019年在《财富》世界500强中排名第5位。

2019年底，建成“十交十一直”21项特高压工程，拥有110（66）kV及以上输电线路109万km、变电容量46.7亿kVA，西电东送能力达到2.1亿kW，年送电规模超过1万亿kWh。并网装机总容量15.6亿kW，其中水电2.3亿kW、风电1.7亿kW、太阳能发电1.8亿kW，均居世界第一。

投资运营菲律宾、巴西、葡萄牙、澳大利亚、意大利、希腊、中国香港、阿曼等国家和地区的骨干能源网。累计对外投资210亿美元，管理境外资产超过666亿美元。

【领导班子】

董事长、党组书记：寇伟

董事、总经理、党组副书记：辛保安

董事、党组副书记：韩君

中央纪委国家监委驻国家电网公司纪检监察组组长、党组成员：黄德安

总会计师、党组成员：罗乾宜

副总经理、党组成员：刘泽洪

副总经理、党组成员：张智刚

【组织机构】 见2019年国家电网公司组织机构图。

【战略体系】 战略目标：具有中国特色国际领先的能源互联网企业。其中“中国特色”是根本，“国际领先”是追求，“能源互联网企业”是方向，“具有中国特色”“国际领先”“能源互联网”三足鼎立、三位一体，彰显了公司的政治本色、行业特色和发展角色，构成指引公司发展方向的航标。

公司宗旨：人民电业为人民。

公司使命：为美好生活充电，为美丽中国赋能。

战略定位：国民经济保障者，能源革命践行者，美好生活服务者。

阶段安排：到2025年，国家电网公司部分领域、关键环节和主要指标达到国际领先，中国特色优势鲜明，电网智能化数字化水平显著提升，能源互联网功能形态作用彰显，基本建成具有中国特色国际领先的能源互联网企业。到2035年，全面建成具有中国特色国际领先的能源互联网企业。

战略路径：“一个引领、两个驱动、三个升级”。“一个引领”，即党建引领；“两个驱动”，即改革驱动、创新驱动；“三个升级”，即电网升级、管理升级、服务升级。

战略重点：“八大战略工程”。强根铸魂工程、企业治理工程、电网升级工程、科技强企工程、精益管理工程、卓越服务工程、国际拓展工程、企业生态工程。

【电网概况】 2019年，国家电网公司电网保持较高速发展，渝鄂背靠背柔性直流工程投产，西南与华中电网异步联网运行；吉泉、昭沂特高压直流工程投产，跨区送电能力提升；华北、华东区域内部形成特高压交流环网，西北河西加强工程投产。新能源装机容量保持高速增长，已在21个省级电网成为第一、第二大电源。新投产220kV以上输电线路3.57万km（1028条）、同比增长6.14%，变电容量2.27亿kVA（729台）、同比增长6.87%，发电容量0.90亿kW、同比增长5.89%。跨国跨区通道达25回，输电总能力提高至11312万kW，同比增加10.45%。截至年底，主要电网（含蒙西）装机容量15.6亿kW，其中火电9.5亿kW、水电2.3亿kW、核电2914万kW、风电1.69亿kW、光伏1.77亿kW。主要电网（含蒙西）220kV以上交流降压变电容量35.3亿kVA，220kV以上交流输电线路长度61.8万km。

华北电网山东—河北特高压交流环网输变电工程和特高压交直流配套电源投产，资源优化配置能力提升。北京新航城输变电工程投产，增加500kV电源落点以适应负荷增长；天津渠阳输变电工程投产，缓解芦台主变压器过负荷问题同时提高地区供电可靠性；冀北解放输变电工程投产，提高北京冬奥会供电可靠性；山西孟门输变电工程投产，加强南部地区供电能力；山东桂陵、神山、儒林、贝州等输变电工程投产，提高局部地区供电可靠性。

华东电网特高压苏通GIL管廊贯通，特高压交流呈环网运行。上海练塘变电站扩建主变压器，增加分区供电能力；江苏石牌—玉山双线增容、全福变电站

2019年国家电网公司组织机构图

国家电网有限公司

总部（29个）

- 党组办公室（办公室、董事会办公室）
- 总师办公室
- 研究室
- 发展策划部
- 财务资产部
- 安全监察部
- 设备管理部
- 营销部（农电工作部）
- 科技部（全球能源互联网办公室）
- 基建部
- 特高压建设部
- 抽水蓄能和新能源部
- 互联网部
- 物资部（招投标管理中心）
- 产业发展部
- 党组宣传部（对外联络部）
- 国际合作部（"一带一路"工作办公室）
- 审计部
- 经济法律部
- 党组组织部（人事董事部）
- 人力资源部
- 体制改革办公室
- 离退休工作部
- 后勤工作部
- 党组党建部（思想政治工作部）
- 党组巡视办、巡视组
- 工会
- 国家电力调度控制中心
- 企业管理协会

分部（6个）

- 国网华北分部
- 国网华东分部
- 国网华中分部
- 国网东北分部
- 国网西北分部
- 国网西南分部

省公司（27个）

- 国网北京市电力公司
- 国网天津市电力公司
- 国网河北省电力有限公司
- 国网冀北电力有限公司
- 国网山西省电力公司
- 国网山东省电力公司
- 国网上海市电力公司
- 国网江苏省电力有限公司
- 国网浙江省电力有限公司
- 国网安徽省电力有限公司
- 国网福建省电力有限公司
- 国网湖北省电力有限公司
- 国网湖南省电力有限公司
- 国网河南省电力公司
- 国网江西省电力有限公司
- 国网四川省电力公司
- 国网重庆市电力公司
- 国网辽宁省电力有限公司
- 国网吉林省电力有限公司
- 国网黑龙江省电力有限公司
- 国网内蒙古东部电力有限公司
- 国网陕西省电力公司
- 国网甘肃省电力公司
- 国网青海省电力公司
- 国网宁夏电力有限公司
- 国网新疆电力有限公司
- 国网西藏电力有限公司

运营保障类企业（15个）

- 国家电网有限公司直流技术中心
- 国家电网有限公司直流建设分公司
- 国家电网有限公司交流建设分公司
- 国家电网有限公司信息通信分公司
- 国家电网有限公司客户服务中心
- 国家电网有限公司大数据中心
- 中国电力科学研究院有限公司
- 国网经济技术研究院有限公司
- 国网能源研究院有限公司
- 全球能源互联网研究院有限公司
- 国家电网管理学院（中共国家电网有限公司党校）
- 国网大学（国家电网有限公司高级培训中心）
- 国家电网有限公司技术学院分公司
- 全球能源互联网集团有限公司
- 北京电力交易中心有限公司

支撑服务类企业（6个）

- 国网新源控股有限公司（国网新源水电有限公司）
- 国网通用航空有限公司
- 国网物资有限公司
- 英大传媒投资集团有限公司
- 国网中兴有限公司
- 中国电力财务有限公司

新兴业务类企业（4个）

- 国网电动汽车服务有限公司
- 国网电子商务有限公司（国网雄安金融科技集团有限公司）
- 国网节能服务有限公司
- 国网中康健集团有限公司

市场化产业企业（8个）

- 国网国际发展有限公司
- 鲁能集团有限公司（都城伟业集团有限公司）
- 南瑞集团有限公司（国网电力科学研究院有限公司）
- 国网信息通信产业集团有限公司
- 中国电力技术装备有限公司
- 许继集团有限公司
- 平高集团有限公司
- 山东电工电气集团有限公司

市场化金融企业（8个）

- 国网英大国际控股集团有限公司
- 英大泰和财产保险股份有限公司
- 英大泰和人寿保险股份有限公司
- 英大长安保险经纪有限公司
- 英大国际信托有限责任公司
- 英大证券有限责任公司
- 国网国际融资租赁有限公司
- 国家电网海外投资有限公司

扩建主变压器，地区供电能力加强；浙江双龙—金华双线增容，增强宾金直流疏散能力，萧围、望嘉、艮山、洛迦变电站投产，提升地区供电能力；安徽原鹿、鼎盛、油坊变电站投产，提升地区供电能力；福建井门、通港变电站投产，局部地区供电能力提升。

华中电网湖北新投鄂州三期电厂以及广济变电站，扩建樊城、双河、凤凰山、军山主变压器，提高鄂东地区供电能力；河南新投丹河电厂、汉都变电站Ⅱ入嘉郑线，扩建惠济、涂会、奚贤、嵖岈主变压器，提高局部地区供电能力；湖南新投浏阳、雁城变电站，扩建长阳铺、复兴、岗市、云田、鼎功、昆山主变压器，增强湘中、湘南地区供电能力；江西新投厚田变电站Ⅱ入梦罗双线、虔州变电站Ⅱ入文赣Ⅰ线，提高电网供电能力。

东北电网辽宁庄河海上风电投产，负荷中心平衡能力提升；吉林丰满电厂3台20万kW机组投运，调峰能力提升，昌盛—龙凤工程投运，提高松原地区供电可靠性和风电接纳能力；黑龙江500kV庆鸡线等工程投运，东部外送能力提升。蒙东通辽金沙输变电工程投运，为用户负荷接网创造条件。

西北电网河西加强工程投运，联网通道交换能力提升。陕西陕北750kV第二通道投运，提升新能源外送能力；甘肃甘州输变电工程投运，补强网架结构；青海西宁变电站扩建主变压器，优化网架结构；宁夏750kV川州线串联电抗器工程投运，缓解短路电流超标问题；南疆巴楚—莎车—和田工程投运，网架得到加强。

西南电网渝鄂背靠背工程投产，优化互联电网格局。四川500kV姜城变电站及线路投运，提升雅安地区水电送出能力及供电可靠性；重庆500kV铜梁输变电工程投运，提升渝西地区电网供电能力和可靠性；西藏220kV瓦托水电站投运，缓解昌都地区供电压力。

（张　怡）

【经营业绩】 贯彻落实国家供给侧结构性改革和“一般工商业平均电价再降低10%”的工作部署，开展提质增效，增收节支，消化各种减利影响，完成年度经营目标任务。全年完成售电量4.45万亿kWh，同比增长5.2%；实现营业收入2.65万亿元，同比增长3.6%；成本费用2.6万亿元，同比增长3.7%，受一般工商业再次降价及两部制电价执行方式调整等政策性因素影响，高于收入增幅0.1个百分点；实现利润总额773.9亿元，同比减少6.2亿元，剔除降价等政策性因素影响后，实现利润963.9亿元，同比增加183.8亿元；净利润650.7亿元（考核口径）、经济增加值（EVA）−73.2亿元，剔除降价等政策性因素影响后，分别完成793.2亿元和69.3亿元；万元资产运维费560元，同比减少7.7元，均完成国资委业绩考核任务。

落实国资委降杠杆减负债工作要求，以“提质量、增效益、控风险”为主线，优化投资策略和资金投向。2019年底，国家电网公司资产总额4.2万亿元，同比增长5.8%；负债总额2.3万亿元，增长5.1%；权益总额1.8万亿元，增长6.6%。资产负债率56.35%，同比下降0.34个百分点，低于央企平均水平约8.75个百分点，财务状况保持稳健。

2019年，国家电网公司位列《财富》世界500强第5位、全球最具价值品牌500强企业第18位；连续15年、5个任期获国资委业绩考核A级，连续9年获国资委财务绩效评价A级，连续7年获国际三大评级机构国家主权信用评级，连续4年获中国500最具价值品牌第一名。

（毛育冬　马　林）

【电网发展】 电网开工规模。2019年开工110（66）kV及以上输电线路5.2万km、变电（换流）容量3.1亿kVA（kW），其中1000kV线路1128km、变电容量1500万kVA，750kV线路1641km、变电容量2040万kVA，500kV线路6580km、变电容量8553万kVA，330kV线路1079km、变电容量492万kVA，220kV线路1.6万km、变电容量8739万kVA，110（66）kV线路2.5万km、变电容量7995万kVA；直流线路1704km、直流换流容量1600万kW。开工的重点项目有雅中—南昌特高压直流工程，驻马店—南阳、张北—雄安特高压交流工程，阿里与藏中电网联网工程等。

电网投产规模。2019年投产110（66）kV及以上输电线路5.1万km、变电（换流）容量3.0亿kVA（kW），其中1000kV线路2100km、变电容量1500万kVA，750kV线路3607km、变电容量2220万kVA，500kV线路5122万km、变电容量7860万kVA，330kV线路1863km、变电容量615万kVA，220kV线路1.8万km、变电容量8390万kVA，110（66）kV线路2.0万km、变电容量7559万kVA；直流换流容量1700万kW。投产的重点项目有北京西—石家庄、山东—河北环网、苏通GIL综合管廊等特高压交流工程，以及准东—皖南特高压直流、渝鄂直流背靠背工程等。

（于　汀　丁　林）

【管理创新】 明确创新重点，强化示范引领。按照“统领全局、重点突破”的原则，印发《国家电网有限公司管理创新三年专项活动实施方案》，组织实施“管理创新示范工程”“管理创新示范项目”“管理创新推广工程”“管理创新推广项目”，加强项目实施全过程管控，召开“管理创新重点项目推进会”。经评审，评出2019年度管理创新优秀成果60项，推动年度重点工作落实，推动发展方式从规模速度型向质量效益型转变。

建立协同机制，推动管理创新计划实施。推行横向协同机制，推动总部部门之间相互协同，共同做好计划订立工作；推行纵向协同机制，发挥各部门专业指导作用，调动各单位参与管理创新的积极性，统筹实施的《基于电力物联网的综合能源服务体系构建与实施强化》《基于电力物联网的配电网精益化管控》等项目取得成效。内外协同，就国家电网公司管理创新计划与全国创新办、外部专家沟通协调，征求有关意见建议，提高管理创新计划的时效性、创新性。

服务基层，调动创新热情。根据"放管服"改革工作要求，精简项目管控及成果对外申报流程，修订《国家电网公司管理创新工作管理办法》有关条款，激发基层创新活力。加强服务基层意识，对各单位管理创新工作培训进行帮扶指导，深化干部员工对管理创新工作的认识，激发干部员工参与管理创新工作的积极性。

对外申报，展示管理品牌。在"第二十六届全国企业管理现代化创新成果"评选中，国家电网公司共34项成果获奖，"特大型电网企业推动数字化转型的多维精益管理变革"等3项成果获一等奖、31项成果获二等奖。在2019年度中国电力创新奖评审中，共计115项成果获奖，占获奖总数的31.8%；其中，管理类奖项46项，包含创新大奖1项、一等奖18项、二等奖27项，获奖数量、等级继续保持电力行业企业首位。征集遴选年度优秀管理创新论文参加2019年度中国电力企业管理创新论文评选，国家电网公司系统共获奖106项，其中特等奖3项、一等奖25项、二等奖22项、三等奖56项。

（刘　胜）

【安全生产】 2019年，各部门、各单位落实年度安全生产工作意见，严抓措施落实，开展安全生产专项行动，应对自然灾害和突发事件，完成庆祝新中国成立70周年活动、世界军人运动会、第二届中国国际进口博览会等各项重要保电任务，安全生产局面总体平稳。

加强安全生产管理。加强全年安全工作组织落实，统筹做好春（秋）检预试、迎峰度夏（冬）各阶段安全工作，有序组织保障大电网安全、"防风险、保安全、迎大庆"、安全生产集中整治等系列专项行动，总部成立19个督查组深入一线督导检查，完成89项年度安全生产重点任务。严格执行安全生产规章制度，编制发布全员安全责任清单52.7万份，对国网上海电力等4家单位试点开展安全巡查，组织各级领导干部安全述职。对辽宁"7·3"、西藏"8·15"人身伤亡事故中相关责任人22人进行责任追究和经济处罚。

保障电网安全稳定运行。针对昭沂直流、河西750kV三通道等重点工程投产，加强电网运行风险预警管控，全年各级单位共计完成电网运行风险管控2.8万余项，保障各级重点工程、重要检修顺利实施和电网安全运行。吸取国外大停电事故教训，制定电力安全重大风险管控工作方案，落实6方面31项管控措施。加强电网调度控制，组织国网辽宁、冀北电力等8家单位实施有序用电措施，有效应对夏（冬）季6个区域电网、25个省级电网124次负荷新高。强化网源协调管理，促进新能源消纳，连续三年新能源利用率实现大幅提升，提前一年达到95%的目标。

提升设备运维管理水平。加强首台首套设备、枢纽站技术监督，开展电气性能、金属材料和土建专项监督检测11.3万台（件）。强化变电站运行值班和监控管理，对135座重要枢纽变电站实施有人值班或值守，1137个运维班实现主设备关键信息全面监视。开展输电线路直升机、无人机巡视22.9万km，及时处置山火、雷电和台风等自然灾害监测预警2578次。开展10kV配网不停电作业99.8万次，累计减少停电6732万时户，全口径供电可靠率同比提高0.0155%。

强化现场作业安全管控。科学组织春（秋）季集中检修，组织各级单位提前做好安全准备，细化落实安全保障措施，逐项管控100余万项检修作业风险。推进基建改革12项配套政策落地见效，加强作业层班组建设，培育核心劳务分包队伍。制定西藏阿里联网等重大工程施工风险管控大纲，加强安全督查和重点工程总部协同监督检查，有效实施1596项输变电施工风险预警管控，安全完成4000余项工程建设任务。开展配电网工程安全管理巩固提升行动，有序推进"三区三州""煤改电"配套建设等工程，提前一年完成新一轮农网改造升级目标任务。强化科技兴安，丰富"互联网+安全监督"手段，延伸监督触角，提升安全管控能力，6家单位建成省、市两级安全管控中心，19家单位完成省、市、县三级安全督查队组建。

加强网络信息和产业安全管理。贯彻落实网络安全法和等级保护2.0要求，制定电力监控系统网络安全风险防控方案，实现10家省公司变电站网络安全监测装置全覆盖。实行总部和省公司两级7×24h运行值班，提高风险监测能力。完成公安部"护网2019"专项演习，成立网络安全"尖兵部队"，开展常态攻防演练。加强危化品采购、储存、使用全过程管理，摸清危化品安全风险，及时消除丰满液氨制冷系统、敦化火工品库等重大危险源，建立危化品长效管控机制。完成省管产业"建体系、强管理、防事故”安全年活动，累计发现并整改隐患 26 412 项。

强化应急管理和抢险救灾。贯彻落实《生产安全事故应急条例》，修订《应急工作管理规定》，以大面积停电和消防应急预案为重点，分级分专业开展预案合规性督查。健全各层级应急指挥和管理机构，完成地市级以上单位应急管理和救援人员轮训，推进国网山东、四川、北京、福建电力等单位应急基地建设，制定防范应对雨雪冰冻灾害工作指导意见，强化应急处置能力建设。应对台风、地震、雨雪冰冻等自然灾害，累计投入抢修人员 30 万余人次、车辆 6 万余台次。

安全隐患排查治理。2019 年，各单位贯彻国家电网公司安全工作决策部署，巩固“全覆盖、勤排查、早发现、快治理”的工作机制，常态开展隐患排查治理，排查出 56 012 条安全隐患，其中，一般隐患 46 878 条，重大隐患 9 条；按专业划分，输电 6835 条、变电 7604 条、配电 21 657 条、电网规划 579 条、电网运行及二次系统 2270 条、电力建设 1741 条、信息 1890 条、交通 1632 条、消防 8907 条、环境保护 535 条、安全保卫 1029 条、后勤 870 条、发电 371 条、装备制造 93 条，完成整治 53 244 条。完成特高压等重点隐患治理任务。对 414 台特高压换流变压器真空分接开关进行全覆盖检查，完成 366 支 GOE 套管隐患整改，开展 6992 台变压器抗短路能力校核，消除 624 项危急严重缺陷，整治输电“三跨”（跨高铁、跨高速公路、跨重要输电线路）、电缆及通道隐患 1 万余项，完成年度消防隐患治理任务，保障电网安全运行和电力可靠供应。

电力可靠性管理。2019 年，国家电网公司围绕优化管理体系、强化停电管控、提升管控水平等方面深化电力可靠性管理工作。截至 12 月底，国家电网公司全口径系统平均供电可靠率 99.845%，系统平均停电时间 13.55h/户，其中系统平均预安排停电时间为 8.54h/户，系统平均故障停电时间为 5.01h/户。220kV 及以上电压等级输变电回路可用系数为 99.525%，其中，输电回路和变电回路可用系数分别为 99.503% 和 99.557%；220kV 及以上电压等级架空线路、变压器、断路器可用系数分别为 99.577%、99.786%、99.92%。跨区直流输电系统能量可用率为 84.24%，强迫能量不可用率为 0.224%，计划能量不可用率为 15.536%。抽水蓄能机组年平均可用系数为 86.66%，台均利用小时为 2466.42h；常规水电机组年平均可用系数为 90.8%，台均利用小时为 2956.98h。

开展技术监督工作。2019 年共计开展工作 16 080 项，覆盖 13 290 个输变电工程，发现问题 67 538 项次，同比增长 53.8%。首次开展土建专项监督，实施室外 GIS 设备基础沉降、变电站建筑防水等检测，土建监督发现问题 1744 项次，同比增长 59%，深入组织 1000kV 胜锡线多基铁塔基础裂纹分析，指导后续处置。开展电气性能监督检测设备 23 612 台（件），同比增长 3.29%，检出缺陷 544 项次，同比下降 1.81%，问题检出率 2.30%。金属监督检测设备 121 404 台（件），同比增长 32.1%，发现缺陷 17 725 项次，同比下降 10.2%，问题检出率为 14.6%，严把设备材质工艺关，提出针对性质量提升措施。

（王军亮　王金宇　赵大平　解晓东　王秀龙　王　璞　张贺军　刘文平　李　岩　徐玲铃　金　焱　张兴辉）

【电力市场】 交易机构规范运营水平增强。北京电力交易中心公开挂牌交易引进 10 家参股股东，签署增资协议，完成北京电力交易中心股份制改造第一阶段任务。推进省级交易机构股份制改造工作，国家电网公司经营区域共有 24 家省级交易机构需要进行股份制改造，除上海、浙江外的 22 家地方政府已出台实施方案，于 2020 年上半年完成全部省级交易机构股份制改造。截至 2019 年底，国家电网公司经营区域内北京电力交易中心和山东、江苏等 22 省（区、市）已完成市场管理委员会组建。完善运营机制，累计建立完善市场管理委员会工作制度、议事规则等 60 余项。审议通过规则、制度、事项等 100 余项；针对方案、规则等向成员单位征求意见 150 余次。

电力市场运营。2019 年，经营区域内总交易电量完成 4.66 万亿 kWh，同比增长 4.4%；市场交易电量增长，达到 2.09 万亿 kWh，同比增长 27.6%，占经营区域售电量的 46.9%，同比提高 8.6 个百分点，其中，电力直接交易电量达到 1.61 万亿 kWh，同比增长 30.5%，减少客户用电成本 469 亿元。扩大市场化交易规模。2019 年北京电力交易中心共组织各类市场化交易 528 笔，达成交易规模 4795 亿 kWh，其中清洁能源 653 亿 kWh。提高清洁能源消纳水平。全年清洁能源省间交易电量完成 4601 亿 kWh，同比增长 3.9%。完善发电权专项交易机制，确保清洁能源发电权交易优先安排、优先执行，2019 年发电权交易电量完成 1929 亿 kWh，同比增长 30.9%，其中清洁能源替代电量 465 亿 kWh，同比增长 46.2%。

开展辅助服务市场建设。2019 年，国家电网公司经营区域内 5 家区域辅助服务市场，14 家省级辅助服务市场已启动运行。区域辅助服务市场方面，东北、华北、西北、华东已经正式运行，华中正在模拟试运行，西南完成方案编制。省内调峰辅助服务市场方面，山西、福建、甘肃、宁夏、重庆、江苏、山东 7 省已经启动正式运行；新疆、青海、河南、安徽、上海、河北、陕西7省启动试运行。调频辅助服务市场方面，山西、浙江、山东、甘肃、福建5省启动试运行。备用辅助服务市场方面，东北、浙江启动试运行。

省间现货交易试点。为缓解“三弃”（弃水、弃风、弃光）问题，继续开展跨区域省间富余可再生能源电力现货交易试点工作。2019年，跨区域省间富余可再生能源现货成交53.06亿kWh，提高消纳率近1个百分点，为国家电网公司新能源消纳率由94.2%提升到96.7%做出贡献。

省级现货市场试点。山西、山东、浙江、福建、甘肃、四川6个试点单位完成电力现货市场启动试运行和连续结算试运行任务。市场运行总体平稳，技术支持系统运转正常，非试点省份完成市场建设方案编制工作。

（宋　莉　赵　静　吕巧珍　司良奇　邢　通　张　楠　董时萌）

【科技创新】 加强科技攻关。发布《能源互联网技术研究框架》，明确24个技术领域、16类示范工程的重点攻关方向，启动49项重大项目研究。与清华大学、西安交通大学、华中科技大学、华北电力大学联合成立研究机构，共同开展能源互联网重大技术攻关。成果转化取得实效。出台促进科技成果转化14项工作举措，搭建科技成果孵化转化平台，双创线上平台汇聚项目超过6000个，年度转化收入达5.78亿元。开放合作成效显著。对外开放共享100个公司实验室，发布实验室共享平台。面向社会征集275项新技术，发布公司新技术目录。成功召开首次全国双创主题日，路演推介279项科技成果。

承担国家重点攻关任务。组织开展“智能机器人”“可再生能源与氢能技术”“战略性国际科技创新合作”“国家质量基础的共性技术研究与应用”等重点专项及“新一代人工智能”重大专项相关项目的申报工作，共组织申报8个项目，6个项目获得立项。

2019年，国家电网公司共获得国家科学技术奖6项、中国专利奖17项、中国电力科学技术奖71项、省级科学技术奖励265项。其中，“脉冲强磁场国家重大科技基础设施”项目获得国家科学技术进步奖一等奖，“电制热储热提升电网消纳风电能力的关键技术与规模化应用”等5个项目获得国家科学技术进步奖二等奖。获中国电力科学技术进步奖一等奖8项、二等奖20项、三等奖39项，中国电力技术发明奖一等奖1项、二等奖2项、三等奖1项。获得省级科学技术奖一等奖26项、二等奖103项、三等奖136项。

全年共申请专利17 192项，其中发明专利11 268项；获授权专利13 780项，其中发明专利4340项。累计拥有有效专利90 712项，连续9年排名央企第一，其中发明专利32 527项。获中国专利金奖1项、银奖3项、优秀奖13项。

开展技术标准工作。完成国家能源领域第一个国家级技术标准创新平台——国家技术标准创新基地（智能电网）筹建工作。推进国家电网公司技术标准创新基地建设运行，为强化基层单位技术标准创新能力，批准筹建国家电网公司第二批技术标准创新基地。优化完善国家电网公司技术标准体系，修订《国家电网公司技术标准系统表（2019版）》并正式发布实施，收录公司企业标准2033项、行业标准3636项、国家标准3776项、国际标准646项。开展各级标准制（修）订工作，国家电网公司系统单位主导或重点参与制定的《电力系统安全稳定导则》等67项国家标准、《配电网运行控制技术导则》等321项行业标准获批发布，完成208项公司企业标准制修订，新主导立项国际标准14项。

2019年共评审授予国家电网公司科学技术奖212项，包括科技进步奖140项、技术发明奖20项、技术标准奖18项、专利奖34项。其中，“特高压直流换流变压器用国产取向硅钢”等2个项目被授予技术发明奖一等奖，“基于国产密码的海量电力物联网设备安全高效标识采集技术及应用”等19个项目被授予科学技术进步一等奖，“IEC TS 61970-555基于CIM的高效模型交换格式（CIME）等2项标准”项目被授予技术标准创新贡献一等奖，“一种直流输电保护装置、换流器及保护方法”等4个项目被授予专利奖一等奖。

（李　蒙　张振环　高海峰　张晓东　赵海翔　李　刚　盛　兴）

【国际业务】 加强“一带一路”研究，紧跟国际形势和投资市场动态，聚焦输配电主业，在南美和中东取得新突破。2019年10月12日，国家电网公司签署股权购买协议，全资收购智利第三大配电公司切昆塔集团公司100%股权。12月15日，阿曼国家电网公司投资并购项目正式签约。截至2019年底，在7个国家和地区成功投资运营骨干能源网项目，管理境外资产约650亿美元。

继续保持菲律宾、巴西、葡萄牙、澳大利亚、意大利、希腊等国家和地区的境外能源网资产稳健运营。中菲两国能源合作框架协议下的维萨亚至棉兰老岛联网项目在第二届“一带一路”国际合作高峰论坛期间全面开工建设。协助菲律宾国家电网公司（NGCP）编制《输变电工程工艺标准》，实现中国电力标准在菲律宾应用。6月，巴西CPFL公司完成股份公开发行，恢复其市场流动性，国家电网公司持股比例为83.71%，保持控股地位不变。10月，在习近平主席和巴西总统的共同见证下，巴西美丽山特高压输电二期项目获得投运许可，提前建成投运。稳健运营葡萄牙国家能源网公司（REN），落实国家电网公司与REN在中葡两国元首见证下签署的合作框架协议。REN完成收购智利Transemel输电公司100%股权。国网澳洲资产公司完成北气东输一期工程投运；完成收购WSGP输气管线项目，出售AquaNet水务资产，进一步盘活资产、聚焦主业。在李克强总理与意大利总理的共同见证下，国家电网公司与意大利国家配气公司（Italgas）签署合作框架协议，深化双方交流合作。11月，在习近平总书记和希腊总理的共同见证下，与希腊国家电网公司（IPTO）签署克里特岛联网项目股权投资意向协议。

巴基斯坦默拉直流输电项目、菲律宾维萨亚至棉兰老岛联网项目全面开工建设。缅甸北克钦帮与230kV主干网连通工程建成投产，埃塞俄比亚城市配电网升级改造项目完成工程建设。签署沙特智能电表项目总承包合同；签署埃及国家电网升级改造二期项目合作协议，中标协议框架下的环开罗和环红海两个重要电力输送项目。签署乌克兰佐菲亚风电项目工程总承包合同和埃塞俄比亚输配电项目PPP协议。境外工程承包、装备出口和技术咨询服务项目合同金额累计超过460亿美元。推进电力基础设施互联互通，2019年通过中俄4条跨国输电线路从俄罗斯远东进口电量31亿kWh，累计进口电量已超过305亿kWh。

参与第二届“一带一路”国际合作高峰论坛，签署3个项目协议。举办中国—巴西企业家委员会十五周年圆桌会议，加强两国企业间的对话与合作。参加第24届世界能源大会、第12届新加坡国际能源周、第二届中俄能源商务论坛、全球电网论坛等重要活动。与国际电力企业开展交流合作，分别与法国电力公司、沙特电力公司、沙特阿美石油公司签署合作框架协议，与阿联酋阿布扎比能源局签署能源电力领域合作谅解备忘录，与以色列电力公司签署创新合作备忘录，与俄罗斯电网公司开展数字化电网合作，与丹麦国家电网公司在京举行第三次定期交流活动。

开展与国际电工委员会（IEC）、电气与电子工程师学会（IEEE）、国际大电网委员会（CIGRE）等国际学术组织的交流合作，推进与全球可持续电力合作组织（GSEP）、国际可再生能源署（IRENA）、爱迪生电气协会（EEI）等国际组织的战略交流。赴美国亚特兰大参加IEEE电力与能源协会年会，在成都组织召开CIGRE 2019国际研讨会，承办在上海召开的IEC第83届大会。推进国际标准制定，2019年主导新立项国际标准14项（其中IEC 7项、IEEE 7项）、CIGRE技术报告2项，代表中国在IEC主导发起成立“电力厂站低压辅助系统”项目委员会。编制完成国际标准13项（其中IEC 9项、IEEE 4项）、CIGRE技术报告1项。

（韩　勇　陈原子　吕　昕　李　明　马海洋　张　虎　刘　琪　赵　晔　沈　亮　王宁华　夏　雪　孙　涵　闫　雨　雷　颖　黄　哲　王晓刚　张　义）

【节能减排管理】 主要能源节约与生态环境保护指标情况。线损率：2019年线损率完成6.25%，同比下降0.24个百分点，比国资委2019～2021年任期考核目标（6.40%）低0.15个百分点，节约电量114亿kWh，相当于节约标准煤350万t、减排二氧化碳873万t。万元产值综合能耗：2019年万元产值综合能耗0.114t标准煤（可比价），比国资委任期考核目标（0.137t标准煤）低0.023t标准煤。六氟化硫气体回收率：2019年六氟化硫气体回收率完成95.8%，满足任期考核年度进度要求（95.5%）。

落实国家能源节约与生态环境保护工作部署。助力打赢污染防治攻坚战，滚动调整“煤改电”三年攻坚方案，完成北方地区居民“煤改电”清洁取暖配套电网建设。配合政府部门实时监测火电机组烟气排放信息，结算脱硫、脱硝、除尘、超洁净排放环保加价电费，保障环保电价政策执行到位。严格落实可再生能源补贴政策，按规定及时转付可再生能源发展补助资金，2019年转付724亿元。

加强线损管理，实现电网节能降耗。推进降损挖潜增效，提升电网节能减排工作水平。推广应用新技术、新材料、新设备，加强对老旧设备的改造。开展理论线损计算与分析，提出改善潮流分布、改造设备线路、改进供电方式的措施。常态化开展同期线损监测治理，全面开展负损、高损专项治理，负损率由年初的3.5%下降到1.2%。

加强电网建设全过程环保管理。落实生态环境保护“党政同责”“一岗双责”，将生态环保指标作为企业负责人业绩考核的“红线”指标。优化变电站选址和线路路径，避让生态敏感区。采用环保新技术、新工艺、新材料，电网建设减少永久占地、土石方开发、植被扰动。推动温室气体减排，规范六氟化硫气体回收和循环再利用管理，回收六氟化硫气体162t，相当于减排二氧化碳388万t。

推动电网高质量发展。穿越长江的苏通GIL综合管廊工程按期完工，世界上电压等级最高、输送容量最大、输送距离最远的±1100kV准东—皖南直流工程建成投运，电网优化资源配置能力提高。提前一年完成新一轮农网改造升级，户均配电变压器容量2.45kVA，农村地区供电保障水平提升。

促进清洁能源消纳。通过市场机制驱动常规电源调峰，多消纳新能源124亿kWh。青海实现连续15天360h全部以水、风、光等清洁能源供电，用电零排放，创造新的世界纪录。国家电网公司经营区域风电、太阳能发电等新能源并网容量、发电量分别增长16.1%和16.5%，新能源利用率96.8%，提前完成国家三年行动计划弃电年度控制目标。

创新综合能源服务业务。开展综合能源服务业务调研，梳理政策、资源、市场及项目情况，促进综合能源服务快速发展。加强资质能力及人才队伍建设，完善业务发展体系，推动省电力公司建立业务市场化机制。聚焦综合能效服务、供冷供热供电多能服务、分布式清洁能源服务等业务领域，开拓市场，重点打造北雄安市民中心、张家口崇礼奥雪小镇酒店清洁能源供暖等示范项目。2019年各省综合能源服务公司实现收入110亿元，同比增长125%。

加强节能低碳宣传。6月11～17日，开展“绿色发展，节能先行”的节能宣传周活动，宣传贯彻国家能源节约与生态环境工作部署，推广节能经验和做法，推动绿色低碳发展。开展“六・五”环境日宣传活动，增进企业与社会公众的沟通，促进社会节能环保意识提升。

（栾凤奎）

【农网发展】“十三五”以来，国家电网公司践行习近平以人民为中心的发展理念，认真贯彻落实党中央、国务院关于农村电网改造工作的各项决策部署，全力以赴、攻坚克难，提前一年完成新一轮农网改造升级任务，为全面打赢脱贫攻坚战、决胜小康社会提供了坚强的电力支撑。

1. 总体发展成效

提升供电保障能力。与2015年相比，2019年供电可靠性、综合电压合格率分别增加到99.82%、99.8%，户均停电时间和电压不合规时间分别缩短7.5、64.6h；户均配电变压器容量由1.84kVA提升到2.76kVA。

提升农村用电水平。2019年国家电网公司经营区域农村电网全社会用电量26 146亿kWh，较2015年提升17.5%；其中，居民生活用电量4750亿kWh、较2015年增长38%，居民人均生活用电量577kWh，较2015年增长36%。

改善供电服务保障能力。截至2019年底，县域高压用户、低压居民用户办理用电业务时间分别为48、24h，低压非居民用户办理用电业务时间保持在1天以内，办理用电服务效率提升；用户故障抢修时间保持在200min以内，故障抢修及时率保持在99.95%以上，故障抢修服务水平保持高水准。

2. 专项工程建设成就

落实脱贫攻坚和稳边固边战略。推进“三区三州”国家电网公司经营区域深度贫困地区电网建设，重点实施西藏孤网县联网和296个行政村通动力电工程、南疆和三省藏区农村电网完善工程，加快易地搬迁供电工程建设，提高1200个村、25万户、92万人的生产生活用电条件。服务光伏扶贫、新能源送出工程建设，接入光伏扶贫电站2269万kW，惠及305万贫困户。推进抵边村寨电网和第二批边防部队通大网电工程建设，完成年度任务，促进边境地区长治久安和百姓安居乐业。

打赢蓝天保卫战取得进展。贯彻国务院《打赢蓝天保卫战三年行动计划》重点任务部署，加大电能替代力度，推进北方地区冬季清洁取暖，农网范围新增电取暖面积5.9亿m^2，累计减少散烧煤消耗0.7亿t，减排二氧化碳1.2亿t，减排二氧化硫、氮氧化物和粉尘污染物3895万t、细颗粒物约58万t，促进雾霾治理，改善大气环境，提升居民健康的“获得感”。

配合地方政府全面取消“代管体制”。全面落实国务院取消县级供电企业“代管体制”的安排部署，2016年以来，配合地方政府推动山东、黑龙江、河南、西藏199个县级供电企业取消代管，完成黑龙江、河南等132个县级供电企业产权上划工作。厘清县级供电企业产权关系，统一责权利，对已上划的供电企业，发挥综合优势，实施电网统一规划、建设、运维，提升划转地区供电服务水平。

带动产业发展。2016—2019年投资6459亿元，辐射带动电工制造、建筑安装、家用电器等产业发展，年均拉动GDP 0.16～0.2个百分点，每年新增就业岗位约24万个，促进新型城镇化建设，助力农村经济高质量发展。

3. 农网改造升级

落实党中央、国务院及国家电网公司党组脱贫攻坚重大决策部署，按期完成1624亿元、2.92万项10kV及以下配电网工程建设任务。提前一年完成新一轮农网改造升级建设任务，以省为单位完成“两率一户”目标。国家电网公司经营区域农村电网供电可靠率达到99.82%，综合电压合格率达到99.80%，户均配变容量达到2.76kVA，农村地区基本实现稳定可靠的供电服务全覆盖。完成“三区三州”深度贫困地区电网建设任务267亿元，国网甘肃、新疆、四川电力提前竣工，国网青海、西藏电力计划2020年上半年全部竣工，改善5066个村、387万户、1379万名群众生产生活用电条件。按期完成抵边村寨电网建设23亿元投资，国网吉林电力提前完成，国网辽宁、黑龙江、蒙东、新疆以及西藏电力项目计划2020年上半年全部完工；工程建成后，将改善边境地区老百姓的生产生活用电条件、促进边境地区长治久安和百姓安居乐业。2019年中央预算内及新增农网投资工程4.57万项、中西部贫困县电网工程2.53万项，“煤改电”0.93万项、易地扶贫搬迁0.06万项重点工程按期完成，惠及人口8087万人。

（王雅丽　梁　昊　宁　昕　王庆杰　张贺军　刘文平　李　岩）

【人力资源管理】 人才队伍建设。截至2019年底，四级四类人才总量达7.8万名，其中国家、公司、省公司、地市公司四级人才分别为365人、0.8万人、3.1万人、3.9万人。落实国家重大人才工程计划，选拔推荐一批高层次、复合型人才，全年新增国家级、省部（行业）级人才430名，入选中央企业专项支持计划示范企业1家、创新团队1支、杰出工匠3名。组织开展各级职称评审工作，其中，中级通过2.2万名，高级通过1.6万名，正高级复审公示0.3万名。

职工教育培训。全年组织各类脱产培训6.82万期、385万人次，完成1.8万名新入职高校毕业生、520名地市供电企业主要负责人、240名大型县供电企业主要负责人等重点培训项目，营造“全员参与、全员学习、全员掌握”的良好氛围；共3515万人次登录网络大学学习，考试270万人次。网络大学共上线课件2.8万个、案例3700个、教材1600本、词条9800条、试题59万道。

（李　鹏　曹爱民　高　澈　刘　严　张耀坤）

【党建工作】 截至2019年底，国家电网公司系统共有党组织44 790个，其中，党委2840个、党总支1988个、党支部39 962个，党员67.65万名。全年新增党组织2136个，1.2万余个党组织按期换届。开展基层党支部书记示范培训，分级举办培训班5000余期。

评选表彰“红旗党委”100个、“电网先锋党支部”399个、优秀共产党员801名、优秀党务工作者300名。国家电网公司7名党员、6名党务工作者、5个基层党组织荣获中央企业“两优一先”表彰，获奖数量居央企首位。

落实党建责任制。召开党建工作会议，印发党组1号文件和党建工作要点，制订党建三年规划，分解落实重点任务。印发公司党组《贯彻落实〈中共中央关于加强党的政治建设的意见〉具体措施》，把旗帜鲜明讲政治融入公司各项工作。建立各级党委和领导班子成员党建工作责任清单，完成党委书记抓党建述职评议考核，组织1214名党委书记现场述职、1378名党委书记书面述职，强化主责主业意识。修订党建绩效考评办法，改进方式、精简指标，评价党组织强党建、促发展成效。

加强党风廉政建设，履行管党治党政治责任。全年共约谈二级单位负责人338人次，多次听取二级单位党委汇报党风廉政建设工作，促进“两个责任”落实。细化分解18个方面具体要求，建立监督台账，确保落实落细落到位。围绕落实中央52项重大决策部署，建立5项监督机制，跟进监督、精准监督，推动公司上下深入践行新发展理念，在服务国家战略中彰显责任央企的使命担当。建立过程督导机制，国家电网公司系统开展党风廉政建设约谈9.5万人次，逐级传导压力，促进责任层层落地落实。问责履行责任不力的党组织47个、党员干部3330人，推动管党治党走向严、紧、硬。一体推进“不敢腐、不能腐、不想腐”。2019年受理信访举报、问题线索分别同比下降3.9%、15.5%，立案1122件，处分1455人。涉及党组管理人员问题线索370件，处分29人，处理108人。加强警示教育，对典型案件一律通报曝光，开展典型案例通报1835次、2961起，召开警示教育大会2914次，39万人次受到现场教育。

精神文明建设。对接全国文明单位创建评选流程，加强各级文明单位的动态管理。截至年底，共有全国文明单位381家，数量在央企排名第一。按照自查率达到100%要求，组织全国文明单位开展年度自查。深化群众性精神文明创建活动。加强社会主义核心价值观宣传教育，推动融入改革发展各方面，转化为员工的情感认同和行为习惯。组织各单位开展文明部室、文明员工等系列创建活动，促进企业文明素质和员工文明素养提升。加强文明单位联创共建，发挥文明单位供电网格服务体系优势，服务各地的新时代文明实践中心建设。挖掘红色资源，参加国资委“中央企业工业文化遗产发布”活动。承办中央文明办全国文明单位创建工作调研座谈会，作为3家央企总部代表之一在会上做经验交流。经国资委文明办推荐，作为2家中央企业集团代表参加中央企业全国文明单位培育创建工作座谈会，并做典型发言。制作《精神文明建设创新奖巡礼》视频片，编制出版《守正·创新·再出发　精神文明建设创新集萃》，加强精神文明建设先进经验的宣传推广，促进工作水平整体提升。

（刘　博　张会旭　王　鑫　曹际储）

【国家电网有限公司华北分部】

分部概况　国家电网有限公司华北分部（简称国网华北分部），按照国家电网有限公司党组决策部署，落实总部分部一体化要求，承担区域电网调控运行、安全质量监督、电网规划、审计监督等职责。内设办公室（社保中心）、安全质量监察部、财务部、规划统计部、党建工作部（纪委办公室）、工会办公室（离退休工作部）、国家电网华北电力调控分中心、华北审计中心等8个部门。下设分支机构后勤管理中心。

领导班子

国家电网有限公司副总工程师兼国网华北分部主任、党委书记：余卫国

党委副书记、副主任（分部正职级）：郑林（2020年2月任职）

副主任、党委成员：赵玉柱

副主任、党委成员、纪委书记、工会主席：徐钦田（2019年6月免去国家电网有限公司华北审计中心主任职务）

副主任、党委成员，兼国家电网有限公司国家电力调度控制中心副主任：李丹

副主任、党委成员，兼国家电网有限公司华北审计中心主任：邓顺平（2019年6月任职）

三级顾问：王利群（2019年6月任二线职务）

正局级调研员：康建瓴（2019年1月任二线职务，11月免职退休）

副主任、党委成员：曹福成（2019年6月免职）

电网概况 华北电网主网架格局为1000kV交流“两横一纵＋日字形双环网”、特高压直流“两送两受”网架、500kV“八横三纵”；华北电网区外联络为“一交六直”格局，分别通过1000kV长南一线交流特高压工程与华中电网联络，通过高岭换流站背靠背直流工程、鲁固特高压直流工程与东北电网联络，通过昭沂直流、银东直流工程与西北电网联络，通过雁淮直流、锡泰直流工程与华东电网联络。1000kV交流“两横一纵”和500kV“八横三纵”通道，主要承担华北电网西电东送、北电南送任务。山西电网经四个通道（9条500kV线路）向东部输送电力，蒙西电网经两个通道（4条500kV线路）向东部输送电力。京津唐和河北南网承担着电力枢纽核心作用，潮流特征为多方向、多通道、多落点。山东电网通过五个通道（6条1000kV线路、4条500kV线路），接受京津唐和河北南网转移电力。截至年底，华北电网装机容量41 864万kW，1000kV变电站16座，变压器28台，变电容量84 000MVA；500kV变电站183座，变压器400台，变电容量349 229MVA；1000kV输电线路41条共7738km；500kV输电线路580条共44 681km。京津唐电网装机容量9594万kW，500kV变电站50座，变压器108台，变电容量107 755MVA；500kV输电线路127条共7938km。华北电网风电装机容量6174万kW，占总装机容量15.8%，最大风电电力3815万kW，全年风电电量1198亿kWh；京津唐电网风电装机容量1502万kW，占总装机容量15.9%，最大风电电力883万kW，全年风电电量292亿kWh。华北电网光伏装机容量5117万kW，占总装机容量13.1%，最大光伏电力2376万kW，全年光伏电量423亿kWh；京津唐电网光伏装机容量892万kW，占总装机容量9.5%，最大光伏电力489万kW，全年光伏电量88亿kWh。

安全生产 安全管理基础进一步夯实。贯彻国家电网公司安全生产工作要求，完成安全责任清单修订。履行安全监督职责，开展各类区域内安全督查和跨区安全互查，组织完成济南城市电网、天津输电网安全性评价和江苏公司安全生产巡查。加强电网风险预警全过程管理，发布预警71项。开展重大停电检修现场安全督查，明确技改工程方案，推动有关单位化解海昌分区三级电网事件风险。强化隐患排查工作，实施“防风险保平安迎大庆”消防安全隐患排查治理专项行动，全力防范化解消防安全风险，完成21项消防安全隐患整改，及时发现并妥善处置UPS故障。完成应急预案管理合规自查，修订完善各类应急预案819项，组织开展办公大楼突发事件疏散应急演练。完成调度大厅改造。

电网管控能力持续增强。发挥大电网资源配置优势，开展联络线电力互济，有效应对华北电网及各省网负荷创历史新高挑战。华北电网最大负荷达到24 221万kW，同比增长5.94%。成功处置北京“5·29”燃机大面积跳闸事件。深入落实二次系统“排雷”专项行动计划，完成96套进口保护装置国产化改造和167项隐患整改。实现华北电网转动惯量、一次调频容量和270余条保护、安控通道业务在线监测，建成国内首个覆盖特高压交流电网的全电压等级自动电压控制系统。完成47台重载通信设备、51条重载光缆治理，有效提升华北二级通信网的安全可靠性。提高华北电网仿真数据质量，核查电磁暂态仿真模型设备15 042项，完成1343座变电站的负荷普查。

各项重大供电保障任务圆满完成。坚持“华北保京津唐、京津唐保北京”原则，大力开展“防风险、保安全、迎大庆”安全生产专项行动，严格落实保电方案，执行各项工作措施，确保了电网安全稳定运行。完成全国“两会”、庆祝新中国成立70周年活动、第二届“一带一路”高峰论坛等13项重大供电保障任务，全年累计保电166天，获得国家能源局和国家电网公司的高度肯定和表彰。

电网调度 源一网一荷一储多元协调的度控制新模式项目取得里程碑式突破。针对华北电网新能源快速发展、调峰困难突出等情况，谋划提出建设“源网荷储多元协调调度控制新模式”，实现对资源的安全感知、全局控制和商业运营，入选国家电网公司年中、年度最佳实践案例，荣获国家电网公司第五届青创赛金奖。《第三方独立主体参与华北电力调峰辅助服务市场试点方案》获得国家能源局、华北能监局正式批复并结算运行。举办国家电网公司源网荷储多元协调调度控制现场推进会，国家能源局和与会代表评价该项目为“电力体制改革的有益探索，电力系统运行机制和技术创新的大胆尝试”。

服务重点工程建设。配合完成特高压山东—河北

交流环网、500kV北京新航城站等56项基建工程投产，组织完成张北柔性直流工程全部4个换流站交流场及配套工程的启动调试。配合特高压配套电源建设，完成华润五间房、大唐锡林浩特等8台498万kW机组投产。牵头开展山西“西电东送”通道调整等工程前期工作，推动500kV顺义变电站增容工程进入初设阶段。

新能源消纳水平持续提升。深入落实国家电网公司促进清洁能源消纳30条措施，加强华北电网电力平衡管控，发挥调峰辅助服务市场作用，统筹优化全网调峰资源，扎实促进新能源消纳。创新提出风功率预测误差解耦评价方法，并拓展至未来72h和7个重点汇集区。2019年，华北电网、京津唐电网新能源发电量为1621.79亿、379.32亿kWh，同比增长11.34%、11.07%，新能源利用率分别为98.08%、95.38%，实现连续4年正增长。2019年华北电力调峰辅助服务市场全年调峰电量共计225.08亿kWh，调峰费用共计4.84亿元，基本解决因调峰引起的新能源弃电问题。华北省间市场促进新能源消纳9.5亿kWh。京津唐调峰市场引导市场主体挖掘调峰空间600万kW，并向华北其他省网提供新能源消纳空间6.7亿kWh，占省间市场出清电量的70%。

规划计划 发挥区域职能，开展“十四五”规划工作。加强规划人才队伍，推进规划体制机制建设。响应总部加强分部规划职能要求，完成机构调整，组建规划研究处。通过内部调动等多种途径将规划人才队伍从5人迅速充实到15人，基本实现满编。组织成立区域规划委员会。组织完成区域规划仿真计算平台部署，为“十四五”规划工作打造人才、体制机制和平台三个维度的保障。

推动落实“十四五”规划边界条件。赴7个省市开展中长期电力需求及能源发展专题调研，创新性地组织各省公司开展调峰能力需求测算，组织各省市开展电网规划供需平衡分析，研究提出“十四五”电力保障方案，召开华北区域电力供需座谈会，督促各省市电力公司促请地方能源主管部门落实“十四五”规划边界条件。

开展规划研究，超前谋划“十四五”规划。开展京津冀电网主网架远景规划研究等15项相关专题研究，为下一步开展“十四五”规划工作打下坚实基础。组织各省公司、三大院聚焦电网运行存在的问题，开展年度电网滚动规划工作，通过3轮集中计算，多方案比选提出规划措施。组织各省市高质量完成华北区域报告并通过评审，组织开展规划项目库调整，确保区域主网规划职能落实。

推动规划落实，有序推进重点工程。每季度组织各省市公司及政府部门召开区域规划季度例会，着力推动规划落地。发挥区域主网规划职能，推进山西“西电东送”通道调整工程前期工作，组织召开工程推进会、工作协调会，完成本体工程和多个专题可研评审，推动电网科学发展。积极协调推进应急防恐基地调控系统等多个独立二次项目，理顺独立二次项目备案流程。

按照“电量统一平衡、计划同步制定”的原则，创新京津唐电网电量计划管理模式，加强与国家发展改革委及北京、天津、河北三地政府主管部门汇报沟通，合理安排年度优先发电和基数电量计划，实现优先发电与计划电量、交易电量有序衔接。面对经营性计划全面放开、清洁能源消纳责任权重落实等政策要求，提前梳理、研究未来计划工作思路与重点难点问题，加强政策和市场机制研究，为计划向市场平稳过渡创造条件。

深刻领会国家电网公司“放管服”工作要求，贯彻落实综合计划管理制度，在计划合规性、计划执行管理等方面不断加强。跟踪各专业综合计划执行情况，年内多次举办专题会议，及时查找问题，制定应对措施，确保分部综合计划全面顺利完成。组织对区域内各省电力公司2020年综合计划项目论证进行监督检查，发挥分部区域管理职能。

承担国家电网公司数据增值变现项目，建立发电企业投资模型和金融辅助评价模型，入选国家电网公司大数据优秀成果展。

分部管理 依法合规管理切实加强。修订国网华北分部“三重一大”决策实施细则，按照国家电网公司决策应用系统部署，完成党的十九大以来分部重大决策有关材料上线。贯彻国家电网公司创建世界一流示范企业要求，细化落实7方面22项重点任务。制定合规管理体系建设方案，明确21项重点任务。完成保密检查监测系统上线，按月开展自查整改，全年未发生失泄密和违规事件。规范合同和招投标管理，完结诉讼案件、非诉案件纠纷各1起。落实社保降费政策，完成代管单位缴费调整，与国网冀北电力明确补充医疗保险费用分担方案。“三供一业”移交后续工作稳步推进。

财务管理不断加强。2019年实现利润30.87亿元，剔除特殊因素，同比增长54.95%，主营业务收入895.32亿元，同比增长12.09%。落实国家电网公司多维精益管理体系变革要求，开展现金流日排程建设，与中电财签订40亿元额度月内循环贷款合同，自收自支管理模式平稳运转。按照发电侧“直调直结”原则，配合总部建立特高压配套电源长期协议协商模式，巩固分部对于直调电厂管控力度的同时，有效降低分部购电成本。完成第二周期华北区域电网输电价格成本监审，将华北电网特高压及500kV资产全部纳入共用网络监审和核价，确保相关电网投资取得合理回报。电价核定阶段，创新提出“华北跨省＋京津唐”区域输电价格模式，纳入国家级定价办法，进一步理顺了价格机制，适应市场发展，保障输电费有效回收。

审计监督职能充分发挥。完成总部2个经济责任项目、7个后续项目和华东区域5家省公司驻京办专项审计检查。持续开展区域数字化审计。督导华北区域各单位完成监事会建章立制工作。举办华北区域首届审计工作交流展示活动，召开区域审计工作座谈会。建立违规经营投资责任追究机制，开展外审发现共性问题自查自纠。完成技改大修、信息化建设等4个内部专项审计，推进发现问题整改。

队伍建设卓有成效。坚持正确选人用人导向，加大年轻干部选拔力度，拓宽职工职业生涯通道，提拔干部24人，调整职员职级44人。加强“一岗多责、一专多能”干部职工培养，组织跨部门跨专业岗位交流16人。创新建立并实施“三培训、一讲堂”培训体系，推进干部职工学习教育培训工作，完成各级各类培训124项847人次，开展85项93人次职工上讲堂活动，为员工搭建成长平台，全面促进干部职工思想建设和能力素质提升。充分发挥分部科学技术奖励机制作用，4项成果32人次受到表彰。

和谐稳定氛围持续提升。完成工会换届选举，组织召开民主议事会和职工诉求座谈会，畅通职工诉求渠道。进一步丰富职工业余文化生活，组织各类文体活动20次、主题知识讲座5次。高质量完成职工书屋建设，完善心理减压室、职工暖心驿站等软硬件配置。落实老同志“两项”待遇，发挥“活动站”和“兴趣小组”的平台作用。全面完成大楼智能安防系统建设、空气净化系统和充电桩安装等“十件实事”。

科技管理 2019年实施科技研发项目11项，申请专利超过11项。“适应多场景的电网图模全周期管理技术研究与应用”项目荣获国网华北分部2019年度科技进步一等奖，该项目通过对未来电网模型的可视化建模、增量管理以及模型版本管理技术提升等先进技术，实现真正意义上的多时间维度大电网模型管理，并最终实现网省一体实时调度系统以时间为维度的历史、实时和未来模型的一体化管理。实现国、网、省一体的模型拼接管理和模型评价，创建开放的信息系统和共享的信息模式，高效整合电力系统中的数据，为全面提升调度系统驾驭特大电网的能力和运行管理水平提供技术保障。“经济周期与特殊时段对华北电网用电需求影响研究”项目荣获国网华北分部2019年度科技进步三等奖，该项目将贝弗里奇－纳尔逊（Beveridge-Nelson）数据分解模型创新性地应用于分析非常态外生冲击事件（金融危机等）及特殊时段对电力需求的影响，定量测度了金融危机及特殊时段对电力需求的影响，研究成果可以应用于指导省市电网根据当地经济发展特点、电力负荷的构成等，制定有效的电力发展规划和确定合理电源、电网布局规模，有效避免因对非常态外生冲击事件（金融危机等）及特殊时段不明确而造成的电网投资的利用率低下等问题，以确保电源、电网建设与需求发展的协调性和投资的经济性，实现全社会、电网企业和电力用户的双赢。另外，“通过双馈风机转子侧变流器抑制次同步谐振的方法及装置”和“一种潮流不可解的恢复调整计算方法”获得国网华北分部2019年度专利奖。“电网振荡实时监测技术及宽频段同步相量测量装置研究及应用”项目获得重庆市科技进步三等奖。“最强大脑－源网荷储多元协调调度控制系统”项目获得国家电网公司第五届青年创新创意大赛金奖。

党群工作 主题教育取得扎实成效。坚持以习近平新时代中国特色社会主义思想为指导，深入落实“不忘初心、牢记使命”主题教育各项要求，分部党委率先垂范，开展党委中心组理论学习12次，党委委员带头讲授专题党课13次，完成36次综合及专项调研，各级党组织开展集体学习155次，查摆问题71项，统筹推进“194＋27”项整改措施落实，按照时间节点完成率100％。全体干部职工“四个意识”更加牢固、“四个自信”更加坚定、“两个维护”更加坚决。

党建工作质量不断提升。落实国家电网公司“旗帜领航·三年登高”计划，完成创先争优年各项任务。强化分部“三同四实”管理，建立党委、党支部、党员三级责任考评体系，大力实施21项“党建＋”项目，促进党建工作与中心工作深度融合。开展软弱涣散党组织集中排查和党建形式主义问题专项整治。组织开展团员青年座谈会，举办首次青年创新论坛。张雷获评“最美国网人”。

党风廉政建设持续强化。深入贯彻国家电网公司2019年党风廉政建设和反腐败工作各项要求，落实“两个责任”和一岗双责，明确党委主体责任17项，纪委监督责任18项。大力开展警示教育，引导广大干部职工牢固树立“干事干净”的廉洁理念。落实监督执纪“四种形态”，不断强化日常监督，严格履行信访案件审批和核查程序，及时约谈苗头性、倾向性问题。开展“抓整改、除积弊、转作风、为人民”专项行动，推进9项18条整改措施落实。

主要事件

1月21日，随着特高压廊坊站路由交换完成调试，调度数据网新华北接入网（2个核心层节点、8个汇聚层节点、211个接入层节点）全面建成投运，标志着调度主站与厂站间各类生产业务数据传输可靠性、安全性、容量等性能指标进一步提升。

1月28日，国家发展改革委党组成员，国家能源局局长、党组书记章建华到国网华北分部检查春节和全国两会供电保障准备工作。

1月31日，京津唐电网风电最大出力达798.4万kW，占电网负荷19.0%，山西电网风电最大出力达741.5万kW，均创历史新高。

2月1日，华北电网、山西电网、蒙西电网光伏最大出力达到1978万、444万、526万kW，均创历史新高。

3月15日，全国“两会”供电保障工作落下帷幕，国网华北分部严格执行保电方案，密切跟踪天气及负荷变化情况，滚动优化电网运行方式，保障电力可靠供应与民生供热，促进清洁能源消纳，完成2019年全国“两会”供电安全保障工作。

3月30日，新能源发电最大电力创历史新高，达到5359万kW，首次突破5000万kW大关，占当时华北负荷的30%。

4月27日，第二届“一带一路”国际合作高峰论坛胜利闭幕，国网华北分部严格落实保电方案，坚持“华北保京津唐，京津唐保北京，北京保核心”原则，加强电网安全运行管理，保障电网安全运行，确保电力可靠供应，完成论坛供电安全保障工作。

5月31日，国网华北分部组织国网电动汽车服务有限公司、南瑞集团开展电动汽车有序充电闭环实验，实现了将智能电网调度控制系统（D5000）的自动发电控制（AGC）优化指令实时交互给国网智慧能源控制平台，并下发至位于北京西八里庄小区的有序充电桩，灵活调节了多台电动汽车的充电功率，为2019年年底京津唐电网55万kW电动汽车可控资源参与源网荷储多元协调的调度控制目标打下坚实基础。

6月17日，国网华北分部组织国网电动汽车服务有限公司、南瑞集团，以北京八里庄充电站、丽贝亚大厦和人济大厦的分布式储能作为调度对象，首次开展功率联合优化及自动发电控制全天闭环控制。

7月4日，华北电网出现2019年度夏首轮大负荷。华北电网负荷达到22 219万kW，京津唐电网负荷达到5848万kW，河北南网负荷达到3646万kW，山东电网负荷达到7207万kW，均创年内新高。

7月8日，为进一步研究区域输电价格形成机制，做好价格核定工作，国家发展改革委价格司联合5省（市）价格主管部门在国网华北分部召开电网公司专题座谈会。

截至7月22日，华北电网负荷达23 340万kW，同比增长1.5%，山东电网负荷达8312万kW，同比增长8.7%，均创历史新高；京津唐电网负荷为6005万kW，达到历史最大负荷的92.6%；河北南网负荷达3638万kW，为历史最大负荷的99.5%，创年内新高。

8月6日，北京市副市长张家明到国网华北分部调研迎峰度夏供电保障工作。北京市副秘书长韩耕陪同调研。

8月10日，9号台风“利奇马”在浙江温岭登陆，随后北上，于11日晚间登陆山东青岛。11日，山东电网最大负荷降至5428万kW，国网华北分部开展联络线支援，组织京津唐电网、山西电网分别调峰支援山东电网250万、50万kW，申请国调通过昭沂直流调峰支援山东100万kW，共计调峰山东电网400万kW。

9月25日，北京市委常委、政法委书记、国安办主任张延昆，副市长张家明到国网华北分部调研城市电力运行安全工作，并专题听取了国网华北分部、国网北京市电力公司关于庆祝新中国成立70周年活动供电保障工作的汇报。

10月，随着庆祝新中国成立70周年活动胜利闭幕，按照国家电网有限公司党组的统一要求和部署，国网华北分部坚持“五个最”“四个零”的工作标准，落实保电工作方案，落实“华北保京津唐、京津唐保北京”的原则，全力确保了华北电网、京津唐电网安全稳定运行和首都北京电力可靠供应，完成了庆祝新中国成立70周年供电保障工作。

10月25日，国网华北分部组织召开2019—2020年度华北电力调峰辅助服务市场启动会。国家能源局华北监管局，华北电网各省（市、自治区）调控中心及相关发电企业参会。

11月5日，经中国电机工程学会鉴定，国网华北分部研发的适应多场景的电网图模全周期管理系统整体达到国际先进水平，其中模型动态堆叠技术达到国际领先水平。

11月23日，国网华北分部组织国网冀北电力有限公司、南瑞集团有限公司和北京清大科越有限公司，联合开展了可控负荷功率调节自动发电控制闭环实验。

12月6日，为全方位加强区域规划计算分析研究，华北区域电网规划仿真平台计算终端投入试运行，华北区域电网规划仿真平台完成建设。

12月10日，国网华北分部源网荷储多元协调的调度控制《第三方独立主体参与华北电力调峰辅助服务市场试点方案》，获得国家能源局、华北能源监管局正式批复。12日零时，负荷侧资源参与华北电力调峰辅助服务市场开始在华北电网结算运行。源网荷储多元协调的调度控制商业运营模式落地生效。

12月11日，华北电网负荷达到22 476万kW，同比2018年增长5.4%。国网华北分部多措并举，落实国家电网公司迎峰度冬工作部署。

12月27日，国家能源局全国电力安全生产委员会发表扬信表扬，国网华北分部全面落实各保电措施，认真做好华北及京津唐电网运行方式安排，制定跨区支援北京保电方案，统筹重大活动和重要时段的供电保障任务，为确保活动期间电网安全稳定运行和电力可靠供应做出了突出贡献。

2019 年华北电力调峰辅助服务市场开展正式结算运行，全年调峰电量共计 225.08 亿 kWh，调峰费用共计 4.84 亿元，基本解决因调峰引起的新能源弃电问题，真正实现“花小钱，办大事”。

（李　斌　张建华）

【国家电网有限公司华东分部】

分部概况　国家电网有限公司华东分部（简称国网华东分部）于 2011 年 4 月成立，作为国家电网公司总部派出机构，是国家电网公司总部部分管理职能的延伸。在国家电网公司总部授权范围内，负责区域内电网调度运行管理、安全质量监督、审计监督以及分部电网资产管理，开展区域内跨省电网项目前期及电网规划工作，充分发挥对国家电网公司总部的支撑作用。加强对区域内省（市）公司的协调监督，确保国家电网公司的各项决策部署在华东落实落地。

组织机构　国网华东分部内设机构为 8 个部门（中心），分别为办公室、安全质量监督部、财务部、规划统计部、党建工作部（纪委办公室）、工会办公室（离退休工作部）、国家电网华东电力调控分中心、华东审计中心。下设分支机构后勤管理中心。

电网概况　华东电网供电区域覆盖上海、江苏、浙江、安徽、福建四省一市，供电面积 47 万 km^2，服务人口 2.67 亿，支撑经济总量 28 万亿元，是全球单一国家内规模最大的同步区域电网。华东电网的实体形态呈现大受端特点。通过 11 回跨区直流连接除东北外的四大区域电网，跨区通道总容量 6976 万 kW，2019 年区外受电 2476.75 亿 kWh，占全网总用电量的 14.78%。

2019 年底，华东电网装机容量 39 045 万 kW，其中：火电装机容量 27 428.8 万 kW，占比 70.25%；水电装机容量 3100.8 万 kW，占比 7.94%；核电装机容量 2216 万 kW，占比 5.68%；风电及其他装机容量 6299 万 kW，占比 16.13%。华东电网全社会用电量 17 246.18 亿 kWh，同比增长 3.39%；全网最高用电负荷 29 791 万 kW，同比增长 5.95%，发生在 7 月 30 日。华东全网累计发电量 14 895.5 亿 kWh，同比增长 2.14%。

2019 年底，华东电网 1000kV 线路 23 条，长度为 3972.2km；500kV 线路 660 条，长度为 35 300.1km。1000kV 厂站共 12 座，其中变电站 11 座，电厂 1 座，变压器（不含机组升压变压器）共 20 台，变电容量 60 000MVA；500kV 厂站共 256 座，其中，变电站 180 座，开关站 2 座（即西津渡、东明），电厂 74 座，500kV 变压器（不含机组升压变压器）共 430 台，变电容量 396 500MVA。

电网调度　全力保障大电网安全。成功应对夏季用电负荷高峰和冰冻雨雪、超强台风等极端天气影响，确保了电网安全稳定运行，完成了新中国成立 70 周年庆祝活动、第二届进博会等重大保电任务，得到了国家能源局和国家电网公司领导的高度赞扬。

切实提升电网调控能力。深化在线负荷建模系统应用，完善密集通道监视功能，实施 500kV 线路状态许可操作模式，调控机构安全生产保障能力评估成绩优秀。完成电网“三道防线”核查和二次系统排雷行动。源网荷储泛在调度控制和新一代调控系统两项试点任务深入推进，泛在资源互动响应试验开展，相关工作入选国家电网公司最佳实践。

安全管理　加强安全监督。从严落实安全生产责任制，刚性执行全员安全责任清单，扎实完成年度安全生产各项任务。深入开展大电网安全专项行动，创新建立全网安全信息通报机制，年度发布电网风险预警 85 项、下现场安全督查 30 余次，电网安全基础有效夯实。落实产业单位安全“同质化”管理要求，有序开展产业单位安全年活动。彻底消除大楼幕墙安全隐患，梳理大楼消防安全职责，妥善做好信访维稳保密工作，内部安全水平大幅提升。

强化应急保障。宣贯国家生产安全事故应急条例，建成备用应急中心，有针对性地开展恶劣天气、消防等专项演练，分部应急能力得到进一步加强。高度重视网络信息安全，全面完成自建信息系统清理整顿，有效开展“护网 2019”攻防演习和电力监控网络攻防演练。

电网发展　成立华东电网规划管理委员会和专家咨询委员会，健全网省规划协作、运行问题跟踪等工作机制，区域电网年度滚动规划报告率先通过国家电网公司评审。开展华东电网最大受电能力、未来目标网架等专题研究，推进白鹤滩跨区直流、浙西南电网优化等重点工程前期工作，为“十四五”电网科学发展夯实基础。按期完成苏通 GIL 管廊启动投运，吉泉直流疏散线路增容工作全面推进。服务长三角一体化发展。谋划长三角一体化电力先行，“四个一体化”的工作思路得到上海市委市政府和国家电网公司领导批示肯定。

电力交易　华东电网完成国家电力市场交易电量 3976 亿 kWh，超过年初计划目标。全年接受区外来电 2479 亿 kWh，同比增长 12.22%。

推进新能源消纳。持续完善新能源消纳评估和预警机制，前瞻开展分布式光伏涉网频率保护隐患专项整治，总结国内外经验教训提出国标行标修订建议。消纳网内风光新能源 654.9 亿 kWh，消纳利用率达到100%。

促进电力资源优化配置。华东调峰辅助服务市场投运，缓解汛期和节假日电网低谷调峰困难。配合浙江、福建电力现货市场建设，市场环境下调度运行机制研究取得阶段性成果。跨省集中交易电量同比增长28.1%，发电权交易电量同比增长10.4%，福建核电年利用小时提升1150h。

科技管理 健全完善创新奖励机制，畅通上海市科技奖励申报通道，科技创新成果丰硕。2019年完成14项科技项目（新开工9项，结转5项）实施工作，获得省部级及以上技进步奖励16项。全年发表论文36篇，其中被EI收录5篇。截至年底，拥有发明专利34项，实用新型专利6项。

分部管理 完成改革发展任务。高标准落实61项年度重点工作，完成总部下达经营指标。实现营业收入847.9亿元，同比增长1.9%；利润总额22.4亿元，同比增长12.2%。配合第二轮输配电成本监审和电价核定工作。稳妥推进产业单位深化改革。

多维精益管理。建立分部经济活动分析工作机制，编制经营管理绩效提升方案，持续优化分部经营策略。完成财务管控系统调整，试点新一代电费结算系统，上线国网商旅平台。适应自收自支模式，做好现金流量预算，保障资金备付。

加强审计监督。发挥区域审计中心职能，优质完成总部交办的19项审计任务，国际审计特色凸显，数字化远程审计监督功能稳步提升。内部审计服务成效突出，开展分部产业单位、大楼幕墙工程和技改大修项目审计。

强化依法从严治企。推进经营风险管控，梳理“三公”经费、关联交易等重点风险14项，落实整改措施11项，修订完善公务用车、公务接待、会议培训和差旅报销相关制度和工作流程。建立违规经营投资责任追究工作机制。制定印发产业单位内控及合规专项提升行动方案。

党群工作 开展主题教育。以高度的政治自觉、有力的工作机制，完成“不忘初心、牢记使命”主题教育各项任务，理论武装、调查研究和问题整改取得成效，相关工作得到国网公司党组高度评价。

基层党建全面加强。履行党建工作责任清单，动态完善党建工作考核机制，完成“旗帜领航·三年登高”创先争优年任务和72项党建年度重点工作。深化党建“标准化”建设，成立电集实业党委，开展党委书记抓党建述职评议，基层组织力增强。推进党建与业务融合，创新建立四级调度临时党支部，统筹保障清洁能源消纳；注重发挥共产党员服务队作用，助力攻坚安全生产难题。

党风廉政建设纵深推进。强化党风廉政建设，印发党风廉政建设履责要点，落实约谈制度。开展“抓整改、除积弊、转作风、为人民”专项行动，专项整治漠视侵害群众利益问题，一体化统筹主题教育、巡视、审计和各专项行动发现问题的整改工作，落实191项整改措施，按要求完成驻京办撤销、退休人员统筹外补贴自查等重点任务，分部全面从严治党取得新的成效。

持续加强队伍建设。开展中层管理人员述职测评，持续完善干部监督考核机制。量化评估人力资源，开展人岗匹配，发挥职员职级通道作用，初步缓解员工成长空间受限压力。组织内外部轮岗交流，员工复合型业务能力持续提升。发挥队伍建设平台作用，组织华东电网第五轮技术技能竞赛，举办华东区域庆祝新中国成立70周年主题歌会。

深化和谐企业建设。建成党建综合展示平台、企业文化长廊等宣传阵地，举办“砥砺奋进新时代、改革开放再出发”主题展。坚持讲政治、讲政策、讲感情，稳妥推进退休人员社会化管理，落实好离退休老同志“两项待遇”。开展“书香办公室”评选，精准实施“爱心帮困”，推进新风系统评估、门禁人脸识别、厨艺展品推广等一系列后勤服务举措，得到员工广泛好评。多个集体和个人获得上海市工人先锋号、上海市“五一”劳动奖状奖章、中央企业劳动模范等荣誉称号和奖励。

（龚剑波　李　曼）

【国家电网有限公司华中分部】

分部概况 国家电网有限公司华中分部（简称国网华中分部）作为国家电网公司总部派出机构，在总部授权范围内，承担区域电网调控运行、安全质量监督、电网规划、审计监督等职责，加强对区域内省公司的协调监督，确保公司各项决策部署，以及重点工作在区域内的有效落实；加强分部自身建设，做好党群、工会、队伍建设以及离退休服务等工作。

组织机构 国网华中分部内设办公室、规划统计部、安全质量监督部、财务部、党建工作部、工会办公室（离退休工作部）、调控分中心、审计中心等8个部门。其中，调控分中心内设的系统运行二科，作为区域电力交易业务的支撑机构，对外加挂北京电力交易中心有限公司交易四部。分部下设分支机构后勤管理中心。国网华中分部共有长期职工321人，其中分部222人，后勤管理中心99人。

领导班子

国家电网有限公司副总经济师，华中分部主任，党委书记：陈修言

副主任、党委委员、国家电网有限公司华中审计中心主任：刁金

副主任、党委委员：朱教新

副主任、党委委员、纪委书记、工会主席：万长江

副主任、党委委员、国家电力调度控制中心副主任（兼）：周坚

国家电网有限公司华中分部一级顾问：丁广鑫

电网概况 华中电网覆盖湖北、河南、湖南和江西等四省，区域面积约 73.16 万 km^2，人口约 2.7 亿。华中电网常规一次能源主要有水能、煤炭和油气资源，其分布特点呈现“南水、北煤、西气”的格局。水能资源主要分布在湖北、湖南，同时接收或转送西南水电。煤炭资源主要分布在河南省。负荷主要集中在河南中部南部、鄂东、长株潭以及南昌等地区。华中地区的能源和负荷分布，形成了华中电网“西电东送、南北互供”的特点。

华中电网处于“联网中枢、安全中坚、资源中继”的重要地位，与周边所有区域电网互联，是全国互联电网的枢纽，跨区通道达到 10 直 1 交，跨区交换送出能力 21 860MW，跨区交换受入能力 18 610MW。

通过 1 回 1000kV 特高压交流线路（长南Ⅰ线）与华北电网相联；通过 2 座柔性直流输电工程换流站（宜昌及施州）与西南电网异步相联；通过 2 回 ±800kV 特高压直流线路（天中、祁韶直流）及 1 回背靠背直流（灵宝直流）与西北电网相联；通过 4 回 ±500kV 直流线路（葛南、龙政、宜华、林枫直流）与华东电网相联；通过 1 回 ±500kV 直流线路（江城直流）与南方电网相联。华中电网成为全国电网互联的中心和枢纽。

湖北电网通过宜昌柔性直流和施州柔性直流与西南电网相联。河南电网通过 1000kV 南荆Ⅰ线、500kV 卧贤Ⅰ、Ⅱ线和孝浉Ⅰ、Ⅱ回线与主网相联。湖南电网通过 500kV 葛岗线和孱澧Ⅰ、Ⅱ线与主网相联。江西电网通过 500kV 磁永线和咸梦Ⅰ、Ⅱ回线与主网相联。

华中电网新投产调度口径发电机组 170 台（座）（含 110kV）、总容量 14 329MW，其中：火电 31 台、容量 7480.7MW，占 52.20%；水电 24 台、容量 292.2MW，占 2.04%；风电场 70 座、容量 4567.7MW，占 31.88%；光伏 30 座、容量 1807.2MW，占 12.61%；生物质及其他 181.5MW，占 1.27%。新增单机容量 1000MW 及以上机组 3 台、容量 3000MW，占新增总装机容量的 20.94%。

新投产 220kV 及以上输电线路共 251 条，总长度 5327.13km。其中 500kV 输电线路净增 16 条、长度 545.13km，220kV 输电线路净增 235 条、长度 4782km。新投产 220kV 及以上变电站 75 座、变压器 188 台、容量合计 43 988MVA。其中 500kV 变电站 8 座（含宜昌、施州 2 座背靠背换流站）、变压器 17 台、容量 18 650MVA，220kV 变电站 67 座、变压器 171 台、容量 25 388MVA。

华中电网调度口径装机容量 242 587MVA，同比增加 14 329MVA，其中火电占 56.92%，水电占 26.32%，新能源及其他占 15.07%。调度口径机组发电量 8119 亿 kWh，同比增长 1.5%，其中火电发电量 5597 亿 kWh（占比 68.94%，同比增长 0.15%），水电发电量 2050 亿 kWh（占比 25.25%，同比增长 0.19%）。

华中电网 1000kV 交流输电线路 2 条，总长 640km；1000kV 变电站 2 座，变压器 4 台，变电容量 12 000MVA；500kV 交流输电线路 395 条，总长 27 296km；500kV 变电站 125 座，变压器 217 台，变电容量 193 050MVA。落点华中的 ±800kV 直流线路 2 条，线路总长 4593km；±500kV 直流线路 5 条，线路总长 4888km。

电网调度 加强区域电网稳定管理，保障渝鄂工程投产，华中与西南电网实现异步联网。全网及四省负荷 12 次创历史新高，加强省间互济，保障四省电力有序供应。全年完成 489 项主网设备停电检修和 36 项新设备启动调试，全年正确处置 88 起主网故障，完成武汉军运会等重大活动期间电网安全和网络信息安全保障任务。华中电网连续 37 年安全稳定运行。

统筹水库运用和电网运行需要，汛期保发电、枯期保水头，水电利用率达到 99.94%，湖南水电发电量创历史新高。优化火电开机方式，实施省间备用共享，深挖系统调峰潜力，组织应急外送交易，全网新能源发电量同比增长 28.3%，新能源利用率 99.74%。

华中电力辅助服务市场开展调电试运行。率先建成调控云实时数据平台武汉站点，入选国家电网公司泛网建设最佳实践案例。在国家电网公司系统内首次实现分散式储能电站跨省调用，源网荷储泛在调度开局良好。完成资源同步网华中节点建设，调度数据网实现千兆互联，网络支撑能力明显提升。

完成“三道防线”优化调整，开展机组励磁参数全局优化。完成二次系统隐患排查治理，建立自动化、信息和通信系统应急演练制度。完成直调电厂及 84 个 500kV 变电站网络安全监测装置接入，建立网络安全值班制度，完成护网 2019 网络攻防演习保障任务。

电力交易 联合西北、西南分部协同运作。按照国家电网公司关于提升特高压通道利用率的要求，主动组织国网湖南电力对接国网西北分部及有关省公司，配合总部开展祁韶直流增量专项交易，完成年度交易任务。全年累计实现省间交易电量 1433 亿 kWh，同比增长 5.3%；营业收入 290 亿元，完成年度目标

的 103%；利润总额 8.2 亿元，完成年度目标的 100.95%。

优化省间清洁能源年度交易安排，协调各省政府、电网公司各方利益，贯彻“创新、协调、绿色、开放、共享”的新发展理念，清洁能源消纳再上新台阶。华中分部创新交易，西南水电首次通过渝鄂通道、祁韶直流、灵宝直流多通道送入，实现华中四省全覆盖，西南水电由原三省消纳扩大到全网范围，根据送电时段、通道剩余空间以及完成计划要求，分别开展了一条线交易、低谷电量交易、省间发电权交易、抽蓄电量交易。日前、日内、多时点频繁开展新能源跨区现货交易，累计交易电量 26 亿 kWh，占国家电网公司近 50%。2019 年，累计消纳清洁能源 2875 亿 kWh，同比增长 5.2%。其中，区外清洁能源 365 亿 kWh，同比增长 11.3%；区内清洁能源 2510 亿 kWh，同比增长 4.3%；华中电网新能源利用率达 99.7%。新能源跨区现货交易电量累计 26 亿 kWh，占国家电网公司总交易电量的 49%。开展湖南水电外送应急交易，减弃增发电量 7.7 亿 kWh，湖南水电发电量同比增长 28%。

提前做好清洁能演消纳预案，在汛期到来前，牵头组织商谈签订“2019 年西南送华中水电交易框架协议”“2019 年湖南富余水电消纳框架协议”。指导湖北电力交易中心开展“绿色军运”专场交易，23 个场馆参加绿电直接交易。宣传国家电网和北京电力交易中心，扩大“绿色军运、清洁低碳”的影响力和辐射力。

规划计划 组建华中电网规划管理委员会，制定出台相应工作规则，召开华中电网规划管理委员会办公室会议。先行先试统一计算平台、统一计算标准、统一计算数据的“三统一”规划工作模式，开展电网滚动规划分析。按照“三级编制、两级评审”工作流程，完成 2019 年度区域主网架滚动规划报告编制和省级电网主网架规划报告评审工作，明确了 2020—2022 年华中电网发展目标及重点建设项目建议，为做好“十三五”电网规划与“十四五”电网规划的有效衔接奠定了坚实基础。完成《华中区域可再生能源发展“十四五”规划》报告编制。

牵头开展工程系统方案研究工作，结合华中各省 500kV 主网架实际发展程度，本着“安全、效率和效益”发展原则，遵循“差异化”发展理念，兼顾远景灵活适应性，研究提出特高压工程建成初期近区 500kV 主网架优化方案，系统解决 23 个 500kV 变电站母线三相短路电流超标问题，为特高压工程可研前期工作推进提供重要支撑。加强与政府能源主管部门沟通协调，发挥区域规划平台作用，组织召开华中区域电网“十四五”电网规划座谈会，重点向四省政府能源主管部门沟通华中电网“十四五”电力供需形势分析、区域 2020—2022 年电网规划成果。

分部管理 加强大电网风险管控，科学安排运行方式，夯实“三道防线”，有效处置主网故障 88 起，确保电网安全。组织区域安全监督检查 80 余次，深入一线，查找问题，督导整改，实现全网安全“零事故”、分部安全“零事件”。智能电网建设取得新进展，率先编制完成《华中电网发展规划（2019 年版）》，研究提出特高压近区 500kV 网架优化方案，系统解决 23 个 500kV 变电站短路电流超标问题。

泛在电力物联网建设全面展开，率先建成调控云实时数据平台武汉站点，实现国家电网公司系统 220kV 及以上实时数据“全、快、准”汇集。华中调峰辅助服务市场投入试运行，为各类资源参与系统调节、促进清洁能源消纳提供平台支撑。在国家电网公司范围内首次实现分散式储能电站资源跨省调用。牵头制定分部板块多维精益管理体系变革实施方案。华中区域电力市场主体信用评价体系初步建成。

深入依法治企，健全完善分部党委工作规则、“三重一大”决策管理细则、主任办公会议规则等制度。建立违规经营投资责任追究机制。完善招投标管理内控流程。执行综合计划和预算刚性管理，各项指标执行精准性进一步提高。开展“关联交易、靠企吃企”专项清查。取消评比表彰项目 6 项。整治形式主义突出问题，分部会议压减 42%，发文压减 26%。排查整改消防隐患，后勤本质安全基础更加牢固。完善保密技术防范体系，内网涉密安全监测系统覆盖率 100%。

夯实资产基础，理顺管理关系，共划入省公司改扩建资产 4 亿元；2 个由国家电网总部投资、国网华中分部实施的基建项目转资，新增资产 1 亿元。落实“放管服”部署，成立华中电网规划管理委员会，统一规划区域电网。资金管理由“收支两条线”转为“自收自支”方式。关停撤销驻京办，妥善处置资产、安置人员。“三供一业”分离移交工作实现年度目标，职工家属区物业资产移交和供水改造工作完成。

科技管理 研究开发项目总经费 1028.06 万元，其中：新开项目 13 项，经费 563 万元，结转项目 12 项，经费 465.06 万元，技术服务 20 项，经费 563 万元。在超/特高压输变电技术、电网发展与规划技术、电力系统自动化技术、电网安全控制与保护技术、电网安全分析与仿真技术、大规模新能源发电并网与运行控制技术、电网安全控制与保护技术、能源发展与企业管理技术等领域，开展了多项研究，填补国内外相关研究领域空白。

共获得省部级科技进步奖 4 项，主持研究的“大电网调控模型一体化关键技术研究与应用”“考虑多元能源协调优化的大电网多级调度计划关键技术与应用”项目荣获湖北省科学技术进步三等奖，参与研究的“大规模不确定性可再生能源的电网主动消纳关键技术及应用”项目荣获湖北省科学技术进步奖一等奖；参与完成的“大规模可再生能源高效并网与主动消纳关键技术及应用”项目荣获中国电力科学技术进步奖一等奖。新申请专利41项，获授权专利25项。

党群工作 学习贯彻习近平新时代中国特色社会主义思想这条主线，将“十二字”总要求落细，将“五句话”目标做实，完成两批“不忘初心、牢记使命”主题教育。开展“抓整改、除积弊、转作风、为人民”专项行动，以较真碰硬的态度，抓班子成员思想认识的提高，抓干部职工能力素质的提升。针对主题教育检视的问题和巡视反馈的问题，举一反三，狠抓整改落实。主题教育29个问题整改完成28个，巡视反馈81个问题全部完成整改。落实“旗帜领航·三年登高”创先争优年各项工作，党委中心组学习示范带动作用明显，基层党组织主题党日、交叉讲党课、“联学联创”等活动亮点纷呈，党建绩效考核、述职评议考核激励效果良好。贯彻《中国共产党问责条例》，以问责倒逼“两个责任”落实。规范纪检机构设置和纪委书记分工。落实党管意识形态要求，意识形态阵地管理得到加强。

结合建党98周年、新中国成立70周年等重大主题，举办“我与祖国共奋进”华中区域主题歌会，“我爱我的祖国”主题展览以及丰富多彩的职工文体活动。开展华中电网输电线路施工安全劳动竞赛，支持四省公司为职工办实事。举办各类培训班62期次，专题讲座12场。修订员工疗养管理细则。推进健康食堂创建。关心关爱离退休老同志。持续开展精准扶贫工作。获省部级科技进步奖6项，国家电网公司“青创赛”铜奖1项。党杰、刘兵、姜曼、魏莉、金延等5名职工分别荣获“最美国网人”、国家电网公司劳动模范、巾帼建功标兵和湖北五一劳动奖章、优秀女职工工作者等称号，退休职工陈晓伦获“国网有为时代老人”称号。华中分部被国务院国资委授予“中央企业先进集体”荣誉称号。

主要事件

7月29日，华中电网用电负荷达到15 556万kW，创历史新高，华中主网运行平稳，全网未出现拉闸限电。

9月，陈修言调任国网华中分部主任、党委书记职务，秦红三转任国网湖南省电力有限公司顾问。

9月21日，国网华中分部荣获中央企业先进集体称号。

10月，完成第七届世界军人运动会保电任务，国网华中分部精心落实保电方案，安排主备调同步值守，加强电网运行监控，确保了电网安全稳定运行和可靠供应。同时，发挥华中电网枢纽型、平台型和共享型优势，积极筹措区内外清洁电力服务武汉军运会，助力“蓝天白云、绿色军运”。

12月，周坚任国网分部副主任、党委委员、国家电力调度控制中心副主任（兼）。

12月，副主任畅刚调整至国网湖北省电力有限公司就职。

（李国柱　郑伟伟）

【国家电网有限公司东北分部】

分部概况 国家电网有限公司东北分部（简称国网东北分部）于2011年4月在原东北电网有限公司基础上成立，是国家电网公司总部部分管理职能的延伸，在国家电网公司总部授权范围内负责区域内的电网调控运行、安全质量监督、电网规划、审计监督以及分部电网资产管理，开展区域内省间电力交易和中朝水力发电公司中方相关业务，对区域内省（区）电力公司发挥协调监督作用，确保国家电网公司各项决策部署、重点工作在区域内的推进落实和贯彻执行，充分发挥对国家电网公司总部的支撑作用。

组织机构 国网东北分部由分部机关、后勤管理中心和绿源水力发电公司三部分组成。分部机关内设办公室（社保中心）、安全质量监督部、财务部、规划统计部、党建工作部、工会办公室（离退休工作部）、国家电网东北电力调控分中心、国家电网有限公司东北审计中心、中朝水力发电公司理事会中方业务局、水电管理部10个部门。水电管理部与绿源水力发电公司合署办公，绿源水力发电公司下设4个单位，分别为云峰发电厂、太平湾发电厂、望江楼水电站工程建设局和绿源水力发电公司检修公司。

电网概况 东北电网覆盖辽宁、吉林、黑龙江及内蒙古东部三省一区，是国家电网公司六大区域电网之一，供电面积128万km^2，人口1.22亿。东北电网通过高岭背靠背直流及特高压鲁固直流与华北电网联网。在黑龙江北部通过黑河背靠背直流与俄罗斯远东电网联网。在辽宁东部与朝鲜共享鸭绿江水电资源。东北电网以500kV为主干网架覆盖主要大中城市群的负荷中心，并与区域内的煤电、风电和水电能源基地相连，形成北电南送、西电东送和向扎鲁特汇集电力的主通道。区域内部北起内蒙古呼伦贝尔、南至辽宁鞍山的伊穆直流与500kV交流电网形成交直流混联结构。鲁固直流及其配套500kV工程建成投运后，全网整体电力流格局发生较大变化，形成了辽、吉、黑、蒙东4个省（区）向扎鲁特换流站汇集电力的输电格局，500kV主网潮流汇集能力满足鲁固直流送电需求。

东北电网总装机容量 1.52 亿 kW。其中，火电装机占 63%，其中供热机组装机占火电装机 71%，风电、光伏、水电、核电等清洁能源装机占 37%。发电电力极值 7201 万 kW。东北电网 500kV 线路 239 条，长度 24 610km；220kV 线路 2117 条，长度 61 133km；500kV 变电站 76 座，变电容量 119 500MVA；500kV 发电厂升压站 26 座；直流换流站 5 座；220kV 变电站 662 座，变电容量 173 980MVA。2019 年东北电网发电量 5304.61 亿 kWh，同比增长 4.76%。其中：水电发电量 147.31 亿 kWh，同比下降 7.86%；火电发电量 3999.58 亿 kWh，同比增长 3.11%；核电发电量 327.3 亿 kWh，同比增长 8.53%；风电发电量 675.23 亿 kWh，同比增长 9.6%；光伏发电量 155.19 亿 kWh，同比增长 45.11%。2019 年，东北电网与外区交易净送出电量 452.71 亿 kWh，同比增长 28.23%，外购电量（东北受俄）30.68 亿 kWh。

电网调度 电网保持长周期安全稳定运行。正确处置沈阳棋盘山山火等 220kV 及以上电网故障 213 起。完成电网迎峰度夏、度冬工作。成功应对“利奇马”“罗莎”“玲玲”等台风，有效开展水库联合调度，完成丰满新建大坝竣工蓄水及 3 台新机的投运工作。累计实现安全运行 7489 天。

新能源接纳成效显著。组织开展弃风弃光跨区现货交易。通过采取利用主变过载能力、优化控制策略等措施提升全网新能源接纳能力 200 万 kW。持续加大火电灵活性改造，新增低谷调峰容量 260 万 kW。充分发挥东北电力调峰辅助服务市场作用，新能源增发电量 250.23 亿 kWh。全网新能源发电量 830.4 亿 kWh，同比增长 14.85%，利用率完成 98.16%。

二次系统安全运行水平进一步提升。开展继电保护和安全自动装置“排雷”专项行动，全网共发现问题 6792 项，完成整改 4219 项，未整改项已全部列入整改计划。扎鲁特近区风电机组高压穿越改造全部完成，高频紧急控制系统已投运 78 个执行站，控制发电容量 4536 万 kW，为鲁固特高压系统提升外送能力创造有利条件。完成调度自动化异地数据备份中心建设和长春新备调升级改造，实施网络安全管理平台建设。组织开展东北区域跨省 500kV 光缆联合检修及二级骨干通信网业务专项治理。

东北电网尖峰旋转备用辅助服务市场投入运行，全网火电受阻容量平均下降 11.37%，现货市场建设正式启动。完成互联网调度信息发布平台建设。完成东北区域并网电厂“两个细则”修编工作，2019 年 10 月 1 日模拟运行。

电力交易 国家电力市场电量完成情况：东北送华北电量完成 217.01 亿 kWh，其中风电送华北电量 66.17 亿 kWh，完成年度计划的 100.23%。国家电力市场非直调电量完成 837.7 亿 kWh，完成年度计划的 107.55%，其中：火电送出 650.5 亿 kWh，水电送出 95.1 亿 kWh，东北电网省间送出 118.1 亿 kWh。呼辽直流电量 152 亿 kWh，完成年度计划的 104.83%。俄电完成 26.72 亿 kWh，完成年度计划的 98.96%。鲁固直流完成 150.45 亿 kWh。

公司间联络线互供电量完成情况：国网东北分部完成联络线送出 781.82 亿 kWh，完成年度目标电量 100.99%；国网辽宁电力完成联络线受入 512.10 亿 kWh，完成年度目标电量 100.92%；国网吉林电力完成联络线送出 98.33 亿 kWh，完成年度目标电量 100.39%；国网黑龙江电力完成联络线送出 84.81 亿 kWh，完成年度目标电量 101.63%，国网蒙东电力完成联络线受入 27.04 亿 kWh，完成年度目标电量 120.39%。

加强电力市场建设，努力发挥大电网互联优势，组织发电企业参与东北送华北中长期交易 2 轮次，达成交易电量 216.52 亿 kWh。组织发电企业参与鲁固直流通道外送山东中长期交易 6 轮次，达成交易电量 240.48 亿 kWh。为拉动辽宁经济增长，降低辽宁电力用户购电成本，全年共组织开展辽宁电力用户跨省与蒙东地区发电企业直接交易 8 轮次，达成交易电量 223.7 亿 kWh。助力蒙东地方经济发展，通过双边交易和挂牌交易开展蒙东地区电力用户与发电企业直接交易 8 轮次，达成交易电量 86.77 亿 kWh。开展吉林省与蒙东地方发电企业跨省直接交易，达成直接交易电量 2 亿 kWh。开展辽宁与吉林发电企业跨省直接交易，达成直接交易电量 23 亿 kWh。

规划计划 科学开展区域规划管理，加强区域规划工作例会平台建设。率先制定《东北区域电网规划工作管理规定》《东北区域电网规划项目库管理规定》。科学开展 2019 年东北电网滚动规划编制工作并通过评审。开展区域电网规划滚动分析计算，电网仿真计算能力得到较大提升。组织专家首次开展省级电网规划评审工作，提出各省电网规划方案的优化建议，指导省级电网滚动规划工作。

优化扎鲁特直流配套风电接网方案，助力新能源发展。开展东北电网抽水蓄能发展需求研究，为东北电网稳定运行和新能源接纳打好基础。跟踪研究区域经济和用电市场发展趋势，编制完成东北区域 2019 年春季、秋季电力市场分析预测报告及季度供需分析报告。

开展东北区域跨省电网项目，组织召开巴林—奈曼—阜新 500kV 输变电工程的前期工作会议，编制巴林—奈曼—阜新工程可研设计一体化招标的工作方案及计划，完成工程可研设计一体化招标。开展分部资产改扩建项目委托建设组织工作，探索形成分部电网资产改扩建项目管理模式。

加强计划管理，编制下发 2019 年东北电网公司间联络线电量计划及直调（直购）电厂电量计划，组织完成 2019 年跨省跨区送电工作。鲁固直流外送电量超 240 亿 kWh，完成年度优先发电计划 120%。批复分解下达分部 2019 年综合计划，完成 2019 年调整计划建议和 2020 年综合计划建议编制。

中朝电力合作 中朝界河流域来水极枯，云峰、水丰两大水库来水总量 153.08 亿 m^3，较多年平均减少 42.6%。中朝水力发电公司总发电量 39.3 亿 kWh，中方电厂实现发电量 14.3 亿 kWh，中朝电量差 2.69 亿 kWh（朝方多用）。云峰发电厂累计实现连续安全生产 6213 天，太平湾发电厂累计实现连续安全生产 4823 天。

服从国家外交战略大局，牢牢把握外事工作原则，加强与朝方的工作联络，细化外事工作措施，谋划中朝水力发电公司理事会（简称理事会）各项工作。召开了理事会财务审议会议、防汛会议、调度会议、物资采购会议，多次开展非正式会晤，保证理事会各项工作的落实。

帮助朝方解决困难，保障电厂安全生产。协助朝方采购运维物资 17 项、大米 1620t、豆油 110t，有效缓解了朝方管理电厂运维物资和职工生活粮食短缺问题，保障电厂安全稳定运行。朝方委托中方采购的文岳电站主机设备也运抵朝鲜。

9 月底，云峰发电厂发生尾水闸门下游堆渣突发事件，中方高度重视，采取应急措施，第一时间通报朝方。经与朝方多次沟通，11 月初，组织召开中朝基建理事专题会议并与朝方达成共识，在电站抢修期间采用中孔闸门泄流方式，保障了下游两岸地区供水，化解了外事风险。

分部管理 吸取内外部事故教训，以安全管理策划方案管控安全风险，全年开展高风险现场安全管控 12 次，完成各类监督检查 22 次。修订输变电设备设施委托运维管理办法，明晰运维管理职责，量化制定考核指标。网络安全管理平台建成投运，电力监控系统安全管控能力整体提升。强化办公园区安保管理，抓好消防和交通安全，后勤保障水平不断提升。

增强经营管理。强化预算刚性管理，严控各类成本支出。配合第二轮输配电价成本监审，促成 144 亿元新划入资产的历史成本核增，争取合理的输配电价水平。利用各项税收优惠政策，减免企业所得税 1502 万元。对区外 11 家省公司完成专项审计，对区域内省（区）电力公司及所属单位开展持续性审计监督。对委托运维资产实施专项审计，对直管电厂实施经济责任审计，对望江楼工程管理实施审计调查。按照公司总部要求成立区域内省（区）电力公司监事会，推动监事会成员全面履责。加强招投标管理，全年完成 13 个批次 595 项集中规模采购工作，中标金额 4.78 亿元，节资率 5%。

规范界河水电管理。明确绿源水力发电公司各单位生产关系和管理职责，健全生产制度体系，启动机构规范和人力资源优化完善工作。组建绿源水力发电公司检修公司，实现全员考试上岗。丹东集控中心建成投运，集安集控分中心建设正常推进，开启“集中监控、现场值守”运管新模式。云峰发电厂 2 号机整体改造完工，尾水抢修工程全速推进。太平湾发电厂 4 号机 B 修优质完成，长甸 2 号机 A 修及改造工程稳步实施。望江楼水电站概算调整和征地移民工作取得实质性进展，四台机组基本安装完毕。

改革创新取得成效。清理关闭了驻京办事处。加强水电管理部（绿源水力发电公司）专业化管理，优化分部各部门相关职责，理顺物资管理关系。调整水电建设办公室、望江楼建设局的机构设置和有关人事关系，为加快望江楼工程建设创造条件。制定集体企业深化改革实施方案，成立产业指导委员会。推进集体企业瘦身健体，完成对丹东市隆源物业有限公司的吸收合并工作。基本完成“两供一业”分离移交改造任务，减轻企业负担。

全年安排各类业务培训 180 期 2818 人次，组织继电保护、变电检修、高压试验等专业技能竞赛，员工队伍素质整体提升。加强班组建设，印发减轻班组负担“双十条”指导意见，推进班组减负。

科技管理 分部电网资产研究开发项目 19 项，计划资金 1260 万元；技术服务项目 16 项，计划资金 305 万元。开展基于泛在电力物联网技术的东北电网海量分布式光伏低成本管理关键技术科技项目研究。完成数据驱动的大电网全景运行态势智能评估与优化控制关键技术研究。电网新能源集群送出边界技术通过验收，保护相位检验技术获得全面推广。

结合扎鲁特特高压直流工程投运及风电等新能源快速发展，对风电高渗透直流高比例送端电网面临的安全稳定问题，以及东北电网“风光核+抽蓄”经营模式和抽水蓄能的回收机制研究进行研究。针对制约新能源消纳的网架问题，研究提出适应新能源规模化接入的网架补强方案；研究大规模输送新能源的外送通道规划方案，以及与外送通道相适应性的东北主网架优化方案。

结合东北电网实际，组织开展 2019 年度东北分部科学技术进步奖励评选工作，共评选出科技进步类 28 项，专利类 16 项获奖并参展，调动广大员工踊跃参与科技创新的热情。组织开展公司 2019 年度科技奖励推荐和中国电力年度科技人物推荐工作，推荐 2 项公司科技进步奖候选项目、1 项专利奖候选项目，申报1名中国电力年度科技人物候选人，其中1项科技成果获得国家电网公司科技进步三等奖。

党群工作 把“不忘初心、牢记使命”主题教育作为重要政治任务，以上率下，有力推动。分部党委带头学习，举办读书班5期，开展集体学习38次，各级党员领导干部讲专题党课48人次。班子成员围绕发电企业、电力用户深入27家单位开展调研14次，发现并解决问题61项；深入基层开展谈心谈话126人次，广泛征求职工群众意见，开展批评与自我批评，检视剖析问题23条，制定整改措施44项。针对突出问题扎实开展整改落实“回头看”和专项整治，跟踪问效，全程督导，推动整改收到实效。两批主题教育前后衔接、上下联动，取得了实实在在的成效。

坚持以习近平新时代中国特色社会主义思想为指导，深入学习贯彻党的十九大和十九届二中、三中、四中全会精神，紧紧围绕新时代党的建设总要求，进一步增强“四个意识”、坚定“四个自信”、坚决做到“两个维护”。深化习近平新时代中国特色社会主义思想学习教育，党委理论学习中心组集体学习17次，发挥示范带头作用。组织党建干部培训班，开展“学党章、学条例、作先锋”知识竞赛，评选“学习强国”学习标兵，推动党员干部坚定理想信念、提升能力素质。落实全国国有企业党的建设工作会议精神和公司30项重点任务，坚持党对国有企业的全面领导，以分部党委1号文为统领，召开年度党的建设工作会议，印发党建工作要点，分解落实党建重点任务10项、具体措施28条，在安全运行、水电管理、脱贫攻坚等中心工作中，有序推进党建工作责任落地落细。

落实基层党委“六个标准化”和基层党支部“五个标准化”，用好党建信息化综合管理系统，推进“共产党员之家”综合服务阵地建设，提升基层党组织标准化规范化建设质量。严肃党内政治生活，落实“三会一课”等七项组织生活制度，开展党委书记抓基层党建工作述职评议、基层党建工作绩效考评，实现党建责任整体联动、闭环管理。落实党的建设“旗帜领航·三年登高”计划创先争优年任务，开展“三亮三比”主题活动，推广“党建+”工程，以形式多样的“守正创新、担当作为，奋勇争先、创造一流”“抓整改、除积弊、转作风、为人民”等主题党日等活动，带动基层党组织加强自身建设，打造战斗堡垒。

以创新引领新时代思想政治工作，牵头举办东北区域电力企业2000人参与的“我和祖国共奋进”大型文化成果展示，组织260余名党员现场唱响“我和我的祖国”，观看爱国教育影片《攀登者》，共同礼赞新中国成立70周年。强化党内政治文化引领，不断加强企业文化建设和精神文明建设。引导统战人士立足岗位作贡献。深化“青字号”品牌创建，激励青年建功立业展风采。强化政治担当，推进党建扶助、走访慰问、入村帮贫等活动，通过光伏发电、无风险养殖等项目实施，履行社会责任，坚决打赢脱贫攻坚战。

贯彻十九届中央纪委三次全会部署，召开年度党风廉政建设和反腐败工作会议，全面落实公司党组和分部党委工作要求，压紧压实“两个责任”。党委会专题研究部署党风廉政建设和反腐败工作议题10次15项，制定班子成员履责要点，开展廉政约谈，强化监督执纪问责。统筹整改和内部巡察一体推进，全面完成巡视发现92个问题、227项措施整改，完成对4个二级单位党委实施内部巡察。加强作风建设，教育党员干部严守政治纪律和政治规矩，弘扬新风正气。建设廉洁文化展厅、编发《廉堂月话》，深入宣贯全面从严治党、反腐倡廉部署要求。紧盯重大节日，落实中央八项规定精神监督，集中整治形式主义、官僚主义，组织开展党的十八大以来纪律处分决定执行情况自查自纠和督查，有效规范了党员干部行为。

（王生龙　张海鹏）

【国家电网有限公司西北分部】

分部概况 国家电网有限公司西北分部（简称国网西北分部）设立于2011年4月，是国家电网公司总部在西北设立的派出机构，在总部授权范围内，负责西北陕西、甘肃、青海、宁夏、新疆区域内电网调度运行管理、安全质量监督、审计监督以及分部电网资产管理，开展区域内跨省电网项目前期及电网规划工作。

截至2019年底，国网西北分部共有在职员工204人，资产总额46.75亿元。电网资产主要包括750kV变电站1座，输电线路13条。此外，经营性租赁总部750kV变电站4座、750kV输电线路15条。以上电网资产全部委托资产所在地省（区）电力公司运行维护。

2019年，国网西北分部新能源利用率实现“三年三连升”，达到92.3%，提前一年完成国家三年行动计划控制目标。西北电网负荷突破9000万kW。跨区跨省交易完成2168.8亿kWh，同比增长23.6%。西北电网频率合格率100%。

领导班子

国家电网有限公司副总工程师兼国网西北分部主任、党委书记：王风雷

副主任、党委委员：左玉玺

副主任、党委委员兼国家电网有限公司审计部副主任：穆银安

副主任、党委委员、纪委书记、工会主席：马放瑞

副主任、党委委员兼国家电力调度控制中心副主任：韩悌

组织机构 内设办公室、安全质量监督部、财务部、规划统计部、党建工作部（纪委办公室）、工会办公室（离退休工作部）、国家电网西北电力调控分中心（黄河上中游水量调度委员会办公室）、国家电网公司西北审计中心8个部门，另设正处级建制分支机构后勤管理中心。

电网概况 2019年，西北五省（区）系统发电设备新增机组178台（座），新增发电容量24 586.17MW。其中新增火电机组27台，新增发电容量14 802MW，增长率为11.36%；新增水电机组23台，新增发电容量374.8MW，增长率为1.19%；新增风电场39座，新增发电容量3853.2MW，增长率为7.87%；新增光伏电站87座，新增发电容量5242.6MW，增长率为12.9%。

2019年，西北五省（区）系统新增220kV及以上降压变压器103台，新增容量43 643MVA。其中750kV新增降压变压器13台，容量24 000MVA，增长率为14.14%；330kV新增降压变压器53台，容量11 733MVA，增长率为8.32%；220kV新增降压变压器37台，容量7910MVA，增长率为10.52%。西北五省（区）系统220kV及以上交流输电线路新增119条，新增长度6146km。其中新建750kV线路21条，新增线路长度3010.28km；新建、改建330（500）kV线路62条，新增线路长度2435km；新增220kV线路36条，新增线路长度670.6km。

截至年末，西北五省（区）调度口径装机7533台（座），容量276 896.2MW，其中火电145 015.9MW，占总装机容量的52.37%；水电31 761.3MW，占总装机容量的11.47%；风电52 767.73MW，占总装机容量的19.05%；光伏45 686.7MW，占总装机容量的16.49%；其他1664.4MW，占总装机容量的0.6%。

截至年末，西北五省（区）系统220kV及以上降压变压器变电容量439 154.33MVA，其中750kV变压器容量为193 700MVA（62站108变），330kV降压变压器变电容量为153 968.3MVA（共314站671变）。西北电网220kV及以上交流输电线路长度84 232.2km（1818条），其中750kV线路长度为23 159.3km（172条），500/330kV线路长度为33 663.3km（821条）。

电网调度 持续推动“四个升级”（电网协调发展水平升级，清洁能源利用水平升级，大电网掌控能力升级，分部管理服务水平升级），强化电网运行管控，深化网源协调发展，加强新技术与电网融合，优化能源资源配置。应对电网故障、新能源消纳、市场化建设等挑战，各项重点工作稳步有序推进，年内完成国调中心对分中心安全生产保障能力现场查评工作，总得分位居六个分中心第二名。

提高管理能力，电网长周期安全稳定运行。严格落实重要时段保电方案和反事故预案，完成新中国成立70周年保电等10余项重要时段供电保障任务。完成年度防凌任务，应对黄河流域来水极丰形势（1989年以来黄河上游来水量最大的一年，较2018年仍偏丰一成），全力做好梯级水库联合防洪调度工作，拓宽消纳空间，直调水电发电量同比增长7.11%，发电量创历史新高。开展“调控系统本质安全年”建设，深入现场开展春秋两季安全运行大检查，扎实推进“三道防线”核查、二次系统“排雷”等专项活动，不断夯实安全基础。深入开展并网电厂涉网安全防护检查，加快推进网络安全管理平台实用化和安全监测装置部署，提升网络安全防护水平。持续完善“1+4+N”预案体系，确保了电网的安全运行。

加强协调发展，送端电网结构更加坚强。牵头编制“大反措”计划及安全稳定重点任务分工，持续督导任务落实。完成天山换调相机投运后天中直流送端运行控制方案优化调整，组织实施国内外首个750kV电压等级串补设备群投运，完成陕北—关中750kV二通道、河西补强等重点工程调试启动任务，主网架结构进一步优化补强。通过“系统保护技术+精益化分档控制”创新手段，提升祁韶直流及近区风电、陕北外送等网内关键交直流断面输送能力700万kW。常态化开展机组性能核查整改，全网常规机组一次调频合格率较2018年提高5个百分点，网内新能源耐频能力已基本达到51Hz，1.3倍耐压改造总量已达到2541.24万kW。创新提出由配套火电和配套新能源共同组成单独控制区的调度管理模式，9月起吉泉直流配套电源单独控制区进入试运行阶段。

创新提升清洁能源消纳，资源配置日趋优化。丰富和完善新能源发电快速响应和柔性调度机制，将新能源预测周期拓展至168h，通过新能源资源分级预警等方式实现运行方式优化、市场化手段调用等综合措施联动，年内增发新能源8.4亿kWh。加强月度和临时检修方式精益化分析，在国内首家颁布制定了《电网检修方式精益化稳定计算分析实施细则》。加快完善西北电网柔性灵活交易体系，运用电量库、主控区置换等柔性调度交易手段，年内累计增发新能源53.6亿kWh。精心组织西北调峰辅助服务市场试运行，推广“跨省+省内”的虚拟储能模式，国内首次实现直流配套电源纳入调峰辅助服务市场，年内累计实现新能源增发64.64亿kWh，创造调峰收益19.27亿元。年度跨区外送电量2168.70亿kWh，同比增长23.6%。完成各类跨省交易和置换2.55万笔，日均71笔，累计电量295.84亿kWh。全网新能源累计消纳1532.22亿kWh，同比增长13.30%。新能源利用

率 92.34%，同比增加 6.07 个百分点。

谋划智能发展，大电网掌控能力不断升级。加强高占比电力电子化电网稳定特性研究，完成交直流混联大电网全电磁建模。优质打造新能源数据云平台及西北电网一体化安全管控平台，不断提升电网辅助决策水平。一体化安全管控平台代表国家电网公司参展世界物联网大会（无锡）且获得一致好评。加快推进清洁能源智能调控平台核心功能深化应用，实现全流程在线闭环管理。深化区域电网智能协调控制系统应用（I-GO 系统），实现对重要断面新能源集群发电的精准控制，陕北外送断面在新能源大发期间利用率提升至 98%，四鱼断面综合利用率平均提升 8 个百分点。

电力交易 团结五省（区）交易公司，沉着应对用电量增速放缓，特高压吉泉、昭沂直流设备长时间停运，黄河水电连续两个丰水年等外部因素带来的挑战，统筹跨区与跨省交易，创新市场机制建设，灵活交易组织，西北电网枢纽型、平台型、共享型作用有效发挥。

跨省跨区交易电量持续增长。以中东部地区煤炭消费总量控制、降低一般工商业电价、电力供应偏紧、完成可再生能源消纳责任权重等多种交易需求为驱动，发挥价格、清洁和稳定等优势，化解用电量增长放缓不利形势，跨区跨省交易电量逆势增长。2019 年西北电网跨区跨省交易 2168.77 亿 kWh，同比增长 23.58%，其中，跨区交易 1896.94 亿 kWh，跨省交易 271.83 亿 kWh。其中疆电外送 712.6 亿 kWh，同比增长 41.6%；青电外送 203.59 亿 kWh，同比增长 61%。

清洁能源消纳高质量运营。统筹水电和新能源运用，坚持市场化导向，按照“价格由高到低，区内和区外有效衔接”的交易时序，打好省间外送、直接交易、发电权交易、水电应急交易、合约转让、清洁替代交易等组合拳。累计实现黄河水电外送 149.6 亿 kWh，同比增长 94.3%，其中，青海水电外送 112.08 亿 kWh，同比增长 59.35%；甘肃水电外送实现突破，达到 37.48 亿 kWh，同比增长 467.22%。坚持区内省间“资源配置＋电力平衡”混合型市场定位，加大中长期交易组织频次，适应新能源运行和柔性调度需要。跨区跨省消纳新能源 547.86 亿 kWh，同比增长 34.15%，占西北新能源发电量的 36.01%，占国家电网公司新能源省间交易电量的 60%以上。

清洁能源市场机制创新效益良好。首次试点与新能源理论功率预测相衔接的中长期交易预挂牌和多日计划安排机制，分周期、分时段精细化安排电力曲线，缩短了交易周期，提升了重载断面利用率，试点效益良好。以青海水电外送、甘肃火电外送和陕西火电外送为依托，持续探索开展中长期多轮竞拍交易组织方式试点，积累了实践经验。区内省间置换类电量市场化、交易化试点突破。试点开展甘肃与宁夏备用共享电源出力优先调用交易，加大省间备用共享，提升系统调节能力，提升清洁能源消纳水平。累计开展交易 24 亿 kWh。实践运用西北“电量库”提升西藏清洁能源消纳水平和柴拉直流运营效率。

区内省间互济水平持续提升，交易品种更加多样。发挥省际联络线备用共享作用，挖掘省间资源跨时空互济潜力，促进资源有序流动、高效配置，构建五省（区）共同支撑西北大外送的格局。推进陕西和甘肃省间多月互济交易，协调组织新疆和甘肃省间互济交易。推进甘肃和青海省间互济交易、促成青海和宁夏省间互济交易。累计实现甘新、陕甘、陕青、甘青省间中长期互济交易 50 亿 kWh。组织签订 2019 年省间日前、实时交易框架协议，规范跨省输电价格标准，为省间资源优化配置和新能源消纳提供了保障。适时调整主汛期西北电网短期交易参考价格，引导市场主体主动参与市场化交易。

区内省间交易品种更加多样。发挥电网平台型作用，实现跨省电力直接交易规范化组织新突破，降低企业用能成本，服务电能替代和综合能源服务等营销战略落地。累计组织新疆送宁夏、青海送陕西、新疆送陕西等发电企业与电力用户（含售电公司代理）直接交易 18.69 亿 kWh，降低用能成本 2.1 亿元。发电合约跨省转让交易由试点到全面推广。开展统调火电发电权（发电合约）与水电、新能源等跨省转让交易 9.0 亿 kWh。开展自备电厂与水电、新能源等跨省清洁替代交易 4.93 亿 kWh。

与其他区域相比，西北区域省间交易缺乏优先发电计划支撑，以“网对网”形式和市场化交易为主，缺乏固定交易流向，交易频次多、协调量大。交易六部适应新一轮电力体制改革新形势，创新驱动，问题导向，实现了区内省间中长期交易的全面覆盖。交易品种全面覆盖，实现省间中长期外送交易（省级电网公司为购电主体）、省间电力直接交易（以电力用户为购电主体，含售电公司代理）、发电侧合同转让交易（含政府授权合同的发电权交易，市场化发电合约，自备电厂发电计划）等全面覆盖。市场成员全覆盖，火电、风电、光伏、水电等售电主体，以及电力用户（含售电公司代理）、省级电网公司、抽蓄电站等购电主体全面参与，实现市场成员全覆盖。交易周期全覆盖，从多年交易、年度交易、月度交易（含年度以内多月交易）、月内短期交易（含月内多日，D-4），交易周期逐步缩短，逐步向现货电力市场衔接。

规划计划 2019 年，西北分部在国网发展部的指导下，突出分部承担区域电网规划等核心职责，认真贯彻总部“放管服”文件精神，积极进取、奋力拼搏，全面完成了总部、分部部署的各项工作。进一步加强西北区域规划体制机制建设。成立西北区域电网规划管理委员会并制定工作规则，制定《国家电网有限公司西北区域主网架规划管理工作规范》等一系列工作制度。落实总部“放管服”改革要求，积极作为，坚持区域规划季度例会机制，建立区域规划集中工作机制，常态化开展区域重大问题、重大专项分析研究。组织2期专业培训，进一步提升技术支撑能力和规划水平。

完成电网滚动规划研究报告，启动“十四五”规划研究。紧紧围绕建设西北绿色坚强智能送端电网等重点任务，完成西北区域滚动规划总报告，电力供需、规划计算2个专题报告，提出西北直流输电能力、西北新能源开发及外送规模2个自主研究专题报告(“1+2+2”报告)，开展甘青补强、北疆电网加强、南疆三地州电网发展等研究。启动“十四五”规划相关工作，开展陕宁联网、关中用电需求等重点研究工作。

组织开展西北地区新能源与电网协调发展规划研究。践行规划引领，开展新能源出力特性、涉网性能、网源协调等研究。计算全网及各分区新能源关键技术指标，开展光热、抽水蓄能等调峰电源规划分析，以新能源利用率95%为目标初步测算2025年西北各省区及全网新能源装机规模。引导源网协调发展，从规划源头解决新能源利用率问题。该项工作已纳入总部年度重点工作，同时被国家能源局纳入中国可再生能源规模化发展项目，作为“十四五”西北区域电力规划的重要参考，并获得了世界银行100万美元资助。

超前研究750kV甘青断面加强工程。针对海南直流配套电源建设滞后情况，开展750kV甘青断面加强研究，提升电力网汇能力，多次汇报总部，获得支持。9月，750kV甘青断面加强工程（武胜—郭隆第三回线）通过总部规委会评审，并获国家能源局认可，已完成项目预可研。

加强综合计划管理，完善综合计划精益管控体系。会同各部门细化分解各专项计划安排，完成2019年综合计划下达、调整和2020年项目储备库建设、总控目标建议与上报工作；优化完善综合计划管理体系，制定工作规范；采取措施，确保计划执行进度可控、在控，各专项计划的流程合规性、计划执行效率和精益化水平都得到显著提升。

分部管理 贯彻习近平新时代中国特色社会主义思想，以党的建设为引领，持续深化分部“四个升级”，西北电网发展迈进坚强互联新阶段，清洁能源发展实现高效利用新提升，大电网掌控能力取得精准智能新突破，分部服务管理呈现精益规范新变化。

成立西北区域电网规划管理委员会，建立常态化会商机制，开展区域重大问题、重大专项集中研究。站在服务能源转型的战略高度，强化规划引导，组织五省（区）公司高质量开展“十四五”规划研究。世界上电压等级最高、输送容量最大、输电距离最远、技术水平最先进的直流输电工程——吉泉直流正式投运，西北电网在运直流外送通道达到9条，总容量5471万kW，西电东送坚强送端地位更加凸显。750kV河西电网加强工程建成投运，新疆西北联网通道“四鱼”断面正反向输送能力各提升近300万kW，解决了长期困扰西北电网的“哑铃型卡脖子”问题。陕北750kV第二通道投运，送出能力610万kW。南疆750kV电网补强工程全部竣工投产，750kV电网延伸至南疆四地州。西北电网进入750kV区内全覆盖、省间全互联、特高压直流多通道外送的新阶段。

提前一年将西北弃风弃光率控制到7.7%以内，为国家节能减排、打赢蓝天保卫战贡献了力量。贯彻新发展理念，通过一系列技术创新、管理创新和机制创新，发挥大电网的资源配置作用，在新能源装机增长25%的情况下，取得了发电量翻番、弃电量减半的成绩，多项指标达到国际先进水平，基本形成了成熟的新能源调控技术体系、运行管理体系和市场交易体系。编印西北地区能源资源调查报告，绘制国内首张新能源接入电网分级引导地图，推动新能源有序发展。全面提升新能源数字化管控能力。开展168小时新能源功率预测。探索新能源参与电网快速频率响应。持续提升风机涉网友好性，风机耐压改造规模、高频耐受能力改造规模、AVC系统（自动电压控制）接入规模均居全国第一。建立新一代电网备用统筹模式，全网及各省（区）备用安排更加动态灵活。丰富新能源市场交易品种，完善水火风光打捆外送交易机制，跨省消纳新能源548亿kWh，近4成新能源实现在大电网优化配置。创新交易手段，国内首次开展多轮竞拍，跨省消纳水电150亿kWh。开展跨区可再生能源现货交易，提升直流通道利用率。开展日前、实时交易，扩大省间互济。跨省调峰辅助服务市场正式运行。

立足总体国家安全观，从保障国家安全的高度加强大电网安全稳定管理。完成750kV电网和主设备安全评估，系统梳理17个方面主要问题和隐患，提出有效防控建议措施。以“防风险、除隐患、遏事故”为主题，开展“安全生产月”和“安全生产万里行”专项活动，加强安全生产管控。创新安全监督机制，形成了安全检查、专项督查、安全巡查相结合的模式，相关经验被总部推广应用。推进泛在电力物联网和大电网运行有机融合，构建源-网-荷-储多元协调的柔性调度运行控制体系，基本实现了事前风险预想防控、实时稳态精益控制、事故状态紧急协调控制，大电网调度运行智能化水平显著提升。建成电网一体化安全管控平台，覆盖范围300万km^2左右，接入装置6500余套，累计发布预警500余次。建成新一代电网智能调度平台，实现新能源调度全过程的“智能导航”。建设西北电网“新能源大数据云平台”，感知范围覆盖了全网新能源场站 1500 个、风机 3.2 万台、光伏逆变器 6.4 万个，共计 92 万个数据采集点。通过先进信息技术在电网精准控制领域深度融合应用，形成了具有西北特色的泛在电力物联网创新实践。

召开西北电网促进清洁发展服务能源转型座谈会，同心合力推动发展。承办中国电机工程学会清洁能源发展与消纳专题研讨会，参与世界物联网博览会、亚太电协会议等高级别学术交流活动。配合开展输配电定价成本监审，争取有利电价政策。完成重点审计项目，推动西北区域数字化持续审计。建立健全长效机制，成立分部规章制度管理委员会，制定印发了一批管根本、利长远的规章制度。理顺职员职级管理，解决了一些长期遗留的历史问题。推进“三供一业”移交改造工作。完成驻京办专项清理，经营管理更加精益。持续推进多维精益体系建设，进一步增强业务融合流程贯通。实施降本增效，减少费用开支 1017 万元，减税降费近 3000 万元。组织外部审计发现共性问题自查自纠。开展资金安全专项检查后评估和生产技改工程全过程财务自查。落实国务院工作要求，清欠民营企业债务 68 家 302 万元。全面推广“国网商旅”应用，差旅管理更加集约高效。移动办公系统上线运行，公文运转效率显著提升。职工队伍更加充满活力。策划开展“六个一”主题宣传，庆祝新中国成立 70 周年。全面实施岗位绩效工资改革，为人才成长营造环境、搭建平台。履行社会责任，西安市周至县人民政府脱贫攻坚领导小组向西北分部授予了“社会扶贫工作先进集体”光荣称号奖牌。

科技管理 强化科技项过程管控，在持续提升电网整体安全水平、电网整体效能效率、电网智能调控水平、清洁能源高效利用和电力外送规模等方面发挥实效，取得了一定实效，科技管理水平和科技项目计划完成率和完成质量均有显著提升。

加强科技项目全过程管控。组织召开项目启动会和季度考评会，按季度对分部管理的科技项目执行情况进行督查分析，赴课题组开展 2019 年 10 个在研科技项目执行情况中期检查和经费使用情况监督。管理的 6 个科技项目全部通过验收，科技项目执行计划完成率和验收通过率均为 100%。加强科技项目经费过程管控，组织财务、审计开展了科技项目经费使用监督检查，确保科技项目经费使用合法合规。

组织 2019 年度国家电网有限公司和陕西省科技进步奖申报、公示及推荐和答辩工作。“新能源高占比电网源网协同安全控制技术研究与应用”获中国安全科技进步二等奖，“光伏电站百毫秒级快速调频调压控制系统关键技术与应用”获国家电网公司科学技术奖三等奖，“西北交直流混联电网继电保护应用研究”获国家电网公司标准创新贡献三等奖，“高占比新能源电网电压安全评估和协调优化控制关键技术研发及应用”和“西北电网连锁故障防控关键技术研究及应用”获得陕西省 2019 年科技进步二等奖。

组织开展 2020 年科研技术需求征集和项目储备工作，并规范流程，完成 2020 年分部科技储备项目可研论证、项目审查、评级、批复及入库工作。

党群工作 坚持学做结合，开展主题教育。组织领导人员开展为期一周的集体学习研讨，累计读原文 38 篇，交流学习体会 35 篇，分部机关各党支部同步组织集中学习 108 次，赴延安现场学习张思德“为人民服务”精神，集体收看收听公司专题辅导报告会，营造浓厚“大学习”氛围。开展主题教育问题检视工作，组织 51 人次谈心谈话，多渠道征求意见和建议 41 条，建立边学边查边改问题清单，检视问题 19 条，制定整改措施 30 项。配合做好分部党委专题民主生活会相关工作，牵头制定六个方面 22 项改进措施。

坚持理论学习，不断强化思想武装。进一步规范党委理论学习中心组学习，围绕学习主题深入开展学习研讨和互动交流。完成 10 次党委中心组学习，累计学习文章 66 篇，交流发言 47 人次。制定党支部政治理论学习计划，建立“学习强国”支部学习群，开展党支部集中学习和主题党日总计 238 次，学习文章 72 篇，确保应学尽学，学有所获。

坚持从严治党，加强基层组织建设。制定分部党委和领导班子成员党建工作责任清单，制定完善分部党建工作绩效考核评价办法，开展基层党组织书记述职评议，党组织书记主责主业、主角主动意识显著增强。落实党支部七项组织生活制度，做好党建信息化综合管理系统应用，实现分部党建信息全覆盖、党建工作全过程量化管理。开展党建形式主义问题专项整治工作，进一步强化党建工作质量和实效。

坚持党建引领，推动工作持续登高。推进“旗帜领航・三年登高”计划，在调控分中心建立党员责任区、示范岗，设立“党员创新项目组”，开展党员流动红旗评比和共产党员服务队活动。开展 13 项“党建十”项目，开展庆祝建党 98 周年系列活动，举办党员“坚守初心使命、敢于担当作为”演讲比赛，评选表彰“一先两优”，激发创新创造的精气神。把《企业文化建设工作指引（2019）》作为支部学习、“三会一课”重要内容。参加国家电网公司第五届青创赛，青年创新创效项目获得铜奖。

扎实履行“两个责任”，加强党风廉政建设。印发推动全面从严治党加强党风廉政建设和反腐败工作责任清单，组织签订两个层级党风廉政建设责任书，推进“一岗双责”落实。制定分部领导班子成员落实全面从严治党责任、加强党风廉政建设和反腐败工作履责要点、职能部门落实全面从严治党要求、加强党风廉政建设和反腐败工作履责要点，明确落实部门13条廉洁责任。组织开展党风廉政建设谈话，确保党风廉政建设常抓不懈。推动实施14个协同监督项目，深化重点工程项目和廉洁风险较大工作监督，依法规范企业管理。加大落实中央八项规定精神监督力度，所有重要节日及时推送党风廉政建设短信，坚决杜绝“四风”问题反弹。编辑出版《风清气正》党风廉政月刊，强化对习总书记重要讲话精神、制度规定和警示教育案例的宣贯。

深化民主管理，凝聚发展合力。组织召开三届三次职代会，开展提案征集处理工作，平等协商签订集体合同，职工代表提案和建议答复率100%，职代会质量评估测评满意率100%；开展“一句话建言献策”征集活动，共征集职工建议90余条（句），工会推荐的“实现源网荷储泛在互联，打造大电网智能防御体系”建议入围国家电网公司系统点赞榜和建议成果集（分部唯一）；牵头组织职工代表巡视检查，推进分部重点工作，收集意见建议，为领导决策提供参考；及时召开民主议事会议，对涉及职工切身利益的《职工疗养费管理实施细则》《员工考勤管理办法》《岗位绩效工资管理细则》等制度（草案）进行讨论审议；挂牌成立职工诉求服务中心，畅通职工合法有序表达诉求渠道，积极构建和谐劳动关系。

弘扬劳模精神，促进岗位成才。评选表彰分部先进集体和先进个人，对2018年度获得国家电网公司级以上46项荣誉的职工以“荣誉榜”的形式进行集中宣传，为职工建功立业成长成才树立榜样。围绕“四个升级”不断激发职工创新创造活力，组织参加国家电网公司“班组微讲堂”竞赛，工会推荐的“基于大数据的新能源消纳量化分析模型及应用”微课荣获国家电网公司第二届“班组微讲堂”劳动竞赛优胜者（分部唯一），一名职工获授“班组微讲堂”优秀主讲人称号。以“颂诗歌、展功绩、维权益，做新时代女性”为主题，组织“魅力巾帼”诗词配乐朗读会，举办维权知识培训；召开女职工座谈会，表彰分部“巾帼建功标兵”；开展“书香国网　我爱祖国”女职工读书活动，创建女职工读书角，自助借阅、分享阅读。

开展系列活动，弘扬爱国精神。开展“我和祖国共奋进”庆祝新中国成立70周年职工文化系列活动。组织拍摄职工MV《我爱你中国》并在系统多个新媒体平台、分部大楼广泛传播；组织庆祝新中国成立70周年主题歌会西北片区节目初评展演；举办职工“迎国庆”歌咏比赛；开展主题征文活动并编辑出版文学作品集《梦想荣光》，收录优秀文学作品54篇30余万字；开展“我和国旗合个影”手机摄影、组织观看主题电影《我和我的祖国》、创作选送优秀书法美术作品等活动，激发分部干部职工昂扬向上的精神风貌。

办好实事好事，彰显组织关怀。开展“冬送温暖、夏送清凉、日常有关怀”系列慰问活动，探望慰问劳模、大病困难职工；组织慰问生产一线职工及值班人员；重要节日职工慰问覆盖率100%；对职工婚丧嫁娶、生育、住院、生日给予慰问；创立职工退休座谈欢送机制。加强文体活动场所管理，提高利用效率，及时补充完善、维护保养健身设施，适当租用游泳、足球、羽毛球等社会场馆资源，就近办理城墙健走年票，较好满足职工活动需求。面对分部退休职工（职工母亲）走失突发事件，动员分部职工通过多种方式全力帮助寻找，彰显组织温暖和职工友爱。

主要事件

1月25日，国家电网有限公司党组第一巡视组向国网西北分部党委反馈巡视情况。巡视组组长潘玉明主持召开向国网西北分部主要负责人王风雷的反馈会议。

1月31日，国家电网公司副总工程师、西北分部主任、党委书记王风雷来到扶贫点周至县焦镇村，与当地干部群众座谈交流，走访慰问困难群众，看望分部驻村职工。

2月28日，西北电网2019年调度控制工作会议暨安全稳定领导小组会议召开。西北五省（区）电力公司主管领导和调度部门、检修公司、送变电公司、各直调发电企业负责人参加了会议。

3月22日10:00，黄河宁夏、内蒙古封冻河段全线开通，标志着2018—2019年度黄河防凌调度工作结束。

3月23日，西北光伏日发电量突破2亿kWh大关，达到20 004万kWh。

1～3月，西北全网新能源发电量达329.82亿kWh，同比增长5.05%，弃电量同比下降36.45%，弃电率8.74%，同比下降4.93个百分点。

4月26日，西北电网新能源日发电量首次突破7亿kWh；新能源最大发电电力首次突破4000万kW。其中，风电日发电量首次突破5亿kWh，达到55 244万kWh，风电最大发电电力达到2694万kW，均创历史新高。

5月21日，国家电网有限公司外部董事丁中智、王丽丽、陈津恩、黄德林一行莅临国网西北分部，围绕清洁能源消纳等方面进行工作调研，国家电网有限公司副总经理、党组成员刘国跃陪同调研。

6月9～23日，国网西北分部依托西北大电网优势，统筹协调，精心调度，成功实现连续15日360h青海全清洁能源供电，再次刷新历史纪录。

6月15日4:00，随着陕北电网安全稳定控制系统试运行结束，标志着历时半年、历经10余个过渡阶段的陕北—关中750kV二通道一、二次工程全部投产，陕北750kV电网由“一纵单环”提升为“双纵双环”骨干网架，送出能力达到610万kW。

6月24日，历时两年多建设的新疆750kV莎车—和田输变电工程竣工投运，750kV大电网首次延伸到新疆最南端的和田地区。至此，750kV大电网已全部覆盖新疆南部四地州。

7月5日上午，国网西北分部参加了国家电网公司组织开展的国家电网2019年迎峰度夏反事故应急演练。

7月23日，国家电网有限公司—西安交通大学先进电力能源科学技术研究院（简称联合研究院）在西安揭牌成立。国家电网公司总经理、党组副书记辛保安，西安交通大学党委书记张迈曾出席活动并致辞。西安交通大学校长王树国，国家电网公司副总经理、党组成员张智刚出席活动。中国工程院院士、西安交通大学教授邱爱慈主持活动。国家电网公司副总工程师、国网西北分部主任王风雷参加全天活动。

7月23日，国家电网公司总经理、党组副书记辛保安莅临国网西北分部调研指导工作。在西北电力调控分中心听取电网运行情况的汇报，参观大规模新能源智能管控与市场机制创新工作室，听取新能源消纳App和适应大规模新能源消纳的电网检修计划管理模式等创新项目的汇报。

7月，西北电网新能源月度利用率四年内首次提升至95%以上，达到95.30%。同时，西北电网新能源年度利用率四年内首次提升至91.12%，标志着西北电网新能源消纳能力已达国际先进水平。

8月14日，西北电网跨区直流外送电力首次突破3000万kW，达到3007万kW，创历史新高。同时，全网最大发电电力达1.15亿kW，创历史新高。

9月16日，国网西北分部获得西安市周至县脱贫攻坚领导小组颁发的“社会扶贫工作先进集体”奖牌。

9月26日，±1100kV吉泉特高压直流输电工程正式投运，以优异成绩向新中国成立70周年献礼。

10月1日起，由国网西北分部牵头编制的DL/T 2009—2019《超高压可控并联电抗器继电保护配置及整定技术规范》及DL/T 2010—2019《高压无功补偿装置继电保护配置及整定技术规范》正式实施。

10月14日，巴西CPFL公司董事长文博、独立董事安东尼奥·坎迪尔一行到访国网西北分部交流调研可再生能源并网工作。

10月28日，2019年黄河梯级水库防洪调度工作结束，历时134天，西北电网直调水电厂发电量425亿kWh，创历史新高。

截至10月底，西藏电网实现丰枯转换，完成西藏清洁能源外送任务，2019年西藏清洁能源通过青藏直流外送8.3亿kWh，同比增长28.4%。

11月18日，国网西北分部助力脱贫攻坚榆林产业扶贫项目捐赠仪式在榆林市举行。国网西北分部向榆林市慈善协会捐赠产业扶贫项目资金120万元，榆林市慈善协会向国网西北分部颁发了捐赠证书和“情系革命老区、助力产业扶贫”感谢牌。

11月25日，西北五省（区）调度口径最大负荷达9080万kW，同比增长12.8%，首次突破9000万kW，全网用电量20.12亿kWh，同比增长12.5%，均创历史新高。

12月19日，河西走廊750kV第三回线加强工程投运大会在甘肃举行。甘肃省委常委、常务副省长宋亮，国家电网公司副总经理、党组成员张智刚出席大会并讲话。国家电网公司副总工程师、国网西北分部主任王风雷，国家电网有限副总工程师张宁，中国能源化学地质工会副主席陈志标，甘肃省政府有关部门及沿线属地政府主要领导，国网基建部、甘肃电力及相关单位负责人参加大会。

12月22日，中国安全科技进步奖获奖项目公布，国网西北分部“新能源高占比电网源网协同安全控制技术研发与应用”科技项目获得二等奖。

（程军生）

【国家电网有限公司西南分部】

分部概况 国家电网公司西南分部（简称国网西南分部）成立于2014年11月18日，是国家电网公司立足优化能源配置、服务西南清洁能源发展、促进西南（川渝藏）经济社会发展、推动电网互联互通需要而成立的非法人管理机构。主要职责是协助总部开展西南水电开发规划、西南电网建设有关工作，承担区域电网调控运行、电力交易、安全质量监督、电网规划、审计监督等核心职责。目前下设7个部门（中心），包括办公室、安全技术与工程管理部、财务部、规划统计部、党群工作部、调控分中心、西南审计中心。

电网概况 西南电网区域包括四川省、重庆市和西藏自治区，区域面积约177万km^2，覆盖人口1.15亿。西南电网是中国最大的清洁能源送端电网，东联华东和华中电网、北接西北电网，其中：与华东电网通过±800kV复奉、锦苏、宾金三大特高压直流输电线路相联，总输电容量2160万kW；与西北电网通过±500kV德宝直流、±400kV柴拉直流相联，输电容量360万kW；与华中电网通过宜昌、施州直流相联，输电容量500万kW；西藏电网除阿里电网孤网运行外，藏中、昌都电网通过川藏联络线与四川电网相联。

西南电网调度口径装机容量1.18亿kW。其中：水电8368万kW，占70.6%；火电2718.2万kW，占22.9%；风电光伏等758.3万kW，占6.5%。网内500kV变电站74座，总变电容量1.27亿kVA；500kV线路259条，总长2.23万km。国网西南分部直调500kV线路72条，电厂1座（装机容量330万kW）。

西南电网调度口径总发电量4411.8亿kWh，较2018年增加194.7亿kWh，同比增长4.62%；西南电网调度口径用电量3429.7亿kWh，较2018年增加237.8亿kWh，同比增长7.45%。

电网调度 按照国家电网总部统一部署，深化国调、分调一体化工作。6月，国网西南分部与各方进一步完成调度权交接，新增直调500kV线路15条，西南电网500kV主网设备调度业务和层级关系得到进一步优化。

6月19日12:18，西南电网与华中电网通过宜昌直流互联，西南电网正式步入异步联网运行时代。

西南电网异步联网运行，优化全国电网格局，形成华北—华中、华东、东北、西北、西南、南方6个区域同步大电网格局，提升了电网安全运行水平。增强电力配置能力，西南清洁能源向东中部地区输送和就地消纳能力得到提升，助力西南清洁能源消纳，西南电网向华中电网的送电能力将从260万kW提高到500万kW，四川电网水电通道输电能力提高450万kW，四川—重庆省间输电能力提高160万kW。进一步提升电网技术能力，推动柔性直流技术发展。

电力交易 响应国家电网公司蓝天行动工作部署，编制三年行动实施方案。与长江水利委、四川气象局建立战略合作关系。完成四川省国资委清洁能源消纳课题研究，获评综合研究工作先进单位第一名。科学安排资思双线等6处线路$N-2$同停检修，减少停电时间50天，增加四川水电消纳26亿kWh。加强西南、西北战略合作，灵活组织外送交易，通过德宝直流送电30亿kWh。完成跨省跨区发电权交易21.5亿kWh，同比增长127%。完善“政策+市场”藏电外送长效机制，完成外送16.9亿kWh，同比增长97%；达成2020年16亿kWh外送意向。首次开辟四川藏区水电外送专项市场，增量收益超过2000万元。创新开展车联网绿电交易，重庆电动汽车跨省消费四川绿色水电4700万kWh，入选公司年度最佳实践案例。

西南电网最大用电负荷6735万kW，同比增长9.5%；年用电量3430亿kWh，同比增长7.5%；清洁能源消纳3584亿kWh，同比增长4.4%；新能源利用率96.9%；调峰弃水、装机弃水电量分别同比减少24.1%、43.3%；跨省跨区交易电量1801亿kWh，同比增长2.9%。

8月12日，国网西南分部与国网西北分部签署“2019年西北西南电能互济协议”。该协议以促进西北西南清洁能源消纳为目的，以互惠共赢为目的，约定在全力落实电力援藏清洁能源外送、促进西北西南峰谷互济、促进西北西南丰枯互济、推进西北西南跨区发电权交易、促进西南西北清洁能源打捆外送消纳、开展跨区通道交易计划会商等6个方面建立深入合作关系。

规划计划 健全“分部—省公司—地市（县）公司”规划体系，完善工作规则和沟通机制，区域交流、政企互动更加高效。研究推动西南特高压交流目标网架，得到地方政府大力认可和支持，初期川西水电外送Y字形方案通过公司党组审议并上报国家能源局。完成西南区域2019年度滚动规划。阿里联网工程开工，西藏将形成统一电网。雅中—江西特高压直流工程开工，西南将新增第4条水电外送特高压通道。实施西南通信网建设三年里程碑计划。

分部管理 首次接收电网输变电资产、承接省间交易电费结算职能、取得电量结算收入，经营管理实现历史性转型。构建“委托运维+过程管控”机制，平稳承接电网资产管理职能。输配电价工作取得进展，首次作为独立监审主体参加输配电价成本监审。推进多维精益体系变革，初步建成多维价值信息反映体系。制定实施绩效管理办法、“薪点+”工资方案，长效薪酬激励机制基本确立。构建违规经营投资责任追究工作体系。开展合同签订、竣工决算等审计监督，督导整改问题46项。完成总部审计项目11个。

建立“126”安全稳定管理体系，召开2次西南电网稳定领导小组会议，印发运行管理规定4项，通报运行情况10次，推动50余项重点工作落地。开展31起国内外电网安全事件分析，“两个分析”机制运行良好。全力管控异步联网运行、三道防线、地方电网管理等安全风险，扎实开展督查检查，发现各类问题隐患629项，整改近600项。推动建成区域内风险共管和区域间协同联动机制。开展安控系统隐患排查，实施通信支撑可靠性提升行动，相关经验在公司系统推广。建立地震、泥石流等重大灾害特巡机制。实施运维集中办公，规范外委业务全过程管理。完善应急管理体系，配合完成四川省首次大面积停电应急联合演练。统筹保障电力供应，用电负荷两创新高，组织跨省跨区支援76次，最大支援电力270万kW，成功应对84次输变电设备故障，度过异步联网运行后首次迎峰度夏。制定落实一系列技术和管理措施，提升西藏电网稳定运行水平和送受电能力。完成新中国成立70周年、中日韩成都峰会等重大保电任务。高水平开展“护网2019”网络安全专项演习，阻断攻击2.8万余次。

科技管理 建成西南电网交直流协控系统，构建完备频率防控体系，开展试验项目3500余项，保障渝鄂柔性直流背靠背工程投运，西南电网历史性转入异步联网运行。构建国内首个AGC中长期仿真平台，频率及联络线控制更加精准。研究提出建设具有西南特色的水电智慧服务平台，得到公司总部和政府部门高度肯定。不断加大创新成果培育力度，累计发表学术论文40余篇、受理授权专利30余项、荣获各级科技进步奖4项、形成各类技术标准26项，另有8项典型工法及技术专著取得阶段性突破。

党群工作 高标准开展“不忘初心、牢记使命”主题教育，以上率下、带动示范，有机融合、一体推进，紧盯问题、切实整改，开展主题党日、现场调研、先锋论坛等各类活动113次，整改问题49个，各党支部和广大党员思想政治受到洗礼和锤炼，干事创业、担当作为精神得到提振。建立区域党建交流平台。打造9个支部标准化“样板间”，开展“多维度”结对共建，党建基层基础更加坚固。出版《党员先锋·电亮藏区：藏中联网工程党建工作创新与实践》，填补国家电网公司系统工程党建空白。规范纪检监察机构设置，严肃监督执纪问责。专项整治漠视侵害群众利益问题，大力推进“抓整改、除积弊、转作风、为人民”专项行动，规范高效完成驻京联络点清理。

树立正确选人用人导向，规范干部管理。首次实现分部与区域省公司双向挂职锻炼。举办首期科级干部及优秀人才能力素质提升培训班。落实意识形态工作责任制，组织庆祝新中国成立70周年、分部成立5周年等系列活动。首次建立职代会制度。完成办公楼布局优化，改善食堂、停车场、南大门等办公环境。1人获“最美国网人”，2个集体、2名党员获国家电网公司、省国资委“一先两优”表彰，1人获国家电网公司青年岗位能手。

（赵国富　夏　春）

【全球能源互联网集团有限公司】

企业概况 全球能源互联网集团有限公司（简称全球能源互联网集团）成立于2015年12月31日，是国家电网公司的全资子公司，注册资本1亿元。全球能源互联网集团推动构建全球能源互联网，以清洁和绿色方式满足全球电力需求，实现联合国“人人享有可持续能源”和应对气候变化目标，服务人类社会可持续发展。主营业务范围为：集团总部管理；全球能源互联网战略规划；国际与国内电网互联互通项目开发；投融资和资产运营管理；设计、制作、代理、发布广告；出版《全球能源互联网》中、英文期刊。

组织机构 截至2019年底，全球能源互联网集团总部共设置8个部门（单位），包括综合局、秘书局、运行局、发展局、合作局、保障局和经济技术研究院、新闻传媒中心；驻外共设立非洲、西亚—北非、欧洲、东欧—中亚、东南亚—南亚、北美、中南美7个区域办公室。

经营管理 建设法治企业。落实“法治国网”决策部署，健全全球能源互联网集团规章制度，实现制度管人管事管企业。完善合规管理体系，加强组织领导，设立合规管理委员会；强化重点领域合规管理，制定12项重点业务合规管理指引。制定7个国别境外法律风险防控指引，强化员工安全意识、风险意识和法律意识。

提升发展质量。加强综合计划和预算管控，预算执行和各项财务指标完成情况良好。开展多维精益管理体系变革，推动精益管理转型。完善内控体系建设，加强横向协同，梳理汇编38项财务制度，完成全面风险管理报告。强化资金安全管理，完成资金“按日排程”、资金安全专项检查整改后评估，境外资金账户全部纳入备案监控。

加强驻外机构管理。完善“1＋6＋7”制度体系，加强规范化管理。完善总部和驻外机构协同机制，强化日跟踪、周协调、月分析等10项工作机制和业务流程，推进前后方高效协同、信息共享、运转顺畅。提升驻外人员能力素质，发挥驻外机构各项职能。优化驻外机构布局，建成9个重点国家代表处。

强化科技规范管理。落实国家电网公司科技项目管理规定，对全球能源互联网集团24个科技项目加强过程监督管控力度，组织2020年科技项目储备立项工作。完善管理流程，加强业务培训，全面梳理全球能源互联网集团科技项目台账，规范全过程资料管理，确保项目信息完整、过程规范。

打造高水平期刊。《全球能源互联网》中、英文期刊出版12期，刊载论文141篇，国家级基金资助项目论文占比63%，英文期刊海外论文占比25%。中、英文期刊分别被国内国际5个知名数据库收录，全年期刊订阅量超过12 000册，在国内能源电力领域科技期刊中排名第一。

人力资源 全球能源互联网集团在岗职工225人，硕士及以上学历217人，占比96.4%；中级及以上职称185人，占比82.2%。

建设高素质干部队伍。编制岗位专业分类标准表，组织开展人岗匹配分析，增强员工履职尽责能力。加强员工作风文化培养和“四个能力”（专业能力、文字能力、表达能力、交往能力）建设，提升员工综合素质。健全干部选拔、任用、培养、考核、奖惩、监督一体化管理体系，打造高素质干部队伍。

招聘紧缺对口人才。开展专业结构需求分析，确定急需补充的紧缺专业需求。精准招聘“专业＋语言”和急需紧缺人才，完成两批2019年高校毕业生共计16人的招聘入职，为全球能源互联网集团发展提供人才保障。

高质量开展各类培训。开展4期员工岗位轮训，以提升"四个能力"为主要任务，坚定员工理想信念。强化第二外语培训，建设结构合理、数量充足的第二外语人才梯队。开展各类专项培训，分批次开展新员工培训、专家讲堂培训、非电专业培训、商务英语培训，提高全员素质。

加强激励约束机制建设。以岗位工作清单为主要内容，将员工绩效管理与履职情况全面对接，健全量化评价考核标准，定期开展员工履职情况评价。应用绩效考核结果，增加薪酬分配的刚性关联，适当拉开收入差距。完善岗位绩效工资制度，把岗位、能力和绩效贡献体现在薪酬分配中，增强薪酬分配的激励效果。

信息化建设 以"一平台、五系统、三保障"信息化架构体系为基础，逐步提升基础软硬件环境配置，开展核心业务系统建设及应用，提升全球能源互联网集团整体工作效率。

推进大数据挖掘。采集全球经济社会、气候环境、能源电力等宏观统计指标数据230亿余项，全球多语种能源电力资讯150万余条，形成覆盖800余项指标的"数据资源表"；采集全球9km空间分辨率风能、太阳能资源分布数据，建成全球清洁能源数据库。

强化业务系统建设。完成中英文投审稿系统和国内国际业务管理系统（一期）建设，深化数字化研究平台、运行分析系统、办公管理平台等业务系统应用，全年累计辅助起草各类文件及报告330余份，编制财务表单1.2万条、录入财务凭证分录1.4万条、国内国际会员注册825个，有力保障了各项业务高效开展。

实时更新全球能源互联网主题展厅内容。开发全球能源互联网骨干网架、非洲"电—矿—冶—工—贸"联动发展等三维建模展示场景，完善多维展示功能。累计接待重要嘉宾200余批次、近2500人次参观，充分发挥了理念传播和对外宣传的窗口作用。

党的建设和精神文明建设 全球能源互联网集团学习贯彻习近平新时代中国特色社会主义思想，贯彻党中央决策部署，落实公司党组工作要求，扎实开展"不忘初心、牢记使命"主题教育活动。

主题教育成效显著。将主题教育与全球能源互联网建设相结合，做到两不误、两促进。党委班子以上率下，深化对初心使命的认识，听取党员群众意见建议，检视反思，明确努力方向和改进措施，完成23条问题整改。制（修）订相关制度7项，优化工作机制5项。

党委发挥"把方向、管大局、保落实"作用。制（修）订全球能源互联网集团《党委工作规则》《董事会议事规则》《"三重一大"决策管理办法》等6项制度，提高决策的科学化民主化水平。坚持党管干部原则，把好干部标准落到实处，健全干部培养、选拔、管理、监督一体化工作体系，建设忠诚干净担当的高素质干部队伍。

党支部发挥"战斗堡垒"作用。深化"五个标准化"建设，开展"三亮三比"主题活动，命名全球能源互联网集团21个"党员示范岗"。开展党支部共建活动，与国家部委沟通联络，并获得工作支持。

推进全面从严治党。班子成员履行"一岗双责"，将廉政要求与业务工作同研究、同部署、同检查，确保干事干净。坚持党建月度例会制度和党支部书记抓党建、抓党风廉政建设述职制度，推动全面从严治党向党支部延伸。紧盯资金管理、招投标等关键领域，严格审批程序，规范权力运行，防范廉洁风险。

增强群团活力。坚持党建带团建、带工建，选举成立团支部，加强政治引领，服务青年成长成才。为员工办实事，组织文体活动、丰富职工文化生活。开展《让初心闪光》系列宣传，选树先进典型事迹，弘扬敬业奉献精神。

（胡　波）

【国家电网有限公司直流建设分公司】

单位概况 国家电网有限公司直流建设分公司（简称国网直流公司）为非独立法人机构，是国家电网公司的分公司，是国家电网公司直流电网建设的管理执行机构，为特高压和重点跨区直流工程项目建设提供专业化管理服务，主要开展受托建管换流站、直流线路工程的现场建设管理；直流工程业务技术支撑服务；直流核心设备监造管理；协助公司总部开展直流工程安全协同监督，环评、水保过程检查及验收，工程结算、决算，整体档案归档等多项专项工作。

组织机构 本部设有5个职能部门（综合管理部、计划部、财务部、安全质量部和党建工作部），3个业务部门（换流站管理部、线路管理部和物资与监造部），下设4个派出机构（宜昌、常州、北方和四川工程建设部）。

人力资源 截至2019年底，国网直流公司有职工141人。具有本科及以上学历人员128人，占比90.78%，其中研究生及以上学历56人，占比39.72%。中共党员117人，占比82.98%。具有专业技术资格123人，占比87.24%。国家电网公司级及以上专家人才3人，国家电网公司级专家人才16人。人才当量密度1.2794。

经营管理 2019年完成年度重点工程项目建设投资23亿元，按期完成"四投产"（±1100kV昌吉换流站、±1100kV古泉换流站、±420kV渝鄂柔性直流工程南通道站、±420kV渝鄂柔性直流工程北通道站)、“三开工”(±800kV南昌换流站、±800kV雅中换流站、±800kV陕北换流站)、“三建设”任务(张北工程北京站、张北工程丰宁站、±800kV海南换流站),开展“四站三线”技术支撑,服务巴西、菲律宾等“一带一路”国际项目,抓好首台首套设备技术监督。发挥运营保障作用,按期完成天山站极Ⅰ高端修复、换流站消防改造、隐患排查治理等工作。向新时代“五直”工程建设新征程(青海—河南±800kV工程、陕北—武汉±800kV工程、雅中—南昌±800kV工程、白鹤滩—江苏±800kV工程、白鹤滩—浙江±800kV工程)迈出了坚实的一步。实现安全生产零事故,工程质量持续提升。

管理水平提升。国网直流公司连续3年获国家电网公司档案“示范级”单位。完成制度废改立50项。推动合规管理,以工程造价管理和开工竣工合规文件办理为主线,初步建立专业公司特色合规管理体系。加强财务精益化管理,财务管理转型升级,修订报销标准化、经营预算管理等指导文件,提高经费管理制度化、规范化、标准化。

依托重点工程创新成果。围绕精品工程建设开展管理创新、科技创新、群众性创新,取得“特高压换流站智慧建设体系”等一批创新成果,其中“大容量调相机组性能优化、试验及调试关键技术”成果获国网科技进步一等奖;“柔性直流换流阀安装质量提升研究应用”等17项成果分获中电建协科技进步奖、QC成果奖;“具有分线设施的电缆埋地式管道”等4项成果获实用新型专利;牵头修订电力行标“±800kV直流工程系统试验规程”正式发布。

完善全制度体系,专业公司全员安全责任清单、安全生产专项奖实施细则、工程现场厂家人员安全管控等规章制度在工程现场落地落实。组织实施“防风险、保平安、迎大庆”、施工分包检查等专项行动,常态开展协同监督、技术支撑等工作,严格督导落实整改,强化责任追究考核,安全管控能力提升。实现全年安全生产无事故,足额兑现安全专项奖,现场一线奖励额度占比达75.1%。

工程建设 建设管理任务全面完成。统筹协调和督促推进各工程现场建设进展,渝鄂、吉泉工程建成投产,张北工程进入系统调试,天山极Ⅰ高端修复工程和上海庙、锡盟、扎鲁特消防提升、排油改造工作按期完成,海南、陕北、雅中、南昌等新建换流站工程实现标准化开工,白鹤滩站场平质量管控有效落实。±1100kV吉泉工程入选“新中国成立70周年工程建设行业经典工程”。

总结吉泉、渝鄂工程经验,完善修订《换流站隐患排查手册》;新编柔性直流工程相关安装和分系统试验作业指导书,用于指导张北工程建设;编制“标准化开工重点工作清单”(30条)、质量关键控制指标体系、“新五直”标准化建设方案等,用于规范和进一步提升“新五直”工程建设水平。以直流工程集控平台功能提升和智慧工地2.0版标准化建设方案落地为抓手,推动两网融合,提升直流工程建设管理智能化和信息化水平。“智慧工地”方案已作为典型经验,由国家电网公司总部特高压建设部发文在系统内推广。

工程建设质量成果显著,吉泉工程获共和国成立70周年经典工程称号,古泉站获评国际卓越项目管理银奖,扎青工程获国家优质工程金奖,锡盟站工程获国网优质工程金奖。

党的建设和精神文明建设 开展“不忘初心、牢记使命”主题教育,形成8个调研成果和6个典型经验,解决13个问题,完成49项专项整治、整改措施。实现“旗帜领航·三年登高”目标,党建责任层层压实,党支部标准化、规范化、信息化水平提升,“党建引领·和谐团队·精品工程”机制基本建立,“12345”工程现场党建内涵不断丰富,“党建+”推动工程建设,彰显党建价值创造。“基层减负年”任务落地见效,优化整合发文,精简公文数量;严格会议管理,压减合并会议8项。一体推进国家电网公司党组巡视反馈意见和主题教育检视问题的整改,完成党建形式主义、违规经商办企业等5项重点问题专项整治。推进“抓整改、除积弊、转作风、为人民”专项行动,解决整改落实、追责问责、构建长效机制不到位等问题。规范清理评比表彰工作,规模同比压减20%以上。完成工程现场廉洁风险专项督察和协同监督项目,健全违规经营投资责任追究体系和制度。

国网直流公司获2019年度国家电网公司重点工程建设先进单位,常州工程建设部获安徽省“五一”劳动奖状,1人获安徽省“五一”劳动奖章,1人获中央企业劳动模范,2人获国网劳动模范,1人获国网巾帼建功标兵,1人获“最美国网人”,共计5个集体、26人次获国家电网公司各类表彰。

(文　池)

【国家电网有限公司交流建设分公司】

单位概况 国家电网有限公司交流建设分公司(简称国网交流公司)是国家电网公司的直属专业化电网建设管理单位,主要从事国家电网公司直接投资或担任项目法人单位的特高压交流输变电工程和跨区电网重点交流输变电工程的建设管理和统筹支撑工作。

组织机构 国网交流公司设置12个部门,分别是综合管理部、计划部、财务部、安全质量部、工程管理部、信息环保部、党委党建部（党委宣传部、纪委办公室、合规审计部、巡察办）、宜昌工程建设部、武汉工程建设部、郑州工程建设部、华北工程建设部和华东工程建设部。

人力资源 截至2019年底，国网交流公司在职员工116人，其中博士研究生13人、硕士研究生54人、本科47人，合计占员工总量的98.3%；教授级高工（正高）10人、副高级63人，合计占员工总量的62.9%；一级建造师29人、监理工程师8人、造价工程师5人、咨询工程师（投资）3人、安全工程师16人、其他职业资格23人。公司级专业领军人才2人，优秀专家人才1人、优秀专家人才后备2人、高级兼职培训师5人，国网交流公司级优秀专家人才18人、优秀专家人才后备12人、各类兼职培训师38人。

电网建设 2019年建设管理蒙西扩、南阳扩、张北新建、长治扩4项特高压变电站工程。统筹支撑特高压工程8项，其中变电站8座、线路3838km（折单）。完成工程投资预算9.5亿元。

工程建设。蒙西站围墙还建及蒙西站扩建工程主要施工任务全部完成；南阳站扩建工程土建施工进程过半，电气施工完成阶段性目标；张北站新建工程土建施工完成80%，电气安装已启动；长治站扩建工程实现进场突破，土建施工已全面铺开。苏通GIL综合管廊工程实施强力支撑，“一平台两机具”及时交付使用，保障设备安装和工程按期投运。统筹工程档案、环水保管理，皖南站扩建等12项工程通过档案验收，北京西—石家庄等3项工程通过环水保验收。推动水保措施“一塔一图”设计，环水保设施纳入质量监督体系。支撑总部开展工程结算，苏通GIL综合管廊等5项工程完成结算审核。

专项支撑。响应公司总部重点工程支撑需求，为河西走廊750kV第三通道工程提供管理、技术及创优支撑，保障工程优质建成、提前投运。为海外工程提供专家支持，选派第三批专家团队支撑巴西美丽山特高压直流送出二期项目，派员参与菲律宾输变电工程施工质量及工艺标准编制。完成藏中联网工程援藏帮扶任务。受托开展四轮次总部协同安全监督，监督范围延伸至特高压交直流工程及阿里联网工程，提出整改问题建议653项，督促14个项目停工整改。

经营管理 规范管理成效显著。成立规章制度管理委员会，修编国网交流公司工作规则、党委议事规则和“三重一大”决策事项清单，全年完成41项制度制（修）订。落实“放管服”工作部署，编制总部两批“放管服”事项落地措施和“放管服”事项清单。首次编印年度重点工作督办计划书，实施工作进度季度反馈。打通领导职务与职员职级双通道，拓宽优秀干部员工成长空间。精简会议和发文数量，分别较2018年压减34%和17%。档案工作首次获评国家电网公司“示范级”称号。完成主要负责人离任审计配合。建立经营情况分析机制。推进多维精益管理体系变革。完成拖欠民营企业账款清理工作。

安全生产 安全管控。以安全责任清单为抓手，推动量化考核，实现考核在直管工程全覆盖。首次组织开展领导干部安全述职，压紧压实安全生产主体责任。组织直管工程现场关键人员进行安全培训，开展安全体验式培训和应急演练221人次，推进全员安全培训常态化。部署网络保密检查监测系统，重要岗位、涉密岗位实现监测全覆盖。健全网络与信息系统应急预案体系，完成庆祝新中国成立70周年等重大活动保电任务。全年未发生人身、电网事故，无网络信息安全、失泄密事件。

科技与信息化 创新创效。开发苏通GIL综合管廊工程设备管控平台及GIL运输、安装专用机具，破解了有限空间内GIL运输安装难题，完成GIL施工质量验评、施工费用、档案目录3项标准编制。“移动厂房技术在工程中的深化应用研究”获央企熠星创新创意大赛三等奖，“隧道空间GIL安装技术装备及安全体系研究”等3项成果获电力建设科技进步一等奖，“特高压钢管塔及钢管构架加工技术规程”获中国电机工程学会标准贡献一等奖，全年共计15项成果获省、部、行业级奖项。管理创新取得突破，“国企分公司转型发展治理体系构建与实施”等4项研究成果获国家电网公司管理创新成果奖，特高压交流工程档案全过程管理深化研究等2项管理咨询项目高标准通过验收。

党的建设和精神文明建设 开展“不忘初心、牢记使命”主题教育，主要负责人带头讲党课，党委理论学习中心组率先垂范，开展专题学习14次，中心组成员专题发言18人次。领导班子成员开展专题调研14次，31项边学边查边改措施全部整改到位。党支部利用“三会一课”和主题党日广泛开展集体学习，走进工程现场创新开展“党建+”主题活动。做好巡视后半篇文章，45条问题全部完成整改。开展形式主义、官僚主义集中整治，推进“抓整改、除积弊、转作风、为人民”专项行动。健全党的基层组织，4个直管工程成立现场临时党支部。统战团青工作纳入党建工作要点。举办3场主题演讲和9期职工大讲堂，创办《交流·建设》内刊。

（赵　倩　邱小川）

【国家电网有限公司信息通信分公司】

单位概况 国家电网有限公司信息通信分公司（简称国网信通公司）是国家电网公司信息通信业务的专业保障单位，工作职责为：调度监控方面，负责

一、二、三级骨干通信网、数据骨干网和统建信息系统的调度监控；运维检修方面，负责一级骨干通信网设备的运维管理以及属地通信设备的运维检修，负责总部、一级部署、直属单位集中部署信息系统和国网北京数据中心的运维检修；网络信息安全方面，负责国家电网公司网络信息安全监测分析管理以及运维范围内信息通信系统的安全防护体系建设和运行工作，承担国家电网公司电力监控系统网络信息安全和国调自动化系统的运行值班，支撑总部开展保密检查监测工作；建设管理方面，负责一级骨干通信网、总部委托建设信息系统的建设管理；支撑服务方面，承担总部电视电话会议保障、应急指挥中心信息通信保障、科技奖励评审、科技查新、专利服务和网站运维等支撑服务工作。

2019年，国网信通公司信息系统运行可靠率100%，通信系统运行可靠率100%，信息通信建设任务完成率94.76%，信息通信服务满意率98%，网络与信息安全任务完成率100%。

人力资源 截至2019年底，国网信通公司在职员工260人，平均年龄36.3岁。其中，硕士及以上学历员工212人，占比82%；高级职称员工118人，占比45%；国家电网公司级及以上专家人才10人，占比4%。

安全生产 安全生产管控。完善运维矩阵和运维导则，开展年度安全述职，健全安全责任体系和监督机制。以“发现隐患全治理、状态可视全覆盖、智能管理上台阶”为重点，实施安全生产三年行动计划。开展重大电力安全风险隐患、“十八项反措”风险的排查治理，完善《国家电网公司安全事故调查规程》定级事件的风险评估和预控机制。

运行管理基础。组织开展14场《国家电网公司电力安全工作规程》普考，深化全员责任落实。制定《施工现场作业安全管控措施》，发布“典型工作票”手册，加强现场作业管控。组织通信网管账号权限检查，编制下发《通信网管账号权限管理细则》。

重大专项任务。统筹策划、周密部署，深化重大活动协同保障机制，应对自然灾害和极端天气影响，完成新中国成立70周年庆祝活动、“一带一路”高峰论坛、第二届进博会、世界军运会等72项电力信息通信重大保障任务，累计保障时长超过4579h。

调度监控 支撑大电网安全运行。建立全网保护安控业务通道“一本账”，累计核查业务通道3万余条。针对国调中心直调线路，首次开展保护安控通道测试，组织完成隐患消缺。推进各级通信资源共享，优化88条电力生产业务的通信运行方式。承接国调中心网络安全与自动化联合值班，支撑国调中心完成全年保障任务。牵头组建电力监控系统网络安全渗透队伍，实现全网33个地区现场渗透全覆盖。

提升调度监控能力。拓展监控广度和深度，完成通信电源核心告警接入，覆盖43个特高压站点，实现两级有效监控。首次搭建通信网管系统安全监控平台，实现通信网管安全态势实时感知。完成北京数据中心备调建设，实现“同城备调”及全调度功能的轮换运行验证。完善信息通信微应用工具，为调度监控和运行管理提供技术支撑。

保障网络信息安全。参与国家电网公司全场景网络安全防护体系规划，提出并实施“四全”防护策略。建立两级分析室联防联动工作机制，推进全方位、多层次安全防护。建成保密检查监测体系，覆盖全网1万余台保密终端。完善全景网络监控平台，补强安全设备47套，对重要外网系统执行“贴身式”防护。创新开展“蜜网蜜罐”技术应用，在防御前沿技术方面，形成示范效应。完成公安部“护网2019”演习任务，累计优化防护策略4800余条，整改高危漏洞900余个，封禁高危攻击源1591万个，发布攻击情报227条，成功应对4亿余次网络攻击。

运维检修 通信保障。完成494个一级骨干通信网站点光缆沟道、1254条OPGW光缆三点接地情况梳理，推进安全隐患消缺。定期开展各类通信设备倒换操作107次，验证系统互备冗余机制。完成北京地区重要通信系统光路双重化建设，实现核心站点互联光路“$N-2$”及以上保护。

信息运维。深化一键处置和灰度发布应用，检修平均时长下降72%。开展电子商务平台、网络大学等系统架构优化，推动统一权限和电力交易“同城双活”，提升信息系统可靠性。完成57套信息系统搬迁、25套系统下线和资源回收，提升资源利用率。

平台建设。编制《云平台和数据中台建设指导意见》，整合机房空间，初步建成云管平台，实现18家单位云平台的对接纳管。优化上线流程，制定上云规范，探索运维模式，初步形成标准规范，确保电力交易、区块链金融等业务按时上线、安全上云。

精益化管理。优化资源分配模式，提高设备运行效率，实现电能使用效率（PUE值）降低至1.61，相比2018年降低0.02。通过“信息技术服务数据中心服务能力成熟度（四级）”年度审核，成为国内首个获得“数据中心能源计量审查认证”的数据中心。

服务保障 工程建设。新建扩建通信站点274个，建成光缆7555km，部署信息设备1435台套。其中，通信光缆建设规模同比增加51%，信息设备部署数量同比增加76%，完成年度“攻坚”任务。支撑巴西美丽山二期工程建设，打赢海外工程“第一战”。完成总部物联管理平台二次选型、功能开发、系统部署及联调测试，具备总部业务接入和全网管理功能。支撑调控云建设，提前完成OTN系统153个站点的扩容改造和业务开通。攻克超长距通信传输、大芯数光缆熔接、余缆架集成安装等关键技术，创新开展“极简”通信系统研究。推进5G技术标准体系、合作运营模式及建设运营方案研究，创新开展设备研发应用，形成产业白皮书。

技术服务。完成总部视频会议保障1259场，同比增加4.92%，加强应急指挥中心视频“保鲜、保活”管控，开展常态应急演练41场。通过防病毒系统改造、问题知识库梳理等措施，降低现场技术服务次数，全年完成现场桌面服务9071次，同比下降29.87%。受理三线服务请求工单1938个，通过开展信通客服优质服务联合行动、金牌用户年度走访等活动，实现“服务零距离”。完成186智慧客服平台设计开发，推动客服新技术应用。完成移动办公项目试点建设，提升办公效率。全年审核发布总部网站新闻7188篇，受理查新课题437项，申请及维护专利263件，受理评奖项目716项，完成专业服务支撑工作。

科技创新。研究制订科技创新三年行动计划，建立分公司体制下的科技项目立项机制。牵头承担的1项北京市科技项目、2项公司科技项目均通过专家验收，申报总部科技项目3项、国家重点研发计划国际合作专项1项，1个项目获国家自然科学基金支持。2019年，共编辑出版专著2部，发表科技论文72篇，授权专利13项，参与编制标准24项，发布企业标准6项，获得国家电网公司科学技术奖2项、技术标准创新贡献奖1项。与中科院、北邮等单位合作开展技术攻关、联合测试等工作。依托实验室资源，构建“1＋N”协同创新体系，推进新技术协同创新落地。

综合管理 推进财务多维精益管理体系变革，完成会计科目体系调整。应用国网商旅系统，为员工出行提供便捷服务。加强综合计划、预算管控，研究制定延续性运维业务的招标采购方案，强化采购实施合规性。开展“三金一款”清理，全面完成清欠任务。

督察督办。印发国家电网公司督办工作实施细则，完善“年、月、周”三级督办体系。统筹安排全年重点工作，印发重点攻坚任务10项，年度重点工作任务85项，下达年度任务督办单106张。年度、月度重点工作全部通过协同办公系统管理，实现督办任务全周期线上规范管控。

依法治企。完成违规关联交易治理。印发合规管理体系实施细则，筑牢合规管理三道防线。制定法律风险防控计划，全年累计审核各类合同498件。开展经济责任审计问题整改及外部审计问题对照自查，完成遗留问题整改。

综合服务。加强办公信息化手段应用，实现办公经费等11项业务审批线上流转。开展“档案清理年”活动，5项交流工程档案实现“零缺陷”验收，获国家电网公司档案管理示范级单位称号。按期完成“两供一业”分离移交。开展办公环境修缮改造。完成保密工作第七协作组年度活动。

党的建设和精神文明建设 党的建设。开展“不忘初心、牢记使命”主题教育，举办党委读书班活动。开展班子成员一线调研，深入联系点讲授专题党课，各支部对照党章党规找差距，召开专题民主生活会和组织生活会。组织开展26次党委中心组集中学习，举办3期党建业务培训班。制定党建工作24节气表及量化管理工作方案，夯实基层党建基础。实施“登高·创优”行动计划，完成团委换届选举，组织青年职工座谈。

队伍建设。坚持基层导向、突出专业化要求，调整选拔处级干部12人次，科级干部6人次。统筹职务、职级、专业序列，实现人才成长通道设计“全覆盖”。以业务需求为导向，以能力培养为重点，实施“三维精准”培训。

党风廉政建设。制定“两个责任”清单和领导班子成员履责要点，执行党风廉政约谈和报告制度。落实巡视“三个清单”，因地制宜实施内部巡察，完成问题整改。开展形式主义、官僚主义集中整治，深化重点领域监督。

文化建设。完成2项国家电网公司级企业文化重点项目建设。举办职工文化周、健康大步走、趣味运动会、职工体能达标、“唱响新时代”等文体活动。编排的“国家”节目获直属单位展演二等奖及组织奖。常态化开展十余项兴趣小组活动，丰富职工文化生活。落实离退休人员“两项待遇”，坚持重大走访慰问制度。

2019年，国网信通公司参建的榆横—潍坊、扎鲁特—青州特高压输电工程获国家优质工程金奖。“透晓物联”和“有求必应‘e管家’”获国家电网公司青创赛1银1铜佳绩。支撑国家电网公司申报2019年中国专利奖，获1金3银，位列央企第一。2个集体获评国家电网公司“工人先锋号”，武九馨获评国家电网公司劳动模范，刘思琦获评“最美国网人”，另有18个集体、30名个人获得国家电网公司表彰表扬。

（肖　磊）

中国南方电网有限责任公司

【公司概况】 中国南方电网有限责任公司（简称南方电网公司）是根据国务院关于电力体制改革的统一部署和国务院《关于印发电力体制改革方案的通知》（国发〔2002〕5号）、国务院《关于组建中国南方电网有限责任公司有关问题的批复》（国函〔2003〕114号）和国家发展和改革委员会《关于印发〈中国南方电网有限责任公司组建方案〉和〈中国南方电网有限责任公司章程〉的通知》（发改能源〔2003〕2101号）等文件精神，由广东省、海南省和国家电网公司在广西、贵州、云南所属电网资产为基础组建的国有企业。经国务院批准，2002年12月29日挂牌成立，2004年6月18日完成工商注册登记，总部设在广州市。南方电网公司属中央管理，在国家实行计划单列，财务关系在财政部单列，由国务院国资委履行出资人职责。根据《关于中国南方电网有限责任公司部分权益协议转让有关问题的批复》（国资产权〔2006〕1480号）和《关于调整国家电网公司所持中国南方电网有限责任公司部分股权有关事项的通知》（国资收益〔2012〕1117号），南方电网公司注册资本为人民币600亿元，各方比例为广东省38.4%、中国人寿保险（集团）公司32%、国务院国资委26.4%（暂时由中国国新控股有限责任公司代持），海南省3.2%。

2019年，全系统未发生较大及以上人身事故，未发生设备和电力安全事故，未发生对公司和社会造成重大不良影响的涉电公共安全事件。全网统调最高负荷1.87亿kW，同比增长10.8%；完成售电量10 521亿kWh，增长7.6%；西电东送电量2265亿kWh，创历史新高；客户平均停电时间（低压）10.18h，下降17.5%；第三方客户满意度测评84分，提升2分，广东、广西电网公司及广州、深圳供电局连续多年在地方公共服务评价中名列第一。连续13年获得国务院国资委年度经营业绩考核A级，在世界500强企业中名列第111位。

【领导班子】 2019年，南方电网公司领导班子发生调整。1月2日，杨志宏任纪检监察组组长。3月9日，史正江任董事，免去其副总经理职务。

截至2019年12月31日，南方电网公司领导班子成员如下：

党组书记、董事长：孟振平

党组副书记、董事、总经理：曹志安

党组副书记、董事：史正江

党组成员、副总经理：毕亚雄

党组成员、总会计师：文利民

党组成员、副总经理：贺锡强

党组成员、纪检监察组组长：杨志宏

党组成员、副总经理：陈允鹏、刘启宏

【组织机构】 详见2019年南方电网公司组织机构图。

【南方电网概况】 南方电网覆盖五省区，并与中国香港、中国澳门地区以及东南亚国家的电网相联，供电面积100万km^2。供电人口2.54亿人，供电客户9270万户。南方电网东西跨度近2000km，网内拥有水、煤、核、抽水蓄能、油、气、风力等多种电源，截至2019年底，全网总装机容量3.2亿kW（其中火电1.4亿kW、水电1.1亿kW、核电1961万kW、风电2035万kW，分别占44.7%、34.1%、6.1%、6.4%）；110kV及以上变电容量9.4亿kVA，输电线路总长度23.2万km。2019年底非化石能源电量占比52.9%。南方电网交直流混联，远距离、大容量、超高压输电，安全稳定特性复杂，驾驭难度大，科技含量高；掌握超（特）高压直流输电、柔性直流输电、大电网安全稳定运行与控制、电网节能经济运行、大容量储能、超导等系列核心技术，建成并运行世界第一个±800kV特高压直流输电工程，荣获国家科技进步奖特等奖，标志着南方电网在特高压输电领域处于世界领先水平。目前西电东送已经形成“八条交流、十条直流”（500kV天广交流四回，贵广交流四回；±500kV天广直流、三广直流、金中直流各一回，溪洛渡送广东直流两回，贵广直流两回，±800kV云广特高压直流、糯扎渡送广东特高压直流、滇西北送电广东特高压直流各一回）18条500kV及以上大通道，送电规模超过5000万kW。

南方电网是国内率先“走出去”的电网。作为国务院确定的大湄公河次区域电力合作中方执行单位，南方电网公司积极落实“一带一路”倡议，加强与大湄公河次区域国家、港澳地区的电力合作。2019年通过南方电网向澳门的送电量约占其用电量的88%，截至年底，累计向越南送电375.2亿kWh，向老挝送电10.55亿kWh，向缅甸购电185.1亿kWh，对缅甸送电8.18亿kWh。

【战略规划】 开展战略管理体系专题研究，提出涵盖战略制定、战略分解、战略实施、战略回顾全过程的闭环战略管理体系。

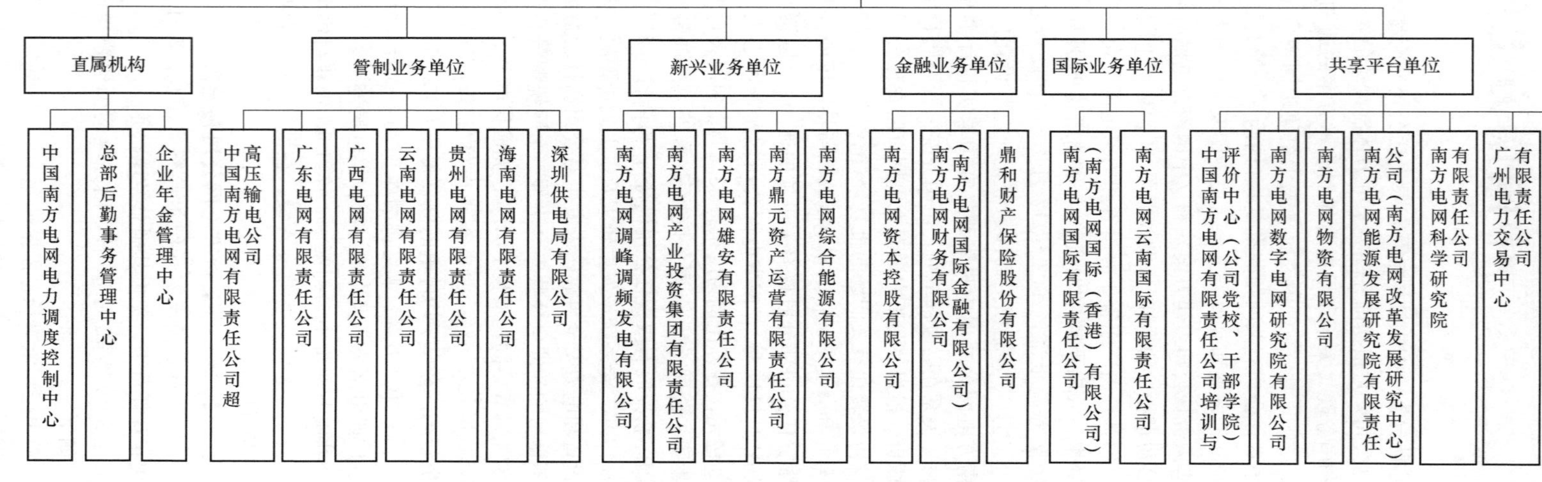

2019年南方电网公司组织机构图

全面启动公司转型和高质量发展。承接落实国资委关于创建世界一流企业的要求和公司发展战略纲要，制订南方电网公司推动高质量发展加快建设具有全球竞争力的世界一流企业的实施意见和向能源产业价值链整合商转型的意见。依托“四类项目”推动战略落地，选出“四类项目”（灯塔项目、标志项目、标杆项目、试点项目）59项。落实国资委规划编制要求，组织开展南方电网公司“十三五”规划修编，启动南方电网公司“十四五”规划工作。完成南方电网公司与广西壮族自治区人民政府、云南省人民政府和国家电投、华为、腾讯、华润等企业签署战略合作协议，开展全方位多领域合作。

全面开展电网发展重大课题研究。完成南方网电网远景电力规划等重大规划专题研究。研究提出并向四省区政府上报西电东送中长期送受电框架协议建议，推动西电东送稳定发展。加快推进智能电网规划建设，全面启动南方电网公司“十四五”智能电网发展规划。

制订粤港澳大湾区智能电网实施建设方案（2019—2022）、海南智能电网2019—2021年建设方案，全面加快推进智能电网规划建设。制订南方电网公司人工智能与业务发展深度融合专项规划。推动粤港澳大湾区等19个智能电网示范项目云化集中展示。建成投产广州和珠海两个国家级“互联网+”智慧能源示范项目，并通过国家能源局验收。

服务区域发展重大战略措施有效落地。制订服务粤港澳大湾区发展的26条重点举措和2019—2022年行动计划，会同71家单位共同发起服务粤港澳大湾区发展电力合作倡议，推动筹建“粤港澳大湾区电力发展合作促进会”，搭建助力粤港澳大湾区发展的服务平台、创新平台、合作平台和交流平台，获得国资委支持。制订南方电网公司融入和服务深圳中国特色社会主义先行示范区建设的28条重点举措。制定服务新时代推进西部大开发形成新格局的20条重点举措，全力支持西部地区开发建设、促进东西部协调发展。组织研究服务支持广西、云南自由贸易试验区建设重点举措和行动计划，高质量保障自贸区电力供应，全力服务自贸区建设。

【改革发展】 统筹改革顶层设计。制定南方电网公司系列重大改革发展综合性指导文件。组织编制印发《南方电网公司发展战略纲要（2019年版）》。印发《南方电网公司进一步深化国企改革总体方案（2019年版）》。开展新兴业务发展顶层设计，制定印发《南方电网公司关于加快发展新兴业务的指导意见》。

电力体制改革。推动与地方电网融合发展取得历史性突破。云南广南电力股权收购按计划推进，完成股权登记变更。广西电网公司完成对广西农投集团所属电网资产重组，并自9月起实现对40个县级电网实现控制，大幅扩展了南方电网公司在广西的经营区域。研究分析广东电网公司输配电业务“四统一”模式改革经验，提出复制推广的意见建议。指导深圳供电局制定管制性业务改革发展方案，为深圳供电局创建全国领先、世界一流供电企业奠定坚实基础。增量配电网改革试点有序推进。贯彻落实国家发展改革委、能源局改革相关部署，制订《关于进一步推进增量配电业务改革的通知》，提出“合作共赢、主动服务、积极参与”原则。国家已批复南方五省区四批共62项增量配电试点，已确定业主44项，参与项目中已组建项目公司29家，取得电力业务许可证17项，正式建成投产并网13项。

国资国企改革。健全完善公司法人治理结构。配合国资委理顺公司股权工作部署，推进各类国有权益转增资本金事宜。研究制订子公司规范董事会建设的意见。发布总部《权责清单》《授权放权清单》（2019年版），权责清单总体压缩幅度约50%，新增授权事项30项、放权事项60项。推动完善市场化经营和激励机制。统筹设计公司体系化三项制度改革方案。推进科技型企业实施分红激励扩面工作，6家科技型企业实施岗位分红激励和项目收益分红激励。推进南网能源公司混改试点，引入4家战略投资人，引入15.25亿资金。完善“前海”模式，持续推进前海发展纲要落实落地，开展引入非公资本工作。推动资产证券化，完成了科创板上市意愿子公司的遴选分析和全网资产证券化调研。加快剥离国有企业办社会职能和解决历史遗留问题。提前一年完成国资委“处僵治困”考核目标任务，提前超额完成国资委2016—2019年压减工作满分考核目标。基本完成全网“三供一业”供电设施接收改造。持续推进厂办大集体改革。推进国有企业退休人员社会化管理改革，基本完成总部退休领导人员统筹外补贴整改。纵深推进“双百行动”试点。2019年，所属南方电网科学研究院有限公司、广州穗能通综合能源有限责任公司纳入国企改革“双百行动”，共有五家企业纳入“双百行动”。开展“总部机关化”问题专项改革。

【经营管理】 助力打好防范化解重大风险攻坚战，制定南方电网公司防范化解重大经营风险工作意见，修编加强金融风险防范26条措施，统筹防控债务、投资、金融、资金、税务等风险，年内未发生重大经营风险。滚动修编三年降杠杆减负债工作方案，在保障固定资产投资1388亿元再创历史新高的情况下，通过发行永续债券50亿元、实施线损同期管理、试点应收账款证券化等有效措施，年末资产负债率控制在59.5%，同比下降0.9个百分点。助力打好精准脱贫攻坚战，完成新一轮农网改造升级投资468亿元，包括广西水利电业区域内82亿元，以省（区）为单位农网“两率一户”指标全部实现，提前一年完成农网改造升级任务。完成定点扶贫项目749个，投资约1亿元，帮助234个扶贫点7.12万人实现脱贫。助力打好污染防治攻坚战，水能、风电、光伏发电利用率超过99%。完成西电东送、清洁能源消纳任务。

牵头制订并狠抓落实清洁能源消纳24项举措，加强向国家部委及广东、云南能源主管部门沟通汇报，水能利用率达到99.6%，风电、光伏发电利用率均超过99.7%，核电实现安全保障性消纳，超额完成国家下达的目标。南方五省区非化石能源发电量占比52.9%，远高于全国平均水平。

农网改造升级建设目标提前达到。对标国家部署的目标和任务，制订南方电网公司关于做好新一轮农网改造升级2019年建设攻坚相关工作安排，加强项目进度管控，重点推进“三区三州”及其他深度贫困地区农网改造升级，2019年完成农网投资386亿，按照国家要求，提前一年完成新一轮农网升级改造任务，供电区域内“两率一户”指标以省（区）为口径达到国家新一轮农网改造目标，贫困地区指标总体水平同步达到国家目标。编制《现代农村配电网研究报告》和《乡村电气化评价指标体系研究报告》，为“十四五”建设现代农村电网夯实基础。

坚持市场化方向推进输配电价改革，组织各省（级）电网公司开展第二监管周期输配电价模拟测算，科学确定核价基础参数，研究提出应统筹解决好的历史遗留问题及有关工作建议。配合国家修订完善输配电定价成本监审办法和输配电价定价办法，配合第二监管周期成本监审。

开展新兴业务板块相关企业上市工作，完成南网能源公司股权内部划转和增资、引入战略投资者、股份制改造，开展财务审计、同业竞争清理、重大法律问题整改、守法证明开具、环保备案、办证无障碍证明等工作，向广东证监局上报上市辅导申请。组织开展南网数研院、广东电科院能源技术公司、广州穗能通能源科技公司上市前期研究工作。

【安全生产】 2019年，南方电网公司系统未发生电力安全事故、设备事故；未发生较大及以上人身事故；未发生对社会和公司造成重大不良影响的安全事件；未发生三级及以上网络安全事件；未发生生产办公场所责任性火灾事故。发生系统内人身事故5起，同比增加4起；发生外包工程人身事故1起，同比增加1起；发生三级及以上非人身事故27起，同比下降18.2%，其中一级非人身事故0起，二级非人身事故4起，三级非人身事故23起；发生交通人身事故1起，同比减少1起；社会人员触电死亡人数下降17%。完成“两杜绝、三不发生”年度安全目标，完成国务院国资委对南方电网公司年度安全考核目标。

安全生产责任制体系建设。不断完善安全生产责任体系。组织制定南方电网公司《安全管理职责规范》及省地县所四级《安全职责到位衡量标准》，促进各级安全管理人员知责尽责担责。修订南方电网公司《安全生产问责管理规定》，强化问责及监督执纪“四种形态”运用。完善南方电网公司《电力事故事件调查规程》补充修订内容，加强配电网运行管理。强化安全生产考核问责。修订安全生产安全绩效考核标准，进一步强化安全监管、压实安全责任。按照《安全生产问责管理规定》，对事故事件责任单位公司党组管理干部共18人次进行问责。

应急保供电工作。强化防灾抗灾能力建设。持续推进“三篇文章”、保底电网建设。印发《南方电网公司防灾减灾救灾工作指南》《防灾减灾中心建设工作方案》，统筹推进防灾减灾中心建设。实施沿海输配电线路防风加固三年行动方案，修编印发南方电网公司防冰抗冰三年行动方案，推进有关项目实施。联合开展91家单位参加的厂网联动大面积停电应急演练，有效提升了政企联动、厂网协调应急处置能力。做好防风防汛、迎峰度夏及应急工作。编制印发南方电网公司《2019年防风防汛工作方案》《2019年迎峰度夏工作方案》，明确指导思想、工作目标和工作要求，统筹制定20项重点工作措施，并组织开展防风防汛专项检查督查。落实“灾前防、灾中守、灾后抢”应急处置机制，顺利应对3轮低温雨雪冰冻天气、5次台风、13起地震和8轮暴雨等自然灾害袭击，迅速恢复受灾地区的电力供应，未发生重大不良影响的安全事件。完成重特大保供电任务。开展保供电技术帮扶及督导检查13次，落实保供电现场的供电回路、用电负荷、控制开关等关键环节的技术要求。完成新中国成立70周年、澳门回归20周年、文昌航天发射等16次重特大保供电任务，得到当地党委、政府以及社会各界的充分肯定和高度认可。

2019年生产运行总体稳定可靠，各项生产技术指标完成值全部优于计划。其中，客户平均停电时间（低压）10.81h/户，同比下降17.54%；电压合格率99.560%，同比提高0.029个百分点；报废资产净值率8.62%，同比下降0.55个百分点。

守牢大电网安全底线。强化关键厂站、西电东送主通道和重要交叉跨越点等关键、重要设备运行维护，加大设备消缺管控力度。直流设备单极闭锁同比减少5次，降幅50%；非计划停运同比减少19

次，降幅56%。完成全部20组牛寨站滤波器断路器、19组安顺站断路器均压电容器整改，彻底消除123个间隔的三菱500kV HGIS防爆膜异常爆破隐患。

电网调度运行。各级调度统筹协调发电企业，加强向各级政府、监管机构的请示汇报整合资源配置，应对了阶段性、区域性电力供应紧张局面，完成了清洁能源消纳任务。通过开展极端气候变化、水情丰枯交替、中美贸易摩擦等多维度分析，进一步健全电煤供应、燃气保障、水情会商和负荷管理等协调机制，统筹实施广东通道建设、云南火电开机、贵州电煤保障等提升供应能力的措施，解决了局部地区、局部时段的电力供应问题，支持保障了全网负荷和电量的快速增长。

【优化电力营商环境】 优化电力营商环境取得积极成效，“获得电力”指标显著提升，深圳、广州“获得电力”指标在全国营商环境评价中名列前茅，全国地级以上城市电力可靠性前10名中南方电网公司占据6席并包揽前3名。业扩报装流程低压、高压客户缩减为2、3个环节，促请地方政府出台支持政策，缩短涉电工程行政审批时限，有效加快业扩配套项目的建设。继续实施业扩投资延伸至客户红线，五省区所有地级城市实施小微企业接电零投资，珠海横琴、广州南沙自贸区试点对工商业客户实现接电零投资，合计减少客户投资104亿元。升级提质互联网客户服务平台，实现企业和群众办理所有用电业务“一次都不跑”。供电服务正式进驻“粤省事”等政务服务平台，拓展社会化电子服务渠道。

客户服务实现数字化转型。落实数字化转型战略，以客户为中心，以创新为驱动，建成并上线全客户、全渠道、全业务、全数据的“四全八中心”互联网客户服务平台，实现多项创新，全面提升了客户服务能力水平。平台累计注册用户突破4400万人，受理业务占全渠道业务的93%。推动传统营业厅向数字化转型，全网建成广州越秀、深圳罗湖等21个智慧营业厅。南方五省区12398投诉排名持续下降，各省排名均退出前十。

客户安全管理进一步加强。强化重要客户管理，全网供电电源和自备应急电源配置合格率分别达到98%和97%，其中特级重要客户两率均为100%。全面落实新中国成立70周年等重大保供电工作要求，强化常规重要客户和临时重要客户的保供电措施，全部重要保供电场所建立“一户一册”，协助客户开展安全隐患排查、指导完善停电事件应急预案和应急演练。

加快业扩报装流程，促进客户早用电、用好电，推动电能替代工作上新台阶。持续推进港口岸电、电动汽车、电蓄冷、家庭电气化等重点领域替代工作。印发《深入推进港口岸电发展实施方案》，推动南方区域船舶靠港使用岸电工作，累计建成岸电泊位71个，实现岸电用电量同比增长42%。召开粤港澳三地港口岸电合作推进会，发挥电网企业服务绿色能源平台作用。2019年新增电能替代项目4524个，实现电能替代电量263亿kWh，同比增加17.4%。

实施购售电同期抄表。实现全网9270万用电客户购售电量抄表时间同期、购电成本与售电收入确认同期，解决综合线损率失真等问题，最大限度减少“跑冒滴漏”。广东、广西、云南、海南、广州、深圳实现电费核算省级集中，统一规范电费业务，电费资金回笼提前10天。加强与地方区域电网协同发展，全力拓展用电市场，累计接收独立供电区97个。落实一般工商业平均电价再降低10%的部署，为客户降低用电成本约170亿元。

【国际业务】 中老铁路老挝段供电项目开工建设。该项目是中老铁路配套供电工程，工程可行性研究报告技术方案于3月份获老挝能矿部批准；4月“一带一路”国际合作高峰论坛企业家大会期间，在国家主席习近平和老挝国家主席本扬的见证下，签署《老挝老中铁路供电项目股东协议》。与老挝电力公司组成合资公司，以BOT模式投资运营，12月31日举行开工仪式。

越南永新一期燃煤电厂BOT项目连续满负荷安全稳定运行。项目投入商业运营后，各项技术、经济、环保指标满足BOT合同要求，运行安全平稳，经济和社会效益突出；老挝南塔河水电站项目运行稳定；智利ETC、马来西亚Edra、卢森堡Encevo、香港青电及越南小中河参股项目经营符合预期，收益稳定。

对澳输电第三通道项目提前完工。负责的对澳输电第三通道项目珠海段工程于6月13日建成完工，并组织协调解决与澳门电力交易的分歧，完成2017、2018年电力交易合同的签署。

与越南、老挝、缅甸高电压等级联网项目取得积极进展。中越背靠背联网项目已完成框架协议谈判。中老500kV联网项目已完成分段的可行性研究报告评审。签署中缅联网可行性研究谅解备忘录。缅北民生供电项目落实习近平总书记重要指示精神，年初完成缅北南邓项目投产，年底完成向缅北果敢送电境内段线路建设。

深化澜湄合作。完成国家能源局委托开展的澜湄国家电力互联互通规划研究。配合国家开展“2019年澜湄周”系列活动，在澜湄国家分别举办春茗会活动。深度参与大湄公河次区域电力贸易协调委员会（RPTCC）各项工作。持续做实澜湄国家电力企业交流合作机制，举办第六届峰会。倡导建立澜湄区域电力合作中资企业沟通合作机制。9月，组织举办首届峰会，国内发电集团、电网公司、装备企业、设计咨询单位、行业协会、金融机构等20多家单位参加，共同签署了“澜湄区域电力合作共同倡议”。

【数字化转型】 构建基础技术平台，推进数字南网建设。电网管理平台完成业务需求分析。供应链统一服务平台完成功能开发，开展与供应商系统对接联调。双创平台通过初步验收，开展试运行。客户服务平台，采用“云计算＋微服务”技术架构建设的互联网统一服务平台完成设计和开发，在试点单位开展功能的测试工作。电网调度平台，主网OMS实现三级覆盖，配网OMS核心功能完成全网推广。企业级运营管控平台，按计划实现了综合计划、全面预算、国资委考核以及高质量发展等业务的64个指标展示。

三大基础平台建设。7月南网云平台投入运行，9月人工智能组件投入运行，集成了语音识别、人脸识别、OCR识别、自然语言处理和输电线路缺陷识别等21项技术组件，构建了集中、开放、共享的人工智能组件服务体系。数字电网平台，印发了统一数字电网模型设计规范，实现生产、营销、GIS等系统数据在公司数据中心融合，支撑了统一客户服务平台、电网资源管理平台、营销系统（云化）等系统模型应用；完成统一数字电网模型基线版构建；统一电网资源中心完成配网部分中台组件开发。全域物联网组织完成主流物联网平台的测试，5G技术在智能电网的应用研究取得阶段性成果，制订了《5G助力数字南网建设工作方案》，完成了国内外首例基于5G的配网同步相量测量装置外场综合测试验证并达到预期效果，完成5G端到端切片外场功能测试。

两个对接工作。对接国家工业互联网方面，南网数研院中标国家工业互联网标识解析二级节点（电力行业）建设，完成《国家工业互联网平台对接工作方案》编制，通过供应链统一服务平台初步与北京科锐等公司ERP系统实现对接，实现合同履约、物流等信息的互联互通。对接数字政府和粤港澳大湾区相关利益方面，实现与国务院国资委大额资金监控系统、“三重一大”决策系统的对接和数据传送；广东电网与“数字广东”完成粤省事电力服务专区数据共享应用，与广东省应急管理厅实现电力应急数据对接；云南电网配合市政府开展“一部手机游云南”建设。

完善数据中心。大数据分析平台，完成统一门户开发；完成数据工厂全部功能点开发，实现对运营管控应用和各专业域运营管控应用的支撑，并形成常态化设计管控机制。实时数据平台完成平台升级完善。完成181个计量、调度、设备状态监测系统数据实时采集至数据中心。非结构化数据服务平台完成平台开发并在总部和广东电网上线运行，完成广东机巡全量图片数据接入。数据供给与开放能力不断提升，依据《南方电网公司数据开放共享指导意见》，为国家审计署、国家能源局南方监管局、深圳市政法委、住建部、全国光伏扶贫信息管理系统扶贫电站数据集成等26个外部数据需求提供了数据共享开放服务；组织南网数研院开展气象、经济、社会运行等外部数据采购工作，通过数据中心向全网各业务领域统一提供气象等外部数据供给服务。

【创新管理】 新获批国家级科技项目2个，年度承担国家级科技项目共12个。获得省、行业级科技奖励80项。新获授权专利7090项，其中发明专利1256项；累计有效专利数达24 450项，其中发明专利6055项。新增广东省电力系统智能信息化工程技术研究中心与和广东省六氟化硫工程技术研究中心2个省部级重点实验室，累计拥有国家级、省部级重点实验室19个。研发经费投入80.6亿元，研发投入强度1.42%；科技项目投入29.6亿元。

完善统筹创新工作机制。组建创新管理部统筹创新工作，优化调整了创新领导小组成员和职责，印发了《创新工作管理规定》，明确了创新管理组织机构及其具体职责，明确了各项管理业务及管理要求。精简总部审批事项。制定科技创新指数评价细则并将其纳入了分子公司经营业绩考核，组织开展创新绩效评价考核。

策划重点科技项目。强化统筹布局，集中力量办大事，统一组织、协调各个科研机构及内外部资源，聚焦大电网安全稳定运行、直流输电、综合智慧能源、人工智能应用、大规模储能等关键核心技术与共性需求，构建需求导向型项目形成机制，建立形成2019年重点科技项目储备库，入库项目183项，总经费21.2亿元。服务国家战略部署，承担国家科技任务，组织申报国家级科技项目19项，“兆瓦级高效高可靠波浪能发电装置关键技术研究及南海岛礁示范验证”等4项获批准。

攻关柔性直流等相关技术。按计划推进“梯次利用动力电池规模化工程应用”等10项国家级科技项目、7项省部级科技项目、35项南方电网公司重点科技项目，在超导直流限流器、交直流混合配电网、配电网广域测量控制等领域取得阶段性突破。“高压大容量柔性直流输电关键技术研究与工程示范应用”项目突破掌握特高压大容量柔性直流成套设计技术，完成全部核心设备研发，建成世界首个混合三端直流物理样机平台。“工业园区多元用户互动的配电系统关键技术研究与示范”项目打造了国内首个以用户互动能力为支撑的“虚拟电厂”并投入实际运行。“超导直流限流器的关键技术研究”项目成功研制世界首台160kV超导直流限流器验证样机。“电力监控系统网络安全态势感知关键技术研究与示范应用”项目实现了网络安全威胁的“可监视、可溯源”，成功发现和处置多起网络安全异常事件。

建设科技创新平台。完成“双创”线上平台建设。组建专业化平台运营管理团队，推进科技创新主体、劳模工作室、科技孵化器等线下双创平台建设，完成156家线下平台对接，收集基础信息774项，实现了全网转化资源的有效归集。完善科技成果管理信息系统，加强科技成果信息汇集与发布，实现科技成果信息与技术需求的快速精准匹配与转化对接。发挥重点实验室支持研发、生产的作用，直流输电企业国家重点实验室完成高压混合直流输电系统工作组技术手册框架、两端和三端混合直流输电系统两个模型。

推动科技成果转化应用。系统评估2015年以来存量科技成果，筛选出预期可转化孵化成果，完成科技成果转化库建设。120项科技成果实现转化，其中产品化转化49项，配电自动化终端、充电桩、两栖机器人巡检系统等22项成果实现批量生产，实现销售收入5084万元。在南网电商平台设立科创产品专区，首批实现智能头盔等三项科技新产品在公司电子商城的线上销售，实现销售收入957万元，打通科技新产品全网销售渠道。积极推动科技成果转化激励政策落实，对16项科技成果兑现分红激励，团队及个人获分红激励总金额达226万元。

强化创新开放合作。建设共性技术研发平台，印发《南方电网公司参与粤港澳大湾区国际创新中心建设行动方案》，签约加入“5G产业联盟”，正式挂牌运作公司新能源试验研究基地（海上风电），举办第十六届中国南方电网国际技术论坛。

【党建工作】 强化科学理论武装。聚焦学习习近平总书记重要讲话、重要指示批示精神，落实党组会“第一议题”机制，确保学深悟透、落地生根。贯彻“两个一以贯之”，修订完善公司党组、董事会、经理层议事规则和事项清单，充分发挥党组（党委）的领导作用和其他各治理主体的作用。制定落实学习贯彻十九届四中全会精神方案，召开党组会议及时学习，举办专题辅导报告。组织中心组学习8次，改进学习方式，注重成果转化。坚决把习近平新时代中国特色社会主义思想贯彻到工作各方面各领域，研究确立公司发展战略，积极调整布局、加快变革，推进高质量发展。

抓严抓实巡视整改。党组深入学习贯彻习近平总书记关于巡视工作的一系列重要讲话精神，对照落实中央巡视反馈意见要求，从增强“四个意识”、坚定“四个自信”、做到“两个维护”的高度，动真碰硬、举一反三，坚决把巡视整改作为重大政治任务抓严抓实抓好。切实提高政治站位，压实工作责任，突出重点问题，统筹新旧问题，坚持上下联动，做好结合文章，加强监督检查，建立长效机制，全力以赴做好巡视“后半篇文章”。聚焦落实整改主体责任，印发实施整改落实工作方案及“问题清单、任务清单、责任清单”，180项整改措施全部由领导牵头负责。党组书记履行第一责任人职责，挂帅出征，直接部署、直接协调、直接督办，对重点问题整改亲自抓、抓到底、抓出成效；班子成员按责任分工全力推进整改落实。在集中整改阶段共召开9次党组会议、4次董事会会议、5次巡视整改工作领导小组会议，专题研究解决整改工作中的重要问题，以上率下抓好落实。成立三个督查组下沉到22家二级单位，深入推进整改工作承接落实。两批立查立纠立行立改问题均已整改完毕，集中整改阶段98项措施已全面完成，持续性开展的整改措施均取得了阶段性成果。通过整改，党的建设制度机制更加完善，党建工作质量进一步提升，政治生态进一步向好向善，党组的领导作用和在群众中的威信明显提高，党员的纪律意识、规矩意识明显增强，干部员工干事创业的积极性、主动性明显提升。

开展主题教育。研究制定实施方案，对重点任务、关键节点及时进行研究部署，制订“三表一提示”，召开7次领导小组会议、领导小组办公室会议。党组结合实际提出“六个结合”（把开展主题教育与贯彻落实习近平总书记重要指示批示精神和党中央重大决策部署结合起来；与推进“两学一做”学习教育常态化制度化结合起来；与扎实做好中央巡视和公司巡视巡察反馈问题的整改落实工作结合起来；与专项治理形式主义、官僚主义问题结合起来；与推进公司全面深化改革、战略实施落地，推动公司高质量发展、加快建设具有全球竞争力的世界一流企业结合起来；与确保完成公司各项目标任务、以优异成绩庆祝新中国成立70周年结合起来），把学习教育、调查研究、检视问题、整改落实贯穿全过程，每月带头抓好“七个一”（组织一次集中学习研讨、开展一次有针对性的调研与问题梳理、制定一批解决问题的措施、召开一次专题党组会，党组成员撰写一篇调研报告、参加一次支部活动、讲一次党课或分享一次认识体会），开展4次专题研讨，举办3期读书班、11期知行大讲堂，原原本本研读“两本书”。制定实施整改落实方案，明确措施129项，截至2019年底已完成86项，其余持续性工作正在有序推进。

推进纪检监察体制改革。贯彻中管企业纪检监察体制改革精神。深化纪检监察组“三转”，实现信访案管、监督检查、审查调查、案件审理“四分离”。将内部巡视日常管理、直属纪委日常工作、违反规章制度问题调查处置等3项职能，划转有关党组工作部门。配合中央纪委国家监委做好纪检监察组副组长提名考察，完成有关人员“原地转身”。系统梳理七大类制度“废改立”清单，制订向中央纪委国家监委请示报告事项清单，自觉主动接受中央纪委国家监委的领导；新建《南方电网公司纪检监察组议事规则》等制度规定。与广东省纪委监委建立定期联席会议制度，推动直属纪委向南网物资公司和鼎元资产公司综合派驻纪检组。

把整治形式主义、官僚主义摆在突出位置。督促落实《加强总部作风建设6项措施》，制定实施《南方电网公司纪检监察组带头落实作风建设14条措施》。先后4次通报18起形式主义、官僚主义典型案例，用身边事警示身边人。坚决防止享乐主义、奢靡之风反弹回潮。督促全面清理关停各级驻京驻外办事机构，积极稳妥、实事求是做好人员安置、资产处置和工作接续。从严从快查处顶风违反中央八项规定精神问题44起，给予党纪政纪处分72人，通报曝光典型案例37起。

持续保持查办案件工作力度。聚焦“三类人”，坚持“两个优先处置”，严肃查处广东电网“5·15”专案。打好整治群众身边不正之风和腐败问题“扫雷”行动攻坚战，聚焦电力营销、财务管理、工程项目等六个领域，查纠违纪违法问题，对7个基层党组织、95名党员领导干部予以问责。精准运用监督执纪“四种形态”，运用监督执纪“四种形态”共处理2033人次，增长3%。开展以“清正廉洁作表率”为主题的纪律教育月活动，连续第8年举办领导人员廉洁从业研讨班。

【人力资源管理】 总部组织机构调整。立足于总部“五个中心”（战略决策、资源配置、资本运作、监督控制、调度指挥）的定位，理顺了部门职责关系，着力解决总部管理错位、越位等突出问题。结合“总部机关化”专项整改工作要求，规范总部机构、职务称谓。按照规范驻京办事机构管理要求，撤销驻京办事机构。优化调整后，总部职能部门划分为三类、共21个，其中综合管理部门7个，专业业务部门7个，监督保障部门7个，直属机构3个，议事协调机构从54个精简为42个。优化调整驻外办事机构设置。组建了全球首个数字电网研究院。

选人用人工作监督。结合党组巡视工作，对6家单位开展选人用人专项检查。突出干部履职尽责、担当作为情况的监督，对67名干部进行担当作为民主测评。组织23家所属单位开展2018年选人用人“一报告两评议”工作，所属单位选人用人认可度为95.18%。

完善劳动组织制度。完善用工管理，完善校园招聘门槛条件，简化优质生源招聘程序；严格实施回避制度，防止“近亲繁殖”；调整毕业生基层工作年限要求，鼓励业务板块间人员正常流动。完善岗位管理，适应转型发展需要，构建涵盖全业务范围的职级职等架构，优化跨通道发展的基本条件，缩短工作年限要求，支持优秀干部成长。赋予非管制业务单位自行开展岗位体系建设自主权。完善员工处分管理。完善劳动保护有关配置标准，保障一线员工作业安全。

优化人力资源配置。树立效率效益导向，抓好劳动生产率指标管控。对管制业务单位，多措并举严控用工总量。对非管制业务单位，坚持效率决定用工的管理机制，以人员效率对标情况确定用工总量。对市场化用工机制较为健全的南网数研院、鼎和保险公司、南网能源公司等专业公司下放社会招聘审批权。常态化开展组聘、竞聘、竞争上岗等工作。面向公司系统大规模公开遴选总部主管。支持非管制业务发展，打破业务板块间人员流动障碍。

优化工资决定机制。贯彻落实《国务院关于改革国有企业工资决定机制的意见》精神，坚持“效益决定、效率调整、对标引导”原则，实行工资总额差异化分类管理。对管制类企业，实行工资总额核准制度；对新兴、国际、金融类企业，加大“放权、搞活”力度，实行工资总额备案制度；对共享平台类企业，由企业自主选择实行核准制或备案制。

优化分配秩序。完善岗位薪点工资制度，优化基于业绩考核积分正常的工资晋升机制，加大向生产一线倾斜力度。放权各单位自主决定毕业生见习期满后的工资岗级，放权管制类企业自主决定其所属单位负责人年度工资最高水平。推动新兴、国际、金融业务企业开展国内外行业对标，薪酬水平逐步与市场接轨。实施分红激励的科技型企业达到4家，获得激励的科技人员达到259人次，激励资金在工资总额中单列，个人激励额度最高可达到年度工资水平的40%。

行业领军人才队伍建设。选拔推荐国家“万人计划”、百千万人才工程等相关高层次人才支持计划人选 210 人次，新引进 1 名国家“千人计划”专家、新培养 1 名国家“万人计划”专家、新增 10 名享受国务院政府特殊津贴专家、新入选省部级以上人才支持计划共计 23 人次，申报落实人才支持资金 366 万元。选聘第三批高级及以上技术专家，共有高级技术专家 25 人，首席技术专家 1 人，各级技术专家 3408 人，同比增长 29.38%。选聘第五批高级及以上技能专家，首次聘任 1 名特级技能专家，共有高级技能专家 16 人，各级技能专家 4189 人，同比增长 34.74%。

人才发展工程。推动南网科研院试点全面深化人才发展体制机制改革工作，南网科研院入选 2019 年国务院国资委“深化人才发展体制机制改革示范企业支持计划”。服务新一轮发展战略，建立科技、国际、金融、法律、数字化、党建 6 个重要业务领域人才库，入库人才 5191 人。统筹人才发展需求，整合培养资源，推进六类人才发展工程，加强人才梯队建设。将博士后引才平台由南网科研院扩展为广东地区单位，新引进博士后 22 人。申报广东电网公司、鼎信科技公司设立广东省博士工作站。实施西部优秀创新人才培养计划，组织开展第三批 20 名西部人才到东部单位的一年期针对性培养。

职工岗位胜任能力提升工程。制定实施乡镇供电所职工能力提升工程，组织开展乡镇供电所职工模块化培训和评价、作业授权认证、班组绩效量化考核等工作。年底，在岗位胜任能力评价合格的基础上，乡镇供电所技能人员授权认证率达到 61%、中高级工及以上比例达到 66%。强化现场培训和岗位练兵，各单位安全生产、市场营销、基建领域关键技能岗位持证上岗率达到 100%。

教育机构改革。剥离企业办学历教育职能，所属教育机构全部停止招生，完成现有在校学生的教学任务后关闭撤销。

培训机构改革。将现有 18 家培训机构整合成 11 家，应规范名称的 4 家培训机构均已完成更名，应注销的 7 家培训机构，已注销 5 家。暂未注销的云南电网公司白云、耀龙培训中心已全部停业，正在开展资产处置、清算等工作。

医疗机构改革。仅贵州电力职工医院一所企业办医疗机构转为面向职工内部服务的门诊部，人员有序安置。

退休人员社会化改革。研究制定了退休人员移交社会化管理总体工作方案。加强离退休人员政治建设、思想建设，组织开展第 10 届敬老日等活动。

【工会工作】 开展庆祝新中国成立 70 周年职工文化创作成果展示和职工文学、绘画、摄影作品征集展示“四个一”活动，与中国电力美术协会联合举办庆祝新中国成立 70 周年全国电力职工美术作品展览。参加上级组织的职工文化活动，选送的 47 个作品荣获中国能源化学地质工会庆祝新中国成立 70 周年系列活动奖项。持续开展“书香三八”系列读书活动，连续四届荣获“全国书香三八活动特别组织奖”。

组织劳模先进评选表彰工作，召开第二届南网工匠表彰大会，当日观看视频直播人数近 10 万人。

产业工人队伍建设改革。成立南网工匠大学，配合人资部开展劳模工匠担任工会兼职副主席试点工作。

职工素质提升。成立发电专业和数字化工作室联盟，工作室联盟数增长至 7 个，全网 391 个公司级工作室的联系和协同更加紧密。各级工作室增长到 904 个，累计 118 对工作室开展结对联建，实施职工创新项目 2103 项，获全国电力职工技术创新奖 99 项。联合基建部组织±800kV 昆柳龙多端直流工程、调峰调频发电工程劳动竞赛，并纳入全国及省级重点工程劳动竞赛序列。举办高压试验、调度运行等 5 个专业技能竞赛。授予 17 人南方电网公司技术能手称号、83 人青年岗位能手称号。

企业民主管理。召开南方电网公司三届二次职代会，审议通过董事长讲话和总经理工作报告等 4 项决议；职代会共征集职工代表提案 43 件，立案 25 件，办结 24 件，留作参考 1 件，提案办理率 100%、办结率 96%，评选表彰了 6 件优秀提案。深化厂务公开工作，实现三级单位贯标认证全覆盖、四级单位贯标认证率 80%。

职工服务。持续推进一线职工工作生活条件的改善，全年，各单位共投入资金 4683 万元，完善 1091 个站所生活文化设施的配置。组织开展夏季职工劳动保护工作，发放高温津贴 4875.5 万元、防暑降温物资及慰问品 3941.6 万元，慰问职工 19.8 万余人次，发现事故隐患和职业危害因素 2669 个。全年共建成 70 个五星级模范职工之家、156 个五星级模范职工小家、26 个职工文化工作室示范点。层层开展丰富多彩的职工文体活动，举办公司“同心杯”第三届职工乒乓球比赛；承办并参加全国电力行业职工乒乓球比赛，荣获领导组男单冠军，职工青年组男单、女单冠军；参加全国电力行业网球友谊赛，荣获 A 组双打冠军。

工会自身建设。开展“基层工会建设年”活动。指导 5 家分、子公司完成工会换届，4 家非管制类分、子公司组建工会，4 家非管制类分、子公司完成工会法人资格登记。优化职工代表巡视的形式、内容和方法，每个单位每年最多巡视一次；优化检查考评工作，取消工会信息化考核，缩减星级模范职工之家

（小家）评审环节；优化厂务公开民主管理贯标认证，取消每年抽检、3年复审工作。

（刘之阳）

【中国南方电力有限责任公司超高压输电公司】

公司概况 中国南方电力有限责任公司超高压输电公司（简称超高压输电公司）前身最早为原水利电力部于1984年成立的华南电网办公室，先后改组、更名为中国南方电力联营公司、国家电力公司南方公司。2002年底，南方电网公司成立后，改组为南方电网公司的分公司，负责管理、运营、维护和建设南方电网跨省区骨干网架和重要联络线，承担实施西电东送战略的职责。

截至2019年底，南方五省区西电东送主通道形成“八交十直”500kV及以上输电通道，整体送电能力约5340万kW，其中除三广直流外的“八交九直”均由超高压输电公司运行管理，即500kV贵广交流双回，施贤线双回等八条交流输电通道，以及±500kV天广直流、高肇直流、兴安直流、牛从甲直流、牛从乙直流、金中直流，±800kV楚穗直流、普侨直流、新东直流九条直流输电通道。超高压输电公司拥有500kV及以上输电线路21 817km，其中800kV特高压输电线路4744km，500kV海缆双回7×31.4km。西电东送设计送电能力（送端）达到4860万kW，变电容量4075万kVA，换流容量3540万kW。拥有500kV变电站19座、换流站20座、500kV串补站7座。2019年在建重点工程主要有昆柳龙直流工程、云贵互联通道工程。

领导班子

党委书记：牛保红

党委副书记、总经理：赵建宁

党委副书记、副总经理：黄立新

党委委员、副总经理：庞准、杜鹏

党委委员、工会主席：卢文生

党委委员、副总经理：李庆江、蔡希鹏

党委委员、纪委书记：杨昌武

总会计师：高磊

组织机构 超高压输电公司本部设有办公室（党委办公室与行政办公室合署）、企业管理部、计划发展部、组织人事部（直属党委办公室）、财务部、生产技术部、安全监管部（应急指挥中心）、基建部、审计部、监察部（纪委办公室）、宣传文化部、工会办公室12个职能部门；设置党委巡察办（党委工作部门）；设置检修试验中心（计量中心、电科院，品控技术支持中心、机巡作业中心合署）、科技创新中心、信息通信运维中心、物流服务中心、培训与评价中心、综合服务中心（离退休服务中心）、南宁监控中心7个业务支撑和实施机构，以及海南联网工程项目部（简称海南联网项目部）、滇西北送电广东±800kV直流工程项目部（简称滇西北项目部）、乌东德电站送电广东广西输电工程（特高压多端直流示范工程）项目部（简称乌东德项目部）、云贵互联项目部4个业主项目部，其中检修试验中心（计量中心、电科院，品控技术支持中心、机巡作业中心合署）、南宁监控中心按二级机构管理。管辖广州局、贵阳局、昆明局、南宁局、柳州局、梧州局、百色局、天生桥局、曲靖局、大理局10个超高压局（其中广州局、贵阳局、昆明局为特大型企业；广州局下设海口分局，贵阳局下设黎平分局）。有5个专业子公司，包括广东南方电力通信有限公司、广东南电物资有限公司、广东天广工程监理咨询有限公司、广东美居物业管理有限公司、广东新天河宾馆有限公司。

截至年底，超高压输电公司用工总量4861人，其中劳动合同制用工3848人。全口径统计，本科生2602人，研究生及以上学历508人；中级及以上职称员工1783人；40岁以下员工3315人。

安全生产 2019年未发生各类电力安全事故、设备事故及人身伤亡事故，未发生有重大不良影响的电力安全事故事件，未发生人为责任事件，保证了西电东送主网架的安全可靠运行。有效应对了多轮强降雨、山火、地震等自然灾害。完成国庆70周年、庆祝澳门回归二十周年、海南文昌长征五号遥三运载火箭发射等重大保电任务。事故事件总数和直流闭锁次数实现“双降”，多项关键指标创近年最好水平，生产经营绩效在南方电网公司年度绩效考核中获评A级。

生产指标。关键生产指标稳中向好，直流综合能量可用率达96.48%，连续9年保持在96%以上，直流回均闭锁次数同比下降40%，直流回均临停次数下降61%，直流非计划停运时间下降83%。继电保护装置正确动作率100%，安全稳定装置正确动作率100%。

风险管控。将防止大面积停电事故、防范系统运行风险作为年度工作任务的重中之重，研究南方电网2019年防范系统运行8大风险32项重点工作、13项重要任务，依托“工作要点”“运维策略”等有效载体细化部署，细化分解成42项子任务抓好落实，按月跟踪并实施销号管控，确保了工作任务全面完成。全面落实好入地电流综合管控机制，牛从直流再次以零闭锁完成国家能源局第四个周期的考核任务。针对珠三角线路密集区形成了隐患监控、联动防御和防护宣传长效机制。

设备管理。2019年发现并处置紧急缺陷125项，同比增加48项；重大缺陷2185项，同比增加1798项；一般缺陷11 778项，紧急及重大缺陷消缺率及消缺及时率均为100%。发现并处理了高坡站换流变套管裂纹、MR分接开关等多个重大缺陷，全年累计完成6类55台（套）设备隐患整治，其中，牛寨断路器隐患整治前后经过五轮型式试验及改进，相关成果《滤波器用高压交流断路器》已上升为国家标准，为世界首个该类型设备标准，填补了行业空白。

应急保电。贯彻落实国家能源局应急能力建设三年行动计划，承接制定51项重点工作任务，细化形成100项具体措施及管控要求，并按季度做好监督。完成新中国成立70周年、澳门回归祖国20周年、海南文昌长征五号火箭发射、博鳌亚洲论坛、南宁东博会、全国"两会"等重大活动保供电任务。2019年共发布（调整）预警50次，启动响应1次，高效应对了2轮寒潮、"木恩"等5个台风、6轮强降雨、宜宾长宁6.0级地震等27次4级以上地震等自然灾害，未发生因灾导致的重大事故事件及设备损失。

科技工作。2019年完成科技项目开题81项，完成两批次37项科技项目立项工作，其中新策立南方电网公司级重大专项8项。全年累计有效专利数1650件，发明专利申请数279件，较2018年增长135%，其中PCT国际专利申请数6件。在科技成果方面，获得南方电网公司科技进步奖10项、成果转化应用奖6项、职工技术创新奖12项、专利奖4项，获得中国电力科学技术奖1项、中国电力创新奖5项、全国电力职工技术成果奖7项。全年完成科技成果转化10项，应用科技成果24项，应用职工技术创新成果114项。

通信信息工作。初步建成一套横纵协同，覆盖监测、预警、处置、整改全流程的网络安全闭环管控体系。在"护网-2019"网络攻防演习中，抵御网络攻击7766次，封堵IP源46 297个，紧急修复高危漏洞17例，拦截10例疑似"社工"攻击，全年未发生网络安全事件。

电网发展 统筹内外部资源，成立由主要负责人挂帅的重点工程建设领导小组，整合公司规划、基建、生产、物资、科技等各领域骨干力量，双周召开重点工程协调会，确保工程建设问题及时解决，应对"3大25小"28个基建项目同步推进的严峻挑战，完成全年工作目标任务。实现海南联网二回工程成功投运，昆柳龙直流和云贵互联工程严格按里程碑进度计划推进，侨乡、独山和从西站主变压器扩建、平果站间隔扩建、来梧线温升改造、新松站加装融冰装置等工程按期投产，溪洛渡工程重大变动环评取得批复，民营企业账款清理、国企改革试点项目等专项工作按期完成，鲁西换流站工程和金官换流站工程分获"国优金奖""鲁班奖"，重点工程连续五年获南方电网公司通报嘉奖，持续保持基建领域安全零事故。

主要工程建设进展：

（1）海南联网二回工程投运。克服琼州海峡海况复杂、电缆敷设技术难度大等不利因素，2019年春节期间组织400多名参建人员不间断作业，连续一个月日夜施工，启动投产前完成全部海缆冲埋，最终实现5月30日进入试运行目标，四根海缆通过了夏季大负荷考验。首次实现清洁水电送海南，全年送电海南10亿kWh。

（2）昆柳龙直流工程全面进入施工高峰。紧抓关键路径、逐个突破难点，关键设备攻关团队扎实开展工作，有效支撑了核心设备研制，攻克了柔直换流阀功率模块旁路、桥臂电抗器温升超标等技术壁垒，世界最高电压最大容量柔直换流阀（龙门站极2，±800kV/5000MW）完成型式试验、实现工程应用，采用进口IGBT器件的柔直阀已全部通过型式试验，全部直流主设备在2019年底前通过型式试验并全面生产。攻克了直流线路盘州段塔基占地、广东段林地使用、龙门站土建进度滞后等难点问题，完成国内最大跨度柔直阀厅（龙门站极2、极1低端阀厅）网架整体提升安装，工程正全面处于施工高峰，换流站2019年12月全部转入电气安装，直流线路11月底全部标段开始架线施工。

（3）云贵互联工程进入全面建设阶段。采用压缩设计时间、加快施工招标、优化施工组织、强化内外协同等一系列超常规措施，半年时间内完成了以往直流工程需一年多时间的初步设计、设备采购、施工招标、三通一平等全部建设准备工作。开工前完成禄劝站林业先行用地、砍伐证和临时用地手续办理，三通一平仅用时100天完成153万m^2土石方挖填和32m高边坡施工，实现核准当月就开工建设。10月工程进入全面建设阶段，11月禄劝站开始电气安装、直流线路全部8个标段开始架线施工、高肇直流改造开始停电施工。

（4）其他工程。侨乡、独山站主变压器扩建工程提前投产，平果站间隔扩建、从西站主变压器扩建工程按期投产，穗东、东方等主变压器扩建工程按计划推进。新松站加装融冰装置工程提前1个月完成站内带电调试，来梧线温升改造、高肇直流环保改造按期完工，生产指挥中心4号楼、海口海底电缆监控中心按期建成。

经营管理 全年完成售电量2117亿kWh，首次突破2100亿大关，综合线损率5.67%，全员劳动生产率202.83万元/人年。

改革发展。推动南方电网公司发展战略落地，结合实际制定了推动战略落地的指导意见，明确了超高压输电公司在“五者三商”战略体系中的发展定位、发展原则和发展取向。举办4期战略进修班，进一步增强了各级管理人员推动战略落地的能力素质。适应改革新形势新要求，完善“双向进入、交叉任职”的领导体制，规范了所属单位党政“一肩挑”。健全招标管理及监督机制，推动了招标管理各项指标持续提升。完成自主实施的3个改革试点项目，形成了一批可复制可推广的成果。建立资产全生命周期管理关键业务协同工作机制，健全了关键业务质量链条和责任链条。实施生产项目集中管理，提高了专业化、规范化水平。完善代管子公司制度体系，进一步规范了代管子公司管理。

财务管理。牢固树立“过紧日子”思想，细化制定47项“过紧日子”措施并纳入预算管控，严控非生产性成本支出，努力优化融资结构，积极筹措低成本资金，加强外债管理，五项经费同比下降5%、其他专项费用同比下降10%。开展提质增效，完成各专项行动年度目标，同时固化有效做法形成长效机制。全年固定资产账卡物一致率99.82%。“两金”余额9.75亿元，优于预控目标13.96亿元，民营企业账款清理实现“双清零”，全年使用票据结算77.78亿元，超额完成南方电网公司管控目标。

清洁能源消纳。落实南方电网公司工作部署，发挥污染防治主力军作用，为清洁能源消纳提供坚强可靠的通道保障，全年云南送西电电量达1452亿kWh，同比增长5.2%，其中超协议消纳富余水电297亿kWh，推动云南水能利用率超99%，云南弃水电量仅17亿kWh，同比减少90%，完成清洁能源消纳行动计划目标任务。

依法治企。2019年，超高压输电公司体系化推动公司合规管理，研究制定了《公司合规管理体系建设工作方案》并组织实施，制定了涵盖70个业务事项的《合规审查事项清单》、140个岗位的《重点岗位合规手册》和30项核心业务流程的《合规管理指南》等体系文件，构建了一套自我约束、自我审查的合规管理体系。全年完成合同审查3944份，规章制度审查68项。新发案件25宗，涉及金额0.064亿元。梳理2019年法律风险类别，评估出2019年四大业务领域17项法律风险，提出40项风险预控措施。全年办结诉讼案件21起，主诉案件12起，案件胜诉率100%，挽回或者避免经济损失1149.74万元。

人力资源管理 年内招聘优秀高校毕业生195人，“985”“211”院校招聘比例达到65.6%。截至年底，用工总量4861人，其中专业技术资格人员3181人，占总人数的65.44%；高级职称509人（含正高24人），占专业技术资格人数的16.00%；中级职称1289人，占专业技术资格人数40.52%；初级职称1383人，占专业技术资格人数的43.48%。全员劳动生产率202.83万元/人年。

干部队伍建设。在原有干部管理制度基础上，推动完善“素质培养、知事识人、选拔任用、从严管理、正向激励”五大体系。以打造“有信仰、会管理、懂技术、善动手”的高素质专业化干部队伍为目标，切实抓好干部队伍能力建设。举办三级正副职级干部培训班3期，主题教育轮训2期，共组织培训425人次，岗位实践锻炼、轮岗、见习52人次，干部推动高质量发展的能力显著增强。聚焦年轻干部培养，印发《大力发现选拔培养优秀年轻干部的工作方案（2019年版）》，建立从“75后”三级正职级到“90后”好苗子的分层分级年轻干部队伍库，党委书记2次到优秀年轻干部培训班授课交流，筛选“90后”基层好苗子到本部实践锻炼。依托国家重点工程加快专业人才能力提升，研究制定昆柳龙直流工程人才培养计划，实施模块化培评机制，大力培养拔尖工程技术人才。

员工及组织管理。成立法律服务中心、环境保护中心、技术经济中心，为有效应对法律风险、打赢污染防治攻坚战提供组织保障。在各所属基层局设置生产项目管理中心，提升生产技改项目专业管理能力。强化“一核双驱”岗位体系执行，常态化开展组竞聘，试点开展班组长岗位任期制，探索实施员工轮岗机制，通过科学有效的岗位管理，激发了员工工作积极性、主动性和创造性。

培训教育。超高压输电公司培训评价机制创新成果获2019年南方电网“管理创新二等奖”，获中电联2019年“电力行业技能人才培育突出贡献奖”。打造超级培训师团队，4名优秀内训师获首届师道匠心·2019中国内训师大赛“金牌内训师”“新锐内训师”称号，超高压输电公司获“金摇篮”奖。2019年共实施培训72期，培训计划完成率106%，培训总量26 684人天，较2018年办班数量增加24期，培训总量增加10 714人天。全年新增作业授权总量59 391项，人均新增作业授权量29.78项，有效提升员工岗位胜任能力。

党群宣传 超高压输电公司党委坚持以习近平新时代中国特色社会主义思想为指导，贯彻落实新时代党的建设总要求和党的组织路线，坚持把政治建设摆在首位，党的建设质量进一步提升。开展了“不忘初心、牢记使命”主题教育，通过“清单+载体+机制”组合拳推动主题教育取得实效。抓好中央巡视整改落实，集中整改阶段办结率100%，持续性工作全部形成阶段性成果，整改成效得到南方电网公司第二督查组肯定。推动党建与业务工作深度融合，承接南方电网公司党组29号文，搭建起“一个加强，七个贯通”工作体系，推动党建融入生产经营各方面。持续擦亮西电东送品牌，西电东送作为全国5个央企选题之一入选中宣部“壮丽70年”主题宣传。持之以恒正风肃纪，深化形式主义官僚主义集中整治，开展本部作风建设专项巡察、作风建设月活动，拓展了作风建设成效。

“不忘初心、牢记使命”主题教育。超高压输电公司党委领会“守初心、担使命，找差距、抓落实”总要求，把学习贯彻习近平新时代中国特色社会主义思想作为主题教育的主线，落实南方电网公司党组“四个贯穿始终”“六个结合”要求，通过“清单＋载体＋机制”组合拳确保主题教育取得实效，进一步增强“四个意识”、坚定“四个自信”、做到“两个维护”。中心组学习研讨2次、党委会集中学习4次，举办党员领导干部读书班2期，督导所属115个党（总）支部对1985名党员依托“初心驿站”开展了浸润式党员教育活动。坚持问题导向设立13个选题，班子成员到基层一线调研37人次，征集意见建议86条。定期通报专题民主生活会整改和专项整治进展落实情况，推动主题教育取得实实在在成效。

党建工作与业务工作深度融合。把“深度融合”作为提高党的建设质量的切入点、着力点、落脚点，确立“工作贯通，质量提升，成效融合”的深度融合思路，搭建“一个加强，七个贯通”的工作体系，实现党建工作与改革发展、生产经营有效联动同向发力。细化分解南方电网公司党组29号文110项措施并抓好落实。在防灾抗灾及重大保供电等工作中组织党员设岗定责、共创建党员责任区159个、党员示范岗446个、党员突击队50支，打造出“初心驿站”“初心书房”品牌教育阵地，建成62个党员“初心驿站”，建设情况获得中组部有关领导肯定，广东省委《南方》杂志、《南方电网报》等作了专题报道。

宣传文化建设。全年在“三大央媒”刊发报道46篇次，在“学习强国”刊发报道共计22篇。在南方电网公司党建部推动下，西电东送作为5个央企选题之一、电力行业唯一代表，入选中宣部“壮丽70年　奋斗新时代”大型宣传，中央媒体团对西电东送进行了15天的驻点采访，入选《共和国超级工程》独立成集。国庆当天阅兵前，央广“中国之声”特别直播节目对西电东送进行巡礼。西电东送还先后入选人民日报“共和国发展成就巡礼”、经济日报“共和国故事”、中国电力报“献礼70周年”、羊城晚报“广东70年标志工程”等重磅栏目。短视频“风餐”阅读超过5000万次，多个国家部委媒体转发。

压实管党治党政治责任，加强党委对党建工作的领导，全面优化党建考核工作，采取“日常了解＋现场调研＋现场述职”方式开展党建责任制考核，推动发挥考核的激励导向作用。推进党支部标准化规范化建设，开展3次“支部建在站上”“支部进项目”工作调研，了解党支部建设开展情况。立足为基层减负，自主设计应用《党支部组织生活记录本》，以“制度＋模板＋台账”方式，将“三会一课”和主要日常工作的质量要求明确细化，实现党支部工作“一本通”。加强党务工作者队伍建设。建立了一支21人的党建内训师队伍。加强机关党的建设，组织开展“改作风、做表率”本部作风建设月活动，组织本部各机关党支部召开“作风建设永远在路上”主题党日，结合自身业务检视问题并制定改进措施。

党风廉政建设。持续巩固和深化落实中央八项规定精神成果。全覆盖监督检查重大节日，编制《重大节日正风肃纪监督检查指引》。开展警示教育，将有关案例纳入党支部政治学习必学内容，以身边事教育身边人。深化形式主义官僚主义专项整治，研究制定《深化形式主义官僚主义专项整治推动基层减负》28项措施全力推进专项整治，制定《党员和员工纪律监督重点清单》，划出20条纪律红线，明确监督重点、压实监督责任。不断形成工作纪律日常监督、工作协同考核评价、基层意见定期反馈等6项长效机制。

团青工作。贯彻《中国南方电网公司青年发展规划（2019—2022年）》，承接制定贯彻落实任务清单，在5大发展领域制定了18项发展措施、44项具体工作。持续加强思想引领，将习近平总书记在纪念五四运动100周年大会上的重要讲话精神和团的十八届三中全会精神作为公司团干培训班的重要内容，实施纪念“五四”运动100周年活动10余场、开展“我与祖国共奋进——国旗下的演讲”主题团日10余次、覆盖团员青年超4000人次。持续抓好先进典型选树和宣传，全年获得省部级以上的集体荣誉3个，省部级以上的个人荣誉6个。

工会工作。学习贯彻习近平总书记关于工人阶级、工会工作的重要论述和中国工会十七大精神，抓好职工思想政治引领，深化企业民主管理，推进职工素质提升，切实服务好职工群众。全力打造出以劳动技能竞赛为载体的素质提升平台，以“当好主人翁　建功新时代”为主题启动昆柳龙直流工程劳动竞赛，先后被列为中国能源化学地质工会、广东省总工会、云南省总工会、广西区总工会、南方电网公司工会重点工程劳动竞赛。以劳模工作室为引领，将职工技术创新奖纳入技术技能专家、超级工程师、超级技师3支队伍的遴选和考核内容。完成了43个劳模（技术能手）工作室认定，新增5个工作室，南方电网公司级工作室增长到30个。21个工作室获得加星，昆明局特高压运维工作室和柳州局陈极升技术能手工作室获评南方电网公司“五星级工作室”，谭永殿劳模工作室获评“广西区劳模工匠创新工作室”。

扶贫工作。累计召开8次会议研究部署脱贫攻坚工作，全年组织扶贫干部参加培训66人次，进一步调整和充实驻村工作队，保证各单位扶贫预算足额列支。推进脱贫攻坚专项巡察整改，针对反馈问题配套制定了51条整改措施，组建工作组赴各扶贫点督促抓好整改，对发现问题的整改完成情况进行逐条审核，持续抓实抓常整改工作。聚焦“两不愁三保障”持续攻坚，本部帮扶的亨渡村光伏发电扶贫项目投运、天生桥局帮扶的纳福村完成年度异地搬迁任务。通过南网商城订购、扶贫产品展销、组织员工采购等多种方式开展消费扶贫，帮助贫困户增加收入。超额完成南方电网公司消费扶贫任务。加大脱贫攻坚的总结宣传，精心做好阶段性考核迎检，派驻第一书记的扶贫村均获得所在省区考核的最高评价，相关个人也获得地方授予的荣誉表彰。百色市右江区组织部、亨渡村两委及村名代表自发向超高压输电公司发来感谢信。宣传脱贫攻坚典型人物及先进事迹，在主流媒体刊发脱贫攻坚相关报道12篇次，亨渡村驻村干部队员谢金泉事迹在“学习强国”刊登。

主要事件

2月14、19日，超高压输电公司±500kV金官换流站、±500kV鲁西背靠背换流站工程分别荣获2018—2019年度鲁班奖（国家优质工程奖）、国家优质工程金质奖。

3月11日，贵州省首个500kV变电站监控中心——超高压输电公司贵阳监控中心转入正式运行，实现所辖贵州省全部交流站点的集中监控，有力推动“调控一体化”工作目标取得进展。

3月21日，超高压输电公司牵头编制的首个国际标准IEEEP1870 *Guide for the parameter measurement of AC transmission lines*（《交流输电线路参数测量导则》）正式发布，该标准填补了国际交流输电线路参数测量的空白。

5月30日，世界上单根最长500kV交流海底电缆工程——南方主网与海南电网第二回联网工程成功投运。

6月26日，超高压输电公司开展“不忘初心、牢记使命”主题教育，通过进一步学习、研讨和交流，进一步深化认识，切实把思想和行动统一到党中央重大决策部署上来。

9月21日，中央企业先进集体和劳动模范表彰大会在人民大会堂举行，超高压输电公司昆明局被国务院人力资源社会保障部、国资委联合授予“中央企业先进集体”称号。

11月3日，由超高压输电公司牵头研制的±800kV乌东德电站送电广东广西特高压多端直流示范工程（简称“昆柳龙直流工程”）±800kV柔性直流换流阀完成全部定型试验，电压等级和输送容量均为世界最高，这也是特高压柔性直流换流器首次实现工程应用，标志着中国柔性直流输电高端装备研发实现重大突破，世界首台±800kV柔性直流换流阀投入工程应用。

12月31日，超高压输电公司年送电量首次突破2100亿kWh大关，达2117亿kWh，连续八年创历史新高。

（万航宇）

中国华能集团有限公司

【公司概况】 中国华能集团有限公司（简称中国华能）是经国务院批准成立的国有重要骨干企业，是集电力、煤炭、金融、科技、交通运输产业于一身的综合能源集团，2009年在中国发电企业中率先进入世界企业500强，2019年排名第286位。

截至2019年底，全资及控股电厂装机容量18 278万kW，煤炭产能7760万t/年。资产总额和金融管理资产规模均超过1万亿元，主要生产经营指标保持行业领先。

【领导班子】

党组书记、董事长：舒印彪

董事、总经理、党组副书记：邓建玲（2019年11月任）

党组成员、副总经理：樊启祥、王敏

党组成员、总会计师：王益华

党组成员、副总经理：王文宗

党组成员、纪检监察组组长：王利民（2019年1月任）

【组织机构】 见2019年中国华能组织机构图。

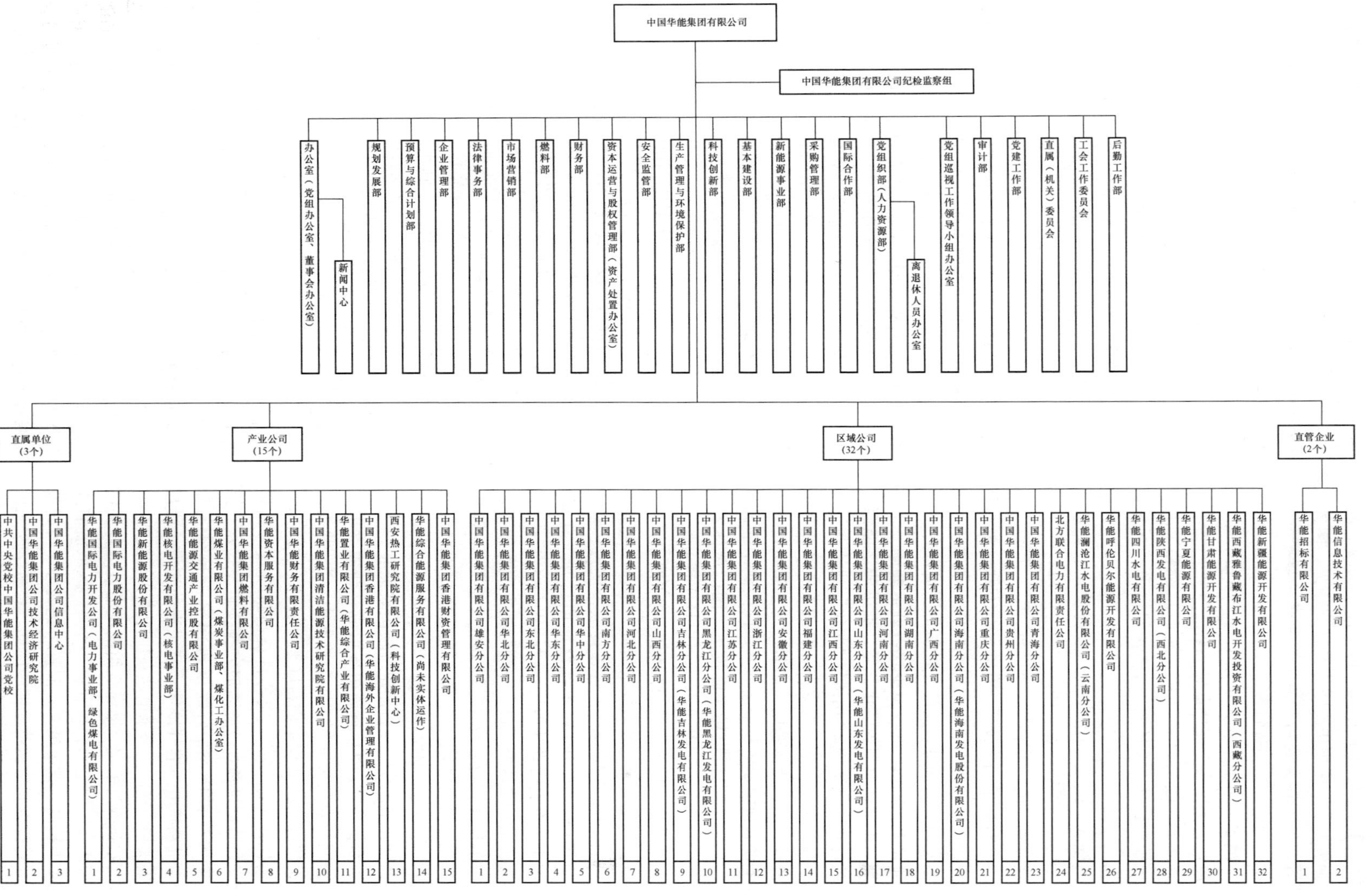

2019年中国华能组织机构图

【生产经营】 2019年，在以习近平同志为核心的党中央坚强领导下，中国华能坚决贯彻党中央、国务院决策部署，全面落实公司“两会”要求，攻坚克难，真抓实干，完成各项目标任务。

安全绩效。未发生较大及以上安全事故。生产、经营、政治、形象安全保持良好态势。

经营绩效。截至2019年底，资产总额和金融管理资产规模均超过1万亿元，主要生产经营指标保持行业领先。

发展绩效。截至2019年底，全资及控股电厂装机容量18 278万kW，煤炭产能7760万t/年。

党建绩效。进一步树牢“四个意识”，坚定“四个自信”，做到“两个维护”，党的路线方针政策和党中央各项决策部署在中国华能得到全面贯彻落实；全面从严治党向纵深推进，党的建设质量明显提升。

【结构调整】 加快绿色转型步伐，科学编制“十四五”规划，推进基地型规模化开发，推进清洁能源发展，持续优化火电结构。“两线”“两化”战略布局加快落地。与甘肃、江苏、内蒙古、西藏等省区签署战略合作协议。陇东能源基地和锡盟、乌兰察布千万千瓦级新能源基地前期工作全面展开。国内离岸最远的大丰40万kW海上风电场建成投运。国内单体容量最大的濮阳一期50万kW低风速风电场实现并网。

【国际化经营】 中国华能国际化发展“四梁八柱”基本形成。深化国际化发展战略研究，出台发展战略规划。“一体两翼”国际化平台建设取得成效。欧洲最大的英国门迪10万kW电池储能项目开工建设。英国斯伯丁具有黑启动功能的30万kW OCGT（开式循环燃气机组）项目顺利投产。国际标准工作取得新突破。中国华能协办的第83届IEC大会取得成功，建立了公司国际标准化专家库，主动承担IEC/TC5（汽轮机）秘书处、IEC/PC127（厂站低压辅助电力系统）助理秘书工作，主持制定3项国家标准。

【科技创新】 科技创新布局初步形成。新成立电力基础设施网络安全研究等“四个技术中心”，并投入运转；组建海上风电技术创新联盟和技术研发中心，科技创新体系不断完善。完善科技创新绩效考核机制。成立科技创投基金。持续加大科技研发投入。推进国家重大项目建设。持续推进国家科技重大专项——石岛湾核电高温气冷堆示范工程的建设。科技创新成果加快涌现。黄登水电站获国际里程碑工程奖。小湾水电站获詹天佑奖。燃煤机组高灵活性运行关键技术及应用获中国电力科技进步一等奖。区域清洁能源远程集中控制、城市废弃物前置炭化处理、污泥处理及发电等技术成功示范和推广应用。智慧华能建设有序展开。工业互联网建设取得新进展，实现水电板块全覆盖，火电板块智能应用试点成功，锡盟智慧风电项目加快推进。华能云数据中心正式投运。燃煤电站、海上风电、煤矿安全等领域智能化水平不断提升。

【专利成果】 截至2019年底，中国华能拥有企业专利总量2825件，其中：发明专利拥有总量是708件，海外专利拥有量是2件，美、日、欧专利拥有量是2件。2019年度企业专利申请量1167件，其中发明专利申请量是601件；2019年度企业获得专利授权量851件，其中发明专利授权量是125件。

【企业管理】 经营效益大幅提升。超额完成国资委业绩考核指标。利润、净利润增长率大幅高于央企平均水平。“处僵治困”取得突破。完成27户企业清产核资和23户资不抵债企业处置任务。内部改革持续深化。调整完善了分公司领导体制。筹建集团市场监控中心和区域交易运营中心，完善营销体制机制，机组利用小时对标领先，交易电价同比上升。实行新能源一体化管理和基本建设项目全过程管理，增强了发展活力。风险防控扎实有力。排查风险点，制定防范化解措施，确保了风险可控、平稳运行。强化依法治理、依法决策、依法运营，推进依法维权。强化审计监督，狠抓审计整改。

【党建工作】 党的建设不断加强。“不忘初心、牢记使命”主题教育取得实实在在成效。聚焦主题主线，把学习教育、调查研究、检视问题、整改落实贯通融合、一体推进，各项目标任务落地落实，得到中央第三十指导组和第十二巡回督导组充分肯定，作为央企代表在部分中央部门单位主题教育整改落实工作座谈会上交流发言。中央巡视整改取得阶段性成效。坚决整治总部“机关化”问题，压减审批备案事项，总部发文、会议、检查数量同比均大幅下降。驻京办事处全部清理完毕。全面从严治党不断深化。推进纪检监察体制改革重点任务落实。开展“整治形式主义官僚主义 推动高质量发展”专项巡视、常规巡视和交叉巡察，构建起巡视巡察上下联动监督网。精准运用“四种形态”，强化监督执纪问责。较好完成规范领导干部配偶、子女及其配偶经商办企业试点工作。严格落实党建工作责任制，扎实开展党组织书记抓党建述职评议考核。制定完善基层党支部规范化建设实施办法等制度，创建“红旗党支部”，实施“抓党建促发展”创新试点，“三基建设”进一步夯实。队伍建设得到加强。加大优秀年轻干部选拔力度，用好专项调研成果。启动实施新动力人才计划。首次评选华能创客华能工匠。开展团组织推优荐才。在“嘉克杯”国际焊接大赛中获团体银奖第一名。加强意识形态和宣传思想工作，开展新中国成立70周年宣传教育活动，弘扬“三色文化”，凝聚了改革发展力量。岳阳电厂热控三班、新疆白杨河风电场获全国工人先锋号，天津IGCC等5家单位获中央企业先进集体。马洪琪院士获国际大坝委员会终身成就奖，呼伦贝尔公司王剑红获全国“五一”劳动奖章，姚更正等8名职工获中央企业劳动模范称号。

（王晓茜）

中国大唐集团有限公司

【公司概况】 中国大唐集团有限公司（简称中国大唐）成立于2002年12月29日。2017年11月，中国大唐由全民所有制企业变更为公司制企业。中国大唐是中央直接管理的国有特大型能源企业，主要业务覆盖电力、煤炭、金融、海外、煤化工、能源服务六大板块。

中国大唐实施以集团公司、分（子）公司、基层企业三级责任主体为基础的集团化管理体制和运行模式，中国大唐总部设15个管理部门、7个事业部、4个直属机构，所属企业包括5家上市公司、43家区域公司和专业公司，员工总数9.5万人。5家上市公司分别是首家在伦敦上市的中国企业、首家在香港上市的电力企业——大唐国际发电股份有限公司；较早在国内上市的大唐华银电力股份有限公司、广西桂冠电力股份有限公司；在香港上市的中国大唐集团新能源股份有限公司、大唐环境产业集团股份有限公司。

【领导班子】

党组书记、董事长：陈飞虎

党组副书记、董事、总经理：寇伟

党组副书记、董事：时家林

党组成员、副总经理、总会计师、总法律顾问：胡绳木

党组成员、副总经理：金耀华、刘广迎

党组成员、纪检监察组组长：王瑛

【组织机构】 见2019年中国大唐组织机构图（见文后插页）。

【经营效益】 2019年，中国大唐以习近平新时代中国特色社会主义思想为指导，坚决贯彻党中央国务院决策部署，坚持稳中求进总基调，紧紧围绕“创新奋进年”目标任务，做了大量深入扎实、富有成效的工作。全系统坚持建设世界一流能源企业总目标，坚持“干就干一流的事，干就干成一流”总要求，在开辟新道路中改革创新，在谱写新篇章中奋进担当。

落实中央稳增长相关政策举措，加强市场形势分析预判，有效应对经济下行电量增速放缓压力，深化对标提升，狠抓开源节流，提升竞争能力，主要技术经济指标好于预期。利润总额同比增长22.96%，净利润同比增长16.76%，归属母公司净利润同比增长14.46%，经济增加值同步改善，各业务板块实现增利。

全年完成发电量5454亿kWh，实现营业收入1922亿元，同比增长1.39%。加强燃料保供控价，入厂标煤单价保持对标先进。狠抓市场营销，火电利用小时区域对标领先。强化预算及资金、成本管控，费用占营业收入占比完成12.3%，同比下降1.23个百分点。

【高质量发展】 坚持新发展理念，加强战略指引，落实发展责任，新能源发展提速提质。积极推进科技创新示范项目，加强未来及智慧能源等新技术新业态研究，培育发展新动能。深化战略合作，加强同各方面在投资开发、设备采购、技术服务等领域的务实合作。响应“一带一路”倡议，加速国际化进程。

全年投产电源项目653万kW，总装机规模达到14 421万kW。新能源开工421万kW，投产243万kW。首个自主开发建设的江苏滨海300MW海上风电项目并网发电，首个水面漂浮式光伏电站湖南益阳北港长河100MW项目并网，广东雷州百万千瓦二次再热发电项目投产，首个境外投资火电项目印尼米拉务项目开工建设，主导编制的首个国际标准正式发布，江苏南京电厂二期2台600MW H级燃机项目、如皋燃机分布式项目获批国家燃机创新发展示范项目。

【安全管理】 坚持总体国家安全观，统筹推进生产、基建、交通、网信、舆情等领域安全工作，完成新中国成立70周年、“一带一路”峰会等重大活动政治保电、保稳定、保空气质量及保民生供热任务。

坚持制度管总、作风兜底，坚决整治安全生产管理中的形式主义、官僚主义，抓关键少数，抓现场督查，推动责任落实。坚持失职追责，有责必问。坚持防大抓小，加强设备治理和综合治理。加强工控系统管理，防范电力安全风险。狠抓应急体系建设，修订预案5706个，开展演练培训2220次，安全保障能力有效提升。没有发生较大及以上人身设备事故，没有发生重大网络信息安全及舆情事件。

【深化改革】 学习贯彻党的十九届四中全会精神，制定实施意见，细化工作安排，研究推进公司治理体系和治理能力现代化。落实两个“一以贯之”要求，27家二级公司建立新的领导体制。推进总部向战略管控转变，压减职能部门，设立事业部和专业中心。推动二级公司本部重心下移、战线前移。理顺上市公司和新能源管理关系，推进规范运作。组建区域规划发展中心，组建海外控股公司，设立海外事业部和境外代表处。建立财务共享中心，推进区域法务中心、审计中心建设。改革业绩考核体系。加快解决国有企业历史遗留问题，按时完成瘦身健体、“处僵治困”、民企清欠、剥离企业办社会职能，有序推进厂办大集体、退休人员社会化管理等改革任务。

【三大攻坚战】 加强重大风险管控，债务、金融、

投资、海外等重点领域风险总体可控，降杠杆减负债超额完成预控目标，资产负债率实现73%的预控目标，完成72.82%，同比下降3.61个百分点；煤化工债务重组完成。推进脱贫攻坚，中央单位定点扶贫6项任务全部超额完成，陕西澄城县实现脱贫摘帽，广西大化县4.08万人脱贫，安兰村、板兰村完成脱贫出列目标，助力57个定点扶贫村实现脱贫。污染防治及能耗攻坚扎实推进，供电煤耗同比下降3.54g/kWh，超低排放燃煤机组容量占比达97.04%，居行业先进水平。

【党建工作】 2019年，中国大唐党组坚持以习近平新时代中国特色社会主义思想为指导，贯彻习近平总书记重要指示批示精神和党中央重大决策部署，落实新时代党的建设总要求，开展“不忘初心、牢记使命”主题教育，严肃抓好中央巡视、国家审计、中央企业党建工作责任制考评反馈问题整改，夯实党建基础，党建质量稳步提升。

加强党的政治建设，坚决做到“两个维护”。建立健全学习贯彻习近平新时代中国特色社会主义思想和党中央决策部署长效机制，坚持在重大节点、重要决策和重要会议前先抓理论学习，以中央精神统一思想，始终在党和国家事业大局下谋划推动工作，确保正确政治方向。开展“不忘初心、牢记使命”主题教育，领导班子带头学研查改，砥砺政治品格，把建设具有全球竞争力的世界一流能源企业确立为总目标，做国家战略实施者、行业发展领先者、清洁能源提供者、公司价值创造者、公共利益维护者。

努力推进党的建设质量全面提升。贯彻新时代党的建设总要求，落实全国国有企业党的建设工作会议、中央企业党的建设工作座谈会精神，印发《关于加强党的建设的意见》《基层党建三年规划》等制度规划，每年召开党的建设工作会议，推动党建重点任务落实。修订各级党组织党建责任制实施办法、责任清单和考核评价指标体系，抓好二级公司党委书记抓基层党建述职评议考核。

持续加强和改进宣传思想工作。贯彻落实全国宣传思想工作会议精神和《中国共产党宣传工作条例》，坚持党管宣传、党管意识形态、党管媒体，压紧压实主体责任，牢牢把握正确舆论导向，突出正面宣传，加强舆情控制，打好意识形态和宣传工作主动仗。开展“企业开放日”“媒体进大唐”活动，展现中央企业形象和使命担当。隆重庆祝新中国成立70周年，开展“我和我的祖国”主题宣传、快闪制作等系列活动，激发强化职工爱国之情、奋斗之志。高度重视群团统战工作，通过开展“职工创新创效”“巾帼建功”等主题宣教活动，汇聚干事创业奋进力量。

坚决推进全面从严治党向纵深发展。坚定扛好管党治党政治责任，完善主体责任和监督责任清单，一体推进不敢腐不想腐。推进纪检监察制度改革，完善相关制度18个。开展党风廉政建设“宣传教育月”活动，定期汇编典型案例，召开警示教育大会，以案释纪明纪。强化监督执纪问责，实践运用“四种形态”。巩固拓展落实中央八项规定精神成果，加强领导人员履职待遇业务支出管理。深入开展“基层减负年”活动，集中整治形式主义、官僚主义突出问题，专项整改“总部机关化”问题，审批、备案、检查、考核、评比事项分别压减62%、56%、66%、38%、68%，文件、会议数量同比减少26%、43%。

坚定落实中央巡视整改主体责任。深入贯彻落实习近平总书记在听取十九届中央第三轮巡视综合情况汇报时的重要讲话精神，对标“四个有差距”，坚持“三个结合”，把中央巡视反馈意见和上一轮整改未到位事项梳理为具体问题，与国家审计揭示问题整改和主题教育整改落实一体推进。坚持政治巡视定位，加强二级公司党委政治监督，发挥巡视监督利剑作用。

【从严治党】 贯彻中央部署要求，坚持以学习贯彻新时代中国特色社会主义思想为主线，开展“不忘初心、牢记使命”主题教育，增强守初心担使命的思想自觉、政治自觉和行动自觉。落实新时代党的建设总要求，以党的政治建设为统领，推进全面从严治党向纵深发展。持续加强“三基”建设，党建工作质量明显提升。认真做好中央巡视配合，坚定履行主体责任，对中央巡视反馈意见、上一轮整改未到位事项一体分类推进整改。坚持政治巡视定位，完成9家在京单位常规巡视。狠抓监督执纪问责，贯通运用“四种形态”，抓早抓小，防患未然。巩固拓展落实中央八项规定精神成果，坚持不懈纠治“四风”，修订履职待遇规定，开展专项检查整改，召开警示教育大会。推进坚强效率廉洁总部建设，集中整治形式主义、官僚主义，专项整改“总部机关化”问题，调整部门及职务名称、职级序列，审批、备案、检查、考核、评比事项分别压减62%、56%、66%、38%、68%，文件及会议数量同比减少26%、43%。

（王　灏）

【大唐国际发电股份有限公司】

公司概况　大唐国际发电股份有限公司（简称大唐国际）是由中国大唐集团公司控股的中外合资企业，是大唐集团的旗舰企业。大唐国际成立于1994年，是第一家在伦敦上市的中国企业、第一家在香港上市的中国电力企业，第一家同时在香港、伦敦、上海三地上市的中国企业。

大唐国际是中国最大的独立发电公司之一，主要运营企业及在建项目遍及全国19个省区，主要经营以火力发电为主的发电业务，同时涉及煤炭、交通、循环经济等领域，已由单一的发电公司发展为综合能源公司。

截至年末，合并资产总额约为人民币 2821.20 亿元，员工总数 32 000 余人。装机容量约 64 422.6MW。其中，火电煤机 46 654MW，约占 72.42%；火电燃机 4622.4MW，约占 7.18%；水电约 9204.7MW，约占 14.29%；风电 3271.6MW，约占 5.08%；光伏发电 639.9MW，约占 0.99%；生物质发电 30MW，约占 0.05%。2019 年新投机组容量共 2779.3MW，其中火电 2158.8MW、风电 536.5MW、光伏 84MW。

领导班子

董事长：陈飞虎

党委书记：曲波

执行董事、总经理、党委副书记：梁永磐

副总经理、党委委员：王琪瑛

董事会秘书、总会计师、党委委员：姜进明

党委委员、副总经理：常征

党委委员：段文伟

党委委员、总法律顾问：乔阳

副总经理、党委委员、纪委书记、工会主席：郭红

副总经理、党委委员：白福贵

大唐京津冀规划发展中心副主任、党委委员：万勇

组织机构 大唐国际建立了三级管控体系，本部共有 14 个职能管理部门，下辖 3 个专业公司和 18 家区域公司。直接和间接管理的控股、参股企业 140 余家。

党建工作 深入学习贯彻习近平新时代中国特色社会主义思想和党的十九大精神，坚持把党的政治建设摆在首位，不断增强“四个意识”，坚定“四个自信”，做到“两个维护”。高标准扎实开展“不忘初心、牢记使命”主题教育，深入开展深化党建落实年和党建质量提升年专项行动，强化“三基”建设，高井电厂基层示范党支部建设获得中央巡视组一致好评。深化全面从严治党，持之以恒贯彻落实中央八项规定精神，纠治“四风”，形式主义、官僚主义突出问题得到有效整治。有序推进巡察全覆盖，“大监督”体系逐步形成。积极推进“幸福大唐”建设，职工群众获得感、幸福感、安全感不断增强。托电、高井、保定热电、彭水、潮州、新余、七台河等 14 家企业荣获“全国文明单位”称号，2 个集体荣获“全国工人先锋号”，托电荣获“中央企业先进基层党组织”称号。

安全生产 系统上下始终将安全稳定作为首要任务来抓，保持了安全生产总体稳定，完成了新中国成立 70 周年等一系列重大政治保电任务。吸取系统内外事故教训，开展百日攻坚专项行动和网络安全攻防演练，全面加强重点领域安全风险防控，事故防范能力得到持续提升。下大力气开展设备综合治理，全面加强环保治理，设备健康水平、能耗水平、环保设施运行水平持续优化。全年供电煤耗累计完成 296.23g/kWh，同比下降 3.48g/kWh。39 台机组在全国火电机组能效水平对标中获奖，6 台机组获得可靠性 A 级机组称号。

节能减排 大唐国际严格遵守《中华人民共和国大气污染防治法》等法律法规，落实国家《煤电节能减排升级与改造行动计划（2014—2020 年）》的行动要求，严格污染排放标准。为有效应对气候变化，通过研究低碳发展策略、构建碳资产管理体系等措施，逐步加强碳管理水平。所属各火电企业均按照国家碳排放核查工作要求，完成 2018 年度碳排放报告报送及第三方核查工作。2019 年，二氧化碳排放总量 19 853 万 t，其中直接排放 19 845 万 t，间接排放 8 万 t，排放率 768.5g/kWh；二氧化硫排放总量 1.493 万 t，氮氧化物排放总量 2.632 万 t，烟尘排放总量 0.275 万 t，废水排放总量 520.769 万 t。

主要事件

4 月 11 日，大唐保定热电厂九期第二台 35 万 kW 扩建工程项目获得核准。

6 月 5 日，内蒙古大唐国际镶黄旗风电（150MW）开工建设。

6 月 5 日，内蒙古苏尼特左旗风电（150MW）开工建设。

6 月 14 日，大唐曲阳 10 万 kW 平价光伏发电项目获得备案。

6 月 29 日，大唐蔚县电厂 2 号机组（660MW）投产。

6 月，内蒙古大唐国际托克托发电有限责任公司五期工程等 2 家单位获得“2018—2019 年度国家优质投资项目特别奖”荣誉称号。

7 月 30 日，大唐国际安徽公司与安徽省滁州市凤阳县投资促进局在凤阳县签署 100 万 kW 光伏发电项目合作框架协议。

8 月 12 日，托克托发电公司与和林格尔县政府签订 60 万 kW 风电开发协议。

9 月 29 日，大唐广东曲仁 10 万 kW 农光互补光伏项目获得备案。

10 月 12 日，大唐吕四港 10 万 kW 光伏平价上网试点项目获得备案。

10 月 20 日，托克托发电公司与和清水河县政府签订 80 万 kW 风电开发协议。

11 月 1 日，大唐黑龙江发电有限公司鹤岗绥滨三期 15 万 kW 风电工程获得国家能源局核准。

11 月 7 日，平潭长江澳海上风电（185MW）开工建设。

11 月 29 日，内蒙古阿拉善 40 万 kW 风电项目获得核准。

12 月 7 日，广东大唐国际雷州电厂 1 号机组（1000MW）投产。

12月14日，宁夏大唐国际南川二期风电项目（150MW）开工建设。

12月26日，河北大唐国际唐山北郊热电1号机组（350MW）投产。

12月28日，大唐国际河北丰宁大滩风电（200MW）投产。

2019年，大唐国际发电股份有限公司北京高井热电厂等14家单位保持“全国文明单位”荣誉称号。

2019年，大唐国际发电股份有限公司陡河发电厂等7家单位保持“全国‘安康杯’竞赛优胜企业”荣誉称号。

（徐　洁）

【大唐华银电力股份有限公司】

公司概况　大唐华银电力股份有限公司（简称大唐华银）1993年1月成立于湖南长沙，原名湖南华银电力股份有限公司。1996年9月，大唐华银股票在上海证券交易所上市。2003年9月，根据电力体制改革方案实际控制人由湖南省电力公司变更为中国大唐集团公司。2006年7月，更名为大唐华银电力股份有限公司。2015年9月，大唐华银完成了新一轮资产重组后，中国大唐持股比例为53.53%。经营范围涉及发电（火电、水电、风电）、煤炭开采、科技信息等领域。

截至2019年12月底，资产总额193.58亿元，总装机容量584.55万kW，其中火电524万kW、水电14万kW、风电36.55万kW，光伏10万kW。职工人数5549人。

连续10年保持“湖南省文明行业”荣誉，多次获评“中国大唐集团公司文明单位”称号，2016年获得“全国五一劳动奖状”光荣称号。

领导班子

总经理、党委副书记：刘智辉

党委书记、副总经理：刘建龙

总会计师、党委委员：罗建军

副总经理、党委委员：黄晓衡

副总经理、党委委员：赵云辉

纪委书记、工会主席、党委委员：郭世新

副总经理、党委委员：吴晓斌

党委委员：刘功海

组织机构　大唐华银本部设置10个职能部门（不含事业部），包括办公室、投资发展部、工程建设部、人力资源部、财务管理部、证券合规部、安全环保监督部、生产运营部、党群工作部、纪委办公室。

下属基层企业15家。其中发电企业7家（火电4家，新能源1家、水电2家），专业公司2家，非电企业5家，筹建处1家。

党建工作　开展主题教育，受到中央第十二巡回督导组充分肯定。建立健全党建工作责任制考评制度体系和从严治党主体责任清单，层层压实各级责任。持续深化党支部标准化建设，试点“互联网＋党建”信息化建设，推进“两学一做”学习教育常态化制度化。紧扣高质量发展，深入开展“三亮”先锋行动、创岗建区活动，打造基层党建品牌矩阵，有效激发基层党组织战斗堡垒和党员先锋模范作用。深化廉洁教育，开展内部巡察，压紧压实管党治党政治责任。组织开展落实中央八项规定精神和中国大唐“五条禁令”自查自纠，驰而不息纠“四风”。开展“大国顶梁柱、阔步新时代”大唐故事征集、“国旗下的演讲”特别主题团日等庆祝新中国成立70周年系列活动，保持了“湖南省文明单位”“湖南省文明行业”称号。

安全生产　组织开展“防范重大风险、确保安全稳定”百日专项行动和安全生产月活动，坚决以铁腕反违章、治隐患。持续推进“三讲一落实”活动，实施过程录像，规范工作标准和讲解标准。树立“大安全”理念，全方位管控人员、设备、作业环境等要素，加强生产、基建、多经、交通、后勤、网络等安全管理。完成新中国成立70周年保电任务，完成公安部和湖南省组织的“护网2019”网络攻防演练。未发生安全生产和基建工程事故，未发生环境污染事件，未发生舆情事件，职工队伍保持稳定。

节能减排　加强设备经济运行，狠抓小指标优化，109项能耗指标整体达标率83.15%，同比提高10.99个百分点。强化设备治理，加强检修全过程管控，重点攻克通流改造和低压缸差胀大等重点难点问题，完成防磨防爆、电缆防火、压力容器及管道、热控单点保护、发电机出口断路器、风机叶片等专项隐患排查，切实提高设备可靠性和经济性。供电煤耗完成313.46g/kWh，同比下降4.57g/kWh。加强环保设备整治和运行管理，废气、废水等环保设施稳定达标运行，火电企业烟尘、废水、二氧化硫和氮氧化物均实现100%达标排放。粉煤灰和脱硫石膏综合利用率达到96.8%和98.5%。

主要事件

5月15日，湖南省政协副主席张大方一行到张家界水电公司贺龙电厂对大鲵国家级自然保护区水电项目整改情况进行调研。

8月30日，大唐华银召开干部任职大会。中国大唐集团党组决定：刘智辉任大唐华银总经理、党委书记，黄晓衡任大唐华银副总经理、党委委员。免去徐永胜的总经理、党委副书记职务，另有任用，免去韩旭东的副总经理、党委委员职务，另有任用。

9月26日，第十二届全国政协常委、经济委员会主任、国家工商行政管理总局原局长周伯华一行到攸县能源公司考察调研。

10月16日，湘潭发电公司作为中国大唐集团有限公司第十三届企业开放日活动主会场，开展了以“礼赞

七十华诞　共建美丽中国”为主题的企业开放日活动。

11月5日，大唐华银益阳八形汊300MW渔光互补光伏发电项目取得湖南省能源局项目备案证明。

11月21日，大唐华银召开干部任职宣布大会。中国大唐党组决定：刘智辉担任大唐华银总经理、党委副书记，任中国大唐长江经济带规划发展中心主任，刘建龙任大唐华银党委书记、副总经理。

12月3日，中央第十二巡回督导组到湘潭发电公司督导专题民主生活会，充分肯定大唐华银主题教育取得的成效。

12月29日16:22，大唐华银北港长河100MW光伏项目并网发电。

（*颜辉轩*）

【中国大唐集团新能源股份有限公司】

公司概况　中国大唐集团新能源股份有限公司（简称大唐新能源，股票代码1798.HK）前身为2004年9月23日成立的大唐赤峰塞罕坝风力发电有限公司（于2009年3月19日更名为中国大唐集团新能源有限责任公司），是国内最早从事新能源开发的电力企业之一。于2010年12月17日在香港联交所主板成功上市。截至2019年12月31日，已发行股份总数为7 273 701 000股，其中，中国大唐合并持股比例为65.61%，为控股股东。

截至2019年12月31日，大唐新能源资产总额800.23亿元，累计控股装机容量9761MW。其中：风电9533MW，分布在内蒙古、吉林、山东、甘肃等20个省区；光伏223MW，分布在江苏、青海等6个省区；山西煤层气5MW。共有职工3070人。

领导班子

总经理、党委副书记：刘光明

党委书记、副总经理：米克艳

党委委员、副总经理、董事会秘书：孟令宾

党委委员、总会计师：王海燕

党委委员、副总经理：赵宗林

党委委员、纪委书记、工会主席：白雪梅

组织机构　本部共设置7个职能管理部门，拥有19家分公司、138家控股公司以及28家参股公司。

党建工作　学习贯彻落实习近平新时代中国特色社会主义思想和党的十九大精神，“不忘初心、牢记使命”主题教育取得成效，实现了党组织、党员干部学习两个100%全覆盖，实现了调研单位和调研问题两个100%全覆盖，推进问题整改。以“三基”建设为抓手，严格落实“四同步、四对接”工作要求，夯实党建基层基础工作，有效提升党建工作质量。围绕“两个维护”根本政治任务，对党的政治建设和企业政治生态情况进行监督，修订了党风廉政建设责任制、党委巡察工作等制度，强化政治担当。持之以恒落实中央八项规定精神，把作风建设引向深入。以领导人员廉政档案“活页夹”为抓手，加强日常监督，发挥“探头”作用，督促党员干部正确用权。

安全生产　加强设备治理，不断夯实安全生产基础，严格按照要求开展春季、秋季安全环保大检查工作，对发现的问题逐一整改，确保责任落实到人；完善应急预案，组织开展了多次事故应急处理演练，并对各企业保电措施落实情况进行现场督查；利用生产信息平台实时掌握机组运行状况，提高机组利用效率。2019年未发生较大及以上人身设备事故，完成了庆祝新中国成立70周年政治保电任务。

节能减排　2019年各风电场持续贯彻落实节能措施，包括技术改造、设备更新，建立能源管理体系等，同时着力减少日常生产和运营中产生的废弃物，实现对环境影响最小化。对所有风电场项目多方面进行检测、评估，要求风电场具备环境保护设施正常运转条件，污染物排放符合国家标准。截至12月31日，清洁能源发电占比100%，2019年度实现清洁能源发电量18 435GWh，同比增加460GWh，相当于节省标准煤567万t，实现二氧化碳减排1550万t，二氧化硫减排0.36万t，氮氧化物减排0.35万t。

主要事件

5月，大唐新能源召开临时股东大会，委任吴智泉为非执行董事，委任刘全成为监事会主席。

6月，大唐新能源荣获“2019年中国融资大奖”之“最佳投资者关系奖”。

10月，大唐新能源召开职工大会，选举白雪梅为职工监事。

11月，大唐新能源召开临时股东大会，委任李奕为非执行董事。

12月，大唐赤峰风电培训基地被中国能源研究会授予“大唐赤峰风电科普教育培训基地”。

（*王　健*）

【大唐环境产业集团股份有限公司】

公司概况　大唐环境产业集团股份有限公司（简称大唐环境）于2011年7月25日注册成立，2015年6月26日完成股份化改制，2016年11月15日在香港联交所上市。前身为中国大唐集团科技工程有限公司（简称科技工程），最早成立于2004年5月。大唐环境是国内最大的脱硫、脱硝特许经营商，也是全球最大的平板式脱硝催化剂生产商，主营业务包括环保设施特许经营、脱硝催化剂、环保设施工程、水务、可再生能源工程等，业务遍及国内30个省、自治区、直辖市以及海外11个国家、地区。截至2019年末，中国大唐合计持有大唐环境78.96%的已发行股本，H股公众股东持股21.04%；大唐环境资产总额211.71亿元、所有者权益72.34亿元，在役脱硫特许经营装机容量 37 930MW、脱硝特许经营装机容量 31 800MW，平板式脱硝催化剂年设计产能 30 000m^3、再生催化剂产能 10 000m^3；在岗员工 1573 人，其中博士 17 人（含博士后 15 人），硕士研究生 249 人，本科及以上学历人数占比 80.9%。

领导班子

总经理、党委副书记：侯国力

党委副书记、副总经理：王彦文

党委委员、副总经理：刘维华

党委委员、总会计师：陈崧

党委委员、副总经理：王海杰、毛辉

党委委员、纪委书记、工会主席：周策

党委委员、副总经理：梁秀广

副总经理：朱梅

组织机构 本部共有 11 个职能管理部门，设置 3 个专业中心，下设 7 家三级管理单位：特许经营分公司、环保分公司（恒通公司）、水务公司、南京环保公司、科技工程公司、大唐电力设计研究院、海外事业部。

党建工作 强化党的创新理论武装，增强“四个意识”，坚定“四个自信”，做到“两个维护”，扎实开展“不忘初心、牢记使命”主题教育，聚焦职工关心的热点难点问题，完成专项整治问题挂牌销号。强化党建工作责任制，夯实“三基”建设，深化“四同步、四对接”，发挥“党建综合管理考核平台”作用，深化企业文化和精神文明建设工作。以“双百”行动为契机，建立更加完善的干部管理体系；科学运用监督执纪“四种形态”，狠抓巡视审计整改，落实新任职领导班子任前廉政谈话、关键岗位人员日常廉政谈话和党政主要负责人、纪委书记约谈。落细落地“幸福大唐”建设总要求，完善职工服务中心建设，建立大唐公民档案，构建一流民主之家、温暖之家、创新之家、文化之家和女工之家。下属设计院荣获 2017—2018 年度中央企业青年文明号；全年在省部级以上媒体发文 150 余篇，荣获“2019 年中国电力新闻奖”。

安全生产 树立安全发展理念，落实上级关于安全生产的部署要求，结合“不忘初心、牢记使命”主题教育，转作风、抓落实，做到安全生产“知信行合一”。组织召开 4 次安委会会议以及 10 余次安全生产专题会议，深入开展春秋检、安全月、集中整治等专项活动，严格执行危大作业流程管控和“八项反事故措施”，持续推进安全生产标准化、信息化建设，深化“三讲一落实”“最小作业面专兼职安全员制”和良好作业行为习惯养成，强化风险辨识、排序、预警、提示预控应用以及视频监控与专项督查相结合，严格问题闭环整改、严肃无后果追究，确保了公司安全生产稳定局面，也得到了上级监管机构和业主单位的肯定。各工程项目获得业主表扬信 74 封，安全奖励 51.8 万元，参建的东营项目荣获“电力安全生产标准化一级工程建设项目”，编制的《火电厂烟气脱硫吸收塔施工作业防火规范》列入行业标准，所属南京环保公司荣获江苏省“绿色企业”称号。

节能减排 特许运营脱硫和脱硝装置全部实现达标排放，全年累计减少二氧化硫排放 123.73 万 t，减少氮氧化物排放 14.01 万 t。脱硫投运率完成 100%，脱硫效率完成 99.10%，脱硫厂用电率完成 1.29%，减排脱硫电耗率完成 1.73kWh/kg，减排脱硫剂耗率完成 1.68kg/kg。脱硝投运率完成 99.89%，脱硝效率完成 89.43%，减排脱硝剂耗率完成 0.39kg/kg。全年累计完成 10 台浆液循环泵变频改造、9 台浆液循环泵永磁电机改造，单台节电率最高 24.1%；完成吕四港、虎山等 7 个项目喷氨优化和智能控制改造，吕四港 1、4 号脱硝性能测试试验，在自动状态下，氨耗率较非自动状态下平均可降低 11.3%、12.8%。

科技创新 国际标准主导制定。3 月 20 日，中国大唐主导编制的《ISO 50045：2019 火电厂节能量评估技术指南》正式发布。

重点科技项目攻关。契合规划和工程建设，发挥引擎作用，新增风电、光伏等领域的 8 个重大科技攻关项目，积极开展集团公司智慧电厂的试点建设，提高企业运营效率和效益。68 项研发项目正在陆续结题，年结题率不低于往年。

自主研发平台建设。指导计算分析、热电联产城镇供热研究等 8 个研究中心开始运作；完成了电站金属材料等 3 个重点实验室建设的立项批复；组织筹建风资源评估开发等 3 个新能源研究中心。

自主技术示范应用。煤电机组智能燃烧实时控制关键技术等一批关键技术得到突破。在役风力发电机组螺栓安全维护关键技术等关键技术实现了自主研发、集成再创新。水轮机健康状态评估等一批专利技术完成了自主研发与应用。

对外科技合作的国家重点研发项目。围绕国家重点研发项目“新能源与电动汽车关键国际标准研究”和“太阳能光热发电及热利用关键技术标准研究”等课题，组织推进新能源研究院、新能源公司与中国电科院、中能建的科技创新合作。

协调推进“国家技术标准创新基地（发电国际标准化）”筹建。联合中电联召开发电领域国际标准化工作座谈会、启动《发电领域国际标准化工作指南》的编制。发起南网、华能等 17 家上下游企业，开展“国家技术标准创新基地（发电国际标准化）”的创建。命名了一批中国大唐“标准创新基地”、选聘了首批 18 名国际标准专家。

年度专利和科技成果取得新的成绩。中国大唐获得中国电力科技进步奖、电力创新奖、电力建设科学技术进步奖、中国能源研究会能源创新奖四项行业奖94项，一等奖获奖数量13项。

主要事件

2月12日，大唐环境下属南京环保公司中标中铝集团下属企业中铝宁夏能源集团六盘山热电厂2台300MW机组脱硝系统新鲜催化剂采购及换装催化剂再生项目。

3月19日，大唐环境下属海外事业部签订“古吉拉特邦电力公司Wanakbori 8号机组（1×800MW）石灰石湿法脱硫工程”。

3月，大唐环境独立主导编制的国内第一个发电领域ISO国际标准“Technical guidelines for the evaluation of energy savings of thermal power plants”（ISO 50045）正式发布。

4月，大唐环境“燃煤电站锅炉尾部烟气余热全工况深度利用”荣获中国电力建设企业协会颁发的电力建设科学技术进步二等奖。

6月21日，大唐环境荣获2019年中国融资大奖最佳企业管治奖。

8月31日，大唐环境下属海外事业部中标内韦利新热电厂工程2×500MW机组烟气脱硫系统总包（NTA4）项目。

10月8日，大唐环境下属南京环保公司首单日本水岛发电站催化剂项目交付。

11月28日，大唐环境“绿色智慧输煤岛关键技术研究与应用”获得中国能源研究会颁发的能源创新奖（技术创新）二等奖。

（杨振华　王小枫）

【广西桂冠电力股份有限公司】

公司概况　广西桂冠电力股份有限公司（简称桂冠电力）创立于1992年9月，注册地广西南宁市，是全国第一家以股份制形式筹集资金进行大中型水电站建设的企业。2000年3月，“桂冠电力”A股在上海证券交易所上市。主要经营水电、火电、风电及其他清洁能源的开发及运营，电站检修、技术咨询等业务。

当前，桂冠电力与中国大唐集团有限公司广西分公司（简称大唐广西分公司）实行“两块牌子、一套人马”的管理模式。桂冠电力股权结构为：中国大唐集团51.55%、广西投资集团22.31%、其他股东合计26.14%。

截至2019年末，桂冠电力资产总额460亿元，可控装机容量1183.91万kW，其中水电1022.76万kW、火电133万kW、风电28.15万kW，清洁能源比重达88.8%。在役资产分布在以西南区域为主的6个省区，拥有水电站41个、火电厂1个、风电场6个。职工总数3561人。

领导班子

总经理、党委副书记：李凯

党委书记、副总经理：黄宇

党委委员、副总经理、工会主席：罗书葵

副总经理：王询

党委委员、副总经理：施健升

党委委员：田晓东

党委委员、副总经理：梁勇

组织机构　桂冠电力（大唐广西分公司）本部设置12个部门，分别为办公室、人力资源部、党群工作部、投资发展部、财务管理部、证券合规部（法律事务部、审计部）、安全环保监督部、生产运营部、销售事业部、工程建设部（采购管理部）、纪委办公室、新能源事业部。

所属单位包括13家发电企业、2个专业公司、1个集控中心及1个筹备处。

党建工作　学习贯彻习近平新时代中国特色社会主义思想和党的十九届四中全会精神，开展“不忘初心、牢记使命”主题教育，落实党建工作责任制，突出政治功能，着力提升党建工作质量，为推动企业高质量发展提供坚强政治保证。开展“不忘初心、牢记使命”主题教育，坚持首抓思想认识到位、强化分类指导督导、注重解决实际问题、坚持以上率下、坚持开门搞教育、坚持务求实效、坚持统筹兼顾、着力加强组织领导，做到学习教育研讨化，两级领导班子集中学习1624人次、研讨发言772人次；讲专题党课99人次、听课党员2386人次，实现理论学习有收获、思想政治受洗礼、干事创业敢担当、为民服务解难题、清正廉洁作表率，得到中央第十二巡回督导组充分肯定。准确把握，深刻领会，将学习宣传贯彻党的十九届四中全会精神引向深入。着力突出政治建设，全面提升党建工作质量。坚持把政治建设放在首位；坚持“两个一以贯之”；坚决贯彻执行民主集中制；落实党管干部原则；坚持把党建工作纳入党委整体工作部署和党的建设总体安排之中；全面加强正风肃纪，严格党内政治生活制度，强化“四种形态”应用，营造风清气正的政治生态。

安全生产　盯紧抓住管好安全生产工作，确保安全局面持续稳定。坚持制度管总，作风兜底，严格落实各级安全责任，严格“党政同责、一岗双责、失职追责”，坚持严抓敢管，严格问责追责，保持安全生产高压态势；坚持“196”安全管控方略，全面规范“三讲一落实”，推进履责、抓住根本、把握重心，把功夫下在现场。2019年，升级开展“双评价”3.0版，深化“风险评估常态化”和“防人身伤害行动计划”，“履职能力评价”“设备健康评价”分别发现隐患7104项和1254项，同比分别减少9703项、53项，隐患和风险度连年下降，揭示了安全管理水平的逐年提升。深入开展“安全生产月”“安全生产万里行”“护网行动”等专项活动，完成建国70周年等重大政治供电保障任务。推进智慧电站建设，红水河流域6家电站实现“无人值班、少人值守”集控管理，金鸡滩电站“无人值班、关门电站”试点运行。此外，由总经理李凯主持的“跨流域多能源大数据集控智慧运营关键技术及应用”成果，获2018年度中电联最高奖“电力创新大奖”。

节能减排 节能减排成效显著，全年火电发电煤耗、油耗不断降低，火电供电煤耗全年累计完成309.7g/kWh，同比下降3.87g/kWh，区域对标处于中等水平，3年时间火电煤耗累计降低42.57g/kWh。“四物”实现达标排放，全年脱硫、脱硝、除尘设备年度同步投运率达100%，二氧化硫、氮氧化物、烟尘达标排放率100%，废水零排放，固废综合利用率为100%，落实打赢蓝天保卫战三年行动计划，脱硫设备改造取得了重要进展，完成了合山67万机组超低排放改造任务，全年没有发生环保被考核事件。

主要事件

3月13日，中国大唐定点扶贫大化县捐赠仪式在大化举行。广西壮族自治区政府秘书长、党组成员黄洲，大唐广西分公司总经理、党委副书记李凯，自治区政府办公厅副巡视员、办公厅精准帮扶工作领导小组副组长梁磊，河池市委副书记、统战部部长唐标文，大化县委书记杨文龙等领导出席并见证了签字仪式。

3月22日，广西壮族自治区直属机关文明办主任颜东伟、广西高峰林场党委书记陆湘云一行到桂冠电力参观学习“全国文明单位”创建工作经验。

4月28日，老挝中央委员、自然资源环境部部长宋马·奔舍那一行到龙滩电厂参观考察。宋马·奔舍那对龙滩水电站运营管理和科技创新方面取得的一系列成绩给予高度评价。

5月2日，广西壮族自治区党委常委、常务副主席秦如培到大唐广西分公司调研指导工作。

5月15日，广西壮族自治区政府主席陈武到合山公司调研工作。

9月19日，中国大唐与广西壮族自治区人民政府在南宁签署新时代全面深化战略合作框架协议。党组书记、董事长陈飞虎，广西壮族自治区主席陈武出席签字仪式。党组成员、副总经理刘广迎，广西壮族自治区党委常委、自治区常务副主席秦如培，分别代表双方在协议书上签字。

9月20日，中国大唐党组书记、董事长陈飞虎赴大化县调研扶贫攻坚工作。陈飞虎一行深入大化县苏烈屯异地扶贫山羊养殖场，实地察看援建大化异地扶贫开发养羊基地建设情况。

（潘翔振）

中国华电集团有限公司

【公司概况】 中国华电集团有限公司（简称中国华电）是2002年底国家电力体制改革中组建的国有独资发电企业集团，是国务院国资委监管的特大型中央企业，也是中央直管的国有重要骨干企业。中国华电主营业务有发电、煤炭、科工、金融四大产业板块。资产及业务主要分布在全国31个省（区、市）和香港特别行政区以及印尼、柬埔寨、俄罗斯、西班牙等40多个国家。管理实体单位共计439家，其中直属单位（二级单位）46家，基层企业393家，控股7家境内外上市公司，现有职工9.5万人。发电、煤炭、科工、金融四大产业均保持良好发展态势。发电产业装机容量达到1.53亿kW，拥有煤电9127万kW、水电2729万kW、天然气发电1704万kW、风光电1744万kW、生物质能2.8万kW，清洁能源装机占比40.4%，是中国同类型企业中水电装机最多、天然气发电装机最多的企业。煤炭产业控股煤矿产能5830万t/年，全年煤炭产量完成5573万t，拥有4个千万吨级煤矿。科工产业涵盖自动化、信息化、环保水务、高端装备制造等业务，拥有国家能源火力发电系统检测、国家能源分布式能源技术、国家能源生物燃气高效制备等三大国家级科技创新平台。金融产业拥有资本控股、财务公司、海外资产等金融机构，取得财务公司、信托公司、证券、保险经纪等4类金融牌照，管理资产规模达到4327亿元。连续8年上榜《财富》世界500强，2019年位列第386位，较2018年提升11个位次。

【领导班子】

董事长、党组书记：温枢刚

董事、党组副书记：任书辉

党组成员、副总经理：陈建华

党组成员、副总经理：杨清廷

党组成员、总会计师：邵国勇

党组成员、纪检监察组组长：张本平

党组成员、副总经理：王宏志

党组成员、副总经理：余兵

领导人员变动情况：

2019年1月，张本平任中国华电集团有限公司纪检监察组组长。

2019年2月，任书辉任中国华电集团有限公司董事，免去其中国华电集团有限公司副总经理职务。

【组织机构】 见2019年中国华电组织机构图。

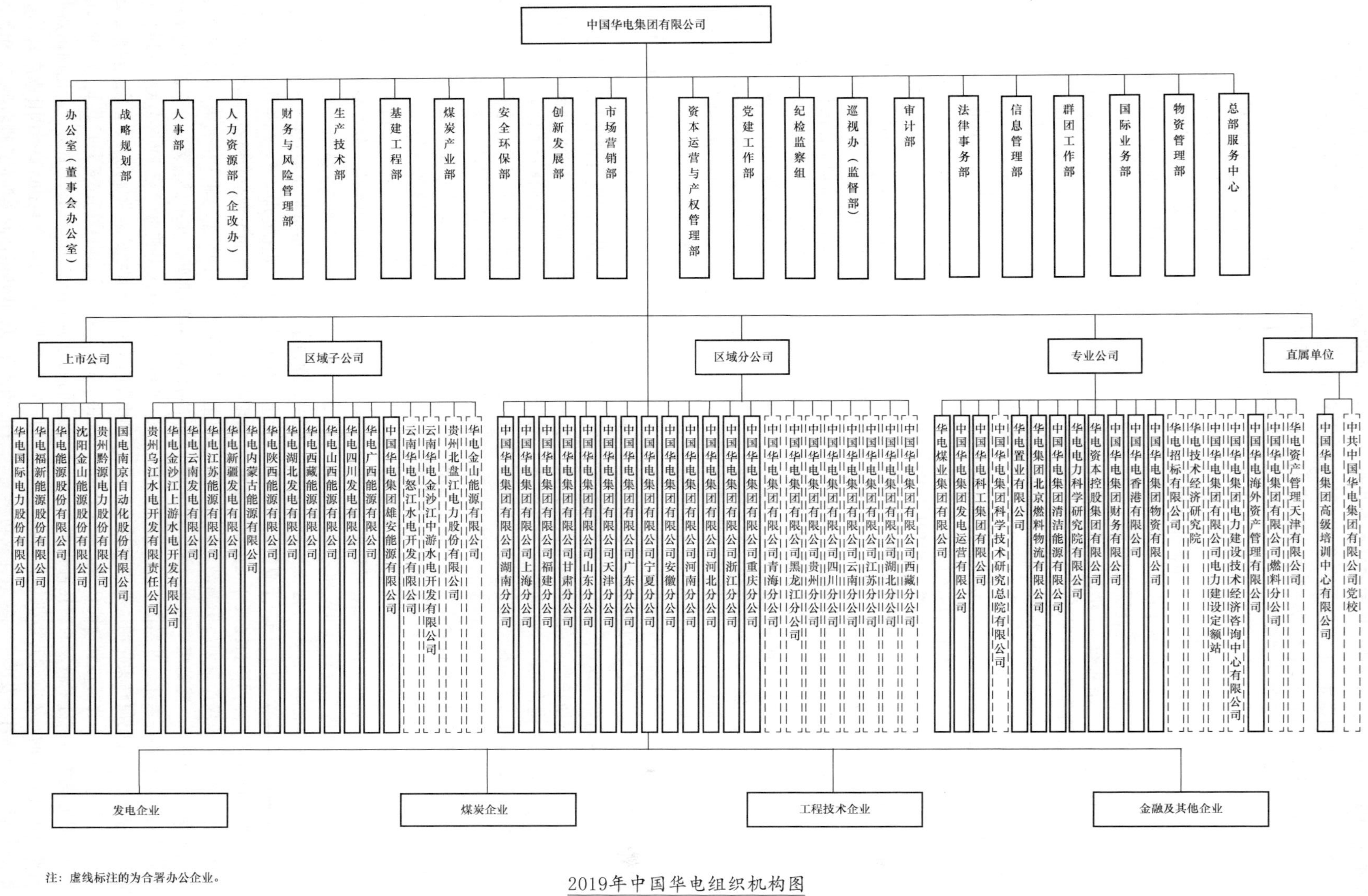
中国华电集团有限公司
办公室（董事会办公室）
战略规划部
人事部
人力资源部（企改办）
财务与风险管理部
生产技术部
基建工程部
煤炭产业部
安全环保部
创新发展部
市场营销部
资本运营与产权管理部
党建工作部
纪检监察组
巡视办（监督部）
审计部
法律事务部
信息管理部
群团工作部
国际业务部
物资管理部
总部服务中心
上市公司
华电国际电力股份有限公司
华电福新能源股份有限公司
华电能源股份有限公司
沈阳金山能源股份有限公司
贵州黔源电力股份有限公司
国电南京自动化股份有限公司
区域子公司
贵州乌江水电开发有限责任公司
华电金沙江上游水电开发有限公司
华电云南发电有限公司
华电江苏能源有限公司
华电新疆发电有限公司
华电内蒙古能源有限公司
华电陕西能源有限公司
华电湖北发电有限公司
华电西藏能源有限公司
华电山西能源有限公司
华电四川发电有限公司
华电广西能源有限公司
中国华电集团雄安能源有限公司
云南华电怒江水电开发有限公司
云南华电金沙江中游水电开发有限公司
贵州北盘江电力股份有限公司
华电金山能源有限公司
区域分公司
中国华电集团有限公司湖南分公司
中国华电集团有限公司上海分公司
中国华电集团有限公司福建分公司
中国华电集团有限公司甘肃分公司
中国华电集团有限公司山东分公司
中国华电集团有限公司天津分公司
中国华电集团有限公司广东分公司
中国华电集团有限公司宁夏分公司
中国华电集团有限公司安徽分公司
中国华电集团有限公司河南分公司
中国华电集团有限公司河北分公司
中国华电集团有限公司浙江分公司
中国华电集团有限公司重庆分公司
中国华电集团有限公司青海分公司
中国华电集团有限公司黑龙江分公司
中国华电集团有限公司贵州分公司
中国华电集团有限公司四川分公司
中国华电集团有限公司云南分公司
中国华电集团有限公司江苏分公司
中国华电集团有限公司湖北分公司
中国华电集团有限公司西藏分公司
专业公司
华电煤业集团有限公司
中国华电集团发电运营有限公司
中国华电科工集团有限公司
中国华电集团科学技术研究总院有限公司
华电置业有限公司
华电集团北京燃料物流有限公司
中国华电集团清洁能源有限公司
华电电力科学研究院有限公司
华电资本控股集团有限公司
中国华电集团财务有限公司
中国华电香港有限公司
中国华电集团物资有限公司
华电招标有限公司
华电技术经济研究院
中国华电集团有限公司电力建设定额站
中国华电集团电力建设技术经济咨询中心有限公司
中国华电海外资产管理有限公司
中国华电集团有限公司燃料分公司
华电资产管理天津有限公司
直属单位
中国华电集团高级培训中心有限公司
中共中国华电集团有限公司党校
发电企业
煤炭企业
工程技术企业
金融及其他企业
注：虚线标注的为合署办公企业。
2019年中国华电组织机构图

【年度业绩】 2019 年，中国华电以习近平新时代中国特色社会主义思想为指导，认真学习贯彻习近平总书记重要讲话和重要指示批示精神，坚决落实党中央、国务院决策部署，按照国资委等上级部委要求，扎实开展“不忘初心、牢记使命”主题教育，着力强党建，加快促转型，聚力提效益，全面推改革，奋力创一流，各项工作取得积极成效，全面超额完成国资委年度业绩考核目标。截至 2019 年底，实现销售收入 2347 亿元，同比增长 9.4%；实现利润总额 113 亿元，同比增长 37.1%，净利润 68 亿元，同比增长 12.4%，EVA 完成国资委考核目标的 128%；资产负债率 72.8%，较国资委考核目标下降 2.4 个百分点，同比降低 4.75 个百分点。完成发电量 5786 亿 kWh，同比增长 4.09%；供热量 3.2 亿 GJ，同比增长 6.3%；煤炭产量 5573 万 t，同比增长 9.8%。核准电源项目 212 万 kW，开工 845 万 kW，投产 658 万 kW，发电装机容量达到 1.53 亿 kW，其中清洁能源装机占比 40.4%，同比提高 0.71 个百分点。单位电能烟尘、二氧化硫、氮氧化物排放量同比分别降低 13.5%、11.1%、5.8%。全年未发生一般及以上人身伤亡事故，未发生电力安全事件，实现生产基建全年“零死亡”，受到全国电力安全生产委员会表扬，未发生对公司形象造成不良影响的环境事件，未发生网络安全事件。连续 8 年荣获国资委业绩考核 A 级企业，经营业绩考核得分连续 5 年名列同类型企业前茅。

【项目发展】 成立了落实国家区域协调发展战略工作领导小组，专题研究落实国家战略、风光电、综合能源服务、资本运作等战略转型重点，制定落实雄安新区、粤港澳大湾区、海南自贸区（自贸港）、长江经济带等区域发展规划工作方案，推动项目开发。推进风光电基地式、规模化开发，积极与内蒙古、甘肃、西藏、青海、新疆等区域对接签订合作协议，重点推进“保电价”风光电项目建设，投产容量完成年度计划的 117%，同比增长 203%。水电在建 10 项 852 万 kW，金上水电、西藏大古等水电工程实施，叶巴滩电站实现大江截流。山东莱州 2 台百万 kW 机组“一年双投”。淘汰煤电落后产能 60 万 kW，近 3 年合计淘汰 403 万 kW，减排二氧化碳 1526 万 t。宁夏银川“东热西送”二期项目等 4 个热网项目完成开工决策。煤炭产业深挖产能潜力，原煤产量创历史新高，所属 9 个煤矿超额完成生产任务，隆德煤矿智能综采工作完成安装并成功试运转，肖家洼、西黑山、万通源等煤矿均取得相应证照，曹妃甸码头先期工程全面建成，完成 9 处煤矿 330 万 t/年化解过剩产能任务。科工产业不断增强核心竞争力，自主研发的多孔催化剂产品打破国外公司行业垄断，风电专用塔机填补国内空白，在雄安新区建成中国首个发酵中试基地并成功产气，多相流分离技术入选国家发改委重点节能技术应用典型案例。金融产业为主业发展提供各类资金 1100 亿元，同比增加 100 亿元，新设立了商业保理公司。

【走向海外】 围绕国际业务收入占比 10%的目标，强化境外投资，推进国际业务高质量发展，全年国际业务收入 143 亿元，利润实现 16 亿元，同比分别增长 92%和 77%。越南沿海二期、印尼玻雅项目工程建设顺利推进，柬埔寨西港煤电完成立项和发展改革委备案，印尼占碑 2 号、孟加拉吉大港、罗马尼亚罗维纳里项目前期工作取得积极进展。首个境外绿地光伏孟加拉迈门辛项目、首个境外并购光伏越南涵剑项目完成立项决策，全年共 388 万 kW 项目通过发起决策，其中清洁能源项目占比 64%。国际合作交流不断加强，与法国电力合作开展供热业务，参加第二届“一带一路”国际合作高峰论坛、第二届进博会、创新经济论坛、亚太电协、东盟博览会等高规格交流活动，主办中韩发电技术论坛，为国际化发展营造了良好环境。

【深化改革】 健全“三重一大”决策制度体系，完善决策事项清单，厘清了各治理主体的权责边界。加强董事会建设，在国资委 2018 年度中央企业董事会测评中，排名第 11 位。研究推进国有资本投资公司改革，上报试点申请。推进混合所有制改革，实现“双百行动”新突破，江苏公司成功实现股权多元化；华电重工完成年度改革任务，市场化机制进一步加强。持续推进剥离企业办社会职能和解决历史遗留问题，落实“三供一业”中央财政补助资金 2.48 亿元，厂办大集体职工安置超出国资委进度目标 12.8 个百分点，退休人员社会化管理和多经企业规范清理扎实推进。加强机构管理，完成了国资委法人增量控制目标。深化三项制度改革，制定印发指导意见，创新推进任期考核、分类考核和项目责任考核，制订、修订《工资总额管理办法》等多项管理制度，研究制订激励约束并重的《项目责任考核管理办法》，健全完善了薪酬分配机制、业绩考核机制、中长期薪酬激励机制。在 3 家直属科技型企业实施了分红激励，对“卡脖子”科技项目攻关团队加大了激励力度。

【经营管理】 常态化推进提质增效，坚持目标引领，突出资本回报要求，强化经营督导，归母净利润、期间费用占收入比继续保持同类型企业领先。多措并举增发电量，发电量增速在同类型企业中排名第二，煤机利用小时 4416h，在同类型企业中排名第一，改善值排名第二；水电发电量首次突破 1000 亿 kWh 大关，利用小时同比提高 473h。落实经济运营优化方案，完成煤机电量优化 323 亿 kWh，弃水电量同比减少 45 亿 kWh，弃风弃光率同比分别下降 2.64、1.48 个百分点。挖掘供热潜力，着力提升效益，供热单位边际贡献同比提高 2.5 元/GJ，供热装机、供热量在同类型企业排名第二。组织生产，释放煤矿先进产能，煤炭产量完成全年计划的113.7%。开展质量提升行动，科工企业新签系统外合同额同比增长57%。坚持产业金融定位，金融企业为主业发展提供各类资金同比增加100亿元。

【安全环保】 落实安全生产责任制，举一反三吸取江苏响水“3·21”特别重大爆炸等事故教训，深入推进“安全制度落实年”、本质安全型企业建设，扎实开展“安全生产月”活动，全年未发生一般及以上人身伤亡事故，未发生电力安全事件，实现公司系统首个生产基建全年“零死亡”，受到全国电力安全生产委员会表扬。完成庆祝新中国成立70周年、“一带一路”高峰论坛、“进博会”和“军运会”等重要时段安全保电供热和空气质量保障任务。完成金上流域地质灾害灾后重建，推动地方政府完成白格堰塞湖残留体处置。全面部署蓝天、碧水、净土、生态修复四大领域生态环境保护工作，完成莱州风电生态修复等中央环保督察举一反三问题整改，国家专项行动检查问题整改率达到96%，超低排放机组占比超过90%，单位电能污染物排放量较“十二五”末下降超过20%的目标提前完成。供电煤耗完成298.3g/kWh，实现了300g/kWh以下的历史性突破。

【科技创新】 深入贯彻落实习近平总书记关于实施创新驱动和关键核心技术的重要指示批示精神，大力实施创新驱动战略，增强企业创新力。加快“卡脖子”关键核心技术研发培育和国产化替代，主导的电力工控关键核心技术取得重大阶段性成果，全国首套基于自主可控国产CPU和操作系统的火电控制系统，在扬州公司试点成功；全国首套自主可控水电站综合自动化系统，在洪家渡水电站试点成功，标志着火电、水电关键核心控制系统打破了国外技术垄断，实现了自主可控。关于脱硝技术的科技项目首次获国家科技进步二等奖，海上风电施工技术项目获中国电力科学技术一等奖，火电基建质量大数据系统研究与应用获电力建设科学技术进步一等奖。燃气轮机空气质量保障关键技术列入国家重点研发计划。碳排放管理获中电联“电力科技创新大奖”。首次联合主编腐蚀工程全生命周期通用要求国际标准。新获授权专利1122项，其中发明专利168项，同比分别增加7.4%、22.6%。

【党建工作】 深入开展“不忘初心、牢记使命”主题教育，体现出把握准、行动快、工作实、质量高的特点，得到中央第30指导组和第12巡回督导组的充分肯定，整改解决了群众急难盼愁问题1875项。制定党组织请示报告工作制度并抓好落实，建立健全贯彻落实习近平总书记重要指示批示精神工作机制。学习宣传贯彻党的十九届四中全会等系列重要会议精神，做好国资委党委、教育部“领导干部上讲台”工作，在兰州大学开讲公开课。建立实施党组党建工作例会制度，修订实施党组领导班子成员党建工作联系制度，举办专题党课，班子成员以上率下到基层党组织讲党课，参加专题组织生活会。贯彻落实中央纪委国家监委部署要求，扎实推进纪检监察体制改革。开展“三清”企业创建，持续开展“四项治理”，集中整治形式主义、官僚主义重点问题。在第一批主题教育期间开展中央巡视整改“回头看”，开展深化推进中央巡视整改工作，落实巡视工作规划，实现直属单位党委巡视全覆盖。按照国资委统一部署，认真扎实做好“总部机关化”、央企驻京办整改工作；加大“文山会海”治理力度，发给基层的文件、召开到基层的会议降幅超过30%。发布《华电文化纲要》，确立了“求实、创新、和谐、奋进”的华电核心价值。

【社会责任】 精准脱贫成效明显，全年投入直接帮扶资金2.57亿元，同比增长175%，选派127名扶贫干部在16个省（区）开展驻村帮扶工作。扎实开展好消费扶贫，将贫困地区产品纳入总部采购范围。大力开展就业扶贫，招录西藏、青海、新疆的高校毕业生28人。定点扶贫的新疆阿图什市和乌恰县、对口支援的新疆喀什市和青海都兰县全部脱贫摘帽，获评2019年中央单位定点扶贫考核最优等级。连续12年发布企业社会责任报告，连续7年荣获联合国全球契约最佳实践奖，举办“第三届520公众开放日活动”及“第四届度度关爱社会责任月活动”，进一步提升了“中国华电”品牌形象。

（李　强）

【华电国际电力股份有限公司】

公司概况 华电国际电力股份有限公司（简称华电国际）前身为山东国际电源开发股份有限公司（简称山国电公司），由原山东电力集团公司、山东省国际信托投资公司等五家单位发起设立，于1994年6月28日在济南注册成立。2002年底，国家电力体制改革后，山国电公司控股股东变更为中国华电。2003年11月，山国电公司更名为华电国际电力股份有限公司。2009年6月，总部由济南迁至北京。

1999年6月30日，山国电公司H股在香港联交所上市，总股本增至52.56亿股。其中，境外上市外资股为14.31亿股。2005年2月3日，华电国际A股作为国内询价发行第一股，在上海证券交易所正式挂牌上市，总股本达到60.21亿股，其中中国华电持有股份50.01%，香港H股股东持有股份23.77%。2009年12月1日和2012年6月21日，华电国际先后非公开发行A股7.5亿股和6亿股；2014年7月18～30日，华电国际先后非公开发行A股11.5亿股和新增发行H股2.86亿股；2015年9月8日，华电国际非公开发行A股10.56亿股，总股本增至98.63亿股，其中中国华电占46.84%的股份，其他H股股东占28.50%

的股份，其他A股股东占24.66%的股份。

领导班子

党委书记、董事长：王绪祥

副董事长：田洪宝、倪守民

董事：苟伟、陈海斌、陶云鹏、王晓渤、陈存来

独立董事：丁慧平、王大树、王传顺、宗文龙

监事会主席：陈炜

监事：彭兴宇

职工监事：袁亚男、马敬安

独立监事：查剑秋

总经理：田洪宝

副总经理：彭国泉、陈存来、陈斌

财务总监：冯荣

纪委书记：马敬安

主要领导人员变动情况：2019年2月19日，赵建国辞任董事长；4月9日，王绪祥当选为董事长。3月11日，副董事长陈斌到龄退休，选举田洪宝为副董事长。

组织机构 截至年底，华电国际本部下设一室五部，分别是办公室（人力资源部）、计划投资部、财务资产部、安全与运营管理部、证券合规部（内控部）、党建工作部（纪检办公室），所属单位145家，其中区域分公司12家、区域子公司1家、专业公司4家、技术服务中心1家、全资及控股发电企业89家、控股煤炭企业9家、煤炭运销公司4家、投资管理公司3家、控股热力公司15家、售电公司6家、港务公司1家。

年度工作业绩 2019年，华电国际全年实现利润55.47亿元，同比增加23.41亿元；总资产达2298.76亿元，营业收入935.64亿元，同比增加4.86%；控股发电装机容量5656.53万kW，其中清洁能源占比23.57%；控股煤矿批复产能达990万t/年，控参股煤炭资源储量20.13亿t。资产负债率65.68%，较年初降低4.76个百分点。

生产经营管理 经营管理。以《常态化推进提质增效增收节支工作方案》为抓手，强化督导管控，完成了年度目标任务。完善以“日利润、周例会、月度经济活动分析”为主体的经营过程监控，强化月度预算及一次性因素管理，优化分析模板，按月下发生产经营情况通报，全面加强督导和过程控制，经营工作可控在控。年度98家运营单位中83家盈利，盈利面达85%。指导区域发挥区域整体优势，因地制宜、因厂施策，利用优势题材积极争取电量，10个煤机运营区域中，9个区域的利用小时均优于四大集团“三同”平均水平，重庆区域与四大集团“三同”利用小时平均水平差距大幅收窄。指导区域量价统筹参与市场交易，努力控制煤机电价降价幅度，提升公司效益。全年市场电占比同比提升9.8个百分点，市场电价降幅同比收窄10.4元/MWh。督导区域积极开拓供热市场，供热量完成1.24亿GJ，同比提高13.69%。指导区域优化电煤采购策略，发挥集约采购优势，重点做好“迎峰度夏”“迎峰度冬”时期的电煤储备和保供控价工作，控制无价格优势的长协合同采购量。全年完成入厂标煤单价758.44元/t，同比下降59.19元/t，降幅7.2%。加快推进低效无效资产处置工作安排，分批次推进，完成了襄阳公司、半山公司土地征迁，黄石公司关停机组处置，青岛华拓BOT资产处置，宁夏新能源330kV送出线路移交；推进了乡城、得荣公司，天投热力，半山公司等股权处置；研究推进了中宁公司、西部创业参股股权处置，下梨园矿权补偿。加强杂谷脑、茂华及所属煤矿等单位资金风险管控，发放65亿元委贷置换资金，确保了资金接续安全。治亏工作扎实推进，制定23家亏损企业治理方案，全力协调督导治亏措施落实到位，全年减亏超过11亿元。到山西、天津、广东等区域有关单位实地调研，协调解决经营困难。实施宿州生物质能公司破产清算，止亏3000万元。荣获中国华电“2019年度提质增效重点专项工作奖励”。

安全生产管理。落实各级安全生产责任，强化对各区域、各单位春秋季安全生产大检查、安全生产月活动的督导，完成了全国“两会”、庆祝新中国成立70周年安全保电任务等重大活动和节假日安全保电工作。制订安全环保应急预案，完善应急管理机制。跟踪推进广安、奉节公司和河北区域等年度环保设备设施技改重点项目，加强新建工程环保“三同时”检查和深圳公司、芜湖公司、夏县风电等环保、水保验收工作。安全环保局面保持稳定，水电板块实现零非停；火电机组非停次数同比减少16次，年台均次数0.22，同比降低0.15。

扎实推进节能环保。供电煤耗完成295.28g/kWh，同比降低3.93g/kWh。二氧化硫、氮氧化物、烟尘等环保排放指标均达到或优于国家及地方环保法规要求。所有火电单位均如期取得了排污许可证。获中国华电科技进步奖9项，其中一等奖2项，二等奖1项，三等奖6项。

项目发展 贯彻落实“五三六战略”，突出战略引领，突出清洁低碳发展，中国华电电源结构持续优化。开展区域竞争力分析，完成了平价状态下区域风光电相对竞争力排序，提出了转型发展初步方案。全年发起风电项目2项35万kW，立项10项95万kW；发起光伏项目2项20万kW，立项3项9万kW；发起热网项目2项，立项2项；发起分布式燃机项目1项；完成10项217.41万kW电源项目主体开工。河南台前垃圾发电项目开展了前期论证，发起了河南驻马店汝南、云创谷产业园地热供暖项目。参与项目各环节审查，确保项目投资收益满足要求。寻求“一带

一路”沿线国家能源项目投资并购机会，多次与华北电力设计院开展业务交流，研究越南、孟加拉等东南亚国家光伏发电项目投资条件，完成越南西宁滨桥100MW光伏项目发起论证报告。

改革发展 平台建设。立足打造高效“资本运作和投融资平台、海外投资平台”，持续完善方案措施，全面推动工作实施，平台作用得到充分发挥。完成储架注册首期20亿元普通公司债券的发行。提出资本运作平台建设方案，做深做细论证和准备工作。规范土地房产权属，消除运作障碍，推进完成湖北公司收购武昌热电、六安电厂资产收购等工作。启动市场化债转股项目，与战略投资方签署了对宁夏新能源等6家标的子公司30亿元的增资合同，已到位资金20亿元。加大融资力度，统筹银行间和交易所两个市场，引入足量低成本资金。取得160亿元基准利率下浮10%借款，完成50亿元借款提前置换，节约财务费用超过6亿元。完成各类债券融资7期210亿元，发行权益类永续中票70亿元，引入战略投资20亿元。把握国家金融政策，深化融资创新，完成30亿元可再生能源电价补贴绿色资产支持票据注册。开展保险市场永续类产品方案和境外融资方案研究，做好融资工具储备。研究课题“上市公司电费应收账款资产证券化业务研究与实践”荣获中国华电2019年管理创新成果一等奖。

合规建设。下发《关于进一步加强上市公司规范运作的通知》，对关联交易、投资事项、财务资金、公文流转提出规范要求，实地调研督导山东、安徽、浙江等区域，确保问题有效整改。全面启动所属区域规范运作集中轮训，分3期对公司本部和8个区域公司分管上市公司规范运作的公司领导、“三会”及内控工作负责人、控股子公司（基层企业）的董事长或总经理（厂长）、分管经营或法律工作的公司领导、董事会秘书（办公室主任）或财务、法律部门负责人共150余人进行合规管理、规范运作知识的全面培训，切实提高了公司系统合规管理、规范运作的意识、能力和水平。加大法律审核力度，实现经济合同、涉法重大决策法律审核率100%，对本部合同风险进行了自查整改，下发风险提示函指导所属企业防控法律风险，法律工作的风险预防作用得到充分发挥。2019年荣获第九届中国证券金紫荆奖最佳上市公司奖。

党的建设、精神文明建设、企业文化建设 贯彻落实中央部署，开展主题教育。把握“不忘初心、牢记使命”主题教育“守初心、担使命、找差距、抓落实”总要求，高标准、严要求开展学习研讨、基层调研、检视问题和整改落实各环节工作，广大党员干部“四个意识”不断增强、“四个自信”进一步坚定、坚决做到“两个维护”。坚持问题导向，边查边改、立查立改，创新党员教育方式方法、缩短公文流转链条等10条意见建议均得到解决。以主题教育为契机，推进党的建设、党风廉政、意识形态、工团建设质量全面提升，发挥党建指导促进中心工作的积极作用。开展“三清”企业创建、示范党支部创建等工作，以创优促提升、树形象。结合庆祝新中国成立70周年重大主题宣传，组织开展华电国际成立25周年上市20周年系列活动。

【华电福新能源股份有限公司】

公司概况 华电福新能源股份有限公司（简称华电福新）隶属中国华电集团有限公司，是一家多元化清洁能源上市公司，于2012年6月在香港联交所上市（股份代号00816）。华电福新拥有包括风电、光伏、水电、煤电、气电（分布式）、核电和生物质能等多种发电类型，煤电、水电的资产全部分布在福建区域，风光电等新能源项目分布在全国27个省、市、自治区及欧洲地区。截至2019年底，华电福新资产总额人民币1122.11亿元，控股装机容量1645.31万kW，其中风电803.52万kW、太阳能发电121.47万kW、水电260.79万kW、煤电360万kW、气电（分布式）97万kW、生物质发电2.53万kW。此外，华电福新也是中国华电核电业务的发展平台，持有福建福清核电有限公司的39%股权、浙江三门核电有限公司的10%股权。

领导班子

党委书记、董事长、执行董事：黄少雄

执行董事、总经理、党委副书记：吴建春

执行董事：杜将武

非执行董事：陶云鹏、师重光、王邦宜

独立非执行董事：张白、陶志刚、吴毅强

监事会主席：李长旭

监事：王崑、徐磊、胡晓红

职工监事：陈文新、朱德元、赖甲星

独立监事：丁瑞玲、郭小平

党委副书记、工会主席：马骏彪

党委委员、总会计师（财务负责人）：王会萍

党委委员、副总经理、总法律顾问、董事会秘书：孙涛

党委委员、副总经理：林文彪

主要领导人员变动情况：杜将武于2019年6月21日起获委任执行董事。李立新于2019年6月21日起辞任执行董事。王邦宜于2019年6月21日起获委任非执行董事。梅唯一于2019年6月21日起辞任非执行董事。马骏彪于2019年5月9日及2019年7月26日起分别获聘任党委副书记、工会主席。

工作业绩 2019年，华电福新全面推进发展战略实施，充分发挥多元化发电资产优势，水电板块抓住福建省来水较好的有利形势，煤电板块加大进口煤炭采购力度，风电板块积极面对全国大部分地区风速下

降的不利形势，强化设备治理，各项工作取得了积极成效：全年完成发电量476.97亿kWh，同比增加7.0%；实现利润32.34亿元；等效净资产收益率8.67%；资产负债率65.77%，较年初降低5.76个百分点；核准电源项目容量13万kW，新增控股装机容量21.82万kW，清洁能源装机容量占比78.1%。

项目发展 凸显清洁低碳趋势，谋划更高质量发展。坚持贯彻新发展理念，坚持"2858"发展战略，坚持以清洁能源特别是非化石能源为主要投资方向，不断优化投资结构，加大风光电投入力度，提高核心竞争力。争取参与中国华电金上清洁能源基地开发，已取得西藏贡觉拉妥150万kW光伏项目；稳妥有序推进海上风电项目开发，中国华电首个海上风电——福清海坛海峡海上风电项目全面开工，落实浙江玉环和广东阳江海上风电开工条件，争取早日开工建设；对接内蒙古、陕西、吉林等区域清洁能源基地规划开发，紧跟特高压风电基地项目进展，内蒙古正蓝旗、新疆木垒老君庙等外送风电项目完成开工决策。拓展海外业务，不断创新对外合作方式，开发并储备东南亚、南亚、中亚等"一带一路"沿线国家和欧洲部分国家的优质风光电项目，加强行业间的交流与合作，抱团"走出去"，与隆基清洁能源等多家单位签署框架合作协议。开展投资项目各边界条件论证工作，有效防范投资风险。

经营管理 提质增效成果显著，经营业绩喜获丰收。围绕管控模式最新要求，立足自身定位，强督导、重服务、降成本、增效益，经营成果明显提升。精细采购助力火电板块一举扭亏为盈，火电板块全部实现盈利；水电板块抓住雨水丰沛的有利时机，强化流域、水库调度，努力保持机组长时间高负荷连续运行，全年完成发电量同比增长63.39%。参与中国华电组织的风电利用小时以及燃气分布式能源管理效益等专项提升活动，提高生产运营管理水平。解决基层企业资金困难，全年为所属困难企业提供近10亿元的资本金支持，为31家困难企业提供委贷资金30.11亿元，保障资金正常运转。持续发挥直融优势，全力降低融资成本。发行ABN6.09亿元，发行利率再创电力行业定向发行新低；全年累计发行权益类中期票据36亿元，降低公司资产负债率3.2个百分点。坚持融资创新，2019年ABS发行再度获得"介甫奖"，并被纳入《亚洲绿色金融发展报告》成功案例，"基于可再生能源发电业务的资产证券化项目管理创新与实践"课题获得中电联"2019年度电力科技创新奖"一等奖。荣获2019年度中国融资大奖"最具投资价值奖"。

改革创新 贯彻落实习近平总书记关于防范化解重大风险的决策部署，开展制度建设、内控体系建设、"三会"治理等工作，上市公司合规管理水平不断攀升。根据"1+2N"规章制度体系建设的总体要求，定期召开规章制度管理委员会，审核规章制度草案、研究制度建设重要事项。稳步推进"三重一大"决策运行系统建设，规范决策程序。以年度"三会"为抓手，加强附属公司"三会"管理的规范化要求，采取关连交易事前、事中及事后管控，及时准确披露83次166份公司信息，维护投资者关系。建立健全风险防范机制。切实加强本部合同和所属企业章程的法律审核，定期开展法律体检，应对公司系统纠纷案件，维护合法权益。坚持人才培养，制定完善了《"十三五"人力资源规划》《华电福新人才队伍建设实施办法》，为广大青年员工搭建成长舞台。

党的建设 落实新时代党的建设总要求，压实管党治党政治责任，党的建设质量实现新的提升。以"不忘初心、牢记使命"主题教育为契机，夯实党建工作基础。围绕学习贯彻习近平新时代中国特色社会主义思想这条主线，把握"守初心、担使命，找差距、抓落实"的总要求，进一步增强"四个意识"、坚定"四个自信"、做到"两个维护"。全年组织开展12次党委中心组学习，实现党支部书记培训全覆盖。开展"八个一"专项提升活动，着力打造具有公司特色的党支部建设品牌。以创建中国华电"三清"企业为目标，不断加强党风廉政建设。组织开展反腐倡廉宣传教育月活动，持续深入开展违反中央八项规定精神和"四风"突出问题专项检查。以"融·创之道"凝聚共识，积极开展工会及群团工作，加强团员青年思想引领，不断激发广大团员青年创新创效的热情和活力。

【华电煤业集团有限公司】

公司概况 华电煤业集团有限公司（简称华电煤业）成立于2005年8月，是中国华电集团有限公司旗下负责煤炭及相关产业开发的专业公司。近年来特别是党的十八大以来，在党中央、国务院和华电集团党组的正确领导下，华电煤业深入学习贯彻习近平新时代中国特色社会主义思想，努力践行"服务华电、创造价值"的使命，协同发展煤炭、电力、物流产业板块，初步构建了以煤炭产业为核心，集煤、电、路、港、航为一体的产业构架，总体建成5000万t级特大型煤炭企业集团，连续多年进入中国煤炭工业50强，在2019中国煤炭企业50强中产量排名第17位、净利润排名第11位、营业净利率排名第5位。

领导班子

中国华电煤炭专业总工程师、党委书记、董事长：王旺旺

总经理、党委副书记：殷作如

党委副书记、工会主席：李建伟

党委委员、副总经理（中国华电部门正主任级）：兰毅

党委委员、纪委书记：刘书德

党委委员、副总经理、总法律顾问：王秀林

党委委员、总会计师：王世伟

党委委员、副总经理：赵鹏

变动情况：2019年2月，王世伟任华电煤业党委委员，赵鹏任华电煤业党委委员、副总经理，徐建伟不再担任华电煤业党委委员、副总经理职务。2019年10月，李建伟经一届二次工会会员代表大会选举为华电煤业工会主席。

组织机构 华电煤业下设2个分支机构、4个全资子公司、12个控股公司、9个专业化管理企业和15个参股公司。截至2019年12月底，公司资产总额572亿元，净资产207亿元，在册员工6999人。

工作业绩 2019年，华电煤业系统安全环保实现零事故；管理口径利润总额39.79亿元（产权口径42.98亿元，专管口径－3.19亿元）。资产负债率63.73％，同比降低4.29个百分点；原煤产量5573万t，完成中国华电年度目标的113.73％；生产进尺10.93万m；发电量92.49亿kWh，船舶货运量2933万t，港口接卸量1302万t，矿务工程服务产值1.4亿元，均超额完成年度计划。

项目发展 证照手续办理和项目前期工作方面，发扬“三千”（千辛万苦、千言万语、千方百计）精神，破解长期制约生产煤矿依法合规经营的证照手续问题，推动储备项目前期工作，取得突破性进展。肖家洼煤矿采矿证完成取证前审查程序，取得决定性成果。隆德、甜水堡二矿等项目证照手续办理取得实质性进展。不连沟铁路、榆横煤电电厂及铁路项目取得土地证。万通源煤矿取得210万t/年安全生产许可证。下梨园煤矿完成150万t/年产能核增。西黑山煤矿取得400万t/年采矿证，完成“保资源、保规划、保矿权”任务。基本建设方面，加快推进重点在建工程建设和结算工作，小纪汗煤矿通过综合竣工验收，万通源煤矿通过综合竣工验收，肖家洼、小纪汗煤矿竣工结算报告取得中国华电备案批复。按期完成隆德、肖家洼煤矿、不连沟物流园竣工决算审计。

经营管理 抓住产量源头创效、经营降本增效、销售增收提效三个关键环节，深化要素管理，强化激励保障，提质增效，原煤产量同比增产9.7％，剔除煤炭价格下行、资源税率上涨等政策性减利因素（同比减利12.3亿元），利润总额同比增加3.19亿元。煤炭生产组织有力有效。坚持把挖掘产量潜力作为对冲市场下行压力的根本举措，加强调度指挥，及时破解“卡脖子”问题，煤炭产量转折向好、大幅增长，9个煤矿超额完成生产任务，不连沟煤矿创建矿以来产量、掘进进尺最高纪录。推动朔州四矿整体委托运营、石泉、金通和神通煤矿建立自营队伍，彻底解决了长期困扰煤矿生产经营的“老大难”问题，朔州四矿同比增产107万t，增幅16.8％，同比减亏4314万元。针对上半年隆德等5家煤矿受政策性限产停产带来的产量下滑态势，加快推动证照手续办理，及时出台促进经营目标完成专项奖励办法，原煤产量创下单日22.4万t单月620万t的历史最高纪录。成本费用得到较好控制。优选16项具有导向性、牵动性的指标作为煤矿成本管控重点，加强预算管理，强化经济活动分析，直接生产成本43.45元/t。深化工程、服务招标管理，节约资金5.56亿元。建立“两金”压降机制，同比压降2.92亿元，运销公司超额压降3亿元，锦兴公司同比压降1亿元。努力争取税收优惠政策，降低税负2.34亿元。发行首期10亿元超短期融资券，减少利息约730万元。山西分公司处理当地政府“一矿再投一企”的行政安排，免除煤矿投资总额30％的投入。商品煤销售取得实效。坚持“低库存”销售策略，实现产销动态平衡。制定实施《煤炭销售竞价管理办法》，竞价销售实现全覆盖，全年竞价212次，竞价煤1605万t，价格平均上涨7.44元/t，增效1.19亿元。高度重视自产煤内销和保供工作，内销1372万t，平均合同兑现率80％以上。非煤企业生产经营稳中向好。榆横、大路电厂发电量创历史新高。福建储运接卸量、利润总额创福建省同类港口最优业绩。华远星海运盈利远高于行业平均水平。曹妃甸储运先期工程实现重载试车，取得港口经营许可证，卸车量438万t，后续工程开工建设。

安全环保 安全基础进一步夯实。推进安全生产标准化建设，5家企业继续保持国家一级安全生产标准化水平，12家煤矿达到中国华电一级水平，小纪汗煤矿通过陕西省一级安全生产标准化验收，9家煤矿荣获国家特级安全高效矿井。污染防治扎实有效。组织开展污染防治和无组织排放专项治理，完成36台燃煤锅炉拆、改、停和2个煤矿煤场封闭改造。小纪汗、万通源煤矿通过环保验收，小纪汗煤矿建成国内领先示范性矿井水综合处理系统，进入国家绿色矿山企业名录。石泉公司荣获山西襄垣县唯一“生态环保先进企业”称号，一期4000kW瓦斯发电机组试车成功，实现生态与经济效益双赢。

改革创新 风险防范方面，加强全面风险管理体系建设，评估形成十大风险并制定、落实应对措施。制定实施《2019年高风险企业风险治理工作方案》，有序推进8家企业减亏控亏扭亏。深化资金管理，存量企业带息负债余额较年初下降6.25％，系统担保余额同比降低61％，中国华电网络外资金压降40％，整体资金归集率保持在90％以上。完成民企无分歧欠款“零拖欠”任务。完成国资委三年“瘦身健体”任务。依法治企方面，启动合规管理，梳理合规管理审查事项，完成公司本部合规管理“三清单”。开展“3＋X”信息化法律服务共享平台试点。动态管理法律高风险点。加强制度管理，成立制度委员会，扎实开展制度“废改立”工作。改革、管理和创新方面，编制实施《深化企业内部三项制度改革实施方案》，启动三项制度改革。制定实施《建立煤炭供应链“采洗销互动、路港航协同、产运需衔接”运行机制指导意见》，着力提升产业链现代化水平，打造高质量发展新高地。加强班组建设，不连沟连采一队生产二班荣获新中国70年“新时代特色品牌班组”称号。管理创新成效明显，3项成果分别荣获中国华电一、二等奖，其中2项同时荣获全国煤炭企业管理现代化创新成果三等奖。开展“五小”和科技创新活动，184项“五小”成果创效约1.7亿元，取得国家授权专利14项。煤矿“四化”建设方面，完成三年生产设备无缝衔接计划，主要生产矿井实现“三保二”或“四保二”，设备大部件储备基本满足生产需要。开展机电系统“六查一打造”活动，提升机电系统平稳运行水平。推进数字煤矿建设，以隆德煤矿211工作面为试点，投运第一个智能化综采工作面。

党的建设 党的建设坚强有力。开展“不忘初心、牢记使命”主题教育，落实“四个环节”要求，实现五个具体目标，党员干部思想政治受到洗礼锤炼，守初心、担使命的思想自觉和行动自觉进一步增强。深入学习贯彻党的十九届四中全会精神。落实“基层党建推进年”专项行动要求，开展“三基建设”，“示范党支部”达标率超过70%，生产运营企业“文明单位”数量超过50%。全面从严治党成效显著。贯通运用“四种形态”，一体化推进“三不腐”建设。开展党规党纪和警示教育，谈话提醒成为常态。大力创建“三清”企业，锦兴公司被评为中国华电首批“三清”企业创建先进单位。开展主题教育专项整治、形式主义和官僚主义集中整治、招标采购和检修技改专项治理。纠治违反中央八项规定精神和“四风”问题。落实巡察五年规划，两年累计巡察17家单位，对4家单位开展巡察整改“回头看”，直接挽回或避免经济损失约1.49亿元。加强巡视审计整改，中国华电巡视、审计问题整改率97%、83%，党委前8轮巡察问题整改率80%。严肃执纪审查，处理处分130人次，形成强大警示震慑，广大党员干部纪律规矩意识进一步增强。公司信访件数量连续两年大幅下降，2019年同比下降27.66%，政治生态大为改善。扶贫攻坚和惠民工程取得新的进展。坚持把扶贫工作作为重要政治任务抓紧抓好，投入扶贫资金5433万元，锦兴公司、榆横煤电分别获得山西兴县、陕西榆林市扶贫工作先进企业称号，石泉公司获得山西沁县“脱贫攻坚”先进单位称号。全面规范和改善员工生产生活条件工作有序推进。

【中国华电集团资本控股有限公司】

公司概况 中国华电集团资本控股有限公司（简称资本控股公司）成立于2007年5月，注册资本113亿元，是中国华电集团有限公司的全资子公司，是中国华电金融发展和资本服务的核心平台，负责推进中国华电金融机构发展，管理集团参股金融股权，开展投行、投资、融资和理财顾问等业务。主要业务包括投资业务、融资业务、资产管理业务、金融股权的投资与拓展，以及对中国华电现有参股金融机构股权的管理。为推进资本控股上市工作，对资本控股资产进行了整合。

领导班子

董事长、党委书记：褚玉

总经理、党委副书记：金树成

党委副书记：龙德文

党委委员、副总经理：刘晖

党委委员：胡永庆

党委委员、副总经理、总会、工会主席：江涛

党委委员、纪委书记：李红淑

党委委员、副总经理：王志平

总经理助理：华淑蕊

组织机构 资本控股下设华鑫信托、华信保险经纪、川财证券、华电财务、永诚财险、建信基金，资管公司下设建信基金、融资租赁、金泰基金。

工作业绩 2019年，资本控股公司坚持稳中求进的工作总基调，按照落实坚持党的全面领导、坚持完善市场化机制、坚持新发展理念、坚持全面依法治企、坚持落实以人为本“五个坚持”，着力提升可持续发展能力、风险防控能力、价值创造能力、战略管理能力、产融结合能力、机构治理能力“六个能力”的工作思路，完成全年各项工作任务，实现国有资产保值增值目标。全年实现利润总额23.4亿元、净利润18.8亿元，完成净利润考核目标的108%。净利润在二级单位中排名第三位；EVA完成9.2亿元，同比增加1.6亿元；净资产收益率10.81%，同比提高0.9个百分点，位居发电集团资本控股公司首位。被评为中国华电“先进企业”“A级企业”“文明单位标兵”，被中国文化管理协会评为“新中国成立70周年党建＋企业文化实践创新70强”。华鑫信托荣获“2018年度西城区经济社会发展综合贡献奖”。华信保险完成金上堰塞湖案件理赔。川财证券研究所成为证监会宏观经济研究定点采集的18家研究机构之一。融资租赁主体信用等级上调至AAA，荣获“2019中国融资租赁年度公司”荣誉称号等。

项目发展 2019年，资本控股公司服从服务集团战略，立足央企金融定位，不断优化金融布局，丰富金融功能，加大业务拓展。注册设立华电保理公司，服务能力进一步增强；华鑫信托着力提升主动管理和业务创新能力，主动管理类信托规模占比较年初提高17个百分点，信托报酬率同比增长36%，财富管理募集资金同比增长168%；华信保险坚持统保业务与二次开发业务相结合，完成中国华电6534亿元财产

保险统保工作，节约保费 0.68 亿元；融资租赁稳健拓展市场化业务，2019 年新增投放项目 78.48 亿元，市场化项目 38.93 亿元。发挥 AAA 主体信用评级优势，全年发行 50 亿元债券，票面利率低于同期平均水平；金泰基金产业基金募资工作基本完成，并作为发起机构助力集团公司等多家央企发行创新型 ABN，完成储架规模超过 240 亿元。

经营管理 应对全球经济下行、中美贸易摩擦、金融市场波动加剧、国内债务违约频发等内外部严峻复杂形势，坚持提质和增效并重，本部和机构并行，服务和转型并举，经营发展成效显著。经营业绩稳健增长。本部投资能力进一步增强，投资收益 4.02 亿元，投资收益率 7.49%，同比提高 0.19 个百分点；华鑫信托实现营业收入 12.8 亿元，同比增长 23.97%，高于央企背景信托公司 14.05%的平均水平；华信保险主营业务收入 2.03 亿元，位居发电集团保险经纪首位；川财证券营业收入 3.47 亿元；融资租赁主营业务收入 11.49 亿元，同比增长 18.8%。资本运作稳步推进。完成融资租赁 55.01%股权、金泰基金 49%股权、建信基金 4.9%股权的无偿划转，分别增持财务公司和保险经纪 10%和 65%股权，完成引战平台公司重组工作。加快推进战投引入工作，与涵盖保险、银行、实业等领域逾 140 家投资者进行沟通接触，开展路演 18 次，与重点投资方就核心条款进行多轮沟通。

发挥金融优势全力深化产融结合，服务主业发展。健全优化工作机制。以集团产融结合指导意见为指导，结合行业特点和机构实际，出台专项实施方案。建立产融结合领导机构，明确职责分工，细化任务清单，推动建立“总部带动、产业互动、同步推动”的产融结合工作体系。将产融结合推进情况纳入考核，引导各所属机构加大资源投入，着力打造多元化金融、保险服务、金融中介、幸福华电等产融结合平台。超进度完成任务目标。各所属机构向系统成员单位提供内外部资金支持 282 亿元，同比增加 55 亿元，挂牌资产交易规模 20 亿元，统保资产规模同比增长 500 亿元，保险协赔 3.74 亿元，其中为集团成立至今最大保险赔案—金上堰塞湖洪水赔案争取保险理赔 3.08 亿元。职工及家属保险服务覆盖面达 1.6 万人。产融结合能力不断提升。通过金融与科技融合不断丰富产融结合手段，针对系统成员单位金融需求从单项金融支撑向多层次、综合化、一站式金融服务支撑转变，着力打造具有能源特征、华电特色的金融服务品牌。

坚持底线思维，补齐短板、加固底板，风险防控能力持续提升。风险管理体系不断完善。进一步完善全面风险管理和投资风险管理体系，建立健全风险管控分层实施和业务与风险管理专题会工作机制，加强重大风险事项管理和督促指导。风险项目持续化解。应对资本市场波动，严控投资业务风险，针对风险项目做到足额计提减值准备，根据个性化风险特征逐一项目制定风控清收策略，全年实现不良资产回收 3.06 亿元。健全风险责任追究机制。制定公司本部及所属机构涉险项目经济处罚管理规定，量化团队经济责任，通过业绩考核实现对公司领导和项目团队的激励约束，做到责任追究有据可依、有据必依。

安全环保 2019 年，资本控股公司未发生企业经营和领导人员违法违纪案例，未发生对企业稳定和形象造成不利影响的事件，在金融风险加剧的背景下时刻保持风险可控在控。

改革创新 2019 年，资本控股公司以完善市场化经营机制为核心、以构建市场化用人体系为重点、以建立对标市场的激励约束机制为关键，不断深化资本控股三项制度改革。收入能增能减机制逐步优化。印发《深化企业内部三项制度改革实施方案》，修订本部绩效考核、所属机构企业负责人薪酬管理和业绩考核等系列制度，重发展和经营业绩为主的领导人员薪酬激励考核体系日趋完善。劳动用工备案机制有效落实。所属机构招聘均实现了事后备案，特殊情况事前沟通。全年各所属机构累计招聘备案 15 次，备案人员 92 人，用工招聘备案效率得到较大改善。干部管理水平不断提升。修订《资本控股公司领导人员管理规定》，加强干部交流和年轻干部培养，本部和所属机构共有 4 名干部进行交流，配齐部分机构专职副书记和纪检专员，1 名 80 后进入所属机构班子，加强干部专项工作研究并形成干部专题研究报告。

党的建设 2019 年，资本控股公司落实新时代党的建设总要求，坚持两个“一以贯之”，提出“三创、四强”党建思路，形成“压实责任一量化考核一反馈整改”的闭环机制，党的建设持续增强。“不忘初心、牢记使命”主题教育取得实效。精心组织，抓实学习，深入研究，狠抓整改。各级党组织制定实施“七个一”学习研讨计划，组织中心组学习、主题党日、专题党课、形势政策辅导、开展革命传统教育等共计 140 余次。制定落实调研方案，收集 3 个批次 37 项整改事项并已完成整改。以创建示范党支部推动基层党建提升。以提升组织力为重点，按照“五个基本”标准，强化“三基”建设，编制《党建工作手册》，扩大党建联系点覆盖面，落实党建工作例会、主题党日及领导干部讲党课制度，持续推进“两学一做”学习教育常态化、制度化。全面从严治党和党风廉政建设深入推进，党委严格履行管党治党责任，围绕中心工作，压实“两个责任”、落实“一岗双责”，扎实推进巡视整改，把握运用好监督执纪“四种形态”，全面推动“三清”企业创建，着力打造“清廉资本”。按照集团公司“马上就办、办就办好”的作风要求，树立“四不让八必办”的新作风。

【中国华电科工集团有限公司】

公司概况 中国华电科工集团有限公司（简称华电科工）是中国华电集团有限公司100%投资的有限责任公司，是中国华电集团有限公司科工产业板块的重要组成部分和发展平台，前身可追溯到国家电力公司电力机械局、水电部机械局。华电科工现有在职员工4817人。

领导班子

党委书记、董事长：文端超

总经理、党委副书记：彭刚平

党委委员、纪委书记：徐磊

党委副书记、工会主席：刁培滨

党委委员、副总经理：姜学寿

党委委员、总工程师：沈明忠

党委委员、总会计师：李国明

党委委员、副总经理：蒋方帅

党委委员、副总经理：田立

2019年领导班子变动情况：5月9日，刁培滨任中共中国华电科工集团有限公司委员会副书记、中国华电科工集团有限公司工会代主席；不再担任中国华电科工集团有限公司副总经理职务。9月5日，刁培滨任中国华电科工集团有限公司工会主席。5月9日，沈明忠、蒋方帅、田立任中共中国华电科工集团有限公司委员会委员。5月9日，姜学寿不再担任中国华电科工集团有限公司工会主席职务。

组织机构 下设15个职能部门、高端制造及系统工程、环保水务、电站投资建设、清洁能源四个核心业务板块和其他参控股公司。截至年底，直接控股公司53家，参股公司19家。

工作业绩 2019年，面对发展中的诸多困难和严峻挑战，坚持以习近平新时代中国特色社会主义思想和党的十九大、十九届四中全会精神为指导，坚决落实中国华电党组的各项工作部署，砥砺奋进、拼搏攻坚，办成了一系列大事喜事，为高质量发展积蓄了新动能，全面超额完成年度目标任务，营业收入、利润总额、净利润等指标创近三年新高。实现营业收入184.05亿元，同比增长21.46%；利润总额5.6亿元，完成年度目标175.12%，同比增长83.43%；净利润3.93亿元，完成年度目标178.71%，同比增长114.71%；净资产收益率4.69%；资产负债率76.68%，同比下降0.96个百分点；经济增加值1.25亿元，较年度目标提升2.15亿元。被评为中国华电先进企业、A级企业，并荣获科技创新特殊奖励；被评为2019年中国走进东盟十大成功企业。所属1家单位被评为中国华电三清企业创建单位；5家单位被评为中国华电安全环保先进企业；13家单位被评为本质安全五星级企业。

项目发展 投资业务扎实推进。拓展国内清洁能源市场，武清四期污水厂、濮阳净水厂建成投产；河北丰宁生物质项目有序推进。加快国际能源合作步伐，9个项目完成决策，总装机容量195万kW，同比增长10倍；越南得乐、嘉莱久荣、印尼本多巴度等4个项目完成中国华电发起决策，总装机容量55万kW，同比增长6倍。产品业务亮点纷呈。青岛催化剂厂自主研发的多孔薄壁催化剂打破进口产品垄断，填补了行业空白。水处理膜厂持续改进生产工艺，丰富产品线，实现国际知名品牌产品的无缝替换，拓展了膜产品代工、一体化污水处理装备等新业务。开拓新能源运维市场，创新“自主管理＋委托运维”模式，实时服务能力不断提升。加大优势产品出口力度，获得巴基斯坦塔尔钢结构项目及印度贾苏古达、法国兰迪维索等6个水处理系统供货。开拓国际煤炭贸易，全年进口煤炭31.5万t。华电万方完成100多家发电企业安全性综合评价、应急能力建设评估、设备检修监理、三体系认证等业务。山东节能加快战略调整，完成中煤15万kW空冷机组国内首台套低压缸零功率改造项目。工程承包业务再创佳绩。响应美丽中国建设，签订华能射阳、国家电投滨海南H3及揭阳神泉海上风电项目；中标铁岭老城区、宁夏灵武二期等供热改造项目；江苏望亭、大唐信阳供汽工程顺利投产；江苏句容脱硫废水零排放项目被评为2019水业中国“星光奖－工程之星”；包头煤场封闭钢结构项目被评为中国钢结构金奖工程；广东三水项目被评为中国能源网2019分布式能源优秀项目一等奖。承建环保改造机组59台2599万kW、风光电项目22个133万kW；完成51家电厂141台机组脱硝烟道排查；小纪汗矿井水治理、长沙电厂净烟道抢修、江陵翻车机室工程等重点任务均提前完成建设目标；总承包建设的福建泉惠风电项目实现了当年主体工程开工当年全部并网发电。坚持电源项目、系统工程并举，拓展境外工程承包业务，获得玻雅项目重工、环保、水务等系统总承包工程；签订印尼占碑2号项目总承包合同框架协议。

经营管理 以目标为引领，常态化推进提质增效，销售利润率同比增加1.02个百分点；国际收入比重不断提升，全年实现国际业务收入77.75亿元，同比增长252.70%；国际业务利润总额10.89亿元，同比增长315.22%。经营效益成效显著。系统谋划两金关键环节，分类施策、多措并举，全面完成年度压降任务。206个销售合同完成结算；两金增幅和绝对额连续两年实现降低，占用总额较年初减少3.37亿元，同比下降2.52%。专项开展民企账款清欠，100%实现无分歧事项付款；加强个人备用金清理，三年累计清欠 921.62 万元，较专项清理前下降 89.22%。推进华电通用高风险企业治理，签订巴哈马项目 TM2500 机组供货合同。深化现金全过程管理，完善有偿使用机制，资金使用效益不断提高。探索跨境融资业务，试点完成跨境资金池首笔资金支付。实现越南沿海项目公司 BOT 资产转换为金融资产核算。强化费用管控，可控费用同比降低 0.21 个百分点。深入研究财税政策，全年享受财税优惠 2.19 亿元。市场营销增势强劲。坚持“开前门”“堵后门”，制定品牌建设规划，出台销售费用、市场考核奖励管理办法，试行市场人员行为规范手册；将办公大楼闲置区域改造为企业文化互动展示中心，展现了整体实力，提升了品牌形象。紧盯政策、市场最前沿，主动对接中国华电综合能源服务行动计划，成立综合能源服务、氢能、储能等工作小组，编制综合能源服务规划，举办综合能源服务沙龙，发行综合能源服务技术专刊，打造华电综合能源生态圈；拓展海上风电、供热改造、噪声治理去工业化等业务，抓好储能、氢能、固体氧化物燃料电池及二氧化碳利用等技术研究与市场跟踪。全年新签合同额 189.71 亿元，同比增长 42.32%，完成年度考核指标的 118.57%。其中，中国华电外新签合同额 90.98 亿元，占比 47.96%，同比增长 81.94%，完成年度考核指标的 133.80%；海外新签合同额 53.74 亿元，占比 28.33%。生产单位效益不断提升。坚持“一厂一策、一业一标”原则，强化生产指标管控，在运电厂完成发电量 39.49 亿 kWh，同比增长 3.42%，超额完成年度目标；巴厘岛电厂利润总额突破 3 亿元并首次分红 2000 万美元；巴淡电厂冲破仲裁不利影响，将当地物价指数增长纳入电费计算，使电费收入提升 3.5%。环保 BOT 项目上网电量 195.16 亿 kWh，同比增长 7.92%。在运水厂销售水量 5471 万 t，同比增长 8.05%；处理污水 4697 万 t，同比增长 6.72%。

安全环保 把安全环保工作作为头等大事，开展“安全制度落实年”活动，制定完善 21 项安全环保制度，编制中国华电电力建设、工业制造企业安全工作规程，推动安全管理升级。落实各级安全责任，开展复工复产、春秋季安全大检查和重点领域安全整治等工作，抓好 70 周年国庆等重大节日期间的安全生产，保持了安全稳定态势。健全在运单位环保组织机构，落实生态环保责任，加快推进制造厂和水厂生态环保治理，环保全过程管理水平得到提高。公司安全环保工作总体稳定，未发生人身伤亡事故、环境污染事件。

改革创新 制定“大海外”战略规划，明确四步走总体战略部署，确定到 2050 年全面建成具有全球竞争力的世界一流科工企业的路线图、时间表，构建起高质量发展的美好蓝图。强化总部“抓总”，调整职能机构，设置法律事务部、国际业务部；落实二级单位战略实施和生产经营责任；成立新加坡关爱能源公司、越南代表处等境外机构。将越南沿海二期项目列为直管项目进行垂直管控，减少管理层级，规范管理流程。“三项制度”改革初显成效，围绕“三能”目标，制定“三项制度”改革实施方案，开展职能部门定责、定岗、定编、定员“四定”工作，实行更加灵活的工资总额管理方式，探索项目经理、科技专家分级管控，推行宽带薪酬，实施月度绩效考核，严格干部员工考勤管理，激发了广大员工干事创业、破解改革发展难题的内生动力。“双百行动”改革全面铺开，编制“双百行动”综合改革方案，一体推进公司及二级单位综合改革。不断加大资本运作力度，制定整体资本运作路线图，落实上市公司资本运作方案，提高募集资金使用效益，推动实施郑机院收购；坚定华电水务科创板上市，聚焦提升科创属性，对标同行业上市公司，制定工作计划，细化实施方案，为扫清上市障碍奠定了基础。科研体系不断完善，召开最高规格科技发展务虚会，明确 28 个核心研发方向，加大科技指标考核权重，持续做好科技专家评选考核，实施首次岗位分红激励并兑现激励总额 234 万元；加强科研平台建设，华电水务设立院士工作站；国家生物燃气实验室成为国内唯一具有国家级检验检测资质的生物燃气实验室；全年获得专利授权 289 项，其中发明专利 23 项；共持有专利 1416 项，其中发明专利 175 项。19 项成果通过评审或鉴定，同比增长 158%；10 项成果获得北京市新技术新产品认定，同比增长 167%；20 项成果获得中国华电及以上科技奖励；脱硝催化剂与脱硝技术成果荣获国家科技进步二等奖；海上风电超大直径单桩基础施工技术成果荣获电力行业最高奖中国电力科技进步一等奖；自主研发的高塔架风电塔机填补了国内空白；中国首个小型化干法厌氧发酵中试基地在雄安新区成功产气。数字科工建设稳步推进，建成大数据管理中心。

党的建设 党的建设全面加强。按照中国华电党组统一部署，准确把握“不忘初心、牢记使命”主题教育目标要求，高质量抓好两批主题教育，守初心、担使命、找差距、抓落实成为党员干部的高度自觉，整改解决群众关心问题 664 项。落实党建工作责任制，坚持夯实基本组织、建强基本队伍、健全基本制度一体推进，实现了党的组织和党的工作全覆盖。持续推进“两学一做”学习教育常态化制度化，规范落实“三会一课”“主题党日”制度，运用学习强国、微党课、红色讲堂、行动学习等载体，延伸学习阵地，丰富学习内容，广大党员政治素养得到提升。开展党组织书记抓基层党建述职评议、示范党支部建设经验交流，加强党建工作过程监督、管控，传导压实管党治党责任压力，2个基层党组织和2名党员获得中国华电“两优一先”表彰。巡视整改取得实效。把中国华电巡视整改作为首要政治任务，以钉钉子精神抓好整改落实，完成整改问题39个，完成率79.59%；落实整改措施211条，完成率92.14%。持续抓好中央巡视整改和回头看，推进“三清”企业创建，开展两轮内部巡察，有序开展“四项治理”，加大违反中央八项规定精神和“四风”突出问题治理，配合抓好公司及所属单位原主要负责人离任审计，取得了阶段性积极成效。紧盯关键少数，强化监督执纪问责，营造了有责必追、违纪必究的震慑氛围。

【中国华电香港有限公司】

公司概况 中国华电香港有限公司（简称香港公司）是中国华电全资控股的二级子公司，2006年6月在香港注册成立。注册资本金25亿港元，从事境内外发电厂的开发、建设、运营和管理、以及电力能源、煤炭、交通、海运、进出口及相关行业的投资和融资活动。

截至2019年底，香港公司资产总额139亿元，在建在运装机规模442.24万kW，其中境内在运装机容量159.44万kW，境外在运装机容量80.8万kW，境外在建装机容量202万kW。资产主要分布在印尼、柬埔寨、俄罗斯等国家，先后投资建成印尼阿萨汉一级水电项目、柬埔寨额勒赛下游水电项目、俄罗斯捷宁斯卡娅热电项目，正开工建设印尼玻雅煤电项目和柬埔寨西哈努克港煤电项目。

领导班子

党委书记、执行董事：方正

党委委员、纪委书记：陈伟

党委委员、副总经理：李林威

党委委员、副总经理、工会主席、总法律顾问：王勇

党委委员、副总经理：罗积满

党委委员、总会计师：李远志

党委委员、副总经理：周德华、耿克成

主要领导班子变动情况：2月，王勇任副总经理、工会代主席、总法律顾问，不再担任总经济师；周德华任副总经理；同月，付卫不再担任工会主席。5月，耿克成任副总经理；王志浩不再担任副总经理。8月，王勇任副总经理、工会主席、总法律顾问。9月，陈伟任纪委书记；同月，付卫不再担任纪委书记，刘雷不再担任总经理、党委副书记。

组织机构 香港公司系统实际员工总数421人。本部内设十二个职能部门，分别是办公室（信息中心）、人力资源部、战略规划部、项目开发一部、项目开发二部、生产运营部、财务资产部、投融资管理部、党建工作部（工会办公室）、监督部（纪检办公室）、法律合规部、工程物资部。下属机构22家，其中三级法人单位18家、四级法人单位2家，派出机构2家；有实际经营业务的单位14家，特殊目的公司3家，平台公司1家。

工作业绩 全口径发电量62.03亿kWh，管理口径发电量41.18亿kWh，完成中国华电下达目标的102%。全口径销售收入57.83亿元，管理口径销售收入41.41亿元；其中国际业务收入49.53亿元，完成中国华电下达目标的103%，占中国华电国际业务收入的35%。全口径利润5.97亿元；管理口径利润3.73亿元，完成中国华电下达目标的250%，占中国华电利润的3.3%。全口径净利润4.78亿元；管理口径净利润3亿元，占中国华电净利润的4.4%。资产负债率42.14%，同比降低24.56个百分点；净资产收益率11.5%，同比增长0.67%。全员劳动生产率209万元/人，同比增长11%。

项目发展 2019年，香港公司境外在建规模202万kW，中国华电立项项目150万kW，发起项目567万kW，形成近期、中期、远期依次推进的格局。重点项目不断加快。玻雅项目主体工程开工建设，主厂房基础出零米，里程碑节点如期完成，累计完成投资27.8亿元。西港和占碑2号项目先后完成国家部委备案，成立项目公司，其中西港项目刷新香港公司项目开发周期最短纪录，签署PPA转名协议，完成开工奠基，基建工作全面展开。清洁能源项目实现突破。越南涵剑光伏、孟加拉迈门辛光伏项目获得集团立项。越南永好光伏等多个项目取得集团发起批复。山东莱州、东宜风电项目完成增资。投资“龙头”作用充分发挥。响应中国华电“四个平台一个中心”建设，推动整体利益最大化。与四川公司、福建公司、运营公司、科工集团、国电南自合作，共同建设玻雅、西港项目。

经营管理 存量资产挖潜增效。额勒赛公司在降雨不均衡、来水量仅占设计年径流量65%的情况下，节能增发效果明显；并成功销售电力行业央企在海外的首笔温室气体核证减排量，产生经济效益26.8万美元。捷宁公司加强成本管控，强化市场营销，有效提升经营效益，完成发电量31.7亿kWh，同比增长4%，完成中国华电下达目标的107%。增收节支利好不断。资本运作成效显著，发行5亿美元永续债，取得订单94亿美元，降低中国华电负债率0.5个百分点。创新会计核算模式，实现EPC有效利润及金融资产投资收益总额2.6亿元。财税优惠政策争取有力，玻雅项目取得中央2000万元国际产能合作补贴；获得运营期15年利润税豁免，预计节省税金3.3亿美元；设备免税清单比例达88%，节省关税约1200万美元。国际贸易规模效益双提升。推进中国华电进口煤平台建设，2019年实现进口煤交易量334万t，

同比增长50%，占中国华电全年进口煤业务量31%。推进机电设备进出口业务，设备采购金额达20亿元，节约采购成本644万元，取得出口退税1797万元。

安全环保 2019年未发生一般及以上安全生产事故，未发生对公司形象稳定造成不利影响的事件，未发生政治、经济、安全环保事件。严格落实安全生产主体责任，强化安全生产“一岗双责”，分解落实安全生产目标，签订安全生产责任书，层层传递压力。加大督查力度，做好安全督查闭环管理。健全安全生产管理体系，以“安全制度落实年”为抓手，促进一线员工安全技能提升。努力构建境外本质安全型企业，额勒赛公司荣获中国华电“本质安全型五星级企业”，捷宁公司荣获“本质安全型三星级企业”。额勒赛公司、玻雅发电公司均荣获中国华电“安全环保先进企业”。

改革创新 治理结构持续完善。落实本部机构改革，纪检监察、风险防范、工程管理职责更精确，增设西港公司等境外企业，确保项目顺利推进。队伍建设不断加强。按习近平总书记对领导干部的“20字”要求，提升干部队伍素质，加大人才培养力度。选派本部年轻干部到基层企业工作，主办中国华电国际业务高级人才培训班，获得“丝绸之路”中国政府奖学金留学项目名额。依法治企水平显著提升。强化制度建设，构建公司制度体系框架，不断完善各项规章制度。探索建立境外合规管理体系，编制《境外员工合规管理规范》。指导境外企业妥善处理股权处置、用工纠纷等，切实维护公司合法权益。管理创新创效有力推进。优化完善信息化建设，建成境外生产实时系统，顺利完成“三合一”系统的建设和协同办公平台的优化升级，以信息化手段助推管理效率提升。开展政策研究，《境外财务操作指引的创新管理》获中国华电2019年管理创新成果一等奖。

党的建设 务实推进党的建设。扎实开展“不忘初心、牢记使命”主题教育，精心组织庆祝新中国成立70周年系列活动。坚持“两个一以贯之”，严格落实重大经营管理事项决策前置程序，完成基层企业党政“一肩挑”领导体制改革。深化全面从严治党。提高政治站位，履行政治担当，配合中国华电党组巡视，全力抓好巡视整改这个重大政治任务。开展思想宣传工作。在人民日报、新华网、中国电力报、学习强国App、《柬埔寨之光》等国内外主流媒体进行宣传报道，唱响华电好声音、讲好华电好故事，提升“中国华电”品牌力和影响力。群团工作有声有色。组织开展“一带一路铸精品、千岛之国谱华章”劳动竞赛；代表集团参加北京金融街商会外语风采会演，荣获“最佳原创奖”。

【中国华电集团有限公司山东公司】

公司概况 中国华电集团有限公司山东公司（简称华电山东公司）成立于2009年7月，是中国华电集团有限公司在山东设立的分支机构，负责华电在山东区域的发展规划、能源项目开发、生产运营管理、电力市场营销、统一对外协调等工作。

截至2019年底，华电山东公司装机容量1987.04万kW，是中国华电规模最大的区域公司。

领导班子

党委书记、执行董事：季军

总经理、党委副书记：邢世邦

党委委员、副总经理：黄鹏、安同溪

党委委员、副总经理、工委主任：尹荣峰

党委委员、副总经理：史生福、王涛

党委委员、纪委书记：余文昶

党委委员、总会计师：王开喜

主要领导人员变动情况：2月，尹荣峰兼任工委主任；余文昶不再兼任工委主任职务。

组织机构 本部设办公室（法律事务部）、规划发展部、人力资源部、财务资产部（计划管理部）、生产技术部、工程管理部、安全环保部、市场营销部（燃料管理部）、党建工作部、监督部（纪检办公室、巡察办公室）、工会办公室等11个职能部室。

工作业绩 2019年，华电山东公司完成利润24.66亿元，净利润完成22.41亿元；完成发电量806.96亿kWh；供热量完成5961万GJ；火电机组利用小时4664h，高于电网平均水平80h；供电煤耗完成296.82g/kWh；综合厂用电率完成6.99%；开工在建项目34万kW，投产210万kW；新增加供热面积2400万m^2，区域总供热面积达到1.85亿m^2。华电山东公司被授予中央企业先进集体、中国华电先进企业荣誉称号，新能源公司、邹县电厂、莱州公司、十里泉电厂、潍坊公司、青岛公司、章丘公司7家单位被评为中国华电五星级发电企业。

项目发展 强化与中国华电战略协同，落实要素保障，加快推进既有项目落地。新能源装机突破百万千瓦。推进核准项目开工，莱州郭家店三期、龙口北马二期风电项目投产，台儿庄二期实现首台风机并网，区域新能源发电装机容量达到107.04万kW。陵城义渡口一期、二期，莱州夏邱项目，临邑德惠新河一期完成开工决策与主体工程开工决策、取得接入系统批复，正式开工建设；威海荷山项目完成10台风机吊装。供热市场持续做大。立足区域热力市场形势与企业供热能力，编制2020—2022年供热专项规划。加大供热拓展力度，滕州公司、潍坊公司、淄博公司和十里泉电厂拓展供热面积超过400万m^2；加快推进供热管网项目开发，收购滕州市热力公司热网资产项目完成发起决策，龙口热网项目完成发起决策；十里泉电厂枣庄市供热项目、滕州蒸汽管网项目完成主体工程开工决策并开工建设。燃气项目有序推进。青岛燃机项目主体工程开工决策条件基本落实，配套天然气、供热管线等外部条件均取得核准；章丘燃机项目完成初设收口审查，接入系统取得国网批复。东营经开区分布式项目调峰锅炉实现稳定供热。完成龙口四期技经复核评价，积极做好项目储备工作。煤电机组持续做优。莱州二期3、4号机组成为国家能源局应急储备电源，实现“一年双投”，各项指标达到优秀水平。十里泉扩建工程铁路尾工完成厂内站施工并具备接轨条件。

经营管理 以提质增效为中心，外拓市场内控成本，盈利能力不断增强。常态化推进提质增效工作，强化月度经营对标，努力提升经营效益。市场营销成效显著。争取到莱州3、4号机组按照2500h安排电量计划。取得市场电量599.99亿kWh，占区域各发电集团市场电量份额的37.31%，高于装机占比2.41个百分点。优化电量105.06亿kWh，增加效益3.03亿元。燃煤管控措施有力。以“控节奏、调结构、降煤价”为主线，压紧压实各级控价保供责任，入厂标煤单价同比降低66元/t。掺烧经济煤种482万t，降低成本1.99亿元。青岛公司跨期采购澳洲进口煤26.52万t，拓展了新的采购渠道。争取政府电煤合同兑现奖励电量17.17亿kWh，占比45.6%。财务管理持续加强。资产负债率完成51.09%，较年初下降2.34个百分点。强化预算执行刚性，加强资金成本管控，三项费用和财务费用较预算降低1.1亿元，期末资金成本率完成4.33%，较年初下降0.27个百分点。取得财税政策资金4.08亿元。

安全环保 把安全环保作为“第一责任、第一工作、第一效益”，秉承“相信但要验证”工作理念，层层压实各级安全环保责任，注重源头防范化解，完成新中国成立70周年庆祝活动等重要时段安全保电任务。新能源公司、莱州公司、滕州公司、龙口公司荣获中国华电“安全环保先进企业”称号。本质安全水平持续提升。严格落实“党政同责、一岗双责、齐抓共管、失职追责”要求，狠抓安全风险分级管控与隐患排查治理有效落地。开展安全生产月、安全制度落实年、本质安全五星班组创建等系列活动，建立安全监督管理制度体系，安全基础进一步夯实。设备可靠性持续提升。开展“检修质量提升年”活动，强化技术监督工作纪律执行与追责，抓好大容量机组防磨防爆管理，强化质检督导，机组非停同比降低8次，莱州、莱城、淄博、滕州、龙口5家火电单位实现“零非停”。环保自律能力持续提升。完善环保绩效考核、监督检查、责任追究机制，开展渤海入海排污口排查整治、无组织排放治理等专项行动，消除环保风险158项。实施环保指标实时在线监督，主要污染物超标次数同比降低80%。除邹县、莱城2座临时煤场外，其他25座正式煤场已全部实现封闭。所属10家单位废水治理项目均取得开工批复，废水治理工作全面展开。

改革创新 以改革创新为动力，强化管理完善机制，管控效能持续提升，管控体系更加健全。优化公司本部机构设置，进一步厘清业务部门与基层企业的管理界面；结合职能定位和业务需求，完善新能源公司及能源销售公司管理机构，理顺业务边界，集约化、专业化、一体化管理水平大幅提升。加强合规管理，完善内控机制，深化全面风险体系建设，定期开展风险评估，区域管控能力得到提升。创新成果不断涌现。4项成果获得中国华电管理创新奖，3项成果获得中国华电科技进步奖。11项QC成果获得全国电力行业成果奖。莱州公司、潍坊公司获中电联电力行业标准化良好行为5A级企业称号，其余8家单位获得4A级企业称号。“瘦身健体”成效显著。分三批“压减”法人企业14户。8家单位、26个职工家属区完成“三供一业”分离移交。坚持依法依规和分类推进，注销多经企业15户。队伍建设有效加强。持续优化内部人员配置，组织编制18家单位定员方案，引导人员有序流动，保障生产一线用工需求。健全高层职位人员选拔晋升、考核评价机制，将员工职位职级晋升与业绩贡献紧密挂钩，38名业务骨干晋升高层职位。稳步推进全员绩效考核，加大业绩考核结果与职位晋升、薪酬分配、评优评先等工作挂钩力度，促进管理效能整体提升。

党的建设 以党的建设为引领，统揽全局凝心聚力，优势作用充分发挥。深入学习习近平新时代中国特色社会主义思想和党的十九大、十九届四中全会精神，扎实开展“不忘初心、牢记使命”主题教育，高质量推进学习研讨、调查研究、意见征集和立行立改等工作，得到中央第30指导组和中国华电党组巡回指导组的充分肯定。开展“奋斗幸福观”职工思想教育、党建工作创新竞赛和“五争先”党员实践等系列活动，落实党支部主题党日制度，完成137个“示范党支部”查评验收。认真落实十九届中央纪委三次全会精神，推进中央巡视整改工作，完成6家基层单位党组织巡察和第三轮“四项治理”。扎实开展“三清”企业创建，章丘公司被评为中国华电“三清”企业创建先进单位。突出抓好八项规定精神落实情况督导抽查，集中整治形式主义、官僚主义，营造了风清气正的良好政治生态。推进企业文化建设和品牌建设，荣获中国华电“年度最具责任品牌影响力”奖。工委荣获中国华电“三力”红旗工会。广泛开展竞赛、创新创效系列活动，“降能耗、增效益”劳动竞赛被中国华电认定为2019年“勇担使命比贡献、建功华电创一流”劳动竞赛A档支持项目。召开第二次团代会，选举产生第二届团委会。

【华电江苏能源有限公司】

公司概况 中国华电集团有限公司江苏分公司成立于2003年4月，2013年8月改制为华电江苏能源有限公司（简称华电江苏公司），是中国华电集团有限公司在江苏区域的子公司，负责组织开展中国华电在江苏区域的发展规划、项目前期、工程建设、安全生产、经营管理、公共关系、精神文明等工作。业务涵盖煤机、燃机、分布式、太阳能、风力发电及燃机服务、煤炭码头运营等，企业分布在京沪铁路、京杭运河和长江、东海沿线，覆盖全省10个地级市。2019年12月，进行股权多元化改革，引入战略投资者中国石油股份公司注资20%，由中国华电全资子公司变更为中国华电控股子公司。

截至2019年12月31日，华电江苏公司在运装机1345万kW，其中煤机629万kW、燃机647万kW、新能源69万kW。在职员工4522人。

领导班子

党委书记、执行董事：戴军（2019年1月任）

总经理、党委副书记：杨惠新（2019年5月任）

党委副书记、副总经理、工会主席：唐健（2019年2月任）

党委委员、纪委书记：赵文田（2019年2月任）

党委委员、副总经理：居斌

党委委员、副总经理：樊爱兵

党委委员、总会计师、总法律顾问：祝月光（2019年5月任）

自2月起，齐崇勇不再担任总经理、党委副书记职务；自2月起，洪顺荣不再担任党委副书记、工会主席职务；自5月起，蔡毅平不再担任党委委员、总会计师职务；自2月起，王茹不再担任党委委员、纪委书记职务。

组织机构 本部设有办公室（法律事务部）、规划发展部、人力资源部、财务资产部、生产技术部、安全环保部、工程管理部、市场营销部、党建工作部（工会办公室）、监督部（纪检办公室、巡察办公室）、燃料物资部等11个部门，下属企业17家。

工作业绩 2019年实现利润总额10.13亿元，净利润9.2亿元，EVA4.34亿元；实现资产负债率72.36%，较年初下降6.21个百分点；完成发电量493.14亿kWh，供热量2366.92万GJ；煤机利用小时5041h，高于江苏省“三同”394h；入厂标煤单价同比下降115元/t，降幅江苏省最大；煤机供电煤耗完成288.57g/kWh，同比下降1.47g/kWh，句容公司百万机组煤耗中国华电排名第一；发电气耗完成187.7m^3/MWh，同比下降2.5m^3/MWh，仪征公司E级燃机折算煤耗中国华电排名第一。江苏公司引战投工作完成；国家重点项目启通天然气管线完成管道铺设，赣榆LNG接收站项目稳步推进；望亭公司调峰燃机二期、赣榆海头分布式能源获批国家燃机创新示范项目；句容公司4号机组正式转商运；金湖公司实现双投；望亭公司14号机组按计划关停；句容一期码头开放获得省政府批准；华瑞燃机服务市场得到进一步拓展；中国华电“十大科技创新项目”扬电公司30万kW机组国产CPU应用项目投入运行。

华电江苏公司荣获中央企业先进集体、中国华电先进企业、先进基层党组织、“三力”红旗工会等荣誉称号；扬电公司、通州公司燃机项目获国家优质工程奖；昆山公司燃机项目获中国安装工程优质奖；句电公司获中国华电五星级发电企业；通州公司获中国华电“三清”企业创建先进单位；句电、戚电、通州公司获中国华电安全环保先进企业；句电公司3号机组获中国华电标杆机组；花蕾获中央企业劳动模范荣誉称号；郁正中、邵松、王晓兰等多人被评为中国华电先进个人。

项目发展 贯彻新发展理念，紧紧围绕高质量发展，推进企业转型发展。完成启通管线全线铺设。为建好中国华电第一个天然气管线项目，克服工期短、经验少、拆迁量大等困难挑战，在200天时间内完成涉及4个县市7个乡镇的租地、征地和拆迁工作，完成管道焊接工程线路99.84公里。推进赣榆LNG接收站项目。围绕项目立项、核准，统筹落实核准条件，签订了四国五方的多元投资合作框架协议，取得港区规划批复。新能源项目转型加快。完成了滨海二期风电主体开工决策，大仪、陈集风电主体开工决策上报中国华电。

经营管理 年内完成引战投工作。作为国务院国资委确定的国企“双百行动”综合改革试点，历经多轮谈判，引入中国石油股份公司作为战略投资者，P/B达到1.54倍，P/E达到21.82倍，均高于同期类似交易案例市场估值水平，降低资产负债率3.4个百分点。

抓牢抓实提质增效工作，扣除非经常性因素影响，2019年利润同比增加，所属基层企业全部实现盈利。深化“三同”对标，全年累计争取市场电量247.22亿kWh，快速争取句容公司4号机组转商运，较计划增发电量19.2亿kWh；句容公司百万机组和望亭60万kW机组利用小时均列省内四大电“三同”第一。通过保证低能耗机组优先发电、燃机电量内部优化等方式，提升燃机发电含金量。优化热电联产机组经营模式，提升度热含金量，推进“气热联动”，供热价格同比增加5.1元/GJ，实现增效1.2亿元。通过优化电煤供应渠道、提升进口煤比重、控制采购节奏、加强运输调度等措施，全年完成入厂标煤单价

790.81元/t，比区域“五大电”平均多降23元/t，价格降幅全省最大。全年采购经济煤种490.6万t，节约成本5500万元。经过多轮磋商，天然气价格涨幅中国华电最低。精益管理节约费用，2019年累计发行超短融、短融70亿元，节约财务费用1.48亿元，综合融资成本率4.22%，列中国华电发电板块第一。

安全环保 坚决贯彻上级安全生产工作部署，压实安全生产责任，抓好安全生产事故防控，做好新中国成立70周年等重要时期的保电工作，安全生产保持稳定。全面压实安全生产责任。吸取江苏响水“3·21”特别重大事故教训，抓好事故防控工作，推进“安全制度落实年”活动、本质安全型企业建设，提升安全生产标准化、规范化水平。推进“安全生产月”“安全万里行”活动，举办安全公开课近20场次、专题讲座35次，开展安全诊断、安全生产志愿服务宣讲、警示教育等宣传活动200余场次。持续提升生产技术保障能力。在技术监督管理全覆盖的同时突出重点，规范各企业生产管理。践行“零非停”理念，强化设备治理和隐患排查，组织开展变压器隐患排查等多个专项检查，排查问题53项，整改率超90%；台均非停次数降幅较大，同比减少0.33次/台。开展技术监督、燃煤采制化等技能竞赛，专业技术人才梯队建设得到加强。承办中韩发电技术论坛，交流发电技术。落实安全环保督导。2019年共开展危化品、安全基础管理等专项督查40余次，开展应急演练40余场。落实打好污染防治攻坚战要求，对区域内8家在运火电企业开展生态环保综合评价，主要污染物二氧化硫同比下降4%，氮氧化物同比下降5%，烟尘同比下降15%，排放指标均控制在中国华电下达的年度计划内。

改革创新 按照中央关于国企改革要求，落实国资委和中国华电“双百行动”改革部署安排，推进改革创新工作。优化决策管控。落实“两个一以贯之”要求，坚持国有企业党的全面领导，完善现代化企业制度，建立了由基层企业、相关部门、分管领导、公司党委会（执行董事办公会、总办会）四个层级构成的“三重一大”决策体系。加强机构管理。完善各部门职责分工，理顺管理流程，健全完善燃料、物资、采购管控体系；组建成立售电公司，提升电力市场营销响应能力；修订完善本部部门职责和岗位标准，编制《定期工作手册》，明确定期工作计划，确保刚性执行。深化绩效导向。创新完善“月度考核要素、季度检查进度、年度管控目标”的全过程、多维度绩效考核机制，推行企业月度绩效考核得分与企业月度工资总额联动机制，有效发挥绩效考核“指挥棒”作用。依法合规管理。贯彻落实依法治企理念，完成制度“废改立”126项。坚持经营全过程法律审核三个百分百，制定《合规管理手册》，梳理合规“三单一流程”，促进依法规范经营。建立区域内部法律资源培育和共享机制，法律服务平台试点工作在中国华电交流推广。

党的建设 坚持把学习习近平新时代中国特色社会主义思想作为理论武装的核心任务，在学深悟透、指导实践、推动工作上下功夫。“不忘初心、牢记使命”主题教育取得实效。第一批、第二批主题教育共举办读书班102期，集中学习研讨63次，开展调研145次，征集意见建议370条，检视问题348条，立行立改完成整改190项。2个指导组分赴16个基层企业调研指导、参加学习研讨、调研成果交流、对照党章党规找差距专题会议等45次。党的建设全面加强。明确28项党建责任清单，落实党建工作责任。将党员“五亮工程”与岗位绩效对标有机融合，促进基层党组织战斗堡垒作用发挥。开展党群业务竞赛，举办党建、宣传等培训班17场次，培训535人次。制订《年轻干部培养选拔实施方案》，组织3期厂级领导干部及优秀年轻干部培训班，加快优秀干部的培养锻炼。深化厂务公开民主管理，组织劳动技能竞赛，推进职工创新创效岗位建功，开展“爱我中华、共铸梦想”系列文化活动，全面加强共青团组织力建设，群团作用有效发挥。从严治党常态长效。专题研究部署巡察、“三清”企业创建、“四项治理”等重点工作，签订党廉责任书31份，固化党廉考核分值，倒逼业务监督和职能监督责任落实。开展5家基层企业党组织巡察工作，实现公司系统巡察“全覆盖”；开展“四项治理”，自查自纠各类问题172个，集中整治形式主义、官僚主义问题16类合计86个。开展安全生产领域形式主义、官僚主义问题等多个专项检查，多措并举推进公文会议减负试点工作，全年压减公文会议数量35%。

国家能源投资集团有限责任公司

【公司概况】 国家能源投资集团有限责任公司（简称国家能源集团）是经党中央、国务院批准，由中国国电集团公司与神华集团有限责任公司合并重组而成的中央直管国有重要骨干企业，2017 年 11 月 28 日正式挂牌成立，属国有资本投资公司改革试点企业、创建世界一流示范企业。主要经营国务院授权范围内的国有资产，开展煤炭等资源性产品、煤制油、煤化工、电力、热力、港口、各类运输业、金融、国内外贸易及物流、高科技、信息咨询等行业领域的投资和管理，拥有煤炭、电力、化工、运输等核心业务板块。2019 年在《财富》世界 500 强中排名第 107 位。注册资本 1020 亿元，总部设在北京。

截至 2019 年底，电力总装机容量 2.46 亿 kW，其中，火电 1.85 亿 kW，约占全国火电总装机容量的 15.5%；新能源 4261 万 kW，形成了涵盖风能、太阳能、生物质能、潮汐能、地热能、海洋能在内的门类齐全的新能源产业体系；风电装机 4116 万 kW，居世界第一。全年实现发电量 9690 亿 kWh，同比增长 1.6%，完成电力保障任务。

【领导班子】

党组书记、董事长：王祥喜

党组副书记、总经理：刘国跃

党组副书记：张国厚

党组成员、副总经理：李东、高嵩、米树华

纪检监察组组长、党组成员：卞宝驰

党组成员、副总经理：王树民

党组成员、总会计师：蔡安辉

【组织机构】 见 2019 年国家能源集团组织机构图。

【党建工作】 国家能源集团坚持以习近平新时代中国特色社会主义思想为指导，认真贯彻落实新时代党的建设总要求，扎实开展“不忘初心、牢记使命”主题教育，积极践行“社会主义是干出来的”伟大号召，坚定不移推动全面从严治党向纵深发展，推动党建工作和生产经营管理深度融合，广泛开展庆祝新中国成立 70 周年系列活动，以一流党建引领一流示范企业建设，为公司实现高质量发展提供了坚强政治保证。

提升政治站位，全面加强党的政治建设。制定实施国家能源集团《关于贯彻〈中共中央关于加强党的政治建设的意见〉工作措施》，进一步树牢“四个意识”，坚定“四个自信”，坚决做到“两个维护”。学习贯彻落实习近平总书记重要指示批示精神，深入开展“社会主义是干出来的”岗位建功行动，在宁煤现场组织中心组学习，评选表彰岗位建功行动先进集体和个人，经验做法得到国资委党委充分肯定。严肃党内政治生活，组织召开党组专题民主生活会，对子分公司民主生活会进行全覆盖督导检查，党内政治生活的政治性、时代性、原则性和战斗性持续增强。

精心谋划组织，扎实开展“不忘初心、牢记使命”主题教育。加强与中央指导组联系沟通，召开两批主题教育动员部署会、工作推进会，学习传达中央精神，部署推动各项工作。持续抓好学习教育，组织党组中心组学习会、举办学习班，指导各级党组织开展集中学习。成立国家能源集团党建思想政治工作研究会，组织开展 7 个年度重点课题研究，“以新思想引领企业文化融合”课题获中国政研会优秀政研成果，切实做到理论学习有收获。推动各级党组织负责人认真开展调查研究、对照党章党规查找差距，全面深入检视问题，形成 7 类 52 项问题清单。坚持上下联动、前后衔接，督促各单位抓好八个专项整治和问题清单整改落实，解决了一批制约企业改革发展的突出问题和职工群众关心的热点难点问题。主题教育有关做法 3 次在中央简报刊载。

抓好“三基建设”，不断筑牢党建工作基层基础。压实党建工作责任。国家能源集团党组与 94 家子分公司全部签订了党建工作责任书。全覆盖开展党建考核和党组织书记述评考，压实党建责任。分 7 个片区开展了党建专项调研，为进一步加强改进党建工作奠定基础。加强党务队伍建设。贯彻落实《党员学习教育管理条例》举办了组织、宣传、党务内训师等示范培训班，举办了 20 期基层党支部书记示范培训班和党务业务培训班，全年公司系统基层党组织书记培训 10 614 人次，党务人员培训超过 2 万人次。制定了国家能源集团党员民主评议党支部等制度，狠抓制度落实，运用党建信息化管理平台，建立党建工作权责清单，强化制度刚性约束，进一步完善党建制度体系。

切实推动守正创新，有力推动宣传思想文化建设。深入开展庆祝新中国成立 70 周年主题宣传教育系列活动。举办巡回宣讲、发展成就图片展、微党课大赛等活动，国家能源集团荣获中宣部“时代新人说”演讲大赛优秀组织奖。张晞代表中央企业登上国庆主题彩车，科环集团陈锋，宁夏煤业马会勤在国庆大典现场观礼。全面展示改革发展成就。组织新华社等 17 家主流媒体走进国家能源集团进行深度报道，

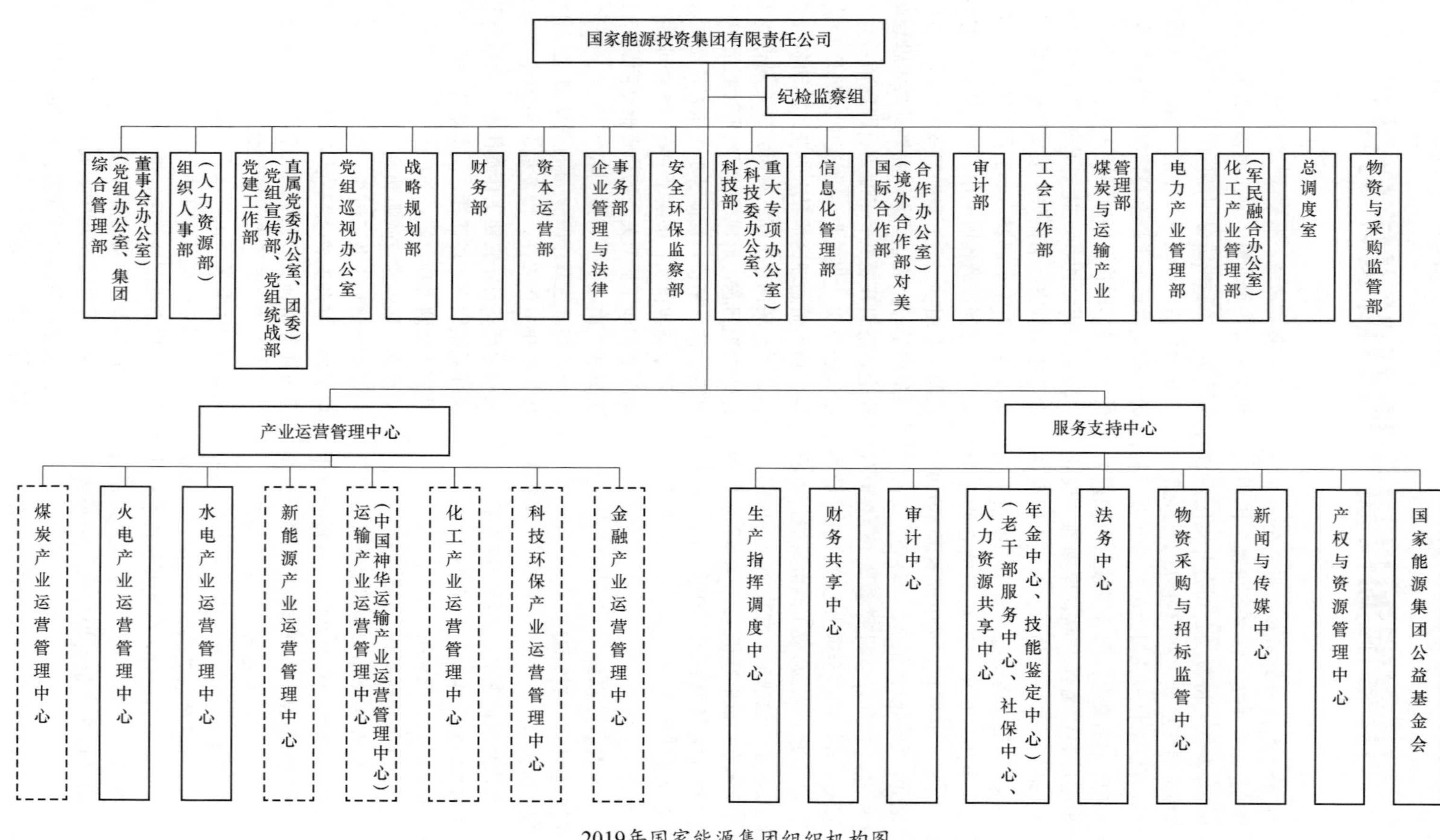

2019年国家能源集团组织机构图

参加“领导干部上讲台”国企公开课活动。国家能源集团荣获2019年度中国企业新媒体创新奖。人民日报、新华社等主流媒体刊发国家能源集团新闻300余篇。加强企业文化和精神文明建设。开展企业战略宣贯，推广使用集团品牌视觉识别系统。推进一流品牌建设，“国家能源集团”入选“2019中国品牌强国盛典榜样100品牌”榜单。组织各单位推进专项文化建设，开展“电力安全文化建设年”活动。培育践行社会主义核心价值观，落实新时代公民道德建设实施纲要和爱国主义教育实施纲要，持续深化精神文明创建，广泛开展学雷锋志愿服务、道德讲堂等活动，39个单位建成全国文明单位。

加强统战团青工作，发挥桥梁纽带作用。发挥缪平工作室作用，完成了四项统战人士建言献策课题研究；连续4年开展“中国神华能源之旅”活动，近200名香港通识科教师亲身感受祖国改革开放取得的巨大成就和能源事业发展的巨大进步。打造青年工作品牌。开展“青年思想理论学习行动”，学习贯彻五四运动100周年纪念大会精神。加强共青团和青年工作协作区建设，促进团青工作区域交流。广泛开展“青春心向党建功新时代”主题团日等活动，17个青年集体获得团中央表彰。

【发展战略】 国家能源集团全面落实国家能源战略，紧密结合企业发展实际，最大限度凝聚公司系统共识和合力，研究确立了“一个目标、三型五化、七个一流”（一个目标，建设具有全球竞争力的世界一流能源集团；三型企业，打造创新型、引领型、价值型企业；五化发展，推进清洁化、一体化、精细化、智慧化、国际化发展；七个一流，实现安全一流、质量一流、效益一流、技术一流、人才一流、品牌一流、党建一流）总体发展战略。

国家能源集团总体发展战略，是深入贯彻习近平总书记“四个革命、一个合作”能源安全新战略的具体举措，是践行新发展理念、助力建设现代化经济体系的实施路径，是深化供给侧结构性改革的国家能源集团方案，是指导做好当前和今后一个时期各项工作的纲领。其中，“一个目标”是战略统领，“三型”是战略取向，“五化”是发展路径，“七个一流”是标准要求。国家能源集团扎实推进创建世界一流示范企业，编制细化总体实施方案和配套专项方案，按重点、分步骤，明确了时间表、路线图。

【经营管理】 坚持稳中求进工作总基调，打造产业协同共进新局面，2019年营业收入、利润总额、净利润、经济增加值等经营绩效完成符合预期，全面完成国务院国资委考核目标任务。在国务院国资委发布的2018年度和2016—2018年任期经营业绩考核中，国家能源集团获得双A级。

更加突出质量效益导向。建立“集中管控、分类授权、专业归口”投资管控模式，2019年新能源、水电投资占比达到40.6%，新能源新增装机容量290万kW，新投产优质火电装机容量471万kW。宁东电厂扩建工程荣获中国建筑工程鲁班奖，79台机组在全国火电机组能效水平对标中获奖。持续优化产业布局结构，淘汰关停落后火电机组97万kW，截至2019年底，超临界、超超临界机组占比57.1%；非化石能源装机比重24.9%，产业结构进一步优化。大渡河金川电站开工建设，四川绰斯甲电站获得核准。参股建设、管理江苏徐圩增量配电网，参股漳州核电一期工程。

深入推进提质增效，经营管理再上台阶。坚决贯彻国家宏观调控要求，奋力开拓电力市场，细化营销策略，保障能源供应。售电量、电价实现双增长，交易电量占到售电量的50%。火电利用小时高于全国平均水平260h，弃风、弃水、弃光率分别同比下降1.11个百分点、3.06个百分点、2.79个百分点。2019年火电发电量同比增长1.0%，水电发电量同比增长4.9%，新能源发电量同比增长5.3%。完成70周年国庆阅兵、“两会”、博鳌亚洲论坛等重大活动的电力保障任务。

树立集团品牌形象，上市公司表现卓著。中国神华荣获2017—2018年度“公司卓越管治企业大奖”，国电电力荣获“金圆桌奖·优秀董事会”殊荣、首届“新财富最佳上市公司”，龙源电力荣获2018年中国证券金紫荆奖“最佳上市公司”奖。2019年，中国神华、国电电力、龙源电力分别名列《财富》中国企业500强第35位、139位和321位。

【深化改革】 有序推进重组改革，组织体系持续优化。以国有资本投资公司试点改革为契机，推进“总部机关化”问题整改，完善总部“三定”方案，重点解决总部职能交叉、重叠等问题。挂牌成立新能源、化工、科技环保、金融等四个中心，煤炭、运输两个中心与中国神华实现整合，产业运营管理体系更加优化完善。完成运输、物资、销售、置业等同质化专业公司重组整合，一体化运营、专业化管理的组织体系更加协同高效。新疆、福建区域内的两家省（区）公司完成了管理整合，区域化管理体制改革试点稳步推进。

以供给侧改革为主线，促进国家能源集团高质量发展。推进瘦身健体、提质增效工作，对长期亏损且扭亏无望、无实际业务的企业进行坚决清理，对风电项目公司实施集约化管理。完成三年“压减”工作任务，累计减少法人267家，减少管理费用9.4亿元，提高运营质量和效率。多措并举、平稳有序安置化解过剩产能退出、处僵治困企业人员1084人，配合厂办大集体改革累计安置职工 5914 人。

【科技创新】 健全科技创新体系，发挥协同创新优势。建立以企业为主体、市场为导向、产学研深度融合的技术创新体系，对内整合优质科技资源，厘清科技研发层次，明确科研院所定位，完善服务职能。对外构建行业创新联盟、战略合作伙伴、协同创新中心、国家项目联合体等多维度的协同创新机制。由签约院士牵头，依托专业科研单位，发挥“煤炭清洁高效利用和应对气候变化”“新能源与环保”“智能发电”3 个协同创新中心产学研用深度融合的创新优势。发展壮大中国氢能联盟，编制发布《中国氢能源及燃料电池产业白皮书》，牵头承担中国工程院重大咨询项目和国家能源局战略研究项目，明晰了中国氢能产业发展方向和路线。

强化研发攻关，科技项目有序开展。把国家项目和国家能源集团项目作为重点，全力开展攻关。“大规模风光互补制氢”等 3 个国家项目获批立项，“高效灵活二次再热发电”等 6 个在研国家项目通过中期检查，“600MW 级亚临界机组增容提效”等 28 个项目通过鉴定，技术达到国际领先水平。2019 年先后批复包括新能源专项在内的 3 批国家能源集团项目，合计 183 个科技创新项目和 19 个技术标准项目，经费预算 42.06 亿元，同比提高 36.56%。

加强专利申请和标准布局，取得一批创新成果。2019 年申请专利 2604 件，其中发明专利 1276 件；获授权专利 1575 件，其中发明专利 388 件；发明专利申请数量和授权数量同比提高 18%和 19.8%。其中，“一种脱硝催化剂的再生方法和一种再生脱硝催化剂及其应用”获得第二十一届中国专利银奖。参与编制国家标准 15 项、国际标准 1 项。加强成果凝练，共获国家科技进步二等奖 3 项、省部级科技进步一等奖 10 项、中国专利银奖 1 项。

推动创新成果应用，打造多个国内首创。朗新明公司自主研发电厂废水“零排放”技术，成功应用于汉川电厂脱硫废水深度处理项目，成为国内第一个火电厂百万机组脱硫废水零排放工程；宁东电厂在国内率先采用混凝土薄壁的脱硫吸收塔，并成为全国首座数字化智能管控系统和机组同时投产的绿色智慧型百万千瓦间接空冷机组；龙源技术首个燃气锅炉低氮改造项目完成，成为国内首个采用深度空气分级与再燃耦合的新一代低 NO_x 燃烧技术的燃气低氮机组；节能公司实施国内首座彩色铜铟镓硒建筑光伏一体化示范项目——海南陵水珊瑚宫殿正式并网发电；大渡河近千万装机实现无人操作、自主运行和智能巡检，让大数据、人工智能等先进数字科技与电厂运营管理深度融合；国华电力初步建成覆盖 24 个电厂的工业互联网，解决了电厂与电厂间、系统与系统间数据孤岛问题。

开展科技交流和科学普及，塑造企业靓丽品牌。主办清洁能源国际高端论坛，围绕清洁电力领域发展战略、技术进展、产业政策、工程管理等开展学术交流，分享和展示全球清洁电力领域前沿技术、工程成就和科技成果。国际能源署署长法蒂赫·比罗尔及来自中国工程院、中国科学院、美国国家工程院、澳大利亚技术科学与工程院等国内外 11 位院士专家作主旨报告，中外院士和知名专家学者近 200 人出席会议。参加“伟大的变革—庆祝改革开放 40 周年成就展”、太原能源低碳发展论坛暨能源革命展，承办 2019“电力之光”中国电力科普日，开展“科普惠民”“工业旅游”“科普进社区”等活动，编写出版《多彩的发电》科普图书。大渡河智慧企业展示中心、京燃热电被正式授牌命名为电力科普教育基地。

【国际业务】 秉持服务国家战略理念，聚焦“一带一路”沿线以及欧美非等重点地区，整合资源，建立平台，以优势企业为核心，以现有业务为基础，以重点项目为抓手，实施专业化管理。同时，高度关注所在国的安全、诚信和效率，强化风险防控，追求绿色发展，履行社会责任，力争把每一个项目都打造成“走出去”的典范。截至 2019 年底，国家能源集团境外资产总额 556 亿元，占总资产的 3.2%；境外营业总收入 59.43 亿元、利润总额 8.59 亿元。境外投资项目主要分布在亚、欧、非、大洋和北美洲五大洲 12 个国家。拥有在运发电装机容量 208 万 kW，在建 175 万 kW，已核准待建 7.65 万 kW（乌克兰尤日内风电绿地项目）；在美国投资 29 口页岩气井（2019 年权益产量 2.73 亿 m^3），在德国设立铜铟镓硒太阳能技术研发中心，在美国设立北美清洁能源研究中心；俄罗斯的扎舒兰煤矿项目已通过国家能源集团投资决策，澳大利亚的沃特马克煤矿项目以及蒙古国 TT 煤矿项目都在开展前期工作。此外，科环集团推进新能源装备和节能环保技术、装备出口工作，2019 年新签合同额 2.45 亿元人民币。

在国际化经营领域，围绕国家总体外交战略，统筹用好国内国际两个市场、两种资源，以质量和效益为中心，聚焦煤炭和发电主业，实施差异化竞争策略，逐步加大在境外清洁能源、可再生能源及科技研发领域的投资合作，推动“一带一路”建设走深走实。2019 年，国华电力印尼爪哇 7 号项目 1 号机组投产，成为印尼电力建设史上装机容量最大、参数最高、技术最先进、指标最优的高效环保型电站。印尼南苏项目获得亚洲电力 2019 年度“年度独立发电企业（印度尼西亚）、年度技术创新（印度尼西亚）和年度环保提升改造（印度尼西亚）”三个大奖，（印尼）南苏电厂获得国资委授予的中央企业先进集体荣誉称号。

【安全生产】 重视安全生产工作，严格落实安全生产责任。2019年全年未发生较大及以上安全事故，共有261家发电企业连续安全生产超过1000天，全国火电运行可靠性及能效对标竞赛中，共有79台机组取得全国能效或可靠性对标优胜，连续5年保持行业对标领先。推进“安全环保责任落实年”，夯实安全环保基础。出台《安全环保三年规划》，实施安全风险研判、承诺公告和重大危险源责任制。制定安全监察手册，统一规范安全监察标准，提高安全环保监察效能。

安全生产形势稳中向好，网络安全保障能力提升。2019年事故总数和死亡人数同比分别下降27%、29%，杜绝3人以上较大事故，98.7%的基层单位杜绝了伤亡事故。13台机组在全国火电机组可靠性评比中获得“金牌机组”称号。以工业控制系统为重点，建立全方位、多层次网络安全防护体系，在公安部组织的“护网2019”网络攻防演习中，获评最佳防守单位。

推进重点领域隐患治理，推动应急保障和宣传教育常态化。强化219个危险化学品重大危险源管控。挂牌督办56项重大隐患，整改完成43项、整改率76.8%。完成66家发电企业安全生产现状评价。全面盘查职业病危害严重企业，加快职业病危害设备设施升级改造。成功应对四川龙潭、甘肃达拉河水电站泥石流灾害。完成修编《国家能源集团生产安全事故综合应急预案》，全年开展实施应急演练1782次。成功应对了四川宜宾长宁地震、丹巴泥石流、甘肃达拉河、四川能源龙潭水电站险情，得到了上级部门和行业内普遍好评。开展“安全文化活动周”“安全文化主题月”“安全文化节”等活动，举办专业技术竞赛358次，举办安全文化比赛83场次，组织主题宣讲2391次，开展事故警示教育2601次。

【节能减排】 贯彻落实党中央决策部署，打好三大攻坚战。坚定不移走一条以生态优先、绿色发展为导向的高质量发展新路子，努力让企业经营发展曲线昂首向上，让污染物排放曲线持续下降，加速推进清洁低碳转型，促进人与自然和谐共生。公司印发污染防治行动计划等制度，在运常规煤电机组全部实现超低排放，建成二次再热超超临界燃煤综合发电效率全球最高的泰州电厂，污染防治攻坚战成效显著，被国务院国资委授予“节能减排突出贡献企业”。

以技术创新为先导，以资源节约为目标。2019年，完成1个煤矿去产能验收，淘汰关停落后机组97万kW；完成重点机组节能诊断，组织开展火电产业节能降耗三年行动计划编制工作；加强煤电、煤制油化工工艺、技术、设备升级改造，安排节能环保改造资金84亿元；完成常州电厂等11台机组通流改造和哈尔滨热电等17项供热改造项目，改造机组供电煤耗平均下降10g/kWh。2019年万元产值综合能耗（可比价）为3.42t/万元（标准煤），较2018年降低0.31t/万元（标准煤），有效扭转万元产值增长势头。

守护蓝天碧水净土，全面深化污染防治工作。打造绿色电站，火电烟尘、二氧化硫、氮氧化物排放绩效同比分别下降21.1%、12.4%、9.64%。国务院国资委授予国家能源集团2016—2018年“节能减排突出贡献企业”荣誉称号；国华电力和电科院环保院公司荣获第十届中华环境优秀奖。建成“大渡河流域生态环境监控中心”，进一步提升了环境管理的数字化水平和风险预警能力。“流域梯级水电开发水温观测及调控关键技术”荣获中国大坝工程学会科技进步一等奖。

【市场营销】 参与电力体制改革。全方位做好全电量交易形势下的电力营销工作，提升电力企业市场竞争力和价值创造力。2019年售电量9026亿kWh，同比增长2.3%。利用节能、环保、高效、供热、电网支撑等特点，向政府有关部门争取基准价电量。2019年，基准价电量4057亿kWh，占比44.9%。平均售电价格367.3元/MWh，同比提高4.87元/MWh。火电机组争取到基准价电量3351亿kWh，占总售电量的37.1%，市场竞争力进一步提高。

创新电力市场营销方式。参与直接交易、跨省区交易、现货交易等各类市场交易。2019年交易电量4557亿kWh，同比增长29.1%，占全国交易电量的17.5%。平均交易电价343.0元/MWh，较批复电价平均降低36元/MWh，同比回升4元/MWh。开展“以大代小”“风（水）火替代”发电权交易286亿kWh，弃水、弃风、弃光率分别同比下降3.2、1.2、2.2个百分点。

推进内部电力交易。发挥产业协同、一体化运行优势，开拓内部电力市场，深化内部电力企业和煤炭、运输、化工企业电力直接交易。2019年，完成内部交易电量81.7亿kWh，占煤炭、运输、化工购电量的57.6%，同比增加44.5亿kWh，占比提高33.2个百分点，增加内部发电企业边际贡献11.6亿元，内部售电公司增利2816万元。

【信息化建设】 推进信息化制度管理。以服务战略、规范管理、明晰职责为原则，相继编制印发一系列管控制度。从制度层面推进管办分工协同机制建设，坚持网信工作统筹协调、整体推进。

推动信息化项目建设。推进以ERP系统为核心的统建系统建设及应用，实现各层级的信息、资源和平台融合共享，推动集团内部以及上下游产业之间的协作共享。启动实施了采购管理信息系统融合项目，优化完善了招投标管理系统（IBS）和e购商城系统。

实现了全集团以统一物资编码提报采购计划，部分物资打包集中采购的业务目标。落实国家能源集团新战略，开展智慧企业建设研究，启动智慧风电板块规划和智慧水电板块规划，完成了神东补连塔矿智能矿山规划、智慧江苏、智慧泰州的项目立项。推进人工智能应用建设，编制了煤矿、火电、水电、风电人工智能重点应用方向和场景目录，推动火电（华北廊坊、广西南宁）、水电（新疆吉林台、开都河）、风电（湖南、广西）人工智能少人无人建设。

全面加强信息化安全建设。开展了基于 IPv6 的网络优化设计，以 IPv6“一张网”为目标，按照“统一规划”的原则，与华为进行合作，开展了广域网咨询设计项目。作为防守单位，参加了公安部护网 2019 行动，并在护网总结会上，获得“护网 2019 最佳防守单位”奖，代表中央企业进行了防守情况汇报。在全国两会、“一带一路”峰会、世界园艺博览会、第一届中国－非洲经贸博览会、国庆七十周等重保工作期间，进行网络安全重点时间保卫工作，完成网络信息的安全稳定运行。

【人力资源】 瘦身健体成效显著。对长期亏损且扭亏无望、无实际业务的企业进行坚决清理，对风电项目公司实施集约化管理。完成三年“压减”工作任务，累计减少法人 267 家，减少管理费用 9.4 亿元，有效提高集团运营质量和效率。配合“厂办大集体改革”累计安置职工 5914 人。“三供一业”分离移交协议签订率 100%。完成退出房地产业务企业 6 户，清理不良股权 8 项。

围绕脱贫攻坚，履行央企政治和社会责任。落实精准扶贫要求，开展智力和就业扶贫工作。举办 3 期扶贫帮扶地区基层干部和 2 期扶贫挂职干部培训班，231 名贫困县基层干部和 126 名扶贫挂职干部参加了培训。实施定点扶贫县贫困户和西藏籍大学毕业生专项接收计划 150 人，目前已录用 59 人，帮助当地贫困家庭实现一人就业、全家脱贫。

多措并举培养人才。加大年轻干部培养选拔力度，国家能源集团党组全年提拔的干部中“70 后”占比超过 60%。注重把优秀年轻干部安排到基层和艰苦岗位锻炼，选派 5 名优秀年轻干部援青援藏，17 名干部赴对口扶贫县挂职，选派 29 名总部年轻干部到基层厂矿段挂职锻炼，举办 2 期国家能源集团党校年轻处级干部进修班，累计培训 117 人次。开展“首席师”工作，全年评聘“首席师”489 人。开展专业化和国际化能力培训，组织开展 6 期基层企业负责人履职能力提升培训班和安全环保等 119 个专业培训班，累计培训 10 548 人次；与法国高商、台塑集团合作举办境外培训 55 人次。培养梯次结构合理的科研人才队伍，入选国资委深化人才发展体制机制改革示范企业 1 家、优秀科技创新团队 1 个。

【扶贫与公益】 多管齐下帮扶济困，标本兼治决胜深贫。聚焦“三区三州”深度贫困地区，实施民生扶贫、教育扶贫、医疗扶贫、产业扶贫、生态扶贫、消费扶贫、党建扶贫，2019 年投入定点扶贫和对口支援资金 2.26 亿元，募集职工扶贫善款 2257 万元，助力西藏聂荣县、内蒙古宁城县、陕西米脂县和吴堡县脱贫摘帽。连续两年获得国务院扶贫办考核最高等次评价，入选中国企业精准扶贫五十佳案例。

达则兼济奉献爱心。全力打造国家能源公益品牌，持续开展“爱心行动”“爱心红丝带”“乡村医生培训”“爱心书屋”“爱心学校”“爱心助学”等自有公益品牌项目，国家能源集团公益基金会被评为全国 5A 级基金会，成为央企中唯一一家蝉联 5A 级别的基金会。2019 年投入 5.6 亿元、开展公益扶贫项目 128 个，受益人数 200 余万人。完成首批“国家能源爱心志愿者”招募，总部 88 名员工成为爱心志愿者。入选 2019 年中国企业可持续发展 100 佳榜单，社会责任发展指数在中国企业 300 强中排名第 20 位。

【和谐企业】 加强企业文化和精神文明建设。开展企业战略宣贯，推广使用集团品牌视觉识别系统。推进一流品牌建设，“国家能源集团”入选“2019 中国品牌强国盛典榜样 100 品牌”榜单。组织各单位推进专项文化建设，开展“电力安全文化建设年”活动。培育践行社会主义核心价值观，落实新时代公民道德建设实施纲要和爱国主义教育实施纲要，持续深化精神文明创建，广泛开展学雷锋志愿服务、道德讲堂等活动，39 个单位建成全国文明单位。

共建家园共享成果。开展劳动竞赛、技能大赛和创新实践，创建首批劳模和工匠人才创新工作室，激发广大职工劳动热情和创造活力，5 名职工荣获“全国技术能手”称号，2 名职工荣获中央企业“百名杰出工匠”称号，11 个集体、18 名职工分别荣获中央企业先进集体和劳动模范。深入实施惠民工程，开展困难职工大病救助和子女助学活动，慰问老干部老党员、扶贫驻村干部职工，组织劳模和艰苦边远地区职工及家属开展疗养。2019 年，发放困难职工大病救助金 2266 万元，救助困难职工 652 名；发放困难职工子女助学金 267 万元，资助 445 名困难职工子女上大学。开展了元旦春节送温暖活动，拨付送温暖资金 3369 万元。拨付 97.5 万元专项工会经费慰问派驻四川大凉山、右玉扶贫挂职干部和新疆“访惠聚”驻村干部职工。

（高　莹）

【国电电力发展股份有限公司】

公司概况　国电电力发展股份有限公司（简称国电电力，股票代码 600795）是一家全国性上市发电公司，是国家能源集团控股的核心电力上市公司和常规能源发电业务的整合平台，产业涉及火电、水电、风电、光电、煤炭、化工等领域，分布在全国26个省、市、自治区。截至2019年底，资产总额3648.48亿元，控股装机容量8937.69万kW，控制煤炭资源储量29.67亿t，总股本为196.50亿股，员工总数16 192人。

国电电力前身东北热电有限公司，于1992年12月在大连成立，1997年3月在A股上市，2000年1月重组为“国电电力发展股份有限公司”。2002年12月，国电电力划归原国电集团控股管理。2017年11月国家能源集团成立后，国电电力成为国家能源集团常规能源发电业务整合平台。

国电电力股票在二级市场表现良好，先后入选上证180指数、沪深300指数、MSCI指数和《福布斯》首批世界最受信赖公司榜单，保持着国内A股绩优蓝筹股地位，先后荣获中国上市公司金牛基业长青奖、新财富最佳上市公司、中国上市公司百强、最受投资者尊重的上市公司、全景投资者关系金奖等资本市场重要奖项；荣获全国五一劳动奖状、全国文明单位、全国电力行业优秀企业、全国电力行业党建品牌影响力企业等荣誉称号，连续10年荣登《财富》中国500强。

领导班子

总经理、党委副书记：冯树臣

党委书记、副总经理：吕志韧

党委委员、总会计师、工会主席：姜洪源

党委委员、副总经理、总工程师：许琦

党委委员、副总经理：顾玉春、贾吉林

党委委员、纪委书记：云天宝

党委委员、副总经理：李文学

组织机构 设置本部职能部门19个，中心1个，拥有分公司及内核企业26家；全资及控股企业84家；参股企业25家；筹建处及项目部6家。

企业战略 贯彻落实国家能源集团发展战略，结合工作实际，制定总体发展战略和战略安排。

战略总目标：实施“一个目标、三型五化、七个一流”战略，建成党建引领、创新驱动、管理先进、效益一流、安全高效、绿色低碳、具有全球竞争力的世界一流特色能源上市公司，打造一流的火电企业、水电企业、新能源企业和煤炭企业。

战略安排：第一步，到2021年，创建世界一流企业整体上取得显著成效，在三型企业建设方面取得一批标志性成果，初步达到世界一流特色能源上市公司水平；第二步，到2030年，全面建成并跻身世界一流特色能源上市公司先进行列，成为践行国资委“三个三”要求和在国家能源集团创新型、引领型、价值型创建工作居于领先水平的世界一流特色能源上市公司；第三步，到2050年，通过持续不断的努力，巩固扩大领先优势，基于“一个目标、三型五化、七个一流”发展战略的创一流总目标全面达成，成为具有较强竞争实力和行业影响力的世界知名能源上市公司。

人力资源 国电电力拥有中高级技术职称人数3595人，技师以上人数1435人，涵盖电力、煤炭、化工、管理等十余个专业。完善干部选用机制，实施领导干部选拔任用动议提名和全程纪实制度。推进人才强企工程，选聘青年英才150名。拓宽员工职业发展通道，评审产生国电电力首席师26人，技术专家60人，基层单位首席师和专家146人。加强领导干部培训，连续举办五届企业领导人员研修班，共386名企业领导人员参加培训。强化专业技术和技能人才培育，组织开展人力资源、财务、法律等专业培训班，推进全员素质提升工程。完善收入分配机制，坚持收入与业绩同增同减，完善差异化分配体系，建立员工收入增长导向机制。

安全生产 坚持“安全第一、预防为主、综合治理”的方针，实施本质安全工程，以安全环保“责任落实年”和“风险预控年”为契机，建立健全安全环保责任制和评价体系，全面压实安全环保责任，16家火电单位、6家水电单位、5家新能源单位被评为国家能源集团安全环保一级企业。推进风险预控与隐患排查治理双重预防机制建设，创新建立风险预控管理“4M”屏障理论，发布涵盖运行（检修）作业、区域环境、设备故障和管理风险四大安全生产领域的《火电企业典型风险预控管理规范与标准》系列数据库，建立与生产实际更加融合、高效的风险预控模式。建立并首家发布安全文明生产、运行、检修、环保、外委等10项安全生产标准规范，有力促进了安全管理水平提升。

经营管理 围绕建设世界一流企业目标，抓重点、破难题、强弱项、上水平，生产经营扎实有效，发展质量持续提升，实现利润72.4亿元，同比增加19.5亿元；实现营业收入1165.99亿元，同比增长8.04%。强化市场营销，适应市场交易模式新变化，全力争量保价。发挥机组灵活性优势，提升电网调峰响应能力，确保企业效益最大化。2019年发电量完成3663.58亿kWh，同比增长3.56%；参与市场电量1937.8亿kWh，占上网电量的55.82%，较同期增加10.21个百分点；发电平均利用小时完成4246h，高于全国平均利用小时421h。加强燃料保供控价，持续优化来煤结构，科学购煤、储煤、配煤掺烧，控制煤炭采购价格。准确把握节奏低价采购，超前应对安全、环保、治超、公转铁、进口煤政策，以及重大活动和节日影响，入炉标煤单价同比降 21 元/t，节约成本约 6.1 亿元。强化燃料集中管控，现货阳光采购 100%全覆盖，累计采购燃料 2197 万 t，节约 1.32 亿元；推进精细化配煤掺烧，全年累计掺烧经济煤种 4764 万 t，节约成本 10.99 亿元。加强成本管控，在火、水、风、光、煤炭业务板块全面开展成本费用对标，加强“四个售价”“四个成本”和七项费用管控，七项费用比预算缩减 11 个百分点，管理口径电热单位完全成本（剔除燃料费）全年完成 136.79 元/MWh，低于预算目标值 32.29 元/MWh。

科技创新与信息化建设 推进科技创新和智慧企业建设，建设创新体系，推进国家重点项目攻关，获得省部级科技成果奖 15 项，行业协会科技成果奖 34 项，累计投入科技资金 9.03 亿元。智慧企业建设取得重要成果，在国内率先发布火电、水电、新能源、矿山智慧企业建设规范。科技成果转化效果明显，“智能发电运行控制系统研发及其应用”项目和“630MW 亚临界机组增容提效技术研究及应用”通过了由中国电机工程学会组织、由多位院士及专家组成的鉴定委员会的鉴定，均达到国际领先水平；《风机基础预应力扩底岩石锚索技术规程》获得中国电机工程学会标准贡献奖三等奖。围绕“六型”电厂建设，对火电机组实施锅炉综合升级、汽轮机通流、供热、机组灵活性、节能升级等多维度技术改造，电厂节能环保水平进一步提升。

节能减排 不断强化环保体制机制建设，按照全过程、全要素、全链条排查隐患，实行分级挂牌督办、治理，自觉履行环境责任。严格生态环境保护监督工作，健全生态环境保护体系，完善污染治理设施，严格排污标准，不断提高生态环保水平。截至 2019 年底，137 台运行机组全部实现超低排放，装机总量为 6693.7 万 kW，占总装机容量的 97.38%；完成 34 个煤场封闭改造项目，13 个煤场封闭正在进行，大气污染物控制向更深层次迈进。对现役机组开展多维度技术改造，全力打造“六型”电力企业。供电煤耗完成 299.03g/kWh，同比降低 1.33g/kWh；31 台火电机组在全国大机组能效对标竞赛中获奖，9 台机组被评为 5A 机组；7 台机组获评国家能源局可靠性对标优胜机组。

工会工作 强化工会自身建设，新编厂务公开实施办法，开展工会经费专项审计，开通“国电电力工会”微信公众号，工会基础工作更加扎实。推进岗位建功，举办 2019 年风电大赛和火电大赛，16 名选手在国家能源集团 2019 年水电大赛和风电大赛中获奖。推进职工技能创新，建成各级创新工作室 49 个，注册 QC 小组 452 个，年内取得 QC 成果 321 项，16 项成果在国家能源集团首届 QC 大赛中获奖。推进班组建设，命名表彰首批“星级班组”和优秀班组长。推进职代会、厂务公开、职工董事监事“三位一体”的民主管理体系建设，征集、解答、办理提案 16 件，提案落实率 100%。繁荣职工文化，全年累计组织文体活动 311 次，抒发了爱党、爱国、爱企情怀。

党建工作 学习习近平新时代中国特色社会主义思想、党的十九大和十九届二中、三中、四中全会精神，以“三个坚持、八个提升”为抓手，加强党的领导、党的建设，组织开展“不忘初心、牢记使命”主题教育，党建工作质量实效进一步提升。落实全国国企党建会精神，修订党委工作规则、贯彻落实“三重一大”决策制度实施办法等制度，推动党的领导与法人治理有机融合。完善主题实践活动“项目化”管理机制，围绕创一流、保安全、增效益等中心工作设立党员攻关项目 1000 余项，基层党建活力实效有效转化为企业的经营发展绩效。党委荣获全国电力行业“党建品牌影响力企业”奖、2019“金质量”上市公司优秀党建奖。

电力扶贫 贯彻中央关于脱贫攻坚工作的各项决策部署，重点推进生态保护与精准扶贫相融合、保持社会稳定和长治久安与精准扶贫相融合、脱贫攻坚与扶智扶贫相融合三大品牌建设，扎实有效开展四川、青海、新疆等地区的精准扶贫工作，全年用于精准扶贫资金支出总计 9428.9 万元，帮助建档立卡贫困人口脱贫 1694 人，树立了良好社会形象。

重点电力工程 2019 年投产火电机组 5 台，合计 336 万 kW，分别为朝阳热电 1 台 35 万 kW 机组、邯郸东郊 1 台 35 万 kW 机组、宁夏方家庄电厂 2 台 100 万 kW 机组、宿迁热电 1 台 66 万 kW 机组；投产水电装机容量 5.8 万 kW；投产风电装机容量 18.8 万 kW。

6 月 22 日，国电双维电厂在内蒙古鄂尔多斯市鄂托克前旗上海庙镇开工。项目规划建设 4×1000MW 超超临界间接空冷燃煤发电机组，为煤电一体、大型坑口电站，属于上海庙—山东±800kV 直流输电工程的配套电源之一。

电力领域专利成果 2019 年共注册电力领域专利成果 30 项。其中，发明专利 2 项，实用新型专利 28 项，覆盖公司火电、新能源、煤炭化工领域板块。

主要事件

1 月 31 日，国电电力与中国神华能源股份有限公司合资组建的北京国电电力有限公司全部标的资产完成交割，控股装机容量增加 3053 万 kW，总装机容量达到 8583.59 万 kW。

3 月 13 日，北京国电电力有限公司分别召开 2019 年第一次临时股东会、一届一次董事会、一届一次监事会。选举产生第一届董事会、监事会，选举冯树臣担任公司董事长、黄清担任公司副董事长，选举许山成担任监事会主席，并聘任冯树臣担任公司总经理。

4 月 12 日，国电电力浙江舟山海上风电开发有限公司第 63 台风机并网，标志着国电电力首个海上风电场全部投产，全国首个使用高高承台基础的近海风电场全部投入运营。

5 月 23 日，国电电力河北新能源开发有限公司康保五福堂风电场 30 万 kW 项目荣获 2019 年度中国电力优质工程奖，国电湖州南浔天然气热电有限公司天然气热电联产工程获评 2019 年度中国电力行业中小优质工程奖（中小型）。

6 月 25 日，国电电力《新能源区域公司智慧企业建设标准》正式发布实施。

7 月 9 日，英国品牌评估机构“品牌金融”发布“2019 年全球最有价值的 50 大公用事业品牌”排行榜，国电电力位列第 34 位，为上榜的五家中国企业之一。

7 月 10 日，财富中文网发布最新的《财富》中国 500 强排行榜，国电电力再次以第 139 名的成绩荣登排行榜，在 21 家上榜的电力上市公司中排名第 5。

8 月 23 日，国电电力发布国内首套火电智慧企业建设规范。

9 月 9 日，国电电力发布火电企业典型风险预控管理规范与标准，创新提出指导安全风险预控实践的“4M 屏障”事故致因理论。

10 月 23 日，国电电力成功中标上海庙—山东特高压外送通道鄂尔多斯杭锦旗 100MW 风电项目。

10 月 29 日，由国电电力牵头、具有完全自主知识产权的国内首套智能发电运行控制系统研发及应用项目技术在东胜热电公司成功应用。

12 月 12 日，国电电力一次性发布十项火电企业标准化管理规范及标准，成为业内首家发布全体系火电标准化管理规范的企业。

12 月 21 日，国电电力荣获“金圆桌奖·优秀董事会”殊荣。

12 月 29 日，国电浙能宁东发电有限公司 1 号机组通过 168h 试运。

【龙源电力集团股份有限公司】

公司概况 龙源电力集团股份有限公司（简称龙源电力）成立于 1993 年，当时隶属国家能源部，后历经电力部、国家电力公司、中国国电集团公司，现隶属于国家能源集团，是中国最早开发风电的专业化公司。龙源电力于 2009 年在香港主板上市，被誉为“中国新能源第一股”。龙源电力已发展成为一家以开发运营新能源为主的大型综合性发电集团，拥有风电、光伏、生物质、潮汐、地热和火电等发电项目，业务分布于中国 32 个省市区和加拿大、南非、乌克兰等国家。截至 2019 年底，控股装机容量达 22 157MW，其中风电控股装机容量 20 032MW，继续在全球风电运营商中保持领先地位。

领导班子

董事长、党委书记：贾彦兵

总经理、党委副书记：孙劲飚

党委委员、副总经理：唐坚

党委委员、副总经理、董事会秘书：贾楠松

党委委员、副总经理：张滨泉

党委委员、总会计师：常世宏

党委委员、副总经理、工会主席：金骥

党委委员、纪委书记：胡延波

组织机构 下设党委办公室（办公室）、党委宣传部（政治工作部）、安全监督部、计划发展部、党委组织部（人力资源部）、财务管理部、科技和信息部、生产运营部、工程建设部、企业管理与法律事务部、投资者关系部、资本及资产管理部、审计部、纪委办公室、党委巡察办公室、财务共享中心、采购和物资管理部、市场营销部 18 个职能部门，下属 44 个公司。

安全生产 龙源电力以安全环保一号文件为总领，以设备治理工作方案为抓手，不断夯实安全生产基础，全面落实年度工作部署，推进安全生产各项工作。

建立一号文件统领全年安全环保工作新模式，分解落实各项重点工作。提出“三年三级”安全目标，明确强化安全生产管理的具体措施。扎实开展“责任落实年”活动，完善各级安全环保职责，梳理形成集团本部安全生产管理制度清单，新编修订多项核心制度，健全安全生产制度体系。加强监督检查，对省公司进行深度安全检查，对风电场开展安全性评价，将重点问题列入治理计划，督促落实整改。强化风险管控，制定《重点反事故措施活动方案》，针对行业典型事故，提炼重点反措要求，夯实现场安全管理基础。开展安全专题培训，实现新能源企业场站安全专责轮训，提升员工安全意识和能力水平。

开展“设备治理年”活动，以抓电量促设备管理提升，以问题为导向，集中安排设备技改和试验攻关项目，强化设备缺陷治理，有效提升了设备健康水平和设备运行质量。进一步完善管理体系，修编新项目生产准备、投产验收、工程移交生产、机组出质保各阶段的验收流程、工作标准及外委项目质量管理要求相关的管理制度。

经营管理 龙源电力实施积极经营策略持续强化目标管理，以利润、经济增加值、单位容量完全成本等关键指标考核评价为手段，推动经营效益和管理效率提升。

严格限电比例和限电量双管控，通过对内严格限电考核、深化限电跟踪、建立限电管理应急反应机制；对外强化营销意识、争取增量交易等多方面手段，不断深化限电管理工作。积极应对复杂市场环境，加大市场营销培训力度，准确把握电力市场政策走向，充分发挥智慧营销手段，在确保基数电量的前提下，坚持“保价争量”原则，深入开展市场交易工作，确保公司效益最大化。

加大融资管控力度，持续提升资金使用效率。抓住机会窗口，加大融资集约化管控力度，统筹运作，开展存量带息负债置换优化，节约财务费用。同时，利用基于总部垂直管理的资金计划协调机制，刚性资金计划管理，持续提升资金使用效率，实现资金时间价值最大化。在融资层面紧盯境内外两大资金市场，进一步拓宽融资渠道，成功发行七期超短期融资券，三期中期票据，一期短期融资券，全年资金成本保持行业优势。创新发行境内市场首单绿色超短期融资券(扶贫)，通过公开市场金融工具盘活存量资产，全年注册100亿元储架式可再生能源电价附加补助资产证券化产品，并荣获深圳证券交易所“优秀固定收益产品发行人”奖项。

优化本部部门职能，整合管理资源，科学设置机构，成立新能源发展研究中心，强化产研结合；改组成立科技和信息部，推进信息化升级换代，稳步提升科研和信息化水平；设立综合能源研究机构，加强风、光外的其他新型能源跟踪研究，专业化、集约化管理水平进一步提高。

科技创新 2019年荣获省部级科技进步奖5项，行业科技进步奖4项；新增专利授权40项、软件著作权授权12项。复杂地质海上风电基础设计和施工项目，荣获2019年度中国电力科学技术进步二等奖。风电场三维数字化设计系统等7项科技项目获国家能源集团立项。

推进信息化和智能化建设，举办智能风电场现场研讨会。调研学习行业先进做法和理念，完成风电场信息化建设标准编制，明确了新建风电场信息化的可研与设计标准，风电场信息化建设取得积极进展。开展智能风电场试点建设，积极推进机组故障预警、效能分析等模块开发，安徽公司龙湖风电场被列为集团公司智能风电场建设样板试点。

推进碳资产模拟交易操作平台建设，为参与全国碳排放权交易竞争创造了优势条件。中能公司获得国家网络安全等保测评机构资质，这是国内发电企业首次获得该类资质牌照，对保障能源信息安全将起到有效支撑。

国际业务 龙源电力按照高质量发展的要求，加大“一带一路”沿线国家项目前期工作和开发力度，围绕“风光并举”这一发展主线，不断优化开发模式，海外业务逐步扩大作业面，以点带面，形成全方位、立体式开发局面。海外主营业务取得新进展，乌克兰尤日内项目完成股权交割；乌克兰泰普罗光伏项目已获批准立项。与中东欧、大洋洲、东南亚等多个国家积极洽谈，持续拓展海外风、光项目投资机会。

强化境外项目资产管理，实施积极经营策略，夯实安全生产管理，有效防控安全生产风险，各在运项目运营良好。所属加拿大德芙林风电项目全年累计发电286GWh，超额完成全年任务；利用小时达到2882h，累计实现安全生产1857天。所属南非德阿风电项目全年累计发电783GWh，利用小时达到3204h，累计实现安全生产792天。

党建工作 推进党的建设，党的领导全面加强。学习党的十九大和十九届历次全会精神，以习近平新时代中国特色社会主义思想为指导，提高政治站位，树牢“四个意识”，坚定“四个自信”，践行“两个维护”，全力推动党中央重大决策部署贯彻落实。开展“不忘初心、牢记使命”主题教育，领导深入18家基层单位调研，听取意见建议，形成调研报告29份，收集整理反映问题全部整改落实到位；成立5个指导组，有序推进41家基层单位全面完成工作任务，实现了主题教育全覆盖。坚持党的领导与完善公司治理相统一，修订“三重一大”决策制度，党委前置研究讨论重大事项242项，党组织把方向、管大局、保落实的领导作用得到充分发挥。

深入推进党风廉政建设，编制责任清单，全面约谈本部各部门主任和基层单位党委、纪委书记，推动落实“两个责任”“一岗双责”。加强风险防控，配合国家审计署和国家能源集团开展任期、财务收支、重大决策部署等专项审计，推进整改落实。强化监督执纪问责，对27家基层单位开展监督检查，办理问题线索37件，处置率100%。深化国家能源集团党组政治巡视和扶贫专项巡视，抓好问题整改，不断巩固巡视成果。扎实开展两轮共11家基层单位政治巡察，有力推动了巡察工作向纵深发展。

主要事件

8月8日，龙源电力与立陶宛四风能源有限公司签署乌克兰尤日内风电项目收购协议。

9月24日，龙源江苏海上射阳H2项目开工建设，场区中心离岸45km，是国家能源集团建设的离岸最远海上项目。

9月26日，龙源电力与中国农业银行合作的5亿元绿色扶贫超短期融资券完成发行，标志着国内首单绿色扶贫债成功落地。

10月25日，国际能源署（IEA）发布2019年海上风电展望报告，龙源电力海上风电装机容量位居全国第一、全球第三。

11月12日，龙源电力可再生能源电价附加补助绿色资产支持专项计划获得深圳证券交易所挂牌无异议的批复，该产品是深交所首单可再生能源补贴资产证券化产品，储架规模100亿元，为目前电力行业最大规模。

11月，龙源电力所属福建龙源风力发电有限公司组织拍摄的《一场追风逐浪的传承》视频，在中央网信办及中华全国总工会主办的“网聚职工正能量 争做中国好网民”主题活动网络正能量微课作品征集活动中荣获优秀参与作品奖项，并入选中国工会数字资源库。

12月10日，龙源电力所属安徽龙湖风电场完成第一阶段智能化改造，被列为国家能源集团智能风电场建设样板试点。

12月26日，龙源电力江西钩刀咀48.4MW风电项目并网发电。

【国家能源集团大渡河流域水电开发有限公司】

公司概况 大渡河流域水电开发有限公司（简称大渡河公司）于2000年11月在成都高新区注册成立，公司股份为原国电集团系统占90%（其中原国电总部占21%、国电电力占69%），四川川投能源股份有限公司占10%。大渡河公司是国家能源集团所属最大的集水电开发建设和运营管理于一体的大型流域水电开发公司。

大渡河公司主要负责大渡河流域开发和西藏帕隆藏布流域开发筹建，拥有大渡河干流、支流以及西藏帕隆藏布流域水电资源约3000万kW。投产电站有龚嘴、铜街子、瀑布沟、深溪沟、大岗山、枕头坝一级、猴子岩、吉牛、沙坪二级等9个大渡河流域电站及二台子、上河坝等12个其他区域小电站，总装机容量1173.5万kW；在建电站有金川、双江口（公司代管）2个电站，总装机容量286万kW；前期筹建项目有枕头坝二级、沙坪一级、巴底、丹巴、老鹰岩等7个项目，总装机容量约363万kW，形成了投产、在建、筹建稳步推进的可持续发展格局。

资产总额为889.49亿元，在川投运装机约占四川统调水电总装机容量的四分之一。先后荣获全国“五一”劳动奖章、全国文明单位、全国模范职工之家、国务院国资委“抗震救灾先进集体”、中华慈善突出贡献企业、全国企业文化建设最佳实践企业等荣誉称号，被评为中央企业先进基层党组织、中央企业思想政治工作先进单位，获得国家能源集团特级奖状、绩效贡献特别奖、党建工作先进集体。智慧企业建设成果获得国家科技进步奖二等奖1项，获得第24届全国企业管理现代化创新成果一等奖、四川省科技进步奖一等奖等省部级以上科技奖励57项。

领导班子

董事长：高嵩

总经理、党委副书记：涂扬举

党委书记、副总经理：何仲辉

副董事长、党委副书记：高建

党委委员、副总经理：王春云、胡卫、严军

党委委员、总会计师：李仕堂

党委委员、纪委书记：高廷源

组织机构 机关部门13个，基层单位22个，职工2148名；有基层党委17个，党（总）支部80个，党员1399名。

安全管理 将安全作为第一要务，坚持安全风险分级管控，有效预控危险源1933项，预警流域地质灾害4次、设备设施安全隐患8次，保持了安全长周期。开展“安全环保责任落实年”活动，修编安全生产责任清单，加大危化品、外包工程等重点领域隐患排查治理，扎实推进护网行动，及时查治隐患1157项。创新运用大坝智能监测、联合优化调度等智慧防灾减灾手段，有序应对了“7·22”特大洪水、“8·6”枕头坝营地泥石流灾害等险情。狠抓设备治理，高质量完成去冬今春“七厂九站”设备检修。强化大坝安全监管，猴子岩电站大坝完成首次注册。截至年底，连续安全环保无事故5237天，连续两年被评为四川省电力企业安全监管同业对标综合标杆企业。

生产经营 全力打好“生产运营百日会战”，科学制定经营策略，多措并举提质增效。用足用好政策，争取发电计划，协调抢发电量，打赢市场争量保价战役。超前谋划现货市场交易规则，发挥新能源公司售电优势，在川内首次电力现货试交易中取得电量全川第一。优化经济运行，接续开展“再战一百天、奋力抢发电”活动，减弃增发电量35亿kWh，瀑布沟水库消落创近五年来最优水平。开展降本增效，全年节约生产成本0.98亿元，资产负债率同比下降1.15%。

工程建设 坚持问题导向，创新工作思路，基建前期项目难题逐一突破、全面加快。主动作为，积极协调，克服双江口建设诸多困难，大坝填筑顺利启动。金川电站高标准开工建设，导流洞、泄洪洞进场施工，主体工程招标有序推进，工程建设全面铺开。创新开发模式，枕头坝二级、沙坪一级项目签订企地共建协议。加快推进项目前期，丹巴、巴底设计优化取得重大突破。帕隆藏布流域规划及环评报告编制完成。积极推进移民验收，沙坪二级通过移民安置竣工验收，成为四川省首批完成移民验收的大型水电项目。

智慧企业建设 深化智慧建设，推进管理变革，管理形态加快演进。坚持理论先行，升级完善理论体系，在中国智慧企业发展论坛上发布了《智慧水电企业建设指南》。成立大数据管理办公室，全面加强信息化统筹管理。发挥大数据公司作用，持续完善决策指挥中心功能，滚动优化专业数据中心建设，智慧电厂、智慧工程、智慧调度、智慧检修四大单元全面升级，走在行业前列。主持制定并发布智慧水电行业标准2项、中电联团体标准8项；获得四川省、国家能源集团、中国水力发电工程学会等省部级科技奖励12项，其中一等奖5项；大岗山工程获国家优质工程金奖，获国家能源集团奖励基金特等奖。

转型发展 加强成果转化，培育新增长极，科技产业加速发展。做强智慧产业平台，智能巡检机器人、智能钥匙等智能装备产品通过国际、国家标准化体系认证，智慧检修管理平台2.0版正式上线。大汇智联取得高新技术企业认定。依托水电清洁化优势，做优碳管理平台，集中管理国家能源集团61家火电、化工企业碳资产，深度参与成都市碳普惠区域市场建设，持续稳固西南最大碳资产平台。加快氢能产业布局，助推氢能示范项目落地。

企业管理 深化依法治企，防范经营风险，企业管理更加规范。全面落实“法治国家能源”建设要求，完善法律管理体系，妥善处理诉讼案件，挽回直接经济损失8596万元。健全风险管理运行机制，发布全面风险管理报告4份，管控重大风险、一级风险10个，筑牢风险防火墙。加强审计监督，实现财务经营、基建工程、扶贫等各领域审计全覆盖。加强董事会建设，理顺管理关系，三会管理更加高效顺畅。加强培训统筹，拓展培训载体，培训有效性、精准性显著提升。坚持“三个百分百”要求，优化计划合同及招标采购管理流程，采购管理更加规范，采购效率提高37%。

扶贫工作 推进教育扶贫，将教育扶贫作为扶贫工作的重中之重，在普格县先后投入近6000万用于建设“两学校一幼儿园”，养窝镇幼儿园建设投入440万元，株木树小学建设投入2950万元，则木河小学建设投入2500万元。除此之外，先后投入150万元用于奖励优秀教师、品学兼优及家庭困难学生，收到良好效果。稳步推进产业扶贫，深入调研基础上确定了草莓产业扶贫项目，先后投入300余万元用于草莓种植。支持安全住房建设。2019年投入800万元用于建档立卡贫困户安全住房建设，安全住房建设已完成并通过验收。强化技能培训，因材施教、因地制宜，有效激发了农户参训热情。抓实党建扶贫，安排30万元专项党费，分别与普格县两个村支部开展结对共建，注入积极向上正能量。开展消费扶贫。发动职工电商平台购买、内部食堂优先采购普格县农产品，累计购买普格县农产品348万元，形成全员助力脱贫攻坚的良好氛围。

党建及精神文明建设 深入学习贯彻习近平新时代中国特色社会主义思想和党的十九大精神，制定了大渡河公司加强党的建设24条具体措施，全面贯彻集团党组决策部署。组织开展了第一批和第二批“不忘初心、牢记使命”主题教育，专题学习党的十九届四中全会精神，主要经验做法在中央主题教育工作简报刊载。深化“社会主义是干出来的”岗位建功行动，建成党建大数据风险管控和职工情绪智能感知平台，智慧党建形成品牌。坚持“好干部”标准，突出从基层一线、艰苦岗位选拔干部，加大年轻干部培养锻炼。加强党风廉政建设，开展了“四风”现象和“机关病”问题整治，完成了4个单位巡察，及时堵塞管理漏洞。加强群团工作，组织开展庆祝新中国成立70周年系列活动，召开了第五次团代会。

主要事件

8月20日，阿坝州汶川县突发强降雨特大山洪泥石流灾害，神华四川公司所属龙潭电站发生泥石流淤堵大坝过流险情。灾情发生后，大渡河公司高度重视、全力支援，主要领导带队，派出专家技术团队第一时间奔赴救灾现场，投入先进技术设备，为电站于9月3日成功排险作出了突出贡献、发挥了重要作用。

截至2019年12月31日，大渡河公司年累计发电量突破451亿kWh。

截至2019年12月31日，大渡河公司实现连续安全生产5237天长周期纪录，完成安全“三零”目标。

2019年，流域安全风险智能管控等3项关键技术获得省部级科技进步一等奖。

2019年，大岗山水电站获评工程建设方面国家级最高质量奖励——国家优质工程金质奖，工程质量被评价为“高质量等级优良工程”。

2019年，四川省发展改革委批复同意建设金川水电站。

2019年，瀑布沟、大岗山、猴子岩、深溪沟、枕头坝5座电站围绕“智能自主、人机协同”智慧电厂建设目标，深化数字化、网络化、智能化技术运用，将大数据、人工智能等先进数字科技与电厂运营管理深度融合，形成了“无人操作、自主运维、自主巡检、智慧检修”全新电力生产组织形态与管理模式。

2019年，大渡河公司全面贯彻落实中央推进脱贫攻坚的系列要求，在国家能源集团的领导下，集中力量扎实推进对口帮扶县区脱贫攻坚。在普格县先后投入帮扶资金3580万元用于7个帮扶项目，通过大渡河爱心帮扶基金会在流域实施帮扶项目43个。

（赵　影）

【国华电力公司】

公司概况 国华电力公司是北京国华电力有限责任公司和中国神华能源股份有限公司国华电力分公司的统称。北京国华电力有限责任公司成立于1999年3月，是国家能源集团以火力发电为主营业务的全资子公司。2005年2月，按照原神华集团资产上市方案，北京国华电力有限责任公司部分资产注入上市公司，并设立了中国神华能源股份有限公司国华电力分公司。

国华电力公司依托国家能源集团煤电运一体化的经营优势，按照“点、线、面”相结合的布局策略，重点在坑口、港口、路口和负荷中心建设了一批高效率、高参数、大容量火电机组，形成了“选址好、造价低、管理新”的综合竞争优势。国内资产主要分布在北京、天津、河北、内蒙古、辽宁、陕西、宁夏、河南、湖南、山东、江苏、浙江、江西、广东、广西15个省、直辖市、自治区。境外深耕印尼电力市场，目前在印尼已有4家控股子公司和1个联营体，分布在印度尼西亚苏门答腊岛和爪哇岛。

截至2019年底，国华电力公司拥有25家发电单位，运营装机容量4285万kW；其中60万kW机组及以上容量占比84%，超临界、超超临界煤电机组容量占比59.6%；机组利用小时从2003年起连续17年高于全国火电平均利用小时，供电煤耗历年来都处于全国领先水平；资产总额达到1558亿元，年均总资产报酬率达8.7%，资产负债率37%。累计发电2.35万亿kWh，累计实现利润1474亿元，贡献税收1100亿元。

国华电力公司在印尼大学建立了“电力仿真和科研教育合作中心”，创办了印尼第一家仿真机实验室，助力印尼培养更多的电力专业人才。两次荣获“中国企业走进东盟十大成功企业”称号；国华印尼南苏电厂连年荣获“最佳独立发电企业”“最佳创新电力企业”等一系列印尼最高电力奖项；爪哇项目1号机组投产，被誉为习近平主席“21世纪海上丝绸之路”首倡之地的能源新地标。

截至2019年底，国华电力公司累计获得中国电力科学技术奖73项（其中一等奖8项），中国电力创新奖25项，省部级科技进步奖4项；累计获得国家授权专利1126项（其中发明专利203项）；累计获得软件著作权29项。

领导班子

党委书记、董事长：宋畅

党委副书记、总经理：李巍

党委副书记（正职级）：赵世斌

党委委员、总工程师：陈寅彪（2019年12月18日任二级业务总监）

党委委员、副总经理：耿育

党委委员、总会计师：杨富锁

党委委员、纪委书记：邢仑

党委委员、副总经理：许定峰

党委委员、副总经理：张翼

组织机构 2019年底，国华电力本部共有18个内设机构及职能部门，分别是：办公室（党委办公室、档案室）、法律事务部、战略发展部（核电办公室）、财务产权部、人力资源部（党委组织部、社保办公室、离退休人员办公室）、生产技术部（调度中心）、安健环监察部（安全监察中心、应急管理办公室）、基建项目部、工程建设部、科技信息部、经营管理部（市场营销办公室）、节能环保部、内控审计部、物资管理部、党建工作部（党委宣传部、工会办公室、团委）、纪委办公室、国际合作部、巡察办公室。

主要工作 2019年，国华电力公司全年完成发电量2043亿kWh；利用小时4642h，比全国平均数高392h；实现营业收入691亿元，经营利润101.6亿元，经济增加值20亿元。

（1）安全生产。加强重点专项检查，组织了“安全月”、节日保电、春秋检、迎峰度夏、防台防汛和防寒防冻等安全专项工作，春秋检自查问题共计4987项，抽查17家单位，发现问题571项，全部按计划进行整改。所有发电营运单位年度安全环保评价审核全部达标，获得1级的单位11家，同比增加1家。全年公司未发生人身重伤及以上事件，未发生一般设备事故及以上事件，未发生火灾事故、环境污染事故和环境安全事件、职业病危害事故。“以风险预控为核心的发电管理体系建设与实践”荣获2019年度电力科技创新奖大奖。

（2）节能减排。制定《国华电力公司污染防治攻坚战行动计划（2019－2021）》，并深入推进实施。至年底，已有11家电厂实现了煤场全封闭，其余煤场封闭项目也全面开展。供电煤耗降至298.77g/kWh，能耗保持先进。22台机组在2018年度全国火电机组能效水平对标及竞赛中获优胜机组称号，获奖机组台数创历史新高。荣获第十届“中华环境奖”优秀奖，是国内唯一一家获此殊荣的火力发电企业。

（3）经营管理。持续推动机制创新和策略优化，创新商业模式，从“计划电”向“市场化产品＋市场化服务”转变，通过组织发电权交易、发挥发售一体竞争优势，积极开展现货交易，最大限度争取市场电，全年完成生产发电量1942.53亿kWh，市场占有率114%（全国火电口径），持续领先行业。持续开拓供热市场，供热4703.58万GJ。保障燃料安全经济供给，采购煤炭8397万t，持续开展重点厂燃料经济采购与合理配烧，采购进口煤 50 万 t，节约成本 1300 万元。持续开展“一厂一策、专项减亏”，徐州、宁东一举扭亏，孟津大幅减亏。参股的东港能源所属徐圩增量配网项目首个 220kV 变电站年内顺利投运，售电业务代理电量 20 亿 kWh。

（4）企业战略及国际业务。深入贯彻国家“四个革命、一个合作”能源安全新战略，按照国家能源集团“一个目标、三型五化、七个一流”的发展战略，深化党的建设和党风廉政建设，强化作风建设，改进工作作风，坚持“质量第一、效益优先”，坚持创新引领高质量发展，持续构建“一主两翼一补充”的产业发展格局。结合电力发展形势的新变化和电力体制改革的新要求，强化能源电力政策研究和趋势分析；发挥规划引领作用，完成“十四五”规划编制工作；做强做优火电主业，统筹已核准煤电项目进展，科学合理布局煤电项目；发展能源梯级利用项目和拓展海外项目；积极开发增量配电网分布式能源、综合能源和新能源项目，服务高品质能源企业建设。国内方面，实现了永州电厂项目全面复工，有序稳妥的推进清远项目、北海能源基地项目、岳阳项目的工作进程；盘山电厂创新升级改造及延寿项目获政府支持；阳江风电项目取得政府核准等。国外方面，荣获“2019 年中国企业走进东盟十大成功企业”；南苏电厂荣获亚洲电力三项大奖；印尼爪哇项目 1 号机组顺利投产入选“中国能源十大新闻”；南苏 1 号项目完成 PPA 合同重述并获得印尼矿能部的电价调整批复；在印尼大学建立了“电力仿真和科研教育合作中心”，创办了印尼第一家高校仿真机实验室。扶贫方面，国内及海外项目对外捐赠 487.63 万元，其中孟津电厂、盘山电厂继续派驻驻村干部对其结对贫困村进行精准扶贫。

（5）科技创新。持续加大科技研发投入，2019 年研发经费投入 1.68 亿元，申请专利 101 项，其中发明专利 43 项；8 项成果获得中国电力科技进步奖、13 项成果获得电力创新奖、9 项成果获得国家能源集团科技进步奖、1 项成果获得河北省科技进步奖、1 项成果获得能源创新奖。健全科技创新管理体系，抓好重大科技项目实施，“工业锅炉节能与清洁燃烧技术”等 3 个国家重点研发计划项目通过中期检查，牵头实施了“700℃发电汽轮机关键技术”等 4 个 2030 先导项目。推进科技创新平台建设，“河北省燃煤电站污染物防治技术创新中心”获批建设，锦界 CCS 工程正式开工。加强自主知识产权管理，出版国华电力 20 周年科技创新成就汇编，成功转化海水淡化技术。推进智能智慧工程建设，10 台机组数据接入国华大数据平台。

（6）党建工作。持续加强党的领导，坚持政治建设为统领，启动了第一批、第二批“不忘初心、牢记使命”主题教育，形成“五位一体”工作格局和运行机制。持续开展集中整治形式主义、官僚主义“大思考、大讨论、大剖析、大整顿”活动，构建作风建设长效机制。创新开展管理、运行、检修等不同类型星级党支部与星级班组融合与实践。举办国华电力公司成立 20 周年主题活动，回顾发展历程，传承国华文化；创新“国企开放日”形式，全年累计 2400 余名社会人士走进国华，促进地企共建。全力配合 70 周年阅兵保障工作，获得国庆阅兵联合指挥部赠送的“聚力阅兵　共铸辉煌”锦旗；在第十四届“中电传媒杯”全国电力行业优秀影视作品展评及 2018 年度中国电力新闻奖作品评选中获 12 个奖项，3 部作品入选国资委“中央企业优秀形象宣传片”。全年累计开展“致·青春”青年大讲堂 173 场，3474 人次参；全年开展“微笑·爱心”青年志愿活动 99 次，2081 人次参与，国华志愿服务队获评中电联十佳公益团队。1 人获得“中央企业劳动模范”，2 人获得全国“安康杯”竞赛安全文化宣传工作先进个人，2 人获得省部级“五一劳动奖章”，1 人获得省部级“优秀工会积极分子”；国华印尼南苏电厂被评为中央企业先进集体，呼贝电厂获得全国“安康杯”竞赛安全文化宣传工作先进单位，三河电厂获得河北省“省级劳动关系和谐单位称号”，九江电厂获得“江西省五一劳动奖状”，惠州电厂维护部机控班获得“广东省五一劳动奖状”。

主要事件

5 月 30 日，国家能源集团党组书记、董事长王祥喜到国华京燃热电厂、国华电力研究院调研指导工作。

8 月 11 日，中国驻印尼大使馆大使肖千到国华印尼爪哇电厂调研指导工作。

8 月 16 日，国华京燃热电厂取得中国电机工程学会“燃气电站智能制造科普教育基地”命名。

9 月 4 日，国华印尼南苏电厂获得亚洲电力“2019 年度独立发电企业（印度尼西亚）、2019 年度技术创新（印度尼西亚）和 2019 年度环保提升改造（印度尼西亚）”三项大奖。

9 月 21 日，国华印尼南苏电厂被评为中央企业先进集体，国华锦界电厂王军胜被评为中央企业劳动模范。

10 月 31 日，国资委新闻中心副主任杨景百到国华电力公司本部调研。

11 月 1 日，国华电力 15 万 t/年燃烧后 CO_2 捕集和封存全流程示范项目正式开工建设。

11 月 11 日，国华电力公司党委书记、董事长宋畅出席国华电力与印尼大学“电力仿真和科研教育合作中心”启用仪式，并与印尼大学校长安尼斯共同为

“电力仿真和科研教育合作中心”揭幕。

11月14日，第十届“中华环境奖”颁奖典礼在人民大会堂隆重举行，国华电力公司荣获中华环境奖（企业环保类）优秀奖，成为唯一一家获此殊荣的火力发电企业。

11月22日，国华电力“以风险预控为核心的发电管理体系建设与实践”荣获中国电力科技创新大奖。

12月10日，国家宁东电厂2×660MW扩建工程获得国家优质工程“鲁班奖”。

12月12日，国华印尼爪哇7号项目（2×1050MW）1号机组通过168h试运，顺利投产。

12月13日，国华印尼爪哇7号项目1号机组签署完成商业运营日证书并移交生产交接书，正式投产运营。同日，国家能源集团在国华电力举办新闻发布会，新华社、人民日报、中央电视台等17家主流媒体出席并对国华印尼爪哇电厂1号机组投产进行报道。

12月20日，国家能源集团表彰2018年度电力行业对标优胜单位，国华电力公司35台机组获得表彰。

12月31日，国华电力“百万千瓦级火电机组落户印尼，高效清洁煤电成中企走出去新名片”成功入选新华社《经济参考报》发布年度中国能源十大新闻。

（王长周）

【国神集团】

公司概况 国神集团是国能集团有限公司（资产隶属国家能源集团）和神东电力有限责任公司（资产隶属中国神华）的统称。2012年12月底，原神华集团对两公司进行管理整合，实行“一个党委、两个公司、一体化运营”管理模式。

国神集团是一家以“电为核心、煤为基础、煤电一体化发展”的综合性能源企业，总资产1327亿元，产业分布于新疆、内蒙古、陕西、山西、黑龙江、宁夏、川渝等15个省（市）、自治区。电力板块运营发电总装机容量2941.75万kW，其中火电机组66台2872.8万kW、风电67.95万kW、光伏1万kW。在建电源项目6个496万kW。煤炭板块运营生产煤矿7座（井工矿6座，露天矿1座），基建矿井2座（井工矿1座，露天矿1座），总体核定产能6700万t/年。运营煤炭集装站台三座，年发运能力1800万t。运营煤电一体化项目8个，其中发电装机容量1266万kW，占火电总装机的45%，煤矿产能6700万t/年，占总产能的100%。在册员工19 532人，其中党员7996人，占比近40%。

领导班子

董事长、党委书记：刘志江

党委副书记、副董事长（正职级）：王治禄

党委副书记、总经理：李瑞欣

副总经理：陈维民

工会主席：董云鹏

副总经理：徐建杰、李沛然、彭广虎

总经济师：周明立

组织机构 截至年底，在全国15个省（市）、自治区，管理全资和控股子（分）公司65家。本部设有17个职能部门，3个直属中心。在册员工19 532人。

主要指标 2019年，发电量完成1243亿kWh，同比增加49亿kWh；煤炭产量完成4735万t，同比增加652万t；煤炭销量完成5111万t，同比增加703万t；利润完成54.55亿元，同比增加21.33亿元。

安全生产 安全体系建设。开展“责任落实年”活动和安全生产“两学一树”工作，完成安全生产责任制修订工作，严格执行领导干部跟班带班管理制度，深化“一岗、一网、一中心”安全监察体系建设，制定《领导干部安全生产环保管理工作考评记分管理办法》，严肃追究领导干部失职失责行为。

安全风险管理。以人身安全风险预控为重点，不断完善安全风险数据库，全面推行“人身安全风险分析预控本”，严格落实电力“四点八步”和煤矿安全积分管理要求，狠抓高风险作业管理，对所有高风险作业进行实时监控。建立承包商警示约谈机制，约谈承包商21家，各单位总计约谈489家。

技术监督。规范技术监督管理，修订完善技术监督“一个制度、六个标准”及13项监督专业技术标准，组织开展5家电厂技术监督检查评价，提出问题906项；对24家电厂进行技术监督的再监督，提出查评问题3600余项。制定《发电机组降非停专项治理行动实施方案》，落实防止锅炉“四管”泄漏、电气热工保护误动和运行误操作专项措施，着力提升机组可靠性，机组等效可用系数95.27%。

检修维护。强化检修技改全过程管控，从项目计划、准备、实施、验收和修后评价全过程实施标准化管理。发挥公司管理优势，累计派出检修监理47组233人次，进行检修技改全面监理和督导。全年完成22台机组等级检修，焦作电厂1号、鸳鸯湖1号和府谷1号发电机故障，河曲CFB 2号机组处理汽轮机膨胀不畅、热耗高等重大缺陷和隐患已消除。

重大改革 完成“压减”工作任务，合理压缩管理层级，累计减少法人户数17家。加快剥离企业办社会职能，完成“三供一业”分离移交，6家单位27个项目完成管理职能和资产移交，累计获得国家补助资金10 120万元；完成神东电力医院资产移交准备工作；完成厂办大集体资产评估、尽职调查等工作，安置人员13人，减少1户大集体企业。处僵治困工作取得新成效，6家“僵尸”特困企业均达到国资委验收标准。

经营管理 电力营销逆势上扬。坚持“立足于早，立足于抢”，度电必争，分秒必抢，山西区域电厂率先取得江苏省70亿kWh电量交易订单，新疆区域电厂取得疆电送渝15.51亿kWh和山东定向援疆4亿kWh电量订单，交易电量同比上升10%，交易价格同比上涨5.21元/MWh，实现量价齐增。存量机组利用小时累计完成4679h，同比增加32h，市场占有率110%，在所属区域“三同”对标中，秦皇岛、花园、河曲、神东热电、大南湖、和丰、五彩湾7家单位区域排名第一。依托山东建设集团和燃料管理中心售电平台完成首单售电签约及交易结算，售电业务取得新突破。煤炭销售持续提升。强化生产组织，灵活调整营销政策，奋力开拓和巩固市场。商品煤外销2853万t，同比增加586万t。新孤两站外购煤发运407万t，同比增加65万t，完成年度计划的101.7%。开辟哈密煤炭外销通道，打破哈密地区煤炭销售困局。

依法合规管理。健全法人治理结构，强化参股企业监管，全面提升“三会”决策的科学性，累计完成公司治理和“三会”事项审批663项。加强制度体系建设，新增修订制度176项，完善内部授权管理，强化制度落地执行，企业管理效能进一步提升。

科技创新 开展关键技术攻关，“燃用新疆高碱煤关键技术开发及示范”和国家水重大专项课题顺利通过验收；荣获集团科技进步一等奖1项，三等奖2项；基层单位95个项目获得公司科技进步奖，奖励金额274.8万元。注重知识产权保护，2019年国家知识产权局累计受理公司专利146项（发明专利39项），其中取得授权79项（发明专利15项），完成集团考核指标111%。鼓励开展群众性创新工作，全年奖励“五小”成果295项168万元。

节能减排 开展节能降耗和指标对标，先后完成19台机组性能试验、14台机组节能诊断、11家电厂水平衡试验，府谷、王曲、上湾等11台机组在全国火电机组能效水平对标及竞赛活动中获奖，供电煤耗同比下降0.9g/kWh，综合厂用电率同比降低0.28个百分点。

信息化建设 推广基于“人员定位”的智能安全管控系统，推进各煤矿井下“4G”网络全覆盖，实现生产调度指挥系统数字化，探索风电场职能巡检、煤场职能管控平台应用。顺利完成2019年护网工作，确保了国家能源集团护网防守目标的安全可靠。加大对基层单位网络安全调研指导，形成改进方案，督导推进。

工会工作 组织召开一届五次职工代表大会，更补选职工代表47名，完成40件提案征集、审核和答复。深入实施“惠民”工程，完善员工带薪休假、疗养、医疗等保障措施，改善员工生产生活条件，做好困难帮扶和“送温暖”工作。员工收入稳步增长，连续两年增长幅度均在两位数以上。

党建工作 落实管党治党责任，建立健全各级基层党组织，选优配强各级党员干部，各单位均设置或明确党务部门，持续完善各项党建制度体系，推进党建与业务工作深度融合，党建引领助推效应更加凸显。完成两批“不忘初心、牢记使命”主题教育，解决了一批职工群众关心关切的热点问题，取得了丰硕成果和务实成效，职工满意度超过90%。树立“贫穷不是社会主义，亏损不是世界一流，减亏也是价值创造”的理念，综合施策、多措并举，提质增效扭亏增盈攻坚战成效显著，发电量、煤炭产销量均创出历史最好水平。

主要事件

1月30日，国家能源局印发《关于同意将陕西彬长超超临界循环流化床燃用低热值煤发电项目列为国家电力示范项目的复函》（国能函电力〔2019〕21号），国神集团彬长660MW超超临界CFB项目正式列为国家电力示范项目。

3月18日，由国家能源集团承担，国神集团技术研究院具体负责的“十二五”国家科技支撑计划课题《燃用新疆高碱煤60万～100万kW等级超（超）临界前后墙对冲燃烧π型锅炉关键技术开发及示范》验收会议在西安召开。

3月20日，国家能源集团党组成员、副总经理米树华到府谷电厂调研。

4月27日16：18，鸳鸯湖电厂3号机组通过168h满负荷试运行，试运期间各项技术指标优良。

5月9日，国家能源集团党组书记、董事长王祥喜赴焦作电厂调研。

5月13日，在中国煤炭工业协会五届理事会二次会议上，国神集团上榆泉煤矿、黄玉川煤矿、敏东一矿被授予“2016—2017年度煤炭工业特级安全高效矿井”荣誉称号。

6月11日，技术研究院（CFB研发中心）“CFB锅炉炉内脱硫提效降低Ca/S关键技术研究”成果获国家能源集团2019年QC小组活动成果一等奖，该院CFB提质增效QC小组被授予“优秀质量管理小组”称号。

6月20日13：13，随着第80台风机启动并网，标志着神华国能巴音杭盖200MW风电项目全部建成并网发电。

截至9月26日，国神集团年累计发电量完成900.72亿kWh，较2018年同期增长6.32%。

截至11月3日，国神集团年累计完成发电量1001.5亿kWh，较2018年同期增长4.2%。

截至12月5日，国神集团发电量完成4.92亿kWh。

国家电力投资集团有限公司

【公司概况】 国家电力投资集团有限公司（简称国家电投）成立于2015年5月，由原中国电力投资集团公司与国家核电技术有限公司重组组建的大型国有企业。业务涵盖电力、热力、煤炭、铝业、物流、金融、环保、光伏、电站服务等领域，拥有核电、火电、水电、风电、光伏发电等全部发电类型，是国务院国资委确定的中央企业董事会、中央企业兼并重组、国有企业信息公开、国有资本投资公司试点企业，注册资本金350亿元。

国家电投是世界500强企业，全球最大光伏发电企业，中国三大核电开发建设运营商之一，拥有全球最先进的非能动三代核电技术，牵头组织实施具有自主知识产权的大型先进压水堆核电站、重型燃气轮机两个国家科技重大专项，是国务院国资委确定的智慧能源建设示范企业，牵头发起中国智慧能源产业联盟。

截至2019年底，电力装机容量1.51亿kW，其中光伏1929万kW、核电698万kW、水电2385万kW、火电8155万kW、风电1933万kW，清洁能源占比50.5%。

三代核电自主化依托项目4台机组已全部投入商运，世界先进核电技术“国和一号”已研发完成，积累知识产权成果6513项、国家专利1052项。牵头组织实施重型燃气轮机国家科技重大专项，取得自主铸成大尺寸一级静叶、完成300MW F级燃机概念设计等里程碑成果。光伏拥有科技研发、规划设计、多晶硅、光伏电池、组件制造、工程总承包施工、生产运营、管理培训等完整产业链优势，完成100kW氢能电池研发并上车试运行，是2022年冬奥会项目氢能应用示范合作意向单位。研发了2～250kW系列铁铬液流储能电池产品，实现了所有零部件国产化。

截至年底，国家电投规模1.18万亿元。电力装机容量1.51亿kW，清洁能源占比50.5%；光伏发电装机容量1929万kW，连续三年居世界第一。煤炭产能8194万t，电解铝产能248万t。境外资产712亿元，境外业务范围覆盖64个国家，三大国际评级机构维持A类信用评级。从业人员13万人，所属二级单位60个。

【领导班子】

党组书记、董事长：钱智民

党组副书记、总经理、董事：江毅

党组副书记、董事：祖斌

党组成员、副总经理、总会计师：杨亚

党组成员、副总经理：刘祥民、夏忠

纪检监察组组长、党组成员：陈维义

党组成员、副总经理：王树东、刘明胜

【组织机构】 见2019年国家电投组织机构图。

【党建工作】 2019年，国家电投党组深入贯彻落实党的十九大和历次全会精神，突出政治建设，强化思想建设，坚决贯彻落实两个“一以贯之”，把党的领导融入公司治理各环节，强化党建主体责任落实，党的领导和党的建设全面加强。开展“不忘初心、牢记使命”主题教育，努力把习近平新时代中国特色社会主义思想转化为国家电投高质量发展的方法论。两批主题教育累计解决习近平新时代中国特色社会主义思想落地“最后一公里”和战略落地重点难点问题3204个。坚决贯彻习近平总书记重要指示批示精神，将习近平总书记对国家电投的重要指示批示分门别类建立档案，党组成员分工负责扎扎实实抓好落实。抓好中央巡视反馈问题整改，以中央巡视反馈64个问题整改为总抓手，把中央巡视即知即改和立行立改，选人用人和巡视两个专项整改、主题教育专项整治和党组专题民主生活会整改6个方面的整改一并纳入，形成整改工作清单，党组突出抓10项重大问题的整改，各部门、各单位抓所有7项问题的整改，纪检监察组从所有问题和重点问题两个维度抓监督，一体推进整改落实，到2020年一季度完成全部整改任务。推动党的领导融入公司治理，系统梳理国家电投党组、董事会、经理层的职责权限和决策边界，对各类决策主体议事决策事项实行清单式管理，理清决策主体之间的权责界面，形成“党组沙龙、党组务虚会、党组扩大会、党组专题会和党组决策会”五类机制，实现决策质量、效率大幅提升。强化党建主体责任落实，党组层面创新分工，党组成员既履行分管领域“一岗双责”，又分工承担统战、群团、员工关爱等党内工作和涉及改革发展重大任务等齐抓共管任务。党组书记与党组成员签订绩效责任书，将党组成员履行主体责任纳入年度绩效考核，推动党建主体责任落实落地。强化基层组织力提升，用“清单管理工具”狠抓党建

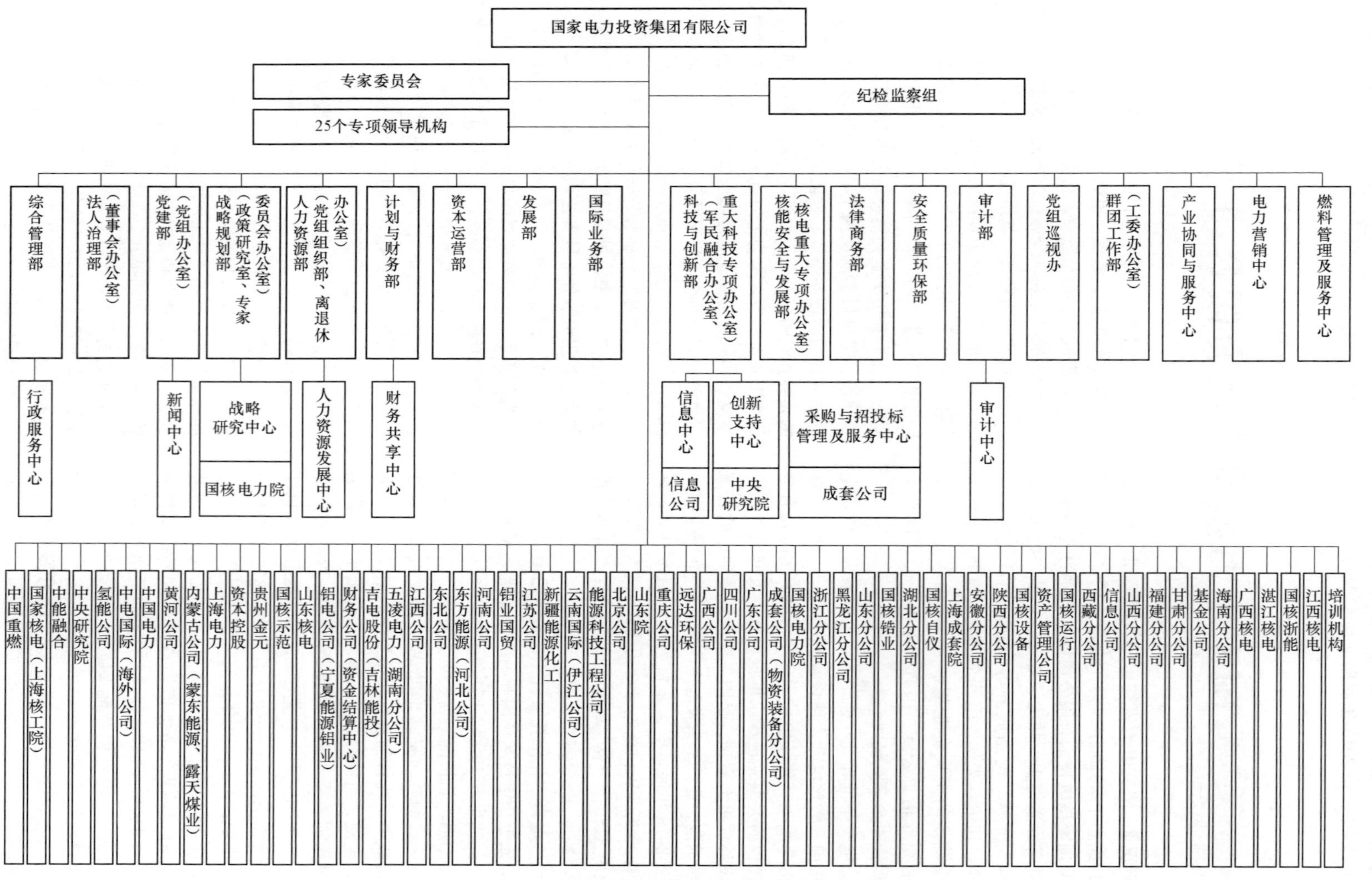

2019 年国家电投组织机构图

考核发现问题整改，编制党支部标准化建设实操工具箱，建立党务干部培训课程模块，不断改进党建工作方法手段，以高质量党建引领国家电投高质量发展。

【企业战略】 总体战略为贯彻落实习近平新时代中国特色社会主义思想和党的十九大精神，深刻把握高质量发展要求，深刻把握全球能源革命趋势，以先进能源技术创新为驱动，以清洁能源供应和能源生态系统集成为方向，以推进产业和区域协调发展、国际化发展和打造国际品牌为路径，以中国特色现代国有企业制度为保障，建设具有全球竞争力的世界一流清洁能源企业。

【国际业务】 响应国家能源外交战略，秉持“一带一路”倡议提出的共商共建共享原则，发挥自身优势，以绿色、高效、清洁能源开发和电站服务业为主导，参与“一带一路”建设和国际能源合作，推进国际产能和装备制造合作，带动中国电力产业上下游企业协同开拓国际市场，跨国经营发展能力稳步提高，国际竞争能力持续增强，品牌影响力逐步提升，发展格局初步形成。

截至年底，国家电投境外业务涵盖日本、澳大利亚、马耳他、巴西、智利、土耳其、巴基斯坦、缅甸等45个国家，其中“一带一路”沿线国家37个，境外资产总额766.37亿元，占总资产的6.48%；境外在运发电机组总装机容量521万kW，其中水电234万kW、煤电182万kW、气电18万kW、风电71万kW、光伏16万kW，清洁能源占比65.1%。境外在建电力装机容量146.8万kW（不含缅甸伊江项目），正在执行的电力工程总承包项目14个，电站咨询设计、运维培训及其他服务项目26个。

截至年底，国家电投已成为智利投资最大的中资企业之一、澳大利亚第二大风力发电企业、巴西第九大独立发电商，拥有巴西第九大水电站，进入马耳他、日本等发达国家市场，拥有缅甸2160万kW水电开发权，“国和一号”（CAP1400）核电技术得到土耳其等国家初步认可，已在巴基斯坦、土耳其、越南等发展潜力大的国家开发大型高效清洁燃煤电站，持续保持三大国际评级机构较高信用评级。

【科技创新】 贯彻习近平总书记关于创新驱动发展的新思想新目标新要求，牢记使命和责任，全力推进核电、重型燃机国家科技重大专项，聚焦先进清洁能源发展，加快关键核心技术攻关，持续提升自主创新能力，取得一系列重要成果和进展，在相关重要领域取得一批达到国际先进水平的标志性重大创新成果。

（1）核能领域。大型先进压水堆核电站重大专项研发目标均已高质量实现，围绕重要领域和薄弱环节，取得一批标志性重大创新成果。完成了CAP1000标准设计（国产化AP1000设计），实现了关键设备制造国产化。开发了具有自主知识产权的“国和一号”（CAP1400）非能动先进核电技术，安全性、经济型和环境相容性均处于世界领先水平。攻克一批关键核心技术，自主研发了反应堆保护系统（NuPAC）、核电站控制系统（NuCON）等“Nu系列”数字化仪控系统、核电设计与安全分析软件（COSINE）、自主化燃料定型组件、反应堆压力容器、蒸汽发生器、爆破阀、主管道等一系列关键技术。核电超大锻件、690U型管、核级锆材、焊材等一批关键材料全部实现国产化。

在落实国家战略同时，贯彻习近平总书记关于北方地区冬季清洁取暖重要指示精神，推进核能应用拓展，充分发挥山东海阳核能综合利用产业基地优势，打造了国内首个核能商业供热示范工程，创新性地实现了核电向核能综合利用转化，为实现北方地区冬季清洁供暖提供了“国家电投方案”。实施的第一阶段70万m^2核能供热，据测算每年可节约2.32万t标准煤，减排222t烟尘、382t氮氧化物及6万t二氧化碳，对节能减排、改善环境作用显著。该项目已被列为“国家能源核能供热商用示范项目”，将为国家未来实现核电热电联产、核能综合利用发挥示范引领作用。

（2）重型燃气轮机领域。重型燃气轮机重大专项取得重要进展。国家电投联合国内相关装备制造企业、高校院所等全力攻关，形成了紧密协同的研发体制及协作机制，研发各项工作均按计划有序推进，并在相关关键领域取得了重要突破性进展。300MW级F级重型燃机完成概念设计，透平一级动叶、静叶首件试制顺利通过鉴定，标志着中国重型燃机热端核心部件自主设计、自主冶炼、自主制造迈出了坚实一步。400MW级G/H级重型燃机完成主部件概念设计。

（3）光伏领域。国家电投作为全球最大的光伏发电企业，认真落实2016年8月23日习近平总书记视察黄河公司时做出的“一定要将光伏产业做好”重要指示，攻关先进光伏电池和组件研发制造技术，形成了先进高效光伏发电从技术研发、设备制造到投资运营的全产业链创新平台。在青海共和建成了全球规模最大、最先进的国家级太阳能发电实证基地。开发出电子级高纯多晶硅产品，打破了国际垄断，具备国内唯一电子级高纯硅生产能力。掌握了全背电极接触晶硅电池（IBC）和高效晶体硅铜栅线异质结电池（C-HJT）等先进光伏发电关键核心技术。已建成中国首条N型IBC电池和组件生产线，转换效率达到23%。完成中国首条C-HJT电池研发中试线全线设备及系统调试，实现首批电池片下线，转换效率达到22.5%。

（4）氢能和燃料电池领域。新一代氢燃料电池研发取得突破。开发出基于自主关键材料部件的百千瓦级电池电堆并完成测试。掌握了催化剂、扩散层、膜电极、双极板、系统集成与控制等关键技术，实现了燃料电池关键原材料和核心零部件国产化，关键技术指标达到国际先进水平。加快布局氢燃料电池产品开发，与中国商飞联合开发氢动力新能源验证机“灵雀H”并试飞成功，联合北汽、中车等开发氢燃料电池汽车，并将为2022年北京冬奥会提供自主研发氢能汽车。与中车联合研发的氢燃料电池城市客车已成功下线。氢能示范推广。在辽宁朝阳建成了国内首个电解制氢掺入天然气项目，达到了验证氢气制、储、掺、用产业链关键技术的目的，填补了国内天然气管道掺氢规范和标准的空白。已初步形成京津冀、华东、华中、华南等区域的氢能和燃料电池产业布局。

（5）储能领域。自主研发的铁-铬液流电池大规模储能技术已具备研发、设计、组装生产等完整技术能力。中国首个31.25kW铁-铬液流电池电堆“容和一号”成功下线，性能测试达到指标要求。中国首个百千瓦级铁-铬液流电池储能示范项目已在河北张家口开工建设。自主研发了熔盐储热、水储热、固体储热、相变储热、地热等多种形式储热关键技术，其中创新研发的单罐水储热系统关键技术及设备，打破了国外垄断，已应用于电厂灵活性改造，带来的经济和社会效益显著。

标准、专利、奖励情况：2019年国家电投主编国际标准2项，主编和参编国家标准20项、行业标准78项、地方标准2项、团体标准23项。申请专利1073件，获得中国专利奖优秀奖2项。获得省部级及行业协会科技奖59项。

（郭东梅）

【黄河上游水电开发有限责任公司】

公司概况 黄河上游水电开发有限责任公司（简称黄河公司）全面落实国家电力投资集团有限公司各项工作部署，开展“不忘初心、牢记使命”主题教育，落实“2035一流战略”，坚持创新驱动和高质量发展，推动“三零”目标实现，经营发展取得新成果。

优化龙羊峡“一库水”调度运用，全年完成发电量637亿kWh，同比增长10.1%，完成年计划的110.95%；全年外送电量突破140亿kWh；营业收入同比增长37.45%；利润总额完成国家电投年初目标的118%，超额完成登高目标。

发展再添新成绩。高比例中标海南州特高压外送通道配套电源项目；积石峡水库水位提升至正常蓄水位；98万kW风电实现全容量并网；IBC电池量产平均转换效率达到23%，光伏发电系统效率提升至84.47%。

资本运作取得新突破。青海黄河增资引战项目成为年度国内第一大非公众公司股权融资项目、央企混改引战第一大项目、国内最大能源电力领域股权融资项目、北交所有史以来第一大挂牌成交项目、五大发电集团迄今为止最大规模对外募集现金方式的股权融资项目。

创新取得新成果。深度融合“产、学、研、用”协同创新体系，继续拓宽联合创新平台并完善运行；完善中小水电及新能源管控机制；推行薪酬激励改革试点；“光伏电站与水电站联合运行系统及运行方法”获得中国专利优秀奖，“高效率低成本IBC电池组件技术研究及产业化应用”被评为青海省工信厅优秀企业技术创新项目，“组件回收及设备国产化”等重点科研项目稳步推进，企业高质量发展核心竞争力大幅提升。

企业影响力和美誉度持续提升。“清洁黄河电”成为国内首例电能产品注册商标，为北京大兴机场“凤凰展翅”充电；参展外交部青海全球推介会，承办青海清洁能源发展国际高峰论坛，在国际清洁能源舞台发声。获得青海省“工业经济运行突出贡献要素单位”“信用建设示范单位”“2019年度中国十大储能项目运营商”“重大科技创新企业”等众多荣誉。董事长谢小平被授予“青海省科学技术重大贡献奖”，当选国际清洁能源论坛副理事长，荣膺“青海省改革创新先进个人”。

领导班子

董事长、党委书记：谢小平

总经理、党委副书记：魏显贵

党委副书记、副总经理：白炎武

党委委员、副总经理：杨存龙

党委委员、副总经理、有色金属总工程师：于淼

副总经理、新能源总工程师：刘柏年

党委委员、副总经理：胡一栋

党委委员、纪委书记、工会主席：孙蔚泓

党委委员、副总经理：王兴玉

财务总监：葛明波

副总经理：王思德

组织机构 机关本部：办公室（董事会办公室）、规划发展部、海外部、经营部、人力资源部（体制改革办公室）、财务产权部、物资与采购部、企业管理与法务部、科技管理部、工程技术部（征地移民办公室）、水电与新能源生产技术部、电力协同产业部、火电部、安全质量部、环境保护部、审计内控部、政治工作部、纪委办公室、工会办公室、巡察工作领导小组办公室、扶贫工作办公室。

本部职能中心：资产管理中心、电力营销中心、纪检中心、安全环保中心、审计内控中心、会计核算中心、劳动人事与薪酬管理中心、培训中心、新闻中

心、档案管理中心。

基层单位：班多发电分公司、龙羊峡发电分公司、拉西瓦发电分公司、李家峡发电分公司、公伯峡发电分公司、积石峡发电分公司、工程建设分公司、新能源分公司（青海芯测有限公司）、西宁发电分公司、兰州新区热电分公司、鑫业公司、智慧能源有限公司、青海黄河光伏维检有限公司、青海黄河新能源维检有限公司、青海黄河矿业有限公司、西宁配售电公司、黄河水电光伏产业技术公司、黄河电力检修公司、新能源系统集成公司、青海黄河中型水电公司、陕西黄河能源有限公司、甘肃中电投新能源发电公司、黄河水电物资有限公司、羊曲发电分公司筹建处、电力技术公司、非洲工作组、太阳能电力公司（西宁太阳能电力有限公司）、风电公司、新能源投资开发公司、电力运营公司（生产信息调度中心）、青海玖源铝业有限公司、新能源工程建设分公司 、甘肃盐锅峡发电有限公司、宁夏黄河水电青铜峡发电有限公司。

发展建设 以构建“清洁低碳、安全高效”的现代能源体系为目标，推动青海省“四个革命、一个合作”试点省和国家清洁能源示范省建设，全力落实青海省人民政府与国家电投签订的“战略合作协议”，参与海南州、海西州清洁能源基地规划和建设，抢占清洁能源发展战略高地。集团战略融入地方发展。坚持规划引领，编制完成《2020—2022 年滚动规划建议》和国家电投《西北区域发展研究报告》。凭借在清洁能源发展方面取得的突出成绩和影响力，青海省能源局委托黄河公司牵头编制《青海省清洁能源供热规划》《青海建设国家清洁能源示范省工作方案》《青海省“十四五”清洁能源发展规划》，实现国家电投战略和黄河公司规划与地方发展的深度融合。深化合作，与海南州人民政府签订“项目合作协议”，与海西州人民政府签订“战略合作协议”“项目合作协议”，明确由黄河公司作为技术支撑单位，参与编制地方“十四五”“十五五”清洁能源发展规划及电源点规划，为地方发展贡献智慧。清洁能源产业加速布局。参与海南州特高压外送通道配套电源项目全部标段投标，并在 99%的标段中排名第一，行业影响力进一步提升。受招标规则限制，最终中标 405 万 kW，占总招标容量的 81%，同时中标 5 万 kW 集中式风电优选项目，开创了企业发展新局面。拉西瓦、李家峡扩机项目作为外送通道重要的支撑电源和调峰机组，纳入外送电源配置规划，明确了商业模式和补偿标准。受托负责海南州千万千瓦级清洁能源基地“一区两园”基础设施规划和建设，项目全部取得核准。黄河梯级电站大型储能项目列入《中共中央国务院关于新时代推进西部大开发形成新格局的指导意见》。

重点工程项目有序推进。提前组织筹划，开展前期手续办理，410 万 kW 新能源项目全面开工建设。历经多年努力，积石峡水库水位提升至 1856m 正常蓄水位。海南州 95 万 kW 风电项目实现全容量并网发电，共和 45 万 kW 风电项目配套储能系统策略调试完成，定边王圈分散式 3 万 kW 风电项目全部投产发电。

IBC 电池及组件生产线完成调试，实现量产，成为国内首条量产电池平均转换效率达到 23%的生产线。

资本运作取得重大突破。按照国家电投资本运作总体部署，主动破解难题，大胆创新工作，重组企业及陕西、甘肃、西藏三省区公司清洁能源资产，搭建国家电投清洁能源平台公司。增资引战项目挂牌后市场反响强烈，获得投资机构高度认可，企业市场影响力和品牌形象大幅提升。引入 8 家实力雄厚的国内一流战略投资方，募集资金 242 亿元，企业发展实力进一步增强。通过增资引战，企业资产增值 305 亿元，溢价率达 210.34%。资产负债率从 83% 降至 61.94%，同时降低国家电投资产负债率 1.5 个百分点，为国家电投发展作出积极贡献。

光伏产业走向海外。着力推进光伏产业“走出去”战略部署，持续加强国际化发展能力和境外公共安全管理能力建设。推进境外重点项目前期工作，代表国家电投落实国家能源局与沙特公共投资基金签订的可再生能源投资谅解备忘录，与沙特国际电力及水务公司签署合作框架协议。IBC 电池组件获得 50MW 出口订单，迈出海外销售第一步。“黄河水电多晶硅”满足韩国两家集成电路硅片企业测试要求，正在着手开展投炉测试验证，企业半导体集成电路用硅料进入海外市场。为澳洲霍顿光伏项目提供运维技术服务，实现海外运维零突破。

安全生产 贯彻国家电投“零死亡”安全生产目标，狠抓安全生产责任落实和基础建设，加大生态环保工作力度，全年安全环保形势持续稳定。安全生产责任制不断深化。全面夯实岗位安全生产责任，确保安全生产目标实现。强化安全管理“穿透力”，开展隐患排查治理、设备管理等专项督查。加强工程建设领域安全管理，明确项目基建移交期各方安全管理职责和工作界面，消灭安全管理“空档期”。修订完善企业《承包商安全管理规定》，将承包商安全管理纳入业主单位安全管理体系，切实提升安全管理水平。安健环体系建设稳步推进。持续深化安健环体系建设，拉西瓦发电分公司达到国家电投“三钻”水平；李家峡发电分公司、电力检修公司、西宁发电分公司 3 家单位达到第二方评估“三钻”水平。企业 95%以上的生产型单位达到第二方评估“二钻”及以上水平，安全管理、危害识别和风险防控能力不断提升，员工自我保护意识明显增强。加强“三基”建设，全力推进安全建设示范班组创建工作，组织562人参加安全管理培训。加大反“三违”力度，违章纠正率达100%。开展各类专项检查和隐患排查，共发现隐患1569项，全部完成整改或制定了防范措施，有效遏制了安全事件的发生。加快安全管理信息化系统建设，完成12项模块的开发和试用。严格落实国家电投生态环保要求，开展生态环保专项监督，发现问题整改率达96%。深入开展废水零排放技术研究与试点，西宁火电全厂废水零排放技术改造示范项目通过验收。加大生态环保设施改造建设力度，完成苏只鱼类增殖站改造，进行积石峡鱼类增殖站改造，推进班多和大通河流域电站生态基流泄放设施建设。完成黄河流域各电站污水处理系统改造，实现污水零排放。加强生态环境保护，开展大型光伏电站生态环境效应评估体系研究。格尔木光伏电站绿化面积达329亩（1亩=$6.6667\times10^2m^2$）。光伏项目建设采用多种新技术，减少对生态环境的影响。

经营管理 抓住黄河上游来水量持续偏丰契机，做好龙羊峡“一库水”调度运用，优化营销策略，拓宽营销渠道，超额完成国家电投下达经营登高目标，电力生产实现稳发大发。沟通协调，龙羊峡水库汛限水位从2588m提升至2592m。按期完成上半年36台次机组检修，确保汛期机组稳定运行。汛前争取按龙羊峡满发流量运行，努力降低水位，腾出防洪库容。汛期加强设备巡查与维护，加密大坝安全监测和库区滑坡体监测，及时消除泄水建筑物缺陷，有效应对黄河干流3次洪水过程和防汛突发事件；汛后适时关闭泄水闸门，龙羊峡水位再度达到2600m正常蓄水位，实现发电、蓄水双丰收。持续优化梯级电站经济运行，提高水能利用率，全年避免泄水损失增发电量约85亿kWh。深入分析新能源发电量完成情况，及时消除设备缺陷，新能源发电量突破90亿kWh。

加强市场分析研判，跟踪协调，拓宽电力交易方式，确保汛期电量消纳。全力加强外送营销，全年外送电量突破140亿kWh，外送范围拓展至14个省（市）。全力控制水电交易电价降幅，黄河水电送山东和李家峡跨省外送量价齐保。“绿电15日”行动期间提供全网71%的电量，连续3年在“绿电行动”中供电超七成。

争取电价优惠政策，强化对标管理，铝液交流电单耗同比下降40kWh，碳素产量和一级品率分别提升12.7%和85%。开展多晶硅质量研究和攻关，电子级产品产量同比提高10.23%，一级品产量同比提高52.41%。电子级多晶硅销量连续2年超过200t，市场占有率15%。加强市场研判，关停西安太阳能电力公司落后产线，降低西宁太阳能公司硅片产能，减少亏损约1050万元。狠抓精细化管理，西宁火电供电煤耗同比降低1.54g/kWh，全年累计入厂标煤单价区域对标最低。

持续开展“两金”压控，回收陈欠电费3.87亿元、新能源电价补贴20.24亿元，减少一年以上其他应收账款2091万元，压降火电板块备品备件849万元，处置报废资产35批次，全面完成国家电投“两金”考核指标。研究税收政策，深度规划税负方案，全年获得减免8.25亿元。推进债务优化，创新融资策略和渠道，财务费用较国家电投预算下达指标节约2.4亿元。

企业创新 凭借企业光伏全产业链优势，不断完善创新体系，增强创新能力，创新发展核心竞争力持续提升。依托企业光伏产业创新平台，组建成立国家电投光伏产业创新中心。继续加强与国内外知名企业、高校及科研机构合作，张建民院士工作站、郝跃院士工作站正式揭牌运行，成立浙江大学集成电路硅材料联合研发中心，联合创新平台增加到20个。开展科学技术进步奖励，进一步激发员工科技创新活力。职工（劳模）创新工作室达到29个，实现生产单位全覆盖。

管理创新持续深化。着力推行集约化、市场化管控模式，不断提高企业效率和效益。贯彻“工资是挣出来的”理念，在新能源市场化单位推行利润提成工资，在鑫业公司实行工资总额预算管理。推进管理岗位目标管理和任务考核，构建生产岗位以计时和计件为主的工资量化分配体系，调动员工工作积极性。新能源建设改变行政命令抽调员工方式，建立市场化用人机制。编印光伏、水电板块理论教材和题库，建设安全实训基地，集约化培训取得良好成效。国家电投大坝安全管理监控信息系统上线运行，成为电力行业首个大型坝群综合业务信息化平台。完成集约化物资管理平台、新能源生产管理系统及风电场智能运维诊断系统建设。

技术创新成果丰硕。参与国际标准制定，《EL实时在线测试标准》通过国际电工委员会IEC－TC82WG3工作组立项。“光伏电站与水电站联合运行系统及运行方法”荣获第二十一届中国专利优秀奖，填补国家电投“中国专利奖”空白；“电子级多晶硅成套技术研发及产业化”项目获国家电投科技进步一等奖；“组件回收及设备国产化”研究项目完成组件回收工艺路线优化及主要设备设计开发方案，取得重要阶段性成果；“硫化镍精矿直接浸出制备电池级硫酸镍探索研究”成果达到国际领先水平。着力推动科技成果转化，高效率低成本IBC电池组件技术、三氯氢硅提纯技术等研究成果应用于新建生产线；光伏发电系统典型子阵对比研究成果应用于光伏电站设计建设。企业全年申请专利153件，获得正式授权75件。发布国家标准1项、行业标准2项，申请软件著作权3项，发表科技论文135篇。

基础管理 围绕“JYKJ”管理体系建设，严格依法治企、合规经营，突出问题导向，补足短板，形成权责明确、规范高效、风险控制有力的管控机制。体制机制改革持续推进。稳步推进新能源管控机制改革，实现运营维检市场化运作，企业经营和成本意识明显增强，运维费降低约30%，同时员工收入实现增长。新能源维检公司承揽公司外部光伏电站和线路运维检修业务，走向市场。

持续完善差异化考核机制，重点任务考核全面融入。首次推行专项工作团队奖励，精准激励效果显著。23个“三供一业”项目管理职能全部移交。依法合规治企逐步完善。推进“JYKJ”管理体系建设，建立健全配套制度，全年发布制度90部。组织知识产权申报，知识产权保护基础不断夯实。法律事务系统成功上线运行。持续强化审计监督，年内完成经济责任审计和资产负债损益审计17项，下达审计意见506条。加强审计发现问题督促整改，不断规范运营管理。内控合规体系建设通过国家电投整体验收，综合排名第一。两级风险台账管理不断加强。大力推进土地、房产确权办证，完成土地证办理2141万m^2、房产证办理5.4万m^2。水电项目验收取得积极进展，班多水电站完成征地移民专项竣工验收，积石峡水电站完成枢纽专项验收现场检查及蓄水验收，大通河流域各水电站完成枢纽专项验收。加快推进新建项目前期合规手续办理，除土地报批外，“一区两园”光伏园区基础设施建设合规手续办理全部完成。不断夯实财务基础工作，加强财务决算管理，全年完成11个增量和遗留存量投资项目竣工财务决算，财务报告编制获得国家电投“优胜单位”称号。

党群工作 强化党组织的领导核心和政治核心作用，扎实开展“不忘初心、牢记使命”主题教育，推动全局工作高质量开展。开展“不忘初心、牢记使命”主题教育，形成思想统一、政治团结、行动一致的良好局面，获得中央第十二巡回督导组高度评价。研究探索党建工作和企业创新发展结合点，全面实施“5+X”示范党支部建设，已完成创建25个。聚焦“三零”目标，组织开展“不忘初心齐奋进、争当先锋创一流”主题实践活动，实施“党建+”实践项目，提升党建工作价值创造能力。以上率下推动“两个责任”落实，形成党委定期听取和研究党风廉政建设及反腐败工作机制。持之以恒纠正“四风”，对查摆出的问题逐一整改销号，整改完成率100%。集中整治形式主义、官僚主义，职工群众满意度99%。探索建立全面覆盖、协同高效的大监督体系，加大监督检查力度，进一步规范权力运行，发现并纠正不合规问题131项。积极配合中央巡视组工作，推进中央和国家电投巡视反馈问题整改落实，顺利通过国家电投专项督查。年内组织开展四批（次）10家单位常规巡察、2家单位巡察“回头看”和2个专项巡察，进一步增强基层党组织管党治党的责任感和紧迫感。

群团工作不断深入。持续加强企业文化宣贯，全力推进奋斗、安全、创新、环境、风险等专项文化建设，企业文化建设内涵不断丰富。多渠道、多方式宣传企业发展成果，3874篇（次）文章及视频在中央电视台、人民日报等媒体发表，企业影响力和美誉度持续提升。弘扬工匠精神、劳模精神，举办企业第四届光伏产业技能大赛，承办两项省级技能竞赛。光伏维检公司被评为“青海省劳动模范集体”，张彩林等2名同志被评为“青海省劳动模范”。强化青年思想引领，开展“青春心向党·建功新时代”主题宣传教育实践活动。坚持围绕中心、服务大局，开展青年安全创优实践、创新创效及“号、手、岗、队”创建活动，广泛发动并凝聚青年力量。

扶贫工作 持续加大精准扶贫工作力度，黄河公司定点扶贫村实现全面脱贫。构建扶贫长效机制，羊旗村生态畜牧养殖合作社实现年度销售分红30万元，贫困户人均增收600余元。探索“光伏+生态+扶贫”新模式，实现电站建设、生态保护、产业扶贫协同发展。全年共投入扶贫及援助资金1406万元，实施扶贫项目11个，惠及6204人。连续2年获得青海省“省直定点扶贫先进单位”荣誉称号。

主要事件

1月1日，公伯峡水电站、苏只水电站实现集约化控制。

5月18日，由国际储能技术与产业联盟主办，中关村储能产业技术联盟协办的“第三届国际储能创新大赛”颁奖盛典在国家会议中心举行，黄河公司获评“2019年度中国十大储能项目运营商”，黄河公司董事长谢小平荣获“2019年度储能年度人物”称号。

5月21日，公伯峡发电分公司在公伯峡水电站库区组织开展了鱼类增殖放流活动，28万余尾长度6cm以上花斑裸鲤鱼苗得以放流。

5月，在由世纪新能源网、光伏品牌实验室（PVBL）联合主办的CPC2019第四届世纪光伏大会上，黄河公司获评“2018年度光伏品牌排行榜电站投资商品牌价值第一名”。

6月4日，由黄河公司主编的能源行业标准《水电工程岩芯收集与归档规范》被国家能源局批准发布。该规范将于2019年10月1日起正式实施。

6月9日0:00～24日0:00，青海省连续15天360h全部使用清洁能源供电，再次刷新全清洁能源长时段连续供电记录。期间，黄河公司在青海的1484.08万kW的水电与新能源装机，共发电27.62亿kWh，占青海电网全网发电量的71%。这也是黄河公司连续三年在青海省“绿电行动”中供电超7成。

6月30日，黄河公司海南州多能互补集成优化示范工程40万kW风电项目及330kV升压站项目实现全容量投产。

6月，由青海省政府国资委、省企业联合会等共同组织发布的2019年度“青海企业50强”排行榜中，黄河公司位列第三，再次蝉联“青海企业50强”称号。

7月1日，拉西瓦水电站长周期累计发电量达1000.27亿kWh。

7月，黄河公司电量外销工作取得突破性进展，单月外送电量达23亿kWh，首次突破20亿kWh大关，创单月外送最佳成绩。

8月6日，李家峡发电分公司实现长周期安全生产7000天。

8月14日9:40，“浙江大学硅材料国家重点实验室——黄河水电集成电路硅材料联合研发中心”和“青海芯测科技有限公司”在光伏产业技术创新中心大楼揭牌，标志着黄河公司为加强高端硅材料研发、守护国家信息产业安全注入了“双擎”动力。

9月4日，在杭州国际博览中心举办的“中国清洁能源成就发布会暨辉煌70年清洁能源创新发展盛典”上，黄河公司被评为“重大科技创新企业”，董事长谢小平被授予“中国清洁能源杰出贡献人物”。

9月8日，班多发电分公司年累计发电量为12.7425亿kWh，完成年计划发电量12.73亿kWh的100.1%，提前114天完成年度发电量任务。

9月25日，黄河公司向北京大兴国际机场提供“清洁黄河电”528万kWh，首次为“凤凰展翅”充电，被“学习强国”等平台广泛宣传。

9月29日，青海省海南州特高压外送基地300万kW光伏+200万kW风电电源配置项目投资主体招标中标结果正式公布，国家电投、黄河公司及其联合体中标规模405万kW，其中光伏240万kW、风电165万kW，中标率81%。

10月10日，公伯峡水电站5台机组全天满负荷运行，全厂日负荷率99.34%，单日发电量3552.39万kWh，是投产发电以来的单日最高发电量。

10月15～16日，由中国电力企业联合会组织，黄河公司档案中心承办的《光伏发电建设项目声像文件收集与归档规范》（送审稿）审查会在西宁召开，水电水利规划设计总院、南方电网公司、国家电投、国家能源集团、东方日升新能源股份有限公司等17个单位的专家参加了此次会议。专家认为，黄河公司主编的《光伏发电建设项目声像文件收集与归档规范》总体达到了国际先进水平。

10月17日，积石峡水电站2019年总发电量已达387 547.2万kWh，完成年初计划的100.19%，提前76天完成全年发电任务。

10月18日，太阳能电力公司IBC双面电池组件于通过组件IEC 61215/61730：2016标准测试，成为国内首家IBC双面电池组件获得德国TUV IEC新标准认证的光伏企业。

10月19日，由太阳能电力公司投建的国内首条量产规模的IBC电池和组件生产线产品成功下线。

10月19日7:15，龙羊峡水库水位达到历史最高水位2600.34m。

11月4日，国家能源局以〔2019〕第6号发布公告，批准发布了多项标准，其中包括由黄河公司主编的能源行业标准《水电工程声像文件收集与归档规范》（NB/T 10239—2019），该规范将于2020年5月1日起正式实施。

11月12日0:00，李家峡水电站年发电量达66.6655亿kWh，超出年计划发电66.6亿kWh，发电完成率100.1%，提前50天完成年计划发电量。

11月22日，黄河公司参与年内第三次西北送华中省间双挂双摘交易，在交易时间0.5min的情况下竞得水电电量3000万kWh。

12月12日，黄河公司分别以青黄电司体改〔2019〕325号、326号印发《关于成立宁夏黄河水电青铜峡发电有限公司的通知》《关于成立甘肃盐锅峡发电有限公司的通知》，明确了企业注册地址、注册资本、企业性质、经营范围、治理结构和运作模式。

12月16日，央企混改引战第一大项目、国内最大能源电力领域股权融资项目、本年度国内第一大非公众公司股权融资项目——青海黄河增资引战项目签约仪式在北京产权交易所举行。在国务院国资委产权局副局长郜志宇、国务院国资委总会计师白英姿、青海省副省长王黎明、国家电投董事长钱智民及战略投资方代表、中介机构代表、北京产权交易所的见证下，国家电投资本部主任韩志伟、黄河公司董事长谢小平代表国家电投、黄河公司，与中国人寿、工商银行、农业银行、中国国新、国投集团、浙能集团、云南能投、金石投资正式签署“青海黄河上游水电开发有限责任公司之增资协议”。

12月31日，陇电分公司创造连续安全生产6832天的新纪录。

12月，龙羊峡发电分公司荣获中国安全生产协会“2019年全国安全文化建设示范企业”称号。

2019年，黄河公司完成发电量637亿kWh，同比增长10.1%，完成年计划的110.95%；全年外送电量141亿kWh，其中水电外送109亿kWh；营业收入同比增长37.45%；利润总额完成国家电投年初目标的118%，超额完成登高目标。

2019年，黄河公司资产增值305亿元，溢价率210.34%。资产负债率从83%降至61.94%，同时降低国家电投资产负债率1.5个百分点。

2019年，黄河公司全年申请专利153件，获得正式授权75件。发布国家标准1项、行业标准2项，申请软件著作权3项，发表科技论文135篇。

（许为宁）

【国家电投集团四川电力有限公司】

公司概况 国家电投集团四川电力有限公司（简称四川公司）是国家电力投资集团有限公司的全资子公司，四川公司成立于2012年6月，代表国家电投与地方政府及有关部门进行工作联系，全面负责国家电投在川及其周边区域资产的投资、建设、发展和运营管理，承担国家电投西南区域发展战略和发展布局的重任。

截至2019年底，四川公司注册资本金26亿元，资产总额120亿元，在建及投产装机容量117.55万kW，资源储备超过1300万kW，全部为清洁能源。项目遍布川滇黔10余个市州，涵盖水电、光伏、风电，形成“储备一批，开工一批，投产一批”滚动发展的良好态势，是四川省最大的光伏扶贫发电企业，光伏装机位居四川第二。

领导班子

执行董事、党委书记：石四存

总经理、党委副书记：周庆葭

党委委员、副总经理：江浩

党委委员、副总经理：谭本刚

党委委员、纪委书记、工会主席：傅开伟

党委委员、副总经理：王举宝

组织机构 机关本部：办公室、计划与发展部、人力资源部、财务与股权部、生产运营部、工程管理部、物资与采购部、政策与法律部、安全质量环保部、审计内控部、纪委办公室、党群工作部（工委办公室）。本部业务中心：项目前期管理中心、会计核算中心、工程技术中心。基层单位33家。

企业战略 在国家电投“2035一流”战略目标引领下，融入“治蜀兴川”发展大局，以地方产业规划为引导，结合西南地区资源禀赋及自身发展实际，坚持“电为核心、水新并举、清洁发展”战略，以差异化发展为突破口，着力构建起“区域化、流域化、规模化”的发展模式。形成以甘孜州千万千瓦超高海拔多能互补藏区扶贫示范基地为龙头，阿坝、凉山、黔北三个百万千瓦清洁能源基地为依托的“1+3”发展格局。同时，以天府新区为重点，拓展电能替代、综合能源开发等新业务、新业态，致力于建设区域一流清洁能源企业。

安全生产 围绕“零死亡、零事故”，压实安全责任，连续三年安全生产尽职督察全覆盖。持续采取经验反馈、督办、约谈、“四不两直”等有效方式，不断强化安全监督穿透力。全面推进班组安全建设，制定发布班组建设工作指南，对17个班组开展评估。着力抓好承包商安全风险管控，细化承包商安全管理手册，开展承包商安全管理专项督查督办。扎实推进QHSE体系建设，组织开展多层次体系建设培训，完成QHSE手册编制，中水公司通过准“三钻”验证。夯实环保管理基础，严格落实国家电投环保督办事项，及时约谈整治滞后单位。强化特殊时期和关键环节管控，有效应对宜宾长宁6.0级地震，乐山、龟都府特大暴雨灾害。完成新中国成立70周年保电任务，强化疫情期间应急和安全管理，安全生产局面总体平稳。截至12月31日，连续安全生产1104天。

企业管理 构建SPI和JYKJ管理体系。建立JYKJ管理组织机构，搭建“1+11”管理制度体系，完善考核评价。突出考核成果运用，强化考核结果与效益工资挂钩。组织架构持续优化。成立生产运营中心（资产运营分公司），组建省级营销中心、工程技术中心、综合能源平台公司。着力一流队伍建设，印发《加强和改进队伍建设的指导意见》。面向社会公开招聘引进人才12人，完成应届毕业研究生录用。强化工程建设管理。首次参与省能源局光伏项目声像文件归档规范制定。强化依法治企、风控和审计监督。推进法治信息化平台建设，所属单位制度检查全覆盖。完善审计与风险管理委员会工作机制，完成经济责任审计5项、扶贫和降杠杆专项审计2项、4家单位现场内控评价。

党建工作 开展“不忘初心、牢记使命”主题教育，做好巡视整改，毛尔盖项目历史遗留问题进入巡视整改销号。压实党风廉政建设责任，推进纪检监察体制改革，完善“大监督”格局和工作体系。深化作风建设，开展形式主义、官僚主义集中治理。收发文、发布会议通知数量同比明显下降。

坚持以党建带群团，同步推进企业民主管理和妇女、团青工作。持续推进“安心安家”工程，天府新区办公楼购置获得国家电投正式批复。在国家电投“建功创一流”技能竞赛中取得团体、个人佳绩。新闻宣传工作成绩突出，信息工作排名提升，企业品牌建设和软实力有效增强。

精准脱贫 完成定点扶贫美姑县、对口帮扶喜德县年度扶贫与援助任务。全年投入资金642万元，争取省国资委党员经费60万元，共派驻7名扶贫挂职干部。开展远方助学和扶贫干部培训超200人次，完成瓦乌村整村援建等11项扶贫项目，惠及1466户家庭、9520名彝族贫困群众。持续开展党建结对扶贫，领导班子成员结对帮扶6个贫困户，定期走访慰问。建成投运的13万kW光伏扶贫项目，为1.4万个藏羌贫困家庭带去持续20年的稳定收入。挂职扶贫干部吉克左格获得四川省对口帮扶先进个人表彰，荣获国家电投“2019年建功创一流杰出奋斗者”光荣称号。扶贫工作的生动实践，入选央视《手挽手——精准扶贫央企在行动》专题节目。

主要事件

2月27日，四川公司投资建设的成都生物制品研究所电能替代项目并网供汽，标志着四川省首个工业用户以电代气示范项目形成实际产能。

6月18日，在四川天府中央商务区总部基地项目集中签约仪式上，国家电投与四川天府新区成都管委会签署全面合作协议。

（徐　琴）

【国家电投集团内蒙古能源有限公司】

公司概况　2019年，国家电投集团内蒙古能源有限公司（简称内蒙古能源公司）按照高质量发展要求，以深化改革、提质增效、清洁发展为驱动，将追赶超越落实到生产经营、改革发展各方面，贯穿党的建设全过程，各项工作再创佳绩。完成国家电投下达的各项任务，在综合考核中位列生产经营类第一名。经营效益大幅增长，利润总额完成国家电投下达目标的105%；加快推进清洁低碳发展步伐，新能源在建、核准项目807.5万kW。截至年底，内蒙古能源公司拥有煤炭产能8100万t，火电679.9万kW，新能源164.1万kW（风电108.1万kW、光伏发电56万kW），电解铝运行产能86万t，赤大白、锦赤铁路运营里程627km，锦州煤炭港口规模1800万t/年。

领导班子

总经理、党委副书记（法人代表）：刘建平

党委副书记、工会主席：王伟光

党委委员、副总经理：王铁军

党委委员、副总经理：王明策

党委委员、纪委书记：梁宝生

党委委员、总工程师：刘凤友

党委委员、总工程师：袁广忠

党委委员、总经济师：赵义群

党委委员、总会计师：王振林

党委委员、总经济师：黄保军

党委委员、副总经理：赵　然

组织机构　机关本部：办公室（董事会办公室、党委办公室）、党建部、战略规划部（政策研究室、专家委员会办公室）、人力资源部（党委组织部、离退休办公室）、计划与财务部、资本运营部（专职董监事办公室）、发展部、科技与创新部、法律商务部、物资管理部、火电部、煤炭部、铝业部、新能源部、路港部、电力市场营销中心、安全质量环保部（煤矿安全监察局、调度中心）、审计部、纪委办公室、党委巡察办、群团工作部（工会办公室）。本部职能中心：行政服务中心（离退休服务中心）、新闻中心、人力资源发展中心（人才评价中心、社保中心）、煤矿生产技术研发和生态恢复中心、新能源工程建设和技术研发中心、路港生产调度指挥中心、审计中心。基层单位39家。

安全环保　开展“安全管理提升年”活动，优化体系，实化责任，细化措施，强化监督，安全环保各项工作取得积极进展，实现了“零死亡”“零事故”“零事件”目标。全年投入安全费用5.7亿元，结合隐患排查治理持续提升物防、技防水平，累计排查治理各类安全隐患15 263项，保障了安全生产形势持续稳定。霍林河坑口发电公司创新智慧型班组建设，实现了管理标准化、档案规范化、上岗到位和隐患排查信息化、班组定期活动无纸化、HSE管理工具应用智能化，荣获全国安全文化示范企业。扎哈淖尔煤业公司承包商安全管理示范建设形成“一同四创”良好实践，特别是“5G技术应用”，率先探索出露天煤矿安全管理新途径，在行业内部引起热烈反响，示范成果荣获第二十六届全国企业管理现代化创新成果二等奖、国家电投2019年管理创新成果二等奖。大板发电公司生产现场标准化、通辽发电总厂等级检修标准化、白音华自备电厂建设工程“六化”和白音华煤业公司安全生产标准化等示范典型正引领公司安全管理水平整体提升。坚持以更高更严的标准实施草原生态恢复治理，“两地五矿”投入资金4.48亿元，完成覆土、整形、绿化面积3.16万亩，复垦绿化率由92%提高到97%以上，植被覆盖度由35%提高到52%以上，实现了“一年大变样”的治理目标。科学制定规划，积极谋划生态恢复治理，制定标准规范，率先在行业内编制完成《露天煤矿生态环保标准化管理指导手册》。将环保监管平台远程监督纳入日常管理范畴，保持平台信息、数据、报警点连续监督，及时掌握各单位环保状况，异常跟踪、分析和督导高效有力，污染物排放超标点得到有效控制。

能源开发　煤电铝产业链不断完善。《内蒙古霍林河一号露天矿采区优化整合方案》获批，北露天矿三证并存等历史遗留问题得到有效解决；白音华自备电厂突破传统工序，采用分层、模块化施工模式；通铝公司平稳关停，11.5万t产能指标转移，白音华铝电项目剩余电解铝产能指标全部落实；白音华2×66万kW坑口火电特高压外送项目取得核准。新能源布局全面铺开。乌兰察布600万kW风电项目举行开工动员大会，通辽100万kW风电外送基地项目获得核准，阿拉善4万kW竞价光伏项目并网。成功取得上海庙外送通道阿拉善区域配套风电40万kW项目、达拉特光伏发电领跑基地二期10万kW项目指标。全年在建55.5万kW，建成投产29万kW。紧抓国家光伏领跑基地项目业主优选有利时机，库布其沙漠达拉特基地30万kW光伏项目在国内开创了133天一次建成沙漠光伏的先河，输送绿色能源的同时，光伏板间隔植被固沙治沙1.2万亩，“骏马”图案的开创性设计以及项目生态治理典范作用在2019年全国“两会”期间被央视长时专题报道，项目图案成功通过吉尼斯世界纪录认证，被收录在中国建国70周年特别版图书《中国骄傲70年》，并获得2018年度中国能源项目创新奖。境外项目稳步推进。承担项目咨询和技术服务的巴基斯坦塔尔煤田一期项目建成移交，成为该国煤矿开采的样板项目。立足区位优势，成立驻蒙古国代表处，抢抓海外发展机遇。

生产经营 煤炭板块以大营销体系为载体，发挥煤炭价格管理委员会作用，实施精准营销策略，优化报价审批流程，快速响应市场变化，二季度弥补销售欠量492万t，扭转销售欠量的不利局面，2019年长协价格上调20元/t。火电板块供电煤耗同比降低2.16g/kWh，综合厂用电率同比降低0.06个百分点，发电量同比多发14.35亿kWh。加强与国网东北分部沟通协调力度，参与火电灵活性调峰，售电单价和交易电量实现双提升，售电业务实现“零”的突破；通过把握辅助调峰和抢发电量、开展纳税筹划、合理偿贷及争取地方环保技改财政补贴，进一步提高了净资产收益率，实现效益最大化。铝业板块坚持状态检修与预防维修并重，设备完好率和计划检修完成率双达标。通过强化电流增加产量3万吨，多措并举提高质量，低铁铝率69%。自产碳块通过优化配料方式、装出炉质量、火焰周期和升温曲线等工艺条件实现质量产量双提升。新能源板块上网电量同比增加5.94亿kWh，风电限电率同比下降1.47%，达拉特项目和山西交口项目新增产能贡献明显。路港板块创新营销模式，深度挖掘外部市场，环渤海地区的市场份额得到进一步扩大。与华电龙口电厂、厦门港口贸易公司签订长协合同，系统外长协合作模式取得初步进展。控降融资成本，压降财务费用1.97亿元；争取“税改红利”，涉税成本减少3.2亿元。

科技创新 坚持“安全、智能、清洁、高效”的创新理念，紧跟产业领域尖端前沿技术，成立煤矿生产技术研发和生态恢复中心、新能源工程建设和技术研发中心，成为实施相关技术研发、推动技术进步、提供技术支持服务的主体与平台。与中国移动内蒙古公司签署战略合作框架协议，利用NB－IoT、5G、无人巡检等领域的先进技术，为内蒙古“大连接”提供持续的技术创新能力。坚持技术引领和产业支撑并重，完善企业为主体、市场为导向，产学研用相结合的技术创新体系。研发投入7848万元，同比增加118%。参加国内国际学术交流，把握前沿技术发展，着力推进科技项目建设，开展煤仓清理机器人研发、电解铝烟气无组织排放深度治理技术开发与应用、数字化矿山建设、卡车无人驾驶技术研究、智慧矿山等重点项目建设工作，推动企业创新发展。推进“双创”工作，设立员工自主创新基金，职工（劳模）创新工作室34个。培育高新技术企业，内蒙古霍煤鸿骏铝电有限责任公司通过国家高新技术企业认定。科技创新成果丰硕，获得国家电投及行业科技成果奖励14项，其中“铝电解烟气石灰石-石膏法脱硫脱氟除尘技术开发及产业化”获得中国有色金属工业协会科学技术一等奖、国家电力投资集团有限公司科学技术进步一等奖；年内申请专利19项，其中发明专利7项，实用新型专利12项，专利授权4项，申请软件著作权6项。

机制改革 与物流公司战略重组平稳完成，成为国家电投首家成功完成两次合并重组的二级单位。推进“双百行动”综合改革，2019年既定的6个方面、9大项改革任务已基本完成。其中：混合所有制改革见成效，完成霍煤鸿骏51%股权注入上市公司工作，募集配套资金10.35亿元，露天煤业总市值接近200亿元，内蒙古公司管理口径资产负债率降低约1.3个百分点，资产证券化率由22%提高至45%。乌兰察布600万kW风电基地项目平台公司组建完成，投资结构实现优化。扎哈淖尔煤业公司增资扩股方案形成，引进战略投资者工作稳步推进。煤制烯烃项目以6.57亿元的成交价完成转让，在收回全部投资基础上增值1.24亿元，实现战略退出。宝泰仑项目移交国资委平台工作基本完成。抓住政策契机，顶住稳定压力，坚持以群众利益最大化为初心使命，出色完成了通铝公司整体停运和员工安置工作。

企业管理 以国家电投“2035一流战略”为统领，完成中长期发展规划修订和三年滚动规划编制工作，分解落实集团公司总体战略目标，按照“2020、2025、2035”三个阶段制定了战略落地整体工作方案，成立战略规划落实、JYKJ体系建设、一流本部建设以及火电、煤炭、铝业、新能源四个一流产业建设等7个工作推进组，分项工作方案和配套制度建设按计划完成。全面衔接国家电投JYKJ制度汇编，强化计划预算的导向作用和考核激励的促进作用，制定完成以一体化管理制度为总体“1”制度，同时制定了综合计划、全面预算等7项管理办法，“1＋*N*”制度体系基本建立。推进法治央企建设，重大决策事项、规章制度审查率达到100%。白音华电铲案等重点疑难案件取得重大突破，挽回经济损失约 1.4 亿元。

党群工作 推行大党建例会制度和“季度自查＋年度总评”的党建工作考核模式，实施党支部标准化建设“三级登高”和“1＋1＋N 党员工程”主题实践活动，各级党组织“把方向、管大局、保落实”作用明显加强。推进巡视整改，十八届中央巡视发现的五项问题整改全部完成。完成了中央第十一巡查组对国家电投开展的政治巡视配合工作。开展内部巡察，开展三轮对 6 家所属单位党委的政治巡察。新闻宣传多维度展示公司发展成果，在新华社、中央电视台、人民网等媒体发表报道超 2200 篇。发挥报纸、网站、电视、期刊、微信媒体优势，内聚人心、外树形象，首部微电影《源来有你》获电力“奥斯卡”一等奖和中国首届“能源杯”微电影大赛最佳策划奖。举办首届职工运动会、首届诗词大会，启动第二届职工草原文化艺术节，首届“挑战不可能”大赛等活动。持续推进幸福企业创建，组织慰问困难党员，发放慰问金 40 余万元。发放特重病、心连心、帮扶救助基金 305 万元，拨付 25 万元推动“造血”式帮扶救助，帮助极其困难家庭打通创业渠道，幸福企业创建落到实处。

扶贫工作 响应国家精准扶贫政策，2019 年完成扶贫捐赠项目 18 个，惠及贫困人数 4727 人，投入资金 686 万元。被内蒙古自治区扶贫开发领导小组授予“优秀扶贫龙头企业和万企帮万村优秀企业”荣誉称号及通辽市科左中旗旗委、旗政府授予“助力脱贫攻坚优秀爱心企业”。内蒙古公司扶贫书记王有财得到人民日报发表的《内蒙古通辽市管好用好派驻扶贫干部争旗夺标　激发干劲》文章中点名表扬。

主要事件

3 月 27 日，内蒙古能源公司向深度扶贫结对村科左中旗花吐古拉镇柏林艾勒嘎查捐赠深度扶贫款 70 万元，主要用于该嘎查集体经济养牛合作社建设，力争实现该嘎查脱贫由“输血”向“造血”转变。

5 月 15 日，在中国企业文化研究会主办的第六届中国企业传媒与品牌传播年会上，内蒙古能源公司获评“中国企业全媒体传播体系构建与品牌传播优秀单位”，《蒙东能源报》“国家电投内蒙古公司”官微获得中国企业文化与品牌传播优秀报纸、微信公众号二等奖。

7 月 9 日，由内蒙古能源公司参与建设的巴基斯坦塔尔煤田Ⅱ区块露天矿及 2×330MW 燃煤电站项目两台机组通过 168h 满负荷试运行，同日完成机组性能试验，成为巴基斯坦塔尔煤田 14 个区块中首个实现商业运行的项目。

7 月 9 日，由内蒙古能源公司创建的全国最大沙漠生态光伏发电站“骏马”——达拉特旗光伏发电站，通过吉尼斯世界纪录认证，成为世界上最大的光伏板图形电站。

7 月 25 日，锡林郭勒盟阿巴嘎旗绿能新能源公司别力古台风电场一期 225MW 风电项目奠基仪式在别力古台镇敖伦宝拉格嘎查举行。

7 月 26 日，上海联合产权交易所出具产权交易凭证，蒙西能源 100％股权（仅包含煤制烯烃项目）最终成交价为 6.566 亿元。

9 月 2 日，内蒙古自治区达拉特旗人民政府公告光伏发电领跑奖励激励基地入选企业名单，内蒙古公司入选第 4 标段，获得 10 万 kW 项目开发权。

9 月 6 日，内蒙古自治区阿拉善盟发展和改革委员会发布上海庙—山东直流特高压输电通道配套可再生能源基地阿拉善盟区域 1600MW 风电项目推荐投资企业评优结果公示，内蒙古公司评分排序第三名，获得 40 万 kW 项目开发权。该项目于 11 月 29 日核准。

9 月 18 日，内蒙古能源公司与物流公司战略重组动员会议在北京召开，标志着两家单位正式重组。

9 月 26 日，内蒙古自治区人民政府与国家电力投资集团有限公司深化合作框架协议签约仪式暨乌兰察布风电基地一期 600 万 kW 示范项目开工建设动员大会在四子王旗工程现场召开，标志着全球单体最大的陆上风电项目进入工程建设阶段。

11 月 28 日，霍煤鸿骏铝电公司牵头完成的“铝电解烟气石灰石-石膏法脱硫脱氟除尘技术开发及产业化”项目，经中国有色金属工业协会、中国有色金属学会评审及公示，荣获 2019 年度中国有色金属工业科学技术一等奖。

11 月 28～29 日，通辽 100 万 kW 外送风电基地项目可行性研究报告顺利通过水电水利规划设计总院专家组评审，完成了项目前期工作重要节点，为项目核准及开工建设奠定基础。

12 月 18 日，霍煤鸿骏铝电公司通过国家高新技术企业认定。

12 月 19 日，通辽发电总厂贮灰场生态环境综合治理 150MW 光伏发电项目完成 220kV 线路、主变压器、35kV 线路倒送电，24 台箱式变压器（432 台逆变器）、24 台箱式变压器逆变一体机（386 个汇流箱）送电，实现回路一次并网成功。

12 月 25 日，内蒙古能源公司通辽 100 万 kW 风电外送项目获通辽市能源局核准。

12 月 25 日，内蒙古能源公司开鲁建华 2 号 300MW 风电场后续（250MW）风电项目首台风机并网发电成功。

12 月 30 日，内蒙古能源公司在南露天煤矿对 2 台无人驾驶自卸车进行初验。

（霍志刚）

中国长江三峡集团有限公司

【公司概况】 经国务院批准，中国长江三峡工程开发总公司于1993年9月27日正式成立，并于2009年9月27日更名为中国长江三峡集团公司。2017年12月28日，完成公司制改制，更名为中国长江三峡集团有限公司（简称中国三峡集团），总部位于中国北京。

中国三峡集团战略定位为：主动服务长江经济带发展、“一带一路”建设等国家重大战略，在深度融入长江经济带、共抓长江大保护中发挥骨干主力作用，在促进区域可持续发展中承担基础保障功能，在推动清洁能源产业升级和创新发展中承担引领责任，推进企业深化改革，加快建成具有较强创新能力和全球竞争力的世界一流跨国清洁能源集团。

历经20多年持续健康发展，中国三峡集团围绕清洁能源和长江生态环保主业形成了工程建设与咨询、电力生产与运营、流域梯级调度与综合管理、国际能源投资与承包、生态环保投资与运营、新能源开发与运营管理、资本运营与金融业务、资产管理与基地服务八大业务板块。业务遍布国内31个省、自治区和直辖市，以及全球40多个国家和地区，已经实现从三峡走向长江、从湖北走向全国、从内陆走向海洋、从中国走向世界的跨越式发展。2018年12月，中国三峡集团被纳入中央企业创建世界一流示范企业名单。

【领导班子】

1. 董事会

董事长：雷鸣山

董事：王琳

外部董事：丁中智、王志森、张元荣、夏大慰

职工董事：蔡庸忠

2. 领导班子

党组书记、董事长：雷鸣山

党组副书记、董事、总经理：王琳

党组成员、副总经理：王良友

纪检监察组组长、党组成员：龙飞

党组成员、副总经理：范夏夏、张定明

党组成员、副总经理、总会计师：杨省世

党组成员、副总经理：孙志禹

【组织机构】 见2019年中国三峡集团组织机构图

【经营管理】 截至2019年底，中国三峡集团拥有二级公司23家（其中控股上市公司2家），从业人员2.53万人（含海外约1500人）。资产总额8356亿元，资产负债率49.31%，可控、权益和在建总装机规模达到1.33亿kW，其中可控装机容量7515万kW，在建装机容量3311万kW，权益装机容量2451万kW，96%为清洁可再生能源。2019年，全年完成发电量近2900亿kWh，实现营业收入992.6亿元，实现利润总额435.4亿元，信用评级继续保持国家主权评级。在2019年度中央单位定点扶贫考核中再次获得“好”的评价，经营业绩考核连续12年为A，在中组部、国务院国资委对中管企业领导班子2016—2018年任期综合考核中获评“优秀”。

【改革发展】 2019年，中国三峡集团深入贯彻落实习近平总书记关于国有企业改革系列重要论述和关于集团公司改革发展重要批示指示精神，准确把握国有企业改革“1+*N*”系列文件精神，以创建世界一流示范企业为统领，持续深化内部体制机制改革，健全中国特色现代国有企业制度和灵活高效的市场化经营机制，着力在关键环节和重点领域率先突破，推动中国三峡集团实现高质量发展。

（1）推动创建世界一流示范企业。中国三峡集团对标“三个领军”“三个领先”“三个典范”，在全球范围内选择了5家国际先进企业和4家国内领先企业，从经营实力、财务绩效、技术经济、国际化经营、软实力等5个维度开展全球对标工作，研究制定《创建世界一流示范企业总体实施方案》，明确了创建世界一流示范企业总体任务目标、具体举措、责任部门单位以及完成时限等。

（2）优化集团公司管控体系。中国三峡集团根据《国务院关于印发改革国有资本授权经营体制方案的通知》《国务院国资委授权放权清单（2019年版）》要求，全面梳理总部与子公司权责界面事项145项（不含党群工作、巡视工作、纪检监察工作），对子企业新增或扩大授权共计41项，授权放权占比超过32%，并根据子企业行权能力和实际需要，“一企一策”完成首批7家子企业特别授权放权清单。

（3）建立健全市场化经营体制机制。中国三峡集团坚持以三项制度为重点，持续健全市场经营机制，加快形成人才选聘市场化、干部退出制度化、考核评价精准化、劳动合同契约化、薪酬管理规范化、收入分配差异化六大机制。

（4）稳妥推进混合所有制改革。截至12月底，中国三峡集团混合所有制企业户数292户，占合并报表企业户数79%，总资产的42%、营业收入的66%、

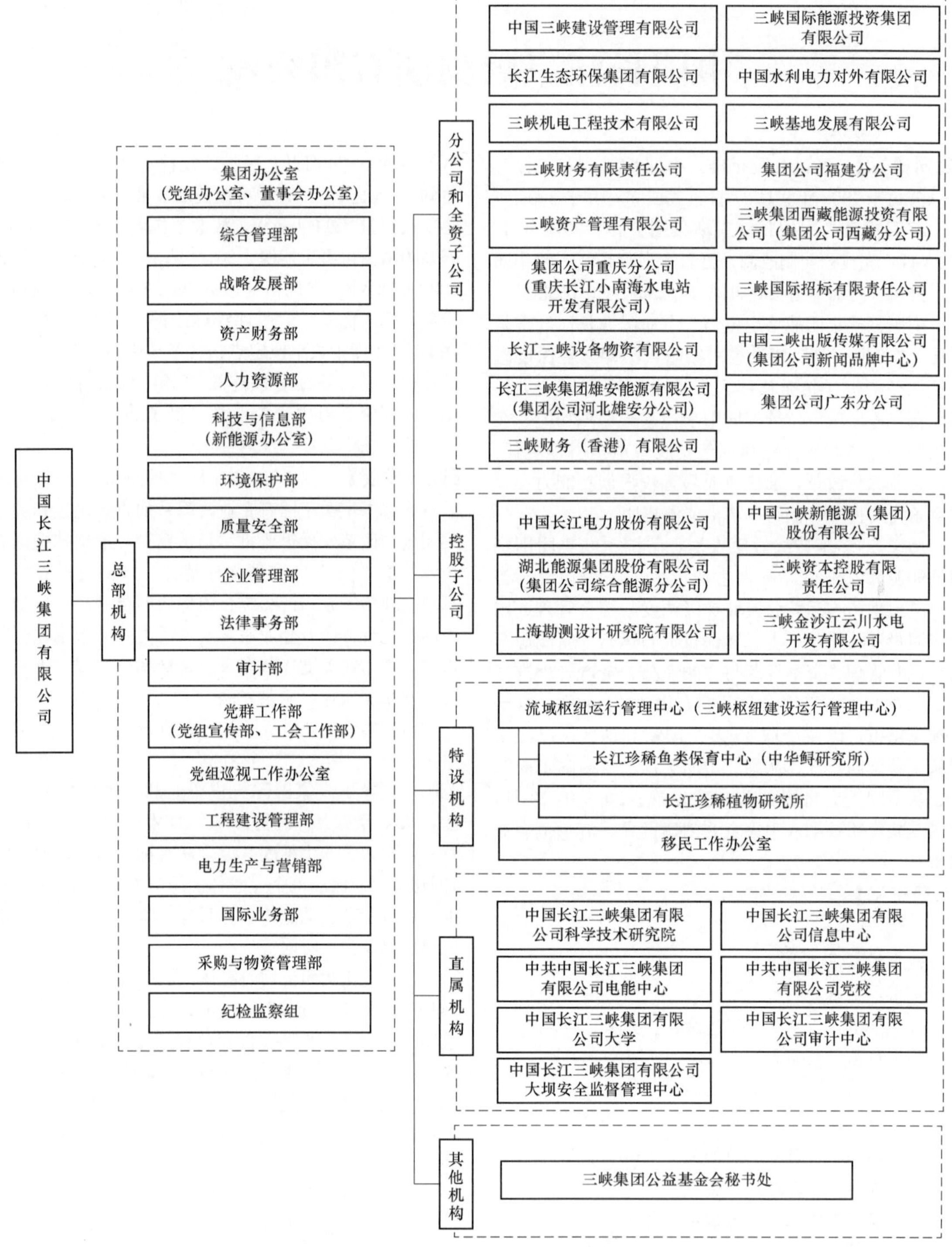

2019年中国三峡集团组织机构图

利润总额的66%都来自上市公司。持续加强上市公司市值管理，控股上市公司长江电力市值最高超过4300亿元，继续保持中国最大的电力上市公司和全球最大的水电上市公司。

（5）深化国企改革双百行动。中国三峡集团所属长江电力、三峡资本公司纳入国企改革“双百行动”两年来，紧紧围绕“五突破一加强”任务目标，坚持问题导向和目标导向，聚焦改革的关键环节和重点领域。

【节能减排、生态环保产业】 贯彻落实习近平生态文明思想，秉持和践行“绿水青山就是金山银山”与“创新、协调、绿色、开放、共享”的发展理念，积极发挥中央企业的表率和带动作用，坚持不懈、扎实推进企业节能减排工作。2019年清洁能源业务进一步拓展，能源利用水平进一步提高，污染物排放管理进一步规范。

（1）发展清洁能源，源装机规模和发电量再创新高。坚持生态优先、绿色发展，不断拓展清洁能源项目，提高清洁能源发展规模，科学有序开发水电，稳步发展风电、太阳能，构建清洁低碳安全高效的能源体系，2019年清洁能源装机规模和发电量再创新高。截至年底，国内可控装机容量6561万kW，其中水电4945万kW（75.4%）、风电681万kW（10.4%）、太阳能471万kW（7.1%）、燃煤发电426万kW（6.5%）、天然气发电37万kW（0.6%），可再生清洁能源装机比例高达93.51%。2019年国内累计完成发电量2542.6亿kWh，其中93.6%为清洁能源电量。

（2）推进全面节约和循环利用，能效水平取得新进展。2019年火电发电量163.9亿kWh，供电煤耗303.9g/kWh，较2018年降低8.7g/kWh。通过强化对标管理，向能耗水平标杆企业靠拢，努力实现降耗增效，现有33万kW机组、65万kW机组等供电煤耗均已优于全国机组竞赛（分容量等级）同类型机组平均值。通过积极开展水库群联合调度、中小洪水优化调度等方式，2019年，金沙江下游—三峡梯级电站累计节水增发电量99.45亿kWh，较2018年同期高0.12%。溪洛渡—向家坝梯级电站累计节水增发电量37.48亿kWh，较2018年增加26.92%。能源节约与循环利用成效明显。

（3）推进设施改造，主要污染物排放量稳步下降。随着鄂州电厂二期超低排放改造、一期电除尘改造等项目的实施和控排力度的加大，化学需氧量、二氧化硫、氮氧化物等主要污染物排放量稳步下降，远低于排污许可证排放要求，含煤废水实现全部收集处理。2019年，烟气脱硫脱硝机组容量占燃煤机组比例为100%，超低排放限值机组占燃煤机组比例为77%。能耗高、污染重的落后燃煤小热电机组已全部关停。

（4）坚持共抓大保护，生态环保产业不断壮大。长江环保集团、长江生态环境工程研究中心、长江生态环保产业联盟、长江绿色发展投资基金、长江大保护专项资金等“五大”业务平台全部完成组建，体制机制不断健全，协同能力不断提升。三峡集团与沿江11省市、85市县区实现对接，实现从先行先试到全面铺开转变，开工子项目95个，累计落地投资额589.4亿元。项目建设成效显著，探索形成了聚焦“厂网一体”的治理模式、聚焦价格机制的商业模式、聚焦政企互利共赢的合作模式、聚焦产业联盟的共建模式的“三峡模式”。

【科技创新】 中国三峡集团积极总结各类科技成果，设立科技进步和技术发明奖，并申报国家、省部和行业科技奖励。截至年底，共荣获232项国家、省部、行业科学技术奖励，包括国家科学技术奖35项，科技进步特等奖1项，科技进步一等奖1项，包括技术发明奖二等奖4项，科技进步二等奖29项；省部和行业197项，包括特等奖13项、一等奖83项、二等奖57项、三等奖44项，其中中国三峡集团作为第一完成单位牵头获得奖励项目89项，占总获奖项目45.2%。

【信息化工作】 在白鹤滩、乌东德开展大坝工程智能建造信息管理平台的研发与应用、推广电力生产管理系统、深化移民管理系统，启动工程大数据分析研究工作；智能检修应用取得突破；全面推进智慧电站建设。基于新技术自主开发新能源电力生产管理系统并推广应用。新建三峡新能源一体化数据平台、基础地理信息平台（TG－iRiver）并上线运行。完成智慧旅游综合管控系统建设、海外投资项目管理系统建设。

采用“双模IT”建设方式，推进容器云、微服务等新技术架构应用。“三重一大”决策和运行系统完成建设并与国资监管平台对接。

开展新一代数据中心建设规划，建设三峡私有云平台，新建业务系统均已上云部署。推进集团核心广域网千兆专线链路建设实施，形成“千兆骨干、百兆分支、十兆海外”的网络拓扑连接。

网络安全情况良好，全年未发生重大网络安全事故。在国家网络安全攻防演习中位列中央企业第三名，获“2019年最佳防守单位”称号。基于可信计算的水电站安全防护方案入选国资委关键基础设施保护典型案例。

信息化管理与运维服务水平不断提升。适时修编“十三五”信息化规划。参加多个国际标准、国家标准、行业标准编制工作。开展ITSS贯标和IT运维管理系统建设，实行24h值班制，保障集团信息系统安全稳定运行。

【党建工作】 学习贯彻习近平新时代中国特色社会主义思想，深入学习贯彻党的十九大和十九届历次全会精神，以贯彻落实习近平总书记视察三峡工程重要讲话和对中国三峡集团重要指示批示精神为主线，精心组织开展“不忘初心、牢记使命”主题教育，引导党员干部牢固树立“四个意识”，坚定“四个自信”，践行“两个维护”，推进清洁能源和长江生态环保“两翼齐飞”。以高度的政治自觉全力配合中央巡视并积极推进巡视反馈问题整改，推动147项整改措施全部得到有效落实。层层压实党建工作责任，成立党的建设和全面从严治党领导小组，推动全面从严治党向基层延伸。推动党建工作规范化、标准化、信息化，修编20余项党建工作制度文件，制定党组、党委、党支部党建工作责任清单，开展软弱涣散基层党组织专项整治，以重点工程项目大党建（联创联建）、主题党日等为载体，引导各级党组织和党员充分发挥战斗堡垒和先锋模范作用，促进基层党建工作全面提升、全面过硬。稳步推进纪检监察体制改革，严格执行中央八项规定精神，锲而不舍开展形式主义、官僚主义集中整治，严格监督执纪问责，一体推进不敢腐不能腐不想腐，营造良好政治生态。强化对意识形态工作的全面领导，研究设立党组宣传部，开展新中国成立70周年主题宣传，精心策划三峡集团改革发展成就宣传，讲好三峡故事，凝聚广大职工共同奋斗的精神力量。

【工会工作】 以习近平新时代中国特色社会主义思想为指导，学习贯彻习近平总书记关于工人阶级和工会工作的重要论述，履行引导广大职工听党话跟党走的政治责任，履行维护职工合法权益、竭诚服务职工群众的基本职责，团结动员广大职工以高度的主人翁责任感投身集团改革发展，为推动清洁能源和长江生态环保“两翼齐飞”，加快创建世界一流示范企业做出积极贡献。

深入学习习近平新时代中国特色社会主义思想。坚持把学习习近平新时代中国特色社会主义思想作为首要政治任务，组织全体职工对总书记重要讲话和指示批示精神再学习、再领悟、再落实，增强“四个意识”，坚定“四个自信”，做到“两个维护”。举办“牢记嘱托　砥砺奋进”诵读活动，激励全体职工不断增强建造大国重器、运行维护好大国重器的责任感使命感，立足岗位建功新时代。

全面推进劳动竞赛和职工技术创新活动。持续在金沙江乌东德、白鹤滩水电工程建设中开展“当好主人翁　建功新时代”劳动竞赛，选树一批先进集体和优秀建设者。举办第八届职工技能竞赛，共计15 000人次参加劳动竞赛和技能提升活动。推动群众性技术革新、技术协作、发明创造，新建职工创新工作室20家，申报职工创新成果221项，一线职工自主研发成果在2019年第四届国际创新创业博览会上展示。

广泛开展职工文化活动唱响新时代主旋律。以庆祝新中国成立70周年为主线，组织开展“我和我的祖国”主题宣传教育活动，激发广大职工爱国热情，为企业发展凝聚力量。集团职工录拍的《我和我的祖国—三峡大坝快闪》《三峡大坝前的一堂生动党课》和《放歌金沙江》等作品，被中央宣传部“学习强国”平台、国务院国资委网站及众多主流媒体收录展播。一线职工自主创作的《每一度都值得被记住》《深山守水人》等多部微视频作品，在中国能源化学地质工会组织的全国职工微视频大赛中获奖。

（祝为平　刘碧文　冯星城　高　媛
潘建初　周翔宇　谢成树）

【中国长江电力股份有限公司】

公司概况 中国长江电力股份有限公司（简称长江电力）是经国务院批准，由中国长江三峡集团有限公司作为主发起人发起设立的股份有限公司。长江电力创立于2002年9月29日。2003年11月在上交所IPO挂牌上市，股票代码600900。

截至2019年12月31日，长江电力股权结构为总股本220亿股。其中，中国三峡集团持股57.92%，香港中央结算5.80%，平安人寿普通保险占4.49%，云南能投持股4%，四川能投持股4%，三峡建管公司持股4%，中国证券金融持股2.99%，阳光人寿吉利两全持股1.91%，中核集团持股1.19%，阳光人寿万能保险持股1.14%，其他投资者持股13.7%。

领导班子

1. 董事会

董事长：雷鸣山

副董事长：马振波

董事：陈国庆、何红心、洪文浩、宗仁怀、黄宁、周传根、赵燕、赵强

独立董事：张崇久、吕振勇、张必贻、文秉友、燕桦

2. 监事会

主席：杨省世

监事：莫锦和、夏颖、盛翔、滕卫恒

职工监事：胡阳、陈炎山、杨兴斌

3. 管理层

总经理：陈国庆

财务总监：詹平原

副总经理：薛福文、李平诗、关杰林、王宏

董事会秘书：李绍平

组织机构 拥有三峡电厂等8家生产单位、三峡电能等5家子公司、13个职能部门、2个直属机构。

经营情况 2019年，长江电力始终坚持新发展理念，牢记习近平总书记视察三峡工程时的殷殷嘱托，守正创新、开拓进取，全力推进保增长、谋发展、防风险、抓改革、提能力、强党建等各项工作，全面完成年度生产经营目标任务，加快向“世界水电行业引领者”目标迈进。全年实现利润总额266.27亿元，市值最高达4323亿元，发电量达2104.63亿kWh。

安全生产形势总体平稳。连续10年实现“零人身伤亡、零设备事故”目标，连续2年实现“零轻

伤事件”。三峡、向家坝电站机组全年实现“零非停”。梯级电站机组关键运行指标持续位居行业领先地位。全年共开展4轮次“五大安全风险”管控巡查，安全生产基础进一步夯实。全面加强网络安全基础设施和技术手段体系化建设，在国家组织的网络攻防演练中取得优异成绩。持续完善大坝安全管理体系，完成大坝安全监测信息诊断分析系统关键技术研究。成立环境保护部，切实履行环保主体责任，扎实开展梯级电站枢纽环境风险排查，19项环境问题全部实现年度整改目标，管理区域杜绝了污水直排现象。

枢纽综合效益显著发挥。梯级电站全年累计发电量2104.63亿kWh，葛洲坝、向家坝两座电站年发电量再创历史新高。完成新中国成立70周年、武汉“军运会”等重大活动保电任务。三峡工程连续第10年实现175m试验性蓄水目标；汛期成功应对4场次超35 000m^3/s量级洪水，累计拦蓄水量93.2亿m^3，保障了长江中下游地区防洪安全。梯级水库年度累计向下游补水330.8亿m^3，创历史同期新高，有效缓解了长江中下游生产生活生态用水紧张局面。向家坝升船机年度累计通航273天，过船2557艘，货运量近90万t，为长江经济带建设持续注入新动能。

乌东德、白鹤滩电力生产筹建全面推进。乌东德、白鹤滩两电站电力生产标准化管理体系基本形成。成立乌东德水力发电厂、三峡梯调昆明调控中心。金沙江下游光传输网（二期）建设取得实质性进展。持续加大工程参建力度，共计560余人进驻工地，成立乌东德、白鹤滩电站投产发电对外协调工作专班，选派百余名技术骨干深度参与工程项目管理、机电安装监理、驻厂监造等相关工作，全年累计1000余人次参与设计联络等各类技术协调工作，为电站顺利投产发电奠定良好基础。

国际化业务取得突破性进展。中标秘鲁第一大配电企业——路德斯公司83.6%股权，为2019年中资企业最大的海外并购案，也是近三年全球规模最大的电力资产收购项目，产业链延伸和国际化布局取得重大突破。发挥电力生产管理和技术优势，继续为巴西大水电运营管理提供技术支持，完成三峡巴西公司14座水电站电力生产管理体系优化工作。接管巴基斯坦风电运维项目并实现稳定运行，开展乌干达伊辛巴水电站运维技术咨询等项目。积极在国际大坝委员会（ICOLD）、国际能源署（IEA）等国际组织发出长电声音，连续第二年承办中国三峡集团与伊泰普公司技术交流活动。

配售电业务稳健发展。开展市场化售电业务，参与全国首批电力市场现货交易，全年全口径售电180亿kWh，市场化售电能力持续提升。增量配网项目建设取得重要进展，重庆两江、延安新区、云南西畴等3个增量配网项目顺利投运。综合能源业务取得新的突破。扎实推进重庆区域配售电业务整合上市工作，配售电业务发展取得新进展。

在共抓大保护中发挥积极作用。与宜昌交运集团共同打造长江第一艘纯电动游轮，目前已进入船舶建造准备阶段。与国家电网公司共同推动三峡岸电试验区建设，参股国网长江三峡岸电运营服务有限公司。创新商业模式，开工并建成一批充电桩、储能、生物质能源等新业态项目。金沙江下游—三峡梯级水库联合生态调度试验顺利完成，有力促进了长江流域鱼类产卵繁殖。

内部改革不断深化。按照“双百行动”综合改革明确的“五突破、一加强”总体要求，重点推进混合所有制改革及股权多元化、完善市场化经营机制、健全激励约束机制、引进市场化人才等方面工作，形成多项实施方案并取得阶段性成果。纵深推进三项制度改革，实现人事管理改革全覆盖，初步建立健全了周期化、常态化的管理机制。

科技创新成果丰硕。持续加强科技创新统筹规划，优化调整技术研究中心“三定”方案，系统推进重点科研项目研究，取得良好成效。应用自主研发的外壳焊接型气体绝缘输电线路（GIL）检修关键技术完成溪洛渡电站GIL故障处理；水资源管理决策支持系统上线运行；水电站系列专用机器人研制成功，进入全面应用阶段；振摆传感器综合校准仪、油雾吸收装置改造等一批新的自主科研项目取得重要成果。三峡高科完成北京大兴国际机场工程管理信息系统研发，获得用户高度好评。获得国家和省级科学进步奖2项，37项科研成果获得中国三峡集团科技进步奖和职工技术创新成果奖；专利授权数取得突破性进展，2019年新获专利授权260项，累计获得专利授权已突破1000项。

市值管理表现亮眼。持续强化投资者关系管理，创新开展“现场＋网络直播”业绩推介和“现场调研＋专题讲座”投资者交流活动，有效回应市场关切。全年及时规范完成108次重大事项信息披露。公司总市值突破4000亿关口，最高达4323亿元，A股市场大盘蓝筹地位进一步巩固。

主要事件

2月11日，《葛洲坝水利枢纽安全保卫规定》在湖北省人民政府网站公布，自4月1日起施行，标志着葛洲坝枢纽安全保卫工作进入依法管理的新时期。

5月3日，经过30余天自主检修，长江电力自主完成溪洛渡电站溪宾Ⅰ线500kV焊接型气体绝缘金属封闭输电线（GIL）路故障处理。

6月6日，三峡水库坝前水位144.98m，提前4

天到达汛限水位，腾出防洪库容 221.5 亿 m^3，完成 2019 年汛前消落任务。

6 月 28 日，长江电力下属国际运营公司正式接管巴基斯坦风电项目。

8 月 19 日，长江电力最高涨至每股 19.65 元股，市值达 4323 亿元。

8 月 31 日，2019 年汛期，三峡工程成功应对 4 场次超 35 000m^3/s 量级洪水，累计拦蓄水量 93.2 亿 m^3，有力保障了长江中下游地区防洪安全。

9 月 30 日，长江电力成功中标秘鲁第一大配电企业——路德斯公司 83.6%股权。

10 月 31 日，三峡工程连续第十年实现 175m 试验性蓄水目标，为三峡工程整体竣工验收和枢纽综合效益充分发挥奠定了良好基础。

11 月 5 日，乌东德水力发电厂正式揭牌成立，标志着乌东德电站电力生产筹备工作进入新阶段。

12 月 30 日，长江电力收购云南华电金沙江中游水电开发有限公司 23%股权。

12 月 31 日，长江电力所属长江干流三峡、葛洲坝、溪洛渡、向家坝四座梯级电站年累计发电量达 2104.63 亿 kWh，连续第 3 年突破 2100 亿 kWh。

（常　宏）

中国核工业集团有限公司

【公司概况】 中国核工业集团有限公司（简称中核集团）是经国务院批准组建、中央直接管理的国有重要骨干企业，是国家核科技工业的主体、核能发展与核电建设的中坚、核技术应用的骨干，拥有完整的核科技工业体系，肩负着国防建设和国民经济与社会发展的双重历史使命。

中国核工业发展始于 1955 年，前身为第三机械工业部、第二机械工业部、核工业部、中国核工业总公司。1999 年 7 月，在原中国核工业总公司的基础上组建了中国核工业集团公司。自 2013 年起，中核集团组建董事会，并建立了与董事会相配套的经营管理体制机制。2017 年 12 月，中核集团名称变更为中国核工业集团有限公司，企业类型由全民所有制变更为有限责任公司（国有独资）。2018 年 1 月，经中央批准，中核集团与中核建设集团实施战略重组。新的中核集团注册资本金 595 亿元。截至 2019 年末从业人员人数 17.5 万人。

中核集团先后创造了“中国第一颗原子弹爆炸成功”“中国第一颗氢弹爆炸成功”“中国第一艘核潜艇成功下水” “中国第一座自行设计建造核电站——秦山核电站并网发电”“中国自主知识产权三代核电技术——华龙一号全球首堆开工建造”“中国自主研发的第一座快中子反应堆”等多项“新中国第一”；拓展核能应用范围，自主研发了多用途模块式小型反应堆（玲龙一号）、“燕龙”泳池式低温供热堆等多种堆型和中国环流器二号 A 核聚变研究装置；拥有极少数国家才具备的完整核科技工业体系；是中国核能发展与核电建设的主力军，自北向南建成田湾、秦山、三门、福清、昌江五大核电基地；是中国唯一的专营核燃料生产商、供应商和服务商，研制成功中国首个大型商用压水堆先进燃料元件 CF3，满足核能系列化、型谱化需求；是铀地质矿冶的国家队和主力军，建成新疆、内蒙古两大地浸采铀绿色矿山；是国家核工程建设的龙头，连续 30 余年不间断从事核电建造，涵盖世界上几乎所有核电主流及科研堆型；是核环保产业的国家队，建成大型核设施退役和放射性废物治理基地；是国内最大的核技术应用企业，具备国内 80%的研发生产能力，核医学药物在中国市场的供应量达到 70%以上；是中国唯一并且实现批量出口核电站的企业，向巴基斯坦出口 7 台核电机组。

【领导班子】

党组书记、董事长：余剑锋

党组副书记、总经理：顾军

党组副书记、董事：祖斌

党组成员、副总经理：杨长利、李清堂、曹述栋、和自兴

党组成员、总会计师：陈书堂

党组成员、纪检组组长：王杰之

【组织机构】 见 2019 年中核集团组织机构图。

【安全生产】 2019 年，中核集团核设施运行状况良好，处于安全受控状态，核设施流出物排放低于或远低于国家批准的限值，核设施周围辐射环境水平处于本底涨落范围，核与辐射安全保持良好记录，未发生 INES 1 级及以上核事件。

在运 21 台核电机组中，9 台机组 WANO 综合指标达到满分，20 台机组的 WANO 综合指数平均值达到 96.47 分，参评机组合计 284 项单项指标中，先进值占比为 71.48%，处于世界先进核电公司第一梯队行列。

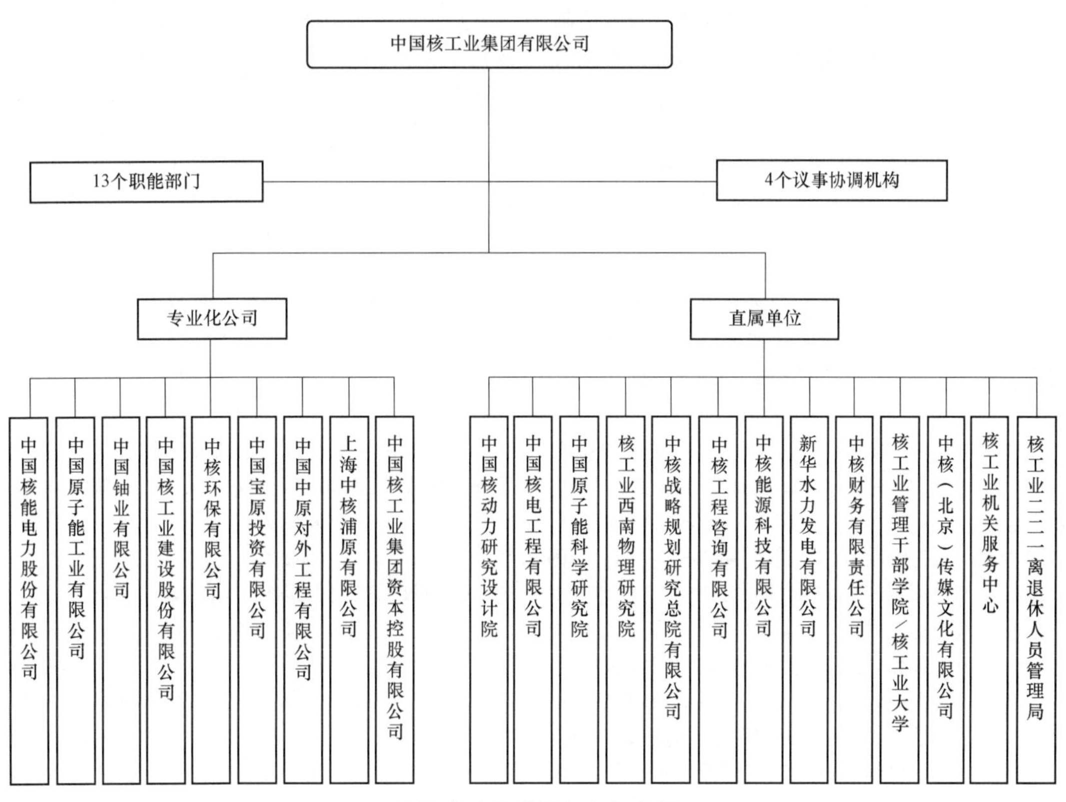

2019 年中核集团组织机构图

【经营管理】 截至 2019 年末，中核集团可控发电装机容量 2563.37 万 kW，其中核电 1911.2 万 kW、水电 187.63 万 kW、风电 174.89 万 kW、太阳能 287.25 万 kW、生物质能 2.4 万 kW。2019 年全年总发电量 1491.49 亿 kWh，其中核能发电 1362.14 亿万 kWh，水电及新能源发电 129.07 亿 kWh。据测算，核电千亿发电量相当于减少标煤消耗 3070 万 t，减排二氧化碳 8043.4 万 t，减排二氧化硫 26.10 万 t，减排氮氧化物 22.72 万 t，造林约 27.55 万 hm^2，社会效益和环境效益优势明显。

中核集团电力相关业务主要集中于旗下的上市公司中国核能电力股份有限公司（简称中国核电）和新华水力发电有限公司（简称新华发电）。截至 2019 年末，中国核电在运核电机组 21 台，在运装机容量 1911.2 万 kW，在建核电机组 5 台，在建装机容量 577 万 kW，其中，10 月 16 日漳州核电 1 号机组正式 FCD。2019 年，中核集团旗下无机组投入商运，全年在建核电项目总体进展顺利，取得多个重大里程碑节点；全年中核集团新增新能源装机 282.89 万 kW，其中风电新增 63.69 万 kW，光伏新增 219.20 万 kW，控股新能源装机正在逐步增长中。

2019 年，中核集团获得多项殊荣，获 2018 年度考核 A 级，并获得“业绩优秀企业”和“科技创新突出贡献企业”称号，获 2016—2018 年第五任期业绩优秀企业，连续第十四年度获评业绩考核 A 级，连续五个任期获评任期业绩考核 A 级。中核集团旗下中国核电荣膺世界核运营者协会（WANO）组织“卓越绩效”奖，获得 2019 年度上市公司“最佳董事会”大奖。福清核电 3、4 号机组工程荣获国家优质工程金奖。秦山核电基地荣获“全国爱国主义教育示范基地”“全国企业文化最佳实践企业”“QC 小组成果斩获国际金奖”三项国内外重大荣誉。江苏核电有限公司党委荣获中央企业先进基层党组织，荣获全国电力企业文化创新成果一等奖、成功获得国家“高新技术企业”资格认证。

【电力建设】 中核集团目前在建核电机组 5 台，分别为福建福清核电 5/6 号机组、江苏田湾核电 5/6 号机组、福建漳州核电 1 号机组。2019 年全年，在建核电机组安全、质量、投资、进度等四大控制均受控。福建漳州核电 1、2 号机组获得核准，其中 1 号机组 10 月 16 日正式 FCD。“华龙一号”全球首堆示范工程福清核电 5、6 号机组进度控制良好，其中 5 号机组完成冷试工作，正式启动热试，计划 2020 年内投入商业运行；田湾核电 5、6 号机组进度控制良好，其中 5 号机组计划 2020 年内投入商业运行。

河南五岳抽水蓄能电站工程：5 月 28 日正式开

工，工程建设对支持大别山革命老区振兴，服务信阳乃至河南经济社会发展、助力三大攻坚战等具有重要意义。

阿尔塔什水利枢纽工程：11 月 19 日正式下闸蓄水，首台机组即将具备发电条件。该工程作为国家 172 项重大节水供水工程之一，建成后在保证向塔里木河生态输水的同时，具有防洪、灌溉、发电等综合利用功能，可有效解决叶尔羌河流域灌区春旱缺水和灌区农民群众沉重的防洪负担，改变流域和南疆三地州电力短缺状况，改善塔里木河流域生态环境和叶尔羌河流域生态环境，推动流域和南疆三地州国民经济与社会可持续发展。

福建福清核电 3、4 号机组工程：2019 年，福清核电 3、4 号机组全票通过“国家优质工程金奖”审定委员会评审，荣获 2018—2019 年度第二批国家优质工程金奖，成为国内首个获此殊荣的核电项目，填补了核行业工程项目获得国家优质工程金奖的空白。国家优质工程奖是经国务院确认的中国工程建设领域设立最早、规格最高，跨行业、跨专业的国家级质量奖，最高奖为国家优质工程奖金奖。福清核电 3/4 号机组工程秉承“追求卓越、铸就经典”的建设理念，先后创造了同类型机组建设总工期行业领先，机组单价比投资行业最低，主给水系统、主蒸汽系统焊缝焊接质量行业最高等多项优异成绩，形成了安全绿色、创新发展、公众沟通、企地共融的核电样本，为中国三代核电“华龙一号”示范工程建设积累了丰富的管理及技术经验。

【科技创新】 科技创新是企业增强核心竞争力的动力和源泉。2019 年，中核集团全面贯彻创新驱动发展战略，在加快建设创新型集团方面做了一系列卓有成效的工作。推动中核集团“创新 2030 工程方案”实施，建立覆盖九大领域的型谱技术体系，与世界先进水平精准对标，发布共性基础技术体系，全面推进型号（产品）和基础技术攻关。制定中核集团《关于新时代先进核科技创新体系建设的意见》，在“小核心、大协作”的产学研用一体化创新机制基础上，初步形成以中核集团为主体，以国内高校、科研院所和国际研究机构为两翼的“一体两翼”科技创新模式。制定《科技创新考核评价办法》，建立多维度科技创新综合评价指标体系，激发院所和企业创新活力。

2019 年度，中核集团全年科技支出达到 252 亿元，创历史新高，取得了一批重大科研成果，2019 年中核集团获得国防科技奖 44 项，首次获得技术发明一等奖 1 项，科技进步特等奖 1 项、一等奖 4 项。专利申请 3500 件，授权 1700 件，1 件专利预获中国专利银奖，6 件专利获中国专利优秀奖。

主要成果如下：

（1）2019 年中核集团获得国防科技奖 44 项，首次获得技术发明一等奖 1 项，科技进步特等奖 1 项、一等奖 4 项。

（2）福建福清核电有限公司福清核电 3/4 号机组获得国家优质工程金奖；江苏核电有限公司成功获得国家“高新技术企业”资格认证（证书编号 GR201832004741）。

（3）中国核电运行管理有限公司等单位“减少主蒸汽隔离阀试验故障次数”“降低变压器油中乙炔含量分析结果的不确定度”等 5 项质量成果获得国际质量管理（QC）小组大会金奖，彰显了中核集团质量管理一流水平。

（4）中国核电通过集中研发和联合研发模式组织开展多项内外部科研项目攻关，共获省部级科技成果奖二十余项，国家发明专利授权 43 项，实用新型授权 258 项。其中，华龙设计优化项目在漳州核电一期、海南核电二期中组织实施，为“华龙一号”堆型后续批量化建设、群堆标准化运行及落实核电“走出去”奠定了坚实基础。

（5）7 月 18 日，新华发电“中小水电智能管理服务云”项目获得中国设备管理协会颁发的电力行业设备管理与技术创新成果二等奖。

（6）新华发电“异地多电站集中在线管控平台”，入选工业和信息化部 2019 年制造业与互联网融合发展试点示范项目公示名单，并荣获中国电力技术市场协会颁发的电力企业设备管理创新优秀成果一等奖。

（7）中核中原巴基斯坦 K2/K3 项目自开工以来实施技术创新 18 项，其中，“堆腔水池不锈钢覆面模块化建造技术”项目获得中国核能行业协会科学技术奖（科技进步奖）二等奖。K2/K3 项目在主设备预引入等系列工法创新之后，2019 年又实施了外穹顶钢模板施工创新，解决了外穹顶施工影响内层安全壳整体试验的难题，释放工期的同时增强了施工安全性、降低了工程成本。

【国际业务】

1. 境外投资与工程承包

（1）境外投资。中核集团旗下中核中原立足主业，多元发展，积极拓展海外投资项目。2019 年推动入股江苏海投，多次赴阿联酋实地考察，调研项目可行性，并完成了项目尽职调查工作，已完成投资相关协议签署。该项目虽是境内股权投资，但江苏海投所投资、建设和运营的中阿产能合作示范园位于阿联酋阿布扎比，通过该项投资，中核中原将参与运营中阿产业园项目，带动中核集团中东市场开发。

（2）境外工程承包。2019 年度，中核集团境外承包工程重要集中在中核中原和中国核建两个主要业务板块内。

中核中原：在2019年ENR全球最大250家国际承包商中排名第75位，较2018年上升14位。在国内入围的75家企业中排名第16位，较2018年上升4位。2019年完成境外承包项目年度营业额152 546万美元，同比增长25%。主要承担巴基斯坦K2/K3项目的总部建设工作。

截至2019年底，巴基斯坦C1/C2项目、C3/C4项目、K2/K3项目和阿尔及利亚B1/B2项目现场均未发生人员伤亡事故，质量保证体系运行正常，工程质量受控。K2机组相继实现主控室可用、外层安全壳穹顶吊装，并于12月2日完成冷试。K3机组进入土建与安装深入交叉施工阶段。B1/B2项目于3月7日实现临时验收，进入运行保驾阶段。C3/C4项目以机组运行应急响应、遗留问题处理、设备担保问题处理等为重点，于12月6日实现了C3机组最终验收。

中国核建：2019年，中国核建与上海电气签订巴基斯坦塔尔煤田一区块2×660MW燃煤电站项目建筑工程B1、B2标段施工承包合同，合同额83 934.63万元。主要承接了A1/B1/B2三个标段的建设工程，工作内容包含场平、道路、围墙、1号机组建筑工程、2号机组建筑工程、脱硫系统建筑工程以及公用系统建筑工程。2019年巴基斯坦塔尔项目安全、环保目标指标受控，现场实际生产施工严格执行验收规范及标准要求，关键工序实行重点监督检查，监督执行落实做到闭环处理，项目有序推进，按合同履约。

(3) 电力设备及技术进出口。2019年中核集团旗下中核中原牵头出口设备主要为K2/K3核电项目主泵等8项核设备和其他机电设备约1110份委托单，出口额共计74 007万美元。

K2/K3项目自开工以来实施技术创新18项，其中“堆腔水池不锈钢覆面模块化建造技术”项目获得中国核能行业协会科学技术奖（科技进步奖）二等奖。K2/K3项目在主设备预引入等系列工法创新之后，2019年又实施了外穹顶钢模板施工创新，成功解决了外穹顶施工影响内层安全壳整体试验的难题，释放工期的同时增强了施工安全性、降低了工程成本；推动42项重点设备国产化，解决进口受限制约，保证倒送电、核回路冲洗、冷试等重要节点按期完成。

2. 国际交流与合作

(1) 加强同行评估，贡献中国智慧。推动世界核电运营者协会（WANO）上海中心落地。2月21日，世界核电运营者协会（WANO）会员大会全票通过“上海中心项目”，WANO上海中心正式落地。WANO上海中心由WANO倡导、中核集团积极响应、国内其他涉核企业大力支持和通力协作的结果。推动WANO上海中心的设立和运作，这是中国企业认真学习领会党的十九大精神和习近平总书记“打造国际合作新平台，增添共同发展新动力”重要指示精神，积极参与全球治理的又一次实践，将为世界核电安全可靠运行贡献更多的中国智慧和中国力量。

参与WANO同行评估，2019全年组织开展9次WANO同行评估、10次技术支持与交流活动、1次经验反馈对标活动、1次培训与提升活动；日常的经验反馈与信息共享有序开展，中国核电共向WANO东京中心报送WANO事件报告241起，平均每机组14.2起，时效性平均88天，质量平均18.8分，在WANO东京中心范围内继续保持领先地位，其中总数量、平均每机组数量和质量均位列WANO东京中心第一名；江苏核电WANO事件报告每机组平均数位列WANO莫斯科中心第一名，报送工作受到高度肯定；应邀派出13名工程师到WANO伦敦中心、WANO东京中心和WANO莫斯科中心工作。在2018年WANO业务系列培训教材编制领域具有良好实践的基础上，中核武汉继续编制同行评估相关专业教材，并确定了未来几年WANO成果转化与应用的总体工作思路及实施计划。

参与国际交流，贡献中国智慧。中核集团以开放的姿态，开展和平利用核能领域的国际交流与合作，与俄罗斯、哈萨克斯坦、德国、比利时等国家进行访问交流，深度参与国际原子能机构、世界核运营者协会等国际机构合作项目，为核能全球治理做出了积极贡献。2019年6月，圣彼得堡国际经济论坛召开。中核集团董事长余剑锋参加了该论坛框架下的中俄能源商务论坛开幕式，并以携手推进中俄核能领域合作，共建人类核能事业发展共同体为主题进行发言。

参与美国电力研究学会（EPRI）活动，2019年，中国核电加入EPRI两个模块，即核电维修及无损检测，之后陆续增加相应模块，并成为美国电力研究学会（EPRI）准全会员。

(2) 中外联合项目研究情况。2006年，国际热核聚变实验堆（ITER）计划签署，中国、美国、欧盟、俄罗斯、日本、韩国和印度七方参与，计划在法国南部普罗旺斯地区共同建造一个世界上最大的托卡马克装置。ITER是目前世界上影响最大的合作项目，中国承担了大概9%的采购包研发任务。

6月5日，中国环流器二号M（HL－2M）装置主机线圈系统在成都成功实现交付，这标志着中国自主研制的新一代“人造太阳”总体安装正式开始，中国人离实现聚变清洁能源的梦想又跨近一步。

9月30日，全球规模仅次于国际空间站的国际大科学工程计划——国际热核聚变实验堆（ITER）的“心脏”安装阶段在京启动征程。ITER组织与中核集团牵头的中法联合体正式签订了ITER主机安装一号合同（TAC1）。这是有史以来中国企业在欧洲市场中竞标的最大核能工程项目合同，同时也是中国核能单位首次以工程总承包形式成功参与国际大科学工程项目。该合同的签订意味着中国30多年不间断进行核电建设所形成的工程总承包能力和50多年的核聚变技术积累以及国际影响力获国际核能高端市场认可。

（3）对外签署的主要交流与合作协议、备忘录情况。2019年，中核集团拓展海外市场，推动国际核能合作和“走出去”，全年合计签署合作协议、备忘录5项，其中合作协议2项，分别为与法国电力公司签署关于核能的全面合作协议、与阿布扎比国际金融中心关于建设财资及投融资中心合作协议；备忘录3项，分别为与西班牙泰纳通集团战略合作谅解备忘录、与阿联酋核能公司合作谅解备忘录、与法国电力公司合作谅解备忘录。

（4）海外人才培养。2019年开展阿拉伯联盟国家核电人才培训、澜湄国家核能青年培训，承办商务部研修学院国际官员核能推介交流、国际核能合作框架会议等大型国际会议及展会，促进学习交流，巩固客户关系，发掘市场机遇，拓展市场深度和广度，提升海外市场开发能力。

【节能减排】 全年核电发电量创历史性新高，对中核集团产业升级、能源结构改善，生态保护和美丽中国建设做出了重要贡献。2019年，中核集团核电发电量1362.14亿kWh，同比增长12.4%，相当于减少标煤消耗4195.40万t，减排二氧化碳10 991.95万t，减排二氧化硫35.66万t，减排氮氧化物31.05万t，造林约37.64万hm^2。

推进水电、风电、光伏等清洁能源发展。2019年，中核集团风、光、水电等清洁能源发电量129.07亿kWh，第一次超过百亿千瓦时，在能源方面为国家绿色低碳循环发展做出积极贡献。

【信息化建设】

（1）信息化总体建设情况。在中核集团集团公司层面。强化顶层设计，加快人工智能技术应用。发布了中核集团人工智能与核科技产业融合发展规划指南，建设核科技产业智能化体系。成立集团信息中心，打造面向未来的精英团队。推动数据中心建设，完成选址，确定建设模式。培育引导产业数字化，推动数字化转型。成立数字核电建设推进工作组，推动“华龙一号”示范工程数据整理与交付。完成铀矿地质云平台顶层设计方案、数字铀矿山可视化原型系统调研，建立中国首个铀矿数字化基础数据库。开展核燃料元件智能制造车间、铀浓缩工程协同设计与运行仿真平台建设，完成生产线巡检机器人建设。推动网络互联互通，推进核心业务系统建设。持续推动中核集团信息网络互联互通，有序推进总部商网新OA系统、移动办公系统、科技管理平台等重点项目建设，优化与完善用户统一身份认证体系。

旗下电力企业层面。中国核电：坚持问题导向和目标导向相统一，以“强化信息中心运作、持续推进3A/4E信息化工程建设、加大标准化成果推广、深入挖掘数据资源价值”为主线，统筹组织所有成员单位扎实开展年度信息化工作。一是持续推进3A/4E信息化工程，其中经营监测平台荣获多项荣誉，初步实现“用活3A”目标；完成4E系统年度复制推广和建设任务：EAM福清和海南推广、ERP苏能等4家单位推广、ECM武汉等3家单位推广、移动平台秦山等12家单位接入、商网坤能等3家单位接入，ERP会计共享模块上线、固定资产折旧和个税调整及其他12项重要功能改进，ECM会议管理2.0及用印、请示签报等5支典型流程上线试用；大力推进安全生产管理平台（ASP-1）研发，依托华龙一号推动与设计工程建立数据共享平台，落实集团公司数据中心建设任务；组织完成20多项信息化集采任务；实现餐饮、门禁、班车“一卡通”；网络安全实验室有效运作，成功守护“HW”目标系统和国庆70周年专项任务，开展第二届网络安全宣传周活动，受到中核集团书面表扬；组织完成本部新办公楼IT系统建设和搬迁；中国核电信息中心、秦山、田湾等多家单位和个人荣获中核集团信息化先进单位和个人称号，荣获集团优秀信息化成果13项。

新华发电：湖南新华公司/运行管理事业部启动新华发电一体化管控平台建设；对标国网和南网，在抓好营采一体化建设的基础上，逐步开展配网GIS等系统的建设工作，提升新华供电公司的整体信息化水平。

（2）电力企业“两化”融合及工业互联网建设情况。中国核电：秦山核电和江苏核电两化融合体系通过复评，海南核电通过外部评审进入公示，三门核电和福清核电启动贯标工作。积极推进核电工业互联网一大核源平台（DHP）建设，完成科研项目立项，开展研究和样机研制。以EAD信息化工程为主线，开展“十四五”信息化规划编制工作。

新华发电：秉承核电工程“凡事有章可循、凡事有人负责、凡事有据可查、凡事有人监督”的“四个凡事”原则，用核电建设的标准开展贯标工作，确保贯标工作的效率和质量。11月12日，被北京市经信局列入“2019年奖励两化贯标达标试点企业”名单，获得30万元信息化发展专项资金支持。

（3）电力信息系统网络安全等管理和技术方面标准建设情况。在中核集团集团公司层面。优化防护措施，强化安全防护。完成关键信息基础设施认定工作，形成关键信息基础设施防护情况及后续工作报告；组织开展涉密广域网接入系统安全优化改进，优化商网安全技术防护措施，开展互联网统一电子邮件系统建设。完善机制，保障信息安全。完善网络安全技术防护措施，推动网络安全管理平台建设；组织开展网络安全监管和成员单位自查、抽查，发布网络安全情况通报，开展网络安全攻防演练和应急管理；协调组织成员单位密网和商网接入系统管理，保障网络总控中心和总部信息系统安全稳定运行。

旗下电力企业层面。中国核电：推进网络安全制度标准化，12 份网络安全管理导则在各成员单位落地，导则涵盖网络安全管理、安全防护、基线管理、事件管理、评估与检查、电力监控系统运维与安全配置管理等。严格落实中核集团商业应用网网络安全基线，各单位办公网遵循统一的安全基线。2019 年组织完成重要活动网络安全保障 10 次。组织常态化网络安全检查 11 次，包括国庆 70 周年安全加固检查，DCS 隐患专项排查，公安执法检查网络安全自查工作等。组织参加国家网络安全攻防演习，6 月国家网络安全攻防演习，为期八周的高强度参演准备和实战演练，158 余人参与，各单位信息、仪控、保卫等多部门广泛协作，15 个工作日坚守，最终成功守护目标系统、工控及其他重要信息系统，演习非常成功，实现预期目标。加强网络安全宣传培训。9 月 16～22 日，按照集团公司部署要求，由中国核电信息中心、宣传中心联合主办，三门核电、中核武汉、中核海洋协办，组织开展了第二届主题为“增强全员网络安全意识、构建清朗有序网络空间”的网络安全宣传周活动。各单位充分利用微信、LED 屏、宣传展板、答题、知识手册等方式，向员工普及宣传中国核电网络安全相关工作、等级保护 2.0、物联网、个人信息保护、微信使用安全等知识。活动期间，共制作播放 8 个专题教育视频，印制海报近百张，知识竞答 5000 人次。组织网络安全评估师 CIIP-E（能源）培训、注册信息安全工程师 CISP 培训、工控安全专题培训等三次专题培训和田湾工控安全检测平台集中学习调研，提升从业人员的网络安全技能和持证上岗率。

新华发电：完成了控股子公司网络与信息安全组织体系建设；严格落实了安全责任制，明确了信息化管理部门的职责，加强网络安全管理制度建设。积极开展等级保护的测评、定级、整改、备案等工作，完成信息系统的安全评估及安全加固工作，有效保护基础信息网络的安全，提高信息安全保障工作的整体水平。2019 年新增完成 3 个二级系统的备案工作，12 月 23 日，新华发电公司共完成 91 个二级和 1 个三级系统的整改、测评和备案工作。与国内 PLC 厂家合作，适时开展 PLC 全国产化测试工作；根据国资委和集团公司的统一部署，适时开展新华发电自有的网络态势感知平台建设。

【下属电力企业】

1. 中国核电

中国核电由中国核工业集团有限公司作为控股股东，联合中国长江三峡集团有限公司、中国远洋海运集团有限公司和航天投资控股有限公司共同出资设立，总部设在北京。中国核电经营范围涵盖核电项目的开发、投资、建设、运营与管理；清洁能源项目的投资、开发；输配电项目投资、投资管理；核电运行安全技术研究及相关技术服务与咨询业务；售电等领域。2015 年 6 月 10 日，中国核电作为 A 股第 1 家纯核电企业成功上市（股票代码 601985）。

截至 2019 年底，中国核电共有控股子公司 28 家，直接参股公司 9 家，合营公司 1 家；目前建成、建设浙江秦山、江苏田湾、福建福清、浙江三门、海南昌江、福建漳州等多个核电基地，控股在役核电机组 21 台，装机容量 1911.2 万 kW，控股在建核电机组 5 台，装机容量 577 万 kW。总资产超过 3400 亿元，归属于上市公司股东净资产超 500 亿元。

2. 新华发电

新华发电由国有重要骨干企业中国核工业集团有限公司和水利部综合事业局共同出资，兼具中央企业管理优势和水利部行业专业优势。专注清洁能源开发与运用，主要业务包括清洁能源发电、电网、供水、咨询、机电及综合开发等，努力成为综合智慧能源运营商和一体化方案提供者。

新华发电注册资本 12 亿元，资产总额 510 亿元，可控装机容量 613 万 kW，电网年供电能力达 20 多亿 kWh，惠及人口近 100 万；供水覆盖陕西省及宁夏回族自治区 220 万人及多个园区。共有新疆新华、湖南新华、中原新华、云南新华、宁夏公司、无锡新华、陕西新华、江河机电、新华发展、华东新华等 11 家二级单位。形成了水电、新能源发电、电网、供水及综合智慧能源等产业协同发展发布，保持了较快的发展速度。业务范围涉及新疆、湖南、云南、江苏、宁夏、陕西、江西、四川等 23 个省市区。

（吴海明）

中国广核集团有限公司

【公司概况】 中国广核集团（简称中广核），是伴随中国改革开放和核电事业发展逐步成长壮大起来的中央企业，由核心企业中国广核集团有限公司及40多家主要成员公司组成的国家特大型企业集团。1994年9月，中国广东核电集团有限公司正式注册成立，注册资本102亿元人民币。2013年4月，中国广东核电集团更名为中国广核集团，中国广东核电集团有限公司同步更名为中国广核集团有限公司。截至2019年12月31日，中广核注册资本148.7337亿元人民币，职工总人数约4.1万。

截至2019年底，中广核现有二级成员公司29家，资产总额7494.8亿元，在运清洁能源控股装机容量5818万kW，是中国最大的核电集团、世界第三大核电集团，境外气电装机规模居全国第一。

【领导班子】

党委书记、董事长：贺禹

党委副书记、总经理：张善明

党委常委、副总经理：谭建生、施兵

党委常委：高立刚

党委常委、纪委书记：李有荣

党委常委、副总经理：庞松涛

党委常委、总会计师：吴俊峰

总经理助理、联合工会主席、职工董事：陈遂

【组织机构】 总部组织机构改革后设20个部门：集团办公室、党群与文宣部、战略与科创部、人力资源部、财务与资产管理部、股份财务与证券事务部、安全质保部、审计部、法律事务部、体系与治理部、核电管理部、投资发展部、资本运营中心、中广核大学（党校）、研究中心、财务共享中心、核电独立安全监督评估中心、纪委机构、巡视办/巡视组；5个分公司：新疆分公司、湖北分公司、华东分公司、青海分公司、云南分公司。共有二级企业近30家，主要分布在核电站运营、核电站设计和建设，核电相关技术研究，铀资源开发，风电、水电、太阳能等清洁能源开发，以及相关配套服务等行业。

【企业管理】 产权管理方面。推动建设中广核产权管理信息系统，提升集团内企业法人、有限合伙企业、分公司和不动产的信息化管理水平；编制资产评估备案管理流程，进一步实现评估备案的制度化、流程化和信息化；稳步实施法人压减工作，全面梳理中广核壳公司、亏损和不符合战略发展方向的企业，制定三年处置计划和压减计划，积极推动落实，完成年度法人压减工作。

制度改革方面。为进一步深化国有企业改革，根据国资委相关指导意见，中广核制定发布了《集团三项制度改革实施方案》，重点聚焦实现干部能上能下，建立并完善干部考核机制和平台，优化工资总额分配调控机制，规范收入分配秩序。通过狠抓方案贯彻执行，中广核核电板块内人员经过统筹调配和使用，人才积压和结构性短缺并存的情况得以扭转。在保证中广核业务持续发展的同时，实现了近三年人员总量基本稳定，人力资本效率逐步提高。

组织发展方面。有效推进总部组织机构改革，精简部门设置，提高运作效率，总部职能部门由14个精简到10个，业务部门由11个精简到8个，并且严格控制职能部门人员编制，落实国资委“总部去机关化”的要求，进一步强化集团总部的谋划、协调、统领作用。

选人用人方面。进一步建立完善市场化选人用人机制，2019年通过公开竞聘选拔二级公司负责人一人，制定发布《集团职业经理人管理制度》，从制度层面规范职业经理人的选聘和管理；大力发现选拔年轻干部，一年来共选拔党委管理干部29人次，其中45岁以下干部占38%；加大后备干部队伍建设，组织开展第二批后备干部和中长期培养对象专项培养。

收入与分配方面。在“完善治理、强化激励、突出主业、提高效率”的国企改革总基调指引下，完善多种要素分配。一方面，落地实施“效益联动、效率调节、水平调控”的工资总额决定机制，推动成员公司从“要编制、要资源”到“要效益，要效率”的转变。另一方面，充分发挥长效激励的牵引作用，形成了“一个办法、七个细则”的中长期激励制度体系，促进国有资产保值增值和高质量发展。

【安全生产】 中广核坚决贯彻落实习近平总书记关于核安全的相关指示，连续三年定为“核电安全管理提升年”，聚焦影响核安全的两大主要因素：人因与设备，以“人不犯错误，设备不出问题”为目标，开展了核安全专项提升行动。扎实开展隐患排查与整治工作，及时消除隐患；为提高全体员工的核安全意识，提出了“没有核安全就没有中广核”。通过三年的持续行动，核电安全运行水平大幅提升。2019年，在世界核电权威组织核运营者协会（WANO）组织评比的全部12项核安全指标中，中广核与美国、法国、英国、俄罗斯、韩国的六家全球先进核电企业相比，

6项排名第一，1项排名第二，2项排名第三，1项排名第四，2项排名第五，核电安全运行整体达到世界卓越水平。

【科技创新】 中广核2019年度申请专利1352项（其中发明专利785项），获得授权专利875项（其中发明专利348项）。在国家与省部级奖项等方面取得较大的成果。其中，“核电站安全级数字化保护系统关键技术研究、系统研制及产业化应用”荣获2019年度中国电力科学技术奖一等奖、“核安全级数字化控制保护系统平台研制及产业化应用”荣获2019年度中国机械工业科学技术奖一等奖。

【国际合作】 海外核电开发方面。中广核参股的英国欣克利角C（HPC）项目已于2019年6月26日实现核岛筏基混凝土浇筑（J0里程碑）；中广核参与开发的英国塞兹维尔C（SZC）项目正在开展第四阶段公众咨询；中广核控股开发，拟使用中国自主华龙一号技术主导开发的英国布拉德韦尔B（BRB）项目正在开展厂址适应性研究和可行性研究；华龙一号通用设计审查（GDA）第三阶段进展顺利，计划2022年完成最终审查，以便部署于BRB项目。

中广核积极参与捷克新建核电项目开发，与捷克政府主管部门和相关企业保持密切联系，定期交流捷克新建核电项目的信息。10月15日，中广核与捷克核能产业链9家单位签订合同和合作谅解备忘录。

5月8日，中广核与罗马尼亚国际核电公司（SNN）正式签订《关于切尔纳沃德核电厂3、4号机组成立合资公司的初步投资者协议》。根据协议，双方将设立合资公司，作为切尔纳沃德核电厂3、4号机组项目后续开发的唯一技术与运作平台，双方合作进入新阶段。

核燃料保障方面。纳米比亚湖山铀矿逐步进入有序生产状态；中哈组件厂项目建设工作正按计划推进。

海外非核清洁能源开发方面。中广核自主开发建设的马六甲燃气联合循环项目，规划装机容量224万kW，项目正在建设推进中，计划2021年投产。

海外收购、并购方面。2019年，中广核完成巴西Atlantic和Gamma股权并购项目：Atlantic项目风电在运装机容量64.2万kW；Gamma项目风电在运装机容量45万kW，太阳能在运装机容量9万kW。

【党建工作】 2019年是“中央企业基层党建推进年”。在国资委党委的坚强领导下，中广核以习近平新时代中国特色社会主义思想为指导，扎实有序开展“不忘初心，牢记使命”主题教育，持续推动党建质量提升，取得积极成效。

第一，“不忘初心、牢记使命”主题教育成果丰硕。再学习、再贯彻、再落实习近平总书记对核电行业和中广核的重要指示批示精神，800多个基层党组织、一万多名党员，围绕“五个当好”“四个聚焦”“三检三视”扎实开展主题教育，为中广核高质量发展提供了政治保障。中广核主题教育成效受到了上级党组织的充分肯定，良好实践被中央党建领导小组选为先进典型。中央巡回指导组评价：中广核是一个讲政治、重担当的企业。

第二，党建工作质量持续提升。723个基层党支部围绕1437个项目开展攻坚，为中广核“全面攻坚年”目标实现保驾护航；新创建中广核第二批10个示范党支部、7个优秀党支部；宁德公司党建工作案例入选中组部全国党员教育培训教材；组织实施“红鹭计划”68期，实现989名党支部书记、1860名党支部委员、907名新党员和入党积极分子培训全覆盖。

第三，党风廉政建设和反腐败工作取得新进展。始终坚持把政治建设摆在首位，落实“两个维护”更加坚决有力；坚持统筹谋划，集团纪检监察体制改革顺利完成；保持惩治腐败高压态势，一体推进不敢腐、不能腐、不想腐成效明显；锲而不舍落实中央八项规定精神，作风建设持续巩固深化；持续深化政治巡视，巡视巡察利剑作用更加彰显。

第四，关爱行动深入人心，深入践行宗旨意识。持续开展为职工“办实事、解难事”专项行动481项；组织共计开展“健康伴我行”活动554场次，参与43 737人次；全年开展协会活动6482次，累计参加活动人次数达到80 703人次。关注员工心理健康辅导，全年累计心理咨询量突破2200人次。深入推进技能竞赛，承办2项广东省技能竞赛，3项深圳市技能竞赛，组织集团级竞赛16项，基层级竞赛595项，累计参赛达2万多人次。

【社会责任】 发展清洁能源方面。中广核致力于零碳排放的清洁能源生产与供应，以规模化、高质效与可持续的清洁能源产品和服务，为应对全球气候变化做贡献。2019年，中广核全年清洁能源上网电量2616亿kW，同比增长12.76%，等效于减少消耗标准煤7981.67万t，减排二氧化碳超过2.1亿t，相当于种植超过58万hm^2森林。

大亚湾核电基地——生物栖息的乐园。为动员更多的社会力量，大亚湾核电公司与深圳市红树林湿地保护基金会、深圳市大鹏新区珊瑚保育志愿联合会（潜爱）、深圳市蓝色海洋环境保护协会等合作开展生物多样性保护行动，携手多方力量共同构建和谐的大亚湾生态圈。

2019年8月7日，中广核发布全国核电行业首份生物多样性保护报告——《大亚湾核电基地生物多样性保护报告》，展示大亚湾核电基地保护生物多样性的行动和成效。

精准扶贫方面。中广核将精准扶贫工作作为“六大攻坚战”之一纳入集团战略焦点任务和党建责任制考核，内外联动构建扶贫攻坚大格局，用心、用力、用情开展精准扶贫工作，全年投入扶贫资金9031万元，助力打赢脱贫攻坚战。在国家定点扶贫广西凌云县和乐业县，结合当地种桑养蚕和猕猴桃优势产业实施产业扶贫、开设“白鹭班”实施教育扶贫，并充分发挥自身优势积极推进风电、辐照保鲜、生物有机肥等科技扶贫，累计带动脱贫2362户/10 461人，在2019年中央单位定点扶贫考核中获评为“好”的最高等次。

在法国发布首份海外版可持续发展报告。法国当地时间2019年9月3日上午，中广核在法国巴黎发布《2018年全球可持续发展报告》，面向国际伙伴全面系统阐述2018年在经济、环境、社会可持续发展方面的行动和贡献，这也是中国企业首次在法国发布可持续发展报告。

开展“CHINA WEEK”中华文化周系列活动。围绕自身国际化业务，中广核以法国为中心，联动马来西亚、纳米比亚等海外项目所在地，策划开展了中国文化海外传播“CHINA WEEK”系列活动，走进社区，走进民众，使参与者通过深度体验的方式感知中国文化魅力。活动包括汉字节、剪纸、美食节、中国功夫表演等，并通过Facebook、Twitter、Instagram、YouTube等海外社交账号联动宣传，展现了中国历史底蕴深厚、各民族多元一体、文化多样和谐的文化发展成果。

（王　爽）

中国电力建设集团有限公司

【公司概况】 中国电力建设集团有限公司（简称中国电建）是经国务院批准，于2011年在中国水利水电建设集团公司、中国水电工程顾问集团公司和国家电网公司、中国南方电网有限责任公司所属的14个省（市、区）电力勘测设计、工程、装备制造企业基础上组建的国有独资公司。中国电建注册资本金319亿元，职工约18.6万人；直接管理二级子企业72家，分布在全国大部分省区和主要城市及部分海外地区；在海外设有六大区域总部（东南非区域总部、中西非区域总部、中东北非区域总部、欧亚区域总部、亚太区域总部、美洲区域总部），业务覆盖全球128多个国家和地区。

中国电建的主营业务集中在能源电力、基础设施、生态环境三大领域，横跨水电、火电、风电、太阳能，水利、水务、水资源与环境治理，公路、桥梁、机场、轨道交通，房屋、市政、城市综合体开发等相关多元行业。此外，受国家能源局的委托，承担国家水电、风电、太阳能等清洁能源和新能源的规划、审查等服务。

2019年，中国电建完成营业收入4650亿元，实现利润总额157.94亿元，新签合同7433亿元。在2019年《财富》世界500强企业排名中位列第161位，较2012年首次上榜时的第390位提升229位；位居2019年ENR（美国《工程新闻记录》）全球工程设计公司150强第2位，在工程设计领域连续5年位列中资企业第一，位居全球工程承包商250强第5位，两项排名在电力行业领域均位列全球第一。在全球电力建设行业市场（规划、设计、施工等），中国电建的能力和业绩始终位居首位。

中国电建战略定位是：服务“一带一路”建设的龙头企业，全球清洁低碳能源、水资源与环境建设领域的引领者，全球基础设施互联互通的骨干力量，为海内外客户提供全产业链集成、整体解决方案服务的工程建设投资发展商。战略目标是：致力成为能源电力、水资源与环境、基础设施领域具有国际竞争力的质量效益型世界一流综合性建设投资集团。战略方针是：发挥懂水熟电核心能力和产业链一体化优势，统筹国际国内两个市场，聚焦能源电力、水资源与环境、基础设施三大核心领域，深入实施“深化改革、全球发展、创新驱动、转型升级、人才强企”五大战略，协同推进“产融结合、优势多元、产业联动、规划先行、精益运营、风险平衡、产业培育、文化凝聚”八大举措。

【领导班子】

1. 中国电力建设集团有限公司

党委书记、董事长：晏志勇

党委副书记、董事、总经理：孙洪水

党委副书记：王斌

党委常委：刘源

党委常委、纪委书记：符岳岩

党委常委：姚强、孙璀、李燕明

2. 中国电力建设股份有限公司

党委书记、董事长：晏志勇

党委副书记、副董事长、总经理：孙洪水

党委副书记、董事：王斌

党委常委、副总经理：刘源

党委常委、纪委书记：符岳岩

党委常委、副总经理：姚强

党委常委、总会计师：孙璀

党委常委、副总经理：李燕明

【组织机构】 见2019年中国电建组织机构图。

【安全生产】 2019年，中国电建未发生重大及以上生产安全事故，未发生重大违规的职业健康、能源节约与生态环境保护突发事件，实现了“两会、七十年大庆”等关键时期事故防范万无一失的目标，安全生产许可证顺利延期，安全生产标准化被北京市住建委评定为优良，整体安全生产形势持续稳定受控。尤其是体系建设得到不断完善，制度化、流程化管控成效初步显现，管理基础得以不断夯实，本质安全水平持续提高，中国电建多项工作得到国家部委肯定。国家能源局专门发来感谢信，肯定了中国电建安全生产管理工作取得的成绩，赞誉中国电建为全国电力安全生产形势保持总体稳定做出重要贡献，并对公司在行业规程规范制定、科研项目攻关、检查专家输送等方面给予国家能源局安全监管工作的大力支持表示感谢；孙华山副部长在全国救援协调预案管理现场会上，点名表扬中国电建在金沙江、雅江堰塞湖抢险中“积极响应国家号召，履行社会义务，主动协调专业救援力量第一时间抵达现场，在灾害事故应急处置工作中发挥了关键作用”；中国驻老挝琅勃拉邦总领事馆授予电建海投公司、水电三局、水电十四局等参与“老挝8·19重大交通事故”救援企业“见义勇为”荣誉证书，赞誉中国电建用实际行动彰显新时代“负责任、有实力、可信赖”的企业担当精神；受邀作为唯一中央企业，在国家卫健委与国际劳工组织联合举办的粉尘危害防治研讨会上就职业健康和粉尘危害治理工作进行了典型发言；生态环境公司的“深圳茅洲河流域水环境治理项目”、规划总院的“规划建设绿色能源　照亮中巴经济走廊”等四家子企业报送的案例入选国资委《2019年中央企业绿色发展报告》；国际公司、路桥公司等子企业五项安全环保管理成果入选全国电力行业企业社会责任优秀案例。32家子企业及项目的安全生产工作获得所在省市的表彰和嘉奖。

【体系建设】 根据国务院国资委等部委的工作部署安排，聚焦问题紧盯重点，确定2019年为“安全管理制度标准落实年”。解难题，印发了《建设项目工程总承包安全管理规程》，对新形势下工程总承包合同模式的安全管理责任体系进行了系统梳理，从组织体系、制度建设、责任落实、过程监管等方面厘清各方各机构责任界面、完善管理机制，解决了长期困扰工程总承包各方的安全责任和履责界线模糊问题；同时，为进一步强化安全责任体系的有效落地，提出了“四个责任体系”负责人及相关部门和重点岗位履职清单分级建设的工作要求，推动建立“一岗一清单”和年度重点工作清单责任制度。按事故处理权限对发生一般生产安全事故的117名相关责任人进行了责任追究。

【制度建设】 组织修订《安全生产标准化建设管理办法》，结合施工过程中易发、多发事故的作业特性，组织编制了《载人升降设备设施安全管理强制规定》《易燃易爆气体安全管理强制规定》，为更有针对性地防范高危领域安全事故提供保障，针对重大风险特点的强制安全管理规定体系更加完善。

【教育培训】 按照“加大安全教育培训力度，突出安全教育培训针对性，将教育培训工作延伸至分包单位和劳务人员”的培训工作要求，年初明确了各子企业年度安全教育培训的重点和任务，继续开展全员安全能力及素质提升教育，创新培训方法，提升培训效果。全年组织子企业分层级开展了“四个责任体系”负责人和党组织书记的安全轮训、预聘安全专家专业培训、应急处置技能培训及分包队伍中层骨干安全轮训工作。全年培训预聘安全专家203人，分包队伍中层骨干44 871人，应急处置技能培训153 815人，其他安全培训和三级安全教育389 687人次。

【分包安全管理】 推行“介入式分包管理”，组织各子企业全面开展“打非治违”专项活动，严查无相关资质或超资质范围承揽工程、无安全生产许可证或证书过期、重大隐患不按规定期限整治，以及施工现场管理混乱、违章操作、违章指挥和违反劳动纪律等行为，对资质不全、装备落后、管理松懈、曾经出现过安全质量事故且整改不到位的分包队伍进行清退。坚决杜绝“重资质、轻动态管理，重合同、轻现场监督，重书面审查、轻过程控制”等倾向，进一步加强将分包单位和劳务人员统一纳入企业安全管理体系，有效提升了分包安全管理水平。

【科技兴安】 把预防事故作为安全生产科技工作的主攻方向，以高风险工艺、关键生产环节、重要设备设施和重大危险源为监控重点，不断探索研究、推广先进安全生产技术装备，淘汰落后生产工艺，推进“机械化换人、自动化减人”的科技强安工作；积极组织子企业参与行业安全标准、规范编制，制定安全管理强制规定，充分利用现代信息技术，探索实行“智能＋安全”“大数据＋安全”管理模式，通过信息化固化标准化建设成果。2019年，按照“统筹规划、统一标准、协同建设”的安全信息化建设思路，组织子企业充分利用校企合作方式，加大对“现代信息技术在安全生产标准化管理中的应用”专项课题研究的攻关力度，完成“安全生产信息化调研报告”“PRP－ERP－GRP系统HSE模块建设方案V1.0”

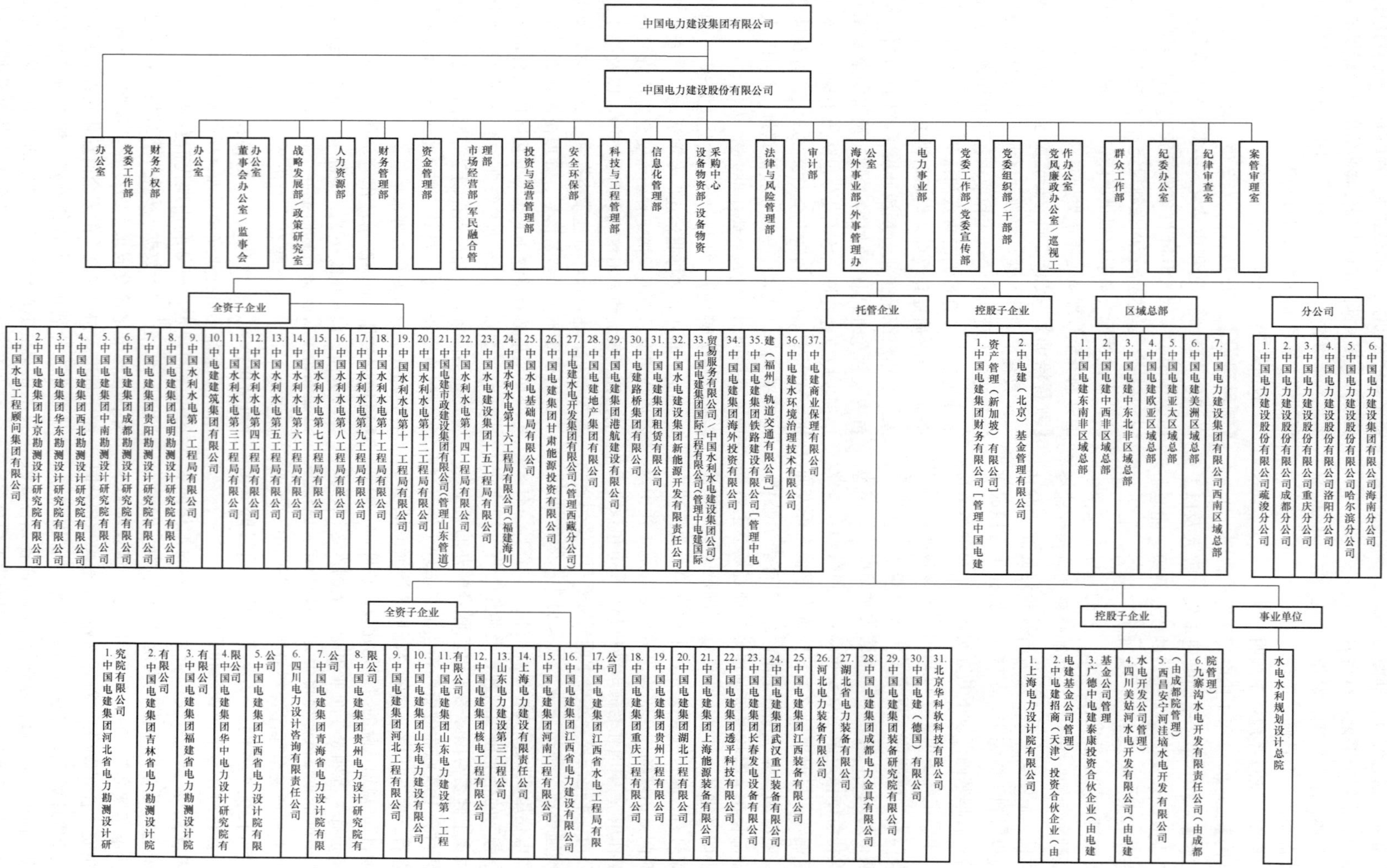

- 中国电力建设集团有限公司
  - 办公室
  - 党委工作部
  - 财务产权部
  - 中国电力建设股份有限公司
    - 办公室
    - 董事会办公室/监事会办公室
    - 战略发展部/政策研究室
    - 人力资源部
    - 财务管理部
    - 资金管理部
    - 市场经营部/军民融合管理部
    - 投资与运营管理部
    - 安全环保部
    - 科技与工程管理部
    - 信息化管理部
    - 设备物资部/设备物资采购中心
    - 法律与风险管理部
    - 审计部
    - 海外事业部/外事管理办公室
    - 电力事业部
    - 党委工作部/党委宣传部
    - 党委组织部/干部部
    - 党风廉政办公室/巡视工作办公室
    - 群众工作部
    - 纪委办公室
    - 纪律审查室
    - 案管审理室
    - 全资子企业
      1. 中国水电工程顾问集团有限公司
      2. 中国电建集团北京勘测设计研究院有限公司
      3. 中国电建集团华东勘测设计研究院有限公司
      4. 中国电建集团西北勘测设计研究院有限公司
      5. 中国电建集团中南勘测设计研究院有限公司
      6. 中国电建集团成都勘测设计研究院有限公司
      7. 中国电建集团贵阳勘测设计研究院有限公司
      8. 中国电建集团昆明勘测设计研究院有限公司
      9. 中国水利水电第一工程局有限公司
      10. 中电建建筑集团有限公司
      11. 中国水利水电第三工程局有限公司
      12. 中国水利水电第四工程局有限公司
      13. 中国水利水电第五工程局有限公司
      14. 中国水利水电第六工程局有限公司
      15. 中国水利水电第七工程局有限公司
      16. 中国水利水电第八工程局有限公司
      17. 中国水利水电第九工程局有限公司
      18. 中国水利水电第十工程局有限公司
      19. 中国水利水电第十一工程局有限公司
      20. 中国水利水电第十二工程局有限公司
      21. 中国电建市政建设集团有限公司（管理山东管道）
      22. 中国水利水电第十四工程局有限公司
      23. 中国水电建设集团十五工程局有限公司
      24. 中国水利水电第十六工程局有限公司（福建海川）
      25. 中国水电基础局有限公司
      26. 中国电建集团甘肃能源投资有限公司
      27. 中电建水电开发集团有限公司（管理西藏分公司）
      28. 中国电建地产集团有限公司
      29. 中国电建集团港航建设有限公司
      30. 中电建路桥集团有限公司
      31. 中国电建集团租赁有限公司
      32. 中国水电建设集团新能源开发有限责任公司
      33. 中国电建集团国际工程有限公司（管理中电建国际贸易服务有限公司/中国水利水电建设集团公司）
      34. 中国电建集团海外投资有限公司
      35. 中国电建集团铁路建设有限公司［管理中电建（福州）轨道交通有限公司］
      36. 中电建水环境治理技术有限公司
      37. 中电建商业保理有限公司
    - 托管企业
      - 全资子企业
        1. 中国电建集团河北省电力勘测设计研究院有限公司
        2. 中国电建集团吉林省电力勘测设计院有限公司
        3. 中国电建集团福建省电力勘测设计院有限公司
        4. 中国电建集团华中电力设计研究院有限公司
        5. 中国电建集团江西省电力设计院有限公司
        6. 四川电力设计咨询有限责任公司
        7. 中国电建集团青海省电力设计院有限公司
        8. 中国电建集团贵州电力设计研究院有限公司
        9. 中国电建集团河北工程有限公司
        10. 中国电建集团山东电力建设有限公司
        11. 中国电建集团山东电力建设第一工程有限公司
        12. 中国电建集团核电工程有限公司
        13. 山东电力建设第三工程公司
        14. 上海电力建设有限责任公司
        15. 中国电建集团河南工程有限公司
        16. 中国电建集团江西省电力建设有限公司
        17. 中国电建集团江西省水电工程局有限公司
        18. 中国电建集团重庆工程有限公司
        19. 中国电建集团贵州工程有限公司
        20. 中国电建集团湖北工程有限公司
        21. 中国电建集团上海能源装备有限公司
        22. 中国电建集团透平科技有限公司
        23. 中国电建集团长春发电设备有限公司
        24. 中国电建集团武汉重工装备有限公司
        25. 中国电建集团江西装备有限公司
        26. 河北电力装备有限公司
        27. 湖北省电力装备有限公司
        28. 中国电建集团成都电力金具有限公司
        29. 中国电建集团装备研究院有限公司
        30. 中国电建（德国）有限公司
        31. 北京华科软科技有限公司
      - 控股子企业
        1. 上海电力设计院有限公司
        2. 中电建招商（天津）投资合伙企业（由电建基金公司管理）
        3. 广德中电建泰康投资合伙企业（由电建基金公司管理）
        4. 四川美姑河水电开发有限公司（由电建水电开发公司管理）
        5. 西昌安宁河洼垴水电开发有限公司（由成都院管理）
        6. 九寨沟水电开发有限责任公司（由成都院管理）
      - 事业单位
        - 水电水利规划设计总院
    - 控股子企业
      1. 中国电建集团财务有限公司［管理中国电建资产管理（新加坡）有限公司］
      2. 中电建（北京）基金管理有限公司
    - 区域总部
      1. 中国电建东南非区域总部
      2. 中国电建中西非区域总部
      3. 中国电建中东北非区域总部
      4. 中国电建欧亚区域总部
      5. 中国电建亚太区域总部
      6. 中国电建美洲区域总部
      7. 中国电力建设集团有限公司西南区域总部
    - 分公司
      1. 中国电力建设股份有限公司疏浚分公司
      2. 中国电力建设股份有限公司成都分公司
      3. 中国电力建设股份有限公司重庆分公司
      4. 中国电力建设股份有限公司洛阳分公司
      5. 中国电力建设股份有限公司哈尔滨分公司
      6. 中国电力建设集团有限公司海南分公司

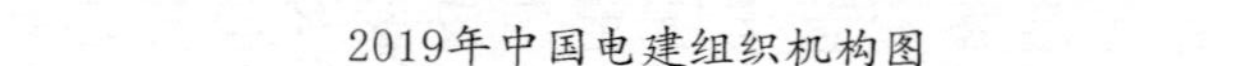
2019年中国电建组织机构图

“PRP－ERP－GRP系统HSE模块V1.0建设实施办法”三个管理成果，明确了集团、子企业、二级单位和项目部四个层级统一的HSE信息化系统建设方案、建设路径、内容、措施，确定了试点建设、推广应用两个工作阶段并选定了各板块试点单位，为规范子企业HSE信息化建设工作提供了顶层设计；参与编制和作为专家组长单位验收了“电力建设工程施工安全行动计划（2020—2024年）”“国家能源局关于进一步加强电力建设施工安全监督管理的指导意见”“国内电力建设人身伤亡事故及防控措施研究”等课题，得到了国家能源局、中电建协的充分肯定和好评。

【检查考核】 坚持以问题、效果为导向，严守“不安全不生产”底线，结合相关法律修订和检查考核发现的问题，组织修订了《安全生产及三项业务检查考核工作手册（2019版）》，确保了手册的适用性和标准化流程引导作用，提高了整体检查考核整改标准；举办了预聘安全专家培训班，对检查考核整改工作内容及要求进行了规范化、系统性培训，建立了专家履职评估制度，以此不断提高专家队伍的专业化、职业化素质，为提升安全检查考核梳理诊断问题、指导培训等工作成效提供了资源保障；继续坚持“查考并举”和“查培结合”原则，深化“一体化、常态化”检查考核机制，强化分级监督检查和生产过程全方位管控，对检查中发现的问题、安全隐患，要求各单位在整改时，深入剖析本质原因，通过问题表象查找问题根源，找准短板、明晰责任，制定防范措施，严防重复发生，切实提高整改成效。结合滚动式检查深化安全专项整治，深入开展地质灾害防治、施工营地管理、危化物品管理、特种设备管理等专项治理活动。2019年共安排18个检查考核组和4个安全督导组，对206个子企业、子企业二级生产经营单位、在建项目进行了安全检查考核和督导，加大了对全员安全生产责任制落实，尤其是各级领导干部安全履职工作情况的监督检查，坚决执行重要安全责任不落实“一票否决”制度，把工作问责挺在事故问责前面，切实推动制度标准落地。对检查发现的1183项现场隐患和3145项管理问题提出了书面整改要求和管理建议，对存在严重隐患的施工作业面，责成停工整改并由子企业挂牌督办，跟踪整治确保不留隐患，严守“不安全不生产”底线。

【隐患排查治理】 重视风险分级管控和隐患排查治理双重预防机制建设，坚持把责任落实挺在风险管控前面，把风险管控挺在隐患排查治理前面，把隐患排查治理挺在应急救援前面。针对安全生产领域的突出问题，组织各子企业深入全面开展安全风险辨识，全面排查、研判、管控各类安全风险点，制定有效实用的管控措施及应急机制，明确分工，落实责任，强化对重大危险源和存在重大安全风险的生产经营系统、生产区域、岗位的重点管控，实现对隐患整改的实时监控、闭环管理。一年来，各子企业加强组织领导、精心策划、狠抓落实，采用各种方式组织开展安全检查和隐患排查1332次，覆盖项目2986个，排查治理隐患136 372个，投入隐患排查治理资金2.43亿元，完成安全投入费用65.4亿元，消除了一大批安全隐患和管理问题。

【标准化建设】 优化安全生产标准化建设和“回头看”监督提升的管控，修订发布了《安全生产标准化建设管理办法》，开展标准化建设自查工作，突出建设成果在施工现场的有效落地，完成了30家子企业和投资项目安全生产标准化延期复审及达标验收工作，同时，组织子企业全面开展了标准化建设自查评工作，评审、通报了52家子企业标准化建设自查评工作情况，对评审不合格的子企业组织开展了“回头看”专项行动，切实起到了补齐短板的督促作用，以标准化助推安全管理基础不断夯实、安全管理水平提升的成效逐渐凸显。

【应急管理】 按照《2019年应急能力建设评估工作计划》的部署安排，编制发布了《平台、投资及专业业务板块企业应急能力建设评估规范》，继续加大应急能力建设工作推进力度，组织12家平台、投资及专业业务板块企业完成了建设评估工作，实现了年末子企业全面完成应急能力建设评估工作目标；组织通过评估验收的子企业，按照“企业组织、全面开展、自行验收、总部评估”的原则，开展了二级生产经营单位应急能力建设工作。从检查评估情况分析：各子企业重视应急能力建设，能够按照建设方案严格推进工作开展，主要领导积极组织参与，主管部门认真负责，二级生产经营单位和在建项目覆盖度高，基本做到了真抓实创、深化延伸。建设评估工作的开展，推进了各单位应急管理制度、组织机构和预案体系进一步完善，响应分级和处置流程进一步明晰，尤其在应急责任落实、演练开展、物资保障及联动机制建设等方面取得重要进展，切实提高了应急管理工作规范化、科学化。各子企业依据公司应急模块和范本完善修订应急预案43 774个、现场处置方案38 852个，开展应急演练8590次，应急投入资金2.24亿元。

【安全宣传】 以开展“电力建设安全文化年”“安全生产月”和“安全管理制度标准落实年”活动为契机，贯彻总书记关于安全生产的批示指示精神，落实党中央、国务院关于安全生产工作的决策部署，组织开展了主题宣讲、警示教育、安全培训、应急演练等活动，倡议各级领导主讲安全公开课、发表署名文章，并在电建核电公司东营项目举行了以“防风险、除隐患、遏事故”为主题的“安全生产月”启动仪式。各子企业和建设项目也纷纷通过开展“安全生产宣传咨询日”、事故警示教育、知识竞赛等丰富多彩、贴近一线、贴近员工，既有声势、又有实效的系列活动，营造了浓厚安全生产氛围，把安全生产的思想深入到每一位员工心里。

【党建工作】 2019 年，在国资委党委的坚强领导下，中国电建党委围绕新时代党的建设总要求和新时代党的组织路线，巩固深化全国国有企业党的建设工作会议成果，开展“不忘初心、牢记使命”主题教育，以中央企业基层党建推进年为载体，全面加强党建工作，着力推动全面从严治党各项举措落地见效，为建设具有全球竞争力的世界一流企业提供了坚强保障。

强化党的政治建设。落实新时代党的建设总要求，学习党的十九大、十九届二中、三中、四中全会精神，学习习近平新时代中国特色社会主义思想，以党的政治建设为统领，牢记宗旨使命，坚定理想信念，建立健全贯彻落实习近平总书记重要指示批示的工作机制，进一步增强“四个意识”、坚定“四个自信”、坚决做到“两个维护”。开展“不忘初心、牢记使命”主题教育。按照“守初心、担使命，找差距、抓落实”的总要求，切实做好学习研讨、调查研究、检视问题、整改落实等重点工作，推动主题教育深入扎实有序开展，实现了预期目标。公司主题教育得到国资委巡回督导组较高评价。做好国资委巡视反馈意见整改工作。抓好公司总部和子企业层面国资委巡视反馈意见整改工作，建立“挂账销账”制和定期督办督查制，细化整改方案，各项反馈意见均得到有力有效整改落实。加强领导班子和干部队伍建设。坚持好干部标准和国有企业领导人员“20 字”要求，按照“分类分级”干部培训要求，有针对性地举办子企业领导人员和优秀年轻干部培训班。对 47 家子企业领导班子进行换届或调整补充，加大干部交流和优秀年轻干部的选拔使用力度。一批德才兼备、素质过硬、业绩突出的优秀年轻干部进入子企业领导班子，进一步优化了领导班子结构，为企业发展提供了坚强的组织保障。深化“三基建设”。落实“中央企业基层党建推进年”专项行动部署，把“深度融合”作为提高党的建设质量的切入点、结合点、着力点，出台《推进党建工作与生产经营深度融合引领高质量发展的指导意见》，进一步增强党建工作实效。认真落实中央集中整顿软弱涣散基层党组织工作要求，以支部为单位深入开展全面排查，对 19 个支部进行了集中整顿。出台《党支部工作手册》，深化基层党建工作，推动支部工作标准化、规范化。推进全面从严治党向纵深发展。全面落实管党治党主体责任，不断强化纪律建设，做实做细监督职责，严格落实中央八项规定精神，坚定不移纠治“四风”，着力构建不敢腐不能腐不想腐的长效机制，全面营造风清气正的发展环境。党的群团工作不断加强。工会聚焦“五大工程”，开展劳动和技能竞赛活动，弘扬劳模精神、劳动精神和工匠精神。召开第二次团代会选举产生新一届团委，各级团组织以品牌活动、精品项目为抓手，助力团员青年筑牢理想信念、加快成长成才、奋力建功立业。

【国际业务】 2019 年，中国电建对外承包工程业务完成营业收入 1136.17 亿元人民币，同比增长 17.9%，占年度完成营业额的 24.4%；新签合同额 2516.05 亿元人民币，同比增长 15.1%，占集团年度境内外新签合同额的 33.9%，利润 59.72 亿元人民币，同比增长 22.5%，占年度境内外新签合同额的 37.8%。

2019 年，在 133 个国家执行工程总承包或施工承包类项目合同 3182 项，在建项目合同总金额 9461.42 亿元，同比增长 4.26%。国际业务从业人数合计 100 291 人，其中中方人员 26 773 人、雇佣项目所在国员工 66 229 人、雇佣项目第三国人员 7289 人。

2019 年，中国电建在《财富》世界 500 强企业中排名第 161 位，较 2018 年上升 21 位。在 ENR 全球设计企业 150 强和 ENR 全球承包商 250 强排名中，分别位列第 2 位和第 5 位，在电力建设领域均位列中资企业第一；在国际工程设计公司 225 强、国际工程承包商 250 强中分列第 16 位和第 7 位，在上榜中资企业中分别排名第 1 位和第 2 位，两项排名在电力行业领域均位列全球第一。

（1）国际管控。海外业务服务、管控、引领效果显著提升，集团化机制不断巩固，国际业务运行机制日趋完善。动态调整市场布局，全面评估调整国别市场划分和各版块成员企业资源配置与布局，提升国际业务统筹引领能力，增强区域国别市场活力。贯彻落实“规划先行、高端切入”项目开发理念，进一步完善境外重大项目前期规划设计专项资金补助机制。调研解决使用专业平台公司资质业绩参与国际投标相关问题，提高竞争力和决策效率。统一电力设计企业英文名称和品牌标识，提升国际品牌形象。立体营销体系建设不断加强。联合营销、分层营销和授权营销工作机制逐步理顺，充分调动不同层面的积极性，发挥好国际业务优势企业的作用，攥指成拳、凝心聚力，推动共同发展。在 76 个国别和地区市场实现联合营销。搭建市场营销与履约监管一体化平台，强化营销履约过程管控。通过管理制度化、制度表单化、表单信息化，不断提高国际业务信息化管理水平，不断提高工作质量和工作效率。

属地化探索步伐加快。将境外机构压减管控与属地实体化建设有机统一，提高质量、稳定数量，2019

年新增驻外机构60个，新进入3个国别市场；目前共在120个国家设有433个驻外机构，其中超过一半分布在“一带一路”沿线国家，市场网络进一步加强，重点更加聚焦。经充分调研，编制国际经营属地化指导意见，各区域总部试点实践，同时，引领成员企业开展属地化新探索。通过多种方式充分利用、整合当地资源，促进信息对称，提升市场竞争力，规避经营风险。

（2）国际经营。紧抓国家主场外交机遇，高端营销取得丰硕成果。在第二届“一带一路”国际合作高峰论坛期间，中国电建与10个国家签署各类合作协议14份，合计金额167.92亿美元，其中：6个项目被纳入企业家大会成果清单，总金额56.17亿美元，占企业家大会成果的11.6%。在第十届澳门基础设施高峰论坛期间，中国电建联合多个“一带一路”参与国政府和国内合作机构发布了全球业内首份《互联互通，绿色发展，融合创新——基础设施建设与生态环境协调发展倡议》；举办能源转型与新能源国际合作分论坛，受到行业广泛好评和关注。参加首届“中国—非洲经贸博览会”，3个项目进入博览会签约仪式，总金额达11.82亿美元，占博览会总签约额的20%。与全球能源互联网发展合作组织联合举办2019年中—非能源电力大会。在大会期间，组织了多场次双边会见活动，进一步巩固促进中国电建与非洲政府、组织、企业的合作和交流。推动中国电建1+7国际业务品牌企业全部列入承包商会59个重点国别中国承包商推荐名单，成为进入名单中最多的企业。

商业模式不断创新，海外市场亮点纷呈。签署肯尼亚年金公路LOT32项目特许经营协议，这是中国电建首个海外控股投资公路项目和海外赤道原则项目，也是中国电建第一个进行有限追索融资的投资项目。在缅甸、老挝、柬埔寨推广以“建信通”等金融产品为代表的延付融资模式，实现缅甸曼德勒产业新城通港大道等项目融资关闭。以“延付+特险（业主母公司担保）”融资模式签署乌克兰FAS 69MW光伏项目。

新领域接连实现新突破。签约中国电建最大海外现汇项目——沙特国王港项目，实现海外现汇项目和海工领域的重大突破。签约沙特保障房项目，在装配式住房领域取得突破，为深度挖掘潜力市场奠定基础。签署阿联酋迪拜铝业自备水厂、阿布扎比塔维拉200MIGD海水淡化项目。在印尼签署TAS镍矿、中加里曼丹HAI煤矿、莫若瓦力MKAL镍矿、BOSOSI镍矿等多个矿产开采类项目。通过联合投资签署马来西亚雪兰莪绿色产业园二期开发项目，填补海外园区空白。中标集团海外最大的机场项目——香港机场第三跑道项目（8.0亿美元，公司占65%），实现粤港澳大湾区业务特别是香港市场新突破。

第三方市场合作取得了显著的成效。与美国、英国、法国、瑞士、芬兰、日本、德国、西班牙、新加坡和意大利等16个发达国家的30家企业开展第三方市场合作，涉及项目37个，项目金额共计约426.59亿美元。

（3）国际履约。履约监管机制不断优化，履约风险受控在控。推动履约监管工作向项目前期延伸，建立新开工重点关注项目前期阶段管理等多项工作机制，并在沙特国王港项目等多个新开工重点项目上得以落实，国际项目履约监管水平显著提升。境外重大经营风险管控处置专项工作取得进展，玻利维亚圣何塞水电站三标项目、厄瓜多尔德尔西水电站项目完成临时移交；北马其顿MS项目建成通车，尼日利亚宗格鲁水电站项目工期索赔成功，工期风险得以化解。积极应对和处理马来西亚皇京港、尼日利亚蒙贝拉水电站、卡塔尔CP1等重大项目仲裁案件，有效控制化解法律风险。完成2018年度成员企业海外项目履约评价。

一批优秀经典海外工程得到表彰。科特迪瓦苏布雷水电站、阿尔及利亚233MW光伏电站等境外项目荣获境外工程鲁班奖，中国电建境外工程获鲁班奖项目达到21个。摩洛哥努奥二期光热电站等项目荣获国家优质工程金奖。加纳布维水电站项目、喀麦隆曼维莱水电站项目、巴基斯坦SACHAL风电项目、尼泊尔上马相迪A水电站项目和摩洛哥努奥二期200MW槽式光热电站工程等5个项目入选“中国境外可持续基础设施项目案例”。印尼雅万高铁项目中国水电二分部营地等7个境外项目营地荣获“优秀营地奖”。缅甸莱比塘铜矿项目荣获“中国有色金属工业优质工程奖”。越南油汀光伏电站获得“亚洲能源奖”。津巴布韦卡里巴南岸电站扩机工程、阿尔及利亚混凝土粮仓工程等16个境外项目获得电建集团优质工程奖。

（4）国际商务。加强与相关国家部委、主管单位和各行业协会的对接。2019年4月，全面统筹中国电建参加第二届“一带一路”国际合作高峰论坛，组织协调中国电建与来自18个国家“一带一路”参与国领导人和企业家代表累计举行26场涉外活动，创造电建出席人数最多、参与环节最多的国家主场外交活动新纪录。在股份公司领导与有关国家领导人的共同见证下，中国电建与马来西亚、孟加拉、印度尼西亚、尼日利亚、埃及、阿联酋等6个国家签署各类合作协议14份，合计金额约167.92亿美元，其中纳入高峰论坛企业家大会成果清单项目6个，合计金额56.17亿美元、占企业家大会成果的11.60%；企业家大会见签项目5个，合计金额29.17亿美元。

5月，全球72个国家和地区的750多家企业机构和2000多位政商学界代表齐聚澳门，共同参加了“第十届国际基础设施投资与建设高峰论坛”。中国电建以此次活动为契机，首次向全球发布了《互联互通，绿色发展，融合创新——基础设施建设与生态环境协调发展倡议》。电建国际公司全面组织协调集团和公司参会工作，并举办“中国电建·绿色之路”多边主题午餐会活动和倡议发布仪式。董事长晏志勇与来自菲律宾、马来西亚、赞比亚、津巴布韦、多米尼加等“一带一路”参与国的部长级政要和合作伙伴共同出席午餐会并致辞。

发挥外事管理办公室职能，持续加强外事信息化建设，打造“中国电建”外事管理品牌。重视制度建设，及时更新夯实基础管理，加强业务培训，外事服务工作办实事求实效。2019年外事系统新增功能11项，优化原有功能7项。根据外交部等六部委关于外事管理的新规定新要求，结合实际情况，修定并发布了外事管理办法（2019年版）。首次实现全集团范围内“免红头文件”申办外事。在外事系统中开发设立“专办员考试”模块，实现对各企业、单位外事工作人员的在线培训。

外事管理办公室2019年共审批和办理出国（境）团组13 089批次，29 155人次，团组数量再创新高；新办护照7062本涉及国家或地区163个，涉及成员企业66家，其中高管及以上领导带队的重要团组共44批次；办理邀请外国人来华团组共590批次，1246人次；办理公证书及认证13 563本。

（5）国际重大投融资项目。截至2019年12月底，在12个国家实施投资项目共计23个，计划口径总投资709.53亿元。其中，投产运营项目12个，总投资291.64亿元，正式进入建设项目11个，总投资417.89亿元。行业分布上来看，电力项目14个，轨道交通项目2个，矿产资源项目2个，1个建材项目，4个并购项目。项目大多分布在亚洲地区。

2019年境外运营及正式在建投资项目年度完成投资总额76.43亿元，累计完成投资506.05亿元。投产运营项目完成投资6.33亿元，累计完成投资282.20亿元。正式在建项目年度完成投资70.10亿元，累计完成投资223.86亿元。

（6）驻外机构。截至2019年底，中国电建及所属成员企业在120个国家和地区设有433个驻外机构，其中在“一带一路”沿线65个国家中的47个国别设有221个驻外机构。

按性质划分为101个代表处、142个分公司、125个全资子公司、56个控股公司、9个参股公司。按地域划分为非洲43个国家107个驻外机构，亚洲41个国家228个驻外机构，美洲21国家66个驻外机构；欧洲12个国家26个驻外机构，大洋洲3个国家6个驻外机构。

【科技创新】

（1）国家级研发平台。2019年，在能源电力传统优势领域牵头组织股份公司技术中心、国家能源水电工程技术研发中心、国家水能风能研究中心等高端研发平台，并受行业主管部门委托，开展可再生能源智库建设及重大关键技术研究、中国海上风电发展现状与评估研究、国家地热示范项目建设研究等一批可再生能源行业的重大技术攻关，推动生物质能、储能、氢能和综合能源供给等领域发展战略性、前瞻性和系统性策略研究，持续推进水电、风电和太阳能发电等行业标准体系建设和管理工作，推进国家可再生能源信息管理中心和流域综合监测中心管理，提供可再生能源信息发布和重点流域预警预测服务，为国家可再生能源行业政策制定、重点工程建设、安全应急与科学监督评估提供了有力支撑。在战略新兴业务领域，作为骨干单位承担垃圾焚烧技术与装备国家工程实验室建设与管理任务，开展城市生活垃圾焚烧飞灰无害化处理技术、城市生活垃圾焚烧烟气污染物超低排放处理技术等前沿技术研究工作，努力为中国新兴的垃圾资源化处理产业贡献力量。

（2）省部级研发平台建设。鼓励并支持子企业充分发挥地域和技术优势，结合自身发展需要参与地方创新体系建设，成效显著。2019年拥有的省部级平台已由2015年的55家增加为90家，增幅高达64%；研发平台类型也由省级企业技术中心或质量检测中心等综合的生产性技术研发平台，逐步向各业务领域的省级重点或工程实验室、工程技术研究中心专业性研发平台转变。

（3）创新成果。2019年电建集团共获得两项国家科技进步奖。中国电建集团成都勘测设计研究院有限公司以第二完成单位身份参与完成的“重大工程滑坡动态评价、监测预警与治理关键技术”获得国家科技进步二等奖。中国电建及下属单位共同参与完成的“长江三峡枢纽工程”获得国家科技进步特等奖。工程建设期间，组织参建单位针对大型水轮发电机组安装难题积极开展科研攻关工作，创造了单个电站年投产5000MW装机容量的世界纪录。组织成员企业参与制定了《三峡水轮发电机组安装标准》《三峡“精品机组”评价标准》。

“一种用于隧道施工的盾构机姿态复核方法”“一种混凝土面板堆石坝面板分缝结构及其施工方法”两项专利项目获得第二十一届中国专利优秀奖。2019中国电建下属华东院获得国家知识产权示范企业称号。

2019年主持完成《国际工程技术标准研究》，按主营业务板块，对30多个国际、区域、国家或学会的标准体系进行深入研究，提出标准体系研究报告、相关技术标准或手册/指南；共翻译80本中国国家标准或行业标准。

（4）协同创新。持续开展重大技术联合攻关。与清华大学、河海大学、武汉大学、中国水利水电水科院、南京水利水电科学研究院等多所行业权威高校、科研院所，针对水利水电高坝工程建设与安全评估难题，开展水电工程安全综合诊断及运行管控关键技术研究与应用、枢纽工程重要构筑物（群）与地质环境互馈作用机制与控制技术、高寒复杂条件混凝土坝建设与运行安全保障关键技术、白鹤滩水电站大坝综合施工技术研究等系列技术攻关工作，为溪洛渡、白鹤滩等重大水电工程的安全高效建设和安全运行提供保障；与华北电力大学、山东大学、中国海洋大学等，针对燃煤电厂节能环保问题，开展脱硫废水蒸发处理技术、燃煤锅炉新型光催化与双氧水氧化高效脱硫脱硝技术等系列技术攻关；与中国科学院、中国电科院等科研机构，联合开展直流并网分布式光伏与系统的相互影响及集成设计技术、超临界CO_2太阳能热发电关键基础问题研究等研究，持续推进风能、太阳能等新能源技术发展。联合成都理工大学、上海应用技术大学、中铁西南科学研究院、老挝苏发努冯大学等，开展高地应力隧道双护盾TBM施工超前地质预报及地质信息应用关键技术研究和老中铁路隧道施工技术研究；积极联合哈尔滨工业大学、西南石油大学等，共同开展严寒地区复杂环境地铁盾构施工关键技术研究与应用、砂卵石一泥岩复合地层地铁大直径盾构施工关键技术等，为企业抢抓城镇化建设机遇，积极拓展铁路、地铁等交通领域市场奠定坚实基础。与北京大学、南京大学、四川大学、中国环境科学研究院等多所高校和科研院所保持长期紧密合作，围绕水环境治理新技术、新材料、新工艺等开展大量研究工作，包括水资源高效开发利用和水环境保护关键技术与管理决策支持系统研究、河网水生态修复关键技术与示范区建设、基流匮乏重污染河流基流调控模式构建及其验证和河湖污泥工业化处理余土炭化制陶技术及资源化应用研究等，为加快公司水资源与环境治理业务发展，促进产业快速发展提供支撑。

（5）科技成果转化。能源电力领域成果转化。推广水利水电特大地下洞室群施工关键技术，创建了特大地下厂房优质安全高效施工技术体系，建立了复杂地下洞室群施工通风散烟成套技术，创建了岩溶及高地应力区特大地下洞室群开挖支护成套技术，项目成果已推广应用于白鹤滩、乌东德、两河口、厄瓜多尔辛克雷、乌干达卡鲁玛、以色列珂卡夫等众多国内外工程，成为企业的核心竞争力。

基础设施领域成果转化。在多个工程推行TBM安全高效施工技术。联合石家庄铁道大学依托辽西北供水工程开展“开敞式TBM高效安全施工关键技术研究及应用”，依托兰州水源地工程开展“双护盾TBM施工关键技术研究与应用”，取得丰硕研究成果，多项关键技术转化应用到新疆ABH工程、新疆EH工程、甘肃省天水曲溪城乡供水工程、西安地铁2号线二期工程等，经济社会效益显著。联合武汉大学依托ABH供水工程开展“超大埋深复杂地质长隧洞TBM施工关键技术”，针对新疆ABH工程地质条件恶劣，隧洞长、埋深大等特点，开展系统研究应用，取得的研究成果为工程顺利施工提供了技术支撑，同时也为川藏铁路TBM应用研究提供了技术参考，在多项铁路项目中推广应用。

水环境领域成果转化。形成一套可复制可推广的水环境治理成功经验，并推广应用。茅洲河项目通过国家大考，2019年签订了近550亿元的合同订单。投产的中国首个河湖污泥大规模工业化处理与资源再生利用中心茅洲河底泥处理厂，其河湖污泥年处理能力达到万方级，有效解决了长期困扰地方政府的污染底泥出路问题。

战略性新兴业务领域成果转化。为响应风能开发利用的国家重大需求，面对中国近中海域海上风电场交流并网问题积极开展攻关研究，提出“大型海上风电机组载荷优化设计与集成封闭式循环冷却方案”，实现了海上风电机组制造的整机协同优化。提出“海上风电场集电系统设计寻优与升压平台标准化设计方案”，实现中国海上风能开发由“滩涂（潮间带）”向“近中海域”的成功跨越。提出了“海上风电电压精准控制与一次调频控制电网主动支撑方案”，解决了中国近中海域风电波动大、海缆电容效应显著导致的并网问题。运用该技术研发的海上风电机组、海上风电场设计方案以及主动控制支撑方案，已应用于中国首批海上风电场，推动了中国海上风电产业的快速健康发展。2019年该技术新增销售额8.3亿元。

2019年，中国电建共拥有11家院士工作站、包括全国模范院士工作站1家、9家博士后科研工作站，年度新增院士工作站3家、博士后科研工作站1家、研究生（含硕士、博士及博士后）培养基地1个；荣获国家勘察设计大师称号1人、入选国家百千万人才工程人选/国家有突出贡献中青年专家2人、省级“千人计划”“万人计划”3人，获中央优秀科技创新团队1个、获莫索尼水电杰出成就奖、严恺工程技术奖、水电英才奖等各类省部级优秀科技人才荣誉数十人。

知识产权成效。截至2019年底累计授权专利数量增长到14 841项，发明专利增长到2189项，在国资委所属中央建筑企业排名稳中有升。

（郎颂东）

中国能源建设集团有限公司

【公司概况】 中国能源建设集团有限公司（简称中国能建）成立于 2011 年 9 月 29 日，是经国务院批准、由国务院国资委直接管理的特大型能源建设集团公司，注册资本 260 亿元。2014 年 12 月 19 日，中国能建与全资子公司电力规划总院有限公司共同发起设立了中国能源建设股份有限公司（中国能建持股 99.53%）；2015 年 12 月 10 日，中国能源建设股份有限公司首次公开发行 H 股在香港联合交易所有限公司主板挂牌上市（股票代号：3996. HK）。

中国能建是中国乃至全球能源电力、基础设施和房地产等行业提供整体解决方案、全产业链服务的综合性特大型集团公司，主营业务涵盖能源电力、水利水务、铁路公路、港口航道、市政工程、城市轨道、生态环保和房屋建筑等领域，具有集规划咨询、评估评审、勘察设计、工程建设及管理、运行维护和投资运营、技术服务、装备制造、建筑材料为一体的完整产业链。自 2014 年起，连续六年进入世界 500 强，2019 年排名第 364 位。在 ENR 全球工程设计公司 150 强、国际工程设计公司 225 强、全球承包商 250 强和国际承包商 250 强排名中均名列前茅，在国务院国资委年度经营业绩考核中六年保持 A 级。

中国能建自成立以来，获得中国建筑工程鲁班奖 14 项、国家优质工程金质奖 42 项；拥有 2 个国家级企业技术中心、4 个院士专家工作站、11 个博士后科研工作站、46 个省级研究机构和 86 家高新技术企业；共取得国家科技进步奖 44 项，重大科技成果 3300 余项，有效专利 8797 项，制修订国家标准和行业标准 576 项。在国内火电勘察设计市场占有率达到 85%，施工业务占有率超过 65%；核电常规岛勘测设计市场份额超过 90%，安装市场占有率超过 60%；水电施工业务市场占有率超过 35%。在三峡工程、南水北调、西气东输、西电东送、三代核电等一系列关系国计民生的重大工程中，担负了工程建设主力军和国家队的重任。承建了世界首个“三百”火电工程、世界首个 AP1000、CAP1400 核电工程、世界最大风光储输工程、世界首个多端柔性直流输电工程等一批重大工程，创造了多项世界第一。在全球 80 多个国家和地区设立了各类驻外机构 200 多个，签约项目覆盖“一带一路”沿线超过 80%的国家。

【领导班子】

1. 中国能源建设集团有限公司

党委书记、董事长：汪建平

党委副书记、总经理、董事：丁焰章

党委副书记、工会主席：马明伟

党委常委：吴春利、于刚

党委常委、安全总监：周厚贵

党委常委、纪委书记：李子勇

党委常委：陈关中

党委常委、首席信息官：吴云

2. 中国能源建设股份有限公司

党委书记、董事长：汪建平

党委副书记、总经理、副董事长：丁焰章

党委副书记、工会主席：马明伟

党委常委、副总经理：吴春利、于刚

党委常委、副总经理、安全总监：周厚贵

党委常委、纪委书记：李子勇

党委常委、总会计师：陈关中

党委常委、副总经理、首席信息官：吴云

【组织机构】 见 2019 年中国能建组织机构图。

【企业战略】 中国能建肩负“世界能源、中国能建”组织使命，秉承“行业领先、世界一流”的战略愿景、“精益创造价值、精品引领未来”的企业宗旨，始终将高质量发展作为强企之基、立业之本，将大踏步转型作为优质发展之要、高效增长之源，大力践行创新、协调、绿色、开放、共享的发展理念，着力实施转型创新战略、国际化战略、多元化战略、资源优化战略、和谐发展战略五大总体发展战略，矢志打造“两型两化”（科技型、管理型，国际化、多元化）、具有国际竞争力的工程公司，致力于与各方和谐发展、互利共赢，促进各方更高质量、更有效率、更加公平、更可持续发展。

贯彻党的十九大精神和习近平新时代中国特色社会主义思想，落实国家培育具有全球竞争力的世界一流企业的要求，践行新发展理念，聚力高质量发展，各项工作取得了新进展、新成效。转型成效更加明显，国内新商业模式业务发展更趋多元，国际非电业务增势强劲，总承包业务规模效益稳步提升，投资拉动作用和金融服务主业作用进一步增强。始终紧跟国家“走出去”战略部署，参与“一带一路”建设、国际产能合作，国际中高端区域市场开发取得新突破，在沙特、阿联酋、波兰、西班牙、希腊等西亚、欧洲国家新签多项重要合同；参与雄安新区、军民融合、长江大保护、支持海南全面深化改革开放等国家重大战略实施，奋力抢抓基础实施建设市场机遇，斩获一

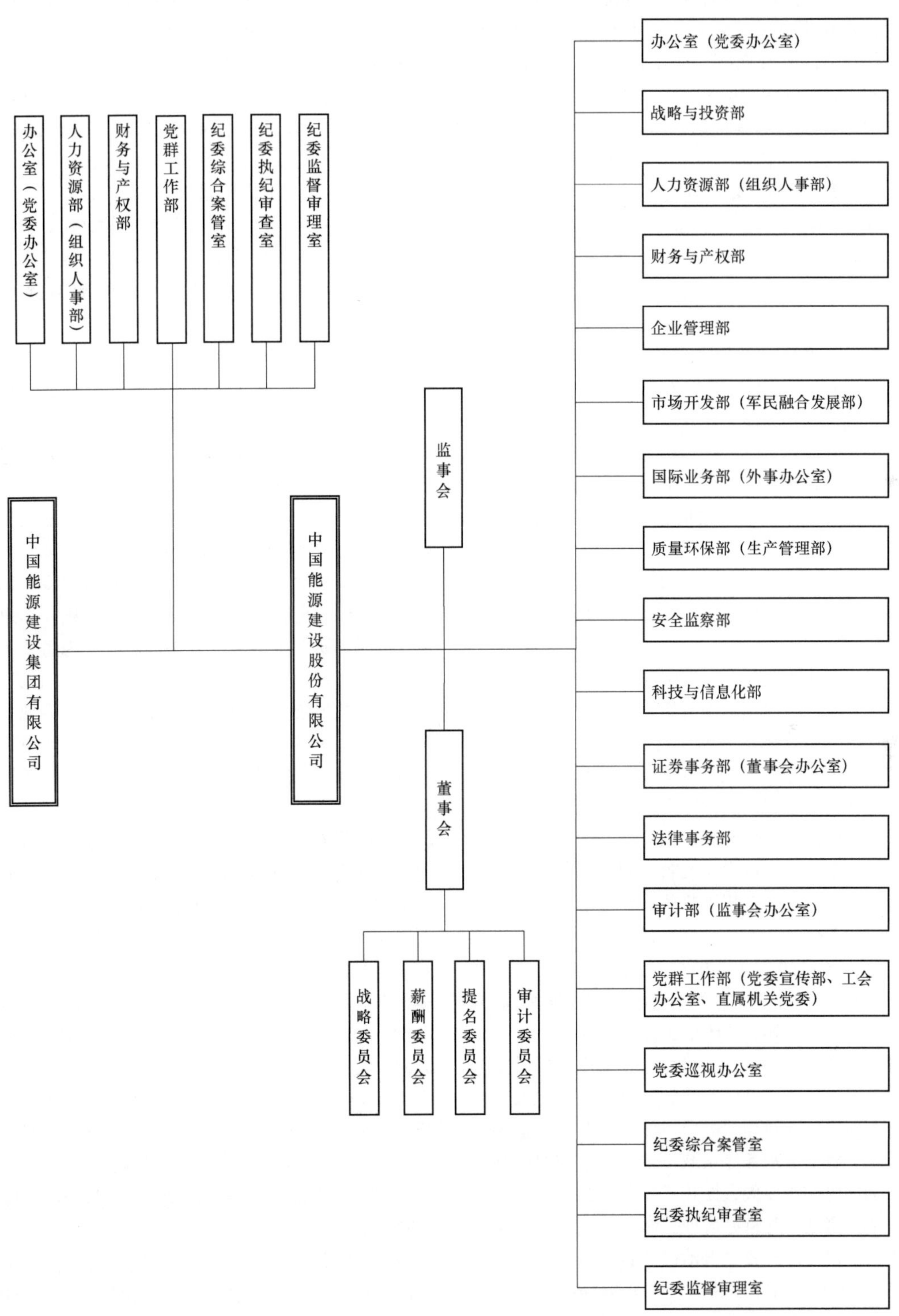

2019年中国能建组织机构图

批高质量项目；创新商业模式，加强与中国 PPP 基金等机构合作，持续提升各级企业新商业模式项目运作能力；稳妥推进投资业务，重点在建项目进展顺利，已投运项目运营良好，对砂石骨料、生态治理、交通市政等转型领域投资进行了积极探索；强化与金融机构“总对总”协调机制，所属金融企业以融促产，融资手段更加丰富，综合效益凸显。

【体制改革】 中国能建认真贯彻《中共中央 国务院关于深化国有企业改革的指导意见》，落实“1＋N”改革系列文件及供给侧结构性改革有关要求，贯彻落实文件精神，推动改革重点任务落实落地。

加大内部资源重组整合。印发了《关于进一步推动8家新设（重组）公司内部资源重组整合和切实履行职责的通知》，督促指导相关企业进一步加大内部资源重组整合工作力度。建立了季度信息报送与通报工作机制，密切跟踪新设（重组）公司改革实施情况，及时掌握企业发展成效。结合改革工作成效及发展难点问题，研究制定有效措施帮助企业加快发展，完成了咨询公司的重组整合。组织召开了改革发展与业务转型座谈会，推动建投公司加快内部资源重组整合、提高内部资源利用效率、弥补发展短板、发挥投资拉动作用等工作。

推进混合所有制改革。“双百企业”综合改革方案和工作台账已报经国资委备案，前期有关改革工作已完成中期评估，湖南院已在北交所正式挂牌交易，东电二公司混改总体方案及员工持股初步方案已上报发改委，华南装备混改总体方案正在研究审核。

推进供给侧结构性改革。积极推进山西电建二公司依法破产工作，完成中能装备3家“僵尸企业”吸收合并方案和中能装备所属葫芦岛设备公司治理方式变更的审批工作，制定了北京电建改造脱困方案。累计完成了152户法人企业的注销工作，占压减基数621户的24.50%，企业管理层级已控制在五级以内。累计完成117户集体企业改革实施工作。

推动投资并购。决策通过并完成并购的项目1项，决策通过但尚未完成并购的项目2项。之前年度完成交割但本年支付尾款的项目2项。并购企业涉及工程设计、施工及水务等领域，主要为了获取国际市场、拉动国内主业发展、提升工程主业能力。

完成办事处、驻京办清理。制定并下发了《关于撤销中国能建驻部分省（自治区、直辖市）办事处的通知》，撤销了中国能建驻部分省办事处和雄安新区代表处事项。根据业务发展需要，将所属企业部分驻京办和驻外办转为分公司或内部机构。

【人力资源】 2019年末，中国能建在职员工共122 560人，其中在岗职工107 586人，不在岗职工14 974人；劳务派遣人员12 348人。员工学历结构情况，博士研究生468人，占比0.4%；硕士研究生11 371人，占比9.3%；本科45 299人，占比36.0%；专科26 833人，占比21.9%；中专及以下38 589人，占比31.5%。员工年龄结构情况，55岁及以上10 365人，占比8.5%；50～54岁18 055人，占比14.7%；40～49岁39 136人，占比31.9%；30～39岁32 466人，占比26.5%；29岁及以下22 538人，占18.4%。员工职称结构情况，正高级职称2397人，副高级职称15 074人，中级职称20 381人，初级职称21 020人。员工技能等级结构情况，高级技师2195人，技师7188人，高级工15 269人，中级工5194人，初级工1825人。

【安全生产】 2019年，中国能建学习领会习近平总书记关于安全生产的重要论述，贯彻落实党中央、国务院安全生产决策部署，突出抓好承（分）包“安全十”管理，严格落实承（分）包商“黑名单”制度，严守承（分）包安全管理底线。加强安全管理隐患排查治理，组织开展专项督查检查，加大关键少数、重点群体、重点领域安全风险排查力度，切实防范安全风险。坚持“隐患就是事故”原则，严肃安全生产问责追责，加大对重大事故隐患、隐患整改不及时不彻底、严重违规违章作业行为的问责追责力度。强化安全监管能力建设，提升监管效能，推动安全监管向履责监管和全过程监管转变。连续三年没有发生一般以上生产安全责任事故，安全生产保持长周期稳定局面。

【经营管理】 2019年，中国能建以习近平新时代中国特色社会主义思想为指导，坚决贯彻党和国家重大决策部署，在国务院国资委的正确领导下，坚持稳中求进，坚持推动高质量发展，聚焦加快转型，聚合发展动能，聚力提质增效，主动应对市场风险挑战，扎实工作，圆满完成全年经营目标，主要经营指标平稳增长，经营效益稳步提升。完成新签合同额5217.33亿元，同比增长12.43%，其中，国内新签合同额同比增长14.22%，国际新签合同额同比增长8.35%；资产总额4252.82亿元，同比增长6.96%，所有者权益同比增长16.86%；实现营业收入同比增长10.35%；实现利润总额同比增长7.32%，实现净利润同比增长4.98%。

【节能减排】 2019年，中国能建不断完善节能环保管理和制度体系，落实责任，强化管理，严控风险。公司未发生环境事件，相关指标受控。

落实“绿色”发展理念，坚持绿色生产，优化施工方案，治理粉尘、噪声、废渣、废水取得成效；投身绿色工程，积极推行能源节约与生态环境保护技术，承建多个水电站、高参数燃煤电站，核电站、特高压等绿色工程；发展环保产业，建成老河口、松滋、宜城3个水泥窑协同处置生活垃圾示范线，年处置生活垃圾40万t，减少二氧化碳排放27万t，节约黏土质原料8万t，节约土地近百亩，实现生活垃圾的“减量化、资源化、无害化”，葛洲坝集团荣获中国环境保护领域最高的社会性奖励——“中华环境奖”优秀奖；引领绿色技术，依托电力规划设计总院开展多项电力规划、发电技术、智能电网等高端咨询和研究，推进了我国燃煤发电行业的节能减排技术应用和研发。

【科技发展与创新】 2019年，中国能建深入实施创新驱动发展战略，加大科技投入，科技支出同比增长5.69%，科技创新能力进一步增强。

组织召开科技创新大会，总结了中国能建成立以来科技创新取得的成绩，分析了科技创新面临的形势和存在问题，提出了工作安排，为下阶段科技创新工作指明了方向。编制并发布2019—2020年科技创新行动方案，围绕“卡脖子”技术、电力物联网、绿色能源、绿色和智能建造、水务环保、综合管廊、高端装备等7个方向提出28项主要任务，明确了今后一段时期科技创新工作的重要任务，做好科研顶层设计。

开展多层次科研攻关，完成了“±1100kV特高压直流输电设计关键技术研究”“高电压大容量柔性直流输电设计技术研究”“大型冷却塔三维热力特性优化研究”等科技项目研究，掌握了智能电厂设计、高电压大容量柔性直流输电设计、海上升压站系统施工、园区智慧能源系统规划、高强钢压力钢管洞内自动化制造等一批关键核心技术，并在众多工程项目中转化应用。

2019年共获得国家级科技奖励1项，省部级和行业及科技奖励157项，其中作为主要完成单位参与的“长江三峡枢纽工程”获得国家科学技术进步奖特等奖。共获得专利授权1424项，其中发明专利204项；制修订并发布国际标准1项，国家标准12项，行业标准29项，涉及水电、火电、核电、新能源、电网等领域，其中“海上风力发电场设计标准”作为首部海上风力发电场国家标准，达到了国际先进水平，填补了中国海上风力发电场设计标准的空白，为行业技术标准化发展做出重要贡献。

【市场建设】 2019年，中国能建国内市场签约同比增长14.22%。

（1）电力市场保持行业优势。2019年国内电力市场优势地位进一步巩固，国内电力业务签约同比增长17.88%。电力常规设计签约同比增长5.83%；电力施工签约同比增长3.50%；电力总承包签约同比增长31.28%。

（2）非电业务转型成效明显。2019年业务转型取得明显成效，非电业务签约1820.03亿元，同比增长8.11%。其中，非电常规施工签约732.79亿元，同比增长120.18%。所属各企业积极补短板，促转型。葛洲坝集团资质再升级、业务再转型、抢抓现汇市场，成效显著；南方建投成功取得了8个非电一级资质，非电签约合同大幅增长；北方建投通过并购获取非电资质。设计集团充分发挥专业优势，获取了多类非电业务，积极探索转型升级之路。

（3）新商业模式市场稳步推进。2019年，国内新商业模式业务保持较快发展。小额参股拉动工程承包，新签合同额同比大幅增长。4家建投公司合计新签国内新商业模式合同额，同比增长68.65%。严控公司资本金出资比例，新签约的14个新商业模式项目，资本金出资比例均低于50%。拓宽融资渠道，保持与中国PPP基金密切对接与良好合作，推动4个项目获中国PPP基金投资。

（4）协同经营全面刚性推行。全面刚性推行关于内部协同三个“100%”工作要求，不折不扣执行协同经营工作机制。电力总包项目内部协同比例达到91.98%，投融资项目基本实现三个100%。加强电力施工市场协调，管控项目同比增长124.77%。中标同比增长85.83%，市场份额75.33%，持续保持高位平稳。

（5）战略领域市场捷报频传。在雄安新区先后中标并实施了16个高质量现汇项目；军民融合工作进入了新阶段，中标某部队批量发包最大项目；与东部战区海军、战略支援部队、武警部队后勤部、空军后勤部等签署了战略合作协议；长江大保护签约60亿元，加入了“长江生态环保产业联盟”，完善了长江沿线县级以上地域市场布局；粤港澳大湾区签约超过600亿元，同比增长超过100%；广州南沙国际金融岛项目，合同金额173亿元，创造了政府、非赢利组织、中央企业紧密合作的项目开发新商业模式；海南自贸区和长三角一体化，与地方政府高层密切互动，签署战略合作协议，大力推动协议落地。

【国际业务】 2019年，面对复杂的世界政治经济环境和严峻的行业形势，中国能建全面贯彻各项决策部署，坚持稳中求进工作总基调，以高质量发展为主线，以“一带一路”建设为引领，开拓国际市场，国际业务高质量发展迈出了坚实的步伐。全年实现国际新签合同同比增长8.35%。全年在“一带一路”实现签约同比增长15.22%。希腊50MW光热发电、沙特1000MW光伏、阿联酋海水淡化等一批项目的签约。

探索与发达国家投资商、设备供应商、国际金融机构等加强第三方市场合作，希腊光热发电、越南南定燃煤电站等项目成为中资企业在第三方市场合作的典范。

推进国际市场高端平台建设，加强高端营销，发挥好服务保障作用。利用国家大型主客场外交活动，推进项目，推介公司品牌。在4月第二届“一带一路”国际合作高峰论坛期间，8个项目纳入企业家大会见签，总金额超过100亿美元；11月，在习近平主席和希腊总理米佐塔基斯的见证下，签署希腊光热发电项目多边合作协议。组织开展国际交流合作，国际合作平台建设取得新进展。所属的电规总院利用智库优势，参与国家能源国际合作战略研究，推动国际重点区域的能源合作。继续加强与政府、金融机构、行业协会等相关方的沟通和对接，积极争取政策支持。2019年与中国信保联合举办了国际工程项目融资生效推进会，为企业介绍融资政策，推动融资项目，取得了较好的效果。

【信息化建设】 2019年，中国能建进一步健全信息化制度体系，完善工作机制，推进管理信息系统建设与集成共享，深化主营业务应用及新技术融合，加强信息基础设施建设，增强网络安全管控，集中管控水平、业务数字化水平及风险防范水平不断提升。完成“三重一大”运行决策管理系统、总部督查督办管理系统、人力资源管理系统、OA和数字档案馆系统、证券信息报送系统、审计信息管理系统的建设及推广应用相关工作。所属企业在“大数据”“高清视频辅助”“私有云”三大平台深化应用基础上，开展合规管理信息系统和投资管理信息系统前期研究，规范管理合规性，提升投资管理业务能力；规划了建设总部内部门户、经营数据分析与辅助决策系统等15个信息化平台系统，持续推进应用人力资源、财务管理、物资管理、综合办公等信息系统，提高办公效率，增强管理水平。组织策划电力物联网应用课题研究，研究课题划分了新能源、电网、电源、水电施工、装备制造等五个方向，引领公司转型升级。

网络安全方面，修订了《网络与信息安全应急预案》，保证应急预案的适用性。完成了信息安全风险评估工作，对总部网络和信息系统进行了全面体检和针对性的加固防御。新增了OA系统、计划统计系统、人力资源系统、财务核算系统共4个信息系统的定级备案。启动网络安全态势感知平台建设，实现网络安全漏洞预警、网络安全攻击及防护情况集中展示、攻击事件应急处置及攻击溯源等，平台可延伸至所属企业，增强公司网络安全的整体技术防范能力。

【党建工作、工会工作】 2019年，中国能建党委坚持把政治建设摆在首位，深入学习贯彻习近平新时代中国特色社会主义思想，持续抓好总书记重要讲话、指示批示精神在各级党委和广大干部职工中的学习和贯彻落实。认真落实全面从严治党要求，做深做细党建工作，做新做亮宣传思想文化工作，做实做好群团工作，持续提升各项工作水平。

高标准高质量开展“不忘初心、牢记使命”主题教育。紧紧围绕主题主线，在一体推进学习教育、调查研究、检视问题和整改落实，完成八项重点任务的同时，策划开展“两对齐五查找”，在强能力、强责任、强执行、强作风、强纪律方面对标一流企业找差距、补短板、促提升，举办“初心能见”座谈会，总结提炼出“报国、专业、创业、奋斗”的企业“四种精神”。中央党的建设领导小组《党建要报》第43期、国资委主题教育相关简报5次介绍主题教育开展情况。

充分发挥党委领导作用。完善领导体制，加强对混改企业工作指导，做到党建进章程“应进必进”，坚持和完善“双向进入、交叉任职”领导体制，严格落实前置程序，按照有利于发挥党委把方向、管大局、保落实的领导作用。完善党委前置研究讨论事项清单，对涉及战略方针、年度经营目标、财务预算决算、重大投融资项目等问题进行前置研究，全年完成党委前置研究讨论事项25项。制定了“三重一大”决策事项清单，建成“三重一大”决策运行系统，实现了对225家法人企业的全覆盖。

提升全面从严治党成效。落实主体责任，印发了《中国能建党委落实全面从严治党主体责任清单》。推进约谈领导干部工作常态化，全年共约谈总部部门、直属企业负责人43人次，对落实“两个责任”不力的严肃问责，累计处理103人次。健全责任体系，修订《中国能建党建工作责任制实施办法》，明确了“双向评价、一票否决”，丰富了“一岗双责”。对14家直属党委开展党建“联考联评”，减轻了基层迎检负担，《国资工作交流》肯定了这一做法。

提升基层党建工作质量。夯实基本组织，坚持“四同步、四对接”，新成立企业全部实现了党组织“应建必建”。对9家召开党代会的直属党委进行“三报两批”和现场督导，实现“应换必换”。完成4家区域建投公司党组织关系属地化接转工作。出版《实践在支部》案例集，“世界屋脊上的党员服务站”支部案例入选中组部、国资委党委主编的支部案例集。开展软弱涣散、薄弱基层党组织集中整顿、评估工作，对2913个支部（总支）逐一评估。完成3000多个党组织、7万名党员的23类信息采集录入工作。建强基本队伍，配齐配强企业专职党务工作人员。党建培训常态化制度化，培训强度、覆盖面明显提升。全年新发展党员 1317 名。严格做好党费收缴使用和管理。落实基本制度。抓好党建制度的“废改立”，修订《党建工作责任制实施办法》《党委理论学习中心组学习管理办法》等制度，发布《党支部标准化工作手册》。落实好民主生活会、“三会一课”、组织生活会、党员民主评议和主题党日等制度。

赋能企业高质量发展。开展创先争优，评选表彰 100 个先进基层党组织、100 名优秀党员和党务工作者，3 个基层党组织和 5 名个人获评中央企业“一先两优”。所属党组织结合庆祝新中国成立 70 周年和建党 98 周年，开展“大干一百天，全力冲刺年度任务目标”活动、“六强”党支部标准化建设、“抓基础、强弱项、促提升、上水平”系列活动。注重深化党建研究，承办央企政研会第十课题组评审启动会、初评会，获 2019 年度央企政研成果一等奖（连续 3 年获此殊荣）、三等奖 2 项，中国能建被授予优秀课题研究组织单位。2 项课题分获新中国 70 年企业文化建设典范案例和优秀成果。合力推进凝心聚力，全力搭建精神引领和文化养成的各类载体，通过举办“初心能见”座谈会、全国工程勘察设计大师座谈会、“能源智囊　国家智库”大讲堂、“学习强国”知识竞赛、“我和我的祖国”故事会，编印“应知应会”、出版《初心能见》《能建纪事》等丛书，结合乌东德水电站、印尼爪哇 7 号、芝拉扎项目等重点项目工地开展“精彩能见”活动 20 余场，大力宣扬企业 70 年与共和国同行的“报国、专业、创业、奋斗”四种精神，以及在企业发展中形成的工程师文化，让党建工作成为企业价值链的重要环节。

强化工会组织建设。组织召开首届工代会，选举产生工会委员会、经费审查委员会及工会领导班子，协商产生女职工委员会，切实增强工会系统组织领导。审议通过工会工作报告，明确工作基本思路和主要任务，号召全体职工守初心、担使命，建功新时代。征集整理出 22 条具体意见和建议，按照“优先改进”和“持续研究落实”两个层面制定工作措施，为总部机关建设提供坚实支撑。

深化劳模工程。获全国工人先锋号 2 个、全国五一巾帼标兵岗 2 个、全国五一劳动奖章 2 名、省（部）级先进集体和个人荣誉 30 个。新华社、央视财经频道《第一时间》专题报道宣传公司季小燕先进事迹。焊接工人刘仔才事迹在央视新闻频道《新闻周刊》五一特别节目“工与匠”系列进行报道，并受邀参加庆祝新中国成立 70 周年盛典。组织一线骨干 31 名劳模赴大别山革命老区参加第四期疗休养活动。

聚焦职工队伍建设。27 项成果在第十届全国电力职工技术成果评比中获奖，其中一等奖 3 项、二等奖 7 项、三等奖 17 项；13 项成果获得全国能源化学地质系统优秀职工技术创新成果奖，其中一等奖 1 项、二等奖 3 项、三等奖 9 项。在嘉克杯国际焊接大赛中，2 名职工勇夺青年组一等奖第一名、第三名，1 名职工获技术大赛三等奖，公司获团体三等奖。组织举办一线班组长管理能力提升班 17 期，共 640 余人参加。

（彭文博）

【中国能源建设集团规划设计有限公司】

公司概况　中国能源建设集团规划设计有限公司（简称规划设计集团）于 2018 年 5 月由中国电力工程顾问集团有限公司所属 6 家区域设计院和中国能源建设股份有限公司所属 14 家省级设计院合并组建，注册资本 100 亿元，现为中国能源建设股份有限公司的全资子公司。中国电力工程顾问集团有限公司企业继续保留，并由规划设计集团进行管理。

规划设计集团是面向国内外市场，为政府部门、金融机构、投资方、发展商和项目法人提供工程建设一体化解决方案的服务商，主要从事电力规划研究、咨询、评估与工程勘察、设计、服务、工程总承包，电力项目投资与经营及相关专有技术产品开发等业务。

规划设计集团在职员工近 2 万人，其中国家级勘察设计大师 12 人。

领导班子

董事长、党委书记：张满平

总经理、党委副书记：罗必雄

党委副书记、副总经理：李兵

党委常委、副总经理：封静福、车洪林、李宝金、宗孝磊

党委常委、纪委书记：王力

党委常委、总会计师：郑良杰

组织机构　下属 25 家子公司。

人才队伍　建立了梯级分明的人才梯队，设计并搭建了交流学习平台、专业培训平台、标准推广平台等三大人才培育平台，建立了企业管理通道、工程技术通道、商务管理通道、项目管理通道等四大员工职业发展通道。在职员工 18 348 人，拥有博士学位 250 人，硕士学位 7325 人。其中全国勘察设计大师 4 人，享受国务院政府特殊津贴专家 9 人，全国百千万人才工程专家 1 人，具有正高级专业技术职务 1168 人，副高级专业技术职务 7426 人，中级及以下专业技术职务 7948 人。

主要业务开展情况　在规划咨询方面，智库作用持续增强。积极参与国家和七大区域“十四五”能

源、电力规划研究工作，承接粤港澳大湾区能源规划研究，编制“一带一路”国家电力发展报告，开展新兴业务专项规划，培育开发项目群。通过规划带动，成功签约中广核内蒙古兴安盟 3000MW 风电扶贫项目。

完成了国家能源局“储能关键技术及应用发展趋势研究”课题，调研了储能行业协会、科研院所、示范电站、设备制造商等 30 余家单位的储能业务，完成了 9 项调研报告并确定了储能技术攻关方向。开展了陆上风电及光伏业务调研工作，召开了陆上风电及光伏发电技术交流会，针对 9 家光伏、风电设备厂开展了调研，完成了《陆上风电及光伏发电平价上网关键技术调研报告》和《风场设计及数据平台关键技术调研报告》。

在主营业务方面，高端市场持续巩固。签约田湾、徐大堡等一批核电项目，沙扒、汕尾等一批海上风电项目，准东—华东、青海—河南等一批特高压项目；新签南宁抽水蓄能项目，抽水蓄能业务上取得重大突破。工程总承包业务比重稳步提升。在执行工程总承包项目 210 项，在执行的国际项目中，共有 14 项工程总承包项目位于“一带一路”沿线国。新签五彩湾北三煤电等项目。以石化、冶金、工业园区等终端用户为投资主体的电力总承包业务快速增长，新签虹洋燃机、防城港钢铁动力站、本溪钢铁电站、江苏盱眙线路迁改等总承包项目。发电集团相关的新能源总承包业务比重快速提升，承接龙泉山垃圾发电、长治光伏、应城风电等总承包项目。

在科技创新方面，坚持创新驱动、市场导向，为市场开发提供全方位支撑，组织开展氢能综合利用、储能技术、海上风电、生态修复、智慧综合能源系统、煤炭清洁高效利用、基于 5G 物联网的新一代电站控制系统等研发工作。

2019 年，主编的中国第一部全面反映电力工程勘察设计的鸿篇巨制《电力工程设计手册》系列手册收官。整套丛书共 31 册，其中发电工程类 19 册、电网工程类 4 册、通用工程类 8 册，共计 3000 多万字。

2019 年新编技术标准 144 项，其中国际标准 6 项、国家标准 28 项、行业标准 110 项。主编的《海上风力发电场设计标准》填补了中国海上风力发电场设计标准的空白。全年共获得各种科技类奖励 94 项，其中，“大规模新能源基地开发和清洁电力外送的关键技术及酒湖工程应用”等 6 个项目获中国电力科学技术奖，“1000MW 二次再热机组关键控制技术研究及应用”等 24 个项目获电力工程科学技术进步奖，“西安北高中压侧配电装置布置优化研究”等 32 个项目获电力建设科学技术进步奖；“特高压直流换流站工程设计关键技术深化研究”等 25 个项目获 2019 年度中国能建科学技术奖。获得其他各类省部级科技奖励 7 项。新获得专利授权 525 项，新增软件著作权 62 项。

在质量创优成果方面，获得“2018—2019 年度国家优质工程奖”35 项，国际咨询工程师联合会菲迪克优秀工程奖 1 项，2019 年度中国电力优质工程奖 29 项，2018 年度电力行业“四优”奖 161 项，2018 年度水电行业优秀工程设计奖 1 项，2019 年度电力建设质量管理小组活动成果奖 21 项，电力勘测设计行业优秀 QC 小组活动成果奖 51 项。

主要事件

1 月 15 日，规划设计集团浙江院设计的舟山 500kV 联网输变电工程投运。

3 月 1 日，规划设计集团西北院与英国 Stuart Partner 有限公司签订了英国埃克塞特 125 000t/年垃圾发电 EPC+F 项目排他合作协议。

3 月，规划设计集团广东院签署珠海金湾海上风电场项目 EPC 总承包工程合同。

3 月，中国电力规划设计协会公布 2018 年电力工程科学技术进步奖评选结果，规划设计集团喜获 23 项电力工程科学技术进步奖。

4 月 25 日，规划设计集团江苏院确认中标连云港虹洋热电联产扩建项目（原场址）设计采购施工 EPC 总承包项目。

4 月，从中国电力建设企业协会获悉，中国能建规划设计集团 28 项成果荣获 2019 年度电力建设科学技术进步奖，其中一等奖 2 项，二等奖 6 项，三等奖 20 项。

4 月，中国电力规划设计协会公布 2018 年度电力行业（火电、送变电）优秀勘测、优秀工程设计、优秀标准设计和优秀计算机软件（简称“四优”）获奖项目，规划设计集团共有 165 项工程获得奖项。其中一等奖 51 项，二等奖 45 项，三等奖 69 项。

5 月 14 日，规划设计集团广西院参与的联合体正式签订广西南宁抽水蓄能电站全阶段勘察设计合同。

6 月 4 日，规划设计集团所属华东院、广东院、安徽院、西南院等承担设计任务的雄安—石家庄 1000kV 交流特高压输变电工程正式投入运行。

6 月 14 日，规划设计集团华东院签署合肥市龙泉山生活垃圾焚烧发电 PPP 项目工程建设总承包合同。

6 月 18 日，规划设计集团华北院与天津电建组成的联合体中标鄄城乡村振兴田园综合体项目。

6 月 25 日，由规划设计集团作为牵头人，与规划设计集团山西院、葛洲坝五公司和山西交科公路勘察设计院四方组成的社会资本方，与渑池县交通运输局正式签订渑池县新华大道新建工程 PPP 项目合同。

6月，规划设计集团山西院总承包并向业主提供融资支持的越南富安华会257MW光伏发电项目取得由越南电力公司（EVNEPTC）签发的商业运行证书，正式进入商业运行阶段。

7月9日，规划设计集团中南院承担设计的独立工程师项目——巴基斯坦塔尔2台330MW CFB燃煤电站1、2号机组通过168h试运行。

当地时间7月31日，由规划设计集团华北院总承包建设的白俄罗斯明斯克北方330kV变电站改造项目工程竣工。

7月，规划设计集团西北院签订了新疆准东五彩湾北三电厂1号、2号机组总承包工程合同。

8月17日，由规划设计集团西北院和天津电建组成联合体总承包的巴基斯坦中电胡布电厂2台66万kW超临界燃煤机组正式投入商业运营。

9月7日，由规划设计集团广东院参与勘察设计的广东台山核电2号机组完成168h示范运行，具备商业运行条件。

9月26日，由规划设计集团华东院设计的1000kV苏通GIL综合管廊工程正式投入运行。

9月26日，规划设计集团参与设计的准东—皖南±1100kV特高压直流输电线路工程正式投运。

10月25日下午，巴西矿产能源部与中国国家电网公司在北京人民大会堂共同签署巴西美丽山水电特高压直流送出二期项目运行许可，该项目正式投入商业运行。规划设计集团中南院承担了该项目送受端换流站及其接地极、8个中继站以及相关交流配套工程的全部勘察设计工作，是建设美丽山二期工程的重要参与者。

11月9日，规划设计集团西南院设计的印尼芝拉扎燃煤电站三期100万kW机组扩建项目通过168h满负荷试运行，标志着该工程建成投运。

11月13日，“2019年度中国电力科学技术奖”在中国电机工程学会年会开幕式上隆重颁发。规划设计集团参与的“大规模新能源基地开发和清洁电力外送的关键技术及酒湖工程应用”“燃煤凝汽机组供热改造能量深度梯级利用关键技术及工程应用”等六个项目获得2019年度电力建设科学技术进步奖二等奖、三等奖。

11月，由美国《工程新闻纪录》杂志（简称ENR）和中国《建筑时报》两家权威媒体共同主办评选的2019年“中国承包商80强和工程设计企业60强”榜单揭晓。规划设计集团所属的东北院、华东院、中南院、西北院、华北院、西南院、江苏院、广东院入围“中国工程设计企业60强”；西北院、广东院入围“中国承包商80强”。

12月3日，规划设计集团华北院中标内蒙古京能集宁二期扩建2台66万kW热电联产工程勘察设计项目。

12月17日，由中国勘察设计协会组织开展的2019年度全国工程勘察、建筑设计行业和市政公用工程优秀勘察设计奖评选结果揭晓。规划设计集团获一等奖1项，二等奖1项，三等奖2项。

12月，规划设计集团西南院与中国能建国际公司组成的联合体在越南签署松安、九安两座风电场EPC总承包项目合同。

（纪小鸥）

【中国葛洲坝集团股份有限公司】

公司概况 中国葛洲坝集团股份有限公司（简称葛洲坝公司，英文简称CGGC）是世界500强企业——中国能源建设集团有限公司的骨干子企业。前身是国家1970年为兴建长江葛洲坝水利水电枢纽工程而组建的“三三〇工程指挥部”。1997年组建中国水电行业首家上市公司——葛洲坝股份有限公司（股票代码600068）。2003年初划归国务院国资委管理。2007年实现主业资产整体上市。2011年9月29日，中国能源建设集团有限公司成立，成为其重要核心成员单位。截至2019年底，葛洲坝公司总资产2344亿元；员工近4万人。

2019年，葛洲坝公司实现营业收入1099.46亿元，同比增加9.26%；实现利润总额87.88亿元，同比增长13.47%；实现归属于母公司所有者的净利润54.42亿元，同比增长16.83%。截至2019年末，葛洲坝公司总资产2344.63亿元，较年初增长7.45%。

2019年，葛洲坝公司新签合同额2520.28亿元，同比增长13%。其中，新签国内工程合同额1715.08亿元，新签国际工程合同额折合人民币805.2亿元。2019年，葛洲坝公司累计新签项目数量457个。

电力建设科技 2019年，葛洲坝公司荣获国家级优质工程奖4项。其中国家优质工程金奖1项，为四川雅砻江锦屏一级、二级水电站工程；国家优质工程奖1项，为国华乌拉特中旗乌兰400MW风电项目；鲁班奖1项，为宜昌市庙嘴长江大桥；中国安装工程优质奖（中国安装之星）1项，为洪屏抽水蓄能电站机电安装项目。

主要工作 2019年，葛洲坝公司围绕“战略+经营”定位，着力打造了“6+2”强本部管控体系。一是完善市场开发体系。坚持“市场开发是发展的第一要务”，强化“五个一”经营理念，构建“1+1+6”国内市场开发组织架构，形成了“集团管总、子企业主建、区域机构主战”的市场开发格局。做实国际业务部，建立了国际公司引领统筹、子企业参与配合、国际业务部考核协调的国际市场开发体系。二是完善项目管理体系。构建项目管理三级责任体系，实施项目分级分类管理，制定“1＋N＋M”制度框架，建立“27＋16＋N”管理架构，细化“1＋5”考核指标，打造七大支撑保障体系，形成了体系健全、职责清晰、制度完善、过程受控、保障有力、监督有效的在建项目管理体系。三是完善投资管理体系。优化投资管理架构，重构投资管理制度，出台《投资管理禁令》，建立投资能力分析模型，完善专家评审、资产评估复核机制，开展“半年回头看”，严格追究违规投资责任，投建营一体化及全生命周期管理模式基本形成。四是完善党建和干部组织体系。编制干部队伍建设规划，明确政治标准、专业素养、工作状态、践行发展新思路能力的四大干部选任标准。选优配强所属单位“四套班子”，创新干部任职承诺制度，加大干部交流力度，促进干部队伍增活力、强担当。实施年轻干部“千百工程”，完成第一批316名年轻干部遴选和培养，为所属单位班子配备年轻干部17名。五是完善合规管理体系。构建覆盖全员、全岗、全流程的“大风控”体系，完善核心监督、职能监督、群众监督三位一体的“大监督”格局，形成合规委员会统筹、分管领导负责、总法律顾问牵头、风控部门实施、各部门协同的合规管理工作机制。出台《“三个不得”“十个严禁”实施细则》，编制《合规负面清单》。实行风险分级分类管理和处置，10项特别重大风险由公司领导挂牌督办。全年通过法律手段避免和挽回损失近16亿元。六是完善综合考核评价体系。将党建与中心工作深度融合，构建“一体两轴多维度”的综合考核评价体系，实现对所属单位、本部部门的全面科学考核评价。践行“以业绩论英雄”的绩效文化，重构薪酬分配机制，实现分配原则、薪酬模式、薪酬构成、岗位序列、岗级系数“五统一”。七是启动商务体系建设。构建三级成本控制的组织体系、制度体系、责任体系、考核评价体系。全面推行采购限价管理、投标报价成本复核、定期成本分析制度，建设成本库、专家库，加强变更索赔监管，形成了全生命周期管理、穿透式分析、动态化监管的成本控制体系。八是启动技术体系建设。加强科技工作顶层设计，出台《科技工作指导意见》。加强总工程师和工程技术专家队伍建设，明确12项科技创新攻坚任务，提升技术服务发展能力。全年共获50项科技成果奖，其中国家科学技术奖2项；主编1项国家标准和6项行业标准。葛洲坝公司再次被认定为国家高新技术企业，国家高新技术企业数量达到30家。

围绕建筑主业，筑牢高质量发展硬核。坚持建筑业是葛洲坝“根”和“魂”的定位，坚持以建筑业务为引领，围绕建筑产业链不断布局和完善业务结构，形成了工程建设、工业制造、投资运营、综合服务的多元结构布局，不断培育核心竞争力。一是加大市场开发力度。全年开展高层对接近百次，搭建多维度、立体化的高端公共关系网络，签订战略合作协议20余份。制定资质提升规划，全年新增、升级资质44项。建立部门协同、上下联动的大项目运作机制，推动一批重大项目落地。创新商业模式，在新疆大石峡水利枢纽、广州南沙国际金融岛等项目运作中，探索出“新疆模式”“南沙模式”。加强子企业专业能力建设，全年国内水利水电项目签约实现翻番，房建项目签约同比增长254%。六大战略区域市场全面发力，累计签约达700亿元，粤港澳大湾区年签约额超过过去20年累计签约额。军民融合业务获重大突破，成功获取33亿元武警部队建设项目。二是加强在建项目管理。78个重点监控项目全部在控可控，实现营收、利润分别占建筑业的70%、73%，支撑作用明显。开展“大检查、大讨论、大变革”主题活动，对506个在建项目进行拉网式、穿透式检查，确定了事关项目管理全局和建筑业高质量发展的100项变革措施。通过主要领导调研、分管领导驻点督办、职能部门专项巡查等方式，推动重点难点问题有效解决。一批重点项目如期实现节点目标，巴万高速通江段、山东巨单高速、荆州城北快速路按期通车，大石峡项目顺利截流，合肥管廊项目竣工验收，海口水治理、荆门水处理等项目实现收费。三是投资拉动工程主业发展。加强与PPP基金、中央企业、省属国企、地方投资平台及其他社会资本的合作，以基金互投、共同控制等方式出表，大力推进PPP、BOT、小额参股拉动工程承包等业务。全年落地融资建设项目14个，出资金额93.5亿元，撬动工程承包份额712亿元，拉动了建筑业发展。

国际合作　截至2019年末，葛洲坝公司国际在建项目132个，主要分布在亚洲、非洲、欧洲、南美洲等40多个国家，合同总金额为2297.60亿元人民币。葛洲坝公司境外在建重大项目3个，分别为阿根廷圣克鲁斯河水电站项目、巴基斯坦尼鲁姆·杰卢姆水电站、安哥拉卡古路卡巴萨水电站。

坚持国际优先，拓宽高质量发展空间。2019年，坚持国际业务优先发展，国际业务保持了良好发展势头。一是加快战略落地。工程承包、海外投资、国际贸易和管理咨询“四位一体”协调推进的格局基本形成。二是优化国际业务布局。结合专业化改造，建立国别市场动态调整机制，按照“区域化＋全球化”原则，将国别市场分为三类，实行分级分类管理，重新调整海外市场布局，形成了市场开发内生动力。三是狠抓国际市场开发。新进入12个国别市场，签约占比达43%。新能源业务签约同比增长270%。获取阿联酋海水淡化、巴基斯坦石油炼化等新兴业务项目。四是加强国际项目管理。完成15个国别36个项目巡查。巴基斯坦SK水电站项目部营地获评“中国海外工程杰出营地”。五是稳健推进海外投资。出台非建筑企业“走出去”指导意见，构建了“国际公司引领统筹，海投公司归口管理、深度参与，非建筑企业专业负责、具体实施”的管理体制。巴西水务项目经济指标优于预期，获“中巴交流最高荣誉勋章”。六是强化国际风险管控。加强投标项目评审管理，提高源头防范风险能力。

（袁国民）

国投电力控股股份有限公司

【公司概况】 国投电力控股股份有限公司（简称国投电力），是国家开发投资集团有限公司旗下的沪市A股上市公司（股票简称“国投电力”，股票代码“600886”），国投电力英文名SDIC Power Holdings CO.，LTD，发电业务是国投电力的核心业务。国家开发投资集团有限公司是国投电力公司第一大股东。国投电力总股本6 786 023 347股，其中，国投公司持股3 337 136 589股，占总股本的49.18%。

国家开发投资集团有限公司（简称国投公司）成立于1995年5月5日，注册资本338亿元，截至2019年末，资产总额6319亿元，员工约5万人。2019年实现营业总收入1419亿元，利润总额201亿元。2003年“二次创业”以来，连续15年在国务院国资委业绩考核中荣获A级，连续五个任期获得业绩优秀企业。

经营范围主要包括投资建设、经营管理以电力生产为主的能源项目；开发及经营新能源项目、高新技术、环保产业；开发和经营电力配套产品及信息、咨询服务。业务遍布中国十多个省、自治区、直辖市，以及英国、印尼等多个国家，涉及水电、火电、新能源、固废发电和境外投资五大领域。发电业务作为国投电力的核心业务，占营业总收入95%以上。

截至2019年底已投产控股装机容量3406.23万kW，其中水电1676.35万kW，占比49.21%，火电（含垃圾发电）1515.08万kW，占比44.48%，风电143.0万kW，占比4.20%，光伏71.8万kW，占比2.11%。截至2019年底总资产2247.22亿元，归属于上市公司股东的净资产403.83亿元，较2018年期末增长7.14%。年内实现归属于上市公司股东的净利润47.55亿元，同比增长8.97%，资产负债率66.89%，同比减少1.31%。

【领导班子】

董事长、党委书记：朱基伟

总经理、党委副书记：江华

党委副书记：李俊

副总经理：赵风波

董事会秘书：杨林

纪委书记：王立民

【组织机构】 见2019年国投电力公司组织机构图。

【经营管理】 推动公司转型升级，业务发展成效明显。2019年，落实4家控股火电、2家参股火电的股权转让工作；推动落实雅砻江中游特高压送出工程核准开工；完成两个新能源项目（合计24万kW）的收购，并在内蒙古、天津开发新能源项目，新能源装机快速提升，区域布局取得突破；完成新源（中国）的收购，进入垃圾发电领域，布局东南亚垃圾发电市场；抢抓“沪伦通”这一历史机遇，以伦交所上市与公司国际化战略结合为突破口，在央企中率先启动GDR发行工作；持续深耕发达国家可再生能源市场，参股的英国Beatrice海上风电项目于7月投入商业运行，中标瑞典陆上风电项目并已签署股权购买协议。

突出过程管理，基建生产平稳有序。持续贯彻落实专业化管理要求，继续优化从基建到生产全过程的管理体系，完善规章制度，通过标准化建设提升管理水平。以设计为龙头，重点加强基建项目过程监督和检查工作，确保基建项目质量、安全可控，及时协调相关事项，保证建设项目按计划有序推进。以提升检修质量为抓手，继续开展“检修质量提升”专项工作，开展技术监督和能效对标工作，加强生产过程监督检查，提高发电机组设备健康及节能降耗水平。

抓好重点环节，经营水平持续提升。根据公司实际，为提高决策效率，优化了股东大会、董事会等决策权限。狠抓电力、煤炭两个市场不放松。做好电力市场营销，火电电价基本稳定，电量同比增加。紧抓煤炭市场脉搏，把控采购节奏，统筹协调国内外两个市场，最大限度降低燃料采购成本。稳推“降杠杆减负债”、“两金”压控、成本管控工作不放松。“降杠杆减负债”完成既定目标，“两金”压控各项目标可

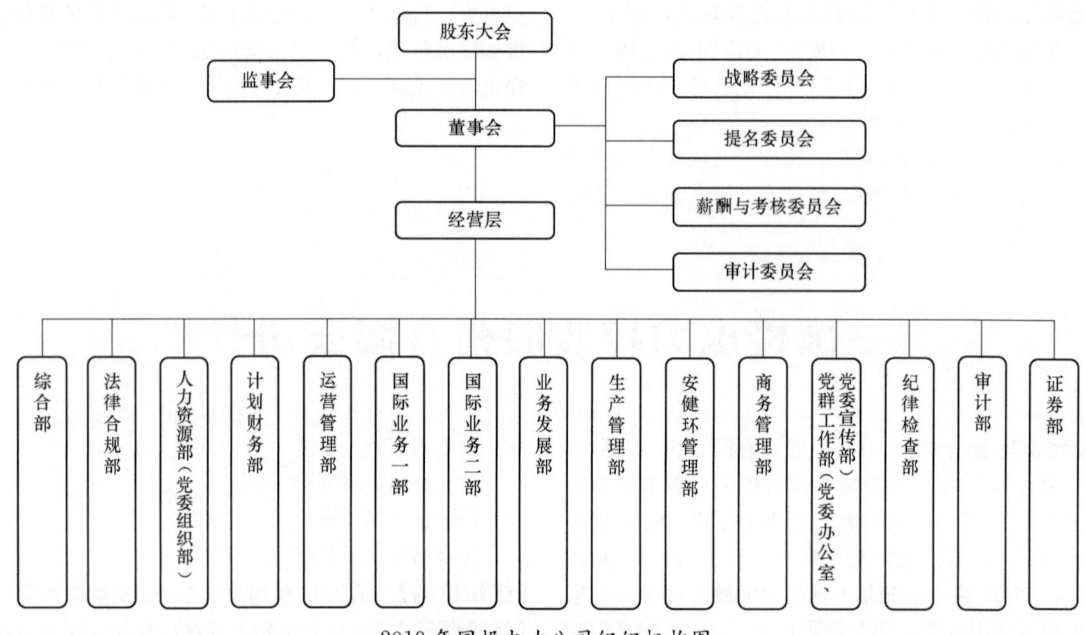

2019 年国投电力公司组织机构图

控在控。通过聚焦关键业务指标、狠抓单项可控费用等措施，完成了全年成本费用总额压降目标。做好资金管理，保障资金需求，降低资金成本。多措并举做好存量债务管理，拓展融资渠道。

加强综合防控，风险管理日臻完善。通过加强内控与审计监督、风险排查与管控、法治建设与合规管理等方面的工作，综合防控企业经营风险。内控与审计监督：年内修订和完善了内控制度与流程，实现了对投资企业审计监督全覆盖。着重对新能源、新并购等重点领域开展内部审计，加大审计发现问题整改和问责力度。年内开展多次项目后评价，总结项目建设经验，为后续业务发展提供重要参考。风险排查与管控：积极开展全面风险管理，着重对国家重大决策、环境保护等重要事项，开展风险排查，研究制定对策，有效消除和化解风险。法治建设与合规管理：推进《全面推进法治建设实施纲要》落实，推进公司法治工作整体提升；制定印发《合规管理办法》，初步搭建了合规管理工作基本框架；指导投资企业理顺管理界面和流程，促进公司治理依法规范运行。

深化体系建设，安全管理更实更细。以推进安健环管理体系建设为抓手，狠抓安全责任落实，完成重大活动的保电工作。深化体系建设，扎实开展体系评审，在 2018 年基础上，实现体系评审“全覆盖”，通过评审检查发现问题并督促整改，投资企业安全管理水平进一步提升。制定公司生产现场“安全禁令”并严格执行，促进员工增强“安全红线”意识，安全生产履责意识更加主动。转变安全监督检查方式方法，戒形式、重实效，全年对投资企业开展安全检查 20 次，及时发现问题并督促整改，安全监督检查效果更加显著。认真开展“承包商安全管理深化年”活动，严格落实“十个深化”要求，推进投产企业常驻承包商与企业融合管理，强化基建项目承包商自主安全管理，承包商安全管理基础更加扎实。

【发展战略】 坚持“为出资人、为社会、为员工”的企业理念，适应新形势，关注能源改革与市场变化，创新发展模式，建设雅砻江中游水电，优化存量火电，发展风险可控、有盈利能力的海外项目，确保公司持续健康稳定发展，争创一流上市公司。

（冯　晔）

地区电力

华 北 地 区

【国家能源局华北监管局】

基本情况 国家能源局华北监管局（简称华北能源监管局）是国家能源局的派出机构，设于北京市，负责北京、天津、河北和内蒙古（西部地区）的能源监管工作，及对山西、山东能源监管办的业务指导。2013年11月21日成立，前身是国家电力监管委员会华北监管局。

主要职责：监管电力市场运行，规范电力市场秩序；监管电网和油气管网设施的公平开放；监管电力调度交易，监督电力普遍服务政策的实施；负责电力等能源行政执法工作，依法查处有关违法违规行为，监督检查有关电价；负责除核安全外的电力运行安全、电力建设工程施工安全、工程质量安全的监督管理以及电力应急和可靠性管理，依法组织或参与电力事故调查处理；负责组织实施电力业务许可以及依法设定的其他行政许可；负责协调有关跨省跨区能源监管业务，以及对山西、山东能源监管办进行业务指导；负责法律法规授权以及国家能源局下达或交办的有关事项监管。

领导班子

局长、党组书记：戴俊良（至2019年4月3日）、王思强（自2019年4月3日）

副局长、党组成员：郝瑞锋、程裕东

组织机构 内设综合处、市场监管处、行业监管处、电力安全监管处、资质管理处、稽查处和监察室（机关党委），天津、河北和内蒙古业务办公室。

主要工作

（1）以新中国成立70周年电力安全保障工作为核心，完成全年重大活动保电任务。贯彻落实国家能源局要求，突出一线监管作用，针对保电工作新形势、新特点、新要求，提前部署、靠前指挥、强化监管，监督、指导、协调电力企业做好重大活动保电工作。深入企业调研检查，督促电力企业压实保电责任、落实保电措施、强化应急值守，检查企业33家，发现和督促整改问题620余项。在电力行业共同努力下，完成全国“两会”、第二届“一带一路”国际合作高峰论坛、北京世园会、亚洲文明对话大会、新中国成立70周年和十九届四中全会等重大政治活动供电保障任务。

（2）精心谋划扎实开展电力安全风险防控工作。系统梳理华北电网安全风险，制定防范电力风险行动方案，通过开展运行方式监管、电网运行风险管控专项检查、深化省级电网涉网安全联席会议工作机制等措施，督促电力企业年内消除了多项电网运行风险。协同调度机构开展以新能源企业为主的网络安全“全覆盖”检查，累计检查新能源企业近430家，督促整改问题千余项，大幅提升区域网络安全风险防范能力。

（3）稳步推进电力保障供应工作，确保迎峰度夏期间电力可靠供应。提前研判电力供需形势，及时向国家能源局反映情况，主动协调可用资源，推动了573万待投产电源及时并网。召开迎峰度夏工作会议动员电力企业团结协作、积极应对，切实保障度夏期间首都及华北电力供应安全。

（4）切实做好电力生产运行监管工作。一是压实企业安全生产主体责任。通过开展春季安全生产大检查、迎峰度夏安全检查、综合监管执法检查，及时通报共性问题，督促企业建立健全双重预防机制。全年共对95家企业及工程项目开展现场检查，发出整改通知书65份，发现和督促整改问题近1000项，对6家涉网安全存在重大隐患的新能源企业做出临时解除并网运行的决定。二是扎实开展电力建设施工现场、设备安全等专项监管。突出问题导向，联合地方政府主管部门以特高压输变电工程、大型煤电项目、“煤改电”工程为重点，组织检查工程项目18个，查出问题300余项，对4个在建项目实施停工整顿。开展设备安全专项监管。三是践行“三铁”监管理念，遏制事故多发势头。加大事故通报力度，严格执行“铁的处罚”，9次对23家发生事故或存在重大风险隐患的电力企业实施安全监管约谈，对存在安全生产失信行为的电力企业积极采取信用监管措施。四是不断完善非现场监管手段。完善电力安全监管业务平台建设，严格执行电力企业安全生产主体责任落实情况报告制度，定期开展企业安全生产履责情况评估，定期通报企业信息报送情况和监督检查、专项监管发现问题。

（5）深入推进电力市场建设。一是大力推进蒙西电力现货市场建设。集思广益定规则，建立以促进新能源消纳为目标的市场体系；反复论证出办法，实现了各市场主体协同配合；注重质量求效益，确保模拟运行结果更加趋于合理。6月26日蒙西电力市场现货试点启动模拟试运行；9月21日起，蒙西电力现货试点启动连续7天结算试运行。二是积极探索绿色电力交易机制创新。进一步扩大绿电交易规模，交易电量近6.03亿kWh。北京和张家口地区冬奥场馆开展2019年下半年绿电交易，第一批绿电交易0.5亿kWh。协调绿电交易在京津冀扩大交易规模与范围，完善规则，成交量与价格均进一步反映了市场需求。三是华北电力调峰辅助服务市场试运行消纳新能源成效突出。自试运行以来，未新增调峰补偿成本，用市场化手段引导火电机组自主调峰，拓展了京津唐电网乃至华北电网的新能源消纳空间，充分体现了“花小钱办大事”的效果，在京津唐电网最大挖掘调峰潜力超过300万kW。引入第三方参与辅助服务市场，推进虚拟电厂项目，均属于国内首创。四是电力中长期交易有序开展。2019年，京津唐电力中长期交易共完成交易电量634亿kWh，同比增加96%；河北南网完成中长期交易550亿kWh，同比增加22.2%；蒙西电网完成中期交易1325亿kWh，同比增加22.4%，市场红利充分释放。根据市场运行情况，不断完善电力中长期交易规则体系。

(6) 持续推进增量配电网改革试点。核发1家企业许可，区域内已许可增量配网企业7家，对其定期开展日常监管。对辖区内42个增量配电业务改革试点项目进行调研，开展培训。

(7) 开展用户“获得电力”优质服务专项监管，着力改善升电力营商环境。从用户报装时间、环节、成本及供电可靠性等方面实施重点监管。完成对近万户报装用户的满意度电话回访和问卷调查分析。召开政策宣贯会，督促国网北京市电力公司做好世行迎检，北京市2019年“获得电力”指标由2018年的全球第14位上升为第12位。

(8) 多措并举助力光伏扶贫出实效。制定发布《华北电网集中式光伏扶贫电站优先调度实施细则》，推广扶贫电站电力优先上网创新模式，扶贫光伏发电量累计增加11 126万kWh。对重点光伏扶贫项目和涉及民生项目许可申请安排专人辅导，加强电网企业执行政策措施情况监管，初步解决扶贫光伏电量消纳受阻问题。

(9) 重点推进“专项整治漠视侵害群众利益”深入持续开展。确立将“专项整治同主题教育整改工作相结合、同派出机构的法定职责相结合、同专项监管任务相结合”的原则，着力解决群众最关心、最直接、最现实的用电难题，推行不规范供电行为立查立改机制、供电质量问题跟踪督办机制。完成好交叉检查任务同时，力促区域内企业对照检查同步提升。

(10) 切实做好投诉举报受理处理工作。开展12398热线共性问题重点专项监管，建立共性问题台账和问题销账制度，督促企业闭环整改落实。以“变热线为利剑”理念，办结12398热线中心转办事项1430件，受到广泛好评。

(11) 依法阳光许可，同步优化服务。简化许可申请材料，压缩审核时限，制定了“最多跑一次”具体举措和《优化行政许可现场核查工作规范》，办理电力业务许可申请318家，承装（修、试）电力设施许可申请1133家。

(12) 促进化解煤电过剩产能政策落实。主动对接地方能源主管部门，推动辖区煤电项目执行国家政策和调控目标。对电力企业质监注册、接网服务、梳理违规运行机组等方面加强监管。对列入2017年煤电行业淘汰落后产能目标任务的13家企业相关机组公告注销电力业务许可。

(13) 严肃查处市场主体违法违规行为。立案违法案件8起，其中作出行政处罚4起，处罚款36万元，另4起转地方政府部门审理。

（张　屹）

【国家能源局山西监管办公室】

基本情况　国家能源局山西监管办公室（简称山西能源监管办），原为国家电力监管委员会山西省电力监管专员办公室（简称山西电监办），2013年12月更名为国家能源局山西监管办公室。

主要职责：监管电力市场运行，规范电力市场秩序；监管电网和油气管网设施的公平开放；监管电力调度交易，监督电力普遍服务政策的实施；负责电力等能源行政执法工作，依法查处有关违法违规行为，监督检查有关电价；负责除核安全外的电力运行安全、电力建设工程施工安全、工程质量安全的监督管理以及电力应急和可靠性管理，依法组织或参与电力事故调查处理；负责组织实施电力业务许可以及依法设定的其他行政许可；负责协调有关跨省、跨区能源监管业务；负责法律法规授权以及国家能源局下达或交办的有关事项监管。

领导班子

党组书记、监管专员：贺刚

党组成员、巡视员：宋晋冀

党组成员、监管副专员：王毅敏

组织机构　内设综合处、市场监管处、行业监管处、电力安全监管处、资质管理处、稽查处六个职能处室。

主要工作

(1) 市场监管。一是电力市场建设成效显著。截至12月底，发电企业参与省间外送交易56次，成交电量363.4亿kWh，成交均价286.02元/MWh。二是市场规则体系不断完善。在“双细则”考核中增加火电机组单向报价机制，并将中长期市场偏差考核的费用纳入资金来源渠道，将风、光新能源从过去按电费比例分摊变为按电费比例一定倍数分摊，不断完善机组参与调频市场的准入要求，1～11月共发生考核费用 52 437.65 万元。三是强化电力市场秩序监管。完成山西省调供热机组 2019—2020 年运行方式核定工作，赴国家电网、发电集团、交易机构等十二家单位开展电力交易与市场秩序约谈约访工作，组织召开 2019 年第一次厂网联席会，对检查中发现的问题提出了具体整改要求和时间期限，出台《2018—2019 年度山西电力调度交易秩序监管公告》向全社会发布。四是助力山西电力市场有序开展。牵头起草《山西省电力辅助服务市场实施细则》，根据现货市场特性对山西省电力中长期交易规则进行修改完善，制定山西省现货市场监管办法及四项配套指引规定。

（2）电力安全监管。一是厘清关键点，与省能源局沟通联系，纳入省能源局为电力安委会副主任单位，以电力安委会为平台推进监管工作。同时，向山西省安委会报告请示相关情况，明确派出监管机构职责和省能源局属地职责。二是找准出发点，全面深化电网安全风险管控工作。组织召开电网安全风险分析专题会议，对电网存在的安全风险进行辨识和评估，制定电网风险管控措施，并印发《山西省电网运行安全风险分析报告》（2018—2019 年度）。三是把握切入点，组织企业开展交叉检查。选定三家电力建设项目为试点，通过检查资料、现场核实、座谈交流的方式，互查安全隐患，交流安全管理经验。四是抓好落脚点，全力做好保电工作。组织召开保电会议，制定新中国 70 周年和全国二青会电力供应工作方案，并联合省能源局对重点企业开展现场督查工作。五是明确着重点，创新思路，选定两家电力企业为试点，组织同类型机组的发电企业和供电企业进行现场学习、交流和座谈，并邀请省内知名专家进行授课，共同研究和解决安全管理中存在的问题和隐患排查治理措施，推动全省电力行业安全管理水平共同提高。六是落实着力点，开展“安全生产月”活动、电力监控系统安全监管和应急管理专项监管工作，对 11 家电力企业进行了现场监管。

（3）行业监管。一是开展煤电项目规划建设监管。督促指导省内在建煤电项目开工建设前按程序办理报建审批事项；建立在建项目管理台账，跟踪掌握省内 22 家煤电项目规划、核准建设情况；配合对 8 家移出煤电停缓建名单的项目手续合规性进行复核确认；部署 2019 年省内煤电投产项目按期投产并网，促进山西煤电有序发展。二是开展低热值煤发电现场监管调研。选定 7 家代表企业作为监管调研重点，掌握第一手资料；会同省能源局组织重点煤炭、电力企业及科研院所召开座谈会，研提意见建议；形成《山西省低热值煤发电调研情况的报告》上报国家能源局，同时向 6 家企业下发整改通知书，确保国家政策执行到位。三是开展山西省 2019 年风电光伏项目监管。组织 2 场座谈会，征求各方意见建议；下发《关于 2019 年风电光伏项目建设有关监管要求的通知》；全程参与山西省风电、光伏项目竞争性配置项目监督，会同省能源局召开 2019 年光伏发电项目推进会，持续跟进项目进展和可再生能源法的贯彻落实情况。四是开展天然气产供销调研。参加国家发展改革委组织的天然气产供储销体系建设和中央预算投资的储气设施建设山西督导行动，开展“重点地区应急储气设施建设专项”未开工项目进行专项调研，推动天然气产供销体系协调发展。五是推进油气管网公平开放。充分运用山西能源监管一体化平台，加强油气信息公开和报送工作。组织召开省内油气企业座谈会，参加油气管网设施开放服务市场监管工作专家座谈会，就油气管网设施开放服务标准合同的编制思路及有关问题，提出意见建议。配合上海石油天然气交易中心完成油气管网设施公平开放信息报送和信息公开系统用户测试。六是加强能源供需形势和电力监管统计分析。每季度联合省能源局召开全省能源供需形势分析座谈会，编写《山西能源供需形势分析报告》，提出监管建议上报国家能源局和山西省政府。组织专家对 2018 年电力监管统计年报数据进行会审，为高效开展电力监管统计工作和改进平台功能提出了很好的意见建议。七是完成山西省 2019 年度深度贫困地区能源基础设施专题调研，会同有关部门深入偏关、宁武，了解有关情况，向国家能源局作专题汇报。

（4）资质管理。一是大力推动信用监管工作。开展电力行业信用信息归集，进行动态维护；结合工作实际，施行企业信用承诺、申请人电工承诺机制，解决企业燃眉之急；出台《山西能源监管办涉电力领域失信联合惩戒对象名单管理工作规则》，完善电力领域黑名单管理工作。二是严格落实供给侧结构性改革有关政策情况，颁发了 1 家燃煤发电企业许可证，注销了 9 家工商营业执照被吊销企业的电力业务许可证（发电类）；为 3 台发电机组办理了许可证延续运行手续。三是增量配电改革成效明显，颁发 12 家增量配电企业电力业务许可证（供电类），其中 6 家为增量配电试点项目，6 家为非试点企业，12 家企业 2018 年合计售电量 165 亿 kWh，占全省用电量的 7.64%。四是全面落实“放管服效”工作和国家能源局“最多跑一次”服务要求，提高办证大厅人员服务意识、规范服务行为，在门户网站提供全面详实的填报指南，并细化填报模板，全部审批业务网上办理，开通许可证邮寄服务，实现“企业最多跑一次”，甚至“一次不用跑”，实实在在给企业减轻负担。

（5）行政执法。一是开展优化营商供电环境专项行动。组织召开“获得电力”优质服务重点专项监管推进会，选取专家组对 4 个地市的县级供电公司及基层供电所开展明察暗访，完成朔州地区、太原地区和长治地区的“获得电力”优质服务专项监管现场检查，并督促企业认真做好上一年度整改闭环工作，对普遍存在的共性问题提出长效办法推动解决。二是推动供电服务专项监管工作。组织开展2019年度配网建设和供电能力工作调研，推进供电企业信息公开工作，针对典型问题约谈供电企业，并督促认真整改；配合做好专项整治漠视侵害群众利益专项督查行动，出台工作方案、组织专题汇报会，完成山西督导配合工作。三是切实加强行政执法。对8家涉嫌违法违规企业进行立案调查，其中立案调查6起、涉及违规企业6家、移送案件2起、已录入信用体系处理3起、拟提请进入信用体系处理3起。四是做好电力争议调解工作。针对分布式光伏发电项目无法申请并网申诉、同煤大同矿区优化增量配电网新建及投运变电站增容问题以及大同装配式绿色建筑集成产业基地项目，我办积极协调投诉人和相关供电公司之间的矛盾，密切跟踪有关情况，确保用户合理诉求得到妥善解决。五是积极开展12398能源监管热线标识普及和宣传工作，组织召开12398热线投诉举报共性问题重点专项监管推进会，保质保量完成系统派单任务，共受理有效信息3294件。接单处理360件，其中投诉107件，举报3件，办结率100%。

【国家能源局山东监管办公室】

基本情况 国家能源局山东监管办公室（简称山东能源监管办）于2013年12月2日正式挂牌成立。

主要职能：山东能源监管办依据国家能源局的授权，履行山东省内的能源监管职责。具体履行以下监管职责：监管电力市场运行，规范电力市场秩序；监管电网和油气管网设施的公平开放；监管电力调度交易，监督电力普遍服务政策的实施；负责电力等能源行政执法工作，依法查处有关违法违规行为，监督检查有关电价；负责除核安全外的电力运行安全、电力建设工程施工安全、工程质量安全的监督管理以及电力应急和可靠性管理，依法组织或参与电力事故调查处理；负责组织实施电力业务许可以及依法设定的其他行政许可；负责法律法规授权以及国家能源局下达或交办的有关事项监管。

领导班子

监管专员、党组书记：付海波

副专员、党组成员：左卫华

党组成员兼行业监管处处长：卢延国

组织机构 综合处、市场监管处、行业监管处、电力安全监管处、资质管理处、稽查处。

主要工作

（1）以“不忘初心、牢记使命”主题教育和学习贯彻十九届四中全会精神为重点，始终不渝抓好机关党建工作。坚持以习近平新时代中国特色社会主义思想为指导，贯彻“四个革命、一个合作”能源安全新战略，落实国家能源局和山东省政府各项工作部署，突出政治统领和党建统领，把党建工作摆在各项工作的首位，落实主体责任和监督责任，从严、从实抓好组织和落实，推动国家能源改革发展重大战略决策部署在山东落地实施。一是组织开展“不忘初心、牢记使命”主题教育。多层次组织理论学习，现场参观了革命历史教育基地；深入企业调研，召开了专题座谈会，了解能源企业生产经营形势及困难和诉求；全面检视问题，制定了整改措施，逐项落实整改，主题教育取得了明显成效。二是组织学习领会党的十九届四中全会精神。通过党组中心组、全办集体学习、工作务虚会等形式，结合监管工作，学习领会四中全会精神实质，进一步提升了监管工作法治化、科学化水平。三是全力做好巡视发现问题的整改工作。逐一建档立案，整改一项、销号一个，切实把问题整改落实到位，确保巡视工作成效。落实监督责任，完善廉政风险防控机制，组织到廉政教育基地进行现场教学，集体观看廉政教育专题片和专题讲座，开展谈心、谈话，把监督重心放到抓早、抓小上来，努力防控各种廉政风险，营造了风清气正的工作氛围。

（2）深入贯彻落实能源绿色、清洁、低碳发展战略，全力推进能源供给侧结构性改革。针对山东省能源消费总量大、传统化石能源占比高等特点，把推进能源供给侧结构性改革的重大举措，与山东省新旧动能转换重大工程紧密结合，支持风电、光伏发电等可再生能源发展，推动外电入鲁战略实施和煤改气、煤改电工程，严格落实限制煤电机组建设、淘汰落后产能、控制煤炭消费总量等约束性政策，进一步推动了山东省能源结构调整。开展可再生能源项目接入系统重点监管和全额保障收购监管，在新能源装机占比21%、外电入鲁增长34%的情况下，全省实现了新能源发电全额上网收购，基本没有出现弃风、弃光现象。截至2019年底，山东省风电和光伏发电装机容量2973万kW，同比增长18.6%，年发电量392亿kWh，同比增长11.9%。落实国家西电东送和省外电入鲁战略，赴东北、内蒙古等外电入鲁重点地区进行调研、对接，掌握重点项目建设进度和输电工程运行情况，运用电力市场化交易等手段推动更多接纳省外来电，全年累计消纳省外来电934亿kWh，其中新能源电量达到19%。

推进油气领域体制改革，率先制定了输油、输气管道公平开放监管实施办法，积极推动滨青等管输项目开放运营，全年累计为20家地炼企业输送原油3200万t，减少公路重载车辆近100万辆，为企业减少运输成本16亿元。开展天然气储运专题调研和油气供需对接协调，努力增加燃气供应，建立了冬季采暖期天然气保供日调度、日报告机制，对天然气保供措施落实、煤改气工程安全进行了现场督查，妥善解决了东营等地未许可机组冬季临时供暖问题，为群众温暖过冬提供了有力保障。

（3）推进电力体制改革，电力市场建设取得实质进展。牵头完成了《山东省电力现货市场交易规则》《山东省电力中长期市场交易规则》（征求意见稿），联合山东省能源局共同完成了电力现货市场建设方案，建立机组发电变动成本测算机制，搭建起了山东省电力现货市场核心框架。组织开发了电力现货市场技术支持系统，作为全国8个试点省份，山东省6月份如期启动现货市场模拟运行，并相继开展了两轮结算试运行，山东电力市场迈入现货时代。全年完成省内交易电量1728亿kWh，为企业降低电费24亿元，跨省区交易电量643亿kWh，进一步降低了全省工商业电价水平，市场化电量占比合计达到71%。通过调峰交易为可再生能源置换发电空间76.8亿kWh。积极推进增量配电业务改革，释放改革红利，提升经济活力，指导青岛、烟台等4个地市开展增量配电改革，以监管法规为依据协调完善了青岛中德生态园等3个增量配电项目并颁发了电力业务许可，兖矿、枣矿等2个存量配电项目规范化改革和济南、济宁等5个增量配电项目也即将取得突破。

（4）深入推进放管服改革和专项整治工作，不断提升用户获得电力服务水平和监管服务效能。深入开展漠视侵害群众利益问题专项整治工作，将专项整治与12398热线投诉举报共性问题专项监管统筹结合、统筹推进，排查并整改了农村低电压较为严重地区，切实把问题解决在群众身边。落实深化“放管服”改革部署，进一步强化提升用户获得电力服务水平10项监管措施，提前实现了压减办电时间和办电流程的目标。大力推进行政许可简政放权，全面取消了承装（修、试）电力设施许可申请现场核查，许可审批全流程网上办理，许可时限平均缩短5天，实现了“企业一次不用跑”。将电力市场秩序、供电服务、输配电成本、许可制度等主要监管业务整合为一项综合监管，原则上一年内一家企业只检查一次，实现了“双随机、一公开”和一次检查、全面覆盖。

（5）全力做好电力安全监管工作，安全生产形势总体平稳。作为山东省政府安委会电力专业委员会主任单位，制定印发工作规则、年度工作要点和推进电力安全属地管理工作的指导意见。加强专委会成员单位的信息共享和协调联动，督导落实属地电力安全管理责任、电力企业主体责任。按照“分级监管、属地为主”的原则，全省16市全部明确了电力安全属地监管部门，市、县两级电力安全监管体系初步建立。加大电力企业安全生产主体责任落实情况监管力度，每年公布各电力企业落实主体责任报告，组织迎峰度夏、建国70周年、电力安全生产集中整治行动，深入开展施工、电力设备、危化品等易发事故领域专项整治，督促企业排查治理安全隐患，推动安全生产“两个体系”和安全文化建设，聚焦防范化解重大风险，挂牌督办白杨河电厂重大风险隐患，保证了电力安全生产持续稳定。

（赵汗青）

【国网北京市电力公司】

企业概况 国网北京市电力公司（简称国网北京电力）是国家电网公司的子公司，负责北京地区1.64万km^2范围内的电网规划建设、运行管理、电力销售和供电服务工作。下辖二级单位32个，包括供电公司16个、业务支撑机构13个、其他单位3个。年内完成售电量1061.59亿kWh，同比增长2.37%。

领导班子

董事长、党委书记：潘敬东（2019年11月任）

董事、总经理、党委副书记：万志军

董事、党委副书记、副总经理、工会主席（二级单位正职级）：李百顺（2019年8月兼任工会主席）

总会计师、党委委员：李路

副总经理、党委委员：周建方

总工程师：刘明志（2019年8月提任）

副总经理、党委委员，通州供电公司总经理、党委副书记：闫承山（2019年8月转任）

副总经理、党委委员：陈守军（2019年1月转任）

副总经理、党委委员：王鹏（2019年6月提任）

国家电网公司副总工程师兼国网北京电力董事长、党委书记：李同智（2019年11月离任）

党委委员、纪委委员：王西胜（2019年8月转任、11月离任）

副总经理、党委委员，城区供电公司总经理、党委副书记：张铁恒（2019年11月离任）

副总经理、党委委员，通州供电公司总经理、党委副书记：赖祥生（2019年9月离任）

组织机构 下设办公室（党委办公室）、发展策划部、党委组织部（人事董事部）、人力资源部（社保中心）、财务资产部、安全监察部（保卫部）、设备管理部（政治供电办公室）、建设部、营销部（农电工作部）、科技部、物资部（招投标管理中心）、审计部、纪委办公室（巡察办）、党委党建部（思想政治工作部、机关党委、公司团委）、离退休工作部、经济法律部（体改办）、集体企业管理办公室、党委宣传部（对外联络部）、后勤工作部、互联网部、电力调度控制中心、工会、企协分会等本部职能部门，国网北京城区供电公司、国网北京通州供电公司、国网北京朝阳供电公司、国网北京海淀供电公司、国网北京丰台供电公司、国网北京石景山供电公司、国网北京亦庄供电公司、国网北京昌平供电公司、国网北京门头沟供电公司、国网北京房山供电公司、国网北京大兴供电公司、国网北京平谷供电公司、国网北京怀柔供电公司、国网北京密云供电公司、国网北京顺义供电公司、国网北京延庆供电公司等供电公司，国网北京市电力公司经济技术研究院（北京电力经济技术研究院有限公司）、国网北京电力科学研究院、北京电力工程有限公司、国网北京检修分公司、国网北京电缆分公司、国网北京信息通信分公司、国网北京培训中心（党校）、国网北京物资分公司［京电（北京）招标有限公司］、国网北京综合服务中心、国网北京客户服务中心、国网北京电动汽车服务有限公司、国网北京电力建设工程咨询分公司、国网（北京）综合能源服务有限公司等业务支撑机构，及首都电力交易中心有限公司、北京市供用电建设承发包有限公司、物业管理公司、北京市城市照明管理中心等其他单位。

电网概况 2019 年，北京电网共有电厂 37 座，机组 294 台（含 124 台风机＋73 台光伏逆变器），总装机容量 11 539.294MW。北京地区运行的 110kV 及以上变电站 564 座，变压器 1432 台，变电容量 136 729.3MVA。北京电网共有 110kV 及以上架空线路 697 条，长度共 7531.391km。

人力资源 共有长期职工 8576 人，其中研究生及以上学历 2104 人，本科学历 4331 人，专科学历 1363 人；高级职称 1795 人，中级职称 1868 人；技师及以上职业资格 3690 人，高级工 1547 人，中级工 479 人。

组织管理新机制初步形成，下放各单位内设机构设置调整权限，建立放管结合、因地制宜、动态调整的机构编制管理新机制；调整科技、互联网管理工作职责，调整可靠性等业务划分，完成纪检监察机构优化。人才培养全面加速，出台加强青年人才职业发展“第一个十年”培养工作等指导意见；围绕北京公司核心业务，组织继电保护、调控、配电自动化三个专业“回炉”培训；专家队伍建设持续加强，年内，北京公司共有国网系统内人才 340 人，新增国家电网公司技术能手 3 人。业绩考核体系不断完善，建立安全事项考核降级制度，创新实行业务支撑与实施单位“支撑保障能效”考核方式；印发深化全员绩效管理 15 项重点工作任务单，建立绩效管理分片交流工作机制。表彰奖励进一步精简规范，建立管理制度，强化监督检查，将各单位规范评比表彰工作纳入审计、巡察工作范围。

电网建设与发展 提前启动并开展“十四五”电网规划研究，为“十四五”电网规划奠定基础。首次开展北京电网 500kV 网架仿真计算，完成北京东、北京西特高压扩建分母方案及北京 500kV 独立双环网可行性相关专题研究；推动电网中长期规划，583 座变电站纳入各分区总体规划。编制城区、通州供电公司重点城市电网规划，梳理公司特级、一级重要用户网架，编制坚强局部电网专项规划方案。力推树村 220kV 输变电工程成为北京市首个市政基础设施场站加线性工程，通过“多规合一”平台研究并行办理规划、国土、核准手续。全年共取得重点工程核准手续 58 项，规划意见 38 项，环评、水评、用地预审等 361 项。

全年开工 110kV 及以上输变电工程 33 项，新建变电容量 525.95 万 kVA，线路 336.19km；投产 110kV 及以上输变电工程 51 项，新建变电容量 1083.5 万 kVA，线路 808km；新机场 9 项工程全部投产，为机场通航提供坚强电力保障；冬奥会 11 项工程全部开工，其中 10 项工程已经投产，全面满足测试赛供电需求；副中心投产 4 项，完善地区主网供电结构；新首钢投产 3 项，为首钢电网并入公网创造条件；京张高铁 2 座牵引站外电源工程按期投产，满足高铁开通需求。马坡 220kV 变电站工程获得国家电网公司输变电优质工程金奖、北京东特高压至顺义 500kV 线路工程、三星庄 110kV 变电站工程获得国家电网公司输变电优质工程银奖。

经营管理 应对电价持续下调、售电量增速趋缓等影响，开展经济活动分析，提质增效。完成固定资产投资 149.59 亿元，取得电网建设外部资金超过 40 亿元。加强同期线损管理应用，分线分台区日线损合格率由治理之初的 20%提升至 80%，综合线损率完成 6.15%，同比下降 0.4 个百分点，贡献利润 1.98 亿元。整合利用闲置房产、土地等资源，全年增收 1.65 亿元。优化年度发电量计划管理流程，发布年度发电量计划管理指导意见，争取优惠替代电价政策，年度节约购电成本近 3 亿元。坚持燃气机组上网电价疏导原则，守住不垫付要求底线，防范垫付风险 1.7 亿元。建立“两级两阶段”平衡利库机制，消纳处置工程退出和报废物资 8.48 亿元，解决了一批历史遗留问题。推行重大决策合法性审核，完成 41 项“三重一大”事项论证。坚持依法主动维权，避免和挽回经济损失 2184.4 万元。聚焦重大政策落实、重要资金投入、重点迎审任务，推进审计全覆盖，两级审计全年共实施审计项目 86 项，发现整改问题 1419 项，实现增收节支 1.4 亿元。挖掘典型经验，重视项目培育，促进成果落地应用，2 项典型经验入选国家电网公司典型经验库，85 项创新实践成果获得省部级以上奖项，1 个 QC 小组成果获得第 44 届国际质量管理小组大会金奖。持续加强产业同质化管理，推进统一财务制度和核算体系落地，规范“两商”招选程序，探索转型发展路径。产业单位全年实现收入134亿元，利润4.38亿元。

安全生产 开展安全责任清单公示、培训，使各级人员能够对照清单履行岗位安全职责，做到知责明责。严格落实公司安全痕迹化管理办法，加强各部门、各单位、各岗位安全履责记录的常态化备案，确保履责记录规范、完整、可追溯。严格落实“管生产经营必须管安全”“管业务必须管安全”“管项目必须管安全”的工作原则，持续开展各级领导班子安全述职、管理人员安全履职评价；建立安全巡查制度，重点对安全责任履职、安全机制运转、安全投入保障等情况开展巡查。

完成供电保障任务，累计完成保电任务203项，保电天数335天。开展输变电站线文明生产达标创建，完成143座变电站1096km输电线路达标整治；推进配电自动化建设，完成1500台柱上断路器和4700套二遥故指加装，实现配电线路自动化100%覆盖，配网故障同比降低35.7%，全域供电可靠率99.976%，户均停电时间下降35.1%。完成500kV昌海线、长安街与世园会电力隧道物联网试点项目，在天安门广场、新机场、冬奥会等核心区域，推进设备侧物联网建设，全面提升设备和环境状态感知能力。完成电缆公司专业机构建设，深化两级运检管控体系运转，应用智能运检管控平台、班组移动作业等技术手段，实现省市两级作业现场不间断监控和全过程监管。启动电气设备消防管理提升三年行动计划，完成656座变配电站室、141km电缆隧道消防改造升级；建设变配缆一体化消防监控平台，实现火灾信号24h不间断监控。

营销工作 优化电力营商环境，通过促请政府出台掘路审批改革政策，审批时间由15天降至5天；压缩接电环节由3个减至2个，推动中国“获得电力”指标排名提升至第12位。“精简办理接电流程，提高电费透明度”改革亮点写入世行营商环境报告。客户用电线上报装、“三零”服务、移动作业终端实时响应服务、“双经理制”等4项改革举措被国务院列为典型经验在全国推广。全年累计为9.48万户提供“三零”服务，惠及小微企业1.79万户。

全面推进电能替代及综合能源服务，全年完成电能替代电量30亿kWh，同比增加5.08%。打造“1+4”综合能源产品体系，全年营业收入1.71亿元，同比增加71%。完成198个村6.2万户“煤改电”配套电网升级改造，采暖季累计用电量74.26亿kWh，同比增长11.73%。建设完成10项公交车充电站外电源，私人充电桩接电2.7万户，服务电动汽车30.89万辆，当年累计提供充换电服务931.19万次，充电量1.53亿kWh，服务里程57 854.96万km，实现CO_2终端减排16.066万t。

稳步加强量价费基础管理，新增接电容量1081.38万kVA，年内新增用电客户31.32万户，拉动电量增长3.6%。调整实际最大需量用户基本电费计费规则，退还电费共计1350.36万元。落实一般工商业价格调整政策，全年共计减收电费8.63亿元。开展第二批市场化交易，北京地区参与交易用户扩大至846家，共计减收电费4.03亿元。落实居民阶梯电价“一户多人口”政策，惠及居民7.54万人。

开展采集性能提升，购电下发时长由年初的3.81min降至1.90min。完成电能表停电记录接口和继电器接口的功能改造，提升低压用户停上电事件应用水平。全面完成4G采集设备升级工作，更换2G信道采集设备和模块5.7万个，基本实现4G采集终端的全面覆盖，采集抄通率提升至99.65%。开展HPLC更换工作，全年累计完成HPLC换装200万户。

科技与信息化 2019年，通过国家电网公司总部科技项目4项，申报国家电网公司总部科技项目10项，荣获省部级以上奖励15项。全年共申请专利350件，授权专利230件。全年取得110kV及以上环评批复43项，水评方案批复25项；完成110kV及以上电网建设项目环保验收81项；全年完成158座在运变电站的环境监测，完成40座变电站外排废水监测；完成625.8kg六氟化硫气体回收再利用工作。组织所属单位配合地方环保部门开展电网环保宣传主题活动。

全面部署云平台、数据中台和物联管理平台等新一代信息基础平台建设。统筹推进36项年度重点建设任务，着力打造“东西南北”综合示范区，6项建设成果入选国家电网有限公司年度最佳实践案例。完成基于全业务数据中心的“用电营商环境”监测分析工具部署，生成办电时长、办电环节、办电成本、供电可靠性、客户感知体验等监测分析场景，全方位反映北京地区用电营商环境情况。

完成国庆70周年政治供电网络安全保障工作，开展多轮次排查加固、做好最极端应急准备，特级供电保障时段成功拦截互联网出口遭受的全部恶意攻击1257次，确保国庆70周年政治供电网络安全万万无一失。初步建成北京市公共服务领域首家工控系统网络安全实验室，建成五大类业务场景仿真平台，开展新体系下的安全事件模拟、漏洞挖掘和实战攻防。

优质服务 完成203项重大活动相关重要客户用电安全服务保障工作，完成1284户重要客户的用电安全评估。组织开展46户高新企业入企服务工作，开展党员服务队进校园活动、举办电力知识大讲堂，宣传公司服务举措。采暖季期间多次开展“情系万家．电暖京城”“卫蓝暖心”“煤改电”服务日专项行动，共计设置413个宣传点，深入9450户居民家中开展服务宣传、提供供暖设施免费检修服务，共计发放宣传折页152 178份。全年95598话务量累计509.06万通，同比下降20.31%，下派工单480 058件，同比减少16.57%。全年95598受理投诉共计965件，同比减少66.84%。拓展线上服务渠道，完成网上国网App上线，注册用户270余万人；建设电力微营业厅，建设客户关系管理平台，提高主动服务能力。

开展优质服务“开放日”活动，推出优质服务“十项举措”，创新研发首都电力交易差异化服务平台微信小程序，提升市场主体获得感和满意度。全面实现结算单电子签章，发布线上填报用户合同电量、购售电服务套餐与偏差考核承担方式操作指引，打造省心、便捷结算体验。健全月度电力市场交易部门联席会会商机制，组织厂网联席会暨电力市场交易信息发布会，促进厂网协同发展、和谐共赢。组织开展多批次电力直接交易专项培训，共计参培人员593人次，解答市场主体各类疑问2007余次，全面提升优质服务水平。

党的建设和精神文明建设 深入开展“不忘初心、牢记使命”主题教育。建立“1＋3＋5”组织体系，成立6个指导组，累计深入基层指导136次。两级领导班子带头示范，及时跟进学习习近平总书记最新重要讲话和指示批示精神，累计集中学习研讨426次。两级领导干部走进一线，累计开展调研2126次，有效促进了作风转变。坚持以“整改不落实就是对党不忠诚”的政治自觉，统筹推进边学边查边改和专项整治，扎实开展“抓整改、除积弊、转作风、为人民”专项行动。在国庆70周年活动中，成立供电保障总指挥部临时党委、14个临时党总支、149个临时党支部，引领党员干部立足岗位、履职担当，为万无一失完成保电任务提供了坚强保障。

组织制定党建内嵌融入重点任务130项，分专业实施“党建＋”工程，实现党建引领从探索实践到体系机制的转化。在重大保电任务中，完善“组织建到一线、支部建到班组、阵地建到前端”模式，不断健全完善临时党组织体系。建立党员“一带二、一带三”长效机制，通过“带思想、带作风、带安全、带技能、带创新、带业绩”，形成共保安全稳定的强大凝聚力和战斗力。每月召开工作例会，实现大党建部门议事常态化。加强党建专业队伍建设，开展党组织书记和党务干部轮训，累计培训547人次。组织实施“百千万”示范点提升工程，同步推进企业文化建设专项整治。围绕国网北京电力重点工作，对外集中新闻发布66次，传播重点议题42项；在各类媒体发稿共计2800余篇次，其中中央主流媒体发稿250余篇，《人民日报》66篇，新华社62篇，中央电视台播出时长134分钟。大力支持青年创新创效，在国家电网公司第五届青创赛中获2金4银1铜，3个青年创新阵地获评北京市青年创新工作站。

推进“不忘初心、牢记使命”主题教育发现问题整改落地，两级累计整改问题1941项。坚持巡视巡查一盘棋，完成6家单位巡察工作，累计完成27家单位。推进“抓整改、除积弊、转作风、为人民”专项行动，实施10方面35项改进举措，同步建立动态反馈和销号背书机制，作风行风持续改进。

2人获评中央企业劳动模范，1人获评首都劳动奖章，1人获评国家电网公司特等劳动模范，3人获评国家电网公司劳动模范；通州供电公司城市副中心高端智能配网工程班、大兴供电公司北京大兴国际机场供电服务中心荣获全国工人先锋号；通州供电公司地区调控室、大兴供电公司客户经理室荣获国家电网公司工人先锋号；城区供电公司荣获首都劳动奖状；通州供电公司徐向东创新工作室被评为市级示范性创新工作室。

国庆70周年专题 严格落实“五个最”要求(最高的标准、最有效的组织保障、最可靠的技术措施、最饱满的精神状态、最严明的工作纪律)，兑现了“精精益求精，万万无一失”的庄严承诺。大规模应用全工况移动式SSTS成套装备、大容量UPS及飞轮储能车等先进装备，实现了重要敏感负荷不间断供电全覆盖。创新成立了电能质量监测团队，通过多工况负载特性试验、大负荷测试、不间断供电装备状态监测等多种技术手段，反复优化重要负荷供电方案，全面掌控装备运行状况，将大型活动保障的装备应用水平提升到了新的高度。通过开发应用政治供电管理系统，拓展配电自动化接入，运用800Mbit应急多媒体等系统，实现了保电任务全过程管理、现场全流程监视。

沿用日督导、周协调、月调度，实现保障期间24h不间断运转模式，创新建立前线指挥部保障模式，精心编制各保障点位的“两图两表”和“一岗一案”，大幅度提升了现场人员的战斗力。针对天安门广场区域，完成“524”供电可靠性提升工程，改造配电站室8座，新增容量1260kVA。更换华灯常备大截面铜芯电缆15.1km，载流量提升116%。改造华灯基座电源箱243座，全面提升广场核心区供电可靠性。

(邢　蕊)

【国网天津市电力公司】

企业概况 国网天津市电力公司(简称国网天津

电力）是国家电网公司的子公司，负责天津电网规划、建设和运营，致力于为天津经济社会发展提供清洁低碳、安全高效的电力能源供应。供电面积 1.19 万 km^2，供电服务人口超过 1562 万。截至 2019 年 12 月 31 日，拥有职工 1.1 万人；资产总额 834.27 亿元，资产负债率 56.97%。2019 年售电量 756.88 亿 kWh，营业收入 462.41 亿元。

1 月 17 日，习近平总书记来津视察调研。在天津滨海—中关村协同创新展示中心，国网天津电力作为唯一一家央企参与展出，专题汇报人工智能配电网带电作业机器人研发情况以及智慧电网、车联网建设情况。习近平总书记充分肯定国家电网公司和公司工作，勉励国家电网人“继续努力、再创新高”。

国网天津电力持续深入学习习近平新时代中国特色社会主义思想，以钉钉子精神贯彻习近平总书记来津视察指示精神，以国家电网公司与天津市签署战略合作协议，推动在津打造全球首个能源革命先锋城市为契机，坚持干在实处、走在前列，实施“1001 工程”“变革强企工程”“9100 行动计划”，各项工作不断取得新进展。“煤改电”、农网升级改造提前完成，配网带电作业机器人实现产业化，智慧能源小镇等示范工程快速突破，国内首个省级综合能源服务中心、城市能源大数据中心等一批标志性项目在津落地。

连续 4 年获天津市科技进步一等奖，首获国家优质工程金奖。电力营商环境持续走在全国前列，入选创建世界一流示范企业典型引领单位，被中国工经联授予全国首家企业可持续发展创新实践基地，首获“榜样天津”最具社会责任企业年度大奖、第三届“天津质量奖”、国家电网公司管理创新成果特等奖。员工张黎明在继获“时代楷模”“改革先锋”后，荣获“第七届全国道德模范”“最美奋斗者”，退休员工王娅获评“中国好人”“最美国网人”等荣誉称号。

电网概况 天津电网是华北电网的重要组成部分。目前通过锡盟—廊坊—海河—泉城双回 1000kV 交流线路及鄂尔多斯—北岳—保定—海河双回 1000kV 交流线路与华北特高压主网相联。通过新航城—南蔡双回、盘山—安定单回 500kV 交流线路与北京电网相联，通过吴庄—霸州双回、芦台—裕丰双回 500kV 交流线路与冀北电网相联，通过静海—黄骅双回 500kV 交流线路与河北南网相联。

截至 2019 年 12 月 31 日，天津电网共有 1000kV 变电站 1 座，1000kV 主变压器 2 组，变电容量 6000MVA；500kV 变电站 10 座，500kV 主变压器 22 组，变电容量 21 153MVA；220kV 公用变电站 82 座，220kV 主变压器 191 台，变电容量 35 946MVA。天津电网共有交流 1000kV 线路 8 条，天津维护段长度 578.65km；直流±800kV 线路 2 条，天津维护段长度 391.916km；500kV 线路 35 条，天津维护段长度 1093.653km；220kV 线路 290 条，线路长度 3668.887km。

人力资源 创新开展组织体系优化升级，以滨海、城南供电公司为试点，打造以客户服务、资产管理、数据管理、支撑保障“四大体系”为支撑的新型组织。在地市公司成立综合能源服务部和区域网格化供电服务机构，构建新型综合能源服务体系，推动营配融合和新老业务融合。多点发力深化“三项制度”改革，增设“两工程一计划”考核模块，市场化单位突出效率效益；设立科技创新“双八”举措和“两项改革”成效考核维度。建立组织绩效、干部综合测评、领导综合评价相融合的领导干部大排行考评机制。落实“减人不减资”理念，科学核定团队绩效工资包，引导一线主动减员增效，城南小站供电服务中心用工精减 5%。供电单位全部推行聘任制，选聘补充管理、技术和重要技能岗位人员 280 人。建设新时代核心专业人才队伍，分级选拔“技能骨干、技能标兵、技能工匠”技能人才梯队，提高薪酬待遇，拓宽成长路径，建立职工创新联盟，培训中心获评挂牌天津市企业培训中心、公共实训基地和高技能人才基地。

干部队伍凝聚力战斗力持续提升。树立担当作为的鲜明导向，大力发现选拔敢于负责、勇于担当、善于作为、实绩突出的干部，选齐配强各级领导班子。连续两年召开干部作风建设大会，制定强化干部担当作为 20 项措施，建立教育培养、日常考核、能上能下和容错纠错机制，锻造一流干部作风。修制订《领导人员管理办法》等 11 项组织人事制度文件，加快建成配套完备的“1+N”组织人事制度体系。发现培养优秀年轻干部，在天津市企业系统和国家电网公司系统首家实施“青马工程”，强化政治素质源头培养；创新青干班、青马班联合培养模式，建设“两个 100”优秀年轻干部人才队伍。通过优化调整，40 岁以下正处级、35 岁以下副处级干部实现“零突破”，80 后处级干部由 7 人增长至 14 人，35 岁以下科级干部由 150 人增长至 195 人，年轻干部课题获得国家电网公司领导力开发研究课题成果一等奖和天津市组织工作调研成果二等奖。

电网建设与发展 坚强智能电网建设快速推进。决战攻坚“1001 工程”，电网投资首破 120 亿元，为天津市稳投资发挥重要作用。完成“十三五”500kV 电网规划修编，“目”字型双环网目标结构得到认可。“1001 工程”规划前期全面完成，“十三五”500kV 项目全部获得核准，220kV 板中、板万穿越生态红线等一批“老大难”问题取得突破。基建规模再创新高，依托“1001 工程”全年 35kV 及以上工程开工共计

123项，投产共计107项，分别是2018年的2.1倍和2.7倍；500kV双环网全线开工，渠阳、吴静、房蔡等500kV输变电工程按期投产；220kV电网优化形成七大分区，西部电网“卡脖子”等问题有效缓解，提前一年完成农网升级改造，1项工程荣获国家优质工程金奖。推进集体企业深化改革。出资注册成立天津津电产业管理有限公司。产业单位天津市城西广源电力工程有限公司，入选国家电网公司首批16家“优秀施工集体企业”；天津滨电电力工程有限公司等4家省管产业单位获评国家级高新技术企业。天津三源电力集团有限公司联合国电南瑞科技股份有限公司和亿嘉和科技股份有限公司共同出资在津成立国内首家带电作业机器人专业制造公司——国网瑞嘉（天津）智能机器人有限公司，“黎明牌”配网带电作业机器人产品在津发布。

经营管理 企业经营业绩保持总体稳健。克服电量缓增、电价下调等困难，实施26项重点举措，业绩指标合计得分排名国家电网公司第8名。完成一般工商业再次降价任务，一般工商业电价下降7.43分/kWh，降幅10.2%，两年累计降低15.99分/kWh。配合开展输配电成本现场监审工作，实现输配电单位定价成本0.1545元/kWh，较首个周期上涨0.59分。开展现金流按日排程建设，推动现金预算由月向日转型。开展收付款“省级集中”建设，统一电费、业务费收取路径，实现智慧收费、自动销根对账，提升收费效率80%。开展长期挂账工程清理工作，清理工程786项、资金7.82亿元。深入推进多维精益管理变革，贯通58类企业级主数据链路，消除信息断点756个，精简线上流程32个，形成管理规范25项。开展“四个一”建设。构建“四个一”业务洞察体系，搭建63个业务应用场景。推进民营企业清欠工作，采取银行保函、投标保险替代保证金等方式，减少民营企业等供应商资金占用4.93亿元，清欠账款3.2亿元，当年无新增逾期民营企业账款。意风区八号地块和物资储检一体基地项目获批。全面完成“两供一业”资产分离移交工作。总部委托审计项目连续两年获评A级，数字化审计平台实现率先上线。深度挖掘档案价值，相关作品获国家档案局一等奖。

推动改革在重点环节和关键领域取得突破。入选国家电网公司创建世界一流示范企业典型引领单位。组建产业管理公司，重塑省管产业单位管理体系。混合所有制改革在综合能源等领域实现突破。完成静海经济开发区增量配电业务试点项目公司组建。天津电力交易中心增资扩股首批进场挂牌，全年完成直接交易电量120亿kWh，同比增长28%。释放改革红利6.92亿元。推动跨省跨区交易，完成疆、晋、甘电入津电量14.15亿kWh，同比提升7.4%，节约购电成本4794万元。建立合规管理体系，制定《规章制度质量标准》，推进法治融入营销、运检、建设领域业务前端，编制法律红线警示案例，发布《重大决策执行偏差风险评估报告》，实现合规管理与经营活动的有机融合。

安全生产 安全生产保持平稳。加强安全隐患排查和风险管控。吸取委内瑞拉大停电等事故教训，制定实施年度隐患排查工作计划，扎实开展春秋季安全大检查、保障大电网安全专项行动、“防风险保平安迎大庆”消防安全等专项隐患排查工作。成功应对1544万kW历史负荷极值考验。首批实现变电站网络监测装置全覆盖。持续推进GIS漏气、线路“三跨”、变电站消防、电缆火灾、二次系统等重点设备隐患治理，累计排查治理隐患1041项。建立安全述职、巡查和警示工作机制。制定安委会工作规则，建立领导干部安全督导机制，解决9项安全生产重大问题和223项基层问题。完成13个专业部室安全职责调整和全员安全责任清单修订发布。开展全员安全述职，完成12家单位安全巡查。建立生产作业风险分级管控机制。实行周人身风险报备，推行配网作业“片长制”与“核心工作负责人”制，实现作业风险的超前管控和精准管控。分级管控107类典型作业风险，现场稽查行为违章率同比下降32.6%。首次完成±800kV特高压直流线路等电位作业、500kV北郊4号变更换等重大设备检修，开展变压器油油套管、干式绝缘设备局放等专项检测。构建电缆精益化管理平台，强化电缆全过程管控和新技术应用，提升超前防控能力。推动签署“京津冀电力设施保护合作备忘录”，初步建立三地电力执法协同一体化机制。圆满完成国庆70周年等293项重大活动保电，赴京支援保电获国网公司肯定。参展国家网络安全宣传周博览会。

营销工作 营销工作成效显著。优化营商环境成效显著。发布“双十条”等制度要求，推动政府出台《简化中低压等级配套电力线性工程审批流程实施方案》，全面推行“三零”“三省”服务。综合能源服务业务蓬勃发展。完成国网天津综合能源服务中心建设，参展第三届世界智能大会，得到市委书记李鸿忠的高度评价，获评《中国能源报》十大“能源互联网”示范项目。创新实践综合能源管理。推进传统业务与综合能源业务深入融合，构建“供电＋综合能源”一体化用能方案；牵头6家省公司完成《基于泛在电力物联网的综合能源服务体系构建与实施》项目，首获2019年国家电网公司管理创新成果特等奖。提前完成“煤改电”建设任务。“煤改电”配套电网工程已全部竣工，户均容量达9kW，累计惠及47万户居民；完成农村“煤改电”电蓄热集中供暖示范项目技术方案，被国网营销部作为典型案例推广。新能源公交充电服务市场进一步得到巩固。统筹国网电动汽车天津合资公司与综合能源服务公司建设资金，共同完成2019年46座新能源公交充电站建设，确保全市1500辆新能源公交车推广更新，创新公司电动汽车充换电设施建设投资模式。全年新建各类充电站229座，充电桩1517台，结合“有序充电”技术建成全市735个居民小区充电桩。客户侧泛在电力物联网建设取得实效。开展移动作业现场业务，提高办电效率；部署供电方案辅助编制等多项应用，获评国家电网公司客户侧泛在电力物联网建设最佳实践。反窃电增收1.17亿元，追回陈欠电费6.25亿元。创立国家级电力行业能源计量分中心，挂牌成立天津市电力需求响应中心。构建城市级虚拟电厂，聚合可调节负荷资源14.1MW。智能表覆盖率99.67%，完成HPLC模块改造80万具、4G改造1.8万余具，为电力物联网智能感知及深化应用奠定坚实基础。

科技与信息化 科技创新取得新突破。全年开展研究项目144项，投入14 405万元，推动“新型城镇能源互联网示范工程”等2项国家重点研发计划项目研究，完成7项国网科技项目、1项天津市科技项目、32项公司自管科技项目验收。建成首个省部级“电力物联网”实验室（天津市电力物联网企业重点实验室）。研制双臂自主配网带电作业机器人，在滨海等多个单位应用，并成立产业化公司转化推广。多举措激发科技创新活力，召开科技创新大会，发布科技创新“双八”举措；成立科技创新中心，组建6支科技创新柔性团队；成立职工技术创新协会；发布鼓励职工创新“十条措施”；组建“创新联盟”；启动“黎明”奖励基金。创新成果丰硕。获天津市科技创新一等奖等14项省部级成果表彰；5项项目获评全国电力职工技术创新奖表彰；6项项目获评全国能源化学地质工会职工技术创新成果奖；授权发明专利112件；首获国际质量管理小组会议（ICQCC）金奖；青创赛获三金两银三铜。

信息化工作取得新进展。建成首个基于多站融合的省公司级数据中心。9月，利用220kV室内变电站，建成海光寺数据中心，打造绿色新型基础设施。国家电网系统首批建成云平台、数据平台和物联管理平台。推进数据对内应用提升，搭建企业级统一报表中心。探索政企合作新模式，挂牌成立天津市能源大数据中心，与天津市明确共建机制，相关建设纳入政府重点工作；与生态城政府部门联合，共享能源数据；推出“电力看经济”分析，获市主要领导12次批示肯定。

优质服务 多措并举提升客户服务。“网上国网”App上线推广进展顺利，“网上国网”80项业务全部应用上线运行；依托营业厅资源和线上互动服务渠道，完成年度推广任务；上线新闻在人民网、央广网、今晚报、天津工人等多媒体渠道刊发。非抢直派模式提高客户诉求响应质效，作为第一批试点单位完成95598非抢工单直派任务，启动非抢工单24h派发模式，组织宣贯95598非抢修工单处理标准，提升非抢工单的处理效率和回复质量水平，95598热线处理及时率与满意率均在99%以上。用户安全服务进一步提升，加强高危及重要用户电网运行风险管控，编制《电网运行风险预警告知单》，提前24h告知客户电网运行风险预警信息；完成全市1361家危化生产、经营、销售企业的拉网式排查，对全市287户高危及重要客户进行用电安全服务，并定期函报政府主管部门；开展全市“煤改电”入户走访，深入了解用户电采暖使用情况，印发《电采暖用户安全用电服务指南》宣传折页12万份，确保全市电采暖用户安全用电。开展“抓整改、除积弊、转作风、为人民”专项行动，深入整治漠视侵害群众利益问题，严肃查处“关联交易、靠企吃企”、吃拿卡要、搭车收费、“三指定”等发生在群众身边的不正之风和“小微腐败”，持续释放越往后执纪越严的强烈信号。

党的建设和精神文明建设 推进党的建设和精神文明建设。“不忘初心、牢记使命”主题教育高质量开展。推动两批主题教育有效衔接，两级班子举办读书班75批次，梳理边学边查边改问题966项，完成整改951项，得到中央第十二巡回督导组高度评价。党的理论武装持续强化。组织两级党委理论学习中心组集中学习研讨580次。编制《形势任务教育手册》。管党治党责任层层压实。建立《党委和班子成员党建工作责任清单》，制定“三重一大”决策制度和事项清单。精简基层党建考核检查项目70%。党风廉政建设成效巩固提升。动态修订“两个责任”二十四节气表，发布“六类人”差异化履职卡，压实落细各层级责任主体的履责要点。开展分层“清单式”约谈111人次，持续闭环跟踪整改质效。出台《基层单位纪委书记履职专项考核实施意见》，多维分段考评纪委书记履职业绩。党委政治巡察高质量推进。高标准严要求完成五批10家单位驻点巡察和8家单位整改“回头看”，实现公司首轮巡察全覆盖。与时俱进修订完善巡察工作五年规划、“一规定四规则”，破立并举创建实施巡察全业务链30项工作机制，制定《提升巡察整改工作质效实施意见》，创编《巡察工作手册》，全面构建“1+5+30”具有“天津特色”的巡察工作体系。基层组织力全面提升。在国庆供电保障、“煤改电”等重大任务一线建立临时党支部15个。完成137个党支部按期换届，编制标准化工作手册4个，规范支部换届等流程22项，推动党员关系转接线上流转，实施党组织党员建功项目 429 个，在急难险重任务中发挥中坚作用。党建队伍综合素质充分展现。分层分类深化党员教育培训，全年累计完成党建队伍各类培训 22 期 900 余人次。张黎明获评“全国道德模范”“最美奋斗者”，受邀参加国庆 70 周年活动及 2020 年央视春晚；已故退休女工王娅获评“中国好人”，入围“年度感动中国人物”候选人。党委获评中央企业先进基层党组织。1 个集体获评全国工人先锋号，1 个集体获评中央企业先进集体，1 个集体获评全国巾帼标兵岗。2 人获评中央企业劳动模范。

助力天津智慧城市发展　高点起步“9100 行动计划”。8 月，国家电网公司与天津市签署战略合作协议，出台实施“9100 行动计划”，明确在津打造全球首个能源革命先锋城市。“9100 行动计划”聚焦绿色能源、智慧电网、数据赋能、优质服务等 9 大领域，形成 100 项任务，旨在充分利用数字化、网络化、智能化新技术，实现能源转型与信息技术深度融合，持续推进电力物联网建设，全面助力天津智慧城市发展。智慧能源小镇助力生态宜居城市建设。在中新天津生态城和北辰产城融合区，建设智慧能源小镇创新示范工程。中新天津生态城（惠风溪）智慧能源小镇创新应用主动配电网等领先技术，打造电网与城市深度融合、服务人民美好生活的“生态宜居”型智慧能源小镇示范样板。北辰产城融合区（大张庄）智慧能源小镇创新应用交直流混合配电网等领先技术，打造综合能源协调优化与高效利用的“产城集约”型智慧能源小镇示范样板。重点综合示范工程打造能源变革典范样板。滨海电力物联网综合示范区建成业畅输电线路、游乐港变电站试点工程，实现电网设备自主巡检和主动告警；完成塘沽等数据中心站、北斗基站建设，探索多站融合建设发展新模式。城南世界一流能源互联网示范区推动营配融合，完成核心城区营配数据核查整改，上线业扩方案辅助编制应用，实现用户低压报装“一次都不跑”；应用人工智能技术建成无人营业厅，为用户提供全新自助业务办理服务。5 月，建成全国首个省级综合能源服务中心，具备综合能源体验、调控、研究、数据和交付五大功能，被天津市指定为第三届世界智能大会参观点位，向各个方面广泛传播智慧能源支撑智慧城市发展理念和实践。

（王　媛）

【国网河北省电力有限公司】

企业概况　国网河北省电力有限公司（简称国网河北电力）是国家电网公司的全资子公司，负责河北南部电网的规划建设和运营管理，营业区域覆盖石家庄、邯郸、保定、沧州、邢台、衡水六市及雄安新区，供电面积 8.4 万 km^2，服务人口 5100 余万，供电客户 2100 余万。现有基层单位 16 个、县级供电企业 98 个。2019 年，发展总投入 178.26 亿元，其中电网投资 158.3 亿元；售电量 1892.1 亿 kWh，线损率 6.89%，营业收入、资产总额分别达到 1020.3 亿元和 1021.7 亿元，资产负债率 64.48%。

人力资源　健全“1＋N”干部管理制度体系，启动“赶考登高青蓝计划”，队伍结构持续优化。加强人才队伍建设，激发全员争先创优的热情，在国网继电保护竞赛中获得团体第二和个人第二、第四，包揽京津冀职工职业技能大赛团体和个人双冠，同期线损、大数据应用、网络安全、供电服务、无人机操作等技能竞赛成绩名列前茅。构建团青“131”工作体系，涌现出一批先进模范，传奇老兵韩泽民、退休职工王连增事迹得到中央领导批示，赵庆祥荣获全国道德模范提名奖，朱劲雷获得河北省特等劳模称号，32 名职工分获全国五一劳动奖章、中央企业和河北省劳动模范等荣誉，20 个集体和 12 名职工获得省脱贫攻坚先进表彰，23 个单位荣获中央企业先进集体、全国工人先锋号、河北省先进集体等荣誉。

电网建设与发展　特高压建设实现突破，雄安—石家庄工程提前投运，创造了首条雄安清洁能源供应通道、世界首个特高压交流环网等“七个第一”；山东—河北环网工程建成投产，实现基础、组塔、架线、验收“四个率先”；张北—雄安工程进入组塔架线阶段。“强网护航”工程如期竣工，220kV 高壁、任丘南等 9 座变电站投运，8498 项电网补强工程按期投产。提前一年完成新一轮农网改造升级，圆满完成 29.2 万户“煤改电”任务，按期完成 16 个易地搬迁配套电网建设、197 个村级光伏电站接网，18 项“三区两州”援藏帮扶配网工程如期开工。公司调度通信生产用房开工建设。7 项工程荣获省部级以上优质工程奖。

经营管理　应对降价影响，制定 21 项经营管理策略，推进多维精益管理体系变革，提前两个月实现现金流“按日排程”，加大“两金”、长期挂账、往来款项等低效无效资产清理。挖潜增效，建立省市县三级稽查体系，开展“量价费”管理提升、降损反窃等专项行动，累计堵漏增收 2.8 亿元。创新特高压增购、“煤改电”打捆等市场化交易，降低公司购电成本 6.6 亿元。全力增供扩销，深入实施“333”服务提升工程，出台防治业扩受限十项举措，大中型和小微企业平均接电时长分别下降 34%和 50%，替代电量 107 亿 kWh，综合能源服务营业收入突破 5 亿元。创新开展 6 家县公司提级审计。触电案件同比降低 23%。

安全生产　编制全员安全责任清单，创新实施安全“驾照”管理，开展领导干部安全述职，各级安全责任有效压实。加强现场安全监督，建成智能安全管控平台，健全三级安全督查体系，检查现场 1.7 万个，查纠违章 1100 余起，现场安全管控水平稳步提升。开展保障大电网安全、电气火灾治理等专项行动，整治隐患 2700 余项，主配网故障同比下降 19% 和 40%。开展首次特高压带电作业，特高压密集通道和主网“三跨”区段实现逐塔可视化。历时 51 天完成 500kV 石北站改造任务，形成了公司级联防联控、一二次作业管控等多项典型经验。成功应对度夏最大负荷首破 4000 万 kW 的严峻考验，实现了自 2015 年以来的首次无拉路、不限电，得到省委省政府高度评价。网内新能源装机容量突破 1000 万 kW、年度电量超过 100 亿 kWh，连续 12 年全额消纳。完成新中国成立 70 周年等重大保电任务，电网安全运行突破 10 000 天。

电力改革 推进电力改革，两年内连续六次下调工商业电价，全年降低客户用电成本 50.4 亿元；全力配合第二轮输配电成本监审及电价核定，多层次汇报沟通，为最终核价打下良好基础；交易中心股份制改革进入最后审批阶段，省内调峰辅助服务市场平台试运行，市场化交易电量 630 亿 kWh，释放改革红利 8.8 亿元；控股的前三批增量配电改革试点全部完成项目公司组建。持续深化国企改革，产业公司完成注册，“两供一业”资产移交全部完成，世界一流示范企业创建入选国网 10 家典型引领单位。内部变革加快推进，“放管服”改革扎实开展，岗位聘任制、岗级动态管理等“三项制度”改革全面试行，管理效率大幅提升。

泛在电力物联网建设 加快建设泛在电力物联网，雄安和正定入选国家电网综合示范，五个项目入选总部典型案例并在国家电网两会展示，形成了塔元庄全国首家村级综合能源服务站、朱河首座“多站融合”城市多功能智慧能源综合体等一系列有影响力的成果。在智慧营业厅、数据变现、营配融合等方面创出了河北特色，多项成果在世界互联网大会、数字中国等高端平台展示。基础建设不断夯实，云平台、数据中台、物联管理平台进入试运行，现代智慧供应链初步构建，国网首个 HPLC 通信单元自动化检测系统率先建成。与西安交大建立联合实验室开展深度合作，与国网经研院、通信运营商、省环境厅等进行多元合作，凝聚了各方合力。创新成果丰硕，SF_6 回收处理基地建设运行工作得到充分肯定，承建的国网技术标准创新基地顺利通过验收，首次获得中国专利银奖、国网管理创新特等奖，省部级以上科技奖项、管理创新奖项分别达到 25 项和 76 项，国家电网青创赛获得 4 金 6 银。

党建与精神文明建设 紧扣学习贯彻习近平新时代中国特色社会主义思想根本任务，分两批开展“不忘初心、牢记使命”主题教育，一体推进学习研讨、调查研究、检视问题和整改落实，有效解决了一批突出问题。深化“旗帜领航·赶考行”主题实践，创新党建履责记实管理，搭建“队一站一点”党员服务队管理体系，与省委党校共建国企党建研究中心，以“党建＋平台＋合作”模式牵头成立 28 家驻雄企业党建联合会，党的建设组织力、凝聚力、引领力全面增强。坚决抓好中央巡视问题专项整治，依法依规完成驻京办清理。开展形式主义官僚主义集中整治，扎实推进基层减负，“一人多终端”问题彻底消除，555 个乡镇供电所用房、用水、就餐等问题有效解决，文件、会议、评比表彰分别压减 35%、40% 和 58%。专项整治漠视侵害群众利益问题，开展“抓整改、除积弊、转作风、为人民”专项行动，整改问题 617 个，追责问责 32 人，服务投诉下降 75%。规范各级纪检机构设置，完成 28 家县公司一体化巡察，党风廉政问题线索下降 40%。做好意识形态工作，挂牌成立融媒体中心，作为全国首家企业级媒体入驻新华社直播平台。

雄安新区建设 加快雄安电网规划建设，高质量完成启动区、容东容西、高铁片区等区域电网专项规划，建立“1＋3＋1＋1”标准体系，主导编制雄安规划技术指南（电力分册）和电力用户用电导则并成功纳入新区标准体系；取得新区首个“二函”和驻雄企业投资项目首个“一函”“三函”，上线雄安电网数字化工程管理平台（EIM），建设“储检配”一体化物资中心，容东片区等 4 项配套工程开工，容西 110kV 等施工电源相继投运，为新区大规模建设奠定基础。打造城市级泛在电力物联网示范，雄安城市智慧能源管控系统（CIEMS）实现多场景应用、获得“全省支持现代服务业发展专项资金”支持，首批直流智慧路灯等示范项目落地新区。“三型”企业模式初步构建，打造国网系统、科研院校、驻雄国企、其他企业“四大资源环”，建成“两院两联盟一工场两实验室”和小微企业孵化平台，形成了共建共治共享的朋友圈。

（郑雪胜）

【国网冀北电力有限公司】

企业概况 国网冀北电力有限公司（简称国网冀北电力）隶属国家电网公司，肩负着保障首都供电安全、服务冀北地区经济社会发展、服务国家新能源发展的特殊职责使命。供电营业区域包括唐山、张家口、秦皇岛、承德、廊坊 5 市，43 个县（区、市），供电面积约 10.41 万 km^2。截至 2019 年底，本部设置 23 个部门（中心），所属二级单位 23 家，职工总数 23 680 人；2019 年投产 110kV 及以上工程 28 项，线路长度 1939.59km，完成里程碑计划 90.82%，变电容量 361 万 kVA，完成里程碑计划 70.23%；实现售电量 1423.5 亿 kWh。

电网概况 冀北电网属于“西电东送、北电南供”的受电方，主要由河北省北部的唐山、张家口、秦皇岛、承德和廊坊五个地市电网组成，其中秦皇岛地区还承担着北戴河暑期供电保障任务。截至 2019 年底，冀北地区总装机容量 4273.1 万 kW，其中清洁能源装机占比 50.06%，最大负荷 2438 万 kW，全社会用电量 1665.56 亿 kWh；运维 1000kV 变电站 2 座，线路 761.5km；500kV 变电站 33 座，线路 12 421.6km；220kV 变电站 139 座，线路 12 105.7km。

人力资源 全面践行新时代党的组织路线，树立担当作为的鲜明导向，选拔优秀年轻干部，各级领导班子结构进一步优化。推进保定电院职业教育改革发展，入选国家首批产教融合型试点企业。深化三项制度改革，完善薪酬激励机制，建立“增人不增资，减人不减资”导向的工资总额分配新模式，在电科院试点实施岗位分红激励。推广岗位聘任制，聘任中层干部、班组长等 277 人。

电网建设与发展 突出质量效益效率，围绕国家重大战略，深入研究需求变化，做深做细诊断分析和项目后评价，投资方向和结构持续优化。张家口白土窑等 4 项 500kV 工程完成可研评审，承德丰宁抽水蓄能电站二期送出等 3 项 500kV 工程取得核准批复。张北柔性直流工程全线架通、进入调试阶段，14 项涉奥主网工程全部建成投运，张家口赛区 10kV 配网工程与场馆同步推进。张北—雄安特高压工程有序推进，开工建设 500kV 廊坊大城等 28 项工程，投运 500kV 房山—南蔡等 36 项工程。提前一年完成新一轮农网改造升级任务。按期完成 378 项、12.8 万户居民“煤改电”任务。省级物资质量检测中心达到国家电网公司先进水平。参与建管的扎鲁特—青州±800kV 特高压工程荣获国家优质工程金奖。500kV 承德东变电站工程荣获国家优质工程奖、中国电力行业优质工程奖和国家电网有限公司优质工程金奖。风光储输示范工程入选庆祝中华人民共和国成立 70 周年“经典工程”目录。

经营管理 适应输配电价改革要求，制定实施 6 个方面、26 项重点经营策略，持续深化“两控两争”。优化成本类项目预算管控，核减资金 16.02 亿元，“三公”经费等非生产性支出同比压降 10%。统筹税收筹划，争取企业所得税退税 7819 万元。突破性引入 10 亿元基准利率下浮 10%内部贷款，节约利息支出。加强汇报沟通，争取东西帮扶资金 19.76 亿元，风光储公司容量电费 3 亿元。利用信息化手段加强信用管控，预警化解高风险事件 4 起，核实清理历史信用风险信息 1563 条。完成审计署冬奥电力项目和重大政策落实情况跟踪审计、任中经济责任审计等工作，实施内部审计 101 项，整改问题 1032 个，促进增收节支 8582 万元。新发触电案件同比压降 21.05%，避免和挽回经济损失 5312 万元。

安全生产 制定安委会工作规则，修订安全生产巡查和领导干部安全述职制度，实现全员责任清单宣贯培训全覆盖。深化风险预警管控和隐患排查治理双重机制，建立京津冀三地政企联合护电体系，开展电网安全专项提升、基建安全质量、集体企业安全年等活动，发布风险预警 1134 项、管控 1152 项，整治隐患 1221 条。有序开展春秋检预试，完成设备检修 7798 项、配网检修 4686 项、带电检测 4.7 万台次。周密部署迎峰度夏（冬）工作，落实人防、物防、技防措施，应对新能源大规模高比例接入、极端恶劣天气和 2438 万 kW 最大负荷考验，确保了电网安全稳定运行，完成庆祝新中国成立 70 周年、秦皇岛暑期等重大供电保障和公安部网络安全专项演习任务，获评国家电网公司供电保障突出贡献单位，受到国家能源局、全国电力安全生产委员会表扬。

营销工作 开展营销领域违规违纪突出问题等专项整治，整改完成率 100%。推进“日清日结”和高风险客户“千户盯防计划”，电费回收率连续 8 年保持 100%。治理高损台区 2531 个，消除负损台区 1139 个，台区同期线损率完成 4.49%，反窃查违成效 9350.86 万元。完成电能替代电量 86.16 亿 kWh，同比增长 12.41%，业扩结存容量比年初下降 30.57%。综合能源业务实现营收 4.19 亿元。电动汽车充电桩可使用率保持在 99.2%以上，充电量 1553 万 kWh，同比增长 1.12 倍。

科技与信息化 加大技术攻关力度，完成世界首次高比例新能源系统试验及虚拟同步机测试，张北交直流配电网及柔性变电站示范工程成果达到国际领先水平，国家科技支撑计划“风电机组智能控制与智能型风电场关键技术研究及示范”项目通过国家科技部验收。申请发明专利 281 项、获得专利授权 160 项，荣获省部级科技进步奖 36 项。虚拟同步发电机成果获国家电网有限公司科技进步一等奖，1 项成果荣获国家级管理创新成果二等奖，1 个 QC 小组和 1 项成果分别荣获“全国优秀质量管理小组”“全国电力行业特等奖”，2 项成果获国家电网有限公司第五届“青创赛”金奖，荣获“全面质量管理推进 40 周年杰出推进单位”，秦皇岛电力博物馆获批成为电力行业科普教育基地，廊坊公司通过 5A 电力企业标准化良好行为企业试点现场评价。

优质服务 开展漠视侵害群众利益问题专项整治，居民、非居民和高压客户办电申请实行“一证受理”，推行办电流程“串改并”，客户投诉同比降低 62.98%，满意率 96.91%。配网故障平均处理时间下降26.8%。全面取消标书费，创新开展投标保证保险业务，减少供应商保证金4.66亿元。完成清理拖欠民营企业账款年度目标。通过科学调度、完善交易机制等措施，服务新能源发展，利用率95.3%，新能源装机占比居全国首位。统筹推进定点扶贫、异地搬迁、光伏扶贫等14项重点工作，并网光伏扶贫电站524座容量49.13万kW，累计惠及贫困户12.08万户，36个定点帮扶村全部脱贫出列。

党的建设和精神文明建设 高标准启动、高质量推进"不忘初心、牢记使命"主题教育，得到中央巡回督导组高度评价。持续推进党建与中心工作深度融合，"党建+冬奥攻坚"在新华社等媒体刊载。制定"抓整改、除积弊、转作风、为人民"专项行动工作措施128项，细化整治党建形式主义、"关联交易、靠企吃企"问题措施33项。推进纪检监察体制改革，统一规范纪委机构设置。完成8个县公司提级巡察，打通全面从严治党"最后一公里"。创新开展形式主义、官僚主义专项巡察，实施"11+4"项措施，"一人多终端"、数据重复录入等问题得到初步整治，评比表彰、印发文件数量分别压减51%和30%，会议总量同比减少30.26%。首次在人民日报刊发专版宣传报道，全年在中央媒体刊发重要报道300余篇次。举办第七届职工文化体育艺术节。加强信访维稳和保密管理，确保了和谐稳定局面。7家单位和集体分获全国工人先锋号、中央企业先进集体、河北省先进集体，2个集体分获全国青年文明号、全国青年安全生产示范岗，8个职工创新工作室分别被北京市、河北省总工会命名，21人分获中央企业劳动模范、首都劳动奖章、河北省劳动模范，2人荣获"最美国网人"称号，刘琦获评"中国好人""中央企业优秀共产党员""国网楷模"等称号。

（贺 磊 夏周武）

【国网山西省电力公司】

企业概况 国网山西省电力公司（简称国网山西电力）是国家电网公司全资子公司，以电网规划、建设、运行管理及电力调度、经营等为主营业务，拥有资产953.5亿元，职工2.8万人，下设11个市供电公司、104个县级供电公司，服务客户1217.97万户，并承担着向京津唐、河北、江苏、湖北、山东等地外送电力的重要任务。

电网概况 截至2019年底，山西全省总装机容量88 676.018MW。其中，江苏直调装机容量3300MW（阳城电厂）；华北直调装机容量9440MW（含西龙池抽水蓄能电站）；山西直调装机容量70 400.22MW（不含应急调峰储备电源2100MW）；地区小电厂合计容量5535.778MW。山西省调装机以火电为主，常规火电厂65座、燃煤机组154台，容量46 415MW（不含应急调峰储备电源3厂/6台/2100MW），占比66%；燃气、煤层气电厂7座，容量2308.8MW，占比3.3%；水电站3座，容量868MW，占比1.2%；风电场121座，容量12 692.1MW，占比18%；光伏电站139座，容量8116.32MW，占比11.5%。常规火电机组当中，供热机组129台，容量34 825MW，占比68%；空冷机组134台，容量40 055MW，占比86.3%；循环流化床机组61台，容量11 665MW，占比25.1%。

截至2019年底，山西电网共有220kV及以上电压等级变电站274座，主变压器615台（含换流变压器24台），变电容量141 604.694MVA（含换流变压器容量9723.12MVA）。其中，1000kV交流特高压变电站3座，变压器5台，容量15 000MVA；±800kV直流特高压换流站1座，换流变压器24台，容量9723.12MVA；500kV变电站24座（含榆社开闭站），主变压器46台，容量40 500MVA；220kV变电站246座，主变压器540台，容量76 381.574MVA。截至2019年底，山西电网共有110kV变电站963座，主变压器1998台，容量82 450.64MVA；其中用户站424座，主变压器889台，容量39 699.54MVA。35kV变电站1779座，主变压器3575台，容量30 432.407MVA；其中用户站1213座，主变压器2447台，容量19 526.657MVA。

截至2019年底，山西电网共有220kV及以上输电线路877条，线路长度26 024.513km（不含过境跨省输电线路）。其中1000kV交流特高压线路9条，境内长度1283.92km；±800kV直流特高压双极线路2条，境内长度615.822km；500kV线路102条，长度6279.064km；220kV线路764条，17 845.707km（其中省调线路659条，16 176.909km）。另有过境跨省输电线路（资产属于国家电网公司、国网华北分部及国网浙江省电力有限公司等单位）42条，全长15 761.477km，山西境内长度5404.887km。截至2019年底，山西电网共有110kV线路1985条，线路长度24 087.118km；其中用户线路682条，长度7533.559km。35kV线路3302条，线路长度27 814.328km；其中用户线路1911条，长度15 207.63km。

人力资源 持续推动"三项制度"改革。正式印发《国网山西省电力公司人才到一线计划》，优先选拔405名年度业绩考核A级部门和绩效A级员工，到班组站所核心岗位任职，从薪点、薪档、绩效系数三个维度为切入点，适当拉开与同岗级人员收入差距。对新进员工政策"松绑"，将一线核心岗位经历作为选拔人才的优先条件。对人员流入意愿低的区域加大福利倾斜力度，吸引和鼓励职工扎根一线成长成才。加强劳动合同管理，印发竞业限制岗位指导目录，主动承担国家电网公司劳动合同电子化试点任务，初步建成劳动合同电子化签约平台；组织市场化单位完成社会招聘，并探索签订项目制劳动合同；持续规范劳动用工管理，清理不在岗员工 80 名；在忻州“西八县”试点实施高校毕业生定向招聘补员；编制完成众辉供电服务公司员工定向委托培养协议。对各单位和供电服务公司工资存量推行“增人不增资、减人不减资”；工资增量与业绩考核、重点工作紧密挂钩；岗位分红激励对象平均激励增幅达 17.68%；深化一线工作积分制，建立作业项目工时积分库和班组通用积分库标准，设立“工分绩效奖金池”，按月兑现员工绩效奖金，及时准确衡量劳动价值。

建立技能人才成长的制度化“新通道”，确保“工匠计划”取得实效。通过出台高规格的技能人才激励政策，使工匠人才与相应职员职级待遇挂钩，建立优胜劣汰的流动循环机制，实现由“要我学”到“我要学”的转变。顶层设计以省公司为主体的三级培训体系。按照上接国家电网体系、下接基层实际的方式，实现对技能人才实操、绩效、经历、贡献的多维度评价；梳理专业知识考核点 3128 个，开发考试题库 10 010 道，课程课件 60 部，组织培训班 12 期，累计培训 2400 人次。建立省、市、县三级工匠人才梯队。将传统的“以评为主”改为“赛评结合”的模式，通过设立“工匠榜”，明确“打榜”标准，营造“学工匠、比工匠、当工匠”的良好氛围；搭建“工匠计划”信息平台，实现技能人才培训资源共享；初选五个专业 200 名工匠后备人选，为未来实施核心专业的“千人计划”奠定基础。

在中电联举办的全国电力行业青年培训师教学技能竞赛中，国网山西电力荣获团体三等奖和优秀组织奖，两名选手荣获个人三等奖和优秀选手奖；“山西电力‘大数据、互联网+、产教融合’组合式培训新模式”被教育部、中国成人教育协会评为 2019 年度全国“终身学习品牌项目”。

电网建设与发展 完成“十三五”山西电网主网架滚动规划，“网格化”规划覆盖所有县域。“西电东送”山西段前期文件全部取齐，89 项工程取得核准。大力开展“基建管理提效年”活动，加快重点工程建设，开工长治特高压配套、太焦电铁配套等 67 项工程；投产神泉、木瓜界电厂送出工程，雁淮直流利用效率进一步提高；投运卧湖第三回线工程，断面受阻有效缓解；大同、长治光伏基地配套，蒙华、大张电铁配套等一批省重点项目相继投运。提升城乡供电水平，用户平均停电时长同比减少 1.71h，报修同比下降 31%，“两率一户”提前一年半实现“十三五”目标。强化质量管控，3 项输变电工程分获国家电网优质工程金银奖，榆横—晋中—潍坊工程获国家优质工程金奖和中国电力优质工程奖，6 项配网工程入选国网“百佳”。省市级质量检测中心通过总部验收，具备 30 类物资 B 级以上检测能力。

印发《“蓝领红带”工程实施方案》，在全省成立了 32 个“蓝领红带”工程临时党支部，以电网建设中的难点问题为导向，实现目标同向、学习同抓、工作同步、责任同担，将电网建设一线打造成为党组织发挥堡垒作用、党员发挥先锋模范作用的红色阵地，实现了党的建设与电网建设同向聚合、相融并进。通过加强党建引领，有效发挥党组织把方向、管大局、保落实作用，助推电网建设优质高效。

经营管理 推动“晋电送浙”和“晋冀能源合作”，全年完成省内售电量 1768.8 亿 kWh，同比增长 6.7%；完成外送电量 518.4 亿 kWh，同比增长 11.1%。助力脱贫攻坚，光伏扶贫项目累计并网 108 万 kW，惠及 20 万贫困户；消费扶贫金额超 600 万元，定点扶贫任务总体完成，国网山西电力作为唯一企业入选山西省扶贫“两个考核”先进单位。服务打赢污染防治攻坚战，新能源并网容量、发电量分别增长 29.8%、14.5%，利用率保持在 99%以上。推动改造工矿企业冲天炉 127 台，新增居民“煤改电”24.9 万户。

适应输配电价改革要求，部署实施 10 项经营举措，推进多维精益管理变革，确保稳健经营。坚持精益规划引领，实施全口径全业务项目化规划，建成省公司级统一项目储备库，5400 个项目精准入库。持续降本增效，收付款“省级集中”上线应用，现金流实现“日排程”。加快实施国企改革，组建省级产业管理公司，省管产业单位压减至 45 户。3 家晋能高载能企业实质移交，化学清洗公司完成混改。完成省管产业单位电商化采购任务，明业公司入选国家电网优秀施工示范企业。“三供一业”完工率均达 80%以上。全面深化内部改革，承接总部“放管服”事项 154 项，下放基层 79 项，权责配置更加优化。成立省级营销服务中心，市公司设计资源整合重组，运营管理效率持续提升。

安全生产 牢固树立安全生产红线意识，扎实开展“防风险、保安全、迎大庆”等专项行动，确保了“三杜绝三防范”安全目标。落实安全生产责任制，开展安全巡查，滚动修编全员安全责任清单，制定安全述职等 6 项制度，安全基础持续夯实。深化现场管控，推进基建安全专项整治，严格分包队伍准入审核，各级领导人员“四不两直”督查 2740 次，三级督查覆盖现场 1.6 万个，各类现场平稳有序。保障大电网安全，应对用电负荷、外送电力、新能源出力均创新高等挑战，优化电网运行方式，完成雁淮近区等补强工程，强化自然灾害监测预警，处置山火险情，电网保持稳定运行。加强运维管理，500kV 及以上输电运检业务实现专业化管理。治理老旧变电站 60 座，查改林区、“三跨”等隐患 713 项，二次系统“排雷”3253 项。全面落实特高压站消防提升措施，在运变电站实现 100%消防备案，10kV 线路、配电变压器停运率同比下降 42%、34%。应对 300 余万次网络攻击，圆满完成国家网络攻防演习任务，获得山西省“护网2019”防御成绩第一名。

营销工作 主动适应山西省能源供给侧改革和电力体制改革的新要求，开拓市场，净增接电容量 1648.4 万 kVA，同比增长 29.4%。电能替代 73.3 亿 kWh，同比增长 15.3%。牵头成立山西省电能服务产业协会、充电行业协会，成为山西省电力行协会长单位，公司的行业影响力和带动力持续提升。构建中长期与现货有序衔接的电力市场体系，创新双挂双摘省间交易等品种，直接交易电量 943 亿 kWh，同比增长 46.4%；现货市场率先实现连续 7 天结算试运行。

完善电能服务管理平台建设。设计开发实施宏观经济分析、负荷预测、需求响应、电能替代、综合节能服务网络平台 5 个一级功能模块。有效支撑电能替代及需求侧管理工作顺利开展。深化省级电力需求侧平台功能应用。省级需求侧平台申请接入用能企业 383 家，完成联调企业 345 家，申请接入监测点 50 804 个，实际接入监测点 37 144 个。开展电能替代潜力挖掘及节能量审核认定，对充电桩、工业电窑炉、蓄热电采暖、热泵四大行业进行替代潜力、经济效益和环保效益分析，出具电能替代潜力分析报告。出具 27 份节能典型项目能效测评报告，确保项目真实有效，保证项目质量和收益，降低项目实施风险。由国网山西综合能源公司牵头成立山西省电能服务产业协会，推动山西省能源局出台《关于加快培育电能服务产业发展的通知》，发展各类会员单位 65 家；承办山西省电能服务产业发展高峰论坛、增量配电业务改革试点现场推进会、电力市场化交易座谈会等，多措并举提升行业话语权和企业品牌；参加 2019 中国（山西）国际清洁能源博览会，在山西经济日报、山西新闻网等多媒体平台刊发新闻报道，塑造了企业良好形象。

科技与信息化 加强重点领域科研布局，围绕输电线路防火防冰、电网智能感知等技术，加大科研攻关力度。完善创新激励机制，试点引入成果冠名、重大表彰和期权激励等措施，调动创新主体积极性。打磨已有重点科技项目，从成果、专利、标准等多层面提高成果申报质量。加强内外部实验室等科研资源协同，健全重大项目联合攻关机制，不断提高原始创新能力，营造鼓励创新、宽容失败的创新环境，建立健全以创新能力、绩效、贡献为导向的科研人才评价和激励机制，充分释放创新创造活力。

130 项专利获得授权，34 项科技成果获省部级以上奖励，4 项成果获国家首届安全科技进步奖。深化管理创新，推动智库实体化运作，首度参与国家电网“十大战略课题”研究。打造“配网精益管理”等百项管理创新示范项目，首获国家电网管理创新特等奖。鼓励全员创新，开展职工创新、大数据应用、青创赛等活动，63 项职工创新成果、69 项 QC 成果获得国家电网级以上表彰，斩获国网青创赛 1 金 3 银 5 铜。

优质服务 优化电力营商环境，发布支持民营企业发展 12 项措施，减环节、缩时间、降费用，在山西省营商环境测评中“获得电力指数”明显优于其他指标。落实一般工商业再降 10%要求，减少客户用电成本 13 亿元。构建“两优一强”（优化服务渠道，优化办事流程，强化互联应用）的营销服务新体系，大力推进“互联网+电力营销”服务模式转型，变革以布点营业厅坐等客户上门的传统模式，加快应用全业务“网上营业厅”在线平台，推进客户服务事项“应上尽上、全程在线”，同步开展营配末端网格化综合服务，细分服务网格，构建网格服务责任组，实施“线上客户预约、线下网格员上门”，变客户上门为我们上门，推行“网上办、马上办、一次办”。

倾力打造智能电费管理新模式。构建全业务链关键节点自动校核新机制，持续提升抄核收精细化管理水平，精简环节、开展电费预算、试算，自动抄核率提升至 98%；建设营财银一体化实时对账体系，实现电费回收数据实时、准确与电费单据的精准匹配。推进与国网电商公司的战略合作，全力推广应用企业电费网银，完善客户缴费“一次都不跑”的新型服务模式。作为国家电网公司试点单位，实现收款“省级集中”。持续深化新型资金管理体系建设，引导客户改变缴费习惯，深度规范电费资金管控，进一步减少企业客户往返营业厅次数。

党的建设和精神文明建设 推进“亮旗登高”，开展“党建+”实践，“亮旗工程”入选全国党建创新百优案例，支部标准化经验在全省推广，获评山西省理论学习中心组联系示范点、社会主义核心价值观示范基地。压紧压实“两个责任”，全力配合中央巡视下沉调研，集中整改驻京办等巡视反馈问题。完成 7 家单位巡察，历年巡察发现问题整改率达 96%。开展“抓整改、除积弊、转作风、为人民”专项行动，整治了一批漠视侵害群众利益的问题，行风作风逐步改善。规范纪检监察机构设置，持续深化“三转”。举办“廉洁风险”说讲，警示教育形成常态。着力培养“英才”“工匠”，完善选人用人制度体系，形成了有为才有位的鲜明导向，提任 21 名处级领导人员，选派 374 人上挂下派、东西帮扶、驻村锻炼，800 名骨干进入英才储备库。鼓励职工岗位建功，8 名职工在竞赛调考取得好成绩。关心关注基层一线，实施“12+4”项减负措施，集中整治“文山会海”、过度留痕、一人多终端等问题，评比表彰、对标和业绩指标分别压减 49%、60%和 36%。创建 4 个五星级供电所，新建完善 67 个职工文体中心，取得输电检修生产用房、电科院二期项目立项，基层生产生活条件持续改善。组织开展庆祝新中国成立 70 周年系列活动，3 部作品分获中宣部、国资委表彰。国网山西电力所属 11 个集体、18 名职工分获山西省和中央企业先进集体、劳动模范；国网山西电力团委获全国五四红旗团委；国网山西电力职工王燕获全国离退休干部先进个人称号。

（龙　云）

【国网山东省电力公司】

企业概况　国网山东省电力公司（简称国网山东电力）是国家电网公司的全资子公司。本部设 23 个部门，下属 134 家单位（18 家地市级供电企业、18 家业务支撑单位和综合单位，98 家县供电公司），服务电力客户 4686 万。2019 年，全省全社会用电量 6218.72 亿 kWh，售电量 3993.1 亿 kWh，同比增长 6.18%。

领导班子

董事长、党委书记：蒋斌

董事、总经理、党委副书记：孙可奇

董事、党委副书记、副总经理：钱平

副总经理、党委委员：董京营

职工董事、副总经理、党委委员、工会主席：杜军

党委委员、纪委书记：孙国宇

副总经理、党委委员：孙敬国

总会计师、党委委员：马瑞霞

总工程师、党委委员：李荣

副总经理、党委委员：刘伟生

副总经理，鲁能体育文化分公司总经理、党委副书记：孙华

组织机构　本部职能部门包括办公室（党委办公室、董事会办公室）、发展策划部、财务资产部、安全监察部（保卫部）、设备管理部、营销部（农电工作部）、科技部、建设部、互联网部、物资部（招投标中心）、党委宣传部（对外联络部）、审计部、经济法律部（体改办）、党委组织部（人事董事部）、人力资源部、离退休工作部、后勤工作部、党委党建部（思想政治工作部、直属机关党委办公室、团委）、纪委办公室（巡查办）、山东电力调度控制中心、工会、企协分会、山东电力交易中心有限公司。直接管理单位 36 个，其中地（市）级供电企业 18 个。

电网概况　山东电网电源装机以火电为主，300MW 和 600MW 级发电机组为主力机型，覆盖全省 16 个地市。山东电网已形成 1000kV 泉城站落点济南、1000kV 昌乐站落点潍坊、1000kV 高乡站落点临沂、1000kV 微山湖站落点枣庄、1000kV 曹州站落点菏泽，±800kV 广固站落点潍坊、±800kV 沂南站落点临沂，±660kV 银东直流落点青岛，以 500kV 环网为省域电网主网架、220kV 环网为市域电网主网架，发、输、配电网协调发展的大容量、高参数、高自动化的大型受端电网。省内形成“三直五交”八大受电通道，通过 4 回 500kV、6 回 1000kV 交流以及 3 回直流输电大通道与内蒙古、天津、河北、宁夏等省（市）互联互通，2019 年最大接受外电达到 2039 万 kW。截至 2019 年底，山东电网电源总装机容量 14 044.2 万 kW，拥有 110kV 及以上变电站（换流站）2025 座、变电（换流）容量 4.49 亿 kVA，线路 7.85 万 km。

人力资源　截至 2019 年底，全口径用工总量为 134 020 人，同比减少 3601 人。全员劳动生产率完成 81.17 万元/人年，同比减少 3.27%。人才当量密度 1.1125，同比增长 0.05%。

持续推进三项制度改革，加快建立与市场经济和现代企业制度要求相适应的劳动、认识、分配机制，增强企业发展活力和竞争力。拓宽一线员工发展通道，140 名县公司员工跨层级竞聘至省市公司。加强东西人才帮扶，选派 34 名优秀员工赴西部开展帮扶工作。11 家单位组织 180 人开展跨区域劳务协作，进一步盘活人员存量。精简评比表彰项目 18 项，先进集体、个人分别减少 46%和 63%。优化市县一体化考核机制，业绩指标、专业评价内容分别压减 25%、45%。明确 A 级员工评定条件及 C、D 级员工认定标准，对各绩效等级员工“精准画像”。深化供电服务公司实体化运作，供电服务职工收入达到社平工资增长目标。建立“一办法三清单”业务外包管控体系，制定负面、限制性、典型业务三个清单和 74 项业务定额标准。启动青年人才六大培养工程，开展培训 2324 期，技能等级评价 1.8 万人次。全年新增“百千万”人才工程国家级人选、享受国务院政府特殊津贴专家等高端人才 46 人，员工王进获评中央企业“百名杰出工匠”。

电网建设与发展　深度参与、积极承担全省能源电力重大问题研究，完成《山东省中长期能源电力供应结构研究报告》《中长期“外电入鲁”规划专题研究报告》。完成“十三五”主网架、城市配电网和村镇配电网规划，4 市 9 县电网项目全部纳入政府国土

空间规划。山东、甘肃两省签署战略合作协议，联合推动陇东—山东特高压工程建设。建成投产 35～500kV 工程 330 项，线路 5890km，变电容量 2403 万 kVA。推进一流现代化配电网建设，建成配网工程 1.9 万项，消除 110（35）kV 设备不满足 $N-1$ 等薄弱环节 463 项。提前一年完成新一轮农网改造升级建设任务，“两率一户”达到国家能源局目标，全省基本实现城乡供电服务无差别。在济南建成国内首个物联网示范配电室，在长岛建成国网首个海岛智能微电网示范工程，建成省级配电物联网云主站。1000kV 榆横—潍坊、±800kV 扎鲁特—青州特高压工程获国家优质工程金奖，惠民 500kV 变电站工程获国家优质工程奖，济南兴济、菏泽佃户屯获安装之星，德州马坊获泰山杯，临沂市中、枣庄邵楼分获国网优质工程金、银奖。

经营管理 实现营业收入 2312.43 亿元，利润总额 40.77 亿元。追补违约使用电费 1.57 亿元。台区线损率 3.42%。综合能源公司实现收入 14.08 亿元。电动汽车公司实现收入 4.7 亿元。按期完成“三供一业”接收任务。率先建成省级现代智慧供应链，组织招标采购 83 批次，金额 320.63 亿元。优化服务类标包划分，中标供应商精简 40.36%。电力直接交易 1715 亿 kWh，省间交易 936 亿 kWh，分别同比增长 30.5%、33.8%，降低用户电费成本 23.59 亿元。配合完成第二监管期输配电成本监审。入选国家电网系统十家创建世界一流示范企业典型引领单位。与邹平市人民政府签署邹平市供电公司无偿划转框架协议，结束山东省“代管体制”历史。依法妥善处理纠纷案件 1012 起，避免和挽回损失约 3 亿元。开展经济责任及专项审计 142 项，促进增收节支 10.5 亿元，实现审计监督“三年全覆盖”（2017—2019 年）一个轮次。深化党风廉政建设，制定年度重点工作 55 项，督促整改问题 2653 项。开展扶贫领域腐败和作风问题专项治理，督导整改 6 方面 172 项问题。集体企业改革不断深化。累计压减 255 户法人企业，压减比例超过 77%，全面完成瘦身健体改革任务。

安全生产 创新应用“两体系一平台”，建成投运省市两级 21 家安全监控中心，建立“三单两会一流线”工作机制，对六类作业现场实行全过程、全方位监控。创新推广“两个 App＋视频监控”，开发关键风险点许可 App，管控各类作业关键风险点 173 315 项，开发安全督查 App，嵌入 35 类督查工作单模板，强化现场督查全过程、痕迹化管控。加大安全生产奖励力度，对重大隐患治理、重大风险防控作出突出贡献的单位奖励 18 次共 170 万元，违章下降 24.6%，无违章班组占比 81.96%。完成沂南换流站检修等 8517 项春秋检任务，整改重大反措问题 4132 项，消除“三跨”、电缆及消防重点隐患 2336 处，治理重过载主变压器 474 台，线路 207 条，及时发现处置广固、胶东站换流变压器油色谱异常重大缺陷。建成 89 座联合巡检变电站，实现 3 座 500kV 变电站一键顺控送电，国家电网首座智慧变电站建设投运。输电配置可视化监拍装置 5.4 万套、各型无人机 656 架，率先实现特高压线路及“三跨”区段可视化全覆盖。完成中国海军成立 70 周年多国海军活动、庆祝新中国成立 70 周年等重大活动电力保障工作，完成支援北京亚洲文明对话大会等 6 次省外重大活动电力保障工作。累计投入人员 4.86 万人次，车辆 1.24 万台次，最短时间完成抢修复电，应对台风“利奇马”侵袭。

营销工作 推进现代服务体系建设，完成济南、青岛试点营配融合。建成“一省一行一户”电费账户体系，完成对账自动化改造。实施“全能型”乡镇供电所建设完善提升行动计划，三星级及以上供电所实现全覆盖，200 个供电所建成“三型一化”营业厅。市场开拓成效显著，促成莘县供热机组并网及直供用户转接工作。建成全国首批“国网芯”全息感知智慧台区和智慧社区，完成 11 个系统级 CPS 示范项目建设。投运国内首座自洽微网型大功率充电站，建成青岛流清河光储充换综合站。

科技与信息化 电力机器人国重项目获批立项，持续引领行业技术发展。青岛多能互补综合能源示范工程启动建设，获得山东省重点研发计划支持。全年获得省部及以上科技成果 49 项，获奖数量和质量均创历史新高。智能公司“变电站带电水冲洗机器人”荣获中国发明专利金奖、“输电线路无人机巡检系统技术导则”IEEE 标准获批，发明专利金奖和国际标准实现“零突破”。全年累计完成 324 项科技成果转化，5 项职工创新成果纳入国家电网公司一级采购专区。年度授权发明专利 977 项。潍坊供电公司首家通过中电联标准化良好行为 AAAAA 确认。牵头完成特高压环水保验收，110kV 及以上工程环保验收率 100%。六氟化硫回收率及净化率位居系统前列。电力能源互联网建设纳入省政府重点工作，“大数据融合应用平台”项目获评工信部试点示范项目，“能源电力大脑”“人工智能技术在电力机器人中的研究与应用”入选国家“济南—青岛”人工智能先导区示范项目。在青岛建成全国最大的 5G 电网实验网。

优质服务 全力服务全省脱贫攻坚，安排省扶贫工作重点区域电网建设项目 5.7 亿元，精准推动“4 个 2”地区电网晋档升级。做好光伏扶贫项目接网和配套服务，全省光伏扶贫电站累计上网电量 23.24 亿 kWh，结算电费 9.18 亿元，发放国家补贴 8.09 亿元实施定点扶贫、消费扶贫，选派第一书记 100 名、驻村工作队员 51 名，向公司定点帮扶地区捐赠资金 3630 万元，完成扶贫农产品采购 1176 万元。完成 30.56 万户“煤改电”配套电网建设，电能替代电量 206.71 亿 kWh，充换电量 2.2 亿 kWh。“获得电力”水平持续保持全国前列，推动行政审批时限压缩至 5 个工作日，外线接入 150m 及以下免审批。国内首创电力接入行政许可线上并联审批机制，实现“零证办电”“一链办理”市县全覆盖。落实降低企业用能成本部署，完成一般工商业电价平均降低 10%的目标。高效开展“网上国网”建设，推广突破 500 万户。牵头组建装表接电“中国国家队”，代表国家电网公司参加上合组织国家职工技能大赛包揽装表接电个人前三名并获优秀组织奖。

党的建设和精神文明建设 把学习贯彻习近平新时代中国特色社会主义思想作为首要政治任务，各级党委中心组集中学习研讨 1724 次。聚焦“不忘初心、牢记使命”主题教育，抓学习、抓调研、抓检视、抓整改，主题教育真正成为自我革命、自我净化、破解难题、推动发展的过程。树立“党建统领”大旗，在青岛海军节保电、抗击超强台风“利奇马”任务中，全覆盖设立临时党支部，广泛开展“党委共建、支部联创、小组联合”。连续四年深化“党建＋”实践，部署实施“党建统领、亮旗登高”十强工程，细化 125 项任务清单，实现党建与业务融合提升。开展党员服务队“彩虹连心·先锋先行”专项行动，128 支服务队、1393 支分队开展活动 1.5 万余次，解决问题 4383 个。深化“合格、职业、金牌”三级进阶培养，完成 408 名党支部书记示范轮训和 100 名党建内训师专项培训，“三支队伍”党性素质、业务本领明显增强。深化先进典型培育选树宣传机制，1 支志愿服务队获评全国最佳志愿服务组织，员工王进被评为“大国工匠”年度人物并受邀参加国庆群众游行，高兆丽受邀参加国庆观礼，吕明玉作为国家电网公司唯一代表参加中宣部庆祝新中国成立 70 周年活动，1 名青年获评“全国向上向善好青年”。建立青年创新“3＋*N*”机制，在国家电网第五届青创赛获得 3 金 3 银 3 铜。

主要事件

1 月 23 日，国网山东电力五届五次职代会暨 2019 年工作会议胜利召开。

2 月 2 日，鲁能女乒勇夺 2018—2019 年乒超联赛女团冠军。

4 月 4 日，国网山东电力共有 5 项成果荣获 2018 年度山东省科学技术奖。

4 月 23 日，国网山东电力完成多国海军舰艇海上阅兵供电保障工作。

5 月 10 日，国网山东电力发布《服务山东经济社会发展白皮书》。

6 月 24 日，国网山东电力《输电线路无人机巡检系统技术导则》IEEE 标准提案正式获批立项。

7 月 18 日，国网山东电力一项成果获第二届中央企业 QC 成果发表赛一等奖。

7 月 28 日，2019 年“鲁能·潍坊杯”国际青年足球邀请赛在潍坊奥体公园体育场开幕。

8 月 11 日，国网山东电力迎战台风“利奇马”，全力以赴抗台风保供电。

9 月 9 日，国网山东电力召开“不忘初心　牢记使命”主题教育第一批总结暨第二批动员会议。

10 月 1 日，国网山东电力员工王进高兆丽参加庆祝中华人民共和国成立 70 周年大会。

10 月 28 日，国网山东电力 2019 年“煤改电”配套电网工程全部完成，全省新增 1807 个村 30.56 万户居民 3026 万 m^2 面积用上电采暖，年清洁替代电量 4.92 亿 kWh。

11 月 4 日，国网山东电力榆横—潍坊 1000kV 特高压交流工程、扎鲁特—青州±800kV 特高压直流工程获得国家优质工程金奖，惠民 500kV 变电站工程获得国家优质工程奖。

11 月 5 日，山东—河北环网工程正式开始调试，世界首条特高压大环网全面建成。

11 月 12 日，山东鲁能泰山足球学校荣获 2019 亚足联年度青训学院奖。

11 月 12 日，全国首家县级能源大数据中心在寿光揭牌。

11 月 24 日，国网山东电力代表队在第五届全国工控系统信息安全攻防竞赛暨网络安全高峰论坛中成功卫冕全国工控系统信息安全攻防竞赛冠军。

11 月 30 日，国网山东电力承办第二届上合组织国家职工技能大赛。

12 月 6 日，国网山东电力在上海举办的 CGMA2019 年度大奖暨 CFO 高峰论坛上荣获“年度最佳管理会计实践”和“年度最佳机器人流程自动化实践”两项公司类最高级别奖项。

12 月 26 日，鲁能足校勇夺 2019 年青少年冠军杯 U15 组冠军。

（高鹏路　王　蕾）

【内蒙古电力(集团)有限责任公司】

企业概况 内蒙古电力（集团）有限责任公司（简称内蒙古公司）是自治区直属国有独资特大型电力企业，负责建设运营自治区中西部电网，供电区域 72 万 km^2，承担着自治区 8 个盟市工农牧业生产及城乡 1388 万居民生活供电任务。

2019 年完成售电量 2176.4 亿 kWh，同比增长 11.4%。其中区内售电量 1888.8 亿 kWh，同比增长

13.6%。发展总投资151亿元（固定资产投资150.9亿元）。线损率2.92%，同比下降0.58个百分点。综合电压合格率99.43%，同比提高0.67个百分点。城市用户平均停电时间8.32h/户，同比降低0.7h/户。营业收入832.1亿元，同比增加55.9亿元。实现利税53.8亿元，资产总额1007.8亿元，资产负债率53.75%。连续8年获评经营业绩考核A级企业，位列中国企业500强第239位。

落实自治区政府的各项工作要求，持续提升“获得电力”水平。推进“三零、三省”服务，协同联动提升服务质效，全年受理线上报装9000余户，惠及小微企业647户。创新服务管理，构建95598三级快响联动机制，全面推行网格化服务，客户满意度达97.81%。强化投诉共性问题整改，95598、12398投诉量大幅下降，百万客户投诉量完成83次，同比下降23%。

领导班子

1. 党委

党委书记：王玉成（蒙古族，2019年9月离任）、贾振国（2019年9月任）

党委副书记：郝智强

党委委员：马金柱、白振英、侯生明、牛继荣（2019年5月离任）、石文斌、燕林生

2. 董事会

董事长：王玉成（蒙古族，2019年10月离任）、贾振国（2019年10月任）

董事：郝智强、孙文彪、李普强、白振英、潘瑛（外部董事）

3. 经理层

总经理：贾振国（2019年10月离任）、郝智强（2019年10月任）

总会计师：孙文彪

副总经理、总经济师：侯生明

副总经理：牛继荣（2019年5月离任）、蔺蒙、梁景坤

4. 纪律检查委员会

纪委书记、监察专员：马金柱

纪委副书记：臧志红

5. 工会委员会

工会主席：白振英

组织机构 总部职能部门共23个，包括综合管理部（董事会办公室、党委办公室、行政办公室、法律事务室）、计划发展部、企业管理部、改革办公室、生产技术部、安全质量监察部、系统运行部、科技信通部、市场营销部、电力交易中心、工程建设部、配电网建设办公室、财务资产部、审计部、人力资源部、物资管理部、离退休管理部、党委组织部、党委宣传部、纪委监察部、工会、机关党委、公司团委。

总部直属内设机构共5个，包括党委巡察办公室、党委巡察一组、党委巡察二组、第一监事会、第二监事会。

总部挂靠机构共11个，包括新闻中心、住房资金管理中心、质量监督检测中心、管理科学研究中心、财务共享中心、机关事务中心、企业管理协会、政研会（文协）、电机工程学会、老干部（职工）活动中心、蒙电乌兰牧骑。

供电生产单位12个，包括内蒙古电力（集团）有限责任公司呼和浩特供电局、内蒙古电力（集团）有限责任公司包头供电局、内蒙古电力（集团）有限责任公司鄂尔多斯电业局、内蒙古电力（集团）有限责任公司乌兰察布电业局、内蒙古电力（集团）有限责任公司巴彦淖尔电业局、内蒙古电力（集团）有限责任公司乌海电业局、内蒙古电力（集团）有限责任公司锡林郭勒电业局、内蒙古电力（集团）有限责任公司阿拉善电业局、内蒙古电力（集团）有限责任公司薛家湾供电局、内蒙古电力（集团）有限责任公司内蒙古超高压供电局、内蒙古电力（集团）有限责任公司乌海超高压供电局、内蒙古电力（集团）有限责任公司锡林郭勒超高压供电局。

分公司11个，包括内蒙古电力科学研究院、内蒙古电力经济技术研究院、电力信息通信中心、电力调度控制中心、营销服务与运营管理中心（95598服务中心、营销管控中心、电能计量中心）、电力培训中心、供用电稽查（局）分公司、物资供应公司、北京办事处（京蒙大厦）、公司航检中心、蒙电建设管理公司。

子公司12个，包括财务有限责任公司、综合能源有限责任公司、国合电力有限公司、蒙电控股有限责任公司、电力交易中心有限责任公司、经济技术研究有限责任公司、康远监理公司、满都拉电力房地产公司、蒙能物业管理有限公司、满都拉资产管理公司、对外经济技术开发公司、蒙电信产有限责任公司。

控股公司3个，包括蒙能招标有限公司、足球产业投资基金公司、呼和浩特抽水蓄能发电公司。

企业管理 参与增量配电改革试点建设，配合开展第二监管周期输配电价成本监审，完成呼蓄公司容量电价核定，为企业可持续发展争取有利条件。落实一般工商业电价降低要求，降幅15%，为用户让利10.76亿元。成功启动电力现货市场模拟及结算试运行，市场化改革取得阶段性成果。“三供一业”分离移交改造8.36万户，提前完成“僵尸企业”出清。与国内知名电力装备企业及5个盟市人民政府签署战

略合作框架协议，开展电能替代、智能电网建设、柔性直流技术等领域合作。综合能源公司“双百行动”试点改革成效显著。

优化组织机构及薪酬激励管理，组建蒙电建设管理公司，增加供电分局配网建管机构编制，基层物资管理实现“管办分离”。坚持“一企一策、分类管理”，压缩子公司管理层级，减少企业法人户数7户，理顺蒙能物业、房地产公司产权关系。强化监事会监督作用，编制子公司投资、考核等管理办法，进一步规范子公司管理。实施创新驱动战略，获得2项自治区科技进步奖，获批3项自治区重大科技课题，取得123项国家专利，2项QC成果分获全国金奖和电力行业特等奖，3项管理创新成果获国家级奖项。

安全生产 以“本质安全深化年”活动为主线，严格落实各级安全生产责任，深入开展安全生产月、安全文化建设年、检修预试等工作，发布安全责任清单，完成6家供电单位安全性评价，安全生产保持平稳态势。常态化开展安全生产大检查、防止人身事故专项治理等工作，整改各类问题1780项。加大大修技改投入力度，消除电网一级风险点，完成500kV布乌Ⅱ线地线更换，消除35kV开关柜重大隐患等电网设备缺陷，检修、故障停电时间连续三年下降，“两率”指标稳步提升，确保电网安全稳定。创新输变电设备运行管理，220kV及以上线路实现航检全覆盖，发现缺陷2万余项，危急缺陷全部消除，缺陷检测效率提高7倍；推进变电设备调控一体化、智能巡检和辅助监控系统建设，网内无人值守变电站比例92%，变电站综合自动化率100%，设备运维智能化水平显著提升，缓解了输变电运行人员不足的问题。

统筹源网荷储协同管理，跨区调整东送潮流84次，最大限度保障区内用电需求。发挥呼蓄电站调峰作用，强化新能源实时调控，内蒙古电网弃风率9.26%，弃光率1.97%，超额完成清洁能源消纳指标。开展生产精益化管理和“一强四化”班组劳动竞赛活动。进一步理顺通信设备运维管理体系，实现财务、营销等系统19项数据的交互共享，强化网络安全管控，提升信息通信管理水平。完成庆祝新中国成立70周年、中蒙博览会等电力保障任务，电网保持8163天长周期安全运行纪录。

科技信息 贯彻落实国家、自治区及公司各项决策部署，围绕部门年度管理目标及重点工作要求，持续加强科技项目、信息化项目及技改等工程管控力度，全面推进信息通信专业管理，落实党委领导下的网络安全主体责任，为公司安全生产和经营管理提供了有力支撑和保障。

科技管理工作不断加强。深入贯彻落实自治区国资委支持企业科技创新相关政策措施，按照内蒙古公司“十三五”科技发展规划，结合内蒙古公司2019年度科技管理重点工作及目标，全力推进各项工作。完成自治区国资委年度经营业绩考核指标统计及支撑性材料报送工作。严格落实管控措施，完成年度科技项目任务及投资计划。完成自治区企业重点实验室申报工作，获批自治区科技重大专项课题、关键技术攻关项目2项，获得自治区科技进步奖2项，全年取得专利101项，完成2名博士后出站工作。组织完成2017—2018年科技成果奖评审工作；完成2019—2020年科技立项工作，实现“十三五”科技发展规划课题全覆盖。统筹协调完成小厂库伦智能用电工程重点科技项目整体验收工作。进一步完善科技管理制度体系，完成《科技成果转化管理办法》等2项管理办法修编及发布。推进与华北电力大学、南瑞集团等多家单位的产学研战略合作，合作研发项目25项。探索开展科技项目后评估工作，首批选取4个典型项目作为评价范本。

信息化建设工作稳步推进。按照信息化建设整体工作安排及年度重点工作和目标，科技信通部全力推进信息化建设各项工作。完成了10项信息系统建设、上线运行工作，有效地支撑了信息化应用需求；完成了交易、财务、营销、调度、人资、ERP、物资、生产等多个业务系统19项数据交互需求，进一步提高了信息系统业务协同及数据共享能力；完成了营销系统互联网业扩报装改造，为“三零”服务提供信息化支撑；开展了2020年信息化建设需求收集及可研工作，保障2020年信息化建设有序开展；开展了信息化建设及运维管控体系设计，提高信息化建设、运维管理水平；开展了标准数据模型及主数据管理体系设计，为信息系统数据共享、分析提供指导；开展了云平台试点建设，为信息化支撑平台技术升级提供参考。

信息通信专业管理及工程建设不断加强。发挥专业管理职能，以“深化管理、充分协调、加强指导、重视服务”为导向，全面开展信息通信专业管理工作。局域网和广域网运行率、业务系统运行率、光缆线路运行率、保护业务保障率、自动化业务保障率均达到考核要求，全年未发生八级及以上信息、通信安全事件。完成新中国成立70周年信息通信专业保电工作。加强信息通信运行管理工作，开展专项现场检查8次，安排设备改造84台、电源改造144台，规避老旧设备风险，业务保障能力不断提升。开展通信资源优化整合专项行动，持续优化网架结构、优化通信资源、降低安全风险，安排调整500kV保护通道35条，提升通信业务承载和保障能力。结合业务部门需求，组织完成系统功能优化40余项，有效提升信息化支撑水平。在系统梳理运行现状基础上，编制

2020 年信息、通信专业年度运行方式，为 2020 年运行管理工作奠定基础。组织开展信息通信专业技术监督工作。完成 7 个技术标准、2 个技术监督实施细则转化工作，为信息通信专业建设、运行及技术监督工作提供了依据。持续加强信息通信专业管理及制度建设，编制《通信设备运维职责划分原则》等管理标准，提升了专业精益化管理水平。组织开展“十四五”通信网规划编制工作，为建设技术先进、结构合理、坚强可靠、接入灵活、协调发展的电力通信网规划发展方向。推进数据通信网、骨干 10GB 网、通信运行维护管理系统等重点项目，不断提升业务保障水平和管理能力。

网络安全工作成效显著。贯彻落实习近平总书记网络强国战略思想，落实《国家网络安全法》等各项法律法规要求，落实党委领导下的网络安全主体责任，加强网络安全基础建设，推动网络安全人才队伍建设，网络安全主动防御能力不断提高。完成自治区护网演习、庆祝新中国成立 70 周年网络安全保障工作，期间拦截针对互联网业务的外部网络攻击分别达到 6639 次（高危攻击 2274 次）和 90 377 次（高危攻击 6958 次），封禁威胁 IP 地址分别为 1102 个和 1553 个，庆祝活动期间网络攻击日均高达 6000 余次，实战检验了网络安全技术水平，锻炼提升了网络安全队伍防护能力。首次全面开展了信息通信专业安全性评价工作，对 12 家供电单位和信通中心共查评出安全管理、建设、运维、网络安全、通信管理等 5 方面的问题 587 项，客观检验和评价了信息通信整体安全水平，为下一步专业建设和工程立项提供依据和方向。举办首届网络安全技术比赛。开展网络安全基础管理，全年共查杀病毒 301 314 条，修复漏洞计算机 10 228 台次，实现外网计算机、缴费机等泛终端全面安全管控，推动软件正版化工作，实现了正版办公软件和防病毒软件安装率 100%，为经营管理提供坚强的网络安全保障。

国际业务 贯彻自治区党委、政府各项外事工作决策部署，在自治区党委外事工作委员会的正确领导和大力支持下，响应国家“一带一路”倡议与自治区“向北开放”号召，调整对外合作战略，研究开发境外投资项目，全力推进中蒙俄经济走廊建设。主要工作包括：深入推进中蒙俄电力合作项目；深化国际合作，推动电网高质量发展；完成各项因公出国（境）管理工作；完成各项外事来访接待任务；整章建制工作成效显著。

人力资源管理 全年共招聘新员工 1634 人，通过自治区专场引才活动，校园巡回招聘、专业技术经营管理类岗位招聘及供电单位边远地区岗位招聘等多种形式开展招聘工作，满足了内蒙古公司对不同层次、不同专业人才的多样化需求。首次在培训中心组织大型机考，提升了考务信息化水平。

统筹优化系统内员工配置。严格按照“双推双选一开会”原则，开展总部部门及部分挂靠单位补充一般管理人员工作。通过开展系统内人员选调工作，为急需专业领域缺员的单位补充各类专业技术人员。监督、指导各供电单位多经企业开展专业技术职业资格人员补充工作。督办所属各单位清理长期不在岗人员，全年共清理长期不在岗人员 117 名。完善各单位劳务派遣用工新增及退出审批备案机制，严格控制新增人数及素质，开展劳务用工择优选聘工作。

截至 2019 年底，在册长期合同制员工 29 679 人，较 2018 年增加 557 人，平均年龄 38.4 岁，男女比例 1.97∶1，生产技能人员与管理人员比例为 2.38∶1，本科及以上学历员工占总人数的 64.5%，其中博士 33 人，硕士 3133 人，本科生 15 972 人，人才密度指标提升至 95.41%，员工队伍结构更趋于合理。

全面推进技术技能人才队伍建设新进程，按照内蒙古公司人才发展总要求，制定《百优人才培养工程管理办法》，开展“百优人才”选拔和培养工作，32 名“百优技术人才”赴浙江大学电气工程专业深造学习，45 名变电检修专业的“百优技能人才”选送到中国西电集团进行长周期的深度培养。不断强化技术技能人才队伍建设，完成各单位一、二、三级师审核备案拟聘人员 479 人，其中一二三级工程师 341 人，一二三级技师 138 人。

优化技能鉴定考评管理，全年完成 10 045 人次技能鉴定工作。开展首批通信行业技师、高级技师申报及考核工作，填补通信专业人员长期无技师和高级技师的空白。“内蒙古电力职鉴培训”移动学习平台正式上线运行，2019 年员工共使用移动学习平台 83 万人次。与国网人才中心、自治区人社厅等对口单位沟通合作，规范技术资格申报材料内部审核标准，全年完成 2497 人次的专业技术资格申报和认定工作。

截至 2019 年底，取得专业技术资格人员占比为 67.64%，其中正高级 60 人、副高级 2974 人、中级 4020 人；取得职业技能等级人员占比为 62.68%，其中高级技师 909 人，技师 1207 人，高级工 6322 人，高技能人才比例为 72.65%，人才当量密度为 1.0558，技术技能人才队伍结构进一步优化。

组织各类培训班 8116 期，培训量 50.45 万人·天。有序组织普考工作，利用“远程教育培训平台”，采用“机考”方式，有效解决工学矛盾。八个专业普考、竞赛参考人数达 6466 人，参考率 99.14%，均创历史新高。组织完成技能竞赛工作，共计 306 名选手参加竞赛，产生 6 名“自治区五一劳动奖章”，18 名选手获得“全区技术能手”称号，22 名青工获得自治区团委“青年岗位能手”称号。

推动教育培训新体系建设，推进以电力培训中心为主体、各单位实训基地为一体的全方位综合实训体系建设。强化师资网络运管体系，实现师资的网络共享和系统调配。加强教育培训工作宣传力度，构建教育培训宣传体系。创新开展教培评价考核模型建设，科学评价各单位培训工作效果，有力促进了各级培训中心的职能发挥。

严格执行国家、自治区出台的相关法规和政策，落实自治区降低社会保险费率综合方案，全年缴纳基本养老保险费8.6亿元。完善各项保险内部管理制度，保障员工合法权益。

电网建设与发展　开展内蒙古电网“十四五”规划专题研究，完成内蒙古电源布局和主网架发展专题报告，为自治区能源发展规划提供了重要支撑。推动和林、双欣等272万kW新建火电机组及时并网，有效缓解电力供应紧张局面。积极争取乌兰察布600万kW风电汇集建设工程，保证了内蒙古电网整体发展战略。稳步推进36项可再生能源、光伏扶贫项目接网工程收购工作。突出精准投资管理，修编完善电网建设投资原则，严格防控投资风险。

主动对接各级政府，协同推进电网建设。全年投产110kV及以上变电站25座，新增变电容量1856万kVA，新建110kV及以上线路1341km，蒙华铁路、察右后、盛乐等重点工程竣工。冲刺国家配网行动计划目标，提前一年完成农网改造升级任务。完成573个村级光伏扶贫项目接入、133户贫困户通网电、89个自然村通动力电、3431眼机井通电工程，实现脱贫攻坚三年行动计划阶段目标，得到自治区政府高度肯定。推广应用绿色施工、集成技术，工程创优取得丰硕成果，3项工程获自治区“草原杯”工程质量奖，2项获中国电力优质工程奖，磴口500kV变电工程获国家优质工程奖，生产调度指挥中心工程获中国建设工程最高奖——“鲁班奖”。

工会工作　举办各类会议、活动、培训、讲堂和知识竞赛等，学习贯彻习近平新时代中国特色社会主义思想和中国工会十七大精神。

围绕年度重点目标任务，组织开展“当好主人翁、建功新时代”5个专项劳动竞赛和5个主题劳动竞赛。聚焦“本质安全深化年”活动，开展了“安康杯”安全知识竞赛，职工参与率91.89%。

组织开展职工创新工作室评定，命名职工创新工作室“三星级”23个、“二星级”34个、“一星级”34个，新命名职工创新工作室21个。下达2019年创新项目57项、创新经费257万元。32项成果荣获自治区电力行业职工技术成果奖，占总奖项39%，被评为自治区电力行业职工技术创新成果优秀组织单位。

弘扬劳模精神、劳动精神、工匠精神。评选表彰第二届“蒙电工匠”和2019年“最美一线职工”各10名，1个班组荣获自治区“工人先锋号”，6名职工荣获自治区“五一劳动奖章”。“五一”走访慰问劳模347人。

注重女工关爱。组织开展“逐梦新时代·巾帼绽芳华”庆祝“三八”系列活动，办理女工特病保险，开展女工维权行动月活动，组织了第七届“书香三八”读书活动。5个职工家庭荣获自治区“好家风我传承”最美家庭，1个集体荣获全国三八红旗集体，1个女职工创新工作室荣获自治区三八红旗集体，2名女职工荣获自治区三八红旗手。举办工会女职工工作和职工心理关爱工作培训班，提升工会女工干部的业务能力、服务水平和创新能力。

党建工作　学习宣传贯彻了党的十九届四中全会精神，开展“不忘初心、牢记使命”主题教育，检视各类问题、建议2851条，整改率90%，主题教育取得良好成效。坚持全面从严治党，严格落实党风廉政建设“两个责任”，切实履行“一岗双责”。加强执纪监督问责，全年受理问题线索238件，办结211件。配合国资委开展“圈子文化、庸俗哲学”专项巡察，完成第三轮内部巡察及业扩报装领域专项巡察，巡察整改工作取得实效。

开展意识形态网格化管理，巩固和扩大文明单位创建成果，系统内自治区级以上文明单位78家。不断丰富职工精神文化生活，广泛开展庆祝新中国成立70周年系列文体活动，蒙电乌兰牧骑全年慰问演出34场·次。定点帮扶工作成效显著，兴安盟吉力化嘎查53户137人全部脱贫。加强民主管理和企业关怀，全年办理提案166件，解决基层诉求30余件，完善基层文体活动中心，慰问一线班组267个，帮扶关爱职工和离退休老同志1200余人。坚持党建带团建，获得58项自治区级以上团青荣誉。大力弘扬劳模精神、工匠精神，郑璐荣获“全国模范退役军人”称号，7人获评“内蒙古好人”，1人获评自治区“北疆工匠”，3个集体获得“全国青年安全生产示范岗”称号，连续14年获评全国“安康杯”竞赛优胜单位。

主要事件

1月8日，在国家科学技术奖励大会上，内蒙古公司参与完成的“复杂电网自律-协同自动电压控制关键技术、系统研制与工程应用”项目获2018年度国家科技进步一等奖。

3月，经由自治区能源化学地质工会推荐，内蒙古电科院的热控自动化研究所技术成果“超临界机组的AGC快速响应优化研究与应用”获一等奖。

5月，共青团中央印发《关于表彰2018年度“全国优秀共青团员”“全国优秀共青团干部”“全国五四红旗团委（团支部）”的决定》，内蒙古公司团委（青工委）被授予2018年度“全国五四红旗团委”荣誉称号，是全区唯一获此殊荣的企业团委。

8月28～29日，全面质量管理推进暨中国质量协会成立40周年大会在北京召开。内蒙古公司获得“全国全面质量管理推进40周年杰出推进单位”荣誉称号。

8月，由中国企业联合会、中国企业家协会主办的全国企业文化年会（2019）在北京召开。内蒙古电力（集团）有限责任公司荣获2018—2019年度全国企业文化优秀成果一等奖。

8月，中国水利电力质量管理协会日前公布2019年全国电力行业优秀质量管理成果成绩，内蒙古公司获特等奖1项、一等奖6项、二等奖13项、三等奖8项。内蒙古公司同时获得中国电力行业2019年度质量管理活动“优秀组织单位”称号，是唯一一家获此殊荣的省级电网企业。

9月1日，中国企业联合会、中国企业家协会发布2019年中国企业500强榜单，内蒙古公司以814.32亿元年营业收入，位列2019中国企业500强第239位，位列中国服务业企业500强第94位，较2018年分别上升10位和4位。

9月4～5日，在江苏省南京市召开的2019中国设备管理大会上，包头供电局等13家企业被中国设备管理协会授予了“年度设备安全管理标杆企业”称号，是内蒙古公司范围内唯一获此国家级殊荣的基层单位。

10月15日，第十五届“金耳唛杯”中国最佳客户中心评选颁奖典礼在北京举行。内蒙古电力营销服务与运营管理中心95598电力热线荣获“金耳唛杯2019年中国最佳客户中心——卓越服务营销奖”。

11月4日，由内蒙古超高压供电局负责建设的磴口500kV变电站工程获得国家优质工程奖。

11月，由内蒙古电力经济技术研究院完成的“内蒙古电力多边市场新能源消纳方案研究及优先发供电市场模式设计”项目荣获全国电力创新奖二等奖。

12月10日，2018—2019年度中国建设工程鲁班奖（国家优质工程）表彰大会在北京召开，内蒙古公司生产调度指挥中心工程喜获“鲁班奖”。

12月，内蒙古公司通过中国电力企业联合会复评，继2017年以来再度被评为“AAA级信用企业”，被正式授予AAA级信用企业证书。

（包丹阳）

东 北 地 区

【国家能源局东北监管局】

基本情况 国家能源局东北监管局（简称东北能源监管局）于2013年12月13日正式挂牌，是国家能源局在东北区域的派出机构，负责辖区内电力等能源的监督管理和行政执法工作，以及电力安全监管工作。

主要职能：在东北区域内，监管电力市场运行，规范电力市场秩序；监管电网和油气管网设施的公平开放；监管电力调度交易，监督电力普遍服务政策的实施；承担电力等能源行政执法工作，依法查处有关违法违规行为，监督检查有关电价；承担除核安全外的电力运行安全、电力建设工程施工安全、工程质量安全的监督管理以及电力应急和可靠性管理，依法组织或参与电力生产安全事故调查处理；实施电力业务许可以及依法设定的其他行政许可；承办法律法规授权以及国家能源局交办的其他事项。

领导班子

党组书记、局长：苑舜

党组成员、副局长：郭建宇

党组成员、副局长：张锐

组织机构 东北能源监管局内设综合处、市场监管处、行业监管处、电力安全监管处、资质管理处、稽查处、综合监察室（机关党委）、吉林监管业务办公室、黑龙江监管业务办公室9个职能处室。全局编制48人，现有在职人员45人。

主要工作

（1）全力推进能源体制革命，有力激发能源发展内生动力。东北电力辅助服务市场机制全面升级。新版电力辅助服务市场规则增加了旋转备用交易，实现辅助服务市场“压低谷、顶尖峰”全覆盖，于7月1日起开始正式运行，目前市场运行良好。下半年，东北电网旋转备用市场开市近200余次，共计开启时间超过400h，总成交费用为约1.5亿元，有效缓解了东北电网尖峰时段系统备用容量不足的问题。

推进电力市场化交易持续释放改革红利。配合三省一区政府部门组织开展年度电力交易，进一步加强市场监管，规范市场秩序，全年直接交易规模1360亿kWh，带动企业降低成本、扩大再生产、提高用电量，形成了良性循环。

推进增量配电业务试点项目加速落地。大力宣贯增量配电改革有关政策，加强调研及时掌握项目一手资料，帮助解决在项目推进中遇到的困难，积极引导企业依法依规经营。共为7家增量配电试点项目业主发放了供电业务许可，区域内持证上岗的增量配电项目达到10个。

（2）畅通能源生产供应体系，有效提升能源系统运行效率。进一步规范增量电源项目建设秩序。协调解决辽宁省光伏电站“先建先得”遗留问题，提出“既用足用好国家补贴政策，又相对公平”的意见，获得相关光伏企业普遍认可；对2019—2020年煤电拟投产项目进行监督，在严格落实煤电调控政策前提下，结合东北电力供需实际，促成4台机组正式投产和4台机组纳入应急调峰储备电源。

进一步挖掘存量电源项目运行潜力。应对东北电网局部时段顶尖峰能力不足问题，创新开展在役火电机组应急调用容量认定试点工作，新增调峰容量22万kW；开展超期服役机组延续运行认定工作，组织制定《东北区域火电超期服役机组寿命评估技术细则》，出具认定意见9份。

（3）加大能源监管执法力度，保障能源系统安全稳定运行。强化监管，安全生产形势总体稳定。全年共组织现场检查督查企业36家，发现并反馈问题337项；吸取江苏特大事故教训，对所有液氨脱硝电厂进行了排查，督促完成重大隐患治理；完成全部市级以上电网公司和90%省调电厂的应急预案备案工作，并稳妥推进电力建设项目备案工作；丰满大坝进展顺利，新建大坝正式投运；完成新中国成立70周年供电保障工作，应对超强台风“利奇马”、吉林松原5.1级地震等自然灾害对电力系统的冲击。2019年，东北区域未发生大面积停电和溃坝漫坝事故，未发生设备事故和较大及以上人身事故，电力安全生产形势总体稳定。

从严执法，罚款金额再创新高。依法开展行政处罚，罚款总额突破100万元，违法对象全部列入信用黑名单，涉及犯罪的，已向司法机关移交；处理群众反映的各类投诉举报及咨询事项近1500件，有效保障了群众的合法权益，投诉举报满意率接近90%。

为民服务，“获得电力”水平不断提升。突出抓好“获得电力”优质服务、12398热线投诉举报共性问题两项重点专项监管工作，与地方政府营商环境建设工作密切配合，推动办电企业精简办电流程、压缩报装环节和接电时长，杜绝三指定、乱收费和随意停电；认真梳理投诉举报，针对人民群众反映强烈、反复出现、矛盾突出的共性问题，下发监管意见书，督导供电企业全面整改；牵头对新疆、青海两省开展整治漠视侵害群众利益问题专项检查督导。

（4）加强监管能力建设，推进政府能源治理体系现代化。加强监管能力建设，提升监管服务水平。开展电力分析预判课题研究，提升监管工作的预见性、主动性；探索信息化监管手段，完善监管信息平台，初步实现由现场监管向非现场监管的转变；探索以购买服务的形式开展调研和现场普查，取得良好监管效果；开展信用体系建设，根据市场主体信用水平进行差异化监管，提升事中、事后监管效率。

注重监管体系建设，充分发挥各方合力。组建东北能源联席委员会，共同研究好新时代东北区域能源安全新战略，进一步加强与各省能源主管部门的联系，完善协同监管机制；组织成立东北区域电力安全生产委员会，推动吉林省属地电力安全监管体系落地，辽宁省和黑龙江省的电力安全监管属地责任落实也实现重大突破，电力安全监管体系更加完善。

【国网辽宁省电力有限公司】

企业概况 国网辽宁省电力有限公司（简称国网辽宁电力）成立于1999年，是国家电网公司的全资子公司，以建设运营辽宁电网为核心业务，供电营业区域覆盖辽宁省全境。本部设22个部门，下属32家单位，全口径用工总量68 428人。截至2019年底，资产总额987.99亿元，拥有66kV及以上输电线路59 150km、变电站1819座、变电容量21 379.5万kVA。2019年，完成售电量1933.73亿kWh，同比增长4.34%，营业收入1033.17亿元，荣获辽宁省省长质量奖金奖。

领导班子

董事长、党委书记：石玉东

董事、总经理、党委副书记：鲁海威

党委副书记、副总经理：董恩伏

副总经理、党委委员：刘富家

党委委员、工会主席：马曙光

副总经理、党委委员：沈力

党委委员、纪委书记：李旸

副总经理、党委委员：袁骏

总会计师、党委委员：范士新

总工程师：王爱华

组织机构 本部设22个部门：办公室（党委办公室）、发展策划部、财务资产部、安全监察部（保卫部）、设备管理部、营销部（农电工作部）、科技互联网部、建设部、物资部（招投标管理中心）、党委宣传部（对外联络部）、审计部、经济法律部（体改办）、党委组织部（人事董事部）、人力资源部（社保中心）、离退休工作部、后勤工作部、党委党建部（思想政治工作部、机关党委）、纪委办公室（监察办）、电力调度控制中心、工会、企协分会、集体企业管理办公室。

下属 32 家单位：国网沈阳供电公司、国网大连供电公司、国网鞍山供电公司、国网抚顺供电公司、国网本溪供电公司、国网丹东供电公司、国网锦州供电公司、国网营口供电公司、国网阜新供电公司、国网辽阳供电公司、国网盘锦供电公司、国网铁岭供电公司、国网朝阳供电公司、国网葫芦岛供电公司、凌海供电责任有限公司；国网辽宁电科院、国网辽宁经研院、辽宁送变电工程公司、国网辽宁建设分公司、国网辽宁检修公司、国网辽宁信通公司、国网辽宁管培中心、国网辽宁技培中心、国网辽宁物资公司、辽宁电力交易中心有限公司、国网辽宁服务中心、国网辽宁综合能源服务有限公司、辽宁正新格瑞恩能源产业管理有限公司、辽宁省电力有限公司实业分公司、辽宁电能发展股份有限公司、北方国际电力工业有限公司、国网辽宁大培中心。

电网概况 辽宁电网是东北电网的负荷中心，通过 500kV 蒲梨、丰徐四回线与吉林电网相连，通过科沙、阜科四回线与蒙东通辽电网相连，通过青燕、青北四回线与蒙东赤峰电网相连，通过±500kV 伊穆直流直接受入蒙东伊敏地区电力，通过 500kV 高岭换流站与华北电网相连。

辽宁电网分为辽西、辽宁中部、辽南三大系统，负荷主要集中在中部地区，沈阳—辽阳—鞍山—营口—大连构成了辽宁电网负荷的中轴线。中部电网形成内外层双环网为核心的 500kV 骨干网架，内外环网间通过 4 回 500kV 线路相连，辽南电网经 6 回 500kV 线路与辽宁中部电网相联。辽西电网经 5 回 500kV 线路与辽宁中部电网相联。省内 220kV 电网以 500kV 变电站为核心形成不完全独立的 12 个供电分区。

电源规模：截至 2019 年底，辽宁省全口径发电装机容量 5370.26 万 kW，其中：水电 301.86 万 kW，占总容量的 5.62%；火电 3445.56 万 kW（含应急调峰储备电源项目 70 万 kW，含绥中电厂 3、4 号机 200 万 kW），占总容量的 64.16%；风电 832.11 万 kW，占总容量 15.49%；太阳能 343.22 万 kW，占总容量 6.39%；核电 447.52 万 kW，占总容量 8.33%。

电网规模：截至 2019 年底，辽宁电网共有 500kV 换流站 2 座，换流变压器 12 台，换流变容量 1060 万 kVA；500kV 变电站（开关站）30 座，主变压器 61 组，变电容量为 5633 万 kVA；220kV 变电站（开关站）244 座，主变压器 459 台，变电容量 8036.9 万 kVA；66kV 变电站 1581 座，主变压器 3079 台，变电容量 7883.18 万 kVA。

500kV 线路 109 条（含 1 条直流），线路总长度为 9047.284km（含直流线路 192.53km）；220kV 线路 869 条，线路总长度为 19 028.08km；66kV（含 35kV）线路 2154 条，线路总长度为 31 222.47km。

党建工作 国网辽宁电力坚持以习近平新时代中国特色社会主义思想为统领，落实新时代党的建设总要求，以“夯基础、求突破、勇争先”为工作主线，推进“不忘初心、牢记使命”主题教育，收官“旗帜领航·三年登高”计划，落地落实“党建+”工程。

坚持将整改落实贯穿于两批“不忘初心、牢记使命”主题教育全过程。完成第一批 135 个问题整改，落实 228 项措施，整改率 94.4%。围绕中央巡视反馈问题“六个不到位”具体表现，指导各级党组织排查各类问题 1093 个，制定整改措施 1618 项，完成整改 750 个。

逐级制定各级党委和领导班子成员党建工作责任清单，党委会累计研讨党建议题 77 项，基层党组织报告年度党建工作、书记抓党建述职评议实现全覆盖。严格落实“旗帜领航·三年登高”计划，扎实推进两级党组织标准化建设，针对专业反馈问题全面排查整治软弱涣散党组织，细化制定 69 条党建形式主义防范措施，基层党委达标率 100%，基层党支部达标率 99%以上。

分层分类做实党建量化计划管理，全面深化党建信息化系统应用，优化调整党建工作绩效考评体系，二级考评指标由原来的 31 项精简为 18 项，减负比例 42%。围绕“党的建设与中心工作深度融合”立项 15 个“党建+”重点工程项目，18 家试点单位抢单 34 条次，形成“党建+责任落实”“党建+安全生产”“党建+队伍建设”等工程实践精品 11 个。

22 个集体、54 名党员获国家电网公司党组表彰。围绕重点工作和急难险重任务，表彰第六届“十佳道德模范”20 人，弘扬“工匠精神”和“劳模精神”。实施“辽亮青春·五大工程”，获全国青年文明号 1 项，省部级荣誉 10 项。

人力资源 截至 2019 年末，国网辽宁电力全口径用工总量 68 428 人，其中主业用工 56 610 人，集体企业用工 11 818 人。本部设 22 个部门，下属 32 家单位，其中地市供电公司 14 个。职工劳动生产率完成 72.63 万元/人年，同比增长 0.23%；人才当量密度为 1.0588，同比增长 0.63%。

健全公平重效的薪酬福利体系。建立“业绩升、工资升，业绩降、工资降”调控机制，实现工资总额与企业负责人业绩考核、关键业绩指标等挂钩。加大企业负责人业绩考核结果与企业负责人薪酬的挂钩力度，合理拉开企业负责人之间的收入差距。完善工资正常增长机制，工资收入与工作业绩、实际贡献紧密挂钩。调整生产一线特殊作业津贴标准，取消带电作业津贴上限，提高登高作业津贴和送电野外作业津贴上限。

优化科学完备的绩效管理体系。持续深化绩效管理制度建设，建立组织绩效与个人绩效联动机制，调高绩优单位A级人员评定比例，调低C级人员比例，明确员工C、D等级评价标准。细化分解国家电网公司下达的业绩考核指标，制定指标体系落责表，将考核压力传导到部门、处室和责任人。不断强化绩效结果应用，利用大数据分析技术，通过"细化考核方式、注重业务应用、强化辅助监控"，建立一线班组绩效考核管理平台，并落实到班组、追溯到个人，监控各个层级绩效薪酬倍比情况。

构建精益完善的教育培训体系。针对实际工作任务，建立技能等级评价标准。统一认证考评员和质量督导员，严控评价考试质量和实操比例，实现"干什么、培什么、考什么"。编制实训基地建设和师资队伍培养规划，培训体系软、硬件资源有序、高效更新。建立五段进阶入职培养模式，精准开展新入职高校毕业生和复转军人培训，严把试用期和培养期考核，实现全员快速上岗。

电网发展 开展"十四五"电网规划研究，完成2020—2022年电网滚动规划调整。印发配电网网格化规划指导意见和操作手册，完成455个网格精益化配电网规划，实现了276个城区10kV网架完善项目精准落地。

新开工66kV及以上线路1437.02km，变电容量661.35万kVA，完成年度任务的100%。全年投产66kV及以上线路1437.46km，变电524.95万kVA，完成年度投产任务的100%。沈阳高花220kV变电站工程在国家电网公司2018—2019年度第三批输变电优质工程金银奖评选中获得金奖，朝阳慕容220kV变电站工程、朝阳利州—和硕220kV线路工程获得银奖。全年完成66kV及以上工程初步设计评审138项，工程结算108项。

助力脱贫攻坚和乡村振兴，投资23.06亿元实施中央预算、偏远村寨等农网改造工程，提前一年完成新一轮农网改造升级任务。综合施策促进清洁能源发展，投产全国单体容量最大的光伏平价上网项目；核电利用小时创历史新高，累计消纳清洁能源686.04亿kWh，同比增长7.76%。新能源综合利用率99.69%，保持国际领先。

经营管理 售电量1933.73亿kWh，同比增长4.34%；业扩新装、增容完成1630.20万kVA，净增容量合计1106.93万kVA，同比降低10.56%；发行电费1158.79亿元，当年电费回收率完成99.99%；预收电费余额94亿元，占月均电费比重85%；考核口径售电均价完成573.36元/MWh；安装智能电能表2457.60万只，实现信息采集2435.60万只，采集成功率99.56%；供用电合同签订率100%；营销服务承诺兑现率、回访满意率100%。

加运营监测，聚焦业务重点，开展多维监测分析，全面把控公司运营状态，构建外部环境、核心指标、重点业务、专题分析的监测分析业务体系，累计形成监测分析报告52期，服务领导决策、服务专业管理、服务基层一线。持续营造数据应用氛围，发挥数据驱动、赋能作用，提高大数据应用能力，从客户优质服务、电网智慧运营、企业精益管理、风险有效防控、新兴业务发展5个领域统筹大数据应用工作，培育一批高质量数据应用成果，完成客户用电行为、行业用电消费国家电网试点大数据应用培育项目。

配合辽宁省发展改革委开展调价方案测算，挖掘降价资金来源。落实两批降价政策，自4月1日和7月1日起，分两批降低一般工商业电价7.21分/kWh，完成一般工商业电价降低10%工作任务，保障国家政策措施得到落实。对接新战略，以价值管理为核心，聚焦质量、效率和动力三个维度，在系统内率先开展经营质效价值管理变革，经国网财务部推荐成为创建世界一流示范企业专项典型引领单位。

加强依法治企工作。建立运行合规管理"三道防线"，明确合规管控重点项目28项、管控措施72项。实施诉讼案件集约管理，创新维权工作机制，妥善处置诉讼案件561件，避免和挽回经济损失1.65亿元。开展违规经营投资责任追究，查处投资损失2826万元。加大审计发现问题整改力度，完成27项历史遗留问题整改。完成职工家属区"两供一业"分离移交，实现"四率"（管理权移交完成率、资产无偿划转完成率、维修改造项目竣工率、清算申报完成率）100%目标。开展"放管服"承接下放工作，承接国家电网公司下放事项142项。两批共下放事项91项，有效激发公司发展内生动力。

安全生产 以保证大电网安全为首要任务，优化电网运行方式，加强设备运维保障，电网保持平稳运行。全面整治重点领域风险隐患，排查治理消防隐患6970项，建成变电站消防远程集中监控系统。落实带电作业三年规划，建成7个不停电示范区，220kV及以上设备停电同比压降60%。深刻汲取内外部安全事故教训，对省内外在建工程开展全覆盖停产整顿，严格入网施工队伍资质审核和动态评估，推动省管产业单位安全同质化管理。建设安全风险管控平台，实现作业现场可视化管控。强化风险预警和应急保障，应对铁岭龙卷风、棋盘山山火、台风"利奇马"等突发灾害，完成庆祝新中国成立70周年、大连达沃斯等重大供电保障任务，受到地方党委政府和社会各界高度评价。

加强电网设备运行维护和技术改造大修，为电网设备安全运行奠定坚实基础。全年共发生220kV及以上输电线路故障跳闸 91 条次，同比减少 3 条次，线路非计划停运 32 条次，同比减少 3 条次；发生 220kV 及以上变电设备故障跳闸 3 起，同比减少 6 起；未发生换流站闭锁事件；设备运行情况总体平稳。生产技改大修、配网工程共 20 786 项，总投资 141.03 亿元。其中配网工程 18 362 项，投资 115.87 亿元；生产技改工程 976 项，投资 17.47 亿元；生产大修工程 1448 项，投资 7.69 亿元，全部项目均按照国家电网公司工程时间节点要求完成。提前一年完成“两率一户”目标，县域配网户均配电变压器容量达到 2.06kVA，省内全口径供电可靠率 99.830%（城网供电可靠率 99.950%，农网供电可靠率 99.782%），综合电压合格率 99.896%（城网电压合格率 99.997%，农网电压合格率 99.879%）。

科技创新 累计承担“可再生能源与火力发电耦合集成与灵活运行控制技术”等国家重点研发项目 6 项，其中承担的国家能源局“互联网+”智慧能源示范项目“基于省级电网企业全业务数据中心的能源互联网智慧用能”通过辽宁省发展改革委组织的结题验收；获批国家电网公司科技项目 17 项（牵头 6 项），在研国家电网公司科技项目 69 项（牵头 23 项）。2019 年，7 项科技成果完成孵化转化，并纳入电商化采购目录，召开首届科技成果转化产品推介会。2019 年共获得上级科技奖励 25 项，其中，国家科技进步二等奖 2 项、国家电网公司科技奖 8 项，中国电力奖 3 项，省政府奖 9 项，其他省部级科技奖励 3 项。

牵头完成的“电制热储热提升电网消纳风电能力的关键技术与规模化应用”、参与完成的“铝合金节能输电导线及多场景应用”荣获国家科技进步二等奖。和东北大学等单位共同主导完成的“主动配电网能量协同匹配互动控制技术与应用”荣获 2019 年度辽宁省科技进步一等奖；牵头完成的“泛在电力物联网混合组网关键技术与应用”“交直流混联电网多速率仿真及优化控制技术”和“大容量光伏并网试验检测关键技术及装备”均荣获 2019 年度辽宁省科技进步二等奖；参与完成的“Gbps 级高速密码芯片关键技术及应用”荣获 2019 年度国家电网公司科技进步一等奖。

全年共完成专利申请 746 项，其中，发明专利申请 459 项；获得专利授权 447 项，其中，发明专利授权 143 项，累计拥有授权专利 4099 项，其中，发明专利 1122 项。首次牵头承担 1 项国家技术标准制修订任务；完成国家电网公司技术标准创新基地筹建期工作。

市场建设 全年累计完成直接交易电量 866.73 亿 kWh，其中省内电力用户与发电企业直接交易 11 批次，达成交易 1446 笔，电量 633.03 亿 kWh；省内电力用户参与跨省直接交易 5 次，达成交易 473 笔，电量 223.7 亿 kWh；组织电供暖交易 1 次，成交电量 10 亿 kWh。组织省内发电企业参与送华北交易 2 次，辽宁发电企业中标电量 32.17 亿 kWh。组织省内发电企业参与鲁固直流送电交易 6 次，辽宁发电企业中标电量 37.55 亿 kWh。协助分部交易中心组织吉林送辽宁年度跨省挂牌交易，成交电量 23 亿 kWh。共组织 12 次发电权交易，成交电量 66.84 亿 kWh。

截至 2019 年底，在电力交易平台注册用户数量达到 3909 家，同比增加 11.68%。2019 年，省内直接交易、跨省直接交易、电供暖交易、发电权交易、鲁固直流送电交易等成交电量创历史新高，其中全年电力直接交易电量同比增长 9.28%，完成年度目标的 108.34%，连续五年实现高速增长。发电权交易完成国家电网公司下达指标的 171.38%，清洁能源替代交易完成指标的 107%。市场活力显著增强。参与市场化交易的售电公司 47 家，成交电量 402.16 亿 kWh，同比增长 16.6%，售电公司已经成为辽宁拓展小用户参与市场不可或缺的力量，也为大、中用户提供了更多选择。

省内电力用户通过市场交易降低用电成本 9.42 亿元，改革红利充分释放；清洁能源参与市场化交易电量 219.46 亿 kWh，促进清洁能源消纳作用明显；助力清洁供暖和节能减排，全年通过电供暖和发电权交易节约标煤 114.35 万 t，减排二氧化碳 298.65 万 t，减排二氧化硫 6.54 万 t。

信息化建设 牵头成立东北能源大数据中心，对外发布涉及 6 个方面 171 项大数据产品；完成云平台、数据中台、电网资源业务中台、物联管理平台建设和人工智能平台 5 大基础平台上线运行，促进数据融通支持应用灵活构建；先后与东北大学、沈阳自动化所签订战略合作协议，服务能源转型升级，筹建联合研究院，共建技术标准科普基地，打造高端智库、培育创新人才、推动成果转化；完成泛在电力物联网全年建设任务 41 项，开展六大综合示范探索实践；率先在国内建立首个科学的数据资产管理体系，将数据作为资产进行综合管理。在国网 2019 年大数据竞赛中，获团体三等奖，综合排名第 5，实现历史性突破；在中电联主办的代表中国电力行业最高水平的“首届电力行业网络安全攻防总决赛”获得团体第一名，实现行业级竞赛突破；首次牵头荣获国家科技进步奖，同一年度荣获 2 项国家科技进步奖。6 个案例在国家电网公司 2019 年泛在电力物联网最佳实践展板中展示。

工会工作 以职代会建设为抓手，民主管理工作持续深入。职代会质量评估自评分为 101 分，职代会满意率为 99%；所属单位自评分均在 95 分以上，满意率均超过95%。不断丰富“双路径”“三支撑”职工诉求服务体系内涵，打造“23456”职工诉求服务工作品牌，荣获辽宁省企业管理创新成果奖。承接国网工会试点任务，在“爱如电”App搭建职工诉求服务平台，打通职工诉求服务“网络通道”。开展“职工诉求服务中心发展方向及运行机制的创新与实践”课题研究，为持续深化职工诉求服务工作提供理论支撑。

弘扬劳模精神和工匠精神，1人获得全国“五一”劳动奖章，5个班组获全国工人先锋号；18人获得省“五一”劳动奖章，4家单位获辽宁五一奖状，创历史新高。1家单位获得中央企业先进集体，3人获中央企业劳动模范称号。1人获得国家电网公司特等劳动模范，5人获得劳动模范。在辽宁省继电保护竞赛中荣获个人团体双第一，承办辽宁省电网安全竞赛，两项竞赛个人第一名均被授予辽宁“五一”劳动奖章；在国网“班组微讲堂”竞赛中1人荣获十佳主讲人称号。6个工作室晋级省级创新工作室。

推进班组减负工作，会同相关部门制定减负清单，共取消112条班组记录和25个班组应用系统，工作效率大幅提高。推动“五小”供电所建设规范有序开展，党委会审议通过“五小”供电所建设资金需求，共投入资金4450余万元，用于改善供电所生产生活条件。

开展“国网辽宁省电力有限公司巾帼建功标兵”评选工作，评选出120名巾帼建功标兵并进行表彰。组织各单位参与国家电网公司“书香国网·我爱祖国”“我和国旗合个影”等系列活动和省总工会“定家规、立家训——书写家国情怀、弘扬时代新风”活动，展示女职工风采和精神风貌。

开展庆祝新中国成立70周年活动，组织开展了乒乓球赛、排球赛、歌咏大赛、书法篆刻美术摄影展等系列活动，并按照国网工会要求，回应公司和职工期盼，新建了集田径、足球、篮球、网球等运动功能于一体的大型室外综合体育场，举行首届职工运动会。荣获国家电网公司“我和祖国共奋进”职工书法篆刻美术主题作品展优秀组织单位。在“我和我的祖国·筑梦辽宁”辽宁省首届职工拔河比赛中，荣获三金一银和优秀组织奖。荣获2019年东北电力系统职工羽毛球比赛金牌榜第一、团体第二名。

开展“不忘初心、牢记使命”主题教育活动，加强工会干部思想、组织、作风建设，工会干部党性修养、工作作风、履职能力明显增强。多次深入基层一线，开展调研活动，切实将“边学边查边改”相关要求落到实处。

主要事件

助力脱贫攻坚和乡村振兴，投资23.06亿元实施中央预算、偏远村寨等农网改造工程，提前一年完成新一轮农网改造升级任务，实现“两率一户”目标。

成功应对铁岭龙卷风、棋盘山山火、台风“利奇马”等突发灾害，高标准完成庆祝新中国成立70周年、大连达沃斯等重大保电任务，受到地方党委政府和社会各界高度评价。

落实“一般工商业电价再降10%”要求，分两批累计降价7.21分/kWh，减少客户用电成本25.8亿元，电力改革红利充分释放。

交易公司增资扩股方案首批获得国务院国资委批复，直接交易电量达到866.73亿kWh，同比增长9.28%，减少客户电费支出9.42亿元。

实施优化电力营商环境两年行动计划，高、低压客户办电环节分别压至4个和2个，平均办电时间分别压至50天和15天以内，“获得电力”水平和客户满意度全面提升。

综合施策促进清洁能源发展，投产全国单体容量最大的光伏平价上网项目，核电利用小时创历史新高，累计消纳清洁能源686.04亿kWh，同比增长7.76%，新能源综合利用率99.69%，保持国际领先水平。

挂牌成立东北能源大数据中心，打造数据广泛汇聚、资源融通共享、服务优质高效、技术安全可靠的“东北能源云”体系，服务东北地区经济发展。

首次牵头完成国家级科技项目，荣获国家科技进步二等奖2项。

离休职工张贵斌荣获“辽宁省优秀共产党员”“辽宁好人时代楷模”“国网有为时代老人”等称号，受到中央领导及省主要领导批示肯定。

通过7个方面19项专题评审，在省内88家参评企业中脱颖而出，荣获2019年辽宁省省长质量奖金奖。

（郭昆亚　赵　东　王　宁）

【国网吉林省电力有限公司】

企业概况　国网吉林省电力有限公司（简称国网吉林电力）是以经营、管理、建设电网为主营业务的国家大一型企业，是国家电网公司全资子公司，对所属企业和单位的国有资产承担保值增值责任，依法对省内及相关电网实施调度管理，承担着保障安全、经济、清洁、可持续的电力供应的使命。供电营业面积16.2万km^2，供电服务人口2649万人。

全年完成固定资产投资39.97亿元，同比下降4.76%；售电量618.85亿kWh，同比增长3.05%；利润总额−4.46亿元，完成国家电网公司下达指标；资产总额483.54亿元，同比增加6.73亿元，资产负债率59.66%，同比增加0.84个百分点，全口径劳动生产率50.04万元/人年，同比降低0.22%，当年电费回收率100%，连续实现第14个安全年。

领导班子

董事长、党委书记：董天仁

董事、总经理、党委副书记：王志伟

董事、党委副书记、副总经理：王如伟

党委委员、纪委书记：张成军

董事、副总经理、党委委员、工会主席：周艾辉

副总经理、党委委员：吴越、孙文胜

副经理、党委委员：李大勇

总会计师、党委委员：牛殿峰

总工程师：杨军

组织机构 本部设置职能部门20个并设置工会、企协分会，省公司层面业务支撑和实施机构10家，直属单位5家，地市供电公司9家，县公司49家。截至2019年末资产总额483.54亿元，用工总量34 551人，其中在册全民职工23 151人。

电网概况 吉林电网位于东北电网的中部，北连黑龙江电网，南接辽宁电网，西临内蒙古东部电网，在满足全省电力供应的同时，还是东北电网北电南送的重要通道。截至2019年末，吉林省电网共有500kV变电站17座，变电容量2685.5万kVA，输电线路5404.92km；220kV变电站95座，变电容量2538.5万kVA，输电线路12 691.76km。66kV变电站912座，变电容量2413.039万kVA，输电线路19 291.656km。目前，已形成全省500kV“井”字形骨干网架、各地区220kV环网结构的坚强吉林电网，并分别与辽宁、黑龙江、蒙东电网相联，电力交换能力和资源优化配置能力显著提高，电网供电能力和运行可靠性明显增强。

吉林省电源分布特点是水电主要分布在东部，西部以风电为主，火电以城市热电联产机组为主。近年来，吉林省电源建设快速发展。2019年末全省发电总装机容量3121.59万kW，其中：火电1845.49万kW，占59.12%；水电444.58万kW，占14.24%；风电557.46万kW，占17.86%；太阳能274.07万kW，占8.78%，见图1。

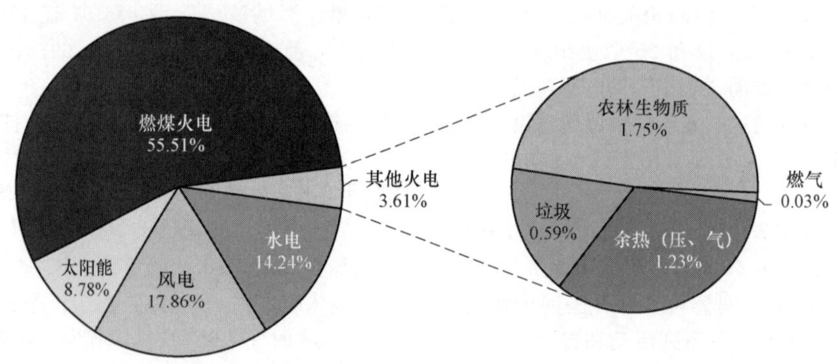

图1 各类型装机构成情况

电网建设与发展 坚持安全效益效率原则，注重规划与运行衔接，超前开展“十四五”电网规划专题研究。强化对接沟通，推动省政府将“支持电网升级改造”等意见纳入东北振兴战略落实方案。与长春市政府签署战略合作协议，与各地市州政府会谈，在电网发展上形成广泛共识。平包东500kV输变电工程竣工。丰满电厂送出工程按期投产，1号机组投运。500kV龙凤变电站和龙昌1、2号线及白甜1号线等重点工程投产，松白电网结构得到加强。敦化抽水蓄能送出工程扎实推进。昌盛500kV工程在东北地区首次获评中国安装工程优质奖。投资5亿元改造农网重过载配变。6个国家级、6个省级贫困县电网改造升级10kV及以下项目全部完成，提前一年实现新一轮农网改造升级目标。省送变电公司累计中标总额达16.05亿元，境外业务拓展到缅甸、孟加拉国和巴布亚新几内亚等国家；吉能监理公司、经研院外部市场拓展到湖南、内蒙古、新疆、西藏等省（区、市）。

经营管理 适应输配电价改革要求，滚动优化经营策略，多措并举挖潜增效。完成新装用户47.36万户，接电容量823.41万kVA；实现替代电量27亿kWh，同比增加11.1%。采取驻场收费等有效措施，实现电费颗粒归仓。收付款“省级集中”和现金流“按日排程”综合创效达到3.04亿元。强化预算价值引领，非生产性费用支出同比压降19.64%，三公经费及会议费同比压降15.92%。集中招标采购109批次，节约资金2.16亿元。完成各类审计3484项，增收节支0.5亿元。落实清欠民营企业账款工作要求，共清退6.41亿元。诉讼案件185起，同比下降24.79%，胜诉率81.81%。2项成果分获国家科技进步二等奖、国家电网公司科技进步二等奖。新能源集团超额完成年度考核指标，在提质提效上实现新突破。综合能源服务公司收入1.68亿元，被中国企业信用公共服务平台授予“AAA级信用企业”称号。

加快同期线损治理力度，2019年综合线损率完成

7.21%，同比降低0.17个百分点。

安全生产 贯彻国家电网公司安全生产各项部署，吸取系统内外事故教训，开展保障大电网、电力安全工器具等专项隐患排查治理，连续实现第14个安全年。修订公司《安全工作奖惩意见》，开展督查8476次，处罚2576人次。应对负荷屡创新高、新能源大规模接入等挑战，针对性解决迎峰度冬集中供热带来的调峰问题，电网保持安全稳定运行。500kV金城变电站按期完成改造。主网停电计划完成率系统排名第一。整治变电站、高压电缆及通道消防隐患3035项，输配电线路“三跨”风险834项。二次系统“排雷”行动排查各类问题共1041项，已整改88.1%。电科院通过国家电网公司电网物资质量检测能力现场评审，新增20项检测能力均达到B级水平。省管产业单位施工现场安全监控系统全面上线。应对台风“利奇马”“罗莎”等自然灾害，以最快的速度恢复电力供应。开展“防风险、保安全、迎大庆”专项行动，完成新中国成立70周年供电保障工作，完成19 006支援保障任务，被评为保电先进单位。

脱贫攻坚与营销工作 贯彻脱贫攻坚战略，制定电力服务乡村振兴10项举措，省长景俊海专题听取汇报给予充分认可。投资5亿元改造农网重过载配变。6个国家级、6个省级贫困县电网改造升级10kV及以下项目全部完成。优先购买国家电网公司定点扶贫县区和省内最贫困地区农产品，完成消费扶贫411.16万元。396户帮扶贫困户实现脱贫。助力污染防治攻坚战，全年新能源发电154.4亿kWh，同比增长19.6%，新能源利用率从2015年的69.2%提升到现在97.7%，系统排名第四。全国人大常委会副委员长沈跃跃率《可再生能源法》执法检查组到吉林检查，对国网吉林电力给予高度评价。持续优化电力营商环境，两批次累计降低一般工商业电价5.92分/kWh，降幅达到7.6%，减轻用户负担4.98亿元。业扩报装精简环节、压缩时限、降低成本，常用办电业务在长春、吉林实现30项“一次都不跑”，在其他地区实现28项一次都不跑、2项只跑一次。在长春试点实现城市160kW及以下、农村50kW及以下小微企业客户免费接入。对接吉林省“五项攻坚”，开展“走万企、解难题、送服务”专项行动。有效化解国务院第六次大督查提出的商业综合体转供电高电价问题给企业带来的不利影响。

科技与信息化 培育科研成果。“消纳风电的热一电联合优化规划与运行调控关键技术及应用”获国家电网公司2019年度科技进步二等奖，获三等奖2项（牵头1项）；获吉林省科技奖13项，其中参与的“基于大数据计算的能效优化与智能用电服务关键技术及系统”获一等奖，获二等奖4项（牵头1项）；参与的“含高比例可再生能源电网多维协调规划技术及应用”获中国电力科学技术奖三等奖；“提升新能源消纳的供热与电力协同优化运行关键技术及应用”等3项成果获得吉林省电力科学技术一等奖。申请发明专利106项，授权发明专利44项，完成总下达指标。职业卫生实验室已对东北电力大学、长春工程学院等单位开放。

信息运行管理水平不断提升。完成信息系统“瘦身健体”专项治理工作。排查梳理出22套“僵尸”系统，已全部下线。腾退设备72台，其中利旧设备29台，下线设备43台；梳理防火墙访问策略共涉及系统52套，整理白名单策略155条，封禁受控使用端口122个；完成11套系统的性能优化工作，共计优化294个功能点。在提高资源利用率基础上，进一步提升信息系统的运行效率、运行安全性和运行稳定性。以最高标准完成春晚、全国两会、庆祝新中国成立70周年等重要活动期间公司运行及网络安全保障任务。

网络安全防线进一步筑牢。组织公司各单位、各层级签订网络安全责任书、网络安全承诺书，将网络安全责任落实到每名员工，压紧压实网络安全责任。完成国家专项网络攻防演习，有效拦截攻击14 093次，监测并封禁高危攻击源IP地址3052个，上报攻击数据176条，其中被总部采纳并预警14条，作为总部防守方成果上报公安部的预警8条，溯源追踪攻击方地址，控制攻击方数据库，受到总部演习总指挥部表扬，网络安全实战能力得到提升。完成网络安全专项治理工作，开展远程端口和主机不合规治理和网络边界防火墙专项治理以及恶意程序专项治理。编制《nitol恶意程序典型治理案例》等三篇典型治理案例。

电力物联网建设 组建“两院一中心一公司”，整合有关工作力量，优化组织运行模式。开展交流合作和宣贯培训，与阿里、中兴等多家互联网企业和科研院所开展交流，与国网能源互联网技术研究院签署战略合作框架协议，邀请知名专家学者开展多轮次专题培训。编制实施公司2019年建设方案和专项实施方案，成立33项任务领导建设小组，建立“周通报、月例会”制度，加强过程管控和指导，各项建设任务有序推进。税务智慧共享平台上线运营，数字化审计平台通过国网审计部评审验收，三大基础平台（云平台、数据中台、物联管理平台）建成投运，省级营销集约管控中心、源网荷储互动的市场化清洁能源消纳、新能源云、北湖示范区等项目形成了具有吉林特色的建设成果。14项应用入选国家电网公司大数据应用优秀成果，“智能电力大数据+金融”助力吉林振兴发展和减负基层信息及资料维护2项成果入选国家电网公司年中工作会泛在电力物联网建设最佳实践案例，数字化审计、新能源云、源网荷储互动市场化清洁能源消纳等5项成果入选国家电网公司泛在电力物联网2019年最佳实践案例。“智能电力大数据＋金融”获得2019年国家电网青创赛金奖。

优质服务 贯彻优化营商环境部署，压减业扩报装环节和时间，降低接电成本，提高办电效率；建立“只跑一次”用电服务新机制，实现80％的常用办电业务“一次都不跑”，线上办电率100％。在国务院大督查营商环境调查中，用电报装指标在全国31个省（区市）中排名第五位。全面完成供电服务指挥中心建设任务，9个地市级和3个县级指挥中心投入运行，主动工单派发准确率提升至96.05％，吉林供电公司获评国家电网建设标杆单位。在总结3家试点单位经验基础上，其余6家市公司全部成立营销集约管控中心，实现了抄核催停账等业务一体化智能运营和集中管控。制定“全能型”供电所建设标准，实施“五个协同”工作机制，供电服务网格、台区经理现场综合服务实现全覆盖。完成90个“三型一化”营业厅改造升级。计量生产自动化系统通过国家电网公司实用化验收。延边供电公司按期完成城区低压网格化综合服务试点。松原“多表合一”采集示范区通过验收，成为东北区域唯一国网级示范区。

配合政府相关部门基本完成第二监管周期输配电成本监审与核价。交易机构增资扩股方案通过审批，在北京产权交易所首批进场挂牌。全年完成市场化交易电量355亿kWh，同比增长38.5％。其中，省内223亿kWh，减少用能成本2.17亿元；省间132亿kWh，实现输电收入2.74亿元。配合开展供电营业区域划分，务实推进增量配电改革。召开第一届董事会第一次会议，法人治理机制进一步优化。制定职员职级管理实施细则，内设机构设置标准首批通过国网评审。印发“放管服”两批次下放事项清单95项。省管产业单位瘦身健体压减8户，喆森产业管理公司完成工商注册登记。职工家属区9178户“两供一业”分离移交工作全面完成。完成中央巡视问题专项整改任务，47项措施全部落实。集中开展党建形式主义、关联交易靠企吃企、违规经商办企业等重点问题专项整治，按期清理关停驻京办。推动基层减负，56类班组资料总数已由1896项减至1184项，下降37.5％，印发文件、会议和评比表彰数量分别压减18.5％、40％和24％。

党的建设和精神文明建设 坚持以习近平新时代中国特色社会主义思想和党的十九大精神为指导，开展“不忘初心、牢记使命”主题教育，完成主题教育各项任务，一批群众关心的难点问题得到切实解决。国网第四巡回指导组给予高度评价。

完成“旗帜领航·三年登高”创先争优年各项任务，开展党建形式主义问题整治、软弱涣散基层党组织集中整顿，党建标准化水平和工作质量持续提升。深化支部联创，105个党支部围绕47个重点项目开展联创，破解“三型两网”建设难题61项，促进党建工作与中心工作深度融合。加强共产党员服务队建设，150支服务队排查消除用电安全隐患5015个，帮扶贫困农户2384人次，以实际行动彰显央企责任担当。在2019年春晚长春分会场保电、19 006支援保障和500kV金城变电站改造任务中，成立临时党组织20个，合力攻坚急难险重任务。

完成对12家单位的常规、提级和交叉巡察，以及对81个基层供电所的提级巡察，整治问题835项。运用第一、二种形态处理82人次。制定并实施强化领导人员担当作为20项措施，出台能上能下等配套制度，形成了有为才有位的鲜明导向。开展由公司领导班子成员带队、机关基层全覆盖、涵盖各专业的年度综合考评，对包括本部在内的各级领导班子和领导干部进行考核，强化正向激励，激发正能量。建立月度工作例会考核和通报机制，强化绩效沟通，实现优胜劣进。招聘985、211工程院校高层次人才68名，同比增长66％。实施十大关爱工程，建成“五小”供电所220个，补充医疗惠及全体职工。全面落实意识形态工作责任制，在主流媒体重要展示平台发稿210篇；105条信息在国网系统刊发交流，17次被转报至中办、国办，其中，关于东北振兴专报得到国务院总理李克强、副总理韩正等多位中央领导同志批示。落实离退休老同志“两项待遇”。加强信访和保密管理，确保了和谐稳定局面。

9家单位获省级及以上模范集体。25人分获央企优秀共产党员、电力行业技术能手、省级及以上企业劳动模范、省“五一”劳动奖章、吉林好人荣誉。2个班组获评省工人先锋号。4个QC小组获全国优秀质量管理小组称号。8项成果获电力行业QC小组活动成果奖，其中获特等奖、一等奖各1项。获全国质量推进40周年杰出推进单位称号。在国家电网公司表彰中，4名个人、3个集体和4个班组在国网职代会上受到表彰；6人分获国网工匠、最美国网人、优秀服务之星、技术能手称号；2项成果获年度管理创新成果奖；竞赛调考中获团体二等奖1次、优秀组织奖4次，个人二等奖1人次、三等奖2人次，青创赛上获一金一银二铜。

（李青春）

【国网黑龙江省电力有限公司】

企业概况 国网黑龙江省电力有限公司（简称国网黑龙江电力）是国家电网公司全资子公司、特大型国有骨干企业，承担着建设、运行维护黑龙江电网和全供电区安全可靠供电的任务。供电面积47万km^2，占东北供电区域总面积的 58.3%，服务各类客户 1810 万户，供电人口 3800 万。直接管理单位 27 个，其中地（市）级供电企业 13 个，用工总量 57 176 人。2019 年，售电量完成 750.67 亿 kWh，同比增长 1.41%；资产总额 666.21 亿元，资产负债率 67.71%。

领导班子

董事长、党委书记：李永莱

董事、总经理、党委副书记：朱薪志

董事、党委副书记、副总经理，机关党委书记：吴德义

副总经理、党委委员：李运灵

职工董事、副总经理、党委委员、工会主席：许传辉

副总经理、党委委员：李长林

党委委员、纪委书记：陈晓东

副总经理、党委委员：朱玉库（至 2019 年 10 月）

副总经理、党委委员，国网哈尔滨供电公司总经理、党委副书记：李罡（至 2019 年 6 月）

副总经理、党委委员：李罡（2019 年 6 月任）

总工程师：纪会争（至 2019 年 6 月）

总会计师：陈国平（2019 年 6 月任）

总工程师：陈殿军（2019 年 10 月任）

组织机构 本部职能部门：办公室（党委办公室）、发展策划部、财务资产部、安全监察部（保卫部）、设备管理部、营销部（农电工作部）、科技部、互联网部、建设部、物资部（招投标管理中心）、党委宣传部（对外联络部）、审计部、经济法律部（体改办）、党委组织部（人事董事部）、人力资源部（社保中心）、离退休工作部、后勤工作部、党委党建部（思想政治工作部）、纪委办公室（巡查办）、电力调度控制中心、电力交易中心、工会、企协分会。直接管理单位 27 个，其中地（市）级供电企业 13 个。

电网概况 黑龙江电网地处东北电网的最北部，通过 4 回 500kV 线路与吉林电网相连，通过 500kV 华兴 1、2 号线与蒙东兴安盟电网相连，通过 500kV 伊冯甲、乙线、岭冯 1、2 号线与蒙东呼伦贝尔电网相连，通过 500kV 阿黑线（黑河换流站）与俄罗斯电网互联。

截至 2019 年末，黑龙江电网共有 500kV 厂站 22 座，主变压器 25 组，运行容量为 20 416MVA；220kV 变电站 148 座，主变压器 239 台，运行容量为 31 866MVA；500kV 线路 51 条，线路总长度为 7052.37km；220kV 线路 469 条，线路总长度为 15 528.77km。并网运行电厂 390 座，总装机容量为 32 057.55MW，其中火电厂 176 座，水电厂 74 座，风电场 77 座，光伏电站 63 座。大容量火电厂主要分布在中、西部负荷集中区和东部的煤矿坑口地区，风电场主要集中在东部地区及大庆地区。

人力资源 2019 年，用工总量 57 176 人，职工劳动生产率 33.09 万元/人年，全口径人事费用率 17.25%，人才当量密度 0.9602，教育培训投入 7738 万元，全员培训率 95.74%。

完成“一县一公司”重组整合，组建供电服务中心、帕弗尔能源产业管理有限公司。制定所属单位内设机构设置标准，实现运检、营销专业管办分开。完成超缺员分析，调整用工策略，实现人员精准配置。制定业务外包管理办法，建立外包项目库，压降业务外包费用 1.1 亿元。畅通多元职业发展通道，新聘各级职员 1005 人。运用内部人资市场盘活存量人员 2233 人。修订职工工资总额管理办法，职工收入随着岗位价值、能力素质和绩效贡献能增能减。印发全员绩效管理实施细则，建立绩效经理人制度，设定 C、D 级 16 项负面清单。

印发总部教育培训通用制度实施意见，完成各级各类集中培训 41.8 万人天。开展技能等级评价考试，新增高级技师 408 人、技师 912 人，2 人获得“龙江首席技师”称号，3 人获得“龙江技术能手”称号，评聘各类专家和专业技术资格 1575 人。完成在职农电用工基本养老保险补缴。开展电力医院职工社会保险划转工作。修订职工疗休养管理办法。完成退休人员统筹外费用规范工作。

电网建设与发展 2019 年完成电网基建投资 24.08 亿元。35kV 及以上工程开工 133 项、投产 90 项。35kV 及以上线路开工 554.77km、变电容量 2162MVA；35kV 及以上线路投产 390.98km，变电容量 1555MVA。

宝清电厂 500kV 送出工程投产运行，助推黑龙江省“煤头电尾”战略转型。庆云—鸡西 500kV 输变电工程实现投产，打通了黑龙江省电力南送的新通道。中俄东线天然气管道 110kV 外电配套工程提前竣工投产，为该管道工程北段开通运营提供了电力保障。哈牡电气化改造供电工程全部投产。牡佳客专供电工程全线开工建设。220kV 输变电工程竣工投产 12 项，优化了区域电网结构。

编制完成重点城市（哈尔滨）电网规划报告。组织编制完成黑龙江自贸区哈尔滨片区、黑河片区、绥芬河片区等 3 个供电专项规划，供电可靠性达到 99.995%的发展目标。完成拟 2020 年新开工的 153 个城网项目、97 个 35kV 以及上农网项目的可研编制、评审及批复工作。促请政府解决了哈伊电铁牵引站供电工程占用基本农田手续办理难题。依据国家电网发展〔2019〕407 号文件，将 35kV 及以下电网管理权限下放至各地市公司。

经营管理 2019年资产总额666.21亿元，资产负债率67.71%，较2018年末降低3.13个百分点，国有资本保值增值率94.53%，同比提升5.45个百分点。全年实现净利润－9.73亿元，较2018年增加10.34亿元。

执行全面预算管理，编制三年扭亏增盈规划。建立农电标准成本定额体系，其他费用严控项目由13项减少至5项，提升各单位成本管理灵活度。推进55条提质增效措施落实。开展"两金"清理专项行动，"两金"规模达到总部压控目标。落实国家减税降负新政。完成清理拖欠民营企业账款专项工作。

开展多维精益管理体系变革、国网商旅应用推广、资金日排程等重点工作。开展营财一体化链路搭建、电子发票优质管控等信息化专项项目，实现全口径"会计科目＋管理维度"的会计科目体系切换。加强精准投资管控，优先安排能够确保投资效益、提高市场占有率项目。接收漠大线固定资产、大庆油田"三供一业"供电设施资产。完成155项长期挂账在建工程清理，规模达19.37亿元。编制《全面风险管理典型案例库》和《企业所得税政策指引及典型案例解析》，发布风险预警提示单，开展针对性风险防控。

完成县农电公司与分散农垦、森工供电企业整合工作，将131户农电企业整合为72户。完成驻京办(龙电宾馆)资产处置和帕弗尔饭店废业工作。一般工商业电价再降低10%，核定省级电网下一监管周期(2020—2022年)输配电价。推动增量配电业务改革试点。启动黑龙江电力交易中心有限公司股份制改造工作。推进龙煤集团矿区转供电管理体制改革。

安全生产 制定《安全委员会工作规则》，印发《安全生产三年行动计划》《三年设备安全隐患治理方案》《三年应急能力建设实施方案》，制定《安全生产巡查工作实施方案》，开展领导干部安全述职，完善全员安全责任清单。建立"两级会商、三级管控"电网风险管控制度，管控六级及以上电网风险376项，未发生市、县及以上大面积停电事件。

坚持安全生产"重奖重罚""勤奖重罚"，修订《安全生产奖惩实施细则》，专项奖励12.1万人次共计5456.142万元。发布安全事故（事件）通报12期，处罚相关责任人和违章人员4526人次、571.3万元。执行领导干部下现场机制，"四不两直"督导检查实现常态化。组建省市县三级督查队109支，全年累计监督检查作业现场8244个，查纠各类违章4359起。

完成国庆70周年等重要活动保供电任务28次，实现保电工作"四个零"目标。开展标准化建设年活动，修编管理制度57项，编制指导意见13份、各类标准化作业指导书（卡）733份。实行多专业停电检修计划综合平衡，停电作业次数同比减少17%。完成220kV及以上输电线路"四害"治理，共完成树害治理59.3万棵，鸟害、雷害、外破杆塔治理21 282基。完成电网设备装置性违章治理13 250项，治理率达到83%。完成30座重要变电站消防隐患治理。完成配网路边变压器台治理3118座，占道电杆治理2655基。

推广智能巡检模式，减少巡视纸质记录144种，录入效率提升40%。完成输电可视化远程巡视终端改造517处。完成128座老旧变电站文明生产建设。牵头开展多光谱技术应用，提高变电设备运检效率和响应速度。受国家电网公司委托编制出版《设备（资产）运维精益管理系统应用百问百答》培训教材。协同省住建厅发布《黑龙江省新建小区供配电设施建设技术规范》。

营销工作 2019年售电量750.67亿kWh，同比增长1.41%；全年完成电能替代34.79亿kWh，同比上升3.99亿kWh，增长率为12.95%，其中新增替代电量21.49亿kWh，存量替代电量13.3亿kWh，完成年度目标的112.22%；售电平均单价完成571.10元/MWh，同比下降14.32元/MWh；电费回收率99.98%；供电服务"十项承诺"兑现率100%，未发生造成重大社会影响的供电服务事件，95598投诉同比下降45.73%。

出台重塑营商新环境实施方案，推出新举措10项。实行大中型企业"三省"服务（省时、省力、省钱），试点"三零"服务（零上门、零审批、零收费），小微企业平均接电时间压减至16天。成立自贸试验区专属供电服务中心3个。推进"三供一业"供电分离移交工作，累计完成国有企业供电分离移交58家，供电分离移交58.4万户。

滚动完善电能替代项目储备库，扩大"煤改电"市场。向粮食加工企业推广电烘干技术。开展工业领域替代专项行动，推广电磁感应锅炉、相变蓄热锅炉、陶瓷电窑炉等新设备。完成2019—2020年度采暖期集中采购清洁供暖用电中长期交易电量4.3亿kWh。更换智能表400万只，农网智能表覆盖率提升至67.8%。组织排查营销作业现场4041处，发现安全隐患1173处，整改率100%。

推进星级乡镇供电所建设。4个供电所获得五星级乡镇供电所称号，45个供电所获得四星级乡镇供电所称号。推广应用"全能型"供电所管理平台，40个县公司、498个供电所实现了实用化应用。组织编制《乡村电气化建设标准》，并组织3个单位完成试点建设。

推进20个国家级贫困县电网建设，解决26个35(66)kV变电站的主变压器重过载和低电压问题。完成24个直供直管县“两率一户”提升和32项抵边村寨电网工程建设。推进“阳光扶贫”项目，累计并网容量59.7万kW，惠及11.86万贫困户。开展驻村扶贫和结对帮扶，8个贫困村、1892户困难家庭实现“脱贫摘帽”，其中“生德库村扶贫典型经验”入选《第三届（2019）中国能源产业发展年会暨首届能源文化节十大精准扶贫典型案例》。

科技与信息化 18项成果获得省部级科技奖。全年共申请专利180项（发明专利142项），获得专利授权105项（发明专利授权39项）。截至2019年末，累计拥有专利1054项，发表科技论文50篇，获得软件著作权3项。牵头制修订行业标准3项（已完成报批）、参与制修订国际标准1项。完成技术标准体系表的滚动修编，开展技术标准实施评价。

总部项目“极寒条件下特高压交流主设备性能及高寒地区特高压试验基地建设规划研究”通过验收，低温条件下电力设备可靠性研究方面达到国内领先水平。2项总部科技项目通过国家电网公司中期专家督导。32项省公司科技项目完成验收。联合哈工大、中国电科院、国网电科院等高校和科研院所建立研发平台。开展“黑龙江漠河寒冷环境电力能源装备国家野外科学观测研究站”的申报工作，进行能源工程安全、能源装备和基础设施低温可靠性问题研究。

完成国网云900核大数据计算资源部署。完成770台移动终端整合及14个移动应用适配性改造。多站融合部署数据中心站5个、北斗卫星基准站1座、联通4G基站1座。盘点信息化实物“ID”设备6032台。完成现代（智慧）供应链64＋3个场景建设。开展统一安全监控预警平台（S6000）建设和应用，完成2019年网络安全实战攻防演练。完成僵尸系统清理、信息资产清理及整合优化。完成国庆70周年等重要活动的网络安全和信息系统保障，应对网络攻击2万余次。

建立监测分析异动反馈的考评机制，首次将问题整改质量纳入绩效考核体系，全年累计发现并核查整改问题2.18万个，避免和挽回经济损失共计500余万元。2019年，归集、处理、应用数据35亿条，完成总部台区线损治理大数据挖掘应用试点项目研究。完成全场景网络数据恢复销毁体系建设，与国家电网公司系统内5家单位签订数据恢复销毁合作协议。实现多站融合商业化运营，与兴业银行、哈尔滨银行等3家单位签订电力数据服务合作协议，完成供应链黑龙江省金融控股集团有限公司侧部署。

优质服务 制定《供电服务行为奖惩规定》，明确服务事件和服务过错的认定和惩处标准。奖励零投诉班组1434个、零投诉个人10 686名。95598投诉率比2018年下降45.73%，其中营业投诉和服务投诉同比下降68.25%和59.62%。

坚持“日跟踪、周发布、月通报”制度。成立省级供电服务检查大队开展明察暗访。挂牌督办投诉热点案件和典型事件，跟踪投诉处理过程，全年共处理属实责任性投诉1459件。

党的建设和精神文明建设 牢记初心使命，开展两批主题教育。其中：两级党委（总支）集中学习359次，实地开展红色资源教育483次，举办专题辅导报告会105次；各级领导班子开展调研925次，查找问题1573项，检视问题1627个，制定解决措施1659条。

强化政治引领，加强党的领导。学习宣贯《中共中央关于加强党的政治建设的意见》。贯彻习近平总书记重要讲话和党的十九届四中全会精神。召开党建暨宣传工作会议，印发党委1号文件及党建、统战、团青工作要点。开展二级单位党委书记抓基层党建工作述职评议，落实基层党组织书记管党治党责任。开展“从严从实整治党建形式主义问题、切实提升党建工作质量”专项自查整改。

加强基础基层管理，完成创先争优年工作。实行党建工作量化管理，重点任务细化分解为7个方面42项。774个基层党组织按期换届。开展党务工作者、基层党支部书记专项轮训。消除全部138个无党员班组。深化党建信息系统应用。组织实施班组“双培”工程，结成对子1012个。组织开展“砥砺奋进党旗红”系列活动，立项精品工程208项。2人获得“最美国网人”称号。

加强企业文化和统战群团工作。制定《关于强化党内政治文化引领建设优秀企业文化的实施方案》。完成2个国家电网公司级和47个省公司级示范点验收工作。组织开展国家电网公司《企业文化建设工作指引（2019）》宣贯。开展“旗帜领航程·共筑同心圆”“爱企业、献良策、作贡献”主题活动，创建电科院党外人士建言献策工作室。举办纪念建党98周年、庆祝新中国成立70周年青歌赛。1个基层班组获得“全国青年文明号”称号。

提升精神文明创建水平。创建镜泊湖电力爱国主义教育基地。组织领导干部参观东北抗联博物馆。组织开展精神文明建设的典型经验做法交流。举办中俄电力文化汇演，派出职工文化艺术团到中俄直流联网换流站检修作业现场慰问演出，增加差异文化理解和包容，促进工作协同开展。

主要事件

2月2日，黑龙江省委副书记、省长王文涛到国网哈尔滨供电公司供电服务指挥中心，向全省电力职工及其家属拜年。

3月14日，国网黑龙江电力召开建设泛在电力物联网工作部署会议，推进“三型两网、世界一流”能源互联网企业建设。

4月29日，庆云—鸡西500kV输变电工程投产，增强了黑龙江省东部电网网架结构，开辟了黑龙江省电力南送新通道。

5月6日，国网黑龙江电力召开深化作风整顿优化营商环境警示教育大会。

7月25日，国网黑龙江电力邀请中国科学院、中国工程院院士、哈尔滨工业大学刘永坦教授事迹报告团，为全体干部员工作“不忘初心、牢记使命”主题教育专题辅导报告。

8月13日，中俄东线天然气管道110kV外电配套工程提前竣工投产，为该管道工程北段开通运营提供了电力保障。

9月11日，国网黑龙江电力召开“不忘初心、牢记使命”主题教育第一批总结暨第二批动员会议。

9月12日，宝清电厂500kV送出工程投产运行，为黑龙江省“煤头电尾”战略转型提供了有力的供电支撑。

9月20日，国网黑河自贸试验区供电服务中心正式揭牌，标志着黑龙江省首家以服务自贸试验区发展为重点的专门的电力机构正式成立。

11月14日，黑龙江省委书记、省人大常委会主任、省委主题教育领导小组组长张庆伟到国网黑龙江电力调研“不忘初心、牢记使命”主题教育中为民服务解难题和基层党的建设、服务地方经济社会发展等工作。

11月27日，国网黑龙江电力与南京南瑞集团公司就强化电网运营企业和科技型企业战略合作，签订战略合作框架协议。

12月16日，国网黑龙江电力召开优化营商环境专项巡察工作总结暨“抓整改、除积弊、转作风、为人民”和专项整治漠视侵害群众利益问题工作推进电视电话会议。

12月27日，国网黑龙江电力与哈尔滨工业大学签订战略合作框架协议。

（公　锐）

【国网内蒙古东部电力有限公司】

企业概况　国网内蒙古东部电力有限公司（简称国网蒙东电力）成立于2009年6月，由原属东北电网公司的赤峰、通辽电业局和原属内蒙古电力公司的兴安、呼伦贝尔电业局划转组建。主要负责内蒙古东部赤峰、通辽、兴安、呼伦贝尔四盟市电网的规划建设、运营管理等工作，承担着内蒙古境内特高压及配套工程的前期协调、建设管理、运行维护等任务，供电面积47万km^2（占内蒙古总面积的40%），供电人口1160万（占内蒙古总人口的50%），服务客户629万户。全口径用工2.4万人，其中长期职工1.4万人。先后获得国家电网公司文明单位、自治区文明单位、自治区五一劳动奖状、自治区“最具社会责任感企业”“百佳诚信企业”等荣誉。

2019年完成发展总投入68.8亿元，其中电网投资60.4亿元。投产66kV及以上线路1351km，变电容量221万kVA。售电量334.9亿kWh，同比增长2.79%；外送电量860.8亿kWh，同比增长20.88%。综合线损率7.90%，同比降低0.09个百分点。实现利润－6.5亿元。资产总额489.7亿元，资产负债率79%。

领导班子

董事长、党委书记：潘秀宝

董事、总经理、党委副书记：张成松

董事、党委副书记、副总经理：来文青

职工董事、党委委员、工会主席：石志忠

总会计师、党委委员：陈浩

总工程师、党委委员：李岩

副总经理、党委委员：罗汉武

副总经理：李彦吉（2019年6月任）

党委委员、纪委书记：徐中义（2019年8月任）

组织机构　截至2019年底，国网蒙东电力设置省、市、县三级单位58家，其中省公司本部1家，设置21个本部部门；省公司业务单位8家，分别是国网蒙东经研院、国网蒙东电科院、国网蒙东建设分公司、国网蒙东检修公司、国网蒙东供电服务监管与支持中心、国网蒙东信通公司、国网蒙东物资公司和国网蒙东综合服务公司；全资子公司5家，分别是国网蒙东综合能源服务公司、国网蒙东招标公司、国网蒙东设计院、蒙东电力交易中心和新正公司，盟（市）供电公司4家，旗（县）供电公司41家。下设职能部门334个，业务机构254个，处室84个，班组937个（不含供电所），供电所435个，供电所班组793个。

电网概况　蒙东电网以扎鲁特—青州特高压直流为依托，初步形成了以500kV电网为骨干网架、220kV电网基本实现县域全覆盖、110（66）kV电网链式环网与辐射性相配合的供电网络。截至2019年末，蒙东电网拥有66kV及以上变电（换流）站687座，变电（换流）容量9892万kVA，线路43 277km。其中，1000kV变电站3座，变电容量1500万kVA，线路468km；±800kV换流站3座，换流容量3000万kVA，线路981km；500kV变电站12座，变电容量1440万kVA，线路5908km；±500kV换流站1座，换流容量300万kVA，线路715km；220kV变电站80座，变电容量1859万kVA，线路14 993km；110（66）kV变电站588座，变电容量 1793 万 kVA，线路 20 212km。内蒙古境内已经投运“三交三直”特高压工程（锡盟—山东、蒙西—天津南、锡盟—胜利交流，锡盟—泰州、上海庙—临沂、扎鲁特—青州直流），特高压外送能力 4400 万 kW。

人力资源 坚持“放管结合、支撑发展、服务基层、落实责任”的原则，通过逐级分解下达计划，分析管控执行情况，严格把控计划调整，落实计划监督与定量考核，确保完成全年各项计划指标，深化人力资源集约化管理。优化调整本部内设机构及职能，整合组建互联网部和科技部，优化审计、安监、设备等机构管理模式和运行机制。构建现代供电服务组织体系，在省层面组建供电服务监管与支持中心，在市层面组建供电服务指挥中心，在城区层面组建供电服务中心。加强大数据、网络安全、信息通信技术监督、科研支持等专业化管理，优化重组国网蒙东电科院、国网蒙东信通公司内设机构及职能。理顺集体企业管控体系，监理公司改组为产业管理公司，并合署成立省集体企业平台公司。组建产教融合学院，在直属单位相继成立省级会计核算与资金结算中心、融媒体中心、特高压换流站等。

印发劳动合同管理实施细则，全面换签“4＋X”劳动合同。试点推进电工技术服务公司实体化运营，完成各层级管理岗位补员 231 人、社会招聘补员 193 人。开展跨单位岗位竞聘，重点缺员岗位优化配置 93 人。选派优秀人才 29 人，开展人才帮扶。完成 2019 年高校毕业生招聘及复转军人接收，招聘毕业生 414 人、“订单＋定向”培养 61 人、接收复转军人 1 人。开展管理职级、技术能级序列建设，完成管理职级序列首次评价 588 人、授予 223 人，完成技术能级序列首次评价 4954 人、授予 1170 人。与内蒙古农业大学、呼和浩特职业学院签订定向培养协议书，定向培养学生 89 人。继续开展青年人才培养“六大工程”，实施青年英才评选。组织各类脱产培训 1087 期、5.1 万人次，组织冬训普调考、技术比武 2587 人次。

调降社会保险费率，节约成本 3719 万，申领稳岗补贴 767 万，持续降本增效。开展退休人员养老待遇核定，完成 3205 名退休人员养老金调整。优化年金资产配置，提高权益类资产配置比例，实现收益 10 318 万元，首次进入国家电网公司系统前十。构建公积金“双贯标”系统，全量数据接入全国数据平台。稳步推进公积金综合服务平台建设，推动公积金信息化建设。

电网建设与发展 全年累计完成工程投资 50.7 亿元。新开工 500kV 锡盟“五站五线”等 44 项工程，开工交流线路 2342.23km、变电容量 900.93 万 kVA。投产 500kV 奈曼等 44 项工程，投产交流线路 1427.873km、变电容量 222.15 万 kVA。

按照均衡开工、投产要求，综合考虑项目前期、工程前期、采购批次、停电窗口等环节，完善计划编制审查机制，科学制定年度电网建设进度计划。严格进度计划刚性执行要求，继续发挥季度建设协调会及专项协调会机制作用，跟踪工程建设及物资到货进展，协调解决影响工程建设的重点难点问题，加强工程建设领域全过程依法合规管理，不断规范建设管理程序，推动输变电工程关键节点严格把关、全过程依法建设。

扎鲁特—山东青州±800kV 特高压直流输电工程荣获国家优质工程金奖。内蒙古盛鲁电厂送出工程建成投运，有效提升特高压直流利用效率。科尔沁—奈曼 500kV 输变电工程超里程碑计划提前投运，彻底解决困扰奈曼地区已久的农业灌溉期间主网供电能力不足引发的限电问题。哈克 110kV 输变电、锦山—团结 66kV 线路等工程按期完成投运，为“十四冬”供电提供可靠电力保障。“抵边村寨”工程阿尔山伊东 66kV 主变压器扩建投运，助力边境地区加快发展。通让、京通、叶赤铁路配套等工程按序送电，满足了铁路方通车、热滑调试需要。锡盟“五站五线”及配套 220kV 新能源送出工程提前开工，为加快特高压外送能力建设奠定基础。

经营管理 妥善应对电价持续降低、售电增速放缓的形势，迭代优化“两个策略”，多措并举拓市场、压成本、挖潜力、增效益，圆满完成亏损企业治理、“两金”压降和降杠杆减负债目标。加快实施清洁取暖进校园，30 所学校完成“煤改电”。开展“百日攻坚降损行动”，治理高损负损台区 1400 个，县公司线损率下降 1.27 个百分点。“管理提升三年行动”取得阶段性成果，制定提升措施 892 项、完成提升项目 194 个。推进触电隐患消除行动，创建“三全五依”法治文化基地，相关成果获评自治区“十大法治事件”“普法依法治理十大创新案例”。

安全生产 印发《2019 年安全生产工作意见》，完成 101 项重点工作任务。细化到岗到位标准，制定《安全督查工作规范》，完善制度体系。梳理发布国家、地方、行业、国家电网公司等现行有效安全规章制度清单 186 项。开展安全法规制度合规性检查，针对工作票执行不到位问题，组织修订《工作票实施细则》，提升安全管理规范化水平。定期召开安委会、安全生产例会，全年督办安全生产重点任务 149 项，保证安全生产重点工作要求落实到位。对照安全生产法律法规和规章制度，结合各组织、各岗位工作职责，全面梳理安全职责，编制覆盖全员、全过程、全业务安全责任清单，实现一组织一清单、一岗位一清单。

完成全国两会、第二届“一带一路”国际合作高峰论坛、迎峰度夏、高考及第二届中国国际进口博览会供电保障任务，开展“防风险、保安全、迎大庆”专项行动，组建新中国成立70周年庆祝活动保电领导小组和9个工作小组，制定“1+9”项保电工作方案。明确针对性措施，有序推进“十四冬”保电工作。

组织开展专题“安全日”活动，以“防风险、除隐患、遏事故”为主题，开展安全生产月系列活动，持续强化安全警示教育。全国网络安全知识竞赛总积分排国家电网公司系统第六。组织“电力安全文化建设年”活动，《本质安全建设》《生命至上安全第一》宣传视频被国家能源局评为优秀创新成果，并在全国“电力安全文化建设年”活动总结会上受到表彰和推广。

营销工作 优化改善电力营商环境，印发持续优化营商环境两年行动计划实施方案，强化“供电服务产品”的理念，推行“三省”“三零”服务。全面推进电能替代业务，印发居民电气化推广实施方案、电能替代行动计划，将电能替代指标纳入企业负责人业绩考核指标体系，加强电能替代工作的管控力度。推进综合能源服务业务，全面开拓综合能源服务内外部市场，编制综合能源服务业务发展两年行动计划，开拓电能替代、建筑节能、余热余压利用、综合能源供应等方面业务，加强现场收资与业务洽谈。拓展专用车充电市场，开展专用车充电市场发展情况调查，推动蒙东综合能源服务公司进入公交车充电市场。推进打击窃电及违约用电专项行动。在与社会征信机构签订协议的基础上，完善失信客户报送规则，制定电力客户征信工作管理实施方案。督导各单位加快推进出台反窃查违工作内部奖励机制，规范高危及重要客户用电安全管理。

科技与信息化 推进泛在电力物联网建设，完成“三型两网”机构调整，组建互联网部，制定年度建设方案和专项方案，明确了实施路径和策略，推进重点任务和试点工程快速实施。推进源网荷储试点项目，完善交易流程、优化平台功能，美林谷冬运场馆首期交易电量100万kWh。推进数字化审计，推动审计工作方式转变与审计效能提升。持续深化多维精益管理变革工作，推进链路贯通和业财深度融合，开展多维洞察分析。加快开展国网新能源云试点推广建设，完成新能源云平台的软硬件环境部署、网省侧集成系统联调、功能验证及权限分配、数据收集与溯源等工作。现代（智慧）供应链完成40个统推场景建设、创新研究“采购计划智能审查”和“质量信息智能采集”2个自选场景建设，现代智慧供应链初步建成。推进移动办公终端整合和数据重复录入工作，切实为基层班组减负。实现所有移动应用在统一应用商店上架发布、所有移动终端全部通过安全接入平台安全接入，完成15套移动应用整合及1136台移动终端统一管理，彻底消除基层“一人多终端”问题。推广内网移动办公应用，文件平均流程办理时长缩短53%。

优质服务 加强95598业务管理，完成95598非抢修工单直派地市工作，提升工单响应速度和处理效率。加强95598投诉分析管控，充分运用95598投诉界定新规则减少相关投诉。针对频繁停电、电压低、故障抢修不及时、抄表收费不规范、业扩报装、电能计量等密切关系群众利益的问题开展自查自纠。全面清查缴费通知单、催费通知单、用电检查通知书和抢修车辆、计量装置、供电设施等，清理私自设立的公开服务电话25个，清理销毁不符合规定的便民服务卡35 267张，清理95598供电服务热线标识遮挡及污损物704处。编制“三型两化”营业厅建设方案，按照“智能型、服务型、综合型、特色化、线上线下一体化”的建设思路，结合蒙东地区市场环境和地域特色实际，全新改变传统的以柜台服务为主的营业模式，突出展示与体验功能，统筹网络和实体渠道资源，创新线上线下新模式，探索实体营业厅发展方向，持续推动营业厅转型升级。

党的建设和精神文明建设 坚持政治统领，高质量推进“不忘初心、牢记使命”主题教育，以上率下、压实责任，学做结合、查改贯通，集中解决了一批突出问题，各级党组织和广大党员的理想信念更加坚定、行动落实更加自觉。推进党建价值提升“十项工程”，实现“旗帜领航·三年登高”目标，党的基层组织体系持续完善，党建责任制层层落实。贯彻落实强化领导人员担当作为实施方案，建立了“双百”优秀年轻领导人员储备库。开展“抓整改、除积弊、转作风、为人民”专项行动，完成三轮内部巡察，统筹推进“三项整改”，整改问题2308个、整改率99.2%。第一时间关停驻京办。纪检机构设置和人员编制进一步规范。落实“基层减负年”部署，会议、评比表彰数量分别压减40%和70%。在央视、“学习强国”等媒体发稿348篇。积极改善基层生产生活条件，全面解决乡镇供电所无房危房问题，“五小”供电所覆盖率80%。“我和祖国共奋进、我与企业共成长”系列活动有声有色。翁牛特旗桥头镇供电所获评全国工人先锋号，根河客户服务厅获评全国“五一”巾帼标兵岗，本部叶立刚获评中央企业劳动模范。2个集体、3个班组分获国家电网公司先进集体和工人先锋号。3名职工获评国家电网公司劳动模范。6名职工获自治区五一劳动奖章。2个集体获评自治区先进基层党组织。国网蒙东电力获评自治区“最具社会责任感企业”。

主要事件

1月23日，“中国网事·感动内蒙古”网络人物评选颁奖典礼在内蒙古自治区音乐厅举行，国网蒙东电力特高压女子输电班入选“中国网事·感动内蒙古”集体。自治区党委常委、宣传部部长白玉刚出席颁奖典礼，国网蒙东电力董事长、党委书记潘秀宝代表特高压女子输电班领奖并致获奖感言。

1月24日，国网蒙东电力召开第二届职工代表大会第四次会议暨2019年工作会议。

1月24日，内蒙古自治区党委副书记、自治区主席布小林在国网蒙东电力工作汇报上作出批示，充分肯定国网蒙东电力为东部盟市振兴发展所作出的贡献，希望公司创造性地贯彻落实好习近平总书记提出的“把现代能源经济这篇文章做好”的重要要求和中央关于东北振兴的新要求新部署，不断开创各项工作新局面，为自治区决胜全面建成小康社会作出更大贡献。

2月28日，国网蒙东电力采用面向系统内公开竞聘的方式，选拔综合能源服务公司总经理。

4月23日，国务院参事室特约研究员吴吟到国网蒙东电力开展电力体制改革情况调研，并对相关工作给予肯定。

5月，扎鲁特—青州特高压直流输电工程获2019年度中国电力优质工程奖。

5月24日，国网蒙东电力供电服务监管与支持中心成立。

6月29日，国网蒙东电力举办“10年，因你而精彩”主题活动，董事长、党委书记潘秀宝出席并致开幕辞。

7月29日，国网蒙东电力召开第一届董事会第一次会议。

8月12日，国家电网公司副总经理刘国跃在呼和浩特市与内蒙古自治区副主席艾丽华举行会谈，双方就进一步加快特高压电网发展达成共识，强调要进一步提升内蒙古电力外送能力，为自治区经济社会发展提供更可靠的能源保障。

8月26日，国网蒙东电力与东北电力大学签署校企战略合作框架协议。

8月28～29日，国网蒙东电力获全国“全面质量管理推进40周年杰出推进单位”称号。

10月，国网蒙东电力完成电费核算发行中心建设，成为国家电网公司系统首家实现电费核算发行省级集中的单位。

10月25日，中央广播电视总台在兴安盟科右中旗开展“镜头里的脱贫故事”现场直播，对国网蒙东电力改善农村电网、建设光伏扶贫项目、借助国网电商扶贫平台实施消费扶贫等工作进行了详细报道，29家媒体同步直播，直播观看量达3000万人次。

10月27日，科尔沁—奈曼500kV输变电工程投运，彻底解决了困扰奈曼地区的农业灌溉期间主网供电能力不足等问题。

11月，扎鲁特—青州特高压直流输电工程获国家优质工程金奖。

11月13日，国网蒙东电力与呼和浩特职业学院、定向培养学生签订“校企合作、产教融合”三方协议。

12月5日，内蒙古山能盛鲁上海庙电厂送出工程投运，标志着内蒙古地区首座百万机组送电通道打通。

12月10日，大唐锡林浩特电厂1000kV送出工程投运，这是世界上首条全线路应用碳纤维复合导线的特高压工程。

12月31日，国网蒙东电力召开超高压电网安全生产责任移交暨检修公司地区分部机构转隶协议签订会。

（宗佳慧　张　冰）

华　东　地　区

【国家能源局华东监管局】

基本情况　国家能源局华东监管局（简称华东能源监管局）是国家能源局在华东地区设立的区域监管机构，履行辖区内跨省、跨区能源监管以及上海市和安徽省能源监管和能源行政执法职责。2013年10月，单位名称由国家电力监管委员会华东监管局变更为国家能源局华东监管局。

主要职能：监管电力市场运行，规范电力市场秩序；监管电网和油气管网设施的公平开放；监管电力调度交易，监督电力普遍服务政策的实施；负责电力等能源行政执法工作，依法查处有关违法违规行为，监督检查有关电价；负责除核安全外的电力运行安全、电力建设工程施工安全、工程质量安全的监督管理以及电力应急和可靠性管理，依法组织或参与事故调查处理；负责组织实施电力业务许可以及依法设定的其他行政许可；负责协调有关跨省、跨区能源监管业务；负责法律法规授权以及国家能源局下达或交办的有关事项监管。

领导班子

党组书记、局长：邱水录

党组成员、副局长：郑逸萌（正司局长级）

党组成员、一级巡视员：何昌群

党组成员、副局长：杨梦云

二级巡视员：顾骏

组织机构 设综合处、市场监管处、行业监管处、电力安全监管处、资质管理处、稽查处、监察室（机关党委）和安徽监管业务办公室（办公地点设在安徽省合肥市）8个处室。

主要工作

（1）聚焦党的建设，着力抓好主题教育、党风廉政建设、干部队伍建设和脱贫攻坚，营造风清气正、担当作为的政治生态。

开展“不忘初心、牢记使命”主题教育。组织全局干部系统学习习近平新时代中国特色社会主义思想和党的十九大、十九届二中、三中、四中全会精神，增强“四个意识”，坚定“四个自信”，做到“两个维护”。从贯彻落实“四个革命、一个合作”能源安全新战略中明确能源监管的初心使命和工作方位，围绕国家能源局党组的中心工作找差距、抓落实，确立了“七个坚持”的年度工作方向。针对能源改革发展中的重点、难点问题，调集全局力量开展了增量配电网改革发展、综合能源服务和转供电、新能源政策落实与储能电站发展、新能源发电安全等4项专题调研，形成了“以监管、促改革”的共识和合力。

加强党风廉政建设。通过专题民主生活会、组织生活会等方式开展对照检查和检视剖析。制定全面从严治党主体责任清单，在对全局廉政风险进行全面评估定级基础上制定了《华东能源监管局廉政风险防控工作方案》，实现了对各处室、各岗位、各环节的廉政风险的精准管控。持续强化日常监督和外部执纪监督，严格执行落实党风廉政责任制、现场检查廉政情况反馈制度和节假日廉政提醒与重点监督机制，有效防范了违规违纪情况发生。

推进干部队伍建设。着眼队伍长远建设，结合公务员职务职级调整优化，启动实施了大范围岗位人员优化配置，对处室负责人全面进行了交流轮换，强化多岗位培养锻炼，激发全局干部的干事创业热情。开展干部思想教育和业务知识培训，掌握干部思想和工作动态，研究解决干部实际困难，不断增强队伍凝聚力、向心力和执行力。

抓好以党建促扶贫工作。把对口扶贫列为全局重点任务和机关党建重要内容，以扶贫为抓手，凝聚全局共识，掀起上下一心、众志成城的扶贫热潮。选派优秀干部赴甘肃省天水市清水县时家村开展驻村扶贫，与国家能源监管局市场监管司党支部开展结对共建，共同谋划产业扶贫、教育扶贫、技能扶贫等长效帮扶措施，累计协调投入资金70余万元帮助时家村建设养鸡场、养羊场发展养殖产业，向时家村小学捐助了3万元的助学物资，为22名困难学生发放了1.1万元助学金，为4户困难家庭进行了危房改造，组织专家赴清水县对50余名一线干部进行技能培训，发动全局干部和电力企业购买扶贫农副产品3.5万余元，多措并举帮助时家村和清水县脱贫攻坚。利用电力市场机制支持甘肃新能源扶贫工作，协调促成上海宝钢电厂与甘肃新能源企业完成1亿kWh跨区发电权交易，签订了2020年9亿kWh替代交易框架协议。持续推进安徽省内对口扶贫点北严村的脱贫工作，帮助村内实施供电台区改造和路灯亮化工程，改善居民生产生活条件。

（2）聚焦能源保障，强化资源优化配置和建设运行秩序监管，实现区域能源供需平衡。

针对2019年区域电力、天然气等能源供需平衡趋紧、局部地区供需矛盾突出的形势，牵头建立了覆盖华东四省一市的电力、天然气运行动态监测分析和趋势研判机制，监督、协调和指导能源企业通过优化调度运行、扩大市场交易、加强省间协作实现资源优化配置，确保了在全网负荷达到2.98亿kW（增长6%）、安徽和江苏夏峰缺口达到300万kW和150万kW情况下，电网运行平稳、供需平衡，没有拉限电；按季度编报了4期12份的区域能源监测分析研判报告，为区域和省、市政府防控能源电力风险、化解供需矛盾提供决策参考。

推进电力调峰辅助服务和跨省区电力交易，有效缓解电网调峰困难和清洁能源消纳矛盾。华东及各省、市两个层面的电力调峰辅助服务市场相继建成运行，有效激发了电力企业加强机组调节能力建设、参与电网调峰辅助服务的积极性，在应对局部地区、局部时段电网调峰困难中发挥了重要作用，其中华东区域电力辅助服务市场增加了100万kW的负备用支持，为安徽光伏、江苏风电、福建核电等新能源消纳创造新的空间，避免了弃光、弃风、弃核情况发生。

组织开展电力及能源规划重大问题研究。在2018年完成华东“十三五”电力规划中期实施情况评估分析基础上，接续启动了区域“十四五”电力协调发展重大问题研究，针对当前“省为实体、规模扩张”传统电力规划模式弊端提出了以“区域优化、协调发展”为目标的区域协调规划发展思路和措施建议，为优化能源结构、提升保障能级、实现高质量发展出谋划策。

（3）聚焦电网安全，强化风险联合管控和安全隐患专项治理，实现电力安全形势平稳。

针对电网外来电比例高、密集通道多、特高压装备多、安全风险大的实际，利用华东电力安委会平台，牵头构建了区域电网安全风险联合管控、隐患协同排查治理、大面积停电应急协调、重大活动电力安全协同保障四项区域协作机制，挂牌成立了华东电力安委会应急中心，为发挥“全网一盘棋”优势、共同防御管控大受端电网风险提供了机制支撑。组织开展特高压输电系统、密集通道等重点部位风险管控联合督查，统一部署华东电网重点风险联合管控、重大活动电力安全保障和空气环境质量保障、分布式光伏涉网频率问题专项核查提升等行动，应对年初 2 轮严重冰冻雨雪天气、夏季 4 个台风等自然灾害频繁袭击，完成了新中国成立 70 周年、第二届进博会供电保障任务，实现了系统运行安全“零事故、零事件”目标。

吸取江苏响水“3·21”特别重大爆炸等事故教训，持续深化重点领域关键环节的隐患专项排查治理。组织开展电力设备安全专项监管、电力建设施工现场安全专项监管、电站锅炉管道材料质量安全风险专项排查、电力行业危险化学品安全综合治理等行动，督促指导企业全面完成了危险化学品风险、锅炉管道材质风险和近 3 年设备故障情况的排查梳理和分析建档工作，对 43 家企业（项目）进行了现场监督检查，印发整改通知书 10 份，提出整改要求 57 项，推动治理了锅炉管道金属组织恶化、液氨灌区安全措施不到位、电气控制系统接线错误、网络信息安全防护漏洞等一批安全隐患，有效防范重特大安全事故发生。

（4）聚焦电力改革发展，强化制度供给与监管服务，推动国家政策措施落地见效。

根据华东电力市场化改革新形势新要求，完成了华东区域“两个细则”修订投入模拟运行，制定颁布了区域和省市两个层面的电力辅助服务市场规则，为进一步扩大电力市场化交易规模、拓展电力市场交易品种创造条件；研究制定了《上海电网企业运营绩效和服务质量考核办法》和《安徽售电公司监管办法》，对市场化条件下加强电网企业和售电公司监管作出了制度安排；在国家能源局电力司的指导下开展《电网调度管理条例》修订，研究推动在法规层面调整确立适应市场化要求的电力调度管理体制。

强化监管指导和协调服务，推动电力市场化交易增长。前三季度，四省一市成交直接交易电量 5705 亿 kWh（同比增长 50%），已执行 4180 亿 kWh（同比增长 30%），降低电费总额约 130 亿元，其中上海和安徽已执行直接交易电量分别为 105 亿、542 亿 kWh，降低电费总额分别达到 0.37 亿、37.25 亿元。1～10 月，区域内跨省电能交易、跨省发电权交易执行电量共计 166.9 亿 kWh，同比增长 12%；跨省消纳福建核电 78.5 亿 kWh，同比增长 29%。促成了上海宝钢电厂与福建核电企业成功开展控煤发电权交易近 6 亿 kWh，实现了自备电厂发电权跨省交易的新突破。

针对增量配电改革试点项目落地进展缓慢的现状，多次组织现场调研和实地考察，召开座谈会，主动加强政策宣贯、工作协调和跟踪服务，以强监管、优服务促进改革落实，全年完成 4 家试点单位供电业务许可证颁发工作，其中金山石化试点项目取得了上海市首张许可证，实现了上海试点项目落地零的突破。

围绕能源安全新战略和长三角一体化发展战略两大国家战略，开展“在长三角组建独立电力交易中心”专题研究，提出以落实长三角一体化国家战略推动能源革命和电改攻坚、以电改攻坚成果助推长三角一体化发展的思路和建议。

（5）聚焦“获得电力”，深化供电优质服务监管，促进用电营商环境持续优化。

在全面总结 2018 年上海“获得电力”综合监管成效基础上，建立了用电营商环境常态监管机制并在上海、安徽全面推广实施。制定了《用电营商环境日常监管工作制度》，推行用电营商环境观察员机制、“三个百分百”回访制度、明察暗访制度，将电网企业营销系统与华东能源监管局监管信息系统全面对接，运用“互联网＋”模式建立供电服务监管微平台，实现了对用电报装全过程监管和多角度监督，有效促进了“资料精简、时限压缩、费用降低、环节减少、效率提高、群众满意”各项用电服务改进措施的执行落实，回访用户满意率达到了 99.18%。2019 年，上海“获得电力”指标世行排名在 2018 年大幅提升 84 位基础上，再次提升了 2 位前进至第 12 名，为中国营商环境世行排名持续提升作出了重要贡献。

调集全局力量，集中开展“获得电力”优质服务和 12398 热线投诉举报共性问题监管，查处整治漠视侵害群众利益行为。深入上海 2 家区级供电公司和安徽 4 家地市级、4 家县级供电公司进行全面细致的现场检查，查纠了用电报装资料不精简、时限超期、供电方案答复不规范、信息公开不到位、市场不公平开放等 110 项问题，切实将供电优质服务监管导入基层、推向一线，提升人民群众满意用电水平。

(6) 聚焦“放管服”改革，狠抓政策执行落实与行政许可服务优化，促进改革红利释放。

强化对国家能源局风电、光伏政策执行情况和地方能源主管部门“放管服”落实情况的监督，组织开展新能源发电电网消纳能力、新能源项目竞争性配置专项监管，提升了安徽省近100万kW新增光伏发电消纳空间。针对分布式光伏并网、认定标准、补贴政策落实、参与市场化交易等方面存在的共性问题，组织开展了监管调研和投诉案件调查处理，责令电网企业落实整改，维护分布式光伏企业合法权益。对新能源发电送出工程的投资建设情况进行全面梳理，督促电网企业履行电源送出工程投资建设义务和启动对新能源企业投资建设存量送出工程的回购工作。

强化电价政策执行情况监管。参加华东区域、上海、安徽电网企业输配电定价成本监审，摸清成本构成，剔除不相关、不合理成本。严肃调查处理安徽农网还贷资金投诉举报，进一步规范基金附加的收取工作；督促上海电力直接交易按照要求使用输配电价，进一步规范上海直接交易价格机制。

进一步简化行政许可审批程序、规范许可标准、压缩办理时限、加强信息公开，切实做到了许可事项全程网上办理，全面实现了“一次都不跑、最多跑一次”。

持续规范和改进监管方式。建立实施电力安全监管计划检查和对表检查制度，在资质许可事中事后监管中大力推行“双随机一公开”抽查制度，有效保证了现场检查的质量。充分运用信息系统强化非现场监管，建立了面向所有监管对象的电子公文传输系统、电力安全监管信息系统、电力业务许可监管信息系统，实现了文件传输、信息报送、备案管理、资质保持情况动态监测的网上办理，有效提升了监管效能。

(7) 聚焦重点案件，强化调查问责和行政处罚，树立依法监管权威。

坚持“有案必查、有违必纠、有责必问”，加强对监管中发现的、12398热线投诉举报的违法违规线索的跟踪调查。2016—2019年，受到华东能源监管局行政处罚的企业分别为17家、28家、29家和36家，处罚金额分别为19万、62万、103万、201万元，呈现出逐年递增态势。

敢于较真碰硬、敢于亮剑执法，不断拓展监管执法领域。2019年，开出了国家能源局系统对省级电网企业首张罚单，首次就发电机组违规并网对相关发电企业、电网企业进行集中处罚，首次对隐患治理不力的电力企业实施了行政处罚，有效彰显了监管执法的震慑力。

【国家能源局江苏监管办公室】

基本情况 国家能源局江苏监管办公室（简称江苏能源监管办）是国家能源局在江苏省设立的派出机构，依据国家能源局的授权，履行江苏省能源监管和行政执法职责。2013年10月单位名称由国家电力监管委员会江苏省电力监管专员办公室变更为国家能源局江苏监管办公室。

主要职能：监管电力市场运行，规范电力市场秩序；监管电网和油气管网设施的公平开放；监管电力调度交易，监督电力普遍服务政策的实施；负责电力等能源行政执法工作，依法查处有关违法违规行为，监督检查有关电价；负责除核安全外的电力运行安全、电力建设工程施工安全、工程质量安全的监督管理以及电力应急和可靠性管理，依法组织或参与电力事故调查处理；负责组织实施电力业务许可以及依法设定的其他行政许可；负责法律法规授权以及国家能源局下达或交办的有关事项监管。

领导班子

党组书记、监管专员：宋宏坤

党组成员、监管副专员：王勤

组织机构 下设综合处、市场监管处、行业监管处、电力安全监管处、稽查处和资质管理处等六个处室。

主要工作

(1) 强化履职尽责，推动江苏电力行业本质安全生产水平显著提高。2019年江苏电力安全生产保持平稳向好态势，未发生电力安全事故、设备事故和人身伤亡事故，为江苏经济社会发展提供了安全可靠的电力保障。一是抓好安全生产专项整治。贯彻落实国务院督导组要求和省政府部署，聚焦重点领域和关键环节，科学制定方案，加强组织领导，强化统筹协调，督促电力企业全面落实专项整治方案要求，肩负起专项整治主体责任。组织电力企业全覆盖开展大检查、大排查、大整治，对问题隐患即查即改，确保专项整治取得明显成效。二是完善电力安全监管体系。与省、市电力管理部门建立联合督查、联合执法等工作机制，推动南京、扬州成立电力安全生产专委会，实现设区市电力安全属地管理责任“全覆盖”，初步构建“上下联动、齐抓共管”安全监管新格局。三是压实企业安全生产主体责任。做好新中国成立70周年大庆、迎峰度夏、迎峰度冬等重要时期电力安全保障工作，开展电力建设施工安全和电力设备安全专项监管，扎实推进安全隐患排查治理。2019年累计排查安全隐患16 755项，整改率94.5%。加大执法力度，2019年对12家企业开展约谈，对4个存在重大安全隐患项目现场责令停工，对7家违法违规企业实施行政处罚。四是防范化解重大安全风险。深刻吸取响水

"3·21"事故教训，委托省安科院对全省 39 处燃煤电厂液氨罐区开展安全评估，会同省有关部门印发《关于进一步加强全省燃煤电厂重大危险源（液氨罐区）安全风险防控工作的意见》，推动位于化工园区、人口集中区及安全距离不符合要求的燃煤电厂于底前完成液氨罐区尿素替代改造，全面消除电力行业重大危险源，提升本质安全水平。五是加强电力应急管理。参加南京等地大面积停电应急演练，组织 32 家电力企业完成应急能力建设评估。建设电力安全监管信息系统，有力提升监管工作效能。

（2）聚力攻坚克难，持续深化电力市场化改革。一是规范开展电力中长期交易市场建设。制定《江苏电力市场信息披露监管实施办法》，保障市场平稳运行。2019 年江苏直接交易电量 3085 亿 kWh，同比增长 58.1%，降低用能成本约 78 亿元。二是持续加强电力辅助服务市场建设。科学编制市场建设方案及交易规则，着力破解电网调峰、清洁能源消纳等矛盾。1 月启动试运行，10 月新增启停调峰交易品种，燃机、储能电站首次参与市场。全年调峰辅助服务累计形成补偿费用约 2.4 亿元，同比增长 110%，提升电网调峰能力 400 万 kW 以上。三是协调推进增量配电业务改革试点。赴徐州、连云港等地试点项目调研，加强与地方政府部门、电网企业沟通协调，推动解决试点面临困难和问题，分类推进改革试点。当前江苏已有 9 个项目取得电力业务许可证，列入国家第一批试点的 5 个项目全部取证。

（3）主动担当作为，促进江苏电力结构转型升级。一是着力破解清洁能源消纳矛盾。开展问题监管，发现清洁能源项目接网审批流程繁琐等 8 方面 14 项问题。制定《关于进一步促进新能源并网消纳有关意见的通知》，督促电网企业开通接网全流程绿色通道，努力构建长效机制。出台《江苏省分布式发电市场化交易规则》，促进清洁能源就近消纳。二是推动能源重点项目建设。及时报告白鹤滩至江苏输电工程等重点项目推进情况，协调推动港华储气库向中石油金坛分输站互联互通工程建设。受新能源司委托开展泗洪光伏发电应用领跑基地调研核查，配合完成该项目二期奖励基地优选评议。三是推进煤电供给侧改革。发挥电力业务许可证功效，全年共注销煤电机组许可 60 台容量 127 万 kW。开展 30 万 kW 级煤电机组关停情况调研，提出延寿改造政策建议并报国家能源局。

（4）聚焦行业需求，提升能源监管服务保障能力。一是开展漠视侵害群众利益问题专项整治。与省发展改革委联合成立领导小组，制定工作方案，赴南京、常州等地开展督导，了解农村供电服务中存在问题，指导帮助供电企业共排查问题 248 项，整改率 92.7%。二是推动电力营商环境持续改善。开展"获得电力"优质服务监管、12398 热线投诉举报共性问题监管等工作，构建供电企业优质服务监管评价体系，推动江苏电力营商环境持续优化。当前，江苏高、低压用户平均接电时间缩短至 45、10 个工作日内，全年降低用户办电成本约 60 亿元。三是维护电力市场交易秩序。加强电网垄断环节监管，围绕电力调度和交易机构、售电公司等遵守市场规则情况，发现交易信息不透明、规则执行不到位、不履行合同义务等问题，通过约谈、责令整改、责令退市等方式督促相关企业落实整改。同时，通过设置比例上限方式合理限制电网企业关联售电公司市场规模，抑制市场垄断。四是规范行政执法。发挥 12398 热线民生通道作用，及时回应群众诉求，解决好群众烦心事、操心事、揪心事。严肃查处 2018 年"两会"期间徐州沛县某小区停电供电公司拒绝抢修问题，相关责任人受到党纪政纪处分。2019 年受理群众来电来函事项 553 起，投诉举报事项办结率 94.1%；查处违法违规案件 14 起，共处罚金 120 万元。五是深化"放管服"改革。进一步优化审查流程，推动电力业务许可时限平均缩减 1/4。落实自贸区"证照分离"改革要求，推进各类许可"一网通办"。开展信用体系建设，完善"双随机、一公开"机制。

（谢振凡）

【国家能源局浙江监管办公室】

基本情况 国家能源局浙江监管办公室（简称浙江能源监管办），组建于 2005 年 4 月 22 日。

主要职能：监管电力市场运行，规范电力市场秩序；监管电网和油气管网设施的公平开放；监管电力调度交易，监督电力普遍服务政策的实施；负责电力等能源行政执法工作，依法查处有关违法违规行为，监督检查有关电价；负责除核安全外的电力运行安全、电力建设工程施工安全、工程质量安全的监督管理以及电力应急和可靠性管理，依法组织或参与电力事故调查处理；负责组织实施电力业务许可以及依法设定的其他行政许可，组织开展电力业务许可持续性监管以及相应的市场准入监管；负责法律法规授权以及国家能源局下达或交办的有关事项监管。

领导班子

党组书记、专员：周志明

党组成员、副专员：郭昌林

党组成员、综合处长：应华泉（2019 年 11～12 月）、卢延国（2019 年 1～8 月）

组织机构 设综合处、市场监管处、行业监管处、电力安全监管处、资质管理处、稽查处。

主要工作

（1）电力安全监管。重视电力系统运行安全监管，以防范大面积停电事故为重点，加强电网安全风险管控措施落实情况的监管。组织实施《浙江省发电企业安全生产监督管理实施办法（试行）》，正式投运浙江省发电企业安全生产监管系统，进一步压实电力企业安全生产主体责任，为基于“互联网＋”的非现场监管又一次作了深入探索和实践，受到了国家能源局充分肯定。强化电力建设施工安全监管，启动电力建设工程施工安全监管系统试点工作。强化重大活动电力安全保障监管，完成建国70周年庆祝活动、第六届世界互联网大会等保电监管任务。推动省安委办下发《浙江省安全生产委员会办公室关于进一步落实电力安全管理责任的通知》，明确地方政府及有关部门电力安全管理责任，落实项目审批部门向我办开放审批信息数据，初步构建了上下联动、齐抓共管的电力安全监管体系。2019年，浙江电力安全生产保持了良好的态势，是全国3个没有发生电力安全生产事故和人员伤亡事故的省份之一，受到全国电力安委会的表扬。

（2）市场监管。切实加强制度建设，形成了较为完善的“1＋4”监管制度体系，在调度监管、网源协调监管、可再生能源全额保障性收购监管、供电监管等市场监管各个领域均取得了常态化监管的新突破。组织用户“获得电力”优质服务情况等重点专项监管，与省能源局联合开展专项整治漠视侵害群众利益问题工作。2019年浙江用户“获得电力”优质服务工作不断提升，用户平均接入时长10.43天，远低于国家能源局要求的40个工作日；高压用户办电环节压缩至4个，低压用户压缩至2个；供电企业关联施工企业平均工程费用615.52元/kVA，较2018年下降16.04元/kVA，低压用户用电报装“零投资”比例达到98.68%。配合推进电力体制改革，严格依据职能职责，制订《浙江电力市场监管实施办法（试行）》，与省发展改革委、省能源局联合印发《浙江省部分行业放开中长期电力交易基本规则（试行）》等规范性文件，组织开展电力市场监管系统建设。同时，组织力量全力配合省有关部门推进电力现货市场建设等相关工作，从专业和监管的角度提出意见建议。

（3）行业监管。密切跟踪国家能源战略、规划、政策和重大项目的落实，加强新能源发展政策执行情况的跟踪分析；在持续加强对镇海电厂搬迁改造项目开工建设情况的监管的同时，配合国家能源局电力司开展现场调研，深入企业指导做好合规开工建设各项工作，促使项目开工建设。坚持把能源形势分析和能源行业信息系统建设作为能源监管的基础性工作来抓，开展能源监管信息系统优化提升工作，优化监管模式和数据结构。在通过系统数据分析统计基础上，开展能源形势分析工作，反映能源监管工作成果，以及浙江省当前能源发展运行中存在的热点难点问题和相关建议，切实履行好能源监管职能职责。加强煤电淘汰落后产能监管，确保淘汰机组按计划关停并防止“死灰复燃”，进一步改善浙江省电源结构。密切监测国家光伏发电政策在浙江落实情况，开展分布式光伏私增发电容量整治，规范光伏建设市场，坚决杜绝骗取国家补贴行为。

（4）稽查和行政执法。重视民生问题和群众诉求，12398投诉举报接收到的信息实现百分百办结、百分百回访；开展12398热线投诉举报共性问题专项监管，全省11家地市供电企业、65家区县供电企业共计上报自查共性问题1780条，完成全部问题的整改，整改落实情况理想。以建立业务监管行政执法有效联动机制为导向，立足业务专项监管发现问题，集中查处典型违法案件，维护市场秩序，巩固监管工作成效并扩大监管权威的震慑面。2019年累计17次下发责令整改通知书，责令国网浙江省电力有限公司清退多收电费1.8034亿元；立案11家，行政处罚电力企业7家，撤销行政许可1家，行政执法数量和质量都在不断提升。

（5）资质许可和管理。截至2019年底，浙江省承装（修、试）电力设施许可证共颁发976本，累计注销117本，持证859本，持证企业中，一级企业10家，二级企业32家，三级企业81家，四级企业284家，五级企业452家。浙江省电力业务许可证（发电类）共颁发1211本，累计注销126本，持证1085本，持证企业按发电容量划分，25MW及以上企业219家，6（含）～25MW企业293家，1（含）～6MW企业533家，1MW以下企业40家。浙江省电力业务许可证（输电类）共颁发1本。浙江省电力业务许可证（供电类）共颁发105本，累计注销20本，持证85本，持证企业中6家为增量配电试点项目。

切实强化“放管服”改革各项工作，在全国率先实现了电力行政许可“一次不用跑”“最多跑一次”，率先进驻政府服务网，并将办理事项的承诺时限从原来的20个工作日压缩至8个工作日，压缩幅度60%。着手开展电力行政许可“告知承诺”改革试点工作，电力行政许可各项工作走在全国前列。切实强化许可证事中事后监管，根据专项监管中查出的问题，加强了对企业持证后行为以及持续满足许可条件情况的监管，严格执行许可制度各项要求，进一步规范了许可证的证后管理。切实推进信用体系建设，起草《浙江能源监管办涉电力领域失信联合惩戒对象名单管理工作规则（征求意见稿）》，梳理能源行业市场主体基本信息，建立企业信用信息台账，为下步推进电力业务许可信用监管工作开展奠定了良好的基础。

（周志明）

【国家能源局福建监管办公室】

基本情况 国家能源局福建监管办公室（简称福建能源监管办）依据国家能源局的授权，在福建省范围内履行能源监管、行政执法的职能。

主要职能：监管电力市场运行，规范电力市场秩序；监管电网和油气管网设施的公平开放；监管电力调度交易，监督电力普遍服务政策的实施；承担电力等能源行政执法工作，依法查处有关违法违规行为，监督检查有关电价；承担除核安全以外的电力运行安全、电力建设工程施工安全、工程质量安全的监督管理以及电力应急和可靠性管理，依法组织或参与电力生产安全事故调查处理；实施电力业务许可以及依法设定的其他行政许可；承办法律法规授权以及国家能源局交办的其他事项。

领导班子

党组书记、专员：唐艺艳

党组成员、副专员：朱文毅

党组成员、二级巡视员：曹祥云

组织机构 机关设党组，党组书记1人，党组成员2人。党组书记和党组成员由国家能源局任免。内设六个处，即综合处、市场监管处、行业监管处、电力安全监管处、资质管理处、稽查处。

主要工作

（1）电力安全监管。2019年实现全年电力生产安全（含网络与信息安全）零事故、零报告、零投诉，被国家能源局推荐评选为2019年全国“安全生产月”和“安全生产万里行”活动先进单位。初步形成齐抓共管工作机制，调整充实了省政府有关部门任副组长的电力安委会，不断磨合政监协同监管机制。创新安全监管方式，首次开展电网安全风险管控工作重点抽查，拓展安全巡查范围与成效，将风电场、LNG电厂纳入安全生产巡查范围；探索创新“互联网+安全”监管模式。督查、督促问题整改扎实有效，累计发现460个问题，下发44份限期整改通知书，深入开展两起较大设备故障事件分析，督促企业举一反三、整改闭环。

（2）市场监管。电力中长期、现货、辅助服务市场全体系推进，2019年全年省内中长期直接交易电量约664亿kWh，比增22%，全年用户用能成本下降约20亿元；市场化省外送电量约163亿kWh，比增9.3%。实现火、水、核、新能源各类电源市场主体全覆盖，全年辅助服务费用总计8.47亿元，占电费比例1.02%，比2018年增长32.95%；燃煤电厂通过辅助服务净增收入达3.3亿元（占利润总额比例约6%），实现清洁能源多发、火电企业增收。电力体制改革全面推进，与省相关主管部门、企业共同推进增量配电业务、电力交易中心股份制改造等工作。第一、二批增量配电业务试点方案和业主招标、颁证全部完成，截至2019年底福建电力市场已注册市场主体8313家。强化垄断环节监管，重点加强电网、管网公平开放监管，全程参加第二监管周期输配电定价成本监审，对违反市场交易规则的行为，开展监管约谈、下发监管意见书，有效地发挥监管机构维护市场秩序作用。

（3）能源行业规划、政策和项目执行情况监管。加强能源清洁优先、低碳优先、高效优先绿色发展政策落实监管，印发《关于落实可再生能源领域政策文件要求的通知》，完成《福建省海上风电建设与运行若干问题研究报告》《福建省海上风电开发运行现状及特点调研报告》，推进“金溪流域水电优化发电调度和经济补偿方案”课题研究工作，推动了福建海上风电有序建设，截至年底全省清洁能源装机容量占比（扣除煤电）达56.0%，发电量占比约52.4%。开展能源优化效率提升重点建设项目监管，牵头与南方能源监管局建立闽粤电网联网工程推进情况简报工作机制，协调督办天然气基础设施互联互通重点项目。夯实推进油气监管，重点关注省内供气主干管网安全突发事件，关注莆田LNG接收站停输事件、西三线管道龙岩大池山体滑坡抢险等，形成监管意见建议和调研报告。持续进行煤电节能减排监管，按季披露监管信息，对煤电企业节能减排情况和水电企业落实环保政策情况开展随机检查。

（4）资质许可。落实做好许可办理“最多跑一次”工作，企业许可申请从受理至审批通过平均时间缩短近4个工作日，更加省时、省力、省心。不断完善告知承诺制，共有98家企业通过实行告知承诺取得许可证，已完成3轮共10家承装（修、试）电力设施许可企业“双随机”现场抽查。拓展信用分类监管应用，对信用良好和守信企业在法律法规允许的范围内，实行优先办理、走绿色通道等便利措施。对失信企业严格按标准办理，不得简化程序。将严重失信企业列为重点核查对象，实行从严审查。强化事中事后监管，对辖区14家承装（修、试）电力设施持证企业到期未延续、因公司合并改制的企业进行公告注销；对资质许可申请提交虚假申请材料的3家企业给予不予受理行政许可决定书；对2家涉嫌提交虚假申请材料企业立案调查处理。

（5）行政执法。以解决人民操心事、揪心事、烦心事为重点，完成用户“获得电力”优质服务和12398热线投诉举报共性问题重点专项监管工作，保质保量开展漠视侵害群众利益问题专项整治整改情况跟踪督办；按时办理办结12398热线下派工单389件，及时办结率100%，妥善解决一批长期没有解决的南安市、福州高新区等地用户的投诉举报事项。强化稽查严执法，对5起违法违规行为实施立案调查、履行行政处罚程序，罚没金额15万元。强化供电服务监管，全省实现新装160kVA以下用户配电工程“零费用”，报装接电环节压缩、时间减少、费用降低，推动将福建省城镇老旧小区供配电设施改造、智能化升级列入省委省政府2020年为民办实事项目。对农村电网改造升级进展情况和实施成效进行监管检查，做好全过程监管工作。

【国网上海市电力公司】

企业概况 国网上海市电力公司（简称国网上海电力）隶属于国家电网公司，是上海地区电力输、配、售的特大型企业，负责统一调度上海电网，参与制定、实施上海电力、电网发展规划和农村电气化等工作，并对全市的安全用电、节约用电进行监督和指导。截至2019年底，下设23个部门，直接管辖各类电网企业、发电企业、施工企业、科研机构、能源服务、培训中心等单位29家（含11家供电公司、18家业务支撑和实施机构）。服务客户1072万户，供电区域包括整个上海市行政区。连续5年保持国家电网有限公司企业负责人业绩考核A级，连续19年保持市政风行风和12345热线绩效考核第一。500kV虹杨输变电工程获评“鲁班奖”。

电网概况 上海电网500kV及以上电网已形成了双环九通道（“五交四直”市外来电通道，其中特高压“两交一直”）的格局，220kV电网已实现杨行、徐行、亭卫、远东等14个分区运行。110kV配电网链式网架结构初步形成，35kV配电网双侧电源辐射接线持续完善，打造10kV及以下钻石型配电网。城市综合电压合格率99.997%，供电可靠性99.991%。

人力资源 深入推进三项制度改革。通过完善职业发展通道、健全人员选聘模式，实现“管理人员能上能下”；通过严把员工入口、加大内部流动、强化规范用工、建立清退机制，实现“员工能进能出”；通过坚持工资总额计划与企业效益、劳动效率、业绩考核等紧密联动，实现“薪酬能增能减”。全年完成内部公开招聘18人，岗位竞聘156人、挂职锻炼74人，完成应降岗待岗3人，职工人数较2018年基本持平，年末用工总量15 679人。持续优化组织管理机制。接收国网运行公司上海特高压管理处并成立特高压换流站分公司，成立电缆分公司、长深能源产业管理有限公司。贯彻总部“放管服”工作要求，编制发布《所属单位内设机构设置标准》，组织各单位优化内设机构设置。着力提升人才队伍水平。发挥竞赛平台优势，通过地方政府渠道，新增10名省部行业级人才，目前共有各级各类人才383人次，其中高端人才96人次。开展人才自主评价，完成中级职称自主评审407人，完成技师及以下技能等级首轮过渡期评价891人，完成工程、经济、会计、技工院校教师4个系列正高级职称评审初审，共计113人通过公司复审。

电网建设与发展 成立电网规划管理委员会，完成“十三五”规划滚动调整，开展中长期及“十四五”能源电力规划研究。对接长三角合作办公室，发布长三角电力一体化行动计划，启动编制示范区电网规划，形成淮南—上海1000kV特高压双侧电源输电格局，投运2项10kV跨省互联工程，上线20项跨省通办业务。在全球首创“钻石型”配电网并在进博会周边区域成功试点。65项35kV及以上项目获核准。500kV练塘、南桥主变压器扩建工程投运。完成新一轮农网改造升级、年度架空线入地任务。110kV紫霞等8项受阻工程平稳开复工。全口径供电可靠率超过巴黎、伦敦等全球城市，位列全国第一、全球第五；100时户以上计划停电基本消除，配网带电作业AI机器人试点应用。初步建成基建全过程综合数字化管控平台，实现物理与数字电网孪生交付。

经营管理 适应改革要求和降价影响，迭代优化7方面、33条经营策略，深度挖潜增效、增收节支，确保了经营绩效处于第一方阵。精准投资管控体系全网推广，实现需求可诊断、项目可优选、效益可评价。多维精益管理变革完成“四个一”综合试点，首批实现资产负债科目切换。建立公司级资产管理平台，健全完善股权投资、关联交易等5项管理办法。强化房地资源梳理清查、统一调配、盘活利用。开展投标保证金保险、供应链金融、应收账款融资等新业务。“新零售”增收0.5亿元。废旧物资处置回收2.3亿元。电费回收率保持100%，追补电费和违约使用电费1.4亿元。完成“两金”压降，一般性非生产支出下降9.2%、1.12亿元。智能电表状态更换全市推广，节支近3亿元。试点应用国网数字化审计平台，完成经济责任、专项审计，整改问题420项。合规管理案例获中国企业改革发展优秀成果一等奖。连续三年获市法务技能大赛一等奖。

安全生产 贯彻总体国家安全观，织密织牢安全责任和防控体系，进一步巩固了安全生产良好局面。首次开展领导班子安全述职、管理人员安全履职评价，制定首个安全生产巡查办法，首批通过公司总部巡查。吸取国际大停电事故教训，实施保障大电网安全等专项行动，细化小开机深度调峰模式，完成特高压设备年检2665项、ABB套管问题部件更换28个，治理隐患1700余项。配强换流站消防力量，推动重要设施纳入反恐防护目标。电力应急体系融入城市运行“一网统管”，实现市级应急资源互享和机制深度融合。以“六个更”完成第二届进博会、新中国成立70周年供电保障任务，打造了“世界会客厅”级供电保障新标准。抗台抢险获好评，首创不停电作业方式开展抢修质量“回头看”。输电、变电、配电故障跳闸数量同比分别降低 11.3%、35.7%和 14.6%。优化网络信息安全运营平台，助力公司在公安部演习中获得央企第一名。全国安全文化建设示范企业称号通过上海市复评。

营销工作 完成售电量 1379.89 亿 kWh，同比增加 4.08%；业扩新增接电容量 751.97 万 kVA，净增用电容量 568.5 万 kVA。发挥整体协同优势，与重要园区及客户签订综合能源战略合作协议 43 份，储备项目 167 项；综合能源业务收入再翻一番，达 3 亿元。替代电量 33.8 亿 kWh。持续沟通政府和港航企业，推动出台全市港口岸电建设方案。新投运充电站 14 座、充电桩 602 台，全社会充电量突破 5 亿 kWh，崇明长兴实现绿色公交全覆盖。

科技与信息化 科创中心战略合作“一院一室一平台”事项落地。扩大举手制实施范围，完成立项 154 项、验收 177 项，亮点在全国双创周和中央企业熠星创意大赛展出。探索科技成果转化机制，5 项成果挂牌交易。高温超导示范工程获得核准，国家重点研发计划配网 PMU 项目完成临港一期示范工程建设。新主导立项 IEC 国际标准 3 项、IEEE 国际标准 2 项、行业标准 3 项，承办第 83 届 IEC 大会。获公司及以上科技奖励 44 项。入选创建世界一流示范企业典型引领单位，举办东京电力战略对标主题论坛。首次开展电力工程等 4 个专业的中级职称自主评审工作。获上海市质量金奖、质量标杆，新增“上海品牌”3 项。启动企业级数据中心建设，云平台、数据中台、智慧物联管理平台完成部署。参展世界人工智能大会。获 IDC 数字化转型综合领军者奖、可信区块链高价值案例。

优质服务 落实优化营商环境行动计划，以 FREE2.0“上海经验”实现“获得电力”双领先，以特斯拉“上电速度”服务临港新片区建设，世行排名升至第 12 位，国内评为“标杆城市”。率先与临港新片区管委会签订协议，主导开展能源规划编制、综合能源项目实施。特斯拉临港工厂以同等规模最快速度送电，中航商发等 20 项重大配套按期完成。发布 FREE3.0“五新五优”新举措，目标实现小微企业“一次都不跑”。“网上国网”上线 83 个场景、推广至 26 万用户，全面对接“一网通办”。配合完成“获得电力”专项监管、漠视侵害群众利益问题专项整治。

党的建设和精神文明建设 党建引领全面加强。结合主题教育深入贯彻党的十九届四中全会精神，有力保障落实习近平总书记交给上海的“3+1”重大任务。深化创新实践，建成沪上首家央企智慧党建中心、“初心·使命”红色教育实践基地、闸北电厂上海市爱国主义教育基地，承担公司《初心·使命》红色读本编制出版工作，加入全国红色文化战略联盟并成为首届理事单位，成功联建 195 家地方党组织，持续打响“红色、智慧、联融”党建三大品牌。开展“党建+”六大工程，推进 274 个党支部战斗堡垒作用发挥项目，强化党建工作与生产经营的嵌入融合。坚决贯彻中央巡视反馈意见和公司党组部署，逐一落实问题整改工作各项措施和要求，如期完成驻京办事机构清理。对 14 家单位进行了内部巡察督导。落实纪检监察体制改革部署，构建“智慧监察”体系。落实“山海铁火”和“三靠”标准，修订领导人员管理制度，打通交流通道和岗位壁垒。成立融媒体中心。完成“一人多终端”等问题治理，发文、表彰数量均压减三成以上。获评中央企业先进基层党组织和五四红旗团委。幸福企业深耕厚植。获第二届中国幸福企业最佳实践企业、全国企业文化优秀成果一等奖和企业社会责任卓越案例。获第三届社会主义核心价值观主题微电影二、三等奖各 1 项。1 人获全国“五一劳动奖章”，1 个集体和 2 人分获中央企业先进集体和劳动模范，3 个集体和 4 人分获上海市“五一”劳动奖状、“五一”劳动奖章，“上海工匠”新增 4 人。2 个集体分获全国青年文明号和全国青年安全生产示范岗，国家电网公司青创赛获得 3 金、2 银、1 铜。

（龙　飞）

【国网江苏省电力有限公司】

企业概况 国网江苏省电力有限公司（简称国网江苏电力）隶属于国家电网公司，从事江苏省境内电网建设、运行与管理，经营江苏电力销售业务。2019 年国网江苏电力辖 13 个市、53 个县（市）公司及 14 个科研、检修、施工等单位，服务全省 4467.49 万电力客户。现有员工 37 383 人，供电服务公司员工 36 407 人。拥有 35kV 及以上变电站（换流站）3229 座、输电线路 10.13 万 km，变电容量 60 329 万 kVA，电网规模超过英国、意大利等国家。电压合格率、电网抵御风险能力达到国际先进水平。江苏电网已进入特高压、大电网、高负荷时代。

2019 年，江苏全社会用电量 6264 亿 kWh，增长 2.22%；调度口径最高用电负荷 10 716 万 kW，增长 4.16%。最大日用电量 22.96 亿 kWh，同比 4.49%。风电发电量 183.89 亿 kWh，同比 6.59%；光伏发电量 154.07 亿 kWh，同比 28.61%。国网江苏电力完成售电量 5421 亿 kWh，增长 2.34%；完成固定资产投资 353.33 亿元；投产 110kV 及以上线路 3311.55km、变电容量 2692.55 万 kVA；线损率 3.34%。实现营业收入 3258.55 亿元，利润 61.51 亿元；资产总额 3105 亿元。业绩考核连续 8 年保持国家电网系统 A 级第一名。

领导班子

董事长、党委书记：肖世杰（2019 年 8 月 16 日任职）

董事长、党委书记：尹积军（2019 年 8 月 16 日调任）

董事、总经理、党委副书记：唐屹峰（2019 年 6 月 24 日任职）

董事、总经理、党委副书记：石华军（2019 年 6 月 24 日调任）

董事、党委副书记、副总经理：李斌

党委委员、纪委书记：李作锋

职工董事、党委委员、副总经理、工会主席：刘人楷

党委委员、副总经理：张龙、黄志高

党委委员、总会计师：王小兵

党委委员、副总经理：陈庆、夏勇

总工程师：吴争

组织机构 2019 年末，国网江苏电力本部设有 23 个职能部室：办公室（党委办公室）、发展策划部、财务资产部、安全监察部（保卫部）、设备管理部、营销部（农电工作部）、科技部、建设部、互联网部、物资部（招投标管理中心）、产业发展部、党委宣传部（对外联络部）、审计部、经济法律部（体改办）、党委组织部（人事董事部）、人力资源部（社保中心）、离退休工作部、后勤工作部、党委党建部（思想政治工作部、机关党委办公室、团委）、纪委办公室（巡察办）、电力调度控制中心、工会、企协分会。下辖 13 个地级市供电公司、53 个县级供电公司及 14 个业务支撑与实施单位。

电网概况 江苏电网是华东电网重要组成部分。现有 1000kV 特高压变电站 3 座，容量 2100 万 kVA，±800kV 特高压直流换流站 3 座，容量 2928 万 kVA，±500kV 特高压直流换流站 1 座，功率 340 万 kVA，1000kV 特高压线路长度 1045km。500kV 变电站（开关站）63 座、变电容量 13 630 万 kVA，线路长度 12 741km。特高压"一交三直"工程基本落地，初步形成特高压交直流混联电网格局。500kV 电网形成"六纵六横"电网结构。220kV 电网细化为 28 个分区运行，各分区互联互济，有效提高电网安全水平；110kV 及以下配网基本形成高效、灵活、可靠的网络结构，满足江苏经济社会发展和人民生活用电需求。

截至 2019 年末，江苏共有统调电厂 215 座，机组 21 715 台（其中风电机组 4412 台，光伏机组 16 861 台），总装机容量 11 317.97 万 kW，其中：火电机组 9315.22 万 kW、核电机组 437 万 kW、抽水蓄能机组 260 万 kW、风力发电机 1034.79 万 kW、太阳能发电机组 260.66 万 kW（另有非统调太阳能发电机组 1224.88 万 kW）。接入 220kV 及以下电网装机容量 6699.77 万 kW，接入 500kV 电网装机容量 4618.20 万 kW。

人力资源 加强队伍建设，完成 11 批次共计 114 人次处级干部岗位调整，其中新提拔处级干部 10 名。完成 17 家供电、直属、本部部门，7 家大供县公司主要领导岗位调整。拓展挂职锻炼渠道，选派 5 名干部到国网总部（分部）挂职锻炼、2 名干部赴海外支援国网国际业务。举办处级干部轮训班、青干班、骨干班、新任科级班、本部人员轮岗等系列培训。建立关键岗位交流与岗位聘任制、公开竞聘的联动机制，关键岗位交流 912 人次。开发领导班子和干部队伍年度考评系统，提高年度考评信息化水平。激励干部担当作为，推进"开门迎谈"活动，实现供电、直属 27 家单位全覆盖。制定本部干部队伍建设三年发展纲要，优化结构，累计完成 80 人次科级及以下人员调整。修订、制定《领导人员管理办法》等 8 项制度，完善"1+N"干部管理制度体系。开展全员职业发展等级制度研究，横向拓宽"职务、专家、职员"三条职业发展通道，纵向建立三通道横向可比的职业发展等级。推进国网淮安公司、国网省电科院、国网省信通分公司等 3 家单位试点建设，指导编制配套制度和套转方案，实现新旧体系平稳过渡，为全面推广奠定基础。开展干部人事档案数字化建设，完成档案数字化改造，推动干部档案管理系统转型升级。

召开党委联系服务专家机制试点工作推进会，选择 13 家单位开展 16 项机制试点。升级"爱专家"2.0 综合信息系统。党委联系服务专家工作典型经验编入中组部"不忘初心 牢记使命"主题教育培训教材。

启动营销体系调整，以国网苏州供电公司为试点，在市区设立 3 个区域型供电服务中心。以综合能源公司为支撑，推动开放式综合能源服务平台商业运营。国网张家港公司为试点，探索优化以资产管理属性为根本的新型县公司组织模式。优化各专业组织机构，调整省市公司党建机构设置，调整省市公司安监、运检机构职责分工。撤销驻北京办事处和省电力职工疗养院。成立省营销服务中心、省资金集约中心、省双创中心。恢复南京江宁、徐州贾汪、南通通州三家县级公司，撤销县域运维站，设立省综合能源公司属地分支机构。组建苏电产业管理公司，与兴力集团公司合署，优化产业单位管理模式。

优化工资总额管理办法，调整核定单位分类，优化分配结构和方式，完善增量工资分配模型，落实"增人不增资、减人不减资"分配政策。完善供电服务公司工资分配模型，增设人均低压客户数等指标，

提高效益工资分配占比，引导各单位“多干新业务、多挣工资”。印发能力付薪实施意见，增设能力工资项目，完善薪酬分配结构，形成与能力评价体系相衔接的付薪机制。在省电科院试点项目分红，促进科技创新成果转化。修订公司职工疗养费管理细则，建立与贡献关联的职工疗养机制，实现职工疗养激励和保障双重功能。

推进岗位“能上能下”、员工“能进能出”，试点职员、业务所长、班组长周期性岗位聘任制，累计聘任210人。畅通技能类人员职业通道，新聘技能类职员109人。实施人员退出管理，32名中层、10名班组长下聘职员，2名员工解聘职员，6名员工考核降岗。制定全员绩效管理指导意见，有序放开员工C、D级强制比例，细化员工C、D级“负面清单”，由各单位因地制宜开展绩效评定。实施“备案＋后评估”管理机制，增强绩效激励约束作用。

深化人才评价改革，建立“三全、双证、一复评”（三全为全工种覆盖、全等级评价、全过程管理；双证为发放“江苏电力技能等级”证书、“国家电网有限公司技能等级”证书；一复评为“岗位技能水平”5年到期复评）的技能等级评价管理体系，成为江苏省首批技能等级认定试点企业。印发加强新员工培养意见，建立新员工、青年工匠、新任管理人员、三基人才、“领头雁”人才的进阶式培养路径。员工职业发展中心项目获得全球人才发展协会（ATD）最佳实践奖。

电网建设与发展 研究制定江苏区域能源互联网发展纲要，实施37项建设任务和3项综合示范任务。1000kV苏通GIL综合管廊工程按期投运，华东特高压交流双环网实现合环运行。500kV第五过江通道工程取得可研批复。沿海二通道和西三通道工程纳入国网公司电网规划。政平、同里调相机工程电气安装初步完成。白鹤滩水电入苏工程率先具备核准条件。500kV晨阳输变电等10项迎峰度夏工程如期投运，220kV五峰山大跨越改造工程竣工。全年共开工35～500kV工程297项，线路4047km，变电2876万kVA。投产35～500kV工程328项，线路3333km，变电2741万kVA。新建改造配电变压器2.45万台，全省户均容量达5kVA。1项工程获全国质量奖卓越项目奖，2项工程获鲁班奖，1项工程获国家优质工程奖。

编制完成江苏海上风电输电系统规划，670万kW海上风电项目接网、汇集送出和北电南送断面加强方案通过电规总院评审。完成新能源项目的接入方案评审、送出工程可研、前期及核准工作。打造南京江北、苏州昆山2个百兆瓦级储能电站。首批新能源云试点建设通过国家电网公司验收。

经营管理 开展战略重大课题研究和战略环境分析，制定公司新时代发展战略，完成年度100项战略重点任务。衔接核价要求，持续优化经营管理策略。推进多维精益管理体系变革综合试点。完成收付款“省级集中”试点任务，构建新型省级资金管理平台。实施项目预安排全覆盖机制，精益预算管控，精准保障战略重点。编制2019—2021年资本运营规划，建立投资单位定期经营分析报告制度，确保股权投资风险可控。全面清理81项超期在建工程，建立长效机制，全年新增固定资产469.76亿元。

落实国家降低用能成本部署，完成“一般工商业电价再降10%”任务，减少工商业用户年用电成本87亿元。完成第二监管周期输配电价成本监审工作。实现精准管控预算资源。上线运营公司物联管理平台与企业数据中台，南京、苏州、无锡等地区实现营配调流程贯通。试点开展现代智慧供应链体系建设，建成国家电网公司首个智慧运营中心。颁布《国网江苏电力全面深化改革工作规则》，推进江苏综合能源公司混改，成立混合所有制省综合能源公司，完成股权交易、工商登记变更等主要工作。完成综合能源服务业务收入22亿元，同比增长176%。开展市场化交易，省内直接交易成交3085亿kWh，同比增长58.1%；跨区跨省交易总量1320亿kWh。制定二级单位内设机构设置标准。发布国内首个电能表失准更换地方规范。制定业务外包管理办法和负面清单。完成与巴西CPFL公司资产运营绩效国际对标交流。《江苏省电力条例》通过江苏省人大常委会审议。召开一届一次董事会、监事会会议。印发合规管理体系建设实施方案。完成国资委“三重一大”决策运行系统推广应用全覆盖工作。制定全资、控股、参股公司章程模板。开展重大决策合法性审核。组织“关联交易、靠企吃企”、转包和违规分包专项治理。完成国资委部署的民营企业逾期账款清欠。配合完成国网物资管理专项审计。开展经济责任、工程投资以及管理专项等各类审计8449项，防范经营管理风险。完成国网数字化审计平台综合试点任务。建立省公司层面集体所有制企业与省级平台出资人企业资本纽带关系。完成集体企业深化改革实施方案编制和报备。

实施管理创新93项，调研课题69项，管理研究53项。加强项目全过程管理，确保程序合规，确保成果质量。管理创新成果蝉联国家电网公司特等奖，获一等奖1项。“源-网-荷-储”项目荣获全国质量奖卓越项目奖。荣获全面质量管理推进40周年杰出推进单位，8个小组获得国优称号，1项成果获国际金奖。

安全生产 落实31项电网重大风险管控措施，治理各类设备隐患1.8万余条。开展年度七项主题安全专项活动，印发安全生产、应急能力建设三年行动计划。推进安全生态体系建设，构建省级安全标准体系，开展县公司安全示范点建设。落实安全筑基十项举措，配合完成国家电网公司首批安全生产巡查，组织7家地市公司安全巡查。应对负荷屡创新高、新能源大规模接入等方面挑战，科学安排电网运行方式，加强设备运维保障，强化输电通道状态管控，完成特高压交直流站年度检修、调相机首检等3554项重要检修工作，确保电网设备安全稳定运行。

落实供电可靠性预算式管控要求，运检类报修同比下降30.36%，用户平均停电时间同比减少1.93h。加强业扩配套工程管理，10kV业扩配套工程平均建设时长缩短至25天。制定《电力设备物联网建设工作指导意见》。完成无人机500kV及以上线路通道规模化巡检8386km。构建以无人机、运检车、站房机器人为架构的“空-地-站”配网立体智能巡检体系，配网故障率同比下降15.2%。

完成区域综合能源协调控制系统“主动孤网”“应急支撑”“需求响应”能力试验，在南京江北高新区、扬州广陵开发区、镇江扬中新能源岛、连云港连岛、开山岛等地区推广该系统建设，有效提升负荷侧资源调控能力。推进新能源发电数据中心省地一体化建设，提升地县调新能源运行监测与分析能力。建设江苏电网储能调控云平台，实现对储能电站“精、准、细、智”的运行监视和多维度、多时间尺度的运行分析与评价。

完成“大电网调度运行指标体系及实时评价方法研究”，建立省、地两级电网调度运行评价指标体系。开展电力气象大数据应用，基于高密度气象信息数据动态计算，重要输电线路输送限额，提升调度精细化水平。

严格“全面检查、隐患告知、报告政府、督导整改”用户安全管理要求，开展客户现场检查29万户次。高效应对超强台风“利奇马”等恶劣天气影响，完成盐城响水“3·21”特大爆炸事故电力应急处置工作。完成新中国成立70周年、国家公祭日、第二届进博会等重大活动供电保障。编制全场景网络安全防护指导意见。加强重点目标反恐防范，变电站纳入公安联网防范体系，建成人脸识别智能安防系统。加强重要时段信访和舆情管控，企业保持和谐稳定。

营销工作 联合政府部门清理规范转供电环节加价，惠及全省42万转供电用户。8个增量配电业务改革试点项目取得电力业务许可证，2个试点项目实现实体化运营。投运工商业客户用能控制系统。建成国内首个家庭智慧用能示范区。组建13个综合能源公司属地分公司。售电代理电量301亿kWh，业务规模同比增长5倍。排查治理群租房和小区电线私拉乱接安全隐患。查处各类违窃电4万余起，挽回经济损失2.5亿元。

完成“网上国网”App上线应用年度推广目标，累计推广注册用户393.11万，全省客户使用“网上国网”功能累计1680.46万次，申请办电业务12.06万笔、交费29.38万笔。实现与江苏政务打通，客户通过政务服务平台即可办理新装、增容以及更名及过户等业务。

制定国网江苏电力服务乡村振兴战略推动乡村电气化实施方案，编制乡村电气化评价体系和推广手册，在农业生产、乡村产业和农村生活等领域累计推广电气化项目1484个。深化星级供电所建设，6个供电所获2019年度“国网五星级供电所”。

科技与信息化 制定科技创新成果转化总体方案和管理办法，遴选18项重点成果进行转化。技术架构向互联网模式转型，从设备、平台、应用三个层面，实现建运一体化管理，60%服务器、80%系统入云运行。上线运行国网系统规模最大云计算平台。苏州同里区域能源互联网等示范区项目按里程碑计划推进。建设无线专网基站1741座，接入各类业务终端5.8万余个。试点多站融合建设运营，投运国内首座5G电力共享基站。建成国家电网公司首个无人机指挥管控中心。获省部级及以上奖励35项，其中国家科技进步二等奖1项，省部级一等奖4项。2项国际标准获批发布。

优质服务 出台优化电力营商环境30项重点举措，推广报装接电“特快电力”服务，全省高、低压客户平均接电时长压降至45、10个工作日以内。协同13个地市政务平台，全面实施“不见面审批”服务。农村地区预约上门办理业务44万余件。全省95598电话呼入量801.9万个。业务量523.5万件，同比下降2.9%。全省受理投诉3990张，同比下降56.5%，万户投诉率0.92。完成电力物联网营销服务系统设计。设立省营销服务中心。成立全国首家省级能源计量中心。拓展电能替代深度，推动各级政府新增出台粮食电烘干、岸电、全电厨房等专项补贴、规划政策14项，完成工农业生产等领域电能替代项目3911个，全年替代电量221亿kWh。组建综合能源服务产业联盟。落实国网线上产业链金融平台建设，释放产融协同效应。上线运行江苏综合能源云网平台，制定钢铁、化工等九大行业能效评价体系。车联网平台接入社会充电设施4万余台，接入率达到90%。整合国网“e享家”线上平台和全省各网点营业厅线下资源，推广国网“e享家”新零售品牌，打造覆盖电动汽车租售、城乡电气化、消费扶贫、金融服务、光伏业务等全流程服务产品。完成宿迁94个农房改善项目配套供电设施建设。开辟扶贫项目绿色通道，完成全省5000户光伏助残扶贫项目并网任务。

获得江苏省脱贫攻坚组织创新奖。

党的建设和精神文明建设 紧扣学习贯彻习近平新时代中国特色社会主义思想根本任务，开展“不忘初心 牢记使命”主题教育，坚持学做结合、查改贯通，完成问题整改1192个，切实解决一批思想作风问题、影响改革发展突出问题和职工群众关心关切的现实问题。以主题教育为契机提升党建质量的经验文章被《人民日报》内参刊发。完成“旗帜领航·三年登高”创先争优年各项部署。深化党委委员复合式分工，构建党委委员各司其职、齐心协力抓党建工作格局，促进党委委员主动履行“一岗双责”。建立“支部连动、党员连心”工作机制，应用党建全交互系统，推进“双好”活动，形成“党委引领、支部管用、党员像样、全员聚力”的组织生态。依托省内外丰富的红色教育资源，构建“5+5”实景党课教育格局，推动党性教育入脑入心。获“全国电力行业党建品牌影响力企业”第一名，典型案例“创新党委委员复合式分工模式，全面落实从严治党主体责任”获国家电网公司精神文明建设创新奖一等奖，抓党课教育经验文章《改进党课教育，做实思政工作》在《全国思想政治工作研究》刊载。

开展“抓整改、除积弊、转作风、为人民”专项行动，专项整治漠视侵害群众利益问题，行风作风逐步改善。落实国家电网公司党组要求，集中开展党建形式主义等重点问题整治。印发公司领导班子成员和本部部门履责要点，压实责任。推进3轮12家直属单位巡察，二级单位及县公司巡察实现全覆盖。组织2轮对6家被巡察单位巡察整改。开展招标采购、业扩报装专项监督，完成专项协同监督322项，排查各类管理风险124条，督促责任部门和单位对检查发现的51个典型问题落实整改。举办“明底线、知敬畏、守纪律”警示教育等系列活动320场次。

强化党内政治文化引领，建设优秀企业文化，行为信条建设成果获全国企业文化优秀成果特等奖。实施员工积极心态养成系统建设与应用项目，实现对员工队伍群体情绪和心态的智能感知。打造“电暖流”新时代文明实践基地，连续七届获评江苏省文明行业，省文明单位在市县公司实现全覆盖。构建先进典型培育、选树工作机制，国网如东公司共产党员服务队获“全国最美退役军人”，国网南京公司营销部获全国学雷锋活动示范点，陈德风荣获全国道德模范（敬业奉献类）提名奖，3名职工荣获江苏省道德模范，1名职工获“国网楷模”，3名职工获“最美国网人”，新增10名“中国好人”。

提升新闻品质，在中央三大媒体发稿197篇，其中新华社及人民日报94篇，中央电视台103条。举办庆祝新中国成立70周年系列活动。实施“彰显企业价值凝聚奋进力量”主题宣传工程。捐建连云港开山岛公益项目，组织开山岛“红色岛、绿色电”主题宣传。紧贴“人心凝聚”，开展“最美国网人”先进典型事迹宣讲，讲述苏电人故事。推进媒体融合，上线运行融媒体中心平台1.0版本，累计4次形成阅读量破亿的现象级传播事件。“CSR战略如何落地”社会责任管理案例入选北京大学教学案例库，发布“电力橙”特色品牌。

落实从严治团要求，提升基层团组织组织力。团委获“全国五四红旗团委”称号，累计60个集体或个人荣获省级及以上荣誉，实现“全国青年文明号”地市公司全覆盖。开展志愿服务1100余次，打造优秀志愿服务品牌。成立团校，牵头编写《国家电网有限公司青年发展行动计划（2019—2021年）》，组织承接国家电网公司团委两大重点课题，成果获团中央肯定推广。承办国家电网公司第五届“青创赛”并获7金9银2铜。

做实职工服务“5980”工程，制定《关于关心关爱职工为职工办实事的实施意见》。建成2个区域型文体活动中心。实现“五小”供电所全覆盖，打造26个“五小”供电所示范点。构建和谐劳动关系，开展省、市、县三级职工代表巡查，改善职工劳动条件和作业环境。完成公司级职工创新工作室综合评定，表彰20家先进工作室，优秀创新成果100项。持续推进“为老服务十项实事”。制订《全面提升后勤服务质量活动方案》，健康食堂得到职工好评，实现市公司健康食堂全部通过HACCP认证。1家单位获“中央企业先进集体”，6名职工分获“全国五一劳动奖章”和“中央企业劳动模范”，4个集体被授予“全国工人先锋号”，1名职工获国家电网公司特等劳模。

主要事件

1月8日，国网江苏电力牵头的“国家工频高电压全系列基础标准装置关键技术与工程应用”项目荣获国家科学技术进步二等奖。

1月17日，国家电网公司发布2018年度业绩考核工作情况，国网江苏电力连续第7年获国网业绩考核A级第一名。

1月17日，在第六届全国职工职业技能大赛暨第五届全国职工优秀技术创新成果交流活动总结大会上，国网无锡公司何光华劳模创新工作室创新成果“高落差高压电缆线路施工技术及工器具研制”荣获一等奖。

1月23日，国网江苏电力发布《新时代的江苏电网人——国网江苏电力员工发展报告》。

2月25日，在国家电网公司2019年党建工作会议上，国网江苏电力“创新党委委员复合式分工模式，全面落实从严治党主体责任”荣获国家电网公司精神文明建设创新奖（2015—2017 年度）一等奖。

3 月 6 日，江苏南京储能电站破土动工，标志着江苏第二批电网侧储能电站正式启动建设。

3 月 7 日，国网江苏电力与阿里巴巴华东有限公司、支付宝（中国）网络技术有限公司签署战略合作协议。

4 月 25 日，苏州 500kV 晨阳变电站完成历时 3 天的系统调试，正式启动投运。

5 月 18 日，在储能国际峰会暨展览会（ESIE）2019 上，国网江苏电力申报的“镇江电网侧储能项目”荣获 2019 年度储能应用特别贡献奖，被评为 2019 年储能十大应用创新典范第一名。

5 月 28 日，由国网江苏电力承建的苏州南部电网 500kV 统一潮流控制器（UPFC）示范工程、泰州±800kV 换流站工程被评为 2018—2019 年度中国电力优质工程。

7 月 3 日，国网江苏电力召开干部任免宣布大会。根据工作需要，经国家电网有限公司党组研究并征得中共江苏省委同意，决定唐屹峰任国家电网江苏省电力有限公司董事、总经理、党委副书记，石华军不再担任国网江苏省电力有限公司董事、总经理、党委副书记（另有任用）。

7 月 4 日，国网江苏电力苏州南部电网 500kV 统一潮流控制器（UPFC）示范工程、±800kV 特高压泰州换流站工程获国家电网公司输变电优质工程金奖。

7 月 12 日，江苏省能源计量中心（电力）在南京成立。

7 月 29 日 13:10，江苏电网调度用电负荷攀升至 10 716.3 万 kW。

7 月 30 日 14:00～15:00，国网江苏电力实施 2019 年夏季首次削峰需求响应。

8 月 28 日，国网江苏电力召开干部任免宣布大会。根据工作需要，经国家电网有限公司党组研究并征得中共江苏省委同意，决定肖世杰任国网江苏省电力有限公司董事长、党委书记，尹积军不再担任国网江苏省电力有限公司董事长、党委书记职务（另有任用）。

8 月 28～29 日，在全面质量管理推进暨中国质量协会成立 40 周年纪念大会上，国网江苏电力“大规模源网荷储友好互动系统”获颁全国质量奖卓越项目奖，国网江苏电力被授予“全面质量管理推进 40 周年杰出推进企业单位”称号。

9 月 15 日，世界上电压等级最高、输送容量最大、技术水平最高的超长距离 GIL 创新工程，华东特高压交流环网合环运行的关键性工程——苏通 GIL 综合管廊工程在苏州常熟投运。

9 月 18 日，由国网江苏电力牵头编制的 IEC 标准 *Performance of unified power flow controller (UPFC) in electric power systems*《电力系统中的统一潮流控制器（UPFC）的性能》在 IEC（国际电工委员会）官方网站正式发布。

9 月 21 日，在中央企业先进集体和劳动模范表彰大会上，国网江苏检修公司荣获“中央企业先进集体”荣誉称号。国网江苏电力董事长、党委书记肖世杰、国网扬州公司配电抢修班班长范朝波、方天公司智能电网服务中心首席工程师李新家荣获“中央企业劳动模范”称号。

11 月 4 日，苏州南部电网 500kV 统一潮流控制器（UPFC）示范工程获 2018—2019 年度国家优质工程奖。

11 月 18 日，国网江苏电力“大规模源网荷精准负荷控制关键技术及应用”项目荣获 2019 年度中国电力科学技术进步一等奖。

12 月 3 日，长三角城市电网互联互通重要工程，镇江五峰山 220kV 长江大跨越输电通道竣工。

12 月 10 日，泰州±800kV 特高压换流站、盱眙 1000kV 特高压变电站荣获 2018—2019 年度中国建设工程鲁班奖。

12 月 13 日，在中国企业联合会、全球契约中国网络联合主办的“2019 年实现可持续发展目标中国峰会”上，国网江苏电力荣获“2019 实现可持续发展目标企业最佳实践”奖。

12 月 24 日，中央宣传部、退役军人事务部、中央军委政治工作部在北京向全社会公开发布 2019 年 20 名“最美退役军人”先进事迹，国网江苏电力（国网如东公司）退役军人共产党员服务队获评该项荣誉。

（缪莉庆）

【国网浙江省电力有限公司】

企业概况 国网浙江省电力有限公司（简称国网浙江电力）是国家电网公司的全资子公司。截至 2019 年底，国网浙江电力下辖杭州、宁波、温州、绍兴、湖州、嘉兴、金华、衢州、舟山、台州、丽水 11 家地市供电企业，其中杭州、宁波（计划单列市）为副省级城市，67 家县供电企业，17 家业务单位，本部设 23 个职能部门。

2019 年，完成固定资产投资 319.6 亿元；110kV 及以上输电线路开工 2479km，投产 2195km；变电开工 2038 万 kVA，投产 2364 万 kVA。售电量 4075 亿 kWh，同比增长 4.4%，营业收入 2548 亿元，同比增长 4.3%，实现利润 44.1 亿元。资产总额 2354 亿元，资产负债率 64.4%。全员劳动生产率 144.63 万元/人年。产业单位全年营收 600 亿元、同比增长 7.8%，利润46亿元、同比增长15.8%。

领导班子

董事长、党委书记：尹积军（2019年8月任职）

董事、总经理、党委副书记：杨勇

董事、党委副书记、副总经理（二级单位正职级）：单人

副总经理、党委委员：赵光静

副总经理、党委委员：吴国诚

副总经理、党委委员：黄晓尧

党委委员、纪委书记：姜启亮

总工程师、党委委员：凌卫家

董事、党委委员、工会主席：杨玉强

总会计师、党委委员：陈树国

副总经理、党委委员：王凯军

组织机构 本部职能部门23个，分别为办公室（党委办公室）、发展策划部、财务资产部、安全监察部（保卫部）、设备管理部、营销部（农电工作部）、科技部、建设部、互联网部、物资部（招投标管理中心）、集体企业管理办公室、党委宣传部（对外联络部）、审计部、经济法律部（体改办）、党委组织部（人事董事部）、人力资源部（社保中心）、离退休工作部、后勤工作部、党委党建部（思想政治工作部）、监察部（纪委办公室、巡察办）、电力调度控制中心、工会、企协分会。地市供电公司11家，公司层面业务单位17家。

电网概况 通过溪洛渡—浙西特高压直流、灵州—绍兴特高压直流线路，与四川、宁夏等全国能源基地联通，通过淮南—浙北—上海特高压交流、浙北—福州特高压交流和9条500kV线路与上海、江苏、安徽及福建电网相联，基本形成了以“两交两直”特高压为骨干，主网架南北贯通、东西互供、交直流互备的坚强智能电网。特高压电网增加浙江省供电能力2500万kW，全年经特高压通道受入电量965.6亿kWh。

截至2019年底，浙江电网共有1000kV变电站3座，变电容量1800万kVA；±800kV直流换流站2座，容量1600万kW；500kV变电站50座，变电容量11 865万kVA；220kV公用变电站335座，变电容量15 177万kVA；110kV公用变电站1145座，变电容量14 459万kVA。

截至2019年底，浙江省全口径发电装机容量9877.6万kW，全省6000kW及以上发电装机容量8634.75万kW，其中浙江省统调装机容量6221.2万kW，非统调装机1217.16万kW，华东分部统一调度电厂装机容量1196.40万kW；6000kW以下发电装机容量1153.87万kW。浙江省统调电源以火电为主，总装机规模5460.08万kW，约占87.90%，水电178.28万kW，核电282.20万kW，风电51.08万kW，太阳能249.56万kW。

人力资源 印发公司《所属单位内设机构设置标准》和《岗位管理实施细则》，修订典型岗位名录，构建总量管控、分级授权的组织机构管理新模式。调整省市县三级单位“三型两网”战略相关部门设置，组织杭州公司推进“三型两网”组织模式与体制机制创新综合试点工作。成立国网系统首家正处级双创中心，组建营销服务中心（计量中心）、资金集约中心、融媒体中心、人才评价中心。印发《业务外包管理办法（试行）》，开展用工与业务外包联动管理研究，不断规范业务外包管理。编制产业管理公司组建方案，推动集体企业深化改革。

分别印发公司和集体企业《工资总额管理办法》，探索科技型企业分红激励、社会招聘人员的市场化薪酬激励。优化考核指标体系，丰富评价维度和评价方式，强化供电企业经营效益和市场竞争考核导向，深化直属单位差异化考核，推行综合性考评指标。强化绩优人员激励导向，优化员工绩效与薪酬分配、岗位调整、职务职级晋升、人才选拔等方面联动应用机制。

推进职员职级序列管理，印发《公司职员职级管理指引》，优化职员职级设置及四级职员聘任条件，明确职员职级与领导职务可双向流动、原则上互不兼任，完成公司系统四至七级职员的年度选拔聘任，加快构建全面覆盖、路径通畅的员工职业发展通道。

制定“放管服”清单21项，下放机构设置、人员编制调整、考核比例设置、人才评价等权限。清理规范评比表彰项目，省公司级精简规模达60.04%。承接国家电网公司运检专业劳动定员定额标准修订，在宁波公司实现电子劳动合同订立。强化人员交流力度，公开竞聘129人次、挂岗锻炼43人次，选派35名优秀管理和专业技术专家，前往西藏、蒙东、新疆等地区进行帮扶。

在省、地市两级成立人才评价中心基地，优化人才评价服务。制定《优秀人才管理实施细则》，启动“361”人才培养计划，提高人才待遇，选拔180名省公司级优秀人才，新增高端人才18人。完成1437名员工的中级职称自主评审，开展技师及以下技能等级首轮过渡期评价，1393人获评副高职称，200人转认正高级工程师，启动国网首届工程、经济和会计等系列正高级职称推荐工作。

制定管理人员全面履职能力培训三年规划，组织18期741名管理人员开展培训。组织参加6项上级竞赛项目，2项获中电联团体一等奖，3项分获国家电网公司第二、三、四名。开展50名供用电技术专业学生定向培养，培养储备高技能蓝领人才。

截至年末，全口径用工总量 76 365 人，较 2018 年末减少 186 人，其中，职工人数 38 548 人，较 2018 年末减少 89 人。实现职工劳动生产率 144.63 万元/人年，较 2018 年同比减少 3.48%。人才当量密度达 1.1872。

电网建设与发展 2019 年，共计开工 110kV 及以上项目 153 项，线路长度 2479.07km，变电容量 2038 万 kVA；共计投产 110kV 及以上项目 121 项，线路长度 2123.21km，变电容量 2364 万 kVA。白鹤滩—浙江特高压直流工程前期顺利推进，长龙山抽水蓄能电站送出、镇海电厂迁建送出等工程按期开工建设，舟山联网输变电、钱江输变电、浙西南电网补强第一阶段等工程建成投运。温州南麂岛与大陆联网输变电工程建成投运，实现浙江省最后一个电力“孤网”镇接入大陆主网。完成 1191 个小城镇电力线路整治，开展 810 个乡村电网改造升级。建成 25 个“乡村振兴·电力先行”示范区，湖州安吉乡村电气化示范项目全面建成。

研究形成 110kV 主变压器及 GIS 设备通用基础成果，完成 110～220kV 变电站工程通用设计（2019 版）修编，形成装配式变电站部品部件标准化设计和施工图集。依托舟山 500kV 联网输变电工程，牵头承担的《输电线路特大型钢管塔加工技术规范》和《额定电压 500kV（U_m=550kV）交联聚乙烯绝缘大长度交流海底电缆耐压同步检测局部放电试验导则》等 2 项国家电网技术标准正式发布，填补相关专业技术领域空白。在国家电网公司设计竞赛中，共获得一等奖 5 项、二等奖 4 项、三等奖 5 项。500kV 诸北变电站被评为国家电网公司输变电优质工程金奖，城西变工程获中国安装之星，宁波 220kV 崇寿变电站等 7 项工程被评为浙江省安全文明标化工地。

经营管理 完成国家电网公司与省政府战略合作协议签署准备，与杭州市政府签署战略合作协议。构建综合计划精益管理体系，编制财力资源三年规划，实施 38 项优化经营举措。建成省级资金集约中心。应用技改自动竣工决算，接收用户资产、迁建资产，完成温州鹿城、瓯海自供区资产、管理上划，清理关闭超期工程 710 个，做大有效资产。基本完成负损线路、台区治理。完成首批 1.2 万户用户供售同期调整。推动光伏省补加速退坡。新增智能交费用户 501 万户，预收电费余额 14.7 亿元。

深化“三项制度”改革，完善工资总额管理办法，直属单位实行差异化考核。优化职员职级序列管理，实施“361”优秀人才培养计划。基本建成现代智慧供应链体系，配网物资抽检实现“三个全覆盖”。制度、合同、招标项目法律审核率 100%。开展“三型两网”法律保障研究。完成“关联交易、靠企吃企”问题专项治理。补齐 340 个电网建设项目历史遗留环保手续。推进数字化审计，完成数字化审计平台部署。开展产业单位综合检查“回头看”，完成全部问题整改。上线产业单位统一招投标平台，采购全流程高效透明。推广配网资产国际对标成果，优化内部对标模式，探索开展直属单位对标。落实班组“减负提效增活力”20 项举措。

安全生产 开展“四个一”活动，细化落实全员安全责任。开展保障大电网安全、防止电气误操作、电力安全工器具、“两票”“防风险保安全迎大庆”等专项行动，强化风险管控，夯实安全基础。完成对丽水、舟山、衢州三家地市公司和紧水滩电厂、省送、省检、省建设、省信通五家生产性直属单位的安全生产巡查。落实国家电网公司数字化工作票试点研究要求，完成变电工作票全业务流程功能开发，在杭州公司试点应用，梳理数字化工作票实施对现行《安规》的影响。管控主网重大检修项目电网运行风险，健全电力建设施工安全风险管控机制，发布周作业一本账清单，抓好重点工程风险预警管控，全年共发布四级风险预警 23 项。组织开展防止人身伤亡、电气误操作、火灾和交通事故等反事故措施排查，发现防误装置管理、固定接地桩预设等问题 107 项。

做好新一轮应急预案修订，加强突发事件应急指挥体系运转，制定《应急领导小组及应急指挥机构通用职责》和《防台风灾害事件应急指挥机构及职责》。建成启用安全警示教育基地，提升员工安全意识。实施产业单位劳务外包人员“四统一”安全管控。承办公安部“护网 2019”网络安全专项演习、全国县域大面积停电示范应急演练，阻止 14 起疑似社会工程学事件。开展水库大坝安全注册登记和定期检查，建立汛期大坝安全运行情况周汇报制度。完成省市两级安全管控中心试运行和变电站智慧安防系统试点建设，完成建设微型消防站 418 座。完成设备质量三年提升行动，设备异常率、责任性故障事件分别累计下降 35%、84%。完成特高压金华、绍兴换流站检修优化试点。深入推进智能运检生产组织体系建设，提升风险防范、故障研判和设备状态管控能力。220kV 及以上变电站实现机器人巡检全覆盖。深化配网供服中心运营，停电时户数同比下降 50.3%，频繁停电投诉减少 61.8%。

营销工作 促成出台《浙江省优化营商环境用电报装便利化行动方案》，印发《持续优化营商环境提升供电服务水平两年行动计划》《优化小微企业园区供电服务的指导意见》，开展优化营商环境政策巡回宣贯，实施优化电力营商环境两年行动。推进能源公司地市分公司“分改子”，能源公司新增浙江省用能权有偿使用和交易第三方审核机构资质，主导成立

“浙江综合能源服务产业协同发展联盟”，推广综合能源服务平台，实现营收 25.8 亿元。合作建成 241 座综合供能服务站，开展居民区智能有序充电试点，探索实践基于车联网的“绿电交易”，在杭州、湖州、绍兴、台州等成立 4 家电动汽车合资公司，取得湖州、绍兴全市公交充电设施建设运营权，推广建设电动汽车“微综合体”充电站，电动汽车充电量增长 98%，充电市场占有率 15.5%。深化业扩提质提速，业扩结存容量较年初下降 29%，完成“三供一业”供电分离移交任务。实施电能替代提质提效两年行动，全年替代电量 78.6 亿 kWh。在湖州安吉建成乡村电气化示范县，建成电气化示范村 5 个、智慧用能示范点 14 个、推广点 131 个。开展客户侧用能结构信息普查，新建岸电设施 60 套、全电景区 70 个、现代农业电气化示范基地 8 个、校园电气化示范工程 16 个。推进宁波梅山、南太湖绿色制造等大型园区项目建设，签署合作协议园区 23 个。建成杭州丁桥社区、宁波梅山工业园区 CPS 示范项目、嘉兴南湖绿色建筑示范项目。对接全省首批试点的 24 个“未来社区”。注册成立 5 个增量配电试点项目公司，4 个公司完成组建并挂牌运营。印发《市场化售电营销业务规则》，完成营销市场化核算系统适应性改造，有序开展业务。

科技与信息化 38 项成果获国家电网公司科学技术奖，16 项成果获浙江省科学技术奖，11 项成果获中国电力科技奖，其中牵头申报的“含高比例分布式新能源的电力系统灵活负荷控制关键技术及工程应用”获中国电力科技进步奖一等奖、“超特高压变电设备多源放电性故障监测与预警关键技术与应用”获浙江省科技进步奖一等奖、“直流组网核心技术、装备研制及工程应用”获国家电网公司科技进步奖一等奖。

主导编制的首个国际标准 IEEE P2780《绝缘穿刺线夹》正式颁布实施，《电能表的试验设备、试验程序 第 2 部分：电能表自动化试验系统》等两项国际标准提案正式提交。推进《就地化即插即用继电保护装置》等 5 项国家标准、11 项行业标准，15 项团体标准和 8 项国家电网技术标准编制，新增获批 3 项国家标准、18 项行业标准和 9 项团体标准立项。承办国家技术标准实施示范项目现场验收，支撑国家电网公司技术标准实施示范工作。经研院筹建中电联工程技术经济标准化委员会电网技改检修工程分技术委员会，提升公司行业声誉。

完成舟山柔性直流系统直流断路器现场短路试验，世界首次开展直流双极短路试验和短路瞬间电磁环境测量，验证了国产高压直流断路器技术性能。完成泛在电力物联网总体设计，制定标准体系，建成电网域数据中台和电网资源业务中台。“‘多站合一’城市智慧能源站建设示范工程”确定了工程设计方案及投资建设运营模式，完成可研收口，启动初设编制；“区块链支撑客户侧综合能源互动交易服务示范工程”完成信息化项目可研评审，在嘉兴海宁部署区块链网关，搭建基于区块链的能源数据可信共享平台；“智能配电柔性多状态开关技术、装备及示范应用”项目通过工信部中期检查；“±500kV 直流电缆系统试验及运维技术”开展±535kV 交联聚乙烯国产绝缘料直流电缆系统型式试验工作，建立成套电缆机械性能试验平台，可模拟施工过程中预期承受的各类载荷，考核电缆机械性能；“分布式可再生能源发电集群并网消纳关键技术及示范应用”搭建集中型分布式电源运行管控系统，完成 7 个站点分布式电源集群灵活并网装备部署，实现分布式电源集群就地侧灵活接入和安全管控；“交流 500kV 交联聚乙烯（XLPE）海缆关键技术研究与应用”通过项目自验收。“基于区块链的能源数据可信共享平台—设计开发实施重大项目”完成基于区块链的能源数据可信共享平台建设。

优质服务 完成 158 个“三型一化”营业厅转型升级，基本实现 A、B 级营业厅转型全覆盖，探索“无人化供电营业厅”试点。融入政府便民服务体系，电力服务进驻全省 80%以上的政府行政（便民）服务中心，推广电力接入项目行政联合审批平台，外线工程审批时间压至 9 个工作日，高、低压客户办电时间分别减至 45.2、3.8 个工作日。开通“浙里办”办电服务，优化“掌上电力”，常用办电业务线上可办率 90%，累计减少群众跑腿 1004 万次。优化居民“一证通办”、企业“两证办电”，推出“办电 e 助手”，上线非居电子合同，高、低压客户办电时间分别压缩至 45.2 工作日、3.8 个工作日，下降 36%、20%。落实一般工商业调价等政策，全年电力直接交易 1063 亿 kWh，推广临时用电设备租赁服务，年降低企业用（接）电成本 107.5 亿元。设计部署楼宇空调需求、社区多能服务、工业园区多能服务等功能，累计接入智慧电务 2803 户、智慧光伏 19 户、建筑能效 2 户、绿色照明 1 户（981 盏灯），累计采集数据 25.3 亿多条。

党建工作 以学习贯彻习近平新时代中国特色社会主义思想为主线，结合“大学习、大调研、大讨论”活动，分两批开展“不忘初心 牢记使命”主题教育。健全党建责任落实与考核体系，严格“三级联述联评”和党建报告制度。分层分类推进基层党支部提质增效，实施基层党支部规范化、差异化、精益化管理。创新“书记开讲”品牌，举办竞讲 274 场，参与书记 1700 余人次，系列视频被推荐参加中组部第十五届全国党员教育电视观摩交流活动。实施党员教育“百千万素质大提升”精品工程，在嘉兴南湖畔建成“红船·光明学堂”，成为党校现场教学基地。持续开展“人民电业为人民”专项行动，推进红船共产党员服务队标准化管理，共有实体化服务队434支。启动党风廉政建设三年行动计划。深化“互联网+智慧监督”应用，提升廉政风险辨识能力。做好中央巡视组巡视配合，开展“抓整改、除积弊、转作风、为人民”专项行动、“漠视群众利益”专项治理，完成产业单位招标采购、非工程领域、优化营商环境等专项巡察。完成驻京办专项清理。

制定领导人员队伍规划，强化各级班子梯队建设，优化各级班子结构。建成国家电网首家融媒体中心，主题宣传成效显著，获得社会广泛好评。在央企首家开展“浙电记忆”口述历史档案采集，获口述历史国际周“2019年度十大口述历史项目”；《大法爷爷的“浙电记忆”》获国家档案局建设项目档案微视频一等奖。做好办实事工作，推进智慧后勤建设与服务，提升职工获得感。启动“青马工程”，青创赛成绩名列前茅。践行信访“枫桥经验”，职工队伍保持稳定。

获评全国电力行业“党建品牌影响力企业”称号；红船党员服务队被浙江省人民政府授予第六届“浙江慈善奖”；黄金娟获评全国“最美职工”，吴继亮获中国能源化学地质系统大国工匠；3个集体获全国工人先锋号，2人获全国“五一”劳动奖章，1个集体获中央企业先进集体，3人获评中央企业劳动模范，10家集体分别获评“全国五四红旗团支部”“全国青年安全生产示范岗”“全国青年文明号”；传承弘扬红船精神的探索实践，先后获评中国政研会优秀研究成果、全国企业文化优秀成果一等奖和国家电网精神文明建设创新奖一等奖。

（丁　静）

【国网安徽省电力有限公司】

企业概况　国网安徽省电力有限公司（简称国网安徽电力）是国家电网公司的全资子公司，以建设和运营电网为核心业务，承担着保障能源安全、服务人民美好生活的重要使命，是安徽省能源领域的骨干企业。现辖16个市、72个县公司和12家直属单位，管理各类员工7.3万人，服务电力客户3088万户。

目前，安徽电网进入特高压交直流混联时代，电网输送能力、抵御事故能力、电网规模实现较大程度提高，基本形成以1000kV和500kV为骨干、220kV覆盖全省的坚强电网格局；通过4回1000kV线路、7回500kV线路与华东电网相连，电力外送能力达1600万kW，其中，1000kV变电站2座，变电容量900万kVA；±1000kV换流站1座，换流容量600万kVA；500kV变电站27座，变电容量4060万kVA；220kV变电站221座，变电容量6821万kVA。

安徽全社会用电量2300.7亿kWh，增长7.76%；完成售电量1822亿kWh，增长8.95%。完成固定资产投资172亿元，110kV及以上线路开工1554km、投产4025km，变电开工1530万kVA、投产2610万kVA。实现营业收入1077亿元，增长4.55%。企业负责人业绩考核位列公司系统第8。国网安徽电力两次荣获全国“五一劳动奖状”，先后被评为“第十一届安徽省文明单位”“全国国有企业创建‘四好’领导班子先进集体”“全国群众体育先进单位”“全国厂务公开民主管理先进单位”“中央企业思想政治工作先进集体”“全国‘安康杯’竞赛活动示范企业”等称号。

电网概况　安徽电力以火电为主、水电为辅，近年来太阳能、风力等新能源发电蓬勃发展，电力输送总体呈北电南送、皖电东送格局。截至2019年底，全社会装机容量7394.5万kW，其中火电5521.1万kW、水电345.4万kW、风电274.2万kW、太阳能1253.8万kW。安徽电网拥有110kV及以上变电站917座，变电设备容量1.95亿kVA，线路4.8万km。换流站1座，换流容量1200万kVA，直流线路1557km，其中：1000kV变电站2座，主变压器3台，变电容量900万kVA，线路1232km；500kV变电站33座，主变压器61台，变电容量5285万kVA，线路6328km。全球首个±1100kV准东—皖南特高压工程投产，最大输电能力达到1200万kW。±800kV白鹤滩—江苏、白鹤滩—浙江特高压前期工作取得实质性进展。500kV金寨变电站、阜阳变电站等一大批重点工程建成投运，投产规模增长68%，安徽电网网架结构不断增强。特高压古泉站工程获国际项目卓越管理奖，500kV芜湖三变电站获国家优质工程奖。提前完成新一轮农网改造升级任务，“两率一户”指标达到国家“十三五”农网规划目标，户均配电变压器容量达2.62kVA，居公司系统第7。全面完成6个水电供区电网无偿接收，31个应急项目建成投产，困扰近20年、涉及50多万群众的供电体制问题得以理顺，受到国家能源局、省委省政府高度肯定。

人力资源　截至2019年12月31日，共有长期职工31 244人，其中研究生学历3450人、大学本科学历15 240人、大学专科学历7970人、中等职业教育学历3043人、高中及以下学历1541人，高级职称3790人、中级职称7251人、初级职称10 153人，高级技师9107人、技师9931人、高级工4501人、中级工571人。

电网建设与发展　围绕国家电网公司战略目标，开展安徽省“十四五”电网规划研究工作。安徽省主网架研究规划通过华东分部组织的区域规划评审，规划研究成果纳入区域电网规划报告。完成16个地市“十四五”规划研究报告评审。配合省能源局，研究提出安徽“十四五”能源、电力发展基本思路、重大项目计划。

±800kV白鹤滩—江苏、白鹤滩—浙江特高压前期工作取得实质性进展，核准省级支持性协议办理有序推进。超前谋划“十四五”规划项目前期工作，紫蓬、亳州二等4项500kV输变电工程取得可研批复。全年共完成110、220kV输变电工程可研批复140项、核准140项。有序推进35kV及以下配网基建项目核准工作，2019年投资计划项目全部核准。启动可研和设计一体化管理试点，完成2个批次的可研和设计一体化招标。

2019年开工35～500kV输变电工程142项，线路长度2249.49km，变电容量1566.1万kVA；投产35～500kV输变电工程238项，线路长度5273.79km，变电容量2091.56万kVA。世界首个±1100kV特高压工程——准东—皖南特高压工程投运。投产规模较2018年平均增长68.16%，平均每个工作日投运1个项目。

经营管理 配合输配电价成本监审，深入开展核价分析测算。制定实施优化经营策略68项重点任务，全面推广资金流按日排程，做实成本项目化管理，在多重因素叠加的背景下，各项经营指标超额完成。长江流域重要港口岸电实现全覆盖，完成替代电量67.3亿kWh；开拓优质充电业务，充换电量增长53%，超额完成年度目标。配网负损和高损单元治理成效显著，同期线损监测治理有序推进。追补电费及违约金1.35亿元。

加快综合能源业务发展，初步建成省、市综合能源服务体系，完成营业收入4.8亿元。省智能中心仓库投运，物资质量检测体系全面建成。成立战略研究中心，组建智库队伍，政策研究分析能力进一步增强。开展合规体系建设，狠抓各类监管检查发现问题整改，经营风险得到有效防控。加强重大事项闭环管控，建立督办、交办工作机制，有力保障决策部署落地执行。

安全生产 树立安全发展理念，有效化解建设任务重、风险挑战多等压力，安全生产保持平稳有序。依托安全责任清单压实各级责任，强化作业计划刚性执行，建立作业安全风险等级标准，运用科技手段强化现场管控，安全管理水平进一步提升。坚持严抓严管、重奖重罚，制定员工“干私活”及安全生产奖惩规定等制度，对特别严重的违章行为顶格处理。把大电网安全作为重中之重，坚决扛起属地责任，促成设立全国首个特高压安保联勤办公室，推动密集通道纳入公共安全；完成古泉站移交接收，精心做好运维工作，联合开展消防实战演练。在夏季负荷屡创新高的情况下，千方百计争取区外来电，多措并举保证电力平衡，始终确保电网安全和电力可靠供应。成功应对雨雪冰冻、超强台风等恶劣天气影响，完成应急指挥中心建设，应急能力得到检验和提升；完成新中国成立70周年、第二届进博会、世界制造业大会等重大供电保障任务；强化网络和信息安全管控。

营销工作 16个地市设立综合能源服务分公司，出台业务管理办法，规范项目运作。建立政企联动电能替代工作机制，强化行业协同，组建以首席、高级客户经理为主的前端推广团队，将替代成效纳入年终考核与激励发放。印发优化营商环境两年行动计划和加强主动服务的指导意见，推行“三省”“三零”服务，通过加强主动超前服务、压减资料环节时限、开展配套电网建设、研发技术支撑平台、完善客户经理制运作，进一步简化客户办电，大客户精准服务和低压客户快速服务机制进一步优化。高压、低压客户办电资料分别精简至3种、2种，环节分别压缩至4个、3个以内，时限分别压缩至25个、5个工作日内。压实分层分级电费回收责任制度，动态更新4935户潜在风险客户“一户一策”台账，构建常态管理、风险预控为主的电费回收风险防控体系，实现电费“颗粒归仓”。稳步推进机制建设，印发工作规范和作业指导书，建立“三单（任务单、联系单、督办单）、两报（月度通报、专题报告）、一例会”工作机制，推进稽查业务规范化、流程化、标准化。持续增强稽查功能，聚焦营销关键业务，重构“量价费”、业扩报装、反窃查违等34个稽查主题，实施电价、业扩等7个风险预警主题，常态更新稽查主题及规则。逐步提升工作成效，全省查实并整改异常问题11.90万件，退补电费5159.07万元。全年实施电能替代项目2826个，完成替代电量67.29亿kWh。建立电能替代协同工作机制，推动省能源局联合省环保厅、交通厅等十厅局建立政企联动工作机制，强化行业协同，确保替代成效。持续推进工业煤锅炉（窑炉）治理，基本实现全省城市建成区35t/h以下燃煤锅炉替代；实施淮北矿业集团固体蓄热锅炉电替代，年替代电量7000万kWh。推进港口岸电建设，实现长江沿线重要港口岸电全覆盖。深入开展校园节能减排，打造“全电职教城”，覆盖11家大中专院校。

科技与信息化 获得省部级科技奖励26项（作为第一完成单位获得14项），其中一等奖4项、二等奖14项、三等奖8项。首次获得安徽省专利金奖1项、优质奖1项。6月申报的“基于量子精密测量的电气设备状态检测技术”项目获得国资委举办的2018中央企业熠星创新创意大赛一等奖。

对7个500kV在建工程开展施工期间环保技术监

督检查，完成110kV及以上电网建设项目竣工环保验收99项、水保设施验收7项。完成226座变电站噪声监测及3座110kV变电站噪声治理，处理电网环保一般投诉17起。累计回收六氟化硫气体30.1t，发放净化气27.71t，气体净化率98.33%。

全面推进“2+3+N”建设任务实施。完成滨湖示范区23km²区域内6.8万只HPLC智能电能表全覆盖。全面部署古泉示范站成熟感知终端和新型物联传感装置，建成首座“5G+特高压”基站，实现巡检机器人远程监控和站内4K高清监控视频实时回传。完成国网云和数据中台建设部署，物联管理平台架构审核和资源调配，统一SG-CIM数据模型，推进“瘦身健体”专项行动，加强数据治理，实现增量数据维护及时率100%。信息系统运行平稳，未发生八级及以上信息系统事件。持续推动信息系统“瘦身健体美颜”专项治理工作，全面开展僵尸系统清理、信息资产清理、整合优化工作，全年累计下线27套系统，累计腾退154台服务器。

优质服务 推动服务体制机制变革。实施城区网格化综合服务试点，合肥、蚌埠公司完成属地化供电服务机构建立。完成中心供电所组建及业务模式调整，供电所综合业务系统全面深化应用。优化市公司供电服务指挥中心服务调度职能，实现全渠道工单集中受理、转派、监控、督办。完善客户经理服务机制，出台首席、高级客户经理履职考核实施细则。首席高级客户经理直接服务政企客户1800户，上门走访1.44万次，解决客户需求3520个，政企客户服务抽查回访满意度98%以上。

推动实现低压客户所有业务“一次都不跑”、高压客户办电“最多跑一次”。持续完善全渠道线上服务功能，完成掌上营业厅界面优化，深化在线客服运营管理，低压非居类业务功能上线，持续提升客户体验。加大线上渠道推广，开展“扫码支付同步绑定”活动，提高绑定效率。线上渠道客户数超过1600万户、城区渗透率30%以上，在线客服日均接待客户2000人次，工单处理及时率99%以上。完成1185万条短信订阅异常核查治理，短信类意见工单同比降低60%，短信类投诉杜绝。完成服务风险预警平台升级改造，建立“一群两站两个电话”工作制度，属地快速解决客户服务诉求。全年95598热线受理业务59.90万件，业务处理及时率99.99%、退单率0.04%，业务处理满意率98.91%。完成投诉举报共性问题自查整改和历年发现问题整改情况“回头看”，确保客户合理诉求有效响应、准确闭环。

加快推进国有企业职工家属区“三供一业”供电接收，完成所有职工家属区供电资产划转，完成预定目标任务。落实“服务、通知、报告、督导”四到位服务要求，按季度完成全省重要客户用的隐患排查。

党的建设和精神文明建设 6～12月，2063个党组织、3.7万名党员先后参加了第一、第二批主题教育。各级党组织全面把握“守初心、担使命、找差距、抓落实”总要求，坚持带头带动、落细落实、求真求效，“闭门”抓学习、“开门”查问题、“出门”抓落实、“上门”解难题，做到了学做结合，查改贯通。通过深入开展主题教育，水电供区移交改造破局开篇、绿苑产证办理完成、服务职工十件实事逐件落地，让广大电力客户和干部员工深切感受到了主题教育的实践实效，得到公司、地方党委政府的高度肯定和新闻舆论界的一致好评。

在国家电网公司青创决赛中斩获3金、3银、2铜，1个项目在安徽省第九届“创青春”青创赛上摘铜。召开青年职工代表座谈会，董事长、党委书记与50名青年面对面交流。1名青年员工荣获安徽省“青年五四奖章”称号，3名青年荣获“国家电网有限公司（杰出）青年岗位能手”称号，5名青年员工、5个集体获省部级表彰。

媒体报道量效双增，全年央视37次报道（4次专题直播、4次新闻联播），新华社通稿、《人民日报》各10篇。以许启金为原型创作的泗州戏《万家灯火》获中央企业第五届精神文明“五个一工程”优秀作品奖。打造“风起丝路”“最牛电力工程在中国”等热门作品，新媒体影响力居央企二级账号第3。省、市、县联动开展雨雪冰冻、马鞍山强对流天气、台风、持续高温新闻应急，全年发布舆情预警36次，处置一般舆情448条、敏感舆情事件26起，未发生影响品牌形象的重大舆情事件。

（王运涛）

【国网福建省电力有限公司】

企业概况 国网福建省电力有限公司（简称国网福建电力）是国家电网公司的全资子公司，以建设和运营福建电网为核心业务，承担着保障福建省清洁、安全、高效、可持续电力供应的重要使命。经营区域覆盖全省9个设区市及平潭综合实验区，管辖9个市供电公司、1个水电企业、17个直属单位、62个县级供电公司、3家混合所有制售电公司，全口径用工5.7万人，资产1188亿元，客户1885万户。2019年，业绩考核位居国家电网公司第5位。

电网概况 福建电网通过两路1000kV浙北—福州特高压输电线路和两路500kV输电线路与华东电网相连，省内形成“全省环网、沿海双廊”500kV主干网架。现有1000kV特高压变电站1座，容量600万kVA，输电线路342km；500kV 25座，容量4781万kVA，输电线路5427km；220kV 204座，容量6880万kVA，输电线路13 828km；110kV 777座，容量

6424 万 kVA，输电线路 18 066km；35kV 514 座，容量 556 万 kVA，输电线路 11 820km。2019 年，全省用电量 2402 亿 kWh，用电最高负荷 3838 万 kW。

人力资源 录用电工类毕业生 466 人；供服公司补员 207 人。选派 32 名管理、技术骨干赴国网西藏、新疆电力开展人才帮扶。

举办各类培训班 4986 期 14 万人次，推进全员技能提升工程，开展“进阶式”岗位能力认证 1.1 万人次，实行“1＋X”复合型岗位评价，推动低压网格化落地。推进青年人才托举工程，开展优秀青年人才差异化晋级培养，建立动态遴选机制，精选 238 名优秀青年人才，依托技能、职场、创新“三大训练营”，开展精益培训。4 人取得正高级职称。

人才当量密度达到 1.1014，技师及以上技能人员比例达到 35.24％，中级职称及以上管理和技术人员比例达到 70.48％。电科院黄道姗获评福建省百千万工程人才省级人选，福州公司陈小波获全国技术能手称号，8 人获省部级技术能手称号，11 人获省部级青年岗位能手称号，5 人获评福建省金牌工人，新增 1 个国家级技能大师工作室、3 个福建省技能大师工作室。洪燕获评中央企业劳动模范，黄颂获评国家电网公司特等劳动模范，4 人获评国家电网公司劳动模范，冯振波荣获首届“八闽工匠”，7 个班组获评国家电网公司一流班组（工人先锋号），7 人获评国家电网公司优秀班组长。

把学习习近平新时代中国特色社会主义思想作为党员干部教育的重中之重，开展“不忘初心　牢记使命”主题教育，签约挂牌古田干部学院“党性教育基地”。树立担当作为鲜明导向。制定激励干部干事创业担当作为工作方案，建立“四看”精准容错纠错和激励担当作为“五项”机制。深化领导人员日常考核、年度专项测评和综合考核“三位一体”考评机制建设，注重急难险重任务一线考察干部。

电网建设与发展 开展 2019 年电网发展诊断分析，完成《福建省电网发展规划（2019 年版）》《2020—2024 年主干电网滚动规划》《福建省 2020—2025 年配电网滚动规划》和福州、厦门重点城市配电网规划；编制《福建省 2019—2021 年新能源消纳分析能力研究》《福建可再生能源发展“十四五”规划研究》，促进新能源、可再生能源与电网协调发展；开展全省饱和负荷电网规划研究，完成全省 220kV 及以上电网目标网架规划；完成《福建城市能源互联网发展方向和政策研究》和《厦门城市能源互联网规划》。推进福建与金门、马祖联网通电工作，配合总部完成联网方案规划研究。

按期投运井门、通港输变电以及 14 项迎峰度夏、16 项电源送出等重点工程，共投产 35kV 及以上线路 2477km，变电 1063 万 kVA；新开工线路 1286km，变电 726 万 kVA；水口坝下工程完成阶段性目标。宁德 500kV 崇儒变电站获得国家电网公司优质工程金奖、中国电力优质工程奖和国家优质工程奖；厦门 110kV 黄厝变电站获得国家电网公司优质工程银奖。

加快配网标准化建设改造，完成 8563 个配改工程、328 个单电源大中型小区接入电源改造，全省供电可靠率、综合电压合格率、户均配电变压器容量分别提升至 99.886％、99.911％、3.54kVA。完成福州、厦门世界一流城市配电网建设投资 30.78 亿元，试点建成中压合环线路 4 条（2 个花瓣）、低压互备台区 5 组，配网 $N-1$ 通过率分别提升至 97.9％、97.84％，配电线路联络率分别提升至 98.91％、98.89％，用户平均停电时间分别比降 40.94％、65.11％。工程创优取得新突破，漳州云霄 10kV 开漳Ⅰ、Ⅱ线新建工程等 6 个项目入选国家电网公司百佳工程，48 个项目获省级优质工程称号，全年建成低压示范台区 106 个。

截至年底，全省除煤电以外的清洁能源装机容量 2737.6 万 kW，占比 46.3％，其中，水电、核电、风电的装机占比分别为 22.4％、14.7％、6.4％；核电装机容量及占比均居全国第 2 位。推行电源集约化送出和走廊整合优化的规划设计方案，推广风电场群集中送出模式；并网光伏等分布式电源项目 8568 个，总容量 55.46 万 kW。清洁能源发电 1166.8 亿 kWh（占全省发电量 45.3％），风电、光伏发电量分别增长 20.7％、17.2％，风电发电小时连续五年全国第一。

经营管理 完成输配电价改革任务，第二监管周期输配电价总体实现预期目标。增量配电业务改革有效落地，控股配售电公司市场化管控机制初步建立。电力现货市场开展两次连续 7 天结算试运行，初步实现中长期交易和现货交易的有机衔接和一口对外。推动交易机构股改，省内直接交易电量 665.71 亿 kWh，比增 22.3％。组建综合能源、电动汽车地市分支机构，加强新兴业务拓展的支撑力量。完成集体企业瘦身健体任务，福州、厦门制造业集体企业混改工作实现进场挂牌。分类优化市场化单位管控模式，制定 148 条“放管服”事项清单。指导基层单位差异化动态优化内设机构，实现前端业务融合和一线力量重塑。构建智慧供应服务（网商）平台，缩短物资供应周期。推进全面深化改革 35 项重点任务，入选国家电网公司创建世界一流示范企业典型引领单位。

依法合规、全面完成瘦身健体压减任务，省管产业单位户数由 2017 年的 166 户压降至 58 户，超额完成压减任务 1 户，实现混合所有制改革的重要突破，改革过程舆情平稳、队伍稳定。全面深化改革方案通过国家电网公司审核，组建福建华夏能源产业管理有限公司，推动产业单位与主业有效分离。启动构建“$N+1+N$”的省市一体化资本纽带关系。依法从严规范管理全面发力，形成覆盖企业管理、制度建设、投资、安全、关联交易等各领域的规范管理框架体系，发布省管产业单位平台企业制度架构和目录清单，明确22个模块、323项制度参考目录。产业单位安全生产支撑保障能力明显增强，累计采购补充5936万元施工装备，组建作业层班组94个、配置骨干人员81人。资金全口径归集78.04亿元，实现委贷规模35.02亿元，完成电商化交易12.6亿元。

多措并举推进挖潜增效，保持经营稳健。2019年实现营业收入1153亿元，同比增长3.39%；年末资产总额1188亿元，较年初增长4.12%；资产负债率66.45%，同比下降0.01个百分点，落实一般工商业降价任务，加强省内输配电价工作沟通，争取增值税退税、停征政策，为企业贡献2.14亿元现金流入；全面推广现金流“按日排程”，精准安排融资规模，降低融资成本3亿元。优质收购远光软件股权并划转国网公司，统筹配置市场化单位资金5.4亿元。清理201项超期挂账工程，在建工程余额同比压降19%。

推进现代智慧供应链场景落地，完成2个总部试点建设、49个两级统推、2个自建场景开发落地。探索供应链网商运营新模式，以改善需求侧体验为出发点，搭建一站式业务平台为供应链上下游提供服务，实现全省业务上线推广试运行。

创新成果荣获中企联二等奖2项、中电联二等奖1项、国家电网公司三等奖1项，自行评选表彰优秀创新成果40项。开展企业信用复评，蝉联中电联2019年涉电力领域信用企业复评AAA级。深化“四好”本部建设，推动开展“双全”（全业务、全流程）体验，深化内外部客户（本部与基层、单位与员工、单位与合作单位等利益相关方）“一趟不用跑、最多跑一趟”服务新机制、“双随机一公开”综合检查新机制，年度重点工作“双向”联动机制延伸到县公司。全面落实中央“基层减负年”要求，发布两批共44条基层减负措施。完善74类班组建设规范，命名五星级班组479个。推进全面质量管理工作，获得全国优秀QC小组3个、全国电力行业优秀QC小组15个、国家电网公司QC小组三等奖1个、福建省优秀QC小组234个。

加强各层级员工岗位学法，落实年度普法计划，将合规管理作为企业法治文化建设的重要内容。深入开展“法律六进”活动，组织开展“三月万物起，普法进行时”等专题普法宣传活动。《保持距离也是一种爱》等2项作品获第十五届全国法治动漫微电影作品征集活动公益广告三等奖，普法宣传片《来电》获第十五届全国法治动漫微电影作品征集活动微电影三等奖。

安全生产 强化安全责任全链条管控，固化安全责任清单的发布、公示、宣贯学习和考评机制；建立健全各级领导班子和领导人员安全述职制度；制定并严格执行《特殊任务期间各级领导干部和管理人员到岗到位工作标准》，完善“层层负责、人人有责、各负其责”的安全责任体系。突出安全正向激励。

持续强化人身风险防控，规范安全督查队伍建设，加强“四不两直”“双随机”安全检查，盯紧重点领域、关键时段、薄弱环节开展反违章工作，下发安全督查通报44期，下发违章整改、安全问题、安全监督等通知14份，及时消除各类事故隐患苗头。

开展安全风险管控“一平台三系统”建设。“作业风险管控平台”（ORM）覆盖生产、基建、营销三类专业，实现重大现场、危险作业、施工关键环节实时监控。“安全知识百度系统”（SKB）手机版平台上线运行，促进员工利用碎片时间主动学习，并提供安全知识要点查询服务。电网灾害监测预警与应急指挥管理系统（ECS）首创研发手机版App，融合各专业多维数据，实现应急抢修全流程实时线上管控。安全工器具系统（STM）实现工器具智能化出入库管理。

持续强化应急能力建设，成立公司应急中心，推进灾害监测预警和应急指挥管理系统（ECS）实用化，常态化开展应急演练及应急技能培训，配合政府完成厂网协同大面积停电演练、核事故应急处置演练等。持续完善“三个阶段、四条战线”抗灾应急模式，实现抗灾各环节互联互动。

强化作业风险防控，按周发布重大检修作业风险提示，严格落实管理人员到岗到位工作要求；精简发、输、变、配电安全管控卡60份，现场全面执行“一票一卡一清单”；推进配网工程现场安全管理巩固提升行动，累计检查现场11 960个，查处违章5303起，处罚人员7281人次，罚款105.89万元。加大设备隐患整治力度，完成存在重大电网风险的500kV三阳变电站、晋江变电站220kV间隔调整以及220kV山兜变电站半高层构架加固，改造老旧变压器35台、开关柜98面、油浸正立式电流互感器29台，综合治理电气火灾隐患5655项、输电“三跨”隐患160处、人身触电案件隐患34 610处。完成变压器固定灭火装置防误动治理，全省425台全面投“自动”方式，115座220kV及以上变电站补办消防验收备案。落实防灾差异化要求，防风补强输电水泥杆990基，改造10kV窄基塔6200基、加装防风拉线1.1万组、改造抗腐蚀柱上刀闸3.3万组、增补线路避雷器7.5万组、安装复合绝缘横担3000套，有效提升电网防灾能力。

严控电网检修风险，防抗超强台风“利奇马”，有效管控福厦高铁迁改三级电网风险，完成“庆祝新中国成立70周年”供电保障任务，福建电网连续安全稳定运行超过9000天。强化网源协调管理，加强应急调度管理，推动主、备调系统无缝切换应用，推进配、县调“集群化”运作，实现应急情况调度人员跨地县支援。开展二次系统“三道防线”“排雷”专项行动，整改问题2171项。强化电力监控系统网络安全防护能力，编制《国网福建省电力有限公司电力监控系统网络安全事件应急预案》，组建网络安全专家队伍及渗透测试队伍，实现35kV及以上变电站全覆盖；对所辖变电站与直调厂站开展电力监控系统网络安全技术监督，闭环整改问题824条；配合公安部完成“护网2019”专项演习，实现福建电网电力监控系统网络安全“零攻陷、零失分”目标。

营销工作　2019年完成售电量2073.61亿kWh，同比增长3.55%；综合能源业务累计完成营收3.35亿元，同比增长84.84%，社会收入占比77.81%，实现利润2089万元；累计替代电量115亿kWh，同比增长20.29%，福建各地市全面建成市级充电政府平台，动态接入充电桩1.9万个。电费回收率99.999%。高低压业扩平均办电时长分别同比下降43.47%、24.63%。百万客户投诉量国网系统正向排名第5；95598工单处理时长缩短1.04天(34.66%)，客户诉求一次解决率达100%。建成智能台区200个，完成155万户智能电能表HPLC改造。

建立健全控股配售电公司市场化运营机制，属地化管理体系，实现存量资产入股模式新突破。组建福建省电费管理中心，打造“购售一体”的电费结算平台，构建集约化、专业化、智能化的电费管理体系。

创新综合能源机构建设，与福州市电子信息集团有限公司合资成立福州市综合能源信息服务有限公司。在全省其他地市公司均成立综合能源服务事业部。

12月12日国网福建电力联合福耀玻璃、宁德时代新能源、南瑞集团、华北电力大学等46家单位共同发起成立“福建省智慧能源服务产业创新发展联盟”，打造“共创共建、互惠互利”智慧能源“朋友圈”。

政企联动服务“清新福建”，汇报并促成福建省发改委、工信厅、交通厅、住建厅、农业厅等政府部门联合印发《关于进一步推动电能替代工作的通知》，通过“农民合作社”模式精准扶贫。

推进交通运输以电代油专项行动，在平潭岛推动国网系统首家投资建设的大型邮轮码头港口岸电项目(容量16MW，投资3300万元）落地，同时促成平潭政府出台对设备购置费进行50%补贴和0.2元/kWh运维服务补贴的政策，大幅提高项目的经济效益。福建公司累计建设高低压岸电43套，总容量50.75MW，并带动社会资本投资建设25套岸电设备，总容量76.5MW，实现沿海港口全覆盖，2019年福建省岸电项目共获得交通部补贴1700余万元。

构建电动汽车“生态圈”，2019年引入地方资本组建省级充电设施投资公司，实现与省属大型国企合作布局充电市场。深化车联网平台属地应用，在全省所有地市建成充电桩市级政府监管平台。充电利用率提升与低电量治理成效显著，自营充电利用率较2018年实现翻番；推行居住区智能有序充电，跨专业协调加快整改验收，提前做好现场勘察设计和施工队伍、物资准备；创新充电桩运营运维管理，全面开展利用率提升和低电量治理，采用大客户阶梯优惠、零电量桩迁移等措施；发挥福建省充电投资公司平台作用，建设厦门BRT电动化等17个重点项目。

科技与信息化　按照“计划统一管理、工作统一部署、实施统一组织、成果统一共享”原则，发挥省市两级互联网办监测分析与数据管理工作协同合力。每周汇总各单位工作计划，每双周点评工作成果，定期召集组织主题项目集中讨论，确保监测分析工作和数据管理成效。各地市公司共完成上报监测分析成果1039篇，其中常态报告669篇、自主开展监测335篇、管理建议书35篇。将原有102个存量监测分析模型向基层一线全量开放，为各地市互联网办、业务部门乃至基层一线班组提供模型工具，实现数据服务和应用服务双管齐下、双重赋能，解决地市数据管理和应用人员长期以来的取数难、用数难和工具匮乏的问题。

承担“基于物资供应数据集的大数据应用”项目试点，完成协议库存需求预测模型构建，编制完成存货合理性监测、自营材料费支出合理性监测；完成“企业运营大数据”应用体系业务设计和数据梳理。牵头开展城市产业布局规划、用电环保指数2项数据增值服务产品研发设计工作，协同进行网格化环境监测、企业用能优化等6个增值项目试点。

网信安全方面，健全公司网络安全保障体系，部署落实网络安全防护措施。开展信息系统漏洞隐患排查，全年被国网采纳153个首发漏洞和2个重大安全隐患；推进信息系统“瘦身健体美颜”工作，完成16个僵尸系统清理，29台老旧服务器腾退；完成“护网2019”国家网络安全攻防演习、数字中国、建国70周年等重大活动网络安全保障工作，确保网络与信息系统安全稳定运行。加强网络安全人才队伍建设培养。网络信息安全人才培养初现成效，1人入选国家电网公司尖兵部队，1人获得“全国技术能手”和“中央企业技术能手”荣誉称号，1人获得“福建省技术能手”称号；荣获2019年全国网络安全职业技能竞赛团队一等奖和个人特等奖。

基础平台方面，加快推进国网云和数据中台建设，编制云和数据中台技术方案，完成产品技术验证及选型，初步建成178个节点的云平台及数据中台，实现对电网资源中台、智慧物资供应链、多维精益、人资微应用等重点业务承载及数据共享应用。

核心业务系统方面，完成网上电网和网上国网部署应用，进一步深化同期线损系统应用，完成多维精益资产负债类会计科目切换；完成现代智慧供应链部署实施；数字化审计平台试点上线，外网移动办公全面上线应用，有力支撑疫情期间公司文件线上办理；开展移动作业终端及应用整合工作，完成MIP2.0及VPN2.0升级，改造移动应用8套，有效解决了基层员工存在的“一人多终端”问题。

优质服务 电力营商环境取得突破。全力打造办电更便捷、用电更可靠、服务更优质的营商环境体系，实施优化营商环境24条措施，推行“三省、三零”服务，福建全省低压小微企业接入标准提高至160kW。在2019年福建省发展改革委开展的营商环境评价中，“获得电力”预计排名相当于全球190个经济体的20名以内，较2018年提升54名以上。人民日报在5月27日的头版报道《福州优化营商环境培育壮大新动能》中详细介绍公司办电服务的提升案例和举措。

全省范围推进以网格责任制为核心的低压综合服务运作模式，聚焦城乡居民用电需求，在城区推行网格经理、在农村推行台区经理制，构建“人员到网格、管理到网格、责任到网格”的管理与绩效体系，强化“五率”指标管理，构建“省—市—县（区）—网格”四级“五率”指标管理体系，完善网格绩效薪酬体系，激发人员主观能动性，实现基础指标稳步提升，优化低压网格组织机构，整合城区低压客户片区服务、采集运维、用电检查、业务报装、市场拓展等业务，搭建基于网格化的业务管理支撑平台，实现营配数据贯通；开展网格与供电服务指挥中心服务协同。上线“网上国网”，实现不同客户多元需求“一网”通办。开展漠视侵害群众利益问题专项整治，整改问题204项、完成率100%，开展“啄木鸟”行动，以正向激励增强基层内生动力，建立“通过一个诉求，解决一类问题”常态机制，完成居民峰谷改类、电费账单不友好等八类问题整改，实施95598非抢修五类工单直派市县、市县供指中心部分业务工单直派网格，压缩管理链条，提升服务响应效率。

党的建设与精神文明建设 以习近平新时代中国特色社会主义思想为指引，坚持思想建党、理论强党、制度治党，跟进学习十九届四中全会和总书记最新重要讲话精神。开展“不忘初心 牢记使命”主题教育，2016个党组织24 289名党员分两批参加主题教育，检视整改问题2881项，主题教育得国家电网公司第二指导组的高度肯定。细化落实创先争优年任务41项，选树6类10个党建专业标杆，完成“旗帜领航·三年登高”任务。优化“痕迹化”管理，出台党建工作访谈评价等制度。建立直属单位党建工作“五统一、五协同”机制。排查整治软弱涣散和基础薄弱党组织17个，减少党员空白班组343个。开展“党建+”工程，实施63个党建“三级联创”项目，深化“党旗引领·攻坚突破”专项行动，破解重点难点问题325项。“721”党建工作绩效考核评价体系，荣获第二届全国党建创新成果“十佳案例”。

组织开展庆祝新中国成立70周年系列活动，举办“最美国网人”事迹宣讲报告会，完成新一届全国级、省级和省直级文明单位届中考评迎检。学习贯彻国家电网公司《企业文化建设工作指引（2019）》，制定《国网福建电力党委强化党内政治文化引领建设优秀企业文化实施方案》。创建“号手岗队”，推动“青”字号品牌活动常创常新，创建全国、省级青年文明号2个、14个。搭建“青年科技沙龙”平台，参加国家电网公司青创赛获2金2银5铜。

党风廉政建设和反腐败工作取得新成效，政治监督更加有力，开展“不忘初心 牢记使命”主题教育，集中解决了一批思想作风、改革发展、为民服务等方面的突出问题。深入开展扶贫领域腐败和作风问题治理。配合巡视整改任务全面完成，县公司提级巡察扎实推进，二级单位巡察实现全覆盖。各级党组织和党员干部在做到“两个维护”上行动更加自觉。“两个责任”更加夯实。各级领导干部认真履行“一岗双责”，主体责任和监督责任同向发力，广大党员干部履职尽责意识明显增强，党风廉政建设基础更加坚实。严格落实中央八项规定精神，坚决贯彻中央基层减负年部署，整治形式主义、官僚主义，“放管服”改革有序推进，文件、会议、检查、评比表彰数量同比分别压减9.6%、40%、35%、22%。执纪问责更加精准。保持正风肃纪反腐高压态势，精准运用“四种形态”，第一、二种形态占比分别为79%、15%，抓早抓小、防微杜渐，营造了干事创业良好氛围。强化重点人员、重点领域、关键环节廉洁风险防控，加强全员廉洁教育和警示教育，干部员工纪律规矩意识普遍提高，一体推进“三不腐”建设取得实效。

筹备国网福建电力70年发展成就展示，中央、省级主流媒体密集宣传国网福建电力70年发展成就、《人民日报》头版头条、新华社《动态清样》报道国网福建电力优化电力营商环境的经验做法，《中国人有多拼》获得中央网信办“五个一百”短视频正能量作品，《雪域歌谣》《爱笑的爸爸》荣获中宣部、中央网信办“第三届社会主义核心价值观主题微电影征集展示活动”二等奖。办公室组织制作的《三张档案图纸见证妈祖故乡沧桑巨变》获评国家档案局项目微视频一等奖。

工会工作 坚持依靠工人办企业方针，落实“双路径、三保障”职工民主管理体系，组织召开四届二次职代会，审议形成7项决议，办结12件立案提案，3件提案获国家电网公司立案。制定《国网福建电力党委关心关爱职工为职工办实事的意见》，落实23条工作措施。

深入贯彻《新时期产业工人建设方案》，围绕建设有理想守信念、懂技术会创新、敢担当讲奉献的宏大的产业工人队伍，组织第三届“拼搏杯”劳动竞赛和第十四届“新福建·电网杯”职业技能竞赛；三名员工在国家电网公司供电“服务之星”劳动竞赛中分获“十佳服务之星”“优秀服务之星”“服务之星”称号；11名劳动模范获“新中国成立70周年奖章”；黄颂获评国家电网公司特等劳动模范、洪燕获评中央企业劳动模范；冯振波荣获首届“八闽工匠”、陈国信荣获“国网工匠”称号。

发动职工立足岗位开展小发明、小创造、小革新等活动，3个基层班组获评全国优秀QC小组、15个获全国电力行业优秀QC小组、234个获省优秀QC小组；116项创新成果参加福建省职工“五小”创新大赛获奖，5项参展“6·18”海峡项目成果交易会，省人大常委会副主任、总工会主席黄琪玉肯定职工创新创效工作。承办闽宁产业工人技术交流培训项目。

举办庆祝新中国成立70周年歌会等系列活动；《旗帜领航》节目代表国家电网公司参加全国电力系统文艺展演，获得好评；参加省直党工委主题歌会获得金奖；微视频《我的心愿》获中国能源化学工会一等奖；报告文学《大江东去》获国家电网公司一等奖。

（石家标）

【浙江省能源集团有限公司】

企业概况 浙江省能源集团有限公司（简称浙能集团）成立于2001年2月，总部位于杭州，主要从事能源及设施建设、电力热力生产、石油煤炭天然气开发贸易流通、能源科技、能源服务和能源金融等业务。经过十八年的创业发展，浙能集团已成为省属国企中能源产业门类较全、电力装机容量最大的能源企业。

截至2019年底，浙能集团共有在职员工26 510人，资产总额为2415亿元，所有者权益为1220亿元；2019年营业总收入为1118亿元。控股浙能电力和宁波海运二家A股上市公司和锦环投一家新加坡上市公司，管理企业456余家。截至2019年底，浙能集团控股管理发电装机容量3524万kW，其中在浙江省内的统调装机容量为2802万kW，占全省统调装机容量的45.03%；年发电量1396亿kWh，其中在浙江省内的统调发电量为1118亿kWh，占全省统调发电量的47.97%。60万kW及以上煤电机组占煤电总装机的75.88%。年完成煤炭销售6482万吨，同比增长0.11%，占全省用煤量的50%左右；年供气量118亿立方米，占浙江省天然气消费总量的80%左右。2017年9月，浙能集团组建成立浙江省石油股份有限公司，主要从事原油贸易、油品储运、燃料油加注、成品油销售等业务，以及配套主营业务的油库、码头、输油管线和综合供能服务站等基础设施的投资建设。

领导班子

董事长、党委书记：童亚辉

董事、副总经理、党委副书记：詹敏

董事、党委副书记：陆翔

董事、副总经理、党委委员：范小宁、赵建林

董事、党委委员：孙玮恒

纪委书记、党委委员：龚平

副总经理、党委委员：徐小丰

副总经理、党委委员：朱松强

党委委员：倪震

副总经理、党委委员：王建堂

董事、工会主席、党委委员：胡斌

组织机构 浙能集团本部设有17个职能部门、2个专题建设和应用办公室、4个中心、1个筹建处。控股管理企业456家，均股企业4家，代为管理的参股子公司3家。

企业管理 浙能集团高举习近平新时代中国特色社会主义思想伟大旗帜，深入贯彻落实浙江省委“八八战略再深化、改革开放再出发”的战略部署，坚持“稳中求进”总基调，坚定大能源战略引领下的浙能集团“能源立业、科技兴业、金融富业、海外创业”四业发展路径，打造创造型、协同型和服务型的“三型”现代能源企业，推进全局性改革和结构性调整，打造具有国际竞争力的综合能源服务商，形成以“电力、油气、能源服务”三大产业为基础的多业互补的能源全产业新格局。

应对市场化改革，拓展新业务，扩大产业布局，集团转型升级取得成效，收入结构更加优化，火电“一业独大”局面进一步改善，供热成为电力企业利润新增长点，天然气回归良性发展轨道，可再生能源开始发力，石油增收速度加快，能源产业布局步入多元协调发展道路。

推进国资国企改革，加大国有资本投资公司改革试点力度，持续健全法人治理，稳步推进向下授放权改革，打造省属国企“最多跑一次”改革样板。设立董事会投资决策委员会，重大合同、重大决策和规章制度的法律审核率均达100%。申报并有序推进混合所有制改革试点。参与省电改政策制订和天然气体制改革方案编制，大用户直购电量价符合预期，浙能能

服获得全省首张售电牌照。推进用工体制改革，全年完成34家企业全员竞争上岗，1900余名富余人员得到转岗安置。深化工资决定机制改革，强化市场化激励，完善绩效考核机制。健全教育培训机制，台州电力职工技能实训基地挂牌，浙能学院完成招生，集团成为全国首批职业技能等级认定试点企业。

安全管理 落实安全生产责任制，完成省政府安全生产责任考核各项目标，未发生年度安全生产目标中杜绝发生的各类事故（事件）。修编安全生产管理制度，完善风险分级管控，各类安全隐患和问题整改完成率97.2%。应急调度指挥中心投入运行，赢得“利奇马”台风等防台抗台胜利。召开现场会，总结巩固班组建设成果，全面启动7S管理工作。发电机组等效可用系数93.12%，上升0.88个百分点；等效强迫停运率0.13%，下降0.2个百分点。逐一落实重大风险防范化解，温州LNG项目作为省国资系统唯一典型在全省社会风险评估工作现场推进会上作经验交流。

经营管理 经济效益稳步向好。全年实现销售收入1111.8亿元，同比增长18.72%，首次站上千亿台阶；实现利润总额92.2亿元，同比增长49.38%。截至年底，资产总额2435亿元，所有者权益1232亿元，分别增长15.59%、14.18%，资产负债率49.4%。全年完成发电量1396亿kWh，完成煤炭供应6482万t，天然气供应117.8亿m^3（含代输），供热2281万t，同比分别增长7.10%、12.48%；实现原油贸易量502万t。全年28家企业扭亏为盈，18家企业实现减亏。

社会责任担当有为。响应党和政府的降成本号召，向社会让利68亿元；克难攻坚建成201座综合供能服务站，完成省民生实事工程目标任务；平安护航新中国成立70周年能源保供和安全维稳；参与东西部扶贫，做好省内“消薄”帮扶；弘扬社会新风，推进困难职工关爱帮扶，开展“慈善一日捐”活动，累计向各类社会机构捐赠2278万元。

电力建设

1. 项目开工

10月7日，浙能集团首个海上风电项目——嘉兴1号海上风电场项目的海上打桩正式开工。该项目于2018年8月14日获省发改委核准，是浙江省能源发展“十三五”规划建设的重点工程。项目装机容量300MW，拟安装75台4MW的风电机组，建设一座220kV海上升压站和一座陆上计量站。

11月25日，浙能绍兴滨海热电厂三期扩建工程主体工程正式开工，10月23日土建工程烟囱土方正式开工。

12月3日，浙能集团首个省外海上风电项目，总装机规模300MW的江苏竹根沙海上风电项目开工建设。该项目年可发清洁电能超8亿kWh。项目预计总投资504 462万元，年均上网电量86 548万kWh，年均利用小时为2866h。拟安装50台单机容量4MW和17台单机容量6MW的风电机组和一座220kV海上升压站及陆上集控中心。

2. 投产项目

3月26日，浙能兴源节能公司所属浙江浙能德清分布式能源有限公司项目二单元7号电制冷机组满负荷试运行结束，实现了对中国联通在华东地区最大的数据中心——联通德清云数据中心供冷的目标，满足了联通德清云数据中心增长负荷的需要。浙能德清天然气分布式能源项目始建于2016年，于2018年3月30日完成第一单元四台电制冷机组试运行，并于4月份开始向联通数据中心供冷。5月27日17:29，兴源节能所属德清分布式能源项目第一单元4套内燃机-溴化锂总容量为17.1MW的机组完成72h+24h满负荷试运行后，正式投入运行。8月16日0:00，兴源节能所属德清分布式能源项目3套内燃机-溴化锂总容量为12.825MW的机组完成72h+24h满负荷试运行后，正式投入运行。

11月18日，浙能嘉兴发电厂一套年设计处理污泥干化能力超7万t的设备装置建成投产。该项目是嘉兴发电厂燃煤耦合污泥发电二期工程，2018年被列入国家能源局、生态环境部在全国确定的84个燃煤耦合生物质发电技改试点项目之一，也是在浙江省试点单位中首家建成投产的项目。

12月30日，长兴发电公司燃煤耦合污泥发电项目正式投入运行（7月15日开工）。该项目为国家级燃煤耦合生物质发电技改试点项目之一，每天可处理污泥200t，约占长兴县每天污泥产生量的2/3。

3月5日12时18分，伊犁新天煤化工有限责任公司（自备热电厂）容量为50MW的3号机组，通过试运行后，投入商业运行。

2019年基建新增投产37.5702MW，具体为宁波江北浙源新能源有限公司金田分布式光伏项目投产5.8702MW、宁波杭州湾新区浙源新能源有限公司投产11MW、舟山浙源新能源有限公司投产19.9MW、台州利丰洁具有限公司0.8MW屋顶分布式光伏发电项目投产0.8MW。

2019年，浙能集团在省属国有企业中率先开展“最多跑一次”改革并取得实效，作为省属企业首个先进典型案例，其事迹刊登在省“跑改办”和“深改办”推出的“领跑者”公众号上，得到了袁家军省长和冯飞副省长的批示肯定。在省属企业“千企结千村，消灭薄弱村”专项行动中，浙能集团结对的常山县郭塘村、对坑村、辅辂村、茶源村四个村的光伏项目是全省项目落地最快、投产见效最快、效益最好的项目之一，累计总投资1820万元，四个村每年可累计为村集体创收130万元，摘除了“集体经济薄弱村”的帽子。

3月12日，浙能舟山煤电公司承建的六横千户农户光伏项目在六横石柱头村开工建设（千户光伏项目是舟山六横积极推进省级新能源示范镇建设的重点举措之一，也是浙能集团高度关注的智慧能源岛项目的关键环节。项目包括1000户农村家庭屋顶光伏发电项目的开发，总装机容量达到4MW）。

10月15日，浙江省首座具备加氢功能的综合供能服务站——浙江浙石油嘉善客运中心东综合供能服务站完成第一辆氢能源车加氢作业，投入试运行。该站日加氢能力可达500kg，可满足25辆氢能源公交车的正常行驶。

12月21日，浙江浙石油嘉善客运中心东综合供能服务站正式为103、226路共计12辆公交车提供加氢服务，首日成功为5辆氢能源公交车加氢50kg。

科技信息创新 成立科技委员会，提升科技工作决策效率，加大科研投入，全年研发投入10.6亿元。申请发明专利108项，授权专利及软件著作权102项，获得省部级科技奖项5项。水锌储能电池项目成功研发出电池样机，自主研发的光纤振动预警系统、智能管道检测器在嘉兴站试用成功，智慧新能源管控平台完成新能源电站的数据接入，智慧油气管网一期全部上线。五大示范项目积极推进，2个综合能源示范项目签署合作框架协议，组建全国首个商用液氢工厂落户嘉兴，浙江首座氢电综合供能站正式运营，萧山电厂储能电站项目纳入正在编制的省级储能实施方案，智能电厂台二项目入围省智能工厂。科研成果转化应用实现“走出去”，自主研发船舶脱硫技术已获订单总额超4亿美元，电厂废水零排放技术在集团外部开始推广，超低排放中标国外火电项目，并首次跨行业应用于水泥企业。长兴浙能产业园被工信部列入第四批“国家级绿色制造产业园”，入园项目完成投资6.1亿元。

国际业务 跟踪国际能源投资项目70余个，积累筛选海外项目的能力，锻炼了队伍，为后续发展打下了基础。设立浙能巴西控股公司及三个海外办事处，圣西芒水电项目股权划入浙能巴西控股公司。与道达尔合作组建燃料油加注公司，与埃克森美孚签署LNG购销协议。完成保税燃料油销售33万t。协办第三届世界油商大会，参加第二届中国国际进口博览会，达成签约1.2亿美元。

节能减排 强化节能降耗，控股管理火电机组供电煤耗297.18g/kWh，下降0.15g/kWh。

人力资源管理 加强干部队伍建设，调整领导干部92人次，提拔76人次。

工会工作 完成36家单位工会组建、换届（届中）选举，启动产业工人队伍建设改革工作，抓好省级重点工程立功竞赛活动。组织开展“青年建功新浙能”优秀青年突击队风采展，成功举办第二届“浙能杯”创新创业大赛。评选第三届浙能集团劳动模范，开展“庆祝新中国成立70周年”系列活动，推出70个“浙能好故事”典型，《浙能集团志》通过复审。切实提升老干部、退休职工服务工作质量。

党建工作 落实全面从严治党要求，发挥党委领导核心和政治核心作用，从严从实推进国企党的建设，以党建工作引领发展，切实把国企的制度优势转化为治理效能。开展“不忘初心、牢记使命”主题教育，政治意识、政治规矩进一步强化，政治站位进一步提高，依法治企能力进一步提升，合力兴企氛围进一步浓厚。党委书记、董事长童亚辉撰写的《习近平能源安全新战略的浙江探索》在新华社、《人民日报》刊发，《浙江能源集团发展超低排放的创新实践》入选中组部丛书，微视频《一张蓝图、一片蓝天》在省委组织部微信公众号专栏首发。持续压实管党治党政治责任，抓好“三清单一项目”工作，集团党委意识形态工作列入浙江国企党建工作“十大样本”之一。开展“基层党支部建设年”，发挥“红咖啡馆”等党建阵地作用。全面落实“清廉浙能”建设重点任务清单，完成20家单位巡察工作，开展正风肃纪明察暗访和廉政风险大排查，严格监督执纪问责，有效运用“四种形态”。

主要事件

3月12日，浙能舟山煤电公司承建的六横千户农户光伏项目在六横石柱头村开工建设。

3月26日，浙能兴源节能公司所属德清分布式能源项目二单元7号电制冷机组满负荷试运行结束，实现了对中国联通在华东地区最大的数据中心——联通德清云数据中心供冷的目标。

4月26日，全国首批增量配电网改革试点项目、浙能集团首个配电公司——湖州长广配售电有限公司在湖州长兴县揭牌成立。

4月，浙能嘉华发电公司选送的创新技术成果“基于‘消白烟技术’的烟气余热实时深度回收技术及应用”在中国电力技术市场协会上荣获2019年全国火电企业超低排放及节能改造创新成果一等奖。

5月8日，国家能源局党组书记、局长章建华一行在党委书记、董事长童亚辉的陪同下，来到浙能集团所属嘉华发电公司调研指导。

5月17日，由浙石油综合能源销售公司承建的省内首座氢电合建综合供能服务站嘉善县客运中心东站建设项目正式动工建设。

5月20日，浙江省低品位能源利用国际联合实验室在浙能技术研究院揭牌成立。

5月27日17:29，兴源节能所属德清分布式能源项目第一单元4套内燃机－溴化锂机组又一次完成满负荷试运行。

6月10日，浙能集团在浙能大厦举行入股中国锦江环境控股有限公司签约仪式。

6月16日，浙江省新能源投资集团股份有限公司创立大会暨第一次股东大会在杭州召开。

7月2日，新华社播发了浙能集团党委书记、董事长童亚辉的署名文章——《习近平能源安全新战略的浙江探索》。

7月10日，国家发展改革委党组成员、副主任连维良一行到新天煤化工调研。

9月4日，浙能集团与国家电投集团在杭州签订战略合作协议。

9月6日，在北京2019（第十五届）中国分布式能源国际论坛上，兴源节能所属浙能德清天然气分布式能源项目获得“2019年度中国分布式能源优秀项目一等奖”。

9月12日下午，巴西执政党PSL（社会自由党）副主席安东尼奥·鲁达一行莅临浙江能源巴西控股有限公司访问，并进行了工作会谈。

9月19日，浙能集团董事长、党委书记童亚辉荣膺“能源功勋·新时代领军国有企业家”称号。

10月7日，浙能集团首个海上风电项目——嘉兴1号海上风电场项目的海上打桩正式开工。

10月9日，浙能集团首家储能电池初创公司——浙江浙能中科储能科技有限公司经工商注册成立。

10月12日下午，浙能电力与普华资本合作设立的浙江浙能普华股权投资有限公司在杭州举行揭牌仪式。

10月15日，浙江省首座具备加氢功能的综合供能服务站——浙江浙石油嘉善客运中心东综合供能服务站完成第一辆氢能源车加氢作业，投入试运行。

10月20日，浙能集团与航天推进技术研究院（中国航天科技集团公司第六研究院）在北京签署战略合作协议，共同合资成立氢能工程公司和合建氢能研发技术中心。

10月30日17:00（埃塞俄比亚当地时间10月30日12:00），浙能集团董事长童亚辉为非洲（埃塞）代表处成立揭牌。

10月31日，浙能集团入围2019浙江省综合百强企业前二十、2019浙江省服务业百强企业前十，党委书记、董事长童亚辉被评为“第十八届浙江省优秀企业家”。

11月18日，浙能嘉兴发电厂一套年设计处理污泥干化能力超7万t的设备装置建成投产。

11月25日，浙能绍兴滨海热电厂三期扩建工程（总容量为57MW）的主体工程正式开工。

11月27日，2019年地方能源企业发展论坛在上海召开，浙能集团党委书记、董事长童亚辉作题为《长三角能源一体化的机遇与对策》的主旨演讲。

12月3日，浙能集团首个省外海上风电项目，总装机规模300MW的江苏竹根沙海上风电项目开工建设。

12月4日，浙能集团党委书记、董事长童亚辉与以色列创新署主席、以色列经济与产业部首席科学家阿米·艾派博姆博士在上海举行会谈。

12月28日，由中国企业网、《环球时报》社和《经济》杂志社联合主办的2019（第二届）亚洲经济大会在北京举行，浙能集团被评为中国（行业）年度杰出贡献奖。

12月30日，长兴发电公司燃煤耦合污泥发电项目正式投入运行，该项目于7月15日正式开工。

（罗旭杰　胡冬梅）

华　中　地　区

【国家能源局华中监管局】

基本情况　国家能源局华中监管局（简称华中能源监管局）是国家能源局在华中区域的派出机构，接受国家能源局的垂直领导，依据国家能源局的授权履行区域电力等能源行政执法职能。经中编办批准，原华中电监局于2013年11月更名为华中能源监管局（2014年1月正式挂牌），设于武汉市，目前主要负责湖北、江西、重庆、西藏四省（市、区）的电力等能源监管工作。

主要职能：在所辖区域内，监管电力市场运行，规范电力市场秩序；监管电网和油气管网设施公平开放；监管电力调度交易，监督电力普遍服务政策的实施；承担电力等能源行政执法工作，依法查处有关违法违规行为，监督检查有关电价；承担除核安全外的电力运行安全、电力建设工程施工安全、电力工程质量安全的监督管理以及电力应急和可靠性管理，依法组织或参与电力安全生产事故调查处理；实施电力业务许可以及依法设定的其他行政许可；承办法律法规授权以及国家能源局交办的其他事项。

领导班子

党组书记、局长：王强

党组成员、巡视员：罗毅芳、葛才胜

党组成员、副局长：唐俊

主要工作

按照国家能源局党组统一部署和要求，华中能源监管局贯彻落实“四个革命，一个合作”能源安全新战略，立足服务好华中区域经济社会发展大局，认真谋划、统筹协调、狠抓落实，各项工作稳步推进，取得实效。

一是电力安全监管取得新成效。把握能源安全新战略，围绕安全抓监管，把大电网安全放在首要位置，高度重视并有效处置各类电网运行风险。应对大范围低温雨雪冰冻、强降雨等突发事件。开展防汛抗旱督查，做实水电站大坝安全。坚守安全生产红线，开展电力建设工程施工安全专项治理，有效遏制电力建设工程事故。常态化组织并网电厂涉网安全和电力监控安全防护“两个专项”监管，积极应对电力系统网络安全新挑战。对辖区电力安全生产事故采取“四不放过”原则，狠抓问题的整改闭环管理。辖区电力安全生产形势保持总体稳定，事故死亡人数、事故起数同比分别下降5%和3%，为18个派出机构降幅最大。深入开展保电督查，完成建国70周年、第七届世界军人运动会等重大活动供电保障任务。

二是能源市场建设和市场监管取得新进展。市场化交易机制、交易规则进一步完善。湖北、江西、重庆三省市全年电力市场化交易电量合计1301亿kWh，降低用户用电成本共计9.45亿元。印发《华中电力调峰辅助服务市场运营规则》并组织模拟运行，重庆辅助服务市场自6月正式运行以来，火电机组平均深调能力从5%提升到10%，成效明显，水火电企业实现共赢。落实水电应急交易制度和流域水电优化调度协调制度，2019年实现水电应急交易电量10.5亿kWh，乌江流域和嘉陵江流域增发电量2.4亿kWh，清洁能源消纳空间进一步拓展。油气管网监管进一步加强，辖区油气管网公平开放信息平台基本建成，油气管网设施公平开放信息报送及披露制度得到落实。继续推进增量配电业务试点工作，2019年新发放3张增量配电业务许可证。

三是“放管服”改革取得新突破。推进电力业务许可“最多跑一次”改革，实现多项业务全程网上办理。探索承装（修、试）电力设施许可告知承诺制并发放辖区内首张承诺制许可证。对160家承装（修、试）企业开展精准化事中事后监管，下达18份整改通知书并注销1家违规企业。严格许可退出制度，健全许可退出常态化机制。推进信用监管，注销3家不合规企业许可证，约谈6家涉嫌虚报资料企业并纳入重点关注名单。落实行政许可标准化制度，优化流程、减少现场核查，得到企业和社会高度认可。

四是保障民生事项监管有新举措。做好专项整治漠视侵害群众利益问题检查督导工作，开展用户“获得电力”优质服务、12398热线共性问题等重点专项监管，完成供电企业“零投诉”活动和低电压治理工作，促进辖区四省市供电企业加大投入、认真整改。辖区投诉举报量环比下降27.8%，湖北、江西、重庆共安排资金近30亿元，完成2370个低电压台区整改，改造农村线路110条，解决了一批涉及群众切身利益的问题。

五是落实脱贫攻坚重大决策有新推进。完成国家能源局2019年下达的捐资助学、消费扶贫、青年支教三项扶贫任务，组织信丰县光伏企业参加有关管理培训，会同华北局与信丰县虎山乡中心村开展结对共建工作。为湖北对口帮扶村村委会更换32张办公桌椅，向10家重点帮扶对象筹送生活物资及帮扶资金，改善了当地民生基础设施。

六是辖区内监管业务有新拓展。恢复西藏地区能源监管工作，组织厂网联席会，建立12398热线投诉转办等工作机制，对藏区电力企业开展“获得电力”专项督导，开展资质许可政策宣贯，组织开展西藏能源发展等专题调研。研究制定西藏地区的“两个细则”，启动西藏电力监管统计，填补了能源监管工作空白，实现电力监管和统计全覆盖。

七是党的建设和队伍建设有新改观。学习贯彻党的十九届四中全会精神，广泛开展“不忘初心　牢记使命”主题教育，深入贯彻落实中央八项规定精神，以政治建设为统领，加强机关党的建设，党员干部“四个意识”进一步增强，“四个自信”更加坚定，“两个维护”更加坚决。稽查处党支部获得湖北省直机关“红旗党支部”荣誉称号。学习贯彻国家能源局关于加强干部队伍建设的“一纲要、两意见”，突出实干实绩，选拔干部到西藏业务办等艰苦地区和电力安全监管等重点岗位任职，落实防止干部“带病提拔”的有关规定，突出考察政治品质和道德品行、廉政勤政情况，严把组织纪律人事关。有序推进干部选拔任用和交流轮岗，党员干部干事创业显现新气象。

【国家能源局河南监管办公室】

基本情况　国家能源局河南监管办公室（简称河

南能源监管办）是国家能源局派驻河南省的监管机构。

主要职能：监管电力市场运行，规范电力市场秩序；监管电网和油气管网设施的公平开放；监管电力调度交易，监督电力普遍服务政策的实施；负责电力等能源行政执法工作，依法查处有关违法违规行为，监督检查有关电价；负责除核安全外的电力运行安全、电力建设工程施工安全、工程质量安全的监督管理以及电力应急和可靠性管理，依法组织或参与电力生产安全事故调查处理；负责电力业务许可及依法设定的其他行政许可；负责法律法规授权以及国家能源局下达或交办的有关事项监管。

领导班子

党组书记、专员：王笃奎

党组成员、副专员：王朝晖

党组成员：韩红林

组织机构 内设综合、市场监管、行业监管、电力安全监管、资质管理、稽查等6个处。

主要工作

（1）重点专项监管工作。结合河南实际，将用户“获得电力”优质服务、12398热线投诉举报共性问题、清洁能源消纳等三项专项监管统筹考虑，合并开展。梳理2017年以来河南省12398热线投诉举报共性问题68项，建立共性问题台账，紧盯问题整改，切实促进了与群众生产生活密切相关的问题解决。开展“获得电力”优质服务重点专项监管，通过“双随机一公开”方式对13家市、县供电企业开展了现场检查，有效巩固提升“获得电力”整体服务水平。开展清洁能源消纳重点专项监管，加强调查研究，防范消纳风险，目前河南没有出现弃水、弃风和弃光问题。

（2）电力安全监管工作。抓好新中国成立70周年电力安全保障工作，强化电力运行安全管理，积极开展电网风险管控工作调研，推动发电企业开展重大危险源改造。深化安全生产风险隐患双重预防体系建设，推动发电企业试点单位工作进程。开展电力建设工程施工现场安全和电力设备安全专项监管工作，督导电力企业严格落实主体责任，不断提高安全风险管控水平。向省编办、省安委办沟通汇报属地电力安全监管落实情况，推动落实属地安全监管责任不断明晰和深化，持续推动地方属地监管责任落实。

（3）电力市场监管。推进河南电力中长期交易，加强交易行为监管，会同省发展改革委印发《河南电力中长期交易规则》《河南中长期电力交易监管实施办法（试行）》，扩大交易范围和规模，释放改革红利，形成了“交易规则＋监管办法”模式的中长期电力交易体系。截至目前，在交易中心注册市场主体14 200多家，合计开展各类电力交易将近1150亿kWh，其中电力直接交易970亿kWh，预测降低电力用户用电成本约20亿元。推进和完善河南电力辅助服务市场，推进开展机组深度调峰交易和火电应急启停交易，促进新能源消纳，提升河南电力调峰能力。

（4）新能源监管。密切关注能源、电力等规划落实情况，督促加快豫西电网、洛阳电网外送加强工程建设。开展全省农网改造升级大排查工作，督促电网企业按照国家要求提前一年完成新一轮农网改造升级工作。持续做好对新能源电源项目的监管，开展防治掺烧煤碳情况抽检，开展光伏扶贫项目建设运营情况调研，摸清情况，提出解决问题的措施。持续做好油气管网设施公平开放监管，赴省内主要天然气企业进行调研并宣贯新出台的《油气管网设施公平开放监管办法》，坚持天然气日报制度，持续做好燃气管网企业的信息报送和信息公开工作。

（5）供电监管。推进电动汽车充电难问题治理，服务群众绿色出行。针对部分地区居民区电动汽车充电设施报装困难的投诉集中问题，组织对上海市、安阳市相关情况进行调研，关注国家相关政策，并进行宣讲，推进问题整改，推动相关政策落实。开展全省农业灌溉用电情况调研，印发《关于加强河南农业灌溉用电管理的通知》，召开相关厅局参加现场协调会，促进问题解决，减轻农民群众负担，提高农业生产用电服务水平，增强人民群众的获得感、幸福感和安全感。

（6）电力监管行政执法。做好投诉举报处理工作，不断提升处理满意率，解决一批关系人民群众切实利益的问题。2019年全年，12398热线接到有效信息8786件，同比减少7.59%；办理工单1509件，同比减少20.5%；办理投诉举报547件，同比减少2.5%；办结满意率94.89%，同比增长2.28个百分点。加大行政处罚工作力度，全年完成7件行政处罚案件，涉及发电、供电和承装（修、试）企业，处以没收违法所得和罚金共42.4万元。

（7）行政许可监管。做好增量配电业务许可工作，对符合许可条件的6家增量配电试点企业及时颁发许可证，增量配电业务改革取得明显成效。探索建立和发挥信用监管作用，将在日常监管中发生行政处罚及申报资质时提供虚假材料的44家企业录入内部黑名单，逐步推进守信激励和失信惩戒监管机制建立。进一步简化、优化许可审核流程，实行全业务在线办理，为促进多元化市场主体经营发展提供便利。不断深化事中事后监管，加强对二级以上承装（修、试）企业的证后监管，不断规范电力建设市场秩序。

（葛云鹏）

【国家能源局湖南监管办公室】

基本情况 国家能源局湖南监管办公室（简称湖南能源监管办）是国家能源局派驻湖南的机构。国家电力监管委员会华中监管局长沙监管办公室于2006年4月26日挂牌成立；2010年7月，更名为国家电力监管委员会湖南省电力监管专员办公室（简称湖南电监办）；2013年国务院机构改革，将原国家能源局、国家电力监管委员会的职责整合，重新组建国家能源局，2013年12月7日国家能源局湖南监管办公室挂牌成立。

主要职能：负责监管能源规划、计划、产业政策和重大项目的执行情况，负责对取消和下放的能源行政审批项目的后续监管，监管节能减排和资源综合利用等工作；监管电力市场运行，规范电力市场秩序；监管电网和油气管网设施的公平开放；监管电力调度交易，监管电力普遍服务政策的实施；负责电力等能源行政执法工作，依法查处有关违法违规行为，监督检查有关电价；负责除核安全外的电力运行安全、电力建设工程施工安全、工程质量安全的监督管理以及电力应急和可靠性管理，依法组织或参与电力事故调查处理；负责组织实施电力业务许可以及依法设定的其他行政许可；负责法律法规授权以及国家能源局下达或交办的有关事项监管。

领导班子

党组书记、专员：银车来

党组成员、副专员：陈显贵

党组成员、综合处处长：王朝晖（2019年11月调任河南能源监管办党组成员、副专员）

组织机构 湖南能源监管办下设综合处、市场监管处、行业监管处、电力安全监管处、资质管理处、稽查处。

主要工作

（1）聚焦能源安全保障，推进湖南能源安全高质量发展。一是密切关注电力运行动态，针对湖南夏季、冬季用电紧张形势，以及面临的电力短缺问题，积极应对，研究可行性措施，向省政府提出意见建议，向国家能源局反映情况。二是积极推动国家规划计划项目落实，提高湖南能源保障能力。联合地方有关部门推动永州电厂、平江电厂加快建设，协调推动华润鲤鱼江电厂改接湖南电网；针对湖南冬季天然气供应紧张形势，重点督导新疆煤制气外输管道工程潜江一韶关段建设。三是强化电力安全监管，组织开展电力安全专项监管，加强季节性安全检查和专项督查，完成新中国成立70周年等重大活动保电任务，指导电力企业成功处置汛期重大险情；推动地方属地电力安全管理责任落实。全年未发生电网大面积停电事故及较大及以上电力安全生产责任事故，湖南电网安全稳定运行37年8个月。

（2）聚焦能源体制机制改革，稳妥推进电力市场化改革。一是推进电力中长期市场和辅助服务市场建设。开展湖南电力市场建设调查研究，两次修订中长期交易规则，制定辅助服务交易规则，完善市场交易会商机制，维护公平公正市场秩序，通过市场化手段达到降低一般工商业电价目标。全年电力市场交易电量450亿kWh，释放改革红利5.1亿元。二是推动落实电网和油气管网公平无歧视开放。与地方有关部门、能源企业建立工作协同机制，主动协调矛盾分歧，妥善解决新能源项目接入电网问题，协调处理地方电网接入事宜；加强油气管网信息公开和信息报送监管；协调推进增量配电业务改革试点，截至年底，湖南共有5个试点项目取证运营。三是推进能源行业信用体系建设，对全省583家承装（修、试）电力设施企业3年以来信用信息和行政处罚信息进行归集分析，完成湖南首家市场主体信用修复工作。

（3）聚焦“放管服”改革要求，积极服务地方经济社会发展和民生福祉提升。一是推动降本减负，不断优化电力用户营商环境。开展用户“获得电力”优质服务重点综合监管、12398热线投诉举报共性问题专项监管，做好专项整治漠视侵害群众利益问题检查督导，及时通报问题，加强整改督办，针对重点地区和突出问题开展“回头看”检查和暗访督查；开展用户“获得电力”优质服务满意度调查，做好成果利用转化，促进电力营商环境优化，提升人民群众用电“获得感”。二是助力脱贫攻坚，推动国家“十三五”新一轮农网改造升级工程提前完成。对重点市州和企业开展整改“回头看”，补短板，强弱项，重点推动自供区农电体制改革及其农网改造升级。三是推动湖南能源绿色发展，开展湖南风电现状调研，提出湖南风电科学发展意见建议；开展清洁能源消纳重点综合监管，组织清洁能源专场交易，鼓励电力企业开展应急交易，促进清洁能源全额消纳。四是坚持严监管与优服务并重，主动为企业排忧解难，针对火电机组负荷率低问题，开展专题研究并采取多种措施促进负荷率提升，提高火电运行效率；针对水电机组超期服役电力业务许可延续问题，多方咨询，提供可行性方案；持续推行“阳光许可”，简化优化行政许可流程，落实电力业务许可“最多跑一次”，让数据多跑路、群众少跑腿。

（4）聚焦提高能力，强化法治思维，规范权力运行。坚持依法依规依职责的工作原则，监管工作紧扣国家法律法规、派出机构“三定方案”和国家能源工作部署，厘清工作职责、找准工作定位、规范行政行为。一是规范行政许可流程，加强事中事后监管，截至年底，全省持发电类电力业务许可证企业427家、供电类141家、输电类1家、承装（修、试）电力设施许可证企业668家。二是严格落实执法检查“双随机一公开”，规范现场执法检查，实现了规范监管执法行为、减轻企业负担、提高监管工作效率的目标。三是健全合法性审查机制，出台规范性文件、做出重大行政决策等之前，均严格按照程序进行合法性审查，重要文件广泛征求各部门、能源企业意见，依法行政能力显著提高。

（李红艳）

【国家能源局四川能源监管办公室】

基本情况 国家能源局四川监管办公室（简称四川能源监管办）是国家能源局派驻四川的机构，因国家机构改革，在原国家电力监管委员会四川监管办公室基础上设立，于2013年12月16日正式挂牌。

主要职能：作为国家能源局派驻在四川的能源监管机构，代表国家能源局履行中央监管事权，负责省内能源监管工作的具体实施，严格落实市场监管、电力安全监管、行业监管三项基本职责。具体职责：监管电力市场运行，规范电力市场秩序；监管电网和油气管网设施的公平开放；监管电力调度交易，监管电力普遍服务政策的实施；负责电力等能源行政执法工作，依法查处有关违法违规行为，监督检查有关电价；负责除核安全外的电力运行安全、电力建设工程施工安全、工程质量安全的监督管理以及电力应急和可靠性管理，依法组织或参与电力事故调查处理；负责组织实施电力业务许可以及依法设定的其他行政许可；负责法律法规授权以及国家能源局下达或交办的有关事项监管。

领导班子

党组书记、专员：何淑兰

党组成员、副专员：刘平凡

党组成员：张毅

组织机构 综合处、市场监管处、电力安全监管处、行业监管处、资质管理处、稽查处。

主要工作

（1）党建工作。在国家能源局指导下，开展“不忘初心、牢记使命”主题教育活动，把握“守初心、担使命，找差距、抓落实”的总要求，在理论学习有收获、思想政治受洗礼、干事创业敢担当、为民服务解难题、清正廉洁作表率方面取得了明显成效。一是聚精会神开展学习教育。以党组中心组（扩大）集中学习和个人自学为主，结合主题党日、三会一课、观看专题教育片、机关文体活动等，开展了内容丰富、形式多样的学习教育。二是深入基层开展调查研究。结合四川工作实际，深入基层一线开展调查研究，形成2篇高质量的调研报告，并认真做好调研成果和党课研究成果的转化工作。三是严格对照自查检视问题。坚持刀刃向内、勇于解剖、揭短亮丑，严肃认真检视问题，将检视问题与中央巡视反馈相结合、与日常工作相融合、贯穿主题教育全过程。四是切实抓好问题整改落实和“回头看”工作。对检视出的问题认真研究制定整改措施，既立行立改，又着眼长远，形成长效机制，总结经验，巩固主题教育成果，不断夯实机关党的建设基础，进一步提升党员领导干部的政治境界、思想境界、道德境界，促进党建和业务工作融合推进。

（2）市场监管。坚持以问题为导向，推进市场建设，进一步规范电力市场秩序，保障清洁能源消纳。一是持续推进电力市场化交易机制建设。制定2019年的交易指导意见，科学设计交易品种，完善交易机制，促进水电等可再生能源消纳。二是推进电力辅助服务市场建设。落实《完善电力辅助服务补偿（市场）机制工作方案》，制定四川自动发电控制、黑启动辅助服务市场交易细则，进一步完善四川辅助服务电力市场。三是开展四川清洁能源消纳重点专项监管工作，重点监管电网企业对辖区内有关电力企业清洁能源发电项目并网接入、电力调度运行、电力交易秩序、电费结算等方面政策执行情况。

（3）安全监管。贯彻落实国家能源局、省委省政府关于安全生产各项决策部署，依托四川电力安委会工作平台，持续压实企业安全主体责任，施行安全管理分层分级，将监管要求逐级落实到企业基层一线，实现了“抓大带小、抓重点带一般”，形成监管合力。一是强化电网风险管控，直面西南电网异步联网运行后四川电网面临的新风险，及时落实预控措施，并积极配合四川省政府牵头开展的大面积停电联合演练筹备工作，多措并举切实保障了四川电网总体稳定运行。二是组织各电力企业全面加强应急能力建设，强化信息报送，协调调配应急支援，成功应对“6·17”长宁地震、“8·20”汶川泥石流等自然灾害，行业自救和互救能力显著提高。三是创新“互联网+安全监管”方式，持续开展在运水电企业“同业对标”工作，形成对标企业良性竞争态势，实现了电力安全监管关口前移，有力促进了安全管理工作的稳步推进。全年未发生重大及以上电力人身伤亡事故，全省电力安全生产态势总体平稳向好，为四川经济发展提供了安全可靠的电力保障。

（4）行业监管。围绕油气管网设施公平开放和能源行业突出问题开展行业监管工作。一是推进国家能源局“油气管网设施公平开放信息公开与信息报送平台”建设，以信息公开手段促进油气管网设施公平开放。二是按照《国家能源局关于开展专项整治漠视侵害群众利益问题工作的通知》《国家能源局关于对专项整治检查督导发现的问题进行督导整改的通知》要求，开展四川省整治漠视侵害群众利益问题专项工作。三是针对水电企业反映的热点问题开展四川省水电站库区漂浮物处置现状调研，指导电力企业做好节能减排工作。

（5）资质管理和信用工作。以“简化许可、深化信用、强化监管、优化服务”为指导思想，着力优化服务，维护市场秩序。通过政府部门间信息共享或网络查验，落实“数据多跑路，群众少跑腿”；编制完善标准化材料清单，向企业提供“菜单式”服务，既减少了审查环节，又降低了人为因素对审核的影响；许可申请工作全程网上办理，既实现申请人“一次都不跑”，又确保许可工作公开透明；加强政府部门间协作，推进“证照分离”改革和增量配电业务改革，分别发出首张许可证；推动信用工作，做好信用数据归集和信用信息应用工作，并按信用等级实施差异化监管措施；大力加强证后监管，对违法违规企业作出行政处罚，形成“守信者无事不扰、失信者利剑高悬”的监管格局。

（6）供电监管。不断优化电力营商环境，努力确保用户“获得电力”更加便利，开展两项专项监管工作。一是2019年四川省“获得电力”优质服务重点专项监管工作。组织召开2019年四川省优化电力营商环境工作会议，组织各供电企业围绕用户“获得电力”优质服务情况深入开展自查整改，并通过双随机开展现场检查。同时委托第三方机构通过对供电企业系统数据、原始档案、办理标准、执行情况的现场比对工作完成了评价工作，形成《2019四川省“获得电力”营商环境评价报告》。二是按照《国务院办公厅关于印发全国深化“放管服”改革优化营商环境电视电话会议重点任务分工方案的通知》要求，配合国家能源局开展成都市低压小微企业办电情况的现场专项监管工作。通过召开低压小微企业办电情况汇报会，听取相关省、市相关政府部门和相关供电企业工作汇报，了解工作开展情况、存在问题和建议，并深入基层检查指导小微企业办电工作。

（7）电力稽查。做好投诉举报和违法违规案件查处工作。一是开展12398热线投诉举报共性问题重点专项监管工作，对排查发现的2017年以来340个六大方面共性问题进行专项监管，其中绝大多数共性问题已经完成整改。二是严肃查处违法违规行为，依法保护市场主体和能源消费者的合法权益。立案查处了一些市场主体反映强烈、关系人民群众切身利益的问题，对维护市场公平、优化用电营商环境、保障人民群众对“获得电力”的安全感、获得感、幸福感起到了积极的作用。2019年共立案3起，共计罚没款126万元。

（8）扶贫工作。贯彻落实国家能源局和省委省政府扶贫工作部署，完成既定目标，扶贫工作取得新成效。一是超额完成国家能源局下达的推荐购买消费扶贫产品和捐资助学两项扶贫工作任务。二是在定点帮扶的巴州区实现脱贫摘帽后，仍然坚持“脱贫不脱手”，坚持扶贫帮扶力度不减，定期开展现场调研和贫困户走访。三是帮扶工作重点从脱贫攻坚向巩固脱贫成果、全面建成小康转变。经实地调研和综合分析，利用当地资源优势，重点谋划产业扶贫。筹集扶贫资金10万元，专项扶持藤椒产业项目。预计3年后收回成本并实现盈利10万元，帮助贫困村盘活闲置地，带动贫困户增收和壮大集体经济基础。

（柳　伟）

【国网湖北省电力有限公司】

企业概况　国网湖北省电力有限公司（简称国网湖北电力）是国家电网公司的全资子公司，以电网建设、管理和运营为核心业务，负责电网安全稳定运行，为湖北地区经济发展和人民生活提供电力保障。至2019年底，有直属单位33家（其中，地市供电企业14家，其他综合单位19家），直供直管县级供电企业84家；用工总量78 524人，其中职工45 562人，同口径同比分别下降3.13%、2.20%；有用电客户2678.88万户，其中居民2423.08万户，大工业2.01万户，一般工商业153.69万户，其他100.1万户；投产110kV及以上输电线路1037.4km，变电容量555.2万kVA。湖北省全社会用电量2214.30亿kWh，其中国网湖北电力售电量1810.03亿kWh，同比增长7.86%，在国家电网公司系统排名第10位。

电网概况　湖北电网500kV及以上网架形成1个中部主框架、2个西电东送大通道及1个受端双环网格局；与河南、湖南、江西、重庆电网分别通过4回、3回、3回及4回500kV交流线路联网；与华东、广东电网分别通过4回、1回±500kV直流联网；通过荆门—南阳—晋东南1000kV特高压交流线路与华北电网相联。湖北电网以220kV电网为主要供电网络，并依托500kV变电站逐步实现分片区运行。110kV电网以220kV电网为中心，实现分片分区运行，向配电网络和用户供电。

湖北电网有1000kV特高压变电站1座，500kV变电站36座，220kV公用变电站206座，35kV及以上公用变电容量18 898万kVA，输电线路7.54万km。至年底，湖北全口径发电装机容量7862万kW（含三峡2240万kW），居全国第12位，同比增长6.23%。其中，水电、火电装机容量分别占46.79%和40.15%，风电405.28万kW，占5.15%，光伏621.43万kW，占7.90%。全年发电量2973亿kWh，同比增长4.27%。全社会用电量2214.30亿kWh，同比增长6.90%。全年，湖北电网全额消纳省内新能源电量110亿kWh，消纳省外可再生能源电量13.76亿kWh。

人力资源 修订领导人员管理办法，全年提任干部中94%具有基层管理岗位经历，其中生产经营类专业干部占比达69%。将担当履责作为干部考核的重要内容，对领导班子和领导人员考核结果实行“一对一”反馈。制定新时代优秀年轻干部蓄水池计划，组织开展年轻干部专题调研，2019年新提拔副处级干部比现有处级干部平均年龄小6.5岁。完成国家电网公司“以新时代党的组织路线为指导的年轻干部队伍建设”课题研究任务。完成“三县一区”扶贫挂职干部轮换工作。修订领导人员选拔任用工作手册，健全完善所属单位中层干部监督检查工作机制，组织开展各单位选人用人工作专项检查。完成“三超两乱”和任职回避等有关问题自查整改。严格执行领导干部离任交接及离任审计制度，加强领导人员因私出国出境管理。

梳理完善制度流程和职责体系，组建直流运检公司、宜昌岸电公司，撤销驻京办。80%以上定员配置到一线班组。三项制度改革经验入选国务院国资委典型案例。启动优化人力资源配置工作，转岗分流人员629人。推行技能类职员职级管理，聘用5～8级职员695人，全面实施班组长、供电所长聘任制，加大薪酬分配“五个倾斜”力度。实施目标任务制、工时积分制等多元分配机制。实施企业负责人任期考核，修订企业负责人业绩考核管理办法，强化安全生产考核。开展绩效管理示范点创建、绩效管理健康体检活动。推进培训重心下沉，形成分层分级、共建共享的培训格局。建成系统首个产教融合实训基地，武汉电力职业技术学院入选教育部“双高”计划。开展培训基地能力评估并授牌，建立兼职培训师一体化管理机制，推广师带徒培养模式。组织7个专业、44个工种的技能人员应知应会学习地图、考试题库和课程资源。建立培训抽考机制，随机抽考2649人检验培训效果。

电网建设与发展 配合完成湖北可再生能源“十四五”规划，开展各地市城市电网专项规划。与孝感市政府签订战略合作协议，进一步凝聚政企协作合力。南阳—荆门—长沙特高压交流已上报国家发改委核准。推动落实配套电源，陕北—湖北特高压直流初步达成送受端协议。白鹤滩—江苏特高压直流取得省能源局支持工程建设的函。渝鄂直流背靠背工程建成投运。500kV凤凰山变电站扩建、220kV太山寺输变电等69项110kV及以上工程按期送电，全年开工110kV及以上输电线路1511.4km，变电容量875.8万kVA，投产1037.4km，555.2万kVA。完成配电网投资81亿元，4家单位配电自动化建设通过实用化验收。服务湖北“一芯两带三区”发展战略，全面做好国家存储器基地、华为武汉基地等重点项目供电配套服务。按期完成蒙华、汉十、黔张常铁路配套供电工程，满足国家重点铁路项目“保开通”需求。服务乡村振兴战略，提前一年完成新一轮农网改造升级建设任务，“两率一户”整体达标。实施乡村电气化提升工程，完成潜江国家乡村电气化示范县建设。开展省管施工产业单位达标及示范创建工作，1家单位获评国网优秀施工企业。完成电网小型基建项目117个，国网湖北电力调度通信楼主体结构封顶。500kV仙桃变电站获国家优质工程奖。

经营管理 落实法人治理体系建设要求，修订党委工作规则、董事会议事规则、总经理工作规则等系列制度。“三重一大”决策系统上线运行。配合完成第二监管周期省级电网输配电价成本监审。增量配电业务改革四批12个试点项目确定业主3个，取得电力业务许可证2个。加快电力市场建设，注册发电企业1387家、售电公司95家，市场化交易结算电量607亿kWh，占国网湖北电力售电量的33.5%。完成产业管理公司组建，累计压减企业171户。完成配网资产国际对标成果推广试点工作。落实省间电力交易协议，外购电量68.51亿kWh，降低购电成本6.55亿元。促成省能源局出台文件，规范发电上网线损测算方式。推进资金省级集中支付，现金流“按日排程”业务实现全覆盖。争取国网东西帮扶基金11.4亿元、“两供一业”补助资金2.76亿元。全面应用多维精益管理体系，完成运营服务采购管理等25项专项试点任务。扩大物资协议库存和框架招标范围，缩短采购周期。推进在建工程清理转资，关闭项目3913个，完成转资133亿元。累计办理不动产证和消防手续9663个，全省变电站消防手续办理率达100%。完善省管产业单位关联交易、工程分包、物资采购管理制度。推进监审联动和数字化审计，完成49家单位经济责任审计“三年全覆盖”，开展各类审计项目3553项，促进增收节支6.53亿元。企业年金投资净收益率9.27%。

安全生产 推进“3+1”安全管理体系建设，修订安委会工作规范，固化“党建+安全”管理模式。组建直流运检公司，加强直流业务专业管理。完成安全执行力、安全奖惩落实情况等专项巡查。推进安全生产标准化建设，制定落实专业工作规范8个。深化基建改革措施落地，推行“自己干、领着干”作业层班组建设。组织基建安全管理提升专项行动，建立施工风险两级值班和挂牌督查常态机制。组织4.4万余人参加安规普考，合格率95%。实施保障大电网安全专项行动，制定落实44项湖北电网主要运行风险应对措施。有效管控黔张常铁路牵引站供电工程系统接入恩施电网三级风险，完成220kV孝冯Ⅰ、Ⅱ回覆冰断线等重大紧急抢修任务，湖北电网经受住了迎峰度夏最高负荷3953万kW的考验，连续安全稳定运行37周年。开展各类隐患排查治理专项行动，完成GOE套管更换任务，重要变电站消防隐患治理率100%，220kV及以上输、变电设备故障率同比分别下降17.8%、37.5%，配网台区故障率同比下降25.1%。配合完成高铁沿线环境安全综合治理。直供小区高层建筑电气火灾隐患治理率82.25%。加强作业现场管控，全年累计稽查作业现场29.3万次，查处违章5191次。完成新中国成立70周年庆祝活动、世界军人运动会等重大保电任务。

营销工作 实践六类岸电系统供电方案，发布专利成果和技术标准27项。成立全国首家岸电运营服务公司，在宜昌举办全国港口岸电建设推进会。运用岸电云网，为船舶客户提供岸电接电服务，实现接电量627.78万kWh。推进"小龙虾全产业链电气化"等14个乡村电气化重点项目建设。实施电能替代项目2853个，完成电量53.2亿kWh。推进"电网连万家，共享电气化"活动，开展专场家电促销活动100余场，新增用电容量约4万kW。组建14家综合能源地市分公司，综合能源业务收入3.81亿元，同比增长48.77%。持续开拓电动汽车充电市场，充电量2598万kWh，同比增长100%。加强电费回收管理，低压电费回收风险基本消除，制定全省近10万户高压用户风险防范预案，实现电费回收率100%。营配贯通一致率98.28%，治理异损台区2.62万个，实现台区线损5.33%。完成"三供一业"供电移交协议签订和抄表到户，完成改造接电17.99万户，改造接电率40.33%。营销"放管服"循序渐进，对标指标由15个精简到6个，报表数量由859张减少到202张。召开全省营销标准化安全作业现场会，发布5个典型场景标准化建设成果。

科技与信息化 制定促进科技成果转化工作16条措施以及国家级、省部级获奖科技成果（标准、专利）奖励办法等，激发全员创新创造工作热情。获省部级及以上科技奖励28项，其中，作为第一完成单位获奖12项，首次作为第一完成单位获得国家电网有限公司科学技术进步奖一等奖；获得中国专利优秀奖2项；获得湖北省人民政府科学技术进步奖一等奖1项。2项国际标准获得立项，1项成果获得国家电网有限公司管理创新奖特等奖。1个项目首次获得湖北省科技厅技术创新重大项目立项。全年申请发明专利270项，获得授权发明专利136项，申报海外专利2项。牵头制修订行业标准8项，牵头制修订国家电网公司企业标准14项。国家重点研发计划"分布式光伏系统智慧运维技术"项目启动。"双创"示范中心投入实际运行。各电网工程项目环评率和验收率均实现100%。坚持每4年滚动监测噪声、电磁环境监测，累计完成41座变电站噪声治理并实现监测达标。建立电网废弃物全流程管理工作机制，全面实现废铅酸蓄电池合法合规处置。开展环保宣传进校园、进社区、进街道，争取社会公众对输变电工程的理解和支持。连续三届获评国网环保先进单位。积极参与公司职业卫生管理体系试点，制定职业卫生"十三五"规划，编制职业卫生管理手册等。

适应能源互联网建设需要，完成相应组织机构调整。推进30项国网统推项目。完成"网上电网"系统部署，"网上国网"注册用户7.81万户。实现用电信息采集系统数据全量实时接入。完成移动作业终端应用整合，压减信息系统18套，减少手工报表124份，班组减负成果入选国网电力物联网建设最佳实践案例。初步建成现代智慧供应链体系，电网实物ID建设通过国家电网公司总部现场验收，金马智慧变电站顺利建成。推进湖北特色项目，全面推广配电网实时监测，自主研发应用全流程作业安全风险管控系统，建成武汉军运会智慧保电指挥系统。探索商业拓展模式，智慧能源服务平台接入用户136户，全国首个岸电云网服务平台累计结算电量626万kWh。投运5个多站融合试点项目。"泛在电力物联网全场景网络安全防护体系设计与实践"等5个项目在国家电网公司三届五次职代会暨2020年工作会议上展示。作为国网系统主战场，以"零失分"的成绩完成国家"护网2019"网络攻防演习。

优质服务 持续优化电力营商环境，落实国家一般工商业平均电价再降低10%要求，减少客户用电成本17.59亿元。促请政府部门出台文件，压减涉电行政审批流程，高、低压报装环节压减至3个、2个，接电平均时长压减至33.2天、1.3天。推动营销管办分离和城区营配合一，成立6家城（园）区供电中心。完成95598非抢修工单直派流程切换，提升客户响应速度。发布营业厅"功能布局、设备配置、服务提供"三个标准，完成营业厅智能化改造121个。深入推进漠视侵害群众利益问题专项整治，开展"大宣传、大梳理、大排查"和"供电服务三走访"活动，排查整改问题121项，建立阳光业扩、抄核收管理等长效机制16项。常态开展供电服务专题分析，强化投诉问题溯源管理，全年投诉总量同比下降41.49%，3家区县公司、193个营业所实现"零投诉"。完成85.2万只HPLC电能表建设安装，提高数据采集效率。完成营销信息系统隐患整治和采集系统前置设备改造，系统稳定性大幅提升。开展营销数据清理盘点，为客户服务中台建设打牢基础。"网上国网"全面上线，实现业务"全流程、全天候"线上办理。

"四个一通"全面应用，组织召开现场推进会，累计推广县公司25个，处理各类工单43万笔。"全能型"供电所台区经理制实现全覆盖，综合柜员制服务窗口占比达到61.1%。5个供电所获国网"五星级乡镇供电所"命名。

党的建设和精神文明建设 开展"不忘初心 牢记使命"主题教育，实施十大专项行动，两级党委中心组形成调研成果400余项，完成整改措施4100余条，工作做法被湖北省委推介，主题教育成效得到中央第十二巡回督导组、国网第三巡回指导组高度肯定。"旗帜领航·三年登高"计划圆满收官。推进党委中心组学习标准化管理，倡导"微宣讲、微党课、微学习"，推出"学党章、忆党史"系列学习漫画。完善党建对标考核管理，着力解决集体企业党建工作薄弱问题。举办习近平新时代中国特色社会主义思想专题轮训。开展"抓整改、除积弊、转作风、为人民"专项行动，完成漠视侵害群众利益问题专项整治121项。深化"党建+安全"管理创新实践，深化党建在各专业领域的实践，发挥党建引领的价值作用。广泛开展庆祝新中国成立70周年主题活动。深化新时代企业文化传播落地，推进安全专项文化建设。落实中央巡视反馈问题整改要求，撤销北京办事处。适应纪检监察体制改革需要，规范纪检机构设置，完成3轮18家单位常规巡察和扶贫领域专项巡察，发现问题906个，到期整改率96.4%。集中整治形式主义、官僚主义问题，查纠问题29个，处理处分78人。贯彻打赢精准脱贫攻坚战部署，助力秭归县实现脱贫摘帽，巴东、长阳县达到脱贫标准。弘扬劳模精神、工匠精神，首次评选鄂电工匠10名，3名职工获得"全国五一劳动奖章"，1名职工获评"国网特等劳模"，9名职工获评"中国好人""最美国网人""荆楚楷模"等称号。召开国网湖北电力第一次团代会，推进"青安先锋"专项工作，在第五届国家电网有限公司青创赛上获得2金、7铜。2名退休职工获评"国网有为时代老人"。开展主题传播，2部作品分获央企故事大赛一等奖、国家档案局微视频竞赛特等奖，官方微博、微信获评2019年度"央企最具影响力二级账号"。3家直属单位分获全国民族团结进步模范集体、全国退役军人工作模范单位、中央企业先进集体称号。

长江沿线港口岸电全覆盖建设正式启动 4月26日，三峡坝区岸电实验区建设暨长江沿线港口岸电全覆盖建设推进会在湖北宜昌召开。国家发展改革委、财政部、交通运输部、国家能源局、国家电网有限公司、南方电网有限责任公司以及沿江11省市相关负责人联合启动长江流域岸电全覆盖建设工作。针对长江流域船舶污染问题，国网湖北电力牵头开展三峡坝区岸电实验区建设，建成4个船舶岸电示范项目，创新研发了船电宝充换电服务等6种典型岸电供电系统，为全国提供了可复制、可推广的建设经验。

第七届世界军人运动会供电保障 10月18～27日，第七届世界军人运动会在武汉举行，中共中央总书记、国家主席、中央军委主席习近平出席开幕式。认真贯彻公司及湖北省委省政府决策部署，累计出动供电保障人员32万余人次，车辆6.25万台次，完成24 230条次线路、12 160座次变电站（配电室）供电保障巡视，作业里程45万km左右，实现了"设备零故障、客户零闪动、工作零差错、服务零投诉"目标，得到公司、湖北省委省政府高度表扬。

（杨 倧）

【国网湖南省电力有限公司】

企业概况 国网湖南省电力有限公司（简称国网湖南电力）是国家电网公司的全资公司，主营业务为湖南省电网的规划、建设、运行、检修和营销，担负着保障湖南省电力可靠供应的重大责任。现设职能部门23个，下辖市（州）供电公司14家、县供电公司104家，员工总数7.2万人（全口径），供电范围覆盖全省14个市（州）117个县（市、区），营业区面积占全省总面积的96%，营业区人口占全省总人口的98%。2019年全面完成年度业绩考核目标，完成售电量1479.02亿kWh，同比增长13.52%；资产总额1087.33亿元；营业总收入876.14亿元，同比增长7.48%。电费回收率100%，连续11年实现"双结零"。

电网概况 截至2019年底，湖南电网发电设备装机容量4740.62万kW，比年初新增装机容量146.86万kW。其中，水电装机容量1743.93万kW，占36.79%；火电装机容量2219.94万kW，占46.83%；风电装机容量427.00万kW，占9.01%；太阳能发电装机容量343.86万kW，占7.25%。拥有35kV及以上输电线路7.26万km，变电容量1.64亿kVA。

湖南电网发电量11 568.31亿kWh，同比增长8.70%。统调外省净输入电量239.76亿kWh，同比下降7.52%。日最大电量6.29亿kWh，同比增长6.97%。全省社会用电量1864.32亿kWh，同比增长6.82%。分行业看，第一产业用电量16.56亿kWh，占0.89%；第二产业用电量987.57亿kWh，占52.97%；第三产业用电量350.68亿kWh，占18.81%。

人力资源 树牢"重担当作为、重精神状态、重工作实绩"的选人用人导向，选拔敢于负责、勇于担当、善于作为、实绩突出的各级领导人员。出台"60条"举措和"160条"细化落实措施，建立容错纠错机制，保护干部领导人员干事创业积极性；出台领导人员队伍建设规划纲要，实施“千人工程”。培养选拔优秀年轻领导人员，建立“四个储备库”，突出精准滴灌，选派12名优秀年轻领导人员赴国网江苏电力挂职锻炼；突出实践和基层导向，为177名年轻干部领导人员创造不同层级挂职挂岗锻炼机会，举办1期党校青年干部培训班和1期“90后”优秀年轻干部培训班，80后正处、90后正科实现“零突破”，80后副处、90后副科已形成梯队。发挥党校主阵地作用，探索多维度领导人员教育培养方式，完成处级干部培训164人次，科级干部轮训847人次。着力推动干部预警管理向地市公司、县公司延伸，预警处级领导人员21人次、本部职工8人次，基层单位共预警科级干部领导人员437人次。

电网建设与发展　全年完成电网基建投资199.03亿元，累计开工35kV及以上输变电工程变电容量2603.94万kVA，线路长度3676.29km；累计投产35kV及以上输变电工程变电容量1505.69万kVA，线路长度2544.82km，全面实现电网建设进度目标。推进“两交一直”特高压工程建设，开工建设雅中—江西±800kV特高压直流线路（湖南段、贵州段），南阳—荆门—长沙特高压交流工程具备核准条件。投产500kV浏阳、衡阳东，220kV长沙谷山、常德高丰、湘潭九华北等一大批主网重点建设项目，大幅提升湖南电网供电能力。攻坚克难，取得长沙电网建设“630攻坚”第二阶段胜利，长沙电网供电能力提升至800万kVA，“长沙630模式”和“长沙630品牌”深入人心。试点开展智慧能源站建设，完成了长沙延农、芙蓉“三站合一”试点工程建设。按期投产蒙华重载铁路、黔张常客运铁路等一批重点客户供电工程，超额完成主网扶贫项目。湘潭钢城110kV变电站、常德同心220kV变电站110kV送出线路荣获国家电网有限公司优质工程银奖。

经营管理　以目标和问题为导向，创新提出“大经营”建设思路，经营管理质效明显提升。制定73项提质增效工作措施，减亏6.8亿元；资产负债率持续降低，较2019年年初下降0.61个百分点。严格落实党中央“三去一降一补”精神，清理收回各类历史欠款1.87亿元，清理民营企业欠款1.57亿元。争取省财政农网贴息资金6.66亿元，全年“免抵退”企业所得税1.25亿元，累计接收用户资产35亿元。完成“一般工商业平均电价再降低10%”的工作目标，降低社会用能成本22.8亿元。成本监审核定输配电总成本核减率5.27%，远低于国家平均水平；祁韶直流长期受电协议完成签订，争取每年160亿kWh存量低价电，购电成本降低。优化资本布局，增加对综合能源、电动汽车、送变电等单位现金注资，提升市场化业务竞争力；争取总部批复综合能源投资常宁风电项目，交易中心增资扩股至7000万元。

聚焦基础管理提升，有效开展管理创新、全面质量管理等基础管理工作，2019年管理创新成果获国家级二等奖1项；国家电网有限公司二等奖、三等奖各1项，优秀推广成果2项；省级一等奖6项、二等奖20项。永州公司“基于红外通信的智能电表快速核校仪”项目荣获“QC国际大赛金奖”；1个QC小组获全国优秀质量管理小组称号；48个QC小组获湖南省优秀质量管理小组称号。获“全国推进质量管理小组活动带40周年杰出推进单位”称号；永电联合创新工作室QC小组获国网纪念QC小组活动40周年优秀小组称号；2位专业人员获湖南省质量管理小组活动40周年“杰出推进者”称号，永州公司、衡阳公司获得湖南省质量管理小组活动推进40周年杰出推进单位。获“全国用户满意服务明星班组”1项、“全国用户满意服务明星”1人、“全国用户满意服务企业”2项。2019年蝉联“湖南服务业50强企业”第一名。

安全生产　培育“用心尽责，共享平安”安全文化，编制《安全文化手册》，践行“五大安全理念”，全面落实安全主体责任，严守安全秩序，严控安全风险，安全局面持续稳定，湖南电网连续安全稳定运行38周年，实现连续第10个安全生产年目标。连续6年被评为“湖南省安全生产工作先进单位”，连续9年保持“湖南省平安单位”称号。实现连续6年特高压线路大功率运维保障期内“零跳闸、零故障”“两站十六线”保持安全稳定运行。深刻汲取系统内外事故教训，推进现场反违章、安全生产大检查、变电站消防隐患专项排查和“电力安全文化建设年”活动，治理隐患2175项，查处违章6805起。强化电网运行控制、设备维护和风险管控，切实抓好迎峰度夏、防冻融冰、防雷防汛防山火等工作，成功应对年初局地雨雪冰冻天气以及夏季湘东湘中湘南地区洪涝灾害等多次险情。完成中非经贸博览会、中央领导人来湘调研、新中国成立70周年、世界军运会、第二届进博会等重大活动供电保障任务，受到公司党组和湖南省委、省政府的高度肯定。

完成74.6亿元农网改造建设任务，提前一年打赢新一轮农网改造升级“攻坚战”，农网供电可靠率、综合电压合格率分别提升至99.8%、99.79%，农网户均配电变压器容量提升至2.08kVA，农配网供电能力和供电质量显著提升。迎峰度夏期间湖南电网最大供电能力同比提升9.66%，10kV线路跳闸同比下降34.84%。

营销工作　全年售电量同比增长8.01%，市场占有率89.56%。业扩净增容量2043.23万kVA，同比增长3.41%。促请省能源局出台“扩需增发”专场交易方案，引导1115家用户参与，拉动售电量增长31.1亿kWh。拓展新兴业务，组建14家综合能源市州分公司，成立混合制风电项目公司；实现智慧能源综合服务平台及商业楼宇用能CPS系统上线应用；打造智慧能源站、绿色校园风光储充等一批重点示范工程。推动充电基础设施“百站百日”攻坚行动，快速抢占优质充电服务市场，月均服务电动汽车近3万台次；召开湖南省充电基础设施协会会员大会，当选会长单位。打造了“数字韶山”“湘江新区示范区”“全电橘子洲”等一批国网品牌工程。公用变压器台区综合线损率同比下降0.98个百分点，月度台区同期线损合格率95.47%。打造了“省级重点监管、市级全面监控、县级差异化监控”的三级营销业务监控体系。

科技与信息化 全年共获省部级及以上科技奖励21项，其中国家科技进步二等奖1项、中国专利优秀奖1项、中国电力科学技术奖3项、湖南省科学技术奖5项（牵头项目获一等奖1项）、国家电网有限公司科学技术奖11项。牵头完成4项公司技术标准、2项行业标准、2项国家标准的制修订任务。年度共申请专利408项（发明专利336项），授权专利220项（发明专利116项），申请海外专利2项，截至2019年底，累计拥有专利1555项，其中发明专利630项。

围绕建设数字化企业目标，提炼形成sGrid数字化转型战略，推动数据共享、成果共享、能力共享，以“业务+数据+技术”模式组建176支数字化攻关团队集中攻坚。打造企业数据共享中心，初步建成数据中台，基于数据中台建立报表中心，推进末端融合为基层减负。构建具有四层架构的数据仓库，确保“数据一个源”，资金流入流出等核心业务初步实现“业务一条线”。同时服务“用电侧+发电侧”的湖南省智慧能源综合服务平台正式上线；基于“中台+微服务”技术架构应用，新一代供电服务指挥平台上线。按照“计划+市场”的思路，统筹推进100项大数据应用主题，精心打造“电力看经济”等数据产品。重点开展韶山公司、长沙湘江新区两个示范区建设，初步建成“数字韶山”；按照“1+1+X”的建设模式，投产运行5座数据中心站，获取IDC、ISP、CDN增值电信业务经营许可证。与湖南移动、湖南联通开展5G试验网测试，与信产集团等签订租赁服务合同；发布微信公众号第一笔流量广告，新型商业模式取得零的突破。构建网络安全主动防护体系，获国家电网有限公司2019年数据挖掘暨网络安全和系统运行大赛三等奖。

优质服务 弘扬“人民电业为人民”企业宗旨，实施“电力先行”九大行动，服务湖南经济高质量发展，获得各级党委政府广泛好评。推广“三零”“三省”，节约客户办电成本16.8亿元，助力长沙作为中西部地区唯一城市跻身全国营商环境十强。服务脱贫攻坚战，完成1040座光伏扶贫电站运行情况调研，累计并网光伏扶贫项目4131个，支付上网电费2.86亿元，转付财政补贴7814万元，让“阳光财富”及时惠及贫困户。助力污染防治攻坚战，持续推广电能替代，减少散烧煤291万t，减排二氧化碳等581万t；打造居民电气化推广“新零售”体系，建成能源电商“新零售”试点营业厅9个，注册5万余名“电管家”团队。推进业扩报装接电提质提速，高、低压客户平均接电时间分别缩短49.2天、2.5天；推进供电服务指挥体系建设，扎实开展供电服务指挥中心深化运营活动；优化布局93个供电所，建成143个营配融合城区供电服务站，实现全域网格化服务。优化采集系统，费控复电平均响应时长缩短至11.64分钟。率先上线“网上国网”平台，实现交费、办电、能源服务等业务“一网通办”，年底注册用户数达255万；微信公众号绑定户号数达971万个，主动推送服务信息2.4亿次，处理各类诉求27万条，传播力指标排名保持公司前列；不断拓展缴费渠道丰富缴费方式，低压客户线上缴费率89.38%，同比提升10.8个百分点。供电服务满意度保持在99%以上。

党的建设和精神文明建设 完成“旗帜领航·三年登高”计划，形成党建工作“134551”总体思路，实现政治建设、凝心聚力、履职尽责、固本强基、正风肃纪“五个走在前”。完成“不忘初心、牢记使命”主题教育，得到职工群众和指导组高度肯定。建立“4+4”责任体系和“月管控、季考核、年评价”机制。建成“党建工作远程监控诊断中心”“湘电之光”政治文化馆和“十大红色教育基地”，在韶山成立国网湖南电力党校韶山分校。梳理形式主义等5个方面问题，印发19项整改措施。推进供电所支部同质化管理，完成全部供电服务职工组织关系转接，实行支部书记、所长“一肩挑”。推动三级本部与供电所支部“联学联创”全覆盖。实施“举旗·党建+”11大重点工程，每位班子成员抓一个工程，将党建成效转化为生产力。打造“东方红党员服务队”品牌。党委荣获湖南省直机关先进基层党组织，并作为唯一党委代表作典型发言，党建工作综述在《湖南日报》头版头条和《中国电力报》刊发，中央主题教育官网2次刊发主题教育动态，在工作动态和“两学一做”简报刊发典型经验28篇，承办课题荣获央企政研课题二等奖。团委获中央企业五四红旗团委荣誉。

开展主题传播，策划开展传播活动148次，省级及以上媒体发稿8570余条次，其中中央三大媒体发稿332篇；提请湖南省政府新闻办向社会各界发布“电力先行”九大行动，组织员工参加国务院国资委

“大国重器”演讲赛获金奖，视频入选央视庆祝新中国成立70周年宣传片，照片入选《共和国七十年瞬间》中英文画册，《夫妻作坊里的小豆腐变大产值》获首届央企故事大赛二等奖，《电亮三湘致富梦》获中国能源产业十大精准扶贫案例；微信、微博共同荣获“央企最具影响力新媒体账号”。《中国共产党宣传工作条例》纳入党委中心组学习，编发《意识形态管理学习手册》；加强舆论正面引导，针对“智能电表跑得快”“外人触电”“高压电线辐射”等敏感话题，联合湖南卫视制作播出3期科普节目，澄清谬误、明辨是非；主动回复群众网络诉求，获评“全国网民留言办理工作先进单位”。“爸爸妈妈团”和“保卫蓝天、绿色电能”两个项目分获湖南省公益创投大赛银奖、志愿服务项目大赛铜奖。

获评国家电网有限公司工会工作先进单位、省劳动竞赛先进单位等荣誉；1人获“全国五一劳动奖章”、5人获省“五一劳动奖章”；1人获国家电网有限公司工匠，4人获国家电网有限公司劳模；11项成果获评全国电力职工技术创新一、二、三等奖。2.16万名供电服务职工全部加入县级供电企业工会。制定实施“十三五”职工文体设施建设规划，启动15座职工全民健身多功能文体场馆建设。举办“我和祖国共奋进”主题职工文化活动30余场次；连续5年高质量举办职工文化成果展示，培育产生职工文化成果上百件。“指尖上的职工之家”功能与内容不断完善，打造成工会服务数字化“云平台”、物联智能后勤保障平台和智能管家“小助手”平台。

（叶伏虎　刘　磊）

【国网河南省电力公司】

企业概况　国网河南省电力公司（简称国网河南电力）是国家电网公司的全资子公司，国有特大型企业，肩负着为河南省经济社会发展提供可靠电力保障的重要任务。截至2019年底，国网河南电力共有直属单位35家，县级供电企业110家；全口径用工总量13.63万人。当年完成售电量2840亿kWh，营业收入1501.73亿元，2019年企业负责人业绩考核进入国家电网有限公司A级。

电网概况　河南电网处于全国联网的枢纽位置，是华中电网的重要组成部分。世界首条以输送新能源为主的特高压输电通道——青（青海）豫（河南）直流工程开工建设，河南特高压交直流混联电网建设迈上新台阶。全省500kV“鼎”字型目标网架加快形成，实现500kV变电站市域全覆盖，220kV变电站县域全覆盖，220kV电网开环为15个区域分片运行，全部县实现110kV双电源供电。截至2019年底，河南电网拥有1000kV南阳特高压变电站1座，主变压器容量600万kVA，境内线路长度343km；±800kV中州换流站1座，输送容量800万kW，境内线路长度148km，灵宝背靠背换流站1座；500kV变电站（开关站）42座，主变压器容量7845万kVA，境内线路长度8039km；220kV公用变电站313座，变电总容量约10 560.6万kVA，线路长度21 268.87km；110kV公用变电站1186座，主变压器容量约9551.8万kVA，线路长度26 588.11km。全省发电装机容量9306万kW。全省全社会用电量3364.17亿kWh，同比降低1.57%；发电量2815.68亿kWh，同比降低5.32%。

人力资源　用工总量持续减少，比2018年末减少0.5万余人。人才当量密度比2018年末提高0.011。高技能人才比例比2018年末提高0.97个百分点。新增高端人才17人。实施驻京办专项清理工作，获评驻京办专项清理先进单位。完成淅川县电业局、直流管理处、龙源花木公司、郑州设计院划转和管理对接。优化调整党建、纪检等机构设置，在省、市公司设置互联网部和数据中心。制定印发业务外包管理办法。制定共计33条人力资源“放管服”事项清单，“放管服”事项数量居各专业之首。完成“两清理”“两规范”，不断强化供电服务员工规范管理。推行按志愿分配单位机制，完成年度高校毕业生招聘，开展驻郑单位系统内公开招聘。在一线班组和供电所深化“工作积分制”“责任承包制”考核，提高考核评级可操作性。制定印发工资总额实施细则。利用政府降费政策，在保障职工利益前提下，节约人工成本4.13亿元。规范退休人员统筹外补贴管理。

2019年完成培训班4710期，培训23万人次，省级培训占比25.6%。组建由185人组成的宣讲团队开展优化营商环境提升营销基础管理专项宣讲，完成66个单位204场共计2.2万人次的巡讲工作。

电网建设与发展　编制2020—2022年电网滚动规划。推动外电入豫新通道规划建设，促成河南、内蒙古两省能源局签订关于两省区能源合作备忘录，为入豫第三直流纳入国家“十四五”电力规划夯实基础。助推河南能源转型发展，坚持“机退网进”，2017—2019年配合关停378万kW燃煤机组，配套电网投资43.7亿元，建设110kV及以上输变电工程16项。促成政府出台《河南省农村电网改造提升三年行动计划（2018—2020）》。完成特高压前期工作，“两交”（南阳—荆门—长沙、驻马店—武汉）在华中四省中率先完成省内核准支持性文件办理。完成电网建设投资304.5亿元，投产110kV及以上工程235项，投产110kV及以上线路3769.48km、变电1952.6万kVA。新开工110kV及以上工程278项，新开工110kV及以上线路4249.02km、变电1816.35万kVA。新建110kV及以上变电站76座，城市、农村户均配电变压器容量分别提升至 3.33、2.4kVA。2019 年共完成 130.7 亿元 10kV 及以下配网工程建设任务，新建改造 10kV 配电容量 744.7 万 kVA，新建改造 10kV 线路 1.67 万 km。完成 191.4 万户“煤改电”配套工程；完成省政府重点民生实事任务之“3000 个电网薄弱行政村改造”；完成新一轮农网改造，“两率一户”指标达到国家要求；贫困地区建成 220～35kV 变电站 97 座，1500 个非贫困村电网改造任务全部完成。

2019 年投产 35kV 及以上工程 385 项，线路长度 4923km，变电容量 2048 万 kV；开工 388 项，线路长度 4977km，变电容量 1883 万 kVA。完成主网 60 项度夏和 56 项度冬工程建设任务。服务河南“米”字形高铁网建设，13 座牵引站配套工程提前带电，保证了郑万、郑阜高铁联调联试需要。投运 6 项蒙华铁路牵引站配套工程第一电源，为国家“北煤南运”战略运输通道电力供应提供了坚强保障。投运 35kV 以上“煤改电”工程 30 项、贫困地区电网巩固提升 97 座变电站、中西部农村电网工程 188 项。新乡北 500kV 变电站工程荣获国家优质工程奖。“护航本质安全——项目关键人员‘e 平台’”获得国家电网公司“青创赛”金奖。

2019 年共完成 123.58 亿元 10kV 及以下配网工程建设任务，新建改造配电变压器 2.24 万台、配电容量 582.3 万 kVA，新建改造 10kV 及以下线路 3.37 万 km。完成 186.4 万户“煤改电”配套工程；完成民生实事 3000 个行政村电网改造。完成“民运会”配套配电网工程建设，为第十一届全国少数民族运动会召开提供电力保障。省委书记王国生点评国网河南电力系统帮扶的三合村“一支小画笔绘就脱贫路”。副省长武国定专题批示感谢国网河南电力对扶贫工作的支持。牵头组稿的兰考电力扶贫信息专报获韩正副总理批示。

经营管理 售电量同比增长 4.88%，资产总额增长 10.21%。优化成本投向 5.48 亿元，“三公经费”及会议费同比降低 24.48%。争取中央财政资金 1.5 亿元、省财政资金 11.88 亿元，接收用户资产 18 亿元，资产负债率降至 76.72%，同比降低 0.02 个百分点。落实 2019 年增值税减税政策，抵免增值税 7.05 亿元。贯彻电力改革部署，推进交易机构独立规范运行，河南电力批发市场、零售市场初步形成。组织开展各类电力交易，全力服务全省经济社会发展。2019 年市场准入用户突破 1.4 万户，完成市场化交易电量 1742 亿 kWh，降低企业用电成本 16.2 亿元，改革红利持续释放。全面完成职工家属区供水、供热、物业的分离移交。累计分离移交 271 个家属区 12.2354 万户，涉及 73 家市县公司、直属单位。2019 年安排乡镇供电所电网小型基建项目 167 个，计划投资 15 958 万元，其中新建项目 65 个，计划投资 5625 万元，续建项目 102 个，计划投资 10 333 万元；生产辅助技改项目 51 个，投资金额 4682 万元；生产辅助大修项目 12 个，投资金额 924 万元。完成 11 户企业压减、压减率 16.17%；21 家集体企业全部退出售电业务。完成淅川县电业局国有产权无偿划转，完成河南鄢陵花木有限公司、中电装备公司原郑州电力设计院划转任务。

管理创新工作获得国家级成果二等奖 1 项，电力行业奖二等奖 2 项，国家电网有限公司成果特等奖 1 项、一等奖 1 项、三等奖 1 项，河南省成果一等奖 6 项，二等奖 6 项。评选表彰优秀 QC 成果 98 项，获国家电网有限公司一、二、三等奖各 1 项，获全国电力行业特等奖 2 项、二等奖 5 项、三等奖 6 项，获河南省一等奖 30 项、二等奖 32 项、三等奖 32 项；获央企发表赛一等奖 1 项，1 项成果获全国 QC 发表交流会金奖，5 个小组被授予“国优”。

安全生产 贯彻上级安全决策部署，落实各级安全责任，健全完善安全制度体系，持续深化双重预防机制，全面加强各领域安全管理，开展春秋季安全大检查、“防风险除隐患保平安迎大庆”等系列安全活动，完成“四个杜绝、五不发生、两个大幅下降”的年度安全生产目标，七、八级安全事件同比降低 12.3%。发布 6445 个机构、31 543 个安全责任清单，形成“一岗位一清单”。印发消防安全责任实施意见、集体企业安全职责，厘清消防、集体企业安全管理部门职责分工。制定“三跨”作业安全风险管控工作规范、工程建设安全监督管理意见，规范“三跨”高风险作业项目管控，建立安全资信报备、属地化安全监督、积分制管理和“黑名单”退出等全过程管控机制。健全安全奖惩机制。修订安全生产奖惩实施细则，健全“奖罚并重”的安全奖惩机制，兑现安全生产专项奖励 1.44 亿元。组织开展节后开复工收心教育和安全培训考试，累计培训考试一线作业人员 3 万余人。举办 18 期安全专项培训，135 名领导干部、130 名安全总监、200 名安全监督人员、500 名班组长参加培训。推行现场作业标准化。查处违章 8935 起，严重违章同比下降 41%。组织开展《生产安全事故应急条例》培训宣贯和应急预案管理合规性检查，完成新一轮应急预案体系修订发布。常态化开展应急实战演练，累计开展综合应急演练 117 场次、专项应急演练 312 场次，参演人员 18 817 人次。

保障河南电网安全稳定运行，有效应对度夏期间省网最高 6489 万 kW 大负荷考验。严控春秋检电网安全风险，完成 961 项主网综合停电计划，管控 190 项五级电网风险。助力清洁能源发展消纳，省内调峰辅助服务市场上线试运行；全额消纳省内新能源 190 亿 kWh；跨区吸收外省清洁能源 324 亿 kWh；现货交易吸收西北弃风弃光电量 23 亿 kWh。服务大气污染防治攻坚，精益调度，外电入豫规模 545 亿 kWh；发挥电力绿色调度应用平台功能，精准管控燃煤机组污染物排放，做好 168 万 kW 落后煤电机组关停相关工作。实现统调电厂和 110kV 及以上变电站网络安全监测装置全覆盖。“源网荷储多维绿色调度体系”入选国家电网公司泛在电力物联网建设 2019 年最佳实践案例，“电网绿色调度供应链管理”荣获国家电网公司 2019 年管理创新一等奖。

完成春秋检 3635 项主网检修任务。投入参检人员 859 人次、检修设备 3518 台（套）、完成检修任务 83 项、处理缺陷 79 条（其中新发现缺陷 62 条），消缺率 100%。加强度夏期间设备精益运维，强化设备运行监测分析，度夏期间 35～220kV 主变压器过载 126 台，同比减少 26.31%；落实防汛“五个一”工作，制定完善应急预案，针对 200 座易遭水淹变电站、18 座易遭山洪冲击变电站，存在冲击风险 122 条线路 730 基杆塔、存在滑坡风险 34 条线路 141 基杆塔，位于地下的 651 个开闭所和 3046 个配电室，开展防汛隐患排查治理，保障人身、电网、设备汛期安全。

营销工作 售电量 2840.29 亿 kWh，同比增长 4.88%；市场占有率 96.40%；售电收入（含代征）累计完成 1721.92 亿元，同比 4.14%，电费回收率 100%。全省业扩报装新增容量 4470.64 万 kVA，同比增长 13.83%。深入推进“两率一损”管理开展反窃查违专项行动，优化完善台区理论线损计算模型，实现台区理论线损值滚动更新。采集成功率 99.98%，较年初提升 0.37 个百分点，较治理前提升 2.06 个百分点；费控执行成功率 99.99%，较年初提升 0.36 个百分点，较治理前提升 29.11 个百分点；台区线损率 3.99%，较年初降低 0.48 个百分点，较治理前降低 9.88 个百分点，累计降损电量 7.77 亿 kWh，查处窃电及违约用电 2.7 万户，追补电量 7886.12 万 kWh，追补电费及违约使用电费 2.44 亿元，同比增长 61.74%。完成“打包交易”项目 8865 个，替代电量 57.95 亿 kWh；在全省范围内推动实施电能替代新增项目 7584 个，2019 年电能替代电量 145.58 亿 kWh，拉动售电量增长 5.38 个百分点；完成 190.67 万户居民“电代煤”，通过“打包交易”使电能替代用户在原有电价基础上每度电降低用电成本 0.07～0.15 元。创新需求侧管理，组织 145 家签约用户实施季节性需求响应，单次最高削减负荷 32.21 万 kW，补偿用户 316 万元，按照 8600 元/kW 建设标准计算，节约电源及电网配套投资 27.7 亿元。建设能耗在线监测系统省级平台，实现“水电煤气热油”多品类能源数据的采集监测、挖掘分析和用能决策，助力企业降本增效，为政府能源决策规划提供科学依据。承担省级充电智能服务平台建设，完成省级平台及手机 App 的部署和发布。累计接入 32 家运营商，1326 个充电站，1.63 万个充电桩。与政府相关部门沟通，促成 18 个地市出台充电服务费标准，提高充电设施运营效益。启动 194 座在运快充站安全提升，提升充电设施服务能力。2019 年完成充电服务 109.38 万次，同比增长 194.93%；充电量 2008.75 万 kWh，同比增长 225.74%。深化“互联网+”应用，高、低压客户业扩线上办理率分别达到 73%、99%，居民智能交费客户占比 98.72%。

科技与信息化 开展国际标准制修订工作，《高压交、直流架空输电线路并行架设走廊内的电磁环境测量推荐规程》等 2 项 IEEE 技术标准正式立项，实现了国网河南电力国际标准牵头立项零的突破。获批成立“IEEE PES 中国区电力系统测量与仪器技术委员会”电能质量技术分委会，3 人入选国际大电网组织（CIGRE）工作组。完善组织体系，制定技术标准创新基地建设及运行管理方案，建成公司技术标准创新基地并通过验收。“河南省电力经济大数据工程技术研究中心”获得河南省科技厅命名，目前已拥有 5 个国家电网公司实验室和 4 个河南省实验室（工程技术中心）。总部科技项目获批立项 16 项，其中牵头立项 11 项，在省级电力公司中位居前列。2019 年获得省部级奖励 28 项，2019 年申请发明专利 629 项，授权发明专利 234 项。平顶山公司通过电力行业标准化良好行为企业现场检查，获 5A 最高等级认定。

完成“两中心一示范”（能源大数据中心、国网河南电力大数据中心、兰考能源互联网综合示范）等 31 项年度重点任务。建设云平台、数据中台和物联管理平台，升级整合 6600 余台供电所多业务终端，改造 11 个、下线 2 个移动应用，减轻基层工作负担。将 5G 技术运用在特高压中州换流站年度检修中，实现检修工作可视化、数字化和网络化。

优质服务 严格落实“三大责任”，统筹推进“三大领域”突出问题治理，建立投诉举报共性问题“一本账”，坚持以“两单”实施件件管控，以“双落实”促进闭环销号，以“双核查”意见作为办结依据，客户回访满意率逐年提升，百万客户投诉量 554.14 件，同比下降 60.44%，客户服务满意率 98.78%。新建五星级供电所 8 个，四星级供电所 86 个。推广应用“三合一”台区经理移动作业终端，增配终端 3597 台，实现台区经理在工作现场即可开展营业、计量、配抢业务，提高供电服务时效。规范客户安全用电管理，督导整改重要客户用电安全隐患

2240个，全力保障1168个重要场所和客户用电安全；完成重要节假日、重大活动供电安全保障及优质服务工作，完成省委省政府统一部署供电保障任务80项。服务环境治理攻坚，推进电能替代和居民“煤改电”清洁取暖工作，配合政府做好3.44万家应急管控企业停限电，升级完善大气污染防治电力监管共享平台，每小时向省生态环境厅发送3.4万条电量数据，为生态环境主管部门精准治污提供决策依据。利用《河南省煤电行业淘汰落后产能优化生产结构三年行动计划（2018—2020年）》政策支持，推动洛阳、平顶山两地市2台总容量7.35万kW燃煤自备电厂电量由公用高效清洁机组代发，推动河南省落后煤电机组关停淘汰。

2019年全省10kV配电线路累计停运率183.74条次/百条，同比下降53.49%；10kV配电线路累计故障停运率87.87条次/百条，同比下降43.48%。持续加强配网不停电作业管理，2019年累计开展配网不停电作业30 497次，减少停电时户数683.3万时户，多供电量6676.8万kWh，有效减少停电时间和次数。

党的建设和精神文明建设 开展“不忘初心、牢记使命”主题教育，以学习贯彻习近平新时代中国特色社会主义思想为主线，一体推进学习教育、调查研究、检视问题、整改落实四项重点措施，3700余个党组织、5.6万余名党员学查改结合、知信行统一，切实增强了守初心、担使命的思想自觉和行动自觉。坚持兰考标准，严肃开展专题民主（组织）生活会，检视差距不足。突出问题导向，推进8个方面专项整治，省公司和基层单位发现问题均整改到位。主题教育相关经验在人民日报、学习强国等中央媒体刊发。

完成“旗帜领航·三年登高”各项任务，持之以恒强基础、推标准、树标杆，创先争优氛围日益浓厚。逐级完善党建工作责任清单，严格基层党组织书记述职评议考核，党组织和书记现场述职实现三年“双全覆盖”。规范党委会研究党建工作“应上必上”事项21项，做到及时规范研究、严格落实到位。从严从实整治党建形式主义，全面清理规范各级领导小组、党建评比表彰等，有效堵塞管理漏洞。集中整顿软弱涣散基层党组织，实施“一支部一方案”“一问题一对策”，持续提升党建工作水平。分级选树“一先两优”，3名员工分获“中央企业优秀共产党员”“最美国网人”。召开国网河南电力直属第二次党代会，完成国网河南电力直属党委换届选举；健全完善《国网河南电力直属党委工作制度》，成立直属党委办公室等4个内设机构，细化明确工作职责，有效落实直属各级党建责任。完成3家单位党组织整体接转，先后组织184家基层党支部按期换届，全国少数民族传统体育运动会等重大供电保障、重点工程均成立临时党支部。深化“三级联创”活动，构建“三维三级一示范”联创新模式，支部联创经验在公司党建工作会议上做书面交流。提升“三支队伍”素质，与焦裕禄学院、大别山学院共建党性教育基地，举办17期2000余名党支部书记轮训，分级开展党务人员和党员培训。全面开展供电所党建工作和供电服务员工党员调研，制订加强供电所党的建设意见。

推进“不忘初心 牢记使命”主题教育，征求意见建议6类1383条，形成问题清单130项，组织召开对照党章党规找差距专题会议，查找问题81项，高质量召开专题民主生活会。组建6个巡回指导组，督促指导38家基层单位规范开展主题教育。以习近平新时代中国特色社会主义思想为指导，举办1期处级领导人员培训班、6期县级供电企业领导人员培训班和2期驻村第一书记培训班，累计培训1300余人次。

（张 申）

【国网江西省电力有限公司】

企业概况 国网江西省电力有限公司（简称国网江西电力）是国家电网公司的全资子公司，是以电网建设、管理、运营为核心业务的国有特大型能源供应企业，承担着为江西省经济社会发展和人民生产生活提供电力供应与服务的重要使命。本部设有23个部门，所属单位121家，其中市级供电公司12家、直属单位12家、县级供电公司97家。现有用工总量5.62万人（其中主业用工3.91万人，集体企业用工1.71万人）；资产总额845.86亿元；经营区域覆盖全省，供电客户2130.49万户，供电人口4647.6万人。

完成投资159.29亿元，建成投产110kV及以上线路1861km，新建扩建变电站69座，共计容量782万kVA。售电量1287.52亿kWh，同比增长10.68%。概念收益同比增长20.25%，高于售电量增幅9.57个百分点。营业收入744.76亿元，同比增长8.23%。综合线损率6.37%，下降0.55个百分点。资产总额845.86亿元，同比增长7.83%。资产负债率68.46%，下降1.62个百分点。

电网概况 江西一次能源缺乏，电源以火电为主，水电资源开发潜力有限，近年新能源发展迅猛。截至2019年底，江西电网统调装机总容量为26 760MW。其中，火电装机容量为18 940MW，占总装机容量的70.78%；水电装机容量为3260MW，占总装机容量的12.19%；风电装机容量2790MW，占总装机容量的10.42%；光伏装机容量1770MW，占总装机容量的6.61%。

江西电网以南昌为中心，北起九江，南接赣州，东至上饶，西抵萍乡。±800kV特高压直流输电线路宾金线过境江西。江西省内500kV电网已形成“两纵四横五环网”主干网架，并通过3回500kV线路与华中电网联网，所有县域电网实现110kV“双电源”供电。

全网500kV变电站24座，变电容量3175万kVA，输电线路66条，长度4877km；220kV公用变电站171座，变电容量4815万kVA，输电线路561条，线路长度14 037km；110kV变电站573座，变电容量4234万kVA，输电线路1228条，长度17 531km。

人力资源 开展9家县公司供区划转工作，采取“组织单元成建制划转、人随业务整体调整、个人意愿组织调配”等方式完成人员调动共计4854人（其中地市公司478人、县公司4376人）。地市公司通过面向所属县公司公开招聘，96名县公司员工录用到地市公司本部工作，375名原下派干部、总监人事关系调整至任职单位。省建设公司、省经研院、省能源服务公司、省检修公司4家直属单位面向市县公司招聘录用25人。

建立由基础工资、业绩工资、专项工资、增量工资构成的工资总额核定模式。修订所属单位企业负责人业绩评价办法，围绕“三大责任”，构建安全、效益、服务、风险、党建模块化考核体系，精简指标数量和评价标准，实现与同业对标、工资总额核定指标体系同质化管理。取消全员绩效C、D等级强制比例分布，围绕违规经营、安全生产、服务投诉、员工奖惩、岗位胜任等方面，明确C、D级“踩红线”16项评定标准，促进制度更好落地。

电网建设与发展 开工建设雅中—江西±800kV特高压直流输电工程，标志着江西电网正式迈向特高压时代。全面完成电网建设任务，建成投产500kV厚田、赣州西等重点输变电工程，完成昌吉赣客专、蒙华铁路等项目配套电网建设，电网供电能力和供电可靠性得到新的提升。专项列支2亿元开展配电网绝缘化改造，消除隐患1.89万处，提高了配电网安全可靠性、降低了人身触电风险。推进鹰潭泛在电力物联网综合示范区建设，有力支撑了电网运营管理。

搭建主网架统一计算数据，深化电网静态安全、暂态稳定、短路电流控制等协同研究，进一步统一短路电流计算边界条件，高质量完成主网架规划总报告和电力供需专题、规划计算规划专题报告，以及500/220kV电磁解环分片（2019—2025年）等专题研究，推进电网规划安全风险排查和电网防覆冰差异化设计，从源头提高电网抵御自然灾害和事故风险能力。推进110kV及以下配电网规划提升，深化电网运行分析，并结合饱和负荷预测，开展“网格化”规划，逐市县制定目标网架，形成省市县“1+12+97”配电网规划成果，实现“一城网一目标网架”“一县域一目标网架”，南昌重点城市电网规划形成“3+6”报告成果。

参与2019年度江西省电网规划项目库滚动修编，提出2019—2024年电网规划项目库调整建议，确保电网发展需求，及时滚动纳入政府规划。开展江西电网2035年目标网架研究，密切跟踪全省国土空间规划工作，主动开展全省电网设施空间布局规划（2019—2035年）编制，促进电网规划项目站址、廊道与国土空间规划紧密衔接。

雅中—江西±800kV特高压直流输电工程获国家发展改革委核准批复。按期完成了抚州南广500kV、上饶鄱余500kV输变电工程等重点工程前期工作，全年取得220kV及以上输变电工程项目核准32项，其中500kV及以上工程6项，220kV工程26项，取得220kV及以上工程可研批复42项，其中500kV及以上工程10项，220kV工程32项。

推动工程达标投产和创优及110kV变电站新建工程标准工艺示范工程评选，取得500kV东乡变电站国家优质工程、220kV陈家山—鄱阳牵引线路工程和110kV赣州澄江变电站新建工程获得国家电网有限公司优质工程奖。

加快农网建设助力脱贫攻坚，调增江西2019年电网基建投资规模20亿元，配电网投资总计达到63亿元。有效保障重点项目和农村配电网建设需要。做好农村地区110、35kV变电站布点，加快消除变电站单线供电风险，解决农村地区供电能力不足、供电可靠性偏低等问题，全省农网供电指标达到“两率一户”建设目标。加大对贫困县、赣南等原中央苏区、罗霄山脉等地区电网建设改造力度，助力2019年江西省宁都、于都、兴国、赣县、修水、鄱阳、都昌县7个县脱贫摘帽和剩余387个贫困村退出。

经营管理 经营管理的能力和水平不断提升，经营质效进步显著。国网江西电力上下牢固树立“大经营”理念，干部员工的经营意识、效益意识明显增强，经营管理的能力和水平明显提升，概念收益增速远大于售电量增速，经营质效取得显著进步，开展用电市场专项整顿和历史遗留问题专项整治。全年累计发现问题10.65万个、追补电费5.23亿元，全省供电台区综合线损率同比下降1.02个百分点，减少电量损失4.11亿kWh；历史形成的38个违法电价优惠区已整治32个，排查发现的286个小水电网前供电问题已整治269个。实现全省购售同期管理，保障供售电量、线损等经济指标在过程中的真实性，提升了服务社会的质量，促进经营管理更加公平、科学、透明。实现电费省级直收、资金省级直付，缩短了资金归集路径，加强了电费回收内部控制风险防范，大幅提升电费资金效率效益，提高收支耦合度，降低备付闲置资金，每年预计节约财务费用1.04亿元。健全完善直属单位工资总额核定办法和业绩评价办法。配合完成第二轮输配电成本监审，为合理核定输配电价提供了依据。开展在建工程专项清理，完成8391个项目转资工作，全年实现工程转资额130.7亿元。实行成本分级管理和总额管控，严控业务外包费用上限，提升了各单位成本安排的主动性、灵活性和精准性。加强重点领域和高风险业务领域审计监督。开展法律案件压降整治，新发案件数量同比下降37%。优化物资供应策略，实现35kV及以下配电网物资“随叫随有”、紧急项目“随到随招”。完成职工家属区“两供一业”分离移交和518处不动产确权登记。改善基层生产经营条件，全年安排199个供电所建设项目，基本解决了乡镇供电所危房、无房问题。

安全生产 正确认识安全问题发生的主客观原因，正确把握安全工作的本质和核心，明确并落实领导层、管理层和一线层安全责任，变革完善安全管控的制度体系，用综合治理的工作思路，加强安全意识建设、安全能力建设、安全装备建设、安全作风建设，未发生人身死亡事故、大面积停电事故和重特大设备事故。安全管控的制度体系主要体现在将安全业绩作为员工工资总额核定、企业负责人业绩评价、企业评级、同业对标的核心内容予以考核评价。同时，制定安全生产经济考核评价办法、班组长及现场工作负责人安全责任管理规定等制度，设立一线班组“双无”安全专项奖，推动安全责任和压力有效穿透到一线、落实到现场，员工抓安全、保安全的积极性和主动性增强。建立全员随机抽考机制，促使员工在岗学习，全员安全意识和履责能力明显提升。推行“防触电、防高坠、防倒杆、防误入”措施，统筹开展防止电气误操作、安全工器具隐患排查治理等专项行动。加强输变电设备运维，优化500kV线路运维管理模式，110kV及以上主变压器跳闸次数下降16%、110kV及以上线路故障停运率下降26%、10kV配电线路故障停运率下降48.5%。加强网络安全管理，参加国家专项网络攻防演习。

营销工作 实施营销关键业务规范性治理，深化营销稽查。结合当前“扫黑除恶”专项行动，整治解决历史遗留的优惠用电、小水电“网前供电”等问题。组织开展漠视侵害群众利益问题整治，全面排查整改业扩报装、抄表收费以及供电质量等方面存在的问题，切实履行社会责任，得到国家能源局检查组的认可。开展查窃降损，治理“跑冒滴漏”，高损台区数同比下降37.54%，台区线损率同比下降1.02个百分点，增加售电量约4.11亿kWh。

全面实施城乡供电所“营配合一”，在市县公司城区组建供电服务中心（城区供电所），将10kV及以下电网运维纳入供电所管理，新成立供电中心30个、乡镇供电所79个，服务覆盖全省所有区域；通过星级供电所创建，着力打造供电服务“强前端”，2019年共有5个优秀供电所被公司命名为“五星级乡镇供电所”。

开展计量资产清理，完成所有市县公司计量资产实物盘点核查，有效解决历年账实不符问题，追回不在库电能表1.2万只，挽回经济损失200余万元。利用计量采集大数据开展智能电能表状态评价，对24个市县公司110万户电能表进行模型分析，可实施率提升至98%，发现713疑似电能表异常，问题校核属实率84%。加强全省11类计量设备运行分析，强化高压计量预付费控制装置维护，解决了电能表反向走字、底码突变、HPLC应用等部分技术难点疑点。供电所计量周转柜覆盖率提升至83.95%，14余万只电能表经周转柜出入库，应用率大幅提升。拆回电能表集中检定约30万只，及时排查发现家族性缺陷，约谈7家电能表供应商进行问题处置和赔偿。推行计量器具按需分配，全年累计配送计量器具261万只。

科技与信息化 建立以应用为导向的科研立项机制，开展变电站变压器安全防火隐患治理、江西电网雅中直流功率消纳能力提升、架空输电线路无人机导地线智能自主巡检技术研究及应用、“三跨”和重腐蚀环境输电线路新型金具研制与应用等科研攻关，培育一批具有成果转化价值和解决现场一线问题的项目。

出台《国网江西省电力有限公司科技（创新）成果转化补充管理办法》《国网江西省电力有限公司科学技术奖励办法》，优化科技创新体系，激发创新活力，提高公司自主创新能力。共获省部级科技奖励24项，承担国家团体标准4项，参与国家电网公司总部企业标准20项，完成技术标准9项。

优质服务 供电服务投诉同比下降63%。配合省政府出台《江西省方便企业办理用电报装行动方案》《关于进一步降低企业成本30条政策措施》等文件，简化涉电审批程序，完善用电配套服务，高压客户平均接电时长缩短为44.2个工作日，同比减少1.93个工作日。优化10kV及以下业扩管理模式。客户办电响应时长缩短20%以上，完成了8家地市公司供电区划调整，实现供电与行政区划相匹配，保障调整期供电服务平稳有序；深化供电“一站式”服务，91个市县公司供电窗口进驻各级政务服务大厅，将办电业务融入“赣服通”线上平台，对接用电需求。落实国家减费降损政策，一般工商业电价连续两年下降10%，两次降价共计6.86分/kWh。

改造升级贫困地区电网，全省提前一年实现了新一轮（2016—2020年）农村电网改造升级建设“两率一户”目标。畅通光伏扶贫项目支付渠道，对接能源和扶贫主管部门，转付国家光伏补贴4.66亿元，有力支撑了贫困地区脱贫摘帽。试点“教育＋扶贫”新模式，联合电力职业技术学院，招收6名系统挂点贫困村高考学生。开展公司扶贫宣传，共发表206篇扶贫宣传报道，向社会传播电力扶贫故事和脱贫成效。

党的建设和精神文明建设 发挥党建引领作用，企业素质提升明显。注重党建引领，开展“不忘初心、牢记使命”主题教育，干部员工的党性修养、责任意识、担当意识、工作作风有了新的提升，在增强“四个意识”、坚定“四个自信”、做到“两个维护”上认识更加深刻、行动更加自觉。持续加强党风廉政建设，完成二级单位巡察全覆盖。落实“抓整改、除积弊、转作风、为人民”专项行动工作要求，制定《供电服务红线规定》，进一步加强行风作风建设。加强领导班子运行机制建设，各级单位班子结构持续优化，讲政治、看业绩、听口碑、重担当、讲实干的用人导向进一步突显。关心关爱员工，竭诚办好“十件实事”。开展“月捐一元”爱心捐赠活动，35名特困员工得到帮扶。员工队伍保持稳定，信访举报和越级上访大幅下降，企业政治生态好转。13名员工、9个集体受到全国总工会、国务院国资委等上级单位的表彰。

（熊志明　黄军生　叶婉琪）

【国网四川省电力公司】

企业概况 国网四川省电力公司（简称国网四川电力）是国家电网公司的全资子公司，主要负责四川境内国家电网的规划建设、运营管理和电力供应。

2019年完成固定资产投资161.3亿元；售电量2180亿kWh，同比增长8.63%（以下均为同比）；营业收入1133亿元，增长7.53%；受政策调整等因素影响，实现利润－13.32亿元；资产总额1625亿元；资产负债率69.56%，降低0.32个百分点；全口径劳动生产率55.23万元/人年，增长1.52%；线损率7.65%，降低0.72个百分点。

领导班子

2019年，国网四川电力领导班子成员有部分调整。原公司董事、副总经理、党委副书记谭永香调离国网四川电力，胡海舰由国网西藏电力调至国网四川电力担任董事、总经理、党委副书记。原副总经理、党委委员董京营，原总工程师、党委委员石俊杰调离国网四川电力，原董事、副总经理、党委副书记张晓明转任三级顾问，刘勇由国网成都供电公司总经理、党委副书记调任国网四川电力董事、党委副书记、副总经理，肖杰由四川送变电公司执行董事、党委书记提任国网四川电力副总经理。调整后的领导班子为：

董事长、党委书记：谭洪恩

董事、总经理、党委副书记：胡海舰

董事、党委副书记、副总经理：刘勇

总会计师、党委委员：杨桂荣

副总经理、党委委员：谭志红、王永平、陈云辉

职工董事、党委委员、工会主席：左宇龙

党委委员、纪委书记：寇剑波

副总经理：肖杰

组织机构 截至2019年底，本部职能部门26个，全资二级单位39家（其中发供电企业24家、直属单位15家）；上市公司3家；县级供电企业151家（全资县供105家、控股县供46家）。

党建工作 开展“不忘初心、牢记使命”两批次主题教育，开展各级各类集中学习研讨2400余次，专题调研3000余次，制定整改措施9600余条，党员干部理想信念更加坚定，“四个意识”不断增强。加强基层党组织建设，各级党组织标准化建设全面达标。举办庆祝建党98周年、新中国成立70周年系列活动，组织“十讲十增强”形势任务宣讲，进一步凝聚干事创业合力。实施人才强企战略，广泛开展“大培训、大比武、大提升”活动，完成各类培训92.5万人天，新增高端人才11名，干部员工素质进一步提升。持续优化干部队伍结构，“70后”干部占比提高至45.8%。开展“抓整改、除积弊、转作风、为人民”专项行动，完成16家二级单位、51家县公司巡察，移交问题线索343件。深化“126连心桥”体系建设，响应职工诉求2096件，信访积案总量降低67%。新闻宣传卓有成效，《阿体拉巴》《望望》等微电影获国际、国内大奖。荣获四川省首届十佳模范职工之家、西三角企业品牌影响力百强等称号，56个集体荣获全国五一劳动奖状、全国工人先锋号、中央企业先进集体、全国青年文明号、全国百佳志愿服务组织等省级及以上荣誉，77名个人获全国五一劳动奖章、劳动模范等省级及以上表彰，国网泸州供电公司车盛寅获全国离退休干部先进个人（国网唯一）。

电网概况 电网发展全面提速。汇集各方力量积极争取，1000kV川渝特高压目标网架方案通过国家电网公司评审和审议。承办四川省第四季度重大项目集中开工仪式，“新三直”特高压工程加快实施，雅中—江西全面开工，白鹤滩—江苏完成可研，白鹤滩—浙江前期工作有序推进。500kV甘蜀改接、两河口送出等工程取得核准，康蜀串补、绵阳南等项目开工。雅安送出加强、蜀景三回等110余项重点工程建成投产，有效解决甘孜、雅安断面水电外送瓶颈问题，提升受限水电通道送出能力30%、重要负荷中心供电能力10%。拓展外送市场，创新实施“绕道外送”和“毛细血管外送”，在送出通道“打9折运行”的情况下，实现全口径外送电量1325亿kWh，与2018年持平，累计外送电量突破万亿kWh大关；弃水电量减少29.35亿kWh，降幅24.1%，水电利用率连续三年保持上升。“三区两州”深度贫困地区配网项目全部建成投产，户均配电变压器容量、电压合

格率、供电可靠性达到国家标准。开展配网三年整治提升行动，低电压配电变压器、频繁停电线路分别减少33%、21%，不停电作业次数增长24%。

国网眉山供电公司建成全国首套5G配网差动保护，国网宜宾供电公司投运省内首套110kV快速解环装置，国网德阳供电公司研发全川首个综合电力数据平台，国网绵阳供电公司、国网天府新区供电公司等18家单位建成首批“多站融合”数据中心站。

人力资源 以提升劳动生产率、企业活力、队伍素质、业绩水平为中心，深化三项制度改革，开展“大培训、大比武、大提升”活动，实施组织体系、用工配置、激励机制、人才结构的转型升级，各项任务完成。2019年业绩考核位列国家电网有限公司第9名。国网四川省电力公司全口径用工总量减少2409人，同比减少2.49%；职工劳动生产率55.23万元/人年，同比增长1.52%；人才当量密度1.0327，同比增长0.78%。

以管理精益化、项目精准化、资源精品化为目标，推行培训计划新模式，推动培训机构转型升级，推广应用典型经验做法30余项，推动竞技操场赛向生产现场赛的实战运用，共8名员工通过竞赛荣获“五一劳动奖章”“四川工匠”和“四川技术能手”称号，2名员工获“全国电力行业技术能手”称号。4095人通过国家电网公司中高级资格评审，3287人通过技能等级认证。建立“三站”人才高地，组建重点实验室、大师工作室等柔性攻关团队191个，新增高端人才11名，院士工作站获评中国科协模范院士专家工作站。选拔10名“金牌内训师”，并开发10门精品课程。主动适应国家职业技能等级评价改革，成为四川省职业技能等级认定首家备案试点单位。作为国家电网公司唯一代表荣获2019年电力行业技能人才培育突出贡献奖。

电网建设与发展 推动四川电网高质量发展，完成电网建设任务和基建管理工作目标，电网建设业绩考核在国家电网公司系统名列第7。全年完成110kV及以上开工76项，线路长度1845.84km、变电容量1307.17万kVA，投产68项，线路长度1061.79km，变电容量584.61万kVA；35kV项目开工75项，线路长度556.16km，变电容量17.83万kVA，投产74项，线路长度927.21km，变电容量40.39万kVA。工程项目建设高效推进，安全质量管控得到进一步加强，基建改革措施落地持续深化，工程造价管理不断精益，工程技术管理不断提升，建设管理水平稳步提升。

建成投运了500kV输变电工程4项，分别是江油500kV输变电工程、会东500kV输变电工程、四川雅安送出加强500kV线路工程、四川蜀州—丹景第三回500kV线路工程；建成投运了220kV输变电工程18项；建成投运了110kV输变电工程46项。

经营管理 专题召开优化经营管理策略推进会，研究降本节支、提质增效重点措施，多措并举缓解降电价影响。制定进一步加强精准投资管控、提升发展效率效益实施意见，全年整改低效变电站64座，核减不必要项目38个，节约投资8.2亿元。加强资金精益管控，多渠道降低融资成本，减少带息负债35亿元，节约利息支出1.5亿元。争取东西帮扶专项资金13.89亿元。治亏损、压“两金”、降杠杆、防风险等专项治理成效显著，存量事项创近年新低。完成长期在建工程项目清理1615个、转资金额35.6亿元。推进降本节支，三公及会议费降低18.02%，非生产性支出降低22.61%。丰水期谷段弃水电量交易15.8亿kWh，增收0.8亿元。持续开展智能稽核和反窃查违，查处窃电和违约用电8713起，用电异常3.79万个，取得经济成效2.85亿元。政企合力推动广元铝业破产重整，依法依规解决旧欠电费遗留问题。10kV及以下台区线损降低0.46个百分点，实现经济效益5.02亿元。深挖电能替代潜力，完成替代电量113亿kWh，增长34.4%。合规收购长虹220kV输变电资产，在非国网供区成功争取泸州鑫阳钢铁扩能项目“点对点”供电、绵阳新敏雅项目“直供电”，有效巩固和拓展售电市场。综合能源服务业务完成收入4.89亿元，增长126%。电商化采购交易额突破19亿元。积压库存物资下降4亿元，减少31%；标准物料压减1736条，压减率41.2%。发挥审计监督职能，建立违规经营投资责任追究制度，整改内外部审计发现问题47个，有效防控重大风险。深入开展“规章制度落实督导年”活动，新建、修订、废止制度1270项，合规管理水平进一步提升。

安全生产 推进本质安全建设和安全生产领域改革发展，开展安全生产专项行动，应对自然灾害和突发事件，完成各项政治保电任务，安全生产局面保持稳定。

加强全年安全工作组织落实，统筹做好春（秋）检预试、迎峰度夏（冬）各阶段安全工作，有序组织保障大电网安全、“防风险、保安全、迎大庆”、安全生产集中整治等系列专项行动，完成80项年度安全生产重点任务。推进安全生产领域改革发展措施落地，制（修）订安委会工作规则、安全工作奖惩、安全生产巡查、安全述职、安全培训等制度，编制发布全员责任清单3.8万份，组织各单位领导班子安全述职280人次，试点巡查县供电公司5家。建立省市两级专项报告和风险会商机制，督办落实地下电缆重点管控措施30项。

深化西南异步电网特性分析，优化运行控制策略，落实补强措施420项，建成交直流协控系统，确保了西南电网异步联网后的安全稳定运行。加强电网运行风险预警管控，全年累计管控各级风险1451次，保障了重点工程、重要检修实施。开展二次系统“排雷”行动，深化“三道防线”核查整改。加强电网调度控制，成功应对全省3次、17个地市49次用电负荷创新高考验。加强并网电厂管理，规范地县调小水电和分布式光伏并网流程，完成全网5000余户分布式电源信息接入，实现机组涉网安全闭环管控。充分发挥大电网、大市场、大平台资源优化配置优势，实现新能源全额消纳，水电调峰弃水损失电量连续3年下降。

坚持“应修必修、应试必试”，完成春季秋季集中检修和特高压直流年检任务，整治输电线路“三跨”隐患232处，完成2200余座变电站（换流站、升压站）消防隐患治理。实施“配网整治提升三年行动计划”，推广综合不停电作业、县域绝缘杆作业、低压不停电作业，户均停电时长较同期降低15.27%。

严格《安规》、“两票三制”和“十不干”执行，逐项管控生产作业风险8550项。深入推进基建改革12项配套措施落地，建设标准化作业层班组，培育核心分包队伍，加强“四不两直”安全督查，有效实施2313项输变电施工风险预警管控。开展配电网工程安全管理巩固提升行动，安全推进“三区两州”深度贫困地区电网建设。自研“智能视频反违章系统”，实现38类典型违章动态监控、自动甄别、实时告警，全面提升现场安全管控效能。

贯彻落实网络安全法和等级保护2.0要求，加强电力监控系统网络安全风险监测和防控。完成公安部“护网2019”专项演习，通过省网信办网络安全检查。开展集体企业安全年活动，自查自纠1225项问题全部整改到位。加强危化品安全管理，建立重点单位联系机制，明确经营、存储、使用全过程工作职责和要求。制定消防管理办法，理顺消防管理职责和界面。开展电气火灾综合治理，结合专项行动，完成215项消防隐患治理销号，完成687座变电站和2座高层建筑消防验收备案取证。健全林区输配电线路引发火灾隐患治理机制，完善电力设施保护安全隐患告知机制。

累计出动保电和应急人员4.3万人次，完成庆祝新中国成立70周年活动、第二届中国国际进口博览会、世界警察和消防员运动会、中日韩领导人会议等重大政治供电保障任务。承办四川省应对大面积停电事件的联合演练，“团结治网、共保安全”能力显著提升。高效应对迎峰度夏持续高温、宜宾地震、汶川强降雨等灾害影响，第一时间抢修受损设备、恢复电力供应，得到地方党委政府和社会各界充分肯定。

营销工作 2019年完成售电量2180.19亿kWh，同比增长8.63%。

促请政府出台《四川省2019—2022年电能替代推进方案》，明确电锅炉、电蓄冷空调、电烤烟等重点领域补贴政策，进一步刺激和释放了重点领域的替代潜力。电能替代成效持续扩大。通过环保、补贴、交易等手段的综合应用，完成工业锅炉窑炉改电810.64t，年替代电量5亿kWh，替代燃煤自备机组82.24万kW，年替代电量37亿kWh，累计推广电火锅13 237户，年替代电量10亿kWh。建成投运乐山港港口岸电项目，实现长江干流及支流岸电全覆盖。丰水期谷段弃水电量交易成效突出。采用逐户走访或召开专题会议等方式开展政策宣传，引导用户参与丰水期低谷弃水电量交易，全力配合用户完成市场化注册，注册用户1670户，交易电量15.8亿kWh，增加纯收益8346万元，为用户节约电费2.52亿元。交通用能“以电代油”发展迅猛。京昆高速省内段沿线服务区充电站项目已陆续开工，充电服务网络从广元至攀枝花全覆盖，其中攀枝花段已建成投运。自建充电设施的运营指标大幅提升。为社会充电设施做好供电服务，推动交通用能“以电代油”市场发展。全社会充电设施1～12月累计用电量3.16亿kWh，同比增长250.44%。供配电设施资产接收有序推进。签订10kV及以上供配电设施接收协议对应原值166.23亿元。

推广“网上国网App”、微信公众号办电和营业厅微信、支付宝“扫码付”缴费，“互联网+”线上缴费客户达4192万户次，缴费金额超过77亿元，分别同比增长118%和109%。95598投诉共计7552件，同比减少57.63%，其中营销服务及营业投诉共计1318件，同比减少67.19%。完成全国两会、世警会、西博会、庆祝建国七十周年、中日韩领导人会议等重大供电保障任务共计140余次，快速响应“6·17”宜宾长宁抗震救灾、“8·20”阿坝、雅安暴雨、“9·08”内江威远地震等应急救灾工作。

科技与信息化 获得省部级（含行业奖）及以上奖励26项。其中2018年国家科学技术二等奖1项，第二十一届中国专利优秀奖1项。2019年度四川省科技进步二等奖3项，三等奖5项。2019年度中国电力科技进步奖二等奖2项，三等奖2项。2019年度国家电网有限公司科技进步奖一等奖3项，二等奖1项，三等奖4项。2019年电力创新奖大奖1项，二等奖2项，三等奖1项。专利申请方面，全年申请专利382件，其中发明专利249件；获得专利授权249件，其中发明专利117件。

优质服务 深入实施优化营商环境两年行动计划，拓展“三省+三零”办电服务，10kV、低压业务平均接电时间分别降至34、1.8天，客户“获得电力”感进一步提升。深入开展漠视侵害群众利益问题专项整治，积极配合清理转供电环节不合理加价行为。全面推进投诉压降专项整治，投诉总量减少57.6%。深化营销智能转型，持续提升客户体验，智能电能表覆盖率、全口径自动采集成功率分别达到99.86%、99.56%，线上缴费客户数达1275万户，增长21%。加快全能型和星级供电所建设，新增国家电网公司五星级乡镇供电所6个，农村公用变压器台区网格管理实现全覆盖。结合乡镇区划改革，启动供电所优化提升工作。实施电力助推脱贫攻坚，141个定点帮扶村如期脱贫，“彝兴”“丽火”特色品牌在全国产业扶贫推进会上交流，“四步五路”扶贫新思路被《中国扶贫》杂志收录并在央视直播，《点亮彝区美好生活》等6个案例入选国家级扶贫优秀案例，扶贫工作获汪洋等中央领导批示肯定，被评为全球精准扶贫可持续卓越企业、全省先进定点扶贫单位。

信息化建设 截至2019年12月，全省各类通信设备共计17 020台，位居全国第6。传输网方面，全省光缆共计91 664.6km，在国家电网公司中位居第2。全省全资35kV及以上变电站光纤覆盖率为94.66%，其中220kV及以上变电站双光纤覆盖率为100%。建成省级光传输网（A平面为SDH网络，B平面为OTN网络）和22个地市SDH光传输网，共计覆盖通信站点4045个。业务网方面，全省通信业务总量20 909条，位居全国第6。实现所有35kV及以上变电站专网和公网调度电话100%全覆盖；建成覆盖全省绝大部分全资35kV及以上变电站、供电所/营业厅的数据通信网；建成省地两级统一组网、县级以上管理单位100%全覆盖、全部1080P制式的高清视频会议系统；建成以卫星通信为主、短波等其他多种通信方式结合的机动应急通信系统，目前正在配合国家电网公司开展机动应急通信系统优化整合工作。支撑网方面，已基本实现全省35kV及以上变电站通信电源必要告警信号接入各级调控中心集中监控；已建成覆盖全省各地市的频率同步网；已实现全省全资35kV及以上变电站、供电所/营业厅视频监控100%全覆盖。

主要事件

1月3日，国网四川电力董事长、党委书记谭洪恩到国网四川应急中心（国网四川应急培训基地）调研，并在应急指挥舱与宜宾指挥中心视频连线，了解珙县5.3级地震情况。

1月9日，四川省人大常委会副主任陈文华率慰问组赴雅安市芦山县，代表省委书记彭清华、省长尹力看望慰问了坚守在基层一线的省级劳模、曾在“4·20”芦山强烈地震中点亮灾区第一盏灯的国网芦山县供电公司员工杨新陆，并向长期工作在一线的电力员工送去了新年的祝福。

1月10日，在中国经济日报社举行的“中国时间”2018年度经济新闻盘点暨“推动中国”影响力品牌展示活动年会上，国网四川电力获得“扶贫贡献奖”。

3月6日0:00，±800kV复奉、锦苏、宾金三大特高压直流线路已累计向上海、江苏、浙江输送电量6044亿kWh。

3月22日，国际电工委员会（IEC）正式公布了由国网四川省电力公司主导申请的“电力厂站低压辅助系统”项目委员会（PC）的投票结果，该项目委员会以92%的高支持率获批通过。

3月25日，国网四川省电力公司与省发展和改革委员会、省经济和信息化厅、攀枝花市政府在公司本部签订水电消纳产业示范区建设战略合作协议，加快电力要素市场化配置改革，促进富余水电消纳和攀枝花工业转型升级、绿色发展，加快建设全省水电消纳产业示范区。

3月27日，中央纪委委员、国家人力资源社会保障部纪检组长耿文清一行，赴凉山彝族自治州喜德县阿吼村调研产业发展、人社保障等工作。

4月30日10:30，国网四川电力两名青年员工杨沛东、张芮作为全国优秀青年代表，到北京人民大会堂参加全国纪念五四运动100周年大会。

6月18日，国家电网有限公司董事长、党组书记寇伟从国家电网有限公司办公厅《值班报告》中获悉四川长宁发生6.0级地震的相关情况后，肯定国网四川电力处置及时，抢修恢复速度快，体现了国网良好的风貌。

6月18日，国网四川电力董事长、党委书记谭洪恩，总经理、党委副书记谭永香，副总经理陈云辉在公司本部应急指挥中心通过视频系统实时连线，了解地震受灾和抢险情况，部署应急抢险工作。

6月19日12:18，国家电力调度控制中心宣布西南电网与华中电网异步运行，标志着四川电网正式进入异步联网运行新时代。

6月20～21日，国家电网有限公司总经理、党组副书记辛保安赴四川长宁地震灾区，察看地震灾情，了解电力设施受损情况、电力设备抢修恢复情况以及抢险救灾电力保障服务情况，看望慰问战斗在抗震救灾第一线的国家电网员工，并且听取国网西南分部与国网四川省电力公司工作汇报，要求国网四川电力在地方党委政府统一指挥下做好救灾工作，全力保障人民群众生产生活用电，为灾后重建作出更大贡献。

7月10日，500kV雅安送出加强输变电工程成功投入试运行。

7月11日，中华全国总工会副主席、书记处书记阎京华，在四川省总工会副主席胥纯、周键，遂宁市委常委袁超等陪同下，到国网遂宁供电公司调研职工思想政治引领、工会组织履行政治责任等工作。

7月26日，中共中央总书记、国家主席、中央军委主席习近平在京会见全国退役军人工作会议全体代表，国网四川电力（成都连心桥）共产党员服务队队长刘源作为全国模范退役军人参加会议并受到了习近平同志的亲切会见。国网凉山供电公司输电运检一班班长殷显树荣获了“全国模范退役军人”称号，并受到习近平、李克强、王沪宁等中央领导同志的亲切接见。

8月27日，国网四川省电力公司与阿里巴巴丝路有限公司（阿里巴巴集团旗下企业）签署战略合作框架协议，进一步加强双方合作交流，共同推动一流能源互联网企业建设。

9月19日，在北京举行的能源产业献礼“新中国70华诞”主题活动——第三届（2019）中国能源产业发展年会暨首届能源文化节上，国网四川电力推荐的“项目管理植入精准扶贫新模式”获该主题活动评选的十大精准扶贫案例。

9月21日，中央企业先进集体和劳动模范表彰大会在人民大会堂举行，根据国家人力资源和社会保障部、国务院国资委的表彰决定，国网四川电力1个集体、2名个人荣登央企光荣榜。

9月25日，在日本东京第44届国际质量管理小组大会（ICQCC）上，国网广元供电公司的勇攀高峰QC团队代表国网四川电力入选国家电网公司9支参赛队伍并参加大会发布，其成果“智能电缆输送装置的研制”荣获金奖。

9月27日8:33，四川省第一座智能化“积木式”（集装箱室）变电站——九寨沟110kV隆康变电站及35kV荷叶站提前3天完成投运工作。

9月26日，在四川电力市场完成注册的市场主体总数达到5533家，其中电力客户5014家，售电公司215家，发电企业304家。

9月27日，四川首座变电站5G共享基站在国网成都供电公司220kV双桥子变电站投运。

9月30日24:00，四川电力现货市场完成首次连续5天结算试运行。

10月24日，世界上海拔最高500kV智能变电站——500kV新都桥变电站安全投运五周年。

10月30日，国家电网有限公司在成都组织召开了由国网四川省电力公司牵头的国家重点研发计划——分布式光伏与梯级小水电互补联合发电技术研究及应用示范项目督导会。

11月5日，国网四川省电力公司第一台新型智能配电变压器终端在国网成都供电公司10kV驷盐路蓝光碧蔓汀前环网柜公用变压器一路箱式变压器完成安装投运工作，标志全川首个配电物联网台区正式投运。

11月28日9:37，四川省人民政府、国家电网公司在成都市、宜宾市举行了一次应对大面积停电的联合演练。这是四川省首次开展此类应急演练，省级及相关市州的公安、消防、卫生、通信、电力等30多家单位、3000余人次参加。

11月28日，中华全国总工会副主席、书记处书记、党组副书记张工到国网四川电力调研工会工作，省委常委、省总工会主席田向利陪同调研。

12月6日，四川省首个5G融合智享营业厅在国网天府新区供电公司永安供电所正式建成投运。

12月16日，国网四川电力完成“三区两州”深度贫困地区电网建设任务，工程新建及改造10kV及以下线路共计12 172.48km，新建及改造配电变压器台3168台。

12月23日，中共中央政治局常委、国务院总理李克强在成都听取环保治理工作汇报，电力数据服务环保管控的方法与实践作为三大亮点之一，参与了汇报；同时，国家生态环境部部长李干杰详细了解并点赞了基于企业用电数据挖掘支持环保治理的情况。

12月25日下午，四川水电全口径外送电量在11月底累计突破1万亿kWh大关，达到10 093亿kWh，相当于10个三峡水电站的年发电量。四川电网跨省最大外送能力超过3000万kW，全国第一。

（李　庆　何　飞）

【国网重庆市电力公司】

企业概况　国网重庆市电力公司（简称国网重庆电力）于1997年6月6日随重庆直辖成立，是国家电网公司的全资子公司，负责重庆电网规划建设、运行管理、电力销售和供电服务工作。经营区域覆盖全市38个区县，供电面积7.9万km²，服务人口约3000万人，用电客户1624.18万户。本部设23个部门，下设二级单位46个，其中供电公司32个，业务支撑和实施机构12个，其他单位2个，管理各类员工约3.2万人。截至2019年底，重庆电网拥有220kV及以上变电容量7272万kVA，220kV及以上线路长度11 689.36km。售电量867.4亿kWh，同比增长5.5%；营业收入469.4亿元，同比增长3.7%；资产总额715.55亿元，同比增长4.7%。

领导班子

董事长、党委书记：陈连凯

董事、总经理、党委副书记：周雄

董事、党委副书记、副总经理：吕跃春

副总经理、党委委员，国网重庆市区供电公司总经理、党委副书记：陶时伟

职工董事、工会主席、党委委员：何建军

总会计师、党委委员：陈虹

党委委员、纪委书记：肖兴立

副总经理、党委委员：何永胜、徐韬

副总经理：朱晓岭

总工程师：郑孙潮

三级顾问：莫文强、曹宁

电网现状 重庆电网西联四川、东联湖北，是西部水电外送唯一的超高压交流通道，是国家电网、西南电网的重要组成部分。重庆电网东部通过四回500kV线路与湖北电网联系，西部通过六回500kV线路与四川电网相连。近年来，重庆电网500kV、220kV网络规模持续扩大，形成了以500kV网络为骨干的省级电网，以220kV网络为支撑的地区电网。电网呈“两横三纵”结构，抵御安全风险的能力增强。

截至2019年底，重庆电网有三条±800kV特高压直流输电线路（复奉线、锦苏线、祁韶线）过境，总长676km。220kV及以上变电容量7272万kVA，其中500kV变电站16座（含奉节串补站），变电容量3228万kVA；220kV变电站103座，变电容量4044万kVA。220kV及以上线路长度11 689.36km，其中500kV线路长度3469.15km，220kV线路长度7544.23km。

2019年，重庆电网统调用电量902.09亿kWh，同比增长1.9%；统调发电量605.71亿kWh，同比减少0.24%；外购最大电力608万kW（8月21日），同比增长14.72%；外购电量283.82亿kWh，同比增长6.67%。最高负荷2138万kW（8月26日），同比增长4.39%；日最高用电量（8月26日）4.24亿kWh，同比增长3.92%；日最高负荷和用电量均创历史新高。最大峰谷差840.46万kW（8月26日），同比上升3.91%；用电平均峰谷差496.17万kW，同比上升2.54%；最大降温负荷1038万kW，同比增长0.19%；降温负荷占最高负荷的比重为48.55%。

截至2019年底，统调装机容量2022.11万kW。其中：火电1420万kW，占总装机容量70.22%；水电483.41万kW，占总装机容量23.91%；风电60.73万kW，占总装机容量3%；太阳能57.97万kW，占总装机容量2.87%。

党建工作 推进“不忘初心、牢记使命”主题教育，制定总方案和7个专项方案，成立6个指导组深入46家单位。两级领导班子集中学习研讨，举办“党校大讲堂”，建立“三个清单”，专项整治10个方面突出问题，形成主题教育“长久立”新局面。落实党风廉政建设责任制，推进中央巡视反馈问题与“抓整改、除积弊、转作风、为人民”专项问题整改工作。设立3个巡察组，深化“政治巡察”提升巡察质效，完成3轮12家单位常规巡察和24家单位问题整改专项巡察。对46家单位落实“两个责任”和干部履行“一岗双责”情况开展检查，对16家单位进行考核，对187人进行责任追究。编发4批次22个典型案例，举办“不忘初心、守正前行”案例警示微视频发布会。

全面完成党的建设“旗帜领航·三年登高”计划，开展“不忘初心担使命　五个服务争先锋”主题活动，推进“星级党支部创建”活动，实施“党建+安全”4大工程和“党建+服务”6项行动。运营“渝电党建”微信公众号、党员教育掌上服务端“党校365”和“支部建在连上”网站专栏等。国家电网红岩共产党员服务队开展抢修抢险、排除故障2.3万次，全年累计服务时长逾十万小时，荣获“重庆市国企贡献奖”。

电网规划与发展 按照中央建设成渝地区双城经济圈战略部署，编制成渝地区双城经济圈、重庆“一区两群”电网规划。完成重庆电网2020—2022年滚动规划修编，超前谋划重庆“十四五”电网发展蓝图，形成1+3+N报告成果体系，成果纳入重庆市“十四五”电力发展规划。推动疆电入渝和川渝电网一体化，编制加强川渝电网一体规划布局、推动疆电入渝通道规划建设的保障方案。针对中长期电力保障问题，研究制定电力保障方案和措施，形成重庆市中长期电力保障研究成果，得到重庆市政府及主管部门认可。试点中压配网“规划可研一体化”方案，制定中压配电网目标网架。与重庆31个区县政府签订了战略合作协议，促进规划落地融合。成立电网规划管理委员会和电网规划专家咨询委员会，制定相关工作机制，形成统筹协调、科学决策的电网规划机制，推动电网高质量发展。

全年固定资产投资73.6亿元。开工建设输变电工程69项，线路1086.27km，变电363.06万kVA。建成投产输变电工程70项，线路1234.4km，变电913.12万kVA；其中新增500kV线路79.5km，变电容量500万kVA。特高压工程建设和“疆电入渝”、川渝电网一体化发展取得阶段成效。推进特高压工程建设，取得白鹤滩—浙江工程（重庆段）全部可研协议。加快推进白鹤滩—江苏±800kV特高压直流工程（重庆段）建设，加强“两个前期融合”，属地区县政府成立工程协调领导小组及组织机构，完成工程可研及核准要件办理。加快渝鄂背靠背直流联网工程的配套安控系统建设，完成500kV万县、九盘及多个220kV变电站的安控设备安装及联调工作，配套安控系统投产。推进川渝电力通道工程建设，度夏前建成铜梁、明月山、圣泉等4个500kV工程，缓解川电“丰余枯缺”结构性矛盾，提高川渝断面输电能力。投产110kV及以上项目55项，阻工5年的南岸铜元局变电站原址建成投运，搁置6年的谢家湾变电站全面开工建设。涉及新能源的横梁110kV风电送出工程建成投运，回山坪110kV风电送出全面建成。渝黔铁路，渝怀铁路等电铁配套工程稳步推进。500kV五马变电站获得国家电网公司优质工程金奖，56项输变电工程通过达标投产命名，4项配网工程国家电网公司被授予配网百佳工程。

提前一年完成新一轮农网改造升级任务，新建及改造配电变压器1384台，容量201.47MVA，10kV线路875km，低压线路3362km。改造后综合电压合格率由99.450%提升至99.971%，供电可靠率由99.6023%提高至99.858%。完成4个国家级贫困县、3个市级贫困乡镇、38个县级贫困村以及3个扶贫搬迁配网建设任务。

全年建成投产智能变电站21座，其中500kV 2座、220kV 3座、110kV 16座。累计建成智能变电站139座、其中500kV 4座、220kV 28座、110kV 106座。

人力资源 深化三项制度改革，36家单位开展全员竞聘，流动岗位近3000个。差异动态化推动“放管服”工作，建立评估机制，下发人力资源5个专业25项“放管服”清单。完成劳动合同电子化试点任务。落实企业负责人业绩考核，加大同比提升考核力度。应用互联网技术做实一线员工绩效考核，制定典型考核方案，建立员工年度考核C、D级适用清单，细化绩效等级，优化员工绩效等级评定机制。

人才当量密度1.07，同比提高1.03%。贯彻新时代好干部标准，建立优秀年轻干部和优秀青年人才“千人三库”。制定完善《领导人员管理办法》等18项制度，实行“三位一体”的考核评价体系。实施技能人员岗位能力分级培训，开展营销、运检等五个专业紧缺人才培养，试点开展直属单位青年员工到供电单位培养一线技能。完成各类培训12.5万人天。参加国家电网公司专业技能竞赛获三项团体三等奖、三项个人三等奖。多人获中电联“电力行业技术能手”“电力行业优秀技能选手”称号。截至2019年末，有国家电网公司级及以上专家人才62人，正高级工程师57人。3人被授予“巴渝工匠”称号，张毅、冯德伦分获重庆英才计划技术技能领军人才和名师名家；张毅获中央企业“百名杰出工匠”，被授予“巴渝大工匠”称号。

安全生产 贯彻电力安全生产、应急安全、网络安全行动计划（2018—2020年），制定25项重点任务和保障措施。开展安全责任清单宣贯，各级人员对照清单履责。开展领导和基层单位326名处级干部对安全生产履责述职。修订发布《安全生产委员会工作规则》《安全督查手册》等。组织各级领导干部讲安全生产课723场，组织参加安全知识调考，制作《你的安全・她的幸福》微视频。更新编制《政治供电常态化客户信息》，规范重大活动供电保障工作。完成各项重大保电任务71次，其中特级保电7次，一级保电25次。实现“四个零”“五个杜绝”和“八不发生”的安全目标。

深化安全隐患排查治理，制定年度隐患治理计划，明确6方面13项具体重点任务。累计排查治理隐患问题3627项，治理率98.65%。针对电网异步运行新形势和电网“三道防线”开展“排雷”专项行动。实施电网运行风险闭环管控，发布电网风险1439项，完成渝鄂背靠背直流联网工程等“1+3”重大电网风险工作。开展两级督查，发布12期督查通报，对89项突出问题闭环管控。治理人身触电隐患13万处，触电人身伤害事件同比下降65%。成立防外力破坏“一张网”管理工作小组，组织专职巡护队伍178支，全年排查输电线路通道外隐患3627处，消除率90.8%，成功消除5次重大外力隐患。运用泛在物联打造智慧守护网络，各条跨区特超高压输电线路累计安装视频监控1710套，制止危及输电线路安全的外力破坏32起，保障了重庆骨干电网的安全稳定运行。

经营管理 优化内模市场，落实8项经营策略。配合跨省区专项工程成本监审，完成第二监管周期输配电成本监审。综合线损率两年累计下降2个百分点，每年减少损失电量约18亿kWh。扩大交易规模超过220亿kWh，全年增购市外低价电90.2亿kWh。全年追补电费3.6亿元。上线“泛泛助手”等应用，提升精益化管理水平。通过“班车+专车”模式，实现电子化招标采购率100%，供应及时率100%。采购设备提升工作获2019年国网典型经验。电网资产编码实物“ID”建设工作通过验收，实现基于实物“ID”的全流程监测和全景展示。荣获第三届信用电力知识竞赛优秀组织奖，获得电力行业AAA级信用等级评价。制定167项法律风险控制计划，创建法律服务中心，获全国“七五”普法中期优秀单位等多项荣誉。完成15家单位经济责任审计，推进数字化审计，开展HPLC项目和输变电投资效益专项审计，实行全量分析的非现场审计。深入推进内部巡察工作，进行“整改表象—举一反三—完善机制—改进作风”评估和督导。推动“放管服”改革落地，下放事权132项。完成省（市）管产业单位瘦身健体改革，组建产业管理公司。重庆电力高等专科学校划转地方完成移交，稳妥推进退休人员社会化管理试点。

制定创建世界一流示范企业行动纲领、14个专项方案和24项重点突破项目，启动对标三年提升工程。构建体现努力程度和管理提升的对标新模式，国家电网公司配网资产国际对标成果推广项目在市区公司落地。开展卓越管理与专业管理的融合试点。实施

“十大管理创新工程”，管理创新示范工程 107 项，管理创新成果推广工程 49 项。1 项成果获第二十六届全国企业管理现代化创新成果二等奖，1 项成果获中电联电力创新奖二等奖，2 项成果获国家电网公司管理创新成果一等奖和三等奖，50 项成果在重庆市获奖。2 个 QC 小组荣获“全国优秀 QC 小组”称号，10 项 QC 成果在全国电力行业获奖，65 项 QC 成果在重庆市获奖，“双三角”管理模式获重庆市管理创新成果一等奖。“基于泛在电力物联网的电网资产全寿命周期大数据分析与管理提升”获全国电力行业设备管理与技术创新成果特等奖，“基于实物‘ID’的电网资产‘穿透式’智能精益管理”荣获重庆市管理创新一等奖，实物“ID”建设成果获国家电网公司泛在电力物联网最佳实践案例。“基于‘学思干悟’精神的干事生态体系构建与实施”获重庆市企业管理现代化创新成果一等奖。

营销工作　全年累计业扩净增容量 1082.10 万 kVA。围绕“获得电力”指标评价，推动低压小微企业“零上门零审批零投资”服务落地。小微企业线上办电率 100%，办电环节均为 2 个，平均接电时间仅 6.46 天，外线接入零成本。完成压减办电环节等 4 个方面提升，为近 1.4 万户低压小微企业节约直接投资约 5 亿元。执行国家发改委电价再降要求，落实输配电价改革政策，推进大用户直接交易和用电成本专项治理。全年累计降低企业用电成本 63.14 亿元，全面完成一般工商业平均电价再降 10%要求。推行“电费网银”代收企业电费，为企业提供智能互动的新型供电服务模式。智能电能表累计安装 1639.95 万只，采集覆盖率 99.96%。推广应用 HPLC450 万只，实现 1480 户分布式电源用户的小时级采集。推广台区及表计停电事件主动上报功能，台区停电告警准确率 93.5%，工单派发正确率达到 85%。深化“三全三防”反窃查违体系建设，加强警企联动，累计查处 3.2 万户，追补电费 3.6 亿元。开展电能替代提质增效专项行动，推动 650 个电能替代项目落地，全年完成替代电量 27.11 亿 kWh。推进“四点六地”港口岸电建设，建成朝天门五码头等 3 个岸电项目。推进新型业务发展，组建综合能源分公司 16 家。创新多站融合联网运营商业模式，15 家单位 19 个站点顺利投运。综合能源服务平台接入 115 家客户。全面完成“两供一业”分离移交。

制定《推进改革适应监管优化经营管理策略实施方案》，促成《重庆市电力中长期交易实施细则》正式出台。出台 10 余项增配业务指导意见，探索建立增量配电网运营管理多层级全方位制度体系，获得国家电网公司管理创新成果奖。全市共有 3943 家电力客户、17 家电厂和 54 家售电公司参加市场化直接交易，签约电量 258.46 亿 kWh，同比增长 12.83%。全年累计结算电量 243.17kWh，同比增长 12.83%。

科技与信息化　建立“重庆市电力行业技术创新战略联盟”，重庆市科协院士专家工作站院士引导项目正式立项启动。牵头立项 7 项国家电网公司总部管理项目。“高压输电线路无人机自主巡线平台关键技术研发及应用”和“时间敏感网络核心设备技术研发及应用”2 个项目申报重庆市技术创新与应用发展专项重点项目。推进基于车载无人机自主巡检平台的研发，建设基于 AI 技术的巡线图像缺陷识别及测评平台。基于车联网的绿电交易率先落地，泛在电力物联网 8 项建设成果获评国家电网公司最佳实践案例。云平台、数据中台、物联管理平台投入试运行，云平台实现基础资源统一管理。参与国网物联管理平台顶层设计，细化 4 个落地应用场景。OTN 网络覆盖至 23 家单位。打造人工智能平台，移动运检 App 应用人脸识别功能。开展信息化多维精益管理、资金收支等系统建设，实现 50 家基层单位切换至现金流“按日排程”。“一人多终端”线下报表实现自动生成。建成智慧供应链 15 个场景，部署数字化审计平台 12 个模型。电动汽车平台服务、绿电交易等 8 项成果获评国家电网公司最佳实践案例。多站融合商业模式、基层众筹管理模式在国家电网公司推广。建成西南首个调峰辅助服务市场，提升调峰能力 5 个百分点。西南首家“虚拟电厂”试点运行，开展“虚拟电厂”负荷控制。

发展电动汽车综合服务，电动汽车服务和山地城市 CBD 智慧用能国网综合示范高质量推进。建成西南片区规模最大的快速充电站，公用充电设施覆盖所有区县。累计建成充电桩 1890 台，其中建成高速公路充电站 85 座、充电桩 340 台。全新升级上线“渝 e 行”App 2.0，打造成集出行、充电于一体的出行服务平台。推出“e 重庆”App 1.0，累计接入新能源汽车 5.2 万辆、充电桩 1.2 万个。

全年获得 21 项省部级科技奖，其中一等奖项目 3 项。新申请专利 177 项，其中申请发明专利 98 项；申请海外专利 1 项；新授权专利 263 项，其中新授权发明专利 67 项；获得软件著作权 13 项。组织成果高质量参展重庆智博会。

优质服务　深化“放管服”改革，推进投诉闭环管控，建立投诉“阈值预警、波动预警、风险预警”三级业务预警模式，投诉同比下降 46.78%。以 12398、95598 工单为抓手，全面查摆供电服务短板，靶向定位服务问题，建立共性问题台账，通过销号机制督导问题落实整改。对标指标“客户服务满意率”达 97.14%，同比提升 3.74 个百分点。推行“线上服务”模式，强化移动端服务功能，由实体服务向移动端服务转型升级。推行用户线上注册、结算业务，实现业务办理“零上门”。

持续优化营商环境，支持实体经济企业健康发展。制定《打造品质服务助力优化营商环境行动方案》，推出十项关键业务提升措施。借鉴公共服务行业服务规范标准，打造现代化电力交易大厅。开展“国家电网服务重庆高质量发展”社会责任月活动，向全市发布国家电网服务重庆高质量发展六大行动16项举措，发布国家电网履责实践。

落实脱贫攻坚战三年行动计划，对17个市级深度贫困乡（镇）采取“2+1”的方式，实施先进典型对口扶贫行动，光伏扶贫惠及4384户贫困户。实施“全能型”供电所完善提升“六个一”工程。累计建成五星级供电所19个、四星级供电所83个，占总数30.1%，其余全部达到三星级标准。供电所平均故障处理时限压缩30分钟，低压故障报修同比下降19.9%，台区低压线损率同比降低1.43个百分点。四星级以上供电所，实现客户服务类“零投诉”。

工会工作 建立健全以董事长联络员和职工代表巡视检查等为支撑的“双路径、三保障”职工民主管理体系。建立职工诉求服务中心回应职工合理诉求。推广国网班务公开栏，厂务公开知情度和满意度平均达99.7%。开展五星级红旗班组评定，出台班组减负清单，组织优秀班组长拓展培训。6个班组被评为国家电网公司一流班组（工人先锋号）。会同市总工会组织重庆市第三届供电服务之星劳动竞赛，10人获重庆市十佳供电服务之星荣誉称号。承办重庆市能源产业无人机作业劳动和技能竞赛，包揽竞赛团体和个人一、二、三等奖。开展全业务统一数据微创意劳动竞赛。4人获“巴渝工匠”称号，1人获得“巴渝大工匠”荣誉称号。1人荣获全国“五一”劳动奖章，4人荣获重庆“五一”劳动奖章，2个单位荣获重庆“五一”劳动奖状；1人荣获中央企业劳动模范称号，5人获国家电网公司劳模称号。

开展庆祝新中国成立70周年“我和祖国共奋进”系列主题活动共36场次。举办重庆电力作协大讲堂，出版首部职工优秀文学作品集《光的风雅颂》。组织节目《国网加速度》参加第二届上合组织国家职工技能大赛文化交流，《尼木灯火》获得重庆市“讲好中国故事”演讲比赛二等奖。在市规划展览馆举办“点亮重庆”职工优秀摄影作品展。实现供电所“小书角”全覆盖，江津公司职工书屋获评全国总工会职工书屋示范点，綦南公司职工书屋获评“全国工会最美职工书屋”称号。

企业文化和精神文明建设 打造企业文化一体化建设新模式，描绘“企业文化项目建设一张图”。推动党建引领的法治文化建设，印发党委《关于全面建设法治企业的意见》。完成国家电网《基于“三型两网”战略的价值理念体系构建》示范项目。开展“五正三新”行动，开展“红岩”文化实践，与“红岩联线”学习共建，策划“迎接红岩电力英烈回家”活动。实施“爱心进农家”文明单位扶志扶智助力脱贫攻坚行动。“万家灯火·电亮重庆”快闪MV两度进入全国微博热搜榜前三名，品牌建设荣获国家电网公司特殊贡献奖。

组织“青春心向党·建功新时代”系列活动，全面推进“黄葛树”青年培养工程。连续十年维护100所国家电网春苗之家，推进农村留守儿童精准帮扶“光束行动”，为7800余名留守儿童送去暖冬物资。2个班组分别荣获“全国青年文明号”“全国青年安全生产示范岗”，1人荣获“全国优秀共青团干部”称号。

主要工作 把握“守初心、担使命，找差距、抓落实”十二字总要求，成立主题教育领导小组及办公室，设立3个专项工作组，印发总方案和7个专项方案，组建6个指导组，发布工作提醒180余条，反馈整改意见建议1900余条次。组织参加国家电网公司专题辅导6期，举办“党校大讲堂”10期。两级领导班子开展集中学习研讨496次。举办“追寻‘黎明’、电亮巴渝”先进典型事迹报告会等12项主题宣传。两级领导班子开展调研754场次，座谈访谈4561人次，查找问题2049个，收集意见建议4687条，查摆问题2857个。制定整改措施，建立“三个清单”，专项整治10个方面突出问题，落实专项行动20条措施，细化整改措施101条。

按照中央建设成渝地区双城经济圈战略部署，编制成渝地区双城经济圈、重庆“一区两群”电网规划，提出推动疆电入渝和川渝电网一体化建设保障方案，形成1+2+N报告成果体系，纳入重庆市“十四五”电力发展规划。与重庆31个区县政府签订了战略合作协议，促进规划落地融合。完成白鹤滩—江苏工程（重庆段）核准要件办理，取得白鹤滩一浙江工程（重庆段）全部可研协议。完成渝鄂背靠背直流联网工程的配套安控系统建设和川渝电力通道4个500kV工程，投产110kV及以上项目55项。推进长江流域重庆段“四点六地”港口岸电建设，建成朝天门等3个岸电项目。500kV五马变电站获得国家电网公司优质工程金奖，4项配网工程国家电网公司被授予配网百佳工程。

投资7.275亿元实施新一轮农网改造升级工程，新建及改造配电变压器1384台，容量201.47MVA，10kV线路875km，低压线路3362km。精准帮扶农网配套投资3亿元，完成4个国家级贫困县、3个市级贫困乡镇、38个县级贫困村以及3个扶贫搬迁集中安置点生活用电的配电网建设任务。深度贫困乡镇户均配变容量提升至2.01kVA，综合电压合格率平均值提升至99.971%，供电可靠率平均值提高至99.858%。开辟扶贫产业报装接电“绿色通道”，落实“10度电减免”政策，55.4万户贫困家庭获得减免。光伏扶贫为4384户贫困户获得稳定的收入来源。派出驻村扶贫干部，14个基层党支部与村支部共建结对，1268名职工结对帮扶1866户贫困户，助力2334户贫困户脱贫。

重庆电网夏季统调最高负荷2138万kW，同比增长4.39%；日最高用电量4.24亿kWh，同比增长3.92%，均刷新历史纪录。国家电网总调和国网西南分中心充分利用川渝通道空间，支援电力107万kW，保障了全网用电需求。重庆电网加强特高压和跨区跨省通道运维，管控西南异步运行风险，应对度夏负荷两创新高考验，完成习近平总书记视察重庆和智博会等重要保电任务71次，确保了电网安全运行和电力可靠供应。

国家批复第四批重庆电网增量配电业务试点，两江、长寿项目并网运营，其余项目有序推动，增量配电试点项目落地见效，相关工作成效得到国家发改委督导组肯定。促成《重庆市电力中长期交易实施细则》正式出台，制定《推进改革适应监管优化经营管理策略实施方案》，出台10余项增配业务指导意见，探索建立增量配电网运营管理多层级全方位制度体系，获得国家电网公司管理创新成果奖。全市共有3943家电力客户、17家电厂和54家售电公司参加市场化直接交易，签约电量258.46亿kWh，同比增长12.83%。全年累计结算电量243.17kWh，同比增长12.83%。

围绕“获得电力”指标评价，推动低压小微企业“零上门零审批零投资”服务落地。小微企业线上办电率100%，办电环节均为2个，平均接电时间仅6.46天，外线接入零成本。完成压减办电环节等4个方面提升，为近1.4万户低压小微企业节约直接投资约5亿元。落实国家输配电价改革政策，推进大用户直接交易和用电成本专项治理，全年累计降低企业用电成本63.14亿元，一般工商业平均电价再降10%。推行“电费网银”代收企业电费，提供智能互动的新型供电服务模式。推动650个电能替代项目落地，全年完成替代电量27.11亿kWh。

构建新型“共商共建共营共赢”多站融合商业模式，为多站融合提供电能、土地等资源，实现变电站、数据中心站、5G基站、北斗基站、电动汽车充电站和便民服务站的深度融合。建成系统内首个云边协同的110kV沙沟多站融合变电站和功能最全的110kV莲池多站融合变电站。建立多站融合变电站运维管理体系，首次实现云边协同、联网运营，通过提供边缘计算、数据存储等服务。全年共完成19座多站融合建设工作。

建立“重庆市电力行业技术创新战略联盟”，重庆市科协院士专家工作站院士引导项目立项启动。建成西南首个调峰辅助服务市场，西南首家“虚拟电厂”试点运行。推进电动汽车服务和山地城市CBD智慧用能国网综合示范，建成西南片区规模最大的快速充电站。全新升级上线“渝e行”App 2.0，推出“e重庆”App 1.0。累计接入新能源汽车5.2万辆、充电桩1.2万个。全年获得21项省部级科技奖，其中一等奖3项、二等奖7项、三等奖11项。新授权专利263项；获得软件著作权13项。参展在重庆举办的“中国国际智能产业博览会”，展示无人机巡检、智慧变电站、“渝e行”和智慧能源综合服务平台等多项能源互联网建设成果。

12月16日，全国离退休干部先进集体和先进个人表彰大会在北京隆重举行，国网重庆永川供电公司离退休党总支作为国家电网公司系统先进集体唯一代表，获得全国离退休干部先进集体荣誉称号。习近平总书记在人民大会堂亲切会见受表彰代表。

（何润生　廖　爽）

西　北　地　区

【国家能源局西北监管局】

基本情况　国家能源局西北监管局（简称西北能源监管局）于2013年12月12日正式挂牌成立。

主要职能：监管电力市场运行，规范电力市场秩序；监管电网和油气管网设施的公平开放；监管电力调度交易，监督电力普遍服务政策的实施；负责电力等能源行政执法工作，依法查处有关违法违规行为，监督检查有关电价；负责除核安全外的电力运行安全、电力建设工程施工安全、工程质量安全的监督管理以及电力应急和可靠性管理，依法组织或参与电力事故调查处理；负责组织实施电力业务许可以及依法设定的其他行政许可；负责协调有关跨省、跨区能源监管事务；负责法律法规授权以及国家能源局下达或交办的有关事项监管。

领导班子

党组书记、局长：黄少中

党组成员、副局长：张志平（2019年6月24日后）

组织机构 内设综合处、市场监管处、行业监管处、电力安全监管处、资质管理处、稽查处、监察室（机关党委），同时向青海省（区）、宁夏派驻监管业务办公室。

主要工作

（1）紧盯关键，电力安全监管工作持续加强。一是《西北（陕宁青）电力企业安全生产形势预警管理办法（试行）》等三项制度全面实施，企业主体责任落实及主要负责人安全履职情况有了较大改善，进一步夯实了电力安全监管基础。二是各项监管任务扎实推进，开展迎峰度夏、电力可靠性、基建施工现场作业、宁夏发电行业安全等专项监管、问题监管。三是全力开展青海玛尔挡水电站围堰险情应对处置工作，督导企业完成安全度汛设施建设，保障了下游拉加镇1.5万藏族群众生命财产安全，辖区内全年安全生产局面持续稳定。四是组织开展陕宁青三省（区）电力安全监管标准化深化研究和发挥监管效能、提升电力企业本质安全研究，取得的一些前瞻性成果得到安全监管司和有关专家的认可与好评。

（2）立足实际，电力市场建设及监管工作持续推进。一是电力市场建设不断深化。电力辅助服务市场实现我局监管辖区内全覆盖，区域市场、省级市场“1+5”模式全面形成，全年市场累计交易约1万笔，增发新能源电量约48亿kWh。电力中长期市场不断规范，在青海省中长期交易规则已由西北能源监管局会同相关部门印发的基础上，陕西、宁夏交易规则也将由西北能源监管局牵头出台。二是受监管司委托，配合开展《电网企业全额收购可再生能源电量监管办法》修订工作，目前该办法已由国家发展改革委、能源局印发征求意见。三是召开两次大型电力市场业务培训会及“西北电力现货市场建设工作研讨会”，电力市场建设研究不断深入。四是开展清洁能源消纳暨电力调度交易与市场秩序综合监管，开展第二周期输配电价定价成本监审工作，电力市场秩序及价财监管持续加强。

（3）突出重点，能源行业监管工作持续深入。一是开展延安综合能源规划、“十三五”中期油气规划实施监管，全面评估主要目标任务。二是开展天然气购销合同专项监管，规范天然气销售价格行为；开展采暖季保障民生用气专项监管，一定程度缓解了供需紧张局面；开展陕西新能源项目并网接入专项监管，督促国网陕西电力公平接入项目；开展煤矿建设情况现场监管调研，规范煤矿建设秩序，监管报告得到了国家能源局主要负责人的批示肯定。三是建立健全西北区域能源供需形势分析报告机制，不断夯实行业监管信息基础。四是启动西北区域电力高质量发展研究、西北区域建立石油天然气交易中心的可行性及方案研究，探索西北区域能源高质量发展和监管的重点及路径。

（4）服务民生，供电稽查工作持续发力。一是开展用户“获得电力”优质服务情况重点综合监管，2018年问题整改率达到86%，2019年新发现各类问题200余例；开展12398热线投诉举报共性问题重点专项监管，对接地方主管部门形成齐抓共管联动机制；开展西安地区频繁停电问题监管，切实回应人民群众关切。二是按照国家能源局工作部署，赴江苏、浙江两省开展漠视侵害群众利益专项整治督导工作，完成相关任务，得到国家能源局专项整治办公室书面肯定。三是加大行政执法力度，对国网青海互助县供电公司涉嫌未及时报告无许可证企业承揽用户受电工程一案进行行政处罚，切实维护了市场秩序。四是选取不同地区典型供电企业，探索开展供电企业供电能力与运营效率的分析评价指标体系实证研究，逐步打造科学的分析评价指标体系。

（5）阳光服务，电力业务许可工作持续规范。一是做好许可证日常颁发管理工作，落实“放管服”及证照分离改革要求，优化许可标准化平台和工作体系，制定简化业务办理程序3项措施，成立局行政许可委员会，资质业务许可工作更加高效规范。二是推进增量配电业务试点工作，加强试点项目业务辅导，累计颁发试点许可证7张。三是强化事中事后监管，设置申请公示窗口，强化社会监督，积极开展发电、承装（修、试）企业“双随机一公开”现场检查。四是完善信用体系建设，动态管理市场信用信息，并根据市场主体信用状况实施区别化分类监管；在局内研究设立信用工作委员会，不断提升信用制度机制建设和全行业信用环境。

（王奕霖）

【国家能源局甘肃监管办公室】

基本情况 国家能源局甘肃监管办公室（简称甘肃能源监管办），组建于2013年12月，负责所辖区域内电力等能源的监督管理和行政执法工作，以及电力安全监管工作。

主要职能：监管电力市场运行，规范电力市场秩序；监管电网和油气管网设施的公平开放；监管电力调度交易，监督电力普遍服务政策的实施；负责电力等能源行政执法工作，依法查处有关违法违规行为，监督检查有关电价；负责除核安全外的电力运行安全、电力建设工程施工安全、工程质量安全的监督管理以及电力应急和可靠性管理，依法组织或参与电力事故调查处理；负责组织实施电力业务许可以及依法设定的其他行政许可；负责法律法规授权以及国家能源局下达或交办的有关事项监管。

领导班子

监管专员、党组书记：仇毓宏

监管副专员、党组成员：谢康（自2019年8月）

党组成员、机关党委书记：金涛

组织机构 行政编制19人，下设综合处、市场监管处、行业监管处、电力安全监管处、资质管理处和稽查处等六个职能部门。

主要工作

（1）市场监管。修订《甘肃省电力辅助服务市场运营规则》，发挥市场规则效能，释放全网调峰潜力。配合西北能源监管局推进跨省调峰辅助服务市场建设，批复补偿费用省内分摊原则。发电企业与大用户直接交易签约326.14亿kWh，其中新能源企业与大用户交易20.6亿kWh。组织开展新能源与自备电厂发电权置换交易72.71亿kWh，其中新能源置换自备电厂发电量55.52亿kWh。针对全年来水偏多、水电超发情况，组织开展水电替代火电外送交易27.94亿kWh。全力推动电力外送，甘肃跨省区外送电量422.11亿kWh，同比增长29.89%。2019年，全省全社会用电量与2018年基本持平的情况下，全省发电量1659.38亿kWh，同比增长3.81%。全网新能源发电量352.44亿kWh，弃电率6.35%，同比降低9.95个百分点，其中：风电发电量228.11亿kWh，弃风率7.62%，同比降低11.38个百分点；光伏发电量118.45亿kWh，弃光率4.11%，同比降低5.64个百分点。

（2）行业监管。落实国家能源局《进一步规范和加强能源监管工作的意见》，开展能源规划、政策、重大项目落实情况监管。强化天然气供需形势分析和监测预警，收集报送天然气保供信息，落实天然气产供储销政策，保障民生用气供应。开展兰州市天然气输配工程建设专项监管，落实规划、项目监管；开展清洁能源消纳专项监管，落实清洁能源发电政策；配合开展藏区“十三五”能源发展规划落实和“十四五”规划调研。积极为能源局和地方政府建言献策，开展储能、光热、智能电网发展调研，形成《完善电力市场机制推动甘肃能源高质量发展》调研报告。

（3）电力安全监管。强化安全风险管控和隐患排查治理监管，督促电网企业细化风险分析，优化运行方式，加强薄弱环节监控及治理，防止大面积停电事故发生。强化电力建设施工安全监管，继续推动“电力工程建设施工安全年”活动，现场督查安全管控难度大、事故易发的2项重大工程。开展电力企业应急管理能力建设评估，有效处置国电达拉河水电站泄洪排沙洞堵塞险情，配合武威市政府调查处理民勤周家井风电场较大人身伤亡事故。调研公用热电联产企业经营和供热安全现状，帮助企业妥善解决陈欠热费问题。完成中华人民共和国成立70周年电力安全保障工作，保障了甘肃地方经济社会发展和人民生产生活对电力的需求。

（4）资质许可监管。依法依规开展电力业务资质许可，按照“最多跑一次、最好不要跑”的要求，全面推行“互联网＋政务”服务。开展无证经营和超期服役燃煤发电机组专项监管，指导涉及祁连山自然保护区内的水电企业配合许可注销工作。加强事中事后监管，升级改造电力业务许可监管与市场服务平台，推进能源信用体系建设。全年，颁发电力业务许可证（发电类）18家，许可变更22家，登记事项变更137家，许可注销24家；颁发电力业务许可证（供电类）增量配电业务许可2家；颁发承装（修、试）电力设施许可证39家，许可变更18家，许可延续31家，登记事项变更68家，重新核定许可等级1家，许可注销11家。

（5）电力稽查。制定《用电营商环境监管工作制度》，持续开展“获得电力”优质服务监管，减少办电环节，压缩办电时间。开展投诉举报共性问题和获得电力专项监管，排查解决抄表收费不规范等重点共性问题。委托第三方机构发布《2019年“获得电力”用电满意度评价报告》，甘肃省整体处于满意水平。开展并持续跟踪专项整治漠视侵害群众利益问题，督导2019年新一轮电网改造升级工程建设，组织开展“配网建设发展”“低电压、频繁停电治理”专项监管。依法查处违法违规行为，要求甘肃电力交易中心立即停止、彻底整改大用户直接交易不规范行为；坚决查处用户工程“三指定”行为，有效维护电力市场秩序。

（6）精准扶贫。继续发挥监管优势，党建与扶贫深度融合，深入一线开展调研，《通渭县、清水县光伏扶贫调研报告》《电力助推深度贫困地区脱贫攻坚调研报告》获得好评。对口帮扶通渭县，先后协调下达农网升级改造资金9331万元，建设投资4560万元的榜罗镇长征110kV变电站；协调解决5万kW村级光伏电站配套的35kV开关站建成并网。对口帮扶清水县，先后协调下达农网升级改造资金6946万元，建设投资2827万元的白沙110kV变电站、投资1428万元的村级光伏电站和三峡风电项目110kV输电线路配套送出工程；协调促成5万kW村级光伏电站建成并网，协调推进6万kW风电项目建设进度。助推通渭县陇川镇李岘村脱贫摘帽，贫困面从2017年底的24.5%降至2019年的1.9%。

（陈孝健）

【国家能源局新疆监管办公室】

基本情况 国家能源局新疆监管办公室（简称新疆能源监管办）于2013年11月6日经中央编办批准正式成立（中央编办发〔2013〕130号），于2013年11月21日经国家能源局授权（国能人事〔2013〕438号），依照《电力监管条例》等法律法规，在新疆自治区范围内履行能源监管和行政执法职能。

领导班子

党组书记、专员：李悠勇

党组成员、副专员：张志平（至 2019 年 6 月）、师建中（自 2019 年 9 月）

党组成员、综合处处长：师建中（至 2019 年 9 月）

党组成员、电力安全监管处处长：符开建（自 2019 年 11 月）

党组成员、资质管理处处长：王宏飞（自 2019 年 11 月）

组织机构 内设 6 个处室，分别是综合处、市场监管处、行业监管处、电力安全监管处、资质管理处、稽查处。

主要工作

(1) 明确 2019 年为“加强机关内部管理年”，强机制，补短板，促监管，持续推动规范化、制度化、信息化。

围绕“加强机关内部管理年”工作主线，强机制，补短板，促监管，制定《中共新疆办党组关于加强机关内部管理的指导意见》，从强化政治理论学习、职责分工、制度执行、机关规范运行、保密纪律、正风肃纪、奖优罚劣等七个方面规范机关内部管理。实施以来，在办公会议制度、会议准备文件、发文、对外宣传、对外工作联系、工作接待等方面更加规范统一、成熟有序，取得显著成效。同时，加强财务基础管理、人事监督管理、制度制修订、信息化建设、后勤服务管理、档案管理，机关基础建设全面提升，推动能源监管水平更上新台阶。

(2) 开展电网安全运行、电力建设工程安全和工程质量、网络与信息安全、电厂及水电站大坝运行等专项安全监管，保障电网安全稳定运行。

1 月，昌吉换流站发生换流变压器着火事故，新疆能源监管办第一时间赶赴现场开展调查，分析原因，明确责任，提出防范要求。4 月 11 日，主要领导带队再赴昌吉换流站开展现场调研，了解启动进展、恢复送电存在的困难，指导吉泉直流抓紧投入运行。

2～3 月，新疆能源监管办赴国网新疆电力督查春节保电工作；赴乌鲁木齐市、伊犁州、克州和喀什等地区，对在建在运的部分火电、水电、风电、光伏发电和输变电工程实地开展“两会”保电检查，共抽查电力企业 9 家，发现重点问题 65 项，对部分不符合安全生产条件的企业责令停产整顿，确保春节和“两会”期间电力安全供应和系统可靠运行。组织召开 2019 年新疆电力安全监管工作会议，部署 2019 年电力安全监管工作，与电力安委会成员单位签订《2019 年新疆电力安全生产责任书》，进一步夯实企业主体责任。

7 月，举办 2019 年新疆电力行业安全生产知识竞赛活动，以迎接新中国成立 70 周年华诞为重大契机，紧扣新疆电力行业安全月“防风险、除隐患、遏事故”活动主题，扎实开展“安全建设文化年”活动，电力安全理念深入人心。

9 月，新疆能源监管办主要领导带队赴国网新疆电力督查国庆 70 周年保电工作，对扎实做好安全生产工作，电网安全运行，开展隐患排查治理，保电值班和应急处理等方面做了认真安排部署，并就补强南疆和田电网，加快和田地区电网电源支撑点建设等问题进行了深入交流和探讨。

通过沟通协调，推动落实属地电力安全监管责任取得决定性成果，初步创建分工明确、协调联动、齐抓共管的工作局面，保持了新疆电力安全生产、建设良好的形势。

(3) 开展煤电规划项目建设、新疆电网“十三五”规划落实情况等专项监管，并对非电行业规划及项目执行情况进行专项调研，促进新疆能源行业协调发展。

3～9 月，组织开展新疆电网“十三五”规划落实情况专项监管，发现规划落实过程中的突出问题，提出监管意见，要求严格落实规划，加快电网建设，提高输电能力，解决新疆电力发展瓶颈制约问题。

3～10 月，研究制定各类升压汇集站法律文书的示范文本，进一步规范新疆区域新能源升压汇集站建设运营。组织开展新疆区域清洁能源消纳专项监管，下大力气保障新能源消纳，促进电力绿色发展。

3～12 月，开展煤电规划建设专项监管，在煤电项目移出停缓建名单、年度煤电项目投产计划、国泰新华及合盛硅业等煤电项目并网事项处理等方面，提出监管意见，要求煤电项目有序建设，高质量发展。

8～12 月，开展新疆区域煤炭、石油天然气规划及项目执行情况专项调研，掌握行业发展现状及存在问题，提出政策建议，提高煤炭和石油天然气保障供应能力。

(4) 加大电力调度交易与市场秩序、电网公平开放及天然气稳定供应等专项监管力度，规范市场秩序，促进新疆电力市场规范运行。

1 月，组织开展新版“两个细则”宣贯培训，结合新疆电网特点阐述“两个细则”制修订的背景和过程，解读新版“两个细则”主要内容，进一步提升了新疆区域并网发电机组运行管理水平，调动了发电企业参与辅助服务的积极性。

7～8 月，组织开展电力调度交易与市场秩序专项监管，坚持以问题为导向，落实监管工作，通过现场检查，提出监管意见，并形成监管报告，督促落实整改。

10 月，组织召开天中直流配套电源“两个细则”考核和补偿推进工作座谈会，通报“两个细则”考核和补偿的工作背景和推进情况，以及辅助服务市场建设思路，并对坚持市场化方向，加快辅助服务市场建设等提出工作要求。

（5）加大12398热线宣传普及力度，畅通能源监管民生通道；强化供电质量专项监管，提高人民群众用电满意度和获得感。

3月，结合“3·15国际消费者权益日”，向全疆各供电企业下发《关于3·15期间开展12398能源监管热线普及宣传工作的函》，并在各地设立宣传会场，对12398能源监管热线的职能和受理范围、安全用电常识、农村、居家安全用电等知识进行宣传讲解，切实提升12398能源监管热线知晓度，增强用户维权意识，树立务实为民政府形象。

7～9月，将用户“获得电力”优质服务情况重点专项监管、12398热线投诉举报共性问题专项监管与2019年供电监管工作紧密结合，印发《关于开展新疆区域2019年供电服务重点专项监管工作现场检查的通知》，依据“双随机”模式，对五地州、兵团共9家地市级、6家县级供电企业进行现场检查，发现22类问题，下发整改通知，限期整改。

10月，按照国家能源局统一部署开展漠视群众利益专项整治行动。一方面配合东北能源监管局来疆检查，另一方面赴山东开展跨省交叉检查。

（6）扎实推进电力业务许可办理“最多跑一次”，持续优化服务，规范行政行为，加快能源行业信用体系建设，严把市场准入关，确保市场主体规范运营。

1～6月，加大许可制度执行情况事中事后监管力度。开展新疆区域电力设施许可证和承装（修、试）电力设施许可证持证企业年度自查工作，并开展和田地区承装（修、试）电力设施许可制度执行情况重点问题“回头看”和持证条件复核工作。

3～11月，开展新疆区域未持证企业梳理排查工作。完成对新疆区域未持证企业（特别是燃煤自备电厂）基本情况的梳理排查工作，一厂一策提出具体解决方案。

编制《新疆监管办电力业务许可办理“最多跑一次”实施方案》，简化办理程序，提高服务质量，树立良好形象。继续推进增量配电业务许可工作，编制《推进增量配电业务许可颁发实施办法（试行）》，跟踪第二、三、四批增量配电业务试点项目进展情况。做好电力企业基础数据信息归集、比对、分析工作，稳步推进新疆能源行业信用体系建设。

（7）推进电力体制改革，加快构建新疆电力市场体系，并根据新疆实际稳健运行作出了重要贡献。

3月，组织召开2019年电力体制改革工作会议，分析当前面临的形势和困难，全面部署2019年电力体制改革工作任务。

5～7月，组织开展专项调研，了解新疆14个售电侧和增量配电业务改革试点项目实际推进情况及存在问题，督促按期实施，取得实效。

6～12月，研究加大补偿力度和增加电储能等交易品种及西北跨省电力辅助服务市场运营规则、分摊方案，组织开展修订工作，不断完善新疆电力辅助服务市场机制，促进区域电力调峰辅助市场运行。

7～12月，研究相关省（区、市）电力市场信用政策，启动新疆电力市场信用评价及应用调研工作，推进信用评价体系建设，为电力市场信用政策制定及实际应用奠定基础。

推进兵团电力体制改革，稳步推动兵团电网参与市场交易，督促推进兵团售电侧改革试点工作进程；制定并出台《新疆电力市场结算调整方案》《新疆电力市场偏差电量责任认定实施细则》等配套政策，编制《新疆电力市场信息报送管理办法》《新疆电网发电调度原则》等后续配套政策，搭建了电力市场建设的“四梁八柱”，促进了电力市场法规制度建设。

（8）主动服务新疆工作大局，千方百计助力地方经济发展。

2月，与自治区能源局就新疆电力市场建设焦点问题、《新疆电力中长期市场交易实施细则（试行）》主要内容以及新疆电力市场建设下一步思路进行充分沟通，并达成一致意见。

6月，办主要领导带队与乌鲁木齐市甘泉堡经济技术开发区进行座谈，专题研究甘泉堡经济技术开发区增量配电业务改革试点项目工作，为推动园区持续、健康、长久发展奠定坚实基础。

7月，办主要领导带队赴西北能源监管局进行工作交流，就进一步加强电力安全监管、电力市场建设、疆电外送和新能源消纳等工作进行充分地研究讨论，为加强西北区域能源监管团结协作、共促发展，大力推进“四个革命、一个合作”能源安全新战略奠定良好基础。

8月，新疆能源监管办主要领导带队与新疆生产建设兵团进行会谈，就兵团电力体制改革与售电侧改革协同推进、兵团电网与主电网协同发展等问题等进行了深入沟通和交流。

12月，在新疆能源监管办的大力支持下，新疆首个光热发电示范项目——中电工程哈密50MW熔盐塔式光热发电项目一次并网成功。该项目是国家能源局首批光热发电示范项目之一，也是新疆自治区首个光热示范项目，新疆能源监管办对该项目始终保持高度重视，不断加强项目服务保障，帮助企业顺利解决项目建设、并网运行和后续管理等方面的突出问题，确保发挥首批光热发电项目示范引领作用。

（由　龙）

【国网陕西省电力公司】

企业概况 国网陕西省电力公司（简称国网陕西电力）是国家电网公司的全资子公司，是陕西省电力建设、输送、销售的独立法人，是全省电网规划、建设和运营的公用事业企业，承担着为陕西经济社会发展和城乡广大电力客户提供安全可靠电力供应的重要职责。国网陕西电力员工 2.21 万人，服务用电客户 905.71 万户。

2019 年完成固定资产投资 59.86 亿元，其中电网基建投资 46.00 亿元；售电量 1253.5 亿 kWh，同比增长 6.75%；营业收入 625.23 亿元，同比增长 6.66%；资产总额 706.3 亿元，同比增加 6.99%；资产负债率 65.33%，同比下降 0.66 个百分点；线损率 5.94%，同比下降 0.09 个百分点；电费回收率 100%。从根本上扭转安全生产被动局面，实现业绩考核重返国家电网公司“第一方阵”的目标。

领导班子

董事长、党委书记：梁旭

董事、总经理、党委副书记：张薛鸿

董事、党委副书记、副总经理：林一凡

职工董事、副总经理、党委委员、工会主席：王成文

总会计师、党委委员：李英

副总经理、党委委员：周军义、陶轶华、刘太洪

党委委员、纪委书记：李文立

总工程师：窦晓军

组织机构 设本部部门 23 个、地市级供电企业 11 个（含西咸新区供电公司）、综合单位 14 个、县级供电企业 30 个。

电网概况 陕西电网位于西北电网东部，是西北电网的重要组成部分，是一个水火风光并济以火电为主的电网，火电主要分布在关中和陕北，水电在陕南，风电、光伏发电在陕北。陕西电网共有 110kV 及以上变电站 551 座，变电容量 9903 万 kVA，110kV 及以上线路 2036 条，长度 36 994km；形成以特高压为外送、750kV 环网为骨架、330kV 电网为支撑，通过 4 回 750kV 线路与甘肃电网相联，通过±500kV 宝德直流与西南电网互联，通过 330kV 交流至河南灵宝直流背靠背与华中电网联网，在陕北 1000kV 榆横—潍坊特高压输电线路以及 500kV 锦界、府谷两座电厂送出线路以点对网方式直供华北电网。

截至 2019 年底，陕西电网发电装机容量 4606.9 万 kW，其中火电 3284.8 万 kW、水电 331.0 万 kW、风电 351.2 万 kW、光伏 639.9 万 kW。陕西电网共有 750kV 线路 26 条，长度 3876.14km；330kV 线路 267 条，长度 11 534.07km。用电量为 1466.39 亿 kWh，同比增长 7.52%。电网最大负荷 2500 万 kW。

人力资源 完成《所属单位内设机构标准》制定、报批和印发，实现机构编制“放管服”。调整 330kV 输变电运检业务模式以及机构人员，按照“一部三中心”分设地市公司运检业务机构，组建 20 个网格化城区供电分（支）公司。调整各层级机构设置，设立法律保障中心、省市两级集体企业办公室。印发增量配售电公司运营机制工作意见，探索“管理＋业务委托”运作模式。组织编制全业务名录，修订印发业务外包管理制度。

构建集体企业直签用工、供电服务用工、市场化单位社会招聘用工三个补员通道。完成 330kV 输变电业务人员划转 664 人，驻京办撤销安置 34 人，万年饭店关停计划安置 207 人。持续深化内部人力资源市场应用，盘活内部人力资源存量 4066 人次，关中支援帮扶陕南陕北 34 人，实施地县交流计划 70 人。完成 2019 年高校毕业生招聘计划 520 人，完成 22 名复转军人接收安置接收。

修订印发企业负责人业绩考核办法、本部考核办法，在国家电网公司系统创新建立“挣工资”分配模式，供电单位人均挣工资最高与最低差别达 1.58 倍，省级业务单位差别达 2.13 倍。平稳完成职工社保移交和离退休人员统外费用政策调整。印发加快分配制度改革创新的意见、集体企业用工激励机制建设的意见，建立电科院环保中心项目收益分红机制，试点中长期激励机制。持续提升员工队伍素质。搭建技术、技能人才发展双通道，在三家试点单位选评 2～4 级专家 72 人、2～4 级工匠 586 人。新增正高级职称 96 人、副高级职称 322 人、中级职称 645 人、高级技师 220 人、技师 403 人。构建“基础、培优、传授”三个梯次培养体系，施行“常态化岗位练兵”“业务部门抓练兵”“生产部门 8h 内不干活就练兵”的工作机制。推进“三项制度”改革，6 家单位 237 名科级干部实行任期制，228 个管理岗位实行公开竞聘，43 人退出原岗位，制定人事人资 37 项“放管服”事项。

电网建设与发展 完成陕西主网滚动规划（2020—2022 年）主报告，完成电气计算、电力供需、新能源输电规划、高铁供电四项专题规划报告，提出 2020—2022 年电网规划项目，并展望至 2025 年。确定电网补强攻坚工程 212 项（“硬骨头”项目 23 项），330kV 及以上可研前期“硬骨头”攻坚项目，7 项已完成可研工作，4 项站址路径已基本落实，西安东 750kV 输变电工程以及城南、锦界 330kV 输变电工程等 19 个“硬骨头”项目受阻问题取得标志性突破，西安东北部 330kV 架空输电线路落地迁改路径得到确认。

全年共投产 35kV 及以上线路 2805km，变电容量 1502 万 kVA，分别同比增长 209.5%、130.12%。投产 330kV 及以上工程 16 项，制定“定人、定责、定

时”任务表，全力推动电网建设三年攻坚。陕西电网建设史上投资规模、建设规模最大的陕北—关中750kV二通道工程全面投运，西安北750kV输变电工程、沣西330kV输变电工程等8项迎峰度夏重点工程按期建成，蒙华铁路外部供电工程分阶段按期建成投运。渭南热电等4项迎峰度冬重点工程及高新输变电工程等3项重点招商引资工程启动投运。750kV关中环网Ⅱ回、银西铁路供电工程、西郊330kV输变电工程等64项电网攻坚项目取得阶段性成果。新建青海—河南±800kV特高压直流输电线路工程（陕西段）、陕北—湖北±800kV特高压直流输电线路工程（陕西段）、±800kV陕北换流站工程“四通一平”工程。提前一年完成新一轮农网改造升级工程，投运432项配电网工程。优化330kV输变电工程建设管理模式，试点下放延安宜川开关站、榆林清水、渭南澄县、咸阳武镇等四项330kV工程建设管理，属地建设管理优势得到充分发挥。深化基建信息化建设，落实“一人一卡、一点一机”实名制管控要求。组织开展业主项目经理、安全质量、技经、技术、项目管理等培训。

成立特高压工程安全质量巡查组，常态化、全覆盖开展现场检查。监督施工单位落实安全管理主体责任，以合同为抓手，强化现场安全管理主体责任落实；监督现场关键人员到位履职，监理每日统计，每周通报，每月考核的基本工作流程；重点监督风险作业点安全管控措施落实，周安排、日抽查、全到位。强化质量过程管控及工程创优。加强对参建单位质量控制体系监督，严抓三级检验与验收管理责任落实。加强基建管控手机App、远程视频监控、无人机、环水保监测平台等基建信息化管理手段的应用，重点抓好工程组塔、架线、“三跨”等高风险安全管控。强化政企协作，促请陕西省人民政府与国家电网公司主要领导会谈，建立省市县三级电网建设协调机制，把电网建设项目纳入全省重要基础设施项目开展协调督办，设置电网建设审批办理绿色通道，建立由政府主导、相关方参与的常态工作机制，构建良好的电网建设环境。

在人民日报、中央电视台等各大媒体刊发新闻报道336篇，陕北—关中750kV第二通道输变电工程专题宣传视频在央视新闻联播中展出并获得全国职工微影视大赛专题类银奖。“电网企业以‘三个精准’为核心的全过程造价管控研究与应用”荣获中国电力企业联合会2019年度电力创新奖二等奖。酒泉—湖南、榆横—潍坊特高压工程取得国家优质工程金奖，南郑330kV变电站工程获得国家电网公司优质工程金奖。国网陕西建设公司、陕西送变电公司荣获国家电网公司2019年度特高压工程建设先进集体。

经营管理 落实国家减税降费政策，完成国务院关于一般工商业平均电价再降10%的部署，取消两部制电价最大需量40%下限，减免IDC数据中心基本电费，年可降低企业用能成本25亿元以上。面向省内省外“两个市场”，全力扩大电力外送和直接交易规模，跨省区外送电量419亿kWh，同比增长27.74%；省内直接交易电量达512亿kWh，同比增长19.22%；年降低客户用能成本12.4亿元。

实施陕西交易公司股份制改制，推动完善电力市场交易规则和运行机制，实现辅助服务市场平台上线试运行，控股的铜川坡头、渭南韩城两家配售电公司实体化运营。落实两批144项“放管服”事项，组建陕西华兴能源产业管理有限公司，省管产业单位新的管理模式初步建立。

推动出台330kV高可靠供电收费政策，安康水电厂发电量突破33亿kWh；“三公”经费及非生产性支出同比压减11.91%，完成“两金”压控任务；创新搭建收付款资金池，实现现金流“按日排程”，节约利息支出0.56亿元。电能替代电量达43.1亿kWh，“量价费损”堵漏增收4.09亿元，保持稳健经营，利润水平处于国家电网公司前列。完成损益类科目维度化改造和146项典设部署，实现成本支出多维反映，基本建成多维精益管理体系框架。全面推广国网商旅，全流程线上贯通差旅业务，实现员工出差“免垫付、免发票、一键转报销”。

开展民企账款清欠，建立四项清欠工作机制，实行分类施策清欠，清理逾期民企欠款5545万元；推进降杠杆减负债，资产负债率同比降低0.66个百分点，连续8年保持下降态势。“电网企业内部市场化管理探索与实践”获中电联2019年度电力科技创新管理类一等奖。

安全生产 树立“发展决不能以牺牲安全为代价”的红线意识，紧紧抓住人、电网、设备、管理等关键因素，开展“电力安全文化建设年”活动，把安全工作要求贯穿工作始终，挺规矩、压责任、强执行、严考核，强化对安全生产的敬畏之心和戒惧意识。

建立全员安全责任清单，深化基层单位安全述职机制。梳理制定11 723个岗位、69 996条全员安全责任清单。设立安全奖励基金，强化安全责任、安全目标与工资总额的挂钩。加强生产作业现场标准化建设，提升技术手段与强化管理措施并举，建成作业现场智能安全管控平台，组建了省市县三级安全稽查队伍，实施“全覆盖、不间断”飞行检查及远程视频检查，2019年共检查作业现场61 463个，查处违章4346条，违章查处效率和现场管控能力大幅提升，现场安全检查效率提升37倍、检查范围提升17倍。优化330kV输变电业务体系，适应陕西电网主网架向750kV电压升级的发展需求，做到330kV输变电业务优化调整和安全生产“两手抓，两不误”，全年330kV输电线路跳闸数量下降33.4%。开展保障大电网安全专项行动，强化电网风险预警分级管控，全年共发布六级及以上电网风险预警通知书873份，执行各类安全措施3775项，生产、基建、运行高效协同，有效保障电网安全稳定。

迎峰度夏期间，及时处置西安和安康暴雨、汉中滑坡、汉江洪峰等汛情险情，得到各级政府充分肯定。开展“防风险、保安全、迎大庆”安全专项行动，电网平稳度过2500万kW历史最大负荷，完成70周年国庆保电等32项重大供电保障任务。安全有序完成各类停电检修作业5209项、“三跨”区段可视化改造643处等现场作业。集中整治重大风险隐患，完成西安电网590km电缆沟道防火应急整治、4184项变电站消防隐患整治等重点整治工作，治理输变配电设备隐患11705条，其中Ⅰ类隐患6286条，极大提高设备健康水平。在生产建设任务大幅增加的情况下，330kV输变电设备故障跳闸率、故障停运率分别同比降低26.1%、39.5%。

营销工作 在经济形势异常严峻、客户数量激增1/3的情况下，牢牢把握“保底、有用、出彩”工作主线，强力推动优化电力营商环境、“量价费损”突出问题专项治理、户表改造、脱贫攻坚、供电服务、市场开拓、管理提升、信息化建设运维、供电所标准化建设、经营风险防控等十大“硬骨头”攻坚战，未发生一例安全事故和服务舆情事件。

完成214.05万户户表改造任务，“量价费损”堵漏增收4.09亿元。售电量完成1253.5亿kWh，同比增长6.75%。电费回收率100%。投诉总量同比下降31.51%。小微企业平均接电时长缩短至6.13天，业扩结存容量较年初下降21.33%。整治高损台区4242个，消除负损台区1842个，台区线损率较2018年末降低3.49%，少损电量4.28亿kWh。计量异常分析精准率提升60%。运行智能表超过900万只，当年新增247万只，应用HPLC模块超过300万只。809万户实现电费“四自”功能，完成100万户本地费控远程化改造。直接交易电量达512亿kWh，年降低客户用能成本12.4亿元。电能替代电量达43.1亿kWh。综合能源营业收入3.17亿元。充电电量突破8000kWh。

科技与信息化 健全创新体系，创新活力持续激发，形成一批先进成果。取得国家科技进步二等奖1项、电力行业科技奖2项、国家电网公司科技奖9项、陕西省科技奖5项，取得国家管理创新二等奖2项、电力行业管理创新奖2项、国家电网公司管理创新特等奖1项，47项职工创新成果在陕西省第五届职工科技节获奖。参与编制的国际标准《交流输电线路参数测量导则》正式颁布实施。承担的国家电网公司首批孵化项目《噪声定位测量系列装置及降噪新材料应用》通过验收，其成果先后在1000kV榆横站、750kV西安北变电站、±800kV灵州变电站、±660kV银东站等工程实施应用，投入产出效益近300%。打造电网环水保全过程管控体系，结合卫星遥感、无人机航拍等手段，利用环境敏感区地理信息系统，实现环水保工作的“一张图管控”，及时发现和规避电网建设中可能存在的环水保风险。在国家电网公司与西安交通大学战略合作框架下，以“电为中心、网为平台、多能互补、全面感知、智能互动，展现陕西特色”的建设原则，打造校企联合的中国西部科技创新港能源互联网创新实验平台，开展“多能互补交直流融合电网”“全面感知智慧输变电”“智能互动用能用电”“智慧能源运营管控”四大技术领域十个方向的研究；利用国家电网首批项目收益分红试点契机，以科技项目收益分红实施方案为科技机制创新突破口，打破研发成果只属于单位的观念，鼓励科研人员推动成果转化。电磁暂态研究领域获批电力智能传感技术及应用国家电网公司联合实验室，电网接地实验室获批为国家电网公司电气接地技术标准验证实验室。

构建“一中心、两平台”两网融合开放共享创新生态圈，形成研发、转化、应用全链条创新发展布局，通过技术创新驱动业务创新、管理创新。初步搭建云平台、数据中台和物联平台。牵头完成国家电网公司基础资源商业化运营试点，建立技术标准和运营机制，首座“共享铁塔”通信基站投运。全面完成移动终端整合，智慧车联网平台、现代（智慧）物资供应链、新能源云等建设处于国家电网公司领先水平。

优质服务 把“接得上、送得出、落得下、用得好”作为优化营商环境的着力点，坚决把服务“挺出去”。聚焦客户痛点治理服务堵点，开展漠视侵害群众利益问题专项整治行动，实施频繁停电专项治理、供电所标准化建设等工作，整治群众身边的不正之风和“微腐败”问题。聚焦客户需求推动服务升级，理顺供电区划与地方行政区对应关系，建立20个“网格化”供电服务机构、698个配网“网格化”抢修驻点，建成27个国家电网“五星级”供电所、242个“五小”供电所，完成214.05万户户表改造任务，以及34个未接收村组换表立户、48项贫困村动力电提升、19.13万kW光伏扶贫项目接网、28.5万户“煤改电”配套建设等任务安全高效完成。助力13个贫困县摘帽、868个贫困村退出、26.23万人脱贫。建立“先接入、后改造”管理机制，推广配电网“不停电”作业，用电咨询、报装接电、电费交纳、故障报修等19项业务实现“一次都不跑”，高、低压用户线上办电率分别达到98.7%和98.15%，高、低压客户办电时间分别缩短至50.5、1.1天以内。完成2020年底前建成的124项756万kW新能源项目入网审批，在新能源并网规模、消纳电量“双提升”的情况下（新能源并网容量突破1100万kW，同比增长42.56%；消纳新能源143.54亿kWh，同比增长24.2%），弃电量和弃电率实现“双下降”。

优化电力营商环境、煤改电、需求侧管理等工作得到了省政府充分肯定，刘国中省长等四位省政府领导对户表改造工作批示表扬。16篇典型经验入选《国网动态》，在全国率先建立警电部门防范和打击涉电违法犯罪合作机制，发布国内首个充电“三站合一”标准和省内首套直流电能计量标准，陕西智慧车联网平台“秦e充”上线，新华社内参报道公司“绿色出行”典型经验。先后荣获“2018年度陕西顾客满意度测评最佳满意单位、国家电网公司营销工作先进单位、国家电网公司电网先锋党支部、陕西省助力脱贫攻坚优秀企业、陕西省助力脱贫攻坚竞赛先进集体”称号，扶贫干部张雷威荣获2019年全国脱贫攻坚贡献奖先进个人，1人荣获国家电网公司“十佳服务之星”称号，免评命名4个国家电网公司“五星级”供电所。

党的建设和精神文明建设 以党的政治建设为统领，开展“不忘初心、牢记使命”主题教育，落实“四项重点”，聚焦“五个目标”，抓好“六个结合”，坚持“抓基础、抓融合、抓特色，创先争优”，打造“寻心梁家河·传承延安魂”党建品牌，为建设具有中国特色国际领先的能源互联网企业提供坚强保证。

完成“旗帜领航·三年登高”计划，党建责任制层层落实，深化两级党组织标准化建设，推行党建信息化应用，建立三级党建工作责任清单体系，深化“党建+”工程，促进党建工作与中心工作有效融合。开展“党员双带头”“三亮三比”活动，创建党员责任区和党员示范岗4300余个，开展党建绩效综合考评及党组织书记述职评议考核，通过机制、管理、素质三个建设，创新构建纪检监察“三位一体”工作体系。完成中央巡视相关配合工作。紧扣学习贯彻习近平新时代中国特色社会主义思想根本任务，开展两批主题教育。党委深入学习调研、带头检视整改，以上率下带动869个党组织、16 873名党员将学查改结合、知信行统一，增强守初心、担使命的思想自觉和行动自觉。

围绕“抓整改、除积弊、转作风、为人民”专项行动30项任务措施，统筹推进主题教育、深化中央巡视问题整改，累计梳理问题1392个，制定整改措施2706项，整改完成率79.88%。聚焦巡视监督重点，开展自查自纠和“回头看”，完成8家大型县供电公司“提级”巡察，深化巡视巡察上下联动。推进“法治陕西电力”建设，“关联交易、靠企吃企”专项治理取得实效。聚焦一线难点问题，解决8个供电所无办公用房问题、112个无车供电所车辆配置问题。加强和改进作风建设，旗帜鲜明弘扬“六个必须”“四个干事”的实干作风，树立重实干重实绩的鲜明导向，健全职务、职级、人才“三通道”管理体系，推动领导干部队伍、基层班组长队伍、技术技能专家队伍建设。构建“技术型专家、技能型工匠”双通道，建成青年员工5年入职培养+“工匠种子”5年跟踪培养长效机制。党建考核排名国家电网公司第七位。刘波荣获第七届全国道德模范提名奖，周红亮入围新中国成立70周年“最美奋斗者”候选人。

工会工作 坚持以习近平新时代中国特色社会主义思想为引领，深入贯彻落实上级工会和党委各项工作部署，聚焦主业主责，维护职工合法权益、竭诚服务职工群众。在内网建成建言献策平台，“职工诉求管理及体系构建”获中电联电力科技创新奖一等奖。健全班组减负工作机制，形成“行政主导、工会协调、专业归口、基层实施、全员参与”的工作格局。试点开展远程“小诊室”10个，建成实体化“职工之家”75个。9月1日，国网陕西电力基本医疗保险、工伤保险、失业保险、生育保险等险种移交西安市统筹管理，移交参保单位47家，移交参保人员81 654人。组织开展元旦春节、职工生病住院、婚丧嫁娶系列慰问22 356人次，夏季安全生产和防暑降温“送清凉”专项慰问班站、工地847个。开展庆祝新中国成立70周年职工美术书法篆刻摄影作品征集工作及“我和祖国共奋进”爱国歌曲传唱展播评选活动。举办“锐意进取杯”职工羽毛球、乒乓球、足球等系列比赛活动，获陕西省第二届全民健身运动会先进单位。组织开展“查问题、定措施、践承诺”作风建设专项活动。坚持一线工作法，赴基层单位开展调研、慰问、宣讲专题活动。组建职工思想状况咨询专家团队，赴23家基层单位开展面对面访谈、讲座。对18项工会支出项目进行成本预算，并制定相应标准。组织外部专业审计机构对23家单位工会2018年工会经费收支预算执行、资产管理以及报表等进行现场检查。弘扬劳模精神劳动精神工匠精神，2人分别荣获“陕西省最具影响力劳模”和2019年“三秦工匠”称号。开展新时代劳动竞赛，获陕西省劳动竞赛先进集体和助力脱贫攻坚竞赛先进集体，1名职工在国家电网公司第七届供电“服务之星”劳动竞赛中获“十佳服务之星”称号。国网陕西电力获陕西省总工会财会工作竞赛特等奖、工会经审工作规范化建设考核特等奖第一名。

主要事件

1月8日，国网陕西电力作为第二完成单位完成的“电力系统接地基础理论、关键技术及工程应用”获国家科技进步二等奖。

2月21日，在陕西省国资委助力脱贫攻坚“榆林合力团”2019年第二次协调会上，国网陕西省电力公司荣获“2018年度陕西省助力脱贫攻坚优秀企业”称号。

3月15日，由陕西省质量技术协会、陕西省用户满意度测评中心、新华网陕西频道、陕西传媒网等联合主办的第七届（2018年度）陕西顾客满意度测评结果揭晓，国网陕西电力荣获“第七届（2018年度）陕西顾客满意度测评”最佳满意单位。

3月27日，世界首条专为清洁能源外送建设的特高压输电大通道——青海—河南±800kV特高压直流工程陕西段在汉中市汉台区老君镇进行首基基础浇制，标志着青河工程陕西境内建设正式启动。

4月24日，国网陕西电力董事长、党委书记梁旭参加由西安市委副书记、市长李明远主持召开的西安电网规划和项目建设专题会。

6月12日，陕北—关中750kV第二通道输变电工程71 819夏道Ⅰ线、夏州变电站、秦道变电站内新设备启动完毕，陕北清洁能源集中向关中输送的电力大通道全部建成投运。

6月13日，750kV夏道Ⅰ线24h试运行结束，陕北至关中750kV第二通道输变电工程全部投运，陕北送关中能力提升至400万kW。6月15日，陕北安全稳定控制系统24h试运行结束后投入运行，陕北至关中送电能力提升至610万kW。

8月28日，国网陕西电力召开干部任免宣布大会。受国家电网公司党组委托，国家电网公司党组组织部副主任杨浩宣读了国家电网公司党组关于调整国网陕西电力领导班子的决定：张薛鸿任国网陕西省电力公司董事、总经理、党委副书记；沈同不再担任国网陕西省电力公司董事、总经理、党委副书记职务，另有任用。

9月5日，中央精神文明建设指导委员会发布第七届全国道德模范名单，国网陕西汉中供电公司电力设施保护专责刘波荣获第七届全国道德模范提名奖。

9月28日，国家电网陕西宝鸡供电公司秦岭输电运维班班长周红亮获得“最美劳动者——新中国成立以来陕西最具影响的劳动模范”命名。

9月29日，陕西省副省长赵刚到国网陕西电力本部主持召开陕西省电力建设协调会并检查国庆供电保障工作。

10月10日，国家电网陕西榆林供电公司退休干部张雷威入围全国脱贫攻坚贡献奖获奖人员名单，荣获2019年全国脱贫攻坚贡献奖先进个人。

11月4日，国网陕西电力建设管理的榆横—潍坊1000kV特高压输变电工程获得国家优质工程金质奖。

11月15日，完成了陕西省委省政府下达的6204个小区、214.05万户的户表改造任务。

12月13日，国网陕西电力与陕西省公安厅签署《陕西省警电部门防范和打击涉电违法犯罪合作机制》，共同建立防范和打击窃电及盗窃电力设施的合作平台，并设立涉电违法犯罪举报、协查、破（办）案专项奖励经费。

12月31日，国网陕西电力“基于泛在电力物联网的综合能源服务体系构建与实施”管理创新成果荣获国家电网公司管理创新成果特等奖。

（陈　燕）

【国网甘肃省电力公司】

企业概况　国网甘肃省电力公司（简称国网甘肃电力）更名于1990年2月，是国家电网公司的全资子公司，承担着建设、运行、管理、发展甘肃电网的任务，为甘肃省地方经济和社会发展提供安全可靠的电力保障。

甘肃省内各类用电客户878.66万户，其中大工业用户0.579万户，居民用户764.87万户及其他用户113.21万户。用工总量44 485人，主业用工38 960人（职工29 649人，农电用工6610人；劳务派遣用工2701人）；省管产业单位用工5525人（集体职工363人，省管产业单位直签职工4376人，劳务派遣用工786人）。

省内售电量896.28亿kWh。跨省联络线净送出电量371.25亿kWh。甘肃电网系统可靠率99.681%。城农网供电可靠率分别为99.9501%和99.7507%，综合电压合格率分别为99.995%和99.705%。用户平均停电时间20.64h。

领导班子

董事长、党委书记：叶军

董事、总经理、党委副书记：赖祥生

董事、党委副书记、副总经理：孙涛

副总经理、党委委员：王多

党委委员、工会主席：王海涛

总会计师、党委委员：朱皑绿

副总经理、党委委员：李俭

党委委员、纪委书记：严光升

副总经理、党委委员：张祥全

副总经理：行舟

兰州供电公司总经理、党委副书记：路民辉

兰州供电公司党委书记、副总经理：张中红

注：2019年6月总会计师张治强调离。2019年8月董事、总经理、党委副书记许子智调离。2019年11月董事、党委副书记、副总经理魏琦调离。

组织机构 截至年底，设置23个职能部门，14个市（州）供电公司、80个县供电公司，11个省公司层面业务支撑单位，1个水电厂、1个省管产业单位。

电网概况 甘肃电网处于西北电网中心位置，是西北电网水火、综合能源（新能源）互济，跨省功率交换的核心枢纽。跨大区与新疆、青海、宁夏、陕西、四川省交直流电网互联运行。甘肃电网按地域、结构和功能主要可分为750kV主网、330kV河西、中部、南部和东北部电网。750kV主网是西北电网的中枢部分，分别与陕西、宁夏、新疆通过4回750kV线路连接，与青海通过6回750kV线路连接，是西北电网潮流交换的核心枢纽。330kV河西电网，以750kV武胜变电站、河西变电站、酒泉变电站、莫高变电站、敦煌变电站、沙洲变电站为中心330kV电网分区运行，连接西北新疆电网，主要承担着酒泉千万kW级风电基地送出，河西五市负荷供电。330kV中部电网，以750kV白银变电站、兰州东变电站为中心，构成750/330kV电磁环网及330kV双环网主网架，承担着黄河水电送出及兰州市、白银市、定西市负荷供电。330kV南部电网，以麦积山变电站为中心，330kV网架承链式、辐射状电网结构，承担着南部水电送出及陇南市、甘南市、天水市供电任务。330kV东北部电网，以750kV平凉变电站为中心，与750kV麦积山变电站、750kV兰州东变电站之间形成750/330kV电磁环网，承担着平凉市、庆阳市电网供电任务。

2019年甘肃电网输变电工程建设工程投产项目较多，主网结构发生重大变化。河西电网750kV第三回线加强工程投产，优化西北750kV网架的功能定位，缓解甘肃省新能源外送压力，促进省域经济社会清洁及绿色发展。330kV成纪、银杏、志远、明月等输变电工程相继投产，强化330kV网架结构，提高地区电网供电可靠性。330kV茨多、巩绿二线等输电工程投产，解决甘肃南部地区单线供电及水电送出问题。

截至年底，甘肃电网有750kV变电站11座，主变压器19台，容量38 100MVA；330kV变电站71座，主变压器155台，容量42 630MVA；220kV变电站7座（含1座开关站），主变压器18台，容量2370MVA；750kV线路46条，省内长度6591km；330kV线路264条，长度11 170km；220kV线路40条，长度883km。

甘肃电网统调（五级调度）装机容量48 851MW，其中水电9101MW、火电18 500MW、风电12 873MW、光伏8267MW、其他110MW。全网用电量1044.03亿kWh；甘肃电网日最大用电负荷为15 515MW。甘肃省全社会用电量1288.05亿kWh。

2019年甘肃省内交易电量1153.38亿kWh。跨区跨省交易外送电量324.99亿kWh，其中：送华中170.65亿kWh，送华东27.84亿kWh，送山东21.06亿kWh，送四川0.88亿kWh，送陕西30.62亿kWh，送宁夏1.6亿kWh，送青海19.44亿kWh，送西藏8.56亿kWh，直流通道现货交易送出32.90亿kWh，日前实时、调峰互济及偏差送出11.44亿kWh。外购电交易，跨区跨省购入电量10.64亿kWh。

电网发展与建设 以新理念推动电网能源结构优化升级，统筹各级电网协调发展。完成2019—2022年甘肃电网发展规划，以新电网服务社会。促成甘肃省、山东省政府签署战略合作框架协议，与国家能源局签订《甘肃酒泉至湖南湘潭特高压直流输电工程长期送受电合作协议》。启动酒湖直流配套电源、通渭风电基地项目，完成新能源与自备电厂发电权替代，带动甘肃新能源产业增长。为实现智能微电网源-网-荷-储可靠运行，开展光伏、风电、储能工程并网评价。完成“十三五”第一批光伏扶贫配套电网建设任务和异地扶贫搬迁配套电网建设任务。

电网工程建设。打造“三色”（即传承红色基因，保护绿色生态，铸就金色品质）重点工程建设，严格执行环保、林业、国土、安全生产、消防等法律法规。采取工程前期和项目前期同步进行的方式，开辟设计评审绿色通道，利用新增批次、协议库存招标批次确保工程建设。重点工程实行业主项目经理现场驻守制度，与监理、施工项目部人员“同吃同住”做实项目部现场管理。2019年完成35kV及以上项目开工81项，其中线路1482.88km，变电485.6万kVA。完成35kV及以上项目投产58项，其中线路1406.89km、变电382万kVA。“桥湾750kV输变电工程”荣获国家优质投资项目奖及国家优质工程奖。青创赛“E安天下”项目，荣获得西北五省国家电网公司金奖。国家电网公司授予国网甘肃建设部国家电网有限公司先进集体荣誉称号，授予国网甘肃电力特高压工程建设先进单位，授予国网甘肃电力建设部特高压工程建设先进集体荣誉称号。

重点工程建设。2019年国网甘肃公司电网工程建设项目分布点多面广，工程设计、施工、监理、调试、运维任务重工期紧，安全质量管控压力大。根据《国家电网有限公司基建质量管理规定》相关条例要求，完善基建、设备、物资、调度管理要求。分析工程技术成本管理，应用信息可视化协调规范建立风险作业“一本账”，每个项目建设作业点严格执行现场“六必查”和现场安全质量二十条管控工作要求，适时掌握施工现场动态。

(1) 750kV河西电网三通道加强工程。工程总投资250 940万元，扩建750kV变电站6座（敦煌、莫高、酒泉、张掖、河西、白银)，新建750kV线路4条，总长约832.791km，铁塔共1451基，其中直线塔1205基、耐张塔246基。工程于2018年9月6日开工，2019年9月工程西段投产，10月东段投产，12月工程整体竣工，完成验收、消缺工作，12月15日投入试运行。

(2) 330kV多合—茨滩第二回330kV线路工程。工程总投资16 437万元，全线采用单回路架设，新建线路长度为104.31km，铁塔基数总计217基，沿线海拔2000～3250m。

(3) 青海—河南±800kV特高压直流输电线路工程（甘肃段)。该工程基础开挖100%，基础浇筑99.87%，铁塔组立44%，工程建设平稳推进。

(4) “一区一州”(甘肃临夏回族自治州、甘肃藏区）及18个省定深度贫困县脱贫攻坚电网工程。2019年“一区一州”35kV及以上工程共计14项，工程投资1.64亿元，整体工程提前三个月竣工投产。工程自2018年启动，2019年9月26日竣工。工程涉及甘肃省十个市（州)、三十五个县（区)，7178个村组，惠及人口166万人。重点解决全省“一区一州”和18个深度贫困县的电网突出问题，同时解决易地扶贫搬迁、煤改电、光伏扶贫等配套电网建设问题。工程10月10日投运后，甘肃“一区一州”及深度贫困地区农网供电可靠率99.83%，比改造前提升0.1个百分点，综合电压合格率99.61%，比改造前提升0.7个百分点，户均配电变压器容量从1.5kVA提升至2.5kVA，供电可靠率99.8%，综合电压合格率97.9%，完全满足广大甘肃省农村用户生产发展用电。

(5) 银西高铁供电工程。银西高铁330kV供电线路工程基础总计693基，线路长度316km，开挖691基，占99.71%，基础浇筑691基，占总量的99.71%。铁塔组立689基，完成率99.42%，导线架设283.557km，完成89.73%。

(6) 常乐电厂750kV送出工程。该工程由甘肃送变电工程有限公司承建，起于祁连±800kV换流站，止于常乐电厂。线路全长66km，新建铁塔145基。

安全生产管理 开展保障大电网安全生产15个专项行动，排查治理安全隐患8.96万项，发现整改问题1325项。协助甘肃省国家安全厅，开展涉及国家安全的电网重大风险评估。管控七级及以上电网风险977项、四级施工风险75项。河西走廊特高压密集通道重要隐患点可视化监控全覆盖，±800kV祁连换流站属地化首检工作完成。国网西北直升机电力作业基地开工建设。“二次系统”完成955套老旧装置改造，整治继电保护家族性缺陷1558项。建成西北首家电网信息安全工程中心，1061座变电站、办公楼通过智慧消防物联网平台上线运行。成立输变电运检中心和市县两级生产指挥中心，完成市供电公司运检机构管办分离。优化生产组织体系，完成护网2019攻防演习。

建设共享型智能运检管控系统，通过省、市（州）公司成立智能运检管控中心，分别与省公司设备管理部和地市运检部合署一体还运作，实现对电网设备设备状态全景化、业务流程信息化、数据分析智能化、智能运检管控集约化、运检管理精益化管理。330kV（包括220kV）设备属地化移交，实施运检机构“管办”分离。省市两级生产指挥中心、消防安全管理中心，供电服务指挥中心全过程对设备运维和各类场所消防进行监测管控。试点开展设备差异化运检，运维站监控能力提升。为提升电网自动化、智能化和集成度，完成换流站330kV及以上全部变电站等赋码贴签，完成7条智慧输电线路，5座标杆运维站的建设，落实“三跨”运维措施630项，布置“六防”措施1.825万处。城市配电网作为连接电力与客户“最后一公里”，地市供电公司指挥中心对县供电公司生产指挥中心差异化整合，借助配农网改造升级工程实施精益化管理，实现智能管控。专项治理配电线路跳闸次数，依托智能运检管控平台探索实现设备状态智能研判和生产智能指挥。通过调整电网运行方式、转移负荷等措施，将17项涉网风险降至五级及以下，消除四级结构性电网风险1项。组织“防风险、保安全、迎大庆”安全生产专项行动，开展保障大电网安全、安全工器具、电气误操作等15个专项隐患排查，实施OTN骨干传输网及数据通信网改造工程，消除ADSS光缆“三跨”、通信电源隐患147项。

修订《消防安全管理规定》，健全省市县三级消防安全管理网络。建立991人消防队伍，重要变电站消防隐患治理率100%，35kV及以上变电站消防报警装置全覆盖。开展“防风险保平安迎大庆”消防专项行动，整治隐患1114项，完成1061座建筑物消防合法验收（备案)。

完成“1+26”项应急预案评审报备，强化16支应急分队应急培训。完成80家县公司标准化应急库房建设，建立“专常兼备”70人应急抢修队伍。开展大面积停电、地质灾害等专项演练226场次，及时处置甘南、张掖等地泥石流、地震等自然灾害造成的设备抢修和供电恢复，得到国家能源局表扬。

经营与管理 2019年甘肃省内以原材料、重工业为主的工业结构发展动能相对滞后，造成有色金属、碳化硅行业用电整体负增长。随着电力体制改革深入推进，电力市场主体利益多元，输配电价核定机制和核定办法对电力企业传统核算模式带来挑战。国网甘肃电力面对经营形势严峻的局面，从整体考虑营销、生产、研发、财务、人力资源的协调统一。争取地方政府债券资金 1570 万元、低息融资券 24 亿元，国家电网公司东西帮扶基金 26.5 亿元缓解投资压力。请示甘肃省委省政府协调甘肃省发展改革委上报《关于申请安排专项资金支持贫困地区农村电网建设的请示》，解决 2020 年农网资本金缺口问题。建立发供电单位内部模拟市场，促成国家电网公司和甘肃、湖南签订国网系统内《特高压直流工程长期送受电合作协议》。制定投资项目全过程里程碑节点计划和重点项目进度计划看板，建立综合计划月度例会制度，强化过程监督，项目计划执行效率提升明显。

完善日常、年度、综合“三位一体”考核评价体系，动态跟踪掌握内部巡察、审计监督、纪检监察等相关信息确保各级干部履职尽责。全员全职业生涯培训培养省、市、县三级集中培训 44.6 万人，网络培训 17.6 万人次。核定三类及以上艰苦边远地区补助，完成 46 家代管单位社会保险、住房公积金移交。实行“一企一策”差异化业绩考核，推行供电所“责任承包＋工作积分制”考核体系。

制定《加强物资管理的意见》，创新现代智慧供应链建设，明确供应链 40 个业务场景、1 个智慧运营中心建设任务，提升物资采购设备质量。为全力保障电网工程建设物资供应，设立物资供应项目部，建立物资供应周通报和双周协调例会机制，确保河西 750kV 三通道、青豫直流、“一区一州”等重点工程物资供应。开展物资技术规范标准修编，压降标准物料 1112 条，配网协议库存采购采用异地评标方式且 A 档供应商达到 100％，从而保障配农网工程和安全生产所需设备材料的质量。

参与编制国家电网公司《法治企业行为指引》及《特高压跨区输电线路案件协调处置规范》。建立重大法律风险梳理、建档立卡、会商、跟踪、销号机制，梳理形成 27 项重大法律问题专项清单加强督办。主动维权案件 20 起，金额 2466 万元，挽回损失 825 万元。

编制国网甘肃电力层面、直属单位集体企业与平台企业重组整合和产业优化调整方案。完成交易公司与电网企业职责界面划分工作报告，作为典型经验在国家电网公司推广。编制国网甘肃电力集体企业深化改革方案，统筹推进改革工作。

驻京办专项清理。编制驻京办专项清理方案，按期完成专项清理工作，牵头完成各单位驻兰州办事机构的清理规范工作。

落实国家电网公司部署，实现集体企业与主办单位有效分离。健全集体企业“三会一层”现代企业治理结构，实现专业化管理。在省级 1 个平台、地市级 14 个平台（刘家峡水电厂和 13 个地市供电公司）的集体企业架构基础上，受托实施对集体企业（省办产业单位）进行管理。截至年底，集体企业压减至 46 户，待处置企业 3 户。

依托院士专家工作站、省部级实验室、科研攻关团队承担电网科研任务，以科研成果应用促进电网技术和标准深化应用。发挥甘肃电机学会平台效应，发布电力行业科研成果目录，建立科技创新专家库，培养在国网层面、省内具有一定影响力的青年领军人才。电网环保管理，实现“一个百分之百、四个不发生”。

市场营销与农电管理 完成电能替代电量 106 亿 kWh。签订直购电交易合同电量 332.69 亿 kWh（月度交易 10.26 亿 kWh），结算 282.58 亿 kWh，降低用户成本 10 亿元。全社会电动汽车充电量稳中有升，累计充电量 1.58 亿 kWh。“十三五”第一批、第二批光伏扶贫项目全部按期并网。基于大数据的电力市场预测分析应用，营销系统及采集系统适应性改造，用户电量采集计算、费控测算、营销指标统计、报表统计等时长大幅缩减。采用“一终端、多 App 应用”模式，实现业务移动化作业。“网上国网”按期上线应用，“互联网＋”线上办电交费高效便捷，智能体验、智慧掌控服务用电客户更加贴心。开展“三省”“三零”服务，平均压减客户工程时长超过 15 天，办电环节压减至 4 个工作日以内。高、低压用户平均接电时长分别压降至 53.73 天、2.24 天，节约客户办电成本 3.54 亿元。落实一般工商业电价降价措施，完成一般工商业降价的电价调整和电费退补，优化“两部制”电价用户基本电费收取规则，节约客户用电成本 3.81 亿元。

围绕服务乡村振兴战略、推动乡村电气化建设，落实国家电网公司《“全能型”乡镇供电所完善提升 2019—2020 年行动计划》工作要求，制定下发《国网甘肃省电力公司关于印发推动乡村电气化工作方案》，对接各级政府促请将乡村电气化纳入本地区乡村振兴发展规划。推动甘肃省 37 个县（区）建成 1209 个共 6380 亩电气化大棚，建成 202 个畜牧饲养电气化养殖点，13 个县（区）建成 724 个农产品电加工、烘干点。提升甘肃省乡村产业电气化水平，推动全省 8 个县（区）建设 10 个能源消费电气化示范村镇和全电景区，完成 2 个农家院全电民宿改造。改善农村生活电气化质量，实施乡村中小学校电采暖项目 1640 个。协同电器生产厂家商品营销日，深化“电网连万家、共享电气化”活动，促进提升乡村家庭电气化水平。

分地域按类别做好 26 个乡村电气化示范项目。

编制《“全能型”乡镇供电所完善提升 2019—2020 年行动计划实施方案》，组织各专业管理部门围绕“全能型”乡镇供电所完善提升“六个一”工程。下发《关于规范“1+n”供电所管理模式的通知》，明确供电服务站管理要求。针对甘肃省内供电服务区域交叉、管理跨度大的供电所进行调研摸底，制定《关于张掖肃南县皇城等供电所跨区域管理的报告》完成皇城供电所等 5 个供电所跨区域移交管理，解决部分供电所距离行政区域县公司较远且交通不便等问题。修订供电所安全责任清单，通过安全述职制度、安全奖惩考核、两轮专项监督检查，提升供电所安全管理执行力，防控业务融合下的现场作业风险。制定安全管控“岗位清单”，采用现场作业移动视频监控等手段将安全生产责任落实到供电所每一个岗位、每一个员工、每一个流程。制定《供电所安全工器具管理规范》《乡镇供电所工器具及备品备件管理规定》，明确供电所工器具、备品备件的配置、采购、验收、试验、使用、保管、报废等环节管理要求。深化供电所营配业务末端融合，落实一站式服务，快速响应客户的用电需求，客户投诉率显著下降。完善考核激励机制，在省公司层面实施供电所建设关键指标考核工作，每季度对全省供电所低压业扩报装时限、付费购电占比、采集成功率、台区线损综合排名，实行供电所积分考核机制，鼓励员工主动工作、多劳多得。推动营销业务模式和作业方式创新变革，完成移动终端整合工作，实现“一终端、多 App 应用”模式。

县供电公司和供电所达标创优 截至年底共有 80 家县供电公司、15 个城区供电分公司、607 个供电所、营业厅及流动收费点 736 个。供电所劳动用工 11 718 人（其中长期职工 5469 人、三新公司员工 5645 人、劳务派遣及其他 604 人），服务供电客户 696.55 万户，服务全省农村用电人口 2075.19 万人。

开展第一轮第一批次和第二批次达标现场评价工作。第一批对 14 个市州公司 231 个供电所开展评价，现场检查发现问题 2015 项，整改 1980 项，整改率 98.3%，230 个供电所通过评价。第二批对 14 个市州供电公司 274 个供电所现场评价发现问题 3910 项，整改 3601 项，整改率 92.1%，235 个供电所通过评价。建立省—市—县—所四级问题库，确定问题识别、分类、入库、分发、整改、验证、销号的闭环流程，落实四级整改责任，共入库各类问题 25 532 项，完成整改 23 100 项，总体整改率 90.5%。两批次共申报供电所 528 个，通过 465 个，通过率 88.06%，占供电所总数的 76.35%。2019 按照自查整改、自评申报、复核推荐的评价方式，组成 11 个交叉互评组和 7 个现场评价组，集中培训学习，掌握评价标准，统一评价尺度，分两批完成现场评价。通过评价，县供电公司达标 48 个，供电所达标 465 个，建设 17 个升级型营业厅，建成全能型供电所 215 个。建成五星级供电所 22 个、四星级供电所 174 个、三星级供电所 401 个、二星级及以下供电所 11 个。

优质服务与电网运行 国家能源局高度赞扬国网甘肃电力供电优质服务及光伏扶贫工作。线上办电率 92.89%，上门服务 3.02 万户，免费提供典型设计高、低压用户，投资 4.03 亿元匹配 509 个业扩项目，节约客户办电成本约 3.54 亿元。查处 6 起触碰红线事件、追责 31 人次。客户服务满意率 95.02%。

投资建设调控云及新一代 OMS 系统主体搭建，推进新能源云数据中心建设，初步建成新能源模型、运行数据中心。实现电网系统 110kV 变电站网络安全监测装置 100%覆盖。为提高电网调控管理水平，实现地、县调控专业同质化管理。建成省地两级数据通信网、双平面骨干传输网，通信网带宽和传输网速率分别提升 64 倍、10 倍以上；706 座供电所部署软视频会议终端，实现全省乡镇供电所会议系统 100%覆盖。消除 ADSS 光缆“三跨”隐患、通信电源隐患 220 项。

完成祁韶直流近区风机 1.3 倍耐高压能力测试 474 万 kW，提升近区风电出力至 420 万 kW，完成所有调管火电机组辅机低电压穿越改造与测试，按计划完成 57 座新能源场站快速频率响应改造；升级和完善嘉玉电网安控系统、酒钢内部电网安自装置，调整酒钢电网运行方式，下网能力由 68 万 kW 提升至 130 万 kW；合理安排重点工程施工期间电网运行方式，开展电网与新能源联合检修，累计减少新能源弃电量约 3 亿 kWh。通过调整电网运行方式、转移负荷等措施降低涉网风险 17 项。完成 923 套运行 15 年以上老旧装置及 32 条线路的光纤化保护改造；整治继电保护家族性缺陷 1558 项；完成 22 条光缆、12 套设备保护安控业务通道重载治理。

实现甘肃省内现货市场与省间及辅助服务市场闭环运行。开展水电与新能源互补调度，开展新能源与火水电打捆外送。扩大自备电厂发电权替代规模，交易电量 72.5 亿 kWh。参与跨省区现货、西北省间互济、辅助服务交易，增发新能源 50.88 亿 kWh。通过省内辅助服务市场，增发新能源 16.45 亿 kWh，火电收益 9 亿元。

党的建设和精神文明建设 党委班子以“不忘初心、牢记使命”主题教育作为首要政治任务，开展集中学习研讨 285 次，赴党建联系点调研 486 次，讲授党课 324 场次，现场解决问题 711 项。第一批主题教育发现问题 33 项，制定整改措施 77 条、专项整治措施 38 条。第二批主题教育发现问题 1616 项，制定整改措施 2505 条、专项整治措施 1993 条，整改率 89%。两批主题教育民主测评满意率为 100%。

国网甘肃电力党委印发《关于激励党员干部勇于担当作为开创公司高质量发展新局面的实施意见》，分解具体任务 70 项。建立各级党委和领导班子成员党建工作责任清单，组织基层单位党政主要负责同志“双述职”，反馈问题 112 条，推动“第一责任”落实落地。举办党支部书记培训班 6 期、新发展党员示范培训班 2 期，开展组织生活展评暨党支部书记实操技能竞赛，提升党务人员业务能力水平。落实党内监督责任，明确具体任务 46 条。通过列席基层单位民主生活会和日常监督检查，督促查摆问题整改。把全面从严治党作为巡察监督的重点，监督检查党组织标准化建设、党建引领作用发挥、党内政治生活开展情况，部署立项开展协同监督项目 183 个。执纪问责，将《中国共产党纪律处分条例》列入“全员学廉”学习内容，增强党员干部纪律意识和规矩意识，处置问题线索 380 件。深化形式主义官僚主义问题整治，查纠问题 324 条。落实“基层减负年”30 条措施，取消考评事项 23 项，简化业务审批流程 15 项，下放审批权限 21 项，核减重复报表 84 张，完成“一人多终端”整合。依托张掖市高台西路军烈士纪念馆教育基地，打造“红廉融合”廉政教育基地，全面营造学廉、知廉、倡廉、守廉氛围。

落实国家电网公司宣传工作部署，加强党对意识形态宣传工作的领导，聚焦庆祝新中国成立 70 周年、助力脱贫攻坚电网建设、服务新能源发展等方面的宣传，提升国网甘肃电力引导力、影响力和公信力，为企业发展营造环境。完成项目软课题“新形势下国网甘肃省电力公司融媒体中心建设研究”。落实“旗帜领航·文化登高”行动计划，实施“长征精神　电力传承”红色文化深植工程，开展读一本红色书籍、访一次红色故土等“六个一”活动，学习传承长征精神。组织员工“远学张黎明、近学马进伟”，激发创先争优力量。坚持党建带团建，实施团组织积分制管理，成立百支青年突击队，开展“青春光明行”和志愿服务 427 场次。

围绕企业发展、维护职工权益的工作主线，出台《国网甘肃电力职工服务中心建设指导意见》，从文化、健康、精神、价值、品牌五个层面，围绕诉求管理、劳动争议、素质提升、文化活动、维权帮扶、思想教育、心理疏导、法律援助等八个方面，开展会、站、家（分工会、站所、职工小家）“一站式”职工服务中心建设。制定《国网甘肃电力乡镇供电所深化“五小”活动建设指导意见》，在高海拔供电所建成 2 个“高原氧吧”。举办省级一类大赛 1 项、省级二类大赛 5 项，省级重点工程劳动竞赛 2 项，70 人荣获甘肃省技术标兵、技术能手荣誉称号。举办各层级技能竞赛 80 余场次，覆盖 37 个工种，3.2 万人参赛。职工技术创新成果获得专利授权 57 项，其中 1 项荣获全国职工技术创新优秀奖、第二十三届全国发明创业，2 名职工授予“甘肃省五一劳动奖章”。

甘肃电力市场化体系建设　2019 年甘肃电力交易中心有限公司落实电力体制改革要求，推进电力交易机构股份制改造，围绕扩大外送、提升新能源消纳、保障内供三大目标，服务甘肃电力市场全市场形态、全电量空间、全范围配置、全体系结构建设，支撑甘肃省清洁能源利用率。制定“1＋7”甘肃电力市场建设方案（甘肃电力市场，管理实施细则、中长期交易实施细则、现货市场交易实施细则、辅助服务市场运营细则、结算实施细则、信息披露实施细则，甘肃富余新能源电力电量跨省跨区增量现货交易规则）。

在甘肃省清洁能源资源统筹利用与省内外电力市场需求矛盾突显、外送竞争力减弱，电力市场成员多元化、主体信用等级评价标准尚未完全建立，交易准入政策不明朗，电力市场运行呈现供电富裕态势下。以甘肃电力市场管委会为抓手，助推电力市场改革。服务甘肃能源监管办公室、甘肃省工业和信息化厅工作，服务甘肃电力市场完成 2 个水电厂、4 个风电、10 个光伏、7 个综合利用共 23 个新建电厂项目系统一二次设计评审。

年度外送协议最大规模落地，引导交易价格随季节性差异化调整、优化交易曲线、创新购、送电模式、探索配套电源发电权转让、非汛期开拓南网市场等方式，持续扩大外送。通过创新交易品种、提高交易频次等方式，扩大省内交易，推动水电主动参与市场化交易，引入外部水电参与省内交易。政策研究和业务学习常态化，推动电力市场规范化运作。

实施甘肃电力交易市场交易平台的功能开发，针对平台计划功能、校核模块、交易组织等完善 33 项功能升级。实现与上海宝钢集团网对点跨省自备电厂清洁替代交易 1 亿 kWh；培育新兴业务、创新绿电交易。服务智慧车联网，拓展北京市场；创新宁夏、新疆备用共享电源出力优先调用交易，增加外送 6.05 亿 kWh；丰富交易种类，实现水电直接参与外送，形成水火、水新等多种打捆模式；创新开展多轮竞价双边交易，购电 22.38 亿 kWh；研判“双挂双摘”新型交易方式，交易 4 个批次 6.84 亿 kWh，成交价高于年度交易价格；主动协调沟通监管机构，灵活备案，确保交易规范、有序开展，实现电力市场成员注册、变更、注销、退出全业务线上受理，梳理工作界面，制定 4 项工作机制，14 个管理办法，优化流程 7 项。

国网甘肃电力在甘肃能监办的会同下，结合甘肃地域实际负责统筹推进甘肃省电力现货市场推进工作，提出试点工作时间表和任务分工表。根据国家发展改革委、国家能源局编制的电力现货市场运营系统和电力市场结算管理系统功能规范和建设大纲，制定《甘肃省电力现货市场试点方案（试行）》。并组织市场仿真（经济性模型）、财务信用风险分析，包括与现货交易机制配套的甘肃电力中长期交易机制、输配电价格机制、优先发电和购电制度落实机制、可再生能源保障性收购机制、发电企业市场力防范机制、财务信用风险规避机制及市场应急预案。与11个省区签署2020年度外送电协议，其中，签订政府间协议8份。

帮扶工作 落实党中央“坚决打赢脱贫攻坚战指导意见”，国家电网公司“扶贫济困 国网情深”“建立解决相对贫困的长效机制”的重大部署，聚焦2019年甘肃省“一区一州”（甘肃省藏区、临夏州）及18个省定深度贫困县脱贫攻坚电网工程。在全省各行业脱贫攻坚任务和全国“三区三州”脱贫攻坚电网建设中实现“两个率先”竣工，脱贫电网工程建设提前三个月竣工，实现贫困地区群众由“用上电”向“用好电”的转变。“十三五”以来易地扶贫搬迁配套项目投资4.48亿元，解决1767个移民安置点用电需求，惠及省内贫困人口166万人，惠及省内贫困户15.43万户。

按照国务院扶贫办要求的12月20日务必全面接网的要求，甘肃“十三五”第一批、第二批村级光伏扶贫项目共70.14万kW已全部并网，惠及贫困户12.933万户，可每年为贫困户提供收益约3.8亿元。另外，临夏州十三五第二批追加光伏扶贫项目14.3万kW，惠及贫困户2.5万户，12月20日全部并网投运，可每年为贫困户提供收益约7500万元。

驻村帮扶干部落实“一户一策”脱贫计划措施，精准实施“3＋1”冲刺清零行动，聚焦脱贫退出标准，“党建＋N＋贫困户”攻坚双推进双提升体系工作体系完善，精准脱贫成效显著。2017～2019年累计贫困人口脱贫退出率93.38%，贫困村退出率91.3%，预脱贫退出84个贫困村4482户18 815人。其中2019年度预脱贫退出52个贫困村1838户7238人。

主要事件

3月20日，国网甘肃电力、国网湖南电力签署《湖南—甘肃增量电量交易框架协议》。

3月26日，兰州新区职教园区配售电公司“电力业务许可证”颁发。

3月28日，国家电网公司“全过程造价精准”管理工作调研会在兰州召开。

4月9日，平凉工业园区配售电有限公司第一次股东代表大会召开。股东三方国网甘肃省电力公司、华能甘肃能源开发有限公司、平凉泓源工业投资发展有限责任公司以及国网平凉供电公司、平凉市发展改革委和平凉工业园区管委会参加会议。

4月26日，甘肃省公安厅驻国网甘肃省电力公司公安特派室挂牌成立。

4月30日，国网甘肃省电力公司多个集体和个人荣获甘肃省“五一”劳动奖。

5月15日，国网西北、甘肃电力调度控制中心联合华能甘肃公司开展党建＋新能源消纳主题活动，并在华能酒泉风电公司桥湾风电场举行“西北电网新能源场站党员突击队”“西北电网新能源消纳党员示范岗”授旗仪式。

5月26日，国网甘肃电力“电网企业数据治理及数据调度一体化解决方案”在第三届中国国际大数据产业博览会上，荣获“数据治理优秀实践”奖。

5月28日20：58，国网甘肃刘家峡水电厂3号机组A级检修及定子改造工程，提前36天顺利并网运行。

6月12日，《甘肃省人民政府、山东省人民政府联合推进陇东—山东特高压直流工程战略合作框架协议》签订。

6月22日，国网甘肃电力申报的“基于差异干制需求的温度自适应农用烘干装置”成果，在第十四届“海峡两岸职工创新成果展”获奖。

7月3日，根据国家电网党任〔2019〕77、136号文件，朱皑绿任职中共国网甘肃省电力公司委员会委员、国网甘肃省电力公司总会计师。免去张治强国网甘肃省电力公司总会计师职务。

8月8日，全国人大副委员长、九三学社中央主席武维华一行到刘家峡电厂，就“黄河上游水源涵养区国家公园建设”和“以草原生产力恢复促进草原生态修复”两个课题进行调研。

8月13日，国网甘肃综合能源服务有限公司试验检测中心正式成立。

8月28日，国网甘肃电力召开领导干部任免宣布大会。根据工作需要，赖祥生任董事、总经理、党委副书记。免去许子智董事、总经理、党委副书记职务。

9月24～25日，国网甘肃电力2019年纪委书记履职能力提升培训班在甘肃省张掖市高台、临泽县开展“红廉”融合实景教学。

11月5日，国网甘肃电力召开领导干部任免宣布大会。孙涛任董事、党委副书记、副总经理；张祥全任党委委员、副总经理。免去魏琦董事、党委副书记、副总经理；免去张祥全总工程师职务。

11月9日，在第二十三届全国发明展览会·一带一路暨金砖国家技能发展与技术创新大赛上，国网甘肃电力荣获发明创业奖金奖 5 项、银奖 6 项、铜奖 7 项，同时获得优秀展团奖。

11 月 11 日，甘肃省级计量生产自动化系统（四线一库一平台）通过实用化验收。

12 月 10 日，中国电科院信息通信测试与仿真中心甘肃分中心揭牌仪式在国网甘肃电科院举行。

12 月 11 日，国网甘肃电力成果“大规模风光电集群协调控制及安全防御关键技术与应用”“风火打捆能源基地交直流外送协调控制及安全防御系统研究与示范”“复杂环境下电力智能终端及其通信系统信息安全防护技术研究”“安小保一金属铠装柜一体化验电接地手车装置”“一种特高压直流输电线路绝缘子串辅助安全器具”5 项成果，在第一届中国安全生产协会举办的安全科技进步奖大会上荣获三等奖。

12 月 21 日，国网新能源云甘肃试点项目通过国网专家组预验收。

（孙 涛 张敬军 赵艳玲）

【国网青海省电力公司】

企业概况 国网青海省电力公司（简称国网青海电力）成立于 2002 年，是国家电网公司全额出资的有限责任公司，以建设运营电网为核心业务，承担着保障安全、经济、清洁、可持续的电力供应的基本使命，供电面积覆盖全省。注册资本 142.76 亿元，下属 20 个职能部门、8 家地市公司、10 家业务支撑单位，位列“青海企业 50 强”第二名。青海电网位于西北电网中西部，南北跨距 800km，东西跨距 1300km，是东接甘肃、西接新疆、南联西藏的交直流混联电网，是西北电网骨干网架的重要组成部分。电网覆盖西宁市、海东市以及海西、海南、海北、黄南、果洛、玉树 6 个民族自治州。

电网概况 青海电网是西北主网重要组成部分，通过 6 回 750kV 交流线路与西北主网相连，通过±400kV 直流线路与西藏电网相连，青海省内 750kV 东部电网形成拉西瓦—西宁—官亭三角环网，通过日月山—海西双回 750kV 线路向西延伸至鱼卡，南部 750kV 电网形成塔拉—日月山—西宁环网。330kV 东部电网以双环网为主，中西部以单环网和辐射为主，省内电网整体呈现“东密西疏”的特点，满足了青海地区经济负荷发展以及清洁能源汇集送出需求。

截至年底，青海电网总装机容量 3168.4 万 kW，增长率 13.18%。其中：水电装机容量为 1191.97 万 kW，占总装机容量的 37.62%；火电装机容量为 392.6 万 kW，占总装机容量的 12.40%；太阳能发电装机容量 1122 万 kW，占总装机容量的 35.42%；风电装机容量 461.8 万 kW，占总装机容量的 14.58%，新能源为省内第一大装机，占总装机容量 49.99%。全网最高用电负荷 940 万 kW，增长率 0.13%；全社会用电量 716.47 亿 kWh，比 2018 年下降 2.96%。

截至年底，青海电网 35kV 及以上线路 34 867km，变电站 409 座，变电容量 5804.75 万 kVA，其中：直流换流站 1 座，容量 60 万 kW，线路长度 608km；750kV 变电站 6 座，变电容量 2670 万 kVA，线路长度 3179km；330kV 变电站 38 座（含 4 座开关站），变电容量 2016 万 kVA、线路长度 7142km；110kV 变电站 164 座，变电容量 1214.6 万 kVA、线路长度 14 191km。35kV 变电站 205 座，变电容量 114.13 万 kVA，线路长度 9137km。

人力资源 劳动用工管理。截至年底，国网青海电力长期职工人数 8144 人。其中，研究生及以上学历 265 人，大学本科学历 5337 人，大学专科学历 1767 人，中等职业教育学历 509 人，高中及以下学历 266 人；高级职称 1143 人，中级职称 2196 人，初级职称 3766 人；高级技师 483 人，技师 1939 人，高级工 1860 人，中级工 820 人，初级工 310 人。人才当量密度达到 1.058，同比增长 0.21%。

领导班子和干部队伍建设。国家电网公司党组调整公司领导班子，沈同任国网青海省电力公司董事、董事长、党委书记，朱罡任国网青海省电力公司副总经理、党委委员，刘文泉任国网西宁供电公司总经理、党委副书记。选拔 9 名处级优秀年轻领导人员到艰苦边远地区、吃劲岗位“墩苗”“壮骨”。举办 1 期处级、3 期科级领导人员培训班，1 期青年领导人员、2 期青年骨干培训班。选派 2 名青年领导人员赴国家电网公司总部、分部培养锻炼、3 名青年领导人员和业务骨干赴直属单位培养锻炼、10 名青年领导人员赴国网山东电力实践锻炼。承接国家电网公司“两个 1000 优秀年轻领导人员队伍”建设战略，确立“411”优秀年轻领导人员队伍建设目标任务和实施路径，建立数量充足、质量过硬、充满活力的优秀年轻领导人员“储备库”。

修订印发《国网青海省电力公司本部部门负责人业绩考核实施细则》，修订印发《国网青海省电力公司基层企业负责人业绩考核实施细则》，制定印发《国网青海省电力公司关于印发优化全员绩效考核结果评定及应用指导意见的通知》。

收入分配管理。召开个人所得税专项扣除宣贯会议；修订《国网青海省电力公司岗位绩效工资制度实施细则》，优化内部薪酬分配机制，开展 2019 年度职工薪档积分统计、公示、确认及薪档晋升工作；修订《国网青海省电力公司工资总额管理实施细则》，强化工资总额与效益贡献、业绩考核的挂钩力度，市场化单位工资总额与效益直接挂钩；编制下达 2019 年度公司职工、省公司层面集体企业借工人员工资总额预控计划，组织基层企业编报市场化用工工资总额和人工成本总额预控计划；开展2019年度各级党员缴纳党费标准测算和2018年职工典型岗位收入调查工作。

电网建设与发展 完成固定资产投资135.33亿元，其中电网投资125.09亿元。开工110kV及以上线路2757km，变电容量745万kVA；投产110kV及以上线路1701km，变电容量136万kVA；售电量完成662亿kWh，同比下降3.27%，线损率完成3.7%。

完成青海2020—2022年主网架规划报告，通过国家电网公司总部、国网西北分部评审，将郭隆—武胜Ⅲ回750kV线路，果洛、玉树330kV主变压器扩建等重点工程纳入规划库；完成海西特高压外送通道专题研究，研究电源配比、电源组织方案、网架构建以及受端市场需求分析；研判“十四五”青海能源发展，完成青海省电力发展“十四五”规划（规划思路）。完成2019年度新能源并网规模和消纳情况的报告，完成330kV乌图美仁汇集站及海南330kV汇集站送出工程建设模式研究，完成2021—2022年新能源消纳预测研究，制定国网新能源云青海公司试点工作组织方案，“绿电指数”通过评审和发布。

配电网规划基础管理工作稳步提升。坚持基础数据库一问题库一项目库“三库联动”工作机制，解决问题的精准度有效提升，累计销号5600余项问题。推进国网“放管服”各项政策落地，县级规划主体责任下放至县，35kV及以下常规电网项目可研审批权限下放至地市。总结凝练形成《青海配电网网格化规划指导原则及操作手册》，按照网格化规划的要求编制西宁重点城市配电网规划。系统梳理“十三五”配电网规划网架执行情况，诊断网架落地中的问题，提出有效措施，实现民和城网、藏区9个联系薄弱县域电网补强等工程落地。

全力推动“三区两州”工程落地，研究制定“三区两州”电网建设工作方案，成立领导小组和工作小组，建立过程管控和协同推进机制；针对工程落地面临的外部制约问题，组织青海省政府相关厅局及州政府领导召开会议，研究制定推进措施，保障项目最终落地；提前化解审计风险，保护区内项目积极汇报能源主管部门，获准调出实施计划。落实国家提前一年完成新一轮农网改造升级任务要求，完成新一轮农网改造升级规划、可研工作，率先实现农村电网“一村一规”。服务乡村振兴战略，对接青海省乡村振兴战略规划、“百乡千村”示范工程行动方案，落实国家电网公司推动乡村电气化要求，打造坚固耐用农村电网、推动农村生活电气化、服务农村脱贫攻坚、助力乡村分布式新能源发展。

启动哇让抽水蓄能电站预可研前期工作，完成哇让抽水蓄能电站预可研招标工作，并与中标单位华东勘测设计院签订合同，制定抽水蓄能电站建设实施方案，启动前期工作。取得省发展改革委乌图美仁330kV汇集站及送出，托素变电站330kV送出及岭秀主变压器扩建等工程核准批复意见；鱼卡—托素750kV线路、同仁330kV输变电，巴音、果洛、玉树主变压器扩建等7项工程上报省发展改革委核准；取得与特高压直流同步建设的合乐750kV变电站扩建等8项工程环评、水保批复意见。协调三江源公园管理局下发“三区两州”改造项目施工准许进入保护区的批复意见。组织各地市公司完成“三区两州”项目用地预审、建设选址意见等前期支持性文件办理，确保项目实施。根据政府“多规合一”工作要求，组织各地市公司与省自然资源厅生态红线、省林草局保护地等多项正在编制的政府规划进行了对接，并组织召开电网规划对接会议，邀请省级自然资源、林草等部门专家对规划项目选址、选线提出意见和建议，完成红线范围内电网规划项目位置坐标勘测，确保电网规划项目尽可能避让自然保护区、一级林地、基本农田等敏感地区。

经营管理 全年完成售电量663.99亿kWh，营业收入299.05亿元，资产总额515.45亿元，实现利润−7.37亿元，蝉联2019年青海企业50强第二位。

开展第二监管周期输配电价核价工作，争取合理核定青海省输配电价；落实国家再次降低一般工商业目录电价的要求，合计降低一般工商业电价0.1412元/kWh；配合省能源局完成青海省藏区电力普遍服务调研报告并报送省政府，促请省能源局向国家发展改革委、财政部、国家能源局上报建立青海藏区电力普遍服务补偿机制的请示；会同省能源局前往甘肃、宁夏、内蒙古等省（区）开展电力特区调研，完成青海省低电价优势分析报告；促请省发展改革委调整优化青海省铁合金和清洁取暖电价政策，促进光伏消纳。

开展经营效益滚动测算，强化边界管控应用，合理确定2020年总控目标。实现跨区电网资产330、750、±660kV电压等级的标准与作业首次贯通，制定相应电压等级的跨区委托运行维护费标准。

加大混改力度，优化股权投资结构，完成绿能公司7800万元股权投资审批备案和产权登记；推进交易中心增资扩股进场交易事项，完成交易中心增资扩股2000万元并按规定办理国有产权登记；争取到国家电网总部第一批东西帮扶23.21亿元资金到位，缓解资金压力，压降资产负债率1.1个百分点。

严格工程投资预决算管控，强化投资预算质量源头审核，续建及新建项目总投资预算压降18.89亿元，压降比率8.03%。严格投资预算执行管控，年度投资预算较年度投资计划压降25.94%，年度投资预算执行率99.4%，清理51项长期挂账在建工程，清理金额1.15亿元，夯实有效资产，防范投资风险。完成1405项工程竣工决算审核及批复，涉及投资63.93亿元，批复竣工决算（含税）金额52.07亿元，节余12.78亿元，节余率19.99%。

安全生产 本质安全建设稳步推进。落实国家电网公司推进安全生产领域改革发展实施方案各项工作任务，策划开展公司“本质安全·三年提升”工作，明确133项重点工作任务，按计划有序实施。完成9130份安全责任清单编制、发布和公示工作。组织18个基层单位36名党政负责人开展安全述职，约谈安全履职不到位人员54人次。人人有责、层层负责、各负其责的安全责任体系日趋完善。保持反违章高压态势。全年查处各类违章1089人次，经济处罚237.5万元，对40家外包施工单位进行了安全黄牌警告，清退违章记分超限的单位14家，将19名施工负责人列入“黑名单”，以强有力的措施震慑不守规矩的人和事，保障现场人身安全。生产性单位及超过100人的县供电公司设置独立的安监机构，全面推行安全总监制度，安全监督力量得到强化。安全奖惩导向作用有效发挥。完善公司安全奖励制度，按年度工资总额的6%提取安全奖，全年兑现安全奖励6000余万元，其中用于表彰和奖励先进个人和单位的专项奖励2000余万元。

全年安排专项隐患排查42次，排查各类隐患857项，整改完成率99.53%，累计落实治理资金3286万元。对4项重大隐患挂牌督办，严格实行“两单一表”全过程管控，确保重大隐患百分之百消除。组织开展春、秋季安全大检查等各类专项活动12次，完成13家县公司安全性评价。“六查六防”专项行动排查问题2778项。电气火灾专项隐患排查覆盖全部383座变电站、2.4万台配电设备，排查问题1403项，完成柴达木换流站重大消防隐患整治。问题清单梳理扎实推进。以问题为导向，按照“四上四下”流程，全面排查梳理安全生产问题446项，整改432项，整改率96.86%。

应急机制日趋完善。完成地市和县公司级大面积停电应急演练36场，发布应急预警75次。完成西宁电网大面积停电事件联合应急演练及国网系统展播。定期开展基干队伍实训。完成31家县公司应急能力评估工作。全年开展迎峰度夏、地震、消防等各类演练50次，参加人数2778人次。抗灾抢险应对得力。完成日月山变电站750kV GIS刀闸气室故障、330kV官兰线76号塔、110kV园积Ⅰ回169～171号塔基础山体大面积滑坡等应急抢修任务，应对“4·12”冰冻和8、9月份海东、黄化地区强降雨导致的泥石流灾害。调配5360人次、安排电源车125台次、其他车辆1565台次，完成“两会”“环湖赛”“青洽会”“院士行”等123项重要保供电任务。

营销工作 增供扩销，完成报装接电518.84万kVA，同比增长59%，最高负荷945万kW。多措并举遏制售电量下滑，推动西部水电、盐湖海纳、百河铝业等17家企业恢复生产，完成售电量663.99亿kWh，同比下降2.98%。开拓售电市场，实施电能替代项目387个，替代电量28亿kWh，同比增长11.6%。以规划为引领，据实制定《青海三江源地区清洁供暖电能替代实施方案》，实现确村确户、精准实施；以实践为指导，开展三江源清洁蓄热供暖“绿色套餐”实践活动，验证了清洁能源与清洁取暖互助、互促、互利的发展路径，推动河南县、班玛县、玛多县、玛沁县115万m^2煤改电全覆盖工程落地实施；以民生为重点，打造环保要求最高、气候环境最恶劣、条件最艰苦、海拔最高的9所“清洁取暖进校园”示范样板工程，实施电热炕3000户，同比增加66.6%。以直接交易促进客户生产稳定，组织58户工业企业开展了电力直接交易，直接交易电量341.49亿kWh，减少客户用电成本17.3亿元。严格执行电费回收奖惩办法、“一户一策”等措施，实现电费足额回收。有序推进三供一业供电设施移交，实现移交小区户表职工到户7.7万户。

强化行业扶贫，克服时间紧、任务重等挑战，提前完成47.16万kW村级光伏扶贫电站“6.30”并网工程；推进“三区两州”电网建设，完成156个贫困村电网改造，央隆乡等5个离网供电乡实现大电网供电，解决了26个易地搬迁安置点用电问题，受到刘宁省长的高度评价，为贫困村脱贫摘帽和贫困群众“搬得进、稳得住、能致富”提供了可靠的电力保障。深化定点扶贫，以“输血”助“造血”，向玛多县捐赠10MW定点扶贫光伏电站；实施“扶贫济困·国网情深”消费扶贫，依托国家电网电商平台销售玛多县牛羊肉311万元；聚焦“两不愁三保障”突出问题，实施玛多县城二片区清洁供暖改造，改善供暖质量、降低供暖成本；开展“抗雪灾救急难”、教育、医疗扶贫，救助医疗负担过重贫困群众190人、贫困学生150名，培训“村两委”班子成员67人、技术人员20人，助力玛多率先在全州脱贫摘帽。连续三年荣获青海省委、省政府定点扶贫先进单位和“十三五”易地扶贫搬迁先进单位，3名员工被评为先进个人。

实施优化电力营商环境两年行动计划，推广小微企业“三零”和大中型企业“三省”办电服务，全面推广“互联网+”线上服务，降低接电成本，持续压降办电时限，办理用电业务平均时间压至40个工作日。配合价格主管部门清理转供电加价行为，确保国家“一般工商业平均电价再降低10%”执行到位，两次将一般工商业直供客户到户电价调整到位，平均下调14.12分/kWh，降幅24.7%，全年减少客户用电成本2.73亿元，清退临时接电费2.26亿元，有效降低客户用电成本。

承接国网首个藏汉双语版“网上国网”建设，并上线运营。完成优化营商环境、电子标签、清洁取暖电价变更、系统脱敏、电费省级直收等营销系统改造及功能完善。自主开发营配基础数据核查工具，运用信息化手段管控异动、横向提高跨专业系统间数据一致率、纵向提高系统与现场数据一致率、强化存量数据治理监督、督导增量数据再生管控；将无人机技术应用到低压台区数据采录中，实现跨界融合、化解增量数据采录难题，打通无人机平台和GIS等相关系统数据传输接口，实现一次飞行、全数据精准采录；基于全面感知基本单元状态的思路，瞄准感知难点、识别痛点，运用智能传感设备和大数据分析等前沿技术理论，实现了客户内部故障识别，持续深化HPLC变户关系识别功能应用，实现“变户、变箱、箱户”关系的精准识别和台区拓扑自动成图。

全年累计发生客户投诉1442起，同比压降46.33%，超出目标值26.33%；主观因素类投诉579件，同比压降48.16%，超出目标值20.16%；投诉属实性判断错误工单同比压降58.3%，超出目标值8.3%。

科技进步 完成科技研发投入0.62亿元。牵头承担的3个总部项目通过国家电网公司督导。年度授权专利98项，其中发明专利27项，申请海外专利1项，累计拥有专利699项，其中发明专利180项。制定行业标准1项、团体标准1项。获国家电网科技奖励1项，青海省科技奖励1项。“双创”示范基地建设通过国家发展改革委第三方评估检查，省级双创示范中心深入推进，4个双创项目入围国家电网公司双创典型经验。

推进重点领域科技创新，取得阶段成果。结合国家重点研发计划项目“多能源电力系统互补协调调度与控制”研究进展，召开项目中期自评会和指标体系研讨会，对项目指标体系和阶段研究成果进行全面检验和迭代优化。依托泛在电力物联网技术，推进青海省重大科技专项“多能源互补发电联合运行关键技术研究与示范”，国网总部科技项目“储能支撑新能源接入区域电网的稳定性控制技术研究”等项目攻关。国网总部项目“电力转型对能源转型的主动支撑研究”和“高海拔高干环境下沙尘对输电线路间隙外绝缘的影响研究”通过国家电网公司组织的中期评估和督导。“配网供电半径延伸和电能质量提升新技术”科研攻关相关成果被推荐与印尼能矿部代表团进行技术交流。

牵头承担1项行业标准《超高压磁控型可控并联电抗器运维检修规范》、1项团体标准《GIS管线及支架检查调整技术导则》均已完成编制和审查具备报审条件。

互联网与信息化 完成信息通信投资1.3317亿元，信息网络系统安全稳定运行。

打造新能源大数据平台助力绿色发展。夯实新能源大数据平台基础，接入新能源场站共200座，装机容量6110.23MW，获授牌成为青海省工业互联网示范平台、青海能源大数据中心，获评为全国四项能源数字化示范工程之一，入选国家电网公司最佳实践案例。实现了大数据应用服务从电力行业向工业全行业、全领域、全链条的拓展，建立了基于平台的技术创新、产品创新、模式创新、业态创新机制，并在2019年国际智能大会、物联网大会、工业互联网大会等国际会议发布。构建覆盖全省全部47.16万kW光伏扶贫电站的“三流合一”能源互联网。结合气象、负荷、新能源出力预测和电蓄能锅炉储热能力，有效降低采暖费用，实现“清洁能源进校园”，获得国家教育部高度认可。

参加国家网络安全专项演习，监测并阻断攻击41 883次，未发生被攻击成功事件，外网服务器挖矿病毒处置获评国家电网公司网络安全典型经验。参加省公安厅首届“青海HW2019”网络攻防演习，获得防守队伍第1名、攻击队伍第3名。加强网络安全红蓝队能力建设，赴现场支撑国网总部护网行动、新中国成立70周年信息安全保障、武汉第七届世界军人运动会信息安全保障工作并获表扬。

完成新中国成立70周年信息网络安全保障工作。组织开展信息网络安全培训，持续提升网络安全防护能力；完成职工技能竞赛信息运行及网络安全专业理论和实操竞赛，持续提升信息运行安全技能水平；制定新中国成立70周年信息网络安全保障工作方案，组织完成信息网络安全出血点、薄弱点、末梢点排查；强化保障期间的巡检与值守，监测发现并成功封禁高危IP地址10个，监测发现并成功阻断外网攻击944次，未发生信息安全事件。

优质服务 持续强化“党建+投诉管控”，认真开展自查自纠，深化内外部监督，全年累计发生客户投诉1442起，同比压降46.33%，超出目标值26.33%；主观因素类投诉579件，同比压降48.16%，超出目标值20.16%；投诉属实性判断错误工单同比压降58.3%，超出目标值8.3%。强化95598运营，优化工单回复要点，压减回单必填项153条，压减率为47.9%，减轻了基层一线服务人员的工作负担，服务管控取得新突破。建立省、地两级敏感客户标签库。选派业扩报装等方面专家，对国网客服中心青海片区客户专员进行现场培训，提升了工单派发质量和精准度。

承担国家电网公司藏语语音质检系统开发任务，采用“外延、内控”方式，借助人工智能技术，实现藏语话务受理、服务质效分析与评价，保障了藏区少数民族客户用电诉求的精准派单和快速响应，服务质量再上新台阶。完成95598非抢工单直派工作，初步建成“国网客服中心—供电服务指挥中心—低压综合服务网格”三级服务响应体系。

深化“互联网＋营销服务”，实施藏区普遍服务，完成国网首个藏汉双语版“网上国网”建设并上线运营。持续优化电力营商环境，推广小微企业“三零”和大中型企业“三省”办电服务，推广“互联网＋”线上服务，降低接电成本，持续压降办电时限，办理用电业务平均时间压至40个工作日。配合价格主管部门清理转供电加价行为，确保国家“一般工商业平均电价再降低10%”执行到位，两次将一般工商业直供客户到户电价调整到位，平均下调14.12分/kWh，降幅24.7%，全年减少客户用电成本2.73亿元，清退临时接电费2.26亿元。优化行政审批手续，联合省发展改革委、省公安厅、省自然资源厅等六个厅局单位共同出台《优化电力接入营商环境工作方案》（青发改营商〔2019〕496号），审批时间由20天压减至5～10天。8月27日，省发展改革委营商局授牌，青海省首批4个电力营商环境体验中心揭牌成立并对外开放，被政府作为优化营商环境示范工程。

党的建设和精神文明建设 政治建设始终在前。坚持以习近平新时代中国特色社会主义思想武装头脑，落实“两个一以贯之”要求，推进国家电网公司党组落实《中共中央关于加强党的政治建设的意见》30条具体措施落地，进一步增强“四个意识”、坚定“四个自信”、做到“两个维护”。落实国家电网公司党组党建工作部署，明确党委会、董事会会议、总经理办公会职责界面，发挥党建工作领导小组作用，统筹党建工作要求进章程、进专业部署、进一流示范企业创建项目，明确50项重点工作与20项要点，推进党的建设重点工作落实落地。

一体推进“学、调、查、改”，建立过程周控月评、理论水平测试、整改督办销号等工作机制，深入研究清洁能源发展、“三区两州”脱贫攻坚，上下联动解决发展瓶颈、服务短板，388个党组织、243名党员干部、4020名党员积极参与、真学真做，累计梳理检视、边学边查边改与调研问题2845条，解决1718条，第一批整改率77%。梳理专项整治整改措施总计181条，完成126条，第一批完成95%。

健全完善党建履责评价体系，制定党委及领导班子成员党建责任清单、意识形态责任清单、党支部书记工作清单，实施党建工作月度专业评价、党建联系点督导调研记实管理，建立党建责任清单24个，两级领导班子党建联系点300个，领导班子成员年内平均督导调研联点单位党建工作2次。两级党委（总支）组织322名党组织书记开展2018年度党建工作述职评议考核，评价“较好”以上党组织书记305名，占比95%。

制定党建引领安全生产、电网建设、营销服务3个指导性意见，明确党建＋本质安全、营商环境、投诉管控等具体内容，安全局面保持平稳，青海—河南特高压青海段建设始终保持领先，“绿电15日”成功实践，累计线上办电率93%，窗口投诉同比下降50%。组织共产党员服务队示范成果展示，常态化开展“四进”活动3479次，“电靓夏都”服务队成功注册商标。加强党建引领课题研究，组织实施24个“书记项目”和233个“一支部一载体”，形成艰苦地区党建优势作用发挥、党建引领安全生产、电网建设临时党支部标准化建设、大数据透视党建引领营商环境等实践案例，“党建引领评价提升工程”纳入公司创建世界一流示范企业重点突破项目。

主要事件

2月2日，省委书记、省人大常委会主任王建军，省委副书记、省长刘宁等领导在西宁供电公司城西供电服务大厅，看望慰问“电靓夏都”共产党员服务队队员，了解春节保电工作措施 。

2月11日，工信部发布《2018年工业互联网App优秀解决方案》公示名单，国网青海电力的“基于青海新能源大数据创新平台电站集中监控工业互联网App应用解决方案”成为89个优秀解决方案之一，是国家电网公司唯一入选项目。

2月14日，当日青海新能源发电量7178万kWh，创历史新高，新能源日发电量占比达37.7%，首次同时超过水电、火电，在全国各省中率先实现新能源日发电量占比最高。

2月19日，2018—2019年度第一批国家优质工程奖评审结果揭晓，塔拉750kV变电站工程喜获“国家优质工程奖”荣誉称号。

2月20日，青海—河南±800kV特高压直流输电线路工程青海段首基基础浇筑试点，标志世界首条清洁能源特高压输电线路青海段开始浇筑基础进入现场施工阶段。

3月22日，青海清洁能源发展研究所在西宁正式挂牌成立。并首次发布《青海清洁能源发展白皮书（2019）》。

4月1日，青海海南—河南±800kV特高压直流线路工程开工建设。

5月1日，国网青海电力按照《国家发展改革委关于电网企业增值税税率调整相应降低一般工商业电价的通知》等文件，分两次降低一般工商业电价工作要求，自5月1日起降低一般工商业电价，每千瓦时降低0.056 7元。

5月7日，青海电网新能源发电量达9163万kWh，首次突破9000万kWh，再创历史新高，同时净送出电量10 386万kWh，首次突破1亿kWh。

6月9日0时～23日24时，青海电网继“绿电7日”“绿电9日”之后再次改写世界纪录，完成360h“绿电15日”全清洁能源供电实践。

6月20日，青海省能源局确定国网青海省电力公司为贵南哇让抽水蓄能电站项目投资主体（业主）单位。

6月27日，国网青海电力与省扶贫局共同举办青海省村级光伏扶贫电站并网仪式，省委常委、副省长严金海出席并下达全省“十三五”第一批最后一座光伏扶贫电站并网发电命令，并接入新能源大数据平台，标志着全省47.16万kW村级光伏扶贫电站及配套电网建设任务全部完成，惠及1622个建档立卡贫困村68 086户贫困人口。

7月10日，格库电铁330kV供电工程竣工投产。

7月31日～8月1日，国家电网有限公司总经理、党组副书记辛保安赴青海省玛多县检查定点扶贫工作，并赴国网青海省电力公司调研，深入了解定点扶贫、供电服务、清洁能源供暖等方面情况 。

8月14日，第十八届全国质量奖组织及项目名单发布，国网青海省电力公司获得鼓励奖称号。

8月16日，国家电网有限公司党组研究决定，沈同任国网青海省电力公司董事长、党委书记，免去董天仁国网青海省电力公司董事长、党委书记职务。

8月29日，全国人大常委会副委员长、中华全国总工会主席王东明调研公司班组建设、员工创新等工作。全国总工会副主席、书记处书记江广平，青海省委常委、省总工会主席、全总兼职副主席马吉孝陪同调研。

9月17日，国家电网公司第一批东西帮扶基金向公司投资东西帮扶资金23.21亿元。

10月10日，经党委会研究决定，撤销北京办事处。

10月10日，国网青海电力第20次党委会审议通过了《关于青海电力交易中心有限公司增资扩股实施方案》，推进交易机构股份制改造。

11月15日，国网青海电力8家综合能源分公司挂牌成立，标志着综合能源服务管理全面升级，业务深入拓展，经营更加灵活，综合能源体系架构全部搭建完成。

12月31日，完成了10家单位30个家属区（其中供水6283户；供热5921户；物业6273户）资产移交工作，资产移交协议签订率100%，资产移交累计完成18 477户，资产移交完成率100%。

（韩廷海　薛晓军）

【国网宁夏电力有限公司】

企业概况　国网宁夏电力有限公司（简称国网宁夏电力）是国家电网公司全资子公司，是关系宁夏能源安全和经济社会发展的国有重要骨干企业。截至2019年底，供电面积6.64万km^2，服务人口694.6万人；用工总量13 462人，其中长期职工9004人、供电服务职工3217人、产业单位用工1118人、劳务派遣123人。

领导班子

董事长、党委书记：马士林

董事、总经理、党委副书记：衣立东

党委副书记、副总经理：张智民

副总经理、党委委员、工会主席：赵大光

副总经理、党委委员：姚鲁

党委委员、纪委书记：董安有

副总经理、党委委员：季宏亮

总会计师：金小伟

总工程师：贺文

组织机构　国网宁夏电力采用以行政区划设置各级供电公司和以专业化管理设置分公司（机构）相结合的组织模式。设置职能部门22个，下辖6个地市级供电公司、13个业务支撑单位、18个县级供电公司。

电网概况　宁夏电网是国家“西电东送”战略最早的重要送端，主网由750、330、220kV三个电压等级构成，通过4回750kV线路与西北电网连接；通过3回750kV线路与内蒙古伊克昭换流站相连；通过宁东—山东±660kV直流输电工程向山东送电，输电容量4000MW；通过宁东—浙江±800kV特高压直流输电工程向浙江送电，输电容量8000MW。截至年底，宁夏境内有5条特（超）高压输电线路，其中，宁夏作为送端的有2条，分别是宁东—山东±660kV直流输电工程、宁东—浙江±800kV特高压直流输电工程；接入宁夏电网的有1条，即上海庙—山东±800kV特高压直流输电工程；过境宁夏的有2条，分别是哈密—郑州±800kV特高压直流输电工程、昌吉—古泉±1100kV特高压直流输电工程。在发电设备方面，截至年底，宁夏电网统调总装机容量为49 379.264MW，人均发电装机容量7.6kW/人，位居全国首位。其中火电28 660.4MW，占比58.04%；水电422.3MW，占比0.85%；风电11 160.78MW，占比22.60%；光伏9135.784MW（含分布式光伏

694.188MW)，占比 18.51%，新能源总装机容量 20 296.564MW，占比 41.10%。在输变电设备方面，截至年底，宁夏电网统调 220kV 及以上变电站 92 座，容量 70 870MVA。其中 750kV 变电站 8 座，降压变压器 14 台，容量 27 000MVA；330kV 变电站 39 座（包括 330kV 用户变压器 16 座），降压变压器 86 台，容量 25 180MVA；220kV 变电站 45 座（包括 220kV 用户变压器 9 座），降压变压器 101 台，容量 18 690MVA。宁夏电网 220kV 及以上电压等级交流线路共计 286 条，其中 750kV 线路 37 条，330kV 线路 107 条，220kV 线路 142 条；直流线路 2 回，其中±660kV 银东直流 1 回，±800kV 灵绍直流 1 回。

电网建设与发展 完成固定资产投资 40.37 亿元，其中电网基建投资 29.65 亿元。制定宁夏电网“1236”发展战略（围绕“打造宁夏新一代坚强智能电网，建设具有全球竞争力的世界一流能源互联网企业”战略目标，实施“主网架强化升级、配电网高质量发展”两大行动，落实 2021、2025、2030 年三步走战略，实现“网架坚强、装备优良、智能互动、绿色开放、安全可控、优质高效”六个一流，为建设美丽新宁夏提供安全、可靠、清洁、优质的电力保障），完成 2020—2022 年电网滚动规划，围绕构建宁夏南部 750kV 环网等重大问题超前开展“十四五”规划研究。推进电网建设，750kV 青山、妙岭主变压器扩建等电网项目获得核准，平罗电厂送出等工程开工建设，太阳山主变压器扩建等工程建成投运。落地实施配电网发展行动计划，配电网优质设备采购率 35.83%；配电网“主动抢修”实现全覆盖，“自愈”配电网覆盖率 68%。全年，35kV 及以上新开工 44 项，线路 695.22km、变电容量 262.56 万 kVA，分别完成年度计划的 100%和 100%；累计投产 33 项，线路 406.12km，变电容 415.49 万 kVA，分别完成年度计划的 100%和 100%。六盘山 750kV 变电站工程获国家优质投资项目奖。银川城市能源互联网综合示范工程纳入银川互联网数字经济城市建设体系。落实乡村振兴战略，提前完成“十三五”新一轮农网改造升级任务，全区各行政县“两率一户”指标全部达标，比国务院要求的时间节点提前了半年。

经营管理 加强企业经营管理，持续提升发展质效。完成现金流按日排程推广和收付款省级集中试点，资金集中度 99%以上。创新构建省级智慧票据池，拓展票据回购式贴现业务。优化融资结构和时序，压降带息负债 2 亿元，减少融资成本 0.46 亿元。争取税收优惠政策，节约税款 2.41 亿元，年减少资金占用 1.5 亿元，有效缓解流动资金压力。开展民营企业逾期款项清理，全部欠款提前“清零”。落实国家降低一般工商业电价政策，完成降幅 10%的目标。配合开展第二监管周期输配电价成本监审工作。加强省管产业单位管理，组建产业管理公司。进一步规范“三重一大”决策管理，实现“三重一大”决策运行系统推广应用省市县全覆盖。推进“四个一流”本部和一流班组、一流乡镇供电所创建工作，7 个班组分获国家电网公司和宁夏回族自治区工人先锋号。配合地方政府推进增量配电改革，固原、石嘴山试点取得电力业务许可证，进入项目建设和市场化运营。研究制定宁夏电力现货市场建设方案，推动自备机组参与辅助服务市场。有序推进宁夏电力交易中心有限公司股份制改造，全年完成市场化交易电量 359.18 亿 kWh，占总售电量的 51.23%。推进“放管服”“三项制度”改革，持续激发企业内生动力。

安全生产 完成全员安全责任清单修订，开展“强基础、守规矩、固红线”反违章专项行动、“人人都是安全员”及产业单位“安全年”等活动。成立常建制省市县三级安全督查队伍，完成 4 家单位安全生产巡查。省市县三级安全管控中心全面启用，安全生产风险管控平台上线运行应急保障队伍正式纳入自治区应急救援力量体系。750kV 线路串抗投入运行，330kV 电网四分区运行，短路电流超标问题得到有效控制。建成 330kV 及以上输电通道可视化系统，完成 13 座 330kV GIS 变电站一键顺控和 37 座 35kV 变电站视频智能巡检系统试点建设任务。完成跨区直流年度综检及换流变压器套管等重大隐患治理。常态化开展带电作业，带电消除特（超）高压线路缺陷 23 次，切实保障电网安全运行。完成国家及自治区级“护网 2019”网络安全攻防专项演习，国网宁夏电力被公安部评为“2019 年网络安全管理优秀团队”，连续两年被自治区评为“网络安全等级保护先进单位”。完成庆祝新中国成立 70 周年和中阿博览会等重大供电保障任务。截至 2019 年底，宁夏电网长周期安全运行达 7151 天。

营销工作 开拓市场，开展电能替代工作，全年替代电量 22.37 亿 kWh，区内售电量 701.13 亿 kWh，同比增长 2.56%。持续拓展新兴业务，综合能源服务公司全年营业收入达 1.49 亿元，同比增长 124.4%。全面强化电费回收过程管控，当年电费回收率 100%。开展反窃查违专项行动，追缴电费及违约金 2033 万元。持续加大电力外送规模，全年宁夏电网累计外送电量 666.46 亿 kWh，同比增加 18.07%，突破 600 亿 kWh 大关。其中宁夏外送山东电量全年累计 232.68 亿 kWh；外送浙江电量全年累计 317.36 亿 kWh，同比增加 31.70%。通过昭沂直流送出宁夏电量 52.70 亿 kWh。截至 2019 年底，宁东—山东±660kV 直流示范输电工程、宁东—浙江±800kV 特高压直流输电工程自投运以来分别送电 2670.54 亿、1063.71 亿

kWh，相当于近2亿t煤炭就地转化。另外，现货交易电量6.68亿kWh，宁夏送上海电量14.71亿kWh，送青海电量5.59亿kWh，送华中、西南、陕西、甘肃电网电量21.73亿kWh。

科技与信息化 持续加强科技创新工作，深化重点领域技术攻关和示范应用。开展多直流与高比例新能源共存送端电网连锁故障防控实用化技术研究，提升电网运行控制水平。研制世界首台250kV母联快速真空断路器并挂网试运行，为有效解决短路电流超标问题提供更加经济有效的解决方案。开展台区智能融合终端技术试点，实现台区用电数据采集、配电变压器监测、分布式光伏数据采集等智能台区配电物联网技术应用。完成云平台和数据中台部署，推进电网资源业务中台迁移上云，其中新能源云平台在国家电网公司系统率先部署应用。科技创新成果丰硕，29项成果获得省部级奖励，其中2项分获宁夏回族自治区科技进步一、二等奖；1名职工荣获自治区“最美科技人”称号。科技成果指数同比提高1.9%，1项成果在央企熠星创新创意大赛中获奖，4项成果分别获得第26届全国企业管理现代化创新成果、国家创新成果二等奖及国家电网公司“管理创新示范工程”特等奖，39项成果获得自治区创新成果奖。1项成果首次获得国际质量管理小组大赛金奖，国网宁夏电力被评为全面质量管理40周年杰出推进单位。

优质服务 着力构建环节少、时间短、造价低、服务优的办电服务新模式，10kV及以上客户平均办电时长由59.4天压减至38.03天，低压小微企业由8.92天压减至4.2天，“获得电力”评价同比实现大幅提升。完成一般工商业电价平均再降10%的任务，降低客户用电成本在国务院第六次大督查中受到通报表扬。开展“进园区、访客户、讲政策、解难题”用电服务专项活动，“一户一策”优化用电方案。完成142个国企职工家属区供电设施接收改造及313个小区供电设施资产接收。持续改善客户用电体验，创建精品台区11 477台，电费远程充值成功率提升至99.07%。50余万客户通过网上营业厅实现了交费、电量电费信息实时查询，低压客户线上缴费率超过98%。建成公司级配网不停电作业实训基地，业扩工程不停电作业接火率达到89%。推广设备网格化运维抢修模式，落实“先复电、后抢修”措施，配网故障停电时户数同比下降15.80%，供电服务投诉同比下降61.13%。持续提升服务“最后一公里”能力，190个乡镇供电所全部达到“全能型”建设标准，101个供电所通过“一流乡镇供电所”验收。全年新增统调新能源装机容量1993.2MW，同比增长10.89%。消纳新能源电量298.02亿kWh，同比增长5.31%。新能源弃电量同比降低10.08%，弃电率2.53%、同比降低0.48个百分点。

党的建设和精神文明建设 聚焦主题主线，推进两批主题教育紧密衔接、真抓实做，推动习近平新时代中国特色社会主义思想往心里走、往深里走、往实里走，集中解决了一批思想作风、改革发展、为民服务等方面的突出问题，广大党员干部“四个意识”更加牢固，“四个自信”更加坚定，“两个维护”更加坚决，主题教育做法和成效获得中央第十二督导组充分肯定。发挥“大党建”机制作用，完成“旗帜领航·三年登高”创先争优年任务，党建基础工作不断加强。构建“四位一体”监督机制，推进10大重点领域监督取得实效。运用“四种形态”实施精准问责，通报违纪违法典型案例，形成有效震慑。配合国家电网公司完成中央巡视反馈意见整改，开展县公司提级巡察及优化营商环境专项巡察，实现18家县公司190个供电站巡察全覆盖。开展党员干部违规经商办企业等专项排查治理及“抓整改、除积弊、转作风、为人民”专项行动、“关联交易、靠企吃企”专项治理，整治漠视侵害群众利益问题，不断提升合规管理水平。队伍素质持续提升，1人评为全国“向上向善好青年”和第六届自治区道德模范，1人评为“中国好人”，2人评为塞上技能大师，14人分别入选自治区技术能手、青年拔尖人才培养工程及青年科技人才托举工程。深入开展庆祝新中国成立70周年系列活动，扎实做好信访保密、统战团青和离退休工作。

主要事件

1月29日，宁夏回族自治区政府专门下发文件，在全区范围内表彰国网宁夏电力有限公司等七家中央驻宁单位。

2月4日，自治区党委书记、人大常委会主任石泰峰一行来到国网宁夏电力，看望慰问了春节期间坚守一线岗位的公司员工。

3月10日，宁夏电网新能源发电电力达到1078万kW，首次超过宁夏全网用电负荷。

5月21日，750kV川州Ⅰ线串抗并入宁夏电网，标志着世界首台750kV电压等级的串联电抗器工程投运。

6月11日，国网宁夏电力有限公司党委专题部署主题教育实施方案，成立“不忘初心、牢记使命”主题教育领导小组及工作机构。

6月14日，由国务院国资委主办的2018年中央企业熠星创新创意大赛总结颁奖活动在北京举行，国网宁夏电力有限公司荣获大赛1项三等奖。

6月29日，西吉县偏城乡烂泥滩村光伏扶贫村级电站并网成功，至此，宁夏回族自治区“十三五”第一批光伏扶贫项目并网。

8月2日，国网宁夏电力有限公司实现连续长周期安全运行 7000 天。

11 月 12 日，宁夏电网年度光伏累计发电量首破 100 亿 kWh。

12 月 12 日，宁夏电网年度外送电量首次突破 600 亿 kWh，实现“内供”“外送”电量近 1∶1，等同再造一个宁夏售电市场。

（赵凤仪　李心易）

【国网新疆电力有限公司】

企业概况　国网新疆电力有限公司（简称国网新疆电力）是国家电网公司的全资企业，是以经营新疆电网为核心业务的国有企业。本部设 24 个职能部（室、中心），所属供电企业 14 家，业务支撑、实施和集体企业等单位 12 家。

领导班子

董事长、党委书记：谢永胜

董事、总经理、党委副书记：开赛江·阿不都如苏里

党委副书记、副总经理：徐建忠

副总经理：白伟、赵青山、张龙钦、阿斯卡尔·阿合买提、谢恒

副总经理、工会主席：钟永泰

纪委书记：党晓峰

总会计师：郭爱民

组织机构　本部设办公室（党委办公室）、发展策划部、党委组织部（人事董事部）、人力资源部（社保中心）、财务资产部、安全监察部、设备管理部、营销部（农电工作部）、建设部、配网管理部、科技互联网部、物资部（招投标管理中心）、审计部、监察部（纪委办公室）、党委党建部（思想政治工作部）、离退休工作部、经济法律部（体改办）、集体企业管理办公室、党委宣传部（对外联络部）、后勤工作部、电力调度控制中心、工会、公安保卫部（武装部）、企协分会等 24 个职能部（室、中心）。

电网概况　截至 2019 年底，国网新疆电力拥有 750kV 线路 35 条 5267.872km，变电站 14 座 3278.6 万 kVA；500kV 线路 9 条 281.661km；220kV 线路 504 条 21 813.964km，变电站 121 座 4045.6 万 kVA；110kV 线路 1029 条 25 015.098km，变电站 498 座 3607.48 万 kVA。统一调度的新疆电网已覆盖自治区全部 14 个地州（市）。

人力资源　完善企业负责人业绩考核管理制度体系。发布公司各层级 3545 个典型岗位基础任职条件，实现 1405 个班组长聘任制管理。落实领导干部担当作为 19 项措施，印发《领导人员管理实施细则》及 10 项配套制度，完善“1＋N”干部管理制度体系。核增科级职数 280 个，放宽一线岗位 3、5、8 年限要求。选拔青年骨干赴内地先进单位锻炼。编制执行各专业三年教育培训规划，全力推进岗位胜任能力评价和 MHK 考试。联合自治区总工会举办供电服务之星等 4 项技能大赛。

电网建设与发展　优化修编 2020—2022 年电网规划，主动承担自治区电力设施国土空间规划编制任务。莎车—和田Ⅱ回等 3 项 750kV 工程取得核准，哈密抽水蓄能电站、750kV 木垒输变电工程等 165 项工程开工建设。±1100kV 准东—皖南特高压直流输电工程建成投运，750kV 电网延伸至和田，形成“内供四环网、外送四通道”主网架格局。±800kV 天山换流站调相机等 152 项工程建成投产。提前一年实现新一轮农网改造升级，按期完成抵边村寨、边防部队年度供电建设任务。提前半年完成南疆四地州深度贫困地区电网建设任务，保障 153 个光伏扶贫电站并网，4 个光伏行政村通大网电工程按期投运。南疆四地州“煤改电”配套电网工程建设完成，满足了 31.6 万户居民冬季清洁取暖。服务自治区重点项目建设，成立省地两级服务自治区重点建设项目领导小组办公室，及时高效推进喀叶墨高速公路等重大项目的线路迁改及配套电力工程。750kV 伊犁—库车线路工程和准北变电站工程获得国家电网公司优质工程金奖，其中准北变电站工程荣获中国安装工程优质奖——中国安装之星。

经营管理　改革持续深化。促请自治区政府向国家发改委行文，争取第二轮输配电价合理成本监审结果。推动全疆电力市场建设，稳妥推进电力交易中心股份制改造，在中长期交易中全面施行“注册制”。试点七行业用户全电量入市，以及兵团第一、七师定向双边交易和第三师发电权替代交易。印发增量配电试点业务实施意见，配合做好第四、五批 7 个试点项目申报。成立了国网克拉玛依供电有限公司，兵团第八师石河子电网接入 220kV 主电网，与伊河建管局签订了战略合作框架协议。完成“两供一业”分离移交任务。成立省地两级配网管理部，完善管理制度和技术标准，牵头成立系统首家省级电力标准化委员会。深入推进“三项制度”改革，印发劳动合同管理实施细则，做好总部“放管服”事项承接，本部下放事权 110 项。积极推进基层减负，集中整治过度留痕、一人多终端、数据重复录入等突出问题，本部印发文件、会议和评比表彰数量分别压减 25%、55%、53%。落实为职工办实事 20 项措施，进一步提升服务职工能力。85%以上供电站实现“六小”功能，基本解决乡镇供电站无房、危房问题。做好中央巡视反馈问题整改，规范完成驻京办清理。

管理质效稳步提升。推进多维精益管理体系变革，深化“1233”新型资金管理体系建设，全面应用现金流“按日排程”，提前部署“省级集中”。推进成

本费用项目化管理，规范公司专项成本。完成353户高风险客户电费保全，构建合规重点风险库和底线清单，深化合规管理体系建设。加强往来账清理，实现民营企业账款“零拖欠”。完成工程结余、跨省调配等物资利库和处置废旧物资工作。扎实推进审计监督全覆盖，完成审计项目163项，促进增收节支。

安全生产 深刻吸取内外部安全事故教训，开展“三查三反”专项行动，整治形式主义、官僚主义突出问题449项。修订完善安全责任清单，严格监督奖惩，推动各级安全责任落地。试点开展安全巡查工作，加大“四不两直”监督检查和“违章随手拍”力度，落实分包队伍安全管理责任，提升安全作业和管控水平。加强电网设备运维，高效完成天山换流站极Ⅰ高端修复、年度综合检修等589项重大检修工作，完成18只GOE套管底座改造，排查整改各类问题8.65万项，220kV及以上输变电设备故障停运率同比下降46%，配电网跳闸率同比降低20%。平稳承接2座特高压换流站属地化运维。加强属地消防联动联防，改造排油充氮装置142台，有效提升变电站、换流站消防水平。积极应对负荷屡创新高、新能源高比例接入等挑战，优化电网运行方式，加强重要断面、通道的特巡特护，电网保持安全稳定运行。省级无人机航巡中心投入使用。参与“护网2019”网络安全专项演习，发现2项重大安全隐患。完成新中国成立70周年庆祝活动、第七次全国对口援疆工作会议等重大保电任务。

营销与优质服务 大力增供扩销，挂牌督办110kV及以上重点业扩送电项目30项346万kVA，结存容量压降67个百分点。推动自备电厂替代新能源电量51.49亿kWh。与14个省市签订196亿kWh援疆协议，持续扩大外送规模。治理高损、负损台区6292个，台区线损合格率同比提升11.72个百分点。主动服务污染防治攻坚战，通过科学调度、完善交易组织等措施，深挖疆内外消纳空间，新能源发电量538亿千瓦时，同比增长12.9%，新能源利用率87.6%，同比提升8.8个百分点。持续优化改善营商环境，推动自治区出台一系列支持政策，进一步精简环节、提高效率，高、低压客户平均接电时间分别压减至34.6个、10.7个工作日。落实国家一般工商业电价降低等要求，减少客户用电成本10.9亿元。和田3座220kV变电站加装SVG装置，有效提升和田地区供电保障能力。助力打赢脱贫攻坚战，深化产销对接，消费扶贫规模超过800万元。公司定点扶贫村225户873人全部实现脱贫。

科技与信息化 成立泛在电力物联网建设领导小组，建立省地两级科技互联网部，明确“两院一中心”支撑要求。落实国家电网公司建设大纲，制定泛在电力物联网三年规划和2019年建设方案。提前完成国网云和数据中台建设任务，“网上国网”上线运行，基建“e安全”推广应用，33个现代（智慧）供应链业务场景完成部署。积极推进国家电网公司试点项目建设，新能源云平台通过预验收，构建175个数字化审计模型。组建数据运营管理中心，制定管理实施细则，开展数据专项治理，促进数据融合共享应用。营配贯通、终端治理、实物ID、移动办公等工作取得明显成效。“电塔＋5G”杆塔共享，智慧小区、线路、变电站等“两网”融合技术应用实现突破。3项成果入选国家电网公司最佳案例，1项成果获得中国国际大数据产业博览会优秀产品奖。推动职工技术创新成果转化，12项成果得到推广应用。成功举办公司第五届青创赛，2项成果分获国网青创赛银奖、铜奖。88项创新成果荣获省部级及以上奖项，其中科技创新成果获自治区一等奖1项、国网三等奖3项；管理创新成果获全国二等奖、国网二等奖各1项。

党的建设和精神文明建设 “不忘初心、牢记使命”主题教育取得扎实成效。坚持把开展主题教育作为首要政治任务，高质量完成两批主题教育。各级党委坚持读原著学原文悟原理，深入开展革命传统、形势政策、先进典型和廉政警示教育，集中学习224次，专题研讨190次。各级领导班子成员赴基层调研322次，及时协调解决群众关心的实际问题和困难。各级党组织召开专题民主生活会和组织生活会，检视问题2149个。建立“1＋7＋4＋3”工作体系，开展10方面专项整治，扎实推进两批主题教育问题整改。

深入学习贯彻党的十九届四中全会精神，引导干部员工坚定制度自信，推动全会精神入脑入心、落地落实。全面完成创先争优年各项任务，以“党建＋”为路径，制定实施“三支队伍”九项行动计划，评定33个标准化建设标杆党支部，5个党支部荣获国家电网公司“电网先锋党支部”。整治违规表彰，消除无党员班所414个。从严从实整治党建形式主义问题，全面推进“抓整改、除积弊、转作风、为人民”专项行动，深入开展漠视侵害群众利益问题专项整治，不断转变党风作风行风。对4家供电单位开展优化营商环境、扶贫领域和作风问题等专项巡察，同步完成所属大型县供巡察工作。持续深化“三转”，规范纪检机构设置，完成13家单位纪委书记分工调整。深入宣传先进模范典型，12项重大主题在高端媒体传播，有力彰显央企形象。

主要事件

3月12日，南疆四地州煤改电（一期）配套电网暨全疆电网建设工程开复工大会在乌鲁木齐举行。自治区党委常委、自治区常务副主席张春林到会并讲话，国网新疆电力党委书记、董事长李明出席，国网新疆电力党委副书记、总经理开赛江主持开复工仪式。

3月12～15日，国网新疆电力开展了3·15供电服务宣传咨询活动。

3月28日，国网新疆电力物资质量检测中心建成启用。

6月24日，国网新疆电力建设的750kV莎车—和田输变电工程建成投运。5月12日、6月1日750kV巴楚—莎车、喀什—莎车输变电工程已先后建成投运，南疆750kV电网延伸补强工程全部竣工，巴楚—莎车—喀什750kV环网形成，南疆四地州电网连入新疆750kV主网架。

8月25日，新疆首个“共享杆塔”5G基站在乌鲁木齐市220kV满宫牵二线003号杆塔上建成使用。

9月10日，全疆首套“多表合一”一体化仿真实验平台建成投运，国网新疆电力所属国网新疆电科院完成供能信息“集中器”实验检测后在全疆各地试点安装。

11月7日，220kV石河子西变电站至丝路变电站Ⅰ回线送电，生产兵团石河子电网与新疆主电网220kV联网运行。

12月12日，全疆首个小区智慧电力物联网在乌鲁木齐市禧粤居小区试运行，全部393户与供电服务指挥平台实现联网，约2万个关键信息将被实时感知。

12月25日，国网新疆电力建设的南疆四地州深度贫困地区270项电网工程比计划提前6个月全部建成投入运行。

（旷路明）

【国网西藏电力有限公司】

企业概况 国网西藏电力有限公司（简称国网西藏电力）组建于2007年7月，由国家电网公司控股51%、西藏自治区人民政府持股49%，注册资本30亿元。下辖24个二级单位（7个供电公司、6个发电公司、11个业务单位）。经营相关发输配电业务；按照国家统一规划，合理有序开发西藏电力资源，投资或参与投资建设相关电源项目，促进国家规划电源基地开发和前期工作开发；制定并组织实施国网西藏电力发展规划和重大生产经营决策；开展电力建设项目前期工作和其他工作。截至2019年底，资产总额619.69亿元，当年完成售电量67.22亿kWh，同比增长12.66%；营业收入47.17亿元，同比增长11.66%；职工人数5133人（不含代管66家县公司3044人）。全区35kV及以上变电站444座，变电容量1817.3万kVA，线路长度2.5万km。

电网概况 截至2019年底，西藏自治区发电装机容量326.608万kW，其中水电装机容量169.775万kW（常规水电160.775万kW、抽水蓄能9万kW）、火电装机容量42.255万kW、太阳能光伏装机容量109.510万kW、地热机组装机容量4.318万kW、风电装机容量0.750万kW。藏中电网装机容量313.216万kW，新增13.93万kW（同比增长4.65%），其中水电装机容量增加9.93万kW、太阳能光伏装机容量增加4万kW。

西藏自治区全年发电量83.69亿kWh，全社会用电量77.60亿kWh。国网西藏电力管理机组发电量19.55亿kWh，同比增长13.05%。青藏联网送入电量10.20亿kWh，外送电量8.61亿kWh。川藏联网送入电量1.02亿kWh，外送电量8.70亿kWh。

人力资源 全口径用工5553人，同比增加228人；全口径人事费用率28.62%，同比降低1.18%；人才当量密度0.9161，同比提升0.0206；招聘高校毕业生659人。开展各级各类培训122项，712期，累计培训8.29万人天。缓解高端实训资源不足，外送技术技能骨干21期，81人·次插班培训。

电网建设与发展 推进阿里联网工程和“三区三州”农网改造升级工程建设，分别完成投资21.68亿元和62.47亿元，主电网新增覆盖尼玛、双湖2个县，主电网供电人口290万人，人口覆盖率85%；供电可靠率99.40%、综合电压合格率98.25%，户均配电变压器容量2.76kVA，基本达到“农村供电可靠率达到99.8%、综合电压合格率达到97.9%、户均配变容量不低于2kVA”的主要建设目标。统筹加快项目前期进度，聂拉木输变电工程、拉萨调相机项目前期支持性文件全部完成办理，具备可研批复条件；拉萨500kV输变电工程取得电规总院评估意见，启动川藏铁路西藏段施工供电工程项目前期工作，前期工作有序推进。全面启动“十四五”电网建设规划，完成青藏、川藏电气化铁路供电和金沙江上游水电开发外送方案研究，编制上报“十四五”边境地区电网基础设施建设规划项目清单，拉萨调相机等重大电网工程纳入国家规划。

经营管理 资产总额618.86亿元（同比增长0.13%），资产负债率28.54%（同比减少6.28%），营业总收入同比增长12.09%。全面完成公司业绩考核目标，经营管理成效明显。提前归还藏中及拉林铁路工程专项贷款31亿元；争取农电运维补贴资金1.39亿元；落实到位2019年农网升级改造工程中央资金36亿元、落实到位阿里联网工程中央资金9.2亿元；组织安排2019年农网升级改造项目银团贷款38亿元（已放款12亿元）、阿里和藏中电网联网工程银团贷款26亿元（已放款8.5亿元）。全面推进资金支付融合、现金流按日排程、营财一体化建设，完成集团账户体系方案设计，修订资金分级授权标准，完善资金收支业务标准流程，资金管理信息化、标准化水平显著提升。坚决贯彻落实国家和自治区关于工商业、居民电价降价10%的工作部署，配合自治区发展改革委完成电价调整工作。降价措施为全区工商业及居民用户年节约用能成本1.42亿元，工商业及居民电价综合降幅达到10.88%，其中：一般工商业电价降幅10.16%；居民电价降幅11.88%。因当年降价措施影响国网西藏电力售电收入减少0.71亿元（半年、含税）。落实自治区发改委输配电价改革工作安排，9月30日报出第一版定价成本监审资料。为进一步激发企业内生动力，提质增效，制定《国网西藏电力有限公司内部模拟市场方案》，协同发展出具《国网西藏电力有限公司综合计划与财务预算考核管理办法（试行）》，初步实现预算闭环管理。

安全生产 全面实施全员安全责任清单，层层压实安全生产责任。建立重要安全风险提示机制，确保安全风险管控落实到位。扎实开展防止电气误操作、安全工器具、特种设备、保障大电网安全、安全生产集中整治、“防风险、保平安、迎大庆”消防安全隐患排查治理、保障西南电网异步运行、化工等高危及重要客户供用电安全隐患排查等八个专项行动，深入排查各专业领域安全隐患，完成春检预试、柴拉直流年检、500kV藏中联网工程首检、迎峰度夏等安全生产重点工作，完成庆祝新中国成立70周年活动电力安全保障任务，确保安全生产形势平稳。部署落实庆祝新中国成立70周年活动电力安全保障工作，按照“各地保平安”的原则，组织召开动员部署会议，成立保电工作领导小组，制定印发“1+10”方案（1个总体方案和10个专业方案），设立10个工作组，细化制定具体工作措施，全面负责综合协调、电网运行方式安排、设备运维管理、供用电优质服务、基建施工管控、信访维稳保障、网络信息安全、保密工作、保电新闻宣传、安全保卫、后勤保障、交通消防安全管理、应急值班、安全督查等工作。强化安全费用投入保障，全年执行安全费用共计1636.831万元；严格执行安全奖惩机制，设立专项奖1097万元。建立健全各级安全监察队伍，系统20家发供电及支撑单位建立专/兼职安全监察队伍，安全监察人员共计124人（其中专职25人，兼职99人），全年累计督查72家单位，累计监察里程65050km，现场督查894人·次，发布安全监察周报20期，下发安全督办单11份，查出问题926项。深化安全隐患排查治理与风险管控双重预防机制，发布电网风险预警22次。强化应急机制建设和应急预案管理，组织协调相关部门完成公司新一轮应急预案修编、评审、发布、报备。落实迎峰度夏和汛期各项应急工作要求，组织开展应急值班。完成本部、检修公司、林芝公司、日喀则公司应急指挥中心建设改造，组织采购了高空救援装备、20kW发电机等应急装备。组织系统开展应急队伍拉练、各类应急演练等94次，其中大楼火灾（地震）应急逃生演练、无脚本大面积停电事件应急演练等工作首次开展，组织各类应急队伍参加公司、国网西南分部、省公司各类应急技能和应急基础知识培训人次达169人次。

营销工作 促请政府出台了煤改电优惠电价以及居民倒阶梯等优惠电价政策，持续提升电能占终端能源消费比例。推进工商业领域“煤改电”，对10t及以下煤锅炉进行改电工作，完成35户工商业煤改电工作，累计完成替代电量2.92亿kWh。完成25个充电桩建设项目，并接入“车联网”平台。组建西藏综合能源服务有限公司，因地制宜，量力而行开展业务，以点带面推进综合能源业务与服务不断延伸，累计签订项目合同额700多万元。推进漠视侵害群众利益问题整治，编印《国网西藏电力有限公司专项整治漠视侵害群众利益问题工作方案》。主动与地方政府对接，打破“代管”隔阂，发挥国网人才、技术、管理优势，指导县公司开展漠视侵害群众利益问题整治工作。落实自查自纠，针对频繁停电、低电压、供电可靠性及优质服务方面，自查问题252项，已整改182项，待整改70项，督导问题单位按周分解，并按照自查自纠及整改方案要求于12月完成整改。严格落实国家降价让利政策，降低了中部电网、阿里电网居民和工商业用电价格，惠及用电客户14万户。落实地市供电公司管理主体责任，加强对代管农电县供电公司标准电价执行指导，全区66个代管县农电公司中，55个县公司已落实政府电价政策。强化反窃查违专项治理，成立反窃查违虚拟专项检查组，累计查处窃电事件118起，追缴电量94.5万kWh，追缴电费及违约金316.68万元。

科技与信息化 加强科技创新工作，召开党委会专题部署科技创新工作，印发《关于落实国家电网有限公司进一步加强科技创新工作的实施方案》，明确八大项工作任务及责任分工，两级创新体系基本形成。荣获省部级科技奖9项，“青藏无电区大容量高适应性可再生能源供电技术及应用”项目荣获自治区科技一等奖，实现省级科技一等奖“零的突破”。申请专利46个，获得专利授权18个（其中发明专利2个）。落实科技创新奖励机制，营造良好创新氛围。开展2019年科学技术奖励评选工作以及第三届优秀论文评选活动，奖励科技创新、青年创新、专利项目共计53个，奖励金额共计23.73万元。命名第二批公司级实验室3个，组建由专业部门牵头，支撑单位落地的大电网、输变电、泛在电力物联网等3个技术方向攻关团队，荣获2019年自治区首届“玄盾杯”网络安全技能大赛一等奖，获得中国电力企业“4A级标准化良好行为企业”确认和CNAS实验室认证。

与中国电科院联合申报电磁环境方面的国家野外科学观测研究站。修订环水保管理办法等3个制度，明确职责、理顺工作。制订环水保年度验收计划，组织完成拉林铁路、老虎嘴变电站等7个重点工程竣工环保验收。按计划完成变电站噪声监测工作，督促完成1座变电站噪声治理、36座变电站噪声监测、8个变电站外排废水试点监测、6座变电站电磁环境监测。

优质服务 “95598”供电服务平台全年24h平稳运行，话务量、业务量分别达到15.56万件和11.13万件。规范服务行为，建立员工服务行为红线预警机制，严肃考核问责，服务类投诉同比下降42.48%，全年未发生重大服务事件。加强客户用电安全服务，排查重要用户隐患1700余条，指导整改1200余条，下发隐患整改通知书200余分。精心组织，落实措施，完成新中国成立70周年、西藏论坛、西藏民族改革开放60周年等重要任务供电保障等一系列重大活动和特殊敏感时期的供电保障任务，全年累计完成各类供电保障任务700余次。推进供电服务体系机制创新，首个供电服务中心国网拉萨供电公司城区供电服务中心挂牌成立，营配末端业务实现有效融合落地，对接客户更为便捷高效，服务质量、效率和客户感知明显提升，为全面推广提供了范例、积累了宝贵经验。

党的建设和精神文明建设 实施“旗帜领航·三年登高”计划，夯实基层基础，提升党建工作质效。高质量开展“不忘初心、牢记使命”主题教育，累计开展集中学习5000h，交流研讨944次，开展调研275次，发现问题1193项，整改完成893项，集中解决了一批影响公司和电网高质量发展、人民群众急难愁盼问题。印发各级党委和领导班子成员党建工作责任清单，更加明确党建工作责任界面。印发《基层党支部议事工作规则（试行）》等办法，推动党建工作规范化、标准化。评选表彰党建工作综合标杆、专业标杆，全面完成创先争优年各项工作任务。指导县公司全面完成党组织标准化建设，不断提升党建工作质效。强化理论学习，党员教育有效提升。印发并落实2019年党员教育培训工作计划。举办基层党组织书记、党支部书记等培训班6期；选派优秀党务人员4批200多人赴延安等地，开展红色革命教育，实现党员干部培训全覆盖。印发共产党员服务队量化服务管理标准，成立发电、支撑单位14家共产党员服务队。紧扣重点重大节日，举办西藏电力成就展、组织开展“不忘初心、歌唱祖国”歌咏比赛、蓝贵光摄影展等活动。在系统内开展新中国成立70周年歌咏比赛，荣获自治区三等奖。围绕“神圣国土守护者、幸福家园建设者”“四讲四爱”教育实践活动，持续开展马克思主义宗教观与新旧西藏对比教育、爱国主义和反分裂斗争教育。开展“国网楷模”“最美国网人”等推荐评选工作。举办“最美国网人”事迹报告会，并赴基层一线开展宣讲活动。层层举办党委书记讲企业文化、安全文化课和安全文化道德讲堂。举办统战工作知识讲座和统战调研工作。完成第五届青创赛，1个项目获国家电网有限公司铜奖。青年之家建成并举办三场“榜样对话青年”分享会。3个典型案例入选公司《卓越之星——企业文化系列丛书》，3个项目分获公司优秀成果二、三等奖和优秀案例。多措并举开展志愿服务活动，“国家电网西藏电力共产党员服务队”荣获自治区“四个20”最佳志愿服务项目表彰，1名员工荣获最佳志愿者称号。团青工作优秀课题获公司表彰。团委荣获“全国五四红旗团委”称号；1名员工荣获自治区第五届道德模范和全国道德模范提名奖。落实重要敏感节点和重大活动维稳值班带班工作，投入维稳值班力量达3700多人次。组织开展反恐安保应急演练22场次。多措并举开展综治和法制教育宣传工作23场次。驻村工作纪律廉洁风险管控纳入协同监督。系统全年保持和谐稳定态势。

脱贫攻坚 利用工程建设助力脱贫，优先吸纳当地农牧民参与工程建设，承担地材供应和物资、建材运输。“十三五”以来，累计使用当地人工123.59万人次，消纳当地砂石料等使用合格建材303万t，交通工具21.55万台次，带动当地农牧民增收10.48亿元。实行“三优、三降”政策及“定向+订单”培养模式，累计招聘高校毕业生2682人，其中西藏本地生源1463人，位列驻藏央企第一，得到自治区党委政府的高度肯定，并将国网西藏电力相关就业政策和培养模式在区内其他企业推广。在劳务派遣、业务外包中尽量使用当地用工，长期使用劳务派遣用工约300人，业务外包用工1600余人。开展消费扶贫，累计采购73.53万元贫困村特色农畜产品。落实自治区“强基础、惠民生”驻村工作部署，累计安排41个帮扶点派出21支驻村工作队，驻村第一书记9名、工作队员1222名，指导和帮助驻村点落实各项脱贫措施。筹措资金450万元，为驻村点实施通电工程、农牧业基础设施、扶贫光伏电站、牦牛养殖基地等项目。650多名科级及以上干部与驻村点贫困群众开展结对帮扶活动，累计为驻村点贫困群众捐款、捐物473.5万元，累计帮助41个帮扶点出列，带动近4383贫困群众脱贫。脱贫攻坚工作得到自治区党委政府的高度评价和社会各界的广泛赞誉，先后6次获得自治区强基惠民优秀组织奖。国网西藏电力农电工作部获得国务院扶贫开发领导小组颁发的全国脱贫攻坚组织创新奖。

（嘎玛旦增　井　然）

南 方 地 区

【国家能源局南方监管局】

基本情况 国家能源局南方监管局（简称南方能源监管局）于 2013 年 12 月 20 日挂牌成立，是国家能源局派驻南方区域的监管机构，依法履行对广东、广西、海南三省（区）电力等能源行业的监管和行政执法，以及电力安全监督管理职责。

领导班子

党组书记、局长：张建平（2019 年 12 月任职）、陈建长（2019 年 12 月离任）

党组成员、副局长：高玉樵、郑毅

二级巡视员：曾壮鹏

组织机构 内设机构有综合处、市场监管处、行业监管处、电力安全监管处、资质管理处、稽查处、监察室（机关党委），同时向广西壮族自治区、海南省分别派驻监管业务办公室。

主要工作

（1）抓实“放管服”改革。聚焦影响当前光伏发电行业发展中出现的普遍性、苗头性、倾向性问题，对光伏发电规划建设、并网、消纳和电价补贴等政策执行情况以及地方政府光伏发电领域“放管服”情况开展重点监管；跟踪三省（区）风电项目规划建设情况，重点梳理简政放权以来国家下达的年度核准计划在地方的执行情况，推动风电领域“放管服”各项措施落实到位；以推动清洁能源消纳目标任务和国家电力规划政策的落实，促进调度交易三公和有序，提高供电能力，切实保障人民群众安全用电、满意用电等为重点，开展 2019 年综合协同监管，进一步提高监管效能；制定 2019 年“获得电力”监管评价标准，覆盖广东省全境和广西、海南省 4 个主要城市共 25 个城市，强化“获得电力”满意度监管评价品牌，持续优化用电营商环境；建立 12398 投诉举报区域共性问题台账和漠视侵害群众利益 12398 专项台账，定期对账，逐项销号，推动供电企业快速解决人民群众反映强烈的用能问题；创新监管方式，全面推行“双随机、一公开”监管，为企业减负，完善以信用为基础的非现场、非接触监管。

（2）推进电力市场化改革。南方（以广东起步）电力现货市场率先开展结算试运行，5 月 15～16 日、6 月 20～23 日和 10 月 21～27 日分别开展按日和按周结算试运行，期间电力系统运行安全稳定、市场主体参与积极、市场出清价格合理、相关技术支持系统功能总体正常；编制形成《广西电力调峰辅助服务市场交易规则（模拟运行版）》《海南电力调峰辅助服务市场交易规则（模拟运行版）》并印发实施，实现三省（区）辅助服务市场全覆盖；按照“一企一策”的原则，2019 年对 16 家增量配电试点项目的项目业主核发电力业务许可证；服务地方电网企业改革融合，同步为改革后新成立的广西新电力投资集团有限责任公司核发供电业务许可证，确保该公司持续依法供电。

（3）强化电力市场监管。率先形成南方（以广东起步）电力现货市场配套监管实施办法及监管指引，为现货市场公平有序运行提供制度保障；出台海南电力中长期交易监管实施办法，实现辖区各省（区）电力中长期交易监管制度全覆盖；针对广东、广西、海南三省（区）清洁能源发电并网接入、调度运行、参与市场交易、信息披露、厂网电费结算及补贴发放等情况进行现场检查，发现 7 家电力企业及运营机构 12 个方面的问题，并督促全部完成整改；开展火电厂最小运行方式及机组最小技术出力核定工作，进一步挖掘电源侧调峰潜力；自 2019 年 1 月 1 日起，全面实施南方区域 2017 版“两个细则”，有效提升南方区域并网发电机组运行管理水平；按月对广东、广西、海南三省（区）发电及电网企业财务状况进行统计分析，剖析电力企业成本控制及可持续经营能力，加强电力市场价格成本动态监测。

（4）深化能源行业监管。重点加强新建煤电项目监管，对广东大唐雷州、京信东海岛、深圳能源河源二期和广西桂东电力燃煤自备电厂等项目开展现场检查，督促业主单位落实国家化解煤电过剩产能系列政策；针对局部地区部分时段电力供应偏紧等情况，配合地方政府做好应急调峰储备电源试运行等研究工作，研提下一步煤电投产计划和时序安排；开展广西 2019 年燃煤电厂超低排放和节能改造监管，压实企业主体责任，约谈改造进度滞后企业；持续做好重点工程项目监管，按月监测乌东德直流输电工程、闽粤联网工程建设情况，现场督查乌东德直流输电工程广东、广西、云南三地换流站和线路施工情况。

（5）加大电力安全监管力度。坚持“抽查、责令整改、回头看”闭环监管，完成 12 个在建电力工程现场督查，电力施工现场安全监管专项中，约谈企业 1 次，发监管意见书 1 份，监管整改通知书 8 份，立案调查 7 件；与云南、贵州监管办建立了南方区域电力安全监管协同工作机制，共同防范跨省跨区大面积停电风险；累计化解或降低 5 项重大电力安全风险；联合南方电网召开南方区域首次涉网电力监控系统网络安全专题电视电话会议；在公安部组织的“护网 2019”网络安全攻防演习中，南方区域参演骨干电力企业电力监控系统实现了“生产运行系统不下线，目标系统不被拿下，安全边界不被突破，电力监控系统零失分”的目标；完成国庆 70 周年、澳门回归 20 周年、博鳌亚洲论坛年会保供电等一系列重大活动供电保障工作；在“迎峰度夏”期间，南方区域电力系统成功防范或降低了 8 类共 12 项二级以上电网安全风险（含云南、贵州）；组织开展水电大坝安全隐患排查，持续跟进广西洞巴水电大坝渗漏等隐患，通过“回头看”和加强整治督导，2019 年辖区大坝保持“零”病坝险坝；组织全国首次跨省联动、厂网联动区域性大面积停电事件应急演练，评估专家组对演练总体评价为优秀等级。

（6）严格行政稽查执法。完善行政执法工作制度，全面推行“行政执法公示制度执法全过程记录制度重大执法决定法制审核制度”；集中力量查处重大违法违规行为，2019 年共召开行政处罚委员会会议 10 次，作出行政处罚 31 起，罚款 355 万元，监管约谈企业 18 家（次），发布监管公告 2 份，下发监管整改通知书 74 份、安全类监管通报 4 份，向地方政府部门发出监管建议书 3 份，向其他能源监管机构发出监管建议书 2 份，移送国家能源局处理 2 件，移送地方政府部门处理 1 起，发出撤销许可决定书 11 份。

（洪志鹃）

【国家能源局云南监管办公室】

基本情况 2013 年 10 月 31 日，中央编办印发了《中央编办关于国家能源局派出机构设置的通知》（中央编办发〔2013〕130 号）。国家能源局在云南省设立监管办公室，名称为国家能源局云南监管办公室（简称云南能源监管办），为国家能源局派驻云南省的正厅级行政机构。

主要职能：在所辖区域内，监管电力市场运行，规范电力市场秩序；监管电网和油气管网设施的公平开放；监管电力调度交易，监督电力普遍服务政策的实施；承担电力等能源行政执法工作，依法查处有关违法违规行为，监督检查有关电价；承担除核安全外的电力运行安全、电力建设工程施工安全、工程质量安全的监督管理以及电力应急和可靠性管理，依法组织或参与电力生产安全事故调查处理；实施电力业务许可以及依法设定的其他行政许可；承办法律法规授权以及国家能源局交办的其他事项。

组织机构 内设综合处、市场监管处、行业监管处、电力安全监管处、资质管理处、稽查处等六处室。

领导班子

党组书记、监管专员：周光灿

党组成员、监管副专员：高进

党组成员、行业监管处处长：杨新红

主要工作

（1）总体形势。2019 年云南电源装机容量（含向家坝）9421.5 万 kW，其中：水电 6774.9 万 kW，火电 1400.3 万 kW，风电 895.2 万 kW，太阳能 351.2 万 kW，水电为主的清洁能源装机占比 85.1%，清洁能源发电量占比 92.8%。云南“西电东送”电量（含溪洛渡）1451.7 亿 kWh，同比增长 5.2%。全省纳入统计天然气总利用量 12.89 亿 m^3，同比增长 23.98%；中缅天然气管道下载供应量 10.35 亿 m^3，同比增长 17.52%，供需总体保持平衡。

（2）电力安全监管。2019 年云南电力安全生产形势继续保持平稳，全年发生 3 起电力安全生产一般人身伤亡事故，死亡 3 人，没有发生较大及以上人身伤亡事故，没有发生水电站大坝和灰坝的漫坝垮坝溃坝事故，没有发生对社会造成重大影响的事故。消除云南电网 2019 年存在的 1 项一级、8 项二级电网安全风险，天花板水电站库区左岸变形体Ⅱ级重大隐患降低为一般隐患，实现世界在建最大水电站白鹤滩水电站事故起数和死亡人数双零目标。会同云南省能源局联合编制云南省庆祝新中国成立 70 周年保电方案，对各地州市发展改革委（能源局）、电力企业及重要用户开展保电检查，圆满完成庆祝新中国成立 70 周年重大活动的电力安全保障供应任务。针对云南电网有限责任公司“2·1”“8·1”一般人身伤亡事故、大唐云南发电有限公司“11·19”一般人身伤亡事故（2018 年）、达开水电站大坝安全注册降级、革香河公司未按要求完成应急能力建设评估工作，对云南电网有限责任公司、大唐云南发电有限公司、曲靖晋源实业有限公司进行电力安全监管约谈。

（3）电力市场监管。开展云南火电厂最小技术出力及供热机组最小运行方式核定工作。启动调频辅助服务市场建设、电力现货市场建设，云南省 58%的电量通过市场化交易形成，位居全国前列。分两批降低一般工商业目录电价 0.133 元，云南一般工商业降价幅度 22%、降低工商业用户成本 26 亿元。“云南省多措并举有效降低企业用电成本”位列国务院第六次大督查通报表扬的 32 项典型经验之一。年度弃风率和弃光率保持在 0.5%以下，水能利用率 99%以上。

（4）资质许可。2019 年，云南省辖区内持有承装（修、试）电力设施许可证企业 394 家，持有电力业务许可证（发电类）企业 1266 家，持有电力业务许可证（供电类）企业 118 家，持有电力业务许可证（输电类）企业 1 家。开展承装（修、试）电力设施企业自查和综合性评价工作，约谈 2019 年度自查不合格承装（修、试）电力设施企业，下发 20 份整改通知书。开展云南增量配电业务试点项目进展情况专题调研，向云南滇中新区配售电有限公司、曲靖富盛能源有限公司颁发云南省第四、第五张增量配电业务许可证（供电类）。

（5）能源普遍服务监管。开展漠视侵害群众利益专项整治，推进用户“获得电力”优质服务情况和 12398 热线投诉举报共性问题专项监管，云南低压居民平均接电时长 2.1 天，低压非居民接电平均时长 2.9 天，高压单电源接电平均时长 35.86 天。累计通报“12398”能源监管热线处理情况 12 期，12398 热线累计接收有效信息 2474 件，其中投诉类 187 件占比 7.56%，咨询类 1968 件占比 79.55%，其他类 319 件占比 12.89%。全年查处违法违规案件 4 起，行政处罚金额 39 万元。推进油气管网设施公平开放监管，供暖季民生用气应保尽保，未出现短供断供等异常情况。

（6）脱贫攻坚。开展云南省能源扶贫政策落实情况、云南普洱能源基础设施建设情况、云南藏区能源发展专题调研等 3 次脱贫攻坚调研，督促电网企业落实农网升级改造和“获得电力”优质服务工作要求，改善贫困地区用能条件，2019 年云南省农村电网供电可靠率 99.803%，综合电压合格率 99.11%，户均配电变压器容量 2.18kVA，提前完成“十三五”期间新一轮农网改造升级任务；参与国家能源局定点扶贫工作，超额完成 2019 年度消费扶贫和捐资助学任务，助力甘肃通渭、清水等地脱贫攻坚。

（7）党建工作。召开年度党的建设暨党风廉政建设工作会议，安排部署 5 方面 13 项重点工作并推进落实。召开 34 次党组（扩大）会议、19 次中心组集中学习，传达学习党中央国务院、国家能源局党组重要精神，研究安排云南办全面从严治党各项工作。3 名党组成员认真过好“双重组织生活”，累计参加支部活动 94 人次。开展“不忘初心、牢记使命”主题教育，分 13 个专题开展 13 次、172 人次集中学习，广泛征求 23 家能源企业意见建议，检视发现 5 方面 17 个问题，党组细化制定 31 条整改措施，25 项措施已完成，另外 6 项措施持续推进并长期坚持。

开展 4 次“切实加强党的政治建设”专题学习，对照中央和国家机关工委重点督查发现的 6 个方面问题整改清单和国家能源局开展党的政治建设自查问题整改清单，查找存在问题 11 项，制定整改措施 17 条并完成整改。

制定 2019 年中心组学习计划，安排 10 方面专题学习，开展 19 次中心组集中学习，开展 47 次覆盖全体干部的集中学习和 8 期微党课微讲堂，开展 11 个系列专题教育、主题党日活动，为 16 名党员过好政治生日。

开展中央巡视反馈问题自查整改，对照 4 个方面 14 项巡视重点内容，对全办各项工作开展对照梳理。自觉对照中央巡视反馈意见认领 5 项整改任务。开展努尔·白克力严重违纪违法案件专题廉政警示教育，开展 3 次专题学习，新修订内部规章制度 9 个、废止 2 个。组织召开专题民主生活会、专题组织生活会，深入剖析 5 方面问题，制定整改措施 16 项。设立党风廉政举报箱和电力安全生产举报箱，网上公布举报电话举报邮箱，主动接受社会监督。

（成鹏昆）

【国家能源局贵州监管办】

基本情况 国家能源局贵州监管办公室（简称贵州能源监管办）是国家能源局在贵州设立的派出机构。2013 年 11 月 21 日单位名称由国家电力监管委员会贵州省电力监管专员办公室变更为国家能源局贵州监管办公室。

主要职责：监管电力市场运行，规范电力市场秩序；监管电网和油气管网设施的公平开放；监管电力调度交易，监督电力普遍服务政策的实施；负责电力等能源行政执法工作，依法查处有关违法违规行为，监督检查有关电价；负责除核安全外的电力运行安全、电力建设工程施工安全、工程质量安全的监督管理以及电力应急和可靠性管理，依法组织或参与电力事故调查处理；负责组织实施电力业务许可以及依法设定的其他行政许可；负责法律法规授权以及国家能源局下达或交办的有关事项监管。

领导班子

党组书记、专员：潘军

党组成员、副专员：沈军

党组成员：陶少刚

组织机构 内设综合处、市场监管处、行业监管处、电力安全监管处、资质管理处、稽查处六个职能处室。

主要工作

（1）电力安全监管。2019 年，贵州电力安全生产形势稳中向好，未发生较大以上电力人身伤亡事故，未发生电力安全事故，未发生电力系统水电站垮坝漫坝和水淹厂房事故。一般人身伤亡事故起数（1 起）和死亡人数（1 人）均同比下降 50%。贵州能源监管办履行电力安全监管职责，通过召开安全生产工作会议、开展安全督查等形式，督促电力企业落实安全生产主体责任，及时化解安全风险，确保贵州电力安全生产形势平稳向好。全年共召开各类电力安全生产工作会议8次，开展安全督查20余次，约谈电力企业4次，督促企业处理相关责任人47人。发挥省安委会、大面积停电事件应急指挥部办公室等平台作用，形成齐抓共管的局面。强化双重预防机制建设，贵州电力系统无重大安全隐患，一般安全隐患得到有效治理。做好电力运行安全、电力建设工程施工安全、水电站大坝安全、电力应急和可靠性管理等工作，完成庆祝中华人民共和国成立70周年等重大保电任务。利用现场督查和非现场监管手段，督促企业落实各项防汛措施。加强与省防汛办等部门的沟通联系，提前向电力企业发送预警信息，成功应对多次强降雨过程，贵州43座大中型水电站大坝安全运行，电力行业实现安全度汛。围绕“防风险、除隐患、遏事故”主题，做好电力行业“安全生产月”活动，通过座谈会、现场督查等多种形式，督促企业做好隐患排查、风险管控、施工安全、危化品综合治理、电气火灾防治等工作。

(2) 电力市场监管。通过推动贵州电力体制改革和开展电力调度监管、电力价格和成本监管、电力市场交易监管、清洁能源消纳监管等工作，规范了市场行为和市场秩序，促进了贵州电力工业健康可持续发展。在牵头制定印发电力体制改革综合试点省份首个市场交易规则的基础上对规则进行了修订，执行国家电力中长期交易基本规则有关要求，规范推进贵州电力市场建设，结合实际推动贵州建立了合同电量调整、偏差电量处理、电煤价格与重点产品价格联动、云贵水火置换交易等交易机制。2019年贵州累计完成市场化交易电量530.43亿kWh，同比增长12.85%，降低用户用电成本40.3亿元。开展清洁能源消纳重点专项监管，解决个别地区送出通道与电源点建设不同步、可再生能源补贴滞后等清洁能源消纳中面临的突出问题，深挖火电机组调峰能力，贵州22座火电厂65台机组增加调峰能力约120万kW。2019年，贵州清洁能源消纳未出现人为原因造成的弃水、弃风、弃光情况。研究讨论厂网双方关注的热点、难点问题，发挥厂网交流沟通平台作用，构建厂网和谐关系。利用电力监管信息统计系统数据、电力行协月度统计数据、电煤日报和调度日报等非现场监管手段，做到监管工作“心中有数”。开展电力价格与成本信息专项监管，配合开展贵州省级电网第二监管周期输配电定价成本监审工作。定期向上级部门报送能源供需形势分析报告，为政府决策提供参考。深化“两个细则”管理，开展调峰、黑启动辅助服务市场化建设有关工作，推动并网发电机组更加安全、经济、优质、高效运行。

(3) 行业监管。探索煤炭、油、气等能源行业监管方式，加强能源规划实施情况监管，做好能源行业化解过剩产能监管。做好能源项目优选监管，加强能源规划、政策落实情况监管，确保能源项目投资开发规范有序，防止能源项目违规建设。配合做好贵州煤炭行业淘汰落后产能、兼并重组、释放先进产能等工作，推进煤电机组超低排放改造和节能改造，督促7家火电厂完成煤电机组超低排放改造和节能改造任务。落实新一轮农网改造升级要求，跟踪掌握农网规划年度计划执行情况，会同省发展改革委开展农村电网改造升级大排查，建成5个小康电示范县，完成2760个深度贫困村电网改造升级，保障929个易地扶贫搬迁安置点用电，惠及177.4万人。全年农网升级改造投资21.09亿元，农网供电可靠率、综合电压合格率和户均配电变压器容量提前1年达到国家标准。配合参与油气体制改革相关工作，统计贵州天然气用气情况，督促燃气企业落实保障民生用气主体责任，确保天然气长期稳定供应。配合省有关部门做好小水电建设清理和处置工作，对15家大坝存在隐患的小水电站实施解网。

(4) 电力稽查和供电监管。处理投诉举报事项，调解电力争议纠纷，着力解决一些反映强烈、群众期待的突出问题，切实维护了电力消费者的合法权益。接到12398热线有效信息3310件，办结工单884件，其中投诉事项224件、举报事项1件，实现了受理率、回复率、办结率“三个百分之百”。开展投诉举报共性问题重点专项监管，针对部分地区频繁停电、抢修不及时、低电压等共性问题，约谈贵州供电企业主要负责人，督促企业改进服务，责成供电企业对有关责任人进行考核。全年治理低电压台区30 938个，整治高故障10kV线路724条。会同省能源局开展专项整治漠视侵害群众利益问题工作和现场督查，督促电网企业落实专项整治工作要求。开展用户“获得电力”优质服务情况重点专项监管，推动优化用电营商环境措施落实落地，全面推行“三零”服务，全年降低企业接电成本约6.2亿元，低压小微企业办电时间压缩至30个工作日以内。

(5) 电力业务许可监管。落实“放管服”改革要求，实现行政许可规范化、流程化、标准化，推行阳光许可。2019年新颁发电力业务许可证21家，承装(修、试)电力设施许可证55家，许可事项变更14家，许可延续42家。开展能源行业信用体系建设工作，召开宣贯会议，推动事前信用承诺、事中分类信用监管、事后守信联合激励和失信联合惩戒制度落实，贵州共有5家电力企业退出失信联合惩戒黑名单。推进资质许可“放管服”改革，落实“双随机、一公开”要求，让“数据多跑路，企业少跑腿”，采取“互联网+”非现场核查方式，通过视频连线核查了46家新申请承装（修、试）电力设施企业。严格市场准入，加强事中事后监管，年度企业自查106家，注销许可19家，许可降级2家。

【广东电网有限责任公司】

企业概况 广东电网有限责任公司（简称广东电网公司）是中国南方电网有限责任公司的全资子公司，前身为广东省广电集团有限公司，2005年3月更名为广东电网公司，2014年6月更名为广东电网有限责任公司。2012年1月1日，下辖的广州、深圳供电局分立，由南方电网公司直管。注册资金429亿9750万元。2019年11月，广州供电局改为广东电网公司的直属机构。

广东电网有限责任公司是统一管理广东电网（深圳市的电网和业务除外）的企业法人。共有员工9.725万人，供电客户数3614.38万户。

广东电网以珠江三角洲地区500kV主干环网为中心，向东西两翼及粤北延伸。通过“八交九直”高压输电线路与中西部电网联网；通过2回500kV海底电缆与海南电网相联；通过4回400kV线路与香港中华电力系统联网；通过6回220kV线路和4回110kV线路向澳门地区供电。截至2019年底，已累计对澳供电502.94亿kWh，2019年全年对澳供电49.76亿kWh，占澳门用电量的83.48%。截至2019年12月31日，共投产35kV及以上输电线路85 175km（含电缆），变电站2553座，主变压器5683台，变电容量49 122万kVA。2019年广东全省全社会用电量6695.85亿kWh，同比增长5.89%。

2019年，广东电网实现连续安全稳定运行24年，未发生二级及以上电力生产安全事件，电力生产安全事件数量同比下降55%。全年完成购电量5854.6亿kWh，增长6.2%；售电量5662.7亿kWh，增长6.1%。全年实现营业收入3143亿元，增长6.4%；实现利润52.07亿元，EVA－17.96亿元；全员劳动生产率66.46万元/人年。期末资产总额2999亿元，增长4.3%；资产负债率54.74%；净资产收益率2.55%。完成固定资产投资457.2亿元。固定资产报废净值率8.14%。有效资产总额2192.9亿元，增加了68亿元。累计有效专利拥有数1.05万件。当年电费回收率99.985%。线损率4.41%。客户平均停电时间6.2h/户。第三方客户满意度86分。连续11年获广东省地方政府公共服务公众评价调查第一名。

领导班子

党委书记、董事长：廖建平

党委委员、董事、副总经理：马辉

党委委员、董事、副总经理、总会计师：莫锦和

党委委员、董事、纪委书记：李欢

董事、副总经理、总法律顾问：贺金生

董事、副总经理：陈晔、李铭钧

组织机构 本部设办公室等19个职能部门，直接管理全省20个地市供电局，以及电力调度控制、电网规划、信息、通信、基建、物资、科研、教育培训、综合能源等多家中心机构和直属单位。

电网发展

（1）电网规划。制定广东电网公司《发展规划编制工作方案》，明确了发展规划编制的年限、“1+3+10”体系框架、职责分工、编制内容及工作推进计划。完成广东目标网架深化研究工作，多维度、全方位进行技术经济论证，“基于500kV湾区外环的柔性直流互联”的推荐方案获得上级及政府部门支持，编制完成广东电网目标网架建设推进工作方案，明确了“十四五”初期主网架规划建设时序。编制广东电网2019年电网现状及规划指标手册，开展规划关键指标管控分析，优化投资决策模式，修订配电网规划技术指导原则，提升了投资效益和精准性。启动“十四五”配电网（农网）规划。

完成《广东省大规模海上风电输电规划研究》，配合广东省能源局印发《广东省海上风电配套输电工程布局方案》（征求意见稿），全年完成海上风电接入系统批复约20项，促进广东海上风电有序发展。成立粤港澳大湾区建设推进办公室，完成大湾区中长期电力发展规划，明确粤港澳大湾区智能电网建设实施方案，出台全面服务大湾区建设行动计划，确定5大方面21项重点举措，对澳门供电累计突破500亿kWh。根据广东省委省政府空间规划工作部署，编制完成广东省电网专项规划工作方案，启动规划变电站建设用地、输电线路走廊预控工作，为长效解决电网项目落地难等问题奠定了基础。推进智能电网示范区规划建设，完善智能配电网标准建设。按时完成500kV博贺电厂送出、韶关北输变电工程等重点项目前期工作，组织完成闽粤联网工程、梅蓄接入系统工程等六项工程可研评审。启动南通道直流背靠背工程等目标网架重点工程前期工作，完成系统方案论证工作。

（2）电网建设。加快珠海横琴自贸区、佛山金融高新区、东莞松山湖等智能电网示范区建设。在韶关乳源、云浮新兴等地探索出农村、山区、海岛智能电网差异化建设模式。珠海智慧能源示范项目通过国家能源局验收。总结示范区建设经验，编制智能配电网典型设计方案，为后续智能配电网的全面建设树立标准。

推进人工智能与基建业务深度融合，编制《广东电网智慧工地推广应用方案》，在基建现场应用视频

动态监控、人脸识别等新技术手段进行管控。开展三维数字化设计试点，探索工程建设技术革新。基于“智能化、模块化、集成化”原则启动新一代智能变电站建设，推进全南网首个基于集成信息平台技术的智能变电站——佛山110kV高岗站建设。深化新“四个标准”建设内涵，推动标准建设，实现配网工程建设“由点到面”“由量变到质变”的全面提升。优化变电站标准设计，全网首个3.0版标准设计智能配电房建成投产。500kV文山变电站工程获国家优质工程奖，110kV艺苑站在全国率先获国际LEED绿色认证金奖，全年共获7项国家级奖项、29项工程获省部级及以上奖项。

全年按期投产重点项目202项。加快重要电源送出以及重要用户配套项目建设，500kV博贺电厂送出、220kV外罗海上风电场接入系统等10项工程建成投产；完成500kV阳江核电接入系统二期等15项保底电网工程；建成500kV江门串抗等8项南网重点工程，建成对澳第三通道珠海220kV烟墩至北安双回电缆工程等6项工程，确保极端自然灾害情况下“对澳供电不中断，供电能力不减少”。完成第二批边防部队电网工程建设。完成349个“十三五”规划供电所建设任务。

（3）农电发展及电力扶贫。落实国家、省政府和南方电网公司关于新一轮农网改造升级和扶贫攻坚工作的决策部署，全年安排农网改造升级投资110亿元，建成农网项目6021项。以县（区）为单位实现户均配电变压器容量等三大关键指标达到国家要求。提升农网综合停电和设备运行管理水平，开展配电变压器监测终端、负控终端和智能电能表电压等计量数据接入工作，建立低电压问题治理闭环管控机制，农网供电可靠率99.88%，农网综合电压合格率99.91%，5次及以上重复故障用户降幅27.5%，超48h长时停电用户降幅72.3%。全年消纳新疆、甘肃、粤东西北及省内革命老区扶贫电量81.4亿kWh。投入扶贫资金2153万元，重点支持产业扶贫项目。加快推进省定贫困村扶贫工作，完善扶贫制度体系，择优选派和轮换了85名扶贫干部。制定光伏扶贫电站接网工程回购工作方案，完成9项扶贫光伏接网工程回购意向协议签订。139个帮扶点贫困人口脱贫率97.8%。接收珠海海岛与大陆联网供电资产，实现同网同价。

（4）节能环保。广东电网实现清洁能源电量消纳率100%，实现风电、光伏等新能源的基本全额消纳与核电安全保障性消纳。落实珠三角煤炭消费减量，累计停运煤机315台次，珠三角电煤消耗同比下降500万t。超计划消纳云南水电267亿kWh，非化石能源电量占比达29.1%。发挥示范引领作用加大投资加快推进充电基础设施建设，全年新增投运充电桩7172个，累计提供充电服务近599.2万次，充电电量1.6亿kWh。全年新增电能替代项目2200个，累计落地7456个项目，累计替代电能148.62亿kWh。在珠海举办粤港澳三地港口岸电合作推进会，促成广东省交通厅和广东省电网企业，粤港澳电网企业和港航企业代表签订战略合作协议，推动粤港澳三地港口岸电建设，打造绿色清洁的港口用能新模式。

电网运行

（1）电网运行。2019年，广东电网最高负荷（含广深）12 197万kW（7月18日），同比增长11.9%；统调发受电量6587亿kWh，同比增长6.6%；西电最大输送3869万kW，减少2.2%；受西电电量2021.59亿kWh，同比增长5.14%。全年未发生调度自动化主站系统失灵、电力监控系统网络安全事件、生产实时控制业务通信通道中断。深化调度防误操作三道防线建设，主网频率、电压合格率、安自正确动作率、故障快速切除率、清洁能源消纳率保持100%。深化粤港澳电网协作，完善粤港澳调度运行应急机制，开展对港供电信息日交互，提高系统备用留取标准，增强对港支援能力。实现香港电网向深圳局部地区供电与备用，解决了深圳在高峰时段局部网络受限和台风期间蛇口地区供电可靠性不足问题。完成世界最大单机容量襟岛核电机组进相能力试验，实现全球首个EPR三代核电工程投产。

调度下令准点率从年初55%提升至85%，调度受理业务及时率从76%提升至86%。实现大电网稳定分析与控制实验室实用化、电磁-机电混合仿真分析平台实用化，复杂大电网驾驭能力稳步提升。110kV及以上刀闸遥控覆盖率93%。建成省地调度端程序化操作机器人，35～500kV主网调度操作在全国率先全面实现了智能化的“机器人模式”。完成广东电网源-网-荷-储协同控制平台的首期建设。建成云管边端配用电技术体系，在东莞率先实现试点分布式能源全状态感知。开展电网自适应需求响应集群调节与辅助交易体系研究，完成柔性负荷试点勘察、负控终端试制与技术验证。推进配网“三个最大化”应用，配电自动化开关遥控实施率91.7%，合环转供电实施率95.2%。全省实现基于主站遥控的配网自愈功能，试点完成利用光纤直采公用变压器计量数据秒级接入配网OCS，投运全国首条智能分布式终端互联互操作试点。编制新一代载波标准并试点应用。电力现货市场技术成果荣获南方电网公司科技进步特等奖、大电网智能调度关键技术成果荣获中电联特等奖、基于人工智能的调度决策关键技术及应用成果荣获中国电力科学技术进步奖一等奖。

（2）生产技术与可靠性管理。完善配网中低压设备运维模式，优化“统一运维”管理内容、职责和流程，实现中压设备运维专业化和二次设备运维集约化。修订了广东电网技术标准体系，建立电网设备智能巡检技术标准子体系，收录标准 9511 项，其中公司技术文件 241 项、企业标准 437 项。电力设备智能运检标准化技术委员会筹建通过国家能源局评审。发布广东电网公司技术标准年度发展研究报告。完成 37 类设备采购技术标准及《低压运维管理实施细则》《低压安健环标准》等 8 份制度标准制修订。精简报表、优化现场作业文件，优化安全生产管理系统功能，新增 10 个、完善 30 个二级功能模块，深化业务协同场景应用，实现生产系统与财务系统间 7 个核心字段的自动推送，确保增量设备台账与卡片信息一致性，减少基层报表报送、人工分摊工作量，提升系统易用性。

编制 7 本新一代智能变电站推广应用手册。完成变电站物联网平台试点，接入智能网关和巡视机器人、传感器、门禁等智能终端，实现各类终端数据的集中管理和边缘计算。建成变电运行支撑平台，推动变电站智能巡视、智能操作、智能安防业务实用化运作。配置配网无人机 2156 台，覆盖率 88.7%，实现日常巡视全面应用。完成 49 间智能配电房改造，实现配电房远程智能巡视。

建立网架可靠、系统可靠、设备可靠、服务可靠的供电可靠性本质可靠管理策略，实行客户平均停电时间指标“靶心法”管控策略，把可靠性管理重心转移到夯实管理基础、提升网架和自动化水平。提高配电网调度运行管理水平，深入推进配调集约化管控和综合停电管理，实现全过程信息化管控。配电线路合环转供电率 92.5%，非计划停运率同比下降 95.6%。多维度加强停电计划刚性执行，主配网非计划停运率同比下降 75%，延时送电率同比下降 82%。开展带电作业白名单管理，科学高效开展带电作业。高质量完成国家能源局低压可靠性试点任务及电力企业可靠性全过程管理体系专项研究工作。国家能源局现场核查中山局供电可靠性数据质量，数据综合准确率为 99.209%。广佛莞中珠等粤港澳大湾区城市供电可靠性指标持续领跑全国，佛山、东莞跻身 2018 年全国 52 个主要城市供电可靠率全口径排名前十，其中佛山位居全国第一。

电力市场

(1) 电力供应与市场营销。2019 年广东省（含广深）全社会用电量 6695.85 亿 kWh，同比增长 5.89%。落实保障电力供应 10 项措施，实现电力平稳有序供应。挖掘省间通道能力、省内调峰能力和需求潜力，保障西部清洁能源尤其是云南枯期富余水电的消纳。协调省能源局、甘肃省发展改革委、国网甘肃电力等开展“甘电入粤”战略合作。实现香港电网向深圳局部地区供电与备用，解决了深圳在高峰时段局部网络受限和台风期间蛇口地区供电可靠性不足问题。

执行国家电价及税率调整政策，2019 年分两次降低一般工商业电价，累计降低一般工商业电价 7.51 分/kWh，降幅 11.08%。至年底，清退客户 7.65 万户，临时接电费 18.59 亿元。对于应退未退的客户，广东电网公司均在各地营业网点、当地主要媒体、南方电网 95598 微信公众号上依法公告，并进行电话回访核实。做好国家增值税调整政策中客户、发电企业的税率调整衔接工作，4 月 1 日起抄表结算售电用户按照新增值税税率进行电费结算。降低客户接电成本，粤港澳大湾区 200kVA 及以下、粤东西北城区 160kVA 及以下小微企业低压接入，实现接电“零投资”。试行推广送电约定协议应用，开展供用电双方约定送电时间及运行负荷推广工作，保障电网资源利用效率。

贯彻落实细化优化营商环境、提升“获得电力”指标的各项政策和要求。落实执行用电报装流程压减为 3 个、2 个环节；推行客户报装免填单、标准化供电方案免审批、典型设计图纸免审查，报装资料采用清单制及“一证受理”。压减接电办理时间，广东电网办理供电业务平均用时分别为低压居民 1.8、低压非居民 2.4、高压单电源 14.1、高压双电源 19.4 个工作日，高压电源客户全流程（含外线工程）接电平均用时 53 天。推进光伏业务“一次都不跑”，光伏新装、增减容业务受理实现“一口受理”。推广互联网统一服务平台应用，实现 22 项业务客户办电“一次都不跑”。推动政务服务和供电服务数字化融合，电网企业与供电省政务数据中心电量数据对接，用电报装、电费查询等功能在广东省政务服务网和“粤省事”小程序全省上线运行。协同政府相关部门推动电力外线工程建设并联审批、限时办结，出台文件明确并联审批时限不超 10 个工作日。在东莞、潮州、中山等六个地市试点光伏结算代开发票，客户无需往返税务部门开具发票及供电部门结算售电费用，实现“足不出户”体验售电收益。

巩固完善以提升客户满意度为目标的“一二三”客户投诉管控体系，减轻基层负担。实施投诉分级、分类管控，强化客户需求引导，加强重复投诉管控，推进客户诉求快速高效得到根本解决。以“用上电、用好电、计费准、服务优”为分类开展差异化诉求受理，大力提升客户服务体验。2019 年受理 12398 转办投诉举报累计 235 宗，全省（含广州、深圳局及其他能源企业）投诉举报累计值全国排名第 112。江门、珠海、河源等市实现零 12398 投诉举报。

牵头编制国家标准《交流电测量设备嵌入式软件通用要求》、南网智能终端技术规范以及面向对象通信协议。完成南网智能电能表技术规范编制。实现综合线损同期管理，建立“省地管控、分类处置”的同期线损异常分析处理闭环管控体系。建成国内规模最大、检定能力最强的省级计量集中检定中心，实现全省计量器具检定整体授权和计量器具的集中采购、集中检定、统一存储、统一配送。试点在地市供电局应用AGV搬运小车等智能仓储管理系统，实现了计量物资配送、领用、安装等全生命周期省侧监控。深化抄核收管理体系变革。在南网率先内实现每月1日15：00前完成当月抄表算费用户售电快报统计。购电、专用变压器、市场化用户电子化结算率100%。开展电费应收、实收报表省级集中自动统计工作，减少基层核对报表工作量，探索推进电费对账模式优化，实现按照电费明细对账模式。深化电费省级集中核算，分类优化专用变压器、低压客户核算规则，电费分散复核率降幅89%，减少基层现场复核工作量。规范购电管理，结合电力改革要求和业务变化，明确购电业务和业扩、抄核收等关联业务的协同工作方式。完成营销移动作业全南网推广版功能开发，并在试点推广应用。

防控营销风险方面。有效利用当前信息化技术，提高营销大数据应用深度，组织对在线稽查规则进行完善，完成《智能稽查规则库》客户档案、业务超时、作业质量、电费差错、客户诉求、廉洁风险共六类稽查规则编制，形成涵盖营销系统、计量系统数据的规则145条。累计开展在线稽查业务量逾1000万宗。上半年全部取消电费通知单（缴费通知单）、停电通知单和催费通知单等业务单据的投递业务，按照客户实际需求提供增值税专用发票等业务单据投递数量，并通过使用增值税网络打印等手段，实现用户即来即打，提高发票安全管理水平，减少投递工作量，降低基层作业负担。增强营销项目风险防范意识，明确禁止类严管项目范围，加大项目的专业把关力度，通过投资管理系统审核流程压实责任。完成“两覆盖”项目规范性检查整改，完成2018年营销项目总结和后评价管理，完成南方电网公司营销项目准入标准与项目命名规范修编。

（2）电力市场交易。电力交易市场建设方面。南方（以广东起步）电力现货试运行工作推进顺利，建立完整现货市场工作体系，现货业务链条运转高效。编制完善现货市场规则细则、作业指导书和表单等制度，建立交易中心现货业务流程和应急处理机制，并贯通调度、营销和财务等专业。累计组织3轮、共13天现货结算试运行，检验了规则系统和业务流程。市场体系建设与创新领域，广东电力交易中心创新设计高成本机组补贴、平衡结算和用电特性曲线分解等市场机制，顺利解决机组同台竞价、价差合同转换利益调整、市场不平衡资金等重大难题，攻克了阻塞盈余为负难题，构建了“中长期＋现货”“批发＋零售”“计划＋市场”“电能量＋辅助服务”的市场体系，交易品种数及交易频次较2018年均实现翻倍。创造性提出了“中长期价差＋现货绝对价”统一结算机制，首次建成“价差＋绝对价格”的一体化结算体系。国内首个现货环境下中长期交易品种成功上线运行，通过多频次、标准化连续交易，实现了发用电合约的灵活调整，有效规避了现货价格波动风险。2019年，广东电力交易中心全年完成交易电量2154.7亿kWh，交易结果正确率、交易准确率、结算及时率、结算准确率均100%，全年市场咨询率6.6宗/亿kWh，满意度97.96%。

5、6、10月，广东电网公司协同广州、深圳供电局及广东电力交易中心，编制结算方案与客户服务方案，同步升级改造34项营销系统功能，借鉴电费对账思路，创新管理手段，实现每日用户档案与电量的日清，实现了交易用户结算试运行期内各项业务变更不受影响。完善用户自停管理流程，减少无效运维数量，编制增量配网用户接入业务及数据标准，提前为增量配网用户参与交易提供了业务保障。通过多项措施整体确保了按照规则要求为交易用户提供抄表、核算及出单服务，获得市场主体充分肯定，营销侧具备正式结算条件。电力现货市场交易体系关键技术经中国能源研究会鉴定整体达到国际先进水平。在计量领域，建立现货交易计量装置准入改造与运维监控的省地联动机制，完成2万个现货交易计量点的计量装置升级改造工作，完善省网关口电能计量装置技术规范及数据采集机制，在现货试运行期间，交易用户的自动抄表率达到99.2%，电量拟合率低于0.8%。

安全生产与管理 实现全国规模最大、结构最复杂的省级电网连续安全稳定运行超过24年，全年没有发生二级及以上电力安全事件、没有发生电力设备事故事件、没有发生有责任的社会人员触电事件，事件总数、高等级事件总数和人为责任事件均同比大幅下降。百万工时工伤意外率和体系评级两项指标均优于南方电网公司考核值。全年发生1起本单位一般人身事故、1起外单位（新兴业务）一般人身事故，未发生有责任的社会人员触电事件，人为责任事件下降50%，交通事故下降73%。

（1）生产安全。落实防范电网八大风险32项重点工作190项任务，化解1822项风险。完善系统运行风险与电网规划建设联动机制，完成省网和各地区未来三年中长期方式研究，提出省地158项重点建设项目建议。建立分级管理、分层审批的三级及以上事件风险提级管控机制，三级及以上事件风险的检修同比下降45%。220kV及以上保护正确动作率99.97%。建成省级网络安全监控中心，开展7×24h值班。以“一图两表一手册”为抓手，落实对全省供电局、发电厂及用户站全覆盖检查，整改问题899项。完成“护网2019”攻防演练。

落实设备运行5大类11项重大安全风险防控措施，执行差异化运维与规范化检修策略。加强设备与电网风险联动，采取一风险一管控方式，化解109起二级及以上事件风险。全年清除各类缺陷隐患5.7万余项，确保设备可靠运行。加强“严防误操作备短路故障的25座关键、重要变电站”“35组主网供送电关键、重要特维输电线路”以及“66个重要交叉跨越、42处重要同走廊区段”的运维计划、缺陷处理、预试定检等的管控。发布1.37万台Ⅰ、Ⅱ级设备清单和管控策略，完成284 550台次输变电设备特巡特维、9932台设备预试定检、5522台设备规范化检修，消除紧急、重大缺陷48 642项，消缺率、消缺及时率均100%。完成迎峰度夏任务，按计划完成6类50项重点任务以及989台重过载配电变压器增容改造，消除过热型缺陷668项，消缺及时率100%。推进设备隐患专项整改，制定未来3年整改计划，编制整改项目可研模板，按计划完成防范重大电气火灾反措等工作。推动建立防外破政企联动机制，促请省政府出台电力设施外部隐患防治专项工作方案，协调各级政府联合整治电力设施周边安全隐患1458项。

推动政府出台全国首部省级公共场所用电设施安全标准，印发并实施公司首部隐患排查治理标准，消除城乡供用电、电气火灾安全、社会人员触电安全等各类隐患3万余项，未发生人员涉水触电事件。落实“5·11”事故整改，出台了六条铁律、十项温馨提示、公司强化人身安全管理工作任务表等一系列加强人身安全管理制度文件和方案。制定施工类大集体企业配网工程承载能力举措。开展了安全生产大反思大讨论。建立远程监控+考试录像抽查+现场巡考的工作模式，《安规》调考采用试卷统一命题、印刷、发放、批改方式。

制定《承包商安全闭环管控措施》，促进承包商班组标准化建设，力推“总包单位或专业分包单位骨干人员作为核心，组织、指挥和监护劳务班员作业”的“2+N”班组管理模式，做到施工、监理、业主三到位。严格执行分包管理21项重点举措，开展分包专项督导行动，发现问题135项，对问题突出单位进行约谈并督促整改。编制承包商人员及机具配置清单，建立施工企业工程承接能力评价体系，从制度上杜绝承包商超负荷承揽工程。推行施工人员实名制管理，强化施工计划、现场勘查、风险定级的规范管理。通过安全巡查、安全生产大检查、飞行检查等多种手段，保证工程现场安全管理可控在控，全省共计检查主网工程255项次，配网工程1519项次，累计发现问题并整改问题2201项。

落实供电省委省政府遏制涉水触电事故各项工作部署，完成低洼易涝场所安全隐患排查工作，发现整改安全隐患6000余个，为提供“点对点”用电安全服务和宣传22万余户次。开展用电安全隐患排查及用电检查提升工作，防风防汛专项用电检查共发现并整改安全隐患3700项。人员密集场所及用电秩序较差地区客户用电安全专项检查共发现并整改安全隐患1371项。

印发网络安全“三同步”管控指引，规范明确各业务域信息系统建设运行过程的网络安全管控。建立在线监测网络安全管理制度，编制电力设备在线监测系统建设、运维网络安全管理业务指导书2份。与广州供电局协同建立常态化网络安全攻防机制。常态化开展各类网络安全漏洞风险监测和信息通报。16套互联网应用均满足管控要求，内网应用满足管控要求比例65%，电力监控系统比例79%，新兴业务系统比例45%。完成全部Windows主机加固及弱口令整改、218套在线监测系统分区改造、2座关键重要变电站网络安全测评，清理并删除外网部署系统及移动应用537套，整改完成率100%。组织签订网络安全责任书，提升生产人员网络安全意识。加强网络安全队伍建设，成立网络安全技术团队，18人获得注册信息安全专业人员资质认证（电力行业）。完成了“护网2019”网络攻防演习迎战任务。完成网络安全保障任务，做到系统不被攻破、信息不泄露、边界不失守。

（2）防灾应急和保供电。完成56条风偏重复跳闸线路整治、500kV核惠线8回涉港、涉核等重要输电线路防风加固改造，可抵御15级台风；完成331km中低压配电线路防风加固，重要配电线路可抵御50年一遇台风，其他线路可抵御30年一遇台风。台风“韦帕”“白鹿”期间，主网设备零受损。防汛方面，组织电力设备设施防洪涝隐患排查及整改，完成731处一级、二级风险输配电设施隐患整改、137处水电大坝隐患整改、64处变电站洪涝隐患整改。发布广东全域内涝风险图，发出预警快报103期，预警风险设施9468处，抵御6轮暴雨洪涝，未发生变电站、配电房水浸停运事件。发挥天空地立体化山火防控体系作用，实现广东全境10min一次山火告警，发挥机巡与在线监测功能，发布影响主网线路山火热点77处，加强政企联动，及时处置16处线下山火，未发生220kV及以上线路山火跳闸事件，连续三年实现节假日期间主网线路“零跳闸”。利用气象卫星数据，结合在线监测、激光雷达等实时预警技术，提前预判，发挥“人巡+机巡”立体巡视模式，实现隐患治理、覆冰观测“全覆盖、无死角”，做到“应融必融”。2014年以来未发生倒塔、断线等情况，连续三年未发生220kV及以上线路跳闸事件。按计划完成了新中国成立70周年、澳门回归20周年等重大供电保障任务，受到国家能源局、澳门中联办和南方电网公司表扬。综合应急基地通过南方电网公司认证，具备服务全网能力。

（3）安全管理。坚持“党政同责、一岗双责、齐抓共管、失职追责”，把安全生产摆在更加突出的位置。修订安全生产责任制管理办法，制定安全管理岗位通用职责和各层级安全生产人员职责到位标准，构建了可衡量、可评价、可考核的职责体系。出台强化人身安全管理113条措施、作业现场安全六条铁律、十项平安温馨提示等一系列文件。完善安全问责和激励机制，将人为责任事件、新兴企业人身事故、安全巡查、检查、督查发现问题纳入问责范畴。编制并实施安全激励管理细则。推动政府出台全国首部公共场所用电设施安全标准。完善安全巡查和可视化现场两个监管体系。建立安全巡查、安全大检查、体系审核联合机制，初步建立了立体监督模式。修订安全生产巡查办法，建立了巡查工作的激励及履职问责标准，形成了安全巡查事前、事中、事后的一系列制度体系。协助南方电网公司制定安全巡查工作方案和指南，多次南方电网公司会议上分享安全巡查“广东经验”，在全南网推广应用，获南方电网公司主要领导肯定。安全巡查19个地市供电局，发现问题2670个，数量及严重程度同比大幅下降。初步建成省级电网作业现场安全监督系统，初步实现第一阶段“可视化”目标。充分运用系统开展远程监督。平均每周管控1.5万项作业，中级及以上风险60项，20万作业人次，累计发现并闭环管控违章5100余项，违章数量呈下降趋势。印发了现场作业过程简化工作方案等配套文件，制定十项简化措施，减少过程纸质留痕记录。

加强体系审核员队伍建设，33人获评南方电网公司高级审核员。编制管用实用的作业标准模板，编制30份典型作业标准样本。规范新兴业务体系建设管理，出台新兴业务体系建设工作指引。编制地市、班组两级安全文化阵地建设指引、安全文化示范班组评选标准。举办了以“讲好安全故事”为主题的公司第二次安全文化节。获得应急管理部颁发的首届全国安全文化论文征集活动优秀组织单位称号。

科技信息

（1）科技创新。改革科技项目研发机制，废除原有的单一以完成任务为目标的整体外委研发模式，构建整体设计聚焦核心技术、技术研发掌控核心技术、整体集成围绕核心技术的自主研发机制。以产品开发能力为目标，以培育高层级实验室为抓手，将资产收益率、成果产出效益、核心技术开发等纳入实验室评价体系。挂牌成立南方电网新能源研究中心，启动海上风电并网实验室建设，完成超导实验室二期建设，具备大容量超导电力装备测试能力。推进职工创新自主发展模式，将立项审批、经费管理、项目验收、推广应用等权限全面下放至基层单位，全年申请职创项目3478项，同比增长90%。建立管理创新成果资源库，优选18项管理创新成果形成重点推广计划。完善科技成果转化和多元化激励机制，转化成果87项，实现收入1.7亿元，兑现收益分红94万元。

新获1项国家重点研发计划。在8个业务领域、12个专业方向，形成一批以核心技术为标志的重点创新项目，竞争获得的网级决策项目数占全网38%。牵头和参与的7项国家重点研发项目完成年度研发任务，突破低温高电压绝缘关键技术难题，研制世界首台160kV超导直流限流器工程样机。研发电力电子变压器集群控制系统，建成首个电力电子变压器集群运行的配用电双级交直流混联系统示范工程。开发国内首个可快速部署的大容量110kV移动变电站，解决小型化、轻量化难题，满足国家道路运输标准，可广泛应用于电网应急救灾、设备检修和临时增容。突破集成化传感芯片设计、制作工艺等关键技术，完成宽频电压、电流和环境参数微型传感器研制及试点应用，为智能电网建设提供基础监测平台。获得中国电力科技一等奖1项、中国机械工业一等奖1项、中国创新大奖1项、中国能源创新一等奖1项、中国专利优秀奖1项、南方电网科技进步一等奖4项，全国行业协会科技一等奖5项，数量居全国省级电网公司第一。

（2）数字化与信息化。承接数字南网试点建设任务，建成南网云分中心、省级人工智能开放共享平台，实现公司IT资源集中管控和优化配置，实现31项人工智能服务组件的统筹发布和共享。开展数据资产运营管控平台建设，建立数据资产“管理”“应用”及“监控”分立的管理架构。上线互联网统一服务平台，提升营销精细化水平，助力优化营商环境。上线省级运营管控平台，指标系统直采率84.5%。信息化水平连续6年达A级。

印发网络安全“三同步”管控指引，规范明确各业务域信息系统建设运行过程的网络安全管控，16套互联网应用均满足管控要求。与广州供电局协同建立常态化网络安全攻防机制，完成“护网 2019”网络攻防演习迎战任务，抵御了国家最顶尖网络攻击队伍的全面攻击，确保了目标系统不被攻破的底线目标和“三个不”的总体目标。新购服务器设备、网络安全设备、局域网设备国产化率 100%，完成国产桌面终端和操作系统功能、性能、安全和兼容性测试。

实现统签统付、自动转资、账卡物一致、集中检定计量物资、电子化移交 5 大类核心协同流程，141 个集成接口上线和实用化。完成新版台账规范及设备资产统一目录的系统固化，实现“三险联动”功能上线。完成供应链统一服务平台一期开发及上线，支撑供应链统一管理新模式。完成综合线损同期管理系统支撑功能上线，通过营销系统快速计算电量电费及省级集中统计售电快报。完成电力市场交易系统改造，支撑国内首次电力现货交易结算在南方市场的实施。完成财务系统 V2.3 版本上线，开展税务模块升级，开展财务领域流程机器人场景设计和机器人应用研发，建成省地两级内部人才市场应用，完成移动应用平台 2.0 上线。

完善大数据应用开发环境，建设数据商城、应用商城、工具商城三大模块。推进各专业运营监控系统建设，实现营销域数据集市、财务经营大数据应用部分模块、生产监控指挥中心一期上线运行。建成公司数据资产共享开放服务平台，对接广东省政务服务、政府大数据，开展应急、电子证照、客户用电、低保五保等多类数据的接口开发及共享。开展公司非结构平台建设与数据接入工作，实现省级非结构化平台部署运行。与省政务数据管理局、省应急管理厅对接，实现因灾损失数据、因灾停电数据对政府的开放共享。开展关键企业级系统应用灾备建设，完成电力市场交易、人资、综合系统灾备建设。

经营管理

（1）财务经营。完成经营业绩考核目标。落实国家一般工商业电价再降 10%的要求，降低全省用户年用电成本 108 亿元。开展拖欠民营企业账款清付和质保金清理工作，对应付民营企业款项做到应付尽付。落实过“紧日子”工作要求，从强化投资管控、优化购电结构、降低内部运营费用等七方面，制定管控措施 21 条。落实防范经营风险 28 条措施，清理规范关联交易，防范重大风险。配合做好第二监管周期成本监审与核价。落实投资安排，增资转固 319.9 亿元。9 月 30 日实现售电量与购电量同期确认、综合线损同期管理，解决线损率失真、成本和收入不匹配等历史问题。参与投资南方电网绿色能源混改基金。开展南网能源上市前的各项业务和产业链调整工作，整合转让部分风电、光伏、海岛风电资产。建成财务经营大数据平台一期，建立财务经营数据集市，实现经营展示、经营管控和经营预测三大数据应用功能。运营管控平台 PC 端和移动 App 端已正式上线运行，按照省地“1+1”建设模式稳步推进企业运营管控平台建设与应用。出台财务经营领域人工智能应用规划，完成 19 个 RPA 开发设计并逐步推广应用。

（2）供应链管理。编制《十四五物流管理规划》。实行物资框架带量采购，强化需求预测与需求计划分配管理，对集中采购的 214 个物资品类建立需求预测与实际需求申报对比跟踪机制。组建物资采购标准委员会，强化采购标准（包括技术标准、采购策略等）源头管控。印发全资子公司招标采购管理方案，建立健全全资子公司采购制度和采购管理组织架构，编制招标代理机构评价工作指引、业主代表操作指引，明确业主代表的主体责任，组建了全省 33 个专业类别的业主代表库。推动物资采购标准化、数字化及信息化等应用。建成配网设备智能检测平台和物资智能调配平台，开展物资省级集中储备管理试点，完成南网供应链统一服务平台试点建设。每月降低地市供电局库存约 1.35 亿元，实现储备物资集约化管理，省级储备物资集中度高达 40%。建成全省规范统一的仓储配送班组运作模式。建设绿色智能仓库，完成中山、江门等大湾区供电局一级仓及省级计量检定中心仓绿色智能升级改造，投运首批仓储作业机器人，实现智慧无人仓储物流。

（3）人力资源管理。直属地市供电局、县区供电局领导班子实行党政正职分设领导体制，加强专职董事队伍建设，建立以外部董事为主的董事会。按照“一类事项由一个部门统筹或归口管理”的原则，开展各级组织机构调整。实行省地两级中心机构分类管控，将中心机构划分为业务支撑机构、直属实施机构，明确两类机构的管控要求。规范供电所组织架构，建立供电所业务清单，调整业务运作模式，全方位加强基层供电所建设。完善省公司与广州供电局之间的管理关系。建立双向选择的省地两级内部人才市场，建立省地两级内部人才市场，437 人成功竞聘上岗，实现全省范围的人员优化配置。实行职业经理人市场化薪酬，重业绩、强激励、硬约束，与市场价位接轨，强化“市场特性”。推进班组“工分计酬”激励模式，提高量化考核结果在绩效工资中的兑现比例，加大量化薪酬激励强度。将工资总额与业绩贡献和用工管控情况挂钩，以业绩为导向、收入能增能减的分配机制。改革工资总额预算和工资支付管理，更新工资分配模式，工作成果获南方电网公司 2019 年度管理创新成果一等奖。完善公司异地任职人员考核激励措施，修订补充医保管理实施细则，深化“积分+菜单”弹性福利模式。

坚持党管干部、人才的原则，出台激励干部新时代新担当新作为10项举措。实施年轻干部“双百工程”行动计划，建立优秀年轻干部人才库和成长档案。开展43家直属单位领导班子和领导干部工作状态、优秀年轻干部人才调研。结合干部考核结果现场反馈，开展干部谈心谈话574人次，对处级领导人员提醒、批评教育19人。从严抓好干部日常监督，明确“五严格五不准”要求，规范直属单位任职回避、交流轮岗、职数配备等管理。专项整治干事创业精气神不够、患得患失、不担当不作为等问题，对6人进行岗位调整、党纪政纪处分。评选表彰11个“四好三优”领导班子。出台人才工作指导意见30条，打造“五站四库一家一平台”的人才工作体系，实施技术、技能专家“十百千”工程。将人资、法律、党建等七个专业纳入技术专家管理序列，开展物流专业技能专家选聘。开展科技、国际、金融、法律、数字化、党建人才入库，新增各级专家911人。引进7名人工智能、新能源等公司重点领域的进站博士后。将初级和中级作业员岗评权限全部集中管理。首次开展岗评作业授权认证。新增高级职称1019人、中级职称3927人。优化技能培训评价工作，全年技能培训32.9万人次。突出安全技能与核心技能的反复训、反复练，按季度实施集中岗评2.2人次。刚性执行岗评标准，促进持证上岗由数量型向质量型转变。加快推进公司培训基地数字化转型建设，加大实训场所建设力度。

（4）审计监督。开展审计项目185项，促进增收节支5265万元，完善制度129项。出台违规经营投资责任追究实施细则，开展追责12项。围绕国家重点决策，开展清理拖欠民营企业账款、党费管理、货币性补（津）贴列支渠道等专项审计，围绕重点工作开展广能发经营及资产情况专项审计，对26家单位开展招投标管理审计调查。对2018年以前未完成整改问题和2018年审计发现问题整改落实情况进行全面检查。出台加强审计项目管理的规定，加强审计项目全过程管控。印发数字审计建设规划与推广应用工作方案，开展数字审计分析应用平台建设，研发了适应现场审计作业需求的审计单兵作业装备。

（5）法律事务。编制省、地两级单位主要领导履行法治建设第一责任人职责清单，明确了省、地、县（区）三层级共33类需经法律审核的重要经营决策事项，规范审核流程和工作要求，制定授权委托管理制度及出资企业章程管理办法，建成合规管理体系，标准文本使用率86.94%，完善合同倒签管控，建立违规事件报告调查与责任追究机制。抓好省级“法治央企”示范单位建设，形成具有广东电网特色的法治企业建设标准和法治指数评价体系，建成全南网首个法治运行展示中心，获得国家司法部和广东省委依法治省办、省司法厅的高度评价。稳妥处置重大法律案件，避免及挽回经济损失6.3亿元。广东电网公司和佛山供电局荣获全国“七五”普法中期先进单位称号。

（6）行政后勤。采编报政务信息，被中办、国办、部委、省委采纳63条，获中央、广东省、南网领导同志批示21次。开发应用智慧行政系统，实现刷脸出入、就餐、在线订餐、会议签到、机票预定。举办“名医下基层健康南粤行”活动，1100余名基层员工获益。完成“十三五”规划期内349个供电所技术业务用房建设任务，年内维修改造基层食堂项目106个、周转房项目18个。创建“网级统一监控，省级集中管控，各地分级调度”车辆管理新模式。全省建成电网警务室45个，实现19个地市全覆盖。全年未发生责任性消防安全事故和内部治安案件，连续8年被评为省级重点保卫单位先进集体。电力设施案件数量、直接经济损失连续11年双下降。获评“中央企业信访工作先进集体”荣誉称号。

改革发展

（1）深化改革。在全国率先实现电力“中长期＋现货”市场体系按周结算试运行。新组建五个增量配电网试点项目公司，珠海金湾东项目公司实现实体化运作，接收独立供电区72个。修编党委会、董事会、月度例会议事规则，加强党的领导。“双百行动”综合改革取得突破，能源发展公司完成“三会一层”建设，实现经理层任期制和契约化管理，穗能通公司入选新一批“双百行动”企业。完善参控股企业法人治理结构。出台《厂办大集体改革实施方案》，编制操作指引成为全网参考，完成22家集体企业改革，妥善安置职工1852人。

完善地市局党政正职分设领导体制，规范了议事决策和日常事项规则。优化调整各级组织机构，实行省地两级中心机构分类管控。配合南方电网公司理顺广东电网与广州供电局管理关系。开展深度调研，深化“四个统一”改革、规范供电所建设。出台《推进高质量发展创建全国最好世界一流省网企业行动方案》，设定11个关键指标，打造11张公司级名片和35个领先标志；形成2019—2021年三年行动计划，制定工作举措158项、里程碑任务362项。建成大电网安全稳定分析与控制实验室，实现计算数据平台功能实用化。电费核算地市局集中向省级集中跨越，实现电价、抄表、核算、发行全省统一管理，建成全国检定规模最大的省级计量集中检定中心。全国首创自动化装卸货、创新全息动态仿真监控，建成全国首个高压互感器立库和自动化检定线。

（2）产业发展。成立专职构建产业管理体系，做实平台公司，提升了大集体企业运营管控能力。推进职工持股改革后企业瘦身健体，全年压减法人户数100家。出台《广东电网公司新兴业务整合发展方案》，按照国有子公司与大集体企业两类主体分类发展原则，形成综合能源、工程建设等五大板块并行发展、协同运作的业务布局，创造新业态和新利润增长点。组建信息科技、通信科技公司，能源技术公司完成科研人员、专利及资产股权划转，解决两级持股等关键问题，组建了电动汽车公司。推进客户设备代维，新增签约客户5492户。成立佛山海八路地块开发项目公司，东莞电业新村1号地块盘活取得重要进展。鼓励全员拓展新兴业务，发掘商业机会183条，合同金额达1768万元。新兴业务实现营业收入353.2亿元，增长12%；利润总额27.96亿元，增长21%。严格对新兴业务企业的安全生产管理。

党的建设

（1）党建工作。坚持用习近平新时代中国特色社会主义思想武装头脑、指导实践、推动工作，增强“四个意识”、坚定“四个自信”，做到“两个维护”。将落实三大攻坚战、推进粤港澳大湾区建设战略，落实“六稳”、降费减负、优化营商环境等政策的各项工作摆在突出位置，把坚决做到“两个维护”体现到贯彻落实党中央重大决策和上级工作部署上。制定《加强党的政治建设工作举措》等9份制度、文件，健全完善党建制度体系，推动管党治党责任落地。优化改进党建责任制考核工作，强化考班子、考质量、考融合，以“抓书记”推动“书记抓”。强化考核结果运用，实施组织绩效考核“加A”“否A”机制，进一步加强党的领导。加强领导班子建设，出台领导班子成员落实全面从严治党责任到位标准等制度文件。修编党委会、董事会、月度例会议事规则，持续加强党的领导。以“本部作风建设45条”措施为抓手，力戒形式主义官僚主义、为基层减负，促进作风转变。

优化完善广东电网党建“1236”模式，强化队伍建设、深度融合，相关课题成果获南方电网公司2019年管理创新项目一等奖（党建综合领域）。各市、县（区）供电局，在急难险重任务中建立重点工程临时党支部、党员先锋（突击）队，发挥党组织的“引领、保障、示范”作用。印发《党务公开实施方案》《加强党支部建设30条举措（2019年版）》《规范党费收缴、使用和管理工作指导意见》，推进党组织标准化、规范化建设，使党支部工作量在2018年的基础上减少了40%，切实为基层减负。制定《党员徽章佩戴规范》，共有11名优秀党员及党务工作者受到国务院国资委党委、广东省国资委党委和南方电网公司党组表彰。开展干部培训，党政分设体制改革后，举办直属单位党委书记培训班，提升党委书记抓党建工作能力，把谈心谈话能力训练纳入党务干部培训内容，对2800名党支部书记实现培训全覆盖，组织各级党组织书记、党员开展轮训、培训强化集中学习。

将学习习近平新时代中国特色社会主义思想作为强化理论武装的重中之重。领导班子成员及各级党委（总支）通过党委学习中心组、集中学、读书班学、研讨交流、支部学、自学等形式学习。对处级干部进行学习贯彻习近平新时代中国特色社会主义思想轮训。重视意识形态建设，贯彻社会主义核心价值观，中山供电局被广东省委宣传部评为“粤传承粤创新”社会主义核心价值观示范基地。开展广泛调研，形成2018年员工思想动态调查报告和加强员工压力管理的意见。发挥先进模范的引领作用，广泛征集挖掘先进典型，省公司典型库新入库17人，入库典型共计155人。制定《荣誉项目管理实施细则》和《2019年荣誉项目库》，发挥荣誉激励作用。加强党委对宣传工作的领导，完善“大宣传”工作机制，制定新闻宣传管理工作办法、新闻宣传队伍管理实施细则、舆情工作管理实施细则。深化巩固阵地建设，推进省公司融媒体运营中心建设。积极开展正面宣传报道，配合开展中宣部“壮丽70年奋斗新时代”西电东送主题采访，东莞供电局“激光大炮”团队连续第两年入选央视1套的五一特别节目。全年未发生影响网、省公司形象的舆情事件。

（2）“不忘初心　牢记使命”主题教育。统筹谋划，有序组织，分别明确第一批单位“六个结合”“三个聚焦”和第二批单位“五个注重”的工作要求。制定两批单位党委、党支部层面“两个《工作指引》”和《主题教育工作推进表》，并滚动更新、定期发布。省公司组建8个指导组，三级单位组建96个指导组，对所属198个单位开展指导，实现指导全覆盖。深入开展大调研，认真查摆问题，开好专题会议。紧扣“四个围绕、一个结合”，针对供电所建设实际问题，制定45项具体的调研内容。领导班子成员带队调研，共发现和收集问题107项。在调研查找问题的基础上，组织召开本部党支部“深检视”主题党日，向一线、地方政府和用电大客户征求意见建议共268条。8月，广东电网公司党委召开对照党章党规找差距专题会议、“不忘初心、牢记使命”专题民主生活会，领导班子成员按照习近平总书记关于“四个对照”“四个找一找”的要求，检视剖析出12条问题。

在主题教育活动中，以“五个让”（让管理更加直接到位，让制度更加简单管用，让风险更加可控在控，让工作更加务实有效，让广大员工有时间、有精力干好本职工作，健康生活、快乐工作）为目标，开展“深化为基层减负”专项工作，旗帜鲜明反对形式主义官僚主义，切实解决了一批群众最关心的实际问题，将活动的成效体现在解决实际问题上。根据调研成果和专题会议，建立“上题下达”和“下题上答”两个清单，提出需要南方电网公司协调解决的问题10项，需要省公司协调解决的问题102项，制定整改落实计划，将基层反映的问题逐项解决落实。在主题教育活动中，省公司本部机关各职能部门，开展业务流程、报表、系统、发文等的精简，以实际行动切实减轻基层工作负担。10月，中央主题教育第12巡回督导组到珠海供电局调研，副组长张文灿肯定了广东电网公司主题教育工作，指出“规定动作做得很扎实，党委书记、党委成员和支部书记都能投入进来，收到了实效”。

（3）纪检监督。实现智慧监督工作的重大技术突破，基于大数据平台，智能识别出的供应商异常中标、业扩管理不规范等问题线索交由各级纪委核实。强化重点领域监督，紧盯各单位纪律处分执行情况、落实中央八项规定精神、形式主义官僚主义整治、领导干部履职待遇等方面，发现处分人员薪酬扣减不到位、公车管理混乱、私车公养等问题93个，推动各级业务部门（含巡察、审计等专业监督）通过开展谈心谈话、业务检查移交问题线索59条，转立案12起。强化重点领域风险防范，紧扣物资招标、安全生产、工程建设、工程转分包、市场交易等关键环节，梳理突出廉洁风险96项。向物资部门发出监察建议9条，对35家违反廉洁承诺的供应商采取廉情预警和市场禁入措施。发出监督建议书9份，促进了输电线路迁改项目评审管控等工作的完善健全。在部分单位试点建立评标专家评标前报备机制，与专家开展评标前廉洁风险告知谈话52人次，有效阻断违规违纪事项发生。建立关联企业采购项目关键信息动态报备机制，实现物资、监督、派驻纪检组对招标项目的信息共享。发挥“四种形态”作用，对支部书记谈话履职不力的严肃问责，各级党组织认真开展三类谈话。730人通过窗口期主动交代问题，同比增长365%，通过“重点谈”收集党员群众意见建议196条、个人或集体的困难诉求175条，分层级落实销号整改。开展“以清正廉洁作表率”的纪律教育月活动。

制定完善监督体系提高党委监督能力实施细则、进一步发挥党（总）支部纪检委员作用指导意见，首次明确纪检委员的履职要求和到位标准。建立廉政监督员工作机制。做实省公司直属纪委，成立两个派驻纪检组，强化对省公司本部和驻穗相关机构的监督。在中山、梅州和韶关供电局试点推行综合派驻，并探索成立大集体企业的派驻纪检组。通过派驻模式解决监督缺位和同级监督偏软等问题，有效纠正驻在单位“三重一大”议事不规范等问题8次，围绕驻在单位全面从严治党工作建立季度滚动回查整改和监督机制。

印发《深化以案治本工作实施意见》，理顺主体责任和监督责任在治本工作中的协作关系。查处违规违纪问题124宗，给予党政纪处分125人，清退上缴违规违纪所得价值近2300万元，与地方纪委监委联合查办了“5·15”专案。对近3年以来涉及损害群众利益的22个典型案件逐一复核核查情况、责任人员的追责和整改措施的落实情况，加大力度查处9起漠视侵害群众利益问题。为1人被反映问题进行容错，对5人进行澄清正名。通报3期典型违规违纪问题。

做好配合中央巡视及问题整改工作。立查立纠立行立改纪律处分决定执行不到位、临时接电费清退不到位等两批65项问题。对照中央巡视反馈意见形成问题、任务、责任“三个清单”，制定巡视整改实施方案，扎实做好关联交易整治等189项整改措施。集中全省力量成立26个核查组查办中央巡视组移交问题线索，专项制定《执纪审查质量考评办法（试行）》《执纪审查质量评定标准》，以最严标准把关核查质量。集中整改期间工作成效获得南方电网公司中央巡视整改督查组充分肯定。

把网、省公司两级的改革发展重点任务深度融入政治巡察中，全年对6家设立党委的单位的常规巡察、对19个地市局（141个扶贫点）的脱贫攻坚专项巡察、对2018年巡察的5家单位的“回头看”。组织6家单位试点开展交叉巡察，取得显著成效。在总结试点单位经验的基础上，制定交叉巡察统筹方案，在全省范围内开展交叉巡察。坚持巡察发现问题“双反馈”工作机制，明确本部部门对本业务领域巡察发现问题整改的指导、督促职责，在2019年第一轮常规巡察中，对相关业务部门发出了1份警示函和2份提示函，督促业务部门落实整改工作。2019年的巡察整改中，党政纪处分9人，给予诫勉谈话34人，通报批评48人，提醒谈话536人，挽回经济损失250多万元。

以本部作风建设“45条”措施为抓手，坚决克服形式主义、官僚主义，促进作风转变，减轻基层负担。全年清理压减取消各类报表485份，占总数的65%。将58项督查检查考核纳入计划管理，取消各类检查考核166项，占总数的74%，不随意新增检查任务。广东电网公司本部“班车制”工作事项压缩至13项，其他事项坚持一事一办、随到随办、急事快办。整治“文山会海”，不随意召集基层人员开见面会，全年广东电网公司本部全年会议、发文数量分别下降30.5%、40%。地市供电局等20个单位制定45条措施的承继举措，10个单位成立有关作风评价小组，22个单位落实常态化的督查检查和通报，为基层减轻负担取得初步成效。

(4) 群团工作。组织召开广东电网公司二届八次职代会，增替补工会第二届女职工委员会委员，6名职工代表当选为广东省工会相关委员会委员。组织职工代表参与安全巡查、安全大检查、安全生产大讨论，开展劳动保护、基层减负专项职工代表巡视。全年9个集体获全国工人先锋号等国家级荣誉、21个集体获中央企业先进集体等省部级荣誉，东莞供电局何满棠被评为第二届“南网工匠”，开展第二届“广东电网工匠”选树活动，5名员工全部获评“南网创客”。制定深化职工关爱工作十四条措施，拨专项经费建设完善268个地处偏远、条件较差地区职工小家。成立5家心理健康协会分会，结合心理健康体检等工作为对一线员工提供“心理按摩”。开展调查研究，编写了《青年员工安全行为影响因素与心理健康调研报告》。组织纪念“五四”运动100周年主题活动、“青春心向党·建功新时代”为主题活动，广泛开展“蓝公益”志愿服务暨主题团日活动。围绕庆祝中华人民共和国成立70周年，广泛组织职工参加绘画、文学、摄影作品征集和各类文化成果展示活动。

(5) 企业文化建设。完成全省VI标识的统一更新。举办南网价值观践行故事讲述会，以支部为单位开展“《南方电网企业文化理念》与我”专题学习，实现全员覆盖。承接南方电网价值观管理意见编写，形成“四系四入三分”的管理模型。建成广东电力历史教育基地。积极培育“知行”文化品牌，完成南方电网公司庆祝新中国成立70周年经典爱国主义歌曲歌咏暨南网文化展演活动（广东片区），被授予“全国电力行业文化品牌影响力企业”。制定品牌建设规划（2019版），形成品牌建设体系。策划实施“走进新国企·电亮大湾区”“电亮南沙大桥护航大动脉”等品牌推广活动。“蓝生活·地球一小时”活动受“地球一小时”官方组织关注。“蓝公益”项目入选中央企业优秀品牌实践案例。江门供电局《普照万家，“手”护光明》获中央企业品牌故事大赛二等奖，参与国资委宣传局展演。

主要事件

5月20日，南方（以广东起步）电力现货市场发布国内首次电力现货交易结算结果，包括190台发电厂机组、123家售电公司、3家大用户在内的广东全部市场主体参与本次结算，期间现货市场和电力系统的运行保持稳定、有序。10月18～27日，在国内首次实现了“中长期+现货”市场体系的按周结算试运行，全面、深入地检验了市场规则、技术系统及业务体系。

5月，广东电网公司计量检定中心正式运行，至此，国内规模最大、检定能力最强的省级计量集中检定中心正式建成运行。

5月，在国资委“双百行动”南区专题培训班上，广东电网公司就广能发“双百”改革做典型经验介绍。

6～12月，广东电网公司分两批开展了“不忘初心，牢记使命”主题教育活动。

6月11日，广东省市场监管局公开发布《广东省公共场所用电设施建设及运行安全规程》。作为广东省公共场所用电设施建设及运行安全规程系列地方标准。

8月15日，汕尾小漠电厂30/15MW时储能系统正式进入调频市场。

10月，广东电网公司“电动汽车智能协同充电关键技术及规模化应用”科技项目获得2019年度中国机械工业科学技术奖一等奖。

11月29日，根据南方电网公司的决定，成立广东电网公司广州供电局，不再保留南方电网公司原广州供电局有限责任公司。广东电网公司负责广东全省除深圳市外的20个地级及以上市的电网运营及供用电业务。

2019年，广东电网公司完成庆祝澳门回归祖国20周年重要供电保障任务，在国家重要保供电任务中充分展示了央企责任担当。

12月26日，广东省重点工程500kV博贺电厂送出工程全线竣工，广东省西部新增一条输送能力达300万kW的电源大动脉。

12月27日，国家能源局以表扬信的形式，书面表扬了广东电网公司在保供电工作中发挥的重要作用，高度肯定了广东电网公司在确保电网安全稳定运行和对澳门安全可靠供电方面取得的突出成绩和卓越成效。

（覃桂平　钱永兵　刘葳蕤）

【贵州电网有限责任公司】

企业概况 贵州电网有限责任公司（简称贵州电网公司）是南方电网公司的全资子公司，负责贵州电网的统一规划、建设、管理和调度，经营中央在黔国有电网资产，承担着贵州省内电力供应和西电东送双重任务。贵州电网公司供电范围覆盖贵州全省10个市州（含贵安新区），供电户数1569余万户。截至2019年底，共有35kV及以上输电线路2768回、长度5万km；全网装机容量5064.9万kW，其中火电2745万kW（占54.2%），水电1693.6万kW（占33.4%），风电446.2万kW（占8.8%），光伏、生物质及其他180.1万kW（占3.6%）。贵州电网网架结构尤其是主网不断增强，形成“三横一中心”500kV主网架，各市州实现500kV电网全覆盖、220kV电网环形或多回路主干供电。黔电送粤能力达到1000万kW以上。

2019年完成售电量1659.8亿kWh，增长12.8%，其中省内1206.8亿kWh，增长8.7%；西电东送453.1亿kWh，同比增长25.1%，其中黔电送粤449.4亿kWh，同比增长26.0%。固定资产投资141.82亿元；资产总额981.6亿元，营业收入704.1亿元，利润总额0.41亿元；全员劳动生产率35.96万元/人年；资产负债率74.28%。当年电费回收率99.99%；综合线损率4.66%，下降0.97个百分点；第三方客户满意度79分，提高1分；连续9年在地方政府组织的多行业客户满意度调查中排名第一。

领导班子

董事长、党委书记：尚春

董事、总经理、党委副书记：郑之茂

董事、党委委员，贵阳供电局局长、党委副书记：时蕴伟

董事、党委委员、纪委书记：晋晓越

党委委员、工会主席：张帆

董事、党委委员、副总经理：刘强

董事、党委委员、总会计师兼总法律顾问：颜朋

总工程师：毛时杰

董事、党委委员、副总经理：郑龙、李志强

二级职员：何愈国、王玉萍

组织机构 贵州电网公司所属单位共有108家，其中全资子公司5家（均为地市级单位）、控股子公司1家（地市级单位）、分公司102家（地市级单位18家、县区级单位84家）。

人员状况 2019年，贵州电网公司年末用工总量44 496人，其中：劳动合同制用工38 467人，占比86.5%；劳务派遣制用工1647人，占比3.7%；非全日制用工4382人，占比9.8%。

电网规划与建设

（1）电网规划。开展《贵州“十四五”及中长期能源电力发展规划研究》工作，完善输电网结构，消除“$N-1$”一级及以上事件风险，解决现状重过载问题。科学编制“十四五”智能电网发展规划，按照“全省1个总体规划＋贵阳、贵安、六盘水3个重点示范＋N个专项示范点”的模式，开展2019—2020年智能电网建设。启动贵州“十四五”智能配电网规划，编制《贵州电网110kV及以下智能配电网技术原则（2019）》，推动《贵州电网加快推进新一轮农村电网改造升级建设攻坚实施方案（2018—2020）》落地。编制《贵州省中压网架完善工作方案（2019—2021）》，结合“十四五”智能配电网规划，细化各区域中压目标一次网架和自动化及通信项目库，全面消除超长线路、“卡脖子”和安全隐患线路。

（2）节能减排。线损管理不断优化，综合线损率超过9%的分县局全面消除；10kV有损线损率5.32%，同比降低0.36个百分点。推进同期线损管理，避免因供售电量抄表不同期造成的线损率波动。开展新建项目环评备案工作，2019年新建项目环评批复率100%。开展云贵水火电发电权汛前置换、省间电力互济等工作，拓展清洁能源消纳市场，加快新能源富集地区配套电网建设，最大限度拓展清洁能源消纳空间。

（3）扶贫工作。承办贵州省国资委“全省国企脱贫攻坚现场推进会”，107个集体和个人受到各级党委政府的表彰，其中，5名个人和2个党组织获得全省脱贫攻坚表彰。在贵州省国资委系统企业2019年度定点扶贫考核中，以满分的成绩获评“优秀”，连续两年获得最高评级。

电力行业扶贫：完成新一轮农村电网改造升级投资96.66亿元，“两率一户”提前一年实现国家新一轮农网改造升级目标，全省农村电网供电可靠率99.81%、综合电压合格率98.81%、户均配电变压器容量2.28kVA。全面保障132个易地扶贫搬迁安置点用电，惠及搬迁群众67万人。动态跟踪产业扶贫项目用电需求，并纳入业扩延伸项目，落实5.6亿元专项资金，保障了近500个产业扶贫项目用电。

定点扶贫：有序推进124个帮扶点的定点扶贫工作，116个已脱贫出列，脱贫人口22 574户93 377人。全年直接投入和协调引进产业扶贫项目资金3407.5万元（其中贵州电网公司投入扶贫资金708.7

万元），发展培育产业项目 64 个，带动 7569 名贫困人口脱贫。对台江县阳芳村的帮扶工作得到中央政治局委员、国务院副总理孙春兰充分肯定。

公益帮扶：各级团组织开展志愿服务活动 718 次，参与志愿服务活动 6417 人次，累计提供服务 5165.1h，捐款捐物 41.92 万元。注重将扶贫与扶志、扶智相结合，各单位 457 名员工直接资助贫困学生 218 名，共计帮助 24 座学校新建或修缮教学设施。

（4）电网建设。完成电网建设投资 109 亿元，投产 35kV 及以上电网项目 138 项。强化电网工程进度跟踪，投产 500kV 威宁输变电工程、500kV 深溪输变电工程、500kV 金州 2 号变压器扩建工程等 500kV 重点工程。打赢“2019 年农网建设电力扶贫攻坚战”，以地市为单位提前一年完成新一轮农网改造升级目标。开展基建工程创优，铜仁碧江 500kV 变电站等 8 个项目获 2019 年度网优工程，500kV 贵阳西变电站获 2019 年度中国电力优质工程奖，并首获中国安装优质工程奖（国家安装行业最高奖）。

（5）物资管理。深化招标改革，取消地市级采购，实现省级集中采购全覆盖。设置专职科室开展供应链业务监督，建立完善供应链全业务监督体系。深化“基础定额＋订单”模式管控，推进地区局业务集约化、规范化管控。

全年采购金额 162 亿元，通过需求整合打捆，完成 373 个项目的采购，同比减少 2856 个；项目立项到定标环节平均用时同比减少 9 天，采购效率明显提升。完成供应链域逾期无分歧账款支付 6.0 亿元。

电网运行 2019 年底，贵州电网输变电设备情况见表 1。

表 1 贵州电网输变电设备情况

电压等级	变电站座数	变压器台数	变压器容量（MVA）	线路条数	线路长度（km）
500kV	18	102	25 250	64	4146
220kV	133	225	40 980	439	12 382
110kV	537	891	38 101	1038	17 284
合计	691	1218	104 331	1541	33 813

注 500kV 不含超高压公司青岩变电站、黎平变电站、独山变电站，含八河开关站。

主要运行指标。生产设备运行总体稳定可靠，27 项生产技术指标，完成情况良好，均优于计划值。其中，客户平均停电时间（低压）18.90h/户，同比减少 0.43h/户；综合电压合格率 99.345%，同比提升 0.205%。报废资产净值率 9.2%，同比降低 7.85%。

电网运行管理。贵州电网共计 192 座集控或巡维中心，500kV 变电站 1 座无人值守，17 座有人值守；220kV 变电站有 93 座实现无人值守，占 220kV 变电站总数的 70%；110kV 变电站有 477 座实现无人值守，占 110kV 变电站总数的 88.3%。

系统运行 9 项指标均达到或高于年度目标，500kV 继电保护正确动作率连续 6 年保持 100%。全省地级及以上调度自动化主站系统连续 10 年保持零失灵，220kV 及以上生产实时控制业务通信通道连续 3 年零中断。设备运行 27 项指标均优于计划值。

截至 2019 年底，贵州电网公司共有 10kV 馈线 9896 回，其中公用馈线 7686 回，专用馈线 2210 回。10kV 公用线路长度 18.82 万 km，其中架空线路裸导线 12.01 万 km，架空线路绝缘导线 5.64 万 km，电缆线路 1.16 万 km。截至 2019 年底，贵州电网共有 10kV 配电变压器 32.80 万台，容量为 8686.70 万 kVA。其中公用配电变压器 17.38 万台，容量为 3222.95 万 kVA，专用配电变压器 15.42 万台，容量为 5463.75 万 kVA。

安全生产 安全生产形势总体平稳，未发生电力安全事故、设备事故和较大及以上人身事故，未发生对公司和社会造成重大不良影响的涉电公共安全事件，未发生三级及以上网络安全事件，基建系统连续 9 年人身“零死亡”。

安全生产形势。发生电力一般人身事故 1 起（同比上升 1 起）。发生电力安全生产事件 26 起（同比上升 14 起），其中，一级事件 0 起（同比持平），二级事件 0 起（同比持平），三级事件 3 起（同比下降 3 起），四级事件 11 起（同比上升 8 起），五级事件 12 起（同比上升 9 起）。

社会人员触电事件和伤亡人数连续三年保持双下降，发生社会人员触电事件 14 起，伤亡 14 人（死亡 11 人、受伤 3 人），其中，事件数减少 5 起，同比下降 26.3%，伤亡人数减少 5 人，同比下降 26.3%。

科技创新

（1）科技项目。科技研发全口径投入 7.040 亿元，科技项目投入 3.072 亿元。开展以岗位创新为主的职工创新活动，共投入 1915.3 万元用于各单位的职工创新项目。21 个项目纳入南方电网公司重点项目储备库；科技成果孵化转化 15 项。

（2）科技成果。2019 年共获得南方电网公司科技奖励 18 项，其中科技进步奖 4 项、成果转化应用奖5项、专利奖3项、职工技术创新奖6项。国家863“集成可再生能源的主动配电网研究及示范”项目获电力行业一等奖；电科院防冰减灾团队的项目获广东省科技进步一等奖。安顺供电局职创项目“优化自动电压控制系统提升电网电压质量”、凯里供电局职创项目“实现500kV断路器（SF_6）气体温度补偿及在线监测功能”荣获2019年中国创新方法大赛一等奖。

信息化建设 2019年信息化投资4.1亿元，投资计划完成率99.95%。年度关键应用系统运行率100%、核心网络运行率均为100%，事件按时解决率100%，一线解决率66%，信息客户满意度99.97分。系统实用化率100%，数据准确率98.15%。

信息化管理。承接《南方电网公司数字化转型及数字南网建设行动方案》，完善省、地两级数字化建设及转型的保障机制，重点完成“南网云”分支节点、人工智能平台分支节点、非结构化数据平台分支节点部署上线。完成“营商环境指标监控”“10kV同期线损数据展示”等14个管理工具的开发及上线。数据管理能力通过国际数据管理能力成熟度模型（DCMM）第三级“稳健级”认证，被中国电子工业标准化协会评为“数据标准化和治理优秀实践单位”。强化网络安全管理及保障体系建设，完成省级网络安全运营指挥中心建设并投入使用，在国家“护网2019”网络安全攻防演习中，实现“四个不发生”目标。

市场营销 2019年累计购电1726.4亿kWh，同比增长11.22%。其中购火电1065.2亿kWh，同比增长10.73%；购水电555.4亿kWh，同比增长11.23%；购风电76.1亿kWh，同比增长13.93%；购光伏电18.1亿kWh，同比增长22.33%；购生物质、瓦斯等其他电量11.54亿kWh，同比增长23.55%。全年首次实现汛前云贵水火置换10.6亿kWh。

（1）电费回收。印发《强化电费回收“十四项”工作举措》和《“共管账户”实施指导意见》，实行电费回收率目标考核和过程考核；落实民营电解铝政府补贴资金，降低欠费5220万元。

（2）需求侧管理。组织节能和电能替代宣传，引导体验者转变能源消费习惯，全力推动节能和电能替代项目落地建设。全年共计实现节约电力7.686万kW，节约电量3.387亿kWh。累计推动实施电能替代项目908个，完成年度替代电量27.04亿kWh。

（3）电能计量。按照“中压运维集约化+低压业务网格化”的思路，实现集运行监控、消缺分析、评价考核于一体的计量自动化运维闭环管理。紧紧围绕同期线损“自动统计、精准分析、高效处理”，完善计量自动化系统线损功能，实现线损异常实时监测、及时发起处置的高效管理。2019年贵州电网计量自动化实用化获南方电网公司评价A级。

（4）用电检查及营销稽查。开展整治基层及群众身边不正之风和腐败问题“扫雷”行动，2019年查处营销差错246件，问责415人，处以经济考核7.55万元，挽回电量损失238.01万kWh，挽回经济损失247.69万元。充分发挥监督与业务“双轮驱动”风险管控作用，2019年营销业务异常数量同比下降60.28%。2019年全省合计完成客户用电检查92.0562万户，共查处客户违约、窃电案件1164宗，涉及追回金额共计2083.2772万元。

（5）优化电力营商环境。实施用电报装零上门、零审批、零收费“三零”服务，每年减少客户接电成本4亿元。在贵阳、遵义和兴义供电局，将低压报装容量从100kVA延伸至200kVA，在其他地级城市城区范围延伸至160kVA，降低客户接电成本2.2亿元。2019年低压非居民、高压单电源客户平均接电时间同比分别缩短49.76%、49.80%。

产业投资 贵州电网公司新兴业务企业4家，资产总额20.5亿元，员工1961人；大集体企业法人户数163家，资产总额108亿元，员工1.5万人。2019年新兴业务及大集体企业完成营业收入95亿元，同比增加8%。其中新兴业务企业24.3亿元，同比增加12%；大集体企业完成70.7亿元，同比增长6.6%。实现利润3.5亿元，同比增长6%。

出台《贵州电网公司职工持股改革后企业瘦身健体工作方案》，压减法人户数、压缩管理层级，2019年完成压减法人户数22家。出台《贵州电网公司关于加强“大集体企业”监督管理的实施意见（试行）》等，强化指导大集体规范管理。率先在南方电网公司范围内组织设计、建设、推广应用基于云平台、业务数据一体化的统一的大集体企业杰思系统，实现大集体企业财务、人资、办公模块全覆盖和会计核算“三统一”。出台《贵州电网公司所辖厂办大集体企业改革实施方案》，开展厂办大集体改革，完成5家449人厂办大集体的改革，超额完成南方电网公司下达的目标任务。

经营管理

（1）资金管理。贯彻落实国务院国资委降杠杆减负债相关工作要求，年末带息负债率52.12%，比年初下降0.09个百分点，全年运用南方电网低成本直融资金置换高息银行贷款50.5亿元，2019年末直融占比达到50%。探索开展创新融资方式研究，拟定《创新融资方式研究情况报告》及《创新融资工作实施方案》，开展主体信用评级等创新融资业务相关准备工作。

(2) 电价管理。落实国资委持续降低一般工商业其他用电类别电价要求，自4月1日、7月1日起分别降低省内工商业及其他用电类别单一制输配电价每千瓦时降低2.23分和4.17分。完成国务院关于一般工商业再降10%的目标任务，自7月1日起，将5万kW及以上水电站上网电价平均每千瓦时相应下调0.76分，用于降低一般工商业电价。自4月1日起，取消低压用户报装工料费、检测费、10kV配电线路带电作业费、移动发电车（机）收费等4个收费项目。

(3) 资产管理。持续开展有效资产清理工作，年末在建工程余额87.47亿元，当年投产工程项目暂估率实现90%；固定资产年末余额754.46亿元。制定《贵州电网有限责任公司资产价值管理办法实施细则》，资产账卡物一致性总体达95%以上。强化资产报废管理，报废资产净值率7.35%；全年处置报废资产5123.6万元。加快推进用户资产移交协议签订及资产评估，2019年接收用户资产5.88亿元，超年度预算1.38亿元。

(4) 产权管理。水城县广源水电开发有限公司2019年纳入合并范围，总户数15个，其中全资子公司11个，控股公司3个，事业单位1个。对2019年产权占有、变动和注销登记进行办理，完成贵州电网公司持有凤冈县鑫凤小水电有限责任2.44%的股权投资、贵州省毕节市宏源电力开发有限责任公司0.55%的股权处置等产权变更登记工作。

(5) 税收管理。共计缴纳各项税费17.61亿元（含个人所得税），其中增值税13.29亿元、企业所得税0.35亿元、城建税0.74亿元、教育费附加0.34亿元、其他税费1.7亿元、代扣代缴个人所得税1.19亿元。继续落实农村电网维护费免征增值税政策，全年免征增值税3.64亿元。

(6) 会计核算。持续开展财务系统实用化提升及数据治理工作，将核算方法由完全成本法转变为制造成本法。全力压降“两金”，丰富内部调节工具，2019年年末“两金”余额为20.1亿元，超额完成南方电网公司下达目标值。

(7) 审计工作。开展审计项目5522项，其中经济责任审计40项、专项审计52项、工程竣工决算审计5430项，审计项目计划完成率100%。落实审计全覆盖，精心组织开展基建项目结算管理、物资管理、成本费用、检修技改项目、子公司对外投资项目等11项专项审计及审计调查，点面结合防范风险。全年审计发现问题2925个，纠正违规资金5037.16万元，查处损失浪费6164.43万元，促进增收节支4250.46万元，审减工程成本10 241.91万元，提出审计建议2724条。

(8) 法律工作。三项法律审核率持续保持100%，其中审核重要经营决策42项，涉及金额2.98亿元；审核合同22 232份，涉及金额351.96亿元；审核管理制度1189项，提出审核意见401条。法律案件保持“一杜绝，两下降”，法律案件新发212宗，涉案金额1.61亿元。共办结法律案件197宗，胜诉188宗，胜诉率95.43%，挽回经济损失1.74亿元。促成贵州省林业局出台政策，开辟解决“线树”矛盾，优化行政审批，建立电网企业办理涉林行政审批“直通车”制度等。

人力资源管理

(1) 领导班子建设。承接南方电网公司领导干部管理规定，修订印发《贵州电网公司领导人员管理办法》。坚持凭干事用干部、凭实绩选干部，优先在生产一线、基层一线选拔干部，全年调整任用处级干部135人次（含转任非领导职务11名），选拔任用21名处级干部（其中正处级9名、副处级12名）。加大优秀年轻干部队伍建设力度，举办第三期ATP（加速培养计划）培训班，建立年轻干部成长档案并适时跟踪，重点培养和储备155名优秀年轻干部。选拔50名“90后”员工参加SGP（青藤成长计划）培训班。

(2) 干部监督管理。规范完善公司系统三级正、副职干部及非领导职务个人有关信息报送工作，组织276名领导干部和15名考察对象完成填报。完成公司所属22家单位领导班子和公司党委管理263名领导人员2018年度综合考核评价工作，研究制定公司派出参控股增量配电企业董事、监事、高管综合考核评价内容。扎实开展“干事创业精气神不够，患得患失，不担当不作为等问题”专项整治工作和领导干部配偶、子女及其配偶违规经商办企业专项整治工作。

(3) 人才队伍建设。推荐4人参加南方电网公司西部优秀创新人才培养计划，并对第一批培养对象成长情况进行跟踪反馈。完成2019年度助理技术专家选聘工作，新聘三级助理技术专家92名、四级助理技术专家63名。对技术专家后备队伍进行盘点梳理，建立216人的后备人才库。开展科技、国际、金融、法律、数字化、党建人才库建设工作，共567人入选。

党建和精神文明建设

(1) 党建工作。分两批开展“不忘初心、牢记使命”主题教育，共1267个党组织、15 283名党员参加，工作成效得到中央第十二巡回督导组和南方电网公司指导组肯定。落实南方电网公司《关于不断提高党的建设质量推动党建工作与改革发展生产经营深度融合的指导意见》，明确“158”工作思路，制定了121条措施，全部按期完成。以44项具体举措加强大集体企业党的建设。修订《党员积分晋级管理办法》，新发展党员360名，其中，一线党员比例达91.1%，无党员班组降低至23个，较2018年度降低41%。在南方电网公司党建工作考核中获A级评价。1个基层党组织和1名党员获中央企业“两优一先”表彰，4个党支部获省国资委“样板党支部”。

（2）宣传思想工作。修订《党委意识形态工作责任制实施方案》，明确各级领导干部职责和员工“七个严禁”负面清单。梳理意识形态领域及重大舆情风险，查找14个方面风险点，制定24条应对措施。学习强国App等外部媒体刊播贵州电网70年来成就报道80余条次。先后推出“70年初心不改，只为这万家灯火——贵州电网70年改革发展巡礼”专题片、“新中国70年——电网印记”图片展。

（3）纪检监察工作。加强对“不忘初心、牢记使命”主题教育八个方面专项整治的监督，推进漠视侵害群众利益问题专项整治深入开展，重点排查用电投诉处理过程中不作为、乱作为问题。全年查处并通报曝光违反中央八项规定精神问题3起。分级对8家三级单位党委和40家四级单位党组织开展巡察，发现“四个落实”方面问题2674个，挽回和避免经济损失301.93万元。全年受理信访举报73件，处置问题线索138件，立案审查63件，给予党纪政纪处分92人。运用第一种形态批评教育帮助和处理230人次，清缴违规违纪所得约130万元。深入推进“扫雷”攻坚行动，查处损害群众利益的不正之风和腐败问题40件，通报损害群众利益问题6起。

工会团青

（1）工会工作。依托“新时代工人讲习所”开展“每周一讲”47期，以“我和我的祖国”为主题举办近10项文体赛事庆祝新中国成立70周年、建党98周年。举办“悦读悦生活”读书活动，承办南方电网公司“书香三八”阅读推广活动，获全国“书香三八”读书活动优秀组织奖。组织开展防范及识别A类违章技能竞赛、调度运行岗位技能竞赛等8项公司级劳动技能竞赛，开展“三小”岗位PK赛340项，7588人次参与。建设职工创新工作室141个、公司级职工创新协会5个。5个工作室获中华全国总工会、贵州省总工会共15万元专项资金支持，50件职工创新成果在贵州省创新方法大赛和贵州省职工优秀创新成果评选中获奖，12件获全国能化工会表彰。各级工会慰问一线职工14 570人次，发放物资30.62万元，慰问品75.7万元，帮扶困难职工887人次，下拨帮扶资金197.9万元。

（2）共青团工作。紧紧围绕“1131”工作主线，抓实《贵州电网公司青年发展实施规划（2019—2022年）》一个规划，夯实基层团组织建设一大基础，实施凝心强引领、匠心促成长、暖心助脱贫“三心”工程，唱响“万家灯火青春点亮·贵州梦想”团青工作品牌。贵州电网公司团委获中央企业“五四红旗团委”称号，在贵州省国资委团建工作考核中排名第一，获“优秀”等次，系统各级团组织荣获省部级及以上荣誉共25项。

主要事件

1月18日，贵州省委书记孙志刚对贵州电网公司工作作出批示，指出贵州电网公司各项工作扎实有力推进，取得显著成效，并代表省委、省政府表示问候和感谢。

4月1日，贵州省扶贫开发领导小组公布2018年度省直单位定点扶贫工作考核结果，贵州电网公司2018年扶贫工作获评“优秀”等级。

4月19日，贵州铜仁德江遭遇暴雨袭击，导致楠杆乡金盆、楼房和火石等村寨730余户老百姓用电受影响。为保障群众用电，贵州电网公司煎茶供电所配电班班长方传齐和班员杨再怀驾车赶往楠杆乡抢修线路。在抢修返程途中，遭遇暴雨引发的山洪，不幸因公殉职。4月26、28日，方传齐和杨再怀分别被贵州省总工会、南方电网公司追授“五一劳动奖章”。

7月4日，贵州省能源局发布《进一步优化贵州用电服务营造良好营商环境实施方案》，根据方案，贵州电网公司正式推出“三零服务”（用户业务办理“零上门”、用电报装“零审批”、业扩报装“零收费”），实现用电报装“一次都不跑”、业务办理时间大幅缩减、用电报装不再收费，全年降低接电成本2.2亿元，提升小微企业的电力获得感。

7月11日，贵州电网公司荣获“全国模范劳动关系和谐企业”荣誉称号，并作为全国第四届和谐劳动关系模范企业贵州省5个获奖企业、南方电网公司系统3个获奖企业的唯一代表，在全国构建和谐劳动关系先进表彰会上登台领奖。

9～10月，贵州电网公司相继发布《现场作业人员工作指引》《现场监督人员工作指引》和《输配电线路杆（塔）登高作业防坠落工作指引》，提出现场作业人员的“五严禁”、监督人员的“五必须”和登高人员的“三严禁”。

9月，贵州电网公司贵阳供电局的卢兴福和刘鹏入选中央企业“百名杰出工匠”培养支持计划，该培养支持计划名单，成为新时代产业工人的学习典范。卢兴福作为“中华技能大奖”获得者，受邀进京现场观礼庆祝中华人民共和国成立70周年大会并参与国庆联欢活动。

国庆前夕，贵州电网公司先后组织开展经典爱国主义歌曲歌咏暨南网文化展演、“新中国70年·电网印记”微型画展、《70年初心不改，只为这万家灯火——贵州电网70年改革发展巡礼》专题片展播、

“与祖国同梦、与行业同心”朗读活动等，隆重庆祝新中国成立70周年。

9月4日，贵州省委副书记、省长谌贻琴对贵州电网公司工作作出批示，感谢南方电网公司对贵州的大力支持。

11月19日，贵州电网公司党委理论学习中心组开展党的十九届四中全会精神暨2019年第四季度集体（扩大）学习研讨。

12月10日，中央主题教育第十二巡回督导组现场指导贵阳供电局专题民主生活会，并给予高度评价。

（蔡靖波　龚　喜）

【广西电网有限责任公司】

企业概况　广西电网有限责任公司（简称广西电网公司）是南方电网公司的全资子公司，地处“西电东送”主通道的中部，是南方电网公司的重要组成部分。截至2019年底，供电面积23.67万km^2，供电客户数1320万户；累计拥有35kV及以上输电线路5.1万km，公用变电容量9933万kVA。2019年广西全社会用电量1907亿kWh，比2018年增长12.0%。广西境内电厂装机容量为4614.92万kW，比2018年增长2.25%。广西境内电厂发电量1827.48亿kWh，比2018年增长13.02%，其中：水电完成发电量593.41亿kWh，占32.47%；火电完成发电量987.62亿kWh，占54.04%；核电完成发电量171.53亿kWh，占9.39%；风电完成发电量61.33亿kWh，占3.36%；光伏完成发电量13.58亿kWh，占0.74%。购外省电量191亿kWh，售外省电量111亿kWh。2019年，广西电网公司五度蝉联“全国文明单位”，荣获“全国五一劳动奖状”“广西十佳企业”等荣誉，连续九年列“广西企业100强”前5位，连续十二年荣获“广西优秀企业”，连续七年在广西公共行业满意度测评排名第一。

领导班子

2019年6月，南方电网公司对广西电网公司领导班子进行了调整。领导班子成员如下：

党委书记、董事长：揣小勇（法定代表人）

党委副书记、董事、总经理：吴小辰（2019年6月12日调离）

党委副书记、董事：瞿佳兵

党委委员、董事、副总经理：黄家林

党委委员、董事、工会主席：林辉

党委委员、董事、纪委书记：李建设

党委委员、董事、副总经理：陶先文

党委委员、董事、副总经理：叶雄

总会计师、总法律顾问：李欣

董事、副总经理：卑毅（2019年6月12日到任）

党委委员、董事、副总经理：陈伟荣

党委委员、董事：陈邦宇

组织机构　广西电网公司本部设有20个部门（其中系统运行部与电力调度控制中心合署）、12个直属、挂靠机构，分公司60家、全资子公司3家、控股子公司5家。

人员结构　截至年底，广西电网公司用工总量为4万人，其中博士32人，硕士1525人、本科生15 175人、专科生10 705人，中专技校及以下12 554人；正高级职称14人、副高级职称1500人、中级职称8533人、初级职称9704人。全年培训8804期次252 638人次，岗位胜任能力评价合格率98%，新增高技能人才3108人。高级技师557人，技师5030人，高级工14 732人，中级工4061人，初级工1824人。技术专家队伍总量达到365人，技能专家队伍总量达453人。

电网发展

（1）电网规划。2019年完成固定资产投资192.7亿元。配合广西壮族自治区发改委完成广西“十三五”110kV及以上电网规划修编，开展广西电网公司“十四五”智能电网发展规划研究，完成广西衔接“一带一路”服务南向通道和西部陆海新通道、推动桂林打造国际旅游胜地电力专项规划。2019年末，广西境内500kV系统实现所有地级市全覆盖，220kV系统形成联系紧密的多环网结构，实现110kV变电站覆盖所有县城、35kV变电站覆盖所有乡镇、10kV线路向腹地延伸。完成新一轮农村电网改造升级任务，南宁五象新区建成广西首个高可靠性配电网示范区，柳州建成综合能源充电站提供一站式充电服务，河池东兰推进农村智能电网探索实践。

（2）电网建设。2019年累计完成基建投资88.7亿元，完成率103.6%；项目进度计划完成率100%。基建项目累计投产12 433项，其中主网95项，配网11 394项，农网944项。投产35kV及以上线路1303.32km（其中500kV线路117.99km，220kV线路467.62km，110kV线路534.87km，35kV线路182.84km），新增35kV及以上变电容量241万kVA（其中500kV变电站容量75万kVA，220kV变电站容量96万kVA，110kV变电站容量63万kVA，35kV变电站容量7万kVA）。建成投产主网项目95项，完成3714个精准扶贫电网项目建设。500kV北海（福成）变电站工程荣获广西电网公司首个“中国建设工程鲁班奖”。220kV紫荆变电站工程荣获“中国安装工程优质奖”。北海—美林500kV线路工程、220kV紫荆变电站工程荣获2019年度“中国电力优质工程奖”。钦州电厂二期500kV送出工程等14项工程荣获2019年度南方电网公司优质工程奖。

（3）供应链管理。全年完成物资采购金额 106.6 亿元，同比增加 73.33%，相比概算节约 8.5 亿元。物资采购集中度达到 99.52%，比年度目标值高 3.52%。统签合同 2.46 万份，合同总金额 113.51 亿元，同比增加 84%。按时支付民营企业货款 65 亿元、南网商城货款 2.4 亿元。实施南方电网公司供应商“双百”服务热线推广工作，启用供应商服务大厅。物资品控 4645 台套，品控品类扩大 50%，到货抽检合格率同比提升 7.98%，专项抽检合格率同比提升 10.37%。组织再利用闲置物资 2 亿元，集中处置报废物资回收 5829 万元。南方电网公司试点项目物资供应链智能调配平台在广西电网公司上线试运行。组织开展采购领域权力寻租等专项治理，问题整改完成率 100%。增设供应链内部监督机构，建立评标监督专家库。供应链部等 3 个集体获 2019 年度南方电网公司供应链工作先进集体。柳州供电局仓储配送班获南方电网公司“五星班站所”。

（4）节能减排。2019 年同期口径综合线损率完成 4.5%，同比下降 1.08 个百分点，比计划指标低 0.9 个百分点。企业能耗水平：万元产值综合能耗完成 0.12t 标准煤/万元，比年计划降低 0.006t 标准煤/万元。需求侧完成节约电量 3.1 亿 kWh，节约电力 7.7 万 kW，分别完成年度“两个千分之三”考核目标 100.65%和 100.7%。全力落实 27 项清洁能源消纳措施，实现“零弃水、零弃风、零弃光”和核电安全保障性消纳。完成来宾 A 厂 3、4 号机组及合山电厂 3 号机组超低排放改造，广西省级及以上调度火电机组超低排放改造累计完成 18 台、容量占比达 66.67%。建成投运贵港平南县武林港集装箱码头首个省级电网企业投资内河港口岸电项目，投运河西、柳北两座综合能源服务示范充电电站。《提升充电设施投资收益率，创新综合能源服务生态圈》获 2019 年度南方电网公司管理创新成果二等奖、广西电网公司管理创新成果一等奖。全年累计完成电能替代项目 960 个，电能替代电量 25.1 亿 kWh。全年建成充电桩 618 个，广西省级统一电动汽车充电智能服务平台“南网八桂充”上线运行并接入第三方运营商 11 家，充电桩数量 2478 个。

（5）国际合作。参与“一带一路”建设，规范开展境外项目安全风险管控，高质量推进柬埔寨、老挝、泰国、尼泊尔、几内亚等国家的 6 个项目建设，稳步推进广西电网公司首个肯尼亚 REA 农网 LOT2 项目启动，持续推进老挝 500kV 帕腊变电站项目创国家优质工程工作，境外项目年度回款 9673 万元。进一步加强与国内大型央企的合作开发，新签塞拉利昂 Bo（博城）- Kenema（凯内马）配电网项目的改造、扩建项目和柬埔寨巴威输变电项目环网部分工程 115kV 输变电线路工程施工项目。

安全生产运行

（1）安全管理。2019 年没有发生一般及以上电力事故，没有发生二级及以上电力事件，没有发生网络安全Ⅲ级及以上事件，连续七年没有发生Ⅰ类电气误操作事件。百万工时工伤意外率 1.66 人次，在南方电网五省（区）公司排名第一。安风体系评级指标提前一年完成“十三五”目标值，连续五年保持南方电网公司西部第一，贵港供电局成为南方电网系统 2019 年度唯一获安风体系五钻评级单位。连续三年获广西壮族自治区重点企业安全生产考核优秀等级。连续三年把“人人过关”保命技能培评作为员工上岗前置条件，违反基本、直接保命措施实施“一票否决”。完成 4 家地市供电局安全生产巡查，对 159 人进行履职到位评价，对 61 人次提出问责建议。严肃查处各类违规行为 8003 起，对 10 187 人次实施处罚。成功应对 2 次强冷空气、1 次台风、7 轮强降雨、2 次地震袭击。连续 16 年实现中国—东盟博览会保供电万无一失，完成庆祝新中国成立 70 周年、澳门回归祖国 20 周年等保供电任务 547 项，累计投入 61.5 万人次、9.5 万台次车辆、5213 台次应急发电装备。

（2）电网运行。2019 年，广西境内水电来水总体与常年持平，比 2018 年同期总体偏多 2 成。广西累计购云南电量 126.1 亿 kWh，较年度计划持平。实现全年“零弃水、零弃风、零弃光”目标。随着金陵站 220kV 配套接入、如画站 220kV 配套接入、220kV 南良线改造、220kV 碧竹站接入、500kV 钦久甲线接入等重点工程投产，广西电网网架结构得到进一步加强，但电网停电检修作业多，高风险停电任务重，电网运行风险依然突出。通过统筹发输变电设备检修安排，加强防范电网风险重点项目和重点工作管控，不断优化机组开机和云电、西电曲线，尽最大能力全额吸纳可再生能源，确保电网安全、稳定、经济、优质运行和电力可靠供应。由于 2019 年底为暖冬，统调负荷没有创新高，最高负荷出现在 1 月 3 日，为 24 327MW，同比下降 1.2%。日电量累计六次创新高，8 月 13 日电量为全年最高值，达到 5.03 亿 kWh，同比增长 8.55%。

（3）可靠供电。2019 年设备健康水平持续提升，生产技术管理总体平稳。综合电压合格率 99.562%，比 2018 年提高 0.199%；城市居民端电压合格率 99.76%，比 2018 年提高 0.081%；农村居民端电压合格率为 98.721%，比 2018 年提高 0.209%，增加电压监测点 137 个。客户平均停电时间（低压）11.71h/户，同比降低 4.46h/户；客户平均停电时间（中压）12.95h/户，同比降低 4.35h/户。完成本体重大风险设备整改 245 台、主变压器 A 修 31 台，对

1719台Ⅰ、Ⅱ级管控级别设备和212条段防范电网风险重点设备开展66 285台（条）次特巡特维；排查整治对地安全距离不足等涉电公共安全隐患8027处；10kV中压故障率同比下降26%。

科技信息

（1）科技创新。2019年新增科技项目210项，完成科技验收项目82项，科技项目投资1.85亿元，技术投入比例1.13%，累计有效专利拥有数2004项，亿元营业收入有效专利拥有数2.91件，达到国际领先水平。获省部级及行业奖励37项，其中中国电力科技奖1项、中国电力创新奖3项、中国能源创新奖1项、自治区科学技术奖4项、全国电力职工技术创新奖16项、南方电网公司创新奖12项。开展首批12项专利的价值评估和实施许可，申报“广西壮族自治区智能配用电工程研究中心”获得批复认定。

（2）信息管理。2019年数字化水平评价104.1分，在南方电网各分子公司中排名第二。全年未发生Ⅲ级及以上网络安全事件，完成“护网-2019”演习迎战工作，代表南方电网公司获2019年全国电力行业网络安全竞赛第二名。年度信息化投资2.98亿元，同比增长7.58%，投资计划完成率104.57%。建成物资智能调配平台、财务税务管理系统，完成南网云及人工智能广西分节点部署。全国行业内率先构建覆盖全电压等级（500kV～220V）的统一电网核心数据模型；南方电网公司系统内建成首个覆盖全省的配电网可视化规划系统，实现电网规划业务全流程线上智能化办理。以营销信息为主，建成广西电网首个具有人脸识别、语音交互等功能的智慧旗舰营业厅。完成广西新电力投资集团所属40家县级单位供电服务热线966022全面上收，实现广西电网95598热线“一号对外”。

营销服务

（1）市场营销。2019年售电量1505.4亿kWh，同比增长11.4%，其中区内售电量1410亿kWh，同比增长13.4%。12个地市供电局实现两位数以上高增长，5个地市供电局售电量过百亿。制定增供扩销30条78项具体措施，有针对性开展崇左中信大锰、广西铁合金、敏诚矿业等竞争区域用户交易，稳住存量用电。全年组织开展80批次市场化交易，成交直接交易电量690.8亿kWh，降低用户购电成本78.86亿元。拓展区外售电市场，广西扶贫电（富川华润电厂）送广东累计30亿kWh。落实预购电及划小交费周期制度，执行率达99.35%，费控客户约220万，比例达40.35%。当年电费回收率100%，连续两年结零，连续五年在南方电网公司排名前列。

（2）客户全方位服务。2019年，广西电网公司公共行业满意度测评90.82分，连续七年获公共行业满意度测评第一名，第三方客户满意度80分，同比提高1分，12398转办投诉43件，同比下降6.5%。居民用户、一般低压用户和10kV高压单电源平均接电时间分别为1.2、1.6、9.8个工作日，同比分别缩减79%、81%、67%，完成广西壮族自治区“获得电力”百日攻坚目标、攻坚突破年目标任务。在南方监管局对广东、广西、海南25个城市“获得电力”评价中，南宁供电局总分第三，在获银牌城市中排名第一；柳州供电局总分第九，获铜牌。实现网上营业厅、掌上营业厅以及“爱南宁”App公共服务平台新装、过户等22类用电业务线上办理，12个地市供电局派驻市政中心，14个市出台水电气业务“一窗受理”“一事通办”实施办法，最短审批时限5个工作日。实现小微企业零成本接电，实施业扩投资界面延伸51.1万户，为客户节约接电成本11.2亿元。在广西营商环境大督查中位列七个测评行业首位，“获得电力”指标进入全国一流水平。建成南宁青秀、柳州天山智慧营业厅，远程渠道关注客户数达489.3万，远程业务办理比例97.1%，非现金缴费率98.76%。客户全方位系统实用化率达90%以上。2019年低压集抄自动抄表率99.4%，购电电子化结算率100%，售电侧电子化结算率98.2%。印发《关于开展广西电网公司营销领域安全生产专项工作的通知》，有效管控营销现场作业安全和涉电公共安全。2019年全区供电电源配置合格率和自备应急电源配置合格率均为99%，同比均提升1个百分点。

（3）农电管理。县级供电企业售电量386.06亿kWh，同比增长22.45%；综合线损率4.62%，同比降低4.99%；电费回收率100%，同比持平；综合电压合格率99.365%，同比增长0.03%；综合供电可靠率99.835%，同比增长0.057%。完成剩余1家（武鸣）县公司“子改分”改制工作，全面完成广西电网公司原辖区县级供电企业“子改分”工作。新增接收22个独立供电区域。

经营管理

（1）改革发展。2019年，广西壮族自治区人民政府与南方电网公司签订新时代全面深化合作战略框架协议，实现全区“一张网”电网发展模式。广西电网公司与广西农村投资集团签订组建新公司合作框架协议，以广西电网公司绝对控股方式成立广西新电力投资集团有限责任公司，承担原广西水利电业集团40个县的电网规划及投资建设、供电服务和资产经营管理主体责任。促成来宾企业自建电网纳入广西电网统一调度，与贺州市政府签订战略合作协议，与中国有色集团（广西）平桂飞碟股份有限公司签订电网合作框架协议。2019年累计准入市场主体近6000家，年度市场交易电量达690.8亿kWh，同比增长37%，市场化水平居全国前五，推动市场化交易度电降幅全国第一。

（2）财务管理。完成南方电网公司下达的经营业绩目标任务。成功疏导一般工商业降价资金 6.5 亿元；可控供电成本总额控制在南方电网公司压降目标内，11 项严控费用同比下降 8.62%，单位供电成本同比下降 8.5 元/kWh，万元固定资产运维费同比减少 36.8 元/万元；争取到贷款利率下浮 13%的优惠贷款，全年票据结算金额 19.48 亿元，同比增长 62.06%，累计节约利息支出 1.63 亿元；在投资创历史新高和新增 30 亿元负债用于重组资产收购的双重压力下，资产负债率首次压降至 70%以下，同比下降 1.23 个百分点，“两金”余额完成南方电网公司清理目标，三年以上应收款项余额比 2017 年底下降 66.86%；累计清退逾期欠款 2.75 亿元；财务管理创新和财务智能化研究取得新突破，获南方电网公司管理创新优秀奖 1 项、广西电网公司管理创新一等奖 1 项，中电联电力科技创新一等奖 1 项、二等奖 1 项。

（3）审计管理。实现省、地两级单位全部成立审计委员会和违规经营投资责任追究工作领导小组，打造“现场审计＋党建”“管理创新＋党建”“基层调研＋党建”等审计党建“三＋”模式。2019 年累计完成审计项目 91 项和 10 060 个工程项目的竣工决算审计，揭示风险和问题 1875 个，提出管理建议 926 条，审计监督工作挽回经济损失 1.72 亿元，纠正管理不规范金额 4.24 亿元。推动审计发现普遍性、典型性问题有关整改工作纳入广西电网公司党委提级督办，问题整改措施办结销号率 100%。推进“审计发现常见问题专项治理行动”，对 23 个审计发现常见问题出台治理措施 76 项，遏制问题屡审屡犯。强化“月度跟踪、季度通报、年度检查”的审计整改过程跟踪机制，闭环管控审计发现问题整改，审计整改工作挽回经济损失 1.43 亿元，完善管理制度和优化流程 124 项。基本完成省级数据审计中心建设，在线审计作业模式初步成形并取得良好效果。加强审计理论研究工作，荣获中国内审协会理论研讨论文三等奖 1 项、广西内审协会理论研讨论文一等奖等 16 项。

（4）企业管理。综合标杆自评得分 90 分，14 个班站所获评南方电网公司五星班站所标杆，数量位列南方电网公司西部第一；下达管理创新项目 33 个，投入 1071.1 万元，获南方电网公司 2019 年管理创新成果奖二等奖 2 项、优秀奖 3 项；开展广西电网公司 2019 年度管理创新成果评选，评选出一等奖 5 项、二等奖 11 项、优秀奖 14 项。增量配电业务改革试点稳步推进有成效，再次挫败企业自建电网违规申报第四批试点企图；推动前三批试点项目落地见效，14 个试点项目全部确定业主，广西电网公司控股 9 个、参股 2 个，9 个取得电力业务许可证进入实质运营阶段，在南方电网公司系统率先完成增量配电试点项目建章立制。

（5）法治工作。修编企业管理制度标准 368 个，制订、修订广西电网公司及各子公司章程 18 份。编制《合规义务清单》《重点岗位合规手册》等体系文件，对 259 份 B 类制度进行合规甄别，积极应对 42 项重大合规风险。编制 13 个重点领域《合规应知应会基本知识》，出版《电网建设法律法规手册》。印发《广西电网公司知识产权法律风险防范工作指引》，开展境外项目法律风险防范专项研究，形成《境外项目法律风险数据库》。全年完成产权证明补办 672 宗，出具法律尽职调查报告 68 份，法律意见书 82 份。建立合同承办人进入和退出机制，开展合同管理通报四期。2019 年，累计办结各类案件 276 起，挽回损失 6455 万元，胜诉率 95%；完成领导干部法治建设“六个一”活动 1830 项；联合广西壮族自治区依法治区办、公安厅、司法厅、应急管理厅、教育厅共建全区涉电公共安全风险防范长效机制，广西电网公司系统各单位与各级政府部门签订共建协议 46 份，联合组建法律服务队 52 支，开展“法治观察”14 场，送法进企业、进校园、进乡村 88 场。截至 2019 年，累计开展“依法治安”法治巡回宣讲 116 场，接受教育员工 2.7 万名。完成“法治央企”示范单位创建及验收，承办南方电网公司法律专业技能竞赛并取得历年竞赛最好成绩，获团体一等奖并包揽个人一等奖前两名。

（6）产业发展。承接南方电网公司新兴业务指导意见和规划，开展广西电网公司新兴业务发展规划研究编制。全年完成新兴业务项目投资约 6600 万元。完成南方电网能源公司股权划转、同质化项目收购，协助南方电网能源公司推进贺州、来宾象州风电项目；完成电动汽车服务区域项目组建可研报告，协同南方电网电动汽车公司在柳州开展 9 个出租车充电站服务站投建工作。指导推动柳州智能电网产业园建设，协助完成园区运营公司实体化运作。截至 2019 年，累计完成 61.1%存量土地和 67.4%闲置物业盘活。2019 年新兴业务国有子公司营业收入 29.03 亿元，同比增长 53.39%；利润总额 7681 万元，同比增长 240.64%；净利润 6001.85 万元，同比增长 247.03%。

党群宣传

（1）党建工作。广西电网公司党委始终以深入学习贯彻习近平新时代中国特色社会主义思想为主线，贯彻落实新时代党的建设总要求和新时代党的组织路线，不折不扣贯彻落实南方电网公司党组决策部署，大力推进党建工作与企业改革发展生产经营深度融合。高质量推进“不忘初心、牢记使命”主题教育，开展“当先锋作表率创一流”特色实践活动，实施党员岗位争先、攻坚克难、志愿服务三大行动。职工群众对广西电网公司党委主题教育总体评价全部为“好”。印发《广西电网公司党委关于不断提高党的建设质量推动党建工作与改革发展生产经营深度融合的工作方案》，推进党建工作 10 个方面 131 条具体任务落实。创新支部组织生活方式，广西电网公司特色主题党日活动案例入编中组部有关案例选编。设立党建工作与改革发展生产经营深度融合专项奖励，持续推动《广西电网公司党委关于党支部发挥战斗堡垒作用的指导意见》落实落地，推动党建工作与企业改革发展生产经营双融互促。抓好改革后企业和广西新电力投资集团党组织管理，实现广西能汇投资集团党委对下属党组织垂直管理，指导广西新电力投资集团成立第一届党委。

（2）理论武装工作。创新中心组学习“一平台一指引”，完成 11 次党委中心组集体学习研讨。承办自治区宣讲团党的十九届四中全会精神宣讲报告会，以视频形式同步设立 98 个分会场，组织 3000 多名党员聆听报告。推出“书记荐读”“员工悦读”各 12 期，组织 4 个批次 1.4 万人次党员参加理论学习应知应会测试。明确“六个坚决抵制”重点任务，建立“季通报、年督查”的督查模式，完成对本部各部门、业务支撑实施机构以及市县两级意识形态自查、督查全覆盖。

（3）宣传工作。紧扣“庆祝新中国成立 70 周年”主题，形式多样开展五个系列宣传（主题宣传、发展宣传、服务宣传、成就宣传和典型宣传），全年累计在自治区及以上主流媒体刊播新闻报道 1486 篇，三大央媒发稿量 100 篇，同比增长 22%。《南方电网企业文化理念》实现全员宣贯，分层分类专题宣讲 881 场。每月 1 期开展“践行价值观　筑牢信念之魂”新时代文明实践活动，1 人获评自治区诚实守信道德模范，2 篇作品获评中央企业故事大赛优秀奖，6 家单位获评南方电网公司文明单位。完成经典爱国主义歌曲歌咏暨南网文化展演、视觉新国企摄影展等重点工作，获评庆祝新中国成立 70 周年系列活动优秀组织单位。加强典型培育选树，第六届“感动南网”评选中 2 名个人、1 个团队当选。

（4）党风廉政建设。深入整治“四风”，落实为基层减负 19 项措施，自查自纠问题 20 起。在 8 个业务领域全面“扫雷”发现 148 个问题，市场营销、基建工程领域“扫雷”试点形成特色经验全面推广。成立广西电网公司监督执纪中心，独立设置巡察办，试点建立廉政监督员制度。启动派驻纪检机构试点，成立 2 个派驻纪检组对 6 家单位开展综合派驻。首次整合 12 个专业开展联合监督，首次与地方纪委监委联合办案，组织“清正廉洁作表率”主题纪律教育月活动，开展警示教育 1453 场次。中央巡视 150 项阶段性整改任务、南方电网公司专项巡视 515 项整改措施全部销号。完成 3 家单位常规巡察，创新上下联动巡察专业一条线，在南方电网公司系统率先开展优化电力营商环境专项巡察，实现脱贫攻坚巡察全覆盖，开展 8 家县级供电企业“咬尾式”交叉巡察，共巡察 157 个党组织，发现 1958 个问题、37 条问题线索，推动修订完善 118 个规范性文件。

（5）工会工作。牵头“南方电网配电专业工作室联盟”建设工作；创建劳模（技术能手）创新工作室 139 个，其中全国示范性劳模和工匠人才创新工作室 1 个、自治区劳模和工匠人才创新工作室 11 个、南方电网公司星级工作室 37 个；认定创客空间 34 个。举办“职工创新月”系列活动，开展“劳模工匠创客讲堂”3 场、职工创新成果现场推广交流活动 5 场，1 人获 2019 年“广西工匠”、1 人获第二届“南网工匠”，3 人获 2019 年度“南网创客”称号。全年组织开展高压试验、10kV 配电线路带电作业等 8 项技能竞赛，农配网工程标准建设、信息数据应用等 6 项劳动竞赛。获南方电网公司法律专业技能竞赛团体一等奖，公文保密、高压试验、物流管理、调度运行专业 4 个技能竞赛团体二等奖，19 人获南方电网公司技能竞赛个人奖，名列西部第一。在 2019 年全区职工职业技能大赛（电力电缆安装工）中包揽个人前 8 名。组织“我和我的祖国”庆祝新中国成立 70 周年职工绘画、文学、摄影等评比活动，试点成立 21 个职工歌舞、书法等文化工作室。举办广西电网公司系统乒乓球、气排球、篮球比赛。开展受灾点、重点工程“送清凉”慰问和“暖心走基层·共筑安全路”主题活动。广西电网公司工会在南方电网公司 2019 年度工会专业考评中名列第一。

（6）共青团工作。深入开展“青春心向党、建功新时代”主题活动，围绕庆祝新中国成立 70 周年、纪念五四运动 100 周年，开展主题团日活动 110 多场，累计 2.5 万人次参与。发布首份《广西电网公司青年发展规划（2019—2022 年）》，成立 2 个青年“萃智”计划项目中心和 4 个实施基地，带动基层青年参与创新研究近 1000 人次；举办首届青年创新创意大赛“优化电力营商环境”主题活动，41 个服务攻关项目脱颖而出。推动 43 家县级供电企业团组织关系全部实现垂直管理，设立团委 6 大专项工作组。6 个青年集体和个人获全国级荣誉，41 个青年集体和个人获省部级表彰，获全国级荣誉数量为南方电网公司系统第一。

（7）扶贫工作。全年完成贫困地区农村电网投资

98.66亿元，实现贫困户100%通生活用电，贫困村通动力电全覆盖。承接国务院国资委下达南方电网公司的定点帮扶东兰县贫困发生率由2018年底的9.27%下降到1.66%，34个脱贫摘帽村“十一有一低于”指标全部达标，5451户贫困户21 299人“八有一超”指标全部达标，实现整县脱贫出列。广西壮族自治区下达广西电网公司的6个定点帮扶村（东兰坡索村、上林云桃村、上林覃浪村、融安安宁村、大化加城村、陆川石垌村）实现提前一年全部脱贫摘帽，1283户5386人实现脱贫。东兰坡索村、上林云桃村、大化加城村被评为自治区五星基层党组织、南方电网公司精准扶贫示范村。1名扶贫干部被评为广西电网公司劳动模范；1名扶贫干部荣获南方电网公司“守初心、担使命”优秀共产党员称号。农村电网改造升级领导小组办公室荣获广西壮族自治区脱贫攻坚先进集体，广西电网公司连续两年荣获区直中直驻桂单位定点扶贫工作考核最高等次评价“好”，成为232家单位和企业中满分通过考核的唯一企业。

主要事件

7月30日，南方电网公司与广西壮族自治区人民政府在南宁签订新时代全面深化合作战略框架协议，由广西电网公司控股重组广西农村投资集团下属广西水利电业集团电网资产以及与电网业务关联度较为紧密且经双方认可的能建企业资产，按照统一规划、统一建设、统一调度、统一管理的原则，推动实现全区“一张网”电网发展模式。

8月13日，广西电网日供电量首次突破5亿kWh，达到5.03亿kWh，年内第6次创新高，较2018年最高日供电量增长8.6%。

8月27日，广西新电力投资集团有限公司揭牌暨管理权移交仪式在广西电网公司举行，广西电网公司、广西农村投资集团、广西新电力投资集团签订“管理权移交协议”。

9月24日，广西电网公司不断深化精益保电“广西样板”，完成第16届中国—东盟博览会、中国—东盟商务与投资峰会一级供电保障任务，累计投入保供电人员5036人次、车辆1315辆次、应急发电车（机）147台，执行保供电任务137项，实现“两个确保、七个不发生”的保供电工作目标。

10月31日，广西壮族自治区公布了2019年全区公共行业满意度测评结果，在广西五个公共行业中，公众对供电行业的总体满意度为90.82分，首次突破90分，比2018年提高3.4分，连续七年获得公共行业满意度测评第一名；广西14个地市的供电行业满意度综合得分均排第一名。

12月4日，广西电网公司500kV北海（福成）变电站工程荣获“中国建设工程鲁班奖”，实现“零”突破，也是2019年度南方电网公司唯一参评并获此殊荣的工程。

12月30日，广西全区农村电网“两率一户”（供电可靠率、综合电压合格率、户均配变容量）指标分别达99.80%、98.15%、2.01kVA/户，达到国家标准。

2019年，广西电网公司售电量首次突破1500亿kWh，达1505亿kWh，同比增长11.4%，增速位居南方电网公司第一，连续两年售电量保持两位数增长。

截至年底，广西电网公司全年消纳水电593.4亿kWh，风、光和其他可再生能源发电量127.7亿kWh，连续两年实现“零弃水、零弃风、零弃光”。

2019年，广西电网公司当年期电费回收率100%，连续两年实现电费结零，连续五年在南方电网公司排名第一。

（张　蕾　秦诗琼）

【云南电网有限责任公司】

企业概况　云南电网有限责任公司（简称云南电网公司）是云南省域电网运营和交易的主体，是云南省实施“西电东送”“云电外送”和培育电力支柱产业的重要企业。截至2019年底，云南电网公司员工总数6.33万人，拥有110kV及以上电压等级变电站702座、输电线路5.6万km。全省发电装机（含向家坝）9595万kW，其中以水电为主的清洁能源装机8086万kW（水电6873万kW、风电863万kW、光伏350万kW），占比84.28%；火电1509万kW，占比15.72%。

2019年，完成固定资产投资152.85亿元；实现营业收入901.64亿元，同比增长8.28%；实现利润总额7.22亿元；实现经济增加值（EVA）−2.74亿元。截至2019年底，云南电网公司资产总额达到1266.84亿元；资产负债率71.01%。

2019年，云南电网公司完成售电量2697.7亿kWh，同比增长11%。其中，省内售电量1475.4亿kWh，同比增长8.43%；西电东送电量1196.7亿kWh，同比增长13.8%；通过云南国际公司向境外送电25.6亿kWh，同比增长38.43%。云南省西电东送电量（含溪洛渡）1451.7亿kWh，同比增长5.16%。

领导班子

2019年6、10月，南方电网公司对云南电网公司领导班子进行了调整。调整后，云南电网公司领导班子成员如下：

党委书记、董事长：甘霖（法定代表人）（自2019年6月18日）、薛武（法定代表人）（至2019年

6月18日）

党委副书记、董事、总经理：刘静萍

党委委员、董事、副总经理：佀蜀明（省公司正职级）（至2019年10月11日）、王文（至2019年10月11日）

党委委员、董事、总会计师：周正风（至2019年10月11日）

工会主席：赵建华

党委委员、董事、纪委书记：祝谦

董事、总会计师：孙宏兵（自2019年10月11日）

党委委员、董事、副总经理：高孟平、江北（自2019年10月11日）、徐尤峰（自2019年10月11日）

总工程师：张虹

组织机构 云南电网公司管辖单位153家。本部设办公室（与党委办公室、董事会办公室合署）、规划发展部（与扶贫工作领导小组办公室合署）、人事部、人力资源部、计划与财务部、企业管理部（与全面深化改革办公室合署）、生产技术部、市场营销部、基建部、新兴业务部、供应链管理部、系统运行部（与云南电力调度控制中心合署）、科技创新与数字化部、安全监管部（与应急指挥中心合署）、审计部（与监事会办公室合署）、法规部、党建工作部（与企业文化部、机关党委办公室合署）、监督部（与纪委办公室合署）、巡察办公室、工会办公室20个部门；设云南电力调度控制中心（与系统运行部合署）、电网规划建设研究中心（云南电网改革发展研究中心）、云南省公安厅防范和打击涉电违法犯罪中心（保卫处）、综合服务中心（离退休服务中心）、新闻中心、社保（年金）中心、财务共享服务中心（云南电网资产运营监控中心）、生产运营监控中心、电力客户服务中心、计量中心、审计中心、法治与合规共享中心12个直属机构；设节约用电服务中心1个挂靠机构。设有三级单位31家（供电单位18家），四级单位122家（供电单位112家）。

落实中央决策部署

（1）防范化解重大风险。重大风险可控在控。严格执行金融风险防范26条措施，未发生系统性金融风险事件。多措并举降杠杆减负债，云南电网公司资产负债率处于合理区间。成功收回隆基、云铝巨额欠费，维护国家输配电价政策和电力市场规则权威。

（2）污染防治。清洁能源消纳成效显著。应对主要流域来水复杂多变的局面，云南省西电东送和省内售电量同步突破1400亿kWh大关，全省弃水电量仅17亿kWh，统调水能利用率高达99%，弃水问题得到基本解决。

（3）精准脱贫。推进“提质攻坚促脱贫”专项行动，全年完成电力行业扶贫投资50亿元，云南电网公司供电区域农村电网供电可靠率、综合电压合格率、户均配电变压器容量提前达到国家目标要求。服务地方扶贫工作，完成易地扶贫搬迁、产业扶贫、光伏扶贫电站等配套项目1703个，满足地方脱贫攻坚的用电需求。持续加大对“三区三州”和深度贫困地区电网建设的政策倾斜和支持力度，贫困地区实现了从“用上电”到“用好电”的深刻转变。投入定点扶贫资金3565万元，一体推进产业、消费、教育、党建扶贫项目，对口帮扶的维西县已实现脱贫摘帽公示。连续两年在省脱贫攻坚考核中获得最高评价“好”，获2019年“央企年度扶贫责任企业奖”。

（4）减税降费。落实减税降费精准有力。协同抓好电力市场化改革、一般工商业降电价、低压业扩延伸等举措落实，累计降低企业用电成本140.3亿元。积极做好国务院第六次大督查、国家能源局两项重点专项监管等迎检工作，多措并举降低用电成本典型经验受到国务院通报表扬。

（5）各项改革。电力体制改革不断深化，云南省省内交易电量达到1045亿kWh。推进南方区域统一电力现货市场建设，市场建设实施方案获南方电网公司批准，调频辅助服务市场具备模拟试运行条件。持续跟进第二监管周期输配电价核价，解决文山电力单独核价历史遗留问题，与政府主管部门就争取合理的输配电价水平和结构、推动乌东德电站参与输配电成本分摊等达成共识。按期完成广南电力公司67.7%股权交割及工商变更，启动地方国资持有股权无偿划转。国企改革稳步推进。完成云南电网公司本部机构适应性调整，理顺部门职责关系。稳妥推进退休人员社会化管理，完成退休人员统筹外补贴专项整改。统筹推进厂办大集体企业改革，制定了改革的时间表和路线图，按期完成7户企业清算关闭。

安全生产

（1）电网安全。抓实防范年度九大系统运行风险的46项重点工作及58项措施，投产8项防范电网风险重点工程，消除一般及以上电网事故风险14项，局部地区网架薄弱问题得到有效改善，电网网架水平稳步提升。防控一般及以上事故风险31项，主网故障快速切除率连续11年达100%，大电网连续23年保持安全稳定运行。电网频率控制水平逐年提升，±0.1Hz频率合格率达99.99%。

（2）安全基础管理。开展安全生产领域“反违章、查隐患、控风险”、中低压配电网防范人身事故专项行动、安全生产巡查等专项工作，层层压实安全生产责任。深入开展人身安全、涉电公共安全、设备固有风险等隐患排查治理，实施10kV台架变绝缘化改造。开展基建工程质量、安全管控，连续四年实现基建安全“零事故”。完成“护网-2019”网络攻防演习，整体网络安全意识、防御威胁能力显著提升。扎实开展一、二次设备隐患专项治理和涉电公共安全隐患治理，云南电网公司产权设备涉电公共安全事件数和死亡人数同比降幅近半（46.3%、40.5%）。全年交通事故数和经济损失同比大幅下降（53%、45%），未发生责任火灾事故。开展“十个规定动作”准军事化集中轮训，促进安全生产队伍强意识、强作风、强技能，培养“肌肉记忆”“三种人”调考保持80%以上的整体合格率。举办首届安全文化节，云南电网公司安全文化建设机制入选2019年全国电力安全文化建设优秀案例。

（3）配网安全管理。开展人身事故专项治理，深挖安全生产事故频发根源，推动工作重心适当向配网转移，坚决打好安全生产翻身仗。抓实治标各项举措，深入开展与“违章、麻痹、不负责任”三大安全敌人作斗争专项整治，推进中低压配电网防范人身事故、“反违章、查隐患、控风险”专项工作，全力确保“十个规定动作”等保命措施的刚性执行，坚决守牢人身安全底线。2019年，AB类违章同比下降47.5%。开展“三基”建设，编制完善安全生产制度标准和技术标准，出台配网“两册”。发挥“两级督导一级派驻”机制作用，打通安全生产“最后一公里”，切实收紧安全生产责任链条。

（4）应急管理。开展“强应急”专项工作，持续强化“三体系一机制”建设。开展地震“黑箱期”快速灾情评估方法研究，建立了“地震应急时刻表＋部门处置方案（卡）”模式，推广应用应急处置卡。有效应对多次地质、气象灾害。组建应急特勤队、直属专责应急队伍、应急抢修突击队、应急抢修协作队伍、通信专业及网络监控应急队伍、网络安全专业应急队伍。圆满完成庆祝新中国成立70周年、《财富》全球可持续论坛等重大活动保供电任务。2019年，完成一级保供电1项，二级保供电107项。

电网规划建设

（1）规划研究。以南方电网公司“九大领域、三十二项重点任务”顶层设计为指导，完成云南智能电网“1＋3”规划和《云南电网智能电网2019—2020年规划实施方案》。以目标和问题为导向，聚焦“补短板”、智能化，有序推进“十四五”智能电网发展规划编制工作。全力支持云南省打造“绿色能源牌”，结合水电铝材、水电硅材一体化产业发展规划，开展中长期电力供需形势分析及500kV输电网规划调整。完成云南省16州市的城市保底电网规划编制，提升电网防灾抗灾保障能力。

（2）电网建设。加快以滇中城市群为核心的智能电网建设，昆明、玉溪等5个智能电网综合示范项目有序推进。建立“统一问题库、统筹解决问题、统一项目库”的配网规划体系，投产35kV及以下项目5280项。加大配电自动化、智能运维等技术推广应用，配网平均抢修时间同比节省2.1h。

（3）重点工程建设。完成电网基建投资108.4亿元，乌东德交流配套、“三区三州”电网建设、农网改造升级等工程建设进展顺利。500kV永昌输变电工程、220kV凤鸣变电站出线通道调整工程等8项防范电网风险重点工程投运，消除14项一般及以上电网事故风险。500kV吕合变电站工程、500kV版纳变电站工程获2018—2019年国家优质工程奖。黄登电站500kV交流送出工程、110kV槟榔寨变电站工程等3项工程荣获2019年中国电力优质工程奖。220kV福贡变加装可控串补变电站工程、110kV棋盘变电站工程等13个项目获南网优质工程奖。7个课题获得南方电网公司QC奖。

（4）供应链管理。开展采购领域全过程管理提升，新增采购业务规范率达82%。强化物资供需精准匹配，需求计划准确率、框架协议执行率同比增长50%、71%。物资管理水平全面提升，物资账实、账账相符率分别达到83.8%、99%。

电力供应与客户服务

（1）电力营商环境。电力营商环境持续优化。促成云南省能源局及各州市政府出台电力接入审批支持政策，低压居民、低压非居民（含小微企业）及高压单电源用户接电时长均优于南方电网公司和云南省目标。互联网统一服务平台用户数达436万，互联网业务比例81%，线上报装办电率100%。在云南省政府组织的企业便利度调查中满意度得分最高（96.69分）。

（2）电力供应。电力供应能力持续提升。新增35kV及以上线路1693km、变电容量477万kVA。做好增供扩销和用电服务，云南省主要用电行业开工率达59.1%。“1241”客户投诉管控机制有效运转，12398投诉年度排名未进全国前十。连续7年超额完成电力需求侧管理目标责任考核。

（3）营销数字化应用。营销数字化应用持续深化。计量自动化终端综合自动抄表率和电子化结算率分别达到98.6%、98%。通过计量自动化系统对台区电压、电流、功率等运行数据采集，实现末端电压采集和配网数据监测，为4328台低电压配电变压器分析、调整提供精准数据支撑。推广远程预付费模式，实现高、低压预付费业务试点上线。实现省级电费集中核算，异常数据比例大幅降低。

经营管理

（1）经营管理成效。增供扩销、降本增效，云南电网公司售电量、营业收入、利润总额同时实现两位数增长。强化经营管控，阳光高尔夫公司同比减亏38%，超额完成考核目标。推进有效资产清理，各类资产账卡物一致率达90%以上，报废资产净值率控制在9.4%以内。抓实一流企业建设“136X”工作体系落地，云南电网公司一流指数首次达到网内一流水平。

（2）经营管控。优化投资管控策略，万元资产售电量同比增长4%，净资产收益率同比增长0.5%。推进综合线损同期管理，综合线损率同比下降0.11个百分点。建成涵盖11类业务544项指标的资产运营监控平台，在月度例会等经营活动中全面应用，经营管理更具科学性和针对性。

（3）新兴业务。优化新兴业务布局，巩固市场化售电业务“1+N”协同关系，电力零售用户、交易电量、市场份额连续三年居云南省及南方电网公司系统首位。助力电动汽车服务业务发展，“云南省新能源汽车与充电设施公共服务管理平台”成为国内首家由政府发文认定的“车桩一体化”省级平台，平台接入车、桩数量占全省60%以上。云南送变电工程公司中标国家电网两个施工项目，总金额5.95亿元，网外业务进一步扩大。推进改革后企业瘦身健体压层减户，2019年压减法人户数78户，改革后企业未发生突破云南电网公司安全和廉洁底线的事件。

（4）依法治企。开展经营领域“查隐患、反违规、控风险”专项工作，自查自纠电价政策执行不到位、虚列费用套取资金、超付工程款项等方面的问题592项，收回资金1240余万元。在南方电网公司系统开展法治智库建设，“云电法治周”获南方电网公司“十佳普法品牌”称号。

科技信息

（1）科技创新。推进十大核心技术攻关，科技创新指数位列南方电网公司系统内单位第二，“物联网智能感知终端平台系统与应用验证”入选国家重点科技项目，昆明电力交易中心成为全国首个通过高新技术企业认证的电力交易机构。深化对外合作，与航天五院共同建成空间技术、电力物联网两个实验室，两个院士工作站获批建成、两个国家级科研基地分中心挂牌。出台科技成果转化奖励政策，兑现奖励220余万元。

（2）数字化建设。数字化助力企业经营管控，开发建设云南电网公司企业运营监控平台应用，实现对计划、基建、生技、营销、财务等企业经营的11大业务领域53个主题、544个指标的全方位监控与分析。基于“云电智云”平台开展客户画像精准营销、远程付费体系、数字化供电所等数据应用，持续挖掘数据价值，简化供电所工作，达到为基层减负、为用户高效服务、改善营商环境的目的。依托大数据建设，开展设备画像建设应用，在云南电网范围内推广数字化智能配电网规划辅助分析，提高电网数字化、智能化水平。

人力资源管理

（1）干部队伍。坚持党管干部，组织选人，强化党对选人用人工作的领导和把关作用。牢固树立重实干、重实绩、重基层的导向，2019年，新提拔的三级干部中具有县级供电企业任职经历的13人，占52%。调整县级供电企业领导班子216人次，解决了县级供电企业单设工会主席的历史遗留问题。开展优秀年轻干部专题调研，建立动态调整的年轻干部库。针对28家地市级单位183名领导班子成员、124家县级供电企业647名领导班子成员开展担当测评，实现地县两级单位领导班子测评全覆盖。重视优秀年轻干部培养选拔，推进年轻干部工作制度化、规范化、常态化。印发《云南电网公司关于适应新时代要求大力发现培养年轻干部的实施方案》，分解下达各单位年轻干部培养目标，将年轻干部工作实效纳入基层党建责任制考核。加大干部交流轮岗力度，帮助干部在实践中开阔视野、增长才干。

（2）员工队伍。狠抓岗位技能实操培训，实施配电、营销技能人员定岗定制化岗位胜任能力培训，坚持高标准、严要求、全覆盖，对各级安全生产作业管理人员和现场作业人员开展安全基本技能准军事化培训和“十个规定动作”肌肉记忆强化训练，推动各级安全生产队伍“转作风、强意识、提能力”。新增国家级技能大师1人，新增云南省“万人计划”首席技师6人，总量连续6年位居云南省各行业、企业之首。

党群宣传

（1）党建工作。以习近平新时代中国特色社会主义思想为指导，学习宣传贯彻习近平新时代中国特色社会主义思想，开展“不忘初心、牢记使命”主题教育，发挥党组织和党员在云南电网公司改革发展生产经营中的作用。加强党组织建设，落实为基层减负40条措施，深入开展机关建设年活动。聚焦供电所、改革后企业等薄弱领域和重点难点，提升基层组织力，“一所一支部”建成率92%。建强基本队伍，选优配强党组织书记，严把发展党员“入口关”。落实基本制度，制定《组织生活会业务指导书》《党员领导干部民主生活会业务指导书》，严肃党内政治生活。

（2）宣传思想工作。抓好理论宣传，统筹策划“微课十讲”10大宣讲主题，广泛开展“理论面对面—千堂报告进基层”理论宣讲。推进“党组织进项目”，搭建党员突击队、服务队等载体，在重点工程中发挥党组织和党员作用。印发《云南电网公司“三感一力”实施方案》，激发干部员工内生动力。加强先进典型选树宣传，独龙江供电所获2019年“最美云岭国企人”，此里吾堆获第六届“感动南网”人物称号。推动南方电网企业文化理念落地生根，按照“1+1+N”模式分7个片区完成全覆盖宣讲，教育引导干部员工学习践行。对外树立云南电网公司品牌形象，《空中舞者》宣传片被学习强国、人民网等100多家媒体转播，总点击和播放量超过1亿人次。

（3）党风廉政建设。制定完善云南电网公司监督体系、提高党委监督能力的工作细则，形成“1+2+7+N+5”为基本框架的监督体系。抓实中央巡视整改，在南方电网公司系统首家完成中央巡视移交问题线索办理。开展脱贫攻坚专项巡察，实现对深度贫困县的供电企业巡察全覆盖。加大执纪审查力度，2019年共受理信访举报67件，处置问题线索213条，立案57件，给予党政纪处分88人，挽回经济损失1900余万元。强化监督成果运用，加大案件通报力度。按照业务领域总结汇编云南电网公司系统22起典型违纪违法案例，有针对性地开展警示教育。

（4）工会共青团工作。推进员工关爱提升工作，从做好困难员工精准帮扶，加强员工日常关爱，改善员工医疗、就餐、住房、出行及用车条件，丰富职工精神文化生活等方面入手，将员工关爱工作落到实处。加大劳模（技术能手）创新工作室创建力度，投入243万元推进46个创新工作室建设。扎实推进“青马工程”，建立“青年荣誉库”，荣获省部级及以上团内先进集体和个人荣誉34项。组织“青春攻坚行”、青年创新论坛、青年安全生产示范岗和青年文明号创建活动，引导团员青年在生产经营中担当作为。

主要事件

1月2日，云南电网公司与云南省配售电公司正式签署《广南县电力公司股权转让框架协议》，以货币资金方式收购云南省配售电公司所持有广南县电力公司的67.72%股权。

6月19日，云南电网公司召开干部大会，南方电网公司党组副书记史正江宣布南方电网公司党组对公司干部调整的决定，甘霖任云南电网有限责任公司党委书记、董事长。

截至7月31日，云南西电东送累计送电量突破9000亿kWh，达9013亿kWh。

9月19日，南方电网公司与云南省政府签署《新时代全面深化合作战略框架协议》。

截至9月底，云南电网公司农村电网“两率一户”三大核心指标已提前达到国家要求。

9月29日21：00～9月30日凌晨3：00，受强降雨影响，云南昭通盐津县2条35kV、7条10kV线路停电，16 933户用户供电受影响。云南电网公司全力抢修，于10月3日19：10全面恢复受昭通盐津山体滑坡灾害影响客户供电。

11月1日，云南电网公司500kV荣兴输变电工程提前1个月建成投运。

2019年，云南省西电东送电量、省内售电量首次双双突破1400亿kWh，推动以电力为主的能源产业成为云南省第一大支柱产业。

2019年，云南省全年弃水电量仅17亿kWh，基本结束了云南省自2013年以来的弃水历史。

（李瑞雪）

【海南电网有限责任公司】

企业概况 海南电网有限责任公司（简称海南电网公司）是南方电网公司的全资子公司，负责经营南方电网在海南投资的国有电网资产，对海南电网实行“统一规划、统一建设、统一调度、统一管理”，承担国有资产保值增值责任，负责全省电网的安全生产工作，为海南经济发展和人民生活提供电力保障。

截至2019年，全省统调装机总容量820.4万kW，统调最高负荷536.9万kW，日最大发受电量1.14亿kWh。全省已建成220kV“目”字型环岛双环网主网架，并通过双回500kV海底电缆（容量120万kW）与南方电网主网相联。建成投运35kV及以上变电站311座，变电总容量2118万kVA。输电线路总长1.09万km，配电线路总长3.84万km。乡镇、行政村和自然村通电率均达100%。供电户数共274.11万户，供电人口约944.72万人，营业区面积3.54万km^2。

2019年，完成售电量284.21亿kWh，同比增长11.51%；第三方客户满意度79分，同比提升1分；全省户均停电时间15.61h，海口、三亚中心城区户均停电时间1.41h，同比分别下降42.16%、55.38%；综合线损率6.02%，同比下降1.17个百分点；电费回收率100%，同比提高0.002个百分点。

领导班子

董事长、党委书记：邓恩宏

董事、总经理、党委副书记：郑外生

董事、党委副书记、副总经理：詹晓晖

董事、党委委员、副总经理：林芳泽

董事、党委委员、纪委书记：郭可青

党委委员、海口供电局党委书记：陈东

总会计师：林潮光

董事、党委委员、副总经理：符永锋、程其云

组织机构 海南电网公司实行省公司直管市、县供电局两级管理，本部设置19个职能部门，即办公室（党委办公室、董事会办公室、督查办公室）、计划发展部、财务部、生产技术部、安全监管部（应急指挥中心）、市场营销部（农电管理部）、基建部、物资部、产业投资部、科技信息部、审计部、法律部、

组织人事部（机关党委办公室）、人力资源部、企业管理部（全面深化改革办公室）、宣传文化部、监督部（纪委办公室）、工会、系统运行部。设置直属机构 13 个，包括电力调度控制中心、培训与评价中心（与党校、电力学校合署）、信息中心（与信通分公司合署）、综合服务中心、社保（年金）中心、新闻中心、电网规划设计研究中心、客户服务中心、电能计量中心、财务共享中心、审计中心、法律服务中心、电网安全监察中心。

下辖单位 32 个，包括 19 个供电局、5 个分公司管理的单位、6 个全资子公司和 2 个控股子公司。

人员状况 截至 2019 年拥有员工 10 206 人。其中，博士研究生 9 人，硕士研究生 252 人，大学本科 3528 人，大学专科 2596 人，中专及以下 3821 人；高级职称 280 人，中级职称 945 人，初级职称 4099 人；高级技师 8 人，技师 218 人，高级工 4731 人，中级工 582 人，初级工 521 人。

电网发展

（1）电网规划。结合海南自由贸易区（港）建设新形势，按照南方电网“1＋3＋5”规划体系要求，启动“十四五”智能电网规划，完成主网“十四五”及中长期发展规划研究初步成果，明确海南电网远景目标网架及 500kV 网架规划方案；组织开展全省配电网规划建设专项督导，提升配电网规划建设水平。服务海南乡村振兴战略，完成《海南省 2019—2021 年现代农村电网建设实施方案》。配合政府编制印发《海南智能电网 2019—2021 年建设方案》，并于 5 月召开海南智能电网建设新闻发布会，扩大了影响力。

（2）电网建设。依托政企强大合力，在三年行动计划“双月督查”机制的基础上，进一步推动政府帮助解决电网项目“审批慢、实施难”等问题。全年完成固定资产投资 70.61 亿元，10kV 线路可转供电率提升至 80%；树障清理、小区隐患整改均超额完成年度计划。以“电网智能化、企业数字化”为载体，全面开启智能电网综合示范省建设“75111”工程首年任务顺利完成。5 月底投运联网二回工程，建成文昌气电首条送出线路，基本完成昌江核电二期前期工作。5 个综合示范项目专项规划与建设方案全部完成，博鳌乐城一期示范工程建成投产，完成全自愈型智能配电网及智慧用电系统建设，实现区域高可靠性电力供应。建成西沙岛屿离岛型智能微电网，实现军民融合“一张网”、多种能源即插即用。琼海博鳌乐城智能电网示范项目、智能电网互动体验中心在首届博鳌智能电网国际论坛公开展示，扩大了智能电网国际影响力。澄迈 220kV 玉楼输变电工程先后荣获 2019 年度中国电力优质工程、国家安装工程建设领域“中国安装之星”，实现公司该领域奖项“零”的突破；6 个项目获南方电网优质工程称号，创历史新高；2 项技术研究、4 项 QC 课题分别荣获中国电力建设科学技术进步奖及网公司优秀基建 QC 成果。

安全生产运行

（1）电网调度。落实防范海南电网年度安全风险 33 项重点工作，科学安排运行方式，有效防范了各级安全风险 516 项（2 项一般事故、1 项一级事件、25 项二级事件、129 项三级事件、359 项四级事件）。推进配电自动化集约化管理，实现配网主站省级集中，配电自动化覆盖率 90.6%。建成调度运行驾驶舱，试点投运配网主站自愈功能，110kV 及以上变电站 AVC（自动电压无功控制）覆盖率 100%，进一步优化了调控体系。开展继电保护专项提升工作，保护不正确事件数量同比减少 33%。完成电力监控系统态势感知省级集中主站平台建设，态势感知采集装置配装全部 220kV 和 71 个 110kV 变电站。调监控模式进一步优化，完成县局主网调监控业务向地市局集约。

（2）安全管理。修编完善《海南电网有限责任公司现场作业违章扣分与惩处实施细则（试行）》，编制 6 类 75 个典型作业风险管控指导书和安全监督指导书，将“两书”纳入安全学习内容，推行指导书在作业现场应用，增强“保命”本领。落实南方电网公司安全生产巡查工作实施意见和方案要求，组织 11 个专业组 25 名巡查专家对所属供电局开展安全生产巡查，督促基层单位堵塞安全风险漏洞，提升管理水平。规范安规考试管理，修编 20 类安规考试题库，累计开展安规培训 15 600 余人次，组织外部施工人员考试 10 600 人次，合格 4766 人。按照“分层、分级、分类、分专业”的风险管控原则，辨识梳理 513 项年度主要风险，制定落实 1866 项管控措施。采取常态化飞行监察和智能安全帽实时连线远程监督信息化手段等方式，对作业现场进行“全覆盖、全过程”安全管控，开展现场监察 52 946 次，发现违章 579 起，实现现场作业安全可控，保证了人身安全。完成海南电网 25 家单位安全生产风险管理体系建设审核认证工作，其中 21 家单位达到 3 钻水平、2 家单位达到 2 钻水平。

（3）供电可靠管理。持续优化供电可靠性关键措施，2019 年户均停电时间 15.61h，同比下降 42.16%。加强综合停电管控，各基层单位生产、基建、营销部门协同配合程度进一步提升。以“不忘初心、牢记使命”主题教育活动为契机，推动领导班子成员挂点督办配网频繁停电线路，制定整改措施 398 项，线路跳闸率明显下降，其中 32 回 10kV 线路实现整治后“零跳闸”。2019 年累计完成带电作业 7538 次，同比提升 176%，减少用户平均停电时间 9h，增供电量 2165 万 kWh。

（4）重大供电保障。有序推进各项保供电工作，完成博鳌亚洲论坛年会、庆祝新中国成立70周年和文昌航天发射基地长征五号遥三运载火箭发射任务等特级保供电工作，博鳌保供电连续18年实现万无一失。以“平时预、灾前防、灾中守、灾后抢、事后评”为主线，成功抵御“木恩”“韦帕”等4个台风袭击，有效应对5次高温天气，保障了全省用户安全稳定用电。

科技信息

（1）数字化。落实南方电网数字化转型和数字南网建设工作部署，推进数字化转型，完成数字电网平台一期建设，实现电网全面贯通、全面感知、全面共享和部分可控，实现了各领域数据的互联互通。整合各类停电事件，构建完整、准确、可靠的停电信息池，提升了故障处理效率和客户满意度。按照“一图三表防社工”要求，落实网络安全特殊运行方式，关停无主、退运和非必要业务主机646台，封堵拦截高危网络攻击3800余次，封禁攻击源14万个，应急处置38次，消除隐患2500余项，发现并阻止30余次疑似社工攻击，完成护网专项工作。关停主数据副本修改入口10处，保证数据录入唯一。完成“护网-2019”网络攻防实战演习，在海南省网络安全攻防竞赛中荣获二、三等奖。

（2）科技创新。牵头负责国家重点研发计划中“波浪能装置海上电力输送及并网技术研究与示范”项目课题，波浪能装置成功并网试运行，波浪能发电装置装机容量从260kW提升至1MW，为推动南海波浪能发电装置规模化并网奠定基础。“多类型新能源发电综合消纳的关键技术研究及应用”荣获海南省科技进步一等奖，“热带省域电网抵御多重灾害关键技术及应用”荣获中国电力建设企业协会电力建设科学技术进步一等奖，“消除电网传输功率越限的光伏电站有功功率自动控制方法”等三个项目分别荣获海南省第一届和第二届专利金奖。截至2019年，海南电网公司累计有效专利拥有数525项，同比增长61%，亿元营业收入有效专利拥有数4.07件，达到世界领先水平。

（3）电网节能降耗。开展线损专项治理，通过到高损供电局现场检查、严厉打击偷窃电、专项整治异常线路、台区等方式加强过程管控，全年综合线损率完成6.02%，同比下降1.17个百分点。开展清洁能源消纳专项行动，完成10亿kWh云电入琼，消纳核电、水电、风电、垃圾发电、太阳能等清洁能源上网电量137.26亿kWh，全年非化石能源发电量占比完成43.8%，同比提高2.9个百分点。公共充电桩基本实现海口、三亚和岛内高速沿线的重点区域全覆盖，助力海南低碳发展、绿色出行理念。

营销服务

（1）营销管理。持续提升计量“两率”指标，深化电能量数据应用，实现抄核收业务转型升级，全口径自动抄表率、电子化结算率分别完成99.69%和99.58%。当年电费回收率完成100%。陈欠电费总额同比大幅减少1354.3万元。建立三级降损管控模式，10kV线路异常率和台区异常率由年初50%以上分别降至0.6%和4.42%；10kV及以下有损线损率同比下降0.99个百分点。开展增供扩销，推动全年售电量增长11.51%。

（2）客户服务。按期完成全省住宅小区安全检查整改任务。出台推进小区抄表到户实施意见，落实国家降电价政策，全年为客户累计节约用电成本7.2亿元。在海口、三亚供电局试点推行小微企业及高压客户“用电报装客户经理制”服务模式，进一步提升客户服务水平。完成全省免费用电排查整改工作并建立长效机制，提前完成营销领域民营企业无分歧账款清零任务。简化业扩报装竣工报验流程，实现内外部9个环节流程优化再造，推行业扩报装资料“承诺补齐制”，高压单电源、低压非居民客户平均接电时间同比分别下降17%、43%，业扩报装及时率升至99%。延伸投资界面，在各地市供电局推行小微企业低压供电，全额投资10kV新增用电客户用电结算计量装置。强化客户全方位服务管理，推动有责投诉同比下降25%，第三方客户满意度达南方电网内一流水平，海口、三亚供电局客户满意度均为83分，位居国内一流水平。推广“互联网+”电力服务，与海南政务平台对接，远程业扩报装率99.7%，互联网业务比例99.8%，居南方电网第一。

经营管理

（1）企业改革。按照国企改革要求，完成所属单位党政“一肩挑”调整规范。持续深化内部改革，主网调度监控实现四大片区集约，自动化、通信业务实现全省集约。3家厂办集体企业完成清算注销工作，提前1年完成网公司厂办集体企业改革目标。持续推进历年成立企业处置工作，7家所属单位完成注销工作，解决了历史遗留问题。贯彻落实海南省委省政府“去煤减油，打造清洁能源岛”号召，清澜电厂无偿划转至调峰调频公司，发挥清澜电厂调峰调频能力，助力海南清洁能源岛建设。

（2）新兴业务。分别与海南移动联通电信运营商、中国铁塔、海南核电、海南交通控股等企业签署战略合作协议，打造融合共生的战略合作生态。联同南网能源公司共同开拓全省港口岸电项目，拓展大型医院、酒店、机场的节能改造和综合能源利用项目，深化属地新兴业务合作。探索充电站新技术应用，建成博鳌乐城医疗先行示范区光储充一体化示范项目。整合全省充电基础设施运维、运营单位，统一充电服务平台，接入率和上线率提高至90%以上。联合南网电动、海交控、滴滴出行等公司组建南网首家电动汽车业务社会化合作的股权多元化公司。2019 年累计投资 2318 万元，建成换电站 3 个，建设公共充电桩 154 个，基本覆盖海口、三亚和高速沿途市县的重点区域，并在全国率先建成岛内城际快速充电网络，进一步便利海南居民环岛驾车充电业务，有力推动海南新能源汽车产业发展。

（3）财务管理。以深化供给侧结构性改革为主线，制定瘦身健体提质增效“1＋9”系列工作方案，细化 36 项 90 条措施，增加投资的同时有效控制在建工程余额和“两金”余额，实现增效益、促改革、补短板。落实防范化解重大风险攻坚战要求，稳步推进降杠杆减负债工作，年末整体资产负债率降至 77.17%。推进财务管理精益与创新，资金计划准确率持续保持在 95%以上，年末资金归集率达到 99%以上。成立省级财务共享中心，完成非物理集中财务共享模式研究，为后续创新财务共享实施模式奠定基础。通过国家工信部降价成效初步评估。梳理并整改公司涉及的 12 种主要税种、96 个涉税风险点，税务风险防控能力得到加强。

（4）审计管理。全年完成审计项目 216 个（经济责任审计 12 个、固定资产投资全过程管理审计 3 个、大修技改项目管理审计 3 个、重点工程项目审计管理 1 个、清理拖欠民营企业账款情况专项审计 1 个、工程竣工决算审计项目 195 个、成本费用交叉审计 1 项），审计发现问题 1552 个，提出意见及建议 1514 条，纠正管理不规范资金 44 627.42 万元，促进增收节支 18 472.13 万元，其中，竣工决算审计审减金额 560 万元。审计整改累计清收资金 8900 万元。全年提出问责事项 32 条，提醒谈话 31 人次。

（5）基础管理。开展省、市、县级综合标杆创建及评价工作，综合标杆一流评价指数提前一年达到“南方电网内平均”目标，16 项指标中已有 9 项达到网内一流水平。13 家供电局达到“网内一流”水平，其中海口供电局提前达到“世界一流”水平，“网内一流”水平及以上的供电局占比升至 68%。推进班站所标杆建设，按照 2018—2020 年星级班站所全景图开展星级班站所梯队序列培育，编写星级班站所建设优秀案例汇编，并在各单位推广应用。组织完成星级班站所评价，公司共 273 个班站所达到南方电网星级水平，星级占比达到 30%。做到七个核心领域（供电所、生产类、市场类、调度类、物资类、基建类、信息类）准五星班站所全覆盖，海口、三亚、儋州、琼海、三沙供电局 5 家地市供电局全部实现准五星班站所“零”的突破。

（6）法律事务。推进合规管理体系建设，将合规要求纳入公司绩效考核，划清红线底线，强化干部员工合规主体意识。组织编制 9 个管制类领域 550 项合规义务清单，分层分类开展宣贯培训和合规风险识别评价，形成年度风险评价报告。加强重点领域风险防控，重大事项、经济合同、规章制度法律审核率达 100%，跟踪防范规划建设、安全生产等 7 个领域 35 项风险，为企业股权划转、企业清算注销及中止供电提供法律支持。实行案件全过程管控，建立“一案一策、专案研讨、内外联动”工作机制，维护公司合法权益，2019 年共处理案件 107 宗，胜诉率 90.7%，挽回或避免经济损失 3949.76 万元。举办海南省普治办“宪法进企业”暨海南电网公司首届“律动天涯”法治论坛，营造了良好的法治环境。

人力资源管理

（1）队伍建设。坚持党管干部原则，健全“管选育用”全链条工作机制。修订干部管理、干部考核等 4 项制度，进一步完善“一业绩一待遇”激励机制。落实公司干部能上能下、管党治党不力问责等实施意见，从严管理干部，全年问责 35 人。出台大力发现培养选拔优秀年轻干部实施方案，实施“选种育苗”“战略储备”“战略提升”三大工程，初步构建源头培育、跟踪培养、全程关注的干部人才系统性递进培养体系，激励和引导干部员工在干事创业中发挥才智实现抱负。实施中青年干部、年轻干部和年轻人才“三大工程”，选派 16 名干部到广东电网及扶贫一线挂职，让干部在实践中得到成长锻炼。

（2）劳动管理。持续优化人力资源配置，提升用人水平和劳动效率，全员劳动生产率完成 43.05 万元/人年。落实巡视整改要求，梳理明确本部及所属单位敏感岗位清单，调整优化各层级采购需求管理职能与职责。持续推进用工管理集约化策略，组织完成三亚、琼海供电局调监控一体化人员及客户服务中心电费核算、服务调度人员配置工作。

（3）教育培训。完成技能类 27 个典型岗位四个技能等级 108 套岗位胜任能力实操手册、评价标准和理论及实操题库建设；形成生产技术、市场营销等 18 个专业序列 78 个业务模块的专业技术岗位胜任能力评价标准和题库，在南方电网内率先完成涵盖所有技能类和专业技术类全省统一的岗位胜任能力评价体系建设。以重点人群、重点培训项目为引领，分类实施培训，全年举办各类培训班 764 期次，培训 3.93 万人次；技能类岗位胜任能力评价持证率达 97.17%，同比提升 9.32 个百分点。

党群宣传

（1）党建工作。开展“不忘初心、牢记使命”主题教育，推动学做结合，查改贯通，将主题教育成果转化为公司发展动力，全年公司领导班子成员开展调研 28 次，征求基层意见建议 122 条，梳理汇总问题

223个，制定228项具体措施，累计帮助群众解决低电压、用电难问题262个，落实74项为基层减负措施，主题党日活动特色做法得到中央指导组肯定。围绕“六个一”强化基层党支部建设，编制《海南电网公司党支部工作手册》，出台《提高支部工作质量的意见》，构建“两创两争”“三级登高”“双百分考核”三位一体价值党建体系，基层党组织组织力得到增强，党建规范化水平进一步提升。在“勇当先锋做好表率”品牌带动下，基层党支部发挥创造性，形成了一批实践案例，党建引领带动生产经营工作取得良好成绩。印发《海南电网公司关于完善监督体系提高党委监督能力的实施细则》，以职能监督为重点、以抓早抓小为切入点完善监督体系，党内监督与企业监督深度融合方面取得突破。

(2) 党风廉政建设。保持惩治腐败高压态势，坚决减存量遏增量。2019年共处置问题线索48条，立案审查24件；党纪政纪处分31人。完成各级纪检机构优化改革，探索推进监督检查与执纪审查“前后台”分设，制定《派驻纪检机构改革工作方案》，进一步优化整合纪检力量。整治群众身边腐败问题，运用批评教育、谈话提醒等方式处理86人，追回违纪金额98万余元，新增低压业扩报装违规收费行为同比下降68%；持续开展“吃轮胎”“啃床腿”专项治理，全年公司油料费、车辆维修保养费、差旅费三项费用开支同比减少660余万元；查处公车私用、私车公养等违反中央八项规定精神问题6起，党政纪处分7人，问责2人；及时发现管理问题，发出监督检查建议书14份，督促有关部门完善制度流程，堵塞管理漏洞。开展纪律教育月活动，通报曝光典型案例14起，印发《警示教育案例选编》，发挥以案促教作用。制定党委在十九届中央任期内巡察工作计划，18家有扶贫任务的党组织全部列入脱贫攻坚专项巡察，完成6家所属单位党组织常规巡察工作。运用监督执纪“四种形态”，将“四种形态”纳入2019年季度考核形成长效监督，考核结果与组织绩效、干部个人绩效“双挂钩”，个人和单位最大分差分别达到105分和47分，推动在公司干部队伍中形成主动担当作为的良好氛围。

(3) 民主管理。全年为职工办实事10项，连续14年推进为职工办实事，累计完成超120项。持续深化“幸福南网职工之家”“和谐温馨班组站所”“爱心妈咪小屋”建设，共建成8个南方电网五星级职工之家、18个五星级职工小家、2个职工文化示范点、87个四星级职工之家（小家）、9个“爱心妈咪小屋”。三沙供电局获评“中央企业先进集体”，三亚供电局变电管理所等3个集体获评“网公司工人先锋号”，多名职工被授予中央、海南省及南方电网公司劳动模范或“五一”劳动奖章等荣誉。

(4) 精神文明建设。开展主题教育学习研讨，期间公司党委举办2次理论中心组专题学习、2期读书班、4期专题讲座、开展现场体验式教学和赛讲集合等活动，推动主题教育学习取得良好效果。以“大国顶梁柱，阔步新时代”为主题，加强新闻宣传、活动宣传、典型宣传等工作，《峥嵘七十载逐梦光明行》等报道相继在人民日报、新华社、央视及“学习强国”等平台发布；三沙值守团队故事被国务院国资委收录在献礼新中国成立70周年出版的《中国建设者》首篇位置。2019年累计对外发稿2700篇（条），同比增长4.5%。在三大央媒发稿46篇（条），同比增长26%。推进文化转化研究和实践，党建政研成果“深化企业文化建设的‘三层八力’模型构建与实践研究”获得2019年党建思想政治工作研究成果二等奖。《真情每一度》形象片获得中组部全国党员教育电视片优秀作品，《万家灯火南海有我》专题片获得国务院国务资“优秀央企员工视频日志”，品牌故事《点亮祖国最南端》《虽是平凡也伟大》分别获得国务院国务资“中央企业故事大赛”和“70年央企故事大赛”一等奖。

主要事件

2月20日，海南电网公司与海南省交通投资控股有限公司、中国铁塔股份有限公司海南省分公司等5家企业分别签订战略合作协议，在新能源综合利用，铁塔、变电站、环岛光纤光缆、5G技术等资源共享，智慧城市，市场化购售电等方面开展合作。

5月29日，海南省政府举行新闻发布会，正式发布海南智能电网建设方案。

5月30日，南方主网与海南电网二回联网工程正式投运，海南岛与大陆形成了两条海底电力大通道，联网系统输送容量升至120万kW，相当于2018年海南全省最大用电负荷的1/4。

5月底，海南电网公司首次荣获中国电力建设科学技术进步奖，三项科技成果分获一等奖1项、三等奖2项。其中“热带省域电网抵御多重灾害关键技术及应用”荣获一等奖。

6月起，云南省历史上首次向海南省输送电力，全年“云电送琼”总电量达到10亿kWh。海南电网在消纳云南清洁能源的同时，也缓解了海南高温期间的电力供应紧张形势，为自贸区（港）电力供应加上“双保险”。

11月6日，海南琼海乐城110kV变电站正式投运，成为博鳌乐城智能电网与低碳智慧能源综合示范区首个投运的重要工程项目。

11月6～8日，南方电网公司在海南琼海博鳌举办首届博鳌智能电网国际论坛。

12 月 27 日，海南电网公司完成“长征五号”遥三运载火箭顺利升空航天发射特级保供电任务。

12 月底，三沙永兴岛电网宣联线、达社线两条 10kV 线路合环并网投运，三沙市永兴岛电网正式形成“双环网”主网架。

12 月底，海南电网全年累计帮扶白沙县打安镇南达村 150 户 623 人脱贫，实现整村脱贫，完成年度脱贫任务。

（王庭军　李林杰）

【(香港)中电控股有限公司】

企业概况　（香港）中电控股有限公司（简称中电），在香港联交所上市，是亚太区规模最大的私营电力公司之一。中电透过成立于 1901 年的中华电力有限公司，亦是香港最大的电力公司，在港经营涵盖发电、输电、供电及客户服务的纵向式综合服务，香港业务约占集团总营运盈利约七成，中电业务扩展至亚太区其他活跃的能源市场，包括中国内地、印度、东南亚及中国台湾地区、澳大利亚。中电在亚太地区不同市场拥有约 511 万个客户和超过 80 项发电资产，发电及购电容量超过 24 015MW，其中可再生能源占总发电容量的 14%。中电投资的发电厂 2019 年总发电输出量为 885.73 亿 kWh。截止到 2019 年 12 月 31 日，市值约 2070 亿港元。2019 年中电总收入 856.89 亿港元，同比减少 6%，营运盈利 111.21 亿港元，同比下降 20.5%，反映香港业务准许回报率下调的全年影响，以及澳洲业务充满挑战的营商环境；计入 EnergyAustralia 的零售业务商誉减值 63.81 亿港元后，总盈利下降 65.6%至 46.57 亿港元。

领导班子

执行董事、首席执行官：蓝凌志

中国区总裁：陈绍雄

投资策略　中电于 2014 年初修订了集团投资策略，策略可归纳为专注、成效、增长。策略涵盖四个方面：继续以香港为主要市场并作为策略核心，致力长期在香港建立和扩展业务；中国内地和印度是全球发展最蓬勃的两个市场，能源领域具有发展潜力和投资机遇，中电在当地具有有利的发展条件，以及多元化和基础稳固的业务，将为未来增长提供良好的平台；部分东南亚国家未来数年对发电容量的需求将保持强劲势头，中电将密切留意相关国家情况，寻找发展机会，把握投资机遇；致力于重新体现澳洲业务的资产价值。

业务发展

（1）香港业务。中电在香港营运纵向式综合电力业务，为九龙、新界、大屿山及大部分离岛约 264 万客户（即全港八成人口）提供可靠程度达 99.999%的电力服务。中电在香港经营青山发电厂、龙鼓滩发电厂及竹篙湾燃气轮机发电厂。这三家电厂属青山发电有限公司所拥有，总发电容量为 7568MW（截至 2019 年 12 月 31 日），而中电目前所拥有的高压输配电线总长超过 16 000km，变电站数目超过 15 000 个。2019 年全年售电量比 2018 年增加 1.8%，达到 342.84 亿 kWh。此外，随着广深港高速铁路（香港段）及港珠澳大桥等本地大型基建项目启用，亦带动用电量增加。由于蛇口供电合约于 2018 年 6 月届满，2019 年中华电力并无售电予中国内地。2019 年，中电在香港的电力业务营运盈利与 2018 年相比，下降 13.0%至 74.48 亿港元，反映 2018 年 10 月生效的管制计划协议准许回报率下调的全年影响。

（2）中国内地业务。中电是中国内地最大的外资发电公司，投资分布在十五个省（区、市），与五大发电集团、两大电网公司、中国广核集团、中国能建、中国电建等能源企业均有良好的业务合作。至 2019 年底，中电在内地的权益容量（包括购电）为 8990MW，其中火电权益容量 3953MW、核电 2685MW、水电 1089MW、风电 935MW、太阳能光伏 328MW。中电在内地拥有 50 多个发电项目，其中 19 个全资拥有项目，3 个控股项目，投资总额接近 600 亿港元。2019 年，阳江核电站第六台，也是最后一台发电机组投产后，为中电带来更多盈利。中电亦购入广东省梅州平远太阳能光伏电站全部股权，扩大了太阳能发电组合的规模。2019 年，中电在内地多元化的业务组合带来稳定的盈利，核电与可再生能源的贡献稳健可靠，营运盈利达到 22.77 亿港元，比 2018 年同期增加 1.14 亿港元，上升超过 5%。

（3）印度业务。中电印度是当地领先的独立发电外资公司，也是最大的风电开发公司。2019 年，中电印度继续扩大其业务组合并发掘新商机。营运中的资产表现强劲，哈格尔电厂及可再生能源资产盈利上升。然而，中电集团所占营运盈利较 2018 年减少 54.0%至 2.63 亿港元。这是由于 Paguthan 电厂的购电协议于 2018 年 12 月届满后，电厂于 2019 年期间并无录得可观的发电额度，导致营运亏损。此外，中电于 2018 年 12 月向加拿大退休金管理公司 Caisse de dépôt et placement du Québec（CDPQ）出售中电印度 40%股权，亦摊薄盈利收益。

（4）东南亚及中国台湾业务。中电从 20 世纪 90 年代初期开始拓展东南亚电力市场，至 2015 年持有中国台湾和平电厂和泰国 Lopburi 太阳能光伏发电项目的权益。2019 年，台湾和平燃煤电厂继续提供稳定电力。由于煤炭成本下降及电价上升，电厂财务业绩理想。在泰国，由于太阳辐照度水平较高，Lopburi 太阳能光伏电站的运作保持稳定。2019 年底，中电宣布《气候愿景 2050》修订版，承诺不再投资新燃煤发电资产。退出越南两个旧有燃煤电厂项目的发展。2019年，中电东南亚及中国台湾业务的营运盈利为3.35亿港元，较2018年增加106.8%。

（5）澳洲业务。EnergyAustralia经营综合能源业务，服务澳洲东南部247万客户，业务范围包括燃煤、天然气、风力发电和燃气贮存等。2019年，澳洲电力市场的状况印证其波动的特质，EnergyAustralia亦经历了自2014年推行重新体现业务价值计划以来，最具挑战的其中一年。EnergyAustralia的营运盈利较上一年下降52.6%至15.66亿港元。尽管EnergyAustralia的财务下滑，但其重新体现业务价值的计划为业务奠下坚实基础，抵御了部分最严峻的冲击。EnergyAustralia已把握提升营运效率及降低成本的良机，让业务能够更有效应对未来充满挑战的市况。

（吕彩霞）

【澳门电力股份有限公司】

企业概况 澳门电力股份有限公司（简称澳电）是拥有对澳门特别行政区输送、分配及出售高、中和低压电力的供电公共服务专营机构。1906～1972年，此项服务由总部设于香港的澳门电灯公司提供。1972年转为由澳电提供。1982年，澳电得到澳葡政府支持，重整架构。1984年，澳门电网通过两回110kV架空线与广东电网建立联网；并先后于2006、2007、2008、2012年及2015年数度改造升级和增加联网通道，目前共有6回220kV电缆联络线路及4回110kV备用电缆联络线路。2010年11月，澳门特别行政区与澳电签订延续15年的供电专营合同，新的合同于2010年12月1日起生效。1987年起，政府由原来澳电最大股东转为仅占8%股份。目前南光发展（香港）有限公司占有42%股份，亚洲能源顾问有限公司占有21%，Polytec Industrial Limited及亚洲投资有限公司各占11%及10%，中国电力国际有限公司占6%，而余下的2%由本地的小股东占有。

截至2019年，澳电拥有408MW的本地发电装机容量、26座主变电站，以及由1007.7km高压电缆、2352km中压电缆和922km低压电缆组成的输配电网络。2019年澳电的营运表现保持稳健，总用电量再创历史新高，达5764GWh，同比增长4.3%；电网的最大负荷亦录得新高，达1062MW，大幅上升9.4%。截止到2019年12月31日，资产总值约102亿澳门币。2019年澳电总收入69.08亿澳门币，同比增加3%，营运盈利9.94亿澳门币，同比下降1.8%。

2019年基于澳电责任的供电可靠率为99.9997%，维持于世界领先水平。澳电每年均会进行客户满意度调查，以监察澳电服务质量及了解客户的要求和期望，并制定未来改善的方针。2019年满意度88.3%，创出十年新高。

澳电具有超过30年的地下设施建造和维护的经验，且拥有一支富有经验和技术的专业团队，为此，2019年澳门特区政府授予澳电“共同管道管理公共服务”的专营权，为澳电拓展业务的新里程碑。

领导班子

董事长：傅建国

执行委员会主席：梁华权

执行委员会董事：施雨林

执行委员会首席顾问：岳宗斌

组织机构 下设人力资源及可持续发展部、监管事务及企业传讯办公室、输配电部、财务部、内部审核办公室、电力系统调度部、资讯系统部、客户服务部、发电部、采购及总务部等职能部门。

企业战略 澳电致力于成为亚洲领先的能源服务供应商，为客户提供可靠、安全、可持续和环保的能源服务，为股东和社会创造价值。

作为一家立足澳门、放眼世界的电力企业，澳电专注于不断提升自身的技术能力和改善客户的体验，依托专业与专注，结合先进的科学与技术，更智慧地管理能源。澳电坚持以人为本作为企业发展的宗旨，优化管理，服务好澳门市民和社会，为本地市民与企业带来最人性化的优质服务是澳电的使命。

人力资源 至2019年底，澳电总员工人数为712人，同比下降2.06%。为增加员工对公司的归属感，持续检讨员工福利待遇，年内就医疗保险计划进行改革，除扩大医疗诊所网络和简化索偿程序之外，也改进了相关的保障条款。

加强学习培训。2019年7月，澳电派出两名代表参加由葡萄牙电力集团及中国长江三峡集团联合主办“2019年青年专业人员培训计划”，以培养年轻的同事成为澳电未来接班人。两学员分别于葡萄牙及中国内地受训一个月。

为配合发展所需，澳电委托国家电投集团广东电力有限公司旗下的珠海横琴热电有限公司，为发电部人员提供为期六个月的燃气-蒸汽联合循环机组培训课程，通过启停机操作、事故演练等方式来考核学员。

为保障低压工作质量及安全，澳电于2018年推出“澳电A级电工注册及认证”计划。现时，共有153名于2019年前入职的澳电技术人员成功考取相关认证，有效期为3年。为丰富计划内容，澳电管理层决定加入电工操作方面的培训及优化《澳电低压电力装置工作守则》中的内容。为此，由澳电A级电工技术技能委员会委员组成之工作小组已开展工作，并以2020年第二季度内完成相关工作为目标。

安全生产 澳电一直以安全为首要考虑。因此于

2009年成立了职业安全健康委员会，现时由14名成员组成，为总员工人数的1.9%。委员会成员定期实地考察各个澳电设施，检查工作环境，并提出必要的改善建议。定期举办管理层安全探访，实地观察员工工作情况，并亲自与前线员工进行直接对话，讨论安全议题和工作实践方案。

经营管理 丰富的电力系统运营经验。澳电自1972年成立以来，依托专营合同，运营澳门本地电力业务。澳门在电力供应、安全保障、电力客户服务等方面得到了明显的改善，凭借着良好的业绩和优秀的管理，澳电获得了诸多的国际认证。澳电始终秉持科学管理、快速响应，坚持关怀社区、造福社区，供电服务满意度长期维持较高水平。

领先的资产与电价管理水平。澳电在保持世界一流高可靠性供电的同时，遵从特区政府电费调整原则，通过精准的电力投资控制、专业化的电力运营管理，依据国际燃料价格波动、社会和不同阶层客户的实际经济情况而调整电价，从而实现合理而平稳的电价。面对连年通涨，澳电保持基本电价连续23年没有增加，在世界66个主要城市的净电价排名中，澳门净电价长期处于中低水平。

多元的股东结构。澳电的股东构成多元化，各个股东具有不同的强项和特点。其中南光（集团）有限公司是唯一一家总部设在澳门的中央直属大型企业，是澳门最大的石油产品供应商和重要的社会民生服务的提供商；葡萄牙能源集团（EDP）是世界第四大的风电生产商和葡萄牙最大的企业；三峡集团是世界上最大的水力发电企业，同时也是中国最大的清洁能源集团之一；私人投资公司——亚洲投资有限公司和保利达工业分别由在葡萄牙和港澳地区具有影响力的企业家所拥有；中国电力国际有限公司为国家电力投资集团公司下属的全资公司，在不同的发电设施运营和管理方面具有丰富经验。澳电多元化的股东资源，是澳电构建智慧能源、持续发展的强大助力，是助推澳电业务多元化，参与“一带一路”“大湾区”建设，融入国家发展战略的重要抓手。

客户服务 优化客户服务。3月在澳电微信公众号推出聊天机械人，24h全天候实时解答客户有关账单、申请及常见问题的查询。如客户在查询中希望与真人沟通，亦可按键转至在线客服主任。此外，在台风期间的暂停供电查询直接引流至多渠道在线平台。建立一个多渠道的在线平台，为客户提供供电及维修信息。客户只需申请停电讯息提示服务，即可以微信或手机短信收取所关注大厦的暂停供电通知及复电通知。客户亦可以通过澳电网页或澳电微信查阅大厦的供电状况及报告电力事故。电话中心系统与社交媒体平台及聊天机械人系统整合，让电话咨询中心的客服主任能掌握来自不同渠道的客户通信，提升响应客户查询的效率。审查并简化所有与客户相关的工作流程，从而制定新客户信息系统的要求，包括推行工作指示标准化和信息共享以完善内部沟通、整合子系统以增强全周期管理及制订360°客户视图以协助前线人员充分了解客户的需求。

完善电能表计量。抄表系统优化及功能扩展项目于2019年第三季启动，并预计于2020年第一季度完成，扩展功能着重于对计量设备进行现场检查，并改善抄表员在现场工作时的整体安全措施。作为台风的改善措施之一，于街灯、垃圾房、泵站等公共设施安装具远程读表功能的智能电能表工作已基本完成。截至2019年底，超过2700个智能电能表已投入运作。为了确定未来智能电能表基础设施最适用的技术方案，澳电已完成有关项目的详细现场通信测试，并对其主站系统、通信系统、智能电能表及终端技术方案作出全面修订。另外，基于智能电能表的电量数据及分析工具，结合SCADA和REMS的数据，澳电开发了自动核对大客户电量数据的智能平台，从而减少人工计算并减低数据误差。

节能减排 为推动市民在生活中实践节能知识和善用节能方法，澳电每年与澳门能源业发展办公室合办“知慳惜电——5%节能行动”，鼓励市民养成良好的用电习惯，善用各种电器，从而提高能源效益和减少能源浪费，达到节能5%或更多的目标。

澳电于2019年全面使用低含硫量的燃油及以天然气为主要发电燃料，对复式循环燃气涡轮发电机完成改装，令二氧化硫和氮氧化物的排放降至最低水平。与2018年相比，发电过程中产生的温室气体排放量下降达38.6%，所有结果均符合澳门特区政府新制定的发电厂空气污染物排放标准。

社会责任

1. 全心服务社群

多元社区活动。澳电致力通过教育、慈善、社会服务及多元化活动回馈社会，实践良好企业公民责任。澳电爱心大使义工团队与本地各社团合作，定期提供不同类型的社会服务，为受关注社群及长者送上关怀和祝福。

“电力×文创”系列活动早于2017年开展，分别邀请了澳门美术协会和澳门插画师协会的艺术家及插画师为澳电的户外配电箱及客户变电房进行艺术活化，获得热烈回响。澳电于2019年进一步延续该系列活动，并于12月首办电力×文创——“源创·缘聚”慈善音乐会，以音乐凝聚大众，为本澳青年创作歌手提供更多的公开演出机会。活动所有收益全数捐赠澳门扶康会，用于支持其社会服务工作。

定期举办的电器化烹饪班及绿色工作坊是一系列

供市民免费参与的课程，设有亲子班及成人班，前者旨在推广电器化煮食，按不同节日主题教导学员制作各式料理及甜点，反应非常热烈；后者则以推广环保为目的，教导学员利用废物创作家居摆设及用品。“充充电之旅”带领市民探索路环发电厂，认识本地的发电过程及近距离观看主要发电设施。

善用社交媒体。澳电近年的宣传主要集中在网上社交平台，包括 Facebook 及微信。通过不断举办不同类型的活动、发布重要信息及互动交流，与澳门市民建立紧密沟通及联系。

在恶劣天气期间，澳电有机会于部分低洼地区实施暂停供电，而相关的安排将按阶段通过澳电官方微信、Facebook 及网站发布，包括预警、实施暂停供电及复电通知等，市民只要在澳电微信绑定电费单或网上服务账户，或申请“停电讯息提示服务”主动“关注”个别大厦，便可接收推送信息，为应对恶劣天气作更好的准备。

培育年轻一代。举办多个以年轻一代为对象的科普教学活动，已连续三年举办“校园戏剧巡演”，借助欢乐互动的剧场演出，寓教于乐，教导小学生良好的用电习惯及爱护地球的意识。“澳电太阳能及电容模型车比赛”已经成为一项深受本地学生欢迎的活动，本届参赛学校及人数打破历年纪录。每年定期举办“电力同乐日”。12 间本地中学以“智醒节能——传动新世代”的主题设计出让公众学习的互动游戏摊位及表演。澳电将持续推广智慧能源及环保用电，推动年轻一代在节能和环保方面担当更积极及重要的角色，鼓励青少年一同参与构建智慧城市。

2. 助力智慧城市建设

智慧城市建设为“澳门特区五年发展规划”的重要目标之一，以人为本，促进城市的可持续发展是澳门发展智慧城市的两大根本原则。澳电作为负责供电、管理公共街灯及提供电动车公众充电站服务的公用事业机构，配合、支持澳门特区政府的施政方针，着力优化各项电力基建，打造智能化、现代化的供电服务。澳电于 2018 年配合澳门特区政府要求开展“智慧街灯”试点项目的工作，已于 2019 年在澳门大学校区、友谊大马路及高园街进行了安装测试。同时，澳电配合澳门特区政府推动绿色出行政策，推广安装电动车充电桩，现时公共停车场的覆盖率已近 80%，充电泊车位与电动车的比例为 1∶3。2019 年澳门特区政府授予澳电“共同管道管理公共服务”的专营权，为澳电拓展业务的新里程碑。

（阮少宝）

【台湾地区电力发展情况】

发展历史概述 台湾地区电力事业起始于 1888 年，由清廷首任台湾巡抚刘铭传在台北东门创立“兴市公司”，通过小型蒸汽燃煤发电机发电，以低压供应照明为主。

1895 年日本侵占台湾。日本殖民统治台湾时期，以发展水电为主，火电为辅。1905 年 7 月，在淡水河新店溪支流南北势溪交会的双溪口畔建成台湾第一座水力发电站——龟山水电站，装机容量为 500kW。1919 年 7 月 31 日，以官民合营模式成立“台湾电力株式会社”，着手进行日月潭第一发电所建置作业，于 1934 年 6 月完工，启用时总装置容量为 11 万 kW。到 1944 年，台湾电力系统的总装置容量为 32.1 万 kW。

1945 年 10 月 25 日成立台湾省行政长官公署，并设立台湾省接收委员会。台湾省接收委员会下辖工矿组与资源委员会共同接收台湾电力株式会社的水力及火力发电厂共 34 处，但当时发电设备受损严重，电力系统装置容量 27.5 万 kW，实际可用仅 3.3 万 kW。

此后台湾地区电力发展总体上经历了七个阶段：

（1）接管修复时期（1945—1953 年）。1946 年 5 月 1 日，台湾电力公司（简称台电）由台湾电力株式会社改组成立，首先致力于修复电力设备，到 1953 年装置容量达到 36.3 万 kW，其中水力发电占 93.7%，火力发电占 6.3%。

（2）初步扩充时期（1954—1965 年），发电装置逐渐转向“水火并重”。从 1962 年开始，火力发电量首度超过水力，所占比重达到 54%。

（3）火电高度开发时期（1966—1974 年）。1966 年，火力发电总装机容量开始超过水力发电，当年火电与水电装机容量之比为 51.3∶48.7。这一时期台电主要开发大容量高效率火力电厂，林口火力发电厂（第一、二号机）、大林火力发电厂（第一、二、三号机）、青山火力发电厂（第一、二号机）均在这一时期建成。

（4）核能发电发展时期（1975—1985 年）。这一时期，先后完成 3 座核能发电厂，装置总容量 514.4 万 kW，同时继续发展大容量高效率火力机组。

（5）促进电力供需平衡时期（1986—1993 年）。随着使用备用容量逐渐不足，这一时期开始推行时间电价、可停电力、节约用电，并鼓励汽电共生发电等，力求电力供需平衡。

（6）开放发电业时期（1994—2006 年），开放民间经营发电业。

（7）节能减碳时期（2007 年至今），开始在供给面发展低碳电力，在需求面推动节约用电及提升用电效率。

2019 年发展情况

1. 发电装置容量

2019 年，台湾地区发电装置容量共 5591.49 万

kW，其中抽蓄水力发电装置容量 260.2 万 kW，占 4.65%；火力发电装置容量 4164.47 万 kW（燃煤 2100.02 万 kW，燃油 307.17 万 kW，燃气 1757.28 万 kW），占 74.48%；核能发电装置容量 387.2 万 kW，占 6.92%；再生能源发电装置容量 779.62 万 kW（惯常水力 209.26 万 kW，太阳光电 414.95 万 kW，风力 84.52 万 kW，生质能 7.66 万 kW，废弃物 63.19 万 kW，地热 0.03 万 kW），占 13.94%。

台电是台湾地区电力行业的主体，根据台电 7 月 2 日所换发电业执照，台电拥有核能发电厂 3 所，核能机组 5 组；火力发电厂 24 所，汽力机组 23 组、复循环机组 20 组、气涡轮机组 5 组、柴油机组 82 组；水力发电厂 12 所，水力机组 88 组；风力发电厂 16 所，风力机组 169 组；太阳光电发电厂 12 所，太阳光电机组 19 组。共计 63 所发电厂，411 组发电机组设备，总供电容量为 3429.83 万 kW。到 2019 年底，包括试运转机组在内，台电总装置容量已达 3630.17 万 kW。

民营再生能源发电厂建设方面，2019 年共有 14 家电力或能源公司的 22 所太阳能发电厂投入商业运营，新增装置容量合计为 6.21 万 kW。截至 2019 年，民营太阳能系统发电公司共 31 家，投入商业运营的发电厂累计 49 所，装置容量合计 13.35 万 kW。2019 年，位于苗栗外海的海洋风电在竹南离岸新增 20 座风力机组，发电容量为 12 万 kW。截至 2019 年，民营风力发电公司共 14 家，投入商业运营的风力发电机组 201 座，装置容量合计 52.78 万 kW。

2. 生产供给情况

2019 年，台湾地区毛发电量总计 2740.59 亿 kWh，净发电量 2604.99 亿 kWh，发电厂自用电 135.60 亿 kWh。毛发电量中，抽蓄水力发电 32.08 亿 kWh，占 1.17%；火力发电 2232.80 亿 kWh（燃煤 1264.34 亿 kWh，燃油 56.92 亿 kWh，燃气 911.54 亿 kWh），占 81.47%；核能发电 323.23 亿 kWh，占 11.79%；再生能源发电 152.48 亿 kWh（惯常水力 55.45 亿 kWh，太阳光电 40.14 亿 kWh，风力 18.92 亿 kWh，生质能 1.65 亿 kWh，废弃物 36.31 亿 kWh，地热 0.008 亿 kWh），占 5.56%。

从发电主体看，台电承担了台湾地区的绝大多数发电量，2019 年台电毛发电量为 1879.45 亿 kWh，占 68.58%；民营电厂毛发电量 425.74 亿 kWh，占 15.53%；自用发电设备毛发电量 435.40 亿 kWh，占 15.89%。

2019 年台电净发购电总量为 2324.72 亿 kWh，其中自有发电 1804.43 亿 kWh（抽蓄水力发电 31.96 亿 kWh，火力发电 1405.78 亿 kWh，核能发电 311.47 亿 kWh，再生能源发电 55.23 亿 kWh），购电 520.29 亿 kWh（民营火力电厂 393.55 亿 kWh，再生能源 85.25 亿 kWh，汽电共生 41.50 亿 kWh）。

在发电燃料消耗方面，2019 年台电火力燃料消耗总量 3111.02 万 L 油当量，其中煤炭 2744.3 万 t，柴油 7.51 万 L，燃料油 110.32 万 L，液化天然气 133.72 亿 m^3；2019 年民营电厂燃料消耗总量 843.64 万 L 油当量，其中煤炭 747.04 万 t，柴油 0.64 万 L，燃料油 0.30 万 L，液化天然气 36.96 亿 m^3。

3. 输配电情况

2019 年台电变电系统共有 617 所变电所，其中超高压变电所 31 所，容量 6150.0 万 kVA；一次变电所 295 所，容量 7587.0 万 kVA；二次变电所 291 所，容量 2191.7 万 kVA。输电线路回线长度 1.77 万 km，配电线路回线长度 37.89 万 km。

2019 年度尖峰负载为 7 月 17 日的 3706.71 万 kW，备转容量率达到 16.8%；全年平均负载为 2653.79 万 kW，备转容量率低于 6%共 0 天，介于 6%～10%共 127 天，高于 10%共 238 天，8 月起备转容量率均在 10%以上。

4. 销售使用情况

2019 年台电售电量 2187.27 亿 kWh，其中工业用电（电力）1551.26 亿 kWh，占 70.92%；住户及商业用电（电灯）636.01 亿 kWh，占 29.08%。电力损失量 89.84 亿 kWh，占发购电量的 3.86%；台电内部用电 47.62 亿 kWh，占发购电量的 1.83%。2019 年电力用户数 32.26 万户，电灯用户数 1406.22 万户（非营业用 1304.10 万户，营业用 102.12 万户），合计 1438.48 万户。

2019 年各部门用电消费量的结构如下：能源部门自用占 7.14%，工业部门占 53.84%，运输部门占 0.54%，农业部门占 1.11%，服务业部门占 17.06%，住宅部门占 17.22%。全年平均每人用电量为 11 255.5kWh。

各县市售电量从高到低排列如下：台中市 314.83 亿 kWh，占 14.39%；高雄市 306.23 亿 kWh，占 14.00%；桃园市 282.83 亿 kWh，占 12.93%；台南市 270.27 亿 kWh，占 12.36%；新北市 209.68 亿 kWh，占 9.59%；台北市 161.04 亿 kWh，占 7.36%；彰化县 112.38 亿 kWh，占 5.14%；新竹市 102.16 亿 kWh，占 4.67%；新竹县 96.33 亿 kWh，占 4.40%；苗栗县 68.29 亿 kWh，占 3.12%；云林县 57.90 亿 kWh，占 2.65%；屏东县 47.13 亿 kWh，占 2.15%；宜兰县 33.71 亿 kWh，占 1.54%；嘉义县 28.13 亿 kWh，占 1.29%；南投县 27.89 亿 kWh，占 1.28%；花莲县 24.33 亿 kWh，占 1.11%；基隆市 14.61 亿 kWh，占 0.67%；嘉义市 11.72 亿 kWh，占 0.54%；台东县 9.61 亿 kWh，占 0.44%；澎湖县

4.46 亿 kWh，占 0.20%；金门县 3.01 亿 kWh，占 0.14%；连江县 0.72 亿 kWh，占 0.03%。“六都”（台北、新北、桃园、台中、台南、高雄六城市）售电量合计占 70.63%。

5. 自然灾害造成停电情况

2019 年各类自然灾害造成停电共 9 次，停电用户数共 63.81 万户，停电电量共 174.61 万 kWh。其中，因台风停电 4 次，停电用户数 35.70 万户，停电电量 107.10 万 kWh；因暴雨停电 4 次，停电用户数 27.30 万户，停电电量 66.30 万 kWh；因 4 月 18 日花莲地震停电用户数 0.80 万户，停电电量 1.21 万 kWh。8 月 23～25 日的白鹿台风造成了本年度最大规模的停电，停电用户数 11.71 万户，停电电量 35.13 万 kWh。

6. 台电主要经营绩效指标

2019 年，台电电费收入 5728.5 亿元新台币，每度平均电价为 2.619 元新台币。能量损耗方面，台电电力网络线路损失率为 3.86%；供电可靠度方面，每户停电时间为 16.488min/户年，停电次数为 0.209 次/户年；员工生产力方面，每位员工平均售电量为 9147MWh/人，每位员工平均用户数为 594 户/人；火力电厂毛热效率为 45.64%，机电事故次数为 0.12 次/机组；在污染物排放方面，每百万度电排放粒状污染物 14kg，排放硫氧化物 125kg，排放氮氧化物 158kg。

（周小柯）

大 事 记

1月1日 位于云南省怒江傈僳族自治州境内的华能黄登、大华桥水电站4号机组同步投产发电，至此，黄登·大华桥水电站8台机组全部投产发电。由中国电建昆明院勘测设计、水电十四局等单位承建的黄登水电站装机容量为190万kW，年发电量85.7亿kWh。

1月4日 国家发展和改革委员会印发《国家发展改革委关于金沙江拉哇水电站项目核准的批复》（发改能源〔2019〕20号），正式核准金沙江上游拉哇水电站开工建设。

同日 中国华电与中国铁路工程集团有限公司战略合作签字仪式在中铁总部举行。

同日 中国电建重庆工程公司承建的巫山县三溪两坪195MW光伏发电项目并网发电。

1月7日 国家发展改革委、国家能源局联合印发《关于积极推进风电、光伏发电无补贴平价上网有关工作的通知》（发改能源〔2019〕19号）。

同日 中电联临时党委书记、常务副理事长杨昆会见台湾旅沙电力协会理事长郑翔之、秘书长萧金益一行，双方就两岸电力行业技术交流与合作进行了会谈。

同日下午 国家电投召开领导班子扩大会议，通报了中组部关于陈维义任国家电力投资集团有限公司纪检监察组组长、党组成员的决定。

1月8日 在北京举行的国家科学技术奖励大会上，南方电网公司作为主要完成单位参与完成的“复杂电网自律-协同自动电压控制关键技术、系统研制与工程运用”成果获国家科学技术进步一等奖；华能澜沧江公司科技创新成果“水力式升船机关键技术及应用”获2018年度国家技术发明二等奖；国家能源集团有3个项目被授予国家科学技术进步奖二等奖，涉及运输、风电、光伏等科研领域；中国能建获国家技术发明奖一项、国家科学技术进步奖两项。党和国家领导人习近平等出席大会。

1月9日 国家能源局印发《关于做好低温雨雪冰冻灾害防范应对工作的通知》（国能综通安全〔2019〕4号）。

同日 海阳核电2号机组完成168h满功率连续运行考验，正式具备商运条件，标志着海阳核电一期工程全面建成投产。

1月9～11日 在“中国电建公共资源交易平台”在线电子化招标的“一带一路”项目“巴基斯坦卡西姆项目煤炭检测服务项目”通过电建海投公司北京电子评标室、巴基斯坦卡西姆港发电公司电子评标室完成跨国异地同步开标评标工作。

1月11日 中国三峡集团党组书记、董事长雷鸣山，党组副书记、总经理王琳赴渝拜会中央政治局委员、重庆市委书记陈敏尔，市长唐良智，双方就推动长江经济带发展，共抓长江大保护等内容进行了深入交流。

1月14日 中国电建山东电建三公司承建的沙特延布三期项目（5×660MW燃油电站）3号机组锅炉再热器系统水压完成，向3号机组总启动迈出重要一步。

1月15日 中国能建设计的舟山500kV联网输变电工程投运，这是中国电力建设史上规模最大、技术难度最大的跨海联网输变电工程。创造了建设世界最高输电高塔、敷设世界首条500kV交联聚乙烯海缆等14项世界纪录。

1月16日 南方电网公司成立南方电网雄安有限责任公司，撤销南方电网雄安公司筹备组。

同日 国家能源集团首单20亿元公司债（19CHNE01）发行，这是国家能源集团首次在资本市场亮相。

同日下午 中国电建集团与中国石油战略合作协议签署仪式在北京举行。

当地时间1月16日下午 中国电建在洪都拉斯北部城市圣佩德罗苏拉与亚瓜拉清洁能源公司签署洪都拉斯阿雷纳水电站土建Ⅰ期、Ⅱ期总承包合同。

1月17日 国家能源局召开2019年全国电力安全生产电视电话会议，通报2018年电力安全生产情况，对2019年电力安全生产工作进行安排部署。

同日 国家能源局党组书记、局长章建华一行到中国三峡集团调研。

同日 中国华电2019年工作会议在北京召开。

同日 全国企业管理现代化创新成果审定委员会发布，第25届全国企业管理现代化创新成果，国家电网公司系统共34项成果获奖。其中，“大型电网企业战略导向的先进重大典型培育与推广管理”等3项成果获一等奖，31项成果获二等奖。

同日下午 中国电建与英国GCM公司在孟加拉国达卡举行了普尔巴里一期2×1000MW燃煤电站项目联合开发协议及EPC合同的签约仪式。

1月19日 随着国内首台低温型6.45MW大容量风电机组在辽宁省大连市庄河海域并网发电，标志着中国北方地区首个海上风电项目规模化投入商业运行。

同日 尼日利亚总统穆罕马杜·布哈里出席中国能建承建的尼日利亚巴若港口工程项目投入运行仪式。

1月20日 在中国工程物理研究院核物理与化学研究所与中广核研究院的共同见证下，由中广核自主研发设计的S2F PI-A型事故容错燃料（ATF）小棒，顺利载入研究堆，正式开始辐照考验工作。本次燃料小棒入堆，是国内首次实现ATF燃料堆内辐照。

1月21日 国家能源局印发《2019年电力安全生产工作思路和重点任务安排》（国能综通安全〔2019〕7号）。

1月22日 中国共产党新闻网公布80家基层党建宣传示范单位，国家能源集团荣获2017—2018年度“基层党建宣传示范单位”称号。

同日 中国电建集团公司2019年工作会议在北京召开。

1月22～23日 中国国家能源局局长章建华在瑞士达沃斯出席了世界经济论坛2019年年会，并在“能源战略展望”分论坛上发言。

1月22～23日 南方电网公司在广州召开第三届职工代表大会第二次会议暨2019年工作会议。

1月23日 国家能源局发布2019年第1号公告，公布首批中国-芬兰能源合作示范项目名单。

同日 中电联电力发展研究院中标越南沿海二期2×660MW燃煤电厂工程全过程造价咨询服务项目，该项目是第一个大型海外火电造价咨询项目，是中电联响应“一带一路”倡议，不断深化国际合作，积极开拓海外市场的重要举措。

1月25日 国家能源局印发《进一步推动优化营商环境政策落实实施方案》(国能综通法改〔2019〕9号)。

1月27日 2018年度科技创新人物颁奖典礼在中央电视台播出，中国工程院院士、南方电网公司专家委员会主任委员李立浧获评2018年度全国十大科技创新人物。

1月27～28日 中国华能集团有限公司一届五次职工代表大会暨2019年工作会议在北京召开。

1月28日 中国电建水电十四局承担的国家扶贫重点项目——怒江易地搬迁安置建设工程，在泸水市马俄河安置点整体移交。

1月30日 国家市场监督管理总局、国家能源局联合印发《关于加强电站锅炉范围内管道材料质量安全风险防控的通知》(国市监特设〔2019〕37号)。

同日 南方电网公司召开党组会议，会议首次邀请了党员代表和职工代表列席。

1月31日 深圳供电局开出全国首张充电电费区块链电子发票。

同日 由中国电建湖北工程公司设计院负责设计，位于湖北恩施咸丰县世界目前电压等级最高、输送容量最大、功能最全的柔性直流换流站——渝鄂直流背靠背联网工程南通道换流站完成试运行。

2月1日 国家能源局印发《2018年度光伏发电市场环境监测评价结果》(国能综通新能〔2019〕11号)。

同日 中国电建国际公司签署墨西哥帕查玛玛375MW光伏项目总承包和运维合同。

2月3日 中组部印发第四批国家“万人计划”入选人员名单，南方电网公司高级技术专家、南网科研院科技生产部副主任黄莹入选第四批国家“万人计划”科技创新领军人才。

2月5日 中国电建国际公司与拉美能源公司旗下的绿色能源公司在阿根廷首都布宜诺斯艾利斯签署圣胡安省2个光伏电站项目的EPC总承包合同。

同日（正月初一） 国家电网公司董事、总经理、党组副书记辛保安到国调中心、网络安全与自动化值班室、办公厅总值班室和总部大楼中控室检查春节安全生产和供电保障工作，并接听国资委主任肖亚庆电话，汇报春节保电工作。

2月11日 南方电网公司印发《新时代南网总纲（2019年版）》。

2月12日 中国三峡集团党组书记、董事长雷鸣山赴广州拜会广东省委副书记、省长马兴瑞，双方就海上风电开发建设、电力市场改革等领域的务实合作进行了深入交流。

2月14日 南方电网公司举办“知行大讲堂”第一讲，公司董事长、党组书记孟振平，党组成员、副总经理陈允鹏分别就“企业战略的本质”和“智能电网建设”作专题辅导。

同日 由中国建筑业协会开展的“2018—2019年度中国建设工程鲁班奖（国家优质工程）”第一批入选工程评选结果揭晓，华电十里泉发电厂2台66万kW超超临界机组工程榜上有名。

2月15日 国家2019年天然气基础设施互联互通重点工程——启通天然气管线项目开工启动会在江苏省南通市启东首站举行，中国华电党组成员、副总经理王宏志，南通市副市长吴永宏等共同为项目奠基，项目正式进入建设阶段。

2月15～16日 中国大唐集团有限公司召开2019年工作会议。

2月17～18日 中国大唐集团有限公司召开2019年党风廉政建设和反腐败工作会议。

2月19日 2018—2019年度第一批国家优质工程奖入选工程名单公布，南方电网公司±500kV鲁西背靠背换流站工程入选国家优质工程金质奖。

同日 中国三峡集团党组书记、董事长雷鸣山在集团总部与中国电力建设集团有限公司董事长、党委书记晏志勇，总经理、党委副书记孙洪水一行举行座谈，双方围绕大水电建设、新能源开发、海外项目合作、长江大保护等内容深入交换意见。

2月20～22日 国际电工委员会（IEC）第36届主席、中国华能集团有限公司董事长舒印彪赴瑞士出席IEC执行委员会会议和世界标准合作组织（WSC）第18次会议。

2月21日 世界核电运营者协会（WANO）会员大会全票通过“上海中心项目”，WANO上海中心正式落地，该项目由WANO倡导、中核集团积极响应、国内其他涉核企业集团支持和通力协作共同完成，将为世界核电安全可靠运行贡献更多中国智慧和中国力量。

同日 国资委发布《世界一流企业评价对标研究：指标、标杆与实例（2018）》，国家电网公司在电力供应业世界一流企业评价中，综合排名第一，连续四年达到世界一流标准。

2月23～27日 中国华能集团有限公司董事长舒印彪一行出访英国，先后调研了国际电力公司总部和西门子歌美飒全球海上风电控制中心，并在唐宁街10号拜会了英国首相办公室首席政策顾问。

2月25日 国家能源局印发《2019年电力可靠性管理和工程质量监督工作重点》(国能综通安全〔2019〕17号)。

同日 中电联代表团在东京访问日本海外电力调查会，中电联副秘书长沈维春与对方签订合作备忘录。日本海外电力调查会会长增田祐治出席会见。

同日 国家标准化管理委员会同意由中国南方电网有限责任公司作为承担单位，筹建国家技术标准创新基地（直流输电及电力电子技术）。

同日 由国际能源署（IEA）和国家能源集团联合举办，中国神华承办的《全球煤炭市场报告（2018—2023）》中国发布会在北京举行。

同日 中国电建水电五局、水电七局承建的苏丹上阿特巴拉水利枢纽电站收到了苏丹大坝执行委员会与德国拉美尔工程咨询公司共同签发的移交证书，标志着历时8年、投资4.13亿美元的项目全面进入质保期。

当地时间2月26日 在几内亚总统阿尔法·孔戴的见证下，中国电建与塞内加尔河流域组织在几内亚首都科纳克里签署了总额为8.12亿美元的库库塘巴水电站EPC合同。

2月27日 南方电网公司撤销系统运行部，中国南方电网电力调度控制中心（简称南网总调）按照公司直属机构管理，公司授权南网总调行使系统运行管理职能。

同日 中国电建与四川省遂宁市人民政府签署战略合作协议。党委书记、董事长晏志勇，遂宁市委书记邵革军出席签约仪式并致辞。

2月 中国能建荣获北交所2018年最佳产权交易组织奖。

3月1日 由中华全国总工会联合中央广播电视总台录制的“大国工匠2018年度人物”颁奖典礼在央视综合频道播出。国网山东电力检修公司一线带电作业员工王进入选。

3月4日 国家能源局发布《2019年度风电投资监测预警结果》(国能发新能〔2019〕13号)。

当地时间3月4日 中国电建与索莱克特国际公司在塞内加尔首都达喀尔成功签约总容量约为1.5MW光伏+储能微电网新能源项目。

3月5日 秘鲁伯埃楚斯水库下闸蓄水，标志中国电建水电八局在秘鲁承建的首个项目主体工程完工，全部满足合同工期要求。

3月6日 由中国电建水电十一局、昆明院承建的玻利维亚圣何塞水电站项目收到业主、监理单位共同签发的移交证书，标志着圣何塞水电站项目施工内容全部完成，如期实现并网发电。

3月7日 国家发展改革委、国家能源局联合印发《关于深入推进供给侧结构性改革 进一步淘汰煤电落后产能 促进煤电行业优化升级的意见》(发改能源〔2019〕431号)。

3月8日 国家发展改革委、国家能源局、财政部等部门联合印发《关于做好水电开发利益共享工作的指导意见》(发改能源规〔2019〕439号)。

3月13日上午 由中国电建山东电建三公司EPC总承包承建的沙特延布三期5×660MW燃油电站项目是目前全球在建规模最大的燃油电站项目，项目部2号机组首次并网一次成功。

3月15日 由中国电建水电七局承建的海南琼中抽水蓄能电站通过竣工阶段枢纽工程专项质量验收。

同日 中非共和国总统图瓦德拉出席中国能建承建的中非共和国博阿利2号电站修复项目开工仪式。

同日 国家电网公司召开公司系统全国人大代表、全国政协委员座谈会。寇伟董事长主持座谈会并作讲话，公司领导班子成员参加。

3月17日 中国能建总承包的缅甸电网首个500kV同塔双回输电线路工程——密铁拉—东吁500kV双回路输电线路安装工程开工。

3月18日 中广核党委书记、董事长贺禹在北京出席粤港澳大湾区电力合作协议签订仪式，并应邀作主题为“携手合作，全力建设世界一流大湾区”的发言。中广核等12家电力企业与南方电网签署《服务粤港澳大湾区发展战略合作框架协议》。

同日 南方电网公司在北京举办服务粤港澳大湾区发展电力合作倡议暨南方电网公司服务粤港澳大湾区发展举措发布会。南方电网公司、中国华电、国家能源集团、中国三峡集团等13家电力企业共同签署“电力企业服务粤港澳大湾区发展战略合作框架协议”。

同日 国家电网公司与沙特阿美石油公司签署《国家电网有限公司与沙特阿美石油公司在沙特阿拉伯电力领域合作框架协议》。

3月20日 中国大唐主导编制的首个ISO标准《ISO 50045：2019-火电厂节能量评估技术指南》正式发布。

3月21日 由中国三峡集团下属子企业中国水利电力对外公司承建的乌干达伊辛巴水电站正式交付乌方使用。水电站投入运营后，乌全国发电装机容量将提升约20%，缓解电力短缺问题。

3月22日 南方电网电动汽车服务有限公司揭牌成立。

3月23日 在国家主席习近平和意大利共和国总理孔特的共同见证下，国家电投党组书记、董事长钱智民与意大利安萨尔多能源公司首席执行官赞皮尼在意大利罗马签署重型燃气轮机技术合作协议。

3月24日 由中国电建山东电建三公司承建的沙特全球最大燃油电站项目——延布三期项目1号机组实现首次并网一次成功。

3月25日 中国国家主席习近平访问法国期间，中国华电与法国电力集团在巴黎举行合作签约仪式。

同日 国家能源局印发《关于切实做好2019年电力行业防汛抗旱工作的通知》(国能综通安全〔2019〕26号)。

同日 在商务部部长钟山和法国经济和财政部长勒梅尔的共同见证下，中国电建董事长晏志勇与施耐德电气集团董事长兼首席执行官赵国华在马里尼宫签署中国电力建设集团有限公司与施耐德电气股份公司战略合作协议。

同日 中国大唐与上海电气集团股份有限公司签署战略合作框架协议。

3月26日 南网国际公司持有的南方电网云南国际有限责任公司62.3%股权无偿划转至公司总部持有，南方电网云南国际有限责任公司调整为二级子公司管理。

同日 国际电力公司英国区总经理克里斯托弗·詹姆斯·艾尔德一行到访中国华能集团有限公司，向股东做汇报，并赴上海实地考察上海燃机电厂和石洞口二厂。

同日 中央第十一巡视组巡视国家电力投资集团有限公司党组工作动员会召开。

同日 尼日尔总统伊素福出席中国能建承建的坎大吉水电站开工仪式。

3月27日 国家能源局印发《能源行业市场主体信用修复管理办法(试行)》(国能发资质〔2019〕22号)和《关于发布2022年煤电规划建设风险预警的通知》(国能发电力〔2019〕31号)。

同日 中国工程院院士、公司专家委员会主任委员李立浧获2018年度广东省科学技术奖突出贡献奖。

法国当地时间3月28日 在巴黎举行的法国电力公司(EDF)2018年度国际同类型机组安全业绩挑战赛颁奖仪式上，大亚湾公司荣获“能力因子”第一名，这是大亚湾公司连续11年夺冠。

3月29日 中央第十一巡视组巡视中国南方电网有限责任公司党组工作动员会在南方电网公司召开。

周日 由中国电建华东院承担勘测设计监理的国电普陀6号海上风电场，作为“浙江省首个海上风电项目”全部并网发电。

3月30日 由中国电建成都院勘测设计，水电五局、水电七局施工的金沙江上游川藏段装机容量最大的水电站——叶巴滩水电站成功实现大江截流，“西电东送”接续能源基地建设再次取得重大成果。

3月31日 在国务院扶贫办社会扶贫司联合中国社科院企业社会责任研究中心主办的“中国企业精准扶贫优秀案例（2018）”发布会上，国家能源集团申报的“四川能源兴教助医、志智双扶”入选首版《中国企业精准扶贫50佳案例（2018）》。

同日 由中国电建山东电建三公司承建的阿联酋首个H级燃机电站——迪拜铝厂自备电站开工，标志着阿联酋地区首个H级燃机电站正式开工。

3～6月 中央第八巡视组对中国大唐党组进行了常规巡视。

4月1日 中国电建与海口桂林洋经济开发区管理委员会、中国建设科技集团股份有限公司在海口举行战略合作协议签约仪式。

同日 由中国电建水电十一局承建的洪都拉斯阿雷纳水电站成功实现导截流。

4月2日 国家能源局印发《关于切实加强电力行业危险化学品安全综合治理工作的紧急通知》（国能综函安全〔2019〕132号）。

同日 全国电力需求侧管理标准化技术委员会成立大会在广州召开，这是南方电网公司承担的首个全国标委会，也是中国电力需求侧管理走向规范化、标准化的重要里程碑。

同日 国内离岸最远的海上风电场——中国华能集团有限公司大丰海上风电场7号风机成功并网发电，正式进入风机并网调试和试运阶段。4月28日，大丰海上风电场首回路5台机组并网发电。9月29日，大丰一期30万kW海上风电场正式并网运行。

4月3日 中国华能集团有限公司技术经济研究院联合意大利国家电力公司（Enel）研究院在北京举办“能源转型下电力市场设计”研讨会，共同发布《能源转型下欧盟与中国电力市场设计》研究报告。

4月4日 国家能源局印发《关于完善风电供暖相关电力交易机制扩大风电供暖应用的通知》（国能发新能〔2019〕35号）。

同日 全国送变电企业唯一一家入选国务院国资委首批“双百行动”综合改革的单位广东省输变电工程公司一级职业经理人正式完成签约聘任。

同日 由中国电建水电七局机电安装分局承担施工任务的白鹤滩水电站1、8号百万千瓦机组蜗壳最后一节凑合节挂装完成，至此，白鹤滩水电站首批机组蜗壳安装工作顺利完成。

4月8日 国家能源局印发《关于公布2019年全国水电站大坝管理单位安全责任人名单的通知》（国能综函安全〔2019〕135号）。

同日 中国三峡集团与中国农业银行在北京签署战略合作协议。

4月9～10日 由应急管理部国际交流合作中心主办的第十七届中国国际煤炭大会在上海举办，来自国内外煤炭、电力、贸易等行业以及国外专业人士近500人参加会议。中电联专职副理事长兼秘书长于崇德受邀出席大会主论坛并作主题演讲。

4月11～15日 中国国家能源局局长章建华访问厄瓜多尔、阿根廷。在阿根廷期间，章建华与阿根廷财政部长杜耶夫尼进行了会谈，推动双方在核电、油气和新能源领域合作，并签署了《中华人民共和国国家能源局与阿根廷共和国财政部关于和平利用核能领域投资合作的合作意向》。

4月11日 国家电网公司召开促进清洁能源发展新闻发布会，发布《国家电网有限公司服务新能源发展报告（2019）》。

4月12日 国家能源局、国务院扶贫办印发《关于下达“十三五”第二批光伏扶贫项目计划的通知》（国能发新能〔2019〕37号）。

同日 2018年度第十六届中国土木工程詹天佑奖颁奖大会在北京召开，雅砻江流域水电开发有限公司申报的雅砻江锦屏二级水电站荣获詹天佑奖，这是雅砻江水电第四次获此殊荣。由中国电建昆明院设计，中国电建水电四局、水电八局、水电十四局、水电一局等单位施工承建，中国能建参建的云南澜沧江小湾水电站，及由中国电建华东院设计，中国电建水电七局、水电五局负责主体施工，中国能建参建的四川雅砻江锦屏二级水电站荣获詹天佑奖。由中国电建以BT模式承建的深圳市城市轨道交通7号线BT项目3项工程上榜。

同日下午 中国电建核电公司承建的大唐东营2×1000MW世界首台六缸六排汽一号机汽轮发电机组扣缸完成。

当地时间4月14日11:35 由中国电建水电十六局承建的喀麦隆曼维莱水电站1、2号机组相继并网发电，标志着曼维莱水电站进入商业运行阶段。

4月15日 全国首家储能电站与新能源企业间的市场化交易在青海正式启动，国投白银风电有限公司青海格尔木光伏项目参加本次储能交易。

同日 国家电网公司董事长、党组书记寇伟主持召开领导班子扩大会议，通报了党中央关于刘泽洪、张智刚任国家电网有限公司党组成员职务的决定。

4月16日 中电联举办的第24届世界能源大会信息发布会暨企业代表见面会在京召开。

4月17日 中电联（北京）征信有限公司完成中国人民银行企业征信机构备案，中国人民银行营业管理部对备案情况发布公告。

4月18日 国家能源局召开2019年市场监管工作电视电话会议，深入分析能源市场监管面临的形势，部署2019年重点监管工作。并印发《〈能源标准化管理办法〉及实施细则》（国能发科技〔2019〕38号）。

同日 中电联召开2019年第一次理事长会议暨2019年经济形势与电力发展研讨会，有关专家、电力企业领导齐聚一堂，围绕能源电力行业发展重大问题开展了深入研讨。中电联理事长、全球能源互联网发展合作组织主席刘振亚围绕推动中国能源电力转型和高质量发展做主旨讲话，全面分析国际国内能源电力发展的趋势，提出了建设性、前瞻性的意见。召开2019年临时会员代表大会、第六届理事会第八次会议，审议通过了《中国电力企业联合会投资管理办法》《中国电力企业联合会新闻发言人制度》等一系列重要议案。会议由常务副理事长杨昆主持，专职副理事长兼秘书长于崇德、专职副理事长魏昭峰、王志轩报告了相关议案。

4月22日 国家能源局印发《关于明确涉电力领域失信联合惩戒对象名单管理有关工作的通知》（国能综通资质〔2019〕33号）。

同日 中电联质监站和国网交流建设分公司在北京签署合作协议，双方将在环水保设施质量保障、绿色施工措施监督等方面开展合作。魏昭峰出席了协议签字仪式。

同日 由中国电建西北院设计，中国电建水电一局、水电四局、水电六局、水电基础局承建的西藏金桥水电站顺利下闸蓄水，为电站机组发电打下坚实基础。

同日 中宣部与全国总工会联合发布2019年全国10位“最美职工”名单。国网浙江电力职工黄金娟入选“最美职工”。

4月23日 国家能源局印发《关于深刻汲取事故教训切实抓好电力安全生产工作的通知》（国能综通安全〔2019〕34号）。

同日 国家电投荣获上海联合产权交易所2018年度产权交易融资策划奖。

同日 2019年庆祝“五一”国际劳动节暨全国五一劳动奖和全国工人先锋号表彰大会在北京人民大会堂举行。国家电网公司系统共有38个集体和24名个人获得表彰。

4月24日 中国华能集团有限公司党组书记、董事长舒印彪在总部会见福伊特集团股东与监事会主席赫伯特·林哈德博士一行，双方就深化“一带一路”第三方合作、加强数字化领域交流、共同做好网络安全维护等交换了意见。

4月25日 “一带一路”能源合作伙伴关系成立仪式在北京举行。中国国家能源局局长章建华宣布伙伴关系正式成立并致欢迎辞。会议期间，30个伙伴关系成员国共同对外发布《“一带一路”能源合作伙伴关系合作原则与务实行动》。

同日 第二届“一带一路”国际合作高峰论坛企业家大会上，国家主席习近平出席开幕式并发表主旨演讲。国家电投上海电力及其控股的土耳其EMBA发电有限公司与国家电投能源工程公司、中航国际成套设备有限公司共同签署土耳其胡努特鲁2×660MW火电项目总承包合同。中国华电董事长、党组书记温枢刚出席论坛开幕式。论坛期间，丝绸之路商务理事会中国委员会主席、中国大唐党组书记、董事长陈飞虎拜会了出席“一带一路”国际合作高峰论坛的老挝人民革命党中央总书记、国家主席本扬·中沃拉吉，双方就进一步加强合作进行了交流，并会见了到访的老挝中央委员、自然资源环境部部长宋马·奔舍那了深入交流。还应邀出席“一带一路”企业家大会并发言。

同日 在香港举办的《亚洲周刊》三十一周年中国大陆企业香港股市排行榜颁奖典礼上，中国神华荣获2017—2018年度“公司卓越管治企业大奖”。

4月26日 国际电工委员会（IEC）第36届主席，中国华能集团有限公司党组书记、董事长舒印彪在京出席第二届“一带一路”国际合作高峰论坛开幕式和“一带一路”高级别会议。

4月27日 中国大唐集团党组书记、董事长陈飞虎在京会见缅甸电力与能源部部长吴温楷一行，双方就加强在缅甸项目开发进行深入交流。老挝人民民主共和国中央政治局委员、中央书记处书记、中组部部长占西·普西坎和中央政治局委员、中央书记处书记、中央办公厅主任坎潘·蓬玛塔一行到访中国大唐总部。

4月28日 在李克强总理与意大利孔特总理的共同见证下，国家电网公司董事、总经理、党组副书记辛保安与意大利国家配气公司（Italgas）首席执行官保罗·迦洛在钓鱼台国宾馆签署合作框架协议。

同日 中国华能集团有限公司与捷克Sev. en Energy集团签署谅解备忘录。

同日 老挝中央委员、自然资源环境部部长宋马·奔舍那一行到龙滩电厂参观考察。

同日 南方电网公司举办第二届南网工匠表彰大会，表彰第二届南网工匠、2019年五一劳动奖状（章）和工人先锋号获得者。董事长、党组书记孟振平出席并讲话。

4月29日 南方电网公司授予李智勇等10位同志第八届中国南方电网公司“十大杰出青年”称号。

4月30日 在国家主席习近平和老挝国家主席本扬·沃拉吉见证下，南方电网公司董事长孟振平与老挝国家电力公司总经理奔乌共同签署《中国南方电网有限责任公司与老挝国家电力公司关于老挝老中铁路供电项目的股东协议》。

同日 被称为新疆“三峡工程”的阿尔塔什水利枢纽工程2号发电洞洞身顺利贯通，标志着中国电建由水电四局承担施工的枢纽总长9137m的发电洞洞身全线贯通。

4月 “华龙一号”全球首堆示范工程——福清核电5号机组冷试一次成功。

5月1日 国家“西电东送”战略的重要项目——中国华能集团有限公司云南里底水电站3号机组通过72h试运行。至此，里底水电站3台机组全部投产发电。

同日 中央单位定点扶贫脱贫攻坚成效考核结果公布，中国大唐取得综合评价好的成绩。

同日 由中国电建西北院负责设计、水电十四局以施工总承包模式承建的里底水电站3号机组结束72h试运行，进入商业运行阶段。至此，电站3台机组全部投产发电。

5月6日 由中国电建投资兴建的巴基斯坦卡西姆港2×660MW燃煤电站累计发电量突破100亿kWh大关。

当地时间5月6日 中国电建水电十五局承建的突尼斯梅莱格大坝工程龙口顺利合龙，标志着梅莱格大坝工程截流完成。

5月7日 国家能源局印发《2019年重点专项监管工作方案》（国能综通监管〔2019〕38号）。

同日 陕西省人民政府发布公告，宣布澄城县退出国家贫困县序列。至此，中国大唐定点扶贫县澄城县历经县级自查自评、市级核查、省级贫困县退出专项评估检查，正式摘掉贫困县的帽子。

5月8日 中国大唐与青海省人民政府在西宁签署全面战略合作“三年行动”协议。

当地时间5月8日 中国驻塞尔维亚大使陈波与塞副总理兼建设、交通和基础设施部部长米哈伊洛维奇共同视察由中国电建承建的贝尔格莱德环城公路项目。

5月9～10日 在深圳召开由中电联主办华为技术有限公司协办的2019年电力行业国际合作会议暨中国电力国际产能合作企业联盟年度会议。

5月10日 国家发展改革委、国家能源局联合印发《关于建立健全可再生能源电力消纳保障机制的通知》(发改能源〔2019〕807号)。

同日 国家电网公司与冬奥组委签署合作协议，成为北京冬奥会官方合作伙伴。

同日 中国华能集团有限公司在北京举办国际电工委员会（IEC）专题培训和研讨活动。

同日 兴安盟300万kW革命老区风电扶贫项目获得内蒙古自治区兴安盟发展与改革委员会批复核准。

5月13～14日 中电联理事长、全球能源互联网发展合作组织主席刘振亚出席在法国巴黎联合国教科文组织总部举办的首届联合国国际水资源论坛。联合国教科文组织总干事阿祖莱在开幕式致辞，刘振亚做主旨演讲，中电联专职副理事长兼秘书长于崇德在水资源和能源可持续发展平行论坛上发言。

5月13日 中国电建湖北装备公司首个最大的光伏电站项目——安徽省阜阳市阜南县40.916MW光伏扶贫电站并网发电，正式全面投入运行。

5月14日 国家能源局印发《关于开展电力设备安全专项监管工作的通知》(国能综通安全〔2019〕40号)。

同日 国务院国资委扶贫开发领导小组印发通报，南方电网公司脱贫攻坚工作连续两年在中央单位定点扶贫工作考核中获得最高等次“好”。

同日 中电联征信公司与爱信诺征信公司在北京举行战略合作签约仪式，标志着双方在征信服务共享共建方面建立了稳固的战略合作伙伴关系。

同日 中国华电“一带一路”能源学院2019年国际业务培训首期班在华北电力大学开班。

同日 中国能建169个项目获2018年度电力行业优秀勘测、优秀设计、优秀标准设计和优秀计算机软件奖。

同日10:00 由中国电建水电四局承建的将惠及44个贫困村1586户5837名贫困户和壮大村集体经济的重点扶贫项目——青海省门源县扶贫光伏电站提前45天并网发电。

5月14～16日 2019世界水电大会在法国巴黎召开。中国电建党委书记、董事长、中国水力发电工程学会副理事长晏志勇荣获“莫索尼水电杰出成就奖（Mosonyi Award for Excellence in Hydropower）”。

5月14～15日 中国电建水电十六局承建的新疆华电沙尔布拉克水电站工程通过竣工验收。

5月16日 由中国工程院、中国电机工程学会和国家能源集团联合主办的2019年清洁电力国际工程科技高端论坛暨国家能源集团清洁能源国际高端论坛在北京开幕。

同日 中国三峡集团党组书记、董事长雷鸣山在重庆参加第二届中国西部投资贸易洽谈会，并在西部开放高峰会上作主题发言。16日下午，雷鸣山参加西洽会“2019央企重庆行”座谈会以及重大项目签约仪式，并见证签约。

同日 国家电网公司与华北电力大学签署《共建能源互联网学院合作协议》。

5月17日 国家能源局印发《关于开展2019年电力行业“安全生产月”和“安全生产万里行”活动的通知》(国能综通安全〔2019〕43号)。

同日 中电联发布《全国电力行业核心价值公约（2019年版）》。修订后的《公约》更加具体、形象地诠释了电力人文精神的时代内涵，更好地反映了新时代电力行业的发展要求。

同日 国家电网公司“能源互联网智能终端核心芯片可靠性技术国家地方联合工程研究中心”在北京启动建设。

同日9:00 由中国电建山东电建三公司EPC总承包的缅甸皎喜145MW内燃机快速电站项目竣工仪式在缅甸曼德勒举行。

5月18日 中能建（海南）有限公司在海口市海南大厦举行揭牌暨合作协议签约仪式。

5月20日 国家发展改革委、国家能源局联合印发《关于公布2019年第一批风电、光伏发电平价上网项目的通知》(发改办能源〔2019〕594号)。

同日 中电联临时党委书记、常务副理事长杨昆参加由欧洲电力工业联盟举办2019年度峰会。

同日 中国华能集团有限公司党组书记、董事长，国际电工委员会（IEC）第36届主席舒印彪应邀出席在南京举行的第二届江苏发展大会暨首届全球苏商大会开幕式和江苏发展论坛，并发表演讲。

同日 中国华能乌弄龙水电站在5号坝段成功取出一根直径240mm长25.9m的世界最长三级配碾压混凝土芯样，标志着乌弄龙水电站大坝碾压混凝土施工质量和工艺已达到国际领先水平。

5月21日 中央企业第一家“工匠大学”南网工匠大学在广州供电局清河培训基地挂牌成立。

同日 国家电网公司大数据中心成立揭牌仪式暨大数据发布会在北京召开。

5月22日 由中国电建水电四局参建的青海省重点水利建设项目——拉西瓦灌溉工程干渠正式通水。

当地时间5月22日上午 由中国电建上海电建福建公司承建的巴西美丽山二期±800kV特高压直流输电线路工程第11标段500kV里约站至新伊瓜苏双回交流线路工程正式竣工。

5月24日 国家能源集团与北京大学联合举办“领导干部上讲台”国企公开课北京大学专场报告会，党组书记、董事长王祥喜作了《社会主义是干出来的》主题报告。

同日 由中国电建水电四局承建的青海省海晏县“十三五”村级扶贫光伏项目正式并网投产，将惠及12个贫困村、285户贫困户持续增收。

5月25日 中广核乌海新能源有限公司50MW光伏基地项目荣获“2019年度中国电力优质工程”。该项目是全国首个荣获“中国电力优质工程”的山地光伏发电项目。

5月27日 中国电建山东电建三公司承建的沙特奥莱祖发变电站项目取得最终完工证明，移交业主。

同日下午 由中国电建国际、贵阳院联合总承包的越南虹峰1A&1B光伏发电场升压站成功带电。

5月28日 国家能源局印发《关于2019年风电、光伏发电项目建设有关事项的通知》(国能发新能〔2019〕49号)。

同日 按照国务院国资委党委、教育部安排，由中国华电与兰州大学联合举办的“领导干部上讲台”——国企公开课在兰州大学礼堂开讲。

同日 中核集团第一个抽水蓄能电站建设项目——河南五岳抽水蓄能电站工程开工。

截至5月29日 中国电建承建的世界在建最大水电工程——白鹤滩水电站大坝混凝土浇筑量累计达406万m^3，浇筑过半。

5月30日 中国第二条500kV超高压、长距离、大容量的跨海联网工程——南方主网与海南电网第二回联网工程建成投产运行，海南岛与大陆实现电力双回线路联网。

同日 国家能源集团新能源、化工、科技环保、金融等四个产业运营管理中心正式挂牌成立。

5月31日 国家能源局组织召开2019年电力可靠性指标发布会暨安全生产月启动会，发布2018年度电力可靠性指标，部署电力行业2019年“安全生产月”和“安全生产万里行”活动；召开“2019年全国电力可靠性高峰论坛”，论坛主题是“高质量发展与电力可靠性”。中电联临时党委书记、常务副理事长杨昆出席会议并致辞。国家能源集团有13台机组获奖。

同日 中电联专职副理事长兼秘书长于崇德出席2019年电力需求侧管理大会。

同日 中国电建中南院EPC总承包的越南隆安50MW光伏项目并网发电。

同日 中国电建设计施工的西藏第一个地下厂房式水电站——西藏易贡藏布金桥水电站首台机组投产发电。

同日 由中国电建河南工程公司承建的大唐巩义电厂“上大压小”2×660MW机组新建工程2号机组完成168h试运行，正式投产发电。

5月 国投北疆二期扩建工程经过中国电力建设企业协会专家组严格的评审，荣获“2019年度中国电力优质工程奖”。

6月2日 由中广核工程公司设计院自主设计的“华龙一号”示范项目棒位探测器在上海电器设备检测所完成了抗震试验，标志着该设备通过了所有K2级鉴定试验的考核，成为国内首个实现自主设计的F-SC1级（执行最高安全功能的物项分级）棒位探测器设备，填补了国内空白。

同日 由中国电建华东院总承包、水电十局施工承建的越南春寿光伏发电项目并入越南国家电网。

6月3日 国家能源集团召开“不忘初心、牢记使命”主题教育动员大会，以及警示教育大会。

6月4日 国家能源局印发《关于2018年度全国可再生能源电力发展监测评价的通报》(国能发新能〔2019〕53号)；发布2019年第4号公告，批准《光伏发电工程电气设计规范》等297项行业标准。

同日 中国能建参与设计的雄安—石家庄1000kV特高压工程完成72h试运行，正式投运，标志着世界首个特高压交流双环网——华北特高压交流环网正式合环运行。

当地时间6月5日下午 由中国电建承建的安哥拉罗安达省电气化及入户连接项目贝鲁蒙特变电站正式投运。

6月5日 在中国国家主席习近平与俄罗斯总统普京共同见证下，中核集团董事长余剑锋与俄罗斯国家原子能公司总经理利哈乔夫在莫斯科交换签署徐大堡3、4号机组总合同文本，中俄两国和平利用核能合作进入新的历史阶段。2019年初，双方完成田湾核电站7、8号机组总合同签署。双方合作4台新建核电机组总合同全部完成签署，中俄迄今最大核能合作项目进入全面实施阶段。

同日 十一届全国人大常委会副委员长华建敏一行到中国三峡集团调研。

同日 中国环流器二号M（HL～2M）装置主机线圈系统在成都实现交付。

6月6日 国家能源局召开推进新一轮农网改造升级电视电话会议，总结2016年以来农网改造升级实施情况，动员部署2019年农网改造升级任务。

同日 中国电建山东电建三公司以EPC承建的沙特延布三期5×660MW燃油电站3号机组并网一次成功。

6月7日20:00 由中国电建西北院勘察设计，水电十四局、水电七局承建的云南澜沧江乌弄龙水电站3号机组通过72h试运行，提前23天投入商业运行。

6月9日 中国电建上海电建青海公司承接的格尔木东台清脉50MW风力发电项目首台风机成功并网发电。

6月10日 由中国电建上海电建福建公司承担电气热控调试任务的浙江石化一期10.5万t热法海淡项目第一套海水淡化装置成功启动并迅速达到额定产水量，顺利投产。

6月11日 国家能源局印发《关于进一步做好电力行业防汛抗旱工作的通知》(国能综通安全〔2019〕47号)。

同日 广东省市场监管局召开新闻发布会，发布“广东省公共场所用电设施建设及运行安全规程系列地方标准”，这是国内首个针对公共场所用电设施的安全标准。

同日 华能核电开发有限公司和中国核能电力股份有限公司签署投资协议。

6月12日 国家能源局印发《关于2019年户用光伏项目信息公布和报送有关事项的通知》(国能综通新能〔2019〕45号)。

6月13日 国家电网公司在巴西控股的CPFL公司实现公开增发股份，本次增发股份价格为每股27.5雷亚尔，募集资金总额37亿雷亚尔。

当地时间6月13日 由中国电建水电八局承建的印尼庞卡兰苏苏2×200MW燃煤电站3号机组30天可靠性运行圆满完成。

6月14日 中电联在北京召开新闻发布会，发布《中国电力行业年度发展报告2019》。

同日 由中国电建湖北工程公司建设公司承建的鄂州电厂三期2×1000MW机组扩建工程6号机组通过168h满负荷试运行并移交投产。

6月17日 IEC候任主席、中国华能集团有限公司董事长舒印彪在苏黎世会见IEC瑞士国家委员会主席、布鲁格电缆公司CEO赛穆尔·安佐格，双方就进一步加强中瑞技术交流合作、发挥国际标准作用等交换了意见。18～21日，舒印彪前往日内瓦，出席IEC合格评定局、执行委员会、理事局等系列高层管理会议。

同日 海外“华龙一号”首堆工程——巴基斯坦卡拉奇核电2（K2）机组外层安全壳穹顶成功吊装，12月2日，K2冷试取得圆满成功。

同日 由中国电建上海电建承建的莆田平海湾海上风电场二期项目鸬鹚岛220kV升压站受电一次成功，这是目前国内首座220kV无居民海岛升压站。

6月18日 中电联召开“不忘初心、牢记使命”主题教育动员部署会议，深入贯彻落实习近平总书记在“不忘初心、牢记使命”主题教育工作会议上的重要讲话精神，落实国资委党委统一部署和6月10日国资委联系的行业协会主题教育动员部署会议工作安排，对中电联“不忘初心、牢记使命”主题教育进行动员部署。

同日 由中国电建通过融资创新承接并委托华东院总承包的越南油汀500MW帕光伏项目全部投入商业运行。

6月20～21日 四川、福建、山东电力现货市场相继启动模拟试运行。至此，国家电网公司首批6家现货市场建设试点单位全面启动试运行。

6月21日 老挝能矿部正式发函，确认南方电网公司老挝南塔河1号水电站于2019年4月1日进入商业运行(COD)，这标志着老挝南塔河1号水电站商业运行已经正式得到官方认可。

同日 中国电建河北工程公司承建的张家口万全风电场二期工程正式开工。

6月24日 新疆750kV莎车—和田输变电工程竣工投运，标志着南疆750kV电网延伸补强工程全部建成投运。

6月25日 国家发展改革委、科技部、工信部、国家能源局等部门联合印发《贯彻落实〈关于促进储能技术与产业发展的指导意见〉2019—2020年行动计划的通知》（发改办能源〔2019〕725号）。

同日 中国华电与北京电力交易中心、首都电力交易中心、冀北电力交易中心完成2019年冬奥场馆绿电交易工作。

同日 国家电投集中发布了8项由上海核工院牵头、协同产学研用相关单位自主研发的科技创新成果，包括国产关键核级设备与核级材料、SAF高性能核燃料、设计质量管理平台、非能动核电厂多专业综合验证平台、核电厂设备及管道疲劳监测系统、核盾集成安保管理平台、SPACal RM风险监测器和智慧建筑设计系统。

同日 中国能建牵头首个国家重点研发计划项目——“太阳能光热发电及热利用关键技术标准研究”通过中期检查。

6月26日 由世界品牌实验室（World Brand Lab）主办的2019年（第十六届）世界品牌大会在北京举行。会上发布2019年《中国500最具价值品牌》排行榜。国家电网以4575.36亿元的品牌价值蝉联本年度最具价值品牌榜首，品牌价值较2018年增长509.67亿元，连续13年攀升。这是国家电网品牌连续四年位居该榜榜首。

6月27日 由中国电建携手哈萨克斯坦最大国有能源开发公司——萨姆努克能源公司控股投资的谢列克一期60MW风电项目正式开工建设。

6月28日 国家能源局印发《关于开展电力建设工程施工现场安全专项监管工作的通知》（国能综通安全〔2019〕52号）。

同日 中国大唐召开庆祝中国共产党成立98周年暨“两优一先”表彰大会。

同日 由中国电建上海电建公司承建的全球最大垃圾焚烧机组——上海老港再生能源利用中心垃圾焚烧发电二期项目正式发电投运。

6月29日 共青团中央等21家全国创建“青年文明号”活动组委会成员单位联合印发《关于命名2017—2018年度全国青年文明号的决定》，国家电网公司系统共有31个集体获此殊荣，数量在中央企业中位列第一。

6月 中广核工程公司申请的调试领域专利（“Method and system for supplying power to primary loop of nuclear power plant during hydrostatic test”，即“一种核电厂一回路水压试验的供电方法和系统”）获得英国知识产权局授权。

6月 中国能建41项工程获评2019年度中国电力优质工程。

7月1日 国家发展改革委党组成员，国家能源局党组书记、局长章建华带领调研组赴中国华电开展“不忘初心、牢记使命”主题教育专题调研。

同日 西安热工院青年创新团队首次提出屋顶光储型风电场“黑启动”技术路线，填补了新能源“黑启动”领域的技术空白，为新能源参与电网“黑启动”提供技术借鉴。

同日 国际电力公司英国Spalding 30万kW OCGT（具有黑启动功能的燃气开式循环机组）项目投产。

7月2日 全国政协副主席、交通运输部党组书记杨传堂到三峡升船机调研，在升船机集控室现场了解升船机运行情况，并乘船检查三峡通航“一区三站”综合服务区建设情况。

7月3日 国家能源局发布《2018年全国地级行政区供电可靠性指标报告》，包含全国333个地级行政区（包括地级市、地区、自治州、盟）供电可靠性指标。南方电网公司珠海、中山、佛山、深圳、广州、东莞供电局分列1、2、3、5、6、7名。2018年，珠海供电可靠率达到99.989%，全口径客户平均停电时间仅为0.98h。

同日 中电联专职副理事长王志轩出席由中国华电主办的2019年度大型发电集团公司环保联席会。

7月4日 国资委召开中央企业压减工作三年收官总结视频会议，国家电网公司压减工作获通报表扬。

7月5日 全国煤炭交易中心有限公司在北京召开成立大会，国投电力等35家股东单位派代表参加大会。国投电力参股全国煤炭交易中心有限公司，有利于参与交易规则的制定和开展煤炭交易工作，为国投电力煤炭安全稳定供应奠定了良好的基础。

同日 中国华能集团有限公司举办马洪琪院士荣获国际大坝委员会终身成就奖授奖仪式。

当地时间7月8日 中国电建上海电建福建公司与智利ELETRANS Ⅱ公司正式签订智利ST2－LAAMRA变电站总承包项目合同。

7月9日 第九届粤港澳电力企业高峰会在澳门召开。本届高峰会由澳门电力公司主办，以“立足新起点、共谋新发展，为粤港澳大湾区提供清洁、低碳、安全、高效的电力保障”为主题。中广核董事长贺禹发表了题为“乘势前行，携手共创湾区时代新未来”的主题演讲。

同日 在第16届巴基斯坦国家环境与健康论坛（NFEH）“年度环境卓越奖”颁奖仪式上，中国华能集团有限公司山东如意萨希瓦尔燃煤电站荣获电力和能源类“年度环境卓越奖”。

同日 由中国电建核电公司承建的国电宁夏方家庄电厂2×1000MW机组工程2号机组完成168h满负荷试运行。

同日 中国能建承建的骏马电站通过吉尼斯世界纪录认证，成为世界上最大的光伏板图形电站。

当地时间7月9日 中国电建河北工程公司、湖北工程公司共同承建的巴基斯坦塔尔煤田Ⅱ区块2×330MW燃煤电站一期两台机组同时完成168h试运行，投产移交。

7月10日 国家能源局印发《关于公布2019年光伏发电项目国家补贴竞价结果的通知》（国能综通新能〔2019〕59号）。

同日 国投电力正式完成新源（中国）并购工作，正式介入垃圾发电业务领域。

7月11日 国家能源局印发《核电厂运行性能指标（试行）》（国能综通核电〔2019〕60号）。

7月12日 南方电网公司南网云平台正式投入运行。

7月13日 由中国电建西北院勘察设计，水电七局、水电十四局施工的中国华能集团有限公司乌弄龙水电站4号机组顺利通过72h试运行，正式投产发电。至此，乌弄龙水电站4台机组全部投产发电。

7月15日 国资委作出《关于通报表扬2016—2018年任期业绩优秀企业和突出贡献企业的决定》，国家电网公司获评“业绩优秀企业”“科技创新突出贡献企业”“节能减排突出贡献企业”3个荣誉称号。

同日 南方电网公司成立全球首家数字电网研究院——南方电网数字电网研究院有限公司。

同日 由中国电建“水电国际—成都院联合体”总承包实施建设的札纳塔斯100MW风电项目首台机组装机仪式在哈萨克斯坦江布尔州札纳塔斯市举行。

同日上午 中国电建承建的越南虹峰325MW光伏电厂举行竣工典礼。

7月16日 中国大唐公开发布《2018年社会责任报告》。

同日 中国电建水电六局承建的丰满重建工程1号机组完成72h试运转，首台机组施工及试验工作全部完成，具备向系统供电条件。

7月16日 中国能建在第二届中央企业QC小组成果发表获一等奖2项、二等奖1项。

7月18日 中电联临时党委理论学习中心组召开“不忘初心、牢记使命”主题教育专题辅导暨第二次学习（扩大）会。

同日 南方电网统调负荷再创历史新高，达1.87亿kW，同比增长10.78%。

同日 南方电网公司依托南方电网能源发展研究院成立南方电网改革发展研究中心，在南方电网能源发展研究院增挂“南方电网改革发展研究中心”牌子。

同日 第二届中央企业质量管理小组成果发表赛在北京举行。国家电网公司4项成果获一等奖、1项成果获二等奖，获奖数量和等级蝉联央企首位。

同日 中国大唐荣获2018年中央企业经营业绩考核A级企业、2016—2018任期A级和中央企业节能减排先进单位。

同日 中核集团宣布启动中国多功能模块化小型堆（玲龙一号）示范工程。

当地时间7月19日 由中国电建承建的阿根廷卡法亚特100MW光伏电站项目正式投入商业运营。

7月22日 在中国国家主席习近平与阿拉伯联合酋长国阿布扎比王储穆罕默德·本·扎耶德·阿勒纳哈扬共同见证下，中核集团董事长余剑锋与阿联酋核能公司总裁哈马迪签署谅解备忘录，与阿联酋国务部长、阿布扎比国际金融中心主席艾赫迈德·阿里·阿尔·沙耶赫签署建设财资及投融资中心合作协议。

同日 中国国家能源局局长章建华与阿联酋能源和工业部部长苏海尔·穆罕默德·马兹鲁伊在北京签署了《中国国家能源局和阿联酋能源和工业部关于和平利用核能合作的谅解备忘录》，为两国开展和平利用核能合作奠定了良好的基础。

同日 国资委发布了中央企业负责人2018年度和2016—2018年任期经营业绩考核结果：中国华电集团有限公司2018年度和2016—2018年任期经营业绩考核结果均为A级，位居同类型发电企业第一，并被授予2016—2018年任期考核“业绩优秀企业”和“节能减排突出贡献企业”。

同日 美国《财富》杂志公布2019年世界500强排行榜，南方电网公司排名第111位，中国电建位列第161位，中国华能排名第286位，中国华电位列第386位。

7月22～23日 国家电网公司—西安交通大学先进电力能源科学技术研究院在西安揭牌成立。

7月23日下午 由中国电建上海电建承建的上海老港二期再生能源中心5、6、7号炉及1号机完成“72+24”h试运，标志着全球最大垃圾焚烧发电厂正式迈入移交阶段。

7月24日 国务院国资委官网公布2018年度和2016—2018年任期中央企业负责人经营业绩考核结果，国家能源集团2018年度和2016—2018年任期考核均为A级，并被授予2016—2018年“节能减排突出贡献企业”荣誉称号。

同日 电中国电建海投项目公司承建的澳大利亚牧牛山风电项目场内升压站倒送电一次成功。

同日22:00 阳江核电6号机组完成168h示范运行，机组运行状态稳定，具备商业运行条件，6号机组商运后，阳江核电步入六核时代，并成为全球最大的在运轻水压水堆核电基地。

7月25日 中核集团与力拓公司在纳米比亚隆重举行罗辛项目交接仪式标志着中核集团正式控股世界第四大产能铀矿——纳米比亚罗辛铀矿，拥有其68.62%股权，跻身世界天然铀前五大公司。

同日 全球工程建设领域最权威的学术杂志——美国《工程新闻纪录》(ENR)揭晓了2019年度“全球工程设计公司150强”和“国际工程设计公司225强”双榜排名。中国电建两项排名分别为第2位和第16位，连续5年领跑中资企业第一。

7月26日 中电联临时党委书记、常务副理事长杨昆一行14人赴国家电网公司，就《电力行业“十四五”规划及中长期发展》《中国再电气化发展报告2019》课题开展调研。

同日 为庆祝新中国成立70周年、纪念中国有电137周年举办2019年“中国电力主题日”活动，以“辉煌七十年，奋进新时代”为主题，通过“中国电力好故事”主题演讲的形式，向社会各界集中展示了电力行业70年来风雨兼程、砥砺奋进取得的伟大成就。

同日 三峡雄安新能源有限公司在河北雄安新区完成工商登记注册，并取得雄安新区管委会颁发的营业执照。

同日 中国电建水电七局夹江公司制造的金沙江金沙水电站主厂房900t超大型桥式起重机通过出厂验收。

同日 全国退役军人工作会议在北京召开，国网成都供电公司共产党员服务队总队队长刘源等5名公司系统员工获“全国模范退役军人”称号，国网江苏如东县供电公司、国网湖北送变电公司获“全国退役军人工作模范单位”称号，国家电网公司人力资源部职员任远获“全国退役军人工作模范个人”称号。

7月27日 中国大唐单日发电量达到19.32亿kWh，首次突破19亿kWh。

7月29日 中国华能集团有限公司射阳海上风电项目220kV主海缆第一回第一根25.1km开工。

7月30日 南方电网公司与广西壮族自治区人民政府在南宁签订新时代全面深化合作战略框架协议。

同日 尼泊尔上崔树里3A水电站第二台机组通过72h试运行，标志着中国电建北京院设计的总装机容量60MW上崔树里3A水电站已全部成功并网发电。

7月31日 国家发展改革委、国家能源局联合印发《关于深化电力现货市场建设试点工作的意见》(发改办能源规〔2019〕828号)。

同日 中国电建山东电建四川公司承建的越南沿海电厂三期工程2号机组获得项目业主颁发的FAC证书，完成合同。

同日 由中国电建水电七局夹江水工设计制造的全球水电站起重容量最大的泄洪洞1600t门式起重机通过验收。

7月 中核集团获2018年度中央企业负责人年度经营业绩考核A级，获2016—2018年第五任期业绩优秀企业。中国能建获评2018年度中央企业负责人年度经营业绩考核A级。

8月1日 中电联临时党委书记、常务副理事长杨昆一行赴国家能源集团开展《电力行业“十四五”规划及中长期发展》《中国再电气化发展报告2019》课题调研。

8月3日 由中国电建核电公司承建的山钢日照精品钢铁基地2×35万kW自备电厂工程1号机组并网一次成功。

8月5日 人力资源社会保障部、中华全国总工会、中国企业联合会、中国企业家协会、中华全国工商业联合会等四部门(单位)在北京召开全国构建和谐劳动关系先进表彰会，国家电网公司所属天津电力科学研究院等9家荣获“全国模范劳动关系和谐企业”称号。

8月5～6日 由中国企业联合会、中国企业家协会主办的全国企业文化年会(2019)在北京召开，中国大唐荣获2018—2019年度全国企业文化优秀成果一等奖。

8月9日 中电联电力物资供应链管理标准化技术委员会成立。

8月10日 中国电建中南院承担设计的缅甸Phyu(漂亮)水电站修复项目首台机组完成72h试运行后，正式交付缅甸业主投入商业运行。

8月15日 中国电建水电十二局承建的海南琼中抽水蓄能电站枢纽工程通过专项验收。

同日 中国能建获“中巴交流最高荣誉勋章”。

8月19日 由中国电建水电四局承建的国内首套最大直径海上风电塔筒在广东阳江成功下线。

8月22日 美国机械工程师协会(ASME)授予国家电投人才学院授权培训机构证书。

同日 全球工程建设领域最权威的学术杂志——美国《工程新闻纪录》(ENR)揭晓了2019年度“全球承包商250强”和“国际承包商250强”双榜排名。中国电建两项排名分别为第5位和第7位。

8月24日 国务院国资委党委书记、主任郝鹏一行实地调研中国三峡集团参与三峡库区生态环境保护和长江经济带建设情况，并召开座谈会听取三峡集团改革发展和党的建设情况汇报。

8月26日 中国广核电力股份有限公司(A股简称中国广核，股票代码003816，港股简称中广核电力，股票代码01816。统称中国广核)在深圳证券交易所中小板挂牌上市，成为中国首家实现同时在A股和H股上市的核电企业。中国广核A股IPO创造了多项市场纪录：是首家同时在H股和A股上市的纯核电股，是A股首家以003打头代码的公司，是2016年以来最大的H回A股项目，也是截至目前2019年最大的A股IPO项目。

同日 由中广核与中央广播电视总台中文国际频道《走遍中国》联合摄制的大型纪录片《风光无限》，于CCTV4(中文国际频道)正式播出，该纪录片共5集，讲述中广核“发展清洁能源，造福人类社会”历程中的故事，记录中广核新能源业务高质量发展对民生、地域及行业的积极影响。

当地时间8月26日上午 由中国水利电力对外公司EPC总承包、中国电建水电三局承建施工的几内亚苏阿皮蒂水利枢纽工程提前实现下闸蓄水节点目标。

8月27日 广西壮族自治区人民政府在广西电网公司举行广西新电力投资集团有限责任公司揭牌暨管理权移交仪式。

8月29日 中电联专职副理事长兼秘书长于崇德会见来访的青海省海西州委常委、德令哈市委书记孙立明一行。

同日 天津市人民政府与国家电网公司战略合作框架协议行动计划启动会在天津召开。

8月30日 国投电力垃圾焚烧发电业务实现新的重大突破，下属控股投资企业新源(中国)在泰国新中标曼谷两个垃圾焚烧发电项目。

同日 中国能建撤销纪检监察部，纪委下设综合案管室、执纪审查室、监督审理室。

8月31日 撤销南方电网公司北京办事处，撤销公司北京代表处筹备组，停止北京代表处组建工作。

同日 落实总书记视察国家电投黄河公司重要指示三周年学习交流会暨中国能源发展高层论坛在全国人大会议中心召开。

8月 核电股份公司2018年度报告荣获美国LACP评选协会颁发的电力行业“最佳年报金奖”“中文年报80强”两项大奖。

9月1日 全国政协副主席、民建中央常务副主席辜胜阻率领由全国政协无党派人士界委员组成的“三峡工程建设成就”专题视察团来到宜昌三峡坝区，视察三峡工程。

9月2日 国务院国资委印发中央企业负责人经营业绩考核结果通知，南方电网公司连续13年获得国务院国资委经营业绩考核A级，获得2016—2018年第五任期经营业绩考核A级，被评为2016—2018年任期“业绩优秀企业”“科技创新突出贡献企业”“节能减排突出贡献企业”。

法国时间9月3日上午 中广核在巴黎正式发布《2018年全球可持续发展报告》，面向国际伙伴全面系统阐述2018年在经济、环境、社会可持续发展方面的行动和贡献，这也是中国企业首次在法国发布可持续发展报告。

9月4日 国家能源局印发《关于加强电力中长期交易监管的意见》(国能发监管〔2019〕70号)。

9月5日 中国电建上海电建中标华电（印尼）玻雅2×660MW坑口电站工程送出线路工程。

同日 由中国电建河南工程公司承建的中电投山东滨州阳信二期24台风机全部调试、并网发电成功。

同日 国家电网公司召开“不忘初心、牢记使命”主题教育总结大会，中央第三十三指导组组长牛锡明出席会议。

9月5～9日 在2019年嘉克杯国际焊接大赛上，中国华能集团有限公司代表队荣获团体银奖，德州电厂程平获新设备创新表演赛特等奖，上海电力检修公司张磊获焊条电弧焊二等奖，平凉电厂王进帅获焊条电弧焊三等奖，秦岭电厂邹童获焊条电弧焊青年组三等奖，大坝电厂邵刚获氧乙炔气焊三等奖，延安电厂马卫民获组合焊三等奖。

9月6日 国家能源局印发《关于下达2019年煤电行业淘汰落后产能目标任务的通知》(国能发电力〔2019〕73号)。

同日 南方电网新能源研究中心（广东珠海）在珠海横琴挂牌成立。

同日 在中德两国总理的共同见证下，国家电投党组书记、董事长钱智民与德国西门子股份公司总裁兼首席执行官凯飒在人民大会堂共同签署绿色氢能发展和综合利用合作谅解备忘录。

9月7日 中国土木工程学会公示了第十七届中国土木工程詹天佑奖入选工程名单，中国电建成都院设计、中国电建水电七局等单位承建的大渡河大岗山水电站和中国电建华东院设计的杭州市紫之隧道工程入选。

同日上午 由中国电建承建、泰国和越南开发商共同投资兴建的越南油汀500MW光伏项目举行了竣工典礼。

同日17:15 台山核电2号机组完成168h示范运行，具备商业运行条件。这是继台山核电1号机组后，全球第二台投入商运的EPR机组。

9月7～11日 国家电网公司董事长、党组书记寇伟赴阿联酋出席第24届世界能源大会并应邀在全体大会上发言。

9月9日 国家能源局召开电力行业网络与信息安全联席会议全体会议，全面总结近一年来电力行业网络与信息安全工作情况，就下一步深入推进电力行业网络与信息安全工作作出部署。

同日 中国大唐400-166-7777全国售电服务热线已经开通并投入使用，成为五大发电集团中首个开通全国售电服务热线的能源集团。

9月9～12日 第24届世界能源大会在阿联酋首都阿布扎比成功举行，中电联常务副理事长杨昆出席会议。

当地时间9月10日 素有工程界“诺贝尔奖”之称的菲迪克2019年工程项目奖颁奖仪式在墨西哥召开。中国电建设计、施工的锦屏二级水电站、小湾水电站两项工程荣获“菲迪克2019年工程项目奖”。中国能建参建的4项工程获“菲迪克2019年工程项目奖”。

9月11日 中国三峡集团总经理党组副书记、总经理王琳在秘鲁利马拜会秘鲁共和国副总统梅塞德丝·阿劳斯。双方就共同关心的问题深入交换意见。

9月12日 国家能源局印发《出租出借承装（修、试）电力设施许可证等违法行为认定查处规范（试行）》(国能发资质〔2019〕74号)。

同日 广州电力展示馆全馆开放，广州市市长温国辉，南方电网公司董事长、党组书记孟振平出席当天的揭牌仪式。

同日 中国华能集团有限公司党组书记、董事长舒印彪在总部会见哈萨克斯坦国家投资股份公司董事长萨特巴耶夫·包尔然一行。双方就充分发挥双方优势，深化“一带一路”合作、进一步加强在能源领域协作等内容进行了交流。

同日 中国电建市政公司承建的摩洛哥NT 120MW光伏电站项目伊尔福德电站光伏组件全部安装完成。

9月15日 由中国电建水电五局EPC总承包建设的南苏丹朱巴配网工程全长520km的输电线路全部架设完成。

9月17日 中国能建牵头设计的世界海拔最高的输变电工程——阿里与藏中电网联网工程开工。

9月18日 国家能源局在北京召开新中国成立70周年全国电力安全保障工作电视电话会议，对电力安全保障工作进行再督促再部署。

同日 国家电投内蒙古公司与物流公司战略重组启动。

9月18日、10月16日 云南省能源局、四川省能源局分别同意开展乌东德水电站蓄水验收工作。

9月19日 在“第三届（2019）中国能源产业发展年会暨首届能源文化节”上，由人民日报社《中国能源报》举办的能源70年“功勋人物”荣誉评选活动结果揭晓，大亚湾核电站和中广核事业的开拓者、广东核电合营公司第一任董事长王全国，中广核党委书记、董事长贺禹分别获“丰碑人物”与“领军国有企业家”荣誉称号。

同日 “壮丽70年·奋进新时代”庆祝新中国成立70周年全国电力行业职工文艺汇演及系列展览活动在北京举行。

同日 中国大唐与广西壮族自治区人民政府在南宁签署“新时代全面深化战略合作框架协议”。

同日 由国务院国资委新闻中心、北京华录新媒信息技术有限公司及腾讯视频联合出品，庆祝中华人民共和国成立70周年的高清纪录片《幸福在哪里？——推动生活的引擎》首映式在北京中华世纪坛举行。国家能源集团等7家中央企业入选纪录片拍摄。

同日 中国能建签约世界最高混凝土面板坝——新疆大石峡水利枢纽项目。

同日上午 中国电建投资建设的青海共和50MW熔盐塔式光热发电项目一次并网成功。

9月20日 由南方电网公司发起的首届澜湄区域电力合作中资企业沟通合作峰会在广西南宁举行，与会中资企业代表签署《澜湄区域电力合作共同倡议》。

同日 黄河项目方案获得国家电投党组会议及董事会审议通过，黄河项目于9月6日在北交所挂牌公示。

9月21日 中央企业先进集体和劳动模范表彰大会上，山东核电维修部、中电国际大别山发电公司等4个集体被授予“中央企业先进集体”称号，东北公司姜波、江西公司郑阳光等8名个人被授予“中央企业劳动模范”称号。

9月22日 国家电投上海电力投资建设的、中国在土耳其最大的直接投资项目——土耳其胡努特鲁电厂正式开工。

同日 中国电建党委书记、董事长晏志勇在总部会见老挝国家副总理宋赛·西潘敦一行，双方就进一步深化合作展开友好会谈，并一起见证了相关能源项目协议的签署。

同日 中国能建设计承建的“一带一路”倡议和土耳其“中间走廊”倡议重点项目——土耳其胡努特鲁燃煤电站正式开工。

9月22～24日 中电联理事长刘振亚、常务副理事长杨昆出席2019年亚太电协CEO会议。

9月23日 国家能源局党组书记、局长章建华带队赴新中国成立70周年大庆活动保电核心场所现场督导检查，推动各单位强化落实保电责任。

同日 由中国电建水电五局承建的新疆恰木萨水电站首台机组并网发电。

9月24日 2019年国际质量管理小组大会（ICQCC）在日本东京举办，中核集团核动力院、中核工程、秦山核电、江苏核电、海南核电5个QC小组参赛，并斩获大会QC成果金奖。

9月25日 “最美奋斗者”表彰大会在北京举行，国网天津滨海供电公司员工张黎明被中央宣传部等授予“最美奋斗者”荣誉称号。

9月26日 在青海省2018年度脱贫攻坚表彰大会上，国家能源集团再次获评青海省“脱贫攻坚先进单位”。

同日 内蒙古自治区人民政府与国家电投深化合作框架协议签约仪式暨乌兰察布风电基地一期600万kW示范项目开工建设动员大会在四子王旗工程现场召开。

同日 中国能建设计的世界上电压等级最高、输送容量最大、技术水平最高的超长距离GIL创新工程——苏通GIL综合管廊工程正式投入运行。

同日 国家电网公司召开准东—皖南±1100kV特高压直流输电工程、苏通1000kV特高压交流GIL综合管廊工程竣工投产大会。

9月27日 惠誉、穆迪、标普三大国际评级机构正式发布公告，分别给予中国华能集团有限公司A、A2和A-的主体信用评级，评级展望为稳定。

同日 中国能建签约老挝最大的光伏电站——阿速坡300MW光伏电站EPC合同。

9月28日 由中国电建河南工程公司承建的中国中部最大的垃圾焚烧发电项目——郑州（东部）环保能源工程首台机组并网发电。

同日 中国能建承建的国内最大垃圾焚烧厂——广州市第三资源热力电厂全面投运。

9月30日 国际热核聚变实验堆（ITER）的“心脏”安装阶段在北京启动征程。ITER组织与中核集团牵头的中法联合体正式签订了ITER主机安装一号合同（TAC1）。

9月 南方电网供电区域内全国首创实施购售电同期抄表收费，将售电量抄表收费周期调整为自然月，将原来双月抄表的居民客户改为每月抄表。

10月1日 中国自主三代核电“华龙一号”走上国庆庆典现场，接受全国人民检阅。

10月8日 国家能源局印发《关于公布中国参与APEC能源合作伙伴网络第二批成员单位名单的通知》。

10月9日 中国首座铅铋合金零功率反应堆——启明星Ⅲ号，在中核集团中国原子能科学研究院实现首次临界，并正式启动中国铅铋堆芯核特性物理实验。

10月10日 国庆阅兵联合指挥部向国华电力赠送“聚力阅兵共铸辉煌”锦旗，对其圆满完成国庆阅兵保障工作表达诚挚谢意。

10月11日 中共中央政治局常委、国务院总理、国家能源委员会主任李克强主持召开国家能源委员会会议，研究进一步落实能源安全新战略，审议通过推动能源高质量发展实施意见。

同日 由中电联、南方电网有限责任公司联合主办，中电联电力发展研究院、广西电网有限责任公司共同承办的2019年中国电力技术经济高端论坛在广西南宁成功举办。

同日 以南网国际公司为主体注册，成立南方电网国际有限责任公司驻智利代表处、驻卢森堡代表处等2个代表处。以云南国际公司为主体注册，成立云南国际有限责任公司驻老挝代表处、驻缅甸代表处、驻泰国代表处、驻柬埔寨代表处等4个代表处。南方电网国际有限责任公司驻越南办事处更名为南方电网国际有限责任公司驻越南代表处。原中国南方电网公司驻外办事处、代表处全部撤销。

10月11日下午 由中国电建所属昆明院设计，水电十局、水电十五局承建的老挝东萨宏水电站首台机组正式移交业主，进入商业运行阶段。

10月12日 中国华能北方公司达拉特光伏发电领跑奖励激励基地项目开工。

同日 中国电力建设集团有限公司与胶州市人民政府在

青岛签署“青岛胶东临空经济区南部商务区整体开发项目”框架合作协议。

同日 国家电网公司与美国桑普拉能源公司签署股权购买协议，正式收购其持有的智利切昆塔集团公司100%股权。

10月14日 由中国电建上海电建福建公司承建的平潭青峰二期项目首批两台合计7.2MW风机成功并网发电。

10月16日 中广核“黄金人”30周年暨中法核能企业合作发展论坛在大亚湾核电基地举行。作为中法建交55周年系列活动之一，活动由中广核和法国电力公司（EDF）联合举办，分为“合作谱新篇，奋进新时代”“中法合作的峥嵘岁月”“从‘黄金人’到‘黄金时代’”三大部分。

同日 国家能源集团参股的首个核电项目——漳州核电1号机组正式开工。

同日 2019央企支持澳门中葡平台建设高峰会在澳门开幕，中国三峡集团党组副书记、总经理王琳应邀出席会议，并与葡萄牙电力公司副总经理若奥·达·克鲁兹共同签署三峡集团与葡电合作协议，双方将进一步推进在葡语国家和地区的战略合作，并继续在文化、社会、环境、创新、研发等领域加强交流合作。

同日 中核集团旗下中核国电漳州能源有限公司1号机组正式FCD。

10月17日 全国脱贫攻坚奖表彰大会暨先进事迹报告会在北京举行，国网陕西电力退休职工张雷威获贡献奖、国网西藏电力农电工作部获组织创新奖。

同日 《中国国家电网有限公司（巴西）社会责任报告》在里约热内卢发布。

10月18日 庆祝新中国成立70周年之际，由中国电力文学艺术协会、中国电力书法家协会主办，中国能源建设集团有限公司承办的“壮丽中国辉煌电力”第六届全国电力书法“道融丰杯”作品展览，在中国能建艺术馆举办，中国电力企业联合会专职副理事长兼秘书长于崇德出席开幕式。

10月19日 由中国电科、国家电投中能融合、中国电信、中国联通等单位共同出资组建，国内唯一专业从事国资国企网络信息安全科技的国家队——中资网络信息安全科技有限公司成立。

10月20日 中国能建总承包建设的陕能赵石畔煤电一体化项目雷龙湾电厂2×1000MW机组全部建成投运。

10月21日 英中企业海上风电商业研讨会在中国大唐总部召开。

同日 巴基斯坦总理伊姆兰·汗出席中国能建总承包建设的巴基斯坦中电胡布电站项目商运庆典。

10月23日 国家能源局印发《关于实施电力业务许可信用监管的通知》（国能发资质〔2019〕79号）。

10月24日 国务院印发《关于表彰全国民族团结进步模范集体和模范个人的决定》，国家电网公司系统国网青海果洛供电公司、国网湖北恩施供电公司、国网四川喜德县供电公司荣获国家民族团结进步模范集体称号，国网新疆昭苏县供电公司萨尔阔布乡供电所所长阿曼吐尔·依沙木丁荣获全国民族团结进步模范个人称号。

同日 由中国电建海外投资有限公司和卡塔尔AMC公司在巴基斯坦共同投资，巴基斯坦卡西姆港2×660MW燃煤电站项目电站工程顺利通过完工验收。

同日 世界银行发布《全球营商环境报告2020》，中国“获得电力”排名上升至第12位。

同日下午 中国华能集团有限公司召开领导班子（扩大）会议。受中组部领导委托，中组部有关干部局负责同志宣布了中央关于中国华能集团有限公司总经理任职的决定：邓建玲任中国华能集团有限公司董事、总经理、党组副书记。

10月25日 在中国国家主席习近平和巴西总统博尔索纳罗的共同见证下，巴西矿产能源部部长阿尔布开克与国家电网公司董事长、党组书记寇伟在北京人民大会堂共同签署巴西美丽山水电特高压直流送出二期项目运行许可，标志着该项目正式投入商业运行。

同日 第83届IEC大会在上海闭幕。大会期间，IEC候任主席、中国电机工程学会理事长、中国华能集团有限公司董事长舒印彪和IEC现任主席詹姆斯·香农完成主席交接，随即发表就职讲话。

同日 中央“不忘初心、牢记使命”主题教育第12巡回督导组组长卢纯到中国华电反馈调研督导情况。

10月26日 国家电投上海核工院“三门核电一期工程核岛建设项目”获得2019年PMI（Project Management Institute，项目管理协会）（中国）唯一的年度项目大奖——“2019年度PMI（中国）项目管理大奖年度项目大奖”。

同日 中国电建水电八局承建的大藤峡水利枢纽工程提前一个月实现大江截流，黔江水流改由已建成的左岸泄水闸平稳下泄。

同日 由中国电建成都院勘测设计、水电七局建设施工的硬梁包水电站，在泸定大渡河畔举行开工仪式。

10月27日 被誉为最强中国“芯”的中核集团CF3燃料组件最后8组插入秦山二期1号机组。全年累计20组组件全部入堆。

10月28日 国家能源局印发《关于成立核电厂消防专家委员会的通知》（国能综通核电〔2019〕78号）。

同日 国家电投资本控股所属融和融资租赁公司、国家电投基金公司所属产业基金公司和哈尔滨九洲电气股份有限公司三方共同出资设立、总规模20亿元的新能源产业基金签约仪式在哈尔滨举行。

10月29日 由国华电力公司参与出品、以国华（印尼）南苏发电有限公司员工故事为原型的跨国爱情影片《爱在零纬度》在全国上映。

10月29～30日 南方电网公司主办的数字南网助力粤港澳大湾区发展论坛在广州举行。

10月30日上午 由中国电建新能源公司投资建设的湖南衡东金觉峰项目首批8台风电机组并网发电。

10月31日 中电联在湖北武汉召开2019年全国电力行业两化融合推进会暨全国电力企业信息化大会。

同日 由中国华电集团有限公司援建的克孜勒苏柯尔克孜自治州乌恰县巴音库鲁提村500kW光伏扶贫电站成功并网运行，这是国家“十三五”第二批光伏扶贫电站中首个成功并网的电站，也是克州第一座光伏扶贫电站。

同日 三峡水库坝前水位达到高程175m，完成2019年

175m 试验性蓄水任务。

同日 中国电建总经理、党委副书记孙洪水在海口会见了三沙市委书记张军，双方举行合作交流座谈会，并签署了深化战略合作框架协议。

11 月 1 日 阳江南鹏岛海上风电项目（国内单体容量最大海上风电项目）首台风机并网发电。

11 月 2 日 国务院国资委公布中央企业第五届精神文明建设“五个一工程”优秀作品、优秀组织奖名单，国家电网公司荣获优秀组织奖，5 个作品荣获优秀作品奖。

11 月 3 日 第三届中国企业改革发展论坛在山东济南举行。中国大唐党组书记、董事长陈飞虎应邀出席论坛，并在山东省委省政府 11 月 2 日召开的论坛恳谈会上发言。

11 月 4 日 国家能源局发布 2019 年第 6 号公告，批准《水电工程电法勘探技术规程》等 384 项能源行业标准、《*Technical Guide for Rock - Filled Concrete Dams*》等 48 项能源行业标准英文版、《风电场项目环境影响评价技术规范》等 7 项能源行业标准第 1 号修改单，废止《风电场工程勘察设计收费标准》等 5 项能源行业标准/计划。

11 月 5 日 中国大唐与上海电气集团在沪签署项目合作协议。

11 月 6 日 中法经济峰会在北京人民大会堂举行。国家主席习近平、法国总统马克龙出席峰会闭幕式并发表重要讲话。习主席表示台山核电为全球第三代核电站建设提供了成功范例。中广核党委书记、董事长贺禹作为企业代表参加峰会，并在核能合作专题研讨环节发言。

同日 由中电联、国家电网公司和南方电网公司联合主办的第十二届上海国际电力设备及技术展览会隆重开幕。

同日 国际电工委员会（IEC）主席、中国华能集团有限公司董事长舒印彪在上海出席由国务院国资委主办的中外企业合作论坛并致辞。

同日 第二届中国国际进口博览会上，国家电投举办进口采购专场签约仪式。国家电投所属 10 家单位分别与 14 家国际知名企业签署合作协议 20 项，内容涵盖燃气轮机、核能、高端装备、煤炭、锰矿以及四大管道等多个方面。

11 月 6～8 日 由南方电网公司倡议发起的第一届博鳌智能电网国际论坛在海南博鳌举行。

11 月 8 日 中电国际、中国电力、海外公司干部会议宣布集团公司党组对中电国际、中国电力领导班子成员调整的决定。钱智民兼任中电国际董事长，刘占任中电国际党委书记、董事、总经理，田钧任中国电力董事局主席、党委书记、执行董事、总裁，其他领导班子成员也做了调整。

同日 中国能建承建的印尼芝拉扎三期 1×1000MW 燃煤电站完成 168h 试运行并移交生产。

同日 举行清华大学—国家电网新一代电力系统联合研究院揭牌仪式。

同日 国家电网公司董事长、党组书记寇伟主持召开领导班子扩大会议，通报了中央关于韩君任国家电网有限公司董事、党组副书记，免去其国家电网有限公司副总经理职务的决定。

11 月 9 日 由中国电建中南院设计、水电四局、水电六局承建的在建世界最高面板堆石坝——湖北江坪河水电站胜利下闸蓄水，实现工程建设重大节点目标。

11 月 10 日 由中国电建山东电建三公司 EPC 总包承建的全球最大燃油电站项目——沙特延布三期 5×660MW 燃油电站项目 4 号机机组并网一次成功。至此，1～4 号机组均已并网发电，“一年四投”目标完成。

11 月 10～13 日 国家电网公司董事长、党组书记寇伟出访希腊，并在国家主席习近平和希腊总理米佐塔基斯的共同见证下，与希腊国家电网公司（IPTO）董事长兼首席执行官马诺斯共同签署《希腊克里特岛联网项目股权投资意向协议》。

11 月 11 日 在中国国家主席习近平和希腊总理米佐塔基斯的见证下，中国能建成功签署希腊 MINOS 50MW 光热发电项目多边合作协议。

同日 中国国家能源局局长章建华出席在巴西首都巴西利亚举行的第四次金砖国家能源部长会议。会议审议通过了第四次金砖国家能源部长会议联合声明和金砖国家能源研究合作平台工作章程。

同日 在中国工程大坝学会 2019 学术年会暨第八届碾压混凝土坝国际研讨会上，中国华能集团有限公司黄登水电站凭借在高碾压混凝土坝设计关键技术、全过程数字化建设及水生生态环保技术体系中的创新突破荣获“碾压混凝土坝国际里程碑工程奖”和“中国大坝工程学会科技进步一等奖”两项大奖。

11 月 12 日 由中国电建昆明院设计、水电十局承建的老挝东萨宏水电站 3 号机组完成 72h 试运行，东萨宏水电站 4 台机组全部进入商业运行，比合同工期提前 48 天。

11 月 13 日 金砖国家工商论坛在巴西首都巴西利亚举行，国家主席习近平出席论坛闭幕式并发表讲话。中国三峡集团党组书记、董事长雷鸣山参加论坛。在习近平主席和巴西总统博索纳罗共同见证下，国家电投、德国西门子股份公司和巴西 PRUMO 公司共同签署关于投资、开发、建设和运营 GNA 燃气电站的合作意向协议。

同日 中国华能集团有限公司“燃煤机组高灵活性运行关键技术及应用”获 2019 年中国电力科学技术奖一等奖。

同日 中国证监会上市公司并购重组审核委员会对国家电投东方能源发行股份购买资本控股 100%股权项目进行审核并予以通过。

11 月 14 日 国华电力、电科院环保院公司在第十届中华环境奖颁奖典礼上荣获“中华环境优秀奖”。

11 月 15 日 中国电建党委书记、董事长晏志勇在总部会见了国际大坝委员会主席罗杰斯。双方就大坝安全、大坝可持续发展、加强合作等进行了深入探讨和交流。

印尼当地时间 11 月 15 日上午 由中国电建投资开发的印尼明古鲁燃煤电站隆重举行首台机组并网发电庆典。

11 月 16～18 日 国家电投党组书记、董事长钱智民访问黑山，陪同黑山总理马尔科维奇、马耳他总理穆斯卡特共同出席国家电投与马耳他在黑山共和国联合开发的莫祖拉风电项目完工仪式。

11 月 18 日 海南自由贸易试验区建设项目（第七批）集中开工，中国华能集团有限公司控股建设的昌江核电二期项目成为本次启动项目之一。

同日 由中国电建华东院承担设计的国家重大科技基础设施——超重力离心模拟与实验室装置（CHIEF）项目正式开工建设。

当地时间11月18日 中国三峡集团党组书记、董事长雷鸣山在秘鲁利马拜会了秘鲁共和国总统马丁·比斯卡拉，双方就进一步加强电力市场合作，推动秘鲁相关产业发展，促进中秘两国经贸文化交流等进行了深入友好交流。

11月19日 中国建筑业协会公示2018—2019年度中国建设工程鲁班奖名单，国华电力宁东电厂2×660MW扩建工程榜上有名。

同日 福建能源投资公司作为第一完成单位的“兴化湾样机海上风电场关键技术及其工程应用”、长江电力作为第一完成单位的“智慧梯调设计及示范应用”获中电联中国电力创新奖（技术类）一等奖。

同日 全国人大常委会副委员长、中华全国总工会主席王东明到国网电动汽车服务有限公司调研。

11月20日 国家能源局印发《关于电力系统防范应对低温雨雪冰冻灾害的指导意见》（国能发安全〔2019〕80号）。

11月21日 南方电网公司印发《关于理顺广东电网公司与广州供电局管理关系的工作方案》，由广东电网公司吸收合并广州供电局，并成立广东电网公司广州供电局，将广州供电局改制为广东电网公司分公司。

同日 国家能源集团在全球企业可持续竞争力高峰论坛上获评“海外可持续实践卓越企业”。

11月21日 举行国家电网—华中科技大学未来电网研究院签约及揭牌仪式，并签署《国家电网有限公司—华中科技大学共建未来电网研究院合作协议书》。

11月22日 国家能源局印发《关于颁布2018年版电力建设工程定额和费用计算规定的通知》（国能发电力〔2019〕81号）。

同日 中电联召开了2019年第二次理事长会议和第六届理事会第七次常务理事会议，会议审议通过了常务副理事长杨昆所作的中电联2019年工作报告，听取了提请中电联第六届理事会第七次常务理事会议审议有关议案的报告，审议通过了关于发展会员、设立中国电力企业联合会法律分会、发电市场分会的议案，审议通过了有关管理办法。

同日 国电电力在中国电力行业企业公众透明度高峰论坛上获评2019年度中国电力行业企业“责任信息披露卓越企业”。

11月23日 伊春热电厂1、2号机组完成低压缸“零出力”改造工程，该厂“提升供热机组电出力调节能力的蒸汽系统流程改造”项目全部完成，填补了国内同类热电联产机组低压缸“零处理”改造空白。

同日 福清海坛海峡海上风电项目A01机位1号钢管桩完成沉桩，标志中国华电首个海上风电项目正式开工建设。

同日 中国能建投资建设的世界最高混凝土面板砂砾石坝——新疆大石峡水利枢纽工程成功实现截流。

11月25日 国家能源局印发《关于进一步规范核电厂消防设计和验收审批有关工作的通知》（国能发核电〔2019〕84号）。

同日 中国大唐党组书记、董事长陈飞虎赴印尼米拉务公司施工现场调研。

11月26日 国家能源局印发《国家能源局在自由贸易试验区开展“证照分离”改革全覆盖试点实施方案》（国能综通资质〔2019〕81号）。

同日 中国三峡集团作为第一完成单位的“大型水电工程复杂环境下施工水流控制与围堰安全关键技术及应用”，三峡机电公司作为第一完成单位的“800MW级巨型水电机组关键技术及应用”获中国电机工程学会中国电力科学技术奖一等奖。

同日 由中国电建华东院勘测设计的江苏九思蒋家沙（H2）300MW海上风电项目220kV/200MW海上升压站成功平移安装，是全球首例在海上风电场采用平移方式安装的大型电气平台。

11月27日 中电联临时党委理论学习中心组召开学习（扩大）会议，认真学习党的十九届四中全会精神；召开巡视整改推进落实专题会议，贯彻落实国资委协会党建局行业协会巡视整改推进落实专题会会议精神。

11月28日 中电联—国际能源宪章联合研究中心召开2019年度会议暨国际能源宪章研讨会。国家能源局国际合作司副司长安丰全、中电联常务副理事长杨昆、能源宪章秘书处秘书长Urban Rusnák出席会议并致辞。

同日 大唐向阳公司向阳风电场二期工程（600MW）正式获得吉林省发展改革委核准。

11月28～29日 国家能源局在湖南长沙组织开展2019年大面积停电事件应急工作培训，来自31个省（区、市）、新疆生产建设兵团有关部门以及电力企业共130人参加培训。

11月29日 国家科技重大专项课题《数字化仪表和电气设备可靠性试验研究》通过国家能源局验收。

同日 国家能源集团召开领导班子（扩大）会议，中共中央组织部宣布刘国跃任国家能源投资集团有限责任公司董事、总经理、党组副书记。

同日 广东阳江一期海上风电项目首批机组正式并网发电，标志着中国三峡集团在粤首个海上风电项目取得重大进展。

同日 全球首台单机容量百万千瓦水轮发电机组的重要支撑——首瓣定子机座，成功吊入白鹤滩水电站左岸地下厂房1号机窝，标志着由中国电建水电四局承担的世界最大单机水轮发电机组安装工作拉开序幕。

11月30日 由中国电建水电九局承建的国家重点工程华电所属项目西藏大古水电站，大坝碾压混凝土浇筑上升至62m，实现“大坝浇筑高度过半”重大节点目标。

11月 2018—2019年度第二批国家优质工程奖评选结果揭晓，福清核电3、4号机组工程荣获国家优质工程金奖，中国能建52项工程荣获2018—2019年度国家优质工程奖。

12月1日 南方电网向澳门输送电量累计突破500亿kWh，达到500.09亿kWh。

同日 国家电投4支参赛队伍在2019年全国电力行业燃料化验（检测）员职业技能竞赛中荣获采制化团体、化验团体2个一等奖，化验团体、采制团体3个二等奖，采制化团体、化验团体3个三等奖和采制化团体优胜奖共9个团体奖项。

12月3日 广利核公司“和睦实验室”成立揭牌暨专家聘任仪式在北京举行。生态环境部核与辐射安全中心主任王忠秋和广利核公司和睦实验室主任张亚栋为“和睦实验室”的成立揭牌。“和睦实验室”专家委员会主任白涛为12位国内外特聘专家颁发了聘任证书，这些专家分别来自德国权威认证机构TÜV ISTec、生态环境部核与辐射安全中心、清华大学、中国原子能科学研究院、北京航空航天大学、中国核电工程有限公司、工程公司等国内外机构。

同日 中国华能集团有限公司在伦敦成功定价发行15亿美元多年期S条例高级无抵押固定利率美元债券。

同日 2019中国企业海外形象建设优秀案例评选结果在2019·中国企业海外形象高峰论坛上揭晓。中核集团的“核电点亮中巴经济走廊”获2019中国企业海外形象建设“跨文化融合类”优秀案例。

12月4日 国家能源局印发《关于开展电力行业安全生产集中整治工作的通知》(国能发安全〔2019〕86号)。

同日 中国电建山东电建三公司与沙特电力公司SEC签订沙特利雅得PP13电站项目EPC合同。

同日 中国能建承建的重庆三环江綦高速公路、河南省三门峡—淅川高速公路，荣获中国公路建设最高质量奖——李春奖(公路交通优质工程奖)。

12月5日 南方电网公司成立南方电网国际金融有限公司。

同日 由中国华能集团有限公司控股开发的英国门迪电池储能项目正式开工。

同日 国家能源集团在“第十二届中国企业社会责任报告国际研讨会”上荣获“金蜜蜂2019优秀企业社会责任报告·长青奖”。

同日 经中央研究决定，免去刘国跃的国家电网有限公司副总经理、党组成员职务(另有任用)。

同日下午 国务委员王勇一行赴大亚湾核电基地调研，中广核党委书记、董事长贺禹等陪同。

12月5～6日 国家能源局党组书记、局长章建华一行赴中国三峡集团乌东德、白鹤滩水电站工程建设工地调研。

12月6日 中国出口海外的第三台核电机组——巴基斯坦恰希玛核电3号机组达到最终验收条件，通过巴基斯坦国家验收。

当地时间12月6日 由中国电建投资开发的澳大利亚牧牛山风电项目首批风机并网发电。

截至12月6日 南方电网西电东送年送电量首次突破2200亿kWh，达2237亿kWh，连续8年创历史新高，连续3年突破2000亿kWh。

12月7日 广东大唐国际雷州电厂“上大压小”新建工程1号机组通过168h试运行。

同日 中国能建设计的世界单机容量最大的间接空冷燃煤高效超超临界机组——宁夏鸳鸯湖电厂二期扩建工程通过168h满负荷试运行。

12月8日 “2018—2019年度国家优质工程奖”总结表彰大会在国家会议中心举行，雅砻江锦屏一级、二级水电站荣获国家最高质量奖——国家优质工程金奖，乌拉特中旗乌兰四号风电场200MW风电工程(中广核内蒙古鸿雁风电场)及红沿河核电3、4号机组获“国家优质工程奖”表彰。

12月9日 中国华电与中国电子举行战略合作签字仪式。

12月10日 中国建筑业协会召开2018—2019年度中国建设工程鲁班奖(国家优质工程)表彰大会。中国电建承建、参建的11项工程(5项境内工程、6项境外工程)获奖。中国能建参与投资建设的湖北宜昌—喜长江大桥、安徽电建二公司承建的光大杭州九峰垃圾焚烧发电工程获奖。

12月12日 新疆生产建设兵团与中央企业项目合作签约仪式在京举行。国务院国资委副主任、党委委员任洪斌，新疆维吾尔自治区政府副主席、新疆生产建设兵团党委副书记、司令员彭家瑞出席签约仪式并致辞。新疆维吾尔自治区党委副书记、新疆生产建设兵团党委书记、政委孙金龙，中国华电董事长、党组书记温枢刚出席并见证签约。中国华电党组成员、副总经理杨清廷，新疆生产建设兵团党委、兵团副秘书长王多生代表双方签署战略合作协议。中国大唐作为签约央企之一与兵团签署了战略合作协议。国务院国资委副秘书长庄树新，新疆生产建设兵团党委常委、副司令员姚新民参加签约仪式。

同日 国家电投召开领导班子扩大会议，通报了中组部关于王树东、刘明胜任国家电力投资集团有限公司副总经理、党组成员的决定。

同日 中国三峡集团作为第一完成单位的“三峡工程大坝混凝土关键技术与应用”获中国大坝工程学会科学技术奖特等奖。

同日 中国能建牵头EPC总承包建设的印尼爪哇7号2×1050MW燃煤发电工程1号机组正式投产。

12月13日 由上海证券报主办的“2019上市公司高质量发展论坛”暨“金质量”奖颁奖典礼在上海举行，国投电力荣获2019年度“金质量”社会责任奖。

同日 中国华电与西藏自治区人民政府战略合作签约仪式在中国华电总部举行。

同日 联合国全球契约中国网络“2019实现可持续发展目标中国企业峰会”在北京召开。中国华电“实现可持续发展目标2019企业最佳实践——全球伙伴关系”案例获评“2019实现可持续发展目标企业最佳实践”奖。

同日 国家电网公司与西藏自治区政府举行西藏县级电网企业全面实行“直管”框架协议签字仪式。

12月14日 中国电建山东电建三公司签订伊拉克Doura电站修复项目EPC合同。

12月15日 海南文昌2×460MW级燃气-蒸汽联合循环电厂工程一期首台机组实现点火一次成功。

同日 由中央广播电视总台主办的“2019中国品牌强国盛典”活动在北京举行，国家能源集团入选“2019中国品牌强国盛典榜样100品牌”。

同日 中国国家电网公司与阿曼那玛控股公司在阿曼首都马斯喀特签署“阿曼国家电网公司49%股权收购协议”。

12月16日 2020年全国能源工作会议在北京召开。会议以习近平新时代中国特色社会主义思想为指导，全面贯彻党的十九大和十九届二中、三中、四中全会精神，认真落实中央经济工作会议部署，传达学习国务院领导同志关于能源工作的重要批示要求，总结2019年工作成绩，部署2020年重点任务。

同日 国家电投黄河项目增资引战签约仪式在北京产权交易所举行。国家电投、黄河公司与中国人寿、工商银行、农业银行、中国国新、国投集团、浙能集团、云南能投、金石投资正式签署《青海黄河上游水电开发有限责任公司之增资协议》。

同日 中国电建中南院承担的越南新能光伏电站EPC项目并网发电。

同日 中国电建水电八局乌东德项目部成功吊装世界首台85万kW水轮发电机转子，其转子直径达18.93m，起吊总重约为2048t。

12月17日 国家能源局在北京召开能源监管工作会议，总结交流能源监管工作成绩和经验，进一步明确能源监管的职责定位和重点方向，研究部署2020年能源监管重点任务，推动能源治理体系和治理能力现代化。

12月18日 由南方电网公司主办的第四届中日韩电力企业高峰会在海南三亚举行，本届峰会主题为“能源转型及数字电网”。

同日 中国电建与烟台市政府、中国建设科技集团战略合作协议签约仪式在烟台举行。

同日 由世界品牌实验室独家编制的2019年度《世界品牌500强》排行榜在美国纽约揭晓，国家电网位列“世界品牌500强”第28位，与2018年相比上升两位，在上榜的中国品牌中排名第一。

12月19日 召开中国共产党中国电力企业联合会第一次代表大会，会议选举产生了中国共产党中国电力企业联合会第一届委员会、纪律检查委员会，听取、审议并通过了中电联临时党委工作报告，书面审议并通过了党费收缴使用管理情况报告，研究部署了下一阶段的工作重点。

12月20日 三峡建设管理公司作为第一完成单位的“水电工程建设安全智能化管控关键技术”获中国安全生产协会安全科技进步奖一等奖。

截至12月20日 中国华电2019年水电发电量1000.36亿kWh，同比增长16.5%，超额完成水电全年计划目标。

12月23日 中国大唐与中国邮政储蓄银行签署战略合作框架协议。

12月24日 国投电力下属控股投资企业新源（中国）在泰国正式与曼谷市政府完成农垦及安努垃圾焚烧发电项目的签约工作。

同日 大唐印尼米拉务项目完成第一方混凝土浇筑里程碑节点任务，工程建设全面拉开序幕，提前实现年底开工总目标。

同日 中宣部、退役军人事务部、中央军委政治工作部联合发布2019年“最美退役军人”先进事迹，国网江苏电力所属如东公司退役军人党员服务队被授予“最美退役军人”称号。

12月25日 生态环境部副部长、国家核安全局局长刘华向中广核惠州公司颁发太平岭核电厂1、2号机组建造许可证。

同日 中国大唐首个自主开发建设的海上风电项目——大唐国信滨海海上风力发电有限公司江苏滨海30万kW海上风电项目全部风机并网发电。

同日 在“2019中国企业社会责任报告峰会暨第八届分享责任年会”上，国家能源集团被授予“卓越责任企业奖”，龙源电力被授予“海外履责典范企业奖”。

同日 新疆喀什阿扎提巴格35kV输变电工程投运，标志着国网新疆电力南疆四地州深度贫困地区全部270项电网工程建设任务完成。

12月26日 国家能源局印发《电力安全监管“双随机一公开”执法检查实施细则》（国能综通安全〔2019〕90号）。

同日 太平岭核电项目1号机组浇筑第一罐混凝土。

12月27日 中国大唐与中国电建签署战略合作协议。

同日16:22 中国大唐首个水面漂浮式光伏电站——北港长河100MW光伏项目成功并网发电。

12月30日 国家能源局印发《能源领域首台（套）重大技术装备评定和评价办法（试行）》（国能发科技〔2019〕89号）。

同日 老中铁路老挝段外部供电项目开工仪式在老挝万象举行。老挝能源与矿产部副部长通帕·英塔翁，老挝国家电力公司总经理奔乌，南方电网公司党组成员、副总经理陈允鹏，云南省能源局局长丁兴忠等中老两国嘉宾出席仪式。

同日 国际电工委员会汽轮机技术委员会IEC/TC5秘书处落户西安热工院。

同日 中国大唐100%完成“三供一业”分离移交工作和维修改造任务。

同日 境外人民币基金国新国际投资有限公司认购云南国际境外平台公司人民币优先股10.26亿元，12月31日完成服务贸易项下资金回流，完全实现了国家电投人民币以投资项下出境、境外引入人民币优先股融资及贸易项下人民币回流国内的闭环，也标志着电力央企首单境外人民币优先股成功落地。

同日 国家电投25.56亿元新能源补贴资产支持证券（ABS）在上海证券交易所成功发行，26.91亿元新能源补贴资产支持票据（ABN）在银行间交易市场成功发行。

12月31日 南方电网公司全网年度售电量首次突破万亿kWh，达到10 518亿kWh。

同日 乌东德水电站工程蓄水验收会议在昆明召开，会议认为乌东德水电站工程具备第一阶段蓄水至水库水位895m条件，同意2020年1月开展下闸蓄水工作。

2019年 中核集团秦山第二核电厂1、4号机组，秦山第三核电厂1号机组，方家山核电厂1、2号机组，田湾核电1、2号机组，福清核电厂1号机组，浙江三门1号机组合计9台机组获得世界核电运营者协会（WANO）综合指数满分。

截至2019年末 中核集团在运核电机组21台，在运装机容量1913.2万kW，全年发电量1362.14万kW。

截至2019年末 中核集团在建核电机组6台，在建装机容量636.8万kW，全年在建核电项目总体进展顺利。

文　献

国务院文件

生产安全事故应急条例
（中华人民共和国国务院令第708号）

《生产安全事故应急条例》已经2018年12月5日国务院第33次常务会议通过，现予公布，自2019年4月1日起施行。

总理　李克强
2019年2月17日

第一章　总　　则

第一条　为了规范生产安全事故应急工作，保障人民群众生命和财产安全，根据《中华人民共和国安全生产法》和《中华人民共和国突发事件应对法》，制定本条例。

第二条　本条例适用于生产安全事故应急工作；法律、行政法规另有规定的，适用其规定。

第三条　国务院统一领导全国的生产安全事故应急工作，县级以上地方人民政府统一领导本行政区域内的生产安全事故应急工作。生产安全事故应急工作涉及两个以上行政区域的，由有关行政区域共同的上一级人民政府负责，或者由各有关行政区域的上一级人民政府共同负责。

县级以上人民政府应急管理部门和其他对有关行业、领域的安全生产工作实施监督管理的部门（以下统称负有安全生产监督管理职责的部门）在各自职责范围内，做好有关行业、领域的生产安全事故应急工作。

县级以上人民政府应急管理部门指导、协调本级人民政府其他负有安全生产监督管理职责的部门和下级人民政府的生产安全事故应急工作。

乡、镇人民政府以及街道办事处等地方人民政府派出机关应当协助上级人民政府有关部门依法履行生产安全事故应急工作职责。

第四条　生产经营单位应当加强生产安全事故应急工作，建立、健全生产安全事故应急工作责任制，其主要负责人对本单位的生产安全事故应急工作全面负责。

第二章　应　急　准　备

第五条　县级以上人民政府及其负有安全生产监督管理职责的部门和乡、镇人民政府以及街道办事处等地方人民政府派出机关，应当针对可能发生的生产安全事故的特点和危害，进行风险辨识和评估，制定相应的生产安全事故应急救援预案，并依法向社会公布。

生产经营单位应当针对本单位可能发生的生产安全事故的特点和危害，进行风险辨识和评估，制定相应的生产安全事故应急救援预案，并向本单位从业人员公布。

第六条　生产安全事故应急救援预案应当符合有关法律、法规、规章和标准的规定，具有科学性、针对性和可操作性，明确规定应急组织体系、职责分工以及应急救援程序和措施。

有下列情形之一的，生产安全事故应急救援预案制定单位应当及时修订相关预案：

（一）制定预案所依据的法律、法规、规章、标准发生重大变化；

（二）应急指挥机构及其职责发生调整；

（三）安全生产面临的风险发生重大变化；

（四）重要应急资源发生重大变化；

（五）在预案演练或者应急救援中发现需要修订预案的重大问题；

（六）其他应当修订的情形。

第七条　县级以上人民政府负有安全生产监督管理职责的部门应当将其制定的生产安全事故应急救援预案报送本级人民政府备案；易燃易爆物品、危险化学品等危险物品的生产、经营、储存、运输单位，矿山、金属冶炼、城市轨道交通运营、建筑施工单位，以及宾馆、商场、娱乐场所、旅游景区等人员密集场所经营单位，应当将其制定的生产安全事故应急救援预案按照国家有关规定报送县级以上人民政府负有安全生产监督管理职责的部门备案，并依法向社会公布。

第八条　县级以上地方人民政府以及县级以上人民政府负有安全生产监督管理职责的部门，乡、镇人民政府以及街道办事处等地方人民政府派出机关，应当至少每2年组织1次生产安全事故应急救援预案演练。

易燃易爆物品、危险化学品等危险物品的生产、经营、储存、运输单位，矿山、金属冶炼、城市轨道交通运营、建筑施工单位，以及宾馆、商场、娱乐场所、旅游景区等人员密集场所经营单位，应当至少每半年组织1次生产安全事故应急救援预案演练，并将演练情况报送所在地县级以上地方人民政府负有安全生产监督管理职责的部门。

县级以上地方人民政府负有安全生产监督管理职责的部门应当对本行政区域内前款规定的重点生产经营单位的生产安全事故应急救援预案演练进行抽查；发现演练不符合要求的，应当责令限期改正。

第九条 县级以上人民政府应当加强对生产安全事故应急救援队伍建设的统一规划、组织和指导。

县级以上人民政府负有安全生产监督管理职责的部门根据生产安全事故应急工作的实际需要，在重点行业、领域单独建立或者依托有条件的生产经营单位、社会组织共同建立应急救援队伍。

国家鼓励和支持生产经营单位和其他社会力量建立提供社会化应急救援服务的应急救援队伍。

第十条 易燃易爆物品、危险化学品等危险物品的生产、经营、储存、运输单位，矿山、金属冶炼、城市轨道交通运营、建筑施工单位，以及宾馆、商场、娱乐场所、旅游景区等人员密集场所经营单位，应当建立应急救援队伍；其中，小型企业或者微型企业等规模较小的生产经营单位，可以不建立应急救援队伍，但应当指定兼职的应急救援人员，并且可以与邻近的应急救援队伍签订应急救援协议。

工业园区、开发区等产业聚集区域内的生产经营单位，可以联合建立应急救援队伍。

第十一条 应急救援队伍的应急救援人员应当具备必要的专业知识、技能、身体素质和心理素质。

应急救援队伍建立单位或者兼职应急救援人员所在单位应当按照国家有关规定对应急救援人员进行培训；应急救援人员经培训合格后，方可参加应急救援工作。

应急救援队伍应当配备必要的应急救援装备和物资，并定期组织训练。

第十二条 生产经营单位应当及时将本单位应急救援队伍建立情况按照国家有关规定报送县级以上人民政府负有安全生产监督管理职责的部门，并依法向社会公布。

县级以上人民政府负有安全生产监督管理职责的部门应当定期将本行业、本领域的应急救援队伍建立情况报送本级人民政府，并依法向社会公布。

第十三条 县级以上地方人民政府应当根据本行政区域内可能发生的生产安全事故的特点和危害，储备必要的应急救援装备和物资，并及时更新和补充。

易燃易爆物品、危险化学品等危险物品的生产、经营、储存、运输单位，矿山、金属冶炼、城市轨道交通运营、建筑施工单位，以及宾馆、商场、娱乐场所、旅游景区等人员密集场所经营单位，应当根据本单位可能发生的生产安全事故的特点和危害，配备必要的灭火、排水、通风以及危险物品稀释、掩埋、收集等应急救援器材、设备和物资，并进行经常性维护、保养，保证正常运转。

第十四条 下列单位应当建立应急值班制度，配备应急值班人员：

（一）县级以上人民政府及其负有安全生产监督管理职责的部门；

（二）危险物品的生产、经营、储存、运输单位以及矿山、金属冶炼、城市轨道交通运营、建筑施工单位；

（三）应急救援队伍。

规模较大、危险性较高的易燃易爆物品、危险化学品等危险物品的生产、经营、储存、运输单位应当成立应急处置技术组，实行24小时应急值班。

第十五条 生产经营单位应当对从业人员进行应急教育和培训，保证从业人员具备必要的应急知识，掌握风险防范技能和事故应急措施。

第十六条 国务院负有安全生产监督管理职责的部门应当按照国家有关规定建立生产安全事故应急救援信息系统，并采取有效措施，实现数据互联互通、信息共享。

生产经营单位可以通过生产安全事故应急救援信息系统办理生产安全事故应急救援预案备案手续，报送应急救援预案演练情况和应急救援队伍建设情况；但依法需要保密的除外。

第三章 应 急 救 援

第十七条 发生生产安全事故后，生产经营单位应当立即启动生产安全事故应急救援预案，采取下列一项或者多项应急救援措施，并按照国家有关规定报告事故情况：

（一）迅速控制危险源，组织抢救遇险人员；

（二）根据事故危害程度，组织现场人员撤离或者采取可能的应急措施后撤离；

（三）及时通知可能受到事故影响的单位和人员；

（四）采取必要措施，防止事故危害扩大和次生、衍生灾害发生；

（五）根据需要请求邻近的应急救援队伍参加救援，并向参加救援的应急救援队伍提供相关技术资料、信息和处置方法；

（六）维护事故现场秩序，保护事故现场和相关证据；

（七）法律、法规规定的其他应急救援措施。

第十八条 有关地方人民政府及其部门接到生产安全事故报告后，应当按照国家有关规定上报事故情况，启动相应的生产安全事故应急救援预案，并按照应急救援预案的规定采取下列一项或者多项应急救援措施：

（一）组织抢救遇险人员，救治受伤人员，研判事故发展趋势以及可能造成的危害；

（二）通知可能受到事故影响的单位和人员，隔离事故现场，划定警戒区域，疏散受到威胁的人员，实施交通管制；

（三）采取必要措施，防止事故危害扩大和次生、衍生灾害发生，避免或者减少事故对环境造成的危害；

（四）依法发布调用和征用应急资源的决定；

（五）依法向应急救援队伍下达救援命令；

（六）维护事故现场秩序，组织安抚遇险人员和遇险遇难人员亲属；

（七）依法发布有关事故情况和应急救援工作的信息；

（八）法律、法规规定的其他应急救援措施。

有关地方人民政府不能有效控制生产安全事故的，应当及时向上级人民政府报告。上级人民政府应当及时采取措施，统一指挥应急救援。

第十九条 应急救援队伍接到有关人民政府及其部门的救援命令或者签有应急救援协议的生产经营单位的救援请求后，应当立即参加生产安全事故应急救援。

应急救援队伍根据救援命令参加生产安全事故应急救援所耗费用，由事故责任单位承担；事故责任单位无力承担的，由有关人民政府协调解决。

第二十条 发生生产安全事故后，有关人民政府认为有必要的，可以设立由本级人民政府及其有关部门负责人、应急救援专家、应急救援队伍负责人、事故发生单位负责人等人员组成的应急救援现场指挥部，并指定现场指挥部总指挥。

第二十一条 现场指挥部实行总指挥负责制，按照本级人民政府的授权组织制定并实施生产安全事故现场应急救援方案，协调、指挥有关单位和个人参加现场应急救援。

参加生产安全事故现场应急救援的单位和个人应当服从现场指挥部的统一指挥。

第二十二条 在生产安全事故应急救援过程中，发现可能直接危及应急救援人员生命安全的紧急情况时，现场指挥部或者统一指挥应急救援的人民政府应当立即采取相应措施消除隐患，降低或者化解风险，必要时可以暂时撤离应急救援人员。

第二十三条 生产安全事故发生地人民政府应当为应急救援人员提供必需的后勤保障，并组织通信、交通运输、医疗卫生、气象、水文、地质、电力、供水等单位协助应急救援。

第二十四条 现场指挥部或者统一指挥生产安全事故应急救援的人民政府及其有关部门应当完整、准确地记录应急救援的重要事项，妥善保存相关原始资料和证据。

第二十五条 生产安全事故的威胁和危害得到控制或者消除后，有关人民政府应当决定停止执行依照本条例和有关法律、法规采取的全部或者部分应急救援措施。

第二十六条 有关人民政府及其部门根据生产安全事故应急救援需要依法调用和征用的财产，在使用完毕或者应急救援结束后，应当及时归还。财产被调用、征用或者调用、征用后毁损、灭失的，有关人民政府及其部门应当按照国家有关规定给予补偿。

第二十七条 按照国家有关规定成立的生产安全事故调查组应当对应急救援工作进行评估，并在事故调查报告中作出评估结论。

第二十八条 县级以上地方人民政府应当按照国家有关规定，对在生产安全事故应急救援中伤亡的人员及时给予救治和抚恤；符合烈士评定条件的，按照国家有关规定评定为烈士。

第四章 法律责任

第二十九条 地方各级人民政府和街道办事处等地方人民政府派出机关以及县级以上人民政府有关部门违反本条例规定的，由其上级行政机关责令改正；情节严重的，对直接负责的主管人员和其他直接责任人员依法给予处分。

第三十条 生产经营单位未制定生产安全事故应急救援预案、未定期组织应急救援预案演练、未对从业人员进行应急教育和培训，生产经营单位的主要负责人在本单位发生生产安全事故时不立即组织抢救的，由县级以上人民政府负有安全生产监督管理职责的部门依照《中华人民共和国安全生产法》有关规定追究法律责任。

第三十一条 生产经营单位未对应急救援器材、设备和物资进行经常性维护、保养，导致发生严重生产安全事故或者生产安全事故危害扩大，或者在本单位发生生产安全事故后未立即采取相应的应急救援措施，造成严重后果的，由县级以上人民政府负有安全生产监督管理职责的部门依照《中华人民共和国突发事件应对法》有关规定追究法律责任。

第三十二条 生产经营单位未将生产安全事故应急救援预案报送备案、未建立应急值班制度或者配备应急值班人员的，由县级以上人民政府负有安全生产监督管理职责的部门责令限期改正；逾期未改正的，处3万元以上5万元以下的罚款，对直接负责的主管人员和其他直接责任人员处1万元以上2万元以下的罚款。

第三十三条 违反本条例规定，构成违反治安管理行为的，由公安机关依法给予处罚；构成犯罪的，依法追究刑事责任。

第五章 附 则

第三十四条 储存、使用易燃易爆物品、危险化学品等危险物品的科研机构、学校、医院等单位的安全事故应急工作，参照本条例有关规定执行。

第三十五条 本条例自2019年4月1日起施行。

国务院办公厅关于全面开展工程建设项目审批制度改革的实施意见

（国办发〔2019〕11号）

各省、自治区、直辖市人民政府，国务院各部委、各直属机构：

工程建设项目审批制度改革是党中央、国务院在新形势下作出的重大决策，是推进政府职能转变和深化“放管服”改革、优化营商环境的重要内容。2018年5月工程建设项目审批制度改革试点开展以来，试点地区按照国务院部署，对工程建设项目审批制度实施了全流程、全覆盖改革，基本形成统一的审批流程、统一的信息数据平台、统一的审批管理体系和统一的监管方式。经国务院同意，现就全面开展工程建设项目审批制度改革提出以下意见。

一、总体要求

（一）指导思想。以习近平新时代中国特色社会主义思想为指导，深入贯彻党的十九大和十九届二中、三中全会精神，坚持以人民为中心，牢固树立新发展理念，以推进政府治理体系和治理能力现代化为目标，以更好更快方便企业和群众办事为导向，加大转变政府职能和简政放权力度，全面开展工程建设项目审批制度改革，统一审批流程，统一信息数据平台，统一审批管理体系，统一监管方式，实现工程建设项目审批“四统一”。

（二）改革内容。对工程建设项目审批制度实施全流程、全覆盖改革。改革覆盖工程建设项目审批全过程（包括从立项到竣工验收和公共设施接入服务）；主要是房屋建筑和城市基础设施等工程，不包括特殊工程和交通、水利、能源等领域的重大工程；覆盖行政许可等审批事项和技术审查、中介服务、市政公用服务以及备案等其他类型事项，推动流程优化和标准化。

（三）主要目标。2019年上半年，全国工程建设项目审批时间压缩至120个工作日以内，省（自治区）和地级及以上城市初步建成工程建设项目审批制度框架和信息数据平台；到2019年底，工程建设项目审批管理系统与相关系统平台互联互通；试点地区继续深化改革，加大改革创新力度，进一步精简审批环节和事项，减少审批阶段，压减审批时间，加强辅导服务，提高审批效能。到2020年底，基本建成全国统一的工程建设项目审批和管理体系。

二、统一审批流程

（四）精简审批环节。精减审批事项和条件，取消不合法、不合理、不必要的审批事项，减少保留事项的前置条件。下放审批权限，按照方便企业和群众办事的原则，对下级机关有能力承接的审批事项，下放或委托下级机关审批。合并审批事项，对由同一部门实施的管理内容相近或者属于同一办理阶段的多个审批事项，整合为一个审批事项。转变管理方式，对能够用征求相关部门意见方式替代的审批事项，调整为政府内部协作事项。调整审批时序，地震安全性评价在工程设计前完成即可，环境影响评价、节能评价等评估评价和取水许可等事项在开工前完成即可；可以将用地预审意见作为使用土地证明文件申请办理建设工程规划许可证；将供水、供电、燃气、热力、排水、通信等市政公用基础设施报装提前到开工前办理，在工程施工阶段完成相关设施建设，竣工验收后直接办理接入事宜。试点地区要进一步精简审批环节，在加快探索取消施工图审查（或缩小审查范围）、实行告知承诺制和设计人员终身负责制等方面，尽快形成可复制可推广的经验。

（五）规范审批事项。各地要按照国务院统一要求，对本地区工程建设项目审批事项进行全面清理，统一审批事项和法律依据，逐步形成全国统一的审批事项名称、申请材料和审批时限。要本着合法、精简、效能的原则，制定国家、省（自治区）和地级及以上城市工程建设项目审批事项清单，明确各项审批事项的适用范围和前置条件，并实行动态管理。下级政府制定的审批事项清单原则上要与上级政府审批事项清单一致，超出上级政府审批事项清单范围的，要报上级机关备案，并说明理由。

（六）合理划分审批阶段。将工程建设项目审批流程主要划分为立项用地规划许可、工程建设许可、施工许可、竣工验收四个阶段。其中，立项用地规划许可阶段主要包括项目审批核准、选址意见书核发、用地预审、用地规划许可证核发等。工程建设许可阶段主要包括设计方案审查、建设工程规划许可证核发等。施工许可阶段主要包括设计审核确认、施工许可证核发等。竣工验收阶段主要包括规划、土地、消防、人防、档案等验收及竣工验收备案等。其他行政许可、强制性评估、中介服务、市政公用服务以及备案等事项纳入相关阶段办理或与相关阶段并行推进。每个审批阶段确定一家牵头部门，实行“一家牵头、并联审批、限时办结”，由牵头部门组织协调相关部门严格按照限定时间完成审批。

（七）分类制定审批流程。制定全国统一的工程建设项目审批流程图示范文本。地级及以上地方人民政府要根据示范文本，分别制定政府投资、社会投资等不同类型工程的审批流程图；同时可结合实际，根据工程建设项目类型、投资类别、规模大小等，进一步梳理合并审批流程。简化社会投资的中小型工程建设项目审批，对于带方案出让土地的项目，不再对设计方案进行审核，将工程建设许可和施工许可合并为一个阶段。试点地区要进一步加大改革力度，也可以在其他工程建设项目中探索将工程建设许可和施工许可合并为一个阶段。

（八）实行联合审图和联合验收。制定施工图设计文件联合审查和联合竣工验收管理办法。将消防、人防、技防等技术审查并入施工图设计文件审查，相关部门不再进行技术审查。实行规划、土地、消防、人防、档案等事项限时联合验收，统一竣工验收图纸和验收标准，统一出具验收意见。对于验收涉及的测绘工作，实行“一次委托、联合测绘、成果共享”。

（九）推行区域评估。在各类开发区、工业园区、新区和其他有条件的区域，推行由政府统一组织对压覆重要矿产资源、环境影响评价、节能评价、地质灾害危险性评估、地震安全性评价、水资源论证等评估评价事项实行区域评估。实行区域评估的，政府相关部门应在土地出让或划拨前，告知建设单位相关建设要求。

（十）推行告知承诺制。对通过事中事后监管能够纠正不符合审批条件的行为且不会产生严重后果的审批事项，实行告知承诺制。公布实行告知承诺制的工程建设项目审批事项清单及具体要求，申请人按照要求作出书面承诺的，审批部门可以根据申请人信用等情况直接作出审批决定。对已经实施区域评估范围内的工程建设项目，相应的审批事项实行告知承诺制。

三、统一信息数据平台

（十一）建立完善工程建设项目审批管理系统。地级及以上地方人民政府要按照“横向到边、纵向到底”的原则，整合建设覆盖地方各有关部门和区、县的工程建设项目审批管理系统，并与国家工程建设项目审批管理系统对接，实现审批数据实时共享。省级工程建设项目审批管理系统要将省级工程建设项目审批事项纳入系统管理，并与国家和本地区各城市工程建设项目审批管理系统实现审批数据实时共享。研究制定工程建设项目审批管理系统管理办法，通过工程建设项目审批管理系统加强对工程建设项目审批的指导和监督。地方工程建设项目审批管理系统要具备“多规合一”业务协同、在线并联审批、统计分析、监督管理等功能，在“一张蓝图”基础上开展审批，实现统一受理、并联审批、实时流转、跟踪督办。以应用为导向，打破“信息孤岛”，2019 年底前实现工程建设项目审批管理系统与全国一体化在线政务服务平台的对接，推进工程建设项目审批管理系统与投资项目在线审批监管平台等相关部门审批信息系统的互联互通。地方人民政府要在工程建设项目审批管理系统整合建设资金安排上给予保障。

四、统一审批管理体系

（十二）“一张蓝图”统筹项目实施。统筹整合各类规划，划定各类控制线，构建“多规合一”的“一张蓝图”。依托工程建设项目审批管理系统，加强“多规合一”业务协同，统筹协调各部门对工程建设项目提出建设条件以及需要开展的评估评价事项等要求，为项目建设单位落实建设条件、相关部门加强监督管理提供依据，加速项目前期策划生成，简化项目审批或核准手续。

（十三）“一个窗口”提供综合服务。县级及以上城市人民政府要加强政务大厅建设，发挥服务企业群众、监督协调审批的作用。整合各部门和各市政公用单位分散设立的服务窗口，设立工程建设项目审批综合服务窗口。建立完善“前台受理、后台审核”机制，综合服务窗口统一收件、出件，实现“一个窗口”服务和管理。省级人民政府要统一制定本地区“一窗受理”的工作规程。鼓励为申请人提供工程建设项目审批咨询、指导、协调和代办等服务，帮助企业了解审批要求，提供相关工程建设项目的申请材料清单，提高申报通过率。

（十四）“一张表单”整合申报材料。各审批阶段均实行“一份办事指南，一张申请表单，一套申报材料，完成多项审批”的运作模式，牵头部门制定统一的办事指南和申报表格，每个审批阶段申请人只需提交一套申报材料。建立完善审批清单服务机制，主动为申请人提供项目需要审批的事项清单。不同审批阶段的审批部门应当共享申报材料，不得要求申请人重复提交。

（十五）“一套机制”规范审批运行。建立健全工程建设项目审批配套制度，明确部门职责，明晰工作规程，规范审批行为，确保审批各阶段、各环节无缝衔接。建立审批协调机制，协调解决部门意见分歧。建立跟踪督办制度，实时跟踪审批办理情况，对全过程实施督办。各级政府部门要主动加强与人大及司法机构的沟通协调配合，加快法律法规、规范性文件和标准规范的立改废释工作，修改或废止与工程建设项目审批制度改革要求不相符的相关制度，建立依法推进改革的长效机制。

五、统一监管方式

（十六）加强事中事后监管。进一步转变监管理念，完善事中事后监管体系，统一规范事中事后监管模式，建立以“双随机、一公开”监管为基本手段，以重点监管为补充，以信用监管为基础的新型监管机制，严肃查处违法违规行为。对于实行告知承诺制的审批事项，审批部门应当在规定时间内对承诺人履行承诺的情况进行检查，承诺人未履行承诺的，审批部门要依法撤销行政审批决定并追究承诺人的相应责任。

（十七）加强信用体系建设。建立工程建设项目审批信用信息平台，完善申请人信用记录，建立红黑名单制度，实行信用分级分类管理，出台工程建设项目审批守信联合激励和失信联合惩戒合作备忘录，对失信企业和从业人员进行严格监管。将企业和从业人员违法违规、不履行承诺的失信行为纳入工程建设项目审批管理系统，并与全国信用信息共享平台互联互通，加强信用信息共享，构建“一处失信、处处受限”的联合惩戒机制。

（十八）规范中介和市政公用服务。建立健全中介服务和市政公用服务管理制度，实行服务承诺制，明确服务标准和办事流程，规范服务收费。依托工程建设项目审批管理系统建立中介服务网上交易平台，对中介服务行为实施全过程监管。供水、供电、燃气、热力、排水、通信等市政公用服务要全部入驻政务服务大厅，实施统一规范管理，为建设单位提供“一站式”服务。

六、加强组织实施

（十九）强化组织领导。住房城乡建设部要切实担负起工程建设项目审批制度改革工作的组织协调和督促指导责任；各部门要密切协调配合，加强工程建设项目审批制度改革、投资审批制度改革等“放管服”各项改革任务的协同联动，形成改革合力。各省级人民政府要按照本实施意见要求，全面领导本地区工程建设项目审批制度改革工作，加强统筹协调、指导和督促，为改革工作提供组织和经费保障，积极推动各项改革措施落地。各省级人民政府要在本实施意见印发后1个月内制定具体实施方案，并报住房城乡建设部备案。各地方人民政府要高度重视工程建设项目审批制度改革工作，承担改革主体责任，成立以主要负责同志为组长的领导小组，明确责任部门，制定时间表、路线图，确保按时保质完成任务。

（二十）加强沟通反馈和培训。住房城乡建设部要建立上下联动的沟通反馈机制，及时了解地方工程建设项目审批制度改革工作情况，督促指导地方研究解决改革中遇到的问题。各地要针对重点、难点问题，采用集中培训、网络培训和专题培训等方式，加强对各级领导干部、工作人员和申请人的业务培训，对相关政策进行全面解读和辅导，提高改革能力和业务水平。

（二十一）严格督促落实。住房城乡建设部要会同相关部门建立工程建设项目审批制度改革评估评价机制，重点评估评价各地全流程、全覆盖改革和统一审批流程、统一信息数据平台、统一审批管理体系、统一监管方式等情况，并将有关情况报国务院。地方各级人民政府要加大对地方有关部门工作的督导力度，跟踪改革任务落实情况。各省级人民政府要定期向住房城乡建设部报送工作进展情况。对于工作推进不力、影响工程建设项目审批制度改革进程，特别是未按时完成阶段性工作目标的，要依法依规严肃问责。

（二十二）做好宣传引导。各地要通过多种形式及时宣传报道相关工作措施和取得的成效，加强舆论引导，增进社会公众对工程建设项目审批制度改革工作的了解和支持，及时回应群众关切，为顺利推进改革营造良好的舆论环境。

国务院办公厅

2019年3月13日

国家发展和改革委员会文件

国家发展改革委 国家能源局关于积极推进风电、光伏发电无补贴平价上网有关工作的通知

（发改能源〔2019〕19号）

各省、自治区、直辖市、新疆生产建设兵团发展改革委（能源局）、经信委（工信委、工信厅），各国家能源局派出机构，国家电网公司、南方电网公司、内蒙古电力公司、中国华能集团公司、中国大唐集团公司、中国华电集团公司、国家能源投资集团公司、国家电力投资集团公司、中国华润集团公司、中国长江三峡集团公司、国家开发投资公司、中国核工业集团公司、中国广核集团有限公司、电力规划设计总院、水电水利规划设计总院：

随着风电、光伏发电规模化发展和技术快速进步，在资源优良、建设成本低、投资和市场条件好的地区，已基本具备与燃煤标杆上网电价平价（不需要国家补贴）的条件。为促进可再生能源高质量发展，提高风电、光伏发电的市场竞争力，现将推进风电、光伏发电无补贴平价上网的有关要求和支持政策措施通知如下。

一、开展平价上网项目和低价上网试点项目建设。各地区要认真总结本地区风电、光伏发电开发建设经验，结合资源、消纳和新技术应用等条件，推进建设不需要国家补贴执行燃煤标杆上网电价的风电、光伏发电平价上网试点项目（以下简称平价上网项目）。在资源条件优良和市场消纳条件保障度高的地区，引导建设一批上网电价低于燃煤标杆上网电价的低价上网试点项目（以下简称低价上网项目）。在符合本省（自治区、直辖市）可再生能源建设规划、国家风电、光伏发电年度监测预警有关管理要求、电网企业落实接网和消纳条件的前提下，由省级政府能源主管部门组织实施本地区平价上网项目和低价上网项目，有关项目不受年度建设规模限制。对于未在规定期限内开工并完成建设的风电、光伏发电项目，项目核准（备案）机关应及时予以清理和废止，为平价上网项目和低价上网项目让出市场空间。

二、优化平价上网项目和低价上网项目投资环境。有关地方政府部门对平价上网项目和低价上网项目在土地利用及土地相关收费方面予以支持，做好相关规划衔接，优先利用国有未利用土地，鼓励按复合型方式用地，降低项目场址相关成本，协调落实项目建设和电力送出消纳条件，禁止收取任何形式的资源出让费等费用，不得将在本地投资建厂、要求或变相要求采购本地设备作为项目建设的捆绑条件，切实降低项目的非技术成本。各级地方政府能源主管部门可会同其他相关部门出台一定时期内的补贴政策，仅享受地方补贴的项目仍视为平价上网项目。

三、保障优先发电和全额保障性收购。对风电、光伏发电平价上网项目和低价上网项目，电网企业应确保项目所发电量全额上网，并按照可再生能源监测评价体系要求监测项目弃风、弃光状况。如存在弃风弃光情况，将限发电量核定为可转让的优先发电计划。经核定的优先发电计划可在全国范围内参加发电权交易（转让），交易价格由市场确定。电力交易机构应完善交易平台和交易品种，组织实施相关交易。

四、鼓励平价上网项目和低价上网项目通过绿证交易获得合理收益补偿。风电、光伏发电平价上网项目和低价上网项目，可按国家可再生能源绿色电力证书管理机制和政策获得可交易的可再生能源绿色电力证书（以下简称绿证），通过出售绿证获得收益。国家通过多种措施引导绿证市场化交易。

五、认真落实电网企业接网工程建设责任。在风电、光伏发电平价上网项目和低价上网项目规划阶段，有关省级能源主管部门要督促省级电网企业做好项目接网方案和消纳条件的论证工作。有关省级电网企业负责投资项目升压站之外的接网等全部配套电网工程，做好接网等配套电网建设与项目建设进度衔接，使项目建成后能够及时并网运行。

六、促进风电、光伏发电通过电力市场化交易无补贴发展。国家发展改革委、国家能源局会同有关单位组织开展分布式发电市场化交易试点工作。鼓励在国家组织实施的社会资本投资增量配电网、清洁能源消纳产业园区、局域网、新能源微电网、能源互联网等示范项目中建设无需国家补贴的风电、光伏发电项目，并以试点方式开展就近直接交易。鼓励用电负荷较大且持续稳定的工业企业、数据中心和配电网经营企业与风电、光伏发电企业开展中长期电力交易，实现有关风电、光伏发电项目无需国家补贴的市场化发展。

七、降低就近直接交易的输配电价及收费。对纳入国家有关试点示范中的分布式市场化交易试点项

目，交易电量仅执行风电、光伏发电项目接网及消纳所涉及电压等级的配电网输配电价，免交未涉及的上一电压等级的输电费。对纳入试点的就近直接交易可再生能源电量，政策性交叉补贴予以减免。

八、扎实推进本地消纳平价上网项目和低价上网项目建设。接入公共电网在本省级电网区域内消纳的无补贴风电、光伏发电平价上网项目和低价上网项目，由有关省级能源主管部门协调落实支持政策后自主组织建设。省级电网企业承担收购平价上网项目和低价上网项目的电量收购责任，按项目核准时国家规定的当地燃煤标杆上网电价与风电、光伏发电项目单位签订长期固定电价购售电合同（不少于20年），不要求此类项目参与电力市场化交易（就近直接交易试点和分布式市场交易除外）。

九、结合跨省跨区输电通道建设推进无补贴风电、光伏发电项目建设。利用跨省跨区输电通道外送消纳的无补贴风电、光伏发电项目，在送受端双方充分衔接落实消纳市场和电价并明确建设规模和时序后，由送受端省级能源主管部门具体组织实施。鼓励具备跨省跨区输电通道的送端地区优先配置无补贴风电、光伏发电项目，按受端地区燃煤标杆上网电价（或略低）扣除输电通道的输电价格确定送端的上网电价，受端地区有关政府部门和电网企业负责落实跨省跨区输送无补贴风电、光伏发电项目的电量消纳，在送受端电网企业协商一致的基础上，与风电、光伏发电企业签订长期固定电价购售电合同（不少于20年）。对无补贴风电、光伏发电项目要严格落实优先上网和全额保障性收购政策，不要求参与跨区电力市场化交易。

十、创新金融支持方式。国家开发银行、四大国有商业银行等金融机构应根据国家新能源发电发展规划和有关地区新能源发电平价上网实施方案，合理安排信贷资金规模，创新金融服务，开发适合项目特点的金融产品，积极支持新能源发电实现平价上网。同时，鼓励支持符合条件的发电项目及相关发行人通过发行企业债券进行融资，并参考专项债券品种推进审核。

十一、做好预警管理衔接。风电、光伏发电监测预警（评价）为红色的地区除已安排建设的平价上网示范项目及通过跨省跨区输电通道外送消纳的无补贴风电、光伏发电项目外，原则上不安排新的本地消纳的平价上网项目和低价上网项目；鼓励橙色地区选取资源条件较好的已核准（备案）项目开展平价上网和低价上网工作；绿色地区在落实消纳条件的基础上自行开展平价上网项目和低价上网项目建设。

十二、动态完善能源消费总量考核支持机制。开展省级人民政府能源消耗总量和强度“双控”考核时，在确保完成全国能耗“双控”目标条件下，对各地区超出规划部分可再生能源消费量不纳入其“双控”考核。

请各有关单位按照上述要求，积极推进风电、光伏发电平价上网项目和低价上网项目建设，各省（自治区、直辖市）能源主管部门应将有关项目信息报送国家能源局。国家发展改革委、国家能源局将及时公布平价上网项目和低价上网项目名单，协调和督促有关方面做好相关支持政策的落实工作。

对按照本通知要求在2020年底前核准（备案）并开工建设的风电、光伏发电平价上网项目和低价上网项目，在其项目经营期内有关支持政策保持不变。国家发展改革委、国家能源局将及时研究总结各地区的试点经验，根据风电、光伏发电的发展状况适时调整2020年后的平价上网政策。

国家发展改革委
国 家 能 源 局
2019年1月7日

国家发展改革委　国家能源局关于进一步推进增量配电业务改革的通知
（发改经体〔2019〕27号）

各省、自治区、直辖市、新疆生产建设兵团发展改革委、能源局、经信委（工信委、工信厅、经信厅、工信局）、物价局，国家能源局各派出能源监管机构，国家电网公司、南方电网公司、内蒙古电力公司：

为深入贯彻习近平新时代中国特色社会主义思想和党的十九大精神，认真落实中央经济工作会议提出的“巩固、增强、提升、畅通”的方针和政府工作报告部署，根据《中共中央　国务院关于进一步深化电力体制改革的若干意见》（中发〔2015〕9号）及其配套文件要求，进一步推进增量配电业务改革，现就有关事项通知如下。

一、进一步规范项目业主确定

（一）所有新增增量配电业务试点项目，均应依照《招标投标法》及其《实施条例》的有关规定，通过招标等市场化方式公开、公平、公正优选确定项目业主。

（二）尚未确定业主的试点项目，地方政府部门不得直接指定试点项目业主，任何企业不得强行要求获取试点项目控股权，不建议电网企业或当地政府投资平台控股试点项目。已确定业主的试点项目可维持项目各投资方股比不变。

（三）已投资、建设和运营的存量配电网，应由产权所有人向地方能源主管部门申请作为配电网项目业主。

二、进一步明确增量和存量范围

（四）已纳入省级相关电网规划、但尚未核准或备案的配电网项目和已获核准或备案、但在相关文件有效期内未开工建设的配电网项目均属于增量配电业务范围，可依据《有序放开配电网业务管理办法》（发改经体〔2016〕2120号），视情况开展增量配电业务改革。

（五）未经核准或备案，任何企业不得开工建设配电网项目，违规建设的配电网项目不属于企业存量配电设施。

（六）电网企业已获批并开工、但在核准或备案文件有效期内实际完成投资不足10%的项目，可纳入增量配电业务试点，电网企业可将该项目资产通过资产入股等方式参与增量配电网建设。

（七）由于历史原因，地方或用户无偿移交给电网企业运营的配电设施，资产权属依法明确为电网企业的，属于存量配电设施；资产权属依法明确为非电网企业的，属于增量配电设施。

（八）各地可以根据需要，开展正常方式下仅具备配电功能的规划内220（330）kV增量配电业务试点，可不限于用户专用变电站和终端变电站。

三、进一步做好增量配电网规划工作

（九）认真履行规划管理职能。对于已经批复的增量配电业务试点，地方能源主管部门应组织试点项目规划编制工作。对于园区类试点项目，考虑“多规合一”的需要，经授权可由园区管委会或区县政府代为履行。规划职能不应委托潜在投资主体代为履行，但应充分征求和吸纳电网企业、潜在投资主体等相关方提出的合理化规划建议。

（十）做好增量配电网规划统筹协调工作。增量配电业务试点项目规划需纳入省级相关电网规划，实现增量配电网与公用电网互联互通和优化布局，避免无序发展和重复建设。具备条件的，还应与分布式电源、微电网、综合能源等方面的发展相协调，允许符合政策且纳入规划的分布式电源以适当电压等级就近接入增量配电网，但试点项目内不得以常规机组“拉专线”的方式向用户直接供电，不得依托常规机组组建局域网、微电网，不得依托自备电厂建设增量配电网，禁止以任何方式将公用电厂转为自备电厂。规划编制过程中，地区配电网规划和输电网规划经论证确需调整的，省级能源主管部门应按电力规划管理办法履行相应程序后予以调整。

（十一）合理设定规划范围。设定规划范围应统筹考虑存量配电设施和增量配电设施，充分发挥存量资产供电能力，避免重复投资和浪费。园区类试点项目的规划范围原则上为园区土地利用规划和城乡建设规划等上位规划确定的范围，非园区类试点项目的规划范围由省级能源主管部门与地方政府协商确定。与增量配电网相邻的存量资产应纳入规划范围统筹规划，避免重复建设，提高系统效率。同一试点项目的多个规划范围之间，通过输电线路互联互通的，该输电项目不纳入增量配电网试点项目规划范围。

（十二）合理设定配电区域。配电区域是指拥有配电网运营权的售电公司向用户配送电能，并依法经营的区域。配电区域的范围结合规划情况和具体的存量资产处置方式，按照《增量配电业务配电区域划分实施办法（试行）》（发改能源规〔2018〕424号）确定。

（十三）电网企业应按规定提供规划编制信息。试点所在地能源主管部门可向当地电网企业发函收集必要的规划编制信息，电网企业应在十五个工作日内复函并提供相关资料。规划编制信息主要包括当地电力系统现状，电网企业发展规划，以及相关变电站间隔、负载、供电能力等。

（十四）加强对增量配电网接入公用电网管理。增量配电试点项目业主应委托具备资质的专业机构编制项目接入系统设计报告，由地方能源主管部门委托具备资质的第三方咨询机构组织评审论证，论证过程应充分听取电网企业意见。地方能源主管部门协调确定接入系统意见，电网企业根据协调意见，按照电网接入管理的有关规定以及电网运行安全要求，向项目业主提供便捷、及时、高效的并网服务，不得拒绝和拖延并网，不得对参股项目和未参股项目差别对待。

（十五）做好增量配电网规划评审工作。规划方案由省级能源主管部门组织评审，具体评审工作应委托具备资质的第三方咨询机构开展，评审时应充分听取地方政府、经信（工信）、价格、住建、国家能源局派出能源监管机构等单位以及电网企业、潜在投资主体等方面的意见，不得邀请利益攸关方人员担任评审专家，以确保评审结论客观公正。

（十六）在规划编制阶段，可根据实际需要设置重复建设辨识环节，辨识论证应综合考虑电网结构、负荷增长潜力、电网安全、通道资源，以及现有配电项目的改扩建条件、供电能力、供电质量、供电经济合理性等因素具体开展，辨识论证的方法、计算过程和结论要以专门章节的形式在规划方案中体现。在规划评审阶段，由第三方评估机构对规划方案中的重复建设辨识论证开展评估，并给出明确意见。

（十七）地方政府主管部门会同国家能源局派出能源监管机构定期开展规划实施检查、监督、评估工作，确保规划有效执行。

四、进一步规范增量配电网的投资建设与运营

（十八）尚未确定配电区域的试点项目，应依据

批复的试点项目规划，按照《增量配电业务配电区域划分实施办法（试行）》（发改能源规〔2018〕424号）的要求，妥善处置规划范围内存量资产，确定配电区域。规划范围内的存量资产可通过资产入股、出售、产权置换等方式参与增量配电网投资、建设和运营。

（十九）增量配电网企业应设计合理的法人治理结构，独立作出投资决策，严格执行《公司法》的相关规定。

（二十）在试点项目获批至项目业主确定的过渡期内，为满足新增用户用电需求，经地方政府批复后可由电网企业先行投资建设配电设施并运行维护，也可由地方政府指定企业先行建设配电设施，并委托有能力企业运行维护。待项目业主确定后，先行建设的配电设施可选择折价入股或转让等方式进行处置。

（二十一）增量配电网与省级电网之间的结算电价，按照《关于制定地方电网和增量配电网配电价格的指导意见》（发改价格规〔2017〕2269号）的要求，按现行省级电网相应电压等级输配电价执行。

（二十二）鼓励各地结合本地实际采用招标定价法、准许收入法、最高限价法、标尺竞争法等方法核定独立配电价格。支持增量配电网企业在保证配电区域内用户平均配电价格不高于核定的配电价格水平情况下，采取灵活的价格策略，探索新的经营模式。

（二十三）建立增量配电业务试点项目退出机制。对于已批复的增量配电业务试点项目，经地方能源主管部门会同派出能源监管机构评估认定不再具备试点条件的，报国家发展改革委、国家能源局同意后可取消项目试点资格。

（二十四）建立增量配电网业主退出机制。增量配电网项目业主确定后，由于项目业主拖延建设、拒不履行建设承诺或运营水平达不到投标要求，造成无法满足区内用户用电需求的，应视情况依法依规取消项目业主资格，妥善处置已投入资产，并重新招标确定项目业主。过渡期间若无其他公司承担该地区配电业务，由电网企业接受并提供保底供电服务，不得因增量配电网业主更换影响电力安全、可靠供应。重新确定项目业主时，应统筹考虑过渡期间新建电网资产。

（二十五）各地有关部门应根据电力负荷增长、规划建设时序和工程前期工作开展情况，简化优化配电项目核准程序，提高审核效率，加快增量配电网建设项目核准工作。

（二十六）国家能源局资质中心、各派出监管机构应进一步简化电力业务许可证（供电类）申领程序，支持增量配电网项目业主加快开展增量配电业务。

（二十七）鼓励拥有配电网运营权的售电公司将配电业务与竞争性业务分开核算。

（二十八）增量配电网并网运行时，按网对网关系与相关电网调度机构签订并网协议。增量配电网项目业主在配电区域内拥有与电网企业在互联互通、建设运营、参与电力市场、保底供电、分布式电源和微电网并网、新能源消纳等方面同等的权利和义务。

（二十九）加强对增量配电项目业主履约行为管理，对违反电力管理等相关法律、法规规定，经相关政府部门认定严重违法失信行为的增量配电企业纳入电力行业失信“黑名单”。

（三十）国家发展改革委、国家能源局将加强对增量配电业务改革试点指导督促，对进展缓慢和问题突出的地区进行通报、约谈。各地区有关部门、国家能源局派出监管机构应认真履行职责，加快推进增量配电业务试点工作，积极协调解决改革推进中的主要问题，及时报告改革试点进展情况和意见建议，扎实推动改革试点落地生根，取得实效。

国家发展改革委
国　家　能　源　局
2019年1月5日

国家发展改革委　国家能源局关于规范优先发电　优先购电计划管理的通知

（发改运行〔2019〕144号）

各省、自治区、直辖市发展改革委、经信委（工信委、工信厅）、能源局，国家能源局各派出能源监管机构，国家电网有限公司、中国南方电网有限责任公司，中国华能集团有限公司、中国大唐集团有限公司、中国华电集团有限公司、国家电力投资集团有限公司、中国长江三峡集团有限公司、国家能源投资集团有限责任公司、国家开发投资集团有限公司、中国核工业集团有限公司、中国广核集团有限公司、华润集团有限公司：

为认真落实中央经济工作会议要求和政府工作报告部署，深化供给侧结构性改革，推进电力体制改革，根据《中共中央　国务院关于进一步深化电力体制改革的若干意见》（中发〔2015〕9号）精神及《国家发展改革委　国家能源局关于印发电力体制改革配套文件的通知》（发改经体〔2015〕2752号）等相关文件要求，现就规范优先发电、优先购电计划管理有关事项通知如下。

一、充分认识建立完善优先发电、优先购电制度的重要意义

（一）优先发电、优先购电制度是贯彻落实电力

体制改革精神，完善政府公益性调节性服务功能的重要举措。优先发电是实现风电、太阳能发电等清洁能源保障性收购，确保核电、大型水电等清洁能源按基荷满发和安全运行，促进调峰调频等调节性电源稳定运行的有效方式。优先购电是为居民、农业、重要公用事业和公益性服务等重点用电提供保障性服务，确保民生用电安全可靠的必要措施。优先发电、优先购电使市场在电力资源配置中起决定性作用的同时，更好地促进有效市场和有为政府相结合，保障电力系统清洁低碳、安全高效运行，意义重大。

（二）各地政府部门、各电力企业要坚持以习近平新时代中国特色社会主义思想为指导，全面贯彻党的十九大和十九届二中、三中全会精神，进一步深入推进电力体制改革，总结开展优先发电、优先购电工作的经验，强化落实措施，规范工作程序，加强优先发电、优先购电计划管理，加快构建与市场化改革相适应的新型电力运行管理模式。电力现货市场试点地区，可以根据实际需要设计优先发电、优先购电计划改革路径。

（三）建立完善优先发电、优先购电制度要坚持安全可靠，以保障电力系统安全稳定运行和电力可靠供应为基本前提，促进电力安全可靠水平提高；要坚持绿色发展，落实国家能源战略，大力促进清洁能源消纳，推动电力行业绿色发展和能源结构优化；要坚持保障和改善民生，保障电力基本公共服务的供给，确保居民、农业、重要公用事业和公益性服务等用电；要坚持市场化方向，仅保留必要的优先发电、优先购电计划，积极通过市场化方式落实优先发电、优先购电计划；要坚持因地制宜，充分考虑各地供需形势、电源结构、用户结构的实际情况，采取差异化措施。

二、严格界定适用范围，科学编制优先发电、优先购电计划

（四）编制优先发电计划要重点做好电网安全和民生保障、资源利用保障、政策奖励保障等方面工作。

清洁能源资源利用保障方面，纳入规划的风能、太阳能发电，在消纳不受限地区按照资源条件对应的发电量全额安排计划；在消纳受限地区，按照全额保障性收购要求，结合当地实际安排计划，研究制定合理的解决措施，确保优先发电计划小时数逐年增加到合理水平。纳入规划的生物质能（含直燃、耦合等利用方式）等其他非水可再生能源发电，按照资源条件对应的发电量全额安排计划。基荷容量之外的水电，在消纳条件较好地区，根据当年来水情况，兼顾资源等条件、历史均值和综合利用要求，安排计划；在消纳受限地区，对未进入市场交易的水电发电量，以机组前 3 年平均发电量为基础，根据发电空间等比例安排计划。基荷容量之外的核电，按照保障核电安全消纳的有关规定安排计划。余热、余压、余气、煤层气等资源综合利用机组发电，按照资源条件对应的发电量全额安排计划。

电网安全和民生保障方面，各类机组发电按照保障电网调峰调频、电压支撑确定的机组最小开机方式安排计划，水电、核电按承担基荷的容量安排计划。供热方式合理、实现在线监测、符合环保要求并达到国家规定热电比的热电联产机组发电，在采暖期按照“以热定电”原则安排计划。

跨省跨区资源利用保障方面，国家规划内的既有大型水电、核电，按照不低于上年实际水平或多年平均水平安排计划；网对网送电按照地方政府协议安排计划；国家规划内的既有煤电机组，采取点对网或类似点对网专线输电方式送（分）电的，原则上按照与受端省份同类型机组相当原则安排计划，并根据需要适当调整；历史形成统一分配电量的煤电机组，根据历史均值并参考供需变化安排计划。

政策奖励保障方面，对贫困地区机组、可再生能源调峰机组、超低排放燃煤机组等，按照有关政策明确的奖励要求安排计划。

违法违规建设的机组不得安排优先发电计划。

（五）编制优先购电计划要重点做好农业用电、居民生活用电及重要公用事业、公益性服务用电的保障，其中重要公用事业、公益性服务用电应包括党政机关、学校、医院、公共交通、金融、通信、邮政、供水、供气等涉及社会生活基本需求，或提供公共产品和服务的部门和单位用电。优先购电用户生产、提供服务以及工作期间的用电量应全额纳入优先购电计划。

（六）结合电力市场建设，鼓励和允许优先发电机组、优先购电用户本着自愿原则，探索进入市场。

三、有效完善政策体系，切实执行优先发电、优先购电计划

（七）优先发电价格按照“保量保价”和“保量限价”相结合的方式形成，实行“保量保价”的优先发电计划电量由电网企业按照政府定价收购，实行“保量限价”的优先发电计划电量通过市场化方式形成价格。政府定价部分的优先发电计划比例应逐年递减，当同类型机组大部分实现市场化方式形成价格后，取消政府定价。通过竞价招标方式确定上网电价的优先发电机组，按照招标形成的价格执行。市场化形成价格的优先发电，应积极通过参与本地电力市场确定交易价格；未能成交的部分，执行本地区同类型机组市场化形成的平均购电价格。

跨省跨区资源利用保障方面的优先发电价格按照

《国家发展改革委关于完善跨省跨区电能交易价格形成机制有关问题的通知》（发改价格〔2015〕962号）有关精神，由送电、受电市场主体双方在自愿平等基础上，在贯彻落实国家能源战略的前提下，按照“风险共担、利益共享”原则协商或通过市场化交易方式确定送受电价格，鼓励通过签订中长期合同的方式予以落实；优先发电计划电量以外部分参加受电地区市场化竞价。送受电双方经协商后确实无法达成一致意见的，可建议国家发展改革委、国家能源局协调。

优先购电计划由电网企业按照政府定价向优先购电用户保障供电。

（八）建立优先发电计划指标转让机制。政策奖励保障、跨省跨区资源利用保障方面的煤电优先发电计划指标，可通过发电权交易转让给其他机组。优先发电计划指标优先转让给清洁能源发电机组和高效低排放火电机组，指标交易可在本地进行，也可以跨省跨区开展。

清洁能源资源利用保障方面的优先发电计划，如受系统安全、资源因素及机组自身故障之外的影响，导致无法完成计划，视为优先发电计划指标转让至系统内优先级较低的其他机组，由相应机组按影响大小承担补偿费用。

（九）合理制定有序用电方案并按年度滚动调整，出现电力缺口或重大突发事件时，对优先购电用户保障供电，其他用户按照有序用电方案承担有序用电义务。

四、细化工作程序，规范管理优先发电、优先购电计划

（十）各省（区、市）政府主管部门要会同有关部门、电力企业，根据国家关于优先发电、优先购电保障的有关要求，结合本地区电力生产和消费实际，编制本地区下一年度优先发电、优先购电计划，每年10月底前上报国家发展改革委。国家电网公司、南方电网公司受国家发展改革委委托，要征求跨省跨区送受电各方意见，提出本经营区域下一年度跨省跨区优先发电计划预案，每年10月底前上报国家发展改革委。

（十一）国家发展改革委组织就优先发电、优先购电计划征求各方意见，根据工作需要对送受电双方不能达成一致的跨省跨区优先发电计划进行协调，并将完善后的优先发电、优先购电计划纳入年度基础产业、新兴产业和部分重点领域发展计划，下发各省（区、市）政府主管部门和相关电力企业。

（十二）优先发电、优先购电计划在执行过程中，可根据实际情况进行调整。调整流程与编制时一致，并可适当简化程序，缩短时间，提高效率。

五、明确保障措施，加强事中事后监管

（十三）国家发展改革委加强对全国优先发电、优先购电计划实施情况的监督，指导各省（区、市）政府主管部门做好本地区优先发电、优先购电计划编制及组织实施工作。

（十四）各省（区、市）政府主管部门要将省内优先发电计划和跨省跨区优先发电计划落实到电厂，建立优先购电用户目录，并根据保障需要，进行动态调整。

（十五）电网企业要通过电力调度机构优先调度落实好优先发电、优先购电计划；要根据优先发电、优先购电计划，与优先发电企业签订优先发电购售电合同，与优先购电用户签订优先购电供用电合同，合同性质可为差价合约或实物合同，积极促成优先发电计划市场化部分交易和优先发电合同转让交易。电力交易机构要做好优先发电计划市场化部分和优先发电指标交易相关组织和服务工作，优先发电计划相关的市场化合同应优先于其他市场化合同进行结算。

（十六）优先发电机组、优先购电用户及优先发电、优先购电计划安排、调整，应通过相关政府部门门户网站、电力交易机构网站、“信用中国”网站等向社会公示，接受全社会监督。

国家发展改革委
国 家 能 源 局
2019年1月22日

关于印发《绿色产业指导目录（2019年版）》的通知
（发改环资〔2019〕293号）

各省、自治区、直辖市发展改革委、工信和信息化委（厅）、自然资源厅、生态环境厅、住房和城乡建设厅、能源局，人民银行上海总部、各分行、营业管理部、省会（首府）城市中心支行、副省级城市中心支行：

加强生态文明建设、推进绿色发展，需要强有力的技术支撑和产业基础。发展绿色产业，既是推进生态文明建设、打赢污染防治攻坚战的有力支撑，也是培育绿色发展新动能、实现高质量发展的重要内容。近年来，各地区、各部门对发展绿色产业高度重视，出台了一系列政策措施，有力促进了绿色产业的发展壮大。但同时也面临概念泛化、标准不一、监管不力等问题。为进一步厘清产业边界，将有限的政策和资金引导到对推动绿色发展最重要、最关键、最紧迫的产业上，有效服务于重大战略、重大工程、重大政策，为打赢污染防治攻坚战、建设美丽中国奠定坚实

的产业基础，国家发展改革委会同有关部门研究制定了《绿色产业指导目录（2019年版）》（以下简称《目录》）。现印发你们，并就有关事项通知如下。

一、各地方、各部门要以《目录》为基础，根据各自领域、区域发展重点，出台投资、价格、金融、税收等方面政策措施，着力壮大节能环保、清洁生产、清洁能源等绿色产业。

二、国家发展改革委将联合相关部门，根据投资、价格、金融等不同支持政策的实际需要，逐步制定以《目录》为基础的细化目录或子目录，指导各机关、团体、企业、社会组织更好支持绿色产业发展，着力提高《目录》的可操作性。

三、国家发展改革委将会同相关部门，依托社会力量，设立绿色产业专家委员会，为《目录》在各领域的落实、细化目录和子目录的制定、绿色产业标准制定等工作提供相关专业意见。逐步建立绿色产业认定机制，有序引入社会中介组织开展相关服务。

四、各地方、各部门要进一步加强国际国内经验交流，推广壮大绿色产业的经验做法，推动建立《目录》同相关国际绿色标准之间的互认机制。国家发展改革委将联合各部门，在权限范围内对各地区和从事相关工作的协会、委员会、认证机构、企业等进行指导或检查。各地方在贯彻执行《目录》的过程中，如遇新情况、新问题，请及时向相关部门报告。

五、各地方、各部门要加强《目录》与既有绿色产业支持政策的衔接，妥善处理存量资金和项目，逐步根据《目录》调整政策支持范围。既有政策的数据统计可按《目录》公布前、《目录》公布后分别进行统计。

六、国家发展改革委将会同有关部门，根据国家生态文明建设重大任务、资源环境状况、污染防治攻坚重点、科学技术进步、产业市场发展等因素，适时对《目录》进行调整和修订。

附件：1. 绿色产业指导目录（2019年版）（略）
2.《绿色产业指导目录（2019年版）》的解释说明（略）

国家发展改革委
工业和信息化部
自然资源部
生态环境部
住房城乡建设部
人民银行
国家能源局
2019年2月14日

国家发展改革委、国家能源局联合印发《关于深入推进供给侧结构性改革进一步淘汰煤电落后产能促进煤电行业优化升级的意见》

（发改能源〔2019〕431号）

各省、自治区、直辖市发展改革委、能源局、经信委（工信委、工信厅），北京市城管委、新疆生产建设兵团发展改革委，国家能源局派出监管机构：

为贯彻落实党中央、国务院决策部署，持续深入推进煤电行业供给侧结构性改革，促进我国煤电行业转型升级、结构优化，不断提升煤电行业清洁高效高质量发展水平，现就进一步做好淘汰煤电落后产能工作提出以下意见。

一、指导思想

以习近平新时代中国特色社会主义思想为指导，全面贯彻党的十九大和十九届二中、三中全会精神，认真落实党中央、国务院决策部署，统筹推进“五位一体”总体布局和“四个全面”战略布局，牢固树立和贯彻落实创新、协调、绿色、开放、共享发展理念，着力落实“四个革命、一个合作”能源发展战略，不断优化能源结构和布局，结合我国能源发展新形势、新特征，着力解决电力行业发展不平衡、不充分问题，有力有序淘汰煤电落后产能，促进煤电结构优化调整，推动煤电行业质量变革、效率变革、动力变革，激发创新发展活力，加快煤电产业新旧动能转换，实现煤电行业清洁高效有序发展。

二、基本原则

（一）加强领导，协调配合。全面落实淘汰煤电落后产能工作，各有关省（区、市）人民政府对本地区淘汰煤电落后产能工作负总责，建立各级政府主管部门牵头组织，相关部门各负其责、密切配合、联合行动的工作机制，加强组织领导和协调配合，形成工作合力。

（二）企业为主，落实责任。企业要切实承担起淘汰煤电落后产能的主体责任，积极配合政府制定并贯彻落实淘汰关停目标任务和计划，主动依据相关法律法规标准淘汰关停落后煤电机组，处理善后事宜。

（三）分类处置，精准施策。综合考虑项目具体情况，按照淘汰关停、升级改造、应急备用三种方式分类处置落后煤电机组，积极稳妥推进淘汰煤电落后产能工作。

（四）先立后破，保障供应。统筹做好淘汰煤电落后产能与保障电力、热力供应工作，遵循先立后破、不立不破原则，切实做好电力、热力有效衔接，确保安全稳定供应。

（五）妥善安置，维护稳定。切实做好淘汰煤电落后产能工作涉及的人员分流、职工安置等工作，处理善后事宜，维护社会大局稳定。

三、主要工作

（一）符合以下条件之一的燃煤机组（含燃煤自备机组），应实施淘汰关停：

1. 以下不具备供热改造条件的机组。单机 5 万 kW 及以下的纯凝煤电机组；大电网覆盖范围内，单机 10 万 kW 级及以下的纯凝煤电机组；大电网覆盖范围内，单机 20 万 kW 级及以下设计寿命期满的纯凝煤电机组。

2. 设计寿命期满，且不具备延寿条件的现役 30 万 kW 级纯凝煤电机组。

3. 不实施改造或改造后供电煤耗仍达不到《常规燃煤发电机组单位产品能源消耗限额》（GB 21258—2017）、《热电联产单位产品能源消耗限额》（GB 35574—2017）要求的煤电机组。

4. 不实施改造或改造后污染物排放不符合国家环保要求的煤电机组。

5. 不实施改造或改造后水耗不符合国家标准要求的煤电机组。

6.《打赢蓝天保卫战三年行动计划》明确的重点区域范围内 30 万 kW 及以上热电联产机组供热半径 15km 范围内的落后燃煤小热电机组。

7. 有关法律、法规及标准等要求应予关停或国务院有关部门明确要求关停的机组。

在国家明确淘汰关停标准的基础上，鼓励各地进一步加大煤电落后产能淘汰力度。淘汰关停落后煤电机组应以确保电力、热力安全稳定供应为基础，各地应切实做好关停煤电机组涉及的电力、热力的衔接工作。

（二）各省（区、市）人民政府严格执行能耗、水耗、环保、质量、安全、技术等法律法规标准和产业政策要求，定期开展专项排查，制订本地区落后煤电机组关停方案和年度关停计划，报国家发展改革委、国家能源局，对于不实施改造或改造后仍达不到相关标准要求的煤电机组，原则上应在“十三五”期间予以关停。年度关停计划应明确关停机组名单和关停时限，并于当年第一季度向社会公布并组织关停。

（三）对于实施改造后能够满足能耗、水耗、环保、质量、安全、技术等标准要求的机组，各地可统筹考虑安排升级改造，及时制定这类煤电机组的升级改造方案和计划，尽早安排，确保“十三五”期间完成改造。

（四）对于确有应急备用需要的地区，在满足能耗、水耗、环保、质量、安全、技术等标准要求和企业自愿的前提下，按照《煤电应急备用电源管理指导意见》（发改能源规〔2018〕419 号）等规定，可将计划关停机组认定为应急备用电源，并按有关要求规范管理。

（五）企业按照各省（区、市）人民政府制订的关停方案和年度关停计划，对本企业所属落后煤电机组实施关停；按有关规定，做好职工安置方案，切实做好职工安置工作，处理善后事宜；应挖掘企业内部潜力，优先在发电企业集团内部安置解决分流职工，新建、扩建电厂应优先招用关停机组涉及的分流人员。

（六）地方政府相关部门会同企业明确关停煤电机组与承接电源、热源的衔接方案，并督促落实，保障电力、热力稳定供应。地方政府相关部门指导督促企业制定落实职工安置方案，依法依规妥善处理好经济补偿、社会保险等问题，维护社会大局稳定。

（七）各省（区、市）煤电淘汰落后主管部门对关停机组组织验收，将满足关停要求的机组在省级政府网站予以公告，并定期向国家发展改革委和国家能源局报告本地区关停机组情况。关停机组（应急备用电源除外）应至少拆除锅炉、汽轮机、发电机、烟囱、冷却塔、输煤栈桥等其中两项，确保不具备复工发电条件。

四、政策措施

（一）“十三五”期间淘汰关停的落后煤电机组的容量指标可通过交易方式用于需通过等量替代建设的煤电项目。以等容量替代方式规划新建煤电项目业主单位负责落实关停容量指标，并编制等容量替代方案。所在省（区、市）发展改革委（能源局）对等容量替代方案审核无误后，可按年度向国家申请纳入国家电力建设规划，相关中央企业应同时向国家报送申请。国家结合煤电化解过剩产能工作有关要求、区域电力供需形势等，统筹考虑将等容量替代规划新建煤电项目纳入国家电力建设规划。

（二）有条件的地区，在气源落实、气价可承受的基础上，根据实际需要，可按照等容量替代原则，落实关停容量指标后有序发展天然气调峰电站。

（三）按照等容量替代原则，无法全额落实关停容量指标的项目，缺额部分可利用当量平价风电光伏容量替代。替代方案应按规定程序进行评估或核定。

（四）鼓励煤电规划建设风险预警等级为红色的省份实施减容量替代（关停容量指标总规模多于拟新建煤电项目规模）规划新建煤电项目。同等条件下，减容量替代新建煤电项目优先安排纳入国家电力建设规划。

（五）同等条件下，等容量替代规划新建的民生热电项目、电力扶贫项目优先纳入国家电力建设规划。

（六）按照《关于推进供给侧结构性改革 防范化解煤电产能过剩风险的意见》（发改能源〔2017〕1404号），列入关停计划且不参与等容量替代的煤电机组，关停后可享受最多不超过5年的发电权，并可通过发电权交易转让获得一定经济补偿，具体办法由各省（区、市）结合电力体制改革自行制定。

（七）煤电机组关停拆除后的用地，可依法转让或由地方政府收回，也可在符合城乡规划的前提下转产发展第三产业。其中，转为生产性服务业等国家鼓励发展的新产业新业态，可在5年内继续按原用途和土地权利类型使用土地。

（八）鼓励各地自行制定奖补办法支持淘汰煤电落后产能。

五、相关要求

（一）对于到期应实施关停的机组（应急备用电源除外），国家能源局派出监管机构要及时核销其电力业务许可证；电网企业要做好电力供应的平稳衔接，按计划解列淘汰关停机组；机组设备关停后应就地报废，不得转供电或解列运行，不得易地建设。

（二）对应关停而拒不关停的煤电机组，相关省（区、市）主管部门和单位可依法依规责令其立即关停，视情况对项目单位实行限批新建煤电项目、开展自用及外送煤电项目优选工作时不予考虑等措施，直至完成关停任务；对弄虚作假逃避关停或关停后易地建设的机组，一经查实，应责令其立即关停并予以拆除，同时依法依规追究相关人员的责任。

（三）参与等容量替代的关停机组应满足合法合规、取得电网公司运行证明文件、经省级政府主管部门组织完成关停核查确认、未享受过与等容量替代互斥的其他支持政策等要求。

纳入煤电应急备用电源的关停机组容量不得用于等容量替代规划新建煤电项目。

关停容量指标可跨省（区、市）统筹使用，但需征得调出、调入省（区、市）主管部门同意。《打赢蓝天保卫战三年行动计划》明确的重点区域原则上不允许调入关停容量指标。

等容量替代新建煤电项目涉及关停容量指标转让的，应取得关停容量指标出让方出具的书面文件或者相关协议，出让方应切实做好职工安置、资产债务处置等工作，维护社会稳定，确保出让指标的有效性。

相关省（区、市）发展改革委应会同相关部门严格审核容量替代煤电项目关停容量指标，严禁使用手续不齐全的关停机组作为关停容量指标，确保关停容量指标满足相关要求，确保容量替代方案的真实、有效。

（四）等容量替代规划新建煤电项目应选择高参数、大容量、低能耗、低排放的高效机组，应满足能耗、水耗、环保等产业政策和标准要求。纯凝发电项目应是60万kW及以上超超临界机组；供热机组优先考虑规划建设背压式热电联产机组，按照相关规定确需新建抽凝式热电机组的，应以等容量替代方式规划建设，在大电网范围内原则上应选择35万kW及以上超临界机组。扩建项目可建设单台机组，新建项目原则上按两台机组及以上考虑。

（五）等容量替代规划新建煤电项目，原则上要按照先关后建方式实现替代，即关停容量指标应在规划新建煤电项目纳入规划前落实，未关停机组要有明确的关停计划和关停时限，原则上应在新建机组并网发电前全部予以关停。若部分拟关停机组在等容量替代新建煤电项目投产前关停，存在电力供应衔接和系统运行安全等问题的，需由省级主管部门委托有资质的咨询机构评估，并经相关省级电网企业确认后，相关拟关停机组可在新建煤电项目投产后三个月内关停。

规划新建热电项目需要承接关停机组热力市场且无其他备用热源承接供热缺口的，可以按照先建后关的方式实施替代。即关停容量指标应在规划新建煤电项目纳入规划前落实，拟关停热电机组要有明确的关停计划，并在新建热电项目投产后三个月内关停。

（六）各省（区、市）主管部门和相关企业应在国家指导下，结合煤电规划建设风险预警等级，合理安排等容量替代新建煤电项目的规划、核准、开工和建设进度。等容量替代规划建设煤电项目的核准文件应明确拟关停机组名单、关停时限等。

（七）对于在等容量替代工作中弄虚作假、违反规定并已取得核准批复的项目，撤销核准批复，移出国家电力建设规划，相关省（区、市）发展改革委应责令其立即停止项目相关工作，依法依规追究有关单位和人员的责任，视情况对项目单位实行限批新建煤电项目、开展自用及外送煤电项目优选工作时不予考虑等措施。

（八）等容量替代新建煤电项目关停容量指标中有按要求应在新建项目投产前关停而未关停的，电网公司不予并网，国家能源局派出监管机构依法不予颁发电力业务许可证；关停容量指标中有按要求应在新建项目投产后关停而逾期未关停的，不得转入商业运行，国家能源局派出监管机构依法不予颁发电力业务许可证，已颁发电力业务许可证的依法予以撤销。

（九）企业要采取措施，加强管理，有效防范遏制各类事故事件发生，确保拟关停机组在关停和拆除期间的安全生产。拟关停机组所在省（区、市）主管部门要会同相关部门和国家能源局派出监管机构，强化行政执法，严肃查处关停和拆除期间安全生产违法违规行为，有序推进淘汰煤电落后产能各项工作。

六、组织实施

（一）加强组织领导。明确职责分工，强化协调配合，形成工作合力。各有关省（区、市）人民政府对本地区淘汰煤电落后产能工作负总责，省级主管部门负责具体制定年度目标和计划，协调落实淘汰关停任务，并切实做好电力、热力供应的有效衔接。国务院各有关部门加强沟通协调，形成合力，督促指导淘汰煤电落后产能工作。

（二）加强全过程监管。各省（区、市）主管部门要会同相关部门和国家能源局派出监管机构加强淘汰煤电落后产能工作的全过程监管，健全完善机制，加强对相关政策措施落实情况和目标任务完成情况的督促指导。整合现有信访举报渠道和政府公共服务平台，设立统一的煤电淘汰落后产能省级举报平台，集中受理举报，接受社会监督。

（三）强化督导问责。各级政府要支持和指导发电企业做好落后煤电机组淘汰关停工作，确保淘汰煤电落后产能工作落到实处。发电企业要切实承担起主体责任，积极贯彻国家产业政策，履行社会责任，主动淘汰落后产能。国务院相关部门加强督促指导，对工作不力的地方和企业依法依规约谈问责。

（四）加强宣传引导。各地做好政策宣传解读，总结好的经验和有效做法，加强示范引导，通过报刊、广播、电视、互联网等方式进行宣传，及时回应社会关切，营造良好舆论氛围。

国家发展改革委
国 家 能 源 局
2019 年 3 月 7 日

关于做好水电开发利益共享工作的指导意见

（发改能源规〔2019〕439 号）

各省、自治区、直辖市及新疆生产建设兵团发展改革委、能源局、财政厅、人力资源和社会保障厅、自然资源厅、宗教局、民宗委（厅、局）：

根据《中华人民共和国国民经济和社会发展第十三个五年规划纲要》《中共中央国务院关于打赢脱贫攻坚战的决定》等文件要求，现就做好水电开发利益共享工作提出以下意见。

一、总体要求

（一）指导思想

坚持以习近平新时代中国特色社会主义思想为指导，全面贯彻落实党的十九大和十九届二中、三中全会精神，认真落实党中央、国务院决策部署，紧紧围绕“五位一体”总体布局和“四个全面”战略布局，牢固树立创新、协调、绿色、开放、共享的新发展理念，坚持水电开发促进地方经济社会发展和移民脱贫致富方针，充分发挥水电资源优势，进一步强化生态环境保护，加强体制机制创新，完善水电开发征地补偿安置政策、推进库区经济社会发展、健全收益分配制度、发挥流域水电综合效益，建立健全移民、地方、企业共享水电开发利益的长效机制，构筑水电开发共建、共享、共赢的新局面，增强库区发展动力，维护库区社会和谐稳定，人民安居乐业，稳步推进共同富裕。

（二）基本原则

政府引导、市场调节。强化政府在移民搬迁安置、库区社会稳定、经济持续发展、资源综合利用中的主体责任；加强水电开发促进地方经济社会发展和移民脱贫致富的支持政策；尊重企业在市场中的主体地位，让企业成为水电开发利益共享的原动力，加大水电开发对地方经济社会发展的促进作用。

统筹协调、倾斜移民。统筹协调水电建设与促进地方经济发展和支持移民脱贫致富、移民搬迁安置与后续发展需要、龙头水库电站与下游梯级电站补偿效益分配、水电综合效益与企业效益等关系，整合资源，完善移民政策，使移民在依法获得补偿补助基础上，更多地分享水电开发收益。

利益共享、多方共赢。充分发挥水电开发的经济效益和社会效益，推动库区发展、移民收益与电站效益结合；通过政策扶持和机制保障，实现移民长期获益、库区持续发展、电站合理收益有保障的互利共赢格局。

创新探索、稳步推进。加快推进水电开发收益分配结构性改革，在资源利用、安置途径、补偿政策、资产收益等方面进行探索创新。根据各电站项目自身经济可承受能力和建设目标，因地制宜施行利益共享措施，稳步推进。

二、主要内容

（一）完善移民补偿补助。统筹原有房屋与安置地新建房屋的建设条件和建设要求，分析新建房屋合理成本，科学确定房屋补偿标准，保障农村移民居住权和合法的住房财产权益。科学制订移民搬迁方案，合理计列搬迁补助费用。完善农村移民宅基地处理方式，以农村集体经济组织为单元，统筹平衡迁入库周农村居民点农村移民的宅基地。规划外迁或者就近迁入城集镇安置的，统一规划住房用地。因地制宜拟定激励方案，鼓励移民加快搬迁进度，必要时可增列移民安置激励措施补助。开展水电工程与铁路等基础设施项目相关政策并轨研究。

（二）尊重当地民风民俗和宗教文化。充分考虑当地风俗民情、宗教文化特点，合理确定补偿补助项目和标准，保护当地民族文化，提升移民安置水平。完善征收民风民俗设施及宗教活动场所、宗教设施补偿办法，征收民风民俗设施及宗教活动场所、宗教设施的，可以选择货币补偿，也可以依法选择重建。对需要重建民风民俗设施的，结合移民安置规划合理布局；对选择重建宗教活动场所、宗教设施的，根据宗教事务等部门依法批准的迁建规划在项目概算中计列迁建费用；按照传统确需举办迁建宗教仪式的，经宗教事务部门确认，予以适当补助。提高少数民族困难移民房屋补助标准，对补偿费用不足以修建基本用房的，根据当地住房结构特征和生活习惯，以及省、自治区、直辖市建设小康社会的住房要求，给予住房困难补助。

（三）提升移民村镇宜居品质。落实乡村振兴战略，根据地方经济社会发展规划要求，充分利用水库蓄水形成的景观，结合国土空间规划编制和实施，合理布局迁建移民村庄集镇新址，提高移民村庄集镇迁建标准，完善基础设施配置，加强风貌管控，改善库区城乡建设面貌。妥善解决好移民村庄集镇新址选址、建设用地、安全饮水、用电、通信、交通、就医、就学等基础条件，配套建设水、电、路、邮政、基础电信网络以及污水、垃圾处理等基础设施，村内主路及对外道路路面全硬化，实现全员饮水安全、家家供水入户、户户通电通邮，人人可用互联网；根据需要配置卫生站、集贸市场以及村委会办公、文化活动、社区服务等场所，并预留商业网点、便民超市、体育健身等用地，全面提升移民生活品质。迁建集镇和大型移民村庄主街道，按管线入地进行规划建设。对农村移民村庄集镇的公共服务设施和整体风貌建设予以适当补助。

（四）创新库区工程建设体制机制。库区工程建设应充分考虑与省级人民政府和行业主管部门制订的相关基础设施规划的衔接，并按照移民政策合理确定水电工程需承担的复建分摊资金，合理布局，科学有序推进。库区供水、供电工程应兼顾安置地居民需求，适当扩大规模。在完善建设管理模式基础上，探索库区工程代建和总承包机制。移民工程验收由省级移民管理机构根据移民工程等级和相应权限统筹，并根据实际情况组织安排和同级行业主管部门或移民工程责任单位联合进行。

（五）拓宽移民资产收益渠道。合理使用移民征地补偿补助费用，有条件的地区要优先为移民配置土地，维护移民合法土地权益。土地资源匮乏地区，在足额支付征地补偿费用，充分尊重被征地移民意愿的前提下，可因地制宜采取多渠道多途径安置政策予以安置，减轻土地筹措压力，创新老年农业移民安置思路。发挥资源优势，开展贫困地区水电资源开发资产收益扶贫改革试点，在总结各地试点经验基础上，探索建立资产收益扶贫长效机制。

（六）推进库区产业发展升级。统筹移民安置规划、后续产业规划，与库区生产发展、产业升级做好衔接，促进移民就业增长和持续增收。对水库淹没的企事业单位，优先按就近迁建处理。迁建企业主营业务属于国家鼓励类产业并符合当地产业布局、用地确需超出原有用地规模但未突破土地使用标准确定的规模的，应予扶持，用地可纳入移民搬迁安置用地一并报批。利用电站水库、安置配置资源，发展农林、加工、旅游、运输、电商等产业。根据国家产业指导目录，引导和支持水电工程库区与产业转移做好衔接。充分利用各种库区产业政策支持渠道，支持移民群众脱贫解困和库区经济社会发展。

（七）强化能力建设和就业促进工作。水电企业应配合地方政府做好移民安置和后期扶持，用好用足移民安置技术培训等费用，针对移民家庭中有转移就业愿望劳动力、已转移就业劳动力、新成长劳动力的特点和就业需求，开展就业技能培训、岗位技能提升培训、创业培训、职业教育和学历教育支持等差异化职业能力建设，支持每个有就业需求的移民家庭至少接受一次培训。鼓励水电企业在同等条件下优先吸纳当地移民就业。

（八）加快库区能源产业扶持政策落地。按照农网改造和村村通电工程（包括通动力电）总体方案，改善移民安置区和库区电网基础设施水平，实现稳定可靠的供电服务全覆盖，供电能力和服务水平明显提升。鼓励移民安置区使用沼气、太阳能等清洁能源。水电消纳要统筹好当地与外送两个市场，优先保障当地用电需求。鼓励通过市场化方式适当降低库区生产生活用电电价水平。科学利用当地资源禀赋，促进水电与当地风电、光电实施多能互补综合利用，增加当地能源产出和经济收入。依托调节性能好的水电工程，优先开发其周边的风电、光电项目，统筹区域风电、光电和水电外送消纳。在移民安置规划和后续产业发展规划中根据资源禀赋和建设条件，结合产业政策合理布置分布式光伏项目，增加移民和库区居民收入。

三、保障措施

（一）加大政策支持力度。进一步探索与多渠道安置方式、保障移民收益和共享水电开发利益相适应的新形势下水电工程用地政策。统筹防洪、供水、灌溉、发电、航运等总体要求，探索通过下游梯级电站补偿效益返还和综合效益投资分摊等方式，充分发挥流域梯级水电的综合效益。落实中央减轻企业负担、清费减税政策。建立促进水电消纳的激励机制，完善水电价格形成机制，落实好水电优先发电和消纳保障政策，为水电开发利益共享创造有利条件。

（二）细化任务推动落实。各有关部门要提高对水电开发利益共享工作重要性的认识，增强责任感和紧迫感，健全工作机制，确保各项政策措施落到实处。强化对水电建设、移民安置、库区发展的指导，严格基本建设管理程序，做好落实措施与现有法规政策的衔接。各有关部门按照职能分工，强化协同配合，加大工作力度，抓紧完善具体政策措施，注重舆论引导。

（三）强化跟踪评估指导。积极稳妥推进水电开发利益共享。国务院能源主管部门要会同有关部门加强检查、评估和指导，及时总结推广经验。各省级有关部门要加强对落实工作的动态跟踪和工作督导，协调解决水电开发利益共享推进工作中出现的困难和问题，研究制定配套政策措施，不断将水电开发利益共享工作引向深入，让水电开发更好地为促进地方经济社会发展发挥作用。

四、附则

本文件自发布之日起施行，有效期5年。

国家发展改革委
能源局
财政部
人力资源社会保障部
自然资源部
宗教局
2019年3月8日

国家发展改革委办公厅关于优化电价政策发布机制的通知

（发改办价格〔2019〕487号）

各省、自治区、直辖市发展改革委（物价局），国家电网有限公司、南方电网公司、内蒙古电力（集团）有限责任公司：

为进一步改善营商环境，提高电费透明度，各省（自治区、直辖市）价格主管部门制定或调整涉及终端电力用户用电价格的政策文件，须提前一个月通过你委（局）门户网站向社会公布，便于电力用户提前知晓电价政策信息。电网企业应做好电价政策信息的宣传、告知和解释工作，并严格遵守相关政策规定及执行时间。

国务院另有规定的，按照国务院要求执行。

国家发展改革委办公厅
2019年4月22日

国家发展改革委关于三代核电首批项目试行上网电价的通知

（发改价格〔2019〕535号）

浙江省、山东省、广东省发展改革委，中国核工业集团有限公司、国家电力投资集团有限公司、中国广核集团，国家电网有限公司、南方电网公司：

2013年，我委印发《关于完善核电上网电价机制有关问题的通知》（发改价格〔2013〕1130号），明确对承担技术引进的首批核电机组予以支持。结合所在省支持首批三代核电项目的意愿，现将三代核电首批项目试行上网电价等有关问题通知如下。

广东台山一期核电项目试行价格按照每千瓦时0.4350元执行；浙江三门一期核电项目试行价格按照每千瓦时0.4203元执行；山东海阳一期核电项目试行价格按照每千瓦时0.4151元执行。试行价格从项目投产之日起至2021年底止。

在确保安全的基础上，相关省份要按照原则性满发原则安排上述三代核电项目发电计划。其中，设计利用小时以内的电量按照政府定价执行，以外的电量按照市场价格执行。

特此通知。

国家发展改革委
2019年3月20日

国家发展改革委关于电网企业增值税税率调整相应降低一般工商业电价的通知

（发改价格〔2019〕559号）

各省、自治区、直辖市发展改革委（物价局），国家电网有限公司、南方电网公司、内蒙古电力（集团）有限责任公司：

为贯彻落实《政府工作报告》关于一般工商业平均电价再降低10%的要求，现就电网企业增值税税率调整相应降低一般工商业电价有关事项通知如下。

一、电网企业增值税税率由16%调整为13%后，省级电网企业含税输配电价水平降低的空间全部用于降低一般工商业电价，原则上自2019年4月1日起执行。

二、各省（区、市）价格主管部门要抓紧研究提出电网企业增值税税率调整相应降低一般工商业电价的具体方案，经省级人民政府同意后实施，并报我委（价格司）备案。同时，相应降低各省（区、市）一般工商业输配电价水平。

三、各省（区、市）价格主管部门、电网企业要精心组织、周密安排，做好宣传解释工作，确保上述降电价政策平稳实施。执行中遇到的情况和问题，请及时报送我委（价格司）。

国家发展改革委
2019 年 3 月 27 日

国家发展改革委办公厅　国家能源局综合司关于公布 2019 年第一批风电、光伏发电平价上网项目的通知

（发改办能源〔2019〕594 号）

各省、自治区、直辖市、新疆生产建设兵团发展改革委、能源局，国家能源局各派出监管机构，国家电网有限公司、中国南方电网有限责任公司、内蒙古电力（集团）有限责任公司、电力规划设计总院、水电水利规划设计总院、各有关发电企业：

根据《国家发展改革委　国家能源局关于积极推进风电、光伏发电无补贴平价上网有关工作的通知》（发改能源〔2019〕19 号）要求，共有 16 个省（自治区、直辖市）能源主管部门向国家能源局报送了 2019 年第一批风电、光伏发电平价上网项目名单，总装机规模 2076 万 kW。现予以公布。

请国家电网有限公司、南方电网公司组织所属有关省级电网企业按照平价上网项目有关政策要求，认真落实电网企业接网工程建设责任，确保平价上网项目优先发电和全额保障性收购，按项目核准（备案）时国家规定的当地燃煤标杆上网电价与风电、光伏发电平价上网项目单位签订长期固定电价购售电合同（不少于 20 年）。请有关省级能源主管部门和派出能源监管机构协调推进有关项目建设，加强对有关支持政策的督促落实。

请有关省级能源主管部门、价格主管部门、派出能源监管机构、电力交易机构和电网企业等按照国家发展改革委、国家能源局发布的有关分布式发电市场化交易的文件，在附件 3 明确的风电、光伏发电交易规模限额范围内，根据就近消纳能力组织推进，做好分布式发电市场化交易试点及有关政策落实工作。

附件：1. 2019 年第一批风电、光伏发电平价上网项目信息汇总表

2. 2019 年第一批拟建平价上网项目信息表（略）

3. 2019 年分布式发电市场化交易试点名单

国家发展改革委办公厅
国家能源局综合司
2019 年 5 月 20 日

附件 1

2019 年第一批风电、光伏发电平价上网项目信息汇总表

序号	省（区、市）	类别	项目（试点）个数	装机容量（万 kW）
1	广东	风电	3	20
		光伏发电	27	238
2	陕西	风电	1	10
		光伏发电	23	204
		分布式交易试点	2	10
3	广西	光伏发电	16	193
4	河南	风电	11	110
		光伏发电	4	27
		分布式交易试点	3	36

续表

序号	省（区、市）	类别	项目（试点）个数	装机容量（万 kW）
5	黑龙江	风电	7	100
		光伏发电	8	165
		分布式交易试点	1	5
6	河北	光伏发电	11	131
		分布式交易试点	3	15
7	山东	风电	6	35
		光伏发电	7	91
8	山西	光伏发电	8	100
		分布式交易试点	2	20
9	吉林	风电	18	119
10	辽宁	光伏发电	47	119
11	江苏	光伏发电	6	109
		分布式交易试点	6	21
12	安徽	风电	1	5
		光伏发电	6	67
		分布式交易试点	3	11
13	湖北	光伏发电	5	34
		分布式交易试点	2	9
14	湖南	风电	7	35
15	天津	风电	1	16
		分布式交易试点	3	11
16	宁夏	风电	1	1
		分布式交易试点	1	9
全国		风电	56	451
		光伏发电	168	1478
		分布式交易试点	26	147
		合计	250	2076

附件3

2019年分布式发电市场化交易试点名单

序号	省（区、市）	试点区域	试点范围	试点区域风电、光伏发电交易规模（万kW）	
				总量限额	其中新建
1	湖北	天门市		5	5
2	湖北	荆门市（*）	掇刀区麻城镇	5	4
3	河南	鹤壁市	宝山循环经济产业集聚区	10	10
4	河南	禹州市	绿色铸造陶瓷产业园	20	20
5	河南	兰考县		6	6
6	山西	运城市	河津市	10	10
7	山西	朔州市	山阴县、怀仁县	10	10
8	黑龙江	哈尔滨市	哈尔滨经济技术开发区	5	5
9	天津	天津市宁河区	宁河经济开发区	5	5
10	天津	天津市宁河区（*）	未来科技城潘庄工业区	5	4.5
11	天津	天津市武清区（*）	京津高村科技创新园	5	1
12	江苏	苏州市	苏州工业园区	5	5
13	江苏	常州市（*）	天宁区郑陆工业园	5	0.5
14	江苏	盐城市（*）	现代高端纺织产业区	5	4.8
15	江苏	海门市	余东镇	5	5
16	江苏	江阴市（*）		5	1
17	江苏	泰州市姜堰区（*）	姜堰经济技术开发区	5	4.7
18	宁夏	宁东能源化工基地		9	9
19	河北	保定市	满城区大册营镇	5	5
20	河北	邯郸市	涉县	5	5
21	河北	武安市	西寺庄乡	5	5
22	陕西	榆林市	榆阳区及神木县	5	5
23	陕西	渭南市	合阳县、白水县、大荔县、蒲城县	5	5
24	安徽	池州市	池州经济技术开发区和贵池区	5	5
25	安徽	铜陵市（*）	铜官区	5	2
26	安徽	马鞍山市（*）	雨山区银塘镇	5	4
合计				165	147

注 1. 标注“*”的试点区域按照2020年底前试点区域交易总量不超过5万kW，根据就近消纳能力推进落实；
2. 未标注“*”的试点区域按照此表中规模落实消纳能力并组织实施；
3. 新建项目优先纳入交易，在条件成熟后，存量项目可自愿参与交易（同时放弃国家补贴）。

关于印发《贯彻落实〈关于促进储能技术与产业发展的指导意见〉2019—2020年行动计划》的通知

（发改办能源〔2019〕725号）

各省、自治区、直辖市及计划单列市、新疆生产建设兵团发展改革委、能源局，有关能源企业：

为落实《关于促进储能技术与产业发展的指导意见》（发改能源〔2017〕1701号），我们结合工作实际，制定了《贯彻落实〈关于促进储能技术与产业发展的指导意见〉2019—2020年行动计划》。现印发你们，请按照相关政策措施扎实开展工作。

国家发展改革委办公厅
科技部办公厅
工业和信息化部办公厅
能源局综合司
2019年6月25日

贯彻落实《关于促进储能技术与产业发展的指导意见》2019—2020年行动计划

为落实《关于促进储能技术与产业发展的指导意见》（发改能源〔2017〕1701号，以下简称《指导意见》），进一步推进我国储能技术与产业健康发展，支撑清洁低碳、安全高效能源体系建设和能源高质量发展，特制定本行动计划。

一、加强先进储能技术研发和智能制造升级

（一）加强先进储能技术研发。在国家重点研发计划中，着力加强对先进储能技术研发任务的部署，集中攻克制约储能技术应用与发展的规模、效率、成本、寿命、安全性等方面的瓶颈技术问题，使我国储能技术在未来5～10年甚至更长时期内处于国际领先水平，形成系统、完整的技术布局，在重要的战略必争技术领域占据优势，并形成新的具有核心竞争力的产业链。（牵头部门：科技部）

（二）加大储能项目研发实验验证力度。重点推进大容量压缩空气储能等重大先进技术项目建设，推动百兆瓦压缩空气储能项目实现验证示范。（牵头部门：发展改革委）

（三）继续推动储能产业智能升级和储能装备的首台（套）应用推广。鼓励储能产业相关企业积极利用智能制造新模式转型升级。推动首台（套）储能装备推广应用，支持符合条件的储能装备申请享受首台（套）重大技术装备保险补偿政策。（牵头部门：工信部）

（四）提升储能安全保障能力建设。在电源侧研究采用响应速度快、稳定性高、具备随时启动能力的储能系统，提高机组运行稳定性和故障快速恢复能力，在电厂全厂失电的情况下实现发电机组黑启动。在电网侧研究采用大容量、响应速度快的储能技术，抑制因系统扰动导致的发电机组振荡，在短时间内提供足够的有功功率动态支撑，降低系统崩溃的风险。（牵头部门：能源局）

二、完善落实促进储能技术与产业发展的政策

（五）推动配套政策落地。推进电力体制改革，加快增量配电业务改革和电力现货市场建设，完善电力市场化交易机制，营造有利于储能产业发展的市场环境。引导地方根据《国家发展改革委关于创新和完善促进绿色发展价格机制的意见》（发改价格规〔2018〕943号），进一步建立完善峰谷电价政策，为储能行业和产业的发展创造条件，探索建立储能容量电费机制，推动储能参与电力市场交易获得合理补偿。（牵头部门：发展改革委）

（六）规范电网侧储能发展。围绕电网侧储能，会同地方能源主管部门，组织相关咨询机构和电力企业，明确电网侧储能规划建设原则，研究项目投资回收机制，规范引导电力系统储能健康有序发展。（牵头部门：能源局）

（七）建立储能项目备案制。按照《指导意见》要求，结合地方实际情况指定地方备案机关，督促地方备案机关建立备案流程、出台相关规定，指导企业进行储能项目备案。（牵头部门：各省、自治区、直辖市和计划单列市能源投资主管部门）

三、推进抽水蓄能发展

（八）调整抽水蓄能电站选点规划并探索研究海水抽水蓄能电站建设。在“十二五”期间全国重点省份抽水蓄能电站选点规划工作基础上，根据各省实际情况，完成新疆、山东等省份抽水蓄能电站选点规划调整，明确2025水平年抽水蓄能规划调整推荐站点。组织水电水利规划设计总院和福建省发展改革委针对福建浮鹰岛海水抽水蓄能电站开展示范技术、建设条件、配套政策、业主选择等研究工作，提出具体工作方案，争取资金和价格等有关政策支持，为示范项目启动创造条件。（牵头部门：能源局）

四、推进储能项目示范和应用

（九）组织首批储能示范项目。以促进储能技术创新为主线，制定并出台储能示范项目管理规定与工作方案，组织相关单位开展首批储能示范项目征集与评选工作，推动储能在大规模可再生能源消纳、分布式发电、微网、用户侧、电力系统灵活性、电力市场建设和能源互联网等领域的示范应用。（牵头部门：能源局）

（十）积极推动储能国家电力示范项目建设。积极跟踪储能国家电力示范项目建设情况，重点推动大连液流储能电站、江苏压缩空气储能电站和甘肃网域大规模电池储能电站建设工作。（牵头部门：能源局）

（十一）推进储能与分布式发电、集中式新能源发电联合应用。鼓励和支持负荷侧储能发展，探讨储能与分布式发电相结合，建设分布式能源系统，实现可再生能源就地就近消纳利用。以提升用户侧可再生能源就地消纳能力为目标，以相关可再生能源示范区规划实施为依托，在条件具备地区，鼓励实施可再生能源+储能项目。研究探索信息技术、人工智能等前沿科技与可再生能源、储能领域的融合。推进集中式新能源发电与储能的技术应用，结合电力现货市场建设，以降低新能源发电出力随机性为目的，引导和支持开展与集中式新能源发电协调的储能技术推广应用。（牵头部门：能源局）

（十二）开展储能保障电力系统安全示范工程建设。电网侧，储能应急电源在严重自然灾害下作为保底电源，提高电网故障恢复速度，打造局部坚强电网，提升电网防灾抗灾能力。用户侧，开展重要用户储能应用示范工程建设，减少电能波动，提升供电质量。当电网供电不足或遇到其他特殊情况时，储能为用户提供应急电源，保证重要用户稳定不间断供电。（牵头部门：能源局）

（十三）推动储能设施参与电力辅助服务市场。按照《国家能源局关于印发〈完善电力辅助服务补偿（市场）机制工作方案〉的通知》（国能发监管〔2017〕67号）有关要求，鼓励储能设施参与电力辅助服务市场。（牵头部门：能源局）

五、推进新能源汽车动力电池储能化应用

（十四）开展充电设施与电网互动研究。组织充电基础设施促进联盟等相关方面开展充电设施与电网互动等课题研究，2020年，研究开展试点示范等相关工作。（牵头部门：能源局）

（十五）完善储能相关基础设施。持续推进停车充电一体化建设，促进能源交通融合发展，为新能源汽车动力电池储能化应用奠定基础。（牵头部门：发展改革委）

六、加快推进储能标准化

（十六）完善储能标准体系建设。会同有关部门，出台《关于加强储能标准化工作的实施方案》，建立储能标准化协调工作机制，协调解决储能标准化工作中的重大问题。健全储能标准化技术组织，建立与国际接轨、涵盖储能系统与设备全生命周期，相互支撑、协同发展的标准体系。开展重点储能技术标准研制，推进储能技术创新与标准化协同发展，提高标准质量。提升我国储能标准国际影响力。（牵头部门：能源局）

各牵头部门要按照职责分工抓好各项任务措施细化落实。国家能源局会同各有关部门进一步加强沟通协调，切实形成工作合力，扎实稳妥推进储能技术与产业发展。各地方要结合本地实际，与牵头部门加强对接，细化任务措施，扎实推动《指导意见》等已明确的政策措施及本行动计划落地见效。各地方能源行业主管部门牵头做好统计与信息反馈工作，每年12月向国家能源局上报落实《指导意见》及本行动计划的情况。过程中有关重大事项请及时反馈国家能源局及有关牵头部门。

国家发展改革委关于完善光伏发电上网电价机制有关问题的通知

（发改价格〔2019〕761号）

各省、自治区、直辖市及计划单列市、新疆生产建设兵团发展改革委、物价局，国家电网有限公司、南方电网公司、内蒙古电力（集团）有限责任公司：

为科学合理引导新能源投资，实现资源高效利用，促进公平竞争和优胜劣汰，推动光伏发电产业健康可持续发展，现就完善光伏发电上网电价机制有关问题通知如下。

一、完善集中式光伏发电上网电价形成机制

（一）将集中式光伏电站标杆上网电价改为指导价。综合考虑技术进步等多方面因素，将纳入国家财政补贴范围的Ⅰ～Ⅲ类资源区新增集中式光伏电站指导价分别确定为每千瓦时0.40元（含税，下同）、0.45元、0.55元。

（二）新增集中式光伏电站上网电价原则上通过市场竞争方式确定，不得超过所在资源区指导价。市场竞争方式确定的价格在当地燃煤机组标杆上网电价（含脱硫、脱硝、除尘电价）以内的部分，由当地省级电网结算；高出部分由国家可再生能源发展基金予以补贴。

（三）国家能源主管部门已经批复的纳入财政补贴规模且已经确定项目业主，但尚未确定上网电价的集中式光伏电站（项目指标作废的除外），2019年6月30日（含）前并网的，上网电价按照《关于2018年光伏发电有关事项的通知》（发改能源〔2018〕823号）规定执行；7月1日（含）后并网的，上网电价按照本通知规定的指导价执行。

（四）纳入国家可再生能源电价附加资金补助目录的村级光伏扶贫电站（含联村电站），对应的Ⅰ～Ⅲ类资源区上网电价保持不变，仍分别按照每千瓦时0.65元、0.75元、0.85元执行。

二、适当降低新增分布式光伏发电补贴标准

（一）纳入2019年财政补贴规模，采用“自发自用、余量上网”模式的工商业分布式（即除户用以外的分布式）光伏发电项目，全发电量补贴标准调整为每千瓦时0.10元；采用“全额上网”模式的工商业分布式光伏发电项目，按所在资源区集中式光伏电站指导价执行。能源主管部门统一实行市场竞争方式配置的工商业分布式项目，市场竞争形成的价格不得超过所在资源区指导价，且补贴标准不得超过每千瓦时0.10元。

（二）纳入2019年财政补贴规模，采用“自发自用、余量上网”模式和“全额上网”模式的户用分布式光伏全发电量补贴标准调整为每千瓦时0.18元。

（三）鼓励各地出台针对性扶持政策，支持光伏产业发展。

本通知自2019年7月1日起执行。

国家发展改革委
2019年4月28日

国家发展改革委　国家能源局关于建立健全可再生能源电力消纳保障机制的通知
（发改能源〔2019〕807号）

各省、自治区、直辖市、新疆生产建设兵团发展改革委（能源局）、经信委（工信委、工信厅），国家能源局各派出监管机构，国家电网有限公司、中国南方电网有限责任公司、内蒙古电力（集团）有限责任公司、中国华能集团公司、中国大唐集团公司、中国华电集团公司、国家能源投资集团公司、国家电力投资集团公司、中国能源建设集团有限公司、中国电力建设集团有限公司、中国节能环保集团公司、中国核工业集团公司、中国广核集团有限公司、中国华润集团公司、中国长江三峡集团公司、国家开发投资集团有限公司、中国光大集团、国家开发银行、电力规划设计总院、水电水利规划设计总院、国家可再生能源中心：

为深入贯彻习近平总书记关于推动能源生产和消费革命的重要论述，加快构建清洁低碳、安全高效的能源体系，促进可再生能源开发利用，依据《中华人民共和国可再生能源法》《关于加快培育和发展战略性新兴产业的决定》《能源发展战略行动计划（2014—2020年）》，决定对各省级行政区域设定可再生能源电力消纳责任权重，建立健全可再生能源电力消纳保障机制。现将有关事项和政策措施通知如下。

一、对电力消费设定可再生能源电力消纳责任权重。可再生能源电力消纳责任权重是指按省级行政区域对电力消费规定应达到的可再生能源电量比重，包括可再生能源电力总量消纳责任权重（简称“总量消纳责任权重”）和非水电可再生能源电力消纳责任权重（简称“非水电消纳责任权重”）。满足总量消纳责任权重的可再生能源电力包括全部可再生能源发电种类；满足非水电消纳责任权重的可再生能源电力包括除水电以外的其他可再生能源发电种类。对各省级行政区域规定应达到的最低可再生能源电力消纳责任权重（简称“最低消纳责任权重”），按超过最低消纳责任权重一定幅度确定激励性消纳责任权重。

二、按省级行政区域确定消纳责任权重。国务院能源主管部门组织有关机构，按年度对各省级行政区域可再生能源电力消纳责任权重进行统一测算，向各省级能源主管部门征求意见。各省级能源主管部门会同经济运行管理部门在国家电网有限公司（简称“国家电网”）、中国南方电网有限责任公司（简称“南方电网”）所属省级电网企业和省属地方电网企业技术支持下，对国务院能源主管部门统一测算提出的消纳责任权重进行研究后向国务院能源主管部门反馈意见。国务院能源主管部门结合各方面反馈意见，综合论证后于每年3月底前向各省级行政区域下达当年可再生能源电力消纳责任权重。

三、各省级能源主管部门牵头承担消纳责任权重落实责任。各省级能源主管部门会同经济运行管理部门、所在地区的国务院能源主管部门派出监管机构按年度组织制定本省级行政区域可再生能源电力消纳实施方案（简称“消纳实施方案”），报省级人民政府批准后实施。消纳实施方案主要应包括：年度消纳责任权重及消纳量分配、消纳实施工作机制、消纳责任履行方式、对消纳责任主体的考核方式等。各省级行政区域制定消纳实施方案时，对承担消纳责任的市场主体设定的消纳责任权重可高于国务院能源主管部门向本区域下达的最低消纳责任权重。

四、售电企业和电力用户协同承担消纳责任。承担消纳责任的第一类市场主体为各类直接向电力用户供/售电的电网企业、独立售电公司、拥有配电网运营权的售电公司（简称“配售电公司”，包括增量配电项目公司）；第二类市场主体为通过电力批发市场购电的电力用户和拥有自备电厂的企业。第一类市场主体承担与其年售电量相对应的消纳量，第二类市场主体承担与其年用电量相对应的消纳量。各承担消纳责任的市场主体的售电量和用电量中，农业用电和专用计量的供暖电量免于消纳责任权重考核。

五、电网企业承担经营区消纳责任权重实施的组织责任。国家电网、南方电网指导所属省级电网企业依据有关省级人民政府批准的消纳实施方案，负责组织经营区内各承担消纳责任的市场主体完成可再生能源电力消纳。有关省级能源主管部门会同经济运行管理部门督促省属地方电网企业、配售电公司以及未与公用电网联网的拥有自备电厂的企业完成可再生能源电力消纳。各承担消纳责任的市场主体及用户均须完成所在区域电网企业分配的消纳量，并在电网企业统一组织下协同完成本经营区的消纳量。

六、做好消纳责任权重实施与电力交易衔接。各电力交易机构负责组织开展可再生能源电力相关交易，指导参与电力交易的承担消纳责任的市场主体优先完成可再生能源电力消纳相应的电力交易，在中长期电力交易合同审核、电力交易信息公布等环节对承担消纳责任的市场主体给予提醒。各承担消纳责任的市场主体参与电力市场交易时，应向电力交易机构作出履行可再生能源电力消纳责任的承诺。

七、消纳量核算方式。各承担消纳责任的市场主体以实际消纳可再生能源电量为主要方式完成消纳量，同时可通过以下补充（替代）方式完成消纳量。

（一）向超额完成年度消纳量的市场主体购买其超额完成的可再生能源电力消纳量（简称“超额消纳量”），双方自主确定转让（或交易）价格。

（二）自愿认购可再生能源绿色电力证书（简称“绿证”），绿证对应的可再生能源电量等量记为消纳量。

八、消纳量监测核算和交易。各电力交易机构负责承担消纳责任的市场主体的消纳量账户设立、消纳量核算及转让（或交易）、消纳量监测统计工作。国务院能源主管部门依据国家可再生能源信息管理中心和电力交易机构核算的消纳量统计结果，按年度发布各承担消纳责任的市场主体的消纳量完成情况。各省级行政区域内的消纳量转让（或交易）原则上由省（自治区、直辖市）电力交易中心组织，跨省级行政区域的消纳量转让（或交易）在北京电力交易中心和广州电力交易中心组织下进行。国家可再生能源信息管理中心与国家电网、南方电网等电网企业及各电力交易中心联合建立消纳量监测核算技术体系并实现信息共享。

九、做好可再生能源电力消纳相关信息报送。国家电网、南方电网所属省级电网企业和省属地方电网企业于每年1月底前向省级能源主管部门、经济运行管理部门和所在地区的国务院能源主管部门派出监管机构报送上年度本经营区及各承担消纳责任的市场主体可再生能源电力消纳量完成情况的监测统计信息。各省级能源主管部门于每年2月底前向国务院能源主管部门报送上年度本省级行政区域消纳量完成情况报告、承担消纳责任的市场主体消纳量完成考核情况，同时抄送所在地区的国务院能源主管部门派出监管机构。

十、省级能源主管部门负责对承担消纳责任的市场主体进行考核。省级能源主管部门会同经济运行管理部门对本省级行政区域承担消纳责任的市场主体消纳量完成情况进行考核，按年度公布可再生能源电力消纳量考核报告。各省级能源主管部门会同经济运行管理部门负责督促未履行消纳责任的市场主体限期整改，对未按期完成整改的市场主体依法依规予以处理，将其列入不良信用记录，予以联合惩戒。

十一、国家按省级行政区域监测评价。国务院能源主管部门依托国家可再生能源中心会同国家可再生能源信息管理中心等对各省级行政区域消纳责任权重完成情况以及国家电网、南方电网对所属省级电网企业消纳责任权重组织实施和管理工作进行监测评价，按年度公布可再生能源电力消纳责任权重监测评价报告。各省级能源主管部门会同经济运行管理部门对省属地方电网企业、配售电公司以及未与公用电网联网的拥有自备电厂企业的消纳责任实施进行督导考核。由于自然原因（包括可再生能源资源极端异常）或重大事故导致可再生能源发电量显著减少或送出受限，在对有关省级行政区域消纳责任权重监测评价和承担消纳责任的市场主体进行考核时相应核减。

十二、超额完成消纳量不计入“十三五”能耗考核。在确保完成全国能源消耗总量和强度“双控”目标条件下，对于实际完成消纳量超过本区域激励性消纳责任权重对应消纳量的省级行政区域，超出激励性消纳责任权重部分的消纳量折算的能源消费量不纳入该区域能耗“双控”考核。对纳入能耗考核的企业，超额完成所在省级行政区域消纳实施方案对其确定完成的消纳量折算的能源消费量不计入其能耗考核。

十三、加强消纳责任权重实施监管。国务院能源主管部门派出监管机构负责对各承担消纳责任的市场主体的消纳量完成情况、可再生能源相关交易过程等情况进行监管，并向国务院能源主管部门报送各省级行政区域以及各电网企业经营区的消纳责任权重总体完成情况专项监管报告。

各省级能源主管部门按照本通知下达的2018年消纳责任权重对本省级行政区域自我核查，以模拟运行方式按照本通知下达的2019年消纳责任权重对承担消纳责任的市场主体进行试考核。各省（自治区、直辖市）有关部门和国家电网、南方电网及有关机构，在2019年底前完成有关政策实施准备工作，自2020年1月1日起全面进行监测评价和正式考核。本通知中的2020年消纳责任权重用于指导各省级行政区域可再生能源发展，将根据可再生能源发展“十三五”规划实施进展情况适度调整，在2020年3月底前正式下达各省级行政区域当年可再生能源电力消纳责任权重。

本通知有效期为5年，将视情况适时对有关政策进行调整完善。

附件：1. 可再生能源电力消纳责任权重确定和消纳量核算方法（试行）

2. 各省（自治区、直辖市）可再生能源电力总量消纳责任权重

3. 各省（自治区、直辖市）非水电可再生能源电力消纳责任权重

国家发展改革委
国家能源局
2019年5月10日

附件1

可再生能源电力消纳责任权重确定和消纳量核算方法（试行）

本方法随《关于建立健全可再生能源电力消纳保障机制的通知》发布，作为各省级行政区域消纳责任权重测算、消纳量监测评价以及对各承担消纳责任的市场主体考核的基本方法。本方法作为试行版本执行，在可再生能源电力消纳保障机制实施过程中不断总结完善，视情况发布后续版本。

一、消纳责任权重确定方法

（一）基本原则

1. 规划导向，分区设定。依据国家能源发展战略和可再生能源发展相关规划，结合各区域实际用电增长情况、实际可消纳本地生产和区域外输入可再生能源电力的能力确定各区域最低消纳责任权重，原则上各区域均应逐年提升最低消纳责任权重或至少不降低。

2. 强化消纳，动态调整。各省级行政区域均应把可再生能源电力消纳作为重要工作目标，电力净输出区域应做到本地消纳达到全国先进水平，电力净输入区域应做到本地生产的可再生能源电力充分消纳并对区域外输入可再生能源电力尽最大能力消纳。根据各区域可再生能源重大项目和跨省跨区输电通道建设进展，按年度动态调整各省级行政区域消纳责任权重。

3. 区域统筹，分解责任。各省级能源主管部门会同经济运行管理部门、所在地区的国务院能源主管部门派出监管机构以完成本区域可再生能源电力消纳责任权重为基础统筹协调制定消纳实施方案，同时统筹测算承担消纳责任的市场主体（含电网企业）应完成的消纳量，督促其通过多种方式完成各自消纳量。

4. 保障落实，鼓励先进。按省级行政区域对电力消费规定应达到的最低可再生能源电量比重，据此对各省级行政区域进行监测评价。按照最低消纳责任权重上浮一定幅度作为激励性消纳责任权重，对实际消纳高于激励性消纳责任权重的区域予以鼓励。鼓励具备条件的省级行政区域自行确定更高的消纳责任权重。

（二）可再生能源电力消纳量确定

可再生能源电力消纳量，包括可再生能源电力消纳总量和非水电可再生能源电力消纳量。按下列方法确定：

1. 各省级行政区域内生产且消纳的可再生能源电量

（1）接入公共电网且全部上网的可再生能源电量，采用并网计量点的电量数据。

（2）自发自用（全部或部分，以下同）可再生能源电量（含就地消纳的合同能源服务和交易电量），按电网企业计量的发电量（或经有关能源主管部门或国务院能源主管部门派出监管机构认可），全额计入自发自用市场主体的可再生能源电力消纳量。

2. 区域外输入的可再生能源电量

可再生能源发电企业与省级电网企业签署明确的跨省跨区购电协议的，根据协议实际执行情况计入受端区域消纳的区域外输入可再生能源电量。其他情况按以下方法处理：

（1）独立“点对网”输入

可再生能源发电项目直接并入区域外受端电网，全部发电量计入受端区域消纳量，采用并网计量点的电量数据。

（2）混合“点对网”输入

采取与火电或水电打捆以一组电源向区域外输电的，受端电网消纳的可再生能源电量等于总受电量乘以外送电量中可再生能源电量比例。

外送电量中可再生能源电量比例

$$=\frac{\text{送端并网点计量的全部可再生能源上网电量}}{\text{送端并网点计量的全部上网电量}}$$

（3）省间“网对网”输入

省间电网跨区域输入电量中可再生能源电量，通过电力交易方式进行的，根据电力交易机构的结算电量确定；通过省间送电协议进行的，根据省级电网与相关电厂结算电量确定；无法明确的，按送端省级电网区域可再生能源消纳电量占区域全社会用电量比例乘以输入受端省级电网区域的总电量认定。

（4）跨省际“网对网”输入

跨省际区域未明确分电协议或省间协议约定可再生能源电量比例的跨省跨区输电通道，按该区域内各省级行政区域全社会用电量占本区域电网内全社会用电量的比重，计算各省级行政区域输入的可再生能源电量。即

i 省级行政区域内输入可再生能源电量
$$=可再生能源输入电量\times\left(\frac{i\text{ 省级行政区域全社会用电量}}{\sum_{i=1}^{n} i\text{ 省级行政区域全社会用电量}}\right)$$
式中：n 表示区域电网内包含的省级行政区域数目。

3. 特殊区域

京津冀地区（北京、天津、冀北、河北南网）接入的集中式可再生能源发电项目和区域外输入的可再生能源电量，按全社会用电量比例分摊原则计入各区域消纳量，各自区域内接入的分布式可再生能源发电量计入各自区域的消纳量。

（三）消纳责任权重测算

1. 消纳责任权重计算公式

（1）非水电消纳责任权重

区域最低非水电消纳责任权重＝（预计本区域生产且消纳年非水电可再生能源电量＋预计年净输入非水电可再生能源电量）/预计本区域年全社会用电量

测算非水电可再生能源发电量时，上年度年底前已投产装机按照应达到的年利用小时数测算；当年新增非水电可再生能源装机按均匀投产计算，对应发电量按全年利用小时数的一半进行折算。

激励性非水电消纳责任权重按照最低非水电消纳责任权重上浮10%计算。

（2）总量消纳责任权重

区域最低总量消纳责任权重＝（预计本区域生产且消纳年可再生能源电量＋预计年净输入可再生能源电量）/预计本区域年全社会用电量

测算可再生能源发电量时，上年度年底前已投产装机按照应达到的年利用小时数测算，水电按照当地平水年份的年利用小时数下浮10%进行最低总量消纳责任权重测算；对计划新增水电装机，如有明确投产时间（主要是大型水电站工程），按预计投产时间计算年利用小时；当年新增非水电可再生能源装机按均匀投产计算，对应发电量按全年利用小时数的一半进行折算。

激励性总量消纳责任权重为激励性非水电消纳责任权重与水电按照当地平水年份的年利用小时数发电量对应消纳责任权重之和。

2. 消纳责任权重确定流程

国务院能源主管部门组织有关机构按年度对各省级行政区域可再生能源电力消纳责任权重进行统一测算，向各省级能源主管部门征求意见。各省级能源主管部门会同经济运行管理部门在国家电网、南方电网所属省级电网企业和省属地方电网企业技术支持下，对国务院能源主管部门统一测算提出的消纳责任权重进行研究后向国务院能源主管部门反馈意见。反馈意见需详细提供分品种的可再生能源发电预测并网装机容量、预测发电量、各跨省跨区通道计划输送可再生能源电量及占比、预测全社会用电量等数据。

国务院能源主管部门组织第三方机构结合各方面反馈意见，综合论证后于每年3月底前向各省级行政区域下达当年可再生能源电力消纳责任权重（包括最低消纳责任权重和激励性消纳责任权重）。

二、消纳量核算方法

（一）承担消纳责任的市场主体

承担可再生能源电力消纳责任的市场主体（含电网企业）的消纳量包括：

1. 从区域内或区域外电网企业和发电企业（含个人投资者和各类分布式发电项目单位）购入的可再生能源电量。

（1）对电网企业按照可再生能源发电保障性收购要求统一收购的可再生能源电量，按照电网企业经营区内各承担消纳责任的市场主体对可再生能源消纳的实际贡献等因素进行分摊。

（2）对通过电力市场化交易的可再生能源电量，按交易结算电量计入购电市场主体的可再生能源电力消纳量。

2. 自发自用的可再生能源电量。电网企业经营区内市场主体自发自用的可再生能源电量，按电网企业计量的发电量（或经有关能源主管部门或国务院能源主管部门派出监管机构认可），全额计入自发自用市场主体的可再生能源电力消纳量。

3. 从其他承担消纳责任的市场主体购买的消纳量或购买绿证折算的消纳量。承担消纳责任的市场主体售出的可再生能源电量和已转让的消纳量不再计入自身的消纳量。购买的水电消纳量只计入总量可再生能源电力消纳量。

（二）各省级行政区域

参照前述“可再生能源电力消纳量确定”部分，与国务院能源主管部门下达的省级行政区域消纳责任权重相对照，各省级行政区域年度整体完成的消纳责任权重计算公式如下

整体完成消纳责任权重＝（区域内生产且消纳的可再生能源电量＋区域外输入的可再生能源电量＋市场主体消纳量净受让量之和＋绿证认购量之和－免于考核电量对应的可再生能源电量）/（区域全社会用电量－免于考核电量）

其中，按照国家规定豁免消纳责任权重考核的农业用电和专用计量的供暖电量在消纳责任权重核算公式的分子和分母中均予以扣除，免于考核电量对应的可再生能源电量等于免于考核电量乘以区域最低消纳责任权重。

附件 2

各省（自治区、直辖市）可再生能源电力总量消纳责任权重

省（区、市）	2018 年最低消纳责任权重	2018 年激励性消纳责任权重	2019 年最低消纳责任权重	2019 年激励性消纳责任权重	2020 最低消纳责任权重	2020 年激励性消纳责任权重
北京	11.0%	12.1%	13.5%	14.9%	15.0%	16.5%
天津	11.0%	12.1%	13.5%	14.9%	15.0%	16.5%
河北	11.0%	12.1%	13.5%	14.9%	15.0%	16.5%
山西	15.0%	16.5%	15.5%	17.1%	16.5%	18.1%
内蒙古	18.5%	20.4%	18.5%	20.4%	18.5%	20.4%
辽宁	12.0%	13.2%	12.0%	13.2%	12.5%	13.7%
吉林	20.0%	22.0%	21.5%	23.7%	22.0%	24.2%
黑龙江	19.5%	21.5%	21.5%	23.7%	26.0%	28.6%
上海	31.5%	34.9%	32.0%	35.2%	33.0%	36.5%
江苏	12.5%	13.7%	13.5%	14.9%	14.0%	15.5%
浙江	18.0%	19.8%	17.5%	19.3%	18.5%	20.4%
安徽	13.0%	14.3%	13.5%	14.9%	14.5%	15.9%
福建	17.0%	18.7%	18.5%	20.4%	19.5%	21.4%
江西	23.0%	25.1%	25.5%	28.1%	29.0%	32.1%
山东	9.5%	10.4%	10.0%	11.0%	10.0%	11.0%
河南	13.5%	14.9%	13.5%	14.9%	16.0%	17.6%
湖北	39.0%	43.0%	37.5%	41.3%	40.0%	44.0%
湖南	46.0%	50.5%	47.0%	51.7%	49.0%	53.9%
广东	31.0%	34.2%	28.5%	31.4%	29.5%	32.5%
广西	51.0%	56.2%	45.5%	50.1%	50.0%	55.0%
海南	11.0%	12.1%	11.0%	12.1%	11.5%	12.6%
重庆	47.5%	52.1%	42.5%	46.8%	45.0%	49.5%
四川	80.0%	88.0%	80.0%	88.0%	80.0%	88.0%
贵州	33.5%	36.9%	31.5%	34.7%	31.5%	34.7%
云南	80.0%	88.0%	80.0%	88.0%	80.0%	88.0%
西藏	不考核	不考核	不考核	不考核	不考核	不考核
陕西	17.5%	19.2%	18.5%	20.4%	21.5%	23.7%
甘肃	44.0%	48.4%	44.0%	48.4%	47.0%	51.1%
青海	70.0%	77.0%	69.5%	76.5%	70.0%	77.0%
宁夏	20.0%	22.2%	20.0%	22.0%	22.0%	24.2%
新疆	21.0%	23.1%	21.0%	23.1%	22.5%	24.5%

注 1. 京津冀地区执行统一的消纳责任权重；

2. 内蒙古自治区可按蒙西、蒙东地区分开考核，具体分区域消纳责任权重由内蒙古自治区能源主管部门确定；

3. 2020 年消纳责任权重为指导性指标，根据可再生能源资源情况、跨省跨区输电通道输送可再生能源情况进行动态调整。2020 年消纳责任权重测算时酒泉—湖南、扎鲁特—青州、宁东—山东、上海庙—山东、宁东—浙江、哈密南—郑州、准东—安徽等特高压输电通道输送电量中的可再生能源占比按不低于 30%考虑；

4. 有跨省跨区输入可再生能源电力的受端区域，如实际运行时通道输送可再生能源电量未达到消纳责任权重测算时的设定值，则在区域消纳量监测评价和市场主体消纳责任权重考核时相应核减；

5. 对可再生能源电力总量消纳责任权重达到 80%的省级行政区域，不进行总量消纳责任权重监测评价，对区域内市场主体是否进行总量消纳责任权重考核，由有关省级能源主管部门自行决定。未纳入消纳责任权重考核的市场主体不参与消纳量交易。西藏自治区不实行消纳责任权重考核，除国家另有规定外区域内市场主体不参与消纳量交易。

附件 3

各省（自治区、直辖市）非水电可再生能源电力消纳责任权重

省（区、市）	2018 年最低消纳责任权重	2018 年激励性消纳责任权重	2019 年最低消纳责任权重	2019 年激励性消纳责任权重	2020 年最低消纳责任权重	2020 年激励性消纳责任权重
北京	10.5%	11.6%	13.5%	14.9%	15.0%	16.5%
天津	10.5%	11.6%	13.5%	14.9%	15.0%	16.5%
河北	10.5%	11.6%	13.5%	14.9%	15.0%	16.5%
山西	12.5%	13.8%	13.5%	14.9%	14.5%	16.0%
内蒙古	18.0%	19.8%	18.0%	19.8%	18.0%	19.8%
辽宁	10.0%	11.0%	10.0%	11.0%	10.5%	11.6%
吉林	15.0%	16.5%	15.5%	17.1%	16.5%	18.2%
黑龙江	15.0%	16.5%	17.5%	19.3%	20.5%	22.6%
上海	2.5%	2.8%	3.0%	3.3%	3.0%	3.3%
江苏	5.5%	6.1%	6.5%	7.2%	7.5%	8.3%
浙江	5.0%	5.5%	6.5%	7.2%	7.5%	8.3%
安徽	9.5%	10.5%	10.5%	11.6%	11.5%	12.7%
福建	4.5%	5.0%	5.0%	5.5%	6.0%	6.6%
江西	6.5%	7.2%	7.0%	7.7%	8.0%	8.8%
山东	9.0%	9.9%	10.0%	11.0%	10.0%	11.0%
河南	9.0%	9.9%	9.5%	10.5%	10.5%	11.6%
湖北	7.5%	8.3%	9.0%	9.9%	10.0%	11.0%
湖南	9.0%	9.9%	11.5%	12.7%	13.0%	14.3%
广东	3.5%	3.9%	3.5%	3.9%	4.0%	4.4%
广西	4.0%	4.4%	4.5%	5.0%	5.0%	5.5%
海南	4.5%	5.0%	5.0%	5.5%	5.0%	5.5%
重庆	2.0%	2.2%	2.5%	2.8%	2.5%	2.8%
四川	3.5%	3.9%	3.5%	3.9%	3.5%	3.9%
贵州	4.5%	5.0%	5.0%	5.5%	5.0%	5.5%
云南	11.5%	12.7%	11.5%	12.7%	11.5%	12.7%
西藏	不考核	不考核	不考核	不考核	不考核	不考核
陕西	9.0%	9.9%	10.5%	11.6%	12.0%	13.2%
甘肃	14.5%	16.0%	17.0%	18.7%	19.0%	20.9%
青海	19.0%	20.9%	23.0%	25.3%	25.0%	27.5%
宁夏	18.0%	19.8%	18.0%	19.8%	20.0%	22.0%
新疆	11.5%	12.7%	12.0%	13.2%	13.0%	14.3%

注 1. 京津冀地区执行统一的消纳责任权重。

2. 内蒙古自治区可按蒙西、蒙东地区分开考核，具体分区域消纳责任权重由内蒙古自治区能源主管部门确定。

3. 2020 年消纳责任权重为指导性指标，根据可再生能源资源情况、跨省跨区输电通道输送可再生能源情况进行动态调整。2020 年消纳责任权重测算时酒泉—湖南、扎鲁特—青州、宁东—山东、上海庙—山东、宁东—浙江、哈密南—郑州、准东—安徽等特高压输电通道输送电量中的可再生能源占比按不低于 30%考虑。

4. 有跨省跨区输入可再生能源电力的受端区域，如实际运行时通道输送可再生能源电量未达到消纳责任权重测算时的设定值，则在区域消纳量监测评价和市场主体消纳责任权重考核时相应核减。

5. 未纳入消纳责任权重考核的市场主体不参与消纳量交易。西藏自治区不实行消纳责任权重考核，除国家另有规定外区域内市场主体不参与消纳量交易。

国家发展改革委办公厅　国家能源局综合司印发《关于深化电力现货市场建设试点工作的意见》的通知

（发改办能源规〔2019〕828号）

各省、自治区、直辖市、新疆生产建设兵团发展改革委、能源局、经信委（工信委、经信厅），北京市城管委，能源局各派出监管机构，国家电网有限公司、南方电网公司，中国华能、中国大唐、中国华电、国家能源集团、国家电投，中国三峡集团、国投、中核、中广核、华润集团，有关电力企业：

为贯彻落实党的十九大精神，加快电力市场体系建设，国家发展改革委、国家能源局组织编制了《关于深化电力现货市场建设试点工作的意见》，现印发你们，请结合实际，推动落实。如遇重大问题，请及时报告国家发展改革委、国家能源局。

国家发展改革委办公厅
国家能源局综合司
2019年7月31日

关于深化电力现货市场建设试点工作的意见

为贯彻落实党的十九大精神，加快电力市场体系建设，现就深化电力现货市场建设试点工作提出以下意见。

一、总体要求

（一）总体思路。

以习近平新时代中国特色社会主义思想为指导，深入贯彻党的十九大精神，认真落实党中央关于电力体制改革的决策部署，进一步深化电力市场化改革，遵循市场规律和电力系统运行规律，建立中长期交易为主、现货交易为补充的电力市场，完善市场化电力电量平衡机制和价格形成机制，促进形成清洁低碳、安全高效的能源体系。

（二）基本原则。

坚持市场主导。进一步发挥市场决定价格的作用，建立完善现货交易机制，以灵活的市场价格信号，引导电力生产和消费，加快放开发用电计划，激发市场主体活力，提升电力系统调节能力，促进能源清洁低碳发展。

坚持因地制宜。综合考虑各地供需形势、网源结构、送受电情况、市场化基础和经济社会发展水平等因素，结合实际、因地制宜，研究制定电力现货市场建设方案，鼓励各地差异化探索。

坚持统筹有序。统筹好计划与市场、当前与长远、省内与省间、中长期与现货交易之间的关系，总体设计、分步实施，积极稳妥、有序推进。

坚持安全可靠。做实做细市场模拟，提前发现问题，切实防控风险。推动市场交易和系统运行相互衔接，做好市场应急处理预案，保障电力安全可靠供应。

二、合理设计电力现货市场建设方案

（三）科学论证电力市场模式。因地制宜、科学合理选择电力市场模式，确保市场模式有良好的开放性、兼容性和可扩展性。原则上，电网阻塞断面多的地区，宜选择集中式电力市场模式起步；电网阻塞断面少且发电侧市场集中度高的地区，宜选择分散式电力市场模式起步。

（四）合理选择现货市场组成。现货市场主要开展日前、日内、实时的电能量交易，通过竞争形成分时市场出清价格，并配套开展备用、调频等辅助服务交易。试点地区可结合所选择的电力市场模式，同步或分步建立日前市场、日内市场、实时市场/实时平衡市场。

（五）合理确定现货市场主体范围。市场主体范围应涵盖各类发电企业和供电企业（含地方电网、趸售县、高新产业园区和经济技术开发区、增量配网试点项目等）、售电企业、具备直接参加电力现货交易条件的电力用户等。

（六）有利于区域市场建设。电力现货试点应符合国家区域协调发展要求，服务京津冀协同发展、长三角一体化发展、粤港澳大湾区建设等重大战略，按照建设统一开放、竞争有序的市场体系要求，为未来市场间交易和市场融合创造条件，进一步促进清洁能源更大范围消纳。

三、统筹协调电力现货市场衔接机制

（七）统筹协调省间交易与省（区、市）现货市场。各类跨省跨区中长期优先发电合同和中长期市场化交易合同双方，均需提前约定交易曲线作为结算依据。经过安全校核的日前跨区跨省送电曲线作为受（送）端省份电力现货市场电力的边界条件，偏差部分按照受（送）端省份现货市场规则进行结算。以国家计划为基础的跨区跨省送电计划放开前，可由受端省份电网企业或政府授权的其他企业代表与发电方、输电方协商签订三方中长期合同，约定典型送电曲线及输电容量使用条件。

（八）统筹协调电力中长期交易与现货市场。中长期交易可以实物合同、差价合同等一种或多种形式签订。中长期双边交易形成的电量合同，可由交易双方自行分解为分时曲线。中长期交易实物合同，其分解曲线应在满足电网安全约束的前提下予以执行。对于优先发电、优先购电，根据市场建设进展纳入中长期交易。推动形成中长期交易价格与现货市场价格科

学合理的互动机制。

（九）统筹协调电力辅助服务市场与现货市场。配合电力现货试点，积极推进电力辅助服务市场建设，实现调频、备用等辅助服务补偿机制市场化。建立电力用户参与承担辅助服务费用的机制，鼓励储能设施等第三方参与辅助服务市场。

四、建立健全电力现货市场运营机制

（十）有序引导用电侧参与现货市场报价。根据市场发育程度、市场主体成熟度和计量设施情况，电力现货市场中，可采用发电侧单边申报量价的方式，采用负荷预测曲线作为需求，用电侧作为市场价格接受者；具备条件地区，用电侧可报量报价或报量不报价。发电侧单边申报和发用电侧双边申报形成的电力现货价格，均应作为用电侧电力现货结算价格基础，引导电力用户形成对系统友好的用电习惯。

（十一）建立促进清洁能源消纳的现货交易机制。非水可再生能源相应优先发电量应覆盖保障利用小时数。各电力现货试点地区应设立明确时间表，选择清洁能源以报量报价方式，或报量不报价方式参与电力现货市场，实现清洁能源优先消纳。市场建设初期，保障利用小时数以内的非水可再生能源可采用报量不报价方式参与电力现货市场。

（十二）合理选择现货市场价格形成机制。根据各电力现货试点地区的电网结构和阻塞情况，可选择采用节点边际电价、分区边际电价和系统边际电价等价格机制。对于电网阻塞线路多、阻塞成本高的地区，可选择节点边际电价机制；对于电网阻塞线路少、阻塞成本低的地区，可选择分区边际电价或系统边际电价机制。阻塞管理形成的盈余或成本，应及时在发用电侧市场主体间合理分摊。电力现货试点地区可视实际需要探索开展输电权交易。电力现货市场价格形成机制设计应避免增加市场主体间的交叉补贴。

（十三）科学设定现货市场限价。电力现货市场申报和出清限价设置应以促进用户侧削峰填谷、消纳清洁能源和防范价格异常波动为基本原则，避免因上下限设置不合理而影响价格信号发挥作用。

五、强化提升电力现货市场运营能力

（十四）建立健全现货市场运营工作制度。市场运营机构应加强相关工作制度建设，不断提升市场运营水平。建立电力市场运营工作规范，明确调度机构、交易机构相关岗位职责。建立市场运营涉密信息管理制度，规范信息交换和使用程序，防范关键信息泄露。建立市场运营关键岗位和人员回避制度，保障市场运营公开公正。

（十五）提高市场运营机构的组织保障水平。电网企业应在电力现货试点地区第一责任单位等部门和国家能源局派出机构的指导下，加快优化现货市场运营主体的组织机构设置，加强现货市场专业队伍建设，强化现货市场专职人员培训，确保技术支持系统开发建设、运行管理等工作顺利开展，保障满足现货市场建设和运营需要。

（十六）加强电力系统运行管理。严格落实电网安全运行控制标准要求，规范调用电网备用、调频资源，严格按照电力系统安全稳定导则计算电网阻塞断面的传输限值。调度机构可按照事前制定的规则处理电网故障、供需失衡等异常情况，保障电力系统安全可靠运行。

（十七）健全市场信息披露机制。按照保障交易的原则，电力交易机构在汇总各市场成员信息基础上，根据不同时间要求和公开范围，对外披露电力现货市场信息，包括交易规则、交易公告、输电通道可用容量、系统负荷预测、系统可再生能源功率预测汇总数据、市场成交信息等，保障市场公开、公平和公正。采用节点边际电价的地区应提供输电断面、网架拓扑结构、各节点电价、阻塞费用分摊、设备停运信息、非市场机组运行等信息，引导市场主体主动有效参与市场。

六、规范建设电力现货市场运营平台

（十八）规范技术支持系统开发建设。参照《电力市场运营系统现货交易和现货结算功能指南（试行）》要求，建立与电力现货市场建设相适应的信息化平台。市场运营机构应向市场主体提供现货市场技术支持系统功能模块体系，明确出清目标函数及实现过程，形成必要说明文档；做好技术支持系统运行情况分析，解决系统存在的问题，做好定期记录、汇总、披露等工作。

（十九）规范技术支持系统运行管理。技术支持系统建设执行招投标程序，并接受监督。技术支持系统投入试运行前，电力现货试点地区第一责任单位应会同有关部门组织对市场出清软件系统进行第三方标准算例校核。在系统运行各阶段，应建立公正、规范和透明的工作机制。对确需人为干预而进行的系统调整，应符合市场规则，严格做好人工调整记录，并向市场成员披露；系统关键市场参数的设定标准与取值，应经电力市场管理委员会审议通过，并报地方政府有关部门和国家能源局派出机构同意后执行；关键市场参数的调整应建立记录日志，及时向市场成员公布实际参数值。

七、建立完善电力现货市场配套机制

（二十）建立与现货市场衔接的用电侧电价调整机制。统筹考虑优先发电、优先购电结算情况，以及电力现货市场形成的价格信号，逐步建立完善用电侧价格调整机制。

（二十一）完善与现货市场配套的输配电价机制。

探索结合电源侧、负荷侧接入电网位置单独计算系统接入成本。结合电力现货市场建设，研究完善与电能量市场价格机制相适应的跨省区输电价格机制和省内输配电价机制。

（二十二）提高电力系统长期供应保障能力。持续做好电力系统长期供应能力评估分析，统筹降成本和稳供应，设计合理市场机制有效引导电力投资。加快研究、适时建立容量补偿机制或容量市场，保证电力系统长期容量的充裕性。

（二十三）加强电力市场监管。强化电力市场科学监管，完善市场监管组织体系。统筹发挥市场监管和行业自律的作用，综合运用信用监管和行政管理手段，对市场成员执行市场规则的行为进行监管，重点对操纵市场、违反市场规则等行为实施监管，维护公平竞争秩序。

（二十四）开展现货市场运营绩效评估。国家发展改革委、国家能源局负责组织制定电力现货市场评价指标体系。从市场运行保障、市场运行效率、社会福利增加、清洁能源消纳等方面，对电力现货市场运行、电力市场规则执行和技术支持系统运行等情况进行全方位后评估，及时总结、不断推动完善市场机制，并不断推动扩大现货试点范围。

八、做好电力现货市场建设组织实施

电力现货试点地区尚未明确工作分工的，要抓紧明确。试点地区政府有关部门、国家能源局有关派出机构、有关电网企业、电力交易机构等，要按照工作分工，协同做好以下工作：

（二十五）加快研究制定现货市场建设方案和运营规则，加快开发建设现货市场相关技术支持系统。

（二十六）配套制定包括市场模拟在内的市场试运行方案，提前发现问题，及时完善市场规则和技术支持系统。

（二十七）加强市场运行跟踪分析、监测和预警，持续完善规则和系统，保障现货市场平稳可持续运行。

（二十八）提前制定市场应急预案，防范潜在风险，科学有序处置突发情况，确保电力安全可靠供应。

九、附则

（二十九）本意见由国家发展改革委、国家能源局负责解释。

国家发展改革委关于降低一般工商业电价的通知

（发改价格〔2019〕842号）

各省、自治区、直辖市及计划单列市、新疆生产建设兵团发展改革委（物价局），国家电网有限公司、南方电网公司、内蒙古电力（集团）有限责任公司：

为贯彻落实《政府工作报告》关于一般工商业平均电价再降低10%的要求，现就采取第二批措施降低一般工商业电价有关事项通知如下。

一、明确主要降价措施

（一）重大水利工程建设基金征收标准降低50%形成的降价空间（市场化交易电量除外），全部用于降低一般工商业电价。

（二）适当延长电网企业固定资产折旧年限，将电网企业固定资产平均折旧率降低0.5个百分点；增值税税率和固定资产平均折旧率降低后，重新核定的跨省跨区专项工程输电价格具体见附件，专项工程降价形成的降价空间在送电省、受电省之间按照1∶1比例分配（与送电省没有任何物理连接的点对网工程降价形成的降价空间由受电省使用）。上述措施形成的降价空间全部用于降低一般工商业电价。

（三）因增值税税率降低到13%，省内水电企业非市场化交易电量、跨省跨区外来水电和核电企业（三代核电机组除外）非市场化交易电量形成的降价空间，全部用于降低一般工商业电价。其中，之前由我委发文明确上网电价的大型水电站和核电站，其上网电价由受电省省级价格主管部门考虑增值税税率降低因素测算，报我委（价格司）备案后公布执行。

（四）积极扩大一般工商业用户参与电力市场化交易的规模，通过市场机制进一步降低用电成本。

二、抓紧发布第二批降价政策文件

各省（区、市）价格主管部门要抓紧研究提出利用上述降价空间相应降低当地一般工商业电价的具体方案，按照程序于5月底前发文，于7月1日正式实施，同时报我委（价格司）备案。此外，相应降低各省（区、市）一般工商业输配电价水平。

三、其他要求

各省（区、市）价格主管部门、电网企业要统筹谋划、精心组织，确保上述降电价政策平稳实施。要认真清理规范商业综合体、产业园区、写字楼等转供电环节不合理收费、不及时传导等问题，切实将降低一般工商业电价政策红利传导至终端用户。同时，主动加强政策宣传，准确解读国家将一般工商业电价平均降低10%的措施，积极宣传取得的成效，营造良好的舆论氛围。

附件：跨省跨区专项工程输电价格

国家发展改革委

2019年5月15日

附件

跨省跨区专项工程输电价格

单位：元/MWh、元/kWa

序号	项目名称	原执行价格	现执行价格	线损率	降价额度	送电省分享降价额度	受电省分享降价额度
1	龙政线	74.0	67.5	7.50%	6.50	3.25	3.25
2	葛南线	60.0	55.8	7.50%	4.23	2.12	2.12
3	林枫直流	47.1	43.9	7.50%	3.23	1.61	1.61
4	宜华线	74.0	68.5	7.50%	5.49	2.75	2.75
5	江城直流	41.7	38.5	7.65%	3.20	1.60	1.60
6	三峡送华中	48.3	45.1	0.70%	3.19	1.60	1.60
7	阳城送出	22.1	20.7	3.00%	1.44	0.00	1.44
8	锦界送出	19.2	18.1	2.50%	1.14	0.00	1.14
9	府谷送出	15.4	14.5	2.50%	0.93	0.00	0.93
10	中俄直流	37.1	37.1	1.30%	0.00	0.00	0.00
11	呼辽直流	45.9	42.0	4.12%	3.92	1.96	1.96
12	青藏直流	60.0	60.0	13.70%	0.00	0.00	0.00
13	锦苏直流	55.0	51.1	7.00%	3.93	1.97	1.97
14	向上工程	62.0	57.1	7.00%	4.88	2.44	2.44
15	宾金工程	49.5	45.4	6.50%	4.06	2.03	2.03
16	灵宝直流	42.6	40.3	1.00%	2.25	1.13	1.13
17	德宝直流	35.8	33.6	3.00%	2.23	1.12	1.12
18	高岭直流	25.0	23.5	1.70%	1.53	0.76	0.76
19	辛洹线	40.0	40.0	0.00%	0.00	0.00	0.00
20	晋南荆工程	33.2	25.1	1.50%	8.07	4.04	4.04
21	哈郑直流	65.8	61.3	7.20%	4.53	2.27	2.27
22	宁东直流	53.5	50.8	7.00%	2.69	1.34	1.34
23	宁绍直流	71.4	65.9	6.50%	5.55	2.77	2.77
24	酒湖直流	70.1	60.2	6.50%	9.86	4.93	4.93
25	溪广线	53.2	49.5	6.50%	3.72	1.86	1.86
26	云南送广东	80.2	75.5	6.57%	4.73	2.37	2.37
27	贵州送广东	80.2	75.5	7.05%	4.73	2.37	2.37
28	云南送广西	57.2	53.8	2.98%	3.37	1.69	1.69
29	贵州送广西	57.2	53.8	3.47%	3.37	1.69	1.69
30	天生桥送广东	63.2	59.5	5.63%	3.73	1.86	1.86
31	天生桥送广西	40.2	37.8	2.00%	2.37	1.19	1.19

国家发展改革委关于完善风电上网电价政策的通知

（发改价格〔2019〕882 号）

各省、自治区、直辖市及计划单列市、新疆生产建设兵团发展改革委（物价局），国家电网有限公司、南方电网公司、内蒙古电力（集团）有限责任公司：

为落实国务院办公厅《能源发展战略行动计划（2014—2020）》关于风电 2020 年实现与煤电平价上网的目标要求，科学合理引导新能源投资，实现资源高效利用，促进公平竞争和优胜劣汰，推动风电产业健康可持续发展，现将完善风电上网电价政策有关事项通知如下。

一、关于陆上风电上网电价

（一）将陆上风电标杆上网电价改为指导价。新核准的集中式陆上风电项目上网电价全部通过竞争方式确定，不得高于项目所在资源区指导价。

（二）2019年Ⅰ～Ⅳ类资源区符合规划、纳入财政补贴年度规模管理的新核准陆上风电指导价分别调整为每千瓦时0.34元、0.39元、0.43元、0.52元（含税、下同）；2020年指导价分别调整为每千瓦时0.29元、0.34元、0.38元、0.47元。指导价低于当地燃煤机组标杆上网电价（含脱硫、脱硝、除尘电价，下同）的地区，以燃煤机组标杆上网电价作为指导价。

（三）参与分布式市场化交易的分散式风电上网电价由发电企业与电力用户直接协商形成，不享受国家补贴。不参与分布式市场化交易的分散式风电项目，执行项目所在资源区指导价。

（四）2018年底之前核准的陆上风电项目，2020年底前仍未完成并网的，国家不再补贴；2019年1月1日至2020年底前核准的陆上风电项目，2021年底前仍未完成并网的，国家不再补贴。自2021年1月1日开始，新核准的陆上风电项目全面实现平价上网，国家不再补贴。

二、关于海上风电上网电价

（一）将海上风电标杆上网电价改为指导价，新核准海上风电项目全部通过竞争方式确定上网电价。

（二）2019年符合规划、纳入财政补贴年度规模管理的新核准近海风电指导价调整为每千瓦时0.8元，2020年调整为每千瓦时0.75元。新核准近海风电项目通过竞争方式确定的上网电价，不得高于上述指导价。

（三）新核准潮间带风电项目通过竞争方式确定的上网电价，不得高于项目所在资源区陆上风电指导价。

（四）对2018年底前已核准的海上风电项目，如在2021年底前全部机组完成并网的，执行核准时的上网电价；2022年及以后全部机组完成并网的，执行并网年份的指导价。

三、其他事项

（一）风电上网电价在当地燃煤机组标杆上网电价（含脱硫、脱硝、除尘电价）以内的部分，由当地省级电网结算；高出部分由国家可再生能源发展基金予以补贴。

（二）风电企业和电网企业必须真实、完整地记载和保存相关发电项目上网交易电量、上网电价和补贴金额等资料，接受有关部门监督检查，并于每月10日前将相关数据报送至国家可再生能源信息管理中心。

上述规定自2019年7月1日起执行。

国家发展改革委
2019年5月21日

国家发展改革委　国家能源局关于印发《输配电定价成本监审办法》的通知

（发改价格规〔2019〕897号）

各省、自治区、直辖市发展改革委、物价局、电力公司，国家能源局派出机构，国家电网有限公司、南方电网有限责任公司、内蒙古电力有限责任公司：

为贯彻落实《中共中央　国务院关于推进价格机制改革的若干意见》（中发〔2015〕28号）、《中共中央　国务院关于进一步深化电力体制改革的若干意见》（中发〔2015〕9号）精神和中央经济工作会议要求，进一步完善对电网输配电成本的监管，深入推进输配电价改革，我们对2015年制定的《输配电定价成本监审办法（试行）》进行了修订，现将修订后《输配电定价成本监审办法》印发给你们，请按照执行。

附件：输配电定价成本监审办法

国家发展改革委
国 家 能 源 局
2019年5月24日

附件

输配电定价成本监审办法

第一章　总　　则

第一条　为提高输配电价制定的科学性、合理性和透明度，完善对电网输配电成本的监管，规范输配电定价成本监审行为，促进电网企业加强成本管理，根据《中华人民共和国价格法》《中共中央国务院关于推进价格机制改革的若干意见》（中发〔2015〕28号）、《中共中央国务院关于进一步深化电力体制改革的若干意见》（中发〔2015〕9号）和《政府制定价格成本监审办法》（国家发展改革委令第8号）等有关规定，制定本办法。

第二条　本办法适用于政府制定或者调整省级电网、区域电网、跨省跨区专项工程（以下简称专项工程）输配电价过程中，对提供输配电服务的电网经营企业（以下简称电网企业）实施定价成本监审的行为。

第三条　输配电定价成本，是指政府核定的电网企业提供输配电服务的合理费用支出。

省级电网输配电定价成本，是指政府核定的省级电网企业为使用其经营范围内输配电设施的用户提供输配电服务的合理费用支出。

区域电网输电定价成本，是指政府核定的区域电网经营者为使用其经营范围内跨省交流共用输电网络的用户提供输电服务的合理费用支出。

专项工程输电定价成本，是指政府核定的电网企业提供跨省跨区专用输电、联网服务的合理费用支出。

第四条 输配电定价成本监审应遵循以下原则：

（一）合法性原则。计入定价成本的费用应当符合《中华人民共和国会计法》等有关法律法规、国家有关财务会计制度、价格监管制度等规定。

（二）相关性原则。计入定价成本的费用应当限于电网企业提供输配电服务发生的直接费用以及需要分摊的间接费用。

（三）合理性原则。计入定价成本的费用应当符合输配电服务的合理需要，影响定价成本水平的主要经济、技术指标应当符合行业标准或者公允水平。

第五条 输配电定价成本监审应当以经政府有关部门或会计师事务所审计（审核）的监审期间年度财务报告、会计凭证、账簿，以及电网投资、生产运行、政府核准文件等相关资料为基础。未正式营业或者营业不满一个会计年度的不予实施成本监审。

第六条 电网企业应当按照输配电价格成本监管要求建立、健全成本核算制度和成本监审报表制度，完整准确记录、单独核算输配电业务成本和收入，并定期向政府价格主管部门上报。电网企业应当积极配合政府价格主管部门实施的成本监审工作，客观如实反映情况，并提供其所要求的财务报告、会计凭证、账簿、科目汇总表等相关文件资料和电子原始数据。

第二章 输配电定价成本构成

第七条 输配电定价成本包括折旧费和运行维护费。

第八条 本办法所指的折旧费，是对输配电业务相关的固定资产按照本办法规定的折旧方法和年限计提的费用。

第九条 本办法所指的运行维护费，是电网企业维持电网正常运行的费用，包括材料费、修理费、人工费和其他运营费用。

（一）材料费指电网企业提供输配电服务所耗用的消耗性材料、事故备品等，包括企业因自行组织设备大修、抢修、日常检修发生的材料消耗和委托外部社会单位检修需要企业自行购买的材料费用。

（二）修理费指电网企业为了维护和保持输配电相关设施正常工作状态所进行的外包修理活动发生的检修费用，不包括企业自行组织检修发生的材料消耗和人工费用。

（三）人工费指电网企业从事输配电业务的职工发生的薪酬支出，包括工资总额（含津补贴）、职工福利费、职工教育经费、工会经费、社会保险费用、住房公积金，含农电工、劳务派遣及临时用工支出等。

（四）其他运营费用指电网企业提供正常输配电服务发生的除以上成本因素外的费用。主要包括：

1. 生产经营类费用。包括农村电网维护费、委托运行维护费、租赁费等。

2. 管理类费用。包括办公费、会议费、水电费、物业管理费、差旅费等。

3. 安全保护类费用。包括电力设施保护费、劳动保护费、安全费、设备检测费等。

4. 研究开发类费用。包括研究开发费等开展与输配电服务相关的产品、技术、材料、工艺、标准的研究、开发过程中发生的费用支出。

5. 价内税金。包括车船使用税、房产税、土地使用税和印花税。

6. 其他费用。包括无形资产摊销、低值易耗品摊销、财产保险费、土地使用费、管理信息系统维护费等。

第十条 下列费用不得计入输配电定价成本：

（一）不符合《中华人民共和国会计法》等有关法律法规和国家有关财务会计、价格监管制度等规定的费用。

（二）与电网企业输配电业务无关的费用。包括：

1. 宾馆、招待所、办事处、医疗单位、电动汽车充换电服务等辅助性业务单位、多种经营及“三产”企业的成本费用；

2. 电网企业所属单位从事市场化业务对应的成本费用；

3. 抽水蓄能电站、电储能设施、电网所属且已单独核定上网电价的电厂的成本费用；

4. 独立核算的售电公司的成本费用；

5. 其他与输配电业务无关的费用。

（三）与输配电业务有关但按照国家有关规定由政府补助、政策优惠、社会无偿捐赠等有专项资金来源予以补偿的费用。

（四）各类赞助、滞纳金、违约金、罚款，以及计提的准备金。

（五）各类广告、公益宣传费用（停电故障信息公告、电力安全保护宣传、电力设备安全警示等费用除外）。

（六）除不可抗力外的固定资产盘亏、毁损和出售的净损失。

（七）向上级公司或管理部门上交的利润性质的管理费用、代上级公司或管理部门缴纳的各项费用、向出资人支付的利润分成以及对附属单位的补助支出等。

（八）经相关政府主管部门认定，在监审期间内除政策性因素外造成的未投入实际使用、未达到规划目标、擅自提高建设标准的输配电资产相关成本费用支出；国家重大输配电项目建设中，因企业自身责任导致工期延误、工程质量不合格、重复建设等造成的额外投资费用支出。

（九）其他不得计入输配电定价成本的费用。

第十一条　省级电网输配电定价成本按照500kV及以上、220kV（330kV）、110kV（66kV）、35kV、10kV（含20kV）、不满1kV分电压等级核定。

第三章　输配电定价成本核定

第十二条　折旧费。计入定价成本的折旧费，按照监审期间最末一年的可计提折旧输配电固定资产原值和本办法规定的输配电固定资产分类定价折旧年限，采用年限平均法分类核定。

第十三条　可计提折旧的输配电固定资产指政府核定的经履行必要审批手续建设的符合规划的输配电线路、变电配电设备以及其他与输配电业务相关的资产，不包括从电网企业分离出来的辅助性业务单位，多种经营企业及“三产”资产等。

可计提折旧的输配电固定资产原值按照历史成本核定。按规定进行过清产核资的，按财政或国有资产监督管理部门认定的各类固定资产价值确认，包括政府相关部门认定的成建制接受资产、人员、债务方式转入的农网资产。

第十四条　下列输配电固定资产的折旧费不得计入输配电定价成本：

（一）进行过清产核资但未经财政或国有资产监督管理部门认定的。

（二）用户或地方政府无偿移交、由政府补助或者社会无偿投入等非电网企业投资形成的。

（三）不能提供固定资产价值有效证明的。

（四）固定资产的评估增值部分的。

（五）已提足折旧仍继续使用的。

（六）第十条第（八）项所规定的。

（七）其他不应计提折旧的情形。

第十五条　输配电固定资产定价折旧年限。2015年1月1日以前形成的输配电固定资产，定价折旧率按照国家电网公司、南方电网公司规定的折旧年限中值确定，其他电网企业参照执行；2015年1月1日及以后新增的输配电固定资产，原则上按照本办法规定的电网企业固定资产分类定价折旧年限（见附件），结合自然环境及电网发展水平等实际情况确定。电网企业实际折旧年限高于本办法规定的折旧年限，按照企业实际折旧年限核定。固定资产残值率按5%确定。

第十六条　材料费、修理费。按剔除不合理因素后的监审期间平均值核定，但本监审期间核定的新增材料费、修理费两项合计，原则上不得超过本监审期间核定的新增输配电固定资产原值的2.5%。超过2.5%的，电网企业应证明其合理性，具体数额根据评估论证后确定。特殊情况下，因不可抗力、政策性因素造成一次性费用过高的可分期分摊。

第十七条　人工费。国家电网公司、南方电网公司所属电网企业工资总额（含津补贴）参照监审期间最末一年国务院国有资产监督管理部门有关国有企业工资管理办法核定。非国家电网公司、南方电网公司所属的地方国有电网企业的工资总额参照监审期间最末一年地方国有资产监督管理部门有关工资管理办法核定。其他电网企业参考当地国有电网企业工资水平合理核定。

职工福利费、职工教育经费、工会经费据实核定，但不得超过核定的工资总额和国家规定的提取比例的乘积。

职工养老保险（包括补充养老保险）、医疗保险（包括补充医疗保险）、失业保险、工伤保险、生育保险、住房公积金等，审核计算基数按照企业实缴基数确定，但不得超过核定的工资总额和当地政府规定的基数，计算比例按照不超过国家或当地政府统一规定的比例确定。

农电工、劳务派遣、临时用工性质的用工支出未包含在工资总额内的，在不超过国家有关规定范围内按照企业实际发生数核定。

第十八条　其他运营费用。

（一）管理类费用。按剔除不合理因素后的监审期间最低年份水平确定，但不得高于上个监审周期核定水平。

（二）生产经营类费用、安全保护类费用、研究开发类费用。按剔除不合理因素后的监审期间平均值核定。其中，租赁费、委托运维费、研究开发费等涉及内部关联方交易的，可进行延伸审核，按照社会公允水平核定；社会公允水平无法获得的，按照实际承担管理运营维护单位发生金额核定。

内部关联方交易是指各级电网企业与关联方之间转移、交易、租赁、运维资产等所发生的各类行为以及提供劳务的行为。

（三）其他费用。按剔除不合理因素后的监审期间平均值核定。其中，无形资产的摊销年限，有法律法规规定或合同约定的，从其规定或约定；没有规定或约定的，原则上按不少于10年摊销。

（四）价内税金。按照现行国家税法规定监审期间最后一年水平核定。

（五）其他运营费用占本监审期间核定的输配电固定资产原值的比例，不得超过上一监审期间核定的比例；剔除生产经营类、安全保护类费用后的其他运营费用，不得超过本监审期间核定的运行维护费（仅包括材料费、修理费、人工费和其他运营费用中的生产经营类费用）的20%。

第十九条 核定单位输配电定价成本所对应的电量，省级电网按监审期间最末一年省级电网公司输配电量核定，区域电网按监审期间区域电网线路资产最末一年实际输送电量核定，专项工程按照监审期间该工程企业的平均实际输送电量和设计电量的较高值核定。

第二十条 输配电损耗率。按照电网企业监审期间实际损耗平均水平确定，省级电网分电压等级予以明确，专项输电服务分工程予以明确。

第四章 经营者义务

第二十一条 电网企业应当按照输配电成本监审要求，区分省级电网、区域电网、专项工程，分电压等级、用户类别单独核算并合理归集输配电的生产经营成本（费用）及收入等数据。

能直接归集到各电压等级（专项工程）的成本费用，应直接归集到相应电压等级（专项工程）。不能直接归集到各电压等级（专项工程）的共用成本费用，根据影响成本的主要因素分摊。折旧费、材料费、修理费等与资产相关度较高的，可按各电压等级（专项工程）固定资产原值比例分摊。

第二十二条 电网企业应当建立健全内部关联方交易管理制度，按照社会公允水平确定内部关联方交易费用项目价格；书面向政府价格主管部门报告内部关联方交易事项的相关情况。

第二十三条 电网企业应当自收到成本监审书面通知之日起20个工作日内，向政府价格主管部门或其指定的单位提供输配电定价成本监审所需资料，并对所提供成本资料的真实性、合法性、完整性负责。成本资料应当包括下列内容：

（一）企业基本情况。包括：（1）总体情况。企业历史概况、经营范围、组织机构、主营业务和其他业务、股权关系说明、主要生产经营和财务指标、输配电生产经营情况、营业执照等情况和说明材料；（2）人员情况。包括电网企业上报国有资产监督管理部门工资总额及其结构文件，国有资产监督管理部门工资总额批复、人员定岗定编及相关工资计划等文件，电网企业内部批复的工资文件；（3）投资及电量情况。监审期间输配电资产投资规划和建设规模、电量变化总体情况和说明；（4）其他情况。包括总部及各省网公司的资产、收入、工资、电量总额及其结构。

（二）会计核算及财务资料。包括：（1）企业财务管理制度。企业财务制度、成本核算办法、财务信息系统说明等；（2）会计账簿报表。经政府有关部门或会计师事务所审计（审核）的年度财务报告，以及手续齐备的会计凭证、收入支出、固定资产卡片明细账等账簿，监审期间内各年度一级至最末级科目余额表；（3）年度纳税申报表和审计报告。

（三）成本调查表。（1）按照政府价格主管部门要求和规定表式核算填报的成本调查表及其数据来源、工作底稿和填报说明；（2）成本调查表涉及的成本项目核算方法、成本费用分摊方法及相关依据。

（四）资产类资料。包括：（1）输配电工程可行性研究报告、竣工决算报告等能说明电网企业建设规模的相关证明材料，固定资产分布有关资料；（2）按电压等级、功能定位、建设资金来源（区分自有投资、无偿移交与政策性资产等）标准划分的固定资产分类情况，并提供分类依据和固定资产卡片信息；（3）跨省跨区（特高压）专项资产及利用率情况；（4）本监审期间内，与投资总额相对应项目的明细清单，包括项目名单、建设地点、电压等级、容量、投资总额、依据规划名称、核准文件及文件号等，以及对应形成的固定资产相关成本费用支出情况；（5）上一监管周期预测投资总额、清单及审批或核准文件依据；（6）监审期间内新增输配电固定资产总额、明细清单及依据；（7）第十条第（八）项所涉及的相关资产及费用支出情况。

（五）电量类资料。（1）购电量、输配电量等各类电量资料。（2）专项工程利用率以及相关的统计报表。

（六）监管周期对比资料。与上一监审期间相比，投资、成本、电量变化情况及其原因说明。

（七）各类收入和支出明细表。（1）购售电收入明细表；（2）各类上网电价和销售电价。

（八）内部关联方交易资料。包括内部关联方交易事项的相关情况，内部关联方交易对象、定价方法、交易价格和金额，以及与关联方的关系等，说明关联交易的合理性及其理由，并提供延伸审核所需的相关资料。

（九）成本监审所需的其他资料。

第二十四条 电网企业应当按照成本监审要求，向监审人员开放查询企业各类资料的权限，及时提供情况，反馈意见。电网企业拒绝提供、未在规定时间内提供、虚假或不完整提供成本监审所需资料的，政府价格主管部门可按照从低原则核定定价成本，情节严重的，可按照上一监审周期单位输配电定价成本的50%核定本监审周期输配电定价成本，由此产生的定价成本减少不能在以后成本监审周期内进行弥补，同时将相关单位及其负责人不良信用记录纳入全国信用信息共享平台，实施失信联合惩戒。

第二十五条　电网企业应当按照成本监审要求，每年定期向政府有关部门报告成本变化有关情况并说明理由。

第五章　附　　则

第二十六条　地方电网、增量配电网等其他电网企业可参照本办法执行。

第二十七条　本办法由国家发展和改革委员会会同国家能源局解释。

第二十八条　本办法自发布之日起施行。有效期为3年。2015年6月9日国家发展和改革委员会、国家能源局发布的《输配电定价成本监审办法（试行）》（发改价格〔2015〕1347号）同时废止。

附件

电网企业固定资产分类定价折旧年限表

序号	资产类别/名称	折旧年限
一、	输配电线路	
1	500kV及以上	30～38
2	220kV（330kV）	28～34
3	110kV（66kV）	26～32
4	35kV	18～30
5	10kV（20kV）及以下	16～26
二、	变电配电设备	
1	110kV以上	25～33
2	110kV及以下	18～24
三、	其他	
1	用电计量设备	8
2	通信线路及设备	8
3	自动化设备及仪器仪表	8
4	检修维护设备	10
5	运输设备	10
6	生产管理用工器具	10
7	辅助生产类设备及器具	20
8	非生产性房屋、建筑物	50
9	生产性房屋、建筑物	30

注　其他本表未列入的固定资产折旧年限按照企业折旧年限中值确定。

国家发展改革委办公厅　国家能源局综合司关于取消部分地区增量配电业务改革试点的通知

（发改办体改〔2019〕948号）

各省、自治区、直辖市、新疆生产建设兵团发展改革委、物价局、能源局、经信委（经信厅、工信厅、经信局、工信局）、城管委，国家能源局各派出能源监管机构，国家电网有限公司、南方电网有限责任公司、内蒙古电力集团有限责任公司：

为贯彻落实《中共中央　国务院关于进一步深化电力体制改革的若干意见》（中发〔2015〕9号）文件精神，2016年11月以来，国家发展改革委、国家能源局先后分四批在全国范围内开展了404个增量配电业务改革试点，鼓励社会资本投资配电业务，有效提高配电网运营效率，优化供电服务，降低配电成本。

为加强对增量配电改革试点的统筹指导，2019年4月，国家发展改革委、国家能源局组成6个调研组，对12个省份的增量配电业务改革试点情况开展实地指导和调研，试点项目工作进度明显加快。截至2019年8月31日，第一批试点的94个项目（不含12个申请取消的试点项目）中，92个项目已确定项目业主，25个项目已建成投产，29个项目已开工建设。

在试点工作推进过程中，部分项目由于前期负荷预测脱离实际、未与地方电网规划有效衔接、受电主体项目没有落地等原因，不再具备试点条件。截至2019年8月31日，总计24个项目申请取消增量配电业务改革试点，经评估认定，国家发展改革委、国家能源局同意上述24个增量配电业务改革试点项目取消试点资格，具体项目名单见附件。

增量配电业务试点推进中的重要情况和问题，请及时向国家发展改革委、国家能源局反馈。

联系人：朱曌、郭寅昌

电话：010-68505842，010-68505505（兼传真）

附件：增量配电业务改革试点资格取消项目

国家发展改革委办公厅
国家能源局综合司
2019年9月29日

国家发展改革委　国家能源局关于规范开展第四批增量配电业务改革试点的通知

（发改运行〔2019〕1097号）

各省、自治区、直辖市、新疆生产建设兵团发展改革委、经信委（工信委、工信厅、工信局）、物价局、能源局，国家能源局各派出能源监管机构：

为深入学习贯彻习近平新时代中国特色社会主义思想和党的十九大精神，推进落实《中共中央　国务院关于进一步深化电力体制改革的若干意见》（中发〔2015〕9号）的重点任务，加快向社会资本放开配售电业务，将增量配电试点向县域延伸，在各地推荐报送和第三方机构评估论证的基础上，国家发展改革委、国家能源局确定甘肃酒泉核技术产业园等84个项目，作为第四批增量配电业务改革试点（名单详见附件）。现就规范开展第四批增量配电业务改革试点通知如下。

一、加强组织领导，务实开展试点项目实施工作。请各地试点牵头单位加强对试点工作的组织领导，按照国家发展改革委、国家能源局《关于印发〈售电公司准入与退出管理办法〉和〈有序放开配电网业务管理办法〉的通知》（发改经体〔2016〕2120号）、《关于印发〈增量配电业务配电区域划分实施办法（试行）〉的通知》（发改能源规〔2018〕424号）、《关于进一步推进增量配电业务改革的通知》（发改经体〔2019〕27号）等文件要求，务实开展试点项目实施工作。

二、加强沟通协调，形成合力加快推进试点落地。请各地试点牵头单位成立协调机制，加强与地方政府有关部门、国家能源局各派出能源监管机构的分工协作，加强与电网企业、潜在业主单位、发电企业、电力用户等各方面的沟通协调，充分调动各方面积极性，做好工作衔接，避免互为前置，形成工作合力，加快推进试点落地。电网企业要积极支持试点项目落地，加强合作，加快办理电网投资建设、资产评估、股东意见、并网接入、供电服务等手续，切实支持增量配电业务改革。国家发展改革委、国家能源局将会同有关部门加强对各地试点的指导协调和督促检查，共同做好试点工作。

三、加强过程管控，建立试点项目评价跟踪制度。2019年7月起，请各地试点牵头单位通过发展改革系统纵向网邮箱，每个月上报一次第四批增量配电业务改革试点进展情况（原则上为每月5日前，遇公休日顺延），包括试点项目业主确定、股权结构、配电区域划分、电力业务许可证（供电类）办理等情况，以及试点过程中存在的问题和建议。国家发展改革委、国家能源局将适时组织第三方机构开展项目评价工作，评价试点项目的改革成效和电网企业支持配合改革工作情况，总结经验、查找不足，不断丰富和完善工作措施。根据评价结果，选取部分项目作为直接联系项目，建立项目跟踪机制，精准把控项目进度，及时解决项目推进过程中出现的问题，推进项目落地运营。

四、加强政策宣贯培训，树立典型发挥示范引领作用。请各地试点牵头单位组织召开增量配电业务政策宣贯会，举办培训班，宣传贯彻相关政策文件，减少误解、片面理解或主观混淆政策等情况；组织专家讲授配电网相关专业知识，交流试点项目推进经验，提高参与者专业知识水平。国家发展改革委、国家能源局将适时梳理典型试点项目，发挥其示范引领作用，以点带面推进增量配电业务改革，推广先进地区的典型成功经验。

五、加强事中事后监管，确保试点项目供电安全。试点项目应当符合电网建设、运行、维护等国家和行业标准，履行安全可靠供电、保底供电等义务，保证项目建设质量和安全。项目业主应当符合信用体系建设相关政策要求。电网企业要保障试点项目安全可靠供电，保障电网公平无歧视开放，提供公平优质高效的并网服务。地方政府电力管理部门和国家能源局各派出能源监管机构要依法履行电力监管职责，对增量配电业务符合配电网规划、电网公平开放、电力普遍服务等实施监管。

特此通知。

附件：增量配电业务改革试点名单（第四批）（略）

国家发展改革委
国　家　能　源　局
2019年6月21日

国家发展改革委关于全面放开经营性电力用户发用电计划的通知

（发改运行〔2019〕1105号）

各省、自治区、直辖市发展改革委、经信委（工信委、工信厅、经信厅、工信局）、能源局，北京市城市管理委员会，中国核工业集团有限公司、国家电网有限公司、中国南方电网有限责任公司、中国华能集团有限公司、中国大唐集团有限公司、中国华电集团有限公司、国家电力投资集团有限公司、中国长江三峡集团有限公司、国家能源投资集团有限责任公司、国家开发投资集团有限公司、华润集团有限公司、中国广核集团有限公司：

为深入学习贯彻习近平新时代中国特色社会主义思想和党的十九大精神，认真落实中央经济工作会议和政府工作报告部署要求，进一步全面放开经营性电力用户发用电计划，提高电力交易市场化程度，深化电力体制改革，现就全面放开经营性电力用户发用电计划有关要求通知如下。

一、全面放开经营性电力用户发用电计划

（一）各地要统筹推进全面放开经营性电力用户发用电计划工作，坚持规范有序稳妥的原则，坚持市场化方向完善价格形成机制，落实清洁能源消纳要求，确保电网安全稳定运行和电力用户的稳定供应，加强市场主体准入、交易合同、交易价格的事中事后监管。

（二）经营性电力用户的发用电计划原则上全部放开。除居民、农业、重要公用事业和公益性服务等行业电力用户以及电力生产供应所必需的厂用电和线损之外，其他电力用户均属于经营性电力用户。

（三）经营性电力用户中，不符合国家产业政策的电力用户暂不参与市场化交易，产品和工艺属于《产业结构调整指导目录》中淘汰类和限制类的电力用户严格执行现有差别电价政策。符合阶梯电价政策的企业用户在市场化电价的基础上继续执行阶梯电价政策。

（四）拥有燃煤自备电厂的企业按照国家有关规定承担政府性基金及附加、政策性交叉补贴、普遍服务和社会责任，按约定向电网企业支付系统备用费，取得电力业务许可证，达到能效、环保要求，成为合格市场主体后，有序推进其自发自用以外电量按交易规则参与交易。为促进和鼓励资源综合利用，对回收利用工业生产过程中产生可利用的热能、压差以及余气等建设相应规模的余热、余压、余气自备电厂，继续实施减免系统备用费和政策性交叉补贴等相关支持政策。

（五）各地政府主管部门要会同电网企业，细化研究并详细梳理暂不参与市场的用户清单，掌握经营性电力用户参与市场化交易情况，逐步建立分行业电力用户参与市场化交易统计分析制度，及时掌握经营性电力用户全面放开情况。

二、支持中小用户参与市场化交易

（六）积极支持中小用户由售电公司代理参加市场化交易，中小用户需与售电公司签订代理购电合同，与电网企业签订供用电合同，明确有关权责义务。

（七）经营性电力用户全面放开参与市场化交易主要形式可以包括直接参与、由售电公司代理参与、其他各地根据实际情况研究明确的市场化方式等，各地要抓紧研究并合理制定中小用户参与市场化交易的方式，中小用户可根据自身实际自主选择，也可以放弃选择权，保持现有的购电方式。各地可结合本地区电力供需形势，针对全面放开经营性电力用户发用电计划设定一段时间的过渡期。

（八）针对选择参与市场化交易但无法与发电企业达成交易意向的中小用户，过渡期内执行原有购电方式，过渡期后执行其他市场化购电方式。

（九）退出市场化交易或未选择参与市场化交易的中小用户，在再次直接参与或通过代理方式参与市场化交易前，由电网企业承担保底供电责任。

三、健全全面放开经营性发用电计划后的价格形成机制

（十）全面放开经营性发用电计划后的价格形成机制，按照价格主管部门的有关政策执行。

（十一）对于已按市场化交易规则执行的电量，价格仍按照市场化规则形成。鼓励电力用户和发电企业自主协商签订合同时，以灵活可浮动的形式确定具体价格，价格浮动方式由双方事先约定。

四、切实做好公益性用电的供应保障工作

（十二）各地要进一步落实规范优先发电、优先购电管理有关要求，对农业、居民生活及党政机关、学校、医院、公共交通、金融、通信、邮政、供水、供气等重要公用事业、公益性服务等用户安排优先购电。结合本地实际，加强分类施策，抓紧研究保障优先发电、优先购电执行的措施，统筹做好优先发电优先购电计划规范管理工作。

（十三）各地要根据优先购电保障原则，详细梳理优先购电用户清单，实施动态管理、跟踪保障，原则上优先购电之外的其他经营性电力用户全部参与市场。

（十四）各地要合理制定有序用电方案并按年度滚动调整，出现电力缺口或重大突发事件时，对优先购电用户保障供电，其他用户按照有序用电方案承担有序用电义务。

（十五）电网企业要按照规定承担相关责任，按照政府定价保障优先购电用户用电。优先购电首先由优先发电电量予以保障。

五、切实做好规划内清洁电源的发电保障工作

（十六）研究推进保障优先发电政策执行，重点考虑核电、水电、风电、太阳能发电等清洁能源的保障性收购。核电机组发电量纳入优先发电计划，按照优先发电优先购电计划管理有关工作要求做好保障消纳工作。水电在消纳条件较好地区，根据来水情况，兼顾资源条件、历史均值和综合利用等要求，安排优先发电计划；在消纳受限地区，以近年发电量为基础，根据市场空间安排保量保价的优先发电计划，保量保价之外的优先发电量通过市场化方式确定价格。风电、太阳能发电等新能源，在国家未核定最低保障收购年利用小时数的地区按照资源条件全额安排优先发电计划；在国家核定最低保障收购年利用小时数的地区，结合当地供需形势合理安排优先发电计划，在国家核定最低保障收购年利用小时数内电量保量保价收购基础上，鼓励超过最低保障收购年利用小时数的

电量通过参与市场化交易方式竞争上网。

（十七）积极推进风电、光伏发电无补贴平价上网工作，对平价上网项目和低价上网项目，要将全部电量纳入优先发电计划予以保障，在同等条件下优先上网。平价上网项目和低价上网项目如存在弃风、弃光情况，由省级政府主管部门会同电网企业将弃风、弃光电量全额核定为可转让的优先发电计划，可在全国范围内通过发电权交易转让给其他发电企业并获取收益。电力交易机构要按要求做好弃风、弃光优先发电计划的发电权交易的组织工作，推动交易落实。

（十八）电网企业、电力用户和售电公司应按要求承担相关责任，落实清洁能源消纳义务。鼓励参与跨省跨区市场化交易的市场主体消纳优先发电计划外增送清洁能源电量。

（十九）鼓励经营性电力用户与核电、水电、风电、太阳能发电等清洁能源开展市场化交易，消纳计划外增送清洁能源电量。电力交易机构要积极做好清洁能源消纳交易组织工作，进一步降低弃水、弃风、弃光现象。

（二十）清洁能源消纳受限地区要加快落实将优先发电计划分为“保量保价”和“保量竞价”两部分，其中“保量竞价”部分通过市场化方式形成价格，市场化交易未成交部分可执行本地区同类型机组市场化形成的平均购电价格。

六、加强电力直接交易的履约监管

（二十一）各地要有针对性地制定和完善相关规章制度，实施守信联合激励和失信联合惩戒机制，加强电力直接交易的履约监管力度。市场主体按照市场交易规则组织签订直接交易合同，明确相应的权利义务关系、交易电量和价格等重要事项，并严格按照合同内容履约执行。

（二十二）地方经济运行部门要会同电网企业、电力交易机构对电力直接交易合同履约情况实行分月统计，发挥电网企业及电力交易机构作用，将直接交易合同履约情况纳入统一管理，在一定范围内按季度通报。国家能源局派出机构对辖区内电力直接交易合同履约情况进行监管。

（二十三）发电企业、电力用户、售电公司等市场主体要牢固树立市场意识、法律意识、契约意识和信用意识，直接交易合同达成后必须严格执行，未按合同条款执行需承担相应违约责任并接受相关考核惩罚。

七、保障措施

（二十四）各地要根据实际情况，采取积极措施确保跨省跨区交易与各区域、省（区、市）电力市场协调运作。在跨省跨区市场化交易中，鼓励网对网、网对点的直接交易，对有条件的地区，有序支持点对网、点对点直接交易。各地要对跨省跨区送受端市场主体对等放开，促进资源大范围优化配置和清洁能源消纳。北京、广州电力交易中心和各地电力交易机构要积极创造条件，完善交易规则、加强机制建设、搭建交易平台，组织开展跨省跨区市场化交易。

（二十五）中国电力企业联合会、第三方信用服务机构和各电力交易机构开展电力交易信用数据采集，建立动态信用记录数据库，适时公布有关履约信用状况。对诚实守信、认真履约的企业纳入诚信记录，对履约不力甚至恶意违约的企业纳入不良信用记录并视情况公开通报，对存在违法、违规行为和列入“黑名单”的严重失信企业执行联合惩戒措施。

（二十六）各省（区、市）政府主管部门每月向国家发展改革委报送全面放开发用电计划进展情况。各电力交易机构、电网企业负责市场化交易的组织和落实，配合有关部门开展监管。各电力交易机构开展对市场交易的核查，按时向各地政府主管部门报告有关情况。国家能源局派出机构对辖区内各省（区、市）全面放开发用电计划执行情况进行监督，每季度向国家发展改革委、国家能源局报送相关情况。

国家发展改革委

2019 年 6 月 22 日

国家发展和改革委员会关于深化燃煤发电上网电价形成机制改革的指导意见

（发改价格规〔2019〕1658 号）

各省、自治区、直辖市及计划单列市、新疆生产建设兵团发展改革委（物价局），华能集团、大唐集团、华电集团、国家能源集团、国家电投集团、国投电力有限公司，国家电网有限公司、南方电网公司、内蒙古电力（集团）有限责任公司：

为贯彻落实《中共中央　国务院关于进一步深化电力体制改革的若干意见》、《中共中央　国务院关于推进价格机制改革的若干意见》精神，加快推进电力价格市场化改革，有序放开竞争性环节电力价格，提升电力市场化交易程度，经国务院同意，现就深化燃煤发电上网电价形成机制改革提出以下意见。

一、改革必要性

2004 年以来，燃煤发电标杆上网电价及煤电价格联动机制逐步建立，并成为上网侧电价形成的重要基准，对规范政府定价行为、促进不同类型上网电价合理形成、优化电力行业投资、引导电力企业效率改善、推动电力上下游产业健康发展发挥了重要作用。近年来，随着电力市场化改革的不断深化，竞争性环节电力价格加快放开，现行燃煤发电标杆上网电价机制已难以适应形势发展，突出表现为不能有效反映电力市场供求变化、电力企业成本变化，不利于电力上下游产业协调可持续发展，不利于市场在电力资源配置中发挥决定性作用。

党中央、国务院关于电力体制改革和价格机制改革的相关文件明确提出，要坚持“管住中间、放开两头”，有序放开输配以外的竞争性环节电力价格；2018年中央经济工作会议也明确要求提升电力市场化交易程度。当前，输配电价改革已经实现全覆盖，“准许成本＋合理收益”的定价机制基本建立；各地电力市场化交易规模不断扩大，约50%的燃煤发电上网电量电价已通过市场交易形成，现货市场已开始建立；全国电力供需相对宽松、燃煤机组发电利用小时数低于正常水平，进一步深化燃煤发电上网电价形成机制改革已具备坚实基础和有利条件，应抓住机遇加快推进竞争性环节电力价格市场化改革。

二、总体思路和基本原则

（一）总体思路。坚持市场化方向，按照“管住中间、放开两头”的体制架构，进一步深化燃煤发电上网电价机制改革，加快构建能够有效反映电力供求变化、与市场化交易机制有机衔接的价格形成机制，为全面有序放开竞争性环节电力价格、加快确立市场在电力资源配置中的决定性作用和更好发挥政府作用奠定坚实基础。

（二）基本原则。

坚持整体设计，分步推进。按照市场化改革要求，既要强化顶层设计，凡是能放给市场的坚决放给市场，政府不进行不当干预；又要分步实施，有序扩大价格形成机制弹性，防止价格大幅波动，逐步实现全面放开燃煤发电上网电价，确保改革平稳推进。

坚持统筹谋划，有效衔接。充分考虑不同类型、不同环节电价之间的关系，统筹谋划好核电、水电、燃气发电、新能源上网电价形成机制，以及不同类型用户销售电价形成机制，确保深化燃煤发电上网电价机制改革措施有效衔接。

坚持协同推进，保障供应。充分认识改革的复杂性，广泛听取意见建议，强化配套保障措施，确保改革有序开展。加快推进电力市场建设，协同深化电量、电价市场化改革，确保电力系统安全稳定运行，保障电力供应。

坚持强化监管，规范有序。按照放管并重的要求，加强电力价格行为监管，建立价格异常波动调控机制，健全市场规范、交易原则、电力调度、资金结算、风险防范、信息披露等制度，确保燃煤发电上网电价合理形成。

三、改革举措

（一）为稳步实现全面放开燃煤发电上网电价目标，将现行燃煤发电标杆上网电价机制改为“基准价＋上下浮动”的市场化价格机制。基准价按当地现行燃煤发电标杆上网电价确定，浮动幅度范围为上浮不超过10%、下浮原则上不超过15%。对电力交易中心依照电力体制改革方案开展的现货交易，可不受此限制。国家发展改革委根据市场发展适时对基准价和浮动幅度范围进行调整。

（二）现执行标杆上网电价的燃煤发电电量，具备市场交易条件的，具体上网电价由发电企业、售电公司、电力用户等市场主体通过场外双边协商或场内集中竞价（含挂牌交易）等市场化方式在“基准价＋上下浮动”范围内形成，并以年度合同等中长期合同为主确定；暂不具备市场交易条件或没有参与市场交易的工商业用户用电对应的电量，仍按基准价执行。

（三）燃煤发电电量中居民、农业用户用电对应的电量仍按基准价执行。

（四）燃煤发电电量中已按市场化交易规则形成上网电价的，继续按现行市场化规则执行。

（五）燃煤发电上网电价形成机制改革后，现行煤电价格联动机制不再执行。

四、配套改革

（一）健全销售电价形成机制。通过市场化方式形成上网电价的工商业用户用电价格，包括市场化方式形成上网电价、输配电价（含交叉补贴和线损，下同）、政府性基金，不再执行目录电价。由电网企业保障供应的用户用电价格，继续执行各地目录电价。其中，居民、农业用电继续执行现行目录电价，确保价格水平稳定。

（二）稳定可再生能源发电价补机制和核电、燃气发电、跨省跨区送电价格形成机制。纳入国家补贴范围的可再生能源发电项目上网电价在当地基准价（含脱硫、脱硝、除尘电价）以内的部分，由当地省级电网结算，高出部分按程序申请国家可再生能源发展基金补贴。核电、燃气发电、跨省跨区送电价格形成机制等，参考燃煤发电标杆上网电价的，改为参考基准价。

（三）相应明确环保电价政策。执行“基准价＋上下浮动”价格机制的燃煤发电电量，基准价中包含脱硫、脱硝、除尘电价。仍由电网企业保障供应的电量，在执行基准价的基础上，继续执行现行超低排放电价政策。燃煤发电上网电价完全放开由市场形成的，上网电价中包含脱硫、脱硝、除尘电价和超低排放电价。

（四）规范交叉补贴调整机制。以2018年为基数，综合考虑电量增长等因素，在核定电网输配电价时统筹确定交叉补贴金额，以平衡电网企业保障居民、农业用电产生的新增损益。

（五）完善辅助服务电价形成机制。通过市场机制形成燃煤机组参与调峰、调频、备用、黑启动等辅助服务的价格，以补偿燃煤发电合理成本，保障电力系统安全稳定运行。对于燃煤机组利用小时严重偏低的省份，可建立容量补偿机制，容量电价和电量电价通过市场化方式形成。

五、实施安排

（一）各地要结合当地情况组织开展燃煤发电上网电价机制改革，制定细化实施方案，经省级人民政府批准后，于 2019 年 11 月 15 日前报国家发展改革委备案。尚不具备条件的地方，可暂不浮动，按基准价（即现行燃煤发电标杆上网电价）执行。现货市场实际运行的地方，可按现货市场规则执行。

（二）实施“基准价＋上下浮动”价格机制的省份，2020 年暂不上浮，确保工商业平均电价只降不升。国家发展改革委可根据情况对 2020 年后的浮动方式进行调控。

（三）国家发展改革委动态跟踪实施情况，结合电力体制改革总体进展，适时开展评估调整。

六、保障措施

（一）强化居民、农业等电力保障。居民、农业用电电量以及不具备市场交易条件或没有参与市场交易的工商业用户电量，由电网企业保障供应，主要通过优先发电计划保障，不足部分由所有参与电力市场的发电企业机组等比例保障。

（二）规范政府行为。各地要坚持市场化方向，按照国家制定的市场规则和运营规则来开展市场建设和电力交易，对用户和发电企业准入不得设置不合理门槛，在交易组织、价格形成等过程中，不得进行不当干预。

（三）加强电力市场价格行为监管。充分依托各地现有电力交易市场，积极发挥市场管理委员会作用，完善市场交易、运行等规则，规范市场主体交易行为，保障市场交易公平、公正、公开。积极配合市场监管部门及时查处电力市场中市场主体价格串通、实施垄断协议、滥用市场支配地位等违法违规价格行为，以及地方政府滥用行政权力排除、限制竞争的行为。鼓励市场主体参与价格监督。依托市场信用体系，构建市场主体价格信用档案，对价格违法行为予以联合惩戒。

（四）建立电价监测和风险防范机制。价格主管部门定期监测燃煤发电交易价格波动情况，评估价格波动的合理性。当交易价格出现异常波动时，依法及时采取干预措施，确保燃煤发电价格形成机制改革平稳有序推进。

（五）加强政策解读引导。采取多种方式全面、准确解读深化燃煤发电上网电价形成机制改革政策，加强舆情监测预警，积极回应社会关切，做好应急预案，为改革营造良好舆论环境。

本指导意见自 2020 年 1 月 1 日起实施。各地价格主管部门、电网企业、发电企业要充分认识深化燃煤发电上网电价形成机制改革的重要性、紧迫性和复杂性、艰巨性，切实担当起主体责任，精心细化改革实施方案，认真抓好落实，确保改革平稳实施。

国家发展改革委

2019 年 10 月 21 日

国家发展改革委关于做好 2020 年电力中长期合同签订工作的通知

（发改运行〔2019〕1982 号）

各省、自治区、直辖市发展改革委、经信委（工信委、工信厅、经信厅、工信局）、能源局，北京市城市管理委员会，中国核工业集团有限公司、国家电网有限公司、中国南方电网有限责任公司、中国华能集团有限公司、中国大唐集团有限公司、中国华电集团有限公司、国家电力投资集团有限公司、中国长江三峡集团有限公司、国家能源投资集团有限责任公司、国家开发投资集团有限公司、华润集团有限公司、中国广核集团有限公司：

为坚持以习近平新时代中国特色社会主义思想为指导，全面贯彻党的十九大和十九届二中、三中、四中全会精神，认真落实中央经济工作会议决策部署，促进电力市场化交易，更好发挥中长期交易“压舱石”作用，保障电力市场整体高效有序运营，现对 2020 年电力中长期合同签订工作有关事项通知如下。

一、抓紧签订 2020 年电力中长期合同。各地主管部门要高度重视 2020 年电力中长期合同签订工作，做好省内和跨省跨区电力中长期交易（含优先发电）合同签订的组织协调。认真分析研究存在问题，组织市场主体开展协商洽谈和集中交易，明确合同细节，尽快在 2019 年末或 2020 年初完成签订工作。

二、推广应用电力中长期合同示范文本。鼓励市场主体在签订电力中长期合同时，按照国家规定的合同示范文本要求，参考应用《电力中长期交易合同示范文本（试行）》。各地可分发电类型、分用户行业细化研究制定并推广合同示范文本。

三、努力实现电力中长期合同高比例签约。考虑到各类市场主体的价格风险承受能力，要通过鼓励市场主体签订较高比例中长期合同、研究建立发电固定成本回收机制等方式，促进形成中长期和现货交易价格良性互动。起步阶段，应采取有效措施保证市场主体电力中长期合同电量不低于上一年用电量 95%或近三年的平均用电量，签约达不到要求的不能成为现货市场交易主体，不足部分按照具体交易规则执行。

四、完善中长期市场带电力负荷曲线交易机制。鼓励签约各方自主约定电力负荷曲线或电力负荷曲线形成方式，并在交易合同中明确；探索直接带电力负荷曲线开展平台集中交易，确保发用双方电力负荷曲线一致，促进中长期交易的及时完整交割。

五、推荐典型电力负荷曲线供签约参考。为帮助做好签约工作，提供并推荐各省级电网2018年典型工作日、节假日电力负荷曲线（见附件）。鼓励各地电力主管部门在此基础上，提供更多行业或地区的电力负荷曲线，供市场主体签约时参考；鼓励企业自行提供电力负荷曲线，签订中长期合同；鼓励售电公司、电能服务机构等提供更细更精准电力负荷曲线，帮助市场主体更好参与市场交易。

六、建立中长期合同电力负荷曲线灵活调整机制。在合同方事先约定或委托的前提下，可在市场规则范围内对中长期合同电力负荷曲线进行灵活调整，为提升中长期交易比例提供高效的纠偏手段。

七、加快形成灵活浮动的市场价格机制。鼓励市场主体协商签订中长期合同时，充分借鉴上下游电价联动机制经验，采用灵活可浮动的价格机制，理顺和打通电力及其上下游行业的价格市场化形成机制。燃煤发电电量中已按市场化交易规则形成上网电价的，继续按现行市场化规则执行。

八、理顺电力中长期交易价格机制。各地应严格执行国家核定的输配电价，电力直接交易中电能量价格原则上采用顺价方式形成，即市场用户的用电价格由电能量价格、输配电价格、政府性基金及附加构成。暂不具备条件的地区应明确过渡期，尽快由价差方式转为顺价方式。

九、常态化开展合同交易。各地原则上要按月开展合同交易，具备条件的地区可根据需要建立更短周期定期开市的合同交易机制，月内滚动开展挂牌交易，为市场主体调整合同电量及电力负荷曲线提供市场化渠道。

十、鼓励开展清洁替代交易。落实国家能源清洁化发展战略和节能减排政策，鼓励水电、风电、太阳能发电、核电等清洁能源发电机组替代常规火电机组发电，由高效环保的火电机组替代低效高污染火电机组及关停发电机组发电。

十一、严格合同管理。对于未约定电力负荷曲线或电力负荷曲线形成方式、未明确电力负荷曲线提交责任方的合同，电力交易机构原则上不予合同备案、结算，电力调度机构不提供安全校核，或按照事先约定方式处理。

十二、明确未签订合同市场主体风险自担。对于未足额签订电力中长期合同，被限制参与现货交易的市场主体，其中长期合同电量与实际用电量的偏差，按市场规则进行偏差考核。未参与电力市场的用户由电网企业负责保底供电并执行目录价格。已参加市场交易又退出的非居民用户，在通过售电公司或再次参与市场交易前，由电网企业承担保底供电责任，但兜底保供的非合同约定电量电价在缴纳输配电价的基础上，可按照政府核定的居民电价1.2～2倍执行。

十三、未签合同市场主体不享有电力现货交易权利。未签订年度合同且连续3个月无新增中长期交易成交电量的售电公司、市场化电力用户，暂停当年后续月份现货交易申报（含被动接受现货价格）资格。

十四、激励高比例签约市场主体。鼓励市场主体及时、高比例签约，相关签约信息定期对外披露，依法依规纳入信用监管。售电公司在上年度中长期交易结算电量比例以及本年度中长期交易签约电量比例达到规定比例以上的，可减免履约保函额度。

十五、加快推进跨省跨区优先发电计划放开。跨省跨区优先发电需按要求签订中长期合同，电力负荷曲线参考送受电省协议一致意见或受电省典型电力负荷曲线确定。相关地区、企业要积极支持并严格落实跨省跨区优先发电计划放开工作要求，原则上要求跨省跨区优先发电计划之外电量全部通过市场化方式落实，且逐年提升优先发电中“保量竞价”电量比例，不断提高电力交易市场化程度。鼓励大水电、大核电、高效清洁煤电等跨省跨区优先发电电源与受电省签订5年或10年以上的长期合同。

十六、跟踪合同签订进展。地方政府电力主管部门会同国家能源局派出机构，负责制定完善有关政策规则，并于2020年3月前向我委、国家能源局报送合同签订情况报告，及时反映有关问题。

十七、适时发布合同签订信息。各电力交易机构要按照有关政策要求，做好中长期市场运营组织工作，建立中长期交易跟踪机制，按月跟踪并向政府有关部门、监管机构报送各类市场主体中长期合同签订与履约情况，做好向市场主体的信息披露。

十八、保障合同执行。各电力调度机构要积极做好中长期交易安全校核、计划执行等工作，做好现货市场运营工作，促进中长期交易与现货交易有序衔接，为保证电力中长期合同履约做支撑。

附件：各省级电网典型电力负荷曲线

国家发展改革委
2019年12月21日

工业和信息化部文件

工业和信息化部 教育部 人力资源和社会保障部 生态环境部 国家卫生健康委员会 应急管理部 国务院国有资产监督管理委员会 国家市场监督管理总局 国家能源局 国家国防科技工业局关于印发加强工业互联网安全工作的指导意见的通知

（工信部联网安〔2019〕168号）

各省、自治区、直辖市及计划单列市、新疆生产建设兵团工业和信息化、教育、人力资源社会保障、生态环境、卫生健康、应急管理、国有资产监管、市场监管、能源、国防科技工业主管部门，各省、自治区、直辖市通信管理局：

现将《加强工业互联网安全工作的指导意见》印发给你们，请结合工作实际，抓好贯彻落实。

工业和信息化部　教育部
人力资源和社会保障部　生态环境部
国家卫生健康委员会　应急管理部
国务院国有资产监督管理委员会
国家市场监督管理总局　国家能源局
国家国防科技工业局

2019年7月26日

加强工业互联网安全工作的指导意见

按照《国务院关于深化“互联网＋先进制造业”发展工业互联网的指导意见》（以下简称《指导意见》）部署，为加快构建工业互联网安全保障体系，提升工业互联网安全保障能力，促进工业互联网高质量发展，推动现代化经济体系建设，护航制造强国和网络强国战略实施，现就加强工业互联网安全工作提出如下意见。

一、总体要求

（一）指导思想

坚持以习近平新时代中国特色社会主义思想为指导，全面贯彻党的十九大和十九届二中、三中全会精神，按照《指导意见》有关要求，围绕设备、控制、网络、平台、数据安全，落实企业主体责任、政府监管责任，健全制度机制、建设技术手段、促进产业发展、强化人才培育，构建责任清晰、制度健全、技术先进的工业互联网安全保障体系，覆盖工业互联网规划、建设、运行等全生命周期，形成事前防范、事中监测、事后应急能力，全面提升工业互联网创新发展安全保障能力和服务水平。

（二）基本原则

筑牢安全，保障发展。以安全保发展，以发展促安全。严格落实《中华人民共和国网络安全法》等法律法规，按照谁运营谁负责、谁主管谁负责的原则，坚持发展与安全并重，安全和发展同步规划、同步建设、同步运行。

统筹指导，协同推进。做好顶层设计和系统谋划，结合各地实际，突出重点，分步协同推进，加快构建工业互联网安全保障体系，确保安全工作落实到位。

分类施策，分级管理。根据行业重要性、企业规模、安全风险程度等因素，对企业实施分类分级管理，集中力量指导、监管重要行业、重点企业提升工业互联网安全保障能力，夯实企业安全主体责任。

融合创新，重点突破。基于工业互联网融合发展特性，创新安全管理机制和技术手段，鼓励推动重点领域技术突破，加快安全可靠产品的创新推广应用，有效应对新型安全挑战。

（三）总体目标

到2020年底，工业互联网安全保障体系初步建立。制度机制方面，建立监督检查、信息共享和通报、应急处置等工业互联网安全管理制度，构建企业安全主体责任制，制定设备、平台、数据等至少20项亟需的工业互联网安全标准，探索构建工业互联网安全评估体系。技术手段方面，初步建成国家工业互联网安全技术保障平台、基础资源库和安全测试验证环境。产业发展方面，在汽车、电子信息、航空航天、能源等重点领域，形成至少20个创新实用的安全产品、解决方案的试点示范，培育若干具有核心竞争力的工业互联网安全企业。

到2025年，制度机制健全完善，技术手段能力显著提升，安全产业形成规模，基本建立起较为完备可靠的工业互联网安全保障体系。

二、主要任务

（一）推动工业互联网安全责任落实

1. 依法落实企业主体责任。工业互联网企业明确工业互联网安全责任部门和责任人，建立健全重点设备装置和系统平台联网前后的风险评估、安全审计等制度，建立安全事件报告和问责机制，加大安全投入，部署有效安全技术防护手段，保障工业互联网安全稳定运行。由网络安全事件引发的安全生产事故，按照安全生产有关法规进行处置。

2. 政府履行监督管理责任。工业和信息化部组织开展工业互联网安全相关政策制定、标准研制等综合性工作，并对装备制造、电子信息及通信等主管行业领域的工业互联网安全开展行业指导管理。地方工业和信息化主管部门指导本行政区域内应用工业互联网的工业企业的安全工作，同步推进安全产业发展，并联合应急管理部门推进工业互联网在安全生产监管中的作用；地方通信管理局监管本行政区域内标识解析系统、公共工业互联网平台等的安全工作，并在公共互联网上对联网设备、系统等进行安全监测。生态环境、卫生健康、能源、国防科技工业等部门根据各自职责，开展本行业领域工业互联网推广应用的安全指导、监管工作。

（二）构建工业互联网安全管理体系

3. 健全安全管理制度。围绕工业互联网安全监督检查、风险评估、数据保护、信息共享和通报、应急处置等方面建立健全安全管理制度和工作机制，强化对企业的安全监管。

4. 建立分类分级管理机制。建立工业互联网行业分类指导目录、企业分级指标体系，制定工业互联网行业企业分类分级指南，形成重点企业清单，强化逐级负责的政府监管模式，实施差异化管理。

5. 建立工业互联网安全标准体系。推动工业互联网设备、控制、网络（含标识解析系统）、平台、数据等重点领域安全标准的研究制定，建设安全技术与标准试验验证环境，支持专业机构、企业积极参与相关国际标准制定，加快标准落地实施。

（三）提升企业工业互联网安全防护水平

6. 夯实设备和控制安全。督促工业企业部署针对性防护措施，加强工业生产、主机、智能终端等设备安全接入和防护，强化控制网络协议、装置装备、工业软件等安全保障，推动设备制造商、自动化集成商与安全企业加强合作，提升设备和控制系统的本质安全。

7. 提升网络设施安全。指导工业企业、基础电信企业在网络化改造及部署 IPv6、应用 5G 的过程中，落实安全标准要求并开展安全评估，部署安全设施，提升企业内外网的安全防护能力。要求标识解析系统的建设运营单位同步加强安全防护技术能力建设，确保标识解析系统的安全运行。

8. 强化平台和工业应用程序（App）安全。要求工业互联网平台的建设、运营单位按照相关标准开展平台建设，在平台上线前进行安全评估，针对边缘层、IaaS 层（云基础设施）、平台层（工业 PaaS）、应用层（工业 SaaS）分层部署安全防护措施。建立健全工业 APP 应用前安全检测机制，强化应用过程中用户信息和数据安全保护。

（四）强化工业互联网数据安全保护能力

9. 强化企业数据安全防护能力。明确数据收集、存储、处理、转移、删除等环节安全保护要求，指导企业完善研发设计、工业生产、运维管理、平台知识机理和数字化模型等数据的防窃密、防篡改和数据备份等安全防护措施，鼓励商用密码在工业互联网数据保护工作中的应用。

10. 建立工业互联网全产业链数据安全管理体系。依据工业门类领域、数据类型、数据价值等建立工业互联网数据分级分类管理制度，开展重要数据出境安全评估和监测，完善重大工业互联网数据泄露事件触发响应机制。

（五）建设国家工业互联网安全技术手段

11. 建设国家、省、企业三级协同的工业互联网安全技术保障平台。工业和信息化部统筹建设国家工业互联网安全技术保障平台。工业基础较好的省、自治区、直辖市先期试点建设省级技术保障平台。支持鼓励机械制造、电子信息、航空航天等重点行业企业建设企业级安全平台，强化地方、企业与国家平台之间的系统对接、数据共享、业务协作，打造整体态势感知、信息共享和应急协同能力。

12. 建立工业互联网安全基础资源库。建设工业互联网资产目录库、工业协议库、安全漏洞库、恶意代码病毒库和安全威胁信息库等基础资源库，推动研制面向典型行业工业互联网安全应急处置、安全事件现场取证等工具集，加强工业互联网安全资源储备。

13. 建设工业互联网安全测试验证环境。搭建面向机械制造、电子信息、航空航天等行业的工业互联网安全攻防演练环境，测试、验证各环节存在的网络安全风险以及相应的安全防护解决方案，提升识别安全隐患、抵御安全威胁、化解安全风险的能力。

（六）加强工业互联网安全公共服务能力

14. 开展工业互联网安全评估认证。构建工业互联网设备、网络、平台、工业 APP 等的安全评估体系，依托产业联盟、行业协会等第三方机构为工业互联网企业持续开展安全能力评测评估服务，推动工业互联网安全测评机构的审核认定。

15. 提升工业互联网安全服务水平。鼓励和支持专业机构、网络安全企业等提供安全诊断评估、安全咨询、数据保护、代码检查、系统加固、云端防护等服务。鼓励基础电信企业、互联网企业、系统解决方案提供商等依托专业技术优势，加强与工业互联网企业的需求对接，输出安全保障服务。

（七）推动工业互联网安全科技创新与产业发展

16. 支持工业互联网安全科技创新。加大对工业互联网安全技术研发和成果转化的支持力度，强化标识解析系统安全、平台安全、工业控制系统安全、数据安全、5G安全等相关核心技术研究，加强攻击防护、漏洞挖掘、态势感知等安全产品研发。支持通过众测众研等创新方式，聚集社会力量，提升漏洞隐患发现技术能力。支持专业机构、高校、企业等联合建设工业互联网安全创新中心和安全实验室。探索利用人工智能、大数据、区块链等新技术提升安全防护水平。

17. 促进工业互联网安全产业发展。充分利用国家和地方网络安全产业园（基地）等形式，整合相关行业资源，打造产学研用协同创新发展平台，形成工业互联网安全对外展示和市场服务能力，培育一批核心技术水平高、市场竞争能力强、辐射带动范围广的工业互联网安全企业。在汽车、电子信息、航空航天、能源等重点领域开展试点示范，遴选优秀安全解决方案和最佳实践，并加强应用推广。

三、保障措施

（一）加强组织领导，健全工作机制。在工业互联网专项工作组的统一指导下，加强统筹协调，强化部门协同、部省合作，构建各负其责、紧密配合、运转高效的工作机制。各地工业和信息化、教育、人力资源社会保障、生态环境、卫生健康、应急管理、国有资产监管、市场监管、能源、国防科技工业等主管部门及地方通信管理局要加强配合，形成合力。

（二）加大支持力度，优化创新环境。各地相关部门要结合本地工业互联网发展现状，优化政府支持机制和方式，加大对工业互联网安全的支持力度，鼓励企业技术创新和安全应用，加快建设工业互联网安全技术手段，推动安全产业集聚发展。

（三）发挥市场作用，汇聚多方力量。充分发挥市场在资源配置中的决定性作用，以工业互联网企业的安全需求为着力点，形成市场需求牵引、政府支持推动的发展局面。汇聚政产学研用多方力量，逐步建立覆盖决策研究、公共研发、标准推进、联盟论坛、人才培养等的创新支撑平台，形成支持工业互联网安全发展合力。

（四）加强宣传教育，加快人才培养。深入推进产教融合、校企合作，建立安全人才联合培养机制，培养复合型、创新型高技能人才。开展工业互联网安全宣传教育，提升企业和相关从业人员网络安全意识。开展网络安全演练、安全竞赛等，培养选拔不同层次的工业互联网安全从业人员。依托国家专业机构等，打造技术领先、业界知名的工业互联网安全高端智库。

工业和信息化部办公厅　住房和城乡建设部办公厅　交通运输部办公厅　农业农村部办公厅　国家能源局综合司　国务院扶贫办综合司　关于开展智能光伏试点示范的通知

（工信厅联电子〔2019〕200号）

各省、自治区、直辖市及计划单列市、新疆生产建设兵团工业和信息化、住房和城乡建设、交通运输、农业农村、能源、扶贫主管部门：

为推动光伏产业高质量发展，鼓励智能光伏产业技术进步和扩大应用，按照《智能光伏产业发展行动计划（2018—2020年）》（工信部联电子〔2018〕68号）有关工作部署，现组织开展智能光伏试点示范工作。现将有关事项通知如下：

一、试点示范内容

（一）支持培育一批智能光伏示范企业，包括能够提供先进、成熟的智能光伏产品、服务、系统平台或整体解决方案的企业。

（二）支持建设一批智能光伏示范项目，包括应用智能光伏产品，融合大数据、互联网和人工智能，为用户提供智能光伏服务的项目。

二、申报条件

（一）示范企业

示范企业申报主体为智能光伏领域的产品制造企业、系统集成企业、软件企业、服务企业等，并符合以下基本条件：

1. 应为中国大陆境内注册的独立法人，注册时间不少于2年；

2. 具有较强的智能光伏技术研发能力或创新服务能力；

3. 已提供先进、成熟的市场化应用产品、服务或系统；

4. 形成清晰的智能光伏商业推广模式和盈利模式；

5. 具备丰富的智能光伏项目建设经验。

（二）示范项目

示范项目申报主体为项目组织实施单位，可以是相关应用单位、制造企业、项目所在园区、第三方集成服务机构等，有关单位及项目应符合以下基本条件：

1. 已建成具有特色服务内容、贴近地区发展实际的智能光伏应用或服务体系；

2. 在工业园区、建筑及城镇、交通运输、农业农村、光伏电站、光伏扶贫及其他领域形成智能光伏特色应用；

3. 采用不少于3类智能光伏产品（原则上由符合《光伏制造行业规范条件》的企业提供）或服务，提供规模化（集中式10MW以上、分布式1MW以上）的智能光伏服务；对建筑及城镇领域智能光伏以及建筑一体化应用单个项目，装机容量不少于0.1MW；

4. 具备灵活的服务扩展能力，具备长期运营能力，有持续运营和盈利的创新模式，具有不断完善服务能力和丰富服务内容的发展规划。

三、组织实施

（一）申报单位填写智能光伏试点示范申报书，向所在省级工业和信息化主管部门提交申报材料。国家新型工业化产业示范基地、光伏“领跑者”基地所在地的企业和项目、光伏储能应用项目、建筑光伏一体化应用项目（BIPV）优先支持。

（二）省级工业和信息化主管部门会同同级住房和城乡建设、交通运输、农业农村、能源、扶贫主管部门进行实地考察和专家评审，根据评审结果推荐企业和项目，并出具推荐意见函。推荐意见函连同申报材料（包括纸质版一式两份和电子版光盘）于2019年10月20日前通过EMS或机要交换寄至工业和信息化部（电子信息司）。

（三）工业和信息化部会同住房城乡建设部、交通运输部、农业农村部、国家能源局、国务院扶贫办对申报的企业、项目进行评选。评选结果在有关部门官方网站及相关媒体上对社会公示，对公示无异议的企业、项目予以正式发布。

四、管理和激励措施

（一）示范企业、示范项目应贯彻落实《智能光伏产业发展行动计划（2018—2020年）》，努力树立行业标杆，切实发挥示范带动作用。

（二）工业和信息化部联合住房城乡建设部、交通运输部、农业农村部、国家能源局、国务院扶贫办建立工作机制，组织对示范企业、项目开展评估考核并对智能光伏试点示范名单进行动态调整。

（三）加大对示范企业、项目的宣传推介力度，利用相关部门官网、电视报纸网络等新闻媒体以及有关发布会、行业论坛等形式，提升试点示范影响力，扩大示范带动效应。

（四）鼓励各级政府部门和社会各界加大对试点示范工作的支持力度，从政策、标准、项目、资源配套等多方面支持示范企业做大做强，支持示范项目建设和推广应用。

五、其他事项

（一）申报单位要严格按照通知要求和附件格式（可在工业和信息化部官网下载），规范填写申报材料。

（二）原则上，各省、自治区、直辖市推荐的示范企业不超过5家，示范项目不超过8个；计划单列市、新疆生产建设兵团推荐的示范企业不超过3家，示范项目不超过5个。各地要严格控制数量，超过推荐数量的推荐不予受理。

联系电话：010-68208272/8203

附件：1. 智能光伏试点示范申报书（示范企业）（略）

2. 智能光伏试点示范申报书（示范项目）（略）

工业和信息化部办公厅
住房和城乡建设部办公厅
交通运输部办公厅
农业农村部办公厅
国家能源局综合司
国务院扶贫办综合司
2019年8月29日

生态环境部文件

生态环境部发布《固定污染源排污许可分类管理名录（2019年版）》

（中华人民共和国生态环境部令第11号）

《固定污染源排污许可分类管理名录（2019年版）》已经生态环境部部务会议审议通过，现予公布，自公布之日起施行。2017年7月28日原环境保护部发布的《固定污染源排污许可分类管理名录（2017年版）》同时废止。

部长 李干杰
2019年12月20日

固定污染源排污许可分类管理名录（2019 年版）

第一条 为实施排污许可分类管理，根据《中华人民共和国环境保护法》等有关法律法规和《国务院办公厅关于印发控制污染物排放许可制实施方案的通知》的相关规定，制定本名录。

第二条 国家根据排放污染物的企业事业单位和其他生产经营者（以下简称排污单位）污染物产生量、排放量、对环境的影响程度等因素，实行排污许可重点管理、简化管理和登记管理。

对污染物产生量、排放量或者对环境的影响程度较大的排污单位，实行排污许可重点管理；对污染物产生量、排放量和对环境的影响程度较小的排污单位，实行排污许可简化管理。对污染物产生量、排放量和对环境的影响程度很小的排污单位，实行排污登记管理。

实行登记管理的排污单位，不需要申请取得排污许可证，应当在全国排污许可证管理信息平台填报排污登记表，登记基本信息、污染物排放去向、执行的污染物排放标准以及采取的污染防治措施等信息。

第三条 本名录依据《国民经济行业分类》（GB/T 4754—2017）划分行业类别。

第四条 现有排污单位应当在生态环境部规定的实施时限内申请取得排污许可证或者填报排污登记表。新建排污单位应当在启动生产设施或者发生实际排污之前申请取得排污许可证或者填报排污登记表。

第五条 同一排污单位在同一场所从事本名录中两个以上行业生产经营的，申请一张排污许可证。

第六条 属于本名录第 1～107 类行业的排污单位，按照本名录第 109～112 类规定的锅炉、工业炉窑、表面处理、水处理等通用工序实施重点管理或者简化管理的，只需对其涉及的通用工序申请取得排污许可证，不需要对其他生产设施和相应的排放口等申请取得排污许可证。

第七条 属于本名录第 108 类行业的排污单位，涉及本名录规定的通用工序重点管理、简化管理或者登记管理的，应当对其涉及的本名录第 109～112 类规定的锅炉、工业炉窑、表面处理、水处理等通用工序申请领取排污许可证或者填报排污登记表；有下列情形之一的，还应当对其生产设施和相应的排放口等申请取得重点管理排污许可证：

（一）被列入重点排污单位名录的；

（二）二氧化硫或者氮氧化物年排放量大于 250t 的；

（三）烟粉尘年排放量大于 500t 的；

（四）化学需氧量年排放量大于 30t，或者总氮年排放量大于 10t，或者总磷年排放量大于 0.5t 的；

（五）氨氮、石油类和挥发酚合计年排放量大于 30t 的；

（六）其他单项有毒有害大气、水污染物污染当量数大于 3000 的。污染当量数按照《中华人民共和国环境保护税法》的规定计算。

第八条 本名录未作规定的排污单位，确需纳入排污许可管理的，其排污许可管理类别由省级生态环境主管部门提出建议，报生态环境部确定。

第九条 本名录由生态环境部负责解释，并适时修订。

第十条 本名录自发布之日起施行。《固定污染源排污许可分类管理名录（2017 年版）》同时废止。

序号	行业类别	重点管理	简化管理	登记管理
……				
三十九、电力、热力生产和供应业 44				
95	电力生产 441	火力发电 4411，热电联产 4412，生物质能发电 4417（生活垃圾、污泥发电）	生物质能发电 4417（利用农林生物质、沼气发电、垃圾填埋气发电）	
96	热力生产和供应 443	单台或者合计出力 20t/h（14MW）及以上的锅炉（不含电热锅炉）	单台且合计出力 20t/h（14MW）以下的锅炉［不含电热锅炉和单台且合计出力 1t/h（0.7MW）及以下的天然气锅炉］	单台且合计出力 1t/h（0.7MW）及以下的天然气锅炉
……				

生态环境部发布《核动力厂、研究堆、核燃料循环设施安全许可程序规定》

（中华人民共和国生态环境部令第 8 号）

《核动力厂、研究堆、核燃料循环设施安全许可程序规定》已于 2019 年 7 月 11 日由生态环境部部务会议审议通过，现予公布，自 2019 年 10 月 1 日起施行。1993 年 12 月 31 日国家核安全局发布的《核电厂安全许可证件的申请和颁发》、2006 年 1 月 28 日国家核安全局发布的《研究堆安全许可证件的申请和颁发规定》同时废止。

部长　李干杰

2019 年 8 月 26 日

核动力厂、研究堆、核燃料循环设施安全许可程序规定

第一章　总　　则

第一条　为规范民用核动力厂、研究堆、核燃料循环设施等核设施安全许可活动，根据《中华人民共和国核安全法》《中华人民共和国行政许可法》《中华人民共和国民用核设施安全监督管理条例》，制定本规定。

第二条　在中华人民共和国领域及管辖的其他海域内，民用核动力厂、研究堆、核燃料循环设施（以下统称核设施）的选址、建造、运行、退役等安全许可事项的许可程序，适用本规定。

核设施转让、变更营运单位和迁移等活动的审查批准，适用本规定。

第三条　核动力厂、研究堆、核燃料循环设施，是指：

（一）核电厂、核热电厂、核供汽供热厂等核动力厂及装置；

（二）核动力厂以外的研究堆、实验堆、临界装置等其他反应堆（以下统称研究堆），根据潜在危害由大到小可划分为Ⅰ类、Ⅱ类、Ⅲ类研究堆；

（三）核燃料生产、加工、贮存和后处理设施等核燃料循环设施。

核设施配套建设的放射性废物处理、贮存设施的安全许可，应当在主体核设施的安全许可中一并办理许可手续。

第四条　核设施营运单位申请核设施安全许可，以及办理核设施安全许可的变更、延续，应当依照本规定，报国家核安全局审查批准。

第二章　申请与受理

第五条　核设施营运单位，应当具备保障核设施安全运行的能力，并符合下列条件：

（一）有满足核安全要求的组织管理体系和质量保证、安全管理、岗位责任等制度；

（二）有规定数量、合格的专业技术人员和管理人员；

（三）具备与核设施安全相适应的安全评价、资源配置和财务能力；

（四）具备必要的核安全技术支撑和持续改进能力；

（五）具备应急响应能力和核损害赔偿财务保障能力；

（六）法律、行政法规规定的其他条件。

第六条　核设施营运单位应当按照有关核设施场址选择的要求完成核设施场址的安全评估论证，并在满足核安全技术评价要求的前提下，向国家核安全局提交核设施场址选择审查申请书和核设施选址安全分析报告，经审查符合核安全要求后，取得核设施场址选择审查意见书。

第七条　核设施建造前，核设施营运单位应当向国家核安全局提出建造申请，并提交下列材料：

（一）核设施建造申请书；

（二）初步安全分析报告；

（三）环境影响评价文件；

（四）质量保证文件；

（五）法律、行政法规规定的其他材料。

核设施营运单位取得核设施建造许可证后，方可开始与核设施安全有关的重要构筑物的建造（安装）或者基础混凝土的浇筑，并按照核设施建造许可证规定的范围和条件从事相关的建造活动。

核设施营运单位在提交核设施建造申请书时，本条第一款规定的初步安全分析报告中关于调试大纲的内容不具备提交条件的，可以在征得国家核安全局同意后，由核设施营运单位根据核设施建造进展情况，按照国家核安全局的要求补充提交。

核设施建造许可证的有效期不得超过十年。

第八条　有下列情形之一的，核设施营运单位可以一并向国家核安全局提交核设施场址选择审查申请书和核设施建造申请书。国家核安全局在核发核设施建造许可证的同时出具核设施场址选择审查意见书：

（一）新选场址拟建核设施为Ⅲ类研究堆的；

（二）在现有场址新建研究堆，若新建研究堆对场址的安全要求不高于该场址已有核设施，且该场址已经过安全技术评价并得到国家核安全局的批准的；

（三）在现有核燃料生产基地内建设核燃料循环

前端设施（铀纯化转化、铀浓缩和元件制造设施）的；

（四）由工厂制造或者总装、并在工厂内完成首次装料和调试的浮动式或者移动式核动力装置，其场址已经过安全评价并得到国家核安全局的批准的。

第九条 核设施首次装投料前，核设施营运单位应当向国家核安全局提出运行申请，并提交下列材料：

（一）核设施运行申请书；

（二）最终安全分析报告；

（三）质量保证文件；

（四）应急预案；

（五）法律、行政法规规定的其他材料。

核设施营运单位取得核设施运行许可证后，方可装投料，并应当按照核设施运行许可证规定的范围和条件进行装投料，以及装投料后的调试和运行等活动。

第十条 核设施营运单位在提交核设施运行申请书时，本规定第九条规定的最终安全分析报告中下列章节或者内容不具备提交条件的，可以在征得国家核安全局同意后，由核设施营运单位根据核设施建造调试进展情况，按照国家核安全局的要求向国家核安全局补充提交：

（一）维修大纲（不适用Ⅲ类研究堆及核燃料循环设施）；

（二）在役检查大纲（不适用Ⅲ类研究堆及核燃料循环设施）；

（三）装换料大纲（不适用Ⅲ类研究堆及核燃料循环设施）；

（四）役前检查结果报告（不适用Ⅲ类研究堆及核燃料循环设施）；

（五）实验和应用大纲（不适用研究堆之外的核设施）；

（六）核设施装投料前调试报告。

第十一条 核设施营运单位取得核设施运行许可证后，应当按照许可证规定的范围和条件运行核设施。

核设施营运单位应当按照批准的调试大纲所确定的顺序、方法等要求完成调试试验项目。核设施营运单位应当在调试大纲确定的所有调试试验项目完成后两个月内，向国家核安全局提交调试报告。

国家核安全局对核设施首次装投料以及装投料后的重要调试活动，可以设置控制点，并在运行许可文件中载明。

第十二条 核设施运行许可证的有效期为设计寿期。

运行许可证有效期内，核设施营运单位应当按照要求对核设施进行定期安全评价，评价周期根据核设施具体情况和核安全法规和标准的变化情况确定，一般为十年。评价结果应当提交国家核安全局审查。

第十三条 用于科学研究的核燃料循环设施，根据设施潜在风险和复杂程度，核设施营运单位可以向国家核安全局申请合并办理核设施安全许可事项。

第十四条 拟转让核设施的，核设施拟受让单位应当符合本规定第五条规定的条件，并重新申请核设施安全许可。

前款规定的核设施安全许可申请，由持有核设施安全许可证的核设施营运单位和核设施拟受让单位共同向国家核安全局提出申请，并提交以下材料：

（一）转让核设施的申请书；

（二）核设施拟受让单位质量保证文件；

（三）核设施拟受让单位应急预案；

（四）其他需要申明的事项。

拟变更核设施营运单位的，依照本条第一款、第二款的规定执行。

第十五条 国家核安全局审查认可转让核设施或者变更核设施营运单位的，向核设施的受让单位或者变更后的核设施营运单位重新颁发核设施安全许可证，并同时注销原核设施安全许可证。

核设施的受让单位或者变更后的核设施营运单位，应当继承原核设施营运单位在核设施安全管理方面的全部义务，并遵守原核设施营运单位在申请原核设施安全许可证时所作的全部承诺，但经核设施的受让单位和变更后的核设施营运单位申请并得到国家核安全局审查认可免除的义务和承诺除外。

第十六条 迁移核设施的，核设施营运单位应当向国家核安全局提出申请，并提交下列材料：

（一）核设施迁移申请书；

（二）新场址的选址安全分析报告；

（三）新场址的环境影响报告书；

（四）新场址的应急预案；

（五）核设施迁移活动的质量保证文件；

（六）核设施安全分析报告相关内容的修订文件；

（七）法律、行政法规规定的其他材料。

迁移核设施的申请取得国家核安全局批准后，核设施营运单位方可开始进行核设施迁移活动。

核设施迁移过程中存在核设施转让或者变更核设施营运单位情形的，适用本规定第十四条、第十五条的有关规定。

第十七条 核设施终止运行后，核设施营运单位应当制定停闭期间的安全管理措施，采取安全的方式进行停闭管理，保证停闭期间的安全，确保退役所需的基本功能、技术人员和文件，并接受国家核安全局的监督检查。

第十八条　核设施退役前，核设施营运单位应当向国家核安全局提出退役申请，并提交下列材料：

（一）核设施退役申请书；

（二）退役安全分析报告；

（三）环境影响评价文件；

（四）质量保证文件；

（五）法律、行政法规规定的其他材料。

国家核安全局向核设施营运单位颁发退役批准书。核设施营运单位应当按照退役批准书的内容开展退役活动。

第十九条　国家核安全局按照规定对核设施安全许可申请材料进行形式审查，申请材料不齐全或者不符合法定形式的，在五个工作日内一次告知申请单位需要补正的全部内容。对于申请材料齐全、符合法定形式，或者申请单位按照要求提交全部补正申请材料的，应当受理核设施安全许可申请。

国家核安全局受理或者不予受理核设施安全许可申请，应当出具书面凭证；需要对核设施安全许可申请组织技术审查的，应当一并告知申请单位技术审查的流程、计划节点和预计的技术审查时间。

第二十条　核设施营运单位对核设施安全许可申请材料的真实性、准确性负责。核设施安全许可申请材料的格式和编写内容及形式，应当符合如下规定：

（一）格式和内容满足国家核安全局相应的要求；

（二）应当具有总目录；对篇幅较长的，应当有分卷目录；

（三）所有文字、图纸和图表应当清晰，不使用放大设备能直接阅读；

（四）对所使用的图例、符号应当给予说明；

（五）涉及国家秘密、商业秘密和个人信息的内容应当予以注明。

第三章　审查与决定

第二十一条　国家核安全局依照法定条件和程序，对核设施安全许可申请组织安全技术审查。

技术审查内容包括申请材料与法规标准的符合情况、分析计算结果复核、试验结果审核等。

技术审查流程包括文件审查、校核计算、试验验证、技术交流和专家咨询等。

国家核安全局根据核设施的种类和复杂程度，对技术审查时间作出适当的安排。核设施营运单位应当按照国家核安全局的要求答复国家核安全局在技术审查中提出的问题，必要时补充相关文件资料予以说明。

技术审查时间不计入作出核设施安全许可的期限。

第二十二条　国家核安全局组织安全技术审查时，应当委托与许可申请单位没有利益关系的技术支持单位进行审评。受委托的技术支持单位应当对其技术评价结论的真实性、准确性负责。

国家核安全局在进行核设施重大安全问题技术决策时，应当咨询核安全专家委员会的意见。

第二十三条　国家核安全局对满足核安全要求的核设施安全许可申请，在技术审查完成之日起二十个工作日内，依法作出准予许可的决定，予以公告；对不满足核安全要求的，应当书面通知申请单位并说明理由。

国家核安全局审批核设施建造、运行许可申请以及核设施转让或者变更核设施营运单位申请时，应当向国务院有关部门和核设施所在地省、自治区、直辖市人民政府征询意见。

国家核安全局审批核设施迁移申请时，应当向国务院有关部门以及核设施迁出地、迁入地的省、自治区、直辖市人民政府征询意见。

第二十四条　核设施安全许可证件应当载明下列内容：

（一）核设施安全许可的单位名称、注册地址和法定代表人；

（二）核设施的名称和所在地址；

（三）准予从事的核设施安全许可活动范围和条件；

（四）有效期限；

（五）发证机关、发证日期和证书编号。

第二十五条　在核设施运行许可证的有效期内，国家核安全局可以根据法律、行政法规和新的核安全标准的要求，对许可证规定的事项作出合理调整。

第二十六条　国家核安全局依法公开核设施安全许可文件。涉及国家秘密、商业秘密和个人信息的，按照国家有关规定执行。

第四章　变更与延续

第二十七条　核设施营运单位变更单位名称、注册地址和法定代表人的，应当自变更之日起二十个工作日内，向国家核安全局办理许可证变更手续。

第二十八条　核设施建造许可证有效期届满，尚未建造完成的，核设施营运单位应当在核设施建造许可证有效期届满三十日前向国家核安全局办理延期手续，经国家核安全局审查批准后方可继续建造活动。有下列情形之一且经评估不存在安全风险的，无需办理延期审批手续，核设施营运单位应当将安全风险评估报告提交国家核安全局备案：

（一）国家政策或者行为导致核设施延期建造；

（二）用于科学研究的核设施；

（三）用于工程示范的核设施；

（四）用于乏燃料后处理的核设施。

第二十九条 核设施营运单位调整下列事项的，应当报国家核安全局批准：

（一）作为颁发运行许可证依据的重要构筑物、系统和设备；

（二）运行限值和条件；

（三）国家核安全局批准的与核安全有关的程序和其他文件。

第三十条 对在运行许可证有效期内长期不启动运行的核设施，需要改变原有运行限值和条件或者其他安全管理措施的，核设施营运单位应当制定长期停堆（运）计划和相应的管理措施，并依据本规定第二十九条的有关规定，报国家核安全局批准。

实施长期停堆（运）管理的核设施如需恢复正常运行的，应当依据本规定第二十九条的有关规定，报国家核安全局批准。

第三十一条 核设施运行许可证有效期届满需要继续运行的，核设施营运单位应当对核设施是否符合核安全标准进行论证、验证。满足核安全标准要求的，应当于许可证有效期届满前五年，向国家核安全局提出运行许可证有效期延续申请，并提交下列材料：

（一）核设施运行许可证有效期延续申请书；

（二）核设施运行许可证有效期延续的安全论证、验证报告，以及老化管理大纲、修订的环境影响评价文件、核安全相关的工程改进措施和计划等与核设施安全论证、验证相关的材料；

（三）增补或者修改的最终安全分析报告；

（四）法律、行政法规规定的其他材料。

核设施运行许可证有效期届满，运行许可证有效期延续申请经国家核安全局审查批准后，核设施方可继续运行。未获得国家核安全局批准的，核设施不得继续运行。

第三十二条 核设施运行许可证有效期延续的期限按照核设施的实际状态和安全评估情况确定，但每次不超过二十年。

第五章 附 则

第三十三条 本规定有关的术语定义为：

研究堆：核动力厂以外的研究堆、实验堆、临界装置以及由外源驱动带功率运行的次临界系统等核设施或装置的统称，包括反应堆堆芯、辐照孔道、考验回路等实验装置，以及为支持其运行、保证安全和辐射防护的目的所设置的所有系统和构筑物，还包括燃料贮存、放射性废物贮存、放射性热室、实物保护系统等反应堆场址内与反应堆或实验装置有关的一切其他设施。

Ⅰ类研究堆：功率、剩余反应性和裂变产物总量都较高的研究堆，热功率范围10～300MW。这类研究堆一般在强迫循环下运行，通常必须设置高度可靠的停堆系统，需要设置应急冷却系统以保证堆芯余热的有效排出；对反应堆厂房或者其他包容结构需要有特殊的密封要求。

Ⅱ类研究堆：功率、剩余反应性和裂变产物总量属于中等的研究堆，热功率范围500kW～10MW。这类研究堆可采用自然对流冷却方式或强迫循环冷却方式排出热量；反应堆需要设置可靠的停堆系统，停堆后必须保证堆芯在要求的时间内得到冷却，对反应堆厂房无特殊密封性要求。

Ⅲ类研究堆：功率低、剩余反应性小、停堆余热极少、裂变产物总量有限的研究堆，其热功率小于500kW，如果具有较高的固有安全特性，热功率范围可扩展至1MW。这类研究堆通常无特殊的冷却要求，或通过冷却剂自然对流冷却即可排出热量；利用负反馈效应或简单的停堆手段即可使反应堆停堆并保持安全状态；对反应堆厂房无密封要求。

核设施迁移：是指将核设施由一个场址搬迁至一个新的场址。

安全重要构筑物：是指具有安全要求并执行核安全功能的构筑物，包括其失效可能导致核设施安全水平的降低或者事故，以及用以缓解事故可能引起的辐射照射后果的构筑物。

长期停堆（运）：是指核设施运行期间一种较长时间的停堆（运）状态。在此状态下，核设施处于卸料状态，或处于深度次临界状态且无需采取冷却措施，核设施不必采取与正常运行要求完全一致的监测、试验、维护和检查等措施。

第三十四条 本规定自2019年10月1日起施行。1993年12月31日国家核安全局发布的《核电厂安全许可证件的申请和颁发》、2006年1月28日国家核安全局发布的《研究堆安全许可证件的申请和颁发规定》同时废止。

附表：1. 核设施场址选择审查申请书（样表）（略）
2. 核设施建造申请书（样表）（略）
3. 核设施运行申请书（样表）（略）
4. 核设施运行许可证有效期延续申请书（样表）（略）
5. 核设施转让（变更营运单位）申请书（样表）（略）
6. 核设施迁移申请书（样表）（略）
7. 核设施退役申请书（样表）（略）

国家市场监督管理总局文件

市场监管总局　国家能源局关于加强电站锅炉范围内管道材料质量安全风险防控的通知

（国市监特设〔2019〕37号）

各省、自治区、直辖市及新疆生产建设兵团市场监管局（厅、委）、发展改革委（能源局）、经信委（工信委），北京市城管委，国家能源局各派出能源监管机构，有关电力企业、特种设备生产企业，各特种设备检验检测机构：

电站锅炉范围内管道元件材料（包括管子和管件，以下简称锅炉管材）质量安全是发电机组安全稳定运行的重要保障。据反映，个别企业存在实际供货锅炉管材不符合订货技术条件约定甚至假冒进口管道材料的情况。为进一步加强锅炉管材质量安全监督管理，有效防范安全风险，保障发电安全生产，现就有关事项通知如下。

一、开展锅炉管材核查

有关电力企业、特种设备生产企业要立即组织开展锅炉管材核查，重点核查管材是否满足订货技术条件约定，包括来源、规格、数量、质量证明文件、原材料采购合同、管道元件采购合同等，采用进口管道材料的，还要核查海关报关单、商检报告（入境货物检验检疫证明），并结合生产、使用过程中检验检测情况及运行情况，深入排查锅炉管材质量安全问题和隐患。

二、切实防范安全隐患

锅炉管材存在质量安全隐患或其他危及电站锅炉安全稳定运行问题的，电力企业、特种设备生产企业要立即采取切实可行措施，彻底消除质量安全隐患；存在重大质量安全隐患的，应当停止发电机组运行、停止锅炉或管道元件生产和销售，并更换符合相关标准的锅炉管材。

锅炉管材实际制造单位不明或有疑虑、相关资料不全或无法追溯资料真实性的，电力企业、特种设备生产企业要立即按照行业标准规定，委托有相应资质的检验检测机构对锅炉管材进行鉴定性检验。检验结果表明锅炉管材质量不合格或不符合订货技术条件约定的，电力企业、特种设备生产企业要及时消除隐患或予以更换。

三、加强锅炉管材源头管控

特种设备生产企业、电力企业要加强锅炉管材源头管控，严格按照国家相关法规标准规定和订货技术条件约定，开展锅炉管材的设计制造、订货采购、入场验收、检验检测、安装调试等工作，坚决杜绝不合格或假冒锅炉管材进入电力生产领域；要严格落实特种设备安全监督管理各项规定，建立健全技术档案并长期保管，确保相关资料可追溯。

特种设备生产企业、电力企业发现锅炉管材存在重大质量安全隐患的，要及时报告当地市场监管部门、电力管理有关部门及国家能源局派出能源监管机构，并采取有效措施彻底整改，确保发电机组运行安全。各省、自治区、直辖市及新疆生产建设兵团市场监管局（厅、委）要会同同级电力管理有关部门、国家能源局派出能源监管机构等单位，组织监督检查，督促隐患整改，有效防范安全风险。

市场监管总局
国家能源局
2019年1月30日

国家能源局文件

国家能源局综合司关于开展“华龙一号”国家重大工程标准化示范有关研究和修订计划的通知

（国能综通科技〔2019〕2号）

能源行业核电标准化技术委员会：

经研究，现将“华龙一号”国家重大工程标准化示范中25项核电标准研究和制修订计划（详见附件）发给你们，请认真组织各有关标准化技术委员会、标准起草单位抓好落实，按时完成任务。

附件：“华龙一号”国家重大工程标准化示范25项核电标准研究和制修订计划汇总表（略）

国家能源局综合司
2019年1月4日

国家能源局关于印发《能源行业深入推进依法治理工作的实施意见》的通知

（国能发法改〔2019〕5号）

各省、自治区、直辖市、新疆生产建设兵团发展改革委（能源局），各派出能源监管机构，有关能源企业，有关行业协会：

为深入学习贯彻全面依法治国精神，落实中央全面依法治国委员会的工作要求，我局制定了《关于能源行业深入推进依法治理工作的实施意见》，已经局长办公会审议通过，现印发给你们，请结合实际认真贯彻执行。

国家能源局
2019年1月18日

关于能源行业深入推进依法治理工作的实施意见

2019年是新中国成立70周年，也是贯彻落实全面依法治国精神的关键之年。为贯彻落实依法治国精神和习近平总书记在中央全面依法治国委员会第一次会议上的重要讲话精神，全面加强能源行业法治建设，切实提升运用法治思维和法治方式的能力，促进能源依法治理实践不断深入，为经济社会发展和人民美好生活提供坚实法治保障。现结合能源工作实际，提出如下意见。

一、指导思想、总体目标和工作原则

（一）指导思想

以习近平新时代中国特色社会主义思想为指导，深入贯彻落实习近平总书记关于全面依法治国的新理念新思想新战略，紧紧围绕统筹推进“五位一体”总体布局和协调推进“四个全面”战略布局，坚持新发展理念，全面加强法治建设，加快能源立法步伐，不断提升依法行政能力和水平，促进能源立法与发展改革相协调，努力实现能源治理体系和治理能力现代化，为推进能源生产和消费革命，构建清洁低碳、安全高效的能源体系提供法治保障。

（二）总体目标

到2020年，能源行业法治观念明显增强，形成遵法学法守法用法良好氛围；重点能源立法项目取得新突破，能源法规制度体系基本建成；能源依法行政、依法决策水平进一步增强，各级领导干部依法治理能力明显提高；行政执法程序进一步规范，执法责任制得到有效落实，人民群众的切身利益得到有力保护；行为相对人的权益救济渠道进一步畅通，人民群众公平正义获得感进一步提升。

到2025年，能源行业依法行政和依法治企水平明显提升，运用法治思维和法治方式的能力显著增强，法治成为能源行业依法治理的基本遵循；能源法律法规制度体系已经形成，行政决策依法科学，行政执法公开透明，实现依法治理体系和治理能力现代化。依法保护行为相对人合法权益，让人民群众在每一个案件中切实感受到公平正义。

（三）工作原则

——坚持加强党对依法治理的领导。坚持实现党领导能源立法、保证执法、带头守法，健全党领导能源行业依法治理的制度和工作机制，通过法定程序使党的主张成为国家意志、形成法律，通过法律保障党的能源政策有效实施，确保能源依法治理正确方向。

——坚持以人民为中心。能源依法治理要体现和维护公民、法人的合法权益，及时回应人民的新关切，要牢牢把握社会公平正义这一法治价值追求，努力让人民群众在每一项能源法律制度、每一个执法决定、每一宗司法案件中都感受到公平正义。

——坚持科学立法、民主立法、依法立法。坚持开门立法，注重发挥专家、法律顾问和社会公众在依法治理中的作用，凝聚各方共识；任何立法都要以上

位法为依据，着力提高立法质量，以良法促进发展、保障善治。

——坚持公平公正的原则。坚持民主立法、阳光执法，将公平公正原则贯穿到依法治理的全过程；加强垄断环节监管，确保电网、石油天然气管网无歧视开放；能源企业、行业协会要加强合规性管理，严格遵守能源市场规则，确保市场公平竞争。

二、主要任务

（一）积极推进能源立法，健全能源法律制度体系

1. 加快推进重点立法项目。按照全国人大、国务院的立法规划，国家能源局继续围绕供给侧结构性改革和人民群众新关切，大力推进《能源法》《电力法》《核电管理条例》《国家石油储备条例》的立法审查工作；加快推进《煤炭法》《石油天然气管道保护法》《可再生能源法》《电网调度管理条例》《电力供应与使用条例》《电力设施保护条例》的修订工作；积极做好《石油天然气法》《能源监管条例》等法律法规的立法研究和起草修改工作。研究论证制定天然气管理行政法规和《石油天然气管道保护法》配套规章制度，加快推进能源规章规范性文件制定工作。地方能源管理部门要结合本地实际，研究制定涉及能源设施保护、安全生产、用电安全与民生利益紧密相关的法规规章。

2. 全面推进科学立法、民主立法。有关单位要加强与立法部门的沟通协商，对立法中的重难点问题深入调研，及时提出立法建议。牵头单位要加快立法草案的起草、研究论证；相关单位要积极配合，对受托开展研究的立法项目，要组织专家重点研讨，对纳入征求立法意见、调研范围的，要认真研究论证并提出意见建议。

（二）规范依法行政决策程序，严格实施阳光执法

3. 提升决策的科学性、民主性。各级能源管理部门要建立健全重大决策事项的规则和程序，进一步完善依法决策机制，把专家论证、公众参与、合法性审核、集体讨论决定确定为重大决策的法定程序。进一步完善重大事项集体决策制度，对能源发展规划、年度计划、重大能源政策、改革举措、能源项目等，必须经过领导班子集体讨论决定。能源企业应不断完善公司法人治理结构，规范股权多元化和出资人的权利，建立科学的决策制衡机制。

4. 强化行政执法力度。各级能源管理部门要全面落实行政执法责任制，按照执法程序严格执法，规范自由裁量权，建立责任追究机制，确保执法责任落到实处。强化立案审查工作，对符合立案条件的要坚决立案调查，依法查办一批有重大影响的违法违规案件，着力解决行业反映强烈、人民群众普遍关心的突出问题。

5. 创新行政执法方式。有关单位应探索推进“互联网＋”的行政执法新模式，建立执法全过程记录制度，明确具体操作流程，规范行政执法行为。充分发挥社会监督作用，运用好 12398 能源监管热线，进一步畅通投诉举报渠道；加强信用监管，及时记录违法失信企业的不良信息，在行政执法中应用信用信息，发挥信用监管的惩戒作用。

（三）多措并举推进普法工作，营造能源法治良好氛围

6. 充分发挥普法工作机制的作用。国家能源局将依托能源行业普法机制，适时开展调研总结，对普法典型经验及时总结，对先进单位予以表扬，并上报全国普法办；对落实不到位的单位，要予以通报。各级能源管理部门在日常监督管理、行政执法和优化服务中，要将普法与业务工作同研究、同部署。能源企业要结合经营实际，开展法律法规宣传教育，培育诚信守法、依法经营、依法办事的观念和理念。

7. 不断拓展普法工作渠道。各单位应以 12·4 国家宪法日为契机，开展内容丰富、形式多样的宪法宣传活动，抓好宪法修正案的学习贯彻；要把立法工作同普法工作有机结合，使立法工作的过程成为宣传普及宪法法律、弘扬法治精神的过程；充分利用互联网传播平台，通过法治论坛、报刊专栏、微信公众号等途径，扩展普法工作渠道。国家能源局支持中电传媒集团建设中国能源普法网站，各单位要将新出台的规章规范性文件、法治建设的大事件、普法经验等及时上传报送，中电传媒要做好网站的及时维护、版面完善、数据更新等工作，切实将网站打造成普法宣传的窗口。

8. 认真做好宪法督查和普法检查工作。为落实宪法学习宣传教育和“七五”普法工作，各单位要按照中央全面依法治国委员会办公室和中宣部、司法部、全国普法办的要求，认真做好自查、备查、反馈、整改等工作，并起草检查报告和评估报告，按时做好报送工作，推动宪法学习宣传教育和“七五”普法规划的全面贯彻落实。

（四）畅通权利救济渠道，保障行政相对人合法权益

9. 建立健全行政复议和行政应诉工作制度。国家能源局要完善行政复议和行政应诉工作规定，规范办案流程，完善办案机制；研究制定行政复议听证办法，对疑难复杂、社会争议较大的案件，探索采取听证方式审理案件。地方能源管理部门、能源企业要健全案件办理工作制度，建立案件反应机制，积极配合案件调查，及时提供案件相关情况；建立法律风险防范机制，对潜在的法律风险跟踪分析、及时疏导，争取将矛盾在内部化解。

10. 依法办理行政复议和行政应诉案件。各级能源管理部门要依法公正办理行政复议案件，按程序作出行政复议决定；要提高办案质量，该征求意见的要及时征询意见，该论证的要及时组织专家论证。对于行政应诉案件，相关单位要按规定要求向法院提交答辩状，并组织人员按时出庭，积极向法院陈述事实和依据，维护其合法权益。案件无论大小、难易，一律不得超期，更不得久拖不决。

11. 不断改进办案方式。各级能源管理部门要分类办理案件，对争议不大、法律关系明确的案件，建立简易审理程序，尽快做出复议决定；对涉及面广、案情复杂的案件，适时开展现场调查取证，搜集证据材料；加强与法院业务交流，形成司法与行政良好互动机制，促进行政执法和行政审判标准相统一。

（五）加强合法性管理，构建公平竞争的市场规则体系

12. 加强合法性审核工作。各级能源管理部门要建立合法性审查机制，规范审查程序，严格审查内容，严把发文质量，明确规范性文件严禁设定行政许可、行政处罚、行政强制等事项，不得减损公民、法人和其他组织合法权益或者增加义务。

13. 扎实做好公平竞争审查和反垄断工作。各级能源管理部门要将公平竞争审查作为合法性审核的重要内容，在制定市场准入、产业发展、招标投标、政府采购、资质标准等涉及市场主体经济活动的规章、规范性文件和其他政策措施时，都应进行公平竞争审查，严格把关；要加强反垄断案件审查工作，对涉及能源领域的反垄断案件，要组织专家研究论证，及时提出行业审查意见。

14. 企业依法做好合规性管理。能源企业在日常经营活动中，要按照《中央企业合规性管理指引（试行）》的规定，尊重契约精神和国际规则，建立有效的合规性管理机制，使依法合规覆盖到整个产业链、落实到各个岗位、贯彻到各个生产经营环节，最大限度地减少违规行为的发生。

（六）深化“放管服”改革，规范权力运行

15. 做好“放管服”论证工作。按照国务院协调办的部署，依据相关政策和程序，各级能源管理部门要对现有行政审批事项逐一深入论证，能取消的坚决取消，能下放的尽快下放；对一些以备案、登记、行政确认、征求意见等为名的变相审批和许可事项，要尽快加以整改；对已取消下放的审批事项，要按时做好评估工作，对后续监管不到位的，要尽快补齐监管措施。相关单位要按照司法部要求，扎实做好证明事项清理工作，对不符合规定的证明坚决取消；相关单位要对证明事项清理结果负责，如发现有未及时清理的，要追究相关单位责任。

16. 强化事中事后监管。国家能源局将强化对取消下放审批事项的事中事后监管，充分发挥规划、计划、政策、规则、标准在监管中的作用，监督指导地方能源管理部门做好下放审批事项的规范管理工作。地方能源管理部门要按照国家能源局的要求和规定的标准，编制承接审批事项的管理流程和审查标准，依法依规做好审批工作。国家能源局会同派出能源监管机构定期或不定期组织开展“双随机、一公开”监管，并发布监管报告，对发现违规行为，将予以通报并严肃问责。

17. 进一步规范行政审批行为。按照中编办要求，国家能源局适时做好权责事项清单试运行工作；派出能源监管机构要按照已公开的权责事项清单，严格履行行业监管和行政执法职责，并结合新出台的法规政策，配合国家能源局及时更新权责清单。各级能源管理部门也应根据当地实际，全面梳理公共权力，已完成权责清单的，要做好运行工作；未完成的要尽快编制清单，明确实施主体、法律依据、办理流程。

18. 及时做好“立改废”工作。各级能源管理部门要对涉及取消下放事项、知识产权、公平竞争、军民融合、机构改革等法律法规、规章规范性文件，及时开展清理；对与上位法不一致或者与改革发展不相适应的规范性文件，要定期修改、废止；对需要修改废止的法律法规规章，要及时向立法部门提起建议。能源企业、行业协会也应按照有关规定和要求，建立文件定期清理制度，对印发的文件、工作制度及时梳理，确保各项工作于法有据。

19. 进一步优化用电营商环境。对标世界银行“获得电力”指标，压减供电企业办理电力用户用电业务时间，2018 年供电企业办理电力用户用电业务平均时间压减到 50 个工作日以内，2019 年底前压减到 45 个工作日以内，五年内压缩三分之二以上、压减到 40 个工作日以内。进一步加强监管，力避已经解决的问题出现反弹，严防服务质量和服务水平下滑。

（七）加强法治队伍建设，提升能源行业法治化水平

20. 加强法治人才队伍建设。各单位要加强理想信念教育，深入开展社会主义核心价值观和社会主义法治理念教育，加大对能源行业法治人才队伍的培养力度，推进能源法治队伍正规化、专业化，提高职业素养和专业水平。要坚持德法兼修，创新法治人才培养机制，努力培养造就一批高素质法治人才及后备力量，打造一支忠诚于党、忠诚法律的能源法治人才队伍。

21. 公开选聘法律顾问。各单位应通过竞争性方式选聘优秀律师事务所担任顾问单位，并选派政治业务素质过硬、社会责任感强的律师担任法律顾问；外

聘法律顾问既要选聘行政法、经济法等领域的专家，又要选聘能源技术、经济等方面的专家。建立健全能源法治专家库，为能源依法治理工作提供智力支撑。

22. 发挥法律顾问在法治建设中作用。各单位应建立法律顾问、公职律师、公司律师制度，按规定提供相应办公条件和业务经费，形成公职律师与外聘法律顾问联动工作机制。各级能源管理部门应建立机制、采取措施，充分发挥法律顾问在重大改革、重大投融资、重大决策中的参谋作用；能源企业应发挥总法律顾问、外聘法律顾问在项目投资、企业改制、风险防范、案件办理等方面中的作用，提升依法治企的能力和水平。

三、保障措施

（一）加强组织领导

各单位都要严格履行党政主要负责人履行推进法治建设第一责任人职责，切实加强依法治理工作的组织领导和综合协调，把依法治理贯彻到能源各项工作中去。建立健全监督检查制度，把依法治理工作列为监督管理的重要内容，并定期进行监督检查，及时发现问题并提出改进措施，对工作取得明显成效的进行表彰，对工作推进不力的通报批评、督促整改。

（二）压实工作责任

各级能源管理部门、能源企业、行业协会要压实工作责任，认真做好各项工作任务的分解，落实到单位和具体负责人，真正将各项工作落实到位。各单位要把依法治理相关工作经费纳入财政预算，按规定提供必要的办公条件，切实予以保障；要动员社会力量，积极参与能源法治建设工作，构建共享共治的能源法治新格局。

（三）建立工作报告和备案制度

严格落实中央全面依法治国委员会相关工作规则，建立工作报告制度，国家能源局各司、各派出能源监管机构、直属单位每年1月份要向国家能源局报告上一年度法治建设情况。国家能源局根据报送情况形成工作报告，上报中央依法治国办。按要求建立备案制度，国家能源局每年形成的法律、行政法规草案，在报送国务院审议的同时，要正式向中央依法治国办备案。凡涉及法治工作方面的重要举措，或者拟开展的重要试点，国家能源局要通过中央依法治国办报委员会审批。请各单位每季度向国家能源局报送1～2篇法治建设信息，国家能源局汇总后定期上报中央依法治国办。

（四）营造法治氛围

各单位要充分发挥新闻媒体舆论引导和社会公众的监督作用，通过日常监督、媒体宣传、舆论引导等措施，并以生动直观的方式，向行政相对人和社会公众宣传能源法律法规。各级能源管理部门要加强政策解读，回应社会关切。能源企业、行业协会要组建法治宣传队伍，根据不同对象，区别对待、分类指导，增强法治宣传教育的实效。

附件：重点任务分工方案（略）

国家能源局综合司关于印发2019年电力安全生产工作思路和重点任务安排的通知

（国能综通安全〔2019〕7号）

各省、自治区、直辖市和新疆生产建设兵团发展改革委（能源局）、经信委（工信委），全国电力安全生产委员会各成员单位：

为确保电力系统安全稳定运行和电力可靠供应，推动全国电力安全生产形势持续稳定向好，以优异成绩迎接新中国成立70周年，我们制定了《2019年电力安全生产工作思路和重点任务安排》。现印发给你们，请结合本地区、本单位实际，认真贯彻落实。

国家能源局综合司
2019年1月21日

2019年电力安全生产工作思路和重点任务安排

一、工作思路

坚持以习近平新时代中国特色社会主义思想和党的十九大精神为指导，全面贯彻落实习近平总书记关于安全生产的重要论述和指示批示精神，按照党中央、国务院各项决策部署，以为新中国成立70周年创造安全稳定环境为重大政治任务，以《中共中央 国务院关于推进安全生产领域改革发展的意见》和《国家发展改革委　国家能源局关于推进电力安全生产领域改革发展的实施意见》为纲领，按照“安全是技术，安全是管理，安全是文化，安全是责任”的基本理念，推动《电力安全生产行动计划（2018—2020年）》《电力行业应急能力建设行动计划（2018—2020年）》和《电力行业网络安全行动计划（2018—2020年）》有效落实，着力健全技术支撑体系、应急工作体系、安全培训体系和质量监督体系，深入开展施工现场安全、电力设备安全和基层班组安全专项治理，扎实开展安全文化建设年活动，有效防控重大安全风险，及时排查治理安全隐患，坚决遏制重特大事故，努力促进电力安全管理由定性向定量转变，推动全国电力安全生产形势持续稳定向好，实现事故起数和伤亡人数继续下降，以优异成绩迎接新中国成立70周年。

二、基本目标

杜绝重大以上电力人身伤亡责任事故、杜绝重大以上电力安全事故、杜绝电厂垮坝漫坝事故，确保电力系统安全稳定运行和电力可靠供应，实现事故起数和伤亡人数继续下降，为新中国成立70周年创造安全稳定环境。

三、重点任务

（一）落实安全生产责任。推动落实《中共中央国务院关于推进安全生产领域改革发展的意见》《地方党政领导干部安全生产责任制规定》，牢固树立安全发展理念，增强风险意识，坚守安全底线。坚持“促一方发展，保一方平安”“党政同责、一岗双责”，持续强化安全生产属地管理；坚持“管行业必须管安全”“谁主管谁负责”，持续强化安全生产行业监管；坚持“以人为本”“管生产经营必须管安全”，督促企业落实安全生产主体责任；形成协调联动、齐抓共管的工作局面。

（二）健全安全生产机制。持续推进风险分级管控与隐患排查治理双重预防体系建设，充分发挥并网电厂涉网安全管理和电力行业网络与信息安全联席会议作用，提升安全生产预控能力与管理水平。修订《水电站大坝除险加固管理办法》，制定、修编相关技术规程规范，完善监督管理规则制度。印发《电力建设工程安全监督管理指导意见》，明确监管重点。出台《电力建设工程质量监督管理办法》，制定、修订相关配套管理制度，健全质量监督体系。

（三）严格安全监管执法与考核。地方政府电力管理等有关部门、派出能源监管机构要严格规范安全监管监察执法，依法严厉打击安全生产违法违规行为，建立互联网＋执法检查工作机制，提升执法规范化和信息化水平；全面推行“双随机、一公开”监管，严格安全生产“黑名单”制度，采用通报、约谈、行政处罚等方式，强化事故警示教育作用，严肃事故调查处理。电力企业要完善安全生产责任考核制度，健全安全管理机构，落实企业第一责任人的责任。

（四）保障电网运行安全。加强电网安全风险管控，强化风险分析，优化运行控制，努力构建智能化主动防御体系，保证风险可控、在控。加强地方电网和增量配电网安全监管，提升地方电网和增量配电网安全运行水平和供电保障能力，保证电网运行安全。加强直流输电与油气管道相互影响机理及防护措施研究，从根本上解决直流输电与油气管道相互影响问题。

（五）保障电厂及水电站大坝运行安全。加强发电企业燃料运输、制粉系统、贮灰场、危险化学品等关键环节安全监督管理，强化机组运行维护检修安全管理，高度关注外包业务、外委队伍及外协人员安全管理，防范人身伤亡事故和机组停运事件。及时开展水电站大坝安全注册登记或备案，依规做好大坝安全注册登记和注销等工作；加强水电站大坝运行安全隐患排查治理，做好防洪度汛工作；印发2019年全国水电站大坝管理单位安全责任人名单，不断完善水电站大坝安全责任体系。

（六）保障网络与信息安全。加强电力监控系统安全防护，开展关键信息基础设施安全保护以及网络安全隐患排查整改。加强网络安全态势感知和应急处置工作，组织参加网络安全攻防演习。强化网络安全自主创新与安全可控，推进网络安全军民融合深度发展。拓展网络安全交流合作平台，召开第二届全国电力行业网络安全交流研讨大会。

（七）保障电力建设工程安全。开展施工现场专项监管，有序落实施工安全风险管控、施工班组文化建设、分包单位准入审查等安全措施。重点关注抽水蓄能电站，乌东德、白鹤滩水电站及配套送出工程等重大电力建设项目，确保施工安全。完善电力建设工程施工安全监管平台，加快工程备案与质量监督子系统开发，推广施工现场可视化实时监控及现场人员管理系统应用。

（八）做好重大活动和民生保电及突发事件应对工作。强化重要时间节点安全风险防控，全力做好庆祝新中国成立70周年和澳门回归20周年、第二届“一带一路”高峰论坛、世界园艺博览会等重大活动保电和网络安全保卫工作。积极应对雨雪冰冻、暴雨台风、地震、滑坡、泥石流等自然灾害，提升电力系统防灾减灾应对能力。

（九）加强应急能力建设。推进地市级、县区级大面积停电事件应急预案编修工作，健全完善预案体系，规范开展应急演练，提高实战能力。研究建立电力应急指挥体系，重点解决影响应急处置效率的瓶颈问题。加强应急队伍、物资储备等保障能力建设，有效应对电力突发事件。

（十）加强电力设备管理。以提高本质安全水平、有效遏制设备事故为目标，开展电力设备安全专项监管，督促企业强化设备状态监测、诊断和分析，加强电力设备设施运行、维护、检修和技术管理。开展设备管理调查研究，了解当前存在的薄弱环节和突出问题，探索大数据、人工智能等技术在设备安全管理中的应用。

（十一）加强电力可靠性管理。健全电力可靠性管理体系，完善相关法律法规和工作制度，提升电力可靠性信息统计的准确性和及时性，充分发挥可靠性管理成果在电力安全监管中的基础性作用，将可靠性数据打造成为量化电力安全生产工作的重要指标。

（十二）加强基层班组安全建设。开展基层班组安全建设专项监管，督促企业强化基层一线和车间班组安全生产标准化建设，完善工作机制，采取管理措施，逐步规范各项生产经营活动，促进法律法规和标准规范在一线操作人员中得到有效执行，打通安全生产管理的“最后一公里”。

（十三）打造安全培训体系。建设安全培训综合基地，利用信息化、智能化手段创新培训方式，开发培训考试平台，推行网络教育培训。健全安全培训师资库和试题库，完善安全教育培训教材。建立教育培训效果量化评估标准，开展教育培训效果抽查评价。

（十四）加强技术支撑。政府指导，电力企业、行业协会、科研院校参与，共同构建一批管理运行机制完善、创新资源配置合理、创新人才凝聚力高、创新能力强的高水平安全生产技术研发基地，为电力安全提供事故调查、应急处置、统计分析、标准评价、监督检查等方面的技术支撑。

（十五）推进安全文化建设。学习贯彻习近平总书记关于安全生产的重要论述，组织开展好电力安全文化建设年、“安全生产月”和“安全生产万里行”、电力安全宣传日等活动。出台安全文化建设纲要，建立安全文化建设标准化评价体系。举办电力安全文化建设国际论坛，营造良好安全文化氛围，提升安全文化影响力。

国家能源局综合司关于印发进一步推动优化营商环境政策落实实施方案的通知

（国能综通法改〔2019〕9号）

各司，各派出能源监管机构，各直属事业单位：

为贯彻落实党中央、国务院深化“放管服”改革、优化营商环境的部署和要求，我局制定《国家能源局关于进一步推动优化营商环境政策落实实施方案》，已经局领导同意，现印发给你们，请结合实际认真贯彻执行。

国家能源局综合司

2019年1月25日

国家能源局关于进一步推动优化营商环境政策落实实施方案

为贯彻落实党中央、国务院深化“放管服”改革、优化营商环境的部署和要求，根据《国务院办公厅关于聚焦企业关切进一步推动优化营商环境政策落实的通知》（国办发〔2018〕104号）精神，制定本实施方案。

一、坚决破除各种不合理门槛和限制，营造公平竞争市场环境

1. 进一步减少社会资本市场准入限制。按照发展改革委、商务部修订的新版市场准入负面清单，推动“非禁即入”的落实。配合发展改革委，在油气领域，落实一批高质量的项目吸引社会资本参与。（各相关司按职责分工负责）

2. 有序推进政府和社会资本合作（PPP）项目建设。配合发展改革委、财政部，在核查清理后的PPP项目库基础上，加大对符合规定的PPP能源项目推进力度。（各相关司按职责分工负责）

3. 组织开展招投标领域专项整治。配合发展改革委，在电力、煤炭、油气、新能源等能源领域加强行业管理，研究制定有关招投标监督管理办法，组织开展招投标专项整治，消除在招投标过程中对不同所有制企业设置的各类不合理限制和壁垒。（法改司牵头，各相关司、各派出能源监管机构按职责分工负责）

4. 清理不符合公平竞争和不利于产权保护的政策文件。清理废除妨碍统一市场和公平竞争、不利于产权保护的政策文件，对执行公平竞争审查制度情况进行自查。（法改司牵头，各相关司按职责分工负责）

5. 加强诚信政府建设。把政府诚信作为优化营商环境的重要内容，建立健全“政府承诺＋社会监督＋失信问责”机制，凡是对社会承诺的服务事项，都要履行约定义务，接受社会监督，没有执行到位的要有整改措施并限期整改，对整改不到位、严重失职失责的要追究责任。（法改司、综合司、机关纪委按职责牵头，各司、各派出能源监管机构、各直属事业单位按职责分工负责）

二、推动外商投资和贸易便利化，提高对外开放水平

6. 切实保障外商投资企业公平待遇。配合发展改革委、商务部，于2019年3月底前，全面清理取消在外商投资准入负面清单以外领域针对外资设置的准入限制，实现市场准入内外资标准一致，落实以在线备案为主的外商投资管理制度。（国际司牵头，各相关司按职责分工负责）

7. 推动与现行开放政策相关的法律法规“立改废”工作。2019年底前完成与现行开放政策不符的法规、规章和规范性文件的废止或修订工作。（法改司牵头，各相关司按职责分工负责）

8. 进一步促进外商投资。配合发展改革委积极推进重大能源外资项目建设，将符合条件的能源外资项目纳入重大建设项目范围，或依申请按程序加快调整列入相关产业规划，推动项目尽快落地。配合发展改革委完成《外商投资产业指导目录》修订工作，扩

大鼓励外商投资范围。（国际司牵头，各相关司按职责分工负责）

三、持续提升审批服务质量，提高办事效率

9. 进一步简化企业投资审批。配合发展改革委优化投资项目审批流程，按照公布的投资审批事项统一名称和申请材料，推动投资审批在线并联办理。（综合司、法改司牵头，各相关司按职责分工负责）

10. 开展投资项目承诺制。探索开展投资项目承诺制，实现政府定标准、企业作承诺、过程强监管、失信有惩戒，大幅压缩投资项目落地时间。（科技司、电力司、核电司、煤炭司、油气司、新能源司负责）

11. 深化商事制度改革。对涉企行政审批事项开展“证照分离”改革。对“电力业务许可证核发”“承装（修、试）电力设施许可证核发”分别提出直接取消审批、审批改为备案、实行告知承诺或优化准入服务的具体办法和加强事中事后监管的措施。（资质中心牵头，各派出能源监管机构按职责分工负责）

12. 进一步压减行政许可等事项。对现有行政审批事项进行一次全面清理论证，推动取消下放行政许可事项，对现有行政审批事项实行清单管理。清理各类变相审批和许可，清理以备案、登记、注册、目录、年检、监制、认定、认证、专项计划等形式的变相审批。对现有行政许可的成本和效果进行评估，并根据评估结果及时调整完善相关许可。（法改司牵头，各相关司按职责分工负责）

13. 推进政务服务标准化。提升政务服务质量，配合国务院办公厅推进全国一体化在线政务服务平台建设，制定统一的审批服务事项编码、规范标准、办事指南和时限，消除模糊条款，优化审批服务流程，制作易看易懂、实用简便的办事流程图（表），2019年统一事项办理标准。建立政务服务满意度调查机制，并纳入年度考核。（综合司、资质中心牵头，各相关司、各派出能源监管机构按职责分工负责）

四、进一步减轻企业税费负担，降低企业生产经营成本

14. 清理公用事业领域经营服务性收费。配合价格主管部门加强监督检查供电服务收费，重点检查是否存在收费项目取消后继续收取或变相收取、越权违规设立收费项目、擅自扩大收费范围和提高收费标准等行为，发现问题要严肃整改问责。（监管司牵头，各相关司、各派出能源监管机构按职责分工负责）

15. 持续推进压减办电时间。协调电网企业积极创新供电服务方式，进一步精简环节、压缩时间，2019年实现供电企业办理电力用户用电业务平均时间压缩至45个工作日以内，并予以公布。加大监管力度，继续开展“获得电力”优质服务情况重点综合监管。（监管司负责）

16. 整治中介机构乱收费行为。配合发展改革委、市场监管总局，对能源行业“红顶中介”进行自查，取消违法违规收费、降低收费标准，坚决纠正行政审批取消后由中介机构和部门下属单位变相审批及违法违规收费、加重企业负担等现象。（法改司牵头，各相关司、各派出能源监管机构按职责分工负责）

17. 全面清理涉企保证金。配合工业和信息化部、财政部，全面清理没有法律、行政法规依据或未经国务院批准的涉企保证金，严格执行已公布的涉企保证金目录清单，进一步降低涉企保证金缴纳标准，推广以银行保函替代现金缴纳保证金。（法改司牵头，各相关司、各派出能源监管机构按职责分工负责）

五、加强和规范事中事后监管，维护良好市场秩序

18. 加强事中事后监管。组织修订对取消和下放行政审批事项加强和规范事中事后监管的指导意见，落实放管结合、并重的要求，夯实监管责任，健全监管体系，创新监管方式，完善配套政策，寓监管于服务之中，不断提高事中事后监管的针对性和有效性，规范市场秩序，进一步激发市场活力。（法改司牵头，各相关司、各派出能源监管机构按职责分工负责）

19. 创新市场监管方式。进一步转变理念，创新工作方法，积极推进“双随机、一公开”监管、信用监管、大数据监管、“告知承诺＋事中事后监管”等新型监管方式，既提高监管效能，又切实减少对企业的干扰。加快能源行业信用体系建设，推进落实重点领域联合奖惩机制。配合国务院办公厅，推进“互联网＋监管”系统建设，力争与国家政务服务平台同步上线运行。（监管司、资质中心、综合司按职责牵头，各相关司、各派出能源监管机构按职责分工负责）

六、强化组织领导，进一步明确工作责任

20. 提高认识，进一步明确抓落实的责任。各司、各单位要以习近平新时代中国特色社会主义思想为指导，认真贯彻党中央、国务院决策部署，坚持稳中求进工作总基调，将优化营商环境、减轻企业负担、解决企业反映的突出问题作为本单位的重点工作，主要负责同志要亲自负责，分管负责同志要具体抓到位，并层层明确落实责任。（各司、各派出能源监管机构、各直属事业单位按职责分工负责）

21. 增强政策制定实施的科学性和透明度。在能源政策制定实施过程中，要加强调查研究和科学论证，提高政策质量，增强政策稳定性。对企业高度关注的行业规定或限制性措施调整要设置合理过渡期，防止脱离实际、层层加码。科学审慎研判拟出台政策的预期效果和市场反应，统筹把握好政策出台时机和力度，防止政策效应叠加共振或相互抵消，避免给市场造成大的波动。在能源涉企政策制定过程中，要积

极听取相关企业和行业协会商会意见建议，完善与企业的常态化联系机制。（各相关司按职责分工负责）

22. 强化政策宣传解读和舆论引导。对已出台的优化营商环境政策措施及时跟进解读，准确传递权威信息和政策意图，并向企业精准推送各类优惠政策信息，提高政策可及性。对于市场主体关注的重点难点问题，及时研究解决，回应社会关切，合理引导预期。总结推广基层利民便民的创新典型做法，借鉴吸收国内外有益经验。（综合司牵头，各相关司、各派出能源监管机构按职责分工负责）

23. 加强对政策落实的督促检查。加大督办力度，确保推动营商环境各项政策落实到位。加强督查问责，对工作落实不到位的单位和负责人，依照有关规定要求，严肃追究问责。（综合司、机关纪委牵头，各司、各派出能源监管机构、各直属事业单位按职责分工负责）

各司、各单位要在 2019 年 12 月 5 日前将贯彻落实情况送法改司。工作中取得的重大进展、存在的突出问题要及时报告。

国家能源局关于发布 2019 年度风电投资监测预警结果的通知

（国能发新能〔2019〕13 号）

各省（自治区、直辖市）、新疆生产建设兵团发展改革委、经信委（工信委、工信厅）、能源局，国家能源局各派出机构，国家电网有限公司、南方电网公司、内蒙古电力公司、中国华能集团公司、中国大唐集团公司、中国华电集团公司、国家能源投资集团公司、国家电力投资集团公司、中国华润集团公司、中国长江三峡集团公司、国家开发投资公司、中国核工业集团公司、中国广核集团有限公司、电力规划设计总院、水电水利规划设计总院、中国可再生能源学会风能专业委员会、国家可再生能源中心：

为引导风电企业理性投资，督促各地区改善风电开发建设投资环境，促进风电产业持续健康发展，现将各省（区、市）风电开发投资监测预警结果予以公布，并就落实好风电投资监测预警机制有关事项通知如下：

一、各地区预警结果。根据对各省（区、市）2018 年风电并网运行状况的监测以及 2019 年风电消纳条件的预测分析，2019 年度风电开发投资预警结果如下：新疆（含兵团）、甘肃为红色区域。内蒙古为橙色区域，山西北部忻州市、朔州市、大同市，陕西北部榆林市以及河北省张家口市和承德市按照橙色预警管理。其他省（区、市）和地区为绿色区域。

二、红色区域暂停风电开发建设。已核准的风电项目暂缓建设，已纳入规划且列入各年度实施方案未核准的风电项目暂停核准，电网企业停止受理缓建和暂停核准项目的并网申请。暂不安排新的本地消纳的平价上网项目和低价上网项目。红色预警区域已投入运行或在建输电通道优先消纳存量风电项目。新疆准东、甘肃酒泉二期风电基地项目应在受端地区电网企业确认保障消纳的前提下有序建设。

三、橙色区域暂停新增风电项目。除符合规划且列入以前年度实施方案的风电项目、分散式风电项目以及利用跨省跨区输电通道外送项目外，2019 年度不再新增建设项目。橙色预警地区的省级能源主管部门应于 3 月底前制定本地区可再生能源电力消纳专项工作方案，抄报我局后方可开展已列入以前年度实施方案风电项目核准工作。

四、绿色区域依规划有序建设。各有关地区要按照《国家能源局关于可再生能源发展“十三五”规划实施的指导意见》（国能发新能〔2017〕31 号）以及国家能源局关于 2019 年风电项目竞争配置（文件另行发布）要求，以落实并网接入和消纳市场为基本前提条件，规范开展新增需补贴风电项目竞争配置。

对预警由红色、橙色转为绿色的吉林、黑龙江两省，省级能源主管部门应在电网企业技术支持下，研究论证本地区电网消纳新增并网风电的能力，以电网企业测算的消纳能力为上限合理控制新增并网风电装机规模，统筹已核准存量项目、新建平价上网风电项目及新增需补贴风电项目建设，提出 2019 年度风电建设实施方案，报国家能源局论证后有序组织建设。

请各省（区、市）能源管理部门切实落实有关要求，及时向我局报告预警机制落实情况。

附件：2019 年全国风电投资监测预警结果

国家能源局

2019 年 3 月 4 日

附件

2019 年全国风电投资监测预警结果

地区	预警结果	备注
北京	绿色	
天津	绿色	
河北	绿色	张家口市、承德市按橙色管理
山西	绿色	忻州市、朔州市、大同市按橙色管理
内蒙古	橙色	
辽宁	绿色	
吉林	绿色	

续表

地区	预警结果	备注
黑龙江	绿色	
上海	绿色	
江苏	绿色	
浙江	绿色	
安徽	绿色	
福建	绿色	
江西	绿色	
山东	绿色	
河南	绿色	
湖北	绿色	
湖南	绿色	
广东	绿色	
广西	绿色	
海南	绿色	
重庆	绿色	
四川	绿色	
贵州	绿色	
云南	绿色	
西藏	绿色	
陕西	绿色	榆林市按橙色管理
甘肃	红色	
青海	绿色	
宁夏	绿色	
新疆（含兵团）	红色	

国家能源局关于印发《能源行业市场主体信用修复管理办法（试行）》的通知

（国能发资质〔2019〕22号）

各司、各派出能源监管机构、各直属事业单位、有关能源企业，有关行业协会：

为进一步推进能源行业信用体系建设，健全市场主体权益保护机制，引导失信主体主动纠正失信行为，根据《社会信用体系建设规划纲要（2014—2020年）》《能源行业信用体系建设实施意见（2016—2020年）》和《能源行业市场主体信用信息归集和使用管理办法》等规定，我局制定了《能源行业市场主体信用修复管理办法（试行）》，现印发你们，请遵照执行。

国家能源局

2019年3月27日

能源行业市场主体信用修复管理办法（试行）

第一章 总 则

第一条 为鼓励和引导能源行业失信主体主动纠正失信行为，消除不良影响，形成良好的行业诚信氛围，根据《社会信用体系建设规划纲要（2014—2020年）》《能源行业信用体系建设实施意见（2016—2020年）》和《能源行业市场主体信用信息归集和使用管理办法》等规定，制定本办法。

第二条 本办法适用于能源行业信用信息平台归集并经国家能源局及其派出能源监管机构依法认定的能源行业市场主体不良信息（简称失信信息）的信用修复。

能源行业信用信息平台上由其他信源单位归集的对市场主体有负面影响的信息的信用修复，由信源单位确认后，及时予以更新。

第三条 本办法所称信用修复，是指能源行业市场主体在失信信息披露期限内，纠正失信行为且消除不良影响后，向国家能源局及其派出能源监管机构（以下简称失信信息认定单位）提出修复申请，并经审核确认后，通过能源行业信用信息平台对其失信信息进行相应调整的过程。调整后，该失信信息不再公开披露或作为失信惩戒的依据。

根据《能源行业市场主体信用行为清单（2018版）》，失信信息分为轻微失信信息、较重失信信息和严重失信信息。

第四条 失信信息认定单位按照“谁认定、谁修复”的原则开展信用修复的受理、确认等工作。能源行业信用体系建设领导小组办公室（以下简称领导小组办公室，设在国家能源局电力业务资质管理中心）负责信用修复的监督管理和综合协调。能源行业信用信息平台运行单位（以下简称运行单位）负责根据信用修复确认结果，停止失信信息的公开披露，同时不再将失信信息作为失信惩戒的依据。

第二章 信用修复条件

第五条 能源行业市场主体申请信用修复，应符合以下条件：

（一）失信信息所涉及的行政处罚、行政检查、行政裁决等行政决定明确的责任和义务履行完毕，并经作出行政决定的单位确认；

（二）按要求作出信用承诺。

除规定不予修复之外，符合上述条件，属于轻微失信的，自失信信息认定之日即可提出申请并予以修复；属于较重失信的，自失信信息认定之日起满6个月后可提出申请并予以修复；属于严重失信的，自失信信息认定之日起满 1 年后可提出申请并予以修复。

失信信息认定之日，是指失信信息认定单位出具的监管意见书、监管决定书、行政处罚决定书等行政文书的出具日期。

第六条　有下列情形之一的，不得予以信用修复，直至失信信息披露期限届满：

（一）信用修复后 1 年内产生新的较重或严重失信信息；

（二）因谎报瞒报事故、提供虚假材料办理相关行政许可事项、恶意违反市场交易规则等违法违规行为，被列为严重失信的；

（三）无故不纠正相关失信行为，经督促后仍不履行相关义务的；

（四）依法依规不能予以信用修复的其他失信信息。

第三章　信用修复程序

第七条　能源行业市场主体申请信用修复，应通过“信用能源”网站填写《信用修复申请表》和《信用承诺书》，并下载打印、加盖公章后扫描上传。运行单位应即时将申请材料分发至失信信息认定单位。

第八条　失信信息认定单位收到申请材料后，应在 5 个工作日内作出是否受理的决定。申请事项不属于受理范围的，应作出不予受理的决定并向申请人告知理由；对于申请材料不齐全或者不符合规定形式的，应一次告知申请人需要补正的全部内容；材料完整的应当及时受理。

第九条　申请材料受理后，失信信息认定单位应当审查申请修复的失信信息是否符合信用修复条件，并自受理之日起 15 个工作日内作出是否予以信用修复的决定，向申请人发出《信用修复意见通知书》。

第十条　对确认信用修复的失信信息，运行单位应在 3 个工作日内作出“已信用修复”的标注，不再作为失信惩戒依据，同时将信用修复信息纳入市场主体信用档案。对于在“信用能源”网站公示的，应撤销公示。

第十一条　对于列入联合惩戒对象名单的，其失信信息完成信用修复后，同步退出名单。

第四章　监督管理

第十二条　失信信息认定单位应履行信用修复告知义务，在认定失信信息的同时，及时将信用修复的相关规定告知能源行业市场主体。

第十三条　失信信息认定单位应严格审核信用修复申请，对在申请过程中未真实反映情况、弄虚作假，造成信用修复失当的，应将其作为严重失信信息记入市场主体信用档案。

第十四条　领导小组办公室负责对信用修复的全过程进行监督管理，对于符合信用修复条件的市场主体不予信用修复或不按程序和时限办理信用修复的，应予以纠正；涉嫌违法违纪的，依法依规予以处理。

第十五条　能源行业市场主体对不予信用修复决定存有异议的，可依法申请行政复议或提起行政诉讼。

第十六条　失信信息认定单位和运行单位应加强信用修复资料管理，将信用修复申请材料、信用修复意见通知书等资料存档备查，资料保存期为 5 年。

第五章　附　则

第十七条　本办法自发布之日起施行。

附件 1　信用修复申请表（略）

附件 2　信用承诺书（略）

附件 3　信用修复意见通知书（略）

国家能源局关于发布 2022 年煤电规划建设风险预警的通知

（国能发电力〔2019〕31 号）

各省、自治区、直辖市、新疆生产建设兵团发展改革委（能源局），各派出能源监管机构，中电联，国家电网公司、南方电网公司，华能、大唐、华电、国家电投、国家能源集团公司，中咨公司、电力规划设计总院：

为深入学习贯彻习近平新时代中国特色社会主义思想，全面贯彻党的十九大和十九届二中、三中全会精神，认真落实中央经济工作会议精神，在“巩固、增强、提升、畅通”上下功夫，巩固化解煤电过剩产能工作成果，增强电力（热力）供应保障能力，支持地方脱贫攻坚，助力打赢蓝天保卫战、北方地区清洁供暖，提升煤电清洁高效、高质量发展水平，按照《关于推进供给侧结构性改革　防范化解煤电产能过剩风险的意见》（发改能源〔2017〕1404 号）等文件要求，国家能源局会同相关单位进一步完善了 2022 年煤电规划建设风险预警机制。现将有关事项通知如下。

一、煤电规划建设风险预警的指标体系分为煤电装机充裕度预警指标、资源约束指标、煤电建设经济性预警指标。其中，煤电装机充裕度预警指标是约束性指标，体现了当地煤电装机、电力供应的冗余情况；资源约束指标为约束性指标，反映了在当地规划建设煤电项目的可行性；煤电建设经济性预警指标是建议性指标，体现了建设省内自用煤电项目的经济性，为规划建设煤电项目提供决策参考。

二、煤电装机充裕度预警指标基于2022年各省、自治区、直辖市电力系统备用率，分为红色、橙色、绿色三个等级。煤电装机明显冗余、系统备用率过高的为红色预警；煤电装机较为充裕、系统备用率偏高的为橙色预警；电力供需基本平衡或有缺口的、系统备用率适当或者偏低的为绿色。各省、自治区、直辖市电力系统参考备用率测算方法及预警结果见附件1、2。

三、资源约束指标基于各省、自治区、直辖市的大气污染物排放、水资源、煤炭消费总量以及其他相关资源的约束情况，分为红色、绿色两个等级。对于《关于印发打赢蓝天保卫战三年行动计划的通知》（国发〔2018〕22号，以下简称《行动计划》）确定的重点区域，资源约束指标为红色预警；其余为绿色。各省、自治区、直辖市资源约束情况见附件3。

四、煤电建设经济性预警指标基于2022年各省、自治区、直辖市新投运省内自用煤电项目的预期投资回报率，分为红色、橙色、绿色三个等级。投资回报率低于当期中长期国债利率的为红色预警；投资回报率在当期中长期国债利率至一般项目收益率（电力项目通常为8%）之间的为橙色预警；投资回报高于一般项目收益率的为绿色。煤电项目预期投资回报率计算方法、预警结果见附件4、5。

五、为积极稳妥做好2019年煤电规划建设工作，按照适度有序的原则，分类指导各地纳入国家电力建设规划的省内自用煤电项目核准、建设工作。

（一）装机充裕度指标为红色和橙色的地区，要暂缓核准、暂缓新开工建设省内自用煤电项目（含燃煤自备机组，下同），合理安排在建煤电项目的建设时序，原则上不新安排省内自用煤电项目投产，确有需要的，有序适度安排煤电应急调峰储备电源。

（二）装机充裕度指标为绿色的地区，优先利用清洁能源发电和外送电源项目，采取省间电力互济、电量短时互补以及加强需求侧管理等措施后仍无法满足需求的，要落实国土、环保、水利等国家有关政策要求，并征求相应派出能源监管机构意见，按需有序核准、开工建设省内自用煤电项目；同等条件下，优先核准、优先开工建设扶贫项目、民生热电、煤电联营、必要的电网支撑以及园区配套项目。

装机充裕度指标为绿色、资源约束指标为红色的地区，在落实上述要求的基础上，需进一步落实《行动计划》等相关文件要求，严格控制新核准、新开工建设煤电项目规模。

（三）对于按照上述要求确需核准、开工建设省内自用煤电项目的省份，要遵循有序适度原则，合理安排时序，避免集中核准、集中开工；密切跟踪电力（供需）形势变化，合理控制建设节奏，防范出现新的煤电产能过剩。

六、在电力供需形势、煤价、电价等关键条件发生较大变化或者相关重大政策出台后，将及时更新风险预警结果，另行补充发布。

特此通知。

附件：1. 各省、自治区、直辖市电力系统参考备用率

2. 2022年装机充裕度情况

3. 2022年资源约束情况

4. 煤电项目预期投资回报率计算方法（略）

5. 2022年经济性预警情况

国家能源局

2019年3月27日

附件1

各省、自治区、直辖市电力系统参考备用率

序号	地区	合理备用率	绿色区间	橙色区间	红色区间
1	黑龙江	15%	≤17%	17%～18%	>18%
2	吉林	13%	≤15%	15%～17%	≥17%
3	辽宁	13%	≤14%	14%～17%	≥17%

续表

序号	地区		合理备用率	绿色区间	橙色区间	红色区间
4	内蒙古	蒙东	15%	≤21%	21%～23%	≥23%
5		蒙西	15%	≤16%	16%～22%	≥22%
6	北京		15%	—	—	—
7	天津		15%	≤19%	19%～23%	≥23%
8	河北	冀北	13%	≤15%	15%～17%	≥17%
9		冀南	13%	≤14%	14%～17%	≥17%
10	山东		13%	≤14%	14%～17%	≥17%
11	山西		13%	≤15%	15%～18%	≥18%
12	陕西		13%	≤15%	15%～18%	≥18%
13	甘肃		13%	≤16%	16%～18%	≥18%
14	青海		13%	≤15%	15%～20%	≥20%
15	宁夏		15%	≤18%	18%～22%	≥22%
16	新疆		15%	≤17%	17%～21%	≥21%
17	河南		14%	≤15%	15%～18%	≥18%
18	湖北		14%	≤16%	16%～20%	≥20%
19	湖南		14%	≤16%	16%～19%	≥19%
20	江西		14%	≤18%	18%～21%	≥21%
21	四川		14%	≤15%	15%～17%	≥17%
22	重庆		15%	≤17%	17%～20%	≥20%
23	西藏		—	—	—	—
24	上海		15%	≤17%	17%～19%	≥19%
25	江苏		12%	≤13%	13%～17%	≥17%
26	浙江		12%	≤13%	13%～17%	≥17%
27	安徽		12%	≤14%	14%～18%	≥18%
28	福建		12%	≤14%	14%～18%	≥18%
29	广东		13%	≤14%	14%～18%	≥18%
30	广西		13%	≤15%	15%～18%	≥18%
31	云南		13%	≤15%	15%～18%	≥18%
32	贵州		13%	≤15%	15%～18%	≥18%
33	海南		20%	≤25%	25%～30%	≥30%

注 绿色区间：系统实际备用率不高于合理备用率，或在合理备用率之上小于当地一台大型煤电单机对应的系统备用率。

红色区间：系统实际备用率在合理备用率之上多出当地一年负荷增长需要的装机所对应的系统备用率。

橙色区间：系统实际备用率介于绿色及红色范围之间。

北京、西藏未来不发展煤电，未测算其煤电规划建设风险预警情况。

附件 2

2022 年装机充裕度情况

序号	地区		煤电装机充裕度预警指标	序号	地区	煤电装机充裕度预警指标
1	黑龙江		红色	18	湖北	绿色
2	吉林		红色	19	湖南	绿色
3	辽宁		橙色	20	江西	绿色
4	内蒙古	蒙东	红色	21	四川	绿色
5		蒙西	绿色	22	重庆	绿色
6	北京		—	23	西藏	—
7	天津		绿色	24	上海	绿色
8	河北	冀北	绿色	25	江苏	绿色
9		冀南	绿色	26	浙江	绿色
10	山东		红色	27	安徽	绿色
11	山西		红色	28	福建	橙色
12	陕西		绿色	29	广东	绿色
13	甘肃		红色	30	广西	绿色
14	青海		绿色	31	云南	绿色
15	宁夏		红色	32	贵州	绿色
16	新疆		红色	33	海南	绿色
17	河南		绿色			

注 北京、西藏未来不发展煤电，未测算其煤电规划建设风险预警情况。

附件 3

2022 年资源约束情况

序号	地区		资源约束指标		序号	地区	资源约束指标	
1	黑龙江		绿色		16	新疆	绿色	
2	吉林		绿色		17	河南	重点区域	红色
3	辽宁		绿色				其他区域	绿色
4	内蒙古	蒙东	绿色		18	湖北	绿色	
5		蒙西	绿色		19	湖南	绿色	
6	北京		红色		20	江西	绿色	
7	天津		红色		21	四川	绿色	
8	河北	冀北	重点区域	红色	22	重庆	绿色	
			其他区域	绿色	23	西藏	绿色	
9		冀南	红色		24	上海	红色	
10	山东		重点区域	红色	25	江苏	红色	
			其他区域	绿色	26	浙江	红色	
11	山西		重点区域	红色	27	安徽	红色	
			其他区域	绿色	28	福建	绿色	
12	陕西		重点区域	红色	29	广东	绿色	
			其他区域	绿色	30	广西	绿色	
13	甘肃		绿色		31	云南	绿色	
14	青海		绿色		32	贵州	绿色	
15	宁夏		绿色		33	海南	绿色	

注 “重点区域”是指《关于印发打赢蓝天保卫战三年行动计划的通知》(国发〔2018〕22 号) 确定的重点区域。
北京、西藏未来不发展煤电，未测算其煤电规划建设风险预警情况。

附件 5

2022 年经济性预警情况

序号	地区		煤电建设经济性预警指标	序号	地区	煤电建设经济性预警指标
1	黑龙江		绿色	18	湖北	绿色
2	吉林		绿色	19	湖南	绿色
3	辽宁		绿色	20	江西	红色
4	内蒙古	蒙东	绿色	21	四川	红色
5		蒙西	绿色	22	重庆	绿色
6	北京		—	23	西藏	—
7	天津		红色	24	上海	绿色
8	河北	冀北	绿色	25	江苏	绿色
9		冀南	绿色	26	浙江	绿色
10	山东		红色	27	安徽	红色
11	山西		绿色	28	福建	橙色
12	陕西		绿色	29	广东	绿色
13	甘肃		红色	30	广西	红色
14	青海		红色	31	云南	红色
15	宁夏		红色	32	贵州	绿色
16	新疆		绿色	33	海南	绿色
17	河南		橙色			

注　北京、西藏未来不发展煤电，未测算其煤电规划建设风险预警情况。

国家能源局关于印发 2019 年脱贫攻坚工作要点的通知

（国能发规划〔2019〕32 号）

各司，各派出能源监管机构，各直属事业单位，中电传媒：

根据《中共中央　国务院关于打赢脱贫攻坚战三年行动的指导意见》，为进一步加大国家能源局扶贫工作力度，现印发《国家能源局 2019 年脱贫攻坚工作要点》。请各单位根据任务分工，抓紧落实。

国家能源局

2019 年 3 月 28 日

国家能源局 2019 年脱贫攻坚工作要点

2019 年是新中国成立 70 周年，是全面建成小康社会关键之年，是打赢脱贫攻坚战攻坚克难的关键一年。根据《中共中央　国务院关于打赢脱贫攻坚战三年行动的指导意见》，为进一步加大能源扶贫工作力度，明确国家能源局各部门、各单位 2019 年脱贫攻坚工作目标、任务和责任，特制定本工作要点。

一、总体要求

以习近平新时代中国特色社会主义思想为指导，深入学习贯彻习近平总书记关于扶贫工作的重要论述和在听取脱贫攻坚专项巡视汇报时的重要指示精神，全面落实中央经济工作会议、全国扶贫开发工作会议、脱贫攻坚专项巡视整改电视电话会议精神，坚持精准扶贫精准脱贫基本方略，坚持问题导向，攻坚克难、扎实工作，进一步聚焦深度贫困地区，创新思路、机制和方法，举全局之力、全行业之力，进一步完善贫困地区能源基础设施建设，优先支持贫困地区能源资源开发，为贫困地区经济发展、脱贫摘帽提供有力保障，同时全力做好定点扶贫工作，确保在 2019 年取得实质性、突破性进展，为 2020 年全面打赢脱贫攻坚战奠定坚实基础。

二、大力推进行业扶贫工作，聚焦深度贫困地区能源发展

（一）持续推进农村电网改造升级。以“三区三州”等深度贫困地区为重点，在中央预算内投资中予以倾斜支持，加强工作督导，实施贫困地区农网改造升级，加强电力基础设施建设。加强“三区三州”电网建设，解决网架结构薄弱、供电质量偏低、动力电空白点等问题，加快西藏通动力电进程。优化贫困地区电网主网架结构，提高安全水平。组织西藏编制最后12个孤网县农村电网建设实施方案，印发实施抵边村寨农网改造升级攻坚行动计划。（新能源司，电力司）

（二）进一步提高电力普遍服务水平。组织地方能源主管部门、电网企业和第三方机构，对贫困地区电网投资建设、运营维护、服务水平和企业经营管理情况进行监测评价，建立贫困地区电力普遍服务监测评价体系，开展年度监测评价。（新能源司，相关派出能源监管机构）

（三）有序开展光伏扶贫电站建设。配合国务院扶贫办下达脱贫攻坚期间光伏扶贫项目计划，规范村级光伏扶贫电站的建设和运营维护、安全使用，提高电站建设质量。配合国务院扶贫办、财政部将符合条件的电站纳入光伏扶贫补助目录，及时足额发放财政补贴资金。督促电网公司做好光伏扶贫电站的并网工作，保障光伏扶贫实施效果。（新能源司，安全司）

（四）积极支持贫困地区重大能源项目建设。在确保生态安全的前提下，有序推动“三区三州”等贫困地区大型水电基地建设。在风电平价上网项目布局及竞争性配置有国家补贴风电项目方面向贫困地区倾斜，积极推动四川凉山、甘肃通渭大型风电基地建设。积极推动贫困地区煤炭资源开发，将资源优势尽快转化为经济优势。（新能源司、煤炭司分别牵头）

（五）提高贫困地区农村可再生能源开发利用水平。积极推进贫困地区生物质能开发利用，组织各地修订生物质热电联产“十三五”规划，重点支持贫困地区生物质热电联产项目建设。推动提高贫困地区沼气规模化利用水平。（新能源司）

（六）继续开展赴深度贫困地区调查研究。落实习近平总书记关于在全党大兴调查研究之风的重要指示，继续组织开展赴深度贫困地区调研活动，摸清当地社会、经济、能源发展现状，总结成功经验，针对存在的问题，提出政策建议。（规划司，其他各单位）

三、深入推进定点扶贫工作，助力两县按期脱贫摘帽

（七）加强组织领导。国家能源局扶贫工作领导小组（以下简称领导小组）定期召开会议，专题研究定点扶贫甘肃省通渭县、清水县（以下简称两县）工作，加强工作部署，分解落实任务。领导小组各成员单位要把定点扶贫工作纳入本单位工作重点，主动参与帮扶，采取有力措施，确保取得实效。（规划司，其他各单位）

（八）创新帮扶措施。以打牢产业基础、提高贫困户收入为主要目标，协调指导两县重点基础设施和产业项目建设，积极开展党建扶贫、教育培训、就业扶贫、消费扶贫、电商扶贫、网络扶贫等帮扶活动，探索稳定增收帮扶模式，为两县如期实现脱贫摘帽创造条件。（规划司，其他各单位）

（九）加强调研督导。结合能源行业发展和两县发展需要，积极开展调研督导，及时了解两县发展实际情况，督促县委县政府落实脱贫攻坚主体责任。（规划司，其他各单位）

（十）加强挂职干部管理。做好挂职干部轮换接替工作，按要求保障挂职干部工作经费和生活补助。加强扶贫挂职干部管理，宣传先进典型，激励挂职干部积极履职尽责。（规划司，人事司，派出挂职干部单位）

四、切实加强脱贫攻坚组织领导，持续改进扶贫工作作风

（十一）落实中央脱贫攻坚巡视整改要求。各单位要强化政治担当，提高政治站位，按照中央脱贫攻坚专项巡视指出的问题，把自己摆进去，主动对照检查，积极整改问题，进一步提高扶贫工作的精准度和有效性。配合国家发展和改革委员会完成相关巡视整改任务。（规划司，机关纪委，其他各单位）

（十二）开展作风治理“回头看”。对照《国家能源局扶贫领域作风问题治理清单》，结合巡视整改工作，开展扶贫领域作风治理“回头看”，进一步强化责任担当，提升工作成效，巩固治理成果。（规划司，机关纪委，其他各单位）

（十三）明确“一把手负责制”。各成员单位主要负责同志要将脱贫攻坚工作作为重大政治任务，亲自研究、督促、推动，结合本单位实际谋划精准扶贫思路，细化目标任务和政策举措，做到项目细化到处，责任落实到人。各扶贫任务牵头单位主要负责同志应至少带队开展一次扶贫调研活动。（各单位）

（十四）完善报告督办制度。各扶贫任务牵头单位每季度向领导小组办公室报告工作情况，其他单位根据情况报告，对未完成情况说明原因。领导小组办公室汇总更新工作台账后报局党组，并根据实际情况，对重点事项和进展较慢事项进行督办。（规划司，其他各单位）

（十五）建立扶贫考核机制。将开展扶贫工作情况作为部门年终考核重要内容，建立完善相关工作机制。对在扶贫工作中表现突出的干部进行奖励，对未完成扶贫任务分工的，视情况给予责任追究，不能胜任的及时调整。（人事司，规划司）

（十六）加大教育培训力度。组织开展2019年扶贫干部教育培训活动。深入学习领会习近平总书记关于扶贫工作的重要论述，提高党员干部把握脱贫攻坚方针政策、做好精准扶贫工作的能力和水平。（规划

司，人事司）

（十七）营造良好舆论氛围。创新宣传方式，拓宽宣传渠道，在行业内外的电视台、报刊、网络等媒体上积极宣传能源扶贫政策、进展和成效，营造行业内外共同关注、参与、支持能源扶贫工作的良好环境氛围。（综合司，中电传媒，规划司，其他各单位）

（除明确说明以外，排名第一的为牵头单位）

附件：2019年脱贫攻坚工作要点任务分解表（略）

国家能源局综合司关于深刻汲取事故教训切实抓好电力安全生产工作的通知

（国能综通安全〔2019〕34号）

各省、自治区、直辖市及新疆生产建设兵团发展改革委（能源局）、经信委（工信委），北京市城管委，各派出能源监管机构、大坝中心，全国电力安委会各企业成员单位，各有关单位：

今年以来，全国电力行业发生多起事故事件，安全生产形势非常严峻，特别是4月份连续发生数起人身伤亡事故，损失较重，教训深刻。4月6日，国网陕西镇安抽水蓄能电站在建工程发生一起触电事故，造成1人死亡；12日，甘肃民勤航天新能源投资有限公司周家井风电场发生一起风机倒塌事故，造成4人死亡、2人受伤；16日，大唐河北保定热电厂发生一起溺水事故，造成1人死亡；19日，沈阳华润热电有限公司发生一起高空坠落事故，造成1人死亡。事故暴露出部分电力企业安全发展理念不牢固、安全管理不到位、法规执行有漏洞、“三违”现象治而不绝。我局对此高度重视，主要负责同志和分管负责同志相继作出批示，要求认真分析事故原因，深刻汲取事故教训，制定落实针对性措施，杜绝各类事故发生。为进一步加强电力安全生产监督管理，有效遏制事故发生，促进电力安全生产形势稳定向好发展，现提出如下工作要求。

一、提高站位，严格落实安全生产责任

各单位要深入学习贯彻习近平总书记对江苏响水“3·21”特大爆炸事故作出的重要指示精神，提高政治站位，增强红线意识，切实将安全生产摆在电力工业发展更加突出、更加重要的位置，把安全生产工作做得再扎实一点、细致一点。要勇于担当负责，不断健全完善责任制，压紧压实各部门、各岗位安全生产责任，确保责任逐级传导至每处现场、每个环节、每名人员，打通安全生产责任落实的“最后一公里”。要加强组织领导，认真研究部署，扎实开展安全生产各项工作，积极推进解决事故暴露出的基础性、根源性、普遍性问题。要加强生产经营活动全过程安全管理，强化安全生产法律法规和标准规范执行落实，牢牢守住电力安全发展的底线。

二、汲取教训，加强风险管控和隐患治理

各单位要深入剖析事故事件问题根源，认真对照检查，深刻汲取教训，结合国家关于安全生产的部署要求和本单位工作实际，进一步健全安全风险管控和隐患排查治理双重预防机制，以春检、度汛安全检查、危险化学品综合治理等为契机，对电力生产各环节、各部位开展再梳理、再排查，深入查找安全风险、事故隐患及管理漏洞短板，并采取有效措施彻底整治，务必实现闭环管理，必要时开展管控治理结果现场核验或“回头看”检查。电力企业特别要加强重点领域和事故高发环节的安全管理，认真开展检修作业、防汛防涝、燃料运制、除灰排粉、灰场灰坝、水电站大坝、危险化学品、输变电设备、外包工程、施工现场等方面的安全风险辨识评估，采取针对性措施，堵塞漏洞，补齐短板，管住风险，消除隐患。

三、杜绝“三违”，有效落实事故预防措施

各电力企业要严格落实《防止电力生产事故的二十五项重点要求》，深入开展反“违章指挥、违规作业、违反劳动纪律”工作。要建立健全工作机制，加强监督考核，确保“两票三制”规定在基层班组得到认真执行；要加强作业现场安全检查，重点检查有限空间作业、高处作业、动火作业、脚手架搭拆等高危作业，及时纠正制止违法违规行为；要科学安排作业定员和工期时限，确保工作班成员结构合理、作业时间合理、工期合理，严禁赶工期抢进度；要将外委队伍和外协人员纳入本单位安全管理体系，特别要对流动性较强的劳务派遣、临时用工人员实行统一同质管理，严格执行持证上岗规定，确保反“三违”全覆盖；要加强安全教育培训，特别要对新进场、转岗人员及时开展企业、车间、班组三级安全教育和安全技术交底，强化安全意识，增强安全技能，从源头防范“三违”行为发生。

四、加强准备，妥善处置各类突发事件

各电力企业要加强应急准备，根据本单位安全生产需要，及时制定修订各项应急预案和现场处置方案，并按照规定报告备案，确保抢险救援工作有章可循；要加强应急队伍建设，健全应急领导机构，保障必要的人财物资源，确保遇事有人指挥、有人协调、有人处理；要加强应急培训，提升应急能力水平，确保全体员工具备相应的抢险救援和避险自救能力；要建立健全协调联动机制，加强与地方政府及其国土、气象、地震、水利、消防等部门的联络沟通，及时获取自然灾害信息，共享抢险救援力量；要定期组织开展演习演练，检验管理体系的应急响应速度和抢险救

援成效。

五、齐抓共管，加大安全生产监管执法力度

各派出能源监管机构要加强电力安全监督管理，加大检查执法力度，严肃查处安全责任不落实、事故隐患突出、问题整改不力的单位，依法追究相关人员责任。地方政府电力管理等有关部门要严格按照习近平总书记“三个必须”重要指示要求，切实履行电力安全生产属地管理职责，认真开展监督检查，督促电力企业全面加强安全管理、落实主体责任。各派出能源监管机构、地方政府电力管理等有关部门要切实担起“促一方发展、保一方平安”的政治责任，加强工作协同配合，构建齐抓共管格局，形成安全监管合力，共同保障电力系统安全稳定运行和电力可靠供应。

国家能源局综合司
2019 年 4 月 23 日

国家能源局关于完善风电供暖相关电力交易机制扩大风电供暖应用的通知

（国能发新能〔2019〕35 号）

北京、天津、河北、山西、内蒙古、辽宁、吉林、黑龙江、山东、陕西、甘肃、宁夏、青海、新疆、新疆兵团、河南省（自治区、直辖市）发展改革委（能源局），华北、东北、西北能源监管局，山西、山东、甘肃、新疆、河南能源监管办，国家电网有限公司、内蒙古电力公司，中国华能集团公司、中国大唐集团公司，中国华电集团有限公司、国家能源投资集团公司、国家电力投资集团公司、中国华润集团公司、中国长江三峡集团公司、中国核工业集团公司、中国广核集团有限公司、中国节能环保集团公司，电力规划设计总院、水电水利规划设计总院：

为全面贯彻落实习近平总书记关于推进北方地区冬季清洁取暖的重要指示，按照《关于印发北方地区冬季清洁取暖规划（2017—2021 年）的通知》及有关政策要求做好北方地区清洁供暖工作，在总结已有风电清洁供暖试点经验基础上，要进一步完善风电供暖相关电力交易机制，扩大风电供暖应用范围和规模。现将有关工作要求通知如下。

一、做好风电清洁供暖试点工作总结和发展规划工作。请各有关省（区、市）能源主管部门做好本地区风电清洁供暖试点工作总结，全面梳理风电供暖现状、存在问题、典型实例、技术路线和支持政策，找准制约风电供暖的体制机制和技术障碍，组织相关技术单位，结合北方地区清洁供暖规划总体目标和当地实际情况，在 2019 年 6 月底前完成各地区 2019—2021 年的风电清洁供暖发展规划（或实施方案），明确 2021 年前分年度发展目标、主要任务和重点工程，特别是要明确在 2019 年度供暖季前可完工投入使用的近期重点工程。

二、做好风电清洁供暖技术论证工作。请各有关省（区、市）能源主管部门组织有关技术单位，结合本地区风能资源、供暖需求情况，合理论证并选择适宜本地区的技术方案。请国家电网有限公司、内蒙古电力公司积极配合，做好风电清洁供暖项目配套电网建设与改造工作，保障风电供暖项目可靠供电，同时深入研究电力与热力协同调度运行机制以及保障对应风电项目并网消纳的技术措施，并实现风电供暖与风电消纳的相互促进。

三、研究完善风电供暖项目投资运营机制。请各有关省（区、市）能源主管部门会同有关部门，探索建立符合市场化原则的风电清洁供暖投资运营模式，对风电清洁供暖项目落实相应的投资补助政策，建立促进风电取暖的电价机制，落实好谷段输配电价按平段输配电价减半执行的支持政策。鼓励对风电企业收取的居民个人采暖费、风电供暖项目的建设用地等提供税收优惠政策。

四、完善风电供暖的电力市场化交易机制。在统筹省间和省内电力市场化交易的前提下，国家能源局有关派出监管机构会同省级能源主管部门，指导电力交易机构开展风电供暖市场化交易，在地方政府有关部门和相关电力企业落实可再生能源电力全额保障性收购的基础上，鼓励风电企业与清洁供暖电力用户进行电力直接交易，交易价格由风电企业与用户自主协商或者竞价的方式确定。在 2020 年前暂时低于保障性收购小时数开展可再生能源电力市场化交易地区，按 10%左右的电量优先开展风电供暖交易。

五、做好风电清洁供暖组织协调和建设管理工作。请各有关省（区、市）能源主管部门明确风电供暖重点项目建设单位和年度开发建设方案，统筹做好风电、接网工程、供热站的衔接工作。要组织相关单位及时签订风电供暖电力交易协议，加强对项目建设和运行情况的监测管理，保证工程建设进度、工程质量和工程顺利实施。

六、请有关省（区、市）监管机构会同省级能源主管部门和电网企业加快完善风电清洁供暖电力交易机制。在 2019 年 9 月 30 日前，结合本地区 2019—2021 年的风电清洁供暖发展规划（或实施方案）以及 2019 年度供暖季前可完工投入使用的重点工程情况，报送本地区风电清洁供暖专项电力交易机制实施方案。

国家能源局
2019 年 4 月 4 日

国家能源局　国务院扶贫办关于下达"十三五"第二批光伏扶贫项目计划的通知

（国能发新能〔2019〕37号）

各省、自治区、直辖市及新疆生产建设兵团发展改革委（能源局）、扶贫办（局），各派出能源监管机构，国家电网有限公司、南方电网公司，内蒙古电力公司：

为贯彻落实《中共中央　国务院关于打赢脱贫攻坚战的决定》和《中共中央　国务院关于打赢脱贫攻坚战三年行动的指导意见》精神，扎实有序推进光伏扶贫工作，在各省（区）申报光伏扶贫项目的基础上，经国务院扶贫办、国家能源局联合审核，现下达"十三五"第二批光伏扶贫项目计划，有关事项通知如下。

一、本次共下达15个省（区）、165个县光伏扶贫项目，共3961个村级光伏扶贫电站（以下简称电站），总装机规模1 673 017.43kW，帮扶对象为3859个建档立卡贫困村的301 773户建档立卡贫困户。

二、加强电站建设运维管理。请各省级能源、扶贫主管部门落实《光伏扶贫电站管理办法》等文件要求，做好电站的建设运维，指导县级政府按"规划、设计、施工、验收、运维"五统一原则实施，确保电站早日建成，持久发挥扶贫效益。

三、建立建设进度月报制度。请各省级扶贫、能源主管部门提升信息化管理水平，依托国务院扶贫办全国光伏扶贫信息监测中心组织有关市（县）按月报送电站建设进度，并督促加快建设，早日投产运营。

四、完善项目组织管理。各地应严格按照国家政策组织实施国家下达计划项目，因各种原因无法实施或自愿放弃的，请省级扶贫、能源主管部门及时将有关情况报告国务院扶贫办和国家能源局，按要求在国务院扶贫办光伏扶贫信息管理系统中删除项目信息，相应项目不再纳入光伏扶贫实施项目范围。

五、明确项目建设时限。为发挥电站扶贫效益，助推脱贫攻坚，本次下达的光伏扶贫项目原则上应在2019年底前全容量建成并网，"十三五"第一批光伏扶贫项目须在2019年6月30日（含）前全容量建成并网。未按期建成并网的项目视为自动放弃，不再纳入国家光伏扶贫目录。

六、做好已建项目信息报送。为做好已建项目审核工作，以便尽早发放补贴，请各省级扶贫、能源主管部门将2018年9月1日～12月31日期间建成并网并符合相关政策的光伏扶贫项目，按照《国务院扶贫办综合司　国家能源局综合司关于报送存量光伏扶贫项目有关情况的通知》（国开办司发〔2018〕35号）程序和要求于5月31日前报送国务院扶贫办和国家能源局，并于5月15～25日期间在国务院扶贫办光伏扶贫信息管理系统填报项目信息。

附件："十三五"第二批光伏扶贫项目计划表

国家能源局　国务院扶贫办

2019年4月12日

附件

"十三五"第二批光伏扶贫项目计划表

序号	省份	县（个）	村（个）	户数（户）	电站数量（个）	规模（kW）
1	河北	18	697	51 489	702	348 575
2	山西	14	143	37 192	144	232 102
3	内蒙古	25	275	54 455	278	278 957
4	黑龙江	2	10	1918	10	10 409
5	安徽	3	4	1239	5	8660
6	河南	1	51	2880	51	19 540
7	广西	1	45	7238	45	2700
8	海南	2	49	1820	70	8672.5
9	四川	7	57	3230	57	18 280.93
10	云南	54	2225	63 660	2271	319 953
11	西藏	6	24	2061	24	9985
12	陕西	5	15	10 418	15	37 400
13	甘肃	22	183	55 090	204	314 586
14	宁夏	1	39	2738	39	19 022
15	新疆	4	42	6345	46	44 175
合计		165	3859	301 773	3961	1 673 017.43

注　项目明细在国务院扶贫办光伏扶贫信息管理系统下载。

国家能源局关于印发《能源标准化管理办法》及实施细则的通知

（国能发科技〔2019〕38号）

各省、自治区、直辖市能源行业主管部门，有关行业标准化管理机构，能源领域各标准化技术委员会：

为进一步规范能源领域标准化管理工作，根据2018年1月1日起实施的《中华人民共和国标准化法》及相关法规，结合能源领域的实际情况，我局修订形成了《能源标准化管理办法》《能源行业标准管理实施细则》和《能源行业标准化技术委员会管理实施细则》。现予以印发，请认真遵照执行。

附件：1. 能源标准化管理办法

2. 能源行业标准管理实施细则

3. 能源行业标准化技术委员会管理实施细则

国家能源局

2019 年 4 月 18 日

附件 1

能源标准化管理办法

第一章 总 则

第一条 为加强能源标准化工作，根据《中华人民共和国标准化法》《国务院办公厅关于印发国家能源局主要职责内设机构和人员编制规定的通知》（以下简称“三定”通知）及相关法律法规，结合能源行业的实际情况，制定本办法。

第二条 根据“三定”通知，本办法所定义的能源标准化包括下列范围：

（一）石油；

（二）天然气、页岩气；

（三）煤炭；

（四）煤层气/煤矿瓦斯；

（五）电力（常规电力）；

（六）炼油、煤制燃料和生物质燃料；

（七）核电；

（八）新能源和可再生能源；

（九）能源节约与资源综合利用；

（十）能源装备。

第三条 本办法适用于能源国家标准、行业标准和团体标准。国家标准分为强制性标准、推荐性标准；行业标准分为强制性标准（工程建设类）、推荐性标准；强制性标准必须执行，国家鼓励采用推荐性标准。团体标准由本团体成员约定采用或者按照本团体的规定供社会自愿采用。

第四条 能源标准化工作的任务是依据法定职责，负责强制性国家标准的项目提出、组织起草、征求意见和技术审查；负责强制性行业标准的项目提出、组织起草、征求意见、技术审查和编号发布；负责推荐性能源行业标准的制定；对标准的制定进行指导和监督，对标准的实施进行监督检查。协助和配合国务院标准化行政主管部门规范、引导和监督能源领域团体标准的制定。

第五条 制定标准应当在科学技术研究成果和社会实践经验的基础上，深入调查论证，广泛征求意见，保证标准的科学性、规范性、时效性，提高标准质量。

第六条 国家能源局鼓励企业、社会团体和教育、科研机构等开展或者参与能源标准化工作。积极推动企业、社会团体和教育、科研机构等参与国际标准化活动，开展能源标准化对外合作与交流，鼓励参与制定国际标准或国外先进标准，推进能源领域中国标准与国外标准之间的转化运用。

第二章 标 准 化 管 理

第七条 国家能源局接受国务院标准化行政主管部门指导，分工负责能源标准化工作，并履行下列职责：

（一）贯彻国家标准化工作的法律、法规、方针、政策，并制定其在能源领域实施的具体办法、规章和政策；

（二）负责能源标准化的宏观管理，负责与其他部门的工作协调；

（三）依据法定职责，对能源领域相关标准的制定进行指导和监督，对相关标准的实施进行监督检查；

（四）组织制定能源标准化发展规划和建立能源标准体系；

（五）负责能源行业标准化补助经费的筹集；

（六）负责管理能源行业标准化技术委员会；

（七）负责对在能源标准化工作中做出显著成绩的单位和个人，按照国家和行业有关规定给予表彰和奖励；

（八）负责能源标准化工作的其他事项。

第八条 国家能源局可委托具有标准化管理职能的协会、联合会、企事业单位和相关特定的技术委员会等相关机构（以下简称行业标准化管理机构，名单见附件）进行能源行业标准制定的具体组织管理工作。

第九条 行业标准化管理机构，接受国家能源局的指导和监督，并主要行使以下职责：

（一）征集、评估、申报本行业、本领域的年度标准制修订计划；

（二）负责年度计划项目的执行、技术审查和报批；

（三）组织行业标准出版工作，负责标准成果申报；

（四）推进标准的宣贯、实施；

（五）配合做好相关标准化技术委员会和分技术委员会的管理工作；

（六）指导能源领域内相应团体标准化工作；

（七）组织参加国际标准化活动，参与制定国际标准，推进中国标准与国外标准之间的转化运用；

（八）承办国家能源局委托的其他标准化工作。

第十条　能源领域标准化技术委员会（以下简称标委会）包括全国标委会和行业标委会。

全国标委会由国务院标准化行政主管部门按照《全国专业标准化技术委员会管理办法》统一管理，国家能源局配合做好业务指导工作，充分发挥各行业协会、联合会和企事业单位的作用。

行业标委会由国家能源局统一管理，可委托行业标准化管理机构进行具体组织管理。行业标委会主要行使下列职责：

（一）制定本专业领域的标准体系表；

（二）提出本专业领域的年度标准立项计划；

（三）组织对本专业领域标准的技术审查和外文版的翻译工作；

（四）开展本专业领域标准化培训、标准宣贯、标准解释、标准实施的跟踪及评估和技术服务；

（五）承办国家能源局或行业标准化管理机构委托的标准化工作。

第三章　标准的制定

第十一条　符合《中华人民共和国标准化法》关于制定国家标准要求的，制定国家标准；没有国家标准而又需要在能源行业内统一技术和管理要求的，可以制定能源行业标准。鼓励能源相关行业学会、协会、商会、联合会、产业技术联盟等社会团体制定高于推荐性标准相关技术要求的团体标准。

第十二条　能源领域国家标准的制定应符合《中华人民共和国标准化法》《国家标准管理办法》和《工程建设国家标准管理办法》等有关规定。

第十三条　能源行业标准的计划立项、起草、审查、报批、编号、批准发布、备案、出版、复审、修订、修改等工作由国家能源局统一管理，根据工作需要，可以委托行业标准化管理机构对行业标准的起草、审查、报批、备案、出版、复审、修订和修改等工作进行具体管理。

第十四条　鼓励学会、协会、商会、联合会、产业技术联盟等能源社会团体协调相关市场主体按照《团体标准管理办法》要求，共同制定满足市场和创新需要的团体标准。

第十五条　强制性标准文本应当免费向社会公开。国家能源局推动能源领域推荐性标准文本免费向社会公开。

第四章　标准的实施、监督和奖励

第十六条　强制性标准必须严格执行，不符合强制性标准的产品、服务，不得生产、销售、进口或者提供。

第十七条　能源领域企业执行国家标准、行业标准、团体标准时，应当在产品或其说明书、包装物上标注执行标准的编号、名称。

第十八条　国家能源局建立能源行业标准实施信息反馈和评估机制。

第十九条　国家能源局负责对能源行业标准的解释，涉及标准具体技术内容的，由行业标准化管理机构或标准技术归口单位出具解释意见。

第二十条　标准属于科技成果，对技术水平高、取得显著效益的能源领域标准，应纳入相关科技奖励范围。

第二十一条　对于符合中国标准创新贡献奖奖励条件的能源领域国家标准和行业标准，由国家能源局和相关行业标准化管理机构按照《中国标准创新贡献奖管理办法》推荐申报。

第二十二条　任何单位和个人有权向国家标准化行政主管部门、有关行政主管部门，举报、投诉违反本办法的行为。

第五章　附　　则

第二十三条　能源领域国家标准和行业标准制定所需经费来源：

1. 行业、企业自筹的标准化经费；
2. 有关企事业单位的资助；
3. 有关社团组织的赞助；
4. 政府部门给予的标准化补助费用等；
5. 能源行业重点工程和科研项目列支经费等。

第二十四条　对政府部门给予的标准化补助费用和有关单位资助、社团组织赞助的费用，以及能源行业重点工程和科研项目列支经费，专款专用，不得挪作他用。

第二十五条　本办法自发布之日起实施，国家能源局2009年2月5日颁发的《能源领域行业标准化管理办法（试行）》即行废止。

第二十六条　本办法由国家能源局负责解释。

附件1

能源领域行业标准化管理机构名单

中国石油天然气集团有限公司

中国石油化工集团有限公司

中国海洋石油集团有限公司

中国煤炭工业协会

中国电力企业联合会

中国机械工业联合会

核工业标准化研究所
中国电器工业协会
全国锅炉压力容器标委会
水电水利规划设计总院
中国节能投资公司
中国农村能源行业协会
电力规划设计总院
煤矿瓦斯治理国家工程研究中心
煤层气开发利用国家工程研究中心

附件 2

能源行业标准管理实施细则

第一章 总 则

第一条 为规范能源行业标准制定工作，按照《中华人民共和国标准化法》有关规定，根据《能源标准化管理办法》制定本细则。

第二条 本细则适用于石油、天然气、页岩气、煤炭、煤层气/煤矿瓦斯、电力（常规电力）、炼油、煤制燃料和生物质燃料、核电、新能源和可再生能源、能源节约与资源综合利用、能源装备等领域行业标准制定。

第三条 能源行业标准是指没有国家标准，又需要在能源行业内统一技术和管理要求而制定的标准。能源行业标准的技术要求不得与有关国家标准相抵触，不得低于国家标准的相关技术要求。能源行业标准之间应保持协调、统一，不得重复。

制定能源行业标准，要以构建清洁低碳、安全高效的能源体系，推进能源生产和消费革命的需求为导向，重点突出、科学合理；要与产业政策、行业规划相互协调，促进产业升级、结构优化；要有利于科学技术成果的推广应用，有利于能源节约与资源综合利用，有利于保护人体健康和人身安全、保护环境，有利于能源互联互通和高质量发展；要积极参与制定国际标准，结合国情采用国际标准，推进能源领域中国标准与国外标准之间的转化运用，增强中国能源标准国际影响力。

第四条 能源行业标准分为强制性标准（工程建设类标准）、推荐性标准。

第五条 行业标准的制定包括立项、起草、审查、报批、编号、批准发布、备案、出版、复审、修订、修改等工作。

第六条 国家能源局统一管理能源行业标准的制定工作，根据工作需要可委托行业标准化管理机构对行业标准的起草、技术审查、报批、出版、复审等工作进行管理。

第二章 立 项

第七条 能源行业标准的计划立项，由国家能源局负责。

第八条 任何政府机构、行业社团组织、企事业单位和个人（以下简称申请人）均可提出能源行业标准立项申请，并填写行业标准项目任务书（见附表 1）。

第九条 行业标准立项申请内容应包括（不限于）：

1. 该项目的必要性、可行性、适用范围；
2. 该项目的先进性、创新性和产业化情况；
3. 该项目与国际标准的一致性程度或差异；
4. 该项目与现行法律法规、强制性国家标准及相关标准协调配套情况；
5. 该项目的类型建议、经费预算、预期作用和效益等；
6. 由标准化技术委员会（以下简称标委会）提出的行业标准立项申请，该项目全体代表表决情况；
7. 修订项目需说明拟修订的主要技术内容。

第十条 行业标准立项申请由标委会或标准技术归口单位（以下简称标准技术归口单位）受理，经标准技术归口单位审查后报送行业标准化管理机构。标准技术归口单位在立项申请审查中要严格控制数量，积极推进标准系列化。

第十一条 行业标准化管理机构对标准技术归口单位报送的能源行业标准立项申请进行审核、评估、协调后报送国家能源局。报送材料包括：

1. 行业标准项目计划汇总表（见附表 2）；
2. 行业标准项目任务书；
3. 行业标准草案；
4. 审查会议纪要及专家签字表。

第十二条 国家能源局对行业标准化管理机构和标准技术归口单位上报的行业标准立项申请进行汇总审核，并向社会广泛征求意见。无异议的项目，直接予以立项；有异议的项目，经协调达成一致意见的，予以立项；有异议且经协调未达成一致意见的项目，应组织专家进行论证评估，根据论证评估意见确定是否立项。

第十三条 行业标准项目计划分为年度计划和补充计划，由国家能源局下达。一般应列入年度计划，每年一次集中下达；其他根据工作需要，可作为补充计划另行下达。

第十四条 行业标准项目计划执行过程中，需要协调解决的问题，属行业内专业之间的，由行业标准化管理机构负责；属行业之间的，由国家能源局组织专家论证，并依据论证意见协调解决。

第十五条 国家能源局下达的行业标准项目原

则上不得终止或调整。因技术进步等不可预见性因素，确需终止或调整的，标准技术归口单位应通过行业标准化管理机构提出终止或调整申请，报国家能源局。

终止项目计划需详细说明理由，并提供论证意见，经审核通过后由国家能源局批复。

调整项目计划需填写行业标准项目计划调整申请表（见附表3），并提供论证意见（需明确声明与其他标准不存在交叉、重复、矛盾等情况）。调整申请报国家能源局后，参照本细则第十二条执行。

第十六条 每年一月底以前行业标准化管理机构应总结上年度计划的执行情况，并报国家能源局。

第三章 起 草

第十七条 行业标准由标准技术归口单位组织起草。

第十八条 行业标准起草单位应按立项要求，组织科研、生产、用户等各方面人员成立工作组共同起草标准征求意见稿。

第十九条 行业标准征求意见稿编写应符合GB/T 1.1《标准化工作导则 第1部分：标准的结构和编写》《工程建设标准编写规定》和其他相关行业标准编写要求。

第二十条 起草行业标准征求意见稿时，应编写标准编制说明，其内容一般包括（不限于）：

1. 工作简要过程，包括任务来源、主要参加单位、主要工作过程和工作组成员等；

2. 行业标准编写原则和主要内容，修订标准时应列出与原标准的主要差异和理由；

3. 主要试验验证情况和预期达到的效果；

4. 采用国际标准和国外先进标准情况，与国际和国外同类标准水平的对比情况；

5. 与现行法律、法规、政策及相关标准的协调性；

6. 重大分歧意见的处理经过和依据；

7. 本标准作为强制性（仅工程建设类）或推荐性标准的建议；

8. 贯彻标准的要求和措施建议；

9. 废止现行有关标准的建议；

10. 重要内容的解释和其他应予说明的事项。

第二十一条 能源行业标准征求意见稿起草完成后，标准技术归口单位应向国家能源局相关职能司、行业主要生产、经销、使用、科研、检验等单位及大专院校广泛征求意见。征求意见时间不得少于30天。

被征求意见的单位应在规定期限内回复意见，如没有意见也应复函说明，逾期不复函，按无异议处理。对比较重大的意见，应依据有关法规说明论据或提出技术经济论证。

第四章 技 术 审 查

第二十二条 标准起草单位对征集的意见进行归纳整理、分析研究和处理后，形成行业标准送审稿、编制说明、行业标准征求意见汇总处理表（见附表4）及有关附件。由标准技术归口单位审阅，并确定能否提交审查。必要时可重新征求意见。

第二十三条 能源领域行业标准送审稿由标准技术归口单位组织审查。审查形式分为会议审查和函审，宜进行会议审查。

标委会审查行业标准时，必须有全体代表的四分之三以上同意方为通过。标准技术归口单位审查行业标准时，组织有代表性的生产、用户、科研、检验、大专院校等方面的专家（至少15人）进行审查，必须有全体代表的四分之三以上同意方为通过。

第二十四条 会议审查，应印发会议纪要，并附参加审查会议的单位和人员名单；函审，应填报行业标准送审稿函审结论表（见附表5）及行业标准送审稿函审单（见附表6）。

第五章 报 批

第二十五条 行业标准送审稿审查通过后，由起草单位整理成报批稿及有关附件，由标准技术归口单位报送行业标准化管理机构。

第二十六条 行业标准化管理机构对报批稿及有关附件进行复核后，符合要求的，填写行业标准申报单（见附表7），报送国家能源局。报送文件包括：

1. 报批行业标准项目汇总表（见附表8）；

2. 行业标准申报单；

3. 行业标准报批稿；

4. 行业标准编制说明；

5. 行业标准征求意见汇总处理表；

6. 行业标准审查会议纪要或行业标准送审稿函审结论表（见附表5）及行业标准送审稿函审单（见附表6）；

7. 采用国际标准或国外先进标准的原文和译文。

如无特殊要求，上述文件均为一式一份。

第六章 审批和发布

第二十七条 国家能源局对行业标准报批稿及有关附件的完整性、规范性进行格式审查。符合发布条件的，由国家能源局统一编号。

第二十八条 行业标准由国家能源局批准和发布。

第二十九条 行业标准批准发布后，由国家能源局或行业标准化管理机构在30个工作日内到国务院标准化行政主管部门备案；对工程建设类行业标准还要由国家能源局或行业标准化管理机构在 30 个工作日内到国务院工程建设行政主管部门备案。

第三十条 国家能源局将发布后的行业标准目录在网上公布，行业标准化管理机构和标准技术归口单位应认真组织开展标准的宣传、培训、实施和解释工作。

第七章 出 版

第三十一条 行业标准出版由行业标准化管理机构或标准技术归口单位负责，行业标准出版单位必须是国家有关部门批准的正式出版机构。

第三十二条 行业标准批准发布后，标准文本应在标准实施前 1 个月出版发行。

第八章 复 审

第三十三条 行业标准实施满五年后应进行复审。复审可采用会议审查或函审。

第三十四条 经复审确认有效或废止的行业标准和计划，由行业标准化管理机构审核后报送国家能源局，经国家能源局审查同意后公布复审结果。需修订的行业标准，列入标准制定计划，参照本细则第二章执行。

第三十五条 行业标准复审报送文件包括：

1. 行业标准复审工作总结；
2. 行业标准复审结论汇总表（见附表 9～附表 11）；
3. 行业标准复审意见表（见附表 12）。

第九章 修订、修改

第三十六条 行业标准执行中需要修订的，按照标准制定程序列入年度计划或补充计划。当行业标准的技术内容只作少量修改时，以行业标准修改通知单（见附表 13）的形式进行修改，按本细则第四章和第五章规定的审查、报批程序办理。

第三十七条 行业标准修改报批文件包括：审查纪要和行业标准修改通知单。

第三十八条 行业标准修改通知单由国家能源局批准发布。

第十章 附 则

第三十九条 行业标准制定所需经费来源：

1. 行业、企业自筹的标准化经费；
2. 有关企事业单位的资助；
3. 有关社团组织的赞助；
4. 政府部门给予的标准化补助费用等；
5. 能源行业重点工程和科研项目列支经费等。

第四十条 对政府部门给予的标准化补助费用和有关单位资助、社团组织赞助的费用，以及能源行业重点工程和科研项目列支经费，专款专用，不得挪作他用。

第四十一条 本细则自发布之日起实施，国家能源局 2009 年 2 月 5 日颁发的《能源领域行业标准制定管理实施细则（试行）》即行废止。

第四十二条 本细则由国家能源局负责解释。

附表 1：行业标准项目任务书（略）
附表 2：行业标准项目计划汇总表（略）
附表 3：行业标准项目计划调整申请表（略）
附表 4：行业标准征求意见汇总处理表（略）
附表 5：行业标准送审稿函审结论表（略）
附表 6：行业标准送审稿函审单（略）
附表 7：行业标准申报单（略）
附表 8：报批行业标准项目汇总表（略）
附表 9：行业标准复审确认项目汇总表（略）
附表 10：行业标准复审废止项目汇总表（略）
附表 11：行业标准复审修订项目汇总表（略）
附表 12：行业标准复审意见表（略）
附表 13：行业标准修改通知单（略）

附件 3

能源行业标准化技术委员会管理实施细则

第一章 总 则

第一条 为加强能源行业标准化技术委员会（以下简称行业标委会）的管理，充分发挥行业标委会的作用，规范行业标委会工作，提高标准质量，根据《中华人民共和国标准化法》《全国专业标准化技术委员会管理办法》和《能源标准化管理办法》的有关规定，制定本细则。

第二条 行业标委会是指在一定能源专业领域内，从事行业标准化工作的非法人技术组织，负责本专业技术领域内的标准化技术归口工作。

第三条 本细则适用于石油、天然气、页岩气、煤炭、煤层气/煤矿瓦斯、电力（常规电力）、炼油、煤制燃料和生物质燃料、核电、新能源和可再生能源、能源节约与资源综合利用、能源装备等能源领域行业标委会的构成、组建、换届、调整、撤销和监督管理。

第四条 国家能源局统一负责行业标委会的规划、协调、组建、撤销等管理工作。可以根据工作需要，委托行业标准化管理机构对行业标委会进行管理。

第五条　行业标委会应当科学合理、公开公正、规范透明地开展工作，接受国家能源局的指导和监督，并在本专业领域内承担以下工作职责：

1. 提出本专业领域标准化工作的政策和措施建议；

2. 编制本专业领域行业标准体系，根据社会各方的需求，提出本专业领域制修订行业标准项目建议；

3. 开展行业标准的起草、征求意见、技术审查、复审及标准外文版的组织翻译和审查工作；

4. 开展本专业领域行业标准的宣贯和标准起草人员的培训工作；

5. 承担归口行业标准的解释工作；

6. 开展行业标准实施情况的评估、研究分析；

7. 组织开展本专业领域国内外标准一致性对比分析，跟踪、研究相关领域国际标准化的发展趋势和工作动态，组织参与国际标准化活动；

8. 管理下设的分技术委员会；

9. 承担国家能源局交办的其他工作。

行业标委会可以接受政府部门、社会团体、企事业单位委托，开展与本专业领域有关的标准化工作。

分技术委员会的工作职责参照行业标委会的工作职责执行。

第二章　组　织　机　构

第六条　行业标委会由委员组成，委员应当具有广泛性和代表性，可以来自生产者、经营者、使用者、消费者、公共利益方等相关方。来自任意一方的委员人数不宜超过委员总数的1/2。教育科研机构、有关行政主管部门、检测及认证机构、社会团体等可以作为公共利益方代表。

第七条　行业标委会委员不少于21人，其中主任委员1名，副主任委员原则上不超过5名。同一单位在同一行业标委会任职的委员原则上不得超过3名。主任委员和副主任委员不得来自同一单位。同一人不得同时在3个以上行业标委会担任委员。

第八条　行业标委会委员应当具备以下条件：

1. 具有中级以上专业技术职称，或者与中级以上专业技术职称相对应的职务；

2. 熟悉本专业领域业务工作，具有较高理论水平、扎实的专业知识和丰富的实践经验；

3. 掌握标准化基础知识，热心标准化事业，能积极参加标准化活动，认真履行委员的各项职责和义务；

4. 在我国境内依法设立的法人组织任职的人员，并经其任职单位同意推荐；

5. 行业标委会章程规定的其他条件。

第九条　行业标委会主任委员和副主任委员应当具备以下条件：

1. 本专业领域的专家；

2. 在本专业领域内享有较高声誉，具有影响力；

3. 具有高级以上专业技术职称，或者与高级以上专业技术职称相对应的职务；

4. 熟悉行业标委会管理程序和工作流程；

5. 能够高效、公正履行职责，并能兼顾各方利益。

第十条　行业标委会秘书处负责行业标委会的日常工作。秘书处承担单位应当符合以下条件：

1. 在我国境内依法设立、具有独立法人资格的企事业单位或者社会团体；

2. 有较强的技术实力和行业影响力；

3. 有连续3年以上开展标准化工作的经验；

4. 将秘书处工作纳入本单位工作计划和日常工作，并为秘书处开展工作提供必要的经费和办公条件；

5. 有专职工作人员，能够督促秘书处专职工作人员认真履行职责，确保秘书处各项工作公正、公平地开展。

两个单位联合承担秘书处，应当在秘书处工作细则中明确牵头承担单位及各自职责。

第十一条　行业标委会秘书处设秘书长1名，副秘书长不超过5名。秘书长和副秘书长应当由委员兼任，不得来自同一单位。

秘书长应当由秘书处承担单位技术专家担任，具有较强的组织协调能力，熟悉本领域技术发展情况以及国内外标准化工作情况，具有连续3年以上标准化工作经历。

第十二条　行业标委会委员应当积极参加标委会的活动，履行以下职责：

1. 提出标准制修订等方面的工作建议；

2. 按时参加标准技术审查和标准复审，按时参加标委会年会等工作会议；

3. 履行委员投票表决义务；

4. 监督主任委员、副主任委员、秘书长、副秘书长及秘书处工作；

5. 监督标委会经费的使用；

6. 参与本专业领域国际标准化工作；

7. 参加相关标准化培训；

8. 承担标委会职责范围内和标委会章程中规定的其他工作。

第十三条　行业标委会应当每年至少召开一次年会，总结上年度工作，安排下年度计划，通报经费使用情况等。全体委员应当参加年会。行业标委会可以根据需要不定期召开会议，研究处理相关工作。审议事项时，应当提交全体委员表决，参加投票的委员不得少于3/4，参加投票委员2/3以上赞成，且反对意见不超过参加投票委员的1/4，方为通过。表决结果应当形成决议，由秘书处存档。

第十四条 分技术委员会委员不少于11人，其中主任委员和秘书长各1人，副主任委员和副秘书长各不超过3名。

分技术委员会的其他要求参照本细则行业标委会相关要求执行。

第三章 行业标委会的组建

第十五条 组建行业标委会要根据经济建设和行业发展的需要，结合行业实际，有明确的标准化工作任务。

第十六条 组建行业标委会，应当符合以下条件：

1. 没有相应的全国标准化技术委员会；

2. 现有的全国标准化技术委员会或行业标委会未包括的领域和范围；

3. 业务范围明晰，与其他行业标委会无业务交叉；

4. 产品或技术在科研、开发、生产、使用和流通等领域有一定的规模或应用范围；

5. 标准体系框架明确，有较多的行业标准制（修）订工作需求；

6. 有适合的秘书处挂靠单位，并有相应的专业人员和办公条件。

第十七条 有关企事业单位、行业社团组织、中介机构等根据行业需要均可向行业标准化管理机构或国家能源局提出组建行业标委会的建议，并填写组建行业标准化技术委员会申请表（见附表1）。

第十八条 行业标委会的组建程序包括提出申请、评审、公示、筹建、成立。行业标委会的名称为：能源行业×××标准化技术委员会。

第十九条 由有关行业标准化管理机构对有关单位提出的组建行业标委会建议进行协调、论证、审核后，将申请报国家能源局。申请材料包括：

1. 组建行业标委会申请报告（包括但不限于组建行业标委会必要性、本专业国内外标准化的基本情况、行业标委会名称和工作范围、标准体系、国内外相关技术组织情况、秘书处承担单位有关情况等）；

2. 组建行业标准化技术委员会申请表。

第二十条 国家能源局收到行业标准化管理机构报送的组建行业标委会申请，并初步审核后，将组建方案对外公示1个月，广泛征求各方面意见。

公示期满后，国家能源局组织专家进行论证评审，经评审符合组建条件的，同意筹建并对行业标委会工作范围、秘书处承担单位、委员征集等提出要求。

第二十一条 行业标准化管理机构收到国家能源局的同意筹建批复后，组织秘书处承担单位按照批复要求公开征集委员，研究提出行业标委会章程、秘书处工作细则、委员组成方案、标准体系表建议及近期工作安排，并在网上向社会公示15个工作日。行业标准化管理机构对筹建材料进行审核后，报国家能源局审批。筹建材料包括：

1. 行业标委会委员名单（见附表2）；

2. 行业标准化技术委员会委员登记表（见附表3）；

3. 行业标准化技术委员会登记表（见附表4）；

4. 行业标准化技术委员会章程和秘书处工作细则；

5. 本专业标准体系表和近期工作安排；

6. 筹建情况（公示、审核等情况）说明。

第二十二条 国家能源局收到筹建材料后，将筹建方案对外公示1周（5个工作日）。公示期满后，若无异议，予以批复成立；若有异议，国家能源局组织专家进行论证评审，根据论证意见予以批复成立或进行调整。

组建分技术委员会的建议，应当经行业标委会全体委员表决通过。分技术委员会组建程序参照行业标委会执行。

第二十三条 对新技术、新产业、新业态有标准化需求但暂不具备组建行业标委会或分技术委员会条件的，可以成立标准化工作组（WG），承担相应标准制修订工作。标准化工作组（WG）不设分工作组，由国家能源局管理或委托有关行业标准化管理机构管理，组建程序和要求参照行业标委会执行。

标准化工作组（WG）成立3年后，国家能源局应当组织专家进行评估。具备组建行业标委会或分技术委员会条件的，按本细则有关规定组建；仍不具备组建条件的，予以撤销。

第二十四条 行业标委会、分技术委员会、标准化工作组（WG）由国家能源局统一顺序编号，分别为NEA/TC ×××、NEA/TC ×××/SC ××、NEA/WG ×××。

第二十五条 每届行业标委会委员的任期为5年。

第四章 行业标委会换届

第二十六条 行业标委会届满时，应及时进行换届，换届参照本细则第二十一条有关组建程序的相关规定执行。行业标委会秘书处应于任期届满前3个月，将换届材料报行业标准化管理机构审核。换届材料包括：

1. 行业标委会任期工作总结；

2. 新一届行业标委会委员名单；

3. 行业标准化技术委员会委员登记表；

4. 行业标准化技术委员会登记表；

5. 行业章程和秘书处工作细则修订稿；

6. 新老委员对照表（附表 5）；

7. 本专业标准体系表和近期工作安排；

8. 换届情况说明。

国家能源局收到换届材料后，对外公示 1 周，公示期满，符合要求的，予以换届。

第二十七条　分技术委员会换届由行业标准化管理机构参照本细则有关行业标委会换届的要求执行，并报国家能源局备案。

第五章　行业标委会调整和撤销

第二十八条　行业标委会或分技术委员会有下列情况之一的，应对行业标委会、分技术委员会或秘书处予以撤销：

1. 有违法、违规行为；

2. 没有相应的专业人员；

3. 没有经费来源或秘书处挂靠单位不提供必要的支持；

4. 已成立相应的全国专业标委会，行业标委会无工作任务；

5. 长期不能按时、按质完成行业标准化工作任务。

第二十九条　行业标准化管理机构、行业标委会可以提出调整相关标委会工作范围、名称、秘书处承担单位以及撤销标委会等建议，并由行业标准化管理机构初审后，报送国家能源局予以调整、撤销。调整程序参照行业标委会组建程序办理。

分技术委员会的调整由行业标准化管理机构参照本细则执行，并报国家能源局备案。

分技术委员会的撤销程序参照本细则行业标委会撤销程序办理。

第三十条　根据工作需要，行业标委会可以参照本细则第二十一条委员产生程序的规定，提出委员调整的建议，经行业标委会全体委员表决同意后，报行业管理机构审核。报送材料包括：

1. 行业标准化技术委员会委员登记表；

2. 新老委员对照表。

国家能源局收到委员调整申请后，将调整方案对外公示 1 周（5 个工作日）。公示期满后，符合要求的，予以批复。委员调整原则上每年不得超过一次，每次调整不宜超过委员总数的 1/5。

分技术委员会的委员调整由行业标准化管理机构参照本细则执行，并报国家能源局备案。

第三十一条　根据行业标委会整体规划和行业发展需求，国家能源局可以直接调整行业标委会、分技术委员会工作范围、名称、秘书处承担单位等。对标准化工作需求很少或者相关工作可以并入其他行业标委会的，国家能源局对行业标委会或者分技术委员会予以撤销。

第六章　监　督　管　理

第三十二条　国家能源局对行业标委会进行监督检查。

第三十三条　国家能源局建立考核评估制度，定期对行业标委会的工作等进行考核评估，根据工作需要，可委托行业标准化管理机构具体负责，并将考核评估结果向社会公开。

第三十四条　行业标委会应建立内部监督检查制度，加强自律管理，并接受社会监督。

第三十五条　行业标委会应当每年通过行业标准化管理机构，向国家能源局报送年度工作报告，分技术委员会应当定期向行业标委会报告工作。

第三十六条　行业标准制修订补助经费按照财政部有关规定进行列支。任何单位和个人不得截留或者挪用制修订补助经费。行业标委会秘书处承担单位应当严格按照国家有关财务制度的规定执行，并接受国家能源局对行业标准制修订补助经费使用情况的监督检查，接受审计机关的审计。秘书处应当向全体委员会报告年度经费收支情况。

第三十七条　任何单位和个人可以向国家能源局举报、投诉行业标委会违反本细则的行为。举报、投诉的受理单位应当及时调查。对查证属实的，由国家能源局作出处理决定。

第七章　附　　则

第三十八条　行业标委会在工作中涉及国家安全、国家秘密的，应当遵守国家相关法律法规要求。

第三十九条　本细则自发布之日起实施，国家能源局 2009 年 2 月 5 日颁发的《能源领域行业标准化技术委员会管理实施细则（试行）》即行废止。

第四十条　本细则由国家能源局负责解释。

附表 1：组建行业标准化技术委员会申请表（略）

附表 2：行业标准化技术委员会委员名单（略）

附表 3：行业标准化技术委员会委员登记表（略）

附表 4：行业标准化技术委员会登记表（略）

附表 5：新老委员对照表（略）

国家能源局关于 2019 年风电、光伏发电项目建设有关事项的通知

（国能发新能〔2019〕49 号）

各省、自治区、直辖市及新疆生产建设兵团发展改革委（能源局）、经信委（工信委、工信厅），国家能源局各派出监管机构，国家电网有限公司、南方电网公司、内蒙古电力公司，电规总院、水电总院，有关行业协会（学会、商会），各有关企业：

近年来，我国风电、光伏发电持续快速发展，技术水平不断提升，成本显著降低，开发建设质量和消纳利用明显改善，为建设清洁低碳、安全高效能源体系发挥了重要作用。为全面贯彻党的十九大和十九届二中、三中全会精神，以习近平新时代中国特色社会主义思想为指导，坚持创新、协调、绿色、开放、共享的新发展理念，促进风电、光伏发电技术进步和成本降低，实现高质量发展，现就做好 2019 年风电、光伏发电项目建设有关要求通知如下。

一、积极推进平价上网项目建设

各省级能源主管部门会同各派出能源监管机构按照《国家发展改革委　国家能源局关于积极推进风电、光伏发电无补贴平价上网有关工作的通知》（发改能源〔2019〕19 号）要求，研究论证本地区建设风电、光伏发电平价上网项目的条件，在组织电网企业论证并落实平价上网项目的电力送出和消纳条件基础上，优先推进平价上网项目建设。

二、严格规范补贴项目竞争配置

各省级能源主管部门应按照国家可再生能源“十三五”相关规划和本区域电力消纳能力，分别按风电和光伏发电项目竞争配置工作方案确定需纳入国家补贴范围的项目。竞争配置工作方案应严格落实公开公平公正的原则，将上网电价作为重要竞争条件，优先建设补贴强度低、退坡力度大的项目。各派出能源监管机构加强对各省（区、市）风电、光伏发电项目竞争配置的监督。

三、全面落实电力送出消纳条件

各省级能源主管部门会同各派出能源监管机构指导省级电网企业（包括省级政府管理的地方电网企业，以下同），在充分考虑已并网项目和已核准（备案）项目的消纳需求基础上，对所在省级区域风电、光伏发电新增建设规模的消纳条件进行测算论证，做好新建风电、光伏发电项目与电力送出工程建设的衔接并落实消纳方案，优先保障平价上网项目的电力送出和消纳。

四、优化建设投资营商环境

各省级能源主管部门应核实拟建风电、光伏发电项目土地使用条件及相关税费政策，确认项目不在征收城镇土地使用税的土地范围；确认有关地方政府部门在项目开发过程中没有以资源出让、企业援建和捐赠等名义变相向项目单位收费，没有强制要求项目单位直接出让股份或收益用于应由政府承担的各项事务，没有强制要求将采购本地设备作为捆绑条件。各派出能源监管机构要加强对上述有关事项的监督。

请各有关单位按照上述要求，完善有关管理工作机制，做好风电、光伏发电建设管理工作。请各省级能源主管部门认真做好政策的宣贯和解读工作，按通知要求规范项目程序，保障相关政策平稳实施。具体要求详见附件。

附件：1. 2019 年风电项目建设工作方案（略）

2. 2019 年光伏发电项目建设工作方案（略）

国家能源局

2019 年 5 月 28 日

国家能源局关于 2018 年度全国可再生能源电力发展监测评价的通报

（国能发新能〔2019〕53 号）

各省、自治区、直辖市及新疆生产建设兵团发展改革委（能源局），国家电网有限公司、南方电网公司、内蒙古电力公司，各有关单位：

为促进可再生能源开发利用，科学评估各地区可再生能源发展状况，确保实现国家 2020 年、2030 年非化石能源占一次能源消费比重分别达到 15%和 20%的战略目标。根据《关于建立可再生能源开发利用目标引导制度的指导意见》（国能新能〔2016〕54 号）、《关于做好风电、光伏发电全额保障性收购管理工作的通知》（发改能源〔2016〕1150 号）和《关于建立健全可再生能源电力消纳保障机制的通知》（发改能源〔2019〕807 号），我局委托国家可再生能源中心汇总有关可再生能源电力建设和运行监测数据，形成了《2018 年度全国可再生能源电力发展监测评价报告》（以下简称监测评价报告）。

现将监测评价报告予以通报，以此作为各地区 2019 年可再生能源开发建设和并网运行的基础数据，请各地区和有关单位高度重视可再生能源电力发展和全额保障性收购工作，采取有效措施推动提高可再生能源利用水平，为完成全国非化石能源消费比重目标作出积极贡献。

附件：2018 年度全国可再生能源电力发展监测评

价报告❶

国家能源局
2019 年 6 月 4 日

国家能源局关于印发《大型先进压水堆及高温气冷堆核电站科技重大专项实施管理办法》等四项制度的通知

（国能发核电〔2019〕54 号）

中国核工业集团有限公司、中国华能集团有限公司、国家电力投资集团有限公司、中国广核集团有限公司、清华大学、华能山东石岛湾核电有限公司、中核能源科技有限公司、各课题承担单位：

为进一步规范核电重大专项管理，根据《国务院关于优化科研管理提升科研绩效若干措施的通知》（国发〔2018〕25 号）和《进一步深化管理改革激发创新活力确保完成国家科技重大专项既定目标的十项措施》（国科发重〔2018〕315 号）及国家科技重大专项相关管理规定，我们对核电重大专项实施管理办法及资金管理、综合绩效评价管理、档案管理实施细则进行了修订，现印发你们，请遵照执行。

附件：1. 大型先进压水堆及高温气冷堆核电站科技重大专项实施管理办法（略）

2. 大型先进压水堆及高温气冷堆核电站科技重大专项资金管理实施细则（略）

3. 大型先进压水堆及高温气冷堆核电站科技重大专项综合绩效评价管理细则（略）

4. 大型先进压水堆及高温气冷堆核电站科技重大专项档案管理实施细则（略）

国家能源局
2019 年 6 月 11 日

国家能源局综合司关于公布 2019 年光伏发电项目国家补贴竞价结果的通知

（国能综通新能〔2019〕59 号）

各省、自治区、直辖市发展改革委（能源局），国家能源局各派出监管机构，国家电网有限公司、南方电网公司、内蒙古电力公司，国家可再生能源信息管理中心：

根据《国家能源局关于 2019 年风电、光伏发电项目建设有关事项的通知》（国能发新能〔2019〕49 号），在各省（自治区、直辖市）能源主管部门组织项目、审核申报的基础上，我局组织开展了 2019 年光伏发电项目国家补贴竞价排序工作，现将竞价排序结果及有关要求通知如下。

一、遵循公平、公正原则，经委托国家可再生能源信息管理中心对各省能源主管部门审核申报项目进行复核、竞价排序，拟将北京、天津等 22 个省（区、市）的 3921 个项目纳入 2019 年国家竞价补贴范围，总装机容量 2278.8642 万 kW，其中普通光伏电站 366 个、装机容量 1812.3316 万 kW，工商业分布式光伏发电项目 3555 个、装机容量 466.5326 万 kW，具体名单在国家能源局网站上予以公布。各项目按要求建成并网后依政策纳入国家竞价补贴范围，享受国家补贴。

二、请相关省级能源主管部门组织各项目单位和项目所在地按照国能发新能〔2019〕49 号文件相关要求，认真落实申报项目的各项条件和承诺，扎实做好拟纳入 2019 年国家竞价补贴范围项目的各项建设工作；请电网企业按照相关要求，切实做好光伏发电项目送出工程建设相关工作，保障项目及时并网，共同促进光伏产业健康有序、高质量发展。

三、请相关省级能源主管部门组织各项目单位建立建设进度月报制度，于每月 5 日前在国家可再生能源信息管理系统中在线填报截至上月底情况，并督促加快建设，确保按期建成并网。对于逾期未全容量建成并网的，每逾期一个季度并网电价补贴降低 0.01 元/kWh；在申报投产所在季度后两个季度内仍未建成并网的，取消项目补贴资格。

四、请国家能源局各派出监管机构加强对监管区域国家竞价补贴项目建设、电网送出落实、并网和消纳等事项的监管。我局将根据项目条件落实和建设实施等实际情况，做好名单动态跟踪管理。

附件：1. 拟纳入 2019 年光伏发电国家竞价补贴范围项目汇总表

2. 拟纳入 2019 年光伏发电国家竞价补贴范围项目名单（略）

国家能源局综合司
2019 年 7 月 10 日

❶ 报告内容见“电力监管”栏目。

附件 1

拟纳入 2019 年光伏发电国家竞价补贴范围项目汇总表

单位：万 kW

序号	省（区、市）	普通光伏电站		全额上网工商业分布式光伏		自发自用、余电上网工商业分布式光伏		合计	
		个数	装机容量	个数	装机容量	个数	装机容量	个数	装机容量
1	北京	0	0	0	0	167	19.8285	167	19.8285
2	天津	12	29.1639	0	0	59	14.4035	71	43.5674
3	河北	22	108.47	3	1.2195	30	8.2892	55	117.9787
4	山西	49	296.0001	80	5.3106	12	5.7899	141	307.1006
5	内蒙古	8	39.5	49	3.5565	20	1.878	77	44.9345
6	辽宁	0	0	4	2.29	57	13.654	61	15.944
7	上海	2	3.9	2	0.4791	216	17.1421	220	21.5212
8	江苏	4	13.95	7	2.0546	310	37.311	321	53.3156
9	浙江	20	94.5936	228	14.0685	1422	137.7541	1670	246.4162
10	安徽	14	49	10	4.744	117	21.6876	141	75.4316
11	江西	27	85.45	4	1.938	109	24.6076	140	111.9956
12	山东	24	70.8	20	6.8173	161	21.7844	205	99.4017
13	河南	4	4.66	5	2.225	80	20.1034	89	26.9884
14	湖北	19	105.7	2	0.7599	61	18.7027	82	125.1626
15	湖南	11	76	0	0	41	9.77	52	85.77
16	广东	28	137.3	11	3.085	164	26.1669	203	166.5519
17	广西	15	44	0	0	8	0.4743	23	44.4743
18	重庆	0	0	18	0.8444	2	0.0784	20	0.9228
19	四川	0	0	4	0.107	10	0.3102	14	0.4172
20	贵州	55	356.172	6	3.1043	2	0.82	63	360.0963
21	陕西	35	123.75	19	3.2832	25	5.2449	79	132.2781
22	宁夏	17	173.922	1	0.599	9	4.246	27	178.767
合计		366	1812.3316	473	56.4859	3082	410.0467	3921	2278.8642

国家能源局综合司关于印发《核电厂运行性能指标（试行）》的通知

（国能综通核电〔2019〕60 号）

中国核工业集团有限公司、中国广核集团有限公司、国家电力投资集团有限公司、中国华能集团有限公司：

为落实《关于进一步加强核电运行安全管理的指导意见》，完善我国核电厂运行性能指标体系，我局组织制定了《核电厂运行性能指标（试行）》，现印发你们，请遵照执行。

请各核电厂于每月 8 日前将上月的核电机组运行性能指标数据报送至中国核电发展中心。2019 年 1～6 月数据于 7 月 31 日前统一报送。

特此通知。

附件：核电厂运行性能指标（试行）（略）

国家能源局印发《关于电力系统防范应对台风灾害的指导意见》的通知

（国能发安全〔2019〕62号）

各省、自治区、直辖市及新疆生产建设兵团发展改革委（能源局）、经信委（工信委、工信厅），北京市城管委，国家能源局各派出监管机构，全国电力安委会企业成员单位，各有关单位：

为深入贯彻习近平新时代中国特色社会主义思想，落实习近平总书记防灾减灾救灾理念，进一步加强电力系统防范应对台风灾害工作，最大程度降低台风灾害影响，国家能源局制定了《关于电力系统防范应对台风灾害的指导意见》。现印发给你们，请遵照执行。

关于电力系统防范应对台风灾害的指导意见

为深入贯彻党中央、国务院关于提升防灾减灾救灾能力的部署要求，全面提升电力系统防范应对台风灾害能力，最大程度降低台风灾害影响，全力保障电力供应，现提出以下指导意见。

一、总体要求

（一）指导思想

以习近平新时代中国特色社会主义思想为指导，落实习近平总书记“两个坚持、三个转变”的防灾减灾救灾理念，以“平时预、灾前防、灾中守、灾后抢、事后评”为主线，最大程度降低台风灾害对电网安全稳定运行和电力可靠供应造成的影响。

（二）基本原则

以防为主，综合减灾。坚持固本强基，因地制宜提高设防标准，打造坚强局部电网。针对电网、电源、用户综合采取管理和技术措施，最大程度降低电力系统受台风灾害影响。

严守底线，科学救灾。坚持以人为本，守住人身安全底线，确保主网安全运行。充分运用科技手段，提高灾情勘察、应急指挥、抢修复电水平，按照轻重缓急快速有序抢修复电。

压实责任，协同联动。坚持地方政府主导，压实电力企业和电力用户主体责任，强化地方电力管理部门和派出能源监管机构的组织协调和工作监督，各负其责，协同联动，形成工作合力。

（三）工作目标

杜绝电力人身伤亡责任事故，杜绝水电站垮坝漫坝事故；避免电力设施大规模因灾损毁事件；减小大规模、长时间停电造成的社会不良影响，最大程度减少台风灾害损失。台风影响结束后，在保障安全的前提下，尽快恢复电力供应；地方政府电力管理部门要根据实际情况制定恢复供电时限目标。

二、提升电力系统抗灾能力

（四）优化电力规划

电力管理部门要充分考虑台风多发地区电网抵御极端自然灾害需要，合理规划电网网架，形成大电网联络支撑、抗灾保障电源分层分区运行的坚强电网，提高电力系统抗灾能力。要推动电力规划与城乡总体规划相协调，在电力设施选址、路径规划等方面综合考虑，减少台风情况下周边环境对电力设施的影响。

（五）提高电力系统防台相关标准

电力管理部门要充分考虑我国台风灾害情况，适当提高电力规划规范和电力设施建设的设防标准。电力企业要落实有关标准要求，及时修订完善架空输配电线路、变电（换流）站、发电厂等企业标准和规范，因地制宜提高沿海强风区电力设施设防标准和气象重现期。

（六）建设坚强局部电网

电力企业要按照差异化建设原则，综合采取网架结构优化、重要线路电缆化、重要变电站户内化等措施，强化台风多发区城市中心区域电网基础网架，保障灾害发生时重要城市中心区域、重要电力用户的供电安全。

（七）强化抗灾保障电源支撑

电力管理部门要优化电源布局，建设具有孤岛运行或黑启动能力的抗灾保障电源，推动“源、网、荷”协同发展，在极端台风灾害情况下，为重要厂站和负荷提供电力供应。

（八）提高用户配电设施抗灾能力

电力管理部门要督促重要电力用户落实自备电源配置等相关要求，提升灾害应急能力；制定完善用户配电设施建设和验收标准，避免在台风多发区域新建地下或半地下配电设施，督促用户对有水浸风险的已建配电设施采取整改措施，确保不发生水浸停运。重要电力用户应按照有关标准配置供电电源和自备应急电源并开展预试定检等工作。电网企业要及时提示重要电力用户供用电风险隐患并提供整改指导。

（九）科学开展防台抗灾能力技术改造

电网企业要及时评估台风对设备设施的影响，结合实际进行线路、低洼变电站、电缆沟等加固改造，优先对涉核等重点保障线路开展改造。发电企业要做好设备设施防风能力改造，系统提升发电厂对外全停情况下的自保能力；作为区域重要保障电源的电厂要开展黑启动、FCB（快切快投）功能及送出线路加固改造，为电网提供可靠的电源支撑。

（十）加强电力设施周边环境治理

地方政府电力管理部门要建立完善政府主导、企业为主体、全社会配合的电力设施周边环境治理长效机制；严格落实国家电力设施保护法律法规，及时整治清除线路保护区内及变电站周边可能影响电力设施安全的树障、违章建筑、易漂浮物等隐患。电力企业要排查可能危及电力设施安全的树木、建筑物、构筑物、临时设施等情况，并将排查结果及时报告当地政府电力管理部门，协同政府部门开展整治。

三、提升灾害应急能力

（十一）提升防台综合协调能力

地方政府电力管理部门和国家能源局派出机构要加强应急机制建设，完善应急组织机构，优化应急工作流程，构建应急信息共享平台，建立完善政府有关部门、电力企业、重要电力用户以及相关单位的应急联动机制，持续提升电力防台综合协调能力。

（十二）提升应急保障能力

电力管理部门、国家能源局派出机构、电力企业和重要电力用户要不断加强应急队伍、基地、物资装备、指挥平台等方面建设，开展应急预案培训和演练，研究制定救灾相关定额标准，保障应急准备和处置资金投入。

（十三）提高防灾科技水平

电力管理部门和国家能源局派出机构要积极鼓励支持企业开展科技创新，提升台风灾害防御应对能力。电力企业要积极开展气象数据相关研究，强化灾情预判能力；充分运用先进技术和装备，提升灾情勘察能力；充分利用现代科技手段，提升灾害防范应对决策水平和应急处置能力；基于灾害情景提高装备机械化、智能化水平，提升抢修复电能力。

四、灾前科学落实防御措施

（十四）做好电网运行风险管控

电网企业要全面分析台风对电网运行可能带来的风险并落实管控措施，优化电网运行方式，保持相关区域电网全接线运行，统筹电力电量平衡，留足事故备用；因电网安全风险对电力用户和其他单位可能造成影响时，要履行告知义务，并及时向地方政府电力管理部门和国家能源局派出机构报告。

（十五）落实发电设施防台措施

发电企业要全面辨识风险点，开展防台风隐患排查整治，保障全厂主设备、重要辅助设备和机组备用电源的正常运行。核电站要优先考虑和确保核安全，做好厂内核应急电源等的运行维护，保证外部主辅电源全失等情况下自身运行安全。火电厂要保障燃料储运和机组运行安全。风电场要对高风险风机进行重点监测和防护。光伏电站要做好设备紧固、防水等工作。水电站要加强大坝监控和巡查，确保泄洪设施可靠，必要时提前预留库容，严禁水库超汛限运行。

（十六）落实施工现场防台措施

基建、大修技改等工程要落实防台风安全管理措施，及时停止户外、地下等危险场所作业，撤离或转移施工人员至安全区域，做好施工机械保护，对临时构筑物、建筑设施、脚手架、基础设施采取防台风应急加固措施，消除安全隐患。

（十七）加强用电安全管理

地方政府电力管理部门要督促公共场所用电设施产权主体单位落实防范措施，避免台风影响期间发生触电等涉电衍生灾害。电力用户要做好用电安全隐患排查治理，采取提前断电等合理避险措施。电网企业要加强对重要电力用户和防洪排涝类等重点用户的用电安全技术指导和支持。

（十八）及时开展预警和响应

电力企业要做好台风影响研判，按照应急预案及时开展紧急清障、临时加固等预警行动，适时启动应急响应。可能发生大面积停电时，要将有关信息报地方政府电力管理部门和国家能源局派出机构。地方政府电力管理部门应对接报信息组织研判，必要时按照大面积停电应急预案开展预警行动，及时提请本地区政府组织有关部门和单位做好电力中断的应急准备。

五、灾中严守安全底线

（十九）保障电网安全稳定

台风影响期间，电网企业调度机构要科学调度电源出力，优化主网架潮流分布，迅速采取措施限制事态发展，快速精准处置设备停运和电网停电事件，确保主网安全稳定运行。发电企业要最大限度保全电厂设备运行，严格执行调度机构指令，有序恢复设备正常运行；孤网运行的发电厂要按照调度机构要求全力维持系统正常运行。

（二十）保证人身安全

电力企业要加强人身安全管理，严禁违章指挥和冒险作业，台风影响期间避免户外作业，确需在台风眼平静期开展作业的，要采取有效安全管控措施，切实保障人员安全。

（二十一）加强值班值守

电力管理部门、国家能源局派出机构和电力企业、重要电力用户要加强值班值守，确保应急指挥决策到位和应急处置指令畅通。电网企业要根据响应级别，恢复无人值班站有人值班，派驻专业技术人员进驻重要变电站，适时启动备用调度。

六、灾后快速有序抢修复电

（二十二）安全高效开展抢修复电

电力企业要及时摸清受损情况，投入充足的应急队伍、物资和装备，快速有序开展抢修复电工作；优先恢复重要厂站、重要电力用户和供电通道。要针对台风灾后抢修作业点多面广、时间紧、现场作业环境复杂等特点，严格落实电力安全工作规程和两票等制度，采取有效安全风险管控措施，做到安全抢修。

（二十三）加强抢修工作指导协调

地方政府电力管理部门和国家能源局派出机构要加强对抢修复电工作的指导支持，必要时协调物资、队伍、专家等方面支援。地方政府电力管理部门要提请政府协调公安、交通、通信等单位为电力抢修复电工作提供资源支援，加强抢修现场治安管理。发生大面积停电时，要按照大面积停电应急预案开展处置。

（二十四）做好信息报送和发布

电力企业要及时掌握电网、设备、用户等受影响情况，按要求报电力管理部门和国家能源局派出机构。电网企业要及时发布抢修复电信息。

七、开展后评估与责任监督

（二十五）系统开展总结评估

地方政府电力管理部门、国家能源局派出机构、电力企业和重要电力用户要在台风灾害应急处置结束后组织开展总结评估工作，从电力规划、系统运行、设备管理、工程施工、应急处置、电源配置等方面总结经验、查找问题、整改落实，持续提升电力系统防范应对台风灾害能力。

（二十六）严格责任追溯追究

电力管理部门和国家能源局派出机构要强化对台风防范应对工作的监督管理，因设备质量、施工质量、验收把关等问题造成不良后果的，要追根溯源、严肃查处；对由于管理责任造成灾害影响扩大或抢修复电延误的单位和个人，依法依规追究责任。

国家能源局印发《关于加强电力中长期交易监管的意见》的通知

（国能发监管〔2019〕70号）

各派出能源监管机构，国家电网有限公司、南方电网公司，中国华能、中国大唐、华电、国家能源集团、国家电投，中国三峡集团，国家开发投资公司，中核集团、中广核，华润（集团）有限公司，内蒙古电力（集团）公司，北京、广州电力交易中心，有关电力企业、电力交易中心：

为进一步加强电力中长期交易监管，规范市场交易行为，维护市场秩序，依据《中共中央国务院关于进一步深化电力体制改革的若干意见》（中发〔2015〕9号）及其配套文件要求和《电力监管条例》等法规规定，我局研究制定了《关于加强电力中长期交易监管的意见》。经局长办公会审议通过，现印发你们，请结合实际认真落实。

国家能源局

2019年9月4日

关于加强电力中长期交易监管的意见

为深入贯彻习近平新时代中国特色社会主义思想和党的十九大精神，认真落实《中共中央国务院关于进一步深化电力体制改革的若干意见》（中发〔2015〕9号，以下简称9号文）及相关配套文件和《电力监管条例》《电力中长期交易基本规则（暂行）》等要求，进一步加强电力中长期交易监管，规范电力中长期交易行为，维护电力市场秩序，制定本意见。

一、重要意义

9号文印发以来，竞争性环节电价、配售电业务、发用电计划有序放开，电力交易机构陆续组建，电力中长期交易稳步推进，电力辅助服务市场、电力现货市场试点陆续启动，电力市场化交易取得积极进展，市场监管积累了重要经验。但电力市场建设运行中，还存在市场交易机制不健全、交易规则执行不到位、交易组织不规范、交易竞争不充分、信息披露不及时等问题。

9号文明确要加强市场监管，改进政府监管办法，创新监管措施和监管手段。《2019年政府工作报告》提出，用公正监管管出公平、管出效率、管出活力。市场主体和社会各界希望尽快出台加强市场监管相应的规章制度。本意见适用于电力中长期交易的监管，主要是电力市场交易规则执行和交易行为实施监管，进一步规范电力市场交易行为，维护公平竞争的市场秩序，加快推进电力市场化改革。

二、总体原则

坚持市场改革。按照党中央、国务院进一步深化电力体制改革总体部署，坚持社会主义市场经济改革方向，持续健全完善电力市场化交易机制，着力构建主体多元、竞争有序的电力交易格局，发挥市场在资源配置中的决定性作用，确保电力系统安全稳定运行和电力可靠供应，助推高质量发展。

坚持自主自律。进一步明确和规范电力市场主体、市场运营机构的义务、职责，依据市场交易规则和相关规章制度规范组织或参与市场交易行为，加强自律监督，加强运营监控和风险防控，规范市场干预行为，落实相应主体责任。

坚持科学监管。加强市场交易事中事后监管，加强信息披露和报送监管，加强市场信用监管，开展第三方机构业务稽核，更好发挥派出机构一线监管作用，加强与地方政府相关部门监管协作，促进市场公平竞争。

三、主要任务

（一）规范制定市场交易规则。国家能源局各派出机构要按照《国家发展改革委　国家能源局关于印发〈电力中长期交易基本规则（暂行）〉的通知》

(发改能源〔2016〕2784号)要求，会同地方政府有关部门，组织电力交易机构及市场管理委员会等，在基本规则的框架下起草各地中长期交易规则，经市场管理委员会审议，北京、广州等区域性交易机构的中长期交易规则要报国家发展改革委、国家能源局审定后执行，各省(区、市)交易机构的中长期交易规则报国家能源局派出机构和所在地区政府有关部门审定后执行。中长期交易规则实施后，交易机构无权变更交易规则。需要修订的，应提请市场管理委员会审议后，报原审定机构和部门批准。

(二)规范组织市场交易。电力交易机构、电力调度机构按照职责分工，建设维护技术支持系统，按照有关规定做好信息披露工作，并将相关信息报送国家能源局及其派出机构。电力交易机构负责电力交易平台的建设、运营和管理，负责市场组织，主要负责建立和执行注册管理制度，为市场主体提供注册、结算依据和相关服务，编制交易计划，管理电力交易合同，公布交易执行结果。电力调度机构负责向电力交易机构提供安全约束条件和基础数据，履行电力交易安全校核责任，合理安排电网运行方式，严格按照交易规则开展交易出清和执行，并将出清和执行结果提供电力交易机构。

(三)规范参与交易行为。参加市场交易的发电企业、售电企业、电力用户、电网企业(作为购电方)等市场主体要严格遵守市场注册管理制度，按照市场交易规则等有关规定进入和退出电力市场、向电力交易机构提交市场交易合同、参与市场交易，严禁不正当竞争、串通报价等违规交易行为。

(四)做好市场交易服务。电网企业要为参与市场交易的市场主体提供公平的输配电和电网接入服务，按照市场结算规则提供计量、抄表等服务，按照有关规定收取输配电费、代收代付电费。

(五)促进售电企业公平参与市场交易。电网企业、发电企业的售电企业(含全资、控股或参股)应当具有独立法人资格、独立运营。电网企业应当从人员、财务、办公地点、信息等方面确保参与市场交易的售电业务与其他业务独立运营并制定相关工作规范。电力交易机构未完成股份制改造的、电网企业内设机构承担电力交易职能的，其电网企业的售电企业暂不参与市场交易。拥有配电网运营权的售电企业，其配电业务与参与市场交易的售电业务应当实现财务分离。

(六)加强市场成员行为自律监督。电力市场成员包括电力交易机构、电力调度机构等市场运营机构，参与市场交易的发电企业、售电企业、电力用户、电网企业(作为购电方)等市场主体，以及提供市场交易相关服务的电网企业等。国家能源局及其派出机构依法依规制定电力市场交易规则和市场监管制度，指导市场管理委员会建立市场自律监督工作机制。市场管理委员会对参与市场交易的市场成员实施市场内部自律管理，共同维护良好的市场秩序。电力市场成员应当自觉遵守市场交易规则、相关法律法规，加强行为自律，接受国家能源局及其派出机构监管。

(七)加强运营监控和风险防控。电力交易机构、电力调度机构根据有关规定，履行市场运营、市场监控和风险防控等职责。根据国家能源局及其派出机构的监管要求，将相关信息系统接入电力监管信息系统，按照“谁运营、谁防范，谁运营、谁监控”的原则，采取有效风险防控措施，加强对市场运营情况的监控分析，按照有关规定定期向国家能源局及其派出机构提交市场监控分析报告。市场监控分析报告内容包括但不限于：市场报价和运行情况；市场成员执行市场交易规则情况；市场主体在市场中份额占比等市场结构化指标情况；网络阻塞情况；非正常报价等市场异常事件；市场风险防控措施和风险评估情况；市场交易规则修订建议等。

(八)规范市场干预行为。出现《电力市场监管办法》(国家电力监管委员会令第11号)第二十四条有关情形的，电力交易机构、电力调度机构按照规定程序进行市场干预，干预情况应当及时向电力市场成员公布，并向国家能源局及其派出机构报告。

(九)加强市场交易事中事后监管。国家能源局及其派出机构依据有关法规规章规定，对电力市场成员按照市场交易规则组织和参与市场交易相关行为进行监管，对电力调度机构和电网企业执行交易结果的行为进行监管。出现《电力市场监管办法》(国家电力监管委员会令第11号)第二十五条有关情形的，国家能源局及其派出机构可以做出中止市场交易的决定，并向电力市场成员公布原因。对市场主体违反有关规定的，或者单一市场主体所占电力市场份额超过一定比例影响市场有效竞争的，国家能源局及其派出机构可以采取中止其参与部分或全部市场交易品种等措施。

(十)加强信息披露和报送监管。国家能源局及其派出机构制定电力市场信息披露和报送管理相关规定，要求电力市场成员按照规定披露相关信息，提供与监管事项相关的信息资料。电力市场成员要按照有关规定，遵循真实、及时、透明的原则，披露和报送相关信息。

(十一)加强市场信用监管。积极探索创新监管方式，研究推进“双随机、一公开”监管、信用监管和“互联网+监管”。对电力市场成员拒不履约、恶意欠费、滥用市场力、开放歧视、未按照规定披露信息等失信行为，国家能源局及其派出机构可以在电力市场成员内部进行通报，并通过有关信息平台、网站向社会公布。对于严重失信的市场主体，依法依规列入“黑名单”管理，实施信用约束、联合惩戒；对于严重失信并造成严重后果的，可以限制有关市场主体参与交易或强制其退出市场。

（十二）建立政府监管与外部专业化监督密切配合的监管体系。国家能源局及其派出机构应建立健全交易机构专业化监管制度，推动成立独立的电力交易机构专家委员会，积极发展第三方专业机构，形成政府监管与外部专业化监督密切配合的有效监管体系。国家能源局及其派出机构应组织第三方专业机构对电力交易机构提交审定的中长期交易实施细则开展评估，并根据评估意见出具审核意见。国家能源局及其派出机构可以根据实际需要，聘请第三方专业机构对市场交易开展情况进行业务稽核。有关电力交易机构、电力调度机构、市场主体要为第三方专业机构开展业务稽核工作提供必要保障，第三方专业机构应当承担保密责任。

四、有关要求

（一）充分发挥派出机构一线监管作用。国家能源局派出机构要充分发挥“派驻”作用，根据本意见并结合辖区实际制定电力市场监管实施细则，依法依规履行电力市场监管职责，对辖区内组织和参与电力市场交易的市场成员开展属地化监管。

（二）做好与电力现货市场建设等工作的有效衔接。开展电力现货市场试点建设地区，国家能源局派出机构在制定电力市场监管实施细则时，结合实际增加现货市场监管相应条款或出台相应的电力现货市场监管办法。

（三）加强工作协同形成监管合力。国家能源局派出机构应当会同地方政府能源主管部门等建立完善市场监管工作协同机制，加强工作沟通协调，形成监管合力。本意见未明确的其他监管事项，国家能源局派出机构、地方政府相关部门依法依规履行相应监管职责或协同开展监管。

国家能源局关于下达 2019 年煤电行业淘汰落后产能目标任务的通知

（国能发电力〔2019〕73 号）

各省、自治区、直辖市及新疆生产建设兵团发展改革委、能源局，经信委（工信委、工信厅），北京市城管委：

为贯彻落实党中央、国务院决策部署，持续深化供给侧结构性改革，推进煤电行业高质量发展，助力打赢蓝天保卫战，结合各省（区、市）主管部门报送的 2019 年淘汰关停计划，经研究，现将 2019 年煤电行业淘汰落后产能目标任务（详见附件）及有关要求通知如下。

一、各省（区、市）政府主管部门要高度重视煤电行业淘汰落后产能工作，会同相关部门对照《国家能源局综合司关于申请报送 2019 年煤电淘汰落后产能计划的通知》，对本地区不达标煤电机组处置方案的制订情况等进行再排查、再确认。未正式报送相关材料、未明确机组是否达标、未制订不达标机组处置方案的地区，请做实做细相关工作，研究制订处置方案，按要求抓紧报送相关材料。

二、2019 年，全国淘汰煤电落后产能（含燃煤自备机组）的标准为：

（一）以下不具备供热改造条件的机组。单机 5 万 kW 及以下的纯凝煤电机组；大电网覆盖范围内，单机 10 万 kW 级及以下的纯凝煤电机组；大电网覆盖范围内，单机 20 万 kW 级及以下设计寿命期满的纯凝煤电机组。

（二）设计寿命期满，且不具备延寿条件的现役 30 万 kW 级纯凝煤电机组。

（三）不实施改造或改造后供电煤耗仍达不到《常规燃煤发电机组单位产品能源消耗限额》（GB 21258—2017）、《热电联产单位产品能源消耗限额》（GB 35574—2017）要求的煤电机组。

（四）不实施改造或改造后污染物排放不符合国家环保要求的煤电机组。

（五）不实施改造或改造后水耗不符合国家标准要求的煤电机组。

（六）《打赢蓝天保卫战三年行动计划》明确的重点区域范围内 30 万 kW 及以上热电联产机组供热半径 15km 范围内的落后燃煤小热电机组。

（七）有关法律、法规及标准等要求应予关停或国务院有关部门明确要求关停的机组。

三、各有关单位要高度重视、加强领导、精心组织、认真督查，相关省级主管部门和有关单位要制订分解计划，将计划落实到机组、明确关停时间、落实责任人，确保按期完成淘汰落后产能目标任务。

（一）淘汰机组中，凡属未建成机组、2015 年 1 月 1 日后无运行记录机组，不计入煤电行业淘汰落后产能目标任务。

（二）列入本年度煤电行业淘汰落后产能目标任务的煤电机组，除明确作为煤电应急备用电源的机组外，须在 2019 年 12 月底前完成拆除工作，至少拆除锅炉、汽轮机、发电机、输煤栈桥、冷却塔、烟囱中的任两项。未按照淘汰关停标准拆除的机组，不得享受相关支持政策。

（三）请进一步完善检查验收程序，会同有关部门和省级电网企业，审核有关企业的关停淘汰落后煤电机组影像资料等相关证明材料，及时检查验收，出具书面验收意见，并在省级人民政府门户网站以及当地主流媒体公告本地区已完成淘汰落后产能任务的企业名单。

（四）对于未纳入国家年度淘汰落后产能目标任务，已停运多年、短期内不具备恢复生产条件的“僵尸”煤电机组，各地要结合实际情况，推动企业尽快完成淘汰关停工作。

四、各省（区、市）人民政府对本地区淘汰落后煤电机组工作负总责，省级能源主管部门要督促相关地方政府会同有关企业，做好关停煤电机组与承接电源、热源的衔接方案，做好衔接工作，确保电力、热力稳定供应，杜绝由于机组关停造成供电、供热不足现象的发生；企业要承担淘汰关停落后煤电机组的主体责任，按照各省（区、市）制订的年度关停计划，对本企业所属机组实施关停；地方政府要指导督促企业制定落实职工安置方案，依法依规妥善处理好经济补偿、社会保险等问题，维护社会稳定。

五、国家能源局将结合2019年淘汰落后产能计划完成情况，有针对性开展督促检查，了解淘汰计划落实情况。对工作不力、未完成年度目标任务的地方和企业，将依法依规约谈和问责。

六、按要求报送相关材料。

（一）每季度首月15日前报送相关工作进展情况，2020年1月底前，报送全年工作情况总结和书面验收意见。

（二）正式书面材料寄送至国家能源局电力司的同时，报送传真文件或电子材料，传真电话及电子邮箱如下：

联系电话：010-68555063，传真：010-68555073

电子邮箱：ginyjdls@163.com

附件：2019年煤电行业淘汰落后产能目标任务

国家能源局

2019年9月6日

附件

2019年煤电行业淘汰落后产能目标任务

序号	地区	计划容量（万kW）	备注
	合计	866.4	
1	北京	—	
2	天津	—	
3	河北	50.6	
4	山西	81	
5	山东	22.5	
6	内蒙古	13.6	
7	辽宁	15	
8	吉林	—	
9	黑龙江	22.8	
10	陕西	3	
11	甘肃	22	
12	宁夏	36	
13	青海	—	
14	新疆	54.25	
15	上海	—	
16	江苏	35.6	
17	浙江	1.95	
18	安徽	4.2	
19	福建	0.6	
20	河南	160.8	
21	湖北	—	
22	湖南	—	
23	江西	—	
24	四川	27	
25	重庆	—	
26	广东	226.7	
27	广西	—	
28	云南	—	
29	贵州	—	
30	海南	—	
31	西藏	—	
32	新疆生产建设兵团	88.8	

国家能源局关于实施电力业务许可信用监管的通知

（国能发资质〔2019〕79号）

各派出能源监管机构：

为贯彻落实党中央、国务院“放管服”改革要求，深入推进能源行业信用体系建设，探索建立贯穿事前、事中、事后全过程的以信用为基础的新型监管机制，实现“信用管终身”，切实提升监管水平，促进行业高质量发展，根据《国务院关于在市场监管领域全面推行部门联合“双随机、一公开”监管的意见》（国发〔2019〕5 号）、《国务院办公厅关于加快推进社会信用体系建设　构建以信用为基础的新型监管机制的指导意见》（国办发〔2019〕35 号）等文件要求，以及《能源行业信用体系建设实施意见（2016—2020 年）》（国能资质〔2016〕350 号）的工作部署，现就实施电力业务许可和承装（修、试）电力设施许可（以下简称电力业务许可）信用监管，通知如下。

一、总体要求

（一）基本原则

按照“依法依规、分类有序、标准统一、协同共治”的原则实施电力业务许可信用监管，严格遵循相关法律法规和规章制度要求，按监管对象信用等级实施分类监管，监管措施实行全国统一标准，构建政府监管、行业自律、企业自治的协同共治模式。

（二）主要目标

建立健全贯穿事前、事中、事后全过程的电力业务许可信用监管机制，科学规范的信用等级评定与分类标准健全完备，对接联动、动态管理的平台系统顺畅运行，以信用为基础的新型监管机制全面发挥作用，“守信者无事不扰、失信者利剑高悬”的信用监管格局基本形成，电力业务许可监管水平大幅提升，监管对象诚信意识显著增强，公平竞争、诚实守信的市场环境和行业氛围持续优化。

二、全面规范应用信用等级及分类监管措施

（三）及时记录和归集信用信息

派出能源监管机构依据《能源行业市场主体信用数据清单》，记录并更新监管对象在电力业务许可事前、事中、事后监管环节和相关行业活动中产生的信用信息，及时归集至能源行业信用信息平台（以下简称信用平台）。

（四）全面应用信用分类等级

派出能源监管机构在电力业务许可事前、事中、事后监管全过程，加强信用等级评定结果应用。电力业务许可信用等级，以信用平台归集共享的信用信息为依据，由信用平台按照电力行业市场主体信用监管评价指标体系自动评价生成，分为信用良好、守信、失信、严重失信。其中，“信用良好”表示基本无信用风险，“守信”表示信用风险较小，“失信”表示有一定信用风险，“严重失信”表示有较大信用风险。

（五）规范实施信用分类监管措施

派出能源监管机构依据《电力业务许可信用监管应用措施清单》和《承装（修、试）电力设施许可信用监管应用措施清单》（见附件），实施差异化监管。对“信用良好”者实施信任监管，依法依规采取激励措施；对“守信”者实施正常监管，根据情况适当采取激励措施；对“失信”者实施重点监管，采取提高抽查频率、增加真实性核查等措施，加大监管力度；对“严重失信”者实施严格监管，依法采取相关限制措施。

三、加强信用平台应用

（六）实时查询信用状况

以信息系统为支撑，通过信息技术手段实现信用信息数据与电力业务许可数据的关联，派出能源监管机构在电力业务许可各监管环节实时查询监管对象的信用信息与信用等级，做到逢许可必查、逢检查必查、逢处罚必查。

（七）依据系统提示采取监管措施

通过信用平台实现电力业务许可信用等级与各监管环节分类监管措施的自动匹配，派出能源监管机构在电力业务许可各监管环节依据信用平台提示的相关匹配措施，实施分类监管。

（八）关注信用风险

信用平台将推送连续 6 个月以上信用等级为失信或严重失信的监管对象信息，并当监管对象被列入失信联合惩戒对象名单（以下简称黑名单）或发生严重违规行为造成严重负面舆情时，及时提示信用风险变动。派出能源监管机构要及时关注信用风险提示，对相应监管对象加强监管。

（九）抽取“双随机”检查对象

派出能源监管机构使用信用平台“双随机”检查对象抽取功能，对监管对象按其信用等级采取不同的随机抽取比例，由信用平台自动完成检查对象的抽取。

四、优化电力业务许可事前审批

（十）关于简化申请材料

“信用良好”者，在许可新申请、许可延续、许可证补办等业务中简化证明材料；“守信”者，在许可证补办等业务中简化证明材料；“失信”和“严重失信”者，不得简化证明材料。

（十一）关于实行容缺受理

在电力业务许可审批中探索建立容缺受理机制，对基本条件具备、主要申请材料齐全且符合法定形式但次要申请材料欠缺的许可事项，经申请人书面承诺在规定期限内补齐欠缺材料的，可先行予以受理，加快办理进度。“信用良好”和“守信”者，在许可新申请、许可变更、许可延续等业务中实行容缺受理；“失信”和“严重失信”者，原则上不实行容缺受理。容缺受理对象履行承诺情况记入信用记录。

（十二）关于开展现场核查

“信用良好”者，在许可新申请、许可变更、许可延续等业务中可以免于现场核查；“守信”者，抽取一定比例开展现场核查；“失信”和“严重失信”

者，将其列为重点核查对象，必须开展现场核查，加强申请材料真实性以及证明效力等方面的核查力度。

（十三）关于压缩办理时限

“信用良好”者，在许可新申请、许可变更和许可证补办等业务中压缩办理时限；“守信”者，在许可证补办等业务中压缩办理时限；“失信”和“严重失信”者，按规定期限办理。

五、分类开展电力业务许可事中检查

（十四）分类实施“双随机、一公开”检查

在“双随机、一公开”检查中，根据监管对象信用等级，设置差异化随机抽取比例。“信用良好”者，检查以非现场检查方式为主；“守信”者，检查以现场检查或非现场检查方式进行；“失信”和“严重失信”者，检查以现场检查方式为主。“严重失信”者，应列为重点监管对象。检查结果要及时、准确、规范向社会公开，接受社会监督。

（十五）开展差异化自查工作

“信用良好”者，减轻自查工作量，免于对其自查情况的核查；“守信”者，要求其报送自查报告并抽取一定比例对自查情况进行核查；“失信”和“严重失信”者，要求其报送自查报告并对自查情况进行重点核查。

六、规范实施电力业务许可事后监管

（十六）分类采取事后监管措施

派出能源监管机构在实施行政处罚后，根据《能源行业市场主体信用行为清单》认定监管对象失信行为类别，并对应其不同信用等级，分别采取失信提示、警示约谈、限期整改、列入重点关注名单和“黑名单”等监管措施。

（十七）加强重点关注名单和“黑名单”管理

派出能源监管机构依法依规对受到行政处罚且列入重点关注名单和“黑名单”的监管对象，按要求进行信息归集和发布；满足移出条件的，将其移出重点关注名单或“黑名单”。

（十八）深入开展失信联合惩戒

派出能源监管机构对被纳入“黑名单”的监管对象信用信息，应通过“信用能源”网站、单位门户网站等向社会公开，按有关程序推送至全国信用信息共享平台，实施跨地区、跨行业、跨领域的失信联合惩戒。

（十九）规范开展信用修复

鼓励监管对象按《能源行业市场主体信用修复管理办法（试行）》积极开展信用修复。修复完成后，“信用能源”网站等按程序及时停止公示其失信记录，相关部门终止实施联合惩戒措施。加快建立完善协同联动、一网通办机制，为监管对象提供高效便捷的信用修复服务。

七、推动实施协同监管

（二十）联合其他部门加强协同监管

加强电力业务许可监管对象信用信息跨部门共享，对信用等级为失信、严重失信的监管对象联合其他部门实施协同监管，推动相关部门依法依规对“黑名单”主体采取联合惩戒措施。

（二十一）引入多元主体参与协同共治

充分发挥市场主体、行业组织和第三方信用服务机构在电力业务许可信用监管中的作用。对信用等级为失信、严重失信的监管对象，通报相关市场主体和行业组织，强化内部约束和管理。鼓励第三方信用服务机构积极参与信用记录建设、大数据分析、风险预警、失信跟踪监测等工作，助力电力业务许可信用监管的高效精准实施。

八、工作要求

（二十二）加强组织保障

派出能源监管机构要进一步增强责任意识，切实加强对所辖区域电力业务许可信用监管工作的组织实施，细化职责分工，严格落实执行，确保在电力业务许可各监管环节全面应用信用信息和信用等级，依清单实施分类监管措施。

（二十三）建立沟通机制

派出能源监管机构要在每年1月20日前提交所辖区域电力业务许可信用监管上年度工作报告，全面准确反映实施情况和具体效果。对实施过程中发现的重要问题，要及时反馈资质中心。

（二十四）做好宣传培训

通过各种渠道和形式，深入细致向监管对象做好政策宣传解读工作，并加强对办事人员的业务培训和管理，为电力业务许可信用监管的顺利实施打好基础。积极宣传信用监管工作及其成效，营造良好诚信氛围。

附件：1. 电力业务许可信用监管应用措施清单（2019版）（略）

2. 承装（修、试）电力设施许可信用监管应用措施清单（2019版）（略）

国家能源局

2019年10月23日

国家能源局关于颁布2018年版电力建设工程定额和费用计算规定的通知

（国能发电力〔2019〕81号）

为适应电力发展新形势，进一步统一和规范电力建设工程的计价行为，合理确定和有效控制电力建设工程造价，指导电力建设工程有序开展，我局委托中国电力企业联合会修编完成《电力建设工程定额和费用计算规定（2018年版）》，具体包括《火力发电工程建设预算编制与计算规定》《电网工程建设预算编制与计算规定》《电力建设工程概算定额——建筑工程、热力设备安装工程、电气设备安装工程、调试工程》《电力建设工程预算定额——建筑工程、热力设备安装工程、电气设备安装工程、架空输电线路工程、电缆输电线路工程、调试工程、通信工程、加工配制品》。现印发你们，请遵照执行。同时，《电力建设工程定额和费用计算规定（2013年版）》停止执行。

国家能源局
2019年11月22日

国家能源局印发《关于电力系统防范应对低温雨雪冰冻灾害的指导意见》的通知

（国能发安全〔2019〕80号）

各省、自治区、直辖市及新疆生产建设兵团发展改革委（能源局）、经信委（工信委、工信厅），北京市城管委，国家能源局各派出监管机构，全国电力安委会企业成员单位，各有关单位：

为贯彻落实习近平总书记防灾减灾救灾的重要论述精神，进一步加强电力系统防范应对低温雨雪冰冻灾害工作，最大程度降低冰灾影响，国家能源局制定了《关于电力系统防范应对低温雨雪冰冻灾害的指导意见》。现印发给你们，请遵照执行。

国家能源局
2019年11月20日

关于电力系统防范应对低温雨雪冰冻灾害的指导意见

为贯彻落实习近平总书记关于防灾减灾救灾的重要论述精神，进一步加强电力系统防范应对低温雨雪冰冻灾害（以下简称冰灾）工作，全面提升电力系统防范应对冰灾能力，有效防范因冰灾导致大面积、长时间停电风险，最大程度降低冰灾对电力系统安全稳定运行的影响，保障电力可靠供应，制定本指导意见。

一、完善防冰抗冰管理体制机制

按照统一指挥、分工负责、预防为主、保障重点的原则，建立健全政府指导、部门协作、企业为主、用户配合的电力防冰抗冰工作组织体系。地方电力管理部门统筹协调，国家能源局派出机构加强指导，电力企业承担主体责任。各方细化分工，明确责任，形成工作合力，共同提升电力系统防冰抗冰工作效能。

二、优化防冰抗冰电力规划

要合理规划输电网架，新建重要线路和重要变电站尽量避开重、中冰区及覆冰后人员装备不易到达地区，重要输电线路应避免通过既有密集通道；输电线路跨越铁路、高速公路、重要输电通道的跨越点宜避开重、中冰区和易舞动区。要优化抗冰保障电源布局，重要负荷中心电网适当配置应对冰灾大面积停电的应急保安电源，确保特殊情况下“孤网运行”和“黑启动”能力。

三、合理提高抗冰设防标准

要收集线路走廊相关区域的微气象、微地形资料，结合对历次冰灾影响区域分析，滚动修订冰区、舞动区域分布图。要建立健全电力系统防冰抗冰设计及相关标准体系，规范指导抗冰工作；对冰区、舞动区域中重要线路等设备设施，因地制宜提高抗冰设防标准。

四、加强设备设施抗冰建设和改造

对新建设备设施，电力企业要严格落实设防标准要求，高质量完成建设任务，依据冰区等级和设备设施重要程度，合理配置覆冰监测、融（除）冰等装置。对在运设备设施，电力企业要突出重要线路、线路重点区段、重要电力通信光缆等，结合当地冰情特点，开展差异化技术改造。相关单位要做好建设和差异化改造相关协调工作，保证项目顺利实施。

五、加强设备设施保护和运行维护

电力企业要组织排查可能危及电力设施安全的树竹、建（构）筑物、临时设施等，并配合地方电力管理部门及时整治；要加强冰灾易发地区重要电厂、输电线路、重要枢纽变电站（换流站）、电力通信网（光缆）等设备设施防雨雪冰冻的日常运行维护和隐患排查治理，强化覆冰监测装置、融冰装置等抗冰装备检修维护。重要电力用户要按相关标准规定配置自备应急电源并做好运行维护，及时排查整治隐患，确保能随时投入使用。

六、强化防冰抗冰预案管理

电力企业要综合考虑设备设施覆冰可能造成的线路舞动、绝缘子闪络、倒塔（杆）断线、风机覆冰等风险，科学编制防冰抗冰应急预案。采取不同形式开展防冰抗冰应急演练，做到岗位、人员、过程全覆盖。强化应急演练评估总结，针对演练暴露问题提出整改措施，并及时修订完善预案，提高应急预案和演练的科学性、可行性。

七、加强抗冰抢险队伍建设

电力企业要建立具有抗冰专业特长、能够承担重大抗冰抢险任务的电力应急队伍；采取多种措施开展冰灾相关规章制度、技术标准和融（除）冰技术等教育培训，提高抗冰队伍处置冰灾能力。地方电力管理部门、电力企业要加强防冰抗冰专家队伍建设，积极发挥专家应急会商、辅助决策等作用。相关单位要发挥军地抢险救灾协调联动机制作用，提升社会综合抗冰救援能力。

八、加强抗冰物资装备保障

相关单位要做好融（除）冰、应急发电等特种装备和后勤保障装备等应急物资的配备、储存和管理，建立健全抗冰应急物资装备的生产、调拨、配送等工作机制，提高应急物资供应和装备保障能力。建立健全冰灾期间应急通信保障体系，加强通信基站应急电源配置和维护，保障灾害应急期间通信畅通。

九、加强防冰抗冰科技支撑

要积极开展新型融（除）冰、防舞动等装置研制，开发新型防冰材料，强化装备的机械化、自动化、智能化，提升本质安全水平。加强卫星遥感、雷达、直升机、无人机巡检等技术研究和应用，提高精细化预报和智能预警水平。充分运用大数据、云计算、泛在电力物联网等技术，提升抗冰抢险电力应急指挥决策科技支撑水平。

十、做好冰情监测预警

电力企业要加强在线监测和人工观冰，视情提高冰情监测频次，及时掌握电力设备设施冰情发展趋势；加强发电用煤、油、天然气等燃料及环保设施消耗材料供应监测。地方电力管理部门、国家能源局派出机构要跟踪关注与电力系统运行相关的低温、雨雪、冰冻等气象信息，加强冰情信息分析研判；预判低温雨雪冰冻天气可能造成灾害影响时，及时发布冰情预警信息。

十一、做好冰灾防范准备

电力企业预判低温雨雪冰冻天气可能造成大面积停电等事故事件时，要将有关情况及时报告地方电力管理部门和国家能源局派出机构，并视情况告知重要电力用户，及时部署落实各项防范准备工作。严格电网调度管理，合理安排电网运行方式，做好事故预想，从应急队伍、物资装备、融（除）冰装置、自备应急电源、有序用电等方面做好准备，落实保障及防范措施。地方电力管理部门要提请地方政府积极做好公共秩序维护，以及供水、供气、供热、通信、交通等应急准备。

十二、科学组织融冰除冰

电网企业要跟踪研判冰情发展趋势，综合分析重要输电线路、枢纽变电站等设备设施覆冰情况，评估冰情对电力安全的影响，按照轻重缓急原则组织融冰除冰工作，力保主网架结构完整。发电企业要根据设备设施覆冰情况及时启动融冰除冰，保证重要设备设施安全。

十三、强化抗冰应急措施

覆冰对电力系统运行和用户供电造成影响时，相关单位要加强协作，开展会商，统筹做好抗冰应急工作。电网企业要动态调整运行方式，控制停电范围，尽快恢复重要输变电设备、电力主干网架运行。发电企业要做好发电机组并网运行管理，按照电力调度指令确保安全稳定运行。重要电力用户要及时启用自备电源，合理安排用电。

十四、协同高效抢修复电

地方电力管理部门要协调气象、交通、通信、油气、林业等部门为电力应急抢修提供支援；加强道路运输、交通秩序协调管理，为抗冰抢险保供电车辆开通绿色通道。电力企业要迅速组织抢险救灾力量，全力抢修受损设备设施，优先恢复重要电力用户、重点地区的电力供应；在不具备抢修条件时，及时调集应急发电装备，全力保障灾区居民基本用电。严格落实现场安全措施，做到抢险不冒险，保证抢修人员安全。

十五、统筹做好信息发布

地方电力管理部门、国家能源局派出机构要动态掌握电力设备设施、电力用户受灾及供电恢复情况，按照及时准确、公开透明、客观统一的要求，通过多种途径主动发布停电信息和应对处置工作情况。要加强舆情监测，及时回应社会关切。

十六、深入开展灾后评估

冰灾结束后，要从电力规划、设防标准、建设施工、系统运行、设备设施质量和管理、应急处置、电源配置、融（除）冰装置配备等方面，全面系统开展冰灾处置评估工作，总结经验教训，分析查找问题，落实整改措施，持续提升电力系统防范应对冰灾能力。

国家能源局关于进一步规范核电厂消防设计和验收审批有关工作的通知

（国能发核电〔2019〕84号）

中国核工业集团有限公司、中国广核集团有限公司、国家电力投资集团有限公司、中国华能集团有限公司：

为贯彻落实《中共中央办公厅　国务院办公厅印发〈关于深化消防执法改革的意见〉的通知》（厅字〔2019〕34号），深化“放管服”改革，构建科学合理、规范高效、公正公开的核电厂消防监督管理体系，简化审批流程，缩短审批时间，保证评审质量，根据《中华人民共和国消防法》《核电厂消防安全监督管理暂行规定》等有关规定，现就进一步规范核电厂消防设计和验收审批有关工作通知如下。

一、规范和完善消防审批管理工作

（一）规范消防审批事项申请时间及材料要求

1. 核电厂控股企业集团应当在核电项目获得国务院核准后，向国家能源局提交核电厂控制区单围墙内消防初步设计有关材料。初步设计未经审核或者审核不合格的，不得进行主体工程施工。

2. 核电厂控股企业集团应当在核电项目最后一台机组具备商运条件后3个月内，向国家能源局申请消防验收。本通知发布前已经商运的核电项目，申请验收时间可适当延后。

3. 企业在申请消防设计和验收审批前，应委托符合条件的专业机构完成技术评审。在提交相关材料时，应附专业机构出具的评审报告。

（二）建立专家审查制度

4. 国家能源局组织核安全、消防、核电设计及运行管理等方面专家，成立核电厂消防专家委员会，负责审议核电厂消防设计和验收申请。

5. 国家能源局受理申请后，组织召开核电厂消防专家委员会会议，听取有关申请单位和专业机构的汇报，开展质询评议，形成专家委员会会议纪要，按程序作出行政许可批复。

二、完善专业机构评审工作机制

（三）规范选择专业机构

6. 核电厂营运单位负责组织核电厂消防设计评审和验收评审工作并承担全面责任，应当按照有关法规要求，自主、规范、择优选择符合条件的专业机构，统一承担核电厂消防设计评审和验收评审工作。

7. 专业机构应当具备的条件：

承担核岛消防设计评审和验收评审，应当是承担国家发展改革委委托投资咨询评估任务的咨询机构（入选专业含核电），或者是具备住房和城乡建设部颁发的工程设计核工业行业反应堆工程设计（含核电站反应堆工程）专业甲级资质的单位。

承担核岛以外消防设计评审和验收评审，应当是承担国家发展改革委委托投资咨询评估任务的咨询机构（入选专业含核电），或者是具备住房和城乡建设部颁发的工程设计核工业行业反应堆工程设计（含核电站反应堆工程）专业甲级或工程设计综合甲级资质的核电、电力行业单位。

8. 专业机构应具有满足核电厂消防评审要求的相对稳定、结构合理的专业化队伍，建立有效的质量保证体系，无不良信誉记录。

9. 核电厂营运单位选择的专业机构，不得与项目设计单位、营运单位、核电厂控股企业集团存在控股、管理关系或者负责人为同一人的重大关联关系。

（四）规范专业机构评审工作

10. 专业机构应当依法依规开展评审工作，独立提交评审报告，并对评审结论承担相应的法律责任。在评审过程中如发现重大问题和风险隐患，应第一时间通知企业整改；企业未予整改的，应在评审报告中特别说明。

11. 建立专业机构全过程参与制度。专业机构应将评审工作贯穿到核电厂消防工程的设计、建设、验收全过程，对施工图设计阶段落实初步设计审查意见情况进行必要的过程检查和抽查，对消防工程建设重点部位和重要环节进行现场见证，提高评审工作深度、质量和效率。

12. 国家能源局及其派出机构组织对专业机构评审工作进行监督抽查，引导加强行业自律、规范从业行为、落实主体责任，依法惩处不具备从业条件、弄虚作假等违法违规行为，对严重违法违规的专业机构和人员实行行业退出、永久禁入。

三、进一步落实企业主体责任

（五）加强消防设计过程质量控制

13. 设计单位要加强消防施工图设计质量控制，强化设计接口管理，做好同相关系统的协同设计。核电厂营运单位要加强对施工图设计审查把关，依据核电厂消防初步设计及有关法规标准，组织对施工图设计进行审查，在消防单项工程施工前，应完成该单项工程施工图设计审查工作。

14. 核电厂控股企业集团要做好消防设计变更的审查工作，其中对初步设计确定的设计标准、原则、主要技术方案等进行变更的，需经专业机构评审认可。

（六）完善企业消防自验收工作

15. 核电厂营运单位要加强消防自验收，提高工作质量，每个建构筑物及设施在正式投入使用前，应完成该单项工程的消防自验收。

16. 核电机组首次装料前，核电厂营运单位应全面实施对核岛、常规岛等有关消防工程自验收工作，保证有关消防工程满足核安全要求，并通过专业机构的评估和国家核安全局的装料前审查。

17. 专业机构的评估意见和国家核安全局对消防相关系统的审查意见，在申请消防验收时一并提交。

（七）及时完成验收整改工作

18. 实行问题整改承诺。对验收中发现的需现场整改的问题，核电厂营运单位要按照应改尽改、能早尽早的原则，及时开展工程改造、设备更换等工作。对于确需较长时间整改且对核安全没有重要影响的问题，核电厂营运单位可对问题整改作出承诺，明确整改时限和整改完成前的临时管控措施，经专业机构评审认可后，向国家能源局申请消防验收。

19. 核电厂营运单位要严格履行承诺，按期完成整改并经专业机构确认。承诺事项整改情况及专业机构确认意见，于事后报国家能源局及其派出机构备案。国家能源局及其派出机构按照“双随机、一公开”方式对整改情况进行抽查。

20. 本通知自发布之日起施行。此前规定与本通知规定不一致的，以本通知为准。

特此通知。

国家能源局
2019 年 11 月 25 日

国家能源局关于开展电力行业安全生产集中整治工作的通知

（国能发安全〔2019〕86 号）

各派出能源监管机构，全国电力安委会各企业成员单位：

根据国务院安全生产委员会《关于印发全国安全生产集中整治工作方案的通知》（安委明电〔2019〕3 号）精神，我局制定了《电力行业安全生产集中整治工作方案》，现印发你们，请结合实际，认真抓好贯彻落实，并于 2019 年 12 月 10 日和 2020 年 2 月 21 日前，分别将集中整治安排部署情况和工作总结报送国家能源局。

联系人及联系方式：易俗 010-66597314，66597462（传真）

附件：电力行业安全生产集中整治工作方案

国家能源局
2019 年 12 月 4 日

附件

电力行业安全生产集中整治工作方案

为深入贯彻习近平总书记关于安全生产重要指示精神，落实李克强总理在国务院常务会议上的部署要求，按照国务院安全生产委员会《全国安全生产集中整治工作方案》，国家能源局自即日起，在全国范围内对电力行业开展为期三个月的安全生产集中整治，制定工作方案如下：

一、总体要求

坚持以习近平新时代中国特色社会主义思想为指导，全面贯彻落实党的十九大和十九届二中、三中、四中全会精神，按照党中央、国务院决策部署，深刻汲取有关事故事件教训，在电力行业以危险化学品安全、建设施工安全、生产作业安全、电力系统运行安全等为重点，坚决整治部分电力企业落实安全生产主体责任不到位，企业安全管理体系不完善，作业现场风险管控不严，以及隐患排查不全面等形式主义突出问题，治理一批重大安全隐患，建立健全电力安全生产风险隐患和突出问题自查自纠长效机制，严防各类电力事故发生，确保电力行业安全生产形势持续稳定，为经济社会发展提供良好电力保障。

二、整治内容

（一）综合整治重点。一是政治站位不高的问题。对党中央和国务院关于安全生产重要指示学习领会不深，属地安全责任不落实，属地安全监管配合不到位，对国家能源局关于电力行业安全生产有关部署安排落实不到位，对防范化解重大安全风险的重要性认识不足，风险隐患不清、管理措施不力，思想麻痹，存在畏难和侥幸心理，在抓落实上仍存在很大差距。二是安全生产主体责任落实不到位的问题。企业安全生产管理体系不完善，各级安全管理责任界面不清晰，岗位安全生产责任考核未严格执行，安全管理人员在隐患排查、风险防控、日常检查、员工培训等环节不认真不负责，甚至弄虚作假、违法违规。三是隐患排查不扎实的问题。部分电力企业未建立健全安全生产风险辨识和隐患排查机制，隐患排查不深入不全面，对风险隐患未进行有效监控治理，安全整治走形式、走过场。

（二）电力行业危险化学品安全整治重点。一是部分电力企业对危险化学品安全重视不够，风险管控和隐患查治双重预防机制执行不严，存储使用等环节的管理漏洞依然存在的问题。二是重大危险源管控措施落实不到位，发电厂、变电站等生产场所消防措施不到位，煤电液氨升级改造进展缓慢，监测预警设施不齐全的问题。三是危险化学品应急处置能力不足，预案方案针对性和可操作性不强，企业预案与地方政府预案衔接不畅，针对液氨泄漏、氢站爆炸、油罐火灾等突发情况的实战演练开展不够的问题。

（三）电力建设施工安全整治重点。一是部分施工企业无相关资质证书或超越资质范围承揽工程及违法分包、转包工程，盲目赶工期、抢进度和恶劣天气强行组织施工，特别是防高坠、防触电、防中毒窒息工作措施不到位，对“煤改电”建设工程施工现场安全监督重视不够的问题。二是部分施工现场临时用电不规范，脚手架搭拆和使用不规范，通道临边安全措施布置不到位，深基坑、高支模、起重吊装等危险性较大的分部分项工程施工方案审核与执行不到位等问题。三是部分施工项目分包人员培训考核不到位，安全意识淡薄，作业前安全技术交底不到位，特种作业人员存在无证上岗的现象，特种设备的使用和维护不规范的问题。

（四）电力生产作业安全整治重点。一是部分企业安全生产组织体系不够完善，安全生产各项规章制度未能有效实施，“两票三制”未能严格执行，安全培训和技能培训不到位的问题。二是现场作业人员安全意识有待进一步加强，对设备检修作业、带电作业、动火作业、燃料装卸、灰渣处理等重要环节和重点领域的风险管控不严，触电、高处坠落、物体打击等人身事故和火灾、爆燃等设备事故防范措施不完善的问题。

（五）电力系统运行安全整治重点。一是部分企业对电网运行安全风险梳理不够认真、细致，安全风险管控措施落实不到位的问题。二是部分电力企业对涉网安全管理不严，对于国家、行业相关标准、规范要求贯彻执行不到位，对相关安全隐患和薄弱环节未进行有效整改的问题。三是部分电力企业对电力设备安全管理不力，设备设计、制造、选型、招标、监造（监理）、安装、调试、运行、维护等环节存在短板和漏洞的问题。四是部分重、中冰区和易舞动区电力设备设施设防标准不够，抗冰能力不强，发生冰灾时存在设备设施损坏和引发停电的问题。

（六）电力行业网络安全整治重点。一是部分地方政府电力管理部门贯彻落实《网络安全法》不到位，未按照国家有关规定，履行网络安全属地监督管理职责的问题；部分电力企业未能有效落实网络安全主体责任，网络安全管理工作仍有待进一步加强的问题。二是部分电力企业贯彻落实电力监控系统安全防护相关规定和要求不到位，安全防护措施仍需强化，态势感知、预警和应急处置能力仍有待提升的问题；部分新能源发电企业网络安全管理薄弱，存在较多网络安全风险和隐患，威胁电力系统安全稳定运行的问题。

（七）电力行业应急管理整治重点。部分地方政府电力管理部门对《国家大面积停电事件应急预案》理解不到位，不主动承担大面积停电事件防范应对工作责任，未建立符合规定的组织体系，未按要求开展应急演练的问题。

三、工作措施

（一）切实提高政治站位。开展电力行业安全生产专项整治，是深入贯彻落实党中央和国务院关于安全生产重要指示精神的重要举措，是稳定电力行业安全生产形势、保证电力系统安全稳定运行和电力可靠供应的内在要求。电力行业各有关单位和部门要切实增强责任感和紧迫感，主要负责人要切实承担起安全生产责任，认真学习领会党中央和国务院重要指示精神，贯彻落实国家能源局有关部署安排，深刻汲取有关事故、事件教训，结合“不忘初心、牢记使命”主题教育，强化责任担当，敢于动真碰硬，力戒形式主义、官僚主义，扎实做好集中整治各项工作，全力确保电力安全生产形势持续稳定。

（二）精心组织安排部署。各派出能源监管机构以及全国电力安委会各企业成员单位要加强组织领导，认真研究制定具体实施方案，落实责任、细化措施，层层动员部署、广泛宣传发动，切实抓出实效。要紧盯风险隐患突出的重点领域，抓住完善和落实责任制这一关键环节，在抓落实上狠下功夫，切实解决实际问题。要通过主流媒体、社交平台等加强宣传并公开举报电话，广泛发动群众举报重大隐患和违法行为。

（三）加大督促整改力度。要坚持立查立改、边查边改，做到排查整改、执法查处、督查督办贯穿集中整治全过程。对严重违法违规行为，要严格落实“四个一律”等执法措施，督促企业整改到位。要坚持标本兼治，着力建立健全电力安全生产风险隐患和突出问题自查自纠长效机制，完善和落实安全生产责任和管理制度，建立健全安全预防控制体系，运用制度威力应对风险挑战的冲击。

（四）严肃问责强化考核。要综合运用通报、约谈、警示、提醒等手段加强督查检查，开展明察暗访，把集中整治工作开展情况纳入安全生产目标考核和干部绩效考核。对领导责任不落实、集中整治推动不力、监管监察走形式等问题，要依法依规严肃追责问责。

国家能源局关于印发《能源领域首台（套）重大技术装备评定和评价办法（试行）》的通知

（国能发科技〔2019〕89号）

各有关单位：

为深入贯彻习近平总书记“四个革命、一个合作”能源安全新战略，加快推进能源技术革命，有效推动能源领域短板技术装备突破，做好能源领域首台（套）重大技术装备示范应用工作，特制定《能源领域首台（套）重大技术装备评定和评价办法（试行）》。现印发给你们，请遵照执行。

附件：能源领域首台（套）重大技术装备评定和评价办法（试行）

国家能源局

2019年12月30日

附件

能源领域首台（套）重大技术装备评定和评价办法（试行）

第一章 总 则

第一条 为落实《关于促进首台（套）重大技术装备示范应用的意见》（发改产业〔2018〕558号）和《国家能源局关于促进能源领域首台（套）重大技术装备示范应用的通知》（国能发科技〔2018〕49号）等文件要求，规范能源领域首台（套）重大技术装备的评定和评价工作，特制定本办法。

第二条 能源领域首台（套）重大技术装备是指国内率先实现重大技术突破、拥有自主知识产权、尚未批量取得市场业绩的能源领域关键技术装备，包括前三台（套）或前三批（次）成套设备、整机设备及核心部件、控制系统、基础材料、软件系统等。

第三条 本办法所称评定是指对申报的能源技术装备进行审查，确定能源领域首台（套）重大技术装备清单。本办法所称评价是指能源领域首台（套）重大技术装备示范应用结束后，对示范效果进行评价，提出评价意见。

第四条 能源领域首台（套）重大技术装备评定和评价工作由国家能源局牵头组织实施，主要包括申报、评定、示范及效果评价。

第二章 申 报 要 求

第五条 能源领域首台（套）重大技术装备由研制单位或研制单位联合用户企业根据技术装备突破情况申报。各行业协会可根据本行业技术装备发展情况向国家能源局推荐能源领域首台（套）重大技术装备。各地方发改委（能源局）、有关中央企业负责组织本地区、本企业的申报工作，汇总后统一上报国家能源局。

第六条 能源领域首台（套）重大技术装备申报需要提供的材料包括：企业基本情况介绍、研发及售后保障能力、技术装备自主创新情况、技术装备适用范围、国内外技术装备发展现状及应用前景、主要技术规格参数和技术水平、运行安全风险、科技成果鉴定（或评价）材料、科技查新报告、自主知识产权证明等。对于尚未应用或应用时间小于半年的技术装备可不提供科技成果鉴定（或评价）材料，由第三方权威机构出具的技术方案评审意见或产品检测（测试）报告代替。[具体格式见技术装备申请报告（参考）]

第七条 申报材料应按上述要求整理，内容完整、格式清晰，能够真实、准确、充分地反映研制单位和技术装备的有关情况。国家能源局负责对申报材料进行格式审查，审查合格的项目进入评定环节。

第三章 评定工作过程和要求

第八条 国家能源局依法依规选定并委托第三方机构组织开展能源领域首台（套）重大技术装备评定工作，评定工作过程如下：

（一）被委托单位组织能源技术装备领域资深专家，组建不同专业领域的专家组，召开评定会，对申报的技术装备进行评定。

（二）评定会结束后，被委托单位负责对各专家组意见进行汇总，并以正式文件上报国家能源局。

（三）国家能源局负责对评定结果进行公示，经公示无异议后，列入能源领域首台（套）重大技术装备清单，并在国家能源局网站发布。国家能源局负责定期更新能源领域首台（套）重大技术装备清单。

（四）国家科技重大项目等国家课题项目支持研制的能源技术装备和能源领域短板技术装备经评定优先纳入能源领域首台（套）重大技术装备清单。

（五）对于能源领域亟需的重大技术装备，可根据技术装备研制进展“成熟一个，评定一个”。

第九条 能源领域首台（套）重大技术装备评定专家和相关工作要求如下：

（一）评定专家由被委托单位推荐，要求具有正高级职称，且从事相关领域技术工作超过10年，专家组成员要涵盖制造、使用、设计等方向，各领域专家组人数不少于7人，并回避前期技术方案评审专家。

（二）评定会包括材料审查和企业答辩，各专家组根据资料和答辩情况对参评的技术装备进行评定，形成评定意见。

（三）能源领域首台（套）重大技术装备从以下方面评定：技术水平、适用范围、工程应用条件、安全风险、保障措施以及制造企业资质、研发与生产能力、质量与售后保障能力等。

第四章 支 持 政 策

第十条 用户企业应积极承担能源领域首台（套）重大技术装备示范任务。对于行业亟需的重点技术装备，国家能源局将协调优先开展示范。

第十一条 能源领域首台（套）重大技术装备及其示范项目享受《关于促进首台（套）重大技术装备示范应用的意见》（发改产业〔2018〕558号）和《国家能源局关于促进能源领域首台（套）重大技术装备示范应用的通知》（国能发科技〔2018〕49号）中明确的其他优惠政策。

第十二条 鼓励能源领域首台（套）重大技术装备示范单位利用商业保险等经济手段转移技术装备的

质量和责任风险，商业保险的赔偿限额应尽可能弥补事故造成的损失。

第五章　监管和评价

第十三条　能源领域首台（套）重大技术装备示范项目承担单位应及时向国家能源局报告项目执行情况和影响项目实施的重大事项等。国家能源局定期组织对能源领域首台（套）重大技术装备示范情况进行跟踪、评价。如发现技术装备存在材料造假等虚假申报不良行为，国家能源局将取消其能源领域首台（套）重大技术装备资格，相关单位三年内不得再次申报。

第十四条　能源领域首台（套）重大技术装备示范完成后，技术装备研制单位联合用户单位向国家能源局提交示范评价申请。评价材料包括：示范项目完成情况、示范效果、技术装备运行情况等。对于确有需求的技术装备，为确保质量，可附第三方出具的设备制造过程监督报告等材料。

第十五条　国家能源局依法依规选定并委托第三方机构组织能源技术装备领域资深专家，组建相关专业专家组，对能源领域首台（套）重大技术装备示范应用情况进行评价并给出评价意见。

第六章　附　　则

第十六条　本办法由国家能源局负责解释，下一步将根据前期工作反馈进一步完善评定评价工作方式。

第十七条　本办法自发布之日起施行。

附：能源领域首台（套）重大技术装备申请报告（参考）（略）

国家能源局综合司关于加快推进公共法律服务体系建设的通知

（国能综通法改〔2019〕91号）

各司，各派出能源监管机构，有关事业单位：

按照中央办公厅、国务院办公厅《关于加快推进公共法律服务体系建设的意见》（中办发〔2019〕44号，以下简称《意见》），为加快推进能源领域公共法律服务体系建设，全面提升公共法律服务能力和水平，更好地保障和改善民生，现就有关事项通知如下：

一、高度重视公共法律服务体系建设

公共法律服务是政府公共职能的重要组成部分，是保障和改善民生的重要举措，是全面依法治国的基础性、服务性和保障性工作。推进公共法律服务体系建设，对于更好地满足广大人民群众日益增长的美好生活需要，推进国家治理体系和治理能力现代化具有重要意义。各单位要以习近平新时代中国特色社会主义思想为指导，全面落实党的十九大和十九届二中、三中、四中全会精神，积极贯彻《意见》的相关要求，落实政府推进公共法律服务体系建设的主体责任，激发各类社会主体参与公共法律服务的积极性，引导公共法律服务为促进能源高质量发展和我局依法全面履行职能提供帮助。

二、引导公共法律服务为促进能源高质量发展和我局依法全面履行职能提供帮助

（一）*积极为能源高质量发展提供法律服务。*能源重大发展战略研究制定、重大工程和重大项目建设过程中，要发挥局法律顾问及律师的作用，为营造法治化营商环境提供全方位法律服务。围绕能源领域加强供给侧结构性改革、防范化解重大风险，指导能源企业健全企业法律顾问、公司律师制度，加强法律风险评估，把律师专业意见作为特定市场经济活动的必备法律文书。在涉及能源行业的污染防治、环境保护的公益诉讼案件中，积极配合司法鉴定工作，引导律师规范执业，发挥公益诉讼的积极作用。

（二）*积极为我局依法全面履行职能提供帮助。*进一步扩大局机关和派出机构法律顾问、公职律师工作覆盖面，提高工作法治化水平。全面落实《国家能源局外聘法律顾问管理办法》（国能法改〔2017〕117号）和《国家能源局公职律师制度实施方案》（国能综法改〔2017〕256号），完善讨论、决定重大事项前听取法律顾问、公职律师法律意见的工作机制，细化相应工作规则和流程，保障法律顾问和公职律师依法依规履行职责。落实相关工作机制，在法律法规规章、党内规范性文件和行政规范性文件起草论证工作中，以及重大行政决策、重大执法决定合法性审核工作中发挥法律顾问和公职律师的作用。积极组织法律顾问、公职律师参与法治宣传、行政应诉、行政复议、行政裁决等法律事务。

（三）*积极为化解社会矛盾提供帮助。*健全能源领域矛盾纠纷预防化解机制，完善能源领域行政调解工作体系，配合建立与人民调解、司法调解联动的工作体系，探索采用和解、调解等方式化解能源行业的矛盾纠纷。鼓励公职律师、法律顾问在能源行业矛盾纠纷化解等领域更好地发挥作用，积极参与调解工作，维护当事人合法权益，促进社会公平正义。

三、切实加强组织领导

局系统各部门（单位）要根据本通知要求，将公共法律服务体系建设摆上重要议事日程，加强对公共法律服务体系建设的统一管理，明确公职律师、法律顾问的法律地位，完善相关管理制度，坚持改革创

新、统筹协调、协同推进、狠抓落实。在报送年度法治工作总结报告时，要报告本部门（单位）落实《意见》要求、加强公共法律服务体系建设的工作情况。法改司将按照局党组及局工作部署开展督促检查、考核评估等工作。

国家能源局综合司
2019 年 12 月 31 日

国家能源局综合司关于切实加强电力行业危险化学品安全综合治理工作的紧急通知

（国能综函安全〔2019〕132 号）

各省、自治区、直辖市、新疆生产建设兵团发展改革委（能源局）、经信委（工信委），北京市城管委，各派出能源监管机构，全国电力安委会各企业成员单位：

3 月 21 日，江苏响水天嘉宜化工有限公司发生特别重大爆炸事故，损失惨重，影响恶劣，教训深刻。习近平总书记作出重要指示，要求深刻吸取教训，严格落实安全生产责任制，深入开展隐患排查，坚决防范遏制重特大事故发生，确保广大人民群众生命财产安全。近日，国务院安全生产委员会印发紧急通知，要求全面开展危险化学品等行业领域安全隐患集中排查整治。为深入贯彻习近平总书记重要指示精神，严格落实国务院安全生产委员会工作要求，进一步加强电力安全生产监督管理，持续推进电力行业危险化学品安全综合治理，有效防范化解重大安全风险，坚决遏制重特大事故发生，现就有关事项通知如下。

一、提高认识，落实危险化学品安全综合治理责任

各单位要提高政治站位，牢固树立安全发展理念，坚持底线思维，清醒认识当前面临的严峻复杂形势，高度重视危险化学品安全综合治理工作，认真分析近年来国内外多起事故暴露出的基础性、根源性问题，举一反三，结合实际深入查找本地区、本单位短板弱项，彻底解决问题；要增强责任意识，健全责任体系，明确工作目标和重点任务，强化各部门、各岗位责任落实；要严格按照国务院安委会和国家能源局统一部署，进一步增强紧迫感和使命感，在前期工作的基础上，加快电力行业危险化学品综合治理各项任务实施进度，并建立长效机制，深化提升治理成效，确保长治久安。

二、全面排查，堵塞危险化学品安全管理漏洞

各电力企业要强化安全风险管控和隐患排查治理双重预防机制，深入摸排本单位生产经营过程中危险化学品使用、储存、运输和废弃处置等可能存在的薄弱环节，采取有效可行措施，坚决堵塞安全管理体制机制漏洞；要持续完善、动态更新危险化学品安全风险分布档案和重大危险源数据库，并按规定及时报送相关信息；要加强危险化学品工艺流程管控，规范危险化学品的存放、轮换、更新和动用管理，确保不同危险化学品放置间距、危险品库与应急电源间距、照明设备防爆功能、消防设施器材更新等符合标准规范要求。各省级政府电力管理等有关部门、各派出能源监管机构要及时梳理分析本行政区域、本辖区内电力行业危险化学品安全状况，有针对性地提出风险防控措施意见，督促指导电力企业认真开展安全距离、重大危险源、自动控制系统和防火隔爆、应急处置设施等安全排查，严防风险外溢。

三、突出重点，推进重大危险源管控和改造

各电力企业要加强对液氨、氢气、氯气、燃油、天然气、民用爆炸物、放射性材料等易燃易爆和有毒有害物质的源头管控，认真开展危险源辨识评估，加大安全投入，落实防范措施，及时消除设备缺陷，完善监测监控和预警预报等安全设施，减少危险岗位作业人员，提升企业本质安全水平。在运燃煤发电厂仍采用液氨作为脱硝还原剂的，有关电力企业要按照国家能源局《关于加强燃煤机组脱硫脱硝安全监督管理的通知》（国能综安全〔2013〕296 号）、《燃煤发电厂液氨罐区安全管理规定》等文件规定，积极开展液氨罐区重大危险源治理，加快推进尿素替代升级改造进度。新建燃煤发电项目，应当采用没有重大危险源的技术路线。

四、加强培训，提升应急响应水平

各电力企业要加强对基层一线和特殊工种人员的安全教育，及时、准确、全面地传达安全信息；要强化班组层面的危险化学品特性、“一书一签”管理、应急处置等方面的理论知识和实操技能培训，确保作业人员具备危险化学品安全生产能力；要进一步完善危险化学品专项应急预案，保证企业预案与地方政府及有关部门预案有机衔接；要加强与国家综合性消防救援队伍和危险化学品安全生产专业救援队伍的联络沟通，健全协调联动机制，开展联合实战演练，确保遇有突发事件能够妥善应对、快速处置。

五、齐抓共管，强化危险化学品安全生产监督管理

各省级政府电力管理等有关部门、各派出能源监管机构要严格按照国务院安全生产委员会和国家能源局有关文件规定，认真做好本行政区域、本辖区内电力行业危险化学品安全综合治理工作，依法依规履行属地管理和安全监管职责，并积极配合地方应急管理部门开展相关工作；要努力构建齐抓共管的工作格局，密切沟通联系，加强协同配合，形成监管合力，共同督促电力企业落实危险化学品安全生产主体责任；要联合开展监督检查和监管执法行动，严肃查处危险化学品安全生产违法违规行为。

国家能源局综合司
2019 年 4 月 2 日

国家林业和草原局文件

国家林业和草原局关于规范风电场项目建设使用林地的通知

（林资发〔2019〕17 号）

各省、自治区、直辖市林业和草原主管部门，内蒙古、大兴安岭森工（林业）集团公司，新疆生产建设兵团林业和草原局，国家林业和草原局各派出机构：

近些年来，各地大规模发展风电，风电场项目占用森林和林地面积大幅上升，违法违规使用林地、野蛮施工、植被恢复不到位等问题时有发生，对森林生态功能、森林景观等造成较大损害，引起社会广泛关注。为规范风电场项目建设使用林地，减少对森林植被和生态环境的损害与影响，现将有关事项通知如下：

一、充分认识规范风电场建设使用林地的重要性

陆上风电场项目建设过程中，多沿地势较高的山脊、山岗布设风机，并配套建设道路和集电线路，点多线长，这些地方既是山地生态系统重要的分水岭，也是生态最脆弱的地带，风机基础挖掘、场地平整、道路和集电线路施工等使用林地，大范围扰动地表，破坏地表植被，极易造成大面积水土流失，加剧区域生态退化，对森林资源安全和森林生态整体功能发挥影响较大。发展风电产业是我国推进能源转型、应对气候变化的重要途径之一，但是，我国是一个缺林少绿、生态脆弱的国家，风电开发必须正确处理好与森林资源保护的关系。各地要深入贯彻落实党的十九大精神，以习近平生态文明思想为指导，牢固树立社会主义生态文明观，坚持节约资源和保护环境的基本国策，实行最严格的生态保护制度，依法规范风电场建设使用林地，促进风电产业健康发展，推动人与自然和谐共生。

二、风电场建设使用林地禁建区域

严格保护生态功能重要、生态脆弱敏感区域的林地。自然遗产地、国家公园、自然保护区、森林公园、湿地公园、地质公园、风景名胜区、鸟类主要迁徙通道和迁徙地等区域以及沿海基干林带和消浪林带，为风电场项目禁止建设区域。

三、风电场建设使用林地限制范围

风电场建设应当节约集约使用林地。风机基础、施工和检修道路、升压站、集电线路等，禁止占用天然乔木林（竹林）地、年降雨量 400mm 以下区域的有林地、一级国家级公益林地和二级国家级公益林中的有林地。本通知下发之前已经核准但未取得使用林地手续的风电场项目，要重新合理优化选址和建设方案，加强生态影响分析和评估，不得占用年降雨量 400mm 以下区域的有林地和一级国家级公益林地，避让二级国家级公益林中有林地集中区域。

四、强化风电场道路建设和临时用地管理

风电场施工和检修道路，应尽可能利用现有森林防火道路、林区道路、乡村道路等道路，在其基础上扩建的风电场道路原则上不得改变现有道路性质。风电场新建配套道路应与风电场一同办理使用林地手续，风电场配套道路要严格控制道路宽度，提高标准，合理建设排水沟、过水涵洞、挡土墙等设施；严格按照设计规范施工，禁止强推强挖式放坡施工，防止废弃砂石任意放置和随意滚落，同步实施水土保持和恢复林业生产条件的措施。吊装平台、施工道路、弃渣场、集电线路等临时占用林地的，应在临时占用林地期满后一年内恢复林业生产条件，并及时恢复植被。

五、加强风电场建设使用林地的指导和监管

各级林业和草原主管部门要与本地区能源主管部门做好风电开发建设规划和核准工作的衔接，提前介入测风选址工作，指导建设单位避让生态脆弱区和生态敏感区；定期检查，依法严厉打击风电场项目未批先占、少批多占、拆分报批、以其他名义骗取使用林地行政许可等违法违规行为；对野蛮施工破坏林地、林木，未及时恢复林业生产条件及弄虚作假骗取使用林地行政许可的风电场项目，要依法追责。

国家林业和草原局各派驻森林资源监督机构要加强对风电场项目建设的监督检查。

本通知自发布之日起施行，有效期至 2024 年 2 月 28 日。

特此通知。

国家林业和草原局
2019 年 2 月 26 日

统计资料

电力统计基本数据一览表

项　　目	单　位	2019 年	2018 年	比上年增长（±、%）
一、发电量	**亿 kWh**	**73 269**	**69 947**	**4.75**
水　　电	亿 kWh	13 021	12 321	5.68
其中：抽水蓄能	亿 kWh	319	329	-2.96
火　　电	亿 kWh	50 465	49 249	2.47
其中：燃煤	亿 kWh	45 538	44 829	1.58
燃气	亿 kWh	2325	2155	7.89
燃油	亿 kWh	13	15	-15.72
核　　电	亿 kWh	3487	2950	18.23
风　　电	亿 kWh	4053	3658	10.82
太阳能发电	亿 kWh	2240	1769	26.60
其　　他	亿 kWh	3	1	169.00
6000kW 及以上火电厂发电量	**亿 kWh**	**50 376**	**49 167**	**2.46**
燃　　煤	亿 kWh	45 530	44 821	1.58
其中：煤矸石发电	亿 kWh	1510	1286	17.39
燃　　气	亿 kWh	2298	2134	7.73
其中：常规燃气	亿 kWh	2214	2053	7.82
煤层气发电	亿 kWh	72	70	1.66
燃　　油	亿 kWh	13	15	-15.81
其　　他	亿 kWh	2535	2198	15.35
其中：余温、余气、余压发电	亿 kWh	1447	1290	12.18
垃圾焚烧发电	亿 kWh	607	481	26.15
秸秆、蔗渣、林木质发电	亿 kWh	481	427	12.74
二、全社会用电量	**亿 kWh**	**72 486**	**69 404**	**4.44**
A. 全行业用电合计	**亿 kWh**	**62 236**	**59 708**	**4.23**
第一产业	亿 kWh	779	747	4.42
第二产业	亿 kWh	49 595	48 123	3.06
其中：工业	亿 kWh	48 705	47 343	2.88
第三产业	亿 kWh	11 861	10 839	9.44
B. 城乡居民生活用电合计	**亿 kWh**	**10 250**	**9697**	**5.70**
城镇居民	亿 kWh	5838	5533	5.52
乡村居民	亿 kWh	4412	4164	5.96
三、发电装机容量	**万 kW**	**201 006**	**190 012**	5.79
水　　电	万 kW	35 804	35 259	1.55

续表

项　目	单　位	2019 年	2018 年	比上年增长（±、%）
其中：抽水蓄能	万 kW	3029	2999	1.00
火　电	万 kW	118 957	114 408	3.98
其中：燃煤	万 kW	104 063	100 835	3.20
燃气	万 kW	9024	8375	7.74
燃油	万 kW	175	173	0.72
核　电	万 kW	4874	4466	9.15
风　电	万 kW	20 915	18 427	13.51
太阳能发电	万 kW	20 418	17 433	17.12
其　他	万 kW	37	20	84.21
6000kW 及以上火电厂装机容量	**万 kW**	**118 642**	**114 100**	3.98
燃　煤	万 kW	104 028	100 794	3.21
其中：煤矸石发电	万 kW	3595	3240	10.95
燃　气	万 kW	8947	8313	7.63
其中：常规燃气发电	万 kW	8739	8139	7.38
煤层气发电	万 kW	181	151	20.12
燃　油	万 kW	171	170	0.35
其　他	万 kW	5497	4823	13.97
其中：余温、余气、余发电	万 kW	3235	2965	9.09
垃圾焚烧发电	万 kW	1171	889	31.69
秸秆、蔗渣、林木质发电	万 kW	1092	969	12.67
四、35kV 及以上输电线路回路长度	**km**	**1 975 312**	**1 892 018**	**4.40**
1. 交流	**km**	**1 932 947**	**1 850 631**	**4.45**
其中：1000kV	km	10 872	11 005	-1.21
750kV	km	23 256	20 543	13.20
500kV	km	195 636	187 158	4.53
330kV	km	32 314	30 477	6.03
220kV	km	454 585	434 493	4.62
110kV	km	684 406	652 891	4.83
35kV	km	531 880	514 066	3.47
2. 直流	**km**	**42 364**	**41 995**	**0.88**
其中：±1100kV	km	3295	608	441.88
±800kV	km	21 907	21 723	0.85
±660kV	km	1334	1334	
±500kV	km	13 733	15 428	-10.99
±400kV	km	1639	1640	-0.04
五、35kV 及以上变电设备容量	**万 kVA**	**747 833**	**699 219**	**6.95**
1. 交流	**万 kVA**	**708 718**	**666 622**	**6.31**

续表

项　　目	单　位	2019 年	2018 年	比上年增长（±、%）
其中：1000kV	万 kVA	15 300	14 700	4.08
750kV	万 kVA	18 515	17 030	8.72
500kV	万 kVA	145 905	136 494	6.89
330kV	万 kVA	14 062	13 125	7.14
220kV	万 kVA	226 101	213 127	6.09
110kV	万 kVA	235 077	219 379	7.16
35kV	万 kVA	53 757	52 767	1.88
2. 直流	**万 kVA**	**37 706**	**33 196**	**13.59**
其中：±1100kV	万 kVA	3839	600	539.89
±800kV	万 kVA	21 345	17 361	22.95
±660kV	万 kVA	947	947	0.03
±500kV	万 kVA	10 945	13 353	-18.03
±400kV	万 kVA	1245	141	783.11
六、新增发电装机容量	**万 kW**	**10 500**	**12 785**	-17.87
水　　电	万 kW	445	859	-48.25
其中：抽水蓄能	万 kW	30	130	-76.92
火　　电	万 kW	4423	4380	0.99
其中：燃煤	万 kW	3236	3056	5.90
燃气	万 kW	630	884	-28.67
其中：常规燃气	万 kW	629	881	-28.63
煤层气发电	万 kW	0	1.7	
燃油	万 kW			
其他	万 kW	557	440	26.47
其中：余温、余气、余压	万 kW	166	198	-16.08
垃圾焚烧发电	万 kW	273	148	84.50
秸秆、蔗渣、林木质发电	万 kW	118	94	24.54
核　　电	万 kW	409	884	-53.78
风　　电	万 kW	2572	2127	20.94
太阳能发电	万 kW	2652	4525	-41.40
其　　他	万 kW		10	
七、火电机组退役和关停容量	**万 kW**	**1024**	**1197**	-14.44
八、年底主要发电企业电源项目在建规模	**万 kW**	**18 192**	**17 890**	1.69
水　　电	万 kW	8462	7940	6.57
火　　电	万 kW	5409	6936	-22.01
核　　电	万 kW	1420	1345	5.51
风　　电	万 kW	2736	1564	74.99

续表

项　　目	单　位	2019年	2018年	比上年增长（±、%）
九、新增直流输电线路长度及换流容量				
1. 线路长度	**km**		**3325**	
其中：±1100kV	km		3325	
±800kV	km			
±660kV	km			
±500kV	km			
±400kV	km			
2. 换流容量	**万 kW**	**2200**	**3200**	**-31.25**
其中：±1100kV	万 kW	1200	1200	**0.00**
±800kV	万 kW		2000	
±660kV	万 kW			
±500kV	万 kW			
±400kV	万 kW	1000		
十、新增交流 110kV 及以上输电线路长度及变电设备容量				
1. 线路长度	**km**	**57 935**	**56 973**	**1.69**
其中：1000kV	km	2100	129	1528.27
750kV	km	4406	1573	180.10
500kV	km	5595	14 540	-61.52
330kV	km	3989	828	381.75
220kV	km	19 822	20 697	-4.23
110kV（含 66kV）	km	22 023	19 206	14.67
2. 变电设备容量	**万 kVA**	**31 915**	**31 024**	**2.87**
其中：1000kV	万 kVA	1500	900	66.67
750kV	万 kVA	3245	1140	184.65
500kV	万 kVA	8645	11 160	-22.54
330kV	万 kVA	1263	612	106.37
220kV	万 kVA	9161	8402	9.04
110kV（含 66kV）	万 kVA	8100	8810	-8.05
十一、本年完成电力投资	亿元	**8295**	**8161**	**1.64**
1. 电源投资	**亿元**	**3283**	**2787**	17.80
水　电	亿元	839	700	19.77
火　电	亿元	634	786	-19.41
核　电	亿元	382	447	-14.48
风　电	亿元	1244	646	92.57
太阳能发电	亿元	184	207	-11.15
其　他	亿元			

续表

项　目	单　位	2019 年	2018 年	比上年增长（±、%）
2. 电网投资	**亿元**	**5012**	**5374**	**-6.74**
送变电	亿元	4779	5133	-6.89
其中：直流	亿元	249	520	-52.06
交流	亿元	4530	4613	-1.80
其　他	亿元	232	241	-3.40
十二、单机 6000kW 及以上机组平均单机容量				
水电：单机容量	万 kW/台	6.04	6.10	-0.06
机组台数	台	5099	4894	4.19
机组容量	万 kW	30 788	29 830	3.21
火电：单机容量	万 kW/台	13.37	13.38	-0.01
机组台数	台	8430	8070	4.46
机组容量	万 kW	112 722	107 969	4.40
十三、6000kW 及以上电厂供热量	**万 GJ**	**492 492**	**480 625**	2.47
十四、6000kW 及以上电厂发电标准煤耗	**克/kWh**	**288.8**	**289.9**	-1.15
十五、6000kW 及以上电厂供电标准煤耗	**克/kWh**	**306.4**	**307.6**	-1.21
十六、6000kW 及以上电厂厂用电率	**%**	**4.67**	**4.69**	-0.02
水　电	%	0.24	0.25	-0.01
火　电	%	6.01	5.95	0.06
十七、6000kW 及以上电厂发电设备利用小时	**h**	**3828**	**3880**	-51
水　电	h	3697	3607	90
其中：抽水蓄能	h	1053	1102	-49
火　电	h	4307	4378	-71
核　电	h	7394	7543	-149
风　电	h	2083	2103	-21
太阳能发电	h	1291	1230	61
十八、6000kW 及以上电厂燃料消耗				
发电消耗标煤量	万 t	132 007	130 805	0.92
发电消耗原煤量	万 t	199 443	195 719	1.90
供热消耗标煤量	万 t	19 463	18 104	7.50
供热消耗原煤量	万 t	29 227	27 523	6.19
十九、供、售电量及线损				
供电量	亿 kWh	62 835	59 508	5.59
售电量	亿 kWh	59 111	55 777	5.98
线损电量	亿 kWh	3724	3731	-0.19
线路损失率	%	5.93	6.27	-0.34
二十、发用电设备比				
发电装机容量:用电设备容量		1:4.08	1:3.96	
二十一、电力弹性系数				
电力生产弹性系数		0.78	1.27	-38.84
电力消费弹性系数		0.73	1.28	-43.02

分地区发电装机容量

地区	合计		水电		火电		风电		太阳能发电		其他
	2019年（亿kWh）	同比增长（%）	2019年（亿kWh）	同比增长（%）	2019年（亿kWh）	同比增长（%）	2019年（亿kWh）	同比增长（%）	2019年（亿kWh）	同比增长（%）	2019年（亿kWh）
全 国	**201 006**	**5.79**	**35 804**	**1.55**	**118 957**	**3.98**	**20 915.31**	**13.51**	**20 418**	**17.12**	**37**
北 京	1304	2.23	99	0.85	1135	1.48	19	-0.80	51	28.29	
天 津	1842	7.82	1		1639	7.23	60	15.30	143	11.76	
河 北	8319	12.01	182	0.02	5021	8.75	1639	17.82	1474	19.47	3
山 西	9249	5.61	223	0.03	6687	0.90	1251	19.97	1088	25.88	
内蒙古	12 931	5.25	239	-1.36	8721	5.99	2920	1.78	1051	11.10	
辽 宁	5370	3.42	302	0.87	3446	1.85	832	9.38	343	13.64	
吉 林	3122	2.16	445	15.44	1845	-2.45	557	8.53	274	3.44	
黑龙江	3246	3.75	108	3.84	2253	1.88	611	2.08	274	27.49	
上 海	2664	5.53			2475	4.63	81	14.04	109	22.57	
江 苏	13 288	4.99	265	0.00	10 050	3.09	1041	20.41	1486	11.51	10
浙 江	9789	2.34	1170	0.76	6212	0.04	160	7.82	1339	17.64	1
安 徽	7394	4.30	345	10.77	5521	1.99	274	11.31	1254	12.18	
福 建	5909	2.42	1321	-0.09	3172	1.39	376	25.36	169	14.21	
江 西	3782	6.42	661	5.51	2205	1.85	286	26.76	630	17.40	
山 东	14 044	7.15	108.1	0.04	10 713	3.34	1354	18.17	1619	18.97	
河 南	9306	7.21	408	1.74	7050	3.36	794	69.78	1054	6.35	
湖 北	7862	6.23	3679	0.09	3157	9.45	405	22.37	621	21.77	
湖 南	4669	3.25	1612	0.90	2280	-0.17	427	22.74	344	17.63	6
广 东	12 870	7.89	1576	0.00	8628	6.04	441	23.48	610	15.67	2
广 西	4615	2.25	1681	0.26	2294	0.29	287	38.21	135	9.11	

续表

地区	合计		水电		火电		风电		太阳能发电		其他
	2019年（亿kWh）	同比增长（%）	2019年（亿kWh）	同比增长（%）	2019年（亿kWh）	同比增长（%）	2019年（亿kWh）	同比增长（%）	2019年（亿kWh）	同比增长（%）	2019年（亿kWh）
海　南	918	-0.06	154	0.00	465	0.05	29	-14.24	129	-4.95	11
重　庆	2448	2.60	772	2.15	1548	0.66	64	27.22	65	51.61	
四　川	9929	0.98	7846	0.28	1570	-0.31	325	28.42	188	4.00	
贵　州	6599	9.28	2223	0.49	3410	4.51	457	18.15	510	187.03	
云　南	9620	2.99	6873	3.37	1509	0.03	863	0.64	375	15.03	
西　藏	327	7.41	170	6.21	42	1.43	1		110	12.31	4
陕　西	6242	14.68	391	1.52	4380	11.26	532	31.20	939	31.19	
甘　肃	5268	3.04	943	1.70	2104	1.96	1297	1.17	924	10.03	
青　海	3168	13.17	1192	0.03	393	3.55	462	73.02	1122	16.63	
宁　夏	5296	12.32	43		3219	13.16	1116	10.38	918	12.46	
新　疆	9614	7.08	773	10.23	5813	8.11	1956	1.82	1072	9.54	

分地区新增发电装机容量

单位：万kW

地区	合计	其中									核电	风电	太阳能发电	其他
		水电		火电										
		合计	其中：抽水蓄能	合计	其中									
					燃煤	燃气	其中：常规燃气	燃油	其他					
全　国	**10 500**	**445**	**30**	**4423**	**3236**	**630**	**629**		**557**		**409**	**2572**	**2652**	
北　京	37			26		16	16		11				11	

续表

地区	合计	其中											
		水电		火电						核电	风电	太阳能发电	其他
		合计	其中：抽水蓄能	合计	其中								
					燃煤	燃气	其中：常规燃气	燃油	其他				
天　津	165			130	35	93	93		2		13	23	
河　北	780	0.04		306	242	45	45		19		238	236	
山　西	445	0.1		72	70				2		214	158	
内蒙古	658			410	410						124	123	
辽　宁	113			2					2		78	34	
吉　林	111	60									41	9	
黑龙江	164	4		88	47	7	7		34		12	59	
上　海	146			114		99	99		15		11	20	
江　苏	791			456	289	111	111		56		176	159	
浙　江	297	30		48	10	3	3		34		15	205	
安　徽	343	36	30	140	100				40		30	137	
福　建	155	8		43	12	0.3	0.3		31		82	22	
江　西	195	35		0.3					0.3		61	99	
山　东	808	0.1		214	125	1	1		89	*	213	256	
河　南	665	5		261	204	35	35		23		327	72	
湖　北	531	6		324	301				23		76	125	
湖　南	181	51		19	3	1	1		15		71	40	
广　东	898			480	235	174	173		71	*	31	104	
广　西	140	29		11					11		90	10	
海　南	53			46		46	46					7	
重　庆	51	6		5					5		18	22	
四　川	125	27		25	3				22		66	7	

续表

地区	合计	其中								核电	风电	太阳能发电	其他
		水电		火电									
		合计	其中：抽水蓄能	合计	其中								
					燃煤	燃气	其中：常规燃气	燃油	其他				
贵州	234	5		105	81				24		78	45	
云南	133	92									7	33	
西藏	26	14										12	
陕西	740	11		430	417				13		117	182	
甘肃	108	15									12	81	
青海	338	0.3									195	142	
宁夏	600	0.4		367	366				1		110	123	
新疆	469	10		298	286				12		65	96	

分地区发电量

地区	合计		水电		火电		风电		太阳能发电		其他
	2019年（亿kWh）	同比增长（%）	2019年（亿kWh）	同比增长（%）	2019年（亿kWh）	同比增长（%）	2019年（亿kWh）	同比增长（%）	2019年（亿kWh）	同比增长（%）	2019年（亿kWh）
全国	**73 269**	**4.75**	**13 021**	**5.68**	**50 465**	**2.47**	**4053**	**10.82**	**2240**	**26.60**	**3**
北京	461	2.77	10	3.66	443	2.41	3	-2.23	5	56.39	
天津	673	0.46	0.1	-20.25	647	-1.08	11	34.54	15	90.93	
河北	2887	3.61	16	-0.84	2377	0.67	318	12.39	176	39.41	
山西	3253	5.36	49	14.39	2852	4.16	224	5.74	128	35.57	
内蒙古	5451	8.91	58	28.87	4564	8.72	666	5.35	163	25.73	
辽宁	1992	3.42	44	-5.59	1395	1.04	183	10.91	42	32.34	

续表

地区	合计		水电		火电		风电		太阳能发电		其他
	2019年（亿kWh）	同比增长（%）	2019年（亿kWh）	同比增长（%）	2019年（亿kWh）	同比增长（%）	2019年（亿kWh）	同比增长（%）	2019年（亿kWh）	同比增长（%）	2019年（亿kWh）
吉林	926	6.29	67	-15.23	705	6.25	115	9.35	40	64.15	
黑龙江	1088	5.67	28	7.51	887	3.36	140	12.29	32	60.06	
上海	837	-2.32			812	-2.50	17	-4.56	8	28.23	
江苏	5062	0.62	31	-8.42	4364	-2.21	184	6.59	154	28.61	1
浙江	3544	1.02	257	33.87	2507	-3.52	33	6.59	119	18.62	0.1
安徽	2880	5.65	51	-4.43	2657	5.50	47	-6.26	125	20.28	
福建	2573	4.51	442	35.99	1406	0.07	87	20.70	16	17.20	
江西	1403	7.83	168	44.45	1128	3.28	51	24.57	56	8.49	
山东	5285	1.28	5.2	7.75	4680	-2.98	225	5.36	167	21.97	
河南	2816	-5.32	145	0.71	2481	-7.75	88	54.67	102	21.47	
湖北	2973	4.27	1357	-7.77	1485	17.27	74	14.64	57	16.06	
湖南	1551	8.28	544	25.87	906	-1.47	75	24.42	26	26.24	
广东	4852	6.11	397	35.62	3222	-1.86	74	17.66	53	42.13	0.2
广西	1827	13.02	593	-2.52	988	24.07	61	46.05	14	46.05	
海南	345	5.37	17	-36.78	212	0.36	5	-7.52	13	107.07	1
重庆	812	1.59	243	0.33	554	1.37	11	37.74	3	67.94	
四川	3903	3.78	3316	2.06	488	12.16	71	30.38	28	25.54	
贵州	2257	6.59	769	-0.10	1390	10.05	78	14.09	20	24.39	
云南	3462	6.74	2854	5.75	318	9.55	242	9.85	48	40.38	
西藏	84	24.09	68	19.76	1.2	-1.96	0	16.39	13	52.70	1
陕西	2223	10.89	129	26.98	1917	8.83	83	16.59	94	33.08	
甘肃	1659	3.80	496	11.75	817	-1.56	228	-0.85	118	24.66	
青海	883	9.64	554	7.16	104	-12.96	66	76.98	158	20.73	
宁夏	1703	5.49	22	9.56	1381	5.39	186	-0.69	115	17.84	
新疆	3606	11.47	290	13.80	2777	10.81	407	13.76	132	13.46	

分地区全社会用电量

地区	用电量（亿 kWh）	同比增长（%）
全国	**72 486**	**4.44**
北京	1166	2.10
天津	878	2.72
河北	3856	5.19
山西	2262	4.69
内蒙古	3653	8.93
辽宁	2401	4.30
吉林	780	3.97
黑龙江	996	2.23
上海	1569	0.12
江苏	6264	2.22
浙江	4706	3.83
安徽	2301	7.76
福建	2402	3.83
江西	1536	7.48
山东	6219	2.22
河南	3364	-1.57
湖北	2214	6.90
湖南	1864	6.82
广东	6696	5.89
广西	1907	12.00
海南	355	8.59
重庆	1160	3.71
四川	2636	7.17
贵州	1541	3.95
云南	1812	7.93
西藏	78	12.43
陕西	1912	4.17
甘肃	1288	-0.11
青海	716	-2.96
宁夏	1084	1.79
新疆	2868	6.74

全国分行业用电量

指标名称	用户个数（个）	用户用电装接容量（kW）	用电量（万kWh）		
			2019年	2018年	同比增长（%）
全社会用电总计	**603 454 307**	**7 958 395 641**	**724 856 881**	**694 042 918**	**4.44**
A. 全行业用电合计	66 953 960	4 800 029 446	622 358 026	597 075 917	4.23
第一产业	7 096 589	124 263 331	7 794 930	7 465 129	4.42
第二产业	13 205 210	2 806 282 312	495 950 139	481 225 532	3.06
第三产业	46 652 161	1 869 483 803	118 612 957	108 385 256	9.44
B. 城乡居民生活用电合计	536 500 347	3 158 366 195	102 498 855	96 967 001	5.70
城镇居民	238 519 962	1 652 238 856	58 382 528	55 330 527	5.52
乡村居民	297 980 385	1 506 127 339	44 116 327	41 636 474	5.96
全行业用电分类	**66 953 959**	**4 800 027 946**	**622 358 026**	**597 075 917**	**4.23**
一、农、林、牧、渔业	**12 685 482**	**210 880 171**	**13 361 999**	**12 433 015**	**7.47**
1. 农业	4 749 912	80 632 260	4 087 565	3 969 205	2.98
2. 林业	108 464	3 652 701	202 327	201 156	0.58
3. 畜牧业	1 523 375	26 009 766	1 963 548	1 871 017	4.95
4. 渔业	641 266	12 532 008	1 541 490	1 423 751	8.27
5. 农、林、牧、渔专业及辅助性活动	5 662 465	88 053 436	5 567 069	4 967 887	12.06
其中：排灌	4 808 349	73 132 765	4 716 459	4 133 977	14.09
二、工业	**11 587 343**	**2 614 490 808**	**487 051 968**	**473 425 503**	**2.88**
（一）采矿业	287 413	159 168 836	27 356 249	26 886 756	1.75
1. 煤炭开采和洗选业	43 507	69 273 446	10 267 560	10 364 250	-0.93
2. 石油和天然气开采业	14 147	18 774 307	4 344 397	4 186 236	3.78
3. 黑色金属矿采选业	26 613	16 657 677	4 192 783	3 914 348	7.11
4. 有色金属矿采选业	29 419	15 581 191	3 861 734	3 892 308	-0.79
5. 非金属矿采选业	102 821	21 346 000	2 573 577	2 526 325	1.87
6. 其他采矿活动	70 906	17 536 215	2 116 198	2 003 289	5.64
（二）制造业	10 530 121	1 657 271 998	363 826 596	353 618 635	2.89
1. 农副食品加工业	3 220 009	71 562 577	6 567 766	6 291 245	4.40
2. 食品制造业	352 270	24 612 393	3 715 912	3 413 678	8.85
3. 酒、饮料及精制茶制造业	229 021	12 400 084	1 471 486	1 434 772	2.56
4. 烟草制品业	110 432	4 233 000	386 689	385 937	0.19
5. 纺织业	589 437	57 946 668	16 489 851	16 379 936	0.67
6. 纺织服装、服饰业	362 177	20 822 968	3 430 478	3 454 045	-0.68
7. 皮革、毛皮、羽毛及其制品和制鞋业	180 326	14 576 254	2 225 382	2 237 418	-0.54

续表

指标名称	用户个数（个）	用户用电装接容量（kW）	用电量（万 kWh）		
			2019 年	2018 年	同比增长（%）
8. 木材加工和木、竹、藤、棕、草制品业	624 499	26 970 245	3 502 031	3 383 402	3.51
9. 家具制造业	197 765	12 068 733	1 623 502	1 531 695	5.99
10. 造纸和纸制品业	106 058	24 064 483	7 446 090	7 285 930	2.20
11. 印刷和记录媒介复制业	77 266	8 191 049	1 310 519	1 265 229	3.58
12. 文教、工美、体育和娱乐用品制造业	167 621	10 327 078	1 626 521	1 601 955	1.53
其中：体育用品制造	8576	1 222 646	205 011	189 113	8.41
13. 石油、煤炭及其他燃料加工业	38 620	54 954 605	12 793 437	11 891 763	7.58
其中：煤化工	9480	16 383 333	3 387 592	2 832 226	19.61
14. 化学原料和化学制品制造业	123 112	140 866 926	45 056 718	45 493 362	-0.96
其中：氯碱	2428	13 003 686	6 161 554	5 893 234	4.55
电石	586	21 310 742	7 879 029	8 553 203	-7.88
黄磷	447	4 324 333	1 008 483	1 273 365	-20.80
肥料制造	13 359	20 938 796	7 338 217	7 502 169	-2.19
15. 医药制造业	54 271	28 075 643	4 077 124	3 862 571	5.55
其中：中成药生产	6356	2 789 842	381 421	369 994	3.09
生物药品制品制造	4449	4 384 932	851 669	785 976	8.36
16. 化学纤维制造业	19 908	14 961 294	4 111 229	3 953 410	3.99
17. 橡胶和塑料制品业	491 622	68 941 804	14 263 838	13 780 794	3.51
其中：橡胶制品业	88 780	20 823 316	3 829 593	3 767 865	1.64
塑料制品业	402 786	48 042 683	10 424 602	10 002 141	4.22
18. 非金属矿物制品业	594 915	165 861 406	37 606 430	35 118 165	7.09
其中：水泥制造	32 410	43 068 823	14 859 848	13 859 131	7.22
玻璃制造	13 353	7 510 420	1 618 138	1 347 800	20.06
陶瓷制品制造	69 201	23 412 502	3 708 388	3 805 052	-2.54
碳化硅	1576	2 764 021	1 312 510	633 331	107.24
19. 黑色金属冶炼和压延加工业	20 629	176 112 876	56 824 769	54 338 813	4.57
其中：钢铁	15 028	139 627 554	39 536 259	37 935 113	4.22
铁合金冶炼	4595	33 118 977	16 402 624	15 635 310	4.91
20. 有色金属冶炼和压延加工业	64 066	141 394 962	62 149 202	62 729 117	-0.92
其中：铝冶炼	1278	87 486 718	48 709 881	49 917 984	-2.42
铅锌冶炼	618	7 636 876	1 688 187	1 612 125	4.72
稀有稀土金属冶炼	693	1 603 383	693 268	568 918	21.86
21. 金属制品业	1 173 714	132 254 838	23 445 871	22 749 711	3.06
其中：结构性金属制品制造	273 286	31 608 032	5 479 931	5 197 018	5.44

续表

指标名称	用户个数（个）	用户用电装接容量（kW）	用电量（万kWh）		
			2019年	2018年	同比增长（%）
22. 通用设备制造业	400 550	160 756 210	9 172 368	9 046 050	1.40
其中：风能原动设备制造	284	246 719	28 151	22 694	24.04
23. 专用设备制造业	93 975	24 060 824	3 886 379	3 508 280	10.78
其中：医疗仪器设备及器械制造	7085	1 723 659	265 225	252 896	4.88
24. 汽车制造业	30 457	35 356 952	4 957 558	4 836 343	2.51
其中：新能源车整车制造	392	1 092 989	110 074	103 141	6.72
25. 铁路、船舶、航空航天和其他运输设备制造业	47 785	27 543 584	3 397 783	3 411 169	-0.39
其中：铁路运输设备制造	3682	3 737 389	348 469	323 840	7.61
城市轨道交通设备制造	653	1 319 834	121 267	111 716	8.55
航空、航天器及设备制造	880	4 679 531	282 300	270 076	4.53
26. 电气机械和器材制造业	129 801	49 411 504	8 376 747	7 818 445	7.14
其中：光伏设备及元器件制造	989	1 101 415	225 301	174 489	29.12
27. 计算机、通信和其他电子设备制造业	89 420	73 110 211	15 727 347	14 750 669	6.62
其中：计算机制造	1129	2 204 682	547 607	510 462	7.28
通信设备制造	14 197	6 710 420	1 173 113	1 144 411	2.51
28. 仪器仪表制造业	20 602	4 353 369	754 896	844 422	-10.60
29. 其他制造业	693 757	50 480 785	5 321 327	4 774 925	11.44
30. 废弃资源综合利用业	99 506	9 843 761	1 093 667	962 005	13.69
31. 金属制品、机械和设备修理业	126 503	11 158 701	1 013 680	1 083 381	-6.43
（三）电力、热力、燃气及水生产和供应业	769 809	798 049 974	95 869 122	92 920 112	3.17
1. 电力、热力生产和供应业	386 803	741 440 033	88 073 035	85 963 384	2.45
其中：电厂生产全部耗用电量	92 414	294 412 989	46 578 831	44 266 504	5.22
线路损失电量	4921	8 126 792	33 301 021	33 447 270	-0.44
抽水蓄能抽水耗用电量	6220	21 693 064	3 691 004	3 926 328	-5.99
2. 燃气生产和供应业	54 357	16 105 044	1 858 495	1 736 844	7.00
3. 水的生产和供应业	328 649	40 504 896	5 937 592	5 219 884	13.75
三、建筑业	**1 740 563**	**202 881 391**	**9 911 852**	**8 883 410**	**11.58**
1. 房屋建筑业	929 681	83 567 279	3 895 376	3 563 505	9.31
2. 土木工程建筑业	174 060	48 065 313	2 204 980	1 748 721	26.09
3. 建筑安装业	184 822	13 333 689	729 060	641 339	13.68
4. 建筑装饰、装修和其他建筑业	452 000	57 915 110	3 082 436	2 929 845	5.21
四、交通运输、仓储和邮政业	**626 127**	**296 125 906**	**17 523 385**	**16 083 356**	**8.95**
1. 铁路运输业	23 979	183 273 268	9 570 622	8 941 935	7.03
其中：电气化铁路	3780	144 342 198	7 208 981	6 700 750	7.58

续表

指标名称	用户个数（个）	用户用电装接容量（kW）	用电量（万 kWh）		
			2019 年	2018 年	同比增长（%）
2. 道路运输业	128 084	51 155 344	3 558 417	3 064 853	16.10
其中：城市公共交通运输	33 472	30 806 291	2 177 155	1 850 017	17.68
3. 水上运输业	5327	5 443 829	446 577	422 671	5.66
其中：港口岸电	407	763 465	45 386	25 766	76.15
4. 航空运输业	2178	7 207 163	562 483	510 101	10.27
5. 管道运输业	5410	5 131 183	587 355	569 139	3.20
6. 多式联运和运输代理业	13 617	3 916 160	363 692	352 810	3.08
7. 装卸搬运和仓储业	402 151	37 391 563	2 179 603	1 971 852	10.54
8. 邮政业	45 381	2 607 396	254 637	249 994	1.86
五、信息传输、软件和信息技术服务业	**4 437 794**	**78 160 414**	**9 232 798**	**8 109 269**	**13.85**
1. 电信、广播电视和卫星传输服务	3 020 200	40 625 391	4 483 284	4 169 708	7.52
2. 互联网和相关服务	1 301 592	23 482 365	3 137 034	2 871 189	9.26
其中：互联网数据服务	18 194	5 621 812	1 035 020	758 546	36.45
3. 软件和信息技术服务业	116 002	14 052 658	1 612 480	1 068 372	50.93
六、批发和零售业	**18 872 658**	**333 282 028**	**23 658 658**	**21 399 382**	**10.56**
其中：充换电服务业	171 223	10 168 183	681 929	299 630	127.59
七、住宿和餐饮业	**2 478 421**	**100 373 854**	**8 212 357**	**7 701 241**	**6.64**
八、金融业	**272 203**	**24 502 590**	**1 869 202**	**1 815 251**	**2.97**
九、房地产业	**3 347 338**	**315 532 606**	**13 290 044**	**11 968 534**	**11.04**
十、租赁和商务服务业	**1 129 416**	**89 527 156**	**5 533 625**	**4 885 635**	**13.26**
其中：租赁业	130 691	4 763 377	351 023	287 217	22.22
十一、公共服务及管理组织	**9 776 615**	**534 272 524**	**32 712 138**	**30 371 322**	**7.71**
1. 科学研究和技术服务业	106 737	31 249 466	1 878 953	1 833 206	2.50
其中：地质勘查	6652	602 025	47 520	45 440	4.58
其中：科技推广和应用服务业	15 103	5 180 364	268 731	311 087	-13.62
2. 水利、环境和公共设施管理业	3 019 265	111 868 655	6 047 895	5 544 254	9.08
其中：水利管理业	158 847	18 008 849	991 326	895 828	10.66
其中：公共照明	2 021 329	57 851 147	2 998 742	2 807 079	6.83
3. 居民服务、修理和其他服务业	3 416 749	71 393 878	4 186 252	3 979 175	5.20
4. 教育、文化、体育和娱乐业	1 156 661	167 051 771	9 231 634	8 400 253	9.90
其中：教育	733 956	129 826 557	7 363 135	6 659 092	10.57
5. 卫生和社会工作	367 183	55 172 834	4 888 786	4 491 434	8.85
6. 公共管理和社会组织、国际组织	1 710 020	97 535 920	6 478 618	6 123 000	5.81

分地区全社会用电量分类

单位：万 kWh

地　区	全社会用电总计	A. 全行业用电合计	第一产业	第二产业	第三产业	B. 城乡居民生活用电合计	一、农、林、牧、渔业	二、工业	（一）采矿业	（二）制造业
全　国	**724 856 881**	**622 358 026**	**7 794 930**	**495 950 139**	**118 612 957**	**102 498 855**	**13 361 999**	**487 051 968**	**27 356 249**	**363 826 596**
北　京	11 663 964	9 148 000	98 872	3 254 317	5 794 810	2 515 964	176 795	2 990 649	26 520	1 634 232
天　津	8 784 332	7 642 348	149 419	5 697 829	1 795 099	1 141 984	178 425	5 571 077	102 478	4 227 209
河　北	38 560 581	33 329 699	553 752	26 032 705	6 743 241	5 230 882	1 286 310	25 654 343	1 944 979	18 716 626
山　西	22 619 035	20 483 508	173 168	17 465 172	2 845 168	2 135 527	490 922	17 227 651	3 720 137	9 059 770
内蒙古	36 530 159	35 122 393	202 442	32 025 273	2 894 678	1 407 766	563 819	31 902 948	1 823 373	24 148 784
辽　宁	24 014 733	21 179 138	376 198	17 203 195	3 599 745	2 835 595	476 328	16 995 669	1 380 496	11 840 665
吉　林	7 803 654	6 523 531	123 603	4 700 055	1 699 874	1 280 122	192 757	4 600 774	369 240	2 419 676
黑龙江	9 956 280	8 133 443	257 687	5 977 706	1 898 050	1 822 837	416 577	5 868 840	1 868 290	2 029 763
上　海	15 685 775	13 235 360	48 587	7 627 661	5 559 112	2 450 415	59 447	7 483 914	4164	6 400 801
江　苏	62 643 640	54 968 810	484 086	45 124 179	9 360 545	7 674 830	766 218	44 533 470	209 172	37 430 256
浙　江	47 062 202	40 652 725	208 418	33 278 650	7 165 658	6 409 477	290 926	32 434 992	168 315	27 173 646
安　徽	23 006 832	19 048 950	251 212	14 969 209	3 828 529	3 957 882	331 487	14 596 224	894 590	10 400 771
福　建	24 023 396	19 382 182	357 412	15 384 416	3 640 354	4 641 214	383 540	15 031 528	223 531	12 089 561
江　西	15 357 033	12 481 488	81 375	9 750 927	2 649 185	2 875 545	137 069	9 514 134	507 140	6 070 893
山　东	62 187 175	55 205 028	849 113	47 280 195	7 075 721	6 982 147	1 366 582	46 680 353	2 051 233	37 801 573
河　南	33 641 699	27 535 656	432 168	21 606 735	5 496 753	6 106 043	735 788	21 163 745	1 296 468	14 531 155
湖　北	22 143 010	17 778 367	226 764	13 463 832	4 087 771	4 364 643	396 701	13 118 426	448 502	9 499 216
湖　南	18 643 203	13 548 080	165 570	9 875 727	3 506 784	5 095 123	230 419	9 603 371	685 525	6 347 469
广　东	66 958 512	56 171 946	1 164 637	41 211 247	13 796 063	10 786 565	1 293 182	40 716 011	416 852	33 225 860

续表

地　区	全社会用电总计	A. 全行业用电合计	第一产业	第二产业	第三产业	B. 城乡居民生活用电合计	一、农、林、牧、渔业	二、工业	（一）采矿业	（二）制造业
广　西	19 073 304	15 368 695	271 964	12 577 394	2 519 338	3 704 609	342 857	12 340 983	336 346	10 566 007
海　南	3 548 948	2 871 506	155 660	1 451 163	1 264 683	677 442	185 601	1 357 204	59 842	798 656
重　庆	11 602 705	9 556 326	34 953	7 008 875	2 512 498	2 046 378	39 687	6 774 593	205 062	5 264 511
四　川	26 358 251	21 521 101	131 449	16 773 996	4 615 657	4 837 150	185 761	16 358 170	1 042 052	12 238 075
贵　州	15 406 772	12 012 771	90 345	10 141 791	1 780 636	3 394 000	108 970	9 820 689	744 247	6 991 261
云　南	18 122 638	15 670 479	164 791	13 073 038	2 432 649	2 452 159	227 685	12 547 832	834 309	9 433 095
西　藏	775 957	601 751	1552	385 638	214 561	174 206	2886	346 595	78 630	96 321
陕　西	19 123 446	16 501 549	162 810	12 936 737	3 402 002	2 621 897	368 509	12 606 977	3 075 113	6 214 840
甘　肃	12 880 487	11 795 994	82 047	9 754 021	1 959 926	1 084 493	448 787	9 614 829	968 334	6 838 640
青　海	7 164 661	6 834 167	11 211	6 383 146	439 810	330 495	25 134	6 335 453	393 550	5 484 749
宁　夏	10 838 980	10 527 731	69 404	9 774 477	683 851	311 248	215 331	9 729 134	248 613	7 762 649
新　疆	28 675 518	27 525 304	414 261	23 760 835	3 350 208	1 150 214	1 437 500	23 531 390	1 229 144	17 089 865

地　区	（三）电力、热力、燃气及水生产和供应业	三、建筑业	四、交通运输、仓储和邮政业	五、信息传输、软件和信息技术服务业	六、批发和零售业	七、住宿和餐饮业	八、金融业	九、房地产业	十、租赁和商务服务业	十一、公共服务及管理组织
全　国	**95 869 122.46**	**9 911 851.58**	**17 523 385.43**	**9 232 797.591**	**23 658 658.25**	**8 212 357.269**	**1 869 201.964**	**13 290 043.53**	**5 533 625.268**	**32 712 137.96**
北　京	1 329 897. 109	263 948. 5125	579 784. 3814	563 593. 4209	721 101. 2815	325 763. 4541	126 682. 8577	1 315 865. 8	275 309. 9329	1 808 506. 691
天　津	1 241 390. 361	131 438. 8012	370 137. 4042	78 741. 9884	248 474. 2394	81 875. 0148	19 517. 8249	354 639. 3532	51 314. 8473	556 706. 3299
河　北	4 992 737. 933	428 681. 6127	1 240 370. 475	549 345. 6229	1 471 489. 822	352 377. 8187	77 324. 0955	379 766. 2751	142 525. 1993	1 747 165. 162
山　西	4 447 743. 556	255 420. 414	792 891. 7812	186 520. 3927	432 397. 3909	152 877. 8182	39 032. 0005	83 158. 3675	89 074. 501	733 562. 1546
内蒙古	5 930 790. 417	128 704. 0721	494 569. 7007	713 739. 9592	373 456. 0226	197 530. 7801	29 802. 3631	97 772. 1363	57 220. 0304	562 830. 6806
辽　宁	3 774 508	222 365	647 026	243 262	836 827	267 171	65 216	276 087	94 473	1 054 714
吉　林	1 811 858. 048	103 646. 3408	306 150. 0448	137 786. 9685	350 279. 0305	114 219. 1176	37 255. 6685	104 989. 8494	43 011. 2059	532 662. 2984
黑龙江	1 970 786. 52	111 391. 9002	305 717. 6708	138 181. 2823	415 368. 7138	117 553. 3242	25 763. 637	134 867. 4612	49 772. 3011	549 410. 0128

续表

地　区	(三)电力、热力、燃气及水生产和供应业	三、建筑业	四、交通运输、仓储和邮政业	五、信息传输、软件和信息技术服务业	六、批发和零售业	七、住宿和餐饮业	八、金融业	九、房地产业	十、租赁和商务服务业	十一、公共服务及管理组织
上　海	1 078 949	159 707	569 963	321 015	724 772	152 538	180 387	1 807 206	289 709	1 486 702
江　苏	6 894 042	615 971	976 323	652 806	1 852 537	592 253	131 815	1 537 672	441 387	2 868 358
浙　江	5 093 030. 685	879 851. 9163	825 751. 9754	575 140. 8727	1 584 646. 226	595 575. 69	142 572. 392	773 827. 2968	482 019. 1168	2 067 422. 021
安　徽	3 300 862. 88	375 892. 7073	475 657. 4401	241 810. 8156	901 836. 7539	258 693. 3009	62 056. 0603	436 212. 2346	136 273. 8534	1 232 806. 099
福　建	2 718 436. 56	385 380. 4	440 839. 63	290 375. 67	959 872. 98	311 189. 99	58 732. 66	262 706. 57	146 816. 41	1 111 198. 92
江　西	2 936 100. 115	293 879. 8399	384 534. 0158	249 093. 3619	606 069. 1212	232 762. 4307	54 984. 9425	203 792. 4837	37 606. 5035	767 561. 9733
山　东	6 827 547. 183	606 934. 7041	1 232 737. 061	357 012. 972	1 301 344. 013	441 931. 2517	96 843. 796	747 268. 2339	320 598. 4918	2 053 422. 766
河　南	5 336 123. 229	458 096. 3617	838 173. 2962	236 896. 6946	1 893 222. 383	261 792. 546	61 269. 8179	460 289. 2577	99 155. 6249	1 327 226. 587
湖　北	3 170 707. 958	403 245. 7208	692 708. 8109	215 099. 8588	856 153. 0039	291 898. 3686	60 267. 757	545 730. 8693	71 396. 4908	1 126 740. 083
湖　南	2 570 377. 175	287 617. 6426	650 476. 709	227 814. 2853	747 220. 304	275 901. 6835	45 139. 788	335 260. 5587	85 876. 7045	1 058 982. 308
广　东	7 073 298. 252	862 952. 9607	1 482 103. 109	873 020. 2786	2 898 993. 417	1 237 293. 974	213 433. 5017	1 012 888. 295	1 935 443. 789	3 646 623. 682
广　西	1 438 629. 71	257 624. 71	439 273. 35	190 053. 01	379 422. 89	252 103. 78	39 922. 99	162 819. 61	151 203. 14	812 431. 86
海　南	498 705. 15	94 518. 8	75 195. 51	64 966. 64	167 447. 24	209 933. 43	19 450. 9	331 792. 97	53 776. 15	311 619. 51
重　庆	1 305 020. 439	275 263. 3032	323 011. 3499	172 740. 8561	576 598. 4378	154 807. 0342	27 964. 0955	517 844. 7021	38 976. 9037	654 839. 5264
四　川	3 078 042. 528	547 969. 1585	647 121. 9341	395 698. 3698	1 128 464. 392	306 404. 3927	71 884. 92	598 133. 4008	75 630. 7953	1 205 863. 661
贵　州	2 085 180. 738	349 315. 6364	367 762. 3373	200 557. 8728	296 075. 2224	166 490. 9681	50 105. 1344	162 219. 8377	43 491. 3127	447 093. 5947
云　南	2 280 427. 631	529 495. 8883	409 957. 2798	274 788. 6901	417 774. 4648	263 170. 5781	30 186. 0651	147 570. 8477	133 282. 57	688 735. 4412
西　藏	171 643. 6082	39 058. 6513	21 165. 3099	10 387. 108	38 006. 1868	25 371. 3638	6041. 7443	6698. 9403	4277. 914	101 262. 0517
陕　西	3 317 024. 124	349 196. 5423	774 784. 8168	206 701. 6145	716 230. 0482	222 848. 722	35 915. 3417	281 070. 5014	66 042. 0983	873 272. 5662
甘　肃	1 807 855. 258	156 072. 8902	557 318. 2009	161 175. 7086	256 950. 3837	119 080. 1675	20 459. 692	48 495. 2137	36 728. 759	376 096. 3888
青　海	457 154. 1319	48 977. 1091	81 988. 0735	42 907. 4126	90 072. 4084	34 046. 9659	5231. 1963	35 732. 557	5378. 656	129 245. 5766
宁　夏	1 717 871. 163	51 205. 9839	88 411. 761	44 112. 8637	118 541. 8783	52 434. 3044	8388. 722	49 674. 9094	19 187. 9659	151 308. 0119
新　疆	5 212 381	238 026	431 480	617 450	297 014	144 467	25 554	77 990	56 665	667 768

分地区 6000kW 及以上电厂发电技术经济指标

地区	利用小时（h）						厂用电率（%）			发电标准煤耗（g/kWh）	供电标准煤耗（g/kWh）	发电消耗原煤量（万 t）	发电消耗标煤量（万 t）
	合计	水电	火电	核电	风电	太阳能发电	合计	水电	火电				
全　国	**3828**	**3697**	**4307**	**7394**	**2083**	**1291**	**4.67**	**0.24**	**6.01**	**289**	**306**	**199 443**	**132 007**
北　京	3656	1032	3931		1816	1323	2.73	0.86	2.79	201	206	36	837
天　津	3779		4028		1965	1144	5.34		5.46	262	277	2012	1666
河　北	3790	829	4851		2144	1379	5.14	2.12	5.84	290	308	9617	6598
山　西	3740	2247	4426		1918	1307	6.54	0.26	7.24	299	322	14 194	8108
内蒙古	4272	2424	5267		2306	1663	6.28	0.39	7.32	302	326	26 792	13 611
辽　宁	3804	1439	4070	*	2300	1396	5.63	1.72	6.17	285	303	7025	3926
吉　林	3065	1654	3767		2216	1504	5.92	0.93	7.05	273	293	3717	1859
黑龙江	3482	2558	3963		2323	1566	5.89	1.10	6.58	292	313	4587	2565
上　海	3206		3253		2065	867	4.54		4.57	280	293	2634	2223
江　苏	3995	1162	4329	*	1973	1192	4.33	0.06	4.36	278	290	15 121	11 988
浙　江	3973	2032	4075	*	2090	1104	4.96	0.45	5.07	282	297	8423	6891
安　徽	4155	1435	4838		1809	1102	4.62	2.21	4.72	283	297	10 707	6941
福　建	4449	3345	4299	7131	2639	1040	3.91	0.10	4.30	290	304	4840	3568
江　西	4112	2420	5153		2028	1004	4.17	0.56	4.77	288	300	3990	2811
山　东	4061	473	4443	*	1863	1284	6.26	1.70	6.49	289	308	17 916	12 785
河　南	3213	3571	3523		1480	1061	4.61	0.20	5.11	289	305	9834	6800
湖　北	3968	3758	4796		1960	1103	2.64	0.11	5.08	287	302	5202	3943
湖　南	3483	3421	3978		1960	905	3.80	0.75	5.45	294	310	3199	2405
广　东	3957	1932	3841	*	1761	915	4.83	0.46	4.92	284	299	10 985	8803

续表

地　区	利用小时（h）						厂用电率（%）			发电标准煤耗（g/kWh）	供电标准煤耗（g/kWh）	发电消耗原煤量（万 t）	发电消耗标煤量（万 t）
	合计	水电	火电	核电	风电	太阳能发电	合计	水电	火电				
广　西	4123	3750	4353	*	2385	1097	3.60	0.41	5.85	293	310	3038	2017
海　南	3878	1089	4563	*	1645	1023	6.91	0.47	7.58	280	302	771	568
重　庆	3393	3273	3584		1996	606	5.30	0.49	7.14	295	317	2241	1724
四　川	3988	4291	3084		2553	1554	0.65	0.10	4.38	303	322	1534	1074
贵　州	3689	3406	4237		1861	1092	5.17	0.17	7.82	300	325	6929	3716
云　南	3620	4184	2108		2808	1350	0.85	0.15	8.12	308	334	1472	674
西　藏	2638	4116	297		2173	1210	0.52	0.55	0.28	366	385		1
陕　西	3790	3697	4383		1931	1273	6.23	0.80	6.95	300	322	6698	4438
甘　肃	3274	5180	4236		1787	1422	3.39	0.79	5.41	302	319	3756	2444
青　海	2925	4649	2667		1743	1487	0.82	0.19	6.40	306	325	414	291
宁　夏	3476	5161	4603		1811	1371	7.17	1.49	8.42	302	326	6432	3822
新　疆	3918	3762	5069		2113	1284	6.79	0.20	8.43	288	307	5328	2910

分地区 6000kW 及以上电厂供热情况

地　区	供热容量（万 kW）	供热量（GJ）	供热厂用电		供热标准煤耗（kg/GJ）	供热消耗原煤量（万 t）	供热消耗标煤量（万 t）
			厂用电量（万 kWh）	厂用电率（kWh/GJ）			
全　国	**51 990**	**4 924 924 957**	**4 215 935**	**8.6**	**39.5**	**29 227**	**19 463**
北　京	692	79 503 079	48 971	6.2	38.2	50	304
天　津	1489	99 813 901	84 381	8.5	39.6	426	395
河　北	4112	272 821 120	296 504	10.9	40.4	1590	1103

续表

地区	供热容量（万 kW）	供热量（GJ）	供热厂用电		供热标准煤耗（kg/GJ）	供热消耗原煤量（万 t）	供热消耗标煤量（万 t）
			厂用电量（万 kWh）	厂用电率（kWh/GJ）			
山　西	3925	248 934 953	227 112	9.1	39.7	1710	989
内蒙古	4434	378 746 912	407 230	10.8	40.2	2994	1523
辽　宁	2612	419 355 898	422 178	10.1	39.8	2804	1668
吉　林	1333	205 931 033	261 906	12.7	40.5	1665	834
黑龙江	1696	301 040 574	263 115	8.7	40.0	2214	1205
上　海	615	62 079 242	48 483	7.8	37.4	212	232
江　苏	7135	724 856 463	546 152	7.5	38.8	3654	2810
浙　江	2354	584 176 898	426 898	7.3	37.7	2876	2202
安　徽	2399	19 064 305	7156	6.3	40.0	117	76
福　建	941	45 049 680	21 910	4.9	39.8	272	179
江　西							
山　东	7484	827 685 763	601 126	7.3	39.2	4457	3246
河　南	2748	147 788 094	105 213	7.1	45.6	968	673
湖　北	613	45 863 777	30 123	6.6	40.2	241	185
湖　南	398	54 597 915	79 303	14.5	37.6	158	205
广　东	1104	39 650 354	32 310	8.1	38.8	190	154
广　西							
海　南							
重　庆	189	53 943 507	40 542	7.5	39.5	332	213
四　川							
贵　州	30	214 223	213	10.0	45.0	2	1
云　南							
西　藏							

续表

地区	供热容量（万kW）	供热量（GJ）	供热厂用电		供热标准煤耗（kg/GJ）	供热消耗原煤量（万t）	供热消耗标煤量（万t）
			厂用电量（万kWh）	厂用电率（kWh/GJ）			
陕西	1333	49 168 212	45 542	9.3	40.1	287	197
甘肃	1344	89 320 672	84 793	9.5	42.1	578	376
青海							
宁夏	1279	73 686 806	59 356	8.1	39.8	816	293
新疆	1731	101 631 578	75 419	7.4	39.2	615	398

分地区35kV及以上输电线路回路长度

单位：km

地区	总计	一、直流工程	±1100kV	±800kV	±660kV	±500kV	±400kV	±400kV以下	二、交流工程	1000kV	750kV	500kV	330kV	220kV	110kV（含66kV）	35kV
全国	**1 975 312**	**42 364**	*	21 907	*	13 733	*	457	**1 932 947**	10 872	23 256	195 636	32 314	454 585	684 406	531 880
北京	12 011								12 011			2232		3342	4682	1754
天津	12 570	392		392					12 178	*		1252		3267	3640	3441
河北	108 469	1383		1183	*				107 086	2285		13 172		24 672	35 007	31 950
山西	79 269	1370		1065	*				77 900	1284		9151		17 057	23 741	26 667
内蒙古	119 677	1815		1100		715			117 862	468		13 290		37 346	43 956	22 801
辽宁	64 163	385				385			63 778			9000		19 495	35 249	34
吉林	39 685								39 685			3829		12 926	22 886	44
黑龙江	61 750								61 750			6229		15 846	25 950	13 725
上海	10 308	461		*		81		274	9847	*		1152		3868	1159	3520

续表

地区	总计	一、直流工程	±1100kV	±800kV	±660kV	±500kV	±400kV	±400kV以下	二、交流工程	1000kV	750kV	500kV	330kV	220kV	110kV（含66kV）	35kV
江苏	98 644	727		418		*		160	97 917	1045		13 130		30 771	35 284	17 686
浙江	69 153	1002		526		472		3	68 151	1186		9652		19 467	23 897	13 950
安徽	77 308	3348	*	1460		1583			73 961	1231		6689		17 463	21 555	27 023
福建	52 198								52 198	*		5427		13 474	18 522	14 433
江西	54 354	450		450					53 904			4879		13 291	17 558	18 176
山东	111 322	1544		1129	*				109 778	1423		10 006		28 853	34 188	35 309
河南	83 163	1305	*	*					81 859	*		8103	140	21 266	26 427	25 579
湖北	73 760	2983		1185		1798			70 778	*		9974		15 570	22 917	22 136
湖南	71 706	2597		*		*			69 109			4811		15 862	24 708	23 729
广东	82 129	19						19	82 110			11 120		26 706	37 238	7047
广西	78 287								78 287			2500		18 782	23 580	33 425
海南	10 694								10 694					4048	3998	2648
重庆	37 746	676		676					37 070			3666		9166	11 965	12 274
四川	99 723	1094		854		*			98 628			16 077		21 984	30 132	30 435
贵州	57 959								57 959			4033		13 572	19 170	21 184
云南	91 813	562				562			91 251			12 951		17 294	27 125	33 882
西藏	25 171	423					*		24 748			2434		2986	10 612	8717
陕西	62 763	2158	*	1151	*	*			60 605	359	3913	*	11 373	327	26 098	18 265
甘肃	68 877	3863	*	*					65 014		6528		11 613	826	23 950	22 097
青海	34 553	1216					*		33 337		3180		7142		14 087	8928
宁夏	19 041	486	*	*	*				18 555		2247		2045	2411	7574	4277
新疆	85 176	764	*	*					84 411		7388	282		22 448	27 548	26 746
跨区	21 867	11 342		4744		6598			10 525			10 326		200		

分地区 35kV 及以上变压器情况（含公用变压器和自备变压器）

地区	总计			一、直流工程			±1100kV			±800kV			±660kV			±500kV		
	座数（座）	组数（组）	铭牌容量（万 kVA）	座数（座）	组数（组）	铭牌容量（万 kVA）	座数（座）	组数（组）	铭牌容量（万 kVA）	座数（座）	组数（组）	铭牌容量（万 kVA）	座数（座）	组数（组）	铭牌容量（万 kVA）	座数（座）	组数（组）	铭牌容量（万 kVA）
全　国	**73 978**	**147 377**	**747 833**	**78**	**618**	**37 706**	*	*	*	**25**	**404**	**21 345**	*	*	*	**31**	**148**	**10 945**
北　京	738	1753	16 291															
天　津	1423	4021	11 507															
河　北	4320	8995	43 359															
山　西	2895	5968	24 729	*	*	*	*	*	*									
内蒙古	2502	4784	33 104	8	57	2948				3	52	2589				4	4	357
辽　宁	2793	5403	27 490	2	21	1413										2	21	1413
吉　林	1420	2295	8346															
黑龙江	2226	3680	10 462	*	*	*												
上　海	1932	4251	21 487	7	38	1536				*	*	*				3	10	812
江　苏	5513	12 301	68 178	4	84	3268				3	72	2928				*	*	*
浙　江	3325	6893	49 508	8	23	1962				2	16	1839						
安　徽	3402	6964	26 618	*	*	*	*	*	*									
福　建	1874	3422	21 299	2	4	212												
江　西	1798	3200	13 951															
山　东	6513	13 872	56 909	3	60	2831				2	48	2367	*	*	*			
河　南	3734	7025	35 687	2	12	1170				*	*	*						
湖　北	2875	5135	24 370	7	26	2679										5	18	1575
湖　南	2632	4690	18 727	2	36	1249				*	*	*				*	*	*
广　东	3196	7164	58 343															

续表

地区	总计			一、直流工程			±1100kV			±800kV			±660kV			±500kV		
	座数（座）	组数（组）	铭牌容量（万 kVA）	座数（座）	组数（组）	铭牌容量（万 kVA）	座数（座）	组数（组）	铭牌容量（万 kVA）	座数（座）	组数（组）	铭牌容量（万 kVA）	座数（座）	组数（组）	铭牌容量（万 kVA）	座数（座）	组数（组）	铭牌容量（万 kVA）
广　西	2636	5538	15 183															
海　南	356	663	2437															
重　庆	1258	2410	13 510															
四　川	3023	5359	30 955	4	84	2974				3	72	2617				*	*	*
贵　州	1936	3392	13 616															
云　南	2500	4551	17 908	2	8	721										2	8	721
西　藏	382	506	1881	*	*	*												
陕　西	1935	3744	15 914	*	*	*										*	*	*
甘　肃	1568	3185	15 039	*	*	*				*	*	*						
青　海	622	1253	8159	*	*	*												
宁　夏	668	1501	10 466	2	12	1473				*	*	*	*	*	*			
新　疆	1946	3307	19 844	2	16	2430	*	*	*	*	*	*						
跨　区	37	152	12 558	17	98	8258				6	48	3528				11	50	4729

地区	±400kV			±400kV 以下			二、交流工程			1000kV			750kV			500kV		
	座数（座）	组数（组）	铭牌容量（万 kVA）	座数（座）	组数（组）	铭牌容量（万 kVA）	座数（座）	组数（组）	铭牌容量（万 kVA）	座数（座）	组数（组）	铭牌容量（万 kVA）	座数（座）	组数（组）	铭牌容量（万 kVA）	座数（座）	组数（组）	铭牌容量（万 kVA）
全　国	**4**	**12**	**1245**	**14**	**22**	**794**	**73 899**	**146 751**	**708 718**	**27**	**75**	**15 300**	**53**	**104**	**18 515**	**750**	**1957**	**145 905**
北　京							738	1753	16 291							11	30	3335
天　津							1423	4021	11 507	*	*	*				10	22	2115
河　北							4320	8995	43 359	3	6	1800				47	111	9865
山　西							2894	5960	23 757	3	5	1500				23	46	4054
内蒙古				*	*	*	2494	4727	30 156	3	15	1500				43	107	8325

续表

地　区	±400kV			±400kV 以下			二、交流工程			1000kV			750kV			500kV		
	座数（座）	组数（组）	铭牌容量（万 kVA）	座数（座）	组数（组）	铭牌容量（万 kVA）	座数（座）	组数（组）	铭牌容量（万 kVA）	座数（座）	组数（组）	铭牌容量（万 kVA）	座数（座）	组数（组）	铭牌容量（万 kVA）	座数（座）	组数（组）	铭牌容量（万 kVA）
辽　宁							2791	5382	26 077							29	61	5633
吉　林							1420	2295	8346							14	47	2347
黑龙江				*	*	*	2225	3678	10 283							17	25	2043
上　海				3	4	11	1925	4213	19 951	*	*	*				12	43	4304
江　苏							5509	12 217	64 910	3	21	2100				62	153	13 780
浙　江				6	7	123	3317	6870	47 546	3	6	1800				50	130	11 865
安　徽							3401	6956	25 209	2	3	900				33	60	5184
福　建				2	4	212	1872	3418	21 087	*	*	*				24	50	4691
江　西							1798	3200	13 951							25	44	3319
山　东							6510	13 812	54 078	5	9	2700				51	114	9441
河　南				*	*	*	3732	7013	34 517	*	*	*				43	85	7726
湖　北	2	8	1104				2868	5109	21 691	*	*	*				27	50	4571
湖　南							2630	4654	17 478							22	45	3813
广　东							3196	7164	58 343							55	395	13 417
广　西							2636	5538	15 183							10	19	1475
海　南							356	663	2437									
重　庆							1258	2410	13 510							15	36	3228
四　川							3019	5275	27 981							50	99	8580
贵　州							1936	3392	13 616							18	34	2525
云　南							2498	4543	17 187							31	80	4726
西　藏	*	*	*				381	504	1811							7	15	886
陕　西							1934	3743	15 614				8	16	3360	*	*	*

续表

地区	±400kV			±400kV 以下			二、交流工程			1000kV			750kV			500kV		
	座数（座）	组数（组）	铭牌容量（万 kVA）	座数（座）	组数（组）	铭牌容量（万 kVA）	座数（座）	组数（组）	铭牌容量（万 kVA）	座数（座）	组数（组）	铭牌容量（万 kVA）	座数（座）	组数（组）	铭牌容量（万 kVA）	座数（座）	组数（组）	铭牌容量（万 kVA）
甘　肃							1567	3161	14 050				11	19	3810			
青　海	*	*	*				621	1251	8088				7	15	2670			
宁　夏							666	1489	8992				6	13	2490			
新　疆							1944	3291	17 414				21	41	6185			
跨　区							20	54	4300							20	54	4300

地区	330kV			220kV			110kV（含 66kV）			35kV		
	座数（座）	组数（组）	铭牌容量（万 kVA）	座数（座）	组数（组）	铭牌容量（万 kVA）	座数（座）	组数（组）	铭牌容量（万 kVA）	座数（座）	组数（组）	铭牌容量（万 kVA）
全　国	**247**	**601**	**14 062**	**6714**	**14 477**	**226 101**	**30 678**	**58 483**	**235 077**	**35 430**	**71 054**	**53 757**
北　京				108	275	4939	449	1132	7703	170	316	314
天　津				108	260	4048	276	569	2497	1028	3168	2246
河　北				381	862	13 753	1469	2999	13 400	2420	5017	4541
山　西				239	525	7443	940	1899	7815	1689	3485	2944
内蒙古				312	760	11 067	1338	2344	7858	798	1501	1406
辽　宁				308	671	9306	2451	4646	11 133	3	4	4
吉　林				122	212	2706	1281	2033	3293	3	3	1
黑龙江				186	314	3590	1131	1884	3590	891	1455	1060
上　海				139	364	7067	304	639	3151	1469	3165	4829
江　苏				674	1309	22 036	2531	5090	23 211	2239	5644	3783
浙　江				377	848	15 582	1640	3338	15 890	1247	2548	2408
安　徽				274	582	8350	880	1666	7528	2212	4645	3247
福　建				254	496	7727	909	1694	7263	684	1176	806

续表

地区	330kV			220kV			110kV（含66kV）			35kV		
	座数（座）	组数（组）	铭牌容量（万kVA）	座数（座）	组数（组）	铭牌容量（万kVA）	座数（座）	组数（组）	铭牌容量（万kVA）	座数（座）	组数（组）	铭牌容量（万kVA）
江西				188	336	4903	633	1141	4674	952	1679	1055
山东				477	1007	16 730	1987	3838	17 868	3990	8844	7339
河南				355	718	11 631	1468	2744	11 707	1865	3464	2852
湖北				263	502	7359	1161	2016	7698	1416	2539	1463
湖南				212	464	6170	1010	1706	6102	1386	2439	1393
广东				471	1162	21 743	2221	4772	22 723	449	835	459
广西				232	504	6456	719	1234	5348	1675	3781	1904
海南				36	76	1120	153	289	1124	167	298	194
重庆				130	268	4573	540	1036	4835	573	1070	874
四川				279	586	8935	1112	2087	8702	1578	2503	1764
贵州				165	328	4911	703	1261	5080	1050	1769	1100
云南				182	465	5901	709	1320	5160	1576	2678	1400
西藏				13	24	331	97	168	450	264	297	144
陕西	78	190	4330	2	2	48	854	1667	6300	991	1866	1220
甘肃	89	196	4690	9	45	430	536	1067	4094	922	1834	1025
青海	51	136	3188				259	528	1974	304	572	256
宁夏	29	79	1855	41	112	1720	280	604	2507	310	681	421
新疆				177	400	5525	637	1072	4400	1109	1778	1304
跨区												

分地区 35kV 及以上换流变压器情况

地区	合计			±1100kV			±800kV			±660kV			±500kV			±400kV			±400kV 以下		
	换流站（座）	换流变压器组数（组）	换流变压器容量（万kVA）	换流站（座）	换流变压器组数（组）	换流变压器容量（万kVA）	换流站（座）	换流变压器组数（组）	换流变压器容量（万kVA）	换流站（座）	换流变压器组数（组）	换流变压器容量（万kVA）	换流站（座）	换流变压器组数（组）	换流变压器容量（万kVA）	换流站（座）	换流变压器组数（组）	换流变压器容量（万kVA）	换流站（座）	换流变压器组数（组）	换流变压器容量（万kVA）
全　国	**79**	**626**	**39 115**	*	*	*	**26**	**412**	**22 317**	*	*	*	**31**	**148**	**10 945**	**4**	**12**	**1245**	**14**	**22**	**794**
北　京																					
天　津																					
河　北																					
山　西	1	8	972				*	*	*												
内蒙古	8	57	2948				3	52	2589				4	4	357				*	*	*
辽　宁	2	21	1413										2	21	1413						
吉　林																					
黑龙江	1	2	179																*	*	*
上　海	7	38	1536				*	*	*				3	10	812				3	4	11
江　苏	4	84	3268				3	72	2928				*	*	*						
浙　江	8	23	1962				2	16	1839										6	7	123
安　徽	*	*	*	*	*	*															
福　建	2	4	212																2	4	212
江　西																					

续表

地区	合计			±1100kV			±800kV			±660kV			±500kV			±400kV			±400kV 以下		
	换流站（座）	换流变压器组数(组)	换流变压器容量（万kVA）	换流站（座）	换流变压器组数(组)	换流变压器容量（万kVA）	换流站（座）	换流变压器组数(组)	换流变压器容量（万kVA）	换流站（座）	换流变压器组数(组)	换流变压器容量（万kVA）	换流站（座）	换流变压器组数(组)	换流变压器容量（万kVA）	换流站（座）	换流变压器组数(组)	换流变压器容量（万kVA）	换流站（座）	换流变压器组数(组)	换流变压器容量（万kVA）
山东	3	60	2831				2	48	2367	*	*	*									
河南	2	12	1170				*	*	*										*	*	*
湖北	7	26	2679										5	18	1575	2	8	1104			
湖南	2	36	1249				*	*	*				*	*	*						
广东																					
广西																					
海南																					
重庆																					
四川	4	84	2974				3	72	2617				*	*	*						
贵州																					
云南	2	8	721										2	8	721						
西藏	*	*	*													*	*	*			
陕西	*	*	*										*	*	*						
甘肃	*	*	*				*	*	*												
青海	*	*	*													*	*	*			
宁夏	2	12	1473				*	*	*	*	*	*									
新疆	2	16	2430	*	*	*	*	*	*												
跨区	17	98	8258				6	48	3528				11	50	4729						

企业风采

企业简介

国网经济技术研究院有限公司（简称“国网经研院”）是国家电网有限公司直属的全资子公司，是公司电网规划和工程设计技术归口单位，为公司电网发展提供技术支持和决策支撑，承担电网规划、重大工程设计、项目评审、技术经济及相关标准研究和制定工作，具有“工程咨询甲级资信”“工程设计电力行业专业甲级资质”和“工程勘察专业甲级资质”，是国家发改委认定的承担国家委托投资咨询评估任务的咨询机构，具有全国电力勘测设计行业AAA级企业信用等级，具备从特高压交直流到配电网、一二次、通信、信息专业齐备的规划设计研究体系，拥有“新世纪百千万人才工程”国家级人选、享受国务院政府特殊津贴专家、国家电网公司“科技领军人才”等专家人才队伍，培育了规划、设计、评审等核心业务能力，形成了从特高压交直流到配电网各专业齐备的全业务体系。

国网经济技术研究院有限公司

业务领域

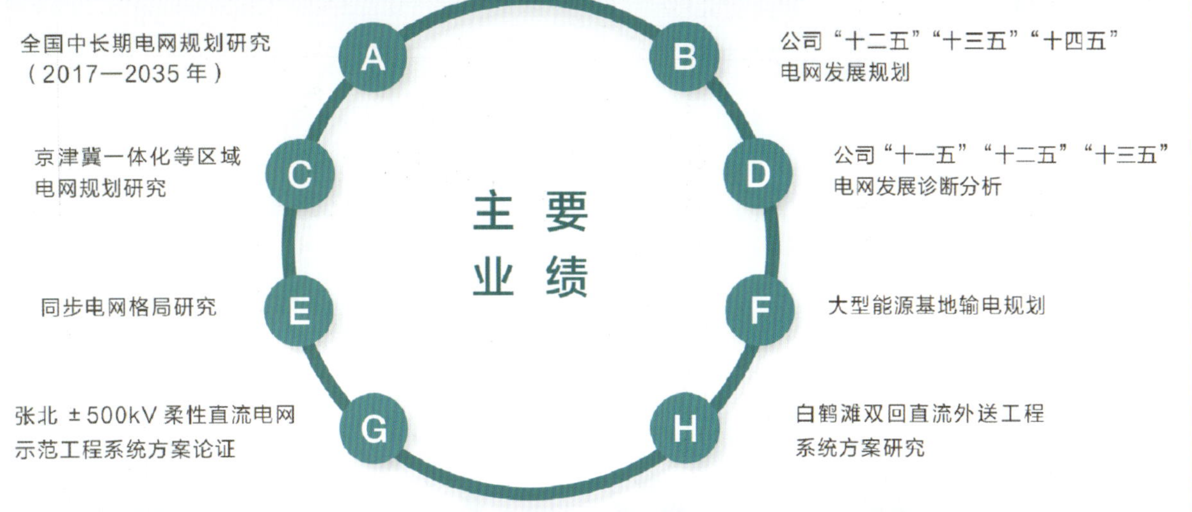

不断创新　奉献社会

电网规划

承担全国中长期电网规划研究（2017—2035年），编制国家电网公司“十二五”“十三五”“十四五”电网发展规划，开展京津冀一体化等区域电网规划研究。

承担“十一五”“十二五”“十三五”“十四五”期间配电网城网规划、农网规划等相关专题专项研究及规划制定，完成雄安新区电网规划、国家电网公司经营区深度贫困地区电网专项规划等专题专项研究制定工作。

主要业绩

农网规划

- 公司“十一五”“十二五”“十三五”农网规划及滚动调整
- 公司“十三五”新一轮农网改造升级规划
- 公司“十四五”乡村电网发展规划

城网规划

- 重点城市电网“十一五”规划及滚动调整
- 重点城市配电网“十二五”规划
- 公司“十三五”城市电网可靠性提升规划
- 大型供电企业“十四五”城市电网规划

规划评价

- “十三五”110kV 及以下电网规划执行情况评估
- 2022 年北京冬奥会配套电网规划评估
- 公司第一批边防部队电网建设专项规划后评价

其他规划

- 雄安新区电网规划
- 公司经营区深度贫困地区电网专项规划
- “煤改电”清洁取暖专项规划
- 济南市、天津市、三峡库区等专项规划

咨询评价

◇工程咨询　承担特高压交直流和跨省电网等重大项目方案论证和预可研，负责省级电网整体规划和各专项规划评审。

◇项目评审　承担110~500kV输变电工程项目可研评审、特高压和跨省电网工程可研内审，220~1000kV输变电工程初步设计评审，接入系统、生产技改、产业项目、小型基建和信息化、营销、智能化、独立二次、水电项目等各类专项评审。

◇技经研究　围绕“投资、成本、效益”，关注电网发展新形势，重点针对投资策略、造价管控、成本分析、效益评价开展前瞻性、创新性研究。主导技经专业标准制定，推广定额计价和造价管理标准。

国网经济技术研究院有限公司

工程设计

◇累计牵头完成40项特高压工程的预可研、可研、初步设计和施工图设计；◇承担特高压/高压常规直流工程技术方案的咨询研究与系统设计工作，依托自主成套设计技术，结合不同外部系统条件对每个直流工程开展定制化设计；◇承担交直流设备监造工作，监造任务涉及38个工程，设备本体投资额度600亿。

国网经研院牵头设计的浙北—福州特高压交流输变电工程获得2016—2017年度“国家优质工程金质奖”。

国网经研院承担成套设计的昌吉—古泉工程师目前世界上电压等级最高、输送容量最大、输送距离最远、技术水平最先进的±1100kV特高压直流输电工程。

全球能源互联网规划　　国际工程设计咨询　　海外设备监造

国网经研院承担成套设计的巴西美丽山二期工程是目前世界上输送距离最长的±800千伏特高压直流输电工程，该工程已于2019年10月25日正式投入商业运行。

承担“一带一路”等国际电网工程跨国、跨洲规划研究，跨国、跨洲联网重大工程方案论证，全球能源互联网规划标准编制；承担海外设备监造，涵盖欧洲、北美、日本，涉及十余个厂家及产品。

科研创新

国网经研院作为公司科技创新基地，承担或参与国家级科技项目20项，牵头公司科技项目235项，建成实验室11个，编制各类标准522项，其中国际标准7项，国家标准33项，行业标准63项，拥有电网规划量化评估技术、±1100kV特高压直流输电工程成套设计技术、新一代智能变电站设计与评估等科技攻关团队12支，牵头项目获得各类成果荣誉179项。

一带一路　成就梦想

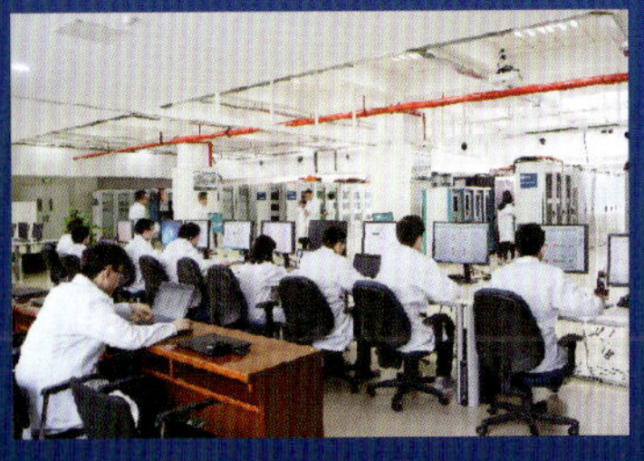

国家能源特高压直流输电工程成套设计研发（实验）中心（公司高压直流实时仿真实验室）是国家能源局首批批准设立的16个国家能源研发（实验）中心之一，为在运直流工程提供技术支撑。

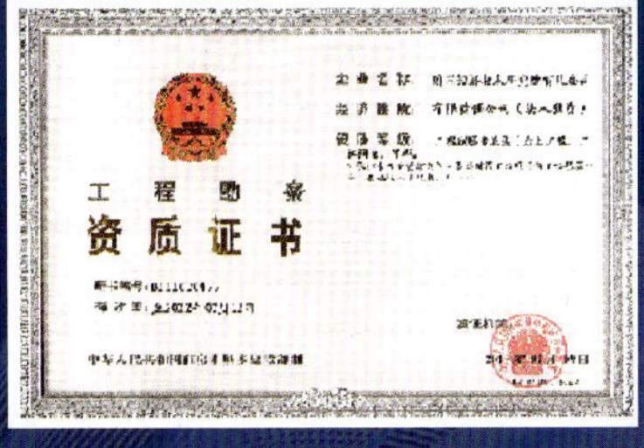

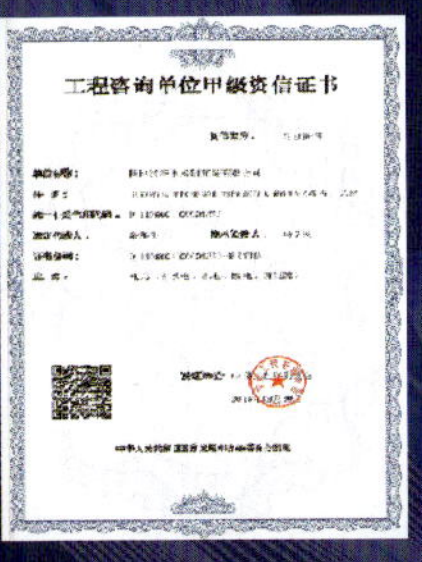

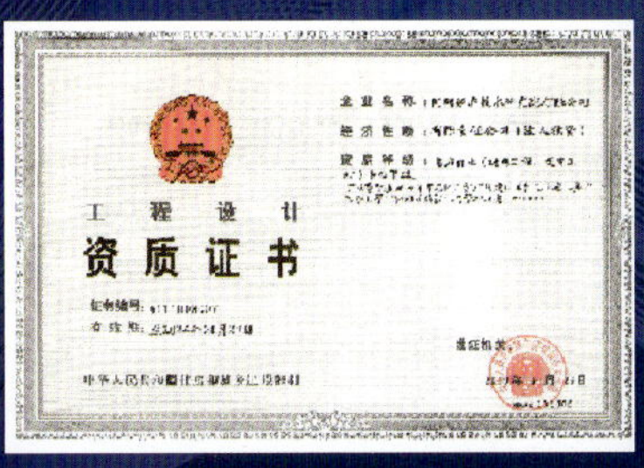

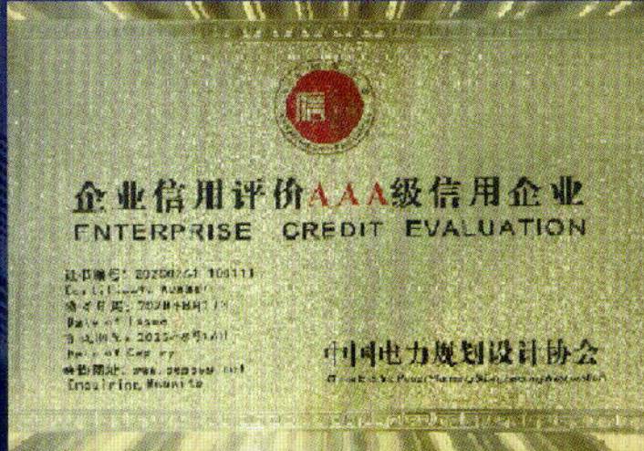

国网国际发展有限公司（简称国网国际公司）于2008年6月成立，是国家电网有限公司的全资子公司及海外电力能源资产投资运营专业平台，主要开展境外电力能源领域的存量资产并购、绿地项目开发及资产运营管理，总部位于北京西城区西长安十五号。

国网国际发展有限公司

作为国家电网公司国际化经营的实践者，国网国际公司坚持共商、共建、共享和开放包容、合作共赢原则，以国家电网公司雄厚的实力、先进的输电技术、成熟的管理经验，以及强大的品牌优势为支撑，积极开展海外电力能源领域的存量资产并购、绿地项目开发以及资产运营管理等业务，致力于建设具有强大发展动力和市场竞争力的国际一流跨国能源集团公司。

巴西美丽山二期项目直流线路全线架通

南澳输电网公司工人开展设备巡检

CPFL公司员工开展检修作业

国网菲律宾“光明乡村”公益捐赠项目开工仪式

阿曼国家电网公司股权投资项目签约仪式

国网国际公司先后成功收购了菲律宾国家输电网公司（NGCP）、葡萄牙国家能源网公司（REN）、澳大利亚南澳输电网公司（Electra Net）、澳大利亚资产公司（SGSPAA）、澳网公司（AusNet）、港灯电力投资有限公司（HKEI）、意大利存贷款能源网公司（CDP Reti）、巴西圣保罗电力电灯公司（CPFL）、希腊国家电网公司（IPTO）、阿曼国家电网公司（OETC）和智利切昆塔集团公司（Chilquinta）的部分股权，以及巴西控股公司（SGBH）和格鲁吉亚东部电力公司（EPC）的全部股权，中标并建成巴西美丽山±800kV特高压直流输电项目一期、二期工程以及特里斯皮尔斯500kV交流输电项目一期、二期工程等海外大型绿地项目，目前已建立起地域领域多元、投资收益稳定、增长前景良好的境外基础设施资产组合。截至2019年底，境外资产总额近3000亿元人民币，利润总额121.95亿元，同比增长20.6%，荣获人社部、国资委联合授予的“中央企业先进集体”称号。

国网国际公司与意大利国家天然气公司共同发起能源转型与天然气发展五方合作论坛

希腊IPTO公司员工来华培训

互联·共享

让能源更智慧 让生活更美好

国网信通产业集团成立于 2014 年，是中国能源行业主要的信息通信技术、产品及服务提供商。集团秉持“互联 · 共享，让能源更智慧，让生活更美好”的发展使命，全力支撑智能电网和能源互联网建设，服务经济社会发展，致力成为能源信息化领域具有卓越竞争力的国际领先平台型企业。

产业布局

国家电网全资子公司

- 1家信通研究院
- 1家上市公司——国网信通股份公司(含 5 家子公司)
- 38家分子公司

科技研发

整合国家电网系统内优质的信息通信资源

- 1475项专利授权
- 1628项登记软件著作权

人才优势

高素质队伍推动高质量发展

9280名职工

荣誉资质

品牌影响力不断提升

136项省部级/行业级及以上科技奖励

316项业务资质

产品服务体系

集团坚持能源和信息深度融合，立足电网、面向社会，构建了覆盖“云-网-边-端-芯-智-链”的全产业链业务产品体系，打造思极系列产品，深耕芯片及物联网、人工智能、大数据及云服务、通信、管理信息化、运维服务、北斗及地理信息服务、网络及信息安全、综合能源管控等九大业务领域，服务于电力、交通、政企等多个行业，助力国家电网有限公司建成全球规模最大的电力专用通信网、央企领先一体化集团信息系统、国内先进的网络安全防御体系，为行业发展注入发展动能与创新力量。

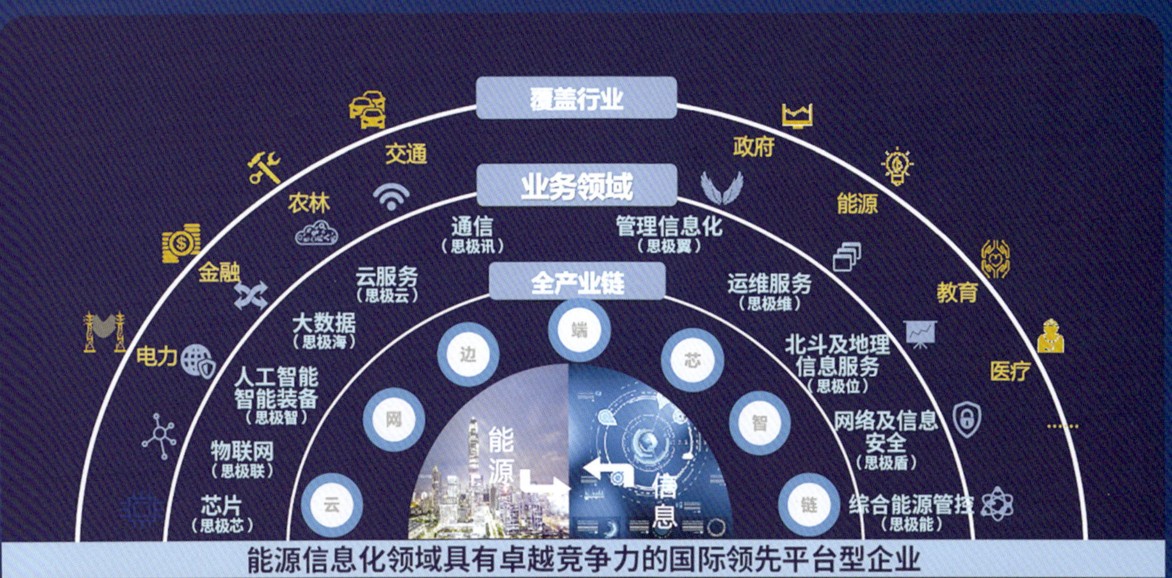

北京夏初新能源科技有限公司（简称：夏初新能源）成立于2017年6月，是一家集自主开发、建设、运营为一体的专业化开发企业，公司核心业务聚焦新能源版图，业务辐射全国，致力于成为清洁能源和节能环保行业领跑者，将新能源业务向全国化、多元化、专业化等方面发展。

公司目前已在山西建立起公司第七个新能源电厂，煤层气电厂装机容量150MW。风电装机容量200MW，项目储备1000MW；同时与忻州市签署以围绕打造生态经济、循环农业，创新光伏开发模式，将农业种植养殖、牧业、林业、农产品加工、旅游及光伏开发结合，建立生态系统相互促进、经济效益互为补充的新兴农村经济体系。

COMPANY PROFILES

企业简介

北京京仪北方仪器仪表有限公司成立于1977年，是北京市国资委下属的国有企业，国内名的智能表专业供应商，是集研发、生产、销售、服务于一体的国家级高新技术企业。

公司产品主要包括**智能电能表、用电信息管理系统解决方案和能源管理系统解决方案**

公司本着“精益求精、品质卓越、服务一流、奉献真诚”的经营理念，持续为客户提供优的产品和服务，产品业务覆盖北京、河南、新疆、福建等十几个网省，产品质量和服务得到了户的一致认可。

公司以产业报国和科技兴国为己任，以保持技术领先为根本，以保持利润和产业规模的协发展为宗旨，以不断进行技术创新为经营目标，为加速提高我国电力事业的电能计量现代化水做出应有的贡献。

公司地址：北京市大兴区盛坊路2号 联系方式：010-60250327 网址：www.jybfgs.com

SANJIANG

三江电力

主要业绩

※ 伊朗MIS油田地面配电建设工程
※ 塔河油田2012年单井10kV电力线路建设工程
※ 兰新高速铁路穿越油田供电线路改线工程
※ 石河子天业热电厂 110kV变电站
※ 四川普光气田净化厂公用工程
※ 河南省机场集团有限公司二号变电站高低压系统改造工程
※ 万科集团郑州长基云庐项目
※ 华润置地郑州润兴苑项目变配电供应及安装工程
※ 郑州市市民中心电力供配电项目
※ 郑州大学主校区电力增容施工项目

内城于心　外信于人

河南省三江电力设备有限公司成立于2005年，该公司是由国家能源局以及河南省建设厅批准成立的，集电力设施业务承装、承修、承试、采购、安装于一体的优秀企业。

◎主营业务

MAIN BUSINESE

◎变配电施工
◎分布式光伏发电施工
◎风力发电工程施工

联系方式

联 系 人：赵致富　　　　职务：总经理
联系电话：18037802388
邮　　箱：414224436@qq.com
网　　址：http://www.sanjiangdl.com
联系地址：河南省郑州市西三环283号大学科技园18号楼A座13层

河南省金鹰电力勘测设计工程有限公司

河南省金鹰电力勘测设计工程有限公司始创于2007年4月，地处河南郑州，是一家专门从事电力咨询、勘测、设计、施工的专业公司，承接了大量输变电、光伏电站、风电场、配网等工程项目，致力于提供专业系统的电力设计施工一体化服务，业务覆盖全国20多个省市，近年来得到了客户的广泛认可。未来的岁月，金鹰人将秉承“建一处工程，树一座丰碑”的发展理念，继续奋斗，以自己的实力再创辉煌！

神池金润风机吊装工程

工程项目集锦

方城光伏发电扶贫项目

商丘师范学院配电改造

扎赉诺尔新区110输变电

音德尔220变电站主变扩建

地址：河南郑州高新区翠竹街1号57幢1单元1－8层01号
电话：0371－67579566　　传真：0371－67579568

长江空间信息技术工程有限公司（武汉）

全国工程勘察设计大师、
公司董事长、总经理

长江空间信息技术工程有限公司（武汉）隶属长江水利委员会长江勘测规划设计研究院，是长江勘测规划设计研究院下属国有全资子公司，以工程安全监测、高新遥感测绘、地理信息技术为主要专业，主营业务范围为：大地测量：全球卫星定位系统、水准、三角、导线测量；航空摄影测量与遥感测绘；工程测量、隧道、建筑工程、桥梁测量；管网、水下、海洋、线路测量；地籍测绘；房产测绘；地理信息系统工程技术开发；地图与专题图数字化制作；专题地图编制；电子印前处理；档案数字化服务；出版物印刷、包装装潢印刷品印刷、其他印刷品印刷；工程安全监测；工程质量检测；计算机软件及系统开发；仪器设备（不含计量器具）制造、销售、检验；数字内容服务；影视节目制作。

公司综合实力位于全国同行业前列，是国家高新技术企业、中国地理信息产业百强企业、武汉市“千企万人”支持计划企业，公司设有湖北省水利信息感知与大数据工程研究中心、院士工作站等研发平台。公司荣获“全国水利文明单位”“湖北省文明单位”“重庆市文明单位”“湖北省五一劳动奖状”“湖北省守合同重信用企业”等荣誉。

成果及应用

▲ 在流域三维 GIS 方面，突破了国内外相关系统在水利业务应用中的瓶颈，自主开发了契合水利业务需求的三维地理信息平台——方舟平台，攻克了 GIS+BIM 中模型无缝镶嵌及冲突检测等核心技术，实现了流域级、工程级、部件级模型，地上与地下模型，室内与室外模型与水利信息全生命期管理，形成了流域空间数据一体化组织、管理和可视化技术体系。

承担南水北调中线工程施工测量控制网、安全监测、数字中线等，首次提出了一整套超长调水工程施工测量理论方法，发明了多种膨胀土渠道变形监测专用设备，研发了南水北调中线干线工程自动化调度与运行管理决策支持三维仿真系统。是大区域水利工程测量的标志性工程，充分保障了丹江清流千里润北国。▼

南水北调中线干线工程线路图

▶ 采用天空地协同遥感监测技术，多维度采集洪峰监测数据，并结合地形模型，综合水文模型、GIS 空间分析等多种技术手段，开展洪水淹没影响评价。

承担了我国巨型水电站大量的安全监测工作，解决巨型水电站监测工程面临的一系列超量程、超规模、超规范技术问题，研发了智能化、可视化、智慧化的安全监测系统。图为方舟平台在丹江口安全监测自动化项目中的应用。▼

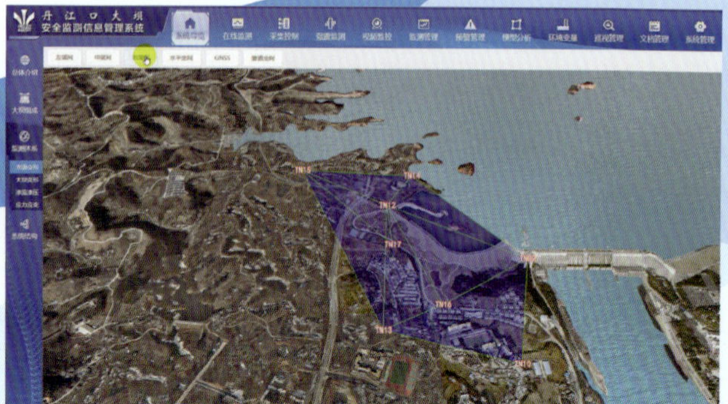

附 录

2019 年发布的电力相关国家标准

序号	国家标准编号	国家标准名称	代替标准号	发布日期	实施日期
1	GB 50229—2019	火力发电厂与变电站设计防火标准	GB 50229—2006	2019-02-13	2019-08-01
2	GB/T 51308—2019	海上风力发电场设计标准		2019-02-13	2019-10-01
3	GB/T 11024.1—2019	标称电压 1000V 以上交流电力系统用并联电容器　第 1 部分：总则	GB/T 11024.1—2010	2019-03-25	2019-10-01
4	GB/T 11024.2—2019	标称电压 1000V 以上交流电力系统用并联电容器　第 2 部分：老化试验	GB/T 11024.2—2001	2019-03-25	2019-10-01
5	GB/T 11024.3—2019	标称电压 1000V 以上交流电力系统用并联电容器　第 3 部分：并联电容器和并联电容器组的保护	GB/Z 11024.3—2001	2019-03-25	2019-10-01
6	GB/T 11024.4—2019	标称电压 1000V 以上交流电力系统用并联电容器　第 4 部分：内部熔丝	GB/T 11024.4—2001	2019-03-25	2019-10-01
7	GB/T 12668.7201—2019	调速电气传动系统　第 7-201 部分：电气传动系统的通用接口和使用规范 1 型规范说明		2019-03-25	2019-10-01
8	GB/T 12668.7301—2019	调速电气传动系统　第 7-301 部分：电气传动系统的通用接口和使用规范 1 型规范对应至网络技术		2019-03-25	2019-10-01
9	GB/T 37293—2019	城市公共设施　电动汽车充换电设施运营管理服务规范		2019-03-25	2019-10-01
10	GB/T 37295—2019	城市公共设施　电动汽车充换电设施安全技术防范系统要求		2019-03-25	2019-10-01
11	GB/T 37296—2019	往复式内燃燃气电站安全设计规范		2019-03-25	2019-10-01
12	GB/T 37340—2019	电动汽车能耗折算方法		2019-03-25	2019-10-01
13	GB/T 18857—2019	配电线路带电作业技术导则	GB/T 18857—2008	2019-05-10	2019-12-01
14	GB/T 34067.2—2019	户内智能用电显示终端　第 2 部分：数据交换		2019-05-10	2019-12-01
15	GB/T 37155.2—2019	区域保护控制系统技术导则　第 2 部分：信息接口及通信		2019-05-10	2019-12-01
16	GB/T 37399—2019	高压岸电试验方法		2019-05-10	2019-12-01
17	GB/T 37404—2019	高压电动机软起动装置应用导则		2019-05-10	2019-12-01
18	GB/T 37405—2019	高压晶闸管相控调压软起动装置		2019-05-10	2019-12-01
19	GB/T 37408—2019	光伏发电并网逆变器技术要求		2019-05-10	2019-12-01
20	GB/T 37409—2019	光伏发电并网逆变器检测技术规范		2019-05-10	2019-12-01
21	GB/T 37410—2019	地面用太阳能光伏组件接线盒技术条件		2019-05-10	2019-12-01
22	GB/T 37424—2019	海上风力发电机组　运行及维护要求		2019-05-10	2019-12-01
23	GB/T 37431—2019	风力发电机组　风轮叶片红外热像检测指南		2019-05-10	2019-12-01
24	GB/T 51372—2019	小型水电站水能设计标准		2019-05-24	2019-10-01
25	GB/T 5169.45—2019	电工电子产品着火危险试验　第 45 部分：着火危险评定导则　防火安全工程		2019-06-04	2020-01-01

续表

序号	国家标准编号	国家标准名称	代替标准号	发布日期	实施日期
26	GB/T 5226.1—2019	机械电气安全　机械电气设备　第 1 部分：通用技术条件	GB 5226.1—2008	2019-06-04	2020-01-01
27	GB/T 9652.1—2019	水轮机调速系统技术条件	GB/T 9652.1—2007	2019-06-04	2020-01-01
28	GB/T 9652.2—2019	水轮机调速系统试验	GB/T 9652.2—2007	2019-06-04	2020-01-01
29	GB/T 11026.10—2019	电气绝缘材料　耐热性　第 10 部分：利用分析试验方法加速确定相对耐热指数（RTEA）基于活化能计算的导则		2019-06-04	2020-01-01
30	GB/T 11805—2019	水轮发电机组自动化元件（装置）及其系统基本技术条件	GB/T 11805—2008	2019-06-04	2020-01-01
31	GB/T 11826—2019	转子式流速仪	GB/T 11826—2002	2019-06-04	2020-01-01
32	GB/T 11828.1—2019	水位测量仪器　第 1 部分：浮子式水位计	GB/T 11828.1—2002	2019-06-04	2020-01-01
33	GB/T 13729—2019	远动终端设备	GB/T 13729—2002	2019-06-04	2020-01-01
34	GB/Z 17624.4—2019	电磁兼容　综述　2kHz 内限制设备工频谐波电流传导发射的历史依据		2019-06-04	2019-06-04
35	GB/T 17626.5—2019	电磁兼容 试验和测量技术 浪涌（冲击）抗扰度试验	GB/T 17626.5—2008	2019-06-04	2020-01-01
36	GB/Z 18039.1—2019	电磁兼容　环境　电磁环境的描述和分类	GB/Z 18039.1—2000	2019-06-04	2020-01-01
37	GB/T 19289—2019	电工钢带（片）的电阻率、密度和叠装系数的测量方法	GB/T 19289—2003	2019-06-04	2020-05-01
38	GB/T 22720.2—2019	旋转电机 电压型变频器供电的旋转电机耐局部放电电气绝缘结构（Ⅱ型）的鉴定试验	GB/Z 22720.2—2013	2019-06-04	2020-01-01
39	GB/T 30149—2019	电网通用模型描述规范	GB/T 30149—2013	2019-06-04	2020-01-01
40	GB/T 31838.2—2019	固体绝缘材料　介电和电阻特性　第 2 部分：电阻特性（DC 方法）　体积电阻和体积电阻率	GB/T 1410—2006	2019-06-04	2020-01-01
41	GB/T 31838.3—2019	固体绝缘材料　介电和电阻特性　第 3 部分：电阻特性（DC 方法）表面电阻和表面电阻率		2019-06-04	2020-01-01
42	GB/T 31838.4—2019	固体绝缘材料　介电和电阻特性　第 4 部分：电阻特性（DC 方法）　绝缘电阻	GB/T 10064—2006	2019-06-04	2020-01-01
43	GB/T 35698.2—2019	短路电流效应计算　第 2 部分：算例		2019-06-04	2020-01-01
44	GB/T 37523—2019	风电场气象观测资料审核、插补与订正技术规范		2019-06-04	2020-01-01
45	GB/T 37539—2019	火电厂腐蚀控制工程全生命周期要求		2019-06-04	2020-05-01
46	GB/T 37543—2019	直流输电线路和换流站的合成场强与离子流密度的测量方法		2019-06-04	2020-01-01
47	GB/T 37546—2019	无人值守变电站监控系统技术规范		2019-06-04	2020-01-01
48	GB/T 37548—2019	变电站设备物联网通信架构及接口要求		2019-06-04	2020-01-01
49	GB/T 37549—2019	大型核电发电机变压器组继电保护技术规范		2019-06-04	2020-01-01
50	GB/T 37554—2019	除氧器性能试验规程		2019-06-04	2020-01-01
51	GB/T 37556—2019	10kV 带电作业用绝缘斗臂车		2019-06-04	2020-01-01
52	GB/T 37591—2019	700MW 及以上级大电机用冷轧无取向电工钢带		2019-06-04	2020-05-01

续表

序号	国家标准编号	国家标准名称	代替标准号	发布日期	实施日期
53	GB/Z 37627.1—2019	架空电力线路和高压设备的无线电干扰特性 第1部分：现象描述		2019-06-04	2020-01-01
54	GB/Z 37627.3—2019	架空电力线路和高压设备的无线电干扰特性 第3部分：减少无线电噪声至最小程度的实施规程		2019-06-04	2020-01-01
55	GB/T 37658—2019	并网光伏电站启动验收技术规范		2019-06-04	2020-01-01
56	GB/T 37660—2019	柔性直流输电用电力电子器件技术规范		2019-06-04	2020-01-01
57	GB/T 37751.1—2019	家用和类似用途的剩余电流动作断路器 第1部分：剩余电流电器标准的独立模块和单元模块概述		2019-06-04	2020-01-01
58	GB/T 37751.2—2019	家用和类似用途的剩余电流动作断路器 第2部分：剩余电流电器（RCD） 词汇		2019-06-04	2020-01-01
59	GB/T 37751.31—2019	家用和类似用途的剩余电流动作断路器 第3-1部分：具有连接外部铜导线的无螺纹型接线端子的RCD的特殊要求		2019-06-04	2020-01-01
60	GB/T 37751.32—2019	家用和类似用途的剩余电流动作断路器 第3-2部分：带扁平快速连接端头的RCD的特殊要求		2019-06-04	2020-01-01
61	GB/T 37751.33—2019	家用和类似用途的剩余电流动作断路器 第3-3部分：具有连接外部未经处理铝导线的螺纹型接线端子和连接铜或铝导线的铝制螺纹型接线端子RCD的特殊要求		2019-06-04	2020-01-01
62	GB/T 37753—2019	表面式凝汽器性能试验规程		2019-06-04	2020-01-01
63	GB/T 37755—2019	智能变电站光纤回路建模及编码技术规范		2019-06-04	2020-01-01
64	GB/T 37757—2019	电子电气产品用材料和零部件中挥发性有机物释放速率的测定 释放测试舱-气相色谱质谱法		2019-06-04	2020-01-01
65	GB/T 37760—2019	电子电气产品中全氟辛酸和全氟辛烷磺酸的测定 超高效液相色谱串联质谱法		2019-06-04	2020-01-01
66	GB/T 37761—2019	电力变压器冷却系统PLC控制装置技术要求		2019-06-04	2020-01-01
67	GB/T 37762—2019	同步调相机组保护装置通用技术条件		2019-06-04	2020-01-01
68	GB/T 37765—2019	电子电气产品中石棉的定性检测方法		2019-06-04	2020-01-01
69	GB/T 51381—2019	柔性直流输电换流站设计标准		2019-08-12	2019-12-01
70	GB/T 5959.1—2019	电热和电磁处理装置的安全 第1部分：通用要求	GB 5959.1—2005	2019-08-30	2020-03-01
71	GB/T 10066.1—2019	电热和电磁处理装置的试验方法 第1部分：通用部分	GB/T 10066.1—2004	2019-08-30	2020-03-01
72	GB/T 10066.2—2019	电热和电磁处理装置的试验方法 第2部分：直接电弧炉	GB/T 10066.10—2005	2019-08-30	2020-03-01
73	GB/T 10067.1—2019	电热和电磁处理装置基本技术条件 第1部分：通用部分	GB/T 10067.1—2005	2019-08-30	2020-03-01
74	GB/T 10067.416—2019	电热和电磁处理装置基本技术条件 第416部分：多晶硅铸锭炉		2019-08-30	2020-03-01
75	GB/T 10129—2019	电工钢带（片）中频磁性能测量方法	GB/T 10129—1988	2019-08-30	2020-07-01

续表

序号	国家标准编号	国家标准名称	代替标准号	发布日期	实施日期
76	GB/T 37840—2019	电子电气产品中挥发性有机化合物的测定 气相色谱-质谱法		2019-08-30	2020-03-01
77	GB/T 37861—2019	电子电气产品中卤素含量的测定 离子色谱法		2019-08-30	2020-03-01
78	GB/T 37867—2019	运行核电厂安全生产标准化考核评级规范		2019-08-30	2020-03-01
79	GB/T 37876—2019	电子电气产品有害物质限制使用符合性评价通则		2019-08-30	2020-03-01
80	GB/T 37898—2019	风力发电机组 吊装安全技术规程		2019-08-30	2020-03-01
81	GB/T 37911.1—2019	电力系统北斗卫星授时应用接口 第 1 部分：技术规范		2019-08-30	2020-03-01
82	GB/T 37911.2—2019	电力系统北斗卫星授时应用接口 第 2 部分：检测规范		2019-08-30	2020-03-01
83	GB/T 37921—2019	高海拔型风力发电机组		2019-08-30	2020-03-01
84	GB/T 37968—2019	高压电能计量设备检验装置		2019-08-30	2020-03-01
85	GB/T 37995—2019	风力发电机组主传动链系统橡胶密封圈		2019-08-30	2020-07-01
86	GB/T 51390—2019	核电厂混凝土结构技术标准		2019-09-25	2020-01-01
87	GB 51395—2019	海上风力发电场勘测标准		2019-09-25	2020-04-01
88	GB/T 51397—2019	柔性直流输电成套设计标准		2019-09-25	2020-01-01
89	GB/T 19212.13—2019	变压器、电抗器、电源装置及其组合的安全 第 13 部分：恒压变压器和电源装置的特殊要求和试验	GB/T 19212.13—2005	2019-10-18	2020-05-01
90	GB/T 19212.17—2019	电源电压为 1100V 及以下的变压器、电抗器、电源装置和类似产品的安全 第 17 部分：开关型电源装置和开关型电源装置用变压器的特殊要求和试验	GB/T 19212.17—2013	2019-10-18	2020-05-01
91	GB/T 25385—2019	风力发电机组 运行及维护要求	GB/T 25385—2010	2019-10-18	2020-05-01
92	GB/T 29626—2019	汽轮发电机状态在线监测系统应用导则	GB/Z 29626—2013	2019-10-18	2020-05-01
93	GB/T 32891.2—2019	旋转电机 效率分级（IE 代码） 第 2 部分：变速交流电动机		2019-10-18	2020-05-01
94	GB/T 38090—2019	电动汽车驱动电机用永磁材料技术要求		2019-10-18	2020-05-01
95	GB/T 38127—2019	用于电缆导引的铰链式和柔性的电缆管理系统		2019-10-18	2020-05-01
96	GB/T 38174—2019	风能发电系统 风力发电场可利用率		2019-10-18	2020-05-01
97	GB/T 38218—2019	火力发电企业能源管理体系实施指南		2019-10-18	2020-05-01
98	GB/T 50522—2019	核电厂建设工程监理标准	GB/T 50522—2009	2019-11-22	2020-03-01
99	GB/T 51396—2019	槽式太阳能光热发电站设计标准		2019-11-22	2020-06-01
100	GB/T 755—2019	旋转电机 定额和性能	GB/T 755—2008	2019-12-10	2020-07-01
101	GB/T 1094.23—2019	电力变压器 第 23 部分：直流偏磁抑制装置		2019-12-10	2020-07-01
102	GB/T 4056—2019	绝缘子串元件的球窝联接尺寸	GB/T 4056—2008	2019-12-10	2020-07-01
103	GB/T 7253—2019	标称电压高于 1000V 的架空线路绝缘子 交流系统用瓷或玻璃绝缘子元件 盘形悬式绝缘子元件的特性	GB/T 7253—2005	2019-12-10	2020-07-01

续表

序号	国家标准编号	国家标准名称	代替标准号	发布日期	实施日期
104	GB/T 16915.3—2019	家用和类似用途固定式电气装置的开关 第2-2部分：电磁遥控开关（RCS）的特殊要求	GB/T 16915.3—2000	2019-12-10	2020-07-01
105	GB/T 16915.4—2019	家用和类似用途固定式电气装置的开关 第2-3部分：延时开关（TDS）的特殊要求	GB/T 16915.4—2003	2019-12-10	2020-07-01
106	GB/T 17466.1—2019	家用和类似用途固定式电气装置的电器附件安装盒和外壳 第1部分：通用要求	GB/T 17466.1—2008	2019-12-10	2020-07-01
107	GB/T 17468—2019	电力变压器选用导则	GB/T 17468—2008	2019-12-10	2020-07-01
108	GB/T 17627—2019	低压电气设备的高电压试验技术 定义、试验和程序要求、试验设备	GB/T 17627.1—1998	2019-12-10	2020-07-01
			GB/T 17627.2—1998	2019-12-10	
109	GB/T 18802.22—2019	低压电涌保护器 第22部分：电信和信号网络的电涌保护器 选择和使用导则	GB/T 18802.22—2008	2019-12-10	2020-07-01
110	GB/T 18802.351—2019	低压电涌保护器元件 第351部分：电信和信号网络的电涌隔离变压器（SIT）的性能要求和试验方法		2019-12-10	2020-07-01
111	GB/T 19666—2019	阻燃和耐火电线电缆或光缆通则	GB/T 19666—2005	2019-12-10	2020-07-01
112	GB/T 22079—2019	户内和户外用高压聚合物绝缘子 一般定义、试验方法和接收准则	GB/T 22079—2008	2019-12-10	2020-07-01
113	GB/T 25318—2019	绝缘子串元件球窝联接用锁紧销 尺寸和试验	GB/T 25318—2010	2019-12-10	2020-07-01
114	GB/T 26216.1—2019	高压直流输电系统直流电流测量装置 第1部分：电子式直流电流测量装置	GB/T 26216.1—2010	2019-12-10	2020-07-01
115	GB/T 26216.2—2019	高压直流输电系统直流电流测量装置 第2部分：电磁式直流电流测量装置	GB/T 26216.2—2010	2019-12-10	2020-07-01
116	GB/T 26217—2019	高压直流输电系统直流电压测量装置	GB/T 26217—2010	2019-12-10	2020-07-01
117	GB/T 38280—2019	电缆管理系统 超重荷型刚性电气导管电缆装置用导管配件和附件的规范		2019-12-10	2020-07-01
118	GB/T 38281.1—2019	家用和类似用途固定式电气装置的指示灯装置 第1部分：通用要求		2019-12-10	2020-07-01
119	GB/T 38283—2019	电动汽车灾害事故应急救援指南		2019-12-10	2020-07-01
120	GB/T 38296—2019	电器设备内部连接线缆		2019-12-10	2020-07-01
121	GB/T 38317.11—2019	智能电能表外形结构和安装尺寸 第11部分：通用要求		2019-12-10	2020-07-01
122	GB/T 38317.21—2019	智能电能表外形结构和安装尺寸 第21部分：结构A型		2019-12-10	2020-07-01
123	GB/T 38317.22—2019	智能电能表外形结构和安装尺寸 第22部分：结构B型		2019-12-10	2020-07-01
124	GB/T 38317.31—2019	智能电能表外形结构和安装尺寸 第31部分：电气接口		2019-12-10	2020-07-01
125	GB/T 38318—2019	电力监控系统网络安全评估指南		2019-12-10	2020-07-01
126	GB/T 38328—2019	柔性直流系统用高压直流断路器的共用技术要求		2019-12-10	2020-07-01
127	GB/T 38329.1—2019	港口船岸连接 第1部分：高压岸电连接（HVSC）系统 一般要求		2019-12-10	2020-07-01
128	GB/T 38330—2019	光伏发电站逆变器检修维护规程		2019-12-10	2020-07-01

续表

序号	国家标准编号	国家标准名称	代替标准号	发布日期	实施日期
129	GB/T 38332—2019	智能电网用户自动需求响应　集中式空调系统终端技术条件		2019-12-10	2020-07-01
130	GB/T 38334—2019	水电站黑启动技术规范		2019-12-10	2020-07-01
131	GB/T 38335—2019	光伏发电站运行规程		2019-12-10	2020-07-01
132	GB 38755—2019	电力系统安全稳定导则	DL 755—2001	2019-12-31	2020-07-01
133	GB/T 10230.1—2019	分接开关　第1部分：性能要求和试验方法	GB/T 10230.1—2007	2019-12-31	2020-07-01
134	GB/T 16702—2019	压水堆核电厂核岛机械设备设计规范	GB/T 16702—1996	2019-12-31	2020-07-01
135	GB/T 38435—2019	牵引站供电线路的继电保护配置及整定计算原则		2019-12-31	2020-07-01
136	GB/T 38436—2019	输变电工程数据移交规范		2019-12-31	2020-07-01
137	GB/T 38438—2019	电力通信网运行评估指标体系		2019-12-31	2020-07-01

2019 年发布的电力行业标准

序号	标准编号	标准名称	代替标准	采标号	出版机构	批准日期	实施日期
1	NB/T 10128—2019	光伏发电工程电气设计规范			中国水利水电出版社	2019-06-04	2019-10-01
2	NB/T 10129—2019	水电工程水库影响区地质专题报告编制规程			中国水利水电出版社	2019-06-04	2019-10-01
3	NB/T 10130—2019	水电工程蓄水环境保护验收技术规程			中国水利水电出版社	2019-06-04	2019-10-01
4	NB/T 10131—2019	水电工程水库区工程地质勘察规程	DL/T 5336—2006		中国水利水电出版社	2019-06-04	2019-10-01
5	NB/T 10132—2019	水电工程通信设计内容和深度规定	DL/T 5184—2004		中国水利水电出版社	2019-06-04	2019-10-01
6	NB/T 10133—2019	水电工程探地雷达探测技术规程			中国水利水电出版社	2019-06-04	2019-10-01
7	NB/T 10134—2019	水电工程岩芯收集与归档规范			中国水利水电出版社	2019-06-04	2019-10-01
8	NB/T 10135—2019	大中型水轮机基本技术规范	DL/T 445—2002		中国水利水电出版社	2019-06-04	2019-10-01
9	NB/T 10137—2019	水电工程危岩体工程地质勘察与防治规程			中国水利水电出版社	2019-06-04	2019-10-01
10	NB/T 10138—2019	水电工程库岸防护工程勘察规程			中国水利水电出版社	2019-06-04	2019-10-01
11	NB/T 10139—2019	水电工程泥石流勘察与防治设计规程			中国水利水电出版社	2019-06-04	2019-10-01
12	NB/T 10140—2019	水电工程环境影响后评价技术规范			中国水利水电出版社	2019-06-04	2019-10-01
13	NB/T 10141—2019	水电工程水库专项工程勘察规程			中国水利水电出版社	2019-06-04	2019-10-01

续表

序号	标准编号	标准名称	代替标准	采标号	出版机构	批准日期	实施日期
14	NB/T 10142—2019	水电工程水温原型观测技术规范			中国水利水电出版社	2019-06-04	2019-10-01
15	NB/T 10143—2019	水电工程岩爆风险评估技术规范			中国水利水电出版社	2019-06-04	2019-10-01
16	NB/T 10144—2019	水力发电厂水力机械辅助系统流量监视测量技术规程			中国水利水电出版社	2019-06-04	2019-10-01
17	NB/T 10145—2019	水电工程竣工决算报告编制规定			中国水利水电出版社	2019-06-04	2019-10-01
18	NB/T 10146—2019	水电工程竣工决算专项验收规程			中国水利水电出版社	2019-06-04	2019-10-01
19	NB/T 10147—2019	生物质发电工程地质勘察规范			中国水利水电出版社	2019-06-04	2019-10-01
20	NB/T 10148—2019	微电网　第1部分：微电网规划设计导则		IEC/TS 62898-1：2017	中国标准出版社	2019-06-04	2019-10-01
21	NB/T 10149—2019	微电网　第2部分：微电网运行导则		IEC/TS 62898-2：2018	中国标准出版社	2019-06-04	2019-10-01
22	NB/T 10184—2019	瓷绝缘子单位产品能源消耗限额			中国电力出版社	2019-06-04	2019-10-01
23	NB/T 10185—2019	并网光伏电站用关键设备性能检测与质量评估技术规范			中国电力出版社	2019-06-04	2019-10-01
24	NB/T 10186—2019	光储系统用功率转换设备技术规范			中国电力出版社	2019-06-04	2019-10-01
25	NB/T 10187—2019	水上光伏系统用浮体技术要求和测试方法			中国电力出版社	2019-06-04	2019-10-01
26	NB/T 10188—2019	交流并网侧用低压断路器技术规范			中国电力出版社	2019-06-04	2019-10-01
27	NB/T 10189—2019	输变电设备大气环境条件监测方法			中国电力出版社	2019-06-04	2019-10-01
28	NB/T 10190—2019	弧光保护测试设备技术要求			中国电力出版社	2019-06-04	2019-10-01
29	NB/T 10191—2019	继电保护光纤回路标识编制方法			中国电力出版社	2019-06-04	2019-10-01
30	NB/T 10192—2019	电流闭锁式母线保护技术导则			中国电力出版社	2019-06-04	2019-10-01
31	NB/T 10193—2019	固体氧化物燃料电池术语			中国电力出版社	2019-06-04	2019-10-01
32	NB/T 10194—2019	电工用火法精炼高导电铜杆			中国电力出版社	2019-06-04	2019-10-01
33	NB/T 10195—2019	架空导线生产企业能效指数计算导则			中国电力出版社	2019-06-04	2019-10-01
34	NB/T 10196—2019	架空导线单位产品能源消耗限额			中国电力出版社	2019-06-04	2019-10-01
35	NB/T 10197—2019	高海拔现场移动冲击电压发生器通用技术条件			中国电力出版社	2019-06-04	2019-10-01
36	NB/T 10198—2019	高原光伏水泵提水系统			中国电力出版社	2019-06-04	2019-10-01

续表

序号	标准编号	标准名称	代替标准	采标号	出版机构	批准日期	实施日期
37	NB/T 10199—2019	电工流体变压器及类似电气设备用未使用过的天然酯		IEC 62770：2013	中国电力出版社	2019-06-04	2019-10-01
38	NB/T 10200—2019	晶体硅太阳电池组件用聚烯烃弹性体（POE）封装绝缘肢膜			中国电力出版社	2019-06-04	2019-10-01
39	NB/T 10201—2019	矿物绝缘油中纸热降解产生的二氧化碳和 2-糠醛的解释导则		IEC/TR 62874：2015	中国电力出版社	2019-06-04	2019-10-01
40	NB/T 10202—2019	用于电动汽车模式 2 充电的具有温度保护的插头			中国电力出版社	2019-06-04	2019-10-01
41	NB/T 10203—2019	家用和类似用途的带自动复位机构的按钮开关			中国电力出版社	2019-06-04	2019-10-01
42	NB/T 10204—2019	分布式光伏发电低压并网接口装置技术要求			中国电力出版社	2019-06-04	2019-10-01
43	NB/T 10205—2019	风电功率预测技术规定			中国电力出版社	2019-06-04	2019-10-01
44	NB/T 10206—2019	风电机组招标文件编制导则			中国水利水电出版社	2019-06-04	2019-10-01
45	NB/T 10207—2019	风电场工程竣工图文件编制规程			中国水利水电出版社	2019-06-04	2019-10-01
46	NB/T 10208—2019	陆上风电场工程施工安全技术规范			中国水利水电出版社	2019-06-04	2019-10-01
47	NB/T 10209—2019	风电场工程道路设计规范			中国水利水电出版社	2019-06-04	2019-10-01
48	NB/T 10210—2019	风力发电机组超声波风速风向仪技术规范			中国电力出版社	2019-06-04	2019-10-01
49	NB/T 10211—2019	风力发电机组叶片电加热防/除冰控制系统技术规范			中国电力出版社	2019-06-04	2019-10-01
50	NB/T 10212—2019	风力发电机用烧结钕铁硼磁体			中国电力出版社	2019-06-04	2019-10-01
51	NB/T 10213—2019	风力发电机组变桨滑环			中国电力出版社	2019-06-04	2019-10-01
52	NB/T 10214—2019	风力发电机组用锚杆组件			中国电力出版社	2019-06-04	2019-10-01
53	NB/T 10215—2019	风力发电机组测风传感器			中国电力出版社	2019-06-04	2019-10-01
54	NB/T 10216—2019	风电机组钢塔筒设计制造安装规范			中国水利水电出版社	2019-06-04	2019-10-01
55	NB/T 10217—2019	风力发电场生产准备导则			中国电力出版社	2019-06-04	2019-10-01
56	NB/T 10218—2019	海上风电场风力发电机组基础维护技术规程			中国电力出版社	2019-06-04	2019-10-01
57	NB/T 10219—2019	风电场工程劳动安全与职业卫生设计规范			中国水利水电出版社	2019-06-04	2019-10-01
58	NB/T 10220—2019	高原用风力发电机组电气控制设备结构件设计规范			中国电力出版社	2019-06-04	2019-10-01
59	NB/T 31008—2019	海上风电场工程概算定额	NB/T 31008—2011		中国水利水电出版社	2019-06-04	2019-10-01
60	NB/T 31009—2019	海上风电场工程设计概算编制规定及费用标准	NB/T 31009—2011		中国水利水电出版社	2019-06-04	2019-10-01

续表

序号	标准编号	标准名称	代替标准	采标号	出版机构	批准日期	实施日期
61	NB/T 31010—2019	陆上风电场工程概算定额	NB/T 31010—2011		中国水利水电出版社	2019-06-04	2019-10-01
62	NB/T 31011—2019	陆上风电场工程设计概算编制规定及费用标准	NB/T 31011—2011		中国水利水电出版社	2019-06-04	2019-10-01
63	NB/T 31016—2019	电池储能功率控制系统变流器技术规范	NB/T 31016—2011		中国电力出版社	2019-06-04	2019-10-01
64	NB/T 31041—2019	海上双馈风力发电机变流器技术规范	NB/T 31041—2012		中国电力出版社	2019-06-04	2019-10-01
65	NB/T 31042—2019	海上永磁风力发电机变流器技术规范	NB/T 31042—2012		中国电力出版社	2019-06-04	2019-10-01
66	NB/T 31043—2019	海上风力发电机组主控制系统技术规范	NB/T 31043—2012		中国电力出版社	2019-06-04	2019-10-01
67	DL/T 294.3—2019	发电机灭磁及转子过电压保护装置技术条件　第3部分：转子过电压保护			中国电力出版社	2019-06-04	2019-10-01
68	DL/T 294.4—2019	发电机灭磁及转子过电压保护装置技术条件　第4部分：灭磁容量计算			中国电力出版社	2019-06-04	2019-10-01
69	DL/T 320—2019	个人电弧防护用品通用技术要求	DL/T 320—2010		中国电力出版社	2019-06-04	2019-10-01
70	DL/T 348—2019	换流站设备巡检导则	DL/T 348—2010		中国电力出版社	2019-06-04	2019-10-01
71	DL/T 357—2019	输电线路行波故障测距装置技术条件	DL/T 357—2010		中国电力出版社	2019-06-04	2019-10-01
72	DL/T 364—2019	光纤通道传输保护信息通用技术条件	DL/T 364—2010		中国电力出版社	2019-06-04	2019-10-01
73	DL/T 387—2019	火力发电厂烟气袋式除尘器选型导则	DL/T 387—2010		中国电力出版社	2019-06-04	2019-10-01
74	DL/T 400—2019	500kV 交流紧凑型输电线路带电作业技术导则	DL/T 400—2010		中国电力出版社	2019-06-04	2019-10-01
75	DL/T 461—2019	燃煤电厂电除尘器运行维护导则	DL/T 461—2004		中国电力出版社	2019-06-04	2019-10-01
76	DL/T 467—2019	电站磨煤机及制粉系统性能试验	DL/T 467—2004		中国电力出版社	2019-06-04	2019-10-01
77	DL/T 468—2019	电站锅炉风机选型和使用导则	DL/T 468—2004		中国电力出版社	2019-06-04	2019-10-01
78	DL/T 608—2019	300MW～600MW级汽轮机运行导则	DL/T 608—1996、DL/T 609—1996		中国电力出版社	2019-06-04	2019-10-01
79	DL/T 637—2019	电力用固定型阀控式铅酸蓄电池	DL/T 637—1997		中国电力出版社	2019-06-04	2019-10-01
80	DL/T 640—2019	高压交流跌落式熔断器	DL/T 640—1997		中国电力出版社	2019-06-04	2019-10-01
81	DL/T 681.1—2019	燃煤电厂磨煤机耐磨件技术条件　第1部分：球磨机磨球和衬板	DL/T 681—2012		中国电力出版社	2019-06-04	2019-10-01
82	DL/T 691—2019	高压架空输电线路无线电干扰计算方法	DL/T 691—1999		中国电力出版社	2019-06-04	2019-10-01

续表

序号	标准编号	标准名称	代替标准	采标号	出版机构	批准日期	实施日期
83	DL/T 711—2019	汽轮机调节保安系统试验导则	DL/T 711—1999		中国电力出版社	2019-06-04	2019-10-01
84	DL/T 741—2019	架空输电线路运行规程	DL/T 741—2010		中国电力出版社	2019-06-04	2019-10-01
85	DL/T 742—2019	湿式冷却塔塔芯塑料部件质量标准	DL/T 742—2001		中国电力出版社	2019-06-04	2019-10-01
86	DL/T 793.3—2019	发电设备可靠性评价规程 第3部分：水电机组			中国电力出版社	2019-06-04	2019-10-01
87	DL/T 793.4—2019	发电设备可靠性评价规程 第4部分：抽水蓄能机组			中国电力出版社	2019-06-04	2019-10-01
88	DL/T 807—2019	火力发电厂水处理用 201X7 强碱性阴离子交换树脂报废技术导则	DL/T 807—2002		中国电力出版社	2019-06-04	2019-10-01
89	DL/T 819—2019	火力发电厂焊接热处理技术规程	DL/T 819—2010		中国电力出版社	2019-06-04	2019-10-01
90	DL/T 881—2019	±500kV 直流输电线路带电作业技术导则	DL/T 881—2004		中国电力出版社	2019-06-04	2019-10-01
91	DL/T 884—2019	火电厂金相检验与评定技术导则	DL/T 884—2004		中国电力出版社	2019-06-04	2019-10-01
92	DL/T 920—2019	六氟化硫气体中空气、四氟化碳、六氟乙烷和八氟丙烷的测定 气相色谱法	DL/T 920—2005		中国电力出版社	2019-06-04	2019-10-01
93	DL/T 932—2019	凝汽器与真空系统运行维护导则	DL/T 932—2005		中国电力出版社	2019-06-04	2019-10-01
94	DL/T 951—2019	火电厂反渗透水处理装置验收导则	DL/T 951—2005		中国电力出版社	2019-06-04	2019-10-01
95	DL/T 993—2019	电力系统失步解列装置通用技术条件	DL/T 993—2006		中国电力出版社	2019-06-04	2019-10-01
96	DL/T 996—2019	火力发电厂汽轮机控制系统技术条件	DL/T 996—2006		中国电力出版社	2019-06-04	2019-10-01
97	DL/T 1015—2019	现场直流和交流耐压试验电压测量系统的使用导则	DL/T 1015—2006		中国电力出版社	2019-06-04	2019-10-01
98	DL/T 1051—2019	电力技术监督导则	DL/T 1051—2007		中国电力出版社	2019-06-04	2019-10-01
99	DL/T 1056—2019	发电厂热工仪表及控制系统技术监督导则	DL/T 1056—2007		中国电力出版社	2019-06-04	2019-10-01
100	DL/T 1073—2019	发电厂厂用电源快速切换装置通用技术条件	DL/T 1073—2007		中国电力出版社	2019-06-04	2019-10-01
101	DL/T 1074—2019	电力用直流和交流一体化不间断电源	DL/T 1074—2007		中国电力出版社	2019-06-04	2019-10-01
102	DL/T 1083—2019	火力发电厂分散控制系统技术条件	DL/T 1083—2008		中国电力出版社	2019-06-04	2019-10-01
103	DL/T 1107—2019	水电厂自动化元件基本技术条件	DL/T 1107—2009		中国电力出版社	2019-06-04	2019-10-01
104	DL/T 1131—2019	±800kV 高压直流输电工程系统试验规程	DL/ T 1131—2009		中国电力出版社	2019-06-04	2019-10-01
105	DL/T 1115—2019	火力发电厂机组大修化学检查导则	DL/T 1115—2009		中国电力出版社	2019-06-04	2019-10-01

续表

序号	标准编号	标准名称	代替标准	采标号	出版机构	批准日期	实施日期
106	DL/T 1167—2019	同步发电机励磁系统建模导则	DL/T 1167—2012		中国电力出版社	2019-06-04	2019-10-01
107	DL/T 1235—2019	同步发电机原动机及其调节系统参数实测与建模导则	DL/T 1235—2013		中国电力出版社	2019-06-04	2019-10-01
108	DL/T 1766.2—2019	水氢氢冷汽轮发电机检修导则 第2部分：定子检修			中国电力出版社	2019-06-04	2019-10-01
109	DL/T 1766.3—2019	水氢氢冷汽轮发电机检修导则 第3部分：转子检修			中国电力出版社	2019-06-04	2019-10-01
110	DL/T 1961—2019	火电厂流量测量不确定度计算方法			中国电力出版社	2019-06-04	2019-10-01
111	DL/T 1962—2019	低温多效蒸馏海水淡化装置施工验收技术规定			中国电力出版社	2019-06-04	2019-10-01
112	DL/T 1963—2019	高幅振动筛			中国电力出版社	2019-06-04	2019-10-01
113	DL/T 1964—2019	环式布料机			中国电力出版社	2019-06-04	2019-10-01
114	DL/T 1965—2019	回转式翻车机系统运行维护导则			中国电力出版社	2019-06-04	2019-10-01
115	DL/T 1966—2019	火力发电厂机组检修监理规范			中国电力出版社	2019-06-04	2019-10-01
116	DL/T 1967—2019	垃圾发电厂烟气净化系统技术规范			中国电力出版社	2019-06-04	2019-10-01
117	DL/T 1968—2019	火力发电厂湿式冷却塔运行维护导则			中国电力出版社	2019-06-04	2019-10-01
118	DL/T 1969—2019	水电厂水力机械保护配置导则			中国电力出版社	2019-06-04	2019-10-01
119	DL/T 1970—2019	水轮发电机励磁系统配置导则			中国电力出版社	2019-06-04	2019-10-01
120	DL/T 1971—2019	水轮发电机组状态在线监测系统运行维护与检修试验规程			中国电力出版社	2019-06-04	2019-10-01
121	DL/T 1972—2019	水电厂培训仿真系统基本技术条件			中国电力出版社	2019-06-04	2019-10-01
122	DL/T 1973—2019	水电厂流量测量装置技术条件			中国电力出版社	2019-06-04	2019-10-01
123	DL/T 1974—2019	水电厂直流系统技术条件			中国电力出版社	2019-06-04	2019-10-01
124	DL/T 1975—2019	水轮机调节系统用油维护规程			中国电力出版社	2019-06-04	2019-10-01
125	DL/T 1976—2019	半工业化循环流化床锅炉燃烧试验台燃料试烧试验技术规范			中国电力出版社	2019-06-04	2019-10-01
126	DL/T 1977—2019	矿物绝缘油氧化安定性的测定差示扫描量热法		IEC/TR 62036：2007	中国电力出版社	2019-06-04	2019-10-01
127	DL/T 1978—2019	电力用油颗粒污染度分级标准			中国电力出版社	2019-06-04	2019-10-01
128	DL/T 1979—2019	电力用磷酸酯抗燃油中矿物油含量测定法			中国电力出版社	2019-06-04	2019-10-01

续表

序号	标准编号	标准名称	代替标准	采标号	出版机构	批准日期	实施日期
129	DL/T 1980—2019	变压器绝缘纸（板）平均含水量测定法频域介电谱法			中国电力出版社	2019-06-04	2019-10-01
130	DL/T 1981.1—2019	统一潮流控制器　第 1 部分：功能规范			中国电力出版社	2019-06-04	2019-10-01
131	DL/T 1982—2019	电力工程热转印标识技术规范		IEC 61964-04:1999	中国电力出版社	2019-06-04	2019-10-01
132	DL/T 1983—2019	湿式冷却塔高位收水装置技术要求			中国电力出版社	2019-06-04	2019-10-01
133	DL/T 1984—2019	燃煤锅炉飞灰中氨含量的测定分光光度法			中国电力出版社	2019-06-04	2019-10-01
134	DL/T 1985—2019	六氟化硫混合绝缘气体混气比检测方法			中国电力出版社	2019-06-04	2019-10-01
135	DL/T 1986—2019	六氟化硫混合气体绝缘设备气体检测技术规范			中国电力出版社	2019-06-04	2019-10-01
136	DL/T 1987—2019	六氟化硫气体泄漏在线监测报警装置技术条件			中国电力出版社	2019-06-04	2019-10-01
137	DL/T 1988—2019	六氟化硫气体密度测定法(U型管振荡法)			中国电力出版社	2019-06-04	2019-10-01
138	DL/T 1989—2019	电化学储能电站监控系统与电池管理系统通信协议			中国电力出版社	2019-06-04	2019-10-01
139	DL/T 1990—2019	火电厂烟气中 SO_3 测试方法控制冷凝法			中国电力出版社	2019-06-04	2019-10-01
140	DL/T 1991—2019	电力行业公共信息模型			中国电力出版社	2019-06-04	2019-10-01
141	DL/T 1992—2019	电力企业 SOA 应用技术标准			中国电力出版社	2019-06-04	2019-10-01
142	DL/T 1993—2019	电气设备用六氟化硫气体回收、再生及再利用技术规范			中国电力出版社	2019-06-04	2019-10-01
143	DL/T 1994—2019	电容型油纸绝缘设备介电响应试验导则			中国电力出版社	2019-06-04	2019-10-01
144	DL/T 1995—2019	变电站换流站带电作业用绝缘平台			中国电力出版社	2019-06-04	2019-10-01
145	DL/T 1996—2019	氨法烟气脱硫装置性能验收试验规范			中国电力出版社	2019-06-04	2019-10-01
146	DL/T 1997—2019	蜂窝结构湿式电除尘（雾）器			中国电力出版社	2019-06-04	2019-10-01
147	DL/T 1998—2019	感应滤波变压器成套设备使用技术条件			中国电力出版社	2019-06-04	2019-10-01
148	DL/T 1999—2019	换流变压器直流局部放电测量现场试验方法			中国电力出版社	2019-06-04	2019-10-01
149	DL/T 2000—2019	1000kV 交流变压器本体与调压补偿变压器联合局部放电现场测量导则			中国电力出版社	2019-06-04	2019-10-01
150	DL/T 2001—2019	换流变压器空载、负载和温升现场试验导则			中国电力出版社	2019-06-04	2019-10-01
151	DL/T 2002—2019	换流变压器运行规程			中国电力出版社	2019-06-04	2019-10-01
152	DL/T 2003—2019	换流变压器有载分接开关使用导则			中国电力出版社	2019-06-04	2019-10-01

续表

序号	标准编号	标准名称	代替标准	采标号	出版机构	批准日期	实施日期
153	DL/T 2004—2019	直流电流互感器使用技术条件			中国电力出版社	2019-06-04	2019-10-01
154	DL/T 2005—2019	直流电压互感器使用技术条件			中国电力出版社	2019-06-04	2019-10-01
155	DL/T 2006—2019	干式空心电抗器匝间绝过电压试验设备技术规范			中国电力出版社	2019-06-04	2019-10-01
156	DL/T 2007—2019	电力变压器电气试验集成式接线试验方法			中国电力出版社	2019-06-04	2019-10-01
157	DL/T 2008—2019	电力变压器、封闭式组合电器、电力电缆复合式连接现场试验方法			中国电力出版社	2019-06-04	2019-10-01
158	DL/T 2009—2019	超高压可控并联电抗器继电保护配置及整定技术规范			中国电力出版社	2019-06-04	2019-10-01
159	DL/T 2010—2019	高压无功补偿装置继电保护配置及整定技术规范			中国电力出版社	2019-06-04	2019-10-01
160	DL/T 2011—2019	大型发电机定子绕组现场更换处理试验规程			中国电力出版社	2019-06-04	2019-10-01
161	DL/T 2012—2019	基于风险预控的火力发电安全生产管理体系要求			中国电力出版社	2019-06-04	2019-10-01
162	DL/T 2013—2019	垃圾焚烧发电厂启动试运及验收规程			中国电力出版社	2019-06-04	2019-10-01
163	DL/T 2014—2019	电力信息化项目后评价			中国电力出版社	2019-06-04	2019-10-01
164	DL/T 2015—2019	电力信息化软件工程度量规范			中国电力出版社	2019-06-04	2019-10-01
165	DL/T 2016—2019	电力系统过频切机和过频解列装置通用技术条件			中国电力出版社	2019-06-04	2019-10-01
166	DL/T 2017—2019	垃圾发电机组仿真机技术标准			中国电力出版社	2019-06-04	2019-10-01
167	DL/T 2018—2019	抽水蓄能发电电动机变压器组继电保护装置技术条件			中国电力出版社	2019-06-04	2019-10-01
168	DL/T 2019—2019	抽水蓄能电站厂用电系统运行检修规程			中国电力出版社	2019-06-04	2019-10-01
169	DL/T 2020—2019	水斗式水轮机运行与检修规程			中国电力出版社	2019-06-04	2019-10-01
170	DL/T 2021—2019	抽水蓄能机组设备监造导则			中国电力出版社	2019-06-04	2019-10-01
171	DL/T 2022—2019	燃气轮发电机静止变频启动系统运行规程			中国电力出版社	2019-06-04	2019-10-01
172	DL/T 2023—2019	燃气轮发电机静止变频启动系统现场试验规程			中国电力出版社	2019-06-04	2019-10-01
173	DL/T 2024—2019	大型调相机型式试验导则			中国电力出版社	2019-06-04	2019-10-01
174	DL/T 2025.1—2019	电站阀门检修导则　第1部分：总则			中国电力出版社	2019-06-04	2019-10-01
175	DL/T 2025.2—2019	电站阀门检修导则　第2部分：蝶阀			中国电力出版社	2019-06-04	2019-10-01

续表

序号	标准编号	标准名称	代替标准	采标号	出版机构	批准日期	实施日期
176	DL/T 2026—2019	高压直流接地极监测系统通用技术规范			中国电力出版社	2019-06-04	2019-10-01
177	DL/T 2027—2019	火力发电厂疏水阀订货、验收导则			中国电力出版社	2019-06-04	2019-10-01
178	DL/T 2028—2019	发电厂水处理用膜设备化学清洗导则			中国电力出版社	2019-06-04	2019-10-01
179	DL/T 2029—2019	煤中全水分测定自动仪器法			中国电力出版社	2019-06-04	2019-10-01
180	DL/T 2030—2019	输变电回路可靠性评价规程			中国电力出版社	2019-06-04	2019-10-01
181	DL/T 2031—2019	电力移动应用软件测试规范			中国电力出版社	2019-06-04	2019-10-01
182	DL/T 2032—2019	计量用低压电流互感器			中国电力出版社	2019-06-04	2019-10-01
183	DL/T 2033—2019	火电厂用高压变频器功率单元试验方法			中国电力出版社	2019-06-04	2019-10-01
184	DL/T 2034.1—2019	电能替代设备接入电网技术条件　第1部分：通则			中国电力出版社	2019-06-04	2019-10-01
185	DL/T 2034.2—2019	电能替代设备接入电网技术条件　第2部分：电锅炉			中国电力出版社	2019-06-04	2019-10-01
186	DL/T 2034.3—2019	电能替代设备接入电网技术条件　第3部分：分散电采暖设备			中国电力出版社	2019-06-04	2019-10-01
187	DL/T 2035—2019	集中式空调能效在线监测系统技术要求			中国电力出版社	2019-06-04	2019-10-01
188	DL/T 2036—2019	高压交流架空输电线路可听噪声计算方法			中国电力出版社	2019-06-04	2019-10-01
189	DL/T 2037—2019	变电站厂界环境噪声执行标准申请原则			中国电力出版社	2019-06-04	2019-10-01
190	DL/T 2038—2019	高压直流输电工程直流磁场测量方法			中国电力出版社	2019-06-04	2019-10-01
191	DL/T 2039—2019	地方电网售电控制中心基本配置技术条件			中国电力出版社	2019-06-04	2019-10-01
192	DL/T 2040—2019	220kV 变电站负荷转供装置技术规范			中国电力出版社	2019-06-04	2019-10-01
193	DL/T 2041—2019	分布式电源接入电网承载力评估导则			中国电力出版社	2019-06-04	2019-10-01
194	DL/T 2042—2019	高压直流输电换流阀晶闸管级试验装置技术规范			中国电力出版社	2019-06-04	2019-10-01
195	DL/T 2043—2019	±1100kV特高压直流换流变压器使用技术条件			中国电力出版社	2019-06-04	2019-10-01
196	DL/T 2044—2019	输电系统谐波引发谐振过电压计算导则			中国电力出版社	2019-06-04	2019-10-01
197	DL/T 2045—2019	中性点不接地系统铁磁谐振防治技术导则			中国电力出版社	2019-06-04	2019-10-01
198	DL/T 2046—2019	供电服务热线客户服务规范			中国电力出版社	2019-06-04	2019-10-01
199	DL/T 2047—2019	基于一次侧电流监测反窃电设备技术规范			中国电力出版社	2019-06-04	2019-10-01

续表

序号	标准编号	标准名称	代替标准	采标号	出版机构	批准日期	实施日期
200	DL/T 5083—2019	水电水利工程预应力锚固施工规范	DL/T 5083—2010		中国电力出版社	2019-06-04	2019-10-01
201	DL/T 5113.1—2019	水电水利基本建设工程单元工程质量等级评定标准 第1部分：土建工程	DL/T 5113.1—2005		中国电力出版社	2019-06-04	2019-10-01
202	DL/T 5113.13—2019	水电水利基本建设工程单元工程质量等级评定标准 第13部分：浆砌石坝工程			中国电力出版社	2019-06-04	2019-10-01
203	DL 5190.2—2019	电力建设施工技术规范 第2部分：锅炉机组	DL 5190.2—2012		中国电力出版社	2019-06-04	2019-10-01
204	DL 5190.3—2019	电力建设施工技术规范 第3部分：汽轮发电机组	DL 5190.3—2012		中国电力出版社	2019-06-04	2019-10-01
205	DL 5190.4—2019	电力建设施工技术规范 第4部分：热工仪表及控制装置	DL 5190.4—2012		中国电力出版社	2019-06-04	2019-10-01
206	DL 5190.5—2019	电力建设施工技术规范 第5部分：管道及系统	DL 5190.5—2012		中国电力出版社	2019-06-04	2019-10-01
207	DL 5190.6—2019	电力建设施工技术规范 第6部分：水处理和制（供）氢设备及系统	DL 5190.6—2012		中国电力出版社	2019-06-04	2019-10-01
208	DL 5190.8—2019	电力建设施工技术规范 第8部分：加工配制	DL 5190.8—2012		中国电力出版社	2019-06-04	2019-10-01
209	DL/T 5210.6—2019	电力建设施工质量验收规程 第6部分：调整试验	DL/T 5295—2013		中国电力出版社	2019-06-04	2019-10-01
210	DL/T 5284—2019	碳纤维复合材料芯架空导线施工工艺导则	DL/T 5284—2012		中国电力出版社	2019-06-04	2019-10-01
211	DL/T 5423—2019	核电厂常规岛仪表与控制设计规程	DL/T 5423—2009		中国计划出版社	2019-06-04	2019-10-01
212	DL/T 5435—2019	火力发电工程经济评价导则	DL/T 5435—2009		中国计划出版社	2019-06-04	2019-10-01
213	DL/T 5438—2019	输变电经济评价导则	DL/T 5438—2009		中国计划出版社	2019-06-04	2019-10-01
214	DL/T 5553—2019	电力系统电气计算设计规程			中国计划出版社	2019-06-04	2019-10-01
215	DL/T 5554—2019	电力系统无功补偿及调压设计技术导则			中国计划出版社	2019-06-04	2019-10-01
216	DL/T 5555—2019	海上架空输电线路设计技术规程			中国计划出版社	2019-06-04	2019-10-01
217	DL/T 5556—2019	火力发电厂循环流化床锅炉系统设计规范			中国计划出版社	2019-06-04	2019-10-01
218	DL/T 5557—2019	电力系统会议电视系统设计规程			中国计划出版社	2019-06-04	2019-10-01
219	DL/T 5558—2019	电力系统调度自动化工程初步设计文件内容深度规定			中国计划出版社	2019-06-04	2019-10-01
220	DL/T 5559—2019	电站汽轮发电机组辅机换热设备选型设计规程			中国计划出版社	2019-06-04	2019-10-01
221	DL/T 5560—2019	电力调度数据网络工程设计规程			中国计划出版社	2019-06-04	2019-10-01
222	DL/T 5561—2019	换流站接地极设计文件内容深度规定			中国计划出版社	2019-06-04	2019-10-01

续表

序号	标准编号	标准名称	代替标准	采标号	出版机构	批准日期	实施日期
223	DL/T 5562—2019	换流站阀冷系统设计技术规程			中国计划出版社	2019-06-04	2019-10-01
224	DL/T 5563—2019	换流站监控系统设计规程			中国计划出版社	2019-06-04	2019-10-01
225	DL/T 5564—2019	输变电工程接入系统设计规程			中国计划出版社	2019-06-04	2019-10-01
226	DL/T 5783—2019	水电水利地下工程地质超前预报技术规程			中国电力出版社	2019-06-04	2019-10-01
227	DL/T 5784—2019	混凝土坝安全监测系统施工技术规范			中国电力出版社	2019-06-04	2019-10-01
228	DL/T 5785—2019	水电水利工程化学灌浆材料试验规程			中国电力出版社	2019-06-04	2019-10-01
229	DL/T 5786—2019	水工塑性混凝土配合比设计规程			中国电力出版社	2019-06-04	2019-10-01
230	DL/T 5787—2019	水工混凝土温度控制施工规范			中国电力出版社	2019-06-04	2019-10-01
231	DL/T 5788—2019	水工变态混凝土施工规范			中国电力出版社	2019-06-04	2019-10-01
232	DL/T 5789—2019	绝缘管型母线施工工艺导则			中国电力出版社	2019-06-04	2019-10-01
233	DL/T 5790—2019	火力发电厂烟气净化装置施工技术规范			中国电力出版社	2019-06-04	2019-10-01
234	DL/T 5791—2019	火力发电建设工程机组热控调试导则			中国电力出版社	2019-06-04	2019-10-01
235	NB/T 10224—2019	水电工程电法勘探技术规程			中国水利水电出版社	2019-11-04	2020-05-01
236	NB/T 10225—2019	水电工程地球物理测井技术规程			中国水利水电出版社	2019-11-04	2020-05-01
237	NB/T 10226—2019	水电工程生态制图标准			中国水利水电出版社	2019-11-04	2020-05-01
238	NB/T 10227—2019	水电工程物探规范	DL/T 5010—2005		中国水利水电出版社	2019-11-04	2020-05-01
239	NB/T 10228—2019	水电工程放射性探测技术规程			中国水利水电出版社	2019-11-04	2020-05-01
240	NB/T 10229—2019	水电工程环境保护设施验收规程			中国水利水电出版社	2019-11-04	2020-05-01
241	NB/T 10230—2019	太阳能热发电工程规划报告编制规程			中国水利水电出版社	2019-11-04	2020-05-01
242	NB/T 10231—2019	水电站多声道超声波流量计基本技术条件			中国水利水电出版社	2019-11-04	2020-05-01
243	NB/T 10232—2019	梯级水电站集中控制通信设计规范			中国水利水电出版社	2019-11-04	2020-05-01
244	NB/T 10233—2019	水电工程水文设计规范	DL/T 5431—2009		中国水利水电出版社	2019-11-04	2020-05-01
245	NB/T 10234—2019	水电工程可能最大洪水计算规范			中国水利水电出版社	2019-11-04	2020-05-01
246	NB/T 10235—2019	水电工程天然建筑材料勘察规程	DL/T 5388—2007		中国水利水电出版社	2019-11-04	2020-05-01

续表

序号	标准编号	标准名称	代替标准	采标号	出版机构	批准日期	实施日期
247	NB/T 10236—2019	水电工程水文地质勘察规程			中国水利水电出版社	2019-11-04	2020-05-01
248	NB/T 10237—2019	水电工程施工机械选择设计规范	DL/T 5133—2001		中国水利水电出版社	2019-11-04	2020-05-01
249	NB/T 10238—2019	水电工程料源选择与料场开采设计规范			中国水利水电出版社	2019-11-04	2020-05-01
250	NB/T 10239—2019	水电工程声像文件收集与归档规范			中国水利水电出版社	2019-11-04	2020-05-01
251	NB/T 10240—2019	生物质成型燃料锅炉房设计规范			中国水利水电出版社	2019-11-04	2020-05-01
252	NB/T 10241—2019	水电工程地下建筑物工程地质勘察规程	DL/T 5415—2009		中国水利水电出版社	2019-11-04	2020-05-01
253	NB/T 10242—2019	水电工程建设征地实物指标分类编码规范			中国水利水电出版社	2019-11-04	2020-05-01
254	NB/T 10243—2019	水电站发电及检修计划编制导则			中国水利水电出版社	2019-11-04	2020-05-01
255	NB/T 10279—2019	输变电设备　湿热环境条件			中国电力出版社	2019-11-04	2020-05-01
256	NB/T 10280—2019	电网用状态监测装置湿热环境条件与技术要求			中国电力出版社	2019-11-04	2020-05-01
257	NB/T 10281—2019	滤波器用高压交流断路器试验导则			中国电力出版社	2019-11-04	2020-05-01
258	NB/T 10282—2019	交流无间隙金属氧化物避雷器试验导则			中国电力出版社	2019-11-04	2020-05-01
259	NB/T 10283—2019	高压交流负荷开关-熔断器组合电器试验导则			中国电力出版社	2019-11-04	2020-05-01
260	NB/T 10284—2019	SPD 智能监测装置的性能要求和试验方法			中国电力出版社	2019-11-04	2020-05-01
261	NB/T 10285—2019	定压输入非稳压输出隔离型直流-直流模块电源			中国电力出版社	2019-11-04	2020-05-01
262	NB/T 10286—2019	单相交流参数稳压器			中国电力出版社	2019-11-04	2020-05-01
263	NB/T 10287—2019	玻璃钢电缆桥架			中国电力出版社	2019-11-04	2020-05-01
264	NB/T 10288—2019	交流-直流开关电源高加速寿命试验方法			中国电力出版社	2019-11-04	2020-05-01
265	NB/T 10289—2019	高压无功补偿装置用铁心滤波电抗器技术规范			中国电力出版社	2019-11-04	2020-05-01
266	NB/T 10290—2019	集中总控的电子开关			中国电力出版社	2019-11-04	2020-05-01
267	NB/T 10291—2019	加热空气用日用管状电热元件等效加速寿命试验方法			中国电力出版社	2019-11-04	2020-05-01
268	NB/T 10292—2019	铝合金电缆桥架			中国电力出版社	2019-11-04	2020-05-01
269	NB/T 10293—2019	家庭信息接入箱			中国电力出版社	2019-11-04	2020-05-01
270	NB/T 10294—2019	机房走线架			中国电力出版社	2019-11-04	2020-05-01
271	NB/T 10295—2019	家用和类似用途插头插座桌面插座			中国电力出版社	2019-11-04	2020-05-01

续表

序号	标准编号	标准名称	代替标准	采标号	出版机构	批准日期	实施日期
272	NB/T 10296—2019	交流-直流开关电源反馈环路技术规范			中国电力出版社	2019-11-04	2020-05-01
273	NB/T 10297—2019	交流-直流开关电源电子组件降额技术规范			中国电力出版社	2019-11-04	2020-05-01
274	NB/T 10298—2019	光伏电站适应性移动检测装置技术规范			中国电力出版社	2019-11-04	2020-05-01
275	NB/T 10299—2019	螺杆膨胀机（组）调速控制系统技术规范			中国电力出版社	2019-11-04	2020-05-01
276	NB/T 10300—2019	螺杆膨胀机　随机备品备件供应范围			中国电力出版社	2019-11-04	2020-05-01
277	NB/T 10301—2019	往复式内燃燃气发电机组热平衡试验方法			中国电力出版社	2019-11-04	2020-05-01
278	NB/T 10302—2019	电冰箱用双金属片式化霜温控器			中国电力出版社	2019-11-04	2020-05-01
279	NB/T 10303—2019	电动机用过热过流保护器			中国电力出版社	2019-11-04	2020-05-01
280	NB/T 10304—2019	管形荧光灯镇流器用双金属片式热保护器			中国电力出版社	2019-11-04	2020-05-01
281	NB/T 10305—2019	架空线路预绞式金具用铝合金线			中国电力出版社	2019-11-04	2020-05-01
282	NB/T 10306—2019	电缆屏蔽用铜带			中国电力出版社	2019-11-04	2020-05-01
283	NB/T 10307—2019	电冰箱用化霜加热器			中国电力出版社	2019-11-04	2020-05-01
284	NB/T 10308—2019	电热元件用红外温度场分布测试方法			中国电力出版社	2019-11-04	2020-05-01
285	NB/T 10309—2019	防腐金属管状电热元件			中国电力出版社	2019-11-04	2020-05-01
286	NB/T 10310—2019	压缩机辅助加热用电加热带（线）			中国电力出版社	2019-11-04	2020-05-01
287	NB/T 10311—2019	陆上风电场工程风电机组基础设计规范			中国水利水电出版社	2019-11-04	2020-05-01
288	NB/T 10312—2019	风力发电机组主控系统测试规程			中国电力出版社	2019-11-04	2020-05-01
289	NB/T 10313—2019	风电场接入电力系统设计内容深度规定			中国电力出版社	2019-11-04	2020-05-01
290	NB/T 10314—2019	风电机组无功调压技术要求与测试规程			中国电力出版社	2019-11-04	2020-05-01
291	NB/T 10315—2019	风电机组一次调频技术要求与测试规程			中国电力出版社	2019-11-04	2020-05-01
292	NB/T 10316—2019	风电场动态无功补偿装置并网性能测试规范			中国电力出版社	2019-11-04	2020-05-01
293	NB/T 10317—2019	风电场功率控制系统技术要求及测试方法			中国电力出版社	2019-11-04	2020-05-01
294	NB/T 10318—2019	风力发电机组电控成套设备型式试验大纲			中国电力出版社	2019-11-04	2020-05-01
295	NB/T 10319—2019	风力发电机组安全系统设计技术规范			中国电力出版社	2019-11-04	2020-05-01

续表

序号	标准编号	标准名称	代替标准	采标号	出版机构	批准日期	实施日期
296	NB/T 10320—2019	光伏发电工程组件及支架安装质量评定标准			中国电力出版社	2019-11-04	2020-05-01
297	NB/T 10321—2019	风电场监控系统技术规范			中国电力出版社	2019-11-04	2020-05-01
298	NB/T 10322—2019	海上风电场升压站运行规程			中国电力出版社	2019-11-04	2020-05-01
299	NB/T 10323—2019	分布式光伏发电并网接口装置测试规程			中国电力出版社	2019-11-04	2020-05-01
300	NB/T 10324—2019	光伏发电站高电压穿越检测技术规程			中国电力出版社	2019-11-04	2020-05-01
301	NB/T 10325—2019	光伏组件移动测试平台技术规范			中国电力出版社	2019-11-04	2020-05-01
302	NB/T 31012—2019	永磁风力发电机技术规范	NB/T 31012—2011		中国电力出版社	2019-11-04	2020-05-01
303	NB/T 31013—2019	双馈风力发电机技术规范	NB/T 31013—2011		中国电力出版社	2019-11-04	2020-05-01
304	NB/T 31029—2019	海上风电场工程风能资源测量及海洋水文观测规范	NB/T 31029—2012		中国水利水电出版社	2019-11-04	2020-05-01
305	NB/T 31031—2019	海上风电场工程预可行性研究报告编制规程	NB/T 31031—2012		中国水利水电出版社	2019-11-04	2020-05-01
306	NB/T 31032—2019	海上风电场工程可行性研究报告编制规程	NB/T 31032—2012		中国水利水电出版社	2019-11-04	2020-05-01
307	NB/T 31033—2019	海上风电场工程施工组织设计规范	NB/T 31033—2012		中国水利水电出版社	2019-11-04	2020-05-01
308	DL/T 341—2019	火电厂石灰石/石灰-石膏湿法烟气脱硫系统检修导则	DL/T 341—2010		中国电力出版社	2019-11-04	2020-05-01
309	DL/T 345—2019	带电设备紫外诊断技术应用导则	DL/T 345—2010		中国电力出版社	2019-11-04	2020-05-01
310	DL/T 349—2019	换流站运行操作导则	DL/T 349—2010		中国电力出版社	2019-11-04	2020-05-01
311	DL/T 351—2019	晶闸管换流阀检修导则	DL/T 351—2010		中国电力出版社	2019-11-04	2020-05-01
312	DL/T 352—2019	直流断路器检修导则	DL/T 352—2010		中国电力出版社	2019-11-04	2020-05-01
313	DL/T 353—2019	高压直流测量装置检修导则	DL/T 353—2010		中国电力出版社	2019-11-04	2020-05-01
314	DL/T 354—2019	换流变压器、平波电抗器检修导则	DL/T 354—2010		中国电力出版社	2019-11-04	2020-05-01
315	DL/T 355—2019	滤波器及并联电容器装置检修导则	DL/T 355—2010		中国电力出版社	2019-11-04	2020-05-01
316	DL/T 371—2019	架空输电线路放线滑车	DL/T 371—2010		中国电力出版社	2019-11-04	2020-05-01
317	DL/T 372—2019	输电线路张力架线用牵引机通用技术条件	DL/T 372—2010		中国电力出版社	2019-11-04	2020-05-01
318	DL/T 373—2019	电力复合脂技术条件	DL/T 373—2010		中国电力出版社	2019-11-04	2020-05-01
319	DL/T 374.1—2019	电力系统污区分布图绘制方法　第1部分：交流系统	DL/T 374—2010		中国电力出版社	2019-11-04	2020-05-01
320	DL/T 374.2—2019	电力系统污区分布图绘制方法　第2部分：直流系统			中国电力出版社	2019-11-04	2020-05-01
321	DL/T 376—2019	聚合物绝缘子伞裙和护套用绝缘材料通用技术条件	DL/T 376—2010		中国电力出版社	2019-11-04	2020-05-01
322	DL/T 417—2019	电力设备局部放电现场测量导则	DL/T 417—2006		中国电力出版社	2019-11-04	2020-05-01

续表

序号	标准编号	标准名称	代替标准	采标号	出版机构	批准日期	实施日期
323	DL/T 502.25—2019	火力发电厂水汽分析方法 第25部分：全铁的测量	DL/T 502.25—2006		中国电力出版社	2019-11-04	2020-05-01
324	DL/T 502.29—2019	火力发电厂水汽分析方法 第29部分：氢电导率的测定	DL/T 502.29—2006		中国电力出版社	2019-11-04	2020-05-01
325	DL/T 617—2019	气体绝缘金属封闭开关设备技术条件	DL/T 617—2010	IEC 62271-203：2011	中国电力出版社	2019-11-04	2020-05-01
326	DL/T 714—2019	汽轮机叶片超声检验技术导则	DL/T 714—2011		中国电力出版社	2019-11-04	2020-05-01
327	DL/T 776—2019	火力发电厂绝热材料	DL/T 776—2012		中国电力出版社	2019-11-04	2020-05-01
328	DL/T 793.6—2019	发电设备可靠性评价规程 第6部分：风力发电机组			中国电力出版社	2019-11-04	2020-05-01
329	DL/T 799.1—2019	电力行业劳动环境监测技术规范 第1部分：总则	DL/T 799.1—2010		中国电力出版社	2019-11-04	2020-05-01
330	DL/T 799.2—2019	电力行业劳动环境监测技术规范 第2部分：生产性粉尘监测	DL/T 799.2—2010		中国电力出版社	2019-11-04	2020-05-01
331	DL/T 799.3—2019	电力行业劳动环境监测技术规范 第3部分：生产性噪声监测	DL/T 799.3—2010		中国电力出版社	2019-11-04	2020-05-01
332	DL/T 799.4—2019	电力行业劳动环境监测技术规范 第4部分：生产性毒物监测	DL/T 799.4—2010		中国电力出版社	2019-11-04	2020-05-01
333	DL/T 799.5—2019	电力行业劳动环境监测技术规范 第5部分：高温监测	DL/T 799.5—2010		中国电力出版社	2019-11-04	2020-05-01
334	DL/T 799.6—2019	电力行业劳动环境监测技术规范 第6部分：微波辐射监测	DL/T 799.6—2010		中国电力出版社	2019-11-04	2020-05-01
335	DL/T 799.7—2019	电力行业劳动环境监测技术规范 第7部分：工频电场、工频磁场监测	DL/T 799.7—2010		中国电力出版社	2019-11-04	2020-05-01
336	DL/T 802.10—2019	电力电缆用导管技术条件 第10部分：涂塑钢质电缆导管			中国电力出版社	2019-11-04	2020-05-01
337	DL/T 820.2—2019	管道焊接接头超声波检测技术规程 第2部分：A型脉冲反射法	DL/T 820—2002		中国电力出版社	2019-11-04	2020-05-01
338	DL/T 845.1—2019	电阻测量装置通用技术条件 第1部分：电子式绝缘电阻表	DL/T 845.1—2004		中国电力出版社	2019-11-04	2020-05-01
339	DL/T 845.3—2019	电阻测量装置通用技术条件 第3部分：直流电阻测试仪	DL/T 845.3—2004		中国电力出版社	2019-11-04	2020-05-01
340	DL/T 845.4—2019	电阻测量装置通用技术条件 第4部分：回路电阻测试仪	DL/T 845.4—2004		中国电力出版社	2019-11-04	2020-05-01
341	DL/T 848.1—2019	高压试验装置通用技术条件 第1部分：直流高压发生器	DL/T 848.1—2004		中国电力出版社	2019-11-04	2020-05-01
342	DL/T 848.3—2019	高压试验装置通用技术条件 第3部分：无局放试验变压器	DL/T 848.3—2004		中国电力出版社	2019-11-04	2020-05-01

续表

序号	标准编号	标准名称	代替标准	采标号	出版机构	批准日期	实施日期
343	DL/T 848.4—2019	高压试验装置通用技术条件　第4部分：三倍频试验变压器装置	DL/T 848.4—2004		中国电力出版社	2019-11-04	2020-05-01
344	DL/T 848.5—2019	高压试验装置通用技术条件　第5部分：冲击电压发生器	DL/T 848.5—2004		中国电力出版社	2019-11-04	2020-05-01
345	DL/T 849.1—2019	电力设备专用测试仪通用技术条件　第1部分：电缆故障闪测仪	DL/T 849.1—2004		中国电力出版社	2019-11-04	2020-05-01
346	DL/T 849.2—2019	电力设备专用测试仪通用技术条件　第2部分：电缆故障定点仪	DL/T 849.2—2004		中国电力出版社	2019-11-04	2020-05-01
347	DL/T 849.3—2019	电力设备专用测试仪器通用技术条件　第3部分：电缆路径仪	DL/T 849.3—2004		中国电力出版社	2019-11-04	2020-05-01
348	DL/T 849.5—2019	电力设备专用测试仪器通用技术条件　第5部分：振荡波高压发生器	DL/T 849.5—2004		中国电力出版社	2019-11-04	2020-05-01
349	DL/T 860.905—2019	电力自动化通信网络和系统　第90-5部分：使用IEC 61850传输符合IEEE C37.118的同步相量信息		IEC/TR 61850-90-5：2012	中国电力出版社	2019-11-04	2020-05-01
350	DL/T 860.93—2019	电力自动化通信网络和系统　第9-3部分：电力自动化系统精确时间协议子集		IEC/IEEE 61850-9-3：2016	中国电力出版社	2019-11-04	2020-05-01
351	DL/Z 890.6001—2019	能量管理系统应用程序接口（EMS-API）第600-1部分：公共电网模型交换规范（CGMES）——结构与规则		IEC 61970-600-1：2017	中国电力出版社	2019-11-04	2020-05-01
352	DL/T 948—2019	混凝土坝监测仪器系列型谱	DL/T 948—2005		中国电力出版社	2019-11-04	2020-05-01
353	DL/T 1008—2019	电力中长期交易平台功能规范	DL/T 1008—2006		中国电力出版社	2019-11-04	2020-05-01
354	DL/T 1016—2019	电容式引张线仪	DL/T 1016—2006		中国电力出版社	2019-11-04	2020-05-01
355	DL/T 1017—2019	电容式位移计	DL/T 1017—2006		中国电力出版社	2019-11-04	2020-05-01
356	DL/T 1018—2019	电容式测缝计	DL/T 1018—2006		中国电力出版社	2019-11-04	2020-05-01
357	DL/T 1019—2019	电容式垂线坐标仪	DL/T 1019—2006		中国电力出版社	2019-11-04	2020-05-01
358	DL/T 1020—2019	电容式静力水准仪	DL/T 1020—2006		中国电力出版社	2019-11-04	2020-05-01
359	DL/T 1021—2019	电容式量水堰水位计	DL/T 1021—2006		中国电力出版社	2019-11-04	2020-05-01
360	DL/T 1100.5—2019	电力系统的时间同步系统　第5部分：防欺骗和抗干扰技术要求			中国电力出版社	2019-11-04	2020-05-01
361	DL/T 1109—2019	输电线路张力架线用张力机通用技术条件	DL/T 1109—2009		中国电力出版社	2019-11-04	2020-05-01
362	DL/T 1149—2019	火电厂石灰石/石灰-石膏湿法烟气脱硫系统运行导则	DL/T 1149—2010		中国电力出版社	2019-11-04	2020-05-01
363	DL/T 1157—2019	配电线路故障指示器通用技术条件	DL/T 1157—2012		中国电力出版社	2019-11-04	2020-05-01

续表

序号	标准编号	标准名称	代替标准	采标号	出版机构	批准日期	实施日期
364	DL/T 1159—2019	火电厂烟气脱硫装置经济性评价导则	DL/T 1159—2012		中国电力出版社	2019-11-04	2020-05-01
365	DL/T 1216—2019	低压静止无功发生装置技术规范	DL/T 1216—2013		中国电力出版社	2019-11-04	2020-05-01
366	DL/T 1399.3—2019	电力试验/检测车　第 3 部分：电力设备综合试验车			中国电力出版社	2019-11-04	2020-05-01
367	DL/T 1432.5—2019	变电设备在线监测装置检验规范　第 5 部分：变压器铁心接地电流在线监测装置			中国电力出版社	2019-11-04	2020-05-01
368	DL/T 1498.5—2019	变电设备在线监测装置技术规范　第 5 部分：变压器铁心接地电流在线监测装置			中国电力出版社	2019-11-04	2020-05-01
369	DL/T 1839.3—2019	电力可靠性管理信息系统数据接口规范　第 3 部分：发电设备			中国电力出版社	2019-11-04	2020-05-01
370	DL/T 1884.2—2019	现场污秽度测量及评定　第 2 部分：测量点的选择和布置			中国电力出版社	2019-11-04	2020-05-01
371	DL/T 2049—2019	电力工程接地装置选材导则			中国电力出版社	2019-11-04	2020-05-01
372	DL/T 2050—2019	高压开关柜暂态地电压局部放电现场检测方法			中国电力出版社	2019-11-04	2020-05-01
373	DL/T 2051—2019	空气预热器性能试验规程			中国电力出版社	2019-11-04	2020-05-01
374	DL/T 2052—2019	火力发电厂锅炉技术监督规程			中国电力出版社	2019-11-04	2020-05-01
375	DL/T 2053—2019	电力系统 IP 多媒体子系统行政交换网组网技术规范			中国电力出版社	2019-11-04	2020-05-01
376	DL/T 2054—2019	电力建设焊接接头金相检验与评定技术导则			中国电力出版社	2019-11-04	2020-05-01
377	DL/T 2055—2019	输电线路钢结构腐蚀安全评估导则			中国电力出版社	2019-11-04	2020-05-01
378	DL/T 2056—2019	离子交换树脂和石灰石粉粒度检测方法　激光衍射法			中国电力出版社	2019-11-04	2020-05-01
379	DL/T 2057—2019	配电网分布式馈线自动化试验技术规范			中国电力出版社	2019-11-04	2020-05-01
380	DL/T 2058—2019	110kV 交联聚乙烯轻型绝缘电力电缆及附件			中国电力出版社	2019-11-04	2020-05-01
381	DL/T 2059—2019	±160kV～500kV 直流挤包绝缘电缆附件安装规程			中国电力出版社	2019-11-04	2020-05-01
382	DL/T 2060—2019	额定电压 500 kV（U_m=550 kV）交联聚乙烯绝缘大长度交流海底电缆及附件			中国电力出版社	2019-11-04	2020-05-01
383	DL/T 2061—2019	±1100kV 特高压直流换流站用直流金具技术规范			中国电力出版社	2019-11-04	2020-05-01
384	DL/T 2062—2019	±1100kV 特高压直流平波电抗器使用技术条件			中国电力出版社	2019-11-04	2020-05-01
385	DL/T 2063—2019	冲击电流测量实施导则			中国电力出版社	2019-11-04	2020-05-01

续表

序号	标准编号	标准名称	代替标准	采标号	出版机构	批准日期	实施日期
386	DL/T 2064—2019	电子皮带秤在线期间核查技术规程			中国电力出版社	2019-11-04	2020-05-01
387	DL/T 2065—2019	无线传感器网络设备电磁电气基本特性规范			中国电力出版社	2019-11-04	2020-05-01
388	DL/T 2066—2019	高压交、直流盘形悬式瓷或玻璃绝缘子施工、运行和维护规范			中国电力出版社	2019-11-04	2020-05-01
389	DL/T 2067—2019	燃煤电厂煤炭机械化采制样装置使用导则			中国电力出版社	2019-11-04	2020-05-01
390	DL/T 2068—2019	电力生产现场应用电子标签技术规范			中国电力出版社	2019-11-04	2020-05-01
391	DL/T 2069—2019	低压有源电力滤波器检测规程			中国电力出版社	2019-11-04	2020-05-01
392	DL/T 2070—2019	超高压磁控型可控并联电抗器现场试验规程			中国电力出版社	2019-11-04	2020-05-01
393	DL/T 2071—2019	配电网电压质量控制技术导则			中国电力出版社	2019-11-04	2020-05-01
394	DL/T 2072—2019	电网企业安全风险预控体系建设导则			中国电力出版社	2019-11-04	2020-05-01
395	DL/T 2073—2019	臂式斗轮堆取料机检验规程			中国电力出版社	2019-11-04	2020-05-01
396	DL/T 2074—2019	火力发电厂基金会现场总线应用技术规范			中国电力出版社	2019-11-04	2020-05-01
397	DL/T 2075—2019	电力企业信息化架构			中国电力出版社	2019-11-04	2020-05-01
398	DL/T 2076—2019	火力发电厂循环水节水技术规范			中国电力出版社	2019-11-04	2020-05-01
399	DL/T 2077—2019	电力用鱼竿式绝缘伸缩梯			中国电力出版社	2019-11-04	2020-05-01
400	DL/T 5072—2019	发电厂保温油漆设计规程	DL/T 5072—2007		中国计划出版社	2019-11-04	2020-05-01
401	DL/T 5187.2—2019	火力发电厂运煤设计技术规程 第2部分：煤尘防治	DL/T 5187.2—2004		中国计划出版社	2019-11-04	2020-05-01
402	DL/T 5199—2019	水电水利工程混凝土防渗墙施工规范	DL/T 5199—2004		中国电力出版社	2019-11-04	2020-05-01
403	DL/T 5200—2019	水电水利工程高压喷射灌浆技术规范	DL/T 5200—2004		中国电力出版社	2019-11-04	2020-05-01
404	DL/T 5211—2019	大坝安全监测自动化技术规范	DL/T 5211—2005		中国电力出版社	2019-11-04	2020-05-01
405	DL/T 5232—2019	直流换流站电气装置安装工程施工及验收规范	DL/T 5232—2010、DL/T 5231—2010		中国电力出版社	2019-11-04	2020-05-01
406	DL/T 5233—2019	直流换流站电气装置施工质量检验及评定规程	DL/T 5233—2010、DL/T 5275—2012		中国电力出版社	2019-11-04	2020-05-01
407	DL/T 5406—2019	水电水利工程化学灌浆技术规范	DL/T 5406—2010		中国电力出版社	2019-11-04	2020-05-01
408	DL/T 5407—2019	水电水利工程竖井斜井施工规范	DL/T 5407—2009		中国电力出版社	2019-11-04	2020-05-01
409	DL/T 5565—2019	汽轮发电机组轴系扭振保护设计规程			中国计划出版社	2019-11-04	2020-05-01

续表

序号	标准编号	标准名称	代替标准	采标号	出版机构	批准日期	实施日期
410	DL/T 5566—2019	架空输电线路工程勘测数据交换标准			中国计划出版社	2019-11-04	2020-05-01
411	DL/T 5567—2019	电力规划研究报告内容深度规定			中国计划出版社	2019-11-04	2020-05-01
412	DL/T 5792—2019	架空输电线路货运索道运输施工工艺导则			中国电力出版社	2019-11-04	2020-05-01
413	DL/T 5793—2019	光纤复合低压电缆和附件施工及验收规范			中国电力出版社	2019-11-04	2020-05-01
414	DL/T 5794—2019	灌浆记录仪检验规程			中国电力出版社	2019-11-04	2020-05-01
415	DL/T 5795—2019	水电水利工程带式输送机技术规范			中国电力出版社	2019-11-04	2020-05-01
416	DL/T 5796—2019	水电工程边坡安全监测技术规范			中国电力出版社	2019-11-04	2020-05-01
417	DL/T 5797—2019	水电水利工程纤维混凝土施工规范			中国电力出版社	2019-11-04	2020-05-01
418	DL/T 5798—2019	水电水利工程现场文明施工规范			中国电力出版社	2019-11-04	2020-05-01
419	DL/T 5799—2019	水电水利工程过水围堰施工技术规范			中国电力出版社	2019-11-04	2020-05-01
420	DL/T 5800—2019	水电水利工程道路快硬混凝土施工规范			中国电力出版社	2019-11-04	2020-05-01
421	DL/T 5801—2019	抗硫酸盐侵蚀混凝土应用技术规程			中国电力出版社	2019-11-04	2020-05-01
422	DL/T 5802—2019	管廊工程 1000kV 气体绝缘金属封闭输电线路施工及验收规范			中国电力出版社	2019-11-04	2020-05-01
423	DL/T 5803—2019	管廊工程 1000kV 气体绝缘金属封闭输电线路施工工艺导则			中国电力出版社	2019-11-04	2020-05-01
424	DL/T 5804—2019	水工碾压混凝土工艺试验规程			中国电力出版社	2019-11-04	2020-05-01
425	NB/T 10326—2019	小水电机组励磁系统运行及检修规程			中国电力出版社	2019-12-30	2020-07-01
426	NB/T 10327—2019	低压有源三相不平衡调节装置			中国电力出版社	2019-12-30	2020-07-01
427	NB/T 10328—2019	电动汽车高压铜排用聚烯烃热收缩管			中国电力出版社	2019-12-30	2020-07-01
428	NB/T 10329—2019	锂电池电动汽车用直流熔断体通用要求			中国电力出版社	2019-12-30	2020-07-01
429	NB/T 10330—2019	电动汽车用直流接触器			中国电力出版社	2019-12-30	2020-07-01
430	NB/T 10331—2019	多功能换相切换开关			中国电力出版社	2019-12-30	2020-07-01
431	NB/T 10332—2019	碾压混凝土重力坝设计规范			中国水利水电出版社	2019-12-30	2020-07-01
432	NB/T 10333—2019	水电工程场内交通道路设计规范	DL/T 5134—2001		中国水利水电出版社	2019-12-30	2020-07-01

续表

序号	标准编号	标准名称	代替标准	采标号	出版机构	批准日期	实施日期
433	NB/T 10334—2019	水力资源调查评价规范			中国水利水电出版社	2019-12-30	2020-07-01
434	NB/T 10335—2019	碾压混凝土拱坝设计规范			中国水利水电出版社	2019-12-30	2020-07-01
435	NB/T 10336—2019	中小型水力发电工程地质勘察规范	DL/T 5410—2009		中国水利水电出版社	2019-12-30	2020-07-01
436	NB/T 10337—2019	水电工程预可行性研究报告编制规程	DL/T 5206—2005		中国水利水电出版社	2019-12-30	2020-07-01
437	NB/T 10338—2019	水电工程建设征地处理范围界定规范	DL/T 5376—2007		中国水利水电出版社	2019-12-30	2020-07-01
438	NB/T 10339—2019	水电工程坝址工程地质勘察规程	DL/T 5414—2009		中国水利水电出版社	2019-12-30	2020-07-01
439	NB/T 10340—2019	水电工程坑探规程	DL/T 5050—2010		中国水利水电出版社	2019-12-30	2020-07-01
440	NB/T 10341.1—2019	水电工程启闭机设计规范　第1部分：固定卷扬式启闭机设计规范	DL/T 5167—2002		中国水利水电出版社	2019-12-30	2020-07-01
441	NB/T 10341.2—2019	水电工程启闭机设计规范　第2部分：移动式启闭机设计规范	DL/T 5167—2002		中国水利水电出版社	2019-12-30	2020-07-01
442	NB/T 10341.3—2019	水电工程启闭机设计规范　第3部分：螺杆式启闭机设计规范	DL/T 5167—2002、SD 297—1988、SD 298—1988		中国水利水电出版社	2019-12-30	2020-07-01
443	NB/T 10342—2019	水电站调节保证设计导则			中国水利水电出版社	2019-12-30	2020-07-01
444	NB/T 10343—2019	水电工程软弱土地基处理技术规范			中国水利水电出版社	2019-12-30	2020-07-01
445	NB/T 10344—2019	水电工程水土保持设计规范			中国水利水电出版社	2019-12-30	2020-07-01
446	NB/T 10345—2019	水力发电厂高压电气设备选择及布置设计规范	DL/T 5396—2007		中国水利水电出版社	2019-12-30	2020-07-01
447	NB/T 10346—2019	水电工程景观规划设计规范			中国水利水电出版社	2019-12-30	2020-07-01
448	NB/T 10347—2019	水电工程环境影响评价规范	SDJ 302—1988		中国水利水电出版社	2019-12-30	2020-07-01
449	NB/T 10348—2019	水电工程水库蓄水应急预案编制规程			中国水利水电出版社	2019-12-30	2020-07-01
450	NB/T 10349—2019	压力钢管安全检测技术规程	DL/T 709—1999		中国水利水电出版社	2019-12-30	2020-07-01
451	NB/T 10350—2019	可持续水电评价导则			中国水利水电出版社	2019-12-30	2020-07-01
452	NB/T 10351—2019	水电工程水库地震监测总体规划设计报告编制规程			中国水利水电出版社	2019-12-30	2020-07-01
453	NB/T 10352—2019	水电工程节能设计规范			中国水利水电出版社	2019-12-30	2020-07-01
454	NB/T 10353—2019	太阳能发电工程太阳能资源评估技术规程			中国水利水电出版社	2019-12-30	2020-07-01

续表

序号	标准编号	标准名称	代替标准	采标号	出版机构	批准日期	实施日期
455	NB/T 20005.1—2019	压水堆核电厂用碳钢和低合金钢 第1部分：1、2、3级锻件	NB/T 20005.1—2010		中国原子能出版社	2019-12-30	2020-07-01
456	NB/T 20005.10—2019	压水堆核电厂用碳钢和低合金钢 第10部分：用填充金属焊接的2、3级钢	NB/T 20005.10—2013		中国原子能出版社	2019-12-30	2020-07-01
457	NB/T 20005.13—2019	压水堆核电厂用碳钢和低合金钢 第13部分：2、3级热交换器传热管用无缝钢管	NB/T 20005.13—2012		中国原子能出版社	2019-12-30	2020-07-01
458	NB/T 20005.14—2019	压水堆核电厂用碳钢和低合金钢 第14部分：2、3级对焊无缝管件	NB/T 20005.14—2012		中国原子能出版社	2019-12-30	2020-07-01
459	NB/T 20005.15—2019	压水堆核电厂用碳钢和低合金钢 第15部分：用填充金属焊接的2、3级管件	NB/T 20005.15—2013		中国原子能出版社	2019-12-30	2020-07-01
460	NB/T 20005.16—2019	压水堆核电厂用碳钢和低合金钢 第16部分：主蒸汽系统用弯头	NB/T 20005.17—2014		中国原子能出版社	2019-12-30	2020-07-01
461	NB/T 20005.2—2019	压水堆核电厂用碳钢和低合金钢 第2部分：2、3级热交换器管板锻件	NB/T 20005.2—2012		中国原子能出版社	2019-12-30	2020-07-01
462	NB/T 20005.4—2019	压水堆核电厂用碳钢和低合金钢 第4部分：主蒸汽系统、主给水流量控制系统、辅助给水系统和汽轮机旁路系统用锻、轧件	NB/T 20005.4—2012		中国原子能出版社	2019-12-30	2020-07-01
463	NB/T 20005.5—2019	压水堆核电厂用碳钢和低合金钢 第5部分：1、2、3级承压铸件	NB/T 20005.5—2013		中国原子能出版社	2019-12-30	2020-07-01
464	NB/T 20006.15—2019	压水堆核电厂用合金钢 第15部分：承压边界用锰-镍-钼钢厚钢板	NB/T 20006.15—2013		中国原子能出版社	2019-12-30	2020-07-01
465	NB/T 20006.18—2019	压水堆核电厂用合金钢 第18部分：反应堆压力容器整体顶盖用锰-镍-钼合金钢锻件			中国原子能出版社	2019-12-30	2020-07-01
466	NB/T 20006.19—2019	压水堆核电厂用合金钢 第19部分：反应堆冷却剂泵泵壳用锰-镍-钼合金钢锻件			中国原子能出版社	2019-12-30	2020-07-01
467	NB/T 20006.44—2019	压水堆核电厂用合金钢 第44部分：安全级设备螺栓用合金钢棒			中国原子能出版社	2019-12-30	2020-07-01
468	NB/T 20007.10—2019	压水堆核电厂用不锈钢 第10部分：2、3级热交换器传热管用冷轧、冷拔奥氏体不锈钢无缝钢管	NB/T 20007.10—2013		中国原子能出版社	2019-12-30	2020-07-01
469	NB/T 20007.11—2019	压水堆核电厂用不锈钢 第11部分：用填充金属焊接的1、2、3级奥氏体不锈钢钢管	NB/T 20007.11—2013		中国原子能出版社	2019-12-30	2020-07-01
470	NB/T 20007.12—2019	压水堆核电厂用不锈钢 第12部分：用填充金属焊接的1、2、3级奥氏体对焊不锈钢管件	NB/T 20007.12—2013		中国原子能出版社	2019-12-30	2020-07-01

续表

序号	标准编号	标准名称	代替标准	采标号	出版机构	批准日期	实施日期
471	NB/T 20007.20—2019	压水堆核电厂用不锈钢　第20部分：泵用马氏体不锈钢A、B、C类非承压铸造内件	NB/T 20007.20—2013		中国原子能出版社	2019-12-30	2020-07-01
472	NB/T 20007.53—2019	压水堆核电厂用不锈钢　第53部分：安全级设备用奥氏体不锈钢无缝钢管			中国原子能出版社	2019-12-30	2020-07-01
473	NB/T 20007.54—2019	压水堆核电厂用不锈钢　第54部分：安全级设备用奥氏体不锈钢无缝换热管			中国原子能出版社	2019-12-30	2020-07-01
474	NB/T 20007.9—2019	压水堆核电厂用不锈钢　第9部分：1、2、3级奥氏体不锈钢对焊无缝管件	NB/T 20007.9—2011		中国原子能出版社	2019-12-30	2020-07-01
475	NB/T 20008.12—2019	压水堆核电厂用其他材料　第12部分：1、2、3级螺栓、螺母用锻、轧棒	NB/T 20008.12—2010		中国原子能出版社	2019-12-30	2020-07-01
476	NB/T 20008.13—2019	压水堆核电厂用其他材料　第13部分：1、2、3级螺柱、螺栓、螺钉、螺杆和螺母	NB/T 20008.13—2013		中国原子能出版社	2019-12-30	2020-07-01
477	NB/T 20008.36—2019	压水堆核电厂用其他材料　第36部分：安全级设备用镍基合金丝			中国原子能出版社	2019-12-30	2020-07-01
478	NB/T 20008.37—2019	压水堆核电厂用其他材料　第37部分：安注箱用不锈钢复合钢板			中国原子能出版社	2019-12-30	2020-07-01
479	NB/T 20008.38—2019	压水堆核电厂用其他材料　第38部分：爆破阀剪切盖用镍基耐蚀合金锻件			中国原子能出版社	2019-12-30	2020-07-01
480	NB/T 20009.37—2019	压水堆核电厂用焊接材料　第37部分：钢制安全壳用埋弧焊焊丝和焊剂			中国原子能出版社	2019-12-30	2020-07-01
481	NB/T 20011—2019	压水堆核电厂核安全相关钢结构设计规范	NB/T 20011—2010		中国原子能出版社	2019-12-30	2020-07-01
482	NB/T 20012—2019	压水堆核电厂核安全相关混凝土结构设计规范	NB/T 20012—2010		中国原子能出版社	2019-12-30	2020-07-01
483	NB/T 20080—2019	核电厂安全级排气式铅酸蓄电池鉴定	NB/T 20080—2012		中国原子能出版社	2019-12-30	2020-07-01
484	NB/T 20105—2019	核电厂厂房设计荷载规范	NB/T 20105—2012		中国原子能出版社	2019-12-30	2020-07-01
485	NB/T 20127—2019	压水堆核电厂预埋件制作与安装技术要求	NB/T 20127—2012		中国原子能出版社	2019-12-30	2020-07-01
486	NB/T 20476.10—2019	核电厂运行许可证延续　第10部分：预应力混凝土安全壳时限老化分析			中国原子能出版社	2019-12-30	2020-07-01
487	NB/T 20476.11—2019	核电厂运行许可证延续　第11部分：最终安全分析报告增补指南			中国原子能出版社	2019-12-30	2020-07-01
488	NB/T 20476.12—2019	核电厂运行许可证延续　第12部分：申请书编制指南			中国原子能出版社	2019-12-30	2020-07-01

续表

序号	标准编号	标准名称	代替标准	采标号	出版机构	批准日期	实施日期
489	NB/T 20476.6—2019	核电厂运行许可证延续　第6部分：反应堆压力容器时限老化分析			中国原子能出版社	2019-12-30	2020-07-01
490	NB/T 20476.7—2019	核电厂运行许可证延续　第7部分：蒸汽发生器时限老化分析			中国原子能出版社	2019-12-30	2020-07-01
491	NB/T 20476.8—2019	核电厂运行许可证延续　第8部分：金属疲劳分析			中国原子能出版社	2019-12-30	2020-07-01
492	NB/T 20476.9—2019	核电厂运行许可证延续　第9部分：电气和仪控设备时限老化分析			中国原子能出版社	2019-12-30	2020-07-01
493	NB/Z 20540—2019	商品级物项在核电厂安全级电气仪控设备中的应用指南			中国原子能出版社	2019-12-30	2020-07-01
494	NB/Z 20541—2019	核电厂安全重要软件危害分析指南			中国原子能出版社	2019-12-30	2020-07-01
495	NB/T 20543—2019	核电厂腐蚀管理导则			中国原子能出版社	2019-12-30	2020-07-01
496	NB/T 20544—2019	核电工程项目节能评价方法和参数			中国原子能出版社	2019-12-30	2020-07-01
497	NB/T 20546—2019	压水堆核电厂机械模块制造及验收技术规程			中国原子能出版社	2019-12-30	2020-07-01
498	NB/T 20547—2019	核电工程爆破安全监测技术规程			中国原子能出版社	2019-12-30	2020-07-01
499	NB/T 20548—2019	核电厂地脚螺栓设计技术规程			中国原子能出版社	2019-12-30	2020-07-01
500	NB/T 20549—2019	核安全相关混凝土结构耐久性设计规范			中国原子能出版社	2019-12-30	2020-07-01
501	NB/T 20550—2019	压水堆核电厂安全级数字化控制系统调试技术导则			中国原子能出版社	2019-12-30	2020-07-01
502	NB/T 20551—2019	核电厂管道冰塞冷冻隔离			中国原子能出版社	2019-12-30	2020-07-01
503	NB/T 20555—2019	核电厂老化与寿命管理术语			中国原子能出版社	2019-12-30	2020-07-01
504	NB/T 20557—2019	核电厂概率安全评价数据分析导则			中国原子能出版社	2019-12-30	2020-07-01
505	NB/T 20558—2019	核电厂故障树分析导则			中国原子能出版社	2019-12-30	2020-07-01
506	NB/T 20559—2019	核电厂事件序列分析导则			中国原子能出版社	2019-12-30	2020-07-01
507	NB/T 20561—2019	核电厂非金属材料部件β辐照试验方法			中国原子能出版社	2019-12-30	2020-07-01
508	NB/T 20567—2019	核电厂气象观测系统建设及数据统计分析技术规范			中国原子能出版社	2019-12-30	2020-07-01
509	NB/T 20572—2019	核电厂限流孔板调试技术导则			中国原子能出版社	2019-12-30	2020-07-01
510	NB/T 20573—2019	压水堆核电厂主蒸汽隔离阀调试技术导则			中国原子能出版社	2019-12-30	2020-07-01

续表

序号	标准编号	标准名称	代替标准	采标号	出版机构	批准日期	实施日期
511	NB/T 20574—2019	压水堆核电厂调试术语			中国原子能出版社	2019-12-30	2020-07-01
512	NB/T 20575—2019	压水堆核电厂2、3级热交换器管子管板焊缝维修技术要求			中国原子能出版社	2019-12-30	2020-07-01
513	NB/T 25043.2—2019	核电厂常规岛及辅助配套设施建设施工技术规范　第2部分：汽轮发电机组			中国电力出版社	2019-12-30	2020-07-01
514	NB/T 25043.9—2019	核电厂常规岛及辅助配套设施建设施工技术规范　第9部分：加工配制			中国电力出版社	2019-12-30	2020-07-01
515	NB/T 25044.9—2019	核电厂常规岛及辅助配套设施建设施工质量验收规程　第9部分：加工配制			中国电力出版社	2019-12-30	2020-07-01
516	NB/T 25099—2019	核电厂非安全级继电保护及自动化设备柜（屏）通用技术条件			中国电力出版社	2019-12-30	2020-07-01
517	NB/T 25100—2019	核电厂汽轮发电机励磁系统技术要求			中国电力出版社	2019-12-30	2020-07-01
518	NB/T 25101—2019	核电厂汽轮发电机励磁系统运行技术导则			中国电力出版社	2019-12-30	2020-07-01
519	NB/T 25102—2019	压水堆核电厂凝汽器性能试验导则			中国电力出版社	2019-12-30	2020-07-01
520	NB/T 25103—2019	压水堆核电厂发电机冷却系统调试导则			中国电力出版社	2019-12-30	2020-07-01
521	NB/T 25104—2019	核电厂辅助电源系统调试导则			中国电力出版社	2019-12-30	2020-07-01

索 引

内容索引

说　明

本索引是全书条目和条目内容的主题分析索引。索引主题按先数字大小，再字母顺序，最后汉语拼音字母的顺序，并辅以汉字笔画、起笔笔形顺序排列。同音时，按汉字笔画由少到多的顺序排列，笔画数相同的按起笔笔形一(横)、丨(竖)、丿(撇)、丶(点)、㇕(折，包括㇆、㇗、𡿨等)顺序排列。第一字相同时，同原则按第二字排列，余类推。

A

B

C

D

E

F

G

H

J

K

L

M

N

R

S

T

W

X

Y

Z